पवित्र शास्त्र

𐤉𐤄𐤅𐤄

लेखक: Yah Scriptures Translation Team
प्रकाशक: Yah Scriptures

हिंदी संस्करण

शुद्ध वचन को बहाल करना 𐤉𐤄𐤅𐤄 यह पवित्र नाम अनुवाद 𐤉𐤄𐤅𐤄 के वचन की शुद्धता को बनाए रखने, प्राचीन हिब्रू ग्रंथों में दिए गए मूल नामों और उद्देश्य को पुनर्स्थापित करने के लिए समर्पित है। कई आधुनिक संस्करणों के विपरीत, Yah Scriptures मूर्तिपूजक प्रभावों को हटाकर, पिता 𐤉𐤄𐤅𐤄 और मसीह 𐤉𐤄𐤅𐤔𐤏 के सच्चे, पवित्र नामों को प्रतिस्थापित करता है।

क्यों Yah Scriptures?

✓ • पुनर्स्थापित नाम – सर्वशक्तिमान और उनके पुत्र के सच्चे, मूल नामों का उपयोग पूरे समय किया गया है, जिससे उपासना और अध्ययन में प्रामाणिकता सुनिश्चित होती है।

✓ • शुद्ध और सटीक अनुवाद – सिद्धांतात्मक पक्षपात से मुक्त, Yah Scriptures एक ऐसा अनुवाद प्रदान करने का प्रयास करता है जो मूल हिब्रू अर्थ के प्रति निष्ठावान बना रहे।

✓ • अध्ययन और भक्ति के लिए मुद्रित – यह हार्ड कॉपी संस्करण 𐤉𐤄𐤅𐤄 के वचन के साथ गहरे जुड़ाव की अनुमति देता है, डिजिटल व्याकुलताओं से मुक्त।

✓ • डिजिटल एक्सेस उपलब्ध है – याह स्क्रिप्चर्स की मुफ्त पीडीएफ डाउनलोड हमारी वेबसाइट पर उपलब्ध हैं, ताकि हर कोई सत्य तक पहुंच सके।

सत्य और आशा का एक उपहार

हालांकि यह मुद्रित संस्करण खरीद के लिए उपलब्ध है, आय सीधे हमारे जेल मंत्रालय का समर्थन करती है, जो उन कैदियों को नि:शुल्क शास्त्र की प्रतियां प्रदान करता है जो 𐤉𐤄𐤅𐤄 के वचन का सत्य खोज रहे हैं। हम प्रार्थना करते हैं कि याह का वचन आपके विश्वास को मजबूत करे, आपकी समझ को गहरा करे, और आपको एकमात्र सच्चे एलोहीम के और करीब लाए। सारी प्रशंसा और महिमा 𐤉𐤄𐤅𐤄, परमप्रधान को!

नामों का उच्चारण

इस अनुवाद में सभी नाम उनके प्रामाणिक हिब्रू उच्चारण को दर्शाने के लिए लिप्यंतरित किए गए हैं। उच्चारण में मदद के लिए नीचे एक मार्गदर्शिका दी गई है:

Letter	**Pronunciation**
𐤉𐤄𐤅𐤄	याहुआ
𐤉𐤄𐤅𐤔𐤏	याहुशुआ

याह स्क्रिप्चर्स में, हम याह के वचन को स्वतंत्र रूप से साझा करने के लिए प्रतिबद्ध रहते हैं। डिजिटल प्रतियां हमेशा YahScriptures.com पर उपलब्ध हैं, यह सुनिश्चित करते हुए कि किसी को भी याह के शुद्ध वचन तक पहुंच से वंचित न किया जाए।

प्रश्नों या चिंताओं के लिए कृपया ईमेल करें info@yahscriptures.com

वि ष य सू ची

तनख (पुराना नियम)

ब्रित हदाशाह (नया नियम)

अतिरिक्त सामग्री

उत्पत्ति

𐤉𐤄𐤅𐤄

हिंदी संस्करण

उत्पत्ति

1 1आदि में ईश्वर ने शमायिम और पृथ्वी की सृष्टि की।
2और पृथ्वी सूनी और रिक्त थी, और गहराई के ऊपर
अंधकार था। और ईश्वर की आत्मा जल के ऊपर गतिशील
थी। 3और ईश्वर ने कहा, "प्रकाश हो जाए," और प्रकाश हो
गया। 4और ईश्वर ने देखा कि प्रकाश अच्छा है। और
ईश्वर ने प्रकाश को अंधकार से अलग किया। 5और ईश्वर
ने प्रकाश को 'दिन' कहा और अंधकार को उसने 'रात'
कहा। और संध्या हुई और भोर हुई, पहला दिन। 6और
ईश्वर ने कहा, "जल के बीच में एक विस्तार हो, और वह
जल को जल से अलग करे।" 7और ईश्वर ने विस्तार
बनाया, और उस जल को जो विस्तार के नीचे था, उस जल
से अलग किया जो विस्तार के ऊपर था। और ऐसा ही
हुआ। 8और ईश्वर ने उस विस्तार को 'शमायिम' कहा।
और संध्या हुई और भोर हुई, दूसरा दिन। 9और ईश्वर ने
कहा, "शमायिम के नीचे का जल एक स्थान पर इकट्ठा हो,
और सूखी भूमि प्रकट हो।" और ऐसा ही हुआ। 10और
ईश्वर ने सूखी भूमि को 'पृथ्वी' कहा, और जल के संग्रह को
उसने 'समुद्र' कहा। और ईश्वर ने देखा कि यह अच्छा है।
11और ईश्वर ने कहा, "पृथ्वी से हरी घास, बीज उत्पन्न करने
वाला पौधा, और अपनी जाति के अनुसार फल देने वाला
फलदार वृक्ष, जिसका बीज उसमें हो, पृथ्वी पर उग आए।"
और ऐसा ही हुआ। 12और पृथ्वी से हरी घास, अपनी जाति
के अनुसार बीज देने वाला पौधा, और अपनी जाति के
अनुसार बीज वाला फल देने वाला वृक्ष उत्पन्न हुआ। और
ईश्वर ने देखा कि यह अच्छा है। 13और संध्या हुई और भोर
हुई, तीसरा दिन। 14और ईश्वर ने कहा, "शमायिम के
विस्तार में ज्योतियां हों, दिन को रात से अलग करने के लिए,
और वे चिन्हों, नियत समयों, दिनों और वर्षों के लिए हों।
15और वे शमायिम के विस्तार में ज्योतियां हों, पृथ्वी पर
प्रकाश देने के लिए।" और ऐसा ही हुआ। 16और ईश्वर ने
दो बड़ी ज्योतियां बनाई: बड़ी ज्योति दिन पर प्रभुता करने के
लिए, और छोटी ज्योति रात पर प्रभुता करने के लिए, और
तारों को। 17और ईश्वर ने उन्हें शमायिम के विस्तार में
रखा, पृथ्वी पर प्रकाश देने के लिए। 18और दिन और रात
पर प्रभुता करने के लिए, और प्रकाश को अंधकार से अलग
करने के लिए। और ईश्वर ने देखा कि यह अच्छा है।
19और संध्या हुई और भोर हुई, चौथा दिन। 20और ईश्वर
ने कहा, "जल जीवित प्राणियों की भीड़ से भर जाए, और पक्षी
पृथ्वी के ऊपर, शमायिम के विस्तार के मुख पर उड़ें।"
21और ईश्वर ने बड़े समुद्री प्राणियों और हर जीवित प्राणी को
बनाया जो चलता है, जिनसे जल भरा था, उनकी जाति के
अनुसार, और हर पंख वाले पक्षी को उसकी जाति के
अनुसार। और ईश्वर ने देखा कि यह अच्छा है। 22और
ईश्वर ने उन्हें आशीष दी, और कहा, "फलवन्त हो, बढ़ो और
समुद्र के जल को भरो, और पक्षी पृथ्वी पर बढ़ें।" 23और
संध्या हुई और भोर हुई, पाँचवाँ दिन। 24और ईश्वर ने कहा,
"पृथ्वी अपनी जाति के अनुसार जीवित प्राणी उत्पन्न करे:
घरेलू पशु, रेंगने वाले जन्तु और पृथ्वी के पशु अपनी जाति के
अनुसार।" और ऐसा ही हुआ। 25और ईश्वर ने पृथ्वी के
पशुओं को उनकी जाति के अनुसार बनाया, और घरेलू पशुओं
को उनकी जाति के अनुसार, और पृथ्वी पर रेंगने वाले सब
जन्तुओं को उनकी जाति के अनुसार। और ईश्वर ने देखा
कि यह अच्छा है। 26और ईश्वर ने कहा, "हम मनुष्य को
अपने स्वरूप में, अपनी समानता के अनुसार बनाएं। और वे
समुद्र की मछलियों पर, शमायिम के पक्षियों पर, घरेलू पशुओं
पर, सारी पृथ्वी पर और पृथ्वी पर रेंगने वाले सब जन्तुओं पर
प्रभुता करें।" 27और ईश्वर ने मनुष्य को अपने स्वरूप में
सृजा, ईश्वर के स्वरूप में उसने उसे रचा। नर और नारी
उसने उन्हें रचा। 28और ईश्वर ने उन्हें आशीष दी, और
ईश्वर ने उनसे कहा, "फलवन्त हो, बढ़ो और पृथ्वी को भरो
और उसे अपने वश में करो, और समुद्र की मछलियों पर,
शमायिम के पक्षियों पर और पृथ्वी पर चलने वाले सब
जन्तुओं पर प्रभुता करो।" 29और ईश्वर ने कहा, "देखो,
मैंने तुम्हें हर बीज देने वाला पौधा दिया है जो सारी पृथ्वी पर
है, और हर वृक्ष जिसमें बीज देने वाला फल है, वह तुम्हारे लिए
भोजन है। 30"और पृथ्वी के हर पशु को, शमायिम के हर
पक्षी को, और पृथ्वी पर चलने वाले हर जन्तु को जिसमें
जीवन की श्वास है, हर हरा पौधा भोजन है।" और ऐसा ही
हुआ। 31और ईश्वर ने सब कुछ देखा जो उसने बनाया,
और देखो, वह बहुत अच्छा था। और संध्या हुई और भोर
हुई, छठा दिन।

2 1इस प्रकार आकाशमंडल और पृथ्वी पूरे हुए, और
उनका सारा समूह। 2और सातवें दिन ईश्वर ने अपने
काम को पूरा किया जो उसने किया था, और सातवें दिन
उसने अपने सब काम से विश्राम लिया जो उसने बनाया था।
3और ईश्वर ने सातवें दिन को आशीष दी और उसे पवित्र
किया, क्योंकि उस पर उसने अपने सब काम से विश्राम लिया
जो ईश्वर ने सृजन में किया था। 4ये हैं आकाशमंडल और
पृथ्वी की उत्पत्तियाँ जब वे बनाए गए, उस दिन जब 𐤉𐤄𐤅𐤄
ईश्वर ने पृथ्वी और आकाशमंडल बनाए। 5अब तक न तो
मैदान की कोई झाड़ी पृथ्वी पर थी, और न ही मैदान का कोई
पौधा उगा था, क्योंकि 𐤉𐤄𐤅𐤄 ईश्वर ने पृथ्वी पर वर्षा नहीं
की थी, और भूमि जोते के लिए कोई मनुष्य न था। 6परन्तु
पृथ्वी से कुहासा उठता था और भूमि की सारी सतह को
सींचता था। 7और 𐤉𐤄𐤅𐤄 ईश्वर ने मनुष्य को भूमि की
मिट्टी से रचा, और उसकी नासिका में जीवन की श्वास
फूंकी। और मनुष्य जीवित प्राणी बन गया। 8और 𐤉𐤄𐤅𐤄
ईश्वर ने एदेन में, पूर्व की ओर, एक उद्यान लगाया; और वहां
उस मनुष्य को रखा जिसे उसने रचा था। 9और भूमि से
𐤉𐤄𐤅𐤄 ईश्वर ने हर एक वृक्ष को उगाया जो देखने में

मनोहर और खाने में अच्छा था, और उद्यान के बीच में जीवन
का वृक्ष और भले और बुरे के ज्ञान का वृक्ष था। 10 और एदेन
से एक नदी निकलकर उद्यान को सींचती थी, और वहाँ से
वह चार सिरों में बंट जाती थी। 11 पहली का नाम पीशोन है,
वह सारी हविला देश को घेरे रहती है, जहाँ सोना है। 12 और
उस देश का सोना अच्छा है; वहाँ सुगंधित गोंद और शोहम
पत्थर भी है। 13 दूसरी नदी का नाम गीहोन् है, वह सारे कूश
देश को घेरे रहती है। 14 तीसरी नदी का नाम हिद्देकेल है, वह
अश्शूर के पूर्व की ओर जाती है। और चौथी नदी फरात है।
15 और 𐤉𐤄𐤅𐤄 ईश्वर ने उस मनुष्य को लिया और उसे
एदेन के उद्यान में रखा ताकि वह उसकी खेती करे और
उसकी रक्षा करे। 16 और 𐤉𐤄𐤅𐤄 ईश्वर ने मनुष्य को
आज्ञा दी और कहा, "उद्यान के हर एक वृक्ष से तू खा सकता
है," 17 "परन्तु भले और बुरे के ज्ञान के वृक्ष से मत खाना,
क्योंकि जिस दिन तू उससे खाएगा, उस दिन अवश्य ही मर
जाएगा।" 18 और 𐤉𐤄𐤅𐤄 ईश्वर ने कहा, "मनुष्य का
अकेला रहना अच्छा नहीं; मैं उसके लिए एक सहायक
बनाऊँगा, जो उसके समान हो।" 19 और भूमि से 𐤉𐤄𐤅𐤄
ईश्वर ने मैदान के सब पशुओं और आकाशमंडल के सब
पक्षियों को रचा, और उन्हें मनुष्य के पास लाया ताकि देखे
कि वह उन्हें क्या नाम देगा। और जो कुछ मनुष्य ने हर
जीवित प्राणी को कहा, वही उसका नाम हुआ। 20 इस प्रकार
मनुष्य ने सब पशुओं, और आकाशमंडल के पक्षियों, और
मैदान के सब जीव-जंतुओं के नाम रखे; परन्तु मनुष्य के
लिए कोई सहायक उसके समान न पाया गया। 21 तब
𐤉𐤄𐤅𐤄 ईश्वर ने मनुष्य पर गहरी नींद डाली, और वह सो
गया। और उसने उसकी एक पसली निकालकर उसका
स्थान मांस से भर दिया। 22 और वह पसली जिसे 𐤉𐤄𐤅𐤄
ईश्वर ने मनुष्य से लिया था, उससे उसने एक स्त्री बनाई,
और उसे मनुष्य के पास लाया। 23 और मनुष्य ने कहा, "अब
यह मेरी हड्डियों में से हड्डी और मेरे मांस में से मांस है। इसे
स्त्री कहा जाएगा, क्योंकि यह मनुष्य से निकाली गई है।"
24 इस कारण मनुष्य अपने पिता और माता को छोड़कर
अपनी पत्नी से मिला रहेगा, और वे एक तन होंगे। 25 और वे
दोनों नग्न थे, मनुष्य और उसकी पत्नी, तो भी वे लज्जित न
थे।

3 1 और सर्प मैदान के सब जानवरों से अधिक चतुर था,
जो 𐤉𐤄𐤅𐤄 ईश्वर ने बनाए थे। और उसने स्त्री से
कहा, "क्या यह सच है कि ईश्वर ने कहा है, 'उद्यान के हर
वृक्ष से मत खाना'?" 2 और स्त्री ने सर्प से कहा, "हम उद्यान
के वृक्षों के फल खा सकते हैं, 3 परन्तु उस वृक्ष के फल के
विषय में जो उद्यान के बीच में है, ईश्वर ने कहा है, 'उसमें से
मत खाना, और न उसे छूना, कहीं ऐसा न हो कि तुम मर
जाओ।' " 4 तब सर्प ने स्त्री से कहा, "तुम निश्चय ही नहीं
मरोगे। 5 "क्योंकि ईश्वर जानता है कि जिस दिन तुम उसमें
से खाओगे, तुम्हारी आँखें खुल जाएँगी, और तुम ईश्वर के
समान हो जाओगे, भले और बुरे को जानने वाले।" 6 और
स्त्री ने देखा कि वह वृक्ष भोजन के लिये अच्छा है, और देखने
में मनोहर है, और बुद्धिमान बनाने के लिये मनभावन है। तब
उसने उसका फल लिया और खाया। और उसने अपने पति
को भी दिया, और उसने खाया। 7 तब दोनों की आँखें खुलीं,
और उन्हें ज्ञात हुआ कि वे नंगे हैं। और उन्होंने अंजीर के
पत्ते सीए और अपने लिये कमरबन्द बनाए। 8 और उन्होंने
𐤉𐤄𐤅𐤄 ईश्वर का स्वर उद्यान में दिन की ठंडी हवा में चलते
हुए सुना। और आदम और उसकी पत्नी 𐤉𐤄𐤅𐤄 ईश्वर के
साम्हने से उद्यान के वृक्षों के बीच छिप गए। 9 तब 𐤉𐤄𐤅𐤄
ईश्वर ने आदम को पुकारा और उससे कहा, "तू कहाँ है?"
10 उसने कहा, "मैंने उद्यान में तेरा स्वर सुना, और मैं डर
गया क्योंकि मैं नग्न था, इसलिये मैं छिप गया।" 11 तब उसने
कहा, "किसने तुझे बताया कि तू नग्न है? क्या तूने उस वृक्ष में
से खाया, जिसके विषय में मैंने तुझे आज्ञा दी थी कि उसमें से
मत खाना?" 12 और मनुष्य ने कहा, "जो स्त्री तूने मुझे संग
रहने को दी, उसने उस वृक्ष में से मुझे दिया और मैंने खा
लिया।" 13 तब 𐤉𐤄𐤅𐤄 ईश्वर ने स्त्री से कहा, "यह तूने
क्या किया?" और स्त्री ने कहा, "सर्प ने मुझे धोखा दिया,
और मैंने खा लिया।" 14 तब 𐤉𐤄𐤅𐤄 ईश्वर ने सर्प से कहा,
"क्योंकि तूने यह किया है, तू सब पशुओं और सब वनपशुओं
से अधिक शापित है। तू अपने पेट के बल चलेगा और अपने
जीवन के सब दिनों में धूल खाएगा। 15 "और मैं तेरे और
स्त्री के बीच, और तेरे वंश और उसके वंश के बीच वैर उत्पन्न
करूंगा। वह तेरे सिर को कुचलेगा, और तू उसकी एड़ी को
डँसेगा।" 16 स्त्री से उसने कहा, "मैं तेरे दुःख और तेरे
गर्भधारण को बहुत बढ़ाऊंगा—तू पीड़ा में सन्तान उत्पन्न
करेगी। और तेरी अभिलाषा तेरे पति के लिये होगी, और वह
तुझ पर प्रभुत्व करेगा।" 17 और मनुष्य से उसने कहा,
"क्योंकि तूने अपनी पत्नी की बात सुनी और उस वृक्ष में से
खाया, जिसके विषय में मैंने तुझे आज्ञा दी थी, यह कहते हुए,
'उसमें से मत खाना': "तेरे कारण भूमि शापित हुई; तू अपने
जीवन के सब दिनों में कठिन परिश्रम से उसका फल
खाएगा। 18 और वह तेरे लिये काँटे और ऊँटकटारे उत्पन्न
करेगी, और तू मैदान की वनस्पतियाँ खाएगा। 19 "अपने
मुख के पसीने से तू रोटी खाएगा, जब तक तू भूमि में न लौट
जाए, क्योंकि उसी में से तू लिया गया है। क्योंकि तू मिट्टी है
और मिट्टी में ही लौट जाएगा।" 20 और मनुष्य ने अपनी पत्नी
का नाम हव्वा रखा, क्योंकि वही सब जीवित की माता बनी।
21 और 𐤉𐤄𐤅𐤄 ईश्वर ने मनुष्य और उसकी पत्नी के लिये
चमड़े के वस्त्र बनाए और उन्हें पहनाए। 22 तब 𐤉𐤄𐤅𐤄
ईश्वर ने कहा, "देखो, मनुष्य हम में से एक के समान हो गया
है, भले और बुरे को जानने में। अब कहीं ऐसा न हो कि वह
हाथ बढ़ाकर जीवन के वृक्ष में से भी ले और खाए और सदा
जीवित रहे..." 23 इसलिये 𐤉𐤄𐤅𐤄 ईश्वर ने उसे एदेन की
उद्यान से निकाल दिया, कि वह उस भूमि को जो उससे ली
गई थी, जोते। 24 और उसने मनुष्य को निकाल दिया; और
एदेन की उद्यान के पूर्व की ओर उसने करूबों को और चारों
ओर घूमती हुई जलती तलवार को रखा, कि जीवन के वृक्ष
का मार्ग रक्षा करे।

4 1 और आदम ने अपनी पत्नी हव्वाह को जाना, और वह
गर्भवती हुई और क़यिन को जन्म दिया, और कहा, "मैंने
𐤉𐤄𐤅𐤄 से एक पुरुष पाया है।" 2 और फिर उसने उसके
भाई हेबेल को जन्म दिया। और हेबेल भेड़ों का चरवाहा बना,
परंतु क़यिन भूमि का जोतनेवाला बना। 3 और ऐसा हुआ,

समय के चलन में, कि क़यिन ने भूमि के फल का एक अर्पण
𐤉𐤄𐤅𐤄 के लिये लाया। 4 और हेबेल ने भी अपनी झुंड की
पहिलौठी और उनकी चर्बी में से लाया। और 𐤉𐤄𐤅𐤄 ने
हेबेल और उसके अर्पण पर दृष्टि की, 5 परन्तु उसने क़यिन
और उसके अर्पण पर दृष्टि न की। और क़यिन बहुत
क्रोधित हुआ, और उसका मुख उदास हो गया। 6 और
𐤉𐤄𐤅𐤄 ने क़यिन से कहा, “तू क्यों क्रोधित है? और तेरा
मुख क्यों गिरा हुआ है? 7 “यदि तू भला करता है, तो क्या
स्वीकार न होगा? और यदि तू भला न करता है, तो पाप द्वार
पर दबा बैठा है। और उसकी अभिलाषा तेरे लिये है, परन्तु
तुझे उस पर अधिकार करना चाहिए।” 8 और क़यिन ने
अपने भाई हेबेल से कहा, “आओ, हम मैदान में चलें।” और
ऐसा हुआ कि जब वे मैदान में थे, तब क़यिन अपने भाई हेबेल
के विरुद्ध उठा और उसे मार डाला। 9 और 𐤉𐤄𐤅𐤄 ने
क़यिन से कहा, “तेरा भाई हेबेल कहाँ है?” और उसने कहा,
“मुझे नहीं पता। क्या मैं अपने भाई का रक्षक हूँ?” 10 और
उसने कहा, “तूने क्या किया है? तेरे भाई का लहू भूमि से मेरी
ओर पुकारता है। 11 “और अब तू भूमि से शापित है, जिसने
अपना मुंह खोला है ताकि तेरे भाई का लहू तेरे हाथ से ले।
12 “यदि तू भूमि को जोतेगा, तो वह अब तुझे अपनी शक्ति न
देगी। तू धरती पर भागता और भटकता होगा।” 13 और
क़यिन ने 𐤉𐤄𐤅𐤄 से कहा, “मेरा अधर्म उठाना बहुत बड़ा है!
14 “देख, आज तूने मुझे भूमि के चेहरे से निकाल दिया है,
और मैं तेरे चेहरे से छिपा हूँ। मैं धरती पर भागता और
भटकता होऊंगा, और ऐसा होगा कि जो कोई मुझे पाएगा, वह
मुझे मार डालेगा।” 15 और 𐤉𐤄𐤅𐤄 ने उससे कहा, “यदि
कोई क़यिन को मारेगा, तो उस पर सात गुना बदला लिया
जाएगा।” और 𐤉𐤄𐤅𐤄 ने क़यिन के लिये एक चिन्ह रखा,
ताकि कोई जो उसे पाए, उसे न मारे। 16 तब क़यिन 𐤉𐤄𐤅𐤄
के सामने से निकलकर एदेन के पूरब नोड देश में बस गया।
17 और क़यिन ने अपनी पत्नी को जाना, और वह गर्भवती हुई
और हनोक को जन्म दिया। और उसने एक नगर बनाया,
और नगर का नाम अपने पुत्र हनोक के नाम पर रखा।
18 और हनोक से इराद उत्पन्न हुआ। और इराद से महुयाएल
उत्पन्न हुआ, और महुयाएल से मतुशाएल उत्पन्न हुआ, और
मतुशाएल से लेमेक उत्पन्न हुआ। 19 और लेमेक ने अपने
लिये दो पत्नियाँ लीं, एक का नाम आदा था, और दूसरी का
नाम त्सिल्ला। 20 और आदा ने याबाल को जन्म दिया। वह
उन लोगों का पिता था जो तम्बुओं में रहते हैं, पशुओं के
साथ। 21 और उसके भाई का नाम यूबाल था। वह उन सब
का पिता था जो वीणा और बाँसुरी बजाते हैं। 22 और त्सिल्ला
ने भी तुबाल-क़यिन को जन्म दिया, जो पीतल और लोहे के
सब प्रकार के औज़ारों का कारीगर था। और तुबाल-क़यिन
की बहन नामा थी। 23 और लेमेक ने अपनी पत्नियों आदा
और त्सिल्ला से कहा, “मेरी आवाज़ सुनो! लेमेक की
पत्नियो, मेरे वचन पर ध्यान दो! क्योंकि मैंने अपने घाव के
लिये एक पुरुष को मार डाला है, यहाँ तक कि अपनी चोट के
लिये एक जवान को। 24 “क्योंकि क़यिन का सात गुना बदला
लिया जाता है, और लेमेक का सत्तर-सात गुना।” 25 और
आदम ने फिर अपनी पत्नी को जाना, और उसने एक पुत्र को
जन्म दिया और उसका नाम शेत रखा, “क्योंकि ईश्वर ने
मुझे हेबेल के बदले एक और वंश दिया है,” क्योंकि क़यिन ने
उसे मार डाला था। 26 और शेत से भी एक पुत्र उत्पन्न
हुआ। और उसने उसका नाम एनोश रखा। तब से 𐤉𐤄𐤅𐤄
के नाम का आह्वान करना आरम्भ हुआ।

5 1 यह आदम की वंशावली की पुस्तक है। जिस दिन
ईश्वर ने मनुष्य को सृजा, उसने उसे ईश्वर के स्वरूप में
बनाया। 2 नर और नारी उसने उन्हें बनाया, और उन्हें आशीष
दी, और उनके नाम को 'आदम' कहा जिस दिन वे सृजे गए।
3 और आदम एक सौ तीस वर्ष जीवित रहा, और अपने ही
स्वरूप के अनुसार एक पुत्र उत्पन्न किया, और उसका नाम
शेत रखा। 4 और शेत को उत्पन्न करने के बाद, आदम के
दिन आठ सौ वर्ष के थे। और उसने पुत्रों और पुत्रियों को
उत्पन्न किया। 5 इस प्रकार आदम के सब दिन नौ सौ तीस
वर्ष के हुए, और वह मर गया। 6 और शेत एक सौ पाँच वर्ष
जीवित रहा, और एनोश को उत्पन्न किया। 7 और एनोश को
उत्पन्न करने के बाद, शेत आठ सौ सात वर्ष जीवित रहा, और
पुत्रों और पुत्रियों को उत्पन्न किया। 8 इस प्रकार शेत के सब
दिन नौ सौ बारह वर्ष के हुए, और वह मर गया। 9 और एनोश
नब्बे वर्ष जीवित रहा, और कैनान को उत्पन्न किया। 10 और
कैनान को उत्पन्न करने के बाद, एनोश आठ सौ पंद्रह वर्ष
जीवित रहा, और पुत्रों और पुत्रियों को उत्पन्न किया। 11 इस
प्रकार एनोश के सब दिन नौ सौ पाँच वर्ष के हुए, और वह मर
गया। 12 और कैनान सत्तर वर्ष जीवित रहा, और महललएल
को उत्पन्न किया। 13 और महललएल को उत्पन्न करने के
बाद, कैनान आठ सौ चालीस वर्ष जीवित रहा, और पुत्रों और
पुत्रियों को उत्पन्न किया। 14 इस प्रकार कैनान के सब दिन
नौ सौ दस वर्ष के हुए, और वह मर गया। 15 और महललएल
पैंसठ वर्ष जीवित रहा, और यारेद को उत्पन्न किया। 16 और
यारेद को उत्पन्न करने के बाद, महललएल आठ सौ तीस वर्ष
जीवित रहा, और पुत्रों और पुत्रियों को उत्पन्न किया। 17 इस
प्रकार महललएल के सब दिन आठ सौ पंचानवे वर्ष के हुए,
और वह मर गया। 18 और यारेद एक सौ बासठ वर्ष जीवित
रहा, और हनोक को उत्पन्न किया। 19 और हनोक को उत्पन्न
करने के बाद, यारेद आठ सौ वर्ष जीवित रहा, और पुत्रों और
पुत्रियों को उत्पन्न किया। 20 इस प्रकार यारेद के सब दिन नौ
सौ बासठ वर्ष के हुए, और वह मर गया। 21 और हनोक पैंसठ
वर्ष जीवित रहा, और मतूशेलह को उत्पन्न किया। 22 और
मतूशेलह को उत्पन्न करने के बाद, हनोक ईश्वर के साथ
तीन सौ वर्ष चला, और पुत्रों और पुत्रियों को उत्पन्न किया।
23 इस प्रकार हनोक के सब दिन तीन सौ पैंसठ वर्ष के हुए।
24 और हनोक ईश्वर के साथ चला। फिर वह नहीं रहा,
क्योंकि ईश्वर ने उसे ले लिया। 25 और मतूशेलह एक सौ
सत्तासी वर्ष जीवित रहा, और लेमेक को उत्पन्न किया।
26 और लेमेक को उत्पन्न करने के बाद, मतूशेलह सात सौ
बयासी वर्ष जीवित रहा, और पुत्रों और पुत्रियों को उत्पन्न
किया। 27 इस प्रकार मतूशेलह के सब दिन नौ सौ उनहत्तर
वर्ष के हुए, और वह मर गया। 28 और लेमेक एक सौ बयासी
वर्ष जीवित रहा, और एक पुत्र उत्पन्न किया, 29 और उसका
नाम नूह रखा, यह कहते हुए, “यह हमें हमारे काम और हमारे

हाथों की मेहनत के विषय में शांति देगा, उस भूमि के कारण
जिसे 𐤉𐤄𐤅𐤄 ने शाप दिया है।" 30 और नूह को उत्पन्न
करने के बाद, लेमेक पाँच सौ पंचानवे वर्ष जीवित रहा, और
पुत्रों और पुत्रियों को उत्पन्न किया। 31 इस प्रकार लेमेक के
सब दिन सात सौ सतहत्तर वर्ष के हुए, और वह मर गया।
32 और नूह पाँच सौ वर्ष का था, और नूह ने शेम, हाम, और
येपेत को जन्म दिया।

6 1 और ऐसा हुआ, जब मनुष्य पृथ्वी के मुख पर बढ़ने
लगे, और उनके लिए पुत्रियाँ उत्पन्न हुईं, 2 कि ईश्वर के
पुत्रों ने मनुष्यों की पुत्रियों को देखा, कि वे अच्छी हैं। और
उन्होंने अपनी इच्छा के अनुसार अपने लिए पत्नियाँ ले लीं।
3 और 𐤉𐤄𐤅𐤄 ने कहा, "मेरा आत्मा मनुष्य के साथ सदा
संघर्ष नहीं करेगा, क्योंकि वह शरीर है। और उसके दिन एक
सौ बीस वर्ष होंगे।" 4 उन दिनों पृथ्वी पर नेफिलीम थे, और
बाद में भी, जब ईश्वर के पुत्र मनुष्यों की पुत्रियों के पास गए
और उन्होंने उनसे पुत्र उत्पन्न किए। वे प्राचीन काल के
पराक्रमी पुरुष थे, नामवाले पुरुष। 5 और 𐤉𐤄𐤅𐤄 ने देखा
कि मनुष्य की दुष्टता पृथ्वी पर बहुत बड़ी है, और उसके
हृदय की हर कल्पना निरंतर बुराई ही है। 6 और 𐤉𐤄𐤅𐤄
को खेद हुआ कि उसने मनुष्य को पृथ्वी पर बनाया, और
उसके हृदय में दुख हुआ। 7 और 𐤉𐤄𐤅𐤄 ने कहा, "मैं
मनुष्य को, जिसे मैंने बनाया है, पृथ्वी के मुख से मिटा दूँगा,
मनुष्य और पशु, रेंगनेवाले जीव और आकाश के पक्षी सबको,
क्योंकि मुझे खेद है कि मैंने उन्हें बनाया।" 8 परन्तु नोह ने
𐤉𐤄𐤅𐤄 की आँखों में अनुग्रह पाया। 9 यह नोह की वंशावली
है। नोह धर्मी पुरुष था, अपनी पीढ़ियों में सिद्ध था। नोह
ईश्वर के साथ चला। 10 और नूह के तीन पुत्र हुए: शेम, हाम
और येफेत। 11 और पृथ्वी ईश्वर के सामने भ्रष्ट हो गई, और
पृथ्वी हिंसा से भर गई। 12 और ईश्वर ने पृथ्वी पर दृष्टि की,
और देखा कि वह भ्रष्ट है, क्योंकि सब शरीर ने पृथ्वी पर
अपना मार्ग भ्रष्ट कर लिया था। 13 और ईश्वर ने नोह से
कहा, "सब शरीर का अन्त मेरे सामने आ गया है, क्योंकि
पृथ्वी उनके द्वारा हिंसा से भर गई है। और देख, मैं उन्हें पृथ्वी
से नष्ट कर दूँगा। 14 "तू अपने लिए गोफर-काठ की एक
जहाज़ बना। जहाज़ में कोठरियाँ बना, और उसे भीतर और
बाहर राल से मल। 15 "और इस प्रकार तू इसे बनाएगा:
जहाज़ की लम्बाई तीन सौ अम्माह, उसकी चौड़ाई पचास
अम्माह, और उसकी ऊँचाई तीस अम्माह। 16 "जहाज़ के
लिए एक खिड़की बना, और उसे ऊपर से एक अम्माह पर
पूरा कर। और जहाज़ का द्वार उसके पार्श्व में रख। उसे
नीचले, दूसरे और तीसरे तल पर बना। 17 "और देख, मैं
स्वयं पृथ्वी पर जलप्रलय लाने वाला हूँ, सब शरीर को नष्ट
करने के लिए, जिसमें आकाश के नीचे जीवन की श्वास है -
पृथ्वी पर जो कुछ है, वह मर जाएगा। 18 "परन्तु मैं तुझसे
अपनी वाचा बाँधूँगा, और तू जहाज़ में जाएगा, तू और तेरे पुत्र
और तेरी पत्नी और तेरे पुत्रों की पत्नियाँ तेरे साथ। 19 "और
सब जीवित प्राणियों के सब शरीरों में से, दो-दो को तू जहाज़
में ले जाएगा, उन्हें अपने साथ जीवित रखने के लिए - एक
नर और एक मादा। 20 "पक्षियों के उनके प्रकार के अनुसार,
और पशुओं के उनके प्रकार के अनुसार, और पृथ्वी के सब
रेंगनेवाले प्राणियों के उनके प्रकार के अनुसार, दो-दो तेरे पास
आएँगे, उन्हें जीवित रखने के लिए। 21 "और तू अपने लिए
सब प्रकार का भोजन ले ले, जो खाया जाता है, और उसे
अपने पास इकट्ठा कर। और वह तेरे और उनके लिए भोजन
होगा।" 22 और नोह ने सब कुछ वैसा ही किया, जैसा ईश्वर
ने उसे आज्ञा दी थी, उसने वैसा ही किया।

7 1 और 𐤉𐤄𐤅𐤄 ने नोह को कहा, "तू और तेरा सारा
घराना जहाज़ में प्रवेश कर, क्योंकि मैंने देखा है कि इस
पीढ़ी में तू मेरे सामने धर्मी है।" 2 "सब शुद्ध पशुओं में से सात
जोड़े, नर और उसकी मादा, और जो अशुद्ध पशु हैं उनमें से
दो, नर और उसकी मादा अपने संग ले ले।" 3 और आकाश
के पक्षियों में से सात जोड़े, नर और मादा, ताकि सारी पृथ्वी
पर उनकी संतान जीवित रहे। 4 "क्योंकि सात दिन के बाद मैं
पृथ्वी पर चालीस दिन और चालीस रात वर्षा करने जा रहा हूँ,
और जो कुछ मैंने बनाया है उनमें से सब को पृथ्वी के ऊपर से
नाश कर दूँगा।" 5 और नोह ने जैसा 𐤉𐤄𐤅𐤄 ने उसको
आज्ञा दी थी, वैसा ही किया। 6 अब नोह जब छः सौ वर्ष का
था, तब जल-प्रलय पृथ्वी पर हुआ। 7 और नोह और उसके
पुत्र और उसकी पत्नी और उसके पुत्रों की पत्नियाँ प्रलय के
जल के कारण जहाज़ में गए। 8 शुद्ध पशुओं और अशुद्ध
पशुओं, पक्षियों और पृथ्वी पर रेंगने वाले सब प्राणियों में से,
9 दो-दो करके नर और मादा नोह के पास जहाज़ में गए,
जैसा ईश्वर ने नोह को आज्ञा दी थी। 10 और सात दिन के
बाद प्रलय का जल पृथ्वी पर हो गया। 11 नोह के जीवन के
छः सौवें वर्ष में, दूसरे महीने के सत्रहवें दिन, उसी दिन बड़ी
गहराइयों के सब सोते फूट निकले, और आकाश की
खिड़कियाँ खुल गईं। 12 और चालीस दिन और चालीस रात
पृथ्वी पर वर्षा होती रही। 13 उसी दिन नूह और शेम और हाम
और येपेत, नूह के पुत्र, और नूह की पत्नी और उसके पुत्रों
की तीन पत्नियाँ उनके साथ, जहाज़ में गए, 14 वे और हर
एक जीवित प्राणी अपने-अपने जाति के अनुसार, और हर
एक पशु अपनी जाति के अनुसार, और हर एक रेंगने वाला
प्राणी जो पृथ्वी पर रेंगता है अपनी जाति के अनुसार, और हर
एक पक्षी अपनी जाति के अनुसार, हर प्रकार के पक्षी।
15 और वे नोह के पास जहाज़ में गए, सब प्राणियों में जिनमें
जीवन का श्वास था, वे दो-दो करके आए। 16 और जो गए वे
नर और मादा सब प्राणियों में से गए, जैसा ईश्वर ने उसको
आज्ञा दी थी, और 𐤉𐤄𐤅𐤄 ने उसे भीतर बन्द कर दिया।
17 और पृथ्वी पर चालीस दिन तक प्रलय हुआ, और जल
बढ़ता गया और जहाज़ को ऊपर उठाया, और वह पृथ्वी से
ऊँचा हो गया। 18 और जल प्रबल और अत्यन्त बढ़ गया,
और जहाज़ जल के ऊपर तैरता रहा। 19 और जल पृथ्वी
पर अत्यन्त प्रबल हुआ, और आकाश के नीचे जितने ऊँचे
पहाड़ थे, सब ढक गए। 20 जल पन्द्रह अम्माह ऊपर तक
बढ़ गया, और पहाड़ ढक गए। 21 और सब प्राणी जो पृथ्वी
पर चलते थे मर गए - पक्षी, पशु, जन्तु और सब रेंगने वाले
प्राणी जो पृथ्वी पर रेंगते हैं, और सब मनुष्य। 22 जिन-जिनके
नथुनों में जीवन का आत्मा का श्वास था, वे सब जो स्थल पर
थे, मर गए। 23 इस प्रकार उसने सब प्राणी जो भूमि के ऊपर
थे मिटा दिए - मनुष्य और पशु और रेंगने वाले प्राणी और
आकाश के पक्षी। वे पृथ्वी से मिटा दिए गए। और केवल नोह

और जो उसके संग जहाज़ में थे, वही बचे। 24 और जल
पृथ्वी पर एक सौ पचास दिन तक प्रबल रहा।

8 1 और ईश्वर ने नोह को और सब पशुओं को और सब
मवेशियों को जो उसके साथ जहाज़ में थे स्मरण किया।
और ईश्वर ने पृथ्वी पर से एक वायु चलायी, और जल घट
गया। 2 और गहरे के सोते और आकाश की खिड़कियाँ बन्द
हो गईं, और आकाश से वर्षा रुक गई। 3 और जल पृथ्वी पर
से लगातार घटता गया, और डेढ़ सौ दिनों के अंत में जल
कम हो गया। 4 और सातवें महीने के सत्रहवें दिन जहाज़
अरारत के पहाड़ों पर ठहर गया। 5 और जल दसवें महीने
तक लगातार घटता रहा। दसवें महीने के पहले दिन पहाड़ों
की चोटियाँ दिखाई दीं। 6 और ऐसा हुआ कि चालीस दिनों के
बाद नोह ने जहाज़ की खिड़की खोली जिसे उसने बनाया था,
7 और उसने एक कौवा उड़ाया, जो तब तक उड़ता और
लौटता रहा जब तक पृथ्वी से जल सूख नहीं गया। 8 फिर
उसने अपने पास से एक कपोत को भेजा कि देखे कि क्या
जल पृथ्वी की सतह पर से घट गया है। 9 परन्तु कपोत को
अपने पांव रखने की जगह न मिली और वह जहाज़ में उसके
पास लौट आया, क्योंकि जल सारी पृथ्वी की सतह पर था।
तब उसने अपना हाथ बढ़ाया और उसे लिया और अपने पास
जहाज़ में ले आया। 10 और उसने और सात दिन प्रतीक्षा की
और फिर से कपोत को जहाज़ से बाहर भेजा। 11 और कपोत
संध्या समय उसके पास लौटा, और देखो, उसके मुंह में नये
तोड़े हुए ज़ैतून का पत्ता था। तब नोह जान गया कि पृथ्वी पर
से जल घट गया है। 12 और उसने और सात दिन प्रतीक्षा की
और कपोत को भेजा, परन्तु वह फिर उसके पास न लौटा।
13 और ऐसा हुआ कि छः सौ एकवें वर्ष में, पहले महीने में,
महीने के पहले दिन पृथ्वी पर से जल सूख गया। और नोह ने
जहाज़ की छत हटाई और देखा कि पृथ्वी की सतह सूखी
थी। 14 और दूसरे महीने के सत्ताईसवें दिन पृथ्वी सूखी हो
गई। 15 और ईश्वर ने नोह से कहा, 16 "तू जहाज़ से बाहर
निकल, तू और तेरी पत्नी और तेरे बेटे और तेरे बेटों की
पत्नियाँ तेरे साथ। 17 "और हर जीवित प्राणी को अपने साथ
बाहर निकाल जो तेरे साथ है; पक्षियों को, मवेशियों को और
सब रेंगने वाले जन्तुओं को जो पृथ्वी पर रेंगते हैं। और वे
पृथ्वी पर फैलें, और पृथ्वी पर बढ़ें और बढ़ाते जाएँ।" 18 तब
नोह बाहर आया, और उसके बेटे और उसकी पत्नी और
उसके बेटों की पत्नियाँ उसके साथ। 19 सब पशु, सब रेंगने
वाले जन्तु, और सब पक्षी, जो कुछ पृथ्वी पर चलता है,
अपनी-अपनी जाति के अनुसार जहाज़ से बाहर निकले।
20 और नोह ने ञ५ञz के लिये एक वेदी बनाई और हर शुद्ध
पशु और हर शुद्ध पक्षी में से लिया और उस वेदी पर होमबलि
चढ़ाई। 21 और ञ५ञz ने सुखद सुगंध सूंघी और ञ५ञz
ने अपने मन में कहा, "मैं फिर मनुष्य के कारण भूमि को शाप
नहीं दूँगा, क्योंकि यद्यपि मनुष्य का मन उसकी जवानी से ही
बुरा होता है, फिर भी मैं अब तक जैसे सब जीवित प्राणियों को
मारा है, वैसा फिर कभी न करूँगा। 22 जब तक पृथ्वी बनी
रहेगी, बोआई और कटनी, ठण्ड और गरमी, जाड़ा और गर्मी,
और दिन और रात बन्द न होंगे।"

9 1 और ईश्वर ने नोह और उसके पुत्रों को आशीष दी,
और उनसे कहा, "फलवन्त हो और बढ़ो, और पृथ्वी को
भर दो।" 2 "और तुम्हारा भय और तुम्हारा डर पृथ्वी के हर
पशु पर, आकाश के हर पक्षी पर, भूमि पर रेंगनेवाले सब जीवों
पर, और समुद्र की सब मछलियों पर होगा - वे तुम्हारे हाथ में
दिए गए हैं।" 3 "हर चलनेवाला प्राणी जो जीवित है तुम्हारे
लिए भोजन होगा। मैंने तुम्हें सब कुछ दिया है, जैसे हरे
पौधे।" 4 "परन्तु उसका जीवन, अर्थात उसका रक्त सहित
मांस मत खाना।" 5 "परन्तु तुम्हारे जीवन के लिए तुम्हारा ही
रक्त मैं मांगूंगा, हर पशु के हाथ से मैं उसे मांगूंगा, और मनुष्य
के हाथ से भी। हर मनुष्य के भाई के हाथ से मैं मनुष्य का
जीवन मांगूंगा।" 6 "जो कोई मनुष्य का रक्त बहाता है,
उसका रक्त मनुष्य द्वारा बहाया जाएगा, क्योंकि ईश्वर की छवि
में उसने मनुष्य को बनाया है।" 7 "और तुम, फलवन्त हो
और बढ़ो, पृथ्वी पर बहुतायत से उत्पन्न हो और उसमें बढ़ो।"
8 और ईश्वर ने नोह और उसके पुत्रों से जो उसके साथ थे,
कहा, 9 "और मैं, देखो, मैं अपनी वाचा तुम्हारे साथ और
तुम्हारे बाद तुम्हारे वंश के साथ स्थिर करता हूँ।" 10 "और
हर जीवित प्राणी के साथ जो तुम्हारे साथ है: पक्षियों, पशुओं
और पृथ्वी के हर जीव के साथ जो तुम्हारे साथ है, उन सब के
साथ जो जहाज से निकले, पृथ्वी के हर जीव के साथ।"
11 "और मैं अपनी वाचा तुम्हारे साथ स्थिर करूँगा, और फिर
कभी सब प्राणी जलप्रलय से नष्ट नहीं होंगे, और फिर कभी
पृथ्वी को नाश करने के लिए जलप्रलय नहीं होगा।" 12 और
ईश्वर ने कहा, "यह वाचा का चिन्ह है, जो मैं अपने और
तुम्हारे बीच और हर जीवित प्राणी के साथ कर रहा हूँ,
आनेवाली सब पीढ़ियों के लिए।" 13 "मैं अपना धनुष बादल में
रखूँगा, और यह मेरे और पृथ्वी के बीच वाचा का चिन्ह
होगा।" 14 "और यह होगा, जब मैं पृथ्वी पर बादल लाऊँगा,
तब धनुष बादल में दिखाई देगा।" 15 और मैं अपने वाचा को
स्मरण करूंगा जो मेरे और तुम्हारे और सब प्राणियों के साथ
है, और फिर कभी जल प्रलय बनकर सब प्राणियों को नाश
नहीं करेगा। 16 और इन्द्रधनुष बादल में होगा, और मैं उसे
देखूंगा, ताकि उस सनातन वाचा को स्मरण करूँ जो ईश्वर
और सब प्राणियों के साथ है जो पृथ्वी पर हैं। 17 और ईश्वर
ने नूह से कहा, "यह उस वाचा का चिन्ह है, जिसे मैंने अपने
और सब प्राणियों के बीच स्थापित किया है जो पृथ्वी पर हैं।"
18 और नूह के पुत्र जो जहाज़ से निकले थे, वे शेम, हम और
याफ़ेत थे। और हम कनान का पिता था। 19 ये तीन नूह के
पुत्र थे, और इन्हीं से सारी पृथ्वी पर लोग फैल गए। 20 और
नूह, जो भूमि का मनुष्य था, ने अंगूर की बारी लगाई। 21 और
उसने दाखमधु पीकर नशे में होकर अपने तम्बू के भीतर
निर्वस्त्र हो गया। 22 और हम, जो कनान का पिता था, ने
अपने पिता की नग्नता देखी, और बाहर अपने दोनों भाइयों
को बताया। 23 तब शेम और याफ़ेत ने एक वस्त्र लिया, उसे
अपने दोनों कंधों पर रखा, और पीछे की ओर चलकर अपने
पिता की नग्नता ढक दी; और उनके मुख फिर गए थे,
इसलिये उन्होंने अपने पिता की नग्नता नहीं देखी। 24 और
नूह दाखमधु से जागा, और जान लिया कि उसके छोटे पुत्र ने
उससे क्या किया है, 25 और उसने कहा, "कनान शापित हो,
वह अपने भाइयों का दासों का दास हो।" 26 और उसने कहा,

"धन्य हो 𐤉𐤄𐤅𐤄, शेम का ईश्वर, और कनान उसका दास
हो।" 27 "ईश्वर याफ़ेत को बढ़ाए, और वह शेम के तम्बुओं में
वास करे। और कनान उसका दास बने।" 28 और नूह प्रलय
के बाद तीन सौ पचास वर्ष जीवित रहा। 29 सो नूह के सब
दिन नौ सौ पचास वर्ष हुए, और वह मर गया।

10 1 और यह नोह के पुत्रों की वंशावली है: शेम, हम,
और याफ़ेत। और जलप्रलय के बाद उनके लिए पुत्र
उत्पन्न हुए। 2 याफ़ेत के पुत्र: गोमेर, और मागोग, और मादै,
और यावन, और तूबल, और मेषेक और तीरस। 3 और
गोमेर के पुत्र: अश्कनज़, और रिफ़ाथ, और तोगर्मा। 4 और
यावन के पुत्र: एलीशाह और तरशीश, कित्तीम और
दोदानिम। 5 इनसे तटवर्ती देशों के लोग अपनी-अपनी भाषा,
अपनी-अपनी कुलों और अपनी-अपनी जातियों के अनुसार
अपने-अपने प्रदेशों में बंट गए। 6 और हम के पुत्र: कूश, और
मिस्र, और पूत, और कनान। 7 और कूश के पुत्र: सेबा, और
हविला, और सब्ताह, और रामा, और सब्तका। और रामा के
पुत्र: शेबा और देदान। 8 और कूश ने निम्मरोद को जन्म
दिया, वह पृथ्वी पर पराक्रमी होने लगा। 9 वह 𐤉𐤄𐤅𐤄 के
सामने पराक्रमी शिकारी था, इसलिये कहा जाता है, "जैसा
निम्मरोद, जो 𐤉𐤄𐤅𐤄 के सामने पराक्रमी शिकारी था।"
10 और उसके राज्य का आरम्भ बाबेल, और एरेक, और
अक्कद, और कल्नेह था, शिनार देश में। 11 उस देश से वह
अश्शूर गया और नीनवेह, और रहोबोथ इर, और किल्लह को
बनाया, 12 और नीनवेह और किल्लह के बीच में रेसन, वह
बड़ी नगरी। 13 और मिस्र ने लुदीम, और अनामीम, और
लेहाबीम, और नप्तुहीम को जन्म दिया, 14 और पथरुसीम,
और कस्लुहीम, जिनसे पलिश्ती और कफ्तोरीम उत्पन्न हुए।
15 और कनान ने सिदोन अपने पहलौठे को जन्म दिया, और
हेत को, 16 और यबूसी, और एमोरी, और गिर्गाशी को, 17 और
हिव्वी, और अर्की, और सिनी को, 18 और अरवादी, और
त्सेमारी, और हमाती को। और उसके बाद कनानी कुल फैल
गए। 19 और कनानियों की सीमा सिदोन से गेरार की ओर
जाते हुए, ग़ज़ा तक, और सदोम, और अमोरा, और अदमा,
और त्सेबोईम की ओर लाशा तक थी। 20 ये हम के पुत्र थे,
अपनी-अपनी कुलों के अनुसार, अपनी-अपनी भाषाओं के
अनुसार, अपने-अपने प्रदेशों और जातियों में। 21 और शेम
को भी, जो एबर के सब पुत्रों का पिता था, और याफ़ेत बड़े का
भाई था, संतान उत्पन्न हुई। 22 शेम के पुत्र: एलाम, और
अश्शूर, और अरपक्षद, और लुद, और अराम। 23 और
अराम के पुत्र: उत्स, और हुल, और गेतेर, और मश।
24 और अरपक्षद ने शेलह को जन्म दिया, और शेलह ने एबर
को जन्म दिया। 25 और एबर के दो पुत्र उत्पन्न हुए, एक का
नाम पेलेग था, क्योंकि उसके दिनों में पृथ्वी विभाजित हुई,
और उसके भाई का नाम योक्तान था। 26 और योक्तान ने
अलमोदाद, और शेलेफ, और हात्सर्माविथ, और येरह को
जन्म दिया, 27 और हदोरम, और उज़ाल, और दिक़्लह,
28 और ओबाल, और अबीमाएल, और शेबा, 29 और ओफिर,
और हविला, और योबाब। ये सब योक्तान के पुत्र थे।
30 और उनका निवास स्थान मेशा से लेकर सेफार तक था,
जो पूरब का एक पर्वत है। 31 ये शेम के पुत्र थे, उनके कुलों
के अनुसार, उनकी भाषाओं के अनुसार, उनके देशों में,
उनकी जातियों के अनुसार। 32 ये नूह के पुत्रों के कुल थे,
उनकी पीढ़ियों के अनुसार, उनकी जातियों में। और इनसे
जलप्रलय के बाद पृथ्वी पर जातियाँ विभाजित हुईं।

11 1 और यह हुआ, सारी पृथ्वी पर एक ही भाषा और एक
ही वचन था। 2 और यह हुआ, जब वे पूरब से निकले,
तो उन्होंने शिनआर देश में एक मैदान पाया, और वे वहाँ बस
गए। 3 और उन्होंने एक-दूसरे से कहा, "आओ, हम ईंट
बनाएँ और उन्हें अच्छे से पकाएँ।" और उनके पास पत्थर के
लिए ईंट थी, और उनके पास गारे के लिए डामर था। 4 और
उन्होंने कहा, "आओ, हम अपने लिए एक नगर और एक
गुम्बद बनाएँ, जिसकी चोटी आकाश (शमायिम) में हो, और
अपने लिए एक नाम बनाएँ, कहीं ऐसा न हो कि हम सारी पृथ्वी
के ऊपर तितर-बितर हो जाएँ।" 5 तब 𐤉𐤄𐤅𐤄 नीचे उतरे
उस नगर और गुम्बद को देखने के लिए, जिसे मनुष्यों के
पुत्रों ने बनाया था। 6 और 𐤉𐤄𐤅𐤄 ने कहा, "देखो, वे एक ही
जाति हैं और सब की भाषा एक ही है, और यही वे करना शुरू
कर रहे हैं! और अब, वे जो भी योजना करेंगे, उनसे रोका
नहीं जाएगा। 7 "आओ, हम वहाँ उतरें और उनकी भाषा को
गड़बड़ा दें, ताकि वे एक-दूसरे की वाणी को न समझें।"
8 और 𐤉𐤄𐤅𐤄 ने उन्हें वहाँ से सारी पृथ्वी के ऊपर तितर-
बितर कर दिया, और वे नगर का निर्माण करना छोड़ दिए।
9 इसी कारण उसका नाम बाबेल कहलाया, क्योंकि वहां
𐤉𐤄𐤅𐤄 ने सारी पृथ्वी की भाषा को गड़बड़ा दिया, और वहां
से 𐤉𐤄𐤅𐤄 ने उन्हें सारी पृथ्वी के ऊपर तितर-बितर कर
दिया। 10 यह शेम की वंशावली है: शेम सौ वर्ष का था और
बाढ़ के दो वर्ष बाद उसने अरपक्षद को उत्पन्न किया। 11 और
अरपक्षद को उत्पन्न करने के बाद, शेम पाँच सौ वर्ष जीवित
रहा, और उसने पुत्र-पुत्रियाँ उत्पन्न किए। 12 और अरपक्षद
पैंतीस वर्ष का था, और उसने शेलह को उत्पन्न किया।
13 और शेलह को उत्पन्न करने के बाद, अरपक्षद चार सौ
और तीन वर्ष जीवित रहा, और उसने पुत्र-पुत्रियाँ उत्पन्न
किए। 14 और शेलह तीस वर्ष का था, और उसने एबर को
उत्पन्न किया। 15 और एबर को उत्पन्न करने के बाद, शेलह
चार सौ और तीन वर्ष जीवित रहा, और उसने पुत्र-पुत्रियां
उत्पन्न किए। 16 और एबर चौंतीस वर्ष का था, और उसने
पेलेग को उत्पन्न किया। 17 और पेलेग को उत्पन्न करने के
बाद, एबर चार सौ तीस वर्ष जीवित रहा, और उसने पुत्र-
पुत्रियाँ उत्पन्न किए। 18 और पेलेग तीस वर्ष का था, और
उसने रेउ को उत्पन्न किया। 19 और रेउ को उत्पन्न करने के
बाद, पेलेग दो सौ नौ वर्ष जीवित रहा, और उसने पुत्र-पुत्रियां
उत्पन्न किए। 20 और रेउ बत्तीस वर्ष का था, और उसने
सरुग को उत्पन्न किया। 21 और सरुग को उत्पन्न करने के
बाद, रेउ दो सौ सात वर्ष जीवित रहा, और उसने पुत्र-पुत्रियां
उत्पन्न किए। 22 और सेरुग तीस वर्ष जीवित रहा, और नाहोर
को उत्पन्न किया। 23 और नाहोर को उत्पन्न करने के बाद,
सेरुग दो सौ वर्ष जीवित रहा, और पुत्रों और पुत्रियों को
उत्पन्न किया। 24 और नाहोर उन्तीस वर्ष जीवित रहा, और
तेरह को उत्पन्न किया। 25 और तेरह को उत्पन्न करने के

बाद, नाहोर एक सौ उन्नीस वर्ष जीवित रहा, और पुत्रों और
पुत्रियों को उत्पन्न किया। 26 और तेरह सत्तर वर्ष जीवित रहा,
और अब्राम, नाहोर और हारान को उत्पन्न किया। 27 और
तेरह की वंशावली यह है: तेरह ने अब्राम, नाहोर और हारान
को उत्पन्न किया। और हारान ने लूत को उत्पन्न किया।
28 और हारान अपने पिता तेरह के सामने, अपने जन्मभूमि
की भूमि, ऊर-कस्दीम में मर गया। 29 और अब्राम और
नाहोर ने पत्नियाँ लीं: अब्राम की पत्नी का नाम सारै था, और
नाहोर की पत्नी का नाम मिल्का था, जो हारान की बेटी थी,
मिल्का और यिस्का के पिता हारान की। 30 और सारै बांझ
थी, उसके कोई संतान नहीं थी। 31 और तेरह ने अपने पुत्र
अब्राम, और अपने पोते लूत, हारान के पुत्र को, और अपनी
पुत्रवधू सारै, अपने पुत्र अब्राम की पत्नी को लिया, और वे
ऊर-कस्दीम से निकलकर कनान की भूमि में जाने लगे।
और वे हारान आए और वहाँ बस गए। 32 और तेरह के दिन
दो सौ पाँच वर्ष के हुए, और तेरह हारान में मर गया।

12 1 और 𐤉𐤄𐤅𐤄 ने अब्राहम से कहा, "तू अपने देश
से, अपने रिश्तेदारों से और अपने पिता के घर से
उस देश की ओर निकल जा जिसे मैं तुझे दिखाऊँगा।
2 "और मैं तुझे एक बड़ी जाति बनाऊँगा, और तुझे आशीष
दूँगा और तेरा नाम बड़ा करूँगा, और तू एक आशीष होगा।
3 "और जो तुझे आशीष देगा उसे मैं आशीष दूँगा, और जो
तुझे शाप देगा उसे मैं शाप दूँगा। और तुझमें पृथ्वी के सब
कुल आशीष पाएँगे।" 4 सो अब्राहम चला गया जैसा 𐤉𐤄𐤅𐤄
ने उसे आज्ञा दी थी, और लूत उसके साथ गया। और
अब्राहम पचहत्तर वर्ष का था जब वह हारान से निकला।
5 और अब्राहम ने अपनी पत्नी सारै और अपने भाई के पुत्र
लूत को लिया, और सब सम्पत्ति जो उन्होंने बटोरा, और वे
प्राणी जो उन्होंने हारान में प्राप्त किए थे, और वे कनान देश
की ओर निकले। और वे कनान देश में पहुँचे। 6 और
अब्राहम देश से होकर शेकेम स्थान पर पहुँचा, मोरेह के बांज
वृक्ष तक। उस समय कनानी उस देश में थे। 7 और
𐤉𐤄𐤅𐤄 अब्राहम पर प्रकट हुआ और कहा, "तेरे वंश को मैं
यह देश दूँगा।" और उसने वहाँ 𐤉𐤄𐤅𐤄 के लिये एक वेदी
बनाई जो उस पर प्रकट हुआ था। 8 और वहाँ से वह उस
पर्वत की ओर बढ़ा जो बेत-एल के पूर्व है, और उसने अपना
तम्बू लगाया, बेत-एल पश्चिम में और ऐ पूर्व में था। और
उसने वहाँ 𐤉𐤄𐤅𐤄 के लिये एक वेदी बनाई, और 𐤉𐤄𐤅𐤄 के
नाम से प्रार्थना की। 9 और अब्राहम चला गया, दक्षिण देश की
ओर बढ़ते हुए। 10 और उस देश में अकाल पड़ा, और
अब्राहम मिस्र जाने को नीचे गया कि वहाँ रहे, क्योंकि देश में
अकाल भारी था। 11 और ऐसा हुआ, जब वह मिस्र में प्रवेश
करने के समीप था, तब उसने अपनी पत्नी सारै से कहा,
"देख, मैं जानता हूँ कि तू सुंदर स्त्री है। 12 "और ऐसा होगा
कि जब मिस्री तुझे देखेंगे, तो वे कहेंगे, 'यह उसकी पत्नी
है।' और वे मुझे मार डालेंगे, परन्तु तुझे जीवित रखेंगे।
13 "कृपया कह दे कि तू मेरी बहन है, ताकि तेरे कारण मुझे
भला हो और तेरे कारण मेरी जान बची रहे।" 14 और ऐसा
हुआ, जब अब्राहम मिस्र में आया, तो मिस्रियों ने उस स्त्री को
देखा, कि वह अत्यन्त सुन्दर थी। 15 और फ़िरऔन के
अधिकारियों ने उसे देखा और फ़िरऔन के सामने उसकी
प्रशंसा की, और उस स्त्री को फ़िरऔन के घर में ले जाया
गया। 16 और उसके कारण उसने अब्राहम का भला किया,
और उसके पास भेड़-बकरियाँ, गाय-बैल, नर गदहे, दास-
दासियाँ, मादा गदहियाँ, और ऊँट हो गए। 17 परन्तु 𐤉𐤄𐤅𐤄
ने फ़िरऔन और उसके घराने पर बड़ी-बड़ी विपत्तियाँ भेजी
सारै, अब्राहम की पत्नी के कारण। 18 और फ़िरऔन ने
अब्राहम को बुलाकर कहा, "तूने मुझसे यह क्या किया? तूने
मुझे क्यों नहीं बताया कि वह तेरी पत्नी है? 19 "तूने क्यों कहा,
'वह मेरी बहन है'? और मैं तो उसे अपनी पत्नी बनाने वाला
था। देख, यह तेरी पत्नी है, उसे ले और चला जा।" 20 और
फ़िरऔन ने अपने लोगों को उसके विषय में आज्ञा दी, और
उन्होंने उसे उसकी पत्नी और सब वस्तुओं समेत विदा कर
दिया।

13 1 और अब्राम मत्रस्त्रायिम से नेगेव की ओर ऊपर
गया, वह और उसकी पत्नी और जो कुछ उसके पास
था, और लोट उसके साथ। 2 और अब्राम पशुधन, चाँदी और
सोने में बहुत धनी था। 3 और वह नेगेव से अपनी यात्रा करता
हुआ बेथ ईश्वर तक पहुँचा, उस स्थान पर जहाँ उसका तंबू
प्रारंभ में था, बेथ ईश्वर और ऐ के बीच। 4 उस स्थान पर
जहाँ उसने पहले वेदी बनाई थी। और वहाँ अब्राम ने 𐤉𐤄𐤅𐤄
के नाम से पुकारा। 5 और लोट, जो अब्राम के साथ गया था,
उसके पास भी झुंड, पशुधन और तंबू थे। 6 और वह देश
उन्हें सहन नहीं कर सकता था कि वे साथ-साथ बसें, क्योंकि
उनकी संपत्ति बड़ी थी, और वे साथ नहीं बस सकते थे।
7 और अब्राम के पशुओं के चरवाहों और लोट के पशुओं के
चरवाहों के बीच झगड़ा हुआ। और उस समय कनानी और
परिज्जी उस देश में रहते थे। 8 तब अब्राम ने लोट से कहा,
"कृपया मेरे और तेरे बीच, और मेरे चरवाहों और तेरे चरवाहों
के बीच कोई झगड़ा न हो, क्योंकि हम भाई हैं। 9 क्या सारा
देश तेरे सामने नहीं है? कृपया मुझसे अलग हो जा। यदि तू
बाएँ जाएगा, तो मैं दाहिने जाऊँगा; या यदि तू दाहिने जाएगा,
तो मैं बाएँ जाऊँगा।" 10 और लोट ने अपनी आँखें उठाई
और यरदेन की पूरी तराई को देखा, कि वह हर जगह भली-
भाँति सींची हुई थी – 𐤉𐤄𐤅𐤄 के सदोम और अमोरा को नष्ट
करने से पहले – 𐤉𐤄𐤅𐤄 की वाटिका के समान, मत्रस्त्रायिम
की भूमि के समान, जब तू सोआर की ओर जाता है। 11 तब
लोट ने अपने लिये यरदेन की सारी तराई को चुना, और लोट
पूरब की ओर चला गया। इस प्रकार वे एक-दूसरे से अलग
हो गए। 12 अब्राम कनान देश में बस गया, और लोट तराई
के नगरों में बस गया और उसने अपना तंबू सदोम तक खड़ा
किया। 13 परन्तु सदोम के लोग बुरे थे और 𐤉𐤄𐤅𐤄 के
सामने अत्यन्त पापी थे। 14 और लोट के उससे अलग होने
के बाद, 𐤉𐤄𐤅𐤄 ने अब्राम से कहा, "अब अपनी आँखें
उठाकर उस स्थान से देख, जहाँ तू है, उत्तर और दक्षिण
और पूरब और पश्चिम की ओर। 15 क्योंकि जो कुछ भूमि तू
देखता है, उसे मैं तुझे और तेरे वंश को सदा के लिये दूँगा।
16 "और मैं तेरे वंश को पृथ्वी की धूल के समान कर दूँगा,
ताकि यदि कोई पृथ्वी की धूल की गिनती कर सके, तो तेरा
वंश भी गिना जा सके।" 17 "उठ, देश की लंबाई और चौड़ाई
में घूम, क्योंकि मैं इसे तुझे देता हूँ।" 18 तब अब्राम ने अपना

तंबू उठाया, और मम्रे के बांज वृक्षों के पास जाकर बस गया,
जो हेब्रोन में हैं, और वहाँ उसने 𐤉𐤄𐤅𐤄 के लिये एक वेदी
बनाई।

14 [1]और ऐसा हुआ कि शिनअर के राजा अम्राफ़ेल के
दिनों में, एलासार के राजा अर्योक़, ईलाम के राजा
केदोर्लाओमर, और ग़ोयिम के राजा तिदआल, [2]उन्होंने
सदोम के राजा बेरा, अमोरा के राजा बिरशा, अदमा के राजा
शिनाब, त्सेबोईम के राजा शेमएबर, और बाला के राजा, जो
त्सोआर है, के विरुद्ध युद्ध किया। [3]ये सब सिद्दिम की तराई
में, जो नमक का समुद्र है, इकट्ठे हुए। [4]बारह वर्षों तक
उन्होंने केदोर्लाओमर की सेवा की, और तेरहवें वर्ष में उन्होंने
विद्रोह किया। [5]और चौदहवें वर्ष में केदोर्लाओमर और उसके
साथियों ने आकर अश्तरोत क़र्नेयिम में रेफ़ाईम, हम में
ज़ूज़ीम, और शावे किर्यातयिम में एमीम को मारा, [6]और उनके
पहाड़ सेईर में होरीम को, एल पारान तक, जो जंगल के पास
है। [7]और वे लौटकर एयन मिश्पात आए, जो क़ादेश है, और
अमालेकियों के सारे देश को मारा, और अमोरियों को भी, जो
हात्सेत्सोन तामार में रहते थे। [8]तब सदोम का राजा, और
अमोरा का राजा, और अदमा का राजा, और त्सेबोईम का
राजा, और बाला का राजा, जो त्सोआर है, बाहर निकले और
सिद्दिम की तराई में युद्ध के लिए पंक्तिबद्ध हुए, [9]ईलाम के
राजा केदोर्लाओमर, ग़ोयिम के राजा तिदआल, शिनअर के
राजा अम्राफ़ेल, और एलासार के राजा अर्योक़ के विरुद्ध -
चार राजा पाँच के विरुद्ध। [10]और सिद्दिम की तराई में बहुत
गड्ढे थे। और सदोम और अमोरा के राजा भाग गए और वहाँ
गिर पड़े, और जो बच गए वे पहाड़ों की ओर भागे। [11]और
उन्होंने सदोम और अमोरा की सारी संपत्ति और उनका सारा
भोजन ले लिया और चले गए। [12]और वे लूत को ले गए, जो
अब्राहम के भाई का बेटा था और सदोम में रहता था, और
उसकी संपत्ति को भी, और चले गए। [13]तब एक भागा हुआ
व्यक्ति आया और अब्राहम इब्री को बताया, क्योंकि वह अमोरी
ममरे के बांज वृक्षों के पास रहता था, जो एशकोल का भाई
और अनेर का भाई था; और वे अब्राहम के साथ वाचा में थे।
[14]जब अब्राहम ने सुना कि उसका भाई बंदी बना लिया गया है,
तो उसने अपने घर में जन्मे अपने तीन सौ अठारह प्रशिक्षित
सेवकों को सशस्त्र किया और दान तक उनका पीछा किया।
[15]और उसने और उसके सेवकों ने रात में उन पर हमला
किया और उन्हें मारा, और दमिश्क के बाईं ओर होबा तक
उनका पीछा किया। [16]सो उसने सब संपत्ति वापस लाई, और
अपने भाई लूत को भी उसकी संपत्ति सहित, और स्त्रियों और
लोगों को भी वापस लाया। [17]और जब वह केदोर्लाओमर और
उसके साथियों को हराकर लौटा, तो सदोम का राजा शावे की
तराई में, जो राजा की तराई है, उससे मिलने बाहर आया।
[18]और शालेम का राजा मल्कीसेदेक़ रोटी और दाखमधु
लेकर आया। और वह परमप्रधान ईश्वर का याजक था।
[19]और उसने उसे आशीर्वाद दिया और कहा, "आशीषित हो
अब्राहम परमप्रधान ईश्वर का, जो आकाश और पृथ्वी का
स्वामी है। [20]"और आशीषित हो परमप्रधान ईश्वर, जिसने
तेरे शत्रुओं को तेरे हाथ में कर दिया।" और उसने उसे सब
का दशमांश दिया। [21]तब सदोम के राजा ने अब्राहम से
कहा, "मुझे लोग दे दे, और संपत्ति अपने लिए ले ले।"
[22]परन्तु अब्राहम ने सदोम के राजा से कहा, "मैंने 𐤉𐤄𐤅𐤄,
परमप्रधान ईश्वर, जो आकाश और पृथ्वी का स्वामी है, की
ओर अपने हाथ उठाए हैं, [23]कि मैं तेरा कोई भी वस्त्र, न तो
धागा, न जूते की डोरी, कुछ भी नहीं लूँगा, ऐसा न हो कि तू
कहे, 'मैंने अब्राहम को धनी बनाया।' [24]सिवाय केवल उसी
के जो जवानों ने खाया है, और उन पुरुषों के भाग के, जो मेरे
साथ गए थे: अनेर, एशकोल और ममरे; वे अपना भाग ले
लें।"

15 [1]इन घटनाओं के बाद 𐤉𐤄𐤅𐤄 का वचन अब्राम को
एक दर्शन में आया, यह कहते हुए, "मत डर,
अब्राम। मैं तेरा ढाल हूँ, तेरा प्रतिफल अत्यन्त महान है।"
[2]और अब्राम ने कहा, "प्रभु 𐤉𐤄𐤅𐤄, तू मुझे क्या देगा,
क्योंकि मैं निःसंतान जा रहा हूँ, और मेरे घर का उत्तराधिकारी
दम्मेसेक का एलीएज़र है?" [3]और अब्राम ने कहा, "देख, तूने
मुझे कोई संतान नहीं दी है, और देख, मेरे घर में जन्मा हुआ
यह मेरा उत्तराधिकारी है!" [4]और देख, 𐤉𐤄𐤅𐤄 का वचन
उसके पास आया, यह कहते हुए, "यह तेरा उत्तराधिकारी नही
होगा, परन्तु जो तेरे अपने शरीर से निकलेगा वही तेरा
उत्तराधिकारी होगा।" [5]और उसने उसे बाहर ले जाकर
कहा, "अब आकाश की ओर देख और तारों को गिन, यदि तू
उन्हें गिन सके।" और उसने उससे कहा, "तेरी सन्तान ऐसी
ही होगी।" [6]और उसने 𐤉𐤄𐤅𐤄 पर विश्वास किया, और
उसने उसे धर्म के लिए गिना। [7]और उसने उससे कहा, "मैं
𐤉𐤄𐤅𐤄 हूँ, जिसने तुझे ऊर-कसदीम से निकालकर यह
देश देने के लिए लाया, ताकि तू इसे विरासत में पाए।" [8]और
उसने कहा, "प्रभु 𐤉𐤄𐤅𐤄, मैं कैसे जानूँ कि मैं इसे विरासत
में पाऊँगा?" [9]और उसने उससे कहा, "मेरे पास तीन वर्ष की
एक बछिया, तीन वर्ष की एक बकरी, तीन वर्ष का एक मेढ़ा,
एक फाख्ता और एक जवान कबूतर ला।" [10]और उसने ये
सब उसके पास लाकर बीच से दो टुकड़े कर दिए, और हर
टुकड़े को उसके सामने रख दिया; परन्तु उसने पक्षियों को
नहीं चिरा। [11]और गिद्ध उन लाशों पर उतरे, परन्तु अब्राम ने
उन्हें भगा दिया। [12]और ऐसा हुआ कि जब सूर्य अस्त हो रहा
था, तो अब्राम पर गहरी नींद छा गई; और देखो, उस पर एक
भयानक गहरी अन्धकार छा गया। [13]और उसने अब्राम से
कहा, "निश्चय जान ले कि तेरी सन्तान परदेशी होगी उस
देश में जो उनका नहीं है; और वे उनकी सेवा करेंगे, और वे
उन्हें चार सौ वर्षों तक सताएँगे। [14]"परन्तु जिस जाति की वे
सेवा करेंगे, मैं उसका न्याय करूँगा, और उसके बाद वे बड़ी
सम्पत्ति के साथ निकलेंगे। [15]"और तू अपने पितरों के पास
शान्ति से जाएगा; तू अच्छी वृद्धावस्था में गाड़ा जाएगा।"
[16]"और चौथी पीढ़ी में वे यहाँ लौट आएँगे, क्योंकि एमोरीयों
का अधर्म अभी पूरा नहीं हुआ है।" [17]और ऐसा हुआ कि जब
सूर्य अस्त हुआ और अन्धकार छा गया, तब देखो, एक
धूम्रयुक्त भट्ठी और जलती हुई मशाल उन टुकड़ों के बीच से
होकर गई। [18]उसी दिन 𐤉𐤄𐤅𐤄 ने अब्राम के साथ वाचा
बाँधी, यह कहते हुए, "मैंने यह देश तेरी सन्तान को दिया है,
मिस्र की नदी से लेकर उस बड़ी नदी, फरात नदी तक—
[19]केनी, और केनिज्जी, और कदमोनी, [20]और हित्ती, और

परिज्जी, और रेफ़ाईम, 21 और एमोरी, और कनानी, और
गिर्गाशी, और यबूसी।"

16 1 और सरै, अब्राम की पत्नी, ने उसे कोई संतान नहीं
दी थी। और उसके पास एक मिस्त्री दासी थी जिसका
नाम हागर था। 2 और सरै ने अब्राम से कहा, "देखो,
𐤉𐤄𐤅𐤄 ने मुझे संतान देने से रोक दिया है। कृपया, मेरी
दासी के पास जाओ। सम्भव है कि मैं उसके द्वारा सन्तान पा
सकूँ।" और अब्राम ने सरै की बात सुनी। 3 और सरै, अब्राम
की पत्नी, ने अपनी दासी हागर, मिस्त्री को लिया, और उसे
अपने पति अब्राम को उसकी पत्नी बनने के लिए दे दिया, जब
अब्राम कनान देश में दस वर्ष तक रह चुका था। 4 और वह
हागर के पास गया, और उसने गर्भ धारण किया। और जब
उसने देखा कि उसने गर्भ धारण किया है, तो उसकी स्वामिनी
उसकी आँखों में तुच्छ हो गई। 5 और सरै ने अब्राम से कहा,
"मेरा अन्याय तुझ पर हो! मैंने अपनी दासी को तेरी गोद में
दिया। और जब उसने देखा कि उसने गर्भ धारण किया है,
तो मैं उसकी आँखों में तुच्छ हो गई। 𐤉𐤄𐤅𐤄 हमारे बीच
न्याय करे।" 6 और अब्राम ने सरै से कहा, "देख, तेरी दासी
तेरे हाथ में है, उसके साथ वैसा कर जैसा तेरी आँखों में
अच्छा हो।" और सरै ने उसके साथ कठोरता से व्यवहार
किया, और वह उसके सामने से भाग गई। 7 और 𐤉𐤄𐤅𐤄
का दूत उसे जंगल में जल के सोते पर, शूर के रास्ते पर सोते
के पास मिला, 8 और उसने कहा, "हागर, सरै की दासी, तू
कहाँ से आई है, और कहाँ जा रही है?" और उसने कहा, "मैं
अपनी स्वामिनी सरै के सामने से भाग रही हूँ।" 9 और
𐤉𐤄𐤅𐤄 के दूत ने उससे कहा, "अपनी स्वामिनी के पास
लौट जा, और उसके हाथ के नीचे दीन बन।" 10 और
𐤉𐤄𐤅𐤄 के दूत ने उससे कहा, "मैं तेरे वंश को बहुत
बढ़ाऊँगा, इतना कि गिना न जा सके।" 11 और 𐤉𐤄𐤅𐤄 के
दूत ने उससे कहा, "देख, तू गर्भवती है और पुत्र जनेगी, और
उसका नाम यिश्माएल रखना, क्योंकि 𐤉𐤄𐤅𐤄 ने तेरी दुर्दशा
सुनी है।" 12 "और वह वनपुरुष होगा, उसका हाथ सबके
विरुद्ध और सबका हाथ उसके विरुद्ध होगा, और वह अपने
सब भाइयों के सामने बसेगा।" 13 और उसने 𐤉𐤄𐤅𐤄 का
नाम पुकारा जिसने उससे बातें कीं, "तू वही ईश्वर है जो
देखता है," क्योंकि उसने कहा, "क्या मैंने यहाँ भी उसे देखा है
जो मुझे देखता है?" 14 इसी कारण उस कुएँ का नाम बेएर
लहै रोई पड़ा; देख, वह कादेश और बेरेद के बीच है।
15 और हागर ने अब्राम को एक पुत्र जन दिया, और अब्राम ने
अपने पुत्र का नाम, जिसे हागर ने जना, यिश्माएल रखा।
16 और जब हागर ने अब्राम को यिश्माएल जना, तब अब्राम
छियासी वर्ष का था।

17 1 और ऐसा हुआ जब अब्राहम निन्यानवे वर्ष का था,
कि 𐤉𐤄𐤅𐤄 अब्राहम के पास प्रकट हुआ और उससे
कहा, "मैं ईश्वर शद्दाई हूँ - मेरे सामने चल और सिद्ध बन।"
2 "और मैं अपना वाचा तेरे और मेरे बीच दूँगा, और तुझे बहुत
बढ़ाऊँगा।" 3 और अब्राहम अपने मुँह के बल गिर पड़ा, और
ईश्वर ने उससे बात की, कहा, 4 "मेरे लिए देख, मेरा वाचा
तेरे साथ है, और तू बहुत जातियों का पिता बनेगा।" 5 "और
अब तेरा नाम अब्राहम न कहलाए, परन्तु तेरा नाम अब्राहम
होगा, क्योंकि मैं तुझे बहुत जातियों का पिता बनाऊँगा।"
6 "और मैं तुझे अत्यन्त फलवंत करूँगा, और तुझसे जातियां
होंगी, और राजाओं तेरे से निकलेंगे।" 7 "और मैं अपना
वाचा तेरे और तेरे बाद तेरी सन्तान के साथ उनकी पीढ़ियों में
ठहराऊँगा, सदा का वाचा होकर, कि मैं तेरे और तेरे बाद तेरी
सन्तान का ईश्वर ठहरूँ।" 8 "और मैं तुझे और तेरे बाद तेरी
सन्तान को तेरे परदेश की भूमि, अर्थात सब कनान की भूमि,
सदा के निज भाग के लिए दूँगा, और मैं उनका ईश्वर
ठहरूँगा।" 9 और ईश्वर ने अब्राहम से कहा, "तेरे लिए, तू
मेरा वाचा मान रख, तू और तेरे बाद तेरी सन्तान, उनकी
पीढ़ियों में।" 10 "यह मेरा वाचा है, जो तुम मान रखोगे, मेरे
और तुम्हारे बीच, और तेरे बाद तेरी सन्तान के बीच: तुममें
हर नर का खतना किया जाए।" 11 "और तुम अपने खतने
की चमड़ी का खतना करना, और यह मेरे और तुम्हारे बीच
वाचा का चिन्ह होगा।" 12 "और आठ दिन का हर नर बच्चा,
जो तुम्हारी पीढ़ियों में जन्म ले, चाहे वह तुम्हारे घर में जन्मा हो
या किसी परदेशी से रूपए देकर खरीदा हो, जो तुम्हारी
सन्तान का न हो, उसका खतना किया जाए।" 13 "जो तेरे
घर में जन्मा हो, और जो तेरे रूपए से खरीदा गया हो, उसका
अवश्य खतना किया जाए, और इस प्रकार मेरा वाचा तुम्हारे
शरीर में सदा का वाचा ठहरेगा।" 14 "और जो नर खतना न
किया जाए, अर्थात उसकी चमड़ी का खतना न किया जाए,
वह अपनी जाति से अलग किया जाएगा - उसने मेरा वाचा
तोड़ा है।" 15 और ईश्वर ने अब्राहम से कहा, "तेरी पत्नी सरै
के विषय में, तू उसका नाम सरै न कहे, परन्तु उसका नाम
सारा होगा।" 16 "और मैं उसको आशीर्वाद दूँगा और तुझे
उससे एक पुत्र दूँगा। और मैं उसको आशीर्वाद दूँगा, और वह
जातियों की माता होगी - लोगों के राजा उस से होंगे।" 17 तब
अब्राहम अपने मुँह के बल गिरा और हँसा, और अपने मन में
कहा, "क्या सौ वर्ष के बूढ़े को संतान होगी? और क्या सारा,
जो निन्यानवे वर्ष की है, जन्म देगी?" 18 और अब्राहम ने
ईश्वर से कहा, "ओह, काश कि इस्माएल तेरे सामने जीवित
रहे!" 19 और ईश्वर ने कहा, "नहीं, तेरी पत्नी सारा तुझे पुत्र
जनेगी, और तू उसका नाम इसहाक रखना; और मैं अपना
वाचा उसके साथ ठहराऊँगा, सदा का वाचा होकर, और
उसके बाद उसकी सन्तान के साथ।" 20 "और इस्माएल के
विषय में, मैंने तेरा कहा सुना है। देख, मैं उसको आशीर्वाद
दूँगा, और उसको फलवंत करूँगा, और उसको बहुत
बढ़ाऊँगा। वह बारह प्रधान उत्पन्न करेगा, और मैं उसको एक
बड़ी जाति बनाऊँगा।" 21 "परन्तु मेरा वाचा मैं इसहाक के
साथ ठहराऊँगा, जिसे सारा अगले वर्ष इस समय तुझे
जनेगी।" 22 और जब उसने अब्राहम से बातें करना समाप्त
किया, तब ईश्वर उस से ऊपर चला गया। 23 तब अब्राहम ने
अपने पुत्र इस्माएल को, और अपने घर में जन्मे सब को,
और अपने रूपए से खरीदे सब को, अब्राहम के घर के हर
नर को लिया, और उसी दिन उनके खतने की चमड़ी का
खतना किया, जैसा ईश्वर ने उससे कहा था। 24 और
अब्राहम निन्यानवे वर्ष का था, जब उसके खतने की चमड़ी
का खतना किया गया। 25 और उसका पुत्र इस्माएल तेरह
वर्ष का था, जब उसके खतने की चमड़ी का खतना किया
गया। 26 अब्राहम और उसका पुत्र इस्माएल, दोनों का उसी

दिन खतना हुआ। [27] और उसके घर के सब लोग, घर में
जन्मे और रूपए से किसी परदेशी से खरीदे हुए, उसके साथ
खतना किए गए।

18

[1] और 𐤉𐤄𐤅𐤄 उसे मम्रे के बलूत के वृक्षों के पास
दिखाई दिए, जब वह दिन की गर्मी में तम्बू के द्वार पर
बैठा था। [2] तब उसने अपनी आँखें उठाई और देखा, और
देखो, तीन पुरुष उसके सामने खड़े थे। और जब उसने
उन्हें देखा, तो वह तम्बू के द्वार से उनकी ओर दौड़ा और भूमि
पर झुककर प्रणाम किया। [3] और कहा, "𐤉𐤄𐤅𐤄, यदि अब
मैंने तेरी दृष्टि में अनुग्रह पाया है, तो कृपया अपने दास को न
छोड़। [4] "कृपया थोड़ा जल लाने दो, और अपने पाँव धो लो,
और उस वृक्ष के नीचे विश्राम करो। [5] "और मैं एक टुकड़ा
रोटी लाऊँ और तुम्हारे हृदयों को तरोताज़ा करूँ, और फिर
तुम आगे बढ़ना, क्योंकि यही कारण है कि तुम अपने दास के
पास आए हो।" और उन्होंने कहा, "जैसा तूने कहा है, वैसा
कर।" [6] तब अब्राहम तम्बू में सारा के पास दौड़ा और कहा,
"जल्दी कर, तीन सी'इम उत्तम आटे का गूंध ले और रोटियाँ
बना।" [7] और अब्राहम झुंड के पास दौड़ा, एक कोमल और
अच्छा बछड़ा लिया, और उसे एक जवान के हाथ में दिया,
और उसने शीघ्रता से उसे तैयार किया। [8] और उसने दही
और दूध और वह बछड़ा जो उसने तैयार किया था लिया,
और उनके सामने रखा; और वह उनके पास उस वृक्ष के
नीचे खड़ा रहा जब वे खा रहे थे। [9] और उन्होंने उससे कहा,
"तेरी पत्नी सारा कहाँ है?" और उसने कहा, "देख, वह तम्बू
में है।" [10] और उसने कहा, "मैं अवश्य जीवन के समय के
अनुसार तेरे पास लौटूँगा, और देख, तेरी पत्नी सारा के पुत्र
होगा!" और सारा तम्बू के द्वार में सुन रही थी, जो उसके पीछे
था। [11] अब अब्राहम और सारा बूढ़े थे, आयु में बहुत आगे बढ़े
हुए, और सारा स्त्रियों के रीति से परे हो गई थी। [12] और
सारा ने अपने मन में हँसकर कहा, "क्या मेरे बूढ़े हो जाने के
बाद भी मुझे सुख होगा, जब मेरा स्वामी भी बूढ़ा है?" [13] और
𐤉𐤄𐤅𐤄 ने अब्राहम से कहा, "सारा ने क्यों हँसी, यह कहकर,
'क्या मैं सचमुच वृद्ध होने पर भी बच्चा जनूँगी?'" [14] "क्या
कोई बात 𐤉𐤄𐤅𐤄 के लिये कठिन है? नियत समय पर,
जीवन के समय के अनुसार, मैं तेरे पास लौटूँगा, और सारा
के पुत्र होगा।" [15] परन्तु सारा ने इंकार किया, यह कहकर,
"मैंने नहीं हँसी," क्योंकि वह डर गई थी। और उसने कहा,
"नहीं, परन्तु तूने हँसी थी!" [16] तब वे पुरुष वहाँ से उठे और
सदोम की ओर दृष्टि की; और अब्राहम उनके साथ चला उन्हें
विदा करने। [17] और 𐤉𐤄𐤅𐤄 ने कहा, "क्या मैं अब्राहम से
वह बात छिपाऊँ जो मैं करने जा रहा हूँ? [18] क्योंकि अब्राहम
अवश्य एक बड़ी और सामर्थी जाति बनेगा, और पृथ्वी की सब
जातियाँ उसमें आशीष पाएँगी। [19] "क्योंकि मैं ने उसको जाना
है, ताकि वह अपने पुत्रों और अपने घराने को अपने पीछे
आदेश दे कि वे 𐤉𐤄𐤅𐤄 के मार्ग की रक्षा करें, धर्म और
न्याय करें, ताकि 𐤉𐤄𐤅𐤄 अब्राहम के लिए वह लाए जो उसने
उससे कहा है।" [20] और 𐤉𐤄𐤅𐤄 ने कहा, "क्योंकि सदोम
और अमोरा के विरुद्ध पुकार बड़ी है, और क्योंकि उनका पाप
बहुत भारी है, [21] "मैं अब उतर कर देखूँगा कि क्या उन्होंने
पूरी तरह वैसा ही किया है जैसा पुकार मेरे पास पहुँची है; और
यदि नहीं, तो मैं जानूँगा।" [22] तब वे पुरुष वहाँ से मुड़कर
सदोम की ओर गए, परन्तु अब्राहम अब भी 𐤉𐤄𐤅𐤄 के
सामने खड़ा रहा। [23] और अब्राहम निकट आकर बोला,
"क्या तू धर्मी को दुष्ट के साथ नाश करेगा? [24] "यदि नगर
के भीतर पचास धर्मी हों, तो क्या तू उस स्थान को नाश करेगा
और उन पचास धर्मियों के कारण उसे नहीं छोड़ेगा? [25] "तुझ
से ऐसा करना दूर है, धर्मी को दुष्ट के साथ मार डालना, कि
धर्मी दुष्ट के समान ठहरे। तुझ से ऐसा होना दूर है! क्या
सारी पृथ्वी का न्यायी न्याय नहीं करेगा?" [26] और 𐤉𐤄𐤅𐤄 ने
कहा, "यदि मैं सदोम में नगर के भीतर पचास धर्मी पाऊँ, तो
उनके कारण पूरे स्थान को छोड़ दूँगा।" [27] तब अब्राहम ने
उत्तर दिया और कहा, "देख, कृपया, मैं तो धूल और राख हूँ,
फिर भी मैंने अपने ऊपर लिया है कि 𐤉𐤄𐤅𐤄 से बातें करूँ।
[28] "यदि पचास धर्मियों से पाँच कम हों, तो क्या तू उन पाँच के
कारण पूरे नगर को नाश करेगा?" और उसने कहा, "यदि
वहाँ पैंतालीस मिलें, तो मैं नाश नहीं करूँगा।" [29] और उसने
फिर उससे कहा, "यदि चालीस पाए जाएँ तो?" और उसने
कहा, "चालीस के कारण मैं यह काम नहीं करूँगा।" [30] और
उसने कहा, "𐤉𐤄𐤅𐤄 क्रोधित न हो, और मैं कहूँ: यदि तीस
पाए जाएँ तो?" और उसने कहा, "यदि मैं तीस वहाँ पाऊँ, तो
मैं यह काम नहीं करूँगा।" [31] और उसने कहा, "देख,
कृपया, मैंने अपने ऊपर लिया है कि 𐤉𐤄𐤅𐤄 से कहूँ: यदि
बीस पाए जाएँ तो?" और उसने कहा, "बीस के कारण मैं उसे
नाश नहीं करूँगा।" [32] और उसने कहा, "𐤉𐤄𐤅𐤄 क्रोधित
न हो, और मैं केवल एक बार और कहूँ: यदि दस पाए जाएं
तो?" और उसने कहा, "दस के कारण मैं उसे नाश नहीं
करूँगा।" [33] तब 𐤉𐤄𐤅𐤄 वहाँ से चला गया, जैसे ही उसने
अब्राहम से बात करना समाप्त किया। और अब्राहम अपने
स्थान पर लौट आया।

19

[1] और दो दूत सदोम में संध्या समय आए, और लूत
सदोम के फाटक पर बैठा हुआ था। और जब लूत ने
उन्हें देखा, तो वह उठकर उनसे मिलने गया, और उसने
अपना मुख भूमि की ओर झुकाया। [2] और उसने कहा,
"देखो, कृपया मेरे स्वामियों, कृपया अपने दास के घर में
आओ और रात बिताओ, और अपने पाँव धो लो, और सुबह
जल्दी उठकर अपने मार्ग पर चले जाओ।" और उन्होंने
कहा, "नहीं, परन्तु हम चौक में रात बिताएँगे।" [3] परन्तु
उसने उन्हें बहुत आग्रह किया, और वे उसकी ओर मुड़े और
उसके घर में आए। और उसने उनके लिये एक भोज तैयार
किया, और अखमीरी रोटी सेंकी, और उन्होंने खाया। [4] वे
लेटने से पहले, नगर के लोग, सदोम के लोग, बूढ़े और
जवान, सब लोग हर ओर से, उस घर को घेर लिया। [5] और
उन्होंने लूत को पुकारा और उससे कहा, "वे पुरुष कहाँ हैं जो
आज रात तेरे पास आए हैं? उन्हें हमारे पास बाहर ला, और
हम उन्हें 'जानें'। [6] तब लूत उनके पास दरवाज़े से बाहर
गया, और उसके पीछे दरवाज़ा बंद कर दिया। [7] और कहा,
"कृपया, मेरे भाइयों, बुरा मत करो! [8] "देखो, कृपया, मेरी दो
बेटियाँ हैं जिन्होंने किसी पुरुष को नहीं जाना। कृपया, मैं उन्हें
तुम्हारे पास बाहर लाता हूँ, और जो तुम्हारी दृष्टि में अच्छा है,
वह उनके साथ करो; केवल इन पुरुषों पर कोई काम मत
करो, क्योंकि वे मेरी छत की छाया में आए हैं।" [9] परन्तु

उन्होंने कहा, “हट जा!” और उन्होंने कहा, “यह एक परदेशी
आकर बस गया, और क्या वह सदा न्यायी बने? अब हम तुझ
से भी उनके से बुरा व्यवहार करेंगे।” और उन्होंने उस पुरुष
लूत पर बहुत दबाव डाला, और दरवाज़ा तोड़ने के लिए पास
आए। 10 परन्तु उन पुरुषों ने अपने हाथ बढ़ाकर लूत को
अपने पास घर के भीतर खींच लिया, और दरवाज़ा बंद कर
दिया। 11 फिर उन्होंने उन पुरुषों को जो घर के दरवाज़े पर
थे, छोटे और बड़े, अन्धेपन से मार दिया, और वे दरवाज़ा
ढूँढते-ढूँढते थक गए। 12 और उन पुरुषों ने लूत से कहा,
“क्या यहाँ और कोई तेरा है? दामाद, और तेरे बेटे, और तेरी
बेटियाँ, और जो कोई तेरा नगर में है - उन्हें इस स्थान से
बाहर ले जा। 13 “क्योंकि हम इस स्थान को नष्ट करने जा
रहे हैं, क्योंकि उनका क्रन्दन 𐤉𐤄𐤅𐤄 के मुख के सामने
बहुत बढ़ गया है, और 𐤉𐤄𐤅𐤄 ने हमें इसे नष्ट करने के लिए
भेजा है।” 14 तब लूत बाहर गया और अपने दामादों से कहा,
जिन्होंने उसकी बेटियों से विवाह किया था, और कहा, “उठो,
इस स्थान से बाहर निकलो, क्योंकि 𐤉𐤄𐤅𐤄 इस नगर को
नष्ट करने जा रहा है!” परन्तु उसके दामादों को वह हँसी
करता हुआ जान पड़ा। 15 और जब भोर हुई, तो दूतों ने लूत
से जल्दी करने को कहा, “उठ, अपनी पत्नी और अपनी दो
बेटियों को ले ले जो यहाँ हैं, ऐसा न हो कि तू नगर की सज़ा में
नाश हो जाए।” 16 और जब वह देर कर रहा था, तो उन
पुरुषों ने उसका हाथ, और उसकी पत्नी का हाथ, और
उसकी दो बेटियों के हाथ पकड़े, क्योंकि 𐤉𐤄𐤅𐤄 उस पर
दया करता था, और उन्हें बाहर ले गए और नगर के बाहर
रख दिया। 17 और ऐसा हुआ, जब उन्होंने उन्हें बाहर लाया,
तो उसने कहा, “अपने जीवन के लिये भागो! पीछे मत देखना
और न ही कहीं मैदान में ठहरना। पहाड़ों की ओर भागो, ऐसा
न हो कि तू नाश हो जाए।” 18 और लूत ने उनसे कहा, “अरे
नहीं, 𐤉𐤄𐤅𐤄! 19 “देखो, कृपया, तेरे दास ने तेरी दृष्टि में
अनुग्रह पाया है, और तूने अपनी करुणा बढ़ाई है जो तूने मेरे
जीवन को बचाकर मुझ पर की है, परन्तु मैं पहाड़ों की ओर
भागने में असमर्थ हूँ, ऐसा न हो कि विपत्ति मुझे पकड़ ले और
मैं मर जाऊँ। 20 “देखो, कृपया, यह नगर भागने के लिये
निकट है, और यह छोटा है। कृपया मुझे वहाँ भागने दे - क्या
यह छोटी बात नहीं है - और मेरा जीवन बचा रहे।” 21 और
उसने उससे कहा, “देख, मैंने इस विषय में भी तेरी ओर कृपा
की है, उस नगर को उलटने के बिना जिसके लिये तूने कहा
है। 22 “जल्दी करो, वहाँ भागो। क्योंकि मैं कोई काम करने
में सक्षम नहीं हूँ जब तक तुम वहाँ नहीं पहुँचते।” इसलिए
उस नगर का नाम सो'अर कहलाया। 23 जब लोट सो'अर में
प्रवेश किया तब पृथ्वी पर सूर्य उदय हुआ। 24 और 𐤉𐤄𐤅𐤄
ने सदोम और अमोरा पर गन्धक और आग बरसाई,
𐤉𐤄𐤅𐤄 से आकाशमण्डल में से। 25 इस प्रकार उसने उन
नगरों को, और सम्पूर्ण मैदान को, और नगरों के सब
निवासियों को, और भूमि पर जो कुछ उगा था, सबको उलट
दिया। 26 परन्तु उसकी पत्नी उसके पीछे से पीछे मुड़ी और
वह नमक का खम्भा बन गई। 27 और अब्राहम भोर को उस
स्थान पर गया जहाँ वह 𐤉𐤄𐤅𐤄 के सामने खड़ा हुआ था,
28 और उसने सदोम और अमोरा की ओर, और सम्पूर्ण
मैदान की भूमि की ओर देखा। और उसने देखा, और देखो,
भूमि का धुआँ ऊपर उठ रहा था जैसे भट्ठी का धुआँ। 29 इस
प्रकार हुआ कि जब ईश्वर ने मैदान के नगरों को नष्ट किया,
तब ईश्वर ने अब्राहम को स्मरण किया, और लोट को विनाश
के बीच से निकाल भेजा, जब उसने उन नगरों को उलट दिया
जिनमें लोट रहता था। 30 और लोट सो'अर से ऊपर पहाड़ो
में गया और वहीं बसा, और उसकी दो बेटियाँ उसके साथ थीं,
क्योंकि वह सो'अर में रहने से डरता था। और वह और
उसकी दो बेटियाँ एक गुफा में रहे। 31 और बड़ी ने छोटी से
कहा, “हमारे पिता बूढ़े हैं, और पृथ्वी पर कोई पुरुष नहीं है जो
हमारे पास आए, जैसा कि पृथ्वी का रीति है। 32 “आओ, हम
अपने पिता को दाखमधु पिलाएँ और उसके साथ लेट जाएँ,
ताकि हम अपने पिता की सन्तान बनाए रखें।” 33 सो उन्होंने
उस रात अपने पिता को दाखमधु पिलाया। और बड़ी अपने
पिता के पास गई और उसके साथ लेटी, और जब वह लेटी
और जब वह उठी, तब उसे इसका ज्ञान न हुआ। 34 और
ऐसा हुआ कि अगले दिन बड़ी ने छोटी से कहा, “देख, मै
कल रात अपने पिता के साथ लेटी थी। हम आज रात भी
उसे दाखमधु पिलाएँ, और तू जा और उसके साथ लेट जा,
ताकि हम अपने पिता की सन्तान बनाए रखें।” 35 सो उन्होंने
उस रात भी अपने पिता को दाखमधु पिलाया। और छोटी
उठी और उसके साथ लेटी, और जब वह लेटी और जब वह
उठी, तब उसे इसका ज्ञान न हुआ। 36 इस प्रकार लोट की
दोनों बेटियाँ अपने पिता से गर्भवती हो गईं। 37 और बड़ी ने
एक पुत्र उत्पन्न किया और उसका नाम मोआब रखा, वह
आज तक मोआबियों का पिता है। 38 और छोटी ने भी एक
पुत्र उत्पन्न किया और उसका नाम बिन-अम्मी रखा, वह आज
तक अम्मोनियों का पिता है।

20 1 और अब्राहम वहां से नेगेब देश को प्रस्थान कर
गया, और क़ादेश और शूर के बीच बसा, और गरार
में ठहरा। 2 और अब्राहम ने अपनी पत्नी सारा के विषय में
कहा, “वह मेरी बहन है।” और अबीमेलेक, गरार का राजा,
ने भेजकर सारा को ले लिया। 3 परन्तु ईश्वर ने अबीमेलेक
के पास रात में स्वप्न में आकर कहा, “देख, तू मरने वाला
मनुष्य है उस स्त्री के कारण जिसे तूने ले लिया है, क्योंकि वह
एक पुरुष की पत्नी है।” 4 तौभी अबीमेलेक उसके निकट
नहीं गया था, और उसने कहा, “𐤉𐤄𐤅𐤄, क्या तू एक धर्मी
जाति को भी मार डालेगा? 5 “क्या उसने मुझसे नहीं कहा,
‘वह मेरी बहन है’? और वह स्वयं भी कहती थी, ‘वह मेरा भाई
है।’ अपने हृदय की सच्चाई और अपने हाथों की निर्दोषता में
मैंने यह किया है।” 6 और ईश्वर ने उससे स्वप्न में कहा, “मै
भी जानता हूँ कि तूने अपने हृदय की सच्चाई में यह किया है।
इसी कारण मैंने तुझे मुझ से पाप करने से रोका। इसलिए
मैंने तुझे उसे छूने नहीं दिया। 7 “अब उस पुरुष की पत्नी
लौटा दे, क्योंकि वह नबी है, और वह तेरे लिये प्रार्थना करेगा
और तू जीवित रहेगा। परन्तु यदि तू उसे लौटा न दे, तो जान
ले कि निश्चय तू मरेगा, तू और जो कुछ तेरा है।” 8 तब
अबीमेलेक भोर को उठा, और अपने सब दासों को बुलाया,
और ये सब बातें उनके कानों में कहीं। और वे पुरुष अत्यन्त
भयभीत हुए। 9 तब अबीमेलेक ने अब्राहम को बुलाया और
उससे कहा, “तूने हमसे क्या किया है? मैं ने तेरा क्या अपराध
किया है कि तूने मुझ पर और मेरे राज्य पर यह बड़ा पाप
लाया है? तूने मुझ से वे काम किए हैं जो नहीं करने चाहिए

थे ।” 10 और अबीमेलेक ने अब्राहम से कहा, “तेरे मन में क्या
बात थी, कि तूने यह काम किया?” 11 और अब्राहम ने कहा,
“क्योंकि मैं ने कहा, इस स्थान पर ईश्वर का भय तो नहीं है,
और वे मेरी पत्नी के कारण मुझे घात करेंगे । 12 “फिर भी,
वह वास्तव में मेरी बहन है । वह मेरे पिता की बेटी है, परन्तु
मेरी माता की बेटी नहीं है; और वह मेरी पत्नी बनी । 13 “और
जब ईश्वर ने मुझे मेरे पिता के घर से भटकाया, तब मैंने
उससे कहा, ‘यह तेरी कृपा है जो तू मेरे लिये करेगी: हर
जगह जहाँ हम जाएंगे, मेरे विषय में कहना, “वह मेरा भाई
है ।” ’ ” 14 तब अबीमेलेक ने भेड़-बकरियां, गाय-बैल, दास-
दासियाँ लीं और उन्हें अब्राहम को दीं । और उसकी पत्नी
सारा को भी उसे लौटा दिया । 15 और अबीमेलेक ने कहा,
“देख, मेरा देश तेरे सामने है; जहाँ तेरी दृष्टि में अच्छा लगे
वहीं बस जा ।” 16 और उसने सारा से कहा, “देख, मैंने तेरे
भाई को चाँदी के एक हज़ार टुकड़े दिए हैं । देख, यह सब के
सामने तेरे लिये आंखों का आवरण है और तेरी सब के सामने
सफाई है ।” 17 तब अब्राहम ने ईश्वर से प्रार्थना की, और
ईश्वर ने अबीमेलेक, उसकी पत्नी और उसकी दासियों को
चंगा किया, ताकि वे बच्चे जनने लगीं । 18 क्योंकि 𐤉𐤄𐤅𐤄 ने
अबीमेलेक के घर की सब गर्भों को बन्द कर दिया था, सारा,
अब्राहम की पत्नी के कारण ।

21

1 और 𐤉𐤄𐤅𐤄 ने सारह को दर्शन दिया जैसा उसने
कहा था, और 𐤉𐤄𐤅𐤄 ने सारह के लिए वैसा ही
किया जैसा उसने वचन दिया था । 2 सो सारह गर्भवती हुई
और अब्राहम के बुढ़ापे में एक पुत्र को जन्म दिया, उस नियत
समय पर जिसके विषय में ईश्वर ने उससे कहा था । 3 और
अब्राहम ने अपने पुत्र का नाम रखा जो उसके लिए जन्मा था,
जिसे सारह ने उसके लिए जन्म दिया, यित्सह◌ाक़ । 4 और
अब्राहम ने अपने पुत्र यित्सह◌ाक़ का खतना किया जब वह
आठ दिन का था, जैसा ईश्वर ने उसे आज्ञा दी थी । 5 और
अब्राहम सौ वर्ष का था जब उसका पुत्र यित्सह◌ाक़ उसके
लिए जन्मा । 6 और सारह ने कहा, “ईश्वर ने मुझे हँसाया है,
और जो कोई इसे सुनेगा वह मेरे साथ हँसेगा ।” 7 और उसने
कहा, “किसने अब्राहम से कहा होता कि सारह बच्चों को दूध
पिलाएगी? क्योंकि मैंने उसके बुढ़ापे में उसके लिए एक पुत्र को
जन्म दिया है ।” 8 और बालक बड़ा हुआ और दूध छुड़ाया
गया, और जिस दिन यित्सह◌ाक़ का दूध छुड़ाया गया उस
दिन अब्राहम ने एक बड़ा भोज किया । 9 और सारह ने हागर
मिस्त्री के पुत्र को देखा, जिसे उसने अब्राहम के लिए जन्म
दिया था, वह ठट्ठा कर रहा था । 10 तब उसने अब्राहम से
कहा, “इस दासी और उसके पुत्र को निकाल दे, क्योंकि इस
दासी का पुत्र मेरे पुत्र इसहाक के साथ भाग नहीं पाएगा ।”
11 और यह बात अब्राहम की दृष्टि में उसके पुत्र के कारण
बहुत बुरी लगी । 12 परन्तु ईश्वर ने अब्राहम से कहा, “लड़के
और अपनी दासी के कारण अपनी दृष्टि में इसे बुरा न मान ।
जो कुछ सारा ने तुझ से कहा है, उसकी बात मान, क्योंकि
इसहाक में ही तेरी संतान कहलाएगी । 13 “और दासी के पुत्र
से भी मैं एक जाति बनाऊँगा, क्योंकि वह तेरी संतान है ।”
14 और अब्राहम सुबह तड़के उठा और रोटी तथा पानी की
एक मशक ली, और हागर को दी, उसे उसके कंधे पर
रखकर, साथ ही लड़के को भी दिया, और उसे विदा किया ।
और वह चली गई और बेएरशेबा के जंगल में भटकती रही ।
15 और जब मशक का पानी समाप्त हो गया, तो उसने लड़के
को एक झाड़ी के नीचे डाल दिया । 16 और वह गई और
लगभग एक धनुष की दूरी पर बैठ गई, क्योंकि उसने कहा,
“मैं लड़के की मृत्यु न देखूँ ।” और वह उसके सामने बैठ
गई, और अपनी आवाज उठाकर रोई । 17 और ईश्वर ने
लड़के की आवाज़ सुनी, और ईश्वर के दूत ने हागर को
आकाश से पुकारा, और उससे कहा, “हे हागर, तुझ को क्या
हुआ है? मत डर, क्योंकि ईश्वर ने वहाँ लड़के की आवाज़
सुनी है जहाँ वह है । 18 “उठ, लड़के को उठा और अपने हाथ
से उसे थाम ले, क्योंकि मैं उससे एक बड़ी जाति बनाऊँगा ।”
19 और ईश्वर ने उसकी आँखें खोलीं, और उसने जल का
एक कुआँ देखा । और वह गई और मशक को पानी से
भरकर लड़के को पिलाया । 20 और ईश्वर उस लड़के के
साथ था, और वह बढ़ा और जंगल में रहने लगा और धनुर्धर
बन गया । 21 और वह पारान के जंगल में रहा, और उसकी
माँ ने उसके लिए मिस्त्र देश से एक पत्नी ली । 22 और उस
समय ऐसा हुआ कि अबीमेलेक और पिखोल, जो उसकी सेना
का प्रधान था, ने अब्राहम से कहा, “जो कुछ तू करता है,
उसमें ईश्वर तेरे साथ है । 23 “अब, ईश्वर की शपथ खा कि
तू मुझ से, मेरी संतान से, या मेरी वंशावली से छल नहीं
करेगा । जैसा मैंने तुझ से और जिस देश में तू रहता है,
उससे भलाई की है, वैसे ही तू मुझ से करेगा ।” 24 और
अब्राहम ने कहा, “मैं शपथ खाता हूँ ।” 25 और अब्राहम ने
अबीमेलेक को उस जलकूप के कारण फटकारा जिसे
अबीमेलेक के सेवकों ने छीन लिया था । 26 और अबीमेलेक ने
कहा, “मुझे नहीं पता कि यह काम किसने किया । न तू ने
मुझे बताया, न ही मैंने आज तक यह सुना ।” 27 तब अब्राहम
ने भेड़-बकरियाँ और गाय-बैल लिए और अबीमेलेक को दिए,
और उन दोनों ने एक वाचा बाँधी । 28 और अब्राहम ने झुंड से
सात मेम्नियाँ अलग रखीं । 29 और अबीमेलेक ने अब्राहम से
पूछा, “ये सात मेम्नियाँ जो तू ने अलग रखी हैं, क्या हैं?”
30 और उसने कहा, “इन सात मेम्नियों को मेरे हाथ से ले,
ताकि यह मेरी गवाही हो कि मैंने इस कुएँ को खोदा है ।”
31 इसलिए उसने उस स्थान का नाम बेएरशेबा रखा, क्योंकि
वहाँ उन दोनों ने शपथ खाई । 32 इस प्रकार उन्होंने बेएरशेबा
में वाचा बाँधी । और अबीमेलेक और पिखोल, जो उसकी सेना
का प्रधान था, उठकर पलिश्तियों के देश लौट गए । 33 और
उसने बेएरशेबा में एक तामारिस्क वृक्ष लगाया, और वहां
𐤉𐤄𐤅𐤄 के नाम का आह्वान किया, जो अनन्तकाल का
ईश्वर है । 34 और अब्राहम पलिश्तियों के देश में बहुत दिनों
तक रहा ।

22

1 और यह हुआ कि इन घटनाओं के बाद ईश्वर ने
अब्राहम की परीक्षा ली, और उससे कहा, “अब्राहम!”
और उसने कहा, “मैं यहाँ हूँ ।” 2 और उसने कहा, “अब
अपने पुत्र को, अपने इकलौते पुत्र यित्स्हाक को, जिसे तू प्रेम
करता है, लेकर मोरियाह देश में जा, और उसे वहाँ उन पहाड़ों
में से एक पर होमबलि के रूप में अर्पण कर जिसे मैं तुझे
बताऊँगा ।” 3 और अब्राहम भोर को जल्दी उठा और अपने

गधे पर काठी कसी, और अपने साथ अपने दो जवानों को
और अपने पुत्र यित्स्हाक को लिया। और उसने होमबलि के
लिए लकड़ी चीरकर उठाया और उस स्थान की ओर चला
गया जिसकी आज्ञा ईश्वर ने दी थी। 4और तीसरे दिन
अब्राहम ने अपनी आँखें उठाई और दूर से उस स्थान को
देखा। 5तब अब्राहम ने अपने जवानों से कहा, "तुम यहाँ गधे
के साथ ठहरो, और मैं और यह लड़का उधर जाकर
दण्डवत करेंगे और तुम्हारे पास लौट आएँगे।" 6और
अब्राहम ने होमबलि की लकड़ी लेकर अपने पुत्र यित्स्हाक पर
रखी। और उसने अपने हाथ में आग और चाकू लिया, और
वे दोनों साथ-साथ चले। 7और यित्स्हाक ने अपने पिता
अब्राहम से कहा, "मेरे पिता!" और उसने कहा, "मैं यहाँ हूँ,
मेरे पुत्र।" और उसने कहा, "देख, आग और लकड़ी तो हैं!
परन्तु होमबलि के लिए मेमना कहाँ है?" 8और अब्राहम ने
कहा, "मेरे पुत्र, ईश्वर अपने लिए होमबलि का मेमना प्रदान
करेगा।" और वे दोनों साथ-साथ चले। 9और वे उस स्थान
पर पहुँचे जिसकी आज्ञा ईश्वर ने दी थी, और अब्राहम ने वहाँ
एक वेदी बनाई और लकड़ी को ठीक से सजाया। और उसने
अपने पुत्र यित्स्हाक को बाँधकर वेदी पर, लकड़ी के ऊपर
रखा। 10और अब्राहम ने अपना हाथ बढ़ाकर अपने पुत्र को
मार डालने के लिए चाकू लिया, 11परन्तु 𐤉𐤄𐤅𐤄 का दूत
उसे आकाश से पुकारकर बोला, "अब्राहम, अब्राहम!" और
उसने कहा, "मैं यहाँ हूँ।" 12और उसने कहा, "लड़के पर
अपना हाथ मत डाल, न ही उसे छू। क्योंकि अब मैं जानता हूँ
कि तू ईश्वर का भय मानता है, क्योंकि तूने अपने पुत्र, अपने
इकलौते पुत्र को मुझसे नहीं रोका।" 13और अब्राहम ने
अपनी आँखें उठाई और देखा, और देखो, एक मेढ़ा अपने
सींगों से झाड़ी में फँसा हुआ था। और अब्राहम ने जाकर उस
मेढ़े को लिया और अपने पुत्र के स्थान पर होमबलि चढ़ाया।
14और अब्राहम ने उस स्थान का नाम '𐤉𐤄𐤅𐤄 यिरेह'
रखा, जैसा कि आज तक कहा जाता है, "पहाड़ पर 𐤉𐤄𐤅𐤄
प्रदान करेगा।" 15और 𐤉𐤄𐤅𐤄 का दूत दूसरी बार अब्राहम
को आकाश से पुकारा, 16और कहा, "मैंने स्वयं की शपथ
खाई है, 𐤉𐤄𐤅𐤄 की यह वाणी है, क्योंकि तूने यह काम किया
और अपने पुत्र, अपने इकलौते पुत्र को नहीं रोका, 17इसलिए
मैं तुझे निश्चय आशीष दूँगा, और तेरी संतान को आकाश के
तारों और समुद्र तट की बालू के समान निश्चय बढ़ाऊँगा,
और तेरी संतान अपने शत्रुओं के फाटकों का अधिकारी
होगी। 18"और तेरी संतान के द्वारा पृथ्वी की सारी जातियाँ
आशीष पाएँगी, क्योंकि तूने मेरी वाणी मानी है।" 19तब
अब्राहम अपने जवानों के पास लौटा, और वे उठे और साथ-
साथ बेएरशेवा को गए। और अब्राहम बेएरशेवा में रहने लगा।
20और यह हुआ कि इन घटनाओं के बाद अब्राहम को बताया
गया, यह कहते हुए, "देख, मिल्का ने भी तेरे भाई नाहोर को
पुत्र उत्पन्न किए हैं: 21"उसका पहिलौठा उत्स, और उसका
भाई बुज, और क़ेमूएल अराम का पिता, 22और केसद, और
हाज़ो, और पीलदाश, और यिदलाफ, और बतूएल।" 23और
बतूएल ने रिबकाह को जन्म दिया। ये आठों मिल्का ने नाहोर
को, जो अब्राहम का भाई था, उत्पन्न किए। 24और उसकी
उपपत्नी जिसका नाम रेऊमा था, उसने भी तेबाह, और
गहाम, और तहश, और मा'का को जन्म दिया।

23 1और सारा एक सौ सत्ताईस वर्ष जीवित रही, सारा के
जीवन के वर्ष। 2और सारा क़िरयात अर्बा में मर गई,
जो हेब्रोन है, कनान की भूमि में, और अब्राहम सारा के लिये
विलाप और रोने आया। 3तब अब्राहम अपने मरे हुए के पास
से उठा, और हेत के पुत्रों से कहा, 4"मैं तुम्हारे बीच एक
परदेशी और यात्री हूँ। मुझे तुम्हारे बीच एक कब्रगाह के लिये
स्थान दो, ताकि मैं अपने मरे हुए को अपनी दृष्टि से दफ़ना
सकूँ।" 5और हेत के पुत्रों ने अब्राहम को उत्तर दिया, उससे
कहा, 6"हमारी सुनो, मेरे स्वामी: तुम हमारे बीच ईश्वर के
राजकुमार हो। अपने मरे हुए को हमारी उत्तम कब्रगाहों में
दफ़न करो। हम में से कोई भी तुझसे अपनी कब्रगाह को नहीं
रोकेगा, कि तू अपने मरे हुए को वहाँ दफ़ना सके।" 7तब
अब्राहम उठा और भूमि के लोगों हेत के पुत्रों के सामने झुक
गया। 8और उसने उनसे कहा, "यदि तुम्हारी इच्छा है कि मैं
अपने मरे हुए को अपनी दृष्टि से दफ़नाऊँ, तो मेरी सुनो,
और मेरे लिये त्सोहर के पुत्र एप्रोन से कहो, 9कि वह मुझे
मकपेलाह की गुफ़ा दे जो उसके पास है, जो उसके खेत के
छोर पर है। वह मुझे पूरे चाँदी के मूल्य पर दे, तुम्हारे बीच
कब्रगाह के लिये। 10और एप्रोन हेत के पुत्रों के बीच रहता
था। और एप्रोन हित्ती ने अब्राहम को हेत के पुत्रों की सुनवाई
में, उन सब के सामने जो उसके नगर के फाटक पर आते थे,
उत्तर दिया, 11"नहीं, मेरे स्वामी, मेरी सुनो! मैं तुझे खेत और
उसमें की गुफ़ा देता हूँ। मैं तुझे अपनी प्रजा के पुत्रों की
उपस्थिति में देता हूँ। मैं तुझे देता हूँ। अपने मरे हुए को
दफ़ना दो!" 12तब अब्राहम भूमि के लोगों के सामने झुक
गया, 13और उसने एप्रोन से भूमि के लोगों की सुनवाई में
कहा, "यदि तू मेरी सुनता, तो मैं खेत के लिये चाँदी दूँगा,
मुझसे ले, और मैं अपने मरे हुए को वहाँ दफ़ना दूँ।" 14और
एप्रोन ने अब्राहम को उत्तर दिया, 15"मेरे स्वामी, मेरी सुनो!
भूमि का मूल्य चार सौ शेकेल चाँदी है। यह तेरे और मेरे बीच
क्या है? तो अपने मरे हुए को दफ़ना दो।" 16और अब्राहम ने
एप्रोन की सुनी, और अब्राहम ने एप्रोन को वह चाँदी तौली जो
उसने हेत के पुत्रों की सुनवाई में कही थी, चार सौ शेकेल
चाँदी, व्यापारी की मुद्रा। 17इस प्रकार एप्रोन का खेत, जो
मकपेलाह में था, जो मम्रे के सामने था, वह खेत और उसमें
की गुफ़ा और सारे वृक्ष जो खेत में थे, और उसकी सारी सीमा
के भीतर थे, स्थायी करार हो गया। 18अब्राहम के पास
स्वामित्व के लिये, हेत के पुत्रों की उपस्थिति में, उन सबके
सामने जो उसके नगर के फाटक में प्रवेश करते थे। 19और
इसके बाद अब्राहम ने अपनी पत्नी सारा को मकपेलाह के
खेत की गुफ़ा में दफ़ना दिया, मम्रे के सामने, जो हेब्रोन है,
कनान की भूमि में। 20इस प्रकार वह खेत और उसमें की
गुफ़ा अब्राहम के लिये हेत के पुत्रों से कब्रगाह के लिये स्थायी
करार हो गया।

24 1और अब्राहम बूढ़े और आयु में उन्नत थे। और
𐤉𐤄𐤅𐤄 ने अब्राहम को हर प्रकार से आशीषित
किया। 2और अब्राहम ने अपने घर के सबसे पुराने दास से
कहा, जो उसके सबका प्रभारी था, "कृपया, अपना हाथ मेरी
जाघ के नीचे रखो। 3ताकि मैं तुम्हें 𐤉𐤄𐤅𐤄, आकाश के
ईश्वर और पृथ्वी के ईश्वर की शपथ दिलाऊँ कि तू मेरे पुत्र

के लिये उन कनानी कन्याओं में से, जिनमें मैं रहता हूँ, पत्नी न लेना। 4 परन्तु मेरे देश और मेरे कुटुम्ब के पास जा, और मेरे पुत्र यित्सहाक के लिये पत्नी ले आ।" 5 तब दास ने उससे कहा, "यदि स्त्री इस देश में मेरे साथ आने से इन्कार करे तो क्या मैं तेरे पुत्र को उस देश में लौटा ले जाऊँ जहाँ से तू आया था?" 6 अब्राहम ने उससे कहा, "सावधान! मेरे पुत्र को वहाँ कभी मत ले जाना!" 7 "𐤉𐤄𐤅𐤄, आकाश के ईश्वर, जिसने मुझे मेरे पिता के घर से और मेरे कुटुम्ब के देश से निकाला और मुझसे बातें कीं और मुझसे शपथ खाई, यह कहते हुए, 'तेरे वंश को मैं यह देश दूँगा,' वह अपना दूत तेरे आगे भेजेगा, और तू मेरे पुत्र के लिये वहाँ से पत्नी ले आएगा। 8 "और यदि स्त्री तेरे साथ आने से इन्कार करे, तो तू इस शपथ से मुक्त होगा; केवल, मेरे पुत्र को वहाँ कभी मत ले जाना।" 9 तब उस दास ने अपने स्वामी अब्राहम की जाघ के नीचे हाथ रखा और इस बात की शपथ खाई। 10 और दास ने अपने स्वामी के दस ऊँट लिए और निकल पड़ा, क्योंकि उसके स्वामी की सारी वस्तुएँ उसके हाथ में थीं। और वह उठकर अराम नहरयिम, नाहोर के नगर गया। 11 और उसने अपने ऊँट नगर के बाहर जल के सोते के पास बिठाए, सन्ध्या के समय, जब स्त्रियाँ पानी भरने बाहर आती थीं। 12 और उसने कहा, "𐤉𐤄𐤅𐤄, मेरे स्वामी अब्राहम के ईश्वर, आज मेरे मार्ग में मुझसे भेंट कर, और मेरे स्वामी अब्राहम पर कृपा कर। 13 "देख, मैं जल के सोते के पास खड़ा हूँ, और नगर के लोग की बेटियाँ पानी भरने बाहर आती हैं। 14 "अब ऐसा हो कि जिस युवती से मैं कहूँ, 'कृपया अपना घड़ा झुका कि मैं पानी पी लूँ,' और वह कहे, 'पीजिए, और मैं आपके ऊँटों को भी पानी पिलाऊँगी,' वही वह स्त्री हो जिसे आपने अपने दास यित्सहाक के लिये ठहराया है। और इसी से मैं जानूँगा कि आपने मेरे स्वामी पर कृपा की है।" 15 और ऐसा हुआ, कि वह बोल ही रहा था, कि देखो, रिबक़ा, जो मिल्का की पुत्री और नाहोर की पत्नी थी, और जो बेतूएल से उत्पन्न हुई थी, अब्राहम के भाई की बहू, अपने कंधे पर घड़ा लेकर बाहर आई। 16 और वह युवती बहुत सुन्दर थी, कुँवारी थी, किसी पुरुष ने उसे नहीं जाना था। और वह सोते के पास उतरी, अपना घड़ा भरा और ऊपर चली आई। 17 और दास उसके पास दौड़ा और कहा, "कृपया, मुझे तेरे घड़े से थोड़ा पानी पीने दे।" 18 और उसने कहा, "पीजिए, मेरे स्वामी।" और उसने शीघ्रता से अपना घड़ा अपने हाथ पर झुका दिया और उसे पानी पिलाया। 19 और जब उसने उसे पानी पिला दिया, तब उसने कहा, "मैं आपके ऊँटों के लिये भी पानी खींचूँगी, जब तक वे पीकर तृप्त न हो जाएँ।" 20 और उसने शीघ्रता से अपना घड़ा नांद में खाली किया, फिर सोते के पास दौड़कर पानी खींचा, और सब ऊँटों के लिये पानी निकाला। 21 और वह मनुष्य चुपचाप उसे देखता रहा, यह जानने के लिये कि क्या 𐤉𐤄𐤅𐤄 ने उसकी यात्रा को सफल किया है या नहीं। 22 और ऐसा हुआ, जब ऊँट पीकर तृप्त हो गए, तब उस मनुष्य ने आधे शेकेल का सोने का नथ और उसके हाथों के लिये दस शेकेल सोने के दो कड़े निकाले। 23 और कहा, "तुम किसकी बेटी हो? कृपया मुझे बताओ, क्या तुम्हारे पिता के घर में हमारे ठहरने के लिये जगह है?" 24 और उसने उससे कहा, "मैं बेतूएल की बेटी हूँ, मिल्काह का पुत्र, जिसे उसने नाहोर को जन्म दिया।" 25 और उसने उससे कहा, "हमारे पास भूसा और चारा भी बहुत है, और रात बिताने के लिये जगह भी है।" 26 तब उस मनुष्य ने सिर झुकाकर 𐤉𐤄𐤅𐤄 की उपासना की। 27 और उसने कहा, "बरूख हो 𐤉𐤄𐤅𐤄 मेरे स्वामी अब्राहम के ईश्वर, जिसने मेरे स्वामी पर अपनी करूणा और अपनी सच्चाई को नहीं छोड़ा। जब मै मार्ग पर था, तब 𐤉𐤄𐤅𐤄 ने मुझे मेरे स्वामी के भाइयों के घर पहुँचा दिया।" 28 तब उस युवती ने दौड़कर अपनी माता के घर वालों को ये बातें बताईं। 29 और रिबक़ा का एक भाई था जिसका नाम लाबान था, और लाबान उस मनुष्य के पास सोते पर दौड़कर गया। 30 और ऐसा हुआ कि जब उसने नथनी और अपनी बहन रिबक़ा के हाथों में कंगन देखे, और जब उसने अपनी बहन रिबक़ा के यह वचन सुने कि, "इस प्रकार उस मनुष्य ने मुझसे कहा," तब वह उस मनुष्य के पास गया, और देखा कि वह सोते पर ऊँटों के पास खड़ा है। 31 और उसने कहा, "आओ, हे 𐤉𐤄𐤅𐤄 के बरूख! क्यों बाहर खड़े हो? मैंने तो घर और ऊँटों के लिये स्थान तैयार किया है।" 32 तब वह मनुष्य उस घर में आया, और लाबान ने ऊँटों का बोझ उतारा और ऊँटों के लिये भूसा और चारा दिया और उसके पाँव धोने के लिये जल दिया, और उन पुरुषों के पाँव भी जो उसके संग थे, 33 और उसने उसके आगे भोजन रखा खाने के लिये। परन्तु उसने कहा, "मैं तब तक नहीं खाऊँगा जब तक मैं अपनी बात न कह लूँ।" और उसने कहा, "कहो।" 34 और उसने कहा, "मैं अब्राहम का दास हूँ। 35 "और 𐤉𐤄𐤅𐤄 ने मेरे स्वामी को बहुत आशीष दी है और वह बड़ा हो गया है। और उसने उसको भेड़-बकरियाँ, गाय-बैल, चाँदी और सोना, दास-दासी, ऊँट और गधे दिये हैं। 36 "और सारा, मेरे स्वामी की पत्नी ने बुढ़ापे में मेरे स्वामी को एक पुत्र जन्म दिया, और उसने उसको अपनी सारी सम्पत्ति दी है। 37 "और मेरे स्वामी ने मुझसे शपथ कराई, यह कहते हुए, 'मेरे पुत्र के लिये पत्नी कनानी स्त्रियों में से मत लेना, जिनके देश में मैं वास करता हूँ, 38 परन्तु तू मेरे पिता के घर और मेरे कुल के पास जाकर मेरे पुत्र के लिये पत्नी लेना।' 39 "तब मैंने अपने स्वामी से कहा, 'यदि वह स्त्री मेरे पीछे न आए तो?' 40 "तब उसने मुझसे कहा, '𐤉𐤄𐤅𐤄, जिसके सामने मैं चलता हूँ, अपना दूत तेरे साथ भेजेगा और तेरे मार्ग को सफल करेगा। और तू मेरे पुत्र के लिये मेरे कुल और मेरे पिता के घर से पत्नी लेगा। 41 'तब जब तू मेरे कुल के पास जाएगा, तब तू इस शपथ से मुक्त हो जाएगा; और यदि वे तुझे उसे न दें, तो तू मेरी शपथ से मुक्त हो जाएगा।' 42 "और आज मैं सोते पर आया और कहा, '𐤉𐤄𐤅𐤄, मेरे स्वामी अब्राहम के ईश्वर, यदि तू मेरे मार्ग को सफल करता है, जिस पर मैं चलता हूँ, 43 देख, मैं जल के सोते पर खड़ा हूँ, और जब कोई कन्या जल भरने आती है और मैं उससे कहता हूँ, "कृपया मुझे अपने घड़े से थोड़ा जल पिला दे," 44 और वह मुझसे कहे, "पी, और मैं तेरे ऊँटों के लिये भी भर दूँगी," वही स्त्री होगी जिसे 𐤉𐤄𐤅𐤄 ने मेरे स्वामी के पुत्र के लिये ठहराया है।' 45 "मैं अपने हृदय में बोलना समाप्त भी नहीं किया था कि देखो, रिबक़ाह अपने कंधे पर घड़ा लेकर बाहर आ रही थी। और वह सोते के पास गई और जल भरा। और मैंने उससे कहा, 'कृपया मुझे पीने दो।' 46 "और उसने शीघ्रता की और अपना घड़ा अपने कंधे से उतारा, और कहा, 'पी लो, और मैं तुम्हारे ऊँटों को भी पानी पिलाऊँगी।' सो मैंने

पिया, और उसने ऊँटों को भी पानी पिलाया। 47 "और मैंने
उससे पूछा, और कहा, 'तू किसकी बेटी है?' और उसने कहा,
'मैं बेतूएल की बेटी हूँ, नहोर का पुत्र, जिससे मिलक़ाह ने उसे
जन्म दिया।' तब मैंने उसकी नाक में नथ डाली और उसके
हाथों में कंगन पहनाए। 48 "और मैंने अपना सिर झुकाया
और 𐤉𐤄𐤅𐤄 की आराधना की, और 𐤉𐤄𐤅𐤄, मेरे स्वामी
अब्राहम के ईश्वर को आशीर्वाद दिया, जिसने मुझे सच्चे मार्ग
में चलाया कि मैं अपने स्वामी के भाई की बेटी को उसके पुत्र
के लिये ले आऊँ। 49 "और अब, यदि तुम मेरे स्वामी पर
कृपा और सच्चाई दिखाने वाले हो तो मुझे बता दो, और यदि
नहीं तो मुझे बता दो, ताकि मैं दाएँ या बाएँ मुड़ जाऊँ।"
50 और लाबान ने उत्तर दिया - बेतूएल ने भी - और कहा,
"यह बात 𐤉𐤄𐤅𐤄 से आई है, हम तुझसे न बुरी बात कह
सकते हैं और न ही अच्छी।" 51 "देख, रिबक़ाह तेरे सामने
है। उसे ले जा, और वह तेरे स्वामी के पुत्र की पत्नी बने,
जैसा कि 𐤉𐤄𐤅𐤄 ने कहा है।" 52 और ऐसा हुआ कि जब
अब्राहम के दास ने उनकी बातें सुनीं, तब उसने पृथ्वी की ओर
झुककर 𐤉𐤄𐤅𐤄 को प्रणाम किया। 53 और दास ने चाँदी के
गहने और सोने के गहने और वस्त्र निकाले, और उन्हें
रिबक़ाह को दिए। उसने उसके भाई और उसकी माता को भी
बहुमूल्य उपहार दिए। 54 और वह और जो पुरुष उसके साथ
थे, उन्होंने खाया और पिया और रात बिताई। जब वे
प्रातःकाल उठे तो उसने कहा, "मुझे मेरे स्वामी के पास जाने
दो।" 55 परन्तु उसके भाई और उसकी माता ने कहा,
"लड़की हमारे साथ कुछ दिन, कम से कम दस दिन रहे, तब
तू चला जाना।" 56 और उसने उनसे कहा, "मुझे विलंब मत
करो, क्योंकि 𐤉𐤄𐤅𐤄 ने मेरे मार्ग को सफल किया है। मुझे
जाने दो कि मैं अपने स्वामी के पास जाऊँ।" 57 और उन्होंने
कहा, "आओ हम लड़की को बुलाएँ और उससे पूछें।" 58 सो
उन्होंने रिबक़ाह को बुलाया और उससे कहा, "क्या तू इस
पुरुष के साथ जाएगी?" और उसने कहा, "मैं जाऊँगी।"
59 सो उन्होंने अपनी बहन रिबक़ाह और उसकी धाय, और
अब्राहम के दास और उसके पुरुषों को विदा किया। 60 और
उन्होंने रिबक़ाह को आशीर्वाद दिया और उससे कहा, "हमारी
बहन, तू हज़ारों दस हज़ारों की माता हो, और तेरा वंश अपने
शत्रुओं के फाटकों का अधिकारी हो।" 61 और रिबक़ाह और
उसकी दासियाँ उठीं, और उन्होंने ऊँटों पर सवारी की और
उस पुरुष के पीछे चलीं। सो दास रिबक़ाह को लेकर चला
गया। 62 और यित्स्हाक बेएर लहै रोई के मार्ग से आया,
क्योंकि वह नेगेब में रहता था। 63 और यित्स्हाक सायंकाल
खेत में ध्यान करने गया। और उसने अपनी आँखें उठाईं
और देखा, और ऊँट आते हुए देखे। 64 और रिबक़ाह ने
अपनी आँखें उठाईं, और जब उसने यित्स्हाक को देखा, तब
वह ऊँट से उतर गई। 65 और उसने दास से कहा, "यह
कौन पुरुष है जो हमसे मिलने के लिये खेत में चल रहा है?"
और दास ने कहा, "यह मेरा स्वामी है।" तब उसने घूँघट
लिया और अपने आप को ढँक लिया। 66 और दास ने
यित्स्हाक को उन सब बातों का वर्णन किया जो उसने की
थीं। 67 और यित्स्हाक उसे अपनी माता साराह के तम्बू में ले
गया। और उसने रिबक़ाह को लिया, और वह उसकी पत्नी
बन गई, और उसने उससे प्रेम किया। इस प्रकार यित्स्हाक
अपनी माता की मृत्यु के बाद शान्त हुआ।

25 1 और अब्राहम ने एक और पत्नी ली, जिसका नाम
क़ेतूरा था। 2 और उसने उसके लिए ज़िम्रान, और
योक़शान, और मेदान, और मिद्यान, और यिशबाक़, और
शूवह उत्पन्न किए। 3 और योक़शान ने शेबा और देदान को
जन्म दिया। और देदान के पुत्र अश्शूरीम, और लेतूशीम,
और लेउम्मीम थे। 4 और मिद्यान के पुत्र थे एफ़ह, और
एफ़ेर, और हनोक़, और अबीदा, और एलदआह। ये सब
क़ेतूरा की संतान थीं। 5 अब्राहम ने अपनी सारी संपत्ति
यित्स्हाक़ को दे दी। 6 परन्तु जिन रखैलों से अब्राहम के पुत्र
हुए थे, उन्हें अब्राहम ने उपहार दिए, और जब तक वह जीवित
था, उन्हें अपने पुत्र यित्स्हाक़ से दूर, पूर्व की ओर, पूरब के
देश में भेज दिया। 7 और ये हैं अब्राहम के जीवन के सब वर्ष,
जो उसने जिए: एक सौ पचहत्तर वर्ष। 8 और अब्राहम ने
अन्तिम श्वास ली और भली वृद्धावस्था में मरा, बूढ़ा और तृप्त
हुआ, और अपनी प्रजा के पास इकट्ठा किया गया। 9 और
उसके पुत्र यित्स्हाक़ और यिश्माएल ने उसे मकपेला की गुफ़ा
में दफनाया, जो माम्रे के सामने, हेत्ती एफ्रोन पुत्र त्सोहार के
खेत में थी। 10 वह खेत जो अब्राहम ने हेथ के पुत्रों से
खरीदा था। वहाँ अब्राहम और उसकी पत्नी साराह को
दफनाया गया। 11 और ऐसा हुआ, अब्राहम की मृत्यु के बाद,
कि ईश्वर ने उसके पुत्र यित्स्हाक़ को आशीष दी। और
यित्स्हाक़ बेएर लहै रोई में रहने लगा। 12 और यह यिश्माएल
की वंशावली है, अब्राहम का पुत्र, जिसे मिस्री हागर, साराह की
दासी, ने अब्राहम के लिए जन्म दिया। 13 और ये हैं यिश्माएल
के पुत्रों के नाम, उनके नामों से, उनकी पीढ़ियों के अनुसार:
यिश्माएल का पहिलौठा नेबायोत; फिर केदार, और अदबएल,
और मिब्साम, 14 और मिश्मा, और दूमा, और मास्सा,
15 हदद, और तेमा, यतूर, नफ़ीश, और केदेमा। 16 ये
यिश्माएल के पुत्र थे, और ये उनके नाम थे, उनके नगरों और
उनकी बस्तियों के अनुसार, बारह प्रधान उनके गोत्रों के
अनुसार। 17 और ये यिश्माएल के जीवन के वर्ष थे: एक सौ
सैंतीस वर्ष। और उसने अन्तिम श्वास ली और मर गया,
और अपनी प्रजा के पास इकट्ठा किया गया। 18 और वे हवीला
से लेकर सूर तक बसते थे, जो मिस्र के पूर्व में है, जब आप
अश्शूर की ओर जाते हैं। उसने अपने सब भाइयों के सामने
वास किया। 19 और यह यित्स्हाक़ की वंशावली है, अब्राहम
का पुत्र। अब्राहम ने यित्स्हाक़ को जन्म दिया। 20 और
यित्स्हाक़ चालीस वर्ष का था जब उसने रिबका को पत्नी
बनाया, जो अरामी बेतूएल की पुत्री थी, पद्दन अराम की,
लाबान अरामी की बहन। 21 और यित्स्हाक़ ने अपनी पत्नी के
लिए 𐤉𐤄𐤅𐤄 से प्रार्थना की, क्योंकि वह बाँझ थी। और
𐤉𐤄𐤅𐤄 ने उसकी प्रार्थना सुनी, और उसकी पत्नी रिबका
गर्भवती हुई। 22 और उसके भीतर बालक आपस में संघर्ष
कर रहे थे, और उसने कहा, "यदि सब ठीक है, तो मैं इस
प्रकार क्यों हूँ?" तब वह 𐤉𐤄𐤅𐤄 से पूछने गई। 23 और
𐤉𐤄𐤅𐤄 ने उससे कहा, "तेरे गर्भ में दो जातियाँ हैं, और तेरे
शरीर से दो लोग अलग होंगे। और एक लोग दूसरे से
अधिक शक्तिशाली होगा, और बड़ा छोटे की सेवा करेगा।"
24 और जब उसके जन्म देने के दिन पूरे हो गए, तो देखो,
उसके गर्भ में जुड़वाँ थे! 25 और पहला लालिमा लिए हुए
निकला, जैसे बालों का वस्त्र, इसलिए उसका नाम एसाव रखा

गया। [26] और उसके बाद उसका भाई निकला, और उसका हाथ एसाव की एड़ी पकड़े हुए था, इसलिए उसका नाम याअकोब रखा गया। और यित्सहाक साठ वर्ष का था जब उसने उन्हें जन्म दिया। [27] और लड़के बड़े हुए। और एसाव शिकार जानने वाला, मैदान का आदमी बन गया, और याअकोब सिद्ध मनुष्य था, जो तम्बुओं में रहता था। [28] और यित्सहाक एसाव से प्रेम करता था क्योंकि वह उसका शिकार खाता था, परन्तु रिबक़ाह याअकोब से प्रेम करती थी। [29] और याअकोब ने शोरबा पकाया, और एसाव मैदान से आया, और वह थका हुआ था। [30] और एसाव ने याअकोब से कहा, "कृपया मुझे उस लाल शोरबे से खिला, क्योंकि मैं थका हुआ हूँ।" इस कारण उसका नाम एदोम पड़ा। [31] परन्तु याअकोब ने कहा, "आज ही मुझे अपनी पहिलौठे का अधिकार बेच।" [32] और एसाव ने कहा, "देखो, मैं तो मरने पर हूँ, फिर मेरे लिए पहिलौठे का अधिकार क्या है?" [33] तब याअकोब ने कहा, "आज ही मुझसे शपथ खा।" और उसने उससे शपथ खाई, और अपना पहिलौठे का अधिकार याअकोब को बेच दिया। [34] तब याअकोब ने एसाव को रोटी और मसूर की दाल का शोरबा दिया। और उसने खाया और पिया, और उठकर चला गया। इस प्रकार एसाव ने अपने पहिलौठे के अधिकार का तिरस्कार किया।

26 [1] और देश में भोजन की कमी थी, पहले भोजन की कमी के अतिरिक्त जो अब्राहम के दिनों में थी। और यित्सहाक अबीमेलेक के पास गया, पलिश्तियों के राजा, गेरार में। [2] और 𐤉𐤄𐤅𐤄 उसको प्रकट हुआ और कहा, "मिस्र में नीचे मत जाओ, उस देश में रहो जिसे मैं तुझे आज्ञा देता हूँ। [3] "इस देश में परदेशी बनकर रह। और मैं तेरे साथ रहूँगा और तुझे आशीष दूँगा, क्योंकि मैं ये सब देश तुझे और तेरे वंश को दूँगा। और मैं उस शपथ को स्थिर करूँगा जो मैंने तेरे पिता अब्राहम से खाई थी। [4] "और मैं तेरे वंश को आकाश के तारों के समान बढ़ाऊँगा, और ये सब देश तेरे वंश को दूँगा। और तेरे वंश में पृथ्वी की सब जातियाँ आशीष पाएँगी।" [5] क्योंकि अब्राहम ने मेरी वाणी का पालन किया और मेरे आदेश को माना: मेरी आज्ञाएँ, मेरी विधियाँ और मेरी तोरात।" [6] और यित्सहाक गेरार में बस गया। [7] और जब उस स्थान के लोगों ने उसकी पत्नी के विषय में पूछा, तो उसने कहा, "वह मेरी बहन है।" क्योंकि वह कहने से डरता था, "वह मेरी पत्नी है।" "कहीं ऐसा न हो कि उस स्थान के लोग मेरी सुंदर पत्नी रिबक़ा के कारण मुझे मार डालें।" [8] और ऐसा हुआ कि जब वह वहाँ लम्बे समय तक रहा, तो अबीमेलेक, पलिश्तियों का राजा, एक खिड़की से झाँकता था और उसने देखा कि यित्सहाक अपनी पत्नी रिबक़ा के साथ खेल रहा है। [9] तब अबीमेलेक ने यित्सहाक को बुलाकर कहा, "देख, निश्चय ही वह तेरी पत्नी है! फिर तूने कैसे कहा, 'वह मेरी बहन है'?" और यित्सहाक ने उससे कहा, "क्योंकि मैंने सोचा, 'कहीं उसके कारण मैं मर न जाऊँ।' " [10] और अबीमेलेक ने कहा, "यह तूने हमारे साथ क्या किया है? लोगों में से कोई तेरी पत्नी के साथ सोने ही वाला था, और तू हम पर दोष लाता।" [11] और अबीमेलेक ने सब लोगों को आज्ञा दी, कहा, "जो कोई इस पुरुष या उसकी पत्नी को छुएगा वह अवश्य मार डाला जाएगा।" [12] और यित्सहाक ने उस देश में बोया, और उसी वर्ष सौ गुना पाया, और 𐤉𐤄𐤅𐤄 ने उसको आशीष दी। [13] और वह पुरुष बड़ा होता गया और आगे बढ़ता गया जब तक कि वह बहुत बड़ा न हो गया। [14] और उसके पास भेड़-बकरियों की संपत्ति और गाय-बैलों की संपत्ति और बहुत से दास हो गए, और पलिश्ती उससे डाह करने लगे। [15] और पलिश्तियों ने उन सब कुओं को बंद कर दिया जिन्हें उसके पिता के दासों ने अब्राहम के दिनों में खोदा था, और उन्हें मिट्टी से भर दिया। [16] और अबीमेलेक ने यित्सहाक से कहा, "हमारे पास से चले जाओ, क्योंकि तुम हमसे कहीं अधिक शक्तिशाली हो।" [17] तब यित्सहाक वहाँ से चला गया और गेरार की तराई में अपने तंबू गाड़कर बस गया। [18] और यित्सहाक ने फिर उन कुओं को खोदा जिन्हें उन्होंने अब्राहम के दिनों में खोदा था, क्योंकि पलिश्तियों ने अब्राहम की मृत्यु के बाद उन्हें बंद कर दिया था। और उसने उन्हें वही नाम दिए जो उसके पिता ने दिए थे। [19] परन्तु जब यित्सहाक के दासों ने तराई में खोदा और वहाँ जीवित जल का कुआँ पाया, [20] तो गेरार के चरवाहों ने यित्सहाक के चरवाहों से झगड़ा किया, कहा, "यह जल हमारा है।" और उसने उस कुएँ का नाम एसेक रखा, क्योंकि उन्होंने उससे झगड़ा किया। [21] और उन्होंने एक और कुआँ खोदा, और उसके विषय में भी उन्होंने झगड़ा किया, और उसने उसका नाम सित्नाह रखा। [22] और वह वहाँ से हट गया और एक और कुआँ खोदा, और उसके ऊपर उन्होंने झगड़ा नहीं किया। और उसने उसका नाम रहोबोत रखा, और कहा, "अब 𐤉𐤄𐤅𐤄 ने हमारे लिए जगह बना दी है, और हम देश में फलेंगे।" [23] और वहाँ से वह बेएरशेबा को ऊपर गया। [24] और उसी रात 𐤉𐤄𐤅𐤄 उस पर प्रकट हुआ और कहा, "मैं तेरे पिता अब्राहम का ईश्वर हूँ। मत डर, क्योंकि मैं तेरे साथ हूँ, और तुझे आशीष दूँगा और तेरे वंश को बढ़ाऊँगा मेरे दास अब्राहम के कारण।" [25] और उसने वहाँ एक वेदी बनाई, और 𐤉𐤄𐤅𐤄 के नाम से प्रार्थना की, और उसने वहाँ अपना तम्बू गाड़ा, और यित्सहाक के सेवकों ने वहाँ एक कुआँ खोदा। [26] और अबीमेलेक उससे गरार से आया, अपने मित्रों में से एक अहुज्जात के साथ, और उसकी सेना के सेनापति पीखोल के साथ। [27] और यित्सहाक ने उनसे कहा, "तुम मेरे पास क्यों आए हो, जब कि तुमने मुझसे बैर किया और मुझे अपने पास से निकाल दिया?" [28] परन्तु उन्होंने कहा, "हमने स्पष्ट देखा है कि 𐤉𐤄𐤅𐤄 तेरे साथ है। और हमने कहा, 'कृपया हमारे और तेरे बीच में, हमारे और तेरे बीच में एक शपथ हो। और हम तेरे साथ एक वाचा करें, [29] कि तू हम पर कोई बुराई न करे, जैसे हमने तुझे नहीं छुआ, और जैसे हमने केवल तेरे प्रति भलाई की है, और तुझे शांति से भेज दिया है। अब तू 𐤉𐤄𐤅𐤄 द्वारा आशीषित है।' " [30] और उसने उनके लिए एक भोज बनाया, और उन्होंने खाया और पिया। [31] और वे प्रातःकाल उठे और एक दूसरे के साथ शपथ खाई। और यित्सहाक ने उन्हें विदा किया, और वे उससे शांति से चले गए। [32] और उसी दिन ऐसा हुआ कि यित्सहाक के सेवक आए और उसे उस कुएँ के विषय में बताया, जो उन्होंने खोदा था, और उससे कहा, "हमने पानी पाया है।" [33] इसलिए उसने उसका नाम शिवा रखा। इसलिए उस नगर का नाम आज तक बेएरशेबा है। [34] और जब एसाव चालीस वर्ष का

था, तब उसने पत्नी के रूप में यहूदीत को लिया, जो बेएरी
हित्ती की बेटी थी, और बसमत को लिया, जो एयलोन हित्ती की
बेटी थी। 35 और वे यित्सहाक और रिबकाह के लिए आत्मा
की कड़वाहट थीं।

27 1 और ऐसा हुआ, जब यित्सहाक बूढ़ा हो गया और
उसकी आँखें देखने के लिए बहुत धुंधली हो गईं, तब
उसने अपने बड़े पुत्र एसाव को बुलाया और उससे कहा, "मेरे
पुत्र।" और उसने उसे उत्तर दिया, "मैं यहाँ हूँ।" 2 और
उसने कहा, "अब देखो, मैं बूढ़ा हूँ, मुझे अपने मरने के दिन
का पता नहीं है। 3 "अब तो, कृपया अपने हथियार, अपना
तरकश और अपना धनुष ले, और मैदान में जाकर मेरे लिए
जंगली शिकार कर ला। 4 "और मेरे लिए एक स्वादिष्ट
व्यंजन बना, जैसा मैं प्रेम करता हूँ, और उसे मुझे खाने के
लिए ला, ताकि मेरी आत्मा तेरे को आशीष दे, मरने से
पहले।" 5 और रिबकाह ने सुना जब यित्सहाक ने अपने पुत्र
एसाव से बातें कीं। और एसाव मैदान में शिकार करने और
उसे लाने गया। 6 और रिबकाह ने अपने पुत्र याक़ोब से कहा,
"देखो, मैंने तुम्हारे पिता को तुम्हारे भाई एसाव से बात करते
सुना है, कहते हुए, 7 'मुझे शिकार ला और मेरे लिए एक
स्वादिष्ट व्यंजन बना खाने के लिए, और मरने से पहले
𐤉𐤄𐤅𐤄 की उपस्थिति में तुझे आशीष दूँ।' 8 "और अब मेरे
पुत्र, मेरी आवाज़ सुन, जैसा मैं तुझे आज्ञा देती हूँ। 9 "कृपया
झुंड के पास जा और मेरे लिए दो अच्छे छोटे बकरों को ला,
और मैं उनसे तुम्हारे पिता के लिए एक स्वादिष्ट व्यंजन
बनाऊँगी, जैसा वह प्रेम करता है। 10 "और तुम उसे अपने
पिता के पास ले जाओगे, और वह उसे खाएगा, ताकि वह
मरने से पहले तुझे आशीष दे।" 11 और याक़ोब ने अपनी
माता रिबकाह से कहा, "देखो, मेरा भाई एसाव रोएँदार आदमी
है, और मैं चिकनी त्वचा वाला हूँ। 12 "क्या होगा यदि मेरा
पिता मुझे छू लेता है? तब मैं उसकी आँखों में धोखेबाज़ जैसा
हो जाऊँगा, और अपने ऊपर शाप लाऊँगा, आशीर्वाद नहीं।"
13 परन्तु उसकी माता ने उससे कहा, "तेरा शाप मुझ पर हो,
मेरे पुत्र। केवल मेरी आवाज़ का पालन कर, और जाकर
उन्हें मेरे लिए ले आ।" 14 और वह गया और उन्हें लाया और
अपनी माता के पास ले आया, और उसकी माता ने एक
स्वादिष्ट व्यंजन बनाया, जैसा उसके पिता प्रेम करते थे।
15 और रिबकाह ने अपने बड़े पुत्र एसाव के उत्तम वस्त्र लिए,
जो उसके पास घर में थे, और उन्हें अपने छोटे पुत्र याक़ोब
पर पहना दिए। 16 और उसने बकरों की खालें उसके हाथों
पर और उसकी गर्दन के चिकने भाग पर रख दीं। 17 तब
उसने वह स्वादिष्ट व्यंजन और रोटी, जो उसने तैयार की थी,
अपने पुत्र याक़ोब के हाथ में दे दी। 18 और वह अपने पिता
के पास गया और कहा, "मेरे पिता।" और उसने कहा, "मैं
यहाँ हूँ। तू कौन है, मेरे पुत्र?" 19 और याक़ोब ने अपने पिता
से कहा, "मैं तेरा पहलौठा पुत्र एसाव हूँ, मैंने जैसा तूने मुझसे
कहा किया है। कृपया उठ, बैठ और मेरे शिकार में से खा,
ताकि तेरी आत्मा मुझे आशीष दे।" 20 परन्तु यित्सहाक ने
अपने पुत्र से कहा, "ऐसा कैसे हुआ कि तूने इसे इतनी जल्दी
पा लिया, मेरे पुत्र?" और उसने कहा, "क्योंकि 𐤉𐤄𐤅𐤄 तेरे
ईश्वर ने इसे मेरे पास ला दिया।" 21 तब यित्सहाक ने याक़ोब
से कहा, "कृपया पास आ, ताकि मैं तुझे छू लूँ, मेरे पुत्र, कि तू
सचमुच मेरा पुत्र एसाव है या नहीं।" 22 और याक़ोब अपने
पिता यित्सहाक के पास गया, और उसने उसे छुआ और
कहा, "आवाज़ तो याक़ोब की है, पर हाथ एसाव के हाथ हैं।"
23 और उसने उसे नहीं पहचाना, क्योंकि उसके हाथ उसके
भाई एसाव के हाथों के समान रोएंदार थे, और उसने उसे
आशीर्वाद दिया। 24 और उसने कहा, "क्या तू वास्तव में मेरा
पुत्र एसाव है?" और उसने कहा, "मैं हूँ।" 25 और उसने
कहा, "उसे मेरे पास ले आ, और मुझे मेरे पुत्र के शिकार से
खाने दे, ताकि मेरा प्राण तुझे आशीर्वाद दे।" तब उसने उसे
पास लाया, और उसने खाया। और उसने उसे दाखमधु
पिलाया, और उसने पिया। 26 और उसके पिता यित्सहाक ने
उससे कहा, "कृपया मेरे पास आ और मुझे चूम, मेरे पुत्र।"
27 और वह पास आया और उसे चूमा। और उसने उसके
वस्त्रों की गंध सूंघी, और उसे आशीर्वाद दिया और कहा,
"देख, मेरे पुत्र की गंध उस खेत की गंध के समान है जिसे
𐤉𐤄𐤅𐤄 ने आशीर्वाद दिया है।" 28 "और ईश्वर तुझे
आकाश की ओस, पृथ्वी की उपजाऊता, और अन्न व
दाखमधु की बहुतायत दे। 29 "लोग तेरी सेवा करें, और
जातियाँ तेरे सामने झुकें। अपने भाइयों पर प्रभु हो, और तेरी
माता के पुत्र तेरे सामने झुकें। जो तुझे शाप दें वे शापित हों,
और जो तुझे आशीर्वाद दें वे आशीर्वादित हों!" 30 और ऐसा
हुआ, जैसे ही यित्सहाक ने याक़ोब को आशीर्वाद देना समाप्त
किया, और याक़ोब यित्सहाक अपने पिता की उपस्थिति से
मुश्किल से निकला ही था, कि उसका भाई एसाव अपने
शिकार से आया। 31 और उसने भी स्वादिष्ट व्यंजन बनाए
और अपने पिता के पास लाया, और अपने पिता से कहा, "मेरे
पिता उठें और अपने पुत्र के शिकार से खाएँ, ताकि तेरा प्राण
मुझे आशीर्वाद दे।" 32 और उसके पिता यित्सहाक ने उससे
कहा, "तू कौन है?" और उसने कहा, "मैं तेरा पुत्र, तेरा
पहलौठा, एसाव हूँ।" 33 तब यित्सहाक ने अत्यधिक महान
कांप के साथ कांपा, और कहा, "फिर वह कौन था जिसने
शिकार किया और उसे मेरे पास लाया? और मैंने तेरे आने से
पहले सब खा लिया, और मैंने उसे आशीर्वाद दिया। वह
सचमुच आशीर्वादित होगा।" 34 जब एसाव ने अपने पिता के
वचन सुने, तो उसने अत्यधिक महान और कड़वी चिल्लाहट
के साथ चिल्लाया, और अपने पिता से कहा, "मुझे भी
आशीर्वाद दे, हे मेरे पिता!" 35 और उसने कहा, "तेरा भाई
छल से आया और तेरा आशीर्वाद ले गया।" 36 और एसाव ने
कहा, "क्या उसका नाम याक़ोब इसलिए नहीं रखा गया?
क्योंकि उसने दो बार मेरी एड़ी पकड़ ली। उसने मेरा
पहिलौठेपन का अधिकार ले लिया, और देख, अब उसने मेरा
आशीर्वाद भी ले लिया!" और उसने कहा, "क्या तूने मेरे लिए
आशीर्वाद नहीं रखा?" 37 तब यित्सहाक ने उत्तर दिया और
एसाव से कहा, "देख, मैंने उसे तेरा प्रभु बनाया है, और उसके
सभी भाइयों को उसके दासों के रूप में उसे दिया है। और
मैंने उसे अन्न और दाखमधु से संभाला है। और फिर मैं तेरे
लिए क्या कर सकता हूँ, मेरे पुत्र?" 38 और एसाव ने अपने
पिता से कहा, "क्या तेरे पास केवल एक ही आशीर्वाद है, मेरे
पिता? मुझे भी आशीर्वाद दे, हे मेरे पिता!" और एसाव ने ऊँचे
स्वर से रोया। 39 और यित्सहाक उसके पिता ने उत्तर दिया
और उससे कहा, "देख, तेरा निवास पृथ्वी की उपजाऊता से
और ऊपर से आकाश की ओस से होगा। 40 "और तू अपनी

तलवार से जीवित रहेगा, और अपने भाई की सेवा करेगा।
और ऐसा होगा, जब तू बेचैन होगा, तो तू उसके जुए को
अपनी गर्दन से तोड़ डालेगा।" 41 और एसाव ने याक़ोब से
बैर रखा उस आशीर्वाद के कारण जो उसके पिता ने उसे
आशीर्वाद दिया था, और एसाव ने अपने मन में कहा, "मेरे
पिता के शोक के दिन निकट हैं, तब मैं अपने भाई याक़ोब को
मार डालूँगा।" 42 और एसाव अपने बड़े पुत्र के ये वचन
रिबक़ा को बताए गए, और उसने अपने छोटे पुत्र याक़ोब को
बुलाकर कहा, "देख, तेरा भाई एसाव तुझे मार डालने की
सोचकर सात्वना पा रहा है।" 43 "और अब, मेरे पुत्र, मेरी
वाणी सुन, और उठ, मेरे भाई लाबान के पास हरान भाग
जा।" 44 "और कुछ दिन उसके साथ रह, जब तक तेरा भाई
का क्रोध शात न हो जाए।" 45 "जब तक तेरा भाई का रोष
तुझसे हट न जाए, और वह भूल न जाए जो तूने उसके साथ
किया है। तब मैं भेजकर तुझे वहाँ से बुला लूँगी। क्यों मुझे
एक ही दिन में तुम दोनों से वंचित होना चाहिए?" 46 और
रिबक़ा ने यित्सहाक से कहा, "मैं हेथ की पुत्रियों के कारण
अपने जीवन से घृणा करती हूँ। यदि याक़ोब हेथ की पुत्रियों
में से, इस देश की पुत्रियों के समान पत्नी ले, तो मेरा जीवन
मेरे लिए क्या होगा?"

28 1 और यित्सहाक ने याअकोब को बुलाया और उसे
आशीर्वाद दिया, और उसे आज्ञा दी, और उससे कहा,
"कनान की बेटियों में से पत्नी मत लेना। 2 "उठो, पद्दन
अराम को जाओ, अपनी माता के पिता बेथूएल के घर में।
और वहाँ से अपने लिए पत्नी लेना, अपनी माता के भाई
लाबान की बेटियों में से। 3 "और ईश्वर शद्दै तुम्हें आशीर्वाद
दे, और तुम्हें फलवन्त और बढ़ाए, और तुम जातियों की एक
सभा बनो, 4 और अब्राहम का आशीर्वाद तुम्हें और तुम्हारे वंश
को दे, ताकि तुम उस देश के अधिकारी बनो, जहाँ तुम
परदेशी हो, जिसे ईश्वर ने अब्राहम को दिया।" 5 सो
यित्सहाक ने याअकोब को भेजा, और वह पद्दन अराम को
गया, अरामी लाबान के पास, जो बेथूएल का पुत्र और
रिबकाह का भाई था, जो याअकोब और एसाव की माता थी।
6 और एसाव ने देखा कि यित्सहाक ने याअकोब को आशीर्वाद
दिया और उसे पत्नी लेने के लिए पद्दन अराम भेजा, और जब
उसने उसे आशीर्वाद दिया तो उसे यह आज्ञा दी, "कनान की
बेटियों में से पत्नी मत लेना," 7 और यह कि याअकोब ने
अपने पिता और अपनी माता की आज्ञा मानी और पद्दन अराम
को चला गया। 8 सो एसाव ने देखा कि कनान की बेटियाँ
उसके पिता यित्सहाक को प्रसन्न नहीं करतीं, 9 और एसाव
गया और यिश्माएल के पास गया और महलत को लिया, जो
यिश्माएल की बेटी, अब्राहम का पुत्र, और नेबायोत की बहन
थी, उसे अपनी पत्नियों के अलावा अपनी पत्नी बनाया।
10 और याअकोब बेएरशेबा से निकला और हारान की ओर
चला। 11 और वह एक स्थान पर आया और रात भर वहीं
ठहर गया, क्योंकि सूर्य अस्त हो गया था। और उसने उस
स्थान के पत्थरों में से एक लिया और उसे अपने सिरहाने
रखा, और उस स्थान पर सो गया। 12 और उसने स्वप्न
देखा और देखा कि एक सीढ़ी पृथ्वी पर खड़ी है, और उसका
शीर्ष आकाश तक पहुँचता है, और ईश्वर के दूत उस पर
चढ़ते और उतरते हैं। 13 और देखो, 𐤉𐤄𐤅𐤄 उसके ऊपर
खड़ा था और कहा, "मैं 𐤉𐤄𐤅𐤄 अब्राहम तेरे पिता का ईश्वर
और यित्सहाक का ईश्वर हूँ। जिस भूमि पर तू लेटा है, उसे
मैं तुझे और तेरे वंश को देता हूँ।" 14 "और तेरा वंश पृथ्वी
की धूल के समान होगा, और तू पश्चिम और पूर्व, उत्तर और
दक्षिण की ओर फैल जाएगा। और पृथ्वी के सब कुल तेरे
और तेरे वंश में आशीष पाएंगे।" 15 "और देख, मैं तेरे साथ
हूँ और जहाँ कहीं तू जाएगा तुझे सुरक्षित रखूँगा, और तुझे
इस भूमि में लौटा लाऊँगा। क्योंकि जब तक मैं वह सब कुछ
पूरा न कर लूँ जो मैंने तुझसे कहा है, तब तक मैं तुझे नहीं
छोड़ूँगा।" 16 और याक़ोब अपनी नींद से जाग उठा और
कहा, "निश्चित ही 𐤉𐤄𐤅𐤄 इस स्थान में है, और मुझे
इसका पता नहीं था।" 17 और वह डर गया और कहा, "यह
स्थान कितना भयानक है! यह ईश्वर का घर है और यह
आकाश का द्वार है!" 18 और याक़ोब सुबह जल्दी उठा, और
उस पत्थर को लिया जिसे उसने अपने सिरहाने रखा था, उसे
एक खड़ा स्तंभ बनाकर खड़ा किया, और उसके ऊपर तेल
डाला। 19 और उसने उस स्थान का नाम बेथ ईश्वर रखा,
हालाँकि उस नगर का नाम पहले लूज़ था। 20 और याक़ोब ने
एक मन्नत मानी और कहा, "यदि ईश्वर मेरे साथ है, और
जिस मार्ग पर मैं जा रहा हूँ उस पर मुझे सुरक्षित रखे, और
मुझे खाने के लिए रोटी और पहनने के लिए वस्त्र दे – 21 जब
मैं अपने पिता के घर में शाति से लौटूंगा, और 𐤉𐤄𐤅𐤄 मेरा
ईश्वर होगा, 22 तब यह पत्थर जिसे मैंने एक खड़ा स्तंभ रखा
है, वह ईश्वर का घर होगा, और जो कुछ भी तू मुझे देगा,
उसका दसवाँ भाग मैं निश्चय ही तुझे दूँगा।"

29 1 और याक़ोब आगे बढ़ा और पूरब के लोगों की भूमि
में आया। 2 और उसने देखा कि मैदान में एक कुआं
है, और देखा कि तीन झुंड भेड़ें उसके पास लेटी हैं; क्योंकि
उसी कुएँ से झुंडों को पानी पिलाया जाता था, और कुएँ के मुंह
पर एक बड़ा पत्थर था। 3 और सब झुंड वहाँ इकट्ठे होते थे,
तब वे कुएँ के मुंह से पत्थर हटा देते और भेड़ों को पानी
पिलाते, और फिर पत्थर को उसके स्थान पर कुएँ के मुंह पर
रख देते। 4 तब याक़ोब ने उनसे कहा, "मेरे भाइयो, तुम कहां
से हो?" और उन्होंने कहा, "हम हारान से हैं।" 5 और उसने
उनसे कहा, "क्या तुम नाहोर के पुत्र लाबान को जानते हो?"
और उन्होंने कहा, "हम उसे जानते हैं।" 6 तब उसने उनसे
कहा, "क्या वह कुशल है?" और उन्होंने कहा, "कुशल है।
और देखो, उसकी बेटी राहेल भेड़ों के साथ आ रही है।"
7 और उसने कहा, "देखो, अभी तो दिन बहुत है, यह पशुओं
को इकट्ठा करने का समय नहीं है। भेड़ों को पानी पिलाओ
और उन्हें चराने ले जाओ।" 8 पर उन्होंने कहा, "हमें
अनुमति नहीं है जब तक सब झुंड इकट्ठे न हो जाएँ और वे
कुएँ के मुंह से पत्थर हटा न दें; तब हम भेड़ों को पानी
पिलाएँगे।" 9 जब वह उनसे बात कर ही रहा था, तभी राहेल
अपने पिता की भेड़ों के साथ आई, क्योंकि वह चरवाहिन थी।
10 और ऐसा हुआ कि जब याक़ोब ने राहेल को देखा, जो
उसकी माँ के भाई लाबान की बेटी थी, और लाबान की भेड़ों
को देखा, तब याक़ोब पास गया और कुएँ के मुंह से पत्थर
हटा दिया और लाबान, उसकी माँ के भाई की भेड़ों को पानी
पिलाया। 11 और याक़ोब ने राहेल को चूमा, और अपनी
आवाज़ उठाई और रोया। 12 और जब याक़ोब ने राहेल को

बताया कि वह उसके पिता का रिश्तेदार है और कि वह
रिबकाह का पुत्र है, तो वह दौड़कर अपने पिता को बताने
गई। 13 और ऐसा हुआ कि जब लाबान ने अपनी बहन के पुत्र
याक़ोब का समाचार सुना, तो वह दौड़कर उससे मिला, और
उसे गले लगाया और चूमा, और उसे अपने घर लाया। तब
याक़ोब ने लाबान को ये सब बातें बताईं। 14 और लाबान ने
उससे कहा, “तू वास्तव में मेरी हड्डी और मेरा मांस है।” और
वह एक महीना उसके साथ रहा। 15 तब लाबान ने याक़ोब से
कहा, “क्योंकि तू मेरा रिश्तेदार है, क्या तू व्यर्थ मेरी सेवा
करेगा? मुझे बता, तेरी मजदूरी क्या होगी?” 16 और लाबान
की दो बेटियाँ थीं, बड़ी का नाम लेआ था, और छोटी का नाम
राहेल था। 17 और लेआ की आँखें कोमल थीं, पर राहेल रूप
और स्वरूप में सुन्दर थी। 18 और याक़ोब राहेल से प्रेम
करता था, सो उसने कहा, “मैं तेरी छोटी बेटी राहेल के लिये
सात वर्ष तेरी सेवा करूँगा।” 19 और लाबान ने कहा, “यह
अच्छा है कि मैं उसे तुझे दूँ न कि किसी दूसरे पुरुष को दूँ।
मेरे पास रह।” 20 सो याक़ोब ने राहेल के लिये सात वर्ष सेवा
की, और वे उसे उसके प्रेम के कारण कुछ ही दिनों के समान
लगे। 21 तब याक़ोब ने लाबान से कहा, “मेरी पत्नी को दे दे,
क्योंकि मेरे दिन पूरे हो गए हैं, ताकि मैं उसके पास जाऊँ।”
22 और लाबान ने उस स्थान के सब पुरुषों को इकट्ठा किया
और एक भोज किया। 23 और संध्या को ऐसा हुआ कि उसने
अपनी बेटी लेआ को लिया और याक़ोब के पास ले आया।
और वह उसके पास गया। 24 और लाबान ने अपनी बेटी
लेआ को अपनी दासी ज़िल्पा दी। 25 और भोर को ऐसा हुआ,
देखो, वह लेआ थी। तब उसने लाबान से कहा, “यह तूने मेरे
साथ क्या किया? क्या मैंने तेरी सेवा राहेल के लिये न की थी?
फिर तूने मुझे क्यों धोखा दिया?” 26 लाबान ने कहा, “हमारे
स्थान पर ऐसा नहीं किया जाता कि छोटी को पहलौठी से पहले
दिया जाए। 27 “इसकी सप्ताह पूरी कर, तब हम तुझे यह भी
देंगे, उस सेवा के लिये जो तू मेरे साथ और सात वर्ष
करेगा।” 28 और याक़ोब ने ऐसा किया और उसकी सप्ताह
पूरी की। तब उसने अपनी बेटी राहेल को भी पत्नी के रूप में
दिया। 29 और लाबान ने अपनी बेटी राहेल को अपनी दासी
बिल्हा दी। 30 और वह राहेल के पास भी गया, और उसने
राहेल को लेआ से अधिक प्रेम किया। और उसने लाबान के
साथ और सात वर्ष सेवा की। 31 और 𐤉𐤄𐤅𐤄 ने देखा कि
लेआ अप्रेमित है, और उसने उसका गर्भ खोल दिया, पर
राहेल बाँझ रही। 32 और लेआ गर्भवती हुई और एक पुत्र को
जन्म दिया, और उसका नाम उसने रऊबेन रखा, क्योंकि
उसने कहा, “क्योंकि 𐤉𐤄𐤅𐤄 ने मेरी दु:खदशा देखी है, अब
मेरा पति मुझसे प्रेम करेगा।” 33 और वह फिर गर्भवती हुई
और एक पुत्र को जन्म दिया, और कहा, “क्योंकि 𐤉𐤄𐤅𐤄 ने
सुना कि मैं अप्रेमित हूँ, उसने यह भी मुझे दिया।” और उसने
उसका नाम शिमोन रखा। 34 और वह फिर गर्भवती हुई और
एक पुत्र को जन्म दिया, और कहा, “अब इस बार मेरा पति
मेरे साथ जुड़ जाएगा, क्योंकि मैंने उसके लिये तीन पुत्र जन्मे
हैं।” इसलिए उसका नाम लेवी रखा गया। 35 और वह फिर
गर्भवती हुई और एक पुत्र को जन्म दिया, और कहा, “अब मैं
𐤉𐤄𐤅𐤄 की स्तुति करूँगी।” इसलिए उसने उसका नाम
यहूदा रखा। और उसने जन्म देना बन्द किया।

30 1 और जब राहेल ने देखा कि उसने याक़ोब को कोई
संतान नहीं दी, तो राहेल ने अपनी बहन से डाह खाई,
और याक़ोब से कहा, “मुझे संतान दे, नहीं तो मैं मर
जाऊँगी!” 2 और याक़ोब का क्रोध राहेल के विरुद्ध भड़क
उठा, और उसने कहा, “क्या मैं ईश्वर की जगह हूँ, जिसने
तुझ से गर्भ का फल रोक रखा है?” 3 और उसने कहा,
“देख, मेरी दासी बिल्हा है; उसके पास जा, और वह मेरे
घुटनों पर जन्म दे, ताकि मैं भी उससे संतान प्राप्त करूँ।”
4 तब उसने अपनी दासी बिल्हा को पत्नी के रूप में उसे दिया,
और याक़ोब उसके पास गया। 5 और बिल्हा ने गर्भ धारण
किया और याक़ोब को एक पुत्र जन्म दिया। 6 और राहेल ने
कहा, “ईश्वर ने मेरा न्याय ठीक किया है, और मेरी आवाज़
सुनी और मुझे एक पुत्र दिया है।” इसलिये उसने उसका
नाम दान रखा। 7 और राहेल की दासी बिल्हा ने फिर गर्भ
धारण किया और याक़ोब को दूसरा पुत्र दिया। 8 और राहेल
ने कहा, “महान संघर्षों से मैं ने अपनी बहन से संघर्ष किया,
और मैं विजयी हुई।” इसलिये उसने उसका नाम नप्ताली
रखा। 9 और ल़आह ने देखा कि वह जन्म देना बंद कर चुकी
है, और उसने अपनी दासी ज़िल्पा को लिया और याक़ोब को
पत्नी के रूप में दिया। 10 और ल़आह की दासी ज़िल्पा ने
याक़ोब को एक पुत्र दिया। 11 और ल़आह ने कहा, “क्या
भाग्य है!” इसलिये उसने उसका नाम गाद रखा। 12 और
ल़आह की दासी ज़िल्पा ने याक़ोब को दूसरा पुत्र दिया।
13 और ल़आह ने कहा, “मैं आशीषित हूँ, क्योंकि बेटियाँ मुझे
आशीषित कहेंगी।” इसलिये उसने उसका नाम आशेर रखा।
14 और रूवेन गेहूँ की कटाई के दिनों में गया और खेत में
प्रेम-फल पाया, और उन्हें अपनी माँ ल़आह के पास लाया।
और राहेल ने ल़आह से कहा, “कृपया मुझे अपने पुत्र के प्रेम-
फल में से कुछ दे।” 15 परन्तु उसने उससे कहा, “क्या यह
छोटी बात है कि तू ने मेरा पति ले लिया है? क्या तू मेरे पुत्र के
प्रेम-फल भी ले लेगी?” और राहेल ने कहा, “इसलिये आज
रात वह तेरे साथ रहेगा तेरे पुत्र के प्रेम-फलों के बदले।”
16 और जब याक़ोब शाम को खेत से आया, तो ल़आह उससे
मिलने बाहर गई और कहा, “मेरे पास आ, क्योंकि निश्चय ही
मैंने तुझे अपने पुत्र के प्रेम-फलों के साथ किराए पर लिया
है।” और वह उसी रात उसके साथ रहा। 17 और ईश्वर ने
ल़आह की सुनी, और उसने गर्भ धारण किया और याक़ोब को
पाँचवाँ पुत्र जन्म दिया। 18 और ल़आह ने कहा, “ईश्वर ने
मुझे मेरा किराया दिया है, क्योंकि मैंने अपनी दासी अपने पति
को दी।” इसलिये उसने उसका नाम इस्साकार रखा।
19 और ल़आह ने फिर गर्भ धारण किया और याक़ोब को छठा
पुत्र जन्म दिया। 20 और ल़आह ने कहा, “ईश्वर ने मुझे एक
अच्छा उपहार दिया है। अब मेरा पति मेरे साथ रहेगा, क्योंकि
मैंने उसे छह पुत्र दिए हैं।” इसलिये उसने उसका नाम
ज़बुलुन रखा। 21 और उसके बाद उसने एक बेटी को जन्म
दिया, और उसका नाम दीनाह रखा। 22 और ईश्वर ने राहेल
को स्मरण किया, और ईश्वर ने उसकी सुनी और उसका गर्भ
खोला। 23 और उसने गर्भ धारण किया, और एक पुत्र को
जन्म दिया, और कहा, “ईश्वर ने मेरी निन्दा दूर कर दी
है।” 24 इसलिये उसने उसका नाम योसेफ़ रखा, और कहा,
“𐤉𐤄𐤅𐤄 ने मुझे एक और पुत्र दिया है।” 25 और ऐसा

हुआ, जब राहेल ने योसेफ़ को जन्म दिया, तब याक़ोब ने लाबान से कहा, "मुझे जाने दे, कि मैं अपने स्थान और अपनी भूमि में जाऊँ। 26 "मेरी पत्नियाँ और मेरे बच्चे जिन्हें पाने के लिए मैंने तेरी सेवा की है, मुझे दे दे, और मुझे जाने दे, क्योंकि तू स्वयं जानता है कि मैंने तेरी जो सेवा की है।" 27 और लाबान ने उससे कहा, "यदि मैंने तेरी आँखों में अनुग्रह पाया है, तो कृपया ठहर जा, क्योंकि मैंने मन लगाकर देखा है कि 𐤄𐤅𐤄𐤉 ने तेरे कारण मुझे आशीष दी है।" 28 और उसने कहा, "मुझे अपनी मज़दूरी बता, और मैं उसे दूँगा।" 29 तब उसने उससे कहा, "तू जानता है कि मैंने तेरी कैसी सेवा की है और तेरे पशु मेरे संग कैसे रहे हैं। 30 "क्योंकि जो थोड़ा तेरे पास पहले था, मेरे आने से बहुत बढ़ गया है, और 𐤄𐤅𐤄𐤉 ने मेरे आने से तुझे आशीष दी है। पर अब, मैं अपने घर के लिये कब व्यवस्था करूँगा?" 31 और उसने कहा, "मैं तुझे क्या दूँ?" और याक़ोब ने कहा, "मुझे कुछ न दे! यदि तू यह मेरे लिये करेगा, तो मैं फिर तेरे झुंड की देखभाल और रक्षा करूँगा। 32 "आज मैं तेरे सारे झुंड में से होकर निकल जाऊँ, और वहाँ से हर चितकबरी और धब्बेदार भेड़, और मेम्नों में से हर काला, और बकरियों में से धब्बेदार और चितकबरी निकाल लूँ। और ये मेरी मज़दूरी होंगी। 33 "और भविष्य में मेरी धार्मिकता मेरे लिये गवाही देगी, जब तू मेरी मज़दूरी के विषय में आएगा: जो बकरियों में धब्बेदार और चितकबरी न हो, और मेम्नों में काला न हो, यदि वह मेरे पास पाया जाए, तो वह चोरी का होगा।" 34 और लाबान ने कहा, "देख, तेरे वचन के अनुसार ऐसा ही हो।" 35 और उसी दिन उसने उन नरों को अलग कर दिया जो चितकबरे और धब्बेदार थे, और उन मादाओं को जो चितकबरी और धब्बेदार थीं, और जिनमें कुछ सफेद था, और मेम्नों में से सब काले, और उन्हें अपने पुत्रों के हाथ में दे दिया। 36 और उसने अपने और याक़ोब के बीच तीन दिन की दूरी रखी, और याक़ोब ने लाबान के शेष झुंड की देखभाल की। 37 और याक़ोब ने अपने लिये हरे पॉपलर, बादाम और शाहबलूत की डंडियाँ लीं, उनमें सफेद धारीयाँ छीलीं, और उनमें की सफेदी प्रकट की। 38 और उसने उन डंडियों को, जिन्हें उसने छीला था, झुंडों के सामने नालों में, पानी के कुंडों में रखा, जहाँ झुंड पानी पीने आते थे, और जब वे पीते थे तब गर्भ धारण करते थे। 39 इस प्रकार झुंडों ने डंडियों के सामने गर्भ धारण किया, और झुंडों ने धारीदार, चितकबरे, और धब्बेदार उत्पन्न किये। 40 और याक़ोब ने मेम्नों को अलग किया, और झुंडों को चितकबरे और लाबान के झुंड में सब काले के सामने रखा, पर उसने अपने झुंडों को अलग रखा और उन्हें लाबान के झुंड के साथ नहीं रखा। 41 और ऐसा हुआ, जब-जब झुंडों के बलवान गर्भ धारण करते थे, तब याक़ोब डंडियों को झुंडों की आँखों के सामने नालों में रखता था, ताकि वे डंडियों के बीच गर्भ धारण करें। 42 परन्तु जब झुंड दुर्बल होते, तो वह उन्हें नहीं रखता था। इसलिये दुर्बल लाबान के, और बलवान याक़ोब के हो जाते। 43 इस प्रकार वह मनुष्य बहुत बढ़ गया, और उसके पास बहुत झुंड, और दासियाँ और दास, और ऊँट और गधे हो गये।

31 1 और उसने लाबान के पुत्रों के वचन सुने, कहते हुए, "याक़ोब ने वह सब ले लिया है जो हमारे पिता का था, और जो हमारे पिता का था, उससे उसने यह सारी सम्पत्ति बना ली है।" 2 और याक़ोब ने लाबान के चेहरे की ओर देखा और पाया कि वह पहले की तरह उसके प्रति नहीं है। 3 और 𐤄𐤅𐤄𐤉 ने याक़ोब से कहा, "अपने पितरों के देश और अपने रिश्तेदारों के पास लौट जा। और मैं तेरे साथ हूँ।" 4 और याक़ोब ने भेजकर राहेल और लेआ को मैदान में अपने झुंड के पास बुलाया, 5 और उनसे कहा, "मैं तुम्हारे पिता का चेहरा देखता हूँ, कि वह अब मेरे प्रति पहले जैसा नहीं है, परन्तु मेरे पिता के ईश्वर मेरे साथ रहा है। 6 "और तुम जानती हो कि मैंने तुम्हारे पिता की सेवा अपनी पूरी शक्ति से की है। 7 "फिर भी तुम्हारे पिता ने मुझे धोखा दिया और मेरी मजदूरी दस बार बदल दी, परन्तु ईश्वर ने उसे मुझे बुराई करने नहीं दी। 8 "जब उसने यह कहा, 'चित्तीदार तेरी मजदूरी हो,' तब सब झुंड चित्तीदार जनते थे। और जब उसने कहा, 'धारीदार तेरी मजदूरी हो,' तब सब झुंड धारीदार जनते थे। 9 "सो ईश्वर ने तेरे पिता की पशुधन को ले लिया और मुझे दे दिया। 10 "और ऐसा हुआ, जब झुंड गर्भवती हुई, तब मैंने अपनी आँखें उठाईं और स्वप्न में देखा, और देखो, वे मेंढ़े जो झुंड पर कूदते थे, वे धारीदार, चित्तीदार और धब्बेदार थे। 11 "और ईश्वर के दूत ने मुझसे स्वप्न में कहा, 'याक़ोब।' और मैंने कहा, 'मैं यहाँ हूँ।' 12 "और उसने कहा, 'अब अपनी आँखें उठा और देख, सब मेंढ़े जो झुंड पर कूदते हैं, वे धारीदार, चित्तीदार और धब्बेदार हैं, क्योंकि मैंने सब देखा है जो लाबान तुझसे करता है। 13 'मैं बेइत ईश्वर का हूँ, जहां तूने खड़ा स्तम्भ अभिषेक किया और जहाँ तूने मुझसे मन्नत मानी। अब उठ, इस देश से निकल और अपने रिश्तेदारों के देश लौट जा।' " 14 और राहेल और लेआ ने उत्तर दिया और उससे कहा, "क्या हमारे पिता के घर में अब भी हमारे लिए कोई भाग या विरासत है? 15 "क्या उसने हमें परदेशियों के समान नहीं गिना? क्योंकि उसने हमें बेच दिया, और हमारी चाँदी भी पूरी तरह खा डाली। 16 "क्योंकि जो सम्पत्ति ईश्वर ने हमारे पिता से ली है, वह हमारी और हमारे बच्चों की है। अब तो जो कुछ ईश्वर ने तुझसे कहा है, वही कर।" 17 तब याक़ोब उठा और अपने पुत्रों और अपनी पत्नियों को ऊँटों पर बैठाया, 18 और वह अपने सब पशुधन और अपनी सारी सम्पत्ति जो उसने पाई थी, अर्थात् अपने पशुधन की सम्पत्ति जो उसने पद्दन आ्राम में पाई थी, लेकर अपने पिता यित्सहाक के पास कनान देश को चला। 19 और जब लाबान अपनी भेड़ों को ऊन काटने गया, तब राहेल ने अपने पिता के घर के देवता चुरा लिए। 20 और याक़ोब ने लाबान अरामी का मन चुरा लिया, क्योंकि उसने उसे नहीं बताया कि वह भागने वाला है। 21 और वह अपनी सारी सम्पत्ति लेकर भाग गया। और वह उठा और नदी पार कर गया, और गिलआद के पहाड़ की ओर चला। 22 और तीसरे दिन लाबान को बताया गया कि याक़ोब भाग गया है। 23 फिर उसने अपने भाइयों को अपने साथ लिया और सात दिनों की यात्रा तक उसका पीछा किया, और उसने उसे गिलआद के पहाड़ों में पकड़ लिया। 24 परंतु रात में एक स्वप्न में ईश्वर अरामी लाबान के पास आया और उससे कहा, "अपने आप को सावधान रखना, कि तुम याक़ोब से न तो भला और न ही बुरा कहो।" 25 तब लाबान ने याक़ोब को पकड़ लिया। अब याक़ोब ने पहाड़ों में अपना तम्बू गाड़ा

था, और लाबान ने अपने भाइयों के साथ गिलआद के पहाड़ों
में अपना तम्बू गाड़ा। 26और लाबान ने याक़ोब से कहा,
"तुमने क्या किया है, कि तुमने मेरा दिल चुरा लिया और मेरी
बेटियों को तलवार से पकड़े गए बंधुआओं के समान भगा
दिया? 27"तुमने छिपकर क्यों भागे और मुझे धोखा दिया,
और मुझे सूचित नहीं किया, और मैं तुम्हें आनन्द और गीतों,
डफ और वीणा के साथ विदा करता? 28"और तुमने मुझे
अपने पुत्रों और अपनी बेटियों को चूमने नहीं दिया। अब
तुमने यह काम करके मूर्खता की है। 29"मेरे हाथ में तुम्हारे
साथ बुरा करने की शक्ति है, परन्तु तुम्हारे पिता के ईश्वर ने
मुझसे पिछली रात कहा, 'अपने आप को सावधान रखना, कि
तुम याक़ोब से न तो भला और न ही बुरा कहो।' 30"और
अब तुम इसलिए गए हो क्योंकि तुम अपने पिता के घर की
बड़ी लालसा रखते हो, पर तुमने मेरे देवताओं को क्यों चुरा
लिया?" 31और याक़ोब ने उत्तर देकर लाबान से कहा,
"क्योंकि मैं डर गया था, क्योंकि मैंने कहा, 'कहीं तुम अपनी
बेटियों को मुझसे छीन न लो।' 32"जिसके पास भी तुम्हारे
देवता पाए जाएं, वह जीवित न रहे। हमारे भाइयों के सामने,
आप स्वयं देख लीजिए कि मेरे पास क्या है और उसे अपने
साथ ले जाइए।" क्योंकि याक़ोब यह नहीं जानता था कि
राहेल ने उन्हें चुरा लिया है। 33और लाबान याक़ोब के तम्बू में
गया, और लेआ के तम्बू में, और दोनों दासियों के तम्बुओं में,
परन्तु उसने उन्हें नहीं पाया। और वह लेआ के तम्बू से
निकलकर राहेल के तम्बू में गया। 34अब राहेल ने घर के
देवताओं को ले लिया और उन्हें ऊँट के काठी में रख दिया,
और उन पर बैठ गई। और लाबान ने पूरे तम्बू की खोज की,
परन्तु उन्हें नहीं पाया। 35और उसने अपने पिता से कहा,
"मेरे प्रभु को अप्रसन्न न हो कि मैं आपके सामने खड़ी नहीं हो
सकती, क्योंकि मेरे साथ स्त्रियों का मार्ग है।" और उसने
खोजा परन्तु घर के देवताओं को नहीं पाया। 36और याक़ोब
क्रोधित हुआ और लाबान से झगड़ा किया, और याक़ोब ने
उत्तर देकर लाबान से कहा, "मेरा अपराध क्या है? मेरा पाप
क्या है, कि तुमने मेरा इस प्रकार पीछा किया? 37"अब जब
तुमने मेरे सब सामान की खोज की, तो मेरे घर के सब सामान
में से तुमने क्या पाया? इसे यहाँ मेरे भाइयों और तुम्हारे भाइयों
के सामने रखो, और वे हमारे बीच फैसला करें! 38"ये बीस
वर्ष मैं तुम्हारे साथ रहा हूँ। तुम्हारी भेड़ें और बकरियाँ अपने
बच्चे खोने से नहीं चूकीं, और मैंने तुम्हारे झुंड के मेढ़ों को
नहीं खाया। 39"जो जंगली जानवरों ने फाड़ डाला, मैं तुम्हारे
पास नहीं लाया। मैं स्वयं उसका नुकसान उठाता था। चाहे
वह दिन में चुरा लिया जाता, चाहे रात में, तुम मुझसे उसकी
मांग करते थे। 40"मैं था! दिन में गर्मी ने मुझे खा लिया,
और रात में ठंडक ने, और मेरी नींद मेरी आँखों से उड़ गई।
41"ये बीस वर्ष मैं तुम्हारे घर में रहा। मैंने तुम्हारी दो बेटियों
के लिए चौदह वर्ष सेवा की, और तुम्हारे झुंड के लिए छह वर्ष,
और तुमने मेरी मजदूरी दस बार बदली। 42"यदि मेरे पिता
के ईश्वर, अब्राहम के ईश्वर और यित्सहाक के भय, मेरे साथ
न होते, तो अब तुम मुझे खाली हाथ विदा कर देते। ईश्वर ने
मेरे कष्ट और मेरे हाथों की मेहनत को देखा है, और कल
रात न्याय किया है।" 43और लाबान ने उत्तर देकर याक़ोब
से कहा, "ये बेटियाँ मेरी बेटियाँ हैं, और ये पुत्र मेरे पुत्र हैं,
और यह झुंड मेरा झुंड है, और जो कुछ तुम देखते हो वह
मेरा है। पर आज मैं इनसे, अपनी बेटियों या उनके बच्चों से,
जिन्हें उन्होंने जन्म दिया है, क्या करूँ? 44"और अब, आओ,
हम एक वाचा करें, तुम और मैं, और यह मेरे और तुम्हारे बीच
गवाही होगी।" 45तो याक़ोब ने एक पत्थर लिया और उसे
खड़ा किया एक खड़े स्तंभ के रूप में। 46और याक़ोब ने
अपने भाइयों से कहा, "पत्थर इकट्ठे करो।" और उन्होंने
पत्थर लिए और एक ढेर बनाया, और वे वहाँ उस ढेर पर
खाए। 47और लाबान ने उसे येगार साहदूथा कहा, परन्तु
याक़ोब ने उसे गालएद कहा। 48और लाबान ने कहा, "यह
ढेर आज तेरे और मेरे बीच गवाह है।" इसलिए उसका नाम
गालएद रखा गया, 49साथ ही मित्स्पह, क्योंकि उसने कहा,
"ऋ५ऋ२ तेरे और मेरे बीच देखे जब हम एक दूसरे की
दृष्टि से बाहर हों। 50"यदि तू मेरी बेटियों को कष्ट देगा, या
यदि तू मेरी बेटियों के अतिरिक्त अन्य स्त्रियाँ लेगा, यद्यपि
कोई मनुष्य हमारे साथ नहीं है; देख, ईश्वर तेरे और मेरे बीच
गवाह है!" 51और लाबान ने याक़ोब से कहा, "इस ढेर को
देख और इस खड़े स्तंभ को देख, जिसे मैंने तेरे और अपने
बीच रखा है। 52"यह ढेर गवाह है, और यह खड़ा स्तंभ
गवाह है, कि मैं इस ढेर के पार तेरे पास न जाऊँ, और तू इस
ढेर और इस खड़े स्तंभ के पार मेरे पास न आना, बुराई के
लिए। 53"अब्राहम का ईश्वर, नाहोर का ईश्वर, और उनके
पिता का ईश्वर हमारे बीच न्याय करे!" और याक़ोब ने अपने
पिता यित्सहाक के भय की शपथ खाई। 54और याक़ोब ने
पहाड़ पर एक भेंट चढ़ाई, और अपने भाइयों को रोटी खाने
के लिए बुलाया। और उन्होंने रोटी खाई और पहाड़ पर रात
बिताई। 55और लाबान सुबह तड़के उठा, और अपने पुत्रों
और पुत्रियों को चूमा और उन्हें आशीर्वाद दिया। और लाबान
चला गया और अपनी जगह लौट गया।

32

1और याक़ोब अपने मार्ग पर चला, और ईश्वर के
दूत उससे मिले। 2और जब याक़ोब ने उन्हें देखा,
तो उसने कहा, "यह ईश्वर की छावनी है।" और उसने उस
स्थान का नाम महनयिम रखा। 3और याक़ोब ने अपने भाई
एसाव के पास, जो सेईर देश में, एदोम के मैदान में था, दूत
भेजे। 4और उसने उन्हें आज्ञा दी, "मेरे स्वामी एसाव से यह
कहना, 'तेरा दास याक़ोब यह कहता है, "मैं लाबान के साथ
परदेशी होकर रहा हूँ और अब तक वहीं ठहरा रहा। 5"और
मेरे पास बैल, गधे, झुंड, दास और दासियाँ हैं। और मैंने
अपने स्वामी को सूचित करने के लिए भेजा है, कि तेरी दृष्टि
में अनुग्रह पाऊँ।" ' " 6तब दूत याक़ोब के पास लौटकर
कहने लगे, "हम तेरे भाई एसाव के पास गए थे, और वह तुझ
से मिलने आ रहा है, और उसके संग चार सौ पुरुष हैं।"
7तब याक़ोब बहुत डर गया और व्याकुल हुआ। सो उसने जो
लोग उसके संग थे, और झुंड, और गाय-बैल और ऊँट, उन्हें
दो दलों में बाँट दिया। 8और उसने कहा, "यदि एसाव एक
दल पर आकर आक्रमण करे, तो दूसरा दल जो बचा रहेगा,
वह बच निकलेगा।" 9और याक़ोब ने कहा, "मेरे पिता
अब्राहम के ईश्वर और मेरे पिता यित्सहाक के ईश्वर,
ऋ५ऋ२ जिसने मुझ से कहा था, 'अपने देश और अपने
कुटुम्ब के पास लौट जा, और मैं तेरा भला करूँगा।' 10"मैं
तेरे सब करुणाओं और सब सच्चाई के योग्य नहीं हूँ, जो तूने
अपने दास पर की हैं; क्योंकि मैं अपनी लाठी लेकर इस

यरदन को पार आया था, और अब मैं दो दलों में हो गया हूँ।
11 “मैं तुझ से बिनती करता हूँ, मुझे मेरे भाई, एसाव के हाथ
से छुड़ा; क्योंकि मैं उससे डरता हूँ, कहीं वह आकर मुझे और
माता को बालकों समेत न मार डाले। 12 “क्योंकि तू ने कहा
था, ‘मैं तेरा भला अवश्य करूँगा, और तेरे वंश को समुद्र की
बालू के समान कर दूँगा, जो गिनने के योग्य नहीं है।’ ”
13 और उसने वहाँ रात बिताई, और जो कुछ उसके पास था,
उसमें से एसाव अपने भाई के लिये भेंट के रूप में ले लिया।
14 दो सौ बकरियाँ और बीस बकरे, दो सौ भेड़ें और बीस मेढ़े,
15 तीस दूध देने वाली ऊँटनियाँ और उनके बच्चे, चालीस
गायें और दस बैल, बीस गधियाँ और दस गधे के बच्चे।
16 और उसने उन्हें अपने दासों के हाथ में सौंपा, हर झुंड
अलग-अलग, और अपने दासों से कहा, “मेरे आगे-आगे
चलो, और झुंड और झुंड के बीच कुछ दूरी रखो।” 17 और
उसने पहले वाले को आज्ञा दी, “जब मेरा भाई एसाव तुझ से
मिलेगा और तुझ से पूछेगा, कहेगा, ‘तू किसका है? और कहाँ
जा रहा है? और ये तेरे आगे-आगे किसके हैं?’ 18 तब तू
कहना, ‘वे तेरे दास याक़ोब के हैं। यह मेरे स्वामी एसाव के
लिये भेंट है; और देख, वह भी हमारे पीछे है।’ ” 19 और
उसने दूसरे, और तीसरे, और सबको जो झुंडों के पीछे थे,
यह आज्ञा दी, “जब तुम एसाव से मिलो, तो यही बात उससे
कहना। 20 और कहना, ‘देख, तेरा दास याक़ोब हमारे पीछे
है।’ ” क्योंकि उसने कहा, “मैं उसके आगे-आगे जो भेंट भेज
रहा हूँ, उससे उसका मन फेरूँगा, और उसके बाद उसका
मुख देखूँगा; शायद वह मुझे ग्रहण करे।” 21 सो भेंट उसके
आगे-आगे चली गई; परन्तु वह स्वयं उस रात छावनी में ठहरा
रहा। 22 और वह रात को उठकर अपनी दो पत्नियों, और
अपनी दो दासियों, और अपने ग्यारह पुत्रों को लेकर यब्बोक
के घाट पर गया। 23 और उसने उन्हें लिया और नदी के पार
भेजा, और जो कुछ उसका था उसे भी पार भेजा। 24 और
याक़ोब अकेला रह गया। और एक मनुष्य उसके साथ भोर
होने तक कुश्ती करता रहा। 25 और जब उसने देखा कि वह
उसे जीत नहीं सकता, तब उसने उसकी जाँघ की गाँठ पर
हाथ मारा; और याक़ोब की जाँघ की गाँठ उसकी कुश्ती करते
समय खिसक गई। 26 और उसने कहा, “मुझे जाने दे,
क्योंकि भोर हो गया है।” परन्तु उसने कहा, “जब तक तू
मुझे आशीर्वाद न देगा, मैं तुझे नहीं जाने दूँगा।” 27 तब उसने
उससे पूछा, “तेरा नाम क्या है?” उसने कहा, “याक़ोब।”
28 तब उसने कहा, “तेरा नाम अब याक़ोब नहीं, परन्तु
इस्राएल होगा; क्योंकि तूने ईश्वर और मनुष्यों से संघर्ष किया
है, और प्रबल हुआ है।” 29 तब याक़ोब ने उससे पूछा,
“कृपया मुझे तेरा नाम बता।” उसने कहा, “तू मेरा नाम क्यों
पूछता है?” और वहीं उसने उसे आशीर्वाद दिया। 30 और
याक़ोब ने उस स्थान का नाम पनूएल रखा, यह कहते हुए,
“क्योंकि मैंने ईश्वर को आमने-सामने देखा है, और मेरा प्राण
बच गया है।” 31 और जब वह पनूएल से पार हुआ, तब सूर्य
उस पर उगा, और वह अपनी जाँघ के कारण लंगड़ा रहा।
32 इस कारण इस्राएल के पुत्र आज तक जाँघ की नस नहीं
खाते, जो जाँघ की गाँठ पर है; क्योंकि उसने याक़ोब की जाँघ
की गाँठ को छू लिया था, उस नस पर।

33

1 और याक़ोब ने अपनी आँखें उठाईं और देखा, और
एसाव आता हुआ देखा, और उसके साथ चार सौ
पुरुष थे। और उसने बच्चों को लिया और उन्हें लिआह, और
राहेल, और दोनों दासियों के बीच बाँट दिया। 2 और उसने
दासियों और उनके बच्चों को आगे रखा, और लिआह और
उसके बच्चों को पीछे, और राहेल और योसेफ़ को सबसे पीछे
रखा। 3 और वह स्वयं उनके आगे चला और भूमि पर सात
बार झुका, जब तक कि वह अपने भाई के पास न आ गया।
4 और एसाव उससे मिलने दौड़ा, और उसे गले लगाया, और
उसकी गर्दन पर गिरकर उसे चूमा, और वे दोनों रो पड़े।
5 और उसने अपनी आँखें उठाईं और स्त्रियों और बच्चों को
देखा, और कहा, “ये तुम्हारे साथ कौन हैं?” और उसने कहा,
“वे बच्चे जिन पर ईश्वर ने तुम्हारे दास पर अनुग्रह किया
है।” 6 तब दासियाँ और उनके बच्चे पास आए, और उन्होंने
झुककर प्रणाम किया। 7 और लिआह भी अपने बच्चों के
साथ पास आई, और उन्होंने झुककर प्रणाम किया। और
योसेफ़ और राहेल पास आए, और उन्होंने भी प्रणाम किया।
8 तब एसाव ने कहा, “यह सब दल जिसका मैं सामना किया,
इसका क्या अर्थ है?” और उसने कहा, “अपने प्रभु की दृष्टि
में अनुग्रह पाने के लिए।” 9 परन्तु एसाव ने कहा, “मेरे पास
बहुत है, हे मेरे भाई, जो तुम्हारा है, वह तुम्हारा ही रहे।”
10 और याक़ोब ने कहा, “नहीं, कृपया, यदि मैंने अब तेरी
दृष्टि में अनुग्रह पाया है, तो मेरा उपहार मेरे हाथ से स्वीकार
कर, क्योंकि मैंने तेरा मुख ऐसा देखा जैसे ईश्वर का मुख
देख रहा हूँ, और तू मुझसे प्रसन्न हुआ है। 11 “कृपया, मेरा
आशीर्वाद ले जो तेरे पास लाया गया है, क्योंकि ईश्वर ने मुझ
पर अनुग्रह किया है, और क्योंकि मेरे पास सब कुछ है।”
और उसने उससे आग्रह किया, और उसने ले लिया। 12 और
उसने कहा, “चलो हम चलें और जाएँ, और मुझे तेरे आगे
चलने दे।” 13 परन्तु उसने उससे कहा, “मेरा प्रभु जानता है
कि बच्चे कोमल हैं, और भेड़-बकरियाँ और गायें जो दूध
पिलाती हैं, मेरे साथ हैं। और यदि उन्हें एक दिन भी तेज़
चलाया जाए, तो सब झुंड मर जाएँगे। 14 “कृपया मेरा प्रभु
अपने दास से आगे बढ़े, और मैं धीरे-धीरे चलूँगा, उस चाल
से जो मेरे आगे के पशुओं की है, और उस चाल से जो बच्चों
की है, जब तक कि मैं अपने प्रभु के पास सेईर में पहुँचूँ।”
15 और एसाव ने कहा, “कृपया, मैं तेरे साथ कुछ लोगों को
छोड़ दूँ जो मेरे साथ हैं।” परन्तु उसने कहा, “यह क्यों? मुझे
तो अपने प्रभु की दृष्टि में अनुग्रह ही मिल जाए।” 16 और
एसाव उसी दिन सेईर के अपने मार्ग पर लौट गया। 17 और
याक़ोब सुक्कोत को गया, और उसने अपने लिए एक घर
बनाया, और अपने पशुओं के लिए झोंपड़ियाँ बनाईं। इसी
कारण उस स्थान का नाम सुक्कोत पड़ा। 18 और याक़ोब
सुरक्षित शेकेम नगर में पहुँचा, जो कनान देश में है, जब वह
पद्दन अराम से आया। और उसने नगर के सामने अपना तम्बू
खड़ा किया। 19 और उसने उस खेत का टुकड़ा खरीदा जहां
उसने अपना तम्बू खड़ा किया था, हमोर के पुत्रों से, जो
शेकेम का पिता था, सौ केसिता में। 20 और उसने वहाँ एक
वेदी खड़ी की और उसका नाम रखा, ईश्वर ईश्वरय
इस्राएल।

34 1 और दीना, ले'आ की पुत्री, जिसे उसने याक़ोब को
जन्म दिया था, देश की पुत्रियों को देखने बाहर गई ।
2 और शेकेम, हमोर हिव्वी का पुत्र, देश का प्रधान, ने उसे
देखा और पकड़ लिया और उसके साथ लेट गया और उसे
अपमानित किया । 3 और उसका मन दीना, याक़ोब की पुत्री
से लग गया, और उसने उस लड़की से प्रेम किया और
लड़की से नम्रता से बातें कीं । 4 और शेकेम ने अपने पिता
हमोर से कहा, "इस लड़की को मेरे लिए पत्नी के रूप में ले
लो ।" 5 और याक़ोब ने सुना कि उसने उसकी पुत्री दीना को
अशुद्ध किया है । अब उसके पुत्र मैदान में उसके पशुओं के
साथ थे, इसलिए याक़ोब ने उनके आने तक चुपचाप रहा ।
6 और हमोर, शेकेम का पिता, याक़ोब से बात करने बाहर
गया । 7 और याक़ोब के पुत्रों ने यह सुनकर मैदान से आकर
प्रवेश किया । और वे लोग दुखी और बहुत क्रोधित हुए,
क्योंकि उसने याक़ोब की पुत्री के साथ लेटकर इस्राएल में
एक मूर्खता का काम किया था, जो नहीं किया जाना चाहिए ।
8 परन्तु हमोर ने उनसे कहा, "मेरे पुत्र शेकेम का मन तुम्हारी
पुत्री के लिये लालायित है । कृपया उसे उसके लिये पत्नी के
रूप में दे दो । 9 "और हमारे साथ विवाह-संबंध करो, हमें
अपनी पुत्रियाँ दो और हमारी पुत्रियाँ अपने लिये ले लो,
10 और हमारे साथ बसो, और देश तुम्हारे सामने हो । इसमें
बसो और घूमो, और इसमें अधिकार प्राप्त करो ।" 11 और
शेकेम ने उसके पिता और भाइयों से कहा, "मेरी आँखों में
अनुग्रह पाओ, और जो कुछ तुम मुझसे कहोगे मैं दूँगा ।
12 "मुझसे दहेज और उपहार कितना ही बड़ा माँगो, और मैं
तुम्हारे कहे अनुसार दूँगा, परन्तु मुझे लड़की को पत्नी के
लिए दे दो ।" 13 परन्तु याक़ोब के पुत्रों ने शेकेम और उसके
पिता हमोर को छल से उत्तर दिया, क्योंकि उसने उनकी बहन
दीना को अशुद्ध किया था । 14 और उन्होंने उनसे कहा, "हम
यह काम करने में सक्षम नहीं हैं, अपनी बहन को ऐसे को देना
जो खतना रहित है, क्योंकि यह हमारे लिए अपमान होगा ।
15 केवल इसी पर हम तुमसे सहमत होंगे: यदि तुम हमारे
समान हो जाओ, कि तुम में हर नर का खतना हो, 16 तब हम
अपनी पुत्रियाँ तुम्हें देंगे, और तुम्हारी पुत्रियाँ अपने लिये लेंगे ।
और हम तुम्हारे साथ बसेंगे, और एक ही जाति बन जाएँगे ।
17 "परन्तु यदि तुम हमारी न सुनोगे और खतना न कराओगे,
तो हम अपनी पुत्री को ले लेंगे और चले जाएँगे ।" 18 और
उनके वचन हमोर और शेकेम, हमोर के पुत्र को भले लगे ।
19 और उस जवान ने यह करने में विलंब न किया क्योंकि वह
याक़ोब की पुत्री से प्रसन्न था । अब वह अपने पिता के सारे
घराने से अधिक सम्मानित था । 20 और हमोर और उसका
पुत्र शेकेम अपने नगर के फाटक पर गए, और अपने नगर
के पुरुषों से कहा, 21 "ये पुरुष हमारे साथ मेल में हैं, इसलिए
वे देश में बसें और इसमें घूमे । और देखो, यह देश उनके
लिए पर्याप्त है । हम उनकी पुत्रियों को अपने लिए पत्नी के
रूप में लें, और अपनी पुत्रियाँ उन्हें दें । 22 "केवल इसी पर ये
पुरुष हमारे साथ बसने और एक जाति होने को सहमत होंगे:
यदि हमारे बीच हर नर खतना किया जाए जैसे वे खतना किए
हुए हैं । 23 "उनकी भेड़-बकरियाँ और उनके धन और उनके
सब पशु, क्या वे हमारे न होने चाहिएँ? केवल हम उनसे
सहमति कर लें, और वे हमारे साथ बसें ।" 24 और जो कोई
उसके नगर के फाटक से निकलते थे, सबने हमोर और
शेकेम उसके पुत्र की बात सुनी; सब पुरूष खतना किए गए,
जितने भी उसके नगर के फाटक से निकलते थे । 25 और
तीसरे दिन हुआ, जब वे पीड़ा में थे, कि याक़ोब के दो पुत्र,
शिमोन और लेवी, दीना के भाई, हर एक ने अपनी तलवार ली
और निडर होकर नगर पर आ पड़े और सब पुरूषों को मार
डाला । 26 और उन्होंने हमोर और उसके पुत्र शेकेम को
तलवार की धार से मार डाला, और दीना को शेकेम के घर से
ले लिया और निकल गए । 27 याक़ोब के पुत्र मारे हुए लोगों
पर आ पड़े और नगर को लूटा, क्योंकि उन्होंने उनकी बहन
को अशुद्ध किया था । 28 उन्होंने उनकी भेड़-बकरियाँ और
उनके धन और उनके गधे, और जो कुछ नगर में था और
जो कुछ खेत में था, ले लिया । 29 और उनका सारा धन ।
और उनके सब छोटे बच्चों और उनकी स्त्रियों को बंदी बना
लिया, और घरों में जो कुछ था उसे सब लूट लिया । 30 और
याक़ोब ने शिमोन और लेवी से कहा, "तुमने मुझे इस देश के
रहनेवालों, कनानियों और परिज्जियों के बीच दुर्गन्धमय कर
दिया है । और मैं गिनती में थोड़ा हूँ, वे मेरे विरुद्ध इकट्ठे होकर
मुझ पर प्रहार करेंगे, और मैं और मेरा घराना नाश हो
जाएगा ।" 31 पर उन्होंने कहा, "क्या वह हमारी बहन को
वेश्या के समान व्यवहार करे?"

35 1 और ईश्वर ने याक़ोब से कहा, "उठ, बेथ ईश्वर को
ऊपर जा और वहाँ बस जा । और वहाँ ईश्वर के लिये
एक वेदी बना जिसने तुझ पर प्रकट होकर तुझे तेरे भाई
एसाव के मुख से भागते समय दर्शन दिया था ।" 2 और
याक़ोब ने अपने घराने से और उन सब से जो उसके साथ थे
कहा, "अपने बीच के पराये शक्तिमानों को दूर करो, और
अपने आप को शुद्ध करो, और अपने वस्त्र बदलो । 3 "और
हम उठें और बेथ ईश्वर को ऊपर चलें, और मैं वहाँ ईश्वर के
लिये एक वेदी बनाऊँ, जिसने संकट के दिन मुझे उत्तर दिया
और जिस मार्ग पर मैं चला उसमें मेरे साथ रहा ।" 4 सो
उन्होंने याक़ोब को सब पराये शक्तिमान जो उनके हाथों में थे
और सब बालियाँ जो उनके कानों में थीं दे दीं । और याक़ोब
ने उन्हें उस तेराबिन्थ वृक्ष के नीचे छिपा दिया जो शेकेम के
पास था । 5 और वे चले गए, और ईश्वर का भय चारों ओर
की नगरों पर था, और उन्होंने याक़ोब के पुत्रों का पीछा न
किया । 6 और याक़ोब लूज़ में आया, जो बेथ ईश्वर है, जो
कनान देश में है, वह और सब लोग जो उसके साथ थे ।
7 और उसने वहाँ एक वेदी बनाई और उस स्थान का नाम
ईश्वर बेथ ईश्वर रखा, क्योंकि वहाँ ईश्वर ने उस पर प्रकट
होकर दर्शन दिया जब वह अपने भाई के मुख से भागा था ।
8 और देबोरा, रिबक़ा की धाय, मर गई, और वह बेथ ईश्वर
के नीचे तेराबिन्थ वृक्ष के नीचे दफ़नाई गई । सो उसका नाम
अलोन बाकूत रखा गया । 9 और ईश्वर याक़ोब को फिर
प्रकट हुआ, जब वह पद्दान अराम से आया, और उसे आशीष
दी । 10 और ईश्वर ने उससे कहा, "तेरा नाम याक़ोब है, तेरा
नाम अब याक़ोब न कहलाएगा, परन्तु तेरा नाम इस्राएल
होगा ।" सो उसने उसका नाम इस्राएल रखा । 11 और ईश्वर
ने उससे कहा, "मैं ईश्वर शद्दाई हूँ । फलवन्त हो और बढ़,
एक जाति और जातियों का समाज तुझसे होगा, और तेरे
शरीर से राजा उत्पन्न होंगे । 12 "और वह भूमि जो मैंने

अब्राहम और यित्सहाक को दी थी, मैं तुझे देता हूँ। और तेरे
बाद तेरी संतान को यह भूमि देता हूँ।" 13और ईश्वर उस
स्थान से जहाँ उसने उससे बातें कीं, ऊपर चला गया।
14और याक़ोब ने उस स्थान में जहाँ उसने उससे बातें कीं,
एक खड़ा स्तम्भ खड़ा किया, पत्थर का स्मारक। और
उसने उस पर अर्घ चढ़ाया, और उस पर तेल डाला। 15और
याक़ोब ने उस स्थान का नाम जहाँ ईश्वर ने उससे बातें कीं,
बेथ ईश्वर रखा। 16फिर वे बेथ ईश्वर से चले। और ऐसा
हुआ कि जब थोड़ी ही दूरी एप्रात तक जाने की रह गई थी, तो
राहेल को जन्म देने में कठिनाई हुई। 17और ऐसा हुआ, जब
उसे जन्म देने में कठिनाई हो रही थी, तो दाई ने उससे कहा,
"मत डर, क्योंकि तुझे फिर एक पुत्र हुआ है।" 18और ऐसा
हुआ, जब उसका जीवन निकल रहा था - क्योंकि वह मर गई
- तो उसने उसका नाम बेन-ओनी रखा। परन्तु उसके पिता
ने उसका नाम बिन्यामिन रखा। 19सो राहेल मर गई और
एप्रात जाते हुए मार्ग में दफ़नाई गई, जो बेथ लेहम है।
20और याक़ोब ने उसकी कब्र पर एक खड़ा स्तम्भ खड़ा
किया, जो राहेल की कब्र का स्मारक आज तक है। 21और
इस्राएल चला गया और एदर के गुम्मट के पार अपना तम्बू
लगाया। 22और ऐसा हुआ, जब इस्राएल उस देश में रहता
था, तब रूबेन गया और अपने पिता की उपपत्नी बिल्हा के
साथ सोया। और इस्राएल ने यह सुना। अब याक़ोब के पुत्र
बारह थे: 23लैआ के पुत्र रूबेन, याक़ोब का पहलौठा, और
शिमोन, और लेवी, और यहूदा, और यिस्साकार, और
ज़बुलून; 24राहेल के पुत्र यूसुफ़ और बिन्यामिन; 25बिल्हा,
राहेल की दासी, के पुत्र दान और नप्ताली; 26और ज़िल्पा,
लैआ की दासी, के पुत्र गाद और आशेर। ये याक़ोब के पुत्र
थे जो उसे पद्दान अराम में उत्पन्न हुए। 27और याक़ोब अपने
पिता यित्सहाक के पास माम्रे, या किर्यत अरबा, जो हेब्रोन है,
पहुँचा, जहाँ अब्राहम और यित्सहाक रहते थे। 28और
यित्सहाक के दिन एक सौ अस्सी वर्ष के हुए। 29सो
यित्सहाक ने प्राण छोड़े और मर गया, और अपने लोगों के
साथ इकट्ठा हुआ, वृद्ध और दिन भरकर। और उसके पुत्र
एसाव और याक़ोब ने उसे दफ़नाया।

36 1और यह एसाव की वंशावली है, जो एदोम है।
2एसाव ने कनान की बेटियों से पत्नियाँ लीं: आदाह,
एयलोन हित्ती की बेटी, और ओहोलीबामह, आना की बेटी,
त्सिबोन हिव्वी की बेटी; 3और बासेमत, यिश्माएल की बेटी,
नेबायोत की बहन। 4और आदाह ने एसाव को एलीफ़ज़ को
जन्म दिया, और बासेमत ने रऊएल को जन्म दिया। 5और
ओहोलीबामह ने येऊश, यालाम और क़ोरह को जन्म दिया।
ये कनान देश में एसाव से उत्पन्न हुए पुत्र थे। 6और एसाव ने
अपनी पत्नियाँ, पुत्र, पुत्रियाँ, अपने घराने के सब प्राणी, अपने
झुंड और सब पशु, और अपनी सब सम्पत्ति जो उसने कनान
देश में पाई थी, लीं, और अपने भाई याक़ोब से दूर दूसरे देश
चला गया। 7क्योंकि उनकी सम्पत्ति इतनी अधिक थी कि वे
एक साथ नहीं रह सकते थे, और उनके झुंडों के कारण
उनके प्रवास का देश उन्हें संभाल नहीं सकता था। 8सो
एसाव सेईर पर्वत पर बस गया। एसाव ही एदोम है। 9और
यह एसाव की वंशावली है, एदोमियों के पिता, सेईर पर्वत पर।
10ये थे एसाव के पुत्रों के नाम: एलीफ़ज़, एसाव की पत्नी
आदाह का पुत्र, और रऊएल, एसाव की पत्नी बासेमत का
पुत्र। 11और एलीफ़ज़ के पुत्र थे: तेमान, ओमार, त्सेफ़ो,
गताम और क़ेनज़। 12और तिम्ना एलीफ़ज़, एसाव के पुत्र
की उपपत्नी थी, और उसने एलीफ़ज़ को अमालेक को जन्म
दिया। ये आदाह, एसाव की पत्नी के पुत्र थे। 13ये रऊएल
के पुत्र थे: नहथ, ज़ेरह, शम्माह और मिज़्ज़ाह। ये बासेमत,
एसाव की पत्नी के पुत्र थे। 14ये ओहोलीबामह, एसाव की
पत्नी, आना की बेटी, त्सिबोन की बेटी के पुत्र थे। और उसने
एसाव को येऊश, यालाम और क़ोरह को जन्म दिया। 15ये
एसाव के पुत्रों के प्रमुख थे। एलीफ़ज़, एसाव के पहिलौठे पुत्र
के पुत्र थे: प्रमुख तेमान, प्रमुख ओमार, प्रमुख त्सेफ़ो, प्रमुख
क़ेनज़, 16प्रमुख क़ोरह, प्रमुख गताम, प्रमुख अमालेक। ये
एलीफ़ज़ के प्रमुख थे एदोम देश में। ये आदाह के पुत्र थे।
17और ये रऊएल, एसाव के पुत्र के पुत्र थे: प्रमुख नहथ,
प्रमुख ज़ेरह, प्रमुख शम्माह और प्रमुख मिज़्ज़ाह। ये रऊएल
के प्रमुख थे एदोम देश में। ये बासेमत, एसाव की पत्नी के
पुत्र थे। 18और ये ओहोलीबामह, एसाव की पत्नी के पुत्र थे:
प्रमुख येऊश, प्रमुख यालाम और प्रमुख क़ोरह। ये
ओहोलीबामह, एसाव की पत्नी, आना की बेटी से उत्पन्न प्रमुख
थे। 19ये एसाव के पुत्र थे, जो एदोम है, और ये उनके प्रमुख
थे। 20ये सेईर होरी के पुत्र थे, जो उस देश में बसे: लोतान,
शोबाल, त्सिबोन और आना, 21और दिशतोन, एत्सेर और
दिशान। ये होरी के प्रमुख थे, सेईर के पुत्र, एदोम देश में।
22और लोतान के पुत्र थे: होरी और हेमाम। और लोतान की
बहन तिम्ना थी। 23और ये शोबाल के पुत्र थे: अलवान, और
मनहथ, और एयबाल, शेपो, और ओनाम। 24और ये त्सिबोन
के पुत्र थे: दोनों आयाह और अनह। यह वही अनह था
जिसने जंगल में पानी पाया जब वह अपने पिता त्सिबोन के
गधों को चराता था। 25और ये अनह के पुत्र थे: दिशोन और
ओहोलिबामा, अनह की बेटी। 26और ये दिशोन के पुत्र थे:
हमदान, और एशबान, और यित्रान, और केरान। 27ये
एत्सेर के पुत्र थे: बिल्हान, और ज़आवान, और आकान।
28ये दिशान के पुत्र थे: उत्स और अरान। 29ये होरी के
प्रधान थे: प्रधान लोतान, प्रधान शोबाल, प्रधान त्सिबोन,
प्रधान अनह, 30प्रधान दिशोन, प्रधान एत्सेर, और प्रधान
दिशान। ये होरी के प्रधान थे, उनके प्रधानों के अनुसार सेईर
की भूमि में। 31और ये वे राजा थे जो इस्राएल के पुत्रों पर
कोई राजा राज्य करने से पहले एदोम की भूमि में राज्य करते
थे। 32और बेलआ बेओर का पुत्र एदोम में राज्य करता था,
और उसके नगर का नाम दिनहाबह था। 33और बेलआ मर
गया, और योबाब ज़ेरह का पुत्र बोत्स्रह का, उसके स्थान पर
राज्य करता था। 34और योबाब मर गया, और हुशाम तेमानी
देश का, उसके स्थान पर राज्य करता था। 35और हुशाम
मर गया, और हदद बेदद का पुत्र, जिसने मैदान में मिद्यान
को मोआब में मारा, उसके स्थान पर राज्य करता था। और
उसके नगर का नाम आवित था। 36और हदद मर गया,
और सामलह मसरेकह का, उसके स्थान पर राज्य करता
था। 37और सामलह मर गया, और शाऊल रहोबोत हनाहर
का, उसके स्थान पर राज्य करता था। 38और शाऊल मर

गया, और बाल-हनान अकबोर का पुत्र उसके स्थान पर
राज्य करता था। 39और बाल-हनान अकबोर का पुत्र मर
गया, और हदार उसके स्थान पर राज्य करता था। और
उसके नगर का नाम पाउ था। और उसकी पत्नी का नाम
महेताबएल था, मातरेद की बेटी, मे-जाहब की बेटी। 40और
ये एसाव के प्रधानों के नाम थे, उनके कुलों और उनके स्थानों
के अनुसार, उनके नामों से: प्रधान तिम्नह, प्रधान अलवाह,
प्रधान येथेत, 41प्रधान ओहोलिबामा, प्रधान एलाह, प्रधान
पिनोन, 42प्रधान क़ेनज, प्रधान तेमान, प्रधान मिब्सार,
43प्रधान मगदीएल, प्रधान इराम। ये एदोम के प्रधान थे,
उनके निवास स्थानों के अनुसार उनकी संपत्ति की भूमि में।
एसाव एदोमियों का पिता था।

37 1और याक़ोब अपने पिता की परदेशी होने की भूमि,
कनान की भूमि में बसा। 2यह याक़ोब की वंशावली
है। यूसुफ़ सत्रह वर्ष का था और वह अपने भाइयों के साथ
झुंड चराता था। और यह जवान बिल्हा के पुत्रों और ज़िल्पा
के पुत्रों के साथ था, जो उसके पिता की पत्नियाँ थीं। और
यूसुफ़ ने उनके विषय में बुरा समाचार अपने पिता को
पहुँचाया। 3और इस्राएल यूसुफ़ से अपने सब पुत्रों से
अधिक प्रेम करता था, क्योंकि वह उसकी बुढ़ापे की संतान
था। और उसने उसके लिये एक लम्बा चोगा बनवाया।
4परन्तु जब उसके भाइयों ने देखा कि उनका पिता उसे उनके
सब भाइयों से अधिक प्रेम करता है, तो वे उससे बैर करने
लगे और उससे शान्ति से बात भी न कर सके। 5और यूसुफ़
ने एक स्वप्न देखा और अपने भाइयों से कहा। तब वे उससे
और भी बैर करने लगे। 6और उसने उनसे कहा, “कृपया वह
स्वप्न सुनो, जो मैंने देखा है: 7“देखो, हम खेत के बीच पूले
बाँध रहे थे, और देखो, मेरा पूला उठकर सीधा खड़ा हो
गया। और देखो, तुम्हारे पूले उसके चारों ओर खड़े होकर
मेरे पूले को दण्डवत करने लगे।” 8तब उसके भाइयों ने
उससे कहा, “क्या तू सचमुच हम पर राज्य करेगा? क्या तू
सचमुच हम पर प्रभुता करेगा?” और उन्होंने उसके स्वप्नों
और उसके वचनों के कारण उससे और भी बैर किया।
9और उसने फिर एक और स्वप्न देखा और अपने भाइयों को
सुनाया और कहा, “देखो, मैंने फिर एक स्वप्न देखा, और
देखो, सूर्य और चन्द्रमा और ग्यारह तारे मुझे दण्डवत कर
रहे हैं।” 10और उसने इसे अपने पिता और अपने भाइयों को
सुनाया। और उसके पिता ने उसे डाँटा और उससे कहा,
“यह कैसा स्वप्न है जो तूने देखा है? क्या मैं, तेरी माता और
तेरे भाई सचमुच आकर पृथ्वी पर तुझे दण्डवत करेंगे?”
11और उसके भाइयों ने उससे डाह की, परन्तु उसके पिता ने
इस वचन को अपने मन में रखा। 12और उसके भाई अपने
पिता की भेड़ों को शेकेम में चराने गए। 13और इस्राएल ने
यूसुफ़ से कहा, “क्या तेरे भाई शेकेम में भेड़ें नहीं चरा रहे हैं?
आ, मैं तुझे उनके पास भेजूँ।” उसने उससे कहा, “मैं
उपस्थित हूँ।” 14तब उसने उससे कहा, “कृपया जा और
देख कि तेरे भाइयों की और भेड़ों की कुशल है या नहीं, और
मेरे पास समाचार लाकर दे।” तब उसने उसे हेब्रोन की तराई
से भेजा, और वह शेकेम पहुँचा। 15और एक मनुष्य ने उसे
पाया, और देखो, वह मैदान में भटक रहा था। और उस
मनुष्य ने उससे पूछा, “तू क्या ढूँढ रहा है?” 16उसने कहा,
“मैं अपने भाइयों को ढूँढ रहा हूँ। कृपया मुझे बता कि वे कहां
भेड़ें चरा रहे हैं।” 17तब उस मनुष्य ने कहा, “वे यहाँ से चले
गए हैं, क्योंकि मैंने उन्हें कहते सुना, ‘आओ, हम दोतान की
ओर चलें।’ ” सो यूसुफ़ अपने भाइयों के पीछे चला और
उन्हें दोतान में पाया। 18और उन्होंने उसे दूर से देखा, और
उसके निकट आने से पहले ही उन्होंने उसे मार डालने की
युक्ति की। 19और उन्होंने आपस में कहा, “देखो, यह स्वप्न
देखने वाला आ रहा है! 20“अब आओ, हम उसे मार डालें
और किसी गड्ढे में डाल दें, और कहें, ‘कोई हिंसक पशु ने
उसे खा लिया।’ तब हम देखेंगे कि उसके स्वप्न का क्या
होता है!” 21परन्तु रूबेन ने यह सुना और उसे उनके हाथ से
छुड़ाया और कहा, “हम उसका प्राण न लें।” 22और रूबेन
ने उनसे कहा, “रक्त न बहाओ। उसे इस जंगल के गड्ढे में
डाल दो और उस पर हाथ न लगाओ।” - ऐसा उसने
इसलिए कहा कि उसे उनके हाथ से बचाकर उसके पिता के
पास लौटा दे। 23और ऐसा हुआ, जब योसेफ़ अपने भाइयों
के पास आया, तो उन्होंने योसेफ़ के वस्त्र को उतार लिया,
उस लम्बे वस्त्र को जो उस पर था। 24और उन्होंने उसे
लिया और एक गड्ढे में डाल दिया। और वह गड्ढा खाली था,
उसमें पानी नहीं था। 25और वे बैठकर भोजन करने लगे।
और उन्होंने अपनी आँखें उठाई और देखा कि यिश्माएलियों
का एक दल गिलआद से अपने ऊँटों के साथ आ रहा है, जो
सुगन्ध, गोंद और गंधरस लिए हुए मिस्र को ले जा रहे थे।
26और यहूदा ने अपने भाइयों से कहा, “यदि हम अपने भाई
को मार डालें और उसके लहू को छिपाएँ तो हमें क्या लाभ
होगा? 27“आओ, हम उसे यिश्माएलियों को बेच दें, और
हमारा हाथ उस पर न हो, क्योंकि वह हमारा भाई, हमारा शरीर
है।” और उसके भाइयों ने सुना। 28और मिद्यान के व्यापारी
लोग वहाँ से गुजरे, तब उन्होंने योसेफ़ को गड्ढे से खींचकर
बाहर निकाला, और उसे बीस टुकड़े चाँदी में यिश्माएलियों को
बेच दिया। और वे योसेफ़ को मिस्र ले गए। 29और रूबेन
गड्ढे पर लौटा, और देखो, योसेफ़ गड्ढे में न था। और उसने
अपने वस्त्र फाड़े। 30और वह अपने भाइयों के पास लौटा
और कहा, “लड़का नहीं है! और मैं, मैं कहाँ जाऊँ?” 31सो
उन्होंने योसेफ़ का वस्त्र लिया, एक नर-बकरी को मार डाला,
और उस वस्त्र को लहू में डुबो दिया, 32और लम्बे वस्त्र को
भेजकर अपने पिता के पास ले आए और कहा, “हमें यह
मिला है। कृपया देख, क्या यह तेरे पुत्र का वस्त्र है या नहीं?”
33और उसने उसे पहचाना और कहा, “यह मेरे पुत्र का वस्त्र
है। कोई बुरी पशु ने उसे फाड़ डाला है। योसेफ़ फाड़ डाला
गया है, टुकड़े-टुकड़े कर दिया गया है।” 34और याक़ोब ने
अपने वस्त्र फाड़े, अपनी कमर पर टाट बाँधा, और अपने
पुत्र के लिए बहुत दिनों तक शोक किया। 35और उसके सब
पुत्र और सब पुत्रियाँ उसे शान्ति देने को उठे, परन्तु उसने
शान्ति लेने से इन्कार किया, और कहा, “अब मैं शोक करता
हुआ कब्र में अपने पुत्र के पास उतर जाऊँगा।” सो उसका
पिता उसके लिए रोया। 36और मिद्यानियों ने उसे मिस्र में
फ़िरौन के अधिकारी और अंगरक्षकों के प्रधान पोटिफर को
बेच दिया।

38 1और उस समय यहूदा अपने भाइयों से निकलकर
अदुल्लामी नामक एक व्यक्ति की ओर गया, जिसका

नाम हीरा था। 2और यहूदा ने वहाँ एक कनानी व्यक्ति की
बेटी को देखा, जिसका नाम शूआ था। और उसने उसे लिया
और उसके पास गया। 3और वह गर्भवती हुई और एक पुत्र
को जन्म दिया, और उसने उसका नाम एर रखा। 4और वह
फिर गर्भवती हुई और एक पुत्र को जन्म दिया, और उसने
उसका नाम ओनान रखा। 5और वह फिर गर्भवती हुई और
एक पुत्र को जन्म दिया, और उसका नाम शेलह रखा। और
जब उसने उसे जन्म दिया तब वह केज़ीब में था। 6और
यहूदा ने अपने पहलौठे एर के लिए एक पत्नी ली, और उसका
नाम तामार था। 7परन्तु यहूदा का पहलौठा एर 𐤉𐤄𐤅𐤄 की
दृष्टि में बुरा था, और 𐤉𐤄𐤅𐤄 ने उसका जीवन ले लिया।
8और यहूदा ने ओनान से कहा, “अपने भाई की पत्नी के पास
जा और उससे विवाह कर, और अपने भाई के लिए एक
संतान उठाओ।” 9और ओनान जानता था कि संतान उसकी
नहीं होगी। और ऐसा हुआ कि जब वह अपने भाई की पत्नी
के पास गया, तब उसने भूमि पर गिरा दिया, ताकि वह अपने
भाई के लिए संतान न दे। 10परन्तु जो उसने किया वह
𐤉𐤄𐤅𐤄 की दृष्टि में बुरा था, इसलिए उसने उसका जीवन भी
ले लिया। 11तब यहूदा ने अपनी बहू तामार से कहा, “मेरे पुत्र
शेला के बड़े होने तक अपने पिता के घर में विधवा बनी रह।”
क्योंकि उसने कहा, “ऐसा न हो कि वह भी अपने भाइयों की
तरह मर जाए।” और तामार चली गई और अपने पिता के
घर में रहने लगी। 12और बहुत समय बाद शूवा की बेटी,
यहूदा की पत्नी, मर गई। और यहूदा शोक से उबर गया,
और वह अपने भेड़ों की ऊन कतरने वालों के पास तिम्नाह
गया, वह और उसका मित्र हीरा अदुल्लामी। 13और तामार
को यह बताया गया, “देख, तेरा ससुर अपनी भेड़ों की ऊन
कतरने के लिए तिम्नाह जा रहा है।” 14और उसने अपनी
विधवा वाली वस्त्र उतार दिए, और अपने आप को एक घूंघट
से ढक लिया और अपने आप को लपेट लिया, और एयनयिम
के प्रवेश द्वार पर बैठ गई, जो तिम्नाह के मार्ग पर था। क्योंकि
उसने देखा कि शेला बड़ा हो गया है, और उसे पत्नी के रूप
में उसे नहीं दिया गया था। 15और यहूदा ने उसे देखा, और
उसे वेश्या समझा, क्योंकि उसने अपना चेहरा ढक लिया था।
16और वह उसके पास मार्ग से मुड़ा, और कहा, “कृपया मुझे
तेरे पास आने दे,” क्योंकि वह नहीं जानता था कि वह उसकी
बहू है। और उसने कहा, “तू मुझे क्या देगा कि तू मेरे पास
आए?” 17और उसने कहा, “मैं तुझे झुंड में से एक बकरी
का बच्चा भेजूंगा।” और उसने कहा, “क्या तू मुझे तब तक
कोई बंधक देगा जब तक तू उसे भेजेगा?” 18तब उसने
कहा, “मैं तुझे क्या गिरवी दूँ?” और उसने कहा, “तेरी मुहर,
तेरी डोरी और तेरा डंडा जो तेरे हाथ में है।” और उसने
उन्हें उसे दे दिया, और उसके पास गया, और वह उससे
गर्भवती हो गई। 19और वह उठकर चली गई, और अपना
घूँघट उतारकर अपनी विधवा के वस्त्र पहन लिए। 20और
यहूदा ने अपने मित्र अदुल्लामी के हाथ से एक बकरी भेजी,
ताकि वह स्त्री के हाथ से गिरवी वापस ले आए, पर उसने उसे
न पाया। 21और उसने उस स्थान के लोगों से पूछा, यह
कहते हुए, “वह वेश्या कहाँ है जो एयनायिम के मार्ग पर थी?”
और उन्होंने कहा, “इस स्थान में कोई वेश्या नहीं थी।”
22और वह यहूदा के पास लौटकर कहने लगा, “मैंने उसे नहीं
पाया। और उस स्थान के लोगों ने भी कहा कि इस स्थान में
कोई वेश्या नहीं थी।” 23और यहूदा ने कहा, “उसे अपने
लिए उन्हें रहने दो, कहीं हम तुच्छ न ठहरें, क्योंकि मैंने यह
बकरी भेजी थी और तूने उसे नहीं पाया।” 24और ऐसा हुआ
कि लगभग तीन महीने बाद यहूदा को बताया गया, यह कहते
हुए, “तेरी बहू तामार ने व्यभिचार किया है, और देख, वह
व्यभिचार से गर्भवती हो गई है।” और यहूदा ने कहा, “उसे
बाहर ले आओ और उसे जला दो!” 25जब उसे बाहर ले
जाया जा रहा था, उसने अपने ससुर के पास यह संदेश भेजा,
यह कहते हुए, “जिस पुरुष के ये हैं, मैं उससे गर्भवती हुई
हूँ।” और उसने कहा, “कृपया देख ले कि ये किसके हैं:
मुहर, डोरी और डंडा।” 26और यहूदा ने पहचाना और
कहा, “वह मुझसे अधिक धर्मी है, क्योंकि मैंने उसे अपने पुत्र
शेला को नहीं दिया।” और वह फिर कभी उसके पास नहीं
गया। 27और ऐसा हुआ कि जब उसके जन्म देने का समय
आया, तो देखो, उसके गर्भ में जुड़वाँ थे। 28और ऐसा हुआ
कि जब वह जन्म दे रही थी, तब एक ने अपना हाथ बाहर
निकाला। और दाई ने लाल धागा लिया और उसके हाथ पर
बाँध दिया, यह कहते हुए, “यह पहले निकला।” 29और ऐसा
हुआ कि जब उसने अपना हाथ खींच लिया, तो देखो, उसका
भाई बाहर आया! और उसने कहा, “तू कैसे फूटकर निकला?
यह फूट तुझ पर हो!” इस कारण उसका नाम पेरेत्स
कहलाया। 30और उसके बाद उसका भाई निकला, जिसके
हाथ पर लाल धागा था। इस कारण उसका नाम ज़ेरह
कहलाया।

39 1और योसफ़ को मित्स्रायिम ले जाया गया था। और
पोटिफर, फ़िरऔन का अधिकारी, अंगरक्षकों का
प्रधान, एक मित्स्री, ने उसे यिश्माएलीयों से खरीदा जिन्होंने
उसे वहां नीचे ले जाया था। 2और ऐसा हुआ कि 𐤉𐤄𐤅𐤄
योसफ़ के साथ था, और वह एक समृद्ध मनुष्य बन गया, और
अपने स्वामी मित्स्री के घर में था। 3और उसके स्वामी ने
देखा कि 𐤉𐤄𐤅𐤄 उसके साथ है और कि 𐤉𐤄𐤅𐤄 ने जो
कुछ वह करता था उसे उसके हाथ में सफल किया। 4तो
योसफ़ ने उसकी आंखों में कृपा पाई, और उसकी सेवा की,
और उसने उसे अपने घर पर नियुक्त किया, और उसके हाथ
में सब कुछ दे दिया। 5और ऐसा हुआ, जिस समय से उसने
उसे अपने घर और सब कुछ पर नियुक्त किया, 𐤉𐤄𐤅𐤄 ने
योसफ़ के कारण मित्स्री के घर को आशीष दी। और
𐤉𐤄𐤅𐤄 की आशीष उसके पास घर और खेत में सब कुछ
पर थी। 6और उसने योसफ़ के हाथ में सब कुछ छोड़ दिया,
और उसे यह भी न पता था कि उसके पास क्या है, केवल उस
रोटी को छोड़कर जो वह खाता था। और योसफ़ रूप-रंग में
सुन्दर और सुन्दर दिखने वाला था। 7और इन घटनाओं के
बाद ऐसा हुआ कि उसके स्वामी की पत्नी ने अपनी आंखें
योसफ़ पर डालीं और कहा, “मेरे साथ लेट जाओ।” 8परन्तु
उसने मना किया और अपने स्वामी की पत्नी से कहा, “देखो,
मेरा स्वामी नहीं जानता कि मेरे साथ घर में क्या है, और उसने
मेरे हाथ में सब कुछ दे दिया है। 9“इस घर में मुझसे बड़ा
कोई नहीं है, और उसने मुझसे कुछ भी नहीं रोका है, केवल
तुझे छोड़कर, क्योंकि तू उसकी पत्नी है। और मैं यह बड़ा
बुराई कैसे करूं और ईश्वर के विरुद्ध पाप करूं?” 10और
ऐसा हुआ, जब वह योसफ़ से दिन-प्रतिदिन बात करती रही,

तब उसने उसकी बात न मानी कि उसके साथ लेट जाए, या
उसके साथ हो। 11 और ऐसा हुआ एक दिन, जब योसफ़ घर
में काम करने गया, और घर का कोई पुरुष अंदर न था,
12 तब उसने उसका वस्त्र पकड़ लिया, कहते हुए, "मेरे साथ
लेट जाओ।" परन्तु उसने अपना वस्त्र उसके हाथ में छोड़
दिया, और भागकर बाहर निकल गया। 13 और ऐसा हुआ,
जब उसने देखा कि उसने अपना वस्त्र उसके हाथ में छोड़
दिया और बाहर भाग गया, 14 तब उसने अपने घर के पुरुषों
को बुलाया और उनसे कहा, "देखो, वह हमारे पास एक इब्री
को लाया है ताकि हमें उपहास करे। वह मेरे पास मेरे साथ
लेटने आया, और मैंने ऊँचे स्वर से पुकारा। 15 "और ऐसा
हुआ, जब उसने सुना कि मैंने अपनी आवाज़ ऊँची की और
पुकारा, तब उसने अपना वस्त्र मेरे पास छोड़ दिया, और
भागकर बाहर चला गया।" 16 और उसने उसका वस्त्र अपने
पास रखा जब तक उसका स्वामी घर न आया। 17 और
उसने उससे वही शब्द कहे, "वह इब्री दास जिसे तू हमारे पास
लाया, मेरे पास उपहास करने आया। 18 "तो ऐसा हुआ, जब
मैंने अपनी आवाज़ ऊँची की और पुकारा, तब उसने अपना
वस्त्र मेरे पास छोड़ दिया और बाहर भाग गया।" 19 और
ऐसा हुआ, जब उसके स्वामी ने अपनी पत्नी के वह शब्द सुने,
जो उसने उससे कहे, "तेरे दास ने मेरे साथ इन शब्दों के
अनुसार किया," तब उसका क्रोध भड़क उठा। 20 तब
योसफ़ के स्वामी ने उसे लिया और उसे कारागार में डाल
दिया, उस स्थान में जहाँ राजा के कैदी बन्दी रखे जाते थे।
और वह वहाँ कारागार में रहा। 21 परन्तु 𐤉𐤄𐤅𐤄 योसफ़ के
साथ था और उस पर कृपा की, और उसे कारागार के
अधिपति की आंखों में अनुग्रह दिया। 22 और कारागार के
अधिपति ने योसफ़ के हाथ में सब कैदियों को दे दिया जो
कारागार में थे, और वहाँ जो कुछ किया जाता था वह उसके
द्वारा किया जाता था। 23 कारागार के अधिपति ने किसी भी
बात की ओर ध्यान न दिया जो योसफ़ के हाथ में थी, क्योंकि
𐤉𐤄𐤅𐤄 उसके साथ था। और जो कुछ वह करता था,
𐤉𐤄𐤅𐤄 उसे सफल करता था।

40 1 और इन घटनाओं के बाद ऐसा हुआ कि मित्स्त्रयिम
के राजा के प्याला भरनेवाले और रसोइये ने अपने
स्वामी, मित्स्त्रयिम के राजा के विरुद्ध पाप किया। 2 और
फ़िरऔन अपने दोनों अधिकारियों पर, प्रधान प्याला भरनेवाले
और प्रधान रसोइये पर क्रोधित हुआ। 3 इसलिए उसने उन्हें
रक्षक के प्रधान के घर में, उस कारागार में, जहाँ योसेफ़
बन्दी था, बन्दीगृह में डाल दिया। 4 और रक्षक के प्रधान ने
योसेफ़ को उनके ऊपर नियुक्त किया, और उसने उनकी
सेवा की। सो वे कुछ समय तक बन्दीगृह में रहे। 5 तब
मित्स्त्रयिम के राजा का प्याला भरनेवाला और रसोइया, जो
बन्दीगृह में बन्द थे, दोनों ने स्वप्न देखा, प्रत्येक ने एक ही
रात में अपना-अपना स्वप्न और हर एक का स्वप्न अपनी-
अपनी व्याख्या के अनुसार। 6 और योसेफ़ सुबह उनके पास
आया और उन्हें देखकर देखा कि वे उदास हैं। 7 और उसने
फ़िरऔन के उन अधिकारियों से, जो उसके स्वामी के घर के
बन्दीगृह में उसके साथ थे, कहा, "आज तुम इतने उदास
क्यों दिखते हो?" 8 उन्होंने उससे कहा, "हम दोनों ने स्वप्न
देखा है, और उसका अर्थ बतानेवाला कोई नहीं है।" और
योसेफ़ ने उनसे कहा, "क्या व्याख्याएँ ईश्वर की नहीं होतीं?
कृपया मुझे सुनाओ।" 9 तब प्रधान प्याला भरनेवाले ने अपना
स्वप्न योसेफ़ को सुनाया, और उससे कहा, "देख, मेरे स्वप्न
में मेरे सामने एक दाखलता थी, 10 और उस दाखलता में
तीन शाखाएँ थीं, और मानो वह फूट पड़ी – उसकी कलियां
निकलीं, और उसके गुच्छों ने पके अंगूर उत्पन्न किए।
11 "और फ़िरऔन का प्याला मेरे हाथ में था। सो मैंने अंगूर
लिये और उन्हें फ़िरऔन के प्याले में निचोड़ा, और प्याला
फ़िरऔन के हाथ में रखा।" 12 और योसेफ़ ने उससे कहा,
"यह उसका अर्थ है: वे तीन शाखाएँ तीन दिन हैं। 13 "तीन
दिनों के भीतर फ़िरऔन तेरा सिर उठाएगा और तुझे तेरे पद
पर बहाल करेगा, और तू फिर फ़िरऔन का प्याला उसके
हाथ में देगा, जैसे पहले करता था जब तू उसका प्याला
भरनेवाला था। 14 "परन्तु जब तेरा भला हो तो मुझे स्मरण
करना, और कृपया मुझ पर कृपा करना। और फ़िरऔन के
सामने मेरा उल्लेख करना, और मुझे इस घर से बाहर
निकालना। 15 "क्योंकि वास्तव में मुझे इब्रियों की भूमि से चुरा
लिया गया था। और मैंने यहाँ भी कुछ नहीं किया है कि मुझे
गढ़े में डाल दिया जाए।" 16 और जब प्रधान रसोइये ने देखा
कि व्याख्या अच्छी है, तो उसने योसेफ़ से कहा, "मैं भी अपने
स्वप्न में था और देखा कि मेरे सिर पर तीन सफेद टोकरे थे,
17 और सबसे ऊपर की टोकरी में फ़िरऔन के लिये सब
प्रकार की पकी हुई वस्तुएँ थीं, और पक्षियों ने उन्हें मेरे सिर
की टोकरी से खा लिया।" 18 तब योसेफ़ ने उत्तर देकर
कहा, "यह उसका अर्थ है: वे तीन टोकरे तीन दिन हैं।
19 "तीन दिनों के भीतर फ़िरऔन तेरा सिर तुझसे उतार लेगा
और तुझे पेड़ पर लटकाएगा। और पक्षी तेरा मांस तुझसे
खाएँगे।" 20 और तीसरे दिन, जो फ़िरऔन का जन्मदिन
था, ऐसा हुआ कि उसने अपने सब दासों के लिये भोज
किया। और उसने प्रधान प्याला भरनेवाले और प्रधान रसोइये
का सिर अपने दासों के बीच उठाया। 21 और उसने प्रधान
प्याला भरनेवाले को उसके पद पर फिर लौटा दिया, और
उसने फ़िरऔन का प्याला उसके हाथ में दिया। 22 परन्तु
उसने प्रधान रसोइये को लटका दिया, जैसा कि योसेफ़ ने
उनकी व्याख्या की थी। 23 और प्रधान प्याला भरनेवाले ने
योसेफ़ को स्मरण नहीं किया, परन्तु उसे भूल गया।

41 1 और ऐसा हुआ, दो वर्षों के अन्त में, कि फ़िरऔन ने
एक स्वप्न देखा, और देखा कि वह नदी के किनारे
खड़ा है। 2 और देखा कि सात गायें नदी से ऊपर आ रही हैं,
सुन्दर और मोटी, और वे नरकट के बीच चर रही थीं।
3 फिर सात और गायें उनके बाद नदी से ऊपर आईं, कुरूप
और दुबली, और वे नदी के किनारे दूसरी गायों के पास खड़ी
हो गईं। 4 और कुरूप और दुबली गायों ने सात सुन्दर और
मोटी गायों को खा लिया। तब फ़िरऔन जाग उठा। 5 और
वह सो गया और फिर स्वप्न देखा, और देखा कि सात बालें
एक डंठल पर निकल रही हैं, मोटी और अच्छी। 6 और देखा
कि सात दुबली बालें, पूरब की हवा से जली हुई, उनके बाद
निकल रही हैं। 7 और सात दुबली बालों ने सात मोटी और
पूरी बालों को निगल लिया। तब फ़िरऔन जाग उठा, और
देखा कि वह स्वप्न था। 8 और ऐसा हुआ कि प्रातःकाल में
उसकी आत्मा व्याकुल हुई, और उसने मिस्त्र के सब जादूगरों

और उसके सब बुद्धिमानों को बुलवाया। और फ़िरऔन ने
उन्हें अपने स्वप्न सुनाए, परन्तु फ़िरऔन के लिये उन्हें कोई
न समझा सका। 9 तब प्रधान पियक्कड़ ने फ़िरऔन से कहा,
"मैं आज अपने अपराध स्मरण करता हूँ।" 10 "जब
फ़िरऔन अपने दासों पर क्रोधित हुआ, और मुझे और प्रधान
रोटी बनानेवाले को अंगरक्षक प्रधान के घर में बन्दीगृह में
डाला, 11 तब हम दोनों ने एक रात में स्वप्न देखा, मैं और
वह; प्रत्येक ने अपने अपने स्वप्न का अर्थानुसार स्वप्न
देखा। 12 "और हमारे साथ एक इब्री युवक था, अंगरक्षक
प्रधान का दास। और हमने उससे कहा, और उसने हमारे
लिये हमारे स्वप्नों का अर्थ बताया। प्रत्येक को उसके स्वप्न
के अनुसार उसने अर्थ बताया। 13 "और ऐसा हुआ, जैसा
उसने हमारे लिये अर्थ बताया, वैसा ही हुआ। उसने मुझे मेरे
पद पर लौटा दिया, और उसे फाँसी दी।" 14 तब फ़िरऔन ने
यूसुफ़ को बुलवाया, और उन्होंने उसे शीघ्र बन्दीगृह से
निकाला। और उसने दाढ़ी बनायी, वस्त्र बदले, और
फ़िरऔन के पास आया। 15 और फ़िरऔन ने यूसुफ़ से कहा,
"मैंने एक स्वप्न देखा है, और उसका अर्थ बतानेवाला कोई
नहीं है। अब मैंने तेरे विषय में सुना है कि तू स्वप्न को
समझता है, उसका अर्थ बताने के लिये।" 16 और यूसुफ़ ने
फ़िरऔन से कहा, "यह मुझ में नहीं है; ऋ५ऋz ईश्वर
फ़िरऔन को शान्ति का उत्तर देगा।" 17 और फ़िरऔन ने
यूसुफ़ से कहा, "देख, अपने स्वप्न में मैं नदी के किनारे खड़ा
था। 18 और देखा कि सात गायें नदी से ऊपर आ रही हैं,
सुन्दर और मोटी, और वे नरकट के बीच चर रही थीं।
19 फिर सात और गायें उनके पीछे ऊपर आईं, दीन और
बहुत ही कुरूप और दुबली, ऐसी कुरूपता जैसी मैंने मिस्र देश
में कभी नहीं देखी। 20 "और दुबली और कुरूप गायों ने
पहली सात मोटी गायों को खा लिया।" 21 "परन्तु जब उन्होंने
उन्हें खा लिया, तो कोई नहीं जानता था कि उन्होंने उन्हें खा
लिया है, क्योंकि वे पहले जैसी ही कुरूप रहीं। तब मैं जाग
गया।" 22 "फिर मैंने अपने स्वप्न में देखा, और देखा कि
सात बालें एक डंठल पर निकल रही हैं, पूरी और अच्छी।"
23 तब सात सिर देखे, मुरझाए हुए, दुबले, पूरब की हवा से
झुलसे हुए, उनके बाद ऊपर आते हुए। 24 "और उन दुबले
सिरों ने सात अच्छे सिरों को निगल लिया। और मैंने जादूगरों
से कहा, परन्तु कोई नहीं था जो मुझे इसका अर्थ बता
सके।" 25 और योसेफ़ ने फ़िरऔन से कहा, "फ़िरऔन का
सपना एक ही है। ईश्वर ने फ़िरऔन को दिखाया है कि वह
क्या करने वाला है: 26 "सात अच्छी गायें सात वर्ष हैं, और
सात अच्छे सिर सात वर्ष हैं - यह एक ही सपना है। 27 "और
सात दुबली और कुरूप गायें जो उनके बाद ऊपर आईं, वे
सात वर्ष हैं, और सात खाली सिर जो पूरब की हवा से झुलसे
हुए हैं, वे सात वर्ष अकाल के हैं। 28 "यह वही बात है जो मैंने
फ़िरऔन से कही: ईश्वर ने फ़िरऔन को दिखाया है कि वह
क्या करने वाला है। 29 "देखो, सात वर्ष की बड़ी बहुतायत आ
रही है सारे मिस्र देश में, 30 परन्तु उनके बाद सात वर्ष का
अकाल उठेगा और सारी बहुतायत मिस्र देश में भुला दी
जाएगी। और अकाल उस देश को नष्ट कर देगा, 31 और
बहुतायत उस देश में स्मरण नहीं की जाएगी, उस अकाल के
कारण जो उसके बाद आएगा, क्योंकि वह बहुत ही भारी
होगा। 32 "और यह सपना फ़िरऔन को दो बार दिया गया
क्योंकि यह बात ईश्वर से ठहराई गई है, और ईश्वर शीघ्र ही
इसे पूरा करने वाला है। 33 "और अब, फ़िरऔन को चाहिए
कि एक समझदार और बुद्धिमान व्यक्ति ढूंढे, और उसे मिस्र
देश पर नियुक्त करे। 34 "फ़िरऔन ऐसा करे, और देश पर
अधिकारियों को नियुक्त करे, ताकि सात वर्षों की बहुतायत में
मिस्र देश की उपज का पाँचवाँ भाग ले। 35 "और आने वाले
उन अच्छे वर्षों का सारा भोजन इकट्ठा कर लें, और फ़िरऔन
के हाथ के अधीन अन्न संग्रहित करें, और भोजन को नगरो
में रख दें। 36 "और यह भोजन देश के लिए संग्रह होगा उन
सात वर्षों के अकाल के लिए जो मिस्र देश में होंगे, और देश
अकाल से नष्ट न हो।" 37 और यह बात फ़िरऔन की दृष्टि
में और उसके सब दासों की दृष्टि में भली लगी। 38 और
फ़िरऔन ने अपने दासों से कहा, "क्या हम इसके समान
किसी को पाएँगे, जिसमें ईश्वर की आत्मा हो?" 39 तब
फ़िरऔन ने योसेफ़ से कहा, "चूँकि ईश्वर ने तुझे यह सब
दिखाया है, तो तेरे समान कोई इतना समझदार और बुद्धिमान
नहीं है। 40 "तू स्वयं मेरे घर पर होगा, और तेरे वचन पर मेरी
सारी प्रजा चलेगी - केवल सिंहासन में मैं तुझसे बड़ा हूँ।"
41 और फ़िरऔन ने योसेफ़ से कहा, "देख, मैंने तुझे सारे
मिस्र देश पर नियुक्त किया है।" 42 और फ़िरऔन ने अपनी
अंगूठी अपने हाथ से उतारी और उसे योसेफ़ के हाथ में डाल
दी। और उसने उसे महीन मलमल के वस्त्र पहनाए और
उसके गले में सोने की ज़ंजीर डाली। 43 और उसने उसे
अपने पास की दूसरी रथ पर सवारी कराई। और उन्होंने
उसके आगे पुकारा, "घुटना टेक!" और उसने उसे सारे
मित्स्रयिम देश पर नियुक्त कर दिया। 44 और फ़िरऔन ने
यूसुफ़ से कहा, "मैं फ़िरऔन हूं, और तेरे बिना कोई मनुष्य
सारे मित्स्रयिम देश में न तो हाथ उठाएगा और न पैर।"
45 और फ़िरऔन ने यूसुफ़ का नाम त्साफ़नत-पानेह रखा।
और उसने उसे आसनत को पत्नी के रूप में दिया, जो पूती-
फेरा का बेटी थी, ओन का याजक। और यूसुफ़ सारे
मित्स्रयिम देश में बाहर गया। 46 अब यूसुफ़ तीस वर्ष का था
जब वह फ़िरऔन मित्स्रयिम का राजा के सामने खड़ा हुआ।
और यूसुफ़ फ़िरऔन के सामने से निकल गया, और सारे
मित्स्रयिम देश में घूमता रहा। 47 और सात वर्षों की भरपूरता
में भूमि ने उदारता से उपज दी। 48 और उसने उन सात वर्षों
के सब भोजन को जो मित्स्रयिम देश में था, इकट्ठा किया,
और भोजन को नगरों में रख छोड़ा। उसने हर नगर में
उनके चारों ओर के खेतों के भोजन को रखा। 49 इस प्रकार
यूसुफ़ ने बहुत अन्न इकट्ठा किया, समुद्र की बालू के समान,
यहाँ तक कि उसने गिनना छोड़ दिया, क्योंकि उसकी कोई
गिनती न थी। 50 और यूसुफ़ के दो बेटे पैदा हुए, उन वर्षों से
पहले जब अकाल के वर्ष आए, जिन्हें आसनत, पूती-फेरा का
बेटी, ओन का याजक, ने उसके लिये जन्म दिया। 51 और
यूसुफ़ ने पहिलौठे का नाम मनश्शेह रखा, "क्योंकि ईश्वर ने
मुझे मेरे सब परिश्रम और मेरे पिता के घराने को भुला दिया
है।" 52 और दूसरे का नाम उसने इफ्रैम रखा, "क्योंकि ईश्वर
ने मुझे मेरी दु:ख की भूमि में फलवन्त किया है।" 53 और
सात वर्ष की भरपूरता जो मित्स्रयिम देश में थी, समाप्त हो
गई, 54 और सात वर्ष का अकाल आने लगा, जैसा कि यूसुफ़

ने कहा था। और सब देशों में अकाल पड़ा, परन्तु सारे
मिस्त्रयिम देश में भोजन था। 55 परन्तु जब सारे मिस्त्रयिम
देश ने भूखा महसूस किया, तो लोगों ने रोटी के लिये
फ़िरऔन से पुकार की। फ़िरऔन ने सब मिस्त्रियों से कहा,
"यूसुफ़ के पास जाओ, जो वह तुमसे कहे, वही करो।"
56 और अकाल सारे पृथ्वी के ऊपर था, और यूसुफ़ ने सब
भण्डार खोल दिए और मिस्त्रियों को बेचा। और मिस्त्रयिम
देश में अकाल बहुत ही भारी था। 57 और सारी पृथ्वी के लोग
यूसुफ़ के पास मिस्त्रयिम में अन्न खरीदने आए, क्योंकि सारी
पृथ्वी पर अकाल बहुत भारी था।

42 1 और जब याक़ोब ने देखा कि मिस्त्रयिम में अनाज
है, तो याक़ोब ने अपने बेटों से कहा, "तुम एक-दूसरे
को क्यों देख रहे हो?" 2 और उसने कहा, "देखो, मैंने सुना है
कि मिस्त्रयिम में अनाज है। वहाँ जाओ और हमारे लिए वहाँ
से ख़रीदो, ताकि हम जीवित रहें और न मरें।" 3 और योसेफ़
के दस भाई मिस्त्रयिम में अनाज ख़रीदने गए। 4 पर याक़ोब
ने योसेफ़ के भाई बिन्यामीन को उसके भाइयों के साथ नहीं
भेजा, क्योंकि उसने कहा, "कहीं उस पर कुछ विपत्ति न आ
पड़े।" 5 और इस्त्राएल के बेटे उन यात्रियों में शामिल होकर
अनाज ख़रीदने गए, क्योंकि कनान देश में अकाल था।
6 और योसेफ़ उस देश का प्रधान था, वही उस देश के सब
लोगों को बेचता था। और योसेफ़ के भाई आए और उसके
सामने धरती पर गिरकर दंडवत करने लगे। 7 और योसेफ़
ने अपने भाइयों को देखा और उन्हें पहचान लिया, परन्तु वह
उनके लिए अजनबी जैसा व्यवहार करता रहा और उनसे
कठोरता से बोला, और उनसे कहा, "तुम कहाँ से आए हो?"
और उन्होंने कहा, "कनान देश से भोजन ख़रीदने।" 8 इस
प्रकार योसेफ़ ने अपने भाइयों को पहचान लिया, पर वे उसे न
पहचान सके। 9 और योसेफ़ ने वे स्वप्न याद किए जो उसने
उनके विषय में देखे थे, और उनसे कहा, "तुम जासूस हो!
तुम देश की नंगाई देखने आए हो!" 10 और उन्होंने उससे
कहा, "नहीं, मेरे प्रभु, बल्कि तेरे दास भोजन ख़रीदने आए
हैं। 11 "हम सब एक ही आदमी के बेटे हैं, हम विश्वासयोग्य
हैं, तेरे दास जासूस नहीं हैं।" 12 पर उसने उनसे कहा, "नहीं,
बल्कि तुम देश की नंगाई देखने आए हो।" 13 और उन्होंने
कहा, "तेरे दास बारह भाई हैं, कनान देश के एक ही आदमी
के बेटे। देख, सबसे छोटा आज हमारे पिता के पास है, और
एक अब नहीं रहा।" 14 और योसेफ़ ने उनसे कहा, "जैसा
मैंने तुमसे कहा, वैसा ही है, 'तुम जासूस हो!' 15 "इससे तुम
परखा जाओगे: फ़िरऔन के जीवन की शपथ, तुम इस स्थान
से नहीं निकलोगे जब तक तुम्हारा सबसे छोटा भाई यहाँ न आ
जाए।" 16 "तुम में से एक को भेजो, और वह तुम्हारे भाई को
ले आए, और तुम क़ैद में रहो। इस प्रकार तुम्हारे वचन परखे
जाएँगे कि क्या तुम में सच्चाई है, या फ़िरऔन के जीवन की
शपथ, तुम जासूस हो!" 17 और उसने उन्हें तीन दिनों तक
एक साथ क़ैद में रखा। 18 अब तीसरे दिन योसेफ़ ने उनसे
कहा, "यह करो और जीवित रहो, क्योंकि मैं 𐤉𐤄𐤅𐤄 का भय
मानता हूँ। 19 "यदि तुम विश्वासयोग्य हो, तो तुम्हारे भाइयों में
से एक तुम्हारी क़ैद-गृह में रहे, और तुम जाकर अपने घरों के
अकाल के लिए अनाज ले जाओ। 20 "और अपने सबसे
छोटे भाई को मेरे पास लाओ, और तुम्हारे वचन सिद्ध हों, और
तुम न मरोगे।" और उन्होंने ऐसा ही किया। 21 और उन्होंने
एक-दूसरे से कहा, "निश्चित ही हम अपने भाई के विषय में
दोषी हैं, क्योंकि हमने उसकी पीड़ा देखी जब उसने हमसे
बिनती की, तौभी हमने न सुना; इसलिये हम पर यह विपत्ति
आई है।" 22 और रेऊबेन ने उन्हें उत्तर दिया, कहा, "क्या
मैंने तुमसे नहीं कहा था, 'लड़के के विरुद्ध पाप मत करो,' पर
तुमने न सुना? और देखो, अब उसका लहू हमसे माँगा जा
रहा है।" 23 और वे नहीं जानते थे कि योसेफ़ उन्हें समझता
है, क्योंकि वह उनसे एक दुभाषिये के द्वारा बोलता था।
24 और वह उनसे फिर गया और रोया, फिर उनके पास लौट
आया और उनसे बातें कीं। और उसने शिमोन को उनमें से
लिया और उनकी आँखों के सामने उसे बाँध दिया। 25 और
योसेफ़ ने आज्ञा दी और उन्होंने अपनी बोरियाँ अन्न से भर दीं,
और हर एक का चाँदी उसके बोरे में लौटाने के लिए कहा,
और उनके लिये यात्रा का भोजन देने को कहा। और उनके
लिये ऐसा ही किया गया। 26 तब उन्होंने अपने गधों पर अन्न
लादा और वहाँ से चले गए। 27 और जब उनमें से एक ने
अपने गधे को सराय में चारा देने के लिये अपना बोरा खोला,
तो उसने अपनी चाँदी देखी; क्योंकि वह उसके बोरे के मुँह पर
थी! 28 और उसने अपने भाइयों से कहा, "मेरी चाँदी लौटा दी
गई है, और देखो, यह मेरे बोरे में है!" तब उनके मन काँप
उठे और वे डर गए, और एक-दूसरे से कहने लगे, "यह क्या
है जो ईश्वर 𐤉𐤄𐤅𐤄 ने हमारे साथ किया है?" 29 तब वे
अपने पिता याक़ोब के पास कनान देश में आए और उन सब
घटनाओं का वर्णन किया जो उन पर बीती थीं, और कहा,
30 "उस देश के स्वामी पुरुष ने हमसे कठोर बातें कीं और हमें
उस देश के जासूस समझा। 31 "परन्तु हमने उससे कहा,
'हम सच्चे हैं, हम जासूस नहीं हैं। 32 'हम बारह भाई हैं,
अपने पिता के पुत्र। एक अब नहीं रहा, और सबसे छोटा
आज हमारे पिता के पास कनान देश में है।' 33 "और उस
देश के स्वामी पुरुष ने हमसे कहा, 'इससे मैं जानूँगा कि तुम
सच्चे हो: अपने भाइयों में से एक को मेरे पास छोड़ दो, और
अपने घरों की भूख मिटाने के लिये अन्न ले जाओ, और
जाओ। 34 'और अपने सबसे छोटे भाई को मेरे पास लाओ,
तब मैं जानूँगा कि तुम जासूस नहीं हो, परन्तु सच्चे हो - मैं
तुम्हारा भाई तुम्हें दूँगा, और तुम इस देश में व्यापार करोगे।'
" 35 और ऐसा हुआ कि जब उन्होंने अपनी बोरियाँ ख़ाली कीं,
तो देखो, हर एक का बँधा हुआ चाँदी का पुंज उसके बोरे में
था! और जब उन्होंने और उनके पिता ने उन चाँदी के पुंजों
को देखा, तो वे डर गए। 36 और उनके पिता याक़ोब ने उनसे
कहा, "तुमने मुझे वंचित कर दिया है - योसेफ़ अब नहीं रहा,
और शिमोन भी नहीं रहा, और अब तुम बिन्यामीन को भी ले
जाओगे! ये सब बातें मेरे विरुद्ध हैं।" 37 तब रूबेन ने अपने
पिता से कहा, "यदि मैं उसे तेरे पास वापस न लाऊँ, तो तू मेरे
दो पुत्रों को मार डालना। उसे मेरे हाथ में दे, और मैं स्वयं
उसे तेरे पास लौटा लाऊँगा।" 38 परन्तु उसने कहा, "मेरा
पुत्र तुम्हारे साथ नीचे नहीं जाएगा, क्योंकि उसका भाई मर
गया है, और वह अकेला रह गया है। यदि उस पर उस मार्ग
में जिस पर तुम जाओगे कोई विपत्ति आ पड़े, तो तुम मेरे श्वेत
बालों को शोक के साथ कब्र में उतारोगे।"

43 1 परन्तु भूमि में भोजन की घोर कमी थी। 2 और ऐसा
हुआ कि जब उन्होंने वह अन्न खा लिया जो वे मिस्र से
लाए थे, तब उनके पिता ने उनसे कहा, "फिर जाओ, हमारे
लिये थोड़ा भोजन मोल ले आओ।" 3 परन्तु यहूदा ने उससे
कहा, "उस पुरुष ने हमको कड़ा सचेत किया, कहा, 'जब
तक तुम्हारा भाई तुम्हारे संग न हो, तुम मेरा मुख न देखोगे।'
" 4 "यदि तू हमारे भाई को हमारे संग जाने देगा, तो हम नीचे
जाकर तेरे लिये भोजन मोल लाएंगे। 5 "परन्तु यदि तू उसे न
भेजे, तो हम नीचे न जाएंगे, क्योंकि उस पुरुष ने हमसे कहा,
'जब तक तुम्हारा भाई तुम्हारे संग न हो, तुम मेरा मुख न
देखोगे।' " 6 और इस्राएल ने कहा, "तुमने मुझसे यह बुराई
क्यों की कि उस पुरुष को बता दिया कि तुम्हारा और भी एक
भाई है?" 7 उन्होंने कहा, "उस पुरुष ने हमारे और हमारे
कुटुम्ब के विषय में पूछताछ की, कहा, 'क्या तुम्हारा पिता अब
तक जीवित है? क्या तुम्हारा कोई भाई है?' और हमने उसके
प्रश्नों के अनुसार उत्तर दिया। क्या हमें यह जानने को था कि
वह कहेगा, 'अपने भाई को नीचे ले आओ'?" 8 और यहूदा ने
अपने पिता इस्राएल से कहा, "लड़के को मेरे साथ भेज दे,
और हम उठकर चलें, ताकि हम जीवित रहें और न मरें, हम
भी और तू भी और हमारे छोटे-छोटे बच्चे भी। 9 "मैं स्वयं
उसके लिये जमान होगा; मेरी ही हाथ से तू उसे मांगना। यदि
मैं उसे तेरे पास न लाऊँ और तेरे सामने खड़ा न कर दूँ, तो
मैं सदा के लिये दोषी ठहरूँ। 10 "क्योंकि यदि हम विलम्ब न
करते, तो अब तक हम दूसरी बार लौट आए होते।" 11 तब
उनके पिता इस्राएल ने उनसे कहा, "यदि ऐसा है, तो ऐसा
करो: देश के उत्तम फल अपने पात्रों में लो, और उस पुरुष
के लिये उपहार नीचे ले जाओ, थोड़ा गंधरस और थोड़ा मधु,
सुगन्धित द्रव्य और गंधरस, मेवे और बादाम। 12 "और
अपने हाथ में दूना चाँदी लो, और अपने हाथ में वह चाँदी भी
जो तुम्हारी बोरियों के मुँह में लौटाई गई थी। शायद वह भूल
हुई हो। 13 "और अपने भाई को लो, और उठकर उस पुरुष
के पास लौट जाओ। 14 "और ईश्वर शद्दाई उस पुरुष के
सम्मुख तुम पर दया करे, कि वह तुम्हारे दूसरे भाई को और
बिन्यामिन को छोड़ दे। और यदि मैं शोकित होऊँ, तो शोकित
ही होऊँ!" 15 तब उन पुरुषों ने वह उपहार लिया और
बिन्यामिन को लिया, और उन्होंने अपने हाथ में दूनी चाँदी ली,
और उठकर मिस्र को गए और यूसुफ के सामने खड़े हुए।
16 और यूसुफ ने उनके साथ बिन्यामिन को देखा, और अपने
घर के प्रधान से कहा, "इन पुरुषों को घर में ले आ, और बड़ा
वध कर, और तैयार कर, क्योंकि ये पुरुष दोपहर के समय
मेरे संग भोजन करेंगे।" 17 और उस पुरुष ने यूसुफ की
आज्ञा के अनुसार किया, और उस पुरुष ने उन पुरुषों को
यूसुफ के घर में ले आया। 18 और वे पुरुष डर गए, क्योंकि
उन्हें यूसुफ के घर में ले आया गया था। और उन्होंने कहा,
"यह उस चाँदी के कारण है जो पहली बार हमारी बोरियों में
लौटाई गई थी, कि हमें भीतर लाया गया है, ताकि वह हम पर
आ पड़े और हम पर आक्रमण करे, और हमें दास बनाए,
और हमारे गधों को भी।" 19 सो वे यूसुफ के घर के प्रभारी के
पास आए और घर के द्वार पर उससे बातें कीं, 20 और कहा,
"हे मेरे प्रभु, हम तो पहली बार सचमुच भोजन मोल लेने को
नीचे आए थे। 21 परन्तु ऐसा हुआ कि जब हम विश्रामस्थान
पर पहुँचे, तब हमने अपनी बोरियाँ खोलीं, और देखा कि
प्रत्येक पुरुष की बोरी के मुँह में उसकी चाँदी है, हमारी चाँदी
अपने पूरे तोल में। और हम उसे अपने हाथ में लौटा लाए हैं।
22 और हम अपने हाथों में अन्य चाँदी भी नीचे ले आए है
ताकि भोजन खरीद सकें। हमें नहीं पता कि किसने हमारी
चाँदी हमारे बोरे में रखी।" 23 परन्तु उसने कहा, "शांति
तुम्हारे साथ हो, मत डरो। तुम्हारे ईश्वर और तुम्हारे पिता के
ईश्वर ने तुम्हें तुम्हारे बोरे में खजाना दिया है - तुम्हारी चाँदी
मेरे पास आ गई थी!" और उसने शिमोन को उनके पास
बाहर लाया। 24 और उस व्यक्ति ने उन आदमियों को योसेफ
के घर में लाया और उन्हें पानी दिया, और उन्होंने अपने पैर
धोए। और उसने उनके गधों को चारा दिया। 25 और उन्होंने
उपहार दोपहर में योसेफ के आने के लिये तैयार किया,
क्योंकि उन्होंने सुना कि वे वहाँ भोजन करेंगे। 26 और जब
योसेफ घर आया, तो वे उस उपहार को, जो उनके हाथ में था,
घर के भीतर लाए और उसके आगे भूमि पर झुक गए।
27 और उसने उनसे उनकी कुशल-क्षेम पूछी, और कहा,
"क्या तुम्हारे पिता, वह बूढ़ा आदमी, जिसके विषय में तुमने
कहा था, कुशल से है? क्या वह अब भी जीवित है?" 28 और
उन्होंने कहा, "तेरा दास, हमारा पिता कुशल से है, वह अब भी
जीवित है।" और उन्होंने अपना सिर झुकाया और प्रणाम
किया। 29 और उसने अपनी आँखें उठाकर अपने भाई
बिन्यामिन को देखा, जो उसकी माता का पुत्र था, और कहा,
"क्या यह तुम्हारा छोटा भाई है, जिसके विषय में तुमने मुझसे
कहा था?" और उसने कहा, "ईश्वर तुम्हारे ऊपर कृपा करें,
मेरे पुत्र।" 30 और योसेफ शीघ्रता से बाहर गया, क्योंकि
उसका हृदय अपने भाई के लिये गहराई से द्रवित हुआ, और
वह रोने के लिये स्थान ढूँढ़ता हुआ अपने कमरे में गया और
वहाँ रोया। 31 तब उसने अपना मुँह धोया और बाहर आया,
और अपने आप को संयमित किया, और कहा, "भोजन
परोसो।" 32 और उन्होंने उसे अलग बैठाया, और उन्हें
अलग, और मिस्त्रियों को, जो उसके साथ खाते थे, अलग
बैठाया, क्योंकि मिस्त्री इब्रियों के साथ भोजन नहीं खा सकते
थे, क्योंकि यह मिस्त्रियों के लिये घृणित है। 33 और वे उसके
सामने बैठे, पहलौठे को उसके जन्मसिद्ध अधिकार के
अनुसार और सबसे छोटे को उसके यौवन के अनुसार, और
वे पुरुष एक-दूसरे की ओर आश्चर्य से देखते रहे। 34 और
उसने उनके लिये अपने सामने से भाग बाँटे, परन्तु बिन्यामिन
का भाग उनके भागों से पाँच गुना अधिक था। और उन्होंने
भोज किया और उसके साथ पीया।

44 1 और उसने अपने घर के अधिकारी को आज्ञा दी,
कहा, "पुरुषों की बोरी को भोजन से भर दो, जितना वे
उठा सकते हैं, और प्रत्येक पुरुष की चाँदी को उसकी बोरी के
मुँह में डाल दो।" 2 "और मेरा प्याला, चाँदी का प्याला, सबसे
छोटे की बोरी के मुँह में डाल दो, और उसके अन्न की चाँदी
भी।" और उसने वैसा ही किया जैसा यूसुफ़ ने कहा। 3 जैसे
ही सुबह उजियाली हुई, पुरुषों को उनके गधों समेत विदा कर
दिया गया। 4 और जब वे नगर से निकल गए और बहुत दूर
न गए थे, तब यूसुफ़ ने अपने घर के अधिकारी से कहा,
"उठो, उन पुरुषों के पीछे लगो, और जब उन्हें पकड़ लो,
उनसे कहो, 'तुमने भलाई के बदले बुराई क्यों की?'" 5 'क्या
यह वही नहीं है जिससे मेरा स्वामी पीता है, और जिससे वह
सचमुच भविष्यवाणी करता है? तुमने बुरा किया है जो तुमने

किया।'" 6 तब उसने उन्हें पकड़ लिया और ये बातें उनसे
कहीं। 7 और उन्होंने उससे कहा, "मेरा स्वामी ये बातें क्यों
कहता है? तेरे दासों के लिए यह दूर है कि वे ऐसा करें।
8 "देख, हम तो कनान देश से वह चाँदी भी लौटा लाए जो हमें
अपनी बोरियों के मुँह में मिली थी। फिर हम तेरे स्वामी के घर
से चाँदी या सोना क्यों चुराएँगे?" 9 "तेरे दासों में जिसके पास
यह पाया जाए, वही मरेगा, और हम भी मेरे स्वामी के दास
बनेंगे।" 10 और उसने कहा, "अब तुम्हारे वचन के अनुसार
ही हो: जिसके पास यह पाया जाएगा वही मेरा दास बनेगा,
और तुम निर्दोष ठहरोगे।" 11 तब वे शीघ्रता करने लगे, और
हर एक ने अपनी बोरी को भूमि पर उतार दिया और हर एक
ने अपनी बोरी खोली। 12 और उसने खोज की, सबसे बड़े से
शुरू करके सबसे छोटे पर अंत किया, और प्याला बिन्यामीन
की बोरी में पाया गया। 13 तब उन्होंने अपने वस्त्र फाड़े, और
हर एक ने अपने गधे को लादा और नगर को लौट आए।
14 और यहूदा और उसके भाई यूसुफ़ के घर आए, और वह
अभी भी वहाँ था। और वे उसके सामने भूमि पर गिर पड़े।
15 और यूसुफ़ ने उनसे कहा, "यह क्या काम है जो तुमने
किया? क्या तुम नहीं जानते कि मेरे समान पुरुष सचमुच
भविष्यवाणी करता है?" 16 और यहूदा ने कहा, "हम अपने
स्वामी से क्या कहें? क्या बोलें? या हम अपने आप को कैसे
निर्दोष ठहराएँ? ईश्वर ने तेरे दासों की बुराई प्रगट कर दी है।
देख, हम अपने स्वामी के दास हैं, हम सब और वह भी
जिसके पास प्याला पाया गया।" 17 परन्तु उसने कहा, "मुझ
से ऐसा होना दूर है। वह पुरुष जिसके हाथ में प्याला पाया
गया, वही मेरा दास बनेगा। और तुम अपने पिता के पास
शांति से जाओ।" 18 तब यहूदा उसके पास आया और कहा,
"हे मेरे स्वामी, कृपया तेरा दास तेरे स्वामी के कानों में एक
वचन बोले, और तेरा क्रोध तेरे दास पर न भड़के, क्योंकि तू
फ़िरौन के समान है।" 19 "मेरे स्वामी ने अपने दासों से पूछा,
'क्या तुम्हारा कोई पिता या भाई है?'" 20 "और हमने अपने
स्वामी से कहा, 'हमारा एक पिता है, बूढ़ा आदमी, और उसकी
वृद्धावस्था का एक छोटा बच्चा है, और उसका भाई मर गया
है, और वह अपनी माता की सन्तानों में अकेला बचा है, और
उसका पिता उससे प्रेम करता है।'" 21 "और तू ने अपने
दासों से कहा, 'उसे मेरे पास नीचे लाओ, कि मैं उसकी ओर
अपनी आँखें लगाऊँ।'" 22 "और हमने अपने स्वामी से
कहा, 'लड़का अपने पिता को छोड़ने में समर्थ नहीं है, क्योंकि
यदि वह अपने पिता को छोड़ दे, तो उसका पिता मर
जाएगा।' 23 "परन्तु आपने अपने दासों से कहा, 'जब तक
तुम्हारा सबसे छोटा भाई तुम्हारे साथ नीचे न आए, तुम फिर
मेरा मुख न देखो।' 24 "और ऐसा हुआ कि जब हम तुम्हारे
दास हमारे पिता के पास ऊपर गए, तो हमने उन्हें अपने
स्वामी के वचन बताए। 25 "और हमारे पिता ने कहा, 'फिर
लौटो और हमारे लिए थोड़ा भोजन मोल लो।' 26 "परन्तु
हमने कहा, 'हम नीचे जाने में समर्थ नहीं हैं। यदि हमारा
सबसे छोटा भाई हमारे साथ है, तो हम नीचे जाएंगे, क्योंकि
जब तक हमारा सबसे छोटा भाई हमारे साथ न हो, हम उस
पुरुष का मुख देखने में समर्थ नहीं हैं।' 27 "तब तुम्हारे दास
हमारे पिता ने हमसे कहा, 'तुम जानते हो कि मेरी पत्नी ने
मुझे दो पुत्र उत्पन्न किए। 28 और एक मेरे पास से निकल
गया, और मैंने कहा, "निश्चय ही वह फाड़ा गया है, टुकड़े-
टुकड़े किया गया है!" और तब से मैंने उसे नहीं देखा।
29 'और यदि तुम इसको भी मुझसे ले जाओ, और उस पर
विपत्ति आ पड़े, तो तुम मेरे श्वेत केशों को बुराई के साथ कब्र
में उतार दोगे।' 30 "और अब, यदि मैं तुम्हारे दास हमारे पिता
के पास जाऊं और लड़का हमारे साथ न हो – क्योंकि उसका
जीवन उसी के जीवन से बंधा हुआ है – 31 तो ऐसा होगा कि
जब वह देखेगा कि लड़का हमारे साथ नहीं है, तो वह मर
जाएगा। इस प्रकार तुम्हारे दास तुम्हारे दास हमारे पिता के
श्वेत केशों को दु:ख के साथ कब्र में उतार देंगे। 32 "क्योंकि
तुम्हारे दास ने लड़के के लिए अपने पिता के पास बंधुआई
की, यह कहते हुए, 'यदि मैं उसे तेरे पास वापस न लाऊं, तो
मैं अपने पिता के सामने सदैव पापी ठहरूंगा।' 33 "और अब,
कृपया तुम्हारे दास को लड़के के स्थान पर मेरे स्वामी का
दास बने रहने दो, और लड़के को अपने भाइयों के साथ
ऊपर जाने दो। 34 "क्योंकि मैं अपने पिता के पास कैसे ऊपर
जाऊं यदि लड़का मेरे साथ न हो, कहीं ऐसा न हो कि मैं वह
बुराई देखूं जो मेरे पिता पर आ पड़े।"

45 1 और यूसुफ अपने आप को अपने पास खड़े सब
लोगों के सामने रोक न सका, और उसने पुकार कर
कहा, "सबको मेरे पास से बाहर कर दो!" तब जब यूसुफ ने
अपने भाइयों को अपना परिचय दिया, तो कोई उसके साथ न
रहा। 2 और वह ऊँचे स्वर से रोया, और मिस्री तथा
फ़िरऔन के घराने ने सुना। 3 और यूसुफ ने अपने भाइयों से
कहा, "मैं यूसुफ हूँ, क्या मेरा पिता अभी जीवित है?" परन्तु
उसके भाई उसका उत्तर न दे सके, क्योंकि वे उसके सामने
घबराए। 4 तब यूसुफ ने अपने भाइयों से कहा, "कृपया मेरे
निकट आओ।" और जब वे निकट आए तो उसने कहा, "मैं
तुम्हारा भाई यूसुफ हूँ, जिसे तुमने मिस्र में बेचा था। 5 "और
अब तुम अपने आप पर उदास या क्रोधित न हो कि तुमने
मुझे यहाँ बेचा, क्योंकि ईश्वर 𐤉𐤄𐤅𐤄 ने तुम्हारे आगे मुझे
जीवन बनाए रखने के लिए भेजा है। 6 "क्योंकि अब इस देश
में दो वर्ष से अकाल पड़ा है, और अभी पाँच वर्ष और रहेंगे
जिनमें न तो हल चलाना होगा और न फसल काटी जाएगी।
7 "और ईश्वर 𐤉𐤄𐤅𐤄 ने तुम्हारे लिए पृथ्वी पर एक बचा
हुआ वंश बनाए रखने और बड़े उद्धार के द्वारा तुम्हें जीवन देने
के लिए मुझे तुम्हारे आगे भेजा। 8 "तो अब तुमने मुझे यहां
नहीं भेजा, परन्तु ईश्वर 𐤉𐤄𐤅𐤄 ने। और उसने मुझे
फ़िरऔन का पिता, और उसके सारे घर का स्वामी, और
समस्त मिस्र देश का प्रभु ठहराया है। 9 "जल्दी करके मेरे
पिता के पास चढ़ जाओ और उससे कहो, 'तेरा पुत्र यूसुफ
कहता है, "ईश्वर 𐤉𐤄𐤅𐤄 ने मुझे पूरे मिस्र का स्वामी बना
दिया है। मेरे पास नीचे उतर आओ, देर न करो। 10 "और
तू गोशेन देश में बसेगा और मेरे निकट रहेगा, तू, और तेरे
बेटे, और तेरे बेटों के बेटे, तेरी भेड़-बकरियाँ, तेरे पशु और
जो कुछ तेरा है। 11 "और मैं तुझे वहाँ आजीविका दूँगा, ऐसा
न हो कि तू, और तेरा घराना और जो कुछ तेरा है, दरिद्र हो
जाए, क्योंकि अभी पाँच वर्ष अकाल के और आनेवाले हैं।" '
12 "और देखो, तुम्हारी आँखें और मेरे भाई बिन्यामीन की
आँखें देखती हैं कि यह मेरा ही मुँह तुमसे बात करता है।
13 "और तुम मेरे पिता को मेरी सारी महिमा जो मिस्र में है

और जो कुछ तुमने देखा है, सब बता देना। और तुम जल्दी
करके मेरे पिता को यहाँ नीचे ले आना।" 14 और वह अपने
भाई बिन्यामीन की गर्दन पर गिरा और रोया, और बिन्यामीन
ने उसकी गर्दन पर रोया। 15 और उसने अपने सब भाइयों
को चूमा और उन पर रोया, और उसके बाद उसके भाइयों ने
उससे बातें कीं। 16 और यह समाचार फ़िरऔन के घराने में
सुना गया, कहा गया, "यूसुफ के भाई आ गए हैं।" और यह
बात फ़िरऔन और उसके दासों की आँखों में अच्छी लगी।
17 और फ़िरऔन ने यूसुफ से कहा, "अपने भाइयों से कह,
'यह करो: अपने पशुओं को लादो और चलो, कनान देश में
प्रवेश करो, 18 और अपने पिता और अपने घरानों को ले
आओ और मेरे पास आओ, और मैं तुम्हें मिस्त्र देश का उत्तम
भाग दूँगा, और तुम देश की उत्तम वस्तुओं को खाओगे।
19 'और तुम्हें आज्ञा दी गई है, यह करो: मिस्त्र देश से अपने
छोटे बच्चों और अपनी स्त्रियों के लिए रथ ले लो। और तुम
अपने पिता को लाकर आओ। 20 'और अपने सामान के
विषय में चिन्ता न करो, क्योंकि पूरे मिस्त्र देश की उत्तम
वस्तुएँ तुम्हारी हैं।' " 21 और इस्त्राएल के पुत्रों ने ऐसा ही
किया। और यूसुफ ने फ़िरऔन की आज्ञा के अनुसार उन्हें
रथ दिए, और उसने उन्हें यात्रा के लिए भोजन भी दिया।
22 उसने उन सबको, हर एक पुरुष को, वस्त्रों का परिवर्तन
दिया, परन्तु बिन्यामिन को उसने तीन सौ चाँदी के सिक्के
और पाँच वस्त्रों के परिवर्तन दिए। 23 और उसने अपने पिता
के लिए यह भेजा: दस गधे मिस्त्र के उत्तम सामान से लदे हुए,
और दस गधी अनाज, रोटी और यात्रा के लिए अपने पिता के
भोजन से लदी हुई। 24 इस प्रकार उसने अपने भाइयों को
विदा किया, और वे चले गए। और उसने उनसे कहा, "मार्ग
में झगड़ना मत।" 25 और वे मिस्त्र से निकलकर कनान देश
में आए अपने पिता याक़ोब के पास। 26 और उन्होंने उससे
कहा, "यूसुफ़ अभी जीवित है, और वह मिस्त्र के सारे देश का
शासक है।" परन्तु याक़ोब का हृदय ठहर गया, क्योंकि वह
उनकी बातों पर विश्वास न करता था। 27 परन्तु जब उन्होंने
उससे वे सब बातें कहीं जो यूसुफ़ ने उनसे कही थीं, और जब
उसने वे रथ देखे जो यूसुफ़ ने उसे ले जाने के लिए भेजे थे,
तब उनके पिता याक़ोब की आत्मा जीवित हो गई। 28 और
इस्त्राएल ने कहा, "बहुत है! मेरा पुत्र यूसुफ़ अब भी जीवित
है। मैं जाकर उसे देखने से पहले मरूँ।"

46 1 और इस्त्राएल अपने सब सामान के साथ निकल
पड़ा, और बेएरशेवा पहुँचा, और अपने पिता
यित्सहाक के ईश्वर 𐤉𐤄𐤅𐤄 के लिए बलिदान चढ़ाए। 2 और
ईश्वर 𐤉𐤄𐤅𐤄 ने रात के दर्शन में इस्त्राएल से कहा,
"याक़ोब, याक़ोब!" और उसने कहा, "मैं यहाँ हूँ।" 3 और
उसने कहा, "मैं ईश्वर, तेरे पिता का ईश्वर हूँ। मिस्त्र जाने से
मत डर, क्योंकि मैं वहाँ तुझे एक बड़ी जाति बनाऊँगा। 4 "मैं
स्वयं तेरे साथ मिस्त्र जा रहा हूँ और मैं ही तुझे फिर ऊपर ले
आऊँगा। और यूसुफ़ अपने हाथ तेरी आँखों पर रखेगा।"
5 और याक़ोब बेएरशेवा से उठा। और इस्त्राएल के पुत्रों ने
अपने पिता याक़ोब, अपने छोटे बच्चों और अपनी पत्नियों को
उन रथों में बैठाया जो फ़िरौन ने उन्हें ले जाने के लिए भेजे
थे। 6 और वे अपने पशुधन और अपनी सम्पत्ति, जो उन्होंने
कनान देश में प्राप्त की थी, ले गए और याक़ोब और उसकी
सारी सन्तान के साथ मिस्त्र में आए। 7 उसके बेटे और उसके
बेटों के बेटे, उसकी बेटियाँ और उसके बेटों की बेटियाँ, और
उसकी सारी सन्तान वह अपने साथ मिस्त्र लाया। 8 और ये
इस्त्राएल के पुत्रों, याक़ोब और उसके बेटों के नाम हैं, जो मिस्त्र
में आए: रूबेन याक़ोब का पहलौठा था। 9 और रूबेन के बेटे:
हनोक, और पल्लू, और हेसरोन, और कार्मी। 10 और शिमोन
के बेटे: यमूएल, और यामीन, और ओहाद, और याकीन, और
सोहार, और शाऊल, जो एक कनानी स्त्री का पुत्र था।
11 और लेवी के बेटे: गेरेशोन, क़हत, और मेरारी। 12 और
यहूदा के बेटे: एर, और ओनान, और शेला, और परेत्स, और
ज़ेरह — परन्तु एर और ओनान कनान देश में मर गए।
और परेत्स के बेटे थे: हेसरोन और हमूल। 13 और इस्साकर
के बेटे: तोला, और पुवा, और योब, और शिम्रोन। 14 और
जबूलून के बेटे: सेरेद, और एलोन, और याहलेएल। 15 ये
लेआ के बेटे थे, जिन्हें उसने याक़ोब के लिए पद्दन अराम में
जना, और उसकी बेटी दीनाह। उसके बेटों और बेटियों समेत
कुल व्यक्ति तैंतीस थे। 16 और गाद के बेटे: सिफ़्यों और
हग्गी, शूनी और एत्सबोन, एरी और अरोदी, और अरेली।
17 और आशेर के बेटे: यिम्नाह, और यिश्वाह, और यिश्वी,
और बेरियाह, और सेरह, उनकी बहन। और बेरियाह के बेटे:
हेबर और मलकिएल। 18 ये थीं ज़िल्पाह के पुत्र, जिन्हें
लाबान ने अपनी बेटी लेआह को दिया था। और इन्हें उसने
याक़ोब को जनम दिया: कुल सोलह प्राणी। 19 राहेल, याक़ोब
की पत्नी के पुत्र: योसेफ़ और बिन्यामिन। 20 और मिस्त्र देश
में योसेफ़ से मनश्शे और एप्रयिम उत्पन्न हुए, जिन्हें
आसनाथ, पोटी-फेरा की बेटी, जो ओन का पुजारी था, ने उसे
जनम दिया। 21 और बिन्यामिन के पुत्र: बेलह, और बेकेर,
और अश्बेल, गेरा और नआमान, एही और रोश, मुप्पीम और
हुप्पीम, और अर्द। 22 ये थीं राहेल के पुत्र, जो याक़ोब को
जनमे: कुल चौदह प्राणी। 23 और दान का पुत्र: हुशिम।
24 और नप्ताली के पुत्र: यहत्सेएल, और गूनी, और येत्सेर,
और शिल्लेम। 25 ये थीं बिल्हा के पुत्र, जिन्हें लाबान ने अपनी
बेटी राहेल को दिया, और उसने ये याक़ोब को जनम दिए:
कुल सात प्राणी। 26 सभी प्राणी, जो याक़ोब के साथ मिस्त्र
गए, जो उसके शरीर से उत्पन्न हुए, याक़ोब के पुत्रों की
पत्नियों को छोड़कर, कुल छियासठ प्राणी थे। 27 और योसेफ़
के पुत्र, जो मिस्त्र में उससे उत्पन्न हुए, दो प्राणी थे। याक़ोब
के घराने के सभी प्राणी, जो मिस्त्र गए, सत्तर थे। 28 और
उसने यहूदा को अपने से पहले योसेफ़ के पास भेजा, ताकि
वह उसके आगे गोशेन का मार्ग दिखाए। और वे गोशेन देश
में आए। 29 और योसेफ़ ने अपना रथ तैयार किया और
गोशेन जाकर अपने पिता इस्त्राएल से मिलने गया। और वह
उससे मिला, और उसके गले पर गिरकर बहुत देर तक रोता
रहा। 30 और इस्त्राएल ने योसेफ़ से कहा, "अब मैं मर जाऊँ,
क्योंकि मैंने तेरा मुख देखा है, कि तू अभी भी जीवित है।"
31 और योसेफ़ ने अपने भाइयों और अपने पिता के घराने से
कहा, "मैं फ़िरौन को बताने जा रहा हूँ, और उससे कहूँगा,
'मेरे भाई और मेरे पिता का घराना, जो कनान देश में थे, मेरे
पास आ गए हैं। 32 'और ये लोग चरवाहे हैं, क्योंकि वे पशुधन
के लोग रहे हैं, और वे अपनी भेड़-बकरियाँ और अपने गाय-
बैल और जो कुछ उनके पास है, सब ले आए हैं।' 33 "और

ऐसा होगा, जब फ़िरौन तुम्हें बुलाएगा और कहेगा, 'तुम्हारा
व्यवसाय क्या है?' 34 तो तुम कहना, 'तेरे दास हमारे
युवावस्था से लेकर अब तक, हम और हमारे पितृपुरुष, सब
पशुधन के लोग रहे हैं,' ताकि तुम गोशेन देश में बस सको,
क्योंकि हर चरवाहा मिस्रियों के लिए घृणास्पद है।"

47 1 तब योसेफ फ़िरऔन के पास गया और उससे कहा,
"मेरे पिता और मेरे भाई, उनकी भेड़-बकरियाँ और
उनके झुंड और जो कुछ उनके पास है, वे सब कनान देश से
आ गए हैं। और देखो, वे गोशेन देश में हैं।" 2 और उसने
अपने भाइयों में से पाँच पुरुषों को लिया और उन्हें फ़िरऔन
के सामने प्रस्तुत किया। 3 और फ़िरऔन ने उसके भाइयों से
कहा, "तुम्हारा व्यवसाय क्या है?" और उन्होंने फ़िरऔन से
कहा, "तेरे दास चरवाहे हैं, हम भी और हमारे पितृ भी।"
4 और उन्होंने फ़िरऔन से कहा, "हम इस देश में रहने आए
हैं, क्योंकि तेरे दासों की भेड़-बकरियों के लिए कोई चरागाह
नहीं है, क्योंकि कनान देश में अकाल बहुत कठोर है। और
अब, कृपया तेरे दासों को गोशेन देश में बसने दे।" 5 और
फ़िरऔन ने योसेफ से कहा, "तेरा पिता और तेरे भाई तेरे
पास आए हैं। 6 "मिस्र देश तेरे सामने है। अपने पिता और
भाइयों को देश के सबसे अच्छे भाग में बसाओ, उन्हें गोशेन
देश में बसने दो। और यदि तू उनमें योग्य पुरुषों को जानता
है, तो उन्हें मेरे पशुधन पर प्रधान चरवाहे बना दे।" 7 और
योसेफ ने अपने पिता याक़ोब को लाया और उसे फ़िरऔन के
सामने खड़ा किया। और याक़ोब ने फ़िरऔन को आशीर्वाद
दिया। 8 और फ़िरऔन ने याक़ोब से कहा, "तेरी आयु के दिन
कितने हैं?" 9 और याक़ोब ने फ़िरऔन से कहा, "मेरे
परदेशीपन के वर्षों के दिन एक सौ तीस वर्ष हैं। मेरे जीवन के
वर्षों के दिन थोड़े और बुरे रहे हैं, और वे मेरे पितरों के जीवन
के वर्षों के दिनों तक नहीं पहुँचे हैं, उनके परदेशीपन के दिनों
में।" 10 और याक़ोब ने फ़िरऔन को आशीर्वाद दिया और
फ़िरऔन के सामने से बाहर चला गया। 11 तो योसेफ ने
अपने पिता और अपने भाइयों को बसाया, और उन्हें मिस्र देश
में, देश के सबसे अच्छे भाग में, रामसेस देश में, जैसा
फ़िरऔन ने आज्ञा दी थी, एक संपत्ति दी। 12 और योसेफ ने
अपने पिता, और अपने भाइयों, और अपने पिता के पूरे घराने
को बच्चों के लिए भोजन के अनुसार रोटी दी। 13 अब सारे
देश में कोई रोटी नहीं थी, क्योंकि अकाल बहुत कठोर था,
और मिस्र देश और कनान देश सब अकाल के कारण थक
गए। 14 और योसेफ ने सारा चाँदी इकट्ठा किया जो मिस्र देश
और कनान देश में अनाज खरीदने के लिए पाया गया, और
योसेफ ने चाँदी को फ़िरऔन के घर में लाया। 15 और जब
मिस्र देश और कनान देश में सारी चाँदी समाप्त हो गई, तब
सब मिस्री योसेफ के पास आए और कहा, "हमें रोटी दे,
क्योंकि हम तेरे सामने क्यों मरें? क्योंकि चाँदी समाप्त हो गई
है!" 16 और योसेफ ने कहा, "अपना पशुधन दे दो, और यदि
चाँदी समाप्त हो गई है, तो मैं तुम्हें तुम्हारे पशुधन के बदले
रोटी दूँगा।" 17 तो वे अपना पशुधन योसेफ के पास लाए,
और योसेफ ने उन्हें घोड़ों, भेड़-बकरियों, गाय-बैलों और गधों
के बदले रोटी दी। इस प्रकार उसने उस वर्ष के लिए उनके
सारे पशुधन के बदले उन्हें रोटी से पाल लिया। 18 और जब
वह वर्ष समाप्त हो गया, तो वे अगले वर्ष उसके पास आए और
उससे कहा, "हम अपने स्वामी से नहीं छिपाते कि हमारी सारी
चाँदी समाप्त हो गई है, और मेरे स्वामी के पास हमारा पशुधन
भी है। हमारे स्वामी के सामने हमारे शरीर और हमारी भूमि के
अलावा कुछ भी नहीं बचा है। 19 "हम और हमारी भूमि तेरी
आँखों के सामने क्यों मरें? हमें और हमारी भूमि को रोटी के
लिए खरीद ले, और हम और हमारी भूमि फ़िरऔन के दास
हो जाएँ। और हमें बीज दे, ताकि हम जीवित रहें और न मरें,
और भूमि उजाड़ न पड़ी रहे।" 20 और योसेफ ने सारे मिस्र
देश की भूमि फ़िरऔन के लिए खरीद ली, क्योंकि मिस्रियों में
से हर एक ने अपनी खेती की ज़मीन बेच दी, क्योंकि उन पर
अकाल बहुत कठोर था। और भूमि फ़िरऔन की हो गई।
21 और जहाँ तक लोगों का सवाल था, उसने उन्हें नगरों में
बसाया, मिस्र की सीमाओं के एक छोर से दूसरे छोर तक।
22 केवल याजकों की भूमि उसने नहीं खरीदी, क्योंकि याजकों
के पास फ़िरऔन से उनके हिस्से थे, और वे अपने हिस्सों को
खाते थे जो फ़िरऔन ने उन्हें दिया था। इसलिये उन्होंने
अपनी भूमि नहीं बेची। 23 और योसेफ़ ने लोगों से कहा,
"देखो, मैंने आज तुम्हें और तुम्हारी भूमि को फ़िरऔन के
लिये खरीदा है। देखो, तुम्हारे लिये बीज है, और तुम भूमि में
बोओगे। 24 "और यह होगा कि कटनी में तुम फ़िरऔन को
पाँचवाँ अंश दोगे। और चार भाग तुम्हारा होगा, खेत के लिये
बीज और तुम्हारे भोजन के लिये, तुम्हारे घरवालों के लिये
और तुम्हारे छोटे बच्चों के भोजन के लिये।" 25 और उन्होंने
कहा, "आपने हमारे जीवन को बचाया है। हमारे प्रभु की
आँखों में अनुग्रह पाने दें, और हम फ़िरऔन के दास बनेंगे।"
26 और योसेफ़ ने इसे मिस्र देश पर आज तक की एक विधि
बना दी, कि फ़िरऔन को पाँचवाँ अंश मिलना चाहिए, केवल
याजकों की भूमि को छोड़कर, जो फ़िरऔन की नहीं हुई।
27 और इस्राएल मिस्र देश में, गोशेन देश में बस गया। और
उनके पास वहाँ सम्पत्ति थी और उन्होंने फल उत्पन्न किया
और अत्यन्त बढे। 28 और याक़ोब मिस्र देश में सत्रह वर्ष
रहा। इस प्रकार याक़ोब के जीवन की आयु एक सौ सैंतालीस
वर्ष की हुई। 29 और इस्राएल की मृत्यु का समय निकट
आया, और उसने अपने पुत्र योसेफ़ को बुलाकर उससे कहा,
"अब यदि मैंने तेरी आँखों में अनुग्रह पाया है, तो कृपया
अपना हाथ मेरी जंघा के नीचे रख, और मुझ पर करुणा
और सच्चाई दिखा। कृपया मुझे मिस्र में दफनाना मत।
30 परन्तु मैं अपने पितरों के साथ लेटूँगा, और तू मुझे मिस्र
से ऊपर ले जाकर उनके कब्रिस्तान में दफनाना।" और
उसने कहा, "मैं वैसा ही करूँगा जैसा तूने कहा है।" 31 और
उसने कहा, "मुझ से शपथ खा।" और उसने उससे शपथ
खाई, और इस्राएल बिस्तर के सिर पर झुक गया।

48 1 और इन घटनाओं के बाद ऐसा हुआ कि योसेफ़ से
कहा गया, "देखो, तुम्हारे पिता बीमार हैं।" और वह
अपने दो पुत्रों, मनश्शे और इफ्रैम को अपने साथ ले गया।
2 और याक़ोब से कहा गया, "देखो, तुम्हारा पुत्र योसेफ़ तुम्हारे
पास आ रहा है।" और इस्राएल ने अपने आप को बल दिया
और बिस्तर पर बैठ गया। 3 और याक़ोब ने योसेफ़ से कहा,
"ईश्वर शद्दाई कनान देश में लूज़ पर मुझ पर प्रकट हुआ
और मुझे आशीष दी, 4 और मुझ से कहा, 'देखो, मैं तुम्हें
फलवन्त बना रहा हूँ और तुम्हें बढाऊँगा और तुम्हारा एक
समुदाय बनाऊँगा, और तुम्हारी संतान के बाद इस देश को

सदा के लिये तुम्हें दूँगा।' 5 "और अब, तेरे दो पुत्र, इफ्रैम
और मनश्शे, जो तेरे लिये मिस्र देश में उत्पन्न हुए, इससे
पहले कि मैं तेरे पास मिस्र में आया, वे मेरे हैं - जैसे रूबेन
और शिमोन, वैसे ही वे मेरे हैं। 6 "तेरे जो वंशज उनके बाद
उत्पन्न होंगे वे तेरे होंगे, और वे अपने भाइयों के नाम से उनकी
मीरास में कहलाएँगे। 7 "और मैं, जब पद्दान से आया, राहेल
मेरे पास कनान देश में मर गई, जब इफ्रात को जाने के मार्ग
पर मेरे निकट थोड़ी ही दूरी रह गई थी। और मैंने उसे वहाँ
इफ्रात के मार्ग में दफनाया, जो बेतलेहेम है।" 8 और इस्राएल
ने योसेफ़ के पुत्रों को देखा, और कहा, "ये कौन हैं?" 9 और
योसेफ़ ने अपने पिता से कहा, "वे मेरे पुत्र हैं, जिन्हें ईश्वर ने
मुझे यहाँ दिया है।" और उसने कहा, "कृपया उन्हें मेरे पास
ले आ, ताकि मैं उन्हें आशीष दूँ।" 10 और इस्राएल की आँखें
बुढ़ापे के कारण धुंधली थीं, और वह देखने में असमर्थ था।
और उसने उन्हें अपने निकट लाया, और उसने उन्हें चूमा
और गले लगाया। 11 और इस्राएल ने योसेफ़ से कहा, "मैंने
सोचा भी न था कि तेरे चेहरे को देखूँगा। परन्तु देख, ईश्वर
ने मुझे तेरी संतान भी दिखा दी है!" 12 इसलिये योसेफ़ ने
उन्हें अपनी जाँघों के बीच से निकालकर भूमि पर मुँह के बल
गिरकर दण्डवत किया। 13 और योसेफ़ ने उन दोनों को
लिया, इफ्रैम को अपने दाहिने हाथ से इस्राएल के बाएँ हाथ
की ओर, और मनश्शे को अपने बाएँ हाथ से इस्राएल के
दाहिने हाथ की ओर, और उन्हें उसके पास ले आया।
14 और इस्राएल ने अपना दाहिना हाथ फैलाकर इफ्रैम के
सिर पर रखा, जो छोटा था, और अपना बायाँ हाथ मनश्शे के
सिर पर रखा, जान-बूझकर अपने हाथों को निर्देशित किया,
क्योंकि मनश्शे पहलौठा था। 15 और उसने यूसुफ़ को आशीष
दी, और कहा, "वह ईश्वर जिसके सामने मेरे पिता अब्राहम
और यित्सहाक चले, वही ईश्वर जिसने मुझे आज तक मेरे
जीवन भर खिलाया, 16 वह संदेशवाहक जिसने मुझे सब बुराई
से छुड़ाया - युवकों को आशीष दे! और मेरा नाम उन पर
रखा जाए, और मेरे पिताओं अब्राहम और यित्सहाक का
नाम। और वे पृथ्वी के बीचों-बीच बहुतायत में बढ़ें।" 17 और
जब यूसुफ़ ने देखा कि उसके पिता ने अपना दाहिना हाथ
इफ्रैम के सिर पर रखा, तो यह उसकी आंखों में बुरा था; और
उसने अपने पिता का हाथ पकड़कर उसे इफ्रैम के सिर से
मनश्शेह के सिर पर ले जाने की चेष्टा की। 18 और यूसुफ़ ने
अपने पिता से कहा, "ऐसा नहीं, मेरे पिता, क्योंकि यह पहलौठा
है, अपना दाहिना हाथ उसके सिर पर रखो।" 19 परन्तु
उसके पिता ने इनकार किया और कहा, "मैं जानता हूं, मेरे
पुत्र, मैं जानता हूं। वह भी एक जाति बनेगा, और वह भी
महान होगा। फिर भी, उसका छोटा भाई उससे बड़ा होगा,
और उसकी संतान जातियों की भरपूरी बनेगी।" 20 और
उसने उस दिन उन्हें आशीष दी, यह कहते हुए, "तुम्हारे द्वारा
इस्राएल आशीष देगा, यह कहकर, 'ईश्वर तुझे इफ्रैम और
मनश्शेह के समान बनाए!' " इस प्रकार उसने इफ्रैम को
मनश्शेह से आगे रखा। 21 और इस्राएल ने यूसुफ़ से कहा,
"देख, मैं मर रहा हूं, परन्तु ईश्वर तेरे साथ होगा और तुझे
तेरे पितरों की भूमि में लौटा लाएगा। 22 "और मैं ने तुझे तेरे
भाइयों से एक भाग अधिक दिया है, जिसे मैंने एमोरी के हाथ
से अपनी तलवार और धनुष से लिया।"

49 1 और याक़ोब ने अपने पुत्रों को बुलाया और कहा,
"इकट्ठा हो जाओ, ताकि मैं तुम्हें बता दूं कि अंतिम
दिनों में तुम्हारे साथ क्या होगा: 2 "इकट्ठा हो जाओ और सुनो,
हे याक़ोब के पुत्रों, और अपने पिता इस्राएल की सुनो।
3 "रूबेन, तू मेरा पहलौठा है, मेरी शक्ति और मेरी सामर्थ्य का
आरंभ, महिमा की उत्तमता और सामर्थ्य की उत्तमता।
4 "जल के समान अस्थिर, तू उत्तमता में स्थिर नहीं रहेगा,
क्योंकि तू अपने पिता के बिस्तर पर चढ़ा, तब तू ने उसे दूषित
किया – वह मेरे शैय्या पर चढ़ा। 5 "शिमोन और लेवी भाई हैं,
उनके हथियार हिंसा के औज़ार हैं। 6 "मेरी आत्मा उनके
परामर्श में न आए, मेरी महिमा उनकी सभा में न मिले; क्योंकि
उन्होंने अपने क्रोध में एक पुरुष को मारा, और अपनी
प्रसन्नता में एक बैल के पुट्ठे काट दिए। 7 "उनका क्रोध
शापित हो, क्योंकि वह उग्र है, और उनका प्रकोप क्योंकि वह
निर्दयी है! मैं उन्हें याक़ोब में बांट दूंगा और इस्राएल में छितरा
दूंगा। 8 "हे यहूदा, तेरे भाइयों ने तेरा गुणगान किया; तेरा
हाथ तेरे शत्रुओं की गर्दन पर होगा; तेरे पिता के पुत्र तेरे आगे
दंडवत करेंगे। 9 "यहूदा एक सिंह का बच्चा है; शिकार से तू
ऊपर चढ़ा, मेरे पुत्र! वह झुक गया, वह सिंह की नाईं लेट
गया। और सिंह के समान, कौन उसे जगाएगा?
10 "राजदण्ड यहूदा से न हटेगा, और न उसके पांवों के बीच
से विधि देनेवाला, जब तक शीलोह न आ जाए; और उसके
लिए लोगों की आज्ञाकारिता होगी। 11 "उसने अपने गदहे को
दाखलता से, और अपने गदहे के बच्चे को उत्तम दाखलता
से बांधा; उसने अपने वस्त्र दाखमधु में धोए, और अपने
वस्त्र अंगूरों के रक्त में। 12 "उसकी आंखें दाखमधु से गहरी
हैं, और उसके दांत दूध से उजले। 13 "ज़बुलून समुद्र-तट
पर बसेगा, वह जहाज़ों के लिए आश्रय होगा, और उसकी
सीमा सिदोन तक होगी। 14 "इस्साकार एक बलवान गदहा है,
जो दो बोझों के बीच लेटा है, 15 और उसने देखा कि विश्राम
का स्थान अच्छा है, और कि भूमि सुखद है, और उसने
अपना कंधा बोझ ढोने के लिए झुका दिया, और वह करदास
हो गया। 16 "दान अपनी प्रजा का न्याय करेगा, जैसा
इस्राएल के गोत्रों में से एक। 17 "दान रास्ते में एक सर्प है,
पथ पर एक विषधर है, जो घोड़े की एड़ी को काटता है ताकि
उसका सवार पीछे गिर पड़े। 18 "मैंने तेरे उद्धार की प्रतीक्षा
की है, हे ३५३z! 19 "गाद, एक लुटेरा दल उस पर
आक्रमण करता है, परन्तु वह उनकी एड़ी पर आक्रमण
करता है। 20 "आशेर की रोटी समृद्ध है, और वह राजा को
स्वादिष्ट व्यंजन देता है। 21 "नप्ताली एक छोड़ा हुआ हिरण
है, वह शोभा के वचन देता है। 22 "योसेफ एक फल देने वाले
वृक्ष की शाखा है, एक सोते के पास फल देने वाले वृक्ष की
शाखा है, उसकी डालियाँ एक दीवार से ऊपर फैलती हैं।
23 "और धनुर्धारियों ने उसे कटुता से दुखी किया, उस पर
तीर चलाए और उससे बैर किया। 24 "परन्तु उसका धनुष
दृढ़ रहा, और उसके हाथों की भुजाएँ याक़ोब के शक्तिशाली
ईश्वर के हाथों से दृढ़ की गईं – वहाँ से चरवाहा, इस्राएल का
पत्थर है – 25 तेरे पिता के ईश्वर से जो तेरी सहायता करता
है, और ईश्वर शद्दाई से जो तुझे आशीर्वाद देता है ऊपर के
आकाश के आशीर्वाद से, नीचे पड़ी हुई गहराई के आशीर्वाद
से, स्तनों और गर्भ के आशीर्वाद से। 26 "तेरे पिता के

आशीर्वाद मेरे पुरखों के आशीर्वाद से बढ़े हैं, अनन्तकालीन
पहाड़ियों की सीमा तक। वे योसेफ के सिर पर, और अपने
भाइयों से अलग किए गए के सिर के मुकुट पर हैं।
27 "बिन्यामिन एक भेड़िया है जो फाड़ता है, सुबह वह शिकार
खाता है, और रात में वह लूट बाँटता है।" 28 ये सब इस्राएल
की बारह गोत्र हैं, और यह वही है जो उनके पिता ने उनसे
कहा। और उसने उन्हें आशीर्वाद दिया, उसने प्रत्येक को
उसकी अपनी आशीष के अनुसार आशीर्वाद दिया। 29 और
उसने उन्हें आज्ञा दी, और उनसे कहा, "मैं अपनी प्रजा में
इकट्ठा किया जाने वाला हूँ, मुझे अपने पितरों के साथ उस
गुफा में दफना देना जो हित्ती एफ्रोन के खेत में है। 30 उस
गुफा में जो मखपेला के खेत में है, जो मम्रे के सामने कनान
देश में है, जिसे अब्राहम ने एफ्रोन हित्ती से खेत समेत
कब्रस्थान के लिए खरीदा था। 31 वहाँ अब्राहम और उसकी
पत्नी साराह को दफनाया गया, वहाँ यित्सहाक और उसकी
पत्नी रिब्काह को दफनाया गया, और वहाँ मैंने लेआह को
दफनाया। 32 वह खेत और उसमें की गुफा, हित्त के पुत्रों से
खरीदी गई। 33 और जब याक़ोब ने अपने पुत्रों को आज्ञा
देना समाप्त किया, तो उसने अपने पाँव पलंग पर खींच लिए
और प्राण छोड़ दिए, और अपनी प्रजा में इकट्ठा हो गया।

50 1 और योसेफ़ अपने पिता के चेहरे पर गिर पड़ा, और
उसके लिए रोया, और उसे चूमा। 2 और योसेफ़ ने
अपने सेवकों, वैद्यों को आज्ञा दी कि वे उसके पिता को
सुगंधित करें। तो वैद्यों ने इस्राएल को सुगंधित किया।
3 और चालीस दिन उसके लिए पूरे हुए, क्योंकि सुगंधित
करने के दिन ऐसे ही पूरे किए जाते हैं। और मित्स्रियों ने
उसके लिए सत्तर दिन रोया। 4 और जब उसके लिए रोने के
दिन बीत गए, तो योसेफ़ ने फ़िरौन के घराने से कहा, "यदि
अब मैंने तुम्हारी आँखों में अनुग्रह पाया है, तो फ़िरौन के कानों
में कहो, 5 'मेरे पिता ने मुझसे शपथ कराई, कहा, "देखो, मैं
मर रहा हूँ, मुझे मेरी कब्र में गाड़ना, जो मैंने अपने लिए
कनान देश में खोदी है।" और अब, कृपया मुझे जाने दो
और अपने पिता को गाड़ दूँ, और लौट आऊँ।' " 6 और
फ़िरौन ने कहा, "ऊपर जाकर अपने पिता को गाड़ दो, जैसा
उसने तुझसे शपथ कराई।" 7 और योसेफ़ अपने पिता को
गाड़ने के लिए ऊपर गया। और उसके साथ फ़िरौन के सब
सेवक, उसके घराने के बुज़ुर्ग, और मित्स्र देश के सब बुज़ुर्ग
ऊपर गए। 8 और योसेफ़ का सारा घराना, और उसके भाई,
और उसके पिता का घर भी गए। केवल उनके छोटे बच्चे,
उनकी भेड़-बकरियाँ, और उनके पशुधन गोशेन देश में रह
गए। 9 और उसके साथ रथ और घुड़सवार भी गए, और यह
बहुत बड़ा दल था। 10 और वे आताद के खलिहान पर पहुँचे,
जो यरदन के पार है, और वहाँ उन्होंने बहुत बड़ा और भारी
शोक मनाया। और उसने अपने पिता के लिए सात दिन का
विलाप किया। 11 और जब उस देश के निवासियों, कनानियों
ने आताद के खलिहान पर शोक को देखा, तो उन्होंने कहा,
"यह मित्स्रियों के लिए बड़ा शोक है।" इस कारण उसका
नाम अबेल मित्स्रयिम कहलाया, जो यरदन के पार है।
12 और उसके पुत्रों ने उसके लिए वैसा ही किया जैसा उसने
उन्हें आज्ञा दी थी। 13 क्योंकि उसके पुत्र उसे कनान देश में
ले गए, और उसे मखपेला के खेत की गुफा में गाड़ा, जो मम्रे
के सामने है, जिसे अब्राहम ने खेत समेत एफ्रोन हित्ती से
कब्रस्थान के लिए मोल लिया था। 14 और जब उसने अपने
पिता को गाड़ दिया, तो योसेफ़ मित्स्रयिम लौटा, वह और
उसके भाई और सब जो उसके साथ उसके पिता को गाड़ने
गए थे। 15 और जब योसेफ़ के भाइयों ने देखा कि उनका
पिता मर गया है, तो उन्होंने कहा, "क्या होगा यदि योसेफ़
हमसे बैर रखे, और हमसे उस सब बुराई का बदला ले जो
हमने उससे की?" 16 और उन्होंने योसेफ़ को यह कहकर
संदेश भेजा, "तेरे पिता ने मरने से पहले आज्ञा दी थी, कहा,
17 'तुम योसेफ़ से ऐसा कहना, "मैं तुझसे विनती करता हूँ,
कृपया अपने भाइयों के अपराध और उनके पाप को क्षमा कर,
क्योंकि उन्होंने तुझसे बुरा किया।" ' और अब, कृपया अपने
पिता के ईश्वर के सेवकों के अपराध को क्षमा कर।" और
जब उन्होंने उससे कहा, तो योसेफ़ रो पड़ा। 18 और उसके
भाई भी गए और उसके सामने गिर पड़े, और उन्होंने कहा,
"देख, हम तेरे सेवक हैं।" 19 और योसेफ़ ने उनसे कहा,
"मत डरो, क्योंकि क्या मैं ईश्वर के स्थान में हूँ? 20 "और
तुमने मुझ पर बुरा सोचा, परन्तु ईश्वर ने उसे भले के लिए
सोचा, ताकि आज के दिन के समान बहुत लोगों का जीवन
बचाया जाए। 21 "और अब, मत डरो, मैं तुम्हारे और तुम्हारे
छोटे बच्चों के लिए प्रबंध करूँगा।" इस प्रकार उसने उन्हें
शांति दी और उनसे कृपालु बातें कीं। 22 और योसेफ़
मित्स्रयिम में बसा, वह और उसके पिता का घराना। और
योसेफ़ ने एक सौ दस वर्ष जीवन व्यतीत किया। 23 और
योसेफ़ ने एप्रयिम के बच्चों को तीसरी पीढ़ी तक देखा।
मनश्शे के पुत्र माकीर के पुत्र भी योसेफ़ की गोद में पाले
गए। 24 और योसेफ़ ने अपने भाइयों से कहा, "मैं मर रहा हूँ,
परन्तु ईश्वर निश्चय ही तुम्हें दर्शन देगा और तुम्हें इस देश से
उस देश में ले जाएगा, जिसकी शपथ उसने अब्राहम,
यित्सहाक, और याक़ोब से खाई थी।" 25 और योसेफ़ ने
इस्राएल के पुत्रों से शपथ कराई, कहा, "ईश्वर निश्चय ही
तुम्हें दर्शन देगा, और तुम मेरी हड्डियों को यहाँ से ऊपर ले
जाओगे।" 26 और योसेफ़ मरा, जब वह एक सौ दस वर्ष का
था। और उन्होंने उसे सुगंधित किया, और उसे मित्स्रयिम में
एक सन्दूक में रखा।

निर्गमन

𐤉𐤄𐤅𐤄

हिंदी संस्करण

निर्गमन

1 1 और ये यिस्राएल के पुत्रों के नाम हैं जो अपने-अपने
घराने सहित मिस्त्रायिम में याक़ोब के साथ आए।
2 रऊबेन, शिमओन, लेवी और यहूदा; 3 यिस्साकार, जबुलुन
और बिन्यामिन; 4 दान और नफ़्ताली, गाद और आशेर।
5 और याक़ोब की संतानों की संख्या सत्तर आत्माएँ थीं,
क्योंकि यूसुफ पहले ही मिस्त्रायिम में था। 6 और यूसुफ मर
गया, और उसके सब भाई, और वह सारी पीढ़ी भी। 7 और
यिस्राएल के पुत्रों ने फल उत्पन्न किया और बहुत बढ़े, और
अत्यन्त बढ़कर बलवन्त हुए, और देश उनसे भर गया।
8 तब मिस्त्रायिम पर एक नया राजा उठा, जो यूसुफ को नहीं
जानता था। 9 और उसने अपनी प्रजा से कहा, "देखो,
यिस्राएल के पुत्रों की प्रजा हमसे अधिक और बलवान है।
10 आओ, हम उनके साथ चतुराई से बर्ताव करें, कहीं ऐसा न
हो कि वे बढ़ें, और जब लड़ाई हो तो हमारे शत्रुओं से मिलकर
हम से लड़ें और इस देश से निकल जाएँ।" 11 सो उन्होंने
उन पर काम में दबाने के लिये उपद्रव करनेवाले अधिकारियों
को ठहराया, और उन्होंने फ़िरऔन के लिये भंडारनगर पिथोम
और राअमस्सेस बनाए। 12 परन्तु जितना उन्हें दबाया गया,
उतना ही वे बढ़े और फैल गए, और यिस्राएल के पुत्रों से उन्हें
घबराहट हुई। 13 और मिस्त्रियों ने यिस्राएल के पुत्रों को
कठोरता से सेवा में लगाया। 14 और उन्होंने उनका जीवन
कठिन दासत्व से कड़वा कर दिया, गारे और ईंट के काम में,
और खेत के हर प्रकार के काम में; उनके सब काम जो
उन्होंने उन्हें कठोरता से करने को लगाए। 15 तब मिस्त्रायिम
के राजा ने इब्री दाइयों से कहा, जिनमें से एक का नाम शिप्रा
और दूसरी का नाम पूआ था। 16 और उसने कहा, "जब तुम
इब्री स्त्रियों की प्रसव-पीढ़ियों पर जाँच करो, यदि पुत्र हो तो
उसे मार डालना, और यदि कन्या हो तो वह जीवित रहे।"
17 परन्तु दाइयों ने ईश्वर का भय माना और मिस्त्रायिम के
राजा की आज्ञा के अनुसार नहीं किया, और उन्होंने बालकों
को जीवित रखा। 18 सो मिस्त्रायिम के राजा ने दाइयों को
बुलाकर उनसे कहा, "तुमने यह क्यों किया और बालकों को
जीवित रखा?" 19 और दाइयों ने फ़िरऔन से कहा, "क्योंकि
इब्री स्त्रियाँ मिस्त्री स्त्रियों के समान नहीं हैं; वे तो सबल हैं
और दाइयों के आने से पहिले ही जन्म देती हैं।" 20 इसलिये
ईश्वर ने दाइयों का भला किया, और प्रजा बढ़ी और बहुत
बलवन्त हुई। 21 और ऐसा हुआ कि क्योंकि दाइयों ने ईश्वर
का भय माना, उसने उनके लिये घर बनाए। 22 तब फ़िरऔन
ने अपनी सारी प्रजा को आज्ञा दी, "हर पुत्र जो जन्मे, उसे
नदी में डाल दो, और हर पुत्री को जीवित रहने दो।"

2 1 और लवी के घर का एक पुरुष गया और लवी की एक
बेटी से विवाह किया। 2 और वह स्त्री गर्भवती हुई और
एक पुत्र को जन्म दिया। और उसने देखा कि वह एक
सुन्दर बालक है, और उसने उसे तीन महीने तक छिपाया।
3 और जब वह उसे और नहीं छिपा सकी, तो उसने उसके
लिए एक पपीरस की टोकरी ली, और उसे गारे और राल से
मढ़ दिया, और बच्चे को उसमें रखा, और उसे नदी के
किनारे सरकण्डों में रख दिया। 4 और उसकी बहन दूर
खड़ी रही, यह जानने के लिए कि उसके साथ क्या किया
जाएगा। 5 और फ़िरौन की बेटी नदी में स्नान करने उतरी,
और उसकी दासियाँ नदी के किनारे चल रही थीं। और जब
उसने टोकरी को सरकण्डों के बीच देखा, तो उसने अपनी
दासी को उसे लाने भेजा। 6 और उसने उसे खोला और बच्चे
को देखा, और देखो, बच्चा रोया। तब उसे उस पर दया आई
और उसने कहा, "यह इब्रियों के बच्चों में से एक है।" 7 तब
उसकी बहन ने फ़िरौन की बेटी से कहा, "क्या मैं तेरे लिए
इब्रानी स्त्रियों में से एक धाय को बुलाऊँ, जो इस बच्चे को तेरे
लिए दूध पिलाए?" 8 और फ़िरौन की बेटी ने उससे कहा,
"जा।" और वह लड़की गई और बच्चे की माता को बुला
लाई। 9 और फ़िरौन की बेटी ने उससे कहा, "इस बच्चे को ले
जाकर मेरे लिये दूध पिला, और मैं तुझे तेरी मज़दूरी दूँगी।"
तब वह स्त्री बच्चे को लेकर दूध पिलाने लगी। 10 और बच्चा
बड़ा हुआ, और वह उसे फ़िरौन की बेटी के पास ले गई, और
वह उसका पुत्र हो गया। और उसने उसका नाम मोशेह रखा,
यह कहकर, "क्योंकि मैंने उसे पानी से निकाला है।" 11 और
उन दिनों में ऐसा हुआ, जब मोशेह बड़ा हुआ, कि वह अपने
भाइयों के पास गया और उनके बोझों को देखा। और उसने
एक मिस्त्री को एक इब्रानी, अपने भाइयों में से एक को मारते
हुए देखा। 12 तब उसने इधर उधर देखा, और जब उसने
देखा कि कोई नहीं है, तो उसने उस मिस्त्री को मार डाला और
उसे बालू में छिपा दिया। 13 और वह दूसरे दिन बाहर गया
और दो इब्रियों को लड़ते देखा, और उसने उस से जो दोषी
था कहा, "तू अपने पड़ोसी को क्यों मारता है?" 14 और उसने
कहा, "किसने तुझे हमारे ऊपर प्रधान और न्यायी ठहराया
है? क्या तू मुझे भी उसी तरह मार डालना चाहता है जिस
तरह तूने मिस्त्री को मारा?" तब मोशेह डर गया और कहा,
"निश्चय यह बात प्रगट हो गई है!" 15 और फ़िरौन ने यह
बात सुनी और मोशेह को मार डालने की खोज की। परन्तु
मोशेह फ़िरौन के सामने से भाग गया और मिद्यान देश में बस
गया। और वह एक कुएँ के पास बैठ गया। 16 और मिद्यान
का कोहेन के सात बेटियाँ थीं। और वे आईं और पानी
खींचकर अपने पिता की भेड़ों को पिलाने के लिये नांदों को
भरने लगीं। 17 परन्तु चरवाहे आए और उन्हें भगा दिया। तब
मोशेह उठ खड़ा हुआ और उनका उद्धार किया और उनकी
भेड़ों को पानी पिलाया। 18 और वे अपने पिता रेऊएल के पास
आईं, और उसने कहा, "आज तुम इतनी जल्दी कैसे आ
गईं?" 19 और उन्होंने कहा, "एक मिस्त्री ने हमें चरवाहों के
हाथ से छुड़ाया, और उसने हमारे लिए काफी पानी भी खींचा
और भेड़ों को पिला दिया।" 20 और उसने अपनी बेटियों से

कहा, “वह कहाँ है? तुमने उस पुरुष को क्यों छोड़ दिया? उसे
बुलाओ कि वह रोटी खाए।” 21और मोशेह उस पुरुष के
साथ रहने के लिए राज़ी हो गया, और उसने अपनी बेटी
सिप्पोरा को मोशेह को दिया। 22और उसने एक पुत्र को
जन्म दिया, और उसने उसका नाम गेरेशोम रखा, क्योंकि
उसने कहा, “मैं परदेश में परदेशी हो गया हूँ।” 23और बहुत
दिनों के बाद ऐसा हुआ कि मिस्र का राजा मर गया। और
इस्राएल के पुत्र दासत्व के कारण कराहे, और उन्होंने
चिल्लाकर पुकारा। और उनका क्रंदन ईश्वर के पास दासत्व
के कारण पहुँचा। 24और ईश्वर ने उनकी कराह सुनी, और
ईश्वर ने अपना वाचा अब्राहम, इसहाक और याकूब के साथ
स्मरण किया। 25और ईश्वर ने इस्राएल के पुत्रों पर दृष्टि
की, और ईश्वर ने जान लिया!

3 1और मोशेह अपने ससुर यित्रो की भेड़ों को चराता था,
जो मिद्यान का कोहेन था। और वह झुंड को जंगल के
पीछे ले गया और होरेब, ईश्वर का पर्वत, पर आया। 2और
ञ५ञ२ का दूत उसे झाड़ी के बीच से आग की ज्वाला में
दिखाई दिया। और उसने देखा कि झाड़ी आग से जल रही
थी, परन्तु झाड़ी भस्म नहीं हुई। 3और मोशेह ने कहा, “मैं
अब मुडकर देखूं, यह बड़ा अद्भुत दृश्य क्यों है कि झाड़ी
जलती हुई भी नहीं जलती।” 4और जब ञ५ञ२ ने देखा
कि वह देखने को मुड़ा है, तब ईश्वर ने झाड़ी के बीच से उसे
पुकारा और कहा, “मोशेह! मोशेह!” और उसने कहा, “मैं
यहां हूं।” 5और उसने कहा, “पास मत आ। अपने पांव से
जूते उतार दे, क्योंकि जिस स्थान पर तू खड़ा है, वह पवित्र
भूमि है।” 6और उसने कहा, “मैं तेरे पिता का ईश्वर हूं,
अब्राहम का ईश्वर, यित्सḥ◌ाक का ईश्वर और याक़ोब का
ईश्वर।” और मोशेह ने अपना चेहरा ढक लिया, क्योंकि वह
ईश्वर की ओर देखने से डरता था। 7और ञ५ञ२ ने कहा,
“निश्चय ही मैंने अपने लोगों की पीड़ा देखी है जो मिस्र में हैं
और उनके सताने वालों के कारण उनकी पुकार सुनी है,
क्योंकि मैं उनके दुखों को जानता हूं। 8और मैं उतरा हूं कि
उन्हें मिस्त्रियों के हाथ से छुड़ाऊं और उन्हें उस देश से एक
अच्छे और विस्तृत देश में, दूध और मधु की धाराओं वाले
देश में, कनानी, हित्ती, एमोरी, परिज्जी, ḥ◌िव्वी और यबूसी
के स्थान पर ले जाऊं। 9और अब, देख, इस्राएल की
सन्तानों की पुकार मेरे पास पहुंची है और मैंने यह भी देखा है
कि मिस्री उन्हें किस प्रकार दबाते हैं। 10और अब, आ, मैं
तुझे फ़िरऔन के पास भेज रहा हूं कि तू मेरे लोगों, इस्राएल
की सन्तानों को मिस्र से बाहर ले आए।” 11और मोशेह ने
ईश्वर से कहा, “मैं कौन हूं कि फ़िरऔन के पास जाऊं और
इस्राएल की सन्तानों को मिस्र से बाहर ले आऊं?” 12और
उसने कहा, “क्योंकि मैं तेरे साथ हूं। और यह तेरे लिये चिन्ह
होगा कि मैंने तुझे भेजा है: जब तू लोगों को मिस्र से बाहर ले
आएगा, तब तुम इस पर्वत पर ईश्वर की सेवा करोगे।”
13और मोशेह ने ईश्वर से कहा, “देख, जब मैं इस्राएल की
सन्तानों के पास जाऊं और उनसे कहूं, ‘तुम्हारे पितरों का
ईश्वर ने मुझे तुम्हारे पास भेजा है,’ और वे मुझसे कहें,
‘उसका नाम क्या है?’ तब मैं उनसे क्या कहूं?” 14और ईश्वर
ने मोशेह से कहा, “मैं हूं जो मैं हूं।” और उसने कहा, “इस
प्रकार तू इस्राएल की सन्तानों से कहना, ‘मैं हूं ने मुझे तुम्हारे
पास भेजा है।’ ” 15और ईश्वर ने फिर मोशेह से कहा, “इस
प्रकार तू इस्राएल की सन्तानों से कहना, ‘ञ५ञ२ तुम्हारे
पितरों का ईश्वर, अब्राहम का ईश्वर, यित्सḥ◌ाक का ईश्वर
और याक़ोब का ईश्वर, ने मुझे तुम्हारे पास भेजा है। यही मेरा
नाम सदा के लिए है, और यही मेरी स्मृति पीढ़ी-पीढ़ी तक
रहेगी।’ 16जाकर इस्राएल के बुज़ुर्गों को इकट्ठा कर और
उनसे कहना, ‘ञ५ञ२ तुम्हारे पितरों का ईश्वर, अब्राहम,
यित्सḥ◌ाक और याक़ोब का ईश्वर, मुझ पर प्रकट हुआ है
और कहा है, “मैंने निश्चय ही तुम्हें देखा है और देखा है कि
मिस्र में तुम्हारे साथ क्या किया गया है। 17और मैं कहता हूं:
मैं तुम्हें मिस्र की पीड़ा से निकालकर कनानी, हित्ती, एमोरी,
परिज्जी, ḥ◌िव्वी और यबूसी के देश में ले जाऊंगा, जो दूध
और मधु की धाराओं वाला देश है।” ’ 18और वे तेरी वाणी
सुनेंगे, और तू और इस्राएल के बुज़ुर्ग मिस्र के राजा के पास
जाओगे और उससे कहोगे, ‘ञ५ञ२ इब्रियों का ईश्वर हमसे
मिला है। और अब, कृपया हमें जंगल में तीन दिन की यात्रा
करने दे, ताकि हम ञ५ञ२ अपने ईश्वर के लिये बलिदान
चढ़ाएं।’ 19परन्तु मैं जानता हूं कि मिस्र का राजा तुम्हें जाने
नहीं देगा, चाहे बल से भी। 20और मैं अपना हाथ फैलाऊंगा
और मिस्र को उन सब अद्भुत कार्यों से मारूंगा जो मैं उसके
बीच करूंगा। और उसके बाद वह तुम्हें जाने देगा। 21और
मैं इस लोगों को मिस्त्रियों की दृष्टि में अनुग्रह दूंगा। और ऐसा
होगा कि जब तुम जाओगे तो खाली हाथ नहीं जाओगे।
22परन्तु हर स्त्री अपने पड़ोसी और अपने घर में रहने वाले
अजनबी से चांदी और सोने की वस्तुएं और वस्त्र मांगेगी।
और तुम उन्हें अपने बेटों और बेटियों पर पहनाओगे और
मिस्त्रियों को लूट लोगे।”

4 1और मोशेह ने उत्तर दिया और कहा, “यदि वे मेरी बात
पर विश्वास न करें, और मेरी आवाज़ न सुनें, और कहें,
‘ञ५ञ२ ने तुझे प्रकट नहीं किया?’ ” 2और ञ५ञ२ ने
उससे कहा, “तेरे हाथ में क्या है?” और उसने कहा, “एक
डंडा।” 3और उसने कहा, “इसे ज़मीन पर डाल।” तो
उसने इसे ज़मीन पर डाला, और यह एक साँप बन गया।
और मोशेह उससे भाग गया। 4और ञ५ञ२ ने मोशेह से
कहा, “अपना हाथ बढ़ाकर उसकी पूंछ पकड़” - तो उसने
हाथ बढ़ाया और उसे पकड़ लिया, और यह उसके हाथ में
एक डंडा बन गया – 5ताकि वे विश्वास करें कि उनके
पिताओं के ईश्वर ञ५ञ२, अब्राहम के ईश्वर, यित्सḥ◌ाक
के ईश्वर, और याकोब के ईश्वर ने तुझे प्रकट किया है।”
6और ञ५ञ२ ने फिर उससे कहा, “अब अपना हाथ अपनी
छाती में डाल।” और उसने अपना हाथ अपनी छाती में
डाला, और जब निकाला, तो देख, उसका हाथ बर्फ जैसा
कोढ़ी हो गया। 7और उसने कहा, “अपना हाथ फिर से
अपनी छाती में डाल।” तो उसने अपना हाथ फिर से अपनी
छाती में डाला, और निकाला, और देख, वह उसके दूसरे
मांस के समान बहाल हो गया। 8“और ऐसा होगा, यदि वे तुझ
पर विश्वास न करें, न पहले चिन्ह की आवाज़ सुनें, तो वे
दूसरे चिन्ह की आवाज़ पर विश्वास करेंगे। 9“और ऐसा
होगा, यदि वे इन दोनों चिन्हों पर भी विश्वास न करें, या तेरी
आवाज़ न सुनें, तो तू नदी से जल लेकर उसे सूखी भूमि पर
उंडेल देना। और जो जल तू नदी से लेगा, वह सूखी भूमि पर

लहू बन जाएगा।" 10 और मोशेह ने 𐤉𐤄𐤅𐤄 से कहा, "हे
𐤉𐤄𐤅𐤄, मैं वाणी का पुरुष नहीं हूँ, न पहले, न जब से तूने
अपने दास से बातें की हैं, क्योंकि मैं बोलने में धीमा और जीभ
में धीमा हूँ।" 11 और 𐤉𐤄𐤅𐤄 ने उससे कहा, "मनुष्य का
मुँह किसने बनाया? या कौन गूंगा, या बहरा, या देखनेवाला, या
अंधा करता है? क्या वह मैं, 𐤉𐤄𐤅𐤄 नहीं हूँ? 12 "और अब
जा, और मैं तेरे मुँह के साथ रहूँगा और तुझे सिखाऊँगा कि
क्या कहना है।" 13 पर उसने कहा, "हे 𐤉𐤄𐤅𐤄, कृपया
जिसे तू भेजना चाहे उसके हाथ से भेज।" 14 और 𐤉𐤄𐤅𐤄
का क्रोध मोशेह पर भड़क उठा, और उसने कहा, "क्या तेरा
भाई लेवी का हारोन नहीं है? मैं जानता हूँ कि वह अच्छा बोलता
है। और देख, वह तुझसे मिलने बाहर भी आ रहा है। और
जब वह तुझे देखेगा, तो अपने ह्रदय में आनन्द करेगा।
15 "और तू उससे बातें करेगा और वचन उसके मुँह में
डालेगा। और मैं तेरे मुँह के साथ और उसके मुँह के साथ
रहूँगा, और तुझे सिखाऊँगा कि क्या करना है। 16 "और वह
तेरे लिये लोगों से बातें करेगा। और ऐसा होगा कि वह तेरे
लिये मुँह होगा, और तू उसके लिये ईश्वर होगा। 17 "और यह
डंडा अपने हाथ में ले, जिससे तू चिन्ह करेगा।" 18 तब
मोशेह यित्रो अपने ससुर के पास लौटा, और उससे कहा,
"कृपया मुझे जाने दे कि मैं अपने भाइयों के पास जो मिस्त्र में
हैं लौट जाऊँ, और देखूँ कि वे जीवित हैं या नहीं।" और
यित्रो ने मोशेह से कहा, "शांति से जा।" 19 और 𐤉𐤄𐤅𐤄 ने
मिद्यान में मोशेह से कहा, "जा, मिस्त्र लौट जा, क्योंकि वे सब
मर गए हैं जो तेरी जान चाहते थे।" 20 तो मोशेह ने अपनी
पत्नी और अपने बेटों को लिया और उन्हें गदहे पर बैठाया,
और वह मिस्त्र देश लौटा। और मोशेह ने ईश्वर का डंडा
अपने हाथ में लिया। 21 और 𐤉𐤄𐤅𐤄 ने मोशेह से कहा,
"जब तू मिस्त्र लौट जा रहा हो, तो देख कि जो सब अद्‌भुत
कार्य मैंने तेरे हाथ में डाले हैं, उन्हें तू फ़िरौन के सामने कर।
परन्तु मैं उसका ह्रदय कठोर कर दूँगा, ताकि वह लोगों को
जाने न दे। 22 "और तू फ़िरौन से कहेगा, 'यूं कहता है
𐤉𐤄𐤅𐤄, "इस्त्राएल मेरा पुत्र है, मेरा पहलौठा, 23 इसलिये मैं
तुझसे कहता हूँ, मेरे पुत्र को जाने दे कि वह मेरी सेवा करे।
परन्तु यदि तू उसे जाने से मना करेगा, तो देख, मैं तेरे पुत्र
को, तेरे पहलौठे को, मार डालूँगा।" ' " 24 और ऐसा हुआ
कि मार्ग में, निवास स्थान पर, 𐤉𐤄𐤅𐤄 उससे मिला और उसे
मारना चाहा। 25 और त्सिप्पोरा ने एक तेज पत्थर लिया और
अपने पुत्र का खतना कर उसके चमड़े को मोशेह के पाँव पर
डाल दिया, और कहा, "निश्चय ही तू मेरे लिये लहू का दूल्हा
है!" 26 तो उसने उसे छोड़ दिया। तब उसने कहा, "तू लहू
का दूल्हा है," क्योंकि खतना के कारण। 27 और 𐤉𐤄𐤅𐤄 ने
हारोन से कहा, "जंगल में जाकर मोशेह से मिल।" और वह
गया और ईश्वर के पर्वत पर उससे मिला, और उसे चूमा।
28 तब मोशेह ने हारोन को वे सब वचन बताए जो 𐤉𐤄𐤅𐤄 ने
उसे भेजे थे, और वे सब चिन्ह बताए जो उसने उसे आज्ञा दिए
थे। 29 और मोशेह हारोन के साथ गया और इस्त्राएल के पुत्रों
के सब प्राचीनों को इकट्ठा किया। 30 और हारोन ने वे सब
वचन बोले जो 𐤉𐤄𐤅𐤄 ने मोशेह से कहे थे। तब उसने लोगों
की आँखों के सामने चिन्ह किए। 31 और लोगों ने विश्वास
किया। और जब उन्होंने सुना कि 𐤉𐤄𐤅𐤄 ने इस्त्राएल के
पुत्रों को देखा है और उनकी दु:ख पर दृष्टि की है, तो उन्होंने
अपने सिर झुकाए और दण्डवत किया।

5 1 और उसके बाद मोशेह और अहरोन अन्दर गये और
फ़िरऔन से कहा, "यूं कहता है 𐤉𐤄𐤅𐤄 ईश्वर इस्त्राएल
का, 'मेरे लोगों को छोड़ दे, ताकि वे जंगल में मेरे लिये पर्व
मनाएँ।' " 2 और फ़िरऔन ने कहा, "यह 𐤉𐤄𐤅𐤄 कौन है,
कि मैं उसकी वाणी मानकर इस्त्राएल को जाने दूँ? मैं 𐤉𐤄𐤅𐤄
को नहीं जानता, और न ही मैं इस्त्राएल को जाने दूँगा।"
3 और उन्होंने कहा, "ईब्रीयों का ईश्वर हमसे मिला है। कृपया,
हमें तीन दिन की यात्रा जंगल में जाने दे और हम 𐤉𐤄𐤅𐤄
हमारे ईश्वर के लिये बलि चढ़ाएँ, कहीं वह महामारी या तलवार
से हम पर न गिरे।" 4 परन्तु मिस्त्र के राजा ने उनसे कहा,
"मोशेह और अहरोन, तुम लोगों को उनके काम से क्यों हटाते
हो? अपने बोझ पर लौट जाओ।" 5 और फ़िरऔन ने कहा,
"देखो, अब देश के लोग बहुत हो गये हैं, और तुम उन्हें उनके
बोझ से रोकते हो!" 6 और उसी दिन फ़िरऔन ने लोगों के
काम चलानेवालों और उनके अधिकारियों को आज्ञा दी,
7 "अब तुम लोगों को ईंट बनाने के लिये पहले की तरह भूसा
न देना। वे स्वयं जाकर भूसा इकट्ठा करें। 8 "और उनसे वही
ईंटों की गिनती का काम मांगो, जो पहले किया जाता था,
उसमें कुछ कम न करो। क्योंकि वे आलसी हैं, इसलिये वे
पुकारते हैं, 'हमें जाने दो और हम अपने ईश्वर को बलि
चढ़ाएँ।' 9 "उन लोगों पर काम और भारी करो, कि वे उसमें
लगे रहें और झूठी बातों पर ध्यान न दें।" 10 और लोगों के
काम चलानेवाले और उनके अधिकारी बाहर जाकर लोगों से
कहने लगे, "फ़िरऔन यों कहता है, 'मैं तुम्हें भूसा नहीं देता।'
11 'अपने लिये भूसा जहाँ कहीं भी पाओ, वहाँ से ले आओ, पर
तुम्हारे काम में कुछ भी कमी न होगी।' " 12 और लोग पूरे
मिस्त्र देश में छितरा गये - भूसे के लिये ठूँठ इकट्ठा करने को।
13 और काम चलानेवाले उन्हें दबाते रहे, कहते हुए, "अपना
काम पूरा करो, प्रतिदिन का काम, जैसे जब तुम्हें भूसा मिलता
था।" 14 और इस्त्राएलियों के अधिकारियों को, जिन्हें
फ़िरऔन के काम चलानेवालों ने उन पर नियुक्त किया था,
पीटा गया और उनसे पूछा गया, "तुमने कल और आज जैसे
पहले किया था, वैसा ईंट बनाने का काम क्यों पूरा नहीं
किया?" 15 तब इस्त्राएलियों के अधिकारियों ने आकर
फ़िरऔन से पुकारकर कहा, "आप अपने दासों से ऐसा क्यों
कर रहे हैं? 16 "आपके दासों को भूसा नहीं दिया जाता, फिर
वे हमसे कहते हैं, 'ईंटें बनाओ!' और देखो, आपके दासों को
पीटा जाता है, परन्तु दोष तो आपके ही लोगों का है।"
17 परन्तु उसने कहा, "तुम आलसी हो! आलसी हो! इसलिये
तुम कहते हो, 'हमें जाने दो और हम 𐤉𐤄𐤅𐤄 को बलि
चढ़ाएँ।' 18 "अब जाओ, काम करो। और तुम्हें भूसा नहीं
दिया जाएगा, परन्तु ईंटों की गिनती तो देनी ही होगी।"
19 और इस्त्राएलियों के अधिकारियों ने देखा कि वे संकट में
हैं, क्योंकि कहा गया था, "तुम्हारे प्रतिदिन की ईंटों की गिनती
में कमी नहीं होनी चाहिए।" 20 और जब वे फ़िरऔन के पास
से निकले, तो उन्होंने मोशेह और अहरोन को पाया जो वहां
खड़े उनकी बाट जोह रहे थे। 21 और उन्होंने उनसे कहा,
"𐤉𐤄𐤅𐤄 तुम पर दृष्टि करे और न्याय करे, क्योंकि तुमने
हमें फ़िरऔन और उसके दासों की आँखों में घृणित बना दिया

है, ताकि वे हमारे हाथ में तलवार देकर हमें मार डालें।”
22 और मोशेह 𐤉𐤄𐤅𐤄 के पास लौटकर कहने लगा,
“𐤉𐤄𐤅𐤄, तूने इस लोगों पर बुराई क्यों की है? तूने मुझे क्यों
भेजा?” 23 “क्योंकि जिस समय से मैं फ़िरऔन के पास तेरे
नाम में बोलने गया हूँ, उसने इस लोगों पर बुराई की है। और
तूने अपने लोगों को कुछ भी छुड़ाया नहीं।”

6 1 और 𐤉𐤄𐤅𐤄 ने मोशेह से कहा, “अब देख कि मैं
फ़िरऔन से क्या करता हूँ, क्योंकि एक शक्तिशाली हाथ
से वह उन्हें जाने देगा, और एक शक्तिशाली हाथ से वह उन्हें
अपनी भूमि से निकाल देगा।” 2 और ईश्वर ने मोशेह से बात
की और उससे कहा, “मैं 𐤉𐤄𐤅𐤄 हूँ। 3 “और मैं अब्राहम,
यित्सह्ाक़, और याअक़ोब को एल शद्दाई के रूप में प्रकट
हुआ। और अपने नाम 𐤉𐤄𐤅𐤄 से मैं उनके लिये ज्ञात न
था? 4 “और मैंने उनके साथ अपनी वाचा भी स्थापित की, कि
उन्हें कनआन की भूमि दूँ, वह भूमि जहाँ वे परदेशी थे, जिसमें
वे परदेशी रहे। 5 “और मैंने इस्राएल की संतान की कराह
सुनी है, जिन्हें मिस्रवासी दास बना रहे हैं, और मैंने अपनी
वाचा को स्मरण किया है। 6 “इसलिये इस्राएल की सन्तानों
से कह, ‘मैं 𐤉𐤄𐤅𐤄 हूँ, और मैं तुम्हें मिस्रवासियों के बोझ
तले से निकाल लूँगा, और तुम्हें उनके दासत्व से छुड़ा लूँगा,
और तुम्हें एक फैले हुए भुजा से और बड़े न्यायों के साथ छुड़ा
लूँगा। 7 और मैं तुम्हें अपनी प्रजा बना लूँगा, और मैं तुम्हारा
ईश्वर होऊँगा। और तुम जानोगे कि मैं 𐤉𐤄𐤅𐤄 तुम्हारा
ईश्वर हूँ जो तुम्हें मिस्रवासियों के बोझ तले से निकाल रहा
है। 8 ‘और मैं तुम्हें उस भूमि में ले जाऊँगा, जिसे मैंने
अब्राहम, यित्सह्ाक़, और याअक़ोब को देने की शपथ खाई
थी, कि वह तुम्हें विरासत में दूँ। मैं 𐤉𐤄𐤅𐤄 हूँ।’ ” 9 और
मोशेह ने इस्राएल की सन्तानों से ऐसा ही कहा, परन्तु उन्होंने
मोशेह की न सुनी, आत्मा की संक्षिप्तता और कठिन दासत्व
के कारण। 10 और 𐤉𐤄𐤅𐤄 ने मोशेह से कहा, 11 “अंदर
जाओ, फ़िरऔन, मिस्र के राजा से कहो, कि इस्राएल की
सन्तानों को उसकी भूमि से जाने दे।” 12 और मोशेह ने
𐤉𐤄𐤅𐤄 के सामने कहा, “इस्राएल की सन्तानों ने मेरी बात
न सुनी, तो फ़िरऔन क्यों सुनेगा, क्योंकि मैं तो अँगहीन होंठों
वाला हूँ?” 13 और 𐤉𐤄𐤅𐤄 ने मोशेह और हारून से कहा,
और उन्हें इस्राएल की सन्तानों और फ़िरऔन, मिस्र के राजा
के लिये आज्ञा दी, कि इस्राएल की सन्तानों को मिस्र की भूमि
से बाहर ले आएँ। 14 ये उनके पिताओं के घरानों के प्रधान हैं:
रूवेन, इस्राएल के पहलौठे के पुत्र: हनोक़ और पल्लू,
ह्ेत्सरोन और कर्मी। ये रूवेन के कुल हैं। 15 और शिमोन
के पुत्र: यमूएल, और यामीन, और ओहद, और याकीन, और
त्सोहर, और शाऊल, कनआनी स्त्री का पुत्र। ये शिमोन के
कुल हैं। 16 ये लेवी के पुत्रों के नाम उनकी पीढ़ियों के
अनुसार हैं: गेरशोन, और कहात, और मेरारी। और लेवी का
जीवन एक सौ सैंतीस वर्ष का हुआ। 17 गेरशोन के पुत्र:
लिब्नी और शिमई उनके कुलों के अनुसार। 18 और कहात
के पुत्र: अम्राम, और यित्सहार, और हेब्रोन, और उज़्ज़ीएल।
और कहात का जीवन एक सौ तैंतीस वर्ष का हुआ। 19 और
मेरारी के पुत्र: महली और मुशी। ये लेवी के कुल उनकी
पीढ़ियों के अनुसार। 20 और अम्राम ने अपनी पिता की बहन
योकेबेद को पत्नी के रूप में लिया। और उसने उसे हारून
और मोशेह को जनमा। और अम्राम का जीवन एक सौ
सैंतीस वर्ष का हुआ। 21 और यित्सहार के पुत्र: कोरह, और
नेफेग, और ज़िक्री। 22 और उज़्ज़ीएल के पुत्र: मिशाएल,
और एल्त्साफ़ान, और सित्रि। 23 हारून ने एलीशेवा को पत्नी
के रूप में लिया, जो अम्मीनादाब की पुत्री, और नहशोन की
बहन थी। और उसने उसे नदाब, और अबीहू, एलीआज़र,
और इथमर को जनमा। 24 और कोरह के पुत्र: अस्सीर,
एल्काना, और अबियासाफ़। ये कोरहियों के कुल हैं। 25 और
एलीआज़र, हारून का पुत्र, ने पुतिएल की एक पुत्री को पत्नी
के रूप में लिया। और उसने उसे पीनहास को जनमा। ये
लेवियों के पिताओं के कुलों के प्रधान हैं। 26 यह हारून और
मोशेह हैं, जिनसे 𐤉𐤄𐤅𐤄 ने कहा, “इस्राएल की सन्तानों को
मिस्र की भूमि से उनकी सेनाओं के अनुसार बाहर ले
आओ।” 27 वे वही हैं जिन्होंने फ़िरऔन, मिस्र के राजा से
कहा, कि इस्राएल की सन्तानों को मिस्र से बाहर निकालें।
यह मोशेह और हारून हैं। 28 और ऐसा हुआ, उस दिन जब
𐤉𐤄𐤅𐤄 ने मोशेह से मिस्र की भूमि में बात की, 29 कि
𐤉𐤄𐤅𐤄 ने मोशेह से कहा, “मैं 𐤉𐤄𐤅𐤄 हूँ। फ़िरऔन, मिस्र
के राजा से वह सब कह, जो मैं तुझसे कहता हूँ।” 30 और
मोशेह ने 𐤉𐤄𐤅𐤄 के सामने कहा, “देख, मैं अँगहीन होंठो
वाला हूँ, तो फ़िरऔन मेरी क्यों सुनेगा?”

7 1 तब 𐤉𐤄𐤅𐤄 ने मोशेह से कहा, “देख, मैंने तुझे
फ़िरऔन के लिए ईश्वर बना दिया है, और हारोन तेरा
भाई तेरा नबी है।” 2 “तू वह सब बोलेगा जो मैं तुझे आज्ञा
दूँगा, और तेरा भाई हारोन फ़िरऔन से कहेगा कि इस्राएल
की सन्तान को उसकी भूमि से निकल जाने दे।” 3 “पर मैं
फ़िरऔन का हृदय कठोर कर दूँगा, और मिस्र देश में अपनी
निशानियों और अपने अद्‌भुत कामों को बढ़ाऊँगा।” 4 “और
फ़िरऔन तेरी बात नहीं सुनेगा, तब मैं मिस्र पर अपना हाथ
बढ़ाऊँगा और अपनी सेनाओं और अपनी प्रजा, इस्राएल की
सन्तान को, बड़े न्यायों के द्वारा मिस्र देश से निकाल
लाऊँगा।” 5 “और मिस्री जान लेंगे कि मैं 𐤉𐤄𐤅𐤄 हूँ, जब मैं
अपना हाथ मिस्र पर फैलाऊँगा, और इस्राएल की सन्तान को
उनके बीच से निकाल लाऊँगा।” 6 और मोशेह और हारोन ने
वैसा ही किया जैसा 𐤉𐤄𐤅𐤄 ने उन्हें आज्ञा दी थी, वैसा ही
उन्होंने किया। 7 और मोशेह अस्सी वर्ष का था और हारोन
तिरासी वर्ष का था, जब उन्होंने फ़िरऔन से बातें कीं। 8 और
𐤉𐤄𐤅𐤄 ने मोशेह और हारोन से कहा, 9 “जब फ़िरऔन
तुमसे कहे, ‘तुम अपने लिए कोई चमत्कार दिखाओ,’ तब तू
हारोन से कहना, ‘अपनी छड़ी ले और उसे फ़िरऔन के
सामने डाल दे, और वह अजगर हो जाएगी।’ ” 10 सो मोशेह
और हारोन फ़िरऔन के पास गए, और उन्होंने वैसा ही किया
जैसा 𐤉𐤄𐤅𐤄 ने आज्ञा दी थी। और हारोन ने अपनी छड़ी
फ़िरऔन और उसके सेवकों के सामने डाली, और वह
अजगर हो गई। 11 तब फ़िरऔन ने भी ज्ञानियों और जादूगरों
को बुलाया। और मिस्र के जादूगरों ने भी अपने जादू से वैसा
ही किया। 12 और उन्होंने, हर एक ने अपनी छड़ी डाल दी,
और वे अजगर हो गए। परन्तु हारोन की छड़ी ने उनकी
छड़ियों को निगल लिया। 13 फिर भी फ़िरऔन का हृदय
कठोर हो गया, और उसने उनकी न सुनी, जैसा 𐤉𐤄𐤅𐤄 ने

कहा था। 14 और 𐤉𐤄𐤅𐤄 ने मोशेह से कहा, "फ़िरऔन का
हृदय कठोर है, वह लोगों को जाने नहीं देता।" 15 "सुबह
फ़िरऔन के पास जा, देखो, वह जल पर बाहर आता है, और
तू नदी के किनारे उसके मिलने के लिए खड़ा रहना। और
उस छड़ी को अपने हाथ में लेना जो अजगर में बदल गई
थी।" 16 "और उससे कहना, '𐤉𐤄𐤅𐤄 इब्रियों का ईश्वर
मुझे तेरे पास भेजता है, यह कहने को, "मेरी प्रजा को जाने दे
ताकि वे जंगल में मेरी सेवा करें।" परन्तु देख, तू अब तक
नहीं सुना।' 17 'यहोवा यों कहता है, "इससे तू जान लेगा कि
मैं 𐤉𐤄𐤅𐤄 हूँ। देख, मैं उस छड़ी से जो मेरे हाथ में है, नदी
के जल को मारूँगा, और वह लहू बन जाएगा।" 18 "और
नदी की मछलियाँ मर जाएँगी, और नदी सड़ जाएगी, और
मिस्त्री लोगों को नदी का जल पीना कठिन होगा।" ' "
19 और 𐤉𐤄𐤅𐤄 ने मोशेह से कहा, "हारोन से कहना, 'अपनी
छड़ी ले और अपना हाथ मिस्त्र के जल पर, उनकी नदियों,
उनकी धाराओं, उनके तालाबों और उनके सब जलाशयों पर
फैला दे, ताकि वे लहू बन जाएँ। और मिस्त्र देश में लकड़ी
और पत्थर के सब बर्तनों में लहू होगा।' " 20 और मोशेह
और हारोन ने वैसा ही किया जैसा 𐤉𐤄𐤅𐤄 ने आज्ञा दी थी।
और उसने अपनी छड़ी उठाई और नदी के जल को मारा,
फ़िरऔन और उसके सेवकों की दृष्टि में। और नदी का सारा
जल लहू बन गया। 21 और नदी की मछलियाँ मर गईं, और
नदी सड़ गई, और मिस्त्रियों को नदी का जल पीना असम्भव
हो गया। और मिस्त्र देश में सब ओर लहू हो गया। 22 और
मिस्त्र के जादूगरों ने अपने जादू से वैसा ही किया। और
फ़िरऔन का हृदय कठोर हो गया, और उसने उनकी न सुनी,
जैसा 𐤉𐤄𐤅𐤄 ने कहा था। 23 और फ़िरऔन मुड़कर अपने
घर चला गया, और इस विषय में भी उसका मन प्रभावित न
हुआ। 24 और सब मिस्त्री नदी के चारों ओर पानी पीने के लिए
खोदते रहे, क्योंकि वे नदी का जल नहीं पी सकते थे।
25 और सात दिन बीत गए, जब 𐤉𐤄𐤅𐤄 ने नदी को मारा।

8 1 और 𐤉𐤄𐤅𐤄 ने मोशेह से कहा, "फिरऔन के पास
जाओ और उससे कहो, 'यूं कहता है 𐤉𐤄𐤅𐤄, "मेरे
लोगों को जाने दे, ताकि वे मेरी सेवा करें।" 2 "पर यदि तू
उन्हें जाने से मना करता है, तो देख, मैं तेरी सारी सीमा पर
मेंढकों से मार डालता हूँ।" 3 "और नदी मेंढकों से भर
जाएगी, जो तेरे घर, तेरे शयनकक्ष, तेरे बिस्तर पर, तेरे दासों
के घरों में, तेरे लोगों पर, तेरे तन्दूरों में और तेरे गूंथने के
पात्रों में आ जाएंगे।" 4 "और मेंढक तुझ पर, तेरे लोगों पर
और तेरे सारे दासों पर चढ़ेंगे।" ' " 5 और 𐤉𐤄𐤅𐤄 ने
मोशेह से कहा, "अहरोन से कह, 'अपना हाथ अपनी लाठी के
साथ नदियों, नहरों और तालाबों पर फैला और मेंढकों को
मिस्त्र की भूमि पर चढ़ा।' " 6 सो अहरोन ने मिस्त्र के जल पर
अपना हाथ फैलाया, और मेंढक ऊपर आए और मिस्त्र की
भूमि को ढक लिया। 7 और जादूगरों ने भी अपने जादू से वैसा
ही किया और मिस्त्र की भूमि पर मेंढक चढ़ा दिए। 8 तब
फिरऔन ने मोशेह और अहरोन को बुलाकर कहा, "𐤉𐤄𐤅𐤄
से प्रार्थना करो कि वह मुझसे और मेरे लोगों से मेंढकों को
हटा दे, तब मैं लोगों को जाने दूँगा कि वे 𐤉𐤄𐤅𐤄 के लिये
बलिदान चढ़ाएँ।" 9 मोशेह ने फिरऔन से कहा, "अपने लिये
समय बता: मैं तेरे लिये, तेरे दासों और तेरे लोगों के लिये कब
प्रार्थना करूँ कि मेंढक तुझसे और तेरे घरों से नाश हो जाएं
और केवल नदी में रह जाएँ?" 10 उसने कहा, "कल।" तब
उसने कहा, "तेरे वचन के अनुसार ऐसा ही हो, ताकि तू जान
ले कि हमारे ईश्वर 𐤉𐤄𐤅𐤄 के समान कोई नहीं है।"
11 "और मेंढक तुझसे, तेरे घरों से, तेरे दासों से और तेरे
लोगों से दूर हो जाएँगे; केवल नदी में रहेंगे।" 12 तब मोशेह
और अहरोन फिरऔन के पास से निकल गए। और मोशेह ने
मेंढकों के विषय में 𐤉𐤄𐤅𐤄 की ओर पुकारा, जिन्हें उसने
फिरऔन पर लाया था। 13 और 𐤉𐤄𐤅𐤄 ने मोशेह के वचन
के अनुसार किया; और घरों, आँगनों और खेतों में से मेंढक
मर गए। 14 और उन्होंने उन्हें ढेरों में इकट्ठा किया, और भूमि
से दुर्गन्ध आने लगी। 15 जब फिरऔन ने देखा कि छुटकारा
हुआ है, उसने अपना हृदय कठोर कर लिया और उनकी नहीं
सुनी, जैसा कि 𐤉𐤄𐤅𐤄 ने कहा था। 16 और 𐤉𐤄𐤅𐤄 ने
मोशेह से कहा, "अहरोन से कह, 'अपनी लाठी फैलाकर भूमि
की धूल को मार, ताकि वह मिस्त्र की सारी भूमि में जूं बन
जाए।' " 17 उन्होंने ऐसा किया, और अहरोन ने अपनी लाठी
से हाथ फैलाकर भूमि की धूल को मारा, और वह मनुष्यों और
पशुओं पर जूं बन गई। भूमि की सारी धूल मिस्त्र की सारी
भूमि में जूं बन गई। 18 और जादूगरों ने भी जूं निकालने के
लिये अपने जादू से वैसा ही करने की कोशिश की, परन्तु वे
असमर्थ रहे। और मनुष्यों और पशुओं पर जूं हो गई। 19 तब
जादूगरों ने फिरऔन से कहा, "यह ईश्वर की उंगली है!"
परन्तु फिरऔन का हृदय कठोर हो गया, और उसने उनकी
नहीं सुनी, जैसा कि 𐤉𐤄𐤅𐤄 ने कहा था। 20 और 𐤉𐤄𐤅𐤄
ने मोशेह से कहा, "प्रातःकाल उठकर फिरऔन के सामने
खड़ा हो, जब वह जल के पास आने को निकले, और उससे
कह, 'यूं कहता है 𐤉𐤄𐤅𐤄, "मेरे लोगों को जाने दे, ताकि वे
मेरी सेवा करें।" 21 "परन्तु यदि तू मेरे लोगों को जाने नहीं
देगा, तो देख, मैं तुझ पर, तेरे दासों पर, तेरे लोगों पर और
तेरे घरों में मक्खियों के झुण्ड भेजूंगा। और मिस्त्रियों के घर
मक्खियों के झुण्डों से भर जाएंगे, और वह भूमि भी जिस पर
वे हैं।" 22 "और उसी दिन मैं गोशेन की भूमि को अलग कर
दूंगा, जिसमें मेरे लोग रहते हैं, कि वहाँ कोई मक्खियों के
झुण्ड न हों, ताकि तू जान ले कि मैं भूमि के बीच में 𐤉𐤄𐤅𐤄
हूँ।" 23 "और मैं अपने लोगों और तेरे लोगों के बीच भेद कर
दूंगा। कल यह चिन्ह होगा।" ' " 24 और 𐤉𐤄𐤅𐤄 ने ऐसा
ही किया, और भारी मक्खियों के झुण्ड फिरऔन के घर में,
उसके दासों के घरों में और मिस्त्र की सारी भूमि में आ गए;
और भूमि मक्खियों के झुण्डों से नाश हो गई। 25 तब
फिरऔन ने मोशेह और अहरोन को बुलाकर कहा, "जाओ,
अपनी भूमि में अपने ईश्वर को बलिदान चढ़ाओ।" 26 मोशेह
ने कहा, "ऐसा करना ठीक नहीं है, क्योंकि हम मिस्त्रियों की
घृणा की वस्तु को अपने ईश्वर 𐤉𐤄𐤅𐤄 को बलिदान करेंगे।
देख, यदि हम मिस्त्रियों की घृणा की वस्तु उनके सामने
बलिदान करेंगे, तो क्या वे हमें पत्थरों से नहीं मार डालेंगे?"
27 "हम तीन दिन के जंगल के मार्ग में जाएंगे, तब हम अपने
ईश्वर 𐤉𐤄𐤅𐤄 को बलिदान करेंगे, जैसा कि उसने हमें आज्ञा
दी है।" 28 तब फिरऔन ने कहा, "मैं तुम्हें जाने देता हूँ, ताकि
तुम जंगल में अपने ईश्वर 𐤉𐤄𐤅𐤄 को बलिदान करो; केवल
बहुत दूर मत जाना! मेरे लिये प्रार्थना करो।" 29 मोशेह ने

कहा, “देख, मैं तुझसे निकलते ही 𐤉𐤄𐤅𐤄 से प्रार्थना करूंगा, और कल फिरऔन से, उसके दासों से और उसके लोगों से मक्खियों के झुण्ड हट जाएंगे। पर फिरऔन फिर धोखा न दे कि लोगों को 𐤉𐤄𐤅𐤄 के लिये बलिदान करने को न छोड़े।” 30 तब मोशेह फिरऔन के पास से निकलकर 𐤉𐤄𐤅𐤄 से प्रार्थना की। 31 और 𐤉𐤄𐤅𐤄 ने मोशेह के वचन के अनुसार किया और फिरऔन, उसके दासों और उसके लोगों से मक्खियों के झुण्ड हटा दिए; एक भी नहीं बचा। 32 पर फिरऔन ने इस बार भी अपना हृदय कठोर कर लिया और लोगों को जाने नहीं दिया।

9 1 और 𐤉𐤄𐤅𐤄 ने मोशेह से कहा, “फिरऔन के पास जा और उससे कह, ‘यों कहता है 𐤉𐤄𐤅𐤄 ईश्वर इब्रियों का, “मेरे लोगों को जाने दे, ताकि वे मेरी सेवा करें। 2 “क्योंकि यदि तू उन्हें जाने से इन्कार करेगा, और अभी भी उन्हें थामे रहेगा, 3 देख, 𐤉𐤄𐤅𐤄 का हाथ तेरे मैदान में रहने वाले पशुधन पर, घोड़ों पर, गधों पर, ऊँटों पर, गाय-बैलों पर और भेड़ों पर पड़ेगा — एक बहुत ही भारी महामारी। 4 “और 𐤉𐤄𐤅𐤄 इस्राएल के पशुधन और मिस्र के पशुधन के बीच भेद करेगा, और इस्राएल के बच्चों का कोई भी पशु न मरेगा।” ’ ” 5 और 𐤉𐤄𐤅𐤄 ने एक समय ठहराया और कहा, “कल 𐤉𐤄𐤅𐤄 यह वचन देश में पूरा करेगा।” 6 और 𐤉𐤄𐤅𐤄 ने अगले दिन यह वचन पूरा किया, और मिस्र का सब पशुधन मर गया, परन्तु इस्राएल के बच्चों का एक भी पशु न मरा। 7 तब फिरऔन ने भेजा, और देख, इस्राएलियों का एक भी पशु न मरा। तौभी फिरऔन का हृदय कठोर हुआ और उसने लोगों को जाने न दिया। 8 और 𐤉𐤄𐤅𐤄 ने मोशेह और अहरोन से कहा, “भट्टी से राख भरकर अपने हाथों में लो और मोशेह उसे फिरऔन की आँखों के सामने आकाश की ओर बिखेर दे। 9 “और वह मिस्र के सारे देश में धूल के समान हो जाएगी, और वह मनुष्य और पशु पर फोड़े उत्पन्न करेगी, जो फुंसी के साथ फूटेंगे, मिस्र के सारे देश में।” 10 तब वे भट्टी से राख लेकर फिरऔन के सामने खड़े हुए, और मोशेह ने उसे आकाश की ओर बिखेरा। और उसने मनुष्य और पशु पर फोड़े उत्पन्न किए, जो फुंसी के साथ फूटे। 11 और जादूगर मोशेह के सामने खड़े न हो सके, क्योंकि फोड़े जादूगरों पर और सब मिस्रियों पर थे। 12 परन्तु 𐤉𐤄𐤅𐤄 ने फिरऔन का हृदय कठोर कर दिया, और उसने उनकी बात न सुनी, जैसा कि 𐤉𐤄𐤅𐤄 ने मोशेह से कहा था। 13 और 𐤉𐤄𐤅𐤄 ने मोशेह से कहा, “भोर को जल्दी उठकर फिरऔन के सामने खड़ा हो, और उससे कह, ‘यों कहता है 𐤉𐤄𐤅𐤄 ईश्वर इब्रियों का, “मेरे लोगों को जाने दे, ताकि वे मेरी सेवा करें, 14 क्योंकि इस समय मैं अपनी सारी मार तेरे हृदय पर, तेरे दासों पर और तेरे लोगों पर भेज रहा हूँ, ताकि तू जान ले कि सारी पृथ्वी पर मेरे समान कोई नहीं। 15 “अब यदि मैं अपना हाथ बढ़ाकर तुझ पर और तेरे लोगों पर महामारी भेज देता, तो तू पृथ्वी से नाश हो जाता। 16 “परन्तु इसी कारण मैंने तुझे उठाया है, ताकि मैं तुझ पर अपनी सामर्थ्य दिखाऊँ, और मेरा नाम सारी पृथ्वी पर प्रचारित किया जाए। 17 “तौभी तू मेरे लोगों के विरुद्ध घमण्ड करता है, और उन्हें जाने नहीं देता! 18 “देखो, कल इसी समय मैं बहुत भारी ओले बरसाऊँगा, ऐसे जैसे मिस्र में उसकी स्थापना के दिन से लेकर अब तक कभी नहीं हुए।” 19 “और अब भेजो, अपने पशुधन को सुरक्षित लाओ, और जो कुछ तुम्हारे पास खेत में है, सबको घर ले आओ, क्योंकि ओले हर उस मनुष्य और हर पशु पर गिरेंगे जो खेत में पाया जाएगा और घर नही लाया गया होगा, और वे मर जाएँगे।” 20 फिरौन के सेवकों में से जिन्होंने 𐤉𐤄𐤅𐤄 के वचन का भय माना, उन्होंने अपने सेवकों और पशुओं को घरों में भागा दिया। 21 परन्तु जिन्होंने 𐤉𐤄𐤅𐤄 के वचन पर मन नहीं लगाया, उन्होंने अपने सेवको और पशुओं को खेत में ही छोड़ दिया। 22 तब 𐤉𐤄𐤅𐤄 ने मोशेह से कहा, “अपना हाथ आकाश की ओर बढ़ा, और सारे मिस्र देश में ओले पड़ें—मनुष्य पर, पशु पर, और खेत की हर पौधे पर, सारे मिस्र देश में।” 23 तब मोशेह ने अपनी लाठी आकाश की ओर बढाई। और 𐤉𐤄𐤅𐤄 ने गर्जन और ओले भेजे, और आग पृथ्वी पर उतरी। और 𐤉𐤄𐤅𐤄 ने मिस्र देश पर ओले बरसाए। 24 ऐसे ओले हुए, और आग लगातार ओलों के बीच चमकती रही, बहुत भारी, जैसे सारे मिस्र देश में राष्ट्र बनने से अब तक कभी नहीं हुए। 25 और उन ओलों ने सारे मिस्र देश में जो कुछ खेत में था, मनुष्य और पशु सबको मार डाला। और ओलों ने खेत की हर पौधे को मार डाला और खेत के हर पेड़ को तोड़ डाला। 26 केवल गोशेन देश में, जहाँ इस्राएल के पुत्र थे, वहाँ ओले नहीं पड़े। 27 तब फिरौन ने भेजकर मोशेह और अहरोन को बुलवाया, और उनसे कहा, “इस बार मैंने पाप किया है। 𐤉𐤄𐤅𐤄 धर्मी है, और मेरी प्रजा और मैं दुष्ट हैं।” 28 “𐤉𐤄𐤅𐤄 से प्रार्थना करो, क्योंकि ईश्वर के गर्जन और ओले अब बहुत हो चुके हैं। और मैं तुम्हें जाने दूँगा, ताकि तुम और न ठहरो।” 29 और मोशेह ने उससे कहा, “जैसे ही मैं नगर से बाहर निकल जाऊँगा, मैं अपने हाथ 𐤉𐤄𐤅𐤄 की ओर फैलाऊँगा, गर्जन थम जाएँगे और ओले नहीं होंगे, ताकि तुम जानो कि पृथ्वी 𐤉𐤄𐤅𐤄 की है।” 30 “परन्तु जहाँ तक तेरा और तेरे सेवकों का प्रश्न है, मैं जानता हूँ कि तुम अभी तक 𐤉𐤄𐤅𐤄 ईश्वर से नहीं डरते।” 31 और सन और जौ मार खा गए, क्योंकि जौ बालियों में था और सन कलियों में था। 32 परन्तु गेहूँ और कुशमानी नहीं मारे गए, क्योंकि वे देर की फसल थे। 33 और मोशेह फिरौन के पास से नगर से बाहर निकल गया और अपने हाथ 𐤉𐤄𐤅𐤄 की ओर फैलाए, और गर्जन और ओले थम गए, और वर्षा पृथ्वी पर नहीं पड़ी। 34 और फिरौन ने देखा कि वर्षा और ओले और गर्जन थम गए, तो उसने फिर पाप किया और अपने हृदय को कठोर किया, वह और उसके सेवक। 35 और फिरौन का हृदय कठोर हो गया, और उसने इस्राएल के पुत्रों को जाने नहीं दिया, जैसा कि 𐤉𐤄𐤅𐤄 ने मोशेह के द्वारा कहा था।

10 1 और 𐤉𐤄𐤅𐤄 ने मोशेह से कहा, “फ़िरऔन के पास जाओ, क्योंकि मैंने उसका हृदय और उसके सेवको के हृदय कठोर कर दिया है, ताकि मैं ये चिन्ह उसके सामने दिखाऊँ। 2 और ताकि तू अपने पुत्र और अपने पुत्र के पुत्र के सुनने में कहे कि मैंने मिस्र में क्या किया और मेरे चिन्ह जो मैंने उनके बीच किए। और तुम जानोगे कि मैं 𐤉𐤄𐤅𐤄 हूँ।” 3 और मोशेह और अहारोन फ़िरऔन के पास गए और उससे

कहा, “यूं कहता है 𐤉𐤄𐤅𐤄, इब्रियों का ईश्वर, ‘तू कब तक
अपने आप को मेरे सामने दीन करने से इनकार करेगा? मेरे
लोगों को जाने दे ताकि वे मेरी सेवा करें। 4 ‘नहीं तो यदि तू
मेरे लोगों को जाने देने से इनकार करेगा, तो देख, कल मैं
तेरी सीमा में टिड्डियाँ लाऊँगा। 5 ‘और वे भूमि के सतह को
ढक लेंगी, ताकि कोई भूमि को देख न सके। और वे वह सब
खा जाएँगी जो ओले से बचा है, जो तेरे पास रह गया है, और
वे हर पेड़ को खा जाएँगी जो तेरे लिए खेत से उगता है।
6 ‘और वे तेरे घरों को, और तेरे सब सेवकों के घरों को, और
सब मिस्त्रियों के घरों को भर देंगी, जिन्हें न तेरे पिताओं ने
और न तेरे पिताओं के पिताओं ने देखा है, जिस दिन से वे
धरती पर हैं उस दिन तक।’ ” तब वह मुड़ा और फ़िरऔन
के पास से निकल गया। 7 और फ़िरऔन के सेवकों ने उससे
कहा, “यह मनुष्य कब तक हमारे लिये फंदा होगा? लोगों को
जाने दे कि वे 𐤉𐤄𐤅𐤄 अपने ईश्वर की सेवा करें। क्या तू
अब तक नहीं जानता कि मिस्त्र नष्ट हो चुका है?” 8 और
मोशेह और अहारोन को फ़िरऔन के पास फिर लाया गया,
और उसने उनसे कहा, “जाओ, 𐤉𐤄𐤅𐤄 अपने ईश्वर की
सेवा करो। जो लोग जाने वाले हैं, वे कौन हैं?” 9 और मोशेह
ने कहा, “हम अपने जवानों और अपने बूढ़ों के साथ, अपने
पुत्रों और अपनी पुत्रियों के साथ, अपनी भेड़ों और अपने
गाय-बैलों के साथ जा रहे हैं, क्योंकि हमें 𐤉𐤄𐤅𐤄 के लिये पर्व
मनाना है।” 10 और उसने उनसे कहा, “𐤉𐤄𐤅𐤄 तुम्हारे
साथ हो जैसे मैं तुम्हें और तुम्हारे छोटे बच्चों को जाने देता हूँ!
देखो, तुम्हारे सामने विपत्ति है! 11 “ऐसा नहीं! केवल तुम पुरुष
जाओ और 𐤉𐤄𐤅𐤄 की सेवा करो, क्योंकि यही तुमने चाहा
है।” और उन्हें फ़िरऔन की उपस्थिति से निकाल दिया
गया। 12 और 𐤉𐤄𐤅𐤄 ने मोशेह से कहा, “अपना हाथ मिस्त्र
के देश पर टिड्डियों के लिये फैला कि वे मिस्त्र के देश पर आ
जाएँ और देश की हर वनस्पति को खा लें - वह सब कुछ जो
ओलों ने छोड़ दिया है।” 13 और मोशेह ने मिस्त्र के देश पर
अपनी छड़ी फैलाई, और 𐤉𐤄𐤅𐤄 ने पूरे दिन और पूरी रात
देश पर पूर्वी हवा चलाई। सुबह आई, और पूर्वी हवा टिड्डियाँ ले
आई। 14 और टिड्डियाँ मिस्त्र के सारे देश पर चढ़ आईं और
मिस्त्र की सारी सीमा में उतरीं, अत्यन्त भारी। ऐसी टिड्डियाँ
उनसे पहले कभी नहीं हुईं, और न उनके बाद फिर होंगी।
15 और उन्होंने पूरे देश की सतह को ढक लिया, ताकि देश
अंधकारमय हो गया। और उन्होंने देश की सारी वनस्पति
और पेड़ों का सब फल खा लिया, जो ओलों ने छोड़ा था, और
पेड़ों पर और खेत की वनस्पतियों पर कोई हरियाली नहीं
बची, मिस्त्र के सारे देश में। 16 तब फ़िरऔन ने जल्दी से
मोशेह और अहारोन को बुलाया और कहा, “मैंने 𐤉𐤄𐤅𐤄
तुम्हारे ईश्वर और तुम्हारे विरुद्ध पाप किया है। 17 “और अब,
कृपया मेरा पाप केवल इस बार सह लो, और 𐤉𐤄𐤅𐤄 तुम्हारे
ईश्वर से प्रार्थना करो, कि वह केवल इस मृत्यु को मुझसे दूर
करे।” 18 और वह फ़िरऔन के पास से निकल गया और
𐤉𐤄𐤅𐤄 से प्रार्थना की। 19 और 𐤉𐤄𐤅𐤄 ने बहुत प्रबल
पश्चिमी हवा चलाई, जिसने टिड्डियों को उठा लिया और उन्हें
लाल समुद्र में फेंक दिया। मिस्त्र की सारी सीमा में एक भी
टिड्डी नहीं बची। 20 फिर भी, 𐤉𐤄𐤅𐤄 ने फ़िरऔन का हृदय
कठोर कर दिया, और उसने इस्त्राएल की सन्तानों को जाने
नहीं दिया। 21 और 𐤉𐤄𐤅𐤄 ने मोशेह से कहा, “अपना हाथ
आकाश की ओर फैला, और मिस्त्र के देश पर अंधकार छा
जाए, ऐसा अंधकार जो छुआ जा सके।” 22 और मोशेह ने
अपना हाथ आकाश की ओर फैलाया, और मिस्त्र के सारे देश
में तीन दिनों तक गहन अंधकार रहा। 23 वे एक-दूसरे को
नहीं देख सके, और न कोई तीन दिनों तक अपनी जगह से
उठ सका, जबकि इस्त्राएल की सन्तान के सब घरों में
उजियाला था। 24 और फ़िरऔन ने मोशेह को बुलाया और
कहा, “जाओ, 𐤉𐤄𐤅𐤄 की सेवा करो, केवल अपनी भेड़ों
और अपने गाय-बैलों को पीछे छोड़ो। तुम्हारे छोटे बच्चे भी
तुम्हारे साथ जा सकते हैं।” 25 पर मोशेह ने कहा, “तू स्वयं
हमें होमबलि और दग्धबलि देगा कि हम उन्हें 𐤉𐤄𐤅𐤄 हमारे
ईश्वर के लिये तैयार करें। 26 “और हमारी पशुधन भी हमारे
साथ जाना चाहिए, एक खुर भी पीछे नहीं रहना चाहिए,
क्योंकि हमें उनमें से कुछ को 𐤉𐤄𐤅𐤄 हमारे ईश्वर की सेवा
के लिये लेना है, और हम स्वयं नहीं जानते कि हम 𐤉𐤄𐤅𐤄
की सेवा किससे करेंगे जब तक हम वहाँ न पहुँचें।” 27 फिर
भी, 𐤉𐤄𐤅𐤄 ने फ़िरऔन का हृदय कठोर कर दिया, और
उसने उन्हें जाने नहीं दिया। 28 और फ़िरऔन ने उससे कहा,
“मेरे पास से निकल जा! अपने आप को देख और फिर मेरा
मुख मत देखना, क्योंकि जिस दिन तू मेरा मुख देखेगा, तू
मर जाएगा!” 29 और मोशेह ने कहा, “तूने ठीक कहा - मैं
फिर कभी तेरा मुख नहीं देखूँगा!”

11

1 और 𐤉𐤄𐤅𐤄 ने मूशेह से कहा, “मैं फ़िरऔन और
मित्स्त्राइम पर एक और विपत्ति लाने जा रहा हूँ।
उसके बाद वह तुम्हें यहाँ से जाने देगा। जब वह तुम्हें जाने
देगा, तो वह तुम्हें पूरी तरह यहाँ से निकाल देगा।” 2 “अब
लोगों के सुनने में बोलो, और हर आदमी अपने पड़ोसी से
और हर स्त्री अपनी पड़ोसन से चाँदी की वस्तुएँ और सोने
की वस्तुएँ माँगे।” 3 और 𐤉𐤄𐤅𐤄 ने मित्स्त्रियों की आँखों में
लोगों को अनुग्रह दिया। और आदमी मूशेह मित्स्त्राइम की
भूमि में, फ़िरऔन के सेवकों की आँखों में और लोगों की
आँखों में बहुत महान था। 4 और मूशेह ने कहा, “यहोवा
𐤉𐤄𐤅𐤄 यूँ कहता है, ‘आधी रात के समय मैं मित्स्त्राइम के
बीच में बाहर निकलूँगा। 5 और मित्स्त्राइम की भूमि में सब
पहलौठे मर जाएँगे, फ़िरऔन के पहलौठे से जो अपने
सिंहासन पर बैठता है, यहाँ तक कि उस दासी के पहलौठे तक
जो चक्की के पीछे है, और सब पशुओं के पहलौठे भी।”
6 ‘और मित्स्त्राइम की सारी भूमि में बड़ी चिल्लाहट होगी, जैसी
न कभी हुई है और न फिर कभी होगी। 7 ‘परन्तु यिस्त्राएल के
बच्चों के विरुद्ध न कोई कुत्ता अपनी जीभ हिलाएगा, न मनुष्य
के विरुद्ध और न पशु के विरुद्ध, ताकि तुम जानो कि
𐤉𐤄𐤅𐤄 मित्स्त्राइम और यिस्त्राएल के बीच भेद करता है।’
8 “और ये सब तेरे दास मेरे पास आकर मेरे आगे झुककर
कहेंगे, ‘तू और तेरे पैरों तले जो लोग हैं, सब निकल जा!’
और उसके बाद मैं निकल जाऊँगा।” और वह फ़िरऔन के
पास से बड़े क्रोध में निकल गया। 9 परन्तु 𐤉𐤄𐤅𐤄 ने मूशेह
से कहा, “फ़िरऔन तेरी बात न सुनेगा, ताकि मेरी अद्‌भुत
कर्म मित्स्त्राइम की भूमि में बढ़ें।” 10 और मूशेह और अहारोन
ने ये सब अद्‌भुत कर्म फ़िरऔन के सामने किए, फिर भी
𐤉𐤄𐤅𐤄 ने फ़िरऔन का हृदय कठोर कर दिया, और उसने
यिस्त्राएल के बच्चों को अपनी भूमि से निकलने न दिया।

12 [1]और 𐤉𐤄𐤅𐤄 ने मोशेह और अहरोन से मित्स्रयिम
देश में कहा, [2]"यह महीना तुम्हारे लिये महीनों का
आदि है, यह तुम्हारे लिये वर्ष का पहला महीना है।
[3]"यिस्राएल की सारी मण्डली से कहो, 'इस महीने के दसवें
दिन हर एक पुरुष अपने पिता के घराने के अनुसार एक मेम्ना
ले, एक घर के लिये एक मेम्ना। [4]'और यदि घराना मेम्ने के
लिये बहुत छोटा हो, तो वह और उसका पड़ोसी, जो उसके घर
के पास है, प्राणियों की संख्या के अनुसार उसे लें, प्रत्येक
मनुष्य की आवश्यकता के अनुसार तुम मेम्ने की गिनती
करोगे। [5]'मेम्ना निर्दोष हो, एक वर्ष का नर हो। उसे भेड़ों या
बकरियों में से लो। [6]'और तुम उसे उसी महीने के चौदहवें
दिन तक रखो। तब यिस्राएल की सारी मण्डली की सभा
उसके बीच संध्या के समय उसे मारे। [7]'और वे कुछ रक्त
लेकर दोनों चौखटों और उन घरों की चौखट के ऊपर लगाएँ
जहाँ वे उसे खाते हैं। [8]'और वे उसी रात मांस को आग में
भूना हुआ खाएँ, अखमीरी रोटी और कड़वे साग के साथ वे
उसे खाएँ। [9]'उसे कच्चा न खाओ, और न जल में उबला
हुआ, परन्तु आग में भूना हुआ, उसका सिर उसके पाँवों और
उसकी अंतड़ियों समेत। [10]'और तुम उसमें से कुछ भी सुबह
तक न छोड़ो, और जो सुबह तक शेष रहे उसे आग में
जलाना। [11]'और इस प्रकार तुम उसे खाओ: तुम्हारी कमरें
कसी हुई हों, तुम्हारे पाँवों में जूते हों, और तुम्हारे हाथ में डण्डा
हो। और तुम उसे जल्दी में खाओ। यह 𐤉𐤄𐤅𐤄 का पासह
है। [12]'और मैं उस रात मित्स्रयिम देश के बीच से होकर
निकलूँगा, और मित्स्रयिम देश में सब पहलौठों को मार
डालूँगा, चाहे मनुष्य हो या पशु। और मित्स्रयिम के सब
देवताओं पर मैं न्याय करूंगा। मैं 𐤉𐤄𐤅𐤄 हूँ। [13]'और वह
रक्त तुम्हारे लिये उन घरों पर चिन्ह होगा जहाँ तुम हो। और
जब मैं रक्त देखूँगा, तब मैं तुम्हारे ऊपर से निकल जाऊँगा,
और जब मैं मित्स्रयिम देश को मारूँगा, तो विपत्ति तुम्हारे
ऊपर न पड़े कि तुम्हें नाश करे। [14]'और यह दिन तुम्हारे
लिये स्मरण होगा। और तुम इसे 𐤉𐤄𐤅𐤄 के लिये अपनी
पीढ़ियों भर पर्व के रूप में मानो - इसे पर्व के रूप में एक सदा
की विधि मानो। [15]'सात दिन तक तुम अखमीरी रोटी
खाओ। वास्तव में पहले दिन अपने घरों से खमीर निकाल
दो। क्योंकि जो कोई पहले दिन से सातवें दिन तक खमीरी
रोटी खाएगा, वह प्राणी यिस्राएल से काटा जाएगा। [16]'और
पहले दिन एक पवित्र सभा होगी, और सातवें दिन तुम्हारे पास
एक पवित्र सभा होगी। उन पर कोई काम न किया जाए,
केवल वही जो हर प्राणी खाता है, वही तुम्हारे द्वारा तैयार किया
जाए। [17]'और तुम मत्स्सोथ को मानो, क्योंकि इसी दिन मैंने
तुम्हारी सेनाओं को मित्स्रयिम देश से बाहर निकाला। और
तुम इस दिन को अपनी पीढ़ियों भर एक सदा की विधि मानो।
[18]'पहले महीने में, महीने के चौदहवें दिन को संध्या से लेकर
महीने के इक्कीसवें दिन की संध्या तक तुम अखमीरी रोटी
खाओ। [19]'सात दिन तक तुम्हारे घरों में खमीर न पाया
जाए, क्योंकि यदि कोई खमीरवाला खाए, तो वही प्राणी
यिस्राएल की मण्डली से काटा जाएगा, चाहे परदेशी हो या
देश का जन्मा। [20]'तुम कुछ भी खमीरवाला न खाओ -
तुम्हारे सब घरों में तुम अखमीरी रोटी खाओ।' " [21]और
मोशेह ने यिस्राएल के सब पुरनियों को बुलाकर उनसे कहा,
"जाओ और अपने-अपने कुलों के अनुसार अपने लिये मेम्ने
लो, और पासह बलिदान करो। [22]"और तुम हाइसोप का एक
गुच्छा लोगे, और उसे उस खून में डुबाओगे जो पात्र में है,
और चौखट और दोनों किवाड़ों पर उस खून को लगाओगे
जो पात्र में है, और तुम में से कोई भी प्रातः तक अपने घर के
द्वार से बाहर न निकले। [23]"और 𐤉𐤄𐤅𐤄 मिस्रीयों को
मारने के लिए आएगा, और चौखट और दोनों किवाड़ों पर
खून को देखेगा, और 𐤉𐤄𐤅𐤄 द्वार के ऊपर से निकल
जाएगा और विनाशक को तुम्हारे घरों में प्रवेश करने और
मारने की अनुमति नहीं देगा। [24]"और तुम इस वचन को
अपने और अपने पुत्रों के लिए सदा विधि के रूप में मानोगे।
[25]"और ऐसा होगा कि जब तुम उस देश में आओगे जिसे
𐤉𐤄𐤅𐤄 तुम्हें देगा, जैसा उसने प्रतिज्ञा की है, तब तुम इस
सेवा को मानोगे। [26]"और ऐसा होगा कि जब तुम्हारे बच्चे
तुमसे पूछेंगे, 'यह सेवा तुम्हारे लिए क्या अर्थ रखती है?'
[27]तब तुम कहोगे, 'यह 𐤉𐤄𐤅𐤄 का फसह बलिदान है,
जिसने मिस्र देश में इस्राएल के बच्चों के घरों के ऊपर से
होकर पार किया, जब उसने मिस्रीयों को मारा और हमारे घरों
को छुड़ाया।' " और लोगों ने सिर झुकाकर दंडवत किया।
[28]और इस्राएल के बच्चों ने जाकर वैसा ही किया - जैसा
𐤉𐤄𐤅𐤄 ने मूशेह और अहरोन को आज्ञा दी थी, वैसा ही
उन्होंने किया। [29]और आधी रात को ऐसा हुआ कि 𐤉𐤄𐤅𐤄
ने मिस्र देश में सब पहिलौठों को मारा, फिरौन के पहिलौठे से
जो उसके सिंहासन पर बैठा था लेकर उस बंधुए के पहिलौठे
तक जो कालकोठरी में था, और सब पशुओं के पहिलौठों को
भी। [30]और फिरौन रात में उठा, वह और उसके सब दास
और सब मिस्री लोग। और मिस्र देश में बड़ा विलाप हुआ,
क्योंकि ऐसा कोई घर न था जिसमें कोई मरा हुआ न हो।
[31]तब उसने मूशेह और अहरोन को रात में बुलवाया और
कहा, "उठो, मेरे लोगों के बीच से निकल जाओ, तुम और
इस्राएल के बच्चे। और जाकर 𐤉𐤄𐤅𐤄 की सेवा करो जैसा
तुमने कहा है। [32]"अपनी भेड़-बकरियों और अपने झुंडों को
भी ले लो, जैसा तुमने कहा है, और चले जाओ। और मुझे भी
आशीर्वाद देना।" [33]और मिस्री लोगों ने प्रजा पर दबाव डाला
कि वे उन्हें शीघ्र देश से निकाल दें। क्योंकि वे कहते थे, "हम
सब मर रहे हैं!" [34]और लोगों ने अपना आटा उठाया, उससे
पहले कि खमीर उठे, अपनी गूंथने की परातों को अपने
कपड़ों में लपेटकर अपने कंधों पर उठा लिया। [35]और
इस्राएल के बच्चों ने मूशेह के वचन के अनुसार किया, और
उन्होंने मिस्रीयों से चाँदी के आभूषण, सोने के आभूषण और
वस्त्र मांगे। [36]और 𐤉𐤄𐤅𐤄 ने लोगों को मिस्रीयों की दृष्टि
में अनुग्रह दिया, ताकि उन्होंने उन्हें वह दिया जो उन्होंने
मांगा। और उन्होंने मिस्रीयों को लूटा। [37]और इस्राएल के
बच्चे रा'मेसेस से सुक्कोत की ओर चले, लगभग छह लाख
पुरुष पाँव-पाँव, छोटे बच्चों को छोड़कर। [38]और एक मिश्रित
भीड़ भी उनके साथ चढ़ गई, और भेड़-बकरियाँ और झुंड
बहुत अधिक पशु भी। [39]और उन्होंने उस आटे से अखमीरी
रोटियाँ बेक कीं जिसे वे मिस्र देश से लाए थे, क्योंकि वह
खमीर नहीं उठा था, क्योंकि उन्हें मिस्र से निकाल दिया गया
था और वे ठहर नहीं सके, और न ही उन्होंने अपने लिए
भोजन तैयार किया था। [40]और इस्राएल के बच्चों की जो
मिस्र देश में रहते थे उनकी अवधि चार सौ तीस वर्ष की थी।
[41]और ऐसा हुआ कि चार सौ तीस वर्ष के अंत में, उसी दिन

ऐसा हुआ कि 𐤉𐤄𐤅𐤄 की सारी सेनाएँ मिस्र देश से निकल
आईं। 42 यह रात 𐤉𐤄𐤅𐤄 के लिए स्मरणीय है, उन्हें मिस्र
देश से निकालने के कारण। यह रात 𐤉𐤄𐤅𐤄 की है, जिसे
इस्राएल के सभी बच्चे अपनी पीढ़ियों में स्मरण करें। 43 और
𐤉𐤄𐤅𐤄 ने मोशेह और अहारोन से कहा, "यह पे सख़ का
विधि है: कोई परदेशी पुत्र इसे न खाए। 44 परन्तु जो दास
किसी मनुष्य ने चाँदी देकर मोल लिया हो, जब तुम उसका
खतना करोगे, तब वह इसे खा सकता है। 45 "कोई यात्री
और कोई मज़दूर इसे न खाए। 46 "यह एक ही घर में खाया
जाए, मांस को घर से बाहर न ले जाओ, और उसकी कोई
हड्डी न तोड़ो। 47 "सम्पूर्ण इस्राएल की मण्डली इसे करे।
48 "और जब कोई परदेशी तुम्हारे साथ रहे और 𐤉𐤄𐤅𐤄 के
लिये पे सख़ करे, तो उसके सब पुरूषों का खतना हो; और
तब वह निकट आकर इसे करे, और वह देश के जन्मे समान
होगा। परन्तु कोई खतनारहित इसे न खाए। 49 "देशज और
तुम्हारे बीच रहने वाले परदेशी के लिये एक ही तोराह होगी।"
50 और इस्राएल के सब पुत्रों ने वैसा ही किया जैसा 𐤉𐤄𐤅𐤄
ने मोशेह और अहारोन को आज्ञा दी थी, वैसा ही उन्होंने
किया। 51 और ऐसा हुआ कि उसी दिन 𐤉𐤄𐤅𐤄 ने इस्राएल
के पुत्रों को मिस्र देश से उनकी दलों के अनुसार निकाला।

13 1 और 𐤉𐤄𐤅𐤄 ने मोशेह से कहा, 2 "मेरे लिये सब
पहलौठों को पवित्र ठहराओ, गर्भ खोलने वाला,
इस्राएल के पुत्रों में, मनुष्य और पशु में, वह मेरा है।" 3 और
मोशेह ने लोगों से कहा, "इस दिन को स्मरण करो जिस दिन
तुम मिस्र से, दासत्व के घर से निकले। क्योंकि बलवन्त हाथ
से 𐤉𐤄𐤅𐤄 ने तुम्हें इस स्थान से निकाला है, और खमीरवाला
कुछ न खाया जाए। 4 "आज तुम निकल रहे हो, अबीब महीने
में। 5 "और जब 𐤉𐤄𐤅𐤄 तुम्हें कनानी, हित्ती, एमोरी, हिव्वी
और यबूसी के देश में ले आएगा, जैसा उसने तुम्हारे पितरों से
शपथ खाई, दूध और मधु की धारा वाला देश देने के लिये,
तब तुम इस महीने में यह सेवा करोगे। 6 "सात दिन तक तुम
अखमीरी रोटी खाओगे, और सातवें दिन 𐤉𐤄𐤅𐤄 के लिये
पर्व होगा। 7 "सातों दिन अखमीरी रोटी खाई जाए, और
तुम्हारे साथ कुछ खमीरवाला न दिखाई दे, न तुम्हारी सब हद्दों
में खमीर दिखाई दे। 8 "और उस दिन तुम अपने पुत्र को
बताओ, कहकर, 'यह इस कारण है कि 𐤉𐤄𐤅𐤄 ने मेरे लिये
क्या किया जब मैं मिस्र से निकला।' 9 "और यह तुम्हारे हाथ
पर चिन्ह और तुम्हारी आँखों के बीच स्मरण रहेगा, कि
𐤉𐤄𐤅𐤄 की तोराह तुम्हारे मुँह में रहे; क्योंकि बलवन्त हाथ से
𐤉𐤄𐤅𐤄 ने तुम्हें मिस्र से निकाला। 10 "और तुम इस विधि
को इसके समय पर वर्ष से वर्ष तक मानोगे। 11 "और जब
𐤉𐤄𐤅𐤄 तुम्हें कनानी के देश में ले आएगा, जैसा उसने तुम्हें
और तुम्हारे पितरों से शपथ खाई, और तुम्हें देगा, 12 तब तुम
हर गर्भ खोलने वाला, और तुम्हारे पशुओं का हर पहलौठा,
नर, 𐤉𐤄𐤅𐤄 को अर्पण करोगे। 13 "परन्तु प्रत्येक गदहे के
पहलौठे को तुम मेमने से छुड़ाओ। और यदि तुम उसे
छुड़ाओ नहीं, तो उसकी गरदन तोड़ दो। और मनुष्य का
प्रत्येक पहलौठा, जो तेरे पुत्रों में है, तू अवश्य छुड़ाए।"
14 "और यह ऐसा होगा कि जब तेरे पुत्र तुझसे भविष्य में
पूछेंगे, कहकर, 'यह क्या है?' तब तू उनसे कहना, 'हाथ की
सामर्थ से 𐤉𐤄𐤅𐤄 हमें मिस्र देश से, दासत्व के घर से
निकाल लाया।' 15 'और ऐसा हुआ कि जब फ़िरऔन ने हमें
जाने देने से हठ किया, तब 𐤉𐤄𐤅𐤄 ने मिस्र देश में हर एक
पहलौठे को मारा, मनुष्य का पहलौठा और पशु का पहलौठा
दोनों। इसलिये मैं 𐤉𐤄𐤅𐤄 को हर एक नर जो गर्भ खोलता
है बलि चढ़ाता हूँ, परन्तु अपने पुत्रों के प्रत्येक पहलौठे को
छुड़ाता हूँ।' 16 "और यह तेरे हाथ पर चिन्ह होगा और तेरी
आँखों के बीच पट्टिका होगी, क्योंकि हाथ की सामर्थ से
𐤉𐤄𐤅𐤄 हमें मिस्र से बाहर ले आया।" 17 और ऐसा हुआ कि
जब फ़िरऔन ने लोगों को जाने दिया, तब ईश्वर ने उन्हें
पलिश्तियों की भूमि के मार्ग से नहीं ले जाया, यद्यपि वह
निकट था; क्योंकि ईश्वर ने कहा, "कहीं ऐसा न हो कि लोग
युद्ध देखकर पछताएँ और मिस्र को लौट जाएँ।" 18 इसलिये
ईश्वर ने लोगों को जंगल के मार्ग से लाल समुद्र की ओर
घुमाकर ले जाया। और इस्राएल के पुत्र मिस्र देश से
हथियारबंद होकर ऊपर आए। 19 और मूशेह यूसुफ़ की
हड्डियाँ अपने साथ ले आया, क्योंकि उसने इस्राएल के पुत्रों से
शपथ दिलवाकर कहा था, "ईश्वर निश्चय ही तुम्हें दर्शन
देगा, तब तुम मेरी हड्डियाँ यहाँ से अपने साथ ले जाना।"
20 और वे सुक्कोत से चलकर एथाम में जंगल के किनारे डेरा
डाले। 21 और 𐤉𐤄𐤅𐤄 उनके आगे दिन को बादल के खम्भे
में मार्ग दिखाने के लिये, और रात को आग के खम्भे में उन्हें
ज्योति देने के लिये चलता था, जिससे वे दिन और रात चल
सकें। 22 दिन को बादल का खम्भा और रात को आग का
खम्भा लोगों के आगे से हटता न था।

14 1 और 𐤉𐤄𐤅𐤄 ने मोशेह से कहा, 2 "यिस्राएल के
बच्चों से कहो कि वे घूमकर पी हा'हीरोथ के सामने,
मिग्दोल और समुद्र के बीच, बा'अल त्सेफोन के सामने -
समुद्र के किनारे डेरा डालें।" 3 "क्योंकि फ़िरऔन यिस्राएल
के बच्चों के विषय में कहेगा, 'वे देश में उलझ गए हैं, जंगल
ने उन्हें घेर लिया है।'" 4 "और मैं फ़िरऔन का हृदय कठोर
करूँगा, और वह उनका पीछा करेगा। परन्तु मैं फ़िरऔन
और उसकी सारी सेना के द्वारा आदर पाया जाऊँगा, और
मिस्री जानेंगे कि मैं 𐤉𐤄𐤅𐤄 हूँ।" और उन्होंने ऐसा ही
किया। 5 और मिस्र के राजा को बताया गया कि लोग भाग
गए हैं, और फ़िरऔन और उसके सेवकों का मन लोगों के
विरुद्ध बदल गया। और उन्होंने कहा, "हमने यह क्या किया,
कि यिस्राएल को हमारी सेवा से जाने दिया?" 6 तब उसने
अपना रथ तैयार कराया और अपने लोगों को अपने साथ
लिया। 7 और उसने छः सौ चुने हुए रथ और मिस्र के सब
रथ लिए, और सब पर अधिकारियों को लगाया। 8 और
𐤉𐤄𐤅𐤄 ने मिस्र के राजा फ़िरऔन का हृदय कठोर किया,
और उसने यिस्राएल के बच्चों का पीछा किया, परन्तु
यिस्राएल के बच्चे ऊँचे हाथ से निकले। 9 और मिस्री उनका
पीछा करते हुए आए, फ़िरऔन के सब घोड़े और उसके रथ
और उसके घुड़सवार और उसकी सेना, और उन्होंने उन्हें
समुद्र के किनारे पी हा'हीरोथ के पास, बा'अल त्सेफोन के
सामने डेरा डाले हुए पा लिया। 10 और जब फ़िरऔन निकट
आया, तब यिस्राएल के बच्चों ने अपनी आँखें उठाईं और
देखा, और देखो, मिस्री उनके पीछे आ रहे थे। और वे बहुत
डर गए, और यिस्राएल के बच्चों ने 𐤉𐤄𐤅𐤄 को पुकारा।

11 और उन्होंने मोशेह से कहा, “क्या मिस्त्र में कब्रें नहीं थीं कि
तू हमें जंगल में मरने के लिए यहाँ ले आया? तूने हमसे यह
क्या किया, कि हमें मिस्त्र से बाहर निकाल लाया? 12 “क्या यह
वही बात नहीं है जो हमने तुझसे मिस्त्र में कही थी, ‘हमें छोड़
दे, ताकि हम मिस्त्रियों की सेवा करें?’ क्योंकि हमारे लिए
मिस्त्रियों की सेवा करना जंगल में मरने से अच्छा होता।”
13 तब मोशेह ने लोगों से कहा, “मत डरो। स्थिर रहो, और
𐤉𐤄𐤅𐤄 की वह मुक्ति देखो, जो वह आज तुम्हारे लिए
करेगा। क्योंकि जिन मिस्त्रियों को तुम आज देखते हो, उन्हें
फिर कभी नहीं देखोगे। 14 “𐤉𐤄𐤅𐤄 तुम्हारे लिए लड़ेगा,
और तुम चुपचाप रहोगे।” 15 और 𐤉𐤄𐤅𐤄 ने मोशेह से
कहा, “तू मुझसे क्यों पुकारता है? यिस्त्राएल के बच्चों से कह
कि वे आगे बढ़ें। 16 “और तू अपनी लाठी उठाकर, अपना
हाथ समुद्र के ऊपर बढ़ा और उसे फाड़ दे, ताकि यिस्त्राएल
के बच्चे समुद्र के बीच सूखी भूमि पर चलें।” 17 “और देख,
मैं मिस्त्रियों के हृदय कठोर कर रहा हूँ, और वे उनके पीछे
आएँगे। और मैं फ़िरऔन और उसकी सारी सेना, उसके रथों
और उसके घुड़सवारों के द्वारा आदर पाया जाऊँगा।
18 “और मिस्त्री जानेंगे कि मैं 𐤉𐤄𐤅𐤄 हूँ, जब मैं फ़िरऔन,
उसके रथों और उसके घुड़सवारों के द्वारा आदर पाया
जाऊँगा।” 19 और ईश्वर का दूत, जो यिस्त्राएल की छावनी
के आगे चलता था, हटकर उनके पीछे चला गया। और
बादल का खंभा उनके आगे से हटकर उनके पीछे खड़ा हो
गया, 20 और मिस्त्रियों की छावनी और यिस्त्राएल की छावनी के
बीच आ गया। और वह बादल और अंधकार था, और उसने
रातभर ज्योति दी, और रातभर एक दूसरे के पास न आए।
21 और मोशेह ने अपना हाथ समुद्र के ऊपर बढ़ाया। और
𐤉𐤄𐤅𐤄 ने पूरी रात एक प्रचण्ड पूर्वी वायु से समुद्र को पीछे
हटाया और समुद्र को सूखी भूमि बना दिया, और पानी दो
भागों में बँट गया। 22 और यिस्त्राएल के बच्चे समुद्र के बीच
सूखी भूमि पर चले, और जल उनके दाहिने और बाएँ दीवार
के समान था। 23 और मिस्त्रियों ने उनका पीछा किया और
समुद्र के बीच में उनके पीछे गए, फ़िरऔन के सब घोड़े,
उसके रथ और उसके घुड़सवार। 24 और ऐसा हुआ, सुबह
की रखवाली में, कि 𐤉𐤄𐤅𐤄 ने अग्नि और बादल के स्तंभ
के द्वारा मिस्त्रियों की सेना की ओर नीचे देखा, और उसने
मिस्त्रियों की सेना को भ्रम में डाल दिया। 25 और उसने उनके
रथों के पहिए निकाल दिए, कि वे कठिनाई से चलाने लगे।
तब मिस्त्री कहने लगे, “हम इस्त्राएल के साम्हने से भाग चलें,
क्योंकि 𐤉𐤄𐤅𐤄 उनके लिये मिस्त्रियों के विरुद्ध लड़ता है।”
26 तब 𐤉𐤄𐤅𐤄 ने मोशेह से कहा, “समुद्र पर अपना हाथ
फैला, कि जल मिस्त्रियों पर, उनके रथों पर और उनके
घुड़सवारों पर लौट आए।” 27 और मोशेह ने समुद्र पर अपना
हाथ फैलाया, और भोर होते ही समुद्र अपनी पुरानी धारा पर
लौट आया, और मिस्त्री उसके साम्हने भागते रहे। इस प्रकार
𐤉𐤄𐤅𐤄 ने समुद्र के बीच में मिस्त्रियों को उलट दिया।
28 और जल लौट आया और रथों और घुड़सवारों और
फ़िरऔन की सारी सेना को ढक लिया, जो समुद्र में उनके
पीछे आई थी; उनमें से एक भी न बचा। 29 पर इस्त्राएल की
सन्तान सूखी भूमि पर समुद्र के बीच से चली गई, और जल
उनके दाहिने और बाएं ओर दीवार की नाईं था। 30 उस दिन
𐤉𐤄𐤅𐤄 ने इस्त्राएल को मिस्त्रियों के हाथ से छुड़ाया, और
इस्त्राएल ने मिस्त्रियों को समुद्र के तट पर मरे हुए देखा।
31 और इस्त्राएल ने उस बड़े काम को देखा, जो 𐤉𐤄𐤅𐤄 ने
मिस्त्र में किया; तब लोगों ने 𐤉𐤄𐤅𐤄 का भय माना, और
𐤉𐤄𐤅𐤄 पर और उसके दास मोशेह पर विश्वास किया।

15

1 तब मोशेह और इस्त्राएल की सन्तानों ने 𐤉𐤄𐤅𐤄 के
लिये यह गीत गाया, और कहा, “मैं 𐤉𐤄𐤅𐤄 को
गाऊँगा, क्योंकि वह अत्यन्त महान है; घोड़े और उसके सवार
को उसने समुद्र में फेंक दिया है।” 2 “याह मेरा बल और गीत
है, और वह मेरा उद्धार हो गया है। वह मेरा ईश्वर है, और मैं
उसकी स्तुति करूँगा – मेरे पिता का ईश्वर, और मैं उसको
ऊँचा उठाऊँगा।” 3 “𐤉𐤄𐤅𐤄 युद्ध का पुरुष है, 𐤉𐤄𐤅𐤄
उसका नाम है।” 4 “उसने फ़िरऔन के रथों और उसकी
सेना को समुद्र में डाल दिया, और उसके चुने हुए प्रधान गन्ने
के समुद्र में डूब गए।” 5 “गहरे जल ने उन्हें ढक लिया, वे
पत्थर की नाईं गहराई में उतर गए।” 6 “तेरा दाहिना हाथ, हे
𐤉𐤄𐤅𐤄, सामर्थ में महान हुआ है। तेरा दाहिना हाथ, हे
𐤉𐤄𐤅𐤄, शत्रु को चूर कर देता है।” 7 “और तेरी महिमा की
महानता में तूने उठने वालों को गिरा दिया। तूने अपना क्रोध
भेजा, उसने उन्हें भूसे की नाईं भस्म कर डाला।” 8 “और
तेरी नासिका की वायु से जल ढेर हो गया, बाढ़ दीवार की नाईं
खड़ी हो गई, गहरे समुद्र के हृदय में जम गए।” 9 “शत्रु ने
कहा, ‘मैं पीछा करूँगा, मैं पकड़ लूँगा, मैं लूट बाँटूँगा; मेरा
मन उनसे तृप्त होगा; मैं अपनी तलवार निकालूँगा, मेरा हाथ
उन्हें नष्ट करेगा।’” 10 “तूने अपनी वायु फूँकी, समुद्र ने
उन्हें ढक लिया; वे प्रबल जल में सीसे की नाईं डूब गए।”
11 “तेरे समान कौन है, हे 𐤉𐤄𐤅𐤄, शक्तियों में? तेरे समान
कौन है, पवित्रता में महान? प्रशंसा में भयानक, अद्‌भुत काम
करने वाला।” 12 “आपने अपना दाहिना हाथ फैलाया, पृथ्वी
ने उन्हें निगल लिया। 13 “अपनी करुणा में आपने उस प्रजा
को ले चलाया जिसे आपने छुड़ाया है, अपनी शक्ति से आपने
उन्हें अपने पवित्र निवास तक पहुँचाया। 14 “लोगों ने सुना, वे
काँप उठे, पलेशेत के निवासियों को पीड़ा ने पकड़ लिया।
15 “तब एदोम के प्रधान व्याकुल हुए, मोआब के पराक्रमी
पुरुषों को काँप ने पकड़ लिया, कनान के सब निवासियों का
मन पिघल गया। 16 “भय और डर उन पर गिर पड़ा, आपके
भुजबल से वे पत्थर के समान मौन हो गए, जब तक कि
आपकी प्रजा पार न हो जाए, हे 𐤉𐤄𐤅𐤄, जब तक कि वह
प्रजा जिसे आपने मोल लिया है, पार न हो जाए।” 17 “आप
उन्हें ले जाकर अपनी निज सम्पत्ति के पर्वत में लगाएँगे, उस
स्थान पर, हे 𐤉𐤄𐤅𐤄, जिसे आपने अपने निवास के लिये
बनाया है, उस मिकदाश में, हे 𐤉𐤄𐤅𐤄, जिसे आपके हाथों ने
तैयार किया है।” 18 “𐤉𐤄𐤅𐤄 युगानुयुग राज्य करता है।”
19 क्योंकि फ़िरऔन के घोड़े उसके रथों और उसके
घुड़सवारों के साथ समुद्र में गए, और 𐤉𐤄𐤅𐤄 ने समुद्र का
जल उन पर लौटा दिया। और इस्त्राएल की सन्तान समुद्र के
बीच सूखी भूमि पर चली। 20 और मिरयाम नबिया, हारून की
बहन, ने अपने हाथ में डफ लिया। और सब स्त्रियाँ उसके
पीछे डफ और नृत्य के साथ निकल पड़ीं। 21 और मिरयाम
ने उनके उत्तर में कहा, “𐤉𐤄𐤅𐤄 के लिये गाओ, क्योंकि वह
अत्यन्त महिमान्वित है! घोड़े और उसके सवार को उसने

समुद्र में डाल दिया है!” 22 और मोशेह ने इस्राएल को कने
समुद्र से निकाला, और वे शूर के जंगल में आए। और वे
जंगल में तीन दिन चले और उन्हें जल न मिला। 23 और वे
मारा में आए, पर वे मारा का जल न पी सके, क्योंकि वह
कड़वा था। इसलिए उसका नाम मारा कहलाया। 24 और
प्रजा ने मोशेह के विरुद्ध कुड़कुड़ाते हुए कहा, “हम क्या
पीएँ?” 25 तब उसने 𐤉𐤄𐤅𐤄 की ओर पुकारा, और 𐤉𐤄𐤅𐤄
ने उसे एक पेड़ दिखाया। जब उसने उसे जल में डाला, तो
जल मीठा हो गया। वहाँ उसने उनके लिये विधि और नियम
ठहराया, और वहाँ उसने उनकी परीक्षा ली। 26 और उसने
कहा, “यदि तू ध्यान से अपने 𐤉𐤄𐤅𐤄 अपने ईश्वर की वाणी
सुने और जो उसकी दृष्टि में सीधा है वही करे, और उसकी
आज्ञाओं पर कान दे और उसकी सब विधियों को मान ले, तो
मैं उन रोगों में से कोई तुझ पर न लाऊँगा जिन्हें मैंने मिस्रियों
पर लाया, क्योंकि मैं 𐤉𐤄𐤅𐤄 तेरा चंगा करनेवाला हूँ।”
27 और वे एलीम में आए, जहाँ बारह सोते और सत्तर खजूर
के पेड़ थे। और उन्होंने वहाँ जल के पास डेरे डाले।

16 1 और वे एलीम से निकले, और सम्पूर्ण इस्राएल के
पुत्रों की सभा सिन के जंगल में पहुँची, जो एलीम और
सीनै के बीच है, उनके मिस्र देश से निकलने के दूसरे महीने
के पन्द्रहवें दिन। 2 और सम्पूर्ण इस्राएल के पुत्रों की सभा ने
जंगल में मोशेह और अहरोन के विरुद्ध कुड़कुड़ाया। 3 और
इस्राएल के पुत्रों ने उनसे कहा, “भला होता कि हम मिस्र देश
में 𐤉𐤄𐤅𐤄 के हाथ से मर जाते, जब हम मांस के बर्तनों के
पास बैठते और जब हम तृप्ति तक रोटी खाते! क्योंकि तुम
हमें इस जंगल में ले आए हो कि इस सारे समुदाय को भूख से
मार डालो।” 4 और 𐤉𐤄𐤅𐤄 ने मोशेह से कहा, “देखो, मैं
तुम्हारे लिये स्वर्ग से रोटी बरसा रहा हूँ। और लोग बाहर
जाकर प्रतिदिन अपनी दिन की खुराक बटोरेंगे, ताकि मैं
उनकी परीक्षा लूँ कि वे मेरी तोराह में चलते हैं या नहीं।
5 “और छठे दिन ऐसा होगा कि वे जो लाएँगे उसे तैयार करेंगे,
और वह प्रतिदिन के एकत्र करने से दूना होगा।” 6 और
मोशेह और अहरोन ने सारे इस्राएल के पुत्रों से कहा, “साँझ
को तुम जानोगे कि 𐤉𐤄𐤅𐤄 ने तुम्हें मिस्र देश से बाहर
निकाला है। 7 “और भोर को तुम 𐤉𐤄𐤅𐤄 की महिमा देखोगे,
क्योंकि उसने तुम्हारी कुड़कुड़ाहट 𐤉𐤄𐤅𐤄 के विरुद्ध सुनी
है। और हम क्या हैं, कि तुम हमारे विरुद्ध कुड़कुड़ाते हो?”
8 और मोशेह ने कहा, “इसलिये कि 𐤉𐤄𐤅𐤄 तुम्हें साँझ को
मांस खाने को देगा, और भोर को तृप्ति तक रोटी, क्योंकि
𐤉𐤄𐤅𐤄 तुम्हारी कुड़कुड़ाहट जो तुम उसके विरुद्ध करते हो
सुनता है। और हम क्या हैं? तुम्हारी कुड़कुड़ाहट हमारे विरुद्ध
नहीं, परन्तु 𐤉𐤄𐤅𐤄 के विरुद्ध है।” 9 और मोशेह ने अहरोन
से कहा, “इस्राएल के पुत्रों की सारी सभा से कहो, ‘𐤉𐤄𐤅𐤄
के सामने आओ, क्योंकि उसने तुम्हारी कुड़कुड़ाहट सुनी
है।’ ” 10 और ऐसा हुआ कि जब अहरोन ने इस्राएल के पुत्रों
की सारी सभा से बातें कीं, तब उन्होंने जंगल की ओर देखा,
और देखो, 𐤉𐤄𐤅𐤄 की महिमा बादल में प्रकट हुई। 11 और
𐤉𐤄𐤅𐤄 ने मोशेह से कहा, 12 “मैंने इस्राएल के पुत्रों की
कुड़कुड़ाहट सुनी है। उनसे कहो, ‘साँझ के समय तुम मांस
खाओगे, और भोर को तुम रोटी से तृप्त होगे। और तुम
जानोगे कि मैं 𐤉𐤄𐤅𐤄 तुम्हारा ईश्वर हूँ।’ ” 13 और ऐसा
हुआ कि साँझ को बटेरें ऊपर आकर छावनी को ढक गईं,
और भोर को ओस छावनी के चारों ओर पड़ी। 14 और जब
ओस की परत उठ गई, देखो, जंगल की सतह पर एक छोटी
गोल वस्तु थी, ज़मीन पर पाले जैसी महीन। 15 और इस्राएल
के पुत्रों ने देखा और एक-दूसरे से कहा, “यह क्या है?”
क्योंकि वे नहीं जानते थे कि वह क्या है। और मोशेह ने उनसे
कहा, “यह वही रोटी है जो 𐤉𐤄𐤅𐤄 ने तुम्हें खाने को दी है।
16 “यह वह वचन है जो 𐤉𐤄𐤅𐤄 ने आज्ञा दी है: ‘हर मनुष्य
अपनी आवश्यकता के अनुसार, प्रत्येक प्राणी के लिये एक
ओमेर, प्राणियों की संख्या के अनुसार बटोरे। हर मनुष्य
अपने तम्बू में रहनेवालों के लिये ले।’ ” 17 और इस्राएल के
पुत्रों ने ऐसा किया और इकट्ठा किया, किसी ने अधिक, किसी
ने कम। 18 और उन्होंने उसे ओमेर से मापा, और जिसने
अधिक बटोरा उसके पास बहुत अधिक न था, और जिसने
थोड़ा बटोरा उसके पास बहुत कम न था। हर एक ने अपनी
आवश्यकता के अनुसार बटोरा। 19 और मोशेह ने कहा,
“कोई भी उसे भोर तक न छोड़े।” 20 पर उन्होंने मोशेह की न
सुनी, इसलिये कुछ ने उसका भाग भोर तक छोड़ दिया, और
उसमें कीड़े पड़े और वह सड़ गया। और मोशेह उन पर
क्रोधित हुआ। 21 और वे प्रत्येक भोर उसे बटोरते थे, हर एक
अपनी आवश्यकता के अनुसार। और जब सूर्य गरम हो
गया, तो वह पिघल गया। 22 और ऐसा हुआ, छठे दिन उन्होंने
दोगुनी रोटी इकट्ठी की, प्रत्येक के लिए दो ओमेर। और सभा
के सब प्रधान मोशेह के पास आए और उसे बताया। 23 और
उसने उनसे कहा, “यह वह है जो 𐤉𐤄𐤅𐤄 ने कहा है, ‘कल
विश्राम का दिन है, 𐤉𐤄𐤅𐤄 के लिए एक शब्बाथ पवित्र। जो
तुम सेंको, सेंको; और जो तुम पकाओ, पकाओ। और जो
कुछ बचा है, उसे अपने लिए सुबह तक रखने के लिए
रखो।’ ” 24 और उन्होंने उसे सुबह तक रखा, जैसा मोशेह
ने आज्ञा दी थी। और वह सड़ी नहीं, और उसमें कोई कीड़ा
नहीं था। 25 और मोशेह ने कहा, “आज इसे खाओ, क्योंकि
आज 𐤉𐤄𐤅𐤄 का शब्बाथ है, आज तुम इसे मैदान में नहीं
पाओगे। 26 “इसे छः दिनों तक इकट्ठा करो, परन्तु सातवें
दिन, जो शब्बाथ है, उसमें कुछ नहीं होगा।” 27 और ऐसा
हुआ कि कुछ लोग सातवें दिन इकट्ठा करने निकले, परन्तु
उन्हें कुछ नहीं मिला। 28 और 𐤉𐤄𐤅𐤄 ने मोशेह से कहा,
“तुम कब तक मेरी आज्ञाओं और मेरी तोरात को मानने से
इन्कार करते रहोगे? 29 “देखो, क्योंकि 𐤉𐤄𐤅𐤄 ने तुम्हें
शब्बाथ दिया है, इस कारण वह छठे दिन तुम्हें दो दिन की
रोटी देता है। हर एक अपने स्थान पर रहे, कोई सातवें दिन
अपने स्थान से बाहर न जाए।” 30 सो लोग सातवें दिन
विश्राम करने लगे। 31 और इस्राएल के घराने ने उसका नाम
मन्ना रखा। और वह सफेद धनिये के बीज के समान था,
और उसका स्वाद मधु से बने पतले पापड़ के समान था।
32 और मोशेह ने कहा, “यह वह वचन है जिसे 𐤉𐤄𐤅𐤄 ने
आज्ञा दी है: ‘इसका एक ओमेर भरो, ताकि तुम्हारी पीढ़ियां
देख सकें वह रोटी जिससे मैंने जंगल में तुम्हें खिलाया, जब
मैं तुम्हें मिस्र देश से निकाल लाया।’ ” 33 और मोशेह ने
अहरोन से कहा, “एक बर्तन लो और उसमें एक ओमेर मन्ना
डालो, और उसे 𐤉𐤄𐤅𐤄 के सामने रखो, ताकि वह तुम्हारी
पीढ़ियों के लिए रखा जाए।” 34 जैसा 𐤉𐤄𐤅𐤄 ने मोशेह को

आज्ञा दी, वैसा ही अहरोन ने किया; उसने उसे साक्ष्य के
सामने रखा, रखने के लिए। 35 और इस्राएलियों ने चालीस
वर्ष तक मन्ना खाया, जब तक वे बसे हुए देश में नहीं पहुँचे।
उन्होंने मन्ना खाया जब तक वे कनान देश की सीमा तक नहीं
पहुँचे। 36 और एक ओमेर दसवें भाग के बराबर होता है एक
एफा का।

17 1 और सम्पूर्ण इस्राएल के बच्चों की मण्डली, सीन के
जंगल से 𐤉𐤄𐤅𐤄 की आज्ञा के अनुसार अपनी यात्रा
पर निकल गई, और रेफीदिम में डेरा डाला। और वहाँ लोगों
के पीने के लिए जल नहीं था। 2 इसलिये लोग मूशे से झगड़ने
लगे, और कहा, "हमें पानी दे कि हम पी सकें।" और मूशे ने
उनसे कहा, "तुम मुझसे क्यों झगड़ते हो? तुम 𐤉𐤄𐤅𐤄 को
क्यों परखते हो?" 3 और वहाँ लोग जल के लिये प्यासे थे,
और लोग मूशे के विरुद्ध कुड़कुड़ाने लगे, और कहा, "तूने
हमें मिस्त्र से क्यों निकाला, कि हमको, हमारे बच्चों को और
हमारे पशुओं को प्यास से मार डाले?" 4 तब मूशे ने 𐤉𐤄𐤅𐤄
से चिल्लाकर कहा, "मैं इस प्रजा के साथ क्या करूँ? थोड़ा
ही समय है कि वे मुझे पथराव करेंगे!" 5 और 𐤉𐤄𐤅𐤄 ने मूशे
से कहा, "लोगों के आगे होकर जा, और इस्राएल के कुछ
प्राचीनों को अपने संग ले ले। और अपना डंडा, जिससे तूने
नदी को मारा था, अपने हाथ में ले, और चला जा। 6 "देख,
मैं तेरे सामने वहाँ होरेब की चट्टान पर खड़ा रहूँगा। और तू
उस चट्टान को मारना, और उससे जल निकलेगा, और लोग
पीएँगे।" और मूशे ने इस्राएल के प्राचीनों की आँखों के सामने
ऐसा ही किया। 7 और उसने उस स्थान का नाम मस्सा और
मरीबा रखा, इस्राएल के बच्चों के झगड़े के कारण, और इस
कारण कि उन्होंने 𐤉𐤄𐤅𐤄 को परखा, यह कहते हुए, "क्या
𐤉𐤄𐤅𐤄 हमारे बीच में है या नहीं?" 8 और अमालेक आया
और रेफीदिम में इस्राएल से युद्ध किया। 9 और मूशे ने यहोशू
से कहा, "हमारे लिये पुरुष चुन और निकल, अमालेक से
युद्ध कर। कल मैं 𐤉𐤄𐤅𐤄 के डंडे को हाथ में लिये हुए
पहाड़ी की चोटी पर खड़ा रहूँगा।" 10 और यहोशू ने जैसा
मूशे ने उससे कहा, वैसा ही किया, और अमालेक से लड़ने
गया। और मूशे, अहरोन और हूर पहाड़ी की चोटी पर चढ़
गए। 11 और ऐसा हुआ, जब तक मूशे अपना हाथ उठाए रहा,
इस्राएल प्रबल हुआ। और जब वह अपना हाथ नीचे करता,
अमालेक प्रबल हुआ। 12 परन्तु मूशे के हाथ भारी हो गए, सो
उन्होंने एक पत्थर लिया और उसके नीचे रख दिया, और वह
उस पर बैठ गया। और अहरोन और हूर ने उसके हाथों को
थाम लिया, एक ने एक ओर से, और दूसरे ने दूसरी ओर
से। और उसके हाथ सूर्य अस्त होने तक स्थिर रहे। 13 और
यहोशू ने अमालेक और उसके लोगों को तलवार की धार से
हरा दिया। 14 और 𐤉𐤄𐤅𐤄 ने मूशे से कहा, "इसे स्मरण के
लिये पुस्तक में लिख और यहोशू के कानों में सुना दे, कि मैं
अमालेक की स्मृति को आकाश के नीचे से पूरी तरह मिटा
दूँगा।" 15 और मूशे ने एक वेदी बनाई और उसका नाम
रखा, 𐤉𐤄𐤅𐤄 निस्सी, 16 क्योंकि उसने कहा, "क्योंकि हाथ
याह के सिंहासन पर है, 𐤉𐤄𐤅𐤄 अमालेक के विरुद्ध पीढ़ी दर
पीढ़ी युद्ध करेगा।"

18 1 और यित्रो, मिद्यान का कोहेन, मोशेह का ससुर, ने
सुना कि ईश्वर ने मोशेह और इस्राएल उसकी प्रजा
के लिये क्या-क्या किया, कि 𐤉𐤄𐤅𐤄 ने इस्राएल को मिस्त्र से
निकाला। 2 और यित्रो, मोशेह का ससुर, ने त्सिप्पोरा को, जो
मोशेह की पत्नी थी – जिसे उसने वापस भेज दिया था –
लिया। 3 और उसके दो पुत्र, जिनमें से एक का नाम गेरेशोम
था, क्योंकि उसने कहा, "मैं परदेश में परदेसी रहा हूँ।"
4 और दूसरे का नाम एलीएज़र था, क्योंकि उसने कहा, "मेरे
पिता का ईश्वर मेरी सहायता रहा, और उसने मुझे फ़िरऔन
की तलवार से छुड़ाया।" 5 यित्रो, मोशेह का ससुर, अपने
पुत्रों और अपनी पत्नी को लेकर जंगल में मोशेह के पास
आया, जहाँ वह ईश्वर के पर्वत पर डेरा डाले हुए था। 6 और
उसने मोशेह को कहला भेजा, "मैं, तेरा ससुर यित्रो, तेरी
पत्नी और उसके दो पुत्रों के साथ तेरे पास आ रहा हूँ।"
7 और मोशेह अपने ससुर से मिलने बाहर गया, और झुककर
प्रणाम किया, और उसे चूमा। और उन्होंने एक-दूसरे की
कुशल पूछी, और वे तम्बू में गए। 8 और मोशेह ने अपने ससुर
को सब बातें बताईं जो 𐤉𐤄𐤅𐤄 ने फ़िरऔन और मिस्त्रियों को
इस्राएल के कारण कीं, और सब कठिनाइयाँ जो उन्हें मार्ग में
आईं, और कैसे 𐤉𐤄𐤅𐤄 ने उन्हें छुड़ाया। 9 और यित्रो उन
सब भलाईयों के कारण आनंदित हुआ जो 𐤉𐤄𐤅𐤄 ने
इस्राएल के लिये कीं, जिसे उसने मिस्त्रियों के हाथ से
छुड़ाया। 10 और यित्रो ने कहा, "धन्य है 𐤉𐤄𐤅𐤄, जिसने
तुझे मिस्त्रियों के हाथ से और फ़िरऔन के हाथ से छुड़ाया,
और जिसने लोगों को मिस्त्रियों के हाथ के नीचे से छुड़ाया।
11 अब मैं जानता हूँ कि 𐤉𐤄𐤅𐤄 सब सामर्थी से बड़ा है,
क्योंकि जिस बात में वे घमंड करते थे, उसी पर वह ऊँचा
सिद्ध हुआ।" 12 तब यित्रो, मोशेह का ससुर, ने होमबलि और
अन्य बलिदान ईश्वर के लिये चढ़ाए। और अहरोन सब
इस्राएल के प्राचीनों के साथ मोशेह के ससुर के साथ ईश्वर
के सामने रोटी खाने आया। 13 और दूसरे दिन ऐसा हुआ,
कि मोशेह लोगों का न्याय करने बैठा; और लोग सुबह से शाम
तक मोशेह के पास खड़े रहे। 14 जब मोशेह के ससुर ने सब
देखा जो वह लोगों के लिये कर रहा था, तो उसने कहा, "यह
क्या है जो तू लोगों के लिये कर रहा है? तू अकेला क्यों बैठा
है, और सब लोग सुबह से शाम तक तेरे पास खड़े रहते हैं?"
15 मोशेह ने अपने ससुर से कहा, "क्योंकि लोग ईश्वर की
खोज के लिये मेरे पास आते हैं। 16 जब उनके पास कोई
मामला होता है, तो वे मेरे पास आते हैं, और मैं एक और दूसरे
के बीच न्याय करता हूँ, और उन्हें ईश्वर की विधियाँ और
उसकी तोरात बताता हूँ।" 17 तब मोशेह के ससुर ने उससे
कहा, "जो तू कर रहा है वह अच्छा नहीं है। 18 तू भी और ये
लोग भी जो तेरे साथ हैं, थक जाओगे; क्योंकि यह काम तेरे
लिये भारी है। तू इसे अकेले नहीं कर सकता। 19 अब मेरी
बात सुन। मैं तुझे सम्मति दूँगा और ईश्वर तेरे साथ हो: तू
लोगों के लिये ईश्वर के सामने रह, और उनके मामले ईश्वर
के पास ले जा। 20 और तू उन्हें विधियाँ और तोरात सिखा,
और उन्हें वह मार्ग दिखा जिस में उन्हें चलना है, और वह
काम जो उन्हें करना है। 21 पर तू अपने लिये सब लोगों में से
योग्य पुरुष ढूँढ, जो ईश्वर का भय मानते हों, सच्चाई के पुरुष
हों, और लोभ से घृणा करते हों; और उन्हें हज़ारों, सैकड़ों,

पचासों और दसों पर प्रधान ठहरा। 22 और वे हर समय लोगों
का न्याय करें; और हर बड़े मामले को तेरे पास लाएँ, पर हर
छोटे मामले को वे स्वयं न्याय करें। इस प्रकार तेरा बोझ
हल्का होगा, क्योंकि वे तेरे साथ भार उठाएँगे। 23 यदि तू ऐसा
करेगा, और ईश्वर तुझे आज्ञा देगा, तब तू स्थिर रह सकेगा,
और ये सब लोग भी अपनी-अपनी जगह शांति से जा
सकेंगे।" 24 और मोशेह ने अपने ससुर की बात सुनी और
जो कुछ उसने कहा, सब किया। 25 और मोशेह ने सब
इस्राएल में से योग्य पुरुषों को चुना, और उन्हें लोगों पर
प्रधान ठहराया: हज़ारों पर प्रधान, सैकड़ों पर प्रधान, पचासों
पर प्रधान, और दसों पर प्रधान। 26 और वे हर समय लोगों
का न्याय करते थे; कठिन मामलों को मोशेह के पास लाते थे,
पर हर छोटे मामले का वे स्वयं न्याय करते थे। 27 तब मोशेह
ने अपने ससुर को विदा किया, और वह अपने देश चला
गया।

19 1 यिस्राएल की सन्तानों के मिस्र देश से निकल आने
के बाद तीसरे महीने में, इसी दिन वे सीनै जंगल में
आए। 2 क्योंकि वे रेफीदिम से निकलकर सीनै जंगल में
आए, और जंगल में डेरा डाला। सो यिस्राएल ने उस पहाड़
के सामने वहां डेरा डाला। 3 और मोशेह ईश्वर के पास ऊपर
गया, और 𐤉𐤄𐤅𐤄 ने उसे पहाड़ से पुकारा, यह कहते हुए,
"यह तू याअकोब के घर को कहे, और यिस्राएल की सन्तानों
को सुनाए: 4 'तुम ने देखा जो मैंने मिस्त्रियों से किया, और
कैसे मैंने तुम्हें उकाबों के पंखों पर उठाकर अपने पास ले
आया। 5 'अब यदि तुम मेरी बात सचेत होकर सुनो, और मेरे
वाचा को मानो, तब तुम सब जातियों से बढ़कर मेरे निज धन
ठहरोगे – क्योंकि सारी पृथ्वी मेरी है – 6 'और तुम मेरे लिये
याजकों का राज्य और एक पवित्र जाति ठहरोगे।' यही वे बातें
हैं जिन्हें तू यिस्राएल की सन्तानों से कहना।" 7 और मोशेह
आकर प्रजा के पुरनों को बुलाया, और उनके सामने ये सब
बातें रखीं जिन्हें 𐤉𐤄𐤅𐤄 ने उसे आज्ञा दी थी। 8 और सब
लोगों ने एक साथ उत्तर दिया और कहा, "जो कुछ 𐤉𐤄𐤅𐤄
ने कहा है, हम वह करेंगे।" सो मोशेह ने लोगों की बातें
𐤉𐤄𐤅𐤄 को पहुंचाईं। 9 और 𐤉𐤄𐤅𐤄 ने मोशेह से कहा,
"देख, मैं घने बादल में तेरे पास आता हूँ, ताकि जब मैं तुझ से
बातें करूँ तब लोग सुनें, और तुझ पर सदैव विश्वास करें।"
और मोशेह ने लोगों की बातें 𐤉𐤄𐤅𐤄 को सुनाईं। 10 और
𐤉𐤄𐤅𐤄 ने मोशेह से कहा, "लोगों के पास जाकर आज और
कल उन्हें पवित्र कर, और वे अपने वस्त्र धोएं, 11 और तीसरे
दिन के लिये तैयार रहें। क्योंकि तीसरे दिन 𐤉𐤄𐤅𐤄 सब
लोगों की आंखों के सामने सीनै पर्वत पर उतरेगा। 12 "और
तू लोगों के चारों ओर एक सीमा बांध और कह, 'अपने आप
से सावधान रहो कि पहाड़ पर न चढ़ना, न उसकी छोर को
छूना। जो कोई पहाड़ को छू लेगा, वह अवश्य मारा जाएगा।
13 'कोई हाथ उसे न छुए, परन्तु अवश्य पत्थरवाह किया जाए
या तीर से मारा जाए, चाहे मनुष्य हो या पशु, वह जीवित न
रहेगा।' जब मेंढ़े का नरसिंगा लम्बा फूंका जाए, तब वे पहाड़
पर चढ़ सकते हैं।" 14 तब मोशेह पहाड़ से लोगों के पास
उतरा और लोगों को पवित्र किया, और उन्होंने अपने वस्त्र
धोए। 15 और उसने लोगों से कहा, "तीसरे दिन के लिये
तैयार रहो। स्त्री के समीप न जाना।" 16 और तीसरे दिन
भोर को ऐसा हुआ कि गरजन और बिजलियाँ हुईं, और पहाड़
पर घना बादल छा गया। और नरसिंगा का शब्द बहुत ही
प्रबल हुआ, और छावनी में सब लोग कांप उठे। 17 और मोशेह
ने लोगों को छावनी से बाहर निकालकर ईश्वर से मिलने के
लिये खड़ा किया, और वे पहाड़ की तलहटी में खड़े हुए।
18 और सीनै पर्वत धुएं से भर गया, क्योंकि 𐤉𐤄𐤅𐤄 उस पर
आग में उत्तर आया। और उसका धुआं भट्टी के धुएं के
समान ऊपर उठा, और सारा पहाड़ बहुत जोर से कांप उठा।
19 और जब नरसिंगा का शब्द लम्बा होता गया और अत्यन्त
प्रबल हुआ, तब मोशेह ने बातें कीं, और ईश्वर ने उसे शब्द
देकर उत्तर दिया। 20 और 𐤉𐤄𐤅𐤄 सीनै पर्वत की चोटी पर
उतरा। और 𐤉𐤄𐤅𐤄 ने मोशेह को पहाड़ की चोटी पर
बुलाया, और मोशेह ऊपर चढ़ गया। 21 और 𐤉𐤄𐤅𐤄 ने
मोशेह से कहा, "नीचे जाकर लोगों को चिताकर कह, कहीं
ऐसा न हो कि वे 𐤉𐤄𐤅𐤄 को देखने के लिये टूट पड़ें, और
उन में से बहुतों का नाश हो जाए। 22 "और याजक जो
𐤉𐤄𐤅𐤄 के समीप आते हैं, वे भी अपने आप को पवित्र करें,
कहीं ऐसा न हो कि 𐤉𐤄𐤅𐤄 उन पर प्रकोप करे।" 23 और
मोशेह ने 𐤉𐤄𐤅𐤄 से कहा, "लोग सीनै पर्वत पर नहीं चढ़
सकते, क्योंकि तू ने हमें चिताया है, यह कहकर, 'पहाड़ के
चारों ओर सीमा बांध और उसे पवित्र कर।' " 24 और
𐤉𐤄𐤅𐤄 ने उससे कहा, "जा, नीचे उतर और फिर तू और
अहारोन ऊपर आओ। परन्तु याजक और लोग 𐤉𐤄𐤅𐤄 के
पास चढ़ने के लिये न टूट पड़ें, कहीं ऐसा न हो कि वह उन पर
प्रकोप करे।" 25 तब मोशेह लोगों के पास नीचे गया और
उनसे बातें की।

20 1 और ईश्वर ने ये सब वचन कहे, 2 "मैं 𐤉𐤄𐤅𐤄
तुम्हारा ईश्वर हूँ, जिसने तुम्हें मित्स्रयिम की भूमि से,
दासत्व के घर से निकाल लाया। 3 "तुम मेरे सामने दूसरे
पराक्रमी देवता न रखना। 4 "तुम अपने लिए कोई खुदी हुई
मूरत, या किसी भी स्वरूप की जो स्वर्ग (शमायिम) में ऊपर
है, या जो पृथ्वी के नीचे है, या जो पृथ्वी के नीचे के जल में है,
न बनाना। 5 तुम उन्हें न दण्डवत करो और न उनकी सेवा
करो। क्योंकि मैं, 𐤉𐤄𐤅𐤄 तुम्हारा ईश्वर, एक जलन रखने
वाला ईश्वर हूँ, जो मुझसे बैर रखने वालों के बच्चों पर तीसरी
और चौथी पीढ़ी तक पितरों के अधर्म का दण्ड देता हूँ,
6 परन्तु हजारों पर दया करता हूँ, उन पर जो मुझ से प्रेम
रखते हैं और मेरी आज्ञाओं को मानते हैं। 7 "तुम 𐤉𐤄𐤅𐤄
अपने ईश्वर का नाम व्यर्थ न लेना, क्योंकि 𐤉𐤄𐤅𐤄 उसे दोष
रहित न ठहराएगा जो उसका नाम व्यर्थ लेता है। 8 "विश्राम
दिन को स्मरण करना, उसे पवित्र मानना। 9 "छः दिन तुम
परिश्रम करना, और अपने सारे काम करना, 10 परन्तु सातवां
दिन 𐤉𐤄𐤅𐤄 तुम्हारे ईश्वर का विश्राम दिन है। उसमें तुम
कोई काम न करना - न तुम, न तुम्हारा पुत्र, न तुम्हारी पुत्री,
न तुम्हारा दास, न तुम्हारी दासी, न तुम्हारे पशु, और न तुम्हारा
परदेशी जो तुम्हारे फाटकों के भीतर है। 11 "क्योंकि छः दिन
में 𐤉𐤄𐤅𐤄 ने स्वर्ग (शमायिम) और पृथ्वी, समुद्र और जो
कुछ उनमें है, बनाया और सातवें दिन विश्राम किया। इसलिये
𐤉𐤄𐤅𐤄 ने विश्राम दिन को आशीष दी और उसे पवित्र

ठहराया। 12 “अपने पिता और अपनी माता का आदर करना,
जिससे तेरे दिन उस भूमि पर जो 𐤉𐤄𐤅𐤄 तेरा ईश्वर तुझे
देता है, लंबे हों। 13 “तू हत्या न करना। 14 “तू व्यभिचार न
करना। 15 “तू चोरी न करना। 16 “तू अपने पड़ोसी के
विरुद्ध झूठी गवाही न देना। 17 “तू अपने पड़ोसी के घर का
लालच न करना, तू अपने पड़ोसी की पत्नी का लालच न
करना, न उसके दास का, न उसकी दासी का, न उसके बैल
का, न उसके गधे का, न किसी वस्तु का जो तेरे पड़ोसी की
है।” 18 और सब लोगों ने गर्जन, बिजली की चमक, नरसिंगे
का शब्द और धूम्र उठते हुए पर्वत को देखा। यह देखकर
लोग काँप उठे और दूर खड़े रहे। 19 और उन्होंने मोशेह से
कहा, “तू हमसे बोल और हम सुनेंगे, परन्तु ईश्वर हमसे न
बोले, कहीं हम मर न जाएँ।” 20 और मोशेह ने लोगों से कहा,
“मत डरो, क्योंकि ईश्वर तुम्हारी परीक्षा लेने आया है, और
ताकि उसका भय तुम्हारे सामने रहे, जिससे तुम पाप न
करो।” 21 तब लोग दूर खड़े रहे, परन्तु मोशेह उस गाढ़े मेघ
के पास गया जहाँ ईश्वर था। 22 और 𐤉𐤄𐤅𐤄 ने मोशेह से
कहा, “इस्राएल की सन्तानों से यह कहना: ‘तुमने स्वयं देखा
है कि मैंने स्वर्ग (शमायिम) से तुमसे बातें की हैं। 23 ‘मेरे संग
चाँदी के देवता मत बनाना, और न सोने के देवता अपने लिये
बनाना। 24 ‘मेरे लिये मिट्टी की एक वेदी बनाना, और उस पर
अपने होमबलि और मेलबलि, अपनी भेड़-बकरियाँ और अपने
बैल चढ़ाना। हर उस स्थान पर जहाँ मैं अपने नाम को
स्मरण करवाऊँगा वहाँ मैं तेरे पास आकर तुझे आशीष दूँगा।
25 ‘और यदि तू मेरे लिये पत्थरों की वेदी बनाता है, तो तराशे
हुए पत्थर की न बनाना, क्योंकि यदि तू उस पर अपना
औजार लगाएगा, तो तू उसे अशुद्ध करेगा। 26 ‘और मेरे वेदी
पर सीढ़ियों से ऊपर न चढ़ना, कहीं ऐसा न हो कि तेरा
नग्नपन उस पर प्रकट हो।’

21 1 “और ये वे न्याय नियम हैं जिन्हें तुम उनके सामने
रखना: 2 “जब तुम एक इब्री दास खरीदते हो, वह
छह वर्ष तक सेवा करेगा, और सातवें वर्ष वह बिना मूल्य के
स्वतंत्र हो जाएगा। 3 “यदि वह अकेला आता है, तो अकेला
ही बाहर जाएगा; यदि वह विवाहित आता है, तो उसकी पत्नी
भी उसके साथ बाहर जाएगी। 4 “यदि उसके स्वामी ने उसे
पत्नी दी है और उसने उससे पुत्र या पुत्रियाँ उत्पन्न की हैं, तो
पत्नी और उसके बच्चे उसके स्वामी के होंगे, और वह अकेला
बाहर जाएगा। 5 “और यदि दास सच में कहे, ‘मैं अपने
स्वामी, अपनी पत्नी और अपने बच्चों से प्रेम करता हूँ, मुझे
स्वतंत्र न किया जाए,’ 6 तब उसका स्वामी उसे ईश्वर के
सामने लाएगा, और उसे द्वार या द्वार की चौखट पर ले
जाएगा, और उसका स्वामी उसकी कान को छेदेगा। और वह
सदैव उसकी सेवा करेगा। 7 “और जब कोई व्यक्ति अपनी
बेटी को दासी बनने के लिए बेचता है, वह दासों की तरह बाहर
नहीं जाएगी। 8 “यदि वह अपने स्वामी की दृष्टि में अप्रसन्न है,
जिसने उसे अपने लिए ठहराया है, तो वह उसे छुड़वा देगा।
उसे किसी परदेशी लोगों को बेचने का अधिकार नहीं है,
क्योंकि उसने उसके साथ छल किया है। 9 “और यदि उसने
उसे अपने पुत्र के लिए ठहराया है, तो वह उसके साथ पुत्रियों
के अधिकार के अनुसार व्यवहार करेगा। 10 “यदि वह दूसरी
को लेता है, तो उसका भोजन, वस्त्र और विवाह का अधिकार
घटाया नहीं जाएगा। 11 “और यदि वह उसके लिए ये तीन
काम नहीं करता, तो वह बिना मूल्य के, बिना चाँदी के बाहर
जाएगी। 12 “जो कोई किसी मनुष्य को मारे कि वह मर जाए,
वह निश्चय ही मृत्यु दंड पाएगा। 13 “पर यदि उसने घात नही
लगाया, परन्तु ईश्वर ने उसे उसके हाथ में कर दिया, तब मै
तुम्हारे लिए एक स्थान ठहराऊँगा जहाँ वह भाग सके।
14 “परन्तु जब कोई अपने पड़ोसी के विरुद्ध अहंकार से काम
करता है, छल से उसे मारने के लिए, तो तुम उसे मेरे वेदी से
भी ले लेना कि वह मर जाए। 15 “जो अपने पिता या अपनी
माता को मारे, वह निश्चय ही मृत्यु दंड पाएगा। 16 “जो कोई
किसी मनुष्य को चुराए और उसे बेचे, या वह उसके हाथ में
पाया जाए, वह निश्चय ही मृत्यु दंड पाएगा। 17 “जो कोई
अपने पिता या अपनी माता को शाप दे, वह निश्चय ही मृत्यु
दंड पाएगा। 18 “और जब पुरुष आपस में झगड़ते हैं, और
एक दूसरे को पत्थर या घूँसे से मारता है, और वह नहीं मरता
परन्तु बिस्तर पर गिरा रहता है, 19 यदि वह फिर उठ खड़ा
होता है और अपनी लाठी के सहारे बाहर चलता है, तो जिसने
उसे मारा था वह निर्दोष होगा। केवल खोए हुए समय का
मूल्य वह चुकाएगा और यह सुनिश्चित करेगा कि वह पूरी
तरह से स्वस्थ हो जाए। 20 “और जब कोई अपने दास या
दासी को लाठी से मारता है कि वह उसके हाथ के नीचे मर
जाए, तो उसका निश्चय ही बदला लिया जाएगा। 21 “पर
यदि वह एक या दो दिन जीवित रहता है, तो उसका बदला
नहीं लिया जाएगा; क्योंकि वह उसका धन है। 22 “और जब
पुरुष झगड़ते हैं और वे किसी गर्भवती स्त्री को मारते हैं, और
उसके बच्चे बाहर आ जाते हैं, फिर भी यदि कोई चोट नहीं है,
तो वह निश्चित रूप से दंडित किया जाएगा जैसा कि स्त्री का
पति उस पर ठहराता है। और वह न्यायाधीशों के द्वारा
भुगतान करेगा। 23 “परन्तु यदि चोट हो, तो तू प्राण के बदले
प्राण देगा, 24 आंख के बदले आंख, दांत के बदले दांत, हाथ
के बदले हाथ, पैर के बदले पैर, 25 जलन के बदले जलन,
घाव के बदले घाव, मार के बदले मार। 26 “और जब कोई
पुरुष अपने दास या दासी की आंख पर प्रहार करे और उसे
नष्ट कर दे, तो वह उसकी आंख के कारण उसे स्वतंत्र कर
दे। 27 “और यदि वह अपने दास या दासी का दांत तोड़ दे,
तो वह उसके दांत के कारण उसे स्वतंत्र कर दे। 28 “और
जब कोई बैल किसी पुरुष या स्त्री को मार कर घात कर दे,
तो बैल को अवश्य पत्थरवाह किया जाएगा, और उसका मांस
नहीं खाया जाएगा, और बैल का मालिक निर्दोष होगा।
29 “तथापि, यदि बैल पहले से मारने की आदत में था, और
उसके मालिक को चेतावनी दी गई थी, और उसने उसे बन्द
नहीं रखा, जिससे उसने किसी पुरुष या स्त्री को मार डाला,
तो बैल पत्थरवाह किया जाएगा और उसका मालिक भी मार
डाला जाएगा। 30 “यदि उस पर प्रायश्चित रखा जाए, तो वह
अपने प्राण का दण्ड देगा, जो कुछ उस पर ठहराया गया हो।
31 “चाहे उसने किसी पुत्र को मारा हो या किसी पुत्री को मारा
हो, इस विधि के अनुसार उसके साथ किया जाएगा।
32 “यदि बैल किसी दास या दासी को मार डाले, तो वह उनके
स्वामी को तीस शेकेल चांदी देगा, और बैल पत्थरवाह किया
जाएगा। 33 “और जब कोई पुरुष कोई कुआं खोले, या यदि

कोई पुरुष कोई गड्ढा खोदे और उसे ढांपे नहीं, और उसमें
कोई बैल या गदहा गिर जाए, 34 तो गड्ढे का मालिक भरपाई
करेगा, वह उनके मालिक को चांदी देगा, और मरा हुआ
उसका हो जाएगा। 35 "और जब किसी पुरुष का बैल उसके
पड़ोसी के बैल को मारे और वह मर जाए, तो वे जीवित बैल
को बेचेंगे और उससे चांदी बाटेंगे, और मरे हुए बैल को भी
बाटेंगे। 36 "या यदि यह ज्ञात था कि बैल पहले से मारने की
आदत में था, और उसके मालिक ने उसे बन्द नहीं रखा, तो
वह अवश्य बैल के बदले बैल चुकाएगा, जबकि मरा हुआ
उसका हो जाएगा।

22 1 "जब कोई मनुष्य बैल या भेड़ चुराता है, और उसे
वध करता है या बेचता है, तो वह बैल के बदले पाँच
बैल और भेड़ के बदले चार भेड़ें लौटाए। 2 "यदि चोर घर में
सेंध लगाते हुए पाया जाए, और उस पर प्रहार करके उसे मार
डाला जाए, तो उसके रक्तपात के लिये कोई दोष नहीं।
3 "परन्तु यदि सूर्य उस पर निकल आया हो, तो उसके
रक्तपात का दोष है; उसे अवश्य ही भरपाई करनी होगी। यदि
उसके पास साधन न हों, तो अपनी चोरी के कारण उसे बेच
दिया जाए। 4 "यदि चोरी की हुई वस्तु जीवित उसकी हाथ में
पाई जाए, चाहे बैल हो या गदहा या भेड़, तो वह दोगुना
लौटाए। 5 "जब कोई मनुष्य अपने खेत या दाख की बारी को
चरवा देता है, और अपने पशुओं को छोड़ देता है, और वे
दूसरे के खेत में चर लें, तो वह अपने खेत की उत्तम उपज
और अपनी दाख की बारी की उत्तम उपज से भरपाई करे।
6 "जब आग लग जाए और काँटों में फैलकर ढेर का अनाज,
या खड़ा अनाज, या खेत जला दे, तब जिसने आग लगाई है,
वह अवश्य ही भरपाई करे। 7 "जब कोई मनुष्य अपने पड़ोसी
को चाँदी या सामान रखने को दे, और वह मनुष्य के घर से
चोरी हो जाए, यदि चोर पकड़ा जाता है, तो वह दोगुना
लौटाए। 8 "यदि चोर न मिले, तो घर का स्वामी ईश्वर के
सम्मुख लाया जाए, कि क्या उसने अपने पड़ोसी के सामान
पर हाथ बढ़ाया है। 9 "हर अपराध की बात में—बैल, गदहा,
भेड़, वस्त्र या किसी खोई हुई वस्तु में, जिसके लिये कोई
कहता है कि यह मेरी है—उन दोनों की बात ईश्वर के सम्मुख
आए। और जिसे ईश्वर दोषी ठहराए, वह अपने पड़ोसी को
दोगुना लौटाए। 10 "जब कोई मनुष्य अपने पड़ोसी को गदहा,
बैल, भेड़ या किसी पशु की रखवाली को दे, और वह मर
जाए, या घायल हो, या बिना देखे ले जाया जाए, 11 तब
𐤉𐤄𐤅𐤄 की शपथ उन दोनों के बीच हो, कि उसने अपने
पड़ोसी के सामान पर हाथ नहीं बढ़ाया। और उसका स्वामी
उसे मान लेगा, और वह भरपाई नहीं करेगा। 12 "परन्तु यदि
वह सचमुच उससे चोरी हो गया हो, तो वह उसके स्वामी को
भरपाई करे। 13 "यदि वह फाड़ा गया हो, तो वह गवाही के
लिये उसे ले आए; जो फाड़ा गया, उसकी भरपाई न करे।
14 "और जब कोई मनुष्य अपने पड़ोसी से उधार ले, और वह
घायल हो जाए या मर जाए, जबकि उसका स्वामी वहाँ न हो,
तो वह अवश्य ही भरपाई करे। 15 "परन्तु यदि उसका स्वामी
उसके साथ था, तो वह भरपाई न करे। यदि वह किराए पर
था, तो किराया ही उसकी भरपाई मानी जाए। 16 "और जब
कोई मनुष्य ऐसी कुँवारी को फुसलाए जो मंगनी में न हो, और
उसके साथ सोए, तो वह उसका दहेज अवश्य दे, कि वह
उसकी पत्नी हो। 17 "यदि उसका पिता उसे देने से इनकार
करे, तो वह कुँवारियों के दहेज के अनुसार धन दे। 18 "जादू
टोना करनेवाली को जीवित न रहने दो। 19 "जो कोई किसी
पशु के साथ सहवास करे, उसे अवश्य ही मार डाला जाए।
20 "जो कोई किसी पराक्रमी देवता के लिये वध करे, केवल
𐤉𐤄𐤅𐤄 को छोड़कर, वह वध निषिद्ध है। 21 "परदेशी को न
सताओ और न दबाओ, क्योंकि तुम भी मिस्र देश में परदेशी
थे। 22 "किसी विधवा या अनाथ बालक को कष्ट न
पहुँचाना। 23 "यदि तुम उन्हें किसी भी प्रकार से कष्ट
पहुँचाओ – यदि वे मुझसे पुकारें, तो मैं उनकी पुकार अवश्य
सुनूँगा, 24 और मेरा क्रोध भड़केगा और मैं तुम्हें तलवार से
मार डालूँगा, तुम्हारी पत्नियाँ विधवा हो जाएँगी और तुम्हारे
बच्चे अनाथ हो जाएँगे। 25 "यदि तुम मेरी प्रजा में से किसी
निर्धन को चाँदी उधार दो, तो उस पर ब्याज लेने वाले के
समान मत बनो। उस पर ब्याज मत लगाना। 26 "यदि तुम
अपने पड़ोसी का वस्त्र गिरवी लो, तो सूर्यास्त से पहले उसे
लौटा दो। 27 "क्योंकि वह उसका एकमात्र आवरण है, वह
उसकी त्वचा का वस्त्र है। वह किसमें सोएगा? और यह होगा
कि जब वह मुझसे पुकारेगा, मैं सुनूँगा, क्योंकि मैं अनुग्रह
दिखाता हूँ। 28 "ईश्वर को बुरा मत कहो, न ही अपनी प्रजा
के शासक को शाप दो। 29 "अपनी उपज और अपने रस को
मत रोकना। अपने पुत्रों के पहलौठे को मुझे देना। 30 "इसी
प्रकार तुम अपने बैलों और अपनी भेड़ों के साथ भी करना।
वह अपनी माता के साथ सात दिन रहे। आठवें दिन तुम उसे
मुझे देना। 31 "और तुम मेरे लिए पवित्र पुरुष हो, और तुम
कोई भी मांस न खाओ जो खेत में फाड़ा गया हो, उसे कुत्तों
को फेंक देना।

23 1 "झूठी रिपोर्ट मत लाओ। दुष्ट के साथ मिलकर
कपटी गवाह बनने के लिए अपना हाथ मत बढ़ाओ।
2 "बुराई करने के लिए भीड़ के पीछे मत चलो, और झगड़े में
गवाही देकर बहुतों के पीछे लगकर न्याय को न बिगाड़ो।
3 "और गरीब मनुष्य का उसके झगड़े में पक्ष न लो। 4 "जब
तू अपने शत्रु के बैल या उसके गधे को भटकते हुए पाए, तो तू
निश्चय ही उसे उसके पास लौटा देना। 5 "जब तू उस व्यक्ति
का गधा देखे जो तुझसे बैर रखता है, उसके बोझ के नीचे
पड़ा है, तो उसे छोड़ मत देना, तू अवश्य उसकी सहायता
करना। 6 "अपने गरीब का उसके झगड़े में न्याय न बिगाड़।
7 "झूठी बात से अपने को दूर रख, और निर्दोष व धर्मी को
मत मार डाल, क्योंकि मैं दुष्ट को धर्मी नहीं ठहराता। 8 "और
घूस मत लो, क्योंकि घूस देखने वालों की आंखें अंधी कर
देती है और धर्मियों की बातों को बिगाड़ देती है। 9 "और
परदेशी पर अतिक्रमण मत करो, क्योंकि तुम स्वयं परदेशी के
जीवन को जानते हो, क्योंकि तुम मिस्र देश में परदेशी थे।
10 "छ: वर्ष तक तू अपनी भूमि में बोना और उसकी उपज
इकट्ठा करना। 11 परन्तु सातवें वर्ष उसे विश्राम करने देना
और छोड़ देना, और तेरे लोगों के गरीब उसमें खाएं, और जो
वे छोड़ें उसे मैदान के पशु खाएं। इसी प्रकार तू अपनी दाख
की बारी और अपने जैतून के बाग के साथ करना। 12 "छ:
दिन तक तू अपना काम करना, और सातवें दिन विश्राम
करना, ताकि तेरा बैल और तेरा गधा विश्राम करें, और तेरी

दासी का पुत्र और परदेशी तरोताज़ा हों। 13 “और जो कुछ
मैंने तुझसे कहा है उसमें सावधान रहना। और अन्य
देवताओं का नाम मत लेना, तेरे मुंह से न सुना जाए। 14 “वर्ष
में तीन बार तू मेरे लिये पर्व मनाना। 15 “मत्सोत का पर्व
मानना। सात दिन तू अखमीरी रोटी खाए, जैसा मैंने तुझे
आज्ञा दी है, अबीब महीने के ठहराए हुए समय में - क्योंकि
उसी में तू मिस्र देश से निकला था - और मेरे सामने खाली
हाथ न आना। 16 और कटनी का पर्व, तेरे परिश्रम के
पहिलौठे फल का जो तू खेत में बोया है; और वर्ष के अंत में
बटोरने का पर्व, जब तू अपने परिश्रम का फल खेत से इकट्ठा
कर ले। 17 “वर्ष में तीन बार तेरे सब पुरूष 𐤉𐤄𐤅𐤄 के प्रभु
के सम्मुख प्रगट हों। 18 “मेरे बलिदान का लहू खमीरवाली
रोटी के साथ न चढ़ाना, और मेरे पर्व का चरबी सुबह तक न
रह जाए। 19 “अपनी भूमि के पहिलौठे फलों का पहिला भाग
𐤉𐤄𐤅𐤄 अपने ईश्वर के घर में ले आना। किसी बकरी के
बच्चे को उसकी मां के दूध में मत पकाना। 20 “देख, मैं तेरे
आगे एक दूत भेज रहा हूं कि वह मार्ग में तेरी रक्षा करे और
तुझे उस स्थान पर ले जाए जिसे मैंने तैयार किया है।
21 “उसके सामने सावधान रहना और उसकी बात मानना।
उसके विरुद्ध मत जाना, क्योंकि वह तेरे अपराध को क्षमा नहीं
करेगा, क्योंकि मेरा नाम उसमें है। 22 “परन्तु यदि तुम
उसकी वाणी को ध्यान से सुनो और जो कुछ मैं कहता हूँ सब
करो, तो मैं तुम्हारे शत्रुओं का शत्रु और तुम्हें सताने वालों का
सताने वाला हो जाऊँगा। 23 “क्योंकि मेरा दूत तुम्हारे आगे
चलेगा और तुम्हें एमोरियों, हित्तियों, परिज्जियों, कनानियों,
हिव्वियों और यबूसीयों के पास ले जाएगा, और मैं उन्हें नाश
कर दूँगा। 24 “तुम उनके देवताओं के आगे दण्डवत न करो,
न उनकी सेवा करो, न उनके कामों के अनुसार करो; परन्तु
उन्हें निश्चय नष्ट कर दो और उनके स्तम्भों को निश्चय
तोड़ डालो। 25 “और तुम 𐤉𐤄𐤅𐤄 अपने ईश्वर की सेवा
करना, और वह तुम्हारी रोटी और तुम्हारे जल को आशीष
देगा। और मैं तुम्हारे बीच से बीमारी दूर कर दूँगा। 26 “तेरे
देश में कोई गर्भपात करनेवाली और न बाँझ होगी; मैं तुम्हारे
दिनों की गिनती पूरी करूँगा। 27 “मैं अपना भय तुम्हारे आगे
भेजूँगा, और उन सब लोगों को जिनके पास तुम आओगे
भ्रमित कर दूँगा, और मैं तुम्हारे सब शत्रुओं को तुम्हारे सामने
से भागने पर मजबूर कर दूँगा। 28 “और मैं तुम्हारे आगे भृंग
भेजूँगा, जो हिव्वी, कनानी और हित्ती को तुम्हारे सामने से भगा
देंगे। 29 “मैं उन्हें एक वर्ष में तुम्हारे सामने से न भगा दूँगा,
कहीं ऐसा न हो कि देश उजाड़ हो जाए और मैदान के पशु तेरे
लिए अधिक बढ़ जाएँ। 30 “थोड़ा-थोड़ा करके मैं उन्हें तेरे
सामने से भगा दूँगा, जब तक कि तू बढ़ न जाए और देश का
अधिकारी न हो जाए। 31 “और मैं तुम्हारी सीमा लाल समुद्र
से लेकर पलिश्तियों के समुद्र तक और जंगल से नदी तक
ठहराऊँगा; क्योंकि मैं देश के निवासियों को तुम्हारे हाथ में
दूँगा, और तुम उन्हें अपने सामने से भगा दोगे। 32 “तुम
उनसे और उनके देवताओं से कोई वाचा न बाँधो। 33 “वे तेरे
देश में न रहें, कहीं ऐसा न हो कि वे तुझे मेरे विरुद्ध पाप करने
पर उकसाएँ, जब तू उनके देवताओं की सेवा करेगा, क्योंकि
यह तेरे लिए फंदा बन जाएगा।”

24 1 और मोशेह से उसने कहा, “तू और अहरोन, नादाब
और अबीहू, और यिस्राएल के सत्तर बुज़ुर्ग 𐤉𐤄𐤅𐤄
के पास ऊपर आओ, और दूर से झुक कर प्रणाम करो।”
2 “परन्तु मोशेह अकेला 𐤉𐤄𐤅𐤄 के निकट आए, और वे
पास न आएँ, और न ही लोग उसके साथ ऊपर जाएँ।”
3 और मोशेह आया और लोगों को 𐤉𐤄𐤅𐤄 के सब वचन और
सब विधियाँ बताईं। और सब लोगों ने एक स्वर से उत्तर दिया
और कहा, “जो कुछ भी 𐤉𐤄𐤅𐤄 ने कहा है हम वही करेंगे।”
4 और मोशेह ने 𐤉𐤄𐤅𐤄 के सब वचनों को लिख लिया, और
प्रातःकाल उठकर पहाड़ की तलहटी में एक वेदी बनाई, और
इस्राएल की बारह गोत्रों के लिए बारह खंभे खड़े किए।
5 और उसने इस्राएल के जवानों को भेजा, और उन्होंने
होमबलि चढ़ाए और साँड़-बैलों के मेलबलि 𐤉𐤄𐤅𐤄 के लिए
बलि किए। 6 और मोशेह ने आधा लहू लेकर कटोरों में डाला,
और आधा लहू वेदी पर छिड़का। 7 और उसने वाचा की
पुस्तक ली और लोगों को सुनाई। और उन्होंने कहा, “जो
कुछ भी 𐤉𐤄𐤅𐤄 ने कहा है, हम वही करेंगे और आज्ञा
मानेंगे।” 8 और मोशेह ने लहू लिया और लोगों पर छिड़क
कर कहा, “देखो, यह उस वाचा का लहू है, जिसे 𐤉𐤄𐤅𐤄 ने
इन सब वचनों के विषय में तुम्हारे साथ बाँधा है।” 9 तब
मोशेह, अहरोन, नादाब, अबीहू, और इस्राएल के सत्तर बुज़ुर्ग
ऊपर गए, 10 और उन्होंने इस्राएल के ईश्वर को देखा, और
उसके पैरों के नीचे नीलम पत्थर का जैसा काम था, और
आकाश के समान शुद्धता थी। 11 फिर भी उसने इस्राएल के
प्रधानों पर हाथ नहीं बढ़ाया! और उन्होंने ईश्वर को देखा,
और खाया और पिया। 12 और 𐤉𐤄𐤅𐤄 ने मोशेह से कहा,
“मेरे पास पहाड़ पर ऊपर आओ और वहीं ठहरो, और मैं तुझे
पत्थर की पट्टियाँ, और तौरा और आज्ञा जो मैंने लिखी है
दूँगा, कि उन्हें सिखाओ।” 13 तब मोशेह अपने सेवक यहोशू
के साथ उठा, और मोशेह ईश्वर के पहाड़ पर चढ़ गया।
14 और उसने बुज़ुर्गों से कहा, “जब तक हम लौटकर तुम्हारे
पास न आएँ, यहाँ हमारे लिए ठहरो। देखो, अहरोन और हूर
तुम्हारे संग हैं। जिसके पास कोई मामला हो, वह उनके पास
जाए।” 15 और मोशेह पहाड़ पर चढ़ गया, और बादल ने
पहाड़ को ढक लिया। 16 और 𐤉𐤄𐤅𐤄 की महिमा सिनै पर्वत
पर ठहरी, और बादल ने उसे छः दिन ढक रखा। और सातवे
दिन उसने बादल के बीच से मोशेह को पुकारा। 17 और
𐤉𐤄𐤅𐤄 की महिमा का दर्शन पहाड़ की चोटी पर भस्म करने
वाली अग्नि के समान था, इस्राएल के पुत्रों की आँखों के
सामने। 18 और मोशेह बादल के बीच में गया और पहाड़ पर
चढ़ गया। और मोशेह पहाड़ पर चालीस दिन और चालीस
रात रहा।

25 1 और 𐤉𐤄𐤅𐤄 ने मोशेह से कहा, 2 “यिस्राएल की
सन्तानों से कहो, कि वे मेरे लिये चढ़ावा लें। प्रत्येक
मनुष्य से, जिसका हृदय उसे प्रेरित करे, तुम मेरा चढ़ावा
लोगे। 3 “और यह वह चढ़ावा है, जिसे तुम उनसे लोगे: सोना,
और चाँदी, और पीतल, 4 और नीला, और बैंगनी, और सुर्ख,
और महीन सूत, और बकरियों का बाल, 5 और मेढ़ों की लाल
रंगी हुई खालें, और उत्तम चमड़ा, और बबूल की लकड़ी,
6 दीपक के लिये तेल, अभिषेक का तेल और सुगन्धित धूप के

लिये मसाले, 7 शोहम पत्थर, और वे पत्थर जो एपोद और
छाती की पट्टी में जड़े जाएँ। 8 “और वे मेरे लिये एक मिक्दाश
बनाएँ, ताकि मैं उनके बीच निवास करूँ। 9 “जैसा सब कुछ मैं
तुझे दिखाता हूँ – तम्बू की रूपरेखा और उसकी सब वस्तुओं
की रूपरेखा – तुम वैसा ही बनाना। 10 “और वे बबूल की
लकड़ी का एक सन्दूक बनाएँ, ढाई अम्मा लंबा, डेढ़ अम्मा
चौड़ा, और डेढ़ अम्मा ऊँचा। 11 “और तू उसे शुद्ध सोने से
मढ़ना, भीतर और बाहर उसे मढ़ना। और उस पर चारों ओर
सोने की मोल्डिंग बनाना। 12 “और तू उसके लिये चार सोने
के छल्ले ढालना, और उन्हें उसके चार कोनों पर रखना, दो
छल्ले एक ओर और दो छल्ले दूसरी ओर। 13 “और तू बबूल
की लकड़ी की डंडियाँ बनाना, और उन्हें सोने से मढ़ना,
14 और डंडियों को सन्दूक के किनारों पर छल्लों में डालना,
ताकि उनके द्वारा सन्दूक उठाया जाए। 15 “डंडियाँ सन्दूक
के छल्लों में होंगी, उन्हें उससे हटाया नहीं जाएगा। 16 “और
तू सन्दूक के भीतर वह गवाही रखना, जो मैं तुझे दूँगा।
17 “और तू शुद्ध सोने का एक प्रायश्चित्त का ढक्कन बनाना,
ढाई अम्मा लंबा और डेढ़ अम्मा चौड़ा। 18 “और तू सोने के
दो करूबिम बनाना, हथौड़े के काम से बनाना, प्रायश्चित्त के
ढक्कन के दोनों सिरों पर। 19 “और एक करूब एक सिरे पर
और दूसरा करूब दूसरे सिरे पर बना। प्रायश्चित्त के ढक्कन
के दोनों सिरों पर करूबिम बनाना। 20 और करूबिम अपने
पंख ऊपर फैलाए हुए होंगे, प्रायश्चित्त के ढक्कन को अपने
पंखों से ढाँपे हुए। और उनके मुख एक दूसरे की ओर होंगे;
करूबिम के मुख प्रायश्चित्त के ढक्कन की ओर होंगे।
21 “और तू प्रायश्चित्त के ढक्कन को सन्दूक के ऊपर
रखना, और सन्दूक में वह गवाही रखना, जो मैं तुझे दूँगा।
22 “और मैं वहाँ तुझ से मिलूँगा, और प्रायश्चित्त के ढक्कन
के ऊपर से, गवाही के सन्दूक पर जो दो करूबिम हैं, उनके
बीच से, इस्राएल की सन्तानों के विषय में जो कुछ मैं तुझे
आज्ञा दूँगा, वह सब तुझ से कहूँगा।” 23 “और तू बबूल की
लकड़ी की एक मेज बनाएँ, जिसकी लम्बाई दो अम्माह,
चौड़ाई एक अम्माह और ऊँचाई डेढ़ अम्माह हो।” 24 “और
तू उसे शुद्ध सोने से मढ़े, और उसके चारों ओर सोने की एक
जड़ी बनाएँ।” 25 “और उसके चारों ओर एक तोफह की
चौखट बनाएँ, और उस चौखट के चारों ओर सोने की जड़ी
बनाएँ।” 26 “और उसके लिए सोने की चार अंगूठियाँ बनाएँ,
और अंगूठियों को उसके चार पैरों के चारों कोनों पर
लगाएँ।” 27 “अंगूठियाँ चौखट के निकट होंगी, डंडों के
लिये, जिससे मेज उठाई जाए।” 28 “और तू बबूल की
लकड़ी के डंडे बनाएँ, और उन्हें सोने से मढ़े, और उन्हीं से
मेज उठाई जाए।” 29 “और तू उसके थालियाँ, और उसके
कड़छुल, और उसके जग, और उसके कटोरे बनाएँ, जिनसे
अर्पण डाले जाते हैं। इन्हें शुद्ध सोने के बनाएँ।” 30 “और तू
निरन्तर मेरे सामने मेज पर रखी हुई उपस्थिति की रोटी
रखे।” 31 “और तू शुद्ध सोने का एक दीपस्तम्भ बनाएँ –
दीपस्तम्भ ठोंके हुए काम से बनाया जाए। उसका आधार और
उसका डंडा, उसके कटोरे, उसके कलश और उसके फूल
उसी में हों।” 32 “और उसके बाजुओं से छः शाखाएँ निकलें:
दीपस्तम्भ के एक ओर से तीन शाखाएँ, और दीपस्तम्भ के
दूसरी ओर से तीन शाखाएँ।” 33 “एक शाखा पर बादाम के
फूलों के समान तीन कटोरे, एक कलश और एक फूल हो,
और दूसरी शाखा पर भी बादाम के फूलों के समान तीन
कटोरे, एक कलश और एक फूल हो – इस प्रकार दीपस्तम्भ
से निकलने वाली छः शाखाओं के लिये।” 34 “और दीपस्तम्भ
पर स्वयं चार कटोरे बादाम के फूलों के समान हों, एक कलश
और एक फूल के साथ।” 35 “और एक कलश पहले दो
शाखाओं के नीचे हो, और एक कलश दूसरे दो शाखाओं के
नीचे, और एक कलश तीसरे दो शाखाओं के नीचे, इस प्रकार
दीपस्तम्भ से निकलने वाली छः शाखाओं के अनुसार।”
36 “उनके कलश और उनकी शाखाएँ उसी के हों – सब शुद्ध
सोने का एक ही ठोंका हुआ काम।” 37 “और तू उसके लिये
सात दीपक बनाएँ, और वे उसके ऊपर रखे जाएँ ताकि
उनका प्रकाश उसके सामने चमके।” 38 “और उसके चिमटे
और उसकी राख की तश्तरियाँ शुद्ध सोने की हों।” 39 “यह
सब एक कीकर शुद्ध सोने का बनाया जाए, उन सब वस्तुओं
समेत।” 40 “इसलिये देख और उसी नमूने के अनुसार बना,
जो तुझे पहाड़ पर दिखाया गया था।”

26 1 “और मिष्कान को दस परदों से बनाओ, महीन बुने
हुए सूती और नीले और बैंगनी और सुर्ख से। उन्हें
करो, करूबों के साथ, कुशल कारीगर का काम। 2 “हर परदे
की लंबाई अट्ठाईस अम्माह और चौड़ाई चार अम्माह हो, सब
परदे एक ही माप के हों। 3 “पाँच परदे आपस में जोड़े जाएँ,
और पाँच परदे आपस में जोड़े जाएँ। 4 “और तुम नीले के
फंदे बनाओ पहले परदे के छोर पर, और वैसे ही दूसरे परदे
के छोर पर करो। 5 “एक परदे में पचास फंदे बनाओ और
दूसरे परदे की सिलाई के छोर पर पचास फंदे बनाओ, फंदे
एक-दूसरे के सामने हों। 6 “और पचास सोने के काँटे
बनाओ, और परदों को काँटों से आपस में जोड़ दो, और
मिष्कान एक हो जाए। 7 “और तुम बकरियों के बाल के परदे
बनाओ, मिष्कान पर तम्बू के लिये, ग्यारह परदे बनाओ।
8 “हर परदे की लंबाई तीस अम्माह और चौड़ाई चार अम्माह
हो, ग्यारह परदों की एक ही माप हो। 9 “और पाँच परदों को
अलग जोड़ दो, और छः परदों को अलग जोड़ दो, और छःवे
परदे को तम्बू के सामने दोगुना कर दो। 10 “और पचास फंदे
बनाओ उस परदे के छोर पर जो बाहर का है, और पचास फंदे
दूसरे परदे के छोर पर बनाओ। 11 “और पचास पीतल के
काँटे बनाओ, और काँटों को फंदों में डालो, और तम्बू को
जोड़ दो, और वह एक हो जाए। 12 “और तम्बू के बाकी
परदों का जो हिस्सा बचा रहेगा, वह आधा परदा पीछे मिष्कान
के पीछे लटक जाएगा। 13 “और एक अम्माह इधर और एक
अम्माह उधर, तम्बू के परदों की लंबाई का जो बचा हुआ है,
वह मिष्कान के किनारों पर इधर और उधर लटक जाएगा,
उसे ढकने के लिये। 14 “और तुम तम्बू के लिये मेढ़ों की
खाल का लाल रंगा हुआ आवरण बनाओ, और ऊपर महीन
चमड़े का एक और आवरण बनाओ। 15 “और मिष्कान के
लिये तुम बबूल की लकड़ी के तख्ते बनाओ, खड़े खड़े।
16 “हर तख्ते की लंबाई दस अम्माह और चौड़ाई डेढ़ अम्माह
हो। 17 “हर तख्ते में दो जोड़ हों, एक को दूसरे से बाँधने के
लिये। सब तख्तों के लिये ऐसा ही करो मिष्कान के।
18 “और मिष्कान के लिये तख्ते बनाओ, दक्षिण ओर के लिये

बीस तख्ते। 19 “और बीस तख्तों के नीचे चाँदी के चालीस
पायों को बनाओ, हर तख्ते के नीचे उसके दो जोड़ के लिये दो
पायों को। 20 “और मिष्कान की दूसरी ओर, उत्तर ओर के
लिये बीस तख्ते। 21 “और उनके चाँदी के चालीस पायों को,
हर तख्ते के नीचे दो पायों को। 22 “और मिष्कान के पीछे के
लिये, पश्चिम ओर, छः तख्ते बनाओ। 23 और तुम मशक़ान
के पिछले कोनों के लिए दो तख़्त बनाओ। 24 और वे नीचे से
दोहरे हों और उसी प्रकार ऊपर तक पूरे हों, एक अंगूठी
तक। ऐसा दोनों के लिए है, वे दो कोनों के लिए हैं। 25 और वे
आठ तख़्त होंगे, और उनके चाँदी के आधार, सोलह आधार
- एक तख़्त के नीचे दो आधार, और दूसरे तख़्त के नीचे दो
आधार। 26 और तुम शिट्टिम की लकड़ी के डंडे बनाओ,
मशक़ान के एक ओर के तख़्तों के लिए पाँच। 27 और
मशक़ान की दूसरी ओर के तख़्तों के लिए पाँच डंडे, और
मशक़ान की पिछली ओर पश्चिम की ओर के तख़्तों के लिए
पाँच डंडे। 28 और बीच का डंडा तख़्तों के बीच में होगा, एक
छोर से दूसरे छोर तक जाता हुआ। 29 और तख़्तों को सोने
से मढ़ो, और उनके छल्ले सोने के बनाओ, डंडों के लिए घर
बनाने को, और डंडों को सोने से मढ़ो। 30 और तुम मशक़ान
को उस नमूने के अनुसार खड़ा करो जो तुम्हें पहाड़ पर
दिखाया गया। 31 और तुम नीले, बैंगनी, और सुर्ख धागे और
महीन बुने हुए मलमल का परदा बनाओ, कुशल कारीगर का
काम, करूबिम के साथ बनाया हुआ। 32 और उसे शिट्टिम की
लकड़ी के चार खंभों पर रखो, जो सोने से मढ़े हुए हों, उनके
हुक सोने के हों, चार चाँदी के आधारों पर। 33 और तुम परदे
को हुकों से लटकाओ, और गवाही का सन्दूक वहाँ परदे के
पीछे लाओ। और वह परदा तुम्हारे लिए पवित्र स्थान और
परम पवित्र स्थान के बीच में विभाजन करेगा। 34 और तुम
प्रायश्चित्त का ढक्कन गवाही के सन्दूक पर परम पवित्र स्थान
में रखो। 35 और तुम मेज को परदे के बाहर रखो, और
दीपस्तम्भ को मेज के सामने मशक़ान के दक्षिण की ओर,
और मेज को उत्तर की ओर रखो। 36 और तुम तंबू के द्वार
के लिए एक परदा बनाओ, नीले, बैंगनी और सुर्ख धागे और
महीन बुने हुए मलमल का, बुनकर का काम। 37 और तुम
उस परदे के लिए शिट्टिम की लकड़ी के पाँच खंभे बनाओ,
और उन्हें सोने से मढ़ो, उनके हुक सोने के हों, और उनके
लिए पाँच काँसे के आधार ढालो।

27 1 “और तू बबूल की लकड़ी का एक वेदी बनाए, पाँच
अम्माह लंबी और पाँच अम्माह चौड़ी – वेदी चौकोर हो
– और उसकी ऊँचाई तीन अम्माह। 2 “और उसके चारों
कोनों पर उसके सींग बनाए, उसके सींग उसी के साथ हों।
और तू उसे पीतल से मढ़े। 3 “और उसकी राख लेने के
बर्तन और उसके फावड़े और उसके कटोरे और उसके कांटे
और उसके आगदान बनाए। उसके सब बर्तन पीतल के
बनाए। 4 “और उसके लिए एक जाली बनाए, पीतल का
जाल, और जाल पर चार पीतल के छल्ले उसके चारों कोनों
पर बनाए। 5 और उसे वेदी के घेरे के नीचे, वेदी के आधे तक
जाल को रखे। 6 “और वेदी के डंडे बनाए, बबूल की लकड़ी
के डंडे, और उन्हें पीतल से मढ़े। 7 “और डंडे छल्लों में
डाले जाएँ, और डंडे वेदी के दोनों पार्श्वों पर उसे उठाने के
लिये हों। 8 “उसे तख्तों से खोखली बनाए। जैसा पहाड़ पर
तुझे दिखाया गया, वैसा ही उन्हें बनाना है। 9 “और तू
मिश्कान का आँगन बनाए: दक्षिण की ओर आँगन के
लिये मलमल के बाने की परदे, सौ अम्माह लंबे, एक ओर के
लिये। 10 और उसके बीस खंभे और उनके बीस पीतल के
पाये, खंभों के काँटे और उनके कड़ियाँ चाँदी की। 11 और
इसी प्रकार उत्तर की ओर लंबाई में, परदे सौ लंबे, उसके बीस
खंभे और उनके बीस पीतल के पाये, खंभों के काँटे और
उनकी कड़ियाँ चाँदी की। 12 “और आँगन की चौड़ाई
पश्चिम की ओर पचास अम्माह, उसके दस खंभे और उनके
दस पाये। 13 “और आँगन की चौड़ाई पूर्व की ओर पचास
अम्माह। 14 “और फाटक के एक ओर परदे पंद्रह अम्माह,
उनके तीन खंभे और उनके तीन पाये। 15 “और दूसरी ओर
परदे पंद्रह, उनके तीन खंभे और उनके तीन पाये। 16 “और
आँगन के फाटक के लिये परदा बीस अम्माह लंबा, नीला और
बैंगनी और सुर्ख और मलमल का, बुनकर का काम – चार
खंभे और चार पाये। 17 “आँगन के चारों ओर सब खंभों की
कड़ियाँ चाँदी की, उनके काँटे चाँदी के और उनके पाये पीतल
के। 18 “आँगन की लंबाई सौ अम्माह, और चौड़ाई पचास से
पचास, और ऊँचाई पाँच अम्माह, मलमल के बाने की, और
उसके पाये पीतल के। 19 “मिश्कान के सब बर्तन उसकी
सारी सेवा के लिये, उसके सब खूंटे, और आँगन के सब खूंटे,
पीतल के हों। 20 “और तू, तू इसराएल की सन्तानों को आज्ञा
देगा कि वे तुझ को दीये के लिये शुद्ध जैतून का तेल लाएँ,
कुचला हुआ, कि दीया सदा जलता रहे। 21 “मिलापवाले तम्बू
में, गवाही के सामने वाले परदे के बाहर, हारून और उसके
पुत्र उसे संध्या से भोर तक 𐤉𐤄𐤅𐤄 के सामने सँभालें –
उनकी पीढ़ियों के लिये सदा की विधि, इसराएल की सन्तानों
से।

28 1 “और तू, अपने भाई अहरोन और उसके पुत्रों को
इस्राएल की सन्तानों में से मेरे लिये याजक की सेवा
करने के लिये अपने पास ले आ; अहरोन, नदाब और अबीहू,
एलआज़र और इथ्मार, अहरोन के पुत्र। 2 “और तू अहरोन
अपने भाई के लिये पवित्र वस्त्र बनाए, महिमा और शोभा के
लिये। 3 “और तू सब बुद्धिमान हृदय वालों से, जिन्हें मैंने बुद्धि
की आत्मा से परिपूर्ण किया है, कह; और वे अहरोन के वस्त्र
बनाएँ, उसे पवित्र करने के लिये, कि वह मेरे लिये याजक की
सेवा करे। 4 “और ये वे वस्त्र हैं जो वे बनाएँगे: एक छाती का
पट्ट, एक एपोद, एक झीनी बुनाई का अङ्गरखा, एक कढ़ाई
का कुरता, एक पगड़ी और एक पेटी। और वे अहरोन अपने
भाई और उसके पुत्रों के लिये पवित्र वस्त्र बनाएँ, कि वह मेरे
लिये याजक की सेवा करे। 5 “और वे सोना, और नीला, और
बैंगनी, और लाल, और सूक्ष्म मलमल लेंगे। 6 “और वे एपोद
बनाएँगे, सोने का, नीले और बैंगनी और लाल का, और बारीक
काता हुआ सूत का, कुशल कारीगर का काम। 7 “उसके दो
कन्धे के टुकड़े हों, जो उसके दो सिरों पर जुड़े रहें, और वह
मिलकर बंधा रहे। 8 “और एपोद की बुनी हुई पेटी, जो उस
पर है, उसी के काम की हो, सोने की, नीले, बैंगनी और लाल
की, और बारीक काता हुआ सूत का। 9 “और तू दो शोहम
पत्थर ले, और उन पर इस्राएल की सन्तानों के नाम खोद।

10 “उनके नामों में से छः एक पत्थर पर, और बाकी छः नाम
दूसरे पत्थर पर, उनके जन्म के अनुसार। 11 “पत्थर
खोदने वाले के काम के अनुसार, जैसे मुहर की नक्काशी
होती है, वैसे ही उन दोनों पत्थरों पर इस्राएल की सन्तानों के
नाम खोदना। उन्हें सोने की मढ़ाई में रखना। 12 “और तू
उन दोनों पत्थरों को एपोद के दोनों कन्धों पर स्मरण के
पत्थरों के रूप में रख। और अहरोन उनके नाम अपने दोनों
कन्धों पर 𐤉𐤄𐤅𐤄 के सम्मुख स्मरण के लिये उठाए।
13 “और तू सोने की मढ़ाई बनाएँ। 14 “और शुद्ध सोने की दो
जंजीरें, मुड़ी हुई डोरियों के समान, बना, और उन मुड़ी हुई
जंजीरों को मढ़ाईयों में लगाना। 15 “और तू न्याय का छाती
का पट्ट बनाएँ, कुशल कारीगर का काम, एपोद के काम की
तरह; उसे सोने का, नीले, बैंगनी और लाल का, और बारीक
काता हुआ सूत का बनाना। 16 “वह चौकोर हो, दुगुना,
उसकी लंबाई एक ज़ेरेत और चौड़ाई भी एक ज़ेरेत हो।
17 “और तू उसमें पत्थरों की कड़ी जमाना, चार कतारें
पत्थरों की: पहली कतार में सुघड माणिक, पुखराज और
पन्ना। 18 “और दूसरी कतार में फिरोज़ा, नीलम और हीरा।
19 “और तीसरी कतार में लालड़, गोमेद और जमुनिया।
20 “और चौथी कतार में बेरिल, शोहम और यशब। वे सोने
की मढ़ाईयों में जड़े जाएँ। 21 “और वे पत्थर इस्राएल की
सन्तानों के नामों के अनुसार हों, बारह उनके नामों के
अनुसार; जैसे मुहर की नक्काशी, प्रत्येक अपने नाम सहित,
इस्राएल की बारह गोत्रों के लिये। 22 “और तुम छातीपट्ट के
लिए छोर पर गुथी हुई डोरियाँ शुद्ध सोने की बनाओ।
23 “और तुम छातीपट्ट के लिए दो सोने की अंगूठियाँ बनाओ,
और उन दोनों अंगूठियों को छातीपट्ट के दो छोरों पर रखो।
24 “और तुम सोने की दोनों डोरियाँ उन दो अंगूठियों में डालो
जो छातीपट्ट के छोरों पर हैं, 25 और डोरियों के दूसरे दो छोरों
को तुम दो मणियों से जोड़ो, और उन्हें आगे की ओर कंधे के
वस्त्र के कंधे के टुकड़ों पर रखो। 26 “और तुम दो सोने की
अंगूठियाँ बनाओ, और उन्हें छातीपट्ट के दो छोरों पर, उसकी
किनारी पर रखो, जो कंधे के वस्त्र की भीतरी ओर है।
27 “और तुम दो सोने की अंगूठियाँ बनाओ, और उन्हें कंधे के
वस्त्र के दो कंधों के टुकड़ों पर, कंधे के वस्त्र के नीचे, आगे
की ओर, कढ़ाईदार पट्टी के ऊपर की सिलाई के पास रखो।
28 और वे छातीपट्ट को उसकी अंगूठियों के द्वारा कंधे के वस्त्र
की अंगूठियों से नीली डोरी के साथ बाँधेंगे, ताकि वह कंधे के
वस्त्र की कढ़ाईदार पट्टी के ऊपर रहे, और छातीपट्टा कंधे के
वस्त्र से अलग न हो। 29 “और अहरोन अपने हृदय पर
इस्राएल के पुत्रों के नामों को छातीपट्ट पर स्मरण के लिए लिए
रहेगा, जब वह पवित्र स्थान में प्रवेश करेगा, तो सदा के लिए
𐤉𐤄𐤅𐤄 के सामने। 30 “और तुम छातीपट्ट में ऊरीम और
तूम्मीम रखो, और वे अहरोन के हृदय पर रहेंगे जब वह
𐤉𐤄𐤅𐤄 के सामने जाएगा। और अहरोन इस्राएल के बच्चों
का न्याय अपने हृदय पर 𐤉𐤄𐤅𐤄 के सामने सदा लिए
रहेगा। 31 “और तुम कंधे के वस्त्र का झब्बा पूरा नीला
बनाओ। 32 “और उसके सिर के लिए खुला बीच में होगा,
और उसके खुले चारों ओर बुनी हुई किनारी होगी, जैसे कवच
का खुला होता है, ताकि वह फटे नहीं। 33 “और उसके घेर
पर तुम नीले, बैंगनी और लाल रंग के अनार बनाओ, और
उनके बीच सोने की घंटियाँ चारों ओर लगाओ। 34 एक सोने
की घंटी और एक अनार, एक सोने की घंटी और एक अनार,
वस्त्र के घेर पर चारों ओर। 35 “और यह अहरोन पर होगा
जब वह सेवा करने जाएगा, और उसकी आवाज़ सुनी जाएगी
जब वह 𐤉𐤄𐤅𐤄 के सामने पवित्र स्थान में जाएगा और जब
वह बाहर आएगा, ताकि वह मर न जाए। 36 “और तुम शुद्ध
सोने की पट्टी बनाओ और उस पर मुहर की खुदाई के समान
खुदवाओ: 𐤉𐤄𐤅𐤄 के लिए पवित्र। 37 “और तुम उसे नीली
डोरी पर रखो, और यह पगड़ी पर होगा - यह पगड़ी के आगे
की ओर होना चाहिए। 38 “और यह अहरोन के माथे पर
होगा, और अहरोन उन पवित्र भेंटों का दोष उठाएगा जिन्हें
इस्राएल के बच्चे अपनी पवित्र भेंटों में पवित्र करते हैं। और
यह सदा उसके माथे पर रहेगा, ताकि उनके लिए 𐤉𐤄𐤅𐤄 के
सामने ग्रहण किया जाए। 39 “और तुम महीन सूत का लंबा
कुरता बुनो, और महीन सूत की पगड़ी बनाओ, और तुम बुनी
हुई कमरबंद बनाओ। 40 “और अहरोन के पुत्रों के लिए लंबे
कुरते बनाओ। और उनके लिए कमरबंद बनाओ, और उनके
लिए पगड़ियाँ बनाओ, आदर और शोभा के लिए। 41 “और
तुम उन्हें अपने भाई अहरोन और उसके पुत्रों पर पहनाओ,
और उन्हें अभिषेक करो, और उन्हें ठहराओ, और उन्हें पवित्र
करो, और वे मेरे लिए याजक के रूप में सेवा करेंगे।
42 “और उनके लिए सूती पतलून बनाओ, ताकि उनकी
नग्नता ढकी रहे, जो कमर से जाँघों तक पहुँचे। 43 “और वे
अहरोन और उसके पुत्रों पर होंगे जब वे मिलापवाले तम्बू में
आएँगे, या जब वे वेदी के पास पवित्र स्थान में सेवा करने
आएँगे, ताकि वे अधर्म न उठाएँ और मर न जाएँ - यह उसके
और उसके वंश के लिए सदा की विधि है।

29 1 “और यह वह कार्य है जो तुम उन्हें पवित्र करने के
लिए करोगे कि वे मेरे सेवक के रूप में याजक सेवा
करें: एक बछड़ा और दो मेंढ़े जो, निर्दोष। 2 और अखमीरी
रोटी, और तेल के साथ मिलाई हुई अखमीरी पत्तियाँ, और
तेल से अभिषिक्त अखमीरी वेफर - इन्हें गेहूं के आटे से
बनाओ। 3 “और तुम उन्हें एक टोकरी में रखो और उस
टोकरी में लाओ, साथ ही बछड़ा और दोनों मेंढ़े। 4 “फिर तुम
अहरोन और उसके बेटों को मण्डली के तम्बू के द्वार पर
लाओ, और उन्हें जल से धोओ। 5 “और तुम वस्त्र लोगे,
और अहरोन को लंबा कुरता, और कंधे का वस्त्र का चोगा,
और कंधे का वस्त्र, और छाती का पट्टा पहनाओ, और उसे
कढ़ाईदार पट्टे से कमर बांधो। 6 और उसके सिर पर पगड़ी
रखो, और उस पगड़ी पर पवित्रता का चिन्ह रखो। 7 और
अभिषेक का तेल लो, और उसके सिर पर डालकर उसका
अभिषेक करो। 8 “फिर तुम उसके बेटों को लाओ और उन्हें
लंबे कुरते पहनाओ। 9 और उन्हें कमरबंद से बांधो - अहरोन
और उसके बेटे - और उनके सिर पर पगड़ी रखो। और
याजकपन उनके लिए सदा के लिए विधि होगी। इस प्रकार
तुम अहरोन और उसके बेटों को ठहराओ। 10 “और तुम
बछड़े को मण्डली के तम्बू के सामने लाओ, और अहरोन और
उसके बेटे अपने हाथ बछड़े के सिर पर रखें। 11 “और तुम
बछड़े को 𐤉𐤄𐤅𐤄 के सामने, मण्डली के तम्बू के द्वार पर वध
करो। 12 और बछड़े का कुछ रक्त लो और अपनी उंगली से
वेदी के सींगों पर लगाओ, और सारा रक्त वेदी की नींव के

पास डाल दो। [13]"और तुम सारी चर्बी लो जो अंतड़ियों को
ढकती है, और यकृत पर का उपांग, और दोनों गुर्दे और उन
पर की चर्बी, और उन्हें वेदी पर जलाओ। [14]"परन्तु बछड़े
का मांस, और उसकी खाल और उसका गोबर, तुम उसे
छावनी के बाहर आग से जलाओ। यह पापबलि है। [15]"और
एक मेंढ़ा लो, और अहरोन और उसके बेटे अपने हाथ उस
मेंढ़े के सिर पर रखें। [16]और तुम मेंढ़े को वध करो, और
उसका रक्त लो और वेदी पर चारों ओर छिड़को। [17]"और
मेंढ़े को टुकड़े-टुकड़े करो, और उसकी अंतड़ियों और
उसके पैरों को धोकर उसके टुकड़ों और उसके सिर के
ऊपर रखो। [18]"और तुम पूरे मेंढ़े को वेदी पर जलाओ। यह
𐤉𐤄𐤅𐤄 के लिए होमबलि है, यह सुखद सुगंध है, यह
𐤉𐤄𐤅𐤄 के लिए आग से किया गया अर्पण है। [19]"और तुम
दूसरे मेंढ़े को लो, और अहरोन और उसके बेटे अपने हाथ
उस मेंढ़े के सिर पर रखें। [20]और तुम मेंढ़े को वध करो,
और उसका कुछ रक्त लो और अहरोन के दाहिने कान की
नोक पर और उसके बेटों के दाहिने कान की नोक पर, उनके
दाहिने हाथ के अंगूठे पर और उनके दाहिने पैर के बड़े अँगूठे
पर लगाओ, और रक्त को वेदी पर चारों ओर छिड़को।
[21]"और तुम वेदी पर का कुछ रक्त, और कुछ अभिषेक का
तेल लो, और अहरोन और उसके वस्त्रों पर, उसके बेटों और
उसके बेटों के वस्त्रों पर छिड़को। और वह और उसके वस्त्र
पवित्र होंगे, और उसके बेटे और उनके वस्त्र उसके साथ
पवित्र होंगे। [22]"और तू मेढ़े की चर्बी, और पूंछ की चर्बी,
और आँतों को ढकनेवाली चर्बी, और जिगर पर की बढ़ोतरी,
और दोनों गुर्दे और उन पर की चर्बी, और दाहिनी जांघ – यह
अभिषेक के मेढ़े के लिये है – [23]और एक रोटी, और एक
तेल से बनी हुई रोटी, और एक पतली रोटी बिना खमीर की
टोकरी से, जो 𐤉𐤄𐤅𐤄 के साम्हने है। [24]"और तू इन सब
को हारून और उसके पुत्रों के हाथों में रखे, और उन्हें
लहराकर 𐤉𐤄𐤅𐤄 के साम्हने एक हिलाई हुई भेंट कर।
[25]"फिर तू उन्हें उनके हाथों से लेकर वेदी पर होमबलि के
रूप में जलाना, सुगन्धित गंध के रूप में 𐤉𐤄𐤅𐤄 के
साम्हने। यह 𐤉𐤄𐤅𐤄 के लिये अग्नि द्वारा की गई भेंट है।
[26]"और तू हारून के अभिषेक के मेढ़े की छाती को लेकर
उसे लहराए – 𐤉𐤄𐤅𐤄 के साम्हने हिलाई हुई भेंट के रूप में,
और यह तेरे भाग में होगा। [27]"और अभिषेक के मेढ़े से तू
उस हिलाई हुई भेंट की छाती को पवित्र करेगा, जो हिलाई गई
है, और उस उठाई गई भेंट की जांघ को, जो हारून के लिये है
और जो उसके पुत्रों के लिये है। [28]"और यह इस्राएल की
सन्तानों से हारून और उसके पुत्रों के लिये एक सदा की
विधि होगी, क्योंकि यह एक उठाई गई भेंट है। और यह
इस्राएल की सन्तानों की मेलबलियों से उठाई गई भेंट है -
उनकी भेंट 𐤉𐤄𐤅𐤄 को। [29]"और हारून के पवित्र वस्त्र
उसके बाद उसके पुत्रों के लिये होंगे, ताकि वे उनमें अभिषिक्त
हों और उनमें नियुक्त हों। [30]"उसके पुत्रों में जो याजक
उसके स्थान पर हो, वह सात दिनों तक उन्हें पहने, जब वह
मिलापवाले तम्बू में पवित्र स्थान में सेवा करने को प्रवेश करे।
[31]"और अभिषेक के मेढ़े को ले और उसके मांस को पवित्र
स्थान में पकाए। [32]"और हारून और उसके पुत्र उस मेढ़े
का मांस और वह रोटी, जो टोकरी में है, मिलापवाले तम्बू के
द्वार पर खाएँ। [33]और वे उन चीज़ों को खाएँ, जिनसे
प्रायश्चित्त किया गया, उन्हें नियुक्त करने के लिये, उन्हें
पवित्र करने के लिये। परन्तु कोई पराया उन्हें न खाए,
क्योंकि वे पवित्र हैं। [34]"और यदि अभिषेक की भेंटों का कोई
मांस, या रोटी, सुबह तक बच जाए, तो तू जो बचा है उसे
जला देना। यह नहीं खाया जाएगा, क्योंकि यह पवित्र है।
[35]"और इसी प्रकार तू हारून और उसके पुत्रों के लिये
करेगा, जैसा कि मैंने तुझे आज्ञा दी है। सात दिन तू उन्हें
नियुक्त करेगा। [36]और प्रायश्चित्त के लिये प्रतिदिन एक बैल
पापबलि के रूप में चढ़ाना। और जब तू वेदी का प्रायश्चित्त
करेगा तब तू उसे शुद्ध करेगा, और तू उसे अभिषेक करेगा
ताकि उसे पवित्र करे। [37]"सात दिनों तक तू वेदी का
प्रायश्चित्त करेगा और उसे पवित्र करेगा। और वेदी अति
पवित्र होगी - जो कोई वेदी को छुए, वह पवित्र ठहरे।
[38]"और यह है जो तू वेदी पर चढ़ाएगा: दो मेम्ने, एक वर्ष के,
प्रतिदिन लगातार। [39]"एक मेम्ना तू सुबह चढ़ाना, और
दूसरा मेम्ना तू संध्या के बीच में चढ़ाना। [40]और एक दशांश
एफ़ा का आटा, चौथाई हिन ठोस तेल से मिलाकर, और
चौथाई हिन दाखमधु पेयभेंट के रूप में, एक मेम्ने के साथ।
[41]"और दूसरा मेम्ना संध्या के बीच में चढ़ाना। और उसके
साथ अन्नबलि और पेयभेंट चढ़ाना, जैसे सुबह में, सुगन्धित
गंध के रूप में, अग्नि द्वारा की गई भेंट 𐤉𐤄𐤅𐤄 को – [42]तेरी
पीढ़ियों के लिये मिलापवाले तम्बू के द्वार पर एक सतत
होमबलि, 𐤉𐤄𐤅𐤄 के साम्हने, जहाँ मैं तुझसे मिलने आऊँगा
ताकि तुझसे बातें करूँ। [43]"और वहाँ मैं इस्राएल की
सन्तानों से मिलूँगा, और यह मेरी महिमा से पवित्र ठहराया
जाएगा। [44]"और मैं मिलापवाले तम्बू और वेदी को पवित्र
करूँगा। और हारून और उसके पुत्रों को मैं अपने लिये
याजक होने के लिये पवित्र करूँगा। [45]"और मैं इस्राएल की
सन्तानों के बीच में वास करूँगा और उनका ईश्वर ठहरूँगा।
[46]"और वे जानेंगे कि मैं 𐤉𐤄𐤅𐤄 उनका ईश्वर हूँ, जिसने
उन्हें मिस्र देश से निकाल लाया, उनके बीच वास करने के
लिये। मैं 𐤉𐤄𐤅𐤄 उनका ईश्वर हूँ।"

30 [1]"और तू धूप जलाने के लिये एक वेदी बनाए, उसे
बबूल की लकड़ी से बना। [2]एक अम्मा लंबा और एक
अम्मा चौड़ा - यह चौकोर हो - और दो अम्मा ऊँचा, उसके
सींग उसी के साथ हों। [3]"और तू उसके ऊपर, और उसके
चारों ओर की दीवारों और उसके सींगों को शुद्ध सोने से मढ़े।
और तू उसके लिये चारों ओर सोने की मोल्डिंग बनाए।
[4]"और उसके लिये दो सोने के छल्ले बनाए, मोल्डिंग के नीचे
उसकी दोनों तरफ। उन्हें उसकी दो तरफ बना, और वे डंडों
के लिये पकड़ने वाले होंगे ताकि उसे उठाया जाए। [5]"और तू
डंडे बबूल की लकड़ी के बनाए, और उन्हें सोने से मढ़े।
[6]"और तू उसे परदे के सामने रखे जो गवाही के सन्दूक के
सामने है, प्रायश्चित्त के ढक्कन के सामने जो गवाही के ऊपर
है, जहाँ मैं तुझ से मिलने वाला हूँ। [7]"और अहरोन उस पर
मीठा धूप जलाए, सुबह-सुबह। जब वह दीयों की देखभाल
करता है, वह उस पर धूप जलाए। [8]"और जब अहरोन
संध्या के बीच दीये जलाता है, वह उस पर धूप जलाए - एक
निरंतर धूप 𐤉𐤄𐤅𐤄 के सामने तुम्हारी पीढ़ियों भर। [9]"उस

पर अजनबी धूप न चढ़ाना, न होमबलि, न अन्नबलि, और उस
पर पीने की बलि मत उंडेलना। 10 "और अहरोन वर्ष में एक
बार उसके सींगों पर प्रायश्चित्त का प्रायश्चित्तबलि का लहू
लगाकर प्रायश्चित्त करे - वर्ष में एक बार वह उस पर तुम्हारी
पीढ़ियों भर प्रायश्चित्त करता है। यह 𐤉𐤄𐤅𐤄 के लिये अति
पवित्र है।" 11 और 𐤉𐤄𐤅𐤄 ने मोशेह से कहा, 12 "जब तू
इस्राएल के पुत्रों की गिनती ले, उन्हें दर्ज करने के लिये, तब
हर एक अपनी प्राणों के लिये 𐤉𐤄𐤅𐤄 को एक प्रायश्चित्त
देगा, जब तू उन्हें दर्ज करता है, ताकि जब तू उन्हें दर्ज करे
तब उनमें कोई महामारी न हो। 13 "दर्ज किए गए लोगों में से
हर एक यह देगा: पवित्रस्थान के शेकेल के अनुसार आधा
शेकेल - बीस गेराह एक शेकेल है। आधा शेकेल 𐤉𐤄𐤅𐤄
को अर्पण है। 14 "जो कोई दर्ज होने के लिये जाता है, बीस
वर्ष का और ऊपर, वह 𐤉𐤄𐤅𐤄 को अर्पण देगा। 15 "धनी
आधे शेकेल से अधिक न दे, और गरीब उससे कम न दे,
जब तुम 𐤉𐤄𐤅𐤄 को अर्पण दोगे, अपने लिये प्रायश्चित्त
करने के लिये। 16 "और तू इस्राएल के पुत्रों से प्रायश्चित्त के
लिये चाँदी ले, और उसे मिलापवाले तम्बू की सेवा के लिये दे।
और यह इस्राएल के पुत्रों के लिये 𐤉𐤄𐤅𐤄 के सामने स्मरण
के लिये होगा, अपने लिये प्रायश्चित्त करने के लिये।"
17 और 𐤉𐤄𐤅𐤄 ने मोशेह से कहा, 18 "और तू काँसे का एक
जलपात्र बनाए, और उसका पायाँ भी काँसे का, धोने के
लिये। और तू उसे मिलापवाले तम्बू और वेदी के बीच रख,
और उसमें पानी डाल। 19 "और अहरोन और उसके पुत्र
उस से अपने हाथ और अपने पैर धोएँ। 20 "जब वे
मिलापवाले तम्बू में प्रवेश करते हैं, या जब वे वेदी के पास आते
हैं सेवा करने के लिये, 𐤉𐤄𐤅𐤄 के लिये अग्निबलि जलाने के
लिये, तो वे पानी से धोएँ, कहीं वे मर न जाएँ। 21 "और वे
अपने हाथ और अपने पैर धोएँ, कहीं वे मर न जाएँ। और यह
उनके लिये एक सदा की विधि होगी, उसके लिये और उसकी
पीढ़ियों भर उसके वंश के लिये।" 22 और 𐤉𐤄𐤅𐤄 ने मोशेह
से कहा, 23 "और तू अपने लिए उत्तम मसाले ले, पाँच सौ
तरल गंधरस, और उसका आधा – दो सौ पचास – सुगंधित
दालचीनी, और दो सौ पचास सुगंधित गन्ना, 24 और पाँच सौ
कासिया, पवित्र स्थान के शेकेल के अनुसार, और एक हिन
जैतून का तेल। 25 "और तू इनसे एक पवित्र अभिषेक का
तेल बनाए, मिश्रण, गंधकर्मी का काम। यह एक पवित्र
अभिषेक का तेल है। 26 "और इससे तू मिलापवाले तम्बू और
गवाही के सन्दूक को अभिषेक करना, 27 और मेज और
उसके सब बर्तन, और दीपदान और उसके बर्तन, और धूप
की वेदी, 28 और होमबलि की वेदी उसके सब बर्तनों सहित,
और कुण्ड और उसका पायंदा। 29 "और तू उन्हें पवित्र
ठहराना, और वे अति पवित्र होंगे। जो कुछ उन्हें छुएगा वह
पवित्र हो जाएगा। 30 "और तू हारून और उसके पुत्रों का
अभिषेक करना, और उन्हें पवित्र करना, ताकि वे मेरे लिए
याजक ठहरें। 31 "और तू इस्राएल के पुत्रों से कहना, 'यह
पीढ़ी-दर-पीढ़ी मेरे लिए पवित्र अभिषेक का तेल है। 32 'यह
मनुष्य के शरीर पर न डाला जाए, और इसके समान और न
बनाया जाए, इसकी विधि के अनुसार। यह तुम्हारे लिए पवित्र
है, यह पवित्र है। 33 'जो कोई इसके समान बनाए, या जो
कोई इसे किसी पराया पर लगाए, वह अपनी प्रजा से काटा
जाएगा।' " 34 और 𐤉𐤄𐤅𐤄 ने मोशेह से कहा, "सुगंधित
मसाले ले, सुगंधित गोंद और दालचीनी और गलबानम, और
शुद्ध लोबान इन सुगंधित मसालों के साथ, सब समान मात्रा
में। 35 "फिर तू इनसे धूप बनाए, मिश्रण, गंधकर्मी का काम,
नमकीन, शुद्ध, पवित्र। 36 "और तू उसका कुछ हिस्सा
बारीक कूटकर गवाही के सामने मिलापवाले तम्बू में रखना,
जहाँ मैं तुझसे मिलता हूँ; यह तेरे लिए अति पवित्र होगा।
37 "और जो धूप तू बनाए, उसे अपने लिए उसकी विधि के
अनुसार न बनाना; यह तेरे लिए 𐤉𐤄𐤅𐤄 के लिए पवित्र
होगा। 38 "जो कोई उसके समान बनाए, उसे सूँघने के लिए,
वह अपनी प्रजा से काटा जाएगा।"

31 1 और 𐤉𐤄𐤅𐤄 ने मोशेह से कहा, 2 "देख, मैंने उरी
के पुत्र, हूर के पुत्र, यहूदा के गोत्र के बेत्सलेल को
नाम लेकर बुलाया है, 3 और मैंने उसे ईश्वर की आत्मा से भर
दिया है, बुद्धि में, समझ में, ज्ञान में, और हर काम में, 4 सोने,
चाँदी और कांसे में काम के लिए डिज़ाइन बनाने के लिए,
5 और पत्थरों को जड़ने के लिए काटने, लकड़ी को तराशने,
और हर काम में काम करने के लिए। 6 "और देख, मैंने
उसके साथ दान के गोत्र के अहिसामक के पुत्र ओहोलीआब
को नियुक्त किया है। और मैंने सब बुद्धिमानों के हृदय में बुद्धि
दी है, और वे वही सब बनाएँगे जिसका मैंने तुझे आदेश दिया
है: 7 मुलाक़ात का तम्बू, और गवाही का सन्दूक और उस पर
प्रायश्चित का ढक्कन, और तम्बू के सब बर्तन, 8 और मेज़
और उसके बर्तन, और शुद्ध सोने का दीवट उसके सब बर्तनों
सहित, और धूप की वेदी, 9 और होमबलि की वेदी उसके सब
बर्तनों सहित, और कुण्ड और उसका पायदान, 10 और बुने
हुए वस्त्र, और हारून याजक के लिये पवित्र वस्त्र और
उसके पुत्रों के वस्त्र, याजक के रूप में सेवा करने के लिये,
11 और अभिषेक का तेल और पवित्र स्थान के लिये सुगन्धित
धूप। जैसा जैसा मैंने तुझे आदेश दिया है, वैसा ही वे करें।"
12 और 𐤉𐤄𐤅𐤄 ने मोशेह से कहा, 13 "और तू, इस्राएल की
सन्तानों से कह, 'मेरे शब्बाथों को तुम अवश्य मानो, क्योंकि
यह तुम्हारी पीढ़ियों भर मेरे और तुम्हारे बीच चिन्ह है, यह
जानने के लिये कि मैं, 𐤉𐤄𐤅𐤄, तुम्हें पवित्र करता हूँ।
14 'और तुम शब्बाथ को मानो, क्योंकि यह तुम्हारे लिये पवित्र
है। जो कोई उसे अपवित्र करेगा वह निश्चय ही मारा जाएगा,
क्योंकि जो कोई उस पर काम करेगा, वह व्यक्ति अपने लोगों
के बीच से काटा जाएगा। 15 'छ: दिन काम किया जाएगा,
और सातवें दिन विश्राम का शब्बाथ है, 𐤉𐤄𐤅𐤄 के लिये
पवित्र। जो कोई शब्बाथ के दिन काम करेगा वह निश्चय ही
मारा जाएगा। 16 'और इस्राएल की सन्तानें शब्बाथ को
मानेंगी, अपनी पीढ़ियों भर शब्बाथ का पालन अनन्त वाचा के
रूप में करेंगी। 17 'मेरे और इस्राएल की सन्तानों के बीच
यह सदैव चिन्ह रहेगा। क्योंकि छ: दिन में 𐤉𐤄𐤅𐤄 ने
आकाश और पृथ्वी बनाई, और सातवें दिन वह विश्राम किया
और तरोताजा हुआ।' " 18 और जब वह सीनै पर्वत पर
मोशेह से बातें करना समाप्त कर चुका, तब उसने मोशेह को
गवाही की दो पट्टिकाएँ दीं, पत्थर की पट्टिकाएँ, जो ईश्वर की
उंगली से लिखी हुई थीं।

32 1और जब लोगों ने देखा कि मोशेह पहाड़ से नीचे
आने में देर कर रहा है, तो लोग हारून के पास इकट्ठे
हुए और उससे कहा, “उठ, हमारे लिए ऐसे शक्तिशाली बना
जो हमारे आगे-आगे चले। क्योंकि यह मोशेह, वह मनुष्य
जिसने हमें मिस्त्र देश से बाहर निकाला, हमें नहीं पता कि
उसका क्या हुआ।” 2और हारून ने उनसे कहा, “सोने की
बालियाँ निकालो जो तुम्हारी पत्नियों, तुम्हारे पुत्रों और तुम्हारी
पुत्रियों के कानों में हैं, और उन्हें मेरे पास लाओ।” 3और सब
लोगों ने सोने की बालियाँ जो उनके कानों में थीं, निकाल दीं,
और उन्हें हारून के पास ले आए। 4और उसने उनके हाथ
से लिया, और उसे नक्काशी के औज़ार से गढ़ा, और एक
ढाला हुआ बछड़ा बनाया। और उन्होंने कहा, “यह तेरा
शक्तिशाली है, हे यिस्त्राएल, जिसने तुझे मिस्त्र देश से बाहर
निकाला!” 5और हारून ने देखा और उसके सामने एक वेदी
बनाई। और हारून ने घोषणा की और कहा, “कल 𐤉𐤄𐤅𐤄
के लिये एक पर्व है।” 6और वे अगले दिन सुबह जल्दी उठे,
और होमबलियाँ चढ़ाईं, और मेलबलियाँ लाए। और लोग
खाने-पीने के लिए बैठ गए, और खेलने के लिए उठ खड़े
हुए। 7और 𐤉𐤄𐤅𐤄 ने मोशेह से कहा, “जा, नीचे उतर!
क्योंकि तेरे लोग जिन्हें तू मिस्त्र देश से बाहर लाया है, उन्होंने
अपने आप को बिगाड़ लिया है। 8“उन्होंने शीघ्र ही उस मार्ग
से हटकर, जो मैंने उन्हें आज्ञा दी थी, अपने लिये एक ढाला
हुआ बछड़ा बना लिया है, और उसके आगे झुक गए हैं और
उसके लिये बलि चढ़ाई है, और कहा है, ‘यह तेरा शक्तिशाली
है, हे यिस्त्राएल, जिसने तुझे मिस्त्र देश से बाहर निकाला!’ ”
9और 𐤉𐤄𐤅𐤄 ने मोशेह से कहा, “मैंने इन लोगों को देखा है,
और देख, यह कठोर गर्दन वाला लोग है! 10“अब, मुझे
अकेला छोड़ दे, कि मेरा क्रोध उन पर भड़के और मैं उन्हें
भस्म कर दूँ और तुझसे एक बड़ा राष्ट्र बना दूँ।” 11परन्तु
मोशेह ने 𐤉𐤄𐤅𐤄 अपने ईश्वर से विनती की, और कहा,
“𐤉𐤄𐤅𐤄, तेरा क्रोध तेरे लोगों पर क्यों भड़कता है जिन्हें तू
महान सामर्थ्य और दृढ़ हाथ से मिस्त्र देश से बाहर लाया?
12“क्यों मिस्त्री कहें और कहें, ‘बुराई के लिये उसने उन्हें
बाहर निकाला कि पहाड़ों में उन्हें मार डाले, और पृथ्वी के
चेहरे से उनका नाश कर दे’? अपने क्रोध की जलन से फिर
जा, और अपनी प्रजा पर इस बुराई से पछता। 13“अब्राहम,
इसहाक और यिस्त्राएल अपने दासों को स्मरण कर, जिन्हें
तूने अपनी ही शपथ खाकर कहा, ‘मैं तेरे वंश को आकाश के
तारों के समान बढ़ाऊँगा। और यह सब भूमि जिसके विषय में
मैंने कहा है, मैं तेरे वंश को दूँगा, और वे उसे सदा के लिये
विरासत में पाएँगे।’ ” 14और 𐤉𐤄𐤅𐤄 ने उस बुराई से
पछताया जिसे वह अपनी प्रजा पर करने की बात कही थी।
15और मोशेह मुड़ा और पहाड़ से नीचे उतरा, और उसके
हाथ में गवाही की दो पट्टियाँ थीं, जो दोनों ओर से लिखी हुई
थीं। 16और पट्टियाँ ईश्वर का काम थीं, और लेखन ईश्वर
का लेखन था जो पट्टियों पर खुदा हुआ था। 17और यहोशू ने
लोगों का शोर सुना जब वे चिल्ला रहे थे और उसने मोशेह से
कहा, “छावनी में युद्ध का शोर है!” 18परन्तु उसने कहा, “यह
न तो पराक्रमी का जयघोष है, न ही निर्बलों का रोना है, परन्तु
मैं गाने का स्वर सुन रहा हूँ।” 19और ऐसा हुआ कि जैसे ही
वह छावनी के पास पहुँचा, उसने बछड़े और नाच को देखा।
और मोशेह का क्रोध भड़क उठा, और उसने पट्टियाँ अपने
हाथ से फेंक दीं और पहाड़ की जड़ पर तोड़ दीं। 20और
उसने उस बछड़े को लिया जिसे उन्होंने बनाया था, और उसे
आग में जला दिया, और उसे पीसकर चूर्ण बना दिया, और
पानी के ऊपर छिटका दिया और यिस्त्राएल की सन्तानों को
उसे पिलाया। 21और मोशेह ने हारून से कहा, “इस लोगों ने
तुझ से क्या किया कि तूने उन पर इतना बड़ा पाप लाया?”
22और अहरोन ने कहा, “मेरे स्वामी का अप्रसन्नता मत
जलाओ। तुम लोगों को जानते हो, क्योंकि उनमें बुराई है।”
23“और उन्होंने मुझसे कहा, ‘हमारे लिए ऐसे शक्तिशाली
बनाओ जो हमारे आगे चले। क्योंकि यह मोशेह, वह मनुष्य
जिसने हमें मित्स्त्रयिम देश से बाहर निकाला, हमें नहीं पता कि
उसके साथ क्या हुआ है।’” 24“और मैंने उनसे कहा,
‘जिसके पास सोना हो, उसे उतार लो।’ और उन्होंने मुझे
दिया, और मैंने उसे आग में फेंक दिया, और यह बछड़ा बाहर
आ गया।” 25और मोशेह ने देखा कि लोग खुले छोड़ दिए
गए, क्योंकि अहरोन ने उन्हें छोड़ दिया था, उनके शत्रुओं के
बीच उनकी लज्जा के लिये। 26और मोशेह ने छावनी के द्वार
में खड़े होकर कहा, “कौन 𐤉𐤄𐤅𐤄 के लिए है? मेरे पास
आओ!” और सारे लेवी के पुत्र उसके पास इकट्ठे हो गए।
27और उसने उनसे कहा, “इस प्रकार कहता है 𐤉𐤄𐤅𐤄
ईश्वर इस्त्राएल का: ‘हर एक अपनी तलवार अपनी कमर पर
बाँध ले, और छावनी में द्वार से द्वार तक घूमकर अपने भाई
को, अपने मित्र को, और अपने संबंधी को मार डाले।’ ”
28और लेवी के पुत्रों ने मोशेह के वचन के अनुसार किया।
और उस दिन लोगों में से लगभग तीन हजार पुरुष गिर गए।
29और मोशेह ने कहा, “आज तुम 𐤉𐤄𐤅𐤄 के लिए समर्पित
हो - क्योंकि हर एक ने अपने पुत्र और अपने भाई के विरुद्ध
खड़ा हुआ - ताकि आज तुम्हारे ऊपर एक आशीर्वाद लाया
जाए।” 30और यह हुआ कि अगले दिन मोशेह ने लोगों से
कहा, “तुमने एक बड़ा पाप किया है। और अब मैं 𐤉𐤄𐤅𐤄
के पास जा रहा हूँ - क्या मैं तुम्हारे पाप का प्रायश्चित कर
सकूँ।” 31और मोशेह 𐤉𐤄𐤅𐤄 के पास लौटकर कहने लगा,
“हाय, इन लोगों ने एक बड़ा पाप किया है, और अपने लिए
सोने का एक शक्तिशाली बना लिया है!” 32“और अब, यदि
तू उनका पाप उठा ले, पर यदि नहीं, तो कृपया मुझे अपनी
उस पुस्तक से मिटा दे जो तूने लिखी है।” 33और 𐤉𐤄𐤅𐤄
ने मोशेह से कहा, “जिसने मेरे विरुद्ध पाप किया है, मैं उसे
अपनी पुस्तक से मिटाऊँगा।” 34“और अब, जा, लोगों को
उस स्थान पर ले चल जिसकी मैंने तुझसे बात की है। देख,
मेरा दूत तेरे आगे चलता है। और जिस दिन मैं उनकी सुधि
लूँगा, मैं उन पर उनके पाप का दंड दूँगा।” 35और 𐤉𐤄𐤅𐤄
ने लोगों पर मार डाली, क्योंकि उन्होंने बछड़ा बनाया था, जिसे
अहरोन ने बनाया था।

33 1और 𐤉𐤄𐤅𐤄 ने मोशेह से कहा, “आओ, यहाँ से
ऊपर जाओ, तुम और वे लोग जिन्हें तुमने मित्स्त्रयिम
की भूमि से निकाला है, उस भूमि की ओर जिसकी मैंने
अब्राहम, यित्स्ḥ◌ाक और याआकोब से शपथ खाई थी, यह
कहते हुए, ‘मैं इसे तुम्हारे वंश को दूँगा।’ 2“और मैं अपना
दूत तुम्हारे आगे भेजूँगा, और मैं कनआनी और एमोरी और
हित्ती और पेरिज्जी और हिव्वी और येबूसी को निकाल दूँगा,
3उस भूमि की ओर जो दूध और मधु से बहती है। क्योंकि मैं

तुम्हारे बीच ऊपर नहीं जाऊँगा क्योंकि तुम कठोर गर्दन वाले
लोग हो, कहीं ऐसा न हो कि मैं मार्ग में तुम्हें नष्ट कर दूँ।"
4 और जब लोगों ने यह बुरी बात सुनी तो वे विलाप करने लगे,
और किसी ने भी अपने गहने नहीं पहने। 5 और 𐤉𐤄𐤅𐤄 ने
मोशेह से कहा, "इस्राएल के पुत्रों से कहो, 'तुम कठोर गर्दन
वाले लोग हो। यदि मैं थोड़ी देर भी तुम्हारे बीच ऊपर जाऊँ
तो तुम्हें नष्ट कर दूँगा। और अब, अपने गहने उतार दो,
और मैं जानूँगा कि तुम्हारे साथ क्या करना है।' " 6 इसलिए
इस्राएल के पुत्रों ने अपने गहने होरेब पर्वत पर उतार दिए।
7 और मोशेह ने अपना तंबू लिया और उसे छावनी से बाहर,
छावनी से दूर गाड़ा, और उसका नाम 'नियुक्ति का तंबू'
रखा। और ऐसा हुआ कि हर कोई जो 𐤉𐤄𐤅𐤄 को खोजता
था, वह नियुक्ति के तंबू की ओर जाता था जो छावनी से बाहर
था। 8 और ऐसा हुआ, जब भी मोशेह तंबू की ओर जाता था,
सब लोग उठ खड़े होते थे, और हर आदमी अपने तंबू के द्वार
पर खड़ा होकर देखता था जब तक मोशेह तंबू में प्रवेश न
कर ले। 9 और ऐसा हुआ, जब मोशेह तंबू में प्रवेश करता था,
तब बादल का खंभा उतर आता था और तंबू के द्वार पर खड़ा
हो जाता था, और वह मोशेह से बातें करता था। 10 और सब
लोगों ने देखा कि बादल का खंभा तंबू के द्वार पर खड़ा है,
और सब लोग उठ खड़े हुए और झुककर दण्डवत करने
लगे, हर कोई अपने तंबू के द्वार पर। 11 इस प्रकार 𐤉𐤄𐤅𐤄
मोशेह से आमने-सामने बात करता था, जैसे कोई मनुष्य
अपने मित्र से बात करता है। और वह छावनी में लौट आता
था, परंतु उसका सेवक यहोशू, नून का पुत्र, एक जवान
आदमी, तंबू से बाहर नहीं जाता था। 12 और मोशेह ने
𐤉𐤄𐤅𐤄 से कहा, "देखो, तू मुझसे कहता है, 'इस लोगों को
ऊपर ले चल।' परंतु तूने मुझे यह नहीं बताया कि तू किसे
मेरे साथ भेजेगा, यद्यपि तूने कहा है, 'मैं तुझे नाम से जानता
हूँ, और तूने भी मेरी दृष्टि में अनुग्रह पाया है।' 13 "और अब,
कृपया, यदि मैंने तेरी दृष्टि में अनुग्रह पाया है, तो कृपया मुझे
अपना मार्ग दिखा, और मुझे तुझे जानने दे, ताकि मैं तेरी
दृष्टि में अनुग्रह पाऊँ। और इस राष्ट्र को तेरा लोग समझ।"
14 और उसने कहा, "मेरा उपस्थिति जाएगी, और मैं तुझे
विश्राम दूँगा।" 15 और उसने उससे कहा, "यदि तेरी
उपस्थिति नहीं जाती, तो हमें यहाँ से ऊपर मत ले जा।
16 "क्योंकि तब यह कैसे जाना जाएगा कि मैंने तेरी दृष्टि में
अनुग्रह पाया है, मैं और तेरे लोग, सिवाय इसके कि तू हमारे
साथ जाए? तब हम अलग किए जाएँगे, मैं और तेरे लोग, सब
लोगों से जो पृथ्वी के मुख पर हैं।" 17 और 𐤉𐤄𐤅𐤄 ने
मोशेह से कहा, "यह वचन भी जो तूने कहा है मैं करूंगा,
क्योंकि तूने मेरी दृष्टि में अनुग्रह पाया है, और मैं तुझे नाम से
जानता हूँ।" 18 तब उसने कहा, "कृपया, मुझे अपनी महिमा
दिखा।" 19 और उसने कहा, "मैं अपनी सारी भलाई तेरे
सामने से गुजारूँगा, और मैं 𐤉𐤄𐤅𐤄 का नाम तेरे सामने
घोषित करूँगा। और मैं जिस पर अनुग्रह करता हूँ, उस पर
अनुग्रह करूँगा, और जिस पर दया करता हूँ, उस पर दया
करूँगा।" 20 पर उसने कहा, "तू मेरा मुख देखने में सक्षम
नहीं है, क्योंकि कोई मनुष्य मुझे देख नहीं सकता और जीवित
रह सकता है।" 21 और 𐤉𐤄𐤅𐤄 ने कहा, "देखो, मेरे साथ
एक स्थान है! और तू चट्टान पर खड़ा होगा। 22 "और ऐसा
होगा, जब मेरी महिमा पार होगी, तो मैं तुझे चट्टान की दरार में
रखूँगा और जब तक मैं पार हो जाऊँगा तब तक अपने हाथ
से तुझे ढक लूँगा। 23 "फिर मैं अपना हाथ हटा लूँगा और तू
मेरी पीठ देखेगा, पर मेरा मुख नहीं देखा जाएगा।"

34 1 और 𐤉𐤄𐤅𐤄 ने मोशेह से कहा, "पहले जैसी दो
पत्थर की पट्टिकाएँ काट ले, और मैं उन पट्टिकाओं
पर वे वचन लिखूंगा जो पहली पट्टिकाओं पर थे जिन्हें तूने
तोड़ा था। 2 "और सुबह तैयार रहना। तब तू सुबह सीनै
पर्वत पर ऊपर चढ़ना, और वहाँ पर्वत की चोटी पर मेरे सामने
प्रस्तुत होना। 3 "और कोई मनुष्य तेरे साथ ऊपर न आए,
और न ही पूरा पर्वत मनुष्य से दिखे, और न ही भेड़-बकरियां
या गाय-बैल उस पर्वत के सामने चरें।" 4 और उसने पहले
जैसी दो पत्थर की पट्टिकाएँ काटीं। तब मोशेह सुबह जल्दी
उठा और सीनै पर्वत पर ऊपर चढ़ गया, जैसा 𐤉𐤄𐤅𐤄 ने
उसको आदेश दिया था, और उसने अपने हाथ में पत्थर की
दो पट्टिकाएँ लीं। 5 और 𐤉𐤄𐤅𐤄 बादल में उतर आया और
वहाँ उसके साथ खड़ा हुआ, और 𐤉𐤄𐤅𐤄 का नाम घोषित
किया। 6 और 𐤉𐤄𐤅𐤄 उसके सामने से होकर गया और
घोषित किया, "𐤉𐤄𐤅𐤄, 𐤉𐤄𐤅𐤄, एक ईश्वर दयालु और
अनुग्रहकारी, धैर्यवान, और कृपा व सत्य में महान, 7 हजारों
के लिए कृपा को बनाए रखनेवाला, अधर्म और अपराध और
पाप को क्षमा करनेवाला, परन्तु दोषी को किसी प्रकार निर्दोष
न ठहरानेवाला, पितरों के अधर्म को बच्चों और बच्चों के
बच्चों पर, तीसरी और चौथी पीढ़ी तक याद करनेवाला।"
8 और मोशेह ने शीघ्रता से पृथ्वी की ओर झुककर प्रणाम
किया, 9 और कहा, "अब यदि मैंने तेरी दृष्टि में अनुग्रह पाया
है, हे 𐤉𐤄𐤅𐤄, मैं प्रार्थना करता हूँ, 𐤉𐤄𐤅𐤄 हमारे बीच में
चला करे, यद्यपि हम हठीले लोग हैं। और हमारे अधर्म और
हमारे पाप को क्षमा कर, और हमें अपनी विरासत बना।"
10 और उसने कहा, "देख, मैं एक वाचा बाँध रहा हूँ। तेरे सब
लोगों के सामने मैं ऐसे आश्चर्यकर्म करूंगा जैसे सारी पृथ्वी में
और किसी भी राष्ट्र में नहीं किए गए। और जिन लोगों के बीच
तू है वे सब 𐤉𐤄𐤅𐤄 का काम देखेंगे। क्योंकि जो मैं तेरे साथ
कर रहा हूँ वह अद्भुत है। 11 "जो मैं आज तुझे आज्ञा देता हूँ
उसको मान। देख, मैं तेरे सामने से एमोरी, कनआनी, हित्ती,
परिज्जी, हिव्वी और यबूसी को निकाल रहा हूँ। 12 "अपने
आप को सावधान रख, कहीं तू उस देश के निवासियों के
साथ वाचा न बाँधे जहाँ तू जाता है, ऐसा न हो कि वह तेरे बीच
में फंदा बन जाए। 13 "परन्तु उनके वेदियों को गिरा देना,
उनके खम्भों को तोड़ देना, और उनकी अशेरा को काट
डालना – 14 क्योंकि तू किसी और देवता को प्रणाम न करना,
क्योंकि 𐤉𐤄𐤅𐤄 जिसका नाम जलनशील है, वह जलनशील
ईश्वर है – 15 कहीं ऐसा न हो कि तू उस देश के निवासियों के
साथ वाचा बाँधे, और वे अपने देवताओं के पीछे व्यभिचार
करें, और अपने देवताओं को बलिदान करें, और उनमें से
कोई तुझे बुलाए और तू उसके बलिदान का मांस खाए,
16 और तू उनकी बेटियों को अपने बेटों के लिए ले, और
उनकी बेटियाँ अपने देवताओं के पीछे व्यभिचार करें, और तेरे
बेटों को भी अपने देवताओं के पीछे व्यभिचार कराएँ।
17 "अपने लिए ढली हुई मूर्ति न बनाना। 18 "मत्सोत्स का पर्व
मानना। सात दिन तक तू अखमीरी रोटी खाएगा, जैसा मैंने
तुझे आज्ञा दी, अबीब महीने के नियत समय में, क्योंकि अबीब

महीने में तू मिस्र से निकला था। 19“हर पहला गर्भ
खोलनेवाला मेरा है, और तेरे पशुओं में प्रत्येक नर पहलौठा,
चाहे बैल हो या भेड़। 20“परन्तु गदहे का पहलौठा तू मेमने
के साथ छुड़ाएगा। और यदि तू उसे न छुड़ाए, तो उसकी
गर्दन तोड़ देना। तेरे बेटों में हर पहला जन्मा तू छुड़ाएगा।
और वे मेरे सामने खाली हाथ प्रकट न होंगे। 21“छः दिन तू
काम करेगा, परन्तु सातवें दिन विश्राम करेगा - हल चलाने के
समय और कटनी के समय भी तू विश्राम करेगा। 22“और
अपने लिए शावुओत का पर्व करो, गेहूं की कटनी के पहिलौठों
का, और वर्ष के अंत पर संग्रहण का पर्व।” 23“वर्ष में तीन
बार सब तुम्हारे पुरूष अदोन, 𐤉𐤄𐤅𐤄, इस्राएल के ईश्वर के
सामने प्रकट हों।” 24“क्योंकि मैं तुम्हारे आगे जातियों को
निकाल दूँगा, और तुम्हारी सीमाओं को बढाऊँगा, और जब
तुम वर्ष में तीन बार 𐤉𐤄𐤅𐤄 अपने ईश्वर के सामने प्रकट
होने जाओगे तब कोई तुम्हारे देश की लालसा नहीं करेगा।”
25“मेरे बलिदान का लहू खमीर के साथ मत चढ़ाना, और
फसह के पर्व का बलिदान सुबह तक मत रहने देना।”
26“अपनी भूमि के पहिलौठे फलों में से पहिलौठा 𐤉𐤄𐤅𐤄
अपने ईश्वर के भवन में लाओ। बकरी के बच्चे को उसकी माँ
के दूध में मत पकाना।” 27और 𐤉𐤄𐤅𐤄 ने मोशे से कहा,
“इन वचनों को लिख, क्योंकि इन वचनों के अनुसार मैंने
तुझसे और इस्राएल से वाचा की है।” 28और वह वहाँ
𐤉𐤄𐤅𐤄 के साथ चालीस दिन और चालीस रात रहा। उसने
रोटी नहीं खाई और पानी नहीं पिया। और उसने पट्टिकाओं
पर वाचा के वचन, दस वचन लिखे। 29और ऐसा हुआ कि
जब मोशे सिनै पर्वत से नीचे उतरा, और जब मोशे पर्वत से
उतरते समय गवाही की दो पट्टिकाएँ उसके हाथ में थीं, तब
मोशे नहीं जानता था कि उसका मुख चमक रहा है क्योंकि
उसने उससे बातें की थीं। 30और हारोन और सारे इस्राएल
के पुत्रों ने मोशे की ओर देखा, और देखा कि उसके मुख की
त्वचा चमक रही है, और वे उसके पास आने से डरते थे।
31परन्तु मोशे ने उन्हें बुलाया, और हारोन और मंडली के सब
प्रधान उसके पास लौट आए, और मोशे ने उनसे बातें कीं।
32और बाद में इस्राएल के सब पुत्र उसके पास आए, और
उसने उन्हें सब आज्ञाएँ दीं जो 𐤉𐤄𐤅𐤄 ने सिनै पर्वत पर
उससे कही थीं। 33और जब मोशे ने उनसे बातें पूरी कर लीं,
तो उसने अपने मुख पर घूंघट डाल दिया। 34परन्तु जब भी
मोशे 𐤉𐤄𐤅𐤄 के सामने उससे बातें करने जाता, तो वह घूंघट
उतार देता, जब तक कि वह बाहर न आता। और जब वह
बाहर आता, तो इस्राएल के पुत्रों से वह कहता जो आज्ञा उसे
दी गई थी। 35और इस्राएल के पुत्र मोशे का मुख देखते,
कि उसके मुख की त्वचा चमक रही है; और मोशे फिर अपने
मुख पर घूंघट डाल देता, जब तक वह फिर उससे बातें करने
न जाता।

35 1और मोशेह ने समस्त इस्राएल के बच्चों की सभा
को इकट्ठा किया, और उनसे कहा, “ये वे वचन हैं
जिन्हें 𐤉𐤄𐤅𐤄 ने तुम्हें करने की आज्ञा दी है।” 2“छः दिनों
तक काम किया जाए, परन्तु सातवाँ दिन तुम्हारे लिए पवित्र
होगा, 𐤉𐤄𐤅𐤄 के लिए विश्राम का शब्बाथ। जो कोई उस
दिन काम करेगा, वह मारा जाएगा।” 3“शब्बाथ के दिन
अपने किसी भी निवास स्थान में आग न जलाओ।” 4और
मोशेह ने इस्राएल के बच्चों की सारी सभा से कहा, “यह वह
वचन है जिसे 𐤉𐤄𐤅𐤄 ने आज्ञा दी है, यह कहते हुए,
5‘तुम्हारे बीच से 𐤉𐤄𐤅𐤄 के लिए चढ़ावा लो। जिसका भी
मन उसे प्रेरित करे, वह 𐤉𐤄𐤅𐤄 के लिए चढ़ावा लाए: सोना,
और चाँदी, और पीतल, 6और नीला, और बैंगनी, और लाल,
और उत्तम मलमल, और बकरियों का बाल, 7और मेढ़ों की
लाल रंगी हुई खालें, और उत्तम चमड़ा, और बबूल की
लकड़ी, 8और दीपक के लिए तेल, और अभिषेक का तेल
बनाने के लिए सुगंधित वस्तुएँ, और मीठी धूप के लिए, 9और
शोहम के पत्थर, और ऐसे पत्थर जो कंधे के वस्त्र और
छाती की पट्टी में जड़े जाएँ। 10‘और तुम में से सब बुद्धिमान
हृदय वाले आओ और वह सब बनाओ जिसकी आज्ञा
𐤉𐤄𐤅𐤄 ने दी है: 11मिश्कान, उसका तम्बू और उसका
ढकना, उसके कुंडे और उसके तख्ते, उसकी बल्लियाँ,
उसके खम्भे, और उसके आधार, 12सन्दूक और उसकी
डंडियाँ, प्रायश्चित्त का ढक्कन और ढकने का परदा, 13मेज
और उसकी डंडियाँ, और सब उसके बर्तन, और प्रदर्शनी की
रोटी, 14और दीयों के लिए दीवट, और उसके बर्तन, और
उसके दीये, और दीयों के लिए तेल, 15और धूप की वेदी,
और उसकी डंडियाँ, और अभिषेक का तेल, और मीठी धूप,
और मिश्कान के प्रवेश द्वार का ढकना, 16होमबलि की वेदी
उसके पीतल की जाली समेत, उसकी डंडियाँ, और उसके
सब बर्तन, धुलाई का पात्र और उसका पायदान, 17आँगन के
परदे, उसके खम्भे और उनके आधार, और आँगन के
फाटक का परदा, 18मिश्कान के खूंटे, और आँगन के खूंटे,
और उनकी रस्सियाँ, 19पवित्र स्थान में सेवा करने के लिए
बुने हुए वस्त्र, अहारोन याजक के लिए पवित्र वस्त्र, और
उसके पुत्रों के वस्त्र ताकि वे याजकाई करें।’ ” 20और
इस्राएल के बच्चों की सारी सभा मोशेह की उपस्थिति से
निकल गई। 21और हर वह जिसका मन ऊँचा हुआ और हर
वह जिसे आत्मा ने प्रेरित किया, आया, और उन्होंने 𐤉𐤄𐤅𐤄
के लिए मिलापवाले तम्बू की सेवा और उसके सब कामों और
पवित्र वस्त्रों के लिए चढ़ावा लाया। 22और वे आए, पुरुष
और स्त्रियाँ दोनों, जिनके हृदय उन्हें प्रेरित करते थे, और
कानों की बालियाँ और नथ की अंगूठियाँ, और अंगूठियाँ और
हार, सब सोने की वस्तुएँ लाए, यहाँ तक कि हर एक जिसने
𐤉𐤄𐤅𐤄 के लिए सोने की लहर भेंट दी। 23और हर पुरुष,
जिसके पास नीला और बैंगनी और किरमिजी, और महीन
मलमल, और बकरियों के बाल, और मेढ़ों की लाल रंगी
खालें, और उत्तम चमड़ा पाया गया, उन्हें लाया। 24हर एक
जिसने 𐤉𐤄𐤅𐤄 के लिए चाँदी या पीतल का योगदान दिया,
उसे लाया। और हर एक जिसके पास सेवा के किसी काम के
लिए बबूल की लकड़ी पाई गई, उसे लाया। 25और सब
बुद्धिमान हृदय वाली स्त्रियों ने अपने हाथों से सूत काता, और
जो उन्होंने काता था उसे लाईं — नीला और बैंगनी,
किरमिजी और महीन मलमल। 26और सब स्त्रियाँ जिनके
हृदय ज्ञान में उठे थे, उन्होंने बकरियों के बाल काते। 27और
प्रधानों ने शोहम पत्थर, और वे पत्थर जो कंधे के वस्त्र और
छाती के पट्टे में लगाए जाते थे, लाए। 28और सुगंधित वस्तुएं
और दीपक का तेल, और अभिषेक का तेल, और सुगंधित
धूप लाए। 29इस्राएल की सन्तान ने 𐤉𐤄𐤅𐤄 के लिए स्वेच्छा

की भेंट लाई, सब पुरुष और स्त्रियाँ जिनके हृदय ने उन्हें
प्रेरित किया कि वे हर प्रकार के काम लाएँ, जो 𐤉𐤄𐤅𐤄 ने
मूशेह के हाथ से करने की आज्ञा दी थी। 30 और मूशेह ने
इस्त्राएल की सन्तान से कहा, "देखो, 𐤉𐤄𐤅𐤄 ने ऊरी के
पुत्र, Ḥ◌ूर के पुत्र, यहूदा के गोत्र के बेत्सलेल को नाम
लेकर बुलाया है। 31 और उसने उसे ईश्वर की आत्मा से
परिपूर्ण किया है, बुद्धि में, समझ में, और ज्ञान में, और सब
प्रकार के काम में। 32 रूपरेखा बनाने के लिए, और सोने
और चाँदी और पीतल में काम करने के लिए। 33 और
पत्थरों को जड़ने के लिए काटने में, और लकड़ी को तराशने
में, और हर प्रकार के काम में रूपरेखा बनाने में। 34 "और
उसने उसके हृदय में सिखाने की शक्ति डाली है, उसमें और
ओहोलीआब, अहीसमाक के पुत्र, दान के गोत्र से। 35 "उसने
उन्हें सब प्रकार के काम करने की कला से भर दिया है —
नक्काशी करने वाले, और डिजाइन बनाने वाले, और कढ़ाई
करने वाले, नीले और बैंगनी, किरमिजी और महीन मलमल
में, और बुनकर, हर प्रकार का काम करने वाले, और
रूपरेखाएँ बनाने वाले।

36 1 "और बेत्सलएल और ओहोलियाब, और हर
बुद्धिमान-हृदय वाला मनुष्य जिसमें 𐤉𐤄𐤅𐤄 ने बुद्धि
और समझ दी है, कि वह जान सके कि पवित्र स्थान की सेवा
के लिए सब काम कैसे करना है, वे सब कुछ करेंगे जैसा कि
𐤉𐤄𐤅𐤄 ने आज्ञा दी है।" 2 और मोशेह ने बेत्सलएल और
ओहोलियाब को बुलाया, और हर बुद्धिमान-हृदय वाले मनुष्य
को जिसके हृदय में 𐤉𐤄𐤅𐤄 ने बुद्धि दी थी, हर एक को
जिसका हृदय उसे उठाता था, काम करने के लिए आने को
बुलाया। 3 और उन्होंने मोशेह से सब चढ़ावा लिया, जो
इस्त्राएल के बच्चों ने पवित्र स्थान की सेवा के काम के लिए
लाए थे। पर वे अब भी हर सुबह स्वेच्छा से चढ़ावा लाते रहे,
4 तब सब कारीगर जो पवित्र स्थान का सब काम कर रहे थे,
वे सब काम से जो कर रहे थे, छोड़कर आए, 5 और उन्होंने
मोशेह से कहा, "लोग उस काम की सेवा के लिए जितना
𐤉𐤄𐤅𐤄 ने हमें करने की आज्ञा दी है, उससे कहीं अधिक ला
रहे हैं।" 6 तब मोशेह ने आज्ञा दी और उन्होंने छावनी में यह
वचन प्रचार किया, "न तो कोई पुरुष और न कोई स्त्री अब
पवित्र स्थान के चढ़ावे के लिए और कोई काम करे।" और
लोगों को लाना रोक दिया गया, 7 क्योंकि उनके पास जितना
था वह सब काम के लिए बहुत ही पर्याप्त था, उससे भी
अधिक। 8 तब उन सब बुद्धिमान-हृदय वालों ने जो तम्बू पर
काम कर रहे थे, उन्होंने दस परदे बनाए, जिनको उत्तम
मलमल और नीले और बैंगनी और सुर्ख धागे से बनाया
गया। उन्होंने उन पर करूब बनाए, कुशल काम करने वाले
का काम। 9 हर एक परदे की लंबाई अट्ठाईस अम्माह और हर
एक परदे की चौड़ाई चार अम्माह थी, सब परदे एक ही नाप
के थे। 10 और उसने पाँच परदों को एक-दूसरे से जोड़ा;
और दूसरे पाँच परदों को भी उसने एक-दूसरे से जोड़ा।
11 और उसने एक परदे के किनारे पर जो किनारे पर था,
नीले रंग के फंदे बनाए, और दूसरे परदे के किनारे पर भी
ऐसा ही किया। 12 उसने एक परदे में पचास फंदे बनाए, और
दूसरे परदे के किनारे पर जो जोड़ में था, पचास फंदे बनाए;
ये फंदे एक परदे को दूसरे से मिलाते थे। 13 और उसने सोने
के पचास काँटे बनाए, और परदों को एक-दूसरे से उन काँटो
से जोड़ा, और तम्बू एक हो गया। 14 और उसने तम्बू के
ऊपर ढकने के लिए बकरियों के बालों के परदे बनाए, उसने
ग्यारह परदे बनाए। 15 हर एक परदे की लंबाई तीस अम्माह
और चौड़ाई चार अम्माह थी, ग्यारहों परदे एक ही नाप के
थे। 16 और उसने पाँच परदों को अलग और छह परदों को
अलग जोड़ा। 17 और उसने एक परदे के किनारे पर पचास
फंदे बनाए, और दूसरे परदे के किनारे पर भी पचास फंदे
बनाए। 18 और उसने पचास काँसे के काँटे बनाए ताकि तम्
को जोड़कर एक बनाया जाए। 19 और उसने तम्बू के लिए
मेढ़ों की खाल का लाल रंग में रंगा हुआ आवरण बनाया, और
उसके ऊपर उत्तम चमड़े का एक आवरण। 20 और तम्बू के
लिए उसने बबूल की लकड़ी के तख़्ते बनाए, खड़े हुए। 21 हर
एक तख़्ते की लंबाई दस अम्माह और हर एक तख़्ते की
चौड़ाई डेढ़ अम्माह थी। 22 प्रत्येक तख़्त में दो जोड़ थे
जिससे एक दूसरे से जुड़ सके। उसने ऐसा ही सब तख़्तों के
लिए मशकान के बनाया। 23 और उसने मशकान के लिए
तख़्त बनाए, दक्षिण दिशा के लिए बीस तख़्त। 24 और उसने
बीस तख़्तों के नीचे जाने के लिए चाँदी के चालीस आधार
बनाए, प्रत्येक तख़्त के नीचे उसके दो जोड़ के लिए दो
आधार। 25 और मशकान के दूसरी ओर, उत्तर दिशा के
लिए उसने बीस तख़्त बनाए, 26 और उनके चाँदी के चालीस
आधार, एक तख़्त के नीचे दो आधार, और दूसरे तख़्त के
नीचे दो आधार। 27 और उसने मशकान के पश्चिम दिशा के
लिए छह तख़्त बनाए। 28 और उसने मशकान के दो पिछले
कोनों के लिए दो तख़्त बनाए। 29 और वे नीचे से जुड़े हुए थे,
और वैसे ही ऊपर तक एक अंगूठी से पूरे थे। उसने दोनो
कोनों के लिए दोनों के साथ ऐसा ही किया। 30 और वहाँ आठ
तख़्त थे, और उनके चाँदी के आधार, सोलह आधार, प्रत्येक
तख़्त के नीचे दो आधार। 31 और उसने बबूल की लकड़ी
की छड़ें बनाईं, मशकान के एक ओर के तख़्तों के लिए पाँच।
32 और पाँच छड़ें मशकान के दूसरी ओर के तख़्तों के लिए,
और पाँच छड़ें मशकान के पीछे पश्चिम की ओर के तख़्तों के
लिए। 33 और उसने बीच की छड़ को तख़्तों में एक छोर से
दूसरे छोर तक पहुँचने के लिए बनाया। 34 और उसने तख़्तो
को सोने से मढ़ा, और उनकी अंगूठियाँ सोने की बनाईं ताकि
वे छड़ों के लिए धारक हों, और छड़ों को भी सोने से मढ़ा।
35 और उसने नीले और बैंगनी और सुर्ख तथा उत्तम बुने हुए
सूत का एक परदा बनाया। यह करूबों के साथ बना, कुशल
कारीगर का काम। 36 और उसने उसके लिए बबूल की
लकड़ी के चार खंभे बनाए, और उन्हें सोने से मढ़ा, उनके
काँटे सोने के थे। और उसने उनके लिए चाँदी के चार
आधार ढाले। 37 और उसने तंबू के द्वार के लिए नीले और
बैंगनी और सुर्ख तथा उत्तम बुने हुए सूत का एक आवरण
बनाया, बुनकर का काम। 38 और उसके पाँच खंभे उनके
काँटों के साथ। और उसने उनके सिरों और उनकी अंगूठियो
को सोने से मढ़ा, परन्तु उनके पाँच आधार पीतल के थे।

37 1 और बेटसालएल ने बबूल की लकड़ी का सन्दूक
बनाया, जिसकी लंबाई दो और आधी अम्माह, चौड़ाई
डेढ़ अम्माह, और ऊँचाई डेढ़ अम्माह थी। 2 और उसने उसे

भीतर और बाहर शुद्ध सोने से मढ़ा, और उसके चारों ओर
सोने का एक किनारा बनाया। 3 और उसने उसके चार पैरों
के लिये चार सोने के छल्ले ढाले, उसके एक पंल्ले पर दो
छल्ले और उसके दूसरे पंल्ले पर दो छल्ले। 4 और उसने
बबूल की लकड़ी के डंडे बनाये, और उन्हें सोने से मढ़ा।
5 और उसने डंडों को सन्दूक को उठाने के लिये उसके
किनारों पर छल्लों में डाला। 6 और उसने शुद्ध सोने का
प्रायश्चित का ढक्कन बनाया, जिसकी लंबाई दो और आधी
अम्माह, और चौड़ाई डेढ़ अम्माह थी। 7 और उसने सोने से
दो करूब बनाये। उसने उन्हें प्रायश्चित के ढक्कन के दोनों
सिरों से बनाया। 8 एक करूब इस ओर के एक छोर पर और
दूसरा करूब उस ओर के दूसरे छोर पर। उसने प्रायश्चित
के ढक्कन के दोनों सिरों से करूबों को बनाया। 9 और
करूबों ने अपने पंख ऊपर की ओर फैलाए और अपने पंखों
से प्रायश्चित के ढक्कन को ढक दिया, और उनके चेहरे
एक-दूसरे की ओर थे; करूबों के चेहरे प्रायश्चित के ढक्कन
की ओर थे। 10 और उसने बबूल की लकड़ी की मेज बनाई,
जिसकी लंबाई दो अम्माह, चौड़ाई एक अम्माह, और ऊँचाई
डेढ़ अम्माह थी। 11 और उसने उसे शुद्ध सोने से मढ़ा, और
उसके चारों ओर सोने का किनारा बनाया। 12 और उसने
उसके चारों ओर एक हथेली चौड़ी पटरी बनाई, और उस
पटरी के चारों ओर सोने का किनारा बनाया। 13 और उसने
उसके लिये चार सोने के छल्ले ढाले, और छल्लों को उसके
चार पावों के चार कोनों पर लगाया। 14 छल्ले पटरी के पास
थे, ताकि डंडे डालकर मेज को उठाया जा सके। 15 और
उसने बबूल की लकड़ी के डंडे बनाये, ताकि मेज को उठाया
जा सके, और उन्हें सोने से मढ़ा। 16 और उसने उन बर्तनों
को बनाया, जो मेज पर थे – उसकी थालियां, और उसके
प्याले, और उसके कटोरे, और उसके ढालने के पात्र – सब
शुद्ध सोने के। 17 और उसने शुद्ध सोने का दीपस्तम्भ
बनाया। दीपस्तम्भ को ठोंककर बनाया गया था, उसका
आधार और उसकी डंडी; उसके प्याले, उसके गोले और
उसके फूल उसी में से बने थे। 18 और उसके पंल्लों से छह
शाखाएँ निकलीं: दीपस्तम्भ के एक पंल्ले से तीन शाखाएँ और
दूसरे पंल्ले से तीन शाखाएँ। 19 एक शाखा पर बादाम के
फूल के आकार के तीन प्याले थे, गोंद और फूल सहित; और
दूसरी शाखा पर भी बादाम के फूल के आकार के तीन प्याले,
गोंद और फूल सहित। इसी प्रकार दीपस्तम्भ से निकलने
वाली छह शाखाओं पर। 20 और दीपस्तम्भ पर बादाम के फूल
के आकार के चार प्याले थे, उनके गोंद और फूल सहित।
21 और पहले दो शाखाओं के नीचे एक गोंद, और दूसरे दो
शाखाओं के नीचे एक गोंद, और तीसरे दो शाखाओं के नीचे
एक गोंद; ऐसे ही दीपस्तम्भ से निकलने वाली छह शाखाओं के
लिये। 22 उनकी कलियाँ और उनकी डालियाँ उसी की थीं,
सब कुछ शुद्ध सोने का एक ही ठोका हुआ काम था। 23 और
उसने उसके सात दीपक और उसकी बत्तियाँ काटने की
कैंचियाँ और उसकी तश्तरियाँ शुद्ध सोने की बनाईं। 24 उसने
उसे एक किक्कार शुद्ध सोने का बनाया, और उसके सब पात्र
भी। 25 और उसने धूप की वेदी बबूल की लकड़ी की बनाई,
एक अम्मा लंबी और एक अम्मा चौड़ी, चौकोर, और दो अम्मा
ऊँची। उसके सींग उसी के थे। 26 और उसने उसे शुद्ध सोने
से मढ़ा, उसका ऊपर का भाग और उसके चारों ओर की
दीवारें और उसके सींग। और उसने उसके चारों ओर सोने
का एक गिर्दबन्ध बनाया। 27 और उसने उसके लिये सोने के
दो छल्ले उसके गिर्दबन्ध के नीचे, उसके दोनों कोनों पर,
दोनों ओर बनाये, ताकि डंडे डालने के लिये स्थान हों जिनसे
उसे उठाया जाए। 28 और उसने बबूल की लकड़ी के डंडे
बनाये और उन्हें सोने से मढ़ा। 29 और उसने पवित्र अभिषेक
का तेल और सुगंधित धूप को शुद्ध किया, सुगंधसाज़ की
कारीगरी के अनुसार।

38 1 और उसने होम बलि की वेदी बबूल की लकड़ी से
बनाई, पाँच अम्माह लंबी और पाँच अम्माह चौड़ी,
चौकोर, और तीन अम्माह ऊँची। 2 और उसने उसके चारों
कोनों पर उसके सींग बनाए, सींग उसी के थे। और उसने
उसे काँसे से मढ़ा। 3 और उसने वेदी के सब बर्तन बनाए:
हंडे, और फावड़े, और कटोरे, और काँटे, और आग उठाने
वाले पात्र। उसने उसके सब बर्तन काँसे के बनाए। 4 और
उसने वेदी के लिए एक जाली बनाई, काँसे का जाल, उसके
किनारे के नीचे, तली से बीच तक। 5 और उसने काँसे की
जाली के चार कोनों के लिए चार छल्ले डाले, डंडों के लिये
पकड़ने के लिये। 6 और उसने डंडे बबूल की लकड़ी के
बनाए, और उन्हें काँसे से मढ़ा। 7 और उसने डंडों को वेदी
के किनारे पर छल्लों में डाल दिया, जिनसे उसे उठाया जाए।
उसने वेदी को तख्तों से खोखला बनाया। 8 और उसने काँसे
का बेसन और उसका काँसे का पाँव बनाया, उन स्त्रियों के
काँसे के दर्पणों से जो मिलापवाले तम्बू के द्वार पर सेवा करती
थीं। 9 और उसने आँगन बनाया: दक्षिण की ओर आँगन के
पर्दे महीन बुने हुए सूत के, सौ अम्माह लंबे। 10 उनके बीस
खम्भे और उनके बीस आधार, काँसे के। खम्भों के काँटे
और उनकी पट्टियाँ चाँदी की थीं। 11 और उत्तर की ओर पर्दे
सौ अम्माह लंबे थे, उनके बीस खम्भे और उनके बीस आधार
काँसे के। खम्भों के काँटे और उनकी पट्टियाँ चाँदी की थीं।
12 और पश्चिम की ओर पर्दे पचास अम्माह के थे, उनके दस
खम्भे और उनके दस आधार। खम्भों के काँटे और उनकी
पट्टियाँ चाँदी की थीं। 13 और पूर्व की ओर, पूर्वमुखी पचास
अम्माह। 14 एक ओर पन्द्रह अम्माह के पर्दे, उनके तीन खम्भे
और उनके तीन आधार। 15 और दूसरी ओर आँगन के
फाटक की ओर पन्द्रह अम्माह के पर्दे, इस ओर और उस
ओर, उनके तीन खम्भे और उनके तीन आधार। 16 सारे
आँगन के चारों ओर के पर्दे महीन बुने हुए सूत के थे।
17 और खम्भों के आधार काँसे के थे, खम्भों के काँटे और
उनकी पट्टियाँ चाँदी की थीं, और उनके सिरों की मढ़ाई चाँदी
की थी। और आँगन के सब खम्भों की पट्टियाँ चाँदी की थीं।
18 और आँगन के फाटक का परदा कढ़ाई का काम था, नीला
और बैंगनी और सुर्ख लाल और महीन बुने हुए सूत का, बीस
अम्माह लंबा, और ऊँचाई चौड़ाई में पाँच अम्माह, आँगन के
पर्दों के समान। 19 और खम्भे चार थे, और उनके आधार
चार काँसे के, उनके काँटे चाँदी के, और उनके सिरों की
मढ़ाई और उनकी पट्टियाँ चाँदी की थीं। 20 और मशकन के
सब खूंटे, और आँगन के चारों ओर के भी, काँसे के थे।
21 ये मशकन की नियुक्तियाँ थीं, गवाही के मशकन की, जिसे

𐤉𐤄𐤅𐤄 के आदेश से मोशेह ने लेवियों की सेवा के लिये,
अहरोन के पुत्र इतामार, याजक के हाथ से ठहराया। 22 और
बेत्सालेल, ऊरी का पुत्र, ḥूर का पुत्र, यहूदा के गोत्र से, ने
वह सब बनाया जो 𐤉𐤄𐤅𐤄 ने मोशेह को आज्ञा दी थी।
23 और उसके साथ अहोलियाब, अहीसामक का पुत्र, दान के
गोत्र से, एक नक्काश और डिज़ाइनर, नील और बैंगनी और
किरमिज़ी रंग में, और महीन सूती वस्त्र में कढ़ाई करने वाला
था। 24 सारा सोना जो काम के लिये तैयार किया गया, पवित्र
स्थान के सब काम में – और वह सोना हिलाने की भेंट का था
– उनतीस किक्कार और सात सौ तीस शेकेल के बराबर था,
पवित्र स्थान के शेकेल के अनुसार। 25 और मण्डली के गिने
गए लोगों से चाँदी एक सौ किक्कार और एक हज़ार सात सौ
पचहत्तर शेकेल थी, पवित्र स्थान के शेकेल के अनुसार।
26 एक बेका, आधा शेकेल एक सिर के लिये, पवित्र स्थान के
शेकेल के अनुसार, उन सब के लिये जो गिने गये, बीस वर्ष से
ऊपर के हर एक के लिये, कुल छः लाख तीन हज़ार पाँच सौ
पचास। 27 और एक सौ किक्कार चाँदी पवित्र स्थान के
आधार ढालने के लिये और परदे के आधारों के लिये थी: एक
सौ आधार एक सौ किक्कार से, हर आधार के लिये एक
किक्कार। 28 और एक हज़ार सात सौ पचहत्तर शेकेल से
उसने खम्भों के लिये काँटे बनाये, और उनके सिरों पर मढ़ाई
की, और उनके लिये पट्टियाँ बनायीं। 29 और काँसे की हिलाने
की भेंट सत्तर किक्कार और दो हज़ार चार सौ शेकेल थी।
30 और उससे उसने मिलापवाले तम्बू के द्वार के लिये आधार,
और काँसे की वेदी, और उसके लिये काँसे की जाली, और
वेदी के सब बर्तन बनाये। 31 और आँगन के चारों ओर के
आधार, और आँगन के फाटक के आधार, और मिष्कान के
सब खूंटे, और आँगन के चारों ओर के सब खूंटे बनाये।

39 1 और नीले और बैंगनी और लाल से उन्होंने बुने हुए
वस्त्र बनाए, पवित्र स्थान में सेवा करने के लिए।
और उन्होंने हारून के लिए पवित्र वस्त्र बनाए, जैसा कि
𐤉𐤄𐤅𐤄 ने मोशेह को आज्ञा दी थी। 2 और उसने सोने का,
नीले और बैंगनी और लाल का, और अच्छे बुने हुए सन का
एफ़ोद बनाया। 3 और उन्होंने सोने की चादरों को पीटा और
उसे धागों में काटा, ताकि उसे नीले और बैंगनी और लाल
और अच्छे सन के साथ बुनें, कुशल कारीगर का काम।
4 उन्होंने उसके लिए कंधे के टुकड़े बनाए कि उसे जोड़ दें;
यह उसके दो किनारों पर जोड़ा गया था। 5 और उसके
एफ़ोद की कढ़ाईदार कमरपट्टी, जो उस पर थी, सोने, नीले,
बैंगनी और लाल और अच्छे बुने हुए सन की उसी कारीगरी
की थी, जैसा कि 𐤉𐤄𐤅𐤄 ने मोशेह को आज्ञा दी थी। 6 और
उन्होंने शोहम पत्थर बनाए, जिन्हें सोने की जड़ाई में रखा
गया, जैसे अंगूठियों की नक्काशी होती है, इस्राएल के पुत्रों के
नामों के अनुसार। 7 और उसने उन्हें एफ़ोद के कंधों पर
रखा, इस्राएल के पुत्रों के स्मरण के पत्थर के रूप में, जैसा
कि 𐤉𐤄𐤅𐤄 ने मोशेह को आज्ञा दी थी। 8 और उसने छाती
का पट्टा बनाया, कुशल कारीगर का काम, एफ़ोद के काम के
समान, सोने, नीले, बैंगनी और लाल और अच्छे बुने हुए सन
का। 9 यह चौकोर था; उन्होंने छाती का पट्टा दुगना बनाया,
उसकी लंबाई एक ज़ेरेथ, उसकी चौड़ाई एक ज़ेरेथ, दुगनी।
10 और उन्होंने उसे चार कतार पत्थरों से भरा: एक कतार में
रुबी, टोपाज़, और पन्ना; यही पहली कतार थी। 11 और
दूसरी कतार में फ़िरोज़ा, नीलम, और हीरा। 12 और तीसरी
कतार में याकूत, अगेट और जमुनिया। 13 और चौथी कतार
में बेरिल, शोहम और यशब पत्थर — सोने की जड़ाई में
उनके लगाव के साथ। 14 और पत्थर इस्राएल के पुत्रों के
नामों के अनुसार थे, बारह उनके नामों के अनुसार, जैसे
अंगूठी की नक्काशी होती है, प्रत्येक अपने नाम के साथ बारह
गोत्रों के अनुसार। 15 और उन्होंने छाती के पट्टे के लिए अंतों
पर स्वच्छ सोने की मरोड़ी हुई जंजीरें बनाईं। 16 और उन्होंने
दो सोने के जोड़ और दो सोने की अंगूठियां बनाईं, और छाती
के पट्टे के दो सिरों पर वे अंगूठियां लगाईं। 17 और उन्होंने
सोने की दो जंजीरें छाती के पट्टे के दो सिरों की अंगूठियों में
डालीं। 18 और उन दो जंजीरों के दो सिरे उन्होंने दो जोड़ में
लगाए, और उन्हें एफ़ोद के कंधों पर सामने की ओर
लगाया। 19 और उन्होंने सोने की दो अंगूठियां बनाईं और
उन्हें छाती के पट्टे के दो सिरों पर लगाया, उसकी किनारी पर,
जो एफ़ोद के भीतर की ओर थी। 20 और उन्होंने दो सोने की
अंगूठियां बनाईं और उन्हें एफ़ोद के दो कंधों पर, नीचे की
ओर, उसके सामने, उसकी सिलाई के पास, एफ़ोद की
कढ़ाईदार कमरपट्टी के ऊपर लगाया। 21 और उन्होंने छाती
के पट्टे को नीले डोर से उसकी अंगूठियों को एफ़ोद की
अंगूठियों से बांधा, ताकि वह एफ़ोद की कढ़ाईदार कमरपट्टी
के ऊपर हो, और छाती का पट्टा एफ़ोद से ढीला न हो, जैसा
कि 𐤉𐤄𐤅𐤄 ने मोशेह को आज्ञा दी थी। 22 और उसने कन्धे
के वस्त्र का कुरता, बुना हुआ काम, सब नीला बनाया।
23 और कुरते का गला बीच में था, जैसे बख़्तर का गला होता
है, और गले के चारों ओर बुना हुआ किनारा था, ताकि वह
फट न जाए। 24 और उन्होंने कुरते के घेर पर नीले और
बैंगनी और किरमिजी धागों के दाड़िम बनाए। 25 और उन्होंने
शुद्ध सोने की घंटियाँ बनाईं, और उन घंटियों को कुरते के घेर
पर दाड़िमों के बीच-बीच में लगाया। 26 एक घण्टी और एक
दाड़िम, एक घण्टी और एक दाड़िम, चारों ओर कुरते के घेर
पर सेवा के लिए, जैसा 𐤉𐤄𐤅𐤄 ने मूशेह को आज्ञा दी थी।
27 और उन्होंने महीन सूत का लम्बा कुरता, जुलाहे का काम,
हारून और उसके पुत्रों के लिये बनाया। 28 और महीन सूत
की पगड़ी, और महीन सूत के शोभा के मुकुट, और महीन बुने
हुए सूत की छोटी पतलूनें बनाईं। 29 और महीन बुने हुए सूत
की कमरबन्द, नीले और बैंगनी और किरमिजी से कढ़ाई का
काम, जैसा 𐤉𐤄𐤅𐤄 ने मूशेह को आज्ञा दी थी। 30 और
उन्होंने शुद्ध सोने का पवित्रता का पट्ट बनाया, और उस पर
मुहर की नक्काशी की तरह खुदवाया: पवित्रता 𐤉𐤄𐤅𐤄 के
लिये। 31 और उन्होंने उस पर एक नीला डोरी लगाया, उसे
पगड़ी के ऊपर बाँधने के लिए, जैसा कि 𐤉𐤄𐤅𐤄 ने मोशेह
को आज्ञा दी थी। 32 और मिलाप के तम्बू की मशकान का
सब काम पूरा हुआ। और इसराएल के पुत्रों ने सब कुछ वैसा
ही किया जैसा 𐤉𐤄𐤅𐤄 ने मोशेह को आज्ञा दी थी। 33 और वे
मशकान को मोशेह के पास लाए, तम्बू और उसके सब
सामान, उसके काँटे, उसके तख़्ते, उसकी डंडियाँ, उसके
खम्भे और उसके आधार, 34 और लाल रंग में रंगी हुई मेंढों
की खाल की आड़, और उत्तम चमड़े की आड़, और ढकने
के परदे, 35 गवाही का सन्दूक उसके डंडों समेत, और

प्रायश्चित्त का ढक्कन, 36 मेज़ और उसके सब बर्तन, और
पेशकश की रोटी, 37 शुद्ध दीवट और उसकी दीवटें, जिन
दीवटों को क्रम में रखना था, और उसके सब बर्तन, और
ज्योति के लिये तेल, 38 सोने की वेदी, और अभिषेक का तेल,
और सुगन्धित धूप, और तम्बू के द्वार का आच्छादन,
39 पितल की वेदी और उसकी जाली, उसके डंडे और उसके
सब बर्तन, हंडिया और उसका पायदान, 40 आँगन के परदे,
उसके खम्भे और उनके आधार, आँगन के फाटक का
आच्छादन, उसकी रस्सियाँ और उसके खूंटे, और मशकान
की सेवा के सब बर्तन, मिलाप के तम्बू के लिये, 41 बुने हुए
वस्त्र, पवित्र स्थान में सेवा करने के लिये: हारून याजक के
लिये पवित्र वस्त्र, और उसके पुत्रों के वस्त्र, ताकि वे
याजकाई करें। 42 जैसा सब कुछ 𐤉𐤄𐤅𐤄 ने मोशेह को
आज्ञा दी थी, वैसा ही इसराएल के पुत्रों ने सब काम किया।
43 और मोशेह ने सब काम को देखा, और देखा कि उन्होंने
वैसा ही किया जैसा 𐤉𐤄𐤅𐤄 ने आज्ञा दी थी। तब मोशेह ने
उन्हें आशीष दी।

40 1 और 𐤉𐤄𐤅𐤄 ने मोशेह से कहा, 2 "पहले महीने के
पहले दिन को, तू मिलाप के तंबू का मिष्कान खड़ा
करना, 3 और उसमें गवाही का सन्दूक रखना, और सन्दूक
को परदे से ढकना। 4 "और तू मेज़ को भीतर लाकर उस पर
की वस्तुएँ सजाना, और दीवट को लाकर उसके दीपक
जलाना। 5 "और तू गवाही के सन्दूक के सामने धूप के लिए
सोने की वेदी रखना, और मिष्कान के द्वार पर परदा लगाना।
6 "और तू होमबलि की वेदी को मिष्कान के द्वार के सामने
रखना, अर्थात मिलाप के तंबू के सामने, 7 और हांडी को
मिलाप के तंबू और वेदी के बीच में रखकर उसमें पानी
भरना। 8 "और तू चारों ओर आँगन खड़ा करना, और
आँगन के फाटक पर परदा रखना। 9 "और तू अभिषेक का
तेल लेकर मिष्कान और जो कुछ उसमें है सबका अभिषेक
करना, और उसे तथा उसके सब पात्रों को पवित्र ठहराना,
और वह पवित्र होगा। 10 "और तू होमबलि की वेदी और
उसके सब पात्रों का अभिषेक करना, और वेदी को पवित्र
ठहराना, और वेदी अति पवित्र होगी। 11 "और तू हांडी और
उसके पायों का अभिषेक करना, और उसे पवित्र ठहराना।
12 "और तू अहरोन और उसके पुत्रों को मिलाप के तंबू के
द्वार पर लाकर उन्हें पानी से धोना। 13 "और तू अहरोन को
पवित्र वस्त्र पहनाना, और उसका अभिषेक कर उसे पवित्र
ठहराना ताकि वह मेरे लिए याजक का कार्य करे। 14 "और
तू उसके पुत्रों को लाकर उन्हें लंबे कुरते पहनाना। 15 "और
तू उनका भी वैसे ही अभिषेक करना जैसे तूने उनके पिता का
किया था, ताकि वे भी मेरे लिए याजक का कार्य करें। और
उनका यह अभिषेक उनके लिए पीढ़ी-दर-पीढ़ी सदा का
याजकपन ठहरे।" 16 और मोशेह ने वैसा ही किया जैसा
𐤉𐤄𐤅𐤄 ने उसे आज्ञा दी थी, उसने वैसा ही किया। 17 और
ऐसा हुआ कि दूसरे वर्ष के पहले महीने के पहले दिन को
मिष्कान खड़ा किया गया। 18 और मोशेह ने मिष्कान को
खड़ा किया, और उसके खूँटे गाड़े, और उसके तख्ते लगाए,
और उसके डंडे लगाए, और उसके खम्भे खड़े किए।
19 और तम्बू को मिष्कान पर फैलाया और तम्बू की ढकनेवाली
ओढ़नी को उसके ऊपर रखा, जैसा कि 𐤉𐤄𐤅𐤄 ने मोशेह
को आज्ञा दी थी। 20 और उसने साक्षी को लेकर सन्दूक में
रखा, और डंडों को सन्दूक की अंगूठियों में डाल दिया, और
प्रायश्चित की ढक्कन को सन्दूक के ऊपर रखा। 21 और
उसने सन्दूक को मिष्कान में ले जाकर ढकने का परदा
लगाया, ताकि साक्षी के सन्दूक को ढक दे, जैसा कि
𐤉𐤄𐤅𐤄 ने मोशेह को आज्ञा दी थी। 22 और उसने नियुक्ति
के तम्बू में, मिष्कान के उत्तर भाग में, परदे के बाहर मेज़ को
रखा। 23 और उसने रोटी को उस पर 𐤉𐤄𐤅𐤄 के सामने
क्रम से रखा, जैसा कि 𐤉𐤄𐤅𐤄 ने मोशेह को आज्ञा दी थी।
24 और उसने दीपदान को नियुक्ति के तम्बू में, मेज़ के
सामने, मिष्कान के दक्षिण भाग में रखा। 25 और उसने
दीपकों को 𐤉𐤄𐤅𐤄 के सामने जलाया, जैसा कि 𐤉𐤄𐤅𐤄 ने
मोशेह को आज्ञा दी थी। 26 और उसने सोने की वेदी को
नियुक्ति के तम्बू में, परदे के सामने रखा। 27 और उसने उस
पर सुगन्धित धूप जलाया, जैसा कि 𐤉𐤄𐤅𐤄 ने मोशेह को
आज्ञा दी थी। 28 और उसने मिष्कान के द्वार पर ढकनेवाली
ओढ़नी लगा दी। 29 और उसने मिष्कान के द्वार के सामने
होमबलि की वेदी को रखा, और उस पर होमबलि और
अन्नबलि चढ़ाया, जैसा कि 𐤉𐤄𐤅𐤄 ने मोशेह को आज्ञा दी
थी। 30 और उसने नियुक्ति के तम्बू और वेदी के बीच में
जलपात्र रखा, और उसमें धोने के लिए जल डाला। 31 और
मोशेह, और अहरोन, और उसके पुत्रों ने उससे अपने हाथ
और अपने पाँव धोए। 32 जब वे नियुक्ति के तम्बू में जाते,
और जब वे वेदी के पास आते, तो वे धोते, जैसा कि 𐤉𐤄𐤅𐤄
ने मोशेह को आज्ञा दी थी। 33 और उसने मिष्कान और वेदी
के चारों ओर आँगन खड़ा किया, और आँगन के फाटक की
ढकनेवाली ओढ़नी लगा दी। और मोशेह ने कार्य को पूरा
किया। 34 और बादल ने नियुक्ति के तम्बू को ढक लिया, और
𐤉𐤄𐤅𐤄 की महिमा ने मिष्कान को भर दिया। 35 और मोशेह
नियुक्ति के तम्बू में प्रवेश नहीं कर सका, क्योंकि बादल उस
पर ठहरा था, और 𐤉𐤄𐤅𐤄 की महिमा ने मिष्कान को भर
दिया। 36 और जब बादल मिष्कान के ऊपर से उठ जाता,
तब यिस्राएल के पुत्र अपनी यात्राओं में निकलते। 37 परन्तु
यदि बादल नहीं उठता, तो वे तब तक प्रस्थान नहीं करते जब
तक कि वह उठाया न जाए। 38 क्योंकि 𐤉𐤄𐤅𐤄 का बादल
दिन में मिष्कान पर रहता था, और रात में उस पर आग थी,
इस्राएल के सारे घराने की आँखों के सामने, उनकी सारी
यात्राओं में।

लैव्यव्यवस्था

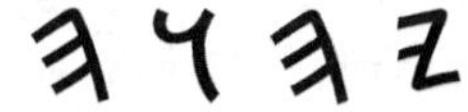

हिंदी संस्करण

लैव्यव्यवस्था

1 1 और 𐤉𐤄𐤅𐤄 ने मोशेह को बुलाया, और उससे मिलाप
के तंबू से कहा, 2 "इसराएल के बच्चों से कहो, और
उनसे कहो, 'जब तुम में से कोई 𐤉𐤄𐤅𐤄 के लिये एक भेंट
लाता है, तो वह अपनी भेंट को मवेशियों से, झुंड या भेड़ों में से
लाए। 3 'यदि उसकी भेंट झुंड में से होमबलि की है, तो वह
नर, एक सिद्ध लाए। वह उसे मिलाप के तंबू के द्वार पर लाए,
ताकि 𐤉𐤄𐤅𐤄 के सामने उसका स्वीकार हो। 4 'और वह
अपने हाथ को होमबलि के सिर पर रखे, और यह उसकी
ओर से स्वीकार किया जाएगा, ताकि उसके लिए प्रायश्चित
हो। 5 'और वह बैल को 𐤉𐤄𐤅𐤄 के सामने वध करेगा। और
हारोन के बेटे, याजक, लहू को लाएँगे और उस लहू को वेदी
के चारों ओर छिड़केंगे, जो मिलाप के तंबू के द्वार पर है।
6 'और वह होमबलि की खाल उतारेगा और उसे उसके
टुकड़ों में काटेगा। 7 'और हारोन के बेटे, याजक, वेदी पर
आग रखें, और आग पर लकड़ियों को क्रम से रखें। 8 'और
हारोन के बेटे, याजक, टुकड़ों को, सिर और चर्बी सहित, उस
लकड़ी पर सजाएँगे जो आग पर वेदी पर है। 9 'परन्तु
उसकी अंतड़ियाँ और उसकी टाँगें वह पानी से धोए। और
याजक उसे सब को वेदी पर जलाएगा, यह होमबलि है, आग
से की हुई भेंट है, 𐤉𐤄𐤅𐤄 के लिये सुगंधित गंध। 10 'और
यदि उसकी भेंट भेड़ों में से या बकरियों में से होमबलि की है,
तो वह नर, एक सिद्ध लाए। 11 'और वह उसे वेदी के उत्तर
भाग में 𐤉𐤄𐤅𐤄 के सामने वध करे। और हारोन के बेटे,
याजक, उसका लहू वेदी के चारों ओर छिड़कें। 12 'और वह
उसे उसके टुकड़ों में, उसके सिर और उसकी चर्बी सहित,
काटे। और याजक उन्हें उस लकड़ी पर सजाए जो आग पर
वेदी पर है। 13 'परन्तु अंतड़ियाँ और टाँगें वह पानी से धोए।
और याजक उसे सब को लाकर वेदी पर जलाए। यह
होमबलि है, आग से की हुई भेंट है, 𐤉𐤄𐤅𐤄 के लिये सुगंधित
गंध। 14 'और यदि उसकी भेंट की होमबलि 𐤉𐤄𐤅𐤄 के
लिये पक्षियों में से है, तो वह अपनी भेंट फ़ाख़्ता या जवान
कबूतरों में से लाए। 15 'और याजक उसे वेदी पर लाए, और
उसका सिर मरोड़े, और उसे वेदी पर जलाए, और उसका
लहू वेदी की बाज़ू में निकाल दिया जाए। 16 'और वह उसका
फसल और उसके पर हटाकर उसे वेदी के पूर्व भाग में, राख
की जगह पर डाल दे। 17 'और वह उसके पंखों से उसे चीर
दे, परन्तु उसे अलग न करे। और याजक उसे वेदी पर, उस
लकड़ी पर जलाए जो आग पर है। यह होमबलि है, आग से
की हुई भेंट है, 𐤉𐤄𐤅𐤄 के लिये सुगंधित गंध।

2 1 'और जब कोई भी अन्न भेंट 𐤉𐤄𐤅𐤄 के लिए लाता है,
उसकी भेंट उत्तम आटे की होनी चाहिए। और वह उस
पर तेल डाले और उस पर लोबान रखे, 2 और वह उसे
अहरोन के पुत्रों, याजकों, के पास लाए, और वह उसमें से
अपनी हथेली भरकर उत्तम आटा और तेल, और सब लोबान
लेगा। और याजक उसे स्मरण अंश के रूप में वेदी पर
जलाएगा, आग से की गई भेंट, 𐤉𐤄𐤅𐤄 के लिए सुगंधित
गंध। 3 'और अन्न भेंट का बाकी भाग अहरोन और उसके
पुत्रों का होगा, 𐤉𐤄𐤅𐤄 के लिए आग से की गई भेंटों में से
सबसे पवित्र। 4 'और यदि तुम अन्न भेंट को भट्ठी में पकाकर
लाते हो, तो वह उत्तम आटे की बिना खमीर की रोटियाँ होनी
चाहिए, जो तेल के साथ गूंथी गई हों, या बिना खमीर की
पतली रोटियाँ हों, जिन पर तेल लगाया गया हो। 5 'पर यदि
तुम्हारी भेंट तवे पर की गई अन्न भेंट है, तो वह उत्तम आटे
की, बिना खमीर की, तेल से मिश्रित हो। 6 'उसे टुकड़ों में
बांटो और उस पर तेल डालो, यह अन्न भेंट है। 7 'और यदि
तुम्हारी भेंट हांडी में पकाई गई अन्न भेंट है, तो वह उत्तम आटे
और तेल से बनाई जाए। 8 'और तुम 𐤉𐤄𐤅𐤄 के पास वह
अन्न भेंट लाओगे, जो इनसे बनाई गई हो, और उसे याजक के
सामने प्रस्तुत करोगे, और वह उसे वेदी तक ले जाएगा।
9 'और याजक अन्न भेंट में से स्मरण अंश लेगा और उसे
वेदी पर जलाएगा, आग से की गई भेंट, 𐤉𐤄𐤅𐤄 के लिए
सुगंधित गंध। 10 'और अन्न भेंट का बाकी भाग अहरोन और
उसके पुत्रों का होगा, 𐤉𐤄𐤅𐤄 के लिए आग से की गई भेंटों में
से सबसे पवित्र। 11 'कोई भी अन्न भेंट जो तुम 𐤉𐤄𐤅𐤄 के
पास लाते हो, वह खमीर से नहीं बनाई जानी चाहिए, क्योंकि
तुम किसी भी खमीर या शहद को आग से की गई भेंट में
𐤉𐤄𐤅𐤄 को नहीं जलाओगे। 12 'तुम उन्हें प्रथम-फल की
भेंट के रूप में 𐤉𐤄𐤅𐤄 को लाओगे, परंतु वे वेदी पर सुगंधित
गंध के लिए नहीं जलाए जाएंगे। 13 'और अपने हर अन्न भेंट
को नमक से स्वादिष्ट बनाओ, और अपने ईश्वर की वाचा का
नमक अपनी अन्न भेंट से कम मत होने दो। अपनी सब भेंटों
के साथ नमक लाओ। 14 'और यदि तुम अपनी प्रथम-फल
की अन्न भेंट 𐤉𐤄𐤅𐤄 को लाते हो, तो प्रथम-फल की अन्न
भेंट के लिए आग पर भुने हुए हरे बालों वाले अनाज, नए
अनाज के कुचले हुए दाने लाओ। 15 'और तुम उस पर तेल
डालो, और उस पर लोबान रखो। यह अन्न भेंट है। 16 'और
याजक स्मरण अंश को, उसके कुचले हुए अनाज और
उसके तेल से, और सब लोबान से, जलाएगा, आग से की गई
भेंट 𐤉𐤄𐤅𐤄 को।

3 1 'और यदि वह जो प्रस्तुत करता है वह एक मेलबलि है,
यदि वह उसे झुंड से लाता है, चाहे नर हो या मादा, वह
एक निर्दोष को 𐤉𐤄𐤅𐤄 के सामने लाए। 2 'और वह अपने
हाथ को अपनी भेंट के सिर पर रखे, और उसे मिलापवाले तंबू
के द्वार पर वध करे। और हारून के पुत्र, याजक, उस लहू
को वेदी पर चारों ओर छिड़कें। 3 'और मेलबलि में से वह
𐤉𐤄𐤅𐤄 को अर्पण करे, आग से चढ़ाया हुआ अर्पण, वह चर्बी
जो आँतों को ढाँपती है और सारी चर्बी जो आँतों पर है, 4 और
दोनों गुर्दे, और वह चर्बी जो कटि पर है, और जिगर पर का

उपांग, जिसे वह गुर्दों सहित निकाल दे। 5 ‘और हारून के
पुत्र उसे होमबलि पर, जो लकड़ी पर, जो आग पर है, वेदी पर
जलाएँ, आग से चढ़ाया हुआ अर्पण, 𐤉𐤄𐤅𐤄 के लिए
सुगंधित गंध। 6 ‘और यदि वह झुंड में से मेलबलि लाता है
𐤉𐤄𐤅𐤄 के लिए, नर या मादा, वह एक निर्दोष को लाए।
7 ‘यदि वह अपनी भेंट के रूप में एक मेम्ना लाता है, तो वह
उसे 𐤉𐤄𐤅𐤄 के सामने लाए, 8 और वह अपने हाथ को अपनी
भेंट के सिर पर रखे, और उसे मिलापवाले तंबू के सामने वध
करे, और हारून के पुत्र उसका लहू वेदी पर चारों ओर
छिड़कें। 9 ‘और मेलबलि में से वह निकट लाए - 𐤉𐤄𐤅𐤄
को आग से चढ़ाया हुआ अर्पण - उसकी चर्बी, सारी मोटी पूँछ
जिसे वह रीढ़ की हड्डी के पास से निकाल देता है, और वह
चर्बी जो आँतों को ढाँपती है और सारी चर्बी जो आँतों पर है,
10 और दोनों गुर्दे और वह चर्बी जो कटि पर है, और जिगर
पर का उपांग, जिसे वह गुर्दों सहित निकाल दे। 11 ‘और
याजक उन्हें वेदी पर जलाकर भोजन के रूप में, आग से
चढ़ाया हुआ अर्पण 𐤉𐤄𐤅𐤄 को अर्पण करे। 12 ‘और यदि
उसकी भेंट बकरी है, तो वह उसे 𐤉𐤄𐤅𐤄 के सामने लाए,
13 और वह अपने हाथ को उसके सिर पर रखे और उसे
मिलापवाले तंबू के सामने वध करे। और हारून के पुत्र
उसका लहू वेदी पर चारों ओर छिड़कें। 14 ‘और उसमें से
वह अपना अर्पण लाए, आग से चढ़ाया हुआ अर्पण 𐤉𐤄𐤅𐤄
को, वह चर्बी जो आँतों को ढाँपती है और सारी चर्बी जो आँतों
पर है, 15 और दोनों गुर्दे और वह चर्बी जो कटि पर है, और
जिगर पर का उपांग, जिसे वह गुर्दों सहित निकाल दे।
16 ‘और याजक उन्हें वेदी पर जलाकर भोजन के रूप में,
आग से चढ़ाया हुआ अर्पण सुगंधित गंध के लिए अर्पण करे।
सारी चर्बी 𐤉𐤄𐤅𐤄 की है। 17 ‘यह एक सदा की विधि है
तुम्हारी पीढ़ी-दर-पीढ़ी, तुम्हारे सब निवास स्थानों में: तुम कोई
भी चर्बी या कोई भी लहू न खाओ।’ ”

4 1 और 𐤉𐤄𐤅𐤄 ने मोशेह से कहा, 2 “यिस्राएल के बच्चों
से कहो, ‘जब कोई प्राणी 𐤉𐤄𐤅𐤄 की किसी आज्ञा के
विरुद्ध भूलवश पाप करे, जो नहीं करनी चाहिए, और उनमें से
कोई काम करे: 3 ‘यदि अभिषिक्त याजक पाप करता है, लोगों
पर दोष लाता है, तो वह 𐤉𐤄𐤅𐤄 के लिए अपने पाप का
प्रायश्चित करने के लिए, जो उसने किया है, एक जवान बैल,
निर्दोष, पापबलि के रूप में लाए। 4 और वह बैल को मण्डली
के तम्बू के द्वार पर 𐤉𐤄𐤅𐤄 के सामने लाएगा, और अपने
हाथ को बैल के सिर पर रखेगा, और 𐤉𐤄𐤅𐤄 के सामने बैल
को मारेगा। 5 ‘और अभिषिक्त याजक बैल का कुछ रक्त ले
और उसे मण्डली के तम्बू में लाए। 6 और याजक अपनी
उंगली को रक्त में डुबोएगा और उस रक्त का कुछ भाग
𐤉𐤄𐤅𐤄 के सामने, परदे के सामने पवित्र स्थान में सात बार
छिड़केगा। 7 ‘और याजक धूप की वेदी के सींगों पर कुछ
रक्त लगाएगा, जो 𐤉𐤄𐤅𐤄 के सामने मण्डली के तम्बू में है,
और सब रक्त को होमबलि की वेदी के आधार पर उड़ेल
देगा, जो मण्डली के तम्बू के द्वार पर है। 8 ‘फिर वह बैल का
सारा चर्बी, जो पापबलि है, निकालेगा, वह चर्बी जो आँतों को
ढकती है और सारी चर्बी जो आँतों पर है, 9 और दोनों गुर्दे
और वह चर्बी जो कटियों के पास उन पर है, और यकृत की
बढ़ी हुई लोई, जिसे वह गुर्दों के साथ निकालता है, 10 जैसे
मेलबलि के बैल से लिया गया था। और याजक उन्हें होमबलि
की वेदी पर जलाएगा। 11 ‘पर बैल की खाल, और उसका
सारा मांस, उसके सिर और पैरों सहित, उसकी आँतें और
गोबर – 12 पूरा बैल – वह उसे छावनी के बाहर एक शुद्ध
स्थान पर ले जाएगा, जहाँ राख डाली जाती है, और उसे
लकड़ी पर अग्नि से जलाएगा। जहाँ राख डाली जाती है,
वहीं वह जलाया जाएगा। 13 ‘और यदि पूरा इस्राएल समुदाय
भूलवश भटक जाए, और वह बात सभा की आँखों से छिपी
रही, और उन्होंने 𐤉𐤄𐤅𐤄 की किसी भी आज्ञा को कर दिया,
जो नहीं करना चाहिए, तो वे दोषी होंगे। 14 जब वह पाप जो
उन्होंने किया है प्रकट हो जाए, तब सभा पापबलि के लिए एक
जवान बैल लाएगी, और उसे मण्डली के तम्बू के सामने
लाएगी। 15 ‘और सभा के बुज़ुर्ग अपने हाथ बैल के सिर पर
रखेंगे 𐤉𐤄𐤅𐤄 के सामने, और बैल को 𐤉𐤄𐤅𐤄 के सामने
मारा जाएगा। 16 ‘और अभिषिक्त याजक बैल का कुछ रक्त
मण्डली के तम्बू में लाएगा। 17 और याजक अपनी उंगली को
रक्त में डुबोएगा और उसे 𐤉𐤄𐤅𐤄 के सामने परदे के सामने
सात बार छिड़केगा। 18 और कुछ रक्त वेदी के सींगों पर
लगाएगा, जो 𐤉𐤄𐤅𐤄 के सामने है, जो मण्डली के तम्बू में है,
और सब रक्त को होमबलि की वेदी के आधार पर उड़ेल
देगा, जो मण्डली के तम्बू के द्वार पर है। 19 ‘फिर वह उससे
सारी चर्बी निकालेगा और उसे वेदी पर जलाएगा। 20 ‘और
वह उस बैल के साथ वैसा ही करेगा जैसा उसने पापबलि वाले
बैल के साथ किया था – वैसे ही करेगा। और याजक उनके
लिए प्रायश्चित करेगा, और उन्हें क्षमा मिलेगी। 21 ‘और वह
बैल को छावनी के बाहर ले जाकर, उसे वैसे ही जलाएगा जैसे
पहले बैल को जलाया गया था। यह पूरी सभा के लिए पापबलि
है। 22 ‘जब कोई शासक पाप करता है, और भूल से 𐤉𐤄𐤅𐤄
अपने ईश्वर की आज्ञाओं में से कोई करता है जो नहीं करनी
चाहिए, और दोषी ठहराया जाए, 23 या यदि उसका पाप, जो
उसने किया है, उसको बताया जाए, तो वह अपने बलिदान के
रूप में बकरों में से एक नर बकरा, निर्दोष, लाए। 24 ‘और
वह अपने हाथ को बकरे के सिर पर रखेगा, और उसे उस
स्थान पर मारेगा जहाँ वे होमबलि को मारते हैं, 𐤉𐤄𐤅𐤄 के
सामने। यह पापबलि है। 25 ‘और कोहेन पापबलि के कुछ
रक्त को अपनी उंगली से लेगा, और उसे होमबलि की वेदी के
सींगों पर लगाएगा, और उसका सारा रक्त वेदी की नींव पर
उंडेल देगा। 26 और वह उसकी सारी चर्बी वेदी पर जलाएगा,
जैसे मेलबलि की चर्बी को जलाते हैं। और कोहेन उसके लिए
उसके पाप के लिए प्रायश्चित करेगा, और उसका पाप क्षमा
किया जाएगा। 27 ‘और यदि देश के किसी भी व्यक्ति से
भूलवश कोई ऐसा पाप हो जाए कि उसने 𐤉𐤄𐤅𐤄 की
आज्ञाओं में से कोई काम कर डाला जो नहीं करना चाहिए,
और दोषी ठहराया जाए, 28 या यदि उसका पाप, जो उसने
किया है, उसको बताया जाए, तो वह अपने पाप के लिए, जो
उसने किया है, एक मादा बकरी, निर्दोष, अपने बलिदान के
रूप में लाए। 29 ‘और वह अपने हाथ को पापबलि के सिर पर
रखेगा, और पापबलि को उस स्थान पर मारेगा जहाँ होमबलि
को मारा जाता है। 30 ‘और कोहेन उसकी कुछ रक्त अपनी
उंगली से लेगा, और उसे होमबलि की वेदी के सींगों पर

लगाएगा, और सारा रक्त वेदी की नींव पर उंडेल देगा।
31 फिर वह उसकी सारी चर्बी निकालेगा, जैसे मेलबलि से चर्बी
निकाली जाती है। और कोहेन उसे वेदी पर 𐤉𐤄𐤅𐤄 के लिए
सुगंधित धूप के समान जलाएगा। और कोहेन उसके लिए
प्रायश्चित करेगा, और उसका पाप क्षमा किया जाएगा।
32 ‘और यदि वह अपने पापबलि के लिए मेमना लाता है, तो
वह मादा, निर्दोष, लाए। 33 ‘और वह अपने हाथ को पापबलि
के सिर पर रखेगा, और उसे पापबलि के रूप में उस स्थान
पर मारेगा जहाँ वे होमबलि को मारते हैं। 34 ‘और कोहेन
पापबलि के कुछ रक्त को अपनी उंगली से लेगा, और उसे
होमबलि की वेदी के सींगों पर लगाएगा, और सारा रक्त वेदी
की नींव पर उंडेल देगा। 35 ‘फिर वह उसकी सारी चर्बी
निकालेगा, जैसे मेमने की चर्बी मेलबलि से निकाली जाती है।
और कोहेन उसे वेदी पर 𐤉𐤄𐤅𐤄 के लिए अग्नि के द्वारा
चढ़ाए जाने वाले बलिदानों के अनुसार जलाएगा। इस प्रकार
कोहेन उसके पाप के लिए प्रायश्चित करेगा, और उसका पाप
क्षमा किया जाएगा।

5 1 ‘और जब कोई प्राणी पाप करता है कि उसने शपथ की
आवाज़ सुनी, और वह गवाह है, या उसने देखा, या उसने
जाना, परन्तु उसे प्रकट नहीं करता, वह अपनी दुष्टता
उठाएगा। 2 ‘या जब कोई प्राणी किसी अशुद्ध वस्तु को छूता
है, या किसी अशुद्ध पशु का शव, या अशुद्ध पशुधन का शव,
या अशुद्ध रेंगने वाले जीवों का शव, और यह उससे छिपा रहा,
तो वह अशुद्ध और दोषी है। 3 ‘या जब वह मनुष्य की
अशुद्धता को छूता है, उसकी किसी भी अशुद्धता से जिससे वह
अशुद्ध होता है, और यह उससे छिपा रहा, जब वह इसे जान
ले, तब वह दोषी ठहरेगा। 4 ‘या जब कोई प्राणी शपथ खाता
है, अपने होंठों से उतावली में बुरा करने या भला करने के लिए
बोलता है, जो कुछ भी हो कि मनुष्य ने शपथ खाई हो उतावली
में, और यह उससे छिपा रहा, जब वह इसे जान ले, तब वह
इनमें से एक में दोषी ठहरेगा। 5 ‘और ऐसा होगा, जब वह
इनमें से किसी में दोषी ठहरे, तब वह उस बात को स्वीकार
करेगा जिसमें उसने पाप किया है, 6 और अपने पाप के लिए
जो उसने किया है, अपना दोषबलि 𐤉𐤄𐤅𐤄 को लाएगा, झुंड
से एक मादा, एक भेड़ का बच्चा या एक मादा बकरी पापबलि
के रूप में। और कोहेन उसके लिए प्रायश्चित करेगा, उसके
पाप के लिए। 7 ‘और यदि वह भेड़ का बच्चा लाने में असमर्थ
है, तब जिसने पाप किया है, वह 𐤉𐤄𐤅𐤄 को दो फाख्ते या दो
कबूतर के बच्चे लाएगा, एक पापबलि के लिए और दूसरा
होमबलि के लिए। 8 ‘और वह उन्हें कोहेन के पास लाएगा,
और कोहेन पहले पापबलि के लिए जो है उसे निकट लाएगा,
और उसका सिर उसकी गर्दन से मरोड़ेगा, परन्तु उसे अलग
नहीं करेगा। 9 ‘और वह पापबलि का कुछ लहू वेदी की ओर
छिड़केगा, और शेष लहू वेदी के नीचे उंडेला जाएगा। यह
पापबलि है। 10 ‘और वह दूसरे को होमबलि की विधि के
अनुसार तैयार करेगा, और कोहेन उसके लिए प्रायश्चित
करेगा, उसके पाप के लिए जो उसने किया है, और यह उसे
क्षमा किया जाएगा। 11 ‘परन्तु यदि वह दो फाख्ते या दो
कबूतर के बच्चे लाने में असमर्थ है, तब जिसने पाप किया है
वह अपने भेंट के लिए एक दशमांश एफ़ा महीन आटा पापबलि
के लिए लाएगा। वह उस पर तेल न डालेगा, न उस पर
लोहबान डालेगा, क्योंकि यह पापबलि है। 12 ‘और वह उसे
कोहेन के पास लाएगा, और कोहेन उसमें से अपनी हथेली भर
स्मरणांश लेगा, और उसे वेदी पर जलाएगा, आग से की गई
भेंटों के अनुसार 𐤉𐤄𐤅𐤄 को। यह पापबलि है। 13 ‘और
कोहेन उसके लिए प्रायश्चित करेगा, उसके पाप के लिए जो
उसने इनमें से किसी में किया है, और यह उसे क्षमा किया
जाएगा। और यह कोहेन का होगा, जैसे अन्नबलि।’ ”
14 और 𐤉𐤄𐤅𐤄 ने मोशेह से कहा, 15 “जब कोई प्राणी
अपराध करता है, और 𐤉𐤄𐤅𐤄 की पवित्र वस्तुओं के विरुद्ध
भूल से पाप करता है, तब वह 𐤉𐤄𐤅𐤄 को दोषबलि के रूप में
एक मेढ़ा लाएगा, एक सिद्ध, झुंड से, तुम्हारे मूल्य के अनुसार
चाँदी के शेकेल में, पवित्र स्थान के शेकेल के अनुसार,
दोषबलि के रूप में। 16 “और वह उस पाप का भुगतान करेगा
जो उसने पवित्र वस्तुओं के विरुद्ध किया है, और उसमें पाँचवां
भाग जोड़ेगा और उसे कोहेन को देगा। और कोहेन उसके
लिए दोषबलि के मेढ़े से प्रायश्चित करेगा, और यह उसे क्षमा
किया जाएगा। 17 “और जब कोई प्राणी पाप करता है, और
जो नहीं करना चाहिए, 𐤉𐤄𐤅𐤄 की किसी भी आज्ञा के विरुद्ध
करता है, यद्यपि उसने उसे नहीं जाना, तौभी वह दोषी ठहरेगा
और अपनी दुष्टता उठाएगा। 18 “तब वह कोहेन के पास एक
मेढ़ा लाएगा, एक सिद्ध, झुंड से, तुम्हारे मूल्य के अनुसार,
दोषबलि के रूप में। और कोहेन उसके लिए उस गलती का
प्रायश्चित करेगा जो उसने अनजाने में की, यद्यपि उसने उसे
नहीं जाना, और यह उसे क्षमा किया जाएगा – 19 यह दोषबलि
है, वह वास्तव में 𐤉𐤄𐤅𐤄 के सामने दोषी था।”

6 1 और 𐤉𐤄𐤅𐤄 ने मोशेह से कहा, 2 “जब कोई प्राणी पाप
करता है और 𐤉𐤄𐤅𐤄 के विरुद्ध अपराध करता है, और
अपने पड़ोसी से किसी जमा, या किसी गिरवी, या चोरी के
विषय में झूठ बोलता है, या अपने पड़ोसी से जबरन कुछ लेता
है, 3 या खोई हुई वस्तु पाता है और उसके विषय में झूठ
बोलता है, या झूठी शपथ खाता है, ताकि वह इन सब में से
किसी एक में पाप करे, जो मनुष्य करता है, 4 तब ऐसा होगा
कि जब वह पाप करे और दोषी ठहरे, तब जो उसने चोरी
करके लिया है, या जो उसने जबरन लिया है, या जो जमा
उसके पास रखा गया था, या जो खोई वस्तु उसने पाई थी,
वह लौटाए, 5 या सब कुछ जिसके विषय में उसने झूठी शपथ
खाई हो। वह उसकी पूरी कीमत लौटाएगा, उसमें पाँचवाँ भाग
और जोड़ देगा, और उसे जिसे वह वस्तु मिलनी चाहिए, उस
दिन देगा जब वह अपना दोष बलिदान लाए। 6 “तब वह
अपना दोष बलिदान 𐤉𐤄𐤅𐤄 के पास लाए, झुंड में से एक
पूर्ण मेढ़ा, तुम्हारे मूल्यांकन के अनुसार, दोष बलिदान के रूप
में, याजक (कोहेन) के पास। 7 “और याजक उसके लिये
𐤉𐤄𐤅𐤄 के सामने प्रायश्चित करेगा, और वह उन सब बातों
के लिये क्षमा किया जाएगा, जिनमें उसने दोष किया है।”
8 और 𐤉𐤄𐤅𐤄 ने मोशेह से कहा, 9 “अहरोन और उसके
पुत्रों को आज्ञा दे, कहकर, ‘यह होमबलि की व्यवस्था है: यह
होमबलि है, क्योंकि यह वेदी पर सारी रात सुबह तक जलती
रहती है, और वेदी की आग उस पर जलती रहती है।
10 ‘और याजक अपने सन के वस्त्र पहिने, और अपने शरीर
पर सन की पतलून चढ़ाए, और होमबलि की राख, जिसे आग
ने वेदी पर भस्म किया है, उठाकर वेदी के पास रखे।

[11] ‘फिर वह अपने वस्त्र उतारे, और अन्य वस्त्र पहिने, और
राख को छावनी के बाहर किसी शुद्ध स्थान पर ले जाए।
[12] ‘और वेदी पर आग जलती रहे, वह बुझाई न जाए। और
याजक हर सुबह उस पर लकड़ी जलाए, और होमबलि को
उस पर ठीक से रखे, और उस पर मेलबलियों की चर्बी
जलाए – [13] वेदी पर आग निरंतर जलती रहे, वह बुझाई न
जाए। [14] ‘और यह अन्नबलि की व्यवस्था है: अहरोन के पुत्र
इसे 𐤉𐤄𐤅𐤄 के सामने, वेदी के सामने लाएँ, [15] और वह
अपने हाथ से अन्नबलि के उत्तम आटे और उसके तेल में से,
और उस पर जो सारी लोहबान है, ले, और उसे वेदी पर
जलाए, सुगंधित स्मरणाश के रूप में 𐤉𐤄𐤅𐤄 के लिये।
[16] ‘तब अहरोन और उसके पुत्र बाकी भाग खाएँ। वह बिना
खमीर की रोटी के साथ पवित्र स्थान में खाई जाएगी। वे इसे
मिलापवाले तम्बू के आँगन में खाएँ। [17] ‘यह खमीर से न
पकाई जाए। मैंने इसे उन्हें अपनी अग्नि से की गई अर्पणों में
उनके भाग के रूप में दिया है; यह अति पवित्र है, जैसे
पापबलि और दोषबलि। [18] ‘अहरोन के पुत्रों में से सब पुरूष
इसे खाएँ – यह तुम्हारी पीढ़ियों में 𐤉𐤄𐤅𐤄 की अग्नि से की
गई अर्पणों के विषय में सदा की विधि है। जो कोई उनसे
छुएगा, वह पवित्र ठहरे।’ ” [19] और 𐤉𐤄𐤅𐤄 ने मूशेह से
कहा, [20] “यह अहरोन और उसके पुत्रों की भेंट है, जो वे
𐤉𐤄𐤅𐤄 के समीप लाते हैं, जिस दिन वह अभिषिक्त होता है
उसी दिन से आरंभ करके: एक एफ़ाह का दसवां भाग अच्छा
आटा प्रतिदिन अन्नबलि के रूप में; उसका आधा भाग सुबह
और आधा भाग रात को। [21] “यह तेल से तवे पर बनाया
जाए। इसे मिलाकर लाओ, अन्नबलि के पके हुए टुकड़े पास
लाओ, यह 𐤉𐤄𐤅𐤄 के लिये सुगंधित गंध है। [22] “और
उसके पुत्रों में से जो अभिषिक्त कोहेन उसके स्थान पर होगा,
वह इसे तैयार करेगा - यह 𐤉𐤄𐤅𐤄 के लिये सदा की विधि
है। इसका सब भाग जलाया जाए। [23] और हर अन्नबलि जो
कोहेन के लिये हो, वह पूरी तरह जलाई जाए, उसे खाया न
जाए।” [24] और 𐤉𐤄𐤅𐤄 ने मूशेह से कहा, [25] “अहरोन और
उसके पुत्रों से कह, ‘यह पापबलि की तोराह है: जिस स्थान
पर होमबलि की बलि दी जाती है, उसी स्थान पर पापबलि की
बलि 𐤉𐤄𐤅𐤄 के सामने दी जाएगी, यह अति पवित्र है।
[26] ‘वह कोहेन जो प्रायश्चित कर रहा है, वह इसे खाए, इसे
पवित्र स्थान में खाया जाए, मिलाप के तम्बू के आंगन में।
[27] ‘जो कुछ उसके मांस को छूता है, वह पवित्र हो जाएगा।
और जब उसका खून किसी वस्त्र पर छिड़का जाए, तो जिस
पर छिड़का गया है उसे पवित्र स्थान में धोना चाहिए।
[28] ‘परन्तु मिट्टी का बर्तन जिसमें इसे पकाया गया है, उसे तोड़
दिया जाए। और यदि यह कांसे के बर्तन में पकाया गया है, तो
उसे मांजकर पानी से धोया जाए। [29] ‘कोहेनिम में से हर
पुरुष इसे खा सकता है, यह अति पवित्र है। [30] ‘और कोई भी
पापबलि जिसका कुछ भी खून मिलाप के तम्बू के भीतर
प्रायश्चित करने के लिये लाया जाता है, वह नहीं खाया जाए,
उसे आग में जलाया जाए।

7 [1] ‘और यह अपराध अर्पण की तोराह है - यह सबसे
अधिक पवित्र है। [2] ‘अपराध अर्पण उसी स्थान पर वध
किया जाता है जहाँ वे होम अर्पण का वध करते हैं, और
उसका लहू वे वेदी पर चारों ओर छिड़कते हैं। [3] ‘फिर वह
उसमें से उसकी सारी चर्बी लाता है: पूंछ की चर्बी और आंतो
को ढकने वाली चर्बी, [4] और दोनों गुर्दे और चर्बी जो कमर के
पास उन पर होती है, और यकृत पर की लटकन, जिसे वह
गुर्दों के साथ हटा देता है। [5] ‘और कोहेन उन्हें वेदी पर आग
से की गई भेंट के रूप में 𐤉𐤄𐤅𐤄 को जलाएगा। यह
अपराध अर्पण है। [6] ‘कोहेनिम में से प्रत्येक पुरुष इसे खाता
है। यह पवित्र स्थान में खाया जाता है, यह सबसे अधिक
पवित्र है। [7] ‘अपराध अर्पण पाप अर्पण के समान है, उन दोनों
के लिए एक ही तोराह है: कोहेन जो इसके साथ प्रायश्चित
करता है, वह उसका है। [8] ‘और जो कोहेन किसी का होम
अर्पण लाता है, उसका होम अर्पण की खाल जो उसने लाया
है, वह कोहेन की है, वह उसकी है। [9] ‘और हर अन्न अर्पण
जो भट्ठी में पकाया जाता है और सब जो हांडी में तैयार किया
जाता है, या तवे पर, वह उस कोहेन का है जो उसे लाता है,
वह उसका है। [10] ‘और हर अन्न अर्पण जो तेल के साथ
मिलाया गया है, या सूखा है, वह सब अहरोन के पुत्रों का है,
सबके लिए समान। [11] ‘और यह शांति अर्पण की हत्या की
तोराह है जो 𐤉𐤄𐤅𐤄 को लाया जाता है: [12] ‘यदि वह इसे
धन्यवाद के लिए लाता है, तो वह धन्यवाद की हत्या के साथ
बिना खमीर की रोटियां तेल के साथ मिलाकर लाएगा, और
बिना खमीर की पतली रोटियां तेल से अभिषिक्त, या उत्तम
आटे की रोटियां तेल के साथ मिलाकर। [13] ‘रोटियों के
अलावा, वह अपनी भेंट के रूप में खमीर लगी हुई रोटी भी
धन्यवाद की हत्या के साथ अपनी शांति अर्पण की लाता है।
[14] ‘और उसमें से वह प्रत्येक भेंट में से एक रोटी 𐤉𐤄𐤅𐤄 को
अर्पण के रूप में लाएगा: उस कोहेन को जो शांति अर्पण का
लहू छिड़कता है, वह उसकी है। [15] ‘जहाँ तक धन्यवाद के
लिए उसकी शांति अर्पण की हत्या का मांस है, वह उसी दिन
खाया जाता है जिस दिन वह अर्पित किया गया है, वह उसमें
से कुछ भी सुबह तक नहीं छोड़ता। [16] ‘और यदि वह भेंट जो
वह लाता है मन्नत की है या स्वेच्छा की भेंट है, तो उसे उसी
दिन खाया जाता है जिस दिन वह अपनी हत्या लाता है, और
जो उसमें से बचा रहता है, वह अगले दिन खाया जाता है।
[17] परन्तु जो कुछ भी तीसरे दिन हत्या के मांस में से बचा
रहता है, उसे आग से जलाया जाता है। [18] ‘परन्तु यदि तीसरे
दिन उसकी शांति अर्पण का कोई भी मांस खाया जाता है, तो
वह स्वीकार नहीं किया जाता। उसे लाने वाले के लिए वह
गिना नहीं जाता, वह उसके लिए अशुद्ध है, और जो प्राणी उसे
खाता है वह अपनी दुष्टता उठाता है। [19] ‘और वह मांस जो
किसी अशुद्ध वस्तु को छूता है, नहीं खाया जाता, वह आग से
जलाया जाता है। और जहाँ तक स्वच्छ मांस का सवाल है,
सब जो स्वच्छ हैं, वे उसमें से खाते हैं। [20] ‘परन्तु जो प्राणी
शांति अर्पण का मांस खाता है जो 𐤉𐤄𐤅𐤄 का है, जब वह
अशुद्ध है, तो वह प्राणी अपनी प्रजा से अलग कर दिया
जाएगा। [21] ‘और जब कोई प्राणी किसी अशुद्ध वस्तु को छूता
है, मनुष्य की अशुद्धता से, या किसी पशु की अशुद्धता से, या
किसी अशुद्ध रेंगनेवाली वस्तु से, और शांति अर्पण का मांस
खाता है जो 𐤉𐤄𐤅𐤄 का है, तो वह प्राणी अपनी प्रजा से
अलग कर दिया जाएगा।’ [22] और 𐤉𐤄𐤅𐤄 ने मूशेह से कहा,
[23] “इसराएल के बच्चों से कहो, ‘तुम बैल या भेड़ या बकरी

की कोई चर्बी न खाना। 24 ‘और जो शव की चर्बी है, और जो फटी-फटी है उसकी चर्बी किसी भी काम में ली जाती है, पर तुम उसे बिलकुल न खाना। 25 ‘क्योंकि जो कोई उस पशु की चर्बी खाएगा, जिसे लोग 𐤉𐤄𐤅𐤄 के लिए आग से चढ़ावा चढ़ाते हैं, वह प्राणी जो उसे खाएगा अपनी प्रजा से काट डाला जाएगा। 26 ‘और अपने सब घरों में न पक्षी का और न चौपाए का कोई खून न खाना। 27 ‘जो कोई प्राणी कोई भी खून खाएगा, वह प्राणी भी अपनी प्रजा से काट डाला जाएगा।’ ”

28 और 𐤉𐤄𐤅𐤄 ने मूशेह से कहा, 29 “इसराएल के बच्चों से कहो, ‘जो कोई अपनी मेलबलि 𐤉𐤄𐤅𐤄 को लाता है, वह अपनी मेलबलि के वध से अपना चढ़ावा 𐤉𐤄𐤅𐤄 को लाए। 30 ‘अपने ही हाथों से वह आग से किए हुए चढ़ावे 𐤉𐤄𐤅𐤄 के पास लाए। वह चर्बी को छाती के साथ लाए, ताकि उसे 𐤉𐤄𐤅𐤄 के सामने हिलानेवाली भेंट के समान हिलाया जाए। 31 ‘और याजक वेदी पर चर्बी जलाएगा, पर छाती हारून और उसके बेटों की होगी।’ 32 ‘और दाहिना पैर तुम अपने मेलबलियों में से याजक को अंश के रूप में दो। 33 ‘हारून के बेटों में जो मेलबलि का खून और चर्बी लाता है, उसका हिस्सा दाहिना पैर होगा। 34 ‘क्योंकि हिलाने की छाती और अंश का पैर मैंने इसराएल के बच्चों की मेलबलियों में से ले लिया है, और उन्हें हारून याजक और उसके बेटों को दिया है, यह इसराएल के बच्चों से सदा के लिए विधि है।’ ” 35 यह हारून का अभिषेक का भाग और उसके बेटों का अभिषेक का भाग है, जो 𐤉𐤄𐤅𐤄 के लिए आग से किए गए चढ़ावे में से है, जिस दिन मूशेह ने उन्हें 𐤉𐤄𐤅𐤄 की सेवा के लिए याजक ठहराया। 36 जिसे 𐤉𐤄𐤅𐤄 ने इसराएल के बच्चों को आज्ञा दी कि वे उस दिन से जब उसने उनका अभिषेक किया, उन्हें दिया जाए, यह उनकी पीढ़ी-पीढ़ी सदा की विधि है। 37 यह होमबलि की व्यवस्था, और अन्नबलि की, और पापबलि की, और दोषबलि की, और अभिषेक की, और मेलबलि की व्यवस्था है, 38 जिसकी 𐤉𐤄𐤅𐤄 ने मूशेह को सीनै पर्वत पर आज्ञा दी, जिस दिन उसने इसराएल के बच्चों को आज्ञा दी कि वे अपने चढ़ावे जंगल में 𐤉𐤄𐤅𐤄 के पास लाएं।

8 1 और 𐤉𐤄𐤅𐤄 ने मूशेह से कहा, 2 “आहारोन और उसके पुत्रों को उसके साथ ले लो, और वस्त्र, और अभिषेक का तेल, और पाप बलि का बैल, और दो मेढ़े, और अख़मीरी रोटी की टोकरी, 3 और सारी मण्डली को मिलाप के तम्बू के द्वार पर इकट्ठा करो।” 4 और मूशेह ने वैसा ही किया जैसा 𐤉𐤄𐤅𐤄 ने उसे आज्ञा दी, और मण्डली मिलाप के तम्बू के द्वार पर इकट्ठा हुई। 5 और मूशेह ने मण्डली से कहा, “यह वही वचन है जो 𐤉𐤄𐤅𐤄 ने करने की आज्ञा दी है।” 6 तब मूशेह ने आहारोन और उसके पुत्रों को लाया और उन्हें पानी से धोया, 7 और उसने उस पर लंबा कुर्ता पहनाया, और कमरबंद से कस दिया, और उसे चोग़ा पहनाया, और कंधे का वस्त्र उस पर डाला, और कढ़ाईदार पट्टे से उसे कसा, और उसके साथ कंधे का वस्त्र उस पर बाँध दिया, 8 और उसने उसके ऊपर छाती का पटका रखा, और छाती के पटके में ऊरीम और तूम्मीम रखा, 9 और उसकी टोपी उसके सिर पर रखी। और टोपी पर, उसके सामने सोने की पट्टी, समर्पण का पवित्र चिन्ह रखा, जैसा 𐤉𐤄𐤅𐤄 ने मूशेह को आज्ञा दी थी। 10 और मूशेह ने अभिषेक का तेल लिया और मिष्कान और जो कुछ उसमें था उसका अभिषेक किया, और उसे पवित्र किया। 11 और उसने उसमें से कुछ वेदी पर सात बार छिड़का, और वेदी और उसके सब बर्तनों का, और धुलाई के पात्र और उसके पायेदार का अभिषेक किया, ताकि उन्हें पवित्र ठहराए। 12 और उसने आहारोन के सिर पर अभिषेक का तेल कुछ डाला और उसका अभिषेक किया, ताकि उसे पवित्र ठहराए। 13 और मूशेह ने आहारोन के पुत्रों को लाया और उन पर लंबे कुरते पहनाए, और उन्हें कमरबंद से बाँधा, और उन पर टोपियाँ रखीं, जैसा 𐤉𐤄𐤅𐤄 ने मूशेह को आज्ञा दी थी। 14 और उसने पाप बलि के बैल को लाया, और आहारोन और उसके पुत्रों ने उस बैल के सिर पर हाथ रखे जो पाप बलि के लिए था, 15 और उसे वध किया गया। और मूशेह ने लहू लिया और अपनी ऊँगली से वेदी के सींगों पर चारों ओर लगाया, और वेदी को शुद्ध किया। और उसने लहू को वेदी की नींव पर उड़ेला, और उसे पवित्र किया, ताकि उसके लिए प्रायश्चित्त किया जाए। 16 और उसने सब चर्बी जो आंतों पर थी, और यकृत की झिल्ली, और दोनों गुर्दे उनकी चर्बी सहित लीं, और मूशेह ने उन्हें वेदी पर जलाया। 17 और बैल और उसकी खाल और उसका मांस और उसकी खाद को छावनी के बाहर आग में जलाया, जैसा 𐤉𐤄𐤅𐤄 ने मूशेह को आज्ञा दी थी। 18 और उसने होमबलि का मेढ़ा लाया, और आहारोन और उसके पुत्रों ने उस मेढ़े के सिर पर हाथ रखे, 19 और उसे वध किया गया। और मूशेह ने लहू वेदी पर चारों ओर छिड़का, 20 और उसने मेढ़े को टुकड़ों में काटा। और मूशेह ने सिर, टुकड़े और चर्बी को वेदी पर जलाया, 21 और उसने आंतों और टांगों को पानी से धोया। और मूशेह ने पूरे मेढ़े को वेदी पर जलाया। यह एक होमबलि था सुगंधित गंध के लिए, और आग से 𐤉𐤄𐤅𐤄 के लिए एक अर्पण था, जैसा 𐤉𐤄𐤅𐤄 ने मूशेह को आज्ञा दी थी। 22 और वह दूसरा मेंढ़ा लाया, अभिषेक का मेंढ़ा, और हारून और उसके पुत्रों ने अपने हाथों को मेंढ़े के सिर पर रखा। 23 और उसे वध किया गया। और मोशेह ने उसके कुछ लहू को लिया और उसे हारून के दाहिने कान की नोक पर, और उसके दाहिने हाथ के अंगूठे पर, और उसके दाहिने पाँव के बड़े अंगूठे पर लगाया। 24 और उसने हारून के पुत्रों को पास लाया, और मोशेह ने उनके दाहिने कानों की नोक पर, और उनके दाहिने हाथों के अंगूठों पर, और उनके दाहिने पैरों के बड़े अंगूठों पर कुछ लहू लगाया। और मोशेह ने वेदी के चारों ओर लहू छिड़का। 25 और उसने चर्बी और मोटी पूँछ, और सारी चर्बी जो अंतड़ियों पर थी, और यकृत का लोब, और दोनों गुर्दे और उनकी चर्बी, और दाहिनी जाँघ ली। 26 और बेखमीरी रोटी की टोकरी में से जो 𐤉𐤄𐤅𐤄 के सामने थी, उसने एक बेखमीरी रोटी, और तेल से अभिषिक्त रोटी का एक केक, और एक पतली रोटी ली, और उन्हें चर्बी और दाहिनी जाँघ पर रखा। 27 और यह सब हारून के हाथों में और उसके पुत्रों के हाथों में रखा, और उन्हें 𐤉𐤄𐤅𐤄 के सामने एक हिलाई हुई भेंट के रूप में हिलाया। 28 फिर मोशेह ने उन्हें उनके हाथों से लिया और वेदी पर, होमबलि पर जलाया। वे एक मीठी सुगंध के लिए अभिषेक थे। यह 𐤉𐤄𐤅𐤄 के लिए आग से की गई भेंट थी। 29 और मोशेह ने छाती ली और उसे 𐤉𐤄𐤅𐤄 के सामने हिलाई हुई भेंट के रूप

में हिलाया। यह मोशेह का भाग था अभिषेक के मेंढ़े से, जैसा
कि 𐤉𐤄𐤅𐤄 ने मोशेह को आज्ञा दी थी। [30] और मोशेह ने
कुछ अभिषेक का तेल और कुछ लहू लिया जो वेदी पर था, और उसे हारून, उसके वस्त्रों, और उसके पुत्रों, और उसके पुत्रों के वस्त्रों पर छिड़का। और उसने हारून, उसके वस्त्रों, और उसके पुत्रों, और उनके वस्त्रों को उसके साथ पवित्र
किया। [31] और मोशेह ने हारून और उसके पुत्रों से कहा,
"मिलाप के तम्बू के द्वार पर मांस पकाओ, और उसे वहाँ उस रोटी के साथ खाओ जो अभिषेक की टोकरी में है, जैसा कि मैंने आज्ञा दी है, यह कहते हुए, 'हारून और उसके पुत्र उसे
खाएँ।' [32] "फिर बाकी मांस और रोटी को आग से जला
देना। [33] "और सात दिनों तक मिलाप के तम्बू के द्वार से
बाहर मत जाना, जब तक कि तुम्हारे अभिषेक के दिन पूरे न हो जाएँ—क्योंकि वह सात दिनों तक तुम्हारे हाथों को भरता
है। [34] "𐤉𐤄𐤅𐤄 ने आज्ञा दी है ऐसा करने की, जैसा कि
आज उसने किया है, तुम्हारे लिए प्रायश्चित करने के लिए।
[35] "और सात दिनों तक दिन और रात मिलाप के तम्बू के द्वार
पर रहो। और 𐤉𐤄𐤅𐤄 की सेवा को पहरे में रखो, और
मरना मत, क्योंकि मुझे ऐसा आज्ञा दी गई है।" [36] और
हारून और उसके पुत्रों ने सब बातें कीं जो 𐤉𐤄𐤅𐤄 ने मोशेह के हाथ द्वारा आज्ञा दी थीं।

9

[1] और आठवें दिन ऐसा हुआ कि मोशेह ने अहारोन और
उसके पुत्रों और इसराएल के बुज़ुर्गों को बुलाया। [2] और
उसने अहारोन से कहा, "अपने लिये एक बछड़े को पापबलि के लिये और एक मेढ़े को होमबलि के लिये लो, जो निर्दोष हो,
और उन्हें 𐤉𐤄𐤅𐤄 के सामने लाओ।" [3] "और इसराएल के
बच्चों से कहो, 'एक नर-बकरा पापबलि के लिये, और एक बछड़ा और एक मेमना, दोनों एक वर्ष के, निर्दोष, होमबलि के
लिये लो, [4] और एक बैल और एक मेढ़ा मेलबलि के लिये,
जिन्हें 𐤉𐤄𐤅𐤄 के सामने क़ुर्बान करना है, और तेल के साथ मिलाया हुआ अन्नबलि। क्योंकि आज 𐤉𐤄𐤅𐤄 तुम पर प्रकट
होगा।'" [5] और उन्होंने वे वस्तुएँ लीं जो मोशेह ने हुक्म दी थीं
और उन्हें मिलापवाले तम्बू के सामने लाए, और सारी मण्डली
निकट आकर 𐤉𐤄𐤅𐤄 के सामने खड़ी हुई। [6] और मोशेह ने
कहा, "यह वही वचन है जिसे 𐤉𐤄𐤅𐤄 ने करने का आदेश
दिया है, ताकि 𐤉𐤄𐤅𐤄 की महिमा तुम पर प्रकट हो।" [7] और
मोशेह ने अहारोन से कहा, "वेदी के पास जा, और अपने पापबलि और होमबलि को चढ़ाकर अपने लिये और लोगों के लिये प्रायश्चित कर। और लोगों के बलिदान को चढ़ा और उनके लिये प्रायश्चित कर, जैसा 𐤉𐤄𐤅𐤄 ने आज्ञा दी है।"
[8] तब अहारोन वेदी के पास आया और उस बछड़े को, जो
पापबलि के लिये था, अपने लिये वध किया। [9] और अहारोन
के पुत्र उसके पास लहू लाए, और उसने अपनी ऊँगली लहू में डुबोकर वेदी के सींगों पर लगाया और लहू को वेदी की नींव
पर उड़ेल दिया। [10] और पापबलि की चर्बी, और दोनों गुर्दे,
और जिगर का लोब उसने वेदी पर जलाया, जैसा 𐤉𐤄𐤅𐤄 ने
मोशेह को आज्ञा दी थी। [11] और माँस और खाल उसने
छावनी के बाहर आग में जला दिया। [12] और उसने होमबलि
का वध किया, और अहारोन के पुत्र उसके पास लहू लाए,
जिसे उसने वेदी चारों ओर छिड़का। [13] और वे उसके पास
होमबलि को उसके टुकड़ों और सिर समेत लाए, और उसने
उन्हें वेदी पर जलाया। [14] और उसने अंतड़ियों और टाँगों को
धोकर होमबलि के साथ वेदी पर जलाया। [15] और उसने
लोगों का चढ़ावा लाया, और उस बकरे को लिया, जो लोगों के लिये पापबलि था, और उसे वध कर उसे पापबलि बनाया, जैसे
पहले किया गया था। [16] और उसने होमबलि लाकर उसे विधि
के अनुसार चढ़ाया। [17] उसने अन्नबलि भी लाया, और उसमें
से अपनी हथेली भरकर वेदी पर होमबलि के अलावा प्रातःकालीन होमबलि के साथ जलाया। [18] और उसने बैल
और मेढ़े को, जो लोगों के लिये मेलबलि थे, वध किया। और अहारोन के पुत्र उसके पास लहू लाए, जिसे उसने वेदी चारों
ओर छिड़का। [19] और बैल और मेढ़े की चर्बी, मोटी पूँछ,
आवरण, गुर्दे और जिगर का लोब, [20] उन्होंने चर्बी को छातियों
पर रखा, और उसने चर्बी को वेदी पर जलाया। [21] परन्तु
छातियों और दाहिनी टाँग को अहारोन ने 𐤉𐤄𐤅𐤄 के सामने हिलाकर हिलाई हुई भेंट के रूप में चढ़ाया, जैसा मोशेह ने
आज्ञा दी थी। [22] फिर अहारोन ने अपने हाथ लोगों की ओर
उठाए और उन्हें आशीर्वाद दिया, और पापबलि, होमबलि और
मेलबलि चढ़ाने के बाद नीचे उतरा। [23] और मोशेह और
अहारोन मिलापवाले तम्बू में गए, फिर बाहर आए और लोगों को आशीर्वाद दिया। और 𐤉𐤄𐤅𐤄 की महिमा सारे लोगों को
प्रकट हुई। [24] और आग 𐤉𐤄𐤅𐤄 के सामने से निकली और
वेदी पर होमबलि और चर्बी को भस्म कर गई। और सारे लोगों ने देखा और ऊँचे स्वर से पुकारे और अपने मुँह के बल गिर पड़े।

10

[1] और नदाब और अबीहू, हारून के पुत्रों ने, हर एक
ने अपना अग्नि पात्र लिया और उसमें आग डाली, और उसमें धूप रखी, और 𐤉𐤄𐤅𐤄 के सामने पराई आग ले
आए, जिसे उसने उन्हें आज्ञा नहीं दी थी। [2] और आग
𐤉𐤄𐤅𐤄 से निकली और उन्हें भस्म कर डाली, और वे
𐤉𐤄𐤅𐤄 के सामने मर गए। [3] तब मूशे ने हारून से कहा,
"यह वही है जो 𐤉𐤄𐤅𐤄 ने कहा था, कि जो मेरे निकट आते हैं उनके द्वारा मैं पवित्र ठहरूँ! और सब लोगों के सामने मैं
आदर पाऊँ!" और हारून चुप रहा। [4] और मूशे ने मिशाएल
और एल्त्साफ़ान को बुलाया, जो उज्जीएल हारून के चाचा के पुत्र थे, और उनसे कहा, "पास आओ, अपने भाइयों को पवित्र
स्थान के सामने से छावनी से बाहर ले जाओ।" [5] तब वे पास
आए और उन्हें उनके लंबे वस्त्रों सहित छावनी से बाहर ले
गए, जैसा मूशे ने कहा था। [6] और मूशे ने हारून से और
एलेआज़र और इथमोर से, जो उसके पुत्र थे, कहा, "तुम अपने सिर को न खोलना और न अपने वस्त्र फाड़ना, कहीं तुम मर न जाओ और सब लोगों पर क्रोध न आ पड़े। परन्तु तुम्हारे भाई, इस्राएल के सारे घराने, उस दहन के कारण
विलाप करें जो 𐤉𐤄𐤅𐤄 ने प्रज्वलित किया है। [7] "और तुम
नियुक्ति के तम्बू के द्वार से बाहर न निकलना, कहीं तुम मर न जाओ, क्योंकि 𐤉𐤄𐤅𐤄 का अभिषेक तेल तुम पर है।" और
उन्होंने मूशे के वचन के अनुसार किया। [8] और 𐤉𐤄𐤅𐤄 ने
हारून से कहा, [9] "तुम और तुम्हारे पुत्र जब नियुक्ति के तम्बू में प्रवेश करो तो न दाखमधु और न कोई मदिरा पीना, कहीं तुम मर न जाओ - यह तुम्हारी पीढ़ियों भर के लिए सदा की
विधि है, [10] ताकि तुम पवित्र और साधारण, और अशुद्ध और

शुद्ध के बीच भेद कर सको, 11 और इस्त्राएल के पुत्रों को सब
विधियाँ सिखा सको, जो 𐤉𐤄𐤅𐤄 ने मूशे के हाथ द्वारा उन्हें
कही हैं।” 12 और मूशे ने हारून से और एलेआज़र और
इथमोर से, जो उसके बचे हुए पुत्र थे, कहा, “अन्नबलि का वह
भाग लो जो 𐤉𐤄𐤅𐤄 के लिए अग्नि से की गई बलियों में से
बचा है, और उसे बिना खमीर के वेदी के पास खाओ, क्योंकि
वह अति पवित्र है। 13 “और तुम उसे पवित्र स्थान में
खाओगे, क्योंकि वह तुम्हारा और तुम्हारे पुत्रों का विधि
अनुसार भाग है, जो 𐤉𐤄𐤅𐤄 की अग्नि बलियों में से तुम्हें
दिया गया है, क्योंकि मुझे ऐसी आज्ञा मिली है। 14 “और
हिलाने की भुजा और ऊठाने की छाती को तुम स्वच्छ स्थान
में खाओ, तुम और तुम्हारे पुत्र और तुम्हारी बेटियाँ तुम्हारे
संग। क्योंकि वे तुम्हारे और तुम्हारे पुत्रों के विधि अनुसार
भाग हैं, जो इस्त्राएल के पुत्रों की मेलबलियों के बलिदानों से
दिए गए हैं। 15 “ऊठाने की भुजा और हिलाने की छाती वे
चर्बी की अग्नि बलियों के संग लाते हैं, ताकि उन्हें 𐤉𐤄𐤅𐤄 के
सामने हिलाकर अर्पण करें। और यह तुम्हारा और तुम्हारे
पुत्रों का तुम्हारे संग सदा का विधि अनुसार भाग होगा, जैसा
𐤉𐤄𐤅𐤄 ने आज्ञा दी है।” 16 और मूशे ने पापबलि के बकरे
को ध्यानपूर्वक ढूँढ़ा और देखा कि वह जला दिया गया है।
और वह हारून के बचे हुए पुत्र एलेआज़र और इथमोर पर
क्रोधित हुआ, और कहा, 17 “तुमने पापबलि को पवित्र स्थान
में क्यों नहीं खाया, क्योंकि वह अति पवित्र है, और ईश्वर ने
इसे तुम्हें दिया है ताकि तुम मंडली के अधर्म को वहन करो,
उनके लिए प्रायश्चित करने को, 𐤉𐤄𐤅𐤄 के सामने?
18 “देखो, उसका रक्त पवित्र स्थान के भीतर नहीं लाया
गया। तुम्हें उसे पवित्र स्थान में निश्चय ही खाना चाहिए था,
जैसा मैंने आज्ञा दी थी।” 19 और हारून ने मूशे से कहा,
“देखो, आज उन्होंने अपना पापबलि और अपना होमबलि
𐤉𐤄𐤅𐤄 के सामने चढ़ाया है, और ऐसी बातें मुझ पर आ पड़ी
हैं! यदि मैं आज पापबलि खाता, तो क्या यह 𐤉𐤄𐤅𐤄 की
दृष्टि में उचित होता?” 20 और जब मूशे ने यह सुना, तो यह
उसकी दृष्टि में अच्छा था।

11 1 और 𐤉𐤄𐤅𐤄 ने मूशेह और अहरोन से कहा,
2 “इस्त्राएल के बच्चों से कहो, ‘ये जीवित प्राणी हैं
जिन्हें तुम धरती के सब जानवरों में से खा सकते हो: 3 ‘जो
भी जानवर चिरा हुआ खुर रखता है और जुगाली करता है,
उसे तुम खा सकते हो। 4 ‘पर इनको न खाना: ऊँट को,
क्योंकि वह जुगाली करता है पर उसका खुर चिरा नहीं है, वह
तुम्हारे लिए अशुद्ध है; 5 और खरगोश को, क्योंकि वह जुगाली
करता है पर उसका खुर चिरा नहीं है, वह तुम्हारे लिए अशुद्ध
है; 6 और खरहा को, क्योंकि वह जुगाली करता है पर उसका
खुर चिरा नहीं है, वह तुम्हारे लिए अशुद्ध है; 7 और सूअर को,
यद्यपि उसका खुर चिरा हुआ है और दो भागों में बंटा है, फिर
भी वह जुगाली नहीं करता, वह तुम्हारे लिए अशुद्ध है।
8 ‘उनका मांस तुम न खाना, और उनकी लाश को न छूना।
वे तुम्हारे लिए अशुद्ध हैं। 9 ‘ये तुम जल के सब जीवों में से
खा सकते हो: जो कोई भी जल, समुद्र या नदियों में पंख और
शल्क रखता है, उसे तुम खा सकते हो। 10 ‘पर जो समुद्र
और नदियों में पंख और शल्क नहीं रखते, और जो जल में
चलते-फिरते हैं, और जो भी जीव जल में हैं, वे तुम्हारे लिए
घृणित हैं। 11 ‘वे तुम्हारे लिए घृणित हैं – उनका मांस तुम न
खाना, और उनकी लाश को तुम घृणा करना। 12 ‘जो भी
जल में पंख और शल्क नहीं रखता, वह तुम्हारे लिए घृणित
है। 13 ‘और ये पक्षी तुम्हारे लिए घृणित हैं, न खाना, वे घृणित
हैं: उकाब, गिद्ध, और काला गिद्ध, 14 और बाज़, और चील
उसकी जाति के अनुसार, 15 हर कौआ उसकी जाति के
अनुसार, 16 और शुतुरमुर्ग, और उल्लू, और समुद्री पक्षी,
और बाज़ उसकी जाति के अनुसार, 17 और छोटा उल्लू,
और मछली पकड़ने वाला उल्लू, और बड़ा उल्लू, 18 और
सफेद उल्लू, और पेलिकन, और शवभक्षी गिद्ध, 19 और
सारस, बगुला उसकी जाति के अनुसार, और हुदहुद, और
चमगादड़। 20 ‘सब उड़ने वाले कीड़े जो चार पैरों पर चलते
हैं, वे तुम्हारे लिए घृणित हैं। 21 ‘केवल, ये तुम खा सकते हो
हर उड़ने वाले कीड़े में से जो चार पैरों पर चलते हैं: वे
जिनके पाँवों से ऊपर टंगे हुए जोड़दार पैर हैं जिनसे वे धरती
पर कूद सकते हैं। 22 ‘इनमें से तुम यह खा सकते हो:
उसकी जाति के बाद टिड्डा, और उसकी जाति के बाद
विनाशकारी टिड्डा, और उसकी जाति के बाद झींगुर, और
उसकी जाति के बाद टिड्डी। 23 ‘परन्तु अन्य सब उड़ने वाले
कीड़े जो चार पैर वाले हैं, वे तुम्हारे लिये घृणित हैं। 24 ‘और
इनके द्वारा तुम अशुद्ध हो जाते हो, कोई भी जो उनका शव
छूता है वह सांझ तक अशुद्ध रहेगा, 25 और जो कोई उनमें से
किसी का शव उठाता है उसे अपने वस्त्र धोने होंगे, और वह
सांझ तक अशुद्ध रहेगा। 26 ‘हर पशु जिसका खुर तो फटा है
परन्तु पूरी तरह से विभाजित नहीं है, या जो जुगाली नहीं
करता, वह तुम्हारे लिये अशुद्ध है। जो कोई उनके शव को
छूता है वह अशुद्ध है। 27 ‘और जो कुछ अपने पंजों पर
चलता है, उन सब चार पैरों वाले जन्तुओं में, वे तुम्हारे लिये
अशुद्ध हैं। जो कोई उनके शव को छूता है वह सांझ तक
अशुद्ध रहेगा, 28 और जो कोई उनका शव उठाता है उसे
अपने वस्त्र धोने होंगे, और वह सांझ तक अशुद्ध रहेगा। वे
तुम्हारे लिये अशुद्ध हैं। 29 ‘और ये तुम्हारे लिये पृथ्वी पर
रेंगने वाले जीवों में अशुद्ध हैं: छछूंदर, और चूहा, और कछुआ
उसकी जाति के अनुसार, 30 और गेको, और भूमि मगरमच्छ,
और रेत का सरिसृप, और रेत की छिपकली, और गिरगिट।
31 ‘ये सब तुम्हारे लिये रेंगने वालों में अशुद्ध हैं। जो कोई उन्हें
तब छूता है जब वे मरे हुए हैं वह सांझ तक अशुद्ध रहेगा।
32 ‘और जिस किसी वस्तु पर वे अपने मरे हुए रूप में गिरते
हैं, वह अशुद्ध हो जाती है, चाहे वह कोई लकड़ी की वस्तु हो
या वस्त्र या चमड़ा या बोरी, कोई भी वस्तु जिसमें काम किया
जाता है, उसे पानी में डाल दिया जाए। और वह सांझ तक
अशुद्ध रहेगी, फिर वह शुद्ध होगी। 33 ‘कोई भी मिट्टी का बर्तन
जिसमें उनमें से कोई गिरता है, उसमें जो कुछ है वह अशुद्ध
हो जाता है, और तुम उसे तोड़ दोगे। 34 ‘कोई भी भोजन जो
खाया जा सकता है, जिस पर पानी आता है, वह अशुद्ध हो
जाता है, और कोई भी पेय जो उससे पिया जा सकता है वह
अशुद्ध हो जाता है। 35 ‘और जिस पर भी उनका शव गिरता
है वह अशुद्ध हो जाता है – चाहे भट्टी हो या चूल्हा – वह तोड़
दिया जाएगा। वे अशुद्ध हैं, और तुम्हारे लिये अशुद्ध हैं।
36 ‘परन्तु कोई सोता या कुआँ, जल का संग्रह, वह शुद्ध है,
परन्तु जो कोई उनके शव को छूता है वह अशुद्ध है। 37 ‘और

जब उनका शव किसी बोए जाने वाले बीज पर गिरता है, तो
वह शुद्ध है। 38 'परन्तु जब किसी बीज पर पानी डाला जाता
है और उस पर किसी शव का कोई अंश गिरता है, तो वह
तुम्हारे लिये अशुद्ध है। 39 'और जब तुम्हारे खाने के लिये
किसी पशु की मृत्यु होती है, तो जो उसका शव छूता है वह
सांझ तक अशुद्ध रहेगा। 40 'और जो कोई उसके शव का
मांस खाता है उसे अपने वस्त्र धोने होंगे, और वह सांझ तक
अशुद्ध रहेगा। और जो उसका शव उठाता है उसे अपने वस्त्र
धोने होंगे, और वह सांझ तक अशुद्ध रहेगा। 41 'और हर
रेंगने वाला जीव जो पृथ्वी पर रेंगता है वह घृणित है, उसे नहीं
खाना है। 42 'जो कुछ अपने पेट पर रेंगता है, और जो कुछ
चार पैरों पर चलता है, और जो कुछ अनेक पैरों वाला है सब
रेंगने वालों में जो पृथ्वी पर रेंगते हैं, तुम उन्हें नहीं खाओ,
क्योंकि वे घृणित हैं। 43 'किसी भी रेंगने वाले जीव से जो
रेंगता है, अपने आप को घृणित न बनाओ, और उनके साथ
अपने आप को अशुद्ध न करो, ताकि तुम उनके द्वारा अशुद्ध
न हो जाओ। 44 'क्योंकि मैं 𐤉𐤄𐤅𐤄 तुम्हारा ईश्वर हूँ, और
तुम अपने आप को पवित्र ठहराओ। और तुम पवित्र हो
जाओगे, क्योंकि मैं पवित्र हूँ। और पृथ्वी पर रेंगने वाले किसी
भी रेंगने वाले जीव के साथ अपने आप को अशुद्ध मत करो।
45 'क्योंकि मैं 𐤉𐤄𐤅𐤄 हूँ जो तुम्हें मित्स्राइम की भूमि से
ऊपर ला रहा हूँ, तुम्हारा ईश्वर होने के लिए। और तुम पवित्र
हो जाओगे, क्योंकि मैं पवित्र हूँ। 46 'यह पशुओं और पक्षियों
की तोराह है, और हर जीवित प्राणी की जो जल में चलता है,
और हर प्राणी की जो पृथ्वी पर रेंगता है, 47 अशुद्ध और शुद्ध
के बीच भेद करने के लिए, और उस जीवित प्राणी के बीच जो
खाया जाता है और उस जीवित प्राणी के बीच जो नहीं खाया
जाता।' "

12 1 और 𐤉𐤄𐤅𐤄 ने मूशेह से कहा, 2 "इसराएल के
बच्चों से कह, 'जब कोई औरत गर्भ धारण करती है,
और एक पुत्र को जन्म देती है, तब वह सात दिन तक अशुद्ध
रहेगी, जैसे उसकी मासिक अशुद्धि के दिनों में वह अशुद्ध
रहती है। 3 'और आठवें दिन उसकी चमड़ी की खतना की
जाएगी। 4 'और वह अपनी शुद्धि के लहू में तैंतीस दिन तक
रहेगी। वह किसी भी क़ोदश वस्तु को न छुए, और न ही
मिकदाश में प्रवेश करे जब तक उसकी शुद्धि के दिन पूरे न हो
जाएँ। 5 'पर यदि वह पुत्री को जन्म देती है, तो वह दो सप्ताह
तक अशुद्ध रहेगी, जैसे उसकी मासिक अशुद्धि में, और वह
अपनी शुद्धि के लहू में छियासठ दिन तक रहेगी। 6 'और जब
उसकी शुद्धि के दिन पूरे हो जाएँ, पुत्र या पुत्री के लिए, वह
याजक के पास एक वर्ष का एक मेमना होम बलि के लिए, और
एक कबूतर का बच्चा या एक फाख्ता पाप बलि के लिए,
मण्डली के तम्बू के द्वार पर लाए। 7 'और वह उसे 𐤉𐤄𐤅𐤄
के सामने लाएगा, और उसके लिए प्रायश्चित करेगा, और वह
अपने लहू की धारा से शुद्ध की जाएगी। यह तोरा है उस स्त्री
के लिए जिसने पुत्र या पुत्री को जन्म दिया हो। 8 'और यदि
वह मेमना लाने में सक्षम न हो, तो वह दो फाख्ते या दो कबूतर
के बच्चे लाए, एक होम बलि के लिए और दूसरा पाप बलि के
लिए। और याजक उसके लिए प्रायश्चित करेगा, और वह
शुद्ध होगी।' "

13 1 और 𐤉𐤄𐤅𐤄 ने मोशेह और अहरोन से कहा,
2 "जब किसी मनुष्य के शरीर की त्वचा पर सूजन,
दाग़ या चमकदार दाग़ हो, और वह उसके शरीर की त्वचा
पर कुष्ठ रोग जैसा दिखाई दे, तो वह अहरोन याजक या
उसके पुत्रों याजकों के पास लाया जाए। 3 "और याजक उस
त्वचा पर संक्रमण को देखे। और यदि उस संक्रमण पर
केश श्वेत हो गया है, और वह संक्रमण त्वचा से गहरा दिखाई
दे रहा है, तो वह कुष्ठ रोग है। और याजक उसको देखे और
उसे अशुद्ध घोषित करे। 4 "परन्तु यदि वह चमकदार दाग़
उसके शरीर की त्वचा पर श्वेत हो, और त्वचा से गहरा
दिखाई न दे, और उसके बाल श्वेत न हुए हों, तो याजक उस
व्यक्ति को सात दिनों तक बन्द रखे। 5 "और याजक उसे
सातवें दिन देखे, यदि वह संक्रमण वैसा ही है, और वह त्वचा
पर नहीं फैला है, तो याजक उसे और सात दिन तक बन्द
रखे। 6 "और याजक सातवें दिन उसे फिर देखे, यदि वह
संक्रमण मन्द पड़ गया है और त्वचा पर नहीं फैला है, तो
याजक उसे शुद्ध ठहराए। वह दाग़ है, और वह अपने वस्त्र
धोए और शुद्ध हो जाए। 7 "परन्तु यदि वह दाग़ त्वचा पर
और फैल जाए, उसके शुद्ध किए जाने के बाद, तो उसे
याजक के पास फिर लाया जाए। 8 "और याजक देखे, यदि
वह दाग़ त्वचा पर फैल गया है, तो याजक उसे अशुद्ध
ठहराए; यह कुष्ठ रोग है। 9 "जब किसी मनुष्य में कुष्ठ रोग
का संक्रमण हो, तो उसे याजक के पास लाया जाए।
10 "और याजक देखे, यदि उस सूजन पर श्वेतपन है, और
बाल श्वेत हो गए हैं, और उस सूजन में जीवित मांस का दाग़
है, 11 तो वह उसके शरीर की त्वचा पर पुराना कुष्ठ है, और
याजक उसे अशुद्ध ठहराए। वह उसे बन्द न करे, क्योंकि वह
अशुद्ध है। 12 "और यदि कुष्ठ उसकी सारी त्वचा पर फैल
जाए, और कुष्ठ उसके सिर से लेकर उसके पैरों तक,
जितना याजक देख सके, सब ढक ले, 13 तो याजक देखे,
यदि कुष्ठ ने उसके सारे शरीर को ढक लिया है, तो वह उस
व्यक्ति को शुद्ध ठहराए; क्योंकि वह सब श्वेत हो गया है, वह
शुद्ध है। 14 "परन्तु जिस दिन उस पर जीवित मांस प्रकट हो,
वह अशुद्ध है। 15 "और याजक उस जीवित मांस को देखे
और उसे अशुद्ध घोषित करे – वह जीवित मांस अशुद्ध है; यह
कुष्ठ है। 16 "परन्तु यदि वह जीवित मांस बदल जाए और
फिर श्वेत हो जाए, तो वह याजक के पास आए। 17 "और
याजक उसे देखे, यदि वह संक्रमण श्वेत हो गया है, तो
याजक उसे शुद्ध ठहराए; वह शुद्ध है। 18 "और यदि शरीर में
त्वचा पर फोड़ा हो, और वह चंगा हो जाए, 19 और उस फोड़े
की जगह पर श्वेत सूजन या लालिमा लिए श्वेत चमकदार
दाग़ उत्पन्न हो, तो उसे याजक को दिखाया जाए। 20 "और
याजक देखे, यदि वह त्वचा से गहरा है, और उसके बाल
श्वेत हो गए हैं, तो याजक उसे अशुद्ध ठहराए; वह कुष्ठ का
संक्रमण है जो उस फोड़े से निकला है। 21 "परन्तु यदि
याजक देखे और उसमें श्वेत बाल न हों, और वह त्वचा से
गहरा न हो, परन्तु फीका पड़ गया हो, तो याजक उसे सात
दिनों तक बन्द रखे। 22 और यदि यह चमड़ी पर और फैल
गई है, तब याजक उसे अशुद्ध ठहराएगा, यह कोढ़ का
संक्रमण है। 23 "पर यदि चमकीला धब्बा अपनी जगह पर ही
रहता है, और नहीं फैला है, तो यह फोड़े का निशान है, और

याजक उसे शुद्ध ठहराएगा। 24 “या जब शरीर को आग से
चमड़ी पर जलन होती है, और उस जलन का कच्चा मांस
एक चमकीला धब्बा हो जाता है, लाल-सफेद या सफेद,
25 तब याजक उसे देखेगा और देखे, यदि चमकीले धब्बे के
बाल सफेद हो गए हैं, और यह चमड़ी से गहरा दिखता है, तो
यह जलन में फूटा हुआ कोढ़ है। और याजक उसे अशुद्ध
ठहराएगा, यह कोढ़ का संक्रमण है। 26 “पर यदि याजक
उसे देखता है और देखता है कि उस चमकीले धब्बे में कोई
सफेद बाल नहीं है, और यह चमड़ी से गहरा नहीं है, परन्तु
फीका पड़ गया है, तब याजक उसे सात दिन के लिए बन्द
कर दे। 27 “और सातवें दिन याजक उसे देखेगा। यदि यह
चमड़ी पर और फैल गया है, तब याजक उसे अशुद्ध
ठहराएगा, यह कोढ़ का संक्रमण है। 28 “पर यदि चमकीला
धब्बा अपनी जगह पर रहता है, और चमड़ी पर नहीं फैला है,
परन्तु फीका पड़ गया है, तो यह जलन से सूजन है। और
याजक उसे शुद्ध ठहराएगा, क्योंकि यह जलन का निशान है।
29 “और जब किसी पुरुष या स्त्री के सिर पर या दाढ़ी में
संक्रमण होता है, 30 तब याजक उस संक्रमण को देखेगा और
देखेगा, यदि यह चमड़ी से गहरा दिखाई देता है, और उसमें
पतले पीले बाल हैं, तब याजक उसे अशुद्ध ठहराएगा, यह फूट
है, सिर या दाढ़ी का कोढ़। 31 “पर जब याजक फूट के
संक्रमण को देखे और देखे कि यह चमड़ी से गहरा नहीं
दिखता है, और उसमें काले बाल नहीं हैं, तब याजक उस फूट
के संक्रमण को सात दिन के लिए बन्द कर दे। 32 “और
सातवें दिन याजक उस संक्रमण को देखेगा और देखेगा,
यदि फूट नहीं फैला है, और उसमें कोई पीला बाल नहीं है,
और वह चमड़ी से गहरा नहीं दिखता है, 33 तब वह अपने
आप को मुंडा ले, परन्तु फूट को न मुंडाए। और याजक उस
फूट को और सात दिन के लिए बन्द कर दे। 34 “और सातवें
दिन याजक उस फूट को देखेगा और देखेगा, यदि फूट
चमड़ी पर नहीं फैला है, और चमड़ी से गहरा नहीं दिखता है,
तब याजक उसे शुद्ध ठहराएगा। और वह अपने वस्त्र धोए,
और वह शुद्ध होगा। 35 “पर यदि उसके शुद्ध होने के बाद
फूट चमड़ी पर और फैलता है, 36 तब याजक उसे देखेगा
और देखेगा, यदि फूट चमड़ी पर फैल गया है, तो याजक को
पीले बाल खोजने की आवश्यकता नहीं है, वह अशुद्ध है।
37 “पर यदि फूट स्थिर दिखाई देता है, और उसमें काले बाल
उग आए हैं, तो फूट चंगा हो गया है। वह शुद्ध है, और याजक
उसे शुद्ध ठहराएगा। 38 “और जब किसी पुरुष या स्त्री के
शरीर की चमड़ी पर चमकीले धब्बे होते हैं, सफेद चमकीले
धब्बे, 39 तब याजक देखेगा और देखेगा, यदि शरीर की
चमड़ी पर धब्बे मन्द सफेद हैं, तो यह चमड़ी पर उगने वाला
सफेद धब्बा है, वह शुद्ध है। 40 “और जब कोई पुरुष अपने
सिर के बाल खो देता है, वह गंजा है, वह शुद्ध है। 41 “और
यदि उसके माथे से बाल गिर गए हैं, वह माथे पर गंजा है, वह
शुद्ध है। 42 “और जब गंजे सिर या गंजे माथे पर लाल-
सफेद संक्रमण होता है, तो यह उसके गंजे सिर या गंजे माथे
पर फूटा हुआ कोढ़ है। 43 “और याजक उसे देखे और देखे,
यदि उसकी गंजे सिर या उसकी गंजे माथे पर संक्रमण की
सूजन लालिमा लिए हुए सफेद है, जैसा कि शरीर की चमड़ी
पर कोढ़ का रूप दिखाई देता है, 44 तो वह कोढ़ी मनुष्य है,
वह अशुद्ध है। याजक उसे निश्चय ही अशुद्ध ठहराएगा,
उसका संक्रमण उसके सिर पर है। 45 “और वह कोढ़ी
जिसको संक्रमण है, उसके वस्त्र फटे हुए हों, और उसका
सिर नंगा हो, और उसे अपनी ऊपरी ओंठ ढकनी होगी और
पुकारना होगा, ‘अशुद्ध! अशुद्ध!’ 46 “वह अशुद्ध है - जब तक
उसके पास संक्रमण है, वह अशुद्ध है। वह अशुद्ध है, और वह
अकेला निवास करेगा, उसका निवास स्थान छावनी के बाहर
होगा। 47 “और जब किसी वस्त्र में कोढ़ का संक्रमण हो,
ऊनी वस्त्र में या सन के वस्त्र में, 48 या सन या ऊन के ताने
या बाने में, या चमड़े में या किसी चमड़े की कारीगरी में,
49 और संक्रमण वस्त्र में या चमड़े में, या ताने या बाने में, या
किसी चमड़े की वस्तु में हरा या लालिमा लिए दिखाई दे, तो
वह कोढ़ का संक्रमण है और उसे याजक को दिखाया
जाएगा। 50 “और याजक संक्रमण को देखेगा और उस
संक्रमण को सात दिन के लिए बन्द कर देगा। 51 “और वह
सातवें दिन संक्रमण को देखेगा। और जब संक्रमण वस्त्र में,
या ताने या बाने में, या चमड़े में या किसी चमड़े की कारीगरी
में फैल गया हो, तो वह सक्रिय कोढ़ है, वह अशुद्ध है।
52 “और वह उस वस्त्र को, या ताने या बाने को, ऊन या सन
में, या किसी चमड़े की वस्तु को जिसमें संक्रमण है, जला
देगा, क्योंकि वह सक्रिय कोढ़ है। वह आग से जलाया
जाएगा। 53 “परन्तु यदि याजक देखे और देखे कि वस्त्र में,
या ताने या बाने में, या किसी चमड़े की वस्तु में संक्रमण नहीं
फैला है, 54 तब याजक आज्ञा देगा, और वे उस वस्त्र को
जिसमें संक्रमण है धोएँगे। और वह उसे फिर सात दिन के
लिए बन्द कर देगा। 55 “और याजक धोए जाने के बाद
संक्रमण को देखेगा और देखेगा, यदि संक्रमण का रूप नहीं
बदला है, यद्यपि संक्रमण नहीं फैला है, तो वह अशुद्ध है, और
उसे आग में जलाएगा - वह भीतर या बाहर से खाया गया है।
56 “और यदि याजक देखे और देखे कि धोए जाने के बाद
संक्रमण फीका पड़ गया है, तब वह उसे वस्त्र से, या ताने से,
या बाने से, या चमड़े से फाड़कर निकाल देगा। 57 “और
यदि वह अब भी वस्त्र में, या ताने या बाने में, या किसी चमड़े
की वस्तु में देखा जाए, तो वह फैलता हुआ संक्रमण है। उसे
आग से जला देना होगा, वह जिसमें संक्रमण है। 58 “और
यदि तू वस्त्र, या ताना या बाना, या किसी चमड़े की वस्तु को
धोए, यदि संक्रमण उससे गायब हो गया है, तब उसे दूसरी
बार धोया जाएगा, और वह शुद्ध होगा। 59 “यह ऊनी या सन
के वस्त्र में कोढ़ के संक्रमण की व्यवस्था है, या ताने या बाने
में, या किसी चमड़े की वस्तु में, उसे शुद्ध ठहराने या अशुद्ध
ठहराने के लिये।”

14 1 और 𐤉𐤄𐤅𐤄 ने मोशेह से कहा, 2 “यह कोढ़ी के
शुद्ध होने के दिन की तोराह होगी: उसे याजक के पास
लाया जाए, 3 और याजक छावनी से बाहर जाकर देखे, यदि
कोढ़ी में कोढ़ ठीक हो गया है, 4 तब याजक आज्ञा देगा कि जो
शुद्ध किया जा रहा है उसके लिये दो जीवित और शुद्ध पक्षी,
और देवदारु की लकड़ी, और लाल ऊन, और इसोप ली
जाएं। 5 “और याजक आज्ञा देगा कि उन पक्षियों में से एक
को मिट्टी के बर्तन में जीवित जल पर मारा जाए। 6 “फिर वह
जीवित पक्षी, देवदारु की लकड़ी, लाल ऊन और इसोप को
लेकर, उन्हें उस मारे हुए पक्षी के लहू में डुबोए जो जीवित
जल पर मारा गया था। 7 “और वह उसे सात बार उस पर

छिड़के जो कोढ़ से शुद्ध किया जा रहा है, और उसे शुद्ध
ठहराए, और उस जीवित पक्षी को खुले मैदान में छोड़ दे।
8 “और जो शुद्ध किया जा रहा है वह अपने वस्त्र धोए, और
अपना सब बाल मुंडवाए और अपने आप को जल में धोए,
और शुद्ध हो। इसके बाद वह छावनी में आए, परन्तु अपने
तम्बू के बाहर सात दिन तक रहे। 9 “और सातवें दिन वह
अपने सिर, अपनी दाढ़ी और अपनी भौंहों का सब बाल
मुंडवाए, यहां तक कि अपना सब बाल मुंडवाए। और वह
अपने वस्त्र धोए और अपना शरीर जल में धोए, और शुद्ध
हो। 10 “और आठवें दिन वह दो निर्दोष नर मेम्ने, और एक
एक-वर्षीय निर्दोष मादा मेम्ने, और तीन-दसवां हिस्सा उत्तम
आटे का तेल के संग अन्नबलि के लिये, और एक लघु तेल
ले। 11 “और शुद्ध करनेवाला याजक उस पुरुष को, जो शुद्ध
किया जा रहा है, इन सबके साथ 𐤉𐤄𐤅𐤄 के सम्मुख
मिलापवाले तम्बू के द्वार पर उपस्थित करे। 12 “और याजक
एक नर मेम्ने को अपराधबलि के लिये ले, और उस लघु तेल
को, और उन्हें 𐤉𐤄𐤅𐤄 के सम्मुख हिलाई बलि के रूप में
हिलाए। 13 “और वह मेम्ने को उस स्थान पर मारे जहां वह
पापबलि और होमबलि मारता है, अर्थात पवित्र स्थान में।
क्योंकि अपराधबलि, पापबलि के समान, याजक की होती है।
यह अति पवित्र है। 14 “और याजक अपराधबलि के कुछ
लहू को लेकर उसे शुद्ध किए जाने वाले व्यक्ति के दाहिने कान
की लोब पर, और उसके दाहिने हाथ के अंगूठे पर, और
उसके दाहिने पैर के बड़े अंगूठे पर लगाए। 15 “और याजक
कुछ तेल लेकर अपने बाएं हाथ की हथेली में डाले। 16 “और
याजक अपने दाहिने हाथ की उंगली को उस तेल में डुबोए जो
उसके बाएं हाथ में है, और अपनी उंगली से सात बार
𐤉𐤄𐤅𐤄 के सम्मुख छिड़के। 17 “और अपने हाथ में बचे हुए
तेल में से कुछ उस व्यक्ति के दाहिने कान की लोब पर, और
उसके दाहिने हाथ के अंगूठे पर, और उसके दाहिने पैर के
बड़े अंगूठे पर लगाए, जो शुद्ध किया जा रहा है, अर्थात
अपराधबलि के लहू पर। 18 “और अपने हाथ में बचे हुए तेल
को वह उस व्यक्ति के सिर पर लगाए, जो शुद्ध किया जा रहा
है। और याजक उसके लिये 𐤉𐤄𐤅𐤄 के सम्मुख प्रायश्चित्त
करेगा। 19 “और याजक पापबलि चढ़ाएगा और उस कोढ़ी के
लिये प्रायश्चित्त करेगा, जो शुद्ध किया जा रहा है, उसकी
अशुद्धता से। इसके बाद वह होमबलि मारे। 20 “और याजक
होमबलि और अन्नबलि को वेदी पर चढ़ाएगा। और याजक
उसके लिये प्रायश्चित्त करेगा, और वह शुद्ध हो जाएगा।
21 “पर यदि वह गरीब है और इसे वहन करने में असमर्थ है,
तो वह एक नर मेम्ने अपराधबलि के लिये हिलाने के लिये ले,
उसके लिये प्रायश्चित्त करने को, और एक-दसवां हिस्सा
उत्तम आटे का तेल के साथ अन्नबलि के लिये, और एक लघु
तेल। 22 और दो कछुआ कबूतर या दो जवान कबूतर,
जितना वह वहन कर सकता है, और एक पाप बलि होगा और
दूसरा होम बलि। 23 “और वह उन्हें आठवें दिन अपनी शुद्धि
के लिए याजक के पास, मिलापवाले तंबू के द्वार पर, 𐤉𐤄𐤅𐤄
के सामने लाएगा। 24 “और याजक अपराधबलि का मेम्ना
और तेल का लोग लेगा, और याजक उन्हें 𐤉𐤄𐤅𐤄 के सामने
एक हिलानेवाली भेंट के रूप में हिलाएगा। 25 “और वह
अपराधबलि का मेम्ना वध करेगा, और याजक अपराधबलि
का कुछ रक्त लेगा और उसे उसके दाहिने कान की नोक पर
जो शुद्ध किया जानेवाला है, और उसके दाहिने हाथ के अंगूठे
पर, और उसके दाहिने पाँव के बड़े अँगूठे पर लगाएगा।
26 “फिर याजक अपने बाएँ हाथ की हथेली में थोड़ा तेल
उड़ेल देगा। 27 “और याजक अपनी दाहिनी उंगली से अपने
बाएँ हाथ में जो तेल है, उसमें से सात बार 𐤉𐤄𐤅𐤄 के सामने
छिड़केगा। 28 “और याजक अपने हाथ में जो तेल है, उसमें
से कुछ उस व्यक्ति के दाहिने कान की नोक पर लगाएगा जो
शुद्ध किया जानेवाला है, और दाहिने हाथ के अंगूठे पर, और
उसके दाहिने पाँव के बड़े अँगूठे पर, अपराधबलि के रक्त के
स्थान पर। 29 “और जो तेल याजक के हाथ में है, उसका
शेष भाग वह उस व्यक्ति के सिर पर लगाएगा जो शुद्ध किया
जानेवाला है, ताकि उसके लिए 𐤉𐤄𐤅𐤄 के सामने प्रायश्चित
किया जाए। 30 “और वह एक कछुआ कबूतर या जवान
कबूतर तैयार करेगा, जितना वह वहन कर सकता है,
31 जिसे वह वहन कर सकता है, एक को पाप बलि और दूसरे
को होम बलि के रूप में, अन्नबलि के साथ। और याजक उस
व्यक्ति के लिए प्रायश्चित करेगा जो 𐤉𐤄𐤅𐤄 के सामने शुद्ध
किया जानेवाला है। 32 “यह उस व्यक्ति के लिए तोराह है
जिसे कुष्ठ का संक्रमण था, जो अपनी शुद्धि के लिए वहन
करने में असमर्थ है।” 33 और 𐤉𐤄𐤅𐤄 ने मोशेह और
अहरोन से कहा, 34 “जब तुम कनान देश में आओगे, जिसे मैं
तुम्हें अधिकार के रूप में दे रहा हूँ, और मैं तुम्हारे अधिकार
के देश में किसी घर में कुष्ठ का दाग लगाऊँगा, 35 तब वह
व्यक्ति जिसका घर है, याजक को बताएगा, यह कहते हुए,
‘मुझे लगता है कि घर में कोई दाग है।’ 36 “और याजक
आज्ञा देगा, और वे घर को खाली करेंगे, इससे पहले कि
याजक दाग को देखने के लिए भीतर जाए, ताकि घर में जो
कुछ है वह अशुद्ध न हो जाए। और उसके बाद याजक घर
को देखने के लिए भीतर जाएगा। 37 “और वह दाग को
देखेगा और देखेगा, यदि दाग घर की दीवारों पर धँसे हुए
स्थानों में है, हरे या लाल रंग का, जो दीवार में गहरे दिखाई
देते हैं, 38 तब याजक घर से बाहर जाएगा, घर के द्वार तक,
और घर को सात दिन के लिए बंद कर देगा। 39 “और
याजक सातवें दिन फिर आएगा और देखेगा, यदि दाग घर
की दीवारों पर फैल गया है, 40 तब याजक आज्ञा देगा, और वे
उन पत्थरों को निकाल देंगे जिनमें दाग है, और उन्हें नगर के
बाहर, एक अशुद्ध स्थान में फेंक देंगे, 41 जबकि वह घर को
भीतर से चारों ओर खुरचवाएगा, और जो धूल वे खुरचेंगे,
उसे नगर के बाहर एक अशुद्ध स्थान में उड़ेल देंगे।
42 “और वे दूसरे पत्थर लेंगे और उन्हें उन पत्थरों के स्थान
पर रखेंगे, और दूसरा गारा लेकर घर को प्लास्टर करेंगे।
43 “और यदि महामारी वापस आकर घर में फैल जाती है,
जब उसने पत्थरों को निकाल दिया है, घर को खुरच दिया है,
और जब उस पर पलस्तर कर दिया गया है, 44 तब याजक
आए और देखे, यदि महामारी घर में फैल गई है, तो वह घर में
सक्रिय कोढ़ है, वह अशुद्ध है। 45 “और वह घर को तोड़
देगा, उसके पत्थरों और उसकी लकड़ियों और घर के सारे
पलस्तर को, और उन्हें नगर के बाहर अशुद्ध स्थान पर ले
जाएगा। 46 “और जो कोई घर में जाता है, उन सब दिनों में
जब वह बंद है, वह संध्या तक अशुद्ध हो जाएगा। 47 “और
जो कोई घर में लेटता है, उसे अपने वस्त्र धोने होंगे, और जो

घर में खाता है, उसे अपने वस्त्र धोने होंगे। 48 “परन्तु यदि
याजक सचमुच आकर उसे देखे और देखे कि घर में
महामारी नहीं फैली है, जब घर पर पलस्तर किया गया था,
तब याजक घर को शुद्ध ठहराएगा, क्योंकि महामारी चंगी हो
गई है। 49 “और घर को शुद्ध करने के लिये, वह दो पक्षी,
और देवदार की लकड़ी, और किरमिजी ऊन, और याज़ाक
को लेगा। 50 “और वह एक पक्षी को मिट्टी के पात्र में बहते
पानी के ऊपर मारेगा, 51 और वह देवदार की लकड़ी, और
याज़ाक, और किरमिजी ऊन, और जीवित पक्षी को लेगा,
और उन्हें मारे गए पक्षी के लहू और बहते पानी में डुबोएगा,
और घर पर सात बार छिड़केगा। 52 “वह इस प्रकार घर को
पक्षी के लहू और बहते पानी और जीवित पक्षी, और देवदार
की लकड़ी, और याज़ाक, और किरमिजी ऊन के साथ शुद्ध
करेगा, 53 और वह जीवित पक्षी को नगर के बाहर खुले मैदान
में छोड़ देगा, और घर के लिये प्रायश्चित करेगा, और वह
शुद्ध होगा। 54 “यह तोराह है किसी भी कोढ़ की महामारी और
फुंसी के लिये, 55 और वस्त्र के कोढ़ के लिये, और घर के
लिये, 56 और सूजन के लिये, और फुंसी के लिये, और
चमकदार दाग के लिये, 57 सिखाने के लिये कि कब वह
अशुद्ध है और कब वह शुद्ध है। यह कोढ़ की तोराह है।”

15 1 और 𐤉𐤄𐤅𐤄 ने मोशेह और अहरोन से कहा,
2 “इसराएल की सन्तानों से कहो, और उनसे कहो,
‘जब किसी पुरुष के शरीर से स्त्राव होता है, तो उसका स्त्राव
अशुद्ध है। 3 ‘और यह उसका अशुद्ध होना है उसके स्त्राव के
विषय में; चाहे उसका शरीर उसके स्त्राव से बहता हो, या
उसका शरीर उसके स्त्राव से बन्द हो गया हो, वह उसकी
अशुद्धता है। 4 ‘जिस खाट पर वह सोता है जिसका स्त्राव है,
वह अशुद्ध हो जाता है, और जिस वस्तु पर वह बैठता है वह
अशुद्ध हो जाती है। 5 ‘और जो कोई उसके बिस्तर को छुए
वह अपने वस्त्र धोए, और जल में स्नान करे, और सांझ तक
अशुद्ध रहेगा। 6 ‘और जो कोई उस वस्तु पर बैठे जिस पर
वह बैठा था जिसका स्त्राव है, वह अपने वस्त्र धोए, और जल
में स्नान करे, और सांझ तक अशुद्ध रहेगा। 7 ‘और जो कोई
उसके शरीर को छुए जिसका स्त्राव है, वह अपने वस्त्र धोए,
और जल में स्नान करे, और सांझ तक अशुद्ध रहेगा।
8 ‘और जब वह जिसका स्त्राव है किसी शुद्ध व्यक्ति पर थूक
दे, तब वह अपने वस्त्र धोए, और जल में स्नान करे, और
सांझ तक अशुद्ध रहेगा। 9 ‘जिस काठी पर वह सवारी करता
है जिसका स्त्राव है, वह अशुद्ध हो जाती है। 10 ‘और जो कोई
उस सबको छुए जो उसके नीचे था, वह सांझ तक अशुद्ध
रहेगा। और जो कोई उन्हें उठाए, वह अपने वस्त्र धोए, और
जल में स्नान करे, और सांझ तक अशुद्ध रहेगा। 11 ‘और
जिसे वह जिसका स्त्राव है छू ले बिना अपने हाथ जल में धोए,
वह अपने वस्त्र धोए और जल में स्नान करे, और सांझ तक
अशुद्ध रहेगा। 12 ‘और वह मिट्टी का बर्तन जिसे वह छू ले
जिसका स्त्राव है, तो उसे तोड़ दिया जाए, और हर लकड़ी
का बर्तन जल में धोया जाए। 13 ‘और जब वह जिसका
स्त्राव है अपने स्त्राव से शुद्ध हो जाए, तब वह अपने लिये सात
दिन गिने अपने शुद्ध होने के लिये, और अपने वस्त्र धोए,
और बहते जल में अपने शरीर को स्नान करे, और शुद्ध हो
जाए। 14 ‘और आठवें दिन वह अपने लिये दो फाख्ते या दो
जवान कबूतर ले, और 𐤉𐤄𐤅𐤄 के सामने मुलाक़ात के तम्बू
के द्वार पर आए, और उन्हें याजक को दे। 15 ‘और याजक
उन्हें तैयार करे, एक को पाप बलि और दूसरे को होम बलि के
रूप में। और याजक उसके लिये 𐤉𐤄𐤅𐤄 के सामने उसके
स्त्राव के कारण प्रायश्चित करे। 16 ‘और जब किसी पुरुष
का वीर्य निकले, तब वह अपने पूरे शरीर को जल में धोए,
और सांझ तक अशुद्ध रहेगा। 17 ‘और जो कोई वस्त्र या
चमड़ा हो जिस पर वीर्य हो, वह भी जल से धोया जाए, और
सांझ तक अशुद्ध रहेगा। 18 ‘और जब कोई स्त्री किसी पुरुष
के साथ लेटे, और वीर्य निकले, तो दोनों जल में स्नान करें,
और सांझ तक अशुद्ध रहेंगे। 19 ‘और जब किसी स्त्री को
स्त्राव हो, और उसके शरीर से रक्त का स्त्राव हो, तो वह सात
दिन तक अपने अलगाव में रहे। और जो कोई उसे छुए वह
सांझ तक अशुद्ध रहेगा। 20 ‘और जिस पर भी वह अपने
अलगाव में लेटे, वह अशुद्ध हो जाएगा। और जिस पर भी वह
बैठे, वह अशुद्ध हो जाएगा। 21 ‘और जो कोई उसके बिस्तर
को छुए वह अपने वस्त्र धोए, और जल में स्नान करे, और
सांझ तक अशुद्ध रहेगा। 22 ‘और जो कोई भी उस वस्तु को
छूता है जिस पर वह बैठी हो, उसे अपने वस्त्र धोने होंगे, और
जल में स्नान करना होगा, और संध्या तक अशुद्ध रहेगा।
23 ‘और यदि वह बिस्तर पर या किसी वस्तु पर हो जिस पर
वह बैठती है, जब वह उसे छूता है, तो वह संध्या तक अशुद्ध
रहता है। 24 ‘और यदि कोई पुरुष उससे बिल्कुल भी संग
करता है, और उसका मासिक स्त्राव उस पर आ जाता है, तो
वह सात दिन तक अशुद्ध रहेगा। और जिस बिस्तर पर वह
लेटा है, वह अशुद्ध हो जाएगा। 25 ‘और जब किसी स्त्री को
कई दिनों तक रक्तस्राव होता है, उसकी मासिक पृथक्करण
की अवधि के अतिरिक्त, या जब वह अपनी सामान्य मासिक
पृथक्करण की अवधि से अधिक स्राव करती है, तो उसके
अशुद्ध स्राव के सभी दिन उसके मासिक पृथक्करण के दिनों
के समान होंगे। वह अशुद्ध है। 26 ‘जिस किसी बिस्तर पर
वह अपने स्राव के सभी दिनों में लेटती है, वह उसके लिए
उसके मासिक पृथक्करण के बिस्तर के समान है। और जिस
पर भी वह बैठती है, वह अशुद्ध है, उसके मासिक पृथक्करण
की अशुद्धता के समान। 27 ‘और जो कोई उन्हें छूता है, वह
अशुद्ध है, और अपने वस्त्र धोएगा, और जल में स्नान करेगा,
और संध्या तक अशुद्ध रहेगा। 28 ‘परन्तु यदि वह अपने
स्राव से शुद्ध हो जाती है, तो वह अपने लिये सात दिन गिनेगी,
और उसके बाद वह शुद्ध होगी। 29 ‘और आठवें दिन वह
अपने लिए दो फाख्ते या दो युवा कबूतर लेगी, और उन्हें
याजक के पास, मिलाप के तम्बू के द्वार पर लाएगी। 30 ‘और
याजक उनमें से एक को पापबलि के रूप में और दूसरे को
होमबलि के रूप में तैयार करेगा, और याजक उसके लिये
𐤉𐤄𐤅𐤄 के सामने उसके अशुद्ध स्राव के लिये प्रायश्चित्त
करेगा। 31 ‘इस प्रकार तुम इस्राएल के पुत्रों को उनकी
अशुद्धता से अलग करोगे, ऐसा न हो कि वे मेरी मिष्कान को
जो उनके मध्य है, अशुद्ध करके अपनी अशुद्धता में मर
जाएं। 32 ‘यह तोराह उस जन के लिए है जिसके पास स्राव
है, और उसके लिए जो वीर्य निकालता है और इस कारण
अशुद्ध होता है, 33 और उस स्त्री के लिए जो अपनी मासिक
पृथक्करण में बीमार है, और उसके लिए जिसके पास स्राव है,

चाहे पुरुष या स्त्री, और उसके लिए जो अशुद्ध स्त्री के साथ
लेटता है।' "

16
1 और 𐤉𐤄𐤅𐤄 ने मूशेह से हारून के दो पुत्रों की
मृत्यु के बाद कहा, जब वे 𐤉𐤄𐤅𐤄 के सामने निकट
आए और मर गए। 2 और 𐤉𐤄𐤅𐤄 ने मूशेह से कहा, "अपने
भाई हारून से कहो कि वह परदे के भीतर पवित्र स्थान में,
प्रायश्चित के ढक्कन के सामने, जो सन्दूक पर है, हर समय
प्रवेश न करे, कहीं वह मर न जाए, क्योंकि मैं ढक्कन के
ऊपर बादल में प्रकट होता हूँ। 3 "इस प्रकार हारून पवित्र
स्थान में आए; एक बछड़े के लहू के साथ जो पापबलि के लिए
है, और एक मेढ़े के साथ जो होमबलि के लिए है। 4 "वह
पवित्र सन का लम्बा कुरता पहने, अपने शरीर पर सन की
पतलून पहने, सन की कमरबंद से अपनी कमर कसे, और
सन की पगड़ी से सिर ढके – ये पवित्र वस्त्र हैं। और वह
अपने शरीर को पानी में धोए और उन्हें पहने। 5 "और
इस्राएल की सन्तानों की मण्डली से वह दो बकरों को पापबलि
के लिए ले, और एक मेढ़े को होमबलि के लिए। 6 "और
हारून उस बछड़े को पापबलि के लिए, जो उसके लिए है, ले
आए, और अपने और अपने घर के लिए प्रायश्चित करे।
7 "और वह दोनों बकरों को ले और उन्हें मण्डली के तम्बू के
द्वार पर 𐤉𐤄𐤅𐤄 के सामने खड़ा करे। 8 "और हारून उन
दोनों बकरों पर चिट्ठियाँ डाले, एक चिट्ठी 𐤉𐤄𐤅𐤄 के लिए
और दूसरी चिट्ठी अज़ाज़ेल के लिए। 9 "और हारून उस
बकरे को ले आए जिस पर 𐤉𐤄𐤅𐤄 के लिए चिट्ठी पड़ी, और
उसे पापबलि के रूप में तैयार करे। 10 "परन्तु जिस बकरे
पर अज़ाज़ेल के लिए चिट्ठी पड़ी, उसे जीवित 𐤉𐤄𐤅𐤄 के
सामने खड़ा किया जाए, ताकि उसके ऊपर प्रायश्चित किया
जाए, और उसे जंगल में अज़ाज़ेल के पास भेज दिया जाए।
11 "और हारून उस बछड़े को, जो उसके लिए पापबलि है, ले
आए, और अपने और अपने घर के लिए प्रायश्चित करे, और
उस बछड़े को, जो उसके लिए पापबलि है, वध करे। 12 और
वह धूपदान ले, जो वेदी से आग की जलती हुई कोयलों से
भरा हो, 𐤉𐤄𐤅𐤄 के सामने से, और उसके हाथ धूप से भरे हों
जो बारीक पीसा गया हो, और वह उसे परदे के भीतर ले
आए। 13 "और वह धूप को आग पर रखे 𐤉𐤄𐤅𐤄 के
सामने, और धूप का बादल प्रायश्चित के ढक्कन को ढक ले
जो गवाही पर है, कहीं वह मर न जाए। 14 "और वह बछड़े के
लहू में से कुछ ले और अपनी उँगली से प्रायश्चित के ढक्कन
पर पूर्व की ओर छिड़के, और प्रायश्चित के ढक्कन के सामने
भी अपनी उँगली से सात बार लहू छिड़के। 15 "और वह
बकरे को वध करे, जो पापबलि के लिए है, जो लोगों के लिए
है, और उसका लहू परदे के भीतर ले आए, और उस लहू के
साथ वैसे ही करे जैसे बछड़े के लहू के साथ किया, और उसे
प्रायश्चित के ढक्कन पर और प्रायश्चित के ढक्कन के सामने
छिड़के। 16 "और वह पवित्र स्थान के लिए प्रायश्चित्त करेगा,
क्योंकि इस्राएल की सन्तानों की अशुद्धियों और उनके सब
पापों के अपराधों के कारण। और इसी प्रकार वह मिलापवाले
तम्बू के लिए करेगा, जो उनके अशुद्धियों के बीच उनके साथ
वास करता है। 17 "और जब वह पवित्र स्थान में प्रायश्चित्त
करने के लिए भीतर जाता है, तब मिलापवाले तम्बू में कोई
मनुष्य न होगा, जब तक वह बाहर न आए। और वह अपने
लिये, अपने घराने के लिये, और इस्राएल की सारी मण्डली
के लिये प्रायश्चित्त करेगा। 18 "और वह 𐤉𐤄𐤅𐤄 के सामने
जो वेदी है, उसके पास बाहर जाकर उसके लिये प्रायश्चित्त
करेगा। और वह कुछ बैल का लोहू और कुछ बकरी का लोहू
लेकर वेदी के सींगों पर चारों ओर लगाएगा। 19 "और वह
अपनी अँगुली से उसका कुछ लोहू सात बार उस पर
छिड़केगा, और उसे शुद्ध करेगा, और इस्राएल की सन्तानों
की अशुद्धियों से उसे पवित्र ठहराएगा। 20 "और जब वह
पवित्र स्थान, और मिलापवाले तम्बू, और वेदी के लिये
प्रायश्चित्त समाप्त कर लेगा, तब वह जीवित बकरी को ले
आए। 21 "तब अहरोन जीवित बकरी के सिर पर दोनों हाथ
रखेगा, और इस्राएल की सन्तानों की सब बुराइयों और सब
अपराधों और सब पापों को उसके ऊपर अंगीकार करेगा,
और उन्हें बकरी के सिर पर डालेगा, और उसे किसी योग्य
मनुष्य के हाथ से जंगल में भिजवाएगा। 22 "और बकरी
अपने ऊपर उनकी सब बुराइयों को एक सुनसान देश में ले
जाएगी। इस प्रकार वह बकरी को जंगल में भेज देगा।
23 "तब अहरोन मिलापवाले तम्बू में आएगा, और सूत के वस्त्र
उतारेगा, जो उसने पवित्र स्थान में जाने के समय पहने थे,
और उन्हें वहीं छोड़ देगा। 24 "और वह अपने शरीर को जल
में धोएगा पवित्र स्थान में, और अपने वस्त्र पहनेगा, और
बाहर आकर अपना होमबलि और लोगों का होमबलि तैयार
करेगा, और अपने और लोगों के लिये प्रायश्चित्त करेगा।
25 और वह पापबलि की चर्बी वेदी पर जलाएगा। 26 "और जो
बकरी को अज़ाज़ेल के पास भेजता है, वह अपने वस्त्र धोए,
और अपने शरीर को जल में धोए, और उसके बाद वह
छावनी में आए। 27 "और पापबलि का बैल और पापबलि की
बकरी, जिनका लोहू पवित्र स्थान में प्रायश्चित्त करने के लिये
भीतर लाया गया था, वे छावनी के बाहर ले जाए जाएँगे; और
उनकी खाल, उनका मांस, और उनकी विष्ठा आग से जलाई
जाएगी। 28 "और जो उन्हें जलाता है वह अपने वस्त्र धोए,
और अपने शरीर को जल में धोए, और उसके बाद वह
छावनी में आए। 29 "और यह तुम्हारे लिये सदा की विधि
होगी: सातवें महीने के दसवें दिन, तुम अपने प्राणों को दीन
करो, और कोई काम न करो, न देशी, न तुम्हारे बीच रहने
वाला परदेशी। 30 "क्योंकि उस दिन तुम्हारे लिये प्रायश्चित्त
किया जाएगा, ताकि तुम्हें शुद्ध किया जाए; तुम्हारे सब पापों से
तुम 𐤉𐤄𐤅𐤄 के सामने शुद्ध हो जाओ। 31 "यह तुम्हारे लिये
विश्राम का सब्त है, और तुम अपने प्राणों को दीन करोगे - यह
सदा की विधि है। 32 "और याजक, जो अपने पिता के स्थान
पर याजक के रूप में सेवा करने के लिये अभिषिक्त और
ठहराया गया है, वह प्रायश्चित्त करेगा, और सूत के वस्त्र,
पवित्र वस्त्र पहिनेगा। 33 और वह पवित्र पवित्रस्थान के लिये
प्रायश्चित्त करेगा, और मिलापवाले तम्बू और वेदी के लिये
प्रायश्चित्त करेगा, और याजकों और सारी मण्डली के सब
लोगों के लिये प्रायश्चित्त करेगा। 34 "और यह तुम्हारे लिये
सदा की विधि होगी, कि इस्राएल की सन्तानों के सब पापों के
लिये, वर्ष में एक बार प्रायश्चित्त किया जाए।" और उसने
वैसा ही किया जैसा 𐤉𐤄𐤅𐤄 ने मोशेह को आज्ञा दी थी।

17
1 और 𐤉𐤄𐤅𐤄 ने मोशेह से कहा, 2 "अहरोन, उसके
पुत्रों और सम्पूर्ण यिस्राएल के बच्चों से कहो, 'यह वह

वचन है जो 𐤉𐤄𐤅𐤄 ने कहा है, 3 "यिस्त्राएल के घर का कोई
व्यक्ति जो बैल या मेमना या बकरा छावनी में या छावनी के
बाहर वध करता है, 4 और उसे मिलापवाले तम्बू के द्वार पर
नहीं लाता ताकि उसे 𐤉𐤄𐤅𐤄 को चढ़ावा के रूप में अर्पित
करे, उस मनुष्य पर रक्त दोष ठहराया जाएगा। उसने रक्त
बहाया है, और वह मनुष्य अपने लोगों में से काटा जाएगा,
5 इसलिए कि यिस्त्राएल के बच्चे अपने वधों को जो वे खुले
मैदान में करते हैं, उन्हें 𐤉𐤄𐤅𐤄 के पास मिलापवाले तम्बू के
द्वार पर लाएँ, याजक के पास लाएँ, और उन्हें 𐤉𐤄𐤅𐤄 के
लिए मेलबलियों के रूप में बलि करें। 6 "और याजक
𐤉𐤄𐤅𐤄 के वेदी पर, मिलापवाले तम्बू के द्वार पर, उस रक्त
को छिड़केगा, और चर्बी को 𐤉𐤄𐤅𐤄 के लिए सुगंध के रूप
में जलाएगा। 7 "और वे अब और अपने वधों को दुष्टात्माओं
के लिए बलि न चढ़ाएँ, जिनके पीछे वे व्यभिचार करते रहे हैं।
यह उनके लिए पीढ़ियों भर के लिए एक सदा का विधि विधान
होगा।" ' 8 "और उनसे कहो, 'यिस्त्राएल के घर का कोई
व्यक्ति या कोई परदेशी जो तुम्हारे बीच रहता है, जो होमबलि
या वध चढ़ाता है, 9 और उसे मिलापवाले तम्बू के द्वार पर
𐤉𐤄𐤅𐤄 के लिए नहीं लाता, वह मनुष्य अपने लोगों में से
काटा जाएगा। 10 'और यिस्त्राएल के घर का कोई व्यक्ति या
कोई परदेशी जो तुम्हारे बीच रहता है, जो कोई भी रक्त खाता
है, मैं अपना मुख उस प्राणी के विरुद्ध करूंगा जो रक्त खाता
है, और उसे उसके लोगों में से काट दूँगा। 11 'क्योंकि शरीर
का जीवन रक्त में है, और मैंने उसे तुम्हारे लिए वेदी पर दिया
है ताकि तुम्हारे जीवन के लिए प्रायश्चित्त हो; क्योंकि रक्त ही
जीवन के लिए प्रायश्चित्त करता है।' 12 "इसलिए मैंने
यिस्त्राएल के बच्चों से कहा, 'तुम में से कोई भी प्राणी रक्त न
खाए, और तुम्हारे बीच रहने वाला कोई परदेशी भी रक्त न
खाए।' 13 "और यिस्त्राएल के बच्चों में से कोई व्यक्ति, या
कोई परदेशी जो तुम्हारे बीच रहता है, जो कोई भी जानवर या
पक्षी का शिकार करता है जिसे खाया जाता है, वह उसका
रक्त निकालकर मिट्टी से ढके। 14 क्योंकि सब शरीर का
जीवन उसका रक्त है। उसका रक्त ही उसका जीवन है।
इसलिए मैंने यिस्त्राएल के बच्चों से कहा, 'किसी भी प्राणी का
रक्त न खाओ, क्योंकि सब शरीर का जीवन उसका रक्त है।
जो कोई उसे खाएगा, वह काटा जाएगा।' 15 "और जो कोई
मरे हुए जानवर या किसी पशु द्वारा फाड़े गए को खाए, चाहे
वह देशज हो या परदेशी, वह अपने वस्त्र धोए और पानी में
स्नान करे, और संध्या तक अशुद्ध रहेगा; फिर वह शुद्ध
होगा। 16 "और यदि वह अपने शरीर को न धोए या न नहाए,
तो वह अपनी अधर्मता को वहन करेगा।"

18 1 और 𐤉𐤄𐤅𐤄 ने मूशे से कहा, 2 "इस्त्राएल की
संतान से कहो, और उनसे कहो, 'मैं हूँ 𐤉𐤄𐤅𐤄
तुम्हारा ईश्वर। 3 'तुम मिस्त्र देश में जैसे उन्होंने किया, जहाँ
तुम रहते थे, वैसा मत करो। और कनान देश में जैसे वे
करते हैं जहाँ मैं तुम्हें ले जा रहा हूँ, वैसा मत करो, और उनके
नियमों पर मत चलो। 4 'मेरे नियमों को मानो और मेरी
विधियों की रक्षा करो, उन पर चलने के लिए। मैं हूँ 𐤉𐤄𐤅𐤄
तुम्हारा ईश्वर। 5 'और तुम मेरी विधियों और मेरे नियमों की
रक्षा करो, जिन्हें मनुष्य करता है और उनसे जीवित रहता
है। मैं हूँ 𐤉𐤄𐤅𐤄। 6 'कोई भी अपने ही शरीर के किसी
व्यक्ति के पास उसकी नंगाई को उजागर करने के लिए न
जाए। मैं हूँ 𐤉𐤄𐤅𐤄। 7 'अपने पिता की नंगाई या अपनी
माता की नंगाई को उजागर मत करो। वह तुम्हारी माता है,
उसकी नंगाई को उजागर मत करो। 8 'अपने पिता की पत्नी
की नंगाई को उजागर मत करो, वह तुम्हारे पिता की नंगाई
है। 9 'अपनी बहन की नंगाई को उजागर मत करो, जो
तुम्हारे पिता की बेटी है या तुम्हारी माता की बेटी है, चाहे घर में
जन्मी हो या बाहर, उनकी नंगाई को उजागर मत करो।
10 'अपने बेटे की बेटी या अपनी बेटी की बेटी की नंगाई को
उजागर मत करो, क्योंकि वे तुम्हारी अपनी नंगाई हैं।
11 'अपने पिता की पत्नी की बेटी की नंगाई को उजागर मत
करो, जो तुम्हारे पिता से उत्पन्न हुई है; वह तुम्हारी बहन है,
उसकी नंगाई को उजागर मत करो। 12 'अपने पिता की बहन
की नंगाई को उजागर मत करो, वह तुम्हारे पिता का मांस है।
13 'अपनी माता की बहन की नंगाई को उजागर मत करो,
क्योंकि वह तुम्हारी माता का मांस है। 14 'अपने पिता के भाई
की नंगाई को उजागर मत करो, उसकी पत्नी के पास मत
जाओ, वह तुम्हारी चाची है। 15 'अपनी बहू की नंगाई को
उजागर मत करो, वह तुम्हारे बेटे की पत्नी है, उसकी नंगाई
को उजागर मत करो। 16 'अपने भाई की पत्नी की नंगाई को
उजागर मत करो, वह तुम्हारे भाई की नंगाई है। 17 'किसी
स्त्री और उसकी बेटी की नंगाई को उजागर मत करो, न ही
उसकी बेटे की बेटी या उसकी बेटी की बेटी को लो, उसकी
नंगाई को उजागर करने के लिए। वे उसकी रिश्तेदार हैं –
यह दुष्टता है। 18 'और किसी स्त्री को उसकी बहन के साथ
प्रतिद्वन्द्वी के रूप में मत लो, उसकी नंगाई को उजागर करने
के लिए जबकि दूसरी जीवित हो। 19 'और किसी स्त्री के
पास उसकी मासिक अशुद्धता के समय उसकी नंगाई को
उजागर करने के लिए मत जाओ। 20 'और अपने पड़ोसी
की पत्नी के साथ सहवास मत करो, जिससे तुम अपने आप
को अपवित्र करो। 21 'और अपने किसी भी संतान को
मोलक के लिए न गुजारो। और अपने ईश्वर के नाम को
अपवित्र मत करो। मैं हूँ 𐤉𐤄𐤅𐤄। 22 'और किसी पुरुष के
साथ वैसे मत लेटो जैसे स्त्री के साथ लेटते हैं, यह घृणित है।
23 'और किसी पशु के साथ सहवास मत करो, जिससे तुम
अपने आप को अपवित्र करो। और कोई स्त्री किसी पशु के
सामने खड़ी न हो उससे मैथुन करने के लिए, यह विकृति है।
24 'इन सब से अपने आप को अपवित्र मत करो, क्योंकि इन
सब के द्वारा वे राष्ट्र अपवित्र हो गए हैं जिन्हें मैं तुम्हारे सामने से
निकाल रहा हूँ। 25 'इस प्रकार भूमि अपवित्र हो गई, इसलिए
मैंने उसकी दुष्टता के कारण उसे दंड दिया, और भूमि ने
अपने निवासियों को उगल दिया। 26 'परन्तु तुम, तुम मेरी
विधियों और मेरे नियमों की रक्षा करो, और इन सब घृणित
बातों में से किसी को मत करो, न तो देशज और न ही परदेशी
जो तुम्हारे बीच रहता है, 27 क्योंकि तुमसे पहले देश के लोगों
ने इन सब घृणित बातों को किया, और इस प्रकार भूमि
अपवित्र हो गई। 28 'इसलिए भूमि तुम्हें भी बाहर न उगले
क्योंकि तुमने उसे अपवित्र किया, जैसे उसने उन राष्ट्रों को
उगल दिया जो तुमसे पहले थे। 29 'क्योंकि जो कोई इन
घृणित बातों में से किसी को करता है, वे आत्माएँ जो उन्हें
करती हैं, अपने लोगों के बीच से काट दी जाएँगी। 30 'और

तुम मेरी आज्ञा की रक्षा करो, ताकि तुम उन घृणित प्रथाओं में
से किसी को न करो जो तुमसे पहले की गई थीं, ताकि तुम
उनके द्वारा अपने आप को अपवित्र न करो। मैं हूँ 𐤉𐤄𐤅𐤄
तुम्हारा ईश्वर।' ”

19 1 और 𐤉𐤄𐤅𐤄 ने मोशेह से कहा, 2 “इसराएल के
सभी पुत्रों की सभा से कहो, 'पवित्र बनो, क्योंकि मैं
𐤉𐤄𐤅𐤄 तुम्हारा ईश्वर पवित्र हूँ। 3 'तुम में से प्रत्येक अपनी
माता और पिता का आदर करे, और मेरे शब्बाथों की रक्षा
करे। मैं 𐤉𐤄𐤅𐤄 तुम्हारा ईश्वर हूँ। 4 'मूर्तियों की ओर न
फिरो, और अपने लिए ढाली हुई शक्तिशाली वस्तुएँ मत
बनाओ। मैं 𐤉𐤄𐤅𐤄 तुम्हारा ईश्वर हूँ। 5 'और जब तुम
𐤉𐤄𐤅𐤄 के लिए मेलबलि लाओ, तो उसे अपनी स्वीकृति के
लिए लाओ। 6 'वह उसी दिन खाया जाए जिस दिन तुम उसे
बलि करते हो, और अगले दिन भी। और जो तीसरे दिन तक
बचा रहे, उसे आग में जला दो। 7 'यदि तीसरे दिन उसे
खाया जाए, तो वह घृणित है, स्वीकार नहीं किया जाएगा,
8 और जो कोई उसे खाता है वह अपना अधर्म उठाएगा,
क्योंकि उसने 𐤉𐤄𐤅𐤄 की पवित्र भेंट को अपवित्र किया है,
और वह व्यक्ति अपनी प्रजा से काटा जाएगा। 9 'जब तुम
अपनी भूमि की फसल काटो, तो अपने खेत के कोनों को पूरी
तरह न काटो, और अपनी कटाई के बचे हुए अंशों को मत
बटोरो। 10 'और अपनी दाखबारी को पूरी तरह मत बटोरो,
और अपनी दाखबारी के हर अंगूर को मत इकट्ठा करो; उन्हें
गरीब और परदेशी के लिए छोड़ दो। मैं 𐤉𐤄𐤅𐤄 तुम्हारा
ईश्वर हूँ। 11 'चोरी मत करो, झूठ मत बोलो, एक-दूसरे को
धोखा मत दो। 12 'मेरे नाम की झूठी शपथ मत खाओ, और
अपने ईश्वर के नाम को अपवित्र मत करो। मैं 𐤉𐤄𐤅𐤄 हूँ।
13 'अपने पड़ोसी पर अत्याचार मत करो, और मजदूर की
मजदूरी मत रोक रखो; वह तेरे पास रात भर न ठहरे, सुबह
तक। 14 'बधिर को शाप मत दो, और अंधे के सामने ठोकर
का कारण मत रखो, पर अपने ईश्वर का भय मानो। मैं
𐤉𐤄𐤅𐤄 हूँ। 15 'न्याय में अन्याय मत करो। गरीब का पक्ष
मत लो, और बड़े व्यक्ति का पक्ष मत लो, पर अपने पड़ोसी
का न्याय धर्म से करो। 16 'अपनी प्रजा के बीच बदनामी मत
फैलाओ। अपने पड़ोसी के लहू के विरुद्ध मत खड़े हो। मैं
𐤉𐤄𐤅𐤄 हूँ। 17 'अपने भाई से अपने हृदय में बैर मत रखो।
अपने पड़ोसी को अवश्य समझाओ, और उसके कारण पाप
मत लो। 18 'प्रतिशोध मत लो, और अपनी प्रजा के पुत्रों के
विरुद्ध वैर मत रखो, पर अपने पड़ोसी से अपने समान प्रेम
रखो। मैं 𐤉𐤄𐤅𐤄 हूँ। 19 'मेरे विधियों का पालन करो।
अपने पशुओं को दूसरी जाति के साथ संगम न करने दो।
अपने खेत में मिश्रित बीज मत बोओ। और अपने ऊपर दो
प्रकार के धागों से बुने वस्त्र मत पहनो। 20 'यदि कोई पुरुष
ऐसी स्त्री के साथ संबंध रखे जो किसी पुरुष की दासी हो,
और जिसका उद्धार न हुआ हो, न स्वतंत्रता दी गई हो, तो
उनकी जाँच हो; पर उन्हें मृत्यु नहीं दी जाएगी, क्योंकि वह
स्वतंत्र नहीं थी। 21 'और वह अपना अपराध बलि 𐤉𐤄𐤅𐤄
के लिए, मिलन तंबू के द्वार पर, एक मेढ़ा अपराध बलि के रूप
में लाए। 22 'और याजक दोष अर्पण के मेढ़े से उसके लिए
𐤉𐤄𐤅𐤄 के सामने उसके उस पाप के लिए प्रायश्चित करेगा
जो उसने किया है। और जो पाप उसने किया है, वह उसके
लिए क्षमा किया जाएगा। 23 'और जब तुम देश में आओ,
और खाने योग्य हर प्रकार के वृक्ष लगाओ, तब उसके फल
को तुम्हारे लिए खतना रहित समझना। तीन वर्षों तक वह
तुम्हारे लिए खतना रहित रहेगा, उसे नहीं खाना। 24 'और
चौथे वर्ष में उसका सारा फल पवित्र होगा - 𐤉𐤄𐤅𐤄 के लिए
स्तुति। 25 'और पाँचवें वर्ष में तुम उसका फल खाओ, ताकि
वह तुम्हारे लिए अपनी उपज बढ़ाए। मैं हूँ 𐤉𐤄𐤅𐤄 तुम्हारा
ईश्वर। 26 'रक्त के साथ मत खाओ। न तो भविष्यवाणी
करो और न ही जादू-टोना करो। 27 'अपने सिर के किनारों
को मत मुंडाओ, और अपनी दाढ़ी के किनारों को नष्ट मत
करो। 28 'अपने शरीर में मरे हुओं के लिए कोई चीरा मत
लगाओ, और अपने ऊपर गुदना के निशान मत बनाओ। मैं
हूँ 𐤉𐤄𐤅𐤄। 29 'अपनी बेटी को व्यभिचारिणी बनाकर उसे
अपवित्र मत करो, ताकि देश व्यभिचार से न भर जाए, और
देश दुष्टता से भर न जाए। 30 'मेरे शब्बाथों को मानो और
मेरे पवित्रस्थान का आदर करो। मैं हूँ 𐤉𐤄𐤅𐤄।
31 'जादूगरों की ओर मत मुड़ो, और आत्माओं के पूछनेवालों
को मत ढूँढो ताकि उनके द्वारा अपवित्र हो जाओ। मैं हूँ
𐤉𐤄𐤅𐤄 तुम्हारा ईश्वर। 32 'सफेद बाल वाले के सामने उठ
खड़े होओ। और वृद्ध पुरुष के चेहरे का सम्मान करो, और
अपने ईश्वर का भय मानो। मैं हूँ 𐤉𐤄𐤅𐤄। 33 'और जब
कोई परदेशी तुम्हारे देश में तुम्हारे साथ रहे, तो उस पर
अत्याचार मत करो। 34 'जो परदेशी तुम्हारे बीच रहता है,
वह तुम्हारे लिए देशी के समान हो, और तुम उससे अपने
समान प्रेम करो। क्योंकि तुम भी मिस्त्र देश में परदेशी थे। मैं
हूँ 𐤉𐤄𐤅𐤄 तुम्हारा ईश्वर। 35 'न्याय में, लंबाई की नाप में,
वजन में, या तरल पदार्थ की माप में अन्याय मत करो।
36 'तुम्हारे पास सही तराजू, सही बाट, सही एफ़ा और सही
हिन हो। मैं हूँ 𐤉𐤄𐤅𐤄 तुम्हारा ईश्वर, जिसने तुम्हें मिस्त्र देश
से निकाला। 37 'और तुम मेरे सब नियमों और सब विधियों
को मानो और उन्हें पूरा करो। मैं हूँ 𐤉𐤄𐤅𐤄।' ”

20 1 और 𐤉𐤄𐤅𐤄 ने मोशेह से कहा, 2 “इस्त्राएल के
बच्चों से कहो, 'इस्त्राएल के बच्चों में से कोई भी पुरुष,
या वे परदेसी जो इस्त्राएल में रहते हैं, यदि कोई अपने बच्चों में
से किसी को मोलेक को दे, तो वह निश्चय ही मृत्यु दण्ड
पाएगा। देश के लोग उसे पत्थरों से मार डालेंगे। 3 'और मैं,
मैं अपना मुख उस व्यक्ति के विरुद्ध करूँगा, और उसे उसके
लोगों के बीच से काट दूँगा, क्योंकि उसने अपने बच्चों में से
किसी को मोलेक को दिया है, ताकि उसने मेरे पवित्र स्थान
को अपवित्र किया और मेरे पवित्र नाम को अशुद्ध किया।
4 'और यदि देश के लोग उस व्यक्ति से अपनी आँखें फेर ले
जब वह अपने बच्चों में से किसी को मोलेक को देता है, और
वे उसे न मारें, 5 तो मैं अपना मुख उस व्यक्ति और उसके
कुटुम्ब के विरुद्ध करूँगा, और उसे काट दूँगा — और उन
सब को भी जो उसके पीछे व्यभिचार करने जाते हैं, यहाँ तक
कि जो मोलेक के पीछे व्यभिचार करते हैं — उन्हें उनके
लोगों के बीच से काट दूँगा। 6 'और जो व्यक्ति जादूगरों या
आत्माओं से पूछने वालों की ओर मुड़ता है, उनके पीछे
व्यभिचार करने को जाता है, मैं अपना मुख उस व्यक्ति के
विरुद्ध करूँगा और उसे उसके लोगों के बीच से काट दूँगा।
7 'और तुम अपने आप को पवित्र करो, और पवित्र रहो,

क्योंकि मैं 𐤉𐤄𐤅𐤄 तुम्हारा ईश्वर हूँ, 8 और तुम मेरी विधियों
को मानो और उनका पालन करो । मैं 𐤉𐤄𐤅𐤄 हूँ, जो तुम्हें
पवित्र करता हूँ । 9 'जो कोई अपने पिता या अपनी माता को
शाप देता है, वह निश्चय ही मृत्यु दण्ड पाएगा — उसने अपने
पिता या अपनी माता को शाप दिया है, उसका खून उसी पर
है । 10 'और जो पुरुष किसी अन्य पुरुष की पत्नी के साथ
व्यभिचार करता है, जो अपने पड़ोसी की पत्नी के साथ
व्यभिचार करता है: व्यभिचारी और व्यभिचारिणी दोनों को
निश्चय ही मृत्यु दण्ड दिया जाएगा । 11 'और जो पुरुष अपने
पिता की पत्नी के साथ सोता है उसने अपने पिता की नंगाई
प्रकट की है, दोनों निश्चय ही मारे जाएँगे, उनका खून उन पर
है । 12 'और जो पुरुष अपनी बहू के साथ सोता है: दोनों
निश्चय ही मारे जाएँगे, उन्होंने अपवित्रता की है, उनका खून
उन पर है । 13 'और यदि कोई पुरुष किसी पुरुष के साथ वैसे
ही सोता है जैसे किसी स्त्री के साथ सोया जाता है: दोनों ने
घृणित काम किया है, वे निश्चय ही मृत्यु दण्ड पाएँगे, उनका
खून उन पर है । 14 'और जो पुरुष किसी स्त्री और उसकी
माता से विवाह करता है: यह दुष्टता है, उन्हें आग से जला
दिया जाएगा, वह और वे दोनों, ताकि तुम्हारे बीच दुष्टता न
रहे । 15 'और जो पुरुष किसी पशु से सहवास करता है: वह
निश्चय ही मृत्यु दण्ड पाएगा, और उस पशु को भी तुम मार
डालो । 16 'और जो स्त्री किसी पशु के पास जाकर उसके
साथ सहवास करती है: तुम उस स्त्री और पशु दोनों को मार
डालो, वे निश्चय ही मृत्यु दण्ड पाएँगे, उनका खून उन पर
है । 17 'और जो पुरुष अपनी बहन, अपने पिता की बेटी या
अपनी माता की बेटी को लेता है, और उसकी नंगाई देखता है
और वह उसकी नंगाई देखती है: यह लज्जा की बात है, उन्हें
अपने लोगों के सामने से काट दिया जाएगा । उसने अपनी
बहन की नंगाई प्रकट की है, वह अपना अधर्म उठाएगा ।
18 'और यदि कोई पुरुष किसी स्त्री के मासिक रोग के समय
उसके साथ सोता है और उसकी नंगाई प्रकट करता है: उसने
उसके रक्त के प्रवाह को प्रकट किया है, और उसने अपने
रक्त के प्रवाह को उजागर किया है, दोनों को उनके लोगों के
बीच से काट दिया जाएगा । 19 'और अपनी माता की बहन या
अपने पिता की बहन की नंगाई प्रकट न करो, क्योंकि यह
अपने ही मांस को उजागर करना है, वे अपना अधर्म
उठाएँगे । 20 'और जो पुरुष अपने चाचा की पत्नी के साथ
सोता है: उसने अपने चाचा की नंगाई प्रकट की है, वे अपना
पाप उठाएँगे, वे निःसंतान मरेंगे । 21 'और जो पुरुष अपने
भाई की पत्नी को लेता है: यह अशुद्धता है, उसने अपने भाई
की नंगाई प्रकट की है, वे निःसंतान रहेंगे । 22 'और तुम मेरी
सब विधियों और मेरे सब न्यायों को मानो और उनका पालन
करो, ताकि वह भूमि जिसमें मैं तुम्हें बसाने के लिए ले जा रहा
हूँ तुम्हें उगल न दे । 23 'और उन जातियों की विधियों पर न
चलो जिन्हें मैं तुम्हारे सामने से निकाल रहा हूँ, क्योंकि वे सब
ये काम करते हैं, और इस कारण मैंने उनसे घृणा की ।
24 'पर मैंने तुमसे कहा है, "तुम उनकी भूमि के अधिकारी
होंगे, और मैं स्वयं तुम्हें वह भूमि देने वाला हूँ कि तुम उसके
अधिकारी बनो, दूध और मधु की धारा वाली भूमि ।" मैं
𐤉𐤄𐤅𐤄 तुम्हारा ईश्वर हूँ, जिसने तुम्हें लोगों से अलग किया
है । 25 'और तुम स्वच्छ पशुओं और अशुद्ध के बीच भेद
करना, और अशुद्ध पक्षियों और स्वच्छ के बीच भी । और
अपने आप को किसी पशु या पक्षी या भूमि पर रेंगने वाली
किसी वस्तु के कारण अशुद्ध न बनाना, जिन्हें मैंने तुमसे
अशुद्ध ठहराया है । 26 'और तुम मेरे लिए पवित्र रहो, क्योंकि
मैं 𐤉𐤄𐤅𐤄 पवित्र हूँ, और मैंने तुम्हें लोगों से अलग किया है
कि तुम मेरे हो । 27 'और जो पुरुष या स्त्री जिनमें कोई
जादूगर आत्मा है, या जो आत्माओं से पूछने वाले हैं, वे
निश्चय ही मृत्यु दण्ड पाएँगे, उन्हें पत्थरों से मार डालना है ।
उनका खून उन पर है ।' "

21
1 और 𐤉𐤄𐤅𐤄 ने मोशेह से कहा, "अहारोन के पुत्र
याजकों से बात करो और उनसे कहो, 'उनमें से कोई
भी अपने लोगों में किसी मृत व्यक्ति के लिए अशुद्ध न हो,
2 सिवाय उसके उन संबंधियों के जो उसके सबसे निकट हैं:
उसकी माता, और उसके पिता, और उसके पुत्र, और उसकी
पुत्री, और उसके भाई के लिए; 3 और अपनी अविवाहित बहन
के लिए जो उसके निकट है, जिसने कोई पति नहीं किया –
उसके लिए वह अशुद्ध होगा । 4 'एक नेता अपने लोगों में स्वयं
को अशुद्ध नहीं करे, ताकि स्वयं को अपवित्र न करे; 5 वे
अपने सिरों पर कोई गंजा स्थान न बनाएं, और वे अपनी दाढ़ी
के कोने को न मुंडाएं, और वे अपने शरीर में कोई चीरा न
लगाएं । 6 'वे अपने ईश्वर के लिए पवित्र हैं और अपने ईश्वर
के नाम को अपवित्र न करें, क्योंकि वे 𐤉𐤄𐤅𐤄 के अग्नि से
किए गए अर्पण और अपने ईश्वर की रोटी लाते हैं, और उन्हें
पवित्र होना चाहिए । 7 'वे किसी वेश्या या अपवित्र स्त्री को
नहीं लेते, और वे किसी ऐसी स्त्री को नहीं लेते जो अपने पति
से अलग की गई हो, क्योंकि वह अपने ईश्वर के लिए पवित्र
है । 8 'और तुम उसे पवित्र ठहराओ, क्योंकि वह तुम्हारे ईश्वर
की रोटी लाता है, वह तुम्हारे लिए पवित्र है । क्योंकि मैं,
𐤉𐤄𐤅𐤄, जो तुम्हें पवित्र करता हूं, पवित्र हूं । 9 'और जब
किसी याजक की बेटी व्यभिचार करके स्वयं को अपवित्र
करती है, तो वह अपने पिता को अपवित्र करती है । उसे आग
में जला दिया जाए । 10 'और अपने भाइयों में से महान
याजक, जिसके सिर पर अभिषेक का तेल डाला गया है और
जो वस्त्र पहनने के लिए अभिषिक्त है, वह अपना सिर न
खोले और न ही अपने वस्त्र फाड़े, 11 और किसी मृत शरीर
के पास न जाए, न ही अपने पिता या अपनी माता के लिए स्वयं
को अपवित्र करे, 12 और पवित्रस्थान से बाहर न जाए, न ही
अपने ईश्वर के पवित्रस्थान को अपवित्र करे, क्योंकि उसके
ऊपर उसके ईश्वर के अभिषेक के तेल की समर्पण की
निशानी है । मैं 𐤉𐤄𐤅𐤄 हूं । 13 'और वह अपनी कौमार्यावस्था
में एक स्त्री को पत्नी के रूप में ले । 14 'एक विधवा या अलग
की गई या अपवित्र स्त्री या वेश्या - इन में से कोई वह न ले ।
परन्तु अपने लोगों की एक अविवाहित स्त्री को वह पत्नी के
रूप में ले । 15 'और वह अपने वंश को अपने लोगों में अपवित्र
न करे, क्योंकि मैं 𐤉𐤄𐤅𐤄 हूं, जो उसे पवित्र करता हूं ।' "
16 और 𐤉𐤄𐤅𐤄 ने मोशेह से कहा, 17 "अहारोन से कहो,
'तुम्हारे वंश में से कोई भी व्यक्ति, जो अपनी पीढ़ियों में किसी
दोष वाला हो, अपने ईश्वर की रोटी लाने के लिए निकट न
आए । 18 'क्योंकि कोई भी व्यक्ति जिसमें कोई दोष हो वह
निकट न आए: कोई अंधा व्यक्ति या लंगड़ा या विकृत या
विकलांग, 19 कोई व्यक्ति जिसका पांव या हाथ टूटा हो, 20 या
कोई कुबड़ा या बौना, या कोई व्यक्ति जिसकी आंख में कोई

दोष हो, या फोड़ा या खुजली या खसरा हो, या नपुंसक हो।
21 ‘अहारोन याजक के वंश में से कोई भी व्यक्ति जिसमें कोई
दोष हो, वह 𐤉𐤄𐤅𐤄 के लिए अग्नि से किए गए अर्पण लाने
के लिए निकट न आए – उसमें दोष है, वह अपने ईश्वर की
रोटी लाने के लिए निकट न आए। 22 ‘वह अपने ईश्वर की
रोटी, चाहे वह अति पवित्र हो या पवित्र, खा सकता है,
23 परन्तु वह परदे के पास न जाए और न ही वेदी के पास
आए, क्योंकि उसमें दोष है, ऐसा न हो कि वह मेरे पवित्रस्थान
को अपवित्र करे। क्योंकि मैं 𐤉𐤄𐤅𐤄 हूं, जो उन्हें पवित्र
करता हूं।’ ” 24 इस प्रकार मोशेह ने अहारोन और उसके
पुत्रों और समस्त इस्राएल की सन्तानों से बात की।

22 1 और 𐤉𐤄𐤅𐤄 ने मोशेह से कहा, 2 “अहरोन और
उसके पुत्रों से कहो कि वे इसराएल की सन्तानों के
पवित्र अर्पणों से अपने आप को अलग रखें, और जो वे मेरे
लिए पवित्र ठहराते हैं उसमें मेरे पवित्र नाम को अपवित्र न
करें। मैं 𐤉𐤄𐤅𐤄 हूँ। 3 “उन्हें कहो, ‘तुम्हारी पीढ़ियों में जो
कोई भी तुम्हारे वंश में से पवित्र अर्पणों के पास आता है, जो
इसराएल की सन्तानें 𐤉𐤄𐤅𐤄 के लिए पवित्र ठहराती हैं, और
उसके ऊपर अशुद्धता है, वह व्यक्ति मेरे सामने से काट डाला
जाएगा। मैं 𐤉𐤄𐤅𐤄 हूँ। 4 ‘अहरोन के वंश में से जो कोई
व्यक्ति कोढ़ी है या जिसका स्त्राव है, वह तब तक पवित्र
अर्पणों में से कुछ न खाए जब तक वह शुद्ध न हो जाए। और
जो कोई मृत शरीर से अशुद्ध हुआ है, या किसी ऐसे व्यक्ति से
जिसने वीर्य का स्त्राव किया हो, 5 या जो कोई किसी रेंगनेवाले
जीव को छूता है जिससे वह अशुद्ध होता है, या किसी ऐसे
व्यक्ति को छूता है जिससे वह अशुद्ध हो जाता है, अर्थात
उसकी किसी भी अशुद्धता से; 6 वह व्यक्ति जिसने उसे छुआ
है, वह सन्ध्या तक अशुद्ध रहेगा, और वह पवित्र अर्पणों में से
कुछ न खाए, परन्तु वह अपने शरीर को जल में धोए।
7 ‘और जब सूर्य अस्त हो जाए, तब वह शुद्ध हो जाएगा, और
उसके बाद वह पवित्र अर्पण खा सकता है, क्योंकि वह उसका
भोजन है। 8 ‘वह किसी ऐसे पशु का मांस न खाए जो अपने
आप मरा हो या किसी जानवर ने फाड़ा हो, जिससे वह अशुद्ध
हो जाए। मैं 𐤉𐤄𐤅𐤄 हूँ। 9 ‘और वे मेरी आज्ञा का पालन
करें, ताकि वे उसके कारण पाप न उठाएँ और उसके कारण
मर न जाएँ, जब वे उसे अपवित्र करें। मैं 𐤉𐤄𐤅𐤄 हूँ जो उन्हें
पवित्र करता हूँ। 10 ‘कोई परदेशी पवित्र अर्पण न खाए।
याजक के साथ रहनेवाला यात्री या मजदूर पवित्र अर्पण न
खाए। 11 ‘परन्तु जब कोई याजक किसी व्यक्ति को चाँदी
देकर खरीदता है, तो वह उससे खा सकता है। और जो
उसके घर में जन्मा है, वह भी उसका भोजन खा सकता है।
12 ‘और जब किसी याजक की पुत्री किसी परदेशी से विवाह
करती है, तो वह पवित्र अर्पणों में से न खाए। 13 ‘परन्तु जब
कोई याजक की पुत्री विधवा हो जाए या तलाकशुदा हो, और
उसका कोई बच्चा न हो, और वह अपने पिता के घर लौट
आए जैसे अपने युवावस्था में थी, तो वह अपने पिता का
भोजन खा सकती है; परन्तु कोई परदेशी उसमें से न खाए।
14 ‘और यदि कोई व्यक्ति भूल से पवित्र अर्पण खा ले, तो वह
याजक को पवित्र अर्पण लौटाए और उसमें पाँचवाँ भाग और
जोड़े। 15 ‘और इसराएल की सन्तानों के पवित्र अर्पणों को
अपवित्र न करें, जिन्हें वे 𐤉𐤄𐤅𐤄 को उठाकर चढ़ाते हैं,
16 या उन्हें उनके अपराध का दण्ड न उठाने दें जब वे अपने
पवित्र अर्पण खाएँ, क्योंकि मैं 𐤉𐤄𐤅𐤄 हूँ जो उन्हें पवित्र
करता हूँ।’ ” 17 और 𐤉𐤄𐤅𐤄 ने मोशेह से कहा,
18 “अहरोन और उसके पुत्रों से, और इसराएल की सब
सन्तानों से कहो, ‘जो कोई इसराएल के घराने का हो, या
इसराएल में रहनेवाले परदेशियों में से हो, जो अपने किसी
मनौती के लिए या स्वेच्छा से कोई अर्पण लाए, जिसे वे
𐤉𐤄𐤅𐤄 के लिए होमबलि के रूप में लाते हैं, 19 स्वीकार किए
जाने के लिए, वह नर होना चाहिए, जो दोषरहित हो — गाय-
बैल, भेड़ या बकरी में से। 20 ‘जिसमें कोई दोष हो, उसे तुम
न लाओ, क्योंकि वह तुम्हारे लिए स्वीकार नहीं किया जाएगा।
21 ‘और जब कोई व्यक्ति 𐤉𐤄𐤅𐤄 को मेलबलि चढ़ाए, किसी
मनौती को पूरा करने के लिए या स्वेच्छा से, चाहे वह गाय-बैल
से हो या भेड़ से, वह निर्दोष होना चाहिए ताकि स्वीकार किया
जाए; उसमें कोई दोष न हो।’ 22 ‘जो अंधे या टूटे हुए हैं या
जिनके शरीर पर कोई कट है, या जिन्हें फोड़ा, खुजली या
दाने हैं, उन्हें तुम 𐤉𐤄𐤅𐤄 के पास न लाओ, और न ही उनका
अर्पण वेदी पर 𐤉𐤄𐤅𐤄 के लिए आग में चढ़ाओ। 23 ‘जहा
तक किसी साँड या भेड़ का सवाल है जिसका कोई अंग
बिगड़ा हुआ या छोटा है, उसे तुम स्वेच्छा से अर्पण के रूप में
तैयार कर सकते हो, परंतु मन्नत के लिए वह स्वीकार नहीं
किया जाएगा। 24 ‘जो कुचला गया हो या चूर किया गया हो,
या फाड़ा या काटा गया हो, उसे तुम 𐤉𐤄𐤅𐤄 के पास न
लाओ, और न ही अपने देश में ऐसा करो। 25 ‘और किसी
परदेशी के पुत्र के हाथ से तुम इन में से किसी को भी अपने
ईश्वर की रोटी के रूप में न लाओ, क्योंकि उनमें भ्रष्टता है,
और दोष हैं; वे तुम्हारे लिए स्वीकार्य नहीं हैं।’ ” 26 और
𐤉𐤄𐤅𐤄 ने मोशेह से कहा, 27 “जब कोई साँड या भेड़ या
बकरी जन्म ले, तो वह सात दिन तक अपनी माता के साथ
रहे। और आठवें दिन से आगे वह 𐤉𐤄𐤅𐤄 के लिए आग में
चढ़ाए जाने वाले अर्पण के रूप में स्वीकार्य होगा। 28 “परंतु
किसी गाय या भेड़ और उसके बच्चे को उसी दिन मत
काटो। 29 “और जब तुम 𐤉𐤄𐤅𐤄 के प्रति धन्यवाद का
बलिदान लाओ, तो उसे अपने स्वीकार के लिए लाओ।
30 “उसे उसी दिन खा लिया जाए, उसमें से कुछ भी अगले
दिन तक न छोड़ा जाए। मैं 𐤉𐤄𐤅𐤄 हूँ। 31 “और तुम मेरी
आज्ञाओं को मानो और उन्हें करो। मैं 𐤉𐤄𐤅𐤄 हूँ। 32 “और
मेरे पवित्र नाम का अपमान न करो, और मैं इस्राएल के पुत्रों
के बीच पवित्र ठहरूँगा। मैं 𐤉𐤄𐤅𐤄 हूँ, जो तुम्हें पवित्र करता
हूँ, 33 जो तुम्हें मिस्र देश से निकाल लाया, ताकि तुम्हारा
ईश्वर बनूँ। मैं 𐤉𐤄𐤅𐤄 हूँ।”

23 1 और 𐤉𐤄𐤅𐤄 ने मोशे से कहा, 2 “इसराएल के
बच्चों से बात करो, और उनसे कहो, ‘𐤉𐤄𐤅𐤄 के
नियुक्त समय, जिन्हें तुम पवित्र सभाओं के रूप में घोषित
करने वाले हो, मेरे नियुक्त समय ये हैं: 3 ‘छः दिनों तक काम
किया जाए, परन्तु सातवाँ दिन विश्राम का शब्बाथ है, एक
पवित्र सभा। तुम कोई काम न करो, यह तुम्हारे सब निवास
स्थानों में 𐤉𐤄𐤅𐤄 का शब्बाथ है। 4 ‘ये हैं 𐤉𐤄𐤅𐤄 के
नियुक्त समय, पवित्र सभाएँ, जिन्हें तुम उनके निश्चित समय
पर घोषित करोगे। 5 ‘पहले महीने में, महीने के चौदहवें दिन,

सन्ध्या के बीच में, 𐤉𐤄𐤅𐤄 के लिए फसह है। 6 ‘और इस
महीने के पंद्रहवें दिन 𐤉𐤄𐤅𐤄 के लिए अखमीरी रोटी का पर्व
है - सात दिनों तक तुम अखमीरी रोटी खाओगे। 7 ‘पहले
दिन तुम्हारे पास एक पवित्र सभा हो, तुम कोई दास का काम
न करो। 8 ‘और तुम सात दिनों तक 𐤉𐤄𐤅𐤄 के लिए आग
से की गई भेंट चढ़ाओ। सातवें दिन एक पवित्र सभा है, तुम
कोई दास का काम न करो।’ ” 9 और 𐤉𐤄𐤅𐤄 ने मोशे से
कहा, 10 “इसराएल के बच्चों से कहो, और उनसे कहो, ‘जब
तुम उस भूमि में आओगे जिसे मैं तुम्हें देता हूँ, और उसकी
फसल काटोगे, तब तुम अपनी फसल के पहले फल की एक
पूली याजक के पास लाओगे। 11 ‘और वह उस पूली को
𐤉𐤄𐤅𐤄 के सामने हिलाएगा, ताकि तुम्हारी स्वीकृति हो।
शब्बाथ के अगले दिन याजक उसे हिलाएगा। 12 ‘और जिस
दिन तुम पूली को हिलाओगे, उस दिन तुम एक वर्ष के, निर्दोष
नर मेमने को 𐤉𐤄𐤅𐤄 के लिए होम बलि के रूप में तैयार
करोगे, 13 और उसका अन्न-बलिदान: दो-दसवाँ एफा महीन
आटे का जो तेल में मिलाया गया हो, आग से की गई भेंट के
रूप में 𐤉𐤄𐤅𐤄 के लिए, एक सुगंधित गंध, और उसका पेय
बलिदान: एक-चौथाई हिन दाखमधु का। 14 ‘और तुम रोटी
या भूना हुआ अन्न या ताजा अनाज नहीं खाओगे, जब तक
कि उसी दिन तुम अपने ईश्वर को भेंट न चढ़ा दो - यह
तुम्हारी सब पीढ़ियों में तुम्हारे सब निवास स्थानों में एक सदा
की विधि होगी। 15 ‘और शब्बाथ के अगले दिन से, जिस दिन
तुमने हिलाने की पूली लाई थी, तुम अपने लिए गिनो: सात पूरे
शब्बाथ। 16 ‘सातवें शब्बाथ के अगले दिन तक पचास दिन
गिनो, तब तुम 𐤉𐤄𐤅𐤄 के लिए एक नई अन्न भेंट लाओगे।
17 ‘अपने घरों से एक हिलाने की भेंट के रूप में दो रोटियाँ
लाओ, दो-दसवें भाग महीन आटे की हों, खमीर के साथ बेक
की गई, 𐤉𐤄𐤅𐤄 के लिए पहले फल। 18 ‘और रोटी के
साथ, तुम सात एक वर्ष के निर्दोष मेमने, एक जवान बैल और
दो मेढ़े लाओगे। ये 𐤉𐤄𐤅𐤄 के लिए होम बलि हैं, उनके
अन्न-बलिदानों और उनके पेय बलिदानों के साथ, आग से की
गई भेंट के रूप में, 𐤉𐤄𐤅𐤄 के लिए सुगंधित गंध। 19 ‘और
तुम एक नर बकरे को पाप बलि के रूप में चढ़ाओगे, और दो
एक वर्ष के नर मेमनों को मेलबलि के रूप में। 20 ‘और
याजक उन्हें रोटी के पहले फलों के साथ 𐤉𐤄𐤅𐤄 के सामने
एक हिलाने की भेंट के रूप में हिलाएगा, उन दो मेमनों के
साथ। वे याजक के लिए 𐤉𐤄𐤅𐤄 के लिए पवित्र हैं।
21 ‘और इसी दिन तुम अपने लिए एक पवित्र सभा घोषित
करोगे, तुम उस दिन कोई दास का काम न करोगे - यह
तुम्हारी सब पीढ़ियों में तुम्हारे सब निवास स्थानों में एक सदा
की विधि है। 22 ‘और जब तुम अपने देश की फसल काटो,
तो अपने खेत के कोनों को पूरी तरह न काटो, और न ही
अपनी फसल के बचे हुए हिस्सों को बटोरो। उन्हें गरीब और
परदेशी के लिए छोड़ दो। मैं 𐤉𐤄𐤅𐤄 तुम्हारा ईश्वर हूँ।’ ”
23 और 𐤉𐤄𐤅𐤄 ने मोशे से कहा, 24 “यिस्राएल के बच्चों से
कहो, ‘सातवें महीने के पहले दिन को तुम्हें विश्राम मिलेगा,
तुरही फूंकने की स्मृति का दिन, एक पवित्र सभा। 25 ‘तुम
कोई दासत्व का काम न करना, और 𐤉𐤄𐤅𐤄 को अग्नि द्वारा
चढ़ावा चढ़ाना।’ ” 26 और 𐤉𐤄𐤅𐤄 ने मोशे से कहा,
27 “इस सातवें महीने के दसवें दिन को यॉम हाकिप्पुरीम है।
यह तुम्हारे लिए एक पवित्र सभा होगी। और तुम अपने प्राणो
को दुख देना, और 𐤉𐤄𐤅𐤄 को अग्नि द्वारा चढ़ावा चढ़ाना।
28 “और उस दिन कोई काम मत करना, क्योंकि वह यॉम
किप्पुरीम है, तुम्हारे लिए 𐤉𐤄𐤅𐤄 तुम्हारे ईश्वर के सामने
प्रायश्चित करने का दिन है। 29 “क्योंकि कोई भी प्राणी जो
उस दिन अपने आप को दुख नहीं देता, वह अपनी प्रजा से
काट दिया जाएगा। 30 “और जो कोई उस दिन कोई काम
करेगा, उस प्राणी को मैं उसकी प्रजा के बीच से नाश कर
दूँगा। 31 “तुम कोई भी काम मत करना - यह तुम्हारी पीढ़ियो
में तुम्हारे सारे निवास स्थानों में सदा के लिए एक विधि है।
32 “यह तुम्हारे लिए विश्राम का शब्बाथ है, और तुम अपने
प्राणों को दुख देना। महीने के नौवें दिन संध्या से लेकर
अगले संध्या तक तुम अपना शब्बाथ मानना।” 33 और
𐤉𐤄𐤅𐤄 ने मोशेह से कहा, 34 “यिस्राएल के बच्चों से कहो,
‘इस सातवें महीने के पंद्रहवें दिन से 𐤉𐤄𐤅𐤄 के लिए सात
दिनों तक सुक्कोत का पर्व है। 35 ‘पहले दिन एक पवित्र सभा
होगी, तुम कोई दासत्व का काम नहीं करोगे। 36 ‘सात दिनो
तक तुम 𐤉𐤄𐤅𐤄 को अग्नि द्वारा अर्पण चढ़ाओगे। आठवे
दिन तुम्हारे लिए एक पवित्र सभा होगी, और तुम 𐤉𐤄𐤅𐤄 को
अग्नि द्वारा अर्पण चढ़ाओगे। यह समापन पर्व है, तुम कोई
दासत्व का काम नहीं करोगे। 37 ‘ये 𐤉𐤄𐤅𐤄 के ठहराए हुए
समय हैं जिन्हें तुम पवित्र सभाओं के रूप में घोषित करते हो,
𐤉𐤄𐤅𐤄 को अग्नि द्वारा अर्पण चढ़ाने के लिए, होम बलि और
अन्न बलि, वध बलि और पेय अर्पण, हर दिन के अनुसार
आज्ञा अनुसार – 38 𐤉𐤄𐤅𐤄 के शब्बाथों के अलावा, और
तुम्हारे उपहारों के अलावा, और तुम्हारी सब मन्नतों के अलावा,
और तुम्हारी सब स्वेच्छा अर्पणों के अलावा जो तुम 𐤉𐤄𐤅𐤄
को देते हो। 39 ‘सातवें महीने के पंद्रहवें दिन, जब तुम भूमि
का फल एकत्र करो, तो 𐤉𐤄𐤅𐤄 का पर्व सात दिनों तक
मनाओ। पहले दिन विश्राम होगा, और आठवें दिन भी विश्राम
होगा। 40 ‘और तुम पहले दिन अच्छे वृक्षों का फल, खजूर के
वृक्षों की डालियाँ, घने वृक्षों की टहनियाँ, और नाले के विलो
वृक्ष लोगे, और सात दिनों तक 𐤉𐤄𐤅𐤄 अपने ईश्वर के
सामने आनन्दित रहोगे। 41 ‘और तुम इसे 𐤉𐤄𐤅𐤄 के लिए
सात दिनों तक वर्ष भर पर्व के रूप में मनाओ – यह तुम्हारी
पीढ़ियों में सदा के लिए विधि है। इसे सातवें महीने में
मनाओ। 42 ‘सात दिनों तक झोपड़ियों में वास करो; जितने
भी यिस्राएल में जन्मे हैं, वे झोपड़ियों में वास करें। 43 ताकि
तुम्हारी पीढ़ियाँ जानें कि जब मैंने यिस्राएल के बच्चों को मिस्र
देश से बाहर निकाला, तब मैंने उन्हें झोपड़ियों में वास
कराया। मैं 𐤉𐤄𐤅𐤄 तुम्हारा ईश्वर हूँ।’ ” 44 इस प्रकार
मोशेह ने यिस्राएल के बच्चों से 𐤉𐤄𐤅𐤄 के ठहराए हुए समयो
के विषय में कहा।

24 1 और 𐤉𐤄𐤅𐤄 ने मूशे से कहा, 2 “यिश्राएल के पुत्रो
को आदेश दे कि वे तेरे पास दीये के लिए पिसे हुए
जैतून का शुद्ध तेल लाएँ, ताकि दीपक लगातार जलता रहे।
3 “साक्षी के परदे के बाहर, मिलापवाले तंबू में, हारून उसे
सांझ से भोर तक 𐤉𐤄𐤅𐤄 के सामने लगातार सजाए रखे -
यह तुम्हारी पीढ़ियों के लिए सदा की विधि है। 4 “वह शुद्ध सोने
के दीवट पर दीपकों को 𐤉𐤄𐤅𐤄 के सामने लगातार सजाए।

5 “और तू महीन आटा लेकर उससे बारह रोटियाँ पकाना;
प्रत्येक रोटी में दो-दो दसवें हिस्से हों। 6 “और तू उन्हें दो
कतारों में रखना, एक कतार में छह-छह, शुद्ध मेज पर
𐤉𐤄𐤅𐤄 के सामने। 7 “और तू प्रत्येक कतार पर शुद्ध
लोबान रखना, और वह रोटियों पर स्मरण के रूप में रहेगा,
𐤉𐤄𐤅𐤄 के लिए अग्नि द्वारा चढ़ावा। 8 “हर सब्बाथ के दिन
वह इसे 𐤉𐤄𐤅𐤄 के सामने लगातार सजाए, यिश्राएल के पुत्रों
की ओर से - यह सदा का वाचा है। 9 “और यह हारून और
उसके पुत्रों का होगा, और वे इसे पवित्र स्थान में खाएँगे,
क्योंकि यह उसके लिए 𐤉𐤄𐤅𐤄 की अग्नि द्वारा चढ़ावे से
अति पवित्र है - यह सदा की विधि है।” 10 और एक
यिश्राएली स्त्री का पुत्र, जिसका पिता मिस्री था, यिश्राएल के
पुत्रों के बीच आया। और यिश्राएली स्त्री का पुत्र और
यिश्राएल का एक पुरुष छावनी में झगड़े। 11 और उस
यिश्राएली स्त्री के पुत्र ने नाम की निंदा की, और शाप दिया।
तब वे उसे मूशे के पास लाए। अब उसकी माता का नाम
शेलोमीथ था, जो दीब्री की पुत्री थी, दान गोत्र की। 12 और
उन्होंने उसे बंदीगृह में रखा, ताकि 𐤉𐤄𐤅𐤄 की वाणी से उन्हें
निर्देश मिल सके। 13 और 𐤉𐤄𐤅𐤄 ने मूशे से कहा, 14 “जो
शाप दिया है, उसे छावनी के बाहर ले जाओ, और जो सबने
सुना है वे अपने हाथ उसके सिर पर रखें, और सारी मंडली
उसे पत्थरवाह करें। 15 “और यिश्राएल के पुत्रों से कह, ‘जो
कोई अपने ईश्वर को शाप देता है, वह अपने पाप का भार
उठाए। 16 ‘और जो 𐤉𐤄𐤅𐤄 के नाम की निंदा करता है, वह
निश्चय ही मारा जाए, और सारी मंडली उसे अवश्य
पत्थरवाह करे, चाहे वह परदेशी हो या देशज। जब वह नाम
की निंदा करता है, तो मारा जाए। 17 ‘और जो किसी मनुष्य
से प्राण छीनता है, वह निश्चय ही मारा जाए। 18 ‘और जो
कोई पशु को मारता है, वह उसकी भरपाई करेगा, जान के
बदले जान। 19 ‘और जब कोई मनुष्य अपने पड़ोसी को कोई
घाव पहुंचाता है, जैसा उसने किया हो, वैसा ही उसके साथ
किया जाए। 20 ‘हड्डी के बदले हड्डी, आंख के बदले आंख,
दांत के बदले दांत; जैसे उसने चोट पहुँचाई, वैसे ही उसे
किया जाए। 21 ‘और जो कोई पशु को मारता है, वह उसकी
भरपाई करे; और जो किसी मनुष्य को मारता है, वह मारा
जाए। 22 ‘तुम्हारे लिए एक ही न्याय हो, चाहे वह परदेशी हो
या देशज, क्योंकि मैं 𐤉𐤄𐤅𐤄 तुम्हारा ईश्वर हूँ।’ ” 23 और
मूशे ने यिश्राएल के पुत्रों से कहा, और वे उस व्यक्ति को जो
शाप दिया था, छावनी के बाहर ले गए, और उसे पत्थरों से
मार डाला। और यिश्राएल के पुत्रों ने जैसा 𐤉𐤄𐤅𐤄 ने मूशे
को आज्ञा दी थी, वैसा ही किया।

25

1 और 𐤉𐤄𐤅𐤄 ने मोशे से सीनै पर्वत पर बात की, यह
कहते हुए, 2 “यिस्त्राएल के बच्चों से कह और उनसे
कह, ‘जब तुम उस देश में जाओगे जो मैं तुम्हें देता हूं, तब
उस देश को 𐤉𐤄𐤅𐤄 के लिए एक शब्बात मनाना होगा।
3 ‘छः वर्षों तक तू अपने खेत में बीज बो और छः वर्षों तक
अपनी दाख की बारी काट और उसकी उपज इकट्ठा कर,
4 परन्तु सातवें वर्ष में उस देश को विश्राम का शब्बात,
𐤉𐤄𐤅𐤄 के लिए एक शब्बात होना चाहिए। न तो अपने खेत
में बो और न अपनी दाख की बारी काट। 5 ‘जो अपने आप
उगे उसे अपनी कटनी के रूप में न काट, और अपनी
अनछुई दाख की बारी के अंगूरों को इकट्ठा न कर, क्योंकि
यह देश के लिए विश्राम का वर्ष है। 6 ‘और देश का यह
शब्बात तुम्हारे लिए भोजन का होगा, तुम्हारे और तुम्हारे दास,
तुम्हारी दासी, तुम्हारे मज़दूर, और उस परदेशी के लिए जो
तुम्हारे साथ रहता है, 7 और तुम्हारे पशुओं और उस देश के
जंगली जानवरों के लिए। इसकी सारी उपज भोजन के लिए
है। 8 ‘और तू अपने लिए सात वर्ष के सात शब्बात गिने, सात
बार सात वर्ष। और सात शब्बात वर्षों का समय तुम्हारे लिए
उनचास वर्ष होगा। 9 ‘तब तू सातवें महीने के दसवें दिन एक
मेढ़े के सींग को फूंके, यौम हाकिप्पुरीम के दिन अपने सारे
देश में मेढ़े के सींग को फूंके। 10 ‘और तुम पचासवें वर्ष को
पवित्र ठहराओ, और पूरे देश में उसके सभी निवासियों को
स्वतंत्रता की घोषणा करो, यह तुम्हारे लिए योवेल है। और
तुम में से हर एक अपने स्वामित्व में लौटे, और हर एक अपने
कुल में लौटे। 11 ‘पचासवाँ वर्ष तुम्हारे लिए योवेल है। न
बोना, न जो अपने आप उगे उसे काटना, न ही अनछुई दाख
की बारी से इकट्ठा करना। 12 ‘यह योवेल है, यह तुम्हारे लिए
पवित्र है। तुम खेत से उसकी उपज खाओ। 13 ‘इस योवेल
के वर्ष में तुम में से हर एक अपने स्वामित्व में लौट आए।
14 ‘और जब तुम अपने पड़ोसी को कुछ बेचो या अपने
पड़ोसी से कुछ खरीदो, तो एक-दूसरे का शोषण न करना।
15 ‘योवेल के बाद के वर्षों के अनुसार तू अपने पड़ोसी से
खरीदे, और वह तुम्हें अपनी उपज के वर्षों के अनुसार बेचे।
16 ‘जितने अधिक वर्ष होंगे, तू उसकी कीमत उतनी बढ़ा देना,
और जितने कम वर्ष होंगे, तू उसकी कीमत उतनी घटा देना,
क्योंकि वह तुझे उपज के वर्षों के अनुसार बेच रहा है।
17 ‘और एक-दूसरे को मत सताना, बल्कि तू अपने ईश्वर से
डर। क्योंकि मैं 𐤉𐤄𐤅𐤄 तुम्हारा ईश्वर हूँ। 18 ‘और तू मेरी
विधियों को मान, और मेरे न्यायों को रख और उन्हें पूरा
कर। तब तुम उस देश में सुरक्षित निवास करोगे। 19 और
वह देश अपनी उपज देगा, और तुम संतोषपूर्वक खाओगे,
और वहाँ सुरक्षित रहोगे। 20 ‘और यदि तुम कहो, “सातवें वर्ष
में हम क्या खाएंगे, जब हम न बोएंगे और न ही अपनी उपज
इकट्ठा करेंगे?” 21 ‘तो मैं छठे वर्ष में तुम्हारे लिए अपनी
आशीष का आदेश दूंगा, और वह तीन वर्षों की उपज लाएगा।
22 ‘और आठवें वर्ष में तुम बोओगे, और नौवें वर्ष तक पुराने
अन्न को खाओगे। जब तक नई फसल नहीं आती, तब तक
पुराने को खाते रहो। 23 ‘और भूमि को सदा के लिए न बेचा
जाए, क्योंकि भूमि मेरी है, क्योंकि तुम मेरे साथ परदेशी और
निवासी हो। 24 ‘और अपने सम्पत्ति वाले समस्त देश में भूमि
के छुड़ाने की व्यवस्था करना। 25 ‘जब तेरा भाई निर्धन हो
जाए, और अपनी सम्पत्ति का कुछ भाग बेच दे, और उसका
छुड़ाने वाला, जो उसका निकट कुटुम्बी हो, आए और उसे
छुड़ा ले, तब वह अपने भाई की बेची हुई वस्तु को छुड़ा ले।
26 ‘और यदि किसी के पास छुड़ाने वाला न हो, परन्तु वह
स्वयं छुड़ाने योग्य हो जाए, 27 तब वह उसकी बिक्री के वर्षों
की गिनती करे, और जो शेष राशि है वह उस व्यक्ति को
लौटाए जिसने उसे खरीदा था, और वह अपनी सम्पत्ति में
लौट आए। 28 ‘और यदि उसके पास लौटाने के लिए पर्याप्त
न हो, तब वह बिका हुआ भाग योवेल के वर्ष तक खरीदार के

पास रहे, और योवेल में वह मुक्त किया जाए, और वह अपनी
सम्पत्ति में लौट आए। 29 ‘और जब कोई व्यक्ति दीवार से
घिरे नगर में एक घर बेचे, तब उसके छुड़ाने का अधिकार
एक वर्ष तक हो; उसके बेचने के बाद एक वर्ष तक उसका
छुड़ाने का अधिकार रहेगा। 30 ‘परन्तु यदि एक पूरा वर्ष हो
जाए और वह न छुड़ाया जाए, तब वह घर उस नगर के भीतर
वाले खरीदार का स्थायी अधिकार हो जाएगा, उसकी पीढ़ियों
तक; योवेल में वह मुक्त नहीं किया जाएगा। 31 ‘किन्तु गाँवों
के घर, जिनके चारों ओर कोई दीवार नहीं है, देश के खेत के
समान गिने जाते हैं। उन्हें छुड़ाया जा सकता है और योवेल में
मुक्त किया जाता है। 32 ‘और लेवीय नगरों के विषय में, और
उनके अधिकार के नगरों के घरों के विषय में, लेवियों का
छुड़ाने का अधिकार सदा बना रहता है। 33 ‘और जो लेवियों
से छुड़ाया जाता है, चाहे घर की बिक्री हो या उनके अधिकार
के नगर, वह योवेल के वर्ष में मुक्त किया जाएगा, क्योंकि
लेवियों के नगरों में घर यिस्राएल के मध्य में उनकी सम्पत्ति
हैं। 34 ‘परन्तु उनके नगरों की खुली भूमि के खेत न बेचे
जाएं, क्योंकि वे उनकी सदा की सम्पत्ति हैं। 35 ‘और जब तेरा
भाई निर्धन हो जाए और उसका हाथ तेरे पास निर्बल हो जाए,
तब तू उसे सम्भालना, कि वह तेरे साथ परदेशी या निवासी के
समान जीवित रहे। 36 ‘तू उससे ब्याज या लाभ न लेना,
परन्तु अपने ईश्वर से डर, और तेरा भाई तेरे साथ जीवित
रहे। 37 ‘तू उसे ब्याज पर चांदी न देना, और लाभ के लिए
अपना भोजन न देना। 38 ‘मैं 𐤉𐤄𐤅𐤄 तेरा ईश्वर हूं, जो तुझे
मिस्त्र देश से निकाल लाया, कि मैं तुझे कनान देश दूं, और
तेरा ईश्वर बनूं। 39 ‘और जब तेरा भाई, जो तेरे पास रहता
है, निर्धन हो जाए और अपने को तुझको बेच दे, तो तू उसे
दास के समान सेवा न करवाना। 40 ‘परन्तु वह तेरे साथ
मज़दूर या निवासी के समान हो, और वह तेरी सेवा करे योवेल
के वर्ष तक। 41 ‘तब वह तुझसे चला जाए, वह और उसके
बच्चे उसके साथ, और वह अपने कुल में लौटे, और अपने
पितरों की सम्पत्ति में लौटे। 42 ‘क्योंकि वे मेरे दास हैं, जिन्हें
मैं मिस्त्र देश से निकाल लाया, उन्हें दास के समान न बेचा
जाए। 43 ‘तू उस पर कठोरता से शासन न करना, बल्कि
अपने ईश्वर से डर। 44 ‘और तेरे दास और दासियाँ जो तेरे
पास हैं, वे तेरे चारों ओर की अन्यजातियों में से होंगी, उनसे तू
दास और दासियाँ खरीदना। 45 और परदेशियों के पुत्रों से भी
जो तेरे साथ रहते हैं, उनसे खरीदना, और उनके कुलों से जो
तेरे देश में उत्पन्न हुए हैं, और वे तेरी सम्पत्ति बनेंगे। 46 ‘और
तू उन्हें अपनी सन्तानों के लिए उत्तराधिकार के रूप में लेना,
कि वे उन्हें सम्पत्ति के रूप में पाएं; वे सदा के लिए तेरे दास
होंगे। परन्तु अपने भाइयों यिस्राएल के बच्चों पर तू कठोरता
से शासन न करना, एक-दूसरे पर। 47 ‘अब जब कोई
परदेशी या निवासी तेरे पास धनी हो जाए, और तेरा भाई जो
उसके साथ है निर्धन हो जाए, और अपने को उस परदेशी या
निवासी को बेच दे, या परदेशी के कुल के किसी सदस्य को,
48 जब वह बिक चुका हो, तो उसके लिए छुड़ाने का अधिकार
हो — उसका कोई भाई उसे छुड़ा सकता है, 49 या उसका
चाचा या चाचा का पुत्र उसे छुड़ाए, या उसके कुल का कोई
निकट संबंधी उसे छुड़ाए, या यदि वह समर्थ हो, तो वह स्वयं
को छुड़ाए। 50 ‘और वह उससे हिसाब करे जिसने उसे
खरीदा है: उसकी मुक्ति की कीमत वर्षों की संख्या के
अनुसार होगी, जब से वह उसे बिक चुका है तब से योवेल के
वर्ष तक; मज़दूर के दिनों के अनुसार वह उसके साथ रहेगा।
51 ‘यदि बहुत वर्ष शेष हैं, तो उनके अनुसार वह अपनी मुक्ति
की कीमत चुकाए, अपनी खरीदी की चांदी में से। 52 ‘और
यदि कुछ ही वर्ष शेष हैं योवेल तक, तब वह उससे हिसाब करे,
और अपने वर्षों के अनुसार वह अपनी मुक्ति की कीमत
चुकाए। 53 ‘वह उसके साथ वर्ष भर के मज़दूर के समान
रहे, और तू उसकी उपस्थिति में उस पर कठोरता से शासन
न कर। 54 ‘और यदि वह इन वर्षों में छुड़ाया न जाए, तब वह
योवेल के वर्ष में मुक्त हो जाए, वह और उसके बच्चे उसके
साथ। 55 ‘क्योंकि यिस्राएल के बच्चे मेरे दास हैं, वे मेरे दास
हैं जिन्हें मैं मिस्त्र देश से निकाल लाया। मैं 𐤉𐤄𐤅𐤄 तुम्हारा
ईश्वर हूं।

26

1 ‘तुम अपने लिए मूर्तियाँ न बनाना, और अपने लिए
न कोई खुदी हुई मूरत और न कोई स्तंभ खड़ा
करना, और अपने देश में पत्थर की कोई मूर्ति स्थापित न
करना, कि उसके आगे दंडवत करो। क्योंकि मैं 𐤉𐤄𐤅𐤄
तुम्हारा ईश्वर हूं। 2 ‘मेरे शब्बातों को मानो और मेरे पवित्र
स्थान का आदर करो। मैं 𐤉𐤄𐤅𐤄 हूं। 3 ‘यदि तुम मेरी
विधियों पर चलो और मेरे आदेशों को मानो और उन्हें पूरा
करो, 4 तो मैं तुम्हें समय पर वर्षा दूँगा, और भूमि अपनी उपज
देगी, और खेतों के वृक्ष अपने फल देंगे। 5 ‘और तुम्हारी दाँव
लगाना अंगूर की कटाई तक चलेगा, और अंगूर की कटाई
बोने के समय तक चलेगी। और तुम अपनी रोटी तृप्त होकर
खाओगे, और अपने देश में सुरक्षित निवास करोगे। 6 ‘और
मैं देश में शांति दूँगा, और तुम लेटोगे और कोई तुम्हें डराएगा
नहीं। और मैं देश से दुष्ट पशुओं को हटा दूँगा, और तुम्हारे
देश में तलवार न चलेगी। 7 ‘और तुम अपने शत्रुओं का पीछा
करोगे, और वे तुम्हारे सामने तलवार से गिरेंगे। 8 ‘और तुम
में से पाँच सौ का पीछा करेंगे, और सौ दस हज़ार का पीछा
करेंगे। और तुम्हारे शत्रु तुम्हारे सामने तलवार से गिरेंगे।
9 ‘और मैं तुम्हारी ओर मुड़ूंगा और तुम्हें फलवंत करूंगा, और
तुम्हें बढ़ाऊंगा, और तुम्हारे साथ अपनी वाचा स्थिर करूंगा।
10 ‘और तुम पुराना संग्रह खाओगे, और नया आने के कारण
पुराने को निकाल फेंकोगे। 11 ‘और मैं अपना निवासस्थान
तुम्हारे बीच में रखूंगा, और मेरी आत्मा तुमसे घृणा न करेगी।
12 ‘और मैं तुम्हारे बीच में चलूंगा, और तुम्हारा ईश्वर बनूंगा,
और तुम मेरी प्रजा बनोगे। 13 ‘मैं 𐤉𐤄𐤅𐤄 तुम्हारा ईश्वर हूं,
जो तुम्हें मिस्त्र देश से निकाल लाया, जहाँ तुम उनके दास
थे। और मैंने तुम्हारे जुए की छड़ों को तोड़ दिया और तुम्हें
सीधा चलाया। 14 ‘पर यदि तुम मेरी नहीं सुनते, और ये सब
आज्ञाएँ पूरी नहीं करते, 15 और यदि तुम मेरी विधियों को
तुच्छ जानो, या यदि तुम्हारी आत्मा मेरी न्याय की बातों से
घृणा करे, कि तुम मेरी सब आज्ञाओं को पूरा न करो, परन्तु
मेरी वाचा को तोड़ो, 16 तो मैं भी यह तुम्हारे साथ करूंगा: मैं
तुम्हारे ऊपर अचानक आतंक, बर्बाद करने वाला रोग और
ज्वर भेजूंगा, जो आंखों को नष्ट करेगा और प्राणों को खा
जाएगा। और तुम व्यर्थ में अपना बीज बोओगे, क्योंकि तुम्हारे
शत्रु उसे खा लेंगे। 17 ‘और मैं अपना मुख तुम्हारे विरुद्ध
करूंगा, और तुम अपने शत्रुओं के सामने पराजित हो
जाओगे। और वे जो तुमसे घृणा करते हैं तुम पर राज्य

करेंगे, और तुम भागोगे जब कोई तुम्हारा पीछा भी न करेगा।
18 ‘और इन सब के बाद भी यदि तुम मेरी नहीं सुनोगे, तो मैं
तुम्हें तुम्हारे पापों के कारण सात गुना और दंड दूँगा।
19 ‘और मैं तुम्हारी शक्ति के अभिमान को तोड़ दूँगा, और
तुम्हारे आकाश को लोहे के समान, और तुम्हारी धरती को
कांसे के समान कर दूँगा। 20 ‘और तुम्हारा बल व्यर्थ में खर्च
होगा, और तुम्हारी भूमि अपनी उपज न देगी, और भूमि के वृक्ष
अपना फल न देंगे। 21 ‘और यदि तुम मेरे विरुद्ध चलो, और
मेरी नहीं सुनोगे, तो मैं तुम्हारे पापों के अनुसार तुम्हारे ऊपर
सात गुना और विपत्तियाँ लाऊँगा। 22 ‘और मैं तुम्हारे बीच
जंगली पशु भेजूंगा, जो तुम्हारे बच्चों को छीन लेंगे। और मैं
तुम्हारे पशुधन को नष्ट कर दूंगा, और तुम्हें संख्या में कम
कर दूंगा, और तुम्हारे मार्ग सुनसान हो जाएंगे। 23 ‘और यदि
इन सब बातों से भी तुम मुझसे शिक्षा न लो, परन्तु मेरे विरुद्ध
चलो, 24 तो मैं भी तुम्हारे विरुद्ध चलूंगा, और मैं स्वयं तुम्हारे
पापों के कारण तुम्हें सात गुना मारूंगा। 25 ‘और मैं तुम्हारे
विरुद्ध तलवार लाऊंगा, जो मेरी वाचा का प्रतिशोध करेगी।
और जब तुम अपने नगरों में इकट्ठे होगे, तब मैं तुम्हारे बीच
महामारी भेजूंगा, और तुम शत्रु के हाथ में सौंपे जाओगे।
26 ‘जब मैं तुम्हारी रोटी की पूर्ति को तोड़ दूंगा, तब दस स्त्रियाँ
एक ही भट्ठी में तुम्हारी रोटी पकाएंगी, और वे तुम्हारी रोटी
तोलकर तुम्हें लौटाएंगी, और तुम खाओगे परन्तु तृप्त न
होगे। 27 ‘और यदि इसके बावजूद भी तुम मेरी नहीं सुनोगे,
परन्तु मेरे विरुद्ध चलोगे, 28 तो मैं भी क्रोध में तुम्हारे विरुद्ध
चलूंगा, और मैं स्वयं तुम्हारे पापों के कारण तुम्हें सात गुना
दंड दूँगा। 29 ‘और तुम अपने पुत्रों का मांस खाओगे, और
अपनी पुत्रियों का मांस खाओगे। 30 ‘और मैं तुम्हारे ऊँचे
स्थानों को नष्ट कर दूँगा, और तुम्हारे सूर्य-स्तम्भों को काट
दूँगा, और तुम्हारे शवों को तुम्हारी मूर्तियों के शवों पर रख
दूँगा। और मेरी आत्मा तुमसे घृणा करेगी। 31 ‘और मैं
तुम्हारे नगरों को उजाड़ दूँगा और तुम्हारे पवित्र स्थानों को
उजाड़ कर दूँगा, और तुम्हारी सुगंधित भेंटों की सुगंध को
ग्रहण नहीं करूंगा। 32 ‘और मैं उस भूमि को सुनसान कर
दूँगा, और जो शत्रु उसमें रहेंगे वे उस पर चकित होंगे।
33 ‘और मैं तुम्हें अन्यजातियों के बीच तितर-बितर कर दूँगा,
और तुम्हारे पीछे तलवार निकालूंगा। और तुम्हारी भूमि उजाड़
होगी और तुम्हारे नगर खंडहर हो जाएंगे। 34 ‘और जब तक
वह उजाड़ पड़ी रहेगी, तब तक वह अपनी शब्बातों का आनंद
उठाएगी, जब तुम अपने शत्रुओं के देश में होगे। तब वह भूमि
विश्राम करेगी और अपनी शब्बातों का आनंद लेगी। 35 ‘जब
तक वह उजाड़ रहेगी, वह विश्राम करेगी, क्योंकि जब तुम
उसमें रहते थे, तब उसने तुम्हारी शब्बातों में विश्राम नहीं
किया। 36 ‘और जो तुम में बचे रहेंगे, उनके हृदयों में मैं
उनके शत्रुओं के देशों में भय डालूंगा, और हिले हुए पत्ते की
ध्वनि से वे भाग जाएंगे। और वे तलवार से भागने वालों के
समान भागेंगे, और गिर पड़ेंगे जब कोई पीछा न करेगा।
37 ‘और वे एक-दूसरे पर ठोकर खाएंगे, जैसे तलवार के
सामने से भागते हैं, जब कोई पीछा न करता हो। और तुम
अपने शत्रुओं के सामने ठहर न सकोगे। 38 ‘और तुम
अन्यजातियों में नाश हो जाओगे, और तुम्हारे शत्रुओं की भूमि
तुम्हें भस्म कर देगी। 39 ‘और तुम में जो बचे रहेंगे वे अपने
शत्रुओं के देशों में अपनी अधर्मता में सड़ जाएंगे, और अपने
पितरों की अधर्मता में भी उनके साथ सड़ जाएंगे। 40 ‘पर
यदि वे अपने अधर्म को और अपने पितरों के अधर्म को मान
लें, अपने अपराध के साथ जिससे उन्होंने मेरे विरुद्ध अपराध
किया, और यह भी कि उन्होंने मेरे विरुद्ध चलना किया,
41 और मैं भी उनके विरुद्ध चला, और उन्हें उनके शत्रुओं की
भूमि में ले गया — यदि उनका खतनारहित हृदय नम्र हो
जाए, और वे अपने अधर्म की सज़ा को स्वीकार करें, 42 तब
मैं अपनी वाचा को याक़ोब के साथ स्मरण करूंगा, और
अपनी वाचा को यित्सहाक के साथ, और अपनी वाचा को
अब्राहम के साथ भी स्मरण करूंगा, और उस भूमि को स्मरण
करूंगा। 43 ‘क्योंकि वह भूमि उनके द्वारा त्याग दी गई थी,
और जब वह उनके बिना उजाड़ पड़ी रही तब अपनी शब्बातों
का आनंद उठाती रही, और वे अपने अधर्म के कारण दंड
भोग रहे थे, क्योंकि उन्होंने मेरी विधियों को तुच्छ जाना और
उनकी आत्मा ने मेरी विधियों से घृणा की। 44 ‘तथापि इन
सब बातों के बावजूद, जब वे अपने शत्रुओं के देश में होंगे, तब
भी मैं उन्हें नहीं त्यागूंगा, और न ही उनसे घृणा करूंगा कि
उन्हें नष्ट कर दूँ और अपनी वाचा को उनके साथ तोड़ दूँ।
क्योंकि मैं 𐤉𐤄𐤅𐤄 उनका ईश्वर हूं। 45 ‘तब मैं उनके कारण
उनके पूर्वजों की वाचा को स्मरण करूंगा, जिन्हें मैंने राष्ट्रों की
दृष्टि के सामने मिस्र देश से निकाल लाया कि मैं उनका
ईश्वर बनूं। मैं 𐤉𐤄𐤅𐤄 हूं।’ ” 46 ये वे विधियाँ, न्याय और
शिक्षाएँ हैं जो 𐤉𐤄𐤅𐤄 ने स्वयं और इस्राएल के बच्चों के बीच
सीनै पर्वत पर मोशे के हाथ द्वारा ठहराईं।

27 1 और 𐤉𐤄𐤅𐤄 ने मोशे से कहा, 2 “यिस्राएल के
बच्चों से कह और उनसे कह, ‘जब कोई व्यक्ति कोई
मन्नत माने, 𐤉𐤄𐤅𐤄 के लिए जीवनों का तेरी मूल्यांकन के
अनुसार, 3 जब तेरी मूल्यांकन बीस वर्ष से साठ वर्ष तक के
पुरुष की हो, तब तेरी मूल्यांकन पवित्र स्थान के शेकल के
अनुसार पचास शेकल चांदी होगी। 4 ‘और यदि वह स्त्री हो,
तब तेरी मूल्यांकन तीस शेकल होगी। 5 ‘और यदि पाँच वर्ष
से बीस वर्ष तक का हो, तब तेरी मूल्यांकन पुरुष के लिए बीस
शेकल, और स्त्री के लिए दस शेकल होगी। 6 ‘और यदि एक
महीने से पाँच वर्ष तक का हो, तब तेरी मूल्यांकन पुरुष के
लिए पाँच शेकल चांदी, और स्त्री के लिए तेरी मूल्यांकन तीन
शेकल चांदी होगी। 7 ‘और यदि साठ वर्ष से ऊपर का हो,
यदि वह पुरुष है, तो तेरी मूल्यांकन पंद्रह शेकल होगी, और
स्त्री के लिए दस शेकल। 8 ‘परन्तु यदि वह तेरी मूल्यांकन
चुकाने के लिए बहुत गरीब हो, तो वह अपने को याजक के
सामने प्रस्तुत करे, और याजक उसे मूल्यांकन करेगा।
जिसने मन्नत मानी है, उसकी सामर्थ्य के अनुसार याजक
उसका मूल्य तय करेगा। 9 ‘और यदि वह कोई पशु हो, जो
𐤉𐤄𐤅𐤄 को भेंट चढ़ाने के योग्य हो, तो जितना 𐤉𐤄𐤅𐤄 को
अर्पण किया गया है वह सब पवित्र है। 10 ‘वह उसे बदल नहीं
सकता और न ही उसका आदान-प्रदान कर सकता है, अच्छा
को खराब से या खराब को अच्छे से। और यदि वह किसी
पशु को किसी पशु से बदल दे, तो दोनों — जो दिया गया
और जो बदला गया — पवित्र होंगे। 11 ‘और यदि वह कोई
अशुद्ध पशु हो, जिसे 𐤉𐤄𐤅𐤄 को भेंट चढ़ाने के लिए नहीं
लाते, तो वह पशु को याजक के सामने प्रस्तुत करे। 12 और
याजक उसका मूल्य तय करेगा, चाहे वह अच्छा हो या

खराब। हे याजक, तेरी मूल्यांकन के अनुसार वह ऐसा ही
रहेगा। 13 ‘परन्तु यदि वह सचमुच उसे छुड़ाना चाहता है, तो
वह तेरी मूल्यांकन में पाँचवां भाग और जोड़े। 14 ‘और जब
कोई व्यक्ति अपने घर को 𐤉𐤄𐤅𐤄 के लिए पवित्र ठहराए,
तब याजक उसका मूल्य तय करे, चाहे वह अच्छा हो या
खराब। याजक के मूल्य के अनुसार वह स्थिर रहेगा।
15 ‘और यदि जिसने उसे पवित्र किया है वह अपना घर
छुड़ाना चाहे, तो वह तेरी मूल्यांकन की चांदी में पाँचवां भाग
और जोड़कर उसे अपना बना ले। 16 ‘और यदि कोई व्यक्ति
अपनी स्वामित्व वाली भूमि को 𐤉𐤄𐤅𐤄 के लिए पवित्र ठहराए,
तो तेरी मूल्यांकन उसकी बीज की मात्रा के अनुसार होगी —
एक होमेर जौ के बीज के लिए पचास शेकल चांदी। 17 ‘यदि
उसने अपनी भूमि को योवेल के वर्ष से ही पवित्र ठहराया हो, तो
तेरी मूल्यांकन के अनुसार वह स्थिर रहेगी। 18 ‘परन्तु यदि
उसने योवेल के बाद अपनी भूमि को पवित्र ठहराया, तब
याजक शेष वर्षों की गिनती करके, जो योवेल के वर्ष तक बची
हैं, उसके अनुसार चांदी की गणना करे, और तेरी मूल्यांकन
से घटा दे। 19 ‘और यदि जिसने उस खेत को पवित्र ठहराया
वह उसे छुड़ाना चाहे, तो वह तेरी मूल्यांकन की चांदी का
पाँचवाँ भाग उसमें जोड़ दे, और वह उसका हो जाएगा।
20 ‘और यदि वह उस खेत को छुड़ाए नहीं, या यदि उसने उस
खेत को किसी दूसरे व्यक्ति को बेच दिया हो, तो वह अब और
छुड़ाया नहीं जाएगा। 21 ‘परन्तु वह खेत जब योवेल में मुक्त
किया जाएगा, तब वह 𐤉𐤄𐤅𐤄 के लिए पवित्र होगा, जैसे कि
एक समर्पित खेत, और वह याजक का अधिकार होगा।
22 ‘और यदि कोई व्यक्ति 𐤉𐤄𐤅𐤄 के लिए वह खेत पवित्र
ठहराए जो उसने खरीदा है, जो उसकी स्वामित्व की भूमि नहीं
है, 23 ‘तब याजक उसके लिए तेरी मूल्यांकन के अनुसार
गिनती करेगा, योवेल के वर्ष तक, और वह उस दिन तेरी
मूल्यांकन की चांदी 𐤉𐤄𐤅𐤄 के लिए देगा। 24 ‘योवेल के वर्ष
में वह खेत उस व्यक्ति को लौट आएगा जिससे उसने उसे
खरीदा था, अर्थात उस भूमि के स्वामी को। 25 ‘और तेरी
सारी मूल्यांकनें पवित्र स्थान के शेकल के अनुसार होंगी: एक
शेकल में बीस गेरा। 26 ‘फिर भी, जो पशु पहला जन्मा है, जो
𐤉𐤄𐤅𐤄 का पहिलौठा है, उसे कोई मनुष्य पवित्र न ठहराए
— चाहे वह बैल हो या भेड़ — वह 𐤉𐤄𐤅𐤄 का है। 27 ‘और
यदि वह किसी अशुद्ध पशु में से हो, तब वह उसे तेरी
मूल्यांकन के अनुसार छुड़ाएगा और उसमें पाँचवाँ भाग
जोड़ेगा। और यदि वह छुड़ाया न जाए, तो उसे तेरी
मूल्यांकन के अनुसार बेचा जाएगा। 28 ‘परन्तु जो कुछ कोई
मनुष्य 𐤉𐤄𐤅𐤄 के लिए अपने सब कुछ में से निषिद्ध ठहराए,
चाहे मनुष्य हो या पशु या उसकी स्वामित्व की भूमि, वह न बेचा
जाएगा और न छुड़ाया जाएगा। जो कुछ निषिद्ध ठहराया गया
है वह 𐤉𐤄𐤅𐤄 के लिए सबसे पवित्र है। 29 ‘जो कोई मनुष्यो
में से निषिद्ध ठहराया गया है, वह छुड़ाया नहीं जाएगा, परन्तु
अवश्य मृत्यु दंड पाएगा। 30 ‘और भूमि की सारी दशमांश
— भूमि के बीज की या वृक्ष के फल की — 𐤉𐤄𐤅𐤄 की है।
यह 𐤉𐤄𐤅𐤄 के लिए पवित्र है। 31 ‘यदि कोई मनुष्य अपनी
दशमांश का कुछ भाग छुड़ाए, तो वह उसमें पाँचवाँ भाग
जोड़े। 32 ‘और झुंड और रेवड़ की पूरी दशमांश में से, जो
भी छड़ी के नीचे से गुजरे, दसवाँ भाग 𐤉𐤄𐤅𐤄 के लिए पवित्र
होगा। 33 ‘वह यह न देखे कि वह अच्छा है या खराब, और न
उसे बदले। और यदि वह उसे बदल भी दे, तो वह और जो
उसके बदले दिया गया, दोनों पवित्र होंगे; वह छुड़ाया न
जाएगा।’ ” 34 ये वे आज्ञाएँ हैं जो 𐤉𐤄𐤅𐤄 ने मोशे को सीनै
पर्वत पर इस्राएल के बच्चों के लिए दीं।

गिनती

३५३z

हिंदी संस्करण

गिनती

1 1 𐤉𐤄𐤅𐤄 ने मूसा से सीनै के जंगल में, मिलाप के तम्बू
में, मिस्र देश से निकलने के दूसरे वर्ष के दूसरे महीने के
पहले दिन कहा — 2 "इस्राएल की सारी मण्डली की गणना
करो, उनके कुलों और उनके पितरों के घरानों के अनुसार,
नामों की गिनती के अनुसार, हर पुरुष की, एक-एक
करके।" 3 "बीस वर्ष या उससे अधिक आयु के, जो इस्राएल
में सेना में निकलते हैं, उन्हें उनकी टुकड़ियों के अनुसार गिनो
— तुम और हारून।" 4 "और हर गोत्र से एक व्यक्ति
तुम्हारे साथ होगा, जो अपने पितृ-घराने का प्रधान होगा।"
5 "और ये वे पुरुषों के नाम हैं जो तुम्हारे साथ होंगे — रूबेन
से: एलित्सूर, शेदेयूर का पुत्र।" 6 "शिमोन से: शेलुमीएल,
त्सूरीशद्दै का पुत्र।" 7 "यहूदा से: नहशोन, अम्मीनादाब का
पुत्र।" 8 "इस्साकर से: नतनएल, त्सूआर का पुत्र।"
9 "जबूलून से: एलियाब, हेलोन का पुत्र।" 10 "यूसुफ के पुत्रों
में से — एप्रैम से: एलीशमा, अम्मीहूद का पुत्र। मनश्शे से:
गमलीएल, पेदाहत्सूर का पुत्र।" 11 "बिन्यामीन से: अबीदान,
गिदओनी का पुत्र।" 12 "दान से: अहीएज़ेर, अम्मीशद्दै का
पुत्र।" 13 "आशेर से: पगिएल, ओक्रान का पुत्र।" 14 "गाद
से: एल्यासाफ, देऊएल का पुत्र।" 15 "नप्ताली से: अहीरा,
एयनान का पुत्र।" 16 ये वे बुलाए हुए लोग थे जो मण्डली से
थे — अपने पितृ-गोत्रों के प्रधान, इस्राएल के हज़ारों के
नेता। 17 और मूसा और हारून ने उन पुरुषों को लिया
जिनके नाम से बुलाया गया था। 18 और उन्होंने दूसरे महीने
के पहले दिन सारी मण्डली को इकट्ठा किया, और अपने कुलों
और पितरों के घरानों के अनुसार, नामों की संख्या के
अनुसार, बीस वर्ष या उससे अधिक आयु के प्रत्येक व्यक्ति
का वंशावली के रूप में लेखा किया। 19 जैसा 𐤉𐤄𐤅𐤄 ने
मूसा को आज्ञा दी थी, वैसे ही उसने उन्हें सीनै के जंगल में
दर्ज किया। 20 और रूबेन, इस्राएल के पहिलौठे पुत्र के पुत्रों
की वंशावलियाँ — उनके कुलों, उनके पितरों के घरानों के
अनुसार, नामों की संख्या के अनुसार, बीस वर्ष या उससे
अधिक आयु के प्रत्येक पुरुष, जो सेना में जाता था —
21 रूबेन के गोत्र में गिने गए पुरुषों की संख्या छियालिस
हज़ार पाँच सौ थी। 22 शिमोन के पुत्रों में से, उनके कुलों
और उनके पितरों के घरानों के अनुसार, नामों की संख्या के
अनुसार, बीस वर्ष या उससे अधिक आयु के, प्रत्येक पुरुष
जो सेना में जाता था — 23 शिमोन के गोत्र में गिने गए पुरुषों
की संख्या उनसठ हज़ार तीन सौ थी। 24 गाद के पुत्रों में से,
उनके कुलों और उनके पितरों के घरानों के अनुसार, नामों
की संख्या के अनुसार, बीस वर्ष या उससे अधिक आयु के,
प्रत्येक पुरुष जो सेना में जाता था — 25 गाद के गोत्र में गिने
गए पुरुषों की संख्या पैंतालीस हज़ार छह सौ पचास थी।
26 यहूदा के पुत्रों में से, उनके कुलों और उनके पितरों के
घरानों के अनुसार, नामों की संख्या के अनुसार, बीस वर्ष या
उससे अधिक आयु के, प्रत्येक पुरुष जो सेना में जाता था —
27 यहूदा के गोत्र में गिने गए पुरुषों की संख्या चौहत्तर हज़ार
छह सौ थी। 28 इस्साकार के पुत्रों में से, उनके कुलों और
उनके पितरों के घरानों के अनुसार, नामों की संख्या के
अनुसार, बीस वर्ष या उससे अधिक आयु के, प्रत्येक पुरुष
जो सेना में जाता था — 29 इस्साकार के गोत्र में गिने गए
पुरुषों की संख्या चौवन हज़ार चार सौ थी। 30 जबूलून के
पुत्रों में से, उनके कुलों और उनके पितरों के घरानों के
अनुसार, नामों की संख्या के अनुसार, बीस वर्ष या उससे
अधिक आयु के, प्रत्येक पुरुष जो सेना में जाता था —
31 जबूलून के गोत्र में गिने गए पुरुषों की संख्या सत्तावन
हज़ार चार सौ थी। 32 यूसुफ के पुत्रों में से — एप्रैम के पुत्रों
की वंशावलियाँ, उनके कुलों और उनके पितरों के घरानों के
अनुसार, नामों की संख्या के अनुसार, बीस वर्ष या उससे
अधिक आयु के, प्रत्येक पुरुष जो सेना में जाता था —
33 एप्रैम के गोत्र में गिने गए पुरुषों की संख्या चालीस हज़ार
पाँच सौ थी। 34 मनश्शे के पुत्रों में से, उनके कुलों और
उनके पितरों के घरानों के अनुसार, नामों की संख्या के
अनुसार, बीस वर्ष या उससे अधिक आयु के, प्रत्येक पुरुष
जो सेना में जाता था — 35 मनश्शे के गोत्र में गिने गए पुरुषों
की संख्या बत्तीस हज़ार दो सौ थी। 36 बिन्यामीन के पुत्रों में
से, उनके कुलों और उनके पितरों के घरानों के अनुसार,
नामों की संख्या के अनुसार, बीस वर्ष या उससे अधिक आयु
के, प्रत्येक पुरुष जो सेना में जाता था — 37 बिन्यामीन के
गोत्र में गिने गए पुरुषों की संख्या पैंतीस हज़ार चार सौ थी।
38 दान के पुत्रों में से, उनके कुलों और उनके पितरों के
घरानों के अनुसार, नामों की संख्या के अनुसार, बीस वर्ष या
उससे अधिक आयु के, प्रत्येक पुरुष जो सेना में जाता था —
39 दान के गोत्र में गिने गए पुरुषों की संख्या बासठ हज़ार
सात सौ थी। 40 आशेर के पुत्रों में से, उनके कुलों और
उनके पितरों के घरानों के अनुसार, नामों की संख्या के
अनुसार, बीस वर्ष या उससे अधिक आयु के, प्रत्येक पुरुष
जो सेना में जाता था — 41 आशेर के गोत्र में गिने गए पुरुषों
की संख्या इकतालीस हज़ार पाँच सौ थी। 42 नप्ताली के पुत्रों
में से, उनके कुलों और उनके पितरों के घरानों के अनुसार,
नामों की संख्या के अनुसार, बीस वर्ष या उससे अधिक आयु
के, प्रत्येक पुरुष जो सेना में जाता था — 43 नप्ताली के गोत्र
में गिने गए पुरुषों की संख्या तिरेपन हज़ार चार सौ थी। 44 ये
वे थे जो गिने गए, जिन्हें मोशेह और अहरोन ने इस्राएल के
नेताओं के साथ गिना, बारह पुरुष, हर एक अपने पिता के
घराने से। 45 और इस्राएल के पुत्रों में से जो भी गिने गए,
उनके पिताओं के घरानों के अनुसार, बीस वर्ष की आयु से
ऊपर, सब जो इस्राएल की सेना में जाने वाले थे, 46 वे सब
जो गिने गए, छह लाख तीन हज़ार पाँच सौ पचास थे।
47 परन्तु लेवी के लोग अपने पितृ वंश के अनुसार उनके बीच

नहीं गिने गए। 48 क्योंकि 𐤉𐤄𐤅𐤄 ने मोशेह से कहा था,
49 "केवल लेवी के गोत्र को तुम मत गिनो, न ही उन्हें इस्त्राएल
के पुत्रों में गिनती में शामिल करो। 50 "इसके बजाय, लेवियों
को साक्ष्य के मश़कान (डेरा) के ऊपर नियुक्त करो, उसकी
सारी वस्तुओं और जो कुछ उससे संबंधित है उसके ऊपर।
वे मश़कान और उसकी सारी वस्तुओं को उठाएँगे, और
उसकी सेवा करेंगे, और मश़कान के चारों ओर तम्बू
लगाएंगे। 51 "और जब मश़कान को आगे बढ़ना होगा, तब
लेवी उसे उतारेंगे। और जब मश़कान को खड़ा किया जाना
होगा, तब लेवी उसे खड़ा करेंगे। और कोई परदेशी जो पास
आता है, वह मारा जाएगा। 52 "और इस्त्राएल के पुत्र अपने
अपने शिविरों में, हर कोई अपने अपने झंडे के अनुसार,
अपनी अपनी सेना के अनुसार तम्बू लगाए। 53 "परन्तु लेवी
के लोग मश़कान ह-एदूत (साक्ष्य के तम्बू) के चारों ओर तम्बू
लगाएंगे, ताकि इस्त्राएल के पुत्रों की मण्डली पर क्रोध न
भड़क उठे। और लेवी के लोग मश़कान ह-एदूत की सेवा का
ध्यान रखेंगे।" 54 और इस्त्राएल के पुत्रों ने वैसा ही किया
जैसा 𐤉𐤄𐤅𐤄 ने मोशेह को आज्ञा दी थी, वैसे ही उन्होंने
किया।

2 1 और 𐤉𐤄𐤅𐤄 ने मोशेह और अहरोन से कहा,
2 "इस्त्राएल के पुत्र अपने अपने झंडे के अनुसार, अपने
पिता के घर के चिन्ह के पास तम्बू लगाएंगे। वे मिलाप के तम्बू
के चारों ओर, एक दूरी पर तम्बू लगाएंगे।" 3 और पूरब की
ओर, सूर्य उदय की दिशा में: यहूदा के शिविर के झंडे के
लोग अपनी अपनी सेनाओं के अनुसार तम्बू लगाएंगे। और
यहूदा के पुत्रों का प्रधान: नहशोन, अम्मीनादाब का पुत्र।
4 और उसकी सेना, जो गिने गए थे: चौहत्तर हजार छः सौ।
5 और जो उसके पास तम्बू लगाएंगे वे इस्साकर का गोत्र है,
और इस्साकर के पुत्रों का प्रधान: नतनएल, त्सूअर का
पुत्र। 6 और उसकी सेना, जो गिने गए थे: चौवन हजार चार
सौ। 7 फिर जबुलून का गोत्र, और जबुलून के पुत्रों का
प्रधान: एलियाब, हेथलोन का पुत्र। 8 और उसकी सेना, जो
गिने गए थे: सत्तावन हजार चार सौ। 9 यहूदा के शिविर के
सब गिने हुए, अपनी अपनी सेनाओं के अनुसार: एक लाख
छियासी हजार चार सौ। ये पहले चलेंगे। 10 दक्षिण की ओर:
रूबेन के शिविर का झंडा अपनी अपनी सेनाओं के अनुसार,
और रूबेन के पुत्रों का प्रधान: एलित्सूर, शेदेयूर का पुत्र।
11 और उसकी सेना, जो गिने गए थे: छियालिस हजार पाँच
सौ। 12 और जो उसके पास तम्बू लगाएंगे वे शिमोन का गोत्र
है, और शिमोन के पुत्रों का प्रधान: शेलुमीएल, त्सूरीशद्दै का
पुत्र। 13 और उसकी सेना, जो गिने गए थे: उनसठ हजार
तीन सौ। 14 फिर गाद का गोत्र, और गाद के पुत्रों का प्रधान:
एलियासाफ, रेऊएल का पुत्र। 15 और उसकी सेना, जो गिने
गए थे: पैंतालीस हजार छह सौ पचास। 16 रूबेन के शिविर
के सब गिने हुए, अपनी अपनी सेनाओं के अनुसार: एक लाख
इक्यावन हजार चार सौ पचास। और ये दूसरे क्रम में
निकलेंगे। 17 और मिलाप का तम्बू, लेवी के शिविर के साथ,
शिविरों के बीच में निकलेगा। जैसे वे तम्बू लगाते हैं, वैसे ही वे
चलेंगे, हर एक अपने अपने स्थान पर, अपने झंडों के
अनुसार। 18 पश्चिम की ओर: एप्रैम के शिविर का झंडा
अपनी अपनी सेनाओं के अनुसार, और एप्रैम के पुत्रों का
प्रधान: एलीशामा, अम्मीहूद का पुत्र। 19 और उसकी सेना,
जो गिने गए थे: चालीस हजार पाँच सौ। 20 और उसके पास
मनश्शे का गोत्र, और मनश्शे के पुत्रों का प्रधान: गमलीएल,
पेदहत्सूर का पुत्र। 21 और उसकी सेना, जो गिने गए थे:
बत्तीस हजार दो सौ। 22 फिर बिन्यामीन का गोत्र, और
बिन्यामीन के पुत्रों का प्रधान: अबीदान, गिदओनी का पुत्र।
23 और उसकी सेना, जो गिने गए थे: पैंतीस हजार चार सौ।
24 एप्रैम के शिविर के सब गिने हुए, अपनी अपनी सेनाओं के
अनुसार: एक लाख आठ हजार एक सौ। और ये तीसरे क्रम
में निकलेंगे। 25 उत्तर की ओर: दान के शिविर का झंडा
अपनी अपनी सेनाओं के अनुसार, और दान के पुत्रों का
प्रधान: अहीएज़र, अम्मीशद्दै का पुत्र। 26 और उसकी सेना,
जो गिने गए थे: बासठ हजार सात सौ। 27 और जो उसके
पास तम्बू लगाएंगे वे आशेर का गोत्र हैं, और आशेर के पुत्रों
का प्रधान: पगीएल, ओकरान का पुत्र। 28 और उसकी सेना,
जो गिने गए थे: इकतालीस हजार पाँच सौ। 29 फिर नफ्ताली
का गोत्र, और नफ्ताली के पुत्रों का प्रधान: अहीरा, एयनान
का पुत्र। 30 और उसकी सेना, जो गिने गए थे: तिरपन हजार
चार सौ। 31 दान के शिविर के सब गिने हुए: एक लाख
सत्तावन हजार छह सौ। वे अपने अपने झंडों के साथ सबसे
पीछे निकलेंगे। 32 ये इस्त्राएल के पुत्रों में गिने गए थे, उनके
पिताओं के घरानों के अनुसार। जो सब गिने गए, शिविरों की
अपनी अपनी सेनाओं के अनुसार: छह लाख तीन हजार पाँच
सौ पचास। 33 परन्तु लेवी के लोग इस्त्राएल के पुत्रों में गिने
नहीं गए, जैसा कि 𐤉𐤄𐤅𐤄 ने मोशेह को आज्ञा दी थी।
34 और इस्त्राएल के पुत्रों ने वैसा ही किया जैसा 𐤉𐤄𐤅𐤄 ने
मोशेह को आज्ञा दी थी। उन्होंने अपने झंडों के अनुसार तम्बू
लगाए और वैसे ही वे निकले, हर एक अपने कुल के अनुसार,
अपने पिताओं के घरानों के अनुसार।

3 1 और ये अहरोन और मोशेह की वंशावलियाँ हैं जब
𐤉𐤄𐤅𐤄 ने मोशेह से सीनै पर्वत पर बातें कीं। 2 और ये
अहरोन के पुत्रों के नाम हैं: नदाब, पहलौठा, और अबीहू,
एलेआज़र और इतामार। 3 ये अहरोन के पुत्रों के नाम हैं,
अभिषिक्त याजक, जिन्हें उसने याजक होने के लिए
ठहराया। 4 और नदाब और अबीहू 𐤉𐤄𐤅𐤄 के सामने मर
गए जब उन्होंने सीनै के जंगल में 𐤉𐤄𐤅𐤄 के सामने पराई
आग चढ़ाई। और उनके कोई पुत्र न थे। तब एलेआज़र
और इतामार ने अपने पिता अहरोन के सामने याजक के रूप
में सेवा की। 5 और 𐤉𐤄𐤅𐤄 ने मोशेह से कहा, 6 "लेवी के
गोत्र को पास लाओ, और उन्हें अहरोन याजक के सामने
खड़ा करो, और वे उसकी सेवा करेंगे। 7 और वे उसकी सेवा
और पूरी मण्डली की सेवा का ध्यान रखेंगे, मिलाप के तम्बू के
सामने, ताकि वे मश़कान की सेवा करें। 8 "और वे मिलाप के
तम्बू की सारी वस्तुओं और इस्त्राएल के पुत्रों की सेवा का
ध्यान रखेंगे, ताकि वे मश़कान की सेवा करें। 9 "और तुम
लेवियों को अहरोन और उसके पुत्रों को दो। वे दिए हुए हैं,
इस्त्राएल के पुत्रों में से उसे दिए गए हैं। 10 "और अहरोन
और उसके पुत्रों को ठहराओ, और वे अपनी याजकाई की
रखवाली करेंगे। और कोई परदेशी जो पास आएगा, वह मार

डाला जाएगा।” 11और 𐤉𐤄𐤅𐤄 ने मोशेह से कहा,
12“देखो, मैं स्वयं इस्त्राएल के पुत्रों में से लेवियों को लेता हूँ,
उन सब पहिलौठों के बदले जो गर्भ खोलते हैं इस्त्राएल के पुत्रों
में से। और लेवी मेरे होंगे। 13“क्योंकि सब पहिलौठे मेरे हैं।
जिस दिन मैंने मिस्त्र देश में सब पहिलौठों को मारा, उस दिन
मैंने अपने लिए इस्त्राएल में सब पहिलौठों को पवित्र किया, चाहे
मनुष्य हों या पशु। वे मेरे हैं; मैं हूँ 𐤉𐤄𐤅𐤄।” 14और
𐤉𐤄𐤅𐤄 ने सीनै के जंगल में मोशेह से कहा, 15“लेवी के
पुत्रों को उनके पिताओं के घरानों के अनुसार, उनके कुलों के
अनुसार गिनो। हर एक पुरुष को एक महीने की आयु और
उससे ऊपर का गिनो।” 16तब मोशेह ने 𐤉𐤄𐤅𐤄 के वचन
के अनुसार उन्हें गिना, जैसा कि उसे आज्ञा दी गई थी।
17और ये लेवी के पुत्र उनके नामों के अनुसार थे: गेरेशोन,
क़हात, और मेरारी। 18और गेरेशोन के पुत्रों के नाम उनके
कुलों के अनुसार: लिब्नी और शिम्मी। 19और क़हात के पुत्र
उनके कुलों के अनुसार: अम्राम, यित्सहार, हेब्रोन, और
उज़ीएल। 20और मेरारी के पुत्र उनके कुलों के अनुसार:
माह्ली और मूशी। ये लेवियों के कुल उनके पिताओं के घरानों
के अनुसार थे। 21गेरेशोन से लिब्नियों का कुल और
शिम्मियों का कुल निकला। ये गेरेशोनियों के कुल थे।
22उनके गिने हुए, सब पुरुषों की संख्या के अनुसार, जो एक
महीने की आयु और उससे ऊपर के थे, उनके गिने हुए सात
हजार पाँच सौ थे। 23गेरेशोनियों के कुल मशकान के पीछे,
पश्चिम की ओर तम्बू लगाएंगे। 24और गेरेशोनियों के
पिताओं के घराने का प्रधान: एलियासाफ, लाएल का पुत्र।
25और मिलाप के तम्बू में गेरेशोन के पुत्रों का कार्य यह था:
मशकान, और तम्बू उसके आवरण सहित, और मिलाप के
तम्बू के द्वार का परदा। 26और आँगन की परदे की दीवारें,
और आँगन के द्वार का परदा, जो मशकान और वेदी के चारों
ओर है, और उनकी रस्सियाँ, उसकी सारी सेवा के अनुसार।
27और क़हात से अम्रामियों का कुल, और यित्सहारीयों का
कुल, और हेब्रोनियों का कुल, और उज़ीएलियों का कुल
निकला। ये क़हातियों के कुल थे। 28संख्या में, सब पुरुष
जो एक महीने की आयु और उससे ऊपर के थे, आठ हजार
छः सौ थे, जो पवित्र स्थान की सेवा की रखवाली करते थे।
29क़हात के पुत्रों के कुल मशकान के दक्षिणी ओर तम्बू
लगाएंगे। 30और क़हातियों के कुलों के पिताओं के घराने का
प्रधान: एलित्साफ़ान, उज़ीएल का पुत्र। 31और उनका कार्य
था सन्दूक, और मेज़, और दीवट, और वेदियाँ, और पवित्र
स्थान के पात्र, जिनसे सेवा की जाती थी, और आवरण, और
उसकी सारी सेवा। 32और अहरोन याजक का पुत्र
एलेआज़र, लेवियों के नेताओं पर प्रधान था, जो पवित्र स्थान
की सेवा की रखवाली करते थे। 33और मेरारी से माहलियों
का कुल और मूशियों का कुल निकला। ये मेरारियों के कुल
थे। 34और उनके गिने हुए, सब पुरुष जो एक महीने की
आयु और उससे ऊपर के थे, छह हजार दो सौ थे। 35और
मेरारी के कुलों के पिताओं के घराने का प्रधान: त्सूरीएल,
अबीहाइल का पुत्र। ये मशकान के उत्तर की ओर तम्बू
लगाएंगे। 36और मेरारी के पुत्रों का नियुक्त कार्य था
मशकान की तख्तियाँ, और उसकी डंडियाँ, और उसके
स्तम्भ, और उसके पायों को, और उसके सब उपकरणों को,
और उसकी सारी सेवा को सँभालना। 37और आँगन के चारों
ओर के स्तम्भ, उनके पायों सहित, और उनके खूंटे और
रस्सियाँ। 38और जो मशकान के सामने, पूर्व की ओर,
मिलाप के तम्बू के सामने तम्बू लगाएंगे, वे मोशेह और अहरोन
और उसके पुत्र होंगे, जो पवित्रस्थान की सेवा की रखवाली
करेंगे, और इस्त्राएल के पुत्रों की सेवा का ध्यान रखेंगे। पर
जो परदेशी पास आएगा, वह मार डाला जाएगा। 39लेवियों में
से सब गिने हुए, जिन्हें मोशेह और अहरोन ने 𐤉𐤄𐤅𐤄 की
आज्ञा से उनके कुलों के अनुसार गिना, सब पुरुष जो एक
महीने की आयु और उससे ऊपर के थे, बाईस हजार थे।
40और 𐤉𐤄𐤅𐤄 ने मोशेह से कहा, “इस्त्राएल के पुत्रों के सब
पहिलौठे पुरुषों को, एक महीने की आयु और उससे ऊपर के,
गिनो, और उनके नामों की संख्या लो।” 41“और तुम मेरे
लिए लेवियों को लो — मैं हूँ 𐤉𐤄𐤅𐤄 — इस्त्राएल के पुत्रों के
सब पहिलौठों के बदले में, और लेवियों के पशुधन को इस्त्राएल
के पुत्रों के सब पहिलौठे पशुधन के बदले में।” 42और मोशेह
ने इस्त्राएल के पुत्रों के सब पहिलौठों को गिना, जैसा 𐤉𐤄𐤅𐤄
ने उसे आज्ञा दी थी। 43और सब पहिलौठे पुरुष, नामों की
संख्या के अनुसार, एक महीने की आयु और उससे ऊपर के,
गिने गए बाईस हजार दो सौ तिहत्तर थे। 44और 𐤉𐤄𐤅𐤄 ने
मोशेह से कहा, 45“इस्त्राएल के पुत्रों के सब पहिलौठों के
बदले में लेवियों को लो, और लेवियों के पशुधन को उनके
पशुधन के बदले में। और लेवी मेरे होंगे; मैं हूँ 𐤉𐤄𐤅𐤄।
46“और उन दो सौ तिहत्तर पहिलौठों के छुटकारे के लिए, जो
इस्त्राएल के पुत्रों में से हैं और लेवियों की संख्या से अधिक हैं,
47“हर एक के लिए पाँच शेकेल लो, सिर गिनकर—उसे
पवित्र स्थान के शेकेल से लो, जो बीस गेरा का एक शेकेल
है। 48“और वह चाँदी, जो उनके बीच में अधिक हैं, उसका
छुटकारे का धन अहरोन और उसके पुत्रों को देना।”
49और मोशेह ने लेवियों द्वारा छुड़ाए गए लोगों से ऊपर जो
अधिक थे उनसे छुटकारे की चाँदी ली। 50इस्त्राएल के पुत्रों
के पहिलौठों से उसने चाँदी ली — एक हजार तीन सौ पैंसठ
टुकड़े — पवित्र स्थान के शेकेल के अनुसार। 51और
मोशेह ने वह छुटकारे की चाँदी अहरोन और उसके पुत्रों को
दी, 𐤉𐤄𐤅𐤄 के वचन के अनुसार, जैसा 𐤉𐤄𐤅𐤄 ने मोशेह
को आज्ञा दी थी।

4 1और 𐤉𐤄𐤅𐤄 ने मोशेह और अहरोन से कहा, 2“लेवी
के पुत्रों में से क़हात के पुत्रों की गिनती कर, उनके कुलों
के अनुसार, उनके पिताओं के घरानों के अनुसार। 3“तीस
वर्ष की आयु से लेकर पचास वर्ष तक के सब जो सेवा में प्रवेश
करते हैं, मिलाप के तम्बू में कार्य करने के लिए। 4“यह
क़हात के पुत्रों की सेवा है मिलाप के तम्बू में, अत्यंत पवित्र
वस्तुओं की। 5“जब तम्बू उठाया जाए, तब अहरोन और
उसके पुत्र आएंगे और आवरण के परदे को उतारेंगे और
गवाही के सन्दूक को उससे ढकेंगे। 6“और उसके ऊपर
उत्तम चमड़े का आवरण रखेंगे, और उसके ऊपर पूरा नीला
वस्त्र बिछाएँगे, और उसकी डंडियाँ लगा देंगे। 7“और दर्शन
की रोटी की मेज़ पर वे नीला वस्त्र बिछाएँगे, और उस पर
थालियाँ, प्याले, कटोरियाँ, और ढालने के पात्र रखें, और उस
पर दर्शन की रोटी भी रखें। 8“और उनके ऊपर लाल वस्त्र

बिछाएँगे, और उसके ऊपर उत्तम चमड़े का आवरण ढकेंगे,
और उसकी डंडियाँ लगा देंगे। [9] "और दीवट तथा उसके
दीपक, उसकी छिलनियाँ, उसकी थालियाँ, और उसके तेल
के पात्र, जिनसे वह सेवा की जाती है, उन्हें नीले वस्त्र से
ढकेंगे। [10] "और वे सब वस्तुएँ उत्तम चमड़े के आवरण में
रखकर डंडे पर रखेंगे। [11] "और स्वर्ण वेदी पर वे नीला
वस्त्र बिछाएँगे, और उस पर उत्तम चमड़े का आवरण ढकेंगे,
और उसकी डंडियाँ लगा देंगे। [12] "और वे उन सब पात्रों को,
जिनसे वे पवित्र स्थान में सेवा करते हैं, नीले वस्त्र में रखेंगे,
उन्हें उत्तम चमड़े के आवरण से ढकेंगे, और उन्हें डंडे पर
रखेंगे। [13] "और वे वेदी की राख हटाएँगे, और उस पर
बैंगनी वस्त्र बिछाएँगे। [14] "और उस पर उसकी सब वस्तुएँ
रखें, जिनसे वहाँ सेवा की जाती है — अग्नि पात्र, काँटे,
फावड़े, कटोरियाँ, और वेदी की सब वस्तुएँ — और उस पर
उत्तम चमड़े का आवरण ढकेंगे, और उसकी डंडियाँ लगा
देंगे। [15] "और जब अहरोन और उसके पुत्र पवित्र वस्तुओं
और पवित्र स्थान की सब वस्तुओं को ढकना पूरा कर लें,
जब तम्बू उठाया जाए, तब क़हात के पुत्र आएंगे उन्हें उठाने
के लिए। परन्तु वे पवित्र वस्तुओं को न छुएँ, कहीं वे मर न
जाएँ। ये क़हात के पुत्रों के भार हैं मिलाप के तम्बू में।
[16] "और अहरोन याजक के पुत्र एलेआज़र की देखरेख में
रहेगा दीपक का तेल, सुगन्धित धूप, प्रतिदिन का अन्न-बलि,
और अभिषेक का तेल, और मशकान तथा जो कुछ उसमें है
उसका ध्यान, पवित्र स्थान और उसकी सब वस्तुओं का।"
[17] और 𐤉𐤄𐤅𐤄 ने मोशेह और अहरोन से कहा, [18] "लेवियों
में से क़हातियों के कुल को नाश मत होने देना। [19] "पर तुम
ऐसा करो कि वे जीवित रहें और न मरें जब वे अत्यंत पवित्र
वस्तुओं के पास जाएँ: अहरोन और उसके पुत्र अंदर जाएँ
और प्रत्येक को उसकी सेवा और उसके भार के अनुसार
नियुक्त करें। [20] "परन्तु वे यह देखने के लिए अंदर न जाएँ
जब पवित्र वस्तुएँ ढकी जा रही हों, कहीं वे मर न जाएँ।"
[21] और 𐤉𐤄𐤅𐤄 ने मोशेह से कहा, [22] "गेरेशोन के पुत्रों की
भी गिनती कर, उनके पिताओं के घरानों के अनुसार, उनके
कुलों के अनुसार। [23] "उन्हें गिनो, तीस वर्ष की आयु से
लेकर पचास वर्ष तक के, सब जो सेवा करने के लिए मिलाप
के तम्बू में प्रवेश करते हैं। [24] "यह गेरेशोनियों के कुलों की
सेवा है, सेवा करने और भार उठाने में। [25] "और वे मशकान
के परदे, और मिलाप के तम्बू को उसके आवरण सहित, जो
उत्तम चमड़े का है, और मिलाप के तम्बू के द्वार के परदे को
उठाएँगे। [26] "और आँगन की दीवारों के परदे, और आँगन
के द्वार के परदे को, जो मशकान और वेदी के चारों ओर है,
और उनकी रस्सियाँ, उनकी सारी सेवा की वस्तुएँ, और जो
कुछ उनकी सेवा के लिए बनाया गया है — उसी के अनुसार
वे सेवा करेंगे। [27] "अहरोन और उसके पुत्र गेरेशोन के पुत्रों
की सारी सेवा, उनके भार और उनकी सारी सेवा का आदेश
देंगे। और तुम उन्हें उनके सारे भार की सेवा का काम
सौंपना। [28] "यह गेरेशोन के पुत्रों के कुलों की सेवा है मिलाप
के तम्बू में, और उनका काम अहरोन याजक के पुत्र इतामार
के अधीन होगा।" [29] "जहाँ तक मेरारी के पुत्रों का प्रश्न है,
उन्हें उनके कुलों और उनके पिताओं के घरानों के अनुसार
गिनो। [30] "उन्हें गिनो, तीस वर्ष की आयु से लेकर पचास वर्ष
तक के, सब जो मिलाप के तम्बू में सेवा करने के लिए आते
हैं। [31] "और यह उनके भार की सेवा का काम है, उनकी
सारी सेवा के अनुसार मिलाप के तम्बू में: मशकान की
तख्तियाँ, उसकी डंडियाँ, उसके स्तम्भ, और उसके पायों को
सँभालना। [32] "और आँगन के चारों ओर के स्तम्भों को
उनके पायों, खूंटों, रस्सियों, और सब उपकरणों तथा उनकी
सेवा सहित सँभालना। और उनके भार की सेवा की वस्तुएं
नाम लेकर सौंप देना। [33] "यह मेरारी के पुत्रों के कुलों की
सेवा है, मिलाप के तम्बू की उनकी सारी सेवा के अनुसार,
अहरोन याजक के पुत्र इतामार के अधीन।" [34] तब मोशेह,
अहरोन और मण्डली के प्रधानों ने क़हातियों के पुत्रों की
गिनती की, उनके कुलों और उनके पिताओं के घरानों के
अनुसार। [35] तीस वर्ष की आयु से लेकर पचास वर्ष तक के,
सब जो मिलाप के तम्बू में कार्य करने के लिए सेवा में आए।
[36] और उनके गिने हुए, उनके कुलों के अनुसार, दो हजार
सात सौ पचास थे। [37] ये क़हातियों के कुलों में गिने हुए थे,
जो सब मिलाप के तम्बू में सेवा करते थे, जिन्हें मोशेह और
अहरोन ने 𐤉𐤄𐤅𐤄 की आज्ञा के अनुसार, मोशेह के हाथ से
गिना। [38] और गेरेशोन के पुत्रों के गिने हुए, उनके कुलों और
उनके पिताओं के घरानों के अनुसार। [39] तीस वर्ष की आयु
से लेकर पचास वर्ष तक के, सब जो मिलाप के तम्बू में सेवा
करने के लिए आए। [40] उनके गिने हुए, उनके कुलों और
उनके पिताओं के घरानों के अनुसार, दो हजार छह सौ तीस
थे। [41] ये गेरेशोन के पुत्रों के कुलों में गिने हुए थे, जो सब
मिलाप के तम्बू में सेवा करते थे, जिन्हें मोशेह और अहरोन ने
𐤉𐤄𐤅𐤄 की आज्ञा के अनुसार गिना। [42] और मेरारी के पुत्रों
के कुलों में से जो गिने गए, उनके कुलों और उनके पिताओं
के घरानों के अनुसार। [43] तीस वर्ष की आयु से लेकर पचास
वर्ष तक के, सब जो मिलाप के तम्बू में सेवा करने के लिए
आए। [44] उनके गिने हुए, उनके कुलों के अनुसार, तीन
हजार दो सौ थे। [45] ये मेरारी के पुत्रों के कुलों में गिने हुए थे,
जिन्हें मोशेह और अहरोन ने 𐤉𐤄𐤅𐤄 की आज्ञा के अनुसार,
मोशेह के हाथ से गिना। [46] सब लेवियों में से गिने हुए, जिन्हें
मोशेह, अहरोन और इस्राएल के प्रधानों ने उनके कुलों और
उनके पिताओं के घरानों के अनुसार गिना। [47] तीस वर्ष की
आयु से लेकर पचास वर्ष तक के, सब जो मिलाप के तम्बू में
सेवा और भार उठाने के काम के लिए आए। [48] उनके गिने
हुए आठ हजार पाँच सौ अस्सी थे। [49] 𐤉𐤄𐤅𐤄 की आज्ञा के
अनुसार उन्हें मोशेह के हाथ से गिना गया, हर एक को उसकी
सेवा और उसके भार के अनुसार। ऐसे ही उन्हें गिना गया,
जैसा 𐤉𐤄𐤅𐤄 ने मोशेह को आज्ञा दी थी।

5 [1] और 𐤉𐤄𐤅𐤄 ने मोशेह से कहा, [2] "इस्राएल के पुत्रों
को आज्ञा दे कि वे हर एक कोढ़ी, हर उस व्यक्ति को
जिसके पास स्राव हो, और जो किसी व्यक्ति के कारण अशुद्ध
हो गया हो, उसे छावनी से बाहर भेजें। [3] "पुरुष और स्त्री
दोनों को बाहर भेजो, उन्हें छावनी के बाहर भेजो ताकि वे उन
छावनियों को अपवित्र न करें जिनके बीच मैं निवास करता
हूँ।" [4] और इस्राएल के पुत्रों ने ऐसा ही किया, उन्हें छावनी के
बाहर भेजा। जैसे 𐤉𐤄𐤅𐤄 ने मोशेह से कहा था, वैसे ही
इस्राएल के पुत्रों ने किया। [5] और 𐤉𐤄𐤅𐤄 ने मोशेह से कहा,
[6] "इस्राएल के पुत्रों से कह, 'जब कोई पुरुष या स्त्री कोई पाप

करे जो मनुष्य करता है और 𐤉𐤄𐤅𐤄 के विरुद्ध अपराध
करता है, और वह व्यक्ति दोषी ठहराया जाए। 7 'तब वे अपने
किए हुए पाप को स्वीकार करें। और वह अपने अपराध का
प्रतिफल मूल सहित, और उसका पाँचवाँ भाग जोड़कर, उस
व्यक्ति को लौटाए जिसके विरुद्ध वह दोषी ठहरा है। 8 'पर
यदि उस मनुष्य का कोई निकट संबंधी न हो जिसे अपराध
का प्रतिफल लौटाया जाए, तो वह अपराध जो लौटाया गया है
𐤉𐤄𐤅𐤄 का हो जाएगा, याजक के लिए; साथ ही उस
प्रायश्चित्त के मेढ़े के साथ जिससे उसके लिए प्रायश्चित्त
किया जाता है। 9 'और इस्राएल के पुत्रों के सब पवित्र
उपहारों में से हर अर्पण, जो वे याजक के पास लाते हैं, वह
उसका हो जाएगा। 10 'और हर मनुष्य का पवित्र अर्पण
उसका अपना होगा; जो कुछ कोई मनुष्य याजक को देता है,
वह उसका हो जाएगा।' " 11 और 𐤉𐤄𐤅𐤄 ने मोशेह से कहा,
12 "इस्राएल के पुत्रों से कह, और उनसे कह, 'जब किसी
पुरुष की पत्नी भटक जाए और अपने पति के विरुद्ध अपराध
करे। 13 'और किसी पुरुष ने उसके साथ संबंध किया हो,
और यह उसके पति की आँखों से छिपा रह गया हो, और यह
गुप्त हो कि उसने अपने आप को अपवित्र किया है, और
उसके विरुद्ध कोई गवाह न हो, और न ही वह पकड़ी गई हो।
14 'और उसके भीतर ईर्ष्या की आत्मा आए, और वह अपनी
पत्नी से जलन करे जिसने अपने आप को अपवित्र किया हो;
या ईर्ष्या की आत्मा उस पर आए और वह अपनी पत्नी से
जलन करे यद्यपि उसने अपने आप को अपवित्र नहीं किया
है। 15 'तब वह पुरुष अपनी पत्नी को याजक के पास लाए,
और उसके लिए भेंट लाए — जौ के आटे का दसवाँ भाग।
उस पर तेल न डाले और न ही उस पर लोहबान डाले, क्योंकि
यह ईर्ष्या की भेंट है, स्मरण कराने वाली भेंट है, अधर्म को
स्मरण में लाने के लिए। 16 'और याजक उसे निकट लाए,
और उसे 𐤉𐤄𐤅𐤄 के सामने खड़ा करे। 17 'और याजक
मिट्टी के पात्र में पवित्र जल ले, और मशकान के फर्श की
कुछ धूल लेकर उसे उस जल में डाले। 18 'और याजक
उस स्त्री को 𐤉𐤄𐤅𐤄 के सामने खड़ा करे, और स्त्री का
सिर खोले, और उसके हाथों में स्मरण की भेंट रखे — जो
ईर्ष्या की भेंट है — और याजक अपने हाथ में वह कड़वा
जल रखे जो शाप लाता है। 19 'और याजक उसे शपथ
दिलाए, और स्त्री से कहे, "यदि किसी पुरुष ने तेरे साथ
शयन नहीं किया, और यदि तूने अपने पति के अधीन रहते
हुए अशुद्धता की ओर नहीं मुड़ी, तो उस कड़वे जल से मुक्त
रह जो शाप लाता है। 20 "परन्तु यदि तूने अपने पति के
अधीन रहते हुए भटक गई है, और यदि तूने अपने आप को
अपवित्र किया है, और तेरे पति के सिवा किसी और पुरुष ने
तेरे साथ शयन किया है"— 21 'तब याजक उस स्त्री को
शाप की शपथ दिलाए, और स्त्री से कहे — "𐤉𐤄𐤅𐤄 तुझे
तेरे लोगों के बीच में शाप और शपथ बनाए, जब 𐤉𐤄𐤅𐤄 तेरी
जाघ को सूखा दे और तेरा पेट फूल जाए।" 22 "और यह
जल जो शाप लाता है तेरे भीतर जाएगा, और तेरा पेट फूल
जाएगा और तेरी जाघ सूख जाएगी।" और वह स्त्री कहेगी,
"आमेन, आमेन।" 23 'और याजक इन शापों को एक
पुस्तक में लिखेगा, और उन्हें उस कड़वे जल में धो देगा।
24 'और याजक उस स्त्री को वह कड़वा जल पिलाएगा जो
शाप लाता है, और वह जल जो शाप लाता है उसके भीतर
जाकर कड़वा हो जाएगा। 25 'और याजक उस स्त्री के हाथ
से ईर्ष्या की अन्न-भेंट लेगा, और उस भेंट को 𐤉𐤄𐤅𐤄 के
सामने हिलाएगा, और उसे वेदी के पास लाएगा। 26 'और
याजक उस भेंट में से एक मुट्ठी स्मरण की भेंट के रूप में
लेगा, और उसे वेदी पर जलाएगा, और उसके बाद वह स्त्री
को जल पिलाएगा। 27 'और जब वह उसे जल पिला देगा, तब
ऐसा होगा कि यदि उसने अपने आप को अपवित्र किया है और
अपने पति के विरुद्ध अपराध किया है, तो वह जल जो शाप
लाता है उसके भीतर जाकर कड़वा हो जाएगा, और उसका
पेट फूल जाएगा और उसकी जाघ सूख जाएगी, और वह स्त्री
अपने लोगों के बीच शाप बन जाएगी। 28 'पर यदि वह स्त्री
अपने आप को अपवित्र नहीं की है, और शुद्ध है, तो वह निर्दोष
ठहरेगी और सन्तान धारण करेगी। 29 'यह ईर्ष्या की
व्यवस्था है, जब कोई पत्नी अपने पति के अधीन रहते हुए
भटक जाए और अपने आप को अपवित्र करे। 30 'या जब
किसी पुरुष पर ईर्ष्या की आत्मा आए, और वह अपनी पत्नी
से जलन करे। तब वह स्त्री को 𐤉𐤄𐤅𐤄 के सामने खड़ा
करेगा, और याजक उसके साथ इस सारी व्यवस्था के
अनुसार करेगा। 31 'और वह पुरुष अधर्म से निर्दोष रहेगा,
पर वह स्त्री अपना अधर्म उठाएगी।' "

6 1 और 𐤉𐤄𐤅𐤄 ने मोशेह से कहा, 2 "इस्राएल के पुत्रों से
कह, 'जब कोई पुरुष या स्त्री नाज़ीर की मन्नत खाकर
अपने आप को 𐤉𐤄𐤅𐤄 के लिए अलग करता है। 3 'वह
दाखमधु और तीव्र पेय से अलग रहेगा — वह न दाखमधु
का सिरका पीएगा और न ही तीव्र पेय का सिरका, न कोई
अंगूर का रस पीएगा, न अंगूर या किशमिश खाएगा।
4 'अपनी अलगाव की सब दिनों में वह दाखलता से बनी कोई
भी वस्तु, बीज से लेकर छिलके तक, नहीं खाएगा। 5 'अपने
अलगाव की मन्नत के सब दिनों में उसके सिर पर उस्तरा नहीं
चलेगा। जब तक वे दिन पूरे न हों जिनके लिए उसने अपने
आप को 𐤉𐤄𐤅𐤄 के लिए अलग किया है, वह पवित्र रहेगा।
वह अपने सिर के बालों की लटों को बढ़ने देगा। 6 'अपने
अलगाव के सब दिनों में वह 𐤉𐤄𐤅𐤄 के लिए किसी मरे हुए
शरीर के पास नहीं जाएगा। 7 'वह अपने पिता, या अपनी
माता, या अपने भाई या अपनी बहन के लिए, जब वे मरें,
अपने आप को अशुद्ध नहीं करेगा, क्योंकि उसके सिर पर
ईश्वर के लिए उसका अलगाव है। 8 'अपने अलगाव के सब
दिनों में वह 𐤉𐤄𐤅𐤄 के लिए पवित्र रहेगा। 9 'और यदि कोई
व्यक्ति अचानक उसके पास मर जाए और उसने अपने
अलगाव के सिर को अपवित्र कर दिया हो, तो वह अपने सिर
को शुद्ध होने के दिन मुंडाएगा — सातवें दिन वह उसे
मुंडाए। 10 'और आठवें दिन वह दो कबूतर या दो जवानी के
फाख्ते याजक के पास, मिलाप के तम्बू के द्वार पर लाए।
11 'और याजक एक को पाप-बलि के रूप में और दूसरे को
होम-बलि के रूप में चढ़ाएगा, और उसके लिए प्रायश्चित्त
करेगा, क्योंकि उसने मरे हुए के कारण पाप किया; और उसी
दिन वह अपने सिर को फिर से पवित्र करेगा। 12 'और वह
अपने अलगाव के दिनों को फिर से 𐤉𐤄𐤅𐤄 के लिए अलग
करेगा, और एक वर्ष का नर मेमना अपराध-बलि के रूप में
लाएगा। परन्तु पहले के दिन गिने नहीं जाएँगे, क्योंकि उसका
अलगाव अपवित्र हो गया था। 13 'और यह नाज़ीर की

व्यवस्था है: जब उसके अलगाव के दिन पूरे हो जाएँ, तब वह
मिलाप के तम्बू के द्वार पर लाया जाए। 14 ‘और वह अपनी
भेंट 𐤉𐤄𐤅𐤄 के पास लाए: एक वर्ष का एक निर्दोष नर मेमना
होम-बलि के लिए, और एक वर्ष की एक निर्दोष मादा मेमना
पाप-बलि के लिए, और एक निर्दोष मेढ़ा शान्ति-बलि के लिए।
15 ‘और अखमीरी रोटियों की टोकरी, उत्तम आटे से तेल
मिलाकर बने केक, और तेल में अभिषिक्त अखमीरी पतले
पत्ते, और उनकी अन्न-भेंट और उनकी पेय-भेंट सहित।
16 ‘और याजक उन्हें 𐤉𐤄𐤅𐤄 के सामने लाएगा और उसकी
पाप-भेंट और उसकी होम-भेंट चढ़ाएगा। 17 ‘और वह मेढ़े
को 𐤉𐤄𐤅𐤄 के लिए शान्ति-बलि के रूप में चढ़ाएगा,
अखमीरी रोटियों की टोकरी सहित; और याजक उसकी
अन्न-भेंट और उसकी पेय-भेंट चढ़ाएगा। 18 ‘और नाज़ीर
अपने अलगाव के सिर को मिलाप के तम्बू के द्वार पर
मुंडाएगा, और अपने अलगाव के सिर के बाल लेगा और उन्हें
उस आग में डालेगा जो शान्ति-बलि के नीचे है। 19 ‘और
याजक मेढ़े का उबला हुआ कंधा लेगा, और टोकरी से एक
अखमीरी रोटी और एक अखमीरी पतली रोटी, और उन्हें
नाज़ीर के हाथों में रखेगा, जब वह अपने पवित्र बालों को मुंडा
चुका होगा। 20 ‘फिर याजक उन्हें 𐤉𐤄𐤅𐤄 के सामने हिलाई
भेंट के रूप में हिलाएगा। यह याजक के लिए पवित्र है, हिलाई
भेंट की छाती और अर्पण की जांघ के अतिरिक्त। और
उसके बाद नाज़ीर दाखमधु पीएगा।’ 21 “यह नाज़ीर की
व्यवस्था है जो अपनी अलगाव की मन्नत के अनुसार 𐤉𐤄𐤅𐤄
के लिए अर्पण करता है, और इसके अतिरिक्त जो कुछ
उसका हाथ दे सकता है। अपनी मन्नत के अनुसार, जो
उसने मानी है, वैसा ही वह अपनी अलगाव की व्यवस्था के
अनुसार करेगा।” 22 और 𐤉𐤄𐤅𐤄 ने मोशेह से कहा,
23 “अहरोन और उसके पुत्रों से कह, ‘इस प्रकार तुम
इस्राएल के पुत्रों को आशीष दो; उनसे कहो: 24 “𐤉𐤄𐤅𐤄
तुझे आशीष दे और तेरी रक्षा करे; 25 𐤉𐤄𐤅𐤄 तेरा मुख तुझ
पर चमकाए और तुझ पर कृपा करे; 26 𐤉𐤄𐤅𐤄 अपना मुख
तुझ पर उठाए और तुझे शान्ति दे।’ ” 27 “इस प्रकार वे मेरा
नाम इस्राएल के पुत्रों पर रखेंगे, और मैं स्वयं उन्हें आशीष
दूँगा।”

7 1 और ऐसा हुआ कि जब मोशेह ने मशकान को खड़ा
करना पूरा किया, तब उसने उसे अभिषेक किया और
उसे पवित्र ठहराया, और उसकी सारी वस्तुओं को, साथ ही
वेदी और उसके सब बर्तनों को। इस प्रकार उसने उनका
अभिषेक किया और उन्हें पवित्र ठहराया। 2 और इस्राएल के
प्रधान, अपने पितरों के घरानों के सिर, जो गोत्रों के प्रधान
और गिने हुए लोगों के ऊपर अधिकारी थे, निकट आए।
3 और उन्होंने अपनी भेंट 𐤉𐤄𐤅𐤄 के सामने लाई — छह
ढंकी हुई गाड़ियाँ और बारह बैल; हर दो प्रधानों के लिए एक
गाड़ी, और प्रत्येक के लिए एक बैल। और उन्होंने उन्हें
मशकान के सामने लाया। 4 और 𐤉𐤄𐤅𐤄 ने मोशेह से कहा,
5 “उन्हें उनसे ले लो, और वे मिलाप के तम्बू की सेवा के काम
में उपयोग की जाएँ। और तू उन्हें लेवियों को दे, हर एक को
उसके कार्य के अनुसार।” 6 और मोशेह ने गाड़ियाँ और बैल
ले लिए, और उन्हें लेवियों को दे दिया। 7 उसने गेरेशोन के
पुत्रों को उनके कार्य के अनुसार दो गाड़ियाँ और चार बैल
दिए। 8 और उसने मेरारी के पुत्रों को उनके कार्य के अनुसार
चार गाड़ियाँ और आठ बैल दिए, अहरोन के पुत्र इथमार
याजक के हाथ के अधीन। 9 परन्तु कहात के पुत्रों को उसने
कुछ नहीं दिया, क्योंकि उनके कार्य में पवित्र वस्तुओं को
उठाना था, जिन्हें वे अपने कंधों पर उठाते थे। 10 और
प्रधानों ने वेदी के अभिषेक की भेंट लायी, जिस दिन उसका
अभिषेक किया गया था। इस प्रकार प्रधानों ने अपनी भेंट वेदी
के सामने लाई। 11 और 𐤉𐤄𐤅𐤄 ने मोशेह से कहा, “उन्हें
अपनी भेंट लाने दो, हर दिन एक प्रधान, वेदी के अभिषेक के
लिए।” 12 और जिसने पहले दिन अपनी भेंट लायी, वह यहूदा
के गोत्र से नहशोन था, अम्मीनादाब का पुत्र। 13 और उसकी
भेंट थी एक रजत की थाली, जिसका भार एक सौ तीस
शेकेल था, एक रजत का कटोरा सत्तर शेकेल का, पवित्र
स्थान के शेकेल के अनुसार — दोनों में उत्तम आटा तेल के
साथ मिलाकर अन्न-भेंट के रूप में भरा हुआ। 14 एक सोने
का प्याला, दस शेकेल का, धूप से भरा हुआ। 15 एक जवान
बैल, एक मेढ़ा, एक वर्ष का एक नर मेमना होम-बलि के रूप
में। 16 एक नर बकरा पाप-बलि के रूप में। 17 और मेल-बलि
के रूप में: दो बैल, पाँच मेढ़े, पाँच नर बकरे, पाँच एक वर्ष के
नर मेमने। यह नहशोन अम्मीनादाब के पुत्र की भेंट थी।
18 दूसरे दिन यिस्साकार के गोत्र के प्रधान नथनेएल, त्सूअर
का पुत्र, ने अपनी भेंट निकट लायी। 19 उसकी भेंट थी एक
रजत की थाली, जिसका भार एक सौ तीस शेकेल था, और
एक रजत का कटोरा सत्तर शेकेल का, पवित्र स्थान के
शेकेल के अनुसार — दोनों में उत्तम आटा तेल के साथ
मिलाकर अन्न-भेंट के रूप में भरा हुआ। 20 एक सोने का
प्याला, दस शेकेल का, धूप से भरा हुआ। 21 एक जवान बैल,
एक मेढ़ा, एक वर्ष का एक नर मेमना होम-बलि के रूप में।
22 एक नर बकरा पाप-बलि के रूप में। 23 और मेल-बलि के
रूप में: दो बैल, पाँच मेढ़े, पाँच नर बकरे, पाँच एक वर्ष के नर
मेमने। यह नथनेएल त्सूअर के पुत्र की भेंट थी। 24 तीसरे
दिन ज़ेबुलुन के पुत्रों के प्रधान एलियाब, हेलोन के पुत्र ने भेंट
लायी। 25 उसकी भेंट थी एक रजत की थाली, जिसका भार
एक सौ तीस शेकेल था, और एक रजत का कटोरा सत्तर
शेकेल का, पवित्र स्थान के शेकेल के अनुसार — दोनों में
उत्तम आटा तेल के साथ मिलाकर अन्न-भेंट के रूप में भरा
हुआ। 26 एक सोने का प्याला, दस शेकेल का, धूप से भरा
हुआ। 27 एक जवान बैल, एक मेढ़ा, एक वर्ष का एक नर
मेमना होम-बलि के रूप में। 28 एक नर बकरा पाप-बलि के
रूप में। 29 और मेल-बलि के रूप में: दो बैल, पाँच मेढ़े, पाँच
नर बकरे, पाँच एक वर्ष के नर मेमने। यह एलियाब हेलोन के
पुत्र की भेंट थी। 30 चौथे दिन रूबेन के पुत्रों के प्रधान
एलित्सूर, शेदेयूर के पुत्र ने भेंट लायी। 31 उसकी भेंट थी
एक रजत की थाली, जिसका भार एक सौ तीस शेकेल था,
और एक रजत का कटोरा सत्तर शेकेल का, पवित्र स्थान के
शेकेल के अनुसार — दोनों में उत्तम आटा तेल के साथ
मिलाकर अन्न-भेंट के रूप में भरा हुआ। 32 एक सोने का
प्याला, दस शेकेल का, धूप से भरा हुआ। 33 एक जवान बैल,
एक मेढ़ा, एक वर्ष का एक नर मेमना होम-बलि के रूप में।
34 एक नर बकरा पाप-बलि के रूप में। 35 और मेल-बलि के
रूप में: दो बैल, पाँच मेढ़े, पाँच नर बकरे, पाँच एक वर्ष के नर

मेमने। यह एलित्सूर शेदेयूर के पुत्र की भेंट थी। 36 पाँचवें
दिन शिमोन के पुत्रों के प्रधान शेलूमीएल, त्सूरीशद्दै के पुत्र ने
भेंट लायी। 37 उसकी भेंट थी एक रजत की थाली, जिसका
भार एक सौ तीस शेकेल था, और एक रजत का कटोरा
सत्तर शेकेल का, पवित्र स्थान के शेकेल के अनुसार —
दोनों में उत्तम आटा तेल के साथ मिलाकर अन्न-भेंट के रूप
में भरा हुआ। 38 एक सोने का प्याला, दस शेकेल का, धूप से
भरा हुआ। 39 एक जवान बैल, एक मेढ़ा, एक वर्ष का एक नर
मेमना होम-बलि के रूप में। 40 एक नर बकरा पाप-बलि के
रूप में। 41 और मेल-बलि के रूप में: दो बैल, पाँच मेढ़े, पाँच
नर बकरे, पाँच एक वर्ष के नर मेमने। यह शेलूमीएल
त्सूरीशद्दै के पुत्र की भेंट थी। 42 छठे दिन गाद के पुत्रों के
प्रधान एलियासाफ, देऊएल के पुत्र ने भेंट लायी। 43 उसकी
भेंट थी एक रजत की थाली, जिसका भार एक सौ तीस
शेकेल था, और एक रजत का कटोरा सत्तर शेकेल का,
पवित्र स्थान के शेकेल के अनुसार — दोनों में उत्तम आटा
तेल के साथ मिलाकर अन्न-भेंट के रूप में भरा हुआ। 44 एक
सोने का प्याला, दस शेकेल का, धूप से भरा हुआ। 45 एक
जवान बैल, एक मेढ़ा, एक वर्ष का एक नर मेमना होम-बलि के
रूप में। 46 एक नर बकरा पाप-बलि के रूप में। 47 और
मेल-बलि के रूप में: दो बैल, पाँच मेढ़े, पाँच नर बकरे, पाँच
एक वर्ष के नर मेमने। यह एलियासाफ देऊएल के पुत्र की
भेंट थी। 48 सातवें दिन एप्रैम के पुत्रों के प्रधान एलिशामा,
अम्मीहूद के पुत्र ने भेंट लायी। 49 उसकी भेंट थी एक रजत
की थाली, जिसका भार एक सौ तीस शेकेल था, और एक
रजत का कटोरा सत्तर शेकेल का, पवित्र स्थान के शेकेल के
अनुसार — दोनों में उत्तम आटा तेल के साथ मिलाकर अन्न-
भेंट के रूप में भरा हुआ। 50 एक सोने का प्याला, दस शेकेल
का, धूप से भरा हुआ। 51 एक जवान बैल, एक मेढ़ा, एक वर्ष
का एक नर मेमना होम-बलि के रूप में। 52 एक नर बकरा
पाप-बलि के रूप में। 53 और मेल-बलि के रूप में: दो बैल,
पाँच मेढ़े, पाँच नर बकरे, पाँच एक वर्ष के नर मेमने। यह
एलिशामा अम्मीहूद के पुत्र की भेंट थी। 54 आठवें दिन
मनश्शे के पुत्रों के प्रधान गमलीएल, पेदाहसूर के पुत्र ने भेंट
लायी। 55 उसकी भेंट थी एक रजत की थाली, जिसका भार
एक सौ तीस शेकेल था, और एक रजत का कटोरा सत्तर
शेकेल का, पवित्र स्थान के शेकेल के अनुसार — दोनों में
उत्तम आटा तेल के साथ मिलाकर अन्न-भेंट के रूप में भरा
हुआ। 56 एक सोने का प्याला, दस शेकेल का, धूप से भरा
हुआ। 57 एक जवान बैल, एक मेढ़ा, एक वर्ष का एक नर
मेमना होम-बलि के रूप में। 58 एक नर बकरा पाप-बलि के
रूप में। 59 और मेल-बलि के रूप में: दो बैल, पाँच मेढ़े, पाँच
नर बकरे, पाँच एक वर्ष के नर मेमने। यह गमलीएल
पेदाहसूर के पुत्र की भेंट थी। 60 नौवें दिन बिन्यामीन के पुत्रों
के प्रधान अबीदान, गिदओनी के पुत्र ने भेंट लायी। 61 उसकी
भेंट थी एक रजत की थाली, जिसका भार एक सौ तीस
शेकेल था, और एक रजत का कटोरा सत्तर शेकेल का,
पवित्र स्थान के शेकेल के अनुसार — दोनों में उत्तम आटा
तेल के साथ मिलाकर अन्न-भेंट के रूप में भरा हुआ। 62 एक
सोने का प्याला, दस शेकेल का, धूप से भरा हुआ। 63 एक
जवान बैल, एक मेढ़ा, एक वर्ष का एक नर मेमना होम-बलि के
रूप में। 64 एक नर बकरा पाप-बलि के रूप में। 65 और
मेल-बलि के रूप में: दो बैल, पाँच मेढ़े, पाँच नर बकरे, पाँच
एक वर्ष के नर मेमने। यह अबीदान गिदओनी के पुत्र की भेंट
थी। 66 दसवें दिन दान के पुत्रों के प्रधान अहिएज़र,
अम्मीशद्दै के पुत्र ने भेंट लायी। 67 उसकी भेंट थी एक रजत
की थाली, जिसका भार एक सौ तीस शेकेल था, और एक
रजत का कटोरा सत्तर शेकेल का, पवित्र स्थान के शेकेल के
अनुसार — दोनों में उत्तम आटा तेल के साथ मिलाकर अन्न-
भेंट के रूप में भरा हुआ। 68 एक सोने का प्याला, दस शेकेल
का, धूप से भरा हुआ। 69 एक जवान बैल, एक मेढ़ा, एक वर्ष
का एक नर मेमना होम-बलि के रूप में। 70 एक नर बकरा
पाप-बलि के रूप में। 71 और मेल-बलि के रूप में: दो बैल,
पाँच मेढ़े, पाँच नर बकरे, पाँच एक वर्ष के नर मेमने। यह
अहिएज़र अम्मीशद्दै के पुत्र की भेंट थी। 72 ग्यारहवें दिन
आशेर के पुत्रों के प्रधान पगिएल, ओकरान के पुत्र ने भेंट
लायी। 73 उसकी भेंट थी एक रजत की थाली, जिसका भार
एक सौ तीस शेकेल था, और एक रजत का कटोरा सत्तर
शेकेल का, पवित्र स्थान के शेकेल के अनुसार — दोनों में
उत्तम आटा तेल के साथ मिलाकर अन्न-भेंट के रूप में भरा
हुआ। 74 एक सोने का प्याला, दस शेकेल का, धूप से भरा
हुआ। 75 एक जवान बैल, एक मेढ़ा, एक वर्ष का एक नर
मेमना होम-बलि के रूप में। 76 एक नर बकरा पाप-बलि के
रूप में। 77 और मेल-बलि के रूप में: दो बैल, पाँच मेढ़े, पाँच
नर बकरे, पाँच एक वर्ष के नर मेमने। यह पगिएल ओकरान
के पुत्र की भेंट थी। 78 बारहवें दिन नप्ताली के पुत्रों के प्रधान
अहिरा, एयनान के पुत्र ने भेंट लायी। 79 उसकी भेंट थी एक
रजत की थाली, जिसका भार एक सौ तीस शेकेल था, और
एक रजत का कटोरा सत्तर शेकेल का, पवित्र स्थान के
शेकेल के अनुसार — दोनों में उत्तम आटा तेल के साथ
मिलाकर अन्न-भेंट के रूप में भरा हुआ। 80 एक सोने का
प्याला, दस शेकेल का, धूप से भरा हुआ। 81 एक जवान बैल,
एक मेढ़ा, एक वर्ष का एक नर मेमना होम-बलि के रूप में।
82 एक नर बकरा पाप-बलि के रूप में। 83 और मेल-बलि के
रूप में: दो बैल, पाँच मेढ़े, पाँच नर बकरे, पाँच एक वर्ष के नर
मेमने। यह अहिरा एयनान के पुत्र की भेंट थी। 84 यह
इस्राएल के प्रधानों की ओर से वेदी के अभिषेक की भेंट थी,
जब उसका अभिषेक किया गया: बारह रजत की थालियाँ,
बारह रजत के कटोरे, बारह सोने के प्याले। 85 हर एक
रजत की थाली का भार एक सौ तीस शेकेल था, और हर एक
कटोरे का सत्तर शेकेल। सब बर्तनों का रजत मिलाकर दो
हजार चार सौ शेकेल हुआ, पवित्र स्थान के शेकेल के
अनुसार। 86 बारह सोने के प्याले, धूप से भरे हुए, हर एक
दस शेकेल का, पवित्र स्थान के शेकेल के अनुसार। सब
प्यालों का सोना मिलाकर एक सौ बीस शेकेल था। 87 सब
होम-बलियों के लिए बैल बारह, मेढ़े बारह, एक वर्ष के नर
मेमने बारह, उनके अन्न-भेंट सहित; और पाप-बलि के लिए
नर बकरे बारह। 88 और मेल-बलि के लिए सब बैल चौबीस,
मेढ़े साठ, नर बकरे साठ, और एक वर्ष के नर मेमने साठ
थे। यह वेदी का अभिषेक था उसके अभिषेक के बाद।
89 और जब मोशेह मिलाप के तम्बू में प्रवेश करता था यह बात
करने के लिए, तब वह उस से बोलने वाले की वाणी सुनता था

जो गवाही के सन्दूक के ऊपर प्रायश्चित्त के ढक्कन से, दो
करूबों के बीच से उससे बोलता था। इस प्रकार वह उससे
बात करता था।

8 1और 𐤉𐤄𐤅𐤄 ने मोशेह से कहा, 2"अहरोन से कह,
और उससे कह, 'जब तू दीपक जलाए, तब सातों दीपक
दीपस्तम्भ के सामने प्रकाश दें।'" 3और अहरोन ने ऐसा ही
किया। उसने दीपक इस प्रकार जलाए कि वे दीपस्तम्भ के
सामने की ओर प्रकाश दें, जैसा कि 𐤉𐤄𐤅𐤄 ने मोशेह को
आज्ञा दी थी। 4और यह दीपस्तम्भ का काम था: सोने का
ठोंका हुआ काम, उसके आधार से लेकर उसके फूलों तक
वह ठोंका हुआ था। जैसा नमूना 𐤉𐤄𐤅𐤄 ने मोशेह को
दिखाया था, वैसा ही उसने दीपस्तम्भ बनाया। 5और
𐤉𐤄𐤅𐤄 ने मोशेह से कहा, 6"इस्राएल के पुत्रों में से लेवियों
को ले ले, और तू उन्हें शुद्ध कर। 7"और उन्हें शुद्ध करने के
लिए यह कर: उन पर पापबलि का जल छिड़क, और वे
अपना सारा शरीर मुंडवा लें, और अपने वस्त्र धोएँ, और
अपने आप को शुद्ध करें। 8"और वे एक जवान बैल और
उसके अन्न-भेंट के लिए तेल से मिला उत्तम आटा लें, और तू
एक और जवान बैल पापबलि के लिए ले। 9"और तू लेवियों
को मिलाप के तम्बू के सामने लाए, और इस्राएल के पुत्रों की
सारी मण्डली को इकट्ठा कर। 10"और तू लेवियों को
𐤉𐤄𐤅𐤄 के सामने लाए, और इस्राएल के पुत्र लेवियों पर
अपने हाथ रखें। 11"और अहरोन लेवियों को 𐤉𐤄𐤅𐤄 के
सामने लहराए, इस्राएल के पुत्रों की ओर से एक लहराने की
भेंट के रूप में — ताकि वे 𐤉𐤄𐤅𐤄 की सेवा करने के लिए
ठहराए जाएँ।" 12"और लेवी अपने हाथ जवान बैलों के सिर
पर रखें। और एक को पापबलि और दूसरे को होमबलि के
रूप में 𐤉𐤄𐤅𐤄 के लिए चढ़ाया जाए, ताकि लेवियों के लिए
प्रायश्चित्त किया जाए।" 13"और तू लेवियों को अहरोन और
उसके पुत्रों के सामने खड़ा कर, और उन्हें 𐤉𐤄𐤅𐤄 के लिए
लहराने की भेंट के रूप में लहरा।" 14"इस प्रकार तू लेवियों
को इस्राएल के पुत्रों के बीच से अलग करेगा, और लेवी मेरे
होंगे।" 15"इसके बाद लेवी मिलाप के तम्बू में सेवा करने के
लिए प्रवेश करेंगे, जब तू उन्हें शुद्ध करेगा और उन्हें लहराने
की भेंट के रूप में लहराएगा।" 16"क्योंकि वे मुझे दिए गए
हैं, इस्राएल के पुत्रों में से मुझे दिए गए। मैंने उन्हें अपने लिए
लिया है उन सब की जगह जो गर्भ खोलते हैं, इस्राएल के सब
पहिलौठों की जगह।" 17"क्योंकि इस्राएल के सब पहिलौठे
मेरे हैं, मनुष्य और पशु दोनों। जिस दिन मैंने मिस्त्र देश में
सब पहिलौठों को मारा, उस दिन मैंने उन्हें अपने लिए पवित्र
ठहराया।" 18"और मैंने लेवियों को इस्राएल के सब पहिलौठों
की जगह लिया है।" 19"और मैंने लेवियों को इस्राएल के
पुत्रों में से अहरोन और उसके पुत्रों को भेंट के रूप में दिया है,
ताकि वे इस्राएल के पुत्रों की ओर से मिलाप के तम्बू की सेवा
करें, और इस्राएल के पुत्रों के लिए प्रायश्चित्त करें, ताकि जब
इस्राएल के पुत्र पवित्र स्थान के समीप आएँ, तब इस्राएल के
पुत्रों में कोई महामारी न हो।" 20तब मोशेह और अहरोन
और इस्राएल के सब पुत्रों की मण्डली ने लेवियों के साथ ऐसा
ही किया; जैसा कि 𐤉𐤄𐤅𐤄 ने मोशेह को लेवियों के विषय में
आज्ञा दी थी, वैसा ही इस्राएल के पुत्रों ने उनके साथ किया।
21और लेवियों ने अपने आप को शुद्ध किया और अपने वस्त्र
धोए, और अहरोन ने उन्हें 𐤉𐤄𐤅𐤄 के सामने लहराने की
भेंट के रूप में लहराया; और अहरोन ने उन्हें शुद्ध करने के
लिए उनके लिए प्रायश्चित्त किया। 22इसके बाद लेवी मिलाप
के तम्बू में अपनी सेवा करने के लिए अहरोन और उसके पुत्रों
के सामने प्रवेश किए; जैसा कि 𐤉𐤄𐤅𐤄 ने मोशेह को लेवियों
के विषय में आज्ञा दी थी, वैसा ही उन्होंने उनके साथ किया।
23और 𐤉𐤄𐤅𐤄 ने मोशेह से कहा, 24"यह लेवियों के लिए
लागू होता है: पच्चीस वर्ष की आयु से और ऊपर का व्यक्ति
मिलाप के तम्बू की सेवा के काम में प्रवेश करे।" 25"और
जब वे पचास वर्ष के हो जाएँ, तब वे सेवा के कार्य से निवृत्त हो
जाएँ और फिर सेवा न करें।" 26"परन्तु वे अपने भाइयों के
साथ मिलाप के तम्बू में पहरा देने के काम में सहायता करें,
परन्तु कोई सेवा न करें। इस प्रकार तू लेवियों के विषय में
उनकी जिम्मेदारी के अनुसार करेगा।"

9 1और 𐤉𐤄𐤅𐤄 ने सीनै के जंगल में मोशेह से कहा, जब
वे मिस्त्र देश से निकल आए थे, उसके दूसरे वर्ष के पहले
महीने में, 2"अब इस्राएल के पुत्र अपनी नियत समय पर
फसह मनाएँ।" 3"इस महीने के चौदहवें दिन, सांझ से पहले
के समय में, इसे उसके नियत समय पर मनाओ। इसकी सब
विधियों और नियमों के अनुसार इसे करो।" 4और मोशेह ने
इस्राएल के पुत्रों से कहा कि वे फसह मनाएँ। 5और उन्होंने
पहले महीने के चौदहवें दिन, सांझ के बीच में, सीनै के जंगल
में फसह मनाया। जैसा कि 𐤉𐤄𐤅𐤄 ने मोशेह को आज्ञा दी
थी, वैसा ही इस्राएल के पुत्रों ने किया। 6परन्तु कुछ व्यक्ति
ऐसे थे जो किसी मनुष्य के शव से अशुद्ध हो गए थे, और उस
दिन फसह मनाने में असमर्थ थे। वे उसी दिन मोशेह और
अहरोन के पास आए। 7और उन पुरुषों ने उससे कहा, "हम
किसी मनुष्य के शव के कारण अशुद्ध हो गए हैं। हमें क्यों
रोका जाए कि हम इस्राएल के पुत्रों के बीच 𐤉𐤄𐤅𐤄 की भेंट
उसके नियत समय पर न ला सकें?" 8तब मोशेह ने उनसे
कहा, "ठहरो, मैं सुन लूँ कि 𐤉𐤄𐤅𐤄 तुम्हारे विषय में क्या
आज्ञा देता है।" 9और 𐤉𐤄𐤅𐤄 ने मोशेह से कहा,
10"इस्राएल के पुत्रों से कह, 'जब तुम्हारे वंश में कोई पुरुष
या तो किसी शव के कारण अशुद्ध हो, या किसी यात्रा पर दूर
देश में हो, तो भी वह 𐤉𐤄𐤅𐤄 का फसह मनाए। 11'वे दूसरे
महीने के चौदहवें दिन, सांझ के समय, उसे मनाएँ; और उसे
अखमीरी रोटी और कड़वी जड़ी-बूटियों के साथ खाएँ।'
12'वे उसका कुछ भाग सुबह तक न छोड़ें, और उसकी कोई
हड्डी न तोड़ें। फसह की सब विधियों के अनुसार वे उसे
मनाएँ।' 13'परन्तु जो मनुष्य शुद्ध है और यात्रा पर नहीं है,
और फिर भी फसह मनाने में असफल रहता है, वह व्यक्ति
अपनी प्रजा से काट दिया जाएगा, क्योंकि उसने अपने समय
पर 𐤉𐤄𐤅𐤄 की भेंट नहीं लाई — वह मनुष्य अपना पाप
उठाएगा।' 14'और जब कोई परदेशी तुम्हारे बीच निवास
करता हो, तो वह भी 𐤉𐤄𐤅𐤄 का फसह मनाए। वह फसह
की विधि और उसके नियम के अनुसार ऐसा करे। तुम्हारे
लिए एक ही विधि होगी — देशी के लिए और परदेशी के
लिए।'" 15और जिस दिन मण्डप (मिशकान) खड़ा किया
गया, उस दिन बादल ने मण्डप, अर्थात् गवाही के तम्बू को
ढँक लिया; और सांझ से लेकर सुबह तक वह मण्डप के
ऊपर आग के रूप में दिखाई देता था। 16ऐसा ही निरंतर

होता था — दिन में वह बादल से ढका रहता, और रात में
आग के समान दिखाई देता था। [17]और जब भी बादल तम्बू
के ऊपर से उठता, तब इस्राएल के पुत्र प्रस्थान करते; और
जहाँ बादल ठहरता, वहाँ इस्राएल के पुत्र डेरा डालते।
[18]𐤉𐤄𐤅𐤄 की आज्ञा से इस्राएल के पुत्र चलते, और
𐤉𐤄𐤅𐤄 की आज्ञा से डेरा डालते। वे उतने दिन ठहरे रहते
जितने दिन बादल मण्डप के ऊपर रहता। [19]और यदि
बादल मण्डप के ऊपर बहुत दिन ठहरा रहता, तो इस्राएल के
पुत्र 𐤉𐤄𐤅𐤄 की आज्ञा को मानते और प्रस्थान नहीं करते।
[20]और यदि बादल मण्डप के ऊपर कुछ ही दिन ठहरता, तो
भी 𐤉𐤄𐤅𐤄 की आज्ञा के अनुसार वे डेरा डालते, और
उसकी आज्ञा के अनुसार प्रस्थान करते। [21]और यदि बादल
केवल साझ से सुबह तक रहता, और सुबह को जब बादल
उठता, तब वे चल पड़ते; दिन में या रात में, जब भी बादल
उठता, वे प्रस्थान करते। [22]चाहे दो दिन हों, या एक महीना,
या एक वर्ष — यदि बादल मण्डप के ऊपर ठहरा रहता, तब
इस्राएल के पुत्र डेरा डालते और नहीं चलते; परन्तु जब
बादल उठता, तब वे प्रस्थान करते। [23]𐤉𐤄𐤅𐤄 की आज्ञा से
वे डेरा डालते, और 𐤉𐤄𐤅𐤄 की आज्ञा से वे चलते। वे
𐤉𐤄𐤅𐤄 की आज्ञा का पालन करते, जैसा कि 𐤉𐤄𐤅𐤄 ने
मोशेह के हाथ से उन्हें आज्ञा दी थी।

10 [1]और 𐤉𐤄𐤅𐤄 ने मोशेह से कहा, [2]"तू अपने लिए दो
चाँदी की तुरहियाँ बना, ठोंके हुए काम की उन्हें बना।
और तू उनका प्रयोग सभा को बुलाने और छावनी उठाने के
समय करेगा।" [3]"जब वे दोनों तुरहियाँ फूँकी जाएँ, तब सारी
मण्डली तेरे पास मिलाप के तम्बू के द्वार पर इकट्ठी होगी।"
[4]"परन्तु यदि केवल एक फूँकी जाए, तो इस्राएल के हज़ारों
के प्रधान, अर्थात् उनके गोत्रों के सिर, तेरे पास इकट्ठे
होंगे।" [5]"और जब तू ऊँची आवाज़ में तुरही फूँके, तब वे
छावनियाँ जो पूरब की ओर हैं, प्रस्थान करेंगी।" [6]"और जब
तू दूसरी बार ऊँची आवाज़ में तुरही फूँके, तब दक्षिण की
ओर की छावनियाँ प्रस्थान करेंगी — उनकी प्रस्थान के लिए
तुरही फूँकी जाएगी।" [7]"परन्तु जब सभा को इकट्ठा करना
हो, तब तू तुरही फूँकना, परन्तु ऊँची आवाज़ में न फूँकना।"
[8]"और अहरोन के पुत्र, याजक, तुरहियाँ फूँकेंगे। और यह
तुम्हारे लिए तुम्हारी पीढ़ियों में सदा के लिए एक विधि होगी।"
[9]"और जब तुम अपने देश में उस शत्रु के विरुद्ध युद्ध में
जाओ जो तुम्हें सताता है, तब तुम तुरहियों से ऊँची आवाज़ में
फूँकोगे, और तुम्हें 𐤉𐤄𐤅𐤄 तुम्हारे ईश्वर के सम्मुख स्मरण
किया जाएगा, और तुम अपने शत्रुओं से उद्धार पाओगे।"
[10]"और अपने आनन्द के दिनों में, और अपनी नियत समयों
में, और अपने महीनों के आरम्भ में, तुम अपनी होमबलियों
और अपनी मेलबलियों के ऊपर तुरहियाँ फूँकोगे। और वे
तुम्हारे लिए तुम्हारे ईश्वर के सामने स्मरण के रूप में रहेंगी।
मैं हूँ 𐤉𐤄𐤅𐤄 तुम्हारा ईश्वर।" [11]और दूसरे वर्ष के दूसरे
महीने के बीसवें दिन ऐसा हुआ कि बादल गवाही के मिशकान
के ऊपर से उठा। [12]और इस्राएल के पुत्र सीनै के जंगल से
यात्रा करने लगे, और बादल पारान के जंगल में ठहर गया।
[13]इस प्रकार उन्होंने पहली बार 𐤉𐤄𐤅𐤄 की आज्ञा के
अनुसार मोशेह के हाथ से प्रस्थान किया। [14]और यहूदा के
पुत्रों की छावनी का ध्वज उनके दलों के अनुसार पहले
प्रस्थान किया; और उनकी सेना पर अम्मीनादाब का पुत्र
नहशोन प्रधान था। [15]और इस्साकार के पुत्रों के गोत्र की
सेना पर त्सूआर का पुत्र नतनएल प्रधान था। [16]और
जबूलून के पुत्रों के गोत्र की सेना पर हेलोन का पुत्र एलियाब
प्रधान था। [17]और मिशकान को उतारा गया। और गेर्शोन
के पुत्र तथा मेरारी के पुत्र मिशकान को उठाकर प्रस्थान
किए। [18]और रूबेन के पुत्रों की छावनी का ध्वज उनके दलों
के अनुसार प्रस्थान किया; और उनकी सेना पर शेदेयूर का
पुत्र एलीत्सूर प्रधान था। [19]और शिमोन के पुत्रों के गोत्र की
सेना पर त्सुरीशद्दै का पुत्र शेलूमीएल प्रधान था। [20]और गाद
के पुत्रों के गोत्र की सेना पर देऊएल का पुत्र एलियासाफ
प्रधान था। [21]और क़ेहाती प्रस्थान किए, जो पवित्र स्थान
(मिकदाश) को उठाते थे; और उनके पहुँचने से पहले
मिशकान को खड़ा किया गया। [22]और इप्रयिम के पुत्रों की
छावनी का ध्वज उनके दलों के अनुसार प्रस्थान किया; और
उनकी सेना पर अम्मीहूद का पुत्र एलीशामा प्रधान था।
[23]और मनश्शे के पुत्रों के गोत्र की सेना पर पेदहत्सूर का
पुत्र गमलीएल प्रधान था। [24]और बिन्यामीन के पुत्रों के गोत्र
की सेना पर गिदओनी का पुत्र अबीदान प्रधान था। [25]फिर
सब छावनियों के पीछे रक्षा करनेवाले दान के पुत्रों की छावनी
का ध्वज उनके दलों के अनुसार प्रस्थान किया; और उनकी
सेना पर अम्मीशद्दै का पुत्र अहिएज़ेर प्रधान था। [26]और
आशेर के पुत्रों के गोत्र की सेना पर ओख्रान का पुत्र पगइएल
प्रधान था। [27]और नप्ताली के पुत्रों के गोत्र की सेना पर
एयनान का पुत्र अहीरा प्रधान था। [28]इस प्रकार इस्राएल के
पुत्रों के प्रस्थान की व्यवस्था थी, उनके दलों के अनुसार, जब
वे यात्रा करते थे। [29]और मोशेह ने होबाब से कहा, जो
मिद्यानी रऊएल का पुत्र था, मोशेह का ससुर, "हम उस
स्थान को जा रहे हैं जिसके विषय में 𐤉𐤄𐤅𐤄 ने कहा, 'मैं
इसे तुम्हें दूँगा।' हमारे साथ चलो, और हम तुम्हारा भला
करेंगे, क्योंकि 𐤉𐤄𐤅𐤄 ने इस्राएल के विषय में भलाई की बात
कही है।" [30]परन्तु उसने उससे कहा, "मैं नहीं जाऊँगा, मैं
अपने देश और अपने कुटुम्ब के पास लौट जाता हूँ।" [31]तब
मोशेह ने कहा, "कृपया हमें मत छोड़ो, क्योंकि तू जानता है कि
जंगल में हमें कहाँ डेरा डालना है, और तू हमारी आँखें
होगा।" [32]"और ऐसा होगा कि जब तू हमारे साथ जाएगा,
तब जो भी भलाई 𐤉𐤄𐤅𐤄 हमारे साथ करेगा, वही हम तेरे
साथ भी करेंगे।" [33]इस प्रकार वे 𐤉𐤄𐤅𐤄 के पर्वत से तीन
दिन की यात्रा पर निकले; और 𐤉𐤄𐤅𐤄 की वाचा का सन्दूक
उनके आगे तीन दिन की यात्रा के लिये चला, ताकि उनके
लिये विश्राम का स्थान ढूँढे। [34]और जब वे छावनी से
निकलते थे, तो दिन में 𐤉𐤄𐤅𐤄 का बादल उनके ऊपर रहता
था। [35]और ऐसा होता था कि जब भी सन्दूक चलता था, तब
मोशेह कहता, "उठ, हे 𐤉𐤄𐤅𐤄! तेरे शत्रु तितर-बितर हों,
और जो तुझसे बैर रखते हैं वे तेरे सामने से भाग जाएँ।"
[36]और जब वह ठहरता था, तब वह कहता, "लौट आ, हे
𐤉𐤄𐤅𐤄, इस्राएल की असंख्य सेनाओं के पास।"

11 [1]और ऐसा हुआ कि जब लोग शिकायत करने लगे,
तो यह 𐤉𐤄𐤅𐤄 के कानों में बुरा था। और 𐤉𐤄𐤅𐤄
ने इसे सुना, और उसकी अप्रसन्नता भड़क उठी। और

𐤉𐤄𐤅𐤄 की आग उनके बीच जल उठी, और शिविर के
बाहरी हिस्सों में रहने वालों को भस्म कर दिया। 2और लोगों
ने मोशेह से पुकारा, और मोशेह ने 𐤉𐤄𐤅𐤄 से प्रार्थना की,
और आग बुझ गई। 3तब उसने उस स्थान का नाम
तव'एराह रखा, क्योंकि 𐤉𐤄𐤅𐤄 की आग उनके बीच जल
उठी थी। 4और मिश्रित भीड़ जो उनके बीच थी, बहुत
लालसा करने लगी, इसलिए यिस्राएल के बच्चों ने भी फिर से
रोया और कहा, "हमें मांस खाने के लिए कौन देगा? 5"हमें
मित्स्रयिम में बिना मूल्य की मछलियाँ, खीरे, तरबूज, लहसुन,
प्याज और लहसुन याद हैं, 6लेकिन अब हमारी जान सूख
गई है। देखने के लिए कुछ नहीं है सिवाय इस मन्ना के!"
7अब मन्ना धनिया के बीज की तरह था, और उसका रूप
बडेलियम के रूप जैसा था। 8लोग इधर-उधर जाकर उसे
इकट्ठा करते थे, उसे चक्की पर पीसते थे या मोर्टार में कूटते
थे, और उसे बर्तन में पकाते थे, और उससे केक बनाते थे।
और उसका स्वाद तेल के साथ बेक किए गए केक के स्वाद
जैसा था। 9और जब रात में शिविर पर ओस गिरती थी, तो
मन्ना उस पर गिरता था। 10और मोशेह ने लोगों को उनके
कुलों के बीच रोते हुए सुना, प्रत्येक व्यक्ति अपने तंबू के द्वार
पर। और 𐤉𐤄𐤅𐤄 की अप्रसन्नता अत्यधिक भड़क उठी।
और मोशेह की दृष्टि में यह बुरा था, 11इसलिए मोशेह ने
𐤉𐤄𐤅𐤄 से कहा, "आपने अपने सेवक के साथ बुरा क्यों
किया? और क्यों मैंने आपकी दृष्टि में अनुग्रह नहीं पाया, कि
आपने इन सभी लोगों का बोझ मुझ पर डाल दिया? 12"क्या
मैंने इन सभी लोगों को गर्भ में धारण किया? क्या मैंने उन्हें
जन्म दिया, कि आप मुझसे कहें, 'उन्हें अपनी गोद में ले
चलो, जैसे पालक पिता एक दूध पीते बच्चे को ले चलता है,'
उस भूमि की ओर जिसे आपने उनके पितरों को शपथ
दिलाई? 13"मुझे कहाँ से मांस मिलेगा कि इन सभी लोगों को
दूं? क्योंकि वे मेरे सामने रोते हैं, कहते हैं, 'हमें मांस खाने के
लिए दो।' 14"मैं अकेले इन सभी लोगों को सहन करने में
असमर्थ हूँ, क्योंकि बोझ मेरे लिए बहुत भारी है। 15"और
यदि आप मेरे साथ ऐसा कर रहे हैं, तो कृपया मुझे पूरी तरह
से मार डालें, यदि मैंने आपकी दृष्टि में अनुग्रह पाया है, और
मुझे मेरा बुरा न देखने दें!" 16तब 𐤉𐤄𐤅𐤄 ने मोशेह से
कहा, "यिस्राएल के सत्तर पुरुषों को इकट्ठा करो, जिन्हें तुम
जानते हो कि वे लोगों के बुजुर्ग और उनके ऊपर अधिकारी
हैं। और उन्हें नियुक्ति के तंबू में लाओ, और उन्हें तुम्हारे
साथ खड़ा होने दो। 17"और मैं नीचे आऊंगा और वहां
तुम्हारे साथ बात करूंगा, और तुम्हारे ऊपर जो रूह है, उसे
लेकर उन पर रखूंगा। और वे तुम्हारे साथ लोगों का बोझ
उठाएंगे, ताकि तुम इसे अकेले न उठाओ। 18"और लोगों से
कहो, 'कल के लिए अपने आप को पवित्र करो, और तुम मांस
खाओगे, क्योंकि तुमने 𐤉𐤄𐤅𐤄 की सुनवाई में रोया है, कहते
हुए, "हमें मांस खाने के लिए कौन देगा? क्योंकि मित्स्रयिम में
हमारे लिए अच्छा था।" और 𐤉𐤄𐤅𐤄 तुम्हें मांस देगा, और
तुम खाओगे। 19'तुम एक दिन नहीं, न दो दिन, न पाँच
दिन, न दस दिन, न बीस दिन खाओगे, 20परंतु एक महीने
के दिनों तक, जब तक कि यह तुम्हारी नासिकाओं से बाहर न
आ जाए और तुम्हारे लिए घृणास्पद न हो जाए, क्योंकि तुमने
𐤉𐤄𐤅𐤄 को अस्वीकार कर दिया है जो तुम्हारे बीच है, और
उसके सामने रोए हो, कहते हुए, "हम मित्स्रयिम से क्यों
निकले?" ' " 21और मोशेह ने कहा, "लोग जिनके बीच मैं हूँ,
छह लाख पैदल चलने वाले पुरुष हैं, और आप, आपने कहा
है, 'मैं उन्हें एक महीने के दिनों तक मांस खाने के लिए
दूंगा।' 22"क्या उनके लिए झुंड और पशु वध किए जा
सकते हैं, ताकि उनके लिए पर्याप्त हो? या क्या समुद्र की सभी
मछलियाँ उनके लिए एकत्र की जा सकती हैं, ताकि उनके
लिए पर्याप्त हो?" 23और 𐤉𐤄𐤅𐤄 ने मोशेह से कहा, "क्या
𐤉𐤄𐤅𐤄 का हाथ छोटा है? अब देखो कि मेरा वचन तुम्हारे
पास पहुँचता है या नहीं!" 24और मोशेह बाहर गया और लोगों
से 𐤉𐤄𐤅𐤄 के वचन कहे, और उसने लोगों के बुजुर्गों के
सत्तर पुरुषों को इकट्ठा किया और उन्हें तंबू के चारों ओर
खड़ा किया। 25और 𐤉𐤄𐤅𐤄 बादल में नीचे आया, और
उससे बात की, और उस पर जो रूह थी, उसे लेकर सत्तर
बुजुर्गों पर रख दिया। और ऐसा हुआ, जब रूह उन पर
ठहरी, कि वे नबी बने, परंतु जारी नहीं रहे। 26हालाँकि, दो
पुरुष शिविर में रह गए थे। एक का नाम एलदाद था, और
दूसरे का नाम मयदाद था। और रूह उन पर ठहरी। अब वे
सूचीबद्ध लोगों में से थे, लेकिन तंबू के बाहर नहीं गए। और वे
शिविर में नबी बने। 27और एक युवक दौड़ा और मोशेह को
सूचित किया, और कहा, "एलदाद और मयदाद शिविर में
नबी बने।" 28और यहोशू नून का पुत्र, मोशेह का सहायक
अपनी युवावस्था से, उत्तर दिया और कहा, "मोशेह मेरे
स्वामी, उन्हें रोकें!" 29तब मोशेह ने उससे कहा, "क्या तुम
मेरे लिए ईर्ष्या कर रहे हो? ओह, कि 𐤉𐤄𐤅𐤄 के सभी लोग
नबी होते, कि 𐤉𐤄𐤅𐤄 अपनी रूह उन पर रखता!" 30और
मोशेह शिविर में लौट आया, वह और यिस्राएल के बुजुर्ग।
31और 𐤉𐤄𐤅𐤄 से एक हवा उठी, और उसने समुद्र से बटेर
लाई और उन्हें शिविर के पास गिरा दिया, इस ओर एक दिन
की यात्रा और उस ओर एक दिन की यात्रा, शिविर के चारों
ओर, और जमीन की सतह से लगभग दो अम्मा ऊपर।
32और लोग उस दिन, और पूरी रात, और अगले दिन तक
उठे रहे, और बटेर इकट्ठा की। जिसने सबसे कम इकट्ठा
किया उसने दस होमर्स इकट्ठा किए। और उन्होंने उन्हें अपने
लिए शिविर के चारों ओर फैला दिया। 33मांस अभी भी उनके
दांतों के बीच था, इससे पहले कि यह चबाया गया, और
𐤉𐤄𐤅𐤄 का क्रोध लोगों के खिलाफ भड़क उठा, और
𐤉𐤄𐤅𐤄 ने लोगों को अत्यधिक बड़ी महामारी से मारा।
34तब उसने उस स्थान का नाम किब्रोथ हत्तावाह रखा,
क्योंकि वहाँ उन्होंने उन लोगों को दफनाया जिन्होंने लालसा
की थी। 35किब्रोथ हत्तावाह से लोग हत्सेरोथ के लिए प्रस्थान
कर गए - और वे हत्सेरोथ में थे।

12 1अब मिरयम और अहरोन ने मोशेह के विरुद्ध बातें
कीं, उस कूशी स्त्री के कारण जिसे उसने लिया था,
क्योंकि उसने एक कूशी स्त्री को लिया था। 2और उन्होंने
कहा, "क्या 𐤉𐤄𐤅𐤄 ने केवल मोशेह के द्वारा ही बातें की हैं?
क्या उसने हमारे द्वारा भी नहीं बोला?" और 𐤉𐤄𐤅𐤄 ने यह
सुना। 3और वह मनुष्य मोशेह अत्यन्त दीन था, पृथ्वी के सब
मनुष्यों से बढ़कर। 4और तुरंत 𐤉𐤄𐤅𐤄 ने मोशेह, अहरोन
और मिरयम से कहा, "तुम तीनों मिलापवाले तम्बू के पास
बाहर आओ।" तब वे तीनों बाहर आए। 5और 𐤉𐤄𐤅𐤄
बादल के खम्भे में उतर आया और तम्बू के द्वार पर खड़ा

हुआ, और अहरोन और मिरयम को बुलाया; और वे दोनों
आगे आए। 6 और उसने कहा, "अब मेरे वचनों को सुनो:
यदि तुम्हारे बीच कोई नबी हो, तो मैं 𐤉𐤄𐤅𐤄 उसके पास
दर्शन में प्रकट होता हूँ, और स्वप्न में उससे बातें करता हूँ।"
7 "ऐसा नहीं है मेरे दास मोशेह के साथ; वह मेरे सारे घर में
विश्वासयोग्य है।" 8 "मैं उससे मुँह से मुँह बातें करता हूँ,
स्पष्ट रूप में, न कि पहेलियों में, और वह 𐤉𐤄𐤅𐤄 का रूप
देखता है। तो फिर तुम मेरे दास मोशेह के विरुद्ध बोलने से
क्यों नहीं डरे?" 9 तब 𐤉𐤄𐤅𐤄 का क्रोध उन पर भड़क उठा,
और वह चला गया। 10 और जब बादल तम्बू के ऊपर से हट
गया, देखो, मिरयम कोढ़ से पीड़ित थी, बर्फ के समान श्वेत!
और अहरोन ने मिरयम की ओर देखा, और देखो, वह कोढ़ी
थी। 11 तब अहरोन ने मोशेह से कहा, "हे मेरे स्वामी! कृपा
करके उस पाप को हमारे ऊपर मत लगा, जो हमने मूर्खता से
किया और जिसमें हमने पाप किया है।" 12 "कृपा करके उसे
उस मरे हुए बच्चे के समान न रहने दे, जो अपनी माँ के गर्भ
से निकलते ही उसका आधा मांस नष्ट हो जाता है।" 13 तब
मोशेह ने 𐤉𐤄𐤅𐤄 की ओर पुकार कर कहा, "हे एल, कृपा
कर, उसे चंगा कर दे, कृपा कर!" 14 और 𐤉𐤄𐤅𐤄 ने मोशेह
से कहा, "यदि उसके पिता ने उसके मुँह पर थूका होता, तो
क्या वह सात दिन लज्जित न रहती? इसलिए उसे सात दिन
के लिये छावनी के बाहर बन्द रखो, और उसके बाद वह फिर
भीतर लाई जाए।" 15 तब मिरयम को सात दिन के लिये
छावनी के बाहर बन्द रखा गया, और लोग तब तक नहीं चले
जब तक मिरयम फिर भीतर नहीं लाई गई। 16 और उसके
बाद लोग हत्सेरोत से चले और उन्होंने पारान के जंगल में
छावनी डाली।

13 1 और 𐤉𐤄𐤅𐤄 ने मोशेह से कहा, 2 "तू लोगों को भेज
कि वे कनआन की भूमि की खोज करें, जिसे मैं
इस्राएल के पुत्रों को देने वाला हूँ। उनके पिताओं के प्रत्येक
गोत्र से एक व्यक्ति भेज, हर एक उनके बीच का प्रधान हो।"
3 और 𐤉𐤄𐤅𐤄 की आज्ञा से मोशेह ने उन्हें पारान के जंगल
से भेजा, वे सब इस्राएल के पुत्रों के प्रधान पुरुष थे। 4 और ये
उनके नाम हैं: रूबेन के गोत्र से — शम्मूआ, ज़क्कूर का
पुत्र। 5 शिमोन के गोत्र से — शाफ़ात, होरी का पुत्र। 6 यहूदा
के गोत्र से — कालेब, येपुन्नेह का पुत्र। 7 इस्साकार के गोत्र
से — यिगाल, योसेफ़ का पुत्र। 8 एप्रयिम के गोत्र से —
होशेआ, नून का पुत्र। 9 बिन्यामीन के गोत्र से — पलती,
राफ़ू का पुत्र। 10 ज़बुलून के गोत्र से — गद्दीएल, सोदी का
पुत्र। 11 योसेफ़ के गोत्र से, जो मनश्शे का गोत्र था — गद्दी,
सूसी का पुत्र। 12 दान के गोत्र से — अम्मीएल, गमल्ली का
पुत्र। 13 आशेर के गोत्र से — शेतूर, मीकाएल का पुत्र।
14 नफ्ताली के गोत्र से — नह्बी, वोफ्सी का पुत्र। 15 गाद के
गोत्र से — गेयूएल, माखी का पुत्र। 16 ये वे पुरुषों के नाम हैं
जिन्हें मोशेह ने भूमि की खोज करने को भेजा था। और
मोशेह ने नून के पुत्र होशेआ का नाम यहोशू रखा। 17 और
मोशेह ने उन्हें कनआन की भूमि की खोज करने को भेजा
और उनसे कहा, "यहाँ से नेगेव में ऊपर जाओ, और पहाड़ों
में चढ़ो," 18 "और देखो कि वह भूमि कैसी है, और उसमें
रहने वाले लोग कैसे हैं — बलवान या दुर्बल, कम या
अधिक।" 19 "और वह भूमि जिसमें वे रहते हैं, अच्छी है या
बुरी; और जो नगर वे बसाते हैं, वे डेरे हैं या गढ़वाले नगर।"
20 "और वह भूमि उपजाऊ है या बाँझ, और क्या वहाँ वन हैं या
नहीं। और तुम साहसी बनो, और भूमि का कुछ फल लेकर
आना।" उस समय दाख की पहली उपज का मौसम था।
21 तब वे ऊपर गए और भूमि की खोज की, त्सिन के जंगल
से लेकर रहोब तक, जो हामात के प्रवेश तक है। 22 और वे
नेगेव के मार्ग से ऊपर गए और हेब्रोन पहुँचे। वहाँ अहिमान,
शेशै और तल्मै थे, जो अनाक के वंशज थे। अब हेब्रोन
मित्स्रायिम में सोआन से सात वर्ष पहले बना था। 23 और वे
एशकोल की वादी में आए, और वहाँ से अंगूरों का एक गुच्छा
लिए हुए एक डाल काट ली; और उन्होंने उसे दो पुरुषों के
बीच एक डंडे पर उठाया, साथ ही अनार और अंजीर भी
लिए। 24 उस स्थान का नाम एशकोल की वादी रखा गया,
क्योंकि वहाँ से इस्राएल के पुरुषों ने वह गुच्छा काटा था।
25 और वे चालीस दिन के बाद भूमि की जासूसी करके लौट
आए। 26 और वे पारान के जंगल में कादेश पहुँचे, और
मोशेह, अहरोन और इस्राएल के समस्त समुदाय के पास
आए। उन्होंने उन्हें और सारी सभा को भूमि का फल दिखाया
और समाचार दिया। 27 और उन्होंने बताया, "हम उस भूमि
में गए जहाँ तूने हमें भेजा था; वास्तव में वह दूध और मधु से
बहने वाली भूमि है, और यह उसका फल है।" 28 "परन्तु जो
लोग उस भूमि में रहते हैं, वे बलवान हैं, और नगरों की दीवारें
बहुत बड़ी और दृढ़ हैं। वहाँ हमने अनाक के वंशजों को भी
देखा।" 29 "अमालेकी नेगेव की भूमि में रहते हैं; और हित्ती,
यबूसी और एमोरी पहाड़ों में रहते हैं; और कनआनी समुद्र के
किनारे और यरदेन के तट पर रहते हैं।" 30 तब कालेब ने
मोशेह के सामने लोगों को चुप कराया और कहा, "हम तुरंत
ऊपर चलें और उसे प्राप्त करें, क्योंकि हम निश्चय ही उसे
जीत सकते हैं।" 31 परन्तु वे पुरुष जो उसके साथ गए थे,
बोले, "हम उन लोगों के विरुद्ध नहीं जा सकते, क्योंकि वे
हमसे अधिक शक्तिशाली हैं।" 32 और उन्होंने उस भूमि के
विषय में, जिसकी उन्होंने खोज की थी, इस्राएल के पुत्रों को
बुरा समाचार दिया, कहते हुए, "वह भूमि, जिसमें हम घूम-
घूमकर गए हैं, वह अपने निवासियों को खा जाती है, और जो
लोग उसमें रहते हैं वे सब अत्यन्त बड़े कद के हैं।" 33 "और
हमने वहाँ नेफ़िलिम को देखा, जो अनाक के पुत्र हैं, नेफ़िलिम
में से। और हम अपने ही दृष्टि में टिड्डियों के समान थे, और
वैसे ही हम उनके दृष्टि में भी थे।"

14 1 तब सारी सभा ने अपनी आवाज़ उठाई और रोई,
और लोग उस रात विलाप करते रहे। 2 और इस्राएल
के सब पुत्र मोशेह और अहरोन के विरुद्ध कुड़कुड़ाए, और
सारी सभा ने उनसे कहा, "भला होता कि हम मित्स्रायिम देश
में मर जाते! या इस जंगल में ही मर जाते!" 3 "और
𐤉𐤄𐤅𐤄 हमें इस भूमि में तलवार से मरने के लिये क्यों ला
रहा है, ताकि हमारी स्त्रियाँ और हमारे बालक शिकार बन
जाएँ? क्या यह हमारे लिए बेहतर न होता कि हम मित्स्रायिम
लौट जाएँ?" 4 और वे एक दूसरे से कहने लगे, "हम अपने
लिए एक प्रधान ठहराएँ, और मित्स्रायिम लौट चलें।" 5 तब
मोशेह और अहरोन इस्राएल की सारी मण्डली की सभा के
सामने अपने मुख के बल गिर पड़े। 6 और नून का पुत्र यहोशू

और येपुन्नेह का पुत्र कालेब, जो भूमि की जासूसी करने वालों में से थे, उन्होंने अपने वस्त्र फाड़े। 7 और उन्होंने इस्राएल की सारी मण्डली से कहा, “वह भूमि, जिसके भीतर हम घूमकर आए हैं, अति उत्तम भूमि है।” 8 “यदि 𐤉𐤄𐤅𐤄 हमसे प्रसन्न है, तो वह हमें इस भूमि में ले जाएगा और हमें वह भूमि देगा — वह भूमि जो दूध और मधु से बहती है।” 9 “केवल तुम 𐤉𐤄𐤅𐤄 के विरुद्ध बग़ावत न करो, और उस भूमि के लोगों से मत डरो; क्योंकि वे हमारे आहार के समान हैं। उनका संरक्षण उनसे हट गया है, और 𐤉𐤄𐤅𐤄 हमारे साथ है। उनसे मत डरो।” 10 परन्तु सारी सभा ने कहा कि उन्हें पत्थरों से मार डालो। तब 𐤉𐤄𐤅𐤄 की महिमा सभा के तम्बू में इस्राएल के सब पुत्रों के सामने प्रकट हुई। 11 और 𐤉𐤄𐤅𐤄 ने मोशेह से कहा, “ये लोग मुझे कब तक तुच्छ जानेंगे? और वे कब तक मुझ पर विश्वास नहीं करेंगे, उन सब चिन्हों के बाद जो मैंने उनके बीच किए हैं?” 12 “मैं उन्हें महामारी से मार दूँगा और उनका उत्तराधिकार छीन लूँगा, और तुझ से एक जाति उत्पन्न करूँगा जो उनसे बड़ी और शक्तिशाली होगी।” 13 परन्तु मोशेह ने 𐤉𐤄𐤅𐤄 से कहा, “तब मित्स्री यह सुन लेंगे, क्योंकि तूने अपनी शक्ति से इन लोगों को उनके बीच से ऊपर निकाला है।” 14 “और वे इस भूमि के निवासियों से कहेंगे: उन्होंने सुना है कि तू, 𐤉𐤄𐤅𐤄, इन लोगों के बीच रहता है; कि तू, 𐤉𐤄𐤅𐤄, प्रत्यक्ष रूप से देखा जाता है, और तेरा बादल उनके ऊपर ठहरता है, और तू दिन में बादल के स्तंभ में और रात में अग्नि के स्तंभ में उनके आगे चलता है।” 15 “अब यदि तू इन लोगों को एक ही बार में नाश कर देगा, तो वे जातियाँ जो तेरे इस समाचार को सुन चुकी हैं, यह कहेंगी,” 16 ‘क्योंकि 𐤉𐤄𐤅𐤄 उन लोगों को उस भूमि में नहीं पहुँचा सका जिसे वह उन्हें देने की शपथ खाया था, इसलिए उसने उन्हें जंगल में मार डाला।’ 17 “अब मैं तुझ से विनती करता हूँ, कि 𐤉𐤄𐤅𐤄 की शक्ति महान् प्रकट हो, जैसा कि तूने कहा है,” 18 ‘𐤉𐤄𐤅𐤄 धैर्यवान् और बड़ी करूणा वाला है, अधर्म और अपराध को क्षमा करने वाला है, परन्तु दोषी को किसी भी प्रकार से निर्दोष नहीं ठहराता; वह पितरों के अधर्म को बच्चों पर तीसरी और चौथी पीढ़ी तक देखने आता है।’ 19 “कृपया इस लोगों के अधर्म को तेरी बड़ी दया के अनुसार क्षमा कर, जैसा कि तूने इस लोगों को मित्स्रायिम से अब तक क्षमा किया है।” 20 और 𐤉𐤄𐤅𐤄 ने कहा, “तेरे वचन के अनुसार मैं क्षमा करूँगा,” 21 “परन्तु सचमुच, जैसा मैं जीवित हूँ, और सारी पृथ्वी 𐤉𐤄𐤅𐤄 की महिमा से भर जाएगी।” 22 उन पुरुषों में से कोई भी, जिन्होंने मेरी महिमा और वे चिन्ह देखे जो मैंने मित्स्रायिम और जंगल में किए, और अब तक दस बार मुझे परखा और मेरी वाणी का उल्लंघन किया, 23 वे उस भूमि को नहीं देखेंगे जिसकी शपथ मैंने उनके पितरों से खाई थी; जिन्होंने मुझे तुच्छ जाना, उनमें से कोई भी उसे नहीं देखेगा। 24 “परन्तु मेरा दास कालेब, क्योंकि उसमें एक भिन्न आत्मा है और उसने पूरे मन से मेरा अनुसरण किया है, मैं उसे उस भूमि में ले जाऊँगा जहाँ वह गया था, और उसका वंश उसे अधिकार में लेगा।” 25 “चूँकि अमालेकी और कनआनी तराई में बसे हुए हैं, इसलिए कल तुम मुड़ जाओ और लाल समुद्र के मार्ग से जंगल की ओर प्रस्थान करो।” 26 और 𐤉𐤄𐤅𐤄 ने मोशेह और अहरोन से कहा, 27 “यह दुष्ट मण्डली कब तक मेरे विरुद्ध कुड़कुड़ाती रहेगी? मैंने इस्राएल के पुत्रों की वह कुड़कुड़ाहट सुनी है जो वे मेरे विरुद्ध कर रहे हैं।” 28 “उनसे कह, ‘जैसा मैं जीवित हूँ,’ 𐤉𐤄𐤅𐤄 की यह वाणी है, ‘जैसा तुमने मेरे कानों में कहा है, वैसा ही मैं तुम्हारे साथ करूँगा।’ 29 ‘तुम सब के शव इस जंगल में गिरेंगे — तुम सब जो गिने गए थे, बीस वर्ष या उससे अधिक उम्र के, जिन्होंने मेरे विरुद्ध कुड़कुड़ाया।’ 30 ‘तुममें से कोई भी उस भूमि में प्रवेश नहीं करेगा जिसकी शपथ मैंने तुम्हें बसाने की खाई थी, सिवाय येपुन्नेह के पुत्र कालेब और नून के पुत्र यहोशू के।’ 31 ‘परन्तु तुम्हारे छोटे बच्चे, जिनके विषय में तुमने कहा था कि वे शिकार बन जाएँगे, मैं उन्हें वहाँ ले जाऊँगा, और वे उस भूमि को जानेंगे जिसे तुमने तुच्छ जाना।’ 32 ‘परन्तु जहाँ तक तुम्हारा प्रश्न है, तुम्हारे शव इस जंगल में गिरेंगे।’ 33 ‘और तुम्हारे पुत्र चालीस वर्ष तक जंगल में भटकते रहेंगे, और तुम्हारे व्यभिचारों का दण्ड भोगेंगे, जब तक कि तुम्हारे शव जंगल में समाप्त न हो जाएँ।’ 34 ‘जिस संख्या के अनुसार तुमने भूमि की जासूसी की — चालीस दिन — एक दिन एक वर्ष के समान; अर्थात् चालीस वर्ष तक तुम अपने अधर्म का दण्ड सहोगे, और तुम जानोगे कि मेरा क्रोध तुमसे हट गया है।’ 35 ‘मैं 𐤉𐤄𐤅𐤄 हूँ; मैंने कहा है, और मैं यही करूंगा इस सारी दुष्ट मण्डली के साथ जो मेरे विरुद्ध इकट्ठी हुई है — वे इसी जंगल में नाश होंगे, और वहीं मर जाएँगे।’” 36 और वे पुरुष, जिन्हें मोशेह ने भूमि की खोज के लिये भेजा था, जो लौटकर सारी मण्डली को उस भूमि के विषय में बुरा समाचार देकर उसके विरुद्ध कुड़कुड़ाने लगे, 37 वे पुरुष, जिन्होंने उस भूमि के विषय में बुरी रिपोर्ट दी थी, वे 𐤉𐤄𐤅𐤄 के सामने महामारी से मर गए। 38 उन पुरुषों में से जो भूमि की जासूसी करने गए थे, केवल नून का पुत्र यहोशू और येपुन्नेह का पुत्र कालेब जीवित बचे। 39 और जब मोशेह ने ये बातें इस्राएल के सब पुत्रों से कही, तो लोग बहुत शोक करने लगे। 40 और वे भोर को जल्दी उठे और पहाड़ की चोटी पर गए और कहने लगे, “देखो, हम सचमुच पापी हैं, पर हम उस स्थान पर चढ़ेंगे जिसके विषय में 𐤉𐤄𐤅𐤄 ने कहा है।” 41 परन्तु मोशेह ने कहा, “अब तुम 𐤉𐤄𐤅𐤄 की आज्ञा का उल्लंघन क्यों करते हो? यह तुम्हारे लिए सफल नहीं होगा।” 42 “ऊपर मत जाओ, कहीं तुम्हारे शत्रु तुम्हें न मारें, क्योंकि 𐤉𐤄𐤅𐤄 तुम्हारे बीच में नहीं है।” 43 “क्योंकि अमालेकी और कनआनी वहां तुम्हारे सामने हैं; और तुम तलवार से गिरोगे, क्योंकि तुम 𐤉𐤄𐤅𐤄 से फिर गए हो, इसलिए 𐤉𐤄𐤅𐤄 तुम्हारे साथ नहीं रहेगा।” 44 फिर भी वे पहाड़ की चोटी पर चढ़ने का दुस्साहस करने लगे; परन्तु न तो 𐤉𐤄𐤅𐤄 की वाचा का सन्दूक, न ही मोशेह, छावनी से निकले। 45 तब अमालेकी और कनआनी, जो उस पहाड़ पर रहते थे, नीचे उतर आए, और उन्होंने उन्हें मार डाला, और उन्हें होरमा तक खदेड़ दिया।

15 1 और 𐤉𐤄𐤅𐤄 ने मोशेह से कहा, 2 “इस्राएल के पुत्रों से कह, ‘जब तुम अपने निवास की उस भूमि में प्रवेश करोगे जिसे मैं तुम्हें देने जा रहा हूँ, 3 और तुम 𐤉𐤄𐤅𐤄 को होमबलि या बलिदान के रूप में अग्नि में अर्पण करोगे — चाहे मन्नत पूरी करने के लिये हो, या स्वेच्छा से हो, या तुम्हारे

नियत समयों में हो — झुंड या झोटे से 𐤉𐤄𐤅𐤄 के लिये
सुखद सुगंध के रूप में, 4तो जो व्यक्ति 𐤉𐤄𐤅𐤄 के लिये
अपना अर्पण लाता है, वह एक-दसवाँ एपा महीन आटे का
अर्पण तेल के चौथाई हिन के साथ मिलाकर लाए। 5और
प्रत्येक मेम्ने के लिये होमबलि या बलिदान के साथ चौथाई हिन
दाखमदिरा का अर्पण डालना होगा। 6‘या यदि मेढ़ा हो, तो
वह दो-दसवाँ एपा महीन आटा तेल के एक-तिहाई हिन के
साथ मिलाकर अर्पित करे, 7और दाखमदिरा का एक-तिहाई
हिन अर्पण के रूप में सुखद सुगंध के लिये 𐤉𐤄𐤅𐤄 को
चढ़ाए। 8‘और जब तुम एक बछड़े को होमबलि के रूप में या
मन्नत पूरी करने के लिये या मेलबलि के रूप में 𐤉𐤄𐤅𐤄 को
चढ़ाओ, 9तो उस बछड़े के साथ तीन-दसवाँ एपा महीन आटा
आधे हिन तेल के साथ मिलाकर अर्पित करना होगा, 10और
आधा हिन दाखमदिरा को अर्पण के रूप में आग में डालना
होगा, जो 𐤉𐤄𐤅𐤄 के लिये सुखद सुगंध हो। 11‘यह प्रत्येक
बछड़े, प्रत्येक मेढ़े, प्रत्येक मेम्ने या प्रत्येक बकरी के लिये
ऐसा ही होगा। 12‘जितनी संख्या तुम तैयार करो, उसी
अनुसार प्रत्येक के लिये ऐसा ही करो। 13‘जो कोई देश में
जन्मा है, वह भी ऐसा ही करे, जब वह 𐤉𐤄𐤅𐤄 के लिये अग्नि
का अर्पण, सुखद सुगंध के रूप में चढ़ाए। 14‘और जब
कोई परदेशी तुम्हारे साथ रहता है, या जो तुम्हारी पीढ़ियों में
तुम्हारे बीच हो, और वह 𐤉𐤄𐤅𐤄 के लिये अग्नि में अर्पण
करना चाहे, सुखद सुगंध के लिये, तो जैसा तुम करते हो,
वैसा ही वह भी करे। 15‘सभा के लिये और तुम्हारे साथ रहने
वाले परदेशी के लिये एक ही विधि होगी — यह तुम्हारी पीढ़ियों
में सदा के लिये विधि रहेगी; जैसे तुम हो, वैसे ही परदेशी भी
𐤉𐤄𐤅𐤄 के सामने होंगे। 16‘तुम्हारे लिये और तुम्हारे बीच
रहने वाले परदेशी के लिये एक ही तोराह और एक ही न्याय
होगा।’” 17और 𐤉𐤄𐤅𐤄 ने मोशेह से कहा, 18“इस्राएल के
पुत्रों से कह, ‘जब तुम उस भूमि में प्रवेश करोगे जहाँ मैं तुम्हें
ले आऊँगा, 19तब जब तुम उस भूमि की रोटी खाओगे, तो
तुम 𐤉𐤄𐤅𐤄 को एक भेंट अर्पित करोगे। 20‘अपने आटे के
पहले भाग से एक रोटी भेंट के रूप में अर्पित करो — जैसा
तुम खलिहान की भेंट अर्पित करते हो, वैसा ही यह भी अर्पित
करो। 21‘अपने आटे के पहले भाग से तुम 𐤉𐤄𐤅𐤄 को
अपनी पीढ़ियों में भेंट देते रहोगे।’ 22‘और जब तुम अनजाने
में पाप कर बैठो, और वे सब आज्ञाएँ पूरी न करो जिन्हें
𐤉𐤄𐤅𐤄 ने मोशेह से कही हैं, 23जो कुछ 𐤉𐤄𐤅𐤄 ने तुम्हें
मोशेह के द्वारा आज्ञा दी, जिस दिन से 𐤉𐤄𐤅𐤄 ने आज्ञा दी
और तुम्हारी पीढ़ियों में आगे तक, 24तो यदि वह गलती से
किया गया हो और सभा को ज्ञात न हो, तो सारी सभा एक
बछड़ा होमबलि के रूप में तैयार करे, जो 𐤉𐤄𐤅𐤄 के लिये
सुखद सुगंध हो, उसके साथ अन्नबलि और अर्घ्य जैसा
विधान है, और एक नर-बकरा पापबलि के रूप में। 25‘तब
कोहेन सारी इस्राएल की सभा के लिये प्रायश्चित करेगा, और
उन्हें क्षमा मिल जाएगी, क्योंकि वह अनजाने में हुआ था; और
वे अपना अर्पण, जो 𐤉𐤄𐤅𐤄 के लिये अग्नि में चढ़ाया जाने
वाला अर्पण है, और अपना पापबलि 𐤉𐤄𐤅𐤄 के सामने
लाएँगे, उस गलती के लिये। 26‘और सारी इस्राएल की सभा
और उनके बीच रहने वाले परदेशी दोनों को क्षमा दी जाएगी,
क्योंकि यह सब लोगों ने अनजाने में किया। 27‘और यदि
कोई व्यक्ति अनजाने में पाप करे, तो वह एक वर्ष की मादा
बकरी को पापबलि के रूप में लाए। 28‘और कोहेन उस
व्यक्ति के लिये जो गलती से भटक गया है, 𐤉𐤄𐤅𐤄 के
सामने प्रायश्चित करेगा, ताकि उसके लिये प्रायश्चित हो, और
उसे क्षमा मिल जाएगी। 29‘जो गलती से पाप करे उसके
लिये एक ही तोराह है — चाहे वह इस्राएल में जन्मा हो या
उनके बीच रहने वाला परदेशी। 30‘परन्तु जो व्यक्ति जान-
बूझकर पाप करे, चाहे देशज हो या परदेशी, वह 𐤉𐤄𐤅𐤄 का
अपमान करता है; और वह व्यक्ति अपने लोगों में से काट
दिया जाएगा। 31‘क्योंकि उसने 𐤉𐤄𐤅𐤄 के वचन को तुच्छ
जाना और उसकी आज्ञा तोड़ी है; वह व्यक्ति निश्चय ही काट
दिया जाएगा, उसका अधर्म उसी पर होगा।’” 32जब
इस्राएल के पुत्र जंगल में थे, उन्होंने एक व्यक्ति को शब्बाथ
के दिन लकड़ियाँ बटोरते पाया। 33और जिन्होंने उसे
लकड़ियाँ बटोरते पाया, वे उसे मोशेह, अहरोन, और सारी
सभा के पास ले आए। 34और उन्होंने उसे पहरे में रखा,
क्योंकि यह प्रकट नहीं हुआ था कि उसके साथ क्या किया
जाए। 35और 𐤉𐤄𐤅𐤄 ने मोशेह से कहा, “वह व्यक्ति
निश्चय ही मारा जाए; सारी सभा उसे छावनी के बाहर पत्थरों
से मारे।” 36और सारी सभा उसे छावनी के बाहर ले गई और
उसे पत्थरों से मारा, जैसा 𐤉𐤄𐤅𐤄 ने मोशेह को आज्ञा दी
थी; और वह मर गया। 37और 𐤉𐤄𐤅𐤄 ने मोशेह से कहा,
38“इस्राएल के पुत्रों से कहो कि वे अपनी वस्त्रों के कोनों पर
अपनी पीढ़ियों में त्सीत्सीत बनवाएँ, और उन त्सीत्सीत के
कोनों में एक नीला धागा लगाएँ। 39“और वह तुम्हारे लिये
त्सीत्सीत होगा, ताकि तुम उसे देखकर 𐤉𐤄𐤅𐤄 की सब
आज्ञाओं को स्मरण करो और उन्हें पूरा करो, और अपने
हृदय और अपनी आँखों के पीछे न चलो, जिनके पीछे तुम
व्यभिचार करते रहे हो। 40“ताकि तुम स्मरण रखो और मेरी
सब आज्ञाओं को पूरा करो, और अपने ईश्वर के लिये पवित्र
बनो। 41“मैं 𐤉𐤄𐤅𐤄 तुम्हारा ईश्वर हूँ, जिसने तुम्हें
मित्स्रायिम देश से बाहर निकाला कि मैं तुम्हारा ईश्वर बनूँ। मैं
𐤉𐤄𐤅𐤄 तुम्हारा ईश्वर हूँ।”

16 1और कोरह, यित्सहार का पुत्र, केहात का पुत्र, लेवी
का पुत्र, दातान और अबीराम, एल्याव के पुत्रों और
पेलत के पुत्र ओन, जो रूबेन् के पुत्र थे, उन्हें अपने साथ ले
गया। 2और वे मोशेह के सामने उठ खड़े हुए, इस्राएल के
पुत्रों में से दो सौ पचास लोगों के साथ — सभा के प्रमुख,
नियुक्त पुरुष, नामी व्यक्ति। 3और वे मोशेह और अहरोन के
विरुद्ध इकट्ठे हुए और उनसे बोले, “बहुत हो गया तुम्हारा!
क्योंकि सारी मण्डली पवित्र है, सब के सब; और 𐤉𐤄𐤅𐤄
उनके बीच है। तो फिर तुम 𐤉𐤄𐤅𐤄 की सभा के ऊपर
अपने आप को क्यों ऊँचा करते हो?” 4जब मोशेह ने यह
सुना, तो वह अपने मुँह के बल गिर पड़ा। 5और उसने कोरह
और उसके सब साथी से कहा, “कल सुबह 𐤉𐤄𐤅𐤄 यह
प्रकट करेगा कि कौन उसका है और कौन पवित्र है, और वह
उसे अपने पास आने देगा। और जिसे वह चुनेगा, उसे अपने
पास ले आएगा।” 6“यह करो: कोरह और तुम्हारे सब साथी,
अपने अपने धूपदान ले लो। 7और उनमें आग डालो, और
उन पर कल 𐤉𐤄𐤅𐤄 के सामने धूप रखो; तब वह व्यक्ति

जिसे 𐤉𐤄𐤅𐤄 चुनेगा वही पवित्र ठहरेगा। बहुत हो गया
तुम्हारा, हे लेवी के पुत्रों!" [8] और मोशेह ने कोरह से कहा,
"अब सुनो, हे लेवी के पुत्रो: [9] "क्या तुम्हारे लिये यह छोटी बात
है कि इस्राएल के ईश्वर ने तुम्हें इस्राएल की मण्डली से
अलग किया, ताकि तुम्हें अपने पास लाए, कि तुम 𐤉𐤄𐤅𐤄 के
मिश्कान की सेवा करो, और मण्डली के सामने खड़े होकर
उनकी सेवा करो? [10] "और उसने तुम्हें, और तुम्हारे सब
भाइयों को, लेवी के पुत्रों को, अपने पास लाया है; फिर क्या
तुम याजकपद की भी लालसा रखते हो?" [11] "इस कारण
तुम और तुम्हारे सब साथी 𐤉𐤄𐤅𐤄 के विरुद्ध इकट्ठे हुए हो।
और अहरोन कौन है कि तुम उसके विरुद्ध कुड़कुड़ाते हो?"
[12] तब मोशेह ने एल्याव के पुत्र दातान और अबीराम को
बुलाने के लिये भेजा; पर उन्होंने कहा, "हम नहीं आएँगे!
[13] "क्या यह छोटी बात है कि तू हमें उस भूमि से, जो दूध और
मधु से बहती है, निकाल लाया है, ताकि हमें जंगल में मार
डाले? अब तू हम पर प्रभुता भी जमाना चाहता है?" [14] "तूने
हमें दूध और मधु से बहती भूमि में नहीं पहुँचाया, न हमें खेतों
और दाख की बारियों का भाग दिया। क्या तू इन लोगों की
आँखें फोड़ना चाहता है? हम नहीं आएँगे!" [15] तब मोशेह बहुत
क्रोधित हुआ और उसने 𐤉𐤄𐤅𐤄 से कहा, "उनके अर्पण की
ओर ध्यान मत देना। मैंने उनसे एक भी गधा नहीं लिया, न
उनमें से किसी को हानि पहुँचाई है।" [16] और मोशेह ने कोरह
से कहा, "तू और तेरे सब साथी कल 𐤉𐤄𐤅𐤄 के सामने
उपस्थित हो — तू, वे सब, और अहरोन। [17] "और हर एक
अपना धूपदान ले, और उसमें धूप रखे, और हर एक अपना
धूपदान 𐤉𐤄𐤅𐤄 के सामने लाए — दो सौ पचास धूपदान; तू
भी और अहरोन भी, अपने अपने धूपदान लेकर।" [18] तब हर
एक ने अपना धूपदान लिया, उसमें आग डाली, और उस पर
धूप रखी, और मिलापवाले तम्बू के द्वार पर मोशेह और
अहरोन के साथ खड़े हुए। [19] और कोरह ने सारी मण्डली
को मिलापवाले तम्बू के द्वार पर उनके विरुद्ध इकट्ठा किया।
तब 𐤉𐤄𐤅𐤄 की महिमा सारी मण्डली पर प्रकट हुई। [20] और
𐤉𐤄𐤅𐤄 ने मोशेह और अहरोन से कहा, [21] "तुम इस मण्डली
के बीच से अलग हो जाओ, ताकि मैं उन्हें क्षणभर में भस्म
कर दूँ।" [22] पर वे अपने मुँह के बल गिर पड़े और बोले, "हे
एल, सब प्राणियों की आत्माओं के ईश्वर! जब एक मनुष्य पाप
करे, तो क्या तू सारी मण्डली पर क्रोधित होगा?" [23] और
𐤉𐤄𐤅𐤄 ने मोशेह से कहा, [24] "मण्डली से कहो, 'कोरह,
दातान और अबीराम के डेरे के चारों ओर से हट जाओ।'"
[25] तब मोशेह उठा और दातान और अबीराम के पास गया,
और इस्राएल के बुज़ुर्ग उसके पीछे हो लिए। [26] और उसने
मण्डली से कहा, "कृपया इन दुष्ट मनुष्यों के डेरे से दूर हो
जाओ, और जो कुछ उनका है उसे न छुओ, ऐसा न हो कि
उनके सब पापों में तुम भी नष्ट हो जाओ।" [27] तब वे कोरह,
दातान और अबीराम के डेरे के चारों ओर से हट गए। और
दातान और अबीराम अपने तम्बूओं के द्वार पर अपनी पत्नियों,
पुत्रों और छोटे बच्चों के साथ बाहर खड़े हुए। [28] और मोशेह
ने कहा, "इससे तुम जान लोगे कि 𐤉𐤄𐤅𐤄 ने मुझे ये सब
कार्य करने के लिये भेजा है, न कि मैंने अपने मन से यह
किया है। [29] "यदि ये सब मनुष्यों के समान मर जाएँ, या सब
मनुष्यों के समान उन पर विपत्ति आए, तो 𐤉𐤄𐤅𐤄 ने मुझे
नहीं भेजा। [30] "पर यदि 𐤉𐤄𐤅𐤄 कुछ नया कर दे, और
पृथ्वी अपना मुँह खोलकर उन्हें और उनके सब सम्बन्धियों
को निगल ले, और वे जीवित अधोलोक में उतर जाएँ, तब तुम
जान लोगे कि इन मनुष्यों ने 𐤉𐤄𐤅𐤄 का तिरस्कार किया
है।" [31] और ऐसा हुआ कि जब उसने ये सब बातें कहनी पूरी
कीं, तो उनके नीचे की भूमि फट गई। [32] और पृथ्वी ने अपना
मुँह खोलकर उन्हें, उनके घरों को, कोरह के साथ सब
मनुष्यों को, और उनकी सारी सम्पत्ति को निगल लिया।
[33] इस प्रकार वे और उनके सब साथी जीवित अधोलोक में
उतर गए, और पृथ्वी उनके ऊपर बंद हो गई, और वे मण्डली
के बीच से नाश हो गए। [34] और जो इस्राएली उनके चारों
ओर थे, वे उनके चिल्लाने पर भागे, क्योंकि वे बोले, "कहीं
पृथ्वी हमें भी न निगल ले!" [35] और 𐤉𐤄𐤅𐤄 की ओर से
आग निकली और उन दो सौ पचास पुरुषों को भस्म कर
डाला, जो धूप चढ़ा रहे थे। [36] और 𐤉𐤄𐤅𐤄 ने मोशेह से
कहा, [37] "अहरोन के पुत्र एल्याजार, कोहेन से कहो कि वह
उस अग्नि में से धूपदानों को उठा ले, क्योंकि वे पवित्र हैं, और
उस आग को दूर कहीं बिखेर दे। [38] "उन पुरुषों के धूपदान
जो अपने ही प्राणों के विरुद्ध पापी हुए, उन्हें वेदी के आवरण के
लिये पिटे हुए ताम्र की पट्टियों में गढ़ा जाए। क्योंकि वे
𐤉𐤄𐤅𐤄 के सामने लाए गए थे, इसलिए वे पवित्र हैं। और वे
इस्राएल के पुत्रों के लिये स्मारक ठहरें।" [39] और एल्याजार
कोहेन ने उन ताम्र के धूपदानों को लिया जिन्हें जलकर मरे
हुए लोगों ने लाया था, और उन्हें वेदी के ऊपर आच्छादन के
लिये पिटवाया। [40] यह इस्राएल के पुत्रों के लिये स्मरण के
लिये था, कि कोई परदेशी जो अहरोन की सन्तान में से न हो,
𐤉𐤄𐤅𐤄 के सामने धूप चढ़ाने के लिये निकट न आए, ताकि
वह कोरह और उसके दल के समान न हो — जैसा 𐤉𐤄𐤅𐤄
ने मोशेह के द्वारा कहा था। [41] परन्तु अगले दिन इस्राएल के
सब पुत्रों की मण्डली ने मोशेह और अहरोन के विरुद्ध
कुड़कुड़ाया और कहा, "तुम ही हो जिन्होंने 𐤉𐤄𐤅𐤄 के लोगों
को मार डाला है।" [42] और ऐसा हुआ कि जब मण्डली मोशेह
और अहरोन के विरुद्ध इकट्ठी हुई, तब उन्होंने मिलापवाले
तम्बू की ओर देखा; और देखो, बादल ने उसे ढक लिया,
और 𐤉𐤄𐤅𐤄 की महिमा प्रकट हुई। [43] तब मोशेह और
अहरोन मिलापवाले तम्बू के सामने गए। [44] और 𐤉𐤄𐤅𐤄 ने
मोशेह से कहा, [45] "इस मण्डली के बीच से उठ जाओ, ताकि
मैं उन्हें क्षणभर में नाश कर दूँ।" तब वे अपने मुँह के बल
गिर पड़े। [46] और मोशेह ने अहरोन से कहा, "धूपदान ले,
और उस पर वेदी से आग डाल, और उस पर धूप रख, और
जल्दी मण्डली के पास जा, और उनके लिये प्रायश्चित कर;
क्योंकि 𐤉𐤄𐤅𐤄 की ओर से क्रोध निकल गया है — महामारी
आरम्भ हो गई है।" [47] और अहरोन ने जैसा मोशेह ने कहा,
वैसा ही किया, और सभा के बीच में दौड़कर गया; और देखा,
लोगों में महामारी आरम्भ हो चुकी थी। तब उसने धूप चढ़ाया
और लोगों के लिये प्रायश्चित किया। [48] और वह मरे हुओं
और जीवितों के बीच में खड़ा हो गया; तब महामारी रुक
गई। [49] और जो लोग उस महामारी में मरे, वे चौदह हज़ार
सात सौ थे, उन लोगों को छोड़कर जो कोरह के कारण मरे
थे। [50] फिर अहरोन मोशेह के पास मिलापवाले तम्बू के द्वार
पर लौट आया; क्योंकि महामारी रुक गई थी।

17 1 और 𐤉𐤄𐤅𐤄 ने मोशेह से कहा, 2 “इस्त्राएल के पुत्रों
से कह, और उनके प्रत्येक पितृ-घर से एक एक छड़ी
ले ले; उनके पितरों के घरों के अनुसार उनके सब प्रधानों से
बारह छड़ियाँ । हर एक के छड़ी पर उसका नाम लिख ।
3 “और लेवी के गोत्र की छड़ी पर अहरोन का नाम लिख,
क्योंकि हर पितृ-घर के प्रधान के लिये एक ही छड़ी होगी ।”
4 “फिर उन्हें मिलापवाले तम्बू में गवाही के सामने रख देना,
जहाँ मैं तुझसे मिलूँगा ।” 5 “और जिस मनुष्य की छड़ी
अंकुरित होगी, वही वह होगा जिसे मैं चुनूँगा; और इस्त्राएल के
पुत्रों की कुड़कुड़ाहट, जो वे तेरे विरुद्ध करते हैं, उसे मैं अपने
ऊपर से हटा दूँगा ।” 6 और मोशेह ने इस्त्राएल के पुत्रों से बातें
कीं; और उनके सब प्रधानों ने, अपने अपने पितरों के घरों के
अनुसार, बारह छड़ियाँ दीं; और अहरोन की छड़ी उनकी
छड़ियों में थी । 7 तब मोशेह ने उन छड़ियों को 𐤉𐤄𐤅𐤄 के
सामने, गवाही के तम्बू में रखा । 8 और ऐसा हुआ कि अगले
दिन मोशेह गवाही के तम्बू में गया, और देखो, लेवी के घराने
की अहरोन की छड़ी में अंकुर फूट आए थे, और उसने
कोंपलें निकालीं, और फूल खिले, और पके हुए बादाम
उपजे । 9 तब मोशेह ने उन सब छड़ियों को 𐤉𐤄𐤅𐤄 के
सामने से निकालकर इस्त्राएल के सब पुत्रों के सामने रख
दिया; और उन्होंने देखा, और हर एक ने अपनी छड़ी ले ली ।
10 और 𐤉𐤄𐤅𐤄 ने मोशेह से कहा, “अहरोन की छड़ी को
फिर गवाही के सामने लौटा दे, ताकि वह विद्रोहियों के विरुद्ध
चिन्ह के लिये रखी जाए, जिससे उनकी कुड़कुड़ाहट मुझ
पर से रुक जाए, और वे न मरें ।” 11 और मोशेह ने जैसा
𐤉𐤄𐤅𐤄 ने उसे आज्ञा दी, वैसा ही किया । 12 तब इस्त्राएल के
पुत्रों ने मोशेह से कहा, “देख, हम तो मर गए, हम नाश हो
गए, हम सब नाश हो गए!” 13 “जो कोई भी 𐤉𐤄𐤅𐤄 के
मिश्कान के निकट आता है, वह मर जाता है । क्या हम सब
के सब नाश हो जाएँगे?”

18 1 और 𐤉𐤄𐤅𐤄 ने अहरोन से कहा, “तू और तेरे पुत्र
और तेरे पितृ-घर के लोग तेरे साथ मिलकर
पवित्रस्थान के विरुद्ध होने वाले अधर्म को सहोगे; और तू
और तेरे पुत्र तेरे साथ मिलकर अपनी याजकाई के विरुद्ध
होने वाले अधर्म को सहोगे ।” 2 “परन्तु तू अपने भाइयों, लेवी
के गोत्रियों को भी अपने साथ ले ले, तेरे पिता के गोत्र के जनों
को, ताकि वे तेरे साथ जुड़कर सेवा करें, जब तू और तेरे पुत्र
गवाही के तम्बू के सामने सेवा कर रहे हों ।” 3 “और वे तेरे
कार्य और पूरे तम्बू के कार्य की रखवाली करेंगे; परन्तु वे
पवित्र स्थान के पात्रों और वेदी के पास न आएँ, नहीं तो वे मर
जाएँगे, वे भी और तू भी ।” 4 “वे तेरे साथ रहकर मिलापवाले
तम्बू की सेवा के कार्य की रखवाली करें; पर कोई पराया
व्यक्ति तेरे निकट न आए ।” 5 “और तू पवित्रस्थान के कार्य
और वेदी के कार्य की रखवाली करेगा, ताकि इस्त्राएल के पुत्रों
पर फिर क्रोध न भड़के ।” 6 “और देख, मैं ने स्वयं तेरे
भाइयों, लेवियों को इस्त्राएल के पुत्रों के मध्य से ले लिया है —
वे तेरे लिये 𐤉𐤄𐤅𐤄 की ओर से दिये हुए वरदान हैं,
मिलापवाले तम्बू की सेवा के लिये ।” 7 “परन्तु तू और तेरे पुत्र
अपने साथ अपनी याजकाई की रखवाली करोगे, वेदी के सब
कार्य और परदे के पीछे की सेवा के लिये; और तुम सेवा
करोगे । मैं ने तुम्हें याजकाई को सेवा के उपहार रूप में दिया
है; पर जो पराया निकट आए, वह अवश्य मारा जाएगा ।”
8 और 𐤉𐤄𐤅𐤄 ने अहरोन से कहा, “और देख, मैं ने तुझे
अपनी भेंटों की रखवाली भी सौंपी है, जो इस्त्राएल के पुत्रों की
सब पवित्र भेंटें हैं; मैं ने उन्हें तुझे और तेरे पुत्रों को अभिषेक
के लिये और एक सदा की व्यवस्था के अनुसार दिया है ।”
9 “यह तेरे लिये अति पवित्र वस्तुओं में से है, जो आग में
चढ़ाई जाती हैं: उनके सब अर्पण, सब अन्नबलि, सब पापबलि,
और सब अपराधबलि जो वे मुझे चढ़ाते हैं — वे तेरे और तेरे
पुत्रों के लिये अति पवित्र हैं ।” 10 “उन्हें तू पवित्र स्थान में
खाएगा; प्रत्येक पुरुष उन्हें खा सकता है; वे तेरे लिये पवित्र
हैं ।” 11 “यह भी तेरा है: उनके दान का अर्पण, इस्त्राएल के
पुत्रों की सब हिलाई हुई भेंटें; मैं ने उन्हें तुझे, तेरे पुत्रों और
तेरी पुत्रियों को सदा की व्यवस्था के अनुसार दिया है । तेरे
घर में जो कोई शुद्ध है, वह उन्हें खा सकता है ।” 12 “तेल का
सब उत्तम भाग, और नये दाखमधु और अन्न का सब उत्तम
भाग — उनके पहिलौठे फल, जो वे 𐤉𐤄𐤅𐤄 को अर्पण करते
हैं — मैं ने उन्हें तुझे दिया है ।” 13 “उनकी भूमि के सब
पहिलौठे फल, जो वे 𐤉𐤄𐤅𐤄 के पास लाते हैं, तेरे होंगे; तेरे
घर में जो कोई शुद्ध है, वह उन्हें खा सकता है ।”
14 “इस्त्राएल में जो कुछ समर्पित किया गया है, वह सब तेरा
है ।” 15 “सब जीवित प्राणी का पहिलौठा जो वे 𐤉𐤄𐤅𐤄 के
पास लाते हैं, चाहे मनुष्य हो या पशु, वह तेरा है; परन्तु मनुष्य
का पहिलौठा तू अवश्य छुड़ाएगा, और अशुद्ध पशु का
पहिलौठा भी तू छुड़ाएगा ।” 16 “और उनके छुड़ाए हुए जब
एक महीने के होंगे तब उन्हें छुड़ा लिया जाए, तेरे मूल्य के
अनुसार पाँच शेकेल चाँदी के, पवित्रस्थान के शेकेल के
अनुसार, जो बीस गेरह का होता है ।” 17 “पर गाय का
पहिलौठा, या भेड़ का पहिलौठा, या बकरी का पहिलौठा तू
छुड़ाएगा नहीं; वे पवित्र हैं । उनका रक्त वेदी पर छिड़कना
और उनकी चर्बी जलाना — यह 𐤉𐤄𐤅𐤄 के लिये सुगन्धित
अर्पण होगा ।” 18 “और उनका मांस तेरा होगा, जैसे हिलाई
हुई छाती और दाहिनी टाँग तेरी होती है ।” 19 “सब पवित्र
दानों की भेंटें, जिन्हें इस्त्राएल के पुत्र 𐤉𐤄𐤅𐤄 को अर्पण
करते हैं, मैं ने उन्हें तुझे और तेरे पुत्रों और तेरी पुत्रियों को
सदा की व्यवस्था के अनुसार दिया है । यह तेरे और तेरे वंश
के साथ 𐤉𐤄𐤅𐤄 के सामने एक नमक की सदा की वाचा
है ।” 20 और 𐤉𐤄𐤅𐤄 ने अहरोन से कहा, “तू उनके देश में
कोई भाग या उत्तराधिकार नहीं पाएगा; उनके बीच तेरा कोई
अंश नहीं होगा । मैं ही तेरी भागीदारी और तेरी विरासत हूँ,
इस्त्राएल के पुत्रों के मध्य ।” 21 “और देख, मैं ने इस्त्राएल के
पुत्रों के दशमांश लेवियों को उनके उत्तराधिकार के रूप में
दिया है, बदले में उस सेवा के लिये जो वे मिलापवाले तम्बू की
सेवा में करते हैं ।” 22 “और इस्त्राएल के पुत्र फिर मिलापवाले
तम्बू के निकट न आएँ, कि वे पाप धारण न कर लें और मर
न जाएँ ।” 23 “क्योंकि लेवियाँ मिलापवाले तम्बू की सेवा करेंगी,
तो वे स्वयं अपना दायित्व उठाएँगी । यह एक सदा की तोराह
है, तुम्हारी पीढ़ियों में: कि वे इस्त्राएल के पुत्रों के मध्य कोई
विरासत न पावें । 24 “परन्तु जो दशमांश इस्त्राएल के पुत्र
अर्पित करते हैं, जिन्हें वे 𐤉𐤄𐤅𐤄 के लिये दान स्वरूप देते हैं,
वही मैं ने लेवियों को विरासत के रूप में दिया है । इसीलिए मैंने
उनसे कहा, ‘वे इस्त्राएल के पुत्रों के मध्य कोई विरासत न
पायेंगे ।’ ” 25 और 𐤉𐤄𐤅𐤄 ने मोशेह से कहा, 26 “लेवियों से

कह और उन्हें बताना, ‘जब तुम यह दशमांश लेवियों से
करोगे, जो मैंने उन्हें उनकी विरासत के रूप में दिया है, तब
तुम उसमें से 𐤉𐤄𐤅𐤄 के लिये भी एक अर्पण करो — उस
दशमांश का एक दसवाँ अंश। 27 ‘और तुम्हारा अर्पण तुम्हारे
लिये चक्के के अन्न और दबे हुए दाख के भराव के समान
माना जाएगा। 28 ‘इस प्रकार तुम अपने लेवियों द्वारा पाये गए
सभी दशमाँशों में से 𐤉𐤄𐤅𐤄 को अर्पण भी दोगे। और तुम
उसमें से अर्पण 𐤉𐤄𐤅𐤄 को, अहरोन कोहेन को दोगे।
29 ‘तुम्हारे सारे दानों में से हर उत्तम का अर्पण जो 𐤉𐤄𐤅𐤄
के लिये निर्धारित है, वे सब तुम्हारे लिये पवित्र मानो।’
30 “और तुम उनसे कहोगे, ‘जब तुम उसका उत्तम अर्पण
कर दोगे, तब शेष लेवियों के लिये थ्रेशिंग-फ्लोर की उपज
और दाख की प्रेस की भरपाई मानी जाएगी। 31 ‘और तुम
और तुम्हारे घराने उसे कहीं भी खाओगे, क्योंकि यह तुम्हारा
पुरस्कार है जो तुम मिलापवाले तम्बू की सेवा में पाते हो।
32 ‘और इस पर तुम्हें कोई अपराध विरहित नहीं होगा, यदि
तुम उसका उत्तम अर्पण कर दोगे और इस्राएल के पुत्रों की
पवित्र भेंटों को न अपवित्र करोगे, ताकि तुम न मरो।’ ”

19 1 और 𐤉𐤄𐤅𐤄 ने मोशेह और अहरोन से कहा,
2 “यह तोराह की विधि है जिसे 𐤉𐤄𐤅𐤄 ने आज्ञा दी
है, यह कहकर, ‘इस्राएल के पुत्रों से कहो कि वे तेरे पास एक
लाल बछिया लाएँ, जो निर्दोष हो, जिस में कोई दोष न हो और
जिस पर कभी जूआ न रखा गया हो।’ 3 ‘और तुम उसे
एलेआज़र कोहेन को दोगे, वह उसे छावनी के बाहर ले जाकर
उसके सामने उसका वध करेगा।’ 4 ‘और एलेआज़र कोहेन
अपनी उंगली से उसके कुछ रक्त को लेकर मिलापवाले तम्बू
के सामने की ओर सात बार छिड़के।’ 5 ‘और वह बछिया
उसकी आँखों के सामने जलाई जाएगी — वह उसकी खाल,
उसका मांस, उसका रक्त और उसका गोबर सब जलाए।’
6 ‘और कोहेन देवदार की लकड़ी, और हिसोप, और लाल
ऊन लेकर उसे उस बछिया को जलानेवाली आग के बीच में
फेंके।’ 7 ‘तब कोहेन अपने वस्त्र धोए और अपने शरीर को
जल में स्नान करे, और उसके बाद छावनी में आए, परन्तु
कोहेन सन्ध्या तक अशुद्ध रहेगा।’ 8 ‘और जो उसे जलाता
है, वह भी अपने वस्त्र जल में धोए, और अपने शरीर को जल
में स्नान करे, और सन्ध्या तक अशुद्ध रहेगा।’ 9 ‘और कोई
शुद्ध मनुष्य उस बछिया की राख को इकट्ठा करे, और उसे
छावनी के बाहर किसी शुद्ध स्थान में रखे; और वह इस्राएल
के पुत्रों की मण्डली के लिये अशुद्धता से शुद्ध करने के जल
के लिये रखी जाए — वह पाप से शुद्ध करने के लिये है।’
10 ‘और जो उस बछिया की राख इकट्ठा करता है, वह अपने
वस्त्र धोए और सन्ध्या तक अशुद्ध रहेगा। और यह इस्राएल
के पुत्रों और उनके बीच रहनेवाले परदेशी के लिये सदा की
व्यवस्था होगी।’ 11 ‘जो कोई किसी मनुष्य के मृत शरीर को
छूता है, वह सात दिन तक अशुद्ध रहेगा।’ 12 ‘वह तीसरे दिन
उस जल से अपने को शुद्ध करे, और सातवें दिन वह शुद्ध हो
जाएगा; परन्तु यदि वह तीसरे दिन अपने को शुद्ध न करे, तो
सातवें दिन वह शुद्ध नहीं होगा।’ 13 ‘जो कोई किसी मनुष्य के
मृत शरीर को छूता है और अपने को शुद्ध नहीं करता, वह
𐤉𐤄𐤅𐤄 के मिशकान को अशुद्ध करता है; और वह प्राणी
इस्राएल से काट दिया जाएगा, क्योंकि अशुद्धता के जल को
उस पर नहीं छिड़का गया, वह अशुद्ध है, उसकी अशुद्धता
उस पर बनी रहती है।’ 14 ‘यह वह तोराह है जब कोई व्यक्ति
किसी तम्बू में मर जाता है: जो कोई तम्बू में आता है और जो
कोई तम्बू में है, वह सात दिन तक अशुद्ध रहेगा।’ 15 ‘और
हर खुला हुआ पात्र जिस पर ढक्कन कसकर नहीं रखा गया
है, वह अशुद्ध है।’ 16 ‘जो कोई मैदान में किसी तलवार से
मारे हुए या किसी मरे हुए, या किसी मनुष्य की हड्डी, या किसी
कब्र को छूता है, वह सात दिन तक अशुद्ध रहेगा।’ 17 ‘और
अशुद्ध प्राणी के लिये वे उस बछिया की कुछ राख लेंगे जो पाप
से शुद्ध करने के लिये जलाई गई थी, और उस पर किसी पात्र
में बहता हुआ जल डालेंगे।’ 18 ‘और कोई शुद्ध व्यक्ति हिसोप
लेकर उस जल में डुबोए, और उस तम्बू पर, और सब पात्रों
पर, और वहाँ उपस्थित व्यक्तियों पर, या जिसने किसी हड्डी,
या मारे गए, या मरे हुए, या किसी कब्र को छुआ है, उन पर
छिड़के।’ 19 ‘और वह शुद्ध व्यक्ति तीसरे दिन और सातवें
दिन अशुद्ध पर छिड़काव करेगा; और सातवें दिन वह अपने
को शुद्ध करेगा, और अपने वस्त्र धोएगा, और जल में स्नान
करेगा, और सन्ध्या तक शुद्ध हो जाएगा।’ 20 ‘पर जो मनुष्य
अशुद्ध है और अपने को शुद्ध नहीं करता, वह प्राणी मण्डली
के बीच से काट दिया जाएगा, क्योंकि उसने 𐤉𐤄𐤅𐤄 के
मिकदाश को अशुद्ध किया है; अशुद्धता का जल उस पर नहीं
छिड़का गया, वह अशुद्ध है।’ 21 ‘और यह उनके लिये सदा
की विधि होगी। और जो अशुद्धता के जल को छिड़कता है,
वह अपने वस्त्र धोएगा; और जो अशुद्धता के जल को छूता
है, वह सन्ध्या तक अशुद्ध रहेगा।’ 22 ‘और जो कुछ अशुद्ध
व्यक्ति छूता है, वह अशुद्ध है; और जो कोई उसे छूता है, वह
सन्ध्या तक अशुद्ध रहेगा।’ ”

20 1 और इसराएल के पुत्रों की सारी मण्डली त्सिन के
जंगल में पहले महीने में आई, और लोग क़ादेश में
ठहरे। और मरयम वहाँ मरी और वहीं दफ़नाई गई। 2 और
मण्डली के लिये पानी नहीं था, और वे मूशेह और अहारोन के
विरुद्ध इकट्ठे हुए। 3 और लोग मूशेह से झगड़ने लगे और
बोले, “अरे! यदि हम अपने भाइयों के साथ 𐤉𐤄𐤅𐤄 के
सामने मर गए होते!” 4 “तूने 𐤉𐤄𐤅𐤄 की मण्डली को इस
जंगल में क्यों पहुँचाया, कि हम और हमारे पशु यहाँ मर
जाएँ?” 5 “और तूने हमें मिस्र से क्यों निकाला, ताकि हमें इस
बुरे स्थान पर लाए? यह न तो अन्न का स्थान है, न अंजीरों
का, न दाख की बेलों का, न अनारों का; और पीने के लिये
पानी भी नहीं है।” 6 तब मूशेह और अहारोन मण्डली के
सामने से मिलाप के तम्बू के द्वार पर गए, और अपने मुँह के
बल गिर पड़े; और 𐤉𐤄𐤅𐤄 की महिमा उन पर प्रकट हुई।
7 और 𐤉𐤄𐤅𐤄 ने मूशेह से कहा, 8 “लाठी ले और मण्डली
को इकट्ठा कर, तू और तेरा भाई अहारोन; और तुम लोगों के
देखते उस चट्टान से बातें करना, और वह अपना पानी देगी।
और तू उनके लिये चट्टान से पानी निकाल कर मण्डली और
उनके पशुओं को पिलाएगा।” 9 और मूशेह ने 𐤉𐤄𐤅𐤄 के
सामने से लाठी ली, जैसा उसने उसे आज्ञा दी थी। 10 और
मूशेह और अहारोन ने मण्डली को चट्टान के सामने इकट्ठा
किया, और उसने उनसे कहा, “अब सुनो, हे विद्रोहियों, क्या
हम तुम्हारे लिये इस चट्टान से पानी निकालेंगे?” 11 तब मूशेह
ने अपना हाथ उठाया और अपनी लाठी से दो बार चट्टान पर

मारा; और बहुत पानी निकला, और मण्डली और उनके
पशुओं ने पीया। 12 परन्तु 𐤉𐤄𐤅𐤄 ने मूशेह और अहारोन से
कहा, “क्योंकि तुमने मुझ पर विश्वास नहीं किया कि इसराएल
के पुत्रों की आँखों में मुझे पवित्र ठहराओ, इसलिए तुम इस
मण्डली को उस देश में नहीं पहुँचाओगे जिसे मैंने उन्हें दिया
है।” 13 ये मरिबा के पानी थे, क्योंकि इसराएल के पुत्रों ने
𐤉𐤄𐤅𐤄 से झगड़ा किया, और वह उनके बीच पवित्र ठहरा।
14 और मूशेह ने क़ादेश से एदोम के राजा के पास दूत भेजे,
यह कहकर, “तेरा भाई इसराएल यों कहता है, ‘तू जानता है
कि हम पर कैसी सारी कठिनाइयाँ आई हैं, 15 कि हमारे
पितृपुरुष मिस्र में उतरे, और हम बहुत समय तक मिस्र में
रहे, और मिस्रियों ने हम पर और हमारे पिताओं पर बुरा
किया। 16 ‘और हमने 𐤉𐤄𐤅𐤄 की ओर पुकारा, और उसने
हमारी आवाज़ सुनी और दूत भेजा और हमें मिस्र से बाहर
निकाला; और देख, हम अब क़ादेश में हैं, जो तेरी सीमा के
किनारे का नगर है। 17 ‘कृपया हमें तेरे देश से होकर जाने
दे। हम खेतों या दाख की बारियों के बीच से नहीं जाएँगे, न
कुओं का पानी पीएँगे; हम राजा की सड़क से चलते रहेंगे; हम
दाएँ या बाएँ नहीं मुड़ेंगे, जब तक तेरी सीमा पार न कर लें।’”
18 परन्तु एदोम ने उससे कहा, “तू मेरे देश से होकर नहीं
जाएगा, नहीं तो मैं तलवार लेकर तेरे सामने आऊँगा।”
19 और इसराएल के पुत्रों ने उससे कहा, “हम सड़क से
चलेंगे, और यदि मैं या मेरे पशु तेरे पानी में से पी लें, तो मैं
उसका मूल्य दूँगा; केवल पैदल चलने दे, और कुछ न
कह।” 20 परन्तु उसने कहा, “तू नहीं जाएगा।” और एदोम
बहुत लोगों और प्रबल हाथ से उसके विरुद्ध निकला।
21 इसलिए जब एदोम ने इसराएल को अपनी सीमा से होकर
जाने की अनुमति नहीं दी, तब इसराएल ने उससे मुँह मोड़
लिया। 22 और इसराएल के पुत्रों की सारी मण्डली क़ादेश से
चली और होर पर्वत पर पहुँची। 23 और 𐤉𐤄𐤅𐤄 ने मूशेह
और अहारोन से एदोम की भूमि की सीमा के पास होर पर्वत
पर कहा, 24 “अहारोन अपने लोगों के पास एकत्र किया
जाएगा, क्योंकि वह उस देश में प्रवेश नहीं करेगा जिसे मैंने
इसराएल के पुत्रों को दिया है, क्योंकि तुमने मेरे वचन के
विरोध में मरिबा के जल पर विद्रोह किया।” 25 “अहारोन
और उसके पुत्र एलीआज़र को ले, और उन्हें होर पर्वत पर
ऊपर ले जा।” 26 “और अहारोन के वस्त्र उतारकर उन्हें
उसके पुत्र एलीआज़र पर पहना दे, क्योंकि अहारोन अपने
लोगों के पास एकत्र किया जाएगा और वहीं मरेगा।” 27 और
मूशेह ने जैसा 𐤉𐤄𐤅𐤄 ने आज्ञा दी, वैसा ही किया, और वे
सारी मण्डली की दृष्टि में होर पर्वत पर चढ़ गए। 28 और
मूशेह ने अहारोन के वस्त्र उतारे और उन्हें उसके पुत्र
एलीआज़र पर पहना दिए। और अहारोन वहाँ पर्वत की चोटी
पर मरा। और मूशेह और एलीआज़र पर्वत से नीचे उतरे।
29 और जब सारी मण्डली ने देखा कि अहारोन मर गया है,
तब इसराएल के सारे घराने ने अहारोन के लिये तीस दिन
तक विलाप किया।

21

1 और अराद के राजा कनानी ने, जो नेगेव में रहता
था, यह सुना कि इसराएल आतारिम के मार्ग से आ
रहा है; और उसने इसराएल से युद्ध किया और उनमें से कुछ
को बंधक बना लिया। 2 तब इसराएल ने 𐤉𐤄𐤅𐤄 से मन्नत
मानी और कहा, “यदि तू सचमुच इस लोगों को मेरे हाथ में दे
दे, तो मैं उनके नगरों को नाश के लिये समर्पित कर दूँगा।”
3 और 𐤉𐤄𐤅𐤄 ने इसराएल की आवाज़ सुनी और कनानियो
को उसके हाथ में कर दिया; और उन्होंने उन्हें और उनके
नगरों को नाश के लिये समर्पित कर दिया। इसलिए उस
स्थान का नाम होरमा रखा गया। 4 और वे होर पर्वत से
निकलकर लाल समुद्र के मार्ग से एदोम की भूमि को घेरते हुए
चले। परन्तु लोगों का मन मार्ग के कारण अधीर हो गया।
5 और लोगों ने ईश्वर और मूशेह के विरुद्ध कहा, “तूने हमें
मिस्र से क्यों निकाला कि हम इस जंगल में मर जाएँ? यहाँ न
तो अन्न है, न पानी, और हमारा मन इस हल्के रोटी से ऊब
गया है।” 6 तब 𐤉𐤄𐤅𐤄 ने लोगों के बीच जलते हुए साँप
भेजे, और उन्होंने लोगों को डसा; और इसराएल के बहुत से
लोग मर गए। 7 तब लोग मूशेह के पास आए और कहा,
“हमने पाप किया है, क्योंकि हमने 𐤉𐤄𐤅𐤄 और तेरे विरुद्ध
बातें की हैं। 𐤉𐤄𐤅𐤄 से प्रार्थना कर कि वह साँपों को हमसे
दूर करे।” तब मूशेह ने लोगों के लिये प्रार्थना की। 8 और
𐤉𐤄𐤅𐤄 ने मूशेह से कहा, “एक जलता हुआ साँप बना और
उसे एक डंडे पर लगा दे; और ऐसा होगा कि जिसे भी साँप
डसे, वह जब उसे देखे, तो जीवित रहेगा।” 9 तब मूशेह ने
एक पीतल का साँप बनाया और उसे एक डंडे पर लगाया;
और ऐसा हुआ कि जब किसी मनुष्य को साँप डसता, और वह
पीतल के साँप को देखता, तो वह जीवित रहता। 10 और
इसराएल के पुत्र चले और ओबोत में डेरा डाला। 11 और वे
ओबोत से चले और अय्ये हआबारिम में डेरा डाला, जो
मोआब के पूर्व में जंगल में है, जहाँ सूर्योदय होता है। 12 वहां
से वे चले और ज़ेरेद की तराई में डेरा डाला। 13 वहाँ से वे
चले और अर्नोन के पार डेरा डाला, जो जंगल में है, जो
एमोरीयों की सीमा से निकलता है; क्योंकि अर्नोन मोआब की
सीमा है, मोआब और एमोरीयों के बीच। 14 इसलिए यह
𐤉𐤄𐤅𐤄 की युद्धों की पुस्तक में कहा गया है, “वाहेब इन
सुप्फा, और अर्नोन की तराई, 15 और उस तराई की ढलान
जो आर के निवास की ओर मुडती है, और मोआब की सीमा
पर स्थित है।” 16 और वहाँ से वे बेएर को गए; वही वह कुआं
है जिसके विषय में 𐤉𐤄𐤅𐤄 ने मूशेह से कहा था, “लोगों को
इकट्ठा कर, और मैं उन्हें पानी दूँगा।” 17 तब इसराएल ने यह
गीत गाया: “हे कुएँ, उबल पड़! इस पर गीत गाओ।” 18 “वह
कुआँ जिसे प्रधानों ने खोदा, जिसे लोगों के सरदारों ने अपनी
लाठियों से खोदा।” तब वे जंगल से मत्ताना तक चले।
19 मत्ताना से नहलीएल तक, और नहलीएल से बामोत तक।
20 और बामोत से, उस तराई में जो मोआब के देश में है,
पिस्गाह की चोटी तक, जो जंगल की ओर झाँकती है।
21 और इसराएल ने एमोरीयों के राजा सीहोन के पास दूत
भेजे, यह कहकर, 22 “मुझे तेरे देश से होकर जाने दे। हम
खेतों या दाख की बारियों के बीच से नहीं मुड़ेंगे, न कुओं का
पानी पीएँगे; परन्तु हम राजा की सड़क से चलेंगे, जब तक
तेरी सीमा पार न कर लें।” 23 परन्तु सीहोन ने इसराएल को
अपनी सीमा से होकर जाने की अनुमति नहीं दी; इसलिए
सीहोन ने अपने सब लोगों को इकट्ठा किया और जंगल में
इसराएल से लड़ने के लिये निकला, और वह यहत्स में आया
और इसराएल से युद्ध किया। 24 और इसराएल ने उसे

तलवार की धार से मारा, और उसकी भूमि पर अधिकार कर
लिया, अर्नोन से लेकर यब्बोक तक, जितना अम्मोन के पुत्रों
की सीमा तक था, क्योंकि अम्मोन के पुत्रों की सीमा दृढ़ थी।
25 और इसराएल ने उन सब नगरों को ले लिया, और
इसराएल एमोरीयों के सब नगरों में रहने लगा — हेशबोन में
और उसके सब गाँवों में। 26 क्योंकि हेशबोन एमोरीयों के राजा
सीहोन का नगर था, जिसने मोआब के पहिले राजा से युद्ध
किया था, और उसकी सारी भूमि उसके हाथ से अर्नोन तक
ले ली थी। 27 इस कारण जो लोग नीतिवचन कहते हैं, वे
कहते हैं, “हेशबोन में आओ, सीहोन का नगर बनाया और
स्थापित किया जाए।” 28 “क्योंकि हेशबोन से आग निकली,
सीहोन के नगर से ज्योति निकली; उसने मोआब के आर को
भस्म किया, अर्नोन के ऊँचाईयों के स्वामियों को।” 29 “हाय
तुझ पर, हे मोआब! तू नष्ट हुआ, हे केमोश के लोगों! उसने
अपने पुत्रों को भागने वालों के रूप में दिया, और अपनी
पुत्रियों को बन्दी बनाकर सौंप दिया, एमोरीयों के राजा सीहोन
को।” 30 “हमने उन पर वार किया — हेशबोन नाश हुआ
दीबोन तक; और हमने नोपह तक उजाड़ दिया, जो मयदेबा
तक पहुँचती है।” 31 इस प्रकार इसराएल एमोरीयों की भूमि में
बस गया। 32 और मूशेह ने याजेर की टोह लेने के लिये लोगों
को भेजा; और उन्होंने उसके गाँवों को लिया और वहाँ से
एमोरीयों को निकाल दिया जो वहाँ थे। 33 फिर वे मुड़कर
बाशान के मार्ग से ऊपर गए; और बाशान का राजा ओग
अपने सब लोगों के साथ एद्रेई में उनके विरुद्ध युद्ध करने
निकला। 34 और 𐤉𐤄𐤅𐤄 ने मूशेह से कहा, “उससे मत
डर, क्योंकि मैंने उसे तेरे हाथ में दे दिया है, उसके सब लोगों
और उसकी भूमि सहित। और तू उसके साथ वैसा ही करेगा
जैसा तूने हेशबोन में रहने वाले एमोरीयों के राजा सीहोन के
साथ किया।” 35 और उन्होंने उसे, उसके पुत्रों को, और
उसके सब लोगों को मारा, यहाँ तक कि उसका कोई भी शेष
नहीं रहा; और उन्होंने उसकी भूमि पर अधिकार कर लिया।

22 1 और इसराएल के पुत्र चले और यरीहो के यरदेन
के पार मोआब के मैदानों में डेरा डाला। 2 और
त्सिप्पोर के पुत्र बालाक ने वह सब देखा जो इसराएल ने
एमोरीयों के साथ किया था। 3 और मोआब उन लोगों से
अत्यन्त डर गया क्योंकि वे बहुत थे; और मोआब इसराएल
के पुत्रों से घबरा गया। 4 और मोआब ने मिद्यान के प्राचीनों से
कहा, “अब यह भीड़ हमारे चारों ओर की हर चीज़ को ऐसे
चाट जाएगी जैसे बैल खेत की घास को चाट जाता है।” उस
समय त्सिप्पोर का पुत्र बालाक मोआबियों का राजा था।
5 और उसने बेओर के पुत्र बिलआम के पास दूत भेजे, जो
पेतोर में रहता था, जो नदी के पास उसके लोगों की भूमि में
था, यह कहने के लिये कि, “देख, एक लोग मिस्त्र से निकल
आया है; देख, उन्होंने सारी भूमि को ढक लिया है, और वे मेरे
पास ठहरे हुए हैं। 6 “अब कृपया आ और मेरे लिये इन लोगों
को शाप दे, क्योंकि वे मुझसे बहुत शक्तिशाली हैं; सम्भव है कि
मैं उनसे युद्ध कर सकूँ और उन्हें देश से निकाल दूँ; क्योंकि
मैं जानता हूँ कि जिसे तू आशीर्वाद देता है वह आशीर्वादित
होता है, और जिसे तू शाप देता है वह शापित होता है।” 7 और
मोआब के प्राचीन और मिद्यान के प्राचीन ज्योतिष की फीस
अपने हाथ में लेकर चले, और वे बिलआम के पास आए और
बालाक के वचन उससे कहे। 8 और उसने उनसे कहा, “यहां
रात बिताओ, और मैं तुम्हें वह उत्तर दूँगा जो 𐤉𐤄𐤅𐤄 मुझसे
कहेगा।” सो मोआब के सरदार बिलआम के साथ रहे।
9 और ईश्वर बिलआम के पास आया और कहा, “ये लोग जो
तेरे साथ हैं, कौन हैं?” 10 और बिलआम ने ईश्वर से कहा,
“बालाक, त्सिप्पोर का पुत्र, मोआब का राजा, ने मुझे यह
कहकर भेजा है, 11 ‘देख, एक लोग मिस्त्र से निकल आया है
और सारी भूमि को ढक लिया है; अब आ, मेरे लिये उन्हें शाप
दे; सम्भव है कि मैं उनसे युद्ध कर सकूँ और उन्हें निकाल
दूँ।’” 12 और ईश्वर ने बिलआम से कहा, “उनके साथ मत
जा; तू इन लोगों को शाप न दे, क्योंकि वे आशीर्वादित हैं।”
13 और बिलआम सुबह उठा और बालाक के सरदारों से कहा,
“अपने देश को लौट जाओ, क्योंकि 𐤉𐤄𐤅𐤄 ने मुझे तुम्हारे
साथ जाने की अनुमति नहीं दी।” 14 तब मोआब के सरदार
उठे और बालाक के पास लौट गए और कहा, “बिलआम
हमारे साथ आने से इन्कार करता है।” 15 तब बालाक ने
फिर से और अधिक संख्या में तथा पहले से अधिक
आदरणीय सरदार भेजे। 16 और वे बिलआम के पास आए
और उससे कहा, “यह बालाक त्सिप्पोर का पुत्र कहता है:
‘कृपया मेरे पास आने में संकोच न कर।’” 17 “क्योंकि मैं
तेरा बहुत आदर करूँगा, और तू जो भी मुझसे कहेगा वही मैं
करूँगा; इसलिए कृपया आ और मेरे लिये इन लोगों को शाप
दे।” 18 तब बिलआम ने बालाक के दासों से उत्तर दिया और
कहा, “यदि बालाक मुझे अपना घर चाँदी और सोने से
भरकर दे, तो भी मैं अपने ईश्वर 𐤉𐤄𐤅𐤄 के वचन के विरुद्ध
कुछ भी — न थोड़ा और न अधिक — नहीं कर सकता।”
19 “अब, कृपया तुम भी आज रात यहाँ ठहरो, ताकि मैं जान
लूँ कि 𐤉𐤄𐤅𐤄 मुझसे और क्या कहता है।” 20 और ईश्वर
रात में बिलआम के पास आया और उससे कहा, “यदि ये
लोग तुझे बुलाने आएँ, तो उठ और उनके साथ जा; परन्तु जो
बचन मैं तुझसे कहूँ, वही तू करेगा।” 21 और बिलआम सुबह
उठा और अपने गधे पर काठी कसकर मोआब के सरदारों के
साथ चला गया। 22 परन्तु जब वह चला, तब ईश्वर का क्रोध
भड़क उठा, और 𐤉𐤄𐤅𐤄 का दूत उसके विरोध में मार्ग में
खड़ा हुआ। और वह अपने गधे पर सवार था, और उसके
दो सेवक उसके साथ थे। 23 और गधे ने 𐤉𐤄𐤅𐤄 के दूत
को मार्ग में खड़ा देखा, जिसके हाथ में खींची हुई तलवार थी;
तब गधा मार्ग से हटकर खेत में चला गया। इसलिए
बिलआम ने गधे को मारा ताकि वह फिर से मार्ग पर लौट
आए। 24 तब 𐤉𐤄𐤅𐤄 का दूत दाख की बारियों के बीच एक
सँकरे मार्ग में खड़ा हुआ, जहाँ एक ओर दीवार थी और
दूसरी ओर भी दीवार थी। 25 और जब गधे ने 𐤉𐤄𐤅𐤄 के
दूत को देखा, तो उसने दीवार की ओर दबाया और बिलआम
का पैर दीवार से कुचल दिया; इसलिए उसने उसे फिर मारा।
26 फिर 𐤉𐤄𐤅𐤄 का दूत आगे बढा और एक ऐसे सँकरे
स्थान पर खड़ा हुआ जहाँ दाएँ या बाएँ मुड़ने की कोई जगह
नहीं थी। 27 और जब गधे ने 𐤉𐤄𐤅𐤄 के दूत को देखा, तो
वह बिलआम के नीचे बैठ गया; तब बिलआम का क्रोध भड़क
उठा, और उसने अपनी लाठी से गधे को पीटा। 28 तब
𐤉𐤄𐤅𐤄 ने गधे का मुँह खोल दिया, और उसने बिलआम से
कहा, “मैंने तेरा क्या बिगाड़ा कि तूने मुझे इन तीन बार

मारा?” 29 और बिलआम ने गधे से कहा, “क्योंकि तूने मेरा
अपमान किया है; यदि मेरे हाथ में तलवार होती, तो मैं अब
तक तुझे मार डालता।” 30 तब गधे ने बिलआम से कहा,
“क्या मैं तेरा वही गधा नहीं हूँ जिस पर तू आज तक सवार
होता आया है, जब से मैं तेरा हूँ? क्या मैंने कभी तेरे साथ ऐसा
किया है?” उसने कहा, “नहीं।” 31 तब 𐤉𐤄𐤅𐤄 ने बिलआम
की आँखें खोलीं, और उसने 𐤉𐤄𐤅𐤄 के दूत को मार्ग में
खड़ा देखा, जिसके हाथ में खींची हुई तलवार थी; और वह
सिर झुकाकर मुँह के बल गिर पड़ा। 32 और 𐤉𐤄𐤅𐤄 के
दूत ने उससे कहा, “तूने अपने गधे को इन तीन बार क्यों
मारा? देख, मैं तेरे विरोध में इसलिए निकला हूँ क्योंकि तेरा
मार्ग मेरे सामने टेढ़ा है।” 33 “और गधे ने मुझे देखा और
इन तीन बार मुझसे हट गई; यदि वह मुझसे न हटती, तो
निश्चय ही मैं तुझे अब तक मार डालता, पर उसे जीवित
रखता।” 34 तब बिलआम ने 𐤉𐤄𐤅𐤄 के दूत से कहा, “मैंने
पाप किया है, क्योंकि मुझे पता नहीं था कि तू मेरे विरोध में
मार्ग में खड़ा था; अब यदि यह तेरी दृष्टि में बुरा है, तो मैं लौट
जाऊँगा।” 35 तब 𐤉𐤄𐤅𐤄 के दूत ने बिलआम से कहा, “इन
लोगों के साथ जा, परन्तु जो वचन मैं तुझसे कहूँ, वही तू
कहे।” तब बिलआम बालाक के सरदारों के साथ चला गया।
36 और जब बालाक ने सुना कि बिलआम आ रहा है, तो वह
मोआब के नगर में, जो अर्नोन की सीमा पर, उसकी सीमा के
छोर पर था, उससे मिलने निकला। 37 और बालाक ने
बिलआम से कहा, “क्या मैंने तुझे बुलाने के लिये शीघ्रता से
दूत नहीं भेजे थे? तू मेरे पास क्यों नहीं आया? क्या मैं तेरा
आदर करने में असमर्थ था?” 38 और बिलआम ने बालाक से
कहा, “देख, मैं तेरे पास आया हूँ; पर क्या मैं अपने मन से
कुछ कह सकता हूँ? जो वचन ईश्वर मेरे मुँह में डालेगा, वही
मैं कहूँगा।” 39 तब बिलआम बालाक के साथ गया, और वे
किर्यात-खुत्सोत पहुँचे। 40 और बालाक ने गाय-बैल और भेड़ें
बलि दीं, और कुछ भाग बिलआम को और उसके साथ के
सरदारों को भेजा। 41 और प्रातःकाल ऐसा हुआ कि बालाक ने
बिलआम को लिया और उसे बाल के ऊँचे स्थानों पर चढ़ाया,
और वहाँ से उसने लोगों के छोर को देखा।

23

1 और बिलआम ने बालाक से कहा, “मेरे लिये यहाँ
सात वेदी बनवा, और मेरे लिये यहाँ सात बैल और
सात मेढ़े तैयार कर।” 2 और बालाक ने जैसा बिलआम ने
कहा वैसा ही किया, और बालाक और बिलआम ने प्रत्येक वेदी
पर एक बैल और एक मेढ़ा चढ़ाया। 3 तब बिलआम ने बालाक
से कहा, “तू अपने होमबलि के पास ठहर, और मैं आगे
जाऊँगा; सम्भव है कि 𐤉𐤄𐤅𐤄 मुझसे भेंट करने आए; और
जो कुछ वह मुझे दिखाएगा, वही मैं तुझसे कहूँगा।” तब वह
एक ऊँचे स्थान पर गया। 4 और ईश्वर बिलआम के पास
आया, और उसने उससे कहा, “मैंने सात वेदियाँ तैयार की हैं,
और प्रत्येक वेदी पर एक बैल और एक मेढ़ा अर्पण किया
है।” 5 और 𐤉𐤄𐤅𐤄 ने बिलआम के मुँह में वचन रखा और
कहा, “बालाक के पास लौट जा, और यह बात उससे
कहना।” 6 और वह उसके पास लौटा, और देखा कि वह
अपने होमबलि के पास खड़ा है, वह और मोआब के सब
सरदार उसके साथ थे। 7 और उसने अपनी नीतिवाणी
आरम्भ की और कहा, “मोआब के राजा बालाक ने मुझे
अराम से बुलाया, पूरब के पर्वतों से कहा, ‘आ, मेरे लिये
याक़ोब को शाप दे, और आ, इसराएल पर क्रोध कर।’”
8 “मैं उसे कैसे शाप दूँ जिसे ईश्वर ने शाप नहीं दिया? और मैं
उस पर कैसे क्रोधित होऊँ जिस पर 𐤉𐤄𐤅𐤄 ने क्रोध नहीं
किया?” 9 “क्योंकि चट्टानों की चोटी से मैं उसे देखता हूँ, और
पहाड़ियों से उसे निहारता हूँ; देख, वह एक ऐसा जाति है जो
अकेली रहती है, और अपने को अन्य जातियों में नहीं
गिनती।” 10 “कौन याक़ोब की धूल की गिनती करेगा, या
इसराएल के चौथाई भाग की संख्या बताएगा? काश, मैं धर्मी
की मृत्यु मरूँ, और मेरा अंत उसके समान हो!” 11 तब
बालाक ने बिलआम से कहा, “तूने मेरे साथ क्या किया? मैंने
तुझे अपने शत्रुओं को शाप देने के लिये बुलाया था, और
देख, तू तो उन्हें आशीर्वाद दे रहा है!” 12 और उसने उत्तर
दिया, “क्या मुझे वह न बोलना चाहिये जो 𐤉𐤄𐤅𐤄 मेरे मुँह में
रखे?” 13 तब बालाक ने उससे कहा, “कृपया मेरे साथ किसी
और स्थान पर चल जहाँ से तू उन्हें देख सके; वहाँ से तू
केवल उनके किनारे का भाग देखेगा, सब को नहीं; वहाँ से
उन्हें मेरे लिये शाप दे।” 14 और वह उसे तोफ़ीम के मैदान
में, पिस्गाह की चोटी पर ले गया, और वहाँ सात वेदियाँ बनाईं,
और प्रत्येक वेदी पर एक बैल और एक मेढ़ा चढ़ाया। 15 और
उसने बालाक से कहा, “तू अपने होमबलि के पास ठहर, और
मैं वहाँ जाकर 𐤉𐤄𐤅𐤄 से मिलूँगा।” 16 और 𐤉𐤄𐤅𐤄
बिलआम के पास आया, और उसके मुँह में वचन रखा, और
कहा, “बालाक के पास लौट जा, और यह बात उससे
कहना।” 17 तब वह उसके पास गया और देखा कि वह अपने
होमबलि के पास खड़ा है, और मोआब के सरदार उसके साथ
थे। और बालाक ने उससे कहा, “𐤉𐤄𐤅𐤄 ने क्या कहा?”
18 तब उसने अपनी नीतिवाणी आरम्भ की और कहा, “उठ, हे
बालाक, और सुन; हे त्सिप्पोर के पुत्र, मेरी बात पर कान
लगा। 19 “ईश्वर मनुष्य नहीं कि झूठ बोले, न मनुष्य का पुत्र
कि वह पछताए! क्या उसने कहा और वह न करे? क्या उसने
वचन दिया और उसे पूरा न करे?” 20 “देख, मैंने आशीर्वाद
का आदेश प्राप्त किया है; और उसने आशीर्वाद दिया है, और
मैं उसे पलट नहीं सकता।” 21 “उसने याक़ोब में कोई अधर्म
नहीं देखा, न इसराएल में कोई संकट देखा; उसका ईश्वर
𐤉𐤄𐤅𐤄 उसके साथ है, और उनके बीच राजा का जयघोष
है।” 22 ईश्वर जिसने उन्हें मिस्र से बाहर निकाला, उनके
लिये जंगली बैल के सींगों के समान है। 23 क्योंकि याक़ोब के
विरुद्ध कोई जादू टोना नहीं है, न इसराएल के विरुद्ध कोई
ज्योतिष; अब याक़ोब और इसराएल से कहा जाता है, 'ईश्वर
ने क्या कर दिया!' 24 देखो, एक जाति शेरनी की तरह उठती
है, और शेर की तरह उठ खड़ी होती है; वह तब तक नहीं
लेटेगी जब तक वह शिकार को न निगल ले और मारे हुए का
रक्त न पी ले। 25 और बालाक ने बिलआम से कहा, “उन पर
बिल्कुल भी शाप मत कर, न ही उन्हें आशीर्वाद दे!” 26 और
बिलआम ने उत्तर दिया और बालाक से कहा, “क्या मैंने
तुझसे यह कहा नहीं कि, ‘जो कुछ 𐤉𐤄𐤅𐤄 कहे, वही मैं
करूँगा’?” 27 और बालाक ने बिलआम से कहा, “कृपया आ,
मैं तुझे किसी और स्थान पर ले चलता हूँ; सम्भव है कि यह
ईश्वर की दृष्टि में अच्छा हो कि तू वहाँ से मेरे लिये उन्हें शाप
दे।” 28 और बालाक ने बिलआम को पेओर की चोटी पर ले

जाकर खड़ा किया, जो वीरान भूमि की ओर निहारती है।
29 और बिलआम ने बालाक से कहा, "मेरे लिये यहाँ सात वेदी
बना, और मेरे लिये यहाँ सात बैल और सात मेढ़े तैयार
कर।" 30 और बालाक ने जैसा बिलआम ने कहा वैसा ही
किया, और प्रत्येक वेदी पर एक बैल और एक मेढ़ा अर्पित
किया।

24 1 और जब बिलआम ने देखा कि इसराएल को
आशीर्वाद देना 𐤉𐤄𐤅𐤄 को अच्छा लगा, तो वह अन्य
समयों की तरह जादू करने नहीं गया, परन्तु उसने अपना
मुख जंगल की ओर किया। 2 और बिलआम ने अपनी आँखें
उठाईं और देखा कि इसराएल अपनी गोत्रों के अनुसार डेरा
डाले हुए है; और ईश्वर की आत्मा उस पर उतरी। 3 और
उसने अपनी नीतिवाणी आरम्भ की और कहा, "बेओर के पुत्र
बिलआम का वचन, और उस मनुष्य का वचन जिसकी आँखें
खोली गई हैं। 4 "उसका वचन जो ईश्वर के वचन सुनता है,
जो सर्वशक्तिमान ईश्वर का दर्शन देखता है, जो गिर पड़ता है
परन्तु जिसकी आँखें खुली रहती हैं।" 5 "तेरे डेरे कितने
अच्छे हैं, हे याक़ोब, और तेरे निवास, हे इसराएल!" 6 "जैसे
फैली हुई नदियाँ, जैसे नदी के किनारे के बाग़, जैसे 𐤉𐤄𐤅𐤄
के लगाए हुए एलोए के वृक्ष, जैसे जल के पास के देवदार।"
7 "उसके बाल्टियों से जल बहेगा, और उसका वंश बहुत जलों
में होगा; उसका राजा अगाग से भी ऊँचा होगा, और उसका
राज्य ऊँचा उठाया जाएगा।" 8 "ईश्वर जिसने उसे मिस्र से
बाहर निकाला, वह उनके लिये जंगली बैल के सींगों के समान
है; वह जातियों, अपने शत्रुओं को निगल जाता है, और उनकी
हड्डियाँ तोड़ देता है, और अपने तीरों से उन्हें बेध देता है।"
9 "वह झुक गया, वह शेर की तरह लेट गया; और, शेर की
तरह, कौन उसे जगाएगा? जो तुझे आशीर्वाद दे वह
आशीर्वादित हो, और जो तुझे शाप दे वह शापित हो।" 10 तब
बालाक का क्रोध बिलआम पर भड़क उठा, और उसने अपने
हाथों को ताली मारी; और बालाक ने बिलआम से कहा, "मैंने
तुझे अपने शत्रुओं को शाप देने के लिये बुलाया था, और
देख, तूने अब तीन बार उन्हें आशीर्वाद दिया है!" 11 "अब
अपने स्थान को लौट जा; मैंने कहा था कि मैं तेरा बहुत
आदर करूँगा, पर देख, 𐤉𐤄𐤅𐤄 ने तुझे आदर से वंचित
किया है।" 12 और बिलआम ने बालाक से कहा, "क्या मैंने
तेरे दूतों से जो तूने मेरे पास भेजे थे, यह नहीं कहा था,
13 'यदि बालाक मुझे अपना घर चाँदी और सोने से भरकर दे,
तो भी मैं 𐤉𐤄𐤅𐤄 के वचन के विरुद्ध कुछ भी नहीं कर
सकता — न अपने मन से अच्छा, न बुरा; जो 𐤉𐤄𐤅𐤄
कहेगा वही मैं कहूँगा।'" 14 "और अब देख, मैं अपनी जाति
के पास जा रहा हूँ; आ, मैं तुझे बता दूँ कि यह जाति अन्त के
दिनों में तेरी जाति के साथ क्या करेगी।" 15 और उसने
अपनी नीतिवाणी आरम्भ की और कहा, "बेओर के पुत्र
बिलआम का वचन, और उस मनुष्य का वचन जिसकी आँखें
खोली गई हैं। 16 "उसका वचन जो ईश्वर के वचन सुनता है,
जो परमप्रधान के ज्ञान को जानता है, जो सर्वशक्तिमान ईश्वर
का दर्शन देखता है, जो गिर पड़ता है, परन्तु जिसकी आँखें
खुली रहती हैं।" 17 "मैं उसे देखता हूँ, पर अभी नहीं; मैं उसे
निहारता हूँ, पर निकट नहीं; याक़ोब में एक तारा निकलेगा,
और इसराएल में एक राजदण्ड उठेगा; वह मोआब के कोनों
को कुचल देगा, और शेत के सब पुत्रों को नाश करेगा।"
18 "एदोम उसका अधिकार होगा, और सेईर भी उसका
अधिकार होगा — शत्रु — और इसराएल वीरतापूर्वक कार्य
करेगा।" 19 "और याक़ोब से एक शासक निकलेगा, और वह
आर के बचे हुओं को नाश करेगा।" 20 फिर उसने अमालेक
को देखा, और अपनी नीतिवाणी आरम्भ की और कहा,
"अमालेक जातियों में प्रथम था, परन्तु उसका अन्त सदा के
लिये नाश होना है।" 21 फिर उसने क़ेनी लोगों को देखा, और
अपनी नीतिवाणी आरम्भ की और कहा, "तेरा निवास स्थान
दृढ़ है, और तेरा बसेरा चट्टान में रखा गया है।" 22 "परन्तु
क़ैन जलाया जाएगा; कब तक अश्शूर तुझे बंधुआ बनाकर
रखेगा?" 23 और उसने अपनी नीतिवाणी आरम्भ की और
कहा, "हाय! कौन जीवित रहेगा जब ईश्वर यह करेगा?"
24 "और कित्तीम के किनारों से जहाज़ आएँगे, और वे अश्शूर
को पीड़ित करेंगे, और एबर को पीड़ित करेंगे; और अमालेक
भी ऐसा ही करेगा, और वह भी नाश होगा।" 25 तब बिलआम
उठा और चला गया और अपने स्थान पर लौट गया; और
बालाक भी अपने मार्ग से चला गया।

25 1 और इसराएल शित्तीम में ठहरे, और लोग मोआब
की बेटियों के साथ व्यभिचार करने लगे। 2 और वे
लोगों को अपने देवताओं की बलि-समारोहों में आमंत्रित करते
थे, और लोगों ने खाया और उनके देवताओं के आगे झुककर
पूजा की। 3 इस प्रकार इसराएल बाल पेओर से जुड़ गया,
और 𐤉𐤄𐤅𐤄 का क्रोध इसराएल के विरुद्ध भड़क उठा।
4 और 𐤉𐤄𐤅𐤄 ने मूशेह से कहा, "सभी जन-नेताओं को ले
जाकर उन्हें 𐤉𐤄𐤅𐤄 के सामने, सूर्य के समक्ष टाँग दे, ताकि
𐤉𐤄𐤅𐤄 का दहकता क्रोध इसराएल से टल जाए।" 5 और
मूशेह ने इसराएल के न्यायदानों से कहा, "तुम में से प्रत्येक
अपने उन पुरुषों को मार दे जो बाल पेओर से जुड़े हुए थे।"
6 और देखो, इसराएल का एक व्यक्ति आया और मूशेह की
दृष्टि के सामने और इसराएल की सारी मण्डली की आँखों के
सामने अपने भाइयों को मिद्यान की एक स्त्री लेकर गया, जो
कि मिलाप के तम्बू के द्वार पर विलाप कर रहे थे। 7 और जब
पिनहास, एलीआज़र का पुत्र, अहारोन याजक का पोता, ने
यह देखा तो वह मण्डली से उठकर भाला अपने हाथ में ले
लिया। 8 और वह इसराएल के उस व्यक्ति के पीछे तम्बू में
गया और दोनों को भाले से भेद दिया — इसराएल के उस
व्यक्ति को और स्त्री को उसके उदर में से; और इस प्रकार
इसराएल के बीच की महामारी रुक गई। 9 और महामारी में
मरे हुए लोगों की संख्या चौबीस हज़ार थी। 10 और 𐤉𐤄𐤅𐤄
ने मूशेह से कहा, 11 "पिनहास, एलीआज़र का पुत्र, अहारोन
याजक का पोता, ने मेरे क्रोध को इसराएल के पुत्रों से हटा
दिया, क्योंकि उसने उनके बीच मेरे क्रोध के प्रति अनुराग
दिखाया, और इसलिए मैंने अपने ताप में इसराएल के पुत्रों को
नष्ट नहीं किया।" 12 "इसलिए कहो, 'देखो, मैं उसे अपनी
शान्ति की वाचा देता हूँ, 13 और वह और उसके बाद की
उसकी सन्तान के लिये सनातन याजकता रहेगी, क्योंकि वह
अपने ईश्वर के लिये उत्साही था, और इसराएल के पुत्रों के
लिये प्रायश्चित किया।' " 14 और उस इसराएली का नाम जो
मारा गया, वह था ज़िमरी, सालु का पुत्र, जो शिमओनियों में

पिता के घर का नेता था। 15और उस मिद्यान स्त्री का नाम
जो मारी गई, वह कोज़बी थी, सूर की पुत्री; वह मिद्यान में
पिता के घर की जनता की प्रधान थी। 16और 𐤉𐤄𐤅𐤄 ने
मूशेह से कहा, 17"मिद्यानियों को सताओ! और तुम उन्हें
मारो, 18क्योंकि उन्होंने तुम्हें धोखे से परेशान किया — वे
तुम्हें पेओर के विषय में और कोज़बी, मिद्यान के एक प्रधान
की पुत्री के विषय में, जो महामारी के दिन पेओर के कारण
मरी थी, ऐसे छल से भटका कर परेशान करते रहे।"

26 1और ऐसा हुआ कि महामारी के बाद 𐤉𐤄𐤅𐤄 ने
मूशेह और अहारोन के पुत्र याजक एलीआज़र से
कहा, 2"इसराएल के पुत्रों की सारी मण्डली की गणना ले,
बीस वर्ष या उससे अधिक आयु के प्रत्येक व्यक्ति की, उनके
पितरों के घरों के अनुसार, जो इसराएल में सेना में जाने
योग्य हैं।" 3तब मूशेह और याजक एलीआज़र ने मोआब के
मैदानों में यरीहो के यरदेन के पास उनसे बात की, यह
कहकर, 4"बीस वर्ष या उससे अधिक आयु के प्रत्येक व्यक्ति
की गणना लो, जैसा कि 𐤉𐤄𐤅𐤄 ने मूशेह और इसराएल के
पुत्रों को आज्ञा दी, जो मिस्र देश से निकले थे।" 5इसराएल
के पहिलौठे रूबेन के पुत्र: हनोक से, हनोकियों का कुल; पल्लू
से, पल्लूियों का कुल; 6हेत्स्रोन से, हेत्स्रोनियों का कुल; और
कर्मी से, कर्मियों का कुल। 7ये रूबेनियों के कुल हैं, और
उनके गिने हुए लोग तैंतालीस हज़ार सात सौ तीस थे। 8और
पल्लू का पुत्र एल्याब था। 9और एल्याब के पुत्र थे: निमूएल,
दातान और अबीराम। यही दातान और अबीराम मण्डली में
बुलाए गए थे, जिन्होंने मूशेह और अहारोन के विरुद्ध कोरह
की संगति में झगड़ा किया था, जब उन्होंने 𐤉𐤄𐤅𐤄 के
विरुद्ध झगड़ा किया। 10और पृथ्वी ने अपना मुँह खोलकर
उन्हें कोरह के साथ निगल लिया, जब वह संगति मर गई, जब
आग ने दो सौ पचास पुरुषों को भस्म कर दिया; और वे चिन्ह
के रूप में रहे। 11परन्तु कोरह के पुत्र नहीं मरे। 12शिमोन
के पुत्र उनके कुलों के अनुसार: निमूएल से, निमूएलियों का
कुल; यामीन से, यामीनियों का कुल; याकीन से, याकीनियों
का कुल; 13ज़ेरह से, ज़ेरहियों का कुल; शाऊल से,
शाऊलियों का कुल। 14ये शिमोनियों के कुल हैं: बाईस हज़ार
दो सौ। 15गाद के पुत्र उनके कुलों के अनुसार: त्सेफोन से,
त्सेफोनियों का कुल; हग्गी से, हग्गियों का कुल; शूनी से,
शूनियों का कुल; 16ओज़्नी से, ओज़्नियों का कुल; एरी से,
एरियों का कुल; 17अरोज़ से, अरोज़ियों का कुल; अरेली से,
अरेलियों का कुल। 18ये गाद के पुत्रों के कुल हैं, उनके गिने
हुए लोगों के अनुसार: चालीस हज़ार पाँच सौ। 19यहूदा के
पुत्र: एर और ओनान; और एर और ओनान कनान देश में
मर गए। 20और यहूदा के पुत्र उनके कुलों के अनुसार:
शेला से, शेलानियों का कुल; पेरेत्स से, पेरेत्सियों का कुल;
ज़ेरह से, ज़ेरहियों का कुल। 21और पेरेत्स के पुत्र: हेत्स्रोन
से, हेत्स्रोनियों का कुल; हमूल से, हमूलियों का कुल। 22ये
यहूदा के कुल हैं, उनके गिने हुए लोगों के अनुसार: छिहत्तर
हज़ार पाँच सौ। 23इस्साकार के पुत्र उनके कुलों के
अनुसार: तोला से, तोलाइयों का कुल; पूवा से, पूनियों का
कुल; 24यशूब से, यशूबियों का कुल; शिमरोन से, शिमरोनियों
का कुल। 25ये इस्साकार के कुल हैं, उनके गिने हुए लोगों
के अनुसार: चौंसठ हज़ार तीन सौ। 26जबूलून के पुत्र उनके
कुलों के अनुसार: सेरेद से, सरदियों का कुल; एलोन से,
एलोनियों का कुल; यहलेएल से, यहलेएलियों का कुल। 27ये
जबूलूनियों के कुल हैं, उनके गिने हुए लोगों के अनुसार: साठ
हज़ार पाँच सौ। 28योसेफ के पुत्र उनके कुलों के अनुसार
— मनश्शे और एप्रैम से: 29मनश्शे के पुत्र: माखीर से,
माखीरियों का कुल। और माखीर ने गिलआद को उत्पन्न
किया; गिलआद से, गिलआदियों का कुल। 30ये गिलआद के
पुत्र हैं: एलिएज़र से, एलिएज़रियों का कुल; हेलेक से,
हेलेकियों का कुल; 31अस्रीएल से, अस्रीएलियों का कुल;
शेकेम से, शेकेमियों का कुल; 32शेमीदा से, शेमीदाइयों का
कुल; हेफेर से, हेफेरियों का कुल। 33और हेफेर के पुत्र
त्सेलोफहाद की कोई संतान नहीं थी, केवल पुत्रियाँ थीं। और
त्सेलोफहाद की पुत्रियों के नाम थे: महला, नोआ, होगला,
मिल्का, और तिर्त्सा। 34ये मनश्शे के कुल हैं, और उनके
गिने हुए लोग थे: बावन हज़ार सात सौ। 35ये एप्रैम के पुत्र
उनके कुलों के अनुसार हैं: शूतेलह से, शूतेलहियों का कुल;
बेकर से, बाकरियों का कुल; तहन से, तहनियों का कुल।
36और शूतेलह के पुत्र थे: एरान से, एरानियों का कुल। 37ये
एप्रैम के पुत्रों के कुल हैं, उनके गिने हुए लोगों के अनुसार:
बत्तीस हज़ार पाँच सौ। ये योसेफ के पुत्र हैं, उनके कुलों के
अनुसार। 38बिन्यामीन के पुत्र उनके कुलों के अनुसार: बेला
से, बेलाइयों का कुल; अश्बेल से, अश्बेलियों का कुल;
अहीराम से, अहीरामियों का कुल; 39शेफूफाम से,
शेफूफामियों का कुल; हूपाम से, हूपामियों का कुल। 40और
बेला के पुत्र थे: अर्द और नआमान; अर्द से, अर्दियों का
कुल; नआमान से, नआमानियों का कुल। 41ये बिन्यामीन के
पुत्र हैं, उनके कुलों के अनुसार और उनके गिने हुए लोगों की
संख्या थी: पैंतालीस हज़ार छह सौ। 42दान के पुत्र उनके
कुलों के अनुसार: शूहाम से, शूहामियों का कुल। ये दानियों
के कुल हैं, उनके कुलों के अनुसार। 43शूहामियों के सभी
कुलों की गणना के अनुसार संख्या थी: चौंसठ हज़ार चार
सौ। 44आशेर के पुत्र उनके कुलों के अनुसार: यिम्ना से,
यिम्नाइयों का कुल; यिश्वी से, यिश्वियों का कुल; बेरियाह से,
बेरियाइयों का कुल। 45बेरियाह के पुत्रों में से: हेबर से,
हेबरियों का कुल; मल्किएल से, मल्किएलियों का कुल।
46और आशेर की पुत्री का नाम था सेरह। 47ये आशेर के
पुत्रों के कुल हैं, उनके गिने हुए लोगों की संख्या थी: तिरपन
हज़ार चार सौ। 48नफ़्ताली के पुत्र उनके कुलों के अनुसार:
यहत्सेएल से, यहत्सेएलियों का कुल; गूनी से, गूनियों का
कुल; 49येत्सेर से, येत्सेरियों का कुल; शिल्लेम से,
शिल्लेमियों का कुल। 50ये नफ़्ताली के कुल हैं, उनके कुलों
के अनुसार, और उनके गिने हुए लोगों की संख्या थी:
पैंतालीस हज़ार चार सौ। 51ये इसराएल के पुत्रों में गिने हुए
लोग थे: छह लाख एक हज़ार सात सौ तीस। 52और
𐤉𐤄𐤅𐤄 ने मूशेह से कहा, 53"भूमि इन्हें उनके नामों की
संख्या के अनुसार विरासत के रूप में बाँटी जाए।"
54"जिसका समूह बड़ा है, उसे बड़ी विरासत देना, और
जिसका छोटा है, उसे छोटी विरासत देना; प्रत्येक को उसकी

गिनती के अनुसार उसका भाग दिया जाए।" 55 "परन्तु भूमि
का बाँटवारा चिट्ठी द्वारा किया जाएगा; वे अपने पितरों के गोत्रों
के नामों के अनुसार विरासत पाएँगे।" 56 "चिट्ठी के अनुसार
उनकी विरासत का बाँटवारा बड़े और छोटे के बीच किया
जाएगा।" 57 और ये लेवियों के गिने हुए लोग हैं, उनके कुलों
के अनुसार: गेरेशोन से, गेरेशोनियों का कुल; कहात से,
कहातियों का कुल; और मेरारी से, मेरारियों का कुल। 58 ये
लेवियों के कुल हैं: लिब्नियों का कुल, हेबरोनियों का कुल,
महलियों का कुल, मूशियों का कुल, और कोरहियों का कुल;
और कहात ने अम्राम को उत्पन्न किया। 59 और अम्राम की
पत्नी का नाम था योखेबेद, जो लेवी की पुत्री थी, और मिस्र में
लेवी से उत्पन्न हुई थी। और अम्राम के लिये उसने अहारोन,
मूशेह और उनकी बहन मरियम को जन्म दिया। 60 और
अहारोन से नादाब और अबीहू, एलीआज़र और इथामार
उत्पन्न हुए। 61 और नादाब और अबीहू मरे जब उन्होंने
𐤉𐤄𐤅𐤄 के सामने पराया आग चढ़ाया। 62 और उनके गिने
हुए लोग थे तेईस हज़ार — प्रत्येक पुरुष जो एक महीने का
या उससे अधिक आयु का था; क्योंकि उन्हें इसराएल के पुत्रों
में नहीं गिना गया था, क्योंकि उन्हें इसराएल के पुत्रों में कोई
विरासत नहीं दी गई थी। 63 ये वही लोग हैं जिन्हें मूशेह और
याजक एलीआज़र ने गिना, जिन्होंने इसराएल के पुत्रों को
मोआब के मैदानों में यरीहो के यरदेन के पास गिना।
64 परन्तु इनमें से कोई भी व्यक्ति उन लोगों में से नहीं था
जिन्हें मूशेह और याजक अहारोन ने सीनै के जंगल में
इसराएल के पुत्रों को गिनते समय गिना था। 65 क्योंकि
𐤉𐤄𐤅𐤄 ने उनके विषय में कहा था, "वे जंगल में अवश्य मर
जाएँगे।" और उन में से एक भी व्यक्ति नहीं बचा, सिवाय
येफुन्नेह के पुत्र कालेब और नून के पुत्र यहोशू के।

27

1 तब त्सेलोफहाद की पुत्रियाँ आईं — जो हेफेर का
पुत्र, गिलआद का पुत्र, माखीर का पुत्र, मनश्शे का
पुत्र था, योसेफ के पुत्र मनश्शे के कुलों से। और उसकी
पुत्रियों के नाम ये थे: महला, नोआ, होगला, मिल्का, और
तिर्सा। 2 वे मूशेह, याजक एलीआज़र, नेताओं और सारी
मण्डली के सामने मिलाप के तम्बू के द्वार पर खड़ी होकर
कहने लगीं, 3 "हमारे पिता जंगल में मर गए, परन्तु वह उन
लोगों की संगति में नहीं था जो 𐤉𐤄𐤅𐤄 के विरुद्ध कोरह की
संगति में इकट्ठे हुए थे; वह अपने पाप में मरा, और उसके
कोई पुत्र नहीं थे। 4 "हमारे पिता का नाम उसके कुल में से
क्यों मिटा दिया जाए, केवल इसलिए कि उसके पुत्र नहीं थे?
हमारे पिता के भाइयों के बीच हमें भी एक भाग, एक विरासत
दे।" 5 तब मूशेह ने उनका मामला 𐤉𐤄𐤅𐤄 के सामने रखा।
6 और 𐤉𐤄𐤅𐤄 ने मूशेह से कहा, 7 "त्सेलोफहाद की पुत्रियाँ
ठीक कह रही हैं। तू उन्हें अवश्य ही उनके पिता के भाइयों के
बीच एक भाग, एक विरासत दे, और उनके पिता की विरासत
उन्हें सौंप दे।" 8 "और इसराएल के पुत्रों से कह, 'जब कोई
मनुष्य मरे और उसका पुत्र न हो, तो उसकी विरासत उसकी
पुत्री को देना।' 9 'और यदि उसकी कोई पुत्री न हो, तो
उसकी विरासत उसके भाइयों को देना।' 10 'और यदि उसके
भाई न हों, तो उसकी विरासत उसके पिता के भाइयों को
देना।' 11 'और यदि उसके पिता के भाई भी न हों, तो उसकी
विरासत उसके परिवार के निकटतम सम्बन्धी को देना, और
वह उसे पाए।'" और यह इसराएल के पुत्रों के लिये एक
विधि और न्याय की आज्ञा ठहरी, जैसा कि 𐤉𐤄𐤅𐤄 ने मूशेह
को आज्ञा दी। 12 और 𐤉𐤄𐤅𐤄 ने मूशेह से कहा, "अब तू
अबारीम पर्वत पर चढ़ जा और उस देश को देख, जिसे मैंने
इसराएल के पुत्रों को दिया है। 13 "और जब तू उसे देख
लेगा, तब तू भी अपने लोगों के साथ एकत्र किया जाएगा, जैसे
तेरा भाई अहारोन एकत्र किया गया।" 14 "क्योंकि तूने सीन
के जंगल में मण्डली के झगड़े में मेरे वचन का विरोध किया
था, मुझे उनके सामने पवित्र ठहराने में असफल हुआ था।"
ये मरिबा का जल था, जो कादेश में, सीन के जंगल में था।
15 और मूशेह ने 𐤉𐤄𐤅𐤄 से कहा, 16 "हे सब प्राणियों की
आत्माओं के ईश्वर 𐤉𐤄𐤅𐤄, एक व्यक्ति को मण्डली पर
नियुक्त कर, 17 जो उनके आगे जाता और उनके सामने
आता रहे, जो उन्हें बाहर ले जाए और भीतर लाए, ताकि
𐤉𐤄𐤅𐤄 की मण्डली बिना चरवाहे की भेड़ों के समान न हो।"
18 और 𐤉𐤄𐤅𐤄 ने मूशेह से कहा, "नून के पुत्र यहोशू को ले,
जो एक आत्मा से परिपूर्ण पुरुष है, और अपना हाथ उस पर
रख।" 19 "और उसे याजक एलीआज़र और सारी मण्डली
के सामने खड़ा कर, और उनके सामने उसे आदेश दे।"
20 "और अपनी महिमा का कुछ भाग उस पर रख, ताकि
इसराएल के पुत्रों की सारी मण्डली उसकी आज्ञा माने।"
21 "और वह याजक एलीआज़र के सामने खड़ा होगा, जो
उसके लिये 𐤉𐤄𐤅𐤄 के सामने ऊरीम के न्याय के द्वारा
पूछेगा; उसके वचन पर वे बाहर जाएँगे और उसके वचन पर
भीतर आएँगे, वह स्वयं और उसके साथ इसराएल के सब पुत्र
और सारी मण्डली।" 22 और मूशेह ने वैसा ही किया जैसा
𐤉𐤄𐤅𐤄 ने आज्ञा दी थी, और उसने यहोशू को लिया और
उसे याजक एलीआज़र और सारी मण्डली के सामने खड़ा
किया। 23 और उसने अपने हाथ उस पर रखे और उसे
नियुक्त किया, जैसा कि 𐤉𐤄𐤅𐤄 ने मूशेह के द्वारा आज्ञा दी
थी।

28

1 और 𐤉𐤄𐤅𐤄 ने मूशेह से कहा, 2 "इसराएल के
पुत्रों को आज्ञा दे और उनसे कह, 'मेरी भेंटों का
ध्यान रखना — मेरी अन्न भेंटें जो आग में चढ़ाई जाती हैं,
मेरे लिये सुगंधित सुगन्ध के रूप में, उनके नियत समय
पर।' 3 "और उनसे कहना, 'यह वह होमबलि है जो तुम
𐤉𐤄𐤅𐤄 के लिये चढ़ाओगे: दो एक वर्ष के नर मेमने, बिना
दोष के, प्रतिदिन एक निरन्तर होमबलि।' 4 'एक मेमना तू
भोर में तैयार करना, और दूसरा मेमना सन्ध्या के समय
तैयार करना।' 5 'एक एपा का दसवाँ भाग उत्तम आटे का
अन्नबलि के रूप में, चौथाई हिन पिसे हुए तेल के साथ
मिलाकर।' 6 'यह वह निरन्तर होमबलि है जो सीनै पर्वत पर
अर्पित किया गया था, एक सुगन्धित सुगन्ध के रूप में,
𐤉𐤄𐤅𐤄 को आग में चढ़ाई जाने वाली भेंट।' 7 'और उसका
पेयबलि प्रत्येक मेमने के लिये चौथाई हिन दाखरस का हो;
उसे 𐤉𐤄𐤅𐤄 के सामने पवित्र स्थान में अर्पण के रूप में
उड़ेल देना।' 8 'और दूसरा मेमना सन्ध्या के समय तैयार
करना; जैसा प्रातःकाल का अन्नबलि और उसका पेयबलि है,
वैसा ही उसे भी होमबलि के रूप में, 𐤉𐤄𐤅𐤄 के लिये
सुगन्धित सुगन्ध के रूप में चढ़ाना।' 9 'और सब्त के दिन
दो एक वर्ष के मेमने, बिना दोष के, और दो-दसवें भाग उत्तम

आटे का अन्नबलि के रूप में तेल के साथ मिलाकर, उनके
पेयबलि सहित।' 10 'यह प्रत्येक सब्त का होमबलि है,
निरन्तर होमबलि और उसके पेयबलि के अतिरिक्त।'
11 'और तुम्हारे महीनों के आरम्भ में तुम 𐤉𐤄𐤅𐤄 के लिये
होमबलि के रूप में अर्पण लाओगे: दो जवान बैल, एक मेढ़ा,
और सात एक वर्ष के मेमने, जो निर्दोष हों।' 12 'प्रत्येक बैल
के लिये तीन-दसवें भाग उत्तम आटे का अन्नबलि के रूप में
तेल के साथ मिलाकर, और एक मेढ़े के लिये दो-दसवें भाग
उत्तम आटे का अन्नबलि के रूप में तेल के साथ।' 13 'और
प्रत्येक मेमने के लिये एक-दसवाँ भाग उत्तम आटे का तेल के
साथ मिलाकर, होमबलि के रूप में सुगन्धित सुगन्ध के लिये,
𐤉𐤄𐤅𐤄 को आग में चढ़ाई जाने वाली भेंट।' 14 'और उनका
पेयबलि: प्रत्येक बैल के लिये आधा हिन दाखरस, एक मेढ़े के
लिये तिहाई हिन, और एक मेमने के लिये चौथाई हिन। यह
प्रत्येक महीने का होमबलि है, वर्ष के महीनों में।' 15 'और एक
नर बकरी पापबलि के रूप में 𐤉𐤄𐤅𐤄 के लिये चढ़ाई जाए,
निरन्तर होमबलि और उसके पेयबलि के अतिरिक्त।'
16 'और पहले महीने के चौदहवें दिन 𐤉𐤄𐤅𐤄 का पासह
होगा।' 17 'और इस महीने के पंद्रहवें दिन पर्व मनाया जाएगा;
सात दिन तक बिना खमीर की रोटी खाई जाएगी।' 18 'पहले
दिन एक पवित्र सभा होगी; तुम कोई दासत्व का काम न
करना।' 19 'और तुम 𐤉𐤄𐤅𐤄 के लिये होमबलि के रूप में
आग में चढ़ाई जाने वाली भेंट लाओगे: दो जवान बैल, एक
मेढ़ा, और सात एक वर्ष के मेमने, जो निर्दोष हों।' 20 'और
उनकी अन्नबलि उत्तम आटे की होगी, जो तेल के साथ मिलाई
जाए — प्रत्येक बैल के लिये तीन-दसवाँ भाग, और प्रत्येक
मेढ़े के लिये दो-दसवाँ भाग।' 21 'प्रत्येक सात मेमनों के लिये
एक-दसवाँ भाग तैयार करना।' 22 और एक बकरी पापबलि
के रूप में, तुम्हारे लिये प्रायश्चित्त करने के लिये। 23 'इनको
प्रातःकाल के होमबलि के अतिरिक्त तैयार करना, जो निरन्तर
होमबलि है।' 24 'इनके अनुसार तुम सात दिन तक प्रतिदिन
𐤉𐤄𐤅𐤄 के लिये सुगन्धित सुगन्ध के रूप में आग में चढ़ाई
जाने वाली भेंट का भोजन तैयार करोगे; यह निरन्तर होमबलि
और उसके पेयबलि के अतिरिक्त अर्पित किया जाएगा।'
25 'और सातवें दिन तुम्हारा एक पवित्र सभा होगा; तुम कोई
दासत्व का काम न करना।' 26 'और पहिलौठे फल के दिन,
जब तुम अपने पर्व शावूओत में 𐤉𐤄𐤅𐤄 के लिये नई अन्नबलि
लाओगे, उस दिन तुम्हारा एक पवित्र सभा होगा; तुम कोई
दासत्व का काम न करना।' 27 'और तुम 𐤉𐤄𐤅𐤄 के लिये
सुगन्धित सुगन्ध के रूप में होमबलि चढ़ाओगे: दो जवान
बैल, एक मेढ़ा, और सात एक वर्ष के मेमने।' 28 'उनकी
अन्नबलि उत्तम आटे की होगी जो तेल के साथ मिलाई जाए
— प्रत्येक बैल के लिये तीन-दसवाँ भाग, और एक मेढ़े के
लिये दो-दसवाँ भाग।' 29 'प्रत्येक सात मेमनों के लिये एक-
दसवाँ भाग।' 30 'एक नर बकरी तुम्हारे लिये प्रायश्चित्त
करने के लिये।' 31 'वे सब निर्दोष हों; उन्हें उनके पेयबलि
सहित तैयार करो, निरन्तर होमबलि और उसकी अन्नबलि के
अतिरिक्त।'

29 1 'सातवें महीने के पहले दिन तुम्हारा एक पवित्र सभा
होगा; तुम कोई दासत्व का काम न करना, यह तुम्हारे
लिये तुरहियों का दिन (योम तेरूआ) होगा।' 2 'और तुम
𐤉𐤄𐤅𐤄 के लिये सुगन्धित सुगन्ध के रूप में होमबलि
चढ़ाओगे: एक जवान बैल, एक मेढ़ा, और सात एक वर्ष के
मेमने, जो निर्दोष हों।' 3 'और उनकी अन्नबलि उत्तम आटे
की होगी जो तेल के साथ मिलाई जाए — बैल के लिये तीन-
दसवाँ भाग, और मेढ़े के लिये दो-दसवाँ भाग।' 4 'और
प्रत्येक सात मेमनों के लिये एक-दसवाँ भाग।' 5 'और एक
नर बकरी पापबलि के रूप में, तुम्हारे लिये प्रायश्चित्त करने के
लिये।' 6 'यह सब होमबलि, अन्नबलि, और पेयबलि नये महीने
के होमबलि के अतिरिक्त होंगे — निरन्तर होमबलि और
उसकी अन्नबलि तथा पेयबलि उनके नियम के अनुसार, जो
𐤉𐤄𐤅𐤄 के लिये सुगन्धित सुगन्ध के रूप में आग में चढ़ाई
जाने वाली भेंट हैं।' 7 'और इसी सातवें महीने के दसवें दिन
तुम्हारा एक पवित्र सभा होगा; तुम अपने प्राणों को दीन करना
और कोई काम न करना।' 8 'और तुम 𐤉𐤄𐤅𐤄 के लिये
सुगन्धित सुगन्ध के रूप में होमबलि चढ़ाओगे: एक जवान
बैल, एक मेढ़ा, और सात एक वर्ष के मेमने, जो निर्दोष हों।'
9 'और उनकी अन्नबलि उत्तम आटे की होगी जो तेल के साथ
मिलाई जाए — बैल के लिये तीन-दसवाँ भाग, और एक मेढ़े
के लिये दो-दसवाँ भाग।' 10 'और प्रत्येक सात मेमनों के
लिये एक-दसवाँ भाग।' 11 'और एक नर बकरी पापबलि के
रूप में, प्रायश्चित्त के पापबलि और निरन्तर होमबलि तथा
उसकी अन्नबलि और पेयबलि के अतिरिक्त।' 12 'और सातवे
महीने के पंद्रहवें दिन तुम्हारा एक पवित्र सभा होगा; तुम कोई
दासत्व का काम न करना, और 𐤉𐤄𐤅𐤄 के लिये सात दिनो
तक पर्व मनाना।' 13 'और तुम 𐤉𐤄𐤅𐤄 के लिये सुगन्धित
सुगन्ध के रूप में आग में चढ़ाई जाने वाली भेंट, होमबलि
चढ़ाओगे: तेरह जवान बैल, दो मेढ़े, और चौदह एक वर्ष के
मेमने, जो निर्दोष हों।' 14 'और उनकी अन्नबलि उत्तम आटे
की होगी जो तेल के साथ मिलाई जाए — प्रत्येक तेरह बैलो
के लिये तीन-दसवाँ भाग, और प्रत्येक दो मेढ़ों के लिये दो-
दसवाँ भाग।' 15 'और प्रत्येक चौदह मेमनों के लिये एक-
दसवाँ भाग।' 16 'और एक नर बकरी पापबलि के रूप में,
निरन्तर होमबलि, उसकी अन्नबलि और पेयबलि के
अतिरिक्त।' 17 'दूसरे दिन बारह जवान बैल, दो मेढ़े, और
चौदह एक वर्ष के मेमने, जो निर्दोष हों।' 18 'और उनकी
अन्नबलि और पेयबलि बैलों, मेढ़ों, और मेमनों के लिये उनकी
संख्या के अनुसार, विधि के अनुसार।' 19 'और एक नर
बकरी पापबलि के रूप में, निरन्तर होमबलि, उसकी अन्नबलि
और पेयबलि के अतिरिक्त।' 20 'और तीसरे दिन ग्यारह
बैल, दो मेढ़े, और चौदह एक वर्ष के मेमने, जो निर्दोष हों।'
21 'और उनकी अन्नबलि और पेयबलि बैलों, मेढ़ों, और मेमनो
के लिये उनकी संख्या के अनुसार, विधि के अनुसार।'
22 'और एक बकरी पापबलि के रूप में, निरन्तर होमबलि,
उसकी अन्नबलि और उसकी पेयबलि के अतिरिक्त।'
23 'फिर चौथे दिन: दस जवान बैल, दो मेढ़े, और चौदह एक
वर्ष के मेमने, जो निर्दोष हों।' 24 'और उनकी अन्नबलि और
पेयबलि बैलों, मेढ़ों और मेमनों के लिये उनकी संख्या के
अनुसार, विधि के अनुसार।' 25 'और एक नर बकरी
पापबलि के रूप में, निरन्तर होमबलि, उसकी अन्नबलि और
पेयबलि के अतिरिक्त।' 26 'फिर पाँचवें दिन: नौ जवान बैल,

दो मेढ़े, और चौदह एक वर्ष के मेमने, जो निर्दोष हों।'
27 'और उनकी अन्नबलि और पेयबलि बैलों, मेढ़ों और मेमनों
के लिये उनकी संख्या के अनुसार, विधि के अनुसार।'
28 'और एक बकरी पापबलि के रूप में, निरन्तर होमबलि,
उसकी अन्नबलि और पेयबलि के अतिरिक्त।' 29 'फिर छठे
दिन: आठ जवान बैल, दो मेढ़े, और चौदह एक वर्ष के मेमने,
जो निर्दोष हों।' 30 'और उनकी अन्नबलि और पेयबलि बैलों,
मेढ़ों और मेमनों के लिये उनकी संख्या के अनुसार, विधि के
अनुसार।' 31 'और एक बकरी पापबलि के रूप में, निरन्तर
होमबलि, उसकी अन्नबलि और पेयबलि के अतिरिक्त।'
32 'फिर सातवें दिन: सात जवान बैल, दो मेढ़े, और चौदह
एक वर्ष के मेमने, जो निर्दोष हों।' 33 'और उनकी अन्नबलि
और पेयबलि बैलों, मेढ़ों और मेमनों के लिये उनकी संख्या के
अनुसार, विधि के अनुसार।' 34 'और एक बकरी पापबलि के
रूप में, निरन्तर होमबलि, उसकी अन्नबलि और पेयबलि के
अतिरिक्त।' 35 'आठवें दिन तुम्हारा एक सभा होगा; तुम कोई
दासत्व का काम न करना।' 36 'और तुम एक होमबलि
चढ़ाओगे, आग में चढ़ाई जाने वाली भेंट, 𐤉𐤄𐤅𐤄 के लिये
सुगन्धित सुगन्ध के रूप में: एक बैल, एक मेढ़ा, और सात
एक वर्ष के मेमने, जो निर्दोष हों।' 37 'उनकी अन्नबलि और
पेयबलि बैल, मेढ़े, और मेमनों के लिये उनकी संख्या के
अनुसार, विधि के अनुसार।' 38 'और एक बकरी पापबलि के
रूप में, निरन्तर होमबलि, उसकी अन्नबलि और पेयबलि के
अतिरिक्त।' 39 'इन सबको तुम 𐤉𐤄𐤅𐤄 के लिये अपने
नियत समयों पर तैयार करोगे — अपनी मन्नतों और स्वेच्छा
की भेंटों के अतिरिक्त — अपने होमबलियों, अन्नबलियों,
पेयबलियों और मेलबलियों के साथ।' 40 और मूशेह ने
इस्राएल के पुत्रों से सब बातें कहीं, जैसा 𐤉𐤄𐤅𐤄 ने मूशेह को
आज्ञा दी थी।

30

1 और मूशेह ने इस्राएल के गोत्रों के प्रधानों से कहा,
"यह वह वचन है जो 𐤉𐤄𐤅𐤄 ने आज्ञा दी है।
2 "जब कोई मनुष्य 𐤉𐤄𐤅𐤄 से मन्नत माने या किसी वचन के
द्वारा अपने आप को किसी प्रतिज्ञा से बाँधे, तो वह अपने वचन
को न तोड़े; जो कुछ उसके मुँह से निकले, वैसा ही वह
करे।" 3 "और यदि कोई स्त्री अपने युवावस्था में, अपने
पिता के घर में रहते हुए, 𐤉𐤄𐤅𐤄 से मन्नत माने या किसी
वचन के द्वारा अपने आप को बाँधे," 4 "और उसका पिता
उसकी मन्नत और वह प्रतिज्ञा जिससे उसने अपने आप को
बाँधा, सुन ले, और यदि उसका पिता उस पर मौन रहे, तो
उसकी सारी मन्नत स्थिर रहेगी, और प्रत्येक प्रतिज्ञा जिससे
उसने अपने आप को बाँधा, स्थिर रहेगी।" 5 "पर यदि
उसका पिता जिस दिन वह सुने, उसी दिन उसे मना कर दे,
तो उसकी कोई भी मन्नत या प्रतिज्ञा जिससे उसने अपने आप
को बाँधा है, स्थिर न रहेगी; और 𐤉𐤄𐤅𐤄 उसे क्षमा करेगा,
क्योंकि उसके पिता ने उसे मना किया।" 6 "और यदि वह
विवाहित हो जाए, और अपने मुँह की मन्नतों या किसी
जल्दबाज़ी के वचन से अपने आप को बाँध ले," 7 "और
उसका पति उसे सुन ले, और जिस दिन उसने सुना, उस दिन
यदि वह उसके प्रति मौन रहे, तो उसकी मन्नत स्थिर रहेगी,
और वह प्रतिज्ञा जिससे उसने अपने आप को बाँधा है, स्थिर
रहेगी।" 8 "पर यदि उसका पति जिस दिन उसने सुना, उसी
दिन उसे मना करे, तो उसने जो मन्नत मानी थी और अपने
मुँह से जो जल्दबाज़ी का वचन कहा था, वह रद्द कर दिया
जाएगा; और 𐤉𐤄𐤅𐤄 उसे क्षमा करेगा।" 9 "पर किसी
विधवा या त्यागी स्त्री की हर मन्नत जिससे उसने अपने आप
को बाँधा है, वह उस पर स्थिर रहेगी।" 10 "और यदि उसने
अपने पति के घर में रहते हुए मन्नत मानी हो, या किसी शपथ
के द्वारा अपने आप को बाँधा हो," 11 "और उसका पति सुन
ले, और यदि वह उसके प्रति मौन रहे और उसे न रोके, तो
उसकी सारी मन्नतें स्थिर रहेंगी, और वह प्रतिज्ञा जिससे
उसने अपने आप को बाँधा, स्थिर रहेगी।" 12 "पर यदि
उसका पति जिस दिन उसने सुना, स्पष्ट रूप से उन्हें रद्द
करे, तो उसके मुँह से निकली कोई भी मन्नत या प्रतिज्ञा
जिससे उसने अपने आप को बाँधा है, स्थिर न रहेगी; उसका
पति उन्हें रद्द करता है, और 𐤉𐤄𐤅𐤄 उसे क्षमा करेगा।"
13 "हर मन्नत और हर बाध्यकारी शपथ जिससे वह अपने
प्राण को कष्ट दे, उसका पति उसे स्थिर कर सकता है या रद्द
कर सकता है।" 14 "पर यदि उसका पति दिन-प्रतिदिन
उसके प्रति मौन रहे, तो उसने उसकी सारी मन्नतें और सभी
प्रतिज्ञाएँ जिससे उसने अपने आप को बाँधा है, स्थिर कर दी
हैं; क्योंकि उसने जिस दिन सुना, उसी दिन मौन रहा।"
15 "पर यदि उसने सुनने के बाद उन्हें रद्द किया, तो वह
उसके अधर्म का भागी होगा।" 16 ये वे विधियाँ हैं जो
𐤉𐤄𐤅𐤄 ने मूशेह को दीं — पति और पत्नी के बीच, और
पिता और उसकी बेटी के बीच जब वह अपने पिता के घर में
युवावस्था में हो।

31

1 और 𐤉𐤄𐤅𐤄 ने मोशेह से कहा, 2 "यिस्राएल के
बच्चों के लिए मिद्यानियों से बदला लो। इसके बाद
तुम अपनी प्रजा में मिल जाओगे।" 3 और मोशेह ने लोगों से
कहा, "अपने में से कुछ को युद्ध के लिए सुसज्जित करो,
और उन्हें मिद्यानियों के खिलाफ जाने दो ताकि 𐤉𐤄𐤅𐤄 के
लिए मिद्यान से बदला लिया जा सके। 4 "यिस्राएल के सभी
गोत्रों में से प्रत्येक गोत्र से एक हजार को युद्ध के लिए
भेजो।" 5 इसलिए यिस्राएल के गोत्रों में से प्रत्येक गोत्र से
एक हजार, बारह हजार सुसज्जित लोग युद्ध के लिए भेजे
गए। 6 और मोशेह ने उन्हें युद्ध के लिए भेजा, प्रत्येक गोत्र से
एक हजार, उन्हें और एल'आज़ार के पुत्र पिन्हास कोहेन को
युद्ध के लिए भेजा, उनके हाथ में पवित्र बर्तन और तुरहियां
थीं। 7 और उन्होंने मिद्यानियों के खिलाफ युद्ध किया, जैसा
कि 𐤉𐤄𐤅𐤄 ने मोशेह को आदेश दिया था, और सभी पुरुषों
को मार डाला। 8 और उन्होंने मिद्यान के शासकों को बाकी
लोगों के साथ मार डाला: एवी, और रेकेम, और त्सूर, और
हूर, और रेबा, मिद्यान के पांच शासक। और उन्होंने तलवार
से बिल'आम पुत्र बे'ओर को मार डाला। 9 और यिस्राएल के
पुत्रों ने मिद्यान की सभी स्त्रियों को उनके बच्चों के साथ बंदी
बना लिया, और उनकी सारी पशुधन और सारी संपत्ति को
लूट लिया। 10 और उन्होंने उन सभी नगरों को आग से जला
दिया जहाँ वे रहते थे, और उनके सभी निवास स्थानों को।
11 और उन्होंने सारी लूट और सभी माल को, मनुष्य और पशु
दोनों को ले लिया। 12 और उन्होंने बंदियों, माल और लूट को
मोशेह, और एल'आज़ार कोहेन, और यिस्राएल के बच्चों की

सभा के पास, मोआब के मरुभूमि के मैदान में यरदेन के पास
यरीहो में शिविर में लाया। 13 और मोशेह, और एल'आज़ार
कोहेन, और सभा के सभी नेता, शिविर के बाहर उनसे मिलने
गए। 14 लेकिन मोशेह सेना के अधिकारियों पर क्रोधित हुए,
हजारों के कमांडरों और सैकड़ों के कमांडरों पर, जो युद्ध से
आए थे। 15 और मोशेह ने उनसे कहा, "क्या तुमने सभी
स्त्रियों को जीवित रखा है? 16 "देखो, वे ही हैं जिन्होंने
बिल'आम के वचन के माध्यम से यिस्राएल के बच्चों को
𐤉𐤄𐤅𐤄 के खिलाफ प'ओर के मामले में अपराध करने के
लिए प्रेरित किया, और 𐤉𐤄𐤅𐤄 की सभा में एक महामारी
थी। 17 "और अब, सभी छोटे बच्चों में से हर पुरुष को मार
डालो। और हर स्त्री जिसने किसी पुरुष के साथ सोकर
पुरुष को जाना है, उसे मार डालो। 18 "लेकिन उन सभी
कन्याओं को जीवित रखो जिन्होंने किसी पुरुष के साथ
सोकर पुरुष को नहीं जाना है। 19 "और तुम, शिविर के बाहर
सात दिन रहो। जिसने किसी प्राणी को मारा है, और जिसने
किसी मारे गए को छुआ है, अपने और अपने बंदियों को
तीसरे दिन और सातवें दिन शुद्ध करो। 20 "और हर वस्त्र,
और हर चमड़े की वस्तु, और जो कुछ बकरियों के बालों से
बना हो, और हर लकड़ी की वस्तु को शुद्ध करो।" 21 और
एल'आज़ार कोहेन ने युद्ध के लिए गए पुरुषों से कहा, "यह
वह तोराह की व्यवस्था है जो 𐤉𐤄𐤅𐤄 ने मोशेह को आदेश
दी: 22 "केवल सोना, और चांदी, कांसा, लोहा, टिन, और
सीसा, 23 हर वस्तु जो आग से गुजरती है, उसे आग से
गुजारो, और वह शुद्ध हो जाएगी; केवल, उसे अशुद्धता के
लिए पानी से शुद्ध किया जाए। और जो कुछ आग से नहीं
गुजरता उसे पानी से गुजारो। 24 "और तुम अपने वस्त्रों को
सातवें दिन धोओ और शुद्ध हो जाओ, और उसके बाद शिविर
में आओ।" 25 और 𐤉𐤄𐤅𐤄 ने मोशेह से कहा, 26 "लूट का
हिसाब करो जो ली गई थी, मनुष्य और पशु की, तुम और
एल'आज़ार कोहेन और सभा के पिताओं के प्रमुख। 27 "और
तुम लूट को दो भागों में बांटो, उन लोगों के बीच जो युद्ध में
गए, और सभी सभा के बीच। 28 "और युद्ध में गए पुरुषों पर
𐤉𐤄𐤅𐤄 के लिए एक कर रखो: हर पांच सौ में से एक,
मनुष्य, और पशु, और गधों, और भेड़ों में से। 29 "उनके
आधे से इसे लो, और इसे एल'आज़ार कोहेन को 𐤉𐤄𐤅𐤄 के
लिए एक अंश के रूप में दो। 30 "और यिस्राएल के बच्चों के
आधे से तुम हर पचास में से एक लो, मनुष्य, पशु, गधों, और
भेड़ों में से, सभी पशुधन में से, और उन्हें लेवियों को दो जो
𐤉𐤄𐤅𐤄 के मिष्कान की सेवा की रक्षा करते हैं।" 31 और
मोशेह और एल'आज़ार कोहेन ने वैसा ही किया जैसा 𐤉𐤄𐤅𐤄
ने मोशेह को आदेश दिया। 32 और लूट से बचा हुआ माल,
जो युद्ध के लोगों ने लिया था, वह छह लाख पचहत्तर हजार
भेड़ें थीं, 33 और बहत्तर हजार पशु, 34 और इकसठ हजार
गधे, 35 और कुल मिलाकर बत्तीस हजार मनुष्य, उन स्त्रियों
में से जिन्होंने किसी पुरुष के साथ सोकर पुरुष को नहीं जाना
था। 36 और आधा, जो युद्ध में गए लोगों का हिस्सा था, वह
संख्या में तीन लाख सैंतीस हजार पांच सौ भेड़ें थीं, 37 और
𐤉𐤄𐤅𐤄 के लिए भेड़ों का कर छह सौ पचहत्तर था। 38 और
पशु छत्तीस हजार थे, जिनमें से 𐤉𐤄𐤅𐤄 के लिए कर बहत्तर
था। 39 और गधे तीस हजार पांच सौ थे, जिनमें से 𐤉𐤄𐤅𐤄
के लिए कर इकसठ था। 40 और मनुष्य सोलह हजार थे,
जिनमें से 𐤉𐤄𐤅𐤄 के लिए कर बत्तीस प्राणी था। 41 इसलिए
मोशेह ने 𐤉𐤄𐤅𐤄 के लिए अंश के रूप में एल'आज़ार कोहेन
को कर दिया, जैसा कि 𐤉𐤄𐤅𐤄 ने मोशेह को आदेश दिया।
42 और यिस्राएल के बच्चों के आधे से, जो मोशेह ने युद्ध में
गए पुरुषों से अलग किया: 43 अब सभा का आधा हिस्सा तीन
लाख सैंतीस हजार पांच सौ भेड़ें थीं, 44 और छत्तीस हजार
पशु, 45 और तीस हजार पांच सौ गधे, 46 और सोलह हजार
मनुष्य। 47 फिर मोशेह ने यिस्राएल के बच्चों के आधे से
लिया: हर पचास में से एक, मनुष्य और पशु से लिया, और
उन्हें लेवियों को दिया, जो 𐤉𐤄𐤅𐤄 के मिष्कान की सेवा की
रक्षा करते थे, जैसा कि 𐤉𐤄𐤅𐤄 ने मोशेह को आदेश दिया।
48 और युद्ध के हजारों के अधिकारियों, हजारों के कमांडरों
और सैकड़ों के कमांडरों ने मोशेह के पास आकर कहा,
49 और उन्होंने मोशेह से कहा, "आपके सेवकों ने हमारे
अधीन लड़ने वाले पुरुषों की गिनती की है, और हम में से
कोई भी गायब नहीं है। 50 "इसलिए हम 𐤉𐤄𐤅𐤄 के लिए एक
भेंट लाए हैं, जो हर आदमी ने सोने के आभूषणों में पाया:
बाजूबंद और कंगन और अंगूठियां और बालियां और हार,
ताकि हम 𐤉𐤄𐤅𐤄 के सामने अपने लिए प्रायश्चित कर
सकें।" 51 और मोशेह और एल'आज़ार कोहेन ने उनसे सोना
लिया, सभी गढ़े हुए आभूषण। 52 और सभी सोने की भेंट जो
उन्होंने 𐤉𐤄𐤅𐤄 को प्रस्तुत की, हजारों के कमांडरों और
सैकड़ों के कमांडरों से, सोलह हजार सात सौ पचास शेकेल
थी। 53 युद्ध के पुरुषों ने लूट ली थी, हर आदमी ने अपने
लिए। 54 और मोशेह और एल'आज़ार कोहेन ने हजारों और
सैकड़ों के कमांडरों से सोना लिया, और इसे नियुक्ति के तंबू
में यिस्राएल के बच्चों के लिए 𐤉𐤄𐤅𐤄 के सामने एक स्मरण
के रूप में लाया।

32 1 और रियूबेन के पुत्र और गाद के पुत्रों के पास बहुत
पशुधन था, बहुत बड़ी संख्या में। और उन्होंने याज़ेर
देश और गिलआद देश को देखा, और देखा कि वह स्थान
पशुधन के लिए योग्य था। 2 तब गाद के पुत्र और रियूबेन के
पुत्र मूशेह और एलआज़र याजक और सभा के नेताओं के
पास आकर बोले, 3 "अतारोत, और दीबोन, और याज़ेर, और
निमरा, और हेशबोन, और एलआलेह, और सेबाम, और नेबो,
और बेओन, 4 वह देश जिसे 𐤉𐤄𐤅𐤄 ने इस्राएल की सभा के
सामने मारा था, वह पशुधन के लिए योग्य देश है, और तेरे
दासों के पास पशुधन है।" 5 और उन्होंने कहा, "यदि हम
तेरी दृष्टि में अनुग्रह पाएँ, तो यह देश तेरे दासों को निज भाग
के रूप में दिया जाए, और हमें यरदन के पार न जाने दे।"
6 मूशेह ने गाद के पुत्रों और रियूबेन के पुत्रों से कहा, "क्या
तुम्हारे भाई युद्ध में जाएंगे, और तुम यहाँ बैठोगे? 7 "अब तुम
क्यों इस्राएल के पुत्रों के मन को कमजोर करते हो ताकि वे
उस देश में न जाएँ जिसे 𐤉𐤄𐤅𐤄 ने उन्हें दिया है? 8 "तुम्हारे
पिताओं ने भी ऐसा ही किया जब मैंने उन्हें कादेश बरने से देश
देखने के लिए भेजा था। 9 "क्योंकि जब वे एश्कोल की नदी
तक गए और देश को देखा, तब उन्होंने इस्राएल के पुत्रों के
मन को कमजोर किया ताकि वे उस देश में न जाएँ जिसे

𐤉𐤄𐤅𐤄 ने उन्हें दिया था। 10 तब उसी दिन 𐤉𐤄𐤅𐤄 का
क्रोध भड़क उठा, और उसने शपथ खाई, यह कहते हुए,
11 'जो कोई मिस्र देश से बीस वर्ष या उससे अधिक आयु का
निकलकर आया, उनमें से कोई उस देश को न देखेगा,
जिसकी मैंने अब्राहम, यित्सहाक, और याक़ोब से शपथ खाई
थी, क्योंकि उन्होंने मेरी पूरी रीति से अनुकरण नहीं किया।
12 केवल येफुन्नेह का पुत्र कालेब, केनिज़ी, और नून का पुत्र
यहोशू, क्योंकि उन्होंने 𐤉𐤄𐤅𐤄 का पूरे मन से अनुसरण
किया।' 13 "इसलिए 𐤉𐤄𐤅𐤄 का क्रोध इस्राएल पर भड़क
उठा, और उसने उन्हें जंगल में चालीस वर्ष तक भटकाया,
जब तक कि वह पूरी पीढ़ी जो 𐤉𐤄𐤅𐤄 की दृष्टि में बुरा
करती थी, नष्ट न हो गई। 14 "और देखो, तुम अपने
पिताओं के स्थान पर उठे हो, मनुष्यों की बढ़ती हुई पीढ़ी, पापी
लोग, ताकि 𐤉𐤄𐤅𐤄 के इस्राएल के विरुद्ध जलते हुए क्रोध
को और बढ़ाओ। 15 "क्योंकि यदि तुम उसके पीछे चलने से
फिर जाओगे, तो वह फिर से उन्हें जंगल में छोड़ देगा, और
तुम इन सब लोगों का नाश कर दोगे।" 16 तब वे उसके पास
आए और बोले, "हम यहाँ अपने पशुधन के लिए भेड़ों के बाड़े
और अपने छोटे बच्चों के लिए नगर बनाएँगे, 17 परन्तु हम
स्वयं युद्ध के लिए तैयार होकर इस्राएल के पुत्रों से आगे
बढ़ेंगे, जब तक कि हम उन्हें उनके स्थान पर न पहुँचा दें।
और हमारे छोटे बच्चे इस देश के निवासियों के कारण घेरेवाले
नगरों में रहेंगे। 18 "हम अपने घरों को तब तक नहीं लौटेंगे
जब तक इस्राएल के प्रत्येक पुत्र को उसका निज भाग न
मिल जाए।" 19 "क्योंकि हम यरदन के उस पार और आगे
उनके साथ भाग नहीं पाएँगे, क्योंकि हमारा निज भाग यरदन
के इस पूर्वी ओर हमको दिया गया है।" 20 तब मूशेह ने उनसे
कहा, "यदि तुम यह वचन पूरा करते हो: यदि तुम युद्ध के
लिए 𐤉𐤄𐤅𐤄 के सामने अपने आप को सुसज्जित करते हो,
21 और तुम्हारे सब योद्धा यरदन को 𐤉𐤄𐤅𐤄 के सामने पार
करें, जब तक वह अपने शत्रुओं को अपने सामने से निकाल
न दे, 22 और जब देश 𐤉𐤄𐤅𐤄 के सामने वश में हो जाए, तब
तुम लौट आओगे और 𐤉𐤄𐤅𐤄 और इस्राएल के सामने
निर्दोष ठहरोगे। और यह देश तुम्हारा निज भाग 𐤉𐤄𐤅𐤄 के
सामने होगा।" 23 "परन्तु यदि तुम ऐसा नहीं करते, तो देखो,
तुमने 𐤉𐤄𐤅𐤄 के विरुद्ध पाप किया है, और जान लो: तुम्हारा
पाप तुम्हें पकड़ लेगा।" 24 "अपने छोटे बच्चों के लिए नगर
बनाओ और अपनी भेड़ों के लिए बाड़े, और जो तुमने वचन
दिया है, वह करो।" 25 तब गाद के पुत्रों और रियूबेन के पुत्रों
ने मूशेह से कहा, "तेरे दास वही करेंगे जैसा मेरे स्वामी ने
आज्ञा दी है। 26 "हमारे छोटे बच्चे, हमारी स्त्रियाँ, हमारी भेड़ें,
और हमारा सारा पशुधन गिलआद के नगरों में रहेंगे,"
27 "परन्तु तेरे दास, हर एक युद्ध के लिए सुसज्जित,
𐤉𐤄𐤅𐤄 के सामने, युद्ध के लिए पार जाएँगे, जैसा मेरे स्वामी
कहते हैं।" 28 तब मूशेह ने उनके विषय में एलआज़र याजक,
नून के पुत्र यहोशू, और इस्राएल के पुत्रों के गोत्रों के पिताओं
के मुखियों को आज्ञा दी। 29 और मूशेह ने उनसे कहा, "यदि
गाद के पुत्र और रियूबेन के पुत्र यरदन को तुम्हारे साथ पार
करें, प्रत्येक पुरुष युद्ध के लिए सुसज्जित होकर 𐤉𐤄𐤅𐤄 के
सामने, और जब देश तुम्हारे सामने वश में हो जाए, तब तुम
उन्हें गिलआद का देश निज भाग के रूप में देना। 30 "परन्तु
यदि वे तुम्हारे साथ सुसज्जित होकर पार न करें, तो वे कनान
देश में तुम्हारे बीच निज भाग लेंगे।" 31 तब गाद के पुत्रों और
रियूबेन के पुत्रों ने उत्तर दिया, और कहा, "जैसा 𐤉𐤄𐤅𐤄 ने
तेरे दासों से कहा है, वैसा ही हम करेंगे। 32 "हम स्वयं
सुसज्जित होकर 𐤉𐤄𐤅𐤄 के सामने कनान देश में पार
जाएँगे, परन्तु हमारा निज भाग यरदन के पार हमारे पास
रहेगा।" 33 तब मूशेह ने गाद के पुत्रों, रियूबेन के पुत्रों, और
यूसुफ के पुत्र मनश्शे के आधे गोत्र को एमोरीयों के राजा
सीहोन का राज्य और बाशान के राजा ओग का राज्य दिया,
उस देश को उसके नगरों सहित, और उसकी सीमाओं के
भीतर के नगरों को चारों ओर के देश के नगरों सहित।
34 और गाद के पुत्रों ने दीबोन, अतारोत, और अरोएर को
बनाया, 35 और अतारोत, शोफ़ान, और याज़ेर, और
योगबेहाह, 36 और बेथ निम्रह और बेथ हरान, घेरेवाले नगर,
और भेड़ों के लिए बाड़े। 37 और रियूबेन के पुत्रों ने हेशबोन,
एलआलेह, और किर्यतयिम को बनाया, 38 नेबो और बाल
मेओन — जिनके नाम बदल दिए गए — और शिब्मह।
और उन्होंने उन नगरों को जो उन्होंने बनाए, अन्य नाम
दिए। 39 और मनश्शे के पुत्र माकीर के पुत्र माकीर के वंशज
गिलआद गए और उसे लिया, और उसमें रहने वाले एमोरी
लोगों को निकाल दिया। 40 इसलिए मूशेह ने गिलआद को
मनश्शे के पुत्र माकीर को दिया, और वह उसमें बस गया।
41 और मनश्शे के पुत्र याईर गया और उसके छोटे नगरों को
लिया, और उनका नाम हवोथ याईर रखा। 42 और नोबाह
गया और केनाथ और उसके गाँवों को लिया, और उसने
उसका नाम अपने ही नाम पर नोबाह रखा।

33 1 ये इस्राएल के पुत्रों की यात्राएँ हैं, जो मिस्र देश से
अपने दलों के अनुसार मूशेह और हारून के हाथों से
निकल गए। 2 और मूशेह ने 𐤉𐤄𐤅𐤄 की आज्ञा से उनकी
यात्राओं के निकलने के स्थानों को लिखा; और ये हैं उनके
निकलने के स्थान उनके यात्राओं के अनुसार: 3 सो वे पहले
महीने में, पहले महीने के पंद्रहवें दिन, रामेसेस से निकल गए;
फसह के अगले दिन इस्राएल के पुत्र सब मिस्रियों की आँखों
के सामने ऊँचे हाथ से निकल गए। 4 और मिस्री अपने सब
पहलौठों को दफना रहे थे, जिन्हें 𐤉𐤄𐤅𐤄 ने उनके बीच मारा
था। और उनके सब देवताओं पर भी 𐤉𐤄𐤅𐤄 ने दण्ड किया
था। 5 तब इस्राएल के पुत्र रामेसेस से निकलकर सुक्कोत में
डेरा डाले। 6 और वे सुक्कोत से निकलकर एथाम में डेरा
डाले, जो जंगल के किनारे पर है। 7 और वे एथाम से
निकलकर पीछे की ओर फिर गए और पी हहिरोत में आए,
जो बाल त्सेफ़ोन के सामने है, और उन्होंने मिग्दोल के पास
डेरा डाला। 8 और वे हहिरोत के सामने से निकलकर समुद्र
के बीच से होकर जंगल में पार गए, और एथाम के जंगल में
तीन दिन की यात्रा चले, और मारा में डेरा डाला। 9 और वे
मारा से निकलकर एलीम आए। और एलीम में बारह
जलस्रोत और सत्तर खजूर के पेड़ थे, इसलिए वे वहाँ डेरा
डाले। 10 और वे एलीम से निकलकर लाल सागर के किनारे
डेरा डाले। 11 और वे लाल सागर से निकलकर सीन के
जंगल में डेरा डाले। 12 और वे सीन के जंगल से निकलकर
दोफ्का में डेरा डाले। 13 और वे दोफ्का से निकलकर अलूश

में डेरा डाले। [14]और वे अलूश से निकलकर रेफ़ीदिम में
डेरा डाले, और वहाँ लोगों के पीने के लिए जल नहीं था।
[15]और वे रेफ़ीदिम से निकलकर सीनै के जंगल में डेरा
डाले। [16]और वे सीनै के जंगल से निकलकर क़िब्रोथ
हत्तआवह में डेरा डाले। [17]और वे क़िब्रोथ हत्तआवह से
निकलकर हात्सेरोत में डेरा डाले। [18]और वे हात्सेरोत से
निकलकर रिथ्मा में डेरा डाले। [19]और वे रिथ्मा से
निकलकर रिम्मोन पेरेत्स में डेरा डाले। [20]और वे रिम्मोन
पेरेत्स से निकलकर लिब्नाह में डेरा डाले। [21]और वे लिब्नाह
से निकलकर रिस्सा में डेरा डाले। [22]और वे रिस्सा से
निकलकर केहेलाथा में डेरा डाले। [23]और वे केहेलाथा से
निकलकर शापेर पर्वत में डेरा डाले। [24]और वे शापेर पर्वत
से निकलकर हरदाह में डेरा डाले। [25]और वे हरदाह से
निकलकर मकेलोत में डेरा डाले। [26]और वे मकेलोत से
निकलकर तहथ में डेरा डाले। [27]और वे तहथ से
निकलकर तेरह में डेरा डाले। [28]और वे तेरह से निकलकर
मिथ्काह में डेरा डाले। [29]और वे मिथ्काह से निकलकर
हशमोना में डेरा डाले। [30]और वे हशमोना से निकलकर
मोसेरोत में डेरा डाले। [31]और वे मोसेरोत से निकलकर बेने
याक़ान में डेरा डाले। [32]और वे बेने याक़ान से निकलकर
होर हगिदगद में डेरा डाले। [33]और वे होर हगिदगद से
निकलकर योतबाथा में डेरा डाले। [34]और वे योतबाथा से
निकलकर अब्रोना में डेरा डाले। [35]और वे अब्रोना से
निकलकर एत्स्योन गेबर में डेरा डाले। [36]और वे एत्स्योन
गेबर से निकलकर त्सीन के जंगल में डेरा डाले, जो कादेश
है। [37]और वे कादेश से निकलकर एदोम देश की सीमा पर
होर पर्वत में डेरा डाले। [38]तब हारून याजक 𐤉𐤄𐤅𐤄 की
आज्ञा से होर पर्वत पर चढ़ा और वहाँ मर गया, इस्राएल के
पुत्रों के मिस्र देश से निकलने के चालीसवें वर्ष में, पाँचवें
महीने के पहले दिन। [39]और हारून एक सौ तेईस वर्ष का था
जब वह होर पर्वत पर मरा। [40]और कनानी लोगों के राजा
अराद, जो कनान देश में नेगेव में रहता था, ने इस्राएल के
पुत्रों के आने का समाचार सुना। [41]इस प्रकार वे होर पर्वत से
निकलकर त्सालमोना में डेरा डाले। [42]और वे त्सालमोना से
निकलकर पूनोन में डेरा डाले। [43]और वे पूनोन से
निकलकर ओबोत में डेरा डाले। [44]और वे ओबोत से
निकलकर मोआब की सीमा पर इये हअबीराम में डेरा डाले।
[45]और वे इयिम से निकलकर दीबोन गाद में डेरा डाले।
[46]और वे दीबोन गाद से निकलकर अल्मोन दीब्लाथाएमाह में
डेरा डाले। [47]और वे अल्मोन दीब्लाथाएमाह से निकलकर
नेबो के सामने अबीराम के पहाड़ों में डेरा डाले। [48]और वे
अबीराम के पहाड़ों से निकलकर मोआब के मैदानों में यरदन
के किनारे यरीहो के सामने डेरा डाले। [49]और उन्होंने
यरदन के किनारे बेथ येशिमोत से लेकर मोआब के मैदानों में
अबेल हशित्तीम तक डेरा डाला। [50]और 𐤉𐤄𐤅𐤄 ने मोआब
के मैदानों में यरीहो के सामने यरदन के किनारे मूशेह से
कहा, [51]"इस्राएल के पुत्रों से कह, और उनसे कह, 'जब तुम
यरदन पार करके कनान देश में प्रवेश करोगे, [52]तब तुम
अपने सामने से देश के सब निवासियों को निकाल देना, और
उनकी खुदी हुई मूर्तियों को नष्ट करना, और उनके ढाले हुए
प्रतिमाओं को नष्ट करना, और उनके ऊँचे स्थानों को उजाड़
देना। [53]और तुम उस देश को अपने अधिकार में लेकर
उसमें निवास करना, क्योंकि मैंने तुम्हें उस देश को अधिकार
में लेने के लिए दिया है। [54]'और तुम उस देश को अपनी
कुलों के अनुसार चिट्ठी डालकर निज भाग में बाँटना। जो
बड़ा हो, उसे बड़ा भाग देना, और जो छोटा हो, उसे छोटा भाग
देना। जिस पर भी चिट्ठी गिरे, वही उसका भाग होगा; तुम
अपने पितरों के गोत्रों के अनुसार निज भाग पाओगे।
[55]'परन्तु यदि तुम अपने सामने से उस देश के निवासियों को
न निकालो, तो जो लोग तुम्हारे बीच रह जाएँगे वे तुम्हारी
आँखों में काँटे और तुम्हारी पसलियों में नुकीले शूल बन
जाएँगे, और वे उस देश में जहाँ तुम रहते हो, तुम्हें सताएँगे।
[56]'और ऐसा होगा कि मैं तुम्हारे साथ वैसा ही करूँगा जैसा मैं
उनके साथ करने का विचार करता था।' "

34

[1]और 𐤉𐤄𐤅𐤄 ने मूशेह से कहा, [2]"इस्राएल के पुत्रों
को आज्ञा दे और उनसे कह, 'जब तुम कनान देश में
प्रवेश करोगे, तो यह वह देश है जो तुम्हारे लिए निज भाग के
रूप में गिरता है, अर्थात् कनान देश अपनी सीमाओं सहित।
[3]'तब तुम्हारी दक्षिणी सीमा एदोम की सीमा के साथ त्सीन के
जंगल से होगी, और तुम्हारी दक्षिणी सीमा नमक के समुद्र के
छोर से पूरब की ओर जाएगी। [4]'और तुम्हारी सीमा अक्रबीम
की चढ़ाई के दक्षिणी ओर से मुड़ेगी, और त्सीन तक जाएगी,
और कादेश बरने के दक्षिण की ओर होगी; फिर वह हात्सार
अदार तक जाएगी और अत्समोन तक बढ़ेगी। [5]'और सीमा
अत्समोन से मिस्र की नदी तक मुड़ेगी, और समुद्र पर
समाप्त होगी। [6]'पश्चिम की सीमा के लिए, तुम्हारे पास बड़ा
समुद्र सीमा होगा; यही तुम्हारी पश्चिमी सीमा है। [7]'और यह
तुम्हारी उत्तरी सीमा होगी: बड़े समुद्र से होर पर्वत तक अपनी
सीमा रेखा खींचो। [8]'होर पर्वत से अपनी सीमा हमात के
प्रवेश स्थान तक खींचो, और सीमा का छोर त्सेदाद की ओर
होगा। [9]'और सीमा ज़िफ्रोन तक जाएगी और हात्सार
एयनान पर समाप्त होगी; यही तुम्हारी उत्तरी सीमा है।
[10]'और अपनी पूर्वी सीमा हात्सार एयनान से शेफ़ाम तक
खींचो। [11]'और सीमा शेफ़ाम से एयन के पूर्वी ओर रिबला
तक नीचे जाएगी, और सीमा नीचे उतरकर किन्नेरेत समुद्र के
पूर्वी किनारे तक पहुँचेगी। [12]'और सीमा यरदन के साथ
नीचे जाएगी और नमक के समुद्र पर समाप्त होगी; यही
तुम्हारा देश अपनी चारों ओर की सीमाओं सहित है।' "
[13]और मूशेह ने इस्राएल के पुत्रों को आज्ञा दी, कहा, "यह
वह देश है जिसे तुम चिट्ठी डालकर निज भाग के रूप में
पाओगे, जिसे 𐤉𐤄𐤅𐤄 ने नौ गोत्रों और आधे गोत्र को देने
की आज्ञा दी है। [14]"क्योंकि रियूबेन के पुत्रों का गोत्र अपने
पितरों के घराने के अनुसार, और गाद के पुत्रों का गोत्र अपने
पितरों के घराने के अनुसार, ने अपना निज भाग प्राप्त कर
लिया है; और मनश्शे के आधे गोत्र ने भी अपना निज भाग
प्राप्त किया है। [15]"इन दो गोत्रों और आधे गोत्र ने यरीहो के
पूर्व, सूर्य के उदय की ओर यरदन के पार अपना निज भाग
प्राप्त किया है।" [16]और 𐤉𐤄𐤅𐤄 ने मूशेह से कहा, [17]"ये हैं
उन पुरुषों के नाम जो तुम्हारे बीच देश को निज भाग के रूप

में बाँटेंगे: एलआज़र याजक और नून का पुत्र यहोशू।
18 “और हर गोत्र से एक प्रधान को लेना ताकि वे देश को
निज भाग के लिए बाँटें। 19 “और ये हैं उन पुरुषों के नाम:
यहूदा के गोत्र से येफुन्ने का पुत्र कालेब। 20 “और शिमोन के
गोत्र से अम्मीहूद का पुत्र शमूएल। 21 “और बिन्यामीन के
गोत्र से किस्लोन का पुत्र एलीदाद।” 22 “और दान के पुत्रों
के गोत्र से एक प्रधान: योगली का पुत्र बुक्की।” 23 “यूसुफ
के पुत्रों में से: मनश्शे के पुत्रों के गोत्र से एक प्रधान, एफ़ोद
का पुत्र हन्नीएल।” 24 “और एप्रैम के पुत्रों के गोत्र से एक
प्रधान: शिफ्तान का पुत्र केमूएल।” 25 “और ज़बुलून के पुत्रों
के गोत्र से एक प्रधान: परनक का पुत्र एलीत्साफ़ान।”
26 “और इस्साकार के पुत्रों के गोत्र से एक प्रधान: अज़्ज़ान
का पुत्र पलतीएल।” 27 “और आशेर के पुत्रों के गोत्र से एक
प्रधान: शेलोमी का पुत्र अहिहूद।” 28 “और नप्ताली के पुत्रों
के गोत्र से एक प्रधान: अम्मीहूद का पुत्र पेदहएल।” 29 ये वे
हैं जिन्हें 𐤉𐤄𐤅𐤄 ने आज्ञा दी कि वे कनान देश में इस्राएल
के पुत्रों के बीच निज भाग बाँटें।

35 1 और 𐤉𐤄𐤅𐤄 ने मूशेह से मोआब के मैदानों में
यरीहो के सामने यरदन के किनारे कहा, 2 “इस्राएल
के पुत्रों को आज्ञा दे कि वे अपने निज भाग की संपत्ति में से
लेवियों को रहने के लिए नगर दें, और लेवियों को नगरों के
चारों ओर खुली भूमि भी दो। 3 “और उनके पास नगर होंगे
रहने के लिए, और उनके चारों ओर की भूमि उनके पशुओं,
झुंडों और सब जीव-जंतुओं के लिए होगी। 4 “और वे नगरों
की खुली भूमि जो तुम लेवियों को दोगे, वह नगर की दीवार से
बाहर चारों ओर एक हजार अम्माह तक होगी। 5 “और तुम
नगर के बाहर पूरब की ओर दो हजार अम्माह, दक्षिण की
ओर दो हजार अम्माह, पश्चिम की ओर दो हजार अम्माह,
और उत्तर की ओर दो हजार अम्माह नापोगे; और नगर बीच
में रहेगा। यही उनके नगरों की खुली भूमि होगी। 6 “और वे
नगर जो तुम लेवियों को दोगे, उनमें से छह नगर शरण के
नगर होंगे, जहाँ कोई व्यक्ति जिसने किसी को मारा हो, भाग
सके; और इनके अतिरिक्त तुम बयालीस नगर दोगे। 7 “सब
नगर जो तुम लेवियों को दोगे, वे उनके चारों ओर की भूमि
सहित अड़तालीस नगर होंगे। 8 “और जो नगर तुम दोगे, वे
इस्राएल के पुत्रों की संपत्ति में से दिए जाएँगे; बड़े से अधिक
लो, छोटे से कम लो; हर एक अपनी संपत्ति के अनुसार
लेवियों को अपने नगरों में से कुछ देगा।” 9 और 𐤉𐤄𐤅𐤄 ने
मूशेह से कहा, 10 “इस्राएल के पुत्रों से कह और उनसे कह,
‘जब तुम यरदन पार कर कनान देश में प्रवेश करोगे, 11 ‘तब
तुम अपने लिए नगर ठहराना, जो तुम्हारे लिए शरण के नगर
होंगे, ताकि कोई व्यक्ति जिसने अनजाने में किसी को मारा हो,
वहाँ भाग सके। 12 ‘और वे तुम्हारे लिए बदला लेने वाले से
शरण के नगर होंगे, ताकि जिसने किसी को मारा है, वह तब
तक न मरे जब तक वह सभा के सामने न्याय के लिए न खड़ा
हो। 13 ‘और वे नगर जो तुम दोगे, उनमें से छह शरण के
नगर होंगे। 14 ‘यरदन के पार तीन नगर दो, और कनान
देश में तीन नगर दो; ये शरण के नगर होंगे। 15 ‘ये छह
नगर इस्राएल के पुत्रों के लिए, और उनके बीच रहने वाले
परदेशी और बसने वाले के लिए शरण के नगर होंगे, ताकि
कोई भी व्यक्ति जिसने अनजाने में किसी को मारा हो, वहाँ
भाग सके। 16 ‘परन्तु यदि उसने लोहे के औजार से उसे
मारा और वह मर गया, तो वह हत्यारा है; हत्यारे को निश्चय
ही मृत्यु दंड दिया जाएगा। 17 ‘और यदि उसने हाथ में
पत्थर से मारा जिससे कोई मर सकता है, और वह मर गया,
तो वह हत्यारा है; हत्यारे को निश्चय ही मृत्यु दंड दिया
जाएगा। 18 ‘या यदि उसने लकड़ी के ऐसे औजार से मारा
जिससे कोई मर सकता है, और वह मर गया, तो वह हत्यारा
है; हत्यारे को निश्चय ही मृत्यु दंड दिया जाएगा। 19 ‘रक्त
का बदला लेने वाला स्वयं हत्यारे को मारेगा; जब वह उससे
मिले, तो वह उसे मारेगा। 20 ‘और यदि उसने बैर के कारण
उसे भेदा, या उस पर घात लगाकर कुछ फेंका जिससे वह मर
गया, 21 या यदि उसने शत्रुता में उसे हाथ से मारा और वह
मर गया, तो जिसने मारा वह निश्चय ही मृत्यु दंड पाएगा,
क्योंकि वह हत्यारा है; जब रक्त का बदला लेने वाला उससे
मिलेगा, तो वह हत्यारे को मारेगा। 22 ‘परन्तु यदि उसने
अचानक बिना शत्रुता के किसी को धक्का दिया, या बिना घात
लगाए उस पर कुछ फेंका, 23 या यदि उसने पत्थर का प्रयोग
किया जिससे कोई मनुष्य मर सकता है, और उसने बिना देखे
उसे फेंक दिया और वह मर गया, जबकि वह उसका शत्रु नहीं
था और उसका बुरा नहीं चाहता था, 24 ‘तब सभा उस व्यक्ति
के बीच जो किसी को मारा है और रक्त के बदला लेने वाले के
बीच इन न्याय नियमों के अनुसार न्याय करेगी। 25 ‘और
सभा उस व्यक्ति को जिसने किसी को मारा है, रक्त के बदला
लेने वाले के हाथ से छुड़ाएगी, और सभा उसे उस शरण नगर
में लौटाएगी जहाँ वह भाग गया था; और वह वहाँ उस महान
याजक की मृत्यु तक रहेगा, जिसे पवित्र तेल से अभिषेक
किया गया था। 26 ‘परन्तु यदि जिसने किसी को मारा वह
किसी भी समय उस शरण नगर की सीमा से बाहर चला जाए
जहाँ वह भाग गया था, 27 और रक्त का बदला लेने वाला उसे
उसके शरण नगर की सीमा के बाहर पाता है, और रक्त का
बदला लेने वाला उसे मार देता है जिसने किसी को मारा था,
तो वह रक्त का दोषी नहीं ठहराया जाएगा, 28 क्योंकि उसे उस
शरण नगर में उस महान याजक की मृत्यु तक रहना चाहिए
था; परन्तु महान याजक की मृत्यु के बाद जिसने किसी को
मारा है, वह अपने निज देश में लौट आएगा। 29 ‘और ये
नियम तुम्हारे लिए तुम्हारी पीढ़ियों में, तुम्हारे सब निवास स्थानों
में न्याय की विधि होंगे। 30 ‘जो कोई किसी को मारे, वह
गवाहों के वचन से हत्यारा ठहराकर मृत्यु दंड पाएगा, परन्तु
एक ही गवाह के द्वारा कोई व्यक्ति मृत्यु के योग्य नहीं ठहराया
जाएगा। 31 ‘और उस हत्यारे के जीवन के लिए जो मृत्यु का
दोषी है, कोई फिरौती मत लेना, परन्तु वह निश्चय ही मृत्यु
दंड पाएगा। 32 ‘और उसके लिए भी कोई फिरौती मत लेना
जो अपने शरण नगर में भाग गया है, कि वह याजक की मृत्यु
से पहले देश में लौटकर बस जाए। 33 ‘और उस देश को
जहाँ तुम रहते हो, अशुद्ध मत करो, क्योंकि रक्त देश को
अशुद्ध करता है; और उस देश के ऊपर जो रक्त बहाया गया
है, उसका प्रायश्चित्त नहीं किया जा सकता सिवाय उसके
रक्त से जिसने उसे बहाया। 34 ‘और उस देश को जिसे तुम
बसते हो, उसे अशुद्ध मत करो, जिसके बीच मैं रहता हूँ;
क्योंकि मैं, 𐤉𐤄𐤅𐤄, इस्राएल के पुत्रों के बीच निवास करता
हूँ।’ ”

36 1 और योसेफ़ के पुत्रों के गोत्रों में से मनश्शे के पुत्र
माकीर के पुत्र गिलआद के पुत्रों के घरानों के पिताओं
के प्रधान मूशेह और इस्राएल के पुत्रों के पिताओं के मुखियों
के सामने आए और बोले। 2 और उन्होंने कहा, "𐤉𐤄𐤅𐤄 ने
मेरे स्वामी को आज्ञा दी है कि वह इस्राएल के पुत्रों को देश
चिट्ठी डालकर निज भाग में दे; और मेरे स्वामी को 𐤉𐤄𐤅𐤄
ने आज्ञा दी कि हमारे भाई त्सेलोफ़हाद की निज भूमि उसकी
बेटियों को दी जाए।" 3 "अब यदि वे इस्राएल के पुत्रों के
किसी दूसरे गोत्र के पुत्रों में विवाह करेंगी, तो उनकी निज
भूमि हमारे पितरों की निज भूमि में से घट जाएगी और उस
गोत्र की निज भूमि में मिल जाएगी जिसमें वे विवाह करेंगी;
और इस प्रकार हमारी निज भूमि के भाग में कमी होगी।"
4 "और यदि इस्राएल के पुत्रों का योबेल वर्ष आए, तो उनकी
निज भूमि उस गोत्र की निज भूमि में मिल जाएगी जिसमें वे
विवाह करेंगी, और इस प्रकार उनकी निज भूमि हमारे पितरों
के गोत्र की निज भूमि में से घट जाएगी।" 5 तब मूशेह ने
𐤉𐤄𐤅𐤄 के वचन के अनुसार इस्राएल के पुत्रों को आज्ञा दी
और कहा, "योसेफ़ के पुत्रों के गोत्र ने जो बात कही है वह
ठीक है। 6 "यह वह वचन है जो 𐤉𐤄𐤅𐤄 ने त्सेलोफ़हाद की
बेटियों के विषय में कहा है: 'वे जिससे चाहें विवाह करें, परन्तु
अपने पितरों के गोत्र के घराने के भीतर ही विवाह करें।'
7 "और इस्राएल के पुत्रों की निज भूमि एक गोत्र से दूसरे
गोत्र में न जाए, क्योंकि इस्राएल के पुत्रों में से हर एक अपने
पितरों के गोत्र की निज भूमि से जुड़ा रहेगा। 8 "और
इस्राएल के पुत्रों के किसी गोत्र में जो भी पुत्री को निज भूमि
का भाग मिला हो, वह अपने पितरों के गोत्र के घराने के किसी
व्यक्ति से विवाह करेगी, ताकि इस्राएल के पुत्र हर एक अपने
पितरों की निज भूमि को थामे रहें। 9 "इस प्रकार निज भूमि
एक गोत्र से दूसरे गोत्र में नहीं जाएगी, परन्तु इस्राएल के
प्रत्येक गोत्र अपनी निज भूमि से जुड़ा रहेगा।" 10 जैसा
𐤉𐤄𐤅𐤄 ने मूशेह को आज्ञा दी, वैसे ही त्सेलोफ़हाद की
बेटियों ने किया। 11 क्योंकि त्सेलोफ़हाद की बेटियाँ —
महला, तिर्सा, होगला, मिल्का, और नोआ — अपने पिताओं
के भाइयों के पुत्रों से विवाह कीं। 12 और वे योसेफ़ के पुत्र
मनश्शे के पुत्रों के गोत्र के घरानों में विवाह कीं, और उनकी
निज भूमि उनके पितरों के गोत्र की निज भूमि में बनी रही।
13 ये वे आज्ञाएँ और न्याय की विधियाँ हैं जिन्हें 𐤉𐤄𐤅𐤄 ने
मूशेह के हाथों से इस्राएल के पुत्रों को मोआब के मैदानों में
यरीहो के सामने यरदन के किनारे दीं।

व्यवस्थाविवरण

हिंदी संस्करण

व्यवस्थाविवरण

1 1ये वे शब्द हैं जो मोशेह ने समस्त यिस्राएल से यर्दन के
उस पार जंगल में, रेगिस्तान के मैदान में, सुप के सामने,
परान और तोफेल, और लाबान, और हत्सेरोथ, और दी
ज़हाब के बीच में कहे। 2होरेब से सेईर पर्वत के मार्ग से
क़ादेश बर्नेआ तक ग्यारह दिन का मार्ग। 3और यह हुआ कि
चालीसवें वर्ष में, ग्यारहवें महीने में, महीने के पहले दिन, मोशेह
ने यिस्राएल की संतान से वे सब बातें कहीं जो 𐤉𐤄𐤅𐤄 ने
उन्हें उनके विषय में आज्ञा दी थी। 4उसके बाद जब उसने
एमोरियों के राजा सिहोन को मारा, जो हेशबोन में रहता था,
और बाशान के राजा ओग को, जो अश्तरोत में, एद्रेई में रहता
था। 5यर्दन के उस पार, मोआब देश में, मोशेह ने इस तोराह
को स्पष्ट करने का प्रयत्न किया और कहा, 6"𐤉𐤄𐤅𐤄
हमारे ईश्वर ने हमसे होरेब में कहा, 'तुमने इस पर्वत पर बहुत
दिन रह लिया है। 7'फिरो और अपने मार्ग पर निकलो, और
एमोरियों के पर्वतों में जाओ, और सब पड़ोसी स्थानों में,
रेगिस्तान के मैदान में, पर्वतों और निचले देश में, और नेगेब
में, और समुद्र तट पर, कनानी देश में और लेबानोन में, बड़े
नदी फरात तक। 8'देखो, मैंने यह देश तुम्हारे सामने रखा
है। भीतर जाओ और उस देश के अधिकारी बनो जिसकी
शपथ 𐤉𐤄𐤅𐤄 ने तुम्हारे बाप-दादों से, अब्राहम, इस्हाक़ और
याक़ोब से खाई थी, कि वह उन्हें और उनके बाद उनके वंश
को देगा।' 9"और मैंने उस समय तुमसे कहा, 'मैं अकेला
तुम्हें उठाने में असमर्थ हूं। 10'𐤉𐤄𐤅𐤄 तुम्हारा ईश्वर ने तुम्हें
बढ़ाया है, और देखो, आज तुम आकाश के तारों के समान
बहुत हो। 11'𐤉𐤄𐤅𐤄 तुम्हारे बाप-दादों का ईश्वर तुम्हें हज़ार
गुना और बढ़ाएगा, और तुम्हें आशीष देगा जैसा उसने तुमसे
कहा है! 12'मैं अकेला तुम्हारा बोझ, तुम्हारा भार और तुम्हारा
विवाद कैसे सह सकता हूं? 13'तुम्हारे गोत्रों में से बुद्धिमान
और समझदार और प्रसिद्ध पुरुष चुनो, और मैं उन्हें तुम्हारे
ऊपर प्रधान बनाऊंगा।' 14"तब तुमने मुझे उत्तर दिया और
कहा, 'जो बात आपने हमें कहने को कहा है वह अच्छी है।'
15"और मैंने तुम्हारे गोत्रों के प्रधानों को लिया, बुद्धिमान और
प्रसिद्ध पुरुषों को, और उन्हें तुम्हारे ऊपर प्रधान बनाया,
हज़ारों के प्रधान, सैकड़ों के प्रधान, पचासों के प्रधान, दस-
दस के प्रधान और तुम्हारे गोत्रों के अधिकारी। 16"और मैंने
तुम्हारे न्यायियों को उस समय आज्ञा दी, कहा, 'जब तुम
अपने भाइयों के बीच सुनो, तो एक मनुष्य और उसके भाई या
उस परदेशी के बीच जो उसके साथ है, न्याय से न्याय करो।
17'न्याय में पक्षपात न करना, छोटे की भी सुनना और बड़े
की भी। किसी के मुख से मत डरना, क्योंकि न्याय ईश्वर का
है। और जो मामला तुम्हारे लिए कठिन हो, उसे मेरे पास ले
आना और मैं उसे सुनूंगा।' 18"और मैंने उस समय तुम्हें वे
सब बातें आज्ञा दीं जो तुम्हें करनी चाहिए। 19"फिर हम होरेब
से निकले और उस बड़े और भयानक जंगल से होकर चले
जिसे तुमने एमोरियों के पर्वतों के मार्ग में देखा, जैसा 𐤉𐤄𐤅𐤄
हमारे ईश्वर ने हमें आज्ञा दी थी। और हम क़ादेश बर्नेआ
तक आए। 20"और मैंने तुमसे कहा, 'तुम एमोरियों के पर्वतों
तक आए हो जिन्हें 𐤉𐤄𐤅𐤄 हमारा ईश्वर हमें दे रहा है।
21'देखो, 𐤉𐤄𐤅𐤄 तुम्हारा ईश्वर ने देश तुम्हारे सामने रखा
है। ऊपर जाओ और अधिकारी बनो, जैसा 𐤉𐤄𐤅𐤄 तुम्हारे
बाप-दादों का ईश्वर ने कहा है। मत डरना और न
हतोत्साहित होना।' 22"तब तुम सब मेरे पास आए और कहा,
'हमारे आगे पुरुष भेजें, और वे हमारे लिए देश की जाँच करें,
और हमारे पास वह मार्ग लौटाएँ जिस पर हमें चढ़ना चाहिए,
और उन नगरों का जहाँ हम प्रवेश करेंगे।' 23"और वह बात
मेरी आँखों में अच्छी लगी, और मैंने तुम्हारे में से बारह पुरुष
लिए, प्रत्येक गोत्र से एक पुरुष। 24"और वे फिरकर पर्वतों
में गए और एशकोल की तराई तक आए और उसे देखा।
25"और उन्होंने देश के कुछ फल अपने हाथों में लेकर हमारे
पास नीचे लाए। और उन्होंने हमारे पास समाचार लौटाए,
कहा, 'वह देश जो 𐤉𐤄𐤅𐤄 हमारा ईश्वर हमें दे रहा है अच्छा
है।' 26"परन्तु तुम ऊपर नहीं गए और 𐤉𐤄𐤅𐤄 तुम्हारे
ईश्वर के वचन के विरुद्ध विद्रोह किया। 27और अपने तंबुओं
में कुड़कुड़ाए और कहा, 'क्योंकि 𐤉𐤄𐤅𐤄 हमसे बैर करता
है, इसलिए उसने हमें मिस्र देश से बाहर निकाला कि हमें
एमोरियों के हाथ में दे दे और हमें नाश कर दे। 28'हम कहां
जा रहे हैं? हमारे भाइयों ने हमारे हृदय को पिघला दिया है,
कहते हुए, "वे लोग हमसे बड़े और लंबे हैं, नगर बड़े और
आकाश तक गढ़वाले हैं, और हमने वहाँ अनाकीम के पुत्रों को
भी देखा।"' 29"तब मैंने तुमसे कहा, 'उनसे मत डरना और
न ही उनसे भय खाना। 30'𐤉𐤄𐤅𐤄 तुम्हारा ईश्वर, जो
तुम्हारे आगे आगे चलता है, वही तुम्हारे लिए लड़ेगा, जैसा
उसने मिस्र में तुम्हारी आँखों के सामने तुम्हारे लिए किया।
31और जंगल में, जहाँ तुमने देखा कि 𐤉𐤄𐤅𐤄 तुम्हारा
ईश्वर ने तुम्हें उठाया, जैसे एक पुरुष अपने पुत्र को उठाता है,
उस सब मार्ग में जिस पर तुम चले जब तक कि तुम इस
स्थान पर आए।' 32"तौभी इस मामले में तुम 𐤉𐤄𐤅𐤄
तुम्हारे ईश्वर पर भरोसा नहीं कर रहे हो। 33जो तुम्हारे आगे
आगे मार्ग में चलता है कि तुम्हारे लिए तंबू गाड़ने का स्थान
ढूँढे, तुम्हें वह मार्ग दिखाने के लिए जिस पर तुम चलो, रात में
आग में और दिन में बादल में। 34"और 𐤉𐤄𐤅𐤄 ने तुम्हारे
शब्दों की आवाज़ सुनी और क्रोधित हुआ और शपथ खाई,
कहा, 35'इस दुष्ट पीढ़ी का एक भी मनुष्य उस अच्छे देश को
न देखेगा जिसकी शपथ मैंने तुम्हारे बाप-दादों से खाई थी।
36केवल कालेब येफुन्नेह का पुत्र। वही उसे देखेगा, और उसे
और उसके बच्चों को मैं वह देश दूँगा जिस पर वह चला
क्योंकि उसने पूरी तरह 𐤉𐤄𐤅𐤄 का पालन किया।' 37"और
𐤉𐤄𐤅𐤄 मुझ पर भी तुम्हारे कारण क्रोधित हुआ और कहा,
'तुम भी वहाँ नहीं जाओगे। 38'नून का पुत्र यहोशू, जो तुम्हारे
सामने खड़ा है, वही वहाँ जाएगा। उसे दृढ़ करो, क्योंकि वही

यिस्राएल को उस देश का अधिकारी बनाएगा। [39] ‘और
तुम्हारे छोटे बच्चे और तुम्हारे पुत्र जो तुम कहते हो कि
शिकार बनेंगे, जो आज भले और बुरे का ज्ञान नहीं रखते, वे
वहाँ जाएँगे। और उन्हें मैं दूँगा और वे उसके अधिकारी
होंगे। [40] ‘परन्तु तुम, फिरो और समुद्र-गास के मार्ग से
जंगल की यात्रा करो।’ [41] “तब तुमने मुझे उत्तर दिया और
कहा, ‘हमने 𐤉𐤄𐤅𐤄 के विरुद्ध पाप किया है। हम स्वयं
ऊपर जाएँगे और लड़ेंगे, जैसा 𐤉𐤄𐤅𐤄 हमारे ईश्वर ने हमें
आज्ञा दी है।’ और जब तुममें से हर एक ने अपने युद्ध के
हथियार बाँधे, तब तुम पर्वत पर चढ़ने के लिए तैयार थे।
[42] “और 𐤉𐤄𐤅𐤄 ने मुझसे कहा, ‘उनसे कहो, “ऊपर मत
जाना और न ही लड़ना, क्योंकि मैं तुम्हारे बीच में नहीं हूँ, ऐसा
न हो कि तुम्हारे शत्रुओं के सामने तुम मारे जाओ।” ’ [43] “सो
मैंने तुमसे कहा, परन्तु तुमने न सुनी और 𐤉𐤄𐤅𐤄 के वचन
के विरुद्ध विद्रोह किया, और घमंड से काम लिया, और पर्वत
पर चढ़ गए। [44] “तब उस पर्वत में रहने वाले एमोरी तुम्हारे
विरुद्ध निकले और मधुमक्खियों की तरह तुम्हें खदेड़ते हुए
सेईर से होरमा तक तुम्हें मारा। [45] “और तुम लौटे और
𐤉𐤄𐤅𐤄 के सामने रोए, परन्तु 𐤉𐤄𐤅𐤄 ने तुम्हारी आवाज़ न
सुनी और न ही तुम्हारी ओर ध्यान दिया। [46] “सो तुम क़ादेश
में बहुत दिन रहे, जितने दिन तुम वहाँ रहे।

2

[1] “फिर हम मुड़े और जंगल की ओर चले, लाल सागर
के मार्ग से, जैसा 𐤉𐤄𐤅𐤄 ने मुझसे कहा था, और हम
सिईर पर्वत के चारों ओर कई दिन तक घूमते रहे। [2] “और
𐤉𐤄𐤅𐤄 ने मुझसे कहा, [3] ‘तुम इस पर्वत के चारों ओर बहुत
दिन तक घूम चुके हो, अब उत्तर की ओर मुड़ो। [4] ‘और
लोगों को यह आज्ञा दो, “तुम अपने भाइयों के सीमा में प्रवेश
करने वाले हो, जो सिईर में रहते हैं, और वे तुमसे डरते हैं।
इसलिए सावधान रहो। [5] “उनसे झगड़ा मत करो, क्योंकि मैं
तुम्हें उनकी भूमि का एक भी कदम नहीं दूँगा।, क्योंकि मैंने
सिईर पर्वत को एस्व को संपत्ति के रूप में दिया है। [6] “जो
भोजन तुम उनसे चाँदी से खरीदोगे, वही खाओगे। और जो
पानी तुम उनसे चाँदी से खरीदोगे, वही पियोगे। [7] “क्योंकि
𐤉𐤄𐤅𐤄 तुम्हारे एलोहिम ने तुम्हारे हाथ के सभी कार्यों में तुम्हें
आशीर्वाद दिया है। उसने इस महान जंगल में तुम्हारी यात्रा
को जाना है। ये चालीस वर्ष 𐤉𐤄𐤅𐤄 तुम्हारे एलोहिम तुम्हारे
साथ रहे हैं, तुम्हें किसी भी चीज़ की कमी नहीं हुई।” ’
[8] “और जब हम अपने भाइयों, एस्व के वंशजों, जो सिईर में
रहते हैं, के परे चले गए, मरुभूमि के मैदान के मार्ग से दूर,
एयलाथ और एत्स्योन गेबर से दूर, हम मुड़े और मोआब के
जंगल के मार्ग से चले। [9] “और 𐤉𐤄𐤅𐤄 ने मुझसे कहा,
‘मोआब को परेशान मत करो, न ही उनके खिलाफ युद्ध में
उठो, क्योंकि मैं तुम्हें उनकी भूमि का कोई हिस्सा नहीं दूँगा,
क्योंकि मैंने आर को लोट के वंशजों को संपत्ति के रूप में
दिया है।’ ” [10] एमीम पहले वहाँ रहते थे, एक लोग जो
अनाकीम के समान महान, अधिक और लंबे थे। [11] उन्हें
रेफाईम के रूप में भी गिना जाता था, जैसे अनाकीम, लेकिन
मोआबी उन्हें एमीम कहते हैं। [12] और होरी पहले सिईर में
रहते थे, लेकिन एस्व के वंशजों ने उन्हें बाहर निकाल दिया
और उन्हें नष्ट कर दिया, और उनकी जगह पर बस गए,
जैसा कि इस्राएल ने अपनी संपत्ति की भूमि के साथ किया,
जिसे 𐤉𐤄𐤅𐤄 ने उन्हें दिया। [13] “ ‘अब उठो, और ज़ेरद
वादी को पार करो।’ इसलिए हमने ज़ेरद वादी को पार
किया। [14] “और कादेश बर्नेआ से ज़ेरद वादी को पार करने
तक का समय अड़तीस वर्ष था, जब तक कि युद्ध के सभी
पुरुषों की पीढ़ी शिविर के बीच से समाप्त नहीं हो गई, जैसा कि
𐤉𐤄𐤅𐤄 ने उनसे शपथ ली थी। [15] “और 𐤉𐤄𐤅𐤄 का हाथ
भी उनके खिलाफ था, उन्हें शिविर के बीच से नष्ट करने के
लिए जब तक वे समाप्त नहीं हो गए। [16] “और ऐसा हुआ,
जब युद्ध के सभी पुरुष अंततः लोगों के बीच से नष्ट हो गए,
[17] कि 𐤉𐤄𐤅𐤄 ने मुझसे कहा, [18] ‘आज के दिन तुम आर में,
मोआब की सीमा पर पार करने वाले हो। [19] ‘और जब तुम
अमोन के बच्चों के पास पहुँचो, तो उन्हें परेशान मत करो
और न ही उनके खिलाफ युद्ध में उठो, क्योंकि मैं तुम्हें अमोन
के बच्चों की भूमि का कोई हिस्सा नहीं दूँगा, क्योंकि मैंने इसे
लोट के वंशजों को संपत्ति के रूप में दिया है।’ [20] यह भी
रेफाईम की भूमि के रूप में गिना जाता था। रेफाईम पहले
वहाँ रहते थे। लेकिन अमोनियों ने उन्हें ज़मज़ुम्मिम कहा।
[21] एक लोग जो अनाकीम के समान महान, अधिक और लंबे
थे। लेकिन 𐤉𐤄𐤅𐤄 ने उन्हें उनके सामने नष्ट कर दिया,
और उन्होंने उन्हें बाहर निकाल दिया और उनकी जगह पर
बस गए। [22] जैसा कि उसने एस्व के वंशजों के लिए किया,
जो सिईर में रहते थे, जब उसने होरी को उनके सामने से
नष्ट कर दिया। उन्होंने उन्हें बाहर निकाल दिया और उनकी
जगह पर बस गए, यहाँ तक कि आज तक। [23] और अव्वीम
जो गाँवों में अज़्ज़ाह तक रहते थे, कप्तोरीम जो कप्तोर से
आए थे, ने उन्हें नष्ट कर दिया और उनकी जगह पर बस
गए। [24] ‘उठो, प्रस्थान करो और अरनोन वादी को पार
करो। देखो, मैंने तुम्हारे हाथ में सिहोन अमोरी, हेशबोन के
राजा, और उसकी भूमि को दे दिया है। इसे प्राप्त करना शुरू
करो, और युद्ध में उसके खिलाफ उठो। [25] ‘आज के दिन मैं
तुम्हारे भय और डर को सभी आकाश के नीचे के लोगों पर
डालना शुरू करता हूँ, जो जब तुम्हारी रिपोर्ट सुनेंगे, तो
तुम्हारे कारण काँपेंगे और हिलेंगे।’ [26] “फिर मैंने क़ेदेमोथ के
जंगल से सिहोन हेशबोन के राजा के पास शांति के शब्दों के
साथ दूत भेजे, कहकर, [27] ‘मुझे तुम्हारी भूमि के माध्यम से
राजमार्ग पर जाने दो। मैं राजमार्ग पर जाऊँगा और न दाएं
मुड़ूँगा न बाएँ। [28] ‘जो भोजन तुम मुझे चाँदी के लिए बेचोगे,
वही मैं खाऊँगा, और जो पानी तुम मुझे चाँदी के लिए दोगे,
वही मैं पिऊँगा। केवल मुझे पैदल पार करने दो। [29] जैसा कि
एस्व के वंशजों ने किया, जो सिईर में रहते हैं और मोआबी
जिन्होंने आर में मेरे लिए किया - जब तक कि मैं यरदन को
पार नहीं कर लूँ, उस भूमि में जिसे 𐤉𐤄𐤅𐤄 हमारा एलोहिम
हमें दे रहा है।’ [30] “लेकिन सिहोन हेशबोन के राजा ने हमें
पार करने नहीं दिया, क्योंकि 𐤉𐤄𐤅𐤄 तुम्हारे एलोहिम ने
उसकी आत्मा को कठोर कर दिया और उसके हृदय को
मजबूत किया, ताकि उसे तुम्हारे हाथ में दे दे, जैसा कि आज
है। [31] “और 𐤉𐤄𐤅𐤄 ने मुझसे कहा, ‘देखो, मैंने सिहोन
और उसकी भूमि को तुम्हारे हाथ में देना शुरू कर दिया है।
इसे प्राप्त करना शुरू करो - उसकी भूमि को प्राप्त करने के
लिए।’ [32] “और सिहोन और उसके सभी लोग हमारे खिलाफ
युद्ध करने के लिए यहत्स में निकले। [33] और 𐤉𐤄𐤅𐤄 हमारे
एलोहिम ने उसे हमारे हाथ में दे दिया, इसलिए हमने उसे,

उसके पुत्रों को, और उसके सभी लोगों को मार डाला।
34 "और हमने उस समय उसकी सभी नगरियों को ले लिया,
और हमने हर नगर के पुरुषों, महिलाओं और बच्चों को
प्रतिबंध के तहत रखा, हमने किसी को भी नहीं छोड़ा।
35 "केवल पशुधन को हमने अपने लिए लूट के रूप में लिया,
और उन नगरियों की लूट को जिन्हें हमने कब्जा किया।
36 "अरनोन वादी के किनारे पर स्थित अरोएर से, और वादी
के पास के नगर से, गिलाद तक, हमारे लिए कोई भी नगर
बहुत ऊँचा नहीं था। 𐤉𐤄𐤅𐤄 हमारे एलोहिम ने सब कुछ हमें
दे दिया। 37 "केवल तुम अमोन के बच्चों की भूमि के पास
नहीं गए - यब्बोक वादी के किनारे पर, या पहाड़ों के नगरों में,
या जहाँ भी 𐤉𐤄𐤅𐤄 हमारे एलोहिम ने हमें आज्ञा दी थी।

3 1 "तब हम मुड़े और बाशान के मार्ग पर चढ़े। और
बाशान का राजा ओग हमसे लड़ने के लिए, वह और
उसके सब लोग, एद्रेई में हमारे सामने निकला। 2 "और
𐤉𐤄𐤅𐤄 ने मुझ से कहा, 'उससे मत डर, क्योंकि मैंने उसे
और उसके सब लोगों और उसकी भूमि को तेरे हाथ में दे
दिया है। और तू उसके साथ वैसा ही करेगा जैसा तूने
एमोरियों के राजा सीहोन के साथ किया, जो हेश्बोन में रहता
था।' 3 "इस प्रकार 𐤉𐤄𐤅𐤄 हमारे ईश्वर ने बाशान के राजा
ओग को भी उसके सब लोगों समेत हमारे हाथ में कर दिया,
और हमने उसको मारा यहाँ तक कि उसके कोई बचा हुआ
शेष न रहा। 4 "और उस समय हमने उसके सब नगरों को
लिया। कोई नगर न था जिसे हम उनसे न ले लेते: साठ
नगर, सारे अर्गोब का देश, जो बाशान में राजा ओग का राज्य
था। 5 "ये सब नगर ऊँची दीवारों, फाटकों और कड़ियों से
दृढ़ थे, इसके अतिरिक्त बहुत से बिना दीवार वाले नगर भी
थे। 6 "और हमने उन्हें पूर्ण रूप से नाश कर दिया, जैसा
हमने हेश्बोन के राजा सीहोन के साथ किया था, प्रत्येक नगर
के पुरुषों, स्त्रियों और बच्चों को पूर्ण रूप से नाश कर
दिया।" 7 "परन्तु सब पशु और नगरों का लूट हमने अपने
लिये ले लिया। 8 "और उस समय हमने वह भूमि ली, जो
यरदन के पार अरनों की तराई से लेकर हरमोन पर्वत तक
एमोरियों के दो राजाओं के हाथ से ली। 9 सिदोनियों ने
हरमोन को सिरयोन कहा, और एमोरियों ने उसे सनीर कहा –
10 मैदान के सब नगर, सब गिलाद, और सब बाशान, सलखा
और एद्रेई तक, जो बाशान में राजा ओग के राज्य के नगर
थे। 11 "क्योंकि केवल बाशान का राजा ओग ही रफ़ाईम का
शेष रह गया था। देखो, उसका पलंग लोहे का पलंग था।
क्या वह अम्मोनियों के नगर रब्बा में नहीं है? उसकी लंबाई नौ
अम्माह और चौड़ाई चार अम्माह है, मनुष्य के अम्माह के
अनुसार। 12 "और वह भूमि, जिसे हमने उस समय अपने
अधिकार में ले लिया, अरनों की तराई के पास अरोएर से
लेकर आधे गिलाद पर्वत और उसके नगरों तक, मैंने रूबेनी
और गादी को दिया। 13 "और गिलाद का शेष भाग और सब
बाशान, जो राजा ओग का राज्य था, मैंने मनश्शे के आधे
गोत्र को दिया - अर्गोब का सारा देश, जो सब बाशान कहलाता
है, जिसे रफ़ाईम की भूमि कहा जाता है। 14 "मनश्शे का पुत्र
याईर ने अर्गोब के सारे देश को गशूरी और माकाती की सीमा
तक ले लिया, और उनका नाम अपने नाम पर रखा: हवोत
याईर बाशान में, आज तक। 15 "और माकीर को मैंने गिलाद
दिया। 16 "और रूबेनी और गादी को मैंने गिलाद से लेकर
अरनों की तराई तक दिया, तराई के बीच को सीमा बनाया,
यब्बोक की तराई तक, जो अम्मोनियों की सीमा है, 17 और
मैदान, यरदन को सीमा बनाया, किन्नेरेत से लेकर अराबा का
समुद्र, नमक का समुद्र, पिस्गाह की ढलानों के नीचे पूर्व की
ओर। 18 "और उस समय मैंने तुम्हें आज्ञा दी, यह कहते हुए,
'𐤉𐤄𐤅𐤄 तुम्हारा ईश्वर ने तुम्हें यह भूमि अधिकार में दी है।
तुम सब बलवान पुरुष अपने भाइयों, इस्राएल के पुत्रों के आगे
शस्त्र धारण करके पार जाओ। 19 'परन्तु तुम्हारी स्त्रियाँ,
तुम्हारे छोटे बच्चे, और तुम्हारे पशु - मैं जानता हूँ कि तुम्हारे
पास बहुत पशु हैं - उन नगरों में रहेंगे जिन्हें मैंने तुम्हें दिए हैं।
20 जब तक कि 𐤉𐤄𐤅𐤄 तुम्हारे भाइयों को भी तुम्हारे समान
विश्राम न दे, और वे भी उस भूमि के अधिकारी न हो जाएं
जिसे 𐤉𐤄𐤅𐤄 तुम्हारा ईश्वर उन्हें यरदन के पार देता है।
तब तुम प्रत्येक अपने अधिकार में लौट आना, जो मैंने तुम्हे
दिया है।' 21 "और उस समय मैंने यहोशू को आज्ञा दी, यह
कहते हुए, 'तेरी आँखों ने सब देखा है जो 𐤉𐤄𐤅𐤄 तुम्हारे
ईश्वर ने इन दो राजाओं के साथ किया। 𐤉𐤄𐤅𐤄 वैसे ही
उन सब राज्यों के साथ करेगा, जिनके पास तू जा रहा है।
22 'उनसे मत डरना, क्योंकि 𐤉𐤄𐤅𐤄 तुम्हारा ईश्वर आप ही
तुम्हारे लिये युद्ध करता है।' 23 "और मैंने उस समय
𐤉𐤄𐤅𐤄 से गिड़गिड़ाकर कहा, 24 'हे आदोनै 𐤉𐤄𐤅𐤄, तूने
अपने दास को अपनी महानता और अपनी शक्तिशाली भुजा
दिखाना आरंभ किया है, क्योंकि कौन है जो आकाश में या
पृथ्वी पर तेरे कामों और तेरी पराक्रम के अनुसार करता है?"
25 'मैं प्रार्थना करता हूँ, मुझे पार जाने दे और यरदन के पार
उस उत्तम भूमि को देखने दे, वह उत्तम पहाड़ी देश और
लेबानोन।' 26 "परन्तु तुम्हारे कारण 𐤉𐤄𐤅𐤄 मुझ पर
क्रोधित हुआ, और मेरी न सुनी; और 𐤉𐤄𐤅𐤄 ने मुझसे
कहा, 'बस, इस विषय में मुझसे और मत बोल।" 27 'पिस्गाह
की चोटी पर चढ़ जा, और पश्चिम, उत्तर, दक्षिण और पूर्व
की ओर अपनी आँखें उठाकर देख; क्योंकि तू इस यरदन को
पार नहीं करेगा। 28 'परन्तु यहोशू को आज्ञा दे, और उसे
हियाव दिला और उसे बलवान बना, क्योंकि वह इस प्रजा के
आगे पार जाएगा और उन्हें उस भूमि का अधिकारी करेगा
जिसे तू देख रहा है।' 29 "और हम बेथ-पेओर के सामने
वाली तराई में रहे।

4 1 "और अब, हे यिस्राएल, उन विधियों और न्याय-
सिद्धांतों को सुनो जिन्हें मैं तुम्हें करने के लिए सिखा रहा
हूँ, ताकि तुम जीवित रहो, और उस भूमि में प्रवेश करके उसे
प्राप्त करो, जिसे 𐤉𐤄𐤅𐤄 तुम्हारे पितरों के ईश्वर तुम्हें दे रहे
हैं।" 2 "उस वचन में न कुछ जोड़ो जिसे मैं तुम्हें आदेश देता
हूँ, और न उससे कुछ घटाओ, ताकि तुम 𐤉𐤄𐤅𐤄 अपने
ईश्वर की आज्ञाओं को मानो जिन्हें मैं तुम्हें आदेश दे रहा
हूँ।" 3 "तुम्हारी आँखों ने देखा है कि 𐤉𐤄𐤅𐤄 ने बा'al
पेओर में क्या किया; क्योंकि 𐤉𐤄𐤅𐤄 तुम्हारे ईश्वर ने उन सब
लोगों को तुम्हारे बीच से नाश कर दिया जो बा'al पेओर के
पीछे चले।" 4 "परन्तु तुम जो 𐤉𐤄𐤅𐤄 अपने ईश्वर से
चिपके हुए हो, आज तक जीवित हो, तुम में से हर एक।"
5 "देखो, मैंने तुम्हें विधियाँ और न्याय-सिद्धांत सिखाए हैं, जैसे
कि 𐤉𐤄𐤅𐤄 मेरे ईश्वर ने मुझे आदेश दिया, ताकि तुम उस

भूमि में ऐसा करो जिसमें प्रवेश करने जा रहे हो।” 6 “और
तुम उन्हें मानोगे और उनका पालन करोगे, क्योंकि यही
तुम्हारी बुद्धि और तुम्हारी समझ होगी अन्य जातियों के सामने,
जो ये सब विधियाँ सुनेंगी और कहेंगी, ‘निश्चय ही यह महान
राष्ट्र एक बुद्धिमान और समझदार लोग है!’” 7 “क्योंकि कौन
सा महान राष्ट्र है जिसके पास ईश्वर इतना निकट हो, जैसा
कि 𐤉𐤄𐤅𐤄 हमारा ईश्वर हमारे निकट है, जब भी हम उस
पर पुकारते हैं?” 8 “और कौन सा महान राष्ट्र है जिसके पास
ऐसी विधियाँ और धार्मिक न्याय-सिद्धांत हों, जैसे यह पूरी
तोराह, जिसे मैं आज तुम्हारे सामने रखता हूँ?” 9 “केवल, तू
अपनी रक्षा कर, और अपने जीवन की सावधानीपूर्वक रक्षा
कर, कहीं ऐसा न हो कि तू उन वचनों को भूल जाए जो तेरी
आँखों ने देखे हैं, और वे तेरे हृदय से तेरे जीवन के सारे दिनों
में हट जाएँ। और तू उन्हें अपने बच्चों और अपने पोतों को
बताए।” 10 “जिस दिन तुम 𐤉𐤄𐤅𐤄 अपने ईश्वर के सामने
होरेब में खड़े थे, 𐤉𐤄𐤅𐤄 ने मुझसे कहा, ‘लोगों को मेरे पास
इकट्ठा करो और मैं उन्हें अपने वचन सुनाऊँगा, ताकि वे
अपने जीवन के सब दिनों तक मुझसे डरना सीखें और अपने
बच्चों को सिखाएँ।’” 11 और तुम निकट आए और पर्वत की
तलहटी में खड़े हुए, और वह पर्वत shamayim के मध्य
तक आग से जल रहा था - अन्धकार और बादल, घना
बादल। 12 “और 𐤉𐤄𐤅𐤄 ने तुम्हारे साथ आग के बीच से
बात की। तुमने शब्दों की आवाज़ सुनी, पर कोई रूप नहीं
देखा; केवल आवाज़ सुनी।” 13 “और उसने तुम्हें अपनी
वाचा का ज्ञान कराया, जिसे उसने तुम्हें करने की आज्ञा दी,
दस वचन; और उसने उन्हें पत्थर की दो पट्टियों पर
लिखा।” 14 “और 𐤉𐤄𐤅𐤄 ने उस समय मुझे तुम्हें विधियाँ
और न्याय-सिद्धांत सिखाने का आदेश दिया, ताकि तुम उन्हें
उस भूमि में करो जिसे तुम पार करके प्राप्त करने जा रहे
हो।” 15 “इसलिए, सावधानी से अपनी रक्षा करना, क्योंकि
तुमने कोई रूप नहीं देखा जब 𐤉𐤄𐤅𐤄 ने होरेब में आग के
बीच से तुमसे बात की।” 16 “कहीं ऐसा न हो कि तुम भ्रष्ट हो
जाओ और अपने लिए कोई खुदी हुई मूर्ति बना लो, किसी भी
रूप में – पुरुष या स्त्री की समानता में।” 17 पृथ्वी पर के
किसी भी पशु की समानता या shamayim में उड़ने वाले
किसी भी पंखों वाले पक्षी की समानता, 18 “धरती पर रेंगने
वाले किसी भी जीव की समानता, या धरती के नीचे पानी में
किसी भी मछली की समानता।” 19 और कहीं तुम अपनी
आँखें shamayim की ओर उठाओ, और सूर्य, और
चन्द्रमा, और तारों को देखो - shamayim की सारी सेना
को - और तुम भटककर उनको दण्डवत करने और उनकी
सेवा करने लगो, जिन्हें 𐤉𐤄𐤅𐤄 तुम्हारे Elohim ने सारे
shamayim के नीचे सब लोगों के लिए ठहराया है।
20 परन्तु 𐤉𐤄𐤅𐤄 ने तुम्हें लिया है और लोहे की भट्टी से,
मित्स्रयिम से निकाला है, कि तुम उसकी प्रजा हो, एक निज
भाग, जैसा आज के दिन है। 21 और 𐤉𐤄𐤅𐤄 तुम्हारे वचनों
के कारण मुझ पर क्रोधित हुआ, और शपथ खाई कि मैं
यर्दन को पार नहीं करूंगा, और उस अच्छी भूमि में प्रवेश नहीं
करूंगा जो 𐤉𐤄𐤅𐤄 तुम्हारा Elohim तुम्हें विरासत के रूप
में दे रहा है। 22 “क्योंकि मुझे इस भूमि में मरना है, मैं यरदन
को पार नहीं करूँगा, परन्तु तुम पार करोगे और उस उत्तम
भूमि को प्राप्त करोगे।” 23 “अपनी रक्षा करना, कहीं ऐसा न
हो कि तुम 𐤉𐤄𐤅𐤄 अपने ईश्वर की वाचा को भूल जाओ, जो
उसने तुम्हारे साथ की, और अपने लिए कोई खुदी हुई मूर्ति
बना लो, किसी भी रूप में, जिसकी आज्ञा 𐤉𐤄𐤅𐤄 तुम्हारे
ईश्वर ने तुम्हें दी है।” 24 “क्योंकि 𐤉𐤄𐤅𐤄 तुम्हारा ईश्वर
एक भस्म करने वाली आग है, एक जलनशील ईश्वर।”
25 “जब तुम पुत्र और पौत्र उत्पन्न करोगे और उस भूमि में
बूढ़े हो जाओगे, और भ्रष्ट होकर किसी भी रूप में खुदी हुई
मूर्ति बनाओगे, और 𐤉𐤄𐤅𐤄 अपने ईश्वर की दृष्टि में बुरा
काम करोगे जिससे उसे क्रोधित करो।” 26 मैं उस दिन
तुम्हारे विरुद्ध shamayim और पृथ्वी को साक्षी बनाऊंगा,
कि तुम शीघ्र ही उस भूमि से पूर्णतः नष्ट हो जाओगे जिस पर
तुम Yardĕn पार करके अधिकार करने जाते हो - तुम
उसमें अपने दिन लम्बे नहीं करोगे बल्कि पूर्णतः नष्ट हो
जाओगे। 27 “और 𐤉𐤄𐤅𐤄 तुम्हें जातियों में तितर-बितर कर
देगा, और तुम अन्यजातियों में थोड़े रह जाओगे जहां
𐤉𐤄𐤅𐤄 तुम्हें ले जाएगा।” 28 “और वहाँ तुम देवताओं की
सेवा करोगे, मनुष्यों के हाथों के बनाए हुए – लकड़ी और
पत्थर – जो न देखते हैं, न सुनते हैं, न खाते हैं, न सूँघते
हैं।” 29 “परन्तु वहाँ से तुम 𐤉𐤄𐤅𐤄 अपने ईश्वर को ढूँढोगे,
और पाओगे, जब तुम अपने पूरे हृदय और अपने पूरे प्राण से
उसे ढूँढोगे।” 30 “कठिनाई में, जब ये सब बातें तुम पर आ
पड़ेंगी, अन्तिम दिनों में, तब तुम 𐤉𐤄𐤅𐤄 अपने ईश्वर की
ओर लौटोगे और उसकी वाणी को सुनोगे।” 31 “क्योंकि
𐤉𐤄𐤅𐤄 तुम्हारा ईश्वर दयालु ईश्वर है; वह तुम्हें न त्यागेगा,
न नाश करेगा, और न ही तुम्हारे पितरों की वाचा को भूलेगा,
जिसकी उसने उनसे शपथ खाई थी।” 32 क्योंकि अब उन
बीते हुए दिनों के विषय में पूछो जो तुमसे पहले थे, उस दिन से
जब Elohim ने पृथ्वी पर मनुष्य की सृष्टि की, और
shamayim के एक छोर से दूसरे छोर तक पूछो, कि क्या
इतना महान वचन कभी हुआ है, या इसके समान कभी सुना
गया है। 33 “क्या किसी लोगों ने ईश्वर की आवाज़ आग के
बीच से बोलते हुए सुनी है, जैसा कि तुमने सुना है, और
जीवित रहे?” 34 क्या Elohim ने कभी यह करने का प्रयास
किया है कि वह जाकर अपने लिए एक राष्ट्र के बीच से एक
राष्ट्र को परीक्षाओं द्वारा, और चिह्नों द्वारा, और आश्चर्यकर्मों
द्वारा, और युद्ध द्वारा, और बलवन्त हाथ और बढ़ाई गई भुजा
द्वारा, और महान भयानक कार्यों द्वारा ले ले, जैसा कि
𐤉𐤄𐤅𐤄 तुम्हारे Elohim ने तुम्हारे लिए मित्स्रयिम में तुम्हारी
आँखों के सामने किया था? 35 “तुम्हें यह दिखाया गया, ताकि
तुम जानो कि 𐤉𐤄𐤅𐤄 ही ईश्वर है; उसके सिवाय कोई
नहीं।” 36 स्वर्ग से उसने तुम्हें अपनी आवाज़ सुनाई, तुम्हें
शिक्षा देने के लिए, और पृथ्वी पर उसने तुम्हें अपनी महान
अग्नि दिखाई, और तुमने अग्नि के बीच से उसके वचन
सुने। 37 और क्योंकि उसने तुम्हारे पूर्वजों से प्रेम किया,
इसलिए उसने उनके बाद उनके वंश को चुना, और अपनी
उपस्थिति से, अपनी महान शक्ति से तुम्हें मित्स्रयिम से निकाल
लाया, 38 “ताकि तुम्हारे सामने तुमसे बड़ी और शक्तिशाली
जातियों को निकाल दे, और तुम्हें उनकी भूमि में ले आए और
तुम्हें उनकी भूमि का अधिकार दे, जैसा कि आज है।”
39 और आज तुम जान लोगे, और अपने हृदय में स्मरण
रखोगे कि 𐤉𐤄𐤅𐤄 स्वयं ही ऊपर shamayim में और नीचे
पृथ्वी पर Elohim है; उसके अतिरिक्त कोई और नहीं है।

40“और तुम उसकी विधियों और उसकी आज्ञाओं को
मानोगे, जिन्हें मैं आज तुम्हें आदेश देता हूँ, ताकि तुम्हारा और
तुम्हारे बच्चों का भला हो, और तुम्हारे दिन उस भूमि पर लंबे
हों जिसे 𐤉𐤄𐤅𐤄 तुम्हारा ईश्वर तुम्हें सदैव के लिए दे रहा
है।” 41“तब मूसा ने यरदन के पार, सूर्योदय की ओर, तीन
नगर अलग किए।” 42“उसके लिए जो किसी मनुष्य को
अनजाने में मारे, जिसने पहले कभी उससे बैर न रखा हो, वह
उन नगरों में से किसी एक में भागकर जीवित रहे।”
43“रेउबेनियों के लिए जंगल के मैदान में बेत्सेर, गादीयों के
लिए गिलआद में रामोत, और मनश्शियों के लिए बाशान में
गोलान।” 44“और यह वह तोराह है जिसे मूसा ने इस्राएल
की सन्तानों के सामने रखा।” 45ये साक्षी हैं, और व्यवस्थाएं
हैं, और न्यायसंगत विधान हैं जो Mosheh ने Yisra'el की
संतानों से कहे जब वे Mitsrayim से निकल आए थे।
46“यरदन के पार, बेथ पेओर के सामने की तराई में,
अमोरियों के राजा सिहोन की भूमि में, जो हेशबोन में रहता था,
जिसे मूसा और इस्राएल की सन्तानों ने मिस्त्र से निकलने के
बाद मारा।” 47“और उन्होंने उसकी भूमि और बाशान के
राजा ओग की भूमि को लिया, अमोरियों के दो राजाओं की
भूमि, जो यरदन के पार, सूर्योदय की ओर थे।” 48“अरोएर
से, जो अर्नोन की तराई के किनारे पर है, लेकर सियोन पर्वत
तक, जो हेरमोन है।” 49“और यरदन के पार का पूरा
मैदान, अराबा सागर तक, पिस्गह की ढलानों के नीचे।”

5 1और Mosheh ने सारे Yisra'el को बुलाया, और
उनसे कहा, "सुनो, हे Yisra'el, उन व्यवस्थाओं और
न्यायों को जो मैं आज तुम्हारे सुनने में कहता हूँ। और तुम
उन्हें सीखोगे, और उनका पालन करने की रक्षा करोगे।
2“𐤉𐤄𐤅𐤄 हमारे ईश्वर ने हमारे साथ होरेब में एक वाचा
बाँधी।” 3“𐤉𐤄𐤅𐤄 ने यह वाचा हमारे पितरों के साथ नहीं
की, परन्तु हमारे साथ की, हमसे, जो आज यहाँ हैं, हम सब
जीवित जनों से। 4“𐤉𐤄𐤅𐤄 ने पहाड़ पर आग के बीच से
तुमसे आमने-सामने बातें की। 5“मैं उस समय तुम्हारे और
𐤉𐤄𐤅𐤄 के बीच खड़ा था, ताकि तुम्हें 𐤉𐤄𐤅𐤄 का वचन
सुनाऊँ - क्योंकि तुम आग के कारण डर गए थे, और पहाड़
पर नहीं गए - कहते हुए: 6मैं 𐤉𐤄𐤅𐤄 तुम्हारा Elohim हूँ
जो तुम्हें मिस्त्रायिम देश से, दासत्व के घर से निकाल लाया।
7‘तुम मेरे सामने अन्य कोई देवता न रखना। 8तुम अपने
लिए कोई खुदी हुई मूर्ति न बनाना, न किसी चीज़ की समानता
बनाना जो ऊपर shamayim में है, या जो नीचे पृथ्वी पर है,
या जो पृथ्वी के नीचे जल में है, 9तुम उनको दण्डवत न
करना और न उनकी सेवा करना। क्योंकि मैं, 𐤉𐤄𐤅𐤄
तुम्हारा ईश्वर, एक जलन रखने वाला Ĕl हूँ, जो मुझ से बैर
करने वालों के बेटों पर पितरों का अधर्म तीसरी और चौथी
generations तक पहुँचाता हूँ। 10परन्तु हजारों पर
करूणा करता हूँ, उन पर जो मुझ से प्रेम रखते और मेरी
आज्ञाओं को मानते हैं। 11‘तुम 𐤉𐤄𐤅𐤄 अपने ईश्वर का
नाम व्यर्थ न लेना, क्योंकि 𐤉𐤄𐤅𐤄 उसे निर्दोष न ठहराएगा
जो उसका नाम व्यर्थ लेता है। 12Shabbath के दिन की
रक्षा करो, इसे qadosh करने के लिए, जैसा कि 𐤉𐤄𐤅𐤄
तुम्हारे Elohim ने तुम्हें आज्ञा दी है। 13‘छः दिन तू परिश्रम
कर, और अपने सब काम करना। 14परन्तु सातवाँ दिन
𐤉𐤄𐤅𐤄 तुम्हारे Elohim का Shabbath है। तुम कोई
काम न करना - न तुम, न तुम्हारा पुत्र, न तुम्हारी पुत्री, न
तुम्हारा दास, न तुम्हारी दासी, न तुम्हारा बैल, न तुम्हारा गधा,
न तुम्हारा कोई पशु, न तुम्हारा परदेशी जो तुम्हारे फाटकों के
भीतर है, ताकि तुम्हारा दास और तुम्हारी दासी तुम्हारे समान
विश्राम करें। 15और तुम स्मरण रखना कि तुम मिस्त्रयिम
देश में दास थे, और 𐤉𐤄𐤅𐤄 तुम्हारे Elohim ने तुम्हें वहां
से बलवन्त हाथ और बढ़ाई गई भुजा के द्वारा निकाला।
इसलिए 𐤉𐤄𐤅𐤄 तुम्हारे Elohim ने तुम्हें Shabbath दिन
मानने की आज्ञा दी। 16‘अपने पिता और अपनी माता का
आदर करना, जैसे 𐤉𐤄𐤅𐤄 तुम्हारे ईश्वर ने तुम्हें आज्ञा दी
है, ताकि तेरे दिन बढ़ें, और ताकि तेरे साथ उस देश में भलाई
हो जो 𐤉𐤄𐤅𐤄 तुम्हारा ईश्वर तुझे देता है। 17‘तू हत्या न
करना। 18‘तू व्यभिचार न करना। 19‘तू चोरी न करना।
20‘तू अपने पड़ोसी के विरुद्ध झूठी गवाही न देना। 21‘तू
अपने पड़ोसी की पत्नी की इच्छा न करना, और न अपने
पड़ोसी के घर, उसके खेत, उसके दास, उसकी दासी, उसके
बैल, उसके गधे, या जो कुछ तेरे पड़ोसी का है उसकी लालसा
करना।’ 22“ये वचन 𐤉𐤄𐤅𐤄 ने तुम्हारी सारी सभा से,
पहाड़ पर आग, बादल, और गाढ़े अंधकार के बीच से, ऊँचे
शब्द से कहे, और उसने और कुछ नहीं जोड़ा। और उसने
उन्हें पत्थर की दो पट्टियों पर लिखा और मुझे दिया।
23“और ऐसा हुआ, जब तुमने अंधकार के बीच से आवाज़
सुनी, जबकि पहाड़ आग में जल रहा था, तब तुम मेरे पास
आए, तुम्हारे सब गोत्रों के प्रधान और तुम्हारे पुरनिये।
24और कहा, ‘देखो, 𐤉𐤄𐤅𐤄 हमारे ईश्वर ने हमें अपनी
महिमा और अपनी महानता दिखाई है, और हम ने उसकी
आवाज़ आग के बीच से सुनी है। आज हमने देखा कि ईश्वर
मनुष्य से बातें करता है - और वह जीवित रहता है! 25‘और
अब हम क्यों मरें? क्योंकि यह बड़ी आग हमें भस्म कर रही
है। यदि हम 𐤉𐤄𐤅𐤄 अपने ईश्वर की आवाज़ और सुनेंगे,
तो हम मर जाएँगे। 26‘क्योंकि सब प्राणी में कौन है जिसने
जीवित ईश्वर की आवाज़ सुनी, जो आग के बीच से बोलता है,
जैसे हमने सुनी, और जीवित रहा? 27‘तू पास जा और वह
सब सुन जो 𐤉𐤄𐤅𐤄 हमारा ईश्वर कहेगा, और तू हम से वह
सब कह जो 𐤉𐤄𐤅𐤄 हमारा ईश्वर तुझ से कहेगा, और हम
सुनेंगे और करेंगे।’ 28“और 𐤉𐤄𐤅𐤄 ने तुम्हारे वचनों की
आवाज़ सुनी जब तुम मुझ से बोले, और 𐤉𐤄𐤅𐤄 ने मुझ से
कहा, ‘मैंने इस प्रजा के वचनों की आवाज़ सुनी है जो उन्होंने
तुझ से कही है। उन्होंने जो कुछ कहा है उसमें भली तरह
किया है। 29‘हाय, कि उनका ऐसा मन होता कि सदा मुझ से
डरते और मेरी सब आज्ञाओं को मानते रहते, ताकि उनके
और उनके पुत्रों के लिए सदैव भला होता! 30‘जा, उनसे कह,
“अपने तंबुओं में लौट जाओ।” 31‘परन्तु तू, यहाँ मेरे पास
ठहर, और मैं तुझ से वे सब आज्ञाएँ, और नियम, और न्याय
कहूँगा जिन्हें तू उन्हें सिखाए। और वे उस देश में, जिसे मैं
उन्हें देने जा रहा हूँ, करके उसका अधिकारी होंगे।’
32“और तुम सावधान रहना कि वैसा ही करो जैसा 𐤉𐤄𐤅𐤄
तुम्हारे ईश्वर ने तुम्हें आज्ञा दी है – दाहिने या बाएँ न मुड़ना।
33“उस सब मार्ग में चलना जो 𐤉𐤄𐤅𐤄 तुम्हारे ईश्वर ने तुम्हें
आज्ञा दी है, ताकि तुम जीवित रहो और तुम्हारा भला हो, और

उस देश में तुम्हारे दिन बढ़ें जिसका तुम अधिकारी होने जा
रहे हो।

6 1“और यह वह आज्ञा, विधियाँ और उचित नियम हैं
जिन्हें 𐤉𐤄𐤅𐤄 तुम्हारे ईश्वर ने आज्ञा दी है, ताकि तुम्हें
सिखाया जाए कि उस देश में करना है जिसमें तुम प्रवेश कर
उसे अधिकार में लेने जा रहे हो, 2ताकि तुम 𐤉𐤄𐤅𐤄 अपने
ईश्वर का भय मानो, उसकी सारी विधियों और उसकी
आज्ञाओं को मानो जिन्हें मैं तुम्हें आज्ञा देता हूँ, तुम और
तुम्हारा पुत्र और तुम्हारा पोता, अपने जीवन के सब दिनों तक,
और तुम्हारे दिन लंबे हों। 3“और सुनो, हे यिस्राएल, और
मान कर करो, ताकि तुम्हारा भला हो, और तुम बहुत बढ़ो
जैसा कि 𐤉𐤄𐤅𐤄 तुम्हारे पितरों का ईश्वर ने तुमसे कहा है,
एक देश जो दूध और मधु से बहता है। 4“सुनो, हे यिस्राएल:
𐤉𐤄𐤅𐤄 हमारा ईश्वर, 𐤉𐤄𐤅𐤄 एक ही है! 5“और तुम
𐤉𐤄𐤅𐤄 अपने ईश्वर से अपने सारे हृदय से, और अपनी
सारी आत्मा से, और अपनी सारी शक्ति से प्रेम करना।
6“और ये वचन जो मैं आज तुम्हें आज्ञा दे रहा हूँ वे तुम्हारे
हृदय में हों, 7और तुम उन्हें अपने बच्चों के मन में डालना,
और उनके विषय में बात करना जब तुम अपने घर में बैठो,
और जब तुम मार्ग में चलो, और जब तुम लेटो, और जब तुम
उठो, 8और उन्हें अपने हाथ पर चिन्ह स्वरूप बाँधना, और वे
तुम्हारी आँखों के बीच पट्टिकाएँ हों। 9“और तुम उन्हें अपने
घर की चौखटों पर और अपने फाटकों पर लिखना।
10“और ऐसा होगा, जब 𐤉𐤄𐤅𐤄 तुम्हारा ईश्वर तुम्हें उस
देश में ले जाएगा जिसकी उसने तुम्हारे पितरों से शपथ खाई
थी, अब्राहाम, यित्स्हाक और याक़ोब से, कि तुम्हें बड़े और
अच्छे नगर दे जो तुमने नहीं बनाए, 11और घर जो सब प्रकार
की अच्छी वस्तुओं से भरे हैं, जिन्हें तुमने नहीं भरा, और खुदे
हुए कुएँ जिन्हें तुमने नहीं खोदा, दाख की बारियाँ और जैतून
के वृक्ष जिन्हें तुमने नहीं लगाया, और तुम खाओगे और तृप्त
हो जाओगे – 12सावधान रहना, ऐसा न हो कि तुम 𐤉𐤄𐤅𐤄
को भूल जाओ जिसने तुम्हें मिस्र देश से, दासत्व के घर से
बाहर निकाला। 13“𐤉𐤄𐤅𐤄 अपने ईश्वर का भय मानो और
उसकी सेवा करो, और उसके नाम की शपथ खाओ।
14“अन्य देवताओं के पीछे मत जाना, उन जातियों के
देवताओं के पीछे जो तुम्हारे चारों ओर हैं, 15क्योंकि 𐤉𐤄𐤅𐤄
तुम्हारा ईश्वर तुम्हारे बीच में जलन रखने वाला ईश्वर है, ऐसा
न हो कि 𐤉𐤄𐤅𐤄 तुम्हारे ईश्वर का क्रोध तुम पर भड़क उठे,
तब वह तुम्हें पृथ्वी के ऊपर से नाश कर देगा। 16“तुम
𐤉𐤄𐤅𐤄 अपने ईश्वर की परीक्षा मत लो, जैसे तुमने उसे
मस्सा में परखा था। 17“𐤉𐤄𐤅𐤄 अपने ईश्वर की आज्ञाओं
को, और उसकी गवाही को, और उसकी विधियों को जिन्हें
उसने तुम्हें आज्ञा दी है, सावधानी से मानो। 18“और तुम वही
करो जो 𐤉𐤄𐤅𐤄 की दृष्टि में ठीक और भला है, ताकि
तुम्हारा भला हो, और तुम उस अच्छे देश में प्रवेश करके उसे
अधिकार में लो जिसकी 𐤉𐤄𐤅𐤄 ने तुम्हारे पितरों से शपथ
खाई थी, 19कि वह तुम्हारे सब शत्रुओं को तुम्हारे सामने से
निकाल दे, जैसा कि 𐤉𐤄𐤅𐤄 ने कहा है। 20“जब भविष्य में
तुम्हारा पुत्र तुमसे पूछे, कहता हुआ, ‘वे गवाहियाँ, और
विधियाँ, और उचित नियम क्या हैं जिन्हें 𐤉𐤄𐤅𐤄 हमारे
ईश्वर ने तुम्हें आज्ञा दी हैं?’ 21तब तुम अपने पुत्र से कहना,
‘हम मिस्र में फ़िरौन के दास थे, और 𐤉𐤄𐤅𐤄 ने हमें
शक्तिशाली हाथ से मिस्र से बाहर निकाला, 22और 𐤉𐤄𐤅𐤄
ने चिन्ह और अद्भुत काम, बड़े और भयानक, मिस्र पर,
फ़िरौन पर, और उसके सारे घराने पर हमारे देखने के सामने
किए। 23‘और उसने हमें वहाँ से निकालकर इस देश में लाने
के लिए, और हमें वह देश देने के लिए, जिसकी उसने हमारे
पितरों से शपथ खाई थी। 24‘और 𐤉𐤄𐤅𐤄 ने हमें ये सारी
विधियाँ करने की आज्ञा दी, ताकि हम 𐤉𐤄𐤅𐤄 अपने ईश्वर
का भय मानें, सदैव हमारे भले के लिए, कि वह हमें जीवित
रखे, जैसा कि आज है। 25‘और यह हमारे लिए धर्म होगा
जब हम इस सारी आज्ञा को 𐤉𐤄𐤅𐤄 अपने ईश्वर के सामने
मानेंगे, जैसा कि उसने हमें आज्ञा दी है।’

7 1“जब 𐤉𐤄𐤅𐤄 TB◌हारा ईश्वर तुझे उस देश में ले
जाएगा जिसे तू प्राप्त करने के लिये जा रहा है, तब वह
तेरे सामने से बहुत सी जातियों को दूर कर देगा: हित्ती,
गिर्गाशी, एमोरी, कनानी, परिज्जी, हिव्वी और यबूसी – सात
जातियाँ जो तुझसे बड़ी और अधिक शक्तिशाली हैं।”
2“और जब 𐤉𐤄𐤅𐤄 तुम्हारा ईश्वर उन्हें तुम्हारे हाथ में कर
देगा, तब तुम उन्हें मार डालना और पूरी तरह नाश करना।
उनसे कोई वाचा न करना, और उन पर दया न दिखाना।
3“और उनसे विवाह मत करना - न तो अपनी बेटी को उनके
बेटे को देना, और न उनकी बेटी को अपने बेटे के लिए लेना,
4क्योंकि वह तुम्हारे पुत्रों को मेरी पीछे चलने से फेर देगा,
ताकि वे दूसरे शक्तिशाली देवताओं की सेवा करें। तब
𐤉𐤄𐤅𐤄 का क्रोध तुम्हारे विरुद्ध भड़क उठेगा और तुरंत तुम्हें
नाश कर देगा। 5“परन्तु तुम उनके साथ यह करो: उनकी
वेदियों को गिरा दो, उनके खंभों को तोड़ डालो, उनके
Ashĕrim को काट डालो, और उनकी खुदी हुई मूरतों को
आग से जला दो। 6क्योंकि तुम 𐤉𐤄𐤅𐤄 अपने Elohim के
लिए एक qodesh प्रजा हो। 𐤉𐤄𐤅𐤄 तुम्हारे Elohim ने
तुम्हें अपने लिए एक प्रजा होने के लिए चुना है, पृथ्वी के मुख
पर सभी लोगों से ऊपर एक बहुमूल्य संपत्ति। 7“𐤉𐤄𐤅𐤄 ने
न तो तुमसे प्रेम किया और न तुम्हें इसलिए चुना कि तुम
किसी अन्य जाति से अधिक हो, क्योंकि तुम सब जातियों में
सबसे छोटे थे, 8परन्तु 𐤉𐤄𐤅𐤄 के तुमसे प्रेम करने के
कारण, और उस शपथ की रक्षा करने के कारण जो उसने
तुम्हारे पितरों से खाई थी, 𐤉𐤄𐤅𐤄 ने तुम्हें बलवान हाथ से
निकाला है, और तुम्हें दासत्व के घर से, मिस्रायिम के राजा
फिरौन के हाथ से छुड़ाया है। 9“और तुम जानो कि 𐤉𐤄𐤅𐤄
तुम्हारा ईश्वर, वही ईश्वर है, वह विश्वासयोग्य Ěl है जो उन
से प्रेम रखने वालों और उसकी आज्ञाओं को मानने वालों के
साथ हज़ार पीढ़ियों तक वाचा और कृपा को निभाता है।
10परन्तु जो उससे बैर रखते हैं, उनको उनके सामने ही
दण्ड देता है, उनको नाश करने के लिए। वह उससे बैर
रखने वाले को विलम्ब नहीं करता, बल्कि उसको सामने ही
उसका फल देता है। 11“इसलिए तुम आज जो आज्ञा, और
विधियाँ, और नियम मैं तुम्हें सुनाता हूँ, उन्हें मानना और
करना। 12“और ऐसा होगा, यदि तुम ये नियम सुनो, और
उन्हें मानो और करो, तो 𐤉𐤄𐤅𐤄 तुम्हारा ईश्वर तुम्हारे साथ
वह वाचा और कृपा निभाएगा जो उसने तुम्हारे पितरों से शपथ

खाकर की थी। [13] और तुमसे प्रेम करेगा और तुम्हें barak̲ करेगा और तुम्हें बढ़ाएगा, और तुम्हारी कोख के फल को और तुम्हारी भूमि के फल को barak̲ करेगा, तुम्हारे अनाज और तुम्हारे नए दाखरस और तुम्हारे तेल को, तुम्हारे पशुओं की वृद्धि और तुम्हारे झुंड की संतान को, उस भूमि में जिसे देने की उसने तुम्हारे पूर्वजों से शपथ खाई थी। [14] धन्य हैं आप सभी लोगों से ऊपर - आपके बीच या आपके पशुओं के बीच कोई बांझ पुरुष या बांझ स्त्री नहीं होगी। [15] और 𐤉𐤄𐤅𐤄 तुमसे सभी बीमारियों को दूर करेगा और मिस्त्रयिम की उन बुरी व्याधियों में से कोई भी तुम पर नहीं डालेगा जिन्हें तुमने जाना है, परन्तु वह उन्हें उन सभी पर डालेगा जो तुमसे घृणा करते हैं। [16] "और तुम उन सब जातियों को भस्म कर दोगे जिन्हें 𐤉𐤄𐤅𐤄 तुम्हारा ईश्वर तुम्हें देता है - तुम्हारी आँख उन पर दया न करे। और उनके देवताओं की सेवा न करना, क्योंकि यह तुम्हारे लिए फंदा है। [17] "जब तुम अपने मन में कहो, 'ये जातियाँ मुझसे बड़ी हैं, मैं उन्हें निकाल नहीं सकता,' [18] उनसे डरो मत। अच्छी तरह से याद रखो कि 𐤉𐤄𐤅𐤄 तुम्हारे Elohim ने फिरौन और सारे मिस्त्रायिम के साथ क्या किया था, [19] वे बड़े-बड़े परीक्षण जिन्हें तुम्हारी आँखों ने देखा, और वे चिन्ह और अद्‌भुत काम, वह बलवन्त हाथ और बढ़ाया हुआ भुजा, जिसके द्वारा 𐤉𐤄𐤅𐤄 तुम्हारे ईश्वर ने तुम्हें निकाला। 𐤉𐤄𐤅𐤄 तुम्हारा ईश्वर वैसा ही उन सब जातियों के साथ करेगा जिनसे तुम डरते हो। [20] "और 𐤉𐤄𐤅𐤄 तुम्हारा ईश्वर उनके बीच भौंरा भी भेजेगा, जब तक कि वे सब नाश न हो जाएँ जो तुम्हारे सामने से बचकर छिपते हैं। [21] "उनसे मत डरना, क्योंकि 𐤉𐤄𐤅𐤄 तुम्हारा ईश्वर, महान और भयानक Ěl, तुम्हारे बीच में है। [22] "और 𐤉𐤄𐤅𐤄 तुम्हारा ईश्वर उन जातियों को तुम्हारे सामने से थोड़ा-थोड़ा करके निकालेगा। तुम्हें उन्हें एक ही बार में नाश करने की आज्ञा नहीं है, कहीं ऐसा न हो कि मैदान के पशु तुम्हारे लिए बहुत हो जाएँ। [23] "परन्तु 𐤉𐤄𐤅𐤄 तुम्हारा ईश्वर उन्हें तुम्हारे हाथ में कर देगा और वह उन्हें बड़ी विपत्ति से तबाह करेगा, जब तक वे नाश न हो जाएँ। [24] और वह उनके राजाओं को तुम्हारे हाथ में सौंप देगा, और तुम उनका नाम shamayim के नीचे से मिटा दोगे। कोई भी तुम्हारे सामने खड़ा नहीं हो सकेगा जब तक तुम उन्हें नष्ट नहीं कर देते। [25] "उनके देवताओं की खुदी हुई मूरतों को तुम आग से जला देना। उनके ऊपर का चाँदी या सोना न चाहना, और न उसे अपने लिए लेना, कहीं ऐसा न हो कि तुम उसमें फँस जाओ; क्योंकि यह 𐤉𐤄𐤅𐤄 तुम्हारे ईश्वर के लिये घृणित है। [26] "और किसी घृणित वस्तु को अपने घर में न लाना, कहीं ऐसा न हो कि तुम भी उसके समान शापित हो जाओ। उसको पूरी तरह घृणा करना और पूरी तरह से नफरत करना, क्योंकि वह शापित है।

8

[1] "आज मैं जो हर आज्ञा तुम्हें देता हूँ, उसका पालन करने के लिए सावधान रहो, ताकि तुम जीवित रहो, और बढ़ो, और अंदर जाओ, और उस देश का अधिकार लो जिसकी शपथ 𐤉𐤄𐤅𐤄 ने तुम्हारे पितरों से खाई थी। [2] "और तुम स्मरण रखना कि 𐤉𐤄𐤅𐤄 तुम्हारे ईश्वर ने इन चालीस वर्षों में जंगल में तुम्हें सारी राह चलाया, ताकि वह तुम्हें दीन करे, तुम्हारी परीक्षा ले, यह जानने के लिए कि तुम्हारे हृदय में क्या है, चाहे तुम उसकी आज्ञाओं को मानते हो या नहीं। [3] "और उसने तुम्हें दीन किया, तुम्हें भूखा रहने दिया, और तुम्हें मन्ना खिलाया जिसे तुम नहीं जानते थे और न ही तुम्हारे पितरों ने जाना, ताकि वह तुम्हें यह जानने दे कि मनुष्य केवल रोटी से नहीं जीता, परंतु हर उस वचन से जीता है जो 𐤉𐤄𐤅𐤄 के मुख से निकलता है। [4] "तुम्हारे वस्त्र तुम पर पुराने नहीं हुए, न ही इन चालीस वर्षों में तुम्हारे पैर सूजे। [5] "इस प्रकार तुम अपने हृदय में जान लो कि जैसे कोई मनुष्य अपने पुत्र को अनुशासन देता है, वैसे ही 𐤉𐤄𐤅𐤄 तुम्हारे ईश्वर तुम्हें अनुशासन देता है। [6] इसलिए तुम 𐤉𐤄𐤅𐤄 तुम्हारे ईश्वर की आज्ञाओं का पालन करना, उसकी राहों पर चलना और उसका भय मानना। [7] "क्योंकि 𐤉𐤄𐤅𐤄 तुम्हारा ईश्वर तुम्हें एक अच्छे देश में ला रहा है, जो नदियों, सोतों और झरनों का देश है, जो घाटियों और पहाड़ों से निकलते हैं। [8] गेहूँ और जौ का देश, दाखलताओं और अंजीर के पेड़ों और अनारों का देश, जैतून के तेल और मधु का देश। [9] ऐसा देश जिसमें तुम रोटी बिना कमी के खाते हो, जिसमें तुम्हें किसी बात की घटी नहीं, जिसका पत्थर लोहा है और जिसकी पहाड़ियों से तुम तांबा खोद निकालते हो। [10] "और तुम खाओगे और तृप्त होगे, और उस अच्छे देश के लिए 𐤉𐤄𐤅𐤄 तुम्हारे ईश्वर को आशीर्वाद दोगे, जो उसने तुम्हे दिया है। [11] "सावधान रहो, कहीं ऐसा न हो कि तुम 𐤉𐤄𐤅𐤄 तुम्हारे ईश्वर को भूल जाओ, उसकी आज्ञाओं, उसके नियमो और उसकी विधियों का पालन न करके, जिन्हें आज मैं तुम्हे देता हूँ। [12] ऐसा न हो कि जब तुम खाओ और तृप्त हो, और अच्छे घर बनाकर उनमें बसो। [13] और तुम्हारी गाय-बैल और भेड़-बकरियाँ बढ़ें, और तुम्हारा चाँदी और सोना बढ़े, और तुम्हारा सब कुछ बढ़े। [14] तब तुम्हारा हृदय ऊँचा हो जाए, और तुम 𐤉𐤄𐤅𐤄 तुम्हारे ईश्वर को भूल जाओ, जिसने तुम्हे मिस्त्र देश से, दासत्व के घर से निकाला। [15] जिसने तुम्हे उस बड़े और भयानक जंगल से चलाया - जलते हुए साँपो और बिच्छुओं और प्यास से - जहाँ पानी नहीं था, जिसने तुम्हारे लिए उस कठोर चट्टान से पानी निकाला। [16] जिसने जंगल में तुम्हें मन्ना खिलाया, जिसे तुम्हारे पितरों ने नही जाना, ताकि वह तुम्हें दीन करे और तुम्हारी परीक्षा ले, अंत में तुम्हारे भले के लिए। [17] तब तुम अपने हृदय में कहोगे, 'मेरी शक्ति और मेरे हाथ की सामर्थ ने मेरे लिए यह धन उत्पन्न किया है!' [18] "पर तुम 𐤉𐤄𐤅𐤄 तुम्हारे ईश्वर को स्मरण रखना, क्योंकि वही तुम्हें धन उत्पन्न करने की शक्ति देता है, ताकि वह अपनी वाचा को स्थिर करे जिसकी उसने तुम्हारे पितरों से शपथ खाई थी, जैसा आज है। [19] "और ऐसा होगा, यदि तुम किसी प्रकार 𐤉𐤄𐤅𐤄 तुम्हारे ईश्वर को भूल जाओ, और अन्य देवताओं के पीछे चलो, और उनकी सेवा करो और उन्हें दंडवत करो, तो मैं आज तुम्हें चेतावनी देता हूँ कि तुम निश्चय नाश हो जाओगे। [20] "जैसी वे जातियाँ जो 𐤉𐤄𐤅𐤄 तुम्हारे सामने नाश कर रहा है, वैसे ही तुम भी नाश हो जाओगे, क्योंकि तुमने 𐤉𐤄𐤅𐤄 तुम्हारे ईश्वर की वाणी को नहीं माना।

9

[1] सुनो, हे यिस्त्रा'एल: तुम आज यर्दन को पार कर रहे हो, उन जातियों को बेदखल करने के लिए जो तुमसे बड़ी और बलवान हैं, और उन नगरों में जाने के लिए जो बड़े है

और शमयिम तक ऊंची दीवारों से घिरे हुए हैं, [2]एक महान
और ऊँचे लोग, अनाकीम के वंशज, जिन्हें तुम जानते हो,
और जिनके बारे में तुमने यह कहते सुना है, 'अनाक के
वंशजों के सामने कौन खड़ा हो सकता है?' [3]"और आज तुम
जान लो कि 𐤉𐤄𐤅𐤄 तुम्हारे ईश्वर वह है जो तुम्हारे आगे
आगे भस्म करनेवाली आग के समान पार हो रहा है – वह
उन्हें नष्ट करता है और तुम्हारे सामने उन्हें दबा देता है।
इसलिए तुम उन्हें शीघ्र ही निकाल दोगे और नष्ट कर दोगे,
जैसा कि 𐤉𐤄𐤅𐤄 ने तुमसे कहा है। [4]"जब 𐤉𐤄𐤅𐤄 तुम्हारे
ईश्वर ने उन्हें तुम्हारे सामने से निकाल दिया हो, तब अपने
मन में यह मत कहना, 'मेरे धर्म के कारण 𐤉𐤄𐤅𐤄 ने मुझे
इस देश का अधिकारी बनाया है।' परन्तु इन जातियों की
दुष्टता के कारण ही 𐤉𐤄𐤅𐤄 उन्हें तुम्हारे सामने से निकाल
रहा है। [5]"यह न तो तुम्हारे धर्म के कारण है और न ही
तुम्हारे मन की सीधाई के कारण कि तुम उनकी भूमि के
अधिकारी हो रहे हो, बल्कि इन जातियों की दुष्टता के कारण
𐤉𐤄𐤅𐤄 तुम्हारे ईश्वर उन्हें तुम्हारे सामने से निकाल रहा है,
ताकि उस वचन को पूरा करे जो 𐤉𐤄𐤅𐤄 ने तुम्हारे पितरों,
अब्राहम, यित्स्हाक और याकोब से शपथ खाकर कहा था।
[6]"और तुम जान लो कि 𐤉𐤄𐤅𐤄 तुम्हारा ईश्वर तुम्हें यह
उत्तम देश तुम्हारे धर्म के कारण अधिकारी होने के लिए नहीं
दे रहा है, क्योंकि तुम हठी लोग हो। [7]"स्मरण करो, यह मत
भूलो कि जंगल में तुमने 𐤉𐤄𐤅𐤄 तुम्हारे ईश्वर को किस
प्रकार क्रोधित किया। जिस दिन से तुम मिस्त्र देश से निकले
हो, जब तक इस स्थान पर आए, तुम 𐤉𐤄𐤅𐤄 के विरुद्ध
बगावत करते रहे हो। [8]"यहाँ तक कि होरेब में भी तुमने
𐤉𐤄𐤅𐤄 को क्रोधित किया, यहाँ तक कि 𐤉𐤄𐤅𐤄 तुमसे
भड़क उठा और तुम्हें नष्ट करने पर आमादा हुआ। [9]"जब
मैं पत्थर की पट्टिकाएँ लेने को पहाड़ पर चढ़ा – वाचा की
पट्टिकाएँ जो 𐤉𐤄𐤅𐤄 ने तुमसे बाँधी – तब मैं चालीस दिन
और चालीस रात पहाड़ पर रहा; न तो रोटी खाई और न पानी
पिया। [10]"तब 𐤉𐤄𐤅𐤄 ने मुझे पत्थर की दो पट्टिकाएँ दीं,
जो ईश्वर की उंगली से लिखी हुई थीं, और उन पर वे सब
वचन थे जो 𐤉𐤄𐤅𐤄 ने आग के बीच से सभा के दिन पहाड़
पर तुमसे कहे थे। [11]"और ऐसा हुआ कि चालीस दिन और
चालीस रात के अंत में 𐤉𐤄𐤅𐤄 ने मुझे पत्थर की दो
पट्टिकाएँ दीं, वाचा की पट्टिकाएँ। [12]"तब 𐤉𐤄𐤅𐤄 ने मुझसे
कहा, 'उठ, यहाँ से शीघ्र नीचे जा, क्योंकि तेरे लोग जिन्हें तू
मिस्त्र से निकाल लाया, बिगड़ गए हैं। उन्होंने शीघ्र ही उस
मार्ग से फिर गए जो मैंने उन्हें आज्ञा दी थी; उन्होंने अपने
लिए ढाली हुई मूर्ति बनाई है।' [13]"और 𐤉𐤄𐤅𐤄 ने मुझसे
कहा, 'मैंने इस लोगों को देखा है, और देख, यह हठी लोग
हैं। [14]'मुझे अकेला छोड़ दे, ताकि मैं उन्हें नष्ट कर दूं और
shamayim के नीचे से उनका नाम मिटा दूं, और तुझ से
एक ऐसी जाति बनाऊं जो उनसे अधिक बलवान और बड़ी
हो।' [15]"तब मैं मुड़ा और पहाड़ से नीचे उतरा, और पहाड़
आग से जल रहा था। और वाचा की दो पट्टिकाएँ मेरे दोनों
हाथों में थीं। [16]"और मैंने देखा कि तुमने 𐤉𐤄𐤅𐤄 तुम्हारे
ईश्वर के विरुद्ध पाप किया है; तुमने अपने लिए एक ढला हुआ
बछड़ा बनाया है! तुम शीघ्र ही उस मार्ग से हट गए जो
𐤉𐤄𐤅𐤄 ने तुम्हें आज्ञा दी थी। [17]"तब मैंने उन दो पट्टिकाओं
को अपने दोनों हाथों से पकड़ा और उन्हें तुम्हारी आँखों के
सामने फेंक दिया और तोड़ डाला। [18]"और मैं 𐤉𐤄𐤅𐤄 के
सामने, जैसा पहले किया था, चालीस दिन और चालीस रात
गिरा रहा; न रोटी खाई और न पानी पिया, उन सब पापों के
कारण जो तुमने किए, जो तुमने 𐤉𐤄𐤅𐤄 की दृष्टि में बुरा
किया, जिससे उसे भड़काया। [19]"क्योंकि मैं उस क्रोध और
जलन से डर गया जिससे 𐤉𐤄𐤅𐤄 तुम पर भड़क उठा था,
कि तुम्हें नष्ट कर दे। परन्तु 𐤉𐤄𐤅𐤄 ने उस समय भी मेरी
सुन ली। [20]"और 𐤉𐤄𐤅𐤄 हारून पर भी बहुत क्रोधित हुआ
कि उसे नष्ट कर दे; परन्तु उस समय मैंने हारून के लिए भी
प्रार्थना की। [21]"और मैंने तुम्हारा पाप लिया – वह बछड़ा जो
तुमने बनाया था – और उसे आग में जलाया, और उसे
कुचला और पीसकर बहुत छोटा कर दिया, यहाँ तक कि वह
धूल के समान हो गया। और मैंने उसकी धूल उस नदी में
फेंकी जो पहाड़ से नीचे बहती थी। [22]"और तबेरा और
मस्सा और किबरोत हत्तअवा में भी तुमने 𐤉𐤄𐤅𐤄 को
क्रोधित किया। [23]"और जब 𐤉𐤄𐤅𐤄 ने तुम्हें कादेश
बरनेआ से भेजा, यह कहते हुए, 'जाओ और उस देश को
अधिकार करो जिसे मैं तुम्हें देता हूँ,' तब तुम 𐤉𐤄𐤅𐤄 तुम्हारे
ईश्वर के वचन के विरुद्ध बगावत कर बैठे; न तो तुमने उस
पर विश्वास किया और न उसकी वाणी सुनी। [24]"जिस दिन
से मैं तुम्हें जानता हूँ, तुम 𐤉𐤄𐤅𐤄 के विरुद्ध बगावत करते
आए हो। [25]"इसलिए मैं 𐤉𐤄𐤅𐤄 के सामने चालीस दिन
और चालीस रात गिरा रहा, क्योंकि मैंने गिरकर प्रार्थना की,
क्योंकि 𐤉𐤄𐤅𐤄 ने कहा था कि वह तुम्हें नष्ट कर देगा।
[26]"और मैंने 𐤉𐤄𐤅𐤄 से प्रार्थना की और कहा, हे आदोनै
𐤉𐤄𐤅𐤄, अपनी प्रजा और अपनी विरासत को नष्ट मत कर,
जिन्हें तूने अपनी महानता से छुड़ाया, जिन्हें तूने मिस्त्र से
अपनी शक्तिशाली भुजा से बाहर निकाला। [27]'अपने दास
अब्राहम, यित्स्हाक और याकोब को स्मरण कर। इस लोगों
की हठधर्मी, उसकी दुष्टता और उसके पाप पर दृष्टि मत
कर। [28]कहीं वह देश, जिससे तूने हमें निकाला, यह न कहे,
"क्योंकि 𐤉𐤄𐤅𐤄 उन्हें उस देश में ले जाने में सक्षम न था
जिसे उसने उन्हें वचन दिया था, और क्योंकि वह उनसे बैर
रखता था, इसलिये उसने उन्हें जंगल में मार डालने के लिये
निकाल लिया।" [29]'और वे तेरी प्रजा और तेरी विरासत हैं,
जिन्हें तूने अपनी बड़ी शक्ति और अपनी फैली हुई भुजा से
बाहर निकाला।'

10 [1]"उस समय 𐤉𐤄𐤅𐤄 ने मुझसे कहा, 'अपने लिए
दो पत्थर की पट्टियाँ पहले जैसी काट ले, और मेरे
पास पहाड़ पर ऊपर आ। और अपने लिए लकड़ी का एक
सन्दूक बना ले, [2]फिर मैं उन पट्टियों पर वही वचन लिखूँगा
जो पहली पट्टियों पर थे, जिन्हें तूने तोड़ डाला था। और तू
उन्हें सन्दूक में रख देना।' [3]"तब मैंने बबूल की लकड़ी का
एक सन्दूक बनाया, दो पत्थर की पट्टियाँ पहले जैसी काटीं,
और दोनों पट्टियाँ हाथ में लेकर पहाड़ पर ऊपर चढ़ गया।
[4]"और उसने उन पट्टियों पर वही लेख लिखा, दस वचन,
जिन्हें 𐤉𐤄𐤅𐤄 ने सभा के दिन अग्नि के बीच से पहाड़ पर
तुमसे कहा था। फिर 𐤉𐤄𐤅𐤄 ने उन्हें मुझे दिया, [5]और मैं
मुड़कर पहाड़ से नीचे उतरा और उन पट्टियों को सन्दूक में
रखा जिसे मैंने बनाया था। और वे वहाँ हैं, जैसा कि 𐤉𐤄𐤅𐤄
ने मुझे आज्ञा दी।" [6]अब Yisra'el के पुत्र Beney

Ya'aqan के कुओं से निकलकर Moserah को गए। वहाँ
Aharon मर गया, और वहीं वह दफनाया गया। और उसके
स्थान पर उसका पुत्र El'azar kohĕn बना। 7 वहाँ से वे
गुदगोदाह को चले गए, और गुदगोदाह से योतबाताह को, जो
जल की नदियों का देश है। 8 उस समय 𐤉𐤄𐤅𐤄 ने Lĕwi
के गोत्र को अलग किया कि वे 𐤉𐤄𐤅𐤄 की वाचा के सन्दूक
को उठाएँ, 𐤉𐤄𐤅𐤄 के सामने खड़े हों, उसकी सेवा करें, और
उसके नाम में आशीष दें, आज तक। 9 इसलिए Lĕwi का
अपने भाइयों के संग कोई भाग या मीरास नहीं है। 𐤉𐤄𐤅𐤄
उसका मीरास है, जैसा कि 𐤉𐤄𐤅𐤄 तेरे ईश्वर ने उससे
प्रतिज्ञा की। 10 "और मैं पहाड़ पर चालीस दिन और चालीस
रात ठहरा रहा। और 𐤉𐤄𐤅𐤄 ने उस समय भी मेरी सुन ली,
और 𐤉𐤄𐤅𐤄 ने तुम्हें नष्ट करने का विचार नहीं किया।
11 "और 𐤉𐤄𐤅𐤄 ने मुझसे कहा, 'उठ, लोगों के आगे चल,
ताकि वे निकलें और उस देश को अधिकार करें, जिसे मैंने
उनके पितरों को देने की शपथ खाई है।' 12 और अब,
Yisra'el, तुम्हारे Elohim 𐤉𐤄𐤅𐤄 तुमसे क्या चाहते हैं,
सिवाय इसके कि तुम अपने Elohim 𐤉𐤄𐤅𐤄 का भय मानो,
उनके सभी मार्गों पर चलो और उनसे प्रेम करो, और अपने
सारे हृदय और अपने सारे प्राण से अपने Elohim 𐤉𐤄𐤅𐤄
की सेवा करो, 13 कि 𐤉𐤄𐤅𐤄 की आज्ञाओं और उसके
विधियों को मानना, जिन्हें मैं आज तेरे भले के लिए तुझे आज्ञा
देता हूँ? 14 "देख, आकाश और आकाश के आकाश, और
पृथ्वी और जो कुछ उसमें है, सब 𐤉𐤄𐤅𐤄 तेरे ईश्वर के हैं।
15 "𐤉𐤄𐤅𐤄 ने केवल तेरे पितरों से प्रसन्न होकर उन्हें प्रेम
किया। और उसने उनके बाद उनकी सन्तान को चुना,
अर्थात तुम्हें, सब लोगों से ऊपर, जैसा कि आज है।
16 "अतः अपने हृदय की खरड़ी को काट डालो, और अब
अपनी गर्दन को कठोर मत करो। 17 "क्योंकि 𐤉𐤄𐤅𐤄 तेरा
ईश्वर, ईश्वर का ईश्वर और प्रभुओं का प्रभु है, महान Ĕl,
पराक्रमी और भययोग्य, जो पक्षपात नहीं करता और न घूस
लेता है। 18 "वह अनाथ और विधवा का न्याय करता है, और
परदेशी से प्रेम करता है, उसे भोजन और वस्त्र देता है।
19 और तुम परदेसी से प्रेम करना, क्योंकि तुम मिस्त्रायिम देश
में परदेसी थे। 20 "𐤉𐤄𐤅𐤄 अपने ईश्वर का भय मानना।
उसकी सेवा करना, उससे लिपटे रहना, और उसके नाम की
शपथ खाना। 21 "वह ही तेरा गुणगान है, और वही तेरा
ईश्वर है, जिसने तेरे लिए वे महान और भयानक कार्य किए हैं
जिन्हें तेरी आँखों ने देखा है। 22 तुम्हारे पूर्वज सत्तर प्राणियों
के साथ मिस्त्रयिम गए थे, और अब 𐤉𐤄𐤅𐤄 तुम्हारे
Elohim ने तुम्हें shamayim के तारों के समान असंख्य
बना दिया है।

11

1 "और तुम 𐤉𐤄𐤅𐤄 अपने ईश्वर से प्रेम करोगे और
उसकी जिम्मेदारी को मानोगे: उसकी विधियों, उसके
न्यायों और उसकी आज्ञाओं को, सदा के लिए। 2 "और तुम
आज जान लो - क्योंकि यह तुम्हारे बच्चों के लिए नहीं है
जिन्होंने न जाना है और न देखा है 𐤉𐤄𐤅𐤄 तुम्हारे ईश्वर की
ताड़ना, उसकी महानता, उसका शक्तिशाली हाथ और उसका
फैला हुआ भुजा, 3 और उसके चिन्हों और उसके कार्यों को,
जो उसने मिस्त्र के बीच में किया, फ़िरऔन मिस्त्र के राजा
और उसकी सारी भूमि पर; 4 और जो उसने मिस्त्र की सेना,
उनके घोड़ों और उनके रथों के साथ किया, जब उसने लाल
समुद्र का पानी उन पर बहा दिया जब वे तुम्हारा पीछा कर रहे
थे, और कैसे 𐤉𐤄𐤅𐤄 ने उन्हें आज तक नाश कर दिया;
5 और जो उसने जंगल में तुम्हारे लिए किया जब तक तुम इस
स्थान पर नहीं आए। 6 और जो उसने दातान और अबीराम,
एल्याब के पुत्र, रूबेन के पुत्र, के साथ किया, जब पृथ्वी ने
अपना मुख खोला और उन्हें, उनके घरों को, उनके तंबुओं
को और उनके सभी जीवित प्राणियों को जो उनके पास थे,
इस्त्राएल के बीच में निगल लिया। 7 "क्योंकि तुम्हारी ही आँखों
ने 𐤉𐤄𐤅𐤄 के सारे महान कार्य देखे, जो उसने किए।
8 "और तुम हर आज्ञा का पालन करोगे जो मैं आज तुम्हें
आज्ञा देता हूँ, ताकि तुम बलवान बनो, और उसमें प्रवेश कर
सको, और उस भूमि के अधिकारी बन सको, जिसे पाने के
लिए तुम पार हो रहे हो, 9 और तुम्हारे दिन उस भूमि पर बढ़ें,
जिसके देने की शपथ 𐤉𐤄𐤅𐤄 ने तुम्हारे पितरों से की थी,
तुम्हें और तुम्हारी संतानों को, दूध और मधु की भूमि।
10 "क्योंकि वह भूमि, जिसमें तुम प्रवेश कर रहे हो अधिकारी
बनने के लिए, मिस्त्र की भूमि जैसी नहीं है, जहाँ से तुम आए
हो, जहाँ तुमने अपना बीज बोया और अपने पाँव से पानी दिया,
जैसे एक सब्ज़ी का बगीचा। 11 परन्तु वह भूमि, जिसमें तुम
प्रवेश कर रहे हो अधिकारी बनने के लिए, पहाड़ों और घाटियों
की भूमि है, जो स्वर्ग से वर्षा का जल पीती है। 12 एक भूमि
जिसकी देखभाल 𐤉𐤄𐤅𐤄 तुम्हारा ईश्वर करता है। 𐤉𐤄𐤅𐤄
तुम्हारे ईश्वर की आँखें उस पर सदा लगी रहती हैं, वर्ष की
शुरुआत से लेकर वर्ष के अंत तक। 13 'और ऐसा होगा कि
यदि तुम ध्यान से मेरी आज्ञाओं का पालन करोगे, जो मैं आज
तुम्हें आज्ञा देता हूँ, कि तुम 𐤉𐤄𐤅𐤄 अपने ईश्वर से प्रेम करो
और उसको अपने सारे मन और सारे प्राण से सेवा करो,
14 तो मैं तुम्हारी भूमि को उसके समय पर वर्षा दूँगा, प्रारंभिक
वर्षा और उत्तरवर्ती वर्षा, और तुम अपना अन्न, अपनी नई
दाखमधु और अपना तेल इकट्ठा करोगे। 15 'और मैं तुम्हारे
खेतों में तुम्हारे पशुओं के लिए घास दूँगा, और तुम खाओगे
और तृप्त होगे। 16 'सावधान रहो, कहीं तुम्हारा मन धोखा न
खाए और तुम फिरकर दूसरे देवताओं की सेवा करने और
उन्हें दण्डवत करने लगो। 17 'तब 𐤉𐤄𐤅𐤄 का क्रोध तुम
पर भड़क उठेगा, और वह स्वर्ग को बन्द कर देगा कि वर्षा न
हो, और भूमि अपनी उपज न दे। और तुम उस अच्छी भूमि
से शीघ्र नष्ट हो जाओगे, जो 𐤉𐤄𐤅𐤄 तुम्हें देता है। 18 'और
तुम इन वचनों को अपने मन और अपने प्राण में रखोगे, और
उन्हें अपने हाथ पर चिन्ह के रूप में बाँधोगे, और वे तुम्हारी
आँखों के बीच पट्टियों के समान होंगे। 19 'और तुम उन्हें
अपने बच्चों को सिखाओगे, उनसे बातें करते हुए जब तुम
अपने घर में बैठो, और जब मार्ग में चलो, और जब लेटो,
और जब उठो। 20 और तुम उन्हें अपने घर के चौखटों और
अपने फाटकों पर लिखोगे। 21 ताकि तुम्हारे दिन और तुम्हारे
बच्चों के दिन उस भूमि पर बढ़ें, जिसकी देने की शपथ
𐤉𐤄𐤅𐤄 ने तुम्हारे पितरों से की थी, जैसे पृथ्वी पर स्वर्ग के
दिन। 22 'क्योंकि यदि तुम सावधानी से इन सब आज्ञाओं का
पालन करोगे, जिन्हें मैं तुम्हें आज्ञा देता हूँ, उन्हें करने के
लिए, कि तुम 𐤉𐤄𐤅𐤄 अपने ईश्वर से प्रेम करो, उसकी सारी

विधियों में चलो, और उससे लिपटे रहो, 23 तो 𐤉𐤄𐤅𐤄
तुम्हारे सामने से इन सब जातियों को निकाल देगा, और तुम
उनसे बड़ी और बलवान जातियों को बेदखल करोगे। 24 ‘हर
स्थान, जिस पर तुम्हारे पाँव का तलवा पड़ेगा, तुम्हारा होगा:
जंगल से लेकर लेबानोन तक, नदी, फरात नदी से लेकर
पश्चिमी समुद्र तक तुम्हारी सीमा होगी। 25 ‘कोई मनुष्य
तुम्हारे सामने खड़ा न हो सकेगा। 𐤉𐤄𐤅𐤄 तुम्हारा ईश्वर
तुम्हारे भय और तुम्हारी डर को उस सारी भूमि पर डालेगा,
जिस पर तुम चलोगे, जैसा उसने तुमसे कहा है। 26 ‘देखो,
मैं आज तुम्हारे सामने आशीर्वाद और शाप रखता हूँ:
27 आशीर्वाद, जब तुम उन आज्ञाओं का पालन करोगे जो
𐤉𐤄𐤅𐤄 तुम्हारा ईश्वर तुम्हें आज्ञा देता है; 28 और शाप, यदि
तुम 𐤉𐤄𐤅𐤄 तुम्हारे ईश्वर की आज्ञाओं का पालन न करोगे,
परन्तु उस मार्ग से फिर जाओगे, जिसे मैं आज तुम्हें आज्ञा
देता हूँ, और उन दूसरे देवताओं के पीछे जाओगे जिन्हें तुमने
नहीं जाना। 29 ‘और ऐसा होगा, जब 𐤉𐤄𐤅𐤄 तुम्हारा ईश्वर
तुम्हें उस भूमि में लाएगा, जिसे पाने के लिए तुम जा रहे हो, तो
तुम आशीर्वाद को गरिज़ीम पर्वत पर और शाप को एबाल पर्वत
पर रखोगे। 30 ‘क्या वे यरदन के पार नहीं हैं, सूर्यास्त की
ओर मार्ग के पीछे, कनानी लोगों की भूमि में, जो गिलगाल के
सामने मैदान में रहते हैं, मोरे के बांज वृक्षों के पास?
31 ‘क्योंकि तुम यरदन को पार कर उस भूमि में प्रवेश करने
जा रहे हो, जिसे 𐤉𐤄𐤅𐤄 तुम्हारा ईश्वर तुम्हें देता है, और
तुम उसे अधिकारी बनोगे और उसमें बसोगे। 32 और तुम
उन सब विधियों और न्यायों को करने के लिए ध्यान से पालन
करोगे, जिन्हें मैं आज तुम्हारे सामने रखता हूँ।

12

1 “ये वे क़ानून और नियम हैं जिनका तुम ध्यान रखो
कि भूमि में उनका पालन करो, जिसे 𐤉𐤄𐤅𐤄 तुम्हारे
पितरों के ईश्वर तुम्हें देते हैं अधिकार करने के लिये, उन सब
दिनों में जब तक तुम भूमि पर जीवित रहते हो। 2 “पूरी तरह
नष्ट कर दो उन सब स्थानों को जहाँ वे राष्ट्र जिनको तुम
निकाल रहे हो अपने देवताओं की सेवा करते थे, ऊँचे पहाड़ों
पर, पहाड़ियों पर और हर एक हरे वृक्ष के नीचे। 3 “और तुम
उनकी वेदियों को गिराओगे, उनके खम्भों को नष्ट करोगे,
उनकी अशेरिम को आग से जलाओगे, और उनके खुदे हुए
देवताओं की मूर्तियों को काट डालोगे, और उनका नाम उस
स्थान से मिटा डालोगे। 4 “ऐसा मत करना 𐤉𐤄𐤅𐤄 अपने
ईश्वर के लिये, 5 “परन्तु उस स्थान को ढूँढो जिसे 𐤉𐤄𐤅𐤄
तुम्हारा ईश्वर तुम्हारे सब गोत्रों में से चुन ले कि वहाँ अपना
नाम रखे, अपने निवास स्थान के लिये; और वहाँ तुम
जाओगे। 6 “और वहाँ तुम अपने होमबलियाँ, अपनी बलियाँ,
अपनी दशमांश, अपने हाथों की भेंट, अपनी मन्नतें, अपनी
स्वेच्छा बलियाँ और अपने झुंड और अपने पशुधन के
पहिलौठे ले जाओगे। 7 और वहाँ तुम 𐤉𐤄𐤅𐤄 अपने
Elohim के सामने भोजन करोगे, और अपने सभी कामों में
आनन्दित होगे जिनमें तुमने अपना हाथ लगाया है, तुम और
तुम्हारे परिवार, जिनमें 𐤉𐤄𐤅𐤄 तुम्हारे Elohim ने तुम्हें
आशीष दी है। 8 “आज जो हम यहाँ करते हैं वैसा मत करना
- हर एक अपनी आँखों में जो ठीक समझता है वही करता
है। 9 “क्योंकि तुम अभी तक उस विश्राम और उस मीरास में
नहीं पहुँचे हो जो 𐤉𐤄𐤅𐤄 तुम्हारा ईश्वर तुम्हें दे रहा है।
10 “पर तुम यरदेन पार करोगे और उस भूमि में बसोगे जिसे
𐤉𐤄𐤅𐤄 तुम्हारा ईश्वर तुम्हें मीरास में दे रहा है, और वह तुम्हें
चारों ओर के शत्रुओं से विश्राम देगा और तुम निश्चिन्त
रहोगे। 11 “और यह होगा कि उस स्थान पर जिसे 𐤉𐤄𐤅𐤄
तुम्हारा ईश्वर चुनता है अपना नाम रखने के लिये, वहाँ तुम
लाओगे वे सब बातें जिनकी मैं तुम्हें आज्ञा देता हूँ: तुम्हारी
होमबलियाँ, तुम्हारी बलियाँ, तुम्हारी दशमांश, तुम्हारे हाथों की
भेंट और तुम्हारी उत्तम बलियाँ जिनको तुम 𐤉𐤄𐤅𐤄 को
मन्नत करते हो। 12 “और तुम 𐤉𐤄𐤅𐤄 अपने ईश्वर के
साम्हने आनन्दित होगे, तुम और तुम्हारे बेटे-बेटियाँ, तुम्हारे
दास-दासियाँ और तुम्हारे फाटकों के भीतर रहने वाला लेवी,
क्योंकि उसके पास तुम्हारे साथ कोई भाग या मीरास नहीं है।
13 “सावधान रहो कि तुम हर स्थान पर जिसे तुम देखते हो
होमबलि न चढ़ाओ। 14 “परन्तु उसी स्थान में जिसे 𐤉𐤄𐤅𐤄
चुनता है, तुम्हारे किसी गोत्र में, वहीं तुम होमबलि चढ़ाओ और
वहीं तुम वह सब करो जिसकी मैं तुम्हें आज्ञा देता हूँ।
15 केवल, जो कुछ तुम्हारा प्राण चाहे उसे तुम वध करके खा
सकते हो, 𐤉𐤄𐤅𐤄 तुम्हारे Elohim के berakah के
अनुसार जो उसने तुम्हें दिया है, तुम्हारे सभी फाटकों के
भीतर। अशुद्ध और शुद्ध दोनों इसे खा सकते हैं, चिकारे और
हिरन के समान। 16 “केवल, रक्त मत खाना, उसे पृथ्वी पर
जल की तरह उड़ेल दो। 17 “तुम्हें अपने फाटकों के भीतर
दशमांश, नया दाखरस, तेल, अपने झुंड और अपने पशुधन
के पहिलौठे या अपनी मन्नत, स्वेच्छा बलि और हाथों की भेंट
खाने की अनुमति नहीं। 18 “परन्तु उन्हें तुम 𐤉𐤄𐤅𐤄 अपने
ईश्वर के साम्हने खाओ, उस स्थान पर जिसे 𐤉𐤄𐤅𐤄
तुम्हारा ईश्वर चुनता है, तुम और तुम्हारे बेटे-बेटियाँ, तुम्हारे
दास-दासियाँ और तुम्हारे फाटकों के भीतर रहने वाला लेवी।
और तुम 𐤉𐤄𐤅𐤄 अपने ईश्वर के साम्हने आनन्दित होगे सब
कामों में जिनमें तुम हाथ लगाते हो। 19 “सावधान रहो कि
तुम लेवी को मत त्यागो जब तक तुम अपने देश में जीवित
हो। 20 “जब 𐤉𐤄𐤅𐤄 तुम्हारा ईश्वर तुम्हारी सीमा को
बढ़ाएगा जैसा उसने वादा किया है, और तुम कहो, ‘मैं मांस
खाना चाहता हूँ,’ क्योंकि तुम्हारी इच्छा मांस खाने की है, तो
तुम जितना मन चाहे मांस खाओ। 21 “और यदि वह स्थान
जहाँ 𐤉𐤄𐤅𐤄 तुम्हारा ईश्वर अपना नाम रखने को चुनता है,
तुमसे दूर हो, तो तुम अपने झुंड और अपने पशुधन में से जो
𐤉𐤄𐤅𐤄 ने तुम्हें दिए हैं, जैसा मैंने आज्ञा दी है, बलि करोगे
और अपने फाटकों के भीतर खाओगे, जितना तुम्हारा मन
चाहे। 22 “जैसे हिरण और हरिण खाए जाते हैं, वैसे ही तुम
उन्हें खाओगे। अशुद्ध और शुद्ध दोनों ही उसे खा सकते हैं।
23 “केवल सावधान रहना कि रक्त मत खाना, क्योंकि रक्त
ही जीवन है; मांस के साथ जीवन मत खाना। 24 “उसे मत
खाना, उसे पृथ्वी पर जल की तरह उड़ेल दो। 25 “उसे मत
खाना, ताकि तुम्हारे और तुम्हारे बच्चों के लिये भलाई हो, जब
तुम 𐤉𐤄𐤅𐤄 की दृष्टि में जो ठीक है वही करते हो।
26 केवल, qodesh उपहार जो तुम्हारे पास हैं, और तुम्हारी
मन्नत की भेंटें, तुम्हें उठाकर उस स्थान पर जाना है जिसे
𐤉𐤄𐤅𐤄 चुनता है। 27 “और तुम अपनी होमबलि, मांस और
रक्त को 𐤉𐤄𐤅𐤄 अपने ईश्वर की वेदी पर चढ़ाओगे। और
तुम्हारी बलियों का रक्त 𐤉𐤄𐤅𐤄 तुम्हारे ईश्वर की वेदी पर

उड़ेल दिया जाएगा और तुम मांस खाओगे। 28 “इन सब वचनों का पालन करो जिनकी मैं तुम्हें आज्ञा देता हूँ, ताकि तुम्हारे और तुम्हारे बच्चों के लिये सदा भलाई हो, जब तुम 𐤉𐤄𐤅𐤄 अपने ईश्वर की दृष्टि में भला और ठीक काम करो। 29 “जब 𐤉𐤄𐤅𐤄 तुम्हारा ईश्वर तुम्हारे सामने से उन जातियों को नष्ट करेगा जिनको तुम वश में करने जा रहे हो, और तुम उनको वश में कर उनके देश में बसोगे, 30 “तो सावधान रहना कि उनके पीछे मत चलना, जब वे तुम्हारे सामने से नाश हो जाएँ; और उनके देवताओं के विषय में मत पूछना, कि ‘इन जातियों ने अपने देवताओं की सेवा कैसे की? मैं भी वैसा ही करूँ।’ 31 “ऐसा मत करना 𐤉𐤄𐤅𐤄 अपने ईश्वर के लिये; क्योंकि जो कुछ घृणित काम 𐤉𐤄𐤅𐤄 से घृणित है, वे उन्होंने अपने देवताओं के लिये किया है; यहाँ तक कि वे अपने बेटे-बेटियों को भी आग में अपने देवताओं को जलाते हैं। 32 “वे सब वचन जिनकी मैं तुम्हें आज्ञा देता हूँ, उनका ध्यान रखो और उन्हें करो - उसमें कुछ न बढ़ाओ और न कुछ घटाओ।

13 1 “जब तुम्हारे बीच कोई नबी या स्वप्न देखने वाला उठे, और वह तुम्हें कोई चिन्ह या चमत्कार दे, 2 और वह चिन्ह या चमत्कार घटित हो जाए, जिसके विषय में उसने तुमसे कहा हो, यह कहते हुए, ‘आओ हम अन्य पराक्रमी जनों के पीछे चलें - जिन्हें तुमने नहीं जाना - और उनकी सेवा करें,’ 3 तो उस नबी या उस स्वप्न देखने वाले के वचनों को मत सुनना, क्योंकि 𐤉𐤄𐤅𐤄 तुम्हारा ईश्वर तुम्हारी परीक्षा ले रहा है कि क्या तुम 𐤉𐤄𐤅𐤄 अपने ईश्वर से अपने पूरे ह्रदय और अपनी पूरी आत्मा से प्रेम करते हो। 4 “𐤉𐤄𐤅𐤄 अपने ईश्वर के पीछे चलो और उसका भय मानो, और उसकी आज्ञाओं की रक्षा करो और उसकी वाणी को मानो, और उसकी सेवा करो और उससे लिपटे रहो। 5 और वह nab̲i या वह स्वप्न देखने वाला मार डाला जाए, क्योंकि उसने 𐤉𐤄𐤅𐤄 तुम्हारे Elohim के विरुद्ध धर्मत्याग की बात कही है - जो तुम्हें मिस्त्रायिम देश से निकाला और दासत्व के घर से छुड़ाया - तुम्हें उस मार्ग से भटकाने के लिए जिसमें 𐤉𐤄𐤅𐤄 तुम्हारे Elohim ने तुम्हें चलने की आज्ञा दी है। इस प्रकार तुम अपने बीच से बुराई को दूर करोगे। 6 “जब तुम्हारा भाई, तुम्हारी माता का पुत्र, या तुम्हारा पुत्र या तुम्हारी पुत्री, या तुम्हारी गोद की पत्नी, या तुम्हारा मित्र जो तुम्हारे प्राण समान है, गुप्त रूप से तुम्हें फुसलाए, यह कहते हुए, ‘आओ हम अन्य पराक्रमी जनों की सेवा करें’ - जिन्हें तुमने नहीं जाना, न तुम और न तुम्हारे पितरों ने, 7 उन जातियों के पराक्रमी जनों में से, जो तुम्हारे चारों ओर हैं, जो तुम्हारे निकट हैं या तुमसे दूर हैं, पृथ्वी के एक छोर से लेकर पृथ्वी के दूसरे छोर तक – 8 तो न तो उसकी बात मानना और न उसकी सुनना, न ही तुम्हारी आँख उस पर दया करे, न उसे बख़्शो और न उसे छुपाओ, 9 परन्तु तुम अवश्य ही उसे मार डालना। सबसे पहले तुम्हारा हाथ उसके विरुद्ध होगा उसे मृत्यु देने के लिए, और उसके बाद सब लोगों का हाथ। 10 और तुम उसे पत्थरों से तब तक मारना जब तक वह मर न जाए, क्योंकि उसने तुम्हें 𐤉𐤄𐤅𐤄 तुम्हारे Elohim से भटकाने की कोशिश की, जो तुम्हें मिस्त्र देश से, दासत्व के घर से निकाल लाया। 11 और सब यिस्त्रा'एल सुने और भय माने, और तुम्हारे बीच में फिर कभी ऐसा कोई दुष्ट काम न करे। 12 “जब तुम सुनो कि तुम्हारे नगरों में से किसी एक में, जिसे 𐤉𐤄𐤅𐤄 तुम्हारा ईश्वर तुम्हें बसने को देता है, यह कहा जा रहा है, 13 'कुछ लोग, बेलियाल के पुत्र, तुम्हारे बीच से निकले हैं और अपने नगर के निवासियों को भटका दिया है, कहते हुए, "आओ हम जाकर अन्य शक्तिशाली Elohim की सेवा करें"' - जिन्हें तुमने नहीं जाना है - 14 तो तुम छानबीन करना, खोज करना और सावधानी से पूछताछ करना। और देखना कि यदि वह बात सत्य और स्थिर है कि यह घृणित काम तुम्हारे बीच किया गया है, 15 तो तुम अवश्य ही उस नगर के निवासियों को तलवार की धार से मार डालना, और उस पर और जो कुछ उसमें है और उसके पशुधन पर तलवार की धार से वध करना। 16 “और उसकी सारी लूट को नगर के बीच सड़क में इकट्ठा करना, और उस नगर और उसकी सारी लूट को आग से पूरी तरह जला देना, 𐤉𐤄𐤅𐤄 तुम्हारे ईश्वर के सामने। और वह सदा के लिए ढेर बना रहेगा, फिर कभी न बनाया जाएगा। 17 “और उस पर लगाए गए शापित वस्तुओं में से कोई भी तुम्हारे हाथ से न लगे, ताकि 𐤉𐤄𐤅𐤄 अपने क्रोध की भयंकरता से फिर जाए और तुम पर दया करे, तुमसे प्रेम करे और तुम्हें बढ़ाए, जैसा कि उसने तुम्हारे पितरों से शपथ खाई थी, 18 जब तुम 𐤉𐤄𐤅𐤄 अपने ईश्वर की वाणी का पालन करते हो, उन सब आज्ञाओं को मानने के लिए जिनकी आज मैं तुम्हें आज्ञा देता हूँ, 𐤉𐤄𐤅𐤄 अपने ईश्वर की दृष्टि में जो ठीक है वही करने के लिए।

14 1 “तुम 𐤉𐤄𐤅𐤄 अपने ईश्वर की संतान हो। मृतकों के लिए अपने आप को न काटो और न ही अपने सिर के आगे का भाग मुंडवाओ। 2 क्योंकि तुम 𐤉𐤄𐤅𐤄 अपने ईश्वर के लिए एक पवित्र लोग हो, और 𐤉𐤄𐤅𐤄 ने तुम्हें अपने लिए चुना है कि तुम पृथ्वी के सब लोगों से ऊपर एक विशेष संपत्ति बनो। 3 “जो कुछ भी घृणित है, उसे मत खाओ। 4 “ये जीवित प्राणी हैं जिन्हें तुम खा सकते हो: बैल, भेड़ और बकरी। 5 हिरण, गज़ेल, रोबक, जंगली बकरा, पहाड़ी बकरा, मृग और पहाड़ी भेड़। 6 “और हर पशु जिसके खुर दो हिस्सों में विभाजित हैं और जो जुगाली करता है, तुम उसे खा सकते हो। 7 “परन्तु जो जुगाली करते हैं या जिनके खुर विभाजित हैं परन्तु पूरे नहीं, उन्हें मत खाओ, जैसे ऊँट, खरगोश और शशक। क्योंकि वे जुगाली तो करते हैं, परन्तु उनके खुर विभाजित नहीं हैं। वे तुम्हारे लिए अशुद्ध हैं। 8 “और सुअर तुम्हारे लिए अशुद्ध है क्योंकि उसके खुर तो विभाजित हैं, परन्तु वह जुगाली नहीं करता। तुम न उसका मांस खाओ और न ही उसकी लाश को छुओ। 9 “ये सब तुम खा सकते हो जो जल में हैं: जिनके पास पंख और शल्क हैं, उन्हें खाओ। 10 “और जिनके पास पंख और शल्क नहीं हैं, उन्हें मत खाओ, वे तुम्हारे लिए अशुद्ध हैं। 11 “कोई भी शुद्ध पक्षी तुम खा सकते हो। 12 “परन्तु इनको मत खाओ: गरुड़, गिद्ध और काला गिद्ध। 13 और लाल चील, बाज और चील की जातियाँ। 14 और हर प्रकार का कौवा। 15 और शुतुरमुर्ग, उल्लू, समुद्री पक्षी और बाज की जातियाँ। 16 छोटा उल्लू, बड़ा उल्लू और सफेद उल्लू। 17 और पेलिकन, शव खाने वाला गिद्ध और मछली पकड़ने वाला उल्लू। 18 और सारस,

बगुला की जाति, हुदहुद और चमगादड़ । 19 “और हर रेंगने
वाला उड़ने वाला प्राणी तुम्हारे लिए अशुद्ध है। उन्हें मत
खाओ । 20 “कोई भी शुद्ध पक्षी तुम खा सकते हो ।” 21 “जो
कुछ अपने आप मर जाए उसे मत खाओ। उसे अपने
फाटकों के भीतर के परदेशी को खाने के लिए दे दो, या उसे
किसी विदेशी को बेच दो । क्योंकि तुम 𐤉𐤄𐤅𐤄 अपने ईश्वर
के लिए एक पवित्र लोग हो । बकरी के बच्चे को उसकी माँ के
दूध में मत पकाओ। 22 “तुम बिना चूके हर वर्ष अपने खेत
की उपज का दशमांश निकालो। 23 “और तुम 𐤉𐤄𐤅𐤄
अपने ईश्वर के सामने, उस स्थान पर जहाँ वह अपना नाम
बसाने का चुनाव करता है, अपना अन्न, अपनी नई दाखमधु,
अपना तेल और अपनी गाय-बकरियों के पहिलौठों का
दशमांश खाओ, ताकि तुम सदैव 𐤉𐤄𐤅𐤄 अपने ईश्वर का
भय मानना सीखो। 24 “परन्तु यदि मार्ग तुम्हारे लिए बहुत
लम्बा हो, और तुम दशमांश ले जाने में असमर्थ हो, या वह
स्थान जहाँ 𐤉𐤄𐤅𐤄 तुम्हारा ईश्वर अपना नाम रखने का
चुनाव करता है, तुमसे बहुत दूर हो, जब 𐤉𐤄𐤅𐤄 तुम्हारा
ईश्वर तुम्हें आशीर्वाद देता है। 25 तब तुम उसे चाँदी में
बदलना और चाँदी को अपने हाथ में लेकर उस स्थान पर
जाना जहाँ 𐤉𐤄𐤅𐤄 तुम्हारा ईश्वर चुनाव करता है । 26 “और
तुम उस चाँदी का प्रयोग जो कुछ तुम्हारा मन चाहे उसके लिए
कर सकते हो: गाय-बकरियों के लिए, दाखमधु या प्रबल पेय
के लिए, जो कुछ तुम्हारा मन चाहे । और वहाँ तुम 𐤉𐤄𐤅𐤄
अपने ईश्वर के सामने खाओ और तुम और तुम्हारा घराना
आनन्दित हो । 27 “और अपने फाटकों के भीतर रहने वाले
लेवी को मत छोड़ो क्योंकि उसका तुम्हारे साथ कोई भाग या
उत्तराधिकार नहीं है । 28 “हर तीसरे वर्ष के अंत में उस वर्ष
की सारी उपज का दशमांश बाहर निकाल कर अपने फाटकों
के भीतर रखो । 29 “और लेवी, क्योंकि उसका तुम्हारे साथ
कोई भाग या उत्तराधिकार नहीं है, और परदेशी, अनाथ और
विधवा जो तुम्हारे फाटकों के भीतर हैं, आएँ और खाएँ और
तृप्त हों, ताकि 𐤉𐤄𐤅𐤄 तुम्हारा ईश्वर तुम्हारे हाथ के सब
कामों में तुम्हें आशीर्वाद दे ।

15 1 “हर सातवें वर्ष के अंत में तुम ऋणों को छोड़
दोगे । 2 “और यह छोड़ने का वचन है: हर लेनदार
अपने पड़ोसी को जो उसने उधार दिया है उसे छोड़ देगा, वह
अपने पड़ोसी या अपने भाई से उसकी माँग नहीं करेगा,
क्योंकि इसे 𐤉𐤄𐤅𐤄 की मुक्ति कहा जाता है। 3 “एक
परदेशी से तुम उसे माँग सकते हो, परन्तु तुम्हारा हाथ तुम्हारे
भाई पर जो बकाया है उसे छोड़ देगा । 4 “केवल, तुम्हारे बीच
कोई दरिद्र न हो । क्योंकि 𐤉𐤄𐤅𐤄 ने तुम्हें उस देश में बहुत
आशीष (बराk) दी है जिसे 𐤉𐤄𐤅𐤄 तुम्हारा ईश्वर तुम्हें
विरासत के रूप में लेने के लिए देता है। 5 यदि तुम
ध्यानपूर्वक 𐤉𐤄𐤅𐤄 अपने ईश्वर की आवाज़ को मानोगे, इन
सब आज्ञाओं को करने के लिए जिन्हें मैं आज तुम्हें आज्ञा दे
रहा हूँ। 6 “क्योंकि 𐤉𐤄𐤅𐤄 तुम्हारा ईश्वर तुम्हें आशीष
(बराk) देगा जैसा उसने तुमसे वादा किया । और तुम बहुत
सी जातियों को उधार दोगे, पर तुम उधार न लोगे । और तुम
बहुत सी जातियों पर प्रभुत्व करोगे, पर वे तुम पर प्रभुत्व न
करेंगे । 7 “जब तेरे संग कोई दरिद्र हो, तेरे भाइयों में से, तेरे
देश के किसी भी फाटक के भीतर जिसे 𐤉𐤄𐤅𐤄 तेरा ईश्वर
तुझे देता है, तो तू अपने हृदय को कठोर न करना और न
अपने दरिद्र भाई से हाथ बंद करना । 8 वरन् तू निश्चय अपने
हाथ को उसके लिए खोलना और उसके लिए उसकी
आवश्यकता के अनुसार उधार देना। 9 “सावधान रह कि
कहीं तेरे हृदय में बेलियाल का कोई विचार न हो, यह कहते
हुए, ‘सातवाँ वर्ष, मुक्ति का वर्ष निकट है,’ और तेरी आँख तेरे
दरिद्र भाई पर बुरी नज़र से न देखे और तू उसे कुछ न दे ।
तब वह तेरे विरुद्ध 𐤉𐤄𐤅𐤄 की ओर पुकारेगा, और यह तेरे
लिए पाप होगा । 10 “तू उसे अवश्य देगा, और जब तू उसे
देगा तब तेरा हृदय दुःखी न हो, क्योंकि इसी कारण 𐤉𐤄𐤅𐤄
तेरा ईश्वर तुझे तेरे सब कामों में और हर उस काम में जिसमें
तू हाथ लगाता है, आशीष (बराk) देगा । 11 “क्योंकि दरिद्र
देश से समाप्त नहीं होगा, इसलिए मैं आज्ञा देता हूँ: तू अवश्य
अपने हाथ को अपने भाई, अपने दरिद्र और अपने
जरूरतमंद के लिए अपने देश में खोले । 12 “जब तेरा भाई,
कोई हिब्रू पुरुष या हिब्रू स्त्री, तुझ को बेचा जाए और वह तुझे
छह वर्ष तक सेवा करे, तब सातवें वर्ष में तू उसे अपने पास से
स्वतंत्र कर देगा । 13 “और जब तू उसे अपने पास से स्वतंत्र
करेगा, तो उसे खाली हाथ जाने न देना । 14 “तू उसे अपने
झुंड से, अपने खलिहान से, और अपनी दाखमदिरा से
बहुतायत में देना । जिससे 𐤉𐤄𐤅𐤄 ने तुझे आशीष (बराk)
दी है, उससे उसे दे । 15 “और तू स्मरण करना कि तू मिस्र
देश में दास था, और 𐤉𐤄𐤅𐤄 तेरा ईश्वर ने तुझे छुड़ाया ।
इसलिये मैं आज तुझे यह वचन आज्ञा दे रहा हूँ। 16 “और
ऐसा हो कि यदि वह तुझ से कहे, ‘मैं तुझे छोड़कर नहीं
जाता,’ क्योंकि वह तुझसे और तेरे घर से प्रेम करता है,
क्योंकि उसके लिए तेरे साथ रहना अच्छा है, 17 तब तू एक
सूई लेकर उसके कान को दरवाजे में छेदना, और वह सदा
तेरा दास रहेगा । अपनी दासी के साथ भी ऐसा ही करना ।
18 “जब तू उसे अपने पास से स्वतंत्र करेगा, तो यह तेरी
दृष्टि में कठिन न हो, क्योंकि उसने तुझे छह वर्षों तक दुगने
मजदूर के समान सेवा दी है । और 𐤉𐤄𐤅𐤄 तेरा ईश्वर तेरे
सब कार्यों में तुझे आशीष (बराk) देगा । 19 “अपने झुंड और
अपनी भेड़-बकरियों में से सब पहलौठे नर को 𐤉𐤄𐤅𐤄 अपने
ईश्वर के लिए पवित्र ठहराना । अपने झुंड के पहलौठे से कोई
काम न लेना, न अपनी भेड़-बकरी के पहलौठे की ऊन
काटना । 20 “तू और तेरा घराना वर्ष दर वर्ष उस स्थान पर
जहाँ 𐤉𐤄𐤅𐤄 चुनेगा, 𐤉𐤄𐤅𐤄 अपने ईश्वर के सामने उसे
खाना । 21 “परन्तु यदि उसमें कोई दोष हो, लंगड़ा या अंधा,
या कोई बुरा दोष हो, तो उसे 𐤉𐤄𐤅𐤄 अपने ईश्वर के लिए
बलि न करना । 22 “अपने फाटकों के भीतर तू उसे खा
सकता है – अशुद्ध और शुद्ध दोनों समान – जैसे हिरण और
जैसे हरिण । 23 “केवल, उसका लहू मत खाना, उसे भूमि पर
जल की तरह उड़ेल देना ।

16 1 “अबीब महीने की रक्षा करो, और 𐤉𐤄𐤅𐤄 तुम्हारे
ईश्वर के लिए पासह करो, क्योंकि अबीब महीने में
𐤉𐤄𐤅𐤄 तुम्हारे ईश्वर ने तुम्हें रात में मित्स्रयिम से बाहर
निकाला । 2 “और तुम झुंड और झोपड़ी में से पासह को
𐤉𐤄𐤅𐤄 तुम्हारे ईश्वर के लिए वध करोगे, उस स्थान में जहां
𐤉𐤄𐤅𐤄 अपना नाम रखने के लिए चुनता है । 3 “इसके साथ
खमीर वाली रोटी मत खाना । सात दिनों तक तुम इसके साथ

अखमीरी रोटी खाओगे, दुःख की रोटी, क्योंकि तुम
मित्स्रयिम देश से जल्दी बाहर निकले थे - ताकि तुम उस
दिन को स्मरण करो जिस दिन तुम मित्स्रयिम देश से बाहर
निकले थे, अपने जीवन के सब दिनों में। 4 “और सात दिनों
तक तुम्हारे पूरे सीमा में कहीं भी खमीर नहीं दिखना चाहिए,
और न ही वह मांस जो तुम पहले दिन संध्या को वध करते हो,
सुबह तक रहना चाहिए। 5 “तुम्हें अपने किसी भी फाटकों के
भीतर पासह वध करने की अनुमति नहीं है, जिसे 𐤉𐤄𐤅𐤄
तुम्हारा ईश्वर तुम्हें देता है, 6 परन्तु उस स्थान में जहाँ
𐤉𐤄𐤅𐤄 तुम्हारा ईश्वर अपना नाम वास करने के लिए चुनता
है, वहाँ तुम संध्या को सूर्यास्त के समय, उस नियत समय पर
जब तुम मित्स्रयिम से निकले थे, पासह वध करोगे। 7 “और
तुम उसे भूनकर उस स्थान में खाओगे जिसे 𐤉𐤄𐤅𐤄 तुम्हारा
ईश्वर चुनता है, और सुबह में अपने तंबुओं में लौट आओगे।
8 “छह दिन तुम अखमीरी रोटी खाओगे, और सातवें दिन
𐤉𐤄𐤅𐤄 तुम्हारे ईश्वर के लिए एक बन्द उत्सव होगा - तुम
कोई काम नहीं करोगे। 9 “अपने लिए सात सप्ताह गिनो।
अनाज में दरांती डालने के समय से सात सप्ताह गिनना शुरू
करो। 10 “और तुम शावुओत का उत्सव 𐤉𐤄𐤅𐤄 तुम्हारे
ईश्वर के लिए मनाओगे, अपने हाथ से स्वेच्छा से दी गई भेंट
के अनुसार, जो तुम दोगे जैसा कि 𐤉𐤄𐤅𐤄 तुम्हारा ईश्वर
तुम्हें बरख़त देता है। 11 “और तुम 𐤉𐤄𐤅𐤄 तुम्हारे ईश्वर के
सामने आनन्द करोगे, तुम और तुम्हारा पुत्र और तुम्हारी
पुत्री, और तुम्हारा दास और तुम्हारी दासी, और लेवी जो
तुम्हारे फाटकों के भीतर है, और परदेशी और अनाथ और
विधवा जो तुम्हारे बीच में है, उस स्थान पर जहाँ 𐤉𐤄𐤅𐤄
तुम्हारा ईश्वर अपना नाम वास करने के लिए चुनता है।
12 “और तुम स्मरण करोगे कि तुम मित्स्रयिम में दास थे,
और तुम इन विधियों की रक्षा और पालन करोगे। 13 “कुटाई
और दाखमधु पिराई के बाद सात दिनों तक सुक्कोत का
उत्सव मनाओ। 14 और तुम अपने उत्सव में आनन्द करोगे,
तुम और तुम्हारा पुत्र और तुम्हारी पुत्री, और तुम्हारा दास
और तुम्हारी दासी, और लेवी, और परदेशी और अनाथ और
विधवा जो तुम्हारे फाटकों के भीतर हैं। 15 “सात दिनों तक
तुम 𐤉𐤄𐤅𐤄 तुम्हारे ईश्वर के लिए उस स्थान में उत्सव
मनाओगे जिसे 𐤉𐤄𐤅𐤄 चुनता है, क्योंकि 𐤉𐤄𐤅𐤄 तुम्हारे
ईश्वर ने तुम्हें तुम्हारे सारे उपज में और तुम्हारे हाथों के सारे
काम में बरख़त दी है, और तुम केवल आनन्दित रहोगे!
16 “साल में तीन बार तुम्हारे सब पुरुष 𐤉𐤄𐤅𐤄 तुम्हारे ईश्वर
के सामने उस स्थान में उपस्थित होंगे जिसे वह चुनता है:
अखमीरी रोटी का उत्सव, और शावुओत का उत्सव, और
सुक्कोत का उत्सव। और कोई भी 𐤉𐤄𐤅𐤄 के सामने खाली
हाथ नहीं आना चाहिए, 17 हर एक अपने हाथ की भेंट के
साथ, जैसा कि 𐤉𐤄𐤅𐤄 तुम्हारे ईश्वर ने तुम्हें बरख़त दी है।
18 “अपने सब फाटकों के भीतर न्यायी और अधिकारी
नियुक्त करो, जिन्हें 𐤉𐤄𐤅𐤄 तुम्हारा ईश्वर तुम्हें तुम्हारी गोत्रों
के अनुसार दे रहा है। और वे लोगों का न्याय धर्मपूर्ण न्याय
से करेंगे। 19 “न्याय को विकृत मत करो। पक्षपात मत
दिखाओ, और रिश्वत मत लो, क्योंकि रिश्वत बुद्धिमानों की
आँखें अंधा कर देती है और धर्मी के वचनों को तोड़ देती है।
20 “धर्म का पालन करो, धर्म का, ताकि तुम जीवित रहो और
उस भूमि का उत्तराधिकार लो जिसे 𐤉𐤄𐤅𐤄 तुम्हारा ईश्वर
तुम्हें दे रहा है। 21 “अपने लिए कोई भी वृक्ष अशेरा के रूप में
मत लगाओ 𐤉𐤄𐤅𐤄 तुम्हारे ईश्वर की वेदी के पास जिसे तुम
अपने लिए बनाते हो। 22 “और कोई खम्भा मत खड़ा करो,
जिसे 𐤉𐤄𐤅𐤄 तुम्हारा ईश्वर घृणा करता है।

17 1 “𐤉𐤄𐤅𐤄 तुम्हारे ईश्वर के लिए किसी बैल या भेड़
को मत बलि करो जिसमें कोई दोष, कोई बुरी बात हो,
क्योंकि यह 𐤉𐤄𐤅𐤄 तुम्हारे ईश्वर के लिए एक घृणा है।
2 “जब तुम्हारे बीच, तुम्हारे किसी नगर में, जिसे 𐤉𐤄𐤅𐤄
तुम्हारा ईश्वर तुम्हें दे रहा है, कोई पुरुष या स्त्री पाया जाए जो
𐤉𐤄𐤅𐤄 तुम्हारे ईश्वर की दृष्टि में बुरा करता है, उसकी वाचा
का उल्लंघन करते हुए, 3 और जाकर अन्य Elohim की
सेवा की हो और उनके सामने झुका हो, या सूर्य के सामने या
चन्द्रमा के सामने या shamayim की किसी सेना के सामने,
जिसकी आज्ञा मैंने नहीं दी है, 4 और यह तुम्हें बताया गया है
और तुमने सुना है, और तुमने परिश्रम से खोजा है। तब
देखो, यदि सत्य है: यह बात पुष्ट है कि ऐसा घृणित कार्य
Yisra'el में किया गया है, 5 तब तुम उस पुरुष या स्त्री को,
जिसने यह बुरा कार्य किया है, अपने फाटकों तक ले आओ,
और तुम उस पुरुष या स्त्री को पत्थरों से मारकर मरवा दो।
6 “दो या तीन गवाहों के मुंह से जो मरने योग्य है उसे मृत्यु दी
जाएगी। उसे केवल एक गवाह के मुंह से मृत्यु नहीं दी
जाएगी। 7 “गवाहों का हाथ पहले उस पर हो उसे मारने के
लिए, और सब लोगों का हाथ बाद में। इस प्रकार तुम अपने
बीच से बुराई को दूर करोगे। 8 “जब कोई बात उठती है जो
तुम्हारे लिए न्याय करना कठिन है, रक्त और रक्त के बीच,
वाद और वाद के बीच, या चोट और चोट के बीच - तुम्हारे
फाटकों के भीतर विवाद की बातें - तब तुम उठो और उस
स्थान पर जाओ जिसे 𐤉𐤄𐤅𐤄 तुम्हारा ईश्वर चुनता है,
9 और कोहेनिम, Lĕwites के पास, और उन दिनों में जो
न्यायाधीश हो उसके पास आएगा, और पूछताछ करेगा। और
वे तुम्हें न्याय का वचन बताएंगे, 10 और तुम उस वचन के
अनुसार करो जो वे तुम्हें उस स्थान से बताते हैं जिसे
𐤉𐤄𐤅𐤄 चुनता है। और तुम जो कुछ वे तुम्हें सिखाते है
उसके अनुसार ध्यान से करना। 11 तोराह के अनुसार करो
जिसमें वे तुम्हें सिखाते हैं, उस न्याय के अनुसार जो वे तुमसे
कहते हैं। उस वचन से जो वे तुम्हें बताते हैं तुम दाहिने या बाएं
न मुड़ना। 12 और जो मनुष्य अहंकार से काम करे, ताकि
वह उस kohĕn की न सुने जो वहाँ तुम्हारे 𐤉𐤄𐤅𐤄
Elohim के सामने सेवा करने को खड़ा है, या न्यायाधीश
की न सुने, वह मनुष्य मार डाला जाए। इस प्रकार तुम
Yisra'ĕl में से बुराई को दूर करना। 13 “और सब लोग सुने
और डरें, और अब और घमण्ड न करें। 14 “जब तुम उस
भूमि में प्रवेश करोगे जिसे 𐤉𐤄𐤅𐤄 तुम्हारा ईश्वर तुम्हें दे रहा
है, और उसका अधिकार पाओगे और उसमें बसोगे, और तुम
कहोगे, ‘मुझे अपने ऊपर एक राजा नियुक्त करने दो जैसे
सब अन्यजातियों के हैं जो मेरे चारों ओर हैं,’ 15 तो तुम अपने
ऊपर अवश्य ही राजा नियुक्त करोगे जिसे 𐤉𐤄𐤅𐤄 तुम्हारा
ईश्वर चुनेगा। अपने भाइयों में से अपने ऊपर राजा नियुक्त
करो, तुम अपने ऊपर किसी परदेशी को नियुक्त करने की
अनुमति नहीं रखते, जो तुम्हारा भाई नहीं है। 16 केवल, वह
अपने लिए घोड़ों की संख्या न बढ़ाए, और न ही घोड़ों की

संख्या बढाने के लिए लोगों को मित्सरयिम वापस भेजे, क्योंकि
𐤉𐤄𐤅𐤄 ने तुमसे कहा है, 'उस मार्ग से फिर कभी वापस मत
जाना ।' 17 "और वह अपने लिए स्त्रियों को न बढ़ाए, कहीं
ऐसा न हो कि उसका हृदय फिर जाए, और वह अपने लिए
चाँदी और सोना बहुतायत में न बढ़ाए । 18 "और ऐसा होगा,
जब वह अपने राज्य के सिंहासन पर बैठेगा, तब वह अपने
लिए इस Torah की एक प्रति एक पुस्तक में लिखेगा,
kohenim, Lĕwites के सामने से । 19 और यह उसके
साथ रहे, और वह अपने जीवन के सभी दिनों में इसे पढ़े,
ताकि वह 𐤉𐤄𐤅𐤄 अपने Elohim का भय करना सीखे और
इस Torah के सभी वचनों और इन व्यवस्थाओं की रक्षा
करे, उन्हें पूरा करने के लिए, 20 ताकि उसका हृदय अपने
भाइयों से ऊंचा न हो जाए, और Command से दाएं या बाएं
न मुड़े, ताकि वह अपने राज्य में अपने दिन बढ़ाए, वह और
उसकी संतान, Yisra'el के बीच में ।

18 1 "कोहेनिम, लेवियों, लेवी के सभी गोत्र का कोई भाग
या विरासत यिस्राएल के साथ नहीं है । वे 𐤉𐤄𐤅𐤄 के
द्वारा अग्नि में चढ़ाई गई भेंट और उसकी विरासत खाएंगे ।
2 "परन्तु उसके भाइयों के बीच कोई विरासत नहीं । 𐤉𐤄𐤅𐤄
उसकी विरासत है, जैसा उसने उससे कहा है । 3 "और यह
लोगों से कोहेन का अधिकार है, उन लोगों से जो भेंट लाते हैं,
चाहे वह बैल हो या भेड़: वे कोहेन को कंधा, और दोनों गाल,
और पेट देंगे; 4 तुम्हारे अनाज का पहिलौठा फल और तुम्हारी
नई दाखमधु और तुम्हारा तेल, और तुम्हारी भेड़ की ऊन का
पहला हिस्सा, तुम उसे दोगे । 5 "क्योंकि 𐤉𐤄𐤅𐤄 तुम्हारे
एलोहिम ने उसे तुम्हारे सभी गोत्रों में से चुना है कि वह
𐤉𐤄𐤅𐤄 के नाम में सेवा करने के लिए खड़ा रहे, वह और
उसके पुत्र हमेशा के लिए । 6 "और जब लेवी तुम्हारे फाटकों
में से एक से आता है, जहाँ वह सभी यिस्राएल के बीच निवास
करता है, और अपनी आत्मा की सभी इच्छा के साथ उस
स्थान पर आता है जिसे 𐤉𐤄𐤅𐤄 चुनता है, 7 तब वह
𐤉𐤄𐤅𐤄 अपने एलोहिम के नाम में सेवा करेगा, जैसे उसके
सभी भाई लेवी वहाँ 𐤉𐤄𐤅𐤄 के सामने खड़े हैं । 8 "उन्हें खाने
के लिए हिस्सा हिस्सा मिलेगा, उसके अलावा जो उसकी
विरासत की बिक्री से आता है । 9 "जब तुम उस देश में प्रवेश
करते हो जो 𐤉𐤄𐤅𐤄 तुम्हारा एलोहिम तुम्हें दे रहा है, तो उन
जातियों के घृणित कामों को करने के लिए मत सीखो ।
10 "तुम्हारे बीच कोई ऐसा न हो जो अपने पुत्र या अपनी पुत्री
को आग में से गुजारता हो, या जो भविष्यवाणी करता हो, या
जादूगर हो, या जो शकुन देखता हो या टोना करता हो, 11 या
जो मंत्र फूँकता हो, या माध्यम हो, या आत्मा से संपर्क करने
वाला हो, या जो मृतकों को बुलाता हो । 12 "क्योंकि जो कोई ये
करता है वह 𐤉𐤄𐤅𐤄 के लिए घृणित है, और इन घृणित
कामों के कारण 𐤉𐤄𐤅𐤄 तुम्हारा एलोहिम उन्हें तुम्हारे सामने
से निकाल देता है । 13 "𐤉𐤄𐤅𐤄 तुम्हारे एलोहिम के सामने
सिद्ध बनो । 14 क्योंकि ये जातियाँ जिन्हें तुम बेदखल कर रहे
हो, जादूगरों और भविष्यवक्ताओं की सुनती हैं । परन्तु तुम्हारे
लिए, 𐤉𐤄𐤅𐤄 तुम्हारे एलोहिम ने ऐसा नहीं ठहराया है ।
15 "𐤉𐤄𐤅𐤄 तुम्हारा एलोहिम तुम्हारे लिए तुम्हारे बीच से,
तुम्हारे भाइयों में से मेरे समान एक नबी उठाएगा । उसकी
सुनो, 16 जैसा तुमने 𐤉𐤄𐤅𐤄 तुम्हारे एलोहिम से होरेब में सभा
के दिन पूछा था, यह कहते हुए, 'मुझे फिर से 𐤉𐤄𐤅𐤄 मेरे
एलोहिम की आवाज़ न सुनाई दे, न ही मुझे यह बड़ी आग
और देखनी पड़े, कहीं मैं मर न जाऊं ।' 17 "और 𐤉𐤄𐤅𐤄
ने मुझसे कहा, 'जो उन्होंने कहा है वह अच्छा है । 18 'मैं
उनके लिए उनके भाइयों के बीच से तुम्हारे समान एक नबी
उठाऊंगा । और मैं अपने वचन उसके मुँह में डालूँगा, और
वह उन्हें वह सब कहेगा जो मैं उसे आज्ञा दूँगा । 19 'और यह
होगा, जो मनुष्य मेरे वचनों को नहीं सुनेगा जो वह मेरे नाम में
कहेगा, मैं उससे उसका हिसाब लूँगा । 20 'परन्तु वह नबी जो
मेरे नाम में एक वचन कहने का साहस करता है, जिसे मैंने
उसे कहने की आज्ञा नहीं दी है, या जो अन्य शक्तिशाली लोगों
के नाम में कहता है, वह नबी मर जाएगा ।' 21 "और जब तुम
अपने दिल में कहते हो, 'हम कैसे जानें कि यह वचन
𐤉𐤄𐤅𐤄 ने नहीं कहा?' - 22 जब नबी 𐤉𐤄𐤅𐤄 के नाम में
कहता है और वह वचन नहीं होता, या नहीं आता, तो वह वचन
है जिसे 𐤉𐤄𐤅𐤄 ने नहीं कहा । नबी ने उसे साहसपूर्वक कहा
है । उससे मत डरो ।

19 1 "जब 𐤉𐤄𐤅𐤄 TB◌रे ईश्वर राष्ट्रों को काट देगा
जिनकी भूमि 𐤉𐤄𐤅𐤄 TB◌रे ईश्वर तुझे दे रहा है,
और तू उन्हें बाहर करेगा और उनके नगरों और उनके घरों
में बसेगा, 2 अपनी भूमि के बीच में अपने लिए तीन नगर
अलग करना जिसे 𐤉𐤄𐤅𐤄 TB◌रे ईश्वर तुझे पाने के लिए
दे रहा है । 3 "अपने लिए मार्ग तैयार करना, और अपनी भूमि
की सीमा को तीन भागों में विभाजित करना जिसे 𐤉𐤄𐤅𐤄
TB◌रे ईश्वर तुझे विरासत के रूप में दे रहा है, ताकि जो
किसी को मार डाले वह वहां भाग सके । 4 "और यह उस
व्यक्ति का मामला है जिसने किसी को मारा और वहां भागा
और जीवित रहा: जिसने अपने पड़ोसी को अनजाने में मारा,
जिसने पहले से उससे बैर न रखा हो, 5 यहां तक कि जो
अपने पड़ोसी के साथ जंगल में लकड़ी काटने जाता है, और
उसका हाथ कुल्हाड़ी से पेड़ काटने के लिए वार करता है,
और लोहे का सिरा हत्थे से फिसलकर उसके पड़ोसी को
लगता है ताकि वह मर जाता है - तो वह उन नगरों में से एक
की ओर भाग जाए और जीवित रहे, 6 कहीं ऐसा न हो कि रक्त
का बदला लेने वाला, जब उसका क्रोध गर्म हो, उस हत्यारे
का पीछा करे और उसे पकड़ ले, क्योंकि मार्ग लंबा है, और
उसे मारे, यद्यपि वह मृत्यु के योग्य न था, क्योंकि उसने पहले
से उससे बैर न रखा था । 7 "इसलिए मैं तुझे आज्ञा दे रहा हूँ,
कहता हूँ, 'अपने लिए तीन नगर अलग करना ।' 8 "और
यदि 𐤉𐤄𐤅𐤄 TB◌रे ईश्वर TB◌री सीमा को बढ़ाए, जैसा
उसने तेरे पितरों से शपथ खाई थी, और तुझे वह भूमि दी जो
उसने तेरे पितरों को देने का वादा किया था - 9 जब तू इस
सारी आज्ञा को मान रखे जिसे मैं आज तुझे आज्ञा दे रहा हूँ,
कि 𐤉𐤄𐤅𐤄 TB◌रे ईश्वर से प्रेम करना और उसके मार्गों में
सब दिनों चलना - तब तू इन तीन नगरों के अतिरिक्त अपने
लिए तीन और नगर जोड़ लेगा, 10 ताकि तेरी भूमि के बीच
निर्दोष रक्त न बहाया जाए जिसे 𐤉𐤄𐤅𐤄 TB◌रे ईश्वर तुझे
उत्तराधिकार के रूप में दे रहा है, नहीं तो रक्त का दोष तुझ
पर होगा । 11 "परन्तु जब कोई अपने पड़ोसी से बैर रखता है,
और उसके लिए घात लगाए बैठा है और उस पर उठकर प्राण

ले लेता है ताकि वह मर जाए, तब वह उन नगरों में से किसी
एक की ओर भाग जाएगा, 12 और उसके नगर के बुज़ुर्ग उसे
वहां से बुलाकर रक्त का बदला लेने वाले के हाथ में सौंप देंगे,
और वह मारा जाएगा। 13 “तेरी आंख उसे दया न करे,
परन्तु तू इस्राएल से निर्दोष रक्त को शुद्ध करेगा, ताकि तेरा
भला हो। 14 “अपने पड़ोसी की सीमा को न हटाना, जिसे
पहले वालों ने बाँधा था, तेरे उत्तराधिकार में जिसे तू उस भूमि
में पाता है जिसे 𐤉𐤄𐤅𐤄 TB◌ारे ईश्वर तुझे पाने के लिए दे
रहा है। 15 “एक गवाह किसी मनुष्य के विरुद्ध किसी दुष्टता
या किसी पाप के विषय में जो वह करता है, खड़ा न हो। दो
गवाहों के मुंह से या तीन गवाहों के मुंह से कोई बात स्थिर होती
है। 16 “जब कोई दुष्ट गवाह किसी मनुष्य के विरुद्ध उठता है
यह कहने के लिए कि उसने पथ से मुड़कर अपराध किया है,
17 तब वे दोनों पुरुष जिनके बीच विवाद है, 𐤉𐤄𐤅𐤄 के
सामने, कोहेनिम और न्यायियों के सामने जो उन दिनों सेवा
करते हैं, खड़े होंगे। 18 “और न्यायी ध्यान से जांच करेंगे
और देखेंगे कि गवाह झूठा गवाह है या नहीं, जिसने अपने
भाई पर झूठा आरोप लगाया है, 19 तब तुम उसके साथ वैसा
ही करो जैसा उसने अपने भाई के साथ करने का विचार
किया था। इस प्रकार तुम अपने बीच से बुराई को शुद्ध
करोगे। 20 “और शेष लोग सुनकर भय करेंगे, और फिर
कभी तेरे बीच ऐसी बुराई न करेंगे। 21 “और तेरी आंख दया
न करे, प्राण के बदले प्राण, आंख के बदले आंख, दांत के
बदले दांत, हाथ के बदले हाथ, पांव के बदले पांव।

20 1 “जब तुम अपने शत्रुओं के विरुद्ध युद्ध करने के
लिए बाहर जाओगे, और घोड़े और रथ और लोग
तुमसे अधिक संख्या में देखोगे, तो उनसे मत डरो, क्योंकि
𐤉𐤄𐤅𐤄 तुम्हारे ईश्वर, जिसने तुम्हें मित्स्राइम देश से
निकाला है, वह तुम्हारे साथ है। 2 “और ऐसा होगा, जब तुम
युद्ध के निकट आओगे, तब कोहेन लोगों के पास आकर
उनसे बोले। 3 और उनसे कहे, ‘हे यिस्राएल सुनो: तुम आज
अपने शत्रुओं के साथ युद्ध करने के निकट आ रहे हो।
तुम्हारा हृदय न कांपे, न डरो, न कांपो, और न ही उनके
सामने भयभीत हो। 4 क्योंकि 𐤉𐤄𐤅𐤄 तुम्हारा ईश्वर वही है
जो तुम्हारे साथ चलता है, तुम्हारे शत्रुओं से तुम्हारे लिए लड़ने
के लिए, और तुम्हें बचाने के लिए।’ 5 “और अधिकारी लोगों
से कहेंगे, ‘कौन वह मनुष्य है जिसने एक नया घर बनाया है
और अभी तक उसे समर्पित नहीं किया है? वह जाए और
अपने घर लौट जाए, कहीं ऐसा न हो कि वह युद्ध में मर जाए
और कोई दूसरा व्यक्ति उसे समर्पित करे। 6 ‘और कौन वह
मनुष्य है जिसने दाख की बारी लगाई है और अभी तक
उसका उपयोग करना शुरू नहीं किया है? वह भी जाए और
अपने घर लौट जाए, कहीं ऐसा न हो कि वह युद्ध में मर जाए
और कोई दूसरा व्यक्ति उसका उपयोग शुरू करे। 7 ‘और
कौन वह मनुष्य है जो किसी स्त्री से विवाह के लिए वचनबद्ध है
और अभी तक उसे नहीं लिया है? वह जाए और अपने घर
लौट जाए, कहीं ऐसा न हो कि वह युद्ध में मर जाए और कोई
दूसरा व्यक्ति उसे ले ले।’ 8 “और अधिकारी आगे लोगों से
कहेंगे, और कहेंगे, ‘कौन वह मनुष्य है जो डरता है और
जिसका हृदय कोमल है? वह जाए और अपने घर लौट जाए,
कहीं ऐसा न हो कि उसके भाइयों का हृदय उसके हृदय के
समान कांप जाए।’ 9 “और ऐसा होगा, जब अधिकारी लोगो
से बोलना समाप्त कर लेंगे, तब वे लोगों के नेतृत्व के लिए
सेना के प्रधानों को नियुक्त करेंगे। 10 “जब तुम किसी नगर
के निकट युद्ध करने के लिए आओ, तब तुम उसे शांति का
प्रस्ताव देना। 11 “और ऐसा होगा कि यदि वह तुम्हारे शांति
प्रस्ताव को स्वीकार करे और तुम्हारे लिए खुले, तब उसमें पाए
गए सभी लोग तुम्हारे बंधुआ मजदूर बनेंगे, और तुम्हारी सेवा
करेंगे। 12 “परन्तु यदि वह तुम्हारे साथ शांति न करे, और
तुम्हारे विरुद्ध युद्ध करे, तब तुम उसका घेरा डालना। 13 और
𐤉𐤄𐤅𐤄 तुम्हारा ईश्वर उसे तुम्हारे हाथ में कर देगा, और तुम
उसमें हर पुरुष को तलवार की धार से मार डालना।
14 “केवल स्त्रियों, और छोटे बच्चों, और पशुओं, और नगर
में जो कुछ भी है, उसका सारा लूट तुम अपने लिए ले लेना।
और तुम शत्रुओं की लूट खाओगे, जिसे 𐤉𐤄𐤅𐤄 तुम्हारा
ईश्वर तुम्हें देता है। 15 “ऐसा तुम उन सब नगरों के साथ
करना, जो तुमसे बहुत दूर हैं, जो इन जातियों के नगरों में से
नहीं हैं। 16 “केवल, इन जातियों के नगरों में से, जिन्हें
𐤉𐤄𐤅𐤄 तुम्हारा ईश्वर तुम्हें उत्तराधिकार के रूप में देता है,
उनमें से किसी भी जीवित प्राणी को जीवित मत रहने देना।
17 परन्तु तुम उन्हें अवश्य पूर्णतः नष्ट करना: हित्ती और
एमोरी और केनानी और परिज्जी और हिव्वी और यबूसी,
जैसा कि 𐤉𐤄𐤅𐤄 तुम्हारे ईश्वर ने तुम्हें आज्ञा दी है। 18 कहीं
ऐसा न हो कि वे तुम्हें अपने सब घृणित कामों के अनुसार
करना सिखाएं, जो उन्होंने अपने देवताओं के लिए किए हैं,
और तुम 𐤉𐤄𐤅𐤄 अपने ईश्वर के विरुद्ध पाप करो। 19 “जब
तुम किसी नगर को लेने के लिए लंबे समय तक उसका घेरा
डालो और उसके विरुद्ध युद्ध करो, तो उसके वृक्षों को
कुल्हाड़ी से काटकर नष्ट मत करो। यदि तुम उनसे खाते
हो, तो उन्हें मत काटो। क्योंकि क्या मैदान का वृक्ष मनुष्य है,
कि तुम उसका घेरा डालो? 20 “केवल वे वृक्ष, जिन्हें तुम
जानते हो कि वे खाने के लिए वृक्ष नहीं हैं, उन्हें तुम नष्ट और
काट सकते हो, नगर के विरुद्ध घेरे के काम करने के लिए,
जो तुम्हारे विरुद्ध युद्ध करता है, जब तक वह गिर न जाए।”

21 1 “जब कोई किसी खेत में मरा हुआ पाया जाए, उस
देश में जिसे 𐤉𐤄𐤅𐤄 तुम्हारा ईश्वर तुम्हें अधिकार
करने के लिए दे रहा है, और यह ज्ञात न हो कि किसने उसे
मारा, 2 तब तुम्हारे बुज़ुर्ग और तुम्हारे न्यायी बाहर जाएँगे, और
वे मरे हुए मनुष्य से चारों ओर के नगरों तक की दूरी नापेंगे।
3 “और ऐसा होगा कि उस नगर के बुज़ुर्ग जो मरे हुए मनुष्य
के निकटतम नगर के हैं, वे एक बछिया लेंगे जिससे काम में
नहीं लिया गया है और जिस पर जुआ नहीं रखा गया है,
4 और उस नगर के बुज़ुर्ग उस बछिया को बहते जल वाले
वादी में ले जाएँगे, जो न तो जोता गया है और न बोया गया है,
और वे उस वादी में बछिया की गर्दन तोड़ देंगे। 5 “और
कोहेनीम, लहवी के पुत्र, पास आएँगे, क्योंकि 𐤉𐤄𐤅𐤄 तुम्हारे
ईश्वर ने उन्हें उसकी सेवा करने और 𐤉𐤄𐤅𐤄 के नाम में
आशीर्वाद देने के लिए चुना है, और उनके आदेश से हर
विवाद और हर घाव का निर्णय होगा। 6 “और उस नगर के
सब बुज़ुर्ग जो मरे हुए मनुष्य के निकटतम नगर के हैं, उस
बछिया पर अपने हाथ धोएँगे जिसकी गर्दन वादी में तोड़ी गई
थी। 7 “और वे उत्तर देकर कहेंगे, ‘हमारे हाथों ने यह रक्त

नहीं बहाया है, और न ही हमारी आँखों ने इसे देखा है। 8 ‘हे
𐤉𐤄𐤅𐤄, अपने लोगों यिस्राएल को क्षमा कर, जिन्हें तू ने
छुड़ाया है, और अपने लोगों यिस्राएल के बीच निर्दोष रक्त की
अनुमति न दे।’ और उन पर रक्त-दोष क्षमा कर दिया
जाएगा। 9 “इस प्रकार जब तुम वह करते हो जो 𐤉𐤄𐤅𐤄 की
दृष्टि में सही है, तब तुम अपने बीच से निर्दोष रक्त का दोष
दूर कर दोगे। 10 “जब तुम अपने शत्रुओं से लड़ने के लिए
बाहर जाओगे, और 𐤉𐤄𐤅𐤄 तुम्हारा ईश्वर उन्हें तुम्हारे हाथ
में सौंप देगा, और तुम उन्हें बंधुआ बना लोगे, 11 और बंधुओं
में एक स्त्री को देखोगे जो रूपवती है, और तुम उससे प्रसन्न
हो जाओगे और उसे अपनी पत्नी बनाने के लिए ले लोगे,
12 तब तुम उसे अपने घर ले आओगे, और वह अपना सिर
मुंडाएगी और अपने नाखून काटेगी, 13 और अपनी बंधुआई
का वस्त्र उतार देगी, और तुम्हारे घर में रहेगी, और अपने
पिता और अपनी माता के लिए एक महीने तक शोक
मनाएगी। और उसके बाद तुम उसके पास जाओगे और
उसके पति बनोगे, और वह तुम्हारी पत्नी होगी। 14 “और ऐसा
होगा, यदि तुम उससे प्रसन्न न हो, तब तुम उसे उसकी इच्छा
पर जाने दोगे, परन्तु तुम उसे चाँदी के लिए बिल्कुल न
बेचोगे। उसके साथ कठोरता न करो, क्योंकि तुमने उसे दीन
किया है। 15 “जब किसी पुरुष की दो पत्नियाँ हों, एक प्रिय
और दूसरी अप्रिय, और उन्होंने उसके लिए पुत्र उत्पन्न किए
हों, प्रिय और अप्रिय दोनों, और पहिलौठा पुत्र अप्रिय की हो,
16 तब ऐसा होगा, जिस दिन वह अपने पुत्रों को अपनी सम्पत्ति
का उत्तराधिकारी बनाएगा, उसे प्रिय पत्नी के पुत्र को पहिलौठा
ठहराने की अनुमति नहीं है, अप्रिय की पुत्र के सामने, जो कि
पहिलौठा है। 17 “परन्तु वह अप्रिय की पत्नी के पुत्र को
पहिलौठा मान लेगा, और उसे अपनी सारी वस्तुओं में से दो
भाग देगा, क्योंकि वही उसकी शक्ति का प्रारम्भ है - पहिलौठे
का अधिकार उसका है। 18 “जब किसी पुरुष का पुत्र हो जो
हठी और विद्रोही है, जो अपने पिता की वाणी या अपनी माता
की वाणी को नहीं सुनता, और जब वे उसे अनुशासन देते हैं,
तो वह उनकी नहीं सुनता, 19 तब उसका पिता और उसकी
माता उसे पकड़कर अपने नगर के बुज़ुर्गों के पास, उसके
नगर के फाटक पर ले जाएँगे, 20 और वे अपने नगर के
बुज़ुर्गों से कहेंगे, ‘यह हमारा पुत्र हठी और विद्रोही है। वह
हमारी नहीं सुनता, वह पेटू और पियक्कड़ है।’ 21 “तब
उसके नगर के सब पुरुष उसे पत्थरों से मार डालेंगे। इस
प्रकार तुम अपने बीच से बुराई दूर कर दोगे। और सब
यिस्राएल सुनें और भय करें। 22 “और जब किसी पुरुष ने
ऐसा पाप किया हो जो मृत्यु के योग्य है, तब वह मारा जाएगा
और तुम उसे पेड़ पर लटका दोगे। 23 “उसका शव रात भर
पेड़ पर न रह जाए, परन्तु तुम निश्चय ही उसी दिन उसे
दफ़ना देना - क्योंकि जो लटकाया जाता है वह ईश्वर का
शापित है – ताकि उस देश को अपवित्र न करो जिसे 𐤉𐤄𐤅𐤄
तुम्हारा ईश्वर तुम्हें विरासत के रूप में दे रहा है।

22 1 “जब तुम अपने भाई के बैल या उसकी भेड़ को
भटकते हुए देखो, तो उनसे मुँह मत छुपाना। उन्हें
बिना चूके अपने भाई को लौटा देना। 2 “और यदि तुम्हारा
भाई तुम्हारे निकट न हो, या यदि तुम उसे न जानते हो, तब
तुम उसे अपने ही घर ले आना, और वह तुम्हारे पास रहेगा
जब तक तुम्हारा भाई उसे ढूँढ न ले, तब तुम उसे उसे लौटा
देना। 3 “और ऐसा ही तुम उसके गदहे के साथ करो, और
ऐसा ही तुम उसके वस्त्र के साथ करो, और ऐसा ही तुम
उसके साथ करो जो कुछ भी तुम्हारे भाई ने खोया है, जो
उसने खोया है और तुम्हें मिला है। तुम्हें मुँह छुपाने की
अनुमति नहीं है। 4 “जब तुम अपने भाई के गदहे या उसके
बैल को मार्ग में गिरा हुआ देखो, तो उनसे मुँह मत छुपाना।
बिना चूके उसकी सहायता करके उन्हें उठाना। 5 “एक स्त्री
वह वस्त्र न पहने जो पुरुष का है, और न ही पुरुष स्त्री का
वस्त्र पहने, क्योंकि जो कोई यह करता है वह 𐤉𐤄𐤅𐤄 तुम्हारे
ईश्वर के लिए घृणा है। 6 “जब तुम मार्ग में किसी पक्षी का
घोंसला देखो, किसी पेड़ पर या भूमि पर, जिसमें बच्चे हों या
अंडे हों, और माँ उन बच्चों या अंडों पर बैठी हो, तो माँ को
बच्चों के साथ मत लेना – 7 माँ को बिना चूके जाने दो, और
बच्चों को अपने लिए ले लो, ताकि तुम्हारा भला हो और तुम्हारे
दिन लम्बे हों। 8 “जब तुम नया घर बनाओ, तब तुम अपनी
छत पर एक ओट बनाना, ताकि जब कोई उससे गिरे तो
तुम्हारे घर पर खून का दोष न आए। 9 “अपनी दाख की बारी
में भिन्न-भिन्न प्रकार के बीज मत बोना, ऐसा न हो कि तुमने जो
बीज बोया है और तुम्हारी दाख की बारी का फल अशुद्ध हो
जाए। 10 “एक बैल और गदहे को साथ में हल मत चलाना।
11 “भिन्न-भिन्न प्रकार का वस्त्र मत पहनना, ऊन और सूत का
एक साथ। 12 “उस वस्त्र के चार कोनों पर झूल लगाना
जिससे तुम अपने आप को ढकते हो। 13 “जब कोई पुरुष
पत्नी ले और उसके पास जाए और उससे बैर करे, 14 और
उसके विरुद्ध अपमानजनक बातें बनाए और उस पर बुरा नाम
लगाए और कहे, ‘मैंने इस स्त्री को लिया, और जब मैं उसके
पास गया तो मैंने उसे कुँवारी नहीं पाया,’ 15 तब उस युवती के
पिता और माता उस लड़की के कुँवारेपन का प्रमाण लेकर
नगर के फाटक पर बुज़ुर्गों के पास लाएंगे। 16 “और उस
लड़की का पिता नगर के बुज़ुर्गों से कहेगा, ‘मैंने अपनी बेटी
को इस पुरुष को पत्नी के रूप में दिया, और वह उससे बैर
करता है। 17 ‘और देखो, उसने उसके विरुद्ध अपमानजनक
बातें बनाई हैं, यह कहते हुए, “मैंने तुम्हारी बेटी को कुँवारी नहीं
पाया,” और फिर भी ये मेरी बेटी के कुँवारापन की *the
proofs* हैं।’ और वे उस वस्त्र को नगर के बुज़ुर्गों के सामने
फैला देंगे। 18 “और उस नगर के बुज़ुर्ग उस पुरुष को
पकड़कर उसे दण्ड देंगे, 19 और उसे एक सौ चांदी के टुकड़े
जुर्माना देना होगा और वे उस युवा स्त्री के पिता को देने होंगे,
क्योंकि उसने Yisra'el की एक कुंवारी पर बुरा नाम लगाया
है। और वह उसकी पत्नी बनेगी, उसे अपने सारे दिनों में उसे
छोड़ने की अनुमति नहीं है। 20 “परन्तु यदि यह बात सत्य हो
कि लड़की कुँवारी नहीं पाई गई, 21 तब वे उस लड़की को
उसके पिता के घर के द्वार पर लाएंगे, और उसके नगर के
पुरुष उसे पत्थरों से मार डालेंगे, क्योंकि उसने Yisra'el में
दुष्टता की है, अपने पिता के घर में वेश्यावृत्ति करके। इस
प्रकार तुम अपने बीच से बुराई को दूर करोगे। 22 जब कोई
पुरुष किसी पति की विवाहिता स्त्री के साथ सोता हुआ पाया
जाए, तो वे दोनों मार डाले जाएं, वह पुरुष जो स्त्री के साथ
सोया हो और वह स्त्री भी। इस प्रकार तुम Yisra'el से बुराई
को दूर करोगे। 23 “जब कोई लड़की जो कुँवारी है, पति से
मंगनी हुई है, और कोई पुरुष उसे नगर में पाकर उसके साथ

लेट जाए, 24 तब तुम दोनों को उस नगर के फाटक पर ले
जाओगे और उन्हें पत्थरों से मारकर मार डालोगे, लड़की को
इसलिए क्योंकि उसने नगर में पुकारा नहीं, और पुरुष को
इसलिए क्योंकि उसने अपने पड़ोसी की पत्नी को नम्र किया।
इस प्रकार तुम अपने बीच से बुराई को दूर करोगे।
25 "परन्तु यदि कोई पुरुष उस लड़की को मैदान में पाए जो
मंगनी हुई है, और वह पुरुष उसे पकड़कर उसके साथ लेट
जाए, तब केवल वही पुरुष मरेगा जिसने उसके साथ लेटा।
26 "परन्तु लड़की के साथ कुछ मत करना। लड़की में मृत्यु
के योग्य कोई पाप नहीं है - क्योंकि यह उसी प्रकार की बात है
जैसे कोई पुरुष अपने पड़ोसी पर उठकर उसे मार डाले –
27 क्योंकि उसने उसे मैदान में पाया, और उस मंगनी हुई
लड़की ने पुकारा, परन्तु उसे बचाने वाला कोई नहीं था।
28 "जब कोई पुरुष ऐसी लड़की को पाए जो कुँवारी है और
जिसकी मंगनी नहीं हुई, और वह उसे पकड़कर उसके साथ
लेट जाए, और वे पाए जाएँ, 29 तब वह पुरुष जिसने उसके
साथ लेटा, उस लड़की के पिता को पचास चाँदी के सिक्के
देगा, और वह उसकी पत्नी होगी क्योंकि उसने उसे नम्र किया
है। उसे अपने सारे जीवन में उसे छोड़ने की अनुमति नहीं
है। 30 "कोई पुरुष अपने पिता की पत्नी को न ले, और न ही
अपने पिता का आच्छादन खोले।

23 1 "घायल, विकलांग या जिनके जननांग कटे हुए हैं, वे
𐤉𐤄𐤅𐤄 की सभा में प्रवेश नहीं करेंगे। 2 "अनैतिक
जन्म वाला कोई व्यक्ति 𐤉𐤄𐤅𐤄 की सभा में प्रवेश नहीं
करेगा, यहाँ तक कि उसकी दसवीं पीढ़ी भी 𐤉𐤄𐤅𐤄 की सभा
में प्रवेश नहीं करेगी। 3 "कोई अम्मोनी या मोआबी 𐤉𐤄𐤅𐤄
की सभा में प्रवेश नहीं करेगा, यहाँ तक कि उनकी दसवीं पीढ़ी
भी कभी 𐤉𐤄𐤅𐤄 की सभा में प्रवेश नहीं करेगी, 4 क्योंकि जब
तुम मिस्र से बाहर आए तो उन्होंने मार्ग में रोटी और पानी से
तुम्हारा स्वागत नहीं किया, और उन्होंने तुम्हारे विरुद्ध पेतोर,
अराम नहरैम का बेओर का पुत्र बिल्आम को तुम्हें शाप देने
के लिए किराए पर लिया। 5 "परन्तु 𐤉𐤄𐤅𐤄 तुम्हारा ईश्वर
बिल्आम की बात सुनने से इनकार कर दिया, और 𐤉𐤄𐤅𐤄
तुम्हारा ईश्वर ने उस शाप को तुम्हारे लिए आशीर्वाद में बदल
दिया, क्योंकि 𐤉𐤄𐤅𐤄 तुम्हारा ईश्वर तुमसे प्रेम करता है।
6 "उनकी शांति और उनकी भलाई मत खोजो, अपने सभी
दिनों में, सदा के लिए। 7 "एदोमी से घृणा मत करो, क्योंकि
वह तुम्हारा भाई है। मिस्री से घृणा मत करो, क्योंकि तुम
उसके देश में परदेशी थे। 8 "तीसरी पीढ़ी के उनके संतान
𐤉𐤄𐤅𐤄 की सभा में प्रवेश करेंगे। 9 "जब सेना तुम्हारे
शत्रुओं के विरुद्ध बाहर जाए, तब तुम अपने आप को हर बुरी
बात से बचाओ। 10 "यदि तुम्हारे बीच कोई पुरुष रात में स्राव
के कारण अशुद्ध हो, तो वह शिविर के बाहर जाए। उसे
शिविर के बीच में न आना चाहिए। 11 "और संध्या होने पर
वह जल से स्नान करे। और जब सूर्य अस्त हो जाए, तब वह
शिविर के बीच में आए। 12 "और तुम्हारे पास शिविर के बाहर
एक स्थान होना चाहिए, जहाँ तुम बाहर जाओ। 13 और
तुम्हारे उपकरणों में एक तेज़ औज़ार होना चाहिए, और जब
तुम बाहर बैठो, तो उससे खोदो और अपनी गंदगी को ढँक
दो। 14 "क्योंकि 𐤉𐤄𐤅𐤄 तुम्हारा ईश्वर तुम्हारे शिविर के बीच
में चलता है, तुम्हें छुड़ाने और तुम्हारे शत्रुओं को तुम्हारे हाथ
में देने के लिए। इसलिए तुम्हारा शिविर पवित्र होना चाहिए,
ताकि वह तुम्हारे बीच अशुद्ध वस्तु न देखे और तुमसे फिर न
जाए। 15 "तुम उस दास को उसके स्वामी के पास वापस मत
दो, जो अपने स्वामी से भागकर तुम्हारे पास आ गया है।
16 "वह तुम्हारे बीच में रहे, उस स्थान पर जिसे वह तुम्हारे
फाटकों के भीतर चुनता है, जहाँ उसे अच्छा लगे। उसे
सताओ मत। 17 "इस्राएल की कोई बेटी वेश्यावृत्ति न करे,
और इस्राएल का कोई पुत्र वेश्यावृत्ति न करे। 18 "किसी भी
मन्नत के लिए 𐤉𐤄𐤅𐤄 तुम्हारे ईश्वर के घर में वेश्या की
कमाई या कुत्ते का मूल्य न लाओ, क्योंकि ये दोनों बातें
𐤉𐤄𐤅𐤄 तुम्हारे ईश्वर के लिए घृणित हैं। 19 "अपने भाई को
ब्याज पर उधार मत दो, चाहे चाँदी का ब्याज, भोजन का
ब्याज, या किसी भी वस्तु का ब्याज जो ब्याज पर दी जाती है।
20 "परदेसी को तुम ब्याज पर उधार दे सकते हो, परन्तु
अपने भाई को ब्याज पर उधार मत दो, ताकि 𐤉𐤄𐤅𐤄
तुम्हारा ईश्वर उस देश में, जिसे तुम अधिकार करने के लिए
प्रवेश कर रहे हो, तुम्हारे सब कामों में तुम्हें आशीर्वाद दे।
21 "जब तुम 𐤉𐤄𐤅𐤄 तुम्हारे ईश्वर से मन्नत करते हो, तो
उसे चुकाने में देर मत करो, क्योंकि 𐤉𐤄𐤅𐤄 तुम्हारा ईश्वर
इसे तुमसे अवश्य ही माँगेगा, और यह तुम्हारे लिए पाप होगा।
22 "परन्तु जब तुम मन्नत करने से बचते हो, तो यह तुम्हारे
लिए पाप नहीं है। 23 "जो तुम्हारे मुँह से निकला है, तुम
उसकी रक्षा करोगे और पूरा करोगे, क्योंकि तुमने स्वेच्छा से
𐤉𐤄𐤅𐤄 तुम्हारे ईश्वर से अपने मुँह से वचन किया है।
24 "जब तुम अपने पड़ोसी के दाख की बारी में जाओ, तो
अपनी इच्छा की तृप्ति तक खाओ, परन्तु अपने पात्र में कुछ
मत रखो। 25 "जब तुम अपने पड़ोसी के खड़े अनाज के
खेत में जाओ, तो अपने हाथ से बालियाँ तोड़ सकते हो, परन्तु
अपने पड़ोसी के खड़े अनाज पर दरांती का प्रयोग मत करो।

24 1 "जब कोई मनुष्य एक पत्नी लेता है और उससे
विवाह करता है, तब यदि वह उसकी आँखों में कृपा न
पाए क्योंकि उसने उसमें कोई लज्जाजनक बात पाई है, और
वह उसे तलाक़ का प्रमाण पत्र लिखकर उसके हाथ में दे और
उसे अपने घर से निकाल दे, 2 और यदि वह उसके घर से
निकलकर किसी और पुरुष की पत्नी बन जाए, 3 और यदि
दूसरा पति उससे बैर रखे और उसे तलाक़ का प्रमाण पत्र
लिखकर उसके हाथ में दे और उसे अपने घर से निकाल दे,
या जब दूसरा पति मर जाए जिसने उसे अपनी पत्नी बनाया
था, 4 तो उसका पहला पति जिसने उसे निकाल दिया था,
उसके अपवित्र हो जाने के बाद उसे फिर अपनी पत्नी के रूप
में लेने की अनुमति नहीं है, क्योंकि यह 𐤉𐤄𐤅𐤄 के सामने
घृणित होगा। और उस भूमि पर पाप मत लाओ जिसे
𐤉𐤄𐤅𐤄 तुम्हारे ईश्वर तुम्हें उत्तराधिकार के रूप में दे रहा
है। 5 "जब कोई मनुष्य नई पत्नी ले, तो वह सेना में बाहर न
जाए और न ही उस पर कोई कार्य थोपा जाए। वह अपने घर
के कारण एक वर्ष मुक्त रहेगा, ताकि वह अपनी पत्नी के साथ
आनन्द मना सके जिसे उसने लिया है। 6 "कोई भी व्यक्ति
गिरवी के रूप में निचला या ऊपरी चक्की का पाट न ले,
क्योंकि वह जीवन को गिरवी में लेगा। 7 "जब कोई मनुष्य
यिस्राएल की संतान में से अपने किसी भाई को पकड़ ले और
उसके साथ कठोरता करे या उसे बेच दे, तो वह

अपहरणकर्ता मर जाएगा। इस प्रकार तुम अपनी मध्य से
बुराई को दूर करोगे। [8]“कोढ़ की बीमारी के प्रकोप में
सावधान रहो, और जो कुछ तुम्हें कोहेनिम, लेवियों ने सिखाया
है, उसके अनुसार ध्यानपूर्वक पहरा दो और करो। जैसा मैंने
उन्हें आज्ञा दी है, वैसे ही तुम पहरा देकर करना। [9]“स्मरण
करो कि 𐤉𐤄𐤅𐤄 तुम्हारे ईश्वर ने मरियम के साथ मार्ग में
क्या किया था जब तुम मिस्र से बाहर आए थे। [10]“जब तुम
अपने भाई को ऋण दो, तो उसका गिरवी लेने के लिए उसके
घर में प्रवेश मत करो। [11]“बाहर खड़े रहो, और जिस मनुष्य
को तुम ऋण देते हो, वह गिरवी बाहर लाकर तुम्हें दे।
[12]“और यदि वह मनुष्य गरीब हो, तो उसके गिरवी के साथ
मत सोओ। [13]“निश्चित रूप से सूर्यास्त के समय गिरवी उसे
लौटा दो, और वह अपने वस्त्र में सोएगा और तुम्हें बराk
करेगा। और यह तुम्हारे लिए 𐤉𐤄𐤅𐤄 तुम्हारे ईश्वर के
सामने धर्म होगा। [14]“गरीब और दीन दास को मत दबाओ,
चाहे वह तुम्हारा भाई हो या तुम्हारे देश के भीतर तुम्हारे
फाटकों में रहने वाला परदेशी। [15]“उसे उसी दिन उसकी
मजदूरी दो, और सूर्य उस पर अस्त न हो, क्योंकि वह गरीब
है और अपने प्राण को उसकी ओर लगाता है, ताकि वह तुम्हारे
विरुद्ध 𐤉𐤄𐤅𐤄 की ओर पुकार न करे, और वह तुम्हारे लिए
पाप न हो। [16]“पिता अपने बच्चों के कारण न मारे जाएँ, और
बच्चे अपने पिता के कारण न मारे जाएँ; हर एक अपने ही पाप
के कारण मरेगा। [17]“परदेशी या अनाथ के न्याय को न
बिगाड़ो, और विधवा का वस्त्र न लो। [18]“परन्तु तुम स्मरण
करो कि तुम मिस्र में दास थे, और 𐤉𐤄𐤅𐤄 तुम्हारे ईश्वर ने
तुम्हें वहाँ से छुड़ाया। इसलिये मैं तुम्हें यह वचन करने की
आज्ञा दे रहा हूँ। [19]“जब तुम अपने खेत में अपनी कटनी
काटो, और खेत में एक पूला भूल जाओ, तो उसे लेने के लिए
वापस मत जाओ। उसे परदेशी, अनाथ, और विधवा के लिए
छोड़ दो, ताकि 𐤉𐤄𐤅𐤄 तुम्हारा ईश्वर तुम्हारे हाथों के सब
काम में तुम्हें बराk करे। [20]“जब तुम अपने जैतून के वृक्षों
को पीटो, तो उनके पीछे की डाल की जाँच मत करो। उसे
परदेशी, अनाथ, और विधवा के लिए छोड़ दो। [21]“जब तुम
अपने दाख की बारी के अंगूर इकट्ठा करो, तो अपने पीछे मत
चुनो। उसे परदेशी, अनाथ, और विधवा के लिए छोड़ दो।
[22]“और तुम स्मरण करो कि तुम मिस्र देश में दास थे।
इसलिये मैं तुम्हें यह वचन करने की आज्ञा दे रहा हूँ।

25 [1]“जब पुरुषों के बीच विवाद हो, तो वे न्याय के पास
आएँ, और उनका न्याय किया जाए, और धर्मी को
धर्मी घोषित किया जाए और दुष्ट को दुष्ट ठहराया जाए।
[2]“और यदि दुष्ट को मारा जाना हो, तो न्यायी उसे अपने
सामने लिटवाए और उसके अधर्म के अनुसार उसके सामने
गिनती से प्रहार करवाए। [3]“चालीस प्रहार वह उसे दिलवाए,
परन्तु उससे अधिक नहीं, कहीं ऐसा न हो कि वह उससे
अधिक प्रहार करवाए और तेरा भाई तेरी आँखों के सामने
नीच ठहराया जाए। [4]“जब बैल दाना कूट रहा हो तो उसका
मुँह मत बाँधो। [5]“जब भाई एक साथ रहते हों, और उनमें से
एक मर जाए, और उसका कोई पुत्र न हो, तो मरे हुए का
विधवा किसी पराये के बाहर न हो। उसका भाई उसके पास
जाए और उसे पत्नी रूप में ले और भाई के पति का कर्तव्य
पूरा करे। [6]“और जो पहला पुत्र वह जन्म दे, वह उसके मरे
हुए भाई के नाम के लिए खड़ा हो, ताकि उसका नाम
यिसरा'एल से मिट न जाए। [7]“परन्तु यदि वह पुरुष अपने
भाई की पत्नी को लेना न चाहे, तो उसके भाई की पत्नी नगर
के फाटक पर बुजुर्गों के पास जाए और कहे, ‘मेरे पति का
भाई यिसरा'एल में अपने भाई के नाम को उठाने से इन्कार
करता है, वह मेरे पति के भाई का कर्तव्य पूरा नहीं करना
चाहता।’ [8]“तब उसके नगर के बुजुर्ग उसे बुलाएँ और उससे
बात करें, और वह खड़ा होकर कहे, ‘मुझे उसे लेने की इच्छा
नहीं है।’ [9]“तब उसका भाई की पत्नी बुजुर्गों के सामने उसके
पास आए और उसके पाँव से उसकी जूती उतार ले और
उसके मुँह पर थूक दे और उत्तर देकर कहे, ‘ऐसा ही उस
पुरुष के साथ किया जाता है जो अपने भाई का घर नहीं
बनाता।’ [10]“और यिसरा'एल में उसका नाम कहलाएगा,
‘उसका घर जिसका जूता उतारा गया।’ [11]“जब पुरुष
आपस में लड़ें, एक मनुष्य दूसरे के साथ, और उनमें से एक
की पत्नी अपने पति को मारने वाले के हाथ से छुड़ाने को
निकट आए और अपना हाथ बढ़ाकर उसके गुप्तांग पकड़ ले,
[12]“तब तू उसका हाथ काट डालना – तेरी आँख उसे क्षमा न
करे। [13]“तेरे थैले में भिन्न-भिन्न बाटे न हों, भारी और
हल्का। [14]“तेरे घर में भिन्न-भिन्न नाप न हों, बड़ा और
छोटा। [15]“तेरे पास पूरा और ठीक बाट हो, पूरा और ठीक
नाप हो, ताकि वे तेरे दिन उस भूमि पर बढ़ाएँ जो 𐤉𐤄𐤅𐤄 तेरा
ईश्वर तुझे दे रहा है। [16]“क्योंकि जो सब ऐसा करते हैं, और
जो सब अधर्मी करते हैं, वे 𐤉𐤄𐤅𐤄 तेरे ईश्वर के लिए घृणित
हैं। [17]“याद कर कि अमालेक ने तुझसे क्या किया जब तू
मिस्र से बाहर आ रहा था। [18]“कैसे उसने तुझसे मार्ग में भेंट
की और तेरे पीछे के सब निर्बलों पर आक्रमण किया, जब तू
थका हुआ और क्लांत था। और उसने ईश्वर का भय न
माना। [19]“इसलिए ऐसा होगा, जब 𐤉𐤄𐤅𐤄 तेरा ईश्वर तुझे
तेरे चारों ओर के सब शत्रुओं से विश्राम दे, उस भूमि में जो
𐤉𐤄𐤅𐤄 तेरा ईश्वर तुझे निज भाग रूप में दे रहा है, तब तू
अमालेक की स्मृति को आकाश के नीचे से मिटा देना। न
भूलना!

26 [1]“और ऐसा होगा, जब तुम उस भूमि में प्रवेश करोगे
जिसे 𐤉𐤄𐤅𐤄 तुम्हारे ईश्वर तुम्हें उत्तराधिकार के
रूप में दे रहा है, और तुम उसे अधिकार में लेकर उसमें बस
जाओगे, [2]तब तुम उस भूमि के सब फलों में से कुछ प्रथम
फल लोगे, जिन्हें तुम अपनी भूमि से लाते हो जो 𐤉𐤄𐤅𐤄
तुम्हारा ईश्वर तुम्हें दे रहा है, और उन्हें टोकरी में रखोगे और
उस स्थान पर जाओगे जिसे 𐤉𐤄𐤅𐤄 तुम्हारा ईश्वर अपना
नाम वहां बसाने के लिए चुनेगा। [3]“और तुम उस समय के
kohĕn के पास जाकर उससे कहोगे, ‘मैं आज 𐤉𐤄𐤅𐤄
अपने ईश्वर के सामने यह घोषित करता हूं कि मैं उस भूमि में
आ गया हूं जिसे 𐤉𐤄𐤅𐤄 ने हमारे पितरों को देने की शपथ
खाई थी।’ [4]“और kohĕn तुम्हारे हाथ से टोकरी लेकर उसे
𐤉𐤄𐤅𐤄 तुम्हारे ईश्वर की वेदी के सामने रखेगा। [5]और तुम
𐤉𐤄𐤅𐤄 अपने Elohim के सामने उत्तर देकर कहोगे, 'मेरा
पिता एक नाशवान अरामी था, और वह थोड़े लोगों के साथ
मिस्त्रयिम में गया और वहाँ परदेशी होकर रहा। और वहाँ वह
एक महान्, बलवान् और अनगिनत राष्ट्र बन गया। [6]'परन्तु
मिस्रियों ने हमारे साथ बुराई की, और हमें दुःख दिया, और

हम पर कठोर श्रम लादा। 7 ‘तब हम ने 𐤉𐤄𐤅𐤄 अपने पितरों के ईश्वर की दोहाई दी, और 𐤉𐤄𐤅𐤄 ने हमारी वाणी सुनी और हमारी दुर्दशा और हमारे परिश्रम और हमारे उत्पीड़न को देखा। 8 और 𐤉𐤄𐤅𐤄 ने हमें मिस्त्रयिम से बलवान हाथ और बढ़ाई गई भुजा के साथ, महान भय और चिन्हों और चमत्कारों के साथ निकाला। 9 ‘और वह हमें इस स्थान पर लाया और हमें यह भूमि दी, “दूध और मधु की धाराओं वाली भूमि।” 10 ‘और अब देख, मैं भूमि के प्रथम फल लाया हूं जो तूने मुझे दिया है, हे 𐤉𐤄𐤅𐤄।’ तब तुम उसे 𐤉𐤄𐤅𐤄 अपने ईश्वर के सामने रखोगे, और 𐤉𐤄𐤅𐤄 अपने ईश्वर के सामने दंडवत करोगे, 11 और उस सब भलाई में आनन्दित होगा जो 𐤉𐤄𐤅𐤄 तुम्हारे Elohim ने तुम्हें और तुम्हारे घर को दी है, तुम और Lĕwite और वह परदेशी जो तुम्हारे बीच में है। 12 जब तुम तीसरे वर्ष में, जो दशमांश का वर्ष है, अपनी उपज का सारा दशमांश देना पूरा कर चुको, और उसे लेवी को, परदेशी को, अनाथ को, और विधवा को दे चुको, और वे तुम्हारे फाटकों के भीतर खाकर तृप्त हो चुके हों, 13 तब तुम अपने Elohim 𐤉𐤄𐤅𐤄 के सामने कहना, 'मैंने अपने घर से qodesh भाग को निकाल दिया है, और उसे लेवी को, और परदेशी को, और अनाथ को, और विधवा को भी दे दिया है, तेरी सारी आज्ञा के अनुसार जो तूने मुझे दी है। मैंने तेरी आज्ञाओं का उल्लंघन नहीं किया है, और न ही भूला हूँ। 14 ‘मैंने शोक करते समय उसका कुछ भी नहीं खाया, न ही मैंने उसे किसी अशुद्ध उपयोग के लिए हटाया, न ही मैंने उसे मरे हुओं के लिए दिया। मैंने 𐤉𐤄𐤅𐤄 अपने ईश्वर की वाणी सुनी है, मैंने वैसा ही किया जैसा तूने मुझे आज्ञा दी। 15 'अपने qodesh निवास स्थान से, shamayim से देखिए, और अपनी प्रजा Yisra'ĕl को और उस भूमि को baraḵ कीजिए जो आपने हमें दी है, जैसा कि आपने हमारे पितरों से शपथ खाई थी, "दूध और मधु से बहने वाली भूमि।" ' 16 “आज 𐤉𐤄𐤅𐤄 तुम्हारा ईश्वर तुम्हें ये विधियाँ और न्याय करने की आज्ञा दे रहा है। और तुम अपने पूरे हृदय और पूरे प्राण से उन्हें मानोगे और उनका पालन करोगे। 17 “आज तुमने 𐤉𐤄𐤅𐤄 को अपना ईश्वर ठहराया है, और उसकी राहों पर चलने, और उसकी विधियों, उसकी आज्ञाओं और उसके न्यायों को मानने, और उसकी वाणी सुनने के लिए। 18 “और 𐤉𐤄𐤅𐤄 ने आज तुम्हें यह घोषित किया है कि तुम उसकी प्रजा, एक विशेष धरोहर हो, जैसा कि उसने तुमसे कहा है, और उसकी सब आज्ञाओं को मानो। 19 ताकि वह तुम्हें उन सभी राष्ट्रों से ऊंचा करे जो उसने बनाए हैं, प्रशंसा के लिए, और नाम के लिए, और सम्मान के लिए, और तुम 𐤉𐤄𐤅𐤄 अपने Elohim के लिए एक qodesh प्रजा बनो, जैसा कि उसने कहा है।"

27

1 और मोशेह, यिस्राएल के बुज़ुर्गों के साथ, लोगों को आज्ञा दी, कहा, “वे सब आज्ञाएँ मानो जिन्हें मैं आज तुम्हें आज्ञा देता हूँ।” 2 “और ऐसा होगा, जिस दिन तुम यर्देन के पार उस भूमि में जाओगे जिसे 𐤉𐤄𐤅𐤄 तुम्हारा ईश्वर तुम्हें देता है, तुम अपने लिए बड़े पत्थर खड़े करना और उन्हें चूने से लेपना, 3 और उन पर इस तोराह के सब वचन लिखना, जब तुम पार जाओ, ताकि तुम उस भूमि में प्रवेश करो जिसे 𐤉𐤄𐤅𐤄 तुम्हारा ईश्वर तुम्हें देता है, ‘दूध और मधु की धारा वाली भूमि,’ जैसा कि 𐤉𐤄𐤅𐤄 तुम्हारे पितरों का ईश्वर ने तुमसे कहा है। 4 “और ऐसा होगा, जब तुम यर्देन पार करोगे, तब माउंट एबाल पर ये पत्थर खड़े करना, जिनकी आज मैं तुम्हें आज्ञा देता हूँ, और उन्हें चूने से लेपना, 5 और वहां 𐤉𐤄𐤅𐤄 तुम्हारे ईश्वर के लिये एक वेदी बनाना, पत्थरों की वेदी – उन पर लोहे का कोई औज़ार न चलाना। 6 “पूर्ण पत्थरों से 𐤉𐤄𐤅𐤄 तुम्हारे ईश्वर की वेदी बनाना, और उस पर होमबलि चढ़ाना 𐤉𐤄𐤅𐤄 तुम्हारे ईश्वर को। 7 और मेलबलि चढ़ाना, और वहाँ खाना, और 𐤉𐤄𐤅𐤄 तुम्हारे ईश्वर के सामने आनन्द करना। 8 “और तुम इन पत्थरों पर इस तोराह के सब वचन साफ और अच्छे से लिखना।” 9 और मोशेह और याजक, लेवी, सब यिस्राएल से कहे, “चुप रहो और सुनो, हे यिस्राएल: आज तुम 𐤉𐤄𐤅𐤄 तुम्हारे ईश्वर के लोग बन गए हो। 10 और तुम 𐤉𐤄𐤅𐤄 तुम्हारे ईश्वर की आवाज़ मानोगे, और उसकी आज्ञाएँ और उसकी विधियां करोगे, जिन्हें मैं आज तुम्हें आज्ञा देता हूँ।” 11 और मोशेह ने उस दिन लोगों को आज्ञा दी, कहा, 12 “ये लोग गेरिज़ीम पर्वत पर खड़े हों आशीर्वाद देने के लिये, जब तुम यर्देन के पार जाओ: शिमोन, और लेवी, और यहूदा, और यिस्साकार, और योसेफ, और बिन्यामीन। 13 “और ये लोग एबाल पर्वत पर खड़े हों शाप देने के लिये: रूबेन, गाद, और आशेर, और जबुलून, दान, और नप्ताली। 14 “और लेवी ऊँचे स्वर से बोलेंगे और सब यिस्राएल के लोगों से कहेंगे: 15 ‘शापित है वह मनुष्य जो तराशी हुई या ढली हुई मूरत बनाए, जो 𐤉𐤄𐤅𐤄 के लिये घृणित है, कारीगर के हाथ का काम, और उसे गुप्त में रखे।’ और सब लोग उत्तर देंगे और कहेंगे, ‘आमीन!’ 16 ‘शापित है वह जो अपने पिता या अपनी माता को तुच्छ जाने।’ और सब लोग कहेंगे, ‘आमीन!’ 17 ‘शापित है वह जो अपने पड़ोसी की सीमा हटाए।’ और सब लोग कहेंगे, ‘आमीन!’ 18 ‘शापित है वह जो अंधे को मार्ग में भटकाए।’ और सब लोग कहेंगे, ‘आमीन!’ 19 ‘शापित है वह जो परदेशी, अनाथ और विधवा के न्याय को बिगाड़े।’ और सब लोग कहेंगे, ‘आमीन!’ 20 ‘शापित है वह जो अपने पिता की पत्नी के साथ सोए, क्योंकि उसने अपने पिता का बिस्तर खोला है।’ और सब लोग कहेंगे, ‘आमीन!’ 21 ‘शापित है वह जो किसी पशु के साथ सोए।’ और सब लोग कहेंगे, ‘आमीन!’ 22 ‘शापित है वह जो अपनी बहन के साथ सोए, अपने पिता की बेटी या अपनी माता की बेटी के साथ।’ और सब लोग कहेंगे, ‘आमीन!’ 23 ‘शापित है वह जो अपनी सास के साथ सोए।’ और सब लोग कहेंगे, ‘आमीन!’ 24 ‘शापित है वह जो अपने पड़ोसी को गुप्त में मारे।’ और सब लोग कहेंगे, ‘आमीन!’ 25 ‘शापित है वह जो निर्दोष प्राणी को मार डालने के लिये घूस ले।’ और सब लोग कहेंगे, ‘आमीन!’ 26 ‘शापित है वह जो इस तोराह के वचनों को स्थिर न करे।’ और सब लोग कहेंगे, ‘आमीन!’

28

1 “और ऐसा होगा, यदि तुम ध्यानपूर्वक 𐤉𐤄𐤅𐤄 अपने ईश्वर की आवाज़ को सुनो, उसकी सब आज्ञाओं को मानने के लिए जिनको मैं आज तुम्हें आदेश देता हूँ, तो 𐤉𐤄𐤅𐤄 तुम्हारे ईश्वर तुम्हें पृथ्वी की सब जातियों से ऊँचा करेगा। 2 और ये सभी bireḵoth तुम पर आएंगे और

तुम्हें घेर लेंगे, यदि तुम 𐤉𐤄𐤅𐤄 अपने Elohim की आवाज़
का पालन करोगे: 3 शहर में तुम baruḵ हो, और खेत में तुम
baruḵ हो। 4 धन्य है तुम्हारी देह का फल, और तुम्हारी भूमि
का फल और तुम्हारे पशुओं का फल - तुम्हारे गायों की वृद्धि
और तुम्हारे झुंडों की संतान। 5 धन्य है तुम्हारी टोकरी और
तुम्हारा आटा गूंधने का पात्र। 6 धन्य हैं आप जब आप भीतर
आते हैं, और धन्य हैं आप जब आप बाहर जाते हैं।
7 "𐤉𐤄𐤅𐤄 तेरे शत्रुओं को जो तेरे विरुद्ध उठते हैं तेरे सामने
पराजित करेगा – वे तेरे विरुद्ध एक मार्ग से आएँगे और सात
मार्गों से तेरे सामने से भागेंगे। 8 𐤉𐤄𐤅𐤄 तुम्हारे भंडारों में
और जिस किसी काम में तुम हाथ लगाते हो उसमें तुम पर
beraḵah की आज्ञा देता है, और उस भूमि में तुम्हें baraḵ
करेगा जो 𐤉𐤄𐤅𐤄 तुम्हारा Elohim तुम्हें दे रहा है।
9 𐤉𐤄𐤅𐤄 तुम्हें अपने लिए एक qodesh प्रजा के रूप में
स्थापित करता है, जैसा कि उसने तुमसे शपथ खाई है, यदि
तुम अपने Elohim 𐤉𐤄𐤅𐤄 की आज्ञाओं का पालन करो
और उसके मार्गों पर चलो। 10 "और पृथ्वी की सब जातियाँ
देखेंगी कि 𐤉𐤄𐤅𐤄 का नाम तुझ पर लिया गया है, और वे
तुझसे डरेंगी। 11 "और 𐤉𐤄𐤅𐤄 तुझे उत्तम वस्तुओं में
बहुतायत देगा – तेरे शरीर के फल में, तेरे पशुधन के फल में
और तेरी भूमि के फल में, उस देश में जिसके विषय में
𐤉𐤄𐤅𐤄 ने तेरे पितरों से शपथ खाई कि तुझे देगा।
12 𐤉𐤄𐤅𐤄 अपना अच्छा खजाना, shamayim, तुम्हारे
लिए खोलता है, ताकि तुम्हारी भूमि पर उसके समय में वर्षा दे,
और तुम्हारे हाथ के सभी काम को baraḵ करे। और तुम
बहुत सी जातियों को उधार दोगे, परन्तु तुम उधार नहीं
लोगे। 13 "और 𐤉𐤄𐤅𐤄 तुझे सिर बनाएगा और पूंछ नहीं;
और तू ऊपर ही रहेगा और नीचे न होगा, यदि तू 𐤉𐤄𐤅𐤄
अपने ईश्वर की आज्ञाओं को सुने, जिन्हें मैं आज तुझे आदेश
देता हूँ कि उनको मानकर करे। 14 "और उन सब वचनों से
जो मैं आज तुझे आदेश देता हूँ न दाहिने मुड़े न बाएँ, कि
जाकर दूसरे देवताओं के पीछे होकर उनकी सेवा करे।
15 "परन्तु यदि तू 𐤉𐤄𐤅𐤄 अपने ईश्वर की आवाज़ को न
सुने, उसकी सब आज्ञाओं और विधियों को मानने के लिए
जिनको मैं आज तुझे आदेश देता हूँ, तो ये सब श्राप तुझ पर
आएँगे और तुझे पकड़ लेंगे। 16 "शापित होगा तू नगर में,
और शापित होगा तू खेत में। 17 "शापित होगा तेरा टोकरा
और तेरी गूंथने की परात। 18 "शापित होगा तेरे शरीर का
फल और तेरी भूमि का फल, तेरे बैल-बकरों की वृद्धि और तेरे
झुंड की संतान। 19 "शापित होगा तू जब अंदर आए और
शापित होगा तू जब बाहर जाए। 20 "𐤉𐤄𐤅𐤄 तेरे सब कामों
में शाप, भ्रम और उलाहना भेजेगा, जब तक तू नाश न हो जाए
और शीघ्र न मिट जाए, क्योंकि तूने बुरा किया है और मुझे
छोड़ दिया है। 21 𐤉𐤄𐤅𐤄 महामारी को तुमसे चिपकाए
रखेगा जब तक कि वह तुम्हें उस भूमि से नष्ट न कर दे जिस
पर अधिकार करने के लिए तुम जा रहे हो। 22 "𐤉𐤄𐤅𐤄
तुझे क्षय रोग, सूजन, जलन, अत्यधिक ताप, तलवार,
झुलस और फफूंदी से मारेगा; और वे तुझे पीछा करेंगे जब
तक तू नाश न हो जाए। 23 और तुम्हारे सिर के ऊपर का
shamayim कांसे का होगा, और तुम्हारे नीचे की पृथ्वी लोहे
की होगी। 24 𐤉𐤄𐤅𐤄 तुम्हारी भूमि की वर्षा को चूर्ण और धूल
बना देता है; shamayim से यह तुम पर तब तक गिरती है
जब तक तुम नष्ट नहीं हो जाते। 25 "𐤉𐤄𐤅𐤄 तुझे तेरे
शत्रुओं के सामने पराजित करेगा – तू उनके विरुद्ध एक मार्ग
से जाएगा और सात मार्गों से उनके सामने से भागेगा; और तू
पृथ्वी के सब राज्यों के लिए भय का कारण होगा। 26 और
तुम्हारे शव shamayim के सभी पक्षियों और पृथ्वी के पशुओं
का भोजन होंगे, और कोई उन्हें भगाने वाला नहीं होगा।
27 𐤉𐤄𐤅𐤄 तुम्हें मिस्त्रायिम के फोड़ों से, गांठों से, खुजली से,
और दाद से मारेगा, जिनसे तुम चंगे होने में असमर्थ हो।
28 "𐤉𐤄𐤅𐤄 तुझे पागलपन, अंधापन और मन की उलझन
से मारेगा। 29 "और तू दोपहर में अंधे मनुष्य के समान
टटोलता रहेगा, और तेरे मार्ग सफल न होंगे; और तू हर
समय अत्याचार और लूट का शिकार होगा और कोई तुझे
बचाने वाला न होगा। 30 "तू पत्नी से ब्याह करेगा, पर कोई
और पुरुष उसके साथ सोएगा; तू घर बनाएगा, पर उसमें न
रहेगा; तू दाख की बारी लगाएगा, पर उसके फल का उपयोग
न करेगा। 31 "तेरा बैल तेरी आँखों के सामने मारा जाएगा,
पर तू उसमें से कुछ न खाएगा; तेरा गधा तेरे सामने से छीन
लिया जाएगा, और तुझे लौटा न मिलेगा; तेरी भेड़ें तेरे शत्रुओं
को दी जाएँगी और तुझे कोई बचाने वाला न होगा। 32 "तेरे
बेटे और बेटियाँ दूसरी जाति को दी जाएँगी, और तेरी आँखें
दिनभर उनके लिए तरसती रहेंगी, पर तेरे हाथ में कुछ
सामर्थ्य न होगा। 33 "एक जाति जिसे तू नहीं जानता तेरी
भूमि का फल और तेरे सब परिश्रम को खा जाएगी; और तू
हर समय अत्याचार और दबाव का शिकार होगा। 34 "और
जिन बातों को तेरी आँखें देखेंगी उनसे तू पागल हो जाएगा।
35 "𐤉𐤄𐤅𐤄 तुझे तेरे पैरों के तलवों से लेकर तेरे सिर के
ऊपर तक असाध्य फोड़ों से मारेगा। 36 "𐤉𐤄𐤅𐤄 तुझे और
उस राजा को जिसे तू अपने ऊपर ठहराएगा, ऐसी जाति के
पास ले जाएगा जिसे न तू और न तेरे पितरों ने जाना है; और
वहाँ तू लकड़ी और पत्थर के अन्य देवताओं की सेवा
करेगा। 37 "और तू उन सब जातियों में जिनके पास
𐤉𐤄𐤅𐤄 तुझे ले जाएगा, आश्चर्य, कहावत और ठट्ठा बन
जाएगा। 38 "तू बहुत बीज खेत में ले जाएगा पर थोड़ा ही
बटोरेगा, क्योंकि टिड्डी उसे खा जाएगी। 39 "तू दाख की
बारियाँ लगाएगा और उन पर काम करेगा, पर तू न दाख का
रस पियेगा न उसे बटोरेगा, क्योंकि कीड़ा उसे खा जाएगा।
40 "तेरे सीमा में जैतून के वृक्ष होंगे, पर तू तेल से अपना
शरीर न मल पाएगा, क्योंकि तेरे जैतून झड़ जाएँगे। 41 "तू
बेटे-बेटियाँ उत्पन्न करेगा, पर वे तेरे साथ न रहेंगे, क्योंकि वे
बंधुआई में चले जाएँगे। 42 "तेरे सब वृक्षों और तेरी भूमि के
फल को टिड्डी खा जाएगी। 43 "तेरे बीच में रहने वाला
परदेशी तुझसे अधिक ऊँचा और ऊँचा होता जाएगा और तू
नीचे गिरता जाएगा। 44 "वह तुझे उधार देगा, पर तू उसको
उधार न देगा; वह सिर होगा और तू पूंछ होगा। 45 "और ये
सब श्राप तुझ पर आएँगे और तुझे पकड़ेंगे और नाश करेंगे,
क्योंकि तू 𐤉𐤄𐤅𐤄 अपने ईश्वर की आवाज़ को नहीं सुना,
उसकी आज्ञाओं और विधियों को रखने के लिए जिन्हें उसने
तुझे आज्ञा दी। 46 "और ये तेरे और तेरी संतान के लिए चिह्न
और आश्चर्य होंगे सदा तक। 47 "क्योंकि तूने 𐤉𐤄𐤅𐤄
अपने ईश्वर की सेवा आनन्द और प्रसन्न हृदय से नहीं की,

जब कि तुझ पर सब कुछ की बहुतायत थी। 48 “इसलिये तू
अपने शत्रुओं की सेवा करेगा, जिन्हें 𐤉𐤄𐤅𐤄 तेरे विरुद्ध
भेजेगा, भूख में, प्यास में, नग्नता में और सब वस्तुओं की
घटी में; और वह तेरी गर्दन पर लोहे का जुआ डालेगा जब
तक तुझे नाश न कर दे। 49 “𐤉𐤄𐤅𐤄 तुझ पर दूर से,
पृथ्वी के छोर से एक जाति लाएगा, जैसे उकाब उड़ता है, ऐसी
जाति जिसकी भाषा तू न समझे। 50 “वह एक कठोर मुख
वाली जाति होगी, जो वृद्धों का आदर न करेगी और न जवानों
पर दया करेगी। 51 “और वे तेरे पशुधन का फल और तेरी
भूमि का फल खाएँगे जब तक तू नाश न हो जाए; वे तेरे लिए
न अन्न, न नया दाखरस, न तेल, न तेरे बैल-बकरों की वृद्धि
और न तेरे झुंड की संतान छोड़ेंगे, जब तक वे तुझे नाश न
कर दें। 52 “और वे तेरे सब फाटकों पर घेराव करेंगे जब
तक कि तेरी ऊँची और दृढ़ दीवारें जिन पर तू भरोसा करता
है, तेरे पूरे देश में गिर न जाएँ; और वे तेरे सब फाटकों पर
घेराव करेंगे तेरे पूरे देश में जिसे 𐤉𐤄𐤅𐤄 तेरा ईश्वर तुझे
देता है। 53 “और तू अपने ही शरीर का फल खाएगा, अपने
बेटों और बेटियों का मांस जिन्हें 𐤉𐤄𐤅𐤄 तेरा ईश्वर तुझे देता
है, उस घेराव और संकट में जिससे तेरे शत्रु तुझे दबाएँगे।
54 “तेरे बीच में रहने वाला कोमल और अत्यन्त नाजुक पुरुष
अपनी आँख से अपने भाई, अपनी गोद की पत्नी और अपने
बाकी बच्चों की ओर बुरी दृष्टि करेगा जिन्हें वह पीछे छोड़ता
है। 55 “उनमें से किसी को भी अपने बच्चों का मांस देने के
विषय में, जिसे वह खाता है, क्योंकि घेराव और संकट में तेरे
शत्रु तेरे सब फाटकों में तुझे दबाएँगे, उसके पास उसके लिए
कुछ भी न बचा होगा। 56 “तेरे बीच की कोमल और नाजुक
स्त्री, जिसने अपनी कोमलता और नाजुकता के कारण अपने
पाँव का तलवा कभी धरती पर नहीं रखा, अपनी आँख से
अपने पति, अपने बेटे और अपनी बेटी की ओर बुरी दृष्टि
करेगी। 57 “और अपनी टाँगों के बीच से निकलने वाले अपने
बच्चे और अपने गर्भ से उत्पन्न अपने बच्चों की ओर भी बुरी
दृष्टि करेगी, क्योंकि वह घेराव और संकट में गुप्त रूप से
उन्हें खाएगी, जिसमें तेरे शत्रु तेरे सब फाटकों में तुझे
दबाएँगे। 58 “यदि तू इस तोराह की सब बातों को मानने के
लिए, जो इस पुस्तक में लिखी हैं, इस महिमामय और
भयानक नाम 𐤉𐤄𐤅𐤄 अपने ईश्वर का भय न माने। 59 “तो
𐤉𐤄𐤅𐤄 तेरे और तेरी संतान पर अद्भुत मारियाँ, बड़ी और
स्थायी मारियाँ, और गंभीर और स्थायी रोग लाएगा। 60 और
वह मिस्रयिम की सभी बीमारियाँ तुम पर वापस ले आएगा,
जिनसे तुम डरते थे, और वे तुमसे चिपक जाएंगी, 61 और
हर बीमारी और हर महामारी भी, जो इस Torah की पुस्तक
में नहीं लिखी है, 𐤉𐤄𐤅𐤄 तुम पर तब तक लाएगा जब तक
तुम नष्ट नहीं हो जाते। 62 “और यद्यपि तुम आकाश के तारों
के समान बहुत थे, तो भी तुम थोड़े ही रह जाओगे, क्योंकि तू
𐤉𐤄𐤅𐤄 अपने ईश्वर की आवाज़ को न सुना। 63 “और ऐसा
होगा कि जैसे 𐤉𐤄𐤅𐤄 तुझ पर भलाई करने और तुझे बढ़ाने
में आनन्दित हुआ, वैसे ही 𐤉𐤄𐤅𐤄 तुझ पर नाश करने और
मिटाने में आनन्दित होगा; और तू उस देश से उखाड़ा
जाएगा, जिसे तू अधिकार करने जा रहा है। 64 “और
𐤉𐤄𐤅𐤄 तुझे सब जातियों में बिखेर देगा, पृथ्वी के एक छोर
से दूसरे छोर तक; और वहाँ तू लकड़ी और पत्थर के अन्य
देवताओं की सेवा करेगा जिन्हें न तू और न तेरे पितरों ने
जाना है। 65 “और उन जातियों में तुझे शान्ति न मिलेगी और
न तेरे पाँव के तलवों के लिए विश्राम होगा; पर वहाँ 𐤉𐤄𐤅𐤄
तुझे कांपता हुआ हृदय, धुँधली आँखें और व्याकुल आत्मा
देगा। 66 “और तेरा जीवन तेरे सामने डगमगाता रहेगा; तू
दिन-रात डरता रहेगा और अपने जीवन के लिए निश्चित न
रहेगा। 67 “प्रातःकाल तू कहेगा, ‘भला होता यदि संध्या
होती!’ और संध्या को कहेगा, ‘भला होता यदि प्रातःकाल
होता!’ क्योंकि तेरे हृदय के भय और तेरी आँखों के देखने के
कारण। 68 और 𐤉𐤄𐤅𐤄 तुम्हें जहाजों में मिस्रयिम वापस ले
जाएगा, उस मार्ग से जिसके विषय में मैंने तुमसे कहा था, 'तुम
इसे फिर कभी नहीं देखोगे।' और वहाँ तुम अपने शत्रुओं के
हाथ दास और दासियों के रूप में बेचे जाओगे, परन्तु कोई
खरीदने वाला नहीं होगा।

29 1 ये हैं उस वाचा के वचन जिन्हें 𐤉𐤄𐤅𐤄 ने मोशेह
को आदेश दिया कि वह मूआब देश में यिस्राएल की
संतान से बाँधे, होरेब में की हुई वाचा के अतिरिक्त। 2 और
मोशेह ने सारे यिस्राएल को बुलाकर उनसे कहा, “तुमने
अपनी आँखों से देखा सब जो 𐤉𐤄𐤅𐤄 ने मिस्र देश में
फ़िरऔन और उसके सब दासों और उसके पूरे देश पर
किया। 3 “तुम्हारी आँखों ने वे बड़े-बड़े परीक्षण, चिन्ह और वे
बड़े आश्चर्य देखे। 4 “परन्तु आज के दिन तक 𐤉𐤄𐤅𐤄 ने
तुम्हें न तो जानने का मन दिया, न देखने की आँखें, न सुनने
के कान। 5 “और मैंने तुम्हें चालीस वर्ष जंगल में चलाया।
तुम्हारे वस्त्र तुम पर पुराने नहीं हुए और न ही तुम्हारे जूतों ने
तुम्हारे पैरों पर घिसावट पाई। 6 “तुमने न तो रोटी खाई और
न दाखमधु या प्रबल पेय पिया, ताकि तुम जानो कि मैं
𐤉𐤄𐤅𐤄 तुम्हारा ईश्वर हूँ। 7 “और जब तुम इस स्थान पर
आए, तो हेश्बोन के राजा सिहोन और बाशान के राजा ओग
हमसे लड़ने को निकले, और हमने उन्हें मारा। 8 और उनकी
भूमि लेकर उसे रऊबेनी, गादी और मनश्शेह के आधे गोत्र
को उत्तराधिकारस्वरूप दी। 9 “इसलिए तुम इस वाचा के
वचनों को मानो और उन पर चलो, ताकि जो कुछ तुम करो
उसमें सफल हो। 10 “आज तुम सब 𐤉𐤄𐤅𐤄 तुम्हारे ईश्वर
के सामने खड़े हो: तुम्हारे प्रधान, तुम्हारे गोत्र, तुम्हारे बुज़ुर्ग
और तुम्हारे अधिकारी, यिस्राएल के सब पुरुष, 11 तुम्हारे
बालक, तुम्हारी पत्नियाँ, और तुम्हारे शिविर में तुम्हारे बीच में
रहने वाला परदेशी, लकड़ी काटने वाला से लेकर पानी
खींचने वाले तक। 12 ताकि तुम 𐤉𐤄𐤅𐤄 तुम्हारे ईश्वर के
साथ वाचा में और उसके शपथ में प्रवेश करो, जो 𐤉𐤄𐤅𐤄
तुम्हारा ईश्वर आज तुम्हारे साथ करता है, 13 ताकि वह आज
तुम्हें अपनी प्रजा ठहराए, और वह स्वयं तुम्हारा ईश्वर हो,
जैसा उसने तुमसे कहा है और जैसा उसने तुम्हारे पितरों
अब्राहम, यित्सहाक और याक़ोब से शपथ खाई थी। 14 “और
केवल तुम्हीं से मैं यह वाचा और यह शपथ नहीं बाँधता,
15 परन्तु उससे भी जो आज हमारे साथ 𐤉𐤄𐤅𐤄 हमारे
ईश्वर के सामने खड़ा है, और उससे भी जो आज यहाँ हमारे
साथ नहीं है। 16 “क्योंकि तुम जानते हो कि हम मिस्र देश में
कैसे रहे और कैसे उन जातियों के बीच से गुज़रे जिनके बीच
से तुम गुज़रे। 17 और तुमने उनकी घृणित वस्तुएँ और उनके
मूर्तियाँ देखीं, लकड़ी और पत्थर, चाँदी और सोना, जो उनके
साथ थीं। 18 कहीं ऐसा न हो कि तुम्हारे बीच कोई पुरुष या

स्त्री या कुल या गोत्र हो जिसका मन आज 𐤉𐤄𐤅𐤄 हमारे ईश्वर से हटकर उन जातियों के देवताओं की सेवा करने को फिर जाए, और कहीं ऐसा न हो कि तुम्हारे बीच कोई कड़वाहट या नागदौना की जड़ हो। [19]"और ऐसा हो कि जब वह इस शाप के वचनों को सुनकर अपने मन में अपने को आशीर्वाद दे, कहे, 'मुझे शांति है, चाहे मैं अपने मन की ज़िद में चलता रहूँ,' ताकि प्यासे में मदिरा को जोड़ दे। [20]"𐤉𐤄𐤅𐤄 उसे क्षमा न करेगा, बल्कि 𐤉𐤄𐤅𐤄 का क्रोध और उसकी जलन उस मनुष्य पर भड़केगी, और इस पुस्तक में लिखे सब शाप उस पर पड़ेंगे, और 𐤉𐤄𐤅𐤄 उसका नाम आकाश के नीचे से मिटा देगा। [21]"और 𐤉𐤄𐤅𐤄 उसे बुराई के लिए सब यिस्राएल के गोत्रों से अलग करेगा, इस पुस्तक की व्यवस्था में लिखे सब वाचा के शापों के अनुसार। [22]"और आने वाली पीढ़ी, तुम्हारे बच्चे जो तुम्हारे बाद उठेंगे, और दूर देश से आने वाला परदेशी, जब उस देश की विपत्तियों और उन बीमारियों को देखेंगे जिन्हें 𐤉𐤄𐤅𐤄 ने उसमें भेजा है, [23]तो कहेंगे, 'उसकी सारी भूमि गन्धक, नमक और जलन है; न तो वह बोई जाती है, न उपज देती है, न उस पर कोई घास उगती है, जैसे सदोम, अमोरा, अदमा और त्सेबोईम के उलट जाने पर, जिन्हें 𐤉𐤄𐤅𐤄 ने अपने क्रोध और रोष में उलट दिया।' [24]"और सब जातियाँ कहेंगी, '𐤉𐤄𐤅𐤄 ने इस देश से ऐसा क्यों किया? उसके इस बड़े क्रोध की ज्वाला का क्या कारण है?' [25]"तब कहा जाएगा, 'क्योंकि उन्होंने अपने पितरों के ईश्वर 𐤉𐤄𐤅𐤄 की वाचा को त्याग दिया, जो उसने उनसे तब बाँधी थी जब उन्हें मिस्र देश से निकाला। [26]'और वे जाकर अन्य देवताओं की सेवा करने लगे और उन्हें दण्डवत करने लगे, वे देवता जिन्हें वे नहीं जानते थे और जिन्हें उसने उन्हें नहीं दिया था। [27]इसलिए 𐤉𐤄𐤅𐤄 का क्रोध उस देश पर भड़क उठा, कि इस पुस्तक में लिखे सब शाप उस पर लाए। [28]'और 𐤉𐤄𐤅𐤄 ने उन्हें उनके देश से क्रोध और रोष और बड़े प्रकोप में उखाड़ दिया और उन्हें अन्य देश में डाल दिया, जैसा आज है।' [29]"गुप्त बातें 𐤉𐤄𐤅𐤄 हमारे ईश्वर की हैं, परन्तु प्रगट की हुई बातें हमारी और हमारे बच्चों की सदा के लिए हैं, कि हम इस व्यवस्था की सब वचन मानें।

30 [1]"और यह होगा, जब ये सब वचन तुम पर आएँगे, आशीर्वाद और शाप जो मैंने तुम्हारे सामने रखे हैं, और तुम उन्हें उन सब जातियों में अपने हृदय में ले आओगे जहाँ 𐤉𐤄𐤅𐤄 तुम्हारा ईश्वर तुम्हें ले गया है, [2]और 𐤉𐤄𐤅𐤄 तुम्हारे ईश्वर की ओर लौट आओगे और उसकी वाणी का पालन करोगे, जैसा कि मैं आज तुम्हें आज्ञा देता हूँ, अपने पूरे हृदय और अपनी पूरी आत्मा से, तुम और तुम्हारे बच्चे, [3]तब 𐤉𐤄𐤅𐤄 तुम्हारा ईश्वर तुम्हारी बंधुआई को लौटा देगा, और तुम पर दया करेगा, और वह फिर लौटेगा और तुम्हें उन सब लोगों से इकट्ठा करेगा जहाँ तुम्हारा ईश्वर ने तुम्हें तितर-बितर किया है। [4]"यदि तुममें से कोई आकाश के नीचे के दूरस्थ भागों में भी निकाल दिया गया हो, वहाँ से 𐤉𐤄𐤅𐤄 तुम्हारा ईश्वर तुम्हें इकट्ठा करेगा, और वहाँ से वह तुम्हें ले आएगा। [5]"और 𐤉𐤄𐤅𐤄 तुम्हारा ईश्वर तुम्हें उस भूमि में ले जाएगा जिसे तुम्हारे पिताओं ने धारण किया था, और तुम उसे धारण करोगे। और वह तुम्हारे साथ भलाई करेगा, और तुम्हें तुम्हारे पिताओं से अधिक बढ़ाएगा। [6]"और 𐤉𐤄𐤅𐤄 तुम्हारा ईश्वर तुम्हारे हृदय और तुम्हारी संतानों के हृदय का खतना करेगा, ताकि तुम 𐤉𐤄𐤅𐤄 तुम्हारे ईश्वर से अपने पूरे हृदय और अपनी पूरी आत्मा से प्रेम करो, ताकि तुम जीवन प्राप्त करो, [7]और 𐤉𐤄𐤅𐤄 तुम्हारा ईश्वर इन सब शापों को तुम्हारे शत्रुओं पर और उन पर डालेगा जो तुमसे बैर रखते हैं और जिन्होंने तुम्हें सताया। [8]"और तुम लौट आओगे और 𐤉𐤄𐤅𐤄 की वाणी का पालन करोगे और उसकी सब आज्ञाओं को करोगे जिन्हें मैं आज तुम्हें आज्ञा देता हूँ। [9]"और 𐤉𐤄𐤅𐤄 तुम्हारा ईश्वर तुम्हारे हाथों के सब कामों में, तुम्हारे शरीर के फल में, तुम्हारे पशुधन के फल में, और तुम्हारी भूमि के फल में तुम्हें बहुतायत देगा। क्योंकि 𐤉𐤄𐤅𐤄 तुम्हारे ऊपर भलाई करने के लिए फिर से आनन्द करेगा जैसा उसने तुम्हारे पिताओं पर आनन्द किया। [10]यदि तुम 𐤉𐤄𐤅𐤄 तुम्हारे ईश्वर की वाणी का पालन करोगे, उसकी आज्ञाओं और उसकी विधियों को मानोगे जो इस तोराह की पुस्तक में लिखी हैं, यदि तुम 𐤉𐤄𐤅𐤄 तुम्हारे ईश्वर की ओर अपने पूरे हृदय और अपनी पूरी आत्मा से लौट आओगे। [11]"क्योंकि यह आज्ञा जिसे मैं आज तुम्हें आज्ञा देता हूँ, यह तुम्हारे लिए कठिन नहीं है, न ही यह दूर है। [12]"यह आकाश में नहीं है कि तुम कहो, 'कौन हमारे लिए आकाश में चढ़कर इसे हमारे पास लाएगा और हमें सुनाएगा ताकि हम इसे करें?' [13]"और न ही यह समुद्र के पार है कि तुम कहो, 'कौन हमारे लिए समुद्र पार जाएगा और इसे हमारे पास लाएगा और हमें सुनाएगा ताकि हम इसे करें?' [14]"क्योंकि यह वचन तुम्हारे बहुत निकट है, तुम्हारे मुँह में और तुम्हारे हृदय में - इसे करने के लिए। [15]"देखो, मैंने आज तुम्हारे सामने जीवन और भलाई, और मृत्यु और बुराई रखी है, [16]कि मैं आज तुम्हें आज्ञा देता हूँ कि तुम 𐤉𐤄𐤅𐤄 अपने ईश्वर से प्रेम करो, उसकी राहों पर चलो, और उसकी आज्ञाओं, उसकी विधियों और उसके नियमों को मानो। और तुम जीवन पाओगे और बढ़ोगे, और 𐤉𐤄𐤅𐤄 तुम्हारा ईश्वर तुम्हें उस भूमि में आशीष देगा जिसे तुम धारण करने जा रहे हो। [17]"पर यदि तुम्हारा हृदय फिर जाए, और तुम न मानो, और भटक जाओ, और अन्य देवताओं को दण्डवत करो और उनकी सेवा करो, [18]"तो मैं आज तुम्हें घोषित करता हूँ कि तुम अवश्य नष्ट हो जाओगे; तुम अपने दिन उस भूमि में लंबे न करोगे जिसे तुम यरदेन पार करके प्रवेश करने और धारण करने जा रहे हो। [19]"मैंने आज आकाश और पृथ्वी को तुम्हारे विरुद्ध साक्षी के रूप में बुलाया है: मैंने तुम्हारे सामने जीवन और मृत्यु, आशीर्वाद और शाप रखा है। इसलिए तुम जीवन को चुनो, ताकि तुम और तुम्हारी संतति जीवित रहो, [20]कि तुम 𐤉𐤄𐤅𐤄 अपने ईश्वर से प्रेम करो, उसकी वाणी का पालन करो, और उससे लिपटे रहो - क्योंकि वही तुम्हारा जीवन और तुम्हारे दिनों की लंबाई है - ताकि तुम उस भूमि में निवास करो जिसे 𐤉𐤄𐤅𐤄 ने तुम्हारे पिताओं, अब्राहम, इसहाक, और याक़ोब से उन्हें देने की शपथ खाई।

31 [1]और मोशेह गया और इन वचनों को सारे यिसरा'एल से कहा, [2]और उनसे कहा, "आज मैं एक सौ बीस वर्ष का हूँ। अब मेरे लिए बाहर जाने और भीतर आने की शक्ति नहीं रही। और 𐤉𐤄𐤅𐤄 ने मुझसे कहा है, 'तू इस

यर्देन को पार नहीं करेगा ।' 3 "𐤉𐤄𐤅𐤄 तेरा ईश्वर स्वयं तेरे
आगे-आगे पार हो रहा है । वह इन जातियों को तेरे सामने से
नाश करेगा और तू उनको अधिकार में लेगा । यहोशू स्वयं
तेरे आगे-आगे पार होगा, जैसा कि 𐤉𐤄𐤅𐤄 ने कहा है ।
4 "और 𐤉𐤄𐤅𐤄 उनके साथ वही करेगा जैसा उसने सीहोन
और ओग, एमोरीयों के शासकों और उनकी भूमि के साथ
किया, जब उसने उन्हें नष्ट कर दिया ।" 5 "और 𐤉𐤄𐤅𐤄
उन्हें तेरे हाथ में कर देगा, और तू उनके साथ वही करेगा जो
सब आज्ञाएँ मैंने तुझे दी हैं । 6 "दृढ़ और साहसी हो, उनसे
मत डर और न ही भयभीत हो । क्योंकि 𐤉𐤄𐤅𐤄 तेरा ईश्वर
तेरे साथ जा रहा है । वह तुझे न छोड़ेगा और न त्यागेगा ।"
7 और मोशेह ने यहोशू को बुलाकर सारी यिसरा'एल की
आँखों के सामने उससे कहा, "दृढ़ और साहसी हो, क्योंकि तू
इस लोगों के साथ उस देश में जाएगा, जिसे 𐤉𐤄𐤅𐤄 ने
उनके बाप-दादों को देने की शपथ खाई है, और तू उन्हें
उसका भाग दिलाएगा । 8 "और वही 𐤉𐤄𐤅𐤄 तेरे आगे-आगे
जा रहा है, वह स्वयं तेरे साथ है । वह तुझे न छोड़ेगा और न
त्यागेगा । मत डर और न ही निराश हो ।" 9 और मोशेह ने
इस तोराह को लिखा और इसे लॆवी के पुत्रों, याजकों को
दिया, जो 𐤉𐤄𐤅𐤄 की वाचा के सन्दूक को उठाए चलते थे,
और यिसरा'एल के सब पुरनियों को भी दिया । 10 और मोशेह
ने उनसे आज्ञा दी, कहा, "सात वर्ष के अंत में, छुटकारे के
वर्ष में, सुक्कोत पर्व में, 11 जब सब यिसरा'एल 𐤉𐤄𐤅𐤄 अपने
ईश्वर के सामने उस स्थान में उपस्थित होंगे, जिसे वह
चुनेगा, तब इस तोराह को सब यिसरा'एल के सामने उनके
सुनने के लिए पढ़ना । 12 "लोगों को इकट्ठा कर, पुरुषों को,
स्त्रियों को, बच्चों को और अपने फाटकों के भीतर के
परदेशियों को भी, ताकि वे सुनें, और ताकि वे सीखें कि
𐤉𐤄𐤅𐤄 अपने ईश्वर का भय मानें और इस तोराह की सब
बातें करके उनका पालन करें । 13 "और उनके बच्चे,
जिन्होंने इसे नहीं जाना है, वे सुनें और 𐤉𐤄𐤅𐤄 अपने ईश्वर
का भय मानना सीखें, जब तक तुम उस देश में जीवित रहो,
जिसे यर्देन पार करके अधिकार में लेने जा रहे हो ।" 14 और
𐤉𐤄𐤅𐤄 ने मोशेह से कहा, "देख, तेरे मरने के दिन निकट
आ गए हैं । यहोशू को बुला और मिलापवाले तम्बू में आकर
मेरे सामने ठहरो, ताकि मैं उसे आज्ञा दूँ ।" तब मोशेह और
यहोशू गए और मिलापवाले तम्बू में ठहरे । 15 और 𐤉𐤄𐤅𐤄
तम्बू में बादल के खम्भे में प्रकट हुआ, और बादल का खम्भा
तम्बू के द्वार पर ठहरा । 16 और 𐤉𐤄𐤅𐤄 ने मोशेह से कहा,
"देख, तू अपने पितरों के पास सोने वाला है । और यह लोग
उठेंगे और उस देश के परदेशियों के देवताओं के पीछे
व्यभिचार करेंगे, जहाँ वे जाने वाले हैं, और मुझे छोड़ देंगे
और मेरी वाचा को तोड़ेंगे, जो मैंने उनके साथ बाँधी है ।
17 "तब उस दिन मेरा क्रोध उन पर भड़केगा, और मैं उन्हें
छोड़ दूँगा और अपना मुख उनसे छिपाऊँगा, और वे नाश हो
जाएँगे । और उन पर बहुत सी बुराइयाँ और संकट आएँगे,
और उस दिन यह कहा जाएगा, 'क्या इसलिए नहीं कि हमारा
ईश्वर हमारे बीच में नहीं है कि ये बुराइयाँ हम पर आई हैं?'
18 "और मैं उस दिन अपना मुख निश्चय छिपाऊँगा, क्योंकि
वे जो बुराई करेंगे, उन्होंने और देवताओं की ओर फिरना है ।
19 "अब इस गीत को अपने लिए लिखो, और इसे यिसरा'एल
के पुत्रों को सिखाओ । इसे उनके मुँह में डालो, ताकि यह
गीत मेरे लिए यिसरा'एल के पुत्रों के विरुद्ध गवाही बने ।
20 "और मैं उन्हें उस देश में ले आऊँगा, जो दूध और मधु से
बहता है, जिसका मैंने उनके पितरों से शपथ खाई है, और वे
खाएँगे और तृप्त होंगे और मोटे हो जाएँगे, फिर वे और
देवताओं की ओर फिरेंगे और उनकी सेवा करेंगे, और मुझे
तुच्छ समझेंगे और मेरी वाचा तोड़ेंगे । 21 "और जब उन पर
बहुत सी बुराइयाँ और संकट आएँगे, तब यह गीत उनके
सामने गवाही देगा । क्योंकि यह उनके वंश के मुँह से भुलाया
नहीं जाएगा, क्योंकि मैं उनके विचारों को जानता हूँ, जो वे
आज ही बना रहे हैं, इससे पहले कि मैं उन्हें उस देश में ले
आऊँ, जिसका मैंने शपथ खाई है कि उन्हें दूँ ।" 22 और
मोशेह ने उसी दिन यह गीत लिखा, और इसे यिसरा'एल के
पुत्रों को सिखाया । 23 और उसने नून के पुत्र यहोशू को आज्ञा
दी, और कहा, "दृढ़ और साहसी हो, क्योंकि तू यिसरा'एल के
पुत्रों को उस देश में ले जाएगा, जिसका मैंने उन्हें देने की
शपथ खाई है, और मैं स्वयं तेरे साथ हूँ ।" 24 और ऐसा हुआ,
जब मोशेह ने इस तोराह के वचनों को पुस्तक में अंत तक
लिख पूरा किया, 25 कि मोशेह ने लॆवियों को आज्ञा दी, जो
𐤉𐤄𐤅𐤄 की वाचा के सन्दूक को उठाए चलते थे, कहा,
26 "इस तोराह की पुस्तक को ले लो, और इसे 𐤉𐤄𐤅𐤄
अपने ईश्वर की वाचा के सन्दूक के पास रखो, और यह
तुम्हारे विरुद्ध वहाँ गवाही के लिये रहेगा, 27 क्योंकि मैं स्वयं
तुम्हारी बगावत और तुम्हारी हठी गर्दन को जानता हूँ । देखो,
आज जब मैं तुम्हारे साथ जीवित हूँ, तुम 𐤉𐤄𐤅𐤄 के विरुद्ध
विद्रोही रहे हो, तो मेरे मरने के बाद तो और भी अधिक कैसे
होगे? 28 "सब गोत्रों के पुरनियों और अधिकारियों को मेरे
पास इकट्ठा करो, ताकि मैं ये वचन उनके सुनने में कहूँ और
आकाश और पृथ्वी को उनके विरुद्ध गवाह ठहराऊँ ।
29 "क्योंकि मैं जानता हूँ कि मेरे मरने के बाद तुम बहुत बिगड़
जाओगे और उस मार्ग से फिर जाओगे, जिसकी आज्ञा मैंने
तुम्हें दी है । और अन्तिम दिनों में तुम पर बुराई आएगी,
क्योंकि तुम वह बुराई करोगे जो 𐤉𐤄𐤅𐤄 की दृष्टि में है,
अपने हाथों के काम से उसको क्रोधित करने के लिये ।"
30 तब मोशेह ने सारी यिसरा'एल की सभा के सुनने में इस
गीत के वचन अंत तक कहे:

32 1 "सुनो, हे शमायिम, और मुझे बोलने दो; और सुनो,
हे पृथ्वी, मेरे मुँह के वचन । 2 "मेरी शिक्षा वर्षा की
तरह गिरे, मेरी वाणी ओस की तरह टपके, कोमल पौधों पर
महीन वर्षा की तरह, और घास पर बौछारों की तरह ।
3 "क्योंकि मैं 𐤉𐤄𐤅𐤄 का नाम प्रचार करता हूँ, हमारे ईश्वर
को महानता दो । 4 "चट्टान! उसका काम सिद्ध है, क्योंकि
उसकी सारी राहें न्याय हैं । वह सत्य का Ěl है और अन्याय
से रहित है, धर्मी और सीधा वही है । 5 "एक टेढ़ी और दुष्ट
पीढ़ी ने स्वयं को भ्रष्ट कर लिया है, उनका दोष है, उसके पुत्र
नहीं । 6 "क्या तुम यह 𐤉𐤄𐤅𐤄 के साथ करते हो, हे मूर्ख
और निर्बुद्धि लोग? क्या वह तुम्हारा पिता नहीं है, जिसने तुम्हें
खरीदा, जिसने तुम्हें उत्पन्न किया और स्थिर किया? 7 "पुराने
दिनों को स्मरण करो, बहुत-सी पीढ़ियों के वर्षों पर ध्यान दो ।
अपने पिता से पूछो और वह तुम्हें बताएगा, अपने प्राचीनों से
और वे तुम्हें बताएँगे । 8 "जब परमप्रधान ने जातियों को
उनका भाग दिया, जब उसने आदम के पुत्रों को अलग किया,

उसने लोगों की सीमाएँ ठहराईं ईश्वर के पुत्रों की संख्या के
अनुसार। 9 "क्योंकि 𐤉𐤄𐤅𐤄 का भाग उसका लोग है,
याक़ोब उसका निर्धारित भाग है। 10 "उसने उसे जंगल में
पाया, और एक उजाड़, हुँकारती मरुभूमि में। उसने उसे
घेरा, उसे समझाया, उसने अपनी आँख की पुतली की तरह
उसकी रक्षा की। 11 "जैसे एक गरुड़ अपना घोंसला हिलाता
है, अपने बच्चों पर मंडराता है, अपने पंख फैलाता है, उन्हें
उठाता है, अपने पंखों पर उन्हें उठाकर ले चलता है।
12 "𐤉𐤄𐤅𐤄 अकेले ही उसे ले चला, और उसके साथ कोई
अजनबी शक्तिशाली न था। 13 "उसने उसे पृथ्वी की
ऊँचाइयों पर सवार कराया, और उसने खेतों का फल
खाया। और उसने उसे चट्टान से मधु चूसने दिया, और
कठोर चट्टान से तेल। 14 "पशुओं से दही, और झुंड का
दूध, मेमनों की चिकनाई, और बाशान की नस्ल के मेंढ़े और
बकरों के साथ, उत्तम गेहूँ; और तुमने दाखमधु पिया, दाख
के रक्त का। 15 "परन्तु येशुरून मोटा होकर लात मारने
लगा; तू मोटा हुआ, तू मोटा और भारी हुआ, तू चिकनाई से
ढँका गया। तब उसने उसे बनाने वाले ईश्वर को त्याग दिया,
और अपनी उद्धार की चट्टान को तुच्छ जाना। 16 "उन्होंने
अजनबी से उसे जलन दिलाई, और घृणित बातों से उसे
क्रोधित किया। 17 "उन्होंने दुष्टात्माओं के लिए बलिदान किए
– न कि ईश्वर के लिए – ऐसे शक्तिशाली के लिए जिन्हें वे
नहीं जानते थे, नये जो हाल में आए, जिन्हें तुम्हारे पितरों ने
नहीं माना। 18 "तू उस चट्टान को भूल गया जिसने तुझे
उत्पन्न किया, और उस Ēl को भूल गया जिसने तुझे जनम
दिया। 19 "और 𐤉𐤄𐤅𐤄 ने देखा और तुच्छ जाना, अपने
पुत्रों और पुत्रियों की उत्तेजना के कारण। 20 "और उसने
कहा, 'मैं उनसे अपना मुख छिपाऊँ, मैं देखूँ उनका अंत क्या
होगा, क्योंकि वे एक टेढ़ी पीढ़ी हैं, जिनमें विश्वास नहीं है।
21 "उन्होंने मुझे उस से जलन दिलाई जो Ēl नहीं है। उन्होंने
अपनी व्यर्थताओं से मुझे क्रोधित किया। पर मैं उन्हें उन से
जलन दिलाऊँगा। जो लोग नहीं हैं, मैं उन्हें एक मूर्ख जाति से
क्रोधित करूँगा। 22 "क्योंकि मेरी जलन में आग जल उठी
और अधोलोक की गहराई तक भस्म करती है, पृथ्वी और
उसकी उपज को भस्म करती है, और पर्वतों की नींव को
जलाती है। 23 "मैं उन पर विपत्तियाँ ढेर करूँगा, मैं अपने
तीर उन पर खर्च करूँगा। 24 "भोजन की कमी से क्षीण,
गर्मी और कड़वे विनाश से ग्रसित, और पशुओं के दाँत उन
पर भेजे जाएँगे, धूल के साँपों का विष भी। 25 "बाहर तलवार
मारती है, और भीतर भय, जवान और युवती, दूध पीता बच्चा
और वृद्ध पुरुष सभी को। 26 "मैंने कहा, 'मैं उन्हें उड़ा दूँगा,
मैं उनका स्मरण मनुष्यों में से मिटा दूँगा। 27 "यदि मैं शत्रु
की निंदा से न डरता, कहीं उनके विरोधी गलत न समझें,
कहीं वे न कहें, "हमारा हाथ ऊँचा है, और 𐤉𐤄𐤅𐤄 ने यह
सब नहीं किया।" ' 28 "क्योंकि वे ऐसे लोग हैं जिनमें कोई
सम्मति नहीं, और उनमें समझ नहीं है। 29 "यदि वे बुद्धिमान
होते, तो यह समझते, वे अपने अंत को सोचते। 30 "कैसे
एक हज़ार को भगाता, और दो दस हज़ार को दौड़ाते, जब
तक कि उनकी चट्टान ने उन्हें बेच न दिया, और 𐤉𐤄𐤅𐤄 ने
उन्हें सौंप न दिया? 31 "क्योंकि उनकी चट्टान हमारी चट्टान
जैसी नहीं है – हमारे शत्रु भी इस पर न्यायी हैं। 32 "उनकी
दाखलता सदोम की दाखलता से है और अमोरा के खेतों से।
उनकी अंगूर कड़वे हैं, उनके गुच्छे विषैले। 33 "उनकी
दाखमधु साँपों का विष है, और कोबरा का घोर विष। 34 'क्या
यह मेरे पास जमा नहीं है, मेरे भंडारों में सील नहीं किया गया
है? 35 'बदला मेरा है और प्रतिदान भी, जब उनका पाँव
फिसले; क्योंकि उनका विपत्ति का दिन निकट है, और जो
उनके लिए ठहराया गया है वह शीघ्र आता है।' 36 "क्योंकि
𐤉𐤄𐤅𐤄 अपने लोगों का न्याय करता है और अपने दासों पर
दया करता है, जब वह देखता है कि उनकी शक्ति जाती रही
है, और कोई शेष नहीं रहा, न बँधा हुआ, न स्वतंत्र। 37 "और
वह कहेगा, 'उनके शक्तिशाली कहाँ हैं, वह चट्टान जिसमें
उन्होंने शरण ली थी? 38 'जिन्होंने उनके बलिदानों की चर्बी
खाई, और उनके पेय अर्पण का दाखमधु पिया? वे उठें और
तुम्हारी सहायता करें, वह तुम्हारे लिए शरण हो। 39 'अब
देखो कि मैं ही हूँ, और मेरे सिवाय कोई ईश्वर नहीं है। मैं
मारता हूँ और मैं जिलाता हूँ। मैंने घाव पहुँचाया, और मैं चंगा
करता हूँ। और मेरे हाथ से कोई छुड़ा नहीं सकता।
40 'क्योंकि मैं शमायिम की ओर अपना हाथ उठाता हूँ, और
कहूँगा: जैसा मैं सदा जीवित हूँ। 41 'यदि मैंने अपनी चमकती
तलवार को तेज किया है, और मेरा हाथ न्याय पर पकड़
रखता है, तो मैं अपने शत्रुओं से प्रतिशोध लूँगा, और अपने
घृणाकर्ताओं को दण्ड दूँगा। 42 'मैं अपने तीरों को रक्त से
मतवाला करूँगा, और मेरी तलवार मांस खाएगी, मारे गए
और बन्दियों के रक्त से, लंबे बालों वाले शत्रु प्रधानों से।
43 "हे जातियों, उसके लोगों के लिए जयजयकार करो!
क्योंकि वह अपने दासों के रक्त का प्रतिशोध लेता है, और
अपने शत्रुओं से प्रतिशोध लौटाता है, और अपनी भूमि, अपने
लोगों को क्षमा करता है।" 44 तब मोशेह यहोशू पुत्र नून के
साथ आया, और इस गीत के सब वचनों को लोगों के सुनने में
बोला। 45 और जब मोशेह ने सारे इस्राएल से ये सब वचन
कहने समाप्त किए। 46 तो उसने उनसे कहा, "अपने हृदय
को उन सब वचनों पर लगाओ जिनसे मैं आज तुम्हें चेताता हूँ,
ताकि तुम अपने पुत्रों को आज्ञा दो कि वे इस तोराह के सब
वचनों का पालन करें। 47 "क्योंकि यह तुम्हारे लिए व्यर्थ
वचन नहीं है, क्योंकि यह तुम्हारा ह्राय है, और इसी वचन से
तुम अपने दिन उस भूमि पर बढ़ाओगे जिसे तुम यरदेन पार
करके अधिकार में लोगे।" 48 और उसी दिन 𐤉𐤄𐤅𐤄 ने
मोशेह से कहा। 49 "इस अबीराम के पर्वत पर चढ़ो, नेबो
पर्वत पर, जो मोआब देश में है, जो यरीहो के सामने है, और
कनान देश को देखो, जिसे मैं इस्राएल के पुत्रों को अधिकार
में देता हूँ। 50 और उस पर्वत पर मर जाना जिस पर तू
चढ़ेगा, और अपनी प्रजा में मिल जाना, जैसा हारून तेरा भाई
होर पर्वत पर मरा और अपनी प्रजा में मिल गया। 51 क्योंकि
तुमने मेरे विरुद्ध मेरिबा कादेश के जल में इस्राएल के पुत्रों के
बीच में अपराध किया, त्सिन के जंगल में, क्योंकि तुमने
इस्राएल के पुत्रों के बीच में मुझे पवित्र नहीं ठहराया।
52 "क्योंकि तू उस देश को अपने सामने देखेगा, परन्तु वहां
प्रवेश न करेगा, उस देश में जिसे मैं इस्राएल के पुत्रों को देता
हूँ।"

33 1 और यह वह बेराk◌ाह है जिससे ईश्वर ने इस्राएल
के बच्चों को उसके मरने से पहले आशीष दी। 2 और

उसने कहा, "𐤉𐤄𐤅𐤄 सीनै से आया, और सेईर से उनके
लिए उगा। वह पर्वत पारान से चमका, और दस हज़ारों
क़ोदेशिम के साथ आया - उसके दाहिने हाथ में उनके लिए
आग की व्यवस्था थी। 3 निश्चय ही, वह लोगों से प्रेम करता
है, उसके सब क़ोदेशिम तेरे हाथ में हैं। और वे, वे तेरे चरणों
में बैठे, तेरे वचन ग्रहण करते हैं। 4 मोशेह ने हमें तोराह की
आज्ञा दी, यह याअकोब की सभा का उत्तराधिकार है। 5 और
वह येशुरुन में राजा था, जब लोगों के सिर इकट्ठे हुए,
इस्राएल की जनजातियाँ। 6 "रे'uḇěn जीवित रहे, और न
मरे, और उसके पुरुष गिने जाएँ।" 7 और यह यहूदा का है,
और उसने कहा, "हे 𐤉𐤄𐤅𐤄, यहूदा की आवाज़ सुन, और
उसे उसकी प्रजा के पास ले आ। उसके हाथ उसके लिए युद्ध
करेंगे, और तू उसके शत्रुओं के विरुद्ध सहायक हो।" 8 और
लहॆवी के विषय में उसने कहा, "तेरे तुम्मीम और तेरे ऊरीम
तेरे कृपालु के हैं, जिसे तूने मसा में परखा, जिसके साथ तूने
मेरीḇah के जल पर विवाद किया। 9 जिसने अपने पिता और
माता के विषय में कहा, 'मैंने उन्हें नहीं देखा।' और उसने
अपने भाइयों को नहीं पहचाना, और न ही अपने बच्चों को
जाना, क्योंकि उन्होंने तेरे वचन की रक्षा की और तेरे वाचा
पर ध्यान दिया। 10 वे याक़ोब को आपके न्यायसंगत विधान
सिखाते हैं, और Yisra'el को आपका Torah। वे आपके
सामने धूप रखते हैं, और आपकी वेदी पर संपूर्ण होमबलि
चढ़ाते हैं। 11 "हे 𐤉𐤄𐤅𐤄, उसके बल को आशीष दे, और
उसके हाथों के काम को ग्रहण कर। उसके विरुद्ध उठने
वालों की कटि को छेद, और उसके शत्रुओं की भी, कि वे फिर
कभी न उठें।" 12 बिन्यामिन के विषय में उसने कहा,
"𐤉𐤄𐤅𐤄 का प्रिय उसके पास सुरक्षित निवास करे, वह उसे
दिनभर ढालता है, जैसे वह उसके कंधों के बीच रहता है।"
13 और योसहॆफ के विषय में उसने कहा, "𐤉𐤄𐤅𐤄 से बरुḵ
उसका देश है, आकाश के उत्तम फल के साथ, ओस के
साथ, और नीचे पड़ी गहराई के साथ। 14 सूरज के उत्तम
फलों के साथ, महीनों की उत्तम उपज के साथ। 15 प्राचीन
पर्वतों के उत्तम के साथ, और सनातन पहाड़ियों के उत्तम के
साथ। 16 पृथ्वी के उत्तम और जो कुछ उसमें भरता है उसके
साथ, और उसके अच्छे सुख के साथ जो झाड़ी में रहता
था। यह योसहॆफ के सिर पर आए, और उसके सिर के
मुकुट पर जो अपने भाइयों से अलग था। 17 "उसकी महिमा
पहिलौठे बैल के समान है, और उसके सींग जंगली बैल के
सींगों के समान हैं। उनसे वह लोगों को पृथ्वी के छोर तक
धकेलता है। और वे इफ्रायिम के दस हज़ार हैं, और वे
मनश्शेह के हज़ार हैं।" 18 और ज़हॆबुलुन के विषय में उसने
कहा, "आनंदित हो, हे ज़हॆबुलुन, अपने निकलने में, और
यिस्ससḵ◌ार अपने तम्बुओं में! 19 "वे लोगों को पर्वत पर
बुलाते हैं, वहाँ वे धर्म के बलिदान चढ़ाते हैं, क्योंकि वे समुद्र
की सम्पत्ति और रेत में छिपे खजाने से लेते हैं।" 20 और गाḏ
के विषय में उसने कहा, "बरुḵ है वह जो गाḏ को बढ़ाता है,
वह सिंह के समान रहता है, और भुजा को भी, मुकुट को भी
फाड़ डालेगा। 21 "और उसने अपने लिए उत्तम चुना, क्योंकि
वहाँ विधिदाता का भाग छिपा था। और वह लोगों के सिरों के
साथ आया। 𐤉𐤄𐤅𐤄 की धार्मिकता उसने की, और उसके
न्याय इस्राएल के साथ।" 22 और दान के विषय में उसने
कहा, "दान सिंह का बच्चा है, जो बाशान से कूदता है।"
23 और नप्ताली के विषय में उसने कहा, "हे नप्ताली, सुख से
सन्तुष्ट, और 𐤉𐤄𐤅𐤄 की बेराḵ◌ाह से भरा, पश्चिम और
दक्षिण का अधिकारी हो।" 24 और आशहॆर के विषय में
उसने कहा, "आशहॆर पुत्रों में सबसे अधिक बरुḵ है। उसके
भाइयों द्वारा वह ग्रहण किया जाए, और वह अपने पाँव को तेल
में डुबाए। 25 "तेरे जूते लोहे और पीतल के हैं, और तेरी
शक्ति तेरे दिनों के समान। 26 "हे येशुरुन, ईश्वर के समान
कोई नहीं है, जो आकाश पर तेरी सहायता के लिए सवारी
करता है, और बादलों पर अपनी महिमा में। 27 "पुराने ईश्वर
शरणस्थान हैं, और नीचे सनातन भुजाएँ हैं। और वह शत्रु
को तेरे सामने से निकाल देता है और कहता है, 'नाश कर!'
28 इस प्रकार Yisra'el सुरक्षा में निवास करता है, Ya'aqob
का स्रोत अकेला, अनाज और नए दाखमधु की भूमि में।
उसका shamayim भी ओस टपकाता है। 29 "बरुḵ हैं तुम,
हे इस्राएल! तुम्हारे समान कौन है? एक प्रजा जो 𐤉𐤄𐤅𐤄 के
द्वारा बचाई गई, जो तेरी सहायता की ढाल है, और वही तेरी
महिमा की तलवार है! और तेरे शत्रु तेरे सामने दबे हैं, और तू
उनके ऊँचे स्थानों पर चलता है।"

34 1 और मोशेह मोआब के मरुस्थल मैदानों से नेबो पर्वत
पर, पिसगह की चोटी पर, जो यरीहो के सामने है,
ऊपर गए। और 𐤉𐤄𐤅𐤄 ने उन्हें गिलआद का सारा देश,
दान तक, दिखाया। 2 और सारा नप्ताली और एफ्रयिम और
मनश्शेह का देश, यहूदा का सारा देश पश्चिमी समुद्र तक,
3 और नेगेब और यरीहो की तराई का मैदान, खजूर के वृक्षों
का नगर, सोआर तक। 4 और 𐤉𐤄𐤅𐤄 ने उससे कहा, "यह
वही देश है जिसकी शपथ मैंने अब्राहाम, यित्स्हाक और
याक़ोब से खाई थी, कहते हुए, 'तेरे वंश को मैं इसे दूँगा।'
मैंने तुझे अपनी आँखों से इसे देखने दिया है, परन्तु तू वहाँ
पार नहीं जाएगा।" 5 और मोशेह, 𐤉𐤄𐤅𐤄 का दास, मोआब
के देश में वहीं 𐤉𐤄𐤅𐤄 के वचन के अनुसार मर गया।
6 और उसने उसे मोआब के देश की तराई में, बेथ पेओर के
सामने, दफनाया, और आज तक कोई उसकी कब्र का स्थान
नहीं जानता। 7 और जब वह मरा तब मोशेह की आयु एक सौ
बीस वर्ष थी। उसकी आँखें धुंधली नहीं हुईं और न उसकी
ताजगी घटी। 8 और इस्राएल की सन्तान ने मोआब के
मरुस्थल मैदानों में मोशेह के लिये तीस दिन रोया। और
मोशेह के लिये रोने और विलाप करने के दिन पूरे हुए। 9 और
नून का पुत्र यहोशू बुद्धि की आत्मा से भर गया, क्योंकि मोशेह
ने अपने हाथ उस पर रखे थे। और इस्राएल की सन्तान ने
उसकी सुनी, और जैसा 𐤉𐤄𐤅𐤄 ने मोशेह को आज्ञा दी थी
वैसा ही किया। 10 और तब से इस्राएल में ऐसा कोई नबी नहीं
उठा जैसा मोशेह था, जिसे 𐤉𐤄𐤅𐤄 ने आमने-सामने जाना
था, 11 उन सब चिन्हों और चमत्कारों के लिये जो 𐤉𐤄𐤅𐤄 ने
उसे मिस्र देश में, फ़िरौन के सामने, और उसके सब दासों
और उसके सारे देश के सामने करने के लिये भेजा था,
12 और उस सब प्रबल हाथ और उन सब बड़े भयानक कामों
के लिये जो मोशेह ने सारे इस्राएल की आँखों के सामने
किए।

यहोशू

हिंदी संस्करण

यहोशू

1 [1]और यह हुआ, मोशेह 𐤉𐤄𐤅𐤄 के सेवक की मृत्यु के
बाद, कि 𐤉𐤄𐤅𐤄 ने नून के पुत्र यहोशू, जो मोशेह का
सहायक था, से कहा, [2]“मोशेह मेरा सेवक मर गया है, अब
उठो, तुम और ये सब लोग इस यर्देन को पार करो, उस देश
में जिसे मैं उन्हें, इस्राएल के बच्चों को दे रहा हूँ। [3]“हर
जगह जिस पर तुम्हारे पांव का तलवा पड़ेगा मैंने तुम्हें दिया है,
जैसा मैंने मोशेह से कहा। [4]“मरुभूमि और इस लेबानोन से
लेकर बड़े नदी फरात तक, हित्ती लोगों का सारा देश, और
बड़े समुद्र तक जहाँ सूर्य अस्त होता है, यही तुम्हारी सीमा है।
[5]“तुम्हारे जीवन के सब दिनों में कोई भी मनुष्य तुम्हारे सामने
खड़ा न रह सकेगा। जैसा मैं मोशेह के साथ था वैसा ही
तुम्हारे साथ रहूँगा। मैं तुम्हें न छोड़ूँगा और न त्यागूँगा।
[6]“मज़बूत और साहसी बनो, क्योंकि तुम इन लोगों को उस
देश का अधिकारी बनाओगे, जिसके देने की शपथ मैंने उनके
पितरों से खाई थी। [7]“केवल तुम मज़बूत और अत्यन्त
साहसी बनो, ताकि मेरी सारी व्यवस्था के अनुसार, जो मोशेह
मेरे सेवक ने तुम्हें आज्ञा दी, सावधानी से करो। उससे दाहिने
या बाएँ मत मुड़ना, ताकि तुम जहाँ कहीं भी जाओ बुद्धिमानी से
काम करो। [8]“इस व्यवस्था की पुस्तक को अपने मुँह से दूर
न करना, परन्तु उस पर दिन और रात ध्यान करना, ताकि
तुम जो कुछ उसमें लिखा है उसके अनुसार सावधानी से
करो। क्योंकि तब तुम्हारा मार्ग सफल होगा, और तुम
बुद्धिमानी से काम करोगे। [9]“क्या मैंने तुम्हें आज्ञा नहीं दी?
मज़बूत और साहसी बनो। मत डरना, और न ही निराश
होना, क्योंकि 𐤉𐤄𐤅𐤄 तुम्हारा ईश्वर जहाँ कहीं भी तुम जाओ,
तुम्हारे साथ है।” [10]और यहोशू ने लोगों के अधिकारियों को
आज्ञा दी, कहते हुए, [11]“छावनी के बीच से होकर जाओ और
लोगों को आज्ञा दो, कहते हुए, ‘अपने लिये भोजन तैयार
करो, क्योंकि तीन दिनों के भीतर तुम इस यर्देन को पार
करोगे, उस देश में जाने और उसका अधिकारी बनने के
लिये, जो 𐤉𐤄𐤅𐤄 तुम्हारा ईश्वर तुम्हें दे रहा है।’ ” [12]और
यहोशू ने रूबेनियों, गादीयों और मनश्शे के आधे गोत्र से
कहा, [13]“उस वचन को स्मरण करो, जो मोशेह, 𐤉𐤄𐤅𐤄
का सेवक, ने तुम्हें आज्ञा दी, कहते हुए, ‘𐤉𐤄𐤅𐤄 तुम्हारा
ईश्वर तुम्हें विश्राम दे रहा है और वह तुम्हें यह देश देगा।’
[14]“तुम्हारी स्त्रियाँ, तुम्हारे छोटे बच्चे और तुम्हारे पशुधन उस
देश में रहें जो मोशेह ने तुम्हें यर्देन के उस पार दिया है।
परन्तु तुम सब शूरवीर हथियारबंद होकर अपने भाइयों के
आगे बढो और उनकी सहायता करो, [15]जब तक कि
𐤉𐤄𐤅𐤄 तुम्हारे भाइयों को भी तुम्हारे समान विश्राम न दे, और
वे भी उस देश के अधिकारी न बन जाएँ जो 𐤉𐤄𐤅𐤄 तुम्हारा
ईश्वर उन्हें दे रहा है। तब तुम अपने अधिकार के देश में
लौट आओगे, और उस देश का अधिकारी बनोगे जिसे मोशेह
𐤉𐤄𐤅𐤄 का सेवक तुम्हें यर्देन के उस पार सूर्य उदय की ओर
दिया।” [16]और उन्होंने यहोशू को उत्तर दिया, कहते हुए,
“जो कुछ तू हमें आज्ञा देगा हम करेंगे, और जहाँ कहीं तू हमें
भेजेगा हम जाएँगे। [17]“जैसा हम ने सब बातों में मोशेह की
आज्ञा मानी, वैसा ही हम तेरी भी मानेंगे। केवल 𐤉𐤄𐤅𐤄 तेरा
ईश्वर तेरे साथ रहे, जैसा वह मोशेह के साथ था। [18]“जो
कोई तेरी आज्ञा के विरुद्ध बगावत करे और तेरे वचनों की
आज्ञा न माने, उन सब बातों में जिनकी तू उसे आज्ञा दे, वह
प्राण से मारा जाए। केवल तुम मज़बूत और साहसी बनो।”

2 [1]और यहोशू नून का पुत्र ने गुप्त रूप से शित्तीम से दो
आदमियों को भूमि का भेद लेने के लिए भेजा, कहते हुए,
“जाओ, उस देश और यरीहो को देखो।” और वे गए, और
एक स्त्री के घर में पहुँचे, जो व्यभिचारिणी थी, और उसका
नाम रहीब था, और वे वहाँ ठहर गए। [2]परन्तु यरीहो के राजा
से यह कहा गया, “देखो, इस्राएलियों के पुत्रों में से कुछ
आदमियों ने आज रात इस देश को टटोलने के लिये यहाँ आ
आए हैं।” [3]तब यरीहो के राजा ने रहीब के पास यह कहला
भेजा, “उन पुरुषों को बाहर निकाल जो तेरे पास आए हैं, जो
तेरे घर में प्रवेश कर गए हैं, क्योंकि वे पूरे देश का भेद लेने
आए हैं।” [4]परन्तु उस स्त्री ने उन दोनों आदमियों को ले
जाकर छिपा दिया। तब उसने कहा, “हाँ, वे लोग मेरे पास
आए थे, परन्तु मैं नहीं जानती थी कि वे कहाँ से आए हैं।
[5]“और जब फाटक बन्द होनेवाला था, अंधकार होते समय,
तो वे पुरुष निकल गए। मैं नहीं जानती कि वे कहाँ गए। उन्हे
शीघ्र पीछा करो, तब तुम उन्हें पकड़ लोगे।” [6]परन्तु वह उन्हे
छत पर ले गई, और उन सन के डंठलों में छिपा दिया, जो
उसने छत पर पंक्तिबद्ध रखे थे। [7]तब वे लोग उनका पीछा
करते हुए यरदन नदी के घाट की ओर गए। और जैसे ही
पीछा करने वाले निकल गए, फाटक बन्द कर दिया गया।
[8]और उनके लेटने से पहिले, वह स्त्री छत पर उनके पास
गई, [9]और उन पुरुषों से कहने लगी, “मैं जानती हूँ कि
𐤉𐤄𐤅𐤄 ने तुम्हें यह देश दिया है, और तुम्हारे भय हम पर छा
गया है, और इस देश के सब निवासियों का मन तुम्हारे कारण
पिघल गया है। [10]“क्योंकि हमने सुना है कि कैसे 𐤉𐤄𐤅𐤄 ने
तुम्हारे लिये लाल समुद्र का जल सुखा दिया, जब तुम मिस्र
से निकले, और जो तुमने यरदन के पार एमोरी के दो
राजाओं, सीहोन और ओग, के साथ किया, जिन्हें तुमने पूर्ण
रूप से नाश कर दिया। [11]“और जब हमने यह सुना, तो
हमारा मन पिघल गया, और तुम्हारे कारण किसी में भी हिम्मत
नहीं रही, क्योंकि 𐤉𐤄𐤅𐤄 तुम्हारा ईश्वर, वही ऊपर आकाश
में और नीचे पृथ्वी पर ईश्वर है। [12]“अब, कृपया मुझ से
𐤉𐤄𐤅𐤄 की शपथ खाओ, क्योंकि मैंने तुम पर कृपा की है,
तुम भी मेरे पिता के घराने पर कृपा करोगे, और मुझे एक
सच्चा चिन्ह दोगे, [13]और मेरे पिता, मेरी माता, मेरे भाइयों,
मेरी बहनों, और जो कुछ उनका है, सबको बचाओगे, और
हमारे प्राणों को मृत्यु से छुड़ाओगे।” [14]तब उन पुरुषों ने
उससे कहा, “यदि तू हमारा भेद प्रगट न करेगी, तो हमारा

प्राण तुम्हारे प्राण के बदले हो। तब ऐसा होगा कि जब
𐤉𐤄𐤅𐤄 हमें यह देश देगा, तब हम तुझ पर कृपा और
सच्चाई दिखाएँगे।” 15 तब उसने उन्हें रस्सी के द्वारा
खिड़की से नीचे उतार दिया, क्योंकि उसका घर शहर की
प्राचीर पर था, और वह प्राचीर पर ही रहती थी। 16 और
उसने उनसे कहा, “पहाड़ पर चले जाओ, कहीं ऐसा न हो कि
पीछा करने वाले तुम पर आ जाएँ। और तुम वहाँ तीन दिन
छिपे रहना, जब तक कि पीछा करने वाले लौट न जाएँ, तब
तुम अपने मार्ग पर जाना।” 17 तब उन पुरुषों ने उससे कहा,
“हम उस शपथ से मुक्त हैं, जो तूने हमें खिलाई है। 18 जब
हम इस देश में आएँगे, तब जो लाल रंग का डोर तुमने
खिड़की में बाँधा हो, जिसमें से तूने हमें नीचे उतारा है, वह
बंधा रहे; और तू अपने पिता, अपनी माता, अपने भाइयों, और
अपने पिता के सारे घराने को अपने घर में इकट्ठा कर लेना।
19 “और जो कोई तेरे घर के बाहर सड़क पर निकलेगा,
उसका लहू उसके अपने सिर पर होगा, और हम निर्दोष होंगे।
परन्तु जो कोई तेरे साथ घर में होगा, उसका लहू हमारे सिर
पर होगा, यदि उस पर हाथ डाला जाए। 20 “और यदि तू
हमारा भेद प्रगट करेगी, तो उस शपथ से हम मुक्त होंगे, जो
तूने हमें खिलाई है।” 21 तब उसने कहा, “तुम्हारे वचन के
अनुसार हो।” और उसने उन्हें विदा किया, और वे चले गए।
और उसने उस लाल डोर को खिड़की में बाँध दिया। 22 तब
वे चले गए और पहाड़ पर पहुँचे, और वहाँ तीन दिन तक रहे,
जब तक पीछा करने वाले लौट न आए। और पीछा करने
वालों ने सब मार्ग ढूँढ़ा, परन्तु उन्हें न पाया। 23 तब वे दोनों
पुरुष लौटे, पहाड़ से नीचे उतरे, यरदन पार कर गए, और
यहोशू नून के पुत्र के पास आए, और जो कुछ उनके साथ
घटा था, सब उसको बताया। 24 और उन्होंने यहोशू से कहा,
“निश्चय ही 𐤉𐤄𐤅𐤄 ने हमें यह सारा देश हमारे हाथ में दिया
है, और इस देश के सब निवासी हमारे सामने पिघल गए हैं।”

3 1 और यहोशू सुबह जल्दी उठा, और वे शित्तीम से
निकलकर यर्दन पर आए, वह और समस्त इस्राएल के
बच्चे, और वहां ठहरे जब तक कि वे पार न कर गए। 2 और
हुआ ऐसा कि तीन दिन के बाद अधिकारियों ने छावनी के बीच
में प्रवेश किया, 3 और उन्होंने लोगों को आज्ञा दी, कहा, “जब
तुम वाचा के सन्दूक को 𐤉𐤄𐤅𐤄 अपने ईश्वर का, और लेवी
याजकों को उसे उठाए हुए देखो, तब तुम अपनी जगह से
निकलकर उसके पीछे चलना। 4 “बस, तुम्हारे और उसके
बीच में दूरी रखना, लगभग दो हज़ार अम्माह नाप के
अनुसार। उसके निकट मत आना, ताकि तुम जानो कि किस
मार्ग पर जाना है, क्योंकि तुमने इस मार्ग से पहले नहीं गुज़रे
हो।” 5 और यहोशू ने लोगों से कहा, “अपने आप को पवित्र
करो, क्योंकि कल 𐤉𐤄𐤅𐤄 तुम्हारे बीच अद्भुत काम
करेगा।” 6 और यहोशू ने याजकों से कहा, “वाचा का सन्दूक
उठाओ और लोगों के आगे आगे जाओ।” तब उन्होंने वाचा
का सन्दूक उठाया और लोगों के आगे आगे गए। 7 और
𐤉𐤄𐤅𐤄 ने यहोशू से कहा, “आज से मैं तुझे सब इस्राएल की
आंखों में महान करना शुरू करूंगा, ताकि वे जानें कि जैसे मैं
मूशेह के साथ था वैसे ही तेरे साथ भी हूं। 8 “और तू, उन
याजकों को आज्ञा दे जो वाचा का सन्दूक उठाते हैं, कहकर,
‘जब तुम यर्दन के जल के किनारे पर आओगे, तो यर्दन में
खड़े रहना।’” 9 और यहोशू ने इस्राएल के बच्चों से कहा,
“आओ निकट, और अपने ईश्वर 𐤉𐤄𐤅𐤄 के वचन सुनो।”
10 और यहोशू ने कहा, “इससे तुम जानोगे कि जीवित ईश्वर
तुम्हारे बीच में है, और वह निश्चय ही तुम्हारे आगे से कनानी,
हित्ती लोग, हिव्वी, परिज्जी, गिरगाशी, एमोरी और यबूसी को
निकाल रहा है: 11 “देखो, सारी पृथ्वी के प्रभु के वाचा का
सन्दूक तुम्हारे आगे आगे यर्दन में पार जा रहा है। 12 “अब
तुम अपने लिए इस्राएल की गोत्रों में से बारह पुरूष लो, हर
गोत्र से एक पुरूष। 13 “और ऐसा होगा, जैसे ही उन याजकों
के पांवों के तलवे, जो 𐤉𐤄𐤅𐤄, सारी पृथ्वी के प्रभु के वाचा
का सन्दूक उठाए हुए हैं, यर्दन के जल में ठहरेंगे, तब यर्दन
का जल, जो ऊपर से आता है, कट जाएगा, और ढेर के रूप
में खड़ा रहेगा।” 14 और ऐसा हुआ कि जब लोग अपने
तंबुओं से यर्दन पार जाने के लिए निकले, याजक वाचा का
सन्दूक लोगों के आगे आगे उठाए हुए थे, 15 और जब वे जो
सन्दूक उठाए हुए थे यर्दन पर आए, और याजकों के पांव
जल के किनारे में डूबे – अब यर्दन अपनी सब तटों पर
कटनी के समय में भरपूर रहता है – 16 तब वह जल जो
ऊपर से आ रहा था, ठहर गया, और बहुत दूर आदाम नगर
पर, जो सारेतान के पास है, ढेर के रूप में खड़ा हुआ। और
जो जल नीचे अरवा की समुद्र, नमक समुद्र में जा रहा था,
वह पूरी तरह कट गया। और लोग यरीहो के सामने पार हो
गए। 17 और याजक, जो 𐤉𐤄𐤅𐤄 के वाचा का सन्दूक
उठाए हुए थे, यर्दन के बीच में सूखी भूमि पर दृढ़ खड़े रहे।
और सब इस्राएल सूखी भूमि पर पार हो गया, जब तक कि
सारी जाति पूरी तरह यर्दन पार नहीं हो गई।

4 1 और ऐसा हुआ, जब सारी जाति ने पूरी तरह यरदन को
पार कर लिया, तब 𐤉𐤄𐤅𐤄 ने यहोशू से कहा, 2 “लोगों
में से अपने लिये बारह पुरुष लो, हर गोत्र से एक पुरुष, 3 और
उन्हें आज्ञा दो, कहकर, ‘अपने लिये यहाँ से, यरदन के बीच
से, उस स्थान से जहाँ याजकों के पांव दृढ़ खड़े थे, बारह
पत्थर उठा लो। और उन्हें अपने साथ ले जाओ और उन्हें
उस छावनी में रखो जहाँ तुम रात बिताओगे।’” 4 और यहोशू
ने उन बारह पुरुषों को बुलाया जिन्हें उसने इस्राएल की
सन्तानों में से नियुक्त किया था, हर गोत्र से एक पुरुष, 5 और
यहोशू ने उनसे कहा, “𐤉𐤄𐤅𐤄 तुम्हारे ईश्वर की वाचा के
सन्दूक के आगे यरदन के बीच में से पार हो जाओ, और
तुममें से हर एक अपने कन्धे पर एक पत्थर उठा ले,
इस्राएल की सन्तानों के गोत्रों की संख्या के अनुसार, 6 ताकि
यह तुम्हारे बीच एक चिन्ह हो जब तुम्हारे बच्चे भविष्य में पूछें,
कहकर, ‘ये पत्थर तुम्हारे लिये क्या अर्थ रखते हैं?’ 7 “तब
तुम उन्हें उत्तर दोगे कि यरदन का जल 𐤉𐤄𐤅𐤄 की वाचा के
सन्दूक के आगे कट गया। जब वह यरदन को पार कर
गया, यरदन का जल कट गया। और ये पत्थर इस्राएल की
सन्तानों के लिये सदा स्मरण रहे।” 8 और इस्राएल की
सन्तानों ने वैसा ही किया जैसा यहोशू ने आज्ञा दी, और
यरदन के बीच से बारह पत्थर उठाए, जैसा 𐤉𐤄𐤅𐤄 ने
यहोशू से कहा था, इस्राएल की सन्तानों के गोत्रों की संख्या
के अनुसार, और उन्हें अपने साथ छावनी में ले आए और वहां
रख दिए। 9 यहोशू ने यरदन के बीच में भी बारह पत्थर खड़े
किए, उस स्थान पर जहाँ वाचा के सन्दूक को उठाने वाले

याजकों के पाँव खड़े थे। और वे आज तक वहीं हैं। 10 और
वे याजक जो सन्दूक को उठाए हुए थे, यरदन के बीच में
खड़े रहे जब तक वह सब कार्य पूरा न हो गया जो 𐤉𐤄𐤅𐤄 ने
यहोशू को लोगों से कहने की आज्ञा दी थी, ठीक वैसे ही जैसे
मूसा ने यहोशू को आज्ञा दी थी। और लोग शीघ्रता से पार हो
गए। 11 और ऐसा हुआ, जब सब लोग पूरी तरह पार हो गए,
तब 𐤉𐤄𐤅𐤄 का सन्दूक और याजक लोगों के सामने से पार
हो गए। 12 और रूबेन के पुत्र, और गाद के पुत्र, और
मनश्शे के आधे गोत्र के लोग हथियारबन्द इस्राएल की
सन्तानों के सामने से पार हो गए, जैसा मूसा ने उनसे कहा
था। 13 लगभग चालीस हज़ार हथियारबन्द योद्धा 𐤉𐤄𐤅𐤄 के
सामने युद्ध के लिये, यरीहो के मरुभूमि के मैदान की ओर पार
हो गए। 14 उस दिन 𐤉𐤄𐤅𐤄 ने यहोशू को सारे इस्राएल की
दृष्टि में बड़ा किया। और उन्होंने उसका भय माना, जैसे
उन्होंने मूसा का भय माना था, उसके जीवन के सब दिनों
तक। 15 और 𐤉𐤄𐤅𐤄 ने यहोशू से कहा, 16 "उन याजकों
को आज्ञा दो जो गवाही के सन्दूक को उठाए हुए हैं, कि वे
यरदन से ऊपर आ जाएँ।" 17 और यहोशू ने याजकों को
आज्ञा दी, कहकर, "यरदन से ऊपर आओ।" 18 और ऐसा
हुआ, जब कोहेनीम जिन्होंने 𐤉𐤄𐤅𐤄 की वाचा का सन्दूक
उठाया था, यरदेन के बीच से बाहर आ गए, और कोहेनीम के
पाँवों के तलवे सूखी भूमि को छू गए, तब यरदेन का पानी
अपनी जगह लौट आया और पहले की तरह अपने सब
किनारों पर बहने लगा। 19 और लोग पहले महीने के दसवें
दिन यरदन से ऊपर आए, और उन्होंने यरीहो की पूर्वी सीमा
पर गिलगाल में छावनी डाली। 20 और वे बारह पत्थर जो
उन्होंने यरदन से निकाले थे, यहोशू ने गिलगाल में खड़े
किए। 21 और उसने इस्राएल की सन्तानों से कहा, "जब
भविष्य में तुम्हारे बच्चे अपने पिताओं से पूछें, कहकर, 'ये
पत्थर क्या हैं?' 22 तब तुम अपने बच्चों को बता देना,
कहकर, 'इस्राएल ने इस यरदन को सूखी भूमि पर पार
किया,' 23 क्योंकि 𐤉𐤄𐤅𐤄 तुम्हारे ईश्वर ने तुम्हारे आगे
यरदन के जल को तब तक सुखा दिया जब तक तुम पार न
हो गए, जैसा 𐤉𐤄𐤅𐤄 तुम्हारे ईश्वर ने लाल समुद्र के साथ
किया, जिसे उसने हमारे आगे सुखा दिया जब तक हम पार न
हो गए, 24 ताकि पृथ्वी की सब जातियाँ 𐤉𐤄𐤅𐤄 का हाथ
जानें, कि वह सामर्थी है, ताकि तुम 𐤉𐤄𐤅𐤄 अपने ईश्वर का
सदा भय मानो।"

5 1 और ऐसा हुआ कि जब यरदेन के पश्चिम में रहनेवाले
सब एमोरी लोगों के राजा और समुद्र के पास रहनेवाले
सब कनानवासी राजाओं ने यह सुना कि 𐤉𐤄𐤅𐤄 ने यरदेन
के जल को यिस्राएल के बच्चों के आगे सूखा दिया है, जब
तक कि हम पार नहीं हो गए, तब उनका हृदय पिघल गया।
और यिस्राएल के बच्चों के कारण उनमें अब और आत्मा न
रही। 2 उस समय 𐤉𐤄𐤅𐤄 ने यहोशू से कहा, "अपने लिए
चकमक पत्थर की छुरियाँ बना और यिस्राएल के पुत्रों का
दूसरी बार खतना कर।" 3 तब यहोशू ने अपने लिए चकमक
पत्थर की छुरियाँ बनाईं और यिस्राएल के पुत्रों का खतना
किया खतनों की पहाड़ी पर। 4 और यह कारण था कि यहोशू
ने उनका खतना किया: मिस्र से निकलने वाले सब लोग, जो
पुरुष थे, सब योद्धा पुरुष, जंगल के रास्ते में मर गए थे, मिस्र
से निकलने के बाद। 5 क्योंकि सब लोग जो बाहर आए थे, वे
तो खतना किए हुए थे, परन्तु जो लोग जंगल में रास्ते में
जन्मे थे, जब वे मिस्र से निकले, उनका खतना नहीं हुआ
था। 6 क्योंकि यिस्राएल के बच्चों ने चालीस वर्ष जंगल में
चले, जब तक कि सारी जाति – वे योद्धा पुरुष जो मिस्र से
निकले थे – नष्ट न हो गए, क्योंकि उन्होंने 𐤉𐤄𐤅𐤄 की
आवाज़ नहीं मानी, जिनसे 𐤉𐤄𐤅𐤄 ने शपथ खाई थी कि
उन्हें वह देश न दिखाएगा, जिसे 𐤉𐤄𐤅𐤄 ने उनके पितरों को
शपथ खाकर देने की प्रतिज्ञा की थी, "दूध और मधु की धारा
बहनेवाला देश।" 7 और यहोशू ने उनके पुत्रों का खतना
किया, जिन्हें उनके स्थान पर खड़ा किया गया था; क्योंकि वे
खतना रहित थे, क्योंकि उनका रास्ते में खतना नहीं हुआ
था। 8 और ऐसा हुआ कि जब सब जाति का खतना पूरा हो
गया, तब वे अपने स्थान पर छावनी में रहे, जब तक कि वे
चंगे न हो गए। 9 और 𐤉𐤄𐤅𐤄 ने यहोशू से कहा, "आज मैंने
तुम्हारे ऊपर से मिस्र की लज्जा को दूर कर दिया है।"
इसलिए उस स्थान का नाम आज तक गिलगाल कहलाता है।
10 और यिस्राएल के बच्चों ने गिलगाल में डेरा डाला, और
चौदहवें दिन, महीने की संध्या को, यरीहो के मैदान में पास्खा
किया। 11 और उन्होंने पास्खा के अगले दिन देश की उपज
से खाया, उसी दिन अखमीरी रोटी और भुना हुआ अन्न।
12 और मन्ना उस दिन रुक गया, जब उन्होंने देश की उपज
से खाया। और यिस्राएल के बच्चों को अब मन्ना न मिला,
परन्तु उसी वर्ष उन्होंने कनान देश की उपज से भोजन
किया। 13 और ऐसा हुआ कि जब यहोशू यरीहो के पास था,
तब उसने अपनी आँखें उठाईं और देखा, और क्या देखता है
कि एक मनुष्य उसके सामने खड़ा है, उसके हाथ में खींची
हुई तलवार है। और यहोशू उसके पास जाकर कहता है,
"क्या तू हमारे पक्ष का है या हमारे शत्रुओं का?" 14 और
उसने कहा, "नहीं, पर अब मैं 𐤉𐤄𐤅𐤄 की सेना का प्रधान
होकर आया हूँ।" तब यहोशू भूमि पर अपने मुँह के बल गिरा
और दण्डवत् किया, और उससे कहा, "मेरे प्रभु अपने दास
से क्या कहता है?" 15 और 𐤉𐤄𐤅𐤄 की सेना के प्रधान ने
यहोशू से कहा, "अपने पैर से अपनी जूती उतार, क्योंकि
जिस स्थान पर तू खड़ा है, वह पवित्र है।" और यहोशू ने
ऐसा ही किया।

6 1 और यरीहो इस्राएल के पुत्रों की उपस्थिति के कारण
अच्छी तरह बन्द था - न कोई बाहर जा रहा था और न
कोई भीतर आ रहा था। 2 और 𐤉𐤄𐤅𐤄 ने यहोशू से कहा,
"देख! मैंने यरीहो और उसके राजा, शक्तिशाली पराक्रमी
पुरुषों को तेरे हाथ में कर दिया है। 3 "और तुम नगर के
चारों ओर घूमोगे, युद्ध के सभी पुरुष नगर के चारों ओर एक
बार घूमेंगे। ऐसा छह दिनों तक करना। 4 "और सात याजक
वाचा के सन्दूक के आगे सात मेंढ़ों के सींग उठाए हुए चलें,
और सातवें दिन नगर के चारों ओर सात बार घूमना, और
याजक सींग फूंकें। 5 "और ऐसा होगा, जब वे मेंढ़े के सींग से
लंबी ध्वनि करेंगे, और जब तुम सींग की ध्वनि सुनो, तब सब
लोग बड़े शब्द से जयजयकार करेंगे। और नगर की दीवार
सीधी नीचे गिर जाएगी, और लोग चढ़कर नगर में प्रवेश
करेंगे, हर एक अपने सामने से।" 6 और नून के पुत्र यहोशू
ने याजकों को बुलाकर उनसे कहा, "वाचा का सन्दूक उठा

लो, और सात याजक 𐤉𐤄𐤅𐤄 के सन्दूक के आगे सात मेंढ़ों
के सींग उठाकर चलें।" 7 और उसने लोगों से कहा, "आगे
बढ़ो, और नगर के चारों ओर घूमो, और जो हथियारबन्द है
वह 𐤉𐤄𐤅𐤄 के सन्दूक के आगे चले।" 8 और ऐसा हुआ,
जब यहोशू ने लोगों से बात की, कि सात याजक 𐤉𐤄𐤅𐤄 के
आगे सात मेंढ़ों के सींग उठाकर चले और सींग फूंके, और
𐤉𐤄𐤅𐤄 के वाचा का सन्दूक उनके पीछे चला। 9 और
हथियारबन्द लोग उन याजकों के आगे चले जो सींग फूंकते
थे, और पिछली टुकड़ी सन्दूक के पीछे चली, चलते हुए और
सींग फूंकते हुए। 10 परन्तु यहोशू ने लोगों को आज्ञा दी,
कहते हुए, "तुम जयजयकार न करना और न अपनी आवाज
सुनाना, और न तुम्हारे मुख से कोई शब्द निकले, उस दिन
तक जब मैं तुम से कहूँ, 'जयजयकार करो!' तब तुम
जयजयकार करना।" 11 और 𐤉𐤄𐤅𐤄 का सन्दूक नगर के
चारों ओर घूम आया, एक बार घूमकर वे छावनी में आए और
छावनी में टिके रहे। 12 और यहोशू सुबह तड़के उठा, और
याजकों ने 𐤉𐤄𐤅𐤄 का सन्दूक उठा लिया। 13 और सात
याजक 𐤉𐤄𐤅𐤄 के सन्दूक के आगे सात मेंढ़ों के सींग उठाए
हुए चलते गए और सींग फूंके, और हथियारबन्द लोग उनके
आगे चले। परन्तु पिछली टुकड़ी 𐤉𐤄𐤅𐤄 के सन्दूक के
पीछे चली, चलते हुए और सींग फूंकते हुए। 14 और दूसरे
दिन वे नगर के चारों ओर एक बार घूमकर छावनी में लौटे।
ऐसा उन्होंने छह दिनों तक किया। 15 और सातवें दिन ऐसा
हुआ कि वे सुबह तड़के, दिन निकलते समय उठे और नगर
के चारों ओर सात बार घूमे। केवल उसी दिन उन्होंने नगर
के चारों ओर सात बार घूमे। 16 और ऐसा हुआ कि सातवीं
बार जब याजकों ने सींग फूंके, तो यहोशू ने लोगों से कहा,
"जयजयकार करो, क्योंकि 𐤉𐤄𐤅𐤄 ने तुम्हें नगर दे दिया है!
17 "और नगर और जो कुछ उसमें है वह सब 𐤉𐤄𐤅𐤄 को
समर्पित हो। केवल राहाब वेश्या जीवित रहेगी, वह और जो
कोई उसके घर में है, क्योंकि उसने उन दूतों को छिपाया था
जिन्हें हमने भेजा था। 18 "और तुम उस वस्तु से जो समर्पित
है, सावधान रहना, कहीं ऐसा न हो कि जब तुम उसमें से लो,
तो स्वयं शाप के अधीन हो जाओ और इस्राएल की छावनी को
शापित बनाकर उसे संकट में डाल दो। 19 "परन्तु सब चाँदी
और सोना, और पीतल और लोहे के पात्र 𐤉𐤄𐤅𐤄 के लिये
पवित्र हैं; वे 𐤉𐤄𐤅𐤄 के खजाने में जाएँगे।" 20 और लोगों ने
जयजयकार की जब मेंढ़ों के सींग फूंके गए। और ऐसा हुआ
कि जब लोगों ने सींग की ध्वनि सुनी, और लोगों ने बड़े शब्द
से जयजयकार की, तो दीवार नीचे गिर गई। और लोग नगर
में चढ़ गए, हर एक अपने सामने से, और उन्होंने नगर को ले
लिया। 21 और उन्होंने नगर में जो कुछ था, उस सबको
तलवार की धार से घात किया, पुरुष और स्त्री, जवान और
बूढ़ा, और बैल और भेड़ और गदहे सबको। 22 और उन दो
पुरुषों से जिन्होंने भूमि की टोह ली थी, यहोशू ने कहा, "उस
स्त्री के घर में जाओ, वेश्या के घर में, और वहां से उस स्त्री
को और जो कुछ उसका है निकालकर लाओ, जैसा तुमने
उससे शपथ खाई थी।" 23 और जवान पुरुष, गुप्तचर,
भीतर गए और राहाब को, और उसके पिता, और उसकी
माता, और उसके भाइयों को, और जो कुछ उसका था,
निकालकर ले आए। इस प्रकार उन्होंने उसके सब रिश्तेदारों
को निकालकर इस्राएल की छावनी के बाहर रखा। 24 और
उन्होंने नगर और जो कुछ उसमें था उसे आग से जला
दिया। केवल चाँदी और सोना, और पीतल और लोहे के पात्र
उन्होंने 𐤉𐤄𐤅𐤄 के घर के खजाने में रखा। 25 परन्तु यहोशू
ने राहाब वेश्या को, और उसके पिता के घराने को, और जो
कुछ उसका था, जीवित रखा। और वह इस्राएल के बीच
आज तक रही, क्योंकि उसने उन दूतों को छिपाया था जिन्हे
यहोशू ने यरीहो की भूमि की टोह लेने को भेजा था। 26 और
यहोशू ने उस समय उन्हें शपथ दिलाई, कहते हुए, "शापित है
वह मनुष्य 𐤉𐤄𐤅𐤄 के सामने जो उठकर इस नगर यरीहो को
बनाएगा - वह अपने पहिलौठे से उसकी नींव डालेगा, और
अपने छोटे से उसके फाटक लगाएगा।" 27 और 𐤉𐤄𐤅𐤄
यहोशू के साथ था, और उसका समाचार सारे देश में फैल
गया।

7 1 परन्तु इस्राएल की संतान ने उस वस्तु के विषय में
अपराध किया जो निषिद्ध के अधीन थी, क्योंकि आखन,
करमी का पुत्र, जब्दी का पुत्र, जरह का पुत्र, यहूदा के गोत्र
का, उसने उस वस्तु में से लिया जो निषिद्ध के अधीन थी।
और 𐤉𐤄𐤅𐤄 का क्रोध इस्राएल की संतान के विरुद्ध भड़क
उठा। 2 अब यहोशू ने यरीहो से ऐ के पास आदमियों को भेजा,
जो बेथ-आवेन के पास, बेथ-ईश्वर के पूरब में है, और उनसे
कहा, "जाओ और देश की जासूसी करो।" और वे पुरुष ऐ
की जासूसी करने गए। 3 और वे यहोशू के पास लौटकर
उससे कहने लगे, "सब लोगों को ऊपर जाने न दो, परन्तु दो
या तीन हज़ार पुरुष ऊपर जाएँ और ऐ को मारें। सब लोगों
को वहाँ कष्ट न दो, क्योंकि ऐ के लोग थोड़े हैं।" 4 सो वहां
लगभग तीन हज़ार पुरुष लोगों में से ऊपर गए, परन्तु वे ऐ के
पुरुषों के सामने से भाग गए। 5 और ऐ के पुरुषों ने लगभग
छत्तीस पुरुषों को मार डाला, क्योंकि उन्होंने उन्हें फाटक के
सामने से शेबारिम तक खदेड़ा, और उन्हें ढलान पर मारा।
इसलिये लोगों के मन पिघल गए और जल के समान हो गए।
6 और यहोशू ने अपने वस्त्र फाड़े, और पृथ्वी पर अपने मुंह
के बल यहोवा 𐤉𐤄𐤅𐤄 के सन्दूक के सामने शाम तक गिरा
रहा, वह और इस्राएल के बुजुर्ग; और उन्होंने अपने सिरों पर
धूल डाली। 7 और यहोशू ने कहा, "हाय प्रभु 𐤉𐤄𐤅𐤄, तूने
इस लोगों को यरदन के पार क्यों लाया, ताकि हमें एमोरियों के
हाथ में दे दे, कि हमें नष्ट कर दे? अच्छा होता यदि हम
यरदन के पार ही बस जाते। 8 "हे 𐤉𐤄𐤅𐤄, जब इस्राएल
अपने शत्रुओं के सामने पीठ फेरता है तब मैं क्या कहूँ? 9 और
कनानी और देश के सब रहने वाले यह सुनकर हमें घेर लेंगे
और पृथ्वी से हमारा नाम मिटा देंगे। तब तू अपने बड़े नाम के
लिये क्या करेगा?" 10 और 𐤉𐤄𐤅𐤄 ने यहोशू से कहा, "उठ!
तू अपने मुंह के बल क्यों पड़ा है? 11 "इस्राएल ने पाप किया
है, और उन्होंने मेरी वाचा का भी उल्लंघन किया है, जो मैंने
उन्हें आज्ञा दी थी। और उन्होंने उस निषिद्ध वस्तु में से भी
लिया है, और चोरी की है, और धोखा भी दिया है, और उसे
अपने सामान में भी रखा है। 12 "इस कारण इस्राएल की
सन्तान अपने शत्रुओं के सामने ठहर नहीं सकेगी, परन्तु वे
अपने शत्रुओं के सामने पीठ फेरेंगे, क्योंकि वे शापित हो गए
हैं। मैं अब तुम्हारे संग नहीं रहूँगा, जब तक कि तुम अपने
बीच से उस निषिद्ध वस्तु को नष्ट न कर दो। 13 "उठ, लोगों
को पवित्र कर, और कह, 'कल के लिये अपने आप को पवित्र
करो, क्योंकि ऐसे कहता है 𐤉𐤄𐤅𐤄 इस्राएल का ईश्वर, "तेरे

बीच निषिद्ध वस्तु है, हे इस्त्राएल। जब तक तू अपने बीच से
उस निषिद्ध वस्तु को न हटा दे, तब तक तू अपने शत्रुओं के
सामने ठहर नहीं सकेगा।" [14] 'और तुम प्रातःकाल अपने
गोत्रों के अनुसार पास लाए जाओगे। और वह गोत्र जिसे
𐤉𐤄𐤅𐤄 चुनेगा, वह कुलों के अनुसार आएगा। और वह कुल
जिसे 𐤉𐤄𐤅𐤄 चुनेगा, वह घरानों के अनुसार आएगा। और
वह घराना जिसे 𐤉𐤄𐤅𐤄 चुनेगा, वह पुरुषों के अनुसार
आएगा। [15] 'और वह जो उस निषिद्ध वस्तु के साथ पाया
जाएगा, वह और जो कुछ उसका है, आग से जलाया जाएगा,
क्योंकि उसने 𐤉𐤄𐤅𐤄 की वाचा का उल्लंघन किया है, और
इस्त्राएल में मूर्खता की है।' " [16] तब यहोशू प्रातःकाल उठकर
इस्त्राएल को उनके गोत्रों के अनुसार पास लाया, और यहूदा
का गोत्र लिया गया। [17] और उसने यहूदा के कुल को पास
लाया, और जरही के कुल को लिया गया, और उसने जरही
के कुल को पुरुषों के अनुसार पास लाया, और जब्दी को
लिया गया। [18] और उसने उसके घराने को पुरुषों के अनुसार
पास लाया, और आखन, करमी का पुत्र, जब्दी का पुत्र, जरह
का पुत्र, यहूदा के गोत्र का, लिया गया। [19] तब यहोशू ने
आखन से कहा, "मेरे पुत्र, अब इस्त्राएल के ईश्वर 𐤉𐤄𐤅𐤄
को महिमा दे, और उसके लिये अंगीकार कर, और मुझे बता
कि तूने क्या किया है, मुझसे न छिपा।" [20] तब आखन ने
यहोशू को उत्तर दिया और कहा, "निश्चय मैंने इस्त्राएल के
ईश्वर 𐤉𐤄𐤅𐤄 के विरुद्ध पाप किया है, और यह मैंने किया है:
[21] "जब मैंने लूट में एक सुंदर वस्त्र शिनार का, और दो सौ
शेकेल चाँदी, और पचास शेकेल तौल का सोने का टुकड़ा
देखा, तो मैंने उन्हें लालसा की और ले लिया। और देख, वे
मेरे तंबू के बीच में भूमि में गड़े हुए हैं, और चाँदी नीचे है।"
[22] तब यहोशू ने दूतों को भेजा, और वे दौड़कर तंबू में गए।
और देखो, वह उसके तंबू में छिपा हुआ था, और चाँदी नीचे
थी। [23] और उन्होंने उन्हें तंबू के बीच से लिया, और यहोशू
और इस्त्राएल की सब सन्तानों के पास लाए, और उन्हें
𐤉𐤄𐤅𐤄 के सामने डाल दिया। [24] तब यहोशू और सब
इस्त्राएल उसके साथ, आखन जरह का पुत्र, और चाँदी, और
वस्त्र, और सोने का टुकड़ा, और उसके बेटे-बेटियाँ, और
उसके बैल, और उसके गधे, और उसकी भेड़ें, और उसका
तंबू, और जो कुछ उसका था, वे सब अकूर की तराई में ले
गए। [25] और यहोशू ने कहा, "तूने हमें क्यों दुःख दिया? आज
𐤉𐤄𐤅𐤄 तुझे दुःख देगा।" तब सब इस्त्राएल ने उसे पत्थरों
से मारा, और उन्हें पत्थरों से मारने के बाद आग से जला
दिया। [26] और उन्होंने उसके ऊपर पत्थरों का एक बड़ा ढेर
लगाया, जो आज तक बना हुआ है। तब 𐤉𐤄𐤅𐤄 ने अपने
प्रकोप की तीव्रता से फिर गया। इसलिए उस स्थान का नाम
आज तक अकूर की तराई कहलाता है।

8 [1] और 𐤉𐤄𐤅𐤄 ने यहोशू से कहा, "मत डर और निराश
न हो। अपने सब सैनिकों को साथ ले और उठ, ऐ शहर
पर चढ़। देख, मैंने ऐ के राजा को, उसकी प्रजा को, उसके
नगर को और उसकी भूमि को तेरे हाथ में कर दिया है।"
[2] "इसलिए तू ऐ और उसके राजा के साथ वैसा ही कर जैसा
तूने यरीहो और उसके राजा के साथ किया। केवल उसका
लूट और उसका पशुधन तुम अपने लिए ले सकते हो। नगर
के पीछे घात लगाकर बैठो।" [3] और यहोशू और सब सैनिक
ऐ पर चढ़ने के लिये उठे। और यहोशू ने तीस हज़ार वीर
पुरुष चुने और उन्हें रातों-रात भेज दिया, [4] और उन्हें आज्ञा
दी, "देखो, तुम नगर के पीछे घात में बैठोगे। नगर से बहुत
दूर मत जाना, पर सब तैयार रहना। [5] और मैं और जो लोग
मेरे साथ हैं नगर के निकट आएंगे। और जब वे हम पर पहले
की तरह चढ़ाई करेंगे, तो हम उनके सामने से भागेंगे। [6] और
वे हमारे पीछे नगर से बाहर आएंगे, जब तक कि हम उन्हें
नगर से दूर खींच न लें। ऐसा मानेंगे कि वे कहते हैं, 'वे पहले
की तरह हमारे सामने भाग रहे हैं।' तब हम उनके सामने से
भागेंगे। [7] फिर तुम घात से उठकर नगर को ले लेना, और
𐤉𐤄𐤅𐤄 तेरा ईश्वर उसे तेरे हाथ में कर देगा। [8] "और ऐसा
होगा कि जब तुम नगर को पकड़ लो, तब नगर को आग से
जला देना। 𐤉𐤄𐤅𐤄 के वचन के अनुसार करना। देख,
मैंने तुझे आज्ञा दी है।" [9] और यहोशू ने उन्हें भेज दिया।
और वे जाकर घात में बैठ गए, और बेथ ईश्वर और ऐ के
बीच, ऐ के पश्चिम की ओर रहे। परन्तु यहोशू उस रात लोगों
के बीच में रहा। [10] और यहोशू सुबह तड़के उठा और लोगों
की गिनती की, और वह और इस्त्राएल के बुज़ुर्ग लोग उसके
साथ ऐ की ओर लोगों के आगे गए। [11] और जितने सैनिक
उसके साथ थे, सब ऊपर चढ़े और निकट आए, और नगर
के सामने आए और ऐ के उत्तर में डेरा डाला, और उनके
और ऐ के बीच एक तराई थी। [12] और उसने लगभग पाँच
हज़ार पुरुष लिये और उन्हें बेथ ईश्वर और ऐ के बीच नगर
के पश्चिम की ओर घात में बैठा दिया। [13] इस प्रकार लोगों
को रखा गया, सारी सेना नगर के उत्तर की ओर और उसका
पीछे का भाग नगर के पश्चिम की ओर, और यहोशू उस रात
तराई के बीच गया। [14] और ऐसा हुआ, जब ऐ का राजा यह
देखता है, तब नगर के लोग जल्दी उठे और सब लोग
इस्त्राएल के विरुद्ध युद्ध करने निकले, नियत स्थान पर,
मरुभूमि के सामने। पर वह नहीं जानता था कि उसके पीछे
नगर के पीछे घात है। [15] और यहोशू और सब इस्त्राएलियों ने
उनके सामने अपने आप को हराया और जंगल के मार्ग से
भागे। [16] और जितने लोग ऐ में थे, सबको उनके पीछे बुलाया
गया। और उन्होंने यहोशू का पीछा किया और नगर से खींच
लिये गए। [17] ऐ या बेथ ईश्वर में कोई पुरुष नहीं बचा जो
इस्त्राएल के पीछे न गया हो, और उन्होंने नगर को खुला छोड़
दिया और इस्त्राएल का पीछा किया। [18] और 𐤉𐤄𐤅𐤄 ने
यहोशू से कहा, "जो भाला तेरे हाथ में है उसे ऐ की ओर फैला,
क्योंकि मैं उसे तेरे हाथ में देता हूँ।" और यहोशू ने अपने हाथ
में जो भाला था उसे नगर की ओर फैलाया। [19] और घात
तुरंत अपने स्थान से उठ खड़े हुए और जब उसने हाथ
फैलाया तो वे दौड़कर नगर में गए और उसे ले लिया, और
नगर को शीघ्र ही आग से जला दिया। [20] और ऐ के पुरुषों ने
पीछे मुड़कर देखा, और देखा कि नगर का धुआँ आकाश
(शमायिम) की ओर उठ रहा है। और उनमें यह शक्ति न रही
कि वे इधर-उधर भाग सकें, क्योंकि जो लोग जंगल की ओर
भागे थे वे लौटकर पीछा करने वालों पर टूट पड़े। [21] और
जब यहोशू और सब इस्त्राएलियों ने देखा कि घात ने नगर पर
अधिकार कर लिया है और नगर का धुआँ ऊपर उठ गया है,
तब वे लौटकर ऐ के पुरुषों को मारने लगे। [22] और दूसरे भी
नगर से उनके विरुद्ध निकले, और वे इस्त्राएलियों के बीच में
आ गए, कुछ इस ओर और कुछ उस ओर। और उन्होंने

उन्हें ऐसा मारा कि उनमें से कोई शेष न रहा और कोई
बचकर न निकला। 23 परन्तु ऐ के राजा को उन्होंने जीवित
पकड़ा, और उसे यहोशू के पास लाए। 24 और ऐसा हुआ कि
जब इस्राएल ने मैदान में, जंगल में जहाँ उन्होंने उनका पीछा
किया था, ऐ के सब निवासियों को तलवार की धार से मारकर
समाप्त कर दिया, और वे सब तलवार की धार से गिरकर
नाश हो गए, तब सब इस्राएली ऐ में लौट आए और उसे
तलवार की धार से मारा। 25 और ऐसा हुआ कि उस दिन
जितने गिरे, स्त्री और पुरुष सब, वे बारह हजार थे – ऐ के
सब लोग। 26 और यहोशू ने अपना हाथ, जिससे उसने भाला
निकाला था, पीछे नहीं खींचा, जब तक कि उसने ऐ के सब
निवासियों को नाश के अधीन न कर दिया। 27 केवल उस
नगर का पशुधन और लूट इस्राएल ने अपने लिए लूट के रूप
में लिया, जैसा कि 𐤉𐤄𐤅𐤄 ने यहोशू को आज्ञा दी थी।
28 और यहोशू ने ऐ को जला दिया और उसे सदा के लिए ढेर
बना दिया, आज तक उजाड़। 29 और उसने ऐ के राजा को
एक पेड़ पर सांझ तक लटकाए रखा। और सूर्यास्त के
समय यहोशू ने आज्ञा दी कि उसकी लाश को पेड़ से
उतारकर नगर के फाटक के प्रवेश द्वार पर डाल दें, और
उसके ऊपर बड़ा पत्थरों का ढेर खड़ा करें, जो आज तक
है। 30 और Yahoshua ने Mount Ěyḇal में Yisra'ěl
के 𐤉𐤄𐤅𐤄 Elohim के लिए एक वेदी बनाई, 31 जैसा कि
मूसा, 𐤉𐤄𐤅𐤄 का सेवक, ने इस्राएल की सन्तानों को आज्ञा
दी थी, जैसा कि मूसा की तोराह की पुस्तक में लिखा है:
"ऐसी पत्थरों की वेदी जिस पर किसी मनुष्य ने लोहे का प्रयोग
न किया हो।" और उन्होंने उस पर 𐤉𐤄𐤅𐤄 को होमबलि
चढ़ाए, और मेलबलि की बलि दी। 32 और वहाँ, इस्राएल की
सन्तानों के सामने, उसने उन पत्थरों पर मूसा की तोराह की
नकल लिखी, जो उसने लिखी थी। 33 और सब इस्राएल –
परदेशी और देशज – अपने पुरनियों और अधिकारियों और
न्यायियों सहित, लेवियों याजकों के सामने, जो 𐤉𐤄𐤅𐤄 की
वाचा का सन्दूक उठाए हुए थे, सन्दूक के दोनों ओर खड़े
हुए। उनमें से आधे गेरिज़ीम पर्वत के सामने और आधे एबाल
पर्वत के सामने खड़े थे, जैसा कि मूसा, 𐤉𐤄𐤅𐤄 का सेवक,
ने पहले आज्ञा दी थी कि वे इस्राएल के लोगों को आशीर्वाद
दें। 34 और बाद में उसने तोराह के सब वचन, आशीषें और
शाप, पढे, जैसा कि तोराह की पुस्तक में लिखा हुआ है।
35 ऐसा कोई भी वचन न था जो मूसा ने आज्ञा न दी हो, जिसे
यहोशू ने इस्राएल की सारी सभा, स्त्रियों, बालकों, और उनके
साथ चलने वाले परदेशियों के सामने न पढा हो।

9 1 और ऐसा हुआ, जब सब राजा जो यर्देन के पार, पहाड़ों
में और नीची भूमि में और लेबानोन की ओर महान समुद्र
के सब तटों पर – हित्ती लोग और एमोरी, कनानी और
परिज्जी, हिव्वी और यबूसी – ने सुना, 2 वे सब एक मन होकर
यहोशू और इस्राएल से लड़ने के लिए इकट्ठे हुए। 3 और
गिबोन के निवासियों ने सुना कि यहोशू ने यरीहो और ऐ के
साथ क्या किया था, 4 तो उन्होंने छल किया और दूत होने का
दिखावा करते हुए गए। और उन्होंने अपने गधों पर पुराने
बोरे, पुराने फटे और रँधे हुए मशक लिए, 5 और अपने पैरों में
पुराने और पैबंद लगे जूते, और अपने ऊपर पुराने वस्त्र
पहने। और उनके भोजन की सारी रोटी सूखी थी, वह चूरा
हो गई थी। 6 और वे गिलगाल के छावनी में यहोशू के पास
आए, और उससे और इस्राएल के पुरुषों से कहने लगे, "हम
दूर देश से आए हैं, और अब हमारे साथ वाचा कर लो।"
7 परन्तु इस्राएल के पुरुषों ने हिव्वियों से कहा, "कहीं ऐसा न
हो कि तुम हमारे बीच रहते हो, तो हम तुम्हारे साथ वाचा कैसे
कर सकते हैं?" 8 उन्होंने यहोशू से कहा, "हम तेरे दास हैं।"
और यहोशू ने उनसे कहा, "तुम कौन हो, और कहाँ से आए
हो?" 9 उन्होंने उससे कहा, "तेरे दास बहुत दूर देश से आए
हैं, 𐤉𐤄𐤅𐤄 तेरे ईश्वर के नाम के कारण; क्योंकि हमने
उसकी चर्चा और जो कुछ उसने मिस्र में किया सब सुना है,
10 और जो कुछ उसने यर्देन के पार एमोरियों के दो राजाओं
के साथ किया, हेश्बोन के राजा सीहोन और बाशान के राजा
ओग के साथ, जो अश्तरोत में था। 11 "इसलिये हमारे
पुरनियों और हमारे देश के सब निवासियों ने हमसे कहा,
'अपने हाथों में यात्रा के लिये भोजन ले लो, और जाकर
उनसे मिलो, और उनसे कहो, हम तुम्हारे दास हैं, अब हमारे
साथ वाचा कर लो।' 12 "यह हमारी रोटी हम अपने घरों से
यात्रा के लिये गरम लेकर निकले थे, जिस दिन हम तुम्हारे
पास आने को चले; परन्तु अब देखो, यह सूखकर चूरा हो
गई है। 13 "और ये मशक जिन्हें हमने भरा था नये थे, देखो,
ये फट गए हैं; और ये हमारे वस्त्र और हमारे जूते बहुत लंबी
यात्रा के कारण पुराने हो गए हैं।" 14 और इस्राएल के पुरुषों
ने उनके भोजन में से कुछ लिया, परन्तु 𐤉𐤄𐤅𐤄 से बात नहीं
पूछी। 15 और यहोशू ने उनके साथ मेल किया, और उन्हें
जीवित रहने देने के लिये उनके साथ वाचा की, और सभा के
प्रधानों ने उनसे शपथ खाई। 16 और तीन दिन के अंत में,
जब उन्होंने उनके साथ वाचा की, तो सुना कि वे उनके
पड़ोसी हैं जो उनके निकट रहते थे। 17 और इस्राएल की
सन्तान तीसरे दिन उनके नगरों में आए। उनके नगर गिबोन,
और केपीरा, और बेएरोत, और किर्यात येआरिम थे।
18 परन्तु इस्राएल की सन्तान ने उन्हें मारा नहीं, क्योंकि सभा
के प्रधानों ने इस्राएल के ईश्वर 𐤉𐤄𐤅𐤄 की शपथ उनके
लिये खाई थी; और सारी सभा प्रधानों के विरुद्ध कुड़कुड़ाई।
19 परन्तु सब प्रधानों ने सारी सभा से कहा, "हमने इस्राएल के
ईश्वर 𐤉𐤄𐤅𐤄 की शपथ उनके लिये खाई है, और अब हम
उन्हें छू नहीं सकते। 20 "हम यह उनके साथ करेंगे, हम उन्हें
जीवित रखेंगे, ताकि उस शपथ के कारण जो हमने उनसे
खाई है, हम पर क्रोध न आ जाए।" 21 और प्रधानों ने उनसे
कहा, "उन्हें जीवित रहने दो, परन्तु वे सारी सभा के लिये
लकड़ी काटनेवाले और पानी भरनेवाले बनेंगे, जैसा कि प्रधानों
ने उनसे कहा था।" 22 तब यहोशू ने उन्हें बुलाकर कहा,
"तुमने हमें क्यों धोखा दिया, यह कहकर, 'हम तुमसे बहुत
दूर हैं,' जबकि तुम हमारे बीच रहते हो? 23 "अब तुम शापित
हो, और तुम्हारे दास होने से छूट नहीं होगी, अर्थात लकड़ी
काटनेवाले और मेरे ईश्वर के घर के लिये पानी भरनेवाले।"
24 उन्होंने यहोशू को उत्तर दिया, "तेरे दासों से यह स्पष्ट
कहा गया था कि तेरे ईश्वर 𐤉𐤄𐤅𐤄 ने अपने दास मोशेह को
आज्ञा दी है कि वह तुम्हें यह सब देश दे और देश के सब
निवासियों को तुम्हारे सामने नष्ट कर दे; इसलिये हम तुमसे
अत्यन्त भयभीत हुए और अपने प्राणों के लिये डरकर यह
काम किया। 25 "और अब देख, हम तेरे हाथ में हैं। जैसा

तुझे अच्छा और ठीक लगे वैसा ही हमारे साथ कर।" 26 और
उसने ऐसा ही उनके साथ किया, और उन्हें इस्त्राएल की
सन्तान के हाथ से छुड़ाया, और उन्होंने उन्हें नहीं मारा।
27 और उस दिन यहोशू ने उन्हें सभा और 𐤉𐤄𐤅𐤄 की वेदी
के लिये लकड़ी काटनेवाले और पानी भरनेवाले बनाया, आज
तक, उस स्थान पर जिसे वह चुन ले।

10 1 और ऐसा हुआ कि अदोनी-सेदेक़ यरूशलेम का
राजा ने सुना कि यहोशू ने अई को ले लिया और उसे
नाश के लिए समर्पित कर दिया, जैसे उसने यरीहो और
उसके राजा के साथ किया था, वैसे ही उसने अई और उसके
राजा के साथ किया; और गिबोन के निवासियों ने इस्त्राएल के
साथ मेल कर लिया था और वे उनके बीच थे, 2 तो वे बहुत
डर गए, क्योंकि गिबोन एक बड़ा नगर था, जैसे राजधानियों
में से एक, और क्योंकि वह अई से बड़ा था, और उसके सब
पुरुष पराक्रमी थे। 3 और अदोनी-सेदेक़ यरूशलेम का राजा
ने होहाम हेब्रोन का राजा, और पीराम यरमूत का राजा, और
यप्फिया लाकीश का राजा, और देबीर एग्लोन का राजा को
भेजा, यह कहते हुए, 4 "मेरे पास ऊपर आओ और मेरी
सहायता करो, और हम गिबोन को मारें, क्योंकि उसने यहोशू
और इस्त्राएल के पुत्रों के साथ मेल कर लिया है।" 5 तब
एमोरीयों के पाँच राजा – यरूशलेम का राजा, हेब्रोन का राजा,
यरमूत का राजा, लाकीश का राजा, एग्लोन का राजा - इकट्ठे
हुए और ऊपर गए, वे और उनकी सारी सेनाएँ, और गिबोन
के सामने डेरा डाला और उससे लड़ने लगे। 6 और गिबोन
के पुरुषों ने गिलगाल के डेरे में यहोशू के पास भेजा, यह
कहते हुए, "अपने दासों से अपना हाथ न खींच। हमारे पास
शीघ्र ऊपर आओ, और हमें बचाओ और हमारी सहायता
करो, क्योंकि पर्वतों में रहने वाले सब एमोरीयों के राजा हमारे
विरुद्ध इकट्ठे हुए हैं।" 7 तब यहोशू गिलगाल से ऊपर गया,
वह और उसके साथ सब योद्धा, और सब पराक्रमी वीर
पुरुष। 8 और 𐤉𐤄𐤅𐤄 ने यहोशू से कहा, "उनसे मत डर,
क्योंकि मैंने उन्हें तेरे हाथ में दे दिया है। उनमें से कोई भी तेरे
सामने खड़ा नहीं रह पाएगा।" 9 तब यहोशू उन पर अचानक
आ पड़ा, क्योंकि वह सारी रात गिलगाल से ऊपर गया था।
10 और 𐤉𐤄𐤅𐤄 ने उन्हें इस्त्राएल के सामने घबराहट में डाल
दिया, और उन्होंने गिबोन में उनका बड़ा संहार किया, और
उन्हें उस मार्ग से पीछा किया जो बेथ होरोन को जाता है, और
उन्हें अजेका और मक्क़ेदा तक मार डाला। 11 और ऐसा
हुआ कि जब वे इस्त्राएल के सामने भाग रहे थे और बेथ होरोन
की ढलान पर थे, तब 𐤉𐤄𐤅𐤄 ने उन पर अजेका तक
आकाश से बड़े ओले गिराए, और वे मर गए। उनसे अधिक
लोग ओलों से मरे, जितने इस्त्राएल के पुत्रों ने तलवार से मारे
थे। 12 तब यहोशू ने उस दिन 𐤉𐤄𐤅𐤄 से कहा जब 𐤉𐤄𐤅𐤄
ने एमोरीयों को इस्त्राएल के पुत्रों के हाथ में दे दिया, और
उसने इस्त्राएल की आंखों के सामने कहा, "हे सूर्य, गिबोन पर
ठहर जा; और हे चन्द्रमा, अयालोन की तराई में।" 13 तब
सूर्य ठहर गया, और चन्द्रमा रुक गया, जब तक कि राष्ट्र ने
अपने शत्रुओं से बदला न ले लिया। क्या यह याशार की
पुस्तक में नहीं लिखा है? इस प्रकार सूर्य आकाश के बीच में
रुक गया, और एक पूरा दिन ढलने में शीघ्र न हुआ। 14 और
ऐसा दिन उसके पहले न था और उसके बाद न हुआ, जब
𐤉𐤄𐤅𐤄 ने किसी मनुष्य की आवाज़ सुनी हो, क्योंकि
𐤉𐤄𐤅𐤄 ने इस्त्राएल के लिए युद्ध किया। 15 तब यहोशू लौटा,
और उसके साथ सारा इस्त्राएल, गिलगाल के डेरे में। 16 अब
वे पाँच राजा भाग गए थे और मक्क़ेदा की एक गुफा में छिप
गए थे। 17 और यहोशू को बताया गया, "वे पाँच राजा
मक्क़ेदा की गुफा में छिपे हुए पाए गए हैं।" 18 और यहोशू ने
कहा, "उस गुफा के मुंह पर बड़े पत्थर लुढका दो, और पुरुषों
को उसके पास रख दो कि वे उनकी रखवाली करें। 19 "और
तुम ठहरो मत, परन्तु अपने शत्रुओं का पीछा करो। और
उन्हें पिछाड़ी से मारो। उन्हें उनके नगरों में प्रवेश न करने
दो, क्योंकि 𐤉𐤄𐤅𐤄 तुम्हारा ईश्वर ने उन्हें तुम्हारे हाथ में दे
दिया है।" 20 और ऐसा हुआ कि जब यहोशू और इस्त्राएल के
पुत्रों ने उनका बहुत बड़ा संहार पूरा कर दिया, जब तक कि वे
समाप्त न हो गए - तो वे जो बच निकले, गिर्द-ओ-दीवार वाले
नगरों में चले गए – 21 तब सब लोग मक्क़ेदा में यहोशू के पास
डेरे में शान्ति से लौट आए। इस्त्राएल के पुत्रों में से किसी के
विरुद्ध किसी ने अपनी जीभ नहीं हिलाई। 22 तब यहोशू ने
कहा, "गुफा का मुंह खोलो, और उन पाँच राजाओं को गुफा
से मेरे पास बाहर निकालो।" 23 और उन्होंने ऐसा किया, और
उन पाँच राजाओं को गुफा से उसके पास लाए: येरूशालेम का
राजा, हेब्रोन का राजा, यारमुथ का राजा, लाखीश का राजा,
एग्लोन का राजा। 24 और ऐसा हुआ, जब वे उन राजाओं को
यहोशुआ के पास लाए, तब यहोशुआ ने सम्पूर्ण इस्त्राएल के
पुरुषों को बुलाया, और उसके साथ गए युद्ध के वीरों के
प्रधानों से कहा, "पास आओ, इन राजाओं की गर्दनों पर
अपने पाँव रखो।" और वे पास आए और उनके पाँव उनकी
गर्दनों पर रखे। 25 तब यहोशुआ ने उनसे कहा, "मत डरो
और मत घबराओ, दृढ और साहसी बनो, क्योंकि यही वह है
जो 𐤉𐤄𐤅𐤄 तुम्हारे सब शत्रुओं के साथ करेगा जिनसे तुम
लड़ रहे हो।" 26 और इसके बाद यहोशुआ ने उन्हें मारा और
घात किया, और उन्हें पाँच वृक्षों पर टाँग दिया। और वे संध्या
तक वृक्षों पर लटकते रहे। 27 और ऐसा हुआ, सूर्यास्त के
समय यहोशुआ ने आज्ञा दी, और उन्होंने उन्हें वृक्षों से
उतारकर उसी गुफा में डाल दिया जहाँ वे छिपे थे, और गुफा
के मुँह पर बड़े-बड़े पत्थर रख दिए, आज तक। 28 और
उसी दिन यहोशुआ ने मक्केदा को लिया, और उसने उसे
तलवार की धार से मारा, और उसके राजा को वध करके
उस पर पूरी तरह बंदी बना दिया - वहाँ के सब लोगों समेत,
उसने किसी को जीवित नहीं छोड़ा। और उसने मक्केदा के
राजा के साथ वैसा ही किया जैसा उसने यरीहो के राजा के
साथ किया था। 29 तब यहोशुआ मक्केदा से लिब्ना गया, और
सम्पूर्ण इस्त्राएल उसके साथ, और उन्होंने लिब्ना से लड़ाई
की। 30 और 𐤉𐤄𐤅𐤄 ने उसे और उसके राजा को इस्त्राएल
के हाथ में दे दिया। और उसने उसे और उसमें के सब लोगों
को तलवार की धार से मारा, किसी को जीवित नहीं छोड़ा।
और उसने उसके राजा के साथ वैसा ही किया जैसा उसने
यरीहो के राजा के साथ किया था। 31 फिर यहोशुआ और
सम्पूर्ण इस्त्राएल उसके साथ लिब्ना से लाखीश को गया, और
उसके विरुद्ध छावनी डालकर उससे लड़ा। 32 और 𐤉𐤄𐤅𐤄
ने लाखीश को इस्त्राएल के हाथ में दे दिया, और उन्होंने दूसरे
दिन उसे लिया, और उसमें के सब लोगों को तलवार की धार
से मारा, जैसा उसने लिब्ना के साथ किया था। 33 तब गेज़ेर
का राजा होराम लाखीश की सहायता करने आया। और

यहोशुआ ने उसे और उसके लोगों को मारा, जब तक कि
उसने किसी को जीवित नहीं छोड़ा। [34]फिर यहोशुआ और
सम्पूर्ण इस्राएल उसके साथ लाखीश से एग्लोन को गया।
और उन्होंने उसके विरुद्ध छावनी डालकर उससे लड़ा।
[35]और उसी दिन उन्होंने उसे लिया और तलवार की धार से
मारा। और उसमें के सब प्राणियों को उसी दिन पूरी तरह बंदी
बना दिया, जैसा उसने लाखीश के साथ किया था। [36]फिर
यहोशुआ और सम्पूर्ण इस्राएल उसके साथ एग्लोन से हेब्रोन
को गया, और उन्होंने उससे लड़ाई की। [37]और उन्होंने उसे
लिया और तलवार की धार से मारा, और उसके राजा को,
और उसकी सब नगरियों को, और उसमें के सब लोगों को।
उसने किसी को जीवित नहीं छोड़ा, जैसा उसने एग्लोन के
साथ किया था, वैसा ही उसने किया, और उसमें के सब लोगों
को पूरी तरह बंदी बना दिया। [38]फिर यहोशुआ और सम्पूर्ण
इस्राएल उसके साथ देबीर को लौटा, और उससे लड़ाई की।
[39]और उन्होंने उसे और उसके राजा को और उसकी सब
नगरियों को लिया। और उन्होंने उन्हें तलवार की धार से
मारा, और उनमें के सब लोगों को पूरी तरह बंदी बना दिया,
किसी को जीवित नहीं छोड़ा। जैसा उसने हेब्रोन के साथ
किया, वैसा ही उसने देबीर और उसके राजा के साथ किया,
और जैसा उसने लिब्ना और उसके राजा के साथ किया।
[40]इस प्रकार यहोशुआ ने पूरे देश को मारा: पहाड़ी देश, और
नेगेब, और निचला देश, और जंगल की ढलानें, और उनके
सब राजा। उसने किसी को जीवित नहीं छोड़ा, परन्तु जो
कुछ साँस लेता था सबको पूरी तरह बंदी बना दिया, जैसा कि
𐤉𐤄𐤅𐤄 ईश्वर इस्राएल का ने आज्ञा दी थी। [41]और
यहोशुआ ने कादेश बर्नेआ से अज़्ज़ा तक, और पूरे गोशेन
देश को, गिबोन तक मारा। [42]और यहोशुआ ने उन सब
राजाओं और उनके देश को एक ही समय में लिया, क्योंकि
𐤉𐤄𐤅𐤄 ईश्वर इस्राएल का ने इस्राएल के लिये लड़ाई की।
[43]और यहोशुआ गिलगाल के छावनी को लौटा, और सम्पूर्ण
इस्राएल उसके साथ।

11

[1]और ऐसा हुआ कि जब याबीन, हात्सार का राजा, ने
सुना, तो उसने मादोन के राजा योबाब, और शिमरोन
के राजा, और अक्साफ़ के राजा को भेजा, [2]और उन
राजाओं को जो उत्तर से थे, पहाड़ों में, और किन्नरोथ के
दक्षिण में मरुस्थल के मैदान में, और नीचले देश में, और
पश्चिम में दोर की ऊँचाइयों में – [3]पूर्व और पश्चिम में
कनानी, और एमोरी, और हित्ती लोग, और परिज्जी, और
यबूसी पहाड़ों में, और मित्स्फाह की भूमि में हेरमोन के नीचे
Hि्व्वी। [4]और वे निकले, वे और उनके सब सेनाएँ उनके
साथ, समुद्र तट की रेत के समान असंख्य लोग, बहुत से
घोड़ों और रथों के साथ। [5]और ये सब राजा इकट्ठे हुए, और
वे इस्राएल के विरुद्ध लड़ने के लिये मेरोम के जल पर आकर
साथ-साथ छावनी डाले। [6]और 𐤉𐤄𐤅𐤄 ने यहोशू से कहा,
“उनकी उपस्थिति से मत डर, क्योंकि कल इसी समय मैं उन
सबको इस्राएल के हाथ में कर दूँगा, मारे हुए। उनके घोड़ों
के नस काट डालना और उनके रथों को आग से जला
देना।” [7]तब यहोशू और उसके साथ सब योद्धा अचानक
मेरोम के जल पर उनके विरुद्ध आए और उन पर आ पड़े।
[8]और 𐤉𐤄𐤅𐤄 ने उन्हें इस्राएल के हाथ में दिया, और उन्होंने
उन्हें मारा और उनका पीछा किया बड़े सिदोन तक, और
मिस्रफ़ोत मयिम तक, और मित्स्फे की तराई तक, जो पूरब
की ओर है। और उन्होंने उन्हें मारा, यहाँ तक कि उनमें से
कोई शेष न रहा। [9]और यहोशू ने उनके साथ वैसा ही किया
जैसा 𐤉𐤄𐤅𐤄 ने उससे कहा था: उसने उनके घोड़ों के नस
काट डाले और उनके रथों को आग से जला दिया। [10]और
उसी समय यहोशू लौटकर हात्सार को ले लिया, और उसके
राजा को तलवार से मारा; क्योंकि हात्सार पहले उन सब
राज्यों का प्रधान था। [11]और उन्होंने उसके सब लोगों को
तलवार की धार से मारा, उन्हें पूरी तरह नाश कर दिया।
उसने किसी को भी साँस लेनेवाला न छोड़ा। तब उसने
हात्सार को आग से जला दिया। [12]और यहोशू ने उन
राजाओं के सब नगरों को, और उनके सब राजाओं को ले
लिया, और उन्हें तलवार की धार से मारा। उसने उन्हें पूरी
तरह नाश किया, जैसा कि मूसा, 𐤉𐤄𐤅𐤄 के सेवक, ने आज्ञा
दी थी। [13]परन्तु इस्राएल ने उन नगरों को, जो अपने टीलों
पर खड़े थे, नहीं जलाया; केवल हात्सार को यहोशू ने
जलाया। [14]और इन नगरों का सब लूट और पशु इस्राएल
के पुत्रों ने अपने लिये लिया। परन्तु उन्होंने हर मनुष्य को
तलवार की धार से मारा, यहाँ तक कि उन्होंने उन्हें नाश कर
दिया, और उन्होंने किसी को साँस लेनेवाला न छोड़ा।
[15]जैसा 𐤉𐤄𐤅𐤄 ने मूसा, उसके सेवक, को आज्ञा दी थी,
वैसा ही मूसा ने यहोशू को आज्ञा दी, और वैसा ही यहोशू ने
किया। उसने किसी बात से मुँह न मोड़ा जो कुछ भी 𐤉𐤄𐤅𐤄
ने मूसा को आज्ञा दी थी। [16]तब यहोशू ने इस सब देश को
लिया: पहाड़ी देश, और सब नेगेव, और गोशेन का सारा देश,
और नीचला देश, और मरुस्थल का मैदान, और इस्राएल के
पहाड़ और उसका नीचला देश, [17]पर्वत हलाक से जो सेईर
की ओर चढ़ता है, और लबानोन की तराई में बाल-गाद तक,
जो हेरमोन पर्वत के नीचे है। और उसने उनके सब राजाओं
को ले लिया, और उन्हें मारा और घात किया। [18]यहोशू ने
उन सब राजाओं से बहुत समय तक युद्ध किया। [19]कोई
नगर इस्राएल के पुत्रों के साथ मेल न कर पाया, सिवाय
गिबोन के रहनेवाले Hि्व्वी के। बाकी सब उन्होंने युद्ध में ले
लिये। [20]क्योंकि यह 𐤉𐤄𐤅𐤄 की ओर से था कि उनके मन
कठोर कर दिए जाएँ, कि वे इस्राएल के विरुद्ध युद्ध में आएँ,
ताकि उन्हें पूरी तरह नाश किया जाए, और उन पर कोई
अनुग्रह न हो, परन्तु कि वह उन्हें नाश कर दे, जैसा कि
𐤉𐤄𐤅𐤄 ने मूसा को आज्ञा दी थी। [21]और उसी समय यहोशू
आया और अनाकियों को पहाड़ों से काट डाला, हेब्रोन से,
देबीर से, अनाब से, और सारे यहूदा के पहाड़ों से, और सारे
इस्राएल के पहाड़ों से। यहोशू ने उन्हें उनके नगरों समेत
नाश कर दिया। [22]इस्राएल के पुत्रों की भूमि में कोई अनाकी
शेष न रहा; केवल अज़्ज़ाह, गथ, और अशदोद में कुछ बचे।
[23]तब यहोशू ने सारे देश को लिया, जैसा कि 𐤉𐤄𐤅𐤄 ने
मूसा से कहा था। और यहोशू ने उसे इस्राएल को उनके
गोत्रों के अनुसार उनके भाग के रूप में दिया। और देश ने
युद्ध से विश्राम पाया।

12

[1]और ये उस देश के राजा हैं जिन्हें इस्राएल के बच्चो
ने मारा, और जिनकी भूमि उन्होंने यरदन के पार सूर्य
उदय की ओर अरनोन नदी से लेकर हेरमोन पर्वत तक और
समस्त पूर्वी मरुभूमि तक अधिकार में ली। [2]अमोरियों का

राजा सीहोन, जो हेशबोन में रहता था, अरोएर से राज्य करता
था, जो अरनोन नदी के किनारे पर है, उस नदी के बीच से
लेकर आधे गिलआद तक, यब्बोक नदी तक, जो अम्मोनियों
की सन्तान की सीमा है, 3 और मरुभूमि से लेकर किन्नरोत के
समुद्र के पूर्व तक, और अरबाह के समुद्र, अर्थात खारे समुद्र
तक, बेत-येशीमोथ के मार्ग तक, और पिस्गाह की ढलानों के
नीचे दक्षिण की ओर। 4 और बाशान का राजा ओग की सीमा,
जो रफा लोगों के बचे हुओं में से था, जो अश्तरोत और एद्रेई
में रहता था, 5 और हेरमोन पर्वत में राज्य करता था, और
साल्का में, और समस्त बाशान में, गेशूरी और मआकाती की
सीमा तक, और आधे गिलआद तक, सीहोन राजा की सीमा,
जो हेशबोन में था। 6 मोशेह, 𐤉𐤄𐤅𐤄 का दास, और
इस्राएलियों ने उन्हें मारा। और मोशेह, 𐤉𐤄𐤅𐤄 का दास, ने
उसे रूबेनियों, गादीयों और मनश्शे के आधे गोत्र को निज
भाग के लिये दिया। 7 और ये उस देश के राजा हैं जिन्हें
यहोशू और इस्राएलियों ने यरदन के पश्चिम पार मारा,
लबानोन की तराई में बाल-गाद से लेकर हलाक पर्वत तक,
जो सेईर की ओर चढ़ता है, जिसे यहोशू ने इस्राएल की गोत्रों
को उनके विभाजन के अनुसार निज भाग के लिये दिया।
8 पर्वतीय देश में, और नीचले देश में, और मरुभूमि के मैदान
में, और ढलानों में, और जंगल में, और नेगेब में, हित्ती लोग,
अमोरी, और कनानी, परिज्जी, हिव्वी, और यबूसी। 9 यरीहो
का राजा, एक; ऐ का राजा, जो बेत-एल के पास है, एक;
10 यरूशलेम का राजा, एक; हेब्रोन का राजा, एक; 11 यर्मूत
का राजा, एक; लाकीश का राजा, एक; 12 एग्लोन का राजा,
एक; गेजेर का राजा, एक; 13 देबीर का राजा, एक; गेदेर का
राजा, एक; 14 होरमा का राजा, एक; अरद का राजा, एक;
15 लिब्ना का राजा, एक; अदुल्लाम का राजा, एक;
16 मक्केदाह का राजा, एक; बेत-एल का राजा, एक; 17 तप्पूह
का राजा, एक; हेफेर का राजा, एक; 18 अफेक का राजा,
एक; शारोन का राजा, एक; 19 मादोन का राजा, एक; हात्सार
का राजा, एक; 20 शिमरोन-मेरोन का राजा, एक; अक्शाफ
का राजा, एक; 21 तआनाक का राजा, एक; मगिद्दो का राजा,
एक; 22 केदेस का राजा, एक; कर्मेल में योकनेआम का
राजा, एक; 23 दोर की ऊँचाइयों में का राजा, एक; गिलगाल
के जातियों का राजा, एक; 24 तिरत्सा का राजा, एक। सब
मिलाकर इकत्तीस राजा।

13 1 और यहोशू बूढे और बहुत दिनों के हो गए थे। और
𐤉𐤄𐤅𐤄 ने उससे कहा, "तू बूढ़ा और बहुत दिनों का
हो गया है, और अब भी बहुत भूमि अधिकार में ली जानी बाकी
है। 2 "यह वह भूमि है जो बाकी रह गई: सब पलिश्तियों के
जिलों की और सब गशूरी लोगों की, 3 शिहोर से जो मिस्र के
सामने है, और उत्तर की ओर एक्रोन की सीमा तक, कनानी
गिने जाते हैं - पलिश्तियों के पाँच प्रधान, अज़्ज़ाती, और
अशदोदी, अश्केलोनी, गित्ती, और एक्रोनी; और अव्वी लोग
भी। 4 दक्षिण की ओर; सब कनानी की भूमि, और मआराह
जो सिदोनियों की है अफ़ेक तक, एमोरी की सीमा तक।
5 और गबालियों की भूमि, और सब लबानोन, सूर्योदय की
ओर, बाल गाद से जो हर्मोन पर्वत के नीचे है, हमात के प्रवेश
द्वार तक। 6 सब पहाड़ों के रहने वाले लबानोन से मिस्रेफ़ोत
मैम तक, और सब सिदोनी। मैं स्वयं उन्हें इस्राएल के बच्चों
के सामने से निकाल दूँगा। केवल, तू इस्राएल को चिट्ठी
डालकर विरासत में बाँट दे, जैसा कि मैंने तुझे आज्ञा दी है।
7 "और अब, इस भूमि को नौ गोत्रों और मनश्शे के आधे गोत्र
के लिए विरासत में बाँट।" 8 उनके साथ रूबेनियों और गादी
लोगों ने भी अपनी विरासत पाई, जो मूसा ने उन्हें दी थी,
यरदन के पार पूर्व की ओर, जैसा कि मूसा, 𐤉𐤄𐤅𐤄 के
सेवक ने उन्हें दिया था: 9 अरोएर से जो अर्नोन नदी के
किनारे है, और नगर जो नदी के बीच में है, और सब मैदान
मादीबा तक दीबोन तक। 10 और सब नगर सीहोन एमोरी का
राजा के, जो हेशबोन में राज्य करता था, अम्मोनियों की सीमा
तक। 11 और गिलआद, और गशूरी और माकाती की सीमा,
और सब हर्मोन पर्वत, और सब बाशान सल्का तक। 12 ओग
का सब राज्य बाशान में, जो अश्तारोत और एद्रेई में राज्य
करता था, जो रफ़ा लोगों का बचे हुए में से था; क्योंकि मूसा ने
उन्हें मारा और निकाल दिया था। 13 परंतु इस्राएल के बच्चों
ने गशूरी और माकाती को नहीं निकाला, सो गशूरी और
माकाती आज तक इस्राएल के बीच रहते हैं। 14 केवल लेवी
के गोत्र को उसने कोई विरासत नहीं दी - 𐤉𐤄𐤅𐤄 ईश्वर
इस्राएल के लिए अग्नि द्वारा किए गए चढ़ावे ही उनकी
विरासत थे, जैसा कि उसने उनसे कहा। 15 और मूसा ने
रूबेन के बच्चों के गोत्र को उनके कुलों के अनुसार दिया:
16 और उनकी सीमा अरोएर से थी, जो अर्नोन नदी के
किनारे है, और नगर जो नदी के बीच में है, और सब मैदान
मादीबा के पास। 17 हेशबोन और उसके सब नगर जो मैदान
में हैं: दीबोन, और बामोत बाल, और बेत बाल मेओन।
18 और याहत्सा, और केदेमोत, और मिफ़ा'त। 19 और
किरीयतैम, और सिब्मा, और ज़ेरेत शाहर जो घाटी के पर्वत
पर है। 20 और बेत पओर, और पिस्गा की ढलानें, और बेत
यशिमोत। 21 और सब नगर जो मैदान में हैं, और सीहोन का
सब राज्य, जो हेशबोन में राज्य करता था, जिसे मूसा ने
मिद्यान के प्रधानों के साथ मारा था: एवी, और रेकम, और
सूर, और हूर, और रेबा, सीहोन के प्रधान जो उस देश में
रहते थे। 22 और इस्राएल के पुत्रों ने तलवार से बिलाम
बओर के पुत्र भावी को मार डाला, जो उन मारे गए लोगों में
था। 23 और रेवुबेन के बच्चों की सीमा यरदेन के किनारे
थी। यह रेवुबेन के बच्चों की उनकी कुलों के लिए मीरास थी,
नगर और उनके गाँव। 24 और मोशेह ने गाद के गोत्र को,
गाद के बच्चों को उनकी कुलों के लिए दिया। 25 और उनकी
सीमा याज़ेर थी, और गिलाद के सब नगर, और अम्मोन के
बच्चों की आधी भूमि अरोएर तक, जो रब्बाह के सामने है।
26 और हेश्बोन से रामत मिट्सपेह और बेतोनीम तक, और
महनयिम से देबीर की सीमा तक। 27 और तराई में बेत
हराम, और बेत निम्रह, और सुक्कोत, और साफोन, हेश्बोन
के राजा सिहोन के राज्य का शेष भाग, यरदेन उसकी सीमा
थी, किन्नेरेत सागर के किनारे तक, यरदेन के पार पूरब की
ओर। 28 यह गाद के बच्चों की उनकी कुलों के लिए मीरास
है, नगर और उनके गाँव। 29 और मोशेह ने मनश्शे के आधे
गोत्र को दिया, और यह मनश्शे के बच्चों के आधे गोत्र के
लिए उनकी कुलों के लिए था। 30 और उनकी सीमा महनयिम
से थी, सब बाशान, बाशान का राजा ओग का सारा राज्य,

और याईर के सब छोटे नगर जो बाशान में हैं, साठ नगर।
31 और गिलाद का आधा भाग, और अश्तरोत और एद्रेई,
बाशान में ओग के राज्य के नगर, मनश्शे के पुत्र माकीर के
बच्चों के आधे के लिए उनकी कुलों के लिए थे। 32 इनको
मोशेह ने मोआब के मरुभूमि के मैदानों में यरीहो के पार,
यरदेन के पूर्व की ओर, मीरास के रूप में दिया। 33 परन्तु
लेवी के गोत्र को मोशेह ने कोई मीरास नहीं दी। 𐤉𐤄𐤅𐤄,
ईश्वर इस्त्राएल का, वही उनकी मीरास था, जैसा उसने उनसे
कहा था।

14

1 अब ये इस्त्राएल के बच्चों ने कनान की भूमि में
विरासत पाई, जिसे एलेआज़र याजक, और यहोशू
नून का पुत्र, और इस्त्राएल के बच्चों के गोत्रों के पितरों के
घरानों के प्रधानों ने उन्हें विरासत में दिया। 2 उनकी विरासत
चिट्ठी डालकर हुई, जैसा कि 𐤉𐤄𐤅𐤄 ने मूसा के हाथ से
आज्ञा दी थी, नौ गोत्रों और आधे गोत्र के लिए। 3 क्योंकि
मूसा ने यरदन के पार दो गोत्रों और आधे गोत्र को विरासत
दी थी, परन्तु लेवी लोगों को उसने उनके बीच कोई विरासत
नहीं दी। 4 क्योंकि यूसुफ़ के बच्चे दो गोत्र हो गए थे: मनश्शे
और इप्रैम। और उन्होंने लेवी लोगों को भूमि में कोई हिस्सा
नहीं दिया, केवल नगर दिए ताकि वे उनमें रहें, और उनके
पशुओं और उनकी सम्पत्ति के लिए उनके चारों ओर की खुली
भूमि। 5 जैसा कि 𐤉𐤄𐤅𐤄 ने मूसा को आज्ञा दी थी, वैसे ही
इस्त्राएल के बच्चों ने किया, और उन्होंने भूमि को बाँट दिया।
6 और यहूदा के बच्चे गिलगाल में यहोशू के पास आए, और
कालेब यपुन्नेह का पुत्र, कनिज्जी ने उससे कहा, "तू जानता
है वह वचन जो 𐤉𐤄𐤅𐤄 ने मूसा, ईश्वर के मनुष्य, से कहा
था तेरे और मेरे विषय में, कादेश बरने में। 7 "मैं चालीस वर्ष
का था जब 𐤉𐤄𐤅𐤄 का दास मूसा ने मुझे कादेश बरने से
भूमि की जासूसी करने भेजा, और जैसा मेरे हृदय में था वैसा
ही मैं उसे समाचार लाया। 8 "परन्तु मेरे भाई जो मेरे साथ
ऊपर गए थे, उन्होंने लोगों का मन पिघला दिया, परन्तु मैंने
अपने ईश्वर 𐤉𐤄𐤅𐤄 का पूरी तरह अनुसरण किया। 9 "सो
उस दिन मूसा ने शपथ खाई, यह कहकर, 'जिस भूमि पर तेरे
पाँव पड़े हैं वह तेरी और तेरे बच्चों की सदा की विरासत होगी,
क्योंकि तूने मेरे ईश्वर 𐤉𐤄𐤅𐤄 का पूरी तरह अनुसरण
किया।' 10 "और अब देख, जैसा उसने कहा था, वैसे ही
𐤉𐤄𐤅𐤄 ने मुझे इन पैंतालीस वर्षों में जीवित रखा है, जब से
𐤉𐤄𐤅𐤄 ने मूसा से यह वचन कहा, जब इस्त्राएल जंगल में
चला। और अब देख, मैं आज पचासी वर्ष का हूँ। 11 "फिर
भी आज भी मैं उतना ही बलवान हूँ जितना उस दिन था जब
मूसा ने मुझे भेजा था। जैसा मेरा बल तब था, वैसा ही अब भी
है, युद्ध के लिए, बाहर जाने और भीतर आने के लिए।
12 "और अब, मुझे वह पहाड़ दे, जिसके विषय में उस दिन
𐤉𐤄𐤅𐤄 ने कहा था, क्योंकि तूने उस दिन सुना था कि वहां
अनाकीम रहते थे, और नगर बड़े और किलेबंद थे। यदि
𐤉𐤄𐤅𐤄 मेरे साथ है, तो मैं उन्हें वैसा ही बाहर निकाल दूँगा
जैसा 𐤉𐤄𐤅𐤄 ने कहा था।" 13 तब यहोशू ने उसे आशीर्वाद
दिया, और हेब्रोन को कालेब यपुन्नेह के पुत्र को विरासत में
दिया। 14 सो हेब्रोन आज तक कनिज्जी कालेब यपुन्नेह के
पुत्र की विरासत हुआ, क्योंकि उसने इस्त्राएल के ईश्वर
𐤉𐤄𐤅𐤄 का पूरी तरह अनुसरण किया। 15 अब हेब्रोन का
नाम पहिले किर्यात-अरबा था; वह अनाकीम में सबसे बड़ा
मनुष्य था। और भूमि को युद्ध से विश्राम मिला।

15

1 और याहूदा के बच्चों के गोत्र का भाग, उनके कुलों
के अनुसार, एदोम की सीमा तक, दक्षिण की ओर
त्सीन के जंगल तक, अति दक्षिण में था। 2 और उनकी
दक्षिण की सीमा खारे समुद्र के किनारे से शुरू हुई, उस
खाड़ी से जो दक्षिण की ओर देखती है। 3 और यह अक्रब्बीम
की चढ़ाई के दक्षिणी ओर निकली, त्सीन तक गई, और
क़ादेश बरनेआ के दक्षिणी ओर चढ़ी, और हेथ्स्रोन से होकर
गुज़री, अदार तक चढ़ी, और कार्का तक घूम गई। 4 और
अत्समोन से होकर गुज़री, और मिस्त्र की नदी तक निकली,
और सीमा समुद्र पर समाप्त हुई। यही तुम्हारी दक्षिणी सीमा
है। 5 और पूर्व की सीमा खारे समुद्र से लेकर यरदेन के अंत
तक थी। और उत्तरी ओर की सीमा समुद्र की खाड़ी से,
यरदेन के अंत से शुरू हुई। 6 और सीमा बेथ होगला तक
चढ़ी, और बेथ अरबा के उत्तर से होकर गुज़री। और सीमा
बोहान, रूबेन के पुत्र, के पत्थर तक चढ़ी। 7 और सीमा
अखोर की तराई से देबीर की ओर चढ़ी, और उत्तर की ओर
गिलगाल की ओर मुड़ी, जो अदुम्मिम की चढ़ाई के सामने है,
जो नदी के दक्षिण में है। और सीमा एयन शेमेश के जल तक
गई और एयन रोगेल पर समाप्त हुई। 8 और सीमा बेन
हिन्नोम की तराई से होकर यबूसी नगर की दक्षिण ढलान तक
चढ़ी, जो येरुशलेम है। और सीमा उस पहाड़ की चोटी तक
चढ़ी जो हिन्नोम की तराई के सामने पश्चिम की ओर है, जो
रेफाईम की तराई के उत्तर छोर पर है। 9 और सीमा पहाड़ी
की चोटी से नेप्तोआह के जलस्त्रोत तक घूम गई, और एप्रोन
के पहाड़ के नगरों तक चढ़ी। और सीमा बा'अला तक घूम
गई, जो किर्यात येआरिम है। 10 और सीमा बा'अला से
पश्चिम की ओर सेईर पर्वत तक मुड़ी, और माउंट येआरिम
के उत्तर की ओर होकर गुज़री, जो केसालोन है, और बेथ
शेमेश तक उतरी, और तिम्ना तक गई। 11 और सीमा एक्रोन
के उत्तरी ओर तक निकली। और सीमा शिक्केरोन तक घूम
गई, और माउंट बा'अला तक गुज़री, और याबनेएल तक
निकली। और सीमा समुद्र पर समाप्त हुई। 12 और पश्चिम
की सीमा महान समुद्र का तट था। यही याहूदा के बच्चों की
सीमा है, चारों ओर, उनके कुलों के अनुसार। 13 और
कालेब, यपुन्नेह के पुत्र, को उसने याहूदा के बच्चों के बीच एक
भाग दिया, 𐤉𐤄𐤅𐤄 की आज्ञा के अनुसार यहोशुआ को:
किर्यात अरबा, जो हेब्रोन है – अरबा अनाक का पिता था।
14 और कालेब ने वहां से अनाक के तीन पुत्रों को निकाला:
शेषै, और अहिमान, और तल्पमी, अनाक के बच्चे। 15 और
वह वहां से देबीर के निवासियों की ओर गया, और देबीर का
नाम पहले किर्यात सेफेर था। 16 और कालेब ने कहा, "जो
कोई किर्यात सेफेर को मारेगा और उसे पकड़ लेगा, उसे मैं
अपनी बेटी अक्सा पत्नी के रूप में दूंगा।" 17 और
ओत्नीएल, क़ेनज़ का पुत्र, कालेब का भाई, ने उसे पकड़
लिया, तो उसने उसे अपनी बेटी अक्सा पत्नी के रूप में दी।
18 और जब वह उसके पास आई, तो उसने उसे अपने पिता
से एक खेत माँगने के लिए मनाया। और जब वह गधे से
उतरी, तो कालेब ने उससे कहा, "क्या बात है?" 19 और
उसने कहा, "मुझे आशीर्वाद दो। क्योंकि तुमने मुझे नेगेव में

भूमि दी है, तो मुझे जल के सोते भी दो।" और उसने उसे
ऊपरी सोते और निचले सोते दिए। 20 यह याहूदा के बच्चों के
गोत्र की विरासत थी, उनके कुलों के अनुसार। 21 और
याहूदा के बच्चों के गोत्र की दक्षिणी सीमा पर, एदोम की सीमा
की ओर नेगेव में नगर थे: कब्सेल, और एदर, और यगूर,
22 और क़ीना, और दिमोना, और अदादा। 23 और क़ेदेश,
और हात्सार, और यिथनान, 24 ज़ीफ़, और तेलेम, और
बेआलोथ, 25 और हात्सार, हादत्ता, और केरियोत, हेत्सरोन,
अर्थात हात्सार, 26 आमाम, और शेमा, और मोलादाह,
27 और हात्सार गद्दाह, और हेश्मोन, और बेत पेलत, 28 और
हात्सार शूअल, और बेएरशेबा, और बिज्योत्याह, 29 बआलाह,
और ईयिम, और एत्सेम, 30 और एलतोलाद, और केसिल,
और होर्माह, 31 और त्सिकलग़, और मद्मन्नाह, और
सन्सन्नाह, 32 और लेबाओथ, और शिल्हिम, और आयिन,
और रिम्मोन। सब नगर उन के गाँव समेत उन्तीस थे।
33 नीचे देश में: एश्ताओल, और सूरा, और अश्नाह, 34 और
ज़ानोवह, और एयन गन्नीम, तप्पूह और एयनाम, 35 यारमूथ
और अदुल्लाम, सोखो और अज़ेका, 36 और शआरयिम,
और अदिथायिम, और गेदेराह, और गेदेरोथायिम – चौदह
नगर उनके गाँव समेत। 37 त्सेनान, और हादशाह, और
मिग्दल गाद, 38 और दिलआन, और मित्सपेह, और
योक्तेएल, 39 लाक़ीश, और बोत्सकाथ, और एग्लोन, 40 और
काब्बोन, और लह्माम, और किथलिश, 41 और गेदेरोथ, बेत
दागोन, और ना'अमह, और मक़्केदह – सोलह नगर उनके
गावों सहित। 42 लिब्नाह, और एथेर, और अशान, 43 और
यिप्तह, और अश्नह, और नेत्सिब, 44 और क़े'इलाह, और
अक़ज़ीब, और मरेशह – नौ नगर उनके गावों सहित।
45 एक्रोन अपने नगरों और गावों सहित, 46 एक्रोन से समुद्र
तक, जो भी अशदोद के पास थे, उनके गावों सहित।
47 अशदोद, उसके नगर और गाव; अज़्ज़ाह, उसके नगर
और गाव; मिस्त्र की वादी तक और महान समुद्र उसकी
तटरेखा सहित। 48 और पहाड़ी देश में: शामीर, और यत्तीर,
और सोख़ो, 49 और दन्नह, और क़िरयत सन्नह, जो देबिर है,
50 और अनब, और एश्तेमोह, और अनीम, 51 और गोशेन,
और होलोन, और गिलोह - ग्यारह नगर उनके गावों सहित।
52 अरब, और दूमह, और एश'आन, 53 और यनीम, और बेत
तप्पूअह, और अफ़ेकह, 54 और हुम्तह, और क़िरयत अर्बा,
जो हेब्रोन है, और त्सिओर - नौ नगर उनके गावों सहित।
55 माओन, कर्मेल, और ज़ीफ़, और युत्तह, 56 और यिज्रेएल,
और योक़दे'आम, और ज़ानोवाह, 57 क़यिन, गिब'अह, और
तिम्नह – दस नगर उनके गावों सहित। 58 हलहुल, बेत सूर,
और गेदोर, 59 और मा'आरथ, और बेत अनोथ, और
एल्तेक़ोन - छह नगर उनके गावों सहित। 60 क़िरयत बाअल,
जो क़िरयत ये'आरिम है, और रब्बह - दो नगर उनके गावों
सहित। 61 मरुभूमि में: बेत अरबह, मिद्दीन, और सेकाकह,
62 और निवशान, और नमक का नगर, और एयन गेदि - छह
नगर उनके गावों सहित। 63 जहां तक येबूसियों का प्रश्न है,
यरूशलेम के निवासियों को याहूदा के पुत्र निकाल नहीं सके,
इसलिए येबूसी आज तक याहूदा के पुत्रों के साथ यरूशलेम
में रहते हैं।

16 1 और योसेफ के पुत्रों के लिये चिट्ठी यरदन से, यरीहो
के पास से, यरीहो के पानी की ओर, पूर्व दिशा में
निकली, यरीहो से ऊपर के जंगल की ओर पर्वतों से होती हुई
बेत एल तक गयी। 2 और बेत एल से लूज की ओर गयी,
और अतारोत में अर्खियों की सीमा तक पहुँचकर गुज़र
गयी। 3 और पश्चिम की ओर याफ़लेटियों की सीमा तक
उतरी, और निचली बेत होरोन से गेज़ेर तक की सीमा तक
पहुँची, और यह समुद्र पर समाप्त हुई। 4 इस प्रकार योसेफ
के पुत्र मनश्शे और एप्रैम ने भाग पाया। 5 और एप्रैम के पुत्रो
की सीमा उनके कुलों के अनुसार यह थी: उनकी मीरास की
सीमा पूर्व की ओर अतारोत अद्दार से ऊपरी बेत होरोन तक
थी। 6 और सीमा समुद्र की ओर उत्तरी दिशा में मिखमेतात
तक गई, फिर सीमा पूरब की ओर तआनत शीलोह की ओर
मुड़ी, और यानोख के पूरब से होकर गुज़र गई। 7 और
यानोख से अतारोत और नाराह की ओर उतरी, यरीहो तक
पहुँची, और यरदन पर समाप्त हुई। 8 तप्पूअह से सीमा
पश्चिम की ओर काना की नाले तक गई, और समुद्र पर
समाप्त हुई। यह एप्रैम के पुत्रों के गोत्र के अनुसार उनकी
मीरास थी। 9 और एप्रैम के पुत्रों के लिये अलग नगर मनश्शे
के पुत्रों की मीरास के बीच थे, सब नगर और उनके गाँव।
10 और उन्होंने गेज़ेर में रहनेवाले कनानियों को नहीं निकाला,
इसलिये कनानी एप्रैमियों के बीच आज तक रहते हैं, और वे
जबरी मज़दूरी करने वाले बन गये।

17 1 और मनश्शे के गोत्र के लिये चिट्ठी निकली, क्योंकि
वह योसेफ का पहलौठा था। माखीर, मनश्शे का
पहलौठा, गिलाद का पिता, क्योंकि वह युद्ध का पुरुष था,
उसके लिये गिलाद और बाशान थे। 2 और मनश्शे के बाकी
पुत्रों के लिये उनके गोत्रों के अनुसार यह था: अबीएज़ेर के
पुत्रों के लिये, और हेलेक के पुत्रों के लिये, और अस्त्रीएल के
पुत्रों के लिये, और शेकेम के पुत्रों के लिये, और हेफ़ेर के पुत्रो
के लिये, और शेमीदा के पुत्रों के लिये। ये मनश्शे पुत्र योसेफ
के पुरुष सन्तान उनके गोत्रों के अनुसार थे। 3 परन्तु
त्सेलोफ़हद, हेफ़ेर का पुत्र, गिलाद का पुत्र, माखीर का पुत्र,
मनश्शे का पुत्र, के कोई पुत्र न थे, परन्तु केवल पुत्रियाँ थीं।
और उसकी पुत्रियों के नाम ये थे: महला, नोहा, होगला,
मिल्का और तिर्सा। 4 और वे एलीआज़ार याजक के पास,
नून के पुत्र यहोशू के पास, और प्रधानों के पास आकर कहने
लगीं, "𐤉𐤄𐤅𐤄 ने मूसा को आज्ञा दी कि हमें हमारे भाइयों के
बीच मीरास दी जाए।" सो उसने उन्हें उनके पिता के भाइयो
के बीच 𐤉𐤄𐤅𐤄 की आज्ञा के अनुसार मीरास दी। 5 और
मनश्शे को दस हिस्से पड़े, गिलाद और बाशान की भूमि को
छोड़कर, जो यरदन के पार थी। 6 क्योंकि मनश्शे की पुत्रियो
ने उसके पुत्रों के बीच मीरास पाई। और मनश्शे के बाकी
पुत्रों के पास गिलाद की भूमि थी। 7 और मनश्शे की सीमा
आशेर से मिखमेतात तक थी, जो शेकेम के सामने है। और
सीमा एयन तप्पूअह के रहनेवालों की ओर दाहिनी ओर बढ़ी।
8 तप्पूअह की भूमि मनश्शे की थी, परन्तु तप्पूअह, जो मनश्शे
की सीमा पर थी, एप्रैम के पुत्रों की थी। 9 और सीमा काना की

नाले की ओर उत्तरी, नाले की दक्षिण ओर। ये नगर एप्रैम के
नगर मनश्शे के नगरों के बीच थे, परन्तु मनश्शे की सीमा
नाले के उत्तर में थी, और यह समुद्र पर समाप्त हुई।
10दक्षिण ओर एप्रैम का, और उत्तर ओर मनश्शे का था,
और समुद्र उसकी सीमा थी। और वे उत्तर में आशेर तक
और पूरब में यिस्साकार तक पहुँचे। 11और यिस्साकार और
आशेर में, मनश्शे के पास बेत शान और उसके नगर, और
यिबलेआम और उसके नगर, और दोर के निवासियों और
उसके नगर, और एयन दोर के निवासियों और उसके नगर,
और तआनाक के निवासियों और उसके नगर, और मगीद्दो के
निवासियों और उसके नगर - तीन ऊँचे स्थान थे। 12परन्तु
मनश्शे के पुत्र उन नगरों के निवासियों को निकालने में
असमर्थ थे, क्योंकि कनानी उस देश में बसना चाहते थे।
13और ऐसा हुआ कि जब इस्राएली बलवान हुए, तब उन्होंने
कनानियों को जबरी मज़दूरी में लगा दिया, परन्तु उन्हें पूरी
तरह नहीं निकाला। 14और योसेफ के पुत्रों ने यहोशू से कहा,
“तूने हमें केवल एक चिट्ठी और एक भाग क्यों दिया है, जबकि
हम बड़ी प्रजा हैं, जिन्हें 𐤉𐤄𐤅𐤄 ने अब तक आशीष दी है?”
15और यहोशू ने उनसे कहा, “यदि तुम बड़ी प्रजा हो, तो
जंगल में जाकर अपने लिये जगह साफ़ करो, परिज्जियों
और रेफ़ाइयों की भूमि में, क्योंकि एप्रैम का पर्वतीय देश तुम्हारे
लिये बहुत तंग है।” 16तब योसेफ के पुत्रों ने कहा, “पर्वतीय
देश हमारे लिये पर्याप्त नहीं है, और जो कनानी तराई की भूमि
में रहते हैं, उनके पास लोहे के रथ हैं, चाहे वे बेत शान और
उसके नगरों के हों, चाहे यिज्रेएल की तराई के हों।” 17और
यहोशू ने योसेफ के घराने से, एप्रैम और मनश्शे से कहा,
“तुम बड़ी प्रजा हो और तुम्हारे पास बड़ी शक्ति है, तुम्हें केवल
एक चिट्ठी नहीं मिलेगी। 18परन्तु पर्वतीय देश तुम्हारा होगा।
यद्यपि वह जंगल है, तुम उसे काट दोगे, और उसकी दूर की
हद्द तुम्हारी होगी। क्योंकि तुम कनानियों को निकाल दोगे,
यद्यपि उनके पास लोहे के रथ हैं और वे शक्तिशाली हैं।”

18 1और सम्पूर्ण यिस्राएल की सन्तान की मण्डली शीलो
में इकट्ठी हुई, और उन्होंने वहाँ मिलापवाले तम्बू को
रखा। और भूमि उनके सामने दबा दी गई। 2और यिस्राएल
की सन्तान में से सात गोत्र ऐसे थे जिन्हें अभी तक अपनी
विरासत नहीं मिली थी। 3तब यहोशू ने यिस्राएल की सन्तान
से कहा, “तुम कब तक इस देश में प्रवेश कर उसे अधिकार
में लेने से चूकते रहोगे, जिसे 𐤉𐤄𐤅𐤄 तुम्हारे पितरों का
ईश्वर ने तुम्हें दिया है? 4“प्रत्येक गोत्र में से तीन-तीन पुरुष
नियुक्त करो, और मैं उन्हें भेजूँगा कि वे देश का भ्रमण करें
और अपनी विरासत के अनुसार उसका वर्णन करें, और मेरे
पास लौट आएँ। 5“और वे उसे सात भागों में बाँटें - यहूदा
अपनी सीमा के भीतर दक्षिण में रहेगा, और यूसुफ का घराना
अपनी सीमा के भीतर उत्तर में रहेगा - 6और तुम उस देश
का सात भागों में वर्णन करना, और उसे मेरे पास लाना। तब
मैं यहाँ तुम्हारे लिये 𐤉𐤄𐤅𐤄 हमारे ईश्वर के सामने चिट्ठियाँ
डालूँगा। 7“परन्तु लेवीय लोगों का तुम्हारे बीच कोई भाग नहीं
है, क्योंकि 𐤉𐤄𐤅𐤄 की याजकाई ही उनकी विरासत है। और
गाद, और रूबेन, और मनश्शे के आधे गोत्र ने यरदन के
उस पार पूर्व की ओर अपनी विरासत पा ली है, जिसे मूसा,
𐤉𐤄𐤅𐤄 का दास, उन्हें दे चुका है।” 8तब वे पुरुष उठे और
गए। और यहोशू ने उन लोगों को जो देश का वर्णन करने
गए, आज्ञा दी और कहा, “जाओ, देश का भ्रमण करो, और
उसका वर्णन करो, और मेरे पास लौट आओ, तब मैं तुम्हारे
लिये यहाँ शीलो में 𐤉𐤄𐤅𐤄 के सामने चिट्ठियाँ डालूँगा।”
9तब वे पुरुष गए, और देश का भ्रमण किया, और उसका
वर्णन नगर-नगर के अनुसार सात भागों में एक पुस्तक में
लिखा। और वे यहोशू के पास छावनी में शीलो लौट आए।
10और यहोशू ने उनके लिये शीलो में 𐤉𐤄𐤅𐤄 के सामने
चिट्ठियाँ डालीं, और वहाँ यहोशू ने यिस्राएल की सन्तान को
उनके भागों के अनुसार देश बाँट दिया। 11और बिन्यामीन के
गोत्र की सन्तान का भाग उनकी कुलों के लिये निकला, और
उनके भाग की सीमा यहूदा की सन्तान और यूसुफ की
सन्तान के बीच में आई। 12और उनकी सीमा उत्तर दिशा में
यरदन से थी, और वह सीमा यरीहो के उत्तर की ओर चली,
और पश्चिम की ओर पहाड़ों पर चढ़ी, और बेथ-आवेन के
जंगल पर आकर ठहर गई। 13और वहाँ से वह सीमा लूज
की ओर गई, लूज के दक्षिणी ओर, जो कि बेथ-एल है। और
सीमा अतारोत-अदार तक उतरी, उस पहाड़ी के पास जो
नीचले बेथ-होरोन के दक्षिण में है। 14और वह सीमा खींची
गई और पश्चिम की ओर दक्षिण की ओर घूम गई, उस
पहाड़ी से जो बेथ-होरोन के दक्षिण की ओर है, और किर्यात-
बा'ल पर ठहर गई, जो कि किर्यात-यारीम है, यहूदा की
सन्तान का एक नगर। यह पश्चिम की ओर की सीमा थी।
15और दक्षिण की ओर की सीमा किर्यात-यारीम के अंत से
निकली, और पश्चिम की ओर गई, और नप्तोहा के जल के
सोते तक पहुँच गई। 16और सीमा उस पहाड़ के अंत तक
उतरी जो बेन-हिन्नोम की तराई की ओर है, जो उत्तर में
रेफा'ईम की तराई में है, और हिन्नोम की तराई में नीचे गई,
और यबूसी नगर के दक्षिण की ओर से होती हुई एयन-रोगेल
तक उतरी। 17और वह उत्तर की ओर से खींची गई, और
एयन-शेमेश तक निकली, और गेलीलोत की ओर गई, जो
अदुम्मीम की चढ़ाई के सामने है, और रूबेन के पुत्र बोहान के
पत्थर तक उतरी। 18और वह अरबाह के उत्तर की ओर
निकली, और अरबाह में उतर गई। 19और वह सीमा बेथ-
होग़ला के उत्तर की ओर गई, और सीमा लवण समुद्र की
उत्तरी खाड़ी पर, यरदन के दक्षिणी सिरे पर ठहर गई। यह
दक्षिण की सीमा थी। 20और यरदन उसकी पूर्वी सीमा है।
यह बिन्यामीन की सन्तान की विरासत थी, उनकी कुलों के
अनुसार उनकी चारों ओर की सीमाएँ। 21और बिन्यामीन की
सन्तान के गोत्र की नगर, उनकी कुलों के लिये, ये थे: यरीहो,
और बेथ-होग़ला, और एमेक़-केत्सित्स, 22और बेथ-अरबाह,
त्सेमारायिम, और बेथ-एल, 23और अवीम, और पराह, और
ओफ्राह, 24और केफार-हअम्मोनी, और ओफ्नी, और गाबा -
ये बारह नगर और उनके गाँव। 25गिबोन, और रामाह, और
बे'एरोत, 26और मित्सपेह, और केफिराह, और मोत्सा,
27और रेक़ेम, और यिर्पे'एल, और तरालाह, 28और त्सेला,
एलेफ, और यबूसी, जो कि येरूशलेम है, गिब'अत और
किर्यात - ये चौदह नगर और उनके गाँव। यह बिन्यामीन की
सन्तान की विरासत थी उनकी कुलों के लिये।

19 1और दूसरी चिट्ठी शिमोन के लिए निकली, शिमोन के
बच्चों के गोत्र के लिए उनके कुलों के अनुसार। और

उनका भाग यहूदा के बच्चों के भाग के भीतर था। 2 और
उनके भाग में बेएरशेबा, या शेबा, और मोलादा, 3 और हात्सार
शूअल, और बलह, और एत्सेम, 4 और एल्तोलाद, और
बेतुल, और होरमा, 5 और त्सिकलग, और बेत् मरकबोत,
और हात्सार सुसा, 6 और बेत् लेबाओत, और शारुहेन - तेरह
नगर और उनके गाँव। 7 अयिन, रिम्मोन, और एथेर, और
अशान - चार नगर और उनके गाँव; 8 और सब गाँव जो इन
नगरों के चारों ओर बाअलत बेएर तक, नेगेब की रमात तक
थे। यह शिमोन के बच्चों के गोत्र का भाग था उनके कुलों के
अनुसार। 9 शिमोन के बच्चों का भाग यहूदा के बच्चों के
हिस्से से निकला, क्योंकि यहूदा के बच्चों का हिस्सा उनके
लिए बहुत बड़ा था। इसलिये शिमोन के बच्चों का हिस्सा
उनके हिस्से के भीतर पड़ा। 10 और तीसरी चिट्ठी जबूलुन के
बच्चों के लिए निकली उनके कुलों के अनुसार, और उनके
हिस्से की सीमा सारीद तक थी। 11 और उनकी सीमा समुद्र
की ओर गई, और मरालह, और दब्बेशेत तक पहुँची, और
योकनेआम के सामने वाले नाले तक पहुँची, 12 और सारीद से
सूर्योदय की ओर मुडकर किस्लोत ताबोर की सीमा तक गई,
और दबरत की ओर निकलकर याफ़िया तक चढ़ गई।
13 और वहाँ से पूर्व की ओर होकर गथ हेफ़ेर के पूर्व, एथ
कात्सिन की ओर गई, और रिम्मोन तक पहुँची, जो नेआ की
सीमा पर है। 14 और सीमा ने इसे उत्तर की ओर हन्नातोन के
चारों ओर घेर लिया, और यह यिफ्तह् ईश्वर की तराई में
समाप्त हुई; 15 साथ ही कतत, और नहालाल, और शिमरोन,
और यीदालह, और बेत् लेहेम - बारह नगर उनके गाँवों
सहित। 16 यह जबूलुन के बच्चों का भाग था उनके कुलों के
अनुसार, ये नगर और उनके गाँव। 17 चौथी चिट्ठी यिस्साकर
के लिए निकली, यिस्साकर के बच्चों के लिए उनके कुलों के
अनुसार। 18 और उनकी सीमा यिज्रेल, और केसुल्लोत, और
शूनेम, 19 और हफ़रयिम, और शियोन, और अनाहरत,
20 और रब्बीत, और किशोन, और एवेत्स, 21 और रेमेत,
और एयन गन्नीम, और एयन हद्दाह, और बेत् पात्स्त्सेत्स।
22 और सीमा ताबोर, और शहात्सिमा, और बेत्-शेमेश तक
पहुँची, और उनकी सीमा यर्देन पर समाप्त हुई - सोलह नगर
उनके गाँवों सहित। 23 यह बच्चों की गोत्र यिस्साकर की
मीरास थी, उनके कुलों के लिये, नगर और उनके गाँव।
24 और पाँचवाँ चिट्ठा अशेर के बच्चों की गोत्र के लिये उनके
कुलों के अनुसार पड़ा। 25 और उनकी सीमा हेलेकथ, और
हाली, और बेतन, और अक्षित थी, 26 और अल्लामेलेक, और
अमाद, और मिशाल। और यह पश्चिम की ओर करमेल
पर्वत तक पहुँचा, और शिहोर लिबनाथ की नहर तक, 27 और
पूरब की ओर मुड़ा, बेत-दागोन तक पहुँचा, और जबूलून और
यिफ्तह-एल की तराई तक, फिर उत्तर की ओर बेत-हेमेक़
और नेईएल से आगे, और बायीं ओर कबूल तक गया,
28 और हेब्रोन, और रहोब, और हम्मोन, और क़ाना, बड़े
सिदोन तक। 29 और सीमा रामा की ओर मुडी, और दृढ
नगर सूर की ओर, और सीमा होसा की ओर मुडी, और समुद्र
पर समाप्त हुई, अक्ज़ीब तक। 30 और उम्माह, और अफेक,
और रहोब सम्मिलित थे - बाईस नगर अपने गाँवों सहित।
31 यह बच्चों की गोत्र अशेर की मीरास थी, उनके कुलों के
लिये, ये नगर और उनके गाँव। 32 छठा चिट्ठा नप्ताली के
बच्चों पर पड़ा, नप्ताली के बच्चों के लिये उनके कुलों के
अनुसार। 33 और उनकी सीमा हेलेफ से, त्सआनन्नीम में
बांज के पेड़ से, और अदामी-नेकेब, और यबनेएल से लेकर
लक्कुम तक, और यरदन पर समाप्त हुई। 34 और सीमा
पश्चिम की ओर अज़नोत-ताबोर तक मुडी, और वहाँ से
हुक्कोक की ओर निकली, और दक्षिण की ओर जबुलून तक,
और पश्चिम की ओर अशेर तक पहुँची, और पूरब की ओर
याहूदा पर यरदन तक समाप्त हुई। 35 और गढ़वाले नगर थे
त्सिद्दिम, त्सेर, और हमात, रक़्क़त, और किन्नेरेत, 36 और
अदामा, और रामा, और हात्सार, 37 और क़ादेश, और एद्रेई,
और एयन हात्सार, 38 और यिरोन, और मिग्दाल ईश्वर,
होरेम, और बेत-अनाथ, और बेत-शेमेश - उन्नीस नगर अपने
गाँवों सहित। 39 यह नप्ताली के बच्चों की गोत्र की मीरास थी,
उनके कुलों के लिये, नगर और उनके गाँव। 40 सातवाँ चिट्ठा
दान के बच्चों की गोत्र के लिये उनके कुलों के अनुसार
पड़ा। 41 और उनकी मीरास की सीमा त्सोराह, और
एश्ताओल, और ईर-शेमेश थी, 42 और शालब्बीन, और
अयालोन, और यितलाह, 43 और एयलोन, और तिम्नथाह,
और एक्रोन, 44 और एलतेकेह, और गिब्बेतोन, और
बा'अलथ, 45 और यहूदा, और बेनेय बेरक़, और गथ रिम्मोन,
46 और मेय यार्कोन, और रक्कोन, याफो के सामने की सीमा
सहित। 47 और दान के बच्चों की सीमा उनसे बाहर निकल
गई। और दान के बच्चे लेशेम से लड़ने को गए और उसे
जीत लिया। और उन्होंने उसे तलवार की धार से मारा, और
उस पर अधिकार कर लिया, और उसमें बस गए, और लेशेम
को अपने पिता दान के नाम पर दान कहा। 48 यह दान के
बच्चों के गोत्र की उनकी कुलों के अनुसार मीरास थी, ये
नगर उनके गाँवों सहित। 49 और जब उन्होंने अपनी सीमाओं
के अनुसार भूमि को मीरास के रूप में बाँटने को समाप्त
किया, तो इस्त्राएल के बच्चों ने नून के पुत्र यहोशू को अपने
बीच में मीरास दी। 50 𐤉𐤄𐤅𐤄 के वचन के अनुसार उन्होंने
उसे वह नगर दिया जो उसने माँगा था, एप्रैम के पहाड़ों में
तिम्नथ सेरह। और उसने नगर को बनाया और उसमें बस
गया। 51 ये वे मीरासें थीं जिन्हें एलेआज़र याजक, और नून
का पुत्र यहोशू, और इस्त्राएल के बच्चों के गोत्रों के पिताओं के
प्रधानों ने शीलो में 𐤉𐤄𐤅𐤄 के सामने, मिलापवाले तम्बू के द्वार
पर, चिट्ठियों के द्वारा मीरास बाँटी। और उन्होंने देश का
बाँटना समाप्त किया।

20 1 और 𐤉𐤄𐤅𐤄 ने यहोशू से कहा, 2 "इस्त्राएल के
बच्चों से कह, 'अपने लिये शरण के नगर ठहराओ,
जिनके विषय में मैंने मूसा के द्वारा तुमसे कहा था, 3 कि जो
कोई अनजाने में, बिना मन में बैर रखे किसी प्राणी को मार
डाले, वह वहाँ भाग कर जाए। और वे तुम्हारे लिये रक्त के
बदला लेनेवाले से शरणस्थान होंगे। 4 'और वह उन नगरों में
से किसी एक में भागकर जाए, और नगर के फाटक के प्रवेश
द्वार पर खड़ा होकर अपना मामला उस नगर के प्राचीनों के
सुनने में प्रकट करे। और वे उसे नगर के पास अपने में से
एक मानकर नगर में ले लें, और उसे एक स्थान दें, और वह
उनके बीच में रहे। 5 'और जब रक्त का बदला लेनेवाला

उसका पीछा करे, तो वे हत्यारे को उसके हाथ में न दें, क्योंकि
उसने अपने पड़ोसी को अनजाने में मारा था, और पहले से
उससे बैर न रखा था। 6 ‘और वह उस नगर में तब तक रहे
जब तक वह सभा के सामने न्याय के लिये न खड़ा हो, और
जब तक उन दिनों का महायाजक मर न जाए। तब हत्यारा
लौटकर अपने नगर और अपने घर में, उस नगर में जहाँ से
वह भाग गया था, जाए।’ ” 7 तब उन्होंने गलील में नप्ताली के
पहाड़ों में क़ादेश को पवित्र किया, और एप्रैम के पहाड़ों में
शेकेम को, और यहूदा के पहाड़ों में किरीयत अर्बा, जो हेब्रोन
है, को। 8 और यर्दन के पार, यरीहो के पूरब की ओर, उन्होंने
रूबेन के गोत्र से मैदान के जंगल में बेसेर को, गाद के गोत्र
से गिलआद में रामोत को, और मनश्शे के गोत्र से बाशान में
गोलान को ठहराया। 9 ये वे नगर थे जो सब इस्राएलियों और
उनके बीच रहनेवाले परदेशियों के लिये ठहराए गए थे, कि जो
कोई अनजाने में किसी प्राणी को मार डाले, वह वहाँ भागकर
जाए, और जब तक वह सभा के सामने खड़ा न हो तब तक
रक्त के बदला लेनेवाले के हाथ से न मरे।

21

1 और लवियों के पिताओं के प्रधान एल’आज़र
याजक, नून के पुत्र यहोशू और इस्राएल की
जनजातियों के पिताओं के प्रधानों के पास आए। 2 और
उन्होंने कनान देश में शीलो में उनसे कहा, “𐤉𐤄𐤅𐤄 ने मूशेह
के द्वारा हमें रहने के लिए नगर देने की आज्ञा दी है, हमारे
पशुओं के लिए उनके खुले मैदानों सहित।” 3 सो इस्राएलियों
ने 𐤉𐤄𐤅𐤄 की आज्ञा के अनुसार लवियों को अपनी मीरास से
ये नगर और उनके खुले मैदान दिए। 4 और क़हतियों के
कुलों के लिए चिट्ठी निकली। और हारून याजक के पुत्रों को,
जो लवियों में से थे, यहूदा के गोत्र से, शिमोन के गोत्र से और
बिन्यामीन के गोत्र से चिट्ठी द्वारा तेरह नगर मिले। 5 और
क़हत के बाकी पुत्रों को एप्रयिम के गोत्र के कुलों से, दान के
गोत्र से और मनश्शेह के आधे गोत्र से चिट्ठी द्वारा दस नगर
मिले। 6 और गेरेशोन के पुत्रों को इस्साकार के गोत्र के कुलों
से, आशेर के गोत्र से, नप्ताली के गोत्र से और बाशान में
मनश्शेह के आधे गोत्र से चिट्ठी द्वारा तेरह नगर मिले।
7 मेरारी के पुत्रों को उनके कुलों के लिए रूबेन के गोत्र से,
गाद के गोत्र से और जबूलून के गोत्र से बारह नगर मिले।
8 इस प्रकार इस्राएलियों ने 𐤉𐤄𐤅𐤄 की आज्ञा के अनुसार
मूशेह के हाथ से लवियों को ये नगर और उनके खुले मैदान
चिट्ठी द्वारा दिए। 9 सो यहूदा के पुत्रों के गोत्र से और शिमोन
के पुत्रों के गोत्र से उन्होंने ये नगर दिए जिनका नाम लेकर
कहा गया है, 10 और वे हारून के पुत्रों को मिले, जो क़हतियों
के कुलों में से थे, जो लवियों के पुत्र थे; क्योंकि चिट्ठी पहले
उन्हीं पर निकली। 11 और उन्होंने उन्हें किर्यात अर्बा दिया,
जो अनाक का पिता था, अर्थात हेब्रोन, यहूदा के पहाड़ों में,
उसके चारों ओर के खुले मैदान सहित। 12 परन्तु उस नगर
के खेत और उसके गाँवों को उन्होंने यपुन्नेह के पुत्र कालेब
को उसकी मीरास में दे दिया। 13 पर हारून याजक के पुत्रों
को उन्होंने हेब्रोन उसके खुले मैदान सहित दिया - वह हत्यारे
के लिए शरण नगर था - और लिब्नाह उसके खुले मैदान
सहित, 14 और यत्तीर उसके खुले मैदान सहित, और
एश्तमोआ उसके खुले मैदान सहित, 15 और होलोन उसके
खुले मैदान सहित, और देबीर उसके खुले मैदान सहित,
16 और आयिन उसके खुले मैदान सहित, और युत्ताह उसके
खुले मैदान सहित, और बेत-शेमेश उसके खुले मैदान सहित
– ये दो गोत्रों के नौ नगर हुए। 17 और बिन्यामीन के गोत्र से
गिबोन उसके खुले मैदान सहित, गेबा उसके खुले मैदान
सहित, 18 अनातोत उसके खुले मैदान सहित, और अलमोन
उसके खुले मैदान सहित – चार नगर। 19 हारून के पुत्रों,
याजकों के सब नगर और उनके खुले मैदान तेरह नगर हुए।
20 और क़हतियों के पुत्रों के कुलों को, लवियों को, क़हतियों
के बाकी पुत्रों को एप्रयिम के गोत्र से चिट्ठी द्वारा नगर मिले।
21 और उन्होंने उन्हें शेकेम उसके खुले मैदान सहित दिया,
जो एप्रयिम के पहाड़ों में था, हत्यारे के लिए शरण नगर के
रूप में, और गेज़ेर उसके खुले मैदान सहित, 22 और
किब्तसायिम उसके खुले मैदान सहित, और बेत-होरोन उसके
खुले मैदान सहित – चार नगर। 23 और दान के गोत्र से,
एलतेकह अपने चारों ओर के मैदानों सहित, गिब्बेतोन अपने
चारों ओर के मैदानों सहित। 24 अयालोन अपने चारों ओर के
मैदानों सहित, और गथ रिम्मोन अपने चारों ओर के मैदानों
सहित – चार नगर। 25 और मनश्शे के आधे गोत्र से,
तआनक अपने चारों ओर के मैदानों सहित, और गथ रिम्मोन
अपने चारों ओर के मैदानों सहित – दो नगर। 26 सब
मिलाकर दस नगर उनके चारों ओर के मैदानों सहित, बचे
हुए कत्थियों के कुलों के लिए थे। 27 और गेरशोन के पुत्रों
को, लेवियों के कुलों में से, मनश्शे के दूसरे आधे गोत्र से,
बाशान में गोलेन उसके चारों ओर के मैदानों सहित, यह हत्या
करनेवाले के लिए शरण का नगर था, और बेएश्तेरा उसके
चारों ओर के मैदानों सहित – दो नगर। 28 और इस्साकार
के गोत्र से, किश्योन अपने चारों ओर के मैदानों सहित,
दबरत अपने चारों ओर के मैदानों सहित। 29 यारमुत अपने
चारों ओर के मैदानों सहित, और एयन गन्नीम अपने चारों
ओर के मैदानों सहित – चार नगर। 30 और आशेर के गोत्र
से, मिशआल अपने चारों ओर के मैदानों सहित, अब्दोन
अपने चारों ओर के मैदानों सहित। 31 हेलकत अपने चारों
ओर के मैदानों सहित, और रहोब अपने चारों ओर के मैदानों
सहित – चार नगर। 32 और नप्ताली के गोत्र से, गलील में
केदेश अपने चारों ओर के मैदानों सहित, यह हत्या करनेवाले
के लिए शरण का नगर था, और हम्मोत दोर अपने चारों ओर
के मैदानों सहित, और कार्तान अपने चारों ओर के मैदानों
सहित – तीन नगर। 33 गेरशोनियों के सब नगर उनके कुलों
के लिए तेरह नगर उनके चारों ओर के मैदानों सहित।
34 और मरारी के पुत्रों के कुलों को, बचे हुए लेवियों को,
जबुलुन के गोत्र से, योकिनेआम अपने चारों ओर के मैदानों
सहित, कार्ता अपने चारों ओर के मैदानों सहित। 35 दिम्नह
अपने चारों ओर के मैदानों सहित, नहलाल अपने चारों ओर
के मैदानों सहित – चार नगर। 36 और रूबेन के गोत्र से,
बेत्सेर अपने चारों ओर के मैदानों सहित, याहत्सा अपने चारों
ओर के मैदानों सहित। 37 केदेमोथ अपने चारों ओर के
मैदानों सहित, और मेफा’थ अपने चारों ओर के मैदानों सहित
– चार नगर। 38 और गाद के गोत्र से, गिलआद में रामोत
अपने चारों ओर के मैदानों सहित, यह हत्या करनेवाले के
लिए शरण का नगर था, और महनयिम अपने चारों ओर के
मैदानों सहित। 39 हेशबोन अपने चारों ओर के मैदानों सहित,

याज़ेर अपने चारों ओर के मैदानों सहित – चार नगर सब
मिलाकर। 40 मरारी के पुत्रों के सब नगर उनके कुलों के
लिए, लेवियों के बाकी कुलों के लिए, उनके भाग में बारह
नगर। 41 इस्राएल के पुत्रों के अधिकार के भीतर लेवियों के
सब नगर चालीस और आठ नगर उनके चारों ओर के मैदानों
सहित। 42 इन नगरों में से प्रत्येक नगर के चारों ओर उसके
मैदान थे। ऐसा ही सब नगरों के साथ था। 43 इस प्रकार
𐤉𐤄𐤅𐤄 ने इस्राएल को सब वह भूमि दी, जिसकी शपथ
उसने उनके पितरों से खाई थी, और उन्होंने उसे प्राप्त कर
लिया और उसमें बस गए। 44 और 𐤉𐤄𐤅𐤄 ने उन्हें चारों
ओर विश्राम दिया, सब के अनुसार जिसकी शपथ उसने
उनके पितरों से खाई थी। और उनके सब शत्रुओं में से कोई
भी उनके सामने खड़ा न रहा, 𐤉𐤄𐤅𐤄 ने उनके सब शत्रुओं
को उनके हाथ में कर दिया। 45 कोई भी अच्छा वचन
असफल न हुआ, जो भी वचन 𐤉𐤄𐤅𐤄 ने इस्राएल के घराने
के विषय में कहा था – सब पूरा हुआ।

22 1 तब यहोशूआ ने रूबेन के लोग, और गाद के लोग,
और मनश्शे के आधे गोत्र को बुलाया, 2 और उनसे
कहा, “तुमने उन सब बातों की रक्षा की है जो मूशेह, 𐤉𐤄𐤅𐤄
का दास, ने तुम्हें आज्ञा दी थी, और जो कुछ मैं ने तुम्हें आज्ञा
दी, उसमें मेरी बात को सुना है। 3 “तुमने इन बहुत दिनों तक,
आज तक, अपने भाइयों को नहीं छोड़ा, परन्तु 𐤉𐤄𐤅𐤄
अपने ईश्वर की आज्ञा, हुक्म की रक्षा की है। 4 “और अब
𐤉𐤄𐤅𐤄 तुम्हारे ईश्वर ने तुम्हारे भाइयों को विश्राम दिया है,
जैसा उसने उनसे वादा किया था। अब लौटो, और अपने
तंबुओं में, और अपनी मीरास की भूमि में जाओ, जो मूशेह,
𐤉𐤄𐤅𐤄 का दास, ने तुम्हें यर्दैन के पार दी थी। 5 “केवल
ध्यान से आज्ञा और तोराह को मानना, जिसकी आज्ञा मूशेह,
𐤉𐤄𐤅𐤄 का दास, ने तुम्हें दी, कि तुम 𐤉𐤄𐤅𐤄 अपने ईश्वर
से प्रेम करो, और उसकी सब राहों में चलो, और उसकी
आज्ञाओं की रक्षा करो, और उससे लिपटे रहो, और अपने
सारे हृदय और अपने सारे प्राण से उसकी सेवा करो।”
6 और यहोशूआ ने उन्हें आशीर्वाद दिया और विदा किया, और
वे अपने तंबुओं को गए। 7 और मनश्शे के आधे गोत्र को
मूशेह ने बाशान में मीरास दी थी, परन्तु उसका आधा भाग
यहोशूआ ने उनके भाइयों के बीच यर्दैन के पार, पश्चिम की
ओर दिया। तब जब यहोशूआ ने उन्हें उनके तंबुओं को विदा
किया, तो उन्हें आशीर्वाद भी दिया। 8 और उनसे कहा, “तुम
अपने तंबुओं को बहुत बड़ी सम्पत्ति, और बहुत अधिक
पशुधन, और चाँदी, और सोना, और पीतल, और लोहा, और
अत्यन्त बहुत वस्त्र लेकर लौटो। अपने भाइयों के साथ
अपने शत्रुओं की लूट बाँट लो।” 9 तब रूबेन के लोग, और
गाद के लोग, और मनश्शे के आधे गोत्र के लोग लौटे, और
इस्राएल के लोगों को शीलो में छोड़कर, जो कनान की भूमि में
था, गिलआद की भूमि को गए, उस भूमि की मीरास में, जो
उन्होंने 𐤉𐤄𐤅𐤄 की आज्ञा के अनुसार मूशेह के हाथ से पाई
थी। 10 और वे यर्दैन के प्रदेशों में, जो कनान की भूमि में हैं,
आए, और रूबेन के लोग, और गाद के लोग, और मनश्शे के
आधे गोत्र के लोग वहाँ यर्दैन पर एक वेदी बनाए, बड़ी और
दृष्टिगोचर वेदी। 11 और इस्राएल के लोगों ने यह सुना,
“देखो, रूबेन के लोग, और गाद के लोग, और मनश्शे के
आधे गोत्र के लोग कनान की भूमि के सामने, यर्दैन के प्रदेशों
में, इस्राएल के लोगों की सीमा पर वेदी बनाई है।” 12 जब
इस्राएल के लोगों ने यह सुना, तब इस्राएल के सब लोगों की
सभा शीलो में इकट्ठी हुई, कि उनके विरुद्ध लड़ने जाएँ।
13 तब इस्राएल के लोगों ने पीनहास, एलेआज़ार का पुत्र, जो
याजक था, रूबेन के लोगों, और गाद के लोगों, और मनश्शे
के आधे गोत्र के लोगों के पास, गिलआद की भूमि में भेजा।
14 और उसके साथ दस प्रधान भेजे, प्रत्येक गोत्र के घराने से
एक-एक प्रधान, और वे सब इस्राएल के घरानों के पिताओं के
घरानों के प्रधान थे। 15 और वे रूबेन के लोगों, और गाद के
लोगों, और मनश्शे के आधे गोत्र के लोगों के पास गिलआद
की भूमि में आए, और उनसे बातें कीं, यह कहकर, 16 “इस
प्रकार 𐤉𐤄𐤅𐤄 की सारी सभा कहती है, ‘यह अपराध क्या है
जो तुमने इस्राएल के ईश्वर के विरुद्ध किया है, कि आज तुम
𐤉𐤄𐤅𐤄 का अनुसरण करने से फिर गए हो, क्योंकि तुमने
अपने लिए एक वेदी बना ली है, ताकि आज तुम 𐤉𐤄𐤅𐤄 के
विरुद्ध विद्रोह करो? 17 ‘क्या पेओर का अधर्म हमारे लिये
पर्याप्त नहीं है, जिससे हम आज तक शुद्ध नहीं हुए हैं, चाहे
𐤉𐤄𐤅𐤄 की सभा में महामारी पड़ी थी। 18 फिर भी तुम आज
𐤉𐤄𐤅𐤄 का अनुसरण करने से फिर गए हो? और यदि आज
तुम 𐤉𐤄𐤅𐤄 के विरुद्ध विद्रोह करोगे, तो कल वह इस्राएल
की सारी सभा पर क्रोध करेगा। 19 ‘और यदि तुम्हारी मीरास
की भूमि अशुद्ध है, तो आओ 𐤉𐤄𐤅𐤄 की मीरास की भूमि में,
जहाँ 𐤉𐤄𐤅𐤄 का मन्दिर है, और हमारे बीच मीरास लो;
परन्तु 𐤉𐤄𐤅𐤄 के विरुद्ध विद्रोह मत करो, और हमारे विरुद्ध
भी मत करो, अपने लिये 𐤉𐤄𐤅𐤄 हमारे ईश्वर की वेदी के
अतिरिक्त वेदी बनाकर। 20 ‘क्या जरह का पुत्र अखान ने
उस वर्जित वस्तु में अपराध नहीं किया था, और इस्राएल की
सारी सभा पर क्रोध आ गया था? और वह अपने अधर्म में
अकेला नहीं मरा था।’ ” 21 तब रूबेन के लोग, और गाद के
लोग, और मनश्शे के आधे गोत्र के लोगों ने इस्राएल के गोत्रों
के प्रधानों से कहा, 22 “ईश्वर, ईश्वर 𐤉𐤄𐤅𐤄, ईश्वर, ईश्वर
𐤉𐤄𐤅𐤄, वही जानता है, और इस्राएल आप ही जाने। यदि
यह विद्रोह में हुआ है, या यदि यह 𐤉𐤄𐤅𐤄 के विरुद्ध अपराध
में हुआ है, तो आज हमें मत बचाना। 23 “यदि हम ने अपने
लिए एक वेदी बनाई है कि 𐤉𐤄𐤅𐤄 का अनुसरण करना छोड़
दें, या उस पर होमबलि या अन्नबलि चढ़ाने के लिये, या उस
पर मेलबलि चढ़ाने के लिये, तो 𐤉𐤄𐤅𐤄 स्वयं इसका दण्ड
माँगे। 24 “परन्तु वास्तव में, आदर से, एक कारण से हमने
यह किया, यह कहकर, ‘आने वाले समय में तुम्हारे पुत्र हमारे
पुत्रों से कह सकते हैं, “तुम्हारा 𐤉𐤄𐤅𐤄 ईश्वर, जो यिस्राएल
का है, से क्या लेना-देना है?” 25 “क्योंकि 𐤉𐤄𐤅𐤄 ने यर्दैन
को हमारे और तुम्हारे बीच सीमा बनाया है, हे रियूबेन के पुत्रो
और गाद के पुत्रों। तुम्हारा 𐤉𐤄𐤅𐤄 के साथ कोई भाग
नहीं।” इसलिये तुम्हारे पुत्र हमारे पुत्रों को 𐤉𐤄𐤅𐤄 का भय
मानना छोड़ देंगे।’ 26 “इसलिये हम ने कहा, ‘अब हम अपने
लिये एक वेदी बनाने की तैयारी करें, न होमबलि के लिये और
न बलिदान के लिये, 27 परन्तु तुम्हारे और हमारे बीच तथा
हमारे बाद की पीढ़ियों के लिये गवाही हो, कि हम 𐤉𐤄𐤅𐤄 की
सेवा उसके सम्मुख अपने होमबलियों, अपने बलिदानों और
अपने मेलबलियों के साथ करते हैं, ताकि तुम्हारे पुत्र आने

वाले समय में हमारे पुत्रों से न कहें, “तुम्हारा 𐤉𐤄𐤅𐤄 में कोई
भाग नहीं है।” ’ ” 28 “इसलिये हम ने कहा कि ऐसा होगा,
जब वे हम से या हमारी पीढ़ियों से आने वाले समय में यह
कहेंगे, तब हम कहेंगे, ‘देखो 𐤉𐤄𐤅𐤄 की वेदी का नमूना,
जिसे हमारे पितरों ने बनाया था, यद्यपि होमबलियों और
बलिदानों के लिये नहीं, परन्तु यह हमारे और तुम्हारे बीच एक
गवाही है।’ 29 “हमें यह कभी न हो कि हम 𐤉𐤄𐤅𐤄 से विद्रोह
करें, और आज 𐤉𐤄𐤅𐤄 का अनुसरण करना छोड़ दें,
होमबलियों, अन्नबलियों या बलिदानों के लिये वेदी बनाने के
लिये, उस वेदी के सिवाय जो 𐤉𐤄𐤅𐤄 हमारे ईश्वर की है, जो
उसके मिष्कान के सामने है।” 30 और पिन्हास, याजक और
मण्डली के प्रधान, और इस्राएल के हजारों के गोत्रों के
मुखियाओं ने, जो उसके साथ थे, रियूबेन के पुत्रों और गाद
के पुत्रों और मनश्शे के पुत्रों की बातें सुनीं, और वह उनकी
दृष्टि में अच्छी लगीं। 31 और एल्याज़ार का पुत्र पिन्हास,
याजक ने रियूबेन के पुत्रों और गाद के पुत्रों और मनश्शे के
पुत्रों से कहा, “आज हम जान गए कि 𐤉𐤄𐤅𐤄 हमारे बीच है,
क्योंकि तुम ने इस अपराध को 𐤉𐤄𐤅𐤄 के विरुद्ध नहीं
किया। अब तुम ने इस्राएल के पुत्रों को 𐤉𐤄𐤅𐤄 के हाथ से
छुड़ा लिया है।” 32 और एल्याज़ार का पुत्र पिन्हास, याजक
और प्रधान, रियूबेन के पुत्रों और गाद के पुत्रों के पास से
गिलाद देश से कनान देश में इस्राएल के पुत्रों के पास लौटे,
और उन्हें उत्तर दिया। 33 और यह बात इस्राएल के पुत्रों की
दृष्टि में अच्छी लगी, और इस्राएल के पुत्रों ने ईश्वर को
आशीर्वाद दिया। और उन्होंने फिर उनके विरुद्ध युद्ध करने
की, रियूबेन और गाद के पुत्रों के बसे हुए देश को नाश करने
की बात नहीं की। 34 और रियूबेन के पुत्रों और गाद के पुत्रों
ने उस वेदी का नाम रखा, “हमारे बीच गवाही है कि 𐤉𐤄𐤅𐤄
ही ईश्वर है।”

23 1 और यह हुआ कि बहुत समय बाद जब 𐤉𐤄𐤅𐤄 ने
यिस्राएल को उनके चारों ओर के सब शत्रुओं से
विश्राम दिया, तब यहोशू बूढ़ा, आयु में उन्नत हुआ। 2 और
यहोशू ने सारे यिस्राएल, उनके प्राचीनों, उनके प्रधानों, उनके
न्यायियों और उनके अधिकारियों को बुलाया और उनसे कहा,
“मैं बूढ़ा, आयु में उन्नत हूँ। 3 “और तुमने देखा है सब कुछ
जो 𐤉𐤄𐤅𐤄 तुम्हारे ईश्वर ने इन सब राष्ट्रों के साथ तुम्हारे
कारण किया है; क्योंकि 𐤉𐤄𐤅𐤄 तुम्हारा ईश्वर वही है जो
तुम्हारे लिये युद्ध कर रहा था। 4 “देखो, मैंने उन राष्ट्रों को जो
बचे हैं तुम्हारे गोत्रों के लिये चिट्ठियों से बाँट दिया है, यर्देन से
लेकर, सब राष्ट्रों के साथ जिन्हें मैंने काट डाला है, महान
समुद्र तक पश्चिम की ओर, तुम्हारे निज भाग के लिये।
5 “और 𐤉𐤄𐤅𐤄 तुम्हारा ईश्वर उन्हें तुम्हारे सामने से
निकालेगा और तुम्हारे सामने से उन्हें दूर करेगा, और तुम
उनके देश के अधिकारी बनोगे, जैसा कि 𐤉𐤄𐤅𐤄 तुम्हारा
ईश्वर ने तुमसे वादा किया है। 6 “इसलिये दृढ़ होकर मूसा
की तोराह की पुस्तक में जो कुछ लिखा है उसको मानने और
करने में सावधान रहना, ताकि उससे दाएँ या बाएँ न हटो।
7 कि तुम इन राष्ट्रों में, जो तुम्हारे बीच में बचे हैं, न जाओ;
और उनके देवताओं का नाम न लो, न उनकी शपथ खाओ,
न उनकी सेवा करो और न उन्हें दण्डवत करो। 8 “परन्तु
𐤉𐤄𐤅𐤄 तुम्हारे ईश्वर से लिपटे रहो, जैसा कि आज के दिन
तक तुम करते आये हो। 9 “क्योंकि 𐤉𐤄𐤅𐤄 ने तुम्हारे सामने
से बड़े और शक्तिशाली राष्ट्रों को निकाल दिया है; और आज
तक तुम्हारे सामने कोई खड़ा नहीं हो सका। 10 “तुम में से
एक व्यक्ति हजार को भगा देता है, क्योंकि 𐤉𐤄𐤅𐤄 तुम्हारा
ईश्वर वही है जो तुम्हारे लिये युद्ध कर रहा है, जैसा कि उसने
तुमसे वादा किया है। 11 “इसलिये सावधानी से अपने प्राणों
का ध्यान रखो कि तुम 𐤉𐤄𐤅𐤄 अपने ईश्वर से प्रेम करो।
12 “पर यदि तुम किसी रीति से लौट जाओ, और इन बचे हुए
राष्ट्रों के अवशेषों से लिपट जाओ, और उनके साथ विवाह
करो, और तुम उनमें आओ और वे तुम्हारे पास आएं, 13 तो
निश्चय जान लो कि 𐤉𐤄𐤅𐤄 तुम्हारा ईश्वर अब तुम्हारे
सामने से इन राष्ट्रों को और नहीं निकालेगा; पर वे तुम्हारे लिये
फंदे और जाल होंगे, और तुम्हारे पाश्र्वों में कोड़े और तुम्हारी
आंखों में काँटे होंगे, जब तक कि तुम इस उत्तम देश से नाश
न हो जाओ, जिसे 𐤉𐤄𐤅𐤄 तुम्हारा ईश्वर तुम्हें दे चुका है।
14 “और देखो, आज मैं सारी पृथ्वी के मार्ग पर जाने वाला
हूँ। और तुम अपने सब हृदयों और सब प्राणों से जानते हो
कि उन सब अच्छे वचनों में से एक भी वचन असफल नहीं
हुआ, जो 𐤉𐤄𐤅𐤄 तुम्हारे ईश्वर ने तुम्हारे विषय में कहा था;
सब तुम्हारे ऊपर आ चुका है, उनमें से एक भी वचन असफल
नहीं हुआ। 15 “और जैसे तुम्हारे ऊपर सब अच्छे वचन पूरे
हुए हैं जो 𐤉𐤄𐤅𐤄 तुम्हारे ईश्वर ने तुम्हारे लिये कहे थे, वैसे
ही 𐤉𐤄𐤅𐤄 तुम्हारे ऊपर सब बुरे वचन लाएगा, जब तक कि
वह तुम्हें इस उत्तम देश से नाश न कर दे, जिसे 𐤉𐤄𐤅𐤄
तुम्हारा ईश्वर तुम्हें दे चुका है। 16 जब तुम 𐤉𐤄𐤅𐤄 अपने
ईश्वर की वाचा का उल्लंघन करोगे, जो उसने तुम्हें आज्ञा दी
है, और जाकर अन्य देवताओं की सेवा करोगे और उन्हें
दण्डवत करोगे, तब 𐤉𐤄𐤅𐤄 का क्रोध तुम पर भड़क उठेगा,
और तुम शीघ्र ही इस अच्छे देश से नाश हो जाओगे, जिसे
उसने तुम्हें दिया है।”

24 1 और यहोशूआ ने समस्त इस्राएल के गोत्रों को
शेकेम में इकट्ठा किया और इस्राएल के बुजुर्गों को,
उनके प्रधानों को, उनके न्यायियों को और उनके अधिकारियों
को बुलाया। और वे ईश्वर के सामने प्रस्तुत हुए। 2 और
यहोशूआ ने सब लोगों से कहा, “यूं कहता है 𐤉𐤄𐤅𐤄
इस्राएल का ईश्वर, ‘बहुत पहले तुम्हारे पितृ लोग नदी के उस
पार रहते थे - तेरह, अब्राहम का पिता और नहोर का पिता।
और वे अन्य देवताओं की सेवा करते थे। 3 ‘तो मैंने तुम्हारे
पिता अब्राहम को नदी के उस पार से लिया, और उसे कनान
देश में चलाया, और उसकी सन्तान को बढ़ाया और उसे
यित्सहाक दिया। 4 ‘और यित्सहाक को मैंने याक़ोब और
एसाव दिया। और एसाव को मैंने सेईर के पहाड़ दिए कि वह
उनका अधिकारी हो, परन्तु याक़ोब और उसके पुत्र मिस्र को
गए। 5 ‘तब मैंने मूशा और हारून को भेजा, और मिस्र पर
विपत्तियाँ डालीं, जैसा कि मैंने उनके बीच किया। और उसके
बाद मैं तुम्हें बाहर ले आया। 6 ‘और मैंने तुम्हारे पितरों को
मिस्र से बाहर निकाला, और तुम समुद्र तक आए। और
मिस्री तुम्हारे पितरों का पीछा रथों और घुड़सवारों के साथ
सरकन्दों के समुद्र तक किया। 7 ‘और उन्होंने 𐤉𐤄𐤅𐤄 को
पुकारा, और उसने तुम्हारे और मिस्रियों के बीच घोर अंधकार
डाल दिया, और समुद्र को उन पर लाकर उन्हें ढाँक दिया।

और तुम्हारी आँखों ने देखा कि मैंने मिस्र में क्या किया। और
तुम बहुत समय तक जंगल में बसे रहे। 8 'और मैं तुम्हें
एमोरियों के देश में लाया, जो यरदन के उस पार रहते थे,
और उन्होंने तुमसे लड़ाई की। परन्तु मैंने उन्हें तुम्हारे हाथ में
दे दिया, और तुमने उनका देश पाया, और मैंने उन्हें तुम्हारे
सामने से नाश किया। 9 'और मोआब के राजा त्सिप्पोर का
पुत्र बालाक उठा और इस्राएल के विरुद्ध लड़ा, और उसने
बओर के पुत्र बिलआम को तुम्हें शाप देने के लिये बुलाया।
10 'परन्तु मैंने बिलआम की बात सुनने से इन्कार कर दिया,
सो वह तुम्हें आशीष देता रहा, और मैंने तुम्हें उसके हाथ से
छुड़ाया। 11 'और तुम यरदन को पार करके यरीहो में आए।
और यरीहो के स्वामी, एमोरी, परिज्जी, कनानी, हित्ती लोग,
गिर्गाशी, हिव्वी और यबूसी तुमसे लड़े। परन्तु मैंने उन्हें
तुम्हारे हाथ में दे दिया। 12 'और मैंने तुम्हारे आगे भौंरे भेजे
जिसने उन्हें तुम्हारे सामने से भगा दिया, और एमोरियों के दो
राजाओं को भी, परन्तु तुम्हारी तलवार या तुम्हारे धनुष से
नहीं। 13 'और मैंने तुम्हें वह देश दिया जिसके लिए तुमने
परिश्रम नहीं किया, और नगर जो तुमने नहीं बनाए। और तुम
उनमें बसे, तुम उन दाख की बारियों और जैतून के वृक्षों का
फल खाते हो जिन्हें तुमने नहीं लगाया।' 14 "और अब,
𐤉𐤄𐤅𐤄 का भय मानो, उसकी सेवा करो खराई और सच्चाई
में, और उन देवताओं को दूर कर दो जिनकी सेवा तुम्हारे
पितरों ने नदी के पार और मिस्र में की थी, और 𐤉𐤄𐤅𐤄 की
सेवा करो! 15 "और यदि यह तुम्हारी दृष्टि में बुरा लगे कि
𐤉𐤄𐤅𐤄 की सेवा करना, तो आज ही अपने लिये चुन लो कि
तुम किसकी सेवा करोगे, क्या उन देवताओं की जिनकी सेवा
तुम्हारे पितरों ने नदी के पार की, या एमोरियों के देवताओं की,
जिनके देश में तुम रहते हो। परन्तु मैं और मेरा घराना, हम
𐤉𐤄𐤅𐤄 की सेवा करेंगे।" 16 और लोगों ने उत्तर दिया और
कहा, "हमसे यह दूर हो कि हम 𐤉𐤄𐤅𐤄 को त्यागें और
अन्य देवताओं की सेवा करें, 17 क्योंकि 𐤉𐤄𐤅𐤄 हमारा ईश्वर
वही है जिसने हमें और हमारे पितरों को मिस्र देश से, दासत्व
के घर से ऊपर निकाला, जिसने हमारे नेत्रों के सामने वे
महान चिन्ह किए, और हमें उन सब मार्गों में सुरक्षित रखा
जिनमें हम गए और उन सब लोगों के बीच जिनसे हम
गुज़रे। 18 "और 𐤉𐤄𐤅𐤄 ने सब लोगों को, यहाँ तक कि उन
एमोरियों को भी जो उस देश में रहते थे, हमारे सामने से भगा
दिया। हम भी 𐤉𐤄𐤅𐤄 की सेवा करेंगे, क्योंकि वही हमारा
ईश्वर है।" 19 तब यहोशूआ ने लोगों से कहा, "तुम 𐤉𐤄𐤅𐤄
की सेवा नहीं कर सकते, क्योंकि वह पवित्र ईश्वर है, वह
जलन रखने वाला ईश्वर है। वह तुम्हारे अपराध और तुम्हारे
पाप नहीं सहता। 20 यदि तुम 𐤉𐤄𐤅𐤄 को त्याग दोगे और
परदेशी देवताओं की सेवा करोगे, तब वह लौटकर तुम से बुरा
करेगा और तुम्हें नष्ट कर देगा, उसके बाद कि उसने तुम्हारे
साथ भला किया है।" 21 और लोगों ने यहोशूआ से कहा,
"नहीं, परन्तु हम 𐤉𐤄𐤅𐤄 की सेवा करेंगे!" 22 तब यहोशूआ
ने लोगों से कहा, "तुम अपने ही विरुद्ध गवाह हो कि तुमने
𐤉𐤄𐤅𐤄 को अपने लिये चुना है, कि उसकी सेवा करो।"
और उन्होंने कहा, "गवाह हैं!" 23 "और अब, अपने बीच में
जो पराये के शक्तिशाली हैं, उन्हें दूर करो, और अपना हृदय
𐤉𐤄𐤅𐤄 ईश्वर इस्राएल के ओर झुकाओ।" 24 और लोगों ने
यहोशू से कहा, "𐤉𐤄𐤅𐤄 हमारा ईश्वर हम सेवा करते हैं,
और उसकी वाणी हम मानते हैं।" 25 और यहोशू ने उस दिन
लोगों के साथ एक वाचा की, और उनके लिए शेकेम में एक
व्यवस्था और न्याय ठहराया। 26 फिर यहोशू ने इन वचनों को
ईश्वर की तोराह की पुस्तक में लिखा। और उसने एक बड़ा
पत्थर लिया, और उसे 𐤉𐤄𐤅𐤄 के मिकदाश के पास उस
बलूत के नीचे खड़ा किया। 27 और यहोशू ने सब लोगों से
कहा, "देखो, यह पत्थर हमारे लिए गवाह है, क्योंकि उसने वे
सब वचन सुने हैं, जो 𐤉𐤄𐤅𐤄 ने हमसे कहे। और यह
तुम्हारे विरुद्ध गवाह होगा, ऐसा न हो कि तुम अपने ईश्वर से
झूठ बोलो।" 28 फिर यहोशू ने लोगों को उनके उनके निज
भाग्य (मिरास) के लिए भेज दिया। 29 और इन घटनाओं के
बाद ऐसा हुआ कि नून का पुत्र, 𐤉𐤄𐤅𐤄 का सेवक यहोशू,
एक सौ दस वर्ष की आयु में मर गया। 30 और उन्होंने उसे
उसकी मिरास की सीमा में तिमनत-सेरह में दफनाया, जो
एप्रैम के पहाड़ों में है, गाअश पर्वत के उत्तर की ओर। 31 और
इस्राएल ने 𐤉𐤄𐤅𐤄 की सेवा की यहोशू के सब दिनों में, और
उन प्राचीनों के सब दिनों में भी, जो यहोशू से लंबे समय तक
जीवित रहे, जिन्होंने वे सब कार्य देखे थे, जो 𐤉𐤄𐤅𐤄 ने
इस्राएल के लिए किए। 32 और यूसुफ की हड्डियाँ, जिन्हें
इस्राएलियों ने मिस्र से निकाल कर लाई थीं, उन्होंने शेकेम में
उस खेत में दफनाई, जिसे याक़ोब ने शेकेम के पिता हमोर के
पुत्रों से सौ क़ेसिता में खरीदा था, और जो यूसुफ की संतान
की मिरास हो गया था। 33 और अहारोन का पुत्र एलेआज़र
मर गया, और उन्होंने उसे उस पहाड़ी में दफनाया, जो उसके
पुत्र पिनहास की थी, जो उसे एप्रैम के पहाड़ों में दी गई थी।

न्यायियों

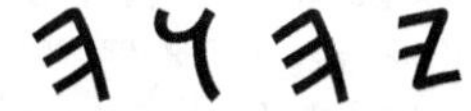

हिंदी संस्करण

न्यायियों

1 [1] और यह हुआ, यहोशू की मृत्यु के बाद, कि इस्राएल के
पुत्रों ने ऋ५ऋ२ से पूछा, कहा, "हममें से कौन सबसे
पहले कनानी लोगों के विरुद्ध चढ़कर उनसे लड़ाई करेगा?"
[2] और ऋ५ऋ२ ने कहा, "यहूदा ऊपर जाए। देखो, मैंने भूमि
को उसके हाथ में दे दिया है।" [3] और यहूदा ने अपने भाई
शिमोन से कहा, "मेरे साथ मेरे भाग में चलो, और हम कनानी
लोगों से लड़ें। और मैं भी तेरे भाग में तेरे साथ चलूंगा।" सो
शिमोन उसके साथ गया। [4] और यहूदा ऊपर गया, और
ऋ५ऋ२ ने कनानी और परिज्जी लोगों को उनके हाथ में दे
दिया। और उन्होंने बेज़ेक में दस हज़ार पुरुषों को मारा।
[5] और उन्होंने अदोनी-बेज़ेक को बेज़ेक में पाया, और उससे
लड़े, और कनानी और परिज्जी लोगों को मारा। [6] परन्तु
अदोनी-बेज़ेक भाग गया, और उन्होंने उसका पीछा किया और
उसे पकड़ लिया और उसके अंगूठे और बड़े पैर के अँगूठे
काट दिए। [7] और अदोनी-बेज़ेक ने कहा, "सत्तर राजा
जिनके अंगूठे और बड़े पैर के अँगूठे काटे गए थे, मेरी मेज़
के नीचे टुकड़े बटोरते थे। जैसा मैंने किया, वैसा ही ईश्वर ने
मुझे लौटाया है।" और वे उसे येरुशालेम ले आए, और वह
वहीं मर गया। [8] और यहूदा के पुत्रों ने येरुशालेम के विरुद्ध
लड़ाई की और उसे जीत लिया, और उसे तलवार की धार से
मारा और नगर को आग लगा दी। [9] और उसके बाद यहूदा
के पुत्र कनानी लोगों से लड़ने को नीचे गए, जो पहाड़ों में,
नेगेब में और निचले देश में रहते थे। [10] और यहूदा उन
कनानी लोगों के विरुद्ध गया, जो हेब्रोन में रहते थे – अब
हेब्रोन का नाम पहले किर्यात अर्बा था – और उन्होंने शेषै,
अहिमान और तल्मै को मारा। [11] और वहां से वे देबीर के
निवासियों के विरुद्ध गए – अब देबीर का नाम पहले किर्यात
सेफ़ेर था। [12] और कालेब ने कहा, "जो कोई किर्यात सेफ़ेर
को मारे और उसे जीत ले, मैं उसे अपनी बेटी अक्सा पत्नी में
दूंगा।" [13] और कनज़ के पुत्र, कालेब के छोटे भाई
ओत्नीएल ने उसे जीत लिया। और उसने उसे अपनी बेटी
अक्सा पत्नी में दी। [14] और ऐसा हुआ, जब वह आई, कि
उसने उसे अपने पिता से एक खेत माँगने के लिए उकसाया।
और जब वह अपने गधे से उतरी, तो कालेब ने उससे कहा,
"क्या बात है?" [15] और उसने उससे कहा, "मुझे एक
आशीर्वाद दे। चूँकि तूने मुझे नेगेब में भूमि दी है, मुझे जल के
सोते भी दे।" सो कालेब ने उसे ऊपरी सोते और निचले सोते
दिए। [16] और मोशेह के ससुर क़ेनी के पुत्र, खजूर के नगर
से यहूदा के पुत्रों के साथ यहूदा के जंगल में गए, जो अराद
के दक्षिण में है। और वे जाकर लोगों के बीच बस गए।
[17] और यहूदा अपने भाई शिमोन के साथ गया, और उन्होंने
त्सेफ़त के निवासियों को मारा, और उसे नाश के वश में कर
दिया। सो नगर का नाम हरमा कहलाया। [18] और यहूदा ने
अज़्ज़ाह और उसकी सीमा, और अश्केलोन और उसकी
सीमा, और एक्रोन और उसकी सीमा को जीत लिया। [19] और
ऋ५ऋ२ यहूदा के साथ था, और उन्होंने पहाड़ों का अधिकार
ले लिया, परन्तु मैदान के निवासियों को नहीं निकाल सके,
क्योंकि उनके पास लोहे के रथ थे। [20] और उन्होंने हेब्रोन को
कालेब को दिया, जैसा मोशेह ने कहा था, और उसने वहाँ से
अनाक के तीन पुत्रों को निकाला। [21] परन्तु बिन्यामीन के
पुत्रों ने येरुशालेम में रहने वाले येबूसी लोगों को नहीं निकाला,
सो येबूसी लोग बिन्यामीन के पुत्रों के साथ आज तक
येरुशालेम में रहते हैं। [22] और योसेफ़ के घराने वाले भी बेथ-
एल के विरुद्ध ऊपर गए, और ऋ५ऋ२ उनके साथ था।
[23] और योसेफ़ के घराने ने बेथ ईश्वर में आदमियों को भेजा
कि वे जासूसी करें - अब उस नगर का नाम पहले लूज़ था।
[24] और पहरेदारों ने एक आदमी को नगर से बाहर आते
देखा, और उन्होंने उससे कहा, "कृपया हमें नगर का प्रवेश
द्वार दिखा दे, और हम तुझ पर कृपा करेंगे।" [25] सो उसने
उन्हें नगर का प्रवेश द्वार दिखा दिया, और उन्होंने नगर को
तलवार की धार से मार डाला। परन्तु उस आदमी और
उसके सारे कुटुम्ब को उन्होंने छोड़ दिया, [26] और वह आदमी
हित्ती लोगों के देश में चला गया और एक नगर बनाया, और
उसका नाम लूज़ रखा, जो आज तक उसका नाम है।
[27] और मनश्शेह ने बेथ शान और उसके गांवों को, न
तआनक और उसके गांवों को, न दोर के निवासियों और
उसके गांवों को, न यिबलाम और उसके गांवों को, न मेगिद्दो
और उसके गांवों को निकाला; क्योंकि कनानी उस देश में
बसना चाहते थे। [28] और ऐसा हुआ कि जब यिस्राएल बलवान
हुआ, तब उन्होंने कनानियों को बंधुआ मजदूरी में डाल दिया,
परन्तु उन्हें पूरी तरह से नहीं निकाला। [29] और न एप्रयिम ने
गेज़ेर में बसने वाले कनानियों को निकाला; इसलिये कनानी
उनके बीच में गेज़ेर में बस गए। [30] और न ज़ेबुलुन ने
कितरोन के निवासियों को और न नहालोल के निवासियों को
निकाला; इसलिये कनानी उनके बीच में बस गए और बंधुआ
मजदूर हो गए। [31] और न आषेर ने अक्को के निवासियों को
निकाला, और न सिदोन के, और न अहलाब, और न
अक्ज़ीब, और न हेल्बह, और न अफीक, और न रहोब के
निवासियों को। [32] इसलिये आषेरी कनानियों के बीच में बस
गए, जो उस देश के निवासी थे; क्योंकि उन्होंने उन्हें नहीं
निकाला। [33] और न नफ़्ताली ने बेथ शेमेश के निवासियों को
और न बेथ आनात के निवासियों को निकाला; परन्तु वे
कनानियों के बीच में बस गए, जो उस देश के निवासी थे।
और बेथ शेमेश और बेथ आनात के निवासी उनके लिये
बंधुआ मजदूर हो गए। [34] और एमोरीयों ने दान के पुत्रों को
पहाड़ों में दबाया, क्योंकि वे उन्हें तराई में उतरने नहीं देते थे,
[35] और एमोरीयों ने हेरस पर्वत, आयालोन और शालबीम में
बसना चाहा। परन्तु जब योसेफ़ के घराने का हाथ बलवान
हुआ, तब वे बंधुआ मजदूर बन गए। [36] और एमोरीयों की
सीमा अकरब्बीम की चढ़ाई से, सेला से और ऊपर तक थी।

2 [1]और 𐤉𐤄𐤅𐤄 के दूत गिलगाल से बोकीम की ओर
ऊपर चढ़े और कहा, "मैंने तुम्हें मिस्त्र से ऊपर निकाला
और तुम्हें उस देश में लाया, जिसकी शपथ मैंने तुम्हारे पितरों
से खाई थी, और मैंने कहा, 'मैं तुम्हारे साथ अपनी वाचा कभी
नहीं तोडूँगा। [2]और तुम्हारे विषय में, इस देश के निवासियों के
साथ कोई वाचा न करना - उनकी वेदियों को तोड़ डालना।'
परन्तु तुमने मेरी वाणी नहीं सुनी। यह तुमने क्या किया है?
[3]"इसलिए मैंने भी कहा, 'मैं उन्हें तुम्हारे सामने से नहीं
निकालूँगा, और वे तुम्हारे विरोधी होंगे, और उनके पराक्रमी
तुम्हारे लिए फंदा होंगे।' " [4]और ऐसा हुआ, जब 𐤉𐤄𐤅𐤄 के
दूत ने ये वचन सारे इस्त्राएल की सन्तानों से कहे, तब लोगों ने
अपना स्वर ऊँचा किया और विलाप किया। [5]सो उन्होंने उस
स्थान का नाम बोकीम रखा, और वहाँ 𐤉𐤄𐤅𐤄 के लिए
बलिदान चढ़ाया। [6]तब यहोशू ने लोगों को विदा किया, और
इस्त्राएल की सन्तानें अपनी-अपनी विरासत के पास देश को
अधिकार में लेने के लिए गईं। [7]और लोगों ने यहोशू के सब
दिनों में, और उन प्राचीनों के सब दिनों में, जो यहोशू के बाद
जीवित रहे, जिन्होंने उन सब बड़े कामों को देखा जो 𐤉𐤄𐤅𐤄
ने इस्त्राएल के लिए किए थे, 𐤉𐤄𐤅𐤄 की सेवा की। [8]और
नून का पुत्र, यहोशू, 𐤉𐤄𐤅𐤄 का सेवक, एक सौ दस वर्ष का
होकर मर गया। [9]और उन्होंने उसे उसकी विरासत की सीमा
के भीतर तिम्नत हेरेस में, इफ्रैम के पहाड़ों में, गाश पर्वत के
उत्तर भाग पर दफनाया। [10]और वह सारी पीढ़ी भी अपने
पितरों के पास इकट्ठी हो गई, और उनके बाद एक और पीढ़ी
उठी जो न तो 𐤉𐤄𐤅𐤄 को जानती थी और न वह काम जो
उसने इस्त्राएल के लिए किए थे। [11]तब इस्त्राएल की सन्तानों
ने 𐤉𐤄𐤅𐤄 की दृष्टि में बुरा किया, और बालों की सेवा की,
[12]और 𐤉𐤄𐤅𐤄 अपने पितरों के ईश्वर को छोड़ दिया,
जिसने उन्हें मिस्त्र देश से निकाला था, और दूसरे देवताओं के
पीछे चल दिए, जो उनके आस-पास के लोगों के देवता थे;
और वे उनके आगे झुक गए, और 𐤉𐤄𐤅𐤄 को क्रोधित
किया। [13]सो उन्होंने 𐤉𐤄𐤅𐤄 को छोड़ दिया और बाल और
अश्तोरेतों की सेवा की। [14]और 𐤉𐤄𐤅𐤄 का क्रोध इस्त्राएल
पर भड़क उठा। इसलिए उसने उन्हें लुटेरों के हाथ में दे
दिया जिन्होंने उन्हें लूटा। और उसने उन्हें उनके चारों ओर
के शत्रुओं के हाथ में बेच दिया, और वे अब अपने शत्रुओं के
सामने खड़े न हो सके। [15]जहाँ कहीं भी वे बाहर जाते,
𐤉𐤄𐤅𐤄 का हाथ उनके विरुद्ध विपत्ति के लिए रहता, जैसे
𐤉𐤄𐤅𐤄 ने कहा था, और जैसे 𐤉𐤄𐤅𐤄 ने उन्हें शपथ खाई
थी। और वे बहुत संकट में पड़े। [16]तब 𐤉𐤄𐤅𐤄 ने शासक
उठाए, जिन्होंने उन्हें लुटेरों के हाथ से बचाया। [17]परन्तु
उन्होंने अपने शासकों की भी नहीं सुनी, बल्कि दूसरे देवताओं
के पीछे जाकर व्यभिचार किया, और उनके आगे झुक गए।
वे शीघ्र ही उस मार्ग से हट गए, जिस पर उनके पितरों ने
𐤉𐤄𐤅𐤄 की आज्ञाओं का पालन करते हुए चले थे – वे ऐसा
नहीं करते थे। [18]और जब 𐤉𐤄𐤅𐤄 ने उनके लिए शासक
उठाए, तब 𐤉𐤄𐤅𐤄 उस शासक के साथ था, और उसने
उन्हें उनके शत्रुओं के हाथ से उस शासक के सब दिनों में
बचाया, क्योंकि 𐤉𐤄𐤅𐤄 ने उनके कराहने पर दया की, जो
उनके दबाने वालों और कुचलने वालों के कारण थी। [19]और
ऐसा हुआ, जब शासक मर गया, तब वे लौटकर अपने पितरों
से भी अधिक भ्रष्ट करने लगे, और दूसरे देवताओं के पीछे
जाकर उनकी सेवा करने और उनके आगे झुकने लगे। वे
अपने कर्मों और अपनी हठीली चाल से नहीं रुके। [20]और
𐤉𐤄𐤅𐤄 का क्रोध इस्त्राएल पर भड़क उठा, और उसने कहा,
"क्योंकि इस जाति ने मेरी उस वाचा को तोड़ दिया है,
जिसकी आज्ञा मैंने उनके पितरों को दी थी, और मेरी वाणी
को नहीं सुना है, [21]मैं भी अब उनके सामने से उन जातियों में
से कोई को नहीं निकालूँगा, जिन्हें यहोशू ने छोड़ा जब वह मर
गया। [22]इसलिए कि इस्त्राएल की परीक्षा हो, कि क्या वे
𐤉𐤄𐤅𐤄 के मार्ग की रक्षा करेंगे, उन पर चलेंगे जैसे उनके
पितरों ने उन पर चले, या नहीं।" [23]सो 𐤉𐤄𐤅𐤄 ने उन
जातियों को छोड़ दिया, उन्हें तुरंत बाहर नहीं निकाला, और
उन्हें यहोशू के हाथ में नहीं दिया।

3 [1]और ये वे राष्ट्र हैं जिन्हें 𐤉𐤄𐤅𐤄 ने छोड़ा, ताकि
इस्त्राएल को उनके द्वारा परखा जाए, उन सबको जिन्होंने
कनान में सब युद्धों को नहीं जाना था, [2]केवल इसलिए कि
इस्त्राएल के बच्चों की पीढ़ियाँ जानें, उन्हें युद्ध सिखाने के
लिए, केवल वे जिन्होंने पहले उन्हें नहीं जाना था।
[3]पलिश्तियों के पाँच सरदार, और सब कनानी, और
सिदोनवासी, और हेवी जो लेबानोन पर्वत पर रहते थे, बाल
हेरमोन पर्वत से लेकर हमात के प्रवेश द्वार तक। [4]और वे
इस्त्राएल को उनके द्वारा परखने के लिए थे, यह जानने के
लिए कि क्या वे 𐤉𐤄𐤅𐤄 की आज्ञाओं का पालन करेंगे, जिन्हे
उसने मूशेह के हाथ द्वारा उनके पितरों को आज्ञा दी थी।
[5]इस प्रकार इस्त्राएल के बच्चे कनानियों, हित्ती लोगों,
एमोरियों, पेरिज़्ज़ियों, हेवियों और यबूसीयों के बीच में बस गए,
[6]और उन्होंने उनकी बेटियों को अपनी पत्नियाँ बना लिया,
और अपनी बेटियों को उनके बेटों को दे दिया, और उनके
देवताओं की सेवा की। [7]इस प्रकार इस्त्राएल के बच्चों ने
𐤉𐤄𐤅𐤄 की दृष्टि में बुराई की, और 𐤉𐤄𐤅𐤄 अपने ईश्वर
को भूल गए, और बालों और अशेराओं की सेवा की। [8]और
𐤉𐤄𐤅𐤄 का क्रोध इस्त्राएल पर भड़क उठा, और उसने उन्हे
अराम नहराइम के राजा कुशान-रिश'अथयिम के हाथ में बेच
दिया। और इस्त्राएल के बच्चों ने आठ वर्ष तक कुशान-
रिश'अथयिम की सेवा की। [9]और जब इस्त्राएल के बच्चों ने
𐤉𐤄𐤅𐤄 को पुकारा, 𐤉𐤄𐤅𐤄 ने इस्त्राएल के बच्चों के लिए
एक उद्धारकर्ता उठाया, जिसने उन्हें बचाया: कनज़ के पुत्र,
कालेब के छोटे भाई, ओतनिएल। [10]और 𐤉𐤄𐤅𐤄 की
आत्मा उस पर आई, और उसने इस्त्राएल पर राज्य किया,
और युद्ध में गया, और 𐤉𐤄𐤅𐤄 ने उसके हाथ में अराम
नहराइम के राजा कुशान-रिश'अथयिम को दे दिया। और
उसका हाथ कुशान-रिश'अथयिम पर प्रबल हुआ, [11]और देश
ने चालीस वर्षों तक विश्राम किया। फिर कनज़ का पुत्र
ओतनिएल मर गया। [12]और इस्त्राएल के बच्चों ने फिर से
𐤉𐤄𐤅𐤄 की दृष्टि में बुराई की। और 𐤉𐤄𐤅𐤄 ने मोआब के
राजा एग्लोन को इस्त्राएल के विरुद्ध शक्तिशाली बनाया,
क्योंकि उन्होंने 𐤉𐤄𐤅𐤄 की दृष्टि में बुराई की थी। [13]और
उसने अम्मोनियों और अमालेकियों के बच्चों को अपने पास
इकट्ठा किया, और गया और इस्त्राएल को मारा, और उन्होंने
इर-हातामारीम पर कब्ज़ा कर लिया। [14]और इस्त्राएल के
बच्चों ने मोआब के राजा एग्लोन की अठारह वर्ष तक सेवा

की। 15और जब इस्राएल के बच्चों ने 𐤉𐤄𐤅𐤄 को पुकारा,
𐤉𐤄𐤅𐤄 ने उनके लिए एक उद्धारकर्ता उठाया: गेरा का पुत्र,
एक बिन्यामिनी, बाएँ हाथ का आदमी, एहुद। और उसके द्वारा
इस्राएल के बच्चों ने मोआब के राजा एग्लोन को एक भेंट
भेजी। 16और एहुद ने अपने लिए एक तलवार बनाई, वह
दोधारी थी और एक अम्माह लंबाई की, और उसने उसे अपने
लंबे वस्त्र के नीचे अपनी दाहिनी जाघ पर बाँध लिया।
17और वह एग्लोन, मोआब के राजा, के पास भेंट लाया। अब
एग्लोन बहुत मोटा आदमी था। 18और ऐसा हुआ कि जब
उसने भेंट पास ले जाना समाप्त कर दिया, तो उसने भेंट ले
जाने वाले लोगों को विदा कर दिया। 19परन्तु वह स्वयं
गिलगाल में जो पत्थर की मूर्तियाँ थीं, उनसे लौटकर आया,
और कहा, "मेरे पास आपके लिए एक गुप्त संदेश है, हे
राजा।" और उसने कहा, "चुप रहो!" और उसके पास खड़े
सब लोग उससे बाहर चले गए। 20और एहुद उसके पास
आया, जब वह अपनी ठंडी छतवाली कोठरी में बैठा था। और
एहुद ने कहा, "मेरे पास तुम्हारे लिए ईश्वर से एक संदेश
है।" तो वह अपनी गद्दी से उठ गया। 21और एहुद ने अपने
बाएँ हाथ से पहुँचकर, अपनी दाहिनी जाघ से तलवार
निकाली, और उसके पेट में भोंक दी। 22और हत्था तलवार
के पीछे चला गया, और चर्बी ने तलवार को ढँक लिया, क्योंकि
उसने तलवार को अपने पेट से बाहर नहीं निकाला, और वह
पीछे से बाहर आ गई। 23तब एहूद बरामदे में निकल गया
और ऊपरी कमरे के दरवाज़े उसके पीछे बंद कर दिए और
उन्हें ताला लगा दिया। 24और जब वह बाहर निकल गया,
उसके सेवक देखने आए और देखा कि छत के कमरे के
दरवाज़े बंद हैं। तब उन्होंने कहा, "वह केवल छत के ठंडे
कमरे में अपने पाँव ढक रहा है।" 25और वे बहुत देर तक
प्रतीक्षा करते रहे जब तक कि वे लज्जित न हो गए, परंतु
देखा कि वह ऊपरी कमरे के दरवाज़े नहीं खोल रहा है। तब
उन्होंने चाबी ली और उन्हें खोल दिया और देखा कि उनका
स्वामी ज़मीन पर गिरा हुआ, मृत पड़ा है। 26परंतु जब वे देर
कर रहे थे, एहूद भाग निकला और पत्थर की मूरतों से आगे
निकलकर सेईराह को भाग गया। 27और ऐसा हुआ कि जब
वह वहाँ पहुँचा, तो उसने इप्रयिम के पहाड़ों में मेंढे का सींग
फूँका, और इस्राएल के पुत्र पहाड़ों से उसके साथ नीचे उतरे,
और वह उनके आगे-आगे चला। 28और उसने उनसे कहा,
"मेरे पीछे चलो, क्योंकि 𐤉𐤄𐤅𐤄 ने तुम्हारे शत्रु मोआबी
तुम्हारे हाथ में कर दिए हैं।" तब वे उसके पीछे-पीछे उतरे
और यरदेन के घाटों को मोआब की ओर जाने वाले मार्ग पर
ले लिया, और किसी को पार करने नहीं दिया। 29और
उन्होंने उस समय लगभग दस हज़ार मोआबियों को मारा, सब
बलवान और शूरवीर पुरुष थे, और एक भी मनुष्य नहीं बचा।
30और उस दिन मोआब इस्राएल के हाथ के नीचे दबा दिया
गया। और देश अस्सी वर्षों तक शांत रहा। 31और उसके
बाद अनात का पुत्र शामगर था, और उसने बैल हाँकने वाली
लकड़ी से छः सौ पलिश्तियों को मारा। और उसने भी
इस्राएल को बचाया।

4 1और जब एहूद मर गया, तब यिस्राएल के पुत्र फिर से
𐤉𐤄𐤅𐤄 की दृष्टि में बुरा करने लगे। 2इसलिए
𐤉𐤄𐤅𐤄 ने उन्हें कनान के राजा याबीन के हाथ में बेच दिया,
जो हात्सार में राज्य करता था। और उसकी सेना का प्रधान
सिसेरा था, जो हारोशेत हागोयिम में रहता था। 3और
यिस्राएल के पुत्रों ने 𐤉𐤄𐤅𐤄 से पुकारा, क्योंकि उसके पास
लोहे के नौ सौ रथ थे, और बीस वर्ष तक उसने यिस्राएल के
पुत्रों को कठोरता से सताया। 4और देबोरा, एक नबीयाह,
लप्पीदोत की पत्नी, उस समय यिस्राएल का न्याय करती
थी। 5और वह देबोरा के खजूर के पेड़ के नीचे रहती थी,
जो रामाह और बेत-एल के बीच एप्रैम के पहाड़ों में था। और
यिस्राएल के पुत्र उसके पास न्याय के लिए आते थे। 6और
उसने नप्ताली के क़ादेश से अबीनोअम के पुत्र बाराक को
बुलाया और उससे कहा, "क्या 𐤉𐤄𐤅𐤄 ईश्वर यिस्राएल का
तुझे आज्ञा नहीं दी, 'जा, और तू ताबोर पर्वत की ओर खींच
ले जा, और अपने साथ नप्ताली और जबुलून के पुत्रों में से
दस हज़ार पुरुष ले ले। 7और मैं याबीन की सेना के प्रधान
सिसेरा को, उसके रथों और उसकी सेना को किशोन नदी पर
तेरे पास खींच लाऊँगा, और उसे तेरे हाथ में दे दूँगा।'"
8तब बाराक ने उससे कहा, "यदि तू मेरे साथ चलेगी, तो मै
जाऊँगा; पर यदि तू मेरे साथ नहीं जाएगी, तो मैं नही
जाऊँगा।" 9और उसने कहा, "मैं निश्चय तेरे साथ चलूँगी।
केवल, जिस यात्रा पर तू जा रहा है उसमें तेरे लिए कोई
सम्मान न होगा, क्योंकि 𐤉𐤄𐤅𐤄 सिसेरा को एक स्त्री के हाथ
में बेच देगा।" तब देबोरा उठी और बाराक के साथ क़ादेश
को गई। 10और बाराक ने जबुलून और नप्ताली को क़ादेश
में बुलाया। और वह दस हज़ार पुरुषों को अपने अधिकार में
लेकर ऊपर गया, और देबोरा उसके साथ ऊपर गई।
11और हेबर क़ैनी, मोशेह के ससुर होबाब के पुत्रों में से,
क़ैनियों से अलग हो गया और उसने अपनी तंबू को एत्स-
आनयिम के पास ओक के वृक्ष के पास गाड़ा, जो क़ादेश के
बगल में था। 12और उन्होंने सिसेरा को बताया कि
अबीनोअम का पुत्र बाराक ताबोर पर्वत पर चढ़ गया है।
13तब सिसेरा ने अपने सब रथों, लोहे के नौ सौ रथों, और
सब लोगों को जो उसके साथ थे, हारोशेत हागोयिम से किशोन
नदी तक बुला लिया। 14तब देबोरा ने बाराक से कहा, "उठ!
क्योंकि यह वही दिन है जिस दिन 𐤉𐤄𐤅𐤄 ने सिसेरा को तेरे
हाथ में दे दिया है। क्या 𐤉𐤄𐤅𐤄 तेरे आगे नहीं निकला?"
तब बाराक ताबोर पर्वत से उतरा और दस हज़ार पुरुष उसके
पीछे थे। 15और 𐤉𐤄𐤅𐤄 ने सिसेरा और उसके सब रथों
और उसकी सब सेना को बाराक के सामने तलवार की धार
से घबरा दिया। और सिसेरा अपने रथ से कूदकर पैदल
भागा। 16और बाराक ने रथों और सेना का पीछा किया, यहां
तक कि हारोशेत हागोयिम तक। और सिसेरा की सारी सेना
तलवार की धार से गिर गई, एक भी शेष न रहा। 17परन्तु
सिसेरा पैदल भागकर हेबर क़ैनी की पत्नी याएल के तंबू में
गया; क्योंकि हात्सार के राजा याबीन और हेबर क़ैनी के घराने
के बीच मेल था। 18और याएल सिसेरा से मिलने के लिए
बाहर गई, और उससे कहा, "अंदर आ, मेरे प्रभु, मेरे पास
आ, मत डर।" तब वह उसके पास तंबू में गया, और उसने
उसे कंबल से ढक दिया। 19और उसने उससे कहा, "कृपया
मुझे थोड़ा पानी पिला, क्योंकि मैं प्यासा हूँ।" तब उसने दूध
की मशक खोली, और उसे पिलाया, और उसे ढक दिया।
20और उसने उससे कहा, "तंबू के द्वार पर खड़ी रह, और
यदि कोई आए और तुझसे पूछे और कहे, 'क्या यहाँ कोई

पुरुष है?' तो तू कह, 'नहीं ।'" 21 तब हेबर की पत्नी याएल ने
एक तंबू की कील और एक हथौड़ा अपने हाथ में लिया, और
धीरे-धीरे उसके पास आई, और कील को उसके सिर की
ओर धंसा दिया, और वह भूमि में घुस गई - क्योंकि वह गहरी
नींद में और थका हुआ था - और वह मर गया । 22 और
देखो, जैसे ही बाराक सिसेरा का पीछा कर रहा था, याएल
उससे मिलने बाहर आई, और उससे कहा, "आ, मैं तुझे वह
पुरुष दिखाऊँगी जिसे तू ढूँढ रहा है ।" और जब वह उसके
तंबू में गया, तो वहाँ सिसेरा मरा पड़ा था और कील उसके
सिर में धंसी हुई थी । 23 और उस दिन ईश्वर ने कनान के
राजा याबीन को यिस्राएल के पुत्रों के सामने दबा दिया ।
24 और यिस्राएल के पुत्रों का हाथ कनान के राजा याबीन पर
और अधिक और अधिक भारी होता गया, यहाँ तक कि
उन्होंने कनान के राजा याबीन को नष्ट कर दिया ।

5 1 और उस दिन देबोरा और बराक अबीनोअम के पुत्र ने
गाकर कहा, 2 "इस्राएल में अगुवों के अगुवाई करने के
लिये, लोगों के स्वयंसेवक होने के लिये, बरक 𐤉𐤄𐤅𐤄! 3 "हे
राजाओं सुनो! हे प्रधानों कान लगाओ! मैं, मैं 𐤉𐤄𐤅𐤄 के
लिये गाता हूँ; मैं इस्राएल के ईश्वर 𐤉𐤄𐤅𐤄 की स्तुति गाता
हूँ । 4 "𐤉𐤄𐤅𐤄, जब तू सेईर से निकला, जब तू एदोम के
मैदान से चला, तब पृथ्वी काँपी और आकाश बरसा, बादल भी
जल बरसाए । 5 "पहाड़ 𐤉𐤄𐤅𐤄 के साम्हने पिघल गए, यह
सीनै भी, इस्राएल के ईश्वर 𐤉𐤄𐤅𐤄 के साम्हने । 6 "शमगर
अनात के पुत्र के दिनों में, याएल के दिनों में, राजमार्ग
सुनसान थे, और यात्री टेढ़े मार्गों से चले । 7 "नेतृत्व इस्राएल
में समाप्त हो गया, समाप्त हो गया, जब तक मैं, देबोरा, न
उठी – इस्राएल में एक माता उठी । 8 "उन्होंने नए वीर चुने,
तब द्वारों पर लड़ाई हुई! न तो ढाल और न ही भाला इस्राएल
के चालीस हजार में दिखाई दिया । 9 "मेरा हृदय इस्राएल के
विधिनिर्माताओं और लोगों के स्वयंसेवकों की ओर है । बरक
𐤉𐤄𐤅𐤄! 10 "तुम जो श्वेत गधों पर सवारी करते हो, जो
समृद्ध गलीचों पर बैठते हो, और जो मार्ग पर चलते हो,
बताओ! 11 "पानी खींचने के स्थानों के बीच पुकारने वालों की
आवाज़ से वहाँ वे 𐤉𐤄𐤅𐤄 के धर्मी कामों का वर्णन करते हैं,
इस्राएल में उसके नेतृत्व के धर्मी कामों का; तब 𐤉𐤄𐤅𐤄 के
लोग द्वारों तक उतरेंगे । 12 "जागो, जागो, देबोरा! जागो,
जागो, गीत गाओ! उठो, बराक, और अपने बंधुओं को ले
चलो, हे अबीनोअम के पुत्र! 13 "तब उसने बचे हुओं को
प्रभुओं पर प्रभुता करने दी; 𐤉𐤄𐤅𐤄 मेरे लिये पराक्रमी लोगों
के विरुद्ध उतरा । 14 "इफ्रैम से उनकी जड़ अमालेक के
विरुद्ध थी । तेरे बाद, बिन्यामीन तेरे लोगों संग; माकीर से
विधिनिर्माता उतरे, और जबूलून से वे जो लेखक की कलम
संभालते हैं । 15 "और यिस्साकर के प्रधान देबोरा के साथ
थे । और जैसे यिस्साकर, वैसे ही बराक भी उसकी आज्ञा के
अधीन तराई में भेजा गया । रूबेन के विभागों में बड़े मन के
विचार थे । 16 "तू भेड़-बकरियों के बाड़ों में क्यों रहा, झुंडों के
मिमियाने की आवाज़ सुनने के लिये? रूबेन के विभागों में बड़े
मन के विचार थे । 17 "गिलाद यरदन के पार रहा, और दान
जहाजों पर क्यों रहा? आशेर समुद्रतट पर ठहरा, और अपने
उतरने के स्थानों पर रहा । 18 "जबूलून वे लोग हैं जिन्होंने
मृत्यु तक अपने प्राणों को जोखिम में डाला, नप्ताली ने भी
मैदान की ऊँचाइयों पर । 19 "राजा आए, उन्होंने युद्ध किया,
तब कनान के राजा तआनक में, मेगिद्दो के जलस्रोतों के पास
युद्ध किये; उन्होंने चाँदी की लूट नहीं ली । 20 "आकाश से
उन्होंने युद्ध किया; तारों ने अपनी कक्षाओं से सिसेरा के
विरुद्ध युद्ध किया । 21 "किशोन की नदी ने उन्हें बहा दिया,
वह प्राचीन नदी, किशोन की नदी । हे मेरे प्राण, तूने बल में
रौंदा है! 22 "तब घोड़ों के खुरों ने ठोकर मारी, उसके अश्वों
के दौड़ने, दौड़ने के साथ । 23 'मेरोज़ पर शाप हो,' 𐤉𐤄𐤅𐤄
के एक दूत ने कहा, 'शाप, उसके निवासियों पर शाप हो,
क्योंकि वे 𐤉𐤄𐤅𐤄 की सहायता के लिए नहीं आए, 𐤉𐤄𐤅𐤄
की सहायता के लिए शक्तिशाली लोगों में नहीं आए ।'
24 "स्त्रियों से बढ़कर धन्य है याएल, हेबर क़ेनी की पत्नी –
तम्बुओं में स्त्रियों से बढ़कर वह धन्य है । 25 "उसने पानी
माँगा, उसने दूध दिया; उसने बड़े लोगों के लिए कटोरे में
गाढ़ा दूध निकाला । 26 "उसने अपना हाथ तम्बू की कील की
ओर बढ़ाया, और अपना दाहिना हाथ काम करने वालों के
हथौड़े की ओर । तब उसने सीसरा को मारा, उसका सिर
कुचल दिया, उसने उसके सिर के पार छेद कर दिया ।
27 "उसके पैरों के बीच वह झुका, गिर पड़ा, निश्चल पड़ा
रहा; उसके पैरों के बीच वह झुका, गिर पड़ा; जहाँ वह झुका,
वहीं गिर पड़ा – नष्ट हुआ । 28 "खिड़की से सीसरा की माता
ने देखा, और झरोखे से पुकारा, 'उसका रथ आने में क्यों देर
कर रहा है? उसके रथों के कदम क्यों रुक गए हैं?'
29 "उसकी राजकुमारियों की बुद्धिमान स्त्रियों ने उसे उत्तर
दिया, वास्तव में, उसने स्वयं अपने आप को उत्तर दिया,
30 'क्या वे लूट नहीं पाते और बाँटते: हर एक पुरुष के लिए
एक या दो युवतियाँ; सीसरा के लिए रंगे हुए वस्त्र की लूट,
कढ़ाईदार रंगा हुआ वस्त्र की लूट, गले के लुटेरों के लिए
गाढ़े कढ़ाईदार रंगे हुए वस्त्र ।' 31 "हे 𐤉𐤄𐤅𐤄! ऐसे ही तेरे
सब शत्रु नाश हों! परन्तु जो उससे प्रेम करते हैं, वे सूर्य के
अपनी शक्ति में उदय होने के समान हों!" और देश चालीस
वर्ष तक शान्त रहा ।

6 1 और इस्राएल के बच्चों ने 𐤉𐤄𐤅𐤄 की आँखों में बुरा
किया, और 𐤉𐤄𐤅𐤄 ने उन्हें मिद्यान के हाथ में सात वर्षों
के लिए दे दिया । 2 और मिद्यान का हाथ इस्राएल पर प्रबल
था । और मिद्यानी लोगों के सामने इस्राएल के बच्चों ने अपने
लिए पहाड़ों में शरणस्थान, और गुफाएँ, और गढ़ बनाए ।
3 और ऐसा हुआ, जब भी इस्राएल बोता था, तब मिद्यान ऊपर
आता था, और अमालेक और पूरब के लोग उनके विरुद्ध
ऊपर आते थे । 4 और उनके विरुद्ध छावनी डालते और देश
की उपज को अज़्ज़ाह तक नष्ट कर देते, और इस्राएल में न
तो भोजन छोड़ते, न भेड़, न बैल और न गदहा । 5 क्योंकि वे
अपने पशुओं और अपने तंबुओं के साथ ऊपर आते थे,
टिड्डियों की तरह असंख्य । और वे और उनके ऊँट गिनती से
बाहर थे । और वे देश को नष्ट करने के लिए उसमें आते
थे । 6 इस प्रकार इस्राएल मिद्यान के कारण बहुत दीन हो
गया, और इस्राएल के बच्चों ने 𐤉𐤄𐤅𐤄 को पुकारा । 7 और
ऐसा हुआ, जब इस्राएल के बच्चों ने मिद्यान के कारण
𐤉𐤄𐤅𐤄 को पुकारा । 8 कि 𐤉𐤄𐤅𐤄 ने इस्राएल के बच्चों के
पास एक नबी भेजा, जिसने उनसे कहा, "यहोवा 𐤉𐤄𐤅𐤄

इस्राएल के ईश्वर यूँ कहता है, 'मैंने तुम्हें मिस्र से ऊपर लाया
और तुम्हें दासत्व के घर से बाहर निकाला। 9और मैंने तुम्हें
मिस्रियों के हाथ से और तुम्हारे सब सतानेवालों के हाथ से
छुड़ाया, और उन्हें तुम्हारे सामने से बाहर निकाला और तुम्हें
उनका देश दिया। 10'और मैंने तुमसे कहा, "मैं 𐤉𐤄𐤅𐤄
तुम्हारा ईश्वर हूँ, उस अमोरी जाति के शक्तिशालियों से मत
डरो, जिसके देश में तुम बसते हो। और तुमने मेरी वाणी का
पालन नहीं किया।" ' " 11और 𐤉𐤄𐤅𐤄 का दूत आया और
ओप्रा में एक बांज वृक्ष के नीचे बैठा, जो अबीएजरी योआश
का था, जब उसका पुत्र गिदोन अंगूर के रसकुंड में गेहूँ कूट
रहा था, ताकि मिद्यानी लोगों की आँखों से छिपाए। 12और
𐤉𐤄𐤅𐤄 का दूत उसे दिखाई दिया, और उससे कहा,
"𐤉𐤄𐤅𐤄 तेरे साथ है, हे पराक्रमी वीर!" 13और गिदोन ने
उससे कहा, "हे मेरे प्रभु, यदि 𐤉𐤄𐤅𐤄 हमारे साथ है, तो यह
सब हम पर क्यों आया है? और वे सब आश्चर्यकर्म कहाँ हैं,
जिनकी चर्चा हमारे पिताओं ने हमसे की, कहते हुए, 'क्या
𐤉𐤄𐤅𐤄 ने हमें मिस्र से ऊपर नहीं लाया?' पर अब 𐤉𐤄𐤅𐤄
ने हमें छोड़ दिया है और हमें मिद्यान के हाथों में दे दिया है।"
14और 𐤉𐤄𐤅𐤄 उसकी ओर फिरा और कहा, "इस तेरी
शक्ति में जा, और तू इस्राएल को मिद्यानी लोगों के हाथ से
बचाएगा। क्या मैंने तुझे नहीं भेजा?" 15और उसने उससे
कहा, "हे 𐤉𐤄𐤅𐤄, मैं इस्राएल को किससे बचाऊँ? देख,
मेरा कुल मनश्शेह में सबसे निर्बल है, और मैं अपने पिता के
घर में सबसे छोटा हूँ।" 16और 𐤉𐤄𐤅𐤄 ने उससे कहा,
"क्योंकि मैं तेरे साथ हूँ, तू मिद्यानी लोगों को ऐसे मारेगा जैसे
एक ही मनुष्य को।" 17और उसने उससे कहा, "कृपया,
यदि मैंने तेरी आँखों में अनुग्रह पाया है, तो मुझे एक चिन्ह
दिखा कि तू ही मुझसे बातें कर रहा है। 18"कृपया यहाँ से
मत हटना, जब तक कि मैं तेरे पास न आऊँ और अपना
अर्पण बाहर लाकर तेरे सामने न रखूँ।" और उसने कहा,
"मैं तब तक ठहरूँगा जब तक तू लौट न आए।" 19और
गिदोन भीतर गया, और एक बकरी का बच्चा और एक एफ़ा
आटे से अखमीरी रोटी तैयार की। मांस उसने एक टोकरी में
रखा, और शोरबा उसने एक बर्तन में रखा। और वह उन्हें
उसके पास लाया, बांज वृक्ष के नीचे, और अर्पण किया।
20और ईश्वर के दूत ने उससे कहा, "मांस और अखमीरी
रोटी को ले, और उन्हें इस चट्टान पर रख, और शोरबा
उंडेल।" और उसने ऐसा ही किया। 21और 𐤉𐤄𐤅𐤄 के दूत
ने अपने हाथ में जो डंडा था उसका सिरा आगे बढ़ाया, और
मांस और अखमीरी रोटी को छुआ। और चट्टान में से आग
ऊपर उठी और मांस और अखमीरी रोटी को भस्म कर गई।
और 𐤉𐤄𐤅𐤄 का दूत उसकी आँखों से ओझल हो गया।
22और जब गिदोन ने देखा कि वह 𐤉𐤄𐤅𐤄 का दूत था,
गिदोन ने कहा, "हाय प्रभु 𐤉𐤄𐤅𐤄! क्योंकि मैंने 𐤉𐤄𐤅𐤄 के
दूत को आमने-सामने देखा है।" 23और 𐤉𐤄𐤅𐤄 ने उससे
कहा, "शाति तेरे साथ हो! मत डर, तू नहीं मरेगा।" 24और
गिदओन ने वहाँ 𐤉𐤄𐤅𐤄 के लिए एक वेदी बनाई, और
उसका नाम रखा: 𐤉𐤄𐤅𐤄 शालोम। आज तक वह
अबीएज़ेरियों के ओप्रह में है। 25और उसी रात ऐसा हुआ कि
𐤉𐤄𐤅𐤄 ने उससे कहा, "अपने पिता का जवान बैल, और
सात वर्ष का दूसरा बैल ले, और अपने पिता की जो वेदी बाल
की है उसे गिरा दे, और उसके पास की अशेरा को काट
डाल। 26"और तू 𐤉𐤄𐤅𐤄 अपने ईश्वर के लिए इस चट्टान
पर एक वेदी सही रीति से बना, और दूसरे बैल को उस मूर्ति
की लकड़ी से होमबलि चढ़ा जिसे तू काटेगा।" 27और
गिदओन ने अपने सेवकों में से दस जन लिए और जैसा
𐤉𐤄𐤅𐤄 ने उससे कहा था वैसा ही किया। और ऐसा हुआ कि
वह अपने पिता के घराने और नगर के लोगों से बहुत डरता
था, इसलिए दिन में न करके रात को किया। 28और नगर
के लोग भोर को उठे और देखा कि बाल की वेदी गिरा दी गई,
और उसके पास की अशेरा काट डाली गई है, और दूसरा
बैल उस वेदी पर चढ़ाया जा रहा है जो बनाई गई थी। 29और
उन्होंने एक-दूसरे से कहा, "यह काम किसने किया?" और
जब उन्होंने पूछताछ की, तो कहा, "योआश का पुत्र गिदओन
ने यह काम किया है।" 30और नगर के लोगों ने योआश से
कहा, "अपने पुत्र को बाहर ला ताकि वह मरे, क्योंकि उसने
बाल की वेदी गिरा दी है, और उसके पास की अशेरा काट
डाली है।" 31तब योआश ने उन सब से जो उसके विरुद्ध
खड़े थे कहा, "क्या तुम बाल के लिए विवाद करोगे? क्या तुम
उसे बचाओगे? जो उसके लिए विवाद करेगा वह सुबह तक
मारा जाए! यदि वह देवता है, तो वह स्वयं के लिए विवाद करे,
क्योंकि उसकी वेदी गिरा दी गई है!" 32उस दिन उसने
उसका नाम येरुब्बाल रखा, यह कहकर, "बाल उसके विरुद्ध
विवाद करे, क्योंकि उसकी वेदी गिराई गई है।" 33अब सब
मिद्यान और अमालेक और पूरब के लोग इकट्ठे हुए। और वे
पार होकर यिज्रएल की तराई में डेरा डाले। 34तब 𐤉𐤄𐤅𐤄
की आत्मा गिदओन पर आई, और उसने नरसिंगा फूंका,
और अबीएज़ेरी उसके पीछे इकट्ठा हुए। 35और उसने सारे
मनश्शे में दूत भेजे, जो भी उसके पीछे इकट्ठा हुए। और
उसने अशेर, और जबुलून, और नप्ताली में भी दूत भेजे।
और वे उनके मिलने को ऊपर आए। 36और गिदओन ने
ईश्वर से कहा, "यदि तू मेरे हाथ से इस्राएल को बचा रहा है
जैसा तूने कहा है, 37देख, मैं खलिहान पर ऊन की खाल
रखता हूँ। यदि केवल खाल पर ही ओस हो और सारी भूमि
सूखी रहे, तब मैं जान लूँगा कि तू मेरे हाथ से इस्राएल को
बचा रहा है, जैसा तूने कहा है।" 38और ऐसा ही हुआ, और
वह अगले दिन सुबह जल्दी उठा और खाल को निचोड़ा, और
खाल से ओस निकालकर कटोरे को पानी से भर दिया।
39और गिदओन ने ईश्वर से कहा, "मुझ पर क्रोधित न हो,
मैं केवल इस बार बोलूँ: कृपया मुझे एक बार और खाल के
साथ परखने दे, कृपया केवल खाल ही सूखी रहे और सारी
भूमि पर ओस हो।" 40और ईश्वर ने उस रात ऐसा ही किया,
और केवल खाल ही सूखी रही, पर सारी भूमि पर ओस थी।

7 1और येरुब्बा'ल, जो कि गिद'ओन है, और सब लोग जो
उसके साथ थे, सुबह जल्दी उठे और एयन हारोद के
पास डेरा डाले, ताकि मिद्यान की छावनी उनके उत्तर की
ओर, मोरेह के पहाड़ के पास तराई में थी। 2और 𐤉𐤄𐤅𐤄 ने
गिद'ओन से कहा, "जो लोग तेरे साथ हैं वे बहुत अधिक हैं
कि मैं मिद्यान को उनके हाथ में दूँ, ऐसा न हो कि यिसरा'एल
मेरे विरुद्ध घमण्ड करे, यह कहते हुए, 'मेरे अपने हाथ ने मुझे
बचा लिया।'" 3"अब लोगों के सुनने में प्रचार कर, कह,
'जो कोई डरता और काँपता है, वह लौटकर गिल'आद पर्वत
छोड़ दे।' " तब लोगों में से बाईस हज़ार लौट गए, और दस

हज़ार रह गए। 4 और 𐤉𐤄𐤅𐤄 ने गिद'ओन से कहा, "लोग
अभी भी बहुत हैं। उन्हें पानी तक ले आ, और मैं वहाँ तेरे लिए
उनकी परीक्षा लूँगा। और ऐसा होगा कि जिसको मैं तुझ से
कहूँ, 'यह तेरे साथ जाएगा,' वह तेरे साथ जाए। और
जिसको मैं कहूँ, 'यह तेरे साथ नहीं जाएगा,' वह न जाए।"
5 तब उसने लोगों को पानी तक उतारा। और 𐤉𐤄𐤅𐤄 ने
गिद'ओन से कहा, "हर वह जन जो अपनी जीभ से पानी
चाटता है, जैसे कुत्ता चाटता है, उसको उनसे अलग कर जो
अपने घुटनों पर झुककर पानी पीते हैं।" 6 और जो लोग हाथ
को मुँह तक ले जाकर चाटते थे, उनकी संख्या तीन सौ पुरुष
थी, और बाकी सब लोग घुटनों पर झुककर पानी पीते थे।
7 और 𐤉𐤄𐤅𐤄 ने गिद'ओन से कहा, "तीन सौ पुरुष जिन्होंने
चाटा, उन्हीं से मैं तुझे बचाऊँगा, और मिद्यान को तेरे हाथ में
दूँगा। बाकी सब लोग अपने अपने स्थान को चले जाएँ।"
8 और लोगों ने भोजन और अपनी नर-भेड़ों के सींग अपने
हाथ में लिए। और उसने बाकी सब यिसरा'एलियों को उनके
तम्बुओं में भेज दिया, परन्तु उन्हीं तीन सौ पुरुषों को रख
छोड़ा। अब मिद्यान की छावनी तराई में उसके नीचे थी।
9 और ऐसा हुआ कि उसी रात 𐤉𐤄𐤅𐤄 ने उससे कहा, "उठ,
छावनी पर उतार, क्योंकि मैंने उसे तेरे हाथ में दिया है।"
10 "पर यदि तू उतरने से डरता है, तो तू और तेरा सेवक
पूरह छावनी तक उतर जाओ।" 11 "और तू सुन लेगा कि वे
क्या कहते हैं, तब तेरे हाथ बलवन्त होंगे। और तब तू छावनी
पर उतरेगा।" तब वह अपने सेवक पूरह के साथ छावनी के
हथियारबन्दों के किनारे उतरा। 12 और मिद्यान और
अमालेक, और सब पूर्व के लोग तराई में पड़े हुए थे, टिड्डियों
की बहुतायत के समान। और उनके ऊँट समुद्र किनारे की
बालू के समान असंख्य थे। 13 और गिद'ओन आया, और
देखो, एक मनुष्य अपने साथी को एक स्वप्न सुना रहा था,
और कह रहा था, "देख, मैंने एक स्वप्न देखा, और देख, जौ
की एक रोटी मिद्यान की छावनी में लुढ़क आई, और यह एक
तम्बू पर आकर गिरा और उसको ऐसा मारा कि वह गिर पड़ा
और उलट गया, और तम्बू गिर गया।" 14 और उसके साथी
ने उत्तर देकर कहा, "यह गिद'ओन यो'आश का पुत्र,
यिसरा'एल का मनुष्य, की तलवार के सिवाय और कुछ नहीं।
ईश्वर ने मिद्यान और सारी छावनी उसके हाथ में दी है।"
15 और ऐसा हुआ कि जब गिद'ओन ने इस स्वप्न को और
उसका अर्थ सुना, तो उसने झुककर दण्डवत किया। और
यिसरा'एल की छावनी में लौटकर कहा, "उठो, क्योंकि
𐤉𐤄𐤅𐤄 ने मिद्यान की छावनी को तेरे हाथ में दे दिया है।"
16 और उसने तीन सौ पुरुषों को तीन दलों में बाँटा, और उन
सबके हाथों में नर-भेड़ों के सींग और खाली घड़े दिए, और
घड़ों के भीतर मशालें रखीं। 17 और उसने उनसे कहा, "मुझे
देखो और वैसा ही करो। और देखो, जब मैं छावनी के
किनारे पहुँचूँ, तो तुम भी वैसा ही करना जैसा मैं करता हूँ।"
18 "और मैं नर-भेड़ों का सींग फूँकूँगा, मैं और जो सब मेरे
संग हैं, तब तुम भी छावनी चारों ओर नर-भेड़ों के सींग फूँको,
और कहो, '𐤉𐤄𐤅𐤄 और गिद'ओन के लिये!' " 19 और
गिद'ओन और सौ पुरुष जो उसके साथ थे, छावनी के
किनारे, मध्य पहरे की शुरुआत में आए, जैसे ही उन्होंने पहरा
बदल दिया था। और उन्होंने नर-भेड़ों के सींग फूँके और
घड़े तोड़ दिए जो उनके हाथों में थे। 20 और तीनों दलों ने
नर-भेड़ों के सींग फूँके और घड़े तोड़े, और अपने बाएँ हाथों
में मशालें पकड़ीं और दाएँ हाथों में नर-भेड़ों के सींग फूँकने
के लिये, और उन्होंने पुकारा, "𐤉𐤄𐤅𐤄 और गिद'ओन के
लिये!" 21 और वे सब अपने अपने स्थान पर खड़े रहे,
छावनी के चारों ओर। और सारी सेना दौड़ी और चिल्लाई
और भाग गई। 22 और उन तीन सौ पुरुषों ने नर-भेड़ों के
सींग फूँके, और 𐤉𐤄𐤅𐤄 ने सारी छावनी में एक दूसरे की
तलवार को उसके साथी के विरुद्ध कर दी। और सेना बेथ
शित्ताह से त्सेरेराह की ओर, अबेल मेहोला की सीमा तक,
तब्बत के पास भाग गई। 23 और यिसरा'एल के पुरुष
नफ़्ताली, और अशेर, और सारे मनश्शेह से बुलाए गए, और
मिद्यान का पीछा किया। 24 तब गिद'ओन ने सारे इफ्रायिम के
पर्वतों में दूत भेजे, यह कहते हुए, "उतरकर मिद्यान से मिलने
आओ, और उनसे जल के सोते पकड़ लो बेथ बारा और
यर्दन तक।" सो इफ्रायिम के सब पुरुष बुलाए गए और
उन्होंने जल के सोते बेथ बारा और यर्दन तक पकड़ लिए।
25 और उन्होंने मिद्यान के दो प्रधानों, ओरेब और ज़े'एब को
पकड़ा, और ओरेब को ओरेब की चट्टान पर मारा, और
ज़े'एब को ज़े'एब के रसकुण्ड पर मारा, जब वे मिद्यान का
पीछा कर रहे थे। और उन्होंने ओरेब और ज़े'एब के सिर
गिद'ओन के पास यर्दन के पार ले आए।

8 1 और इफ्रयिम के पुरुषों ने उससे कहा, "यह क्या है जो
तू ने हमारे साथ किया कि जब तू मिद्यान से लड़ने गया,
तब हमें क्यों नहीं बुलाया?" और उन्होंने उससे तीव्र विवाद
किया। 2 और उसने उनसे कहा, "मैं ने तुम्हारी तुलना में क्या
किया है? क्या इफ्रयिम का बचे हुए अंश अबीएज़ेर की दाख
की फ़सल से अच्छा नहीं है? 3 "ईश्वर ने तुम्हारे हाथों में
मिद्यान के हाकिम, ओरेब और ज़ेएब को दे दिया है। और मै
तुम्हारी तुलना में क्या कर सका?" और जब उसने यह कहा
तो उनका क्रोध उस पर शांत हो गया। 4 और गिदओन और
उसके साथ के तीन सौ पुरुष यरदन पर आए, पार उतरते
हुए, थके हुए फिर भी पीछा करते हुए। 5 और उसने सुक्कोत
के पुरुषों से कहा, "कृपया उन लोगों को रोटी के लोंदे दो जो
मेरे पीछे चलते हैं, क्योंकि वे थके हुए हैं, और मैं ज़ेबह और
सलमुन्ना का, जो मिद्यान के राजा हैं, पीछा कर रहा हूं।"
6 परन्तु सुक्कोत के प्रधानों ने कहा, "क्या ज़ेबह और
सलमुन्ना तेरे हाथ में अब हैं, कि हम तेरी सेना को रोटी दें?"
7 तब गिदओन ने कहा, "इस कारण, जब 𐤉𐤄𐤅𐤄 ज़ेबह
और सलमुन्ना को मेरे हाथ में देगा, तब मैं जंगल के काँटों
और झाड़ियों से तुम्हारे शरीर को चीर डालूंगा!" 8 और वह
वहां से पनूएल गया और उनसे भी इसी प्रकार कहा। और
पनूएल के पुरुषों ने उसको उसी प्रकार उत्तर दिया जैसे
सुक्कोत के पुरुषों ने दिया था। 9 सो उसने पनूएल के पुरुषों
से भी कहा, "जब मैं कुशलपूर्वक लौटूंगा, तब इस गुम्मट को
गिरा दूंगा!" 10 और ज़ेबह और सलमुन्ना कर्कोर में थे, और
उनकी सेनाएँ उनके साथ थीं, लगभग पन्द्रह हजार पुरुष, जो
सब पूरब के लोगों की सारी सेना में से बचे हुए थे। अब जो
मारे गए थे वे एक लाख बीस हजार पुरुष थे जो तलवार
खींचते थे। 11 और गिदओन नूबह और योगबेहा के पूरब में
तम्बुओं में रहनेवालों के मार्ग से ऊपर गया। और उसने
छावनी को मारा जब छावनी निश्चिन्त थी। 12 और ज़ेबह
और सलमुन्ना भाग गए, और उसने उनका पीछा किया, और
मिद्यान के उन दोनों राजाओं ज़ेबह और सलमुन्ना को पकड़

लिया, और सारी सेना को भयभीत कर दिया। 13 और
योआश का पुत्र गिदओन युद्ध से, हेरस की चढ़ाई से लौट
आया। 14 और उसने सुक्कोत के एक जवान को पकड़ लिया
और उससे पूछताछ की। और उसने उसके लिये सुक्कोत के
प्रधानों और उसके बुज़ुर्गों के नाम लिखे, सत्तर सात पुरुष।
15 और वह सुक्कोत के पुरुषों के पास आया और कहा,
"देखो: ज़ेबह और सलमुन्ना, जिनके विषय में तुम ने मुझे
ताना दिया, कहकर, 'क्या ज़ेबह और सलमुन्ना तेरे हाथ में
अब हैं, कि हम तेरे थके हुए पुरुषों को रोटी दें?' " 16 और
उसने नगर के बुज़ुर्गों को लिया, और जंगल के काँटे और
झाड़ियाँ, और उनसे सुक्कोत के पुरुषों को सबक सिखाया।
17 और उसने पनूएल के गुम्मट को गिरा दिया और नगर के
पुरुषों को मार डाला। 18 और उसने ज़ेबह और सलमुन्ना से
कहा, "वे पुरुष कैसे थे जिन्हें तुम ने तबोर में मारा?" तो
उन्होंने उत्तर दिया, "वे तेरे समान थे, हर एक राजा के पुत्र
के समान दिखते थे।" 19 और उसने कहा, "वे मेरे भाई, मेरी
माता के पुत्र थे। जैसा कि 𐤉𐤄𐤅𐤄 जीवित है, यदि तुम ने
उन्हें जीवित छोड़ दिया होता, तो मैं तुम्हें न मारता।" 20 और
उसने अपने पहलौठे पुत्र येथेर से कहा, "उठ, उनको मार
डाल!" परन्तु जवान ने अपनी तलवार न खींची, क्योंकि वह
डरता था, क्योंकि वह अब भी जवान था। 21 तब ज़ेबह और
सलमुन्ना ने कहा, "तू ही उठ, और हम पर गिर पड़। क्योंकि
जैसा मनुष्य होता है, वैसा ही उसका बल होता है।" सो
गिदओन उठा और ज़ेबह और सलमुन्ना को मार डाला, और
उनके ऊँटों की गर्दनों पर जो अर्धचन्द्राकार आभूषण थे उन्हें
ले लिया। 22 तब इसराएल के पुरुषों ने गिदओन से कहा,
"हम पर राज्य कर, तू और तेरा पुत्र और तेरा पुत्र का पुत्र;
क्योंकि तूने हमें मिद्यान के हाथ से बचाया है।" 23 परन्तु
गिदओन ने उनसे कहा, "मैं तुम पर राज्य नहीं करूंगा, न
मेरा पुत्र तुम पर राज्य करेगा। 𐤉𐤄𐤅𐤄 तुम पर राज्य करता
है।" 24 और गिदओन ने उनसे कहा, "मुझे तुमसे एक विनती
है, कि तुम में से हर एक अपने लूट में से एक अंगूठी मुझे
दे।" क्योंकि वे सब इस्माएली थे और सोने की अंगूठियाँ
रखते थे। 25 उन्होंने कहा, "हम निश्चय ही देंगे।" तब
उन्होंने एक वस्त्र फैलाया, और प्रत्येक व्यक्ति ने अपनी लूट
में से अंगूठी उसमें डाल दी। 26 और सोने की अंगूठियों का
भार जो उसने मांगा, वह एक हज़ार सात सौ सोने के टुकड़े
हुए – उन अर्धचन्द्र आभूषणों और लटकनों और बैंगनी वस्त्रों
के सिवाय जो मिद्यान के राजाओं पर थे, और उन जंजीरों के
सिवाय जो उनके ऊंटों की गर्दनों पर थीं। 27 और गिदओन
ने उससे एक एपोद बनाया और उसे अपने नगर ओफ्रा में
रखा। और समस्त इसराएल वहां उसके पीछे व्यभिचार करने
लगे। और वह गिदओन और उसके घराने के लिये फंदा बन
गया। 28 इस प्रकार मिद्यान इसराएलियों के सामने दब गया,
और उन्होंने फिर अपना सिर ऊँचा न किया। और देश को
गिदओन के दिनों में चालीस वर्षों तक शांति मिली। 29 और
येरुब्बाल, योआश का पुत्र, गया और अपने ही घर में रहने
लगा। 30 और गिदओन के अपने शरीर से सत्तर पुत्र हुए,
क्योंकि उसकी बहुत सी पत्नियाँ थीं। 31 और उसकी उपपत्नी
जो शेकेम में थी, उसने भी उसे एक पुत्र उत्पन्न किया, और
उसने उसका नाम अबीमेलेक रखा। 32 और गिदओन,
योआश का पुत्र, भली वृद्धावस्था में मरा, और योआश अपने
पिता की कब्र में ओफ्रा में अबीएजरीयों के नगर में दफनाया
गया। 33 और ऐसा हुआ कि जब गिदओन मर गया, तब
इसराएलियों ने फिर बाल देवताओं के पीछे व्यभिचार किया,
और बाल-बरित को अपना ईश्वर बनाया। 34 इस प्रकार
इसराएलियों ने 𐤉𐤄𐤅𐤄 अपने ईश्वर को स्मरण नहीं किया,
जिसने उन्हें उनके सब शत्रुओं के हाथ से चारों ओर से
छुड़ाया था, 35 और उन्होंने येरुब्बाल, गिदओन के घराने पर
कृपा नहीं की, उस सब भलाई के अनुसार जो उसने इसराएल
के लिये की थी।

9 1 और अबीमेलेक, येरुब्बाल का पुत्र, शेकेम गया, अपनी
माता के भाइयों के पास, और उनसे और अपनी माता के
पिता के घर के पूरे कुल से कहा, 2 "कृपया शेकेम के सब
प्रभुओं की सुनवाई में कहो, 'तुम्हारे लिए क्या अच्छा है, कि
सत्तर पुरुष, सब येरुब्बाल के पुत्र, तुम पर राज्य करें, या कि
एक पुरुष तुम पर राज्य करे?' और तुम यह स्मरण करो कि
मैं तुम्हारा अपना मांस और हड्डी हूँ।" 3 और उसकी माता के
भाइयों ने उसके विषय में ये सब वचन शेकेम के सब प्रभुओं
की सुनवाई में कहे। और उनका मन अबीमेलेक की ओर
झुक गया, क्योंकि उन्होंने कहा, "वह हमारा भाई है।" 4 और
उन्होंने उसे सत्तर टुकड़े चाँदी के दिए, जो बाल-बेरीथ के घर
से लिए गए थे, जिनसे अबीमेलेक ने निकम्मे और ढीठ पुरुषों
को किराए पर लिया। और वे उसके पीछे हो लिए। 5 और वह
अपने पिता के घर ओफ्रा में गया और अपने भाइयों को,
येरुब्बाल के सत्तर पुत्रों को, एक पत्थर पर मार डाला।
परन्तु योताम, येरुब्बाल का सबसे छोटा पुत्र, बच गया,
क्योंकि वह छिप गया था। 6 और शेकेम के सब प्रभु और बेथ
मिल्लो के सब लोग इकट्ठे हुए, और जाकर अबीमेलेक को
शेकेम में खड़े खम्भे के पास, बाँस के वृक्ष के तले राजा
बनाया। 7 और योताम को बताया गया, और वह गया और
गेरिज़ीम पर्वत की चोटी पर खड़ा हुआ, और अपनी आवाज़
उठाकर पुकारा, और उनसे कहा, "हे शेकेम के प्रभुओं, मेरी
सुनो, और ईश्वर 𐤉𐤄𐤅𐤄 भी तुम्हारी सुने! 8 "वृक्षों ने अपने
ऊपर एक राजा अभिषेक करने के लिए प्रस्थान किया। और
उन्होंने ज़ैतून के वृक्ष से कहा, 'हम पर राज्य कर!' 9 "पर
ज़ैतून के वृक्ष ने उनसे कहा, 'क्या मैं अपना तेल छोड़ दूँ,
जिससे वे ईश्वर और मनुष्यों का सम्मान करते हैं, और
जाकर वृक्षों पर प्रभुत्व करूँ?' 10 "तब वृक्षों ने अंजीर के वृक्ष
से कहा, 'आओ, हम पर राज्य करो!' 11 "पर अंजीर के वृक्ष
ने उनसे कहा, 'क्या मैं अपनी मिठास और अपने अच्छे फल
को छोड़ दूँ, और जाकर वृक्षों पर प्रभुत्व करूँ?' 12 "तब वृक्षों
ने दाखलता से कहा, 'आओ, हम पर राज्य करो!' 13 "पर
दाखलता ने उनसे कहा, 'क्या मैं अपनी नयी दाखमधु छोड़
दूँ, जो ईश्वर और मनुष्यों को हर्षित करती है, और जाकर
वृक्षों पर प्रभुत्व करूँ?' 14 "तब सब वृक्षों ने झाड़ी से कहा,
'आओ, हम पर राज्य करो!' 15 "और झाड़ी ने वृक्षों से कहा,
'यदि तुमने सत्य में मुझे अपने ऊपर राजा अभिषेक किया है,
तो आओ, मेरी छाया में शरण लो। पर यदि नहीं, तो झाड़ी से
आग निकले और लेबानोन के देवदारों को भस्म कर दे!'
16 "और अब, यदि तुमने सत्य और खराई में काम करके
अबीमेलेक को राजा ठहराया है, और यदि तुमने येरुब्बाल
और उसके घराने के साथ भलाई की है, और उसके हाथों के

काम के अनुसार उसे प्रतिफल दिया है – [17] क्योंकि मेरे पिता
ने तुम्हारे लिये लड़ाई की और अपने प्राण को जोखिम में
डाला, और तुम्हें मिद्यान के हाथ से छुड़ाया, [18] परन्तु तुमने
आज मेरे पिता के घराने के विरुद्ध उठकर उसके सत्तर पुत्रों
को एक पत्थर पर मार डाला, और अबीमेलेक को, जो
उसकी दासी का पुत्र है, शेकेम के प्रभुओं पर राजा ठहराया,
क्योंकि वह तुम्हारा भाई है – [19] यदि तुमने आज येरुब्बाल
और उसके घराने के साथ सत्य और खराई से काम किया है,
तो अबीमेलेक में आनन्दित हो, और वह भी तुम में आनन्दित
हो। [20] "पर यदि नहीं, तो अबीमेलेक से आग निकले और
शेकेम के प्रभुओं और बेथ मिल्लो को भस्म करे, और शेकेम
के प्रभुओं और बेथ मिल्लो से आग निकले और अबीमेलेक
को भस्म करे!" [21] तब योताम भाग गया और बेएर में जाकर
रहने लगा, अपने भाई अबीमेलेक के भय से। [22] और
अबीमेलेक ने यिस्राएल पर तीन वर्ष तक राज्य किया, [23] और
ईश्वर 𐤉𐤄𐤅𐤄 ने अबीमेलेक और शेकेम के सरदारों के बीच
एक दुष्ट आत्मा भेजी। और शेकेम के सरदारों ने अबीमेलेक
के विरुद्ध विश्वासघात किया, [24] इसलिये कि येरुब्बाल के
सत्तर पुत्रों के साथ किया गया अत्याचार आ पहुंचे, और
उनका खून अबीमेलेक उनके भाई पर आए, जिसने उन्हें
मारा, और शेकेम के सरदारों पर भी, जिन्होंने उसके हाथों को
उसके भाइयों को मारने के लिये दृढ किया। [25] और शेकेम
के सरदारों ने पहाड़ों की चोटी पर उसके विरुद्ध घात लगाई,
और जो कोई उनके पास से उस मार्ग पर जाता था, उसे
लूटते थे। और यह बात अबीमेलेक को बताई गई। [26] और
गाल एबेद का पुत्र अपने भाइयों के साथ आया और शेकेम को
पार गया। और शेकेम के सरदारों ने उस पर भरोसा किया,
[27] और वे खेतों में निकल गए, और अपने दाख की बारियों
को इकट्ठा किया और अंगूर रौंदे, और उत्सव मनाया। और
वे अपने देवालय में गए, और खाया और पिया, और
अबीमेलेक को शाप दिया। [28] और गाल एबेद का पुत्र बोला,
"यह अबीमेलेक कौन है, और यह शेकेम कौन है, कि हम
उसकी सेवा करें? क्या वह येरुब्बाल का पुत्र नहीं है, और क्या
ज़ेबूल उसका अधिकारी नहीं है? शेकेम के पिता हमोर के
पुरुषों की सेवा करो! पर हम उसकी सेवा क्यों करें?"
[29] "यदि यह लोग मेरे हाथ के अधीन होते! तब मैं अबीमेलेक
को हटा देता।" और उसने अबीमेलेक से कहा, "अपनी सेना
को बढ़ाओ और बाहर आओ!" [30] और जब ज़ेबूल नगर का
अधिपति, गाल एबेद के पुत्र के वचन सुना, उसका क्रोध
भड़क उठा। [31] और उसने छल से अबीमेलेक के पास दूत
भेजे, कहा, "देखो, गाल एबेद का पुत्र और उसके भाई शेकेम
में आए हैं। और देखो, वे नगर को तुम्हारे विरुद्ध घेर रहे हैं।
[32] "अब, रात को उठो, तुम और जो लोग तुम्हारे साथ हैं,
और खेत में घात लगाकर बैठो। [33] "और ऐसा होगा, जैसे ही
सुबह सूरज निकलते ही, तब तुम जल्दी उठकर नगर पर
धावा करो। और देखो, जब वह और जो लोग उसके साथ हैं
तुम्हारे विरुद्ध बाहर आएं, तब तुम उनके साथ वैसा ही करो
जैसा तुम्हारे हाथ को करने में मिले।" [34] और अबीमेलेक
और सब लोग जो उसके साथ थे, रात को उठे, और शेकेम
के विरुद्ध चार टुकड़ियों में घात लगाकर बैठ गए। [35] अब
गाल एबेद का पुत्र निकला और नगर के फाटक के प्रवेश पर
खड़ा हुआ, और अबीमेलेक और जो लोग उसके साथ थे
घात से उठे। [36] और जब गाल ने लोगों को देखा, तो उसने
ज़ेबूल से कहा, "देखो, लोग पहाड़ों की चोटियों से नीचे आ
रहे हैं!" पर ज़ेबूल ने उससे कहा, "तुम पहाड़ों की छाया को
मनुष्यों के समान देख रहे हो।" [37] और गाल ने फिर कहा,
"देखो, लोग भूमि के ऊँचे भाग से नीचे आ रहे हैं, और एक
और दल भविष्यवक्ताओं के बलूत के पेड़ से आ रहा है।"
[38] और ज़ेबूल ने उससे कहा, "अब कहाँ है तुम्हारा वह मुंह
जिससे तुमने कहा था, 'यह अबीमेलेक कौन है, कि हम
उसकी सेवा करें?' क्या ये वही लोग नहीं हैं जिन्हें तुमने तुच्छ
जाना था? मैं तुमसे विनती करता हूँ, अब निकलो और उनसे
युद्ध करो।" [39] तब गाल शेकेम के सरदारों का नेतृत्व करते
हुए बाहर निकला, और अबीमेलेक से लड़ा। [40] और
अबीमेलेक ने उसका पीछा किया, और वह उससे भागा। और
बहुत से लोग घायल होकर नगर के फाटक के प्रवेश तक गिर
पड़े। [41] और अबीमेलेक अरूमा में रहा, और ज़ेबूल ने गाल
और उसके भाइयों को निकाल दिया, ताकि वे शेकेम में न
बसें। [42] और ऐसा हुआ कि अगले दिन लोग खेत में निकले,
और उन्होंने अबीमेलेक को बताया। [43] और उसने अपने
लोगों को लिया, और उन्हें तीन दलों में बाँट दिया, और मैदान
में घात लगाकर बैठा। और उसने देखा कि लोग नगर से
बाहर आ रहे हैं। और वह उन पर उठा और उन्हें मारा।
[44] और अबीमेलेक और उसके साथ जो दल था, वे नगर के
फाटक के प्रवेश द्वार पर दौड़कर खड़े हो गए। और दूसरे दो
दल उन सब पर जो खेतों में थे दौड़े और उन्हें मारा।
[45] और अबीमेलेक ने उस दिन सारे नगर से लड़ाई की, और
नगर को जीत लिया और उसमें जो लोग थे उन्हें मार डाला।
और उसने नगर को तोड़ दिया और उसमें नमक बो दिया।
[46] और शेखेम के गढ़ के सब स्वामियों ने यह सुना, और वे
ईश्वर बेरिथ के घर के गढ़ में चले गए। [47] और अबीमेलेक
को बताया गया कि शेखेम के गढ़ के सब स्वामी इकट्ठे हो गए
हैं। [48] तब अबीमेलेक और उसके साथ सब लोग त्सल्मोन
पर्वत पर चढ़ गए। और अबीमेलेक ने अपने हाथ में कुल्हाड़ी
ली और वृक्षों में से एक डाली काटकर अपने कंधे पर रखी।
तब उसने अपने साथ के लोगों से कहा, "जो कुछ तुमने मुझे
करते देखा है, जल्दी करो, वही करो।" [49] और सब लोगों ने
भी प्रत्येक ने अपनी-अपनी डाली काटी और अबीमेलेक के
पीछे चले, और उन्हें गढ़ पर रखकर गढ़ को उनके ऊपर
आग से जला दिया, इस प्रकार शेखेम के गढ़ के सब लोग,
लगभग एक हज़ार पुरुष और स्त्रियाँ मर गए। [50] फिर
अबीमेलेक थेबेत्स को गया, और उसने थेबेत्स पर छावनी
डाली और उसे जीत लिया। [51] परन्तु उस नगर के बीच में
एक दृढ गढ़ था, और नगर के सब पुरुष और स्त्रियाँ और
नगर के सब स्वामी वहाँ भाग गए और अपने को उसके भीतर
बंद कर लिया, और गढ़ की छत पर चढ़ गए। [52] और
अबीमेलेक गढ़ के पास आया और उससे लड़ाई की, और गढ़
के द्वार तक पहुँचकर उसे आग से जलाने की चेष्टा की।
[53] तब एक स्त्री ने अबीमेलेक के सिर पर ऊपरी चक्की का
पत्थर डाल दिया और उसका सिर चूर-चूर कर दिया।
[54] उसने तुरंत अपने जवान हथियार उठाने वाले को बुलाकर
उससे कहा, "अपनी तलवार खींच और मुझे मार डाल, ऐसा
न हो कि लोग मेरे विषय में कहें, 'एक स्त्री ने उसे मारा।'"
और उसके जवान ने उसे भेद डाला, और वह मर गया।

55 और जब यिस्त्राएल के पुरुषों ने देखा कि अबीमेलेक मर
गया है, तो हर एक अपने स्थान को चला गया। 56 इस प्रकार
ईश्वर ने अबीमेलेक की उस बुराई का बदला दिया, जो उसने
अपने पिता के साथ किया था अपने सत्तर भाइयों को
मारकर। 57 और शेखेम के पुरुषों की सारी बुराई ईश्वर ने
उनके ही सिर पर लौटा दी, और येरुब्बाल के पुत्र योथाम का
श्राप उन पर आ पड़ा।

10

1 और अबीमेलेक के बाद पूअह के पुत्र तोला, दोदो
का पुत्र, यिससकार का पुरुष, इस्त्राएल को बचाने के
लिए उठा। और वह एप्रैम के पहाड़ों में शामीर में रहता था।
2 और उसने इस्त्राएल पर तेईस वर्ष तक शासन किया। फिर
वह मर गया और शामीर में दफनाया गया। 3 और उसके बाद
याईर उठा, जो गिलाद का था, और उसने इस्त्राएल पर बाईस
वर्ष तक शासन किया। 4 और उसके तीस पुत्र थे जो तीस
गधों पर सवार होते थे। और उनके पास तीस नगर थे, जिन्हें
आज तक याईर के हवोत कहा जाता है, जो गिलाद देश में
हैं। 5 और याईर मर गया और कामोन में दफनाया गया।
6 और इस्त्राएल के पुत्रों ने फिर 𐤉𐤄𐤅𐤄 की दृष्टि में बुरा
किया, और बालों और अश्तोरेतों की, और अराम के देवताओं
की, और सिदोन के देवताओं की, और मोआब के देवताओं
की, और अम्मोन के पुत्रों के देवताओं की, और पलिश्तियों के
देवताओं की सेवा की – और 𐤉𐤄𐤅𐤄 को त्याग दिया और
उसकी सेवा नहीं की। 7 इस कारण 𐤉𐤄𐤅𐤄 का क्रोध
इस्त्राएल के विरुद्ध भड़क उठा। और उसने उन्हें पलिश्तियों
के हाथ में और अम्मोन के पुत्रों के हाथ में बेच दिया। 8 और
उन्होंने उस वर्ष इस्त्राएल के पुत्रों को कुचला और दबाया –
अठारह वर्षों तक – सब इस्त्राएल के पुत्र जो यरदन के उस
पार अमोरी देश में, गिलाद में रहते थे। 9 और अम्मोन के पुत्र
यरदन को पार कर यहूदा और बिन्यामीन और एप्रैम के घराने
से लड़ने आए, जिससे इस्त्राएल बहुत संकट में पड़ गया।
10 और इस्त्राएल के पुत्र 𐤉𐤄𐤅𐤄 को पुकारकर कहने लगे,
"हमने तेरे विरुद्ध पाप किया है, क्योंकि हमने अपने ईश्वर को
त्याग दिया और बालों की सेवा की!" 11 और 𐤉𐤄𐤅𐤄 ने
इस्त्राएल के पुत्रों से कहा, "क्या मैंने तुम्हें मिस्त्रियों और
अमोरियों और अम्मोन के पुत्रों और पलिश्तियों से नहीं
छुड़ाया? 12 और जब सिदोनियों और अमालेक और मओन ने
तुम्हें दबाया, और तुमने मुझे पुकारा, तब मैंने तुम्हें उनके हाथ
से बचाया। 13 "परन्तु तुमने मुझे त्याग दिया और अन्य
देवताओं की सेवा की। इसलिए मैं अब तुम्हें फिर नहीं
बचाऊंगा। 14 "जाकर उन देवताओं को पुकारो जिन्हें तुमने
चुना है, वही तुम्हें तुम्हारे संकट के समय में बचाएं।" 15 और
इस्त्राएल के पुत्रों ने 𐤉𐤄𐤅𐤄 से कहा, "हमने पाप किया है!
तेरी दृष्टि में जो भला लगे वही हम पर कर, केवल आज हमें
छुड़ा ले।" 16 इसलिए उन्होंने अपने बीच से पराए देवताओं
को दूर किया और 𐤉𐤄𐤅𐤄 की सेवा की। और उसकी
आत्मा इस्त्राएल की दुर्दशा से दुखी हुई। 17 तब अम्मोन के
पुत्र इकट्ठे हुए और गिलाद में डेरा डाले। और इस्त्राएल के
पुत्र इकट्ठे होकर मिट्स्पा में डेरा डाले। 18 और लोगों ने,
गिलाद के प्रधानों ने, एक-दूसरे से कहा, "जो पुरुष अम्मोन
के पुत्रों से लड़ने के लिए पहले निकलेगा, वह गिलाद के सब
निवासियों पर प्रधान होगा।"

11

1 और यिप्तह गिलआदी बहादुर वीर था, परन्तु वह
वेश्या का पुत्र था। और गिलआद ने यिप्तह को
उत्पन्न किया। 2 और गिलआद की पत्नी ने पुत्रों को जन्म
दिया। और जब उसकी पत्नी के पुत्र बड़े हुए, तो उन्होंने
यिप्तह को निकाल दिया और उससे कहा, "तू हमारे पिता के
घर में भाग नहीं पाएगा, क्योंकि तू दूसरी स्त्री का पुत्र है।"
3 और यिप्तह अपने भाइयों से भाग गया और तोब देश में बस
गया। और निकम्मे लोग यिप्तह के साथ जुड़ गए और वे
उसके साथ निकलने लगे। 4 और कुछ समय बाद ऐसा हुआ
कि अम्मोनियों ने इस्त्राएल से युद्ध किया। 5 और ऐसा हुआ कि
जब अम्मोनियों ने इस्त्राएल से युद्ध किया, तब गिलआद के
पुरनियों ने तोब देश से यिप्तह को बुलाने के लिए गए। 6 और
उन्होंने यिप्तह से कहा, "आ, और तू हमारा प्रधान हो, और
हम अम्मोनियों से युद्ध करें।" 7 परन्तु यिप्तह ने गिलआद के
पुरनियों से कहा, "क्या तुमने मुझे घृणा नहीं की और मुझे मेरे
पिता के घर से निकाल नहीं दिया? अब जब तुम संकट में हो,
तो मेरे पास क्यों आए हो?" 8 और गिलआद के पुरनियों ने
यिप्तह से कहा, "इसी कारण हम तेरे पास लौटे हैं, कि तू
हमारे संग जाकर अम्मोनियों से युद्ध करे, और गिलआद के
सब निवासियों पर हमारा प्रधान बने।" 9 और यिप्तह ने
गिलआद के पुरनियों से कहा, "यदि तुम मुझे अम्मोनियों से
लड़ने के लिए घर वापस ले जाओ, और 𐤉𐤄𐤅𐤄 उन्हें मेरे
हाथ में कर दे, तो क्या मैं तुम्हारा प्रधान होऊंगा?" 10 और
गिलआद के पुरनियों ने यिप्तह से कहा, "𐤉𐤄𐤅𐤄 हमारे बीच
गवाह है, यदि हम तेरे वचनों के अनुसार न करें।" 11 तब
यिप्तह गिलआद के पुरनियों के साथ गया, और लोगों ने उसे
अपने ऊपर प्रधान और सेनापति ठहराया। और यिप्तह ने
अपने सब वचन 𐤉𐤄𐤅𐤄 के साम्हने मित्स्पाह में कहे।
12 और यिप्तह ने अम्मोनियों के राजा के पास दूत भेजे और
कहा, "तुझ में और मुझ में क्या है, कि तू मेरे देश पर चढ़कर
मुझसे युद्ध करने आया है?" 13 और अम्मोनियों के राजा ने
यिप्तह के दूतों से कहा, "क्योंकि इस्त्राएल ने जब मिस्त्र से
ऊपर आया, तो उसने मेरा देश अरनोन से यब्बोक और
यरदन तक ले लिया। अब तू वह देश मेल से लौटा दे।"
14 परन्तु यिप्तह ने फिर अम्मोनियों के राजा के पास दूत
भेजे। 15 और उसने उससे कहा, "यिप्तह यों कहता है,
'इस्त्राएल ने मोआब का देश नहीं लिया, न अम्मोनियों का
देश। 16 'क्योंकि जब वे मिस्त्र से ऊपर आए और इस्त्राएल
जंगल में होकर लाल समुद्र तक आया और कादेश में पहुँचा,
17 तब इस्त्राएल ने एदोम के राजा के पास दूत भेजे और कहा,
"कृपया हमें तेरे देश से होकर जाने दे।" परन्तु एदोम के
राजा ने नहीं सुना। और उन्होंने मोआब के राजा के पास भी
भेजा, परन्तु उसने भी इनकार किया। सो इस्त्राएल कादेश में
ठहरा रहा। 18 'फिर वे जंगल में होकर एदोम और मोआब के
देश को घेरते हुए चले, और मोआब देश के पूरब की ओर
आकर अरनोन के पार डेरा डाले। परन्तु उन्होंने मोआब की
सीमा में प्रवेश नहीं किया, क्योंकि अरनोन मोआब की सीमा
थी। 19 'और इस्त्राएल ने एमोरी राजा सिहोन, जो हेशबोन का
राजा था, के पास दूत भेजे और इस्त्राएल ने उससे कहा,
"कृपया हमें तेरे देश से होकर हमारे स्थान पर जाने दे।"
20 'परन्तु सिहोन ने इस्त्राएल पर विश्वास नहीं किया कि वह
उसकी सीमा से होकर जाएगा। और सिहोन ने अपनी सारी

प्रजा को इकट्ठा किया और वे यहात्स में डेरा डाले और
इस्त्राएल से युद्ध किया। 21 'और 𐤉𐤄𐤅𐤄 इस्त्राएल का ईश्वर
सिहोन और उसकी सारी प्रजा को इस्त्राएल के हाथ में कर
दिया, और उन्होंने उनको मार डाला। सो इस्त्राएल ने
एमोरियों का सारा देश, उस देश के निवासियों का देश ले
लिया। 22 'इस प्रकार उन्होंने एमोरियों की सारी सीमा
अरनोन से यब्बोक तक और जंगल से यरदन तक ले ली।'
23 'और अब, 𐤉𐤄𐤅𐤄 ईश्वर इसराएल का ने अमोरियों को
अपनी प्रजा इसराएल के सामने से निकाल दिया है, क्या तुम
फिर उसको अधिकार करोगे? 24 'जो कुछ केमोश तुम्हारा
देवता तुम्हें अधिकार करने के लिये देता है, क्या तुम उसको
अधिकार नहीं करते? और जो कुछ 𐤉𐤄𐤅𐤄 हमारा ईश्वर
हमारे सामने अधिकार कर लेता है, हम उसको अधिकार
करते हैं। 25 'और अब क्या तुम बालाक़, सिप्पोर के पुत्र,
मोआब के राजा से किसी प्रकार श्रेष्ठ हो? क्या उसने कभी
इसराएल के विरुद्ध झगड़ा किया? क्या उसने कभी उनके
विरुद्ध युद्ध किया? 26 'जब इसराएल हेश्बोन और उसके गाँवों
में, और अरोएर और उसके गाँवों में, और अर्नोन के किनारे
की सब नगरों में, तीन सौ वर्ष तक रहता रहा, तो तुमने उस
समय के भीतर उनको क्यों न लिया? 27 'सो मैंने तुझ से पाप
नहीं किया, पर तू मुझ से लड़कर मुझ पर बुराई कर रहा है।
आज 𐤉𐤄𐤅𐤄 न्यायी, इसराएल की सन्तानों और अम्मोन की
सन्तानों के बीच न्याय करे।' 28 पर अम्मोनियों के राजा ने
उन बातों की ओर कान न लगाया जो यिफ्तह ने उसके पास
भेजीं। 29 और 𐤉𐤄𐤅𐤄 का आत्मा यिफ्तह पर आया, और
उसने गिलआद और मनश्शेह से होकर, गिलआद के मित्सपे
से होकर पार किया। और गिलआद के मित्सपे से होकर
उसने अम्मोनियों की ओर प्रस्थान किया। 30 और यिफ्तह ने
𐤉𐤄𐤅𐤄 से मन्नत मानी और कहा, "यदि तू अम्मोनियों को
मेरे हाथ में कर दे, 31 तो ऐसा होगा कि जो कुछ मेरे घर के
द्वार से मुझे मिलने को निकलेगा, जब मैं अम्मोनियों से शाति
से लौट आऊँगा, वह 𐤉𐤄𐤅𐤄 का होगा, और मैं उसको
होमबलि चढ़ाऊँगा।" 32 तब यिफ्तह अम्मोनियों से लड़ने को
उन पर चढ़ा, और 𐤉𐤄𐤅𐤄 ने उनको उसके हाथ में कर
दिया। 33 और उसने उनको अरोएर से लेकर मिन्निथ तक,
बीस नगरों तक, और अबेल केरामिम तक बहुत बड़ी मार
मारी। इस प्रकार अम्मोनी इसराएल की सन्तानों के सामने
दबा दिये गये। 34 और यिफ्तह अपने घर मित्सपे को आया,
और देखो, उसकी बेटी उसको मिलने को डफ़ और नृत्य
करती हुई निकली। और उसके सिवाय उसका न तो पुत्र था
न पुत्री। 35 और ऐसा हुआ, जब उसने उसको देखा, तो
उसने अपने वस्त्र फाड़े, और कहा, "हाय मेरी बेटी! तूने मुझे
बहुत गिरा दिया है, और तू उन में से हो जो मुझे दुखी करते
हैं! और मैं, मैंने 𐤉𐤄𐤅𐤄 से वचन बाँधा है, और मैं फिर न
सकता।" 36 और उसने उससे कहा, "मेरे पिता, यदि तूने
𐤉𐤄𐤅𐤄 से वचन बाँधा है, तो मुझ से वैसा ही कर जैसा तेरे
मुँह से निकला है, क्योंकि 𐤉𐤄𐤅𐤄 ने तेरे शत्रुओं, अम्मोनियों,
पर तेरे लिये प्रतिशोध लिया है।" 37 और उसने अपने पिता से
कहा, "मेरे लिये यह काम कर: मुझे दो महीने अकेला छोड़
दे, और मैं पहाड़ों पर जाकर अपनी कुँवारिपन पर अपने
साथिनियों संग विलाप करूँ।" 38 तब उसने कहा, "जा।"
और उसने उसको दो महीने के लिये भेज दिया। और वह
अपनी सखियों के साथ गई, और पहाड़ों पर अपनी कुँवारिपन
पर विलाप किया। 39 और ऐसा हुआ कि दो महीने के अन्त में
वह अपने पिता के पास लौटी, और उसने उसके साथ वैसा
किया जैसा उसने मन्नत मानी थी। और उसने किसी पुरुष
को न जाना। और यह इसराएल में रीति बन गई। 40 कि
इसराएल की बेटियाँ हर वर्ष चार दिन तक गिलआदी यिफ्तह
की बेटी का विलाप करने जाती थीं।

12 1 और इफ्राइम के लोग इकट्ठे हुए, और त्साफोन की
ओर पार गए, और यिफ्तह से कहा, "तू क्यों अमोन
के बच्चों से लड़ने के लिये पार गया, और हमें बुलाया नहीं कि
हम तेरे साथ जाते? हम तेरे ऊपर तेरे घर को आग से जला
देंगे!" 2 और यिफ्तह ने उनसे कहा, "मेरे लोग और मैं अमोन
के बच्चों के साथ बड़े झगड़े में थे। और जब मैंने तुम्हें
बुलाया, तुमने मुझे उनके हाथ से नहीं बचाया। 3 "और जब
मैंने देखा कि तुम मुझे नहीं बचाओगे, तब मैंने अपना प्राण
अपने हाथों में लिया और अमोन के बच्चों के विरुद्ध पार
गया। और 𐤉𐤄𐤅𐤄 ने उन्हें मेरे हाथ में दे दिया। और तुम
आज मुझसे क्यों लड़ने आए हो?" 4 तब यिफ्तह ने सब
गिलआद के लोगों को इकट्ठा किया और इफ्राइम से लड़ाई
की। और गिलआद के लोगों ने इफ्राइम को मारा, क्योंकि
उन्होंने कहा था, "तुम गिलआदी इफ्राइम के बीच भागे हुए हो,
इफ्राइम के बीच, मनश्शे के बीच।" 5 और गिलआद ने
यरदेन के घाटों को जो इफ्राइम के सामने थे, पकड़ लिया।
और ऐसा हुआ कि जब इफ्रैम के भागे हुए कहने लगे, "मुझे
पार जाने दे," तब गिलआद के लोग उससे कहते, "क्या तू
इफ्रैम का है?" यदि वह कहता, "नहीं," 6 तो वे उससे कहते,
"कृपया 'शिब्बोलेत' कह!" और वह कहता, "सिब्बोलेत,"
क्योंकि वह इसे ठीक से नहीं बोल सकता था। तब वे उसे
पकड़कर यरदेन के घाटों पर मार डालते। और उस समय
इफ्रैमियों के बयालीस हज़ार गिर गए। 7 और यिफ्तह ने
इस्त्राएल पर छह वर्ष राज्य किया। और गिलआदी यिफ्तह मरा
और गिलआद के नगरों में से एक में दफ़्न किया गया।
8 और उसके बाद, बेत-लेहेम का इब्त्सान ने इस्त्राएल पर
राज्य किया। 9 और उसके तीस पुत्र और तीस बेटियाँ हुईं -
उसने बाहर भेजकर अपने पुत्रों के लिये तीस बेटियाँ मँगाईं।
और उसने इस्त्राएल पर सात वर्ष राज्य किया। 10 और
इब्त्सान मरा और बेत-लेहेम में दफ़्न किया गया। 11 और
उसके बाद, ज़ेवूलून का एलोन ने इस्त्राएल पर राज्य किया।
और उसने इस्त्राएल पर दस वर्ष राज्य किया। 12 और
ज़ेवूलून का एलोन मरा और ज़ेवूलून देश के अयालोन में
दफ़्न किया गया। 13 और उसके बाद, फिरातोन का हिल्लेल
का पुत्र अब्दोन ने इस्त्राएल पर राज्य किया, 14 और उसके
चालीस पुत्र और तीस पोते थे, जो सत्तर गदहों पर सवारी
करते थे। और उसने इस्त्राएल पर आठ वर्ष राज्य किया।
15 और फिरातोन का हिल्लेल का पुत्र अब्दोन मरा और
इफ्राइम देश के फिरातोन में, अमालेकियों के पहाड़ों में दफ़्न
किया गया।

13 1 और फिर इस्त्राएल के बच्चों ने 𐤉𐤄𐤅𐤄 की दृष्टि में
बुरा किया, इसलिए 𐤉𐤄𐤅𐤄 ने उन्हें पलिश्तियों के
हाथ में चालीस वर्षों के लिए दे दिया। 2 और त्सोरा का एक

व्यक्ति था, दानियों के गोत्र से, जिसका नाम मनोह था। और
उसकी पत्नी बाँझ थी और उसने जन्म नहीं दिया था। 3 और
𐤉𐤄𐤅𐤄 का एक दूत उस स्त्री के पास प्रकट हुआ और
उससे कहा, "देखो, अब तुम बाँझ हो और जन्म नहीं देतीं,
परन्तु तुम गर्भ धारण करोगी और एक पुत्र को जन्म दोगी।
4 "और अब, कृपया सावधान रहो, न तो दाखरस और न
प्रबल पेय पियो, और न ही कोई अशुद्ध वस्तु खाओ।
5 "क्योंकि देखो, तुम गर्भ धारण कर रही हो और एक पुत्र को
जन्म दोगी। और उसके सिर पर कभी उस्तरा न आए,
क्योंकि वह लड़का गर्भ से ही ईश्वर का नाज़ीर होगा। और
वह इस्राएल को पलिश्तियों के हाथ से छुड़ाना शुरू करेगा।"
6 और स्त्री अपने पति से बात करने आई और कहा, "ईश्वर
का एक पुरुष मेरे पास आया, और उसका रूप ईश्वर के दूत
के रूप के समान था, बहुत ही भयानक। परन्तु मैंने उससे
नहीं पूछा कि वह कहाँ से था, और उसने अपना नाम मुझे नहीं
बताया। 7 "और उसने मुझसे कहा, 'देखो, तुम गर्भ धारण
कर रही हो और एक पुत्र को जन्म दोगी। और अब,
दाखरस या प्रबल पेय मत पीना, और कोई अशुद्ध वस्तु मत
खाना, क्योंकि वह लड़का गर्भ से उसकी मृत्यु के दिन तक
ईश्वर का नाज़ीर होगा।' " 8 और मनोह ने 𐤉𐤄𐤅𐤄 से
प्रार्थना की, और कहा, "हे 𐤉𐤄𐤅𐤄, कृपया उस ईश्वर के
पुरुष को, जिसे तूने भेजा था, फिर से हमारे पास आने दे और
हमें सिखाए कि उस लड़के के लिए क्या करना है जो जन्म
लेने वाला है।" 9 और ईश्वर ने मनोह की आवाज़ सुनी, और
ईश्वर का दूत फिर से स्त्री के पास आया जब वह खेत में बैठी
थी, परन्तु उसका पति मनोह उसके साथ नहीं था। 10 और
स्त्री जल्दी से भागी और अपने पति को सूचित किया, और
उससे कहा, "देखो, वही पुरुष मेरे पास प्रकट हुआ है, जो उस
दिन मेरे पास आया था!" 11 और मनोह उठा और अपनी
पत्नी के पीछे गया, और उस पुरुष के पास आया, और उससे
कहा, "क्या तू वही पुरुष है जिसने इस स्त्री से बात की थी?"
और उसने कहा, "मैं हूँ।" 12 और मनोह ने कहा, "अब तेरे
वचन सच हों! उस लड़के के जीवन और उसके काम के लिए
क्या नियम होगा?" 13 और 𐤉𐤄𐤅𐤄 के दूत ने मनोह से कहा,
"स्त्री सब कुछ मान ले जो मैंने उससे कहा है। 14 "वह
दाखलता से कुछ भी न खाए, न दाखरस या प्रबल पेय पिए,
और न ही कोई अशुद्ध वस्तु खाए। वह सब कुछ मान ले जो
मैंने उसे आज्ञा दी है।" 15 और मनोह ने 𐤉𐤄𐤅𐤄 के दूत से
कहा, "कृपया हमें तुझे ठहराने दे, और तेरे लिए एक बकरी
का बच्चा तैयार करें।" 16 और 𐤉𐤄𐤅𐤄 के दूत ने मनोह से
कहा, "यदि तू मुझे ठहराए भी, मैं तेरा भोजन नहीं खाऊँगा।
परन्तु यदि तू होमबलि चढ़ाता है, तो उसे 𐤉𐤄𐤅𐤄 को अर्पण
कर।" क्योंकि मनोह नहीं जानता था कि वह 𐤉𐤄𐤅𐤄 का
दूत था। 17 तब मनोह ने 𐤉𐤄𐤅𐤄 के दूत से कहा, "तेरा नाम
क्या है? जब तेरे वचन पूरे होंगे, तब हम तेरा आदर करेंगे।"
18 और 𐤉𐤄𐤅𐤄 के दूत ने उससे कहा, 'तू मेरा नाम क्यों
पूछता है, क्योंकि वह अद्भुत है?" 19 और मनोह ने बकरी का
बच्चा और अन्नबलि ली, और उसे चट्टान पर 𐤉𐤄𐤅𐤄 को
अर्पित किया। और उसने अद्भुत कार्य किया जब मनोह और
उसकी पत्नी देख रहे थे। 20 और ऐसा हुआ कि जब वेदी से
ज्वाला स्वर्ग की ओर उठी, तब 𐤉𐤄𐤅𐤄 का दूत वेदी की
ज्वाला में ऊपर चला गया। और मनोह और उसकी पत्नी
देख रहे थे, और वे अपने मुँह के बल भूमि पर गिर पड़े।
21 और 𐤉𐤄𐤅𐤄 का दूत मनोह और उसकी पत्नी को फिर
दिखाई नहीं दिया। तब मनोह जान गया कि वह 𐤉𐤄𐤅𐤄 का
दूत था। 22 और मनोह ने अपनी पत्नी से कहा, "हम अवश्य
मरेंगे, क्योंकि हमने ईश्वर को देखा है!" 23 परन्तु उसकी
पत्नी ने उससे कहा, "यदि 𐤉𐤄𐤅𐤄 हमें मारना चाहता, तो
वह हमारे हाथ से होमबलि और अन्नबलि ग्रहण न करता, और
न ही हमें यह सब दिखाता, और न ही हमें यह सुनने देता!"
24 सो स्त्री ने एक पुत्र को जन्म दिया और उसका नाम
शिमशोन रखा। और वह बालक बड़ा हुआ, और 𐤉𐤄𐤅𐤄 ने
उसे आशीष दी। 25 और 𐤉𐤄𐤅𐤄 की आत्मा महने दान में,
त्सोरा और एश्ताओल के बीच, उसे प्रेरित करने लगी।

14 1 और शिमशोन तिम्नाह को उतरा, और तिम्नाह में
पलिश्ती लोगों की बेटियों में से एक स्त्री को देखा।
2 और वह ऊपर गया और अपने पिता और माता को बताया,
कहा, "मैंने तिम्नाह में पलिश्ती लोगों की बेटियों में से एक स्त्री
को देखा है। अब, उसे मेरे लिए पत्नी के रूप में ले लो।"
3 परन्तु उसके पिता और माता ने उससे कहा, "क्या तेरे
भाइयों की बेटियों में, या मेरी सारी प्रजा में कोई स्त्री नहीं है,
कि तू उन पलिश्ती लोगों से, जो खतना रहित हैं, पत्नी
लेगा?" और शिमशोन ने अपने पिता से कहा, "उसे मेरे लिए
ले लो, क्योंकि वह मेरी आँखों में अच्छी लगती है।" 4 लेकिन
उसके पिता और माता यह नहीं जानते थे कि यह 𐤉𐤄𐤅𐤄 की
ओर से था, क्योंकि वह पलिश्ती लोगों के विरुद्ध अवसर ढूंढ
रहा था। क्योंकि उस समय पलिश्ती लोग इस्राएल पर प्रभुत्व
कर रहे थे। 5 तब शिमशोन अपने पिता और माता के साथ
तिम्नाह को उतरा, और तिम्नाह के दाख की बारियों तक
पहुँचा, और देखो, एक जवान सिंह गरजता हुआ उसके
सामने आया। 6 और 𐤉𐤄𐤅𐤄 का आत्मा उस पर सामर्थ के
साथ आया, और उसने उसे ऐसे फाड़ दिया जैसे कोई बकरी
के बच्चे को फाड़ता है, और उसके हाथ में कुछ भी नहीं था।
परन्तु उसने यह बात अपने पिता या अपनी माता को नहीं
बताई। 7 और वह नीचे गया और उस स्त्री से बोला, और वह
शिमशोन को भली लगी। 8 और जब वह कुछ समय बाद उसे
लेने लौटा, तो उसने सिंह के शव को देखने के लिए मुड़कर
देखा, और देखो, सिंह के शव में मधुमक्खियों का झुंड और
मधु था। 9 और उसने अपने हाथों में कुछ लिया और चलते
हुए खाता गया। और वह अपने पिता और माता के पास
आया, और उन्हें दिया, और उन्होंने खाया। परन्तु उसने
उन्हें यह नहीं बताया कि उसने सिंह के शव से मधु लिया था।
10 तब उसका पिता उस स्त्री के पास उतरा। और शिमशोन
ने वहाँ एक भोज किया, क्योंकि जवान लोग ऐसा करते थे।
11 और ऐसा हुआ कि जब उन्होंने उसे देखा, तो वे तीस साथी
उसके साथ रहने को लाए। 12 और शिमशोन ने उनसे कहा,
"कृपया मैं तुम से एक पहेली पूछूँ। यदि तुम भोज के सात
दिनों के भीतर उसे मुझे स्पष्ट रूप से सुलझाकर बता दो, तो
मैं तुम्हें तीस मलमल के वस्त्र और तीस बदल वस्त्र दूँगा।"
13 "परन्तु यदि तुम उसे मुझ से नहीं बता पाओ, तो तुम मुझे
तीस मलमल के कपड़े और तीस बदल वस्त्र दोगे।" और
उन्होंने उससे कहा, "अपनी पहेली पूछ और हम सुनें।"
14 और उसने उनसे कहा, "भक्षक से भोजन निकला, और

बलवान से मिठास निकली।" और तीन दिन तक वे पहेली को
सुलझा न सके। 15 और ऐसा हुआ कि सातवें दिन उन्होंने
शिमशोन की पत्नी से कहा, "अपने पति को बहका कि वह हमें
पहेली बता दे, नहीं तो हम तुझे और तेरे पिता के घर को आग
से जला देंगे। क्या तूने हमें बुलाया है कि जो हमारा है उसे ले
ले? क्या ऐसा नहीं है?" 16 और शिमशोन की पत्नी उसके
सामने रोई, और कहा, "तू मुझ से घृणा करता है, और मुझ
से प्रेम नहीं करता! तूने मेरी प्रजा के पुत्रों को एक पहेली दी है,
परन्तु तूने मुझे नहीं बताई।" और उसने उससे कहा, "देख,
मैंने अपने पिता या अपनी माता को भी नहीं बताया, और क्या
मैं तुझे बताऊँ?" 17 और उसने भोज के सात दिन उसके
सामने रोया। और ऐसा हुआ कि सातवें दिन उसने उसे
बताया, क्योंकि उसने उसे बहुत दबाया। तब उसने अपनी
प्रजा के पुत्रों को पहेली बताई। 18 और नगर के लोगों ने
सातवें दिन सूर्य ढलने से पहले उससे कहा, "मधु से मीठा
क्या है? और सिंह से बलवान क्या है?" और उसने उनसे
कहा, "यदि तुमने मेरे बछिया से हल न चलाया होता, तो मेरी
पहेली न सुलझा पाते!" 19 तब 𐤉𐤄𐤅𐤄 का आत्मा उस पर
सामर्थ से आया, और वह अश्कलोन को उतरा और उनके
तीस आदमियों को मारा, और उन्हें उतार लिया, और बदल
वस्त्र उन्हें दिए जिन्होंने पहेली बताई थी। और उसका क्रोध
जल उठा, और वह अपने पिता के घर लौट गया। 20 और
शिमशोन की पत्नी उसके साथी को दे दी गई, जो उसका
मित्र था।

15 1 और यह हुआ कि कुछ समय बाद, गेहूँ की फसल
के दिनों में, शिमशोन अपनी पत्नी के पास एक जवान
बकरी लेकर गया। और उसने कहा, "मुझे अपनी पत्नी के
पास, उसके कमरे में जाने दो।" परन्तु उसके पिता ने उसे
वहाँ जाने की अनुमति नहीं दी। 2 और उसके पिता ने कहा,
"निश्चय ही, मैंने सोचा कि तुम उससे अत्यन्त घृणा करते
हो; इसलिये मैंने उसे तुम्हारे साथी को दे दिया। क्या उसकी
छोटी बहन उससे अच्छी नहीं है? कृपया, उसे ही ले लो।"
3 तब शिमशोन ने उनसे कहा, "इस बार यदि मैं पेलिश्ती लोगों
से बुरा करूँ, तो मैं निर्दोष हूँ!" 4 और शिमशोन गया और
उसने तीन सौ लोमड़ियाँ पकड़ीं, और मशालें लीं, और उन्हें
पूँछ से पूँछ बाँध दिया, और प्रत्येक जोड़ी की पूँछों के बीच
एक मशाल रखी। 5 और उसने मशालों को आग लगाई, और
उन्हें पेलिश्ती लोगों की खड़ी फसल में छोड़ दिया, और उसने
न केवल ढेर और खड़ी फसल को जलाया, वरन् दाख की
बारियों और जैतून के वृक्षों को भी। 6 तब पेलिश्ती लोगों ने
कहा, "यह किसने किया?" और उन्होंने उत्तर दिया,
"शिमशोन ने, जो तिम्नानी का दामाद है, क्योंकि उसने उसकी
पत्नी छीनकर अपने साथी को दे दी।" तब पेलिश्ती लोग
ऊपर गए और उसे और उसके पिता को आग से जला
दिया। 7 और शिमशोन ने उनसे कहा, "यद्यपि तुमने ऐसा
किया है, तौभी मैं तुमसे बदला लूँगा, और उसके बाद मैं
रुकूँगा।" 8 और उसने उन्हें नितम्ब और जाँघ पर बड़ी मार
मारी, और नीचे उतरकर एयताम की चट्टान की दरार में रहने
लगा। 9 तब पेलिश्ती लोग ऊपर गए और यहूदा में छावनी
डाली, और लही के विरुद्ध फैल गए। 10 और यहूदा के पुरुषों
ने कहा, "तुम हमारे विरुद्ध क्यों आए हो?" और उन्होंने उत्तर
दिया, "हम शिमशोन को बाँधने आए हैं, ताकि जैसा उसने
हमारे साथ किया, वैसा ही हम उसके साथ करें।" 11 तब
यहूदा के तीन हज़ार पुरुष एयताम की चट्टान की दरार में
शिमशोन के पास गए और उससे कहा, "क्या तू नहीं जानत
कि पेलिश्ती लोग हम पर प्रभुता करते हैं? तूने हमारे साथ यह
क्यों किया?" और उसने उनसे कहा, "जैसा उन्होंने मेरे साथ
किया, वैसा ही मैंने उनके साथ किया।" 12 और उन्होंने
उससे कहा, "हम तुझे बाँधने आए हैं, और तुझे पेलिश्ती लोगो
के हाथ में सौंपने।" और शिमशोन ने उनसे कहा, "मुझ पर
तुम आप ही न टूटना, यह शपथ खाओ।" 13 और उन्होंने
उससे कहा, "नहीं, परन्तु हम निश्चय ही तुझे बाँधेंगे, और
तुझे उनके हाथ में देंगे, परन्तु तुझे प्राण से नहीं मारेंगे।" तब
उन्होंने उसे दो नयी रस्सियों से बाँधा और चट्टान से ऊपर ले
आए। 14 जब वह लही में पहुँचा, तब पेलिश्ती लोग चिल्लाते
हुए उससे मिलने आए। और 𐤉𐤄𐤅𐤄 की आत्मा उस पर
प्रबल हुई। और जो रस्सियाँ उसकी भुजाओं पर थीं, वे जली
हुई सन के समान हो गईं, और उसके बन्धन उसके हाथों से
टूट गए। 15 और उसने एक ताज़ा गधे का जबड़ा पाया, और
उसने हाथ बढ़ाकर उसे लिया, और उससे एक हज़ार पुरुषो
को मारा। 16 और शिमशोन ने कहा, "गधे के जबड़े से एक
ढेर, दो ढेर; गधे के जबड़े से मैंने एक हज़ार पुरुषों को मारा
है!" 17 और ऐसा हुआ कि जब वह बोलना समाप्त कर चुका,
तो उसने जबड़ा अपने हाथ से फेंक दिया, और उस स्थान
का नाम रामत लही रखा। 18 और वह बहुत प्यासा हो गया,
और 𐤉𐤄𐤅𐤄 को पुकारकर कहा, "तूने अपने दास के हाथ
से यह बड़ी मुक्ति दी है। और अब क्या मैं प्यास से मर जाऊँ
और इन खतना रहितों के हाथ में पड़ जाऊँ?" 19 तब ईश्वर
ने लही में जो खोखली जगह है उसे फाड़ दिया, और वहाँ से
जल निकला, और उसने पिया। और उसकी आत्मा लौट
आई, और वह जीवित हुआ। इसलिये उसने उसका नाम
एयन हाकोरे रखा, जो आज तक लही में है। 20 और उसने
पेलिश्ती लोगों के दिनों में बीस वर्ष तक इस्राएल पर न्याय
किया।

16 1 और शिमशोन अज़्ज़ाह गया और वहाँ एक स्त्री को
देखा, जो वेश्या थी, और उसके पास गया –
2 अज़्ज़ाती लोग कहने लगे, "शिमशोन यहाँ आ गया है!" तब
वे चारों ओर से घेरकर सारी रात नगर के फाटक पर घात
लगाए बैठे रहे, और सारी रात चुप रहे, कहने लगे, "प्रातःकाल
जब उजाला होगा तब हम उसे मार डालेंगे।" 3 परन्तु
शिमशोन आधी रात तक लेटा रहा, और आधी रात को
उठकर नगर के फाटक के दोनों खम्भों और बन्धन सहित
फाटक के दरवाजों को पकड़कर उखाड़ लिया, और उन्हे
अपने कन्धों पर रखकर उस पहाड़ की चोटी पर ले गया, जो
हेब्रोन के सामने है। 4 और इसके बाद ऐसा हुआ कि उसने
सोरेक की तराई में एक स्त्री से प्रेम किया, जिसका नाम
दलिला था। 5 और पलिश्ती हाकिम उसके पास ऊपर आए
और उससे कहने लगे, "उसे फुसलाकर देखो कि उसकी
बड़ी शक्ति कहाँ है, और किस प्रकार हम उस पर प्रबल हो
सकते हैं, कि हम उसे बाँधकर उसे दबा सकें। तब हममें से
प्रत्येक तुझे ग्यारह सौ चाँदी के टुकड़े देंगे।" 6 तब दलिला
ने शिमशोन से कहा, "कृपया मुझसे प्रकट कर कि तेरी बड़ी
शक्ति कहाँ है, और किससे तुझे बाँधा जा सकता है, कि तुझे
दबाया जा सके।" 7 शिमशोन ने उससे कहा, "यदि वे मुझे

सात ताज़ी डोरियों से बाँधें, जो अभी सूखी न हों, तब मैं निर्बल
हो जाऊँगा, और किसी और मनुष्य के समान हो जाऊँगा ।”
8 तब पलिश्ती हाकिम सात ताज़ी डोरियाँ ले आए, जो अभी
सूखी न थीं, और उसने उन्हें उससे बाँधा । 9 और घात लगाए
हुए लोग उसी कक्ष में उसके पास बैठे थे । तब उसने उससे
कहा, “पलिश्ती तुझ पर हैं, शिमशोन!” परन्तु उसने उन
डोरियों को ऐसे तोड़ दिया जैसे सन की बत्ती आग छूने से टूट
जाती है । सो उसकी शक्ति का भेद प्रकट न हुआ । 10 तब
दलिला ने शिमशोन से कहा, “देख, तूने मुझे ठगाया और
मुझसे झूठी बातें की हैं । अब कृपया मुझे बता कि किससे तुझे
बाँधा जा सकता है ।” 11 उसने उससे कहा, “यदि वे मुझे नए
रस्सों से कसकर बाँधें, जिनका कभी प्रयोग न हुआ हो, तब मैं
निर्बल हो जाऊँगा, और किसी अन्य मनुष्य के समान हो
जाऊँगा ।” 12 तब दलिला ने नए रस्से लेकर उसे उनसे
बाँधा, और उससे कहा, “पलिश्ती तुझ पर हैं, शिमशोन!”
और घात लगाए हुए लोग भीतर के कक्ष में बैठे थे । परन्तु
उसने उन्हें अपनी भुजाओं से ऐसे तोड़ डाला जैसे धागा टूट
जाता है । 13 तब दलिला ने शिमशोन से कहा, “अब तक तूने
मुझे ठगाया और मुझसे झूठी बातें की हैं, मुझसे बता कि तुझे
कैसे बाँधा जा सकता है ।” उसने उससे कहा, “यदि तू मेरे
सिर की सात लटों को बुनाई के साथ बुन दे ।” 14 तब उसने
उन्हें कील से कस दिया, और उससे कहा, “पलिश्ती तुझ पर
हैं, शिमशोन!” परन्तु वह अपनी नींद से जागा, और करघे की
कील और बुनाई को खींच लिया । 15 तब उसने उससे कहा,
“तू कैसे कहता है, ‘मैं तुझसे प्रेम करता हूँ,’ जबकि तेरा मन
मेरे साथ नहीं है? तूने मुझे ये तीन बार ठगाया है, और मुझसे
यह नहीं बताया कि तेरी बड़ी शक्ति कहाँ है ।” 16 और ऐसा
हुआ कि जब वह प्रतिदिन अपने वचनों से उसे दबाती और
उस पर ज़ोर डालती रही, तब उसकी आत्मा मरने तक
व्याकुल हो गई । 17 तब उसने अपना सारा मन उसे खोलकर
कह दिया, और उससे कहा, “कभी छुरी मेरे सिर पर नहीं
चली, क्योंकि मैं अपनी माता के गर्भ से ईश्वर को नाज़ीर हूँ ।
यदि मेरा मुण्डन हो जाए, तब मेरी शक्ति मुझसे चली जाएगी,
और मैं निर्बल होकर किसी अन्य मनुष्य के समान हो
जाऊँगा ।” 18 और दलिला ने देखा कि उसने अपना सारा
मन उसे खोल दिया है, तब उसने भेजकर पलिश्ती हाकिमों
को बुलवाया, और कहा, “एक बार फिर ऊपर आओ, क्योंकि
उसने मुझसे अपना सारा मन खोल दिया है ।” तब पलिश्ती
हाकिम उसके पास ऊपर आए, और चाँदी अपने हाथ में
लाए । 19 तब उसने उसे अपनी जाँघों पर सुला दिया, और
एक पुरुष को बुलाकर उसके सिर की सात लटें मुण्डवा दीं ।
तब वह उसे दबाने लगी, और उसकी शक्ति उससे चली गई ।
20 तब उसने कहा, “पलिश्ती तुझ पर हैं, शिमशोन!” और वह
अपनी नींद से जागकर कहने लगा, “मैं पहले की तरह बाहर
निकल जाऊँगा और अपने को छुड़ा लूँगा!” परन्तु वह यह न
जानता था कि 𐤉𐤄𐤅𐤄 उससे हट गए हैं । 21 तब पलिश्तियों
ने उसे पकड़ लिया और उसकी आँखें फोड़ डालीं, और उसे
अज़्ज़ाह ले गए, और उसे काँसे की बेड़ियों से बाँधा । और वह
कारागार में चक्की पीसने लगा । 22 परन्तु उसके सिर के बाल
फिर से बढ़ने लगे जब उसे मुँडाया गया था । 23 और
पलिश्तियों के सरदार एकत्र हुए कि वे अपने देवता दागोन को
बड़ा बलिदान चढ़ाएँ और आनन्द मनाएँ । और उन्होंने कहा,
“हमारे देवता ने हमारे शत्रु शिमशोन को हमारे हाथ में दे दिया
है!” 24 और लोगों ने उसे देखा और अपने देवता की स्तुति
की, क्योंकि उन्होंने कहा, “हमारे देवता ने हमारे हाथों में हमारे
शत्रु को दे दिया है, जो हमारी भूमि को नाश करता था और
जिसने हममें से बहुतों को मार डाला था ।” 25 और ऐसा हुआ
कि जब उनके मन आनन्दित हुए, तब उन्होंने कहा,
“शिमशोन को बुलाओ, ताकि वह हमारा मनोरंजन करे ।” सो
उन्होंने शिमशोन को कारागार से बुलाया, और उसने उनका
मनोरंजन किया । और उन्होंने उसे खम्भों के बीच खड़ा
किया । 26 और शिमशोन ने उस जवान से, जो उसका हाथ
पकड़े हुए था, कहा, “मुझे छोड़ दे और मुझे खम्भों को छू
लेने दे जो घर को संभाले हुए हैं, ताकि मैं उन पर टिक
जाऊँ ।” 27 और घर स्त्रियों और पुरुषों से भरा हुआ था ।
और पलिश्तियों के सब सरदार वहाँ थे । और लगभग तीन
हज़ार पुरुष और स्त्रियाँ छत पर थे जो शिमशोन को
मनोरंजन करते देख रहे थे । 28 और शिमशोन ने 𐤉𐤄𐤅𐤄
को पुकारकर कहा, “हे प्रभु 𐤉𐤄𐤅𐤄, मुझे स्मरण कर, मैं
विनती करता हूँ! मुझे बल दे, मैं विनती करता हूँ, केवल इस
बार, हे ईश्वर, ताकि मैं अपनी दोनों आँखों के कारण
पलिश्तियों से एक ही बार में बदला ले सकूँ!” 29 और
शिमशोन ने उन दो मध्य खम्भों को पकड़ा जो घर को संभाले
हुए थे, और उसने उनके विरुद्ध अपना बल लगाया, एक
दाहिनी ओर और दूसरा बायीं ओर । 30 और शिमशोन ने
कहा, “मैं पलिश्तियों के साथ मरूँ!” और उसने अपनी पूरी
शक्ति से झुककर दबाव डाला, और घर सरदारों और सब
लोगों पर गिर पड़ा । और जितने लोग उसने अपनी मृत्यु में
मारे, वे उसकी जीवन में मारे हुओं से अधिक थे । 31 और
उसके भाई और उसके पिता का सारा घराना उतरकर उसे
उठा ले गया, और उसे ले जाकर उसके पिता मनोअह की
कब्र में, सोराअह और एश्ताओल के बीच दफनाया । और
उसने इस्राएल पर बीस वर्ष तक शासन किया ।

17

1 और एप्रयिम के पहाड़ी देश का एक मनुष्य था,
जिसका नाम मीकाहु था । 2 और उसने अपनी माता
से कहा, “वे ग्यारह सौ चाँदी के सिक्के जो तुझसे ले लिए गए
थे, और जिन पर तूने शाप डाला था, यहाँ तक कि मेरे कानों
में कहकर । देख, वह चाँदी मेरे पास है, मैंने ही ली थी ।”
और उसकी माता ने कहा, “𐤉𐤄𐤅𐤄 का बरूक मेरा पुत्र
हो!” 3 और उसने ग्यारह सौ चाँदी के सिक्के अपनी माता को
वापस दिए, और उसकी माता ने कहा, “मैंने वास्तव में अपने
हाथ से 𐤉𐤄𐤅𐤄 के लिए अपने पुत्र के लिये उस चाँदी को
पवित्र ठहराया था, कि एक खुदी हुई मूर्ति और ढली हुई मूर्ति
बनाई जाए, और अब मैं इसे तुझे देती हूँ ।” 4 और उसने
चाँदी अपनी माता को लौटा दी, और उसकी माता ने दो सौ
चाँदी के सिक्के लेकर उन्हें सुनार को दिए, और उसने उसे
एक खुदी हुई मूर्ति और एक ढली हुई मूर्ति बना दिया । और वे
मीकाहु के घर में रखे गए । 5 अब उस मनुष्य मीकाह के पास
एक देवताओं का घर था, और उसने एक एफ़ोद और घर की
मूरतें बनाईं । और उसने अपने पुत्रों में से एक को ठहराया,
जो उसका कोहेन हो गया । 6 उन दिनों इस्राएल में कोई राजा
न था - हर एक अपनी ही दृष्टि में जो ठीक था वही करता
था । 7 और यहूदा के कुल के, यहूदा के बेत लेहम का एक
जवान मनुष्य था । और वह एक लेवी था, और वह वहां
परदेशी बनकर रह रहा था । 8 और वह मनुष्य यहूदा के बेत

लेहम नगर से निकलकर जहाँ कहीं ठहरने का स्थान पा सके
वहाँ परदेशी बनकर रहने को चला। और वह एप्रयिम के
पहाड़ों पर, मीकाह के घर आया, जब वह यात्रा कर रहा था।
9 और मीकाह ने उससे कहा, “तू कहाँ से आया है?” और
उसने उससे कहा, “मैं यहूदा के बेत लेहम का एक लेवी हूँ,
और मैं एक ठहरने का स्थान ढूँढने के लिए जा रहा हूँ।”
10 और मीकाह ने उससे कहा, “मेरे साथ रह, और मेरे लिए
पिता और कोहेन हो, और मैं तुझे प्रति वर्ष दस चाँदी के
सिक्के, वस्त्र की भत्ता, और तेरे खाने को दूँगा।” और लेवी
चला गया। 11 सो लेवी उस मनुष्य के साथ रहने के लिये
राज़ी हो गया। और वह जवान उसके लिये उसके पुत्रों के
समान हो गया। 12 तब मीकाह ने लेवी को ठहराया, और वह
जवान उसका कोहेन हो गया, और वह मीकाह के घर में था।
13 और मीकाह ने कहा, “अब मैं जानता हूँ कि 𐤉𐤄𐤅𐤄 मुझे
भलाई करेगा, क्योंकि मेरे पास एक लेवी कोहेन है!”

18 1 उन दिनों इस्राएल में कोई शासक नहीं था। और
उन दिनों दानी गोत्र अपनी ही रहने की भूमि के लिये
एक मीरास ढूंढ रहा था, क्योंकि उस दिन तक इस्राएल के
गोत्रों में उनके लिये मीरास नहीं गिरी थी। 2 और दानियों के
पुत्रों ने अपनी कुल से पाँच पुरुष भेजे, सूराह और एश्ताओल
से वीर पुरुष, कि वे देश की जाँच और खोज करें। और
उन्होंने उनसे कहा, “जाओ, देश की खोज करो।” और वे
इप्रयिम के पहाड़ों में, मीका के घर पहुँचे और वहाँ रात
बिताई। 3 जब वे मीका के घर के निकट थे, उन्होंने उस
जवान लेवीय का स्वर पहचाना, और वहाँ मुड़कर उससे कहा,
“तुझे यहाँ किसने लाया? तू यहाँ क्या कर रहा है? और तेरे
पास क्या है?” 4 उसने उनसे कहा, “मीका ने मेरे लिये ऐसा
और ऐसा किया। और उसने मुझे किराए पर रखा है, और मैं
उसका कोहेन बन गया हूँ।” 5 और उन्होंने उससे कहा,
“कृपया ईश्वर से पूछ कि जिस मार्ग पर हम जा रहे हैं वह
सफल होगा या नहीं।” 6 और कोहेन ने उनसे कहा, “शाति से
जाओ। जिस मार्ग पर तुम जा रहे हो वह 𐤉𐤄𐤅𐤄 के सामने
है।” 7 तब पाँच पुरुष गए और लैश में पहुँचे, और वहाँ के
लोगों को देखा कि वे सुरक्षित रहते हैं, सिदोनियों की रीति के
अनुसार, शांति से और निश्चिंत। और देश में कोई
अधिकारी किसी विषय पर उन्हें लज्जित नहीं करता था।
और वे सिदोनियों से दूर थे, और उनका किसी मनुष्य से कोई
लेन-देन न था। 8 और गुप्तचर अपने भाइयों के पास सूराह
और एश्ताओल लौट आए, और उनके भाइयों ने उनसे कहा,
“तुम क्या कहते हो?” 9 और उन्होंने कहा, “उठो, हम उनके
विरुद्ध चढ़ चलें। क्योंकि हमने उस देश को देखा है, और
देखो, वह बहुत अच्छा है। और तुम बैठे रहते हो! आलस्य
मत करो, जाकर देश को अधिकार में ले लो।” 10 “जब तुम
जाओगे, तो तुम एक निश्चिंत प्रजा के पास पहुँचोगे, और वह
देश विशाल है। क्योंकि ईश्वर ने उसे तुम्हारे हाथ में दे दिया
है, ऐसा स्थान जहाँ धरती पर किसी भी वस्तु की घटी नहीं
है।” 11 और दानियों के कुल के छः सौ पुरुष वहाँ से, सूराह
और एश्ताओल से युद्ध के लिये हथियारबंद होकर चले।
12 और वे यहूदा में क़िरयत-यारीम में चढ़े और वहाँ डेरा
डाला। इसलिये उन्होंने उस स्थान का नाम आज तक
महनेह-दान रखा। देखो, वह क़िरयत-यारीम के पश्चिम में
है। 13 और वहाँ से वे इप्रयिम के पहाड़ों में होकर गए, और
मीका के घर आए। 14 तब पाँच पुरुष जिन्होंने लैश देश को
देखने गये थे, उन्होंने अपने भाइयों से कहा, “क्या तुम जानते
हो कि इन घरों में एक एफ़ोद, और घरेलू देवता, और एक
खुदी हुई मूरत, और ढली हुई मूरत है? और अब, तुम जानते
हो कि क्या करना है।” 15 और वे वहाँ मुड़े, और उस जवान
लेवीय पुरुष के घर, अर्थात मीका के घर आए, और उससे
नमस्कार किया। 16 और छः सौ पुरुष, युद्ध के लिये
हथियारबंद, जो दानियों के पुत्र थे, फाटक के प्रवेश पर खड़े
रहे। 17 और पाँच पुरुष जो देश की जाँच करने गए थे,
ऊपर गए, और वहाँ प्रवेश करके, उन्होंने खुदी हुई मूरत,
और एफ़ोद, और घरेलू देवता, और ढली हुई मूरत ले ली,
जबकि कोहेन फाटक के प्रवेश पर छः सौ हथियारबंद पुरुषों
के साथ खड़ा था। 18 और ये मीका के घर में जाकर मूरत,
और एफ़ोद, और घरेलू देवता, और ढली हुई मूरत ले गए।
तब कोहेन ने उनसे कहा, “तुम क्या कर रहे हो?” 19 और
उन्होंने उससे कहा, “चुप रहो, अपना हाथ अपने मुँह पर
रखो, और हमारे साथ चलो, और हमारे लिये पिता और
कोहेन बनो। क्या यह अच्छा है कि तू एक ही पुरुष के घराने
का कोहेन बने, या कि तू इस्राएल में एक गोत्र और कुल का
कोहेन बने?” 20 तब कोहेन का मन प्रसन्न हुआ। और उसने
एफ़ोद, और घरेलू देवता, और खुदी हुई मूरत ली, और वह
प्रजा के बीच चला गया। 21 और वे फिर मुड़े और चल दिए,
और उन्होंने छोटे बच्चों, और पशुओं, और मूल्यवान वस्तुओं
को अपने आगे रखा। 22 वे मीकाह के घर से कुछ दूरी तक
गए थे, जब मीकाह के घर के पास वाले घरों में रहने वाले लोग
इकट्ठा हुए और दान के बच्चों को पकड़ लिया, 23 और दान
के बच्चों को पुकारा। तब वे पलटे और मीकाह से कहा, “क्या
बात है, जो तुमने ऐसी भीड़ इकट्ठा की है?” 24 और उसने
कहा, “तुम मेरे पराक्रमी देवता जिन्हें मैंने बनाया था, और
कोहेन को ले गए हो, और तुम जा रहे हो। अब मेरे पास और
क्या बचा है? यह क्या है जो तुम मुझसे कहते हो, ‘क्या बात
है?’ ” 25 और दान के बच्चों ने उससे कहा, “अपनी आवाज़
हमारे बीच सुनाई मत पड़ने दो, कहीं ऐसा न हो कि कटु मन
के लोग तुम पर टूट पड़ें, और तुम अपना जीवन खो दो,
अपने घराने के जीवनों के साथ!” 26 और दान के बच्चे अपने
रास्ते चले गए। और जब मीकाह ने देखा कि वे उससे बहुत
शक्तिशाली हैं, तो वह पलटकर अपने घर चला गया। 27 फिर
वे मीकाह की बनाई हुई वस्तुएँ, और उसका कोहेन, ले गए,
और लैइश को गए, उस लोगों के पास जो निश्चिंत और बिना
शंका के थे, और उन्हें तलवार की धार से मारा और नगर को
आग से जला दिया। 28 और कोई छुड़ानेवाला न था, क्योंकि
वह त्सीदोन से दूर था, और उनका किसी से कोई संबंध नहीं
था। और वह बेयथ रहोब की घाटी में था। और उन्होंने नगर
को फिर से बनाया और वहाँ बस गए। 29 और उन्होंने नगर
का नाम दान रखा, अपने पिता दान के नाम पर, जो यिस्राएल
को जन्मा था। पर पहले नगर का नाम लैइश था। 30 और
दान के बच्चों ने अपने लिए खुदी हुई मूरत खड़ी की। और
याहोनातान, गेरशोम का पुत्र, मनश्शेह का पुत्र, और उसके
पुत्र, निर्वासन के दिन तक दान के गोत्र के कोहेनीम रहे।
31 और उन्होंने अपने लिए मीकाह की बनाई हुई खुदी हुई

मूरत खड़ी की, जो उसने बनाई थी, उन सब दिनों तक जब
तक ईश्वर 𐤉𐤄𐤅𐤄 का घर शीलोह में था।

19 1 और यह उन दिनों में हुआ, जब यिस्राएल में कोई
राजा न था, तब इफ्रयिम के पहाड़ों की ओर एक लेवी
रह रहा था। और उसने यहूदा में बेत लेहेम से अपने लिये
एक रखैल ली। 2 और उसकी रखैल ने उसके विरुद्ध
व्यभिचार किया, और उससे अपने पिता के घर बेत लेहेम
यहूदा में चली गई, और वहाँ चार महीने तक रही। 3 और
उसका पति उठा और उसके पीछे गया, कि उसका मन
फेरकर उसे वापस ले आए, और उसके साथ उसका दास
और दो गधे थे। और उसने उसे अपने पिता के घर में
पहुँचाया। और उस युवती के पिता ने उसे देखा, और उसे
देखकर आनंदित हुआ। 4 और उसका ससुर, उस युवती का
पिता, उसे रोककर रख लिया, और वह उसके साथ तीन दिन
तक रहा। और उन्होंने खाया और पिया और वहाँ रात
बिताई। 5 और चौथे दिन सुबह वे उठे। और वह जाने को
तैयार हुआ, परन्तु युवती के पिता ने अपने दामाद से कहा,
"अपने मन को एक टुकड़ा रोटी से ताज़ा कर लो, और
उसके बाद अपने मार्ग पर जाओ।" 6 तब वे बैठ गए, और
दोनों ने साथ खाया और पिया। और युवती के पिता ने उस
पुरुष से कहा, "कृपया रात भर ठहरो, और तुम्हारा मन प्रसन्न
हो।" 7 और जब वह पुरुष जाने को उठा, तो उसके ससुर ने
उसे दबाव डाला। इसलिए वह फिर रात भर वहीं ठहरा।
8 और पाँचवें दिन सुबह वह जाने को उठा। परन्तु युवती के
पिता ने कहा, "कृपया अपना मन ताज़ा करो।" सो वे दोपहर
तक रुके, और दोनों ने खाया। 9 और वह पुरुष जाने को
उठा, वह और उसकी रखैल और उसका दास। परन्तु उसके
ससुर, उस युवती के पिता ने उससे कहा, "देखो, दिन अब
संध्या की ओर झुक रहा है। कृपया रात बिताओ। देखो, दिन
अंत की ओर है। यहाँ रहो, और तुम्हारा मन प्रसन्न हो। और
तुम सुबह जल्दी अपनी यात्रा के लिये उठोगे, और अपने तम्बू
को जाओगे।" 10 परन्तु वह पुरुष उस रात वहाँ न ठहरा।
और वह उठा और चला, और यबूस के सामने पहुँचा, जो कि
यरूशलेम है। और उसके साथ दो काठी बँधे गधे और
उसकी रखैल थी। 11 वे यबूस के पास थे, और दिन बहुत
बीत चुका था। और दास ने अपने स्वामी से कहा, "आओ,
कृपया, और हम इस नगर यबूसियों में मुड़कर इसमें रात
बिताएँ।" 12 परन्तु उसके स्वामी ने उससे कहा, "हम यहाँ
परदेशियों के नगर में न मुड़ें, जो यिस्राएल की सन्तानों में से
नहीं हैं। परन्तु हम गिबा की ओर बढ़ेंगे।" 13 और उसने
अपने दास से कहा, "आओ, हम इन स्थानों में से एक के
निकट चलें, और गिबा या रामा में रात बिताएँ।" 14 और वे
आगे बढ़े और अपने मार्ग पर चले। और सूर्य उन पर गिबा
के पास अस्त हुआ, जो बिन्यामीन का है। 15 और वे वहाँ
मुड़कर गिबा में रात बिताने गए। सो वह नगर में गया, और
नगर के चौक में बैठा, क्योंकि कोई उन्हें अपने घर में रात
बिताने को न ले गया। 16 परन्तु देखो, संध्या को एक बूढ़ा
मनुष्य खेत के काम से आया, जो इफ्रयिम के पहाड़ों का था।
और वह गिबा में रह रहा था, परन्तु उस स्थान के लोग
बिन्यामीन थे। 17 और जब उसने अपनी आँखें उठाईं, तो
उसने नगर के चौक में उस यात्री को देखा। और बूढ़े ने
कहा, "तुम कहाँ जा रहे हो, और कहाँ से आए हो?" 18 और
उसने उससे कहा, "हम यहूदा के बेत लेहेम से इफ्रयिम के
पहाड़ों की ओर जा रहे हैं। मैं वहीं का हूँ, और मैं यहूदा के बेत
लेहेम गया था, और मैं 𐤉𐤄𐤅𐤄 के घर जा रहा हूँ। परन्तु
कोई मुझे अपने घर में नहीं लेता," 19 फिर भी हमारे गधों के
लिये भूसा और चारा है, और मेरे लिये, और तेरी दासी के
लिये, और तेरे सेवक के साथ जो जवान है, उनके लिये रोटी
और दाखमधु है; किसी बात की कमी नहीं है।" 20 और बूढ़े
ने कहा, "शाति तुम्हारे साथ हो! परन्तु तुम्हारी सब
आवश्यकताएँ मुझ पर हों, केवल चौक में रात न बिताओ।"
21 और उसने उसे अपने घर में लाया, और गधों को चारा
दिया। और उन्होंने अपने पाँव धोए, और खाया और पिया।
22 वे अपने हृदयों को प्रसन्न कर रहे थे, और देखो, नगर के
लोग, बेलियाल के पुत्र, घर को घेरकर दरवाजे पर मारने
लगे। और उन्होंने घर के स्वामी, बूढ़े व्यक्ति से कहा, "उस
व्यक्ति को बाहर लाओ जो तुम्हारे घर में आया है, ताकि हम
उसे जानें!" 23 परन्तु उस घर के स्वामी व्यक्ति ने उनके पास
जाकर उनसे कहा, "नहीं, मेरे भाइयों! मैं तुमसे बिनती करता
हूँ, कोई बुराई मत करो! चूंकि यह मनुष्य मेरे घर आया है,
इस मूर्खता को मत करो। 24 "देखो, यहाँ मेरी कुँवारी बेटी
और उस मनुष्य की उपपत्नी है। मैं उन्हें अभी तुम्हारे पास ले
आता हूँ, और तुम उन्हें नम्र करो, और उनके साथ अपनी
दृष्टि में जो अच्छा लगे वह करो, परन्तु इस मनुष्य पर ऐसा
मूर्खतापूर्ण काम मत करो!" 25 परन्तु उन लोगों ने उसकी
बात न मानी। तब उस व्यक्ति ने अपनी उपपत्नी को लिया
और उन्हें बाहर उनके पास ले आया। और उन्होंने उसे जान
लिया और सारी रात भोर होने तक उसके ऊपर अत्याचार
करते रहे, और जब दिन निकलने लगा तो उसे छोड़ दिया।
26 और जैसे ही भोर हुई स्त्री वापस आकर उस घर के द्वार
पर गिरी जहाँ उसका स्वामी था, और प्रकाश होने तक वही
पड़ी रही। 27 और उसका स्वामी सुबह उठा, और घर के द्वार
खोले और अपना मार्ग जाने के लिए बाहर निकला, और
अपनी उपपत्नी को देखा, जो घर के द्वार पर गिरी पड़ी थी,
उसके हाथ चौखट पर थे। 28 और उसने उससे कहा, "उठो
और चलो।" परन्तु कोई उत्तर न मिला। तब उसने उसे गधे
पर उठाया, और वह व्यक्ति उठा और अपने स्थान को चला
गया, 29 और अपने घर आया और एक चाकू लिया, फिर
अपनी उपपत्नी को पकड़कर उसे टुकड़ा-टुकड़ा बारह भागों
में काट डाला, और उसे सारे इस्राएल की सीमाओं में भेज
दिया। 30 और ऐसा हुआ कि जितनों ने उसे देखा उन्होंने
कहा, "ऐसी घटना कभी नहीं हुई और न ही ऐसी देखी गई है,
उस दिन से जब इस्राएल के बच्चे मिस्र की भूमि से ऊपर
आए तब से आज तक। इस पर विचार करो, परामर्श लो,
और बोलो!"

20 1 और सारे यिस्राएल के बच्चे दान से लेकर बेएरशेबा
तक और गिलआद देश से निकले, और मित्स्पा में
𐤉𐤄𐤅𐤄 के साम्हने एक मनुष्य के समान सभा में इकट्ठे हुए।
2 और सब लोगों के सरदार, सारे यिस्राएल के गोत्रों के सब
प्रधान, ईश्वर की प्रजा की सभा में उपस्थित हुए, चार लाख
पायदल योद्धा जो तलवार खींचते थे। 3 और बिन्यामीन के
बच्चों ने सुना कि यिस्राएल के बच्चे मित्स्पा को चढ़ आए हैं।
और यिस्राएल के बच्चों ने कहा, "बोलो, यह बुराई कैसे हुई?"

[4]तब उस लेवी पुरुष ने, जिसकी स्त्री मारी गई थी, उत्तर
दिया और कहा, "मैं और मेरी उपपत्नी गिबअह, जो
बिन्यामीन की है, में रात बिताने को गए थे। [5]"और गिबअह
के स्वामी लोग मेरे विरुद्ध उठ खड़े हुए, और रात को घर को
चारों ओर से घेर लिया। वे मुझे मार डालना चाहते थे, परन्तु
उन्होंने मेरी उपपत्नी को नम्र किया, और वह मर गई। [6]"तब
मैंने अपनी उपपत्नी को लिया, और उसे टुकड़े-टुकड़े कर के
यिस्राएल की सारी मीरास के देश में भेजा, क्योंकि उन्होंने
यिस्राएल में दुष्टता और मूर्खता की। [7]"देखो, तुम सब
यिस्राएल के बच्चे हो, यहाँ अपनी सम्मति दो और युक्ति
करो!" [8]तब सब लोग एक मनुष्य के समान उठ खड़े हुए
और कहा, "हम में से कोई अपने तंबू में न जाए, और न हम
में से कोई अपने घर को लौटे। [9]"अब हम गिबअह के साथ
यह करेंगे: हम उस पर चिट्ठी डाल कर चढ़ाई करेंगे।
[10]"और हम यिस्राएल के सब गोत्रों में से हर सौ में से दस,
हर हजार में से सौ, और हर दस हजार में से हजार मनुष्यों
को लेंगे, कि वे लोगों के लिए आहार तैयार करें, जब वे
गिबअह, बिन्यामीन में, जाकर उस मूर्खता का बदला लें, जो
उन्होंने यिस्राएल में की।" [11]और सारे यिस्राएल के पुरुष
उस नगर के विरुद्ध एक मनुष्य के समान इकट्ठे होकर
एकजुट हुए। [12]और यिस्राएल के गोत्रों ने बिन्यामीन के सारे
गोत्र में पुरुष भेजे, और कहा, "यह बुराई जो तुम्हारे बीच हुई
है, वह क्या है? [13]"अब वे दुष्ट लोग जो गिबअह में हैं, हमें
सौंप दो, कि हम उन्हें मार डालें और यिस्राएल से बुराई को
दूर करें।" परन्तु बिन्यामीन के बच्चों ने अपने भाइयों
यिस्राएल के बच्चों की बात मानने से इंकार किया। [14]तब
बिन्यामीन के बच्चों ने अपने नगरों से गिबअह में इकट्ठा होकर
यिस्राएल के बच्चों से लड़ने को निकले। [15]और उस समय
उनके नगरों से बिन्यामीन के बच्चों ने छब्बीस हजार मनुष्यों
की गिनती की, जो तलवार खींचते थे, और गिबअह के
निवासियों के अतिरिक्त सात सौ चुने हुए पुरुषों की गिनती
की। [16]उन सब लोगों में सात सौ चुने हुए पुरुष बाएँ हाथ के
थे, जो बाल बराबर बाल को भी गुलेल से पत्थर फेंकते और
नहीं चूकते थे। [17]और बिन्यामीन को छोड़ कर यिस्राएल के
लोगों ने चार लाख मनुष्यों की गिनती की, जो तलवार खींचते
थे, और सब के सब युद्धवीर थे। [18]तब यिस्राएल के बच्चे
ईश्वर से पूछने को बेथ-एल गए, और उन्होंने कहा, "हम में से
कौन पहले बिन्यामीन के बच्चों से लड़ाई करने को चढ़े?"
और 𐤉𐤄𐤅𐤄 ने कहा, "याहूदा पहले।" [19]तब यिस्राएल के
बच्चे भोर को उठे और गिबअह के विरुद्ध डेरा डाले। [20]और
यिस्राएल के लोग युद्ध करने को बिन्यामीन के विरुद्ध निकले,
और उन्होंने गिबअह के साम्हने लड़ाई की पंक्ति बाँधी।
[21]और बिन्यामीन के बच्चे गिबअह से निकले, और उस दिन
यिस्राएल के बाईस हजार मनुष्यों को भूमि पर गिरा डाला।
[22]परन्तु लोग, इसराएल के पुरुष, अपने आप को मज़बूत
करके फिर से उसी स्थान पर युद्ध की पंक्ति में खड़े हुए जहाँ
वे पहले दिन पंक्तिबद्ध हुए थे। [23]और इसराएल के बच्चे
ऊपर गए और संध्या तक 𐤉𐤄𐤅𐤄 के सामने रोए, और
𐤉𐤄𐤅𐤄 से पूछा, "क्या मैं फिर अपने भाई बिन्यामीन के बच्चों
के विरुद्ध युद्ध करने जाऊं?" और 𐤉𐤄𐤅𐤄 ने कहा, "उनके
विरुद्ध ऊपर जाओ।" [24]और इसराएल के बच्चे दूसरे दिन
बिन्यामीन के बच्चों के निकट आए। [25]और बिन्यामीन दूसरे
दिन गिबा से उनके विरुद्ध निकला, और इसराएल के बच्चों में
से अठारह हज़ार और को भूमि पर गिरा दिया - ये सब
तलवार खींचने वाले थे। [26]और इसराएल के सब बच्चे, हां
सब लोग, ऊपर गए और बेथ ईश्वर में आए और रोए, और
वहाँ 𐤉𐤄𐤅𐤄 के सामने बैठे और उस दिन संध्या तक उपवास
किया। और उन्होंने होमबलि और मेलबलि 𐤉𐤄𐤅𐤄 के
सामने चढ़ाए। [27]और इसराएल के बच्चों ने 𐤉𐤄𐤅𐤄 से पूछा
- उन दिनों वहाँ ईश्वर की वाचा का सन्दूक था, [28]और
पिनहास, एलेआज़र का पुत्र, हारून का पुत्र, उन दिनों उसके
सामने खड़ा था - यह कहते हुए, "क्या मैं फिर अपने भाई
बिन्यामीन के बच्चों के विरुद्ध युद्ध करने जाऊं, या मैं रुक
जाऊं?" और 𐤉𐤄𐤅𐤄 ने कहा, "ऊपर जाओ, क्योंकि कल
मैं उन्हें तुम्हारे हाथ में दे दूँगा।" [29]और इसराएल ने गिबा के
चारों ओर घात लगाने वालों को रखा। [30]और इसराएल के
बच्चे तीसरे दिन बिन्यामीन के बच्चों के विरुद्ध ऊपर गए,
और गिबा के सामने अन्य समयों की तरह युद्ध की पंक्ति में
खड़े हुए। [31]और बिन्यामीन के बच्चे लोगों से मिलने के लिए
नगर से बाहर आए। और उन्होंने लोगों में से कुछ को मारना
आरम्भ किया, जैसे अन्य समयों में, मार्गों पर मार डालते हुए,
जिनमें से एक बेथ ईश्वर को और दूसरा मैदान में गिबा को
जाता था, इसराएल के लगभग तीस पुरुष। [32]और
बिन्यामीन के बच्चों ने कहा, "वे पहले की तरह हमारे सामने
मारे जाएंगे।" परन्तु इसराएल के बच्चों ने कहा, "आओ हम
भागें और उन्हें नगर से मार्गों की ओर खींच लें।" [33]और
इसराएल के सब पुरुष अपने स्थान से उठे और बाल तामार
में युद्ध की पंक्ति में खड़े हुए। और इसराएल की घात मारेह
गेबा की अपनी स्थिति से फूट निकली। [34]और इसराएल के
सब से चुने हुए दस हज़ार पुरुष गिबा के विरुद्ध आए, और
युद्ध कठोर हुआ। परन्तु वे नहीं जानते थे कि उन पर विपत्ति
निकट थी। [35]और 𐤉𐤄𐤅𐤄 ने इसराएल के सामने
बिन्यामीन को मारा। और इसराएल के बच्चों ने उस दिन
बिन्यामीन में पच्चीस हज़ार एक सौ पुरुषों को नष्ट किया - ये
सब तलवार खींचने वाले थे। [36]और बिन्यामीन के बच्चों ने
देखा कि वे मारे गए हैं। और इसराएल के पुरुषों ने
बिन्यामीनियों को भूमि दी, क्योंकि वे गिबा के विरुद्ध रखी घात
पर भरोसा करते थे, [37]और घात ने शीघ्रता की और गिबा पर
आकर उस पूरे नगर को तलवार की धार से मारा। [38]और
इसराएल के पुरुषों और घात के बीच निश्चित संकेत यह था
कि वे नगर से धुएँ का बड़ा बादल उठाएँगे। [39]तब इसराएल
के पुरुष युद्ध में फिरते, और बिन्यामीन इसराएल के लगभग
तीस पुरुषों को मारना शुरू कर देते। क्योंकि वे कहते थे, "वे
वास्तव में हमारे सामने पहले युद्ध की तरह मारे गए हैं।"
[40]तब धुएँ का बादल नगर से एक खम्भे की तरह उठने लगा,
और बिन्यामीनियों ने पीछे मुडकर देखा, और पूरा नगर स्वर्ग
की ओर धुएँ में जलता हुआ दिखाई दिया। [41]और जब
इसराएल के पुरुष पीछे लौटे, तब बिन्यामीन के पुरुष घबरा
गए, क्योंकि उन्होंने देखा कि विपत्ति उनके निकट थी।
[42]और वे इसराएल के पुरुषों के सामने जंगल के मार्ग की
ओर पीठ फेरकर भागे, परन्तु युद्ध ने उन्हें पकड़ लिया, और
जो नगरों से निकले थे वे उनके बीच उनका नाश कर रहे
थे। [43]उन्होंने बिन्यामीनियों को घेर लिया और उनका पीछा

किया, और आसानी से उन्हें गिबा के सामने पूरब की ओर
कुचल दिया। 44 और बिन्यामीन में अठारह हज़ार पुरुष गिरे
- ये सब पराक्रमी पुरुष थे। 45 और वे मुड़कर जंगल की
ओर रिमोन की चट्टान पर भागे। और उन्होंने मार्गों पर उनमें
से पाँच हज़ार को मार गिराया, और गिदोम तक उनका पीछा
किया, और उनमें से दो हज़ार को मारा। 46 और उस दिन
बिन्यामीन में गिरने वाले सब पच्चीस हज़ार पुरुष थे जो
तलवार खींचते थे, ये सब पराक्रमी पुरुष थे। 47 परन्तु छह
सौ पुरुष मुड़े और जंगल की ओर रिमोन की चट्टान पर भाग
गए, और चार महीने तक रिमोन की चट्टान पर रहे। 48 और
इसराएल के पुरुष बिन्यामीन के बच्चों के विरुद्ध फिर लौटे,
और प्रत्येक नगर से, पुरुष और पशुओं सहित, सबको
तलवार की धार से मारा। और उन्होंने जिन नगरों में प्रवेश
किया उन सब नगरों में आग लगाई।

21 1 और इस्त्राएल के पुरुषों ने मित्स्पह में शपथ खाई
थी, कहा, “हम में से कोई भी अपनी बेटी बिन्यामीन
को पत्नी के रूप में नहीं देगा।” 2 तब लोग बेथ ईश्वर गए,
और वहाँ संध्या तक ईश्वर के सामने बैठे, और अपनी आवाज़
उठाई और कड़वे आंसू बहाए, 3 और कहा, “हे 𐤉𐤄𐤅𐤄
इस्त्राएल के ईश्वर, यह इस्त्राएल में क्यों हुआ, कि आज
इस्त्राएल में एक गोत्र कम हो जाए?” 4 और हुआ कि अगले
दिन लोग सुबह जल्दी उठे और वहाँ एक वेदी बनाई, और
होमबलि और मेलबलि चढ़ाए। 5 और इस्त्राएल के पुत्रों ने
कहा, “इस्त्राएल के सब गोत्रों में कौन है जो 𐤉𐤄𐤅𐤄 की सभा
में मित्स्पह में नहीं आया?” क्योंकि उन्होंने किसी भी व्यक्ति के
विषय में जो 𐤉𐤄𐤅𐤄 के पास मित्स्पह में नहीं आया था, बड़ी
शपथ खाई थी, कहा, “वह निश्चय ही मारा जाएगा।” 6 और
इस्त्राएल के पुत्र अपने भाई बिन्यामीन के लिए दुखी हुए, और
कहा, “आज इस्त्राएल से एक गोत्र कट गया है।” 7 “जो बचे
हैं उनके लिए हम पत्नियाँ कहाँ से लाएँ, क्योंकि हमने 𐤉𐤄𐤅𐤄
की शपथ खाई है कि हम अपनी बेटियाँ उन्हें पत्नी के रूप में
नहीं देंगे?” 8 और उन्होंने कहा, “इस्त्राएल के किस गोत्र ने
𐤉𐤄𐤅𐤄 के पास मित्स्पह में नहीं आया?” और देखो, याबेश
गिलाद से कोई भी सभा में छावनी में नहीं आया था। 9 क्योंकि
जब लोगों ने गिनती की, तो देखो, याबेश गिलाद के कोई भी
निवासी वहाँ नहीं थे। 10 तब सभा ने वहाँ अपने बारह हज़ार
वीर पुरुष भेजे, और उन्हें आज्ञा दी, कहा, “जाओ, और तुम
याबेश गिलाद के निवासियों को तलवार की धार से मार
डालना, यहाँ तक कि स्त्रियाँ और बच्चे भी।” 11 “और यह
करो: हर पुरुष को और हर स्त्री को जिसने पुरुष को जान
लिया है, वध के लिए समर्पित करो।” 12 और उन्होंने याबेश
गिलाद के निवासियों में से चार सौ जवान कुँवारी कन्याएँ पाई
जिन्होंने पुरुष को नहीं जाना था। और वे उन्हें कनान देश में
शीलोह की छावनी में लाए। 13 तब सारी सभा ने भेजकर,
रिम्मोन की चट्टान पर जो बिन्यामीन के पुत्र थे उनसे बात की,
और उन्हें मेल की सूचना दी। 14 और बिन्यामीन उस समय
लौटे, और उन्होंने उन्हें वे स्त्रियाँ दीं जिन्हें उन्होंने याबेश
गिलाद की स्त्रियों में से जीवित बचाया था। परन्तु उनके लिए
यह भी पर्याप्त न था। 15 और लोग बिन्यामीन के लिए दुखी
हुए, क्योंकि 𐤉𐤄𐤅𐤄 ने इस्त्राएल के गोत्रों में एक विखंडन
किया था। 16 और सभा के प्राचीनों ने कहा, “जो बचे हैं
उनके लिए हम पत्नियाँ कहाँ से लाएँ, क्योंकि बिन्यामीन से
स्त्रियाँ नष्ट हो गई हैं?” 17 और उन्होंने कहा, “बिन्यामीन के
बचे हुए लोगों के लिए एक विरासत है, और इस्त्राएल से कोई
गोत्र नष्ट नहीं हुआ।” 18 “परन्तु हम उन्हें अपनी बेटियों से
पत्नियाँ नहीं दे सकते, क्योंकि इस्त्राएल के पुत्रों ने शपथ खाई
है, कहा, ‘शापित है वह जो बिन्यामीन को पत्नी देगा।’ ”
19 तब उन्होंने कहा, “देखो, शीलोह में हर वर्ष 𐤉𐤄𐤅𐤄 का
एक पर्व होता है, जो बेथ ईश्वर के उत्तर में है, उस मार्ग के पूर्व
की ओर जो बेथ ईश्वर से शेकेम को जाता है, और लेबोनाह
के दक्षिण में।” 20 और उन्होंने बिन्यामीन के पुत्रों को आज्ञा
दी, कहा, “जाओ, दाख की बारियों में घात लगाकर बैठो।”
21 “और ध्यान दो, जब शीलोह की बेटियाँ नृत्य करने बाहर
आएँ, तब तुम दाख की बारियों से निकलकर हर पुरुष अपने
लिए शीलोह की बेटियों में से एक को पत्नी पकड़ ले, और
बिन्यामीन के देश को चले जाओ।” 22 “और यह होगा, जब
उनके पिता या उनके भाई हमारे पास शिकायत करने आएँगे,
तब हम उनसे कहेंगे, ‘हम पर कृपा करो, क्योंकि हमने उनमें
से किसी के लिए युद्ध में पत्नी नहीं ली, और न ही तुमने उन्हें
अपनी ओर से दिया है, जिससे तुम अपनी शपथ के दोषी
ठहरो।’ ” 23 और बिन्यामिन की सन्तान ने ऐसा ही किया,
और नाचनेवाली स्त्रियों में से, जिन्हें उन्होंने पकड़ लिया था,
अपनी संख्या के अनुसार पत्नियाँ ले लीं। फिर वे गए और
अपनी विरासत पर लौटे, और उन्होंने नगरों को फिर से
बनाया और उनमें बस गए। 24 और उस समय यिस्त्राएल की
सन्तान वहाँ से चली गई, हर एक अपने गोत्र और अपने कुल
के पास। और वे वहाँ से गए, हर एक अपनी विरासत की
ओर। 25 उन दिनों यिस्त्राएल में कोई राजा नहीं था – हर एक
वही करता था जो उसकी अपनी आँखों में सही प्रतीत होता
था।

1 शमूएल

𐤉𐤄𐤅𐤄

हिंदी संस्करण

1 शमूएल

1 [1]और रामातयिम त्सोफीम का एक पुरुष था, जो इफ्राइम
के पहाड़ों का था, और उसका नाम एल्क़ानाह था,
यरोḥ◌ाम का पुत्र, एलीहू का पुत्र, तोḥ◌ु का पुत्र, त्सुफ़ का
पुत्र, एक इफ्राइमवासी। [2]और उसकी दो पत्नियाँ थीं, एक
का नाम ḥन्नाह था, और दूसरी का नाम पेनिन्नाह। और
पेनिन्नाह के बच्चे थे, परन्तु ḥन्नाह के कोई बच्चे न थे। [3]अब
यह पुरुष वर्ष-दर-वर्ष अपने नगर से ऊपर जाता था कि शीलो
में 𐤉𐤄𐤅𐤄 सेनाओं के का आराधना और बलिदान करे।
और एली के दो पुत्र, ḥ◌ोफ़्नी और पिनḥ◌ास, 𐤉𐤄𐤅𐤄 के
कोहेनीम, वहाँ थे। [4]और जब वह दिन आया कि एल्क़ानाह ने
बलिदान चढ़ाया, तब उसने अपनी पत्नी पेनिन्नाह और उसके
सब पुत्रों और पुत्रियों को अंश दिए। [5]परन्तु यद्यपि वह ḥन्नाह
से प्रेम करता था, तो भी उसने ḥन्नाह को केवल एक अंश
दिया, क्योंकि 𐤉𐤄𐤅𐤄 ने उसकी कोख बन्द कर दी थी।
[6]और उसकी प्रतिस्पर्धिनी भी उसे बहुत चिढ़ाती थी, जिससे
वह क्रोधित हो जाती थी, क्योंकि 𐤉𐤄𐤅𐤄 ने उसकी कोख
बन्द कर दी थी। [7]और ऐसा वर्ष-दर-वर्ष होता रहा। जब वह
𐤉𐤄𐤅𐤄 के भवन को जाती थी, तब वह उसे चिढ़ाती थी,
जिससे वह रोती और खाती न थी। [8]तब उसके पति
एल्क़ानाह ने उससे कहा, "ḥन्नाह, तू क्यों रोती है? तू क्यों नहीं
खाती? और तेरा हृदय क्यों उदास है? क्या मैं तेरे लिये दस
पुत्रों से अच्छा नहीं हूँ?" [9]और ḥन्नाह खाने-पीने के बाद उठी,
जब एली कोहेन 𐤉𐤄𐤅𐤄 के हेयख़ल के द्वार की चौखट के
पास अपनी गद्दी पर बैठा था। [10]और वह मन में कड़वी थी,
और 𐤉𐤄𐤅𐤄 से प्रार्थना की, और बहुत रोई। [11]और उसने
मन्नत मानी और कहा, "हे 𐤉𐤄𐤅𐤄 सेनाओं के, यदि तू
सचमुच अपनी दासी की दुर्दशा पर दृष्टि करे, और मुझे
स्मरण करे, और अपनी दासी को न भूले, परन्तु अपनी दासी
को एक पुत्र दे, तो मैं उसे उसके जीवन के सब दिनों तक
𐤉𐤄𐤅𐤄 को दूँगी, और उसके सिर पर कभी छुरी न
चढ़ेगी।" [12]और ऐसा हुआ कि जब वह 𐤉𐤄𐤅𐤄 के सम्मुख
बहुत प्रार्थना कर रही थी, तब एली उसके मुँह की ओर ध्यान
कर रहा था। [13]और ḥन्नाह अपने हृदय में बोल रही थी,
केवल उसके होंठ हिल रहे थे, परन्तु उसकी आवाज़ सुनाई न
देती थी। सो एली ने सोचा कि वह नशे में है। [14]तब एली ने
उससे कहा, "तू कब तक नशे में रहेगी? अपना दाखमधु
अपने से दूर कर।" [15]तब ḥन्नाह ने उत्तर दिया, "नहीं, मेरे
प्रभु, मैं एक दुखी आत्मा की स्त्री हूँ। मैंने न तो दाखमधु पिया
है, न तीव्र पेय, परन्तु मैंने अपना प्राण 𐤉𐤄𐤅𐤄 के सामने
उड़ेला है। [16]"अपनी दासी को बेलियाल की पुत्री न मान,
क्योंकि मेरी बड़ी चिन्ता और खेद से मैं अब तक बोलती रही
हूँ।" [17]तब एली ने उत्तर दिया, "शान्ति से जा, और ईश्वर
इस्राएल का तुझे वह दे, जो तूने उससे माँगा है।" [18]और
उसने कहा, "तेरी दासी तेरी दृष्टि में अनुग्रह पाए।" तब वह
स्त्री अपने मार्ग पर चली गई, और उसने भोजन किया, और
उसका मुख फिर उदास न रहा। [19]और वे भोर को उठे,
और 𐤉𐤄𐤅𐤄 के सामने आराधना की, और लौटकर अपने
घर, रामाह में आए। और एल्क़ानाह ने अपनी पत्नी ḥन्नाह को
पहचाना, और 𐤉𐤄𐤅𐤄 ने उसे स्मरण किया। [20]और कुछ
समय बाद ḥन्नाह गर्भवती हुई और एक पुत्र को जन्म दिया,
और उसका नाम शमूएल रखा, "क्योंकि मैंने उसे 𐤉𐤄𐤅𐤄 से
माँगा है।" [21]और वह पुरुष एल्क़ानाह और उसका सारा घर
𐤉𐤄𐤅𐤄 के पास अपनी वार्षिक बलि और अपनी मन्नत चढ़ाने
गया। [22]परन्तु ḥन्नाह नहीं गई, क्योंकि उसने अपने पति से
कहा, "जब तक बच्चा दूध छुड़ा न ले, तब तक मैं उसे ले
जाऊँगी। और वह 𐤉𐤄𐤅𐤄 के सामने प्रकट होगा और सदा
वहीं रहेगा।" [23]और उसके पति एल्क़ानाह ने उससे कहा,
"जो तेरी दृष्टि में भला लगे वही कर। जब तक तूने उसका
दूध न छुड़ाया हो, तब तक ठहर। केवल 𐤉𐤄𐤅𐤄 अपना
वचन स्थिर करे।" और वह स्त्री रही और अपने पुत्र को
दूध पिलाती रही, जब तक उसने दूध न छुड़ाया। [24]और
जब उसने उसका दूध छुड़ाया, तब उसने उसे अपने साथ
लिया, तीन वर्ष का बछड़ा, और एक एफ़ाह आटा, और
दाखमधु की एक मशक, और उसे शीलो में 𐤉𐤄𐤅𐤄 के भवन
में ले आई। और बच्चा बहुत छोटा था। [25]और उन्होंने
बछड़ा मारा, और बच्चे को एली के पास लाए। [26]और उसने
कहा, "हे मेरे प्रभु! तेरे जीवन की शपथ, हे मेरे प्रभु, मैं वही
स्त्री हूँ, जो यहाँ तेरे पास खड़ी होकर 𐤉𐤄𐤅𐤄 से प्रार्थना कर
रही थी। [27]"मैंने इस बालक के लिये प्रार्थना की थी, और
𐤉𐤄𐤅𐤄 ने मुझे वही दिया, जो मैंने उससे माँगा था। [28]"सो
मैंने भी उसे 𐤉𐤄𐤅𐤄 को अर्पण किया है। उसके जीवन के
सब दिनों तक वह 𐤉𐤄𐤅𐤄 को दिया गया है।" और उसने
वहाँ 𐤉𐤄𐤅𐤄 के सामने आराधना की।

2 [1]और हन्नाह ने प्रार्थना की और कहा, "मेरा हृदय
𐤉𐤄𐤅𐤄 में आनन्दित होता है, मेरा सींग 𐤉𐤄𐤅𐤄 में
ऊँचा किया गया है। मेरे शत्रुओं पर मेरा मुख चौड़ा हुआ है,
क्योंकि मैंने तेरे उद्धार में आनन्द मनाया है।" [2]"𐤉𐤄𐤅𐤄 के
समान कोई पवित्र नहीं है, क्योंकि तेरे अतिरिक्त कोई नहीं है,
और हमारे ईश्वर के समान कोई चट्टान नहीं है।"
[3]"अत्यधिक घमण्डी वचन न बोलो; अभिमान तुम्हारे मुख से
न निकले, क्योंकि 𐤉𐤄𐤅𐤄 ज्ञान का ईश्वर है, और उसके
द्वारा कर्मों का तौल होता है।" [4]"बलवानों के धनुष टूट गए हैं,
और जो ठोकर खाते थे वे सामर्थ्य से कमर कसेंगे।"
[5]"सन्तुष्ट लोग रोटी के लिये अपने को किराए पर देते हैं,
और भूखे अब और नहीं रहे। यहाँ तक कि बाँझ ने सात को
जन्म दिया, और जिसके अनेक पुत्र थे वह शोकित हो गई।"
[6]"𐤉𐤄𐤅𐤄 मारता और जिलाता है, वह अधोलोक में उतारता
और ऊपर उठाता है।" [7]"𐤉𐤄𐤅𐤄 निर्धन और धनी करता
है, वह नीचा करता और ऊँचा उठाता है।" [8]"वह दरिद्र को

धूल से उठाता है, वह कंगाल को राख के ढेर से उठाकर
राजकुमारों के साथ बैठाता है, और उन्हें महिमा के सिंहासन
का वारिस बनाता है। क्योंकि पृथ्वी के स्तम्भ 𐤉𐤄𐤅𐤄 के हैं,
और उसने उन पर जगत को रखा है।" [9] "वह अपने भक्तों
के पाँव की रक्षा करता है, परन्तु दुष्ट अन्धकार में चुप हो
जाते हैं; क्योंकि मनुष्य सामर्थ्य से बलवान नहीं होता।"
[10] "जो 𐤉𐤄𐤅𐤄 का विरोध करते हैं वे टूट जाते हैं, वह स्वर्ग
से उनके विरुद्ध गर्जता है। 𐤉𐤄𐤅𐤄 पृथ्वी के छोरों का न्याय
करता है, वह अपने राजा को सामर्थ्य देता है, और अपने
अभिषिक्त के सींग को ऊँचा करता है।" [11] और एल्काना
अपने घर रामाह को चला गया। परन्तु वह बालक शमूएल
याजक एली के सामने 𐤉𐤄𐤅𐤄 की सेवा करता था। [12] और
एली के पुत्र निकृष्ट मनुष्य थे - वे 𐤉𐤄𐤅𐤄 को नहीं जानते
थे। [13] और लोगों के साथ याजकों की रीति यह थी कि जब
कोई मनुष्य बलिदान करता था, तब याजक का सेवक हाथ में
तीन दाँत वाला काँटा लेकर आते समय मांस पक रहा होता,
[14] तो वह उसे कड़ाही, या हांडी, या कड़ाह, या हाँडी में डालता
था। और जो कुछ काँटा खींच लाता था, याजक अपने लिये
ले लेता था। शीलो में सब इस्राएलियों के साथ ऐसा ही किया
जाता था जो वहाँ आते थे। [15] और ऐसा भी होता था कि जब
वे चर्बी जलाते, तब याजक का सेवक आकर उस व्यक्ति से
कहता जो बलिदान करता, "याजक के लिये मांस दे, जिससे
वह भून ले; क्योंकि वह तुझसे पकाया हुआ मांस नहीं लेगा,
परन्तु कच्चा।" [16] और यदि मनुष्य उससे कहता, "पहले
चर्बी को जलने दे, फिर जो तेरे मन की इच्छा हो उतना ले
लेना," तो वह कहता, "नहीं, अभी दे; यदि नहीं, तो मैं
बलपूर्वक ले लूँगा।" [17] और उन युवकों का पाप 𐤉𐤄𐤅𐤄 के
सामने बहुत बड़ा था, क्योंकि लोग 𐤉𐤄𐤅𐤄 की भेंट का
तिरस्कार करते थे। [18] परन्तु शमूएल 𐤉𐤄𐤅𐤄 के सामने
सेवा करता था - एक बालक, जो सूत का एपोद पहने रहता
था। [19] और उसकी माता उसके लिये एक छोटा सा कोट
बनाती, और वर्ष प्रति वर्ष अपने पति के साथ जब वह वार्षिक
बलिदान चढ़ाने आती तब उसे लाती। [20] और एली ने
एल्काना और उसकी पत्नी को आशीर्वाद दिया, और कहा,
"𐤉𐤄𐤅𐤄 तुझे इस स्त्री से संतान दे, उस पुत्र के बदले जिसे
उसने माँग कर 𐤉𐤄𐤅𐤄 को दिया था।" तब वे अपने घर को
लौट जाते थे। [21] और 𐤉𐤄𐤅𐤄 ने हन्नाह का दर्शन किया,
और वह गर्भवती होकर तीन पुत्र और दो पुत्रियों को उत्पन्न
की। और वह बालक शमूएल 𐤉𐤄𐤅𐤄 के सामने बढ़ता रहा।
[22] और एली बहुत बूढ़ा हो गया, और उसने अपने पुत्रों के सब
कार्य सुने, जो वे सारे इस्राएल के साथ करते थे, और यह भी
कि वे तम्बू के द्वार पर इकट्ठी होती स्त्रियों के साथ सोते थे।
[23] और उसने उनसे कहा, "तुम क्यों ऐसे काम करते हो?
क्योंकि मैं सब लोगों से तुम्हारे बुरे कामों की चर्चा सुनता हूँ।"
[24] "नहीं, मेरे पुत्रो! क्योंकि जो चर्चा मैं सुनता हूँ वह अच्छी
नहीं है: तुम 𐤉𐤄𐤅𐤄 के लोगों को अपराध में डालते हो।"
[25] "यदि मनुष्य मनुष्य के विरुद्ध पाप करे, तो ईश्वर उसका
न्याय करेगा। पर यदि कोई मनुष्य 𐤉𐤄𐤅𐤄 के विरुद्ध पाप
करे, तो उसके लिये कौन प्रार्थना करेगा?" परन्तु उन्होंने
अपने पिता की बात नहीं सुनी, क्योंकि 𐤉𐤄𐤅𐤄 को उन्हें मार
डालना अच्छा लगा। [26] और वह बालक शमूएल बढ़ता गया,
और वह 𐤉𐤄𐤅𐤄 और मनुष्यों दोनों के अनुग्रह में था।
[27] और एक ईश्वर का मनुष्य एली के पास आकर कहने
लगा, "यहोवा ने कहा, 'क्या मैं तेरे पिता के घर को प्रकट नहीं
हुआ जब वे मिस्र में फ़िरौन के घर में थे, [28] ताकि उसे
इस्राएल की सब जातियों में से चुन लूँ कि वह मेरा याजक
बने, मेरे वेदी पर चढ़ावे चढ़ाए, धूप जलाए, और मेरे सामने
एपोद पहने? और क्या मैंने तेरे पिता के घर को इस्राएल के
पुत्रों की सब आग में चढ़ाई हुई भेंटें नहीं दीं?' [29] 'तू क्यों मेरे
बलिदान और मेरी भेंट का, जिन्हें मैंने अपने निवासस्थान में
आज्ञा दी, तिरस्कार करता है, और अपने पुत्रों को मुझसे
अधिक सम्मान देता है, ताकि इस्राएल मेरे लोगों की सब
उत्तम भेंटों से अपने को मोटा करे?' [30] "इस कारण 𐤉𐤄𐤅𐤄
इस्राएल का ईश्वर कहता है, 'मैंने तो कहा था कि तेरा घर
और तेरे पिता का घर सदा मेरे सामने चलेगा।' पर अब
𐤉𐤄𐤅𐤄 कहता है, 'ऐसा मुझसे दूर हो, क्योंकि जो मुझे
आदर देते हैं मैं उनका आदर करता हूँ, और जो मुझे तुच्छ
जानते हैं वे तुच्छ ठहरेंगे।' [31] 'देख, वे दिन आते हैं कि मैं
तेरा और तेरे पिता के घर का भुजा काट डालूँगा, ताकि तेरे
घर में कोई बूढ़ा न रहे।" [32] 'और तू मेरे निवासस्थान में
संकट देखेगा, यद्यपि जो कुछ ईश्वर इस्राएल के लिये भलाई
करता है। और तेरे घर में सदा कोई बूढ़ा न रहेगा।"
[33] 'परन्तु तेरे घर के वे लोग जिन्हें मैं अपनी वेदी से नहीं
हटाऊँगा, वे तेरी आँखों को घिसेंगे और तेरे जीवन को दुःख
देंगे; और तेरे घर की सब संतान जवान ही मर जाएगी।"
[34] 'और तुझे यह चिन्ह मिलेगा जो तेरे दो पुत्रों होप्नी और
फीनहास पर आएगा: वे दोनों एक ही दिन मर जाएँगे।"
[35] 'और मैं अपने लिये एक विश्वासयोग्य याजक खड़ा
करूँगा, जो मेरे मन और मेरी इच्छा के अनुसार करेगा।
और मैं उसके लिये स्थायी घर बनाऊँगा, और वह मेरे
अभिषिक्त के सामने सदैव चलेगा।" [36] 'और तेरे घर में जो
कोई बचा रहेगा, वह उसके पास चाँदी का टुकड़ा और रोटी
का टुकड़ा माँगने के लिये झुकेगा, और कहेगा, "कृपया, मुझे
याजकत्व की किसी पदवी में रख ले, ताकि मैं रोटी का एक
टुकड़ा खा सकूँ।" ' "

3 [1] और वह युवा शमूएल एली के सामने 𐤉𐤄𐤅𐤄 की सेवा
कर रहा था। और उन दिनों 𐤉𐤄𐤅𐤄 का वचन दुर्लभ
था - कोई दर्शन प्रकट नहीं होता था। [2] और ऐसा हुआ कि
उस दिन एली अपने स्थान पर लेटा हुआ था। और उसकी
आँखें इतनी मंद पड़ गईं कि वह देख नहीं सकता था, [3] और
𐤉𐤄𐤅𐤄 के मन्दिर में, जहाँ ईश्वर का सन्दूक था, ईश्वर का
दीपक अभी तक बुझा नहीं था, और शमूएल लेटा हुआ था।
[4] और 𐤉𐤄𐤅𐤄 ने शमूएल को पुकारा, और उसने उत्तर दिया,
"मैं यहाँ हूँ!" [5] वह एली के पास दौड़ा और कहा, "मैं यहाँ हूँ,
क्योंकि आपने मुझे बुलाया।" पर उसने कहा, "मैंने नहीं
बुलाया - फिर से लेट जा।" तो वह गया और लेट गया।
[6] और 𐤉𐤄𐤅𐤄 ने फिर पुकारा, "शमूएल!" और शमूएल
उठकर एली के पास गया, और कहा, "मैं यहाँ हूँ, क्योंकि
आपने मुझे बुलाया।" पर उसने कहा, "मेरे पुत्र, मैंने नहीं
बुलाया - फिर से लेट जा।" [7] अब तक शमूएल 𐤉𐤄𐤅𐤄 को
नहीं जानता था, और 𐤉𐤄𐤅𐤄 का वचन अभी तक उस पर
प्रकट नहीं हुआ था। [8] और 𐤉𐤄𐤅𐤄 ने तीसरी बार फिर
शमूएल को पुकारा। और वह उठकर एली के पास गया और

कहा, “मैं यहाँ हूँ, क्योंकि आपने मुझे बुलाया।” तब एली
समझ गया कि 𐤉𐤄𐤅𐤄 ने उस बालक को पुकारा है। 9 तब
एली ने शमूएल से कहा, “जा, लेट जा। और यदि वह तुझे
पुकारे तो कहना, ‘बोल, 𐤉𐤄𐤅𐤄, क्योंकि तेरा दास सुनता
है।’ ” और शमूएल अपने स्थान पर जाकर लेट गया।
10 और 𐤉𐤄𐤅𐤄 आया और खड़ा हुआ और पहले के समान
पुकारा, “शमूएल! शमूएल!” और शमूएल ने उत्तर दिया,
“बोल, क्योंकि तेरा दास सुनता है।” 11 और 𐤉𐤄𐤅𐤄 ने
शमूएल से कहा, “देख, मैं इस्राएल में एक ऐसा काम करने
जा रहा हूँ कि जो कोई उसे सुनेगा उसके दोनों कान गूंज
उठेंगे।” 12 “उस दिन मैं एली के विरुद्ध सब कुछ पूरा करूँगा
जो मैंने उसके घर के विषय में कहा है, आरम्भ से अंत
तक।” 13 “क्योंकि मैंने उससे कहा था कि मैं उसके घर का
न्याय सदैव करूँगा उस अधर्म के कारण जिसे वह जानता
था, क्योंकि उसके पुत्रों ने ईश्वर को शाप दिया, और उसने
उन्हें रोका नहीं।” 14 “इसलिये मैंने एली के घर के विषय में
शपथ खाई है कि एली के घर का अधर्म कभी भी बलिदान या
अन्नबलि से प्रायश्चित नहीं होगा।” 15 और शमूएल सुबह तक
लेटा रहा, और 𐤉𐤄𐤅𐤄 के घर के द्वार खोले। और शमूएल
उस दर्शन को एली को बताने से डरता था। 16 तब एली ने
शमूएल को बुलाया और कहा, “शमूएल, मेरे पुत्र!” और
उसने उत्तर दिया, “मैं यहाँ हूँ।” 17 और उसने कहा, “वह
वचन क्या है जो उसने तुझसे कहा? कृपया मुझसे मत
छिपाना। यदि तू मुझसे एक भी वचन छिपाएगा, तो ईश्वर
तुझ पर वैसा ही करे और उससे भी अधिक।” 18 और
शमूएल ने उसे सब बातें बता दीं और कुछ भी नहीं छिपाया।
और उसने कहा, “वह 𐤉𐤄𐤅𐤄 है। वही जो उसकी दृष्टि में
अच्छा है वही करे।” 19 और शमूएल बढ़ता गया, और
𐤉𐤄𐤅𐤄 उसके साथ था, और उसने उसके किसी भी वचन
को भूमि पर गिरने नहीं दिया। 20 और समस्त इस्राएल, दान
से लेकर बेएरशेबा तक, जान गए कि शमूएल 𐤉𐤄𐤅𐤄 का
नबी ठहराया गया है। 21 और 𐤉𐤄𐤅𐤄 शीलो में प्रकट होता
रहा, क्योंकि 𐤉𐤄𐤅𐤄 ने शीलो में शमूएल पर अपने वचन द्वारा
अपने को प्रकट किया।

4 1 इस प्रकार शमूएल का वचन सारे इस्राएल में फैला।
और इस्राएल पलिश्तियों के विरुद्ध युद्ध करने निकला,
और एबेन-एज़ेर के पास छावनी डाली, और पलिश्तियों ने
अफ़ेक में छावनी डाली। 2 और पलिश्तियों ने इस्राएल के
विरुद्ध युद्ध की पंक्ति बाँधी। और जब युद्ध फैल गया, तो
इस्राएल पलिश्तियों के सामने पराजित हुआ, और उन्होंने
मैदान में इस्राएल की सेना के लगभग चार हज़ार पुरुषों को
मार डाला। 3 और जब लोग छावनी में आए, तो इस्राएल के
पुरनियों ने कहा, “आज 𐤉𐤄𐤅𐤄 ने हमें पलिश्तियों के सामने
क्यों मारा है? आओ हम शीलो से 𐤉𐤄𐤅𐤄 की वाचा का
सन्दूक ले आएँ, ताकि वह हमारे बीच आए और हमें हमारे
शत्रुओं के हाथ से बचाए।” 4 और लोगों ने शीलो में भेजा,
और वे वहाँ से सेनाओं के 𐤉𐤄𐤅𐤄 की वाचा का सन्दूक ले
आए, जो करूबों के बीच में विराजमान है। और एली के दो
पुत्र, होप्नी और फीनहास, वहाँ ईश्वर की वाचा के सन्दूक के
साथ थे। 5 और जब 𐤉𐤄𐤅𐤄 की वाचा का सन्दूक छावनी में
आया, तो सारे इस्राएल ने इतनी ऊँची आवाज़ से जयकारा
किया कि पृथ्वी काँप उठी। 6 और जब पलिश्तियों ने उस
जयकार की ध्वनि सुनी, तो उन्होंने कहा, “इब्रानियों की
छावनी में इस बड़े जयकार की आवाज़ क्या है?” और जब
उन्होंने जाना कि 𐤉𐤄𐤅𐤄 का सन्दूक छावनी में आ गया है,
7 तो पलिश्ती डर गए, और उन्होंने कहा, “ईश्वर छावनी में
आ गया है!” और उन्होंने कहा, “हाय हम पर! क्योंकि इससे
पहले ऐसा कभी नहीं हुआ।” 8 “हाय हम पर! हमें कौन इन
सामर्थी ईश्वर के हाथ से छुड़ाएगा? ये वे ईश्वर हैं जिन्होंने
जंगल में मिस्रियों को सब विपत्तियों से मारा था।” 9 “हे
पलिश्तियों, दृढ़ रहो और वीर बनो, ऐसा न हो कि तुम इब्रानियों
के दास बन जाओ, जैसे वे तुम्हारे दास रहे हैं। वीर बनो और
लड़ो!” 10 तब पलिश्तियों ने युद्ध किया, और इस्राएल
पराजित हुआ, और हर मनुष्य अपने डेरे को भाग गया। और
हत्या बहुत बड़ी हुई, और इस्राएल के तीस हज़ार पैदल
सैनिक गिरे। 11 और ईश्वर का सन्दूक पकड़ लिया गया,
और एली के दो पुत्र, होप्नी और फीनहास, मारे गए। 12 और
बिन्यामीन का एक पुरुष उसी दिन युद्ध की पंक्ति से दौड़कर
शीलो आया, उसके वस्त्र फटे हुए थे और उसके सिर पर
धूल थी। 13 और जब वह आया, तो देखा कि एली रास्ते के
किनारे एक आसन पर बैठा देख रहा है, क्योंकि उसका हृदय
ईश्वर के सन्दूक के लिये काँप रहा था। और वह मनुष्य
नगर में आया और समाचार सुनाया, और सारा नगर
चिल्लाया। 14 और एली ने उस चिल्लाने की आवाज़ सुनी
और कहा, “यह कोलाहल कैसा है?” और वह मनुष्य शीघ्रता
से आकर एली को बताने लगा। 15 अब एली अट्ठानबे वर्ष का
था, और उसकी आँखें इतनी मंद थीं कि वह देख नहीं सकता
था। 16 और उस मनुष्य ने एली से कहा, “मैं वही हूँ जो युद्ध
से आया हूँ। आज मैं युद्ध की पंक्ति से भागा हूँ।” और उसने
कहा, “क्या बात है, मेरे पुत्र?” 17 और दूत ने उत्तर दिया और
कहा, “इस्राएल पलिश्तियों के सामने भाग गया, और लोगों में
बड़ी हत्या हुई है। और तेरे दोनों पुत्र होप्नी और फीनहास
मारे गए, और ईश्वर का सन्दूक पकड़ लिया गया।” 18 और
जब उसने ईश्वर के सन्दूक का उल्लेख किया, तो एली
फाटक के पास आसन से पीछे की ओर गिर पड़ा। और
उसकी गर्दन टूट गई और वह मर गया, क्योंकि वह बूढ़ा और
भारी था। और उसने इस्राएल का चालीस वर्ष तक न्याय
किया। 19 और उसकी बहू, फीनहास की पत्नी, गर्भवती थी
और जन्म देने के समीप थी। और जब उसने यह समाचार
सुना कि ईश्वर का सन्दूक पकड़ लिया गया, और उसका
ससुर और उसका पति मर गए हैं, तो वह झुक गई और जन्म
दिया, क्योंकि उसके प्रसव के दर्द आ गए थे। 20 और उसके
मरने के समय उसके पास खड़ी स्त्रियों ने उससे कहा, “मत
डर, क्योंकि तूने एक पुत्र को जन्म दिया है।” पर उसने कोई
उत्तर नहीं दिया, न ही उसने इसे मन में रखा। 21 और उसने
उस बालक का नाम ईकाबोद रखा, कहते हुए, “इस्राएल से
महिमा चली गई है!” क्योंकि ईश्वर का सन्दूक ले लिया गया
था, और उसके ससुर और उसके पति के कारण। 22 और
उसने कहा, “इस्राएल से महिमा चली गई है, क्योंकि ईश्वर
का सन्दूक ले लिया गया है।”

5 1 और पलिश्तियों ने ईश्वर का सन्दूक लिया और उसे
एबेन-एज़र से अशदोद ले आए। 2 और पलिश्तियों ने

ईश्वर का सन्दूक लिया और उसे दागोन के घर में लाकर
दागोन के पास रखा। 3 और अशदोदवासी सुबह तड़के उठे
और देखा कि दागोन 𐤉𐤄𐤅𐤄 के सन्दूक के सामने मुँह के
बल भूमि पर गिरा हुआ है। तब उन्होंने दागोन को उठाया और
फिर अपनी जगह पर खड़ा किया। 4 और वे अगले दिन
सुबह उठे और देखा कि दागोन 𐤉𐤄𐤅𐤄 के सन्दूक के
सामने मुँह के बल भूमि पर गिरा हुआ है, और दागोन का सिर
और उसके दोनों हाथों की हथेलियाँ दहलीज़ पर कटी पड़ी हैं;
केवल दागोन का शरीर ही शेष बचा। 5 इसी कारण आज
तक दागोन के याजक और जो कोई दागोन के घर में जाता
है, अशदोद में दागोन की दहलीज़ पर पैर नहीं रखते।
6 परन्तु 𐤉𐤄𐤅𐤄 का हाथ अशदोदियों पर भारी पड़ा, और
उसने उन्हें नष्ट किया और अशदोद और उसके आस-पास
के क्षेत्रों में उन्हें फोड़े-फुंसियों से मारा। 7 और जब अशदोद
के लोगों ने यह देखा, तो उन्होंने कहा, "इस्राएल के ईश्वर का
सन्दूक हमारे पास न रहे, क्योंकि उसका हाथ हम पर और
हमारे देवता दागोन पर कठोर पड़ा है।" 8 तब उन्होंने
पलिश्तियों के सब प्रधानों को बुलाया और कहा, "हम इस्राएल
के ईश्वर के सन्दूक का क्या करें?" और उन्होंने उत्तर दिया,
"इस्राएल के ईश्वर का सन्दूक गथ को ले जाओ।" और
उन्होंने इस्राएल के ईश्वर का सन्दूक वहाँ पहुँचा दिया।
9 और ऐसा हुआ कि जब वे उसे ले गए, तब 𐤉𐤄𐤅𐤄 का हाथ
उस नगर के विरुद्ध बहुत बड़े विनाश के साथ पड़ा। और
उसने नगर के सब छोटे-बड़े लोगों को मारा, और उन पर
फोड़े-फुंसियाँ निकल आईं। 10 तब उन्होंने ईश्वर का सन्दूक
एक्रोन भेजा। और ऐसा हुआ कि जब ईश्वर का सन्दूक
एक्रोन में पहुँचा, तब एक्रोनियों ने चिल्लाकर कहा, "उन्होंने
इस्राएल के ईश्वर का सन्दूक हमारे पास लाया है ताकि हमें
और हमारी प्रजा को मार डाले!" 11 तब उन्होंने पलिश्तियों के
सब प्रधानों को बुलाया और कहा, "इस्राएल के ईश्वर का
सन्दूक लौटा दो और उसे उसके स्थान पर जाने दो, ताकि
वह हमें और हमारी प्रजा को न मारे।" क्योंकि सारे नगर में
घातक विनाश हो गया था - वहाँ ईश्वर का हाथ बहुत भारी
था। 12 और जो मनुष्य नहीं मरे थे वे फोड़े-फुंसियों से पीटे
गए, और नगर का क्रन्दन स्वर्ग तक चढ़ गया।

6 1 और 𐤉𐤄𐤅𐤄 का सन्दूक सात महीने तक पलिश्तियों
के देश में रहा। 2 और पलिश्तियों ने याजकों और
ज्योतिषियों को बुलाकर कहा, "हम 𐤉𐤄𐤅𐤄 के सन्दूक का
क्या करें? हमें बता दो कि हम किस प्रकार इसे इसके स्थान
पर भेजें।" 3 और उन्होंने कहा, "यदि तुम इस्राएल के ईश्वर
का सन्दूक लौटाते हो, तो इसे खाली न भेजना, परन्तु तुम
अवश्य उसे एक अपराध-बलि के साथ लौटाना। तब तुम चंगे
हो जाओगे, और यह तुमको ज्ञात होगा कि उसका हाथ तुमसे
क्यों नहीं हटता।" 4 तब उन्होंने कहा, "हम उसे कौन सी
अपराध-बलि लौटाएँ?" और उन्होंने उत्तर दिया, "पलिश्तियों
के सरदारों की संख्या के अनुसार: पाँच सोने के फोड़े और
पाँच सोने के चूहे। क्योंकि यह विपत्ति तुम सब पर और तुम्हारे
सरदारों पर समान थी।" 5 "और तुम अपने फोड़ों की मूरतें
और अपने चूहों की मूरतें बनाओ जो देश को बिगाड़ते हैं,
और इस्राएल के ईश्वर को महिमा दो। सम्भव है कि वह
अपना हाथ तुमसे, तुम्हारे देवताओं से और तुम्हारे देश से हटा
ले।" 6 "तुम अपने हृदयों को क्यों कठोर करते हो जैसे
मिस्रियों और फ़िरौन ने अपने हृदयों को कठोर किया? जब
उसने उन पर भारी मार पड़ी, तब क्या उन्होंने उन्हें नहीं जाने
दिया, और वे चले गए?" 7 "अब, एक नई गाड़ी लो और दो
दुग्ध देने वाली गायें लो, जिन पर कभी जुआ नहीं पड़ा, और
उन गायों को गाड़ी में जोतो। और उनके बछड़ों को उनसे
अलग करके घर ले जाओ।" 8 "और 𐤉𐤄𐤅𐤄 के सन्दूक
को लेकर गाड़ी पर रख दो। और सोने के वस्त्र जिन्हें तुम
अपराध-बलि के रूप में उसे लौटा रहे हो, एक संदूक में
उसके पास रख दो, और इसे जाने दो कि यह चला जाए।"
9 "और देखना, यदि यह अपनी सीमा की ओर, बेथ-शेमेश
की ओर जाता है, तो उसी ने हम पर यह बड़ा अनिष्ट किया
है। पर यदि नहीं, तो हम जान लेंगे कि उसका हाथ हमारे
विरुद्ध नहीं आया - यह हमें संयोगवश हुआ है।" 10 तब उन
लोगों ने ऐसा ही किया और दो दुग्ध देने वाली गायें लीं और
उन्हें गाड़ी में जोता, और उनके बछड़ों को घर में बन्द कर
दिया। 11 और उन्होंने 𐤉𐤄𐤅𐤄 का सन्दूक गाड़ी पर रखा,
और वह संदूक जिसमें सोने के चूहे और उनके फोड़ों की
मूरतें थीं। 12 और वे गायें सीधी बेथ-शेमेश की ओर चलीं,
और मार्ग पर चलती रहीं, रम्भाती हुईं, और न दाएँ मुड़ीं न
बाएँ। और पलिश्तियों के सरदार उनके पीछे-पीछे बेथ-शेमेश
की सीमा तक गए। 13 और बेथ-शेमेश के लोग तराई में
अपनी गेहूँ की कटाई कर रहे थे। और उन्होंने अपनी आँखें
उठाईं और सन्दूक को देखा, और उसे देखकर आनन्दित
हुए। 14 और वह गाड़ी बेथ-शेमेशी यहोशू के खेत में आकर
ठहर गई, और वहाँ एक बड़ा पत्थर था। तब उन्होंने गाड़ी
की लकड़ियाँ तोड़ीं और उन गायों को 𐤉𐤄𐤅𐤄 के लिये
होमबलि चढ़ाया। 15 और लेवी लोगों ने 𐤉𐤄𐤅𐤄 का सन्दूक
और उसके साथ वह संदूक जिसमें सोने की वस्तुएँ थीं,
उतारा और उस बड़े पत्थर पर रख दिया। और बेथ-शेमेश
के लोगों ने उसी दिन 𐤉𐤄𐤅𐤄 को होमबलि और अन्य
बलिदान चढ़ाए। 16 और जब पलिश्तियों के पाँचों सरदारों ने
यह देखा, तो उसी दिन एक्रोन लौट गए। 17 और ये वे सोने
के फोड़े हैं जो पलिश्तियों ने 𐤉𐤄𐤅𐤄 को अपराध-बलि के
रूप में लौटाए: एक अशदोद के लिये, एक ग़ज़ा के लिये, एक
अश्कलोन के लिये, एक गथ के लिये, और एक एक्रोन के
लिये। 18 और सोने के चूहे, पलिश्तियों के पाँचों सरदारों के
अधीन सभी नगरों की संख्या के अनुसार, चाहे गढ़वाले नगर
हों या गाँव, उस बड़े पत्थर तक जिसे उन्होंने 𐤉𐤄𐤅𐤄 के
सन्दूक के पास रखा, वे आज तक बेथ-शेमेशी यहोशू के खेत
में हैं। 19 और उसने बेथ-शेमेश के लोगों को मारा, क्योंकि
उन्होंने 𐤉𐤄𐤅𐤄 के सन्दूक के भीतर देखा था। उसने लोगों
में से सत्तर पुरुषों को मारा, और लोग शोक करने लगे,
क्योंकि 𐤉𐤄𐤅𐤄 ने लोगों में एक बड़ी मार मारी थी। 20 और
बेथ-शेमेश के लोगों ने कहा, "इस पवित्र 𐤉𐤄𐤅𐤄 ईश्वर के
सामने कौन स्थिर रह सकता है? और वह हमसे कहाँ चला
जाएगा?" 21 और उन्होंने किर्यत-यारीम के निवासियों के पास
दूत भेजे और कहा, "पलिश्तियों ने 𐤉𐤄𐤅𐤄 का सन्दूक लौटा
दिया है। नीचे आओ और इसे अपने पास ले जाओ।"

7 1 और किर्यत-यारीम के लोग आए और 𐤉𐤄𐤅𐤄 का
सन्दूक ले गए, और उसे पहाड़ी पर अबीनादाब के घर में
ले आए, और उसके पुत्र एलीआज़र को पवित्र किया ताकि

वह יהוה के सन्दूक की रक्षा करे। 2 और ऐसा हुआ कि
जिस दिन से सन्दूक किर्यत-यारीम में ठहरा, समय बीत गया,
बीस वर्ष हो गए। और सारे इस्राएल के घराने יהוה के
पीछे विलाप करते रहे। 3 और शमूएल ने सारे इस्राएल के
घराने से कहा, "यदि तुम सारे मन से יהוה की ओर
लौटते हो, तो पराए देवताओं और अश्तोरेत को अपने बीच से
दूर करो, और अपने हृदय को יהוה की ओर लगाओ,
और केवल उसकी सेवा करो, ताकि वह तुम्हें पलिश्तियों के
हाथ से छुड़ाए।" 4 तब इस्राएल के पुत्रों ने बालों और
अश्तोरेत को दूर किया, और केवल יהוה की सेवा की।
5 और शमूएल ने कहा, "सारे इस्राएल को मिज़्पाह में इकट्ठा
करो और मैं तुम्हारे लिये יהוה से प्रार्थना करूँगा।"
6 और वे मिज़्पाह में इकट्ठा हुए और पानी खींचकर יהוה
के सामने उड़ेला। और उन्होंने उस दिन उपवास किया और
वहाँ कहा, "हमने יהוה के विरुद्ध पाप किया है।" और
शमूएल ने मिज़्पाह में इस्राएल के पुत्रों का न्याय किया।
7 और जब पलिश्तियों ने सुना कि इस्राएल के पुत्र मिज़्पाह में
इकट्ठा हुए हैं, तब पलिश्तियों के सरदार इस्राएल के विरुद्ध
चढ़ आए। और इस्राएल के पुत्रों ने यह सुना और पलिश्तियों
से डर गए। 8 और इस्राएल के पुत्रों ने शमूएल से कहा,
"हमारे लिये יהוה हमारे ईश्वर को पुकारना मत छोड़ो, कि
वह हमें पलिश्तियों के हाथ से बचाए।" 9 और शमूएल ने एक
दूध पीता मेम्ना लिया और उसे पूरा होमबलि करके יהוה
को अर्पित किया। और शमूएल ने इस्राएल के लिये יהוה
को पुकारा, और יהוה ने उसकी सुन ली। 10 और ऐसा
हुआ कि जैसे ही शमूएल होमबलि चढ़ा रहा था, पलिश्ती
इस्राएल के विरुद्ध युद्ध करने को निकट आए। परन्तु
יהוה ने उस दिन पलिश्तियों पर बड़े गर्जन से गर्जा, और
उन्हें घबराया, और वे इस्राएल के सामने पराजित हुए।
11 और इस्राएल के लोग मिज़्पाह से निकलकर पलिश्तियों का
पीछा किया और उन्हें बेथ-कर के नीचे तक मारा। 12 और
शमूएल ने एक पत्थर लिया और उसे मिज़्पाह और शेन के
बीच खड़ा किया, और उसका नाम एबेन-एज़र रखा, यह
कहते हुए, "अब तक יהוה ने हमारी सहायता की है।"
13 इस प्रकार पलिश्ती दब गए, और वे फिर इस्राएल की सीमा
में नहीं आए। और शमूएल के सब दिनों में יהוה का हाथ
पलिश्तियों के विरुद्ध रहा। 14 और वे नगर जो पलिश्तियों ने
इस्राएल से लिये थे, इस्राएल को लौटा दिये गए, एक्रोन से
गथ तक। और इस्राएल ने अपनी सीमा पलिश्तियों के हाथ
से छुड़ाई। और इस्राएल और एमोरियों के बीच शान्ति रही।
15 और शमूएल ने अपने जीवन भर इस्राएल का न्याय
किया। 16 और वह वर्ष प्रति वर्ष बेत-एल, गिलगल और
मिज़्पाह घूमता, और उन सब स्थानों में इस्राएल का न्याय
करता था। 17 फिर वह रामाह लौटता, क्योंकि उसका घर वहीं
था। और वहीं वह इस्राएल का न्याय करता था, और वहीं
उसने יהוה के लिये एक वेदी बनाई।

8 1 और ऐसा हुआ कि जब शमूएल बूढ़ा हो गया, तब उसने
अपने पुत्रों को इस्राएल पर शासक ठहराया। 2 और
उसके पहलौठे पुत्र का नाम योएल था, और दूसरे का नाम
अबियाह था, वे बेएरशेबा में शासक थे। 3 परन्तु उसके पुत्र
उसकी राहों पर नहीं चले, वरन् अपने स्वार्थ के पीछे मुड़े,
और घूस ली, और न्याय को बिगाड़ा। 4 तब सारे इस्राएल के
पुरनिये इकट्ठे होकर रामाह में शमूएल के पास आए, 5 और
उससे कहा, "देख, तू बूढ़ा हो गया है, और तेरे पुत्र तेरी राहों
पर नहीं चलते। अब हमारे लिये एक राजा ठहरा जो हम पर
राज्य करे, जैसे सब जातियों के पास होता है।" 6 परन्तु जब
उन्होंने कहा, "हमारे लिये एक राजा दे जो हम पर राज्य
करे," तो यह बात शमूएल की दृष्टि में बुरी लगी। और
शमूएल ने יהוה से प्रार्थना की। 7 और יהוה ने
शमूएल से कहा, "लोग जो कुछ तुझसे कहते हैं, उनकी वाणी
सुन, क्योंकि उन्होंने तुझे नहीं ठुकराया, परन्तु उन्होंने मुझे
अपने ऊपर राजा न होने के लिये ठुकराया है। 8 "जैसे सब
काम उन्होंने उस दिन से किये हैं जब से मैंने उन्हें मिस्र से
निकाला, आज तक - उन्होंने मुझे छोड़ दिया और पराए
देवताओं की सेवा की - वैसे ही वे तुझ से भी कर रहे हैं।"
9 "इसलिये अब उनकी वाणी सुन, परन्तु तू अवश्य उन्हें
सावधान कर और उनके ऊपर राज्य करने वाले राजा का
न्याय उन्हें बता दे।" 10 और शमूएल ने उन सब बातों को जो
יהוה ने कही थीं, उन लोगों को सुनाया जिन्होंने उससे
राजा माँगा था। 11 और कहा, "यह वह न्याय है जो राजा तुम
पर राज्य करेगा: वह तुम्हारे पुत्रों को लेगा और उन्हें अपने
रथों के लिये ठहराएगा और अपने घुडसवार बनाएगा, और वे
उसके रथों के आगे दौड़ेंगे। 12 और वह उन्हें हज़ारों के
प्रधान और पचासों के प्रधान ठहराएगा, और उन्हें अपनी
खेती जोतने और अपनी फसल काटने के लिये लगाएगा,
और अपने हथियार और अपने रथों का सामान बनाने के लिये
लगाएगा। 13 "और तुम्हारी बेटियों को वह सुगन्धसाधक,
रसोइया और बेकरी बनाने के लिये लेगा। 14 "और तुम्हारे
खेतों का, और तुम्हारे दाख की बारियों का, और तुम्हारे जैतून
के वृक्षों का उत्तम भाग वह लेगा और अपने सेवकों को देगा।
15 "और तुम्हारे अन्न और तुम्हारी दाखरस का दशमांश वह
लेगा और अपने अधिकारियों और अपने सेवकों को देगा।
16 "और तुम्हारे दास-दासियों को, और तुम्हारे अच्छे जवानों
को, और तुम्हारे गधों को वह लेगा और अपने काम में
लगाएगा। 17 "और तुम्हारी भेड़ों का दशमांश वह लेगा, और
तुम उसके दास हो जाओगे। 18 "और उस दिन तुम उस
राजा के कारण पुकारोगे जिसे तुमने अपने लिये चुना है,
परन्तु יהוה उस दिन तुम्हारी नहीं सुनेगा।" 19 तौभी लोगों
ने शमूएल की वाणी सुनने से इन्कार किया और कहा, "नहीं,
हमारे ऊपर तो राजा होना चाहिए। 20 तब हम भी सब जातियों
के समान होंगे, और हमारा राजा हमारा न्याय करेगा और
हमारे आगे-आगे चलेगा और हमारे युद्ध लड़ेगा।" 21 और
शमूएल ने उन सब बातों को जो लोगों ने कही थीं सुनीं, और
उन्हें יהוה के सम्मुख दोहराया। 22 और יהוה ने
शमूएल से कहा, "उनकी वाणी सुन और उनके लिये एक
राजा बना।" और शमूएल ने इस्राएल के पुरुषों से कहा,
"तुममें से हर एक अपने नगर को लौट जाओ।"

9 1 और बिन्यामीन का एक पुरुष था जिसका नाम कीश
था, जो अबीएल का पुत्र, त्सेरोर का पुत्र, बकोरत का
पुत्र, अफ़ियह का पुत्र, बिन्यामिनी था, एक सामर्थी वीर।
2 और उसका एक पुत्र था जिसका नाम शाऊल था, जवान

और सुन्दर। और इस्त्राएल के पुत्रों में उसके समान कोई
सुन्दर पुरुष नहीं था; वह सब लोगों से कंधे से ऊपर लंबा
था। 3 और शाऊल के पिता कीश की गधियाँ खो गईं। और
कीश ने अपने पुत्र शाऊल से कहा, “कृपया अपने एक सेवक
को अपने साथ ले ले, और उठकर गधियों को ढूँढने जा।”
4 और वे एप्रैम के पहाड़ों से होकर और शालीशा देश से होकर
गए, पर उन्होंने उन्हें नहीं पाया। तब वे शआलीम देश से
होकर गए, पर वे वहाँ भी न थे। फिर वह बिन्यामीनियों के देश
से होकर गया, पर वे नहीं मिले। 5 वे त्सूफ देश में पहुँचे, और
शाऊल ने अपने सेवक से जो उसके साथ था कहा, “आओ,
हम लौट चलें, ऐसा न हो कि मेरे पिता गधियों की चिन्ता
छोड़कर हमारे लिये व्याकुल हो जाए।” 6 उसने उससे कहा,
“देख, इस नगर में एक ईश्वर का पुरुष है, और वह पुरुष
आदरणीय है। जो कुछ वह कहता है वह निःसन्देह पूरा होता
है। अब, हम वहाँ चलें। सम्भव है कि वह हमें हमारा मार्ग
दिखाए।” 7 और शाऊल ने अपने सेवक से कहा, “पर देख,
यदि हम जाएँ, तो उस पुरुष के लिये क्या ले जाएँ? क्योंकि
हमारी थैलियों की रोटी समाप्त हो गई है, और ईश्वर के पुरुष
के लिये लाने को हमारे पास कोई भेंट नहीं है। हमारे पास क्या
है?” 8 तब सेवक ने शाऊल को उत्तर दिया और कहा, “देख,
मेरे पास चाँदी का एक चौथाई शेकेल है। मैं उसे ईश्वर के
पुरुष को दूँगा, और वह हमें हमारा मार्ग बताएगा।” 9 पूर्वकाल
में इस्त्राएल में, जब कोई मनुष्य ईश्वर से पूछने जाता था, तो
वह ऐसा कहता था, “आओ, हम दृष्टा के पास चलें,” क्योंकि
जो आज नबी कहलाता है, पूर्व में दृष्टा कहलाता था। 10 तब
शाऊल ने अपने सेवक से कहा, “तेरी बात अच्छी है। आओ,
हम चलें।” और वे उस नगर को गए जहाँ ईश्वर का पुरुष
था। 11 वे नगर की चढ़ाई पर चढ़ते हुए कुछ जवान लड़कियों
से मिले जो पानी भरने जा रही थीं, और उनसे पूछा, “क्या
दृष्टा यहाँ है?” 12 उन्होंने उन्हें उत्तर दिया और कहा, “हाँ,
देखो, वह तुम्हारे आगे है। अभी शीघ्र चलो, क्योंकि वह आज
नगर में आया है, क्योंकि आज लोगों का ऊँचे स्थान पर
बलिदान है।” 13 “जैसे ही तुम नगर में प्रवेश करोगे, तुम उसे
ऊँचे स्थान पर भोजन करने जाने से पहले पा लोगे। क्योंकि
जब तक वह न आ जाए लोग नहीं खाते; क्योंकि वह बलिदान
को आशीष देता है, उसके बाद आमंत्रित लोग खाते हैं। अब,
ऊपर जाओ, इस समय तुम उसे पाओगे।” 14 और वे नगर
में ऊपर गए। वे नगर के बीच में प्रवेश कर रहे थे, और देखा
कि शमूएल उनके सामने ऊँचे स्थान पर जाने को आ रहा
है। 15 और 𐤉𐤄𐤅𐤄 ने शाऊल के आने से एक दिन पहले
शमूएल के कान में प्रकट किया था, 16 “कल इसी समय मैं
तुझे बिन्यामीन देश से एक पुरुष भेजूँगा, और तू उसे मेरे
लोगों इस्त्राएल पर सरदार के रूप में अभिषेक करेगा, और
वह मेरे लोगों को पलिश्तियों के हाथ से बचाएगा। क्योंकि मैंने
अपने लोगों को देखा है, क्योंकि उनका रोना मेरे पास पहुँचा
है।” 17 और जब शमूएल ने शाऊल को देखा, तब 𐤉𐤄𐤅𐤄
ने उससे कहा, “देख, यही वह पुरुष है जिसके विषय में मैंने
तुझसे कहा था। यही मेरे लोगों पर प्रभुत्व करेगा।” 18 तब
शाऊल फाटक में शमूएल के पास आया और कहा, “कृपया
मुझे बता, दृष्टा का घर कहाँ है?” 19 और शमूएल ने शाऊल
को उत्तर दिया और कहा, “मैं ही दृष्टा हूँ। मेरे आगे ऊँचे
स्थान पर ऊपर चल, क्योंकि आज तू मेरे साथ खाएगा।
और कल मैं तुझे विदा करूँगा और तेरे हृदय की सब बातें
तुझे बता दूँगा। 20 “जहाँ तक तेरी गधियों का प्रश्न है जो
तीन दिन पहले खो गई थीं, तू उनका विचार न कर, क्योंकि वे
मिल गई हैं। और इस्त्राएल की सारी अभिलाषा किस पर है?
क्या वह तुझ पर और तेरे सारे पिता के घराने पर नहीं है?”
21 तब शाऊल ने उत्तर दिया और कहा, “क्या मैं बिन्यामिनी
नहीं हूँ - इस्त्राएल की सबसे छोटी गोत्र का, और मेरा कुल
बिन्यामीन गोत्र के सब कुलों में सबसे छोटा नहीं है? फिर तू
मुझसे ऐसी बातें क्यों कहता है?” 22 तब शमूएल ने शाऊल
और उसके सेवक को लिया और उन्हें भोजनालय में लाया,
और उन्हें आमंत्रित लोगों के सिर पर एक स्थान दिया, और
वहाँ लगभग तीस पुरुष थे। 23 और शमूएल ने रसोइए से
कहा, “वह भाग ला जो मैंने तुझे दिया था, जिसके विषय में
तुझसे कहा था कि इसे अलग रख देना।” 24 तब रसोइए ने
जाँघ और उसका ऊपरी भाग निकाला और शाऊल के सामने
रख दिया। और शमूएल ने कहा, “देख, यह जो रखा गया
था, तुझ पर रखा गया है। खा, क्योंकि यह तेरे लिये इस
नियत समय पर रखा गया था, यह कहते हुए, ‘मैंने लोगों को
बुलाया है।’ ” और उस दिन शाऊल ने शमूएल के साथ
खाया। 25 और वे ऊँचे स्थान से नगर में नीचे आए, और
शमूएल ने शाऊल से छत पर बातें कीं। 26 और वे भोर को
जल्दी उठे। और ऐसा हुआ कि भोर होते समय शमूएल ने
छत पर शाऊल को पुकारा, “उठ, ताकि मैं तुझे तेरे मार्ग पर
भेज दूँ।” और शाऊल उठा, और दोनों, वह और शमूएल,
बाहर चले गए। 27 वे नगर के छोर तक उतरते हुए जा रहे
थे, तब शमूएल ने शाऊल से कहा, “अपने सेवक से कह कि
वह हमारे आगे बढ़ जाए।” और वह आगे बढ़ गया। “पर तू
यहाँ ठहर जा, ताकि मैं तुझे ईश्वर का वचन सुना दूँ।”

10 1 और शमूएल ने तेल की एक कुप्पी ली और उसके
सिर पर उंडेल दी, और उसे चूमा और कहा, “क्या
यह नहीं कि 𐤉𐤄𐤅𐤄 ने तुझे अपनी मीरास पर प्रधान के रूप
में अभिषेक किया है?” 2 “जब आज तू मुझ से चला जाएगा,
तो बिन्यामीन की सीमा में त्सेल्त्सह में राहेल की कब्र के पास
दो पुरुष तुझसे मिलेंगे, और वे तुझसे कहेंगे, ‘वे गधियाँ जिन्हें
ढूँढने तू गया था मिल गई हैं। और देख, तेरा पिता गधियों की
चिन्ता छोड़कर तेरे लिये चिन्ता कर रहा है, यह कहते हुए,
“मैं अपने पुत्र के लिये क्या करूँ?” ’ 3 “और तू वहाँ से आगे
बढ़ेगा, और ताबोर के बांज वृक्ष के पास आएगा। और तीन
पुरुष तुझसे मिलेंगे जो बेथ एल में ईश्वर के पास चढ़ रहे
होंगे, एक तीन बकरी के बच्चे लिये हुए, दूसरा तीन रोटियां
लिये हुए, और तीसरा दाखरस की मशक लिये हुए। 4 “और
वे तुझे नमस्कार करेंगे और तुझे दो रोटियाँ देंगे, जिन्हें तू
उनके हाथ से लेगा। 5 “उसके बाद तू ईश्वर के पहाड़ पर
पहुँचेगा जहाँ पलिश्तियों की चौकी है। और जब तू वहाँ नगर
में प्रवेश करेगा, तो तुझसे नबियों का एक दल मिलेगा, जो
ऊँचे स्थान से उतर रहे होंगे, उनके आगे वीणा, डफ, बांसुरी
और सारंगी होगी, और वे भविष्यद्वाणी कर रहे होंगे। 6 “और
𐤉𐤄𐤅𐤄 की आत्मा तुझ पर उतरेगी, और तू उनके साथ
भविष्यद्वाणी करेगा और तू दूसरे मनुष्य में बदल जाएगा।
7 “और जब ये चिन्ह तुझ पर पूरे हों, तो जो कुछ तेरा हाथ
करने पाए, वह कर, क्योंकि ईश्वर तेरे साथ है। 8 “और तू
मुझसे पहले गिलगाल को उतर जाएगा। और देख, मैं तुझ
से मिलने को नीचे आऊँगा कि होमबलि चढ़ाऊँ और मेलबलि

करूँ। सात दिन तक प्रतीक्षा करना, जब तक मैं तेरे पास न
आऊँ, तब मैं तुझे बता दूँगा कि तुझे क्या करना चाहिए।”
9और ऐसा हुआ कि जब वह शमूएल से फिरने को पीठ फेर
रहा था, तब ईश्वर ने उसका दूसरा हृदय कर दिया। और
उसी दिन वे सब चिन्ह पूरे हुए। 10और वे वहाँ पहाड़ पर
पहुँचे, और देखा, नबियों का एक दल उससे मिलने आया।
और ईश्वर की आत्मा उस पर उतरी, और उसने उनके बीच
भविष्यद्वाणी की। 11और ऐसा हुआ, जब सब लोगों ने जिन्होंने
पहले उसे जाना था देखा कि वह नबियों के बीच भविष्यद्वाणी
कर रहा है, तो लोग आपस में कहने लगे, “कीश के पुत्र पर
यह क्या आ पड़ा है? क्या शाऊल भी नबियों में है?” 12और
वहाँ के एक पुरुष ने उत्तर दिया और कहा, “और उनका पिता
कौन है?” इस कारण यह कहावत हो गई, “क्या शाऊल भी
नबियों में है?” 13और जब उसने भविष्यद्वाणी करना समाप्त
किया, तब वह ऊँचे स्थान पर गया। 14और शाऊल के
चाचा ने उससे और उसके सेवक से पूछा, “तुम कहाँ गए
थे?” और उसने कहा, “गधियों को ढूँढने। और जब हमने
देखा कि वे कहीं नहीं थीं, तो हम शमूएल के पास गए।”
15और शाऊल के चाचा ने कहा, “कृपया मुझे बता कि
शमूएल ने तुझसे क्या कहा।” 16और शाऊल ने अपने चाचा
से कहा, “उसने हमें स्पष्ट बताया कि गधियाँ मिल गई हैं।”
परन्तु उसने उसे राज्य के विषय में वह बात नहीं बताई जो
शमूएल ने कही थी। 17और शमूएल ने लोगों को मित्स्पा में
𐤉𐤄𐤅𐤄 के पास इकट्ठा किया, 18और उसने इस्राएल के
पुत्रों से कहा, “यहोवा 𐤉𐤄𐤅𐤄, इस्राएल का ईश्वर, यों कहता
है, ‘मैंने इस्राएल को मिस्र से ऊपर लाया, और तुम्हें मिस्रियों
के हाथ से और सब राज्यों के हाथ से और उन से जो तुम्हें
सताते थे, छुड़ाया।’ 19“और आज तुमने अपने ईश्वर को
ठुकरा दिया है, जो तुम्हें तुम्हारी सब बुराइयों और कष्टों से
बचाता था। और तुमने उससे कहा है, ‘नहीं, परन्तु हमारे
ऊपर एक राजा ठहरा।’ अब अपने गोत्रों और अपने कुलों
के अनुसार 𐤉𐤄𐤅𐤄 के सामने प्रस्तुत हो।” 20और शमूएल
ने इस्राएल के सब गोत्रों को पास लाया, और बिन्यामीन का
गोत्र चुना गया। 21फिर उसने बिन्यामीन के गोत्र को उसके
कुलों के अनुसार पास लाया, और मात्री का कुल चुना गया,
और कीश का पुत्र शाऊल चुना गया। और जब वे उसे ढूँढने
लगे, तो वह नहीं मिला। 22और उन्होंने फिर 𐤉𐤄𐤅𐤄 से
पूछा, “क्या वह पुरुष यहाँ आया है?” और 𐤉𐤄𐤅𐤄 ने उत्तर
दिया, “देखो, वह सामान के बीच छिपा है।” 23तब वे दौड़े
और उसे वहाँ से ले आए। और जब वह लोगों के बीच खड़ा
हुआ, तो वह सब लोगों से कंधे से ऊपर लंबा था। 24और
शमूएल ने सब लोगों से कहा, “क्या तुमने देखा कि यह वह है
जिसे 𐤉𐤄𐤅𐤄 ने चुना है, कि सब लोगों में इसके समान कोई
नहीं है?” तब सब लोगों ने ऊँचे स्वर से पुकारकर कहा,
“राजा जीवित रहे!” 25और शमूएल ने लोगों को राज्य की
विधियों का वर्णन किया, और उसे एक पुस्तक में लिखा और
𐤉𐤄𐤅𐤄 के सामने रखा। और शमूएल ने सब लोगों को
उनके घरों को भेज दिया। 26और शाऊल भी अपने घर
गिबआ को गया। और उसके साथ वे वीर पुरुष गए जिनके
मन को ईश्वर ने छुआ था। 27परन्तु बेलियाल के पुत्रों ने
कहा, “यह हमें क्या बचाएगा?” और उन्होंने उसे तुच्छ जाना,
और उसे कोई भेंट नहीं दी। परन्तु वह चुप रहा।

11 1और नहाश अम्मोनी ऊपर आया और याबेश
गिलआद के विरुद्ध छावनी डाली। और याबेश के सब
पुरुषों ने नहाश से कहा, “हमसे वाचा कर, और हम तेरी सेवा
करेंगे।” 2तब नहाश अम्मोनी ने उनसे कहा, “मैं इसी शर्त
पर तुमसे वाचा करूँगा कि मैं तुम सबकी दाहिनी आँख फोड़
दूँ, और सारे इस्राएल पर अपमान लाऊँ।” 3तब याबेश के
पुरनियों ने उससे कहा, “हमको सात दिन तक अकेला छोड़
दे, कि हम इस्राएल की सारी सीमाओं में दूत भेजें। और यदि
हमें बचाने वाला कोई न मिला, तो हम तेरे पास निकल
आएँगे।” 4तब दूत गिबआ में शाऊल के पास आए और
लोगों के सुनने में ये बातें कही। तब सब लोग ऊँचे स्वर से रो
पड़े। 5और देख, शाऊल खेत से गाय-बैलों के पीछे से आ
रहा था। और शाऊल ने कहा, “लोग क्यों रो रहे हैं?” तब
उन्होंने उसे याबेश के पुरुषों की बातें बताईं। 6और जब उसने
ये बातें सुनीं, तब ईश्वर की आत्मा शाऊल पर सामर्थ के साथ
उतरी, और उसका क्रोध अत्यन्त भड़क उठा। 7और उसने
बैलों का एक जोड़ा लिया और उन्हें टुकड़े-टुकड़े करके दूतों
के हाथ से इस्राएल की सारी सीमा में भेजा, यह कहते हुए,
“जो कोई शाऊल और शमूएल के पीछे लड़ाई को न निकले,
उसके बैलों के साथ भी ऐसा ही किया जाएगा।” तब 𐤉𐤄𐤅𐤄
का भय लोगों पर पड़ा, और वे एक मन होकर बाहर आए।
8और उसने उन्हें बेज़ेक में गिना, और इस्राएलियों की गिनती
तीन लाख और यहूदा के पुरुष तीस हजार हुए। 9और
उन्होंने आने वाले दूतों से कहा, “याबेश गिलआद के पुरुषों से
यह कहना, ‘कल जब धूप तेज होगी तब तुम्हें सहायता
मिलेगी।’ ” तब दूत गए और याबेश के पुरुषों को बताया,
और वे आनन्दित हुए। 10तब याबेश के पुरुषों ने कहा, “कल
हम तुम्हारे पास निकल आएँगे, और तुम हमसे जो अच्छा
लगे, वही करना।” 11और ऐसा हुआ कि अगले दिन शाऊल
ने लोगों को तीन दलों में बाँटा। और वे भोर की पहरे में छावनी
के बीच आए और दोपहर की गर्मी तक अम्मोनियों को मारा।
और जो बच गए वे ऐसे तितर-बितर हुए कि उनमें से दो भी
एक साथ न रहे। 12तब लोगों ने शमूएल से कहा, “किसने
कहा था, ‘क्या शाऊल हम पर राज्य करेगा?’ उन लोगों को
लाओ, कि हम उन्हें मार डालें।” 13परन्तु शाऊल ने कहा,
“आज किसी मनुष्य को नहीं मारा जाएगा, क्योंकि आज
𐤉𐤄𐤅𐤄 ने इस्राएल में उद्धार किया है।” 14तब शमूएल ने
लोगों से कहा, “आओ, हम गिलगाल को चलें और वहाँ राज्य
को नवीकृत करें।” 15तब सब लोग गिलगाल को गए, और
वहाँ उन्होंने शाऊल को 𐤉𐤄𐤅𐤄 के सामने गिलगाल में राजा
ठहराया, और वहाँ उन्होंने 𐤉𐤄𐤅𐤄 के सामने मेलबलियां
चढ़ाईं। और वहाँ शाऊल और सब इस्राएली अत्यन्त
आनन्दित हुए।

12 1और शमूएल ने सारे इस्राएल से कहा, “देखो, मैंने
तुम्हारी सब बातों को सुना है जो तुमने मुझसे कही थीं,
और तुम्हारे ऊपर एक राजा ठहराया है। 2“और अब, देखो,
राजा तुम्हारे आगे चलता है। और मैं बूढ़ा और श्वेतकेशी हूँ,
और देखो, मेरे पुत्र तुम्हारे साथ हैं। और मैं अपनी जवानी से
आज तक तुम्हारे सामने चलता आया हूँ। 3“देखो, मैं यहां
हूँ। 𐤉𐤄𐤅𐤄 और उसके अभिषिक्त के सामने मेरे विरुद्ध
गवाही दो: किसका बैल मैंने लिया है, या किसका गधा मैंने

लिया है, या किस पर मैंने अत्याचार किया है? किसको मैंने
दबाया है, या किसके हाथ से मैंने कोई घूस ली है जिससे
अपनी आँखें अंधी करूँ? - तब मैं तुम्हें लौटा दूँगा।" 4और
उन्होंने कहा, "तूने न तो हम पर अत्याचार किया और न हमें
दबाया, और न किसी के हाथ से कुछ लिया है।" 5तब उसने
उनसे कहा, "𐤉𐤄𐤅𐤄 तुम्हारे विरुद्ध गवाह है, और उसका
अभिषिक्त आज गवाह है, कि तुमने मेरे हाथ में कुछ नहीं
पाया।" और उन्होंने कहा, "वह गवाह है।" 6और शमूएल ने
लोगों से कहा, "यह 𐤉𐤄𐤅𐤄 है जिसने मूसा और हारून को
ठहराया, और जिसने तुम्हारे पितरों को मिस्र देश से ऊपर
निकाला। 7"और अब ठहरो, ताकि मैं तुम्हें 𐤉𐤄𐤅𐤄 के
सामने उन सब धर्ममय कामों के विषय में न्याय दूँ जो उसने
तुम्हारे और तुम्हारे पितरों के लिये किए। 8"जब याकूब मिस्र
में आया, और तुम्हारे पितरों ने 𐤉𐤄𐤅𐤄 को पुकारा, तब
𐤉𐤄𐤅𐤄 ने मूसा और हारून को भेजा, जिन्होंने तुम्हारे पितरों
को मिस्र से बाहर निकाला और उन्हें इस स्थान पर बसाया।
9"परन्तु उन्होंने अपने ईश्वर 𐤉𐤄𐤅𐤄 को भुला दिया,
इसलिए उसने उन्हें हत्सोर की सेना के प्रधान सीसरा के हाथ
में, और पलिश्तियों के हाथ में, और मोआब के राजा के हाथ
में बेच दिया। और वे उनके विरुद्ध लड़े। 10"और उन्होंने
𐤉𐤄𐤅𐤄 को पुकारा और कहा, 'हमने पाप किया है, क्योंकि
हमने 𐤉𐤄𐤅𐤄 को छोड़कर बालों और अश्तारोत की सेवा
की। और अब, हमें हमारे शत्रुओं के हाथ से छुड़ा, और हम
तेरी सेवा करेंगे।' 11"तब 𐤉𐤄𐤅𐤄 ने येरुब्बाल, और बेदान,
और यिफ्तह, और शमूएल को भेजा, और तुम्हें चारों ओर के
शत्रुओं के हाथ से छुड़ाया, और तुम निश्चिन्त रहे। 12"और
जब तुमने देखा कि अम्मोनियों का राजा नहाश तुम्हारे विरुद्ध
आया, तो तुमने मुझसे कहा, 'नहीं, परन्तु हम पर एक राजा
राज्य करे,' जबकि तुम्हारा ईश्वर 𐤉𐤄𐤅𐤄 तुम्हारा राजा था।
13"और अब, यह वह राजा है जिसे तुमने चुना और माँगा।
और देखो, 𐤉𐤄𐤅𐤄 ने तुम्हारे ऊपर राजा ठहराया है।
14"यदि तुम 𐤉𐤄𐤅𐤄 का भय मानो, और उसकी सेवा करो,
और उसकी वाणी को सुनो, और 𐤉𐤄𐤅𐤄 की आज्ञा के
विरुद्ध न विद्रोह करो, तो तुम और तुम्हारा राजा जो तुम पर
राज्य करता है, अपने ईश्वर 𐤉𐤄𐤅𐤄 के पीछे चलोगे।
15"परन्तु यदि तुम 𐤉𐤄𐤅𐤄 की वाणी को न सुनो, और
उसकी आज्ञा के विरुद्ध विद्रोह करो, तो 𐤉𐤄𐤅𐤄 का हाथ
तुम्हारे विरुद्ध होगा, जैसे तुम्हारे पितरों के विरुद्ध था।
16"और अब ठहरो और इस बड़ी बात को देखो जो 𐤉𐤄𐤅𐤄
तुम्हारी आँखों के सामने करेगा। 17"क्या आज गेहूँ की
कटाई का समय नहीं है? मैं 𐤉𐤄𐤅𐤄 को पुकारूँगा, कि वह
गर्जन और वर्षा भेजे - तब जानो और देखो कि वह बुराई बड़ी
है जो तुमने यहोवा 𐤉𐤄𐤅𐤄 की दृष्टि में की है, अपने लिये
राजा माँगकर।" 18तब शमूएल ने 𐤉𐤄𐤅𐤄 को पुकारा, और
उसी दिन 𐤉𐤄𐤅𐤄 ने गर्जन और वर्षा भेजी। और सब लोग
𐤉𐤄𐤅𐤄 और शमूएल से बहुत डर गए। 19और सब लोगों ने
शमूएल से कहा, "अपने दासों के लिये अपने ईश्वर 𐤉𐤄𐤅𐤄
से प्रार्थना कर, कि हम मरें नहीं, क्योंकि हमने सब पापों पर
यह बुराई जोड़ दी है, अपने लिये राजा माँगकर।" 20और
शमूएल ने लोगों से कहा, "मत डरो। यद्यपि तुमने यह सब
बुराई की है, तौभी 𐤉𐤄𐤅𐤄 का पीछा करना मत छोड़ो। और
तुम 𐤉𐤄𐤅𐤄 की सेवा अपने सारे मन से करोगे। 21और
व्यर्थ की वस्तुओं के पीछे मत मुड़ो, जो लाभ नहीं पहुँचातीं
और न छुड़ातीं, क्योंकि वे व्यर्थ हैं। 22"क्योंकि 𐤉𐤄𐤅𐤄
अपने बड़े नाम के कारण अपनी प्रजा को नहीं छोड़ेगा, क्योंकि
𐤉𐤄𐤅𐤄 को यह अच्छा लगा कि तुम्हें अपनी प्रजा बनाए।
23"और जहाँ तक मेरा प्रश्न है, मुझ से यह दूर हो कि मैं
तुम्हारे लिये प्रार्थना करना छोड़कर 𐤉𐤄𐤅𐤄 के विरुद्ध पाप
करूँ, परन्तु मैं तुम्हें उत्तम और सीधा मार्ग सिखाऊँगा।
24"केवल 𐤉𐤄𐤅𐤄 का भय मानो, और तुम उसकी सेवा
सच्चाई में अपने सारे मन से करो, क्योंकि ध्यान दो कि उसने
तुम्हारे लिये क्या अद्भुत काम किए हैं। 25"परन्तु यदि तुम
बुराई करते रहने पर डटे रहोगे, तो तुम और तुम्हारा राजा
दोनों नष्ट हो जाओगे।"

13 1शाऊल ... वर्ष का था जब उसने राज्य करना
आरम्भ किया। और जब उसने इस्राएल पर दो वर्ष
राज्य किया, 2शाऊल ने अपने लिये इस्राएल से तीन हज़ार
पुरुष चुने। और दो हज़ार शाऊल के साथ मिखमाश और
बेत-एल के पहाड़ों में थे, और एक हज़ार योहनातान के साथ
बिन्यामीन के गिबा में थे। और शेष लोगों को उसने उनके
तम्बुओं में भेज दिया। 3और योहनातान ने पलिश्तियों की
चौकी को, जो गेबा में थी, मारा, और पलिश्तियों ने इसकी
खबर सुनी। तब शाऊल ने पूरे देश में नरसिंगे फूँकवाए और
कहा, "इब्री सुनें!" 4और सारे इस्राएल ने यह समाचार सुना
कि शाऊल ने पलिश्तियों की चौकी को मारा है, और यह भी
कि इस्राएल पलिश्तियों के लिये घृणा का कारण हो गया है।
तब लोग शाऊल को गिलगाल में इकट्ठे हुए। 5और
पलिश्तियों ने इस्राएल से लड़ने के लिये इकट्ठा हुए, तीस
हज़ार रथ, और छः हज़ार घुड़सवार, और लोग समुद्रतट की
रेत के समान असंख्य। और वे ऊपर आकर मिखमाश में,
बेत-आवन के पूरब में, छावनी डाले। 6और जब इस्राएल के
पुरुषों ने देखा कि वे संकट में हैं, क्योंकि लोग दबाए गए थे,
तो लोग गुफाओं में, झाड़ियों में, चट्टानों में, गढ़ों में और गड्ढों
में छिप गए। 7और इब्री लोग यरदन पार गाद और गिलआद
देश में चले गए। परन्तु शाऊल अभी गिलगाल में था, और
सब लोग काँपते हुए उसके पीछे चले। 8और उसने सात दिन
प्रतीक्षा की, शमूएल की ठहराई हुई अवधि के अनुसार।
परन्तु शमूएल गिलगाल में नहीं आया, और लोग उसके पास
से तितर-बितर हो गए। 9तब शाऊल ने कहा, "मेरे पास
होमबलि और मेलबलि लाओ।" और उसने होमबलि चढ़ाया।
10और ऐसा हुआ कि जब उसने होमबलि चढ़ाना पूरा किया,
देखो, शमूएल आया। और शाऊल उससे मिलने के लिये
बाहर गया, उसे आशीर्वाद देने। 11तब शमूएल ने कहा, "तूने
क्या किया?" और शाऊल ने कहा, "क्योंकि मैंने देखा कि
लोग मुझसे तितर-बितर हो गए, और तू नियत दिनों में नहीं
आया, और पलिश्ती मिखमाश में इकट्ठा हो गए, 12इसलिये
मैंने कहा, 'अब पलिश्ती मुझ पर गिलगाल में चढ़ आएँगे,
और मैंने 𐤉𐤄𐤅𐤄 का अनुग्रह नहीं पाया है।' इसलिये मैं ने
अपने आप को मजबूर समझा और होमबलि चढ़ाया।"
13और शमूएल ने शाऊल से कहा, "तूने मूर्खता की है। तूने
अपने ईश्वर 𐤉𐤄𐤅𐤄 की आज्ञा का पालन नहीं किया, जो
उसने तुझे दी थी। क्योंकि अब 𐤉𐤄𐤅𐤄 तेरा राज्य इस्राएल

पर सदा के लिये स्थिर करता। 14“परन्तु अब तेरा राज्य
स्थिर न रहेगा। 𐤉𐤄𐤅𐤄 ने अपने मन के अनुसार एक पुरुष
को खोज लिया है, और 𐤉𐤄𐤅𐤄 ने उसे अपनी प्रजा पर
प्रभुता करने की आज्ञा दी है, क्योंकि तूने उस आज्ञा का पालन
नहीं किया जो 𐤉𐤄𐤅𐤄 ने तुझे दी थी।” 15और शमूएल
गिलगाल से उठकर बिन्यामीन के गिबा को चला गया। और
शाऊल ने अपने साथ रहनेवाले लोगों को गिना, लगभग छः
सौ पुरुष। 16और शाऊल और उसका पुत्र योहनातान और
उनके साथ रहनेवाले लोग बिन्यामीन के गिबा में ठहरे, और
पलिश्ती मिखमाश में छावनी डाले हुए थे। 17और पलिश्तियों
की छावनी से लुटेरे तीन दलों में निकल पड़े। एक दल उस
मार्ग की ओर मुड़ा जो ओप्रा को, शूआल देश की ओर जाता
है, 18और एक दल बेत-होरोन के मार्ग की ओर मुड़ा, और
एक दल उस सीमा की ओर मुड़ा जो त्सेबोईम की तराई को
देखती है, जंगल की ओर। 19और सारे इस्राएल देश में
कोई लोहार नहीं पाया जाता था, क्योंकि पलिश्ती कहते थे,
“कहीं इब्री लोग तलवार या भाला न बना लें।” 20और सब
इस्राएली पलिश्तियों के पास जाते थे, हर एक अपना हल,
और अपना फावड़ा, और अपनी कुल्हाड़ी, और अपनी दरांती
तेज करवाने के लिये। 21और हल, फावड़े, कांटे, कुल्हाड़ी
और गोजों को तेज करने की मजदूरी एक पिम थी। 22और
ऐसा हुआ कि युद्ध के दिन, शाऊल और योहनातान के साथ
रहनेवाले लोगों में किसी के हाथ में तलवार या भाला न पाया
गया। परन्तु शाऊल और उसके पुत्र योहनातान के पास पाए
गए। 23और पलिश्तियों की चौकी मिखमाश की दर्रा पर
निकल आई।

14 1और ऐसा हुआ एक दिन कि यहोनातन शाऊल का
पुत्र उस जवान से बोला जो उसका शस्त्र ढोता था,
“आओ, हम पलिश्तियों की चौकी पर जाएं जो दूसरी ओर
है।” परन्तु उसने अपने पिता को नहीं बताया। 2और शाऊल
गिब'अह के बाहर मिग्रोन में एक अनार के पेड़ के नीचे ठहरा
हुआ था, और जो लोग उसके साथ थे वे लगभग छह सौ पुरुष
थे। 3और अहीयाह अहीतूब का पुत्र, ईखावोद का भाई,
पीनहस का पुत्र, एली का पुत्र, शीलोह में 𐤉𐤄𐤅𐤄 का याजक,
एपोद पहने हुए था। और लोगों को यह नहीं पता था कि
यहोनातन चला गया था। 4और उन दर्रों के बीच, जिनके
द्वारा यहोनातन पलिश्तियों की चौकी पर जाना चाहता था, एक
चट्टान की चोटी एक ओर थी और दूसरी चट्टान की चोटी
दूसरी ओर थी। एक का नाम बोत्सेत्स था और दूसरे का
नाम सेनेह। 5एक चोटी उत्तर में मिखमाश के सामने थी,
और दूसरी दक्षिण में गिब'अह के सामने। 6और यहोनातन ने
उस जवान से कहा जो उसका शस्त्र ढोता था, “आओ, हम
इन खतनारहितों की चौकी पर जाएं। यदि हो, तो 𐤉𐤄𐤅𐤄
हमारे लिए काम करेगा। क्योंकि 𐤉𐤄𐤅𐤄 के लिए कोई
रुकावट नहीं है, चाहे बहुतों के द्वारा हो या थोड़े के द्वारा।”
7और उसके शस्त्र-वाहक ने उससे कहा, “जो कुछ तेरे मन
में है वह सब कर, अपने मन को झुका। देख, मैं तेरे साथ हूं,
तेरे मन के अनुसार।” 8और यहोनातन ने कहा, “देख, हम
उन पुरुषों के पास जा रहे हैं और अपने आप को उन्हें
दिखाएंगे। 9“यदि वे हमसे यह कहें, ‘ठहरो जब तक हम
तुम्हारे पास आते हैं,’ तो हम अपनी जगह पर स्थिर रहेंगे और
उनके पास नहीं जाएंगे। 10“पर यदि वे यह कहें, ‘हमारे पास
ऊपर आओ,’ तो हम ऊपर जाएंगे। क्योंकि 𐤉𐤄𐤅𐤄 ने उन्हें
हमारे हाथ में दे दिया है, और यह हमारे लिए चिन्ह होगा।”
11और दोनों ने अपने आप को पलिश्तियों की चौकी को दिखा
दिया, और पलिश्तियों ने कहा, “देखो, इब्री लोग उन गुफाओं
से बाहर आ रहे हैं जहाँ वे छिपे थे।” 12और चौकी के पुरुषों
ने यहोनातन और उसके शस्त्र-वाहक को पुकारकर कहा,
“हमारे पास ऊपर आओ, और हम तुम्हें शिक्षा देंगे।” तब
यहोनातन ने अपने शस्त्र-वाहक से कहा, “मेरे पीछे ऊपर
आओ, क्योंकि 𐤉𐤄𐤅𐤄 ने उन्हें इस्राएल के हाथ में दे दिया
है।” 13और यहोनातन अपने हाथों और घुटनों पर चढ़ गया,
और उसका शस्त्र-वाहक उसके पीछे था। और वे यहोनातन
के सामने गिर गए, और उसका शस्त्र-वाहक उसके पीछे उन्हें
मार डालता था। 14और वह पहली मारकाट जो यहोनातन
और उसके शस्त्र-वाहक ने की, लगभग बीस पुरुषों की थी,
लगभग आधे जोते हुए खेत में। 15और छावनी में, मैदान में,
और सब लोगों के बीच कांपना हुआ। चौकी और लुटेरे भी
कांप गए, और भूमि कांप गई। और यह ईश्वर का कांपना हो
गया। 16और शाऊल के पहरेदार बिन्यामीन के गिब'अह में
देख रहे थे और भीड़ को पिघलते हुए देखा, और वे इधर-
उधर जाते रहे। 17और शाऊल ने लोगों से कहा जो उसके
साथ थे, “कृपया निरीक्षण करो और देखो हमारे बीच से कौन
गया है।” तो उन्होंने देखा और पाया कि यहोनातन और
उसका शस्त्र-वाहक गायब थे। 18और शाऊल ने अहीयाह से
कहा, “ईश्वर का सन्दूक यहाँ लाओ।” क्योंकि उस दिन
ईश्वर का सन्दूक इस्राएल के बच्चों के साथ था। 19और
ऐसा हुआ, जब शाऊल याजक से बातें कर रहा था, कि
पलिश्तियों की छावनी में जो शोर था वह बढ़ता गया, और
महान हो गया। तब शाऊल ने याजक से कहा, “अपना हाथ
हटा।” 20और शाऊल को बुलाया गया, और सब लोग जो
उसके साथ थे, और वे युद्ध के लिए गए। और देखो, हर एक
का तलवार उसके साथी के विरुद्ध थी - बहुत बड़ी गड़बड़ी।
21और वे इब्री जो पहले पलिश्तियों के साथ थे, जो उनके
साथ छावनी में गए थे, वे भी घूमकर इस्राएल के साथ हो गए,
जो शाऊल और यहोनातन के साथ थे। 22और इस्राएल के
सब पुरुष जो एप्रैम के पहाड़ों में छिपे हुए थे, उन्होंने सुना कि
पलिश्ति भाग गए, और वे भी युद्ध में उनका पीछा करने लगे।
23इस प्रकार 𐤉𐤄𐤅𐤄 ने उस दिन इस्राएल को बचाया, और
युद्ध बेथ-आवेन तक चला गया। 24और इस्राएल के पुरुष
उस दिन परेशान थे, क्योंकि शाऊल ने लोगों को शपथ में
डाल दिया था, कहते हुए, “शापित है वह मनुष्य जो शाम तक
भोजन करेगा, और मैं अपने शत्रुओं से बदला लूंगा।”
इसलिए किसी ने भोजन नहीं किया। 25और सब भूमि जंगल
में आई, और वहाँ भूमि पर मधु था। 26और लोग जंगल में
आए और देखा कि मधु टपक रहा है। परन्तु किसी ने अपने
हाथ को अपने मुँह तक नहीं लगाया, क्योंकि लोग शपथ से
डरते थे। 27परन्तु यहोनातन ने नहीं सुना था कि उसके पिता
ने लोगों से शपथ ली थी, और उसने अपने हाथ में जो डंडा
था उसके सिरे को बढ़ाकर मधुमक्खी के छत्ते में डुबोया और
अपने मुँह में डाल दिया। और उसकी आँखें चमक उठीं।
28तब लोगों में से एक ने कहा, “तेरे पिता ने लोगों से सख्त
शपथ ली है, कहते हुए, ‘शापित है वह मनुष्य जो आज भोजन

करेगा।' और लोग थक गए।" 29 और यहोनातन ने कहा,
"मेरे पिता ने भूमि को संकट में डाल दिया है। अब देखो जब
मैंने थोड़ा सा मधु चखा तो मेरी आँखें कैसे चमक उठीं।
30 "कितना अच्छा होता यदि लोगों ने आज अपने शत्रुओं की
लूट का भलीभाति खा लिया होता जो उन्होंने पाया! तब
पलिश्तियों के बीच मारकाट क्या और भी बड़ी न होती?"
31 और उन्होंने उस दिन पलिश्तियों को मिखमाश से अयालोन
तक मारा। इसलिए लोग बहुत थक गए। 32 और लोगों ने
लूट पर धावा बोला, और भेड़-बकरियाँ, गाय-बैल और बछड़े
लिए, और उन्हें भूमि पर मार डाला। और लोगों ने लहू समेत
खाया। 33 और उन्होंने शाऊल से कहा, "देख, लोग
𐤉𐤄𐤅𐤄 के विरुद्ध पाप कर रहे हैं, क्योंकि वे लहू समेत खा
रहे हैं!" और उसने कहा, "तुमने विश्वासघात किया है। आज
मेरे पास एक बड़ा पत्थर लुढ़काओ।" 34 और शाऊल ने
कहा, "लोगों में फैल जाओ और उनसे कहो, 'हर एक अपना
बैल मेरे पास लाए, और हर एक अपनी भेड़, और तुम उन्हें
यहाँ मारकर खाओ। और 𐤉𐤄𐤅𐤄 के विरुद्ध लहू समेत
खाकर पाप मत करो।' " तो हर एक ने उस रात अपना बैल
उसके पास लाया और वहाँ मार डाला। 35 और शाऊल ने
𐤉𐤄𐤅𐤄 के लिये एक वेदी बनाई। यह पहली वेदी थी जो
उसने 𐤉𐤄𐤅𐤄 के लिये बनाई। 36 और शाऊल ने कहा,
"आओ, हम रात को पलिश्तियों के पीछे चलें, और उन्हें सुबह
की रोशनी तक लूटें, और उनमें से किसी को न छोड़ें।" और
उन्होंने कहा, "जो कुछ तुझे अच्छा लगे वही कर।" परन्तु
याजक ने कहा, "यहाँ हम ईश्वर के समीप आएं।" 37 और
शाऊल ने ईश्वर से पूछा, "क्या मैं पलिश्तियों के पीछे जाऊं?
क्या तू उन्हें इस्राएल के हाथ में देगा?" परन्तु उस दिन उसने
उसको उत्तर नहीं दिया। 38 और शाऊल ने कहा, "इधर
आओ, सब लोगों के प्रधान, और जानो और देखो आज यह
पाप क्या हुआ। 39 "क्योंकि 𐤉𐤄𐤅𐤄 जीवित है, जो इस्राएल
को बचाता है, चाहे वह मेरे पुत्र यहोनातन में हो, वह अवश्य
मरेगा।" परन्तु सब लोगों में से किसी ने उसको उत्तर नहीं
दिया। 40 और उसने सब इस्राएल से कहा, "तुम एक ओर
रहो, और मेरा पुत्र यहोनातन और मैं दूसरी ओर।" और
लोगों ने शाऊल से कहा, "जो कुछ तुझे अच्छा लगे वही
कर।" 41 तब शाऊल ने 𐤉𐤄𐤅𐤄 इस्राएल के ईश्वर से
कहा, "एक सिद्ध दे।" और शाऊल और यहोनातन पकड़े
गए, परन्तु लोग बच निकले। 42 और शाऊल ने कहा, "मेरे
पुत्र यहोनातन और मेरे बीच में डालो।" और यहोनातन
पकड़ा गया। 43 तब शाऊल ने यहोनातन से कहा, "मुझे बता
कि तूने क्या किया है।" और यहोनातन ने उसे बताया, और
कहा, "मैंने तो केवल अपने हाथ में डंडे के सिरे से थोड़ा सा
मधु चखा। देख, मैं मर जाऊं!" 44 और शाऊल ने उत्तर
दिया, "ईश्वर ऐसा करे और अधिक भी, तू अवश्य मरेगा,
यहोनातन।" 45 परन्तु लोगों ने शाऊल से कहा, "क्या
यहोनातन मरेगा, जिसने इस्राएल में यह बड़ी मुक्ति की है?
कभी नहीं! जैसे 𐤉𐤄𐤅𐤄 जीवित है, उसका सिर का एक बाल
भी भूमि पर नहीं गिरेगा, क्योंकि उसने आज ईश्वर के साथ
कार्य किया है।" इस प्रकार लोगों ने यहोनातन को छुड़ाया,
और वह नहीं मरा। 46 और शाऊल पलिश्तियों का पीछा
करने से लौट आया, और पलिश्ति अपनी जगह को चले
गए। 47 और शाऊल ने इस्राएल पर राज्य लिया, और चारों
ओर के सब शत्रुओं से लड़ा, मोआब के विरुद्ध, अम्मोन के
बच्चों के विरुद्ध, एदोम के विरुद्ध, सोबा के राजाओं के विरुद्ध,
और पलिश्तियों के विरुद्ध। और जहाँ कहीं वह फिरा, वहां
उसने संकट खड़ा किया। 48 और उसने एक सेना इकट्ठी की
और अमालेकियों को मारा, और इस्राएल को उनके हाथों से
छुड़ाया जिन्होंने उन्हें लूटा था। 49 और शाऊल के पुत्र
यहोनातन, यिश्वी और मल्कीशूआ थे। और उसकी दो बेटियों
के नाम ये थे: पहली का नाम मेरब, और छोटी का नाम
मीकल। 50 और शाऊल की पत्नी का नाम अहीनोअम था,
जो अहीमआत्स की बेटी थी। और उसकी सेना का प्रधान
अबनेर था, जो नेर का पुत्र और शाऊल का चाचा था।
51 और कीश शाऊल का पिता था, और नेर अबनेर का पिता
अबीएल का पुत्र था। 52 और शाऊल के सब दिनों में
पलिश्तियों के विरुद्ध प्रबल युद्ध था। और जब शाऊल ने
किसी भी शक्तिशाली या किसी भी बहादुर पुरुष को देखा,
उसने उसे अपने लिये ले लिया।

15 1 और शमूएल ने शाऊल से कहा, "𐤉𐤄𐤅𐤄 ने मुझे
इस्राएल उसकी प्रजा पर तुझे राजा अभिषिक्त करने
के लिए भेजा है। अब 𐤉𐤄𐤅𐤄 के वचनों की आवाज़ सुन।
2 "सैन्यदल के 𐤉𐤄𐤅𐤄 ने यूं कहा, 'मैं अमालेक को दण्ड
दूंगा, जो उसने इस्राएल के साथ किया, जब वह मिस्र से
आया तो उसने उसके विरोध में मार्ग में खड़ा किया। 3 'अब
जा, और तू अमालेक को मार डाल और जो कुछ उसका है
उसे शाप के अधीन कर, और उन्हें न छोड़, नर से नारी तक,
शिशु से दूध पीते बालक तक, बैल से भेड़ तक, ऊँट से गदहे
तक सबको मार डाल।' " 4 तब शाऊल ने लोगों को बुलाया
और उन्हें तेलाईम में गिना, दो लाख पैदल सैनिक और यहूदा
के दस हजार पुरुष। 5 और शाऊल अमालेक के नगर में
आया और नाले में घात लगाकर बैठा। 6 और शाऊल ने कनी
लोगों से कहा, "जाओ, हट जाओ, अमालेकियों के बीच से
नीचे उतरो, ऐसा न हो कि मैं तुम्हें उनके संग नाश कर दूँ।
क्योंकि जब इस्राएल मिस्र से निकला, तब तुमने उन सबके
साथ कृपा की थी।" सो कनी लोग अमालेकियों के बीच से
हट गए। 7 और शाऊल ने अमालेकियों को हावीलाह से लेकर
मिस्र के सामने शूर तक मारा। 8 और उसने अमालेकियों के
राजा अगाग को जीवित पकड़ा, और सब लोगों को तलवार
की धार से शाप के अधीन कर दिया। 9 परन्तु शाऊल और
लोगों ने अगाग को और भेड़ों, गाय-बैलों, मोटे पशुओं, मेमनों
और जो कुछ अच्छा था उसे बचा लिया, और उन्हें शाप के
अधीन नहीं किया। परन्तु सब वस्तुएं जो निकृष्ट और व्यर्थ
थीं, उनको शाप के अधीन किया। 10 और 𐤉𐤄𐤅𐤄 का वचन
शमूएल के पास आया, यह कहते हुए, 11 "मुझे खेद है कि मैंने
शाऊल को राजा ठहराया, क्योंकि उसने मेरे पीछे चलना छोड़
दिया है, और मेरे वचन पूरे नहीं किए।" और शमूएल दुखी
हुआ, और सारी रात 𐤉𐤄𐤅𐤄 से प्रार्थना करता रहा। 12 और
शमूएल सुबह तड़के शाऊल से मिलने को उठा, और शमूएल
को बताया गया, "शाऊल कर्मेल गया, और देख, उसने अपने
लिये स्मारक खड़ा किया, फिर मुड़कर आगे बढ़ा और
गिलगाल को गया।" 13 और शमूएल शाऊल के पास आया,
और शाऊल ने उससे कहा, "𐤉𐤄𐤅𐤄 के आशीषित तू! मैंने
𐤉𐤄𐤅𐤄 का वचन पूरा किया है।" 14 परन्तु शमूएल ने कहा,

"फिर यह भेड़ों की मिमियाहट मेरे कानों में क्या है, और यह
गाय-बैलों की रंभाहट जो मैं सुनता हूं?" 15 और शाऊल ने
कहा, "वे उन्हें अमालेक से लाए हैं, क्योंकि लोगों ने भेड़ों और
गाय-बैलों में से उत्तम को बचा लिया, ताकि 𐤉𐤄𐤅𐤄 तेरे
ईश्वर के लिये बलि करें। और बाकी सबको हमने शाप के
अधीन किया।" 16 तब शमूएल ने शाऊल से कहा, "ठहर,
और मुझे तुझे बताने दे कि 𐤉𐤄𐤅𐤄 ने मुझे पिछली रात क्या
कहा।" और उसने उससे कहा, "बोल।" 17 और शमूएल ने
कहा, "यद्यपि तू अपनी दृष्टि में छोटा था, क्या तू इस्राएल की
गोत्रों का प्रधान नहीं था? और क्या 𐤉𐤄𐤅𐤄 ने तुझे इस्राएल
पर राजा अभिषिक्त नहीं किया? 18 "और 𐤉𐤄𐤅𐤄 ने तुझे
मार्ग पर भेजा और कहा, 'जा, और पापियों, अमालेकियों को
शाप के अधीन कर, और उनसे तब तक युद्ध कर जब तक वे
नाश न हो जाएं।' 19 "फिर तूने 𐤉𐤄𐤅𐤄 की आवाज़ क्यों
नहीं मानी, और लूट पर क्यों झपटा, और 𐤉𐤄𐤅𐤄 की दृष्टि
में बुरा किया?" 20 और शाऊल ने शमूएल से कहा, "मैंने तो
𐤉𐤄𐤅𐤄 की आवाज़ मानी, और उस मार्ग पर गया जिस पर
𐤉𐤄𐤅𐤄 ने मुझे भेजा, और अमालेक का राजा अगाग को ले
आया, और अमालेक को शाप के अधीन किया। 21 "परन्तु
लोगों ने लूट में से भेड़ों और गाय-बैलों में से उत्तम लिया,
जिन्हें शाप के अधीन करना था, ताकि गिलगाल में 𐤉𐤄𐤅𐤄
तेरे ईश्वर के लिये बलि करें।" 22 तब शमूएल ने कहा, "क्या
𐤉𐤄𐤅𐤄 होमबलि और बलिदानों में उतना प्रसन्न होता है
जितना उसकी आवाज़ मानने में? देख, मानना बलिदान से
उत्तम है, और सुनना मेंढ़ों की चर्बी से। 23 "क्योंकि विद्रोह
भविष्यवाणी करने के पाप के समान है, और हठ करना जादू
और मूर्तिपूजा के समान। क्योंकि तूने 𐤉𐤄𐤅𐤄 के वचन को
तुच्छ जाना है, उसने भी तुझे राजा होने से तुच्छ ठहराया है।"
24 तब शाऊल ने शमूएल से कहा, "मैंने पाप किया है, क्योंकि
मैंने 𐤉𐤄𐤅𐤄 की आज्ञा और तेरे वचन तोड़ दिए, क्योंकि मैंने
लोगों से डरकर उनकी आवाज़ सुनी। 25 "और अब, कृपया
मेरा पाप क्षमा कर, और मेरे साथ लौट चल, और मैं 𐤉𐤄𐤅𐤄
के सामने दण्डवत करूंगा।" 26 परन्तु शमूएल ने शाऊल से
कहा, "मैं तेरे साथ नहीं लौटूंगा, क्योंकि तूने 𐤉𐤄𐤅𐤄 के
वचन को तुच्छ जाना है, और 𐤉𐤄𐤅𐤄 ने तुझे इस्राएल पर
राजा होने से तुच्छ ठहराया है।" 27 और जब शमूएल मुड़कर
जाने लगा, तब शाऊल ने उसके वस्त्र का किनारा पकड़ा,
और वह फट गया। 28 तब शमूएल ने उससे कहा, "आज
𐤉𐤄𐤅𐤄 ने तुझसे इस्राएल का राज्य फाड़ लिया है, और उसे
तेरे पड़ोसी को दिया है, जो तुझसे उत्तम है। 29 "और
इस्राएल का महिमा कभी झूठ नहीं बोलता और न पछताता
है। क्योंकि वह मनुष्य नहीं कि पछताए।" 30 तब उसने कहा,
"मैंने पाप किया है। परन्तु अब, कृपया मेरी प्रतिष्ठा मेरी प्रजा
के पुरनियों और इस्राएल के सामने कर, और मेरे साथ लौट
चल, और मैं 𐤉𐤄𐤅𐤄 तेरे ईश्वर के सामने दण्डवत
करूंगा।" 31 तब शमूएल शाऊल के पीछे लौटा, और शाऊल
𐤉𐤄𐤅𐤄 के सामने दण्डवत करने लगा। 32 और शमूएल ने
कहा, "अमालेकियों के राजा अगाग को मेरे पास लाओ।" सो
अगाग प्रसन्नता से उसके पास आया, और अगाग ने कहा,
"निश्चित ही मृत्यु की कटुता दूर हो गई है।" 33 और शमूएल
ने कहा, "जैसे तेरी तलवार ने स्त्रियों को वंचित किया, वैसे ही
तेरी माता भी स्त्रियों में वंचित हो।" तब शमूएल ने गिलगाल
में 𐤉𐤄𐤅𐤄 के सामने अगाग को टुकड़े-टुकड़े कर डाला।
34 और शमूएल रामाह को गया, और शाऊल अपने घर
गिबअह में चला गया। 35 और शमूएल ने शाऊल को उसके
मरने के दिन तक फिर न देखा, क्योंकि शमूएल शाऊल के
लिये शोक करता रहा। और 𐤉𐤄𐤅𐤄 को खेद हुआ कि
उसने शाऊल को इस्राएल पर राज्य करने को ठहराया था।

16

1 और 𐤉𐤄𐤅𐤄 ने शमूएल से कहा, "तू कितनी देर
तक शाऊल के लिये विलाप करता रहेगा, जबकि मैंने
उसे यिस्राएल पर राज्य करने से अस्वीकार कर दिया है?
अपना सींग तेल से भर और जा, मैं तुझे यिशै बेत-लेहेमी के
पास भेज रहा हूँ। क्योंकि मैंने उसके पुत्रों में अपने लिये एक
राजा देखा है।" 2 और शमूएल ने कहा, "मैं कैसे जाऊँ? जब
शाऊल इसे सुनेगा, तो वह मुझे मार डालेगा।" और 𐤉𐤄𐤅𐤄
ने कहा, "अपने साथ एक बछिया ले जा, और कह, 'मैं
𐤉𐤄𐤅𐤄 के लिये बलि चढ़ाने आया हूँ।' 3 "और तू यिशै को
बलिदान में बुला, तब मैं तुझे बताऊँगा कि क्या करना है।
और जिसे मैं तुझसे कहूँगा, उसी को तू मेरे लिये अभिषिक्त
करना।" 4 और शमूएल ने वही किया जो 𐤉𐤄𐤅𐤄 ने कहा,
और बेत-लेहेम गया। और नगर के प्राचीन उसके आने से
काँप उठे और बोले, "क्या तू शांति से आया है?" 5 और उसने
कहा, "शांति से। मैं 𐤉𐤄𐤅𐤄 के लिये बलि चढ़ाने आया हूँ।
अपने आप को पवित्र करो, और बलिदान में मेरे साथ
आओ।" और उसने यिशै और उसके पुत्रों को पवित्र किया,
और उन्हें बलिदान में बुलाया। 6 और ऐसा हुआ कि जब वे
आए, तो उसने एल्याव को देखा और कहा, "निश्चय ही
𐤉𐤄𐤅𐤄 का अभिषिक्त उसके सामने है।" 7 परन्तु 𐤉𐤄𐤅𐤄
ने शमूएल से कहा, "उसके रूप पर या उसकी ऊँचाई पर मत
देख, क्योंकि मैंने उसे अस्वीकार कर दिया है। क्योंकि जैसा
मनुष्य देखता है वैसा नहीं, मनुष्य तो बाहरी आँखों को देखता
है, परन्तु 𐤉𐤄𐤅𐤄 हृदय को देखता है।" 8 तब यिशै ने
अबीन्दाब को बुलाया और उसे शमूएल के सामने से निकाला।
और उसने कहा, "यह भी 𐤉𐤄𐤅𐤄 ने नहीं चुना।" 9 फिर
यिशै ने शम्माह को पास से निकाला। और उसने कहा, "यह
भी 𐤉𐤄𐤅𐤄 ने नहीं चुना।" 10 और यिशै ने अपने सात पुत्रों
को शमूएल के सामने से निकाला। और शमूएल ने यिशै से
कहा, "𐤉𐤄𐤅𐤄 ने इन्हें नहीं चुना।" 11 और शमूएल ने यिशै
से कहा, "क्या ये ही सब जवान हैं?" और उसने कहा, "सबसे
छोटा अब भी रह गया है, और देख, वह भेड़ें चरा रहा है।"
और शमूएल ने यिशै से कहा, "उसे भेजकर ले आ, क्योंकि
जब तक वह यहाँ न आ जाए हम नहीं बैठेंगे।" 12 और उसने
भेजकर उसे लाया। और वह गोरा-लालिमा लिए हुए, सुंदर
आँखोंवाला और रूपवान था। और 𐤉𐤄𐤅𐤄 ने कहा, "उठ,
उसका अभिषेक कर, क्योंकि यही है!" 13 और शमूएल ने तेल
का सींग लिया और उसके भाइयों के बीच उसका अभिषेक
किया। और उस दिन से आगे दाविद पर 𐤉𐤄𐤅𐤄 की आत्मा
उतरी। और शमूएल उठकर रामाह चला गया। 14 और
𐤉𐤄𐤅𐤄 की आत्मा शाऊल से हट गई, और 𐤉𐤄𐤅𐤄 की
ओर से एक दुष्ट आत्मा ने उसे परेशान किया। 15 और
शाऊल के सेवकों ने उससे कहा, "देख, अब तुझे 𐤉𐤄𐤅𐤄
की ओर से एक दुष्ट आत्मा सताती है। 16 "कृपया, हमारा

स्वामी अपने दासों को आज्ञा दे जो तेरे सामने हैं, कि वे ऐसा
मनुष्य खोजें जो वीणा बजाना जानता हो। और जब 𐤉𐤄𐤅𐤄
की ओर से दुष्ट आत्मा तुझ पर आए, तब वह अपने हाथ से
बजाए, और तू भला हो जाएगा।" 17 और शाऊल ने अपने
सेवकों से कहा, "मेरे लिये ऐसा मनुष्य ढूँढो जो भली तरह
बजा सके, और उसे मेरे पास लाओ।" 18 और सेवकों में से
एक ने उत्तर दिया और कहा, "देख, मैंने यिशै बेत-लेहेमी का
एक पुत्र देखा है, जो बजाना जानता है, बहादुर है, युद्ध का
पुरुष है, बुद्धिमान है, सुंदर पुरुष है। और 𐤉𐤄𐤅𐤄 उसके
साथ है।" 19 सो शाऊल ने यिशै के पास दूत भेजे और कहा,
"अपने पुत्र दाविद को, जो भेड़ों के साथ है, मेरे पास भेज।"
20 और यिशै ने रोटी से लदा हुआ एक गदहा, दाखमधु की
एक मशक, और एक बकरी लिया, और उन्हें अपने पुत्र
दाविद के द्वारा शाऊल को भेजा। 21 और दाविद शाऊल के
पास आया और उसके सामने खड़ा हुआ। और वह उससे
बहुत प्रेम करने लगा, और वह उसका शस्त्र-वाहक हो गया।
22 इसलिये शाऊल ने यिशै के पास भेजकर कहा, "कृपया
दाविद को मेरे सामने रहने दे, क्योंकि उसने मेरी दृष्टि में
अनुग्रह पाया है।" 23 और ऐसा हुआ कि जब-जब ईश्वर की
ओर से आत्मा शाऊल पर आती, तब दाविद वीणा लेकर
अपने हाथ से बजाता। तब शाऊल को राहत मिलती और वह
अच्छा हो जाता, और दुष्ट आत्मा उससे हट जाती।

17

1 और पलिश्तियों ने अपनी सेनाओं को युद्ध के लिये
इकट्ठा किया, और यहूदा के सोकोह में इकट्ठा होकर
सोकोह और अज़ेका के बीच, एफेस दम्मीम में डेरा डाला।
2 और शाऊल और इस्त्राएल के लोग इकट्ठे हुए और एला की
तराई में डेरा डाला, और पलिश्तियों से लड़ने के लिये पंक्ति
में खड़े हुए। 3 और पलिश्ती एक पहाड़ पर इस ओर खड़े थे,
और इस्त्राएल दूसरी ओर के पहाड़ पर खड़े थे, और उनके
बीच तराई थी। 4 तब पलिश्तियों की छावनी से एक वीर
निकला, जिसका नाम गोल्यात था, गत्त का निवासी, जिसकी
ऊँचाई छः अम्माह और एक ज़ेरेत थी। 5 और उसके सिर
पर काँसे का टोप था, और वह तराज़ू की बख़्तर पहिने हुए
था, और उसकी बख़्तर का वज़न पाँच हज़ार शेकेल काँसा
था। 6 और उसके पैरों पर काँसे की झिलम थीं और उसके
कंधों के बीच काँसे का भाला था। 7 और उसके भाले की
लकड़ी जुलाहे की करघे की तरह थी, और उसके लोहे के
भाले का सिरा छः सौ शेकेल का था, और उसका ढाल उठाने
वाला उसके आगे चलता था। 8 और वह खड़ा होकर
इस्त्राएल की सेनाओं से पुकार कर कहने लगा, "तुम क्यों
लड़ने के लिये पंक्ति में खड़े हुए हो? क्या मैं पलिश्ती नहीं,
और तुम शाऊल के दास नहीं? अपने लिये एक मनुष्य चुनो
और उसे मेरे पास उतारो।" 9 "यदि वह मुझ से लड़ने में
समर्थ हो और मुझे मार डाले, तो हम तुम्हारे दास होंगे; परन्तु
यदि मैं उस पर प्रबल हो जाऊँ और उसे मार डालूँ, तो तुम
हमारे दास हो जाओगे और हमारी सेवा करोगे।" 10 फिर
पलिश्ती ने कहा, "आज मैं इस्त्राएल की सेनाओं को
ललकारता हूँ। मुझे एक मनुष्य दो, कि हम दोनों आपस में
लड़ें।" 11 और शाऊल और सब इस्त्राएली ने उस पलिश्ती
की बातें सुनीं, और वे टूट गए और बहुत डर गए। 12 अब
दाविद, यहूदा के बेतलेहेम के उस एप्राती यिशै का पुत्र था,
जिसके आठ पुत्र थे। और शाऊल के दिनों में वह मनुष्य बूढ़ा
और वृद्धों में गिना जाता था। 13 और यिशै के तीन बड़े पुत्र
शाऊल के पीछे युद्ध में गए थे। और उसके उन तीन पुत्रों के
नाम जो युद्ध में गए थे, ये थे: पहलौठा एल्याव, दूसरा
अबीन्दाब, और तीसरा शम्मा। 14 और दाविद सबसे छोटा
था। और तीन बड़े शाऊल के पीछे हो लिए। 15 परन्तु दाविद
शाऊल से लौटकर अपने पिता की भेड़-बकरियों की देखभाल
करने बेतलेहेम जाता था। 16 और चालीस दिन तक वह
पलिश्ती सुबह और शाम निकला करता और खड़ा रहता।
17 तब यिशै ने अपने पुत्र दाविद से कहा, "कृपया, यह एक
एफ़ा भुना हुआ अनाज और ये दस रोटियाँ अपने भाइयों के
पास छावनी में ले जा।" 18 "और ये दस पनीर हजार के
प्रधान को पहुँचा दे, और अपने भाइयों की कुशल-क्षेम पूछ
और उनकी खबर लेकर आ।" 19 और शाऊल और वे और
सब इस्त्राएली एला की तराई में थे, और पलिश्तियों से लड़ रहे
थे। 20 और दाविद सुबह-सवेरे उठकर भेड़ों को एक रखवाले
के हाथ छोड़कर, लेकर चला गया जैसा यिशै ने उसको आज्ञा
दी थी। और वह छावनी में पहुँचा जब सेना युद्ध के लिये
निकल रही थी और युद्ध का जयकारा कर रही थी। 21 और
इस्त्राएल और पलिश्तियों ने सेना सेना करके युद्ध की पंक्ति
बाँधी। 22 और दाविद ने अपनी सामग्री को सामग्री के
रखवाले के हाथ छोड़कर, सेना की ओर दौड़ा और अपने
भाइयों से जाकर मिला। 23 और जब वह उनसे बातें कर रहा
था, तब गत्त का वह वीर पलिश्ती गोल्यात नामक, पलिश्तियों
की पंक्ति में से ऊपर आया और उन ही बातों को कहता रहा।
और दाविद ने सुना। 24 और सब इस्त्राएली पुरुषों ने जब उस
मनुष्य को देखा, तो वे उससे भागे और बहुत डर गए।
25 और इस्त्राएली पुरुष कहने लगे, "क्या तुमने इस मनुष्य को
देखा जो ऊपर आया है? क्योंकि वह इस्त्राएल को ललकारने
को आया है। और ऐसा होगा कि जो मनुष्य उसे मारेगा, राजा
उसे बड़े धन से धनवान करेगा, और उसे अपनी बेटी देगा,
और उसके पिता के घराने को इस्त्राएल में कर-मुक्ति देगा।"
26 और दाविद ने उन पुरुषों से, जो उसके पास खड़े थे, कहा,
"उस मनुष्य को क्या मिलेगा जो इस पलिश्ती को मारे और
इस्त्राएल से यह लज्जा दूर करे? क्योंकि यह कौन है यह
खतनारहित पलिश्ती, जो जीवते ईश्वर की सेनाओं को
ललकारे?" 27 और लोगों ने उसको वही बातें उत्तर दीं, कहते
हुए, "जो मनुष्य उसे मारेगा, उसके लिये यही किया
जाएगा।" 28 और उसका बड़ा भाई एल्याव ने जब सुना कि
वह पुरुषों से बातें कर रहा है, तो एल्याव का क्रोध दाविद पर
भड़क उठा, और उसने कहा, "तू यहाँ क्यों आया है? और
जंगल में उन थोड़ी भेड़-बकरियों को तू किसके पास छोड़
आया है? मैं तेरे घमंड और तेरे हृदय की बुराई को जानता हूँ,
क्योंकि तू युद्ध देखने आया है।" 29 और दाविद ने कहा,
"अब मैंने क्या किया? क्या यह केवल एक बात नहीं थी?"
30 और उसने उससे हटकर औरों की ओर मुँह फेरकर वही
बात कही, और लोगों ने उसे पहले की तरह उत्तर दिया।
31 और जब लोगों ने सुना कि दाविद क्या बोल रहा है, तो
उन्होंने शाऊल को बताया, और उसने उसे बुलाया। 32 और
दाविद ने शाऊल से कहा, "किसी मनुष्य का हृदय उसके
कारण न गिरे; तेरा दास जाकर इस पलिश्ती से लड़ेगा।"
33 और शाऊल ने दाविद से कहा, "तू इस पलिश्ती के विरुद्ध

लड़ने नहीं जा सकता, क्योंकि तू तो लड़का है, और वह
अपनी जवानी से ही योद्धा है।" 34 तब दाविद ने शाऊल से
कहा, "तेरा दास अपने पिता की भेड़-बकरियों की रखवाली
करता रहा है; और जब सिंह या भालू आकर झुंड में से एक
मेम्ना उठा ले जाता था," 35 तो मैं उसके पीछे जाकर उसे
मारता और उसके मुँह से छुड़ा लाता था; और जब वह मुझ
पर उठ खड़ा होता, तब मैं उसकी दाढ़ी पकड़कर उसे मार
डालता और घात करता। 36 "तेरे दास ने सिंह और भालू
दोनों को मार डाला है। और यह खतनारहित पलिश्ती भी
उनमें से एक के समान होगा, क्योंकि उसने जीवते ईश्वर की
सेनाओं को ललकारा है।" 37 और दाविद ने कहा, "𐤉𐤄𐤅𐤄
जिसने मुझे सिंह के पंजे से और भालू के पंजे से छुड़ाया, वही
मुझे इस पलिश्ती के हाथ से भी छुड़ाएगा।" और शाऊल ने
दाविद से कहा, "जा, और 𐤉𐤄𐤅𐤄 तेरे साथ हो!" 38 और
शाऊल ने दाविद को अपने वस्त्र पहनाए, और उसके सिर पर
काँसे का टोप रखा, और उसे बख़्तर पहनाया। 39 और
दाविद ने उसकी तलवार अपने वस्त्रों पर बाँधी और चलने की
चेष्टा की, क्योंकि उसने उन्हें कभी नहीं आज़माया था। तब
दाविद ने शाऊल से कहा, "मैं इनसे चल नहीं सकता, क्योंकि
मैंने इन्हें नहीं आज़माया।" और दाविद ने उन्हें उतार दिया।
40 और उसने अपने हाथ में लाठी ली, और नाले से अपने
लिये पाँच चिकने पत्थर चुने, और उन्हें अपने चरवाहे के थैले
में डाला, और उसकी गोफन उसके हाथ में थी; और वह
पलिश्ती के पास आया। 41 और पलिश्ती दाविद की ओर बढ़ा
और पास आने लगा, और उसका ढाल उठाने वाला उसके
आगे-आगे चला। 42 और जब पलिश्ती ने देखा और दाविद
को देखा, तो उसने उसे तुच्छ जाना, क्योंकि वह जवान था,
लालिमा लिये हुए और सुंदर रूपवाला। 43 और पलिश्ती ने
दाविद से कहा, "क्या मैं कुत्ता हूँ, कि तू मेरे पास लाठियों के
साथ आता है?" और पलिश्ती ने दाविद को अपने देवताओं के
द्वारा शाप दिया। 44 और पलिश्ती ने दाविद से कहा, "मेरे
पास आ, और मैं तेरा मांस आकाश के पक्षियों और मैदान के
पशुओं को दूँगा।" 45 परन्तु दाविद ने पलिश्ती से कहा, "तू
मेरे पास तलवार, भाले और फरसा लेकर आता है, परन्तु मैं
तेरे पास सेनाओं के 𐤉𐤄𐤅𐤄 के नाम से आता हूँ, जो इस्राएल
की सेनाओं का ईश्वर है, जिसे तूने ललकारा है।" 46 "आज
𐤉𐤄𐤅𐤄 तुझे मेरे हाथ में सौंपेगा, और मैं तुझे मारकर तेरा
सिर तुझ से ले लूँगा, और आज ही पलिश्तियों की छावनी की
लाशें आकाश के पक्षियों और पृथ्वी के जंगली पशुओं को
दूँगा, ताकि सारी पृथ्वी जान ले कि इस्राएल के लिये ईश्वर
है।" 47 "और यह सारी सभा जान लेगी कि 𐤉𐤄𐤅𐤄 तलवार
और भाले से नहीं बचाता, क्योंकि युद्ध 𐤉𐤄𐤅𐤄 का है, और
वह तुम्हें हमारे हाथ में देगा।" 48 और ऐसा हुआ कि जब
पलिश्ती उठा और दाविद से मिलने चला, तब दाविद जल्दी
करके पलिश्ती से मिलने सेना की ओर दौड़ा। 49 और दाविद
ने अपने थैले में हाथ डालकर एक पत्थर निकाला और उसे
गोफन से फेंका, और पलिश्ती के माथे पर मारा, कि पत्थर
उसके माथे में धँस गया, और वह मुँह के बल भूमि पर गिर
पड़ा। 50 इस प्रकार दाविद गोफन और पत्थर से पलिश्ती पर
प्रबल हुआ, और पलिश्ती को मारा और उसे मार डाला; और
दाविद के हाथ में तलवार न थी। 51 तब दाविद दौड़कर
पलिश्ती के ऊपर खड़ा हुआ, और उसकी तलवार को उसकी
म्यान से खींचकर उसे मार डाला और उसका सिर उससे
काट लिया। और जब पलिश्तियों ने देखा कि उनका वीर मर
गया, तो वे भाग गए। 52 और इस्राएल और यहूदा के पुरुष
उठकर जयकारा करने लगे, और पलिश्तियों का पीछा किया
जब तक कि वे तराई के प्रवेशद्वार और एक्रोन के फाटकों
तक न पहुँच गए। और पलिश्तियों के घायलों की लाशें
शआरैम के मार्ग पर गत्त और एक्रोन तक गिरीं। 53 तब
इस्राएलियों ने पलिश्तियों का पीछा करना छोड़ दिया और
उनकी छावनियों को लूटा। 54 और दाविद ने पलिश्ती का सिर
लिया और उसे येरुशलम ले आया, परन्तु उसके हथियार
अपने तंबू में रखे। 55 और जब शाऊल ने दाविद को पलिश्ती
से मिलने जाते देखा, तो उसने सेना के प्रधान अब्नेर से कहा,
"अब्नेर, यह जवान किसका पुत्र है?" और अब्नेर ने कहा,
"हे राजा, तेरे प्राण की शपथ, मैं नहीं जानता।" 56 और राजा
ने कहा, "पूछो कि यह जवान किसका पुत्र है।" 57 और जब
दाविद पलिश्ती को मारकर लौटा, तब अब्नेर ने उसे लिया
और शाऊल के सामने लाया, और उसके हाथ में पलिश्ती का
सिर था। 58 और शाऊल ने उससे कहा, "जवान, तू किसका
पुत्र है?" और दाविद ने कहा, "तेरे दास यिशै बेतलेहेमी का
पुत्र।"

18 1 और ऐसा हुआ कि जब उसने शाऊल से बातें करना
समाप्त कर लिया, तब यहोनातन का प्राण दाऊद के
प्राण से बंध गया, और यहोनातन ने उससे अपने प्राण की नाईं
प्रेम किया। 2 और शाऊल ने उसी दिन उसे ले लिया, और
उसे अपने पिता के घर लौटने न दिया। 3 और यहोनातन
और दाऊद ने वाचा बाँधी, क्योंकि उसने उससे अपने प्राण की
नाईं प्रेम किया। 4 और यहोनातन ने वह अँगोछा उतारकर,
जो उस पर था, दाऊद को दिया, और अपने वस्त्र भी, यहां
तक कि अपनी तलवार और अपना धनुष और अपनी
कमरबन्द भी। 5 और दाऊद जहाँ कहीं शाऊल ने उसे भेजा,
वहाँ जाता रहा; वह बुद्धिमानी से काम करता रहा; और शाऊल
ने उसे युद्ध के पुरुषों पर नियुक्त किया, और वह सब लोगों की
दृष्टि में, और शाऊल के दासों की भी दृष्टि में अच्छा था।
6 और ऐसा हुआ कि जब वे लौटे, जब दाऊद पलिश्ती को
मारकर लौट रहा था, तब स्त्रियाँ इस्राएल के सब नगरों से
डफ बजाती हुईं, आनंद और संगीत के साथ नाचती हुईं
शाऊल राजा के मिलने आईं। 7 और स्त्रियाँ गाती हुईं, नाच-
नाचकर कहने लगीं, "शाऊल ने अपने हजार मारे, और
दाऊद ने अपने दस हजार।" 8 तब शाऊल बहुत क्रोधित
हुआ, और यह बात उसकी आँखों में बुरी लगी; और उसने
कहा, "दाऊद को तो उन्होंने दस हजार दिए, और मुझे
हजार ही दिए; अब उसके लिए राज्य छोड़ और क्या रह गया
है?" 9 और उस दिन से शाऊल दाऊद पर दृष्टि रखता
रहा। 10 और दूसरे दिन ऐसा हुआ कि ईश्वर की ओर से एक
बुरी आत्मा शाऊल पर आई, और वह घर के भीतर झूमता
रहा, और दाऊद अपने हाथ से बजाता रहा, जैसा प्रतिदिन
करता था; और शाऊल के हाथ में भाला था। 11 और शाऊल
ने भाला फेंका, क्योंकि उसने कहा, "मैं दाऊद को भीत तक
मार डालूँ।" परन्तु दाऊद ने दो बार उसके सामने से बच
निकल गया। 12 और शाऊल दाऊद से डरने लगा, क्योंकि
𐤉𐤄𐤅𐤄 उसके साथ था, और शाऊल से वह हट गया था।

[13] इसलिए शाऊल ने उसे अपने पास से हटा दिया, और उसे
अपने ऊपर हज़ार का प्रधान बनाया; और वह लोगों के सामने
निकलता और प्रवेश करता था। [14] और दाऊद अपने सब
मार्गों में बुद्धिमानी से काम करता था, और ३५३ट उसके
साथ था। [15] और शाऊल ने देखा कि वह बहुत ही बुद्धिमानी
से काम करता है, और वह उससे डरता था। [16] परन्तु सब
इस्राएल और यहूदा दाऊद से प्रेम करते थे, क्योंकि वह
उनके सामने निकलता और प्रवेश करता था। [17] और
शाऊल ने दाऊद से कहा, "देख, मेरी बड़ी बेटी मेरब! मैं उसे
तुझे पत्नी के रूप में दूँगा; केवल तू मेरे लिए बहादुर हो, और
३५३ट की लड़ाइयाँ लड़।" क्योंकि शाऊल ने सोचा, "मेरे
हाथ उस पर न हों, परन्तु पलिश्तियों का हाथ उस पर हो।"
[18] और दाऊद ने शाऊल से कहा, "मैं कौन हूँ, और मेरा
जीवन या मेरे पिता का कुल इस्राएल में क्या है, कि मैं राजा
का जामाता ठहरूँ?" [19] और ऐसा हुआ कि जब मेरब, शाऊल
की बेटी, दाऊद को दी जाने वाली थी, तब उसे अद्रिएल
मेंखोलाती को पत्नी के रूप में दे दिया गया। [20] और मीकल,
शाऊल की बेटी, दाऊद से प्रेम करती थी; और उन्होंने
शाऊल को बताया, और यह बात उसकी आँखों में अच्छी
लगी। [21] और शाऊल ने कहा, "मैं उसे उसे दूँगा, ताकि वह
उसके लिए फंदा बने, और पलिश्तियों का हाथ उस पर हो।"
और शाऊल ने दाऊद से दूसरी बार कहा, "आज तू मेरा
जामाता बन।" [22] और शाऊल ने अपने दासों को आज्ञा दी,
"दाऊद से गुप्त रूप से कहो, 'देख, राजा तुझसे प्रसन्न है,
और उसके सब दास तुझसे प्रेम करते हैं; अब तू राजा का
जामाता बन।' " [23] और शाऊल के दासों ने उन बातों को
दाऊद के सुनने में कहा। और दाऊद ने कहा, "क्या तुम्हें
यह छोटी बात लगती है कि मैं राजा का जामाता बनूँ, जबकि मैं
तो दरिद्र और तुच्छ माना जाता हूँ?" [24] और शाऊल के दासों
ने उसको यह कहकर बताया, "दाऊद ने इन शब्दों के
अनुसार कहा है।" [25] और शाऊल ने कहा, "दाऊद से कहो,
'राजा को दहेज में कोई प्रसन्नता नहीं है, परन्तु राजा के
शत्रुओं से बदला लेने के लिए पलिश्तियों की सौ चमड़ी
चाहिए।' " परन्तु शाऊल चाहता था कि दाऊद पलिश्तियों
के हाथ से गिर जाए। [26] और उसके दासों ने ये बातें दाऊद
को बताईं, और दाऊद को यह अच्छा लगा कि वह राजा का
जामाता बने। और दिन पूरे नहीं हुए थे, [27] तब दाऊद
उठकर गया, वह और उसके लोग, और उन्होंने पलिश्तियों के
दो सौ पुरुषों को मारा; और दाऊद उनकी चमड़ियाँ लाया,
और उन्हें राजा के सामने लाए, ताकि वह राजा का जामाता
बने। तब शाऊल ने उसे अपनी बेटी मीकल को पत्नी के रूप
में दे दिया। [28] और शाऊल ने देखा और जाना कि ३५३ट
दाऊद के साथ है, और मीकल, शाऊल की बेटी, उससे प्रेम
करती है। [29] तब शाऊल और भी अधिक दाऊद से डरने
लगा; और शाऊल दाऊद का जीवन भर शत्रु बना रहा।
[30] और पलिश्तियों के सरदार बाहर आते थे; और ऐसा हुआ
कि जब-जब वे निकलते थे, तब-तब दाऊद शाऊल के सब
दासों से अधिक बुद्धिमानी से काम करता था; इसलिए उसका
नाम बहुत मूल्यवान हुआ।

19 [1] और शाऊल ने अपने पुत्र यहोनातन और अपने सब
दासों से कहा कि दाऊद को मार डालें। परन्तु
यहोनातन, शाऊल का पुत्र, दाऊद से बहुत प्रसन्न था। [2] और
यहोनातन ने दाऊद को बताया, कहकर, "मेरे पिता शाऊल
तुझे मार डालना चाहता है। अब कृपया तू भोर तक सावधान
रह, गुप्त स्थान में रह, और छिप जा। [3] "और मैं स्वयं
निकलकर अपने पिता के पास मैदान में, जहाँ तू होगा, वहां
खड़ा रहूँगा, और तेरे विषय में अपने पिता से बातें करूँगा,
और जो देखूँगा, तुझे बता दूँगा।" [4] और यहोनातन ने अपने
पिता शाऊल से दाऊद के विषय में अच्छा कहा, और उससे
कहा, "राजा अपने दास दाऊद के विरुद्ध पाप न करे, क्योंकि
उसने तुझ पर कोई पाप नहीं किया, वरन् उसके काम तेरे प्रति
बहुत ही अच्छे रहे हैं। [5] "क्योंकि उसने अपने प्राण को अपने
हाथ में रखकर पलिश्ती को मारा, और ३५३ट ने सब
इस्राएल के लिए बड़ी उद्धार किया। तू ने स्वयं देखा और
आनन्द किया। फिर तू निर्दोष लहू क्यों बहाकर, बिना कारण
दाऊद को मारकर पाप करेगा?" [6] तब शाऊल ने यहोनातन
की बात सुनी, और शाऊल ने शपथ खाई, "जैसा कि
३५३ट जीवित है, वह मरने नहीं पाएगा।" [7] तब यहोनातन
ने दाऊद को बुलाया, और यहोनातन ने उसे ये सब बातें
बताईं। और यहोनातन दाऊद को शाऊल के पास ले आया,
और वह पहले की नाईं उसके सम्मुख रहने लगा। [8] और
फिर युद्ध हुआ, और दाऊद निकलकर पलिश्तियों से लड़ा,
और उसने उन्हें बड़ी मार मारी, और वे उसके सामने से
भागे। [9] और ३५३ट की ओर से एक बुरी आत्मा शाऊल
पर आई, जब वह अपने घर में हाथ में भाला लिए बैठा था;
और दाऊद अपने हाथ से बजा रहा था। [10] और शाऊल ने
दाऊद पर भाला फेंककर उसे दीवार में गाड़ना चाहा, परन्तु
वह शाऊल के सामने से बचकर निकल गया, और शाऊल ने
भाला दीवार में गाड़ दिया। और दाऊद उस रात भागकर बच
निकला। [11] और शाऊल ने दाऊद के घर में दूत भेजे कि
उसे देख-भाल करें और भोर में उसे मार डालें। और मीकल,
दाऊद की पत्नी, ने उसे बताया, कहकर, "यदि तू आज रात
अपना प्राण न बचाए, तो कल तू मारा जाएगा।" [12] तब
मीकल ने दाऊद को खिड़की से उतारा, और वह चला गया,
और भागकर बच निकला। [13] और मीकल ने घर का
मूर्तिप्रतिमा लेकर उसे बिस्तर पर रखा, और सिर की ओर
बकरियों के बालों का तकिया रखा, और उसे वस्त्र से ढक
दिया। [14] और जब शाऊल ने दाऊद को पकड़ने को दूत
भेजे, तो उसने कहा, "वह बीमार है।" [15] फिर शाऊल ने दूतों
को दाऊद को देखने के लिए भेजा, कहकर, "उसे बिस्तर
सहित मेरे पास ऊपर लाओ, ताकि मैं उसे मार डालूँ।"
[16] और जब दूत भीतर गए, उन्होंने देखा कि बिस्तर पर
मूर्तिप्रतिमा है, और सिर की ओर बकरियों के बालों का तकिया
रखा है। [17] तब शाऊल ने मीकल से कहा, "तूने मुझे ऐसा
धोखा क्यों दिया, और मेरे शत्रु को जाने दिया, कि वह बच
निकला?" और मीकल ने शाऊल को उत्तर दिया, "उसने
मुझसे कहा, 'मुझे जाने दे, क्यों मैं तुझे मार डालूँ?' " [18] अब
दाऊद भागकर बच निकला, और वह रामाह में शमूएल के
पास गया, और उसे सब बातें बताईं जो शाऊल ने उससे की
थीं। और वह और शमूएल नवोत में रहने लगे। [19] और
शाऊल से कहा गया, "देख, दाऊद रामाह के नवोत में है।"
[20] और शाऊल ने दाऊद को पकड़ने को दूत भेजे। और
उन्होंने नबियों की सभा देखी, जो भविष्यवाणी कर रहे थे,

और शमूएल उनके ऊपर खड़ा था; और शाऊल के दूतों पर
ईश्वर की आत्मा आई, और वे भी भविष्यवाणी करने लगे।
21 और जब शाऊल को बताया गया, तो उसने और दूत भेजे,
और वे भी भविष्यवाणी करने लगे। फिर शाऊल ने तीसरी
बार दूत भेजे, और वे भी भविष्यवाणी करने लगे। 22 तब वह
स्वयं रामाह गया, और सेकू के बड़े कुएँ तक पहुँचा, और
पूछा, "शमूएल और दाऊद कहाँ हैं?" और किसी ने कहा,
"देख, वे रामाह के नवोत में हैं।" 23 तब वह रामाह के नवोत
में गया। और ईश्वर की आत्मा उस पर भी आई, और वह
चलता गया और भविष्यवाणी करता गया, जब तक कि वह
रामाह के नवोत में पहुँचा। 24 और उसने भी अपने वस्त्र
उतारे, और शमूएल के सामने भविष्यवाणी करता हुआ, नंगा
पड़ा रहा, पूरा दिन और पूरी रात। इसलिए लोग कहते हैं,
"क्या शाऊल भी नबियों में है?"

20

1 और दाऊद रामाह के नवोत से भागकर आया, और
यहोनातन से कहा, "मैंने क्या किया है? मेरी क्या बुराई
है, और तेरे पिता के सामने मेरा क्या पाप है, कि वह मेरे प्राण
का खोजी है?" 2 और यहोनातन ने उससे कहा, "कदापि
नहीं! तू मरेगा नहीं! देख, मेरा पिता कोई बड़ी या छोटी बात
बिना मुझे बताए नहीं करता। तो फिर वह यह बात मुझसे क्यों
छिपाए? ऐसा नहीं है!" 3 परन्तु दाऊद ने फिर शपथ खाई,
और कहा, "तेरे पिता भली-भाँति जानते हैं कि मैंने तेरी दृष्टि
में अनुग्रह पाया है; इसलिए वह कहता है, 'यह बात यहोनातन
को न बताना, कहीं वह दुखी न हो।' परन्तु निश्चय ही, जैसा
कि 𐤉𐤄𐤅𐤄 जीवित है और जैसे तेरा प्राण जीवित है, मेरे
और मृत्यु के बीच केवल एक कदम भर है।" 4 और
यहोनातन ने दाऊद से कहा, "जो कुछ तेरी इच्छा है, मैं तेरे
लिए वही करूँगा।" 5 और दाऊद ने यहोनातन से कहा,
"देख, कल नया चाँद है, और मुझे राजा के साथ बैठकर
भोजन करना होता है; परन्तु मुझे जाने दे, और मैं तीसरे दिन
सांझ तक मैदान में छिपा रहूँगा। 6 "यदि तेरा पिता मुझे
बिलकुल भी ढूँढ़े, तो तू कहना, 'दाऊद ने बड़ी बिनती करके
मुझसे अनुमति माँगी कि वह अपने नगर बेत-लेहेम को चला
जाए, क्योंकि वहाँ सारे कुल के लिए प्रतिवर्ष का बलिदान होता
है।' 7 "यदि वह ऐसा कहे, 'अच्छा है,' तो तेरा दास सुरक्षित
है; परन्तु यदि वह बहुत अप्रसन्न हो, तो जान लेना कि उसने
बुराई करने का निश्चय किया है। 8 "और तू अपने दास पर
कृपा दिखा, क्योंकि तूने अपने दास को अपने साथ 𐤉𐤄𐤅𐤄
की वाचा में बाँधा है। और यदि मुझ में अधर्म है, तो तू ही मुझे
मार डाल; क्योंकि मुझे अपने पिता के पास क्यों ले जाएगा?"
9 तब यहोनातन ने कहा, "तुझ से ऐसा होना दूर रहे! क्योंकि
यदि मैं निश्चय जान लूँ कि मेरे पिता ने तेरे विरुद्ध बुराई का
विचार कर रखा है, तो क्या मैं तुझे बता न दूँगा?" 10 और
दाऊद ने यहोनातन से कहा, "यदि तेरा पिता कठोर उत्तर दे,
तो मुझे कौन बताएगा? मुझे कैसे ज्ञात होगा?" 11 और
यहोनातन ने दाऊद से कहा, "आ, हम मैदान में निकल
चलें।" और वे दोनों मैदान में निकल गए। 12 और यहोनातन
ने दाऊद से कहा, "𐤉𐤄𐤅𐤄, इस्राएल के ईश्वर! यदि मैं
कल या परसों किसी समय अपने पिता की टोह लेकर यह
जानूँ कि दाऊद के विषय में भलाई है, और मैं तुझे न भेजूँ या
तुझ पर प्रगट न करूँ, 13 तो 𐤉𐤄𐤅𐤄 यहोनातन से ऐसा और
उससे भी अधिक करे। और यदि मेरे पिता को तुझे हानि
पहुँचाना अच्छा लगे, तो मैं तुझ पर प्रगट कर दूँगा और तुझे
विदा करूँगा कि तू शान्ति से चला जाए; और 𐤉𐤄𐤅𐤄 तेरे
साथ रहे, जैसे वह मेरे पिता के साथ रहा है। 14 "परन्तु तू
मुझ पर 𐤉𐤄𐤅𐤄 की करुणा दिखाना—केवल जब तक मैं
जीवित हूँ कि मैं मरूँ नहीं— 15 और तू अपनी करुणा मेरे
घराने से सदा के लिए न काटना; नहीं, तब भी नहीं जब
𐤉𐤄𐤅𐤄 दाऊद के सब शत्रुओं को पृथ्वी के ऊपर से काट
डाले।" 16 और यहोनातन ने दाऊद के घराने के साथ वाचा
बाँधी: "दाऊद के शत्रुओं से 𐤉𐤄𐤅𐤄 उसका हिसाब लेगा।"
17 और यहोनातन ने फिर दाऊद से शपथ ली, क्योंकि वह
उससे प्रेम करता था; वह उससे अपने प्राण की नाईं प्रेम
करता था। 18 तब यहोनातन ने उससे कहा, "कल नया चाँद
है, और तू याद किया जाएगा, क्योंकि तेरी जगह खाली होगी।
19 "और तीसरे दिन तुरंत नीचे उतर जाना, और उस स्थान
पर आना जहाँ तू उस दिन के काम के समय छिपा था, और
एज़ेल के पत्थर के पास रहना। 20 "और मैं उसके पास,
जैसे निशाने पर चलाता हूँ, तीन तीर छोड़ूँगा। 21 "और देख,
मैं एक लड़के को भेजूँगा, यह कहते हुए, 'जा, तीर ढूँढ़।'
यदि मैं उस लड़के से स्पष्ट कहूँ, 'देख, तीर तेरी ओर, यहीं
तेरी तरफ हैं; उन्हें उठा ले और आ,' तो जैसा कि 𐤉𐤄𐤅𐤄
जीवित है, तेरे लिए सुरक्षा है, भय नहीं। 22 "परन्तु यदि मैं
उस लड़के से ऐसा कहूँ, 'देख, तीर तेरे आगे हैं,' तो तू चला
जाना, क्योंकि 𐤉𐤄𐤅𐤄 ने तुझे भेज दिया है। 23 "और जो
बात तू और मैं कह चुके हैं, देख, 𐤉𐤄𐤅𐤄 तेरे और मेरे बीच
सदा के लिए साक्षी है।" 24 और दाऊद मैदान में छिपा रहा।
और जब नया चाँद आया, तो राजा भोजन के पास बैठा खाने
को। 25 और राजा, जैसे अन्य समयों में, दीवार के पास
अपनी सीट पर बैठा; यहोनातन खड़ा था, और अब्नेर शाऊल
के पास बैठा; परन्तु दाऊद की जगह खाली थी। 26 परन्तु
उस दिन शाऊल ने कुछ न कहा, क्योंकि उसने सोचा,
"संयोगवश ऐसा हुआ है; वह अशुद्ध है, क्योंकि उसने अपने
को शुद्ध नहीं किया।" 27 और ऐसा हुआ कि अगले दिन, जो
महीने का दूसरा दिन था, दाऊद की जगह फिर खाली रही।
तब शाऊल ने अपने पुत्र यहोनातन से कहा, "यिशै का पुत्र
कल या आज भोजन करने क्यों नहीं आया?" 28 तब
यहोनातन ने शाऊल को उत्तर दिया, "दाऊद ने मुझसे बिनती
करके बेत-लेहेम जाने की छुट्टी माँगी। 29 "और उसने कहा,
'कृपा करके मुझे जाने दे, क्योंकि हमारे नगर में कुल का
बलिदान है, और मेरे भाई ने मुझे वहाँ रहने की आज्ञा दी है;
और अब, यदि मैं तेरी दृष्टि में अनुग्रह पाएँ, तो मुझे जाने दे
कि मैं अपने भाइयों को देख आऊँ।' इसी कारण वह राजा
की मेज पर नहीं आया।" 30 तब शाऊल का क्रोध यहोनातन
पर भड़क उठा, और उसने उससे कहा, "दुराचारिणी
विद्रोहिणी स्त्री के पुत्र! क्या मैं नहीं जानता कि तूने अपनी
लज्जा और अपनी माता की नग्नता की लज्जा के लिए यिशै
के पुत्र को चुना है? 31 "क्योंकि जब तक यिशै का पुत्र पृथ्वी
पर जीवित है, तब तक न तू स्थिर होगा, न तेरा राज्य। अब
भेज, उसे मेरे पास ले आ, क्योंकि वह मृत्यु का पुत्र है।"
32 तब यहोनातन ने अपने पिता शाऊल को उत्तर दिया, और
उससे कहा, "उसे क्यों मारा जाए? उसने क्या किया है?"
33 तब शाऊल ने उस पर भाला फेंका कि उसे मार डाले; तब
यहोनातन जान गया कि उसके पिता ने दाऊद को मार डालने

का निश्चय किया है। 34 और यहोनातन जल-जलाकर मेज
से उठ खड़ा हुआ, और महीने के दूसरे दिन उसने भोजन न
किया; क्योंकि वह दाऊद के कारण शोकित था, क्योंकि
उसके पिता ने उसे लज्जित किया था। 35 और ऐसा हुआ कि
सुबह को यहोनातन, नियत समय पर, दाऊद के साथ मैदान
में निकला, और उसके साथ एक छोटा लड़का था। 36 और
उसने उस लड़के से कहा, "अब दौड़, जो तीर मैं छोड़ता हूँ
उन्हें ढूँढ।" जैसे ही लड़का दौड़ा, उसने उसके आगे एक
तीर छोड़ा। 37 और जब लड़का उस स्थान पर पहुँचा जहाँ
वह तीर था जिसे यहोनातन ने छोड़ा था, तब यहोनातन ने
लड़के के पीछे पुकारकर कहा, "क्या तीर तेरे आगे नहीं है?"
38 और यहोनातन ने लड़के के पीछे पुकारकर कहा, "शीघ्र
कर, जल्दी कर, ठहरा न रह!" तब यहोनातन के लड़के ने
तीर उठाए और अपने स्वामी के पास आया। 39 परन्तु लड़के
को कुछ भी ज्ञात न था; केवल यहोनातन और दाऊद ही इस
बात को जानते थे। 40 तब यहोनातन ने अपने हथियार उस
लड़के को दिए और उससे कहा, "जा, उन्हें नगर को ले
जा।" 41 और जैसे ही लड़का चला गया, दाऊद दक्षिण ओर
से उठ खड़ा हुआ, और भूमि पर मुँह के बल गिरकर तीन बार
दण्डवत किया; और वे एक-दूसरे को चूमे; और वे दोनों रोए,
परन्तु दाऊद अधिक। 42 और यहोनातन ने दाऊद से कहा,
"शान्ति से जा, क्योंकि हम दोनों ने 𐤉𐤄𐤅𐤄 के नाम में शपथ
खाई है, यह कहते हुए, '𐤉𐤄𐤅𐤄 तेरे और मेरे बीच, और
तेरी सन्तान और मेरी सन्तान के बीच, सदा तक रहेगा।' "
तब वह उठा और चला गया, और यहोनातन नगर में आया।

21

1 और दाऊद नोप में, अहिमेलेक याजक के पास
आया। और अहिमेलेक दाऊद से मिलने पर काँप
उठा, और उससे पूछा, "तू अकेला क्यों है, और तेरे साथ
कोई क्यों नहीं है?" 2 और दाऊद ने अहिमेलेक याजक से
कहा, "राजा ने मुझसे एक बात कही है, और मुझसे कहा,
'जिस काम के लिए मैं तुझे भेज रहा हूँ और जो आज्ञा मैंने
तुझे दी है, उसका कुछ भी किसी को न बताना।' और मैंने
अपने जवानों को अमुक-अमुक स्थान पर भेजा है। 3 "अब
तेरे पास जो कुछ है, वह मुझे दे। पाँच रोटियाँ मेरे हाथ में दे,
या जो कुछ मिल सके।" 4 और याजक ने दाऊद को उत्तर
दिया और उससे कहा, "यहाँ साधारण रोटी नहीं है, परन्तु
पवित्र रोटी है—बशर्ते कि जवानों ने स्त्रियों से अपने आप को
रोके रखा हो।" 5 और दाऊद ने याजक को उत्तर दिया,
और उससे कहा, "निश्चय ही, जब से मैं निकला हूँ, आज
तीन दिन से स्त्रियाँ हमसे दूर रही हैं; और जवानों के पात्र
पवित्र हैं, और यह तो साधारण कार्य है; और आज पात्र में भी
पवित्रता है।" 6 तब याजक ने उसे पवित्र रोटी दी; क्योंकि वहाँ
कोई रोटी न थी, सिवाय वेदी की रोटियों के, जो 𐤉𐤄𐤅𐤄 के
सामने से उतारी गई थीं, ताकि उतारे जाने के दिन गरम रोटी
रखी जाए। 7 उस दिन शाऊल के दासों में से एक वहाँ था,
जो 𐤉𐤄𐤅𐤄 के सामने रोका गया था। उसका नाम दोएग था,
एदोमी, शाऊल के चरवाहों का प्रधान। 8 और दाऊद ने
अहिमेलेक से कहा, "क्या यहाँ कोई भाला या तलवार नहीं है?
क्योंकि मैंने अपने साथ न तो तलवार लाई और न अपने
हथियार, क्योंकि राजा का काम अत्यावश्यक था।" 9 और
याजक ने कहा, "गोलीयत पलिश्ती की तलवार, जिसे तूने
एला की तराई में मारा था, देख, वह वस्त्र में लिपटी हुई एफ़ोद
के पीछे रखी है। यदि तू उसे लेना चाहे तो ले; क्योंकि इसके
सिवाय यहाँ और कोई नहीं है।" और दाऊद ने कहा, "इसके
समान कोई नहीं है, उसे मुझे दे।" 10 तब दाऊद उस दिन
शाऊल के सामने से उठकर भागा, और गाथ के राजा
आकीश के पास आया। 11 परन्तु आकीश के दासों ने उससे
कहा, "क्या यह दाऊद देश का राजा नहीं है? क्या उनके
विषय में स्त्रियों ने नाच-नाचकर यह नहीं गाया था, 'शाऊल
ने अपने हजार मारे, और दाऊद ने अपने दस हजार'?"
12 और दाऊद ने इन बातों को मन में रखा, और गाथ के
राजा आकीश से बहुत डर गया। 13 और उसने उनके सामने
अपना चाल-चलन बदल दिया, और उनके हाथों में पागलपन
किया, और फाटकों के दरवाजों पर लिखने लगा, और
उसकी लार उसकी दाढ़ी पर बहने लगी। 14 तब आकीश ने
अपने दासों से कहा, "देखो, तुम देखते हो कि यह मनुष्य
पागलपन कर रहा है। इसे मेरे पास क्यों लाए हो? 15 "क्या मैं
पागलों से रहित हूँ, कि तुमने इसको मेरे पास पागलपन करने
को लाया है? क्या यह मेरे घर में आना चाहिए?"

22

1 और दाऊद वहाँ से निकलकर अदुल्लाम की गुफा
में भाग गया। और उसके भाई और उसके पिता का
सारा घराना यह सुनकर वहाँ उसके पास उतर आए। 2 और
जितने संकट में थे, जितने ऋणी थे, और जितने कष्ट में थे,
सब उसके पास इकट्ठे हुए। और वह उनका प्रधान हुआ; और
उसके साथ लगभग चार सौ पुरुष थे। 3 और दाऊद वहाँ से
मोआब के मित्सपेह को गया और मोआब के राजा से कहा,
"कृपा करके मेरे पिता और मेरी माता को तेरे पास रहने दे,
जब तक मुझे यह न पता चल जाए कि ईश्वर मेरे लिये क्या
करेगा।" 4 और उसने उन्हें मोआब के राजा के पास छोड़
दिया; और वे उसके साथ वहाँ रहे, जब तक दाऊद गढ़ में
था। 5 तब गाद नबी ने दाऊद से कहा, "गढ़ में न रहना।
निकल जा, और यहूदा के देश में जा।" तब दाऊद
निकलकर हेरेत के वन में गया। 6 और शाऊल ने सुना कि
दाऊद और उसके साथियों का पता चल गया है। और
शाऊल गिबा में था, रामाह में तमरिस्क के वृक्ष के नीचे बैठा,
हाथ में भाला लिये, और उसके सब दास उसके चारों ओर
खड़े थे। 7 तब शाऊल ने अपने चारों ओर खड़े दासों से
कहा, "अब सुनो, हे बिन्यामीनियो! क्या यिशै का पुत्र तुम
सबको खेत और दाख की बारियाँ देगा, और क्या वह तुम
सबको हज़ारों और सैकड़ों पर प्रधान बनाएगा? 8 "क्योंकि तुम
सब ने मेरे विरुद्ध षडयंत्र किया है, और मुझ को बताने वाला
कोई नहीं है कि मेरे पुत्र ने यिशै के पुत्र के साथ वाचा बाँधी
है। और तुम में से कोई मेरे लिये शोकित नहीं है और न मुझे
बताता है कि मेरे पुत्र ने मेरे दास को मेरे विरुद्ध उठाया है, कि
वह मेरी घात में बैठा रहे, जैसा आज है।" 9 तब एदोमी दोएग,
जो शाऊल के दासों पर नियुक्त था, उत्तर देकर बोला, "मैंने
यिशै के पुत्र को नोप में अहिमेलेक, अहीतूब के पुत्र, के पास
जाते देखा। 10 "और उसने उसके लिये 𐤉𐤄𐤅𐤄 से पूछा,
और उसे भोजन दिया, और उसे गोलीयत पलिश्ती की
तलवार भी दी।" 11 तब राजा ने किसी को भेजकर
अहिमेलेक याजक, अहीतूब के पुत्र, और उसके सारे पिता के
घराने, उन याजकों को जो नोप में थे, बुलाया। और वे सब
राजा के पास आए। 12 और शाऊल ने कहा, "अब सुन, हे

अहीतूब के पुत्र!" और उसने उत्तर दिया, "हे मेरे प्रभु, मैं यहाँ
हूँ।" [13] और शाऊल ने उससे कहा, "तूने मेरे विरुद्ध क्यों
षडयंत्र किया, तू और यिशै का पुत्र, उसे रोटी और तलवार
देकर, और उसके लिये ईश्वर से पूछकर, कि वह मेरे विरुद्ध
उठे, और मेरी घात में बैठा रहे, जैसा आज है?" [14] तब
अहिमेलेक ने राजा को उत्तर दिया और कहा, "तेरे सब दासों
में से कौन ऐसा विश्वासयोग्य है जैसा दाऊद, जो राजा का
दामाद है, और तेरी आज्ञा का पालन करता है, और तेरे घर में
आदरनीय है? [15] "क्या आज मैंने उसके लिये ईश्वर से पूछना
आरम्भ किया है? कदापि नहीं! राजा अपने दास और अपने
पिता के घराने के किसी पर दोष न लगाए; क्योंकि तेरे दास ने
इन सब बातों में से किसी की भी थोड़ी या बड़ी बात नहीं
जानी।" [16] तब राजा ने कहा, "हे अहिमेलेक, तू निश्चय ही
मरेगा, तू और तेरे पिता का सारा घराना!" [17] तब राजा ने
अपने चारों ओर खड़े पहरेदारों से कहा, "फिरो और
𐤉𐤄𐤅𐤄 के याजकों को मार डालो, क्योंकि उनका हाथ भी
दाऊद के साथ है, और क्योंकि उन्होंने जान लिया जब वह
भागा, परन्तु मुझे प्रगट न किया।" परन्तु राजा के दासों ने
𐤉𐤄𐤅𐤄 के याजकों पर हाथ उठाने से मना किया। [18] तब
राजा ने दोएग से कहा, "तू फिर और याजकों पर चढ़।" तब
एदोमी दोएग ने फिरकर याजकों पर चढ़ाई की, और उस
दिन पचीस और अस्सी पुरुषों को, जो सूती एफ़ोद पहने हुए
थे, मार डाला। [19] और उसने नोप, याजकों के नगर को
तलवार की धार से मार डाला; पुरुषों से स्त्रियों तक, बालकों
से दूध पीते शिशुओं तक, और बैल, गधे और भेड़ सब को
तलवार की धार से मार डाला। [20] परन्तु अहीतूब का पुत्र
अहिमेलेक के पुत्रों में से एक, जिसका नाम एब्यातार था, बच
निकला और दाऊद के पास भाग गया। [21] और एब्यातार ने
दाऊद को बताया कि शाऊल ने 𐤉𐤄𐤅𐤄 के याजकों को मार
डाला है। [22] तब दाऊद ने एब्यातार से कहा, "मैंने उस दिन
जान लिया था, जब एदोमी दोएग वहाँ था, कि वह अवश्य
शाऊल को बताएगा। तेरे पिता के सारे घराने के प्राणों का
दोष मुझ पर है। [23] "मेरे साथ रह, मत डर। क्योंकि जो मेरे
प्राण की खोज करता है, वह तेरे प्राण की भी खोज करता है;
परन्तु तू मेरे साथ सुरक्षित रहेगा।"

23

[1] और लोगों ने दाऊद को बताया, "देख, पलिश्ती
कीला के विरुद्ध लड़ रहे हैं, और खलिहानों को लूट
रहे हैं।" [2] तब दाऊद ने 𐤉𐤄𐤅𐤄 से पूछा, "क्या मैं जाकर
इन पलिश्तियों को मारूँ?" और 𐤉𐤄𐤅𐤄 ने दाऊद से कहा,
"जा, पलिश्तियों को मार, और कीला को बचा।" [3] परन्तु
दाऊद के लोगों ने उससे कहा, "देख, हम यहाँ यहूदा में ही
डरते हैं, फिर यदि हम कीला जाकर पलिश्तियों की सेनाओं
से लड़ें तो कितना अधिक भय होगा?" [4] तब दाऊद ने फिर
से 𐤉𐤄𐤅𐤄 से पूछा। और 𐤉𐤄𐤅𐤄 ने उसे उत्तर दिया और
कहा, "उठ, कीला को जा; क्योंकि मैं पलिश्तियों को तेरे हाथ
में कर दूँगा।" [5] तब दाऊद और उसके लोग कीला को गए
और पलिश्तियों से लड़े, और उनके पशुधन को ले गया, और
उन्हें बड़ी मार मारी। इस प्रकार दाऊद ने कीला के निवासियों
को बचाया। [6] और ऐसा हुआ कि जब अहिमेलेक का पुत्र
एब्यातार दाऊद के पास कीला भाग आया, तो उसके हाथ में
एफ़ोद था। [7] और शाऊल को बताया गया कि दाऊद कीला
में आया है। तब शाऊल ने कहा, "ईश्वर ने उसे मेरे हाथ में
कर दिया है, क्योंकि उसने फाटक और दंडोंवाले नगर में
प्रवेश करके अपने आप को बन्द कर लिया है।" [8] और
शाऊल ने सब लोगों को युद्ध के लिये बुलाया, कि कीला को
जाकर दाऊद और उसके लोगों को घेर ले। [9] और दाऊद ने
जान लिया कि शाऊल उसके विरुद्ध बुराई का विचार कर रहा
है, और उसने एब्यातार याजक से कहा, "यहाँ एफ़ोद ले
आ।" [10] और दाऊद ने कहा, "हे 𐤉𐤄𐤅𐤄, इस्राएल के
ईश्वर! तेरे दास ने निश्चय सुना है कि शाऊल कीला को मेरे
कारण नष्ट करने आना चाहता है। [11] "क्या कीला के
नागरिक मुझे उसके हाथ में सौंप देंगे? क्या शाऊल वास्तव में
नीचे आने वाला है, जैसा तेरे दास ने सुना है? हे 𐤉𐤄𐤅𐤄,
इस्राएल के ईश्वर, अपने दास को बता।" और 𐤉𐤄𐤅𐤄 ने
कहा, "वह नीचे आ रहा है।" [12] तब दाऊद ने कहा, "क्या
कीला के नागरिक मुझे और मेरे लोगों को शाऊल के हाथ में
सौंप देंगे?" और 𐤉𐤄𐤅𐤄 ने कहा, "वे तुझे सौंप देंगे।"
[13] तब दाऊद और उसके लोग, लगभग छः सौ, उठकर
कीला से निकल गए और जहाँ जा सकते थे वहाँ चले गए।
और शाऊल को बताया गया कि दाऊद कीला से निकल गया
है; तब उसने वहाँ जाना छोड़ दिया। [14] और दाऊद जंगल के
गढ़ों में रहता रहा, और ज़ीफ़ के जंगल के पहाड़ों में रहता
रहा। और शाऊल प्रतिदिन उसकी खोज करता रहा, परन्तु
ईश्वर ने उसे उसके हाथ में न दिया। [15] और दाऊद ने देखा
कि शाऊल उसके प्राण की खोज में निकला है। और दाऊद
ज़ीफ़ के जंगल में होरेश में था। [16] तब शाऊल का पुत्र
यहोनातन उठकर दाऊद के पास होरेश में गया, और ईश्वर
में उसका मन दृढ़ किया। [17] और उसने उससे कहा, "मत
डर, क्योंकि शाऊल मेरे पिता का हाथ तुझे न पाएगा, और तू
इस्राएल पर राज्य करेगा, और मैं तेरे पास रहूँगा; और
शाऊल मेरा पिता भी यह जानता है।" [18] और उन्होंने
𐤉𐤄𐤅𐤄 के सामने वाचा बाँधी। और दाऊद होरेश में रहा,
और यहोनातन अपने घर चला गया। [19] तब ज़ीफ़ के लोग
गिबा में शाऊल के पास आए, यह कहते हुए, "क्या दाऊद
हमारे बीच गढ़ों में, होरेश में, हकीला के पहाड़ पर, जो
मरुभूमि के दक्षिण में है, नहीं छिपा है?" [20] "अब हे राजा, तेरे
प्राण की सारी इच्छा के अनुसार, नीचे आ जा, और हमारा
काम यह होगा कि हम उसे राजा के हाथ में सौंप दें।" [21] तब
शाऊल ने कहा, "𐤉𐤄𐤅𐤄 की ओर से तुम आशीषित हो,
क्योंकि तुमने मुझ पर दया की है।" [22] "अब जाओ, और
और अधिक निश्चित करो, और पता लगाओ और देखो कि
उसका ठिकाना कहाँ है, और किसने उसे वहाँ देखा है; क्योंकि
मुझे कहा गया है कि वह बहुत चालाक है। [23] "इसलिए देखो,
और उसके छिपने के सब स्थानों को जान लो जहाँ वह छिपता
है, और निश्चित होकर मेरे पास लौट आओ। तब मैं तुम्हारे
साथ जाऊँगा। और ऐसा होगा, यदि वह इस देश में है, तो मैं
उसे यहूदा के सब कुलों में ढूँढ लूँगा।" [24] तब वे उठकर
शाऊल से पहले ज़ीफ़ को गए। और दाऊद और उसके लोग
मरुभूमि के मैदान में, यानि मरुभूमि के दक्षिण में, मओन के
जंगल में थे। [25] और शाऊल और उसके लोग दाऊद की
खोज में गए। और यह दाऊद को बताया गया; तब वह
चट्टान की ओर नीचे गया, और मओन के जंगल में रहा।
और जब शाऊल ने यह सुना, तो उसने मओन के जंगल में

दाऊद का पीछा किया। 26 और शाऊल पहाड़ के एक ओर
गया, और दाऊद और उसके लोग पहाड़ की दूसरी ओर।
और दाऊद शाऊल से बचकर भागने की जल्दी में था,
क्योंकि शाऊल और उसके लोग दाऊद और उसके लोगों को
पकड़ने के लिए उन्हें घेर रहे थे। 27 तब एक दूत शाऊल के
पास आया और कहा, "शीघ्र आ और आ, क्योंकि पलिश्ती
देश पर चढ़ आए हैं!" 28 तब शाऊल दाऊद का पीछा करना
छोड़कर पलिश्तियों से लड़ने चला गया। इसलिए उस स्थान
का नाम सेलह हामहलेकोत पड़ा। 29 और दाऊद वहाँ से ऊपर
गया और एन्-गदी के गढ़ों में रहा।

24 1 और ऐसा हुआ कि जब शाऊल पलिश्तियों का पीछा
करके लौट आया, तब उसे बताया गया, "देख,
दाऊद एन्-गदी के जंगल में है।" 2 तब शाऊल ने समस्त
इस्राएल में से तीन हजार चुने हुए पुरुष लिए, और दाऊद
और उसके लोगों को याएलीम की चट्टानों के सामने ढूँढने
गया। 3 और वह रास्ते में भेड़-बकरियों के बाड़ों तक आया,
और वहाँ एक गुफा थी; और शाऊल भीतर शौच करने गया।
और दाऊद और उसके लोग गुफा के भीतर किनारे बैठे थे।
4 तब दाऊद के लोगों ने उससे कहा, "देख, वही दिन है
जिसके विषय में 𐤉𐤄𐤅𐤄 ने तुझसे कहा था, 'देख, मैं तेरा
शत्रु तेरे हाथ में कर दूँगा, और तू उसके संग जैसा तुझे भला
लगे वैसा करना।' " तब दाऊद उठकर धीरे से शाऊल के
वस्त्र का एक कोना काट लिया। 5 परन्तु बाद में दाऊद का
मन उसे खटकने लगा, क्योंकि उसने शाऊल के वस्त्र को
काट लिया था। 6 और उसने अपने लोगों से कहा, "𐤉𐤄𐤅𐤄
की शपथ, मैं अपने स्वामी, 𐤉𐤄𐤅𐤄 के अभिषिक्त पर ऐसा
काम करके अपना हाथ न बढ़ाऊँ, क्योंकि वह 𐤉𐤄𐤅𐤄 का
अभिषिक्त है।" 7 और दाऊद ने अपने सेवकों को ये बातें
कहकर रोक दिया, और उन्हें शाऊल पर चढ़ने न दिया। तब
शाऊल गुफा से उठकर अपने मार्ग पर चला गया। 8 फिर
दाऊद भी उठकर गुफा से बाहर गया, और शाऊल के पीछे
पुकारकर कहा, "हे मेरे स्वामी राजा!" और जब शाऊल ने
पीछे मुड़कर देखा, तब दाऊद ने भूमि पर मुँह के बल गिरकर
दण्डवत किया। 9 और दाऊद ने शाऊल से कहा, "तू उन
मनुष्यों की बातों पर क्यों कान लगाता है, जो कहते हैं, 'देख,
दाऊद तेरा अनिष्ट चाहता है'?" 10 "देख, आज के दिन
तेरी आँखों ने देखा कि 𐤉𐤄𐤅𐤄 ने तुझे गुफा में मेरे हाथ में
कर दिया, और किसी ने कहा कि मैं तुझे मार डालूँ। परन्तु
मैंने तुझ पर दया की, और कहा, 'मैं अपने स्वामी पर हाथ न
बढ़ाऊँगा, क्योंकि वह 𐤉𐤄𐤅𐤄 का अभिषिक्त है।' 11 "और हे
मेरे पिता, देख, देख, तेरे वस्त्र का कोना मेरे हाथ में है!
क्योंकि मैंने तेरे वस्त्र का कोना काट लिया, परन्तु तुझे नहीं
मारा, इससे जान और देख कि मेरे हाथ में न तो बुराई है और
न विद्रोह; और मैंने तेरा पाप नहीं किया, तौभी तू मेरे प्राण की
खोज करता है कि उसे ले ले।" 12 "𐤉𐤄𐤅𐤄 तेरे और मेरे
बीच न्याय करे, और 𐤉𐤄𐤅𐤄 मुझसे तेरा बदला ले; परन्तु
मेरा हाथ तुझ पर न होगा।" 13 "जैसा प्राचीनों की कहावत है,
'दुष्टता दुष्टों से निकलती है।' परन्तु मेरा हाथ तुझ पर न
होगा।" 14 "इस्राएल का राजा किसके पीछे निकला है? तू
किसका पीछा करता है? एक मरे हुए कुत्ते का? एक पिस्सू
का?" 15 "और 𐤉𐤄𐤅𐤄 न्यायी ठहरे, और तेरे और मेरे बीच
न्याय करे, और देखे और मेरा मुक़दमा लड़े, और मुझे तेरे
हाथ से छुड़ाए।" 16 और ऐसा हुआ कि जब दाऊद ने
शाऊल से ये सब बातें कहनी पूरी कर दीं, तब शाऊल ने
कहा, "क्या यह तेरी ही आवाज़ है, हे मेरे पुत्र दाऊद?" तब
शाऊल ने ऊँचे स्वर से रोया। 17 और उसने दाऊद से कहा,
"तू मुझ से अधिक धर्मी है, क्योंकि तू ने मुझ से भलाई की,
और मैंने तुझ से बुराई की।" 18 "और तू ने आज प्रगट
किया कि तू ने मेरे साथ भलाई की है; क्योंकि जब 𐤉𐤄𐤅𐤄 ने
मुझे तेरे हाथ में कर दिया, तब तू ने मुझे नहीं मारा।"
19 "क्योंकि यदि कोई मनुष्य अपने शत्रु को पाता है, तो क्या
वह उसे शांति से जाने देता है? तो 𐤉𐤄𐤅𐤄 तुझे भलाई से
बदला दे, जो तू ने आज मेरे साथ किया है।" 20 "और अब
देख, मैं जानता हूँ कि निश्चय तू राजा होगा, और इस्राएल
का राज्य तेरे हाथ में स्थिर होगा।" 21 "और अब मुझ से
𐤉𐤄𐤅𐤄 की शपथ खा कि तू मेरे पश्चात मेरी सन्तान को न
काट डालेगा, और मेरे पिता के घर से मेरा नाम न
मिटाएगा।" 22 तब दाऊद ने शाऊल से शपथ खाई। और
शाऊल अपने घर चला गया, और दाऊद और उसके लोग
गढ़ में चले गए।

25 1 और शमूएल मर गया, और समस्त इस्राएल इकट्ठे
होकर उसके लिये विलाप किए, और उसे उसके घर
रामा में दफनाया। और दाऊद उठकर पारान के जंगल में
चला गया। 2 अब एक व्यक्ति मओन में था, और उसका काम
कर्मेल में था; और वह व्यक्ति बहुत बड़ा था। उसके पास तीन
हज़ार भेड़ें और एक हज़ार बकरियाँ थीं। और वह कर्मेल में
अपनी भेड़ों की ऊन कतर रहा था। 3 और उस व्यक्ति का
नाम नाबाल था, और उसकी पत्नी का नाम अबीगैल। और
वह स्त्री अच्छी समझवाली और सुन्दर थी; परन्तु वह पुरुष
कठोर और अपने कामों में बुरा था। और वह कालेब के वंश
का था। 4 और दाऊद ने जंगल में सुना कि नाबाल अपनी
भेड़ों की ऊन कतर रहा है। 5 तब दाऊद ने दस जवान भेजे,
और दाऊद ने उन जवानों से कहा, "कर्मेल पर जाओ, और
नाबाल के पास पहुँचकर मेरा नाम लेकर उसका कुशलक्षेम
पूछना, 6 और उससे कहना, 'तुम्हें दीर्घायु और शान्ति मिले!
और तेरे घर को शान्ति, और तेरे सब कुछ को शान्ति मिले!'
7 'और अब, मैंने सुना है कि तेरे पास ऊन कतरनेवाले हैं।
अब तेरे चरवाहे हमारे साथ थे, हमने उनको अपमानित नहीं
किया, और वे जब तक कर्मेल में थे तब तक उनका कुछ भी
नहीं घटा।' 8 'अपने जवानों से पूछ ले, और वे तुझे बता
देंगे। इसलिए मेरे जवान तेरी दृष्टि में अनुग्रह पाएँ, क्योंकि
हम अच्छे दिन में आए हैं। कृपया जो कुछ तेरे हाथ में आए,
अपने दासों और अपने पुत्र दाऊद को दे।' " 9 और दाऊद
के जवान आए और नाबाल से ये सब बातें दाऊद के नाम से
कहकर ठहर गए। 10 परन्तु नाबाल ने दाऊद के सेवकों को
उत्तर दिया और कहा, "दाऊद कौन है? और यिशै का पुत्र
कौन है? आजकल बहुत से दास हैं जो अपने स्वामियों से
भागते फिरते हैं। 11 "क्या मैं अपनी रोटी और अपना पानी
और अपना मांस, जिसे मैंने अपने ऊन कतरनेवालों के लिये
मारा है, लेकर उन मनुष्यों को दूँ, जो न जाने कहाँ से आए
हैं?" 12 तब दाऊद के जवान पलटकर अपने मार्ग पर लौट
गए, और आकर दाऊद को ये सब बातें बताईं। 13 तब

दाऊद ने अपने लोगों से कहा, “हर एक अपनी तलवार कमर
से बाँध ले।” सो उन्होंने हर एक ने अपनी तलवार बाँधी, और
दाऊद ने भी अपनी तलवार बाँधी। और लगभग चार सौ
पुरुष दाऊद के संग गए, और दो सौ सामान के पास रह
गए। [14]और नाबाल की पत्नी अबीगैल को एक जवान ने
बताया, “देख, दाऊद ने जंगल से दूत भेजकर हमारे स्वामी
का अभिवादन किया, परन्तु उसने उन पर चिल्लाया।
[15]“परन्तु वे लोग हमारे प्रति बहुत भले थे, और उन्होंने हमारा
अपमान नहीं किया, और जब तक हम उनके साथ मैदान में
थे तब तक हमारा कुछ भी नहीं घटा। [16]“वे दिन-रात हमारे
लिये दीवार के समान थे, जब तक हम उनके साथ भेड़ें चराते
थे।” [17]“अब जान और देख कि तू क्या करे, क्योंकि हमारे
स्वामी और उसके सारे घराने के विरुद्ध विपत्ति ठहराई गई है;
और वह ऐसा निकम्मा है कि उससे कुछ कहना भी सम्भव
नहीं।” [18]तब अबीगैल ने शीघ्रता की, और दो सौ रोटियाँ, दो
मशक दाखमधु, पाँच तैयार भेड़ें, पाँच सिया भुना हुआ अन्न,
सौ किशमिश की गट्ठरियाँ, और दो सौ अंजीर की टिक्कियाँ
लेकर गधों पर लाद दिया। [19]और उसने अपने सेवकों से
कहा, “मेरे आगे चलो; देखो, मैं तुम्हारे पीछे आ रही हूँ।”
परन्तु उसने अपने पति नाबाल को नहीं बताया। [20]और ऐसा
हुआ कि जब वह गधे पर सवार होकर पहाड़ की ओट से
उतर रही थी, तब देखो, दाऊद और उसके लोग उसके
सामने उतर रहे थे, और वह उनसे मिली। [21]और दाऊद ने
कहा था, “निश्चय व्यर्थ ही मैंने इस जंगल में इस मनुष्य की
सब वस्तुओं की रक्षा की, कि उसका कुछ भी न घटे; और
उसने भलाई के बदले बुराई का बदला दिया है। [22]“यदि मैं
प्रातः तक उसके सब पुरुषों में से एक भी जीवित छोड़ दूँ, तो
𐤉𐤄𐤅𐤄 मेरे शत्रुओं से ऐसा ही, वरन् और भी करे।”
[23]और जब अबीगैल ने दाऊद को देखा, तब वह शीघ्र गधे
पर से उतरी, और दाऊद के सामने मुँह के बल गिरकर भूमि
पर दण्डवत किया। [24]और उसके पाँवों पर गिरकर कहा, “हे
मेरे स्वामी, यह अधर्म मुझ पर ही हो! और अपनी दासी से
बातें करने दे, और अपनी दासी के वचनों को सुन।”
[25]“कृपया, मेरा स्वामी इस निकम्मे मनुष्य नाबाल की ओर
ध्यान न दे; क्योंकि जैसा उसका नाम है, वैसा ही वह है;
नाबाल उसका नाम है, और मूर्खता उसी में है। परन्तु मैंने,
तेरी दासी ने, उन जवानों को नहीं देखा, जिन्हें तू ने भेजा
था।” [26]“और अब, हे मेरे स्वामी, जैसे 𐤉𐤄𐤅𐤄 जीवित है
और तेरी आत्मा जीवित है, वैसे ही 𐤉𐤄𐤅𐤄 ने तुझे रक्तपात
से और अपने ही हाथ से पलटा लेने से रोका है। अब तेरे शत्रु
और जो तेरे अनिष्ट की खोज में हैं, वे नाबाल के समान हों।
[27]“और अब यह भेंट जो तेरी दासी अपने स्वामी के लिये
लाई है, तेरे पीछे चलनेवाले जवानों को दी जाए।” [28]“अपनी
दासी का अपराध क्षमा कर; क्योंकि 𐤉𐤄𐤅𐤄 निश्चय ही मेरे
स्वामी के लिये स्थायी घर बनाएगा, क्योंकि मेरा स्वामी
𐤉𐤄𐤅𐤄 के युद्ध लड़ता है, और तेरे जीवनकाल में तुझ में
बुराई नहीं पाई जाती।” [29]“और यदि कोई उठकर तेरा पीछा
करे और तेरे प्राण की खोज करे, तो मेरे स्वामी का प्राण
𐤉𐤄𐤅𐤄 तेरे ईश्वर के साथ जीवन के बण्डल में बँधा रहेगा;
परन्तु तेरे शत्रुओं का प्राण वह गोफन की थैली से पत्थर की
तरह बाहर फेंकेगा।” [30]“और ऐसा होगा कि जब 𐤉𐤄𐤅𐤄
तेरे विषय में सारी भलाई करेगा, जैसा उसने तेरा विषय में
कहा है, और तुझे इस्राएल पर प्रधान ठहराएगा,” [31]“तब यह
मेरे स्वामी के लिये ठोकर और बाधा न ठहरे कि तू ने
निष्कारण रक्त बहाया है, या कि मेरे स्वामी ने अपने लिये
पलटा लिया है। और जब 𐤉𐤄𐤅𐤄 ने मेरे स्वामी पर भलाई
की होगी, तब तू अपनी दासी को स्मरण करना।” [32]तब
दाऊद ने अबीगैल से कहा, “इस्राएल के ईश्वर 𐤉𐤄𐤅𐤄
धन्य है, जिसने आज तुझे मुझ से मिलने भेजा!” [33]“और
धन्य है तेरा विवेक, और धन्य तू है, जिसने मुझे आज
रक्तपात करने और अपने ही हाथ से पलटा लेने से रोका।”
[34]“निश्चय, जैसा कि इस्राएल का ईश्वर 𐤉𐤄𐤅𐤄 जीवित है,
जिसने मुझे तुझ पर बुराई करने से रोका, यदि तू शीघ्र
आकर मुझ से न मिली होती, तो निश्चय प्रातः तक नाबाल के
पुरुषों में से एक भी जीवित न रहता।” [35]तब दाऊद ने
उसके हाथ से जो उसने लाया था उसे लिया, और उससे
कहा, “शान्ति से अपने घर चली जा; देख, मैंने तेरी बात सुनी
और तेरा मुख स्वीकार किया।” [36]और अबीगैल नाबाल के
पास गई, और देख, उसके घर में राजा के भोज के समान
भोज था; और नाबाल का मन उसके भीतर मगन था, क्योंकि
वह बहुत नशे में था। इसलिए उसने प्रातःकाल तक उससे
कोई बात, बड़ी या छोटी, न कही। [37]और ऐसा हुआ कि
प्रातःकाल जब दाखमधु नाबाल में से उतर गया, तब उसकी
पत्नी ने उसे ये बातें बताईं; तब उसका हृदय उसके भीतर मर
गया, और वह पत्थर के समान हो गया। [38]और लगभग दस
दिन के बाद, 𐤉𐤄𐤅𐤄 ने नाबाल को मारा, और वह मर गया।
[39]और जब दाऊद ने सुना कि नाबाल मर गया है, तब उसने
कहा, “धन्य है 𐤉𐤄𐤅𐤄, जिसने मेरे अपमान का मुक़दमा
नाबाल के हाथ से लिया, और अपने दास को बुराई से रोका;
क्योंकि 𐤉𐤄𐤅𐤄 ने नाबाल की बुराई उसी के सिर पर लौटा
दी।” और दाऊद ने अबीगैल को बुलाने भेजा कि उसे अपनी
पत्नी बनाए। [40]और जब दाऊद के सेवक अबीगैल के पास
कर्मेल में पहुँचे, उन्होंने उससे कहा, “दाऊद ने हमें तुझ से
यह कहने भेजा है कि तू उसकी पत्नी हो जाए।” [41]तब वह
उठी और भूमि पर मुँह के बल गिरकर दण्डवत की, और
कहा, “तेरी दासी यहाँ है कि अपने स्वामी के दासों के पाँव
धोए।” [42]तब अबीगैल शीघ्रता से उठी और गधे पर चढ़ी,
और उसके पाँच दासियाँ उसके पीछे-पीछे चलीं; और वह
दाऊद के दूतों के पीछे चली और उसकी पत्नी हो गई।
[43]दाऊद ने यिज्रेल की अहीनोअम को भी ले लिया था; सो वे
दोनों उसकी पत्नियाँ हो गईं। [44]परन्तु शाऊल ने अपनी बेटी
मीकाल, जो दाऊद की पत्नी थी, को गल्लिम के लैश के पुत्र
पल्ती को दे दिया था।

26 [1]तब ज़ीफ़ के लोग गिबा में शाऊल के पास आए,
कहते हुए, “क्या दाऊद हमारे बीच हकीला के पहाड़
पर, जो मरुभूमि की ओर है, नहीं छिपा है?” [2]तब शाऊल
उठा और ज़ीफ़ के जंगल को उतर गया, और उसके साथ
इस्राएल के तीन हज़ार चुने हुए पुरुष थे, दाऊद को ज़ीफ़ के
जंगल में ढूँढने के लिये। [3]और शाऊल ने हकीला के पहाड़
पर, जो मरुभूमि की ओर मार्ग के पास है, डेरे डाले; और
दाऊद जंगल में रहता था, और उसने देखा कि शाऊल
जंगल में उसके पीछे आया है। [4]तब दाऊद ने भेदिये भेजे,
और जाना कि शाऊल सचमुच आया है। [5]और दाऊद उठा

और उस स्थान पर आया जहाँ शाऊल ने डेरे डाले थे; और
दाऊद ने वह स्थान देखा जहाँ शाऊल लेटा था, और अब्नेर,
नेर का पुत्र, जो उसकी सेना का प्रधान था। और शाऊल
घेराव के भीतर लेटा था, और लोग उसके चारों ओर डेरा
डाले हुए थे। 6 तब दाऊद ने हित्ती अहिमेलेक और अबीशै से,
जो सरूयाह का पुत्र और योआब का भाई था, कहा, "मेरे
संग छावनी में शाऊल के पास कौन उतरता है?" तब अबीशै
ने कहा, "मैं, मैं तेरे साथ उतरता हूँ।" 7 तब दाऊद और
अबीशै रात को लोगों के पास आए, और देखा कि शाऊल
छावनी के भीतर सो रहा है, और उसका भाला उसके सिरहाने
भूमि में गड़ा है, और अब्नेर और लोग उसके चारों ओर पड़े
हैं। 8 तब अबीशै ने दाऊद से कहा, "आज ईश्वर ने तेरे शत्रु
को तेरे हाथ में कर दिया है; अब, कृपया, मुझे एक ही वार में
इस भाले से उसे भूमि में गाड़ लेने दे, दूसरी बार न लगानी
पड़ेगी!" 9 परन्तु दाऊद ने अबीशै से कहा, "उसे न नाश
कर, क्योंकि ३५३z के अभिषिक्त पर अपना हाथ कौन
बढ़ाए और निर्दोष ठहरे?" 10 और दाऊद ने कहा, "जैसा कि
३५३z जीवित है, या तो ३५३z ही उसे मारेगा, या उसका
दिन आएगा कि वह मर जाएगा, या वह लड़ाई में जाएगा और
नाश होगा। 11 मेरे लिये तो ३५३z की शपथ, कि मैं
३५३z के अभिषिक्त पर अपना हाथ न बढ़ाऊँगा। अब जो
उसके सिरहाने भाला और पानी का घड़ा है, उन्हें ले ले, और
हम चलें।" 12 सो दाऊद ने शाऊल के सिरहाने से भाला और
पानी का घड़ा लिया, और वे चले गए; और किसी ने देखा
नहीं, न किसी ने जाना, न कोई जागा; क्योंकि उन सब पर
३५३z की ओर से गहरी नींद छा गई थी। 13 फिर दाऊद
पार होकर दूसरी ओर गया, और दूर एक पहाड़ी की चोटी पर
खड़ा हुआ; उनके बीच बहुत दूरी थी। 14 और दाऊद ने
लोगों को और नेर के पुत्र अब्नेर को पुकारकर कहा,
"अब्नेर, तू उत्तर क्यों नहीं देता?" तब अब्नेर ने उत्तर दिया,
"तू कौन है जो राजा को पुकारता है?" 15 और दाऊद ने
अब्नेर से कहा, "क्या तू पुरुष नहीं है? और इस्राएल में तेरे
समान कौन है? फिर तूने अपने स्वामी राजा की रखवाली क्यों
नहीं की? क्योंकि लोगों में से एक मनुष्य आया था कि तेरे
स्वामी राजा को मारे। 16 जो तू ने किया वह अच्छा नहीं है;
३५३z की शपथ, तू मृत्यु के योग्य है, क्योंकि तू ने अपने
स्वामी, ३५३z के अभिषिक्त की रक्षा नहीं की। अब देख,
राजा का भाला कहाँ है, और पानी का घड़ा जो उसके सिरहाने
था?" 17 तब शाऊल ने दाऊद की आवाज़ पहचानी और
कहा, "क्या यह तेरी आवाज़ है, हे मेरे पुत्र दाऊद?" और
दाऊद ने कहा, "हाँ, हे मेरे स्वामी, हे राजा, यह मेरी ही
आवाज़ है।" 18 और उसने कहा, "मेरे स्वामी अपने दास का
पीछा क्यों कर रहा है? मैंने क्या किया है, या मेरे हाथ में क्या
बुराई है? 19 "अब कृपया, मेरा स्वामी राजा अपने दास के
वचन सुने: यदि ३५३z ने तुझे मेरे विरुद्ध उकसाया है, तो
वह भेंट ग्रहण करे; परन्तु यदि मनुष्यों ने, तो वे ३५३z के
साम्हने शापित हों, क्योंकि उन्होंने आज मुझे ३५३z की
मीरास से निकाल दिया, यह कहते हुए, 'जा, अन्य देवताओं
की सेवा कर।' 20 "अब मेरा लहू ३५३z के साम्हने भूमि
पर न गिरे; क्योंकि इस्राएल का राजा पहाड़ों में तीतर का
शिकार करनेवाले की नाईं, एक पिस्सू को ढूँढने के लिये
निकला है।" 21 तब शाऊल ने कहा, "मैं ने पाप किया है;
लौट आ, हे मेरे पुत्र दाऊद, क्योंकि आज तू ने मेरा प्राण
अपनी दृष्टि में बहुमूल्य जाना; मैं फिर तुझे बुराई न करूँगा।
देख, मैं ने मूर्खता की और बहुत भटका हूँ।" 22 तब दाऊद
ने उत्तर दिया, "देख, राजा का भाला! किसी जवान को यहां
आकर उसे उठा ले जाने दे। 23 "और ३५३z हर एक
मनुष्य को उसकी धार्मिकता और उसकी विश्वासयोग्यता के
अनुसार बदला दे; क्योंकि आज ३५३z ने तुझे मेरे हाथ में
कर दिया था, तौभी मैं ३५३z के अभिषिक्त पर अपना हाथ
बढ़ाना नहीं चाहता था। 24 "और जैसा आज तेरा प्राण मेरी
दृष्टि में बहुमूल्य ठहरा, वैसा ही मेरा प्राण ३५३z की दृष्टि
में बहुमूल्य ठहरे, और वह मुझे सब संकट से छुड़ा ले।"
25 तब शाऊल ने दाऊद से कहा, "धन्य हो तू, हे मेरे पुत्र
दाऊद; तू अवश्य बड़े काम करेगा और निश्चय प्रबल होगा!"
तब दाऊद अपने मार्ग चला गया, और शाऊल अपने स्थान
को लौटा।

27

1 तब दाऊद ने अपने मन में कहा, "अब मैं किसी
दिन शाऊल के हाथ से नाश हो जाऊँगा। मेरे लिये
कुछ अच्छा नहीं है, केवल यही कि मैं पलिश्तियों के देश भाग
जाऊँ; तब शाऊल मुझे इस्राएल की सारी सीमा में ढूँढना
छोड़ देगा, और मैं उसके हाथ से निकल जाऊँगा।" 2 सो
दाऊद उठा और अपने उन छह सौ पुरुषों समेत, जो उसके
संग थे, गत्त के राजा माओक के पुत्र आकीश के पास चला
गया। 3 और दाऊद आकीश के संग गत्त में रहा, वह और
उसके पुरुष, हर एक अपने घराने समेत; दाऊद अपनी दो
पत्नियों, यिज्रेली अहिनोअम और कर्मेली नाबाल की पत्नी
अबीगैल के संग। 4 और शाऊल को बताया गया कि दाऊद
गत्त को भाग गया है, तब वह उसको और न ढूँढा। 5 तब
दाऊद ने आकीश से कहा, "यदि अब मैं तेरी दृष्टि में अनुग्रह
पाया हूँ, तो मुझे देश के किसी नगर में एक स्थान दिया जाए
कि मैं वहाँ बसूँ। क्योंकि तेरा दास तेरे संग राजनगर में क्यों
बसे?" 6 तब उसी दिन आकीश ने उसे सिकलाग दिया; इस
कारण सिकलाग आज तक यहूदा के राजाओं का है। 7 और
वह समय, जो दाऊद पलिश्तियों के देश में रहा, एक वर्ष और
चार महीने का हुआ। 8 और दाऊद और उसके पुरुष
निकलकर गशूरी, गिर्ज़ी और अमालेकी लोगों पर आक्रमण
करते थे; क्योंकि वे जातियाँ प्राचीनकाल से उस देश के
रहनेवाले थे, जब कोई शूर से मिस्र के देश तक जाता था।
9 और जब दाऊद उस देश को मारता, तो न तो पुरुष को
जीवित छोड़ता न स्त्री को, परन्तु भेड़-बकरियाँ, गाय-बैल,
गधे, ऊँट और वस्त्र ले लेता, और आकीश के पास लौट
आता। 10 तब आकीश पूछता, "आज तुमने कहाँ पर
आक्रमण किया?" और दाऊद कहता, "यहूदा के दक्षिण भाग
पर, या येरहमेएली के दक्षिण भाग पर, या क़ैनी के दक्षिण भाग
पर।" 11 दाऊद न तो पुरुष को जीवित छोड़ता, न स्त्री को
गत्त को ले आता, यह सोचकर कि "वे हमारे विरुद्ध यह न
कहें, 'दाऊद ने ऐसा किया।' " और वह जितने दिन
पलिश्तियों के देश में रहता था, यही उसकी रीति थी। 12 और
आकीश दाऊद पर विश्वास करता था, यह सोचकर, "उसने
निश्चय ही अपने लोगों इस्राएल से अपने को घृणित बना लिया
है, और वह सदा मेरा दास रहेगा।"

28 1 उन दिनों पलिश्ती लोग इस्राएल से लड़ने के लिये
अपनी सेनाओं को इकट्ठा करने लगे। और आकीश
ने दाऊद से कहा, "तू निश्चय जान ले कि तू और तेरे लोग
मेरी सेना में मेरे साथ निकलोगे।" 2 तब दाऊद ने आकीश से
कहा, "अच्छा, तब तू जान लेगा कि तेरा दास क्या करेगा।"
और आकीश ने दाऊद से कहा, "अच्छा, मैं तुझे सदा के
लिये अपने अंगरक्षकों में से एक ठहराता हूँ।" 3 और शमूएल
मर गया था, और सारे इस्राएल ने उसके लिये विलाप किया
और उसको उसके नगर रामाह में, जो उसका अपना नगर
था, दफनाया। और शाऊल ने देश से ओझाओं और भावी
बतानेवालों को निकाल दिया था। 4 और पलिश्ती इकट्ठा
होकर शूनेम में आए और डेरा डाले। और शाऊल ने सारे
इस्राएल को इकट्ठा किया और वे गिल्बोआ में डेरा डाले।
5 और जब शाऊल ने पलिश्तियों की सेना को देखा तो वह डर
गया और उसका मन बहुत कांपने लगा। 6 और शाऊल ने
𐤉𐤄𐤅𐤄 से पूछा, परन्तु 𐤉𐤄𐤅𐤄 ने न तो स्वप्नों के द्वारा, न
ऊरीम के द्वारा, न नबियों के द्वारा उसको उत्तर दिया। 7 तब
शाऊल ने अपने सेवकों से कहा, "मेरे लिये एक ऐसी स्त्री
ढूँढो जो ओझा हो, ताकि मैं उसके पास जाकर उससे पूछूँ।"
उसके सेवकों ने उससे कहा, "देख, ऐन-दोर में एक ओझा
स्त्री है।" 8 तब शाऊल ने अपने को छिपाने के लिये और
कपड़े पहने और वह और उसके साथ दो पुरुष रात को उस
स्त्री के पास आए। और उसने कहा, "कृपया मेरे लिये भावी
बताकर, जिसे मैं तुझे नाम बताऊँ उसे मेरे लिये ऊपर ले
आ।" 9 परन्तु स्त्री ने उससे कहा, "देख, तू तो जानता है कि
शाऊल ने क्या किया है, कि उसने देश से ओझाओं और भावी
बतानेवालों को काट डाला है। फिर तू क्यों मेरे प्राण के लिये
फंदा लगाता है कि मुझे मरवा दे?" 10 और शाऊल ने
𐤉𐤄𐤅𐤄 की शपथ खाकर उससे कहा, "जैसा 𐤉𐤄𐤅𐤄
जीवित है, इस बात के लिये तुझ पर कोई दण्ड नहीं
आएगा।" 11 तब स्त्री ने कहा, "मैं किसे तेरे लिये ऊपर
लाऊँ?" उसने कहा, "मेरे लिये शमूएल को ऊपर ला।"
12 जब स्त्री ने शमूएल को देखा तो वह ऊँचे स्वर से
चिल्लाई, और स्त्री ने शाऊल से कहा, "तूने मुझे क्यों धोखा
दिया? तू तो आप शाऊल है!" 13 राजा ने उससे कहा, "मत
डर। तूने क्या देखा?" स्त्री ने शाऊल से कहा, "मैंने पृथ्वी
से ऊपर आते हुए एक देवता को देखा।" 14 उसने उससे
कहा, "उसका रूप कैसा है?" उसने कहा, "एक बूढ़ा पुरुष
ऊपर आ रहा है, और वह एक चद्दर ओढ़े है।" तब शाऊल
जान गया कि वह शमूएल है, और उसने भूमि पर मुँह के बल
झुककर प्रणाम किया। 15 और शमूएल ने शाऊल से कहा,
"तूने मुझे क्यों घबराया कि मुझे ऊपर ले आया?" शाऊल ने
उत्तर दिया, "मैं बहुत संकट में हूँ, क्योंकि पलिश्ती मुझसे लड़
रहे हैं, और ईश्वर मुझसे फिर गया है, और अब मुझे न
नबियों के द्वारा, न स्वप्नों के द्वारा उत्तर देता है। इसलिए मैंने
तुझे बुलाया है कि तू मुझे बता दे कि मैं क्या करूँ।" 16 तब
शमूएल ने कहा, "अब तू मुझसे क्यों पूछता है, जबकि
𐤉𐤄𐤅𐤄 तुझसे फिर गया है और तेरा शत्रु हो गया है?
17 "और 𐤉𐤄𐤅𐤄 ने अपने लिये वैसा ही किया जैसा उसने
मेरे द्वारा कहा था। क्योंकि 𐤉𐤄𐤅𐤄 ने राज्य तेरे हाथ से
छीनकर तेरे पड़ोसी दाऊद को दे दिया है। 18 "क्योंकि तूने
𐤉𐤄𐤅𐤄 की वाणी का पालन नहीं किया और अमालेकियों पर
उसका क्रोध पूरा न निकाला, इसलिये आज 𐤉𐤄𐤅𐤄 ने यह
काम तुझसे किया है। 19 "फिर 𐤉𐤄𐤅𐤄 इस्राएल को भी तेरे
साथ पलिश्तियों के हाथ में देगा; और कल तू और तेरे पुत्र
मेरे संग होंगे। 𐤉𐤄𐤅𐤄 इस्राएल की सेना को भी पलिश्तियों
के हाथ में देगा।" 20 तब शाऊल तुरन्त भूमि पर पूरी लम्बाई
से गिर पड़ा, और शमूएल की बातों से बहुत डर गया। और
उसमें कोई बल न रहा, क्योंकि उसने दिन और रात भर कुछ
नहीं खाया था। 21 तब स्त्री शाऊल के पास आकर देखी कि
वह बहुत घबरा गया है, और उसने उससे कहा, "देख, तेरी
दासी ने तेरी वाणी मानी है, और मैंने अपने प्राण अपने हाथ में
रखकर तेरे वचनों को सुना है जो तूने मुझसे कहा। 22 "अब
कृपया तू भी अपनी दासी की वाणी सुने, और मैं तेरे सामने
थोड़ा सा भोजन रख दूँ; और खा ले, ताकि जब तू अपने मार्ग
पर जाए तो तुझमें बल रहे।" 23 परन्तु उसने मना किया और
कहा, "मैं नहीं खाऊँगा।" परन्तु उसके सेवकों और स्त्री ने
उससे बहुत बिनती की; तब उसने उनकी बात मानी। सो वह
भूमि से उठकर खाट पर बैठा। 24 और स्त्री के पास घर में
एक पला हुआ बछड़ा था, जिसे उसने तुरन्त मारा। और
उसने आटा लिया और गूँधा, और उससे बिना खमीर की
रोटियाँ बनाई। 25 और उसने उन्हें शाऊल और उसके सेवकों
के सामने रखा। और उन्होंने खाया, और उसी रात वे
उठकर चले गए।

29 1 और पलिश्तियों ने अपनी सारी सेनाएँ अफ़ेक में
इकट्ठी कीं, और इस्राएल ने यिज्रेल में जो सोता है
उसके पास डेरा डाला। 2 और पलिश्तियों के सरदार सैकड़ों
और हज़ारों के दलों में निकल रहे थे, और दाऊद और
उसके लोग आकीश के साथ पीछे निकल रहे थे। 3 तब
पलिश्तियों के सरदारों ने कहा, "ये इब्री कौन हैं?" और
आकीश ने पलिश्तियों के सरदारों से कहा, "क्या यह दाऊद
नहीं है, शाऊल इस्राएल के राजा का दास, जो इन दिनों या
इन वर्षों से मेरे साथ रहा है? और आज तक मैंने उसमें कुछ
भी दोष नहीं पाया, जिस दिन से वह मेरे पास आया है।"
4 परन्तु पलिश्तियों के सरदार उस पर क्रोधित हुए, और
पलिश्तियों के सरदारों ने उससे कहा, "इस पुरुष को लौटा दे,
वह उस स्थान पर लौट जाए जो तूने उसके लिये ठहराया है,
और वह हमारे संग युद्ध में न उतरे; कहीं ऐसा न हो कि युद्ध में
वह हमारा विरोधी बन जाए। क्योंकि वह अपने स्वामी को
किससे प्रसन्न कर सकता है? क्या इन पुरुषों के सिरों से
नहीं?" 5 "क्या यह वही दाऊद नहीं है, जिसके विषय में नाचते
हुए एक-दूसरे से गाते थे, 'शाऊल ने अपने हज़ारों को मारा,
और दाऊद ने अपने दस हज़ारों को'?" 6 तब आकीश ने
दाऊद को बुलाकर उससे कहा, "जैसा 𐤉𐤄𐤅𐤄 जीवित है, तू
सीधा है, और तेरा मेरे संग सेना में आना-जाना मेरी दृष्टि में
अच्छा है; क्योंकि आज तक जिस दिन से तू मेरे पास आया
है, मैंने तुझमें कोई बुराई नहीं पाई; परन्तु सरदारों की दृष्टि में
तू अच्छा नहीं है। 7 "इसलिये अब लौट जा, और शान्ति से
चला जा, ताकि पलिश्तियों के सरदारों की दृष्टि में तू बुरा न
लगे।" 8 तब दाऊद ने आकीश से कहा, "परन्तु मैंने क्या
किया है? और आज तक तूने अपने दास में क्या पाया है, जब
से मैं तेरे पास रहा हूँ, कि मैं न जाकर अपने स्वामी राजा के
शत्रुओं से न लड़ूँ?" 9 आकीश ने दाऊद को उत्तर दिया, "मैं
जानता हूँ कि तू मेरी दृष्टि में ईश्वर के दूत के समान अच्छा

है; परन्तु पलिश्तियों के सरदार कहते हैं, 'वह हमारे संग युद्ध
में न चढ़े।' [10] "इसलिये अब तू अपने स्वामी के दासों के संग
जो तेरे साथ आए हैं, भोर को उठकर प्रातःकाल होते ही चला
जा।" [11] तब दाऊद और उसके लोग भोर को उठकर जाने
को तैयार हुए, पलिश्तियों के देश को लौटने के लिये; और
पलिश्ती यिज्रेल को चढ़ गए।

30 [1] और ऐसा हुआ कि जब दाऊद और उसके लोग
तीसरे दिन सिकलाग आए, तो अमालेकियों ने दक्षिण
और सिकलाग पर आक्रमण किया था, और सिकलाग को
मारकर आग से जला दिया था। [2] और उन्होंने स्त्रियों और
वहाँ के सब लोगों को, छोटे से बड़े तक बन्दी बनाकर ले
लिया। उन्होंने किसी को मारा नहीं, परन्तु उन्हें ले जाकर
चले गए। [3] जब दाऊद और उसके लोग नगर में आए, तो
देखा, वह आग से जला हुआ था, और उनकी पत्नियाँ, उनके
बेटे और उनकी बेटियाँ बन्दी बनाकर ले जाए गए थे। [4] तब
दाऊद और जो लोग उसके संग थे, वे सब ऊँचे स्वर से रोए,
जब तक रोने की शक्ति उनमें न रही। [5] और दाऊद की
दोनों पत्नियाँ, यिज्रेली अहिनोअम और कर्मेली नाबाल की
पत्नी अबीगैल बन्दी बनाकर ले जाए गए थे। [6] और दाऊद
बहुत संकट में पड़ा, क्योंकि लोग उसे पत्थरवाह करने की
बातें करने लगे; क्योंकि सब लोगों के प्राण अपने-अपने पुत्रों
और पुत्रियों के कारण शोक से कड़वे हो रहे थे। परन्तु
दाऊद ने अपने ईश्वर 𐤉𐤄𐤅𐤄 में अपने को दृढ़ किया।
[7] और दाऊद ने अहिमेलेक के पुत्र एब्यातार याजक से कहा,
"मेरे पास एपोद यहाँ ले आ।" तब एब्यातार ने एपोद दाऊद
के पास ला दिया। [8] और दाऊद ने 𐤉𐤄𐤅𐤄 से पूछा, "क्या मैं
इस दल का पीछा करूँ? क्या मैं उन तक पहुँचूँगा?" और
उसने उससे कहा, "पीछा कर; क्योंकि तू निश्चय उनसे पहुँच
जाएगा, और निश्चय सब कुछ छुड़ा लेगा।" [9] तब दाऊद
चला, वह और उसके साथ के छह सौ पुरुष, और वे बेसोर
नाले तक पहुँचे, जहाँ पीछे रहनेवाले ठहर गए। [10] परन्तु
दाऊद चार सौ पुरुषों समेत पीछा करता गया; क्योंकि दो सौ
पुरुष इतने थके हुए थे कि बेसोर नाले को पार न कर सके।
[11] और उन्होंने मैदान में एक मिस्री मनुष्य पाया और उसे
दाऊद के पास ले आए; और उन्होंने उसे रोटी दी और उसने
खाई, और उन्होंने उसे पानी पिलाया। [12] और उन्होंने उसे
अंजीरों की एक टिकिया और किशमिश की दो लड़ियाँ दीं;
और जब उसने खाया, तब उसकी आत्मा फिर उसके भीतर
लौट आई; क्योंकि उसने तीन दिन और तीन रात न तो रोटी
खाई थी और न पानी पिया था। [13] तब दाऊद ने उससे पूछा,
"तू किसका है और कहाँ से है?" उसने कहा, "मैं मिस्र का
एक जवान हूँ, एक अमालेकी का दास। और मेरे स्वामी ने
मुझे छोड़ दिया, क्योंकि मैं तीन दिन से बीमार था। [14] "हम ने
क्रेती देश के दक्षिण पर, यहूदा के भाग पर, और कालेब के
दक्षिण पर चढ़ाई की, और हमने सिकलाग को आग से जला
दिया।" [15] तब दाऊद ने उससे कहा, "क्या तू मुझे उस दल
तक नीचे ले जा सकता है?" उसने कहा, "ईश्वर की शपथ
खा कि तू मुझे न तो मारेगा, और न मुझे मेरे स्वामी के हाथ में
सौंपेगा; तब मैं तुझे उस दल तक नीचे ले चलूँगा।" [16] तब
वह उसे नीचे ले गया; और देखो, वे सारे देश में फैले हुए थे,
खाते-पीते और नाचते हुए, उस बड़े लूट के कारण जो उन्होंने
पलिश्तियों के देश और यहूदा के देश से ली थी। [17] और
दाऊद ने भोर से लेकर अगले दिन की संध्या तक उनका वध
किया; और उन में से कोई न बचा, सिवाय चार सौ जवानों के,
जो ऊँटों पर चढ़कर भाग गए। [18] और दाऊद ने सब कुछ
छुड़ाया जो अमालेकियों ने लिया था; और दाऊद ने अपनी
दोनों पत्नियाँ भी छुड़ाईं। [19] और उनमें से किसी की भी कोई
वस्तु नहीं खोई, न छोटी न बड़ी, न बेटे न बेटियाँ, न लूट, न
कोई वस्तु जो उन्होंने ले ली थी; दाऊद सब कुछ वापस ले
आया। [20] इसके अतिरिक्त दाऊद ने सब भेड़-बकरियाँ और
गाय-बैल लिए, और वे लोग उन पशुओं को आगे हाँकते हुए
कहते थे, "यह दाऊद की लूट है।" [21] तब दाऊद उन दो सौ
पुरुषों के पास आया, जो इतने थके हुए थे कि दाऊद के पीछे
न जा सके, और जिन्हें बेसोर नाले पर भी छोड़ दिया गया था;
और वे दाऊद और उसके लोगों से मिलने बाहर आए। और
दाऊद जब लोगों के पास आया, तब उसने उनका अभिवादन
किया। [22] तब दाऊद के साथ जानेवाले लोगों में से दुष्ट और
निकम्मे लोग बोल उठे, "क्योंकि ये हमारे संग न गए थे,
इसलिये हम उन्हें उस लूट में से कुछ न देंगे, जिसे हम ने
छुड़ाया है; केवल हर एक को अपनी पत्नी और अपने बच्चों
को दे दें, वे उन्हें लेकर चले जाएं।" [23] परन्तु दाऊद ने
कहा, "हे मेरे भाइयों, ऐसा न करो उस वस्तु के साथ, जो
𐤉𐤄𐤅𐤄 ने हमें दी है, जिसने हमें सुरक्षित रखा और हमारे
हाथ में उस दल को दिया जो हमारे विरुद्ध आया था।
[24] "और इस विषय में कौन तुम्हारी बात सुनेगा? क्योंकि जैसा
भाग उसका है जो युद्ध में जाता है, वैसा ही भाग उसका भी है
जो सामान के पास रहता है; वे समान रूप से बाँटेंगे।"
[25] और उस दिन से लेकर आगे तक उसने इसे इस्राएल के
लिये विधि और नियम ठहराया, आज तक। [26] जब दाऊद
सिकलाग आया, तब उसने यहूदा के पुरनियों को, जो उसके
मित्र थे, लूट में से कुछ भेजा, यह कहकर, "यहोवा 𐤉𐤄𐤅𐤄
के शत्रुओं की लूट में से तुम्हारे लिये भेंट है।" [27] बेतएल के
लोगों को, और नेगेब के रामोत के लोगों को, और यत्तीर के
लोगों को, [28] और अरोएर के लोगों को, और सिफमोत के
लोगों को, और एश्तमोआ के लोगों को, [29] और राखल के
लोगों को, और येरहमेएली के नगरों के लोगों को, और क़ेनी
के नगरों के लोगों को, [30] और होर्मा के लोगों को, और
बोराशान के लोगों को, और अताक के लोगों को, [31] और
हेब्रोन के लोगों को, और उन सब स्थानों के लोगों को, जहां
दाऊद और उसके लोग फिरते थे।

31 [1] और पलिश्ती इस्राएल से युद्ध कर रहे थे, और
इस्राएल के लोग पलिश्तियों के सामने से भागे, और
गिलबोआ पर्वत पर मारे गए। [2] और पलिश्ती शाऊल और
उसके पुत्रों के पीछे लगे रहे; और पलिश्तियों ने शाऊल के
पुत्र योनातान, अबीनादाब, और मल्कीशूआ को मार डाला।
[3] और युद्ध शाऊल पर बहुत भारी पड़ा, और धनुर्धारियों ने
उसे पा लिया, और वह धनुर्धारियों से बहुत घायल हुआ। [4] तब
शाऊल ने अपने हथियार उठानेवाले से कहा, "अपनी तलवार
खींच, और मुझ में भोंक दे, कहीं ऐसा न हो कि ये
खतनारहित लोग आकर मुझे भोंकें और मेरा अपमान करें।"
परन्तु उसके हथियार उठानेवाले ने नहीं चाहा, क्योंकि वह
बहुत डरता था। तब शाऊल ने तलवार लेकर उसी पर गिर

पड़ा। 5 और जब उसके हथियार उठानेवाले ने देखा कि
शाऊल मर गया है, तब वह भी अपनी तलवार पर गिर पड़ा,
और उसके संग मर गया। 6 इस प्रकार शाऊल, उसके तीनों
पुत्र, उसका हथियार उठानेवाला, और उसके सब लोग उसी
दिन एक साथ मारे गए। 7 और जब इस्राएल के लोग जो
तराई के उस पार और यरदन के उस पार थे, उन्होंने देखा
कि इस्राएल के लोग भाग गए और शाऊल और उसके पुत्र
मर गए हैं, तब उन्होंने नगरों को छोड़ दिया और भाग गए,
और पलिश्ती आकर उनमें बस गए। 8 और अगले दिन, जब
पलिश्ती मारे हुओं को लूटने आए, तो उन्होंने गिलबोआ पर्वत
पर शाऊल और उसके तीनों पुत्रों को पड़ा पाया। 9 और
उन्होंने उसका सिर काट डाला और उसका कवच उतार
लिया, और पलिश्तियों के देश भर में चारों ओर दूत भेजे, कि
वे अपने मन्दिरों और लोगों के बीच यह समाचार सुनाएँ।
10 और उन्होंने उसका कवच अश्तोरेत के मन्दिर में रखा,
और उसका शरीर बेत-शान की शहरपनाह पर लटका दिया।
11 और जब याबेश-गिलाद के निवासियों ने सुना कि
पलिश्तियों ने शाऊल के साथ क्या किया है, 12 तब सब
शूरवीर उठे और सारी रात चले, और बेत-शान की शहरपनाह
से शाऊल का शरीर और उसके पुत्रों के शरीर उतार लाए,
और याबेश आए और उन्हें वहीं जलाया। 13 और उन्होंने
उनकी हड्डियाँ लेकर याबेश में तमरिस्क वृक्ष के नीचे दफना
दीं, और सात दिन उपवास किया।

2 शमूएल

हिंदी संस्करण

2 शमूएल

1 1 और ऐसा हुआ कि शाऊल की मृत्यु के बाद, जब दाविद
अमालेकियों को मारकर लौट आया, तब दाविद
त्सिकलग में दो दिन ठहरा रहा। 2 और तीसरे दिन ऐसा हुआ
कि देखो, शाऊल के शिविर से एक मनुष्य फटे वस्त्र और
सिर पर धूल लिए आया। और जब वह दाविद के पास पहुँचा
तो भूमि पर गिरकर प्रणाम किया। 3 दाविद ने उससे कहा, "तू
कहाँ से आया है?" उसने कहा, "मैं इस्राएल के शिविर से भाग
आया हूँ।" 4 दाविद ने उससे कहा, "क्या हाल हुआ? कृपया
मुझे बता।" उसने कहा, "लोग लड़ाई से भाग गए, और बहुत
से लोग गिरकर मर गए; और शाऊल तथा उसका पुत्र
यहोनातान भी मर गए हैं।" 5 दाविद ने उस जवान से जो उसे
समाचार दे रहा था कहा, "तुझे कैसे मालूम कि शाऊल और
उसका पुत्र यहोनातान मर गए हैं?" 6 उस समाचार देने वाले
जवान ने कहा, "संयोग से मैं गिलबोआ पर्वत पर था और
शाऊल को अपने भाले पर टिका हुआ देखा। और देखो, रथ
और घुड़सवार उसके पीछे लगे हुए थे। 7 "उसने पीछे
मुड़कर मुझे देखा और मुझे बुलाया, और मैंने उत्तर दिया, 'मैं
यहाँ हूँ।' 8 "उसने मुझसे कहा, 'तू कौन है?' मैंने कहा, 'मैं
एक अमालेकी हूँ।' 9 "उसने मुझसे कहा, 'कृपा कर मेरे पास
खड़ा हो और मुझे मार डाल, क्योंकि पीड़ा ने मुझे पकड़
लिया है, परंतु अभी मेरा प्राण मुझ में है।' 10 "तब मैं उसके
पास खड़ा हुआ और उसे मार डाला, क्योंकि मुझे पता था कि
गिरने के बाद वह जीवित न रहेगा। फिर उसके सिर का
मुकुट और भुजा का कंगन उतार लिया और उन्हें अपने
स्वामी के पास ले आया हूँ।" 11 तब दाविद ने अपने वस्त्र
पकड़कर फाड़े, और उसके साथ के सब पुरुषों ने भी वैसा ही
किया। 12 और उन्होंने शाऊल, और उसके पुत्र यहोनातान,
और ३५३ट की प्रजा, और इस्राएल के घराने के लिये, जो
तलवार से गिर पड़े थे, सन्ध्या तक शोक किया, रोए और
उपवास रखा। 13 फिर दाविद ने उस जवान से जो समाचार
दे रहा था पूछा, "तू कहाँ का है?" उसने उत्तर दिया, "मैं
परदेसी का पुत्र, एक अमालेकी हूँ।" 14 दाविद ने उससे
कहा, "तू ३५३ट के अभिषिक्त पर हाथ बढ़ाकर उसे नाश
करने से क्यों न डरता?" 15 तब दाविद ने एक जवान को
बुलाकर कहा, "पास आ और उस पर गिर!" और उसने उसे
मार डाला कि वह मर गया। 16 और दाविद ने उससे कहा,
"तेरा लहू तेरे ही सिर पर हो, क्योंकि तेरे ही मुँह ने तेरे विरुद्ध
गवाही दी है, यह कहते हुए, 'मैंने स्वयं ३५३ट के अभिषिक्त
को मार डाला।' " 17 तब दाविद ने शाऊल और उसके पुत्र
यहोनातान के लिये इस विलाप से विलाप किया, 18 और उसने
आज्ञा दी कि "धनुष" यहूदा के पुत्रों को सिखाया जाए।
देखो, यह 'याशर की पुस्तक' में लिखा है: 19 "इस्राएल की
शोभा तेरे ऊँचे स्थानों पर मारी गई! वीर कैसे गिर पड़े!
20 "इसे गत में प्रकट न करो, अश्केलोन की सड़कों में
इसका प्रचार न करो, कहीं पेलिश्तियों की पुत्रियाँ आनन्द न
करें, कहीं खतनारहितों की पुत्रियाँ उछलें न। 21 "हे
गिलबोआ के पहाड़ो! न तुम पर ओस पड़े न वर्षा; न बलि के
खेत हों; क्योंकि वहीं वीरों की ढाल घृणित होकर पड़ी रही,
शाऊल की ढाल, जो तेल से अभिषिक्त नहीं रही। 22 "घायलों
के लहू से, वीरों की चर्बी से, यहोनातान का धनुष पीछे न हटा,
और शाऊल की तलवार खाली न लौटी। 23 "शाऊल और
यहोनातान प्रेमभरे और मनोहर थे अपने जीवन में, और
अपनी मृत्यु में वे अलग न हुए; वे उकों से तेज और सिंहों से
बलवान थे। 24 "हे इस्राएल की पुत्रियो, शाऊल के लिये
रोओ, जिसने तुम्हें स्कारलेट से, सिंगार के साथ, पहनाया;
जिसने तुम्हारे वस्त्रों को सोने के आभूषणों से सजाया।
25 "वीर युद्ध के बीच कैसे गिर पड़े! यहोनातान तेरे ऊँचे
स्थानों पर मारा गया। 26 "हाय, मेरे भाई यहोनातान, मैं तेरे
लिये शोकित हूँ; तू मेरे लिये अति प्रिय रहा; तेरे प्रति मेरा प्रेम
आश्चर्यजनक था, स्त्रियों के प्रेम से बढ़कर। 27 "वीर कैसे
गिर पड़े, और युद्ध के हथियार नष्ट हो गए!"

2 1 इसके बाद ऐसा हुआ कि दाविद ने ३५३ट से पूछा,
"क्या मैं यहूदा के किसी नगर में ऊपर जाऊँ?" और
३५३ट ने उससे कहा, "ऊपर जाओ।" तब दाविद ने कहा,
"मैं कहाँ ऊपर जाऊँ?" उसने कहा, "हेब्रोन को।" 2 तब
दाविद वहाँ ऊपर गया, और उसके साथ उसकी दो पत्नियां
—अहिनोअम यिज्रेलवाली और नाबाल कर्मेली की विधवा
अबीगैल—भी गईं। 3 और दाविद अपने साथ के लोगों को
भी, हर एक को उसके घराने सहित, ऊपर ले गया; और वे
हेब्रोन के नगरों में रहने लगे। 4 तब यहूदा के पुरुष आए और
वहाँ यहूदा के घराने पर दाविद का अभिषेक कर उसे राजा
बनाया। उन्होंने दाविद को यह भी बताया, "याबेश-गिलाद के
लोग हैं जिन्होंने शाऊल को दफनाया।" 5 तब दाविद ने
याबेश-गिलाद के लोगों के पास दूत भेजे और उनसे कहा,
"तुम ३५३ट के धन्य हो, क्योंकि तुमने अपने स्वामी शाऊल
पर यह कृपा की कि उसे दफनाया। 6 "अब ३५३ट तुम पर
कृपा और सच्चाई करे, और मैं भी तुम्हारे साथ भलाई करूँगा,
क्योंकि तुमने यह काम किया है। 7 "अब तुम्हारे हाथ दृढ़ हो
और तुम शूरवीर बनो, क्योंकि तुम्हारा स्वामी शाऊल मर गया
है, और यहूदा के घराने ने मुझे उन पर राजा अभिषिक्त किया
है।" 8 परन्तु नेर का पुत्र अब्नेर, जो शाऊल की सेना का
प्रधान था, उसने शाऊल के पुत्र इश्बोशेत को लिया और उसे
महनयिम ले गया। 9 और उसने उसे गिलाद, अशूरीयों,
यिज्रेल, इफ्रैम, बिन्यामीन, और समस्त इस्राएल पर राजा
ठहराया। 10 शाऊल का पुत्र इश्बोशेत चालीस वर्ष का था जब
उसने इस्राएल पर राज्य करना शुरू किया, और उसने दो वर्ष
राज्य किया। परन्तु यहूदा के घराने ने केवल दाविद का
अनुसरण किया। 11 और वह समय जो दाविद हेब्रोन में यहूदा
के घराने पर राजा रहा, सात वर्ष और छः महीने था। 12 तब

नेर का पुत्र अब्नेर और शाऊल के पुत्र इश्बोशेत के सेवक
महनयिम से गिबोन की ओर निकले। 13और त्सेरूया का
पुत्र योआब और दाविद के सेवक निकलकर गिबोन के ताल
के पास उनसे मिले। वे बैठ गए—ये ताल के एक ओर, और
वे दूसरी ओर। 14अब्नेर ने योआब से कहा, "अब जवान
उठकर हमारे सामने युद्ध करें।" योआब ने कहा, "उठें।"
15तब वे उठे और संख्या के अनुसार आगे बढ़े—बिन्यामीन
से, शाऊल के पुत्र इश्बोशेत के जनों में से बारह; और दाविद
के सेवकों में से बारह। 16और हर एक ने अपने प्रतिद्वन्द्वी का
सिर पकड़ लिया और अपने प्रतिद्वन्द्वी के पक्ष में तलवार भोंक
दी, और वे सब एक साथ गिर पड़े। इसलिए उस स्थान का
नाम "तेज़ तलवारों का खेत" पड़ा, जो गिबोन में है। 17और
उस दिन युद्ध अत्यन्त उग्र हुआ; और अब्नेर तथा इस्राएल
के लोग दाविद के सेवकों के सामने पराजित हुए। 18वहाँ
त्सेरूया के तीन पुत्र—योआब, अबीशै और असायेल—थे।
और असायेल मैदान के हरिणों के समान पैरों का हल्का था।
19असायेल अब्नेर के पीछे दौड़ा, और जाते हुए वह दाएँ-बाएँ
अब्नेर का पीछा छोड़कर न मुड़ा। 20तब अब्नेर ने पीछे
मुड़कर कहा, "क्या तू असायेल है?" उसने उत्तर दिया, "हाँ,
मैं ही हूँ।" 21अब्नेर ने उससे कहा, "या दाहिने मुड़ या बाएँ,
और किसी एक जवान को पकड़कर उसका शस्त्र ले ले।"
परन्तु असायेल उससे पीछा छोड़कर न मुड़ा। 22अब्नेर ने
फिर असायेल से कहा, "मेरे पीछे से हट जा; क्यों कि मैं तुझे
भूमि पर क्यों मारूँ? तब मैं तेरे भाई योआब का सामना कैसे
करूँगा?" 23परन्तु जब वह हटने से इन्कार करता रहा, तब
अब्नेर ने भाले के कुंदे से उसके पेट में मारा, ऐसा कि भाला
उसकी पीठ से निकल गया; और वह वहीं गिर पड़ा और उसी
जगह मर गया। जो कोई उस स्थान पर पहुँचा जहाँ असायेल
गिरा और मरा था, वह ठिठक गया। 24परन्तु योआब और
अबीशै अब्नेर का पीछा करते रहे। और सूर्य अस्त होने पर वे
अम्माह की पहाड़ी तक पहुँचे, जो गियह के सामने है, गिबोन
के जंगल के मार्ग पर। 25तब बिन्यामीन के पुत्र इकट्ठे होकर
अब्नेर के पीछे एक दल बन गए, और पहाड़ी की चोटी पर
खड़े हो गए। 26तब अब्नेर ने योआब को पुकारकर कहा,
"क्या तलवार सदा तक भस्म करती रहेगी? क्या तू नहीं
जानता कि अन्त में यह कड़वाहट लाएगी? तू लोगों से अपने
भाइयों का पीछा छोड़ने के लिए कब कहेगा?" 27योआब ने
कहा, "जैसा ईश्वर जीवित है, यदि तू न बोलता, तो निश्चय
ही लोग केवल सुबह तक अपने भाइयों का पीछा छोड़ देते।"
28तब योआब ने नरसिंगे में फूँक मारी; और सब लोग ठहर
गए, और इस्राएल का पीछा करना छोड़ दिया, और फिर
लड़ाई न की। 29और अब्नेर और उसके लोग सारी रात
अराबा मार्ग से चलते रहे, और यरदेन पार करके, पूरे बिथ्रोन
से होकर, महनयिम पहुँचे। 30तब योआब अब्नेर का पीछा
छोड़कर लौट आया; और जब उसने सब लोगों को इकट्ठा
किया, तो दाविद के सेवकों में उन्नीस पुरुष और असायेल कम
पाए गए। 31परन्तु दाविद के सेवकों ने बिन्यामीन और अब्नेर
के लोगों में से तीन सौ साठ पुरुषों को मार डाला, जो मर
गए। 32तब उन्होंने असायेल को उठाकर उसके पिता की
कब्र में, जो बेथ-लेहेम में थी, दफनाया। और योआब तथा
उसके लोग सारी रात चलते रहे, और भोर होते-होते हेब्रोन
पहुँचे।

3

1शाऊल के घराने और दाविद के घराने के बीच लड़ाई
बहुत दिनों तक बनी रही। और दाविद लगातार अधिक
से अधिक बलवंत होता गया, परन्तु शाऊल का घराना
निरन्तर निर्बल होता गया। परन्तु वह हटने से इन्कार करता
रहा। 2और हेब्रोन में दाविद के पुत्र जन्मे। उसका पहलौठा
अम्नोन था, अहिनोअम यिज्रेलवाली से; 3और दूसरा,
किलोआब, नाबाल कर्मेली की विधवा अबीगैल से; और
तीसरा, अब्शालोम, माअखा से, जो तलम्मी की पुत्री और
गेशूर का राजा था; 4और चौथा, अदोनिय्याह हग्गीत का
पुत्र; और पाँचवाँ, शेफटयाह अबीतल का पुत्र; 5और छठा,
इत्रेआम, दाविद की पत्नी एगला से। ये सब हेब्रोन में दाविद
के लिये जन्मे। 6और ऐसा हुआ कि जब शाऊल के घराने
और दाविद के घराने के बीच लड़ाई होती रही, तब अब्नेर
शाऊल के घराने में अपना बल बढ़ाता गया। 7और शाऊल
की एक उपपत्नी थी, जिसका नाम रित्स्पा था, आयाह की
पुत्री। और इश्बोशेत ने अब्नेर से कहा, "तू मेरे पिता की
उपपत्नी के पास क्यों गया?" 8तब इश्बोशेत की बातों से
अब्नेर अत्यन्त क्रोधित हुआ और बोला, "क्या मैं यहूदा का
कुत्ते का सिर हूँ, जो आज तेरे पिता शाऊल के घराने, उसके
भाइयों और उसके मित्रों पर कृपा करता आया हूँ, और तुझे
दाविद के हाथ में पड़ने नहीं दिया; फिर भी तू आज मुझे इस
स्त्री के विषय में दोषी ठहराता है?" 9"यदि मैं दाविद के लिये
वही न करूँ जो ३५३२ ने उसके लिये शपथ खाई है, तो
३५३२ मेरे साथ ऐसा ही करे और इससे भी अधिक।
10कि राज्य शाऊल के घराने से हटाकर दाविद के सिंहासन
को इस्राएल और यहूदा पर, दान से लेकर बेएर-शेबा तक,
उठाया जाए।" 11और वह अब्नेर को भय के कारण कुछ
और उत्तर न दे सका। 12तब अब्नेर ने अपनी ओर से दूत
दाविद के पास भेजे, कहते हुए, "यह देश किसका है?" और
यह भी कहा, "मेरे साथ वाचा कर ले, और देख, मेरा हाथ तेरे
साथ रहेगा, कि सारे इस्राएल को तेरे पास ले आऊँ।"
13दाविद ने कहा, "अच्छा, मैं तेरे साथ वाचा करूँगा। केवल
एक बात मैं तुझ से माँगता हूँ: जब तक तू पहले मीकल,
शाऊल की बेटी, को लेकर मेरे सामने न लाए, तब तक तू
मेरा मुख न देखे।" 14तब दाविद ने शाऊल के पुत्र इश्बोशेत
के पास दूत भेजकर कहा, "मेरी पत्नी मीकल को मुझे दे दे,
जिससे मैं पेलिश्तियों की सौ खतनाओं के बदले ब्याहा था।"
15और इश्बोशेत ने भेजकर उसे उसके पति पल्तीएल, लाइश
के पुत्र, से छीन लिया। 16पर उसका पति उसके पीछे-पीछे
बहुरीम तक गया, चलते-चलते रोता हुआ। तब अब्नेर ने
उससे कहा, "जा, लौट जा!" और वह लौट गया। 17फिर
अब्नेर ने इस्राएल के पुरनों से कहा, "पहले तुम दाविद को
अपने ऊपर राजा बनाना चाहते थे। 18"और अब, ऐसा ही
करो! क्योंकि ३५३२ ने दाविद के विषय में कहा है, 'अपने
दास दाविद के हाथ से मैं अपनी प्रजा इस्राएल को पेलिश्तियों
के हाथ से और उनके सब शत्रुओं के हाथ से बचाऊँगा।' "
19और अब्नेर ने बिन्यामीन के सुनने में भी बातें कीं; फिर
अब्नेर हेब्रोन जाकर दाविद के सुनने में उन सब बातों को कहा
जो इस्राएल और बिन्यामीन के सारे घराने की दृष्टि में अच्छी
थीं। 20तब अब्नेर बीस मनुष्यों सहित हेब्रोन में दाविद के पास
आया। और दाविद ने अब्नेर और उसके साथ के मनुष्यों के
लिये एक भोज किया। 21फिर अब्नेर ने दाविद से कहा,

"अब मुझे उठकर जाने दे, कि मैं अपने स्वामी राजा के पास
सारे इस्राएल को इकट्ठा करूँ, और वे तेरे साथ वाचा करें,
और तू उन सब पर राज्य करे जिनकी तेरा मन इच्छा करता
है।" तब दाविद ने अब्नेर को विदा किया, और वह शान्ति से
चला गया। 22और देखो, दाविद के सेवक और योआब लूट
से लौट आए और अपने साथ बहुत लूट लाए; परन्तु अब्नेर
दाविद के साथ हेब्रोन में न था, क्योंकि उसने उसे विदा कर
दिया था, और वह शान्ति से चला गया था। 23तब योआब
और उसके साथ की सारी सेना आ पहुँची, और योआब को
बताया गया, "नेर का पुत्र अब्नेर राजा के पास आया था;
और उसने उसे विदा किया, और वह शान्ति से चला गया।"
24तब योआब राजा के पास गया और कहा, "तू ने क्या
किया? देख, अब्नेर तेरे पास आया था! तू ने उसे क्यों विदा
किया कि वह निकल गया?" 25"तू जानता है कि नेर का पुत्र
अब्नेर तुझे छलने आया था, ताकि तेरे निकलने और प्रवेश
करने को जाने, और जो कुछ तू करता है वह सब जान ले।"
26तब योआब दाविद के पास से निकलकर चला गया और
अब्नेर के पीछे दूत भेजे; और उन्होंने उसे सीरा के कुएँ से
लौटा लाया। परन्तु दाविद को इसका ज्ञान न था। 27जब
अब्नेर हेब्रोन लौटा, तब योआब ने फाटक में उसे एक ओर ले
जाकर मानो उससे चुपचाप बात करने के लिये बुलाया, और
वहीं उसके पेट में वार किया, ऐसा कि वह मर गया—यह
उसके भाई असायेल के रक्त बदला लेने के कारण था।
28फिर इसके बाद जब दाविद ने यह सुना तो कहा, "मेरी
राज्य-सभा और मैं 𐤉𐤄𐤅𐤄 के सामने सदा के लिये नेर के
पुत्र अब्नेर के रक्त से निर्दोष हैं।" 29"वह दोष योआब के
सिर पर और उसके पिता के सारे घराने पर पड़े; और योआब
के घराने में कभी ऐसा न घटे कि कोई स्त्राव रोग वाला हो, या
कुष्ठी हो, या लाठी के सहारे चले, या तलवार से गिरे, या रोटी
से वंचित रहे।" 30इस प्रकार योआब और उसका भाई अबीशै
ने अब्नेर को मार डाला, क्योंकि उसने गिबोन में युद्ध करते
समय उनके भाई असायेल को मार डाला था। 31तब दाविद
ने योआब और अपने सब साथियों से कहा, "अपने वस्त्र
फाड़ो, टाट कसो, और अब्नेर के लिये विलाप करो।" और
राजा दाविद शवयात्रा के पीछे-पीछे चला। 32और उन्होंने
अब्नेर को हेब्रोन में दफनाया। और राजा ने अब्नेर की कब्र
पर ऊँचे स्वर से रोया, और सब लोगों ने भी रोया। 33और
राजा ने अब्नेर के लिये विलाप किया और कहा, "क्या अब्नेर
किसी मूर्ख की मृत्यु के समान मरे? 34"तेरे हाथ न बाँधे गए
थे, न तेरे पाँव बेड़ियों में डाले गए थे; जैसा कोई दुष्टों के पुत्रों
के सामने गिरता है, वैसा ही तू गिरा।" तब सब लोग फिर
उसके लिये रोए। 35और सब लोग दाविद को दिन रहते
भोजन कराने आए; परन्तु दाविद ने शपथ खाई, "यदि मैं सूर्य
अस्त होने तक रोटी या किसी और वस्तु का स्वाद चखूँ, तो
ईश्वर मेरे साथ ऐसा ही करे और इससे भी अधिक।"
36और सब लोगों ने यह देखा, और उनकी दृष्टि में यह बात
अच्छी लगी; क्योंकि राजा जो कुछ करता था, वह सब लोगों
की दृष्टि में अच्छा था। 37और उस दिन सब लोगों और
समस्त इस्राएल को मालूम हो गया कि नेर के पुत्र अब्नेर को
मार डालना राजा की इच्छा न थी। 38और राजा ने अपने
सेवकों से कहा, "क्या तुम नहीं जानते कि आज इस्राएल में
एक प्रधान और बड़ा पुरुष गिर पड़ा है?" 39"और यद्यपि मैं
अभिषिक्त राजा हूँ, तौभी आज मैं निर्बल हूँ; और ये लोग,
त्सेरूया के पुत्र, मेरे लिये बहुत कठोर हैं। 𐤉𐤄𐤅𐤄 उस
कुकर्मी को उसके कुकर्म के अनुसार बदला दे।"

4 1और जब शाऊल के पुत्र ने सुना कि अब्नेर हेब्रोन में
मर गया है, तो उसका मन ढीला पड़ गया, और सारे
इस्राएल में घबराहट छा गई। 2और शाऊल के पुत्र के दो
पुरुष थे, दलों के प्रधान; एक का नाम बआनाह और दूसरे का
नाम रेखाब था—ये बेरैती रिम्मोन के पुत्र थे, बिन्यामीन के
बच्चों में से; क्योंकि बेरैत भी बिन्यामीन में गिनी जाती थी।
3क्योंकि बेरैती गित्तायीम को भाग गए और आज तक वहीं
परदेशी के रूप में रहते हैं। 4और शाऊल के पुत्र यहोनातान
का एक पुत्र था, जिसके पाँव से लंगड़ा था। जब यिज्रेल से
शाऊल और यहोनातान का समाचार पहुँचा, तब वह पाँच वर्ष
का था; उसकी धाय उसे उठाकर भागी, और भागते-भागते
वह गिर पड़ा और लंगड़ा हो गया। उसका नाम मेफीबोशेत
था। 5तब बेरैती रिम्मोन के पुत्र—रेखाब और बआनाह—
दोपहर की तपिश के समय इश्बोशेत के घर आए, जब वह
दोपहर को अपने बिछौने पर पड़ा था। 6वे घर के बीच तक
गेहूँ लेने के बहाने आए और उसके पेट में वार किया; और
रेखाब तथा उसका भाई बआनाह भाग निकले। 7वे घर के
भीतर उसके शयनकक्ष में पहुँचे, जब वह अपने बिछौने पर
पड़ा था; और उन्होंने उसे मारा, उसे घात किया, और उसका
सिर काट लिया। फिर उसका सिर लेकर सारी रात अराबा
के मार्ग से चलते गए। 8और वे इश्बोशेत का सिर लेकर
हेब्रोन में दाविद के पास आए और राजा से कहा, "देख,
इश्बोशेत का सिर—तेरे शत्रु शाऊल का पुत्र, जो तेरी जान
का खोजी था। इस प्रकार आज 𐤉𐤄𐤅𐤄 ने मेरे स्वामी राजा
को शाऊल और उसके वंश पर बदला दिया है।" 9पर दाविद
ने बेरैती रिम्मोन के पुत्र रेखाब और उसके भाई बआनाह को
उत्तर दिया और उनसे कहा, "जैसा 𐤉𐤄𐤅𐤄 जीवित है,
जिसने मुझे सब संकटों से छुड़ाया है, 10जब किसी ने आकर
मुझसे कहा, 'देख, शाऊल मर गया,' और अपने विचार में
वह शुभ-सूचना का लाने वाला था, तब मैंने उसे पकड़कर
त्सिकलग में घात किया—यही उसके समाचार का प्रतिफल
मैंने उसे दिया। 11तो अब जबकि दुष्ट लोगों ने अपने ही घर
में, अपने बिछौने पर, एक धर्मी पुरुष को घात किया है, तो क्या
मैं उसके लहू का हिसाब तुमसे न माँगूँ और तुम्हें पृथ्वी से दूर
न कर दूँ?" 12तब दाविद ने जवानों को आज्ञा दी; उन्होंने
उन्हें मार डाला, उनके हाथ और पाँव काट दिए, और उन्हें
हेब्रोन के ताल के पास लटका दिया। और इश्बोशेत के सिर
को लेकर हेब्रोन में अब्नेर की कब्र में दफनाया।

5 1तब सब इस्राएल के गोत्र हेब्रोन में दाविद के पास आए
और बोले, "देख, हम तेरी ही हड्डी और मांस हैं।
2"पहले, जब शाऊल हम पर राजा था, तब भी तू ही इस्राएल
को बाहर ले जाता और भीतर लाता था; और 𐤉𐤄𐤅𐤄 ने
तुझसे कहा, 'मेरी प्रजा इस्राएल की चरवाही कर, और
इस्राएल पर प्रभुता कर।' " 3तब इस्राएल के सब पुरनिए
राजा के पास हेब्रोन में आए; और राजा दाविद ने हेब्रोन में
𐤉𐤄𐤅𐤄 के सम्मुख उनके साथ वाचा बाँधी; और उन्होंने
दाविद का इस्राएल पर राजा होने के लिए अभिषेक किया।
4दाविद तीस वर्ष का था जब उसने राज्य करना आरम्भ

किया, और वह चालीस वर्ष राज्य करता रहा। [5]हेब्रोन में
उसने यहूदा पर सात वर्ष और छह महीना राज्य किया; और
यरूशलेम में उसने समस्त इस्राएल और यहूदा पर तैंतीस वर्ष
राज्य किया। [6]तब राजा और उसके लोग यरूशलेम को
येबूसियों के विरोध में गए, जो उस देश के निवासी थे। और
उन्होंने दाविद से कहा, "जब तक तू अँधों और लँगड़ों को न
हटा दे, तू यहाँ प्रवेश न करेगा"—अर्थात वे सोचते थे,
"दाविद यहाँ भीतर न आएगा।" [7]परन्तु दाविद ने सिय्योन के
गढ़ को ले लिया; वही दाविद का नगर है। [8]और उसी दिन
दाविद ने कहा, "जो कोई जल-नाली तक पहुँच जाए, वह
येबूसियों—अर्थात दाविद के प्राण के बैरी अँधों और लँगड़ों
—को मार डाले।" इसी कारण वे कहते हैं, "अँधे और
लँगड़े घर में न आएँ।" [9]और दाविद उस गढ़ में बस गया
और उसका नाम दाविद का नगर रखा; और दाविद ने चारों
ओर से—हा'मिल्लो से भीतर तक—निर्माण कराया। [10]और
दाविद आगे बढ़ता गया और महान होता गया, और सेनाओं के
ईश्वर त्र५त्र२ उसके साथ था। [11]तब त्सोर के राजा हीराम
ने दाविद के पास दूत, देवदारु की लकड़ियाँ, बढ़ई और
राजमिस्त्री भेजे; और उन्होंने दाविद के लिये एक घर
बनाया। [12]तब दाविद ने जान लिया कि त्र५त्र२ ने उसे
इस्राएल पर राजा ठहराया है, और अपनी प्रजा इस्राएल के
कारण उसके राज्य को बहुत महान किया है। [13]और हेब्रोन
से आने के बाद दाविद ने यरूशलेम में और उपपत्नियाँ और
पत्नियाँ लीं; और दाविद के लिये और पुत्र-पुत्रियाँ उत्पन्न
हुईं। [14]और यरूशलेम में जो उसके लिये उत्पन्न हुए उनके
नाम ये हैं: शम्मूआ, शोबाब, नातान और शेलोमो, [15]और
इभहार, एलीशूआ, नेफग और यप्फिया, [16]और एलीशामा,
एलियादा और एलीपेलेत। [17]जब पेलिश्तियों ने सुना कि
दाविद का इस्राएल पर राजा होने के लिये अभिषेक किया गया
है, तब सब पेलिश्ती दाविद को ढूँढ़ने ऊपर चढ़ आए; परन्तु
दाविद ने सुनकर गढ़ में उतर गया। [18]और पेलिश्ती आए
और रेफाईम की तराई में फैल गए। [19]तब दाविद ने
त्र५त्र२ से पूछा, "क्या मैं पेलिश्तियों पर चढ़ूँ? क्या तू उन्हें
मेरे हाथ में देगा?" और त्र५त्र२ ने दाविद से कहा, "चढ़,
क्योंकि मैं निश्चय ही पेलिश्तियों को तेरे हाथ में कर दूँगा।"
[20]तब दाविद बआल-परात्सीम पहुँचा और वहाँ उसने उन्हें
मारा; और कहा, "त्र५त्र२ ने मेरे साम्हने मेरे शत्रुओं को ऐसे
तोड़ा जैसे पानी का फटना।" इसलिए उस स्थान का नाम
बआल-परात्सीम पड़ा। [21]और वे अपनी मूर्तियाँ वहीं छोड़
गए, और दाविद तथा उसके लोगों ने उन्हें उठा लिया।
[22]फिर पेलिश्ती फिर से ऊपर आए और रेफाईम की तराई में
फैल गए। [23]तब जब दाविद ने त्र५त्र२ से पूछताछ की, तो
उसने कहा, "ऊपर मत चढ़; उनके पीछे घूमकर जा, और
शहतूत के पेड़ों के सामने से उन पर चढ़। [24]"और जब तू
शहतूत के पेड़ों की च-ि◌ीन में कदमों की आहट सुने, तब
तुरन्त आगे बढ़ना; क्योंकि तब त्र५त्र२ तेरे आगे-आगे
निकलकर पेलिश्तियों की छावनी को मारने जाएगा।" [25]और
दाविद ने वैसा ही किया जैसा त्र५त्र२ ने उसको आज्ञा दी;
और उसने गेबा से लेकर गेज़ेर तक पेलिश्तियों को मारा।

6 [1]तब दाविद ने फिर से इस्राएल के सब चुने हुए पुरुषों—
तीस हज़ार—को इकट्ठा किया। [2]और दाविद उठा और
उन सब लोगों सहित जो उसके साथ थे, बआले-यहूदा से
चला कि वहाँ से ईश्वर की सन्दूक को ऊपर ले आए—
जिसका नाम सेनाओं के त्र५त्र२ के नाम से लिया जाता है—
जो करूबिमों के बीच में विराजता है। [3]और उन्होंने ईश्वर
की सन्दूक को एक नयी गाड़ी पर रखा, और उसे पहाड़ी पर
स्थित अबीनादाब के घर से ले चले; और उज़्ज़ा और अह्यो
—जो अबीनादाब के पुत्र थे—उस नयी गाड़ी को हाँक रहे
थे। [4]वे पहाड़ी पर स्थित अबीनादाब के घर से ईश्वर की
सन्दूक सहित चले; और अह्यो सन्दूक के आगे-आगे चलता
था। [5]और दाविद तथा इस्राएल का सारा घराना त्र५त्र२ के
सामने पुरे उत्साह से नाचता-गाता था—देवदार की लकड़ियों
के सब वाद्यों, सारंगियों, वीणाओं, डफों, सिस्ट्रम (झंकार-
यंत्र) और झाझों के साथ। [6]और जब वे नाखोन के
खलिहान पर पहुँचे, तो उज़्ज़ा ने ईश्वर की सन्दूक की ओर
हाथ बढ़ाया और उसे थाम लिया, क्योंकि बैल ठोकर खा गए
थे। [7]तब त्र५त्र२ का क्रोध उज़्ज़ा पर भड़क उठा, और
ईश्वर ने उस भूल के कारण उसे वहीं मार डाला; और वह
ईश्वर की सन्दूक के पास ही मर गया। [8]और दाविद
अप्रसन्न हुआ, क्योंकि त्र५त्र२ ने उज़्ज़ा के विरुद्ध प्रकोप
किया था; और उसने उस स्थान का नाम "पेरेत्स-उज़्ज़ा"
रखा—जो आज तक कहलाता है। [9]और उस दिन दाविद
त्र५त्र२ से डर गया और कहा, "त्र५त्र२ की सन्दूक मेरे
पास कैसे आए?" [10]और दाविद ने त्र५त्र२ की सन्दूक को
दाविद के नगर में अपने साथ ले जाना नहीं चाहा; परन्तु
दाविद ने उसे गित्ती ओबेद-एदोम के घर में मोड़ दिया।
[11]त्र५त्र२ की सन्दूक ओबेद-एदोम गित्ती के घर में तीन
महीने रही; और त्र५त्र२ ने ओबेद-एदोम और उसके सारे
घराने को आशीष दी। [12]और राजा दाविद को बताया गया,
"ईश्वर ने त्र५त्र२ की सन्दूक के कारण ओबेद-एदोम के
घर और जो कुछ उसका है सबको आशीष दी है।" तब
दाविद गया और ओबेद-एदोम के घर से ईश्वर की सन्दूक
को आनन्द के साथ दाविद के नगर में ऊपर ले आया।
[13]और ऐसा हुआ कि जब त्र५त्र२ की सन्दूक उठाने वाले
छह क़दम चले, तब उसने बैलों और पले हुए पशुओं का
बलिदान किया। [14]और दाविद त्र५त्र२ के सामने अपनी
सारी शक्ति से नाचा; और दाविद सूती ऐफ़ोद (काँधे का
वस्त्र) पहिने हुए था। [15]तब दाविद और इस्राएल का सारा
घराना जयजयकार और नरसिंगे की ध्वनि के साथ त्र५त्र२
की सन्दूक को ऊपर ले आए। [16]और ऐसा हुआ कि जब
त्र५त्र२ की सन्दूक दाविद के नगर में आई, तब शाऊल की
बेटी मीकल ने खिड़की से देखा और राजा दाविद को
त्र५त्र२ के सामने कूदते और नाचते देखा; और उसने
अपने मन में उसका तिरस्कार किया। [17]तब वे त्र५त्र२ की
सन्दूक को भीतर ले आए और उसे उस तम्बू के बीच में
उसके स्थान पर रखा जिसे दाविद ने उसके लिये खड़ा किया
था; और दाविद ने त्र५त्र२ के सामने होमबलि और मेलबलि
चढ़ाए। [18]और जब दाविद ने होमबलि और मेलबलि चढ़ाना
पूरा किया, तब उसने सेनाओं के त्र५त्र२ के नाम से लोगों
को आशीष दी। [19]और उसने सब लोगों—इस्राएल की सारी

भीड़—में, पुरुष से लेकर स्त्रियों तक, हर एक को एक रोटी, एक खाद्य-भाग और किशमिश का एक पकवान बाँटा; तब सब लोग—हर एक अपने घर—चल दिए। 20 तब दाविद अपने घराने को आशीष देने लौटा; परन्तु शाऊल की बेटी मीकल दाविद से मिलने निकली और बोली, "आज इस्राएल के राजा कैसे आदरणीय बने—जो आज अपने दासों की दासियों की आँखों के सामने अपने को प्रकट करता फिरा, जैसा कोई निर्लज्ज मनुष्य प्रकट करता है!" 21 तब दाविद ने मीकल से कहा, "𐤉𐤄𐤅𐤄 के सामने—जिसने तेरे पिता और उसके सारे घराने के स्थान पर मुझे चुनकर 𐤉𐤄𐤅𐤄 की प्रजा, इस्राएल, पर अधिपति ठहराया—मैं 𐤉𐤄𐤅𐤄 के सामने नाचा। 22 "और मैं इससे भी अधिक तुच्छ बनूँगा, और अपनी ही दृष्टि में दीन हो जाऊँगा; पर जिन दासियों की तू ने चर्चा की है, उन्हीं के द्वारा मैं आदृत ठहरूँगा।" 23 और शाऊल की बेटी मीकल की मृत्यु के दिन तक कोई सन्तान न हुई।

7 1 और ऐसा हुआ कि जब राजा अपने घर में रहने लगा और 𐤉𐤄𐤅𐤄 ने उसे चारों ओर के सब शत्रुओं से विश्राम दिया, 2 तब राजा ने नातान नबी से कहा, "देख, मैं देवदारु के घर में रहता हूँ, परन्तु ईश्वर की सन्दूक तो परदों के भीतर रहती है।" 3 नातान ने राजा से कहा, "जा, जो तेरे मन में है सब कर, क्योंकि 𐤉𐤄𐤅𐤄 तेरे साथ है।" 4 पर उसी रात 𐤉𐤄𐤅𐤄 का वचन नातान के पास आया, यह कहते हुए— 5 "जा और मेरे दास दाविद से कह, '𐤉𐤄𐤅𐤄 यों कहता है: क्या तू मेरे रहने के लिये एक घर बनाएगा? 6 "क्योंकि जिस समय से मैंने इस्राएल की सन्तानों को मिस्र से निकाला, उस दिन से आज तक मैं किसी घर में नहीं रहा, परन्तु मैं तम्बू और निवास में चलता-फिरता रहा। 7 "मैं जहाँ-जहाँ इस्राएल की सब सन्तानों के साथ चला, क्या मैंने इस्राएल के किसी गोत्र के किसी भी जन से—जिसे मैंने अपनी प्रजा इस्राएल की चरवाही का आदेश दिया था—यह कहा, 'तुमने मेरे लिये देवदारु का घर क्यों नहीं बनाया?' " ' 8 "अब तू मेरे दास दाविद से कह, 'सेनाओं के 𐤉𐤄𐤅𐤄 यों कहता है: मैं तुझे चरागाह से—झुंड के पीछे-पीछे चलने से—ले आया ताकि तू मेरी प्रजा इस्राएल पर प्रधान बने। 9 "और मैं जहाँ-जहाँ तू गया वहाँ-वहाँ तेरे साथ रहा; और मैंने तेरे सब शत्रुओं को तेरे सामने से नष्ट किया; और तेरा नाम महान किया—पृथ्वी के महान लोगों के नामों के समान। 10 "और मैं अपनी प्रजा इस्राएल के लिये एक स्थान ठहराऊँगा और उन्हें लगाऊँगा, कि वे अपने ही स्थान पर बसें और फिर भयभीत न हों; और दुष्टों की संतान उन्हें फिर से पहले की तरह सताए नहीं। 11 "और उस दिन से—जब मैंने अपनी प्रजा इस्राएल पर न्यायी ठहराए—मैंने तुझे तेरे सब शत्रुओं से विश्राम दिया। और 𐤉𐤄𐤅𐤄 तुझे यह बताता है कि 𐤉𐤄𐤅𐤄 तुझे एक घर बनाएगा। 12 "जब तेरे दिन पूरे हो जाएँगे और तू अपने पितरों के साथ सो जाएगा, तब मैं तेरे बाद तेरी सन्तान—जो तेरी ही देह से निकलेगा—को उत्पन्न करूँगा और उसके राज्य को स्थिर करूँगा। 13 "वह मेरे नाम के लिये एक घर बनाएगा, और मैं उसके राज्य के सिंहासन को सदा के लिये स्थिर कर दूँगा। 14 "मैं उसका पिता होऊँगा और वह मेरा पुत्र होगा; यदि वह कुटिलता करे तो मैं मनुष्यों की छड़ी और आदमियों की मार से उसे ताड़ना दूँगा। 15 "परन्तु अपनी करुणा मैं उससे न हटा लूँगा, जैसे मैंने उसे तुझ से पहले शाऊल से हटा लिया था। 16 "और तेरा घराना और तेरा राज्य सदा के लिये तेरे सामने स्थिर रहेगा; तेरा सिंहासन सदा के लिये स्थिर किया जाएगा।" ' " 17 इन सब वचनों और इस पूरे दर्शन के अनुसार नातान ने दाविद से कहा। 18 तब राजा दाविद भीतर गया और 𐤉𐤄𐤅𐤄 के सामने बैठकर कहने लगा, "मैं कौन हूँ, हे अडोनाई 𐤉𐤄𐤅𐤄, और मेरा घराना क्या है कि तूने मुझे यहाँ तक पहुँचा दिया? 19 "और फिर भी, हे अडोनाई 𐤉𐤄𐤅𐤄, तेरी दृष्टि में यह छोटी बात थी; तूने अपने दास के घर की दूर भविष्य तक भी चर्चा की; क्या यह मनुष्य की रीति है, हे अडोनाई 𐤉𐤄𐤅𐤄? 20 "और दाविद तुझ से और क्या कहे? क्योंकि हे अडोनाई 𐤉𐤄𐤅𐤄, तू अपने दास को जानता है। 21 "तेरे वचन के कारण और अपने ही मन के अनुसार तूने यह बड़ी-बड़ी बातें कीं, ताकि उन्हें अपने दास पर प्रगट करे। 22 "इस कारण, हे अडोनाई 𐤉𐤄𐤅𐤄, तू बहुत महान है; क्योंकि तेरे समान कोई नहीं, और तुझ को छोड़ कोई ईश्वर नहीं—जैसा कि हम अपने कानों से सुन चुके हैं। 23 "और तेरी प्रजा इस्राएल के समान कौन सी जाति है—वही एक जाति है जिसके लिये ईश्वर ने स्वयं जाकर उसे अपनी प्रजा बनाने को छुड़ाया, और अपने लिये नाम करने को, और तेरे लिये महान और भयानक काम करने को—तेरी भूमि के लिये—तेरी प्रजा के सामने, जिन्हें तूने मिस्र और जातियों तथा उनके देवताओं से अपने लिये छुड़ाया। 24 "और तूने अपनी प्रजा इस्राएल को सदा के लिये अपने लिये अपनी ही प्रजा ठहराया, और तू, 𐤉𐤄𐤅𐤄, उनका ईश्वर हुआ। 25 "अब, हे 𐤉𐤄𐤅𐤄 ईश्वर, जो वचन तूने अपने दास और उसके घर के विषय में कहा है, उसे सदा के लिये स्थिर कर, और जैसा तूने कहा वैसा ही कर। 26 "और तेरा नाम सदा के लिये महान ठहरे—कि कहा जाए, 'सेनाओं का 𐤉𐤄𐤅𐤄 इस्राएल पर ईश्वर है'; और तेरे दास दाविद का घर तेरे सामने स्थिर किया जाए। 27 "क्योंकि तू, हे सेनाओं के 𐤉𐤄𐤅𐤄, इस्राएल के ईश्वर, ने अपने दास पर यह प्रगट किया है, यह कहते हुए, 'मैं तेरा घर बनाऊँगा'; इसलिए तेरे दास ने तुझ से यह प्रार्थना करने का साहस किया है। 28 "और अब, हे अडोनाई 𐤉𐤄𐤅𐤄, तू ईश्वर है, और तेरे वचन सत्य हैं, और तूने अपने दास के लिए यह भलाई कही है। 29 "अब कृपा कर अपने दास के घराने को सदा के लिये तेरे सामने आशीष प्रदान कर, कि वह बना रहे; क्योंकि तूने, हे अडोनाई 𐤉𐤄𐤅𐤄, यह कहा है; और तेरी आशीष से तेरे दास का घर सदा-सर्वदा आशीषित रहेगा।"

8 1 और इसके बाद ऐसा हुआ कि दाविद ने पेलिश्तियों को मारा और उन्हें दीन किया; और दाविद ने पेलिश्तियों के हाथ से मुख्य नगर का बागडोर छीन लिया। 2 उसने मोआब को भी मारा, और उन्हें भूमि पर लिटाकर डोरी से नापा—दो डोरों से जिनको मार डाला जाए, और एक पूरी डोरी से जिनको जीवित रखा जाए। और मोआबी दाविद के दास हो गए और भेंटें लाए। 3 दाविद ने त्सोबा के राजा रहोब के पुत्र हददेज़ेर को भी मारा, जब वह अपनी प्रभुता को फरात नदी पर स्थापित करने जा रहा था। 4 और दाविद ने उसके पास से एक हज़ार सात सौ घुड़सवार और बीस हज़ार पैदल सिपाही पकड़े; और दाविद ने सब रथों को नष्ट कर दिया,

परन्तु उनमें से सौ रथ रहने दिए। 5 और दमिश्क के अरामी त्सोबा के राजा हददेज़ेर की सहायता को आए; और दाविद ने अराम के बाईस हज़ार मनुष्यों को मार डाला। 6 तब दाविद ने दमिश्क के अराम में चौकियाँ बिठाईं; और अरामी दाविद के दास होकर भेंटें लाने लगे। और ३५३२ जहाँ-जहाँ दाविद जाता था, उसे बचाता था। 7 और दाविद ने हददेज़ेर के सेवकों पर जो सोने की ढालें थीं उन्हें ले लिया और उन्हें यरूशलेम ले आया। 8 और बेतह तथा बेरोथै—जो हददेज़ेर के नगर थे—से राजा दाविद ने बहुत सा पीतल लिया। 9 और जब हमात के राजा तोई ने सुना कि दाविद ने हददेज़ेर की सारी सेना को मार डाला है, 10 तब तोई ने अपने पुत्र योराम को राजा दाविद के पास भेजा कि वह उसका कुशल-क्षेम पूछे और उसे आशीष दे, क्योंकि उसने हददेज़ेर से लड़कर उसे मारा था—क्योंकि हददेज़ेर का तोई से युद्ध रहता था; और वह अपने साथ चाँदी के पात्र, सोने के पात्र और पीतल के पात्र लाया। 11 राजा दाविद ने इन्हें भी—और उन सब जातियों से ली हुई चाँदी और सोना जिन्हें उसने दीन किया था—३५३२ के लिये पवित्र अर्पित किया। 12 अराम, मोआब, अम्मोन की सन्तान, पेलिश्तियों, अमालेक, और त्सोबा के राजा रहोब के पुत्र हददेज़ेर की लूट—इन सब में से। 13 और नमक की तराई में अठारह हज़ार अरामियों को मारकर लौटते समय दाविद का नाम प्रसिद्ध हुआ। 14 और उसने एदोम में चौकियाँ बिठाईं; समस्त एदोम में उसने चौकियाँ बिठाईं; और सब एदोमी दाविद के दास हो गए। और ३५३२ जहाँ-जहाँ दाविद जाता था, उसे बचाता था। 15 और दाविद ने समस्त इस्राएल पर राज्य किया; और दाविद अपनी सारी प्रजा के लिये न्याय और धर्म का व्यवहार करता था। 16 और त्सेरूया का पुत्र योआब सेना पर प्रधान था, और अहिलूद का पुत्र यहोशापात अभिलेखक था। 17 और अहितूब का पुत्र सादोक और एब्याता का पुत्र अहीमेलेक याजक थे, और सरायाह सचिव था। 18 और यहोयादा का पुत्र बनायाह केरेती और पेलेती पर अधिकारी था, और दाविद के पुत्र याजक थे।

9 1 और दाविद ने कहा, "क्या शाऊल के घराने में कोई अब भी बचा है कि मैं यहोनातान के कारण उसके साथ कृपा करूँ?" 2 और शाऊल के घराने का एक दास था जिसका नाम सीबा था; और उसे दाविद के पास बुलाया गया। राजा ने उससे कहा, "क्या तू सीबा है?" उसने कहा, "आपका दास!" 3 राजा ने कहा, "क्या शाऊल के घराने में कोई अब भी शेष नहीं है जिस पर मैं ईश्वर की कृपा करूँ?" सीबा ने राजा से कहा, "यहोनातान का एक पुत्र है जो पावों से लंगड़ा है।" 4 राजा ने कहा, "वह कहाँ है?" सीबा ने राजा से कहा, "देखिए, वह लो-देबार में अम्मीएल के पुत्र माखीर के घर में है।" 5 तब राजा दाविद ने भेजकर उसे लो-देबार से, अम्मीएल के पुत्र माखीर के घर से, बुलवाया। 6 और यहोनातान का पुत्र, शाऊल का पुत्र मेफीबोशेत, दाविद के पास आया और भूमि पर गिरकर प्रणाम किया। दाविद ने कहा, "मेफीबोशेत!" उसने उत्तर दिया, "यह रहा आपका दास!" 7 दाविद ने उससे कहा, "मत डर, क्योंकि मैं निश्चय ही तेरे पिता यहोनातान के कारण तुझ पर कृपा करूँगा, और तेरे दादा शाऊल की सारी भूमि तुझे लौटा दूँगा; और तू सदा मेरी मेज़ पर रोटी खाया करेगा।" 8 तब उसने दण्डवत करके कहा, "आपका दास क्या है कि आप ऐसे मरे हुए कुत्ते की ओर ध्यान दें?" 9 तब राजा ने शाऊल के दास सीबा को बुलाकर उससे कहा, "जो कुछ शाऊल का और उसके सारे घराने का था, वह सब मैंने तेरे स्वामी के पुत्र को दे दिया है। 10 "तू, तेरे पुत्र और तेरे दास उसके लिये भूमि जोतोगे और उपज लाओगे, ताकि तेरे स्वामी का पुत्र भोजन पाए; परन्तु मेफीबोशेत—तेरे स्वामी का पुत्र—हमेशा मेरी मेज़ पर रोटी खाया करेगा।" और सीबा के पन्द्रह पुत्र और बीस दास थे। 11 सीबा ने राजा से कहा, "मेरे स्वामी राजा जो कुछ अपने दास को आज्ञा देते हैं, वैसा ही आपका दास करेगा।" "जहां तक मेफीबोशेत का सम्बन्ध है, वह राजा के पुत्रों में से एक के समान मेरी मेज़ पर रोटी खाया करेगा।" 12 और मेफीबोशेत का एक छोटा पुत्र था जिसका नाम मीका था; और सीबा के घराने में रहने वाले सब लोग मेफीबोशेत के दास थे। 13 और मेफीबोशेत यरूशलेम में रहने लगा, क्योंकि वह सदा राजा की मेज़ पर रोटी खाया करता था; और वह दोनों पाँवों से लंगड़ा था।

10 1 और इसके बाद ऐसा हुआ कि अम्मोन की सन्तानो का राजा मर गया, और उसके स्थान पर उसका पुत्र हानून राज्य करने लगा। 2 और दाविद ने कहा, "मैं नाहाश के पुत्र हानून के साथ कृपा करूँगा, जैसे उसके पिता ने मेरे साथ कृपा की थी।" तब दाविद ने अपने दासों के हाथ से उसके पिता के विषय में शोक प्रकट करने को भेजा। और जब दाविद के दास अम्मोन की सन्तानों के देश में पहुँचे, 3 तब अम्मोन की सन्तानों के प्रधानों ने अपने स्वामी हानून से कहा, "क्या तेरी दृष्टि में दाविद तेरे पिता का आदर करता है कि उसने तुझे शोक-संदेश देने वाले भेजे हैं? क्या दाविद ने अपने दासों को नगर की जाँच-पड़ताल करने, उसे भेदने और उलट देने को नहीं भेजा?" 4 तब हानून ने दाविद के दासों को पकड़ लिया, उनकी आधी-आधी दाढ़ी मुड़वा दी, और उनके वस्त्रों को कमर तक—नितम्बों तक—काट दिया, और उन्हे विदा कर दिया। 5 जब यह बात दाविद को बताई गई, तो उसने उन्हें [illegible] लेने भेजा, क्योंकि वे पुरुष बहुत लज्जित थे; और राजा ने कहा, "अपनी दाढ़ियाँ बढ़ जाने तक यरीहो में ठहरे रहो, फिर लौट आना।" 6 और जब अम्मोन की सन्तानो ने देखा कि वे दाविद के लिये दुर्गन्ध हो गए हैं, तब उन्होंने बेथ-रेहोब और त्सोबा के अरामियों में से बीस हज़ार पैदल, और माअखा के राजा से एक हज़ार पुरुष, और तोब के लोगो में से बारह हज़ार पुरुष किराए पर लिए। 7 जब दाविद ने यह सुना, तब उसने योआब और सारे वीरों सहित पूरी सेना भेजी। 8 तब अम्मोन की सन्तान बाहर निकली और फाटक के प्रवेश पर युद्ध की पंक्ति बाँधी; और त्सोबा और रेहोब के अरामी और तोब और माअखा के लोग मैदान में अलग खड़े रहे। 9 जब योआब ने देखा कि उसके आगे-पीछे से युद्ध उस पर पड़ा है, तब उसने इस्राएल के सब चुने हुए पुरुषों में से कुछ चुनकर अरामियों के विरोध में पंक्ति बाँधी। 10 और शेष लोगो को उसने अपने भाई अबीशै के हाथ में दिया, और उन्होंने अम्मोन की सन्तानों के विरोध में पंक्ति बाँधी। 11 और उसने कहा, "यदि अरामी मुझ पर प्रबल हों तो तू मेरी सहायता करना; और यदि अम्मोन की सन्तान तुझ पर प्रबल हों तो मै आकर तेरी सहायता करूँगा। 12 "हिम्मत बाँधो, और अपने

लोगों और अपने ईश्वर के नगरों के लिये हम साहस दिखाएँ;
और 𐤉𐤄𐤅𐤄 अपनी दृष्टि में जो अच्छा हो वही करे।”
13 तब योआब और उसके साथ के लोग अराम के विरुद्ध
लड़ने को बढ़े, और वे उसके सामने से भाग गए। 14 जब
अम्मोन की सन्तानों ने देखा कि अरामी भाग रहे हैं, तब वे भी
अबीशै के सामने से भागकर नगर में घुस गए; तब योआब
अम्मोन की सन्तानों से लौटकर यरूशलेम आया। 15 जब
अरामियों ने देखा कि वे इस्राएल के सामने हार गए हैं, तब वे
इकट्ठे हुए। 16 और हददेज़ेर ने नदी के पार के अरामियों को
बुलवाया, और वे हेलेम आए; और हददेज़ेर की सेना का
प्रधान शोबाक उनके आगे-आगे गया। 17 जब यह बात दाविद
को बताई गई, तब उसने समस्त इस्राएल को इकट्ठा किया,
यरदन पार किया और हेलेम पहुँचा; और अरामी ने दाविद के
विरोध में पंक्ति बाँधी और उससे युद्ध किया। 18 परन्तु अरामी
इस्राएल के सामने से भाग गए, और दाविद ने अराम के सात
सौ रथियों और चालीस हज़ार घुड़सवारों को मारा; और उसने
उनकी सेना के प्रधान शोबाक को मारा, और वह वहीं मर
गया। 19 और जब हददेज़ेर के सब सेवक-राजाओं ने देखा
कि वे इस्राएल से हार गए हैं, तब उन्होंने इस्राएल से शान्ति
कर ली और उनकी सेवा करने लगे; और अरामी फिर
अम्मोन की सन्तानों की सहायता करने से डरने लगे।

11 1 और ऐसा हुआ कि वर्ष के घूमने पर—जब राजा
लोग युद्ध के लिये निकलते हैं—दाविद ने योआब को
अपने साथियों और सारे इस्राएल सहित भेजा; और उन्होंने
अम्मोन की सन्तानों का नाश किया और रब्बह नगर को घेर
लिया। परन्तु दाविद यरूशलेम में रह गया। 2 और संध्या
समय ऐसा हुआ कि दाविद अपने बिस्तर से उठकर राजा के
घर की छत पर टहल रहा था; और छत से उसने एक स्त्री
को स्नान करती देखा, और वह स्त्री अत्यन्त रूपवती थी।
3 तब दाविद ने भेजकर उस स्त्री के विषय में पूछताछ की;
और किसी ने कहा, “क्या यह एल्याम की बेटी बतशेबा, हित्ती
उरिय्याह की पत्नी नहीं है?” 4 तब दाविद ने दूत भेजकर उसे
मँगवाया; और वह उसके पास आई, और उसने उसके साथ
सहवास किया—क्योंकि वह अपनी अशुद्धता से शुद्ध हो रही
थी—फिर वह अपने घर लौट गई। 5 और वह स्त्री गर्भवती
हुई, और उसने भेजकर दाविद को यह बताया, और कहा, “मैं
गर्भवती हूँ।” 6 तब दाविद ने योआब के पास कहला भेजा,
“हित्ती उरिय्याह को मेरे पास भेज दे।” और योआब ने
उरिय्याह को दाविद के पास भेज दिया। 7 और जब उरिय्याह
उसके पास आया, तब दाविद ने योआब की कुशल, लोगों की
कुशल, और युद्ध की दशा पूछी। 8 फिर दाविद ने उरिय्याह से
कहा, “अपने घर जा और अपने पाँव धो।” तब उरिय्याह
राजा के घर से निकल गया, और राजा की ओर से एक
उपहार उसके पीछे-पीछे गया। 9 परन्तु उरिय्याह अपने स्वामी
के सब दासों के साथ राजा के घर के द्वार पर ही सो रहा, और
अपने घर नीचे न गया। 10 तब लोगों ने दाविद को बतलाया,
“उरिय्याह अपने घर नीचे न गया।” तब दाविद ने उरिय्याह
से कहा, “क्या तू यात्रा से नहीं आया? फिर तू अपने घर नीचे
क्यों न गया?” 11 उरिय्याह ने दाविद से कहा, “सन्दूक और
इस्राएल तथा यहूदा डेरों में रहते हैं, और मेरे स्वामी योआब
और मेरे स्वामी के दास खुले मैदान में छावनी किए हैं; और मैं
अपने घर जाकर खाऊँ-पीऊँ और अपनी पत्नी के साथ
सोऊँ? तेरे जीवन की शपथ, और तेरे प्राण की शपथ, मैं यह
काम नहीं करूँगा।” 12 तब दाविद ने उरिय्याह से कहा,
“आज भी यहीं ठहर, और कल मैं तुझे विदा कर दूँगा।” सो
उरिय्याह उस दिन और दूसरे दिन यरूशलेम में ठहरा रहा।
13 फिर दाविद ने उसे बुलाया, और वह उसके सामने खाया-
पीया, और उसने उसे मतवाला किया; परन्तु साँझ के समय
वह अपने स्वामी के दासों के साथ अपने बिछौने पर सोने चला
गया, और अपने घर नीचे न गया। 14 प्रातःकाल ऐसा हुआ
कि दाविद ने योआब के नाम एक पत्र लिखा और उसे
उरिय्याह के हाथ भेज दिया। 15 उस पत्र में उसने लिखा,
“उरिय्याह को युद्ध की सबसे भीषण भूमि में आगे कर दो,
और फिर उसके पीछे से हट जाना, कि वह घायल होकर मर
जाए।” 16 जब योआब ने नगर पर दृष्टि रखी, तो उसने
उरिय्याह को उस स्थान पर ठहराया जहाँ वह जानता था कि
सबल पुरुष हैं। 17 तब नगर के पुरुष निकलकर योआब से
लड़े; और दाविद के दासों में से कितने गिर पड़े; और हित्ती
उरिय्याह भी मर गया। 18 तब योआब ने भेजकर दाविद को
युद्ध की सब घटनाओं का समाचार दिया। 19 और उसने दूत
को आज्ञा दी, “जब तू राजा को युद्ध की सब बातें कह चुका
हो, 20 यदि राजा का क्रोध भड़के और वह तुझ से कहे, ‘जब
तुम नगर के पास-पास जाकर लड़े, तो क्यों गए? क्या तुम न
जानते थे कि वे परकोटे पर से तीर चलाएँगे? 21 ‘यरुब्बेशेत
के पुत्र अबीमेलेक को किसने मारा? क्या ऐसा न हुआ कि एक
स्त्री ने उसकी ऊपर की चक्की का पाट परकोटे पर से उस
पर फेंका, और वह तेबेत्स में मर गया? फिर तुम परकोटे के
निकट क्यों गए?’ तब तू कहना, ‘तेरा दास हित्ती उरिय्याह भी
मर गया।’ ” 22 तब दूत चलकर गया, और जितना योआब
ने उसे कहा था, सब दाविद से कहा। 23 और दूत ने दाविद से
कहा, “वे लोग हम पर भारी पड़े और मैदान में हमारे विरुद्ध
निकल आए; परन्तु हम उन्हें फाटक के प्रवेश तक खदेड़ ले
गए। 24 “तब परकोटे पर से धनुर्धारियों ने तेरे दासों पर तीर
चलाए; और राजा के कुछ दास मर गए; और तेरा दास हित्ती
उरिय्याह भी मर गया।” 25 तब दाविद ने दूत से कहा, “तू
योआब से कहना, ‘यह बात तेरी दृष्टि में बुरी न लगे; क्योंकि
तलवार तो ऐसे-ऐसे को निगलती ही है। नगर पर अपना
आक्रमण और दृढ़ कर, और उसे उलट दे।’ और तू उसका
मन बढ़ाना।” 26 जब उरिय्याह की पत्नी ने सुना कि उसका
पति उरिय्याह मर गया है, तब उसने अपने पति के लिये
विलाप किया। 27 और जब शोक का समय बीत गया, तब
दाविद ने भेजकर उसे अपने घर ले आया, और वह उसकी
पत्नी हो गई और उसने उसे एक पुत्र जना। परन्तु जो बात
दाविद ने की थी वह 𐤉𐤄𐤅𐤄 की दृष्टि में बुरी थी।

12 1 तब 𐤉𐤄𐤅𐤄 ने नातान को दाविद के पास भेजा; वह
उसके पास आया और कहा, “एक नगर में दो मनुष्य
थे—एक धनी और दूसरा दरिद्र। 2 “धनी के पास बहुत सी
भेड़-बकरियाँ और गाय-बैल थे। 3 “परन्तु दरिद्र के पास
केवल एक छोटी मादा-भेड़ का बच्चा था, जिसे उसने मोल
लेकर पाला था; वह उसके और उसके पुत्रों के साथ बड़ा
हुआ; उसके कौर में से खाता, उसके कटोरे से पीता, और
उसकी गोद में सोता था; और वह उसके लिये बेटी के समान

था। [4]“तब धनी के पास एक यात्री आया, परन्तु उसने अपने
ही झुंड और अपने ही झुण्ड में से उस मुसाफिर के लिये
पकाने को न लिया, जो उसके पास आया था; परन्तु उसने
उस दरिद्र के मेमने को ले लिया और उसी को उस मनुष्य के
लिये पकाया जो उसके पास आया था।” [5]तब दाविद का
क्रोध उस मनुष्य पर बहुत ही भड़क उठा, और उसने नातान
से कहा, “जैसा 𐤉𐤄𐤅𐤄 जीवित है, वह मनुष्य जिसने यह
काम किया, मृत्यु का पुत्र है! [6]“और उस मेमने का चार गुना
बदला देगा, क्योंकि उसने यह काम किया और उस पर दया
नहीं की।” [7]तब नातान ने दाविद से कहा, “वह मनुष्य तू ही
है! 𐤉𐤄𐤅𐤄—इस्राएल के ईश्वर—यूं कहता है, ‘मैंने तुझे
इस्राएल पर राजा अभिषिक्त किया, और मैं ने तुझे शाऊल के
हाथ से छुड़ाया। [8]‘और मैंने तुझे तेरे स्वामी का घर और तेरे
स्वामी की पत्नियाँ तेरी झोली में दीं; और तुझे इस्राएल और
यहूदा का घराना दिया; और यदि यह थोड़ा पड़ता, तो मैं तुझे
और भी बहुत कुछ दे देता। [9]‘तू ने 𐤉𐤄𐤅𐤄 के वचन को
क्यों तुच्छ जाना कि उसकी दृष्टि में बुरा काम करे? तू ने हित्ती
उरिय्याह को तलवार से घात किया, और उसकी पत्नी को
अपनी पत्नी बना लिया; और तू ने अम्मोन की सन्तानों की
तलवार से उसे मार डाला। [10]‘इस कारण अब तलवार तेरे
घर से कभी न हटेगी, क्योंकि तू ने मुझे तुच्छ जाना, और
हित्ती उरिय्याह की पत्नी को लेकर अपनी पत्नी बना लिया।’
[11]“𐤉𐤄𐤅𐤄 यों कहता है, ‘देख, मैं तेरे ही घर से तेरे विरुद्ध
विपत्ति उठाऊँगा; और तेरी पत्नियों को तेरी आँखों के सामने
ले जाकर तेरे पड़ोसी को दे दूँगा, और वह इस सूर्य के सामने
तेरी पत्नियों के साथ सहवास करेगा। [12]‘क्योंकि तू ने तो यह
काम छिपाकर किया, परन्तु मैं यह काम सारे इस्राएल और
सूर्य के सामने करूँगा।’ ” [13]तब दाविद ने नातान से कहा,
“मैंने 𐤉𐤄𐤅𐤄 के विरुद्ध पाप किया है।” और नातान ने
दाविद से कहा, “𐤉𐤄𐤅𐤄 ने भी तेरे पाप को दूर कर दिया है;
तू न मरेगा। [14]“तो भी, क्योंकि तू ने इस काम से 𐤉𐤄𐤅𐤄
का बड़ा अनादर किया है, इसलिये जो बालक तेरे यहाँ जन्मा
है वह अवश्य मरेगा।” [15]इसके बाद नातान अपने घर चला
गया; और 𐤉𐤄𐤅𐤄 ने उस बालक को—जो उरिय्याह की
पत्नी से दाविद के यहाँ उत्पन्न हुआ था—पीड़ित किया, और
वह बीमार पड़ा। [16]तब दाविद ने उस बालक के लिये ईश्वर
से विनती की, और दाविद उपवास करता रहा और भीतर
जाकर सारी रात भूमि पर पड़ा रहा। [17]तब उसके घर के
पुरनिए उठकर उसके ऊपर बैठे रहे कि उसे भूमि से उठाएँ;
परन्तु वह न उठा, और उनके साथ भोजन भी न किया।
[18]सातवें दिन ऐसा हुआ कि बालक मर गया; और दाविद के
दास उससे यह कहने से डरते थे कि बालक मर गया है;
क्योंकि वे कहते थे, “जब बालक जीवित था, तब हमने उससे
कहा, परन्तु उसने हमारे वचन न सुने; तो अब हम उससे
कैसे कहें कि बालक मर गया है? कहीं वह बुरी दशा न करे!”
[19]जब दाविद ने अपने दासों को कुजबुजाते देखा, तब उसने
समझ लिया कि बालक मर गया है; तब दाविद ने अपने दासों
से पूछा, “क्या बालक मर गया?” उन्होंने कहा, “मर गया
है।” [20]तब दाविद भूमि से उठा, और नहाया और तैल
लगाया, और वस्त्र बदलकर 𐤉𐤄𐤅𐤄 के भवन में जाकर
दण्डवत किया; फिर अपने घर आकर आज्ञा दी, और उसके
आगे भोजन रखा गया और उसने खाया। [21]तब उसके दासों
ने उससे कहा, “यह क्या बात है जो तू ने की? जब बालक
जीवित था, तब तू उपवास करता और रोता रहा; परन्तु जब
बालक मर गया, तब तू उठकर भोजन करने लगा।”
[22]उसने कहा, “जब तक बालक जीवित था, मैं उपवास
करता और रोता रहा, क्योंकि मैं सोचता था, ‘कौन जाने,
शायद 𐤉𐤄𐤅𐤄 मुझ पर अनुग्रह करे, और बालक जीवित
रहे।’ [23]“परन्तु अब वह मर गया है, तो मैं क्यों उपवास
करूँ? क्या मैं उसे फिर लौटा सकता हूँ? मैं तो उसके पास
जाऊँगा, परन्तु वह मेरे पास न लौटेगा।” [24]फिर दाविद ने
अपनी पत्नी बतशेबा को शान्ति दी, और उसके पास गया और
उसके साथ सहवास किया; और उसने एक पुत्र जना, और
उसने उसका नाम शेलोमो रखा; और 𐤉𐤄𐤅𐤄 ने उससे प्रेम
किया। [25]और उसने नातान नबी के द्वारा कहला भेजा, और
उसका नाम यदिद्याह रखा—𐤉𐤄𐤅𐤄 के कारण। [26]और
योआब ने अम्मोन की सन्तानों के नगर रब्बह से लड़ाई की,
और राजकीय नगर को ले लिया। [27]तब योआब ने दाविद के
पास दूत भेजकर कहा, “मैंने रब्बह से लड़ाई की है, और
नगर के जल-स्रोत को ले लिया है। [28]“अब तू शेष प्रजा को
इकट्ठा कर, नगर के विरुद्ध छावनी कर और उसे ले ले; नहीं
तो ऐसा हो कि मैं ही नगर को ले लूँ, और नगर का नाम मेरे
नाम से पुकारा जाए।” [29]तब दाविद ने सब लोगों को इकट्ठा
किया और रब्बह को गया, और उससे लड़ाई की और उसे ले
लिया। [30]और उसने उनके राजा का मुकुट उसके सिर से
उतार लिया; और उसका वज़न सोने का एक किक्कार था,
और उस पर बहुमूल्य पत्थर थे; और वह मुकुट दाविद के
सिर पर रखा गया; और उसने शहर की बहुत बड़ी लूट बाहर
निकाली। [31]और उसने जो लोग उसमें थे, उन्हें बाहर
निकालकर आरी, लोहे के नोकदार औज़ारों और लोहे की
कुल्हाड़ियों के अधीन कर दिया, और उन्हें ईंट-भट्टों से
निकाल ले गया; और उसने अम्मोन की सन्तानों के सब नगरों
से ऐसा ही किया। तब दाविद और सब लोग यरूशलेम लौट
आए।

13 [1]इसके बाद ऐसा हुआ कि दाविद के पुत्र अब्शालोम
की एक सुन्दरी बहन थी जिसका नाम तामार था;
और दाविद के पुत्र अम्नोन को उससे प्रेम हो गया। [2]और
अम्नोन अपनी बहन तामार के कारण इतना व्याकुल हुआ कि
बीमार पड़ गया—क्योंकि वह कुमारी थी—और अम्नोन की
दृष्टि में उसके साथ कुछ करना कठिन था। [3]और अम्नोन
का एक मित्र था जिसका नाम योनादाब था—जो शिम्हा,
दाविद का भाई, का पुत्र था; और योनादाब बहुत चतुर मनुष्य
था। [4]उसने अम्नोन से कहा, “हे राजा के पुत्र, तू दिन
प्रतिदिन इतना क्षीण क्यों होता जाता है? मुझे बता।” अम्नोन
ने कहा, “मुझे अपने भाई अब्शालोम की बहन तामार से प्रेम
है।” [5]तब योनादाब ने उससे कहा, “अपने बिछौने पर लेट
जा और बीमारी का ढोंग कर। और जब तेरा पिता तुझे
देखने आए, तो उससे कहना, ‘कृपा करके मेरी बहन तामार
को आने दे कि वह मुझे भोजन दे, और मेरे देखने के सामने
भोजन तैयार करे कि मैं देखूँ, और उसके हाथ से खाऊँ।’ ”
[6]सो अम्नोन लेट गया और बीमार होने का स्वाँग करने लगा।
और जब राजा उसे देखने आया, तब अम्नोन ने राजा से
कहा, “कृपा करके मेरी बहन तामार को आने दे कि वह मेरे
देखने के सामने दो पूरियाँ बनाए, ताकि मैं उसके हाथ से

खाऊँ ।" 7 तब दाविद ने तामार के घर में कहला भेजा, "कृपा
करके अपने भाई अम्नोन के घर जा और उसके लिये भोजन
बना ।" 8 तब तामार अपने भाई अम्नोन के घर गई—वह लेटा
था; और उसने आटा लेकर गूँधा, और उसके देखने के
सामने पूरियाँ बनाईं, और पूरियाँ सेंकीं । 9 और उसने तवा
लेकर उनके आगे उलट दीं, परन्तु उसने खाने से इन्कार
किया । तब अम्नोन ने कहा, "मेरे पास से सबको बाहर कर
दो ।" सो सब उसके पास से बाहर चले गए । 10 और अम्नोन
ने तामार से कहा, "भोजन को कोठरी में ले आ, कि मैं तेरे
हाथ से खाऊँ ।" तब तामार ने जो पूरियाँ बनाई थीं उन्हें
लेकर कोठरी में अपने भाई अम्नोन के पास ले गई । 11 जब
वह उसे खिलाने लगी, तब उसने उसे पकड़ लिया और कहा,
"आ, मेरी बहन, मेरे साथ लेट ।" 12 उसने कहा, "नहीं, मेरे
भाई, मुझे अपमानित मत कर; क्योंकि इस्राएल में ऐसा काम
नहीं होता । यह दुष्टता मत कर । 13 "मैं तो अपनी लज्जा
कहाँ ले जाऊँगी? और तू—तू इस्राएल में मूर्खों में से एक
माना जाएगा । अब राजा से कह, वह मुझे तुझसे न
रोकेगा ।" 14 परन्तु उसने उसकी बात न मानी; और उससे
अधिक बलवन्त होकर उसने उसे अपमानित किया और
उसके साथ सोया । 15 तब अम्नोन को उससे अत्यन्त घृणा हो
गई—जिस घृणा से वह उससे घृणा करता था वह उस प्रेम से
भी अधिक थी जिससे वह उससे प्रेम करता था । और अम्नोन
ने उससे कहा, "उठ, चल ।" 16 पर उसने कहा, "नहीं; जो
बुराई तू मुझे निकालकर कर रहा है, वह उस दूसरी से भी
बढ़कर है जो तू ने मुझ पर की है ।" परन्तु उसने उसकी न
सुनी । 17 और उसने अपने सेवक को, जो उसकी सेवा करता
था, बुलाकर कहा, "अब इस स्त्री को मुझ से बाहर निकाल
दे, और उसके पीछे का दरवाज़ा बन्द कर दे ।" 18 और वह
लम्बा चोगा पहिने हुए थी—क्योंकि राजा की कुँवारी बेटियाँ ऐसे
वस्त्र पहिना करती थीं । सो उसके सेवक ने उसे बाहर
निकाल दिया और उसके पीछे का दरवाज़ा बन्द कर दिया ।
19 तब तामार ने अपने सिर पर राख डाल ली, और जो लम्बा
चोगा वह पहिने हुए थी उसे फाड़ डाला, और अपना हाथ सिर
पर रखकर जाते-जाते कड़वे शब्दों से रोती गई । 20 और
उसके भाई अब्शालोम ने उससे कहा, "क्या तेरे भाई अम्नोन
तेरे साथ रहा? परन्तु अब चुप रह, मेरी बहन; वह तेरा भाई है
—इस बात को मन पर न लेना ।" सो तामार अपने भाई
अब्शालोम के घर में उजड़ी हुई रही । 21 और राजा दाविद ने
यह सब बातें सुनीं, तो वह बहुत क्रोधित हुआ । 22 और
अब्शालोम ने अम्नोन से न भली न बुरी कोई बात कही; क्योंकि
अब्शालोम अम्नोन से बैर रखता था, इसलिए कि उसने
उसकी बहन तामार को अपमानित किया था । 23 और दो वर्ष
के बाद ऐसा हुआ कि अब्शालोम के बाल-हाज़ोर में—जो एप्रैम
के पास है—भेड़ें ऊन कतरती थीं; और अब्शालोम ने राजा
के सब पुत्रों को बुलाया । 24 और अब्शालोम राजा के पास
गया और कहा, "देख, तेरे दास की भेड़ें ऊन कतरती हैं;
कृपा करके राजा और उसके सेवक अपने दास के साथ
चलें ।" 25 पर राजा ने अब्शालोम से कहा, "नहीं, मेरे पुत्र;
हम सब अभी न चलें, ऐसा न हो कि तुझ पर भार पड़ जाए ।"
यद्यपि उसने बहुत आग्रह किया, तो भी वह न गया; परन्तु
उसने उसे आशीष दी । 26 तब अब्शालोम ने कहा, "यदि ऐसा
है, तो मेरे भाई अम्नोन को हमारे साथ जाने दे ।" राजा ने
कहा, "वह तेरे साथ क्यों जाए?" 27 परन्तु अब्शालोम ने
उससे बहुत आग्रह किया, तब उसने अम्नोन और राजा के
सब पुत्रों को उसके साथ जाने दिया । 28 और अब्शालोम ने
अपने सेवकों को आज्ञा दी, "ध्यान रखना; जब अम्नोन का
मन दाखमधु से प्रसन्न हो, और मैं तुम से कहूँ, 'अम्नोन को
मार डालो,' तब उसे मार डालना; मत डरना—क्या मैंने तुम्हें
आज्ञा नहीं दी? बलवन्त और साहसी बनो ।" 29 तब
अब्शालोम के सेवकों ने अम्नोन के साथ वैसा ही किया जैसा
अब्शालोम ने आज्ञा दी थी । तब राजा के सब पुत्र उठे, और
हर एक ने अपने खच्चर पर चढ़कर भाग गए । 30 और ऐसा
हुआ कि वे मार्ग में ही थे, कि दाविद के पास यह समाचार
पहुँचा, "अब्शालोम ने राजा के सब पुत्रों को मार डाला है,
उनमें से एक भी नहीं छोड़ा!" 31 तब राजा उठ खड़ा हुआ
और अपने वस्त्र फाड़ दिए और भूमि पर लेट गया; और
उसके सब सेवक फटे वस्त्र पहिने उसके पास खड़े रहे ।
32 तब शिम्हा के पुत्र योनादाब—जो दाविद का भाई था—ने
उत्तर देकर कहा, "मेरे स्वामी न कहें कि राजा के सब जवान
पुत्र मारे गए हैं; केवल अम्नोन मरा है; क्योंकि जिस दिन से
उसने उसकी बहन तामार को अपमानित किया, उसी दिन से
अब्शालोम के इरादे से यह ठाना गया था । 33 "अब, मेरे
स्वामी राजा अपने मन में यह न सोचें कि राजा के सब पुत्र
मारे गए हैं; केवल अम्नोन मरा है ।" 34 पर अब्शालोम भाग
गया; और पहरा देने वाले जवान ने अपनी आँखें उठाकर
देखा, और क्या देखता है कि पहाड़ी की ढलान के मार्ग से
बहुत से लोग उसके पीछे से आते हैं । 35 तब योनादाब ने राजा
से कहा, "देख, राजा के पुत्र आ रहे हैं; जैसा तेरे दास ने
कहा था वैसा ही है ।" 36 वह यह कह ही रहा था कि राजा के
पुत्र आए और ऊँचे स्वर से रोने लगे; और राजा भी और
उसके सब सेवक अत्यन्त विलाप करने लगे । 37 परन्तु
अब्शालोम भागकर गेशूर के राजा तल्मै—जो अम्मीहूद का
पुत्र था—के पास गया; और दाविद अपने पुत्र के लिये दिन
भर शोक करता रहा । 38 सो अब्शालोम भागकर गेशूर गया
और वहाँ तीन वर्ष रहा । 39 तब राजा दाविद अब्शालोम के
पास जाने को लालायित हुआ; क्योंकि अम्नोन के विषय में वह
शान्त हो गया था—क्योंकि वह मर गया था ।

14 1 तब त्सेरूया के पुत्र योआब ने जान लिया कि राजा
का मन अब्शालोम की ओर है । 2 और योआब ने
तकोआ भेजकर वहाँ से एक बुद्धिमान स्त्री को बुलाया, और
उससे कहा, "कृपा करके शोक करनेवाली स्त्री का स्वाँग
करो, और शोक-वस्त्र पहिनो, और तेल न लगाना; परन्तु
किसी मरे हुए के लिये बहुत दिनों से रोती स्त्री के समान हो ।
3 "फिर राजा के पास जाकर इन वचनों के अनुसार उससे
कहना ।" और योआब ने उसके मुँह में वे वचन रख दिए ।
4 तब तकोआ की स्त्री राजा से कहने गई, और भूमि पर
गिरकर प्रणाम किया और बोली, "हे राजा, मेरी रक्षा कर ।"
5 राजा ने उससे कहा, "तुझे क्या हुआ?" उसने कहा, "मैं
विधवा स्त्री हूँ; मेरे पति की मृत्यु हो गई है । 6 "और तेरी दासी
के दो पुत्र थे; वे दोनों मैदान में आपस में लड़ पड़े, और उन्हें
अलग करनेवाला कोई न था; सो एक ने दूसरे को मारा और
उसे मार डाला । 7 "और देख, सारा कुटुम्ब तेरी दासी के
विरुद्ध उठ खड़ा हुआ है और कहता है, 'उसको दे जो अपने

भाई को मार डाला कि हम उसके भाई के प्राण के बदले उसे
मार डालें, और उत्तराधिकारी को भी नाश कर दें।' इस रीति
से वे मेरी बची हुई जलती हुई जोती को बुझा देंगे, और मेरे
पति का न तो नाम पृथ्वी पर रहेगा, न वंश।" [8]तब राजा ने
स्त्री से कहा, "अपने घर जा, और मैं तेरे विषय में आज्ञा
दूँगा।" [9]तकोआ की स्त्री ने राजा से कहा, "हे मेरे स्वामी
राजा, अधर्म मेरे और मेरे पिता के घराने पर हो; और राजा
और उसका सिंहासन निर्दोष रहे।" [10]राजा ने कहा, "जो
कोई तुझ से कहे उसे मेरे पास ले आ; फिर वह तुझे फिर से
न छुए।" [11]उसने कहा, "कृपा करके राजा अपने ईश्वर
𐤉𐤄𐤅𐤄 को स्मरण करे, कि लहू का बदला लेने वाला और न
बढ़े, ऐसा न हो कि वे मेरे पुत्र का नाश कर दें।" उसने कहा,
"जैसा 𐤉𐤄𐤅𐤄 जीवित है, तेरे पुत्र का एक बाल भी भूमि पर
न गिरेगा।" [12]तब स्त्री ने कहा, "कृपा करके तेरी दासी
अपने स्वामी राजा से एक बात कहे।" उसने कहा, "कह।"
[13]स्त्री ने कहा, "तू ने ईश्वर की प्रजा के विरुद्ध ऐसा क्यों
सोचा? क्योंकि यह बात बोलकर राजा आप ही दोषी ठहरता है
—इस कारण कि राजा अपने निकाले हुए को फिर घर नहीं
ले आता। [14]"क्योंकि हम तो अवश्य मरेंगे और उस जल के
समान हो जाएँगे जो भूमि पर उँडेला जाता है और फिर बटोरा
नहीं जाता; तौभी ईश्वर प्राण नहीं हरता, परन्तु ऐसा उपाय
करता है कि उसका निकाला हुआ उससे निकाला हुआ न
रहे। [15]"और अब मैं अपने स्वामी राजा से यह बात इसलिए
कहने आई हूँ कि लोगों ने मुझे डराया; और तेरी दासी ने
सोचा, 'मैं राजा से बात करूँ; शायद राजा अपनी दासी की
मनौती कर दे। [16]"क्योंकि राजा सुनकर अपनी दासी को
उस मनुष्य के हाथ से—जो मुझे और मेरे पुत्र को ईश्वर की
मीरास से एक साथ नाश करना चाहता है—बचा लेगा।'
[17]"तब तेरी दासी ने कहा, 'मेरे स्वामी राजा का वचन मेरे
लिये शान्तिदायक होगा; क्योंकि मेरा स्वामी राजा ईश्वर के
दूत के समान है जो भले और बुरे को पहचानता है। और
𐤉𐤄𐤅𐤄 तेरा ईश्वर तेरे साथ है।' " [18]तब राजा ने स्त्री को
उत्तर दिया, "मैं जो तुझ से पूछूँ उसे मुझ से न छुपाना।" स्त्री
ने कहा, "कृपा करके मेरा स्वामी राजा कहे।" [19]राजा ने
कहा, "क्या यह सब बातों में तेरे साथ योआब का हाथ है?"
स्त्री ने उत्तर दिया, "तेरे प्राण की शपथ, हे मेरे स्वामी राजा,
जो कुछ मेरे स्वामी राजा ने कहा है उसमें दाएँ-बाएँ कुछ नहीं
है; क्योंकि तेरे दास योआब ने मुझे आज्ञा दी और उन्हीं सब
बातों को तेरी दासी के मुँह में रखा। [20]"तेरे दास योआब ने
इस बात का रूप बदलने के लिये ऐसा किया; परन्तु मेरा
स्वामी बुद्धिमान है—ईश्वर के दूत की बुद्धि के अनुसार—जो
पृथ्वी पर होने वाली सब बातें जानता है।" [21]तब राजा ने
योआब से कहा, "देख, अब तू यह काम कर; जा, उस जवान
अब्शालोम को वापस ले आ।" [22]तब योआब भूमि पर मुँह के
बल गिरा, प्रणाम किया और राजा को आशीष दी; और योआब
ने कहा, "आज तेरे दास को यह ज्ञात हुआ कि मैं तेरी दृष्टि में
अनुग्रह पाया हूँ, हे मेरे स्वामी राजा, क्योंकि राजा ने अपने
दास का वचन मान लिया है।" [23]तब योआब उठकर गेशूर
गया, और अब्शालोम को यरूशलेम ले आया। [24]परन्तु राजा
ने कहा, "वह अपने घर को लौट जाए, पर मेरा मुँह न देखे।"
सो अब्शालोम अपने घर को चला गया और राजा का मुँह न
देखा। [25]और सारे इस्राएल में रूप-गुण के कारण
अब्शालोम के बराबर किसी की प्रशंसा नहीं होती थी; उसके
पाँव के तलवे से लेकर सिर के चोटी तक उसमें कोई दोष न
था। [26]और जब-जब वर्ष के अंत में वह अपने सिर के बाल
कटवाता—क्योंकि वे उस पर भारी पड़ते थे, इसलिए वह उन्हें
कटवाता—तो वह अपने सिर के बालों का वज़न राजा के तौल
से दो सौ शेकेल निकलता। [27]और अब्शालोम के तीन पुत्र
और एक बेटी पैदा हुई जिसका नाम तामार था; वह स्त्री
रूपवती थी। [28]और अब्शालोम यरूशलेम में दो वर्ष रहा,
परन्तु उसने राजा का मुँह न देखा। [29]तब अब्शालोम ने
योआब को—कि वह उसे राजा के पास भेजे—बुलवाया;
परन्तु वह उसके पास न आया; उसने दूसरी बार भी बुलवाया,
तौभी वह न आया। [30]तब उसने अपने दासों से कहा, "देखो,
योआब का खेत मेरे खेत के पास है, और उसमें जौ है;
जाकर उसमें आग लगा दो।" सो अब्शालोम के दासों ने उस
खेत में आग लगा दी। [31]तब योआब उठकर अब्शालोम के
घर आया और उससे कहा, "तेरे दासों ने मेरे खेत में आग
क्यों लगा दी?" [32]अब्शालोम ने योआब से कहा, "देख, मैंने
तुझे यह कहकर बुलवाया था, 'यहाँ आ कि तुझे राजा के पास
भेजूँ—उससे कहने को, "मैं गेशूर से क्यों आया? वहाँ रहना
मेरे लिये अच्छा था।" ' अब तो मुझे राजा का मुँह देखने दे;
और यदि मुझ में कोई अधर्म हो तो तू मुझे मार डाल।"
[33]तब योआब राजा के पास गया और उसे यह सब बताया;
और उसने अब्शालोम को बुलवाया; सो वह राजा के पास
आया और राजा के सामने भूमि पर मुँह के बल गिरा; तब
राजा ने अब्शालोम को चूमा।

15 [1]और इसके बाद ऐसा हुआ कि अब्शालोम ने अपने
लिये रथ और घोड़े और पचास जनों को तैयार किया
जो उसके आगे-आगे दौड़ा करें। [2]और अब्शालोम भोर को
उठकर फाटक के मार्ग के पास खड़ा रहता; और ऐसा होता
कि जब कोई मामला लेकर न्याय के लिये राजा के पास
आता, तब अब्शालोम उसे बुलाकर कहता, "तू किस शहर का
है?" और जब वह कहता, "तेरा दास इस्राएल के अमुक-
अमुक गोत्र का है," [3]तब अब्शालोम उससे कहता, "देख,
तेरे मामले ठीक और न्यायसंगत हैं; परन्तु राजा की ओर से
तुझे सुनने के लिये कोई नियुक्त नहीं है।" [4]और अब्शालोम
कहता, "काश! मुझे देश में न्यायी बनाया जाता, कि जिसके
पास कोई शिकायत या मुक़दमा हो, वह मेरे पास आए, और मैं
उसे न्याय दिलाऊँ।" [5]और ऐसा होता कि जब कोई उसके
पास झुकने को आता, तब वह अपना हाथ बढ़ाकर उसे
पकड़ता और उसका चुम्बन करता। [6]और अब्शालोम जो-
जो इस्राएली न्याय के लिये राजा के पास आते, उन सब के
साथ ऐसा ही करता; और अब्शालोम ने इस्राएलियों के मन
चुरा लिये। [7]और चार वर्ष के अन्त में ऐसा हुआ कि
अब्शालोम ने राजा से कहा, "कृपा करके मुझे हेब्रोन जाने दे
कि जो मन्नत मैंने 𐤉𐤄𐤅𐤄 से मानी थी उसे पूरी करूँ।
[8]"क्योंकि जब तेरा दास अराम के गेशूर में रहता था, तब
उसने यह मन्नत मानी थी, 'यदि 𐤉𐤄𐤅𐤄 सचमुच मुझे
यरूशलेम लौटा दे, तब मैं 𐤉𐤄𐤅𐤄 की सेवा करूँगा।' "
[9]राजा ने उससे कहा, "कुशल से जा।" तब वह उठकर
हेब्रोन चला गया। [10]परन्तु अब्शालोम ने इस्राएल के सब
गोत्रों में भेदिए भेज दिए, यह कहकर, "ज्यों ही तुम नरसिंगे

का शब्द सुनो, तब कह देना, ‘अब्शालोम हेब्रोन में राजा हो
गया!’ ” 11 और अब्शालोम के साथ यरूशलेम से दो सौ पुरुष
गए—जो उसके बुलाए हुए थे—वे सादगी से गए, और उस
बात से कुछ भी न जानते थे। 12 और अब्शालोम ने गीलो से
दाविद के परामर्शदाता गीलोनी अहीतोफ़ेल को भी बुलवा भेजा,
जब वह अपने बलिदान चढ़ा रहा था। और षडयंत्र बलवत्तर
होता गया, और जो लोग अब्शालोम के साथ थे वे बढ़ते गए।
13 तब किसी ने दाविद के पास आकर कहा, “इस्राएल के
लोगों के मन अब्शालोम की ओर हो गए हैं।” 14 तब दाविद ने
अपने सब सेवकों से—जो यरूशलेम में उसके साथ थे—
कहा, “उठो, हम भाग चलें; क्योंकि हम में से कोई भी
अब्शालोम से बच न सकेगा। शीघ्र चले चलो, कहीं ऐसा न हो
कि वह हम पर जल्दी चढ़ आए, और हम पर विपत्ति लाए,
और शहर को तलवार की धार से मारे।” 15 तब राजा के
सेवकों ने राजा से कहा, “देख, जो कुछ मेरे स्वामी राजा
चाहता है, तेरे दास वैसा ही करेंगे।” 16 तब राजा निकला,
और उसका सारा घराना उसके पीछे-पीछे; परन्तु राजा ने
अपने घर की देखभाल के लिये दस उपपत्नियों को छोड़
दिया। 17 इस प्रकार राजा निकला और सब लोग उसके
पीछे-पीछे; और वे अन्तिम घर पर ठहर गए। 18 और उसके
सब सेवक उसके पास से निकलते जाते थे; और सभी केरेती,
पेलेती, और गत के सब गित्ती—छः सौ पुरुष जो गत से
उसके साथ आए थे—राजा के आगे-आगे निकलते गए।
19 और राजा ने गित्ती इतै से कहा, “तू भी हमारे साथ क्यों
जाता है? लौट जा, और राजा के साथ रह; क्योंकि तू परदेसी
है, और अपने स्थान से निर्वासित भी। 20 “तू तो कल ही
आया है; और आज मैं तुझे हमारे साथ-ही-साथ भटकाऊँ—
जबकि मैं जहाँ-जहाँ जा रहा हूँ? लौट जा, और अपने भाइयों
को भी साथ ले जा; कृपा और सच्चाई तेरे साथ हो।”
21 परन्तु इतै ने राजा को उत्तर दिया, “जैसा 𐤉𐤄𐤅𐤄 जीवित
है, और जैसा मेरे स्वामी राजा का जीवन है, वैसे ही जिस
स्थान पर मेरे स्वामी राजा होंगे—चाहे मृत्यु में, चाहे जीवन में
—वहीं तेरा दास भी होगा।” 22 तब दाविद ने इतै से कहा,
“जा, पार हो जा।” तब गित्ती इतै अपने सब पुरुषों और
अपने साथ जो छोटे-छोटे बालक थे उनके सहित पार हो
गया। 23 और समस्त देश ऊँचे स्वर से रोता रहा; और सब
लोग पार होते गए। और राजा ने भी किद्रोन की तराई पार
की, और सब लोग जंगल की राह की ओर पार होते गए।
24 और देख, सादोक भी आया, और उसके साथ सब लेवी
लोग—ईश्वर की वाचा का सन्दूक उठाए हुए। और उन्होंने
ईश्वर का सन्दूक नीचे रखा; और एव्याता तब तक ऊपर
चढ़ा रहा जब तक कि नगर से सब लोग पार न हो गए।
25 तब राजा ने सादोक से कहा, “ईश्वर का सन्दूक नगर में
फिर लौटा ले जा। यदि मैं 𐤉𐤄𐤅𐤄 की दृष्टि में अनुग्रह
पाऊँ, तो वह मुझे लौटा लाएगा और मुझे उसका और अपने
निवास का दर्शन कराएगा। 26 “परन्तु यदि वह यूँ कहे, ‘मैं
तुझ से प्रसन्न नहीं,’ तो देख, मैं उपस्थित हूँ—वह अपनी
दृष्टि में जो अच्छा हो वही मुझ पर करे।” 27 और राजा ने
याजक सादोक से कहा, “क्या तू देखवाला नहीं है? तू और
तेरा पुत्र अहिमाअत, और एव्याता का पुत्र यहोनातान—ये
दोनों तेरे साथ—कुशल से नगर में लौट जाओ। 28 “देख, मैं
जंगल के समतल स्थानों में ठहरा रहूँगा, जब तक तुम्हारी
ओर से कोई समाचार आकर मुझे न बताए।” 29 तब सादोक
और एव्याता ईश्वर का सन्दूक यरूशलेम लौटा ले गए; और
वे वहीं ठहरे। 30 और दाविद जैतून के पहाड़ की चढ़ाई पर
चढ़ता गया और चढ़ते-चढ़ते रोता गया; उसके सिर पर
ढकना था और वह नंगे पाँव चलता था; और जो-जो लोग
उसके साथ थे, वे सब अपने सिर ढके हुए चढ़ते गए और
चढ़ते-चढ़ते रोते गए। 31 और किसी ने दाविद को बताया,
“अहीतोफ़ेल भी अब्शालोम के साथ षडयंत्र करने वालों में
है।” तब दाविद ने कहा, “हे 𐤉𐤄𐤅𐤄, मैं तुझ से बिनती
करता हूँ, अहीतोफ़ेल की युक्ति को मूर्खता कर दे!” 32 और
ऐसा हुआ कि जब दाविद उस चोटी पर पहुँचा—जहाँ वह
ईश्वर के सामने झुका करता था—तो अर्की हूशै उससे मिलने
आया, उसका अंगरखा फटा था और सिर पर धूल थी।
33 और दाविद ने उससे कहा, “यदि तू मेरे साथ चला आए,
तो मेरे लिये बोझ होगा। 34 “पर यदि तू नगर को लौटकर
अब्शालोम से कहे, ‘हे राजा, मैं तेरा दास हूँ—पहले मैं तेरे
पिता का दास था, पर अब मैं तेरा दास हूँ’—तो तू मेरे लिये
अहीतोफ़ेल की युक्ति को निष्फल कर देगा। 35 “क्या सादोक
और एव्याता याजक वहाँ तेरे साथ न होंगे? अतः जो-जो बात
तू राजा के भवन से सुनेंगे, उन्हें सादोक और एव्याता याजको
को बता देना। 36 “देख, उनके साथ उनके दो पुत्र हैं—
सादोक का पुत्र अहिमाअत, और एव्याता का पुत्र यहोनातान;
इनके द्वारा जो-जो बातें तू सुने, मुझे भेज देना।” 37 तब
दाविद का मित्र हूशै नगर में गया; और अब्शालोम यरूशलेम
में आ पहुँचा।

16

1 और दाविद थोड़ी दूर चोटी से आगे बढ़ा था कि क्या
देखता है—मेफीबोशेत का दास सीबा उससे मिला—
दो काठी-कसे गधों पर—और उन पर दो सौ रोटियाँ, सौ
किशमिश की टिक्कियाँ, सौ ग्रीष्म-फल, और दाखरस की
एक मशक थी। 2 तब राजा ने सीबा से कहा, “ये तेरे पास
क्यों हैं?” सीबा ने कहा, “गधे राजा के घराने के सवारी करने
को, और रोटियाँ तथा ग्रीष्म-फल जवानों के खाने को, और
दाखरस जंगल में थके-माँदे के पीने को हैं।” 3 और राजा ने
कहा, “और तेरे स्वामी का पुत्र कहाँ है?” सीबा ने राजा से
कहा, “देख, वह यरूशलेम में रह गया है; क्योंकि वह कहता
है, ‘आज इस्राएल का घराना मेरे पिता का राज्य मुझे लौटा
देगा।’ ” 4 तब राजा ने सीबा से कहा, “देख, जो कुछ
मेफीबोशेत का है वह तेरा हुआ।” सीबा ने कहा, “मैंने
दण्डवत की; हे मेरे स्वामी राजा, तेरी दृष्टि में अनुग्रह
पाऊँ।” 5 फिर जब राजा दाविद बहुरिम पहुँचा, तब वहां
शाऊल के घराने के कुल का एक पुरुष—जिसका नाम गेरा
का पुत्र शिमई था—वहाँ से निकला; वह निकलते समय
कोसते हुए आया। 6 और वह दाविद पर और राजा दाविद के
सब सेवकों पर पथराव करता था—और सारे लोग और सब
पराक्रमी पुरुष उसके दाएँ-बाएँ थे। 7 और शिमई कोसते हुए
यह कहता था, “दूर हो जा, दूर हो जा, हे खूनी मनुष्य, हे
निकृष्ट पुरुष! 8 “𐤉𐤄𐤅𐤄 ने शाऊल के घराने का सारा लहू
तुझ पर डाल दिया है—जिसके स्थान पर तू राज्य करता है
—और 𐤉𐤄𐤅𐤄 ने राज्य तेरे पुत्र अब्शालोम के हाथ में दे
दिया है। देख, तू अपनी ही बुराई में फँसा है, क्योंकि तू खूनी
मनुष्य है!” 9 तब त्सेरूया के पुत्र अबीशै ने राजा से कहा,

"यह मरा हुआ कुत्ता मेरे स्वामी राजा को क्यों कोसता रहे?
कृपा करके मुझे उधर जाकर उसका सिर उड़ा लेने दे।"
10परन्तु राजा ने कहा, "हे त्सेरूया के पुत्रो, मुझे तुम से क्या
काम? उसे कोसने दो; क्योंकि 𐤉𐤄𐤅𐤄 ने ही उससे कहा है,
'दाविद को कोस।' फिर कौन कहे, 'तू ऐसा क्यों करता है?'
" 11और दाविद ने अबीशै और अपने सब सेवकों से कहा,
"देखो, मेरा पुत्र—जो मेरे ही उदर से उत्पन्न हुआ है—मेरे
प्राण का खोजी है; तो यह बिन्यामिनी कितना अधिक! उसे
छोड़ दो और उसे कोसने दो; क्योंकि 𐤉𐤄𐤅𐤄 ने उसे कहा
है। 12"शायद 𐤉𐤄𐤅𐤄 मेरी दुर्दशा को देखे, और आज
उसके कोसने के बदले 𐤉𐤄𐤅𐤄 मुझे भलाई दे।" 13और
दाविद और उसके पुरुष मार्ग चला करते थे; और शिमई
पहाड़ी की ढलान पर उनके समानांतर चलता, और चलते-
चलते कोसता, पत्थर मारता और धूल उड़ाता जाता था।
14और राजा तथा जो-जो लोग उसके साथ थे, सब थक गए;
और वहाँ उन्होंने विश्राम लिया। 15तब अब्शालोम और सब
लोग—इस्राएल के पुरुष—यरूशलेम आए; और अहीतोफ़ेल
उसके साथ था। 16और ऐसा हुआ कि जब अर्की हूशै—जो
दाविद का मित्र था—अब्शालोम के पास आया, तब हूशै ने
अब्शालोम से कहा, "राजा जीवित रहे! राजा जीवित रहे!"
17तब अब्शालोम ने हूशै से कहा, "क्या यही तेरी अपने मित्र
पर कृपा है? तू अपने मित्र के साथ क्यों न गया?" 18हूशै ने
अब्शालोम से कहा, "नहीं; मैं उसी का हूँ जिसे 𐤉𐤄𐤅𐤄 और
यह प्रजा और समस्त इस्राएल के पुरुषों ने चुना है—और
उसी के साथ रहूँगा। 19"और फिर, मैं किसकी सेवा करूँ?
क्या उसके पुत्र की नहीं? जैसे मैं तेरे पिता के सम्मुख सेवा
करता था, वैसे ही अब तेरे सम्मुख रहूँगा।" 20तब अब्शालोम
ने अहीतोफ़ेल से कहा, "सलाह दे कि हम क्या करें?"
21अहीतोफ़ेल ने अब्शालोम से कहा, "अपने पिता की
उपपत्नियों के पास जा—जिन्हें उसने घर की रखवाली के
लिये छोड़ दिया है—तब समस्त इस्राएल सुन लेगा कि तू
अपने पिता के लिये दुर्गन्ध बन गया है; और जो-जो तेरे साथ
हैं उनके हाथों में साहस होगा।" 22तब उन्होंने अब्शालोम के
लिये घर की छत पर एक तम्बू खड़ा किया; और अब्शालोम ने
अपने पिता की उपपत्नियों के साथ—समस्त इस्राएल की
आँखों के सामने—सहवास किया। 23और उस समय
अहीतोफ़ेल जो परामर्श देता था, वह ऐसा समझा जाता था
मानो किसी ने ईश्वर के वचन द्वारा पूछा हो; इसी प्रकार
अहीतोफ़ेल का समस्त परामर्श—दाविद के लिये भी और
अब्शालोम के लिये भी—था।

17 1और अहीतोफ़ेल ने अबशालोम से कहा, "कृपया
मुझे बारह हज़ार पुरुष चुनने दो, और मुझे उठकर
आज रात दाऊद का पीछा करने दो। 2और मैं उस पर
आऊँगा जब वह थका और निर्बल होगा। और मैं उसे भयभीत
कर दूँगा और जो लोग उसके साथ हैं वे सब भाग जाएँगे।
और मैं केवल राजा को मार दूँगा, 3और सब लोगों को तेरे
पास वापस ले आऊँगा। जब सब लौट आएँगे सिवाय उस
पुरुष के जिसे तू खोजता है, तब सब लोगों को शांति
मिलेगी।" 4और यह बात अबशालोम और सारे इस्राएल के
बुजुर्गों को अच्छी लगी। 5परन्तु अबशालोम ने कहा, "अब
हूशै अर्की को भी बुलाओ, और सुनें कि वह भी क्या कहता
है।" 6और हूशै अबशालोम के पास आया, और अबशालोम
ने उससे कहा, "अहीतोफ़ेल ने इस वचन के अनुसार कहा
है। क्या हम उसके अनुसार करें? यदि नहीं, तो तू बोल।"
7और हूशै ने अबशालोम से कहा, "अहीतोफ़ेल की दी हुई
युक्ति इस समय अच्छी नहीं है।" 8और हूशै ने कहा, "तू
अपने पिता और उसके पुरुषों को जानता है, कि वे पराक्रमी
पुरुष हैं, और वे ऐसे कड़वे हैं जैसे मैदान में अपने बच्चों से
वंचित भालू। और तेरा पिता युद्ध का पुरुष है, और वह लोगों
के साथ रात नहीं बिताएगा। 9"देख, वह अब किसी गड्ढे में
या किसी स्थान में छिपा है। और ऐसा होगा कि जब उनमें से
कुछ पहले मारे जाएँगे, तब जो कोई सुनेगा वह कहेगा,
'अबशालोम के पीछे चलने वाले लोगों में मारकाट हुई है।'
10"और वह भी जो बहादुर है, जिसका हृदय सिंह के हृदय
के समान है, वह पूरी रीति से पिघल जाएगा। क्योंकि सारा
इस्राएल जानता है कि तेरा पिता पराक्रमी पुरुष है, और जो
उसके साथ हैं वे भी शूरवीर पुरुष हैं। 11"पर मैं यह सम्मति
देता हूँ: सारा इस्राएल बिना असफल हुए तेरे पास इकट्ठा हो,
दान से लेकर बेएर्शेबा तक, समुद्र के किनारे की बालू जितने
असंख्य हों, और तू आप स्वयं युद्ध में जा। 12"और हम उस
पर उस स्थान में चढ़ आएँगे जहाँ वह पाया जाएगा, और उस
पर वैसे गिरेंगे जैसे ओस भूमि पर गिरती है। और न तो
उसके और न उसके साथियों में से एक भी बचा रहेगा।
13"और यदि वह किसी नगर में शरण ले, तब सारा इस्राएल
उस नगर में रस्से लाएगा। और हम उसे वादी में घसीट
लाएँगे, यहाँ तक कि वहाँ एक भी छोटा पत्थर न मिलेगा।"
14तब अबशालोम और सारे इस्राएल के पुरुषों ने कहा, "हूशै
अर्की की सम्मति अहीतोफ़ेल की सम्मति से उत्तम है।"
क्योंकि 𐤉𐤄𐤅𐤄 ने यह ठहराया था कि अहीतोफ़ेल की अच्छी
सम्मति को नष्ट करे, ताकि 𐤉𐤄𐤅𐤄 अबशालोम पर बुराई
लाए। 15तब हूशै ने सादोक और अब्यातार याजकों से कहा,
"अहीतोफ़ेल ने अबशालोम और इस्राएल के बुजुर्गों को ऐसा-
वैसा सम्मति दी है, पर मैंने ऐसा-वैसा सम्मति दी है। 16"अब
शीघ्र भेजकर दाऊद को समाचार दो, यह कहते हुए, 'आज
रात जंगल के मैदानों में मत ठहरना, परन्तु अवश्य पार चले
जाना, ऐसा न हो कि राजा और उसके साथ सब लोग नष्ट हो
जाएँ।' " 17और योनातान और अहीमास एन्-रोगेल पर
ठहरे हुए थे, और एक दासी आकर उन्हें समाचार देती, और
वे जाकर राजा दाऊद को समाचार देते, क्योंकि वे नगर में
प्रवेश करते हुए दिखाई नहीं दे सकते थे। 18परन्तु एक
युवक ने उन्हें देखा, और अबशालोम को बताया। तब वे दोनों
शीघ्र चले गए और बहुरीम में एक पुरुष के घर पहुँचे, जिसके
आँगन में एक कुआँ था, और वे उसमें उतर गए। 19और
स्त्री ने कुएँ के मुँह पर आच्छादन फैला दिया, और उस पर
पिसा हुआ अन्न फैलाया, जिससे यह बात ज्ञात न हुई।
20और अबशालोम के सेवक उस स्त्री के घर आए और कहा,
"अहीमास और योनातान कहाँ हैं?" स्त्री ने उनसे कहा, "वे
जल की धारा पार कर गए।" तब उन्होंने ढूँढ़ा पर उन्हें न
पाया, और यरूशलेम लौट गए। 21और जब वे चले गए, तब
वे कुएँ से ऊपर आए और जाकर राजा दाऊद को समाचार
दिया, और दाऊद से कहा, "उठ और शीघ्र जल को पार कर
जा। क्योंकि अहीतोफ़ेल ने तेरे विरुद्ध ऐसी सम्मति दी है।"
22तब दाऊद और जो सब लोग उसके साथ थे वे उठे और

यरदन को पार कर गए। और भोर तक एक भी न बचा जो
यरदन पार न गया हो। 23 और जब अहीतोफ़ेल ने देखा कि
उसकी सम्मति नहीं मानी गई, तब उसने अपने गधे को काठी
कसी, और उठकर अपने घर, अपने नगर को चला गया।
तब उसने अपने घर का प्रबंध किया, और फाँसी लगाकर मर
गया। और वह अपने पिता की कब्र में दफनाया गया।
24 और दाऊद महनयिम पहुँचा। और अबशालोम यरदन पार
गया, वह और सारे इस्राएल के पुरुष उसके साथ। 25 और
अबशालोम ने योआब के स्थान पर अम्मासा को सेना पर
प्रधान नियुक्त किया। अम्मासा एक पुरुष का पुत्र था जिसका
नाम यित्रा था, जो इस्राएली था, जिसने अबीगैल से विवाह
किया था, जो नाहाश की बेटी थी और सरूयाह, योआब की
माता की बहन थी। 26 और इस्राएल और अबशालोम गिलाद
देश में डेरा डाले। 27 और ऐसा हुआ, जब दाऊद महनयिम
आया, कि नाहाश का पुत्र शोबी अम्मोनियों के रब्बा से, और
अम्मीएल का पुत्र माकीर लो-दबार से, और गिलादी बरज़िल्लै
रोगलीम से, 28 बिस्तर और कटोरे, और मिट्टी के बर्तन, और
गेहूँ और जौ और आटा, और भूना हुआ अनाज और सेम
और मसूर और भूना हुआ अनाज, 29 और मधु और दही,
और भेड़ें और गायों का पनीर दाऊद और उसके साथ के
लोगों के खाने के लिये लाए। क्योंकि उन्होंने कहा, "लोग
जंगल में भूखे, थके और प्यासे हैं।"

18 1 और दाऊद ने जो लोग उसके साथ थे उन्हें गिना,
और उनके ऊपर हज़ारों और सैकड़ों के प्रधान
नियुक्त किए। 2 और दाऊद ने लोगों का एक तिहाई योआब
के हाथ में भेजा, और एक तिहाई सरूयाह के पुत्र अबीशै,
योआब के भाई के हाथ में, और एक तिहाई गित्ती इत्तै के हाथ
में। और राजा ने लोगों से कहा, "निश्चय मैं भी तुम्हारे साथ
बाहर जाऊँगा।" 3 परन्तु लोगों ने उत्तर दिया, "तू बाहर मत
जा, क्योंकि यदि हम भाग भी जाएँ, तो वे हम पर ध्यान न
देंगे। चाहे हम में से आधे मर भी जाएँ, वे हम पर ध्यान न
देंगे। परन्तु अब तू हमारे दस हज़ार के तुल्य है। इसलिए
अच्छा होगा कि तू नगर से हमारी सहायता करे।" 4 तब राजा
ने उनसे कहा, "जो तुम्हारी दृष्टि में अच्छा है वही मैं
करूँगा।" और राजा फाटक के पास खड़ा रहा, और सब
लोग सैकड़ों और हज़ारों के दल में बाहर गए। 5 और राजा ने
योआब, अबीशै और इत्तै को आज्ञा दी, यह कहते हुए, "मेरे
कारण उस जवान अबशालोम से कोमलता से व्यवहार
करना।" और सब लोगों ने सुना जब राजा ने अबशालोम के
विषय में सब सेनापतियों को आज्ञा दी। 6 तब लोग इस्राएल से
मिलने के लिये मैदान में बाहर गए। और लड़ाई एप्रैम के
जंगल में हुई। 7 और इस्राएल के लोग वहाँ दाऊद के सेवकों
के सामने मारे गए। और वहाँ उस दिन मारे गए बीस हज़ार।
8 और लड़ाई वहाँ सारे देश पर फैली, और जंगल ने उस दिन
तलवार से अधिक लोगों को निगल लिया। 9 और जब
अबशालोम दाऊद के सेवकों से मिला, तब अबशालोम खच्चर
पर सवार था, और खच्चर बड़े बांज पेड़ की घनी शाखाओं
के नीचे से निकला, और उसका सिर उस बांज में फँस गया।
और वह आकाश और पृथ्वी के बीच लटक गया, और खच्चर
जो उसके नीचे था निकल गया। 10 और एक पुरुष ने उसे
देखा और योआब को बताया, और कहा, "देख, मैंने
अबशालोम को बांज पेड़ में लटकते हुए देखा!" 11 तब योआब
ने उस पुरुष से जो उसे बता रहा था कहा, "अब देख, तूने
देखा, और क्यों तूने उसे वहीं भूमि पर मार न डाला? तब मैं
तुझे दस चाँदी के टुकड़े और एक कमरबंद देता।" 12 परन्तु
उस पुरुष ने योआब को उत्तर दिया, "यदि मैं अपने हाथ में
हज़ार चाँदी के टुकड़े भी पाता, तो भी मैं राजा के पुत्र के
विरुद्ध अपना हाथ न उठाता। क्योंकि हमारे सुनने में राजा ने
तुझे और अबीशै और इत्तै को आज्ञा दी, यह कहते हुए,
'ध्यान रखना, तुम लोग जवान अबशालोम के विरुद्ध न
जाना।' 13 "अन्यथा मैं अपने प्राण के विरुद्ध विश्वासघाती
ठहरता। क्योंकि कोई बात राजा से छिपी नहीं रहती, और तू
आप मुझे मार डालता।" 14 तब योआब ने कहा, "मैं यहाँ तेरे
साथ समय न गँवाऊँ।" और उसने अपने हाथ में तीन भाले
लिए और उन्हें अबशालोम के हृदय में भोंक दिया, जब वह
अभी बांज के बीच जीवित था। 15 तब योआब के हथियार
ढोने वाले दस जवानों ने उसे घेर लिया और अबशालोम को
मारकर उसे मार डाला। 16 तब योआब ने नरसिंगे में फूँका,
और लोग इस्राएल का पीछा करने से लौट आए, क्योंकि
योआब ने लोगों को रोक दिया। 17 और उन्होंने अबशालोम
को लिया और जंगल में एक बड़े गड्ढे में डाल दिया, और
उसके ऊपर बहुत बड़ा पत्थरों का ढेर लगा दिया। और सब
इस्राएली भागकर अपने-अपने डेरे को गए। 18 और
अबशालोम ने अपने जीवनकाल में अपने लिये एक स्मारक
लिया और खड़ा किया था, जो राजा की तराई में है। क्योंकि
उसने कहा, "मेरा कोई पुत्र नहीं है जो मेरे नाम को स्मरण में
रखे।" और उसने उस स्मारक को अपने नाम से पुकारा।
और आज तक उसे अबशालोम का स्मारक कहा जाता है।
19 तब सादोक का पुत्र अहीमास ने कहा, "कृपया मुझे दौड़ने
दे और राजा को शुभ समाचार सुनाऊँ, क्योंकि ३५३२ ने
उसके शत्रुओं का न्याय किया है।" 20 परन्तु योआब ने उससे
कहा, "आज तू वह पुरुष नहीं है जो समाचार ले जाए, परन्तु
तू किसी और दिन समाचार ले जाएगा। परन्तु आज तू
समाचार नहीं ले जाएगा, क्योंकि राजा का पुत्र मर गया है।"
21 तब योआब ने कूशी से कहा, "जा, जो कुछ तूने देखा है वह
राजा को बता।" तब कूशी ने योआब को दण्डवत् किया और
दौड़ा। 22 और फिर सादोक का पुत्र अहीमास ने योआब से
कहा, "जो भी हो, कृपया मुझे भी कूशी के पीछे दौड़ने दे।"
और योआब ने कहा, "मेरे पुत्र, तू क्यों दौड़ेगा, तुझे तो कोई
प्रतिफल देने वाला समाचार नहीं है।" 23 "परन्तु जो भी हो,
मुझे दौड़ने दे।" तब उसने उससे कहा, "दौड़।" और
अहीमास मैदान के मार्ग से दौड़ा और कूशी से आगे निकल
गया। 24 अब दाऊद दोनों फाटकों के बीच बैठा था। और
पहरेदार फाटक के ऊपर छत पर, दीवार पर चढ़ा, और
अपनी आँखें उठाकर देखा, और क्या देखा कि एक पुरुष
अकेला दौड़ रहा है। 25 तब पहरेदार ने पुकारकर राजा को
बताया। और राजा ने कहा, "यदि वह अकेला है, तो उसके
मुँह में समाचार है।" और वह निकट और निकट आता
गया। 26 और पहरेदार ने एक और पुरुष को दौड़ते हुए
देखा, और पहरेदार ने द्वारपाल को पुकारकर कहा, "देख,
एक पुरुष अकेला दौड़ रहा है!" और राजा ने कहा, "यह भी
समाचार लाता है।" 27 और पहरेदार ने कहा, "मैं पहले के
दौड़ने का ढंग देखता हूँ, वह सादोक के पुत्र अहीमास के
दौड़ने के समान है।" और राजा ने कहा, "यह अच्छा पुरुष
है, और यह अच्छा समाचार लेकर आता है।" 28 तब

अहीमास ने पुकारकर राजा से कहा, "शाति!" फिर उसने
राजा के सामने पृथ्वी पर मुँह के बल झुककर दण्डवत् किया,
और कहा, "तेरे ईश्वर 𐤉𐤄𐤅𐤄 की स्तुति हो, जिसने उन
पुरुषों को जो मेरे स्वामी राजा के विरुद्ध हाथ उठाए थे, सौंप
दिया!" 29 तब राजा ने कहा, "क्या जवान अबशालोम कुशल
से है?" और अहीमास ने उत्तर दिया, "जब योआब ने राजा
के दास को और मुझे तेरे दास को भेजा, तब मैंने बड़ी भीड़
देखी, परन्तु मैं न जान सका कि क्या हुआ।" 30 तब राजा ने
कहा, "पलटकर यहाँ खड़ा हो जा।" और वह पलटकर
स्थिर खड़ा रहा। 31 और देख, कूशी आया, और कूशी ने
कहा, "हे मेरे स्वामी राजा, शुभ समाचार ग्रहण कर! क्योंकि
𐤉𐤄𐤅𐤄 ने आज उन सबका न्याय किया जो तेरे विरुद्ध उठे
थे।" 32 तब राजा ने कूशी से कहा, "क्या जवान अबशालोम
कुशल से है?" और कूशी ने उत्तर दिया, "मेरे स्वामी राजा के
सब शत्रु, और सब जो तेरे विरुद्ध बुराई करने को उठे हैं, वे
उस जवान के समान हों!" 33 तब राजा काँप उठा, और
फाटक के ऊपर के कोठे में गया और रोया। और जाते
समय उसने कहा, "हे मेरे पुत्र अबशालोम! मेरे पुत्र, मेरे पुत्र
अबशालोम, यदि मैं तेरे बदले मर जाता! हे अबशालोम मेरे
पुत्र, मेरे पुत्र!"

19 1 और योआब को बताया गया, "देख, राजा
अबशालोम के लिए रो रहा है और शोक मना रहा
है।" 2 सो उस दिन का उद्धार सब लोगों के लिये शोक में
बदल गया, क्योंकि उस दिन लोगों ने यह सुना, "राजा अपने
पुत्र के कारण शोकित हुआ है।" 3 और उस दिन लोग ऐसे
चुपके से नगर में घुसे जैसे वे लोग जो युद्ध में भागते समय
लज्जित होकर चुपके से लौटते हैं। 4 और राजा ने अपना
चेहरा ढक लिया, और राजा ने ऊँचे शब्द में पुकारकर कहा,
"हाय मेरे पुत्र अबशालोम! हाय अबशालोम, मेरे पुत्र, मेरे
पुत्र!" 5 तब योआब राजा के घर में आया और कहा, "आज
तूने अपने सब दासों को लज्जित कर दिया है, जिन्होंने आज
तेरी जान, और तेरे बेटों-बेटियों की जान, और तेरी पत्नियों
तथा तेरी उपपत्नियों की जान बचाई है, 6 उनसे प्रेम करके जो
तुझ से बैर करते हैं, और उनसे बैर करके जो तुझ से प्रेम
करते हैं। क्योंकि आज तूने प्रगट कर दिया है कि न तो तेरे
पास सेनानायक हैं और न दास; क्योंकि आज मैं जान गया
कि यदि अबशालोम जीवित रहता और हम सब आज मर
जाते, तो तेरी दृष्टि में यही ठीक होता।" 7 "और अब, उठ,
बाहर जा और अपने दासों के मन को ढाढ़स दे; क्योंकि मैं
𐤉𐤄𐤅𐤄 की शपथ खाता हूँ, यदि तू बाहर न जाएगा तो रात
को तेरे साथ एक भी व्यक्ति न ठहरेगा; और यह तेरे लिये उस
सब बुराई से भी बुरा होगा जो तेरे बालपन से अब तक तुझ पर
आई है।" 8 तब राजा उठकर फाटक में बैठ गया। और सब
लोगों से कहा गया, "देखो, राजा फाटक में बैठा है।" तब सब
लोग राजा के सामने आ गए। परन्तु जहाँ तक इस्राएल का
प्रश्न है, वे सब अपने-अपने डेरे को भाग गए थे। 9 और ऐसा
हुआ कि सब लोग इस्राएल के सब गोत्रों में आपस में विवाद
करने लगे, कहते हुए, "राजा ने हमें शत्रुओं के हाथ से
छुड़ाया, उसने हमें पलिश्तियों के हाथ से बचाया, और अब
वह अबशालोम के कारण देश से भाग गया है, 10 और वह
अबशालोम, जिसे हमने अपने ऊपर अभिषिक्त किया था, युद्ध
में मर गया। अब क्यों तुम राजा को वापस लाने के विषय में
चुप बैठे हो?" 11 तब राजा दाऊद ने सादोक और अब्यातार
याजकों के पास यह कहला भेजा, "यहूदा के बुजुर्गों से कहो,
'सब इस्राएल के वचन राजा के पास, उसके घर तक पहुँच
चुके हैं, फिर तुम राजा को उसके घर वापस लाने में सबसे
पीछे क्यों हो?' 12 'तुम तो मेरे भाई हो, तुम मेरा हाड़-मांस हो;
तो फिर तुम राजा को वापस लाने में सबसे पीछे क्यों हो?'
13 "और अम्मासा से कहना, 'क्या तू मेरा हाड़-मांस नहीं है?
यदि तू योआब के स्थान पर सदा के लिये मेरे सामने सेना का
प्रधान न ठहरे, तो ईश्वर (ईश्वर) मुझे वैसा ही करे, वरन
उससे भी अधिक करे।' " 14 इस प्रकार उसने यहूदा के सब
पुरुषों के मन को एक पुरुष के समान अपनी ओर झुका
लिया, और उन्होंने राजा के पास कहला भेजा, "तू और तेरे
सब दास लौट आओ!" 15 तब राजा लौटा और यरदन तक
आया। और यहूदा राजा से मिलने के लिये गिलगाल पहुँचा,
ताकि राजा को यरदन के पार ले जाए। 16 और गेरा का पुत्र
शिमी, जो बहुरीम का एक बिन्यामिनी था, यहूदा के पुरुषों के
साथ शीघ्रता करके नीचे उतरा ताकि राजा दाऊद से मिलने
आए। 17 और उसके साथ बिन्यामीन के एक हज़ार पुरुष थे,
और शाऊल के घर का सेवक सीबा और उसके पंद्रह पुत्र
और उसके बीस दास भी उसके साथ थे। और उन्होंने राजा
से पहले यरदन को पार किया। 18 और वे घाट से होकर गए,
ताकि राजा के घराने को पार ले जाएँ और जो उसके दृष्टि में
अच्छा हो वह करें। तब गेरा का पुत्र शिमी, जब राजा यरदन
के पार हो चुका, राजा के सामने गिर पड़ा, 19 और राजा से
कहा, "हे मेरे स्वामी, मेरा अपराध अपने ऊपर न रखना,
और न उस कुकर्म को स्मरण रखना जो तेरे दास ने उस
दिन किया जब मेरे स्वामी राजा यरूशलेम से निकला था, कि
राजा इसे अपने मन में धरे। 20 "क्योंकि तेरा दास जानता है
कि मैंने पाप किया है; देख, मैं आज यूसुफ के घराने में से सब
से पहले आया हूँ, कि अपने स्वामी राजा से मिलने नीचे
उतरूँ।" 21 परन्तु सरूयाह के पुत्र अबीशै ने उत्तर देकर
कहा, "क्या शिमी को इसके लिये मार न डाला जाए, क्योंकि
उसने 𐤉𐤄𐤅𐤄 के अभिषिक्त को शाप दिया था?" 22 तब
दाऊद ने कहा, "हे सरूयाह के पुत्रो, मेरा तुम से क्या काम,
कि आज तुम मेरे विरोधी बने हो? क्या आज इस्राएल में किसी
मनुष्य को मार डाला जाएगा? क्या मैं आज नहीं जानता कि मैं
इस्राएल पर राजा हूँ?" 23 तब राजा ने शिमी से कहा, "तू नहीं
मरेगा।" और राजा ने उसके लिये शपथ खाई। 24 और
शाऊल का पुत्र मेफीबोशेत राजा से मिलने को उतरा; उसने
न अपने पैर सँवारे, न अपनी मूँछ छँटवाई, और न अपने वस्त्र
धोए, उस दिन से जब राजा गया था उस दिन तक जब वह
कुशल से लौटा। 25 और ऐसा हुआ कि जब वह राजा से
मिलने यरूशलेम आया, तब राजा ने उससे कहा,
"मेफीबोशेत, तू मेरे साथ क्यों न गया?" 26 तब उसने कहा,
"हे मेरे स्वामी राजा, मेरे सेवक ने मुझे धोखा दिया; क्योंकि
तेरे दास ने कहा था, 'मैं अपने लिये गधा काठी कराऊँगा,
ताकि उस पर सवार होकर राजा के पास जाऊँ,' क्योंकि तेरे
दास के पैर लँगड़े हैं। 27 "और उसने तेरे दास की निंदा मेरे
स्वामी राजा के पास की; परन्तु मेरा स्वामी राजा ईश्वर
(ईश्वर) के एक दूत के समान है; इसलिये जो तेरी दृष्टि में
अच्छा हो वही कर।" 28 "क्योंकि मेरे पिता के घराने के सब
लोग तो मेरे स्वामी राजा के सामने मृत्यु के योग्य थे; तौभी

तूने अपने दास को अपने भोजन करने वालों में बैठा दिया।
सो अब मेरे पास क्या अधिकार रहा कि मैं राजा से और कुछ
माँगूँ?" 29 तब राजा ने उससे कहा, "तू अपनी बातों का फिर
क्यों उल्लेख करता है? मैंने कह दिया है, 'तू और सीबा भूमि
को बाँट लो।' " 30 तब मेफीबोशेत ने राजा से कहा, "जब
मेरा स्वामी राजा कुशल से अपने घर लौट आया है, तो वह
सब कुछ ले ले।" 31 और गिलादी बरजिल्लै रोगलीम से
उतरकर आया और राजा के साथ यरदन पार हुआ, ताकि
यरदन के पार उसे विदा करे। 32 और बरजिल्लै अत्यन्त
वृद्ध पुरुष था, उसकी आयु अस्सी वर्ष की थी; और उसने
राजा को महनयिम में ठहरने के समय भोजन दिया था,
क्योंकि वह बड़ा धनी पुरुष था। 33 और राजा ने बरजिल्लै से
कहा, "मेरे साथ पार हो चल, और मैं तेरा भरण-पोषण अपने
साथ यरूशलेम में करूँगा।" 34 परन्तु बरजिल्लै ने राजा से
कहा, "मेरे जीवन के कितने दिन बचे हैं कि मैं राजा के साथ
यरूशलेम को ऊपर जाऊँ? 35 "मैं अब अस्सी वर्ष का हूँ; क्या
मैं भले और बुरे में भेद जानता हूँ? क्या तेरा दास जो खाता
और जो पीता है उसका स्वाद लेता है? क्या मैं अब भी
गानेवाले पुरुषों और गानेवाली स्त्रियों का शब्द सुन सकता हूँ?
फिर तेरा दास मेरे स्वामी राजा पर और बोझ क्यों बने?"
36 "तेरा दास केवल थोड़ी दूर तक राजा के साथ यरदन पार
जाएगा; और राजा मुझे ऐसे प्रतिफल से क्यों बदले?"
37 "कृपया तेरा दास लौट जाए कि मैं अपने नगर में अपने
पिता और माता की कब्र के पास मरूँ; परन्तु तेरा दास किशाम
(किम्हाम) यहाँ है, वह मेरे स्वामी राजा के साथ पार हो जाए,
और उसके लिये जो तेरी दृष्टि में अच्छा हो वही कर।"
38 तब राजा ने कहा, "किशाम (किम्हाम) मेरे साथ पार होगा,
और मैं उसके लिये वही करूँगा जो तेरी दृष्टि में अच्छा है;
और जो कुछ तू मुझ से चाहेगा, मैं तेरे लिये वह करूँगा।"
39 तब सब लोग यरदन पार हो गए। और जब राजा पार हो
चुका, तब राजा ने बरजिल्लै को चूमा और उसे आशीर्वाद
दिया, और वह अपने स्थान पर लौट गया। 40 और राजा
गिलगाल को पार हुआ, और किशाम (किम्हाम) उसके साथ
पार हुआ। और यहूदा के सब लोग राजा को पार ले गए, और
इस्राएल के लोगों का आधा भाग भी। 41 और देखो, सब
इस्राएल के पुरुष राजा के पास आए और कहने लगे, "हमारे
भाई, यहूदा के पुरुषों ने तुझे क्यों चुरा लिया और राजा और
उसके घराने और दाऊद के सब पुरुषों को उसके साथ
यरदन के पार क्यों ले गए?" 42 तब यहूदा के सब पुरुषों ने
इस्राएल के पुरुषों को उत्तर दिया, "क्योंकि राजा हमारा
संबंधी है; और इस बात पर तुम क्यों क्रुद्ध हो? क्या हमने
राजा के खर्च पर कुछ खाया? या क्या उसने हमें कोई भेंट
दी?" 43 तब इस्राएल के पुरुषों ने यहूदा के पुरुषों को उत्तर
दिया, "राजा में हमारा दस भाग है, और दाऊद में भी हम तुम
से अधिक हैं; तो फिर तुमने हमें क्यों तुच्छ जाना? क्या राजा
को वापस लाने की सम्मति पहले हमारी नहीं थी?" परन्तु
यहूदा के पुरुषों के वचन इस्राएल के पुरुषों के वचनों से
अधिक कठोर थे।

20 1 और वहाँ बेलियाल का एक मनुष्य हुआ, जिसका
नाम शेबा बिखरी का पुत्र, बिन्यामिनी था। और उसने
मेंढे का सींग फूंका, और कहा, "हमारा दाऊद में कोई भाग
नहीं है, न ही यिशै के पुत्र में हमारा कोई भाग्य है - प्रत्येक
अपने अपने तंबू को लौट जाओ, हे यिस्राएल!" 2 तब सब
यिस्राएल के लोग दाऊद को छोड़कर, बिखरी के पुत्र शेबा के
पीछे हो लिए। परन्तु यहूदा के लोग, यर्देन से लेकर
यरूशलेम तक, अपने राजा के साथ लगे रहे। 3 और दाऊद
अपने घर यरूशलेम आया। और राजा ने उन दस स्त्रियों
को, जो उसकी रखेल थीं, जिन्हें उसने घर की देखभाल के
लिए छोड़ा था, एक संरक्षित घर में रखा और उनका पालन
किया, परन्तु उनके पास नहीं गया। सो वे अपनी मृत्यु तक
बंद रहीं, विधवा की तरह जीवित। 4 और राजा ने अमासा से
कहा, "यहूदा के लोगों को मेरे लिए तीन दिनों में बुला, और तू
स्वयं यहाँ उपस्थित रह।" 5 और अमासा यहूदा के लोगों को
बुलाने गया। परन्तु वह उस समय से अधिक देर कर बैठा,
जो दाऊद ने उसे ठहराया था। 6 तब दाऊद ने अबीशै से
कहा, "अब बिखरी का पुत्र शेबा, हमें अबशालोम से भी
अधिक बुराई करेगा। अपने स्वामी के दासों को ले, और
उसका पीछा कर, कहीं वह अपने लिए गढ़वाले नगर न पाए
और हमसे बच न जाए।" 7 तब योआब के लोग उसके पीछे
चले, और केराती, पेलती और सब पराक्रमी पुरुष। और वे
यरूशलेम से निकलकर बिखरी के पुत्र शेबा का पीछा करने
गए। 8 जब वे गिबोन में उस बड़े पत्थर के पास पहुँचे, तब
अमासा उनके सामने आया। और योआब युद्ध के वस्त्र पहने
हुए था, और उस पर कमर पर म्यान में तलवार बंधी हुई थी।
और जैसे ही वह आगे बढ़ा, वह गिर गई। 9 और योआब ने
अमासा से कहा, "शांति, मेरे भाई?" और योआब ने दाहिने
हाथ से अमासा की दाढ़ी पकड़कर उसे चूमना चाहा।
10 परन्तु अमासा योआब के हाथ में तलवार से सावधान न
हुआ। और उसने उसे पेट में मारा, और उसकी आंतें भूमि
पर गिर पड़ीं। और उसने दूसरी बार प्रहार न किया, और वह
मर गया। तब योआब और उसका भाई अबीशै बिखरी के पुत्र
शेबा का पीछा करने लगे। 11 और योआब के एक जवान
उसके पास खड़ा होकर कहने लगा, "जो कोई योआब को
चाहता है और जो कोई दाऊद के पक्ष में है, वह योआब के
पीछे चले!" 12 और अमासा राजमार्ग के बीच में अपने रक्त
में लोट रहा था। और जब उस पुरुष ने देखा कि सब लोग
ठहर रहे हैं, तो उसने अमासा को राजमार्ग से हटा कर खेत में
डाल दिया, और उस पर एक वस्त्र डाल दिया, जब उसने
देखा कि जो कोई उस पर आता, ठहर जाता। 13 जब उसे
राजमार्ग से हटा दिया गया, तब सब लोग योआब के पीछे
होकर बिखरी के पुत्र शेबा का पीछा करने लगे। 14 और वह
यिस्राएल के सब गोत्रों से होते हुए अबेल, और बेथ-मआका,
और सब बेरियों तक गया। और वे इकट्ठा होकर उसके पीछे
भी गए। 15 और वे अबेल- बेथ-मआका में आकर उसका घेरा
डालने लगे, और नगर के चारों ओर बाँध बनाया। और वह
किले में खड़ा हुआ, और योआब के सब लोग नगर की दीवार
को ढाने के लिए मारते रहे। 16 तब एक बुद्धिमान स्त्री ने नगर
से पुकार कर कहा, "सुनो, सुनो! कृपया योआब से कहो,
'पास आ, कि मैं तुझसे बातें करूँ।' " 17 और वह उसके पास
आया, और उस स्त्री ने कहा, "क्या तू योआब है?" और
उसने उत्तर दिया, "मैं हूँ।" तब उसने उससे कहा, "अपनी
दासी की बातें सुन।" और उसने कहा, "मैं सुन रहा हूँ।"
18 तब उसने कहा, "पहले समय में लोग कहा करते थे,
'अबेल से पूछें,' और ऐसा ही हो जाता था। 19 "मैं यिस्राएल

में शातिप्रिय और विश्वासयोग्य लोगों में से हूँ। तू एक नगर
और यिस्राएल में माता को नाश करना चाहता है। तू 𐤉𐤄𐤅𐤄
की विरासत को क्यों निगलता है?” 20 और योआब ने उत्तर
दिया और कहा, “मुझसे ऐसा हो, मुझसे ऐसा हो कि मैं निगलूँ
या नाश करूँ! 21 “ऐसा नहीं है। परन्तु एप्रैम के पहाड़ों का
एक पुरुष, जिसका नाम बिखरी का पुत्र शेबा है, उसने राजा,
दाऊद के विरुद्ध हाथ उठाया है। उसे अकेले मुझे सौंप दे,
और मैं नगर से हट जाऊँगा।” और उस स्त्री ने योआब से
कहा, “देख, उसका सिर तुझ पर दीवार के ऊपर से फेंका
जाएगा।” 22 सो उस स्त्री ने अपनी बुद्धि से सब लोगों से बातें
कीं। और उन्होंने बिखरी के पुत्र शेबा का सिर काटकर
योआब की ओर फेंका। तब उसने मेंढ़े का सींग फूंका, और वे
नगर से छिटक गए, हर एक अपने तंबू को। और योआब
राजा के पास यरूशलेम को लौट आया। 23 अब योआब सब
यिस्राएल की सेना पर प्रधान था, और बनायाह यहोयादा का
पुत्र केराती और पेलती पर प्रधान था, 24 और अदोराम बेगार
पर, और यहोशापात अहिलूद का पुत्र इतिहासकार था,
25 और शेवा लेखाकार था, और सादोक और एब्यातार
याजक थे, 26 और ईरा याईरी दाऊद का याजक था।

21

1 और दाऊद के दिनों में तीन वर्ष तक वर्ष दर वर्ष
अकाल पड़ा। और दाऊद ने 𐤉𐤄𐤅𐤄 का मुख
मांगा, और 𐤉𐤄𐤅𐤄 ने कहा, “शाऊल और उसके खूनी घर
के कारण, क्योंकि उसने गिबोनियों को मारा।” 2 तब राजा ने
गिबोनियों को बुलाया और उनसे बातें कीं। अब गिबोनी
इस्राएलियों के नहीं, परन्तु एमोरियों के बचे हुए थे। और
इस्राएलियों ने उनसे शपथ खाई थी, परन्तु शाऊल ने
इस्राएलियों और यहूदियों के लिए अपने उत्साह में उन्हें मार
डालने का प्रयत्न किया। 3 सो दाऊद ने गिबोनियों से कहा,
“मैं तुम्हारे लिए क्या करूँ? और किससे मैं प्रायश्चित्त करूँ,
ताकि तुम 𐤉𐤄𐤅𐤄 की विरासत को आशीष दो?” 4 और
गिबोनियों ने उससे कहा, “यह हमारे और शाऊल या उसके
घराने के बीच चाँदी या सोने का विषय नहीं है, न ही हमारे लिए
है कि हम इस्राएल में किसी को मार डालें।” और उसने
कहा, “जो तुम कहो, वही मैं तुम्हारे लिए करूँगा।” 5 और
उन्होंने राजा से कहा, “जिस मनुष्य ने हमें नाश किया और
हमारे विरुद्ध षडचंत्र रचा, कि हम सब इस्राएल की सीमा में
रहने से मिट जाएँ, 6 उसके सात पुत्र हमें दिए जाएँ, और हम
उन्हें 𐤉𐤄𐤅𐤄 के सामने गिबा-शाऊल में लटकाएँगे, जिसे
𐤉𐤄𐤅𐤄 ने चुना।” और राजा ने कहा, “मैं उन्हें दूँगा।”
7 परन्तु राजा ने शाऊल के पुत्र योनातान के पुत्र मेपीबोशेत
को बख्शा, क्योंकि 𐤉𐤄𐤅𐤄 की शपथ उनके बीच थी, दाऊद
और शाऊल के पुत्र योनातान के बीच। 8 और राजा ने रिज़्पा,
अयाह की बेटी से उत्पन्न दो पुत्र, जिन्हें उसने शाऊल को
जन्म दिया था: अरमोनि और मेपीबोशेत, और पाँच पुत्र
मीकाल शाऊल की बेटी के, जिन्हें उसने अ[illegible]ीएल
बरज़िल्लै महोलाती के लिए पाला था, ले लिया। 9 और उन्हें
गिबोनियों के हाथ में दे दिया, और उन्होंने उन्हें 𐤉𐤄𐤅𐤄 के
सामने पहाड़ी पर लटका दिया। सो वे सातों एक साथ गिरे,
और कटाई के दिनों में, जौ की कटाई के आरंभ में, मारे गए।
10 और रिज़्पा अयाह की बेटी ने टाट लिया और उसे अपने
लिए चट्टान पर बिछाया, कटाई के आरंभ से लेकर देर के
बरसात तक, जब तक कि उन पर आकाश से जल न
बरसा। और उसने दिन में आकाश के पक्षियों को उन पर
बैठने न दिया और न रात में मैदान के पशुओं को। 11 और
दाऊद को बताया गया कि रिज़्पा अयाह की बेटी, शाऊल की
रखेल ने क्या किया। 12 और दाऊद गया और शाऊल की
हड्डियाँ और उसके पुत्र योनातान की हड्डियाँ, याबेश-गिलाद के
लोगों से लीं, जिन्होंने उन्हें बेथ-शान की सड़क से चुराया था,
जहाँ पलिश्तियों ने उन्हें टाँगा था, जब पलिश्तियों ने गिल्बोआ
में शाऊल को मारा था। 13 और उसने वहाँ से शाऊल और
उसके पुत्र योनातान की हड्डियाँ लाईं, और उन लोगों की
हड्डियाँ भी इकट्ठी कीं जिन्हें लटकाया गया था। 14 और
उन्होंने शाऊल और उसके पुत्र योनातान की हड्डियों को
बिन्यामीन के देश, त्सेला में, उसके पिता कीश की कब्र में
दफनाया, और जो राजा ने आज्ञा दी थी सब कुछ किया।
और उसके बाद ईश्वर ने देश की प्रार्थना सुनी। 15 और
पलिश्ती फिर इस्राएल से युद्ध करने लगे, तब दाऊद और
उसके दास उतरकर पलिश्तियों से लड़े; और दाऊद थक
गया। 16 और यिश्बो-बेनोब, जो दानवों का पुत्र था, जिसका
काँसे का भाला तीन सौ शेकल का था, और जिसके पास नई
तलवार थी, उसने दाऊद को मारने की ठानी। 17 परन्तु
अबीशै, त्सेरूयाह का पुत्र, उसकी सहायता को आया, और
पलिश्ती को मार डाला। तब दाऊद के लोगों ने उसकी शपथ
खाई, कहकर, “तू अब हमारे साथ युद्ध को बाहर न आए,
ताकि तू इस्राएल का दीपक बुझा न दे।” 18 और इसके बाद
फिर गोब में पलिश्तियों के साथ युद्ध हुआ; तब सिब्बकै हूशाती
ने सप को मारा, जो दानवों में से था। 19 और फिर गोब में
पलिश्तियों के साथ युद्ध हुआ, जहाँ एलगानान, यारे-ओरेगिम
का पुत्र, बेतलेहमी ने गोल्यात गित्ती को मारा, जिसके भाले की
लकड़ी बुनकर के बीम के समान थी। 20 और फिर गथ में
युद्ध हुआ, जहाँ एक बड़ा आदमी था, जिसके प्रत्येक हाथ में
छह उंगलियाँ और प्रत्येक पैर में छह उंगलियाँ थीं, कुल
चौबीस; और वह भी दानवों से उत्पन्न था। 21 और जब उसने
इस्राएल को ललकारा, तब शिम्मी के पुत्र योनातान, जो
दाऊद का भाई था, ने उसे मारा। 22 ये चार गथ में दानव से
उत्पन्न हुए, और वे दाऊद और उसके दासों के हाथ से गिरे।

22

1 तब दाऊद ने यह गीत के वचन 𐤉𐤄𐤅𐤄 के लिए
कहे, जिस दिन 𐤉𐤄𐤅𐤄 ने उसे उसके सब शत्रुओं
के हाथ से और शाऊल के हाथ से छुड़ाया। 2 और उसने
कहा, “𐤉𐤄𐤅𐤄 मेरी चट्टान है, मेरा गढ़ और मेरा छुड़ाने
वाला। 3 “मेरा ईश्वर मेरी चट्टान है, मैं उसी में शरण लेता हूँ,
मेरी ढाल और मेरे उद्धार का सींग, मेरा ऊँचा गढ़ और मेरी
शरण। मेरे उद्धारकर्ता, तू मुझे हिंसा से बचाता है। 4 “मैं
𐤉𐤄𐤅𐤄 को पुकारता हूँ, जो स्तुति के योग्य है, और मैं अपने
शत्रुओं से बचाया जाता हूँ। 5 “क्योंकि मृत्यु की लहरें मुझे
घेरे हुई थीं, बेलियाल की बाढ़ ने मुझे डराया। 6 “पाताल की
रस्सियाँ मुझे चारों ओर से घेरे हुई थीं; मृत्यु के फंदे मेरे
सामने थे। 7 “मेरे संकट में मैंने 𐤉𐤄𐤅𐤄 को पुकारा, और
अपने ईश्वर को पुकारा। और उसके हेयकाल से उसने मेरी
आवाज सुनी, और मेरी पुकार उसके कानों में गई। 8 “और
पृथ्वी हिल गई और कांपने लगी, आकाश की नींव डोल उठी,
क्योंकि वह क्रोधित हुआ। 9 “उसकी नासिकाओं से धुआं

उठा, और उसके मुँह से भस्म करने वाली आग निकली;
कोयले उससे प्रज्वलित हुए। 10 "और उसने आकाश को
झुका दिया और उत्तर आया, और घना बादल उसके पैरों के
नीचे था। 11 "और वह करूब पर सवार होकर उड़ चला,
और हवा के पंखों पर दिखाई दिया। 12 "और उसने अपने
चारों ओर अंधकार को तंबुओं के समान रखा, जल के जमाव
और घने बादल। 13 "उसके सामने की चमक से आग के
कोयले प्रज्वलित हुए। 14 "𐤉𐤄𐤅𐤄 ने आकाश से गर्जना की,
और परमप्रधान ने अपनी आवाज निकाली। 15 "और उसने
तीर छोड़े और उन्हें तितर-बितर किया, बिजली चमकाई और
उन्हें उलझा दिया। 16 "समुद्र की नहरें दिखाई दीं, जगत की
नीवें प्रकट हो गईं, 𐤉𐤄𐤅𐤄 की डाँट से, उसकी नासिकाओं
की फूँक से। 17 "उसने ऊपर से भेजा, उसने मुझे लिया,
उसने मुझे बहुत से जल से बाहर खींच लिया। 18 "उसने
मुझे मेरे बलवान शत्रु से छुड़ाया, मुझसे घृणा करने वालों से,
क्योंकि वे मुझसे अधिक शक्तिशाली थे। 19 "वे मेरे संकट के
दिन मुझ पर चढ़ आए, परन्तु 𐤉𐤄𐤅𐤄 मेरा सहारा था।
20 "और उसने मुझे एक बड़ी जगह पर निकाला, उसने मुझे
छुड़ाया क्योंकि वह मुझसे प्रसन्न हुआ। 21 "𐤉𐤄𐤅𐤄 ने मेरी
धार्मिकता के अनुसार मुझे प्रतिफल दिया; मेरे हाथों की
शुद्धता के अनुसार उसने मुझे बदला दिया। 22 "क्योंकि मैंने
𐤉𐤄𐤅𐤄 के मार्गों को माना है, और अपने ईश्वर के विरुद्ध
दुष्टता नहीं की। 23 "क्योंकि उसकी सब विधियाँ मेरे सामने
हैं; और उसकी विधियों से मैं नहीं हटता। 24 "और मैं उसके
सामने सिद्ध हूँ, और मैं अपने को अपनी अधर्मता से बचाता
हूँ। 25 "और 𐤉𐤄𐤅𐤄 मेरी धार्मिकता के अनुसार मुझे
प्रतिफल देता है, मेरी शुद्धता के अनुसार जो उसकी आँखों के
सामने है। 26 "दयालु के साथ तू अपने को दयालु दिखाता है,
सिद्ध के साथ तू अपने को सिद्ध दिखाता है, 27 "शुद्ध के साथ
तू अपने को शुद्ध दिखाता है, और टेढ़े के साथ तू अपने को
टेढ़ा दिखाता है। 28 "क्योंकि तू दीन लोगों को बचाता है,
परन्तु तेरी आँखें घमण्डी पर हैं, कि उसे नीचे लाए।
29 "क्योंकि तू मेरा दीपक है, हे 𐤉𐤄𐤅𐤄, और 𐤉𐤄𐤅𐤄 मेरा
अंधकार उजियाला करता है। 30 "क्योंकि तेरे साथ मैं सेना
पर धावा करता हूँ, अपने ईश्वर के साथ मैं दीवार फाँदता हूँ।
31 "ईश्वर - उसका मार्ग सिद्ध है; 𐤉𐤄𐤅𐤄 का वचन तपा
हुआ है; वह सब का ढाल है जो उसमें शरण लेते हैं।
32 "क्योंकि 𐤉𐤄𐤅𐤄 के सिवाय कौन ईश्वर है? और हमारे
ईश्वर के सिवाय कौन चट्टान है? 33 "ईश्वर मेरा दृढ गढ़ है,
और वह मेरा मार्ग सिद्ध करता है। 34 "वह मेरे पाँव हिरण के
पाँवों के समान करता है, और मुझे मेरी ऊँची जगहों पर खड़ा
करता है। 35 "वह मेरे हाथों को युद्ध के लिए सिखाता है,
ताकि मेरी भुजाएँ काँसे की धनुष को झुका दें। 36 "और तू
मुझे अपने उद्धार की ढाल देता है, और तेरी दीनता मुझे
महान करती है। 37 "तू मेरे नीचे मेरे कदमों को बड़ा करता
है, ताकि मेरे पाँव न फिसलें। 38 "मैं अपने शत्रुओं का पीछा
करता हूँ और उन्हें नष्ट करता हूँ, और जब तक वे नष्ट न हो
जाएँ मैं नहीं लौटता। 39 "और मैं उन्हें नाश करता हूँ और
कुचलता हूँ, ताकि वे उठ न सकें, और वे मेरे पैरों के नीचे
गिरते हैं। 40 "क्योंकि तू मुझे युद्ध के लिए शक्ति से कमर
कसता है, तू मेरे विरोधियों को मेरे नीचे झुकाता है। 41 "और
तू मेरे शत्रुओं को मेरी पीठ दिखाता है, जो मुझसे बैर रखते
हैं, और मैं उन्हें नाश करता हूँ। 42 "वे देखते हैं, परन्तु कोई
उद्धारकर्ता नहीं; 𐤉𐤄𐤅𐤄 की ओर, परन्तु वह उन्हें उत्तर नही
देता। 43 "और मैं उन्हें पृथ्वी की धूल के समान पीसता हूँ,
गली की गंदगी के समान छोटा करता हूँ - मैं उन्हें रौंदता हूँ।
44 "और तू मुझे मेरे लोगों के झगड़ों से बचाता है, तू मुझे
जातियों का प्रधान रखता है; जिन लोगों को मैं नहीं जानता, वे
मेरी सेवा करते हैं। 45 "विदेशियों के पुत्र मेरे अधीन होते हैं,
जैसे ही वे सुनते हैं, वे मेरी आज्ञा मानते हैं। 46 "विदेशियों के
पुत्र मुरझा जाते हैं, और अपने गढ़ों से कांपते हैं।
47 "𐤉𐤄𐤅𐤄 जीवित है! और धन्य है मेरी चट्टान! और महान
किया जाए मेरा ईश्वर, मेरे उद्धार की चट्टान। 48 "वह ईश्वर
जो मेरा बदला लेता है, और लोगों को मेरे नीचे करता है।
49 "और मुझे मेरे शत्रुओं से बाहर निकालता है; तू मुझे मेरे
विरुद्ध उठने वालों से ऊपर उठाता है; तू मुझे हिंसा करने वाले
मनुष्य से छुड़ाता है। 50 "इस कारण मैं तेरा धन्यवाद करता
हूँ, हे 𐤉𐤄𐤅𐤄, राष्ट्रों में, और मैं तेरे नाम की स्तुति गाता हूँ।
51 "वह अपने राजा को महान उद्धार का गढ़ देता है, और
अपने अभिषिक्त पर कृपा दिखाता है, दाऊद और उसकी
संतान पर सदा के लिए।"

23 1 और ये दाऊद के अंतिम वचन हैं—यिशै के पुत्र
दाऊद का कथन, उस मनुष्य का कथन जिसे ऊँचा
उठाया गया, याक़ोब के ईश्वर के अभिषिक्त का, और
यिस्राएल के मधुर गायक का: 2 "𐤉𐤄𐤅𐤄 की आत्मा ने मेरे
द्वारा कहा, और उसका वचन मेरी जीभ पर है। 3 "यिस्राएल
के ईश्वर ने कहा, यिस्राएल की चट्टान ने मुझसे कहा, 'जो
मनुष्यों पर धर्मपूर्वक राज्य करता है, 4 "जो ईश्वर के भय-
भक्ति में राज्य करता है, वह उस भोर के प्रकाश के समान है
जब सूर्य उदय होता है—बिना बादलों की भोर—पृथ्वी पर
उगती कोमल घास, धूप से, वर्षा से।' 5 "क्या मेरा घर ईश्वर
के साथ ऐसा नहीं? क्योंकि उसने मेरे साथ एक सदा का वाचा
की है—सब बातों में व्यवस्थित और सुरक्षित। मेरे सारे उद्धार
और समस्त अभिलाषा के विषय में—क्या वह इसे अंकुरित न
करेगा? 6 "परन्तु निकम्मे सब काँटों के समान दूर फेंक दिए
जाते हैं, क्योंकि उन्हें हाथ से नहीं लिया जाता, 7 "पर जो
मनुष्य उन्हें छूता है, वह लोहे या भाले की डंड से छूता है, और
वे वहीं अग्नि से भस्म कर दिए जाते हैं।" 8 ये दाऊद के
पराक्रमी पुरुषों के नाम हैं: योशेब-बश्शेबेत तखमोनि, प्रधान
सेनापति; वही एत्सनी अदीनो था—जिसने एक ही समय में
आठ सौ को मार डाला। 9 और उसके बाद दोदो का पुत्र
एलेआज़र, अहोहि; वह उन तीन पराक्रमी पुरुषों में से था जो
दाऊद के साथ थे, जब उन्होंने पलिश्तियों को ललकारा जो
वहाँ युद्ध के लिए इकट्ठे हुए थे, और इस्राएल के लोग पीछे हट
गए थे। 10 वह उठा और पलिश्तियों को तब तक मारता रहा
जब तक उसका हाथ थक न गया; पर उसका हाथ तलवार से
चिपका रहा, और उस दिन 𐤉𐤄𐤅𐤄 ने बड़ा उद्धार किया।
और लोग उसके बाद केवल लूट लेने को लौटे। 11 और
उसके बाद अगे का पुत्र शम्मा, हरारी। और पलिश्ती उस
स्थान पर दल-बद्ध होकर इकट्ठे हुए जहाँ मसूर की फ़सल का

खेत था; और लोग पलिश्तियों से भाग गए। 12पर वह खेत
के बीच में खड़ा रहा, और उसे बचाया, और पलिश्तियों को
मारा; और 𐤉𐤄𐤅𐤄 ने बड़ा उद्धार किया। 13और तीस के
प्रधानों में से तीन कटनी के समय नीचे उतरे और अदुल्लाम
की गुफा में दाऊद के पास आए, जब पलिश्तियों की सेना
रफ़ाईम की तराई में डेरा डाले थी। 14और तब दाऊद
गढ़ में था, और उस समय पलिश्तियों की चौकी बेतलेहम में
थी। 15और दाऊद को लालसा हुई और उसने कहा, "ओह,
कौन बेतलेहम के उस कुएँ का जल, जो फाटक के पास है,
मुझे पिला दे!" 16तब उन तीन पराक्रमी पुरुषों ने पलिश्तियों
की छावनी को चीरकर, फाटक के पास बेतलेहम के कुएँ से
जल भरा, और उसे लेकर दाऊद के पास आए; पर उसने
उसे न पिया, वरन् उसे 𐤉𐤄𐤅𐤄 के आगे उंडेल दिया।
17और कहा, "मुझ से ऐसा करना दूर हो, हे 𐤉𐤄𐤅𐤄—क्या
यह उन पुरुषों का रक्त नहीं, जो अपने प्राणों का जोखिम
उठाकर गए?" इसलिए उसने उसे न पिया। ये तीन पराक्रमी
पुरुष यही काम करते थे। 18और योआब का भाई, त्सेरूयाह
का पुत्र अबीशै, अन्य तीन का प्रधान था; उसने अपने भाले
को तीन सौ पुरुषों के विरुद्ध उठाया, जिन्हें उसने मार डाला,
और इन तीनों में उसका नाम था। 19क्या वह उन तीन में
सबसे मान्य न था? इसलिए वह उनका सेनापति बना; तौभी
वह पहले तीन तक न पहुँचा। 20और बनायाह, यहोयादा का
पुत्र—कब्सेएल का वीर पुरुष—बड़े कार्यों में महान; उसने
मोआब के दो सिंह-समान पुरुषों को मारा। और वह एक
बरफ वाली दिन में गड्ढे के बीच एक सिंह को मारने को
उतरा। 21और उसने एक मिस्री, एक प्रभावशाली आदमी,
को मारा; उस मिस्री के हाथ में भाला था, पर वह एक लाठी
लेकर उसके पास उतरा, मिस्री के हाथ से भाला छीन लिया,
और उसी के भाले से उसे मार डाला। 22यहोयादा के पुत्र
बनायाह ने ये काम किए, और वह तीन पराक्रमी पुरुषों में नामी
हुआ। 23वह तीस से अधिक मान्य था, परन्तु पहले तीन तक
न पहुँचा। और दाऊद ने उसे अपनी अंगरक्षा पर अधिकारी
कर दिया। 24योआब का भाई असाहेल तीस में से था;
बेथलेहम का एलगानान, दोदो का पुत्र, 25शम्मा हरोडी,
एलीका हरोडी, 26हेलेत्स पल्टी, इक्केश का पुत्र इरा, तकोई,
27अबीएज़र अनेथोती, मेबुन्नै हूशाती, 28सल्मोन अहोहि,
महारै नेतोफाती, 29हेलेब, बा'नाह का पुत्र, नेतोफाती; इत्तै,
रिबै का पुत्र, गिबा—बिन्यामीनियों में से, 30बनायाह पिरातोनी,
हिद्दै, गाअश की तराइयों से, 31अबी-अलबोन अर्बाती,
अज्मावेथ बरहुमी, 32एलयह्बा शाल्बोनी—याशेन के पुत्रों में
से—योनातान, 33शम्मा हरारी, अहयाम, शारार का पुत्र,
हरारी, 34एलीफेलेट, अहसबै का पुत्र, माआकाती; एलियाम,
अहीतोपेल, गिलोनी का पुत्र, 35हेत्सरै कर्मेली, पआरै अर्बी,
36यिगाल, नातान का पुत्र, त्सोबा का; बानी गादी, 37त्सेलेक
अम्मोनी, नहरै बेरोती—योआब त्सेरूयाह के पुत्र का
शस्त्रवाहक— 38इरा यिथ्री, गरेब यिथ्री, 39और उरिय्याह
हित्ती—कुल सैंतीस।

24 1और फिर 𐤉𐤄𐤅𐤄 का क्रोध इस्राएल पर भड़क
उठा, और उसने दाऊद को उनके विरुद्ध उकसाया
यह कहने के लिए, "जाकर इस्राएल और यहूदा की गिनती
करो।" 2और राजा ने योआब से, जो उसके साथ सेना का
प्रधान था, कहा, "कृपया, इस्राएल के सब गोत्रों में—दान से
लेकर बेएर-शेबा तक—जा और लोगों की गिनती कर, ताकि
मैं लोगों की संख्या जान लूँ।" 3और योआब ने राजा से कहा,
"चाहे 𐤉𐤄𐤅𐤄 तेरा ईश्वर लोगों को जितने हैं उनसे सौ गुना
अधिक कर दे, और मेरे स्वामी राजा की आँखें यह देखें—
फिर मेरे स्वामी राजा को इस बात में क्यों प्रसन्नता है?"
4तौभी, राजा का वचन योआब और सेनाओं के प्रधानों पर
प्रबल हुआ। और योआब और सेनाओं के प्रधान राजा के
सामने से निकलकर इस्राएल के लोगों की गिनती करने
लगे। 5और वे यर्दन को पार कर अरोएर में छावनी डाले,
उस नगर के दाहिने ओर जो गाद की तराई के बीच है, और
याजेर की ओर। 6फिर वे गिलआद और तहितीम-होडशी के
देश में आए, और वे दान-यान तक आए, और सिदोन के
चारों ओर। 7और वे सूर के गढ़ में आए और सब हिव्वी और
कनानी नगरों में; और वे यहूदा के दक्षिण तक, बेएर-शेबा
तक पहुँचे। 8और जब उन्होंने सारे देश में भ्रमण कर लिया,
तो वे नौ महीने और बीस दिन के अंत में यरूशलेम लौटे।
9और योआब ने लोगों की गिनती का आँकड़ा राजा को दिया;
और इस्राएल में आठ लाख बलवान पुरुष थे जो तलवार
खींचते थे, और यहूदा के पुरुष पाँच लाख थे। 10और लोगों
की गिनती करने के बाद दाऊद का मन उसे धिक्कारने
लगा। और दाऊद ने 𐤉𐤄𐤅𐤄 से कहा, "जो मैंने किया
उसमें मैंने बड़ा पाप किया है। परन्तु अब, हे 𐤉𐤄𐤅𐤄, मैं
तुझसे बिनती करता हूँ, अपने दास का अधर्म दूर कर,
क्योंकि मैंने अति मूर्खता की है।" 11और जब दाऊद सुबह
उठा, तब 𐤉𐤄𐤅𐤄 का वचन गाद नबी, दाऊद के दर्शन
करने वाले, के पास आया, यह कहते हुए, 12"जा, और तू
दाऊद से कहे, 'यहोवा 𐤉𐤄𐤅𐤄 यों कहता है: मैं तुझ पर तीन
बातें रखता हूँ; उनमें से एक चुन, और मैं वही तुझ पर
करूँगा।' " 13तब गाद दाऊद के पास आया और उसे
बताया। और उसने कहा, "क्या सात वर्ष का अकाल तेरे देश
पर आए? या तू तीन महीने अपने शत्रुओं के सामने भागे, जब
वे तेरा पीछा करें? या तेरे देश में तीन दिन तक महामारी हो?
अब सोच और देख, मैं उसे क्या उत्तर दूँ जिसने मुझे भेजा
है।" 14तब दाऊद ने गाद से कहा, "मैं बड़ी विपत्ति में हूँ।
कृपया, हमें 𐤉𐤄𐤅𐤄 के हाथ में पड़ने दे, क्योंकि उसकी दया
महान है; पर मनुष्य के हाथ में मैं न पड़ूँ।" 15और 𐤉𐤄𐤅𐤄
ने उस सुबह से नियत समय तक इस्राएल पर महामारी भेजी;
और दान से लेकर बेएर-शेबा तक सत्तर हजार पुरुष मारे
गए। 16और जब स्वर्गदूत ने यरूशलेम पर अपना हाथ
बढ़ाया, उसे नष्ट करने को, तब 𐤉𐤄𐤅𐤄 ने उस विपत्ति से
पछताया और उस स्वर्गदूत से कहा जो लोगों को नाश कर
रहा था, "अब बहुत हुआ; अपना हाथ रोक।" और 𐤉𐤄𐤅𐤄
का स्वर्गदूत अरौना यबूसी के खलिहान के पास था। 17और
दाऊद ने उस स्वर्गदूत को देखा जो लोगों को मार रहा था;
तब उसने 𐤉𐤄𐤅𐤄 से कहा, "देख, मैंने पाप किया है, और
मैंने कुटिलता की है; परन्तु ये भेड़ें क्या करती हैं? कृपया, तेरा
हाथ मुझ पर और मेरे पिता के घराने पर हो।" 18और गाद
उसी दिन दाऊद के पास आया और उससे कहा, "जा, और
अरौना यबूसी के खलिहान पर 𐤉𐤄𐤅𐤄 के लिए एक वेदी
बना।" 19और दाऊद, गाद के वचन के अनुसार, जैसा

𐤉𐤄𐤅𐤄 ने आज्ञा दी, वैसा ही करने को ऊपर गया। [20] और
अरौना ने देखा और राजा और उसके सेवकों को अपनी ओर
आते देखा; और अरौना बाहर गया और राजा के सामने भूमि
पर मुँह के बल झुका। [21] और अरौना ने कहा, "मेरे स्वामी
राजा अपने दास के पास क्यों आया है?" और दाऊद ने कहा,
"तुझसे खलिहान खरीदने को, ताकि 𐤉𐤄𐤅𐤄 के लिए एक
वेदी बनाऊँ, जिससे यह विपत्ति लोगों से हट जाए।" [22] तब
अरौना ने दाऊद से कहा, "मेरा स्वामी राजा जो अच्छा
समझे, वही ले और चढ़ाए; देख, होमबलि के लिए बैल हैं,
और खलिहान के औजार और बैलों के जुए लकड़ी के लिए।
[23] "हे राजा, ये सब अरौना ने राजा को दिए।" और अरौना
ने राजा से कहा, "𐤉𐤄𐤅𐤄 तेरा ईश्वर तुझे स्वीकार करे!"
[24] पर राजा ने अरौना से कहा, "नहीं, मैं तो अवश्य ही इसे
तुझसे मूल्य देकर खरीदूँगा; क्योंकि मैं अपने ईश्वर 𐤉𐤄𐤅𐤄
को बिना मूल्य का होमबलि नहीं चढ़ाऊँगा।" इसलिए दाऊद
ने खलिहान और बैल पचास शेकेल चाँदी में खरीदे। [25] और
दाऊद ने वहाँ 𐤉𐤄𐤅𐤄 के लिए एक वेदी बनाई, और होमबलि
और मेलबलि चढ़ाए। और 𐤉𐤄𐤅𐤄 ने देश के लिये प्रार्थना
सुनी, और इस्राएल से वह विपत्ति हट गई।

1 राजा

𐤉𐤄𐤅𐤄

हिंदी संस्करण

1 राजा

1 1 और राजा दाविद बूढ़े और उम्रदराज़ हो गए थे। और
उन्होंने उसे वस्त्रों से ढका, पर वह गरम नहीं हो सका।
2 तब उसके सेवकों ने उससे कहा, "हमारे स्वामी राजा के
लिये एक जवान स्त्री ढूंढी जाए, एक कुँवारी, और वह राजा
के सम्मुख खड़ी रहे, उसकी संगिनी बने, और तेरी गोद में
लेटे, ताकि हमारे स्वामी राजा को गरमी मिले।" 3 और
उन्होंने सारे इस्राएल की सीमाओं में एक सुन्दर जवान स्त्री
को ढूँढा, और शूनेम की अबीशाग को पाया, और उसे राजा के
पास लाए। 4 और वह जवान स्त्री बहुत सुन्दर थी। और वह
राजा की संगिनी बनी, और उसकी सेवा की, पर राजा ने उसे
नहीं जाना। 5 और हग्गीत का पुत्र अदोनिय्याह ने अपने को
बड़ा किया, यह कहकर, "मैं राज्य करूँगा।" और उसने
अपने लिये एक रथ और घुड़सवार और पचास मनुष्य तैयार
किए, जो उसके आगे-आगे दौड़ते थे। 6 और उसके पिता ने
उसे कभी यह कहकर दुखी नहीं किया, "तूने ऐसा क्यों
किया?" वह भी बहुत सुन्दर था। और वह अबशालोम के बाद
उत्पन्न हुआ था। 7 और उसने योआब त्सेरूयाह के पुत्र और
एब्यातार याजक से बात की, और उन्होंने अदोनिय्याह की
सहायता की। 8 पर त्सादोक याजक, और यहोयाद का पुत्र
बनायाह, और नातान नबी, और शिमी, और रेई, और दाविद
के शक्तिशाली पुरुष अदोनिय्याह के साथ न थे। 9 और
अदोनिय्याह ने ज़ोहलेत के पत्थर के पास, जो एइन-रोगेल के
पास है, भेड़-बकरियाँ, बैल और पाले हुए पशु चढ़ाए। और
उसने अपने सब भाइयों को, राजा के पुत्रों को, और यहूदा के
सब जनों को, राजा के सेवकों को बुलाया। 10 पर उसने
नातान नबी को, और बनायाह को, और शक्तिशाली पुरुषों को,
और अपने भाई शलोमो को नहीं बुलाया। 11 तब नातान ने
बतशेबा, शलोमो की माता से कहा, "क्या तूने नहीं सुना कि
हग्गीत का पुत्र अदोनिय्याह राजा हो गया है, और हमारे
स्वामी दाविद को इसका पता नहीं है? 12 "अब आ, मैं तुझे
सम्मति दूँ, और तेरे प्राण और तेरे पुत्र शलोमो के प्राण को
बचाऊँ। 13 "राजा दाविद के पास तुरन्त जा, और उससे
कह, 'क्या तूने, मेरे स्वामी, हे राजा, अपनी दासी से शपथ
नहीं खाई थी, यह कहकर, "निश्चय ही, तेरा पुत्र शलोमो मेरे
बाद राज्य करेगा, और मेरे सिंहासन पर बैठेगा"? तो
अदोनिय्याह क्यों राजा हो गया?' 14 "देख, जब तू अभी राजा
के साथ बातें कर रही होगी, तब मैं तेरे पीछे आकर तेरे वचन
की पुष्टि करूँगा।" 15 तब बतशेबा राजा के कमरे में गई।
अब राजा बहुत बूढ़ा था, और शूनेमी अबीशाग राजा की सेवा
कर रही थी। 16 और बतशेबा ने झुककर राजा के आगे
प्रणाम किया। और राजा ने कहा, "तुझे क्या चाहिये?"
17 और उसने उससे कहा, "हे मेरे स्वामी, तूने 𐤉𐤄𐤅𐤄 अपने
ईश्वर की शपथ खाकर अपनी दासी से कहा था, 'निश्चय ही,
तेरा पुत्र शलोमो मेरे बाद राज्य करेगा, और मेरे सिंहासन पर
बैठेगा।' 18 "और अब देख, अदोनिय्याह राजा हो गया है।
और अब, हे मेरे स्वामी राजा, तुझे इसका पता नहीं है।
19 "और उसने बहुत बैल, पाले हुए पशु और भेड़ें चढ़ाई हैं,
और राजा के सब पुत्रों को, और एब्यातार याजक को, और
योआब सेनापति को बुलाया है, पर उसने तेरे सेवक शलोमो
को नहीं बुलाया। 20 "और तू, हे मेरे स्वामी राजा, समस्त
इस्राएल की आँखें तुझ पर लगी हैं, कि तू उन्हें बताए कि तेरे
बाद तेरे सिंहासन पर कौन बैठेगा। 21 "अन्यथा ऐसा होगा,
कि जब मेरा स्वामी राजा अपने पितरों के संग सो जाएगा, तब
मैं और मेरा पुत्र शलोमो दोषी ठहराए जाएँगे।" 22 और देख,
जब वह अभी राजा से बातें कर रही थी, तब नातान नबी भी
भीतर आया। 23 और उन्होंने राजा को बताया, यह कहकर,
"यहाँ नातान नबी है।" और जब वह राजा के सामने आया,
तो उसने अपने मुँह के बल धरती पर गिरकर राजा को प्रणाम
किया। 24 और नातान ने कहा, "हे मेरे स्वामी राजा, क्या तूने
कहा है, 'अदोनिय्याह मेरे बाद राज्य करेगा, और मेरे
सिंहासन पर बैठेगा'? 25 "क्योंकि वह आज नीचे गया है, और
उसने बहुत बैल, पाले हुए पशु और भेड़ें चढ़ाई हैं, और उसने
राजा के सब पुत्रों को, और सेनापतियों को, और एब्यातार
याजक को बुलाया है। और देख, वे उसके सामने खाते-पीते
हैं। और वे कहते हैं, 'राजा अदोनिय्याह जीवित रहे!' 26 "पर
उसने मुझे, तेरे सेवक को, और त्सादोक याजक को, और
यहोयाद का पुत्र बनायाह को, और तेरे सेवक शलोमो को नहीं
बुलाया। 27 "यदि यह बात मेरे स्वामी राजा की ओर से है, तो
तूने अपने सेवक को यह क्यों नहीं बताया कि तेरे बाद तेरे
सिंहासन पर कौन बैठेगा?" 28 और राजा दाविद ने उत्तर दिया
और कहा, "बतशेबा को मेरे पास बुलाओ।" तब वह राजा के
सामने आई, और राजा के सम्मुख खड़ी हुई। 29 और राजा
ने शपथ खाई और कहा, "जैसा 𐤉𐤄𐤅𐤄 जीवित है, जिसने
मेरा प्राण सब संकट से छुड़ाया है, 30 वैसा ही जैसा मैंने तुझ
से 𐤉𐤄𐤅𐤄 इस्राएल के ईश्वर की शपथ खाई थी, यह
कहकर, 'निश्चय ही, तेरा पुत्र शलोमो मेरे बाद राज्य करेगा,
और मेरे स्थान पर मेरे सिंहासन पर बैठेगा,' वैसा ही मैं आज
करता हूँ।" 31 तब बतशेबा ने मुँह के बल धरती पर गिरकर
राजा को प्रणाम किया, और कहा, "मेरा स्वामी राजा दाविद
सदा जीवित रहे!" 32 और राजा दाविद ने कहा, "त्सादोक
याजक को, और नातान नबी को, और यहोयाद के पुत्र
बनायाह को मेरे पास बुलाओ।" और वे राजा के सामने
आए। 33 और राजा ने उनसे कहा, "अपने स्वामी के सेवकों
को साथ लो, और तुम मेरे पुत्र शलोमो को मेरे ही खच्चर पर
बैठाकर गीहोन ले जाओ। 34 "और वहाँ त्सादोक याजक
और नातान नबी उसको इस्राएल पर राजा के रूप में अभिषेक
करें। और नरसिंगा फूँको, और कहो, 'राजा शलोमो जीवित
रहे!' 35 "और तुम उसके पीछे पीछे ऊपर आना, और वह
आकर मेरे सिंहासन पर बैठेगा, और मेरे स्थान पर राज्य
करेगा। क्योंकि मैंने उसे इस्राएल और यहूदा पर प्रभुता करने

के लिये ठहराया है।” 36 तब यहोयाद का पुत्र बनायाह ने
राजा को उत्तर दिया और कहा, “आमीन! ऐसा ही कहता है
𐤉𐤄𐤅𐤄 मेरे स्वामी राजा का ईश्वर। 37 “जैसा 𐤉𐤄𐤅𐤄 मेरे
स्वामी राजा के संग रहा है, वैसा ही वह शलोमो के संग भी रहे,
और उसका सिंहासन मेरे स्वामी राजा दाविद के सिंहासन से
भी बड़ा करे।” 38 तब त्सादोक याजक, और नातान नबी,
और यहोयाद का पुत्र बनायाह, और केरेती और पेलेती, राजा
दाविद के खच्चर पर शलोमो को बैठाकर उसे गीहोन ले गए।
39 और त्सादोक याजक ने तम्बू से तेल का सींग लिया और
शलोमो का अभिषेक किया। और उन्होंने नरसिंगा फूँका, और
सब लोगों ने कहा, “राजा शलोमो जीवित रहे!” 40 और सब
लोग उसके पीछे पीछे ऊपर आए। और लोग बाँसुरी बजाते
और बड़े आनन्द के साथ हर्षित होते रहे, यहाँ तक कि पृथ्वी
उनके शोर से फट पड़ी। 41 और अदोनिय्याह और सब
आमंत्रितजन, जो उसके साथ थे, यह सुनते ही जब वे भोजन
कर चुके थे। तब योआब ने नरसिंगा की ध्वनि सुनी, और
कहा, “नगर में ऐसा कोलाहल क्यों हो रहा है?” 42 और जब
वह अभी बोल ही रहा था, देखो, एब्यातार याजक का पुत्र
यहोनातान आया। और अदोनिय्याह ने उससे कहा, “आ,
क्योंकि तू बहादुर पुरुष है, और तू शुभ समाचार लाता है।”
43 पर यहोनातान ने अदोनिय्याह को उत्तर दिया और कहा,
“नहीं! हमारे स्वामी राजा दाविद ने शलोमो को राजा बना दिया
है। 44 और राजा ने उसके साथ त्सादोक याजक, और
नातान नबी, और यहोयाद का पुत्र बनायाह, और केरेती और
पेलेती को भेजा है। और उन्होंने उसे राजा के खच्चर पर
बैठाया है। 45 “और त्सादोक याजक और नातान नबी ने
उसका गीहोन में राजा के रूप में अभिषेक किया है। और वहाँ
से वे हर्ष के साथ ऊपर आए हैं, और नगर गूंज उठा है। यही
वह शोर है, जो तुमने सुना। 46 “और इसके अलावा, शलोमो
राजगद्दी पर बैठा है। 47 “और इसके अलावा, राजा के सेवक
हमारे स्वामी राजा दाविद को आशीष देने गए हैं, यह कहकर,
‘तेरा ईश्वर शलोमो का नाम तेरे नाम से उत्तम करे, और
उसका सिंहासन तेरे सिंहासन से बड़ा करे।’ और राजा ने
बिस्तर पर झुककर प्रणाम किया। 48 “और राजा ने यह भी
कहा, ‘धन्य हो 𐤉𐤄𐤅𐤄 इस्राएल का ईश्वर, जिसने आज
मेरे सिंहासन पर बैठने के लिये दिया, जब कि मेरी आँखें उसे
देख रही हैं!’ ” 49 तब अदोनिय्याह के सब आमंत्रितजन डर
गए, और उठकर हर एक अपने अपने मार्ग चला गया।
50 और अदोनिय्याह शलोमो से डर गया, और उठकर गया,
और वेदी के सींग पकड़ लिया। 51 और यह शलोमो को
बताया गया, यह कहकर, “देख, अदोनिय्याह राजा शलोमो से
डर रहा है। और देख, उसने वेदी के सींग पकड़ लिये हैं, यह
कहकर, ‘आज राजा शलोमो मुझ से शपथ ले कि वह अपने
सेवक को तलवार से न मारे।’ ” 52 और शलोमो ने कहा,
“यदि वह अपने को योग्य पुरुष दिखाएगा, तो उसका एक भी
बाल पृथ्वी पर नहीं गिरेगा, पर यदि उसमें बुराई पाई गई, तो
वह अवश्य मरेगा।” 53 तब राजा शलोमो ने भेजकर उसे वेदी
से नीचे लाया। और वह आया और राजा शलोमो के सामने
झुक पड़ा। और शलोमो ने उससे कहा, “अपने घर जा।”

2 1 और दाऊद के मरने के दिन निकट आए, और उसने
अपने पुत्र शेलोमोह को आज्ञा दी, 2 मैं सारी पृथ्वी के मार्ग
पर जा रहा हूँ। और तू दृढ़ हो, और पुरुष बन। 3 और अपने
ईश्वर 𐤉𐤄𐤅𐤄 की आज्ञा को मान, उसके मार्गों में चल,
उसकी विधियों, उसकी आज्ञाओं, उसके नियमों और उसकी
चितौनियों को मान, जैसा कि मोशेह की तोराह में लिखा है,
ताकि जो कुछ तू करे और जहाँ कहीं तू जाए, उसमें तू
बुद्धिमान हो। 4 ताकि 𐤉𐤄𐤅𐤄 अपना वह वचन पूरा करे जो
उसने मेरे विषय में कहा था, कि यदि तेरे पुत्र अपने मार्ग की
रक्षा करें, मेरे सम्मुख सम्पूर्ण हृदय और आत्मा से सच्चाई में
चलें, तो इस्राएल के सिंहासन पर तेरा कोई पुरुष कभी
अभावित न होगा। 5 और तू जानता है कि योआब, त्सेरूयाह
का पुत्र, ने मुझसे क्या किया, और उसने इस्राएल की सेना के
दो सेनापतियों अबनेर, नेर का पुत्र, और अमासा, यितेर का
पुत्र, के साथ क्या किया, कि उसने उन्हें मारा, और शान्ति में
युद्ध का रक्त बहाया, और युद्ध का रक्त अपनी कमर की पेटी
पर और अपने पैरों के जूतों पर लगाया। 6 अतः तू अपनी
बुद्धि के अनुसार कर, और उसके पके बाल शान्ति से कब्र में
न उतरने देना। 7 परन्तु गिलआदी बरजिल्लै के पुत्रों पर
कृपा करना, और उन्हें अपने खाने वालों में से करना, क्योंकि
वे मेरे पास आए जब मैं तेरे भाई अबशालोम से भागा। 8 और
देख, तेरे पास शिमी, गेरा का पुत्र, बिन्यामिनी, बहुरीम का है,
जिसने मुझे शाप दिया उस दिन जब मैं महनयिम गया था।
परन्तु वह यर्देन पर मुझसे मिलने को आया, और मैंने उसे
𐤉𐤄𐤅𐤄 की शपथ दी, कि मैं तुझे तलवार से न मारूँगा।
9 अब तू उसे निर्दोष मत छोड़ना, क्योंकि तू बुद्धिमान पुरुष है,
और जानता है कि उसे क्या करना चाहिए, और तू उसके पके
बालों को रक्त सहित कब्र में उतारेगा। 10 और दाऊद अपने
पितरों के संग सो गया, और दाऊद के नगर में उसको
दफनाया गया। 11 और दाऊद ने इस्राएल पर चालीस वर्ष
राज्य किया। उसने हेब्रोन में सात वर्ष राज्य किया, और
यरूशलेम में तैंतीस वर्ष राज्य किया। 12 और शेलोमोह अपने
पिता दाऊद के सिंहासन पर बैठा। और उसका राज्य दृढ़
हुआ। 13 और अदोनियाह, हग्गीत का पुत्र, शेलोमोह की माता
बतशेबा के पास आया, और उसने कहा, क्या तू शान्ति से
आया है? और उसने कहा, शान्ति। 14 और उसने कहा, मेरे
पास तुझसे एक बात है। और उसने कहा, कह। 15 और
उसने कहा, तू जानती है कि राज्य मेरा था, और सम्पूर्ण
इस्राएल ने अपना मुख मेरी ओर किया था कि मैं राज्य
करूँ। परन्तु राज्य बदलकर मेरे भाई का हो गया, क्योंकि वह
𐤉𐤄𐤅𐤄 का था। 16 अब मैं तुझसे एक विनती करता हूँ, मुझे
अस्वीकार मत करना। और उसने उससे कहा, कह।
17 और उसने कहा, कृपया राजा शेलोमोह से कह कि वह मुझे
शूनेमी अबीशाग को पत्नी के लिये दे। 18 और बतशेबा ने
कहा, अच्छा, मैं तेरे लिये राजा से कहूँगी। 19 और बतशेबा
राजा शेलोमोह के पास अदोनियाह के लिये कहने को गई।
और राजा उठा और उससे मिला, और उसके आगे दण्डवत
किया, और अपने सिंहासन पर बैठा, और अपनी माता के
लिये भी एक सिंहासन रखा। सो वह उसके दाहिने बैठी।
20 और उसने कहा, मैं तुझसे एक छोटी विनती करती हूँ, मुझे
अस्वीकार मत करना। और राजा ने कहा, पूछ, हे मेरी माता,
क्योंकि मैं तुझे अस्वीकार न करूँगा। 21 तब उसने कहा,
अदोनियाह को, तेरे भाई को, शूनेमी अबीशाग को पत्नी के
लिये दिया जाए। 22 और राजा शेलोमोह ने अपनी माता से

कहा, तू अदोनियाह के लिये शूनेमी अबीशाग क्यों माँगती है?
उसके लिये राज्य भी माँग, क्योंकि वह मेरा बड़ा भाई है, उसके
लिये, और एब्याथार याजक के लिये, और योआब त्सेरूयाह
के पुत्र के लिये। 23 और राजा शेलोमोह ने 𐤉𐤄𐤅𐤄 की
शपथ खाई, ईश्वर ऐसा मेरे साथ करे और उससे भी अधिक,
यदि अदोनियाह ने यह बात अपने प्राण के विरुद्ध न कही हो!
24 और अब, जैसा कि 𐤉𐤄𐤅𐤄 जीवित है, जिसने मुझे
स्थापित किया और मुझे मेरे पिता दाऊद के सिंहासन पर
बैठाया, और जैसा उसने वादा किया था, मेरे लिये एक घर
बनाया, अदोनियाह आज मारा जाएगा। 25 और राजा
शेलोमोह ने यहोयादा का पुत्र बनायाह भेजा, और उसने उसे
मार डाला। 26 तब राजा ने एब्याथार याजक से कहा, अपने
खेतों में, आनातोत में, चला जा, क्योंकि तू मृत्यु के योग्य है।
परन्तु मैं तुझे आज न मारूँगा, क्योंकि तूने मेरे पिता दाऊद
के आगे 𐤉𐤄𐤅𐤄 का सन्दूक उठाया, और मेरे पिता की सारी
पीड़ाओं में तू भी पीड़ित रहा। 27 तब शेलोमोह ने एब्याथार को
𐤉𐤄𐤅𐤄 का याजक होने से निकाल दिया, ताकि वह वचन
पूरा हो जो 𐤉𐤄𐤅𐤄 ने शीलो में एली के घर के विषय में कहा
था। 28 और यह समाचार योआब को पहुँचा, क्योंकि योआब
अदोनियाह के पीछे हो लिया था, यद्यपि वह अबशालोम के
पीछे न गया था। और योआब 𐤉𐤄𐤅𐤄 के तम्बू में भागा, और
वेदी के सींग पकड़ लिया। 29 और राजा शेलोमोह को बताया
गया कि योआब 𐤉𐤄𐤅𐤄 के तम्बू में भागा है, और देखो, वह
वेदी के पास है। तब शेलोमोह ने यहोयादा के पुत्र बनायाह को
भेजा, कहकर, जा, उस पर प्रहार कर। 30 सो बनायाह
𐤉𐤄𐤅𐤄 के तम्बू में गया और उससे कहा, राजा कहता है,
बाहर आ। परन्तु उसने कहा, नहीं, मैं यहीं मरूँगा। और
बनायाह ने राजा को यह उत्तर दिया। 31 और राजा ने उससे
कहा, जैसा उसने कहा है, वैसा ही कर, और उस पर प्रहार
कर, और उसे गाड़ दे, ताकि योआब ने जो निर्दोष रक्त
बहाया, वह मुझसे और मेरे पिता के घर से दूर हो। 32 और
𐤉𐤄𐤅𐤄 उसका रक्त उसके सिर पर फेर देगा, क्योंकि उसने
दो धर्मी और भले पुरुषों को मारा, जो उससे उत्तम थे, और
उन्हें तलवार से मार डाला, और मेरे पिता दाऊद ने यह न
जाना: अबनेर, नेर का पुत्र, इस्राएल की सेना का सेनापति,
और अमासा, यितेर का पुत्र, यहूदा की सेना का सेनापति।
33 सो उनका रक्त योआब के सिर पर और उसकी सन्तान के
सिर पर सदा रहेगा। परन्तु दाऊद और उसकी सन्तान और
उसके घर और उसके सिंहासन पर 𐤉𐤄𐤅𐤄 की ओर से सदा
के लिये शान्ति रहेगी। 34 तब यहोयादा का पुत्र बनायाह गया
और उस पर प्रहार किया और उसे मार डाला। और वह
जंगल में अपने ही घर में गाड़ा गया। 35 और राजा ने
यहोयादा के पुत्र बनायाह को उसकी जगह सेना पर नियुक्त
किया, और राजा ने एब्याथार की जगह सादोक याजक को
नियुक्त किया। 36 और राजा ने शिमी को बुलवाया, और
उससे कहा, अपने लिये यरूशलेम में एक घर बना और वहीं
रह, और वहाँ से कहीं मत जाना। 37 और जिस दिन तू बाहर
निकले और कीद्रोन की नाले को पार करे, उस दिन निश्चय
जान ले कि तू मर जाएगा; तेरा रक्त तेरे ही सिर पर होगा।
38 और शिमी ने राजा से कहा, यह वचन अच्छा है; जैसा मेरे
स्वामी राजा ने कहा है, वैसा ही तेरा दास करेगा। सो शिमी
यरूशलेम में बहुत दिन रहा। 39 और ऐसा हुआ कि तीन वर्ष
के अन्त में, शिमी के दो दास गात के राजा माअका के पुत्र
आकीश के पास भागे। और उन्होंने शिमी से कहा, देख, तेरे
दास गात में हैं। 40 तब शिमी ने अपना गदहा काठी कसा,
और गात को, आकीश के पास, अपने दासों की खोज में
गया। और शिमी गात से अपने दासों को ले आया। 41 और
शेलोमोह को बताया गया कि शिमी यरूशलेम से गात को गया
और लौट आया है। 42 तब राजा ने शिमी को बुलवाया और
उससे कहा, क्या मैंने तुझे 𐤉𐤄𐤅𐤄 की शपथ न दिलाई थी,
और तुझे चेतावनी दी थी, कि जिस दिन तू बाहर निकले और
कहीं भी जाए, उस दिन निश्चय मर जाएगा? और तूने मुझसे
कहा, यह वचन अच्छा है। 43 तूने 𐤉𐤄𐤅𐤄 की शपथ और
वह आज्ञा जो मैंने तुझे दी थी, क्यों नहीं मानी? 44 राजा ने
शिमी से और कहा, तू जानता है कि तेरा हृदय सब बुराई
जानता है जो तूने मेरे पिता दाऊद को की। और 𐤉𐤄𐤅𐤄
तेरी बुराई तेरे सिर पर फेर देगा। 45 परन्तु राजा शेलोमोह
आशीषित है, और दाऊद का सिंहासन 𐤉𐤄𐤅𐤄 के सम्मुख
सदा के लिये दृढ़ है। 46 तब राजा ने यहोयादा के पुत्र बनायाह
को आज्ञा दी, और वह गया और उस पर प्रहार किया, और
वह मर गया। और राज्य शेलोमोह के हाथ में दृढ़ हुआ।

3 1 और शेलोमोह ने मिस्र के राजा फ़िरऔन से सन्धि की,
और फ़िरऔन की पुत्री को लिया, और उसे दाऊद के
नगर में लाया, जब तक उसने अपना घर, और 𐤉𐤄𐤅𐤄 का
भवन, और यरूशलेम के चारों ओर की शहरपनाह पूरी न कर
ली। 2 केवल, लोग ऊँचे स्थानों पर बलिदान चढ़ाते थे,
क्योंकि उन दिनों तक 𐤉𐤄𐤅𐤄 के नाम के लिये कोई भवन
नहीं बनाया गया था। 3 और शेलोमोह 𐤉𐤄𐤅𐤄 से प्रेम रखता
था, अपने पिता दाऊद की विधियों पर चलता था, केवल वह
ऊँचे स्थानों पर बलिदान चढ़ाता और धूप जलाता था।
4 और राजा गिबओन को गया वहाँ बलिदान चढ़ाने, क्योंकि
वह महान ऊँचा स्थान था। शेलोमोह ने उस वेदी पर एक
हज़ार होमबलि चढ़ाए। 5 गिबओन में 𐤉𐤄𐤅𐤄 रात को स्वप्न
में शेलोमोह पर प्रकट हुआ, और ईश्वर ने कहा, माँग कि मै
तुझे क्या दूँ। 6 और शेलोमोह ने कहा, तूने अपने दास मेरे
पिता दाऊद पर बड़ी करूणा की, क्योंकि वह तेरे सम्मुख
सच्चाई, धर्म और सीधाई से चला। और तूने उसके लिये यह
बड़ी करूणा रखी, कि उसे एक पुत्र दिया जो उसके सिंहासन
पर बैठे, जैसा आज है। 7 और अब, हे मेरे ईश्वर 𐤉𐤄𐤅𐤄,
तूने अपने दास को मेरे पिता दाऊद के स्थान पर राजा
ठहराया है। परन्तु मैं तो छोटा लड़का हूँ, मुझे निकलना और
भीतर आना भी नहीं आता। 8 और तेरा दास तेरे लोगों के बीच
है, जिन्हें तूने चुना है, ऐसे महान लोग, जिनकी गिनती या
संख्या नहीं हो सकती। 9 इसलिये अपने दास को एक
समझदार हृदय दे, कि वह तेरे लोगों का न्याय करे, और भले
बुरे में भेद कर सके; क्योंकि कौन है जो तेरे इतने महान लोगों
का न्याय कर सके? 10 और यह बात 𐤉𐤄𐤅𐤄 की दृष्टि में
अच्छी लगी कि शेलोमोह ने यह माँगा। 11 और ईश्वर ने
उससे कहा, क्योंकि तूने यह माँगा, और न अपने लिये दीर्घायु
माँगी, और न अपने लिये धन माँगा, और न अपने शत्रुओं का
जीवन माँगा, परन्तु अपने लिये न्याय समझने की बुद्धि माँगी,
12 देख, मैं तेरे वचनों के अनुसार करता हूँ। देख, मैं तुझे
ऐसा बुद्धिमान और समझदार हृदय देता हूँ, कि तुझसे पहले

कोई तेरे समान न हुआ, और न तेरे बाद कोई तुझसा होगा।
13 और जो तूने न माँगा वह भी मैं तुझे देता हूँ, अर्थात् धन
और आदर, ऐसा कि तेरे सब दिनों में राजाओं में तुझसा कोई
न होगा। 14 और यदि तू मेरी विधियों और आज्ञाओं पर
चलेगा, जैसे तेरा पिता दाऊद चला, तो मैं तेरे दिन
बढ़ाऊँगा। 15 और शेलोमोह जागा, और देखो, यह स्वप्न था!
और वह यरूशलेम में आया, और 𐤉𐤄𐤅𐤄 की वाचा के
सन्दूक के सामने खड़ा हुआ, और होमबलि और मेलबलि
चढ़ाए, और अपने सब दासों के लिये भोज बनाया। 16 तब दो
स्त्रियाँ, वेश्याएँ, राजा के पास आईं, और उसके सामने खड़ी
हुईं। 17 और एक स्त्री ने कहा, हे मेरे प्रभु, यह स्त्री और मैं
एक ही घर में रहती हैं; और मैंने इस घर में रहते हुए जन्म
दिया। 18 और ऐसा हुआ कि मेरे जन्म देने के तीसरे दिन यह
स्त्री भी जन्मी; और हम साथ थीं। घर में हमारे सिवाय और
कोई न था, केवल हम दोनों घर में थीं। 19 और इस स्त्री का
पुत्र रात को मर गया, क्योंकि वह उस पर लेट गई थी।
20 और वह आधी रात को उठी, और मेरे पास से मेरा पुत्र ले
गई, जब तेरी दासी सो रही थी, और उसे अपनी छाती में रख
लिया, और अपना मरा हुआ पुत्र मेरी छाती में रख दिया।
21 और मैं भोर को अपने पुत्र को दूध पिलाने उठी, और देख,
वह मरा हुआ था। परन्तु जब मैं ने भोर को उसे ध्यान से
देखा, तो देख, वह मेरा पुत्र न था जिसे मैंने जना था। 22 तब
दूसरी स्त्री ने कहा, नहीं! जीवित मेरा पुत्र है, और मरा हुआ
तेरा पुत्र है। और पहली ने कहा, नहीं! मरा हुआ तेरा पुत्र है,
और जीवित मेरा पुत्र है। और वे राजा के सम्मुख बातें करती
रहीं। 23 तब राजा ने कहा, यह कहती है, यह मेरा पुत्र जीवित
है, और तेरा पुत्र मरा हुआ है; और वह कहती है, नहीं, तेरा
पुत्र मरा हुआ है, और मेरा पुत्र जीवित है। 24 और राजा ने
कहा, मेरे पास तलवार लाओ। और राजा के सामने तलवार
लाई गई। 25 और राजा ने कहा, जीवित बालक को दो टुकड़े
कर दो, और आधा एक को और आधा दूसरी को दो। 26 तब
वह स्त्री जिसका पुत्र जीवित था, राजा से कहने लगी, क्योंकि
उसके पुत्र के लिये उसका मन दया से भर गया, और उसने
कहा, हे मेरे प्रभु, जीवित बालक को उसे दे दे, किसी रीति से
उसे मत मारना। परन्तु दूसरी ने कहा, वह न मेरा रहे और न
तेरा, उसे काट डालो। 27 तब राजा ने उत्तर दिया और कहा,
जीवित बालक को पहली स्त्री को दो, और किसी रीति से उसे
मत मारना, वही उसकी माता है। 28 और सब इस्राएल ने वह
न्याय सुना जो राजा ने दिया; और उन्होंने राजा का भय माना,
क्योंकि उन्होंने देखा कि ईश्वर की बुद्धि उसमें न्याय करने के
लिये है।

4 1 और यह हुआ कि राजा शेलोमो सारा यिस्राएल पर
राज्य करता था। 2 और ये उसके प्रधान अधिकारी थे:
अज़र्याहू, सादोक का पुत्र, याजक; 3 एलीहोरेफ़ और
अहीयाहू, शिशा के पुत्र, लेखक; यहोशापात, अहीलूद का पुत्र,
स्मरण रखने वाला; 4 और बनायाहू, यहोयादा का पुत्र, सेना
पर; और सादोक और एब्यातार, याजक; 5 और अज़र्याहू,
नातान का पुत्र, अधिकारियों पर; ज़ाबूद, नातान का पुत्र, एक
याजक, राजा का मित्र; 6 और अहीशार, घराने पर; और
अदोनीराम, अब्दा का पुत्र, कर-श्रम पर। 7 और शेलोमो के
पास सारा यिस्राएल पर बारह अधिकारी थे, जो राजा और
उसके घराने के लिए भोजन प्रदान करते थे - प्रत्येक एक वर्ष
में एक महीने का प्रबंध करता था - 8 और ये उनके नाम थे:
बिन-हूर, एप्रैम के पहाड़ों में; 9 बिन-देकेर, मकात्स और
शआलबिम और बेत शेमेश और ऐलोन बेत-हनान में; 10 बिन-
हेसेद, अरूब्बोत में; सोखो और हेफ़ेर की सारी भूमि उसकी
थी; 11 बेन-अबीनादाब, दोर की सारी ऊंचाई, तापत शेलोमोह
की पुत्री उसकी पत्नी बनी; 12 बा'ना, अहीलूद का पुत्र,
तआनक और मेगिद्दो में, और सारा बेत-शआन, जो यिज्रेल
के नीचे त्सारेतान के पास है, बेत-शआन से अबेल-मेहोलाह
तक, योकेनाम के पार तक; 13 बिन-गेबर, रामोत गिलआद
में; याईर, मनश्शे का पुत्र, के नगर गिलआद में उसके थे;
बाशान में अर्गोब का भाग, साठ बड़े नगर दीवारों और कांसे
के फाटकों के साथ, उसके थे; 14 अहीनादाब, इद्दो का पुत्र,
महनयिम में; 15 अहीमा'अस, नप्ताली में; उसने बसमत,
शेलोमो की बेटी, को पत्नी बना लिया; 16 बा'नाह, हूशै का पुत्र,
आशेर और अलोत में; 17 यहोशापात, परूआह का पुत्र,
यिस्साकार में; 18 शिमी, एला का पुत्र, बिन्यामीन में; 19 गेबर,
ऊरी का पुत्र, गिलआद की भूमि में, एमोरियों के राजा सीहोन
की भूमि और बाशान के राजा ओग की भूमि में; और उस भूमि
में एक अधिकारी था। 20 यहूदा और यिस्राएल समुद्र की बालू
के समान असंख्य थे, खाते-पीते और आनन्दित होते थे।
21 और शेलोमो ने नदी से पलिश्तियों की भूमि तक, मिस्र की
सीमा तक सब राज्यों पर राज्य किया। वे कर चुकाते और
जीवन-भर शेलोमो की सेवा करते थे। 22 और शेलोमो की
एक दिन की भोजन की व्यवस्था तीस कोर उत्तम आटे और
साठ कोर साधारण आटे की थी, 23 दस मोटे बैल और बीस
चरागाह के बैल, और सौ भेड़ें, हिरणों, गज़ेलों, हरिणों और
मोटे पक्षियों को छोड़कर। 24 क्योंकि वह नदी के इस ओर
तिप्सह से अज़्ज़ा तक, नदी के इस ओर के सब राजाओं पर
राज्य करता था। और उसके चारों ओर सब ओर शांति थी।
25 और यहूदा और यिस्राएल, दान से बेएर-शेबा तक, प्रत्येक
अपने दाखलता और अंजीर के पेड़ के नीचे सुरक्षित रहते
थे, शेलोमो के जीवन-भर। 26 और शेलोमो के पास अपने
रथों के लिए चालीस हज़ार अस्तबल और बारह हज़ार
घुड़सवार थे। 27 और ये अधिकारी, प्रत्येक अपने महीने में,
राजा शेलोमो और राजा शेलोमो की मेज़ पर आने वालों के
लिए भोजन प्रदान करते थे। उनके प्रबंध में कोई कमी नही
थी। 28 वे जौ और भूसा भी निर्धारित स्थान पर लाते थे, घोड़ो
और तेज़ घोड़ों के लिए, प्रत्येक अपने नियम के अनुसार।
29 और 𐤉𐤄𐤅𐤄 ईश्वर ने शेलोमो को अत्यन्त बड़ी बुद्धि और
समझ दी, और मन की विशालता समुद्रतट की बालू के
समान। 30 और शेलोमो की बुद्धि पूर्व के सब मनुष्यों की बुद्धि
और मिस्र की सारी बुद्धि से बढ़कर थी। 31 क्योंकि वह सब
मनुष्यों से अधिक बुद्धिमान था, एतान एज़्राहि, और हेमान,
और काल्कोल, और दार्दा, महोल के पुत्रों से भी; और उसका
नाम चारों ओर सब जातियों में प्रसिद्ध था। 32 और उसने तीन
हज़ार नीतिवचन कहे, और उसके गीत एक हज़ार और पाँच
थे। 33 और उसने वृक्षों की चर्चा की, लेबानोन के देवदार से
लेकर उस हायसप तक जो दीवार से उगता है। और उसने
पशुओं, और पक्षियों, और रेंगने वाले जन्तुओं, और मछलियो

की चर्चा की। 34 और सब लोग, पृथ्वी के सब राजाओं से,
जिन्होंने उसकी बुद्धि का समाचार सुना था, शेलोमो की बुद्धि
सुनने आते थे।

5 1 और हूराम, सोर का राजा, ने अपने सेवक शेलोमो के
पास भेजे, क्योंकि उसने सुना कि उन्होंने उसके पिता के
स्थान पर उसको राजा अभिषिक्त किया है, क्योंकि हूराम
हमेशा दाविद से प्रेम करता था। 2 और शेलोमो ने हूराम के
पास यह कहकर भेजा, 3 "तू जानता है कि मेरे पिता दाविद
𐤉𐤄𐤅𐤄 अपने ईश्वर के नाम के लिये एक भवन नहीं बना
सका, क्योंकि उसके चारों ओर युद्ध थे, जब तक कि
𐤉𐤄𐤅𐤄 ने उन्हें उसके पैरों के तलवों के नीचे नहीं कर
दिया।" 4 "पर अब 𐤉𐤄𐤅𐤄 मेरा ईश्वर ने मुझे चारों ओर
विश्राम दिया है, न कोई शत्रु है और न कोई बुरी घटना।"
5 "और देख, मैं 𐤉𐤄𐤅𐤄 अपने ईश्वर के नाम के लिये एक
भवन बनाने का इरादा रखता हूँ, जैसा कि 𐤉𐤄𐤅𐤄 ने मेरे
पिता दाविद से कहा, 'तेरा पुत्र, जिसे मैं तेरे स्थान पर तेरे
सिंहासन पर बैठाऊँगा, वही मेरे नाम के लिये भवन
बनाएगा।'" 6 "अब तू आज्ञा दे कि मेरे लिये लेबानोन से
देवदार काटें। और मेरे सेवक तेरे सेवकों के साथ रहें, और
मैं तेरे सेवकों के लिये जो कुछ तू कहे, उसके अनुसार
मजदूरी दूँगा। क्योंकि तू जानता है कि हममें से कोई भी
सिदोनियों की तरह लकड़ी काटना नहीं जानता।" 7 और
ऐसा हुआ, जब हूराम ने शेलोमो की बातें सुनीं, तो वह बहुत
आनन्दित हुआ और कहा, "आज के दिन 𐤉𐤄𐤅𐤄 धन्य हो,
क्योंकि उसने दाविद को इस बड़े लोगों पर बुद्धिमान पुत्र दिया
है!" 8 और हूराम ने शेलोमो के पास कहकर भेजा, "मैंने वह
सब सुना जो तूने मुझे भेजा है। मैं तेरी सारी इच्छा पूरी
करूँगा जो देवदार और सरो के लट्ठों के विषय में है।" 9 "मेरे
सेवक उन्हें लेबानोन से समुद्र तक नीचे लाएँगे, फिर मैं उन्हें
समुद्र के मार्ग से बेड़ों में उस स्थान तक पहुँचाऊँगा जहाँ तू
मुझे बताएगा। और मैं उन्हें वहाँ उतार दूँगा, फिर तू उन्हें उठा
ले जाना, और तू मेरे घराने के लिये भोजन देकर मेरी इच्छा
पूरी करना।" 10 और हूराम ने शेलोमो को देवदार और सरो
के लट्ठे दिए - उसकी सारी इच्छा के अनुसार। 11 और
शेलोमो ने हूराम को उसके घराने के भोजन के लिये बीस
हज़ार कोर गेहूँ और बीस कोर ठोसा हुआ तेल दिया। ऐसा
शेलोमो ने वर्ष प्रति वर्ष हूराम को दिया। 12 और 𐤉𐤄𐤅𐤄 ने
शेलोमो को बुद्धि दी, जैसा उसने उससे प्रतिज्ञा की थी। और
हूराम और शेलोमो के बीच शांति हुई, और उन दोनों ने वाचा
बाँधी। 13 और राजा शेलोमो ने सारे यिस्राएल से कर-श्रम के
लिये जनों को उठाया। और कर-श्रम के लिये तीस हज़ार
पुरुष थे। 14 और उसने उन्हें लेबानोन भेजा, प्रति माह दस
हज़ार की बारी-बारी से - वे एक महीना लेबानोन में और दो
महीने अपने घर रहते थे। और अदोनिराम कर-श्रम पर था।
15 और शेलोमो के पास सत्तर हज़ार बोझ उठाने वाले और
अस्सी हज़ार पहाड़ों में पत्थर काटने वाले थे। 16 इसके
अतिरिक्त शेलोमो के अधीनस्थ अधिकारियों में से तीन हज़ार
तीन सौ उसके कार्य पर थे, जो काम करने वाले लोगों पर
प्रभुता करते थे। 17 और राजा ने आज्ञा दी, और उन्होंने बड़े
पत्थर, बहुमूल्य पत्थर लाए, घर की नींव गढ़े हुए पत्थरों से
रखने के लिये। 18 और शेलोमो के राजमिस्त्री, और हूराम
के राजमिस्त्री, और गेबाल के लोग पत्थर काटते और
लकड़ी और पत्थर तैयार करते थे घर बनाने के लिये।

6 1 और यह हुआ कि जब यिस्राएल के बच्चे मिस्र की भूमि
से निकले उसके चार सौ अस्सीवें वर्ष में, शेलोमो के
यिस्राएल पर राज्य के चौथे वर्ष में, ज़ीव महीने में, जो दूसरा
महीना है, तब उसने 𐤉𐤄𐤅𐤄 के लिये भवन बनाना शुरू
किया। 2 और वह भवन जो राजा शेलोमो ने 𐤉𐤄𐤅𐤄 के लिये
बनाया, वह साठ अम्मा लंबा, और बीस चौड़ा, और तीस अम्मा
ऊँचा था। 3 और घर के हेकल के सामने का बरामदा घर की
चौड़ाई के अनुसार बीस अम्मा लंबा और घर के सामने से दस
अम्मा चौड़ा था। 4 और उसने घर के लिये सँकरे चौखटों
वाली खिड़कियाँ बनाईं। 5 और घर की दीवार के सहारे उसने
चारों ओर कक्ष बनाए, घर की दीवारों के चारों ओर, हेकल
और वाणी-स्थान के चारों ओर। इस प्रकार उसने चारों ओर
कोठरियाँ बनाईं। 6 सबसे निचली कोठरी पाँच अम्मा चौड़ी,
और बीच की छह अम्मा चौड़ी, और तीसरी सात अम्मा चौड़ी
थी; क्योंकि उसने घर के बाहर चारों ओर सँकरे पायदान
बनाए थे, ताकि घर की दीवारों पर हाथ न डाले। 7 और वह
घर जब बन रहा था, तो तैयार किए हुए पूरे पत्थरों से बनाया
गया, ताकि घर के भीतर उसके बनते समय न तो हथौड़ी, न
छैनी, न कोई लोहे का औजार सुना गया। 8 मध्य कोठरी का
द्वार घर के दाहिने ओर था। और वे सीढ़ियों से बीच की
कोठरी में, और बीच से तीसरी में जाते थे। 9 इस प्रकार
उसने घर बनाया और पूरा किया, और उसने घर को देवदार
की बल्ली और पट्टियों से छत लगाया। 10 और उसने घर के
चारों ओर की संरचना की कोठरियाँ बनाईं, प्रत्येक पाँच अम्मा
ऊँची, और वे देवदार की बल्लियों से घर से मिलाई गईं।
11 और 𐤉𐤄𐤅𐤄 का वचन शेलोमो के पास आया, यह कहते
हुए, 12 "यह घर जिसे तू बना रहा है - यदि तू मेरी विधियों पर
चले, और मेरे न्यायों को करे, और मेरी सब आज्ञाओं को
मानकर उन पर चले, तब मैं अपना वचन तेरे साथ स्थिर
करूँगा, जो मैंने तेरे पिता दाविद से कहा था।" 13 "और मैं
यिस्राएल के बच्चों के बीच में वास करूँगा, और अपनी प्रजा
यिस्राएल को न छोड़ूँगा।" 14 इस प्रकार शेलोमो ने घर बनाया
और उसे पूरा किया। 15 और उसने घर की दीवारों को भीतर
से देवदार की पट्टियों से बनाया, घर के फर्श से छत तक
भीतर से लकड़ी से पट्टियों से मढ़ा, और घर के फर्श को सरो
के तख्तों से ढका। 16 और उसने घर के पीछे से बीस अम्मा
फर्श से दीवारों तक देवदार की पट्टियों से बनाया। और उसने
उसे भीतर वाणी-स्थान, सबसे पवित्र स्थान बनाया। 17 और
वह भवन चालीस अम्मा का था, यह उसके आगे का हेकल
है। 18 और घर के भीतर का देवदार खुदी हुई कद्दूकस और
खुले फूलों से सजा हुआ था; सब देवदार था, कोई पत्थर
दिखाई नहीं देता था। 19 और उसने घर के बीच में वाणी-
स्थान तैयार किया, ताकि वहाँ 𐤉𐤄𐤅𐤄 की वाचा का सन्दूक
रखा जाए। 20 और वाणी-स्थान का सामने का भाग बीस
अम्मा लंबा, और बीस अम्मा चौड़ा, और बीस अम्मा ऊँचा
था। और उसने उसे उत्तम सोने से मढ़ा, और वेदी को
देवदार से मढ़ा। 21 और शेलोमो ने घर के भीतर को उत्तम
सोने से मढ़ा, और सोने की ज़ंजीरें वाणी-स्थान के सामने से
गुजार दीं, और उसे सोने से मढ़ा। 22 इस प्रकार उसने सारे

घर को सोने से मढ़ा, जब तक कि सारा घर पूरा न हुआ।
और उसने उस सारे वेदी को जो वाणी-स्थान के पास थी,
सोने से मढ़ा। 23 और वाणी-स्थान के भीतर उसने जैतून की
लकड़ी से दो करूब बनाए, दस अम्मा ऊँचे। 24 और एक
करूब का एक पंख पाँच अम्मा और दूसरा पंख पाँच अम्मा
था - एक पंख की नोक से दूसरे पंख की नोक तक दस
अम्मा। 25 और दूसरा करूब दस अम्मा का था। दोनों करूब
एक ही माप और रूप के थे। 26 एक करूब की ऊँचाई दस
अम्मा थी, और दूसरा करूब भी वैसा ही था। 27 और उसने
करूबों को घर के भीतर के बीच में रखा। और करूबों ने
अपने पंख फैलाए ताकि एक करूब का पंख एक दीवार को
छुए, और दूसरे करूब का पंख दूसरी दीवार को छुए। और
उनके पंख कमरे के बीच में एक-दूसरे से छूते थे। 28 और
उसने करूबों को सोने से मढ़ा। 29 और उसने घर की सब
दीवारों को चारों ओर, भीतर और बाहर, करूबों, खजूर के
पेड़ों और खुले फूलों की खुदाई से सजाया। 30 और उसने
घर के फर्श को भीतर और बाहर सोने से मढ़ा। 31 और
वाणी-स्थान के प्रवेश के लिये उसने जैतून की लकड़ी के द्वार
बनाए: चौखट, द्वार-खंभे, पाँचवा भाग। 32 और दोनों द्वार
जैतून की लकड़ी के थे। और उसने उन पर करूबों, खजूर
के पेड़ों और खुले फूलों की खुदाई की, और उन्हें सोने से
मढ़ा। और उसने करूबों और खजूर के पेड़ों पर सोना
फैलाया। 33 और उसने हेकल के द्वार के लिये द्वार-खंभे
जैतून की लकड़ी के बनाए - चौथा भाग। 34 और दोनों द्वार
सरो की लकड़ी के थे, एक द्वार के दो पल्ले मुड़ते थे, और
दूसरे द्वार के दो पल्ले मुड़ते थे। 35 और उसने करूबों,
खजूर के पेड़ों और खुले फूलों की खुदाई की, और उन्हें
सोने से मढ़ा, जो खुदाई के काम पर चढ़ा हुआ था। 36 और
उसने भीतरी आँगन बनाया गढ़े हुए पत्थरों की तीन पंक्तियों
और एक पंक्ति देवदार की बल्लियों से। 37 चौथे वर्ष में
ऋ'(ऋट के घर की नींव ज़ीव महीने में डाली गई। 38 और
ग्यारहवें वर्ष में, बुल महीने में, जो आठवाँ महीना है, घर पूरा हो
गया सब बातों में और सब योजनाओं के अनुसार। इस प्रकार
उसने सात वर्षों में उसे बनाया।

7 1 और शेलोमो ने अपना घर तेरह वर्षों तक बनाया, और
उसने अपना सारा घर पूरा किया। 2 और उसने लेबानोन
के वन का घर बनाया। वह सौ अम्मा लंबा, पचास अम्मा
चौड़ा, और तीस अम्मा ऊँचा था, चार पंक्तियों में देवदार के
स्तंभों के साथ, और स्तंभों पर देवदार की बल्लियाँ थीं।
3 और वह देवदार से मढ़ा हुआ था उन बल्लियों के ऊपर जो
पैंतालीस स्तंभों पर थीं, प्रत्येक पंक्ति में पंद्रह। 4 और तीन
पंक्तियों में सँकरे चौखटों वाली खिड़कियाँ थीं, और खिड़की
खिड़की के सामने थी, तीन बार। 5 और सब दरवाज़ों और
चौखटों के चौखटे चौकोर थे। और खिड़की खिड़की के
सामने थी, तीन बार। 6 और उसने स्तंभों का बरामदा बनाया,
पचास अम्मा लंबा और तीस अम्मा चौड़ा। और बरामदा
उनके सामने था, और स्तंभ और छत उनके सामने थी।
7 और उसने सिंहासन का भवन बनाया, न्याय का भवन, जहाँ
वह न्याय करता था। और वह देवदार से फर्श से फर्श तक
मढ़ा हुआ था। 8 और वह घर जिसमें वह रहने वाला था,
दूसरा आँगन, भवन के भीतर, उसी प्रकार की कारीगरी का
था। और शेलोमो ने फिरौन की बेटी के लिये, जिसे उसने
लिया था, उसी भवन के समान एक घर बनाया। 9 ये सब
बहुमूल्य पत्थरों के बने थे, नाप के अनुसार गढ़े हुए, आरी से
भीतर और बाहर काटे हुए, नींव से लेकर छज्जे तक, और
बाहर से भी बड़े आँगन तक। 10 और नींव बहुमूल्य पत्थरों
की थी, बड़े पत्थर, दस अम्मा और आठ अम्मा के पत्थर।
11 और ऊपर बहुमूल्य पत्थर थे, नाप के अनुसार गढ़े हुए,
और देवदार की लकड़ी। 12 इस प्रकार बड़े आँगन के चारों
ओर गढ़े हुए पत्थरों की तीन कतारें और देवदार की बल्लियों
की एक कतार थी, जैसा कि ऋ५ऋट के भवन का भीतरी
आँगन और भवन का बरामदा था। 13 और राजा शेलोमो ने
भेजकर सूर से हूराम को बुलाया। 14 वह नप्ताली के गोत्र की
एक विधवा का पुत्र था, और उसका पिता सूर का एक कांसे
का काम करने वाला मनुष्य था। और वह सब प्रकार के कांसे
के कामों में बुद्धि और समझ और कौशल से भरा हुआ था।
सो वह राजा शेलोमो के पास आया और सब उसका काम
किया। 15 और उसने दो कांसे के स्तंभ ढाले, हर एक
अठारह अम्मा ऊँचा था, और एक रेखा बारह अम्मा हर एक
का घेरा नापती थी। 16 और उसने दो ढाले हुए कांसे के शीर्ष
बनाए, स्तंभों के ऊपर रखने के लिये - एक शीर्ष की ऊँचाई
पाँच अम्मा, और दूसरे शीर्ष की ऊँचाई पाँच अम्मा थी।
17 जाली का काम, और माला का काम, उन शीर्षों के लिये जो
स्तंभों के ऊपर थे, एक शीर्ष के लिये सात माला और दूसरे
शीर्ष के लिये सात माला। 18 और उसने स्तंभ बनाए, और
जाली के ऊपर चारों ओर दो पंक्तियाँ अनारों की बनाई, ताकि
शीर्षों को जो ऊपर थे, ढक दे; और उसने दूसरे शीर्ष के लिये
भी ऐसा ही किया। 19 और स्तंभों के ऊपर जो शीर्ष भवन में
थे, वे सोसन (कुमुदिनी) के रूप में चार अम्मा के थे। 20 और
दोनों स्तंभों पर भी शीर्ष थे, जाली के बगल में उभार के पास।
और अनार दो सौ थे, हर एक शीर्ष पर चारों ओर पंक्तियों
में। 21 और उसने स्तंभों को भवन के बरामदे में खड़ा किया।
और उसने दाहिने स्तंभ को खड़ा किया और उसका नाम
याकीन रखा, और उसने बाएँ स्तंभ को खड़ा किया और
उसका नाम बोअज़ रखा। 22 और स्तंभों के ऊपर सोसन का
काम था। इस प्रकार स्तंभों का काम पूरा हुआ। 23 और
उसने पिघली हुई धातु का समुद्र बनाया, एक किनारे से दूसरे
किनारे तक दस अम्मा, चारों ओर गोल, और पाँच अम्मा
ऊँचा, और तीस अम्मा की रेखा उसका घेरा नापती थी।
24 और उसके किनारे के नीचे चारों ओर गिर्द सजावटें थीं,
प्रति अम्मा दस, चारों ओर समुद्र को घेरे हुए। सजावटें जब
वह ढाला गया तब दो पंक्तियों में डाली गईं। 25 वह बारह बैलों
पर खड़ा था, तीन उत्तर की ओर, और तीन पश्चिम की ओर,
और तीन दक्षिण की ओर, और तीन पूर्व की ओर। और
समुद्र उनके ऊपर रखा गया, और उनके सब पिछले भाग
भीतर की ओर थे। 26 और वह एक तोपह मोटा था, और
उसका किनारा कटोरे के किनारे के समान, सोसन के फूल
के समान था। उसमें दो हज़ार बाट समा सकते थे। 27 और
उसने दस कांसे के आधार बनाए, प्रत्येक आधार चार अम्मा
लंबा, और चार अम्मा चौड़ा, और तीन अम्मा ऊँचा था।
28 और यह है कि आधार कैसे बनाए गए: उनके पास पाटियां
थीं, और पाटियाँ चौखटों के बीच थीं। 29 और उन पाटियों पर

जो चौखटों के बीच थीं, सिंह, बैल और करूब खुदे हुए थे,
और चौखट पर ऊपर एक आधार था। और सिंह और बैलों
के नीचे माला का काम था। 30 और प्रत्येक आधार के चार
कांसे के पहिए और कांसे के धुरे थे, और उसके चार पाँवों पर
सहारे थे। हर माला के पास तसले के नीचे ढले हुए सहारे
थे। 31 और उसका मुँह ऊपर की ओर आधा अम्मा था।
और मुँह गोल था, चौखट के काम के समान, डेढ़ अम्मा।
और मुँह पर नक्काशी थी, पर पाटियाँ चौकोर थीं, गोल नहीं।
32 और चार पहिए पाटियों के नीचे थे, और पहियों के धुरे
आधार से जुड़े हुए थे। और पहिए की ऊँचाई डेढ़ अम्मा
थी। 33 और वे पहिए रथ के पहियों के समान बनाए गए थे।
उनके धुरे, और उनके घेरे, और उनकी तीलियाँ, और उनके
मंझले सब ढले हुए थे। 34 और चार सहारे प्रत्येक आधार के
चार कोनों पर थे; सहारे आधार के स्वयं के थे। 35 और
आधार के ऊपर आधा अम्मा ऊँचाई में - चारों ओर गोल।
और आधार के ऊपर उसके जोड़ और उसकी पाटियाँ एक
ही के थे। 36 और उसने उसके जोड़ की तख्तियों और
उसकी पाटियों पर करूब, सिंह और खजूर के पेड़ खुदे हुए
बनाए, प्रत्येक खाली स्थान के अनुसार, और चारों ओर माला
का काम था। 37 उसने दस आधार इसी प्रकार बनाए: सब
एक ही ढाल से, एक ही माप और एक ही रूप के थे। 38 और
उसने दस कांसे के तसले बनाए; प्रत्येक तसले में चालीस
बाट समाते थे, और प्रत्येक तसला चार अम्मा का था, प्रत्येक
आधार पर एक तसला, दस आधारों पर। 39 और उसने पाँच
आधार घर के दाहिने ओर और पाँच घर के बाएँ ओर रखे,
और उसने समुद्र को घर के दाहिने ओर, पूरब की ओर,
दक्षिण की ओर मुँह करके रखा। 40 और हूराम ने बर्तन,
और फावड़े, और कटोरे बनाए। और हूराम ने वह सब काम
पूरा किया जो वह राजा शेलोमो के लिये 𐤉𐤄𐤅𐤄 के भवन पर
करने के लिये था। 41 दोनों स्तंभ, और कटोरे के आकार के
शीर्ष जो स्तंभों के ऊपर थे, और दोनों जालियाँ जो कटोरे के
आकार के शीर्षों को ढकती थीं जो स्तंभों के ऊपर थे; 42 और
चार सौ अनार दोनों जालियों के लिये, प्रत्येक जाली के लिये
दो पंक्तियों में अनार, दोनों कटोरे के आकार के शीर्षों को
ढकने के लिये जो स्तंभों के ऊपर थे; 43 और दस आधार,
और दस तसले आधारों पर; 44 और एक समुद्र, और समुद्र
के नीचे बारह बैल; 45 और बर्तन, और फावड़े, और कटोरे।
और सब ये उपकरण जो हूराम ने राजा शेलोमो के लिये
𐤉𐤄𐤅𐤄 के भवन के लिये बनाए, वे चमकाए हुए कांसे के थे।
46 राजा ने उन्हें यरदेन के देश में मिट्टी में ढलवाया, सुक्कोत
और त्सारेतान के बीच। 47 और शेलोमो ने सब उपकरणों का
हिसाब नहीं रखा, क्योंकि वे बहुत थे; न कांसे का भार खोजा
गया। 48 और शेलोमो ने 𐤉𐤄𐤅𐤄 के भवन के सब उपकरण
बनाए: सोने की वेदी, और सोने की मेज़ जिस पर प्रस्तुत
रोटियाँ थीं; 49 और उत्तम सोने के दीवट, पाँच दाहिनी ओर
और पाँच बाईं ओर वाणी-स्थान के सामने, और सोने के फूल,
और दीपक, और बत्तियाँ काटने वाले उपकरण; 50 और
तसले, और बत्तियाँ काटने वाले उपकरण, और कटोरे, और
प्याले, और धूपदान उत्तम सोने के, और सोने के कुंडे, भीतरी
भवन, सबसे पवित्र स्थान के दरवाज़ों के लिये, और भवन के
हेकल के दरवाज़ों के लिये। 51 इस प्रकार सब काम जो राजा
शेलोमो ने 𐤉𐤄𐤅𐤄 के भवन के लिये किया, पूरा हुआ। और
शेलोमो ने अपने पिता दाविद की पवित्र वस्तुएँ - चाँदी, और
सोना, और उपकरण - ले जाकर 𐤉𐤄𐤅𐤄 के भवन के
खज़ानों में रखा।

8 1 तब शेलोमो ने इस्त्राएल के प्राचीनों और सभी गोत्रों के
प्रधानों, इस्त्राएल की संतान के मुख्य पिताओं को
येरुशलेम में राजा शेलोमो के पास इकट्ठा किया, ताकि दाऊद
नगर से, जो सिय्योन है, वाचा के सन्दूक को 𐤉𐤄𐤅𐤄 के
पास ले जाए। 2 और इस्त्राएल के सब पुरुष शेलोमो राजा के
पास एथानीम महीने के पर्व में इकट्ठे हुए, जो सातवाँ महीना
है। 3 और इस्त्राएल के सब प्राचीन आए, और याजकों ने
सन्दूक को उठाया, 4 और उन्होंने 𐤉𐤄𐤅𐤄 के सन्दूक को,
मिलापवाले तम्बू को, और सब पवित्र पात्रों को जो तम्बू में थे,
ऊपर ले आए। और याजकों और लेवीयोंने उन्हें ऊपर ले
आए। 5 और राजा शेलोमो, और इस्त्राएल की सारी सभा जो
उसके संग इकट्ठी हुई थी, सन्दूक के आगे उसके साथ थीं,
और भेड़ों और गाय-बैलों को इतना अधिक बलिदान करते थे
कि गिन नहीं सकते थे और न ही उनकी संख्या लिखी जा
सकती थी। 6 और याजकों ने 𐤉𐤄𐤅𐤄 की वाचा के सन्दूक
को उसके स्थान पर ले जाकर, घर के परमपवित्र स्थान में,
करूबों के पंखों के नीचे रख दिया। 7 क्योंकि करूबों ने
सन्दूक के स्थान के ऊपर अपने पंख फैलाए, और करूबों ने
सन्दूक और उसकी डंडियों को ढँक लिया। 8 और डंडियां
इतनी लम्बी थीं कि डंडियों के सिरे पवित्र स्थान से,
आंतरिकस्थान के सामने दिखाई देते थे, पर बाहर से दिखाई
नहीं देते थे। और वे आज तक वहीं हैं। 9 सन्दूक में कुछ
नहीं था, केवल वे दो पत्थर की पटियाएँ थीं जिन्हें मूशे ने होरेब
में वहाँ रखा था, जहाँ 𐤉𐤄𐤅𐤄 ने इस्त्राएल की सन्तानों से
वाचा बाँधी थी, जब वे मिस्त्र देश से निकले थे। 10 और ऐसा
हुआ, जब याजक पवित्र स्थान से बाहर आए, तब 𐤉𐤄𐤅𐤄
का घर बादल से भर गया। 11 ताकि याजक उस बादल के
कारण खड़े होकर सेवा न कर सके, क्योंकि 𐤉𐤄𐤅𐤄 की
महिमा 𐤉𐤄𐤅𐤄 के घर को भर गई। 12 और शेलोमो ने कहा,
“𐤉𐤄𐤅𐤄 ने कहा है कि वह गहरे बादल में निवास करेगा।
13 मैंने वास्तव में तेरे लिए एक ऊँचा घर बनाया है, एक स्थिर
स्थान जहाँ तू सदा वास करे।” 14 और राजा ने फिरकर
इस्त्राएल की सारी सभा को आशीर्वाद दिया, जब इस्त्राएल की
सारी सभा खड़ी थी। 15 और उसने कहा, “धन्य हो 𐤉𐤄𐤅𐤄
ईश्वर इस्त्राएल का, जिसने अपने मुख से मेरे पिता दाऊद से
बातें कीं, और अपने हाथ से उन्हें पूरी कीं, यह कहते हुए,
16 ‘जिस दिन से मैंने अपने लोगों इस्त्राएल को मिस्त्र से
निकाला, तब से मैंने इस्त्राएल के सब गोत्रों में से किसी नगर
को नहीं चुना जिसमें मेरा नाम रखने के लिये घर बनाया जाए;
परन्तु मैंने दाऊद को चुना कि वह मेरे लोगों इस्त्राएल पर
हो।’ 17 “और मेरे पिता दाऊद के मन में था कि इस्त्राएल के
ईश्वर 𐤉𐤄𐤅𐤄 के नाम के लिये एक घर बनाए। 18 “परन्तु
𐤉𐤄𐤅𐤄 ने मेरे पिता दाऊद से कहा, ‘क्योंकि यह तेरे मन में
था कि मेरे नाम के लिये एक घर बनाए, तूने अच्छा किया कि
यह तेरे मन में था। 19 ‘परन्तु तू घर नहीं बनाएगा; बल्कि
तेरा पुत्र, जो तेरी संतानों में से होगा, वही मेरे नाम के लिये घर
बनाएगा।’ 20 “अब 𐤉𐤄𐤅𐤄 ने अपना वचन पूरा किया है,

जैसा उसने कहा था, और मैं अपने पिता दाऊद के स्थान पर
उठाया गया हूँ, और इस्राएल के सिंहासन पर बैठा हूँ, जैसा
𐤉𐤄𐤅𐤄 ने वादा किया था, और मैंने 𐤉𐤄𐤅𐤄 इस्राएल के
ईश्वर के नाम के लिये घर बनाया है। [21]और वहाँ मैंने
सन्दूक के लिये स्थान ठहराया है, जिसमें वह वाचा है जिसे
𐤉𐤄𐤅𐤄 ने हमारे पितरों से बाँधी थी, जब उसने उन्हें मिस्र
देश से निकाला था।" [22]और शेलोमो 𐤉𐤄𐤅𐤄 के वेदी के
सामने, इस्राएल की सारी सभा के सामने खड़ा हुआ, और
अपने हाथ आकाश की ओर फैलाए। [23]और कहा, "हे
इस्राएल के ईश्वर 𐤉𐤄𐤅𐤄, आकाश के ऊपर या पृथ्वी के
नीचे तुझ जैसा कोई ईश्वर नहीं है, जो अपने दासों के साथ
अपनी वाचा और करुणा को रखता है, जो अपने सारे मन से
तेरे सामने चलते हैं। [24]जिसने अपने दास मेरे पिता दाऊद
से जो वचन कहा उसे पूरा किया। वास्तव में तूने अपने मुख
से कहा और अपने हाथ से उसे पूरा किया, जैसा आज है।
[25]"और अब, हे इस्राएल के ईश्वर 𐤉𐤄𐤅𐤄, वह वचन पूरा
कर जो तूने अपने दास मेरे पिता दाऊद से कहा था, 'तेरे
सम्मुख इस्राएल के सिंहासन पर बैठने के लिये तेरा वंश कभी
नहीं मिटेगा - केवल यदि तेरे पुत्र अपनी चाल को इस प्रकार
रखें कि मेरे सामने चलें जैसे तू मेरे सामने चला।' [26]"और
अब, हे इस्राएल के ईश्वर, कृपया तेरे वचन को सत्य कर जो
तूने अपने दास मेरे पिता दाऊद से कहा था। [27]"क्या वास्तव
में ईश्वर पृथ्वी पर निवास करेगा? देख, आकाश और
आकाशों का आकाश भी तुझे समा नहीं सकता, तो फिर यह
घर जो मैंने बनाया कितना कम है! [28]"फिर भी, हे 𐤉𐤄𐤅𐤄
मेरे ईश्वर, तू अपने दास की प्रार्थना और उसकी विनती की
ओर ध्यान दे, और उस प्रार्थना और निवेदन को सुन जो तेरा
दास आज तेरे सामने करता है। [29]"कि तेरी आँखें इस घर
की ओर रात-दिन खुली रहें, उस स्थान की ओर जिसके
विषय में तूने कहा, 'मेरा नाम वहाँ रहेगा,' ताकि तू उस प्रार्थना
को सुने जो तेरा दास इस स्थान की ओर करता है। [30]"और
तू अपने दास की और अपने लोगों इस्राएल की बिनती सुने,
जब वे इस स्थान की ओर प्रार्थना करें। और तू अपने
निवासस्थान स्वर्ग में सुन, और सुनकर क्षमा कर। [31]"यदि
कोई अपने पड़ोसी के विरुद्ध पाप करे, और उस पर शपथ
डाली जाए कि वह शपथ खाए, और वह आकर इस घर में
तेरी वेदी के सामने शपथ खाए, [32]तो तू स्वर्ग में सुन, और
कार्य कर, और अपने दासों का न्याय कर, दुष्ट को दुष्ट
ठहराकर उसका मार्ग उसके सिर पर डाल, और धर्मी को
धर्मी ठहराकर उसे उसकी धार्मिकता के अनुसार दे।
[33]"जब तेरे लोग इस्राएल किसी शत्रु के सामने पराजित हों,
क्योंकि उन्होंने तेरे विरुद्ध पाप किया है, और वे तेरे पास फिर
आएँ और तेरे नाम को मानें, और इस घर में तुझसे प्रार्थना
और विनती करें, [34]तो तू स्वर्ग में सुन, और अपने लोगों
इस्राएल के पाप को क्षमा कर, और उन्हें उस देश में लौटा दे
जो तूने उनके पितरों को दिया। [35]"जब आकाश बन्द हो
जाए और वर्षा न हो, क्योंकि उन्होंने तेरे विरुद्ध पाप किया है,
जब वे इस स्थान की ओर प्रार्थना करें और तेरे नाम को मानें,
और अपने पाप से फिरें क्योंकि तूने उन्हें दण्ड दिया है, [36]तो
तू स्वर्ग में सुन, और अपने दासों और अपने लोगों इस्राएल
के पाप को क्षमा कर - क्योंकि तू उन्हें वह भला मार्ग सिखाता
है जिस पर उन्हें चलना चाहिए - और अपने देश पर वर्षा दे
जिसे तूने अपने लोगों के लिये निज भाग के रूप में दिया है।
[37]"जब देश में अकाल हो; जब महामारी, झुलसा, फफूंदी,
टिड्डी या टिड्डी दल हों; जब उनके शत्रु उनके नगरों में उन्हें
घेरें; कोई भी विपत्ति, कोई भी बीमारी हो, [38]जो कोई भी
प्रार्थना, जो कोई भी विनती तेरे किसी भी व्यक्ति या तेरे सारे
लोगों इस्राएल की ओर से हो, जब वे हर एक अपने ही मन की
विपत्ति को जानकर अपने हाथ इस घर की ओर फैलाएँ, [39]तो
तू स्वर्ग में अपने निवासस्थान से सुन, और क्षमा कर, और
कार्य कर, और हर एक को उसके सब मार्गों के अनुसार दे,
जिसका हृदय तू जानता है। क्योंकि केवल तू ही मनुष्यों के
सब पुत्रों के हृदयों को जानता है। [40]ताकि वे अपने जीवन के
सब दिनों में उस देश में जिसमें तूने हमारे पितरों को दिया,
तेरा भय मानें। [41]"और उस परदेशी के विषय में भी, जो तेरे
लोगों इस्राएल का नहीं है, परन्तु तेरे नाम के कारण किसी दूर
देश से आया है - [42]क्योंकि वे तेरे बड़े नाम और तेरे सामर्थी
हाथ और तेरे फैले हुए भुजा की चर्चा सुनेंगे - जब वह आए
और इस घर की ओर प्रार्थना करे, [43]तब तू स्वर्ग में अपने
निवासस्थान से सुन, और जो कुछ वह परदेशी तुझसे माँगे,
उसके अनुसार कर, ताकि पृथ्वी के सब लोग तेरा नाम जानें
और तेरा भय मानें, जैसे तेरे लोग इस्राएल करते हैं, और
जानें कि यह घर जो मैंने बनाया है, तेरे नाम से कहलाता है।
[44]"जब तेरे लोग अपने शत्रु के विरुद्ध युद्ध करने जाएँ, जिस
मार्ग में तू उन्हें भेजे, और वे उस नगर की ओर प्रार्थना करें
जिसे तूने चुना है और उस घर की ओर जो मैंने तेरे नाम के
लिये बनाया है, [45]तब तू स्वर्ग में उनकी प्रार्थना और उनकी
विनती सुन, और उनका न्याय कर। [46]"जब वे तेरे विरुद्ध
पाप करें - क्योंकि ऐसा कोई मनुष्य नहीं जो पाप न करे - और
तू उन पर क्रोधित हो और उन्हें शत्रु के हाथ में दे दे, और
उनके बंधुआई करने वाले उन्हें शत्रु के देश में ले जाएँ, चाहे
दूर या पास, [47]और वे जिस देश में बंधुआई किए गए हों वहां
अपने हृदय में स्मरण करें, और लौटकर तेरे पास गिड़गिड़ाएं
उस देश में जहाँ उन्हें बंधुआई में ले गए हों, यह कहते हुए,
'हमने पाप किया, हमने अधर्म किया, हमने दुष्टता की।'
[48]और वे अपने सारे मन और अपनी सारी आत्मा से तेरे पास
लौटें उस देश में जहाँ उनके शत्रु उन्हें बंधुआई में ले गए हों,
और उस देश की ओर प्रार्थना करें जिसे तूने उनके पितरों को
दिया, उस नगर की ओर जिसे तूने चुना, और उस घर की
ओर जिसे मैंने तेरे नाम के लिये बनाया है, [49]तब तू स्वर्ग में
अपने निवासस्थान से उनकी प्रार्थना और उनकी विनती सुन,
और उनका न्याय कर। [50]और अपने लोगों को क्षमा कर
जिन्होंने तेरे विरुद्ध पाप किया, और उनके सब अपराधों को
क्षमा कर जो उन्होंने तेरे विरुद्ध किए; और उनके प्रति दया
कर उन लोगों के सम्मुख जिन्होंने उन्हें बंधुआई में ले लिया,
ताकि वे उन पर दया करें। [51]क्योंकि वे तेरे लोग और तेरी
निज संपत्ति हैं, जिन्हें तूने मिस्र देश से, लोहे की भट्टी से
निकाला। [52]"तेरी आँखें तेरे दास की विनती और तेरे लोगों
इस्राएल की विनती की ओर खुली रहें, कि जब वे तुझसे
पुकारें, तू उन्हें सुने। [53]"क्योंकि तूने उन्हें पृथ्वी के सब लोगों
में से अपने लिये निज संपत्ति किया है, जैसा तूने अपने दास
मूशे के द्वारा कहा था, जब तूने हमारे पितरों को मिस्र देश से
निकाला, हे प्रभु 𐤉𐤄𐤅𐤄।" [54]और ऐसा हुआ कि जब
शेलोमो ने यह सारी प्रार्थना और विनती 𐤉𐤄𐤅𐤄 के पास की,
तब वह 𐤉𐤄𐤅𐤄 की वेदी के सामने से उठा, जहाँ वह अपने

घुटनों पर था और उसके हाथ आकाश की ओर फैले थे।
55 और वह खड़ा होकर इस्राएल की सारी सभा को ऊँचे स्वर
से आशीर्वाद देने लगा, 56 और कहा, “धन्य हो 𐤉𐤄𐤅𐤄,
जिसने अपने लोगों इस्राएल को विश्राम दिया, जैसा उसने सब
कुछ कहा। उसके सब उत्तम वचनों में से एक भी शब्द
असफल नहीं हुआ, जिन्हें उसने अपने दास मूशे के द्वारा
कहा। 57 “हमारा ईश्वर 𐤉𐤄𐤅𐤄 हमारे संग हो, जैसे वह
हमारे पितरों के संग था; वह हमें न छोड़े और न त्यागे।
58 कि वह हमारे मनों को अपनी ओर झुकाए, कि हम उसके
सब मार्गों पर चलें, और उसकी आज्ञाओं, विधियों और नियमों
को मानें, जिन्हें उसने हमारे पितरों को आज्ञा दी। 59 “और ये
मेरी प्रार्थना की बातें, जिन्हें मैंने 𐤉𐤄𐤅𐤄 के सामने की हैं,
𐤉𐤄𐤅𐤄 हमारे ईश्वर के सम्मुख दिन और रात रहे, ताकि वह
अपने दास का न्याय और अपने लोगों इस्राएल का न्याय,
दिन-प्रतिदिन के कार्य के अनुसार, करता रहे— 60 ताकि
पृथ्वी के सब लोग जान लें कि 𐤉𐤄𐤅𐤄 ही ईश्वर है; उसके
सिवा और कोई नहीं। 61 “इसलिए तुम्हारा हृदय हमारे ईश्वर
𐤉𐤄𐤅𐤄 के प्रति सिद्ध रहे, कि तुम उसकी विधियों पर चलो
और उसकी आज्ञाओं को मानो, जैसा आज के दिन है।”
62 तब राजा और उसके साथ सारा इस्राएल 𐤉𐤄𐤅𐤄 के
सामने बलिदान चढ़ाने लगे। 63 और शलोमो ने मेलबलि
चढ़ाए, जो उसने 𐤉𐤄𐤅𐤄 के लिये चढ़ाए—बाईस हज़ार बैल
और एक लाख बीस हज़ार भेड़ें। इस प्रकार राजा और सारे
इस्राएल की सन्तानों ने 𐤉𐤄𐤅𐤄 के घर का अभिषेक किया।
64 उसी दिन राजा ने उस आँगन के बीच भाग को, जो
𐤉𐤄𐤅𐤄 के घर के सामने था, पवित्र ठहराया; क्योंकि वहाँ
उसने होमबलियाँ, अन्नबलियाँ, और मेलबलियों की चर्बी चढ़ाई
—क्योंकि जो कांसे की वेदी 𐤉𐤄𐤅𐤄 के सामने थी, वह
होमबलियों, अन्नबलियों और मेलबलियों की चर्बी को समाने के
लिये छोटी थी। 65 और शलोमो ने उस समय पर्व रखा, और
उसके साथ समस्त इस्राएल—एक बहुत बड़ी सभा, हामात के
प्रवेश-द्वार से लेकर मिस्र की वादी तक—𐤉𐤄𐤅𐤄 हमारे
ईश्वर के सामने, सात दिन और सात दिन—कुल चौदह दिन
—मनाया। 66 और आठवें दिन उसने लोगों को विदा किया;
तब वे राजा को आशीर्वाद देकर अपने-अपने डेरे को प्रसन्न
और हर्षित मन से चले गए, उस सब भलाई के कारण जो
𐤉𐤄𐤅𐤄 ने अपने दास दाऊद के लिये और अपने लोगों
इस्राएल के लिये की थी।

9 1 और ऐसा हुआ, जब शलोमो ने 𐤉𐤄𐤅𐤄 का घर और
राजा का घर, और वह सब कुछ जिसे करने में शलोमो
प्रसन्न हुआ, बनाना समाप्त किया, 2 कि 𐤉𐤄𐤅𐤄 दूसरी बार
शलोमो को दिखाई दिया, जैसे वह गिबोन में उसे दिखाई दिया
था। 3 और 𐤉𐤄𐤅𐤄 ने उससे कहा, “मैंने तेरी प्रार्थना और
विनती जो तू ने मेरे सामने की है सुनी है। मैंने इस घर को
पवित्र किया है जिसे तू ने बनाया है ताकि मेरा नाम सदा वहाँ
रखा जाए, और मेरी आँखें और मेरा हृदय सदा वहाँ रहेंगे।
4 “और तू, यदि तू मेरे सामने वैसे ही चले जैसे तेरा पिता
दाऊद चला, पूरे हृदय की सच्चाई और सीधाई में, करने के
लिये जैसा मैंने तुझे आज्ञा दी है, यदि तू मेरी विधियों और मेरे
नियमों को माने, 5 तो मैं इस्राएल पर तेरे राज्य के सिंहासन
को सदा के लिए स्थिर करूँगा, जैसे मैंने तेरे पिता दाऊद से
कहा था, ‘तेरे वंश में से कोई इस्राएल के सिंहासन पर बैठना
बंद न करेगा।’ 6 “यदि तू या तेरे पुत्र किसी प्रकार से मुझ से
फिर जाएँ, और मेरी आज्ञाओं, मेरी विधियों को न मानें, जो
मैंने तेरे सामने रखी हैं, और जाकर दूसरे देवताओं की सेवा
करें और उनके आगे दण्डवत करें, 7 तो मैं इस्राएल को उस
भूमि से काट डालूँगा जिसे मैंने उन्हें दी है, और उस घर को
अपनी उपस्थिति से दूर कर दूँगा जिसे मैंने अपने नाम के
लिये पवित्र किया है। और इस्राएल सब देशों में निन्दा और
उपहास का कारण बनेगा। 8 “और यह घर, जो ऊँचा किया
गया है, उसके पास से जो कोई गुज़रेगा, वह चकित होगा और
सीटी मारेगा, और कहेगा, ‘𐤉𐤄𐤅𐤄 ने इस भूमि और इस घर
के साथ ऐसा क्यों किया?’ 9 “तब वे कहेंगे, ‘क्योंकि उन्होंने
अपने ईश्वर 𐤉𐤄𐤅𐤄 को त्याग दिया, जिसने उनके पितरों
को मिस्र देश से बाहर निकाला, और उन्होंने दूसरे देवताओं
को पकड़ लिया और उनके आगे दण्डवत किया और उनकी
सेवा की। इसी कारण 𐤉𐤄𐤅𐤄 ने उन पर यह सारी बुराई
लाई है।’ ” 10 और ऐसा हुआ, बीस वर्ष के अन्त में, शलोमो
ने दो घर बनाए, 𐤉𐤄𐤅𐤄 का घर और राजा का घर।
11 त्सोर का राजा हीराम शलोमो को जितना वह चाहता था
उतना देवदार, सरो और सोना देता रहा। तब राजा शलोमो ने
हीराम को गलील देश में बीस नगर दिए। 12 और हीराम
त्सोर से उन नगरों को देखने आया जिन्हें शलोमो ने उसे दिए
थे, परन्तु वे उसकी दृष्टि में अच्छे न लगे। 13 और उसने
कहा, “ये नगर कौन से हैं जो तू ने मुझे दिए हैं, हे मेरे भाई?”
और उसने उनका नाम काबूल देश रखा, जो आज तक है।
14 और हीराम ने राजा को एक सौ बीस किक्कार सोना भेजा।
15 और यह वह कर का काम था जिसे राजा शलोमो ने उठाया
था, 𐤉𐤄𐤅𐤄 का घर और अपना घर और मिल्लो और
यरूशलेम की शहरपनाह और हत्सोर और मेगिद्दो और गेज़ेर
बनाने के लिये। 16 मिस्र के राजा फ़िरऔन ने चढ़कर गेज़ेर
को ले लिया और आग से उसे जला दिया, और नगर में
रहनेवाले कनानी को मार डाला, और अपनी बेटी, शलोमो की
पत्नी को दहेज में उसे दे दिया। 17 और शलोमो ने गेज़ेर
और नीचा बेत होरोन को बनाया, 18 और बालात और जंगल
में तमर को, यहूदा देश में। 19 और जितने भंडार नगर
शलोमो के थे, और रथों के नगर और घुड़सवारों के नगर,
और जितना कुछ शलोमो ने यरूशलेम और लेबानोन में और
अपने राज्य की सारी भूमि में बनाने की इच्छा की। 20 सभी
लोग जो एमोरी, हित्ती, परिज्जी, हिव्वी और यबूसी में से बचे
थे, जो इस्राएल की सन्तान के न थे – 21 उनके वंशज जो
उनके बाद देश में बचे रह गए थे, जिन्हें इस्राएल की सन्तान
पूरी रीति से नाश नहीं कर सके थे - उन्हीं में से शलोमो ने
कर का काम उठाया, जैसा कि आज तक है। 22 परन्तु
शलोमो ने इस्राएल की सन्तान को दास न बनाया, क्योंकि वे
योद्धा थे, और उसके सेवक, और उसके हाकिम, और उसके
अधिकारी, और उसके रथों के प्रधान, और उसके
घुड़सवार। 23 ये शलोमो के काम पर ठहरे हुए अधिकारियों
के प्रधान थे: पाँच सौ पचास, जो काम करनेवाले लोगों पर
प्रभुता रखते थे। 24 और फ़िरऔन की बेटी दाऊद नगर से
अपने घर में जो उसने उसके लिये बनाया था, ऊपर चढ़
गई। तब उसने मिल्लो को बनाया। 25 और वर्ष में तीन बार
शलोमो ने होमबलि और मेलबलि उस वेदी पर चढ़ाए जो उसने

𐤉𐤄𐤅𐤄 के लिये बनाई थी, और उसने धूप जलाई जो
𐤉𐤄𐤅𐤄 के सामने थी – इस प्रकार उसने घर को पूर्ण
किया। 26 और राजा शलोमो ने एत्स्योन-गेबर में जहाज़ों का
एक बेड़ा बनाया, जो इलोत के पास लाल सागर के किनारे,
एदोम देश में है। 27 और हीराम ने अपने दासों को उस बेड़े
के साथ भेजा, समुद्र को जाननेवाले नाविकों को, ताकि वे
शलोमो के दासों के साथ काम करें। 28 और वे ओफ़िर को
गए, और वहाँ से चार सौ बीस किक्कार सोना लेकर आए,
और राजा शलोमो के पास ले आए।

10 1 और शेबा की रानी ने शलोमो की चर्चा 𐤉𐤄𐤅𐤄 के
नाम के विषय में सुनी, और उसे कठिन प्रश्नों से
परखने आई। 2 और वह यरूशलेम में बहुत बड़ी संगति के
साथ आई, ऊँटों पर सुगन्धद्रव्य, बहुत सा सोना और बहुमूल्य
पत्थर लादे हुए। और वह शलोमो के पास आई, और अपने
मन की सारी बातें उससे कीं। 3 और शलोमो ने उसके सब
प्रश्नों का उत्तर दिया। राजा से कोई बात छिपी न रही जिसे
उसने उससे न बताया हो। 4 और शेबा की रानी ने शलोमो की
सारी बुद्धि और वह भवन जो उसने बनाया था देखा, 5 और
उसके भोजन की मेज़, और उसके सेवकों की बैठक, और
उसके कर्मचारियों की सेवा और उनके वस्त्र, और उसके
प्याले भरनेवाले, और होमबलि जो उसने 𐤉𐤄𐤅𐤄 के भवन में
चढ़ाए, ये सब देखकर वह चकित हो गई। 6 तब उसने राजा
से कहा, "जो वचन मैंने अपने देश में तेरे शब्दों और तेरी बुद्धि
के विषय में सुना था, वह सत्य था। 7 "परन्तु जब तक मैं
आकर अपनी आँखों से न देखती, मैं उन बातों पर विश्वास न
करती। और देख, मुझे आधा भी न बताया गया था! तेरी
बुद्धि और वैभव उस चर्चा से अधिक है जो मैंने सुनी थी।
8 "धन्य हैं तेरे लोग और धन्य हैं ये तेरे सेवक, जो सदा तेरे
सामने खड़े रहते और तेरी बुद्धि सुनते रहते हैं! 9 "धन्य हो
तेरा ईश्वर 𐤉𐤄𐤅𐤄, जिसने तुझ में प्रसन्न होकर तुझे
इस्राएल के सिंहासन पर बैठाया! क्योंकि 𐤉𐤄𐤅𐤄 ने इस्राएल
से सदा प्रेम किया है, इसलिए उसने तुझे राजा बनाया है, न्याय
और धर्म करने के लिये।" 10 और उसने राजा को एक सौ
बीस किक्कार सोना, और बहुत से सुगन्धद्रव्य, और बहुमूल्य
पत्थर दिए। फिर कभी इतने सुगन्धद्रव्य न आए, जितने
शेबा की रानी ने राजा शलोमो को दिए। 11 और हीराम के
जहाज़ जो ओफ़िर से सोना लाए थे, उन्होंने वहाँ से बहुत से
अलमुग लकड़ी और बहुमूल्य पत्थर भी लाए। 12 और राजा
ने उस अलमुग लकड़ी से 𐤉𐤄𐤅𐤄 के भवन और राजा के
भवन के लिये सीढ़ियाँ बनाई, और गायकों के लिये सारंगियाँ
और वीणाएँ भी। ऐसा अलमुग लकड़ी न तो कभी आई और
न आज तक देखी गई। 13 और राजा शलोमो ने शेबा की
रानी को सब कुछ दिया, जो वह चाहती थी और जो उसने
माँगा, इसके अतिरिक्त जो उसने उसे अपनी कृपा से दिया।
और वह अपने देश को अपने सेवकों समेत लौट गई।
14 और सोने का तौल जो शलोमो के पास प्रति वर्ष आता था,
छह सौ छियासठ किक्कार सोना था, 15 इसके अतिरिक्त फेरी
करनेवाले लोगों से, और व्यापारियों के लाभ से, और अरब
देश के सब राजाओं से, और देश के हाकिमों से। 16 और
राजा शलोमो ने ठोके हुए सोने की दो सौ बड़ी ढालें बनाईं -
प्रत्येक ढाल में छः सौ सोने के टुकड़े लगते थे; 17 और तीन
सौ छोटी ढालें ठोके हुए सोने की - प्रत्येक ढाल में तीन मीना
सोना लगता था। और राजा ने उन्हें लेबानोन के वन के भवन
में रखा। 18 और राजा ने एक बड़ा सिंहासन हाथी दाँत का
बनाया और उसे शुद्ध सोने से मढ़ा। 19 उस सिंहासन को छह
सीढ़ियाँ थीं, और सिंहासन का ऊपरी भाग पीछे गोल था, और
दोनों ओर बाज़ू रखने की जगह थी, और बाज़ू रखने के पास
दो सिंह खड़े थे। 20 और वहाँ बारह सिंह खड़े थे, छह
सीढ़ियों के एक ओर और छह सीढ़ियों के दूसरी ओर। ऐसा
किसी राज्य में कभी न बनाया गया। 21 और राजा शलोमो के
सब पीने के पात्र सोने के थे, और लेबानोन के वन के भवन के
सब पात्र शुद्ध सोने के थे - चाँदी का कुछ भी न था, क्योंकि
शलोमो के दिनों में उसकी कोई गिनती न होती थी। 22 क्योंकि
राजा के तरशीश के जहाज़ समुद्र में हीराम के जहाज़ों के
साथ थे। तीन वर्ष में एक बार तरशीश के जहाज़ सोना,
चाँदी, हाथी दाँत, बन्दर और मृगशावक लाते थे। 23 और
राजा शलोमो धन और बुद्धि में पृथ्वी के सब राजाओं से बड़ा
था। 24 और सारी पृथ्वी शलोमो के पास आती थी, उसकी
बुद्धि सुनने के लिये, जिसे ईश्वर ने उसके हृदय में रखा था।
25 और वे हर एक अपने-अपने समय पर भेंट लाते थे: चाँदी
और सोने की वस्तुएँ, वस्त्र, हथियार, सुगन्धद्रव्य, घोड़े और
खच्चर, वर्ष-पर-वर्ष। 26 और शलोमो ने रथ और घुड़सवार
इकट्ठे किए, और उसके पास एक हज़ार चार सौ रथ और
बारह हज़ार घुड़सवार थे, जिन्हें उसने रथ-नगरों और
यरूशलेम में राजा के साथ रखा। 27 और राजा ने यरूशलेम
में चाँदी को पत्थरों के समान और देवदार को नीची भूमि में
अंजीर के पेड़ों के समान बहुतायत किया। 28 और शलोमो के
लिये घोड़े मिस्र और क्वेह से मँगाए जाते थे; राजा के व्यापारी
उन्हें क्वेह से मूल्य देकर लाते थे। 29 और एक रथ मिस्र से
छह सौ चाँदी के टुकड़ों में आता, और एक घोड़ा डेढ़ सौ में।
और इसी प्रकार वे सब हित्तियों के राजाओं और अराम के
राजाओं को भी उनके हाथ से ले जाते थे।

11 1 और राजा शलोमो ने फ़िरऔन की बेटी के
अतिरिक्त बहुत सी परदेशी स्त्रियों से प्रेम किया:
मोआबी, अम्मोनी, एदोमी, सिदोनी और हित्ती स्त्रियाँ; 2 उन
जातियों में से जिनके विषय में 𐤉𐤄𐤅𐤄 ने इसराएल के पुत्रों
से कहा था, "तुम उनके पास न जाना, और वे तुम्हारे पास न
आएँ, क्योंकि वे निश्चय ही तुम्हारे हृदय को उनके देवताओं
की ओर फेर देंगे।" शलोमो उन से प्रेम करके चिपका रहा।
3 और उसके पास सात सौ पत्नियाँ, राजकुमारियाँ, और तीन
सौ रखेलियाँ थीं। और उसकी पत्नियों ने उसका हृदय फेर
दिया। 4 और ऐसा हुआ कि जब शलोमो बूढ़ा हुआ, तब उसकी
पत्नियों ने उसका हृदय अन्य देवताओं के पीछे फेर दिया।
और उसका हृदय अपने परमेश्वर 𐤉𐤄𐤅𐤄 ईश्वर के साथ
सिद्ध न रहा, जैसे उसके पिता दाविद का हृदय था। 5 और
शलोमो सिदोनियों की देवी अश्तोरेत के पीछे, और अम्मोनियों
के घृणित देवता मिल्कोम के पीछे चला। 6 इस प्रकार शलोमो
ने 𐤉𐤄𐤅𐤄 की दृष्टि में बुरा किया, और 𐤉𐤄𐤅𐤄 का पूरा
अनुसरण न किया जैसे उसके पिता दाविद ने किया था।
7 तब शलोमो ने मोआब के घृणित देवता केमोश के लिये, और
अम्मोनियों के घृणित देवता मोलेक के लिये, यरूशलेम के पूर्व
में पहाड़ी पर ऊँचे स्थान बनाए। 8 और उसने ऐसा अपनी

सब परदेशी पत्नियों के लिये किया, जो धूप जलातीं और
अपने देवताओं के लिये बलि चढ़ाती थीं। [9]इस कारण
𐤉𐤄𐤅𐤄 शेलोमो पर क्रोधित हुआ, क्योंकि उसका हृदय
इसराएल के ईश्वर 𐤉𐤄𐤅𐤄 से फिर गया था, जो उसे दो बार
प्रकट हुआ था। [10]और उसने उसके विषय में आज्ञा दी थी
कि वह अन्य देवताओं के पीछे न चले। परन्तु उसने
𐤉𐤄𐤅𐤄 की आज्ञा का पालन न किया। [11]तब 𐤉𐤄𐤅𐤄 ने
शेलोमो से कहा, "क्योंकि तू ने यह किया, और मेरी वाचा और
मेरी विधियों को न माना, जो मैंने तुझे आज्ञा दी, मैं निश्चय ही
राज्य तुझ से छीनकर तेरे सेवक को दे दूँगा। [12]"केवल तेरे
पिता दाविद के कारण मैं तेरे दिनों में यह नहीं करूँगा। तेरे
पुत्र के हाथ से मैं इसे छीन लूँगा। [13]"फिर भी मैं सारा राज्य
नहीं छीनूँगा, परन्तु तेरे पुत्र को एक गोत्र दूँगा, अपने दास
दाविद और उस यरूशलेम के लिये, जिसे मैंने चुन लिया
है।" [14]और 𐤉𐤄𐤅𐤄 ने शेलोमो के विरुद्ध एक शत्रु उठाया,
एदोमी हदद को। वह एदोम के राजा के वंश का था। [15]और
ऐसा हुआ कि जब दाविद एदोम में था, और सेना के प्रधान
योआब मारे हुओं को दफनाने गया था, जब उसने एदोम में
सब पुरुषों को मार डाला था – [16]योआब सब इसराएल के
साथ वहाँ छः महीने तक रहा, जब तक कि उसने एदोम में सब
पुरुषों को नाश न कर दिया। [17]तब हदद भागकर मिस्त्र चला
गया, वह और उसके पिता के कुछ सेवक उसके साथ, और
हदद तब एक छोटा बालक था। [18]और वे मिद्यान से चले
और पारान पहुँचे, और पारान से पुरुषों को साथ लिया, और
मिस्त्र, मिस्त्र के राजा फ़िरऔन के पास आए, जिसने उसे घर
दिया, उसके लिये भोजन की व्यवस्था की और भूमि दी।
[19]और हदद ने फ़िरऔन की दृष्टि में बहुत अनुग्रह पाया, यहाँ
तक कि उसने उसे अपनी पत्नी की बहन, रानी ताहपनेस् की
बहन, पत्नी के रूप में दी। [20]और ताहपनेस् की बहन ने
उसके लिये उसके पुत्र गेनूबत को जन्म दिया, जिसे ताहपनेस्
ने फ़िरऔन के घर में पाला। और गेनूबत फ़िरऔन के पुत्रों
के बीच फ़िरऔन के घर में था। [21]और हदद ने मिस्त्र में
सुना कि दाविद अपने पितरों के साथ सो गया, और योआब
सेना का प्रधान मर गया, तब हदद ने फ़िरऔन से कहा, "मुझे
अपने देश जाने दो।" [22]तब फ़िरऔन ने उससे कहा, "तुझ
को मुझ से क्या कमी रही, कि अब तू अपने देश जाने की माँग
कर रहा है?" उसने कहा, "नहीं, परन्तु कृपया मुझे जाने
दो।" [23]और ईश्वर ने उसके विरुद्ध एक और शत्रु उठाया,
रेजोन एल्यादा का पुत्र, जो अपने स्वामी त्सोबा के राजा
हददेज़ेर से भाग गया था। [24]और जब दाविद ने उन्हें मारा,
तब उसने पुरुषों को इकट्ठा किया और छापामार दल का
प्रधान बन गया। और वे दमिश्क गए और वहाँ बस गए, और
दमिश्क में राज्य किया। [25]और वह शेलोमो के सब दिनों में
इसराएल का शत्रु रहा – सिवाय उस क्लेश के जो हदद ने
किया – और वह इसराएल से बैर करता रहा और अराम पर
राज्य करता रहा। [26]और शेलोमो का एक सेवक, यारोबाम
नेबत का पुत्र, एप्रैम गोत्र का त्सेरेदा का निवासी था। उसकी
माता का नाम त्सेरूआह था, जो विधवा थी। उसने भी राजा
के विरुद्ध हाथ उठाया। [27]और यह कारण था कि उसने
राजा के विरुद्ध हाथ उठाया: शेलोमो ने मिल्लो बनवाया और
अपने पिता दाविद के नगर की टूटनों की मरम्मत की।
[28]और यारोबाम एक पराक्रमी पुरुष था। और शेलोमो ने यह
देखकर कि वह युवक अच्छा काम कर रहा है, उसे यूसुफ के
घराने के सब बंधुआ मजदूरों पर अधिकारी बना दिया।
[29]और ऐसा हुआ कि जब यारोबाम यरूशलेम से बाहर
निकला, तब नबी अहीयाह शीलोनी मार्ग में उससे मिला। और
उसके पास एक नई चादर थी, और दोनों मैदान में अकेले
थे। [30]और अहीयाह ने उस नई चादर को, जो उस पर थी,
पकड़ा और उसे बारह टुकड़े कर डाला। [31]और उसने
यारोबाम से कहा, "अपने लिये दस टुकड़े ले ले; क्योंकि
इस्राएल के ईश्वर 𐤉𐤄𐤅𐤄 यों कहता है, 'देख, मैं राज्य
शेलोमो के हाथ से छीनकर तुझे दस गोत्र दूँगा, [32]परन्तु
उसके पास एक गोत्र रहेगा, मेरे दास दाविद और यरूशलेम
नगर के लिये, जिसे मैंने इस्राएल के सब गोत्रों में से चुना है।
[33]'क्योंकि उन्होंने मुझे छोड़ दिया है, और सिदोनियों की देवी
अषतोरेत, मोआबियों के देवता केमोश, और अम्मोनियों के
देवता मिल्कोम के लिये दण्डवत किया है, और मेरी राहों में न
चले, न मेरी विधियों और नियमों को किया, जैसा उसके पिता
दाविद ने किया था। [34]'परन्तु मैं उसका सारा राज्य उसके
हाथ से नहीं छीनूँगा, क्योंकि मैंने उसे उसके जीवन के सब
दिनों में राज्यपाल बनाया है, अपने दास दाविद के लिये, जिसे
मैंने चुना था, क्योंकि उसने मेरी आज्ञाओं और विधियों को
माना। [35]'और मैं राज्य उसके पुत्र के हाथ से छीनकर तुझे
दूँगा, अर्थात् दस गोत्र। [36]'और उसके पुत्र को मैं एक गोत्र
दूँगा, ताकि मेरे दास दाविद के लिये यरूशलेम में सदैव एक
दीपक मेरे सामने रहे, उस नगर में जिसे मैंने अपने लिये चुना
है, ताकि वहाँ अपना नाम रखूँ। [37]'इस प्रकार मैं तुझे लेता
हूँ, और तू अपने मन की सारी इच्छा पर राज्य करेगा, और
इस्राएल पर राजा होगा। [38]'और ऐसा होगा, यदि तू मेरी सब
आज्ञाओं का पालन करेगा, और मेरी राहों में चलेगा, और मेरी
दृष्टि में जो ठीक है वही करेगा, मेरी विधियों और मेरी
आज्ञाओं को मानकर, जैसे मेरे दास दाविद ने किया, तब मैं
तेरे संग रहूँगा और तेरे लिये स्थायी घर बनाऊँगा, जैसा मैंने
दाविद के लिये बनाया, और इस्राएल तुझे दूँगा। [39]'और
इसके कारण मैं दाविद के वंश को दीन करूँगा, परन्तु सदैव
नहीं।' " [40]और शेलोमो ने यारोबाम को मार डालने की
कोशिश की, परन्तु यारोबाम उठकर मिस्त्र भाग गया, मिस्त्र के
राजा शिशक के पास, और शेलोमो की मृत्यु तक मिस्त्र में
रहा। [41]और शेलोमो के और सब काम, और जो कुछ उसने
किया, और उसकी बुद्धि, क्या वे शेलोमो के कामों की पुस्तक
में लिखे नहीं हैं? [42]और वह समय जिसमें शेलोमो ने
यरूशलेम में सब इस्राएल पर राज्य किया, चालीस वर्ष था।
[43]तब शेलोमो अपने पितरों के संग सो गया, और अपने पिता
दाविद के नगर में गाड़ा गया, और उसका पुत्र रहबाम उसके
स्थान पर राजा हुआ।

12 [1]और रहबअम शेकेम गया, क्योंकि सब यिस्राएल
शेकेम गया था कि उसे राज्य करने के लिये ठहराए।
[2]और ऐसा हुआ, जब यारोबअम नेबात का पुत्र यह सुना –
वह अब भी मित्स्रयिम में था, क्योंकि वह राजा शेलोमोह के
सामने से भाग गया था और मित्स्रयिम में रहने लगा था –
[3]कि उन्होंने भेज कर उसे बुलाया। और यारोबअम और सब
यिस्राएल की सभा रहबअम के पास आए और उससे कहने
लगे, [4]"तेरे पिता ने हमारा जूआ भारी कर दिया, अब तू अपने

पिता की कठिन सेवा और उसके भारी जूए को, जो उसने हम
पर रखा, हलका कर दे, तब हम तेरी सेवा करेंगे ।” 5 और
उसने उनसे कहा, “तीन दिन के लिये चले जाओ, फिर मेरे
पास लौट आना ।” और लोग चले गए । 6 तब राजा रहबअम
ने उन पुरनियों से सम्मति ली जो उसके पिता शेलोमोह के
सामने उसके जीवन भर खड़े रहते थे, और उसने कहा,
“तुम मुझे क्या सम्मति देते हो कि मैं इन लोगों को क्या उत्तर
दूं?” 7 और उन्होंने उससे कहा, “यदि तू आज इन लोगों का
सेवक बने, और उनकी सेवा करे, और उनको उत्तर दे और
उनसे भली भली बातें कहे, तो वे तेरे दास सर्वदा बने रहेंगे ।”
8 पर उसने उस सम्मति को त्याग दिया जो पुरनियों ने उसे दी
थी, और उन जवानों से सम्मति ली जो उसके साथ बड़े हुए
और उसके सामने खड़े रहते थे । 9 और उसने उनसे कहा,
“तुम क्या सम्मति देते हो कि हम इस लोगों को क्या उत्तर दें
जिन्होंने मुझसे कहा, ‘वह जूआ हलका कर जो तेरे पिता ने
हम पर रखा’?” 10 और जो जवान उसके साथ बड़े हुए थे
उन्होंने उससे कहा, “तू इन लोगों से यह कहना जिन्होंने
तुझसे कहा, ‘तेरे पिता ने हमारा जूआ भारी किया, पर तू इसे
हम पर हलका कर ।’ तू उनसे कहना, ‘मेरी छोटी उंगली मेरे
पिता की कमर से भी मोटी है! 11 ‘अब मेरे पिता ने तुम पर
भारी जूआ रखा, पर मैं तुम्हारे जूए पर और बढ़ाऊंगा; मेरे
पिता ने तुम्हें चाबुक से मारा, पर मैं तुम्हें बिच्छुओं से मारूंगा!’
” 12 सो यारोबअम और सब लोग तीसरे दिन रहबअम के
पास आए, जैसा राजा ने कहा था, “तीसरे दिन मेरे पास लौट
आना ।” 13 पर राजा ने लोगों को कठोर उत्तर दिया, और
उस सम्मति को छोड़ दिया जो पुरनियों ने दी थी । 14 और
उसने उनसे उसी सम्मति के अनुसार कहा जो जवानों ने दी
थी, “मेरे पिता ने तुम्हारा जूआ भारी किया, पर मैं तुम्हारे जूए
पर और बढ़ाऊंगा; मेरे पिता ने तुम्हें चाबुक से मारा, पर मैं
तुम्हें बिच्छुओं से मारूंगा!” 15 सो राजा ने लोगों की न सुनी,
क्योंकि यह पलटाव 𐤉𐤄𐤅𐤄 की ओर से था, ताकि उसका
वचन पूरा हो, जो 𐤉𐤄𐤅𐤄 ने अहियाह शीलोनी के द्वारा
यारोबअम नेबात के पुत्र से कहा था । 16 और सब यिस्त्राएल
ने देखा कि राजा ने उनकी न सुनी । तब लोगों ने राजा को
उत्तर दिया, “हमारा दाऊद में क्या भाग है? और यिशै के पुत्र
में हमारी कोई मीरास नहीं । अपने तम्बुओं को लौट जा, हे
यिस्त्राएल! अब, तू अपने ही घर को देख, हे दाऊद!” सो
यिस्त्राएल अपने तम्बुओं को चला गया । 17 परन्तु यिस्त्राएल के
जो बच्चे यहूदा के नगरों में रहते थे, उन पर रहबअम राज्य
करता रहा । 18 और जब राजा रहबअम ने आदोराम को
भेजा, जो बेगार पर था, तब सब यिस्त्राएल ने उसे पथरों से
मारा, और वह मर गया । और राजा रहबअम अपने रथ पर
शीघ्र चढ़कर येरूशालेम को भाग गया । 19 इस प्रकार
यिस्त्राएल आज तक दाऊद के घराने से बगावत करता रहा ।
20 और ऐसा हुआ जब सब यिस्त्राएल ने सुना कि यारोबअम
लौट आया है, तो उन्होंने भेज कर उसे बुलाया, और सभा में
बुला कर उसे सब यिस्त्राएल पर राजा ठहराया । दाऊद के
घराने के पीछे कोई न चला, केवल यहूदा का गोत्र छोड़कर ।
21 और रहबअम येरूशालेम आया, और उसने सब यहूदा के
घराने को बिन्यामीन के गोत्र समेत इकट्ठा किया, एक लाख
अस्सी हजार चुने हुए युद्ध करने वाले पुरुष, कि दाऊद के
घराने से लड़ें और राज्य को रहबअम शेलोमोह के पुत्र के
लिये लौटाएं । 22 पर 𐤉𐤄𐤅𐤄 का वचन शेमायाह ईश्वर के
जन के पास आया, यह कहता हुआ, 23 “रहबअम शेलोमोह
के पुत्र, यहूदा के राजा, और सब यहूदा के घराने और
बिन्यामीन और बाकी लोगों से कह, 24 ‘यहोवा 𐤉𐤄𐤅𐤄 ने
कहा, “ऊपर न चढ़ो और न अपने भाइयों, इस्त्राएलियों से
युद्ध करो । हर एक अपने घर लौट जाए, क्योंकि यह बात मेरी
ओर से हुई है ।” ’ ” सो उन्होंने 𐤉𐤄𐤅𐤄 के वचन को सुना,
और 𐤉𐤄𐤅𐤄 के वचन के अनुसार लौट गए । 25 और
यारोबअम ने इफ्रैम के पहाड़ों में शेकेम को बनाया और वहां
रहने लगा । और वहां से निकलकर पेनूएल को बनाया ।
26 और यारोबअम ने अपने मन में कहा, “अब राज्य दाऊद
के घराने को लौट जाएगा । 27 “यदि ये लोग येरूशालेम में
𐤉𐤄𐤅𐤄 के भवन में बलिदान करने को चढ़ें, तब इन लोगों
का मन उनके स्वामी यहूदा के राजा रहबअम की ओर फिर
जाएगा, और वे मुझे मार डालेंगे और रहबअम यहूदा के राजा
के पास लौट जाएंगे ।” 28 सो राजा ने सम्मति ली और दो
सोने के बछड़े बनाए, और लोगों से कहा, “तुम्हारे लिये
येरूशालेम को चढ़ना बहुत है । देखो, हे यिस्त्राएल, ये तुम्हारे
ईश्वर हैं, जिन्होंने तुम्हें मित्स्त्रयिम देश से ऊपर निकाला!”
29 और उसने एक को बेतएल में रखा, और दूसरे को दान में
रखा । 30 और यह बात पाप ठहरी, क्योंकि लोग एक के पास
दान तक गए । 31 और उसने ऊंचे स्थानों का घर बनाया,
और सब प्रकार के लोगों में से याजक बनाए, जो लेवी के पुत्रों
में से नहीं थे । 32 और यारोबअम ने आठवें महीने के पंद्रहवें
दिन एक पर्व किया, जैसा यहूदा में पर्व होता था, और उसने
वेदी पर बलिदान किया । ऐसा उसने बेतएल में किया, उन
बछड़ों के लिये बलिदान चढ़ाते हुए जिन्हें उसने बनाया था ।
और बेतएल में उसने उन ऊंचे स्थानों के याजकों को ठहराया
जिन्हें उसने बनाया था । 33 और उसने वेदी पर उस महीने के
पंद्रहवें दिन बलिदान चढ़ाया जिसे उसने अपने मन से ठहराया
था । और उसने यिस्त्राएलियों के लिये एक पर्व किया, और
वेदी पर बलिदान चढ़ाया और धूप जलाया ।

13 1 और देखो, एक ईश्वर का जन यहूदा से बेतएल
𐤉𐤄𐤅𐤄 के वचन के द्वारा गया, जब यारोबअम वेदी
के पास धूप जलाने के लिये खड़ा था । 2 और उसने 𐤉𐤄𐤅𐤄
के वचन के द्वारा वेदी के विरुद्ध पुकारा और कहा, “हे वेदी,
वेदी! 𐤉𐤄𐤅𐤄 यों कहता है, ‘देखो, दाऊद के घराने में एक
पुत्र उत्पन्न होगा, उसका नाम योशियाह होगा । और वह तुझ
पर उन ऊंचे स्थानों के याजकों को चढ़ाएगा जो तुझ पर धूप
जलाते हैं, और मनुष्यों की हड्डियाँ तुझ पर जलाई जाएंगी ।’
” 3 और उसी दिन उसने एक चिन्ह दिया, यह कहता हुआ,
“यह वह चिन्ह है जो 𐤉𐤄𐤅𐤄 ने कहा है: देखो, वेदी फट
जाएगी, और उस पर की राख गिरा दी जाएगी ।” 4 और ऐसा
हुआ जब राजा यारोबअम ने उस ईश्वर के जन की बात सुनी,
जिसने बेतएल की वेदी के विरुद्ध पुकारा, तब उसने वेदी से
अपना हाथ बढ़ाकर कहा, “उसे पकड़ो!” तब उसका हाथ,
जिसे उसने उसकी ओर बढ़ाया था, सूख गया, कि वह उसे
अपने पास वापस न ला सका । 5 और वेदी फट गई, और वेदी
पर की राख गिर गई, उस चिन्ह के अनुसार जो ईश्वर के
जन ने 𐤉𐤄𐤅𐤄 के वचन के द्वारा दिया था । 6 और राजा ने
उत्तर देकर ईश्वर के जन से कहा, “कृपया अपने 𐤉𐤄𐤅𐤄

ईश्वर का मुख शान्त कर, और मेरे लिये प्रार्थना कर, कि मेरा
हाथ मुझे फिर लौट आए।" और ईश्वर के जन ने 𐤉𐤄𐤅𐤄
का मुख शान्त किया, और राजा का हाथ उसे फिर लौट
आया, और पहले जैसा हो गया। 7 तब राजा ने ईश्वर के जन
से कहा, "मेरे साथ घर आ, और विश्राम कर, और मैं तुझे
उपहार दूंगा।" 8 पर ईश्वर के जन ने राजा से कहा, "यदि तू
मुझे अपने घर का आधा भी दे, तो भी मैं तेरे साथ भीतर न
जाऊंगा, और न मैं इस स्थान में रोटी खाऊंगा और न जल
पियूंगा। 9 "क्योंकि मुझे 𐤉𐤄𐤅𐤄 के वचन के द्वारा आज्ञा दी
गई है, 'रोटी मत खाना, जल मत पीना, और जिस मार्ग से
आया उसी मार्ग से न लौटना।' " 10 सो वह दूसरे मार्ग से
चला गया, और जिस मार्ग से वह बेतएल आया था, उससे न
लौटा। 11 और एक बूढ़ा नबी बेतएल में रहता था, और उसके
पुत्र आकर उसे सब काम बताए जो उस दिन ईश्वर के जन
ने बेतएल में किए, और वे वचन जो उसने राजा से कहे।
12 और उनके पिता ने उनसे कहा, "वह किस मार्ग से गया?"
और उसके पुत्रों ने देखा था कि ईश्वर का जन कौन से मार्ग
से गया जो यहूदा से आया था। 13 और उसने अपने पुत्रों से
कहा, "मेरे लिये गदहे पर काठी कस दो।" और उन्होंने गदहे
पर काठी कसी, और वह उस पर सवार हुआ, 14 और ईश्वर
के जन के पीछे गया, और उसे एक बांज के पेड़ के नीचे बैठा
पाया। और उसने उससे कहा, "क्या तू वही ईश्वर का जन है
जो यहूदा से आया है?" और उसने कहा, "मैं हूं।" 15 और
उसने उससे कहा, "मेरे साथ घर आ और रोटी खा।"
16 और उसने कहा, "मैं तेरे साथ लौटकर नहीं जा सकता
और न तेरे साथ भीतर जा सकता, और न तेरे साथ इस
स्थान में रोटी खाऊंगा और न जल पियूंगा। 17 "क्योंकि मुझे
𐤉𐤄𐤅𐤄 के वचन के द्वारा कहा गया है, 'रोटी मत खाना और
न वहां जल पीना, और न जिस मार्ग से तू आया है उस पर
लौटना।' " 18 और उसने उससे कहा, "मैं भी तेरे समान एक
नबी हूं, और एक दूत ने मुझसे 𐤉𐤄𐤅𐤄 के वचन के द्वारा
कहा, 'उसे अपने साथ अपने घर वापस ले आ, और वह रोटी
खाए और जल पीए।' " पर उसने उससे झूठ कहा। 19 सो
वह उसके साथ लौट आया, और उसके घर में रोटी खाई
और जल पिया। 20 और ऐसा हुआ, जब वे मेज पर बैठे थे,
कि 𐤉𐤄𐤅𐤄 का वचन उस नबी के पास आया जिसने उसे
वापस लाया था, 21 और उसने यहूदा से आए ईश्वर के जन
को पुकारकर कहा, "𐤉𐤄𐤅𐤄 यों कहता है, 'क्योंकि तू
𐤉𐤄𐤅𐤄 के वचन के विरुद्ध गया, और उस आज्ञा को न माना
जो तेरे 𐤉𐤄𐤅𐤄 ईश्वर ने तुझे दी थी, 22 और लौट आया,
और उस स्थान में रोटी खाई और जल पिया जिसके विषय में
उसने तुझसे कहा था, "रोटी मत खाना और जल मत पीना,"
तेरी देह तेरे पितरों की कब्र में न पहुंचेगी।' " 23 और ऐसा
हुआ, जब उसने रोटी खा ली और जल पी लिया, कि उसने
उस नबी के लिये गदहे पर काठी कसी, जिसने उसे वापस
लाया था। 24 और वह चला गया, और एक सिंह ने उसे मार्ग
में पाया और उसे मार डाला। और उसकी देह मार्ग में डाल
दी गई। और गदहा उसके पास खड़ा था, और सिंह भी उस
देह के पास खड़ा था। 25 और देखो, लोग मार्ग से जा रहे थे
और उन्होंने देह को मार्ग में पड़ा देखा, और सिंह उस देह के
पास खड़ा था। और वे जाकर उस नगर में जिसे वह बूढ़ा
नबी रहता था, यह समाचार सुनाया। 26 और जिस नबी ने
उसे मार्ग से वापस लाया था, उसने यह सुना और कहा, "यह
वही ईश्वर का जन है जिसने 𐤉𐤄𐤅𐤄 के वचन के विरुद्ध
विद्रोह किया, और 𐤉𐤄𐤅𐤄 ने उसे सिंह के हाथ में दे दिया,
और उसने उसे फाड़ डाला और मार डाला, उस वचन के
अनुसार जो उसने उससे कहा था।" 27 और उसने अपने
पुत्रों से कहा, "मेरे लिये गदहे पर काठी कस दो।" और
उन्होंने काठी कसी। 28 सो वह गया और उसकी देह को मार्ग
में पड़ी हुई पाया, और गदहा और सिंह उस देह के पास खड़े
थे। सिंह ने न तो देह को खाया और न गदहे को फाड़ा।
29 और नबी ने ईश्वर के जन की देह उठाई, और उसे गदहे
पर रखा, और वापस ले आया। और वह बूढ़ा नबी नगर में
शोक मनाने और उसे गाड़ने आया। 30 और उसने उसकी
देह अपनी कब्र में रखी। और वे उसके लिये विलाप करने
लगे, यह कहते हुए, "हाय, मेरे भाई!" 31 और ऐसा हुआ, जब
उसने उसे गाड़ दिया, तब उसने अपने पुत्रों से कहा, "जब मैं
मर जाऊं, तब तुम मुझे उसी कब्र में गाड़ना जिसमें ईश्वर का
जन गाड़ा गया है। मेरी हड्डियों को उसकी हड्डियों के पास
रखना। 32 "क्योंकि वह वचन जो उसने 𐤉𐤄𐤅𐤄 के वचन
के द्वारा बेतएल की वेदी के विरुद्ध पुकारा, और शोमरोन के
नगरों में जो ऊंचे स्थानों के घर हैं उनके विरुद्ध पुकारा, वह
निश्चय पूरा होगा।" 33 इस घटना के बाद भी यारोबअम
अपनी बुरी चाल से न फेरा, वरन फिर से ऊंचे स्थानों के लिये
सब प्रकार के लोगों में से याजक बनाने लगा। जो कोई
चाहता, उसे वह ठहराता, कि ऊंचे स्थानों का याजक बने।
34 और यह बात यारोबअम के घराने का पाप ठहरी, कि उसे
पृथ्वी के ऊपर से काट दिया जाए और नष्ट कर दिया जाए।

14 1 उस समय अबियाह, यारोबआम का पुत्र बीमार हो
गया। 2 और यारोबआम ने अपनी पत्नी से कहा,
"कृपया उठो, और अपने को छुपाओ, ताकि वे न जानें कि तुम
यारोबआम की पत्नी हो, और शीलो में जाओ। देखो, वहां
अहियाहू नबी है, जिसने यह कहा था कि मैं इस प्रजा पर राजा
होऊँगा। 3 "और तुम अपने साथ दस रोटियाँ, और मिठाई के
केक, और शहद का एक पात्र लो, और उसके पास जाओ।
वह तुम्हें बताएगा कि बालक का क्या होगा।" 4 और
यारोबआम की पत्नी ने वैसा ही किया, और उठकर शीलो में
गई, और अहियाहू के घर पहुँची। परन्तु अहियाहू देख नहीं
सकता था, क्योंकि बुढ़ापे के कारण उसकी आँखें धुंधली हो
गई थीं। 5 और 𐤉𐤄𐤅𐤄 ने अहियाहू से कहा था, "देखो,
यारोबआम की पत्नी अपने पुत्र के विषय में तुमसे एक बात
पूछने आ रही है, क्योंकि वह बीमार है। उससे ऐसे और ऐसे
कहना। क्योंकि जब वह आएगी, तो वह अपने को अनजान
बनाएगी।" 6 और ऐसा हुआ, जब अहियाहू ने उसके पाँवों की
आहट सुनी, जब वह द्वार से भीतर आई, तो उसने कहा,
"आओ, यारोबआम की पत्नी। तू क्यों अपने को अनजान
बना रही है? और मैं तेरे पास भारी समाचार लेकर भेजा गया
हूँ। 7 जाकर यारोबआम से कह, 'यह कहता है 𐤉𐤄𐤅𐤄
ईश्वर इस्राएल का, "क्योंकि मैंने तुझे प्रजा में से उठाया, और
तुझे मेरी प्रजा इस्राएल पर प्रभुता दी, 8 और दाविद के घराने
से राज्य छीनकर तुझे दिया – परन्तु तू मेरे दास दाविद के
समान नहीं रहा, जिसने मेरी आज्ञाओं को माना और जिसने
पूरे मन से मेरे पीछे चला, और मेरी दृष्टि में केवल वही किया
जो ठीक था, 9 परन्तु तूने अपने से पहले सब से अधिक बुराई

की है, क्योंकि तू गया और अपने लिये दूसरे पराक्रमी देवता
और ढाली हुई मूरतें बनाई हैं, मुझे चिढ़ाने के लिये, और तूने
मुझे अपनी पीठ के पीछे डाल दिया – 10 इसलिये देख, मैं
यारोबआम के घर पर बुराई लाता हूँ, और यारोबआम से
इस्राएल में हर एक नर को काट डालूँगा, चाहे बंधा हुआ हो या
छोड़ा हुआ, और यारोबआम के घर के बचे हुओं को ऐसे बहा
दूँगा, जैसे मैला बहाकर सब नष्ट कर दिया जाता है। 11 जो
यारोबआम के नगर में मरेंगे, उन्हें कुत्ते खाएँगे, और जो
मैदान में मरेंगे, उन्हें आकाश के पक्षी खाएँगे, क्योंकि
𐤉𐤄𐤅𐤄 ने यह कहा है।" ' 12 "और तू उठ, अपने घर को
जा। जब तेरे पाँव नगर में प्रवेश करेंगे, तो बालक मर
जाएगा। 13 "और सारा इस्राएल उसके लिये विलाप करेगा
और उसको दफनाएगा, क्योंकि यारोबआम में वही एक है जो
कब्र तक पहुँचेगा, क्योंकि उसमें 𐤉𐤄𐤅𐤄 इस्राएल के ईश्वर
की ओर एक अच्छा समाचार पाया गया है, यारोबआम के घर
में। 14 "और 𐤉𐤄𐤅𐤄 अपने लिये इस्राएल पर एक राजा
खड़ा करेगा जो यारोबआम के घर को काट डालेगा, आज
ही, और अब भी! 15 "और 𐤉𐤄𐤅𐤄 इस्राएल को मार देगा,
जैसे सरकंडा जल में हिलता है, और इस्राएल को इस उत्तम
देश से उखाड़ देगा जो उसने उनके पितरों को दिया था, और
उन्हें नदी के पार बिखेर देगा, क्योंकि उन्होंने अपने अशेरीम
बनाए, 𐤉𐤄𐤅𐤄 को क्रोधित करने के लिये, 16 और वह
इस्राएल को छोड़ देगा, यारोबआम के पापों के कारण, जिसने
पाप किया और जिसने इस्राएल को पाप करने में डाला।"
17 और यारोबआम की पत्नी उठकर गई, और तिर्सा में
पहुँची। जब वह घर की देहलीज़ पर पहुँची, तो बालक मर
गया। 18 और उन्होंने उसको दफनाया, और सारा इस्राएल
उसके लिये विलाप किया, उस वचन के अनुसार जो 𐤉𐤄𐤅𐤄
ने अपने दास अहियाहू नबी के द्वारा कहा था। 19 और
यारोबआम के और सब काम, कैसे उसने युद्ध किया और
कैसे राज्य किया, देखो, वे इस्राएल के राजाओं की पुस्तक में
लिखे हैं। 20 और यारोबआाम ने जो राज्य किया वह बाईस वर्ष
थे। और वह अपने पितरों के साथ सो गया, और नदाब
उसका पुत्र उसके स्थान पर राज्य करने लगा। 21 उधर
रहबआम, शलोमो का पुत्र यहूदा में राज्य करने लगा।
रहबआम की आयु इकतालीस वर्ष थी जब वह राजा बना, और
उसने यरूशलेम में सत्रह वर्ष राज्य किया, उस नगर में जिसे
𐤉𐤄𐤅𐤄 ने इस्राएल के सब गोत्रों में से चुना था, कि वहाँ
अपना नाम रखे। और उसकी माता का नाम नआमा,
अम्मोनी थी। 22 और यहूदा ने 𐤉𐤄𐤅𐤄 की दृष्टि में बुराई
की, और अपने पापों से जिसे उन्होंने किया, उससे उसे ईर्ष्या
दिलाई, जो उनके पितरों ने सब कुछ किया था, उससे भी
अधिक। 23 क्योंकि उन्होंने अपने लिये ऊँचे स्थान, और
खम्भे, और अशेरीम भी बनाए, हर ऊँचे पहाड़ पर और हर
हरे वृक्ष के नीचे। 24 और देश में मंदिर वेश्याएँ भी थीं।
उन्होंने उन सब घृणित कामों के अनुसार किया जो
अन्यजातियों ने किए थे जिन्हें 𐤉𐤄𐤅𐤄 ने इस्राएल के पुत्रों
के सामने से निकाला था। 25 और ऐसा हुआ, रहबआम राजा
के पाँचवें वर्ष में, कि शिशक, मिस्र का राजा, यरूशलेम पर
चढ़ आया। 26 और उसने 𐤉𐤄𐤅𐤄 के भवन के खज़ाने और
राजा के घर के खज़ाने छीन लिए, वह सब ले गया। और
उसने वे सब सोने की ढालें भी ले लीं जो शलोमो ने बनाई थीं।
27 और राजा रहबआम ने उनकी जगह काँसे की ढाले
बनवाईं, और उन्हें रखवालों के प्रधानों के हाथों में सौंप दिया,
जो राजा के घर के द्वार की रखवाली करते थे। 28 और जब
जब राजा 𐤉𐤄𐤅𐤄 के भवन में जाता, तब पहरेदार उन्हें ले
जाते, और फिर उन्हें पहरेदार के कक्ष में वापस ले आते।
29 और रहबआम के और सब काम, और जो कुछ उसने
किया, क्या वे यहूदा के राजाओं की पुस्तक में लिखे नहीं हैं?
30 और रहबआम और यारोबआम के बीच जीवन भर युद्ध
रहा। 31 और रहबआम अपने पितरों के साथ सो गया, और
अपने पितरों के साथ दाविद के नगर में दफनाया गया। और
उसकी माता का नाम नआमा अम्मोनी थी। और अबियाम
उसका पुत्र उसके स्थान पर राज्य करने लगा।

15 1 और यारोबआम नबत का पुत्र राजा होने के
अठारहवें वर्ष में, अबियाम यहूदा का राजा बना।
2 उसने यरूशलेम में तीन वर्ष राज्य किया, और उसकी माता
का नाम मआखा था, जो अबिशालोम की नातिन थी। 3 और
वह अपने पिता के सब पापों में चला, जो उसने उसके पहले
किए थे, और उसका मन अपने ईश्वर 𐤉𐤄𐤅𐤄 के प्रति सिद्ध
नहीं था, जैसा कि उसके पिता दाविद का मन था। 4 परन्तु
दाविद के कारण उसके ईश्वर 𐤉𐤄𐤅𐤄 ने उसे यरूशलेम में
एक दीपक दिया, कि वह उसके पश्चात उसके पुत्र को खड़ा
करे और यरूशलेम को स्थिर करे, 5 क्योंकि दाविद ने
𐤉𐤄𐤅𐤄 की दृष्टि में वही किया जो ठीक था, और अपने
जीवन के सब दिनों में उसने उन सब आज्ञाओं में से किसी से
भी विमुख नहीं हुआ, केवल ऊरिय्याह हित्ती के विषय को
छोड़कर। 6 और रहबआम और यारोबआम के बीच उसके
जीवन के सब दिनों में युद्ध रहा। 7 और अबियाम के बाकी
काम, और जो कुछ उसने किया, क्या वे यहूदा के राजाओं की
पुस्तक में लिखे नहीं हैं? और अबियाम और यारोबआम के
बीच युद्ध रहा। 8 और अबियाम अपने पितरों के साथ सो गया,
और उन्होंने उसे दाविद के नगर में दफनाया। और उसके
स्थान पर उसका पुत्र आसा राजा बना। 9 और यारोबआम
इस्राएल का राजा होने के बीसवें वर्ष में आसा यहूदा का राजा
बना। 10 और उसने यरूशलेम में इकतालीस वर्ष राज्य किया,
और उसकी दादी का नाम मआखा था, जो अबिशालोम की
नातिन थी। 11 और आसा ने वही किया जो 𐤉𐤄𐤅𐤄 की दृष्टि
में ठीक था, जैसे उसके पिता दाविद ने किया था, 12 और
उसने देश से मंदिर के वेश्याओं को दूर किया, और उन सब
मूर्तियों को हटा दिया जो उसके पितरों ने बनाए थे। 13 और
उसने अपनी दादी मआखा को भी महारानी के पद से हटा
दिया, क्योंकि उसने अशेरा के लिये एक घृणित मूरत बनाई
थी। और आसा ने उसकी घृणित मूरत को काटकर किद्रोन
की तराई में जलाया। 14 परन्तु ऊँचे स्थान नहीं हटाए गए।
तौभी, आसा का मन अपने सब दिनों में 𐤉𐤄𐤅𐤄 के प्रति सिद्ध
रहा। 15 और उसने अपने पिता की पवित्र वस्तुएँ, और अपनी
पवित्र वस्तुएँ भी, चाँदी, सोना और पात्र, 𐤉𐤄𐤅𐤄 के भवन में
लाकर चढ़ाए। 16 और आसा और इस्राएल के राजा बाशा के
बीच जीवन भर युद्ध रहा। 17 और इस्राएल का राजा बाशा
यहूदा के विरुद्ध चढ़ आया, और रामाह को बनाया, ताकि कोई
यहूदा के राजा आसा के पास से न जा सके और न आ सके।

18तब आसा ने 𐤉𐤄𐤅𐤄 के भवन के और राजा के घर के
खज़ानों में से जो कुछ बचा था, वह सब लिया, और उसे
अपने सेवकों के हाथ में दिया। और राजा आसा ने उन्हें
अराम के राजा, तबरीम्मोन के पुत्र, हेज़्योन के पुत्र, बिन-हदद
के पास भेजा, जो दम्मेसक में रहता था, यह कहते हुए,
19“तेरे और मेरे बीच एक वाचा हो, जैसे मेरे पिता और तेरे
पिता के बीच थी। देख, मैं तुझे चाँदी और सोने का उपहार
भेजता हूँ। आ, इस्राएल के राजा बाशा के साथ अपनी वाचा
तोड़ दे, कि वह मुझसे दूर हो जाए।” 20और बिन-हदद ने
राजा आसा की सुनी, और अपने सेना के प्रधानों को इस्राएल
के नगरों के विरुद्ध भेजा, और उन्होंने इयोन, और दान, और
अबेल-बेत-मआखा, और सब किनेरोत, नप्ताली की सारी
भूमि को मारा। 21और जब बाशा ने यह सुना, तो उसने
रामाह को बनाना छोड़ दिया, और तिर्सा में रहा। 22तब राजा
आसा ने सारे यहूदा को बुलाया – किसी को छूट नहीं दी गई –
और वे रामाह के पत्थर और लकड़ियाँ ले गए, जिससे बाशा
ने निर्माण किया था। और राजा आसा ने उनसे बिन्यामिन के
गेबा और मिट्सपा को बनाया। 23और आसा के सब काम,
और उसकी सब पराक्रम, और जो कुछ उसने किया, और
जो नगर उसने बनाए, क्या वे यहूदा के राजाओं की पुस्तक में
लिखे नहीं हैं? परन्तु अपनी बुढ़ापे में उसके पाँवों में रोग हो
गया। 24और आसा अपने पितरों के साथ सो गया, और
अपने पितरों के साथ अपने पिता दाविद के नगर में दफनाया
गया। और उसके स्थान पर उसका पुत्र यहोशापात राजा
बना। 25और यारोबआम का पुत्र नदाब, आसा यहूदा का
राजा होने के दूसरे वर्ष में इस्राएल का राजा बना, और उसने
इस्राएल पर दो वर्ष राज्य किया। 26और उसने 𐤉𐤄𐤅𐤄 की
दृष्टि में बुराई की, और अपने पिता के मार्ग पर चला, और
उसके पाप में जिसके कारण उसने इस्राएल को पाप में
डाला। 27तब इस्साकार के घराने से अहियाहू का पुत्र बाशा
ने उसके विरुद्ध षडयंत्र किया। और बाशा ने उसे गिब्बेतोन में
मार डाला, जो पलिश्तियों का था; क्योंकि नदाब और सारा
इस्राएल गिब्बेतोन को घेरे हुए थे। 28और बाशा ने उसे यहूदा
के राजा आसा के तीसरे वर्ष में मार डाला, और उसके स्थान
पर राज्य किया। 29और जब वह राजा बना, तब उसने
यारोबआम के सारे घराने को मार डाला। उसने यारोबआम
के लिये कोई भी जीवित नहीं छोड़ा, जब तक उसने उसे नष्ट
नहीं कर दिया, उस वचन के अनुसार जो 𐤉𐤄𐤅𐤄 ने अपने
दास शीलोनी अहियाहू के द्वारा कहा था, 30यारोबआम के उन
पापों के कारण, जो उसने किए थे, और जिनके द्वारा उसने
इस्राएल को पाप में डाला था, उसके क्रोध के कारण जिससे
उसने इस्राएल के ईश्वर 𐤉𐤄𐤅𐤄 को क्रोधित किया था।
31और नदाब के बाकी काम, और जो कुछ उसने किया, क्या
वे इस्राएल के राजाओं की पुस्तक में लिखे नहीं हैं? 32और
आसा और इस्राएल के राजा बाशा के बीच जीवन भर युद्ध
रहा। 33और यहूदा के राजा आसा के तीसरे वर्ष में, अहियाहू
का पुत्र बाशा, तिर्सा में समस्त इस्राएल का राजा बना, और
उसने चौबीस वर्ष राज्य किया। 34और उसने 𐤉𐤄𐤅𐤄 की
दृष्टि में बुराई की, और यारोबआम के मार्ग पर चला, और
उसके पाप में, जिसके द्वारा उसने इस्राएल को पाप में डाला।

16 1तब 𐤉𐤄𐤅𐤄 का वचन हनानी के पुत्र याहू के पास
बाशा के विरुद्ध आया, यह कहते हुए, 2“क्योंकि मैंने
तुझे धूल में से उठाकर अपनी प्रजा इस्राएल पर प्रभुता दी,
परन्तु तू यारोबआम के मार्ग में चला, और मेरी प्रजा इस्राएल
को पाप में डाला, ताकि वे अपने पापों से मुझे क्रोधित करें,
3देख, मैं बाशा और उसके घराने को साफ़ कर दूँगा, और
तेरे घराने को नबत के पुत्र यारोबआम के घराने के समान
कर दूँगा। 4“जो कोई बाशा का है और नगर में मर जाएगा
उसे कुत्ते खाएँगे, और जो कोई उसका खेत में मरेगा उसे
आकाश के पक्षी खाएँगे।” 5और बाशा के बाकी काम, जो
उसने किए, और उसकी पराक्रम, क्या वे इस्राएल के राजाओं
की पुस्तक में लिखे नहीं हैं? 6और बाशा अपने पितरों के साथ
सो गया और तिर्सा में दफनाया गया। और उसके स्थान पर
उसका पुत्र एला राजा हुआ। 7और इसके सिवाय, 𐤉𐤄𐤅𐤄
का वचन नबी याहू हनानी के पुत्र के द्वारा बाशा और उसके
घराने के विरुद्ध आया, उन सब बुराइयों के कारण जो उसने
𐤉𐤄𐤅𐤄 की दृष्टि में कीं, अपने हाथों के कामों से उसे
क्रोधित किया, यारोबआम के घराने के समान बना, और
क्योंकि उसने उन्हें मार डाला था। 8यहूदा के राजा आसा के
छब्बीसवें वर्ष में, बाशा का पुत्र एला तिर्सा में इस्राएल पर राजा
होने लगा, दो वर्ष। 9और उसका सेवक जिम्री, जो उसके
रथों के आधे भाग का प्रधान था, ने उसके विरुद्ध षडयंत्र
किया; जब वह तिर्सा में अपने घर-प्रमुख अर्त्सा के घर में, जो
तिर्सा में उसके घर पर था, मदिरापान करके नशे में था।
10तब जिम्री अंदर आया और उसे मार डाला और यहूदा के
राजा आसा के सत्ताईसवें वर्ष में उसे घात कर दिया, और
उसके स्थान पर राजा हुआ। 11और ऐसा हुआ कि जैसे ही
वह राज्य करने लगा, और सिंहासन पर बैठा, उसने बाशा के
सारे घराने को मार डाला; उसने उसके किसी भी नर को न
छोड़ा, न तो उसके संबंधियों में से और न उसके मित्रों में से।
12इस प्रकार जिम्री ने बाशा के पूरे घराने को नष्ट कर दिया,
𐤉𐤄𐤅𐤄 के उस वचन के अनुसार जो उसने नबी याहू के
द्वारा बाशा के विरुद्ध कहा था, 13बाशा के सब पापों और
उसके पुत्र एला के पापों के कारण, जो उन्होंने किए थे और
जिनके द्वारा उन्होंने इस्राएल को पाप में डाला था, कि उन्होंने
अपनी व्यर्थताओं से इस्राएल के ईश्वर 𐤉𐤄𐤅𐤄 को क्रोधित
किया। 14और एला के बाकी काम, और जो कुछ उसने
किया, क्या वे इस्राएल के राजाओं की पुस्तक में लिखे नहीं
हैं? 15यहूदा के राजा आसा के सत्ताईसवें वर्ष में, जिम्री ने
तिर्सा में सात दिन राज्य किया। और लोग गिब्बेतोन के विरुद्ध
पड़ाव डाले हुए थे, जो पलिश्तियों का था। 16और छावनी में
पड़े लोगों ने यह कहकर सुना, “जिम्री ने षडयंत्र किया और
राजा को भी मार डाला।” तब उसी दिन सारे इस्राएल ने
छावनी में सेनापति ओम्री को इस्राएल पर राजा ठहराया।
17तब ओम्री और समस्त इस्राएल उसके साथ गिब्बेतोन से
ऊपर चढ़े और उन्होंने तिर्सा की घेराबंदी की। 18और ऐसा
हुआ कि जब जिम्री ने देखा कि नगर ले लिया गया है, तब वह
राजा के घर के एक ऊँचे कक्ष में गया और अपने ऊपर राजा
के घर को आग लगाकर जला दिया, और वह मर गया,
19उन पापों के कारण जो उसने किए थे, 𐤉𐤄𐤅𐤄 की दृष्टि
में बुरा करने में, यारोबआम के मार्ग में चलने में, और उस पाप
में जो उसने किया था ताकि इस्राएल को पाप में डाले।

[20] और जिम्री के बाकी काम, और जो षडचंत्र उसने किया,
क्या वे इस्राएल के राजाओं की पुस्तक में लिखे नहीं हैं?
[21] तब इस्राएल की प्रजा दो भागों में बँट गई: प्रजा का आधा
भाग गीनत के पुत्र तिब्नी के पीछे हो लिया कि उसे राजा
बनाए, और आधा ओम्री के पीछे हो लिया। [22] परन्तु जो लोग
ओम्री के पीछे थे वे तिब्नी गीनत के पुत्र के पीछे रहने वालों से
अधिक बलवन्त हुए; और तिब्नी मर गया और ओम्री राजा
हुआ। [23] यहूदा के राजा आसा के इकतालीसवें वर्ष में, ओम्री
इस्राएल पर राजा हुआ और बारह वर्ष राज्य किया; उसने
तिर्सा में छह वर्ष राज्य किया। [24] और उसने शेमेर से दो
किक्कार चाँदी देकर शोमेरोन का पहाड़ खरीदा, और उस
पहाड़ पर नगर बनाया, और जो नगर उसने बनाया उसका
नाम पहाड़ के स्वामी शेमेर के नाम पर शोमेरोन रखा।
[25] और ओम्री ने 𐤉𐤄𐤅𐤄 की दृष्टि में बुराई की, और अपने
से पहले वालों सब से अधिक बुरा किया, [26] और वह नबत के
पुत्र यारोबआम के सब मार्गों में चला, और उसके उस पाप में
जिसके द्वारा उसने इस्राएल को पाप में डाला था, अपनी
व्यर्थताओं से इस्राएल के ईश्वर 𐤉𐤄𐤅𐤄 को क्रोधित किया।
[27] और ओम्री के बाकी काम जो उसने किए, और वह पराक्रम
जो उसने प्राप्त किया, क्या वे इस्राएल के राजाओं की पुस्तक
में लिखे नहीं हैं? [28] और ओम्री अपने पितरों के साथ सो गया
और शोमेरोन में दफनाया गया। और उसके स्थान पर
उसका पुत्र अहाब राजा हुआ। [29] यहूदा के राजा आसा के
अड़तीसवें वर्ष में, ओम्री का पुत्र अहाब इस्राएल पर राजा
हुआ। और ओम्री का पुत्र अहाब शोमेरोन में इस्राएल पर
बाईस वर्ष राज्य करता रहा। [30] और ओम्री के पुत्र अहाब ने
𐤉𐤄𐤅𐤄 की दृष्टि में बुराई की, अपने से पहले वालों सब से
अधिक। [31] और ऐसा हुआ कि उसके लिये यह बात हल्की
थी कि वह नबत के पुत्र यारोबआम के पापों में चले, तब उसने
इज़ेबेल को, जो सिदोनियों के राजा एत्बाल की पुत्री थी, पत्नी
कर लिया; और वह गया और बाल की सेवा की और उसके
आगे झुक गया, [32] और बाल के लिये बाल के घर में, जो
उसने शोमेरोन में बनाया था, एक वेदी खड़ी की। [33] और
अहाब ने एक अशेरा बनाई। और अहाब ने अपने से पहले
सब इस्राएल के राजाओं से अधिक इस्राएल के ईश्वर
𐤉𐤄𐤅𐤄 को क्रोधित किया। [34] उसके दिनों में बेथ हा'एली
का हिएल ने यरीहो को बनाया। उसने उसकी नींव अपने
ज्येष्ठ पुत्र अबीराम की कीमत पर डाली, और उसके फाटक
अपने सबसे छोटे पुत्र सेगूब की कीमत पर खड़े किए,
𐤉𐤄𐤅𐤄 के उस वचन के अनुसार जो उसने नून के पुत्र
यहोशू के द्वारा कहा था।

17 [1] और गिलाद के रहनेवाले तिश्बी एल्याहू ने अहाब से
कहा, "जैसा इस्राएल का ईश्वर 𐤉𐤄𐤅𐤄 जीवित है,
जिसके सामने मैं खड़ा हूँ, इन वर्षों में ओस या वर्षा नहीं होगी,
केवल मेरे वचन के अनुसार।" [2] और 𐤉𐤄𐤅𐤄 का वचन
उसके पास आया, यह कहते हुए, [3] "यहाँ से निकलकर पूर्व
की ओर मुड़ जा, और केरीत नामक नाले के पास छिप जा,
जो यर्दन में गिरता है। [4] "और ऐसा होगा कि तू उस नदी से
पियेगा, और मैं कौवों को आज्ञा दूँगा कि वे वहाँ तुझे
खिलाएँ।" [5] और वह गया और 𐤉𐤄𐤅𐤄 के वचन के
अनुसार किया, क्योंकि वह गया और केरीत नामक नाले के
पास रहा, जो यर्दन में गिरता है। [6] और कौवे उसे सुबह रोटी
और मांस लाते, और शाम को भी रोटी और मांस लाते, और
वह नदी से पीता था। [7] और कुछ समय के बाद ऐसा हुआ कि
नदी सूख गई, क्योंकि देश में वर्षा नहीं हुई थी। [8] तब
𐤉𐤄𐤅𐤄 का वचन उसके पास आया, यह कहते हुए,
[9] "उठकर सरेपत को जा, जो सिदोन का है, और वहाँ रह।
देख, मैंने वहाँ एक विधवा को आज्ञा दी है कि वह तुझे जीवित
रखे।" [10] और वह उठकर सरेपत को गया, और नगर के
फाटक पर आया और देखा कि एक विधवा लकड़ियाँ बटोर
रही है। और उसने उससे पुकारकर कहा, "कृपया मुझे थोड़े
जल का एक पात्र लाकर पिला।" [11] और जब वह उसे लाने
जा रही थी, तो उसने पुकारकर उससे कहा, "कृपया अपने
हाथ में एक टुकड़ा रोटी भी मुझे लाना।" [12] और उसने कहा,
"जैसा तेरा ईश्वर 𐤉𐤄𐤅𐤄 जीवित है, मेरे पास रोटी नहीं है,
केवल एक मुट्ठी आटा एक घड़े में और थोड़ी तेल एक कुप्पी
में है। और देख, मैं दो-तीन लकड़ियाँ बटोर रही हूँ, और
जाकर अपने और अपने पुत्र के लिये उसे पकाऊँगी, और
हम उसे खाएँगे और मर जाएँगे।" [13] तब एल्याहू ने उससे
कहा, "मत डर, जा और जैसा तूने कहा वैसा ही कर, परन्तु
पहले मेरे लिये उसमें से एक छोटा रोटी का टुकड़ा बना और
मेरे पास ले आ। उसके बाद अपने और अपने पुत्र के लिये
बना लेना। [14] "क्योंकि इस्राएल के ईश्वर 𐤉𐤄𐤅𐤄 ने यह
कहा है, 'आटे का घड़ा खाली न होगा, और तेल की कुप्पी
घटेगी नहीं, जब तक कि 𐤉𐤄𐤅𐤄 पृथ्वी पर वर्षा न दे।' "
[15] तब वह गई और एल्याहू के वचन के अनुसार किया; और
वह, वह स्त्री और उसका घराना बहुत दिनों तक खाते रहे।
[16] आटे का घड़ा खाली न हुआ, और तेल की कुप्पी भी न
घटी, जैसा कि 𐤉𐤄𐤅𐤄 ने एल्याहू के द्वारा कहा था। [17] और
इन घटनाओं के बाद ऐसा हुआ कि उस स्त्री का पुत्र, जो उस
घर की स्वामिनी थी, बीमार हो गया। और उसकी बीमारी
बहुत गंभीर थी, यहाँ तक कि उसमें श्वास न रहा। [18] तब
उसने एल्याहू से कहा, "हे ईश्वर के जन, मेरा तुझ से क्या
काम? क्या तू मेरे अधर्म को स्मरण कराने और मेरे पुत्र को
मार डालने के लिये मेरे पास आया है?" [19] और उसने उससे
कहा, "मुझे अपना पुत्र दे।" तब उसने उसे उसकी गोद से
लिया और उस ऊपरी कोठरी में ले गया जहाँ वह रहता था,
और उसे अपने बिस्तर पर लिटा दिया। [20] और उसने
𐤉𐤄𐤅𐤄 को पुकारकर कहा, "हे मेरे ईश्वर 𐤉𐤄𐤅𐤄, क्या
तूने भी उस विधवा पर, जिसके साथ मैं रहता हूँ, विपत्ति
लाकर उसके पुत्र को मार डाला है?" [21] और उसने बालक
पर तीन बार अपने को फैलाया, और 𐤉𐤄𐤅𐤄 को पुकारकर
कहा, "हे मेरे ईश्वर 𐤉𐤄𐤅𐤄, मैं तुझ से प्रार्थना करता हूँ, इस
बालक का प्राण उसमें लौट आए।" [22] और 𐤉𐤄𐤅𐤄 ने
एल्याहू की आवाज सुनी, और बालक का प्राण उसमें लौट
आया, और वह जीवित हो गया। [23] तब एल्याहू ने बालक को
लिया और उसे ऊपरी कोठरी से घर में नीचे ले आया, और
उसे उसकी माता को दिया। और एल्याहू ने कहा, "देख, तेरा
पुत्र जीवित है!" [24] तब उस स्त्री ने एल्याहू से कहा, "अब मैं
इस बात से जानती हूँ कि तू ईश्वर का जन है, और तेरे मुँह में
𐤉𐤄𐤅𐤄 का वचन सत्य है।"

18 [1]और बहुत दिनों के बाद ऐसा हुआ कि 𐤉𐤄𐤅𐤄 का
वचन एलियाहू के पास तीसरे वर्ष में आया, कहा,
"जा, अपने आप को अहाब के सामने प्रस्तुत कर, और मैं
पृथ्वी पर वर्षा दूँगा ।" [2]तब एलियाहू अहाब के सामने प्रस्तुत
होने गया । और शोमरोन में अकाल बहुत भारी था । [3]और
अहाब ने ओबद्याहू को बुलाया, जो उसके घर पर अधिकारी
था । अब ओबद्याहू 𐤉𐤄𐤅𐤄 से अत्यन्त डरता था । [4]और
ऐसा हुआ, जब इज़ेबेले ने 𐤉𐤄𐤅𐤄 के नबियों को काट डाला,
तब ओबद्याहू ने सौ नबियों को लिया और उन्हें पचास-पचास
करके गुफा में छिपा दिया, और उन्हें रोटी और पानी से
खिलाया । [5]और अहाब ने ओबद्याहू से कहा, "देश में सब
जल के सोतों और सब नालों में जा, ऐसा हो कि हमें घास
मिले, घोड़ों और खच्चरों को जीवित रखने के लिये, और
किसी पशु का नाश न हो ।" [6]और उन्होंने देश को आपस में
बाँट लिया, कि उस पर से होकर जाएँ । अहाब अकेला एक
मार्ग पर गया, और ओबद्याहू अकेला दूसरे मार्ग पर गया ।
[7]और जब ओबद्याहू मार्ग में था, देख, एलियाहू उससे मिला ।
और उसने उसे पहचाना, और अपने मुँह के बल गिरकर
कहा, "क्या यह आप हैं, मेरे स्वामी एलियाहू?" [8]और उसने
उससे कहा, "मैं ही हूँ । जा, अपने स्वामी से कह, 'एलियाहू
यहाँ है ।' " [9]और उसने कहा, "मैंने क्या पाप किया है, कि
आप अपने दास को अहाब के हाथ में दे रहे हैं, कि मुझे मार
डाले? [10]"जैसे 𐤉𐤄𐤅𐤄 आपका ईश्वर जीवित है, कोई भी
राष्ट्र या राज्य नहीं रहा, जहाँ मेरे स्वामी ने आपको ढूँढने के
लिये न भेजा हो । और जब उन्होंने कहा, 'वह यहाँ नहीं है,' तो
उसने राज्य या राष्ट्र को शपथ खिलाई कि वे आपको नहीं पा
सके । [11]"और अब आप कहते हैं, 'जा, अपने स्वामी से
कह, "एलियाहू यहाँ है ।" ' [12]"और ऐसा होगा, जैसे ही मैं
आपसे दूर हो जाऊँगा, 𐤉𐤄𐤅𐤄 का आत्मा आपको किसी
ऐसी जगह उठा ले जाएगा जिसे मैं नहीं जानता । और जब मैं
अहाब को बताने आऊँगा, और वह आपको न पाएगा, तो वह
मुझे मार डालेगा । पर मैं आपका दास अपनी जवानी से ही
𐤉𐤄𐤅𐤄 से डरता रहा हूँ । [13]"क्या यह मेरे स्वामी को नहीं
बताया गया, जो मैंने किया, जब इज़ेबेले ने 𐤉𐤄𐤅𐤄 के नबियों
को मार डाला, कि मैंने सौ पुरुषों को 𐤉𐤄𐤅𐤄 के नबियों में से
छिपा दिया, पचास-पचास करके गुफा में, और उन्हें रोटी और
पानी से खिलाया?" [14]"और अब आप कहते हैं, 'जा, अपने
स्वामी से कह, "एलियाहू यहाँ है!" ' तब वह मुझे मार
डालेगा ।" [15]और एलियाहू ने कहा, "जैसे सेनाओं का
𐤉𐤄𐤅𐤄 जीवित है, जिसके सामने मैं खड़ा हूँ, मैं आज
सचमुच अपने आप को उसके सामने प्रकट करूँगा ।" [16]तब
ओबद्याहू जाकर अहाब से मिला और उसे बताया, और अहाब
एलियाहू से मिलने गया । [17]और ऐसा हुआ, जब अहाब ने
एलियाहू को देखा, तब अहाब ने उससे कहा, "क्या यह आप
हो, इस्राएल को अशांत करनेवाले?" [18]और उसने उत्तर
दिया, "मैंने इस्राएल को अशांत नहीं किया, पर आप और
आपके पिता का घर, क्योंकि आपने 𐤉𐤄𐤅𐤄 की आज्ञाओं को
त्याग दिया, और आपने बालों के पीछे चले ।" [19]"और अब,
सारे इस्राएल को मेरे पास कर्मेल पर्वत पर इकट्ठा कर, और
बाल के चार सौ पचास नबी, और अशेरा के चार सौ नबी, जो
इज़ेबेले की मेज़ पर खाते हैं ।" [20]तब अहाब ने सारे इस्राएल
के पुत्रों को भेजकर, और नबियों को कर्मेल पर्वत पर इकट्ठा
किया । [21]और एलियाहू सब लोगों के पास आया, और कहा,
"तुम कब तक दो विचारों के बीच डगमगाते रहोगे? यदि
𐤉𐤄𐤅𐤄 ईश्वर है, तो उसके पीछे चलो; और यदि बाल, तो
उसके पीछे चलो ।" पर लोगों ने उसे कोई उत्तर नहीं दिया ।
[22]और एलियाहू ने लोगों से कहा, "मैं अकेला 𐤉𐤄𐤅𐤄 का
नबी बचा हूँ, पर बाल के नबी चार सौ पचास पुरुष हैं ।
[23]"अब हमें दो बैल दे । और वे अपने लिये एक बैल चुनें,
और उसे टुकड़े-टुकड़े करें, और लकड़ी पर रखें, पर आग
न लगाएँ । और मैं दूसरा बैल तैयार करूँगा, और उसे लकड़ी
पर रखूँगा, पर आग न लगाऊँगा । [24]"और तुम अपने देवता
के नाम को पुकारो, और मैं 𐤉𐤄𐤅𐤄 के नाम को पुकारूँगा ।
और जो ईश्वर आग से उत्तर देगा, वही ईश्वर है ।" तब सब
लोगों ने उत्तर दिया और कहा, "वचन अच्छा है ।" [25]और
एलियाहू ने बाल के नबियों से कहा, "अपने लिये एक बैल चुनो
और उसे पहले तैयार करो, क्योंकि तुम बहुत हो । और अपने
देवता के नाम को पुकारो, पर आग न लगाना ।" [26]तब
उन्होंने वह बैल लिया जो उन्हें दिया गया था, और उसे तैयार
किया, और बाल के नाम को पुकारा, सुबह से दोपहर तक,
कहते हुए, "हे बाल, हमें उत्तर दे!" पर कोई आवाज़ नहीं थी
और कोई उत्तर देनेवाला नहीं था । और वे उस वेदी के चारों
ओर कूदते रहे जो उन्होंने बनाई थी । [27]और दोपहर के
समय ऐसा हुआ कि एलियाहू ने उनका उपहास किया और
कहा, "जोर से पुकारो, क्योंकि वह देवता है; वह ध्यान कर
रहा होगा, या व्यस्त होगा, या यात्रा पर होगा, या शायद सो रहा
होगा और उसे जगाना होगा!" [28]और वे ऊँचे स्वर से
पुकारते रहे, और अपने नियम के अनुसार, चाकुओं और
भालों से अपने आप को काटते रहे, यहाँ तक कि उनका रक्त
बह निकला । [29]और ऐसा हुआ कि जब दोपहर बीत गई, तो
वे भविष्यवाणी करते रहे जब तक कि भेंट चढ़ाने का समय न
हो गया । पर कोई आवाज़ नहीं थी, और कोई उत्तर देनेवाला
नहीं था, और कोई ध्यान देनेवाला नहीं था । [30]तब एलियाहू ने
सब लोगों से कहा, "मेरे पास आओ ।" और सब लोग उसके
पास आए । और उसने 𐤉𐤄𐤅𐤄 की टूटी हुई वेदी को सुधार
दिया । [31]और एलियाहू ने बारह पत्थर लिए, याकूब के पुत्रों
के गोत्रों की गिनती के अनुसार, जिनसे 𐤉𐤄𐤅𐤄 का वचन
आया था, कहा, "इस्राएल तेरा नाम होगा ।" [32]और पत्थरों
से उसने 𐤉𐤄𐤅𐤄 के नाम में एक वेदी बनाई । और उसने
वेदी के चारों ओर एक नाली बनाई, जो दो सी'म बीज रखने
जितनी बड़ी थी । [33]और उसने लकड़ी को सजाया, और बैल
को टुकड़ों में काटा, और लकड़ी पर रखा, और कहा, "चार
घड़े पानी से भरो, और होमबलि और लकड़ी पर उड़ेल दो ।"
[34]फिर उसने कहा, "दूसरी बार करो," और उन्होंने दूसरी
बार किया । और उसने कहा, "तीसरी बार करो," और
उन्होंने तीसरी बार किया । [35]और पानी वेदी के चारों ओर बह
निकला, और उसने नाली को भी पानी से भर दिया । [36]और
ऐसा हुआ, भेंट चढ़ाने के समय, कि एलियाहू नबी पास आया
और कहा, "𐤉𐤄𐤅𐤄, अब्राहाम, इसहाक और इस्राएल के
ईश्वर, आज यह प्रकट हो कि तू इस्राएल में ईश्वर है, और मैं
तेरा दास हूँ, और मैंने ये सब बातें तेरे वचन से की हैं ।"
[37]"मुझे उत्तर दे, हे 𐤉𐤄𐤅𐤄, मुझे उत्तर दे, ताकि ये लोग
जान लें कि तू 𐤉𐤄𐤅𐤄 ईश्वर है, और तू उनके मनों को फिर
अपनी ओर फेर दे ।" [38]तब 𐤉𐤄𐤅𐤄 की आग गिरी और

होमबलि, और लकड़ी, और पत्थरों, और मिट्टी को भस्म कर
दिया, और उस पानी को चाट लिया जो नाली में था। 39 और
सब लोगों ने देखा, और अपने मुँह के बल गिर गए, और
कहा, "𐤉𐤄𐤅𐤄, वही ईश्वर है! 𐤉𐤄𐤅𐤄, वही ईश्वर है!"
40 और एलियाहू ने उनसे कहा, "बाल के नबियों को पकड़ो!
उनमें से एक भी न बचे!" तब उन्होंने उन्हें पकड़ा। और
एलियाहू उन्हें कीशोन नाले पर ले गया और वहाँ उन्हें मार
डाला। 41 और एलियाहू ने अहाब से कहा, "ऊपर जा, खा
और पी, क्योंकि वर्षा की आवाज़ है।" 42 और अहाब ऊपर
गया, खाने और पीने के लिये। और एलियाहू कर्मेल की चोटी
पर गया, और उसने पृथ्वी पर झुककर, अपना मुख अपने
घुटनों के बीच रखा। 43 और उसने अपने सेवक से कहा,
"ऊपर जा, कृपया समुद्र की ओर ध्यान से देख।" तब वह
ऊपर गया और ध्यान से देखा, और कहा, "कुछ भी नहीं।"
और सात बार उसने कहा, "फिर जा।" 44 और सातवीं बार
ऐसा हुआ, कि उसने कहा, "देख, समुद्र से एक छोटा बादल
मनुष्य के हाथ जितना छोटा ऊपर आ रहा है!" और उसने
कहा, "ऊपर जा, अहाब से कह, 'अपना रथ जोत, और नीचे
उतर जा, इससे पहले कि वर्षा तुझे रोके।' " 45 और इसी
बीच, ऐसा हुआ कि आकाश बादलों और हवा से काला हो गया,
और भारी वर्षा हुई, और अहाब अपने रथ पर बैठकर यिज्रेल
गया। 46 और 𐤉𐤄𐤅𐤄 का हाथ एलियाहू पर था। और उसने
अपनी कमर कसी, और अहाब से आगे दौड़कर यिज्रेल के
प्रवेश तक पहुँचा।

19 1 और जब अहाब ने इज़ेबेल को सब बताया जो
एलियाहू ने किया, और यह भी कि उसने सब नबियों
को तलवार से मार डाला, 2 तब इज़ेबेल ने एलियाहू के पास
एक दूत भेजा, कहा, "ऐसे ही मेरे साथ देवता करें, और और
भी अधिक, यदि मैं कल इसी समय तक तेरा प्राण उनमें से
एक के समान न कर दूँ।" 3 तब वह डर गया, और उठकर
अपने प्राण के लिये भागा, और यहूदा के बेएरशेबा पहुँचा, और
अपने सेवक को वहाँ छोड़ दिया। 4 परन्तु वह स्वयं एक दिन
का मार्ग जंगल में गया, और एक रोते के पेड़ के नीचे बैठ
गया, और मरने की प्रार्थना की, और कहा, "अब बस! अब,
𐤉𐤄𐤅𐤄, मेरा प्राण ले ले, क्योंकि मैं अपने पितरों से अच्छा
नहीं हूँ।" 5 और वह लेट गया और उस रोते के पेड़ के नीचे
सो गया, और देख, एक दूत ने उसे छुआ, और उससे कहा,
"उठ, खा।" 6 और उसने देखा, और देख, उसके सिरहाने
राख पर पकी हुई रोटी और पानी का घड़ा था। तब उसने
खाया और पिया, और फिर लेट गया। 7 और 𐤉𐤄𐤅𐤄 का
दूत दूसरी बार आया, और उसे छुआ, और कहा, "उठ, खा,
क्योंकि यह यात्रा तेरे लिये बहुत भारी है।" 8 तब वह उठा और
खाया और पिया, और उस भोजन की शक्ति से चालीस दिन
और चालीस रात चला, ईश्वर के पर्वत होरेब तक। 9 और
वहाँ वह एक गुफा में गया और वहाँ रात बिताई। और देख,
𐤉𐤄𐤅𐤄 का वचन उसके पास आया, और उससे कहा, "तू
यहाँ क्या कर रहा है, एलियाहू?" 10 और उसने कहा, "मैं
सेनाओं के 𐤉𐤄𐤅𐤄 ईश्वर के लिये बहुत उत्साही रहा हूँ,
क्योंकि इस्राएल के पुत्रों ने तेरी वाचा को त्याग दिया है।
उन्होंने तेरी वेदियों को तोड़ दिया है, और तेरे नबियों को
तलवार से मार डाला है, और मैं ही अकेला बचा हूँ, और वे
मेरा प्राण लेने का प्रयत्न कर रहे हैं।" 11 और उसने कहा,
"बाहर जा, और पर्वत पर 𐤉𐤄𐤅𐤄 के सामने खड़ा हो।"
और देख, 𐤉𐤄𐤅𐤄 वहाँ से होकर गया, और एक बड़ी और
प्रचण्ड आँधी ने पर्वतों को फाड़ा और चट्टानों को तोड़ डाला
𐤉𐤄𐤅𐤄 के सामने - पर 𐤉𐤄𐤅𐤄 आँधी में नहीं था। और
आँधी के बाद भूकंप हुआ - पर 𐤉𐤄𐤅𐤄 भूकंप में नहीं था,
12 और भूकंप के बाद आग हुई - पर 𐤉𐤄𐤅𐤄 आग में नहीं
था। और आग के बाद धीमी सी एक छोटी आवाज़ हुई।
13 और ऐसा हुआ, जब एलियाहू ने सुना, तब उसने अपना
चेहरा अपनी चादर से ढका और बाहर जाकर गुफा के द्वार
पर खड़ा हो गया। और देख, एक आवाज़ उसके पास आई
और कहा, "तू यहाँ क्या कर रहा है, एलियाहू?" 14 और उसने
कहा, "मैं सेनाओं के 𐤉𐤄𐤅𐤄 ईश्वर के लिये बहुत उत्साही
रहा हूँ, क्योंकि इस्राएल के पुत्रों ने तेरी वाचा को त्याग दिया
है। उन्होंने तेरी वेदियों को तोड़ दिया है, और तेरे नबियों को
तलवार से मार डाला है, और मैं ही अकेला बचा हूँ, और वे
मेरा प्राण लेने का प्रयत्न कर रहे हैं।" 15 और 𐤉𐤄𐤅𐤄 ने
उससे कहा, "जा, अपने मार्ग से दममेसक के जंगल की ओर
लौट जा। और जब तू पहुँचे, तब हज़ाएल को अराम पर
राजा के रूप में अभिषेक करना। 16 "और निमशी के पुत्र
याहू को इस्राएल पर राजा के रूप में अभिषेक करना। और
शाफात के पुत्र एलीशा को अबेल मेहोलाह से नबी के रूप में
तेरे स्थान पर अभिषेक करना। 17 "और ऐसा होगा कि जो
कोई हज़ाएल की तलवार से बचेगा, उसे याहू मारेगा। और
जो कोई याहू की तलवार से बचेगा, उसे एलीशा मारेगा।
18 "और मैं इस्राएल में सात हज़ार बचाऊँगा, सब घुटने
जिन्होंने बाल के आगे नहीं झुके, और हर मुँह जिसने उसे
चूमा नहीं।" 19 और वह वहाँ से चला, और शाफात के पुत्र
एलीशा को पाया, जो बारह जुते हुए बैलों के साथ हल चला
रहा था, और वह बारहवें के साथ था। और एलियाहू उसके
पास से होकर गया और अपनी चादर उस पर डाल दी।
20 और उसने बैलों को छोड़ दिया और एलियाहू के पीछे दौड़ा,
और कहा, "कृपया मुझे अपने पिता और अपनी माता को
चूमने दे, फिर मैं तेरे पीछे हो लूँगा।" और उसने उससे कहा,
"जा, लौट जा, क्योंकि मैंने तुझ से क्या किया है?" 21 और
वह उससे लौट गया, और एक जोड़ी बैल लेकर उनका वध
किया और उनके मांस को पकाया, बैलों के उपकरणों से, और
लोगों को दिया, और उन्होंने खाया। तब वह उठा और
एलियाहू के पीछे हो लिया, और उसका सेवक बन गया।

20 1 और अराम के राजा बेन-हदद ने अपनी सारी सेना
को इकट्ठा किया, और उसके साथ बत्तीस राजा थे,
घोड़ों और रथों सहित। और वह ऊपर चढ़कर शोमरोन की
घेराबंदी करने लगा, और उसके विरुद्ध युद्ध किया। 2 और
उसने नगर में इस्राएल के राजा अहाब के पास दूत भेजे, और
उससे कहा, "बेन-हदद यों कहता है, 3 'तेरा चाँदी और तेरा
सोना मेरा है, और तेरी स्त्रियाँ और तेरे बालक—सबसे अच्छे
—मेरे हैं।' " 4 और इस्राएल के राजा ने उत्तर दिया और
कहा, "जैसा तू कहता है, हे मेरे स्वामी, हे राजा, मैं तेरा हूँ,
और जो कुछ मेरा है।" 5 फिर दूत लौटकर आए और कहा,
"बेन-हदद यों कहता है, 'सचमुच मैंने तुझ से यह कहकर
भेजा था, "अपनी चाँदी और अपना सोना, अपनी स्त्रियाँ और

अपने बालक मुझे दे," 6 पर कल इसी समय मैं अपने दासों
को तेरे पास भेजूँगा, और वे तेरे घर और तेरे दासों के घरों की
तलाशी लेंगे। और ऐसा होगा कि जो कुछ तेरी दृष्टि में
मनभावन है, वे उसे पकड़ लेंगे और ले जाएँगे।' " 7 तब
इस्राएल के राजा ने देश के सब पुरनियों को बुलाया, और
कहा, "कृपा कर जानो और देखो कि यह दुष्टता क्या चाहता
है; क्योंकि उसने मेरी स्त्रियों, मेरे बालकों, मेरी चाँदी और मेरे
सोने के लिये मेरे पास भेजा, और मैं ने उसको न रोका।"
8 तब सब पुरनियों और सब लोगों ने उससे कहा, "न तो सुन,
और न ही मान।" 9 तब उसने बेन-हदद के दूतों से कहा,
"मेरे स्वामी राजा से कहो, 'पहली बार जो कुछ तू ने अपने
दास से माँगा, वह मैं करूँगा, पर यह बात मैं नहीं कर
सकता।' " और दूत गए और उसे उत्तर पहुँचा दिया।
10 तब बेन-हदद ने उसके पास यह कहला भेजा, "देवता मेरे
साथ ऐसा करें, वरन् और भी अधिक, यदि शोमरोन की इतनी
मिट्टी शेष बचे कि मेरे पीछे आने वाले प्रत्येक मनुष्य के लिये
एक मुट्ठी भर हो।" 11 तब इस्राएल के राजा ने उत्तर दिया
और कहा, "कह दो, 'जो कमर बाँधता है, वह उस के समान
घमण्ड न करे जो उसे खोलता है।' " 12 और ऐसा हुआ कि
जब उसने यह बात सुनी, तब वह और राजा मंडपों में पी रहे
थे; तब उसने अपने दासों से कहा, "तैयार हो जाओ।" सो वे
नगर के विरुद्ध अपनी ओर फेर लिए। 13 और देखो, एक
नबी इस्राएल के राजा अहाब के पास आकर बोला, "ऋ५ऋz
यों कहता है, 'क्या तू ने इस सारी बड़ी भीड़ को देखा? देख,
मैं आज इसे तेरे हाथ में कर दूँगा, और तू जान लेगा कि मैं
ऋ५ऋz हूँ।' " 14 तब अहाब ने कहा, "किसके द्वारा?" और
उसने कहा, "ऋ५ऋz यों कहता है, 'प्रान्तों के युवा शासकों
के द्वारा।' " फिर उसने कहा, "आक्रमण कौन शुरू
करेगा?" उसने उत्तर दिया, "तू।" 15 तब उसने प्रान्तों के
युवा शासकों की गणना की—वे दो सौ बत्तीस थे। और उनके
बाद उसने सब लोगों, अर्थात इस्राएल की सारी संतानों की
गणना की—सात हज़ार। 16 और वे दोपहर को निकले, जब
कि बेन-हदद और उसके सहायता के लिये बत्तीस राजा मंडपों
में मतवाले हो रहे थे। 17 और प्रान्तों के युवा शासक पहले
निकले। और बेन-हदद ने गुप्तचर भेजे, और उन्होंने उसे
बताया, "पुरुष शोमरोन से निकल आए हैं!" 18 तब उसने
कहा, "यदि वे मेल के लिये निकले हों, तो उन्हें जीवित पकड़
लेना; और यदि वे युद्ध के लिये निकले हों, तो उन्हें जीवित
पकड़ लेना।" 19 इस प्रकार वे प्रान्तों के युवा शासक नगर से
निकले, और सेना भी जो उनके पीछे थी। 20 और हर एक ने
अपने सामने वाले को मारा; तब अरामी भागे, और इस्राएल
उनका पीछा करने लगा। और अराम का राजा बेन-हदद
घोड़े पर सवार होकर घुड़सवारों सहित भाग निकला। 21 फिर
इस्राएल का राजा निकला और घोड़ों और रथों को मारा, और
अरामियों को बहुत बड़ी मार दी। 22 फिर नबी इस्राएल के
राजा के पास आया और उससे कहा, "जा, अपने आप को
दृढ़ कर। और जान और देख कि तुझे क्या करना चाहिए;
क्योंकि वर्ष के घूमते ही अराम का राजा तुझ पर चढ़ने वाला
है।" 23 और अराम के राजा के दासों ने उससे कहा, "उनका
देवता पहाड़ियों का देवता है; इसी कारण वे हम से अधिक
बलवन्त थे। पर हम मैदान में उनके विरुद्ध लड़ें—क्या हम
उनसे अधिक बलवन्त न होंगे? 24 "अब ऐसा कर: राजाओं
को उनके स्थानों से हटा दे, और उनके स्थान पर
अधिकारियों को बैठा, 25 और ऐसी सेना तैयार कर जैसी सेना
तू ने खो दी है—घोड़े के बदले घोड़ा, और रथ के बदले रथ
—और हम मैदान में उनके विरुद्ध लड़ेंगे—क्या हम उनसे
अधिक बलवन्त न होंगे?" तब उसने उनकी बात मानी और
ऐसा ही किया। 26 और ऐसा हुआ कि वर्ष के घूमते ही, बेन-
हदद ने अरामियों को इकट्ठा किया और इस्राएल के विरुद्ध
लड़ने को अफेक को चढ़ गया। 27 और इस्राएल की सन्तानें
भी गणना की गईं और उन्हें भोजन कराया गया, और वे
उनके विरुद्ध निकल पड़े। और इस्राएल की सन्तानें उनके
सम्मुख दो छोटे बकरियों के झुंडों के समान डेरा डाले हुए
थीं, पर अरामी देश भर में फैले हुए थे। 28 तब ईश्वर का एक
जन निकट आया और इस्राएल के राजा से कहने लगा,
"ऋ५ऋz यों कहता है, 'क्योंकि अरामियों ने कहा है,
"ऋ५ऋz पहाड़ियों का ईश्वर है, पर वह तराइयों का ईश्वर
नहीं," इस कारण मैं इस सारी बड़ी भीड़ को तेरे हाथ में कर
दूँगा, और तू जान लेगा कि मैं ऋ५ऋz हूँ।' " 29 और वे
सात दिन तक आमने-सामने डेरा डाले रहे। और ऐसा हुआ
कि सातवें दिन युद्ध छिड़ गया; और इस्राएल की सन्तानों ने
एक ही दिन में अरामियों के एक लाख पैदल सैनिकों को मार
डाला। 30 और जो बचे थे वे नगर के भीतर, अफेक को भाग
गए; तब एक भीत गिर पड़ी और उन में से सत्ताईस हज़ार
पुरुषों पर गिरी जो बचे थे। और बेन-हदद भागकर नगर में
गया, भीतर के कक्ष में। 31 तब उसके दासों ने उससे कहा,
"अब देख, हमने सुना है कि इस्राएल के घराने के राजा
दयालु राजा हैं। कृपया, हम अपनी कमर पर टाट बाँधें और
अपने सिरों पर रस्सियाँ रखें, और इस्राएल के राजा के पास
निकल चलें; क्या पता वह तेरा प्राण बख्श दे।" 32 तब वे
अपनी कमर पर टाट बाँधकर और अपने सिर पर रस्सियां
रखकर इस्राएल के राजा के पास आए, और कहा, "तेरा
दास बेन-हदद कहता है, 'कृपया मुझे जीवित रहने दे।' "
तब उसने कहा, "क्या वह अभी जीवित है? वह तो मेरा भाई
है।" 33 तब उन पुरुषों ने इसे शुभ शकुन समझा, और तुरंत
बात पकड़कर कहने लगे, "तेरा भाई बेन-हदद।" तब उसने
कहा, "जाओ, उसे ले आओ।" सो बेन-हदद उसके पास
आया, और उसने उसे रथ पर चढ़ने दिया। 34 तब बेन-हदद
ने उससे कहा, "जो नगर मेरे पिता ने तेरे पिता से ले लिये थे,
मैं उन्हें लौटा दूँगा। और तू अपने लिये दममेसक में वैसा ही
बाज़ार लगा लेना, जैसा मेरे पिता ने शोमरोन में किया था।"
तब अहाब ने कहा, "मैं इस वाचा के साथ तुझे जाने देता हूँ।"
और उसने उसके साथ वाचा बाँधी और उसे जाने दिया।
35 और नबियों के पुत्रों में से एक पुरुष ने ऋ५ऋz के वचन
से अपने पड़ोसी से कहा, "कृपया मुझे मारो।" पर उस पुरुष
ने उसे मारने से इन्कार किया। 36 तब उसने उससे कहा,
"क्योंकि तू ने ऋ५ऋz की बात नहीं मानी, देख, जैसे ही तू
मुझ से जाएगा, एक सिंह तुझे मार डालेगा।" और जब वह
उससे चला गया, तो एक सिंह उस से मिला और उसे मार
डाला। 37 फिर उसने एक और पुरुष को पाया, और कहा,
"कृपया मुझे मारो।" सो उस पुरुष ने उसे मारा—मार-मार
कर घायल कर दिया। 38 तब वह नबी मार्ग में राजा की बाट
जोहकर बैठ गया, और अपनी आँखों पर राख लगाकर अपने
आप को भेस बदल लिया। 39 और जैसे ही राजा वहाँ से
निकला, उसने राजा को पुकारकर कहा, "तेरा दास युद्ध के

बीच में निकल गया था; और देख, एक पुरुष मेरे पास आया
और एक पुरुष को मेरे पास लाकर कहा, 'इस पुरुष की
रखवाली करना; यदि किसी रीति से यह गायब हो जाए, तो
तेरी जान उसके बदले में जाएगी, नहीं तो तू एक किक्कार
चाँदी देगा।' [40]"और ऐसा हुआ कि तेरा दास इधर-उधर
कार्य में लगा रहा, और वह गायब हो गया।" तब इस्राएल के
राजा ने उससे कहा, "तेरा न्याय उचित है; तू ने स्वयं ठहराया
है।" [41]तब उसने फुर्ती से अपनी आँखों की राख हटाई; और
इस्राएल के राजा ने पहचाना कि वह नबियों में से एक है।
[42]और उसने उससे कहा, "𐤉𐤄𐤅𐤄 यों कहता है, 'क्योंकि तू
ने उस पुरुष को अपने हाथ से निकल जाने दिया जिसे मैं ने
विनाश के लिये ठहराया था, इसलिये तेरी जान उसकी जान
के बदले जाएगी, और तेरी प्रजा उसकी प्रजा के बदले।' "
[43]तब इस्राएल का राजा उदास और क्रोधित होकर अपने
घर चला गया, और शोमरोन पहुँचा।

21 [1]और ऐसा हुआ, इन घटनाओं के बाद, कि यिज्रेल के
रहने वाले नाबोत का एक दाख का बाग़ था, जो
यिज्रेल में था, शोमरोन के राजा अहाब के महल के पास।
[2]और अहाब ने नाबोत से कहा, "मुझे अपना दाख का बाग़ दे,
ताकि वह मेरे लिये तरकारियों का बाग़ बने, क्योंकि वह मेरे
घर के पास है। और मैं तुझे उसके बदले में उससे अच्छा
दाख का बाग़ दूँगा। यदि यह तेरी दृष्टि में अच्छा लगे, तो मैं
तुझे उसका मूल्य चाँदी में दूँगा।" [3]पर नाबोत ने अहाब से
कहा, "𐤉𐤄𐤅𐤄 की शपथ, ऐसा मुझ से दूर हो, कि मैं अपने
पितरों की विरासत तुझे दूँ!" [4]तब अहाब अपने घर में उदास
और अप्रसन्न होकर गया, उस वचन के कारण जो
यिज्रेलवासी नाबोत ने उससे कहा था, जब उसने कहा, "मैं
तुझे अपने पितरों की विरासत नहीं दूँगा।" और वह अपने
बिस्तर पर लेट गया, और अपना मुँह फेर लिया, और भोजन
नहीं किया। [5]तब उसकी पत्नी इज़ेबेल उसके पास आई,
और उससे कहा, "तेरी आत्मा क्यों इतनी उदास है कि तू
भोजन नहीं करता?" [6]और उसने उससे कहा, "क्योंकि मैंने
यिज्रेलवासी नाबोत से कहा, 'मुझे अपना दाख का बाग़ चाँदी
के लिये दे, या यदि तू चाहे, तो मैं तुझे उसके बदले में दूसरा
दाख का बाग़ दूँ।' पर उसने उत्तर दिया, 'मैं तुझे अपना
दाख का बाग़ नहीं दूँगा।' " [7]तब उसकी पत्नी इज़ेबेल ने
उससे कहा, "क्या तू अब इस्राएल पर राज्य करता है? उठ,
भोजन कर, और तेरा मन प्रसन्न हो। मैं तुझे यिज्रेलवासी
नाबोत का दाख का बाग़ दूँगी!" [8]तब उसने अहाब के नाम से
पत्र लिखे, और उन्हें उसकी मुहर से सील किया, और उन
पत्रों को नगर के पुरनियों और सरदारों के पास भेजा, जो
नाबोत के साथ उस नगर में रहते थे। [9]और उसने उन पत्रों
में लिखा, कहा, "उपवास का प्रचार करो, और नाबोत को
लोगों के सिर पर बैठाओ, [10]और बेलियाल के दो पुरुषों को
उसके सामने बैठाओ, जो उसके विरुद्ध गवाही दें, कहकर, 'तू
ने ईश्वर और राजा की निन्दा की है।' फिर उसे बाहर ले
जाकर पत्थरों से मार डालना, कि वह मर जाए।" [11]और
उसके नगर के पुरुषों ने, अर्थात उसके नगर के पुरनियों और
सरदारों ने, जैसा इज़ेबेल ने उनके पास भेजा था, वैसा ही
किया, जैसा पत्रों में लिखा था जो उसने उनके पास भेजे थे।
[12]उन्होंने उपवास का प्रचार किया, और नाबोत को लोगों के
सिर पर बैठाया। [13]तब वे पुरुष, अर्थात बेलियाल के पुत्र,
आए और उसके सामने बैठे। और उन बेलियाल के पुरुषों ने
लोगों की उपस्थिति में नाबोत के विरुद्ध गवाही दी, कहा,
"नाबोत ने ईश्वर और राजा की निन्दा की है!" तब वे उसे
नगर से बाहर ले गए और उसे पत्थरों से मार डाला, और वह
मर गया। [14]तब उन्होंने इज़ेबेल को कहला भेजा, "नाबोत
पत्थरों से मारा गया और मर गया।" [15]और ऐसा हुआ, जब
इज़ेबेल ने सुना कि नाबोत पत्थरों से मारा गया और मर गया,
तब इज़ेबेल ने अहाब से कहा, "उठ, यिज्रेलवासी नाबोत के
दाख के बाग़ का अधिकार ले ले, जिसे उसने तुझे चाँदी के
लिये देने से इन्कार किया था, क्योंकि नाबोत अब जीवित नहीं
है, पर मर गया है।" [16]और ऐसा हुआ, जब अहाब ने सुना
कि नाबोत मर गया, तब अहाब उठा, कि यिज्रेलवासी नाबोत
के दाख के बाग़ का अधिकार ले। [17]तब 𐤉𐤄𐤅𐤄 का वचन
तिश्बी एलियाह के पास आया, कहा, [18]"उठ, इस्राएल के
राजा अहाब से मिलने नीचे जा, जो शोमरोन में रहता है।
देख, वह नाबोत के दाख के बाग़ में है, जहाँ वह उसका
अधिकार लेने नीचे गया है। [19]"और तू उससे कहे,
'𐤉𐤄𐤅𐤄 यों कहता है, "क्या तू ने हत्या की, और साथ ही
अधिकार भी ले लिया?" ' और तू उससे कहे, '𐤉𐤄𐤅𐤄 यों
कहता है, "जिस स्थान में कुत्तों ने नाबोत का लहू चाटा, उसी
स्थान में कुत्ते तेरा लहू चाटेंगे, यहाँ तक कि तेरा भी।" ' "
[20]तब अहाब ने एलियाह से कहा, "क्या तू ने मुझे पाया, हे मेरे
शत्रु?" और उसने उत्तर दिया, "मैं ने तुझे पाया है, क्योंकि तू
ने अपने आप को बेच दिया है कि 𐤉𐤄𐤅𐤄 की दृष्टि में बुरा
करे। [21]'देख, मैं तुझ पर विपत्ति लाने वाला हूँ, और तेरे वंश
को नष्ट कर दूँगा, और अहाब से इस्राएल में हर पुरुष को
काट डालूँगा, चाहे वह बन्धा हुआ हो, या स्वतन्त्र। [22]और मैं
तेरे घर को यारोबाम, नेबात के पुत्र के घर के समान, और
बाशा, अहीयाह के पुत्र के घर के समान कर दूँगा, उस क्रोध
के कारण जिससे तू ने मुझे क्रोधित किया, और इस्राएल को
पाप में डाला।' [23]"और इज़ेबेल के विषय में भी 𐤉𐤄𐤅𐤄 ने
कहा है, 'कुत्ते यिज्रेल की शहरपनाह के पास इज़ेबेल को
खाएँगे।' [24]"जो कोई अहाब का है और नगर में मरेगा, कुत्ते
उसे खाएँगे; और जो कोई खेत में मरेगा, आकाश के पक्षी
उसे खाएँगे।" [25]निश्चय ही, अहाब के समान कोई न हुआ,
जिसने अपने आप को 𐤉𐤄𐤅𐤄 की दृष्टि में बुरा करने के
लिये बेच दिया हो, क्योंकि उसकी पत्नी इज़ेबेल ने उसे
भड़काया। [26]और उसने बहुत घृणित काम किया, मूर्तियों के
पीछे चलकर, जैसा सब एमोरीयों ने किया था, जिन्हें 𐤉𐤄𐤅𐤄
ने इस्राएल की सन्तानों के साम्हने से निकाल दिया था।
[27]और ऐसा हुआ, जब अहाब ने वे वचन सुने, तब उसने
अपने वस्त्र फाड़े, और अपने शरीर पर टाट डाला, और
उपवास किया, और टाट में सोया, और नम्रता से चला।
[28]तब 𐤉𐤄𐤅𐤄 का वचन तिश्बी एलियाह के पास आया, कहा,
[29]"क्या तू ने देखा कि अहाब ने अपने आप को मेरे साम्हने
दीन किया है? क्योंकि उसने अपने आप को मेरे साम्हने दीन
किया है, इसलिये मैं उसकी जीवनकाल में वह विपत्ति नहीं
लाऊँगा; पर उसके पुत्र के दिनों में मैं उसके घर पर वह
विपत्ति लाऊँगा।"

22 [1]और वे तीन वर्ष तक अराम और इस्राएल के बीच
युद्ध बिना रहे। [2]और ऐसा हुआ, तीसरे वर्ष में, कि

यहोशापात यहूदा का राजा इस्राएल के राजा के पास उतरा।
3 और इस्राएल के राजा ने अपने सेवकों से कहा, “क्या तुम
जानते हो कि गिलआद का रामोत हमारा है, और हम चुप हैं
इसे अराम के राजा के हाथ से लेने से!” 4 और उसने
यहोशापात से कहा, “क्या तू मेरे साथ गिलआद के रामोत में
युद्ध करने जाएगा?” और यहोशापात ने इस्राएल के राजा से
कहा, “मैं जैसा तू वैसा ही हूं, मेरी प्रजा तेरी प्रजा, मेरे घोड़े
तेरे घोड़े।” 5 और यहोशापात ने इस्राएल के राजा से कहा,
“कृपया, पहले 𐤉𐤄𐤅𐤄 का वचन पूछ।” 6 और इस्राएल के
राजा ने भविष्यद्वक्ताओं को इकट्ठा किया, लगभग चार सौ
पुरुषों को, और उनसे कहा, “क्या मैं गिलआद के रामोत पर
युद्ध करने जाऊं, या रुकूं?” और उन्होंने कहा, “जाओ,
क्योंकि 𐤉𐤄𐤅𐤄 इसे राजा के हाथ में देगा।” 7 और
यहोशापात ने कहा, “क्या यहां 𐤉𐤄𐤅𐤄 का कोई और नबी
नहीं है, जिससे हम पूछ सकें?” 8 और इस्राएल के राजा ने
यहोशापात से कहा, “अब भी एक मनुष्य है, यिमला का पुत्र
मीकायाह, जिससे हम 𐤉𐤄𐤅𐤄 से पूछ सकते हैं। परन्तु मैं
उससे बैर रखता हूं, क्योंकि वह मेरे विषय में भलाई की
भविष्यवाणी नहीं करता, परन्तु बुराई की।” और यहोशापात ने
कहा, “राजा ऐसा न कहे!” 9 तब इस्राएल के राजा ने एक
अधिकारी को बुलाकर कहा, “यिमला के पुत्र मीकायाह को
तुरंत लाओ!” 10 और इस्राएल का राजा और यहोशापात
यहूदा का राजा अपने अपने सिंहासन पर बैठे थे, वस्त्र पहने
हुए, शोमरौन के फाटक के प्रवेशद्वार पर खलिहान में। और
सब भविष्यद्वक्ता उनके सामने भविष्यवाणी कर रहे थे।
11 और केनआनाह का पुत्र सिदकियाह ने अपने लिये लोहे के
सींग बनाए और कहा, “यहोवा 𐤉𐤄𐤅𐤄 यों कहता है, ‘इनसे
तू अरामियों को मार-मारकर नाश कर देगा।’ ” 12 और सब
भविष्यद्वक्ता ऐसे ही भविष्यवाणी कर रहे थे, कह रहे थे,
“गिलआद के रामोत पर चढ़ जा और सफल हो, क्योंकि
𐤉𐤄𐤅𐤄 इसे राजा के हाथ में देगा।” 13 और वह दूत जो
मीकायाह को बुलाने गया था, उसने उससे कहा, “देख,
भविष्यद्वक्ताओं के वचन एक ही स्वर से राजा के लिए भले
हैं। कृपया, तेरा वचन भी उनमें से एक का समान हो और तू
भला कह।” 14 परन्तु मीकायाह ने कहा, “𐤉𐤄𐤅𐤄 जीवित
है, जो कुछ 𐤉𐤄𐤅𐤄 मुझसे कहेगा, वही मैं कहूंगा।” 15 और
वह राजा के पास आया, और राजा ने उससे कहा, “मीकायाह,
क्या हम गिलआद के रामोत पर युद्ध करने जाएं, या रुकें?”
और उसने कहा, “जा और सफल हो, क्योंकि 𐤉𐤄𐤅𐤄 इसे
राजा के हाथ में देगा!” 16 परन्तु राजा ने उससे कहा, “मैंने
तुझे कितनी बार शपथ खिलाई है कि तू मुझसे केवल
𐤉𐤄𐤅𐤄 के नाम में सच्चाई ही कहे?” 17 तब उसने कहा,
“मैंने सारे इस्राएल को पहाड़ों पर ऐसे बिखरे हुए देखा जैसे
बिना गड़ेरिये की भेड़ें होती हैं। और 𐤉𐤄𐤅𐤄 ने कहा,
‘इनका कोई स्वामी नहीं है। हर एक अपने घर शांति से लौट
जाए।’ ” 18 और इस्राएल के राजा ने यहोशापात से कहा,
“क्या मैंने तुझसे नहीं कहा था कि यह मेरे विषय में भलाई
नहीं, परन्तु बुराई की ही भविष्यवाणी करेगा?” 19 तब उसने
कहा, “इसलिये तू 𐤉𐤄𐤅𐤄 का वचन सुन: मैंने 𐤉𐤄𐤅𐤄 को
उसके सिंहासन पर बैठे हुए देखा, और स्वर्ग की सारी सेना
उसके दाहिने और बाएं खड़ी हुई थी। 20 और 𐤉𐤄𐤅𐤄 ने
कहा, ‘कौन अहाब को बहकाएगा कि वह गिलआद के रामोत
पर चढ़कर गिरे?’ तब इसने ऐसे कहा और उस ने वैसे कहा।
21 तब एक आत्मा आगे बढ़ा और 𐤉𐤄𐤅𐤄 के सामने खड़ा
हुआ, और कहा, ‘मैं उसे बहकाऊंगा।’ 22 और 𐤉𐤄𐤅𐤄 ने
उससे कहा, ‘किस प्रकार?’ और उसने कहा, ‘मैं निकलकर
सब भविष्यद्वक्ताओं के मुख में झूठी आत्मा हो जाऊंगा।’
और उसने कहा, ‘उसे बहका और सफल हो। निकल और
ऐसा कर।’ 23 अब देख, 𐤉𐤄𐤅𐤄 ने तेरे इन सब
भविष्यद्वक्ताओं के मुख में झूठी आत्मा डाली है, और
𐤉𐤄𐤅𐤄 ने तेरे विषय में बुराई बोली है।” 24 तब केनआनाह
का पुत्र सिदकियाह पास आया और मीकायाह के गाल पर
थप्पड़ मारा, और कहा, “𐤉𐤄𐤅𐤄 की आत्मा मुझसे हटकर
तुझसे कब बोली?” 25 और मीकायाह ने कहा, “देख, जिस
दिन तू कोठरी में छिपने जाएगा, उस दिन तू देखेगा।”
26 और इस्राएल के राजा ने कहा, “मीकायाह को ले जाकर
नगर के हाकिम आमोन और राजा के पुत्र योआश के पास
लौट ले जा। 27 और कह, ‘राजा यों कहता है, “इसे कारागार
में डालो, और इसे संकट की रोटी और संकट का पानी
खिलाते रहो जब तक मैं शांति से न लौट आऊं।” ’ ”
28 और मीकायाह ने कहा, “यदि तू सचमुच शांति से लौटेगा,
तो 𐤉𐤄𐤅𐤄 ने मुझसे नहीं कहा।” और उसने कहा, “हे सब
लोगों, सुनो!” 29 तब इस्राएल का राजा और यहोशापात यहूदा
का राजा गिलआद के रामोत पर चढ़े। 30 और इस्राएल के
राजा ने यहोशापात से कहा, “मैं भेष बदलकर युद्ध में
जाऊंगा, परन्तु तू अपने वस्त्र पहन।” सो इस्राएल का राजा
भेष बदलकर युद्ध में गया। 31 और अराम के राजा ने अपने
रथों के बत्तीस प्रधानों को आज्ञा दी थी, “छोटे बड़े किसी से
मत लड़ना, परन्तु केवल इस्राएल के राजा से।” 32 और
ऐसा हुआ, जब रथों के प्रधानों ने यहोशापात को देखा, तो
उन्होंने कहा, “निश्चय ही यह इस्राएल का राजा है!” सो वे
उससे लड़ने को उसके पास गए, परन्तु यहोशापात
चिल्लाया। 33 और जब रथों के प्रधानों ने देखा कि यह
इस्राएल का राजा नहीं है, तो उन्होंने उसका पीछा करना छोड़
दिया। 34 और एक मनुष्य ने सादगी से धनुष खींचा और
इस्राएल के राजा को उसके कवच के जोड़ के बीच मार
दिया। और उसने अपने रथ के सारथी से कहा, “मोड़ ले
और मुझे युद्ध से बाहर ले चल, क्योंकि मैं घायल हूं।”
35 और उस दिन युद्ध बढ़ता गया। और राजा रथ में खड़ा
रहा, अरामियों के सामने, और सांझ को मर गया, और लहू
घाव से रथ की भूमि पर बह गया। 36 और जैसे ही सूर्य अस्त
हुआ, शिविर में यह पुकार फैल गई, “हर एक अपने नगर को,
हर एक अपनी भूमि को!” 37 सो राजा मर गया और शोमरौन
लाया गया, और शोमरौन में राजा को दफनाया गया। 38 और
जब रथ को शोमरौन के तालाब पर धोया गया, तो कुत्तों ने
उसका लहू चाटा, जहाँ वेश्याएं स्नान करती थीं, 𐤉𐤄𐤅𐤄 के
वचन के अनुसार जो उसने कहा था। 39 और अहाब के
अन्य काम, और जो कुछ उसने किया, और जो हाथी-दांत
का घर उसने बनाया, और सब नगर जो उसने बनाए, क्या वे
इस्राएल के राजाओं की वार्षिकी पुस्तक में नहीं लिखे हैं?
40 सो अहाब अपने पितरों के साथ सो गया, और उसका पुत्र
अहज्याह उसके स्थान पर राज्य करने लगा। 41 आसा का
पुत्र यहोशापात यहूदा पर इस्राएल के राजा अहाब के चौथे वर्ष

में राज्य करने लगा। 42 यहोशापात पैंतीस वर्ष का था जब वह
राज्य करने लगा, और उसने यरूशलेम में पच्चीस वर्ष राज्य
किया। और उसकी माता का नाम अज़ूबा था, शिल्ही की
बेटी। 43 और उसने अपने पिता आसा की सारी राहों में
चला। उसने उनसे न हटकर 𐤉𐤄𐤅𐤄 की दृष्टि में सीधा
किया। केवल ऊंचे स्थान दूर नहीं हुए, क्योंकि लोग ऊंचे
स्थानों पर बलिदान और धूप जलाते थे। 44 और यहोशापात
ने इस्राएल के राजा के साथ शाति की। 45 और यहोशापात
के अन्य काम, और उसकी पराक्रमिता जो उसने दिखाई,
और कैसे उसने युद्ध किया, क्या वे यहूदा के राजाओं की
वार्षिकी पुस्तक में नहीं लिखे हैं? 46 और उस ने उन शेष पुरुष
वेश्याओं को, जो उसके पिता आसा के दिनों में बचे थे, देश से
निकाल दिया। 47 एदोम में तब कोई राजा न था, उपराजा
राजा था। 48 यहोशापात ने तर्शीश के जहाज़ बनाए कि वे
सोने के लिये ओफिर जाएं। परन्तु वे न जा सके, क्योंकि
एत्स्योन-गेबर में जहाज़ टूट गए। 49 तब अहज्याह अहाब का
पुत्र यहोशापात से कहने लगा, "मेरे सेवक तेरे सेवकों के साथ
जहाज़ों में जाएं।" परन्तु यहोशापात ने न माना। 50 सो
यहोशापात अपने पितरों के साथ सो गया, और दाऊद के
नगर में अपने पितरों के संग दफनाया गया। और उसका पुत्र
यहोराम उसके स्थान पर राज्य करने लगा। 51 अहज्याह
अहाब का पुत्र इस्राएल पर शोमरौन में यहोशापात यहूदा के
राजा के सत्रहवें वर्ष में राज्य करने लगा, और उसने इस्राएल
पर दो वर्ष राज्य किया, 52 और उसने 𐤉𐤄𐤅𐤄 की दृष्टि में
बुराई की, और अपने पिता के मार्ग में, और अपनी माता के
मार्ग में, और नबात के पुत्र यारोबाम के मार्ग में चला, जिसने
इस्राएल को पाप में डाला। 53 और उसने बाल की सेवा की
और उसके सामने झुका, और 𐤉𐤄𐤅𐤄 इस्राएल के ईश्वर
को क्रोध दिलाया, ठीक वैसे ही जैसा उसके पिता ने किया
था।

2 राजा

हिंदी संस्करण

2 राजा

1 1 और मोआब ने अख़ाब की मृत्यु के बाद यिस्राएल के
विरुद्ध विद्रोह किया। 2 और अख़ज़्याह शमरोन में अपने
ऊपरी कमरे की जाली से गिर गया, और घायल हुआ, और
उसने दूत भेजे और उनसे कहा, "जाओ, इक़्रोन के
शक्तिशाली बाल-ज़ेबूब से पूछो, क्या मैं इस चोट से स्वस्थ हो
जाऊँगा।" 3 परन्तु 𐤉𐤄𐤅𐤄 का एक दूत तिशबी एल्याह से
बोला, "उठो, जाकर शमरोन के राजा के दूतों से मिलो, और
उनसे कहो, 'क्या यिस्राएल में कोई ईश्वर नहीं है कि तुम
इक़्रोन के शक्तिशाली बाल-ज़ेबूब से पूछने जा रहे हो?'"
4 "इसलिए, 𐤉𐤄𐤅𐤄 ने कहा, 'तुम उस बिस्तर से नहीं उठोगे
जिस पर तुम चढ़े हो, क्योंकि तुम अवश्य मरोगे।' " और
एल्याह चला गया। 5 और दूत उसके पास लौट आए, और
उसने उनसे कहा, "तुम क्यों लौट आए?" 6 और उन्होंने
उससे कहा, "एक मनुष्य हमसे मिलने आया और हमसे कहा,
'लौटकर उस राजा के पास जाओ जिसने तुम्हें भेजा है, और
उससे कहो, "𐤉𐤄𐤅𐤄 ने कहा, 'क्या यिस्राएल में कोई ईश्वर
नहीं है कि तुम इक़्रोन के शक्तिशाली बाल-ज़ेबूब के पास भेज
रहे हो? इसलिए तुम उस बिस्तर से नहीं उठोगे जिस पर तुम
चढ़े हो, क्योंकि तुम अवश्य मरोगे।' " ' " 7 और उसने
उनसे कहा, "वह मनुष्य कैसा था जो तुमसे मिलने आया और
तुमसे ये बातें बोला?" 8 और उन्होंने उससे उत्तर दिया, "वह
एक रोएँदार मनुष्य था, और अपनी कमर पर चमड़े की पेटी
बाँधता था।" तब उसने कहा, "वह तिशबी एल्याह है।" 9 तब
उसने पचास सिपाहियों के साथ उनके कप्तान को उसके पास
भेजा। और वह उसके पास गया, और देखो, वह पहाड़ी की
चोटी पर बैठा था। और उसने उससे कहा, "ईश्वर के जन,
राजा ने कहा है, 'नीचे उतर!' " 10 और एल्याह ने पचास के
कप्तान को उत्तर दिया और कहा, "यदि मैं ईश्वर का जन हूँ,
तो आकाश से आग उतरे और तुझे और तेरे पचासों को भस्म
कर दे।" और आकाश से आग उतरी और उसे और उसके
पचासों को भस्म कर दिया। 11 फिर उसने पचास सिपाहियों
के साथ दूसरा कप्तान उसके पास भेजा। और उसने उत्तर
दिया और उससे कहा, "ईश्वर के जन, यह वही है जो राजा
ने कहा है, 'तुरन्त नीचे उतर!' " 12 और एल्याह ने उन्हें
उत्तर दिया और कहा, "यदि मैं ईश्वर का जन हूँ, तो आकाश
से आग उतरे और तुझे और तेरे पचासों को भस्म कर दे।"
और ईश्वर की आग आकाश से उतरी और उसे और उसके
पचासों को भस्म कर दिया। 13 और फिर उसने पचास
सिपाहियों के साथ तीसरा कप्तान भेजा। और तीसरा कप्तान
ऊपर गया, और एल्याह के सामने घुटनों के बल गिर पड़ा,
और उससे विनती की, और उससे कहा, "ईश्वर के जन,
कृपया मेरा जीवन और इन तुम्हारे पचास दासों का जीवन तेरी
दृष्टि में बहुमूल्य ठहरे। 14 "देखो, आग आकाश से उतरी
और पहले दो पचासों के कप्तानों को उनके पचासों सहित
भस्म कर दिया। परन्तु मेरा जीवन तेरी दृष्टि में बहुमूल्य
ठहरे।" 15 और 𐤉𐤄𐤅𐤄 का दूत एल्याह से बोला, "उसके
साथ नीचे उतर; उससे मत डर।" तब वह उठा और उसके
साथ राजा के पास नीचे उतर आया, 16 और उससे कहा,
"𐤉𐤄𐤅𐤄 ने कहा, 'क्योंकि तूने दूतों को बाल-ज़ेबूब, इक़्रोन
के शक्तिशाली से पूछने भेजा है, क्या यह इसलिए है कि
यिस्राएल में ईश्वर नहीं है कि उसके वचन से पूछे? इसलिए तू
उस बिस्तर से नहीं उठेगा जिस पर तू चढ़ा है, क्योंकि तू
अवश्य मरेगा।' " 17 और वह मर गया, 𐤉𐤄𐤅𐤄 के उस
वचन के अनुसार जो एल्याह ने कहा था। और यहोराम
उसके स्थान पर राज्य करने लगा, यहूदा के राजा यहोशापात
के पुत्र यहोराम के दूसरे वर्ष में, क्योंकि उसका कोई पुत्र नहीं
था। 18 और अख़ज़्याह के बाकी काम जो उसने किए, क्या वे
यिस्राएल के राजाओं की वार्षिक-पुस्तक में लिखे नहीं हैं?

2 1 और ऐसा हुआ कि जब 𐤉𐤄𐤅𐤄 ने एल्याहू को बवंडर
से आकाश में उठाने का निश्चय किया, तब एल्याहू
गिलगाल से एलीशा के साथ गया। 2 और एल्याहू ने एलीशा
से कहा, "कृपया यहाँ रहो, क्योंकि 𐤉𐤄𐤅𐤄 ने मुझे बेत-एल
भेजा है।" पर एलीशा ने कहा, "जैसे 𐤉𐤄𐤅𐤄 जीवित है,
और जैसे तेरी आत्मा जीवित है, मैं तुझे नहीं छोड़ूँगा!" और वे
दोनों बेत-एल को नीचे गए। 3 और बेत-एल में रहने वाले
नबियों के पुत्र एलीशा के पास आए, और उससे बोले, "क्या
तुझे पता है कि आज 𐤉𐤄𐤅𐤄 तेरा स्वामी तुझसे ऊपर से
उठा लेगा?" और उसने कहा, "मैं भी जानता हूँ, चुप रहो!"
4 और एल्याहू ने उससे कहा, "एलीशा, कृपया यहाँ रहो,
क्योंकि 𐤉𐤄𐤅𐤄 ने मुझे यरीहो भेजा है।" और उसने कहा,
"जैसे 𐤉𐤄𐤅𐤄 जीवित है, और जैसे तेरी आत्मा जीवित है, मैं
तुझे नहीं छोड़ूँगा!" और वे यरीहो पहुँचे। 5 और यरीहो में
रहने वाले नबियों के पुत्र एलीशा के पास आए और उससे
बोले, "क्या तुझे पता है कि आज 𐤉𐤄𐤅𐤄 तेरा स्वामी तुझसे
ऊपर से उठा लेगा?" और उसने कहा, "मैं भी जानता हूँ, चुप
रहो!" 6 और एल्याहू ने उससे कहा, "कृपया यहाँ रहो, क्योंकि
𐤉𐤄𐤅𐤄 ने मुझे यरदेन भेजा है।" और उसने कहा, "जैसे
𐤉𐤄𐤅𐤄 जीवित है, और जैसे तेरी आत्मा जीवित है, मैं तुझे
नहीं छोड़ूँगा!" और वे दोनों आगे बढ़े। 7 और नबियों के पुत्रों
में से पचास व्यक्ति जाकर दूर खड़े हो गए; और वे दोनों
यरदेन के किनारे खड़े हुए। 8 और एल्याहू ने अपनी चादर
ली, और उसे लपेटा, और पानी पर मारा। और वह इधर-
उधर बंट गया, और वे दोनों सूखी भूमि पर पार हो गए।
9 और जब वे पार हो गए, तब एल्याहू ने एलीशा से कहा,
"मुझसे माँग ले, मैं तेरे लिए क्या करूँ, इससे पहले कि मैं
तुझसे उठा लिया जाऊँ!" और एलीशा ने कहा, "कृपया तेरी
आत्मा का दुगुना अंश मुझ पर हो।" 10 और उसने कहा,
"तूने कठिन बात माँगी है; फिर भी यदि तू मुझे देखे जब मैं
तुझसे उठा लिया जाऊँ, तो यह तेरा होगा; पर यदि नहीं, तो
नहीं होगा।" 11 और ऐसा हुआ कि जब वे चलते और बातें
कर रहे थे, देखो, आग का रथ और आग के घोड़े आए, और

दोनों को अलग कर दिया। और एल्याहू बवंडर में आकाश
पर चढ़ गया। 12 और एलीशा ने यह देखा, और वह
चिल्लाया, "मेरे पिता, मेरे पिता, इस्राएल का रथ और उसके
घुड़सवार!" और उसने उसे फिर न देखा। तब उसने अपने
वस्त्र पकड़े और उन्हें दो टुकड़ों में फाड़ दिया। 13 और
उसने एल्याहू की वह चादर उठाई जो उससे गिरी थी, और
लौटकर यरदेन के किनारे खड़ा हुआ। 14 और उसने एल्याहू
की वह चादर ली जो उससे गिरी थी, और पानी पर मारा, और
कहा, "एल्याहू का 𐤉𐤄𐤅𐤄 ईश्वर कहाँ है?" और उसने पानी
पर मारा, और वह इधर-उधर बँट गया, और एलीशा पार हो
गया। 15 और जब यरीहो से नबियों के पुत्रों ने उसे देखा, तो
उन्होंने कहा, "एल्याहू की आत्मा एलीशा पर ठहर गई है।"
और वे उससे मिलने आए और उसके सामने भूमि पर झुक
गए। 16 और उन्होंने उससे कहा, "देख, तेरे दासों के पास
पचास बलवान पुरुष हैं। कृपया उन्हें भेज दे कि वे तेरे स्वामी
को खोजें; ऐसा न हो कि 𐤉𐤄𐤅𐤄 की आत्मा ने उसे उठाकर
किसी पहाड़ पर या किसी तराई में डाल दिया हो।" पर उसने
कहा, "किसी को मत भेजो।" 17 पर उन्होंने उस पर इतना
दबाव डाला कि वह लज्जित हुआ, और उसने कहा, "भेजो।"
तब उन्होंने पचास पुरुष भेजे, और वे तीन दिन तक खोजते
रहे, पर उसे न पाए। 18 और वे उसके पास लौट आए, क्योंकि
वह यरीहो में ठहरा था, और उसने उनसे कहा, "क्या मैंने
तुमसे नहीं कहा था, 'मत जाओ'?" 19 और नगर के पुरुषों ने
एलीशा से कहा, "देख, जैसा मेरा स्वामी देखता है, इस नगर
का स्थान अच्छा है; परन्तु पानी खराब है और भूमि बाँझ है।"
20 और उसने कहा, "मेरे लिए एक नया कटोरा लाओ, और
उसमें नमक डालो।" और वे उसे उसके पास लाए। 21 और
वह जलस्रोत के पास गया, और उसमें नमक डाला, और
कहा, "𐤉𐤄𐤅𐤄 ने कहा है, 'मैंने इस जल को चंगा कर दिया
है - अब इसमें से न मृत्यु होगी और न ही बाँझपन।' "
22 और जल उसी दिन से चंगा हो गया, जैसा एलीशा ने कहा
था। 23 और वह वहाँ से बेत-एल को ऊपर गया। और जब
वह मार्ग पर जा रहा था, तो नगर से कुछ लड़के निकलकर
उसका उपहास करने लगे, और उससे कहने लगे, "ऊपर
जा, गंजे! ऊपर जा, गंजे!" 24 और वह पीछे मुड़ा और उन्हें
देखा, और 𐤉𐤄𐤅𐤄 के नाम में उन पर शाप डाला। और
जंगल से दो भालिनियाँ निकल आईं और बयालीस लड़कों को
फाड़ डाला। 25 और वहाँ से वह कर्मेल पर्वत को गया, और
वहाँ से शमरोन को लौटा।

3 1 और अहाब के पुत्र यहोराम ने यहूदा के राजा
यहोशापात के अठारहवें वर्ष में शमरोन में इस्राएल पर
राज्य करना आरम्भ किया, और उसने बारह वर्ष तक राज्य
किया। 2 और उसने 𐤉𐤄𐤅𐤄 की दृष्टि में बुरा किया, पर
अपने पिता और माता के समान नहीं; क्योंकि उसने बाल की
उस मूरत को हटा दिया जो उसके पिता ने बनाई थी। 3 तौभी
उसने नबात के पुत्र यरोबाम के पापों से चिपके रहना जारी
रखा, जिसने इस्राएल को पाप करवाया था। उसने उनसे
मुड़ना नहीं चाहा। 4 और मोआब का राजा मेश शालीपालक
था, और वह इस्राएल के राजा को एक लाख मेम्ने और एक
लाख मेढ़ों की ऊन भेंट करता था। 5 और जब अहाब मर
गया, तब मोआब के राजा ने इस्राएल के राजा के विरुद्ध
विद्रोह किया। 6 तब यहोराम राजा उसी समय शमरोन से
निकला और उसने सारे इस्राएल को इकट्ठा किया। 7 और
उसने यहूदा के राजा यहोशापात के पास दूत भेजकर कहा,
"मोआब का राजा मेरे विरुद्ध विद्रोह कर चुका है। क्या तू मेरे
साथ मोआब से लड़ने चलेगा?" और उसने कहा, "मैं
चलूँगा। मैं जैसा हूँ वैसा ही तू है, मेरी प्रजा जैसी तेरी प्रजा है,
मेरे घोड़े जैसे तेरे घोड़े हैं।" 8 और उसने कहा, "हम किस
मार्ग से ऊपर जाएँ?" उसने कहा, "एदोम के जंगल के मार्ग
से।" 9 और इस्राएल का राजा, और यहूदा का राजा, और
एदोम का राजा चले, और सात दिन का चक्कर काटा। और
सेना के लिए, और उनके पीछे चलने वाले पशुओं के लिए
जल न था। 10 तब इस्राएल के राजा ने कहा, "हाय! क्या
𐤉𐤄𐤅𐤄 ने इन तीन राजाओं को बुलाया है कि उन्हें मोआब के
हाथ में सौंप दे?" 11 और यहोशापात ने कहा, "क्या यहां
𐤉𐤄𐤅𐤄 का कोई नबी नहीं है? तब हम उसके द्वारा 𐤉𐤄𐤅𐤄
से पूछें।" तब इस्राएल के राजा के एक सेवक ने उत्तर दिया
और कहा, "यहाँ शाफ़ात का पुत्र एलीशा है, जिसने एल्याहू के
हाथों पर जल डाला था।" 12 और यहोशापात ने कहा,
"𐤉𐤄𐤅𐤄 का वचन उसके साथ है।" तब इस्राएल का राजा,
और यहोशापात, और एदोम का राजा उसके पास उतरे।
13 और एलीशा ने इस्राएल के राजा से कहा, "मेरा तुझसे क्या
लेना-देना? तू अपने पिता के नबियों और अपनी माता के
नबियों के पास जा।" परन्तु इस्राएल के राजा ने उससे कहा,
"नहीं; क्योंकि 𐤉𐤄𐤅𐤄 ने इन तीन राजाओं को बुलाया है कि
उन्हें मोआब के हाथ में दे।" 14 तब एलीशा ने कहा, "जिस
𐤉𐤄𐤅𐤄 सेनाओं के ईश्वर के सामने मैं खड़ा हूँ, वह जीवित
है; यदि यहूदा के राजा यहोशापात के सम्मान का विचार न
होता, तो मैं तुझ पर ध्यान भी न देता और न ही तुझ को
देखता।" 15 "और अब, मेरे लिए एक सारंगी बजाने वाला
लाओ।" और ऐसा हुआ कि जब सारंगी बजाने वाला बजा रहा
था, तब 𐤉𐤄𐤅𐤄 का हाथ उस पर आ गया। 16 और उसने
कहा, "𐤉𐤄𐤅𐤄 यों कहता है, 'इस तराई में नाले बना दो -
नाले।' 17 "क्योंकि 𐤉𐤄𐤅𐤄 यों कहता है, 'तुम न पवन
देखोगे और न वर्षा; तो भी यह तराई जल से भर जाएगी,
ताकि तुम, तुम्हारे पशु, और तुम्हारे जन्तु पीएं।'" 18 "और
यह 𐤉𐤄𐤅𐤄 की दृष्टि में एक छोटी बात होगी; और वह
मोआब को भी तुम्हारे हाथ में सौंप देगा। 19 "और तुम हर
एक गढ़वाले नगर और हर एक उत्तम नगर को मारोगे, और
हर एक उत्तम वृक्ष को काट दोगे, और हर एक सोते को बन्द
कर दोगे, और हर एक उत्तम खेत को पत्थरों से बिगाड़
दोगे।" 20 और ऐसा हुआ कि भोर को जब अन्नबलि चढ़ाई
जाती थी, देखो, एदोम के मार्ग से जल आया, और देश जल
से भर गया। 21 और जब सब मोआबी यह सुनकर इकट्ठे हुए
कि राजा उनसे लड़ने आ गए हैं, तो जो कोई हथियार धारण
कर सकता था, और उससे बड़ा, सबको बुला लिया गया, और
वे सीमा पर खड़े हुए। 22 और वे सुबह तड़के उठे, और सूर्य
जल पर चमक रहा था; और मोआबियों ने सामने की ओर का
जल देखा, मानो वह रक्त के समान लाल है। 23 और उन्होंने
कहा, "यह रक्त है। राजाओं ने निश्चय ही एक-दूसरे को
तलवार से मार डाला है और एक-दूसरे को नष्ट किया है।
अब, हे मोआब, लूट के लिए!" 24 और जब वे इस्राएल के डेरे
में आए, तब इस्राएल उठे और मोआबियों को मारा, और वे

उनके सामने से भागे। और इस्राएल देश में घुसकर
मोआबियों को मारता गया। 25और उन्होंने नगरों को गिरा
दिया, और प्रत्येक मनुष्य ने हर एक उत्तम खेत पर पत्थर
डाला और उसे भर दिया। और उन्होंने हर एक सोते को बन्द
कर दिया और हर एक उत्तम वृक्ष को काट डाला, यहाँ तक
कि किर-हरसेत के पत्थर ही रह गए। और गुलेल चलाने
वाले चारों ओर से उसे मारते रहे। 26और जब मोआब के
राजा ने देखा कि लड़ाई उस पर बहुत भारी हो गई है, तो
उसने सात सौ तलवार खींचने वाले पुरुषों को लिया, ताकि
एदोम के राजा तक सेंध मारकर निकल जाए, पर वे न कर
सके। 27तब उसने अपने ज्येष्ठ पुत्र को लिया जो उसके बाद
राज्य करने वाला था, और उसे नगर की दीवार पर होमबलि
चढ़ा दिया। और इस्राएल पर बहुत बड़ा क्रोध आया। तब वे
उसे छोड़कर अपने देश लौट गए।

4 1और नबियों के पुत्रों की पत्नियों में से एक स्त्री ने
एलीशा से पुकारकर कहा, "तेरा दास, मेरा पति मर गया
है, और तू जानता है कि तेरे दास ने ३५३z का भय माना।
और साहूकार आया है कि मेरे दो पुत्रों को अपने दास बना
ले।" 2एलीशा ने उससे कहा, "मैं तेरे लिए क्या करूँ? मुझे
बता, तेरे घर में क्या है?" उसने कहा, "तेरी दासी के घर में
एक तेल का पात्र छोड़ और कुछ नहीं।" 3तब उसने कहा,
"जा, अपने सब पड़ोसियों से, चारों ओर से, खाली बर्तन
उधार ले आ—कम न लेना। 4"और जब तू भीतर आए, तो
तू और तेरे पुत्र दरवाज़ा अपने पीछे बंद कर लेना; फिर उन
सब बर्तनों में तेल उँडेलना, और जो भर जाए उन्हें अलग
रख देना।" 5सो वह उससे चली गई, और उसने और उसके
पुत्रों ने दरवाज़ा अपने पीछे बंद कर लिया; वे उसके पास
बर्तन लाते रहे, और वह तेल उँडेलती रही। 6और जब बर्तन
भर गए, तब उसने अपने पुत्र से कहा, "मेरे पास एक और
बर्तन ला।" उसने कहा, "अब और बर्तन नहीं।" तब तेल
ठहर गया। 7तब वह ईश्वर के जन के पास गई और बताया।
उसने कहा, "जा, तेल बेचकर अपना कर्ज़ चुका दे। और
बाकी से तू और तेरे पुत्र जीविका चलाओ।" 8और ऐसा हुआ
कि किसी दिन एलीशा शूनेम गया, जहाँ एक प्रतिष्ठित स्त्री
रहती थी; उसने उसे भोजन करने का आग्रह किया। और
ऐसा हुआ कि जब-जब वह वहाँ से निकलता, वह वहीं मुड़कर
भोजन करता। 9और उसने अपने पति से कहा, "देख, मुझे
मालूम है कि यह ईश्वर का एक पवित्र जन है, जो निरन्तर
हमारे पास से होकर जाता है। 10"हम कृपा करके एक छोटी
ऊपरी कोठरी दीवार पर बना लें, और वहाँ उसके लिए एक
खाट, एक मेज़, एक कुर्सी और एक दीपस्तम्भ रख दें; और
जब वह हमारे पास आए, तो वहीं ठहर जाए।" 11और ऐसा
हुआ कि किसी दिन वह वहाँ आया, और ऊपरी कोठरी में
जाकर लेट गया। 12तब उसने अपने सेवक गेहज़ी से कहा,
"इस शूनेमी स्त्री को बुलाओ।" सो उसने उसे बुलाया, और
वह उसके सामने खड़ी हुई। 13और उसने उससे कहा,
"उससे कहना, 'देख, तूने हमारे लिए यह सब परिश्रम किया
है; तेरे लिए क्या किया जाए? क्या मैं तेरी ओर से राजा या
सेना के प्रधान से बात करूँ?' " पर उसने उत्तर दिया, "मैं
अपनी जाति के बीच ही रहती हूँ।" 14तब उसने कहा, "फिर
उसके लिए क्या किया जाए?" गेहज़ी ने कहा, "ख़ैर, उसका
कोई पुत्र नहीं है, और उसका पति बूढ़ा है।" 15तब उसने
कहा, "उसे बुलाओ।" सो उसने उसे बुलाया, और वह द्वार
पर खड़ी हुई। 16और उसने कहा, "अगले वर्ष इसी समय तू
एक पुत्र को गोद में लेगी।" पर उसने कहा, "नहीं, मेरे
स्वामी, ईश्वर के जन, अपनी दासी से झूठ मत बोल!"
17और वह स्त्री गर्भवती हुई, और समय पर उसने एक पुत्र
को जन्म दिया, जैसा एलीशा ने उससे कहा था। 18और
बालक बढ़ता गया। और ऐसा हुआ कि एक दिन वह अपने
पिता के पास, कटनी करने वालों के पास गया, 19और अपने
पिता से कहा, "मेरा सिर, मेरा सिर!" तब उसने एक सेवक से
कहा, "उसे उसकी माँ के पास ले जा।" 20सो उसने उसे
उठा लिया और उसकी माँ के पास ले आया; और वह दोपहर
तक उसकी गोद में बैठा रहा, और मर गया। 21तब वह
ऊपर गई और उसे ईश्वर के जन के बिस्तर पर रखा, और
उसे भीतर बंद करके बाहर निकल आई। 22और उसने
अपने पति को पुकारकर कहा, "कृपा करके मेरे लिए एक
जवान आदमी और एक गदहा भेज दे, कि मैं जल्द से ईश्वर
के जन के पास जाऊँ और लौट आऊँ।" 23उसने कहा,
"आज तू उसके पास क्यों जा रही है? न तो नया चाँद का दिन
है और न शब्बत।" उसने कहा, "सब कुशल है।" 24तब
उसने गदहे को काठी कसी, और अपने सेवक से कहा, "हँको
और चलो; जब तक मैं तुझसे न कहूँ, ढीला मत पड़ना।"
25और वह चली और कर्मेल पर्वत पर ईश्वर के जन के पास
पहुँची। और ऐसा हुआ कि जब ईश्वर के जन ने उसे दूर से
देखा, तो उसने अपने सेवक गेहज़ी से कहा, "देख, वह
शूनेमी स्त्री है। 26"अब दौड़कर उससे मिल, और उससे
कहना, 'क्या तुझ से कुशल है? क्या तेरे पति से कुशल है?
क्या बच्चे से कुशल है?' " उसने उत्तर दिया, "कुशल है।"
27और जब वह उस पहाड़ी पर ईश्वर के जन के पास पहुँची,
तो उसके पाँव पकड़ लिए; पर गेहज़ी पास आकर उसे अलग
करना चाहता था। पर ईश्वर के जन ने कहा, "उसे छोड़ दो;
क्योंकि उसका मन उसके भीतर दुःखी है, और ३५३z ने
इसे मुझ से छिपाया है और मुझे प्रगट नहीं किया।" 28तब
उसने कहा, "क्या मैंने अपने स्वामी से पुत्र माँगा था? क्या मैंने
नहीं कहा था, 'मुझे धोखा न देना'?" 29तब उसने गेहज़ी से
कहा, "अपनी कमर बाँध, मेरी लाठी अपने हाथ में ले, और
चल पड़; मार्ग में किसी से मिले तो उसे नमस्कार न करना,
और यदि कोई तुझे नमस्कार करे तो उसे उत्तर न देना; और
मेरी लाठी बच्चे के मुख पर रख देना।" 30तब बच्चे की माँ
ने कहा, "जैसे ३५३z जीवित है और जैसे तेरी आत्मा
जीवित है, मैं तुझे नहीं छोड़ूँगी।" तब वह उठकर उसके साथ
चल पड़ा। 31और गेहज़ी उनसे आगे बढ़ा और लाठी बच्चे
के मुख पर रखी; पर न कोई आवाज़ हुई और न ध्यान देने
की चिन्ह। सो वह लौटकर उससे मिला और कहा, "बालक
नहीं जागा।" 32और एलीशा घर में आया, और देखो, बालक
मरा हुआ था और उसके बिस्तर पर पड़ा था। 33तब वह
भीतर गया, और दोनों के पीछे दरवाज़ा बंद किया, और
३५३z से प्रार्थना की। 34फिर वह बालक के ऊपर चढ़ा
और अपना मुँह उसके मुँह पर, अपनी आँखें उसकी आँखों
पर, और अपने हाथ उसके हाथों पर रखकर उस पर फैल
गया; तब बालक का शरीर गरम हो गया। 35फिर वह
लौटकर घर में इधर-उधर टहलता रहा, और ऊपर जाकर

उस पर फिर फैल गया; तब बालक ने सात बार छींक मारी,
और बालक ने अपनी आँखें खोल दीं। 36 तब उसने गेहज़ी
को बुलाकर कहा, "उस शूनेमी स्त्री को बुलाओ।" सो उसने
उसे बुलाया; वह उसके पास आई, और उसने कहा, "अपने
पुत्र को उठा ले।" 37 तब वह भीतर गई, उसके पाँव पर
गिरकर भूमि तक दण्डवत् की, और अपने पुत्र को उठाकर
बाहर चली गई। 38 और एलीशा गिलगाल को लौटा। और
देश में अकाल था, और नबियों के पुत्र उसके सामने बैठे थे;
तब उसने अपने सेवक से कहा, "बड़ा हांडिया चढ़ाकर नबियों
के पुत्रों के लिए साग-भाजी का झोल पकाओ।" 39 तब उनमें
से एक व्यक्ति मैदान में कंद-मूल इकट्ठा करने को निकला,
और उसे एक जंगली बेल मिली; उसने उससे जंगल के
ककड़ियाँ (जंगली ककड़ी) बटोरे, अपने वस्त्र के आँचल को
भर लिया, और आकर उन्हें झोल के हांडे में काटकर डाल
दिया, क्योंकि वे नहीं जानते थे कि वे क्या हैं। 40 फिर उन्होंने
लोगों को खाने को दिया; और ऐसा हुआ कि जब वे झोल खा
रहे थे, तो वे चिल्लाकर कहने लगे, "हे ईश्वर के जन, हांडे में
मृत्यु है!" और वे उसे खा न सके। 41 तब उसने कहा, "कुछ
आटा लाओ।" और उसने उसे हांडे में डाला, और कहा,
"लोगों को खाने को दे दो।" तब हांडे में कोई हानि की बात न
रही। 42 तब बाल-शालिशा से एक पुरुष आया, और ईश्वर के
जन के लिए पहिलौठी उपज की भेंट—जौ की बीस रोटियाँ
और ताज़ी बालियाँ अपने थैले में—लाया। और उसने कहा,
"लोगों को खाने को दे दो।" 43 पर उसके सेवक ने कहा,
"क्या? क्या मैं इसे सौ मनुष्यों के सामने रख दूँ?" उसने
कहा, "लोगों को खाने को दे दो; क्योंकि 𐤉𐤄𐤅𐤄 यों कहता
है, 'खाओगे और कुछ बच भी रहेगा।' " 44 तब उसने उन्हें
सामने रख दिया, और उन्होंने खाया और कुछ बच भी रहा,
जैसा 𐤉𐤄𐤅𐤄 के वचन के अनुसार हुआ।

5 1 और नआमान, अराम के राजा की सेना का प्रधान,
अपने स्वामी की दृष्टि में बड़ा पुरुष और अत्यन्त
आदरनीय था, क्योंकि उसी के द्वारा 𐤉𐤄𐤅𐤄 ने अराम को
उद्धार दिया था। वह पराक्रमी तो था, पर कोढ़ी था। 2 और
अरामी लोग दल बाँधकर निकलते थे, और यिस्राएल देश से
एक छोटी लड़की को बंधुआ बनाकर ले आए; वह नआमान
की पत्नी की सेवा करती थी। 3 और उसने अपनी स्वामिनी से
कहा, "काश मेरा स्वामी शमरोन में जो नबी है, उसके पास
होता! तब वह उसके कोढ़ को अच्छा कर देता।" 4 तब
नआमान भीतर जाकर अपने स्वामी को यह कहकर बताया,
"यिस्राएल देश की उस लड़की ने ऐसे-ऐसे कहा है।" 5 और
अराम के राजा ने कहा, "जा, निकल, मैं यिस्राएल के राजा
के लिये एक पत्र भेजता हूँ।" तब वह चला और अपने साथ
चाँदी के दस किक्कार, सोने के छः हज़ार (माप) और वस्त्रों
के दस जोड़े ले गया। 6 और उसने वह पत्र यिस्राएल के
राजा के पास पहुँचाया, जिसमें लिखा था, "अब, जब यह पत्र
तेरे पास आए, तो देख, मैंने अपने सेवक नआमान को तेरे
पास भेजा है, कि तू उसके कोढ़ को अच्छा कर दे।" 7 और
ऐसा हुआ कि जब यिस्राएल के राजा ने वह पत्र पढ़ा, तो उसने
अपने वस्त्र फाड़े और कहा, "क्या मैं ईश्वर हूँ, कि प्राण ले
और प्राण रहने दूँ, जो यह मनुष्य मेरे पास किसी को उसके
कोढ़ से अच्छा करने को भेजता है? अब तो विचार कर और
देख कि वह मुझ से झगड़े का बहाना ढूँढ रहा है!" 8 जब
ईश्वर के जन एलीशा ने सुना कि यिस्राएल के राजा ने अपने
वस्त्र फाड़े हैं, तब उसने राजा के पास कहला भेजा, "तू ने
अपने वस्त्र क्यों फाड़े? कृपा करके उसे मेरे पास आने दे, तब
वह जान लेगा कि यिस्राएल में एक नबी है।" 9 तब नआमान
अपने घोड़ों और रथ सहित आया और एलीशा के घर के द्वार
पर खड़ा हुआ। 10 और एलीशा ने उसके पास एक दूत
भेजकर कहा, "जा, यरदेन में सात बार धो; तब तेरा शरीर
तुझे फिर से मिल जाएगा, और तू शुद्ध हो जाएगा।" 11 पर
नआमान क्रोधित होकर चला गया और कहने लगा, "देख,
मैंने तो अपने मन में कहा था कि वह निश्चय मेरे पास बाहर
आएगा, और 𐤉𐤄𐤅𐤄 अपने ईश्वर के नाम का आह्वान
करेगा, और उस स्थान पर अपना हाथ फेरकर कोढ़ को
अच्छा कर देगा। 12 "क्या अबाना और फरपर, जो दमिश्क
की नदियाँ हैं, यिस्राएल के सब जलधाराओं से उत्तम नहीं हैं?
क्या मैं उनमें धोकर शुद्ध नहीं हो सकता?" और वह क्रोध से
मुड़कर चला गया। 13 तब उसके दास उसके पास आकर
उससे बोले, "हे हमारे पिता, यदि उस नबी ने तुझ से कोई बड़ी
बात कही होती, तो क्या तू उसे न करता? फिर जब वह तुझ
से कहता है, 'धो ले और शुद्ध हो जा', तो कितना अधिक!"
14 तब वह उतरकर ईश्वर के जन के वचन के अनुसार
यरदेन में सात बार डूबा; और उसका शरीर एक छोटे बच्चे
के शरीर के समान फिर नया हो गया, और वह शुद्ध हो गया।
15 तब वह अपने सब जनों सहित ईश्वर के जन के पास
लौटा, और उसके सामने आकर कहा, "देख, अब मैं जान
गया कि सारी पृथ्वी पर 𐤉𐤄𐤅𐤄 को छोड़ और कोई ईश्वर
नहीं। अब, कृपा करके अपने दास की ओर से एक भेंट
स्वीकार कर।" 16 पर उसने कहा, "जिस 𐤉𐤄𐤅𐤄 के
सम्मुख मैं खड़ा हूँ, वह जीवित है, मैं कुछ न लूँगा।" उसने
उसे लेने के लिये बहुत दबाव दिया, पर उसने इन्कार कर
दिया। 17 तब नआमान ने कहा, "यदि नहीं, तो कृपा करके
तेरे दास को दो खच्चरों का बोझ मिट्टी दे दिया जाए; क्योंकि
अब से तेरा दास 𐤉𐤄𐤅𐤄 को छोड़ और किसी दूसरे देवता
को होमबलि और बलिदान न चढ़ाएगा, पर केवल 𐤉𐤄𐤅𐤄
को। 18 "इस बात में 𐤉𐤄𐤅𐤄 तेरे दास को क्षमा करे: जब
मेरा स्वामी रिम्मोन के भवन में दण्डवत करने को जाता है
और मेरे हाथ पर टिका रहता है, और मैं रिम्मोन के भवन में
दण्डवत करता हूँ—जब मैं रिम्मोन के भवन में दण्डवत करूँ,
तो 𐤉𐤄𐤅𐤄, इस बात में कृपा करके तेरे दास को क्षमा
करे।" 19 उसने उससे कहा, "कुशल से जा।" और वह
उससे कुछ दूर चला गया। 20 पर एलीशा, ईश्वर के जन, का
सेवक गेहज़ी ने कहा, "देख, मेरा स्वामी इस अरामी नआमान
पर कृपा करने में उससे जो कुछ लाया था, उसे न लेकर चूक
गया। परन्तु जैसे 𐤉𐤄𐤅𐤄 जीवित है, मैं उसके पीछे दौड़ूँगा
और उससे कुछ लेकर रहूँगा।" 21 तब गेहज़ी नआमान के
पीछे दौड़ा; और जब नआमान ने उसे अपने पीछे दौड़ते
देखा, तो वह रथ से उतरकर उससे मिलने आया और कहा,
"क्या कुशल है?" 22 उसने कहा, "कुशल। मेरे स्वामी ने मुझे
भेजा है, यह कहते हुए, 'देख, अभी-अभी नबियों के पुत्रों में से
इफ्राइम के पहाड़ों से मेरे पास दो जवान आए हैं; कृपा करके
उनके लिये चाँदी का एक किक्कार और वस्त्रों के दो जोड़े
दे।' " 23 नआमान ने कहा, "कृपा करके दो किक्कार ले
लो।" और उसने उस पर बल दिया, और चाँदी के दो
किक्कार दो थैलों में बाँधकर, वस्त्रों के दो जोड़ों समेत,

अपने दो सेवकों को दे दिए; और वे उन्हें उसके आगे-आगे ले
चले। [24]और जब वह ऊँचे स्थान पर पहुँचा, तो उसने उन्हें
उनके हाथ से लेकर घर में रख छोड़ा, और उन पुरुषों को
विदा किया, और वे चले गए। [25]फिर वह भीतर जाकर अपने
स्वामी के सामने खड़ा हुआ। तब एलीशा ने उससे कहा,
"गेहज़ी, तू कहाँ से आया?" उसने कहा, "तेरा दास कहीं नहीं
गया।" [26]पर उसने उससे कहा, "क्या जब वह मनुष्य अपने
रथ से उतरकर तुझ से मिलने को लौटा, तब मेरा मन तेरे
साथ न गया? क्या यह समय है चाँदी लेने का और वस्त्र लेने
का, तथा जैतून की डालियों और दाख की बारियों, भेड़ों-
बकरियों और गाय-बैलों, और दास-दासियों को लेने का?
[27]"सो नआमान का कोढ़ सदा के लिये तुझमें और तेरे वंश
में लगा रहे।" और वह उसके सामने से बर्फ के समान कोढ़ी
होकर निकल गया।

6 [1]और नबियों के पुत्रों ने एलीशा से कहा, "देख, जहाँ हम
तेरे साथ रहते हैं, वह स्थान हमारे लिए बहुत छोटा है।
[2]"कृपा करके हमें यरदेन को जाने दे; वहाँ से हर एक व्यक्ति
एक-एक लकड़ी ले आए, और वहाँ हम रहने के लिए एक
स्थान बनाएँ।" उसने कहा, "जाओ।" [3]तब एक ने कहा,
"कृपया अपने दासों के साथ चलने का दायित्व ले।" उसने
उत्तर दिया, "मैं चलूँगा।" [4]और वह उनके साथ गया; जब वे
यरदेन पहुँचे, तो वे वृक्ष काटने लगे। [5]और ऐसा हुआ कि
जब एक व्यक्ति वृक्ष काट रहा था, तो लोहे की कुल्हाड़ी का
फल पानी में गिर पड़ा। तब उसने चिल्लाकर कहा, "हाय,
मेरे स्वामी!" क्योंकि वह उधार की थी। [6]ईश्वर के जन ने
कहा, "वह कहाँ गिरी?" उसने स्थान दिखाया; तब उसने एक
लकड़ी काटकर वहाँ फेंकी, और लोहे को तैरा दिया। [7]और
उसने कहा, "उसे उठा ले।" तब उसने हाथ बढ़ाकर उसे ले
लिया। [8]और अराम का राजा यिस्राएल के विरुद्ध लड़ रहा
था; उसने अपने सेवकों से परामर्श करके कहा, "मेरा डेरा
अमुक स्थान पर रहेगा।" [9]तब ईश्वर के जन ने यिस्राएल
के राजा के पास कहला भेजा, "सावधान रहना, उस स्थान से
न गुजरना, क्योंकि अरामी वहाँ उतरते हैं।" [10]तब यिस्राएल
के राजा ने उस स्थान पर, जिसके बारे में ईश्वर के जन ने
उसे बताया था, लोगों को भेजा और उसे सचेत कर दिया; इस
प्रकार वह वहाँ सावधान रहा—एक बार नहीं, दो बार नहीं, कई
बार। [11]इससे अराम के राजा का मन अत्यन्त घबरा गया;
उसने अपने सेवकों को बुलाकर उनसे कहा, "मुझे बताओ!
हम में से कौन यिस्राएल के राजा की ओर है?" [12]तब उसके
सेवकों में से एक ने कहा, "नहीं, हे मेरे स्वामी राजा; परन्तु
यिस्राएल में जो नबी एलीशा है, वह तेरे शयनकक्ष में कही हुई
बातें भी यिस्राएल के राजा को बता देता है।" [13]उसने कहा,
"जाओ, देखो वह कहाँ है, कि मैं भेजकर उसे पकड़ लाऊँ।"
और उसे बताया गया, "देख, वह दोतान में है।" [14]तब उसने
वहाँ घोड़े, रथ और बड़ी सेना भेजी; वे रातों-रात आए और
नगर को चारों ओर से घेर लिया। [15]ईश्वर के जन का
सेवक सुबह तड़के उठा और बाहर गया; और देखो, सेना ने
घोड़े और रथ सहित नगर को घेर रखा है। तब उसके सेवक
ने उससे कहा, "हाय, मेरे स्वामी! अब हम क्या करें?"
[16]उसने कहा, "मत डर; क्योंकि जो हमारे साथ हैं वे उनसे
अधिक हैं जो उनके साथ हैं।" [17]और एलीशा ने प्रार्थना की,
"𐤉𐤄𐤅𐤄, मैं प्रार्थना करता हूँ, इसकी आँखें खोल कि वह
देखे।" तब 𐤉𐤄𐤅𐤄 ने उस जवान की आँखें खोल दीं, और
उसने देखा कि एलीशा के चारों ओर पर्वत आग के रथों और
घोड़ों से भरे हैं। [18]और जब वे उसके पास उतर आए, तब
एलीशा ने 𐤉𐤄𐤅𐤄 से प्रार्थना करके कहा, "मैं प्रार्थना करता
हूँ, इस जाति को अंधापन मार।" तब उसने एलीशा के वचन
के अनुसार उन्हें अंधापन मारा। [19]तब एलीशा ने उनसे
कहा, "यह मार्ग नहीं, और यह नगर भी नहीं। मेरे पीछे
आओ; जिसे तुम ढूँढ़ते हो, मैं तुम्हें उसके पास ले चलूँगा।"
और वह उन्हें शमरोन ले आया। [20]और ऐसा हुआ कि जब वे
शमरोन पहुँचे, तब एलीशा ने कहा, "𐤉𐤄𐤅𐤄, इन लोगों की
आँखें खोल दे कि ये देखें।" तब 𐤉𐤄𐤅𐤄 ने उनकी आँखें
खोल दीं; और उन्होंने देखा कि वे शमरोन के बीच में हैं!
[21]जब यिस्राएल के राजा ने उन्हें देखा, तो उसने एलीशा से
कहा, "मेरे पिता, क्या मैं उन्हें मारूँ? क्या मैं उन्हें मारूँ?"
[22]उसने कहा, "मत मार। क्या तू उन लोगों को मारता है
जिन्हें तूने अपनी तलवार और धनुष से बंदी बनाया है? उनके
सामने भोजन और जल रख, कि वे खाएँ-पिएँ और अपने
स्वामी के पास लौट जाएँ।" [23]तब उसने उनके लिये बड़ा
भोज किया; और जब उन्होंने खाया-पिया, तब उसने उन्हें
जाने दिया, और वे अपने स्वामी के पास लौट गए। और
अरामी छापामार दल फिर यिस्राएल के देश में न आए।
[24]इसके बाद ऐसा हुआ कि अराम के राजा बिन-हदद ने
अपनी सारी सेना इकट्ठी की, और ऊपर चढ़कर शमरोन की
घेराबंदी कर ली। [25]और शमरोन में बड़ा अकाल पड़ा;
देखो, उन्होंने उसे ऐसे घेर लिया कि गधे का सिर अस्सी
चाँदी के टुकड़ों में बिकता था, और कबूतर की बीट का एक-
चौथाई काब पाँच चाँदी के टुकड़ों में। [26]और ऐसा हुआ कि
जब यिस्राएल का राजा शहरपनाह पर से जा रहा था, तो एक
स्त्री ने पुकारकर कहा, "मेरे स्वामी, हे राजा, बचा!" [27]उसने
कहा, "यदि 𐤉𐤄𐤅𐤄 तुझे न बचाए, तो मैं तेरे लिये कहाँ से
बचाव लाऊँ? खलिहान से या रस-कुंड से?" [28]तब राजा ने
उससे कहा, "तुझे क्या हुआ?" उसने कहा, "इस स्त्री ने
मुझसे कहा, 'अपने पुत्र को दे दे कि हम आज उसे खाएँ;
और कल हम मेरे पुत्र को खाएँगे।' [29]"सो हमने मेरे पुत्र को
पकाया और उसे खाया; और अगले दिन मैं ने उससे कहा,
'अपने पुत्र को दे कि हम उसे खाएँ'; पर उसने अपने पुत्र को
छिपा लिया।" [30]जब राजा ने उस स्त्री की बातें सुनीं, तो
उसने अपने वस्त्र फाड़ डाले; और जब वह शहरपनाह पर से
जा रहा था, तो लोगों ने देखा कि उसके भीतर, उसके शरीर
पर टाट बँधा हुआ है। [31]तब उसने कहा, "यदि आज
शाफ़ात के पुत्र एलीशा का सिर उसके ऊपर बना रहे, तो
ईश्वर मुझे वैसा ही करे, बल्कि उससे भी बढ़कर।" [32]और
एलीशा अपने घर में बैठा था, और पुरनिए उसके साथ बैठे
थे। और राजा ने अपने आगे एक आदमी भेजा था; पर दूत
के उसके पास आने से पहले, उसने पुरनियों से कहा, "क्या
तुम देखते नहीं कि इस हत्यारे के पुत्र ने मेरा सिर लेने के
लिये व्यक्ति भेजा है? देखो, जब दूत आए, तो द्वार बन्द कर
देना और उसे द्वार पर ही ठहरे रखना—क्या उसके पीछे
उसके स्वामी के पैरों की आहट नहीं है?" [33]वह अभी उनसे
बात ही कर रहा था कि देखो, दूत उसके पास नीचे आ पहुँचा;

और उसने कहा, “देख, यह बुराई 𐤉𐤄𐤅𐤄 की ओर से है; मैं
𐤉𐤄𐤅𐤄 की बाट और कितनी देर तक जोहूँ?”

7 1 तब एलीशा ने कहा, “𐤉𐤄𐤅𐤄 का वचन सुनो।
𐤉𐤄𐤅𐤄 यों कहता है, ‘कल इसी समय शमरोन के
फाटक पर एक शेकेल में एक सेआ उत्तम आटा, और एक
शेकेल में दो सेआ जौ बिकेगा।’ ” 2 तब उस अधिकारी ने,
जिस पर राजा अपने हाथ टिकाए रहता था, ईश्वर के जन
को उत्तर दिया और कहा, “देख, यदि 𐤉𐤄𐤅𐤄 आकाश में
खिड़कियाँ भी बना दे, तो क्या यह बात हो सकती है?” उसने
कहा, “देख, तू अपनी आँखों से इसे देखेगा, पर उससे
खाएगा नहीं।” 3 और नगर के फाटक पर चार कोढ़ी पुरुष
थे। उन्होंने आपस में कहा, “हम यहाँ बैठे-बैठे क्यों मरें?”
4 “यदि हम कहें, ‘हम नगर में चलें,’ तो नगर में अकाल है
और हम वहाँ मरेंगे; और यदि हम यहाँ बैठें, तो हम भी मरेंगे।
अब आओ, हम अराम की सेना के पास चलें; यदि वे हमें
जीवित रखेंगे, तो हम जीवित रहेंगे; और यदि हमें मार
डालेंगे, तो हम मर ही जाएँगे।” 5 सो सांझ होते वे अरामी
छावनी के पास जाने को उठे; और जब वे अरामी छावनी के
छोर पर पहुँचे, देखो, वहाँ कोई न था। 6 क्योंकि 𐤉𐤄𐤅𐤄 ने
अराम की सेना को रथों की आवाज़, घोड़ों की आवाज़, और
बड़ी सेना की आवाज़ सुना दी थी; सो उन्होंने आपस में कहा,
“देखो, इस्राएल के राजा ने हमारे विरुद्ध हम पर हमला करने
को हित्तियों के राजाओं और मिस्त्रियों के राजाओं को किराए
पर बुला लिया है।” 7 सो वे संध्या को उठकर भाग गए, और
अपनी छावनी, अपने तंबू, अपने घोड़े और अपने गधे यथावत्
छोड़कर अपने प्राणों के लिये भाग गए। 8 और जब वे कोढ़ी
लोग छावनी के छोर पर आए, तो उन्होंने एक तंबू में प्रवेश
करके खाया और पिया, और वहाँ से चाँदी, सोना और वस्त्र
लेकर गए और उन्हें छिपा दिया; फिर लौटकर दूसरे तंबू में
गए और वहाँ से भी लिया और छिपा दिया। 9 तब उन्होंने
आपस में कहा, “हम ठीक नहीं कर रहे हैं। यह दिन शुभ
समाचार का दिन है, और हम चुप बैठे हैं। यदि हम भोर तक
प्रतीक्षा करेंगे, तो हम पर अपराध आएगा। अब आओ, हम
जाकर राजा के घराने को इसकी सूचना दें।” 10 सो वे आए
और नगर के फाटक के पहरेदारों को पुकारकर कहा, “हम
अराम की छावनी में गए थे, और देखो, वहाँ कोई मनुष्य की
आवाज़ नहीं, केवल बँधे हुए घोड़े और गधे हैं, और तंबू जैसे
के तैसे पड़े हैं।” 11 तब फाटक के पहरेदारों ने पुकार लगाई
और यह समाचार राजा के घराने में सुनाया। 12 तब राजा
रात को उठा और अपने सेवकों से कहा, “अब मैं तुम्हें बताता
हूँ कि अरामियों ने हमारे साथ क्या किया है। वे जानते हैं कि
हम भूखे हैं; सो वे छावनी से निकलकर मैदान में छिप गए हैं,
यह कहते हुए, ‘जब वे नगर से बाहर निकलेंगे, तब हम उन्हें
जीवित पकड़ेंगे और नगर में घुस जाएँगे।’ ” 13 तब उसके
सेवकों में से एक ने उत्तर दिया, “कृपा करके हमें नगर में बचे
हुए घोड़ों में से पाँच को लेने दे; देख, वे इस्राएल की सारी
भीड़ के समान हैं जो यहाँ बचे हैं, देख, वे उन सब इस्राएलियों
के समान हैं जो नष्ट हो चुके हैं। सो हमें भेज और देख ले।”
14 तब उन्होंने घोड़ों सहित दो रथ लिए, और राजा ने उन्हें
अराम की सेना की दिशा में भेजा, यह कहते हुए, “जाकर
देखो।” 15 और वे उनके पीछे यरदेन तक गए; और देखो,
सारा मार्ग कपड़ों और हथियारों से भरा था, जो अरामी अपने
भागने की जल्दी में फेंक गए थे। और दूत लौटकर राजा को
बताया। 16 तब लोग बाहर निकलकर अराम की छावनी को
लूटने लगे। तब एक शेकेल में एक सेआ उत्तम आटा, और
एक शेकेल में दो सेआ जौ बिकने लगा, जैसा 𐤉𐤄𐤅𐤄 के
वचन के अनुसार हुआ। 17 और राजा ने उस अधिकारी को,
जिस पर वह अपने हाथ टिकाता था, फाटक पर प्रभारी
ठहराया; परन्तु लोगों ने फाटक में उसे रौंदकर कुचल डाला,
और वह मर गया, जैसा ईश्वर के जन ने कहा था, जब राजा
उसके पास उतरा था। 18 और ऐसा ही हुआ, जैसा ईश्वर के
जन ने राजा से कहा था, “कल इसी समय शमरोन के
फाटक पर एक शेकेल में दो सेआ जौ, और एक शेकेल में
एक सेआ उत्तम आटा बिकेगा।” 19 तब उस अधिकारी ने
ईश्वर के जन को उत्तर दिया था, और कहा था, “देख, यदि
𐤉𐤄𐤅𐤄 आकाश में खिड़कियाँ बनाए, तो क्या यह बात हो
सकती है?” और उसने कहा था, “देख, तू अपनी आँखों से
इसे देखेगा, पर उससे खाएगा नहीं।” 20 और ऐसा ही उसके
साथ हुआ; लोगों ने फाटक में उसे रौंदकर कुचल डाला, और
वह मर गया।

8 1 और एलीशा ने उस स्त्री से कहा, जिसका पुत्र उसने
जीवित किया था, “उठ और तू तथा तेरा घराना जहां
कहीं भी परदेश करना चाहे वहाँ परदेश कर; क्योंकि 𐤉𐤄𐤅𐤄
ने अकाल बुलाया है, और यह देश पर सात वर्ष तक आनेवाला
है।” 2 तब स्त्री उठकर ईश्वर के जन के वचन के अनुसार
किया; और वह अपने घराने समेत पलिश्तियों के देश में सात
वर्ष परदेश करती रही। 3 और ऐसा हुआ कि सात वर्ष के अंत
में वह स्त्री पलिश्तियों के देश से लौटी; और वह राजा के पास
अपने घर और अपनी भूमि के लिए पुकार करने आई। 4 और
राजा ईश्वर के जन के दास गेहज़ी से बात कर रहा था, और
कह रहा था, “मुझे वे सब बड़े काम सुनाओ जो एलीशा ने
किए हैं।” 5 और ऐसा हुआ कि जब वह राजा से यह सुना रहा
था कि उसने मरे हुए को जीवित किया, तब वही स्त्री, जिसका
पुत्र उसने जीवित किया था, अपने घर और अपनी भूमि के
लिए राजा के पास पुकार कर रही थी। तब गेहज़ी ने कहा,
“हे मेरे स्वामी राजा, यही वह स्त्री है, और यही उसका पुत्र है,
जिसे एलीशा ने जीवित किया।” 6 तब राजा ने उस स्त्री से
पूछा, और उसने उससे कहा। तब राजा ने एक अधिकारी को
उसके लिये ठहराया और कहा, “जो कुछ उसका है वह सब
लौटाकर दे, और उसके खेत की उपज भी, जिस दिन से वह
देश छोड़कर गई थी, अब तक।” 7 और एलीशा दमिश्क
गया; और अराम का राजा बिन-हदद बीमार था। और उसे
बताया गया, “ईश्वर का जन यहाँ आ गया है।” 8 तब राजा ने
हजाएल से कहा, “तेरे हाथ में एक भेंट ले जा, और ईश्वर के
जन से मिलने को जा, और 𐤉𐤄𐤅𐤄 से उसके द्वारा पूछ,
‘क्या मैं इस बीमारी से चंगा होऊँगा?’ ” 9 और हजाएल उससे
मिलने गया, और अपने साथ दमिश्क की हर एक अच्छी
वस्तु में से, चालीस ऊँटों का बोझ लेकर भेंट ले गया। और
वह आकर उसके सामने खड़ा हुआ और कहा, “तेरा पुत्र
बिन-हदद, अराम का राजा, मुझे तेरे पास भेजता है यह
कहकर, ‘क्या मैं इस बीमारी से चंगा होऊँगा?’ ” 10 एलीशा ने
कहा, “जा, उससे कह, ‘निश्चय तू चंगा होगा।’ परन्तु
𐤉𐤄𐤅𐤄 ने मुझे दिखाया है कि वह अवश्य मरेगा।” 11 और
उसने अपनी दृष्टि स्थिर रखी, यहाँ तक कि हजाएल लज्जित

हो गया; तब ईश्वर का जन रो पड़ा। 12तब हजाएल ने कहा,
"हे मेरे स्वामी, तू क्यों रो रहा है?" उसने कहा, "क्योंकि मैं
जानता हूँ कि तू इस्त्राएल के पुत्रों पर कैसी-कैसी बुराई करेगा:
उनके दृढ़ नगरों को आग से जलाएगा, उनके जवानों को
तलवार से मारेगा, उनके बच्चों को टुकड़े-टुकड़े करेगा, और
गर्भवती स्त्रियों को चीर डालेगा।" 13हजाएल ने कहा,
"परन्तु तेरा दास कौन है—क्या वह कुत्ता है, कि ऐसा बड़ा
काम करे?" तब एलीशा ने कहा, "𐤉𐤄𐤅𐤄 ने मुझे दिखाया है
कि तू अराम पर राजा होगा।" 14तब वह एलीशा को छोड़कर
अपने स्वामी के पास आया; और उसने कहा, "एलीशा ने
तुझसे क्या कहा?" उसने कहा, "उसने मुझसे कहा, तू
निश्चय चंगा होगा।" 15परन्तु दूसरे दिन उसने एक मोटा
कपड़ा लिया और पानी में भिगोकर उसके चेहरे पर फैला
दिया, जिससे वह मर गया। तब हजाएल उसके स्थान पर
राज्य करने लगा। 16और इस्त्राएल के राजा अहाब के पुत्र
योराम के पाँचवें वर्ष में—जब यहोशापात यहूदा का राजा था
—यहोशापात का पुत्र यहोराम यहूदा पर राज्य करने लगा।
17जब उसने राज्य करना शुरू किया, तब उसकी आयु
बत्तीस वर्ष की थी; और उसने यरूशलेम में आठ वर्ष राज्य
किया। 18और उसने इस्त्राएल के राजाओं के मार्ग में चला,
जैसे अहाब के घराने ने किया था; क्योंकि अहाब की बेटी
उसकी पत्नी थी। और उसने 𐤉𐤄𐤅𐤄 की दृष्टि में बुरा
किया। 19तो भी 𐤉𐤄𐤅𐤄 यहूदा को नाश करने को तैयार न
हुआ, अपने दास दाऊद के कारण; जैसा उसने उससे वादा
किया था कि वह और उसके पुत्रों को सदा दीपक देगा।
20उसके दिनों में एदोम यहूदा के अधीन से निकलकर अपने
लिये एक राजा ठहराया। 21तब योराम सारे रथों समेत सईर
को गया; और वह रात को उठकर एदोमियों को, जिन्होंने उसे
और उसके रथाध्यक्षों को घेर लिया था, मार डाला; परन्तु
लोग अपने-अपने डेरे को भाग गए। 22सो एदोम आज तक
यहूदा के अधीन से निकलकर अलग है। उसी समय लिब्ना
भी अलग हो गया। 23और योराम के अन्य काम, और जो
कुछ उसने किया, क्या वे यहूदा के राजाओं के इतिहास की
पुस्तक में नहीं लिखे हैं? 24तब योराम अपने पितरों के संग
सो गया, और उसे दाऊद की नगरी में अपने पितरों के संग
दफनाया गया। और उसका पुत्र अहज़्याह उसके स्थान पर
राजा हुआ। 25इस्त्राएल के राजा अहाब के पुत्र योराम के
बारहवें वर्ष में यहूदा के राजा यहोराम का पुत्र अहज़्याह राज्य
करने लगा। 26जब उसने राज्य करना शुरू किया, तब
उसकी आयु बाईस वर्ष की थी; और उसने यरूशलेम में एक
वर्ष राज्य किया। और उसकी माता का नाम अतल्याह था,
जो इस्त्राएल के राजा ओम्री की पौत्री थी। 27और वह अहाब
के घराने के मार्ग में चला, और 𐤉𐤄𐤅𐤄 की दृष्टि में बुरा
किया, जैसे अहाब के घराने ने किया था; क्योंकि वह अहाब के
घराने का दामाद था। 28और वह अहाब के पुत्र योराम के
साथ गिलाद के रामोत में अराम के राजा हजाएल से लड़ने
गया; और अरामियों ने योराम को घायल किया। 29तब राजा
योराम यिज्रेल लौटा, कि उन घावों से चंगा हो जो अरामियों ने
उसे रामाह में दिए थे, जब वह अराम के राजा हजाएल से लड़
रहा था। तब यहूदा का राजा यहोराम का पुत्र अहज़्याह,
अहाब के पुत्र योराम को यिज्रेल में देखने गया, क्योंकि वह
बीमार था।

9 1और एलीशा नबी ने नबियों के पुत्रों में से एक को बुलाया
और उससे कहा, "अपनी कमर कसो और यह तेल का
कुप्पा अपने हाथ में लो, और रामोत गिलआद को जाओ।
2"और तुम वहाँ जाकर यहू, यहोशापात के पुत्र, निम्शी के पुत्र
को ढूँढना, और उसके भाइयों के बीच से उसे उठाकर एक
आंतरिक कक्ष में ले जाना, 3"और तेल का कुप्पा लेकर
उसके सिर पर उड़ेलना, और कहना, 'यूं कहता है 𐤉𐤄𐤅𐤄,
"मैंने तुझे इस्त्राएल पर राजा अभिषिक्त किया है।" ' तब तुम
द्वार खोलकर भाग जाना, और विलंब न करना।" 4तब वह
जवान - जवान नबी - रामोत गिलआद गया, 5और भीतर
आया और सेना के प्रधानों को बैठे देखा। और उसने कहा,
"हे प्रधान, मेरे पास तेरे लिये एक संदेश है।" और यहू ने
कहा, "हममें से किसके लिये?" उसने कहा, "तेरे लिये, हे
प्रधान।" 6तब वह उठा और घर में गया। और उसने उसके
सिर पर तेल उड़ेला, और उससे कहा, "यूं कहता है 𐤉𐤄𐤅𐤄
इस्त्राएल का ईश्वर, 'मैंने तुझे 𐤉𐤄𐤅𐤄 की प्रजा, इस्त्राएल पर
राजा अभिषिक्त किया है। 7'और तू अपने स्वामी अहाब के
घराने को मार डालेगा, और मैं अपने दास नबियों का लहू
और 𐤉𐤄𐤅𐤄 के सब दासों का लहू ईज़ेबेल के हाथ से
प्रतिशोध लूँगा। 8'और अहाब का सारा घराना नाश होगा।
और मैं इस्त्राएल में अहाब के सब नरों को, चाहे बंधे हुए हों या
स्वतंत्र, काट डालूँगा। 9'और मैं अहाब के घराने को
यारोबाम, नेबत के पुत्र के घराने के समान, और बाशा,
अहियाह के पुत्र के घराने के समान कर दूँगा। 10'और कुत्ते
यिज्रेल के भाग में ईज़ेबेल को खाएँगे, और उसे गाड़नेवाला
कोई न होगा।' " तब उसने द्वार खोला और भाग गया।
11और यहू अपने स्वामी के सेवकों के पास निकला, और एक
ने उससे कहा, "क्या कुशल है? यह पागल तुझसे क्यों
मिला?" और उसने उनसे कहा, "तुम उस मनुष्य और उसकी
बात को जानते हो।" 12उन्होंने कहा, "झूठ! अब हमें बता।"
तब उसने कहा, "यूं और यूं उसने मुझसे कहा, यह कहते हुए,
'यूं कहता है 𐤉𐤄𐤅𐤄, "मैंने तुझे इस्त्राएल पर राजा
अभिषिक्त किया है।" ' " 13तब वे जल्दी से उठे, और हर
एक ने अपना वस्त्र लिया और सीढ़ियों के ऊपर उसके नीचे
बिछा दिया। और उन्होंने नरसिंगा फूँका, यह कहते हुए, "यहू
राज्य करता है!" 14इस प्रकार यहू, यहोशापात का पुत्र,
निम्शी का पुत्र, योराम के विरुद्ध षडयंत्र रचा - अब योराम
रामोत गिलआद की रखवाली कर रहा था, वह और सारा
इस्त्राएल, हज़ाएल, अराम के राजा के विरुद्ध। 15परन्तु राजा
यहोराम यिज्रेल लौट गया था उन घावों को चंगा करने के
लिये, जिनसे अरामी लोगों ने उसे घायल किया था, जब वह
हज़ाएल, अराम के राजा से लड़ा था - अब यहू ने कहा, "यदि
यही तुम्हारी इच्छा है, तो कोई नगर से निकलकर भाग न सके
कि यिज्रेल में इसका समाचार पहुँचाए।" 16और यहू रथ पर
सवार होकर यिज्रेल गया, क्योंकि योराम वहाँ पड़ा था। और
अहज़्याह, यहूदा का राजा, योराम को देखने उतरा था।
17और यिज्रेल के गुम्मट पर एक प्रहरी खड़ा था, और उसने
यहू की भीड़ को आते देखा, और कहा, "मैं एक भीड़ को
देखता हूँ।" और यहोराम ने कहा, "एक अश्वारोही को
भेजकर उनसे मिलने जाओ, और उससे कहना, 'क्या कुशल
है?' " 18और अश्वारोही उनसे मिलने गया, और कहा,
"राजा कहता है, 'क्या कुशल है?' " और यहू ने कहा,

"तुझको कुशल से क्या? मेरे पीछे मुड़ जा।" और प्रहरी ने
कहा, "दूत उनके पास गया, परन्तु लौटकर नहीं आया।"
[19]तब उसने दूसरा अश्वारोही भेजा, जो उनके पास गया,
और कहा, "राजा कहता है, 'क्या कुशल है?' " और यहू ने
उत्तर दिया, "तुझको कुशल से क्या? मेरे पीछे मुड़ जा।"
[20]तब प्रहरी ने कहा, "वह उनके पास गया और लौटकर नहीं
आया। और उसका चलाना निम्शी के पुत्र यहू के चलाने के
समान है, क्योंकि वह पागलों की तरह चलाता है!" [21]तब
यहोराम ने कहा, "जोत दो।" और उसका रथ जोता गया।
और इस्राएल का राजा यहोराम और यहूदा का राजा
अहज़्याह, हर एक अपने रथ में, निकले। और वे यहू से
मिलने निकले, और नाबोत यिज्रेली के खेत के भाग में उससे
मिले। [22]और ऐसा हुआ, जब यहोराम ने यहू को देखा, तो
उसने कहा, "क्या कुशल है, हे यहू?" परन्तु उसने उत्तर
दिया, "कौन सी कुशल, जब तक तेरी माता ईज़ेबेल की
व्यभिचार और उसकी टोनेबाज़ियाँ इतनी अधिक हैं?" [23]तब
यहोराम ने अपने हाथ फेरकर भागा, और अहज़्याह से कहा,
"हे अहज़्याह, विश्वासघात!" [24]और यहू ने धनुष खींचा और
यहोराम को भुजाओं के बीच मारा। और तीर उसके हृदय से
निकल गया, और वह अपने रथ में गिर पड़ा। [25]और उसने
अपने अधिकारी बिद्कार से कहा, "उसे उठाकर नाबोत
यिज्रेली के खेत के भाग में डाल दो। स्मरण कर, जब तू
और मैं उसके पिता अहाब के पीछे-पीछे सवार हो रहे थे, तब
𐤉𐤄𐤅𐤄 ने उसके विरुद्ध यह वचन उठाया था: [26]'क्या मैंने
कल रात नाबोत का और उसके पुत्रों का लहू नहीं देखा?' यह
वचन है 𐤉𐤄𐤅𐤄 का। 'और मैं तुझे इस भाग में प्रतिफल
दूँगा,' यह वचन है 𐤉𐤄𐤅𐤄 का। अब, उसे उठा कर उस
भाग में डाल दे, 𐤉𐤄𐤅𐤄 के वचन के अनुसार।" [27]और
यहूदा का राजा अहज़्याह यह देखकर बेथ-हग्गान की ओर
भागा। और यहू ने उसका पीछा किया, और कहा, "उसे भी
उसके रथ में मार दो," गूर की चढ़ाई पर, जो यिबलआम के
पास है। और वह मेगिद्दो भाग गया, और वहाँ मर गया।
[28]तब उसके सेवकों ने उसे रथ में यरूशलेम पहुँचाया, और
उसे उसके पितरों के साथ दाऊद के नगर में उसकी कब्र में
दफनाया। [29]और अहाब के पुत्र योराम के ग्यारहवें वर्ष में,
अहज़्याह ने यहूदा पर राज्य करना आरम्भ किया। [30]और
यहू यिज्रेल आया, और ईज़ेबेल ने यह सुना। और उसने
अपनी आँखों में सुरमा लगाया और अपना सिर सँवारा, और
खिड़की से देखा। [31]और जब यहू फाटक में आया, तो
उसने कहा, "क्या कुशल है, हे ज़िम्री, अपने स्वामी के
घातक?" [32]तब उसने अपना मुख खिड़की की ओर उठाया
और कहा, "मेरे साथ कौन है? कौन?" और दो-तीन खोजे
उसकी ओर नीचे देख रहे थे। [33]और उसने कहा, "उसे
नीचे गिरा दो।" और उन्होंने उसे नीचे गिरा दिया, और
उसका कुछ लहू दीवार और घोड़ों पर छिटक गया, और
उसने उसे पैरों तले रौंदा। [34]और वह भीतर गया, और खाया
और पिया, और कहा, "अब जाकर इस शापित स्त्री को देखो,
और उसे गाड़ दो, क्योंकि वह एक राजा की पुत्री थी।"
[35]तब वे उसे गाड़ने गये, परन्तु उसके सिर की खोपड़ी, पैरों
और हथेलियों के सिवाय कुछ न पाया। [36]और वे लौटकर
उसे बताया। और उसने कहा, "यह वही वचन है 𐤉𐤄𐤅𐤄
का, जो उसने अपने दास एल्याहु तिश्बी के द्वारा कहा था, यह
कहते हुए, 'यिज्रेल के भाग में कुत्ते ईज़ेबेल का मांस खाएँगे,
[37]और ईज़ेबेल की लाश यिज्रेल के भाग में खेत की सतह पर
गोबर के समान होगी, ताकि वे यह न कहें, "यह ईज़ेबेल है।"
' "

10 [1]और अख़ाब़ के शमरोन में सत्तर पुत्र थे। और
यहू ने पत्र लिखे और शमरोन को भेजे, यिज्रॉएल के
शासकों, बुज़ुर्गों और अख़ाब़ के रखवालों के पास, कहते
हुए, [2]"और अब, जब यह पत्र तुम्हारे पास पहुँचे, क्योंकि
तुम्हारे स्वामी के पुत्र तुम्हारे साथ हैं, और तुम्हारे पास रथ
और घोड़े और एक किलेबंद नगर और हथियार हैं, [3]तो
अपने स्वामी के पुत्रों में से सबसे उत्तम और सीधा को चुनो,
और उसे उसके पिता के सिंहासन पर बैठाओ, और अपने
स्वामी के घराने के लिए लड़ो।" [4]और वे बहुत डर गए, और
बोले, "देखो, दो राजा उसके सामने न ठहर सके, हम कैसे
ठहरेंगे?" [5]और जो घर पर था, और जो नगर पर था, बुज़ुर्ग
भी, और रखवाले, उन्होंने यहू को भेजा, कहते हुए, "हम तेरे
दास हैं, और जो कुछ तू हमें कहेगा हम करेंगे। हम किसी को
राज्य करने के लिए नियुक्त नहीं करेंगे। अपनी आँखों में जो
भला है वही कर।" [6]और उसने उन्हें दूसरा पत्र लिखा,
कहते हुए, "यदि तुम मेरे पक्ष में हो, और यदि मेरी वाणी सुनो,
तो पुरुषों के सिर लो, जो तुम्हारे स्वामी के पुत्र हैं, और कल
इसी समय यिज्रॉएल में मेरे पास आओ।" अब राजा के पुत्र,
सत्तर व्यक्ति, नगर के बड़े लोगों के साथ थे, जिन्होंने उनका
पालन-पोषण किया। [7]और ऐसा हुआ, जब पत्र उनके पास
आया, कि उन्होंने राजा के पुत्रों को लिया और उन्हें मार
डाला, सत्तर पुरुष, और उनके सिर टोकरियों में रखकर उसे
यिज्रॉएल में भेज दिया। [8]तब एक दूत आया और उसे सूचित
किया, कहते हुए, "उन्होंने राजा के पुत्रों के सिर ला दिए हैं।"
और उसने कहा, "उन्हें फाटक के प्रवेश द्वार पर दो ढेर बना
दो जब तक कि सुबह न हो।" [9]और ऐसा हुआ, सुबह में, कि
वह बाहर गया और खड़ा हुआ, और सब लोगों से कहा, "तुम
धर्मी हो। देखो, मैंने अपने स्वामी के विरुद्ध षड़यंत्र किया
और उसे मार डाला, परन्तु इन सबको किसने मारा? [10]"अब
जान लो कि 𐤉𐤄𐤅𐤄 का एक भी वचन, जो 𐤉𐤄𐤅𐤄 ने
अख़ाब़ के घराने के विषय में कहा था, भूमि पर न गिरेगा,
क्योंकि 𐤉𐤄𐤅𐤄 ने वही किया जो उसने अपने दास एलियाहु
के द्वारा कहा था।" [11]और यहू ने यिज्रॉएल में अख़ाब़ के
घराने में बचे हुए सबको मारा, और उसके सब बड़े पुरुषों,
उसके मित्रों और उसके याजकों को भी, यहाँ तक कि उसने
उसके लिए कोई बचा न छोड़ा। [12]और वह उठकर गया,
और शमरोन को चला। मार्ग में, बेथ एकेद चरवाहों के स्थान
पर, [13]यहू यहूदा के राजा अख़ज़्याहु के भाइयों से मिला, और
कहा, "तुम कौन हो?" और उन्होंने उत्तर दिया, "हम
अख़ज़्याहु के भाई हैं, और हम राजा के पुत्रों और रानी माता
के पुत्रों का अभिवादन करने नीचे आए हैं।" [14]और उसने
कहा, "उन्हें जीवित पकड़ो!" सो उन्होंने उन्हें जीवित पकड़
लिया, और बेथ एकेद के कुएँ पर उन्हें मार डाला, बयालीस
पुरुष, और उसने उनमें से किसी को न छोड़ा। [15]और वहां
से निकलकर उसने येहोनाख़दाब, रेकाब का पुत्र, से
मुलाकात की, जो उससे मिलने आया था, और उसने उसे
आशीर्वाद दिया और कहा, "क्या तेरा मन सीधा है, जैसा मेरा
मन तेरे मन की ओर है?" और येहोनाख़दाब ने उत्तर दिया,

"है।" "यदि है, तो मुझे अपना हाथ दे।" और उसने अपना
हाथ दिया, और उसने उसे अपने रथ में ऊपर चढ़ा लिया।
[16]और उसने कहा, "मेरे साथ चल, और देख मेरा उत्साह
𐤉𐤄𐤅𐤄 के लिए।" और उन्होंने उसे अपने रथ में बिठाया।
[17]और वह शमरोन में आया, और वहाँ अख़ाब़ के बचे हुए
सबको मारा, जब तक कि उसने उनका नाश न कर दिया,
जैसा कि 𐤉𐤄𐤅𐤄 ने एलियाहु से कहा था। [18]और यहू ने
सब लोगों को इकट्ठा किया और उनसे कहा, "अख़ाब़ ने बाल
की थोड़ी सेवा की; यहू उसकी अधिक सेवा करेगा। [19]"और
अब, मेरे पास बाल के सब नबियों को बुलाओ, उसके सब
सेवकों को, और उसके सब याजकों को। कोई भी
अनुपस्थित न रहे, क्योंकि मेरे पास बाल के लिए एक बड़ी
बलि है। जो कोई कमी पाएगा वह जीवित न रहेगा!" परन्तु
यहू ने यह छल से किया, ताकि बाल के सेवकों का नाश करे।
[20]और यहू ने कहा, "बाल के लिए एक सभा घोषित करो।"
सो उन्होंने उसे घोषित किया। [21]और यहू ने सारे यिस्राएल में
भेजा, और बाल के सब सेवक आए, ऐसा कि कोई भी पुरुष न
रहा जो न आया हो। और वे बाल के भवन में आए, और बाल
का भवन एक छोर से दूसरे छोर तक भर गया। [22]और
उसने जो वस्त्रागार पर था उससे कहा, "बाल के सब सेवकों
के लिए वस्त्र निकालो।" और उसने उनके लिए वस्त्र
निकाले। [23]और यहू और येहोनाख़दाब रेकाब का पुत्र बाल
के भवन में गए, और बाल के सेवकों से कहा, "देखो और
जाँचो कि यहाँ तुम्हारे साथ 𐤉𐤄𐤅𐤄 के कोई सेवक न हों,
केवल बाल के सेवक ही हों।" [24]सो वे अर्पण और होमबलि
चढ़ाने के लिए भीतर गए। अब यहू ने अपने लिए अस्सी
पुरुष बाहर नियुक्त किए, और कहा, "जो कोई उन पुरुषों में
से जिन्हें मैं तुम्हारे हाथ में लाया हूँ, निकल जाने देगा - उसका
जीवन उसके जीवन के बदले होगा!" [25]और ऐसा हुआ, जब
उसने होमबलि चढ़ाना समाप्त किया, तो यहू ने पहरेदारों और
अधिकारियों से कहा, "अन्दर जाओ, उन्हें मार डालो, कोई
बाहर न निकले!" और उन्होंने उन्हें तलवार की धार से मार
डाला, और पहरेदारों और अधिकारियों ने उन्हें बाहर फेंक
दिया, और बाल के भवन के भीतरी कक्ष में गए, [26]और बाल
के भवन के खम्भों को बाहर लाए और उन्हें जला दिया,
[27]और बाल की मूर्ति को तोड़ डाला, और बाल के भवन को
गिरा दिया और उसे आज तक शौचालय बना दिया। [28]इस
प्रकार यहू ने यिस्राएल से बाल का नाश किया। [29]तौभी, यहू
ने यारोबआम नेबत के पुत्र के पापों से न हटाया, जिसने
यिस्राएल को पाप कराया था, बेथ एल और दान में जो सोने
के बछड़े थे उनसे। [30]और 𐤉𐤄𐤅𐤄 ने यहू से कहा,
"क्योंकि तूने मेरे दृष्टि में जो ठीक था उसे करके अच्छा
किया, और अख़ाब़ के घराने से वह सब किया जो मेरे मन में
था, तेरे पुत्र चौथी पीढ़ी तक यिस्राएल के सिंहासन पर
बैठेंगे।" [31]परन्तु यहू ने ध्यान न दिया कि 𐤉𐤄𐤅𐤄 ईश्वर
यिस्राएल की व्यवस्था पर पूरे मन से चले। क्योंकि उसने
यारोबआम के पापों से न हटाया, जिसने यिस्राएल को पाप
कराया। [32]उन दिनों में 𐤉𐤄𐤅𐤄 ने यिस्राएल के कुछ भाग
को काटना आरम्भ किया। और हज़ाएल ने उन्हें सारे
यिस्राएल की सीमा पर मारा, [33]यर्दन से लेकर सूर्योदय तक:
समस्त गिलआद की भूमि - गादियों की, और रूबेनियों की,
और मनश्शियों की - अरोएर से, जो अर्नोन के नाले के पास
है, गिलआद और बाशान सहित। [34]और यहू के बाकी काम,
और जो कुछ उसने किया, और उसकी सारी पराक्रम, क्या वे
यिस्राएल के राजाओं के इतिहास की पुस्तक में लिखे नहीं हैं?
[35]सो यहू अपने पितरों के साथ सो गया, और उन्होंने उसे
शमरोन में दफनाया। और उसका पुत्र यहोआहाज़ उसके
स्थान पर राज्य करने लगा। [36]और यहू ने शमरोन में
यिस्राएल पर अट्ठाईस वर्ष राज्य किया।

11 [1]और अतलयाहु अख़ज़्याहु की माता थी। और जब
उसने देखा कि उसका पुत्र मर गया है, तब वह उठी
और राज्य के सब वंश को नष्ट कर दिया। [2]परन्तु यहोशेबा,
राजा योरेम की पुत्री, अख़ज़्याहु की बहिन, ने अख़ज़्याहु के
पुत्र योआश को लिया, और उसे राजा के पुत्रों में से, जो मार
डाले गए थे, चुरा लिया। सो उन्होंने उसे और उसकी धाय
को शयनकक्ष में अतलयाहु से छिपा दिया, और वह मारा न
गया। [3]और वह उसके साथ 𐤉𐤄𐤅𐤄 के भवन में छिपा रहा
छ: वर्ष तक, जब तक अतलयाहु देश पर राज्य कर रही थी।
[4]और सातवें वर्ष यहोयादा ने भेजा और सौपतियों के प्रधानों
को, करियों और दौड़ने वालों को ले आया, और उन्हें
𐤉𐤄𐤅𐤄 के भवन में अपने पास लाया। और उसने उनसे
वाचा बाँधी और 𐤉𐤄𐤅𐤄 के भवन में उनसे शपथ ली, और
उन्हें राजा का पुत्र दिखाया। [5]और उसने उन्हें आज्ञा दी,
कहते हुए, "तुम्हें यह करना है: तुममें से एक तिहाई जो सब्त
के दिन भीतर आते हो, राजा के घर में पहरे पर रहना है,
[6]और एक तिहाई सूर के फाटक पर, और एक तिहाई दौड़ने
वालों के पीछे के फाटक पर। और तुम घर में पहरे पर रहना,
कहीं वह टूट न जाए। [7]"और तुममें से दो दल जो सब्त के
दिन बाहर जाते हो, वे राजा के लिए 𐤉𐤄𐤅𐤄 के भवन में पहरे
पर रहेंगे। [8]"और तुम सब ओर से राजा को घेर लेना, हर
व्यक्ति अपने हाथ में हथियार लिए हुए। और जो कोई पंक्ति
के भीतर आए, वह प्राणदण्ड पाए। और राजा के साथ रहना
जब वह बाहर आए और जब वह भीतर आए।" [9]सो सौपतियों
के प्रधानों ने सब कुछ वैसा ही किया जैसा यहोयादा याजक ने
आज्ञा दी थी। और उन सबने अपने-अपने पुरुषों को लिया,
जो सब्त के दिन भीतर आते थे, उनके साथ जो सब्त के दिन
बाहर जाते थे, और यहोयादा याजक के पास आए। [10]और
याजक ने सौपतियों के प्रधानों को वे भाले और ढालें दीं जो
राजा दाविद के थे, जो 𐤉𐤄𐤅𐤄 के भवन में थे। [11]और
दौड़ने वाले खड़े हुए, हर एक अपने हाथ में हथियार लिए हुए,
राजा के चारों ओर, घर के दाहिने ओर से लेकर घर के बाएं
ओर तक, वेदी और घर के पास। [12]और उसने राजा के पुत्र
को बाहर लाया और उस पर मुकुट और साक्षी-पत्र रखा।
और उन्होंने उसे राज्य करने के लिए नियुक्त किया और
उसका अभिषेक किया, और उन्होंने ताली बजाई और कहा,
"राजा जीवित रहे!" [13]और अतलयाहु ने दौड़ने वालों और
लोगों का शब्द सुना, और वह लोगों के पास 𐤉𐤄𐤅𐤄 के भवन
में आई। [14]और उसने देखा, और देखो, राजा खम्भे के पास
खड़ा था, जैसा विधान है, और प्रधान और तुरही बजाने वाले
राजा के पास थे, और सारे देश के लोग आनन्द मना रहे थे
और तुरही फूंक रहे थे। और अतलयाहु ने अपने वस्त्र फाड़े
और चिल्लाई, "विश्वासघात! विश्वासघात!" [15]और यहोयादा
याजक ने सौपतियों के प्रधानों, सेना के अधिकारियों को आज्ञा

दी और उनसे कहा, "उसे पंक्तियों के बाहर ले जाओ, और
जो कोई उसका पीछा करे उसे तलवार से मार डालो।"
क्योंकि याजक ने कहा था, "उसे 𐤉𐤄𐤅𐤄 के भवन में न
मारना।" 16 सो उन्होंने उसे पकड़ लिया, और वह घोड़ों के
प्रवेश मार्ग से राजा के घर गई, और वहीं मारी गई। 17 और
यहोयादा ने 𐤉𐤄𐤅𐤄 और राजा और लोगों के बीच वाचा
बाँधी, कि वे 𐤉𐤄𐤅𐤄 के लोग हों - और राजा और लोगों के
बीच भी। 18 और सारे देश के लोग बाल के घर गए, और उसे
तोड़ डाला। उन्होंने उसकी वेदियों और मूर्तियों को पूरी तरह
तोड़ दिया, और बाल के याजक मत्तान को वेदियों के सामने
मार डाला। और याजक ने 𐤉𐤄𐤅𐤄 के भवन पर निरीक्षकों
को नियुक्त किया। 19 और उसने सौपतियों के प्रधानों को,
करियों को, दौड़ने वालों को, और सारे देश के लोगों को
लिया। और उन्होंने राजा को 𐤉𐤄𐤅𐤄 के भवन से नीचे
लाया, और दौड़ने वालों के फाटक के मार्ग से राजा के घर
गए। और वह राजाओं के सिंहासन पर बैठा। 20 और सारे
देश के लोग आनन्दित हुए। और नगर में शांति हो गई,
क्योंकि उन्होंने अतलयाहु को राजा के घर में तलवार से मार
डाला। 21 जब यहोआश ने राज्य करना आरम्भ किया, तब
वह सात वर्ष का था।

12 1 यहोआश ने यहू के सातवें वर्ष में राज्य करना शुरू
किया, और उसने यरूशलेम में चालीस वर्ष राज्य
किया। और उसकी माता का नाम बेएरशेबा की सिब्या था।
2 और यहोआश ने सब दिनों तक 𐤉𐤄𐤅𐤄 की दृष्टि में सही
किया, जब तक यहोयादा याजक ने उसे शिक्षा दी। 3 तथापि
ऊँचे स्थान हटाए नहीं गए; लोग अब भी ऊँचे स्थानों पर
बलिदान चढ़ाते और धूप जलाते रहे। 4 और यहोआश ने
याजकों से कहा, "सब पवित्र भेंटों का चाँदी जो 𐤉𐤄𐤅𐤄 के
भवन में लाई जाती हैं, आने वाली चाँदी, प्रत्येक मनुष्य का
मूल्यांकन चाँदी, और सब चाँदी जो कोई मनुष्य अपने मन में
ठान कर 𐤉𐤄𐤅𐤄 के भवन में लाता है, 5 याजक अपने-अपने
साथी से लें। और वे भवन की क्षति जहाँ कहीं भी क्षति हो उसे
ठीक करें।" 6 और ऐसा हुआ कि यहोआश राजा के तेईसवें
वर्ष तक याजकों ने भवन की क्षति की मरम्मत नहीं की थी,
7 और राजा यहोआश ने यहोयादा याजक और अन्य याजकों
को बुलाया, और उनसे कहा, "तुमने भवन की क्षति की
मरम्मत क्यों नहीं की? अब तुम अपने साथियों से और चाँदी
मत लेना, परन्तु भवन की क्षति की मरम्मत के लिए उसे
दो।" 8 और याजकों ने मान लिया कि वे अब लोगों से और
चाँदी नहीं लेंगे, न ही भवन की क्षति की मरम्मत करेंगे।
9 और यहोयादा याजक ने एक संदूक लिया, और उसके
ढक्कन में एक छेद किया, और उसे वेदी के पास, दाहिने ओर
रखा, जब कोई 𐤉𐤄𐤅𐤄 के भवन में आता था। और द्वार की
रक्षा करने वाले याजकों ने वहाँ वह सब चाँदी डाली जो
𐤉𐤄𐤅𐤄 के भवन में लाई गई। 10 और ऐसा हुआ कि जब भी
उन्होंने देखा कि संदूक में बहुत चाँदी है, तब राजा का लेखक
और प्रधान याजक ऊपर आते और उसे थैलियों में रखते,
और उस चाँदी की गिनती करते जो 𐤉𐤄𐤅𐤄 के भवन में पाई
जाती। 11 और उस चाँदी को, तोलकर, उन काम करने वालों
के हाथों में दिया गया, जो 𐤉𐤄𐤅𐤄 के भवन की देखरेख
करते थे। और उन्होंने उसे बढ़ई और राजमिस्त्री को दिया,
जो 𐤉𐤄𐤅𐤄 के भवन पर काम करते थे, 12 और गढ़ाई करने
वाले और पत्थर काटने वालों को, और लकड़ी और गढ़े हुए
पत्थर खरीदने के लिए भवन की क्षति की मरम्मत करने के
लिए, और सब कुछ जो भवन की मरम्मत के लिए खर्च
हुआ। 13 तथापि 𐤉𐤄𐤅𐤄 के भवन के लिए चाँदी के कटोरे,
बत्ती बुझाने वाले, छिड़कने के कटोरे, नरसिंगे, कोई भी सोने
के पात्र, या चाँदी के पात्र नहीं बनाए गए, उस चाँदी से जो
𐤉𐤄𐤅𐤄 के भवन में लाई गई। 14 क्योंकि उन्होंने वह काम
करने वालों को दिया, और उन्होंने उससे 𐤉𐤄𐤅𐤄 के भवन
की मरम्मत की। 15 और जिन लोगों के हाथ में चाँदी दी गई
थी काम करने वालों को देने के लिए, उनके साथ कोई हिसाब
नहीं किया गया, क्योंकि वे विश्वासयोग्य थे। 16 अपराध
बलिदानों की चाँदी और पाप बलिदानों की चाँदी 𐤉𐤄𐤅𐤄 के
भवन में नहीं लाई गई। वह याजकों की थी। 17 और हज़ाएल
अराम का राजा ऊपर चढ़ा और गथ से युद्ध किया, और उसे
ले लिया। और हज़ाएल ने यरूशलेम पर चढ़ने के लिए
अपना मुख फेर लिया। 18 और यहोआश यहूदा का राजा ने
सब पवित्र भेंटें लीं जो उसके पितरों, यहोशापात और यहोराम
और अहज्याह, यहूदा के राजाओं ने पवित्र की थीं, और
अपनी ही पवित्र भेंटें, और सब सोना जो 𐤉𐤄𐤅𐤄 के भवन के
कोषों में और राजा के घर में पाया गया, और उन्हें हज़ाएल
अराम के राजा को भेजा। तब वह यरूशलेम से चला गया।
19 और यहोआश के अन्य काम, और जो कुछ उसने किया,
क्या वे यहूदा के राजाओं की वार्षिक पुस्तक में लिखे नहीं गए?
20 और उसके सेवक उठे और षडयंत्र किया, और मिल्लो के
घर में, जो सिल्ला की ओर नीचे जाता है, यहोआश को मार
डाला। 21 क्योंकि योज़ाकर शिम'अत का पुत्र और
यहोज़ाबाद शोमेर का पुत्र, उसके सेवक, ने उसे मारा। तब
वह मर गया, और उन्होंने उसे उसके पितरों के साथ दाऊद
के नगर में दफनाया। और अमत्स्याह उसका पुत्र उसके
स्थान पर राज्य करने लगा।

13 1 यहूदा के राजा अहज्याहु के पुत्र योआश के तेईसवे
वर्ष में, यहोआहज यहू का पुत्र, शमरोन में इस्राएल
पर राज्य करने लगा, और उसने सत्रह वर्ष राज्य किया।
2 और उसने 𐤉𐤄𐤅𐤄 की दृष्टि में बुरा किया, और नबात के
पुत्र यारोबाम के पापों का अनुसरण किया, जिसने इस्राएल को
पाप में डाला था। उसने उनसे मुँह नहीं मोड़ा। 3 और
𐤉𐤄𐤅𐤄 का क्रोध इस्राएल पर भड़क उठा, और उसने उन्हे
अराम के राजा हज़ाएल के हाथ में, और हज़ाएल के पुत्र
बिन-हदद के हाथ में दे दिया, सब दिनों तक। 4 तब
यहोआहज ने 𐤉𐤄𐤅𐤄 का मुख खोजा। और 𐤉𐤄𐤅𐤄 ने
उसकी सुनी, क्योंकि उसने इस्राएल की पीड़ा देखी, क्योंकि
अराम के राजा ने उन्हें दबाया था। 5 और 𐤉𐤄𐤅𐤄 ने
इस्राएल को एक उद्धारक दिया, ताकि वे अराम के हाथ से
निकल आएं। और इस्राएल के लोग पहले की तरह अपने
तंबुओं में रहने लगे। 6 तथापि, वे यारोबाम के घराने के पापो
से नहीं हटे, जिसने इस्राएल को पाप में डाला था, परन्तु उनमें
चलते रहे। और अशेरा भी शमरोन में बनी रही। 7 क्योंकि
उसने यहोआहज की सेना में केवल पचास घुड़सवार, दस
रथ, और दस हजार पैदल छोड़े, क्योंकि अराम के राजा ने
उन्हें नष्ट कर दिया और उन्हें दावनी की धूल के समान कर

दिया। 8 और यहोआहज के अन्य काम, और जो कुछ उसने
किया, और उसकी वीरता, क्या वे इस्राएल के राजाओं की
वार्षिक पुस्तक में लिखे नहीं गए? 9 तब यहोआहज अपने
पितरों के साथ सो गया, और उन्हें शमरोन में दफनाया गया।
और उसका पुत्र योआश उसके स्थान पर राज्य करने लगा।
10 यहूदा के राजा योआश के सैंतीसवें वर्ष में, यहोआहज का
पुत्र यहोआश शमरोन में इस्राएल पर राज्य करने लगा,
सोलह वर्ष। 11 और उसने 𐤉𐤄𐤅𐤄 की दृष्टि में बुरा किया।
उसने नबात के पुत्र यारोबाम के सब पापों से मुँह नहीं मोड़ा,
जिसने इस्राएल को पाप में डाला था – वह उनमें चलता रहा।
12 और योआश के अन्य काम, और जो कुछ उसने किया,
और उसकी वीरता जिससे उसने यहूदा के राजा अमत्स्याह
से युद्ध किया, क्या वे इस्राएल के राजाओं की वार्षिक पुस्तक
में लिखे नहीं गए? 13 तब योआश अपने पितरों के साथ सो
गया। और यारोबाम उसके सिंहासन पर बैठा। और योआश
को शमरोन में इस्राएल के राजाओं के साथ दफनाया गया।
14 और एलीशा उस बीमारी में बीमार हो गया, जिससे वह
मरा। और इस्राएल का राजा योआश उसके पास नीचे आया,
और उसके मुख पर रोया, और कहा, "हे मेरे पिता, हे मेरे
पिता, इस्राएल के रथ और उसके घुड़सवार!" 15 और
एलीशा ने उससे कहा, "एक धनुष और कुछ तीर ले।" और
उसने एक धनुष और कुछ तीर लिए। 16 और उसने इस्राएल
के राजा से कहा, "अपना हाथ धनुष पर रख।" तो उसने
अपना हाथ रखा, और एलीशा ने अपने हाथ राजा के हाथों
पर रखे। 17 और उसने कहा, "पूर्वी खिड़की खोल।" और
उसने उसे खोला। और एलीशा ने कहा, "मारो।" और उसने
मारा। तब उसने कहा, "𐤉𐤄𐤅𐤄 का उद्धार का तीर और
अराम से उद्धार का तीर, क्योंकि तू अराम को अफेक में तब
तक मारेगा जब तक वह नष्ट न हो जाए।" 18 तब उसने
कहा, "तीर ले," और उसने उन्हें लिया। और उसने इस्राएल
के राजा से कहा, "भूमि पर मारो।" और उसने तीन बार
मारा, और रुक गया। 19 और ईश्वर का मनुष्य उस पर
क्रोधित हुआ और कहा, "तुझे पाँच या छह बार मारना चाहिए
था, तब तू अराम को पूरा नष्ट कर देता। परन्तु अब तू
केवल तीन बार ही अराम को मारेगा।" 20 और एलीशा मर
गया, और उन्हें दफनाया गया। और मोआब की टुकड़ियाँ वर्ष
की वसंत ऋतु में देश में आ गईं। 21 और ऐसा हुआ, वे एक
मनुष्य को दफना रहे थे, और वहाँ उन्होंने एक टुकड़ी देखी,
और उस मनुष्य को एलीशा की कब्र में डाल दिया। और वह
मनुष्य गिरा और एलीशा की हड्डियों को छुआ, और जीवित हो
गया और अपने पैरों पर खड़ा हो गया। 22 और अराम का
राजा हज़ाएल ने यहोआहज के सब दिनों में इस्राएल को
दबाया। 23 परन्तु 𐤉𐤄𐤅𐤄 ने उन पर अनुग्रह किया, और
उन पर दया की, और उनकी ओर फिरा, अपने वाचा के
कारण अब्राहम, इसहाक, और याकूब से, और उन्हें नष्ट नहीं
किया और न ही अभी तक अपने सम्मुख से डाला। 24 और
अराम का राजा हज़ाएल मर गया। और उसका पुत्र बिन-
हदद उसके स्थान पर राज्य करने लगा। 25 और यहोआश
यहोआहज का पुत्र, हज़ाएल के पुत्र बिन-हदद के हाथ से, वे
नगर फिर ले आया जिन्हें उसने युद्ध में उसके पिता
यहोआहज के हाथ से लिया था। योआश ने उसे तीन बार
मारा, और इस्राएल के नगर फिर ले आया।

14 1 इस्राएल के राजा योआहज के पुत्र योआश के दूसरे
वर्ष में, यहूदा के राजा योआश का पुत्र अमत्स्याह
राज्य करने लगा। 2 जब उसने राज्य करना शुरू किया तब
उसकी आयु पच्चीस वर्ष थी, और उसने यरूशलेम में
उन्तीस वर्ष राज्य किया। और उसकी माता का नाम
यरूशलेम की यहोअद्दीन था। 3 और उसने 𐤉𐤄𐤅𐤄 की
दृष्टि में सही किया, परन्तु अपने पिता दाऊद के समान नहीं।
उसने सब कुछ वैसा ही किया जैसा उसका पिता योआश ने
किया था। 4 तथापि ऊँचे स्थान नहीं हटाए गए। लोग अब भी
ऊँचे स्थानों पर बलिदान चढ़ाते और धूप जलाते रहे। 5 और
ऐसा हुआ कि जब उसके हाथ में राज्य दृढ़ हो गया, तब उसने
अपने उन दासों को मारा जिन्होंने उसके पिता राजा को मारा
था। 6 परन्तु उसने हत्यारों के बच्चों को नहीं मारा, जैसा कि
मूसा की तोराह की पुस्तक में लिखा है, जिसमें 𐤉𐤄𐤅𐤄 ने
आज्ञा दी थी, कहा, "पिता बच्चों के लिए प्राणदण्ड न पाएंगे,
और बच्चे पिताओं के लिए प्राणदण्ड न पाएंगे, परन्तु हर एक
अपने पाप के लिए प्राणदण्ड पाएगा।" 7 उसने एदोम को
नमक की तराई में मारा, दस हज़ार, और सेला को युद्ध में
लिया, और उसका नाम योक्तएल रखा, आज तक। 8 तब
अमत्स्याह ने यहोआश यहोआहज का पुत्र, यहू का पुत्र,
इस्राएल के राजा, के पास दूत भेजे, कहकर, "आओ, हम
एक दूसरे के मुख को देखें!" 9 और इस्राएल के राजा
यहोआश ने यहूदा के राजा अमत्स्याह को उत्तर भेजा, कहा,
"लेबानोन में जो काँटा था उसने लेबानोन के देवदार को कहा,
'अपनी बेटी को मेरे पुत्र को पत्नी बना दे।' और लेबानोन का
एक वन्य पशु उधर से होकर गया और काँटे को रौंद डाला।
10 "तूने निश्चय ही एदोम को मारा है, और तेरा मन तुझे
ऊँचा उठा रहा है। आदर पा और अपने घर में रह। परन्तु तू
अपने आप को क्यों उकसाता है कि तू गिर जाए – तू और तेरे
साथ यहूदा?" 11 परन्तु अमत्स्याह ने नहीं सुना, तब इस्राएल
का राजा यहोआश ऊपर चढ़ा, और वह और यहूदा का राजा
अमत्स्याह, बेत-शेमेश में, जो यहूदा का है, आमने-सामने
हुए। 12 और यहूदा इस्राएल के सम्मुख मारा गया, और वे
सब अपने-अपने तंबुओं में भाग गए। 13 और इस्राएल का
राजा यहोआश ने यहूदा के राजा अमत्स्याह को बेत-शेमेश में
पकड़ा, योआश का पुत्र, अहज्याहु का पुत्र। और वे
यरूशलेम आए, और उसने यरूशलेम की दीवार को एफ्राईम
फाटक से कोने के फाटक तक तोड़ दिया, चार सौ अम्माह।
14 और उसने सब सोना और चाँदी, और सब पात्र जो
𐤉𐤄𐤅𐤄 के भवन में और राजा के घर के कोषागारों में पाए
गए, और बंधक लिए, और शमरोन लौट गया। 15 और
यहोआश के बाकी काम जो उसने किए, और उसकी वीरता,
और कैसे उसने यहूदा के राजा अमत्स्याह से युद्ध किया, क्या
वे इस्राएल के राजाओं की वार्षिक पुस्तक में लिखे नहीं गए?
16 तब यहोआश अपने पितरों के साथ सो गया, और उसे
इस्राएल के राजाओं के साथ शमरोन में दफनाया गया। और
उसका पुत्र यारोबाम उसके स्थान पर राज्य करने लगा।
17 और यहूदा का राजा अमत्स्याह, योआश का पुत्र, इस्राएल
के राजा यहोआहज के पुत्र यहोआश की मृत्यु के बाद पंद्रह
वर्ष जीवित रहा। 18 और अमत्स्याह के बाकी काम, क्या वे
यहूदा के राजाओं की वार्षिक पुस्तक में लिखे नहीं गए?
19 और उन्होंने यरूशलेम में उसके विरुद्ध षडयंत्र किया,

और वह लाकीश भाग गया। और उन्होंने उसके पीछे लाकीश
तक भेजा और वहाँ उसे मार डाला। 20 और वे उसे घोड़ों पर
लाए, और उसे यरूशलेम में उसके पितरों के साथ दाऊद के
नगर में दफनाया गया। 21 और यहूदा के सब लोगों ने
अजर्याह को लिया, जो सोलह वर्ष का था, और उसे उसके
पिता अमत्स्याह के स्थान पर राजा बनाया। 22 उसने एयलात
को बनाया और उसे यहूदा को लौटाया, राजा के अपने पितरों
के साथ सो जाने के बाद। 23 यहूदा के राजा अमत्स्याह
योआश का पुत्र के पंद्रहवें वर्ष में, इस्राएल का राजा यारोबाम,
योआश का पुत्र, शमरोन में राज्य करने लगा, और
इकतालीस वर्ष राज्य किया। 24 और उसने 𐤉𐤄𐤅𐤄 की
दृष्टि में बुरा किया। उसने नबात के पुत्र यारोबाम के सब पापों
से मुँह नहीं मोड़ा, जिसने इस्राएल को पाप में डाला था।
25 उसने इस्राएल की सीमा को हमात के प्रवेश से लेकर
अराबा के समुद्र तक बहाल किया, जैसा 𐤉𐤄𐤅𐤄 इस्राएल के
ईश्वर के वचन के अनुसार, जो उसने अपने दास योना,
अमित्तै के पुत्र, गथ-हेफेर के नबी, के द्वारा कहा था।
26 क्योंकि 𐤉𐤄𐤅𐤄 ने देखा कि इस्राएल का क्लेश बहुत
कड़वा था। और न तो कोई बंद था और न ही कोई स्वतंत्र,
इस्राएल की सहायता करने वाला। 27 और 𐤉𐤄𐤅𐤄 ने नहीं
कहा था कि वह इस्राएल का नाम आकाश के नीचे से मिटा
देगा, परन्तु उसने उन्हें योआश के पुत्र यारोबाम के हाथ से
बचाया। 28 और यारोबाम के बाकी काम, और जो कुछ उसने
किया, और उसकी वीरता, कैसे उसने युद्ध किया, और कैसे
उसने दमिश्क और हमात को यहूदा के लिए इस्राएल में फिर
लिया, क्या वे इस्राएल के राजाओं की वार्षिक पुस्तक में लिखे
नहीं गए? 29 तब यारोबाम अपने पितरों के साथ सो गया,
इस्राएल के राजा। और उसका पुत्र जकर्याह उसके स्थान
पर राज्य करने लगा।

15 1 यारोबआम इस्राएल के राजा के सत्ताईसवें वर्ष में,
अमत्सयाह के पुत्र अजर्याह यहूदा का राजा होने
लगा। 2 वह सोलह वर्ष का था जब उसने राज्य करना शुरू
किया, और उसने यरूशलेम में बावन वर्ष तक राज्य किया।
और उसकी माता का नाम यकोलयाह यरूशलेम की थी।
3 और उसने 𐤉𐤄𐤅𐤄 की दृष्टि में वही किया जो सीधा था,
जैसा कि उसके पिता अमत्सयाह ने किया था, 4 परन्तु ऊँचे
स्थान नहीं हटाए गए। लोग अब भी ऊँचे स्थानों पर बलि
चढ़ाते और धूप जलाते थे। 5 और 𐤉𐤄𐤅𐤄 ने राजा को
मारा, ताकि वह अपनी मृत्यु के दिन तक कोढ़ी रहा, और वह
एक अलग घर में रहता था। और राजा का पुत्र योताम घर
पर था, देश के लोगों पर शासन करता था। 6 अजर्याह के
बाकी काम और उसने जो कुछ किया, क्या वे यहूदा के
राजाओं की वार्षिक पुस्तक में लिखे नहीं हैं? 7 इस प्रकार
अजर्याह अपने पितरों के साथ सो गया, और उन्होंने उसे
दाऊद के नगर में अपने पितरों के साथ दफनाया। और
उसका पुत्र योताम उसके स्थान पर राजा हुआ। 8 अजर्याह
यहूदा के राजा के अड़तीसवें वर्ष में, यारोबआम का पुत्र
जकर्याह शमरोन में इस्राएल पर छः महीने के लिये राज्य
करने लगा। 9 और उसने 𐤉𐤄𐤅𐤄 की दृष्टि में बुरा किया,
जैसा उसके पितरों ने किया था। उसने यारोबआम नेबत के
पुत्र के पापों से, जिसने इस्राएल को पाप में डाला, हटना नहीं
किया। 10 और याबेश का पुत्र शल्लूम ने उसके विरुद्ध
षडयंत्र किया, और लोगों के सामने उसे मार डाला, और उसे
मारकर उसके स्थान पर राज्य करने लगा। 11 और जकर्याह
के बाकी काम, देखो, वे इस्राएल के राजाओं की वार्षिक
पुस्तक में लिखे हैं। 12 यह 𐤉𐤄𐤅𐤄 का वह वचन था जो
उसने यहू को कहा, "तेरे बेटे चौथी पीढ़ी तक इस्राएल के
सिंहासन पर बैठेंगे।" और ऐसा ही हुआ। 13 शल्लूम याबेश
का पुत्र अजर्याह राजा यहूदा के उनतालीसवें वर्ष में राज्य
करने लगा। और उसने शमरोन में एक महीने तक राज्य
किया। 14 और गादी का पुत्र मनहेम तिर्सा से ऊपर गया,
और शमरोन में आया, और याबेश के पुत्र शल्लूम को शमरोन
में मार डाला, और उसे मारकर उसके स्थान पर राज्य करने
लगा। 15 और शल्लूम के बाकी काम और जो षडयंत्र उसने
किया, देखो, वे इस्राएल के राजाओं की वार्षिक पुस्तक में
लिखे हैं। 16 और मनहेम ने तिफ्सह और वहाँ के सब लोगों
और उसकी सीमाओं को तिर्सा से मारा। क्योंकि उन्होंने
उसके लिये द्वार नहीं खोला, इसलिये उसने उसे मारा। और
उसने सब गर्भवती स्त्रियों को चीर डाला। 17 अजर्याह राजा
यहूदा के उनतालीसवें वर्ष में, गादी का पुत्र मनहेम शमरोन में
इस्राएल पर दस वर्ष तक राज्य करने लगा। 18 और उसने
𐤉𐤄𐤅𐤄 की दृष्टि में बुरा किया। उसने यारोबआम नेबत के
पुत्र के पापों से, जिसने इस्राएल को पाप में डाला, अपने सब
दिनों में हटना नहीं किया। 19 अश्शूर का राजा पुल देश के
विरुद्ध आया। और मनहेम ने पुल को एक हजार कीकर
चाँदी दी, ताकि उसका हाथ उसके साथ रहे और राज्य उसके
हाथ में दृढ़ करे। 20 और मनहेम ने इस्राएल पर चाँदी लगाई,
सब बलवान पुरुषों से, प्रत्येक पुरुष से पचास शेकेल चाँदी,
अश्शूर के राजा को देने के लिये। और अश्शूर का राजा
लौट गया, और देश में नहीं ठहरा। 21 मनहेम के बाकी काम
और उसने जो कुछ किया, क्या वे इस्राएल के राजाओं की
वार्षिक पुस्तक में लिखे नहीं हैं? 22 और मनहेम अपने पितरों
के साथ सो गया। और उसका पुत्र पेकह्याह उसके स्थान पर
राजा हुआ। 23 अजर्याह यहूदा के राजा के पचासवें वर्ष में,
मनहेम का पुत्र पेकह्याह शमरोन में इस्राएल पर दो वर्ष तक
राज्य करने लगा। 24 और उसने 𐤉𐤄𐤅𐤄 की दृष्टि में बुरा
किया। उसने यारोबआम नेबत के पुत्र के पापों से, जिसने
इस्राएल को पाप में डाला, हटना नहीं किया। 25 और उसका
हाकिम रेमल्याह का पुत्र पेकह ने उसके विरुद्ध षडयंत्र किया
और शमरोन में राजा के घर के ऊपरी भाग में उसे मारा, और
उसके साथ अरगोब और अर्येह भी थे, और उसके साथ
गिलआद के पचास पुरुष थे। इस प्रकार उसने उसे मार
डाला और उसके स्थान पर राजा हुआ। 26 और पेकह्याह के
बाकी काम और उसने जो कुछ किया, देखो, वे इस्राएल के
राजाओं की वार्षिक पुस्तक में लिखे हैं। 27 अजर्याह यहूदा के
राजा के बावनवें वर्ष में, रेमल्याह का पुत्र पेकह शमरोन में
इस्राएल पर बीस वर्ष तक राज्य करने लगा। 28 और उसने
𐤉𐤄𐤅𐤄 की दृष्टि में बुरा किया। उसने यारोबआम नेबत के
पुत्र के पापों से, जिसने इस्राएल को पाप में डाला, हटना नहीं
किया। 29 इस्राएल के राजा पेकह के दिनों में, अश्शूर का
राजा तिगलत-पिलेसर आया और इयोन, और आबेल-बेत-
मआखा, और यनोआह, और केदेश, और हासोर, और
गिलआद, और गलील, नप्ताली की सारी भूमि को लिया, और

उन्हें अश्शूर में निर्वासित कर दिया। 30 और एला का पुत्र
होशेआ ने रेमल्याह के पुत्र पेकह के विरुद्ध षडचंत्र किया,
और उसे मारा, और उसे मारकर उसके स्थान पर राजा
हुआ, योताम उज़्ज़ियाह के पुत्र के बीसवें वर्ष में। 31 और
पेकह के बाकी काम और उसने जो कुछ किया, देखो, वे
इस्राएल के राजाओं की वार्षिक पुस्तक में लिखे हैं।
32 रेमल्याह के पुत्र पेकह इस्राएल के राजा के दूसरे वर्ष में,
उज़्ज़ियाह का पुत्र योताम यहूदा का राजा होने लगा। 33 वह
पच्चीस वर्ष का था जब उसने राज्य करना शुरू किया, और
उसने यरूशलेम में सोलह वर्ष तक राज्य किया। और उसकी
माता का नाम येरूशा था, जो सादोक की बेटी थी। 34 और
उसने ऋ५ऋ२ की दृष्टि में वही किया जो सीधा था। उसने
सब कुछ वैसा ही किया जैसा उसके पिता उज़्ज़ियाह ने किया
था। 35 परन्तु ऊँचे स्थान नहीं हटाए गए। लोग अब भी ऊँचे
स्थानों पर बलि चढ़ाते और धूप जलाते थे। उसने ऋ५ऋ२
के भवन का ऊपरी फाटक बनाया। 36 योताम के बाकी काम
और उसने जो कुछ किया, क्या वे यहूदा के राजाओं की
वार्षिक पुस्तक में लिखे नहीं हैं? 37 उन दिनों ऋ५ऋ२ ने
अराम के राजा रेत्सिन और रेमल्याह के पुत्र पेकह को यहूदा
के विरुद्ध भेजना शुरू किया। 38 इस प्रकार योताम अपने
पितरों के साथ सो गया, और अपने पितरों के साथ अपने
पिता दाऊद के नगर में दफनाया गया। और उसका पुत्र
आहज उसके स्थान पर राजा हुआ।

16

1 रेमल्याह के पुत्र पेकह के सत्रहवें वर्ष में, योताम के
पुत्र आहज़ यहूदा का राजा होने लगा। 2 आहज़ बीस
वर्ष का था जब उसने राज्य करना शुरू किया, और उसने
यरूशलेम में सोलह वर्ष तक राज्य किया। और उसने
ऋ५ऋ२ अपने ईश्वर की दृष्टि में वह नहीं किया जो सीधा
था, जैसा उसके पिता दाऊद ने किया था। 3 परन्तु उसने
इस्राएल के राजाओं के मार्ग में चला, और उसने अपने पुत्र
को भी आग में चढ़ाया, जैसा उन जातियों के घृणित काम थे
जिन्हें ऋ५ऋ२ ने इस्राएल के बच्चों के सामने से निकाल
दिया था। 4 और उसने ऊँचे स्थानों पर, पहाड़ियों पर, और
हर एक हरे वृक्ष के नीचे बलि चढ़ाई और धूप जलाया। 5 तब
अराम का राजा रेत्सिन और इस्राएल का राजा रेमल्याह का
पुत्र पेकह यरूशलेम पर लड़ने को आए। और उन्होंने आहज़
को घेर लिया, परन्तु वे उसे जीत नहीं सके। 6 उस समय
अराम के राजा रेत्सिन ने एयलात को अराम के लिये फिर
पाया, और यहूदा के लोगों को एयलात से निकाल दिया। और
एदोमी एयलात में आए, और आज तक वहीं रहते हैं। 7 और
आहज़ ने अश्शूर के राजा तिगलत-पिलेसर के पास दूत भेजे,
कहकर, "मैं तेरा दास और तेरा पुत्र हूँ। ऊपर आ और मुझे
अराम के राजा और इस्राएल के राजा के हाथ से बचा, जो
मेरे विरुद्ध उठ खड़े हुए हैं।" 8 और आहज़ ने ऋ५ऋ२ के
भवन में और राजा के घर के भण्डारों में जो चाँदी और सोना
पाया, उसे लिया, और अश्शूर के राजा को भेंट के रूप में
भेजा। 9 और अश्शूर के राजा ने उसकी बात सुनी। और
अश्शूर का राजा दम्मेसक पर चढ़ आया और उसे ले लिया,
और उसे कीर में बसा दिया, और रेत्सिन को मार डाला।
10 और राजा आहज़ अश्शूर के राजा तिगलत-पिलेसर से
मिलने दम्मेसक गया, और उसने दम्मेसक में एक वेदी
देखी। और राजा आहज़ ने यरियाह याजक को उस वेदी का
नमूना और उसका ढाँचा, सब उसके काम के अनुसार भेजा।
11 और यरियाह याजक ने सब कुछ वैसा ही किया जैसा राजा
आहज़ ने दम्मेसक से भेजा था। और यरियाह याजक ने उसे
राजा आहज़ के दम्मेसक से आने से पहले ही बना दिया।
12 और जब राजा दम्मेसक से आया, तब राजा ने वेदी को
देखा, और राजा ने वेदी के पास जाकर उस पर बलिदान
चढ़ाया। 13 और उसने अपना होमबलि और अपना अन्नबलि
जलाया। और उसने अपना पेयबलि उँडेला और मेलबलियों
का रक्त वेदी पर छिड़का। 14 और जो पीतल की वेदी
ऋ५ऋ२ के सामने थी, उसे उसने भवन के सामने से, नई
वेदी और ऋ५ऋ२ के भवन के बीच से हटाकर, वेदी के उत्तर
की ओर रख दिया। 15 और राजा आहज़ ने यरियाह याजक
को आज्ञा दी, "बड़ी वेदी पर प्रातः का होमबलि और संध्या का
अन्नबलि, और राजा का होमबलि और उसका अन्नबलि, और
देश के सब लोगों का होमबलि, और उनका अन्नबलि और
उनके पेयबलि चढ़ा। और उस पर सब होमबलि का रक्त
और सब बलिदानों का रक्त छिड़क। और पीतल की वेदी मेरे
लिये पूछने के काम आयेगी।" 16 और यरियाह याजक ने सब
कुछ वैसा ही किया जैसा राजा आहज़ ने आज्ञा दी थी।
17 और राजा आहज़ ने आसनों की पट्टियाँ काट डालीं, और
उनसे कटोरियाँ उतार दीं। और उसने उस समुद्र को, जो
पीतल के बैलों पर था, उतारकर पत्थरों के फर्श पर रख
दिया। 18 और जो आच्छादित मार्ग उन्होंने शब्बत के लिये
भवन में बनाया था, और राजा का बाहरी द्वार, उसने ऋ५ऋ२
के भवन से हटा दिया, अश्शूर के राजा के कारण। 19 और
आहज़ के बाकी काम जो उसने किये, क्या वे यहूदा के
राजाओं की वार्षिक पुस्तक में लिखे नहीं हैं? 20 और आहज़
अपने पितरों के साथ सो गया, और अपने पितरों के साथ
दाऊद के नगर में दफनाया गया। और उसका पुत्र
हिजकिय्याह उसके स्थान पर राजा हुआ।

17

1 यहूदा के राजा आहाज के बारहवें वर्ष में, एला के
पुत्र होशे ने शमरोन में इस्राएल पर राज्य करना
आरम्भ किया, नौ वर्षों तक। 2 और उसने ऋ५ऋ२ की दृष्टि
में बुरा किया, परन्तु उससे पहिले इस्राएल के राजाओं के
समान नहीं। 3 अश्शूर के राजा शल्मनेसर उसके विरुद्ध चढ़
आया। और होशे उसका दास बन गया, और उसे कर चुकाने
लगा। 4 परन्तु अश्शूर के राजा ने होशे में षड़यंत्र पाया,
क्योंकि उसने मिस्र के राजा सो के पास दूत भेजे थे, और वर्ष
प्रति वर्ष अश्शूर के राजा को कर नहीं चुकाया था। तब
अश्शूर के राजा ने उसे बन्द कर दिया और कारागार में डाल
दिया। 5 और अश्शूर का राजा सारे देश में घूमकर शमरोन
पर चढ़ आया, और उसे तीन वर्ष तक घेर लिया। 6 होशे के
नौवें वर्ष में अश्शूर के राजा ने शमरोन को ले लिया, और
इस्राएल को अश्शूर में बंधुआई में ले गया, और उन्हें हालह
और हाबोर, गोजान नदी, और मादी नगरों में बसाया। 7 यह
इस कारण हुआ कि इस्राएल के पुत्रों ने ऋ५ऋ२ अपने ईश्वर
के विरुद्ध पाप किया – जिसने उन्हें मिस्र देश से, फ़िरौन
राजा के हाथ के नीचे से निकाल लाया था – और वे अन्य
देवताओं को दण्डवत करने लगे। 8 और उन जातियों की
विधियों में चले, जिन्हें ऋ५ऋ२ ने इस्राएल के पुत्रों के साम्हने

से निकाला था, और इस्राएल के राजाओं की विधियों में जो
उन्होंने बनाई थीं। [9]और इस्राएल के पुत्रों ने छिपकर
𐤉𐤄𐤅𐤄 अपने ईश्वर के विरुद्ध अनुचित काम किए, और
उन्होंने अपने लिए हर नगर में ऊँचे स्थान बनाए, गुम्मट से
लेकर गढ़वाले नगर तक। [10]और हर ऊँचे पहाड़ पर और
हर हरे वृक्ष के नीचे खंभे और अशेरा खड़े किए। [11]और वहाँ
सब ऊँचे स्थानों पर धूप जलाया, जैसे वे जातियाँ जिन्हें
𐤉𐤄𐤅𐤄 ने उनके साम्हने से हटा दिया था। और उन्होंने
𐤉𐤄𐤅𐤄 को क्रोधित करने के लिए बुरे काम किए। [12]और
वे मूरतों की सेवा करने लगे, जिनके विषय में 𐤉𐤄𐤅𐤄 ने
उनसे कहा था, "यह न करना।" [13]और 𐤉𐤄𐤅𐤄 ने
इस्राएल और यहूदा को अपने सब नबियों और हर दर्शन
करने वाले के द्वारा चेतावनी दी, कि "अपनी बुरी राहों से
फिरो, और मेरी आज्ञाओं और विधियों को मानो, उस सारी
व्यवस्था के अनुसार जो मैंने तुम्हारे पितरों को आज्ञा दी थी,
और जिसे मैंने अपने दासों नबियों के द्वारा तुम्हारे पास भेजा
था।" [14]परन्तु उन्होंने नहीं सुना, और अपनी गर्दनें कठोर
कीं, अपने पितरों के समान, जिन्होंने 𐤉𐤄𐤅𐤄 अपने ईश्वर
पर भरोसा नहीं किया। [15]और उन्होंने उसकी विधियों और
उसकी वाचा को जिसे उसने उनके पितरों के साथ की थी,
और उसकी चितौनियों को जिसे उसने उनके विरुद्ध गवाही दी
थी, तुच्छ जाना, और व्यर्थ वस्तुओं के पीछे हो लिये, और वे
स्वयं व्यर्थ हो गये, और उन जातियों के पीछे हो लिये जो
उनके चारों ओर थीं, जिनके समान करने की आज्ञा 𐤉𐤄𐤅𐤄
ने उन्हें न दी थी। [16]और उन्होंने 𐤉𐤄𐤅𐤄 अपने ईश्वर की
सारी आज्ञाएँ छोड़ दीं, और अपने लिये ढले हुए बछड़े बनाए,
और एक अशेरा बनाया, और आकाश की सारी सेना को
दण्डवत किया, और बाल की सेवा की। [17]और उन्होंने अपने
पुत्रों और पुत्रियों को अग्नि में से पार किया, और टोना और
जादू किया, और 𐤉𐤄𐤅𐤄 को क्रोधित करने के लिये बुराई
करने को अपने आप को बेच दिया। [18]इसलिये 𐤉𐤄𐤅𐤄
इस्राएल से बहुत क्रोधित हुआ, और उन्हें अपने साम्हने से
हटा दिया; केवल यहूदा का गोत्र ही शेष रह गया। [19]यहूदा ने
भी 𐤉𐤄𐤅𐤄 अपने ईश्वर की आज्ञाओं को नहीं माना, परन्तु
इस्राएल की विधियों में चला जिन्हें उन्होंने बनाया था।
[20]और 𐤉𐤄𐤅𐤄 ने इस्राएल की सारी संतान को तुच्छ जाना,
और उन्हें कष्ट दिया, और उन्हें लूटने वालों के हाथ में दे
दिया, यहाँ तक कि उसने उन्हें अपने साम्हने से निकाल
दिया। [21]क्योंकि उसने इस्राएल को दाऊद के घराने से फाड़
दिया, और उन्होंने नेबत के पुत्र यारोबाम को राजा बनाया।
और यारोबाम ने इस्राएल को 𐤉𐤄𐤅𐤄 के पीछे चलने से
भटका दिया, और उन्हें बड़ा पाप कराया। [22]और इस्राएल
के पुत्र यारोबाम के सब पापों में चले, जो उसने किए थे; वे
उनसे नहीं हटे। [23]जब तक कि 𐤉𐤄𐤅𐤄 ने इस्राएल को
अपने साम्हने से हटा न दिया, जैसे उसने अपने सब दास
नबियों के द्वारा कहा था। सो इस्राएल अपने देश से अश्शूर में
बंधुआई में ले जाया गया, आज तक। [24]और अश्शूर के
राजा ने बाबेल से, और कूता से, और अव्वा से, और हमात
से, और सफरवयिम से लोगों को लाकर शमरोन के नगरों में
बसाया, इस्राएल के पुत्रों के स्थान में। और उन्होंने शमरोन
को पाया और उसके नगरों में बस गए। [25]और ऐसा हुआ,
कि जब उन्होंने वहाँ बसना आरम्भ किया, तो उन्होंने 𐤉𐤄𐤅𐤄
का भय न माना; तब 𐤉𐤄𐤅𐤄 ने उनमें सिंह भेजे, जो उन्हे
मारते रहे। [26]तब उन्होंने अश्शूर के राजा से कहा, "वे
जातियाँ जिन्हें तूने निकालकर शमरोन के नगरों में बसाया है,
वे देश के ईश्वर का विधान नहीं जानते; इसलिये उसने उनमें
सिंह भेजे हैं, और देख, वे उन्हें मारते हैं, क्योंकि वे देश के
ईश्वर का विधान नहीं जानते।" [27]तब अश्शूर के राजा ने
आज्ञा दी, "उन याजकों में से एक को, जिन्हें तुमने वहाँ से
बंधुआई में ले लिया है, भेजो, वह जाकर वहाँ बसे, और उन्हे
देश के ईश्वर का विधान सिखाए।" [28]और उन याजकों में
से एक, जिन्हें वे शमरोन से बंधुआई में ले गए थे, आया और
बेत एल में बस गया, और उन्हें 𐤉𐤄𐤅𐤄 का भय मानना
सिखाया। [29]परन्तु हर जाति अपने-अपने देवता बनाती थी,
और उन्हें उन ऊँचे स्थानों के घरों में रखती थी, जिन्हे
शमरोनियों ने बनाए थे, हर जाति अपने-अपने नगरों में।
[30]और बाबेल के लोग सुकोत बेनोत बनाते थे, और कूता के
लोग नेरगाल, और हमात के लोग असीमा। [31]और अव्वा के
लोग निबहज और तर्ताक, और सफरवयियों ने अपने पुत्रों को
अग्नि में अन्द्रमेलेक और अन्मेलेक को बलि किया, जो
सफरवयिम के देवता थे। [32]वे 𐤉𐤄𐤅𐤄 का भी भय मानते
थे, और हर वर्ग से अपने लिये ऊँचे स्थानों के याजक बनाते
थे, जो उनके लिये उन ऊँचे स्थानों के घरों में बलि चढ़ाते
थे। [33]वे 𐤉𐤄𐤅𐤄 का भय मानते थे, और अपने देवताओं की
सेवा करते थे, उन जातियों की रीति के अनुसार, जिनमें से वे
बंधुआई में ले जाए गए थे। [34]आज तक वे पहिले रीति के
अनुसार करते हैं: वे 𐤉𐤄𐤅𐤄 का भय नहीं मानते, और न वे
उसकी विधियों या उसके नियमों या उस व्यवस्था और आज्ञा
का पालन करते हैं जो 𐤉𐤄𐤅𐤄 ने याकूब के पुत्रों को दी थी,
जिसका नाम उसने इस्राएल रखा। [35]जिनके साथ 𐤉𐤄𐤅𐤄
ने वाचा बाँधी थी और उन्हें आज्ञा दी थी, "अन्य देवताओं का
भय मत मानो, और न उनको दण्डवत करो, और न उनकी
सेवा करो, और न उन्हें बलि चढ़ाओ। [36]परन्तु 𐤉𐤄𐤅𐤄,
जिसने तुम्हें मिस्र देश से बड़ी शक्ति और बढ़े हुए भुजबल से
निकाला, उसी का भय मानो, और उसी को दण्डवत करो,
और उसी को बलि चढ़ाओ। [37]"और उन विधियों, नियमों,
व्यवस्था और आज्ञा का सदा पालन करो, जो उसने तुम्हारे
लिये लिखी है। और अन्य देवताओं का भय मत मानो।
[38]"और उस वाचा को मत भूलो, जिसे मैंने तुम्हारे साथ बाँधा
है; और अन्य देवताओं का भय मत मानो। [39]"परन्तु
𐤉𐤄𐤅𐤄 अपने ईश्वर का भय मानो, कि वह तुम्हें तुम्हारे सब
शत्रुओं के हाथ से छुड़ाए।" [40]परन्तु उन्होंने नहीं सुना, वरन
अपनी पहिले की रीति के अनुसार किया। [41]सो वे जातियां
𐤉𐤄𐤅𐤄 का भय मानती थीं, और अपनी खुदी हुई मूरतों की
सेवा करती थीं; उनके बच्चे और उनके बच्चों के बच्चे भी।
जैसे उनके पितरों ने किया था, वे आज तक करते हैं।

18 [1]और यह तीसरे वर्ष में हुआ जब होशेआ एला का
पुत्र, इस्राएल का राजा था, तब हिज़कियाह आहाज़
का पुत्र, यहूदा का राजा, राज्य करने लगा। [2]जब उसने
राज्य करना शुरू किया, तब वह पच्चीस वर्ष का था, और
उसने येरूशलेम में उनतीस वर्ष राज्य किया। और उसकी
माता का नाम अबी था, जो ज़ेखर्याह की बेटी थी। [3]और
उसने 𐤉𐤄𐤅𐤄 की दृष्टि में वही किया जो सीधा था, जैसा कि

उसके पिता दाविद ने किया था। 4 उसने ऊँचे स्थानों को हटा
दिया और खम्भों को तोड़ दिया, और अशेरा को काट दिया,
और उस पीतल के सर्प को टुकड़े-टुकड़े किया जिसे मोशेह
ने बनाया था, क्योंकि उन दिनों तक इस्त्राएल के पुत्र उसे धूप
जलाते थे, और उसे नेहुष्तान कहते थे। 5 उसने 𐤉𐤄𐤅𐤄
इस्त्राएल के ईश्वर पर भरोसा रखा, और उसके बाद यहूदा के
सब राजाओं में न तो कोई उसके समान था, और न ही उससे
पहले। 6 और वह 𐤉𐤄𐤅𐤄 से लिपटा रहा। उसने उसका
अनुसरण करने से मुँह नहीं मोड़ा, परन्तु उसके आदेशों को
रखा, जो 𐤉𐤄𐤅𐤄 ने मोशेह को आज्ञा दी थी। 7 और
𐤉𐤄𐤅𐤄 उसके साथ था – जहाँ भी वह गया, उसने बुद्धिमानी
से काम किया। और उसने अश्शूर के राजा के विरुद्ध विद्रोह
किया और उसकी सेवा नहीं की। 8 उसने पेलिश्तियों को
आज़ा और उसकी सीमाओं तक मारा – चौकी से लेकर
गढ़वाले नगर तक। 9 और यह चौथे वर्ष में हुआ राजा
हिज़कियाह के, जो होशेआ एला का पुत्र, इस्त्राएल का राजा,
का सातवां वर्ष था, तब शल्मनेसर अश्शूर का राजा शमरोन
पर चढ़ आया और उसे घेर लिया, 10 और उन्होंने तीन वर्ष के
अन्त में उसे जीत लिया। हिज़कियाह के छठवें वर्ष में, अर्थात्
होशेआ इस्त्राएल के राजा के नौवें वर्ष में, शमरोन लिया गया।
11 और अश्शूर के राजा ने इस्त्राएल को अश्शूर में बसा दिया,
और उन्हें हालह और हाबोर, गोज़ान नदी, और मादी के
नगरों में रखा, 12 क्योंकि उन्होंने 𐤉𐤄𐤅𐤄 अपने ईश्वर की
वाणी नहीं सुनी, परन्तु उसकी वाचा का उल्लंघन किया – सब
जो 𐤉𐤄𐤅𐤄 के दास मोशेह ने आज्ञा दी थी। और उन्होंने न
तो सुना और न ही किया। 13 और चौदहवें वर्ष में राजा
हिज़कियाह के, सनहेरीब अश्शूर का राजा यहूदा के सब
गढ़वाले नगरों पर चढ़ आया और उन्हें जीत लिया। 14 और
हिज़कियाह यहूदा का राजा अश्शूर के राजा को लाकीश में
भेजा, कहता हुआ, "मैंने पाप किया है, मुझसे हट जाओ। मैं
वह सब सहूँगा जो तू मुझ पर लगाएगा।" और अश्शूर के
राजा ने हिज़कियाह यहूदा के राजा पर तीन सौ कीकर चाँदी
और तीस कीकर सोना लगाया। 15 और हिज़कियाह ने उसे
सब चाँदी दी जो 𐤉𐤄𐤅𐤄 के भवन में और राजा के घर के
खज़ानों में पाई गई। 16 उस समय हिज़कियाह ने 𐤉𐤄𐤅𐤄 के
हेयखल के द्वारों को काट डाला, और वे चौखटें जिन्हें
हिज़कियाह यहूदा का राजा ने मढ़ा था, और उन्हें अश्शूर के
राजा को दे दिया। 17 और अश्शूर के राजा ने तर्तान, और
रब्सारीस, और रब्शाकेह को लाकीश से बड़ी सेना सहित
येरूशलेम के राजा हिज़कियाह के पास भेजा। और वे ऊपर
चढ़कर येरूशलेम में आए। और जब वे ऊपर चढ़े, तो वे
ऊपरी तालाब की नहर के पास खड़े हुए, जो धोबी के खेत की
सड़क पर था। 18 और उन्होंने राजा को पुकारा। और
एलयाकीम हिलकियाह का पुत्र, जो घर पर था, और शेभना
लेखक, और योआह आसाफ का पुत्र, इतिहास लेखक,
उनके पास बाहर आए। 19 और रब्शाकेह ने उनसे कहा,
"कृपया हिज़कियाह से कहो, 'यूं कहता है बड़ा राजा, अश्शूर
का राजा, "यह भरोसा क्या है जिसमें तूने भरोसा किया है?
20 "तूने परामर्श और युद्ध के बल की बात की है, पर वे केवल
होंठों के वचन हैं! और तू किस पर भरोसा करता है, कि तू
मुझ पर विद्रोह करता है? 21 "अब देख! तूने उस टूटी हुई
सरकंडे की लाठी मिस्त्र पर भरोसा किया है, जिस पर यदि
कोई मनुष्य टिके, तो वह उसके हाथ में घुस जाएगी और उसे
भेद देगी। ऐसा ही फ़िरऔन मिस्त्र का राजा है उन सब के
लिये जो उस पर भरोसा रखते हैं। 22 "पर जब तू मुझसे
कहता है, 'हम 𐤉𐤄𐤅𐤄 अपने ईश्वर पर भरोसा करते हैं,'
क्या वह वही नहीं है जिसके ऊँचे स्थानों और वेदियों को
हिज़कियाह ने हटा दिया है, और यहूदा और येरूशलेम से
कहा है, 'इस वेदी के सामने येरूशलेम में झुको'?" '
23 "और अब, मैं तुझे आग्रह करता हूँ, मेरे स्वामी अश्शूर के
राजा के साथ प्रतिज्ञा कर, तब मैं तुझे दो हज़ार घोड़े दूँगा,
यदि तू उन पर सवार चढ़ाने में सक्षम है! 24 "और तू कैसे मेरे
स्वामी के दासों के सबसे छोटे प्रधान का भी सामना करेगा,
और मिस्त्र पर रथों और घोड़ों के लिये भरोसा करता है?
25 "क्या अब मैं बिना 𐤉𐤄𐤅𐤄 के इस स्थान पर उसे नष्ट
करने को आया हूँ? 𐤉𐤄𐤅𐤄 ने मुझसे कहा, 'इस भूमि पर
चढ़ और तू उसे नष्ट करेगा।' " 26 तब एलयाकीम
हिलकियाह का पुत्र, और शेभना, और योआह ने रब्शाकेह से
कहा, "कृपया अपने दासों से अरामी भाषा में बात कर, क्योंकि
हम उसे समझते हैं। और हमसे यहूदा की भाषा में न बोल, कि
दीवार पर बैठे लोग सुनें।" 27 और रब्शाकेह ने उनसे कहा,
"क्या मेरे स्वामी ने मुझे तेरे स्वामी और तुझसे इन वचनों को
कहने के लिये भेजा है, और उन पुरुषों से नहीं जो दीवार पर
बैठे हैं कि वे तेरे साथ अपना मल खाएँ और अपना मूत्र
पियें?" 28 और रब्शाकेह खड़ा हुआ और यहूदा की भाषा में
ऊँचे स्वर से पुकारा, और बोला और कहा, "अश्शूर के बड़े
राजा का वचन सुनो! 29 "यूं कहता है राजा, 'हिज़कियाह तुझे
धोखा न दे, क्योंकि वह तुझे अपने हाथ से छुड़ाने में असमर्थ
है, 30 और हिज़कियाह तुझे 𐤉𐤄𐤅𐤄 पर भरोसा न करने दे,
कहते हुए, "𐤉𐤄𐤅𐤄 हमें अवश्य छुड़ाएगा, और यह नगर
अश्शूर के राजा के हाथ में नहीं दिया जाएगा।" '
31 "हिज़कियाह की न सुनो, क्योंकि इस प्रकार कहता है
अश्शूर का राजा, 'मेरे साथ भेंट देकर मेल करो और मेरे
पास आओ, और हर एक अपनी दाखलता से खाए, और हर
एक अपनी अंजीर के पेड़ से, और हर एक अपने कुंड का
पानी पिए, 32 जब तक कि मैं आऊँ। तब मैं तुझे तेरी अपनी
भूमि के समान भूमि में ले जाऊँगा, अन्न और नये दाखरस की
भूमि, रोटी और दाख की बारियों की भूमि, तेल के वृक्षों और
मधु की भूमि, और जीवित रह, और मत मर। पर हिज़कियाह
की न सुनो, जब वह तुझे गुमराह करता है, कहते हुए,
"𐤉𐤄𐤅𐤄 हमें छुड़ाएगा।" 33 'क्या अन्यजातियों के सब
पराक्रमी ने अपने देश को अश्शूर के राजा के हाथ से छुड़ाया
है? 34 'हामात और अरपाद के पराक्रमी कहाँ हैं? सेफ़रवायिम
और हेना और इव्वाह के पराक्रमी कहाँ हैं? क्या उन्होंने
शमरोन को मेरे हाथ से छुड़ाया? 35 'भूमियों के सब पराक्रमी
में से किसने अपने देश को मेरे हाथ से छुड़ाया, कि 𐤉𐤄𐤅𐤄
येरूशलेम को मेरे हाथ से छुड़ाएगा?' " 36 परन्तु लोग चुप
रहे और उसे एक वचन न उत्तर दिया, क्योंकि राजा की आज्ञा
थी, "उसे उत्तर मत दो।" 37 और एलयाकीम हिलकियाह का
पुत्र, जो घर पर था, और शेभना लेखक, और योआह
आसाफ का पुत्र, इतिहास लेखक, फटे वस्त्रों के साथ
हिज़कियाह के पास आए, और उन्होंने रब्शाकेह के वचन उसे
सुनाए।

19 1और ऐसा हुआ, जब राजा हिज़कियाह ने यह सुना,
तो उसने अपने वस्त्र फाड़े, और टाट ओढ़ा, और
𐤉𐤄𐤅𐤄 के भवन में गया। 2और उसने एलियाकीम को, जो
घर पर अधिकार रखता था, और शेबना लेखक को, और
याजकों के प्राचीनों को, टाट ओढ़े हुए, आमोस् के पुत्र
भविष्यद्वक्ता यशायाह के पास भेजा। 3और उन्होंने उससे
कहा, "हिज़कियाह यों कहता है, 'यह दिन संकट और
उल्हाना और अपमान का दिन है, क्योंकि बच्चे जन्म तक
आए हैं परन्तु जन्म देने की शक्ति नहीं है। 4'हो सकता है
कि 𐤉𐤄𐤅𐤄 तेरा ईश्वर रबशाके के सब वचन सुने, जिसे
उसके स्वामी अश्शूर के राजा ने जीवित ईश्वर को अपमानित
करने के लिये भेजा है, और उन वचनों को डाँटे जो 𐤉𐤄𐤅𐤄
तेरे ईश्वर ने सुने हैं। इसलिए शेष बचे हुओं के लिये प्रार्थना
कर।' " 5और राजा हिज़कियाह के दास यशायाह के पास
आए। 6और यशायाह ने उनसे कहा, "अपने स्वामी से कहो,
'𐤉𐤄𐤅𐤄 यों कहता है, "उन वचनों से मत डर, जो तू ने सुने
हैं, जिनसे अश्शूर के राजा के दासों ने मेरी निन्दा की है।
7"देख, मैं उस पर एक आत्मा डालता हूँ, और वह एक
समाचार सुनेगा और अपने देश लौट जाएगा। और मैं उसको
उसके देश में तलवार से गिरा दूँगा।" ' " 8और रबशाके
लौट आया और उसने अश्शूर के राजा को लिबना से लड़ते
पाया, क्योंकि उसने सुना था कि वह लाकीश से निकल गया
है। 9और जब राजा ने कूश के राजा तिरहाका के विषय में
सुना, "देख, वह तुझसे लड़ने के लिये निकला है," तब उसने
फिर हिज़कियाह के पास दूत भेजे। 10"हिज़कियाह राजा
यहूदा से कहो, 'तेरा वह ईश्वर, जिस पर तू भरोसा करता है,
यह कहकर तुझे धोखा न दे, "यरूशलेम अश्शूर के राजा के
हाथ में न दिया जाएगा।" 11'देख, तू ने सुना है कि अश्शूर
के राजाओं ने सब देशों के साथ क्या किया, उन्हें नाश कर
दिया। क्या तू बच जाएगा? 12'क्या गोज़ान और हरान और
रेसेफ़ और तलअस्सार में रहने वाले एदेन के पुत्रों को उन
जातियों के देवताओं ने छुड़ा लिया जिन्हें मेरे पितरों ने नाश
किया था? 13'हामात का राजा कहाँ है, और अरपद का राजा
कहाँ है, और सपर्वयिम नगर का राजा कहाँ है, हेना और
इव्वाह कहाँ हैं?' " 14और हिज़कियाह ने दूतों के हाथ से पत्र
लिये और उन्हें पढ़ा, और 𐤉𐤄𐤅𐤄 के भवन में गया। और
हिज़कियाह ने उन्हें 𐤉𐤄𐤅𐤄 के सामने फैलाया। 15और
हिज़कियाह ने 𐤉𐤄𐤅𐤄 के साम्हने प्रार्थना की और कहा, "हे
𐤉𐤄𐤅𐤄 इस्राएल के ईश्वर, जो करूबों के बीच विराजमान
है, तू ही पृथ्वी के सब राज्यों का ईश्वर है। तू ने आकाश और
पृथ्वी बनाई है। 16"हे 𐤉𐤄𐤅𐤄, अपना कान झुका और
सुन। हे 𐤉𐤄𐤅𐤄, अपनी आँखें खोल और देख। और
सन्हेरीब के वे वचन सुन, जो उसने जीवित ईश्वर की निन्दा
करने के लिये भेजे हैं। 17"सच्चमुच, हे 𐤉𐤄𐤅𐤄, अश्शूर
के राजाओं ने जातियों और उनके देशों को उजाड़ दिया है।
18और उनके देवताओं को आग में डाल दिया है, क्योंकि वे
देवता न थे, परन्तु मनुष्यों के हाथों की कारीगरी, लकड़ी और
पत्थर, इसलिये उन्हें नाश कर दिया। 19"अब, हे 𐤉𐤄𐤅𐤄
हमारे ईश्वर, मैं तुझसे प्रार्थना करता हूँ, हमें उसके हाथ से
बचा ले, ताकि पृथ्वी के सब राज्य जान लें कि तू ही 𐤉𐤄𐤅𐤄
ईश्वर है, तू अकेला।" 20तब आमोस् के पुत्र यशायाह ने
हिज़कियाह को यह कहला भेजा, "इस्राएल के ईश्वर
𐤉𐤄𐤅𐤄 यों कहता है, 'मैं ने तेरी वह प्रार्थना सुनी जो तू ने
अश्शूर के राजा सन्हेरीब के विषय में मुझ से की।' 21"यह
वह वचन है, जो 𐤉𐤄𐤅𐤄 ने उसके विषय में कहा है, 'कुँवारी,
सिय्योन की पुत्री ने तुझे तुच्छ जाना, तुझ पर हँसी की;
यरूशलेम की पुत्री ने तेरे पीछे सिर हिलाया। 22'तू ने
किसके विरुद्ध निन्दा और अपमान किया है? तू ने किसके
विरुद्ध ऊँची आवाज़ उठाई और अपनी आँखें ऊँची कीं?
इस्राएल के पवित्र के विरुद्ध! 23'अपने दूतों के द्वारा तू ने
𐤉𐤄𐤅𐤄 की निन्दा की है, और कहा है, "अपने बहुत से रथों
के साथ मैं पहाड़ों की ऊँचाइयों पर, लबानोन की चोटियों पर
चढ़ा हूँ; मैंने उसके ऊँचे देवदार और उसके उत्तम सरो वृक्ष
काट डाले हैं; मैं उसके सुदूर क्षेत्रों और उसके घने जंगल में
पहुँचा हूँ। 24'मैं ने खोद कर परदेशी जल पिया, और अपने
पैरों के तलवों से सब मिस्र की नदियों को सुखा दिया।"
25'क्या तू ने नहीं सुना कि बहुत पहले से मैं ने यह ठहराया
था? प्राचीन दिनों से मैं ने यह युक्ति बनाई थी; अब मैं ने इसे
पूरा किया है, कि तू गढ़वाले नगरों को खण्डहर ढेर कर दे।
26'और उनके निवासी निर्बल हो गए, वे घबरा गए और
लज्जित हुए; वे खेत की घास और हरी कोमल वनस्पति, छतों
की घास के समान हुए, और बढ़ने से पहले ही सूख गए।
27'परन्तु मैं तेरे बैठने, तेरे बाहर जाने और तेरे अन्दर आने
और मेरे विरुद्ध तेरे क्रोध को जानता हूँ। 28'क्योंकि तेरा
क्रोध और तेरा अभिमान मेरे कानों तक पहुँचा है, इसलिये मैं
तेरी नाक में अपनी नाथ और तेरे मुँह में अपनी लगाम डाल
दूँगा, और तुझे उसी मार्ग से लौटा दूँगा जिस मार्ग से तू आया
है। 29'और तेरे लिये यह चिन्ह होगा: इस वर्ष तू आप से उगा
हुआ खाएगा, और दूसरे वर्ष उससे उत्पन्न हुआ; और तीसरे
वर्ष बो और काट और दाख की बारियाँ लगाकर उनका फल
खा। 30'और यहूदा के घराने का शेष फिर नीचे जड़
पकड़कर ऊपर फल लाएगा। 31'क्योंकि यरूशलेम से एक
अवशिष्ट निकलेगा, और सिय्योन पर्वत से बच निकलने
वाले। सेनाओं का उत्साह 𐤉𐤄𐤅𐤄 यह करेगा।'
32"इसलिये 𐤉𐤄𐤅𐤄 अश्शूर के राजा के विषय में यों कहता
है, 'वह इस नगर में न आएगा, न वहाँ एक तीर छोड़ेगा, न वह
उस पर ढाल लेकर सामने आएगा, न वह उस पर घेरा
डालकर बाँध बनाएगा। 33'जिस मार्ग से वह आया, उसी से
वह लौट जाएगा; और इस नगर में वह न आएगा,' 𐤉𐤄𐤅𐤄
कहता है। 34'और मैं इस नगर का अपनी खातिर और
अपने दास दाऊद की खातिर बचाव करूँगा।' " 35और
उसी रात 𐤉𐤄𐤅𐤄 के दूत ने निकलकर अश्शूर की छावनी में
एक लाख पचासी हज़ार को मार डाला। और वे सुबह तड़के
उठे और देखो, सब मरे पड़े थे। 36और अश्शूर का राजा
सन्हेरीब चला गया, और लौटकर नीनवे में रहा। 37और ऐसा
हुआ, जब वह अपने देवता निस्रोक के भवन में दण्डवत कर
रहा था, तब उसके पुत्र अद्रम्मेलेक और सारेत्सर ने उसे
तलवार से मारा; और वे अरारात देश में भाग गए। और
उसका पुत्र एसारहदोन उसके स्थान पर राज्य करने लगा।

20 1उन दिनों हिज़कियाह मृत्यु तक बीमार हो गया।
और आमोस् के पुत्र भविष्यद्वक्ता यशायाह उसके पास
गया और उससे कहा, "𐤉𐤄𐤅𐤄 यों कहता है, 'अपना घर

व्यवस्थित कर ले, क्योंकि तू मरने वाला है और जीवित न
रहेगा।' " 2 तब उसने अपना मुँह दीवार की ओर फेर लिया
और 𐤉𐤄𐤅𐤄 से प्रार्थना की, 3 "मैं तुझसे प्रार्थना करता हूँ, हे
𐤉𐤄𐤅𐤄, स्मरण कर कि मैं तेरे सामने सच्चाई और खरे मन
से चला हूँ, और तेरी दृष्टि में अच्छा किया है।" और
हिज़कियाह फूट-फूटकर रोया। 4 और ऐसा हुआ, कि
यशायाह मध्य आँगन से बाहर जाने से पहले ही, 𐤉𐤄𐤅𐤄 का
वचन उसके पास आया, 5 "लौटकर मेरे लोगों के अगुवे
हिज़कियाह से कह, 'तेरे पिता दाऊद का ईश्वर 𐤉𐤄𐤅𐤄 यों
कहता है, "मैं ने तेरी प्रार्थना सुनी, तेरे आँसू देखे हैं। देख, मैं
तुझे चंगा करने जा रहा हूँ। तीसरे दिन तू 𐤉𐤄𐤅𐤄 के भवन
में जाएगा। 6 "और मैं तेरे दिनों में पन्द्रह वर्ष और बढ़ाऊँगा,
और तुझे और इस नगर को अश्शूर के राजा के हाथ से
छुड़ाऊँगा, और इस नगर का अपनी खातिर और अपने दास
दाऊद की खातिर बचाव करूँगा।" ' " 7 तब यशायाह ने
कहा, "अंजीरों की टिक्की लो।" और उन्होंने ली और फोड़े
पर रखी, और वह चंगा हो गया। 8 और हिज़कियाह ने
यशायाह से कहा, "क्या चिन्ह होगा कि 𐤉𐤄𐤅𐤄 मुझे चंगा
करेगा, और मैं तीसरे दिन 𐤉𐤄𐤅𐤄 के भवन में जाऊँगा?"
9 और यशायाह ने कहा, "तेरे लिये यह चिन्ह है 𐤉𐤄𐤅𐤄 से,
कि 𐤉𐤄𐤅𐤄 वह वचन पूरा करेगा जो उसने कहा है: छाया
दस डिग्री आगे बढ़े या दस डिग्री पीछे लौटे?" 10 हिज़कियाह
ने कहा, "छाया का दस डिग्री आगे बढ़ना सहज है; नहीं,
परन्तु छाया दस डिग्री पीछे लौटे।" 11 तब भविष्यद्वक्ता
यशायाह ने 𐤉𐤄𐤅𐤄 से पुकारा, और उसने छाया को दस
डिग्री पीछे लौटा दिया, जो आहाज की धूपघड़ी पर नीचे गई
थी। 12 उसी समय बाबेल के राजा बलादान के पुत्र बेरोदक-
बलादान ने हिज़कियाह के पास पत्र और भेंट भेजी, क्योंकि
उसने सुना था कि हिज़कियाह बीमार था। 13 और हिज़कियाह
ने उनके वचन सुने, और उन्हें अपना सब भण्डार-गृह
दिखाया, चाँदी और सोना और सुगन्ध और उत्तम तेल, और
अपना शस्त्रागार, और जो कुछ उसके खजानों में पाया
गया। उसके घर में और उसके सम्पूर्ण राज्य में ऐसी कोई
वस्तु न थी जो हिज़कियाह ने उन्हें न दिखाई। 14 तब
भविष्यद्वक्ता यशायाह राजा हिज़कियाह के पास आया और
उससे कहा, "इन पुरुषों ने क्या कहा, और वे कहाँ से तेरे पास
आए?" हिज़कियाह ने कहा, "वे दूर देश से, बाबेल से मेरे पास
आए।" 15 और उसने कहा, "उन्होंने तेरे घर में क्या देखा?"
हिज़कियाह ने उत्तर दिया, "उन्होंने जो कुछ मेरे घर में है
देखा; मेरे खजानों में ऐसी कोई वस्तु नहीं जो मैं ने उन्हें न
दिखाई।" 16 तब यशायाह ने हिज़कियाह से कहा, "𐤉𐤄𐤅𐤄
का वचन सुन: 17 'देख, वे दिन आ रहे हैं जब जो कुछ तेरे
घर में है, और जो कुछ तेरे पितरों ने आज तक जमा किया है,
वह सब बाबेल को ले जाया जाएगा - एक भी वस्तु शेष न
रहेगी,' 𐤉𐤄𐤅𐤄 कहता है। 18 'और वे तेरे कुछ पुत्रों को ले
जाएँगे जो तुझसे उत्पन्न होंगे, जिन्हें तू जन्म देगा; और वे
बाबेल के राजा के महल में खोजे होंगे।' " 19 तब हिज़कियाह
ने यशायाह से कहा, "𐤉𐤄𐤅𐤄 का वचन जो तू ने कहा है
अच्छा है!" और उसने कहा, "क्या ऐसा नहीं है, यदि मेरे दिनों
में शान्ति और सच्चाई बनी रहे?" 20 और हिज़कियाह के
अन्य काम, और उसकी सारी शक्ति, और कैसे उसने
जलाशय और नाला बनाया और नगर में जल पहुँचाया, क्या वे
यहूदा के राजाओं की वार्षिक-पुस्तक में लिखे नहीं हैं? 21 और
हिज़कियाह अपने पितरों के साथ सो गया। और उसका पुत्र
मनश्शे उसके स्थान पर राज्य करने लगा।

21 1 मनश्शे बारह वर्ष का था जब उसने राज्य करना
शुरू किया, और उसने यरूशलेम में पचपन वर्ष राज्य
किया। और उसकी माता का नाम हेप्सीबा था। 2 और उसने
𐤉𐤄𐤅𐤄 की दृष्टि में बुरा किया, उन जातियों की घृणित बातों
के अनुसार जिन्हें 𐤉𐤄𐤅𐤄 ने इस्राएल के बच्चों के सामने से
निकाल दिया था। 3 क्योंकि उसने फिरकर उन ऊँचे स्थानों
को बनाया जिन्हें उसके पिता हिजकिय्याह ने नष्ट किया था,
और उसने बाअल के लिये वेदियाँ खड़ी कीं, और एक अशेरा
बनाई, जैसे इस्राएल के राजा अहाब ने किया था, और उसने
आकाश की सारी सेना के सामने झुककर उनकी सेवा की।
4 और उसने 𐤉𐤄𐤅𐤄 के भवन में वेदियाँ बनाईं, जिसके विषय
में 𐤉𐤄𐤅𐤄 ने कहा था, "यरूशलेम में मैं अपना नाम
रखूँगा।" 5 और उसने 𐤉𐤄𐤅𐤄 के भवन के दोनों आँगनों में
आकाश की सारी सेना के लिये वेदियाँ बनाईं। 6 और उसने
अपने पुत्र को आग में चढ़ाया, और टोना-टोटका किया, और
भावी बतलाने वालों से पूछा, और भूत-प्रेत जानने वालों से
संपर्क किया। उसने 𐤉𐤄𐤅𐤄 की दृष्टि में बहुत बुरा किया,
जिससे उसे क्रोध दिलाया। 7 और उसने उस अशेरा की
खुदी हुई मूरत को उस भवन में रखा, जिसके विषय में
𐤉𐤄𐤅𐤄 ने दाऊद और उसके पुत्र शलोमो से कहा था, "इस
भवन और यरूशलेम में, जिसे मैंने इस्राएल की सब गोत्रों में
से चुना है, मैं अपना नाम सदा के लिये रखूँगा। 8 और मैं
इस्राएल के पाँवों को उस भूमि से फिर नहीं हटाऊँगा जिसे मैंने
उनके पितरों को दी थी - केवल यदि वे मेरी सब आज्ञाओं के
अनुसार जो मैंने उन्हें दी हैं, और मेरी दास मूसा की व्यवस्था
के अनुसार सावधानी से चलेंगे।" 9 परन्तु उन्होंने नहीं सुना,
और मनश्शे ने उन्हें भटका दिया कि वे उन जातियों से भी
अधिक बुरा करें जिन्हें 𐤉𐤄𐤅𐤄 ने इस्राएल के बच्चों के
सामने से नष्ट किया था। 10 और 𐤉𐤄𐤅𐤄 ने अपने दास
नबियों के द्वारा कहा, 11 "इस कारण कि यहूदा का राजा
मनश्शे ने ये घृणित काम किए हैं, और उन सब एमोरियों से भी
अधिक बुरा किया जो उससे पहले थे, और यहूदा को भी
अपने मूरतों से पाप करने में लगाया, 12 इस कारण 𐤉𐤄𐤅𐤄
इस्राएल का ईश्वर यों कहता है, 'देख, मैं यरूशलेम और
यहूदा पर ऐसी विपत्ति लाने पर हूँ कि जो कोई उसके विषय में
सुनेगा उसके दोनों कान गूँजेंगे। 13 और मैं यरूशलेम पर
शमरोन की डोरी और अहाब के घराने का सीसा खींचूँगा,
और यरूशलेम को ऐसा पोंछूँगा जैसा कोई थाली पोंछता है,
उसे पोंछकर उल्टा कर देता है। 14 और मैं अपनी विरासत
के बचे हुए अंश को छोड़ दूँगा, और उन्हें उनके शत्रुओं के
हाथ में दूँगा। और वे अपने सब शत्रुओं के लिये लूट और
शिकार ठहरेंगे। 15 क्योंकि उन्होंने मेरी दृष्टि में बुरा किया है,
और उस दिन से मुझे क्रोध दिलाते आए हैं जब से उनके
पितर मिस्र से निकले, यहाँ तक कि आज के दिन तक।' "
16 और मनश्शे ने बहुत अधिक निर्दोष लहू बहाया, यहाँ तक
कि उसने यरूशलेम को एक छोर से दूसरे छोर तक भर
दिया, उसके उस पाप के सिवाय जिससे उसने यहूदा को पाप
करने में लगाया, 𐤉𐤄𐤅𐤄 की दृष्टि में बुरा करने में। 17 और

मनश्शे के बाकी काम, और जो कुछ उसने किया, और
उसका पाप जो उसने किया, क्या वे यहूदा के राजाओं की
पुस्तक में लिखे नहीं हैं? 18 और मनश्शे अपने पितरों के संग
सो गया, और उसे उसके घर की बारी में, उज्ज़ा की बारी में
दफनाया गया। और उसका पुत्र आमोन उसके स्थान पर
राज्य करने लगा। 19 आमोन बाईस वर्ष का था जब उसने
राज्य करना शुरू किया, और उसने यरूशलेम में दो वर्ष
राज्य किया। और उसकी माता का नाम योतेबा की पुत्री
मेशुल्लेमेंत था, जो हारुत की पुत्री थी। 20 और उसने
𐤉𐤄𐤅𐤄 की दृष्टि में बुरा किया, जैसा उसके पिता मनश्शे ने
किया था। 21 और उसने उन सब मार्गों में चला जिनमें
उसका पिता चला था, और उन मूरतों की सेवा की जिनकी
उसके पिता ने सेवा की थी, और उनके सामने झुका। 22 और
उसने अपने पितरों के 𐤉𐤄𐤅𐤄 ईश्वर को छोड़ दिया, और
𐤉𐤄𐤅𐤄 के मार्ग में नहीं चला। 23 और आमोन के दासों ने
उसके विरुद्ध षडयंत्र किया, और उसके घर में राजा को मार
डाला। 24 परन्तु उस देश की प्रजा ने उन सबको मार डाला
जिन्होंने राजा आमोन के विरुद्ध षडचंत्र किया था, और उस
देश की प्रजा ने उसके पुत्र योशिय्याह को उसके स्थान पर
राजा बनाया। 25 और आमोन के बाकी काम जो उसने किए,
क्या वे यहूदा के राजाओं की पुस्तक में लिखे नहीं हैं? 26 और
उसे उसकी कब्र में, उज्ज़ा की बारी में दफनाया गया। और
उसका पुत्र योशिय्याह उसके स्थान पर राज्य करने लगा।

22

1 योशिय्याह आठ वर्ष का था जब उसने राज्य करना
शुरू किया, और उसने यरूशलेम में इकतीस वर्ष
राज्य किया। और उसकी माता का नाम येदीदा था, जो
अदायाह की पुत्री थी, जो बोत्सकात की थी। 2 और उसने
𐤉𐤄𐤅𐤄 की दृष्टि में ठीक किया, और अपने पिता दाऊद के
सब मार्गों में चला, और न दाहिनी ओर मुड़ा न बाईं ओर।
3 और ऐसा हुआ कि योशिय्याह राजा के अठारहवें वर्ष में राजा
ने शाफान शास्त्री को, जो अत्सल्याहू का पुत्र और मेशुल्लाम
का पौत्र था, 𐤉𐤄𐤅𐤄 के भवन में भेजा, यह कहते हुए,
4 "महायाजक हिल्किय्याह के पास ऊपर जाओ, और चाँदी
को गिन ले, जो 𐤉𐤄𐤅𐤄 के भवन में लाई गई है, जिसे
द्वारपालों ने लोगों से इकट्ठा किया है। 5 "और उसे उन काम
करने वालों के हाथ में दे दो, जो 𐤉𐤄𐤅𐤄 के भवन में कार्य के
अधीक्षक हैं। और उसे उन काम करने वालों को दे दो जो
𐤉𐤄𐤅𐤄 के भवन में हैं, ताकि वे भवन की टूट-फूट की
मरम्मत करें। 6 बढ़इयों और राजमिस्त्रियों और पत्थर
काटने वालों को, और घर की मरम्मत करने के लिये लकड़ी
और तराशे हुए पत्थर खरीदने के लिये। 7 "परन्तु जो चाँदी
उनके हाथ में दी गई है, उसका हिसाब उनसे न लिया जाए,
क्योंकि वे सच्चाई से काम कर रहे हैं।" 8 और महायाजक
हिल्किय्याह ने शाफान शास्त्री से कहा, "मैंने 𐤉𐤄𐤅𐤄 के
भवन में व्यवस्था की पुस्तक पाई है।" और हिल्किय्याह ने वह
पुस्तक शाफान को दी, और उसने उसे पढ़ा। 9 और शाफान
शास्त्री राजा के पास आया, और राजा के पास फिर समाचार
लाकर कहा, "तेरे दासों ने वह चाँदी इकट्ठी की है जो भवन में
पाई गई थी, और उसे उन काम करने वालों के हाथ में दे दिया
है जो 𐤉𐤄𐤅𐤄 के भवन का कार्य देखते हैं।" 10 और शाफान
शास्त्री ने राजा को सूचित किया, कहते हुए, "हिल्किय्याह
याजक ने मुझे एक पुस्तक दी है।" और शाफान ने उसे
राजा के सामने पढ़ा। 11 और ऐसा हुआ कि जब राजा ने
व्यवस्था की पुस्तक के वचन सुने, तो उसने अपने वस्त्र फाड़
डाले। 12 और राजा ने हिल्किय्याह याजक को, और शाफान
के पुत्र अहीकाम को, और मिकायाह के पुत्र अखबोर को,
और शाफान शास्त्री को, और राजा के दास आसायाह को
आज्ञा दी, कहते हुए, 13 "मेरे लिये, और लोगों के लिये, और
सारे यहूदा के लिये, 𐤉𐤄𐤅𐤄 से इस पुस्तक के वचनों के
विषय में पूछो जो मिली है। क्योंकि 𐤉𐤄𐤅𐤄 का बड़ा क्रोध
हम पर भड़क उठा है, क्योंकि हमारे पितरों ने इस पुस्तक के
वचनों का पालन नहीं किया, और हमारे विषय में जो कुछ
इसमें लिखा है उसके अनुसार नहीं किया।" 14 तब
हिल्किय्याह याजक, और अहीकाम, और अखबोर, और
शाफान, और आसायाह भविष्यद्वक्त्री हुल्दा के पास गए, जो
शल्लूम की पत्नी थी, जो तिक्वाह का पुत्र और हरहस का
पौत्र था, जो वस्त्रागार का रखवाला था। अब वह यरूशलेम
में दूसरे भाग में रहती थी। और उन्होंने उससे बातें कीं।
15 और उसने उनसे कहा, "इस्राएल के ईश्वर 𐤉𐤄𐤅𐤄 यों
कहता है, 'उस मनुष्य से कहो जिसने तुम्हें मेरे पास भेजा है।
16 "𐤉𐤄𐤅𐤄 यों कहता है, 'देख, मैं इस स्थान और इसके
निवासियों पर विपत्ति लाने पर हूँ, वह सब वचन जो यहूदा का
राजा पढ़ चुका है। 17 क्योंकि उन्होंने मुझे छोड़ दिया है और
दूसरों देवताओं को धूप जलाया है, अपने हाथों के सब कामों
से मुझे क्रोध दिलाने के लिये। इसलिये मेरा क्रोध इस स्थान
के विरुद्ध भड़काया जाएगा और शान्त न होगा।' " '
18 "और यहूदा के राजा से, जिसने तुम्हें 𐤉𐤄𐤅𐤄 से पूछने के
लिये भेजा है, उससे यह कहना, 'इस्राएल के ईश्वर 𐤉𐤄𐤅𐤄
यों कहता है, "जहाँ तक उन वचनों का संबंध है जिन्हें तू ने
सुना है, 19 क्योंकि तेरा मन कोमल था, और जब तूने सुना कि
मैंने इस स्थान और इसके निवासियों के विरुद्ध क्या कहा है
कि वे उजाड़ और शाप बनेंगे, तब तू ने अपने वस्त्र फाड़े और
मेरे सामने रोया, और तूने अपने को 𐤉𐤄𐤅𐤄 के सामने दीन
किया, इसलिये मैंने भी सुना," 𐤉𐤄𐤅𐤄 की यह वाणी है।
20 "इसलिये देख, मैं तुझे तेरे पितरों के पास इकट्ठा कर रहा
हूँ, और तू शान्ति से अपनी कब्र में इकट्ठा किया जाएगा, और
तेरी आँखें वह सब विपत्ति नहीं देखेंगी जिसे मैं इस स्थान पर
लाने पर हूँ।" ' " और उन्होंने यह वचन राजा के पास
पहुँचाए।

23

1 और राजा ने भेजा, और उन्होंने यहूदा और
यरूशलेम के सब बुज़ुर्गों को उसके पास इकट्ठा
किया। 2 और राजा यहूदा के सब पुरुषों, और यरूशलेम के
सब निवासियों, और याजकों और नबियों और सब लोगों, छोटे
और बड़े के साथ 𐤉𐤄𐤅𐤄 के भवन में गया। और उसने
उनके सुनने में उस वाचा की पुस्तक के सब वचन पढ़े, जो
𐤉𐤄𐤅𐤄 के भवन में पाई गई थी। 3 और राजा ने खंभे के
पास खड़ा होकर 𐤉𐤄𐤅𐤄 के सामने वाचा बाँधी कि वह
𐤉𐤄𐤅𐤄 के पीछे चलेगा, और उसके आज्ञाओं और गवाहियों
और विधियों को अपने सारे मन और सारी आत्मा से मानेगा,
ताकि इस वाचा के वचन को स्थापित करे, जो इस पुस्तक में
लिखे हैं। और सब लोग वाचा के लिए खड़े रहे। 4 तब राजा
ने Hिलकियाह महायाजक और दूसरे दर्ज़े के याजकों और
द्वारपालों को आज्ञा दी कि वे 𐤉𐤄𐤅𐤄 के हेयख़ाल से वे सब

वस्तुएँ बाहर निकालें जो बाल और अशेरा और आकाश के
सब तारों के लिये बनाई गई थीं। और उसने उन्हें यरूशलेम
के बाहर कीद्रोन के खेतों में जलाया, और उनकी राख बेथ
एल में ले गया। [5]और उसने उन काले वस्त्रों वाले याजकों
को हटा दिया जिन्हें यहूदा के राजाओं ने ऊँचे स्थानों पर धूप
जलाने के लिये ठहराया था, और जो यरूशलेम के चारों ओर
के स्थानों में, और बाल, सूर्य, चन्द्रमा, नक्षत्रों और आकाश
की सारी सेना के लिये धूप जलाते थे। [6]और उसने अशेरा
को 𐤉𐤄𐤅𐤄 के भवन से बाहर कीद्रोन की तराई में ले जाकर
वहाँ जलाया, और उसे चूर्ण कर के राख कर दिया, और
उसकी राख लोगों की कब्रों पर बिखेर दी। [7]और उसने उन
पुरुष वेश्याओं के घरों को गिरा दिया जो 𐤉𐤄𐤅𐤄 के भवन में
थे, जहाँ स्त्रियाँ अशेरा के लिये वस्त्र बुनती थीं। [8]और उसने
यहूदा के नगरों से सब याजकों को बुला लिया, और गेबा से
बेर्शेबा तक के ऊँचे स्थानों को अशुद्ध किया, जहाँ याजकों
ने धूप जलाया था, और शहर के हाकिम यहोशू के फाटक के
प्रवेश पर जो ऊँचे स्थान थे, उन्हें गिरा दिया। [9]परन्तु ऊँचे
स्थानों के याजक 𐤉𐤄𐤅𐤄 की वेदी पर यरूशलेम में नहीं
चढ़े, परन्तु उन्होंने अपने भाइयों के बीच अखमीरी रोटी
खाई। [10]और उसने तोफ़ेत को अशुद्ध किया, जो बेन-हिन्नोम
की तराई में था, ताकि कोई अपने बेटे या बेटी को मोलेक के
लिये आग से न गुज़ारे। [11]और उसने उन घोड़ों को हटा
दिया जो यहूदा के राजाओं ने सूर्य के लिये दिए थे, जो
𐤉𐤄𐤅𐤄 के भवन के प्रवेश पर नतन-मलेक हिजड़े के कोठरी
के पास थे। और उसने सूर्य के रथों को आग में जलाया।
[12]और जो वेदियाँ आहाज़ के ऊपरी कक्ष की छत पर थीं,
जिन्हें यहूदा के राजाओं ने बनाया था, और जो वेदियाँ मनश्शे
ने 𐤉𐤄𐤅𐤄 के भवन के दोनों आँगनों में बनाई थीं, उन्हें राजा
ने गिरा दिया और उनकी धूल को कीद्रोन की तराई में फेंक
दिया। [13]और राजा ने उन ऊँचे स्थानों को अशुद्ध किया जो
यरूशलेम के सामने थे, जो सीदोनियों की घृणित वस्तु
अश्तोरेत, और मोआबियों की घृणित वस्तु कमोश, और
अम्मोनियों की घृणित वस्तु मिलकोम के लिये इस्राएल के
राजा शलोमो ने बनाए थे। [14]और उसने खम्भों को टुकड़े-
टुकड़े किया, और अशेरियों को काट डाला, और उनकी
जगह मनुष्यों की हड्डियों से भर दी। [15]और जो वेदी बेथ-एल
में थी, और ऊँचा स्थान जिसे यरोबाम नबात के पुत्र ने बनाया
था, जिससे उसने इस्राएल को पाप कराया था, उस वेदी और
ऊँचे स्थान को उसने गिरा दिया, और ऊँचे स्थान को
जलाया और उसे धूल कर दिया, और अशेरा को भी
जलाया। [16]तब योशिय्याह ने वहाँ पहाड़ पर जो कब्रें थीं,
उनको देखा, और कब्रों से हड्डियाँ निकालकर वेदी पर
जलाया, और उसे 𐤉𐤄𐤅𐤄 के उस वचन के अनुसार अशुद्ध
किया, जिसे ईश्वर के जन ने कहा था, जिसने ये बातें घोषित
की थीं। [17]और उसने कहा, "यह कौन-सा समाधि पत्थर है
जो मैं देखता हूँ?" नगर के लोगों ने उससे कहा, "यह ईश्वर
के उस जन की कब्र है, जो यहूदा से आया था और इन बातों
को घोषित किया था जो तूने बेथ-एल की वेदी के विरुद्ध की
हैं।" [18]और उसने कहा, "उसे छोड़ दो, कोई उसकी हड्डियों
को न हिलाए।" सो उन्होंने उसकी हड्डियों को अकेला छोड़
दिया, उस नबी की हड्डियों के साथ जो शमरोन से आया था।
[19]और योशिय्याह ने शमरोन के नगरों में जो ऊँचे स्थानों के
घर थे, जिन्हें इस्राएल के राजाओं ने क्रोध दिलाने के लिये
बनाए थे, उन्हें भी हटा दिया, और उनके साथ वैसा ही किया
जैसा उसने बेथ-एल में किया था। [20]और उसने वहाँ ऊँचे
स्थानों के सब याजकों को वेदियों पर वध किया, और मनुष्यों
की हड्डियाँ उन पर जलाकर यरूशलेम लौट आया। [21]और
राजा ने सब लोगों को आज्ञा दी, "अपने ईश्वर 𐤉𐤄𐤅𐤄 के
लिये पासह तैयार करो, जैसा इस वाचा की पुस्तक में लिखा
है।" [22]क्योंकि ऐसा पासह इस्राएल के शासकों के दिनों से,
और इस्राएल और यहूदा के राजाओं के सब दिनों में नहीं
किया गया था। [23]परन्तु राजा योशिय्याह के अठारहवें वर्ष में
यह पासह यरूशलेम में 𐤉𐤄𐤅𐤄 के सामने किया गया।
[24]और योशिय्याह ने उन सब ज्योतिषियों और आत्मा-से बात
करनेवालों, और घर के देवताओं और मूर्तियों और सब घृणित
वस्तुओं को भी हटा दिया, जो यहूदा और यरूशलेम की भूमि
में देखी गई थीं, ताकि उस व्यवस्था के वचनों को पूरा करे,
जो Ḥिलकियाह याजक ने 𐤉𐤄𐤅𐤄 के भवन में पाई थी।
[25]उससे पहले कोई राजा उसके समान न हुआ, जिसने अपने
सारे मन, सारी आत्मा और सारी शक्ति से, मूसा की सारी
व्यवस्था के अनुसार 𐤉𐤄𐤅𐤄 की ओर फिरकर ऐसा किया
हो; और उसके बाद भी उसके समान कोई न उठा। [26]तो भी
𐤉𐤄𐤅𐤄 ने अपने बड़े कोप की भयंकरता से न फिरा, जिस
से उसका कोप यहूदा पर जल रहा था, उन सब बातों के
कारण जिनसे मनश्शे ने उसे क्रोधित किया था। [27]और
𐤉𐤄𐤅𐤄 ने कहा, "मैं यहूदा को भी अपने साम्हने से हटा दूँगा,
जैसे इस्राएल को हटाया; और इस नगर यरूशलेम को, जिसे
मैंने चुना है, और इस भवन को, जिसके विषय में मैंने कहा था
कि मेरा नाम वहाँ रहेगा, उसे त्याग दूँगा।" [28]और योशिय्याह
के बाकी काम और जो कुछ उसने किया, क्या वे यहूदा के
राजाओं की पुस्तक में नहीं लिखे हैं? [29]उसके दिनों में मिस्र
का राजा फ़िरौन नेको अश्शूर के राजा के विरुद्ध यूफ़्रात नदी
की ओर गया। और राजा योशिय्याह उसके पास गया, और
उसने मेगिद्दो में उसको देखकर उसे मार डाला। [30]और
उसके दासों ने उसके शरीर को रथ पर मेगिद्दो से लाकर
यरूशलेम में उसकी कब्र में दफना दिया। और देश के लोगों
ने योआहाज़ पुत्र योशिय्याह को लिया और उसका अभिषेक
किया, और उसके पिता के स्थान पर उसे राजा बनाया।
[31]योआहाज़ जब राज्य करने लगा, तब उसकी आयु तेईस
वर्ष की थी, और उसने यरूशलेम में तीन महीने राज्य किया।
और उसकी माता का नाम Ḥामुतल था, जो लिब्ना के
यिर्मयाह की बेटी थी। [32]और उसने 𐤉𐤄𐤅𐤄 की दृष्टि में
बुरा किया, जैसा उसके पितरों ने किया था। [33]और फ़िरौन
नेको ने उसे रिब्ला में, हमात देश में, बन्दी किया, ताकि वह
यरूशलेम में राज्य न करे; और उसने देश पर सौ किक्कार
चाँदी और एक किक्कार सोने का दण्ड लगाया। [34]और
फ़िरौन नेको ने योशिय्याह के पुत्र एलियाकीम को उसके पिता
के स्थान पर राजा बनाया, और उसका नाम बदलकर
यहोयाकीम रखा। और योआहाज़ को वह मिस्र ले गया, और
वह वहाँ मर गया। [35]और यहोयाकीम ने फ़िरौन को चाँदी
और सोना दिया। केवल उसने देश पर कर लगाया कि
फ़िरौन के आज्ञा के अनुसार चाँदी दे। उसने देश के हर
व्यक्ति से उसके मूल्य के अनुसार चाँदी और सोना वसूल
किया, ताकि फ़िरौन नेको को दे। [36]यहोयाकीम जब राज्य
करने लगा, तब उसकी आयु पच्चीस वर्ष की थी, और उसने

यरूशलेम में ग्यारह वर्ष राज्य किया। और उसकी माता का
नाम ज़बिदा था, जो रुमा के पेदायाह की बेटी थी। [37] और
उसने 𐤉𐤄𐤅𐤄 की दृष्टि में बुरा किया, जैसा उसके पितरों ने
किया था।

24 [1] उसके दिनों में बाबेल का राजा नबूकदनेत्स्सर
आया, और यहोयाकीम तीन वर्ष तक उसका दास
रहा। फिर उसने पलटकर उसके विरुद्ध विद्रोह किया।
[2] और 𐤉𐤄𐤅𐤄 ने उसके विरुद्ध कसदियों की लुटेरी
टुकड़ियाँ, और अराम की लुटेरी टुकड़ियाँ, और मोआब की
लुटेरी टुकड़ियाँ, और अम्मोन के पुत्रों की लुटेरी टुकड़ियाँ
भेजीं। और उसने यहूदा को नाश करने के लिये भेजा, जैसा
𐤉𐤄𐤅𐤄 ने अपने सेवकों नबियों के द्वारा कहा था। [3] केवल
𐤉𐤄𐤅𐤄 की आज्ञा से यह यहूदा पर आया, ताकि उसे अपने
साम्हने से हटा दे, मनश्शे के पापों के कारण, जो उसने किए
थे। [4] और उस निर्दोष लहू के कारण भी, जो उसने बहाया
था। क्योंकि उसने यरूशलेम को निर्दोष लहू से भर दिया था,
और 𐤉𐤄𐤅𐤄 ने उसे क्षमा नहीं किया। [5] और यहोयाकीम के
बाकी काम, और जो कुछ उसने किया, क्या वे यहूदा के
राजाओं की पुस्तक में नहीं लिखे हैं? [6] तब यहोयाकीम अपने
पितरों के साथ सो गया। और उसका पुत्र यहोयाकीन उसके
स्थान पर राज्य करने लगा। [7] और मिस्त्र का राजा फिर
अपने देश से बाहर नहीं निकला, क्योंकि बाबेल के राजा ने
मिस्त्र के राजा का सब कुछ ले लिया था, मिस्त्र की तराई से
लेकर यूफ्रात नदी तक। [8] यहोयाकीन जब राज्य करने लगा
तब उसकी आयु अठारह वर्ष की थी, और उसने यरूशलेम में
तीन महीने राज्य किया। और उसकी माता का नाम नहुष्ता
था, जो यरूशलेम के एलनतन की बेटी थी। [9] और उसने
𐤉𐤄𐤅𐤄 की दृष्टि में बुरा किया, जैसा उसके पिता ने किया
था। [10] उसी समय बाबेल के राजा नबूकदनेत्स्सर के सेवक
यरूशलेम पर चढ़े, और नगर घेर लिया गया। [11] और बाबेल
का राजा नबूकदनेत्स्सर नगर पर आया, जब उसके सेवक
उसे घेर रहे थे। [12] और यहोयाकीन यहूदा का राजा, और
उसकी माता, और उसके सेवक, और उसके सरदार, और
उसके हिजड़े, बाबेल के राजा के पास निकले। और बाबेल के
राजा ने अपने राज्य के आठवें वर्ष में उसे बन्दी बना लिया।
[13] और उसने वहाँ से 𐤉𐤄𐤅𐤄 के भवन के सब खज़ाने, और
राजा के घर के खज़ाने निकाल लिये, और उन सब स्वर्ण के
पात्रों को टुकड़े-टुकड़े किया, जिन्हें इस्त्राएल के राजा शलोमो
ने 𐤉𐤄𐤅𐤄 के हेयखाल में बनाया था, जैसा 𐤉𐤄𐤅𐤄 ने कहा
था। [14] और उसने यरूशलेम के सब लोगों को, और सब
हाकिमों को, और सब पराक्रमी पुरुषों को, अर्थात दस हज़ार
बन्दियों को, और सब कारीगरों और लोहारों को बन्दी बना
लिया। देश के सबसे गरीब लोग ही रह गए। [15] और उसने
यहोयाकीन को बाबेल में बन्दी बना लिया। और राजा की
माता, और राजा की पत्नियाँ, और उसके हिजड़े, और देश
के प्रमुख जनों को उसने यरूशलेम से बाबेल में बन्दी बनाया।
[16] और सब पराक्रमी पुरुष सात हज़ार, और कारीगर और
लोहार एक हज़ार, सब शूरवीर और युद्ध के योग्य लोगों को
बाबेल का राजा बाबेल में बन्दी बना ले गया। [17] और बाबेल के
राजा ने मतन्याह को, जो यहोयाकीन का चाचा था, उसके
स्थान पर राजा बनाया, और उसका नाम बदलकर
सिदकिय्याह रखा। [18] सिदकिय्याह जब राज्य करने लगा तब
उसकी आयु इक्कीस वर्ष की थी, और उसने यरूशलेम में
ग्यारह वर्ष राज्य किया। और उसकी माता का नाम
Ḥ◌ामुतल था, जो लिब्ना के यिर्मयाह की बेटी थी। [19] और
उसने 𐤉𐤄𐤅𐤄 की दृष्टि में बुरा किया, जैसा यहोयाकीम ने
किया था। [20] क्योंकि यह यरूशलेम और यहूदा में 𐤉𐤄𐤅𐤄
के क्रोध के कारण हुआ, जब तक उसने उन्हें अपने साम्हने
से निकाल न दिया। और सिदकिय्याह ने बाबेल के राजा के
विरुद्ध विद्रोह किया।

25 [1] और हुआ कि उसके राज्य के नौवें वर्ष, दसवें महीने
के दसवें दिन, बाबेल का राजा नबूकदनेत्स्सर और
उसकी सारी सेना यरूशलेम पर चढ़कर उसके चारों ओर
घेरा डाले, और उसके चारों ओर घेराबंदी की दीवार बनाई।
[2] और नगर ग्यारहवें वर्ष तक राजा सिदकिय्याह के राज्य के
घेरे में रहा। [3] चौथे महीने की नौवीं तारीख़ को नगर में
अकाल बहुत बढ़ गया, यहाँ तक कि देश के लोगों के लिये
भोजन न रहा। [4] तब नगर की दीवार टूट गई, और सब योद्धा
रात को भाग गए उस फाटक से, जो राजा के बाग़ के पास की
दो दीवारों के बीच था, यद्यपि कसदी उस नगर के चारों ओर
थे। और राजा मैदान की राह से भागा। [5] परन्तु कसदियों
की सेना ने राजा का पीछा किया और उसे यरीहो के मैदान में
पकड़ लिया, और उसकी सारी सेना उससे तितर-बितर हो
गई। [6] और उन्होंने राजा को पकड़कर बाबेल के राजा के
पास रिब्ला में पहुँचाया, और उन्होंने उस पर दण्ड दिया।
[7] और उन्होंने सिदकिय्याह के पुत्रों को उसकी आँखों के
सामने घात किया, और सिदकिय्याह की आँखें फोड़ दीं, और
उसे पीतल की ज़ंजीरों में बाँधकर बाबेल ले गए। [8] और
पाँचवें महीने की सातवीं तारीख़ को, जो बाबेल के राजा
नबूकदनेत्स्सर के राज्य का उन्नीसवाँ वर्ष था, नबूज़रादन,
अंगरक्षकों का प्रधान, बाबेल के राजा का सेवक, यरूशलेम में
आया। [9] और उसने 𐤉𐤄𐤅𐤄 के भवन, और राजा के घर,
और यरूशलेम के सब घरों को जलाया; हर बड़े घर को
उसने आग से जला दिया। [10] और कसदियों की सारी सेना,
जो अंगरक्षकों के प्रधान के साथ थी, ने यरूशलेम की दीवारों
को सब ओर से गिरा दिया। [11] और नबूज़रादन अंगरक्षकों
का प्रधान ने नगर में बचे हुए लोगों को, और जो बाबेल के
राजा के पास चले गए थे, और बाकी भीड़ को बन्दी बना
लिया। [12] परन्तु अंगरक्षकों के प्रधान ने देश के कुछ गरीबों
को दाख की बारी के रखवाले और खेतिहर छोड़ा। [13] और
𐤉𐤄𐤅𐤄 के भवन की कांस्य की दो खम्भे, और खम्भों के
आधार, और वह कांस्य का बड़ा सागर जो 𐤉𐤄𐤅𐤄 के भवन
में था, कसदियों ने तोड़ दिया और उनका कांस्य बाबेल ले
गए। [14] और उन्होंने हाड़ियाँ, और फावड़े, और बत्तियां
बुझाने की वस्तुएँ, और कड़छियाँ, और सब कांस्य के पात्र
जो याजक सेवा में काम में लाते थे, ले लिए। [15] और
अंगरक्षकों के प्रधान ने धूपदान और कटोरियाँ, जो ठोस सोने
और ठोस चाँदी की थीं, ले लीं। [16] इन सब पात्रों का कांस्य
बहुत अधिक था - वे दो खम्भे, और वह एक बड़ा सागर, और
आधार, जिन्हें इस्त्राएल के राजा शलोमो ने 𐤉𐤄𐤅𐤄 के भवन
के लिये बनाया था। [17] एक खम्भे की ऊँचाई अठारह अम्मा
थी, और उसके ऊपर का सिर कांस्य का था; और सिर की

ऊँचाई तीन अम्मा थी, और सिर के चारों ओर का जाल और
अनार सब कांस्य के थे। और दूसरा खम्भा भी ऐसा ही था,
उसके साथ जाल था। 18 और अंगरक्षकों के प्रधान ने मुख्य
याजक सरायाह को, और दूसरे याजक सफन्याह को, और
तीन द्वारपालों को पकड़ लिया। 19 और नगर में से उसने एक
हिजड़े को लिया, जो योद्धाओं पर अधिकारी था, और पाँच
पुरुषों को जो राजा के साम्हने देखा करते थे, जो नगर में पाए
गए, और सेना के प्रधान लेखक को, जो देश के लोगों को
गिनता था, और देश के साठ पुरुषों को जो नगर में पाए गए।
20 और नबूज़रादन, अंगरक्षकों का प्रधान, ने उन्हें पकड़कर
बाबेल के राजा के पास रिब्ला में पहुँचाया। 21 और बाबेल के
राजा ने उन्हें मारकर रिब्ला में, हमात देश में, घात किया।
इस प्रकार यहूदा को उसके देश से बन्दी बना लिया गया।
22 और बाबेल के राजा ने अहीकाम के पुत्र गदल्याह को, जो
शाफान का पुत्र था, उन लोगों पर अधिकारी ठहराया जो
यहूदा के देश में बचे थे। 23 और सब सेनापतियों ने, वे और
उनके पुरुष, सुना कि बाबेल के राजा ने गदल्याह को ठहराया
है। और वे गदल्याह के पास मिज़्पा में आए, अर्थात नतन्याह
का पुत्र यिश्माएल, और कारेह का पुत्र योहानान, और
तनहूमेत का पुत्र सरायाह, जो नेतोफ़ाती था, और माकाती का
पुत्र याज़न्याह, वे और उनके पुरुष। 24 और गदल्याह ने
उनके और उनके पुरुषों के लिये शपथ खाई और उनसे कहा,
"कसदियों के सेवकों से मत डरो। देश में रहो और बाबेल के
राजा की सेवा करो, तब तुम्हारा भला होगा।" 25 परन्तु सातवें
महीने में हुआ कि नतन्याह का पुत्र, एलीशामा का पुत्र
यिश्माएल, जो राजवंश का था, दस पुरुषों के साथ आया और
गदल्याह को घात कर दिया, कि वह मर गया, और यहूदियों
और कसदियों को भी, जो उसके साथ मिज़्पा में थे, मार
डाला। 26 तब सब लोग, छोटे और बड़े, और सेनापति
उठकर मिस्र को भाग गए, क्योंकि वे कसदियों से डरते थे।
27 और यहोयाकीन यहूदा के राजा की बंधुआई के सैंतीसवें
वर्ष में, बारहवें महीने की सत्ताईसवीं तारीख़ को, बाबेल का
राजा एवील-मेरोदक ने, जब वह राज्य करने लगा,
यहोयाकीन यहूदा के राजा को बन्दीगृह से रिहा किया।
28 और उसने उससे भली भाँति बातें कीं, और उसका
सिंहासन उन राजाओं के सिंहासनों से ऊँचा किया जो उसके
साथ बाबेल में थे। 29 और उसने उसके कैदियों के वस्त्र
बदल दिए। और वह बाबेल के राजा के साम्हने अपनी सारी
जीवनकाल की रोटियाँ खाता रहा। 30 और उसकी आजीवन
भरण-पोषण की व्यवस्था बाबेल के राजा की ओर से प्रत्येक
दिन की खुराक के अनुसार की जाती रही, उसके जीवन के
सब दिनों में।

यशायाह

𐤉𐤄𐤅𐤄

हिंदी संस्करण

यशायाह

1 1अमोत्स के पुत्र यशायाहु का दर्शन, जो उसने यहूदा
और येरुशालेम के विषय में उज़्ज़ियाहु, योथाम, आहाज़,
हिज़कियाहु - यहूदा के राजाओं के दिनों में देखा। 2हे
आकाश सुन, और हे पृथ्वी कान लगा! क्योंकि 𐤉𐤄𐤅𐤄 ने
कहा है, "मैंने बेटों को पाला और बढ़ाया, परन्तु उन्होंने मेरे
विरुद्ध अपराध किया। 3बैल अपने स्वामी को जानता है, और
गधा अपने स्वामी की चरनी को; परन्तु यिस्राएल नहीं
जानता, मेरी प्रजा ने नहीं समझा।" 4हाय, पापी जाति, अधर्म
से लदी हुई प्रजा, कुकर्मी वंश, बिगड़े हुए बेटे! उन्होंने
𐤉𐤄𐤅𐤄 को छोड़ दिया, इस्राएल के क़दोष को क्रोधित
किया, वे पीछे हट गए। 5तुम्हें और क्यों मारा जाए? तुम
विद्रोह में लगे रहते हो! सारा सिर रोगी है, और सारा हृदय
दुर्बल है। 6पाँव के तलवे से सिर तक उसमें कुछ भी अच्छा
नहीं - घाव और सूजन और खुले फोड़े हैं; वे न बाँधे गए, न
मरहम से नरम किए गए। 7तुम्हारा देश उजाड़ हो गया है,
तुम्हारे नगर आग से जल गए हैं; परदेशी तुम्हारे सामने तुम्हारे
देश को खा जाते हैं। और वह उजाड़ है, जैसा कि परदेशियों
ने पलट दिया हो। 8और सिय्योन की पुत्री दाख की बारी में
झोंपड़ी, खीरे के खेत में मचान, घिरे हुए नगर के समान बची
है। 9यदि सेनाओं के 𐤉𐤄𐤅𐤄 ने हमारे लिये थोड़ा अवशेष न
छोड़ा होता, तो हम सदोम के समान हो जाते, और अमोरा के
समान बना दिए जाते। 10हे सदोम के हाकिमों, 𐤉𐤄𐤅𐤄 का
वचन सुनो; हे अमोरा की प्रजा, हमारे ईश्वर की तोराह की
ओर कान लगाओ! 11"मुझसे तुम्हारे बहुत से बलिदानों का
क्या प्रयोजन?" 𐤉𐤄𐤅𐤄 कहता है। "मैं भेड़ों के होमबलि
और पाले हुए जानवरों की चर्बी से तंग आ गया हूँ। मुझे बैलों,
मेमनों और बकरों के लहू में प्रसन्नता नहीं है। 12"जब तुम
मेरे सामने प्रकट होने आते हो, तो यह किसने तुम्हारे हाथ से
माँगा है कि मेरे आँगनों को रौंदो? 13"व्यर्थ भेंटें लाना बन्द
करो, धूप मुझे घृणित है। नये चाँद, सब्बत, सभाओं का
बुलाना - मैं अधर्म और सभा को सह नहीं सकता। 14"मेरी
आत्मा तुम्हारे नये चाँद और तुम्हारी नियत पर्वों से घृणा करती
है; वे मुझे बोझ हैं; मैं उन्हें उठाते-उठाते थक गया हूँ।
15"जब तुम अपने हाथ फैलाते हो, मैं अपनी आँखें तुमसे
छिपा लेता हूँ; चाहे तुम बहुत प्रार्थनाएँ करो, मैं नहीं सुनता।
तुम्हारे हाथ खून से भरे हैं। 16"अपने आप को धोओ, शुद्ध
करो; अपनी बुरी करतूतें मेरी आँखों के सामने से दूर करो।
बुराई करना बन्द करो! 17"भलाई करना सीखो; न्याय
खोजो, अंधेर करने वाले को सुधारो, अनाथ का न्याय करो,
विधवा का मुक़दमा लड़ो। 18"अब आओ, और हम परस्पर
वाद-विवाद करें," 𐤉𐤄𐤅𐤄 कहता है। "यद्यपि तुम्हारे पाप
सुर्ख के समान हों, तो भी वे हिम के समान उजले हो जाएँगे;
चाहे वे किरमिज़ी के समान लाल हों, तो भी वे ऊन के समान
हो जाएँगे। 19"यदि तुम मान लो और आज्ञा मानो, तो तुम
देश का अच्छा फल खाओगे; 20परन्तु यदि तुम इनकार करो
और विद्रोह करो, तो तुम तलवार से भस्म हो जाओगे,"
क्योंकि 𐤉𐤄𐤅𐤄 के मुख ने यह कहा है। 21वह विश्वासयोग्य
नगरी कैसी वेश्या बन गई! मैं ने उसे न्याय से भर दिया था;
धार्मिकता उसमें रहती थी, परन्तु अब हत्यारे हैं। 22तेरा
चाँदी मैला हो गया है, तेरा दाखमधु पानी से मिलाया गया है।
23तुम्हारे शासक हठीले हैं, और चोरों के साथी हैं। हर कोई
घूस से प्रेम करता है, और इनामों के पीछे दौड़ता है। वे
अनाथ का बचाव नहीं करते, न ही विधवा का मामला उनके
पास पहुँचता है। 24इसलिए प्रभु घोषणा करता है, 𐤉𐤄𐤅𐤄
सेनाओं का, इस्राएल का सर्वशक्तिमान, "आह, मैं अपने
विरोधियों से शांति पाऊँगा, और मैं अपने शत्रुओं से बदला
लूँगा। 25"और मैं अपना हाथ तुम्हारे विरुद्ध फेरूँगा, और
तुम्हारे मल को क्षार से परिशोधित करूँगा, और तुम्हारी सारी
मिश्र धातु को हटा दूँगा। 26"और मैं तुम्हारे न्यायियों को
पहले जैसा, और तुम्हारे मंत्रियों को आरंभ जैसा लौटा दूँगा।
इसके बाद तुम्हें धर्म की नगरी, एक विश्वासयोग्य नगरी
कहलाया जाएगा।" 27सिय्योन का उद्धार न्याय से होगा, और
उसके लौटने वाले धर्म से। 28और अपराधियों और पापियों
का विनाश एक साथ होगा, और जो 𐤉𐤄𐤅𐤄 को त्यागते हैं वे
नष्ट होंगे। 29क्योंकि वे उन देवदार के वृक्षों से लज्जित होंगे
जिन्हें तुमने चाहा है। और तुम उन उपवनों के कारण
लज्जित होओगे जिन्हें तुमने चुना है। 30क्योंकि तुम उस
देवदार के समान होगे जिसका पत्ता मुरझा जाता है, और उस
उपवन के समान होगे जिसमें जल नहीं है। 31बलवान सन के
समान होगा, और उसका काम चिंगारी के समान। और दोनों
एक साथ जलेंगे, बुझाने वाला कोई न होगा।

2 1आमोत्स का पुत्र यशायाह ने यहूदा और येरुशलेम के
विषय में जो वचन देखा। 2और ऐसा होगा कि अंतिम
दिनों में 𐤉𐤄𐤅𐤄 के भवन का पर्वत पहाड़ों के शिखर पर
स्थिर किया जाएगा, और पहाड़ियों से ऊपर उठाया जाएगा।
और सब जातियाँ उसकी ओर बहेंगी। 3और बहुत सी
जातियाँ आएँगी और कहेंगी, "आओ, हम 𐤉𐤄𐤅𐤄 के पर्वत
पर, याक़ोब के ईश्वर के भवन में जाएँ, और वह हमें अपनी
राहें सिखाए, और हम उसकी पगडंडियों में चलें, क्योंकि
सिय्योन से तोराह निकलेगी, और 𐤉𐤄𐤅𐤄 का वचन
येरुशलेम से।" 4और वह जातियों के बीच न्याय करेगा,
और बहुत सी प्रजा को ताड़ना देगा। और वे अपनी तलवारों
को हल के फाल में, और अपने भालों को हँसियों में गढ़ेंगे।
राष्ट्र राष्ट्र पर तलवार नहीं उठाएगा, और वे फिर युद्ध सीखेंगे
नहीं। 5हे याक़ोब के घराने, आओ, और हम 𐤉𐤄𐤅𐤄 की
ज्योति में चलें। 6क्योंकि तूने अपनी प्रजा, याक़ोब के घराने
को त्याग दिया है, क्योंकि वे पूर्व से भर गए हैं, और पलिश्तियों
के समान जादू टोना करते हैं, और वे विदेशियों के बच्चों के
साथ प्रसन्न होते हैं। 7और उनका देश चाँदी और सोने से भर

गया है, और उनके खजानों का कोई अंत नहीं है। और
उनका देश घोड़ों से भर गया है, और उनके रथों का कोई
अंत नहीं है। 8 और उनका देश मूर्तियों से भर गया है; वे
अपने ही हाथों के काम को दण्डवत करते हैं, जो उनकी
अपनी उँगलियों ने बनाया है। 9 और नीच मनुष्य झुकता है,
और महान मनुष्य नम्र होता है; इसलिए तू उन्हें क्षमा नहीं
करता। 10 चट्टान में घुस जाओ, और धूल में छिप जाओ,
𐤉𐤄𐤅𐤄 के भय के कारण और उसकी महिमा की शोभा के
कारण। 11 मनुष्य की ऊँची दृष्टि नीची की जाएगी, मनुष्यों
का गर्व झुकाया जाएगा, और उस दिन अकेले 𐤉𐤄𐤅𐤄 ऊँचा
किया जाएगा। 12 क्योंकि सेनाओं का 𐤉𐤄𐤅𐤄 का एक दिन
है सब अभिमानी और ऊँचे के विरुद्ध, सब जो ऊपर उठे हैं
उनके विरुद्ध, ताकि उन्हें नीचा किया जाए; 13 और सब
लेबानोन के देवदार के वृक्षों के विरुद्ध जो ऊँचे और ऊँचे उठे
हुए हैं, और सब बाशान के बांज वृक्षों के विरुद्ध; 14 और सब
ऊँचे पर्वतों के विरुद्ध, और सब पहाड़ियों के विरुद्ध जो ऊँची
उठाई गई हैं; 15 और हर एक ऊँचे गुम्बद के विरुद्ध, और हर
एक दृढ़ दीवार के विरुद्ध; 16 और सब तरशीश के जहाजों के
विरुद्ध, और सब मनोहर कारीगरी के विरुद्ध। 17 और मनुष्य
का ऊँचापन झुकाया जाएगा, और लोगों का गर्व नीचा किया
जाएगा। और 𐤉𐤄𐤅𐤄 ही उस दिन महान ठहराया जाएगा,
18 और मूर्तियाँ पूरी तरह से जाती रहेंगी। 19 और वे चट्टानों
की गुफाओं में, और पृथ्वी की खोहों में जाएंगे, 𐤉𐤄𐤅𐤄 का
भय मानकर और उसकी महिमा की शोभा के कारण, जब वह
पृथ्वी को शक्तिशाली रूप से हिलाने के लिये उठेगा। 20 उस
दिन मनुष्य अपनी चाँदी की मूर्तियों और अपनी सोने की
मूर्तियों को, जिन्हें उन्होंने अपने लिये दण्डवत करने के लिये
बनाया, छछूँदर और चमगादड़ों के लिये फेंक देगा, 21 ताकि
चट्टानों की दरारों में और ऊबड़-खाबड़ चट्टानों की दरारों में
जाए, 𐤉𐤄𐤅𐤄 का भय मानकर और उसकी महिमा की शोभा
के कारण, जब वह पृथ्वी को शक्तिशाली रूप से हिलाने के
लिये उठेगा। 22 मनुष्य से दूर रहो, जिसकी सांस उसकी
नथुनों में है, क्योंकि वह किस बात में गिना जाने योग्य है?

3 1 देखो, प्रभु, सेनाओं का 𐤉𐤄𐤅𐤄, यरूशलेम और यहूदा
से सहारा और आधार, सब रोटी की पूर्ति और सब पानी
की पूर्ति दूर कर रहा है; 2 शक्तिशाली पुरुष और युद्ध का
पुरुष, न्यायी और नबी, और भावी कहने वाला और वृद्ध;
3 पचास का प्रधान और अत्यंत सम्मानित पुरुष, और
सलाहकार और निपुण कारीगर, और चतुर टोना करने
वाला। 4 "और मैं युवकों को उनका प्रधान बनाऊँगा, और
बच्चे उन पर प्रभुत्व करेंगे। 5 और लोग दबाव डालेंगे, मनुष्य
पर मनुष्य, मनुष्य पर उसका पड़ोसी; जवान बूढ़े के विरुद्ध
उठेंगे, और तुच्छ माने जाने वाले अत्यंत सम्मानित के
विरुद्ध।" 6 जब कोई मनुष्य अपने भाई को अपने पिता के घर
में पकड़कर, वस्त्र के द्वारा कहेगा, "आ, हमारे ऊपर प्रधान
बन, और यह विनाश तेरे हाथ के नीचे हो," 7 वह उस दिन
शपथ खाएगा, कहकर, "मैं चंगा करने वाला नहीं हूँ, क्योंकि
मेरे घर में न रोटी है और न वस्त्र; मुझे लोगों का प्रधान न
बनाओ।" 8 क्योंकि यरूशलेम ठोकर खाई है, और यहूदा गिर
गया है, क्योंकि उनकी जीभ और उनके काम 𐤉𐤄𐤅𐤄 के
विरुद्ध हैं, उसकी महिमा की आँखों को क्रोधित करने के
लिये। 9 उनके चेहरे का भाव उनके विरुद्ध गवाही देता है,
और वे अपना पाप सदोम के समान प्रगट करते हैं; वे उसे
छिपाते नहीं। हाय उनके प्राण पर! क्योंकि उन्होंने अपने ऊपर
बुराई लाई है। 10 "धर्मी से कहो कि अच्छा है, क्योंकि वे अपने
कामों का फल खाएंगे। 11 "दुष्ट पर हाय – बुरा! क्योंकि
उसके हाथ का प्रतिफल उसी को दिया जाएगा। 12 "मेरे
लोगों! जवान उन पर दबाव डालते हैं, और स्त्रियाँ उन पर
शासन करती हैं। हे मेरे लोगों! तेरे अगुवे तुझे गुमराह करते
हैं, और तेरे मार्गों की राह निगलते हैं।" 13 𐤉𐤄𐤅𐤄 खड़ा
होगा वाद-विवाद करने को, और लोगों का न्याय करने को
खड़ा है। 14 𐤉𐤄𐤅𐤄 अपने लोगों के प्राचीनों और उसके
प्रधानों के साथ न्याय में प्रवेश करता है, "तुम ही हो जिन्होंने
दाख की बारी को खा लिया, निर्धनों का लूट तुम्हारे घरों में
है। 15 "तुम क्या करते हो मेरे लोगों को कुचलने से और
दीनों के मुख पर पीसने से?" सेनाओं के 𐤉𐤄𐤅𐤄 प्रभु ने
कहा। 16 और 𐤉𐤄𐤅𐤄 कहता है, "क्योंकि सिय्योन की
पुत्रियाँ घमण्डी हैं, और तनकर गर्दन उठाए और कामुक
आँखों से चलती हैं, चलते हुए ठुमकती हैं और अपने पाँवों से
झंकार करती हैं, 17 इस कारण 𐤉𐤄𐤅𐤄 सिय्योन की पुत्रियों
के सिर के मुकुट पर खुजली की मार करेगा, और 𐤉𐤄𐤅𐤄
उनकी नंगाई प्रकट करेगा।" 18 उस दिन 𐤉𐤄𐤅𐤄 पायलें,
सिरबन्द, और अर्धचन्द्राकार गहने दूर करेगा, 19 लटकनें,
कंगन और घूँघट, 20 मुकुट, टखने के आभूषण, कमरबन्द,
सुगन्ध की शीशियाँ और ताबीज़, 21 अंगूठियाँ और नथ,
22 कीमती वस्त्र, चोग़े, ओढ़नियाँ और बटुए, 23 दर्पण, महीन
मलमल, पगड़ियाँ और बड़े घूँघट। 24 और यह होगा:
सुगन्धित गन्ध के बदले सड़न की दुर्गन्ध; कमरबन्द के
बदले रस्सी; गूँथे बालों के बदले गंजापन; पर्व के वस्त्र के
बदले टाट का कमरबन्द; और सौन्दर्य के बदले जलाने का
निशान। 25 तेरे पुरुष तलवार से गिरेंगे, और तेरी वीरता युद्ध
में। 26 और उसके फाटक शोक मनाएँगे और विलाप करेंगे,
और वह उजाड़ होकर भूमि पर बैठेगी।

4 1 और उस दिन सात स्त्रियाँ एक पुरुष को पकड़ लेंगी,
कहेंगी, "हम अपनी ही रोटी खाएँगी और अपने ही वस्त्र
पहनेंगी; केवल हमें तेरे नाम से कहलाने दे, ताकि हमारा
कलंक दूर हो जाए।" 2 उस दिन 𐤉𐤄𐤅𐤄 की डाल
शोभायमान और आदरणीय होगी। और भूमि का फल
इस्राएल के बचे हुओं के लिये उत्तम और मनोहर होगा।
3 और यह होगा कि जो सिय्योन में बचा है और जो यरूशलेम
में रह गया है, वह पवित्र कहलाएगा, हर एक जो यरूशलेम में
जीवितों में लिखा हुआ है। 4 जब 𐤉𐤄𐤅𐤄 सिय्योन की पुत्रियों
की अशुद्धता धो देगा, और यरूशलेम का लहू उसके बीच से
न्याय की आत्मा और दहकने की आत्मा से धो देगा, 5 तब
𐤉𐤄𐤅𐤄 सिय्योन पर्वत पर हर निवास स्थान के ऊपर, और
उसकी सभाओं के ऊपर, दिन में बादल और धुआँ और रात
में ज्वलन्त अग्नि की चमक उत्पन्न करेगा; और सारी महिमा
के ऊपर आच्छादन होगा, 6 और दिन में धूप से छाया के लिये
एक मण्डप, शरणस्थान के लिये स्थान, और आँधी और वर्षा
से बचाव के लिये आश्रय होगा।

5 1 कृपया मुझे अपने प्रियजन के लिए एक गीत गाने दो,
अपने प्रिय के दाख की बारी के विषय में एक गीत: मेरे
प्रिय की एक दाख की बारी उपजाऊ पहाड़ी पर है। 2 और
उसने उसे खोदा और पत्थरों से शुद्ध किया, और उत्तम
दाखलता उसमें लगाई, और उसके बीच में एक मीनार बनाई,
और उसमें एक दाखरस कुण्ड भी बनाया। और उसने अंगूर
की उपज की प्रतीक्षा की, परन्तु उसने बुरे अंगूर दिए।
3 "और अब, हे येरुशलेम के निवासी और यहूदा के मनुष्य,
कृपया मेरे और मेरी दाख की बारी के बीच न्याय करो।
4 "मेरी दाख की बारी के लिए और क्या किया जा सकता था,
जो मैंने उसमें नहीं किया? क्यों, जब मैंने अंगूर की उपज की
प्रतीक्षा की, उसने बुरे अंगूर दिए?" 5 "और अब, कृपया मुझे
आपको बताने दो कि मैं अपनी दाख की बारी के साथ क्या
कर रहा हूँ: उसकी बाड़ हटाऊँगा और वह जला दी जाएगी;
उसकी दीवार तोड़ दूँगा और वह रौंदी जाएगी। 6 और मैं उसे
उजाड़ दूँगा; उसकी छँटाई या खुदाई नहीं की जाएगी और
उसमें काँटे और झाड़-झंखाड़ उगेंगे; और मैं बादलों को
आदेश दूँगा कि उस पर वर्षा न करें।" 7 क्योंकि सेनाओं के
𐤉𐤄𐤅𐤄 की दाख की बारी इस्राएल का घर है, और यहूदा
का मनुष्य उसकी प्रिय पौध है। उसने न्याय की प्रतीक्षा की,
पर देखो, उत्पीड़न; धर्म की प्रतीक्षा की, पर देखो, विलाप।
8 धन्य नहीं वे जो घर से घर मिलाते हैं, जो खेत से खेत
जोड़ते हैं, जब तक कि कोई स्थान न रह जाए, और आप
भूमि के बीच में अकेले रहने के लिए बाध्य हों! 9 मेरे सुनने में
सेनाओं के 𐤉𐤄𐤅𐤄 ने कहा, "निश्चय ही, बहुत से घर
उजाड़ होंगे - बड़े और सुन्दर, बिना रहने वाले। 10 "क्योंकि
दस एकड़ दाख की बारी से एक बाथ निकलेगा, और एक
होमर बीज से एक एफा उपजेगा।" 11 धन्य नहीं वे जो सुबह-
सुबह उठकर मदिरा के पीछे दौड़ते हैं, जो रात देर तक
जागते रहते हैं - दाखमधु उन्हें भड़काता है! 12 और उनके
पर्वों में वीणा और सारंगी, डफ और बाँसुरी, और दाखमधु हैं;
परन्तु वे 𐤉𐤄𐤅𐤄 के कार्यों पर ध्यान नहीं देते, न ही उसके
हाथों के काम को देखते हैं। 13 इस कारण मेरी प्रजा निर्वासन
में चली गई है, क्योंकि उनमें ज्ञान नहीं है। और उनके
माननीय पुरुष भूखे हैं, और उनकी भीड़ प्यास से सूख गई
है। 14 इस कारण कब्र ने अपना मुँह चौड़ा कर लिया है और
अपना मुँह खोल दिया है। बिना व्यवस्था के, उनकी महिमा,
और उनकी भीड़ और उनका कोलाहल, और जो उसके
भीतर आनन्दित होता है, उसमें उतर जाएगा। 15 और मनुष्य
झुकाया गया है, और नश्वर मनुष्य नीचा किया गया है, और
अभिमानियों की आँखें नीची की गई हैं। 16 परन्तु सेनाओं का
𐤉𐤄𐤅𐤄 न्याय में महान है, और धर्म में पवित्र ईश्वर पवित्र
है। 17 और मेमने अपने चरागाह में चरेंगे, और अजनबी
मोटों की उजाड़ जगहों में खाएँगे। 18 धन्य नहीं वे जो झूठ
की रस्सियों से अधर्म को खींचते हैं, और पाप को जैसे गाड़ी
की रस्सियों से। 19 जो कहते हैं, "वह शीघ्र करे! वह अपने
काम को शीघ्र लाए, ताकि हम उसे देखें! और इस्राएल के
पवित्र जन की युक्ति निकट आए और आ जाए, ताकि हम
जानें।" 20 धन्य नहीं वे जो बुरे को अच्छा और अच्छे को बुरा
कहते हैं; जो अंधकार को ज्योति के स्थान पर रखते हैं, और
ज्योति को अंधकार के स्थान पर; जो कड़वे को मीठे और
मीठे को कड़वे के स्थान पर रखते हैं! 21 धन्य नहीं वे जो
अपनी ही दृष्टि में बुद्धिमान, और अपनी ही दृष्टि में चतुर हैं!
22 धन्य नहीं पराक्रमी जो दाखमधु पीते हैं, और वीर जो तीव्र
पेय मिलाते हैं, 23 जो घूस के लिए दुष्ट को धर्मी ठहराते हैं,
और धर्मी के धर्म को उससे हटा देते हैं! 24 इस कारण, जैसे
अग्नि की जीभ पराली को भस्म करती है, और ज्वाला भूसी
को खा जाती है, उनका मूल सड़न के समान होगा, और
उनका फूल धूल के समान उड़ जाएगा - क्योंकि उन्होंने
सेनाओं के 𐤉𐤄𐤅𐤄 की व्यवस्था को तुच्छ जाना, और
इस्राएल के पवित्र जन के वचन को अपमानित किया। 25 इस
कारण 𐤉𐤄𐤅𐤄 का क्रोध उसकी प्रजा पर भड़क उठा है,
और वह अपना हाथ उनके विरुद्ध फैलाता है और उन्हें मारता
है, और पहाड़ काँपते हैं। और उनके शव मार्गों के बीच में मल
के समान हैं। इसके साथ भी उसका क्रोध फिरा नहीं, और
उसका हाथ अभी भी फैला हुआ है! 26 और वह दूर देशों के
लोगों के लिए झंडा उठाएगा, और पृथ्वी के छोर से उन्हे
बुलाएगा। और देखो, वे शीघ्रता से, फुर्ती से आते हैं! 27 उनमें
से कोई थका हुआ या ठोकर खाने वाला नहीं है, कोई न
ऊंघता है न सोता है। न उनकी कमर का पट्टा खुला है, न
उनकी जूतियों का बन्धन टूटा है। 28 उनके तीर तेज़ हैं, और
उनके सब धनुष खिंचे हुए हैं; उनके घोड़ों के खुर चकमक
पत्थर के समान होंगे, और उनके रथों के पहिए बवंडर के
समान। 29 उनकी गर्जना सिंह के समान है, वे जवान सिंहो
की तरह गर्जते हैं। और वे गरजते हैं और शिकार पकड़ लेते
हैं, और उसे ले जाते हैं, और कोई छुड़ाने वाला नहीं है।
30 और उस दिन वे उस पर समुद्र की गर्जना के समान
गर्जेंगे। और जब कोई पृथ्वी की ओर देखेगा, तो देखेगा,
अंधकार और संकट! और ज्योति बादलों के द्वारा
अंधकारमय कर दी जाएगी।

6 1 उस वर्ष जब शासक उज्जियाहु की मृत्यु हुई, मैंने
𐤉𐤄𐤅𐤄 को सिंहासन पर बैठे हुए देखा, ऊँचा और
उठाया हुआ, और उसके वस्त्र का घेरा हेयख़ाल को भर रहा
था। 2 उसके ऊपर सराफ़िम खड़े थे। हर एक के पास छह
पंख थे: दो से उसने अपना चेहरा ढका, दो से उसने अपने
पाँव ढके, और दो से वह उड़ रहा था। 3 और एक ने दूसरे से
पुकार कर कहा, "क़ोदेश, क़ोदेश, क़ोदेश है सेनाओं का
𐤉𐤄𐤅𐤄; सारी पृथ्वी उसकी महिमा से भरी है!" 4 और जो
पुकार रहा था उसकी आवाज़ से द्वार के खम्भे हिल गए, और
भवन धुएँ से भर गया। 5 तब मैंने कहा, "हाय मुझ पर,
क्योंकि मैं नष्ट हो गया हूँ! क्योंकि मैं अशुद्ध होंठों वाला मनुष्य
हूँ, और अशुद्ध होंठों वाली प्रजा के बीच रहता हूँ - क्योंकि मेरी
आँखों ने शासक, सेनाओं के 𐤉𐤄𐤅𐤄 को देखा है।" 6 तब
सराफ़िम में से एक मेरे पास उड़कर आया, उसके हाथ में
जलती हुई कोयला था, जिसे उसने वेदी से चिमटे से लिया
था। 7 और उसने मेरे मुँह को छुआ, और कहा, "देख, यह
तेरे होंठों को छू गया है; तेरा अधर्म दूर हो गया और तेरा पाप
ढका गया है।" 8 फिर मैंने 𐤉𐤄𐤅𐤄 की आवाज़ सुनी, जो
कह रहा था, "मैं किसे भेजूँ, और कौन हमारे लिये जाएगा?"
तब मैंने कहा, "मैं यहाँ हूँ! मुझे भेज।" 9 और उसने कहा,
"जा, और इस प्रजा से कह, 'सुनते हुए तुम सुनोगे, परन्तु
नहीं समझोगे; और देखते हुए तुम देखोगे, परन्तु नहीं
जानोगे।' 10 "इस प्रजा के हृदय को मोटा कर, और उनके

कानों को भारी कर, और उनकी आँखों को बन्द कर; ऐसा न
हो कि वे अपनी आँखों से देखें, और अपने कानों से सुनें, और
अपने हृदय से समझें, और लौटकर चंगे हो जाएँ।" 11 तब
मैंने कहा, "𐤉𐤄𐤅𐤄, कब तक?" और उसने उत्तर दिया,
"जब तक नगर उजड़े और निवासियों से खाली न हो जाएँ,
और घरों में कोई मनुष्य न रहे, और भूमि उजाड़ होकर
निर्जन न हो जाए। 12 और 𐤉𐤄𐤅𐤄 मनुष्यों को दूर हटा
देगा, और भूमि के बीच में बड़ी वीरानी होगी। 13 "फिर भी,
उसमें दशमांश भाग रह जाएगा, और वह फिर जलने के लिये
होगा, जैसे तेरेबिन्थ का पेड़ और जैसे बलूत का पेड़, जिनका
ठूँठ कट जाने पर भी रहता है। पवित्र बीज ही उसका ठूँठ
है!"

7 1 और यह हुआ कि योताम के पुत्र आहज़, उज़्ज़ियाहु के
पुत्र, यहूदा के राजा के दिनों में, अराम के राजा रेत्सिन
और रमल्याहु के पुत्र पेकह, इस्राएल के राजा, यरूशलेम पर
लड़ने आए, पर वे उसके विरुद्ध प्रबल न हो सके। 2 और
दाऊद के घराने को यह बताया गया, कहा गया, "अराम ने
एप्रैम के साथ गठबंधन किया है।" और उसका मन और
उसकी प्रजा का मन वन के वृक्षों की तरह हवा से हिल गया।
3 और 𐤉𐤄𐤅𐤄 ने यशायाह से कहा, "अब तू और तेरा पुत्र
शेआर-याशूब आहज़ से मिलने बाहर निकलो, ऊपरी तालाब
की नहर के अंत पर, धोबी के खेत के मार्ग पर।" 4 और
उससे कह, 'सावधान रहो और शांत रहो; मत डरो और इन
दो धूम्रित जलती लकड़ियों के टुकड़ों से कायर मत बनो,
रेत्सिन और अराम के क्रोध से, और रमल्याहु के पुत्र से।
5 'क्योंकि अराम, एप्रैम, और रमल्याहु के पुत्र ने तेरे विरुद्ध
बुरा षडयंत्र रचा है, कहते हुए, 6 "हम यहूदा पर चढ़ाई करें,
और उसे फाड़ डालें, और अपने लिए खोल दें, और उस पर
ताबेएल के पुत्र को राजा नियुक्त करें।" 7 'इस प्रकार प्रभु
𐤉𐤄𐤅𐤄 ने कहा, "यह स्थिर न होगा, न ही यह घटित
होगा।" 8 "क्योंकि अराम का सिर दमिश्क है, और दमिश्क
का सिर रेत्सिन है। और पैंसठ वर्षों के भीतर एप्रैम एक जाति
के रूप में टूट जाएगा। 9 "और एप्रैम का सिर शोमेरोन है,
और शोमेरोन का सिर रमल्याहु का पुत्र है। यदि तुम विश्वास
नहीं करोगे, तो तुम स्थिर नहीं रहोगे।" ' " 10 और 𐤉𐤄𐤅𐤄
ने फिर आहज़ से कहा, 11 "तू अपने लिए 𐤉𐤄𐤅𐤄 अपने
ईश्वर से एक चिन्ह माँग; चाहे वह गहरा हो या ऊँचा।"
12 पर आहज़ ने कहा, "मैं न माँगूंगा और न ही 𐤉𐤄𐤅𐤄 की
परीक्षा करूंगा!" 13 और उसने कहा, "अब सुनो, हे दाऊद
के घराने! क्या यह मनुष्यों को थकाना कम है, कि तुम मेरे
ईश्वर को भी थकाते हो? 14 "इस कारण 𐤉𐤄𐤅𐤄 आप ही
तुम्हें एक चिन्ह देगा: देखो, एक कुँवारी गर्भवती होगी और
एक पुत्र को जन्म देगी, और उसका नाम इम्मानुएल रखेगी।
15 "वह दही और मधु खाएगा जब वह बुराई को अस्वीकार
करना और भलाई को चुनना जानेगा। 16 "क्योंकि बालक के
बुराई को अस्वीकार करने और भलाई को चुनने से पहले, वह
भूमि जिससे तू डरता है, उसके दोनों राजा त्याग दिए
जाएँगे। 17 "𐤉𐤄𐤅𐤄 तुझ पर, तेरी प्रजा पर और तेरे पिता
के घर पर ऐसे दिन लाएगा जो तब से नहीं आए जब एप्रैम
यहूदा से अलग हुआ - अश्शूर का राजा।" 18 और उस दिन
ऐसा होगा कि 𐤉𐤄𐤅𐤄 मिस्र की नदियों के सुदूर भाग में रहने
वाली मक्खी को और अश्शूर की भूमि में रहने वाली
मधुमक्खी को फुसकारेगा। 19 और वे आएंगे, और वे सब
खड़ी घाटियों में, चट्टानों की दरारों में, सब झाड़ियों पर और
सब चरागाहों में ठहरेंगे। 20 उस दिन 𐤉𐤄𐤅𐤄 नदी के उस
पार किराए पर लिए गए उस्तरे से - अश्शूर के राजा के साथ
- सिर और पैरों के बालों को मुंडाएगा, और दाढ़ी को भी हटा
देगा। 21 और उस दिन ऐसा होगा कि एक मनुष्य एक बछिया
और दो भेड़ें जीवित रखेगा। 22 और ऐसा होगा, कि दूध की
बहुतायत के कारण वह दही खाएगा, क्योंकि भूमि में जो भी
बचा है, वह दही खाएगा। 23 और उस दिन ऐसा होगा, हर
स्थान जहाँ हज़ार दाखलताएँ हज़ार शेकेल चाँदी की
मूल्यवान थीं, वह झाड़ियों और काँटों के लिए हो जाएगी।
24 धनुष और तीर लेकर वहाँ जाया जाएगा, क्योंकि सारी भूमि
झाड़ियों और काँटों की होगी। 25 और उन सब पहाड़ियों पर
जिन्हें कुदाल से खोदा गया था, तुम झाड़ियों और काँटों के
भय से वहाँ न जाओगे; परन्तु वह बैलों को भेजने का स्थान
और भेड़ों के घूमने का स्थान होगा।

8 1 और 𐤉𐤄𐤅𐤄 ने मुझसे कहा, "एक बड़ा तख़्ता ले,
और उस पर एक आदमी की कलम से महेर-शलाल-
हश-बज़ के विषय में लिख।" 2 "और मेरे लिए विश्वासयोग्य
गवाहों को गवाही देने के लिए लो, उरियाह याजक और
ज़ेखरयाहू पुत्र येबरेकयाहू।" 3 और मैं नबिया के पास गया,
और उसने गर्भ धारण किया और एक पुत्र को जन्म दिया।
और 𐤉𐤄𐤅𐤄 ने मुझसे कहा, "उसका नाम महेर-शलाल-
हश-बज़ रखो; 4 क्योंकि बालक अपने पिता और अपनी माता
को पुकारना न सीखे उससे पहले, दमेसक का धन और
शोमरोन की लूट अश्शूर के राजा के सामने उठा ली
जाएगी।" 5 और 𐤉𐤄𐤅𐤄 ने मुझसे फिर कहा, 6 "चूँकि इस
लोगों ने शिलोह की धीरे बहने वाली जलधारा को अस्वीकार
कर दिया, और रेत्सीन और रेमल्याहू के पुत्र में प्रसन्न होते हैं;
7 इस कारण अब देखो, 𐤉𐤄𐤅𐤄 उनके ऊपर नदी के जल
लाएगा, बलवान और महान - अश्शूर का राजा और उसका
सारा वैभव। और वह अपनी सब नहरों के ऊपर आएगा और
अपनी सब तटों से ऊपर जाएगा। 8 "और वह यहूदा के
भीतर से गुज़रेगा, वह बहेगा और आगे बढ़ेगा, गर्दन तक
पहुँचेगा। और उसके पंखों का फैलाव तेरे देश की चौड़ाई को
भर देगा, हे इम्मानूएल। 9 "टुकड़े-टुकड़े हो जाओ, हे लोगो,
और टूट जाओ! सुनो, हे पृथ्वी के दूरस्थ स्थानों से सब
लोग। कमर कसो, पर टूट जाओ; कमर कसो, पर टूट
जाओ। 10 "सलाह लो, पर वह निष्फल होगी; वचन बोलो, पर
वह स्थिर न रहेगा, क्योंकि ईश्वर हमारे साथ है।" 11 क्योंकि
𐤉𐤄𐤅𐤄 ने मुझसे इस प्रकार बलपूर्वक कहा, और मुझे शिक्षा
दी कि मैं इस लोगों के मार्ग पर न चलूँ, यह कहते हुए,
12 "इस सबको 'षडयंत्र' न कहो जिसे यह लोग षडयंत्र
कहते हैं, और उनके भय से न डरो, न घबराओ।
13 "सेनाओं का 𐤉𐤄𐤅𐤄, उसी को तुम पवित्र ठहराओ। उसी
का भय मानो, और उसी से थरथराओ। 14 "और वह एक
पवित्रस्थान होगा, परन्तु इस्राएल के दोनों घरानों के लिए
ठोकर का पत्थर और गिरने की चट्टान, और यरूशलेम के
निवासियों के लिए फंदा और जाल। 15 "और उनमें से बहुत
से ठोकर खाएँगे और गिरेंगे, और टूट जाएँगे और फँसकर

पकड़े जाएँगे।" [16]गवाही को बाँध दो, व्यवस्था को मेरे शिष्यों
के बीच मुहरबंद करो। [17]और मैं 𐤉𐤄𐤅𐤄 की बाट जोहूँगा,
जो याक़ोब के घर से अपना मुख छिपाता है। और मैं उसकी
ओर देखूँगा। [18]देखो, मैं और वे बच्चे जिन्हें 𐤉𐤄𐤅𐤄 ने
मुझे दिए हैं - इस्राएल में चिन्ह और चमत्कारों के लिए
सेनाओं के 𐤉𐤄𐤅𐤄 से, जो सिय्योन पर्वत पर वास करता है।
[19]और जब वे तुमसे कहें, "उनसे पूछो जो माध्यम और
जादूगर हैं, जो फुसफुसाते और बड़बड़ाते हैं," तो क्या किसी
जाति को अपने ईश्वर से नहीं पूछना चाहिए? क्या वे जीवितों
की ओर से मरे हुओं से पूछें? [20]व्यवस्था और गवाही के पास!
यदि वे इस वचन के अनुसार न बोलें, तो यह इसलिए है
क्योंकि उनमें भोर का प्रकाश नहीं है। [21]और वे उसमें से
होकर कठिनाई और भूख से गुज़रेंगे। और जब वे भूखे होंगे,
तो वे क्रोधित होंगे और अपने राजा और अपने ईश्वर को शाप
देंगे, ऊपर की ओर देखते हुए। [22]और वे पृथ्वी की ओर
देखेंगे और संकट और अंधकार, कठिनाई का अंधियारा
देखेंगे, और गहन अंधकार में धकेल दिए जाएँगे।

9 [1]परन्तु उस पर कोई अंधकार नहीं होगा जो संकट में है,
जैसे पहले उसने ज़बुलुन की भूमि और नप्ताली की भूमि
को नीचा किया, और बाद में समुद्र के मार्ग से, यरदन के पार,
जातियों की गलील में उसको और भी दबाया। [2]जो लोग
अंधकार में चल रहे थे उन्होंने एक बड़ी ज्योति देखी; जो
मृत्यु की छाया की भूमि में रहते थे, उन पर ज्योति चमकी।
[3]तू राष्ट्र को बढ़ाएगा; तू उसका आनन्द बड़ा करेगा। वे तेरे
सामने आनन्दित होंगे, जैसा कटनी के आनन्द में होता है,
जैसा लोग लूट बाँटते समय आनन्द करते हैं। [4]क्योंकि तूने
उसके बोझ का जूआ और उसके कंधे की लाठी, उसके
दबाने वाले की छड़ी तोड़ दी है, जैसा मिद्यान के दिन हुआ।
[5]क्योंकि युद्ध में गूंजते हर जूते और लहू में लिपटी हुई चादर
जलाने और आग के ईंधन के लिए होंगी। [6]क्योंकि हमारे
लिये एक बालक उत्पन्न हुआ, हमें एक पुत्र दिया गया, और
प्रभुत्व उसके कंधे पर होगा। और उसका नाम रखा जाएगा
अद्‌भुत, परामर्शदाता, शक्तिशाली ईश्वर, सनातन पिता,
शान्ति का राजकुमार। [7]उसके प्रभुत्व और शान्ति की
बढ़ोतरी का कोई अन्त न होगा, दाऊद के सिंहासन पर और
उसके राज्य पर, उसे स्थिर करने और उसे न्याय और धर्म
से बनाए रखने के लिए, अब से और सदा तक। सेनाओं के
𐤉𐤄𐤅𐤄 का जोश यह करता है। [8]𐤉𐤄𐤅𐤄 ने याक़ोब के
विरुद्ध एक वचन भेजा, और वह इस्राएल पर उतरा है।
[9]और लोग जानेंगे, सब के सब, एप्रियिम और शोमेरोन के
निवासी, जो अभिमान और मन की घमण्ड से कहते हैं:
[10]"ईंटें गिर गई हैं, परन्तु हम तराशे हुए पत्थरों से फिर
बनाएंगे; गूलर के पेड़ काट दिए गए हैं, परन्तु हम उनकी
जगह देवदार लगाएंगे।" [11]और 𐤉𐤄𐤅𐤄 ने रेत्सीन के
शत्रुओं को उसके विरुद्ध उठाया, और उसके दुश्मनों को
भड़काया, [12]अरामियों को आगे से और पलिश्तियों को पीछे
से। और उन्होंने इस्राएल को खुले मुँह से भस्म कर दिया।
फिर भी उसका क्रोध शान्त नहीं हुआ, और उसका हाथ अब
भी बढ़ा हुआ है। [13]और लोगों ने उसकी ओर नहीं लौटे
जिसने उन्हें मारा, और न ही उन्होंने सेनाओं के 𐤉𐤄𐤅𐤄 को
खोजा। [14]और 𐤉𐤄𐤅𐤄 ने इस्राएल से एक ही दिन में सिर
और पूंछ, ताड़ की शाखा और सरकंडा काट दिया। [15]वृद्ध
और आदरणीय, वही सिर है; जो नबी झूठ सिखाता है, वही
पूंछ है। [16]क्योंकि इस लोगों के अगुवे उन्हें भटका देते हैं,
और जिनका नेतृत्व किया जाता है वे निगल लिए जाते हैं।
[17]इसलिए 𐤉𐤄𐤅𐤄 उनके जवानों पर आनन्दित नहीं होता,
और उनके अनाथों और विधवाओं पर दया नहीं करता;
क्योंकि हर कोई अशुद्ध और दुष्ट है, और हर मुँह मूर्खता
बोलता है। फिर भी उसका क्रोध शान्त नहीं हुआ, और
उसका हाथ अब भी बढ़ा हुआ है। [18]क्योंकि दुष्टता आग की
तरह जलती है; वह काँटों और झाड़ियों को भस्म कर देती है,
और वन के घने पेड़ों को जलाती है, और वे ऊपर उठते धुएं
की तरह घूमते हैं। [19]सेनाओं के 𐤉𐤄𐤅𐤄 के क्रोध से भूमि
जल जाएगी, और लोग आग का ईंधन बन जाएंगे। कोई
मनुष्य अपने भाई को नहीं छोड़ेगा, [20]और वह दाहिने हाथ से
काटेगा, परन्तु भूखा रहेगा; और वह बाएँ हाथ से भस्म करेगा,
परन्तु तृप्त नहीं होगा; हर कोई अपने ही भुजा का मांस
खाएगा। [21]मनश्शे एप्रियिम को, और एप्रियिम मनश्शे को,
और वे दोनों मिलकर यहूदा के विरुद्ध हैं। फिर भी उसका
क्रोध शान्त नहीं हुआ, और उसका हाथ अब भी बढ़ा हुआ है।

10 [1]"हाय उन पर जो अधर्मी आदेश बनाते हैं, लेखक
जो परिश्रम लिख चुके हैं, [2]ताकि जरूरतमंदों को
न्याय से रोके रखें, और मेरे लोगों के गरीबों से जो सही है
उसे छीन लें, कि विधवाएँ उनका शिकार बनें, और अनाथ
उनकी लूट बनें। [3]"तुम दर्शन के दिन में क्या करोगे, और
उस विनाश में जो दूर से आता है? सहायता के लिए तुम
किसके पास दौड़ोगे? और अपनी संपत्ति कहाँ छोड़ोगे? [4]"मेरे
बिना वे बंदियों में झुकेंगे, और मारे गए लोगों में गिरेंगे।" इन
सब के साथ उसका अप्रसन्नता पीछे नहीं हटी, और उसका
हाथ अब भी फैला हुआ है। [5]"हाय अश्शूर पर, मेरे
अप्रसन्नता की छड़ी और जिसके हाथ में मेरा अप्रसन्नता है।
[6]"मैं उसे एक अपवित्र राष्ट्र के विरुद्ध भेजता हूँ, और अपने
क्रोध के लोगों के विरुद्ध मैं उसे आज्ञा देता हूँ कि लूट ले,
शिकार करे, और उन्हें सड़कों की मिट्टी की तरह रौंदे।
[7]"परन्तु उसका ऐसा विचार नहीं है, न उसका मन ऐसा
सोचता है, क्योंकि उसके मन में नाश करना है, और कई राष्ट्रों
को काट डालना है। [8]"क्योंकि वह कहता है, 'क्या मेरे
हाकिम प्रभु नहीं हैं? [9]'क्या काल्नो करकेमिश के समान नहीं
है? क्या हमात अर्पद के समान नहीं है? क्या शोमरोन
दमसेक के समान नहीं है? [10]'जैसा कि मेरे हाथ ने मूरतों
के राज्यों को पाया, जिनकी खुदी हुई मूरतें येरुशलेम और
शोमरोन की तुलना में उत्तम थीं, [11]जैसा मैंने शोमरोन और
उसकी मूरतों के साथ किया, क्या मैं येरुशलेम और उसकी
मूरतों के साथ भी ऐसा न करूँ?' [12]"और यह होगा, जब
𐤉𐤄𐤅𐤄 अपने सारे काम सिय्योन पर्वत और येरुशलेम पर
पूरा करेगा, तब मैं अश्शूर के राजा के हृदय के अभिमान के
फल को दंड दूँगा, और उसकी घमण्डी दृष्टि के घमण्ड को।
[13]"क्योंकि उसने कहा है, 'मेरे हाथ की शक्ति से मैंने यह
किया, और मेरी बुद्धि से, क्योंकि मैं चतुर हूँ। और मैं लोगों
की सीमाएँ हटा देता हूँ, और उनके भंडार लूट लिया है। और
मैं निवासियों को एक बलवान की तरह गिरा देता हूँ। [14]'और
मेरा हाथ लोगों की संपत्ति को एक घोंसले की तरह पाता है।

और मैंने सारी पृथ्वी को ऐसे इकट्ठा किया जैसे छोड़े हुए अंडे
इकट्ठे किए जाते हैं। और कोई भी न था जिसने अपना पंख
हिलाया हो, न ही अपना मुँह खोला हो, न ही एक भी चूँ की।'
" 15 क्या कुल्हाड़ी उस पर घमण्ड करेगी जो उससे काटता
है, या आरा अपने आप को उस पर ऊँचा करेगा जो उससे
आरा करता है? क्या छड़ी उसे हिलाएगी जो उसे उठाता है!
क्या लाठी उसे उठाएगी जो लकड़ी नहीं है! 16 इसलिए प्रभु,
सेनाओं के 𐤉𐤄𐤅𐤄, अपने मोटे लोगों में कृशता भेजता है।
और उसके वैभव के नीचे वह आग की जलन जैसी जलन
प्रज्वलित करता है। 17 और इस्राएल का प्रकाश आग होगा,
और उसका पवित्र एक ज्वाला होगा। और यह एक ही दिन में
उसके काँटे और उसके झाड़ियों को जलाकर भस्म कर देगा,
18 और उसके वन की महिमा और उसके उपजाऊ खेत को
भस्म कर देगा, चाहे जीवन हो या शरीर। और वे ऐसे होंगे
जैसे एक बीमार व्यक्ति क्षीण हो जाता है, 19 और उसके वन
के बचे हुए पेड़ इतने कम होंगे कि एक बालक उन्हें लिख
लेगा। 20 और उस दिन यह होगा कि इस्राएल का शेष, और
याक़ोब के घराने से बचे हुए लोग फिर कभी उस पर भरोसा न
करेंगे जिसने उन्हें मारा था, परन्तु सच्चाई में इस्राएल के
पवित्र 𐤉𐤄𐤅𐤄 पर भरोसा करेंगे। 21 एक शेष लौट आएगा,
याक़ोब का शेष, शक्तिशाली ईश्वर की ओर। 22 क्योंकि चाहे
तेरे लोग, हे इस्राएल, समुद्र की बालू के समान हों, तो भी
उनका एक शेष लौट आएगा – एक निर्णायक अंत, भरपूर
धर्म। 23 क्योंकि प्रभु सेनाओं के 𐤉𐤄𐤅𐤄 पृथ्वी के बीच में
जैसा ठहराया है, एक पूरा अंत कर रहा है। 24 इसलिए प्रभु
सेनाओं के 𐤉𐤄𐤅𐤄 ने कहा, "मेरे लोग, जो सिय्योन में रहते
हो, अश्शूर से मत डरो, जो तुम्हें छड़ी से मारता है और
अपनी लाठी तुम्हारे विरुद्ध उठाता है, मिस्र के मार्ग में।
25 "क्योंकि थोड़ी ही देर में अप्रसन्नता पूरी होगी, और मेरा
अप्रसन्नता उनके विनाश के लिए होगी।" 26 और सेनाओं के
𐤉𐤄𐤅𐤄 उसके लिए एक कोड़ा उठाएगा जैसे मिद्यान को
ओरेब की चट्टान पर मारा गया था। और जैसे उसकी छड़ी
समुद्र पर थी, वैसे ही वह उसे मिस्र के मार्ग में उठाएगा।
27 और उस दिन यह होगा कि उसका बोझ तेरे कंधे से हट
जाएगा, और उसका जूआ तेरी गर्दन से उत्तर जाएगा, और
अभिषेक के कारण वह जूआ नाश हो जाएगा। 28 वह आयत
पर आ गया है, वह मिग्रोन से होकर गया है। मिखमाश में
उसने अपना सामान रखा है। 29 वे दर्रा पार कर चुके हैं, वे
गेबा में ठहर गए हैं। रामाह डर गई है, शाऊल का गिब'आ
भाग गया है। 30 अपनी आवाज ऊँची करो, हे गल्लिम की
बेटी! सुनो, लैयिशा - हे गरीब अनातोत! 31 मदमेना भाग गया
है, गेबिम के निवासियों ने शरण ली है। 32 फिर भी वह उस
दिन नोब में रहता है; वह सिय्योन की बेटी के पर्वत, येरुशलेम
की पहाड़ी पर अपनी मुट्ठी हिलाता है। 33 देखो, सेनाओं के
𐤉𐤄𐤅𐤄 प्रभु एक शाखा को अद्भुत ध्वनि से काट रहा है,
और ऊँचे लोग काट डाले जाते हैं, और घमण्डी लोग नीचा
कर दिए जाते हैं। 34 और वह लोहे से वन की झाड़ियों को
काट डालेगा, और लेबानोन एक बलवान की तरह गिरेगा!

11 1 और यिशै के ठूंठ से एक डंडा निकलेगा, और
उसकी जड़ों से एक अंकुर फल देगा। 2 𐤉𐤄𐤅𐤄 की
आत्मा उस पर ठहरेगी - ज्ञान और समझ की आत्मा, परामर्श
और सामर्थ्य की आत्मा, ज्ञान और 𐤉𐤄𐤅𐤄 के भय की
आत्मा। 3 और वह 𐤉𐤄𐤅𐤄 के भय में सांस लेगा। और वह
अपनी आंखों की दृष्टि से न्याय नहीं करेगा, न ही अपने कानों
की सुनवाई से निर्णय करेगा। 4 परन्तु धर्म के साथ वह दीनों
का न्याय करेगा, और पृथ्वी के नम्र लोगों के लिए सीधाई से
निर्णय करेगा, और अपनी वाणी की छड़ी से पृथ्वी को मारेगा,
और अपने होंठों की श्वास से दुष्ट को नष्ट करेगा। 5 और
धर्म उसके कटि का कमरबंद होगा, और सच्चाई उसके
कूल्हों का कमरबंद। 6 और भेड़िया मेमने के साथ रहेगा,
और चीता बकरी के बच्चे के साथ लेटेगा, और बछड़ा, जवान
सिंह और पाला हुआ एक साथ, और एक छोटा बच्चा उन्हें
चलाएगा। 7 और गाय और भालू चरेंगे, उनके बच्चे एक साथ
लेटेंगे, और सिंह बैल की नाईं भूसा खाएगा। 8 और दूध पीता
बच्चा नाग के बिल के पास खेलेगा, और दूध छुड़ाया बच्चा
विषधर के मांद में अपना हाथ डालेगा। 9 वे मेरी पूरी पवित्र
पहाड़ी पर न कोई बुराई करेंगे, न नाश करेंगे; क्योंकि पृथ्वी
𐤉𐤄𐤅𐤄 के ज्ञान से भर जाएगी जैसे समुद्र जल से ढका हुआ
है। 10 और उस दिन यिशै की जड़ होगी, जो लोगों के लिए
ध्वज के समान खड़ी होगी। जातियां उसकी ओर खोजेंगी,
और उसका विश्राम महिमा होगा। 11 और उस दिन ऐसा होगा
कि 𐤉𐤄𐤅𐤄 दूसरी बार अपना हाथ बढ़ाएगा कि अपने लोगों
के बचे हुए अवशेष को छुड़ाए जो अश्शूर और मिस्र से,
पठरोस और कूश से, ईलाम और शिनार से, हमात और
समुद्र के टापुओं से रह गए हैं। 12 और वह जातियों के लिए
ध्वज उठाएगा, और इस्राएल के निकाले हुओं को इकट्ठा
करेगा, और यहूदा के तितर-बितर लोगों को पृथ्वी के चार
कोनों से इकट्ठा करेगा। 13 और एप्रैम का डाह हट जाएगा,
और यहूदा के बैरी नष्ट किए जाएंगे। एप्रैम यहूदा से डाह नहीं
करेगा, और यहूदा एप्रैम को कष्ट नहीं देगा। 14 परन्तु वे
पलिश्तियों के कंधे पर पश्चिम की ओर उड़ जाएंगे; वे
मिलकर पूरब के लोगों को लूटेंगे; एदोम और मोआब पर
उनका हाथ फैलेगा, और अम्मोन के बच्चे उनकी आज्ञा
मानेंगे। 15 और 𐤉𐤄𐤅𐤄 मिस्र के समुद्र की खाड़ी को नष्ट
करेगा, और अपनी आत्मा की शक्ति से नदी पर अपना हाथ
लहराएगा, और उसे सात नालों में मार देगा, और लोग जूतों
सहित पार करेंगे। 16 और उसके लोगों के बचे हुए के लिए
एक मार्ग होगा, जो अश्शूर से बचे हैं, जैसा कि इस्राएल के
लिए उस दिन था जब वह मिस्र देश से ऊपर आया।

12 1 और उस दिन तू कहेगा, "मैं तेरा धन्यवाद करता हूं
𐤉𐤄𐤅𐤄, यद्यपि तू मुझ पर क्रोधित था, तेरा क्रोध
फिर गया है, और तूने मुझे शांति दी है। 2 "देख, ईश्वर मेरा
उद्धार है; मैं भरोसा करता हूं और नहीं डरता। क्योंकि याह,
𐤉𐤄𐤅𐤄, मेरी शक्ति और मेरा गीत है; और वह मेरा उद्धार हो
गया है।" 3 और तुम उद्धार के सोतों से हर्ष के साथ जल
खींचोगे। 4 और उस दिन तुम कहोगे, " 𐤉𐤄𐤅𐤄 की स्तुति
करो, उसके नाम को पुकारो; उसके कामों को लोगों के बीच
प्रगट करो, उसका नाम महान है यह स्मरण करो। 5 "
𐤉𐤄𐤅𐤄 के लिए गाओ, क्योंकि उसने महान कार्य किए हैं; यह
सारी पृथ्वी पर जाना जाता है। 6 "जोर से पुकार और

जयजयकार कर, हे सिय्योन की रहने वाली, क्योंकि इस्राएल का महान पवित्र तेरे बीच में है!”

13

1अब्राहम का सन्देश बाबेल के विषय में जो यशायाहु आमोस् के पुत्र ने देखा। 2“ऊँचे पर्वत पर एक झण्डा उठाओ, उनकी ओर अपनी आवाज़ ऊँची करो; अपना हाथ हिलाओ, ताकि वे रईसों के द्वारों में प्रवेश करें। 3“मैंने अपने पवित्रों को आज्ञा दी है; मैंने अपने पराक्रमी पुरुषों को अपने क्रोध के लिये बुलाया है, अपने घमण्ड से मगन होने वालों को।” 4पर्वतों पर कोलाहल का शोर, जैसे बहुत लोगों का शोर! जातियों के राज्य का कोलाहल, जो एकत्र किए गए हैं! सेनाओं के 𐤉𐤄𐤅𐤄 युद्ध के लिये सेना एकत्र कर रहा है। 5वे दूर देश से आ रहे हैं, आकाश के छोर से, यहाँ तक कि 𐤉𐤄𐤅𐤄 और उसके क्रोध के हथियार, सारी पृथ्वी को नष्ट करने के लिये। 6रोओ, क्योंकि 𐤉𐤄𐤅𐤄 का दिन निकट है! वह ईश्वर शद्दाई की ओर से विनाश के रूप में आता है। 7इसलिये सबके हाथ ढीले हो जाते हैं, हर एक मनुष्य का हृदय पिघल जाता है, 8और वे डर जाएंगे। पीड़ाएँ और दुख उन्हें पकड़ लेते हैं, वे ऐसे पीड़ित हैं जैसे जच्चा स्त्री; वे एक-दूसरे को देखकर अचम्भित होंगे, उनके मुख लाल हो उठेंगे! 9देखो, 𐤉𐤄𐤅𐤄 का दिन आ रहा है, प्रचण्ड, क्रोध और भयंकर रोष के साथ, पृथ्वी को उजाड़ डालने और उसमें से पापियों को नष्ट करने के लिये। 10क्योंकि आकाश के तारे और उनके नक्षत्र अपना प्रकाश नहीं देंगे। सूर्य के उदय होते समय वह अंधकारमय होगा, और चन्द्रमा अपना प्रकाश न देगा। 11“और मैं जगत को उसकी बुराई के लिये दण्ड दूँगा, और दुष्टों को उनकी दुष्टता के लिये, और अभिमानी के घमण्ड को समाप्त कर दूँगा, और अत्याचारियों के गर्व को नीचा कर दूँगा। 12“मैं मनुष्य को चोखे सोने से भी दुर्लभ कर दूँगा, और मनुष्यों को ओफीर के सोने से भी दुर्लभ कर दूँगा। 13“इसलिये मैं आकाश को कँपाऊँगा, और पृथ्वी अपनी जगह से डगमगा जाएगी, सेनाओं के 𐤉𐤄𐤅𐤄 के क्रोध में और उसके प्रचण्ड रोष के दिन में। 14“और यह ऐसे होगा जैसे कोई मृग जिसका पीछा किया जा रहा हो, और जैसे भेड़ जिसे कोई उठाता नहीं - हर एक अपने लोगों की ओर मुड़ेगा, और हर एक अपने देश को भागेगा। 15“जो कोई पाया जाए उसे भेदा जाएगा, और जो कोई पकड़ा जाए वह तलवार से गिर पड़ेगा। 16“और उनके बालकों को उनकी आँखों के सामने टुकड़े-टुकड़े कर दिया जाएगा, उनके घर लूट लिए जाएँगे और उनकी स्त्रियों का बलात्कार होगा। 17“देखो, मैं मादी लोगों को उनके विरुद्ध उकसा रहा हूँ, जो चाँदी का मूल्य नहीं रखते, और सोने से उन्हें कोई प्रसन्नता नहीं। 18“और धनुष युवकों को टुकड़े-टुकड़े कर देंगे, और वे गर्भ के फल पर दया न करेंगे, उनकी आँखें बच्चों पर दया न करेंगी। 19“और बाबेल, राज्यों की शोभा, कसदियों के गर्व की सुन्दरता, जैसा जब ईश्वर ने सदोम और अमोरा को उलट दिया था, वैसा ही होगा। 20“वह कभी बसाई न जाएगी, और पीढ़ी से पीढ़ी तक उसमें निवास न किया जाएगा; वहाँ अरब अपना तम्बू न गाड़ेंगे, न चरवाहे अपने झुण्ड वहाँ बैठाएँगे। 21“परन्तु जंगल के पशु वहाँ लेटेंगे, और उनके घर उल्लुओं से भर जाएँगे। और शुतुरमुर्ग वहाँ बसेंगे, और जंगली बकरे वहाँ कूदेंगे। 22“और गीदड़ उनके किलों में चिल्लाएँगे, और सियार उनके सुन्दर भवनो में। और उसका समय निकट आ रहा है, और उसके दिन बढ़ाए न जाएँगे।”

14

1क्योंकि 𐤉𐤄𐤅𐤄 ने याक़ोब पर दया की है, और वह फिर से यिस्राएल को चुनेगा, और उन्हें उनके अपने देश में विश्राम देगा। और परदेशी उनके साथ मिलेंगे, और वे याक़ोब के घर से लिपटेंगे। 2और लोग उन्हें लेंगे और अपने स्थान पर ले आएंगे। और यिस्राएल का घर उन्हें 𐤉𐤄𐤅𐤄 की भूमि में दास और दासियों के रूप में अपने पास रखेगा। और वे अपने बन्दीगृह करने वालों को बन्दी बनाएँगे, और अपने सताने वालों पर प्रभुता करेंगे। 3और ऐसा होगा, जिस दिन 𐤉𐤄𐤅𐤄 तुम्हें तुम्हारे दुःख से, और तुम्हारे संकट से तथा उस कठोर सेवा से विश्राम देगा जिसमें तुम्हें सेवा के लिए बाध्य किया गया था, 4तब तुम बाबेल के राजा के विरुद्ध यह कहावत लोगे, और कहोगे, “कैसे अत्याचारी का अंत हो गया, सोने को बटोरने वाला समाप्त हो गया! 5“𐤉𐤄𐤅𐤄 ने दुष्टों की छड़ी तोड़ दी है, शासकों का राजदण्ड तोड़ दिया है, 6वह जो लोगों को क्रोध में निरंतर मारता था, जिसने जातियों पर अप्रसन्नता में राज्य किया, वह सताया गया है और कोई रोकने वाला नहीं है। 7“सारी पृथ्वी विश्राम में और शान्ति में है, वे गाने में फूट पड़ते हैं। 8“तुम्हारे ऊपर भी सरो के वृक्ष आनन्द करते हैं, और लेबानोन के देवदार, कहते हैं, ‘जब से तुम काटे गए हो, कोई लकड़हारा हमारे विरुद्ध नहीं आया।’ 9“पाताल नीचे से तुम्हारे लिए उत्तेजित है, तुम्हारे आने पर मिलने के लिए; उसने तुम्हारे लिए मरे हुओं को जगा दिया है, पृथ्वी के सब प्रधानों को; उसने सब जातियों के राजाओं को उनके सिंहासनों से उठा दिया है। 10“वे सब उत्तर देते हैं और तुमसे कहते हैं, ‘क्या तुम भी हमारी तरह निर्बल हो गए? क्या तुम हमारे समान हो गए?’ 11‘तुम्हारा घमण्ड पाताल में उतारा गया है, और तुम्हारे वीणाओं का स्वर; कीड़ा तुम्हारे नीचे बिछाया गया है, और कीड़े तुम्हें ढकते हैं।’ 12“हेलेल, भोर के पुत्र! तुम स्वर्ग से कैसे गिर गए हो! तुम धरती पर काट दिए गए हो, तुमने जातियों को नीचे गिरा दिया था! 13“क्योंकि तुमने अपने मन में कहा था, ‘मैं स्वर्ग पर चढ़ूँगा, मैं अपना सिंहासन ईश्वर के तारों के ऊपर ऊँचा करूंगा, और मैं सभा के पर्वत पर, उत्तर की ओर बैठूँगा; 14मैं बादलो की ऊँचाईयों के ऊपर चढ़ूँगा, मैं परमप्रधान के समान हो जाऊँगा।’ 15“परन्तु तुम पाताल में गिराए गए हो, गड्ढे की गहराई में। 16“जो तुम्हें देखते हैं वे तुम पर दृष्टि गड़ाते हैं, और तुम्हारे विषय में सोचते हैं, कहते हैं, ‘क्या यह वही मनुष्य है जिसने पृथ्वी को कँपाया, जिसने राज्य को हिला दिया, 17जिसने जगत को जंगल के समान कर दिया और उसके नगरों को नाश किया, जिसने अपने बन्दियों के घर का द्वार न खोला?’ 18“सब जातियों के राजा, वे सब, आदर सहित रखे गए, हर एक अपने घर में; 19परन्तु तुम अपनी कब्र से ऐसे फेंके गए हो जैसे घृणित शाखा, जैसे मारे गए लोगों का वस्त्र, तलवार से छेदा हुआ, जो गड्ढे के पत्थरों के पास उतरते हैं, जैसे रौंदा हुआ शव। 20“तुम उनके साथ दफन में शामिल नहीं हो, क्योंकि तुमने अपनी भूमि नष्ट कर दी और अपनी प्रजा को मार डाला। कुकर्मियों की संतति का कभी उल्लेख न हो। 21“उसके पुत्रों को वध के लिए तैयार करो, उनके

पितरों की दुष्टता के कारण, ताकि वे उठकर देश पर
अधिकार न करें, और जगत के मुँह को नगरों से न भरें।”
22 “और मैं उनके विरुद्ध उठ खड़ा होऊँगा,” सेनाओं का
𐤉𐤄𐤅𐤄 कहता है, “और बाबेल से नाम और अवशेष, वंश
और वंशज को काट डालूँगा,” 𐤉𐤄𐤅𐤄 कहता है। 23 “और
मैं इसे कांटेदार जानवर का निवास स्थान और कीचड़ वाले
जल के दलदल का बना दूँगा; और इसे विनाश की झाड़ू से
बुहार दूँगा,” सेनाओं का 𐤉𐤄𐤅𐤄 कहता है। 24 सेनाओं का
𐤉𐤄𐤅𐤄 ने शपथ खाई है, कहा है, “निश्चय ही, जैसा मैंने
योजना बनाई, वैसा ही होगा; और जैसा मैंने ठहराया है, वैसा
ही स्थिर रहेगा: 25 “अश्शूर को अपनी भूमि में तोड़ दूँगा,
और अपने पर्वतों पर उसे रौंदूँगा। और उसका जूआ उनसे
हट जाएगा, और उसका बोझ उनके कंधों से उतर जाएगा।
26 “यह वह परामर्श है जो सारी पृथ्वी के लिये ठहराया गया है,
और यह वह हाथ है जो सब जातियों पर बढ़ाया गया है।
27 “क्योंकि सेनाओं का 𐤉𐤄𐤅𐤄 ने ठहराया है, और कौन उसे
रद्द करता है? और उसका हाथ जो फैलाया गया है, कौन उसे
लौटा सकता है?” 28 यह वह संदेश है जो राजा आहज़ की
मृत्यु के वर्ष में आया: 29 “आनन्द मत करो, हे पलिश्तियों के
सब लोगों, कि वह छड़ी जिसने तुम्हें मारा था, टूट गई है;
क्योंकि सर्प की जड़ से विषधर निकलेगा, और उसकी संतति
एक उड़ने वाला जलता हुआ सर्प होगा। 30 “और दरिद्रों का
पहिलौठा चराएगा, और दीन सुरक्षित लेटेंगे। और मैं तुम्हारी
जड़ को भूख से मार डालूँगा, और तुम्हारा शेष वध किया
जाएगा। 31 “हाय, हे फाटक! रो, हे नगर! पिघल जाओ, हे
पलिश्तियों के सब लोगों! क्योंकि उत्तर से धुआँ आएगा, और
उसकी पंक्ति में कोई परदेशी नहीं है।” 32 और एक जाति के
दूतों को क्या उत्तर दिया जाए? “कि 𐤉𐤄𐤅𐤄 ने सिय्योन की
स्थापना की है, और उसकी प्रजा के दरिद्र उसमें शरण लेते
हैं।”

15 1 मोआब के विषय में संदेश। क्योंकि रात में मोआब
का अर उजाड़ दिया गया, मौन हो गया! क्योंकि रात
में मोआब का कीर उजाड़ दिया गया, मौन हो गया! 2 वह घर
और दीबोन पर चढ़ गया, ऊँचे स्थानों पर रोने के लिये।
मोआब ने नेबो और मेदबा पर विलाप किया; उनके सब सिरों
पर गंजापन है, और हर दाढ़ी काट दी गई है। 3 उनकी
सड़कों में वे टाट पहनेंगे; अपने घरों की छतों पर और अपनी
सड़कों में सब विलाप करेंगे, कड़वे आँसुओं से रोएंगे। 4 और
हेशबोन और एलालेह चिल्लाते हैं, उनकी आवाज यहत्स तक
सुनी जाएगी। इसलिये मोआब के शूरवीर चिल्लाते हैं; उसका
प्राण उसके भीतर काँपता है। 5 मेरा अपना हृदय मोआब की
ओर है; उसके भगोड़े सोअर की ओर चिल्लाते हैं, जैसे तीन
वर्ष का बछड़ा। क्योंकि लुहित की चढ़ाई से वे रोते हुए ऊपर
जाते हैं; क्योंकि होरोनयिम के मार्ग में वे विनाश का रोदन
उठाते हैं। 6 क्योंकि निमरीम के जल उजाड़ हो गए हैं, क्योंकि
हरी घास सूख गई है; घास नष्ट हो गई है, कोई हरियाली नहीं
है। 7 इसलिये धन, जो इकट्ठा और संचित किया गया, वे
अराबीम की वादी में ले जाते हैं। 8 क्योंकि रोदन मोआब की
सीमाओं के चारों ओर फैल गया है, उसका विलाप एग्लयिम
तक और उसका विलाप बेएर ईलीम तक। 9 “क्योंकि दीमोन
के जल रक्त से भर जाएँगे; क्योंकि मैं दीमोन पर और
अधिक लाऊँगा, सिंह उसे जो मोआब से बच निकला और
देश के शेष बचे लोगों पर।”

16 1 देश के शासक के पास एक मेमना भेजो, सेला से
जंगल तक, सिय्योन की बेटी के पर्वत तक। 2 और
ऐसा होगा, जैसे भटकता हुआ पक्षी, घोंसला निकाला हुआ,
वैसे ही मोआब की बेटियाँ अर्नोन के घाटों पर होंगी। 3 “सलाह
लाओ, न्याय करो; अपनी छाया को दिन के बीच में रात के
समान बनाओ; निकाले हुओं को छिपाओ, उसे मत बताओ जो
बच निकला। 4 “मेरे निकाले हुए तेरे साथ रहें, हे मोआब;
उन्हें विनाशकारी के मुख से छिपने का स्थान बन। क्योंकि
सताने वाला नष्ट हो गया है, विनाश रुक गया है, कुचलने वाले
देश से नष्ट हो गए हैं। 5 “और करुणा में सिंहासन स्थिर
किया जाएगा। और एक उस पर सच्चाई में बैठेगा, दाऊद के
तम्बू में, न्याय करता हुआ और उचित न्याय की खोज करता
हुआ, और धर्म को शीघ्रता से स्थापित करता हुआ।” 6 हमने
मोआब के अभिमान के विषय में सुना है - अत्यन्त अभिमानी -
उसके घमण्ड, उसकी घमण्डता और उसके क्रोध के विषय
में। उसका डींग सच नहीं है। 7 इसलिये मोआब मोआब के
लिये विलाप करता है, हर कोई विलाप करता है। कीर हारसेत
के किशमिश-केक के लिये वे कराहते हैं। वे पूरी तरह आहत
हैं। 8 क्योंकि हेशबोन के खेत - सिब्मा की बेल - मुरझा गए
हैं। अन्यजातियों के प्रभुओं ने उसकी उत्तम पौधों को तोड़
डाला, जो याजेर तक पहुँच गए थे और जंगल में भटक गए
थे। उसकी शाखाएँ फैली हुई हैं, वे समुद्र के पार गई हैं।
9 इसलिये मैं सिब्मा की बेल पर याजेर के रोदन के साथ रोता
हूँ। मैं तुझे अपने आँसुओं से सींचता हूँ, हे हेशबोन और
एलालेह, क्योंकि तेरा ग्रीष्मकालीन फल और तेरी कटनी पर
जयजयकार गिर गई है। 10 आनन्द उठा लिया गया है, और
बाग से हर्ष; दाख की बारियों में न गाना है, न जयजयकार;
कोई रस निकालने वाले अपने रसकुंडों में दाख को नहीं
रौंदते; मैंने उनकी जयजयकार को रोक दिया है। 11 इसलिये
मेरे भीतर के अंग मोआब के लिये वीणा के समान गूंजते हैं,
और मेरा भीतरी प्राण कीर हेरेस के लिये। 12 और ऐसा होगा,
जब यह देखा जाएगा कि मोआब ने ऊँचे स्थान पर स्वयं को
थका लिया है, तब वह अपने पवित्रस्थान में प्रार्थना करने
आएगी, परन्तु सक्षम नहीं होगी। 13 यह वह वचन है जो
𐤉𐤄𐤅𐤄 ने उस समय से मोआब के विषय में कहा था।
14 परन्तु अब 𐤉𐤄𐤅𐤄 ने कहा है, “तीन वर्षों के भीतर, जैसे
किसी मजदूर के वर्ष होते हैं, मोआब की महिमा सब बड़ी भीड़
के साथ तुच्छ ठहराई जाएगी, और शेष थोड़े, छोटे और
निर्बल होंगे।”

17 1 दमिसेक के विषय में सन्देश। “देखो, दमिसेक
अब नगर न रहेगा, और खंडहरों का ढेर बन
जाएगा। 2 “अरोएर के नगर त्याग दिए गए हैं, वे झुंडों के
लिए हैं जो वहाँ लेटेंगे, और कोई उन्हें डरानेवाला न होगा।
3 “और एप्रैम से गढ़ न रहेगा, और दमिसेक से राज्य,
और अराम का शेष यिस्राएल के पुत्रों की महिमा के समान
होगा,” सेनाओं के 𐤉𐤄𐤅𐤄 की यह घोषणा है। 4 “और उस
दिन ऐसा होगा कि याक़ोब की महिमा घट जाएगी, और उसके
शरीर की मोटाई पतली हो जाएगी। 5 “और ऐसा होगा जैसे

लवनेवाला अन्न को एकत्र करता है, और अपनी भुजा से
बालियों को काट लेता है। और यह ऐसा होगा जैसे कोई
रफ़ाईम की तराई में बालियाँ बटोरता है। 6“और उसमें कुछ
अंगूर लवने के बाद के समान बचेंगे, जैसे जैतून के पेड़ को
झटकने पर, ऊपरी शाखा के शिखर पर दो या तीन जैतून,
और फलवाली शाखाओं में चार या पाँच,” यिस्राएल के ईश्वर
𐤉𐤄𐤅𐤄 की यह घोषणा है। 7उस दिन मनुष्य अपने
बनानेवाले की ओर दृष्टि करेगा, और उसकी आँखें यिस्राएल
के क़ादोश पर लगेंगी। 8और वह वेदी की ओर नहीं देखेगा,
अपने हाथों के काम की ओर; और न वह उस पर दृष्टि
करेगा जो उसकी उँगलियों ने बनाया, न अशेरीम और न
सूर्य-स्तंभों की ओर। 9उस दिन उसके दृढ़ नगर ऐसे होंगे
जैसे त्यागा हुआ वन और ऊपरी शाखा, जिन्हें उन्होंने
यिस्राएल के पुत्रों के कारण छोड़ दिया। और वह उजाड़ हो
जाएगा। 10क्योंकि तू अपने उद्धार के ईश्वर को भूल गया है,
और अपने दृढ़ गढ़ की चट्टान को स्मरण नहीं किया; इसलिये
तू मनोहर पौधे लगाएगा, और परदेशी पौधे बोएगा। 11दिन में
ही तू अपने पौधे को बढ़ाएगा, और प्रातःकाल अपने बीज को
फूलाएगा - परन्तु फसल विपत्ति के दिन ढेर होगी और
असाध्य पीड़ा होगी। 12हाय उन बहुत-से लोगों के कोलाहल
पर, जो समुद्र के गर्जन के समान ध्वनि करते हैं, और
जातियों के हल्ले पर जो प्रबल जलधाराओं के हल्ले के समान
हल्ला करते हैं – 13जातियाँ बहुत-से जलों के हल्ले के समान
हल्ला करती हैं। परन्तु वह उन्हें डाँटेगा और वे दूर भाग
जाएँगी, और वे पहाड़ों के भूसे के समान हवा के आगे उड़ाई
जाएँगी, और बवंडर के सामने घूमती धूल के समान होंगी।
14संध्या को देखो! आतंक! परन्तु भोर होने से पहले वह नहीं
रहेगा। यह उन लोगों का भाग है जो हमें लूटते हैं, और उन
लोगों का चिट्ठा है जो हमें लूटते हैं।

18 1हाय उस देश पर जो पंखों की भनभनाहट से छाया
हुआ है, जो कूश की नदियों के पार है, 2जो समुद्र के
मार्ग से दूत भेजता है, यहाँ तक कि जल पर सरकंडों के
जहाजों में, कहते हुए, “जाओ, शीघ्र दूतों, उस ऊँचे और
चिकने लोगों के पास, उस जाति के पास जो अपने आरम्भ से
ही भयावनी है, उस प्रबल और रौंदनेवाली जाति के पास,
जिसका देश नदियों ने विभाजित किया है।” 3हे जगत के
सब निवासियों, और हे पृथ्वी पर बसनेवालो: जब पर्वतों पर
ध्वज उठाया जाए, तो देखो! और जब नरसिंगा फूँका जाए,
तो सुनो! 4क्योंकि इस प्रकार 𐤉𐤄𐤅𐤄 ने मुझसे कहा, “मैं
स्थिर हूँ, और मैं अपने निवास स्थान में दृष्टि करता हूँ जैसे
धूप में चमकती हुई तपन, जैसे कटनी के समय की तपन में
ओस का बादल।” 5क्योंकि कटनी से पहले, जब कलिका
पूर्ण हो, और खट्टी अंगूर फूल में पकी हो, तब वह टहनियों को
हँसिया से काट देगा, और फैली हुई डालियों को छाँटकर ले
जाएगा। 6वे सब मिलकर पर्वतों के शिकारी पक्षियों और पृथ्वी
के पशुओं के लिये छोड़ दिए जाएँगे। और शिकारी पक्षी उन्हीं
पर ग्रीष्म बिताएँगे, और पृथ्वी के सब पशु उन्हीं पर शीतकाल
बिताएँगे। 7उस समय सेनाओं के 𐤉𐤄𐤅𐤄 के पास भेंट लाई
जाएगी उन ऊँचे और चिकने लोगों से, और उस जाति से जो
अपने आरम्भ से ही भयानक है - उस प्रबल और रौंदनेवाली
जाति से, जिसका देश नदियों ने विभाजित किया है - सेनाओं
के 𐤉𐤄𐤅𐤄 के नाम के स्थान पर, सिय्योन पर्वत पर।

19 1मिस्र के विषय में संदेश। देखो, 𐤉𐤄𐤅𐤄 एक तेज़
बादल पर सवार होकर आ रहा है, और वह मिस्र में
प्रवेश करेगा। और मिस्र के देवता उसके सामने काँपेंगे, और
मिस्र का हृदय उसके भीतर पिघल जाएगा। 2“और मैं
मिस्रियों को मिस्रियों के विरुद्ध भड़काऊँगा, और वे लड़ेंगे,
हर कोई अपने भाई के विरुद्ध, और हर कोई अपने पड़ोसी के
विरुद्ध, नगर नगर के विरुद्ध, राज्य राज्य के विरुद्ध। 3“और
मिस्र की आत्मा उनके भीतर से नष्ट हो जाएगी, और मैं
उनकी युक्ति को नष्ट कर दूँगा। और वे देवताओं और
बड़बड़ाने वालों, माध्यमों और जादूगरों से पूछेंगे। 4“और मैं
मिस्रियों को एक क्रूर स्वामी के हाथ में दूँगा, और एक कठोर
राजा उन पर राज्य करेगा,” प्रभु, सेनाओं के 𐤉𐤄𐤅𐤄 ने
कहा। 5और समुद्र से जल सूख जाएगा, और नदी उजाड़
और सूखी हो जाएगी। 6और नदियाँ बदबू मारेंगी, और
धाराएँ कमज़ोर होकर सूख जाएँगी। सरकंडे और नरकट
मुरझा जाएँगे। 7नदी के किनारे के खुले स्थान, नदी के
मुहाने पर, और नदी के पास बोए गए प्रत्येक खेत मुरझा
जाएँगे। वे उड़ाए जाएँगे और फिर न रहेंगे। 8और मछुआरे
विलाप करेंगे, और जो कोई नदी में काँटे डालते हैं वे शोक
मनाएँगे, और जो जल पर जाल फैलाते हैं वे क्षीण हो जाएँगे।
9और जो सूक्ष्म सन में काम करते हैं, और जो महीन वस्त्र
बुनते हैं वे लज्जित होंगे। 10और उसकी नींव टूट जाएगी,
सभी मजदूरी करने वाले दु:खित होंगे। 11सोअन के हाकिम
केवल मूर्ख हैं; फ़िरऔन के बुद्धिमानों की युक्ति मूर्ख हो गई
है। तुम फ़िरऔन से कैसे कहते हो, “मैं बुद्धिमानों का पुत्र हूँ,
प्राचीन राजाओं का पुत्र हूँ?” 12वे कहाँ हैं? तेरे बुद्धिमान कहाँ
हैं? उन्हें दिखाने दे, और उन्हें जानने दे कि सेनाओं के
𐤉𐤄𐤅𐤄 ने मिस्र के विरुद्ध क्या ठहराया है। 13सोअन के
हाकिम मूर्ख बन गए हैं, नोप के हाकिम धोखा खा गए हैं।
उन्होंने, उसके गोत्रों की नींव ने, मिस्र को भरमा दिया है।
14𐤉𐤄𐤅𐤄 ने उसके भीतर एक टेढ़ी आत्मा मिला दी है।
और उन्होंने मिस्र को उसके सब कामों में गुमराह किया है,
जैसे कोई शराबी अपने वमन में लड़खड़ाता है। 15और मिस्र
के लिए कोई काम न रहेगा, न सिर का न पूँछ का, न डाल का
न नरकट का। 16उस दिन मिस्र स्त्रियों के समान होगा,
और सेनाओं के 𐤉𐤄𐤅𐤄 के हाथ के हिलाने से काँपेगा और
डरेगा, जो वह उस पर हिलाता है। 17और यहूदा का देश
मिस्र के लिए भय का कारण होगा, हर कोई जो उसका
उल्लेख करता है अपने लिये डरेगा, सेनाओं के 𐤉𐤄𐤅𐤄 की
युक्ति के कारण जो उसने उसके विरुद्ध ठहराई है। 18उस
दिन मिस्र देश के पाँच नगर कनान की भाषा बोलेंगे और
सेनाओं के 𐤉𐤄𐤅𐤄 की शपथ खाएँगे, उनमें से एक का नाम
विनाश का नगर कहलाएगा। 19उस दिन मिस्र देश के बीच
में 𐤉𐤄𐤅𐤄 के लिये एक वेदी होगी, और उसकी सीमा पर
𐤉𐤄𐤅𐤄 के लिये एक खंभा खड़ा होगा। 20और यह मिस्र
देश में सेनाओं के 𐤉𐤄𐤅𐤄 के लिये एक चिन्ह और साक्षी
होगा। जब वे सताने वालों के कारण 𐤉𐤄𐤅𐤄 को पुकारेंगे, तो
वह उनके पास एक उद्धारकर्ता और एक ईश्वर भेजेगा, और
वह उन्हें छुड़ाएगा। 21और 𐤉𐤄𐤅𐤄 मिस्र को ज्ञात होगा,
और मिस्री उस दिन 𐤉𐤄𐤅𐤄 को जानेंगे, और बलिदान और
अन्नबलि चढ़ाएँगे, और 𐤉𐤄𐤅𐤄 को मन्नत मानेंगे और उसे

पूरा करेंगे। 22 और 𐤉𐤄𐤅𐤄 मिस्त्र को मारेगा, मारेगा और चंगा करेगा। और वे 𐤉𐤄𐤅𐤄 की ओर फिरेंगे, और वह उनकी सुनेगा और उन्हें चंगा करेगा। 23 उस दिन मिस्त्र से अश्शूर तक एक मार्ग होगा, और अश्शूर मिस्त्र में आएगा और मिस्त्र अश्शूर में जाएगा, और मिस्त्र अश्शूर के साथ सेवा करेगा। 24 उस दिन इस्त्राएल मिस्त्र और अश्शूर के साथ तीन में से एक होगा, यहाँ तक कि पृथ्वी के बीच में एक आशीष। 25 जिसे सेनाओं के 𐤉𐤄𐤅𐤄 आशीष देगा, कहता है, "धन्य है मेरा लोग मिस्त्र, और मेरे हाथों का काम अश्शूर, और मेरी विरासत इस्त्राएल।"

20

1 उस वर्ष जब तर्तान अशदोद में आया, जब अश्शूर के राजा सरगोन ने उसे भेजा, और उसने अशदोद के विरुद्ध लड़ाई की और उसे ले लिया, 2 उसी समय 𐤉𐤄𐤅𐤄 ने आमोऽ के पुत्र यशायाहू के द्वारा कहा, "जा, अपने शरीर से टाट उतार, और अपने पैरों से अपनी चप्पलें उतार।" और उसने ऐसा किया, नंगा और नंगे पाँव चलता हुआ। 3 और 𐤉𐤄𐤅𐤄 ने कहा, "जैसे मेरे दास यशायाहू ने तीन वर्ष तक मिस्त्र और कूश के विरुद्ध चिन्ह और आश्चर्य के लिए नंगा और नंगे पाँव चला, 4 वैसे ही अश्शूर का राजा मिस्त्र के बन्दियों और कूश के निर्वासितों को, छोटे और बड़े, नंगे और नंगे पाँव, उनकी नंगी चित धककर ले जाएगा - मिस्त्र की लज्जा। 5 "और वे कूश से, अपनी आशा से, और मिस्त्र से, अपनी शान से, डरेंगे और लज्जित होंगे। 6 "और इस तटवर्ती देश का निवासी उस दिन कहेगा, 'देखो, यही हमारी आशा है, जहाँ भी हम सहायता के लिए भागते हैं कि अश्शूर के राजा से छुटकारा मिले। और हम कैसे बचें?' "

21

1 समुद्र के जंगल के विषय में संदेश। जैसे नेगेब में आँधियाँ बहती हैं, वैसे ही यह जंगल से, भयानक देश से आता है। 2 मेरे लिए एक दुखदायी दर्शन प्रगट हुआ है: विश्वासघाती विश्वासघात करता है, और लुटेरा लूटता है। हे ईलाम, चढ़ो! हे मादै, घेरो! मैं सारी कराह समाप्त कर देता हूँ। 3 इस कारण मेरी कमर पीड़ा से भर गई; मुझ पर प्रसव पीड़ा की तरह पीड़ा छा गई। जब मैंने इसे सुना, तो मैं व्याकुल हुआ; जब मैंने इसे देखा, तो मैं चकित हुआ। 4 मेरा हृदय काँप उठा, भय ने मुझे घेर लिया; जिस रात की मैंने लालसा की, उसने उसे मेरे लिए भय में बदल दिया। 5 मेज़ तैयार करो, गलीचा बिछाओ, खाओ और पियो। उठो, हे राजकुमारों, ढाल का अभिषेक करो! 6 क्योंकि 𐤉𐤄𐤅𐤄 ने मुझसे यह कहा है, "जा, एक प्रहरी नियुक्त कर, वह जो देखता है उसे बताए।" 7 और उसने देखा एक रथ जिसमें दो घुड़सवार थे, एक गधों का रथ, और ऊँटों का रथ; और उसने ध्यान से सुना, बहुत ध्यान से। 8 तब वह चिल्लाया, "एक सिंह, हे 𐤉𐤄𐤅𐤄! मैं दिन में निरंतर प्रहरी-दुर्ग पर खड़ा रहता हूँ, और हर रात अपनी ड्यूटी पर बैठा हूँ। 9 "और देखो, एक रथ आया जिसमें दो घुड़सवार थे!" और उसने ऊँचे स्वर से कहा, "बाबेल गिर गई, गिर गई! और उसकी सब तराशी हुई मूर्तियाँ उसने भूमि पर तोड़ दीं।" 10 हाय, मेरा दंवनी और मेरे खलिहान का अन्न! जो मैंने सेनाओं के 𐤉𐤄𐤅𐤄 से, इस्त्राएल के ईश्वर से सुना, मैंने तुम्हें बताया। 11 दूमा के विषय में संदेश। उसने सेईर से मुझे पुकारा, "हे प्रहरी, रात का कितना भाग बीत गया? हे प्रहरी, रात का कितना भाग बीत गया?" 12 प्रहरी ने कहा, "भोर आ गई, और रात भी। यदि तुम पूछना चाहो, तो पूछो। फिर आना!" 13 अरबिया के विषय में संदेश। हे ददानी यात्रियों के दल, तुम अरबिया के जंगल में ठहरते हो। 14 हे तेमा देश में रहने वालों, प्यासे को पानी लाओ, भागे हुए को रोटी के साथ मिलो। 15 क्योंकि वे तलवारों से भाग गए, निकली हुई तलवार से, मुड़े हुए धनुष से, और युद्ध के भारीपन से। 16 क्योंकि 𐤉𐤄𐤅𐤄 ने मुझसे कहा है, "एक वर्ष के भीतर, किराए के मज़दूर के वर्ष के अनुसार, क़ेदार की सारी महिमा का अंत होगा, 17 और धनुर्धारियों की बची हुई संख्या, क़ेदार के लोगों के वीर पुरुष, थोड़े होंगे। क्योंकि 𐤉𐤄𐤅𐤄 इस्त्राएल के ईश्वर ने कहा है।"

22

1 हिज्ज़ायोन की तराई के विषय में संदेश। अब तुम्हें क्या दुख है, कि तुम सब छतों पर चढ़ गए हो, 2 तुम जो अशातियों से भरे हो, एक कोलाहलपूर्ण नगर, एक उल्लास का नगर? तुम्हारे मारे गए लोग तलवार से नहीं मारे गए, न ही युद्ध में मरे। 3 तुम्हारे सब शासक एक साथ भाग गए; बिना धनुष के वे बंदी बना लिए गए। तुम में जितने मिले, सब एक साथ बंधे गए, जो दूर से भागे थे। 4 इसलिए मैंने कहा, "मुझसे दूर हट जाओ, मुझे कड़वे आंसू बहाने दो। मेरी प्रजा की बेटी के विनाश के कारण मुझे शान्त करने का प्रयास मत करो।" 5 क्योंकि यह कोलाहल और रौंदने और भ्रम का दिन है, प्रभु 𐤉𐤄𐤅𐤄 सेनाओं का, हिज्ज़ायोन की तराई में - दीवार तोड़ने और पर्वत की ओर चिल्लाने का। 6 और ईलाम ने तरकश उठाया मनुष्यों और घुड़सवारों के रथों के साथ, और कीर ने ढाल को प्रकट किया। 7 और ऐसा होगा कि तुम्हारी उत्तम तराइयाँ रथों से भर जाएंगी, और घुड़सवार फाटक पर स्थान ले लेंगे। 8 तब उसने यहूदा का आच्छादन हटा दिया। और तुमने उस दिन वन के घर के हथियारों की ओर देखा। 9 और तुमने दाऊद के नगर की दरारें देखीं, कि वह बड़ी थीं। और तुमने निचले तालाब का पानी इकट्ठा किया। 10 और तुमने यरूशलेम के घर गिने, और घरों को तोड़कर दीवार को मजबूत किया। 11 और तुमने दो दीवारों के बीच पुराने तालाब के पानी के लिये नाला खोदा। परन्तु तुमने उसके बनाने वाले की ओर नहीं देखा, और न ही उसे पहचाना जिसने इसे बहुत पहले रचा। 12 और उस दिन प्रभु 𐤉𐤄𐤅𐤄 सेनाओं का रोने और विलाप करने, गंजा होने और टाट बांधने के लिए बुलाया। 13 फिर देखो! आनन्द और हर्ष, बैलों का वध और भेड़ों को मारना, मांस खाना और दाखमधु पीना, "आओ खाएँ और पिएँ, क्योंकि कल हम मरेंगे!" 14 और यह मेरे सुनने में 𐤉𐤄𐤅𐤄 सेनाओं द्वारा प्रकट हुआ, "इस दुष्टता के लिए तुम्हें तब तक क्षमा नहीं किया जाएगा जब तक तुम मर न जाओ," प्रभु 𐤉𐤄𐤅𐤄 सेनाओं ने कहा। 15 यहोवा 𐤉𐤄𐤅𐤄 सेनाओं ने यों कहा, "जाओ, इस भण्डारी शेबना के पास जो घर पर अधिकार रखता है, और उससे कहो, 16 'यहाँ तुम्हारे पास क्या है, और यहाँ तुम्हारे पास कौन है, कि तुमने यहाँ अपने लिये एक कब्र खोदी, जैसा कि ऊँचाई पर अपने लिये कब्र खोदता है, चट्टान में अपने लिये विश्रामस्थान काटता है? 17 'देखो, 𐤉𐤄𐤅𐤄 तुम्हें दूर फेंक रहा है, हे मनुष्य, और तुम्हें दृढ़ता से पकड़ रहा है, 18 तुम्हें गेंद की तरह

कसकर लपेटकर एक विशाल देश में फेंक रहा है। वहाँ तुम
मरोगे, और वहाँ तुम्हारे उत्तम रथ तुम्हारे स्वामी के घर का
अपमान होंगे। [19] 'और मैं तुम्हें तुम्हारे पद से निकाल दूंगा,
और तुम्हें तुम्हारी स्थिति से हटा दिया जाएगा। [20] 'और उस
दिन ऐसा होगा, कि मैं अपने दास एलियाकीम, हिलकिय्याह के
पुत्र को बुलाऊँगा। [21] 'और मैं उस पर तुम्हारा वस्त्र डालूँगा,
और तुम्हारी कमरबंद से उसे बल दूँगा, और तुम्हारा अधिकार
उसके हाथ में दूँगा। और वह यरूशलेम के निवासियों और
यहूदा के घर का पिता होगा। [22] 'और मैं दाऊद के घर की
कुंजी उसके कंधे पर रखूँगा। और वह खोलेगा, और कोई
बन्द न करेगा; और वह बन्द करेगा, और कोई खोलेगा
नहीं। [23] 'और मैं उसे दृढ़ स्थान में कील की तरह गाड़ दूँगा,
और वह अपने पिता के घर का गौरवमय सिंहासन बन
जाएगा। [24] 'और वे उस पर उसके पिता के घर का सब बोझ
टाँग देंगे, वंश और शाखाएँ, सब छोटे पात्र, कटोरों से लेकर
सब घड़ों तक। [25] 'उस दिन,' 𐤉𐤄𐤅𐤄 सेनाओं का वचन है,
'कील जो दृढ़ स्थान में गाड़ी गई थी, हटा दी जाएगी और
काट दी जाएगी और गिर जाएगी, और उसका बोझ जो उस
पर था, काटकर गिरा दिया जाएगा। क्योंकि 𐤉𐤄𐤅𐤄 ने कहा
है।' "

23

[1] सूर के विषय में संदेश। विलाप करो, हे तरशीश के
जहाज़ो! क्योंकि यह नष्ट हो गया है, न घर है, न
बन्दरगाह। कित्तीम की भूमि से यह उनके लिए प्रकट किया
गया है। [2] चुप रहो, हे तटवर्ती निवासियो, हे सिदोन के
व्यापारी, जो समुद्र पार करते थे, उन्होंने तुम्हें भर दिया।
[3] और बड़ी जलधाराओं पर शीहोर का अन्न, नदी की फ़सल
उसकी बढ़ोतरी थी। और वह जातियों के लिये बाज़ार थी।
[4] लज्जित हो, हे सिदोन, क्योंकि समुद्र ने कहा है, समुद्र के
गढ़ ने यह कहा है, "मैंने न तो परिश्रम किया, न बच्चों को
जन्म दिया; न ही जवानों को पाला, न कन्याओं को बढ़ाया।"
[5] मिस्र की खबर के समान, वे भी सूर की खबर पर शोक
करते हैं। [6] तरशीश को पार करो; विलाप करो, हे तटवर्ती
निवासियो! [7] क्या यह तुम्हारा हर्ष का नगर है, जिसका प्राचीन
काल से अस्तित्व है, जिसके पाँव उसे दूर यात्रा करने ले
गए? [8] किसने इसके विरुद्ध यह युक्ति की है, सूर के विरुद्ध,
जो मुकुट लगाने वाला नगर है, जिसके व्यापारी सरदार हैं,
जिसके सौदागर पृथ्वी के आदरणीय हैं? [9] 𐤉𐤄𐤅𐤄 सेनाओं
का ने यह युक्ति की है, सब शोभा के घमण्ड को अपवित्र
करने के लिये, और पृथ्वी के सब आदरणीयों को लज्जित
करने के लिये। [10] अपनी भूमि में नदी की तरह बह जा, हे
तरशीश की पुत्री; अब और कोई बल नहीं है। [11] उसने अपना
हाथ समुद्र पर फैला दिया, उसने राज्य को हिला दिया;
𐤉𐤄𐤅𐤄 ने कनान के विरुद्ध आज्ञा दी है कि उसके गढ़ों को
नष्ट कर दिया जाए। [12] और उसने कहा, "अब फिर कभी तू
हर्षित न होगी, हे पीड़ित कन्या सिदोन की पुत्री। उठ, कित्तीम
को पार कर जा, वहाँ भी तू विश्राम नहीं पाएगी।" [13] कसदियों
की भूमि को देखो - ये लोग अस्तित्व में नहीं थे। अश्शूर ने
इसे जंगल के पशुओं के लिये स्थापित किया। उन्होंने अपनी
घेराबंदी की मीनारें खड़ी कीं, उन्होंने उसके महलों को ढा
दिया, और उसे खंडहर बना दिया। [14] विलाप करो, हे
तरशीश के जहाज़ो, क्योंकि तुम्हारा गढ़ उजाड़ दिया गया है!
[15] और उस दिन यह होगा कि सूर सत्तर वर्षों तक भुला दिया
जाएगा, एक राजा के दिनों के अनुसार। सत्तर वर्षों के अंत
में सूर के लिये ऐसा होगा जैसे वेश्या का गीत होता है: [16] "एक
वीणा ले, नगर के चारों ओर घूम, हे भूली हुई वेश्या; मधुर
बजा, बहुत गीत गा, ताकि तुझे याद किया जाए।" [17] और
सत्तर वर्षों के अंत में यह होगा कि 𐤉𐤄𐤅𐤄 सूर को देखेगा।
और वह अपने मजदूरी पर लौटेगी और पृथ्वी के सब राज्यों
के साथ भूमि पर व्यभिचार करेगी। [18] और उसकी वस्तुएं
और उसकी मजदूरी 𐤉𐤄𐤅𐤄 के लिये पवित्र होंगी, न संचित
की जाएँगी न रखी जाएँगी, क्योंकि उसकी कमाई उनके लिये
होगी जो 𐤉𐤄𐤅𐤄 के सम्मुख रहते हैं, ताकि वे पर्याप्त खाएँ,
और चुनिंदा आवरण प्राप्त करें।

24

[1] देखो, 𐤉𐤄𐤅𐤄 धरती को खाली कर रहा है और
उसे उजाड़ रहा है, और उसकी सतह को उलट देगा,
और उसके निवासियों को इधर-उधर बिखेर देगा। [2] और
ऐसा ही होगा - जैसे लोगों के साथ वैसा ही कोहेन के साथ,
जैसे सेवक के साथ वैसा ही उसके स्वामी के साथ, जैसे दासी
के साथ वैसा ही उसकी मालकिन के साथ, जैसे खरीदार के
साथ वैसा ही बेचने वाले के साथ, जैसे उधार देने वाले के
साथ वैसा ही उधार लेने वाले के साथ, जैसे लेनदार के साथ
वैसा ही देनदार के साथ; [3] धरती पूरी तरह खाली हो गई और
पूरी तरह लूटी गई, क्योंकि 𐤉𐤄𐤅𐤄 ने यह वचन बोला है।
[4] धरती शोक करेगी और मुरझाएगी, संसार दुर्बल होगा और
मुरझाएगा, धरती के घमण्डी लोग दुर्बल होंगे। [5] क्योंकि
धरती उसके निवासियों के नीचे अशुद्ध हो गई है, क्योंकि
उन्होंने तोराह का उल्लंघन किया, व्यवस्था बदल दी, सदा की
वाचा तोड़ी। [6] इस कारण एक शाप धरती को भस्म करेगा,
और जो उसमें रहते हैं उन्हें दण्ड मिलेगा। इस कारण धरती
के निवासी जलाए जाएंगे, और थोड़े मनुष्य ही बचेंगे। [7] नया
दाखरस नष्ट हो जाएगा, बेल दुर्बल हो जाएगी, जो हृदय से
आनन्दित थे वे सब आह भरेंगे। [8] डफली का आनन्द समाप्त
हो जाएगा, आनन्द मनाने वालों का शोर समाप्त हो जाएगा,
वीणा का आनन्द समाप्त हो जाएगा। [9] अब वे गीत के साथ
दाखमधु नहीं पीते, मदिरा उसे पीने वालों के लिये कड़वी हो
जाएगी। [10] उजड़ी हुई नगरी ढा दी जाएगी, हर घर बन्द हो
जाएगा, कोई प्रवेश नहीं करेगा। [11] सड़कों में दाखमधु के
लिये रोना होगा; सब आनन्द अंधकारमय हो जाएगा, धरती
की प्रसन्नता लुप्त हो जाएगी। [12] नगर उजाड़ में छोड़ दिया
गया है, और फाटक विनाश से मारा गया है। [13] क्योंकि ऐसा
ही धरती के बीच में लोगों के बीच होना है, जैसे जैतून के पेड़
को झाड़ा जाता है, जैसे दाख की फसल समाप्त होने पर
अंगूर बीनने का शेष भाग। [14] वे अपनी आवाज उठाते हैं, वे
𐤉𐤄𐤅𐤄 की महिमा का गीत गाते हैं, वे समुद्र से ऊँचे स्वर में
पुकारेंगे। [15] इस कारण पूर्व में 𐤉𐤄𐤅𐤄 का आदर करो,
समुद्र के द्वीपों में इस्राएल के ईश्वर 𐤉𐤄𐤅𐤄 के नाम का
आदर करो। [16] धरती के छोर से हम गीत सुनेंगे, "धर्मी की
महिमा!" परन्तु मैं कहता हूँ, "मैं नष्ट हो गया, मैं नष्ट हो
गया! हाय मुझ पर! विश्वासघाती विश्वासघात करता है,
विश्वासघात के साथ विश्वासघाती विश्वासघात करता है।"
[17] भय, और गड्ढा, और फंदा तेरे ऊपर है, हे धरती के

निवासियो। 18 और ऐसा होगा कि जो भय के शोर से भागता है वह गड्ढे में गिरता है, और जो गड्ढे के बीच से ऊपर आता है वह फंदे में पकड़ा जाता है। क्योंकि ऊपर से खिड़कियाँ खोली जाएँगी, और धरती की नींवें हिलाई जाएँगी। 19 धरती पूरी तरह टूट जाएगी, धरती पूरी तरह फट जाएगी, धरती प्रबल रूप से हिलाई जाएगी। 20 धरती शराबी की तरह डगमगाएगी। और वह झोंपड़ी की तरह हिलेगी, और उसका अपराध उस पर भारी होगा, और वह गिरेगी और फिर न उठेगी। 21 और उस दिन ऐसा होगा कि 𐤉𐤄𐤅𐤄 ऊँचाई पर ऊँचे लोगों की सेना को दण्ड देगा, और धरती पर धरती के राजाओं को। 22 और उन्हें इकट्ठा किया जाएगा, जैसे कैदियों को गड्ढे में इकट्ठा किया जाता है, और उन्हें जेल में बन्द किया जाएगा, और कई दिनों के बाद दण्डित किया जाएगा। 23 और चन्द्रमा लज्जित होगा, और सूर्य लज्जित होगा, क्योंकि सेनाओं का 𐤉𐤄𐤅𐤄 सिय्योन पर्वत पर और येरूशलेम में राज्य करेगा, और उसके प्राचीनों के सामने महिमा में।

25

1 हे 𐤉𐤄𐤅𐤄, आप मेरे ईश्वर हैं। मैं आपका उच्चारण करता हूँ, मैं आपके नाम की स्तुति करता हूँ, क्योंकि आप अद्‌भुत कार्य करेंगे - प्राचीन परामर्श, विश्वासयोग्यता, सत्य। 2 क्योंकि आप एक नगर को ढेर बना देंगे, एक गढ़वाले नगर को खंडहर बना देंगे, विदेशियों के महल को नगर न रहने देंगे - वह कभी पुनः नहीं बनाया जाएगा। 3 इस कारण एक शक्तिशाली लोग आपकी स्तुति करेंगे, सामर्थी जातियों का नगर आपका आदर करेगा। 4 क्योंकि आप दरिद्र के लिए शरणस्थान होंगे, संकट में पड़े निर्धन के लिए शरणस्थान होंगे, आँधी से बचाने के लिए आश्रय होंगे, गर्मी से बचाने के लिए छाया होंगे। क्योंकि निर्दयी की आत्मा दीवार के विरुद्ध आँधी के समान होती है। 5 आप विदेशियों के शोर को दबा देंगे, जैसे सूखी भूमि में गर्मी को दबाया जाता है; जैसे बादल की छाया में गर्मी दब जाती है, वैसे ही निर्दयी का गान दबा दिया जाएगा। 6 और इस पर्वत पर सेनाओं के 𐤉𐤄𐤅𐤄 सब लोगों के लिए मेज सजाएँगे, उत्तम मांस का भोज, पुराने दाखमधु का भोज, गूदे सहित उत्तम मांस का, छना हुआ पुराना दाखमधु का भोज। 7 और वह इस पर्वत पर सब लोगों पर ढकी हुई ओढ़नी को निगल जाएगा, और सब जातियों पर फैली हुई चादर को हटा देगा। 8 वह मृत्यु को सदा के लिए निगल जाएगा, और प्रभु 𐤉𐤄𐤅𐤄 सब मुखों से आँसू पोंछ देंगे, और सारी पृथ्वी से अपनी प्रजा का अपमान दूर करेंगे। क्योंकि 𐤉𐤄𐤅𐤄 ने यह कहा है। 9 और उस दिन कहा जाएगा, "देखो, यही हमारा ईश्वर है। हम उसकी प्रतीक्षा करते रहे, और उसने हमें बचाया। यही 𐤉𐤄𐤅𐤄 है, हम उसकी प्रतीक्षा करते रहे, हम आनन्दित हों और उसके उद्धार में मगन हों।" 10 क्योंकि 𐤉𐤄𐤅𐤄 का हाथ इस पर्वत पर ठहरता है, और मोआब उसके नीचे रौंदा जाएगा, जैसे गोबर के गड्ढे के जल में तिनका रौंदा जाता है। 11 और वह उनके बीच अपने हाथ फैलाएगा जैसे तैरने वाला तैरने के लिए हाथ फैलाता है, और वह उनके घमण्ड को उसके हाथों की चतुराई के साथ नीचा करेगा। 12 और तुम्हारी दीवारों के ऊँचे गढ़ को वह गिरा देगा, नीचे लाकर भूमि तक पहुँचा देगा, मिट्टी तक।

26

1 उस दिन यह गीत यहूदा देश में गाया जाएगा, "हमारे पास एक दृढ़ नगर है - वह उद्धार, दीवारें और किले नियुक्त करता है।" 2 "फाटकों को खोलो, ताकि धर्मी राष्ट्र जो सत्य की रक्षा करता है, भीतर प्रवेश करे।" 3 "स्थिर मन वाला जिसे तू पूर्ण शांति में रखता है, क्योंकि वह तुझ पर भरोसा करता है।" 4 "𐤉𐤄𐤅𐤄 पर सदैव भरोसा रखो, क्योंकि याह, 𐤉𐤄𐤅𐤄 में युगों का चट्टान है।" 5 "क्योंकि वह ऊँचे पर रहने वालों को नीचे गिरा देगा। वह ऊँचे नगर को नीचा कर देता है, वह उसे भूमि पर ला देता है, वह उसे मिट्टी में गिरा देता है।" 6 "उस पर एक पैर कुचलता है - गरीबों के पैर, दीनहीनों के कदम।" 7 धर्मियों का मार्ग सीधाई है; हे सीधे, तू धर्मियों के पथ को तौलता है। 8 तेरे न्यायमार्गों में भी, हे 𐤉𐤄𐤅𐤄, हम तेरी बाट जोहते रहे; प्राणी की लालसा तेरे नाम और तेरी स्मृति की है। 9 मेरी आत्मा रात में तेरी लालसा करती है, हाँ, मेरा आत्मा मुझ में तुझे पूरी लगन से ढूँढता है। क्योंकि जब तेरे न्याय पृथ्वी पर होते हैं, तब जगत के निवासी धर्म सीखते हैं। 10 दुष्ट अनुग्रह पाता है, वह धर्म नहीं सीखेगा; सीधेपन की भूमि में वह कुटिलता करता है, और 𐤉𐤄𐤅𐤄 की महिमा को नहीं देखता। 11 हे 𐤉𐤄𐤅𐤄, तेरा हाथ ऊँचा है, वे देखते नहीं। वे लोगों की उष्मा देखते हैं और लज्जित होते हैं; साथ ही, तेरे शत्रुओं के लिए आग उन्हें भस्म कर दे। 12 हे 𐤉𐤄𐤅𐤄, तू हमारे लिए शांति स्थापित करता है, क्योंकि तूने हमारे भीतर हमारे सब काम पूरे किए हैं। 13 हे 𐤉𐤄𐤅𐤄 हमारे ईश्वर, तेरे सिवा और प्रभुओं ने हम पर प्रभुत्व किया है; केवल तुझ में ही हम तेरे नाम का स्मरण करते हैं। 14 मरे हुए जीवित नहीं होते; प्रेतात्मा आत्माएँ नहीं उठतीं। इस कारण तूने उन पर दर्शन किया और उन्हें नष्ट कर दिया, और उनकी सब स्मृति को मिटा दिया। 15 तू राष्ट्र को बढ़ाएगा, हे 𐤉𐤄𐤅𐤄, तू राष्ट्र को बढ़ाएगा; तू महिमान्वित है; तू देश की सब सीमाओं को फैलाएगा। 16 हे 𐤉𐤄𐤅𐤄, क्लेश में वे तुझे ढूँढेंगे, तेरे अनुशासन के समय वे प्रार्थना उड़ेलेंगे। 17 जैसे गर्भवती स्त्री प्रसव के निकट होकर पीड़ा में तड़पती और अपने दर्द में चिल्लाती है, वैसे ही हम तेरे सामने होंगे, हे 𐤉𐤄𐤅𐤄। 18 हमने गर्भ धारण किया, हम पीड़ा में तड़पे; हमने वायु को जन्म दिया। हमने पृथ्वी पर उद्धार सिद्ध नहीं किया और न ही जगत के निवासियों का पतन हुआ। 19 तेरे मरे हुए जीवित हों, और मेरी मरी हुई देह उठे। जागो और गाओ, हे मिट्टी में रहनेवालो; क्योंकि तेरा ओस ज्योति का ओस है, और धरती प्रेतात्मा आत्माओं को जन्म दे। 20 जा, हे मेरे लोगों, अपने कक्षों में प्रवेश करो, और अपने पीछे अपने द्वार बन्द कर लो; थोड़ी देर छिप जाओ, जब तक कि अप्रसन्नता टल न जाए। 21 क्योंकि देख, 𐤉𐤄𐤅𐤄 अपनी जगह से बाहर आ रहा है, ताकि पृथ्वी के निवासियों को उनके अधर्म के कारण दण्ड दे। और पृथ्वी अपना लोहू प्रकट करेगी, और अपने घात किए हुओं को फिर नहीं ढाँपेगी।

27

1 उस दिन 𐤉𐤄𐤅𐤄 अपनी कठोर, महान और शक्तिशाली तलवार से भागते नाग, लिव्यातान उस मरोड़े हुए नाग को दंड देगा। और वह उस अजगर को मार डालेगा जो समुद्र में है। 2 उस दिन उससे गाओ, "लाल दाखमधु का एक दाख की बारी! 3 "मैं, 𐤉𐤄𐤅𐤄, उसकी रक्षा

करता हूँ, मैं हर पल उसे सींचता हूँ; कहीं कोई उसे हानि न
पहुँचाए, मैं दिन-रात उसकी रक्षा करता हूँ। 4 “क्रोध मुझ में
नहीं है। कौन है जो मेरे विरुद्ध युद्ध में काँटे और झाड़ियाँ
डाल दे? मैं उन पर चढ़ जाऊँगा, मैं उन्हें एक साथ जला
दूँगा। 5 “या वह मेरी शक्ति को थाम ले और मुझ से मेल
करे। वह मुझ से मेल करे!” 6 जो आते हैं, वह उन्हें याक़ोब
में जड़ पकड़वाता है, और यिस्राएल फूलता और कोंपल
निकालता है। और वे संसार के मुख को फल से भर देंगे।
7 क्या उसने उसे वैसे ही मारा है जैसे उसने उन लोगों को मारा
जो उसे मार रहे थे? या क्या वे वैसे ही मारे गए जैसे वे जिन्हें
उन्होंने मार डाला था? 8 माप के अनुसार, उसे दूर भेजकर
तूने उससे वाद-विवाद किया। वह अपनी कठोर हवा से उसे
हटा देगा, पूरब की आँधी के दिन में। 9 इसलिए इस से
याक़ोब का अधर्म ढक दिया गया। और यह उसके पाप को
हटाने का सारा फल है: जब वह वेदी के सब पत्थरों को चूर्ण
किए हुए चूने के पत्थरों के समान कर देता है – आशेरीम
और सूर्य-स्तंभ अब और न उठें। 10 क्योंकि गढ़वाला नगर
उजाड़ है, एक घर त्यागा हुआ और जंगल के समान छोड़
दिया गया है – वहाँ बछड़ा चरता है, और वहाँ वह लेटता है,
और उसकी डालियों को खा जाता है। 11 जब उसकी डालियाँ
सूख जाती हैं, वे तोड़ी जाती हैं, स्त्रियाँ आती हैं और उन्हें
आग में जलाती हैं। क्योंकि यह समझहीन लोग हैं, इसलिए
जिसने उन्हें बनाया उसने उन पर दया नहीं की, और जिसने
उन्हें रचा उसने उन्हें अनुग्रह नहीं दिखाया। 12 और उस दिन
ऐसा होगा कि 𐤉𐤄𐤅𐤄 नदी की धारा से लेकर मित्स्राएम की
वादी तक दाने दाने को गिरेगा। और हे यिस्राएल के पुत्रो,
तुम एक-एक करके बटोरे जाओगे। 13 और उस दिन ऐसा
होगा कि एक बड़ा नरसिंगा फूँका जाएगा, और जो अश्शूर
देश में नष्ट हो रहे थे और जो मित्स्राएम देश में तितर-बितर
थे वे आएँगे, और यरूशलेम में पवित्र पर्वत पर 𐤉𐤄𐤅𐤄 की
आराधना करेंगे।

28 1 हाय, इफ्रयिम के मद्यपानियों के घमंडी मुकुट पर,
और उसकी शोभायुक्त सुंदरता के मुरझाए फूल पर,
जो उपजाऊ घाटी के सिर पर है, उन पर जो दाखमधु से
पराजित हो गए हैं! 2 देखो, 𐤉𐤄𐤅𐤄 के पास एक है जो
शक्तिशाली और प्रबल है, ओलों की बौछार और नाश
करनेवाले तूफ़ान के समान, प्रचण्ड जल की बाढ़ के समान,
जो हाथ से पृथ्वी पर पटक देता है। 3 इफ्रयिम के मद्यपानियों
का घमंडी मुकुट पैरों तले रौंदा जाएगा; 4 और उसकी
शोभायुक्त सुंदरता का मुरझाया फूल जो उपजाऊ घाटी के
सिर पर है, ग्रीष्म ऋतु से पहले के पहले फल के समान होगा,
जिसे जब कोई देखे, तो उसे हाथ में रहते ही खा ले। 5 उस
दिन सेनाओं का 𐤉𐤄𐤅𐤄 अपनी प्रजा के बचे हुए लोगों के
लिए शोभा का मुकुट और सुंदरता का पगड़ी होगा। 6 और
न्याय करनेवाले को न्याय की आत्मा और नगर के फाटक
पर लड़ाई लौटानेवाले को बल देगा। 7 पर ये भी दाखमधु से
बहक गए, और मद्यपान से भटक गए। कोहेन और नबी
मद्यपान से भटक गए, वे दाखमधु से निगल लिए गए, वे
मद्यपान से लड़खड़ाए, वे दर्शन में भटक गए, वे न्याय में
ठोकर खाए। 8 क्योंकि सब मेज़ें वमन से ढकी होंगी, कोई
स्थान अशुद्धता से रहित न होगा। 9 वह किसे ज्ञान
सिखाएगा? और किसको संदेश समझाएगा? क्या दूध छुड़ाए
हुए बच्चों को, क्या स्तनों से निकाले गए बच्चों को? 10 क्योंकि
यह है: आज्ञा पर आज्ञा, आज्ञा पर आज्ञा, रेखा पर रेखा, रेखा
पर रेखा, यहाँ थोड़ा, वहाँ थोड़ा। 11 क्योंकि हकलाते होंठों
और परदेशी भाषा से वह इस लोगों से बातें करेगा। 12 जिनसे
उसने कहा, “यही विश्राम है, थके हुए को विश्राम दो,” और,
“यही ताज़गी है।” परन्तु उन्होंने सुनना न चाहा। 13 परन्तु
𐤉𐤄𐤅𐤄 का वचन उनके लिए यही होगा, “आज्ञा पर आज्ञा,
आज्ञा पर आज्ञा, रेखा पर रेखा, रेखा पर रेखा, यहाँ थोड़ा,
वहाँ थोड़ा,” ताकि वे जाकर पीछे की ओर ठोकर खाएँ, और
टूटें और फँसकर पकड़े जाएँ। 14 इसलिए 𐤉𐤄𐤅𐤄 का
वचन सुनो, हे ठट्ठा करनेवालों, जो येरुशलेम में इस लोगों पर
प्रभुता करते हो। 15 क्योंकि तुमने कहा, “हमने मृत्यु के साथ
वाचा बाँधी है, और अधोलोक के साथ समझौता किया है।
जब प्रलयकारी शाप गुज़रेगा, तो वह हम तक नहीं पहुँचेगा,
क्योंकि हमने झूठ को अपनी शरण बनाया है, और असत्य के
नीचे हमने अपने को छिपाया है।” 16 इस कारण प्रभु 𐤉𐤄𐤅𐤄
यों कहता है, “देखो, मैं सिय्योन में नींव के लिए एक पत्थर
डाल रहा हूँ, परखा हुआ पत्थर, बहुमूल्य कोना-पत्थर, दृढ़
नींव। जो विश्वास करेगा वह शीघ्र न भागेगा। 17 और मैं
न्याय को नापने की डोरी और धर्म को तौलने की डोरी
बनाऊँगा। और ओले झूठ की शरण को बहा ले जाएँगे, और
जल छिपने की जगह को डुबा देगा। 18 और तुम्हारी मृत्यु के
साथ की वाचा रद्द कर दी जाएगी, और अधोलोक के साथ
की समझौता न ठहरेगी। जब प्रलयकारी शाप गुज़रेगा, तब
तुम उससे रौंदे जाओगे। 19 जितनी बार वह गुज़रेगा, वह
तुम्हें ले जाएगा, क्योंकि वह हर सुबह, दिन और रात
गुज़रेगा। और संदेश को समझना मात्र डरावना होगा।”
20 क्योंकि बिस्तर इतना छोटा होगा कि आदमी उस पर फैल
न सके, और ओढ़ना इतना तंग होगा कि उसमें लिपट न
सके। 21 क्योंकि 𐤉𐤄𐤅𐤄 परात्सीम पर्वत पर उठेगा, और
गिबोन की तराई में जैसे क्रोधित हुआ था वैसे ही होगा, ताकि
वह अपना काम करे, अजीब काम, और अपना कार्य करे,
अनोखा कार्य। 22 अब ठट्ठा करनेवाले न बनो, ऐसा न हो कि
तुम्हारे बंधन और दृढ़ हो जाएँ। क्योंकि मैंने सेनाओं के प्रभु
𐤉𐤄𐤅𐤄 से सुना है, सम्पूर्ण पृथ्वी पर विनाश का निश्चय हुआ
है। 23 मेरी वाणी पर कान दो और मेरी बात सुनो, ध्यान दो
और मेरे वचन को सुनो। 24 क्या हल चलानेवाला सारी दिन
हल चलाता रहेगा ताकि बोए? क्या वह मिट्टी को तोड़ता और
ढेले तोड़ता ही रहेगा? 25 जब उसने सतह को समतल कर
लिया है, तो क्या वह जीरा नहीं बोता और कुम्मिन नहीं
छिटकता, गेहूँ को कतारों में, जौ को ठीक स्थान पर, और
स्पेल्ट को अपनी जगह पर नहीं लगाता? 26 क्योंकि वह उसे
न्याय के अनुसार शिक्षा देता है, उसका ईश्वर उसे सिखाता
है। 27 क्योंकि जीरे को दाँतोंवाले हल से नहीं कूटा जाता, न
ही गाड़ी का पहिया कुम्मिन पर घुमाया जाता है, परन्तु जीरे
को डंडे से पीटा जाता है, और कुम्मिन को लाठी से।
28 अनाज को कुचला जाता है, परन्तु उसे हमेशा कुचलते
नहीं रहते, न ही गाड़ी का पहिया उसे तोड़ता है, न ही
घुड़सवार उसे रौंदते हैं। 29 यह भी सेनाओं के 𐤉𐤄𐤅𐤄 से
हुआ है, जिसने परामर्श में अद्भुत काम किया, जिसने बुद्धि
को महान बनाया।

29

1 हाय अरिऐल पर, अरिऐल पर, वह नगर जहाँ दाविद
रहता था! वर्ष को वर्ष में जोड़ दो, पर्व आते रहें।
2 और मैं अरिऐल को संकट में डालूँगा, और वहाँ शोक और
दुःख होगा, और वह मेरे लिये अरिऐल के समान होगा। 3 और
मैं तेरे चारों ओर डेरा डालूँगा, और मैं तुझ पर घेरा डालूँगा
मिट्टी के ढेर से, और मैं तेरे विरुद्ध घेरे के काम खड़े
करूँगा। 4 और तू नीचे झुकाया जाएगा और भूमि से बोलोगे,
और तेरा वचन धूल से नीचे होगा। और तेरी आवाज़ माध्यम
के समान होगी, भूमि से निकली हुई, और तेरा वचन धूल से
फुसफुसाएगा। 5 परन्तु तेरे पराये लोगों की भीड़ महीन धूल
के समान होगी, और क्रूर लोगों की भीड़ उड़ते हुए भूसे के
समान होगी। और यह तुरंत होगा, अचानक! 6 तू 𐤉𐤄𐤅𐤄
सेनाओं के द्वारा दर्शन पाएगा, गर्जन और भूकंप और बड़े शोर
से, बवंडर और आँधी से, और भस्म करने वाली आग की
ज्वाला से। 7 तब सब जातियों की भीड़ जो अरिऐल से लड़ती
है, हाँ, सब जो उससे और उसके गढ़ से लड़ते हैं और उसे
सताते हैं, वे रात्रि के स्वप्न के समान होंगे, अर्थात् रात के
दर्शन के समान। 8 और ऐसा होगा जैसे कोई भूखा मनुष्य
स्वप्न देखता है और देख, वह खाता है; परन्तु जाग उठता है
और उसका प्राण खाली है; या जैसे कोई प्यासा मनुष्य स्वप्न
देखता है और देख, वह पीता है; परन्तु जाग उठता है और
देख, वह दुर्बल है, और उसका प्राण लालायित है। वैसे ही सब
जातियों की भीड़ होगी जो सिय्योन पर्वत से लड़ती है। 9 ठहरो
और आश्चर्य करो! अपने आप को अंधा करो और अंधे हो
जाओ! वे मद्य से नहीं परन्तु मतवाले हैं; वे तीव्र पेय से नहीं
परन्तु लड़खड़ाते हैं। 10 क्योंकि 𐤉𐤄𐤅𐤄 ने तुम पर गहरी
नींद की आत्मा उंडेली है, और तुम्हारी आँखें बन्द की हैं,
भविष्यद्वक्ताओं की। और उसने तुम्हारे सिर ढक दिए हैं,
अर्थात् दर्शकों के। 11 और सब दर्शन तुम्हारे लिये उस
पुस्तक के वचनों के समान हो गए हैं जो सील की गई है, जिसे
लोग उस पर देते हैं जो पुस्तक जानता है, यह कहकर, "इसे
पढ़ो, कृपया।" और वह कहता है, "मैं असमर्थ हूँ, क्योंकि यह
सील की गई है।" 12 और वह पुस्तक उस व्यक्ति को दी
जाती है जो पुस्तक नहीं जानता, यह कहकर, "इसे पढ़ो,
कृपया।" और वह कहता है, "मैंने पुस्तकें नहीं जानीं।"
13 और 𐤉𐤄𐤅𐤄 कहता है, "क्योंकि यह लोग अपने मुँह से
निकट आए हैं, और अपने होंठों से उन्होंने मेरा आदर किया
है, परन्तु उनका हृदय मुझ से दूर रखा है, और उनका भय
मेरे लिये मनुष्यों की आज्ञा हो गया है जिसे सिखाया जाता है!
14 इस कारण देखो, मैं फिर से इस लोगों के बीच एक
अद्‌भुत कार्य कर रहा हूँ, एक अद्‌भुत कार्य और आश्चर्य।
और उनके बुद्धिमानों की बुद्धि नाश हो जाएगी, और उनके
चतुर लोगों की समझ छिपाई जाएगी।" 15 हाय उन पर जो
गहराई में जाकर अपनी युक्ति 𐤉𐤄𐤅𐤄 से छिपाते हैं, और
उनके काम अंधकार में होते हैं; वे कहते हैं, "कौन हमें देखता
है?" और, "कौन हमें जानता है?" 16 तुम कितने उल्टे हो!
क्या कुम्हार मिट्टी के समान गिना जाएगा? क्या जो बनाया गया
है वह अपने बनाने वाले के विषय में कहेगा, "उसने मुझे नहीं
बनाया"? और जो गढ़ा गया है वह उसके विषय में कहेगा
जिसने उसे गढ़ा, "उसने नहीं समझा"? 17 क्या अभी थोड़ी
देर में लेबानोन बाग़ की भूमि में नहीं बदलेगा, और बाग़ की
भूमि वन के समान नहीं गिनी जाएगी? 18 और उसी दिन बहरे
लोग पुस्तक के वचन सुनेंगे, और अंधों की आँखें अंधकार
और अंधियारे से देखेंगी। 19 और नम्र लोग 𐤉𐤄𐤅𐤄 में
अपना आनन्द बढ़ाएँगे, और मनुष्यों में दरिद्र इस्राएल के
पवित्र में मगन होंगे। 20 क्योंकि क्रूर मनुष्य व्यर्थ हो गया,
ठट्ठा करने वाला नाश हो गया, और सब जो बुराई के लिये
चौकसी करते हैं, काटे जाएँगे, 21 जो किसी मनुष्य को वचन
से पाप में डालते हैं, और फाटक में डाँटने वाले के लिये फंदा
लगाते हैं, और धर्मी को शून्यता से हटा देते हैं। 22 इस
कारण यों कहता है 𐤉𐤄𐤅𐤄, जिसने अब्राहम को छुड़ाया,
याक़ोब के घराने के विषय में, "याक़ोब अब लज्जित नहीं
होगा, अब उसका मुख फीका नहीं होगा। 23 क्योंकि जब वह
अपने बालकों को देखेगा, मेरे हाथों का काम, अपने बीच में,
तब वे मेरे नाम को पवित्र ठहराएँगे, और याक़ोब के पवित्र को
पवित्र ठहराएँगे, और इस्राएल के ईश्वर का भय मानेंगे।
24 और जो आत्मा में भटक गए वे समझ में आएँगे, और
कुड़कुड़ाने वाले शिक्षा स्वीकार करेंगे।"

30

1 "हाय हठीले बच्चे," 𐤉𐤄𐤅𐤄 घोषित करते हैं,
"सलाह करने के लिये, पर मेरे द्वारा नहीं, और
योजनाएँ बनाने के लिये, पर मेरी आत्मा से नहीं, पाप पर पाप
बढ़ाने के लिये; 2 जो मिस्र जाने के लिये चल रहे हैं, और मेरे
मुख से नहीं पूछा, फ़िरऔन की शक्ति में दृढ़ होने के लिये,
और मिस्र की छाया में शरण ढूँढने के लिये! 3 "और
फ़िरऔन की शक्ति तुम्हारा लज्जा बनेगी, और मिस्र की छाया
में शरण तुम्हारा अपमान बनेगी। 4 "क्योंकि उसके हाकिम
सोअन में थे, और उसके दूत हानस तक पहुँचे। 5 "वे सब
उन लोगों से लज्जित हुए जो उन्हें लाभ नहीं पहुँचाते, न तो
सहायता के लिये और न लाभ के लिये, पर लज्जा और
उपहास के लिये।" 6 नेगेब के पशुओं के विषय में संदेश।
संकट और क्लेश के देश से होकर, जहाँ से सिंहनी और सिंह,
विषधर और उड़ने वाला जलता सर्प आते हैं, वे अपने धन को
गधों की पीठ पर और अपने ख़ज़ाने ऊँटों की कूबड़ पर ले
जाते हैं, एक निरुपयोगी लोगों के पास, 7 यहाँ तक कि मिस्र,
जिसकी सहायता व्यर्थ और खोखली है। इसलिये मैंने उसका
नाम राहब-हेम-शेबेत रखा है। 8 और जा, इसे उनके सामने
पट्टिका पर लिख और इसे एक स्क्रॉल पर अंकित कर, कि
यह आने वाले दिन के लिये है, सदा का साक्ष्य। 9 कि यह एक
विद्रोही लोग है, झूठ बोलने वाले बच्चे, ऐसे बच्चे जो 𐤉𐤄𐤅𐤄
की तोराह को सुनना नहीं चाहते, 10 जो दर्शकों से कहते हैं,
"मत देखो," और नबियों से, "हम से सही बातें मत बोलो।
हम से कोमल बातें बोलो, धोखा देने वाली बातें नबा करो।
11 "मार्ग से हट जाओ, पथ से मुड़ जाओ, इस्राएल के पवित्र
को हमारे सामने से हटा दो।" 12 इसलिये इस्राएल के पवित्र
ने ऐसा कहा, "क्योंकि तुम इस वचन को तुच्छ समझते हो,
और उत्पीड़न और कुटिलता में भरोसा रखते हो, और उन
पर निर्भर रहते हो, 13 इसलिये यह अधर्म तुम्हारे लिये ऐसे
होगा जैसे गिरने को तैयार दरार, एक ऊँची दीवार में उभार,
जिसका टूटना अचानक और शीघ्र होता है।" 14 और वह
उसे कुम्हार के बर्तन के टूटने की तरह तोड़ेगा, जो टुकड़ों में
तोड़ा जाता है, बिना दया के, ताकि उसके टुकड़ों में से एक भी
चिप्पी न मिले जिससे चूल्हे से आग ली जाये, या हौद से पानी
निकाला जाये। 15 क्योंकि प्रभु 𐤉𐤄𐤅𐤄, इस्राएल के पवित्र ने

ऐसा कहा, “लौटने और विश्राम में तुम्हारा उद्धार है, शांति और
भरोसे में तुम्हारी शक्ति है।” पर तुम ने नहीं चाहा, 16 और
तुमने कहा, “नहीं, हम तो घोड़ों पर भागेंगे,” इसलिये तुम
भागोगे! और, “हम तेज़ घोड़ों पर सवार होंगे,” इसलिये जो
तुम्हारा पीछा करेंगे वे तेज़ होंगे! 17 एक की डाँट से एक हज़ार
भागेंगे; पाँच की डाँट से तुम भागोगे, जब तक तुम पहाड़ की
चोटी पर खंभे की तरह और पहाड़ी पर निशान की तरह न
रह जाओ। 18 इसलिये 𐤉𐤄𐤅𐤄 प्रतीक्षा करेगा, ताकि तुम्हें
अनुग्रह दिखाए। और इसलिये वह ऊँचा उठेगा, ताकि तुम
पर दया करे। क्योंकि 𐤉𐤄𐤅𐤄 न्याय का ईश्वर है। धन्य हैं
वे सब जो उसकी प्रतीक्षा करते हैं। 19 क्योंकि लोग सिय्योन
में, यरूशलेम में बसेंगे, तुम फिर कभी नहीं रोओगे। वह
तुम्हारे रोने की आवाज़ पर तुम पर बहुत अनुग्रह करेगा; जब
वह सुनेगा, वह तुम्हें उत्तर देगा। 20 यद्यपि 𐤉𐤄𐤅𐤄 ने तुम्हें
कष्ट की रोटी और दुख का पानी दिया, तुम्हारा शिक्षक अब
और छिपा नहीं रहेगा। पर तुम्हारी आँखें तुम्हारे शिक्षक को
देखेंगी, 21 और तुम्हारे कान तुम्हारे पीछे से यह वचन सुनेंगे,
“यह मार्ग है, इसी में चलो,” जब तुम दाहिने ओर मुड़ो, या
जब तुम बाएँ ओर मुड़ो। 22 और तुम अपनी चाँदी की खुदी
हुई मूरतों की परत और अपनी सोने की ढली हुई मूरतों की
जड़ाऊ परत को अपवित्र करोगे। तुम उन्हें मासिक धर्म के
कपड़े की तरह फेंक दोगे और उनसे कहोगे, “दूर हो
जाओ!” 23 और वह तुम्हारे बीज के लिये वर्षा देगा जिससे
तुम भूमि बोओगे, और पृथ्वी की उपज की रोटी। और वह
मोटी और समृद्ध होगी, तुम्हारे पशु उस दिन विस्तृत चरागाह
में चरेंगे, 24 और बैल और जवान गदहे जो भूमि जोतते हैं,
फावड़े और पंखे से फटकाया हुआ मसालेदार चारा खाएँगे।
25 और हर एक ऊँचे पहाड़ पर और हर एक ऊँची पहाड़ी पर
नदियाँ और जल की धाराएँ होंगी, उस बड़े वध के दिन में,
जब गुम्मट गिरेंगे। 26 और चन्द्रमा का प्रकाश सूर्य के प्रकाश
के समान होगा, और सूर्य का प्रकाश सात गुना होगा, सात
दिनों के प्रकाश के समान, जिस दिन 𐤉𐤄𐤅𐤄 अपनी प्रजा के
टूटेपन को बाँध देगा, और अपनी मार के घाव को चंगा
करेगा। 27 देखो, 𐤉𐤄𐤅𐤄 का नाम दूर से आता है, उसका
क्रोध जलता हुआ और भारी धुआँ। उसके होंठ क्रोध से भरे
होंगे, और उसकी जीभ भस्म करनेवाली आग के समान
होगी। 28 और उसकी श्वास उमड़ती हुई धारा के समान
होगी, जो गले तक पहुँचती है, जातियों को झूठ की छलनी से
छानने के लिये, और लोगों के जबड़ों पर भ्रामक लगाम।
29 तुम्हारे लिये गीत ऐसा होगा जैसा पवित्र रात में पर्व के लिये
होता है, और मन का हर्ष ऐसा होगा जैसे वह जो बांसुरी लिये
हुए आता है, 𐤉𐤄𐤅𐤄 के पर्वत पर आने के लिये, इस्राएल की
चट्टान के पास। 30 और 𐤉𐤄𐤅𐤄 अपनी उत्कृष्ट वाणी
सुनाएगा, और अपनी भुजा का उतरना दिखाएगा, प्रचण्ड
क्रोध के साथ और भस्म करनेवाली आग की ज्वाला के साथ,
बिखराव, वर्षा और ओलों के साथ। 31 क्योंकि 𐤉𐤄𐤅𐤄 की
आवाज़ से अश्शूर टूट जाएगा, और छड़ी से वह उसे मारेगा।
32 और हर एक नियत छड़ी का प्रहार जो 𐤉𐤄𐤅𐤄 उस पर
लगाएगा, वह डफ और वीणा के साथ होगा, जब वह उससे
लड़ेगा, हाथ हिलाते हुए युद्ध करेगा। 33 क्योंकि तोफेत प्राचीन
से ठहराया गया था, यहाँ तक कि राजा के लिये भी वह तैयार
किया गया है। उसने उसे गहरा और बड़ा बनाया है, उसका
अग्निकुंड बहुत लकड़ी के साथ; 𐤉𐤄𐤅𐤄 की श्वास, जलते
गन्धक की धारा के समान, उसमें जल रही है!

31

1 हाय उन पर जो सहायता के लिये मिस्र जाते हैं,
और घोड़ों पर भरोसा करते हैं, और रथों पर इसलिए
कि वे बहुत हैं, और घुड़सवारों पर इसलिए कि वे बहुत
बलवन्त हैं, परन्तु इस्राएल के पवित्र की ओर नहीं देखते,
और न 𐤉𐤄𐤅𐤄 को खोजते हैं! 2 और वह भी बुद्धिमान है,
और उसने बुराई लाया है, और अपने वचन नहीं हटाए हैं।
और वह बुराई करनेवालों के घर के विरुद्ध, और अधर्मियों की
सहायता के विरुद्ध उठ खड़ा होगा। 3 और मिस्री मनुष्य हैं,
और ईश्वर नहीं। और उनके घोड़े मांस हैं, आत्मा नहीं।
और जब 𐤉𐤄𐤅𐤄 अपना हाथ बढ़ाएगा, तब सहायक भी
ठोकर खाएगा, और जिसको सहायता दी जाती है वह भी
गिरेगा। और वे सब मिलकर गिरेंगे। 4 क्योंकि यह वह है जो
𐤉𐤄𐤅𐤄 ने मुझसे कहा, “जैसे सिंह गर्जता है, और जवान
सिंह अपने शिकार पर, यद्यपि चरवाहों का दल उसके विरुद्ध
बुलाया जाए, वह उनकी आवाज़ से नहीं डरता, न उनके
कोलाहल से विचलित होता है, वैसे ही सेनाओं का 𐤉𐤄𐤅𐤄
सिय्योन पर्वत पर और उसकी पहाड़ी पर लड़ने के लिये
उतरेगा। 5 “जैसे उड़ते हुए पक्षी, वैसे ही सेनाओं का
𐤉𐤄𐤅𐤄 यरूशलेम की रक्षा करेगा - रक्षा करेगा और
छुड़ाएगा, पार होकर बचाएगा।” 6 इस्राएल के बच्चों ने जिस
से बहुत गहराई से मुँह मोड़ लिया है, उसकी ओर फिरो।
7 क्योंकि उस दिन में, प्रत्येक मनुष्य अपनी चाँदी की मूर्तियों
और अपनी सोने की मूर्तियों को त्याग देगा, जिन्हें तुम्हारे
अपने हाथों ने तुम्हारे लिये पाप के रूप में बनाया है। 8 “और
अश्शूर मनुष्य की तलवार से नहीं गिरेगा, और मनुष्यजाति
की तलवार उसे नहीं भस्म करेगी। परन्तु वह तलवार से
भागेगा, और उसके जवान दास बना दिये जाएँगे। 9 और
उसका बल भय के कारण चला जाएगा, और उसके सेनापति
झण्डे से डरेंगे,” यह 𐤉𐤄𐤅𐤄 का वचन है, जिसका प्रकाश
सिय्योन में है और जिसकी भट्ठी यरूशलेम में है।

32

1 देखो, एक शासक धर्म में राज्य करेगा, और
शासक न्याय में शासन करेंगे। 2 और हर एक हवा से
छिपने की जगह, और वर्षा से शरणस्थान होगा, जैसे सूखी
जगह में जल की नदियाँ, जैसे थकी हुई भूमि में बड़ी चट्टान
की छाया। 3 और देखने वालों की आँखें धुंधली नहीं होंगी,
और सुनने वालों के कान ध्यान देंगे। 4 और उतावले का
हृदय ज्ञान को समझेगा, और हकलाने वालों की जीभ जल्दी
से साफ बोलेगी। 5 मूर्ख को अब महान नहीं कहा जाएगा, और
न ही दुष्ट को सम्माननीय कहा जाएगा। 6 क्योंकि मूर्ख
मूर्खता बोलता है, और उसका हृदय दुष्टता करता है:
अशुद्धता करने के लिए, और 𐤉𐤄𐤅𐤄 के विरुद्ध धोखा
देनेवाली बातें कहने के लिए, भूखे के प्राण को भूखा रखने के
लिए, और प्यासे से पेय को रोकने के लिए। 7 और दुष्ट की
युक्तियाँ बुरी हैं - उसने झूठे शब्दों से गरीब को नष्ट करने की
दुष्ट योजनाएँ बनाई हैं, यहाँ तक कि जब दरिद्र न्याय की
याचना करता है। 8 परन्तु उदार व्यक्ति उदार बातें सोचता है,
और उदार कर्मों से वह उठ खड़ा होता है। 9 उठो, हे
निश्चिन्त स्त्रियों, मेरी वाणी सुनो; हे आत्मसन्तुष्ट पुत्रियों,

मेरी बात पर ध्यान दो। [10]थोड़े से एक वर्ष से भी कम में तुम
व्याकुल हो जाओगी, हे आत्मसन्तुष्ट स्त्रियों; क्योंकि दाख की
फसल नष्ट हो जाएगी, और संग्रह नहीं होगा। [11]कांपों, हे
निश्चिन्त स्त्रियों; व्याकुल हो जाओ, हे आत्मसन्तुष्टों; अपने
को उतारो, और अपने को नंगा करो, और अपनी कमर पर
टाट बाँधो। [12]मनोरम खेतों के लिए, फलदायी दाखलता के
लिए छाती पीटो। [13]मेरे लोगों की भूमि पर काँटे और झाड़ियाँ
उगेंगी, हाँ, सब आनन्द के घरों पर, हर्ष के नगर पर।
[14]क्योंकि महल त्याग दिया गया है, भीड़-भाड़ वाला नगर
उजाड़ पड़ा है। पहाड़ी और गढ़ हमेशा के लिए गुफाएँ बन
गए हैं, जंगली गधों का हर्ष, झुंडों का चरागाह। [15]जब तक
कि आत्मा ऊँचाई से हम पर न डाली जाए, और जंगल बगीचे
की भूमि न बन जाए, और बगीचे की भूमि वन के समान न
मानी जाए। [16]तब न्याय जंगल में वास करेगा, और धर्म
बगीचे की भूमि में ठहरेगा। [17]धर्म का काम शान्ति होगा, और
धर्म की सेवा सदा के लिए विश्राम और सुरक्षा होगी। [18]और
मेरी प्रजा शान्ति के घर में, सुरक्षित निवासों में, और निश्चिन्त
विश्राम-स्थलों में वास करेगी। [19]यहाँ तक कि जब ओले
गिरेंगे, वन को गिराएँगे, और नगर नीचता में गिरा दिया
जाएगा। [20]धन्य हो तुम जो सब जलों के किनारे बोते हो, जो
बैल और गधे के पाँव को बाहर भेजते हो।

33 [1]हाय तुम पर, विध्वंस करने वाले, जबकि तुम पर
विध्वंस नहीं किया गया, और तुम विश्वासघाती,
जबकि उन्होंने तुम्हारे साथ विश्वासघात नहीं किया! जब तुम
विध्वंस करना छोड़ दोगे, तुम पर विध्वंस किया जाएगा। और
जब तुम विश्वासघात करना बंद कर दोगे, वे तुम्हारे साथ
विश्वासघात करेंगे। [2]हे 𐤉𐤄𐤅𐤄, हम पर अनुग्रह कर,
क्योंकि हम ने तेरा इंतज़ार किया है। हर सुबह उनका भुजबल
बन, संकट के समय हमारा उद्धार भी। [3]गर्जन के शोर पर
लोग भाग जाएंगे। जब तू अपने आप को उठाता है, जातियाँ
तितर-बितर हो जाएंगी। [4]और तेरी लूट इकट्ठी की जाएगी
जैसे इल्ली इकट्ठी करती है; जैसे टिड्डियाँ दौड़ती हैं, वे उन
पर दौड़ पड़ेंगी। [5]𐤉𐤄𐤅𐤄 ऊँचा है, क्योंकि वह ऊँचाई पर
वास करता है; उसने सिय्योन को न्याय और धार्मिकता से भर
दिया है। [6]और वह तेरे समयों की विश्वासयोग्यता होगा,
उद्धार, बुद्धि और ज्ञान का धन। 𐤉𐤄𐤅𐤄 का भय - वही
उसका खज़ाना है। [7]देख, उनके वीरजन बाहर रोएंगे, शांति
के दूत कड़वे होकर विलाप करेंगे। [8]मार्ग सुनसान हो जाएंगे,
मार्ग पर चलने वाला आदमी समाप्त हो जाएगा। उसने वाचा
तोड़ दी है, उसने नगरों का तिरस्कार किया है, उसने किसी
मनुष्य का सम्मान नहीं किया। [9]पृथ्वी विलाप और दुर्बल
होगी, लबानोन लज्जित होगा। शारोन मरुभूमि के समान सूख
जाएगा, और बाशान और कर्मेल काँपेंगे। [10]"अब मैं उठता
हूँ," 𐤉𐤄𐤅𐤄 कहता है। "अब मैं ऊँचा किया गया हूँ, अब मैं
ऊपर उठाया गया हूँ। [11]"तुम भूसा गर्भ धारण करते हो, तुम
ठूंठ जन्म देते हो, तुम्हारी आत्मा तुम्हें आग की तरह भस्म
कर देती है। [12]"और लोग चूने की जलती हुई भट्ठी के
समान होंगे, जैसे काँटे काटकर आग में जलाए जाते हैं।
[13]"तुम जो दूर हो, सुनो कि मैं क्या करूँगा; और तुम जो
निकट हो, मेरी शक्ति को जानो।" [14]सिय्योन में पापी
भयभीत होंगे; काँपना अशुद्ध लोगों को पकड़ लेगा, "हम में से
कौन भस्म करने वाली आग के साथ बसेगा? हम में से कौन
सदा की जलती हुई अग्नि के साथ बसेगा?" [15]वह जो धर्म
से चलता है और सीधी बातें बोलता है, वह जो अत्याचारों का
लाभ ठुकराता है, जो अपने हाथ रिश्वत लेने से रोकता है, जो
अपने कानों को रक्तपात सुनने से रोकता है, और अपनी
आँखें बुराई देखने से बन्द करता है – [16]वह ऊँचाइयों में
बसेगा; चट्टानों के गढ़ उसका शरणस्थान होंगे। उसकी रोटी
उसे दी जाएगी, उसका पानी स्थिर रहेगा। [17]तेरी आँखें
राजा को उसकी शोभा में देखेंगी, दूर देश को देखेंगी।
[18]तेरा हृदय भय को स्मरण करेगा, "लिपिक कहाँ है? वह
कहाँ है जो तौलता है? वह कहाँ है जो गुम्बदों की गिनती करता
है?" [19]अब तू क्रूर लोगों को नहीं देखेगा, गहरे होंठों वाली
प्रजा जिसे सुना नहीं जाता, ऐसी हकलाने वाली जीभ जिसे
कोई नहीं समझता। [20]देख सिय्योन, हमारे ठहराए हुए समय
का नगर; तेरी आँखें येरूशलेम को देखेंगी, शान्त निवास,
एक तम्बू जिसे गिराया नहीं जाएगा। उसके खूंटे कभी नही
हटेंगे, न ही उसकी रस्सियाँ टूटेंगी। [21]परन्तु वहाँ हमारे लिए
𐤉𐤄𐤅𐤄 महान है; चौड़े नदियों और धाराओं का स्थान,
जिसमें कोई पतवार वाली नाव नहीं चलती, न बड़े जहाज़ वहां
से गुजरते हैं - [22]क्योंकि 𐤉𐤄𐤅𐤄 हमारा न्यायी है, 𐤉𐤄𐤅𐤄
हमारा विधिदाता है, 𐤉𐤄𐤅𐤄 हमारा राजा है, वही हमें बचाता
है - [23]तेरी रस्सियाँ ढीली हो जाएंगी, वे अपने मस्तूल को दृढ़
नहीं करते, वे पाल नहीं फैलाते। तब बड़ी लूट का शिकार
बाँटा जाएगा, लंगड़े लोग भी शिकार लेंगे। [24]न तो निवासी
कहेगा, "मैं बीमार हूँ।" जो लोग उसमें बसते हैं, उनके अधर्म
क्षमा किए गए हैं!

34 [1]पास आओ, हे अन्यजातियों, सुनो। और सुनो, हे
लोगो! धरती सुने, और जो कुछ उसमें है, जगत और
उसकी सारी संतान। [2]क्योंकि 𐤉𐤄𐤅𐤄 का क्रोध सब
अन्यजातियों के विरुद्ध है, और उसका रोष उनकी सारी
सेनाओं पर है। वह उन्हें विनाश के लिये कर देगा, वह उन्हे
वध के लिये सौंप देगा, [3]और उनके मारे हुए बाहर फेंके
जाएँगे, और उनकी लाशों से दुर्गंध उठेगी। और पहाड़
उनका लहू से पिघल जाएँगे। [4]और आकाश की सारी सेनाएं
सड़ जाएँगी। और आकाश ग्रंथ के समान लपेटे जाएँगे, और
उनकी सारी सेनाएँ बेल पर मुरझाते पत्ते के समान, और
अंजीर के मुरझाए फल के समान झड़ जाएँगी। [5]क्योंकि
मेरी तलवार आकाश में भीग गई है। देखो, यह एदोम पर
उतरती है, और मेरे शापित लोगों पर, न्याय के लिये।
[6]𐤉𐤄𐤅𐤄 की तलवार लहू से भर जाएगी, यह चरबी से
लबालब हो जाएगी, मेमनों और बकरों के लहू से, मेंढ़ों के गुर्दों
की चरबी से। क्योंकि 𐤉𐤄𐤅𐤄 का बोत्स्रह में वध है, और
एदोम देश में बड़ा वध है। [7]और जंगली बैल उनके साथ
गिरेंगे, और जवान सांड सांडों के संग। और उनकी भूमि लहू
से भीग जाएगी, और उनकी मिट्टी चरबी से लबालब हो
जाएगी। [8]क्योंकि यह 𐤉𐤄𐤅𐤄 का पलटा लेने का दिन है,
सिय्योन के मुक़दमे का बदला चुकाने का वर्ष है। [9]और
उसकी नदियाँ डामर में बदल जाएँगी, और उसकी मिट्टी
गंधक में, और उसकी भूमि जलते डामर में बदल जाएगी।
[10]वह रात-दिन बुझाई न जाएगी, उसका धुआँ सदा उठता

रहेगा। पीढ़ी दर पीढ़ी वह उजाड़ पड़ी रहेगी, उसमें कभी कोई
न गुजरेगा, युगानुयुग। 11 ताकि पेलिकन और साही उसमें
बसे, उल्लू और कौवा उसमें डेरा डाले। और वह उस पर
अराजकता की डोरी और शून्यता के पत्थर फैलाएगा।
12 उसके किले, जिनमें कोई न होगा, राज्य कहलाएँगे, पर
उसके सब हाकिम लुप्त हो गए हैं। 13 और उसके महलों में
काँटे उगेंगे, उसके गढ़ों में बिच्छू बूटी और झाड़-झंखाड़।
और वह गीदड़ों का घर और शुतुरमुर्गों का आँगन होगा।
14 और जंगल के पशु गीदड़ों से मिलेंगे, और जंगली बकरा
अपने साथी को पुकारेगा। वहाँ रात का प्राणी भी बसेगा, और
अपने लिये विश्रामस्थान पाएगी। 15 वहाँ तीर साँप अंडे देगा,
और अंडे सेतेगा और बच्चे निकालेगा, और उन्हें अपनी छाया
में इकट्ठा करेगा। वहाँ गिद्ध भी इकट्ठे होंगे, हर एक अपने
साथी के साथ। 16 त्र५त्रz की पुस्तक में ढूँढो, और पढ़ो:
इनमें से कोई भी गायब न होगा, कोई भी अपने साथी से रहित
न होगा; क्योंकि मेरे मुँह ने आज्ञा दी है। और उसकी आत्मा
उन्हें इकट्ठा करेगी। 17 और वह उनके लिये चिट्ठी डालेगा,
और उसका हाथ नापने की रेखा से उन्हें बाँटेगा - वे उसे सदा
के लिये पाएँगे, पीढ़ी दर पीढ़ी उसमें बसेंगे।

35 1 उजाड़ और सूखी जगह उनके लिये मगन हो जाए,
और रेगिस्तान आनन्दित हो, और गुलाब के समान
खिले। 2 यह बहुत फूलेगा और आनन्दित होगा, यहाँ तक कि
आनन्द और गाने के साथ। लेबानोन की महिमा उसे दी
जाएगी, कर्मेल और शारोन की उत्कृष्टता। वे त्र५त्रz की
महिमा को देखेंगे, हमारे ईश्वर की श्रेष्ठता। 3 कमज़ोर हाथों
को मज़बूत करो, और डगमगाते घुटनों को स्थिर करो।
4 घबराए हुए हृदय वालों से कहो, "मज़बूत रहो, मत डरो!
देखो, तुम्हारा ईश्वर बदला लेने के साथ आता है, ईश्वर के
प्रतिफल के साथ। वह तुम्हें बचाने आता है।" 5 तब अंधों की
आँखें खोली जाएंगी, और बहरों के कान खोले जाएंगे। 6 तब
लंगड़ा हिरण की तरह कूदेगा, और गूंगे की जीभ गाएगी,
क्योंकि जंगल में जल फूट पड़ेगा, और मरुभूमि में नदियाँ।
7 और तप्त भूमि तालाब बन जाएगी, और प्यासा देश जल के
सोते - गीदड़ों के घर में, जहाँ वे रहते थे, सरकंडे और
नरकट के साथ घास होगी। 8 और वहाँ एक राजमार्ग होगा,
और एक मार्ग, और उसे "पवित्रता का मार्ग" कहा जाएगा।
अशुद्ध उस पर नहीं चलेगा, परन्तु यह उनके लिये होगा जो
उस मार्ग पर चलते हैं, और कोई भटका हुआ मूर्ख नहीं।
9 वहाँ कोई सिंह नहीं होगा, न कोई हिंसक पशु उस पर चढ़ेगा,
वह वहाँ नहीं मिलेगा। परन्तु छुड़ाए हुए उस पर चलेंगे।
10 और त्र५त्रz के छुड़ाए हुए लौटेंगे और सिय्योन में गाते
हुए प्रवेश करेंगे, उनके सिरों पर सदा की आनन्द होगा। वे
आनन्द और प्रसन्नता पाएंगे, और शोक और आह भरना भाग
जाएगा।

36 1 और यह हुआ कि राजा हिज़कियाह के चौदहवें वर्ष
में अश्शूर के राजा सनहेरीब ने यहूदा के सब गढ़वाले
नगरों के विरुद्ध चढ़ाई की और उन्हें ले लिया। 2 और
अश्शूर के राजा ने लकीश से एक बड़ी सेना के साथ
रबशाकेह को राजा हिज़कियाह के पास येरूशालेम भेजा।
और वह ऊपरी सरोवर की नाली के पास, धोबी के खेत के
मार्ग पर खड़ा हुआ। 3 तब उसके पास हिलकियाह के पुत्र
एलियाकीम, जो घर पर अधिकारी था, और शबना सचिव,
और आसाफ के पुत्र योआह, इतिहास लेखक आए। 4 तब
रबशाकेह ने उनसे कहा, "कृपया हिज़कियाह से कहो, 'यूं
कहता है महान राजा, अश्शूर का राजा, "यह भरोसा क्या है
जिस पर तुम भरोसा करते हो? 5 "मैं कहता हूं: तुम युद्ध के
लिए परामर्श और शक्ति की बात करते हो, परन्तु वे व्यर्थ
शब्द हैं। अब तुम किस पर भरोसा करते हो, कि तुमने मेरे
विरुद्ध बलवा किया? 6 "देखो! तुम मिस्त्र की इस टूटे हुए
सरकंडे की लाठी पर भरोसा करते हो, जिस पर यदि कोई
मनुष्य टिके, तो वह उसके हाथ में घुसकर उसे छेद डालेगा।
मिस्त्र का राजा फ़िरऔन उन सब के लिए ऐसा ही है जो उस
पर भरोसा करते हैं। 7 "पर यदि तुम मुझसे कहो, 'हम
त्र५त्रz अपने ईश्वर पर भरोसा करते हैं,' क्या वह वही नहीं
है जिसके ऊँचे स्थानों और वेदियों को हिज़कियाह ने हटा
दिया है, और यहूदा और येरूशालेम से कहा है, 'इस वेदी के
सामने दण्डवत करो'? 8 "और अब, मैं तुमसे विनती करता
हूं, कृपया मेरे स्वामी अश्शूर के राजा को एक प्रतिज्ञा दो, और
मैं तुम्हें दो हजार घोड़े दूँगा, यदि तुम अपने भाग पर उन पर
सवार चढ़ाने में सक्षम हो!" 9 "और तुम मेरे स्वामी के सेवकों
में से सबसे छोटे के एक अधिपति को भी कैसे ठुकराते हो,
और रथों और घुड़सवारों के लिए मिस्त्र पर भरोसा रखते हो?
10 "और अब, क्या मैं त्र५त्रz के बिना इस देश पर उसे नाश
करने आया हूँ? त्र५त्रz ने मुझसे कहा, 'इस देश के विरुद्ध
चढ़ाई कर, और इसे नष्ट कर।' " 11 तब एलियाकीम,
शबना, और योआह ने रबशाकेह से कहा, "कृपया अपने दासों
से अरामी भाषा में बातें कर, क्योंकि हम उसे समझते हैं। और
हमसे यहूदा की भाषा में न बोल, कि दीवार पर बैठे लोग
सुनें।" 12 पर रबशाकेह ने कहा, "क्या मेरे स्वामी ने मुझे तेरे
स्वामी और तुझ से यह वचन कहने को भेजा है, और उन
मनुष्यों से नहीं जो दीवार पर बैठे हैं, कि वे तुम्हारे साथ अपना
ही मल खाएं और अपना ही मूत्र पियें?" 13 तब रबशाकेह
खड़ा हुआ और यहूदा की भाषा में ऊँचे शब्द से पुकारकर
कहने लगा, "अश्शूर के महान राजा का वचन सुनो! 14 "यूं
कहता है राजा, 'हिज़कियाह तुम्हें धोखा न दे, क्योंकि वह तुम्हें
छुड़ाने में असमर्थ है, 15 और हिज़कियाह तुम्हें त्र५त्रz पर
भरोसा न दिलाए, यह कहकर, "त्र५त्रz निश्चय ही हमें
छुड़ाएगा, यह नगर अश्शूर के राजा के हाथ में न दिया
जाएगा।" ' 16 "हिज़कियाह की न सुनो, क्योंकि अश्शूर का
राजा यों कहता है, 'मेरे साथ मेल करो एक भेंट द्वारा और मेरे
पास निकल आओ। तब तुम में से हर एक अपनी बेल और
हर एक अपनी अंजीर के पेड़ से खाएगा, और हर एक अपने
कुंड का पानी पिएगा, 17 जब तक मैं आकर तुम्हें तुम्हारे देश
के समान एक देश में न ले जाऊँ, अन्न और नये दाखमधु का
देश, रोटी और दाखबारी का देश। 18 'सावधान! कहीं
हिज़कियाह तुम्हें यह कहकर न बहकाए, "त्र५त्रz हमें
छुड़ाएगा।" क्या राष्ट्रों के किसी देवता ने अपनी भूमि को
अश्शूर के राजा के हाथ से छुड़ाया है? 19 'हमात और अर्पद
के देवता कहाँ हैं? सेफरवायिम के देवता कहाँ हैं? और उन्होंने
शमरोन को मेरे हाथ से कब छुड़ाया? 20 'इन सब देशों के
देवताओं में से किसने अपनी भूमि को मेरे हाथ से छुड़ाया है,
कि त्र५त्रz येरूशालेम को मेरे हाथ से छुड़ाए?' " 21 परन्तु

वे चुप रहे और उसे एक भी वचन न उत्तर दिया, क्योंकि राजा
की आज्ञा थी, "उसे उत्तर न दो।" 22 तब हिलकियाह का पुत्र
एलियाकीम, जो घर पर अधिकारी था, शबना सचिव, और
आसाफ का पुत्र योआह, इतिहास लेखक, फटे वस्त्रों के साथ
हिज़कियाह के पास आए, और उन्होंने उसे रबशाकेह के वचन
बताए।

37 1 और यह हुआ, जब राजा हिज़क़ियाह ने इसे सुना,
तो उसने अपने वस्त्र फाड़ डाले, और टाट से अपने
को ढक लिया, और 𐤉𐤄𐤅𐤄 के भवन में गया। 2 और उसने
एल्याकीम को भेजा, जो घराने पर था, और शेभना शास्त्री
को, और याजकों के पुरनियों को, टाट ओढ़े हुए, आमोस के
पुत्र नबी यशायाह के पास। 3 और उन्होंने उससे कहा, "ऐसा
कहता है हिज़क़ियाह, 'यह दिन संकट और उलाहना और
तिरस्कार का दिन है, क्योंकि लड़के जन्म के समय तक
पहुँच गए हैं, परन्तु जन्म देने की शक्ति नहीं है। 4 'संभव है
कि 𐤉𐤄𐤅𐤄 तेरा ईश्वर रबशाके के वचनों को सुने, जिसे
उसके स्वामी अश्शूर के राजा ने भेजा है जीवित ईश्वर की
निन्दा करने को, और वह उन वचनों को डाँटे जिन्हें 𐤉𐤄𐤅𐤄
तेरा ईश्वर ने सुना है। इसलिये शेष बची हुई प्रजा के लिये तू
प्रार्थना कर।' " 5 तब राजा हिज़क़ियाह के दास यशायाह के
पास आए, 6 और यशायाह ने उनसे कहा, "अपने स्वामी से
यह कहो, '𐤉𐤄𐤅𐤄 यों कहता है, "उन वचनों से मत डर
जिनको तूने सुना है, जिनसे अश्शूर के राजा के सेवकों ने
मेरी निन्दा की है। 7 "देख, मैं उसमें एक आत्मा डालूँगा,
और वह एक समाचार सुनेगा और अपने देश लौट जाएगा।
और मैं उसे उसके अपने देश में तलवार से गिरा दूँगा।" ' "
8 और रबशाके लौटा और पाया कि अश्शूर का राजा लिब्नाह
से लड़ रहा था, क्योंकि उसने सुना कि वह लाकीश से निकल
गया था। 9 और उसने कूश के राजा तिरहाका के विषय में
सुना, "वह तुझसे लड़ने को निकला है।" और जब उसने यह
सुना, तो उसने हिज़क़ियाह के पास दूत भेजे, यह कहकर,
10 "हिज़क़ियाह, यहूदा के राजा से यह कहो, 'जिस ईश्वर पर
तू भरोसा करता है, वह तुझे धोखा न दे, यह कहकर,
"यरूशलेम अश्शूर के राजा के हाथ में नहीं दिया जाएगा।"
11 'देख, तूने सुना है कि अश्शूर के राजाओं ने सब देशों के
साथ क्या किया, उनको पूरी तरह नाश कर दिया। और क्या
तू छुड़ाया जाएगा? 12 'क्या उन जातियों के ईश्वर ने उन को
छुड़ाया जिन्हें मेरे पितरों ने नष्ट किया था, गोज़ान और हरान
और रेत्सेफ़, और एदेन के पुत्रों को जो तेलस्सार में थे?
13 'हमात का राजा कहाँ है, और अर्पद का राजा कहाँ है, और
शेफरवाईम नगर का राजा कहाँ है, हेना और इव्वाह?' "
14 और हिज़क़ियाह ने दूतों के हाथ से पत्र लिया, और उसे
पढ़ा। और हिज़क़ियाह 𐤉𐤄𐤅𐤄 के भवन में गया, और उसे
𐤉𐤄𐤅𐤄 के साम्हने फैलाया। 15 और हिज़क़ियाह ने 𐤉𐤄𐤅𐤄
से प्रार्थना की, कहा, 16 "हे सेनाओं के 𐤉𐤄𐤅𐤄, इस्राएल के
ईश्वर, जो करूबों के बीच विराजमान है, तू ही ईश्वर है, तू
अकेला है, पृथ्वी के सब राज्यों का। तूने आकाश और पृथ्वी
बनाई। 17 "हे 𐤉𐤄𐤅𐤄, अपना कान झुका और सुन। हे
𐤉𐤄𐤅𐤄, अपनी आँखें खोल और देख। और सब वचन
सुन, जो सनहेरीब ने जीवित ईश्वर की निन्दा करने के लिये
भेजे हैं। 18 "निश्चित ही, हे 𐤉𐤄𐤅𐤄, अश्शूर के राजाओं ने
सब देशों और उनके देश को उजाड़ डाला है, 19 और उनके
देवताओं को आग में डाल दिया, क्योंकि वे देवता नहीं थे,
बल्कि मनुष्यों के हाथों का काम, लकड़ी और पत्थर।
इसलिये उन्होंने उन्हें नष्ट कर दिया। 20 "अब हे 𐤉𐤄𐤅𐤄
हमारे ईश्वर, हमें उसके हाथ से बचा, ताकि पृथ्वी के सब
राज्य जान लें कि तू ही 𐤉𐤄𐤅𐤄 है, तू अकेला।" 21 तब
आमोस का पुत्र यशायाह ने हिज़क़ियाह के पास यह कहला
भेजा, "इस्राएल के ईश्वर 𐤉𐤄𐤅𐤄 यों कहता है, 'क्योंकि तूने
अश्शूर के राजा सनहेरीब के विषय में मुझसे प्रार्थना की है,
22 यह वह वचन है जो 𐤉𐤄𐤅𐤄 ने उसके विषय में कहा है,
"कुँवारी, सिय्योन की बेटी ने तुझे तुच्छ जाना, तुझ पर हँसी
उड़ाई; यरूशलेम की बेटी ने तेरे पीछे सिर हिलाया! 23 "तू ने
किसको ललकारा और निन्दा की है? और किसके विरुद्ध तूने
अपनी आवाज़ ऊँची की और अभिमान से अपनी आँखें
उठाईं? इस्राएल के क़दोष के विरुद्ध! 24 "अपने दासों के हाथ
से तूने 𐤉𐤄𐤅𐤄 को ललकारा है, और कहा है, 'अपने बहुत से
रथों के साथ मैं पहाड़ों की ऊँचाई पर, लेबानोन की सीमाओं
तक चढ़ आया हूँ। और मैंने उसके ऊँचे देवदार और उसके
चुने हुए सरो वृक्ष काट डाले। और मैं उसकी सबसे दूर की
ऊँचाई, उसके सबसे घने जंगल में प्रवेश करता हूँ। 25 'मैंने
कुएँ खोदकर जल पिया, और अपने पैरों के तलवों से मैंने सब
रक्षा के नदियों को सुखा डाला।' 26 "क्या तूने बहुत पहले से
नहीं सुना कि मैंने इसे बनाया, प्राचीन दिनों से कि मैंने इसे
रचा? अब मैं इसे लाया हूँ, कि तू गढ़वाले नगरों को खण्डहरों
के ढेर में कुचलने वाला हो। 27 "और उनके रहने वाले निर्बल
हो गए, वे पराजित होकर लज्जित हुए। वे मैदान की घास
और हरी कली, छत की घास और उस अन्न के समान थे जो
बढ़ने से पहले ही सूख गया। 28 "परन्तु मैं तेरा बैठना, तेरा
बाहर निकलना और तेरा भीतर आना, और मुझ पर तेरा
क्रोध जानता हूँ। 29 "क्योंकि तेरा क्रोध और तेरा घमण्ड मेरे
कानों तक पहुँच गया है, मैं तेरी नाक में अपनी नकेल और
तेरे होंठों में अपनी लगाम डाल दूँगा, और तुझे उसी मार्ग से
लौटा दूँगा जिससे तू आया था। 30 "और यह तेरे लिये चिन्ह
होगा: इस वर्ष तू वही खाएगा जो आप से उगता है, और दूसरे
वर्ष वही जो उससे उपजता है, और तीसरे वर्ष तू बो और
काटेगा, दाख की बारियाँ लगाएगा, और उनके फल खाएगा।
31 "और यहूदा के घराने के बचे हुए जो निकल भागे हैं, वे
फिर नीचे जड़ पकड़ेंगे और ऊपर फल लाएँगे। 32 "क्योंकि
यरूशलेम से एक बचे हुए निकलेंगे, और सिय्योन पर्वत से
निकलने वाले भागने वाले - सेनाओं के 𐤉𐤄𐤅𐤄 का जोश यह
करता है। 33 "इस कारण 𐤉𐤄𐤅𐤄 ने अश्शूर के राजा के
विषय में यूँ कहा, 'वह इस नगर में प्रवेश नहीं करेगा, न वहां
तीर चलाएगा, न उसके सामने ढाल लेकर आएगा, न उसके
विरुद्ध घेरा डालकर बाँध बनाएगा। 34 'जिस मार्ग से वह
आया है, उसी से लौट जाएगा। और इस नगर में वह प्रवेश
नहीं करेगा,' 𐤉𐤄𐤅𐤄 की यह वाणी है। 35 'और मैं इस नगर
की रक्षा करूंगा, इसे बचाऊंगा अपने ही कारण और अपने
दास दाविद के कारण।' " 36 और 𐤉𐤄𐤅𐤄 का एक दूत
बाहर निकला, और अश्शूर की छावनी में एक लाख पचासी
हज़ार को मार डाला। और उन्होंने भोर को उठकर देखा,
सब के सब शव पड़े थे। 37 और अश्शूर का राजा संहेरीब
छावनी से हट गया, और लौटकर नीनवेह में रहने लगा।

38 और ऐसा हुआ, जब वह अपने देवता निस्रोक के घर में
दण्डवत कर रहा था, तब उसके पुत्र अद्रम्मेलेक और
सारएत्सेर ने उसे तलवार से मारा, और वे अरारत देश में
भाग गए। और उसका पुत्र एसरहद्दोन उसके स्थान पर राज्य
करने लगा।

38

1 उन दिनों हिज़कियाहु बीमार था और मृत्यु के निकट
था। और यशयाहु नबी, आमो[illegible] का पुत्र, उसके पास
आया और उससे कहा, "यूं कहता है 𐤉𐤄𐤅𐤄, 'अपना घर
व्यवस्थित कर, क्योंकि तू मरने वाला है और जीवित नहीं
रहेगा।' " 2 और हिज़कियाहु ने अपना मुख दीवार की ओर
मोड़ा, और 𐤉𐤄𐤅𐤄 से प्रार्थना की, 3 और कहा, "हे
𐤉𐤄𐤅𐤄, मैं तुझसे विनती करता हूं, स्मरण कर कि मैंने तेरे
सामने सच्चाई और सिद्ध हृदय से चलकर वह किया जो तेरी
दृष्टि में अच्छा है।" और हिज़कियाहु ने कड़वे आंसू बहाए।
4 और 𐤉𐤄𐤅𐤄 का वचन यशयाहु के पास आया, यह कहते
हुए, 5 "जाकर हिज़कियाहु से कह, 'यूं कहता है 𐤉𐤄𐤅𐤄, तेरे
पिता दाविद का ईश्वर, "मैंने तेरी प्रार्थना सुनी है, मैंने तेरे
आंसू देखे हैं। देख, मैं तेरे दिनों में पंद्रह वर्ष और बढ़ा रहा
हूं।" 6 "और अश्शूर के राजा के हाथ से मैं तुझे और इस
नगर को छुड़ाऊंगा, और इस नगर की रक्षा करूंगा।" '
7 "और यह तुझे 𐤉𐤄𐤅𐤄 की ओर से चिन्ह है कि 𐤉𐤄𐤅𐤄
यह वचन करेगा जो उसने कहा है: 8 "देख, मैं घड़ी की सूई
की छाया को, जो आहाज की घड़ी पर सूर्य के साथ नीचे गई
थी, दस डिग्री पीछे लाता हूं।" और सूर्य उस डायल पर दस
डिग्री पीछे चला गया, जिस पर वह नीचे गया था। 9 यह यहूदा
के राजा हिज़कियाहु की लिखावट है, जब वह बीमार पड़ा और
अपनी बीमारी से चंगा हुआ: 10 मैंने कहा, "क्या मैं अपने
जीवन की यौवनावस्था अवस्था में कब्र के फाटकों में चला
जाऊं? क्या मुझे अपने वर्षों से वंचित कर दिया जाएगा?"
11 मैंने कहा, "मैं याह - याह को जीवितों की भूमि में नहीं
देखूंगा! मैं मनुष्य को अब और नहीं देखूंगा, न ही संसार के
निवासियों के साथ!" 12 "मेरा निवास तंबू की तरह मुझसे उठा
लिया गया और हटा दिया गया। मैंने अपने जीवन को बुनकर
की तरह काट दिया; वह मुझे करघे से काटता है। दिन से
रात तक तू मेरा अंत करता है।" 13 "मैंने सुबह तक धैर्य
रखा। जैसे सिंह, वैसे ही वह मेरी सब हड्डियों को तोड़ता है।
दिन से रात तक तू मेरा अंत करता है।" 14 "जैसे अबाबील
या सारिका, वैसे ही मैं बड़बड़ाया; मैंने कबूतर की तरह कराह
की; मेरी आंखें ऊंचाई पर दुर्बल देखती हैं। हे 𐤉𐤄𐤅𐤄, मैं
पीड़ित हूं, मेरे लिए खड़ा हो!" 15 "मैं क्या कहूं? क्योंकि उसने
मुझसे कहा है, और वही स्वयं ने कार्य किया है। मैं धीरे-धीरे
चलता हूं, अपने सब वर्षों में, अपने प्राण की कड़वाहट के
कारण।" 16 "हे 𐤉𐤄𐤅𐤄, इनके द्वारा जीवन है, और इन सब
में मेरी आत्मा जीवन पाती है। मुझे पुनःस्थापित कर और
जीवित कर।" 17 "देख, शांति के लिए मुझे कड़वाहट मिली
थी, कड़वाहट। परंतु तूने मेरे प्राण को भ्रष्टता के गड्ढे से
प्रेमपूर्वक छुड़ा लिया है, क्योंकि तूने मेरे सब पाप अपनी पीठ
के पीछे डाल दिए हैं।" 18 "कब्र तेरा धन्यवाद नहीं करती, न
मृत्यु तेरा गुणगान करती है; जो गड्ढे में उतरते हैं, वे तेरी
सच्चाई की आशा नहीं रखते।" 19 "जीवित, जीवित - वही
तेरा गुणगान करता है, जैसा मैं आज करता हूं। पिता अपनी
संतान को तेरी सच्चाई प्रकट करता है।" 20 "हे 𐤉𐤄𐤅𐤄,
मुझे बचा! और हम अपने गीतों को तार वाले वाद्ययंत्रों के
साथ अपने जीवन के सब दिनों में 𐤉𐤄𐤅𐤄 के भवन में
गाएं।" 21 क्योंकि यशयाहु ने कहा था, "उन्हें अंजीरों का
पपड़ीदार पुलिंदा लें, और उसे फोड़े पर लगाएं, ताकि वह
जीवित रहे।" 22 और हिज़कियाहु ने पूछा, "क्या चिन्ह है कि
मैं 𐤉𐤄𐤅𐤄 के भवन में ऊपर जाऊं?"

39

1 उस समय मेरोदक-बलदन, बलदन का पुत्र, बाबेल
का शासक, ने पत्र और एक भेंट हिज़कियाहु को
भेजी, क्योंकि उसने सुना कि वह बीमार रहा और स्वस्थ हो
गया। 2 और हिज़कियाहु उनसे प्रसन्न हुआ, और उन्हें अपने
खज़ाने के घर को दिखाया, चाँदी और सोना, मसाले और
कीमती तेल, और अपनी सारी शस्त्रशाला, और अपने
खज़ाने में जो कुछ भी पाया गया था। उसके घर या उसके
पूरे राज्य में ऐसा कोई वस्तु नहीं था जिसे हिज़कियाहु ने उन्हें
न दिखाया हो। 3 और यशायाहु नबी राजा हिज़कियाहु के पास
आया, और उससे कहा, "इन पुरुषों ने क्या कहा, और वे
तुम्हारे पास कहाँ से आए?" और हिज़कियाहु ने कहा, "वे मेरे
पास दूर देश से आए, बाबेल से।" 4 और उसने कहा,
"उन्होंने तुम्हारे घर में क्या देखा?" और हिज़कियाहु ने कहा,
"उन्होंने जो कुछ भी मेरे घर में है देखा; मेरे खज़ाने में ऐसा
कोई वस्तु नहीं है जिसे मैंने उन्हें न दिखाया हो।" 5 तब
यशायाहु ने हिज़कियाहु से कहा, "सेनाओं के 𐤉𐤄𐤅𐤄 का
वचन सुनो: 6 'देखो, दिन आने वाले हैं जब तुम्हारे घर में जो
कुछ है, और जो तुम्हारे पिताओं ने आज तक जमा किया है,
वह सब बाबेल ले जाया जाएगा; एक भी वस्तु नहीं बचेगी,' यह
𐤉𐤄𐤅𐤄 की घोषणा है। 7 'और वे तुम्हारे कुछ पुत्रों को, जो
तुम्हें जन्मे होंगे और जिन्हें तुम उत्पन्न करोगे, ले जाएँगे।
और वे बाबेल के राजा के महल में ख़सी होंगे।' " 8 और
हिज़कियाहु ने यशायाहु से कहा, "जो वचन 𐤉𐤄𐤅𐤄 ने कहा
है, वह अच्छा है!" और उसने कहा, "क्योंकि मेरे दिनों में
शांति और सच्चाई होगी।"

40

1 "सान्त्वना दो, सान्त्वना दो मेरी प्रजा को!" कहता
है तुम्हारा ईश्वर। 2 "येरुशलेम के हृदय से बोलो,
और उस पर पुकारो, कि उसकी कठिन सेवा पूरी हो गई है,
कि उसका अधर्म क्षमा कर दिया गया है, कि उसने 𐤉𐤄𐤅𐤄
के हाथ से अपने सब पापों के लिये दुगुना पाया है।" 3 जंगल
में पुकारने वाले का स्वर: "𐤉𐤄𐤅𐤄 का मार्ग तैयार करो;
मरुभूमि में हमारे ईश्वर के लिये सीधा राजमार्ग बनाओ।
4 "हर घाटी ऊपर उठाई जाएगी, और हर पर्वत व टीला नीचा
किया जाएगा। और ऊबड़-खाबड़ भूमि समतल होगी, और
टेढ़े-मेढ़े स्थान चिकने हो जाएंगे। 5 "और 𐤉𐤄𐤅𐤄 की
महिमा प्रकट होगी, और सब प्राणी एक साथ उसे देखेंगे।
क्योंकि 𐤉𐤄𐤅𐤄 के मुख ने कहा है।" 6 स्वर ने कहा,
"पुकारो!" और उसने कहा, "मैं क्या पुकारूँ?" "सब प्राणी
घास हैं, और उसका सब सौंदर्य मैदान के फूल के समान है।
7 "घास सूख जाएगी, फूल मुरझा जाएगा, जब 𐤉𐤄𐤅𐤄 की
आत्मा उस पर बह गई! निश्चय ही लोग घास ही हैं! 8 "घास
सूख जाएगी, फूल मुरझा जाएगा, परन्तु हमारे ईश्वर का
वचन सदा तक स्थिर रहेगा।" 9 हे सिय्योन, जो सुसमाचार

लाता है, ऊँचे पर्वत पर चढ़ जा। हे येरुशलेम, जो सुसमाचार
लाता है, अपना स्वर बल के साथ ऊँचा कर; उसे ऊँचा कर,
मत डर। यहूदा के नगरों से कह, "देखो तुम्हारा ईश्वर!"
10 देखो, प्रभु 𐤉𐤄𐤅𐤄 बल के साथ आता है, और उसका
भुजा उसके लिये राज्य करता है। देखो, उसका प्रतिफल
उसके साथ है, और उसका पुरस्कार उसके आगे है। 11 वह
अपनी भेड़ों को चरवाहे के समान चराता है, वह मेमनों को
अपनी भुजा से इकट्ठा करता है, और उन्हें अपनी छाती में
उठाए रहता है, और धीरे-धीरे उन को ले चलता है जो दूध
पिलाने वाली हैं। 12 किसने अपने हाथ की अंजलि में जल को
नापा, और एक बट्टे से आकाश को तोला, और पृथ्वी की धूल
को एक नाप में रखा, और पर्वतों को तराजू में और पहाड़ों को
तुला में तौला? 13 किसने 𐤉𐤄𐤅𐤄 की आत्मा को नापा, या
उसके परामर्शदाता के रूप में उसे सिखाया? 14 उसने किसके
साथ सम्मति की, और किसने उसे सिखाया, और उसको
न्याय का मार्ग सिखाया? किसने उसे ज्ञान सिखाया, और
उसको समझ का मार्ग दिखाया? 15 देखो, जातियाँ बाल्टी की
एक बूँद के समान हैं, और तराजू पर धूल के समान गिनी
जाती हैं। देखो, वह टापुओं को बारीक धूल के समान उठाता
है। 16 और लेबानोन जलाने के लिये पर्याप्त नहीं है, और
उसके पशु होमबलि के लिये पर्याप्त नहीं हैं। 17 सब जातियाँ
उसके सामने कुछ भी नहीं हैं, और वह उनको शून्य और
असार ठहराता है। 18 तो तुम ईश्वर की किससे तुलना
करोगे? और किस रूप से उसकी तुलना करोगे? 19 कारीगर
खुदी हुई मूरत बनाता है, और सुनार उसे सोने से मढ़ता है,
और चाँदी का कारीगर उसके लिये चाँदी की जंजीरें डालता
है। 20 जो इतना निर्धन है कि ऐसा अर्पण न दे सके, वह ऐसा
वृक्ष चुनता है जो सड़े नहीं। वह अपने लिये कुशल कारीगर
खोजता है, जो ऐसी खुदी हुई मूरत तैयार करे जो न हिले।
21 क्या तुम नहीं जानते? क्या तुमने नहीं सुना? क्या तुमको
आदि से यह नहीं बताया गया? क्या तुमने पृथ्वी की नींव से यह
नहीं समझा? 22 वह जो पृथ्वी के वृत के ऊपर बैठा है, और
उसके रहने वाले टिड्डों के समान हैं, वह आकाश को पर्दे के
समान फैलाता है, और उन्हें निवास करने के लिये तम्बू के
समान फैलाता है, 23 वह हाकिमों को शून्य कर देता है, पृथ्वी
के न्यायियों को असार कर देता है। 24 वे न तो लगाये गये, न
बोये गये, न ही उनकी डाली पृथ्वी में जड़ पकड़ती है, तब वह
उन पर फूँक मारता है और वे सूख जाते हैं, और बवंडर उन्हें
भूसे के समान उड़ा ले जाता है। 25 "तो तुम मुझे किससे
तुलना करोगे, या मैं किसके समान ठहरूँ?" कहता है वह
पवित्र। 26 ऊँचे अपनी आँखें उठाकर देखो। किसने इनको
रचा? जिसने उनके गण को संख्या सहित निकाला, वह उन
सब को नाम लेकर बुलाता है, अपनी सामर्थ्य की महानता
और अपनी शक्ति की दृढ़ता के कारण एक भी नहीं छूटता।
27 हे याक़ोब, तू क्यों कहता है, और हे इस्राएल, तू क्यों बोलता
है, "मेरा मार्ग 𐤉𐤄𐤅𐤄 से छिपा है, और मेरा न्याय मेरे ईश्वर
से टल गया है"? 28 क्या तू नहीं जानता? क्या तूने नहीं सुना?
सदा का ईश्वर, 𐤉𐤄𐤅𐤄, पृथ्वी के छोर का सृष्टिकर्ता, न
थकता है और न श्रमित होता है। उसकी समझ असीम है।
29 वह निर्बलों को शक्ति देता है, और जिनमें बल नहीं है
उनको सामर्थ्य बढ़ाता है। 30 यहाँ तक कि जवान भी थक
जाएंगे और श्रमित होंगे, और चुस्त जवान ठोकर खाकर
गिरेंगे, 31 परन्तु जो 𐤉𐤄𐤅𐤄 की बाट जोहते हैं उनकी शक्ति
नवीनीकृत होगी; वे उकाबों के समान पंखों से ऊपर उठेंगे; वे
दौड़ेंगे और श्रमित न होंगे; वे चलेंगे और न थकेंगे।

41 1 "मेरे सामने चुप रहो, हे तटों, और लोगों को अपनी
शक्ति नवीनीकृत करने दो! उन्हें पास आने दो, फिर
उन्हें बोलने दो। हम मिलकर धर्म का निर्णय करें। 2 "किसने
पूर्व से धर्मी को उठाया, उसे अपने चरणों में बुलाया, राष्ट्रों को
उसके सामने दे दिया, और राजाओं को उसके अधीन कर
दिया? उसने उनकी तलवार को धूल के समान और उनके
धनुष को उड़ी हुई भूसी के समान कर दिया। 3 "वह उनका
पीछा करता रहा, सुरक्षित पार कर गया, उस मार्ग से जो
उसके पांव ने पहले नहीं चला था। 4 "किसने इसे किया और
पूरा किया, पीढ़ियों को आदि से बुलाया? 'मैं, 𐤉𐤄𐤅𐤄, प्रथम
हूं, और अंतिम भी मैं ही हूं।' " 5 तटों ने इसे देखा और डर
गए, पृथ्वी के छोर भयभीत हो गए - वे पास आए और इकट्ठा
हुए। 6 हर कोई अपने पड़ोसी की सहायता करता है, और
अपने भाई से कहता है, "मज़बूत बनो!" 7 और कारीगर
सुनार को प्रोत्साहित करता है। जो हथौड़े से चिकना करता
है, वह निहाई पर चोट करने वाले को प्रेरित करता है, जोड़ के
विषय में कहता है, "यह अच्छा है।" और वह इसे कीलों से
जकड़ देता है ताकि यह न डगमगाए। 8 "परन्तु तू, इस्राएल,
मेरा दास है, याक़ोब, जिसे मैंने चुना है, अब्राहम की संतान,
जिसे मैंने प्रेम किया है, 9 जिसे मैंने पृथ्वी के छोर से मज़बूत
किया, और इसके सुदूर भागों से बुलाया, और तुझसे कहा,
'तू मेरा दास है, मैंने तुझे चुना है और तुझे अस्वीकार नहीं
किया। 10 'मत डर, क्योंकि मैं तेरे साथ हूं। इधर-उधर मत
देख, क्योंकि मैं तेरा ईश्वर हूं। मैं तुझे मज़बूत करूंगा, मैं
तेरा सहायक भी बनूंगा, मैं तुझे अपनी धार्मिकता के दाहिने
हाथ से संभालूंगा।' 11 "देख, जितने तुझ पर क्रोध करते हैं
वे लज्जित होंगे और शर्मिंदा होंगे, वे कुछ भी नहीं रहेंगे। और
जो मनुष्य तुझसे झगड़ते हैं वे नाश हो जाएंगे। 12 "तू उन्हें
ढूंढेगा, पर उन्हें नहीं पाएगा, जो तुझसे झगड़ते हैं। जो
तुझसे लड़ते हैं वे कुछ भी नहीं रहेंगे, शून्य से भी कम।
13 "क्योंकि मैं, 𐤉𐤄𐤅𐤄 तेरा ईश्वर, तेरे दाहिने हाथ को
मज़बूत करूंगा, और तुझसे कहूंगा, 'मत डर, मैं तेरी
सहायता करूंगा।' 14 "मत डर, हे याक़ोब के कीड़े, हे
इस्राएल के लोगों! मैं तेरी सहायता करूंगा," 𐤉𐤄𐤅𐤄 कहता
है, और तेरा छुड़ानेवाला, इस्राएल का क़दोष। 15 "देख, मैं
तुझे एक नये दंतीले दाँतोंवाले दाव की तरह बना दूंगा, तू
पहाड़ों को दाव से कूटेगा और उन्हें चूर-चूर करेगा, और
पहाड़ियों को भूसी के समान बना देगा। 16 "तू उन्हें उड़ाएगा,
वायु उन्हें उठा ले जाएगी, और बवंडर उन्हें छितरा देगा;
परन्तु तू, तू 𐤉𐤄𐤅𐤄 में मगन रहेगा, और इस्राएल के क़दोष
में घमण्ड करेगा। 17 "जब निर्धन और दरिद्र लोग जल
खोजते हैं, और कुछ नहीं है, और उनकी जीभ प्यास से सूख
गई है, मैं, 𐤉𐤄𐤅𐤄, उनका उत्तर देता हूँ; मैं, यिस्राएल का
ईश्वर, उन्हें नहीं छोड़ता। 18 "मैं नंगे पहाड़ों पर नदियां
खोलता हूँ, और घाटियों के बीच सोते; मैं जंगल को जल का
तालाब बनाता हूँ, और सूखी भूमि को जल के सोते। 19 "मैं
जंगल में देवदार, बबूल, मिर्टल और तेल का वृक्ष लगाता हूँ;
मैं मरुभूमि में सरो, चीड़ और शहतूत का वृक्ष साथ-साथ

लगाता हूँ। [20] "ताकि वे देखें और जानें, और मिलकर विचार
करें और समझें, कि यह 𐤉𐤄𐤅𐤄 के हाथ ने किया है, और
यिस्त्राएल के קדוש ने इसे रचा है। [21] "अपना मुक़दमा
प्रस्तुत करो," 𐤉𐤄𐤅𐤄 कहता है। "अपने बलवानों को पास
आने दो," याक़ोब के प्रभु कहता है। [22] "वे निकट आएँ और
हमें बताएँ कि क्या होने वाला है; वे प्राचीन बातों को बताएँ, जो
थीं, और हम उन पर विचार करें, और उनके अन्त को जानें;
या हमें आने वाली बातों का समाचार दें। [23] "वे भावी बातों को
प्रकट करें, और हम जानें कि तुम पराक्रमी हो; अच्छा करो
या बुरा करो, और हम सब मिलकर चकित हों और देखें।
[24] "देखो, तुम कुछ भी नहीं हो, और तुम्हारा काम शून्य है;
जो तुम्हें चुनता है वह घृणित है। [25] "मैंने उत्तर से एक को
उकसाया है, और वह आता है; सूर्य के उदय से वह मेरे नाम
का आह्वान करता है। और वह हाकिमों पर गारे की तरह
आता है, जैसे कुम्हार मिट्टी को रौंदता है। [26] "किसने आदि
से बताया, और हम जानते? और प्राचीन काल से, और हम
कहें, 'वह धर्मी है'? नहीं, कोई भी नहीं बताता; नहीं, कोई भी
घोषित नहीं करता; नहीं, कोई भी तुम्हारे वचनों को नहीं
सुनता। [27] "वह जो प्रथम है उसने सिय्योन से कहा, 'देखो,
देखो उन्हें!' और येरूशलेम को मैं एक देता हूँ जो सुसमाचार
लाता है। [28] "और मैं देखता हूँ कि कोई मनुष्य नहीं है, और
इनमें से कोई परामर्शदाता नहीं है, जो, जब मैं उनसे पूछता हूँ,
एक शब्द उत्तर दे। [29] "देखो, ये सब व्यर्थ हैं, उनके काम
कुछ भी नहीं, उनकी ढाली हुई मूर्तियाँ वायु और भ्रांति हैं।"

42 [1] "देखो, मेरा सेवक जिसे मैं सम्भालता हूँ, मेरा चुना
हुआ जिससे मेरी आत्मा प्रसन्न है! मैंने अपनी आत्मा
उस पर रखी है; वह राष्ट्रों के लिये न्याय लाता है। [2] "वह न तो
पुकारेगा, न ऊँची आवाज़ करेगा, न अपनी आवाज़ को गली
में सुनाएगा। [3] "कुचला हुआ सरकण्डा वह नहीं तोड़ेगा, और
धुआँ निकलती बाती को वह नहीं बुझाएगा। वह सत्य के
अनुसार न्याय लाता है। [4] "वह न कमज़ोर होगा और न
कुचला जाएगा, जब तक वह पृथ्वी पर न्याय की स्थापना न
करे। और टापू उसके तोराह की बाट जोहते हैं।" [5] यहोवा
ईश्वर, 𐤉𐤄𐤅𐤄, जिसने आकाश को बनाया और फैलाया,
जिसने पृथ्वी और उससे निकलने वाली वस्तुओं को फैलाया,
जिसने उस पर लोगों को श्वास दी, और उन पर चलने वालों
को आत्मा दी, यूँ कहता है: [6] "मैं, 𐤉𐤄𐤅𐤄, ने तुझे धर्म में
बुलाया है, और मैं तेरा हाथ पकड़कर तुझे सुरक्षित रखूँगा,
और तुझे लोगों के लिये वाचा और जातियों के लिये ज्योति
ठहराऊँगा, [7] अन्धों की आँखें खोलने के लिये, बन्दियों को
बन्दीगृह से निकालने के लिये, और जो अन्धकार में बैठे हैं
उन्हें कारागृह से छुड़ाने के लिये। [8] "मैं हूँ 𐤉𐤄𐤅𐤄, यही मेरा
नाम है, और अपनी महिमा मैं दूसरे को नहीं दूँगा, न अपनी
स्तुति खुदी हुई मूरतों को। [9] "देखो, पहिले की बातें घट चुकी
हैं, और मैं नयी बातें प्रकट करता हूँ; उनके होने से पहिले ही मैं
तुम्हें सुना देता हूँ।" [10] 𐤉𐤄𐤅𐤄 के लिये नया गीत गाओ;
पृथ्वी के छोर से उसकी स्तुति करो, हे समुद्र में उतरने वालों
और जो कुछ उसमें है, हे टापुओं और उनमें बसने वालों!
[11] मरुभूमि और उसके नगर, जहाँ क़ेदार बसता है, वे गाँव
अपनी आवाज़ ऊँची करें। सेलाह के रहने वाले गाएँ, पर्वतों
की चोटी से वे ऊँची आवाज़ करें। [12] वे 𐤉𐤄𐤅𐤄 को महिमा
दें, और टापुओं में उसकी स्तुति सुनाएँ। [13] 𐤉𐤄𐤅𐤄 शूरवीर
पुरुष की तरह निकलता है। वह योद्धा की तरह जोश
भड़काता है। वह पुकारता है, ऊँची आवाज़ से चिल्लाता है।
अपने शत्रुओं पर वह अपने को पराक्रमी दिखाता है। [14] "मैं
बहुत समय से चुप रहा हूँ; मैं स्थिर रहा और अपने को रोकता
रहा हूँ। पर अब मैं प्रसव करनेवाली स्त्री की नाईं
चिल्लाऊँगा, साँस फुलाऊँगा और हाँफूँगा। [15] "मैं पर्वतों और
पहाड़ियों को उजाड़ दूँगा, और उनका सब पौधा सुखा दूँगा।
मैं नदियों को टापुओं के समान कर दूँगा, और तालाबों को
सुखा दूँगा। [16] "और मैं अन्धों को ऐसे मार्ग पर ले चलूँगा
जिसे वे नहीं जानते; जिन पगडण्डियों से वे अनजान हैं, उनमें
उन्हें ले चलूँगा। उनके आगे अन्धकार को ज्योति कर दूँगा,
और टेढ़े को सीधा कर दूँगा। ये सब बातें मैं करूँगा, और
उन्हें न छोड़ूँगा। [17] "वे जो मूर्तियों पर भरोसा रखते हैं, जो
ढाली हुई मूरतों से कहते हैं, 'तुम हमारे देवता हो,' वे उलटे
फिरकर अत्यन्त लज्जित होंगे। [18] "हे बहरों सुनो! और हे
अन्धों, देखो और दृष्टि करो। [19] "मेरे सेवक के सिवाय
अन्धा कौन है? या मेरे दूत के समान बहरा कौन है जिसे मैं
भेजूँ? जो शान्त है उसके समान अन्धा कौन है, और
𐤉𐤄𐤅𐤄 के सेवक के समान अन्धा कौन है? [20] "तू बहुत
कुछ देखता है, पर ध्यान नहीं देता; तेरे कान खुले हैं, परन्तु
तू सुनता नहीं।" [21] अपने धर्म के कारण 𐤉𐤄𐤅𐤄 को
प्रसन्नता हुई कि वह तोराह को महान और गौरवमयी बनाए।
[22] पर यह एक लुटा-पिटा हुआ और लूटा हुआ लोगों का समूह
है; वे सब गड़हों में फँसे पड़े हैं, और बन्दीगृहों में छिपाए गये
हैं। वे शिकार बन गये, और कोई छुड़ानेवाला नहीं; वे लूट बन
गये, और कोई नहीं जो कहे, "लौटा दो!" [23] तुम में से कौन
इस पर ध्यान देगा, और आगे के लिये ध्यान लगाकर सुनेगा?
[24] किसने याक़ोब को लूटने के लिये, और इस्राएल को लुटेरों
के हवाले कर दिया? क्या यह 𐤉𐤄𐤅𐤄 नहीं था, जिसके
विरुद्ध हम ने पाप किया? क्योंकि वे उसकी राहों में न चले,
और उसकी तोराह को न माना। [25] इसलिये उसने उस पर
अपना प्रचण्ड क्रोध और युद्ध की शक्ति उँडेल दी; और
उसने उसे चारों ओर जलाया, तौभी उसने ध्यान नहीं दिया;
और उसने उसे जलाया, तौभी उसने मन पर न लिया।

43 [1] परन्तु अब, इस प्रकार कहता है 𐤉𐤄𐤅𐤄, तेरा
सृजनहार, हे याक़ोब, और तुझको बनाने वाला, हे
यिस्त्राएल, "मत डर, क्योंकि मैंने तुझे छुड़ा लिया है। मैंने
तुझे तेरे नाम से पुकारा है, तू मेरा है।" [2] "जब तू जल के
बीच से गुज़रेगा, मैं तेरे संग रहूँगा; और नदियों से, वे तुझे न
ढकेंगी। जब तू अग्नि से चलेगा, तो तू जलेगा नहीं, और
ज्वाला तुझे भस्म न करेगी।" [3] "क्योंकि मैं 𐤉𐤄𐤅𐤄 तेरा
ईश्वर हूँ, यिस्त्राएल का पवित्र जन, तेरा उद्धारकर्ता; मैंने मिस्र
को तेरे बदले, कूश और सेबा को तेरी जगह दे दिया।"
[4] "क्योंकि तू मेरी दृष्टि में अनमोल है, तू आदरित हुआ है,
और मैंने तुझसे प्रेम किया है। और मैं तेरे बदले मनुष्यों को
दूँगा, और तेरे प्राण के लिए जातियों को।" [5] "मत डर,
क्योंकि मैं तेरे संग हूँ। मैं तेरे वंश को पूरब से लाऊँगा, और
पश्चिम से तुझे इकट्ठा करूँगा।" [6] "मैं उत्तर से कहूँगा, 'उन्हें
छोड़ दो!' और दक्षिण से, 'उन्हें रोको मत!' मेरे पुत्रों को दूर
से ले आओ, और मेरी पुत्रियों को पृथ्वी के छोर से –" [7] "वे

सब जो मेरे नाम से कहलाते हैं, जिन्हें मैंने अपनी महिमा के
लिए सृजा, बनाया, और तैयार किया है।" 8 वह अंधी प्रजा को
बाहर लाएगा जिनकी आँखें हैं, और बहरे लोगों को जिनके
कान हैं। 9 सभी जातियाँ इकट्ठी होंगी, और लोग एकत्र किए
जाएँगे। उन में से कौन यह घोषित करता है, और हमें पहले
की बातें दिखाता है? वे अपने गवाह प्रस्तुत करें, कि वे धर्मी
ठहरें; या वे सुनें और कहें, "यह सत्य है।" 10 "तुम मेरे
गवाह हो," 𐤉𐤄𐤅𐤄 कहता है, "और मेरा दास जिसे मैंने चुना
है, ताकि तुम जानो और मुझ पर विश्वास करो, और समझो
कि वही मैं हूँ। मेरे पहले कोई ईश्वर नहीं बना, और न मेरे
बाद कोई होगा।" 11 "मैं ही, मैं ही 𐤉𐤄𐤅𐤄 हूँ, और मुझ को
छोड़ कोई उद्धारकर्ता नहीं है।" 12 "मैं ने ही प्रकट किया,
और बचाया, और सुनाया, और तुम में कोई परदेशी देवता
नहीं था। और तुम मेरे गवाह हो," 𐤉𐤄𐤅𐤄 कहता है, "कि मैं
ही ईश्वर हूँ।" 13 "आरम्भ से ही मैं वही हूँ, और मेरे हाथ से
कोई छुड़ा नहीं सकता। मैं काम करता हूँ, और कौन उसे
पलट सकता है?" 14 इस प्रकार कहता है 𐤉𐤄𐤅𐤄, तेरा
छुड़ाने वाला, यिस्राएल का पवित्र जन, "तेरे कारण मैं बाबेल
को भेजूँगा, और उन्हें सब को भागने वाले कर दूँगा, यहाँ तक
कि कस्दियों को भी, जो अपने जहाज़ों में आनन्द करते हैं।"
15 "मैं 𐤉𐤄𐤅𐤄 हूँ, तेरा पवित्र जन, यिस्राएल का सृजनहार,
तेरा राजा।" 16 इस प्रकार कहता है 𐤉𐤄𐤅𐤄, जो समुद्र में
मार्ग बनाता है और प्रबल जल के बीच पथ निकालता है,
17 जो रथ और घोड़ा, सेना और बल को निकालता है। वे सब
एक साथ लेट जाते हैं, वे उठते नहीं, वे बुझा दिए गए हैं, वे
बत्ती की तरह बुझा दिए गए हैं। 18 "पहले की बातों को स्मरण
मत करो, न ही प्राचीन बातों पर ध्यान दो। 19 "देखो, मैं एक
नई बात कर रहा हूँ, अब वह अंकुरित हो, क्या तुम उसे नहीं
जानते? मैं जंगल में मार्ग बना रहा हूँ और मरुभूमि में नदियाँ।
20 "मैदान का पशु मुझे आदर देता है, सियार और शुतुरमुर्ग,
क्योंकि मैंने जंगल में जल दिया और मरुभूमि में नदियाँ, ताकि
अपने लोगों को, अपने चुने हुओं को पिलाऊँ। 21 यह लोग
मैंने अपने लिए बनाए हैं, ताकि वे मेरी स्तुति का वर्णन करें।
22 "परन्तु हे याक़ोब, तू ने मुझे नहीं पुकारा, क्योंकि तू मुझ से
थक गया है, हे यिस्राएल। 23 "तू ने मुझे अपने होमबलि के
लिए भेड़ें नहीं दीं, न ही अपने वधों से मेरी आदर किया। मैंने
तुझ से अन्नबलि का सेवा नहीं माँगा, न ही धूप से तुझे
थकाया। 24 "तू ने मुझे चाँदी से मीठी लकड़ी नहीं खरीदी, न
ही अपने वधों की चर्बी से मुझे तृप्त किया। परन्तु तू ने अपने
पापों से मुझे बोझिल किया, अपने अधर्मों से मुझे थका दिया।
25 "मैं, मैं ही वह हूँ जो तेरे अपराधों को अपने ही नाम के
कारण मिटाता हूँ, और तेरे पापों को स्मरण नहीं करता।
26 "मुझे स्मरण दिला, चलो हम साथ-साथ न्याय में प्रवेश
करें; कह ताकि तू धर्मी ठहराया जाए। 27 "तेरा पहला पिता
पाप कर गया, और तेरे दुभाषियों ने मेरे विरुद्ध अपराध
किया। 28 "इसलिए मैंने पवित्र स्थान के प्रधानों को अपवित्र
किया, और याक़ोब को शाप के अधीन कर दिया, और
यिस्राएल को अपमान में डाल दिया।

44 1 "परन्तु अब सुनो, हे याक़ोब मेरे दास, और
यिस्राएल जिसे मैंने चुना है। 2 "यहोवा 𐤉𐤄𐤅𐤄
जिसने तुझे रचा और गर्भ से तुझे बनाया, जो तेरी सहायता
करता है, उसने कहा, 'मत डर, हे याक़ोब मेरे दास, और
येशुरून, जिसे मैंने चुना है। 3 'क्योंकि मैं प्यासे पर जल
उण्डेलता हूं, और सूखी भूमि पर बाढ़ें। मैं अपनी आत्मा तेरे
वंश पर, और अपनी बरका तेरी संतान पर उण्डेलता हूं।
4 और वे घास के बीच में अंकुरित होंगे, जैसे नदियों के पास
बेंत के वृक्ष। 5 "कोई कहेगा, 'मैं यहोवा 𐤉𐤄𐤅𐤄 का हूं;
दूसरा अपने को याक़ोब के नाम से पुकारेगा; कोई अपने हाथ
से लिखेगा, 'यहोवा 𐤉𐤄𐤅𐤄 का हूं,' और अपने को यिस्राएल
के नाम से पुकारेगा। 6 "यहोवा 𐤉𐤄𐤅𐤄, यिस्राएल का राजा,
और उसका छुड़ानेवाला, सेनाओं का यहोवा 𐤉𐤄𐤅𐤄 यो
कहता है, 'मैं पहला हूं और मैं अन्तिम हूं; मेरे सिवाय कोई
ईश्वर नहीं। 7 'और मेरे समान कौन है? वह पुकारे और
प्रकट करे, और मेरे सामने उसे व्यवस्थित करे, जब से मैंने
सदा के लोगों को ठहराया। और जो बातें आनेवाली हैं और
जो घटेंगी, उन्हें वे उनके लिये प्रकट करें। 8 'मत डर और न
घबरा। क्या मैंने तुझे पहले से सुनाया और प्रकट नहीं किया?
तुम मेरे गवाह हो। क्या मेरे सिवाय कोई ईश्वर है? मेरे सिवाय
कोई चट्टान नहीं; मैं नहीं जानता।' " 9 जो लोग मूर्ति बनाते हैं,
वे सब व्यर्थ हैं, और उनकी प्रिय वस्तुएं लाभ नहीं देतीं। वे
स्वयं अपने गवाह हैं; वे न देखते हैं, न जानते हैं, इसलिये वे
लज्जित होंगे। 10 कौन ईश्वर बनाएगा या ऐसी मूर्ति डालेगा
जो कुछ भी काम की न हो? 11 देख, उसके सब साथी
लज्जित होंगे, और काम करने वाले केवल मनुष्य हैं। वे सब
एकत्र हों, वे खड़े हों, वे भयभीत हों, और सब मिलकर
लज्जित हों। 12 लोहे का कारीगर औज़ारों से कोयलों में काम
करता है, और उसे हथौड़े से गढ़ता है, और अपनी भुजाओं
की शक्ति से उसे बनाता है। वैसे ही, वह भूखा हो जाता है
और उसकी शक्ति नहीं रहती; वह जल नहीं पीता और थक
जाता है। 13 बढ़ई अपनी रेखा फैलाता है, वह उसे चाक से
खींचता है; वह उसे रन्दे से गढ़ता है, और परकार से नापता
है, और मनुष्य की आकृति के समान बनाता है, मनुष्य की
शोभा के अनुसार, कि वह घर में ठहरा रहे। 14 वह अपने
लिये देवदार काटता है, और सरू और बलूत लेता है, जिन्हें
उसने वन के पेड़ों में से अपने लिये चुना। उसने एक देवदार
लगाया, और वर्षा ने उसे बढ़ाया। 15 और वह मनुष्य के लिये
जलाने को होता है, क्योंकि वह उसका कुछ भाग लेकर अपने
को गरम करता है। वह आग जलाता है और रोटी सेंकता है।
वह एक ईश्वर भी बनाता है और उसे दण्डवत करता है -
उसने एक खुदी हुई मूर्ति बनाई और उसके आगे गिरता है।
16 उसमें से आधा वह आग में जलाता है; आधे से वह मांस
खाता है। वह भूनता है और तृप्त होता है। वह अपने को
गरम करता है और कहता है, "आह, मैं गरम हो गया हूं, मैंने
आग देखी है।" 17 और उसके शेष भाग से वह एक ईश्वर
बनाता है, अपनी खुदी हुई मूर्ति। वह उसके आगे गिरता है
और उसकी पूजा करता है, उससे प्रार्थना करता है और
कहता है, "मुझे छुड़ा ले, क्योंकि तू मेरा ईश्वर है।" 18 वे न
जानते हैं और न समझते हैं, क्योंकि उसने उनकी आँखें ढक
दीं कि वे न देखें, और उनके हृदय कि वे न समझें। 19 और
कोई अपने मन में नहीं सोचता, और न ज्ञान है और न समझ
कि कहे, "मैंने उसका आधा भाग आग में जलाया है, और
उसकी कोयलों पर रोटी भी सेंकी है; मैंने मांस भूनकर खाया

है। और क्या मैं उसके शेष भाग को घृणित वस्तु बनाऊं? क्या
मैं लकड़ी के ठूँठ के आगे दण्डवत करूं?" [20]भस्म पर
भोजन करता है, धोखा खाया हुआ हृदय उसे बहकाता है,
और वह अपने प्राण को नहीं बचाता, और न कहता है, "क्या
मेरे दाहिने हाथ में झूठ नहीं है?" [21]"इन बातों को स्मरण
कर, हे याक़ोब, और यिस्राएल, क्योंकि तू मेरा दास है! मैंने
तुझे रचा है, तू मेरा दास है, हे यिस्राएल, मुझे न भूलना!
[22]"मैं तेरे अपराधों को बादल के समान मिटा दूँगा, और तेरे
पापों को कुहासे के समान। मेरी ओर लौट, क्योंकि मैं ने तुझे
छुड़ाया है।" [23]गाओ, हे आकाश, क्योंकि यहोवा 𐤉𐤄𐤅𐤄 ने
यह किया! जयजयकार करो, हे पृथ्वी की गहराइयों! गाने में
फूट पड़ो, हे पहाड़ो, वन और जो कुछ उसमें है! क्योंकि यहोवा
𐤉𐤄𐤅𐤄 ने याक़ोब को छुड़ाया, और यिस्राएल में अपनी
महिमा प्रगट करेगा। [24]यहोवा 𐤉𐤄𐤅𐤄, तेरा छुड़ानेवाला,
और जिसने तुझे गर्भ से रचा, यों कहता है, "मैं यहोवा
𐤉𐤄𐤅𐤄 हूं, सब कुछ करनेवाला, आकाश को अकेला
फैलानेवाला, पृथ्वी को फैलानेवाला, मेरे सिवाय कोई नहीं।
[25]जो भविष्यवक्ताओं के चिन्हों को निष्फल करता है, और
भावी कहनेवालों को मूर्ख बनाता है, जो बुद्धिमानों को पीछे ले
जाता है, और उनके ज्ञान को मूर्खता बनाता है, [26]जो अपने
दास का वचन स्थिर करता है, और अपने दूतों की सम्मति
पूरी करता है, जो येरूशलेम से कहता है, 'तू बसी रहेगी,'
और यहूदा के नगरों से, 'वे बनेंगी, और मैं उसकी खंडहरों
को खड़ा करूंगा,' [27]जो गहरे जल से कहता है, 'सूख जा,
और मैं तेरी नदियों को सुखा दूँगा,' [28]जो कोरेश के विषय में
कहता है, 'वह मेरा चरवाहा है, और वह मेरी सारी इच्छा पूरी
करेगा, येरूशलेम से कहता है, "उसका निर्माण हो," और
हेयखल से, "उसकी नींव डाली जाए।" '

45 [1]"यहोवा 𐤉𐤄𐤅𐤄 ने अपने अभिषिक्त, कोरेश से
कहा, जिसका दाहिना हाथ मैंने पकड़ा है, ताकि वह
जातियों को उसके आगे बश में करे और राजाओं की कमर
खोल दे, ताकि उसके आगे दोहरे दरवाज़े खोले जाएं, और
फाटक बन्द न हों: [2]'मैं तेरे आगे-आगे चलता हूँ और टेढ़ी
जगहों को सीधा करता हूँ; मैं पीतल के फाटकों को तोड़ता हूँ
और लोहे की सलाखों को काट डालता हूँ। [3]'और मैं तुझे
अंधकार के खज़ाने और गुप्त स्थानों की छिपी हुई दौलत
दूँगा, ताकि तू जान ले कि मैं, 𐤉𐤄𐤅𐤄, जो तुझे तेरे नाम से
बुलाता हूँ, इस्राएल का ईश्वर हूँ। [4]'अपने दास याक़ोब और
अपने चुने हुए इस्राएल के कारण मैंने तुझे भी तेरे नाम से
बुलाया है; मैं तुझे उपाधि देता हूँ, यद्यपि तू मुझे नहीं जानता।
[5]'मैं 𐤉𐤄𐤅𐤄 हूँ, और कोई और नहीं है — मेरे सिवाय कोई
ईश्वर नहीं। मैंने तुझे कमर कसी है, यद्यपि तू मुझे नहीं
जानता, [6]ताकि वे जान लें कि सूर्य के उदय से लेकर पश्चिम
तक मेरे सिवाय कोई नहीं है। मैं 𐤉𐤄𐤅𐤄 हूँ, और कोई और
नहीं है, [7]मैं प्रकाश को बनाता और अंधकार को रचता हूँ, मैं
शांति को देता और विपत्ति को उत्पन्न करता हूँ। मैं, 𐤉𐤄𐤅𐤄,
ये सब करता हूँ।' [8]"हे आकाश, ऊपर से बरसा दो, और
बादल धर्म की वर्षा करें। पृथ्वी खुल जाए, और उद्धार उत्पन्न
करे, और धर्म उसके साथ अंकुरित हो। मैं, 𐤉𐤄𐤅𐤄, ने इसे
रचा है। [9]"हाय उस पर जो अपने बनाने वाले से झगड़ता है!
— मिट्टी का टुकड़ा पृथ्वी के अन्य टुकड़ों के साथ। क्या
मिट्टी अपने गढ़ने वाले से कहती है, 'तू क्या कर रहा है?' या
तेरे कामकाज से कहा जाता है, 'उसके हाथ नहीं हैं'?
[10]"हाय उस पर जो अपने पिता से कहता है, 'तू क्या उत्पन्न
करता है?' या स्त्री से, 'तू किस बात का प्रसव करती है?' "
[11]यहोवा 𐤉𐤄𐤅𐤄, इस्राएल का पवित्र और उसका बनाने
वाला कहता है, "क्या तुम मुझसे मेरे पुत्रों के विषय में और मेरे
हाथों के काम के विषय में पूछते हो और मुझे आज्ञा देते हो?
[12]"मैंने पृथ्वी बनाई और उस पर मनुष्य को रचा है। मेरे ही
हाथों ने आकाश को फैलाया है, और उनकी सारी सेना को
मैंने आज्ञा दी है। [13]"मैंने उसे धर्म में उठाया है, और उसकी
सब राहें सीधी की हैं। वह मेरा नगर बनाएगा और मेरे बन्दियों
को स्वतंत्र करेगा, बिना मूल्य और बिना पुरस्कार," सेनाओं
के यहोवा 𐤉𐤄𐤅𐤄 की यह वाणी है। [14]यहोवा 𐤉𐤄𐤅𐤄 यों
कहता है, "मिस्र की मेहनत और कूश की उपज और शेबा के
बड़े-से-बड़े पुरुष तेरे पास आएंगे और तेरे होंगे। वे तेरे पीछे-
पीछे आएंगे, जंजीरों में आएंगे, और तेरे सामने दण्डवत
करेंगे। वे तुझसे विनती करेंगे, कहते हुए, 'निश्चय ही ईश्वर
तुझ में है, और उसके सिवाय कोई नहीं, और कोई ईश्वर
नहीं।' " [15]सचमुच तू ईश्वर है, जो अपने आप को छिपाता
है, इस्राएल का ईश्वर, उद्धारकर्ता! [16]वे सब लज्जित होंगे
और लज्जा में डाल दिए जाएंगे — वे सब मूरत बनाने वाले
साथ-साथ लज्जा में जाएंगे। [17]इस्राएल यहोवा 𐤉𐤄𐤅𐤄 के
द्वारा अनन्त उद्धार पाएगा। तुम कभी लज्जित और निराश न
होगे, युगानुयुग। [18]क्योंकि यहोवा 𐤉𐤄𐤅𐤄 यों कहता है,
आकाश का रचने वाला, वही ईश्वर है, पृथ्वी का बनाने वाला
और गढ़ने वाला। उसने उसे स्थिर किया, उसे व्यर्थ में नहीं
बनाया, उसे बसाए जाने के लिए गढ़ा: "मैं 𐤉𐤄𐤅𐤄 हूँ, और
कोई और नहीं। [19]"मैंने गुप्त में, पृथ्वी के अंधकार स्थान में
नहीं कहा। मैंने याक़ोब की संतान से यह नहीं कहा, 'मुझे
व्यर्थ में खोजो।' मैं 𐤉𐤄𐤅𐤄 हूँ, जो धर्म बोलता और सीधी
बातें प्रकट करता हूँ। [20]"इकट्ठे हो जाओ और आओ; सब
इकट्ठे होकर पास आओ, तुम जो अन्यजातियों से बच निकले
हो। उनके पास ज्ञान नहीं है जो अपनी खुदी हुई प्रतिमा की
लकड़ी उठाते हैं, और ऐसे देवता से प्रार्थना करते हैं जो उद्धार
नहीं करता। [21]"घोषणा करो और पास लाओ, वे आपस में
सम्मति करें। किसने इसको पहले से सुनाया? किसने उस
समय से इसे प्रकट किया? क्या यह मैंने, 𐤉𐤄𐤅𐤄, नहीं
किया? और मेरे सिवाय कोई ईश्वर नहीं है, धर्मी ईश्वर और
उद्धारकर्ता, मेरे सिवाय कोई नहीं। [22]"मेरी ओर फिरो और
उद्धार पाओ, पृथ्वी के सब छोर! क्योंकि मैं ही ईश्वर हूँ, और
कोई और नहीं। [23]"मैंने अपनी ही शपथ खाई है, मेरे मुँह से
धर्म में वचन निकला है, और वह वापस न होगा; कि मुझसे
हर घुटना झुकेगा, हर जीभ शपथ खाएगी। [24]"एक कहेगा,
'केवल यहोवा 𐤉𐤄𐤅𐤄 में ही मेरे पास धर्म और शक्ति है' —
वह उसके पास आएगा। और जो सब उस से क्रोधित हैं वे
लज्जित होंगे। [25]"यहोवा 𐤉𐤄𐤅𐤄 में ही इस्राएल की सारी
संतान धर्मी ठहराई जाएगी और उसकी महिमा करेगी।"

46 [1]बेल झुक गया, नेबो झुक रहा है, उनके मूर्तियां
पशुओं और मवेशियों पर हैं। जो उठाया जाता है वह
बोझिल है, थके हुए के लिए बोझ है। [2]वे झुक गए, वे एक
साथ झुक गए, वे बोझ को छुड़ा नहीं सके, पर वे स्वयं

बंधुआई में चले गए। 3 "मेरी सुनो, हे याक़ोब के घराने और
यिस्त्राएल के घराने के सब बचे हुए, जो शरीर से उत्पन्न हुए
हो, जो गर्भ से उठाए गए हो: 4 यहाँ तक कि तुम्हारे बुढ़ापे तक,
मैं वही हूँ, और सफ़ेद बालों तक मैं उठाऊँगा! मैंने बनाया और
मैं उठाता हूँ, और मैं उठाऊँगा और बचाऊँगा। 5 "तुम मुझे
किसके समान ठहराते हो, और मेरी तुलना किससे करते हो
और मुझे किसके समान बनाते हो, कि हम समान हो जाएँ?
6 "वे थैली से सोना निकालते हैं, और तराजू पर चाँदी तोलते
हैं। वे सुनार को मज़दूरी पर रखते हैं, और वह उसे एक
सामर्थी बनाता है। वे झुकते हैं, वे भी स्वयं दंडवत करते हैं।
7 "वे उसे कंधे पर उठाते हैं, वे उसे उठाकर उसकी जगह पर
रखते हैं, और वह खड़ा रहता है - अपनी जगह से वह हिलता
नहीं। यद्यपि कोई उसे पुकारे, वह उत्तर नहीं देता, और उसे
उसकी तकलीफ़ से नहीं बचाता। 8 "इसको स्मरण करो,
और अपने आप को मनुष्य दिखाओ; इसे लौटाओ, हे
अपराधियों। 9 "प्राचीन काल की बातों को स्मरण करो,
क्योंकि मैं ईश्वर हूँ, और कोई दूसरा नहीं - ईश्वर, और मेरे
समान कोई नहीं, 10 जो आदि से अंत की घोषणा करता हूँ,
और प्राचीन काल से वह जो नहीं हुआ है, कहता हूँ, 'मेरी
सम्मति स्थिर रहेगी, और मैं अपनी सारी इच्छा पूरी करूँगा,'
11 पूर्व से एक शिकारी पक्षी को बुलाता हूँ, वह मनुष्य जो मेरी
सम्मति पूरी करता है, एक दूर देश से। निश्चय ही मैंने कहा
है, मैं उसे पूरा भी करता हूँ। मैंने योजना बनाई है, मैं उसे
करता भी हूँ। 12 "मेरी सुनो, हे हठीले हृदयवाले, जो धर्म से
दूर हो: 13 "मैं अपनी धर्मता को समीप लाऊँगा, वह दूर नहीं
है, और मेरी मुक्ति, वह विलंबित नहीं है। और मैं सिय्योन में
उद्धार दूँगा, अपनी महिमा यिस्त्राएल को।

47

1 "नीचे उतरकर धूल में बैठ, हे बाबेल की कन्या
पुत्री। भूमि पर बिना सिंहासन के बैठ, हे कसदियों की
पुत्री! क्योंकि अब से वे तुझे कोमल और नाजुक नहीं कहेंगे।
2 "चक्की ले और आटा पीस। अपना घूंघट हटा, स्कर्ट
उठाकर पैर प्रकट कर, नदियों से होकर निकल। 3 "तेरी
नग्नता प्रकट हो, तेरी लज्जा भी प्रगट हो। मैं प्रतिशोध लेता
हूँ, और किसी मनुष्य से नहीं मिलता।" 4 हमारा छुड़ानेवाला,
सेनाओं का 𐤉𐤄𐤅𐤄 उसका नाम है, इस्त्राएल का क़दोष
एक। 5 "चुप रह, और अंधकार में चली जा, हे कसदियों की
पुत्री! क्योंकि अब से तुझे राज्य की स्वामिनी नहीं कहा
जाएगा। 6 "मैं अपनी प्रजा पर क्रोधित था, मैंने अपनी
विरासत को अपवित्र किया और उन्हें तेरे हाथ में दे दिया।
तूने उन पर कोई दया नहीं दिखाई, तूने बूढ़ों पर अपना जूआ
बहुत भारी कर दिया। 7 "और तूने कहा, 'मैं सदा स्वामिनी
हूँ,' इसलिये तूने इन बातों को मन में नहीं लिया, और उनका
अन्त स्मरण नहीं किया। 8 "अब सुन, हे सुख-भोग को दी
हुई, जो निश्चिन्त बैठी है, जो अपने हृदय में कहती है, 'मैं हूँ,
और मेरे सिवाय कोई नहीं। मैं विधवा नहीं बैठती, न ही
बालकों की हानि जानती हूँ।' 9 "ये दोनों तेरे ऊपर अचानक,
एक ही दिन में आ जाएँगे: बालकों की हानि और विधवा होना।
ये तुझ पर पूरी तरह आ पड़ेंगे, तेरे बहुत से जादू-टोने के
कारण, तेरे असंख्य बलवान मंत्रों के कारण। 10 "और तूने
अपनी बुराई पर भरोसा किया, तूने कहा, 'कोई मुझे नहीं
देखता।' तेरी बुद्धि और तेरा ज्ञान तुझे भटका ले गए। और
तूने अपने हृदय में कहा, 'मैं हूँ, और मेरे सिवाय कोई नहीं।'
11 "परन्तु बुराई तुझ पर आ पड़ेगी, यह जाने बिना कि यह
कहाँ से उठेगी; और विपत्ति तुझ पर गिरेगी, जिसे तू दूर नहीं
कर सकेगी; और अचानक विनाश तुझ पर आ पड़ेगा, जिसे
तू नहीं जानती। 12 "अब खड़ी हो जा अपने बलवान मंत्रों
और अपने बहुत से जादू-टोनों के साथ, जिनमें तूने अपनी
जवानी से परिश्रम किया है, यदि शायद तू लाभ उठा सके,
यदि शायद तू बल पा सके। 13 "तू अपने बहुत से परामर्शों से
थक गई है; खगोलविद, तारों को देखने वाले, और जो नए
चाँदों से भविष्यवाणी करते हैं, वे उठ खड़े हों और तुझे उस से
बचाएँ जो तेरे ऊपर आ रहा है। 14 "देख, वे भूसे के समान
होंगे, आग उन्हें जला देगी, वे अपने आप को ज्वाला की शक्ति
से नहीं बचाएँगे; ऐसा कोई अंगारा नहीं रहेगा जिस से वे गर्म
हो सकें, न ऐसी आग कि जिसके सामने बैठा जाए। 15 "ऐसे
ही तेरे लिये होंगे वे जिनके साथ तूने परिश्रम किया है, तेरे
व्यापारी जो तेरी जवानी से हैं। वे भटकेंगे, प्रत्येक अपने मार्ग
पर, तुझे बचानेवाला कोई न होगा।

48

1 "इसको सुनो, हे याक़ोब के घराने, जो इस्त्राएल के
नाम से कहलाते हो, और यहूदा के जल से निकले हो,
जो 𐤉𐤄𐤅𐤄 के नाम की शपथ खाते हैं, और इस्त्राएल के
ईश्वर का अंगीकार करते हैं – पर सच्चाई और धर्म में नहीं –
2 क्योंकि वे अपने को पवित्र नगर से कहलाते हैं, और इस्त्राएल
के ईश्वर पर भरोसा रखते हैं – सेनाओं के 𐤉𐤄𐤅𐤄 उसका
नाम है: 3 "मैंने प्रारम्भ से ही पहले की बातें बताईं, और वे मेरे
मुख से निकलीं, और मैंने तुम्हें सुनाईं। अचानक मैंने काम
किया, और वे हो गईं। 4 "क्योंकि मैं जानता था कि तुम कठोर
हो, और तुम्हारी गर्दन लोहे की नस है, और तुम्हारा माथा
काँसे का है, 5 इसलिए मैंने बहुत पहले ही तुमसे कहा। इसके
आने से पहले मैंने तुम्हें सुनाया, कहीं तुम न कहो, 'मेरे मूर्त ने
यह किया, और मेरी खुदी हुई मूरत और मेरी ढाली हुई मूरत
ने यह आज्ञा दी।' 6 "तुमने सुना, उन सबको देखो। और
क्या तुम इसे घोषित नहीं करोगे? अब से मैं तुम्हें नई बातें
सुनाऊँगा, यहाँ तक कि छिपी हुई बातें, जिन्हें तुमने नहीं
जाना। 7 "अब वे बनाई जाएँगी और पहले से नहीं। और इस
दिन से पहले तुमने उन्हें नहीं सुना, कहीं तुम न कहो, 'देखो,
मैं उन्हें जानता था।' 8 "नहीं, तुमने नहीं सुना; नहीं, तुमने
नहीं जाना; नहीं, प्राचीन काल से तुम्हारा कान खुला नहीं था।
क्योंकि मैं जानता था कि तुम वास्तव में विश्वासघाती हो, और
गर्भ से ही अपराधी कहलाते हो। 9 "अपने नाम के कारण मैंने
अपने क्रोध को टाल दिया, और अपनी स्तुति के कारण मैंने
इसे तुमसे रोक लिया, ताकि तुम्हें न काट डालूँ। 10 "देखो,
मैंने तुम्हें तपा दिया है, परन्तु चाँदी की तरह नहीं; मैंने तुम्हें
कष्ट की भट्ठी में चुना है। 11 "अपने ही कारण, अपने ही
कारण, मैं यह करता हूँ। क्योंकि इसे कैसे अपवित्र किया
जाए? और अपनी महिमा मैं दूसरे को नहीं देता। 12 "मेरी
सुनो, हे याक़ोब, और इस्त्राएल, मेरे बुलाए हुए: मैं वही हूँ, मैं
पहला हूँ, मैं अंतिम भी हूँ। 13 "साथ ही, मेरे हाथ ने पृथ्वी की
नींव डाली है, और मेरे दाहिने हाथ ने आकाश को फैलाया है।
मैं उन्हें बुलाता हूँ, वे सब मिलकर खड़े होते हैं। 14 "तुम सब
इकट्ठे हो जाओ, और सुनो! उनमें से किसने ये बातें घोषित
कीं? 𐤉𐤄𐤅𐤄 ने उससे प्रेम किया है। वह बाबेल पर उसकी

इच्छा पूरी करे, और उसका भुजा कसदियों पर हो। 15 “मैं,
मैं ने ही कहा, मैंने उसे बुलाया भी है, मैंने उसे लाया है, और
वह अपने मार्ग में सफल होगा। 16 “मेरे निकट आओ, यह
सुनो: मैंने प्रारम्भ से गुप्त रूप से नहीं कहा; जिस समय से यह
था, मैं वहाँ था। और अब प्रभु 𐤉𐤄𐤅𐤄 ने मुझे और उसकी
आत्मा को भेजा है।” 17 यों कहता है 𐤉𐤄𐤅𐤄, तुम्हारा छुड़ाने
वाला, इस्राएल का पवित्र, “मैं 𐤉𐤄𐤅𐤄 तुम्हारा ईश्वर हूँ, जो
तुम्हें लाभकारी बातें सिखाता हूँ, तुम्हें उस मार्ग पर ले चलता हूँ
जिस पर तुम्हें जाना चाहिए। 18 “हाय, यदि तुमने मेरी
आज्ञाओं पर ध्यान दिया होता! तब तुम्हारी शान्ति नदी के
समान होती, और तुम्हारा धर्म समुद्र की लहरों के समान
होता। 19 “और तुम्हारा वंश बालू के समान होता, और तुम्हारी
आंतरिक सन्तान रेत के कणों के समान होती। उसका नाम
मेरे सामने से न काटा जाता और न नष्ट किया जाता।
20 “बाबेल से निकलो! कसदियों से भागो! इसे गाने की
आवाज़ के साथ घोषित करो, इसका प्रचार करो, इसे पृथ्वी के
छोर तक भेजो! कहो, ‘𐤉𐤄𐤅𐤄 ने अपने दास याक़ोब को
छुड़ाया है!’ ” 21 और जब उसने उन्हें मरुभूमियों से होकर
चलाया, तब उन्होंने प्यासा नहीं किया; उसने उनके लिए
चट्टान से जल निकाल दिया; उसने चट्टान को चीर दिया,
और जल फूट पड़ा। 22 “दुष्टों के लिये कोई शान्ति नहीं है,”
𐤉𐤄𐤅𐤄 ने कहा।”

49 1 मेरी सुनो, हे तटीय देशो, और ध्यान दो, तुम दूर के
लोगो! 𐤉𐤄𐤅𐤄 ने गर्भ से ही मुझे बुलाया है, मेरी माता
के शरीर से ही उसने मेरे नाम को स्मरण कराया। 2 और
उसने मेरे मुँह को तीखी तलवार के समान बनाया, अपने हाथ
की छाया में मुझे छिपाया, और मुझे एक चमकदार तीर
बनाया। अपनी तरकश में उसने मुझे छिपाया।” 3 और उसने
मुझसे कहा, ‘तू मेरा दास है, हे यिस्राएल, जिसमे मैं महिमा
करता हूँ।’ 4 और मैंने कहा, ‘मैंने व्यर्थ परिश्रम किया है, मैंने
अपनी शक्ति को शून्यता और व्यर्थ के लिये खर्च किया है।
परन्तु मेरा न्याय 𐤉𐤄𐤅𐤄 के पास है, और मेरा काम मेरे
ईश्वर के साथ है।’ ” 5 और अब 𐤉𐤄𐤅𐤄 - जिसने गर्भ से
मुझे अपना दास बनाने के लिये रचा, याक़ोब को अपने पास
वापस लाने के लिये, यद्यापि यिस्राएल उसके पास इकट्ठा नहीं
हुआ, फिर भी मैं 𐤉𐤄𐤅𐤄 की आँखों में आदरणीय हूँ, और
मेरा ईश्वर मेरी शक्ति बन गया है यह कहता है। 6 और वह
कहता है, “क्या यह तुझको छोटा काम होगा कि तू मेरा दास
बनकर याक़ोब की जातियों को उठाए, और यिस्राएल के
सुरक्षित लोगों को वापस लाए? और मैं तुझे जातियो के लिये
ज्योति बनाऊँगा, ताकि तू पृथ्वी के छोर तक मेरा उद्धार बने!”
7 यिस्राएल का छुड़ानेवाला, उनका पवित्र, 𐤉𐤄𐤅𐤄 ने तुच्छ
ठहराए हुए से, राष्ट्र से घृणा किए हुए से, शासको के दास से
कहा, “राजा देखेंगे और उठ खड़े होंगे, हाकिम भी स्वयं
झुकेंगे, क्योंकि 𐤉𐤄𐤅𐤄 स्थिर है, यिस्राएल का पवित्र। और
उसने तुझे चुन लिया है!” 8 इस प्रकार 𐤉𐤄𐤅𐤄 ने कहा,
“अनुग्रह के समय मैं तुझे उत्तर दूँगा, और उद्धार के दिन मैं
तुझे सहायता दूँगा - और मैं तुझे सुरक्षित रखूँगा और तुझे
लोगों की वाचा के लिये दूँगा, ताकि तू पृथ्वी को पुनःस्थापित
करे, और उजड़े हुए भाग को उनका निज भाग बनाए।
9 बन्दियो से कहने के लिये, ‘बाहर निकलो,’ और अंधकार में
पड़े लोगो से, ‘अपने आप को दिखाओ।’ “वे मार्गों पर चरेंगे,
और सब उजाड़े हुए पहाड़ो पर उनका चरागाह होगा। 10 “वे
न भूखेंगे और न पियासे होंगे, न गर्मी और न सूर्य उन पर
प्रहार करेगा, क्योंकि जो उन पर दया करता है वही उनका
मार्गदर्शन करेगा, और जल के सोतों के पास उन्हें ले
जाएगा। 11 “और मैं अपने सब पहाड़ो को मार्ग बनाऊँगा,
और मेरी राजमार्ग ऊँची की जाएगी। 12 “देखो, ये दूर से
आएँगे, और देखो, वे उत्तर और पश्चिम से, और ये सीनिम
देश से।” 13 गाओ, हे आकाश, जयजयकार करो, हे पृथ्वी!
और गाओ, हे पहाड़ो! क्योंकि 𐤉𐤄𐤅𐤄 अपनी प्रजा को शांति
देगा और अपने पीड़ितों पर दया करेगा। 14 परन्तु सिय्योन
कहता है, “𐤉𐤄𐤅𐤄 ने मुझे त्याग दिया है, और 𐤉𐤄𐤅𐤄 ने
मुझे भुला दिया है।” 15 “क्या कोई स्त्री अपने दूध पीते बच्चे
को भूल जाएगी, और अपनी कोख के पुत्र पर दया नही
करेगी? यद्यापि वे भूल जाएँ, मैं तुझे कभी नहीं भूलूँगा।
16 “देख, मैंने तुझे अपने हाथों की हथेलियों पर अंकित कर
लिया है; तेरी दीवारें सदा मेरे सामने रहती हैं। 17 “तेरे पुत्र
शीघ्र आएंगे, तेरे विनाशक और जो तुझे उजाड़ते थे वे तुझसे
दूर हो जाएंगे। 18 “अपनी आँखें चारों ओर उठाकर देख, ये
सब इकट्ठे होकर तेरे पास आते हैं। मैं जीवित हूँ,” 𐤉𐤄𐤅𐤄
की यह वाणी है, “तू उन सबको गहनों के समान पहन लेगा,
और उन्हें दुल्हन की तरह अपने ऊपर बाँध लेगा।
19 “क्योंकि तेरे उजड़े हुए और सूने स्थान, और तेरे विनाश
की भूमि, शीघ्र ही निवासियों के लिये बहुत ही तंग हो जाएगी,
और जिन्होंने तुझे निगल लिया था वे दूर होंगे। 20 “तेरे पुत्र,
जिनसे तू वंचित था, तेरे कानों में कहेंगे, ‘यह स्थान मेरे लिये
बहुत तंग है, मुझे रहने के लिये स्थान दे।’ 21 “तब तू अपने
मन में कहेगा, ‘इनको किसने मेरे लिये जन्म दिया, क्योंकि मै
वंचित और बाँझ थी, निर्वासित और इधर-उधर भटकती थी?
और किसने इनको पाला? देख, मैं अकेली छोड़ी गई थी—ये
कहाँ से आए?’ ” 22 प्रभु 𐤉𐤄𐤅𐤄 यों कहता है, “देख, मै
जातियों की ओर अपना हाथ उठाता हूँ, और लोगों के लिये
अपना ध्वज खड़ा करता हूँ; और वे तेरे पुत्रों को अपनी बाँहो
में लाएँगे, और तेरी पुत्रियों को अपने कंधों पर उठाकर ले
जाएँगे। 23 “और राजा तेरे पालक पिता होंगे, और उनकी
रानियाँ तेरी दूध पिलाने वाली माता होंगी। वे अपने मुँह के बल
भूमि पर झुकेंगे, और तेरे पैरों की धूल चाटेंगे। तब तू जान
लेगा कि मैं 𐤉𐤄𐤅𐤄 हूँ—जो मुझ पर आशा रखते हैं वे
लज्जित नहीं होंगे।” 24 क्या बलवान से शिकार छीन लिया
जाता है, और क्या धर्मी के बन्दी छुड़ाए जाते हैं? 25 फिर भी
𐤉𐤄𐤅𐤄 यों कहता है, “हाँ, बलवान के बन्दी भी छुड़ाए जाते
हैं, और अत्याचारी का शिकार भी छुड़ाया जाता है; और मै
तेरे साथ झगड़ने वाले से झगड़ूँगा, और तेरे पुत्रों को
बचाऊँगा। 26 “और मैं तेरे उत्पीड़कों को उनका अपना ही
मास खिलाऊँगा, और उन्हें उनका अपना ही लहू मधुर
दाखमधु की तरह पिलाऊँगा। तब सब प्राणी जानेंगे कि मैं,
𐤉𐤄𐤅𐤄, तेरा उद्धारकर्ता और तेरा छुड़ाने वाला, याक़ोब का
ईश्वर हूँ।”

50 1 “यहोवा 𐤉𐤄𐤅𐤄 इस प्रकार कहता है, “तुम्हारी
माता का तलाक़नामा कहाँ है, जिसे मैंने अलग कर
दिया? या मेरे किस लेनदार को मैंने तुम्हें बेचा है? देखो, तुम्हे

तुम्हारे अधर्म के कारण बेचा गया, और तुम्हारी माता तुम्हारे
अपराधों के कारण अलग की गई। 2 "जब मैं आया, तब कोई
मनुष्य क्यों न था? जब मैंने पुकारा, तो कोई उत्तर देने वाला
क्यों न था? क्या मेरा हाथ छुड़ाने के लिये छोटा है? या मेरे
पास छुड़ाने की शक्ति नहीं है? देखो, मेरी डाँट से मैं समुद्र को
सुखा देता हूँ, मैं नदियों को जंगल कर देता हूँ; उनकी
मछलियाँ जल के बिना सड़ जाती हैं, और प्यास से मर जाती
हैं। 3 "मैं आकाश (शमयिम) को अंधकार से ढक देता हूँ,
और मैं उनका आवरण टाट बना देता हूँ।" 4 प्रभु 𐤉𐤄𐤅𐤄 ने
मुझे शिष्य (तल्मिद) की जीभ दी है, ताकि मैं थके हुओं को
वचन से सहारा देना जानूँ। वह मुझे सुबह-सुबह जगाता है,
वह मेरा कान जगाता है कि मैं शिष्य (तल्मिद) के समान
सुनूँ। 5 प्रभु 𐤉𐤄𐤅𐤄 ने मेरा कान खोला है, और मैं हठीला न
हुआ, न ही पीछे मुड़ा। 6 मैंने अपनी पीठ उन्हें दी जो मुझे
मारते थे, और अपने गाल उन्हें जो दाढ़ी नोचते थे, मैंने
अपना मुँह अपमान और थूक से नहीं छिपाया। 7 और प्रभु
𐤉𐤄𐤅𐤄 मेरी सहायता करता है, इसलिये मैं अपमानित नहीं
होऊँगा। इसलिये मैंने अपना मुँह चकमक पत्थर के समान
किया है, और मैं जानता हूँ कि मैं लज्जित न होऊँगा। 8 वह
जो मुझे धर्मी ठहराता है निकट है। कौन मुझसे विवाद
करेगा? हम साथ खड़े हों। मेरा विरोधी कौन है? उसे मेरे
निकट आने दो। 9 देखो, प्रभु 𐤉𐤄𐤅𐤄 मेरी सहायता करता
है। कौन मुझे अपराधी ठहराएगा? देखो, वे सब वस्त्र के
समान घिस जाएँगे, पतंगा उन्हें खा जाएगा। 10 तुम में से
कौन यहोवा 𐤉𐤄𐤅𐤄 का भय मानता है, उसके दास की
आवाज़ सुनता है, जिसने अंधकार में चला है और उसके पास
प्रकाश नहीं है? वह यहोवा 𐤉𐤄𐤅𐤄 के नाम पर भरोसा करे
और अपने ईश्वर पर निर्भर रहे! 11 देखो, तुम सब जो आग
जलाते हो, जलते हुए तीरों से कमर कसते हो: अपनी आग के
प्रकाश में चलो और उन जलते हुए तीरों में जो तुमने जलाए
हैं। मेरे हाथ से तुम्हें यह मिलेगा: तुम दुःख में लेटोगे!

51 1 "मेरी सुनो, हे तुम जो धर्म का पीछा करते हो,
𐤉𐤄𐤅𐤄 को ढूँढते हो: उस चट्टान को देखो जिससे
तुम काटे गए थे, और उस गड्ढे के छेद को देखो जिससे तुम
खोदे गए थे। 2 "अब्राहम अपने पिता की ओर देखो, और
सारा की ओर देखो जिसने तुम्हें जन्म दिया। क्योंकि वह
अकेला था जब मैंने उसे बुलाया, और मैंने उसे आशीष दी
और बढ़ाया। 3 "क्योंकि 𐤉𐤄𐤅𐤄 सिय्योन को सांत्वना देगा,
वह उसके सब उजड़े स्थानों को सांत्वना देगा। क्योंकि वह
उसके जंगल को एदेन के समान बनाता है, और उसके
मरुस्थल को 𐤉𐤄𐤅𐤄 के बगीचे के समान। उसमें हर्ष और
आनंद पाए जाते हैं, धन्यवाद और गीत की ध्वनि। 4 "मेरे
लोगों, मेरी सुनो, और मेरी जाति, मेरी ओर कान लगाओ,
क्योंकि व्यवस्था मुझसे निकलती है, और मेरा न्याय मैं
जातियों के लिये प्रकाश के रूप में रखता हूँ। 5 "मेरा धर्म
निकट है, मेरी उद्धारता प्रकट होगी, और मेरी भुजाएँ जातियों
का न्याय करेंगी। तटवर्ती देश मेरी बाट जोहते हैं, और मेरी
भुजा की बाट जोहते हैं। 6 "अपनी आँखें स्वर्ग की ओर
उठाओ, और नीचे पृथ्वी पर दृष्टि करो, क्योंकि स्वर्ग धुएँ के
समान मिट जाएंगे, और पृथ्वी वस्त्र के समान पुरानी हो
जाएगी, और जो उसमें बसते हैं वे कीड़ों के समान मर
जाएंगे। परन्तु मेरी उद्धारता सदा बनी रहती है, और मेरा धर्म
टूटता नहीं। 7 "मेरी सुनो, तुम जो धर्म को जानते हो, जिनके
हृदय में मेरी व्यवस्था है: मनुष्यों की निन्दा से मत डरो, और
उनकी निन्दाओं से मत भयभीत हो। 8 "क्योंकि कीड़ा उन्हें
वस्त्र की तरह खा जाएगा, और पतंगा उन्हें ऊन की तरह खा
जाएगा; परन्तु मेरा धर्म सदा बना रहेगा, और मेरी उद्धारता
पीढ़ी दर पीढ़ी बनी रहेगी।" 9 "जाग, जाग, बल धारण कर,
हे 𐤉𐤄𐤅𐤄 की भुजा! प्राचीन दिनों में, सदा की पीढ़ियों में
जाग। क्या यह तू नहीं जिसने गर्व को काटा, और अजगर
को भेदा? 10 क्या यह तू नहीं जिसने समुद्र को सुखाया, गहरे
समुद्र के जल को, जिसने समुद्र की गहराई को छुड़ाए हुओं
के पार जाने के लिये मार्ग बनाया? 11 और 𐤉𐤄𐤅𐤄 के छुड़ाए
हुए लौटेंगे। और वे सिय्योन में गीत गाते हुए आएंगे, उनके
सिर पर सदा का हर्ष होगा। वे हर्ष और आनंद पाएंगे; शोक
और आहट भाग जाएंगे। 12 "मैं, मैं ही वह हूँ जो तुझे शान्ति
देता हूँ। तू कौन है कि तू नश्वर मनुष्य से डरता है, और
मनुष्य के पुत्र से जो घास के समान हो जाता है? 13 "और तू
𐤉𐤄𐤅𐤄 को, अपने सृजनहार को भूल गया, जिसने स्वर्ग को
ताना और पृथ्वी की नींव डाली, और तू सदा दिन भर, अन्धेर
करनेवाले के क्रोध के कारण भय खाता है, जब वह नाश
करने को तैयार है। और अन्धेर करनेवाले का क्रोध कहां
है? 14 "झुका हुआ वह शीघ्र ही छुड़ाया जाएगा, कि वह गड्ढे में
न मरे, और उसकी रोटी घट न जाए। 15 "परन्तु मैं 𐤉𐤄𐤅𐤄
तेरा ईश्वर हूँ, जो समुद्र को हिलाता है, और उसकी लहरें
गरजती हैं। सेनाओं का 𐤉𐤄𐤅𐤄 उसका नाम है। 16 "और
मैंने अपने वचन तेरे मुँह में डाले हैं, और अपने हाथ की छाया
से तुझे ढँक दिया है, ताकि स्वर्ग को लगाऊँ और पृथ्वी की
नींव डालूँ, और सिय्योन से कहूँ, 'तू मेरी प्रजा है।' "
17 "जाग, जाग! उठ, हे यरूशलेम, तू जिसने 𐤉𐤄𐤅𐤄 के
हाथ से उसके क्रोध का प्याला पिया। तूने मदहोशी के प्याले
का रस पिया और उसे खाली कर दिया। 18 उसके सब पुत्रों
में से जिन्हें उसने जन्म दिया, कोई नहीं जो उसका मार्गदर्शन
करे। और जिन सब पुत्रों को उसने पाला, उनमें से कोई नहीं
जो उसका हाथ मजबूत करे। 19 ये दोनों बातें तुझ पर आ
रही हैं - कौन तुझ पर तरस खाएगा? विनाश और विध्वंस,
भोजन की कमी और तलवार। मैं तुझे कैसे सांत्वना दूँ?
20 तेरे पुत्र मूर्छित हो गए हैं, वे सब गलियों के सिरों पर पड़े हैं,
जैसे जाल में हिरण। वे 𐤉𐤄𐤅𐤄 के क्रोध से भरे हुए हैं, तेरे
ईश्वर की डाँट से। 21 इसलिये अब सुन, हे पीड़ित और
मदहोश, परन्तु दाखमधु से नहीं। 22 तेरा प्रभु, 𐤉𐤄𐤅𐤄 और
तेरा ईश्वर, जो अपनी प्रजा का मुकदमा लड़ता है, यूँ कहता
है: "देख, मैं तेरे हाथ से मदहोशी का प्याला, अपने क्रोध के
प्याले का रस निकाल लूँगा - तू फिर कभी उसे नहीं पीएगा।
23 "और मैं उसे उनके हाथ में दूँगा जो तुझे सताते हैं,
जिन्होंने तेरी आत्मा से कहा, 'झुक जा, और हम तुझ पर से
निकल जाएँ।' और तूने अपनी पीठ को भूमि के समान, और
गली के समान बना दिया, कि वे उस पर से निकल जाएँ।"

52 1 जागो, जागो! अपनी शक्ति धारण करो, हे सिय्योन,
अपनी शोभा के वस्त्र पहनो, हे यरूशलेम, पवित्र
नगर! क्योंकि अब और तुम्हारे भीतर न तो खतनारहित और
न अशुद्ध प्रवेश करेंगे। 2 धूल से अपने आप को झाड़ो, उठो
और बैठो, हे यरूशलेम। अपनी गर्दन के बंधनों से छूट

जाओ, हे सिय्योन की बंधुआ बेटी! 3 क्योंकि यों कहता है
𐤉𐤄𐤅𐤄, "तुम व्यर्थ बेचे गए हो, और चाँदी से नहीं छुड़ाए
जाओगे।" 4 क्योंकि यों कहता है प्रभु 𐤉𐤄𐤅𐤄, "पहले मेरी
प्रजा मिस्र देश में वहाँ रहने गई थी, और अश्शूर ने बिना
कारण उन पर अत्याचार किया। 5 "और अब मुझे यहाँ क्या
है," यहोवा 𐤉𐤄𐤅𐤄 की यह वाणी है, "कि मेरी प्रजा व्यर्थ ले
जाई गई है? जो उन पर शासन करते हैं, वे उन्हें चिल्लाते हैं,"
यहोवा 𐤉𐤄𐤅𐤄 की यह वाणी है, "और मेरा नाम सदा दिनभर
तुच्छ जाना जाता है। 6 "इस कारण मेरी प्रजा उस दिन मेरे
नाम को जान जाएगी, क्योंकि वही बोलने वाला मैं ही हूँ। देखो,
यह मैं ही हूँ।" 7 कितने मनोहर हैं पर्वतों पर उसके पाँव जो
सुसमाचार सुनाता है, जो शान्ति का प्रचार करता है, जो
सुसमाचार सुनाता है, जो उद्धार का प्रचार करता है, जो
सिय्योन से कहता है, "तेरा ईश्वर राज्य करता है!" 8 तेरे
पहरेदारों की आवाज़! वे अपनी आवाज़ उठाएँगे, वे मिलकर
आनन्द से चिल्लाएँगे, क्योंकि वे आँख से आँख देखेंगे जब
𐤉𐤄𐤅𐤄 सिय्योन को लौटेगा। 9 आनन्द से गाओ, मिलकर
गाओ, हे यरूशलेम के उजाड़ स्थानों! क्योंकि 𐤉𐤄𐤅𐤄
अपनी प्रजा को शान्ति देगा, वह यरूशलेम का उद्धार करेगा।
10 𐤉𐤄𐤅𐤄 सब जातियों की आँखों के सामने अपनी पवित्र
भुजा प्रकट करेगा। और सारी पृथ्वी के छोर हमारे ईश्वर का
उद्धार देखेंगे। 11 दूर हो जाओ! दूर हो जाओ! वहाँ से निकल
आओ, अशुद्ध को मत छुओ। उसके मध्य से निकल आओ,
तुम जो 𐤉𐤄𐤅𐤄 के पात्र उठाने वाले हो, शुद्ध हो जाओ।
12 क्योंकि तुम जल्दबाज़ी में नहीं निकलोगे, न भागते हुए
जाओगे। क्योंकि 𐤉𐤄𐤅𐤄 तुम्हारे आगे आगे जाएगा, और
इस्राएल का ईश्वर तुम्हारा पीछे रक्षक होगा। 13 देखो, मेरा
दास बुद्धिमानी से काम करेगा, वह ऊँचा उठेगा और बहुत
महान होगा। 14 जैसे बहुत लोग तुझ पर अचम्भित हुए -
उसका रूप किसी मनुष्य से अधिक विकृत था और उसका
स्वरूप आदमियों के पुत्रों से बढ़कर बिगड़ा हुआ था - 15 वैसे
ही वह बहुत सी जातियों को चकित करेगा। राजा उसके
कारण अपना मुँह बन्द करेंगे, क्योंकि जो उन्हें नहीं बताया
गया था उसे वे देखेंगे, और जो उन्होंने न सुना था उसे वे
समझेंगे।

53 1 हमारी रिपोर्ट पर किसने विश्वास किया है? और
𐤉𐤄𐤅𐤄 का भुजा किस पर प्रगट हुआ? 2 क्योंकि वह
उसके सामने एक कोमल पौधे के समान और सूखी भूमि से
निकली हुई जड़ के समान बढ़ा। उसमें ऐसा न रूप था और
न ही वैभव कि हम उसकी ओर देखें, न ऐसा स्वरूप था कि
हम उसे चाहें। 3 वह मनुष्यों द्वारा तुच्छ जाना गया और
ठुकराया गया, दु:ख का आदमी और रोगों से परिचित। और
जैसे वह जिससे मुख छुपाया जाता है, वैसे ही तुच्छ जाना
गया, और हमने उसका विचार नहीं किया। 4 निश्चय ही
उसने हमारे रोगों को उठाया और हमारे दु:खों को सहा। फिर
भी हमने उसे ईश्वर का मारा और पीड़ित समझा। 5 परन्तु
वह हमारे अपराधों के कारण छेदा गया, वह हमारे अधर्मों के
कारण कुचला गया। हमारी शांति के लिए दण्ड उस पर पड़ा,
और उसकी मार से हम चंगे हुए। 6 हम सब भेड़ों की तरह
भटक गए, हर एक ने अपनी ही राह पकड़ ली। और
𐤉𐤄𐤅𐤄 ने हम सबके अधर्म को उस पर डाल दिया। 7 वह
सताया गया और वह पीड़ित हुआ, तौभी उसने अपना मुख
नहीं खोला। वह वध के लिये ले जाए जाने वाले मेम्ने के
समान और अपने ऊन काटने वालों के सामने गूंगी भेड़ के
समान था, तौभी उसने अपना मुख नहीं खोला। 8 वह कैद
और न्याय से उठा लिया गया। और उसकी पीढ़ी में किसने
यह विचार किया कि वह जीवितों की भूमि से काट डाला
जाएगा? मेरे लोगों के अपराध के कारण उसे मारा गया।
9 और उसने दुष्टों के संग कब्र पाई, और अपनी मृत्यु में
धनवान के संग, क्योंकि उसने कोई हिंसा नहीं की, और
उसके मुख में छल नहीं था। 10 परन्तु 𐤉𐤄𐤅𐤄 को उसे
कुचलना अच्छा लगा, उसने उस पर रोग डाल दिया, ताकि
जब वह स्वयं को अपराध के लिये बलिदान बनाए, तब वह वंश
को देखेगा, वह अपने दिन लम्बे करेगा और 𐤉𐤄𐤅𐤄 की
इच्छा उसके हाथ में सफल होगी। 11 उसके जीवन के कष्ट
से वह ज्योति को देखेगा और तृप्त होगा। अपने ज्ञान के द्वारा
मेरा धर्मी दास बहुतों को धर्मी ठहराएगा, और वह उनके
अधर्मों को उठाएगा। 12 इसलिए मैं उसे महान लोगों के बीच
भाग दूँगा, और वह शक्तिशालियों के साथ लूट बाँटेगा, क्योंकि
उसने अपनी आत्मा को मृत्यु तक उंडेल दिया, और वह
अपराधियों के संग गिना गया, और उसने बहुतों के पाप को
उठाया और अपराधियों के लिये प्रार्थना की।

54 1 "गा, हे बाँझ स्त्री, तू जिसने जन्म नहीं दिया! गाने
में फूट पड़, और ऊँचे स्वर से पुकार, तू जिसने
प्रसव पीड़ा में नहीं रही! क्योंकि त्यागी हुई की सन्तान विवाहित
स्त्री की सन्तान से अधिक है," कहा 𐤉𐤄𐤅𐤄 ने। 2 "अपने
तम्बू की जगह को बड़ा कर, और उनके द्वारा अपने निवास
की परदों को फैलाने दे, कंजूसी मत कर। अपनी डोरियों को
लंबा कर, और अपने खूंटों को मज़बूत कर। 3 "क्योंकि तू
दाहिनी ओर और बाईं ओर फूट पड़ेगी, और तेरी संतान
जातियों का अधिकार करेगी, और उजड़ी हुई नगरों को बसा
देगी। 4 "मत डर, क्योंकि तू लज्जित न होगी, और मत
शरमा, तू अपमानित न होगी। क्योंकि अपनी जवानी की
लज्जा को तू भूल जाएगी, और अब अपनी विधवा-अवस्था
की निन्दा को स्मरण न करेगी। 5 "क्योंकि तेरा बनानेवाला
तेरा पति है, सेनाओं का 𐤉𐤄𐤅𐤄 उसका नाम है, और
इस्राएल का पवित्र तेरा छुड़ानेवाला है। उसे सारी पृथ्वी का
ईश्वर कहा जाता है। 6 "क्योंकि 𐤉𐤄𐤅𐤄 ने तुझे पुकारा है,
जैसे कि त्यागी हुई और आत्मा में शोकाकुल स्त्री को, और
जवानी की पत्नी को जब तू ठुकराई गई थी," तेरा ईश्वर
कहता है। 7 "एक थोड़े समय के लिये मैंने तुझे त्याग दिया,
परन्तु बड़ी दया से मैं तुझे इकट्ठा करूंगा। 8 "क्रोध के
उफान में मैंने थोड़ी देर के लिये तुझसे अपना मुख छिपा
लिया, परन्तु सदा की करुणा से मैं तुझ पर दया करूंगा,"
कहा 𐤉𐤄𐤅𐤄 ने, तेरे छुड़ानेवाले ने। 9 "क्योंकि यह मेरे लिये
नूह के जल के समान है, जैसे कि मैंने शपथ खाई कि नूह का
जल फिर कभी पृथ्वी को न ढकेगा, वैसे ही मैंने शपथ खाई है
कि मैं तुझ पर क्रोधित न होऊँगा, और न तुझे डाँटूँगा।
10 "क्योंकि चाहे पहाड़ हटाए जाएँ और पहाड़ियाँ हिलाई जाएँ,
फिर भी मेरी करुणा तुझसे न हटेगी, और न मेरी शान्ति की
वाचा डगमगाएगी," कहा 𐤉𐤄𐤅𐤄 ने, जो तुझ पर दया करता
है। 11 "हे पीड़ित, आँधी से उछाली गई, और बिना शांति के,
देख, मैं तेरे पत्थरों को पन्नों में रखूँगा, और तेरी नीवें नीलम

से। 12और तेरे गुम्बद माणिक से बनाऊँगा, तेरे फाटक क्रिस्टल से, और तेरी सब दीवारें अनमोल पत्थरों से। 13और तेरे सब पुत्र 𐤉𐤄𐤅𐤄 के द्वारा सिखाए जाएँगे, और तेरे पुत्रों की शान्ति बड़ी होगी। 14"धर्म में तू स्थिर की जाएगी - उत्पीड़न से दूर, क्योंकि तू न डरेगी, और विपत्ति से, क्योंकि वह तेरे निकट न आएगी। 15"देख, वे तो इकट्ठे होंगे, परन्तु मेरी ओर से नहीं। जो कोई तेरे विरुद्ध इकट्ठा होगा, तेरे कारण गिर जाएगा। 16"देख, मैंने ही लोहार को बनाया है जो आग में अंगारों को फूँकता है, जो अपने काम के लिये हथियार निकालता है। और मैंने नाश करनेवाले को नाश करने के लिये बनाया है। 17"तेरे विरुद्ध गढ़ा हुआ कोई भी हथियार सफल न होगा, और हर एक जीभ जो तुझ पर न्याय में उठेगी, तू दुष्ट सिद्ध करेगी। यह 𐤉𐤄𐤅𐤄 के दासों की विरासत है, और उनकी धार्मिकता मेरी ओर से है," 𐤉𐤄𐤅𐤄 कहता है।

55 1"हे सब प्यासे लोगों, जल के पास आओ। और जिनके पास चाँदी नहीं है, आओ, खरीदो और खाओ। आओ, चाँदी और मूल्य के बिना दाखमधु और दूध खरीदो। 2"तुम उस वस्तु के लिए चाँदी क्यों तौलते हो जो रोटी नहीं है, और अपने श्रम को उस वस्तु के लिए जो तृप्त नहीं करती? मेरी सुनो, सुनो और वह खाओ जो अच्छा है, और तुम्हारा प्राण चिकनाई में आनन्दित हो। 3"अपने कान झुकाओ, और मेरे पास आओ। सुनो, ताकि तुम्हारा प्राण जीवित रहे। और मैं तुम्हारे साथ सदा की वाचा करूँगा, दाऊद की सच्ची करुणाएँ। 4"देखो, मैंने उसे लोगों के लिये गवाह के रूप में दिया है, लोगों के लिये एक प्रधान और आज्ञादाता। 5"देखो, जिस राष्ट्र को तुम नहीं जानते, उसे तुम बुलाओगे, और जो राष्ट्र तुम्हें नहीं जानता वह तुम्हारी ओर दौड़ेगा, क्योंकि 𐤉𐤄𐤅𐤄 तुम्हारा ईश्वर, और इस्राएल का क़दोष एक ने तुम्हें महिमा दी है।" 6जब तक 𐤉𐤄𐤅𐤄 मिल सकता है, उसकी खोज करो, जब वह निकट है तब उसे पुकारो। 7दुष्ट अपनी राह छोड़ दे, और अधर्मी अपने विचार। वह 𐤉𐤄𐤅𐤄 की ओर लौट आए, और वह उस पर दया करेगा, और हमारे ईश्वर की ओर, क्योंकि वह बहुत क्षमा करता है। 8"क्योंकि मेरे विचार तुम्हारे विचार नहीं हैं, न तुम्हारे मार्ग मेरे मार्ग हैं," 𐤉𐤄𐤅𐤄 की यह वाणी है। 9"क्योंकि जैसे आकाश पृथ्वी से ऊँचे हैं, वैसे ही मेरे मार्ग तुम्हारे मार्गों से ऊँचे हैं, और मेरे विचार तुम्हारे विचारों से। 10"क्योंकि जैसे वर्षा और हिम आकाश से नीचे आते हैं, और वहाँ वापस नहीं जाते, परन्तु पृथ्वी को सींचते हैं, और उसे अंकुरित और फलवन्त करते हैं, और बोने वाले को बीज और खाने वाले को रोटी देते हैं, 11वैसे ही मेरा वचन है जो मेरे मुख से निकलता है - वह मेरे पास खाली नहीं लौटेगा, परन्तु वही करेगा जो मुझे प्रसन्न करता है, और निश्चित रूप से उस बात को पूरा करेगा जिसके लिये मैंने उसे भेजा है। 12"क्योंकि तुम आनन्द से निकलोगे, और शान्ति से लाए जाओगे - पर्वत और पहाड़ तुम्हारे सामने गाने में फूट पड़ेंगे, और मैदान के सब वृक्ष हाथ थपथपाएँगे। 13"काँटे के स्थान पर सरो वृक्ष उगेगा, और बिच्छू बूटी के स्थान पर मुरट का वृक्ष उगेगा। और यह 𐤉𐤄𐤅𐤄 के लिये नाम होगा, एक सदा का चिन्ह जो कभी काटा नहीं जाएगा।"

56 1इस प्रकार कहा 𐤉𐤄𐤅𐤄 ने, "न्याय की रक्षा करो, और धर्म का पालन करो, क्योंकि मेरा उद्धार निकट है आने को, और मेरी धार्मिकता प्रकट होने को। 2"धन्य है वह मनुष्य जो यह करता है, और वह मनुष्य का पुत्र जो इसे थामे रहता है, शब्बाथ को रखता है ताकि उसे अपवित्र न करे, और अपने हाथ को किसी बुराई करने से रोकता है। 3"और परदेशी का पुत्र जिसने अपने आप को 𐤉𐤄𐤅𐤄 से मिला लिया है, न कहे, '𐤉𐤄𐤅𐤄 ने मुझे अपनी प्रजा से निश्चय ही अलग कर दिया है,' और न खोजे कहे, 'देखो मैं तो सूखा वृक्ष हूँ।' " 4क्योंकि इस प्रकार कहा 𐤉𐤄𐤅𐤄 ने, "उन खोजो से जो मेरे शब्बाथों को रखते हैं, और जो मेरी प्रसन्नता को चुनते हैं, और मेरी वाचा को दृढ़ता से थामे रहते हैं: 5उन्हें मैं अपने घर में और अपनी दीवारों के भीतर पुत्रों और पुत्रियों से उत्तम स्थान और नाम दूँगा – मैं उन्हें अनन्त नाम दूँगा जो काटा नहीं जाएगा। 6"और परदेशियों के पुत्र भी जो अपने आप को 𐤉𐤄𐤅𐤄 से जोड़ते हैं, उसकी सेवा करने को, और 𐤉𐤄𐤅𐤄 के नाम से प्रेम करने को, उसके दास बनने को, वे सब जो शब्बाथ को रखते हैं और उसे अपवित्र नहीं करते, और मेरी वाचा को दृढ़ता से थामे रहते हैं – 7उन्हें मैं अपने पवित्र पर्वत पर ले आऊँगा, और उन्हें अपने प्रार्थना के घर में आनन्दित करूँगा। उनके होमबलि और उनके बलिदान मेरी वेदी पर ग्रहण किए जाएँगे, क्योंकि मेरा घर सब जातियों के लिये प्रार्थना का घर कहलाता है।" 8प्रभु 𐤉𐤄𐤅𐤄, जो यिस्राएल के निकाले गए लोगों को इकट्ठा करता है, यह घोषित करता है, "मैं और भी इकट्ठा करूँगा उसके पास उन के सिवा जो उसके पास इकट्ठे किए गए हैं।" 9हे मैदान के सब पशुओं, खाने के लिये आओ, हे वन के सब पशुओं आओ। 10उसके पहरेदार अन्धे हैं, वे सब कुछ नहीं जानते। वे सब गूँगे कुत्ते हैं, भौंक नहीं सकते, स्वप्न देखते हैं, लेटे रहते हैं, सोना प्रिय मानते हैं। 11और कुत्तों की भूख बलवती है, वे कभी तृप्त नहीं होते। और वे चरवाहे हैं! उन्होंने समझना नही सीखा। वे सब अपने मार्ग पर लौटते हैं, हर एक अपने ही लाभ के लिये, अपने ही छोर से। 12"आओ, मैं दाखमधु लाऊँ और हम प्रबल पेय से अपने को भरें। और कल आज के समान होगा, बल्कि बहुत बड़ा।"

57 1धर्मी नाश हो गया है, और कोई इसे मन में नही लेता। और दयालु लोग उठा लिए जाते हैं, जबकि कोई नहीं समझता कि धर्मी को बुराई की उपस्थिति से दूर ले जाया गया है, 2वह शाति में प्रवेश करता है। जो सीधे मार्ग में चलते हैं, वे अपने बिस्तरों पर विश्राम पाते हैं। 3"परन्तु यहा आओ, हे जादूगरनी के पुत्रों, व्यभिचारी और वेश्या की संतान! 4तुम किस पर खेल रहे हो? किस पर अपना मुंह चौड़ा करते हो और जीभ बाहर निकालते हो? क्या तुम अपराध की संतान और झूठ की संतान नहीं हो, 5हर हरे पेड़ के नीचे शक्तिशाली मूर्तियों के साथ उत्तेजित होते हुए, घाटियो में बच्चों को मारते हुए, चट्टानों की दरारों के नीचे? 6"नदी के चिकने पत्थरों के बीच तुम्हारा भाग है; वही, वही, तुम्हारा हिस्सा है! उन्हीं के लिए तुमने पेय अर्पण किया है, तुमने अन्न अर्पण किया है। क्या मैं इनमें सांत्वना पाता हूं? 7"एक ऊंचे और ऊंचे पहाड़ पर तुमने अपना बिस्तर लगाया है। वहां भी तुम बलिदान करने के लिए चढ़े। 8"तुमने दरवाजों और

उनके खम्भों के पीछे भी अपनी स्मृति बनाई है। क्योंकि तुम
मुझसे दूर हो गए हो, और उनके पास चले गए हो। तुमने
अपना बिस्तर चौड़ा किया और उनके साथ वाचा बांधी।
तुमने उनके बिस्तर से प्रेम किया, जहां तुमने उनका हाथ
देखा। 9 "और तुम तेल लेकर राजा के पास गए, और अपने
इत्र बढ़ाए। और तुमने अपने दूतों को दूर भेजा, और अपने
आप को कब्र तक भी नीचा किया। 10 "तुमने अपनी बहुत
भटकनों से स्वयं को थका दिया है, फिर भी तुमने नहीं कहा,
'मैं हार मानता हूं!' तुमने अपने हाथ का जीवन पाया, इसलिए
तुम शोकित नहीं हुए। 11 "और तुम किससे डरते रहे हो, या
किससे भयभीत हुए हो, कि तुमने झूठ बोला और मुझे याद
नहीं रखा, और न ही इसे अपने मन में लिया? क्या मैं पुराने
समय से मौन नहीं रहा हूं, और तुमने मेरा भय नहीं माना?
12 "मुझे तुम्हारा धर्म और तुम्हारे काम घोषित करने दो,
क्योंकि वे तुम्हें लाभ नहीं देंगे। 13 "जब तुम पुकारोगे, तुम्हारी
मूर्तियों का संग्रह तुम्हें छुड़ाए। परन्तु हवा उन सब को उड़ा ले
जाएगी, एक श्वास उन्हें ले जाएगा। परन्तु जो मुझ में शरण
लेगा, वह देश का वारिस होगा, और मेरे पवित्र पर्वत का
अधिकारी होगा।" 14 और कोई कहेगा, "ढेर लगाओ! ढेर
लगाओ! मार्ग तैयार करो, मेरी प्रजा के मार्ग से ठोकर का
पत्थर दूर करो।" 15 क्योंकि ऐसा कहता है उच्च और महान
जो सदा के लिए निवास करता है, जिसका नाम पवित्र है, "मैं
उच्च और पवित्र स्थान में निवास करता हूं, उसके साथ
जिसका आत्मा टूटा हुआ और दीन है, दीन के आत्मा को
पुनर्जीवित करने के लिए, और टूटे हुए लोगों के हृदय को
पुनर्जीवित करने के लिए। 16 "क्योंकि मैं सदा तक संघर्ष नहीं
करूंगा, और न ही मैं सदा तक क्रोधित रहूंगा, क्योंकि आत्मा
मेरे सामने दुर्बल हो जाएगी, यहां तक कि वे प्राणी जिन्हें मैंने
बनाया है। 17 "उसके अनुचित लाभ की दुष्टता के कारण मैं
क्रोधित हुआ और मैंने उसे मारा। मैंने अपने आप को छिपाया
और क्रोधित हुआ, और वह अपने हृदय के मार्ग में फिरता
रहा। 18 "मैंने उसके मार्ग देखे हैं, परन्तु मैं उसे चंगा
करूंगा, और मैं उसका मार्गदर्शन करूंगा, और उसे और
उसके शोक करने वालों को सांत्वना लौटाऊंगा, 19 होठों का
फल उत्पन्न करते हुए: शांति, शांति उसे जो दूर है और उसे
जो निकट है," 𐤉𐤄𐤅𐤄 ने कहा, "और मैं उसे चंगा
करूंगा।" 20 परन्तु दुष्ट समुद्र के समान हैं जो व्याकुल है,
क्योंकि वह विश्राम नहीं कर सकता, और उसके जल गाद
और गंदगी उछालते हैं। 21 "कोई शांति नहीं है," मेरे ईश्वर
ने कहा, "दुष्टों के लिए।"

58 1 "ऊँचे स्वर से पुकार, मत बचा। अपने स्वर को
मेढ़े के सींग के समान ऊँचा करो। मेरी प्रजा को
उनका अपराध और याक़ोब के घर को उनके पाप बताओ।
2 "तौभी वे दिन-दिन मुझे ढूंढते हैं, और मेरी राहों को जानने
में प्रसन्न रहते हैं, जैसे कोई राष्ट्र जिसने धर्म किया हो, और
अपने ईश्वर के धर्मादेश को न छोड़ा हो। वे मुझसे धर्म के
फ़ैसले मांगते हैं, ईश्वर के निकट आने में प्रसन्न रहते हैं।
3 'हमने उपवास क्यों रखा, और तूने देखा नहीं? हमने अपने
प्राणों को क्यों दीन किया, और तूने ध्यान नहीं दिया?' "देखो,
तुम्हारे उपवास के दिन तुम सुख ढूंढते हो, और अपने सब
मज़दूरों को तंग करते हो। 4 "देखो, तुम झगड़े और विवाद
के लिए उपवास रखते हो, और दुष्टता की मुट्ठी से मारने के
लिए। तुम आज के दिन ऐसे उपवास नहीं रखते कि तुम्हारा
स्वर ऊपर सुना जाए। 5 "क्या यह वह उपवास है जो मैंने
चुना है, मनुष्य के लिए अपने प्राण को दीन करने का दिन?
क्या यह है कि वह अपने सिर को नरकट की तरह झुका दे,
और टाट और राख बिछा दे? क्या तुम इसे उपवास और
𐤉𐤄𐤅𐤄 के लिए ग्रहणीय दिन कहोगे? 6 "क्या यह वह
उपवास नहीं है जिसे मैंने चुना: दुष्टता की मज़बूत डोरियों को
खोलना, जुए की गाँठों को खोलना, सताए हुओं को स्वतंत्र
करना, और हर एक जुए को तोड़ डालना? 7 "क्या यह नहीं है
कि तू अपनी रोटी भूखे को बांटे, और निर्धन निर्वासितों को
अपने घर में लाए; जब तू नंगे को देखे तो उसे ढांपे, और
अपने ही मांस से न छिपे? 8 "तब तेरा प्रकाश भोर की नाई
फूट पड़ेगा, तेरा चंगा होना शीघ्र प्रकट होगा। और तेरा धर्म
तेरे आगे-आगे चलेगा, और 𐤉𐤄𐤅𐤄 की महिमा तेरी रक्षा
करेगी। 9 "तब जब तू पुकारेगा, 𐤉𐤄𐤅𐤄 उत्तर देगा; जब तू
चिल्लाएगा, वह कहेगा, 'देख, मैं यहाँ हूँ।' "यदि तू अपने
बीच से जुए को, उंगली उठाने को, और अधर्म की बातें बोलने
को हटा दे, 10 यदि तू भूखे को अपना प्राण अर्पण करे, और
पीड़ित प्राण को तृप्त करे, तब तेरा प्रकाश अंधकार में उदय
होगा, और तेरा अंधकार दोपहर के समान होगा। 11 "तब
𐤉𐤄𐤅𐤄 तुझे लगातार मार्ग दिखाएगा, और अकाल में तेरे
प्राण को तृप्त करेगा, और तेरी हड्डियों को बल देगा। और तू
सींचे हुए बाग़ के समान होगा, और उस सोते के समान
जिसका जल कभी न सूखे। 12 "और तेरे लोग पुराने उजड़े
हुए स्थानों का पुनर्निर्माण करेंगे। तू पीढ़ी-पीढ़ी की नींव
उठाएगा। और तेरा नाम टूटन की मरम्मत करने वाला, रहने
योग्य सड़कों को बहाल करने वाला कहलाएगा। 13 "यदि तू
विश्रामदिन से अपना पाँव फेर ले, मेरे पवित्र दिन में अपनी
इच्छा पूरी करने से बचे, और विश्रामदिन को सुखद, 𐤉𐤄𐤅𐤄
के पवित्र को आदरनीय कहे, और उसका आदर करे, अपने
ही मार्ग पर न चले, अपनी ही इच्छा न ढूंढे, अपनी ही बातें न
बोले, 14 तब तू अपने आप में 𐤉𐤄𐤅𐤄 में प्रसन्न रहेगा। और
मैं तुझे पृथ्वी की ऊँचाइयों पर चलाऊँगा, और तेरे पिता
याक़ोब की विरासत से तुझे खिलाऊँगा। क्योंकि 𐤉𐤄𐤅𐤄 के
मुख ने यह कहा है।"

59 1 देखो, 𐤉𐤄𐤅𐤄 का हाथ बचाने के लिये छोटा नहीं
हुआ, न ही उसका कान सुनने के लिये भारी हुआ।
2 परन्तु तुम्हारी दुष्टताएँ तुम्हें तुम्हारे ईश्वर से अलग कर
चुकी हैं। और तुम्हारे पापों ने उसका मुख तुमसे छिपा दिया
है, ताकि वह न सुने। 3 क्योंकि तुम्हारे हाथ लहू से अशुद्ध हो
गये हैं, और तुम्हारी उंगलियाँ दुष्टता से; तुम्हारे होंठों ने झूठ
बोला है, तुम्हारी जीभ अधर्म बड़बड़ाती है। 4 कोई भी धर्म के
लिये पुकारता नहीं, और कोई भी सत्य के लिये न्याय नहीं
करता। वे व्यर्थ पर भरोसा करते हैं और निकम्मी बातें कहते
हैं; वे संकट की कल्पना करते हैं और दुष्टता को जन्म देते
हैं। 5 उन्होंने विषधर के अंडे सेते हैं और मकड़ी का जाला
बुनते हैं। जो कोई उनके अंडे खाता है वह मर जाता है, और
जब कोई अंडा तोड़ा जाता है तो एक विषधर निकल आता
है। 6 उनके जाले वस्त्र नहीं बनते, न ही वे अपने कामों से
अपने आप को ढकते हैं। उनके काम दुष्टता के काम हैं,
और उनके हाथों में हिंसा का काम है। 7 उनके पाँव बुराई की

ओर दौड़ते हैं, और वे निर्दोष लहू बहाने में शीघ्रता करते हैं।
उनके विचार दुष्टता के विचार हैं, उनके मार्गों में विनाश और
विपत्ति है। 8 उन्होंने शान्ति का मार्ग नहीं जाना, और उनके
मार्गों में कोई न्याय नहीं है। उन्होंने अपने लिये टेढ़े मार्ग बनाए
हैं, जो कोई उन पर चलता है वह शान्ति नहीं जानता।
9 इसलिये न्याय हमसे दूर है, और धार्मिकता हम तक नहीं
पहुँचती। हम ज्योति की आशा करते हैं, परन्तु देखो
अन्धकार है; उजियाले की, परन्तु हम गहन अन्धकार में
चलते हैं। 10 हम अन्धों की नाईं दीवार टटोलते हैं, और बिना
आँखों के जैसे टटोलते हैं। दोपहर में हम सांझ की नाईं
ठोकर खाते हैं, निर्जन स्थानों में, मरे हुओं की नाईं। 11 हम
सब भालुओं की नाईं गरजते हैं, और कबूतरों की नाईं
दु:खपूर्वक कराहते हैं। हम न्याय की आशा करते हैं, परन्तु
वह नहीं है; उद्धार की, परन्तु वह हमसे दूर है। 12 क्योंकि
हमारे अपराध तेरे सामने बहुत हो गये हैं, और हमारे पाप
हमारे विरुद्ध गवाही देते हैं। क्योंकि हमारे अपराध हमारे साथ
हैं, और हम अपनी दुष्टताओं को जानते हैं। 13 𐤉𐤄𐤅𐤄 से
अपराध करना, और उसके प्रति असत्य होना, और हमारे
ईश्वर से फिरना, उपद्रव और विद्रोह बोलना, मन से झूठी बातें
सोचकर कहना। 14 इस प्रकार न्याय पीछे हटा दिया गया,
और धार्मिकता दूर खड़ी है। क्योंकि सत्य सड़क पर गिर
गया है, और सीधाई प्रवेश नहीं कर सकती। 15 हाँ, सत्य
लुप्त हो गया है, और जो बुराई से फिरता है वह अपने को
शिकार बनाता है। और 𐤉𐤄𐤅𐤄 ने देखा, और यह उसकी
दृष्टि में बुरा लगा कि न्याय नहीं था। 16 और उसने देखा कि
कोई मनुष्य नहीं था, और आश्चर्यचकित हुआ कि कोई
मध्यस्थ नहीं था। तब उसके अपने ही भुजा ने उसके लिये
उद्धार किया, और उसकी धार्मिकता ने उसे संभाला। 17 और
उसने धार्मिकता को झिलम के रूप में पहना, और अपने सिर
पर उद्धार का टोप रखा। और उसने प्रतिशोध के वस्त्र को
पहना, और अपने आप को उत्साह से चादर के नाईं लपेट
लिया। 18 उनके कर्मों के अनुसार वह प्रतिफल देता है, अपने
विरोधियों पर क्रोध, अपने शत्रुओं पर प्रतिशोध। वह तटीय
प्रदेशों को प्रतिफल देता है। 19 और वे पश्चिम से 𐤉𐤄𐤅𐤄 के
नाम का भय मानेंगे, और सूर्य उदय से उसकी महिमा का, जब
वह एक संकटकालीन नदी की नाईं आएगा जिसे 𐤉𐤄𐤅𐤄 की
आत्मा बहाती है। 20 "और छुड़ानेवाला सिय्योन में आएगा,
और याक़ोब में अपराध से फिरनेवालों के पास," 𐤉𐤄𐤅𐤄
कहता है। 21 "मेरे लिये, यह मेरी वाचा उनके साथ है,"
𐤉𐤄𐤅𐤄 कहता है: "मेरी आत्मा जो तुझ पर है, और मेरे
वचन जो मैंने तेरे मुख में रखे हैं, वे तेरे मुख से नहीं हटेंगे, न
तेरे वंश के मुख से, न तेरे वंशजों के वंश के मुख से,"
𐤉𐤄𐤅𐤄 कहता है, "अब से लेकर सदा तक।"

60 1 "उठो, चमको, क्योंकि तुम्हारा प्रकाश आ गया है!
और 𐤉𐤄𐤅𐤄 की महिमा तुम पर उदय हुई है।
2 "क्योंकि देखो, अंधकार पृथ्वी को ढक लेता है, और घना
अंधकार लोगों को ढक लेता है। परन्तु 𐤉𐤄𐤅𐤄 तुम पर
उदय होगा, और उसकी महिमा तुम पर प्रगट होगी। 3 "और
अन्यजाति तुम्हारे प्रकाश की ओर आएंगे, और राजा तुम्हारे
उदय की चमक की ओर। 4 "चारों ओर अपनी आँखें उठाओ
और देखो: वे सब इकट्ठे हो गए हैं, वे तुम्हारे पास आए हैं;
तुम्हारे बेटे दूर से आते हैं, और तुम्हारी बेटियाँ बगल पर उठाई
जाती हैं। 5 "तब तुम देखोगे और चमकोगे, और तुम्हारा
हृदय धड़ककर उमड़ पड़ेगा, क्योंकि समुद्र का धन तुम्हारी
ओर फेरा जाएगा, अन्यजातियों की सम्पत्ति तुम्हारे पास
आएगी। 6 "ऊँटों का समूह तुम्हारी भूमि को ढक देगा,
मिद्यान और एफ़ह के ऊँट; सब शेबा से आएंगे, सोना और
लोहबान लाते हुए, और 𐤉𐤄𐤅𐤄 की स्तुति का प्रचार करते
हुए। 7 "क़ेदार की सब भेड़-बकरियाँ तुम्हारे पास इकट्ठी होंगी,
नेबायोथ के मेढ़े तुम्हारी सेवा करेंगे; वे मेरे वेदी पर स्वीकार्य
होंगे, और मैं अपने आदरणीय भवन को सुशोभित करूंगा।
8 "ये कौन हैं जो बादल की तरह उड़ते हैं, और अपने
खिड़कियों की ओर कबूतरों की तरह? 9 "क्योंकि तटभूमि
मेरी प्रतीक्षा करती हैं, और तरशीश के जहाज़ पहले, ताकि वे
तुम्हारे बेटों को दूर से लाएँ, उनके साथ उनका चाँदी और
सोना, 𐤉𐤄𐤅𐤄 तुम्हारे ईश्वर के नाम के लिए, और इस्राएल
के क़ादोश के लिए, क्योंकि उसने तुम्हें सुशोभित किया है।
10 "और परदेशियों के बेटे तुम्हारी दीवारें बनाएंगे, और उनके
राजा तुम्हारी सेवा करेंगे। क्योंकि अपने क्रोध में मैंने तुम्हे
मारा, परन्तु अपनी प्रसन्नता में मैं तुम पर दया करूंगा।
11 "और तुम्हारे फाटक लगातार खुले रहेंगे, वे दिन और रात
बन्द नहीं होंगे, ताकि अन्यजातियों का धन तुम्हारे पास लाया
जाए, और उनके राजा शोभा-यात्रा में आएं। 12 "क्योंकि वह
जाति और राज्य जो तुम्हारी सेवा नहीं करेगा, नाश हो जाएगा,
और वे अन्यजाति पूरी तरह उजाड़ दिए जाएंगे।
13 "लेबानोन की महिमा तुम्हारे पास आएगी, सरो, चीड़ और
बक्सा वृक्ष मिलकर, मेरे मिकदाश के स्थान को सुशोभित
करने के लिए। और मैं अपने चरणों के स्थान को आदरणीय
बनाऊँगा। 14 "और जिनके बेटों ने तुम्हें कष्ट दिया, वे तुम्हारे
सामने झुकेंगे, और जिन्होंने तुम्हें तुच्छ जाना, वे तुम्हारे पैरो
के तलवों पर झुकेंगे। और वे तुम्हें कहेंगे: 𐤉𐤄𐤅𐤄 का नगर,
इस्राएल के क़ादोश का सिय्योन। 15 "जबकि तुम त्यागे गए
और घृणित थे, ऐसा कि कोई तुम्हारे पास से नहीं गुज़रता था,
मैं तुम्हें सदा की उत्तमता बनाऊंगा, कई पीढ़ियों की आनन्द।
16 "और तुम अन्यजातियों का दूध पियोगे, और राजाओं की
छाती से दूध पियोगे। और तुम जानोगे कि मैं, 𐤉𐤄𐤅𐤄,
तुम्हारा उद्धारकर्ता और तुम्हारा छुड़ानेवाला, याक़ोब का ईश्वर
हूँ। 17 "पीतल के स्थान पर मैं सोना लाऊँगा, और लोहे के
स्थान पर चाँदी लाऊँगा, और लकड़ी के स्थान पर पीतल,
और पत्थरों के स्थान पर लोहा। और मैं तुम्हारे अधिकारियो
को शान्ति और तुम्हारे न्यायाधीशों को धर्म बनाऊँगा।
18 "तुम्हारी भूमि में अब और उपद्रव नहीं सुना जाएगा, न
उजाड़ना और न नाश करना तुम्हारी सीमा के भीतर। और
तुम अपनी दीवारों को उद्धार कहोगे, और अपने फाटकों को
स्तुति। 19 "अब सूर्य तुम्हारा प्रकाश दिन में नहीं होगा, न ही
चन्द्रमा तुम्हें चमक देगा, परन्तु 𐤉𐤄𐤅𐤄 तुम्हारा सदा का
प्रकाश होगा, और तुम्हारा ईश्वर तुम्हारी शोभा होगा। 20 "अब
तुम्हारा सूर्य अस्त नहीं होगा, न तुम्हारा चन्द्रमा घटेगा, क्योंकि
𐤉𐤄𐤅𐤄 तुम्हारा सदा का प्रकाश होगा, और तुम्हारे विलाप के
दिन समाप्त हो जाएंगे। 21 "और तुम्हारी प्रजा, सब के सब
धर्मी होंगे, वे सदा के लिए पृथ्वी का वारिस होंगे - मेरे रोपण
की एक डाली, मेरे हाथों का काम, ताकि आदरित हो।

22 "छोटा एक हज़ार होगा, और छोटा एक शक्तिशाली
जाति। मैं, 𐤉𐤄𐤅𐤄, उसे उसके समय में शीघ्र करूँगा।"

61 1 आत्मा प्रभु 𐤉𐤄𐤅𐤄 का मुझ पर है, क्योंकि
𐤉𐤄𐤅𐤄 ने मुझे दीनों को शुभ समाचार सुनाने के
लिये अभिषिक्त किया है। उसने मुझे भेजा है कि मैं टूटे
मनवालों को बाँध दूँ, बंधुओं के लिये छुटकारे का प्रचार करूँ,
और कैदियों के लिये कारागार का द्वार खोल दूँ। 2 कि मैं
𐤉𐤄𐤅𐤄 के प्रसन्न वर्ष का और हमारे ईश्वर के पलटा लेने के
दिन का प्रचार करूँ; और सब शोक करने वालों को शाति दूँ।
3 कि सिय्योन के शोक करने वालों को ठहराऊँ; उन्हें राख के
बदले शोभा, विलाप के बदले हर्ष का तेल, और उदासी की
आत्मा के बदले स्तुति का वस्त्र दूँ। और उन्हें धर्म के वृक्ष,
𐤉𐤄𐤅𐤄 की रोपाई, कहलाया जाएगा, जिससे उसकी शोभा
हो। 4 वे प्राचीन खंडहरों को फिर बनाएँगे, पहिले उजड़े
स्थानों को उठाएँगे; और वे उजड़े हुए नगरों को, पीढ़ी-पीढ़ी
के उजड़े स्थानों को नवीनीकृत करेंगे। 5 और परदेशी खड़े
होकर तुम्हारी भेड़-बकरियों को चराएँगे, और परदेशियों के
पुत्र तुम्हारे हलवाहे और दाख की बारी के रखवाले होंगे।
6 पर तुम 𐤉𐤄𐤅𐤄 के याजक कहलाओगे; तुम्हारे विषय में यह
कहा जाएगा कि 'हमारे ईश्वर के सेवक'। तुम अन्यजातियों
की सामर्थ्य को उपभोग करोगे, और उनकी महिमा में घमण्ड
करोगे। 7 तुम्हारे लज्जा और निंदा के स्थान पर वे अपने भाग
में दूसरी बार आनन्द करेंगे; इसलिये वे अपने देश में दूसरी
बार भाग लेंगे; और अनन्त आनन्द उनका होगा। 8 "क्योंकि
मैं, 𐤉𐤄𐤅𐤄, न्याय से प्रेम करता हूँ; होमबलि के लिये डाका
से घृणा करता हूँ। और मैं सच्चाई में उनका प्रतिफल दूँगा,
और उनके साथ सदा की वाचा बाँधूँगा।" 9 "और उनकी
संतान अन्यजातियों में प्रसिद्ध होगी, और उनकी सन्तान लोगों
के बीच में। जितने उन्हें देखेंगे, वे उन्हें पहचानेंगे कि वे वे ही
संतान हैं, जिन्हें 𐤉𐤄𐤅𐤄 ने आशीष दी है।" 10 मैं 𐤉𐤄𐤅𐤄
में अत्यन्त आनन्द करूँगा, मेरी आत्मा मेरे ईश्वर में मगन
होगी। क्योंकि उसने मुझे उद्धार के वस्त्र पहनाए हैं, उसने
मुझे धर्म की चादर से ढक दिया है; जैसे दूल्हा अपने आपको
आभूषणों से सजाता है, और जैसे दुल्हन अपने गहनों से
सुसज्जित होती है। 11 जैसे पृथ्वी अपनी कली को उगाती है,
और जैसे बारी बोये हुए को अंकुरित करती है, वैसे ही प्रभु
𐤉𐤄𐤅𐤄 सब जातियों के सामने धर्म और स्तुति को अंकुरित
करेगा।

62 1 सिय्योन के कारण मैं मौन नहीं रहूँगा, और
येरूशलेम के कारण मैं विश्राम नहीं लूँगा, जब तक
उसकी धार्मिकता प्रकाश के समान प्रकट न हो, और उसकी
मुक्ति जलती हुई दीपक के समान न चमके। 2 और राष्ट्र तेरी
धार्मिकता देखेंगे, और सब राजा तेरी महिमा। और तुझे एक
नए नाम से पुकारा जाएगा, जिसे 𐤉𐤄𐤅𐤄 का मुख नामित
करेगा। 3 और तू 𐤉𐤄𐤅𐤄 के हाथ में शोभायुक्त मुकुट होगा,
और अपने ईश्वर के हाथ में राजसी पगड़ी। 4 अब तुझे
'त्यागी हुई' न कहा जाएगा, और न ही तेरे देश को 'उजाड़'
कहा जाएगा। परन्तु तुझे 'मुझे उस में प्रसन्नता है' और तेरे
देश को 'विवाहित' कहा जाएगा, क्योंकि 𐤉𐤄𐤅𐤄 तुझ में
प्रसन्न होगा, और तेरा देश विवाह किया जाएगा। 5 जैसे कोई
जवान किसी कुँवारी से विवाह करता है, वैसे ही तेरे पुत्र तुझसे
विवाह करेंगे। और जैसे दूल्हा दुल्हन पर आनन्द करता है,
वैसे ही तेरा ईश्वर तुझ पर आनन्द करेगा। 6 मैंने तेरी दीवारो
पर, हे येरूशलेम, पहरेदार रखे हैं, वे दिन-रात लगातार मौन
न रहेंगे। जो 𐤉𐤄𐤅𐤄 को स्मरण कराते हैं, तुम अपने लिए
विश्राम न लो, 7 और उसे भी विश्राम मत दो जब तक वह
येरूशलेम को स्थिर न कर दे और जब तक वह उसे पृथ्वी
पर स्तुति न बना दे। 8 𐤉𐤄𐤅𐤄 ने अपने दाहिने हाथ और
अपनी शक्ति की भुजा की शपथ खाई है, "अब मैं तेरा अन्न
फिर कभी तेरे शत्रुओं के लिए भोजन न बनाऊँगा, और न ही
परदेशियों के पुत्र तेरी नयी दाखमधु पीएँगे, जिसके लिए तूने
परिश्रम किया। 9 परन्तु जो इसे बटोरेंगे, वे इसे खाएँगे और
𐤉𐤄𐤅𐤄 की स्तुति करेंगे। और जो इसे इकट्ठा करेंगे, वे इसे
मेरे पवित्र आँगनों में पीएँगे।" 10 फाटकों से होकर निकलो,
निकलो! लोगों के लिए मार्ग तैयार करो। राजमार्ग को
बनाओ, बनाओ! पत्थरों को हटा दो। राष्ट्रों के लिए ध्वज
उठाओ! 11 देखो, 𐤉𐤄𐤅𐤄 ने पृथ्वी के छोर तक घोषणा की
है: "सिय्योन की बेटी से कहो, 'देख, तेरी मुक्ति आ रही है;
देख, उसका प्रतिफल उसके साथ है, और उसका काम
उसके आगे है।" 12 और उन्हें 'पवित्र लोग, 𐤉𐤄𐤅𐤄 के द्वारा
छुड़ाए हुए' कहा जाएगा। और तुझे कहा जाएगा, 'ढूँढी गई,
एक नगर जिसे त्यागा नहीं गया।'

63 1 यह कौन है जो एदोम से आ रहा है, बोत्सराह से
चमकते रंगों के वस्त्रों के साथ, जो वैभव में परिधान
किए हुए है, अपनी शक्ति की महानता में आगे बढ़ रहा है?
"यह मैं हूँ जो धर्म में बोलता हूँ, बचाने में सामर्थी हूँ।" 2 तेरे
वस्त्रों पर लाल क्यों है, और तेरे वस्त्र उस जैसे क्यों हैं जो
दाखमदिरा में रौंदता है? 3 "मैंने दाखमदिरा को अकेले ही
रौंदा है, और लोगों में से कोई मेरे साथ न था। और मैंने उन्हे
अपने क्रोध में रौंदा, और मैंने उन्हें अपने प्रकोप में कुचला।
उनका खून मेरे वस्त्रों पर छिड़का गया है, और मैंने अपने
सब वस्त्र अपवित्र कर दिए हैं। 4 "क्योंकि बदले का दिन मेरे
हृदय में है, और मेरे छुड़ाए हुओं का वर्ष आ गया है। 5 "और
मैंने देखा, परन्तु कोई सहायता करने वाला न था, और मै
अचम्भित हुआ कि कोई सम्भालने वाला न था। इसलिये मेरी
अपनी भुजा ने मुझे बचाया, और मेरे प्रकोप ने मुझे सम्भाला।
6 "और मैंने लोगों को अपने क्रोध में रौंदा, और उन्हें अपने
प्रकोप में मतवाला किया, और उनकी शक्ति को पृथ्वी पर गिरा
दिया।" 7 मैं 𐤉𐤄𐤅𐤄 की कृपालुताओं और 𐤉𐤄𐤅𐤄 की
स्तुतियों का वर्णन करूँ, उन सब के अनुसार जो 𐤉𐤄𐤅𐤄 ने
हमारे लिये किया है, और इस्राएल के घराने की बड़ी भलाई के
अनुसार, जो उसने उनकी करुणा और अपनी बहुत सी
कृपालुताओं के अनुसार उनके लिये की है। 8 और उसने
कहा, "वे तो मेरे लोग हैं, ऐसे बच्चे जो झूठ नहीं बोलते।"
और वह उनका उद्धारकर्ता बन गया। 9 उनकी सारी पीड़ा में
वह पीड़ित हुआ, और उसकी उपस्थिति के दूत ने उन्हे
बचाया। अपने प्रेम और अपनी करुणा में उसने उन्हें छुड़ाया,
और उसने उन्हें उठाया और सब पुराने दिनों में उन्हें उठाए
रखा। 10 परन्तु उन्होंने विद्रोह किया और उसकी आत्मा
हक़्दोश को शोकित किया, इसलिये वह उनके विरुद्ध शत्रु बन
गया, और उसने उनके विरुद्ध युद्ध किया। 11 तब उसने पुराने

दिनों को स्मरण किया, मूशेह और अपने लोगों को, “वह कहाँ
है जिसने उन्हें समुद्र से निकाल लाया चरवाहे के साथ उसकी
भेड़-बकरियों की? वह कहाँ है जिसने अपनी आत्मा ह़क्‍दोश
उसके भीतर रखी, 12 जिसने उन्हें मूशेह के दाहिने हाथ से
नेतृत्व किया, अपनी शोभायुक्त भुजा के साथ, उनके आगे
जल को विभाजित किया कि अपने लिये सदा रहने वाला नाम
बनाए, 13 जिसने उन्हें गहराई से नेतृत्व किया? जैसे जंगल में
घोड़ा वे नहीं ठोकर खाए ।” 14 जैसे कोई पशु घाटी में उतरता
है, और 𐤉𐤄𐤅𐤄 की आत्मा उसे विश्राम देती है, वैसे ही तूने
अपने लोगों का नेतृत्व किया, ताकि अपने लिये शोभायुक्त
नाम बनाए । 15 आकाश से नीचे देख, और अपने पवित्र और
शोभायुक्त निवास से देख । तेरा उत्साह और तेरी शक्ति कहाँ
हैं, तेरे भीतरी अंगों की उत्तेजना और तेरी करुणा मेरे लिये
कहाँ है? क्या वे रोके हुए हैं? 16 क्योंकि तू हमारा पिता है, चाहे
अब्राहम हमें न जानता हो, और इस्राएल हमें न पहचानता हो ।
तू, हे 𐤉𐤄𐤅𐤄, हमारा पिता है, हमारा छुड़ाने वाला - तेरा नाम
प्राचीन काल से है । 17 हे 𐤉𐤄𐤅𐤄, तू हमें अपनी राहों से क्यों
भटका देता है, और हमारे हृदय को अपनी भय से कठोर
करता है? अपने दासों के लिये, अपनी विरासत के गोत्रों के
लिये फिर लौट । 18 थोड़ी देर के लिये तेरे पवित्र लोग उसके
अधिकारी रहे - हमारे विरोधियों ने तेरे मिक़्दाश को रौंद
डाला । 19 हम ऐसे हो गए हैं जैसे उन पर तूने कभी शासन न
किया - तेरा नाम उन पर नहीं बुलाया जाता!

64 1 हाय, काश कि तू शमयिम को फाड़कर उतर आता,
कि पहाड़ तेरे सामने कांपते । 2 जैसे आग टहनियों
को जलाती है, जैसे आग पानी को उबाल देती है – ताकि तू
अपने नाम को अपने शत्रुओं को प्रकट करे, कि जातियाँ तेरे
सामने काँपें । 3 जब तूने भयानक काम किए जिनकी हम ने
आशा नहीं की, तू नीचे आया, पहाड़ तेरे सामने काँप उठे!
4 आदिकाल से उन्होंने न सुना है और न कानों से ग्रहण किया
है, और न ही आँख ने तेरे सिवा किसी ईश्वर को देखा है, जो
उसकी प्रतीक्षा करने वालों के लिये काम करता है । 5 तू उससे
मिलता है जो आनन्दित होता है और धर्म करता है, जो तेरी
राहों में तुझे स्मरण करता है । देख, जब हम उन में पाप
करते रहे तब तू क्रोधित हुआ । और क्या हम उद्धार पाएँगे?
6 और हम सब एक अशुद्ध के समान हो गए हैं, और हमारी
सारी धार्मिकताएँ मैले चिथड़ों के समान हैं । और हम सब पत्ते
के समान मुरझा जाते हैं, और हमारे अधर्म पवन के समान
हमें उड़ा ले गए हैं । 7 और कोई नहीं है जो तेरे नाम को
पुकारे, जो अपने आप को उत्तेजित करे कि तुझे थाम ले;
क्योंकि तूने हम से अपना मुख छिपा लिया है, और हमारे
अधर्मों के कारण हमें भस्म कर दिया है । 8 और अब, हे
𐤉𐤄𐤅𐤄, तू हमारा पिता है । हम मिट्टी हैं, और तू हमारा
कुम्हार है । और हम सब तेरे हाथ का काम हैं । 9 हे 𐤉𐤄𐤅𐤄,
अत्यन्त क्रोधित मत हो, और सदा के लिये अधर्म को स्मरण
मत कर । देख, हम सब तेरे लोग हैं! 10 तेरे पवित्र नगर
जंगल हो गए हैं, सिय्योन जंगल हो गया है, येरूशालेम उजाड़
हो गया है । 11 हमारा पवित्र और सुन्दर भवन, जहाँ हमारे
पितरों ने तेरा गुणगान किया, आग से जल गया है । और
हमारी सारी प्रिय वस्तुएँ खंडहर हो गई हैं । 12 इन सब बातों
को देखकर, क्या तू अपने आप को रोक लेगा, हे 𐤉𐤄𐤅𐤄?
क्या तू चुप रहेगा और हमें अति अधिक दुःख देगा?

65 1 “मैंने स्वयं को उन लोगों द्वारा पूछे जाने दिया,
जिन्होंने नहीं पूछा; मैं पाया गया, उन लोगों द्वारा नहीं
जिन्होंने मुझे खोजा । मैंने कहा, ‘यहाँ मैं हूँ, यहाँ मैं हूँ,’ उस
राष्ट्र से जो मेरे नाम को नहीं पुकार रहा ।” 2 “मैंने अपने हाथ
पूरे दिन एक ज़िद्दी लोगों की ओर फैलाए, जो उस मार्ग पर
चलते हैं जो अच्छा नहीं है, अपनी ही सोच के अनुसार ।” 3 वे
लोग जो मुझे निरंतर मेरे सामने उत्तेजित करते हैं, जो बागों
में बलिदान करते हैं और ईंट की वेदियों पर धूप जलाते हैं ।
4 जो कब्रों के बीच बैठते हैं और गुप्त स्थानों में रात बिताते हैं,
जो सूअरों का मांस खाते हैं, और जिनके बर्तनों में अशुद्धि का
शोरबा है । 5 जो कहते हैं, ‘अपने पास रहो, मेरे पास मत
आओ, क्योंकि मैं तुम्हारे लिए पवित्र हूँ!’ ये मेरी नथुनों में धुआं
हैं, एक आग जो दिनभर जलती रहती है । 6 “देखो, यह मेरे
सामने लिखा है: मैं चुप नहीं रहूँगा, बल्कि प्रतिफल दूँगा, और
मैं उनके वक्षस्थल में प्रतिफल दूँगा । 7 “तुम्हारी दुष्टताएँ और
तुम्हारे पितरों की दुष्टताएँ साथ-साथ,” कहा 𐤉𐤄𐤅𐤄 ने,
“जिन्होंने पहाड़ों पर धूप जलाया और पहाड़ियों पर मेरा
अपमान किया । और मैं उनके पहले के काम उनके वक्षस्थल
में नाप दूँगा ।” 8 “इस प्रकार कहा 𐤉𐤄𐤅𐤄 ने, “जैसे नया
दाखरस गुच्छे में पाया जाता है, और कोई कहता है, ‘इसे
नष्ट मत करो, क्योंकि इसमें आशीर्वाद है,’ वैसे ही मैं अपने
दासों के लिए करता हूँ, ताकि उन्हें सबको नष्ट न करूँ ।”
9 “और मैं याक़ोब से एक बीज उत्पन्न करूँगा, और यहूदा से
अपने पहाड़ों का एक उत्तराधिकारी । और मेरे चुने हुए इसे
विरासत में लेंगे, और मेरे दास वहाँ बसेंगे ।” 10 “और शारोन
झुंडों का बाड़ा होगा, और आखोर की तराई झुंडों के लिए
लेटने का स्थान होगी, मेरे लोगों के लिए जिन्होंने मुझे खोजा
है ।” 11 “पर तुम वे हो जो 𐤉𐤄𐤅𐤄 को त्यागते हो, जो मेरे
पवित्र पर्वत को भूल जाते हो, जो गद के लिए मेज़ तैयार
करते हो, और मेनी के लिए पेय अर्पण भरते हो ।” 12 “और
मैं तुम्हें तलवार को सौंप दूँगा, और तुम सब वध के लिए
झुकोगे, क्योंकि मैंने बुलाया और तुमने उत्तर नहीं दिया, मैंने
बोला और तुमने नहीं सुना, और तुमने मेरी आँखों के सामने
बुरा किया और वही चुना जो मुझे प्रसन्न नहीं ।” 13 “इस
कारण इस प्रकार कहा प्रभु 𐤉𐤄𐤅𐤄 ने, “देखो, मेरे दास
खाते हैं, पर तुम भूखे हो; देखो, मेरे दास पीते हैं, पर तुम
प्यासे हो; देखो, मेरे दास आनन्द करते हैं, पर तुम लज्जित
हो । 14 “देखो, मेरे दास हृदय की प्रसन्नता से गाते हैं, पर तुम
हृदय की पीड़ा से रोते हो, और आत्मा के टूटने से विलाप
करते हो ।” 15 “और तुम अपना नाम मेरे चुने हुओं के लिए
शाप रूप में छोड़ दोगे, क्योंकि प्रभु 𐤉𐤄𐤅𐤄 तुम्हें मृत्यु देगा,
और अपने दासों को एक और नाम से पुकारेगा ।” 16 “ताकि
जो पृथ्वी में आशीर्वाद देता है, वह सत्य के ईश्वर में आशीर्वाद
दे । और जो पृथ्वी में शपथ लेता है, वह सत्य के ईश्वर की
शपथ ले । क्योंकि पहले की पीड़ाएँ भुला दी जाएँगी, और
क्योंकि वे मेरी आँखों से छिपा दी जाएँगी ।” 17 “क्योंकि देखो,
मैं नए आकाश और नई पृथ्वी की सृष्टि करता हूँ, और पहले
की बातें स्मरण नहीं होंगी, न ही हृदय में आएँगी ।” 18 “परन्तु
जो मैं रचता हूँ उसमें सदा आनन्दित और प्रसन्न रहो; क्योंकि

देखो, मैं येरुशलेम को आनन्द का और उसके लोगों को हर्ष
का रचता हूँ।" 19 "और मैं येरुशलेम में आनन्दित होऊँगा,
और अपने लोगों में हर्षित होऊँगा, और उसमें अब रोने का
स्वर नहीं सुना जाएगा, न ही चिल्लाने का स्वर।" 20 "अब
वहाँ कोई शिशु केवल कुछ दिनों के लिए जीने वाला न रहेगा,
न ही कोई वृद्ध जो अपने दिन पूरे न करे; क्योंकि जवान सौ
वर्ष का होकर मरेगा, पर पापी सौ वर्ष का होकर भी हल्का
ठहराया जाएगा।" 21 "और वे घर बनाएँगे और उनमें बसेंगे,
और दाख की बारियाँ लगाएंगे और उनका फल खाएँगे।"
22 "वे नहीं बनाएँगे ताकि दूसरा बसे; वे नहीं लगाएंगे ताकि
दूसरा खाए। क्योंकि मेरे लोगों के दिन वृक्ष के दिनों के समान
होंगे, और मेरे चुने हुए अपने हाथों के काम से अधिक दिन
जीएंगे।" 23 "वे व्यर्थ परिश्रम नहीं करेंगे, न ही संकट के
लिए बच्चे उत्पन्न करेंगे। क्योंकि वे 𐤉𐤄𐤅𐤄 के आशीषित की
संतान हैं, और उनके वंशज उनके साथ हैं।" 24 "और ऐसा
होगा कि वे पुकारने से पहले मैं उत्तर दूँगा। और जबकि वे
अभी बोल ही रहे होंगे, मैं सुनूँगा।" 25 "भेड़िया और मेमना
साथ-साथ चरेंगे, सिंह बैल के समान भूसा खाएगा, और साँप
का आहार मिट्टी होगा। वे कोई बुराई न करेंगे, न ही मेरे पूरे
पवित्र पर्वत पर विनाश करेंगे," कहा 𐤉𐤄𐤅𐤄 ने।

66 1 यहोवा 𐤉𐤄𐤅𐤄 ने कहा, "आकाश मेरे सिंहासन हैं,
और पृथ्वी मेरा पादपीठ है। यह घर कहाँ है जो तुम
मेरे लिये बनाते हो? और यह विश्राम का स्थान कहाँ है? 2 "ये
सब मेरी ही हाथ की बनाई हुई हैं, और ये सब विद्यमान हैं,"
यहोवा 𐤉𐤄𐤅𐤄 की वाणी है। "फिर भी मैं उसी पर दृष्टि
करता हूँ: जो दीन है और आत्मा से खेदित है, और जो मेरे
वचन से काँपता है। 3 "जो बैल का बलिदान करता है वह
मनुष्य का वध करता है; जो भेड़ का बलिदान करता है वह
कुत्ते की गर्दन तोड़ता है; जो अन्नबलि लाता है वह सूअर का
लहू लाता है; जो धूप जलाता है वह मूर्ति का आशीर्वाद करता
है। निश्चय ही उन्होंने अपनी ही राहें चुनी हैं, और उनका
प्राण उनकी घृणित बातों में प्रसन्न होता है। 4 "मैं भी उनके
दण्ड चुनूँगा, और उनके भय उन पर लाऊँगा। क्योंकि जब
मैंने बुलाया, तो किसी ने उत्तर न दिया। मैंने कहा, परन्तु
उन्होंने नहीं सुना, और उन्होंने मेरी आँखों के सामने बुरा
किया, और वह चुना जो मुझे अप्रसन्न था।" 5 यहोवा
𐤉𐤄𐤅𐤄 का वचन सुनो, तुम जो उसके वचन से काँपते हो,
"तुम्हारे भाई जिन्होंने तुमसे बैर रखा, जो मेरे नाम के कारण
तुम्हें निकाला, उन्होंने कहा, 'यहोवा 𐤉𐤄𐤅𐤄 महिमा पाए,
ताकि हम तुम्हारा आनन्द देखें।' परन्तु वे लज्जित होंगे।"
6 "नगर से एक गरजने की ध्वनि, मन्दिर से एक शब्द, यहोवा
𐤉𐤄𐤅𐤄 की ध्वनि, जो अपने शत्रुओं को प्रतिफल देता है!
7 "पहले कि वह प्रसववेदना में पड़ी, उसने जन्म दिया; पीड़ा
आने से पहले उसने पुत्र को जन्म दिया। 8 "क्या किसी ने
ऐसी बात सुनी है? क्या किसी ने ऐसा देखा है? क्या एक दिन
में कोई देश उत्पन्न हुआ? क्या एक ही बार में कोई जाति
उत्पन्न हुई? क्योंकि जैसे ही सिय्योन प्रसववेदना में पड़ी, उसने
अपने पुत्रों को जन्म दिया। 9 "क्या मैं जन्म दूँगा और उत्पन्न
न करूँगा?" यहोवा 𐤉𐤄𐤅𐤄 कहता है। "क्या मैं जो उत्पन्न
कराता हूँ, गर्भ रोक दूँगा?" तुम्हारा ईश्वर कहता है।
10 "येरुशलेम के साथ आनन्द करो, और उसके साथ मगन
हो, तुम सब जो उससे प्रेम करते हो; उसके साथ अत्यन्त
हर्षित हो, तुम सब जो उसके लिये विलाप करते हो; 11 कि तुम
दूध पीकर तृप्त होओ उसके सान्त्वना देने वाले स्तनों से, कि
तुम भरपूर पियो, और उसकी महिमा की धारा में आनन्दित
होओ।" 12 क्योंकि यहोवा 𐤉𐤄𐤅𐤄 ने कहा, "देखो, मैं उसके
पास शान्ति को नदी की नाईं, और जातियों की महिमा को
बहती धारा की नाईं पहुँचाऊँगा। तब तुम दूध पीओगे, तुम
कूल्हे पर उठाए जाओगे, और घुटनों पर दुलारे जाओगे।"
13 "जैसे किसी को उसकी माता शान्ति देती है, वैसे ही मैं तुम्हे
शान्ति दूँगा। और येरूशलेम में तुम शान्ति पाओगे।"
14 "और तुम देखोगे, और तुम्हारा हृदय आनन्दित होगा,
और तुम्हारी हड्डियाँ हरी घास की नाईं फूलेगी। और यहोवा
𐤉𐤄𐤅𐤄 का हाथ उसके दासों को प्रगट होगा, और उसका
क्रोध उसके शत्रुओं पर। 15 "क्योंकि देखो, यहोवा 𐤉𐤄𐤅𐤄
आग के साथ आता है, और उसके रथ बवण्डर के समान,
अपना क्रोध जलन के साथ, और अपनी डाँट आग की लपटो
के साथ प्रगट करने को। 16 "क्योंकि आग से और अपनी
तलवार से यहोवा 𐤉𐤄𐤅𐤄 सब प्राणियों का न्याय करेगा, और
यहोवा 𐤉𐤄𐤅𐤄 के मारे हुए बहुत होंगे। 17 वे जो अपने आप
को पवित्र ठहराते हैं और अपने आप को बागों में शुद्ध करते हैं,
एक के पीछे-पीछे, सूअर का मांस, घृणित वस्तु और चूहे का
मांस खाते हैं, वे सब एक साथ अन्त को पहुँचेंगे," यहोवा
𐤉𐤄𐤅𐤄 की वाणी है। 18 "और मैं उनके कामों और उनके
विचारों के कारण सब जातियों और सब भाषाओं को इकट्ठा
करने आ रहा हूँ। और वे आएँगे और मेरी महिमा देखेंगे।
19 "और मैं उनके बीच एक चिन्ह ठहराऊँगा, और उन में से
बचे हुओं को जातियों के पास भेजूँगा - तरशीश और पुल और
लूद, जो धनुष खींचते हैं, और तूबल और यावान, और दूर के
समुद्रतटों पर, जिन्होंने मेरी चर्चा न सुनी और मेरी महिमा न
देखी। और वे जातियों में मेरी महिमा सुनाएँगे। 20 "और वे
तुम्हारे सब भाइयों को सब जातियों में से यहोवा 𐤉𐤄𐤅𐤄 के
लिये भेंट करके घोड़े, रथ, झूलों, खच्चरों और ऊँटों पर
चढ़ाकर मेरे पवित्र पर्वत येरूशलेम को लाएँगे," यहोवा
𐤉𐤄𐤅𐤄 की वाणी है, "जैसे इस्राएल के पुत्र एक शुद्ध पात्र में
यहोवा 𐤉𐤄𐤅𐤄 के भवन में भेंट लाते हैं। 21 "और उन में से
भी मैं याजकों और लेवियों के लिये लूँगा," यहोवा 𐤉𐤄𐤅𐤄 की
वाणी है। 22 "क्योंकि जैसे नये आकाश और नयी पृथ्वी जो मै
बनाता हूँ मेरे सामने ठहरते हैं," यहोवा 𐤉𐤄𐤅𐤄 की वाणी है,
"वैसे ही तुम्हारा वंश और तुम्हारा नाम ठहरेगा। 23 "और ऐसा
होगा कि नये चन्द्रमा से नये चन्द्रमा तक, और सब्त से सब्त
तक, सब प्राणी मेरे सामने दण्डवत करने आएँगे," यहोवा
𐤉𐤄𐤅𐤄 की वाणी है। 24 "और वे बाहर जाकर उन मनुष्यो
की लाशों को देखेंगे जिन्होंने मेरे विरुद्ध अपराध किया है।
क्योंकि उनका कीड़ा न मरेगा, और उनकी आग न बुझेगी।
और वे सब प्राणियों के लिये घृणास्पद होंगे।"

यिर्मयाह

𐤉𐤄𐤅𐤄

हिंदी संस्करण

यिर्मयाह

1 1 यिर्मयाहू Ḥ◌िलकियाहू के पुत्र, कोहेनीम के जो
बिन्यामिन की भूमि में अनाथोत में थे, के वचन। 2 उनके
पास 𐤉𐤄𐤅𐤄 का वचन योशियाहू, आमोन के पुत्र, यहूदा के
राजा के दिनों में, उसके राज्य के तेरहवें वर्ष में आया। 3 और
यह योयाकीम, योशियाहू के पुत्र, यहूदा के राजा, के दिनों में
आया, जब तक कि सिदकियाहू, योशियाहू के पुत्र, यहूदा के
राजा, के ग्यारहवें वर्ष का अंत न हुआ, जब तक कि
येरुशालेम की बंधुआई पाँचवें महीने में न हो गई। 4 अब
𐤉𐤄𐤅𐤄 का वचन मुझ पर आया, यह कहते हुए, 5 “मैं ने गर्भ
में तुझे रचने से पहले ही तुझे जान लिया, और गर्भ से
निकलने से पहले ही मैंने तुझे पवित्र ठहराया – मैंने तुझे
जातियों के लिये नबी ठहराया।” 6 तब मैं ने कहा, “आह, प्रभु
𐤉𐤄𐤅𐤄! देख, मैं बोलना नहीं जानता, क्योंकि मैं तो एक
जवान हूँ।” 7 परन्तु 𐤉𐤄𐤅𐤄 ने मुझ से कहा, “ऐसा मत
कह, ‘मैं जवान हूँ,’ परन्तु जिनके पास भी मैं तुझे भेजूँ, तू
उन्हीं के पास जा, और जो कुछ मैं तुझे आज्ञा दूँ, वह सब तू
बोल। 8 “उनके मुख से मत डर, क्योंकि मैं तुझे छुड़ाने के
लिये तेरे साथ हूँ,” 𐤉𐤄𐤅𐤄 की यह वाणी है। 9 तब 𐤉𐤄𐤅𐤄
ने अपना हाथ बढ़ाकर मेरे मुँह को छुआ, और 𐤉𐤄𐤅𐤄 ने
मुझ से कहा, “देख, मैं ने अपने वचन तेरे मुँह में डाले हैं।
10 “देख, मैं ने आज तुझे जातियों और राज्यों के ऊपर
नियुक्त किया है, उखाड़ने और गिराने के लिये, नष्ट करने
और ढा देने के लिये, बनाने और लगाने के लिये।” 11 फिर
𐤉𐤄𐤅𐤄 का वचन मुझ पर आया, यह कहते हुए, “हे
यिर्मयाहू, तू क्या देखता है?” और मैंने कहा, “मैं एक बादाम
की टहनी देखता हूँ।” 12 और 𐤉𐤄𐤅𐤄 ने मुझ से कहा, “तू
ने ठीक देखा है, क्योंकि मैं अपने वचन को पूरा करने के लिये
चौकसी कर रहा हूँ।” 13 फिर दूसरी बार 𐤉𐤄𐤅𐤄 का वचन
मुझ पर आया, यह कहते हुए, “तू क्या देखता है?” और मैंने
कहा, “मैं एक खौलता हुआ हाड़ी देखता हूँ, और वह उत्तर
की ओर से झुक रही है।” 14 तब 𐤉𐤄𐤅𐤄 ने मुझ से कहा,
“उत्तर से विपत्ति इस देश के सब निवासियों पर फूट पड़ेगी।
15 “क्योंकि देख, मैं उत्तर के सब राज्यों के कुलों को बुला रहा
हूँ,” 𐤉𐤄𐤅𐤄 की यह वाणी है। “और वे आकर प्रत्येक अपने
सिंहासन को येरुशालेम के फाटकों के प्रवेश पर, उसके चारों
ओर की सब दीवारों के विरुद्ध, और यहूदा के सब नगरों के
विरुद्ध स्थापित करेंगे। 16 “और मैं उन पर अपने न्याय की
बातें कहूँगा उनके सब बुरे कामों के कारण, क्योंकि उन्होंने
मुझे त्याग दिया, और अन्य देवताओं के लिये धूप जलाया,
और अपने ही हाथों के कामों के सामने दण्डवत किया।
17 “अब अपनी कमर बाँध और उठ, और जो कुछ मैं तुझे
आज्ञा दूँ, वह सब उनसे कह। उनके सामने भयभीत मत हो,
कहीं मैं तुझे उनके सामने भयभीत न कर दूँ। 18 “क्योंकि
देख, मैं ने आज तुझे पूरे देश के विरुद्ध एक दृढ़ नगर, लोहे
का खम्भा, और काँसे की दीवारें बना दिया है – यहूदा के
राजाओं के विरुद्ध, उसके हाकिमों के विरुद्ध, उसके कोहेनीम
के विरुद्ध, और देश की प्रजा के विरुद्ध। 19 “वे तेरे विरुद्ध
लड़ेंगे, परन्तु तुझ पर प्रबल न होंगे। क्योंकि मैं तेरे साथ हूँ,”
𐤉𐤄𐤅𐤄 की यह वाणी है, “तुझे छुड़ाने के लिये।”

2 1 और 𐤉𐤄𐤅𐤄 का वचन मुझ तक आया, यह कहते हुए,
2 “जाओ, और येरूशलेम के सुनने में पुकारो, यह कहते
हुए, ‘यहोवा 𐤉𐤄𐤅𐤄 यों कहता है, “मैं तुझे स्मरण करता हूँ,
तेरे यौवन की कृपा, तेरे वधूपन का प्रेम, जब तू जंगल में मेरे
पीछे चला, ऐसे देश में जो बोया न गया था। 3 “इस्राएल
𐤉𐤄𐤅𐤄 के लिए पवित्र था, उसकी उपज का पहिलौठा। जो
कोई उसे खाता था दोषी हो जाता था - उन पर बुराई आती
थी,” 𐤉𐤄𐤅𐤄 की यह घोषणा है।’ ” 4 हे याक़ोब के घराने
और इस्राएल के घराने के सब गोत्रों, 𐤉𐤄𐤅𐤄 का वचन
सुनो। 5 यहोवा 𐤉𐤄𐤅𐤄 यों कहता है, “तुम्हारे पितरों ने मुझमें
क्या अन्याय पाया, कि वे मुझसे दूर चले गए, और व्यर्थता के
पीछे चले और व्यर्थ हो गए? 6 “और उन्होंने यह न कहा, ‘वह
यहोवा 𐤉𐤄𐤅𐤄 कहाँ है, जिसने हमें मिस्र देश से ऊपर
निकाला, जिसने हमें जंगल में चलाया, मरुभूमि और गड्ढों के
देश से, सूखे और मृत्यु की छाया के देश से, ऐसे देश से जहा
कोई मनुष्य न गुजरा और न कोई बसा?’ 7 “फिर मैं तुझे एक
बाग़ के देश में ले आया, कि उसके फल और उसकी भलाई
खाए। पर जब तू भीतर गया, तूने मेरी भूमि को अशुद्ध कर
दिया और मेरी विरासत को घृणित बना दिया। 8 “याजकों ने
न कहा, ‘यहोवा 𐤉𐤄𐤅𐤄 कहाँ है?’ और जो व्यवस्था को
संभालते थे उन्होंने मुझे नहीं जाना, और चरवाहों ने मेरे
विरुद्ध अपराध किया, और भविष्यद्वक्ताओं ने बाल के द्वारा
भविष्यवाणी की, और व्यर्थता के पीछे चले। 9 “इस कारण मै
अब भी तुझ से वादविवाद करता हूँ,” यहोवा 𐤉𐤄𐤅𐤄 की यह
घोषणा है, “और तेरे बालकों के बालकों से मैं वादविवाद करता
हूँ। 10 “क्योंकि, कित्तीम के द्वीपों के पार जाकर देखो, और
क़ेदार को भेजो और अच्छी तरह विचार करो, और देखो क्या
ऐसा कभी हुआ है। 11 “क्या किसी जाति ने अपने शक्तिमानों
को बदला है, जो शक्तिमान नहीं हैं? पर मेरी प्रजा ने मेरी
महिमा को उस से बदल डाला जो लाभ नहीं पहुँचाता। 12 “हे
आकाशो, इस पर आश्चर्य करो, और काँप उठो, अत्यंत
उजड़ जाओ,” यहोवा 𐤉𐤄𐤅𐤄 की यह घोषणा है।
13 “क्योंकि मेरी प्रजा ने दो बुराइयाँ की हैं: उन्होंने मुझे छोड़
दिया, जीवित जल का सोता, और अपने लिए हौद खोदे, टूटे
हुए हौद, जो जल धारण नहीं करते। 14 “क्या इस्राएल एक
दास है? क्या वह घर में जन्मा हुआ है? क्यों वह लूट के लिए
दे दिया गया है? 15 “युवक सिंहों ने उस पर गर्जना की,
उन्होंने गरजे, और उसकी भूमि को उजाड़ दिया; उसकी
नगरियाँ जला दी गईं, उनमें कोई निवासी न रहा। 16 “यहां
तक कि नोप और ताḥपनḥ◌स के पुत्रों ने तेरे सिर का मुकुट

मुंडा दिया। 17 "क्या तूने यह अपने लिए स्वयं नहीं किया,
यहोवा 𐤉𐤄𐤅𐤄 अपने ईश्वर को छोड़कर, जब उसने तुझे
मार्ग में चलाया? 18 "और अब क्यों तू मिस्र का मार्ग लेता है,
शिहोर का जल पीने के लिए? या क्यों तू अश्शूर का मार्ग लेता
है, नदी का जल पीने के लिए? 19 "तेरी ही बुराई तुझे
सिखाएगी, और तेरी ही अविश्वासताएँ तुझे डाँटेंगी। इसलिए
जान ले और देख कि यह तेरे लिए बुरा और कड़वा है कि तूने
यहोवा 𐤉𐤄𐤅𐤄 अपने ईश्वर को छोड़ दिया है, और मेरा भय
तुझ में नहीं है," यहोवा 𐤉𐤄𐤅𐤄 सेनाओं का प्रभु कहता है।
20 "क्योंकि पहले ही से तूने अपना जूआ तोड़ा और अपनी
बंधनें फाड़ डालीं। और तूने कहा, 'मैं सेवा नहीं करूँगा!'
परन्तु हर एक ऊँचे पहाड़ पर और हर एक हरे पेड़ के नीचे
तूने व्यभिचार किया। 21 "तौभी मैंने तुझे एक उत्तम दाखलता
लगाया, सब का सत्य बीज। तो फिर तू मेरे सामने एक भ्रष्ट
परदेशी दाखलता की टहनी कैसे बन गया? 22 "चाहे तू अपने
आप को क्षार से धोए, और बहुत साबुन का उपयोग करे, तौभी
तेरी अधर्मता मेरे सामने चिह्नित रहती है," यहोवा 𐤉𐤄𐤅𐤄
का प्रभु कहता है। 23 "तू कैसे कहता है, 'मैं अशुद्ध नहीं हूँ,
मैंने बालों के पीछे नहीं चला?' अपनी चाल को तराई में देख,
जान ले कि तूने क्या किया है: एक तेज़ ऊँटनी अपनी राहों में
भागती हुई। 24 एक जंगली गधा जो जंगल का आदी है,
अपनी आत्मा की इच्छा में हवा को सूंघता है - उसके मिलन के
समय, कौन उसे दूर करता है? जो कोई उसकी खोज करता
है उसे थकाना नहीं पड़ता; उसके महीने में वे उसे पाते हैं।
25 "अपने पाँव को नंगे होने से, और अपने गले को प्यास से
बचाओ। परन्तु तुम ने कहा, 'यह व्यर्थ है, क्योंकि मैं
अजनबियों से प्रेम करता हूँ, और उनके पीछे जाता हूँ।'
26 "जैसे चोर पकड़े जाने पर लज्जित होता है, वैसे ही
यिस्राएल का घराना लज्जित है - वे और उनके राजा, उनके
सरदार, उनके कोहेनिम और उनके नबी। 27 वे पेड़ से कहते
हैं, 'तू मेरा पिता है,' और पत्थर से, 'तू ने मुझे जन्म दिया।'
क्योंकि उन्होंने अपना पीठ मेरी ओर किया, और अपना मुख
नहीं। परन्तु अपने संकट के समय में वे कहते हैं, 'उठ और
हमें बचा।' 28 "परन्तु तेरे शक्तिशाली कहाँ हैं जिन्हें तू ने
अपने लिये बनाया? यदि वे तेरे संकट के समय में तुझे बचाते
हैं तो वे उठ खड़े हों। क्योंकि तेरे शक्तिशाली तेरे नगरों की
गिनती के समान हो गए हैं, हे यहूदा। 29 "तुम मुझसे क्यों
विवाद करते हो? तुम सब ने मेरे विरुद्ध अपराध किया है,"
यह घोषणा है 𐤉𐤄𐤅𐤄 की। 30 "व्यर्थ में मैंने तुम्हारे बच्चों को
मारा - उन्होंने कोई शिक्षा नहीं पाई। तुम्हारी तलवार ने तुम्हारे
नबियों को नाश करनेवाले सिंह की तरह निगल लिया। 31 "हे
पीढ़ी, 𐤉𐤄𐤅𐤄 का वचन देखो! क्या मैं यिस्राएल के लिये
जंगल रहा हूँ, या अंधकार की भूमि? मेरे लोग क्यों कहते हैं,
'हमने बन्धन तोड़ दिया; हम अब तेरे पास नहीं आते'?
32 "क्या कोई कुँवारी अपने आभूषणों को भूल जाएगी, या कोई
दुल्हन अपना पटका? तो भी मेरे लोग मुझे दिनों की गिनती के
बिना भूल गए हैं। 33 "तू क्यों अपने मार्ग को सजाता है प्रेम
पाने के लिये? इसलिये तूने दुष्ट स्त्रियों को भी अपनी चाल
सिखाई है। 34 "तेरे वस्त्रों पर भी निर्दोष गरीबों का लहू पाया
गया है। तू ने उन्हें चोरी करते नहीं पाया, परन्तु इन सब बातों
के बावजूद। 35 तू कहता है, 'मैं निर्दोष हूँ, निश्चय ही उसका
क्रोध मुझसे फिर जाएगा।' देख, मैं तुझ पर न्याय लाऊँगा,
क्योंकि तू कहता है, 'मैंने पाप नहीं किया।' 36 "तू क्यों इतना
भटकता है अपने मार्ग को बदलने के लिये? तू मिस्र से
लज्जित होगा, जैसे तू अश्शूर से लज्जित हुआ। 37 "तू इस
से भी हाथ अपने सिर पर रखकर निकलेगा। क्योंकि
𐤉𐤄𐤅𐤄 ने उन लोगों को तुच्छ जाना है जिन पर तू भरोसा
करता है, और तू उनसे सफल नहीं होगा।

3
1 कहते हुए, "यदि कोई मनुष्य अपनी पत्नी को छोड़ देता
है, और वह उससे अलग होकर दूसरे पुरुष की हो जाती
है, तो क्या वह फिर उसके पास लौटेगा? क्या वह भूमि बहुत
अधिक अशुद्ध न हो जाएगी? परन्तु तुमने बहुत से प्रेमियों के
साथ व्यभिचार किया है। और क्या तुम मेरे पास लौटोगी?"
यह 𐤉𐤄𐤅𐤄 की घोषणा है। 2 "अपनी आँखें ऊँचे उजाड़
स्थलों की ओर उठाओ और देखो: कहाँ तुमने पुरुषों के साथ
नहीं लेटी हो? मार्गों के किनारे तुमने उनके लिए जंगल में एक
अरब की तरह बैठी हो। और तुमने अपने व्यभिचार और
अपनी बुराई से उस भूमि को अशुद्ध किया है। 3 "इस कारण
वर्षा रुक गई है, और पिछली वर्षा नहीं हुई। तुम्हारे पास
व्यभिचारिणी का माथा है, तुम लज्जित होने से इन्कार करती
हो। 4 "क्या अब से तुम मुझे पुकारोगी नहीं, 'मेरे पिता, आप
मेरे युवावस्था के मार्गदर्शक हैं?' 5 'क्या कोई सदा तक बैर
रखता है? क्या कोई उसे अंत तक बनाए रखता है?' देखो,
तुमने वह सारी बुराई कही और की है जो तुम कर सकती
थी।" 6 और 𐤉𐤄𐤅𐤄 ने मुझसे योशियाहू राजा के दिनों में
कहा, "क्या तुमने देखा कि पीछे हटनेवाली यिस्राएल ने क्या
किया है? वह हर ऊँचे पहाड़ पर और हर हरे पेड़ के नीचे
जाकर व्यभिचार करती रही है। 7 "और जब उसने ये सब
कर लिया, तो मैंने कहा, 'मेरे पास लौट आओ।' परन्तु वह
नहीं लौटी। और उसकी विश्वासघाती बहन यहूदा ने यह
देखा। 8 "और मैंने देखा कि जिन सब कारणों से पीछे
हटनेवाली यिस्राएल ने व्यभिचार किया था, मैंने उसे छोड़
दिया और उसे तलाक़ का पत्र दिया; तो भी उसकी
विश्वासघाती बहन यहूदा ने भय नहीं किया, परन्तु वह भी
जाकर व्यभिचार करने लगी। 9 "और ऐसा हुआ कि उसके
हल्के व्यभिचार से उसने उस भूमि को अशुद्ध कर दिया और
पत्थरों और लकड़ी के साथ व्यभिचार किया। 10 "और तो
भी इन सब के लिए उसकी विश्वासघाती बहन यहूदा ने पूरे मन
से मेरे पास लौटकर नहीं, परन्तु झूठा," यह 𐤉𐤄𐤅𐤄 की
घोषणा है। 11 और 𐤉𐤄𐤅𐤄 ने मुझसे कहा, "पीछे हटनेवाली
यिस्राएल ने अपनी विश्वासघाती बहन यहूदा से अपने को
अधिक धर्मी ठहराया है। 12 "जाकर उत्तर की ओर ये वचन
प्रचार करो, और कहो, 'लौट आओ, हे पीछे हटनेवाली
यिस्राएल,' यह 𐤉𐤄𐤅𐤄 की घोषणा है, 'मैं तुम पर क्रोध से
नहीं देखूँगा, क्योंकि मैं दयालु हूँ,' यह 𐤉𐤄𐤅𐤄 की घोषणा है,
'और मैं सदा तक बैर नहीं रखता। 13 'केवल अपनी दुष्टता
को मान लो, क्योंकि तुमने 𐤉𐤄𐤅𐤄 अपने ईश्वर के विरुद्ध
अपराध किया है, और हर हरे पेड़ के नीचे अपने मार्ग पर
परदेशियों को बुलाया है, और मेरी वाणी को नहीं सुना है,' यह
𐤉𐤄𐤅𐤄 की घोषणा है। 14 "लौट आओ, हे पीछे हटनेवाले
बच्चों," यह 𐤉𐤄𐤅𐤄 की घोषणा है, "क्योंकि मैं तुम पर प्रभुता
करूँगा, और मैं तुम्हें लूँगा, एक नगर से एक और एक कुल
से दो, और तुम्हें सिय्योन ले आऊँगा। 15 "और मैं तुम्हें अपने

मन के अनुसार चरवाहे दूँगा, और वे तुम्हें ज्ञान और समझ से
चराएँगे। 16 "और ऐसा होगा कि जब तुम भूमि में बढ़ोगे और
फल लाओगे, उन दिनों में," यह 𐤉𐤄𐤅𐤄 की घोषणा है, "तो
वे फिर यह नहीं कहेंगे, '𐤉𐤄𐤅𐤄 की वाचा का सन्दूक।'
और यह उनके मन में नहीं आएगा, और न वे उसका स्मरण
करेंगे, और न उसे देखने जाएँगे, और न वह फिर बनाई
जाएगी। 17 "उस समय येरुशलेम को 𐤉𐤄𐤅𐤄 का सिंहासन
कहा जाएगा, और सब जातियाँ उसमें इकट्ठी होंगी, 𐤉𐤄𐤅𐤄
के नाम के कारण येरुशलेम में, और वे फिर अपनी बुरी मन
की हठधर्मिता के अनुसार नहीं चलेंगे। 18 "उन दिनों यहूदा
का घराना यिस्राएल के घराने के पास जाएगा, और वे उत्तरी
देश से उस देश में एक साथ आएँगे जिसे मैंने तुम्हारे पितरों
को उत्तराधिकार के रूप में दिया है। 19 "परन्तु मैंने कहा, 'मैं
तुम्हें बच्चों के बीच कैसे रखूँ और तुम्हें एक मनोहर भूमि दूँ,
जातियों की एक उत्तम विरासत?' और मैंने कहा, 'मुझे
पुकारो, "मेरे पिता," और मुझसे फिर मत फिरो।' 20 "परन्तु
वास्तव में जैसे पत्नी अपने पति से विश्वासघात करती है, वैसे
ही तुमने मुझसे विश्वासघात किया है, हे यिस्राएल के घराने,"
यह 𐤉𐤄𐤅𐤄 की घोषणा है। 21 ऊँचे उजाड़ स्थलों पर एक
आवाज़ सुनी गई, यिस्राएल के बच्चों की रोती हुई बिनती,
क्योंकि उन्होंने अपना मार्ग बिगाड़ा है, उन्होंने 𐤉𐤄𐤅𐤄 अपने
ईश्वर को भुला दिया है। 22 "लौट आओ, हे पीछे हटनेवाले
बच्चों, मैं तुम्हारे पीछे हटने को समाप्त कर दूँगा।" "देखो,
हम आपके पास आ गए हैं, क्योंकि आप हमारे ईश्वर 𐤉𐤄𐤅𐤄
हैं। 23 "निश्चय ही, ऊँचे पहाड़ों से व्यर्थता आती है, पहाड़ों
पर भीड़ का शोर। निश्चय ही, 𐤉𐤄𐤅𐤄 हमारे ईश्वर में
यिस्राएल की उद्धार है। 24 "क्योंकि लज्जा ने हमारे पितरों की
जवानी से ही उनके परिश्रम को खा लिया है, उनके झुंड और
उनके झुण्ड, उनके पुत्र और उनकी पुत्रियाँ। 25 "हम अपनी
लज्जा में लेटेंगे, जब हमारा अपमान हमें ढकेगा। क्योंकि
हमने 𐤉𐤄𐤅𐤄 अपने ईश्वर के विरुद्ध पाप किया है, हम और
हमारे पितर, अपनी जवानी से आज के दिन तक, और
𐤉𐤄𐤅𐤄 अपने ईश्वर की आवाज़ को नहीं सुना है।"

4 1 "यदि तुम लौट आओ, हे यिस्राएल," 𐤉𐤄𐤅𐤄 की
वाणी है, "मेरे पास लौट आओ। और यदि तुम अपनी
घृणित वस्तुएँ मेरे सामने से हटा दो और भटकना छोड़ दो,
2 और शपथ खाओ, 'जैसा कि 𐤉𐤄𐤅𐤄 जीवित है,' सत्य में,
न्याय में और धर्म में - तब राष्ट्र अपने आप को उसमें
आशीषित करेंगे, और वे उसी में घमण्ड करेंगे!" 3 क्योंकि यह
वही है जो 𐤉𐤄𐤅𐤄 ने यहूदा के पुरुषों और येरुशलेम से
कहा, "अपनी भूमि को जोत डालो और काँटों के बीच मत
बोओ। 4 "अपने आप को 𐤉𐤄𐤅𐤄 के लिये खतना करो,
और अपने हृदय की अग्रचर्म को दूर करो, हे यहूदा के पुरुषों
और येरुशलेम के निवासियों, ऐसा न हो कि मेरा प्रकोप आग
के समान निकले और जलाए, और कोई बुझाने वाला न हो,
तुम्हारे बुरे कामों के कारण।" 5 यहूदा में प्रचार करो और
येरुशलेम में सुनाओ, और कहो, "देश में नरसिंगे का फूँक
दो। ऊँचे स्वर में पुकारो और कहो, 'इकट्ठा होओ, और
चलो, हम गढ़वाले नगर में जाएँ।' 6 "सिय्योन की ओर ध्वज
उठाओ। दृढ बनो, मत ठहरो! क्योंकि मैं उत्तर से बुराई और
बड़ी विनाशता ला रहा हूँ।" 7 "झाड़ी से एक सिंह निकल
आया है, और राष्ट्रों का विनाशक अपने मार्ग पर है। वह अपनी
जगह से निकल पड़ा है, तुम्हारी भूमि को उजाड़ बनाने के
लिये। तुम्हारे नगर उजाड़ होंगे, उनमें कोई बसने वाला न
होगा। 8 "इसके लिये, टाट बुनो, शोक करो और विलाप
करो। क्योंकि 𐤉𐤄𐤅𐤄 का प्रज्वलित क्रोध हमसे फिरा नहीं
है। 9 "और उस दिन यह होगा," 𐤉𐤄𐤅𐤄 की वाणी है, "कि
राजा का हृदय नष्ट हो जाएगा, और हाकिमों का भी हृदय।
और याजक चकित होंगे, और नबी आश्चर्यचकित होंगे।"
10 तब मैंने कहा, "हाय, प्रभु 𐤉𐤄𐤅𐤄! वास्तव में, तू ने इस
प्रजा और येरुशालेम को बहुत धोखा दिया है, यह कहकर,
'तुम्हारे लिये शांति है,' जबकि तलवार हृदय तक पहुँचती
है।" 11 उसी समय यह इस प्रजा और येरुशालेम से कहा
जाएगा, "नग्न ऊँचाइयों से एक तप्त वायु जंगल में मेरी प्रजा
की बेटी की ओर बह रही है, न फूँकने के लिये और न शुद्ध
करने के लिये। 12 "एक वायु इससे भी प्रबल मेरे लिये आ
रही है। अब मैं ही उन पर अपने न्याय बोलूँगा। 13 "देखो,
वह बादलों के समान चढ़ आता है, और उसके रथ बवंडर के
समान हैं। उसके घोड़े उकाब से भी तेज़ होंगे। हाय हम पर,
क्योंकि हम उजाड़ होंगे!" 14 हे येरुशालेम, अपने हृदय को
बुराई से धो ले, और उद्धार पा। कब तक तेरे भीतर तेरे दुष्ट
विचार बने रहेंगे? 15 क्योंकि दान से एक आवाज़ घोषित कर
रही है, और एप्रयिम पर्वत से विपत्ति का समाचार सुना रही है:
16 "राष्ट्रों को सुनाओ, देखो, येरुशालेम के विरुद्ध घोषणा
करो, कि घेरने वाले दूर देश से आ रहे हैं और यहूदा के नगरों
के विरुद्ध अपनी आवाज़ उठा रहे हैं। 17 "वे खेत के रखवालों
के समान उसके चारों ओर हैं, क्योंकि उसने मुझ से विद्रोह
किया है," 𐤉𐤄𐤅𐤄 की वाणी है। 18 "तेरे मार्ग और तेरे कामों
ने यह तेरे ऊपर लाया है। यही तेरी बुराई है, क्योंकि यह
कड़वी है, क्योंकि यह तेरे हृदय तक पहुँची है।" 19 हाय, मेरे
भीतर का अंग, मेरे भीतर का अंग! मैं पीड़ा में हूँ! हे मेरे हृदय
की दीवारों! मेरा हृदय मेरे भीतर धड़कता है, मैं चुप नहीं रह
सकता। क्योंकि तू ने सुना है, हे मेरे प्राण, नरसिंगे का शब्द,
युद्ध का घोर शोर! 20 विनाश पर विनाश पुकारा जाता है,
क्योंकि सारी भूमि उजाड़ हो गई है। अचानक मेरे तम्बू
उजाड़ हो गए - मेरे परदे एक ही पल में। 21 मैं कब तक
ध्वज देखता रहूँ और नरसिंगे का शब्द सुनता रहूँ?
22 "क्योंकि मेरी प्रजा मूर्ख है, उन्होंने मुझे नहीं जाना। वे मूर्ख
बच्चे हैं, और उनमें कोई समझ नहीं है। वे बुराई करने में
बुद्धिमान हैं, परन्तु भलाई करने में उनकी कोई समझ नहीं।"
23 मैंने पृथ्वी की ओर देखा, और देखा कि वह आकारहीन
और रिक्त थी। और शमयिम, उनमें कोई प्रकाश नहीं था।
24 मैंने पर्वतों की ओर देखा, और देखा वे काँप रहे थे, और
सब पहाड़ियाँ डगमगा रही थीं। 25 मैंने देखा, और देखा कि
कोई मनुष्य नहीं था, और शमयिम के सब पक्षी उड़ गए थे।
26 मैंने देखा, और देखा कि बाग़ का देश जंगल बन गया था,
और उसकी सब नगरियाँ 𐤉𐤄𐤅𐤄 की उपस्थिति में, उसके
प्रचंड क्रोध से ढह गईं। 27 क्योंकि 𐤉𐤄𐤅𐤄 यों कहता है,
"सारी पृथ्वी उजाड़ हो जाएगी, परन्तु मैं सम्पूर्ण अंत नहीं
करूँगा। 28 "इसी कारण से, पृथ्वी विलाप करे और ऊपर के
शमयिम अंधकारमय हों, क्योंकि मैंने कहा है, क्योंकि मैंने
निश्चय किया है और मैं पछताऊँगा नहीं, और न ही उससे

पीछे हटूँगा।" [29] सब नगर घुड़सवारों और धनुर्धारियों के शब्द से भाग रहे हैं। वे झाड़ियों में जाएँगे और चट्टानों पर चढ़ेंगे। सब नगर उजाड़ हैं, और उनमें कोई बसनेवाला नहीं है। [30] और जब तू नाश कर दी जाएगी, तब तू क्या करेगी? चाहे तू किरमिजी वस्त्र पहन ले, चाहे सोने के आभूषणों से अपने आप को सजाए, चाहे अपनी आँखों को रँग कर बड़ा करे, तू व्यर्थ ही अपने आप को सजाती है। तेरे प्रेमी तुझे तुच्छ जानते हैं, वे तेरी प्राण की खोज करते हैं। [31] क्योंकि मैंने एक स्वर सुना है, जैसे प्रसव पीड़ा में पड़ी स्त्री का स्वर, जैसे अपनी पहली संतान को जन्म देनेवाली का संकट, सिय्योन की बेटी का स्वर! वह अपने लिए विलाप करती है, अपने हाथ फैलाती है, यह कहती हुई, "हाय मुझ पर, क्योंकि मेरा जीवन घातकों के कारण मूर्छित हो रहा है!"

5 [1] "येरूशलेम की गलियों में ध्यानपूर्वक खोजो, और कृपया देखो, और जानो और उसके खुले स्थानों में खोजो यदि तुम्हें कोई मनुष्य मिले, यदि कोई है जो धर्म का पालन करता है, सत्य की खोज करता है, तब मैं उसे क्षमा करूँगा। [2] "यहाँ तक कि जब वे कहते हैं, 'जैसे 𐤉𐤄𐤅𐤄 जीवित है,' वे निश्चित रूप से झूठी शपथ खाते हैं।" [3] हे 𐤉𐤄𐤅𐤄, क्या तेरी आँखें सत्य पर नहीं हैं? तूने उन्हें मारा, पर वे शोकित नहीं हुए। तूने उन्हें भस्म किया, पर उन्होंने शिक्षा लेने से इन्कार किया। उन्होंने अपने चेहरे चट्टान से भी कठोर बना लिये, वे लौटने से इन्कार करते हैं। [4] तब मैंने कहा, "ये तो केवल गरीब हैं। वे मूर्ख हो गए हैं, क्योंकि उन्होंने 𐤉𐤄𐤅𐤄 का मार्ग, अपने ईश्वर का धर्मज्ञान नहीं जाना। [5] "मुझे बड़े लोगों के पास जाने दो और उनसे बात करूँ, क्योंकि उन्होंने 𐤉𐤄𐤅𐤄 का मार्ग, अपने ईश्वर का धर्मज्ञान जाना है।" पर इन सब ने जूआ तोड़ डाला और बन्धनों को चीर फेंका। [6] इसलिए जंगल का एक सिंह उन्हें मारेगा, मरुभूमि का एक भेड़िया उन्हें उजाड़ेगा। एक चीता उनके नगरों पर घात लगाए बैठा है, जो भी उनसे बाहर निकलेगा वह टुकड़े-टुकड़े हो जाएगा। क्योंकि उनके अपराध बहुत हुए हैं, उनकी पीछे हटने की आदतें असंख्य हैं। [7] "मैं तुझे इसके लिये क्यों क्षमा करूँ? तेरे पुत्रों ने मुझे त्याग दिया और ऐसे जनों की शपथ खाई जो शक्तिशाली नहीं हैं। जब मैंने उन्हें भर दिया, तब उन्होंने व्यभिचार किया और वे वेश्याओं के घर में भीड़ लगाए गए। [8] "वे मोटे-पुस्त घोड़ों के समान थे, प्रत्येक अपने पड़ोसी की पत्नी के पीछे हिनहिनाता था। [9] "क्या मैं उन्हें इसके लिये दण्ड न दूँ?" 𐤉𐤄𐤅𐤄 की यह वाणी है। "और क्या मैं ऐसे देश पर प्रतिशोध न लूँ?" [10] "उसकी दीवारों पर चढ़ जाओ और नष्ट करो, परन्तु पूरी तरह अंत न करो। उसकी डालियाँ हटा लो, क्योंकि वे 𐤉𐤄𐤅𐤄 की नहीं हैं। [11] "क्योंकि इस्राएल के घराने और यहूदा के घराने ने पूरी तरह मुझे धोखा दिया है," 𐤉𐤄𐤅𐤄 की यह वाणी है। [12] उन्होंने 𐤉𐤄𐤅𐤄 के प्रति असत्य ठहराया और कहा, "यह वह नहीं है। कोई बुराई हम पर नहीं आएगी, न हम तलवार देखेंगे न अन्न की कमी।" [13] और नबियों की बातें वायु समान हो गई हैं, और वचन उनमें नहीं है। ऐसा ही उनके साथ होगा: [14] इस कारण सेनाओं के ईश्वर 𐤉𐤄𐤅𐤄 ने कहा, "क्योंकि तुमने यह वचन बोला है, देखो, मैं अपने वचनों को तुम्हारे मुँह में आग कर रहा हूँ, और इस प्रजा को लकड़ी, और यह उन्हें भस्म करेगी। [15] "देखो, मैं तुम पर दूर से एक जाति ला रहा हूँ, हे इस्राएल के घराने," 𐤉𐤄𐤅𐤄 की यह वाणी है। "वह एक स्थायी जाति है, वह एक प्राचीन जाति है, एक जाति जिसकी भाषा तुम नहीं जानते, और न ही जो वे कहते है उसे समझते हो। [16] "उनका तरकश खुली कब्र के समान है, उन सब में योद्धा पुरुष हैं। [17] "और वे तुम्हारी फसल और तुम्हारी रोटी खा जाएंगे, जो तुम्हारे पुत्रों और पुत्रियों को खानी चाहिए। वे तुम्हारे झुंड और तुम्हारी गाय-बैल खा जाएंगे, वे तुम्हारी दाखलताएँ और तुम्हारे अंजीर के वृक्ष खा जाएंगे। तलवार से वे तुम्हारे गढ़वाले नगरों को ढा देंगे, जिनमें तुम भरोसा रखते हो। [18] "परन्तु उन्हीं दिनों में भी," 𐤉𐤄𐤅𐤄 की यह वाणी है, "मैं तुम्हारा पूरा अन्त नहीं करूँगा। [19] "और यह ऐसा होगा, जब वे कहेंगे, 'हमारे ईश्वर 𐤉𐤄𐤅𐤄 ने यह सब हम पर क्यों किया?' तब तुम उन्हें उत्तर दोगे, 'जैसे तुमने मुझे त्याग दिया और अपनी भूमि में विदेशी देवताओं की सेवा की, वैसे ही तुम उस देश में परदेशियों की सेवा करोगे जो तुम्हारा नहीं है।' [20] "यह याक़ोब के घराने में घोषित करो और यहूदा में सुनाओ, कहते हुए, [21] 'अब यह सुनो, हे मूर्ख लोगो जिनके पास हृदय नहीं है, जिनकी आँखें हैं पर वे देखते नहीं, और जिनके कान हैं पर वे सुनते नहीं: [22] 'क्या तुम मुझसे भय नहीं करते?' 𐤉𐤄𐤅𐤄 की घोषणा है। 'क्या तुम मेरे साम्हने काँपते नहीं, जिसने समुद्र की रेत को उसकी सीमा रखा है, सदा के नियम से, और वह उस पर से नहीं जाता? यद्यपि उसकी लहरें इधर-उधर हिलती हैं, वे नहीं पार कर सकतीं; यद्यपि वे गरजती हैं, वे उस पर से नहीं जातीं। [23] 'परन्तु इस जाति का हठी और विद्रोही हृदय है, उन्होंने मुड़कर दूर चले गये। [24] 'और वे अपने हृदय में नहीं कहते, "अब हम 𐤉𐤄𐤅𐤄 हमारे ईश्वर से भय करें, जो हमें वर्षा देता है, पूर्व और उत्तर की, अपने समय पर। वह हमारे लिये व्यवस्था की रक्षा करता है: कटनी के शावूओत।" [25] 'तेरी बुराइयों ने इन्हें लौटा दिया है, और तेरे पापों ने तुझसे भलाई रोक दी है। [26] 'क्योंकि मेरे लोगों में दुष्ट पुरुष पाये जाते है जो घात लगाते हैं जैसे जाल बिछाने वाला। उन्होंने फन्दा लगाया है, वे मनुष्यों को पकड़ते हैं। [27] 'जैसे पिंजरा पक्षियों से भर जाता है, वैसे ही उनके घर छल से भर जाते हैं। इसलिये वे बड़े हो गये और धनी बन गये। [28] 'वे मोटे और चमकदार हो गये हैं। वे दुष्टों के कामों को भी नज़रअंदाज़ करते हैं। उन्होंने अनाथ के मामले का न्याय सही से नहीं किया, ताकि वे उन्नति करें। और दरिद्र का अधिकार उन्होंने ठीक से न्याय नहीं किया। [29] 'क्या मैं इन बातों के लिये उन्हें दण्ड न दूँ?' 𐤉𐤄𐤅𐤄 की यह घोषणा है। 'क्या मैं ऐसी जाति से अपने आप का बदला न लूँ?' [30] "देश में एक अद्भुत और भयानक बात हो गई है: [31] नबी झूठी भविष्यवाणी करते हैं, और याजक अपनी ही शक्ति से शासन करते हैं, और मेरे लोगों को यह अच्छा लगता है। और तुम अन्त में क्या करोगे?

6 [1] "हे बिन्यामिन के बच्चों, यरूशलेम के बीच से भागने के लिये इकट्ठे हो जाओ! तकोवा में नरसिंगा फूँको, और बेथ हकेरेम में एक संकेत-अग्नि लगाओ, क्योंकि उत्तर से बुराई देखी गई है, और बड़ी विनाश। [2] "मैं प्यारी और नाज़ुक को काट डालूँगा, सिय्योन की बेटी। [3] "चरवाहे अपने झुंडों के

साथ उसके पास आएँगे, वे उसके चारों ओर अपने डेरे
लगाएंगे। वे हर कोई अपने स्थान में चराएंगे।" [4]"उसके
विरुद्ध युद्ध की घोषणा करो। उठो, और चलो दोपहर में
चढ़ें। हाय हम पर, क्योंकि दिन चला जाता है, क्योंकि सांझ
की छायाएँ लम्बी हो रही हैं। [5]"उठो, और चलो रात को जाएं,
और उसके महलों को नष्ट करें।" [6]क्योंकि सेनाओं के
𐤉𐤄𐤅𐤄 ने यों कहा, "उसके पेड़ काट डालो, और यरूशलेम
के विरुद्ध घेराबंदी का टीला बनाओ। वह वह नगर है जिसे
दण्ड दिया जाना है, जिसके बीच केवल उत्पीड़न है। [7]"जैसे
कोई कुआँ पानी से बहता है, वैसे ही वह अपनी बुराई से बहती
है। हिंसा और विनाश उसमें सुनी जाती है। मेरे सामने
लगातार दुख और मारपीट हैं। [8]"सुधर, हे यरूशलेम, कहीं
ऐसा न हो कि मेरी आत्मा तुझ से अलग हो जाए, कहीं ऐसा न
हो कि मैं तुझे उजाड़ कर दूँ, एक निर्जन देश बना दूँ।"
[9]सेनाओं के 𐤉𐤄𐤅𐤄 ने यों कहा, "अंगूर की तरह वे इस्त्राएल
के बचे हुओं को पूरी तरह से बीन लें; अपनी हाथ को फिर
डाल डाल पर अंगूर बीनने वाले की तरह फेर।" [10]मैं किस
से बोलूँ और चेतावनी दूँ, ताकि वे सुनें? देखो, उनके कान
खतनारहित हैं, और वे सुन नहीं सकते। देखो, 𐤉𐤄𐤅𐤄 का
वचन उनके लिये तिरस्कार है, वे उसमें प्रसन्न नहीं होते।
[11]इसलिए मैं 𐤉𐤄𐤅𐤄 के क्रोध से भर गया हूँ। मैं इसे
रोकते-रोकते थक गया हूँ। "इसे बाहर बच्चों पर, और
जवानों की संगति पर उंडेल दो, क्योंकि पति और पत्नी दोनों
ले लिये जाएंगे, वृद्ध और बहुत बूढ़ा भी। [12]"और उनके घर
दूसरों को दे दिये जाएंगे, खेत और पत्नियाँ भी साथ। क्योंकि
मैं इस देश के निवासियों के विरुद्ध अपना हाथ बढ़ाऊँगा,"
𐤉𐤄𐤅𐤄 की यह घोषणा है। [13]"क्योंकि उनके सबसे छोटे से
लेकर सबसे बड़े तक, वे सब लालच में हैं। और नबी से
लेकर याजक तक, सब झूठे काम करते हैं। [14]"और वे मेरी
प्रजा की टूटन को थोड़ा-सा चंगा करते हैं, यह कहते हुए,
'शांति, शांति,' जब शांति नहीं है। [15]"क्या वे घृणित काम
करने पर लज्जित हुए? नहीं! वे बिलकुल भी लज्जित नहीं
हुए, न ही वे लज्जित होना जानते थे। इसलिए वे उन में गिरेंगे
जो गिरते हैं। वे उस समय ठोकर खाएँगे जब मैं उन पर
आऊँगा," 𐤉𐤄𐤅𐤄 ने कहा। [16]इस प्रकार 𐤉𐤄𐤅𐤄 ने कहा,
"मार्गों में खड़े हो और देखो, और पुराने पथों के लिये पूछो,
जहाँ अच्छा मार्ग है, और उसमें चलो; और अपने लिये विश्राम
पाओ। परन्तु उन्होंने कहा, 'हम नहीं चलेंगे।' [17]"और मैंने
तुम्हारे ऊपर पहरेदार खड़े किये, 'नरसिंगा की आवाज़
सुनो!' परन्तु उन्होंने कहा, 'हम नहीं सुनेंगे।' [18]"इसलिए
सुनो, हे राष्ट्रों, और जानो, हे सभा, उनके ऊपर क्या होनेवाला
है! [19]"हे पृथ्वी, सुनो! देखो, मैं इस प्रजा पर बुराई ला रहा हूँ,
यहाँ तक कि उनके विचारों का फल, क्योंकि उन्होंने मेरे
वचनों को नहीं सुना, और मेरी व्यवस्था को अस्वीकार किया।
[20]"मुझे शेबा से लोबान की क्या ज़रूरत है, और दूर देश से
मीठे गन्ने की? तुम्हारे होमबलि मुझे स्वीकार्य नहीं हैं, और
तुम्हारे बलिदान मुझे सुखद नहीं हैं।" [21]इसलिए सेनाओं के
𐤉𐤄𐤅𐤄 ने यों कहा, "देखो, मैं इस प्रजा के सामने ठोकर
खानेवाली वस्तुएँ रख रहा हूँ। और पिता और पुत्र एक साथ
उन पर ठोकर खाएँगे, पड़ोसी और उसका मित्र नाश होगा।"
[22]यहोवा 𐤉𐤄𐤅𐤄 यों कहता है, "देखो, एक प्रजा उत्तर देश
से आएगी, और पृथ्वी के सबसे दूर के भागों से एक बड़ी जाति
जाग उठी है। [23]वे धनुष और भाला थामे हुए हैं, वे क्रूर है
और उन में कोई दया नहीं है। उनकी आवाज़ समुद्र के
समान गरजती है। और वे घोड़ों पर सवार होते हैं, युद्ध के
लिये एक पुरुष की तरह पंक्ति में तुम्हारे विरुद्ध, हे सिय्योन
की बेटी।" [24]हमने इसका समाचार सुना है, हमारे हाथ
निर्बल हो गए हैं। क्लेश ने हमें पकड़ लिया है, जैसे जच्चा
स्त्री का दर्द। [25]मैदान में बाहर मत निकलो, और मार्ग पर
मत चलो। क्योंकि शत्रु की तलवार के कारण चारों ओर भय
है। [26]हे मेरी प्रजा की बेटी, टाट कमर में कस, और राख में
लोट! ऐसे विलाप करो जैसे किसी एकमात्र पुत्र के लिये,
सबसे कड़वे विलाप करो, क्योंकि अचानक नाश करनेवाला
हम पर आ पड़ेगा। [27]"मैं ने तुझे अपनी प्रजा के बीच में
परखनेवाला और गढ़ बनाया है, ताकि तू उनके मार्ग को जान
सके और परख सके। [28]"वे सब के सब बलवा करने वाले
हैं, चुगली करनेवाले हैं। वे सब के सब पीतल और लोहे के हैं,
सब के सब भ्रष्ट करने वाले हैं। [29]"धौंकनी जल चुकी है,
सीसा आग से भस्म हो गया है। कारीगर ने व्यर्थ ही परिश्रम
किया, क्योंकि दुष्ट अलग नहीं हुए। [30]"लोग उन्हें अस्वीकृत
चाँदी कहेंगे, क्योंकि 𐤉𐤄𐤅𐤄 ने उन्हें अस्वीकार कर दिया
है।"

7 [1]वचन जो यिर्मेयाहु के पास 𐤉𐤄𐤅𐤄 से आया, यह कहते
हुए, [2]"𐤉𐤄𐤅𐤄 के भवन के फाटक में खड़े हो, और
वहाँ यह वचन प्रचार करो, और कहो, '𐤉𐤄𐤅𐤄 का वचन
सुनो, हे सब याहूदा के लोग जो इन फाटकों से 𐤉𐤄𐤅𐤄 के
सामने दण्डवत करने को प्रवेश करते हो!' " [3]इस प्रकार
कहा 𐤉𐤄𐤅𐤄 सेनाओं के, इस्त्राएल के ईश्वर ने, "अपने मार्गों
और अपने कामों को भला बनाओ, तब मैं तुम्हें इस स्थान में
बसने दूँगा। [4]"इन झूठे वचनों पर भरोसा न करो, कहते हुए,
'यह 𐤉𐤄𐤅𐤄 का हेयख़ाल है, 𐤉𐤄𐤅𐤄 का हेयख़ाल है,
𐤉𐤄𐤅𐤄 का हेयख़ाल है!' [5]"क्योंकि यदि तुम सचमुच अपने
मार्गों और अपने कामों को भला बनाओ, यदि तुम सचमुच
मनुष्य और उसके पड़ोसी के बीच न्याय करो, [6]यदि तुम
परदेशी, अनाथ और विधवा पर अत्याचार न करो, और इस
स्थान में निर्दोष का लहू न बहाओ, और अन्य देवताओं के
पीछे अपनी बुराई के लिये न चलो, [7]तब मैं तुम्हें इस स्थान में
बसने दूँगा, उस देश में जो मैंने तुम्हारे पितरों को युगानुयुग
दिया। [8]"देखो, तुम झूठे वचनों पर भरोसा कर रहे हो, जो
लाभ नहीं पहुँचाते – [9]चोरी करना, हत्या करना, व्यभिचार
करना, झूठी शपथ खाना, बाल को धूप जलाना, और उन
अन्य देवताओं के पीछे चलना जिन्हें तुम नहीं जानते।
[10]"और तुम आकर मेरे सामने इस घर में खड़े होते हो,
जिस पर मेरा नाम रखा गया है, और कहते हो, 'हम छुड़ाए
गए हैं' – ताकि ये सब घृणित काम कर सको! [11]"क्या यह
घर, जिस पर मेरा नाम रखा गया है, तुम्हारी आँखों में
डाकुओं की गुफा बन गया है? देखो, मैं स्वयं ने यह देखा है,"
𐤉𐤄𐤅𐤄 की घोषणा है। [12]"परन्तु अब मेरे स्थान शीलो में
जाओ, जहाँ मैंने पहले अपना नाम रखा था, और देखो मैंने
उसके साथ क्या किया मेरे लोगों इस्त्राएल की बुराई के
कारण। [13]"और अब, क्योंकि तुमने ये सब काम किए,"
𐤉𐤄𐤅𐤄 की यह घोषणा है, "और मैं तुमसे बोला, प्रातः
उठकर बोलता रहा, पर तुमने नहीं सुना, और मैंने पुकारा, पर

तुमने उत्तर नहीं दिया, 14 "मैं इस घर के साथ भी वैसा ही
करूँगा, जिस पर मेरा नाम रखा गया है, जिस पर तुम भरोसा
करते हो, और इस स्थान के साथ जो मैंने तुम्हें और तुम्हारे
पितरों को दिया, जैसे मैंने शीलो के साथ किया। 15 "और मैं
तुम्हें अपनी उपस्थिति से निकाल दूँगा, जैसे मैंने तुम्हारे
भाइयों, एप्रैम की सारी संतानों को निकाल दिया। 16 "और तू,
इस लोगों के लिये प्रार्थना न कर, न उनके लिये पुकार या
प्रार्थना उठा, न मेरे पास उनके लिये निवेदन कर, क्योंकि मैं
तुझे नहीं सुनूँगा। 17 "क्या तू नहीं देखता वे याहूदा के नगरों
में और यरूशलेम की गलियों में क्या कर रहे हैं? 18 "बच्चे
लकड़ी बटोर रहे हैं, पिता आग जला रहे हैं, और स्त्रियाँ आटा
गूँध रही हैं, स्वर्ग की रानी के लिये पके हुए हलवे बनाने को,
और अन्य देवताओं के लिये पान का अर्घ्य उँडेलने को, ताकि
मुझे क्रोधित करें। 19 "क्या वे मुझे ही क्रोधित कर रहे हैं?"
𐤉𐤄𐤅𐤄 की यह घोषणा है। "क्या वे अपने ही मुँह की लज्जा
नहीं बना रहे?" 20 इसलिये प्रभु 𐤉𐤄𐤅𐤄 ने कहा, "देखो, मेरा
क्रोध और मेरी जलन इस स्थान पर, मनुष्य पर और पशु
पर, और मैदान के वृक्षों पर और भूमि की उपज पर उँडेला
गया है। और यह जलता रहेगा और बुझाया न जाएगा।"
21 इस प्रकार कहा 𐤉𐤄𐤅𐤄 सेनाओं के, इस्राएल के ईश्वर
ने, "अपनी होमबलियों को अपनी बलियों में मिला दो और मांस
खाओ। 22 "क्योंकि मैंने तुम्हारे पितरों से यह नहीं कहा, और
न ही उन्हें उस दिन आज्ञा दी जब मैंने उन्हें मिस्र देश से
निकाला, होम बलियों या बलिदानों के विषय में। 23 "परन्तु
यह वचन मैंने उन्हें आज्ञा दी, यह कहते हुए, 'मेरी आवाज़
मानो, और मैं तुम्हारा ईश्वर होऊँगा, और तुम मेरे लोग
होओगे। और उन सब मार्गों में चलो जिनकी मैंने तुम्हें आज्ञा
दी है, ताकि तुम्हारा भला हो।' 24 "परन्तु उन्होंने न तो आज्ञा
मानी और न ही अपने कान लगाए, परन्तु अपनी बुरी हृदय
की हठधर्मी सलाहों में चले, और पीछे की ओर गए, आगे की
ओर नहीं। 25 "जिस दिन से तुम्हारे पितर मिस्र देश से
निकले उस दिन से लेकर आज तक, मैंने तुम्हारे पास अपने
सब सेवक नबियों को भेजा है, प्रतिदिन भोर में उठकर उन्हें
भेजता रहा हूँ। 26 "परन्तु उन्होंने न तो मेरी आज्ञा मानी और
न ही अपने कान लगाए, परन्तु अपनी गर्दन को कठोर
किया। उन्होंने अपने पितरों से भी अधिक बुराई की।
27 "और तुम उन्हें ये सब वचन कहोगे, तो भी वे तुम्हारी नहीं
सुनेंगे। और तुम उन्हें पुकारोगे भी, परन्तु वे तुम्हें उत्तर नहीं
देंगे। 28 "परन्तु तुम उनसे कहोगे, 'यह वह जाति है जिसने
𐤉𐤄𐤅𐤄 अपने ईश्वर की आवाज़ नहीं मानी, और न ही शिक्षा
स्वीकार की। सत्य नष्ट हो गया है और उनके मुख से काट
दिया गया है। 29 'अपने बाल काट डालो और उन्हें फेंक दो,
और ऊँचे स्थानों पर विलाप करो, क्योंकि 𐤉𐤄𐤅𐤄 ने अपने
क्रोध की पीढ़ी को त्याग दिया और छोड़ दिया है।'
30 "क्योंकि यहूदा के पुत्रों ने मेरी आँखों में बुराई की है,"
𐤉𐤄𐤅𐤄 की यह वाणी है। "उन्होंने मेरी नाम से पुकारे जाने
वाले भवन में अपनी घृणित वस्तुएँ रख दीं, ताकि उसे अशुद्ध
करें। 31 "और उन्होंने तोफ़ेत की ऊँचाइयाँ बनाई हैं, जो बेन
हिन्नोम की तराई में है, ताकि वे अपने पुत्रों और अपनी पुत्रियों
को आग में जलाएँ, जो मैंने आज्ञा नहीं दी, और न ही मेरे मन
में आई। 32 "इस कारण देखो, दिन आने वाले हैं," 𐤉𐤄𐤅𐤄
की यह वाणी है, "जब उसे अब तोफ़ेत या बेन हिन्नोम की
तराई नहीं कहा जाएगा, परन्तु वध की तराई कहा जाएगा,
क्योंकि वे तोफ़ेत में वहाँ तक दफनाएँगे कि कोई जगह नहीं
बचेगी। 33 "और इस प्रजा की लाशें आकाश के पक्षियों और
पृथ्वी के पशुओं के भोजन बनेंगी, और उन्हें डराने वाला कोई
न होगा। 34 "और यहूदा के नगरों में और येरूशलेम की
गलियों में मैं हर्ष की ध्वनि और आनंद की ध्वनि, दूल्हे की
आवाज़ और दुल्हन की आवाज़ को बंद कर दूँगा। क्योंकि
यह भूमि उजाड़ हो जाएगी!

8 1 "उस समय," 𐤉𐤄𐤅𐤄 घोषणा करते हैं, "वे यहूदा के
शासकों की हड्डियाँ, और उसके प्रमुखों की हड्डियाँ, और
याजकों की हड्डियाँ, और नबियों की हड्डियाँ, और येरुशालेम
के निवासियों की हड्डियाँ उनकी कब्रों से बाहर निकालेंगे,
2 और उन्हें सूरज और चाँद और सारे आकाश की सेना के
सामने फैलाएँगे, जिन्हें उन्होंने प्रेम किया और जिनकी उन्होंने
सेवा की और जिनके पीछे वे चले, जिन्हें उन्होंने खोजा, और
जिनके सामने वे झुके। उन्हें न इकट्ठा किया जाएगा और न
दफनाया जाएगा, वे धरती के चेहरे पर गोबर के समान होंगे।
3 "और मृत्यु जीवन से बेहतर मानी जाएगी उन सबके द्वारा
जो इस दुष्ट लोगों में बचे हैं, जो उन सभी स्थानों में बचे हैं
जहाँ मैंने उन्हें हांक दिया है," सेनाओं के 𐤉𐤄𐤅𐤄 घोषणा
करते हैं। 4 "और तुम उनसे कहो, 'यहोवा 𐤉𐤄𐤅𐤄 ने यों
कहा, "क्या वे गिरेंगे और न उठेंगे? क्या कोई मुड़ता है और
वापस नहीं आता? 5 "तो क्यों यह लोग, येरुशालेम, लगातार
पीछे हटते रहे हैं? वे छल पर अड़े रहते हैं, वे लौटने से इंकार
करते हैं। 6 "मैंने सुना और ध्यान दिया - वे ठीक नहीं
बोलते। किसी मनुष्य ने अपनी बुराई से यह नहीं कहा, 'मैंने
क्या किया है?' वे सब अपने ही मार्ग पर मुड़े, जैसे घोड़ा युद्ध
में दौड़ता है। 7 "यहाँ तक कि आकाश में सारस अपने नियत
समय को जानती है। और कबूतर, और अबाबील, और मैना
अपने आने के समय को सुरक्षित रखते हैं। परंतु मेरी प्रजा
𐤉𐤄𐤅𐤄 के न्याय को नहीं जानती। 8 "तुम कैसे कहते हो,
'हम बुद्धिमान हैं, और 𐤉𐤄𐤅𐤄 की तोराह हमारे साथ है'? पर
देखो, लेखक की झूठी कलम ने झूठ लिखा है। 9 "बुद्धिमान
लोग लज्जित होंगे, वे टूटेंगे और पकड़े जाएंगे। देखो,
उन्होंने 𐤉𐤄𐤅𐤄 के वचन को ठुकरा दिया है, तो उनके पास
कौन सी बुद्धि है? 10 "इसलिए मैं उनकी पत्नियों को दूसरों को
दूँगा, और उनके खेतों को अधिकार करने वालों को। क्योंकि
छोटे से बड़े तक, वे सब लाभ के लोभी हैं। नबी से लेकर
याजक तक, सब झूठा आचरण करते हैं। 11 "और वे मेरी
प्रजा की बेटी की चोट को हल्का करते हैं, कहते हैं, 'शांति,
शांति!' जबकि शांति नहीं है। 12 "क्या वे लज्जित हुए जब
उन्होंने घृणित काम किया? नहीं! वे बिल्कुल भी लज्जित नहीं
हुए, न ही उन्हें लाल होना आया। इसलिए वे गिरने वालों के
बीच गिरेंगे। उनकी देखभाल के समय वे ठोकर खाएँगे,"
𐤉𐤄𐤅𐤄 ने कहा। 13 "मैं उन्हें उठा लूँगा," 𐤉𐤄𐤅𐤄 घोषणा
करते हैं। "लता पर अंगूर नहीं हैं, न अंजीर के पेड़ पर
अंजीर, और पत्ता मुरझा गया है। और जो मैंने उन्हें दिया था,
वह उनसे छीन लिया जाएगा।" ' " 14 हम क्यों बैठे हैं? अपने
आप को इकट्ठा करो, और चलो हम गढ़वाले नगरों में जाएँ,
और वहाँ चुप रहें। क्योंकि 𐤉𐤄𐤅𐤄 हमारे ईश्वर ने हमें नाश
कर दिया और हमें ज़हरीला पानी पिलाया, क्योंकि हमने

𐤉𐤄𐤅𐤄 के विरुद्ध पाप किया है। 15 हमने शांति की आशा
की, परंतु कुछ अच्छा नहीं मिला; चंगाई के समय की आशा
की, पर देखो - भय! 16 दान से उसके घोड़ों की सूँघने की
आवाज़ सुनी गई। सारी भूमि उसकी बलवानों की हिनहिनाहट
की आवाज़ से काँप उठी। वे आए और भूमि और उसके सब
भराव को खा गए, नगर और उसमें रहने वालों को।
17 "क्योंकि देखो, मैं तुम्हारे बीच में साँप, विषैले साँप भेज रहा
हूँ, जिनका कोई जादूगर नहीं है, और वे तुम्हें डसेंगे,"
𐤉𐤄𐤅𐤄 घोषणा करते हैं। 18 जब मैं दुख में होता हूँ तो मैं
शांति ढूँढता हूँ; मेरा हृदय मेरे भीतर बीमार है। 19 देखो! मेरी
प्रजा की बेटी की दूर देश से आवाज़, पुकार, "क्या 𐤉𐤄𐤅𐤄
सिय्योन में नहीं है? क्या उसका राजा उसमें नहीं है?" "उन्होंने
मुझे अपनी खुदी हुई मूर्तियों से, और विदेशी व्यर्थताओं से
क्यों क्रोधित किया?" 20 "कटनी बीत गई, गर्मी समाप्त हो
गई, और हम उद्धार नहीं पाए!" 21 मेरी प्रजा की बेटी की
टूटन के कारण मैं टूटा हूँ। मैं उदास हुआ हूँ; आश्चर्य ने मुझे
पकड़ लिया है। 22 क्या गिलआद में मरहम नहीं है, क्या वहाँ
कोई चिकित्सक नहीं है? मेरी प्रजा की बेटी की चंगाई क्यों
नहीं आई?

9 1 हाय, कि मेरा सिर जल होता, और मेरी आँखें आँसुओं
का सोता होतीं, और मैं दिन रात अपनी प्रजा की बेटी के
घात किए हुओं के लिये रोता! 2 हाय, कि जंगल में मेरे लिये
यात्रियों का कोई निवास होता, तब मैं अपनी प्रजा को छोड़कर
उनसे चला जाता! क्योंकि वे सब व्यभिचारी हैं, और
विश्वासघाती मनुष्यों की मंडली हैं। 3 "और वे अपनी जीभ को
धनुष की तरह तानते हैं। झूठ, और न सत्य, पृथ्वी पर प्रबल
है। क्योंकि वे बुराई से बुराई की ओर बढ़ते हैं, और उन्होंने
मुझे नहीं पहचाना," 𐤉𐤄𐤅𐤄 की यह घोषणा है। 4 "हर एक
अपने पड़ोसी से सावधान रहे, और किसी भाई पर भरोसा न
करे। क्योंकि हर भाई एड़ी पकड़ता है, और हर पड़ोसी
निन्दकों के साथ चलता है। 5 "और हर कोई अपने पड़ोसी
को धोखा देता है, और कोई भी सत्य नहीं बोलता। उन्होंने
अपनी जीभ को झूठ बोलना सिखाया है, और बुरा करने में
थक गए हैं। 6 "तू कपट के बीच रहता है; कपट के कारण
उन्होंने मुझे जानने से इन्कार किया है," 𐤉𐤄𐤅𐤄 की यह
घोषणा है। 7 इसलिये सेनाओं के 𐤉𐤄𐤅𐤄 ने यों कहा, "देखो,
मैं उन्हें तपाऊँगा और उन्हें परखूँगा, क्योंकि मैं अपनी प्रजा
की बेटी के कारण और क्या करूँ? 8 "उनकी जीभ घातक
तीर है। वह कपट बोलती है – अपने पड़ोसी से मुँह से मेल-
मिलाप की बातें करती है, पर अपने हृदय में घात लगाता है।
9 "क्या मैं इनके लिये दण्ड न दूँ?" 𐤉𐤄𐤅𐤄 की यह घोषणा
है। "क्या मैं ऐसी जाति से अपने ऊपर बदला न लूँ?" 10 "मैं
पहाड़ों के लिये रोना और विलाप करना, और जंगल की चराई
भूमि के लिये विलाप करना उठाऊँगा, क्योंकि वे जल कर
उजाड़ हो गई हैं, जिनमें कोई भी पार नहीं होता, और न ही
पशुओं का स्वर सुना गया है। आकाश के पक्षी और पशु दोनों
भाग गए, चले गए हैं। 11 "और मैं येरूशलेम को ढेर कर
दूँगा, सियारों का निवास स्थान बनाऊँगा; और यहूदा के नगरों
को मैं उजाड़ कर दूँगा, जिनमें कोई रहनेवाला न होगा।"
12 कौन है वह बुद्धिमान पुरुष, कि वह इसे समझे? और
किससे 𐤉𐤄𐤅𐤄 के मुँह ने कहा, कि वह इसे प्रकट करे? क्यों
देश उजाड़ हो गया, और जंगल के समान जल गया, जिससे
कोई उस में होकर न जाता हो? 13 और 𐤉𐤄𐤅𐤄 कहता है,
"क्योंकि उन्होंने मेरी तोराह को त्याग दिया है, जिसे मैंने
उनके सामने रखा था, और उन्होंने मेरी वाणी नहीं मानी, और
न उसके अनुसार चले, 14 परन्तु उन्होंने अपने हृदय की हठ
के अनुसार और बालों के पीछे चले, जिनकी शिक्षा उनके
पितरों ने उन्हें दी थी।" 15 इसलिये सेनाओं के 𐤉𐤄𐤅𐤄,
इस्राएल के ईश्वर ने यों कहा, "देखो, मैं इस प्रजा को
नागदौन खिलाऊँगा, और उन्हें विषैला जल पिलाऊँगा।
16 "और मैं उन्हें उन जातियों में बिखेर दूँगा, जिन्हें न वे
जानते हैं और न उनके पितर। और मैं उन के पीछे तलवार
भेजूँगा, जब तक मैं उनका अन्त न कर दूँ।" 17 सेनाओं के
𐤉𐤄𐤅𐤄 ने यों कहा, "समझो! और विलापिनियों को बुलाओ,
कि वे आएँ। और बुद्धिमान स्त्रियों को भेजो, कि वे आएँ।
18 "और वे शीघ्रता करें और हमारे लिये विलाप उठाएँ, कि
हमारी आँखें आँसुओं से टपकें, और हमारी पलकों से जल बह
निकले। 19 "क्योंकि सिय्योन से विलाप का शब्द सुना जाता
है, 'हाय, हम नष्ट हो गए! हम अत्यन्त लज्जित हुए हैं,
क्योंकि हमने देश को छोड़ दिया है, क्योंकि हमें अपने घरों से
बाहर फेंक दिया गया है।' " 20 परन्तु हे स्त्रियों, 𐤉𐤄𐤅𐤄 का
वचन सुनो, और तुम्हारा कान उसके मुँह का वचन ग्रहण
करे। और अपनी पुत्रियों को विलाप सिखाओ, और हर एक
अपनी पड़ोसिन को विलाप। 21 क्योंकि मृत्यु हमारी खिड़कियों
से भीतर घुस आई है, हमारे महलों में प्रवेश कर गई है, सड़कों
से बालकों को काट डाला है, और चौकों से जवानों को।
22 कहो, "𐤉𐤄𐤅𐤄 यों कहता है, 'मनुष्यों की लाशें खेत के
मुँह पर खाद के समान गिरेंगी, और काटनेवाले के पीछे के
गट्ठों के समान, जिन्हें कोई बटोरनेवाला नहीं।' " 23 इसलिये
𐤉𐤄𐤅𐤄 यों कहता है, "बुद्धिमान अपनी बुद्धि पर घमण्ड न
करे, न शक्तिशाली अपनी शक्ति पर घमण्ड करे, न धनी
अपनी धन पर घमण्ड करे, 24 परन्तु जो घमण्ड करता है वह
इसी पर घमण्ड करे, कि वह मुझे समझता और जानता है,
कि मैं 𐤉𐤄𐤅𐤄 हूँ, जो पृथ्वी पर करुणा, न्याय और धर्म
करता हूँ। क्योंकि मैं इन्हीं में प्रसन्न होता हूँ," 𐤉𐤄𐤅𐤄 की
यह घोषणा है। 25 "देखो, वे दिन आते हैं," 𐤉𐤄𐤅𐤄 की यह
घोषणा है, "कि मैं सब खतनायुक्तों को खतनारहितों के साथ
दण्ड दूँगा – 26 "मिस्र, और यहूदा, और एदोम, और अम्मोन
की सन्तान, और मोआब, और वे सब जो किनारों को मुंडाते
हैं, जो जंगल में रहते हैं। क्योंकि सब जाति लोग खतनारहित
हैं, और इस्राएल का सारा घराना हृदय में खतनारहित है!"

10 1 हे इस्राएल के घराने, वह वचन सुनो जो 𐤉𐤄𐤅𐤄
तुम से बोलता है। 2 यहोवा 𐤉𐤄𐤅𐤄 यों कहता है,
"अन्यजातियों का मार्ग मत सीखो, और आकाश के चिन्हों से
मत डरो, क्योंकि अन्यजाति उन से डरते हैं। 3 क्योंकि उन
लोगों की रीति व्यर्थ है; वे वन से एक वृक्ष काटते हैं, वह
कारीगर के हाथ का काम है, जो कुल्हाड़ी से करता है। 4 वे
उसे चाँदी और सोने से सुसज्जित करते हैं; वे उसे कील और
हथौड़ी से दृढ़ करते हैं ताकि वह न हिले। 5 वे खम्भे के समान
खड़े रहते हैं, वे बोल नहीं सकते। उन्हें उठाकर ले जाना
पड़ता है, क्योंकि वे चल नहीं सकते। उनसे मत डरो, क्योंकि
वे न तो बुराई कर सकते हैं और न ही भलाई कर सकते हैं।"

[6]हे 𐤉𐤄𐤅𐤄, तेरे समान कोई नहीं है। तू महान है, और
शक्ति में तेरा नाम महान है। [7]हे जातियों के राजा, तेरा भय
कौन न माने? क्योंकि यही तेरा अधिकार है। क्योंकि सब
जातियों के ज्ञानी जनों में और उनके सारे राज्य में, तेरे समान
कोई नहीं है। [8]वे सब के सब मूर्ख और नासमझ हैं; वृक्ष व्यर्थ
उपदेश है। [9]चाँदी को पत्तर के रूप में तर्शीश से लाया जाता
है, और सोना ऊफ़ाज़ से; कारीगर और सुनार का काम, नीले
और बैंगनी वस्त्रों से ढके हुए; वे सब निपुण जनों का काम हैं।
[10]परन्तु 𐤉𐤄𐤅𐤄 सचमुच ईश्वर है। वह जीवित ईश्वर और
सदा का राजा है। उसके क्रोध से पृथ्वी काँप उठती है, और
जातियाँ उसका रोष सह नहीं सकतीं। [11]उन्हें यह कहो, "जो
देवता आकाश और पृथ्वी को नहीं बनाए, वे पृथ्वी से और इन
आकाशों के नीचे से नाश होंगे।" [12]उसने अपनी शक्ति से
पृथ्वी बनाई, उसने अपनी बुद्धि से जगत को स्थिर किया, और
अपनी समझ से आकाश को फैलाया। [13]जब वह अपनी
वाणी निकालता है, तो आकाश में जल का गर्जन होता है; वह
पृथ्वी के छोर से बादल उठाता है, वर्षा के लिये बिजली बनाता
है, और अपनी भण्डारगृह से वायु निकालता है। [14]हर एक
मनुष्य ज्ञान में मूर्ख है; हर एक सुनार अपनी मूर्ति के कारण
लज्जित होता है; क्योंकि उसकी ढली हुई मूर्ति झूठी है, और
उनमें आत्मा नहीं है। [15]वे व्यर्थ हैं, ठट्ठों का काम हैं; उनके
दण्ड के समय वे नाश होंगे। [16]याक़ोब का भाग उनके समान
नहीं है, क्योंकि वही सबका रचयिता है; और इस्त्राएल उसकी
निज सम्पत्ति की गोत्र है; सेनाओं का यहोवा 𐤉𐤄𐤅𐤄 उसका
नाम है। [17]हे घेरे में रहनेवाली स्त्री, भूमि पर से अपना गठरी
बाँध ले! [18]क्योंकि यहोवा 𐤉𐤄𐤅𐤄 यों कहता है, "देखो, इस
समय मैं देश के निवासियों को उखाड़ फेंकूँगा, और उन्हें ऐसा
संकट में डालूँगा कि वे उसे अनुभव करें।" [19]हाय, मेरी
टूटन के कारण मुझे दु:ख है! मेरी चोट भयानक है। तौभी मैं
कहता हूँ, "यह मेरी बीमारी है, और मैं उसे सहूँगा। [20]मेरा
डेरा उजड़ा है, और मेरी रस्सियाँ टूट गई हैं। मेरे पुत्र मेरे
पास से चले गए हैं, और वे नहीं रहे। अब मेरा डेरा खड़ा
करनेवाला और मेरे परदे टाँगनेवाला कोई नहीं है। [21]क्योंकि
चरवाहे मूर्ख हो गए हैं, और उन्होंने यहोवा 𐤉𐤄𐤅𐤄 को नहीं
खोजा। इस कारण वे समझदार नहीं हुए, और उनका सारा
झुंड तित्तर-बित्तर हो गया।" [22]देखो, उत्तरी देश से एक
समाचार की ध्वनि और बड़ा कोलाहल आ रहा है, यहूदा के
नगरों को उजाड़ कर गीदड़ों का निवासस्थान बनाने के
लिये। [23]हे यहोवा 𐤉𐤄𐤅𐤄, मैं जानता हूँ कि मनुष्य का मार्ग
उसके अपने में नहीं है; और चलनेवाले का यह काम नहीं कि
वह अपने कदमों को ठीक करे। [24]हे यहोवा 𐤉𐤄𐤅𐤄, मुझे
अनुशासन में रख, परन्तु न्याय के अनुसार; अपने क्रोध में
नहीं, कहीं ऐसा न हो कि तू मुझे नाश कर दे। [25]अपना क्रोध
उन अन्यजातियों पर उँडेल जो तुझे नहीं जानते, और उन
कुलों पर जो तेरे नाम का आह्वान नहीं करते; क्योंकि उन्होंने
याक़ोब को खा लिया है, उसे निगलकर नष्ट कर डाला है,
और उसके निवासस्थान को उजाड़ डाला है।

11 [1]यह वचन यिर्मयाहु के पास 𐤉𐤄𐤅𐤄 से आया, यह
कहते हुए, [2]"इस वाचा के वचनों को सुनो, और यहूदा
के लोगों और यरूशलेम के निवासियों से कहो। [3]"और
उनसे कहो, 'ऐसा कहता है 𐤉𐤄𐤅𐤄 ईश्वर इस्त्राएल का,
"शापित है वह मनुष्य जो इस वाचा के वचनों का पालन नही
करता, [4]जिसकी आज्ञा मैंने तुम्हारे पितरों को उस दिन दी थी
जब मैंने उन्हें मिस्त्र देश से, लोहे की भट्टी से निकाला, यह
कहते हुए, 'मेरी वाणी को सुनो, और जो कुछ मैं तुम्हें आज्ञा
देता हूँ, वैसा करो, और तुम मेरे लोग होगे, और मैं तुम्हारा
ईश्वर होऊँगा,' [5]इसलिये कि उस शपथ को स्थापित करूँ जो
मैंने तुम्हारे पितरों से खाई थी, उन्हें ऐसा देश देने के लिये जो
दूध और मधु से बहता है, जैसा आज के दिन है।" ' " तब
मैंने उत्तर दिया और कहा, "आमेन, 𐤉𐤄𐤅𐤄।" [6]और
𐤉𐤄𐤅𐤄 ने मुझसे कहा, "यह सब वचन यहूदा के नगरों और
यरूशलेम की गलियों में प्रचार कर, यह कहते हुए, 'इस वाचा
के वचनों को सुनो और उन्हें करो। [7]'क्योंकि मैंने तुम्हारे
पितरों को उसी दिन से जब मैंने उन्हें मिस्त्र देश से निकाला,
आज तक बार-बार चिताया और कहा, "मेरी वाणी को
सुनो।" [8]'परन्तु उन्होंने न सुना और न अपने कान झुकाए,
परन्तु हर एक ने अपने बुरे मन की हठधर्मी में चलना चुना।
इसलिये मैंने उन पर इस वाचा के सब वचन लाए, जिनकी
आज्ञा मैंने उन्हें दी थी, परन्तु उन्होंने उनका पालन नही
किया।' " [9]और 𐤉𐤄𐤅𐤄 ने मुझसे कहा, "यहूदा के लोगो
और यरूशलेम के निवासियों के बीच षडयंत्र है। [10]"वे अपने
पितरों की बुराइयों की ओर फिर गए हैं, जिन्होंने मेरे वचनो
को सुनने से इन्कार किया, और वे अन्य देवताओं के पीछे
जाकर उनकी सेवा करने लगे। इस्त्राएल के घराने और यहूदा
के घराने ने मेरी उस वाचा को तोड़ा जो मैंने उनके पितरों से
की थी।" [11]इसलिये 𐤉𐤄𐤅𐤄 कहता है, "देखो, मैं उन पर
विपत्ति ला रहा हूँ जिससे वे निकल नहीं पाएँगे। तब वे मेरे पास
पुकारेंगे, परन्तु मैं उनकी नहीं सुनूँगा। [12]"तब यहूदा के
नगर और यरूशलेम के निवासी जाकर उन देवताओं के पास
पुकारेंगे, जिनको वे धूप जलाते हैं, परन्तु वे विपत्ति के समय
उन्हें बिल्कुल नहीं बचाएँगे। [13]"क्योंकि तेरे देवता तेरे नगरो
के समान हो गए हैं, हे यहूदा। और तूने उतने ही लज्जा के
वेदियाँ खड़ी की हैं जितनी यरूशलेम में गलियाँ हैं - वेदियां
बाल को धूप जलाने के लिये। [14]"और तू, इस प्रजा के लिये
प्रार्थना न करना, न उनके लिये पुकार या प्रार्थना उठाना,
क्योंकि मैं उनकी नहीं सुनूँगा जब वे अपनी विपत्ति के कारण
मेरे पास पुकारेंगे। [15]"मेरा प्रिय मेरे घर में क्यों है? उसने
बहुतों के साथ बुराई की है। और क्या पवित्र मांस तेरी बुराई
को तुझसे दूर करेगा? तब तू आनन्द करेगा? [16]"𐤉𐤄𐤅𐤄
ने तेरा नाम रखा है, 'हरा जैतून का पेड़, सुंदर, सुगंधित फल
वाला।' बड़े शोर के साथ उसने उसे आग लगा दी है, और
उसकी डालियाँ टूट जाएँगी। [17]"और 𐤉𐤄𐤅𐤄 सेनाओं का,
जिसने तुझे लगाया, उसने तुझ पर बुराई की घोषणा की है,
इस्त्राएल के घराने और यहूदा के घराने की बुराई के लिये, जो
उन्होंने अपने विरुद्ध की है मुझे चिढ़ाने के लिये, बाल को धूप
जलाकर।" [18]और 𐤉𐤄𐤅𐤄 ने मुझे यह प्रगट किया, और मै
जान गया। तब तूने मुझे उनके कर्म दिखाए। [19]परन्तु मै
वध के लिये ले जाए गए कोमल मेम्ने के समान था। और
मुझे पता नहीं था कि उन्होंने मेरे विरुद्ध षडयंत्र रचा है, यह
कहते हुए, "आओ, हम पेड़ को उसके फल समेत नाश कर
दें, और उसे जीवितों की भूमि से काट डालें, ताकि उसका
नाम फिर कभी स्मरण न किया जाए।" [20]परन्तु, हे सेनाओ

के 𐤉𐤄𐤅𐤄, जो धर्मपूर्वक न्याय करता है, जो गुर्दों और मन
की परीक्षा करता है, मुझे उन पर तेरा प्रतिशोध देखने दे,
क्योंकि मैंने तुझ पर अपना मुक़दमा खोलकर रखा है।
21 "इसलिये 𐤉𐤄𐤅𐤄 सेनाओं का यों कहता है उन अनातोत
के लोगों के विषय में जो तेरे प्राण की खोज करते हैं, यह
कहते हुए, '𐤉𐤄𐤅𐤄 के नाम में न भविष्यद्वाणी कर, कहीं ऐसा
न हो कि तू हमारे हाथ से मर जाए' - 22 इसलिये 𐤉𐤄𐤅𐤄
सेनाओं का यों कहता है, 'देखो, मैं उन्हें दंड दे रहा हूँ, जवान
तलवार से मरेंगे, उनके बेटे और बेटियाँ अकाल से मरेंगी।
23 'और उनका कोई अवशेष न रहेगा, क्योंकि मैं अनातोत के
लोगों पर विपत्ति लाऊँगा - उनके दंड का वर्ष।' "

12 1 धर्मी हैं आप, हे 𐤉𐤄𐤅𐤄, जब मैं आपसे विनती
करता हूँ। वास्तव में, मुझे आपके साथ न्याय के
विषय में बोलने दें। दुष्टों का मार्ग क्यों सफल होता है? सब
विश्वासघात करने वाले आराम में क्यों हैं? 2 आपने उन्हें
लगाया है और उन्होंने जड़ पकड़ ली है, वे बढ़ते हैं और फल
लाते हैं। वे अपने मुँह में आपके निकट हैं परन्तु उनकी
किडनियों से दूर हैं। 3 परन्तु आपने मुझे जाना है, हे
𐤉𐤄𐤅𐤄। आपने मुझे देखा है और मेरे हृदय को अपनी ओर
परखा है। उन्हें वध के लिये भेड़ों की तरह खींच ले जाइए,
और उन्हें वध के दिन के लिये अलग कीजिए। 4 कब तक
भूमि विलाप करेगी और हर खेत की वनस्पति मुरझाएगी? पशु
और पक्षी नष्ट हो गए हैं, वहाँ रहने वालों की बुराई के कारण,
क्योंकि उन्होंने कहा, "वह हमारे अन्त को नहीं देखता।"
5 "यदि तुम पैदल चलने वालों के साथ दौड़े हो, और उन्होंने
तुम्हें थका दिया, तो तुम घोड़ों के साथ कैसे प्रतिस्पर्धा करोगे?
और यदि शान्ति की भूमि में तुम सुरक्षित महसूस करते हो, तो
यरदेन के घमण्ड में तुम कैसे करोगे? 6 "क्योंकि तुम्हारे भाई
भी, तुम्हारे पिता का घराना, उन्होंने भी तुम्हारे साथ
विश्वासघात किया है, उन्होंने भी तुम्हारे पीछे ऊँचे स्वर से
पुकारा है। उन पर विश्वास मत करो, यद्यपि वे तुम्हें मधुर
वचन बोलते हैं। 7 "मैंने अपने घर को त्याग दिया है, मैंने
अपनी विरासत को छोड़ दिया है, मैंने अपने प्राण की प्रिय को
उसके शत्रुओं के हाथ में दे दिया है। 8 "मेरी विरासत मेरे
लिये जंगल में सिंह के समान हो गई है। वह मेरे विरुद्ध
गरजता है, इसलिये मैंने उससे घृणा की है। 9 "मेरी विरासत
मेरे लिये एक चित्तीदार शिकारी पक्षी के समान है, चारों ओर
के शिकारी पक्षी उसके विरुद्ध हैं। जाओ, सब मैदान के
पशुओं को इकट्ठा करो, उन्हें खाने लाओ! 10 "अनेक चरवाहों
ने मेरी दाख की बारी को नष्ट कर दिया है, उन्होंने मेरे भाग
को पैरों तले रौंद डाला है, उन्होंने मेरे मनोहर भाग को उजाड़ा
हुआ जंगल बना दिया है। 11 "उन्होंने उसे उजाड़ दिया है -
उजाड़, वह मेरे लिये विलाप करती है। सारी भूमि उजाड़ दी
गई है, क्योंकि कोई इसे मन से नहीं लेता। 12 "उजाड़ने वाले
जंगल की सब ऊँची नंगी पहाड़ियों पर आ गए हैं, क्योंकि
𐤉𐤄𐤅𐤄 की तलवार भूमि के एक छोर से दूसरे छोर तक
नाश कर रही है। किसी देह को शान्ति नहीं है। 13 "उन्होंने
गेहूँ बोया है परन्तु काँटे काटे हैं, उन्होंने अपने आप को थका
दिया है - उन्हें लाभ नहीं हुआ। और वे तुम्हारी फसल से
लज्जित होंगे 𐤉𐤄𐤅𐤄 के जलते हुए क्रोध के कारण।"
14 यहोवा 𐤉𐤄𐤅𐤄 ने कहा, "मेरे सब बुरे पड़ोसियों के विषय
में, जो उस विरासत को छूते हैं, जो मैंने अपने लोगों इस्राएल
को विरासत में दी है; देखो, मैं उन्हें उनकी भूमि से उखाड़
रहा हूँ, और मैं यहूदा के घर को उनके बीच से उखाड़ दूँगा।
15 "और ऐसा होगा, उन्हें उखाड़ने के बाद, मैं लौट आऊँगा
और उन पर दया करूँगा और उन्हें लौटा लाऊँगा, हर एक
को उसकी विरासत में और हर एक को उसकी भूमि में।
16 "और ऐसा होगा, यदि वे मेरे लोगों के मार्गों को भली प्रकार
सीख लें, मेरे नाम की शपथ खाने को, 'जैसे 𐤉𐤄𐤅𐤄 जीवित
है,' जैसे उन्होंने मेरे लोगों को बाअल की शपथ खाना
सिखाया, तो वे मेरे लोगों के बीच स्थापित किए जाएँगे।
17 "पर यदि वे नहीं सुनेंगे, तो मैं उस राष्ट्र को उखाड़ दूँगा,
उखाड़ दूँगा और नष्ट कर दूँगा," 𐤉𐤄𐤅𐤄 की यह वाणी है।

13 1 इस प्रकार 𐤉𐤄𐤅𐤄 ने मुझसे कहा, "जाओ और
अपने लिए एक सन का कमरबंध ले लो, और उसे
अपनी कमर पर बाँध लो, परन्तु उसे पानी में मत डालना।"
2 तब मैंने 𐤉𐤄𐤅𐤄 के वचन के अनुसार कमरबंध खरीदा,
और अपनी कमर पर बाँध लिया। 3 और 𐤉𐤄𐤅𐤄 का वचन
दूसरी बार मेरे पास आया, यह कहते हुए, 4 "उस कमरबंध
को ले लो जो तुमने खरीदा है, जो तुम्हारी कमर पर है, और
उठो, परात नदी पर जाओ, और उसे वहाँ चट्टान की दरार में
छिपा दो।" 5 और मैं गया और उसे परात में छिपा दिया, जैसा
कि 𐤉𐤄𐤅𐤄 ने मुझे आज्ञा दी थी। 6 और बहुत दिनों के बाद
ऐसा हुआ कि 𐤉𐤄𐤅𐤄 ने मुझसे कहा, "उठो, परात नदी पर
जाओ, और वहाँ से वह कमरबंध ले आओ जिसे मैंने तुम्हें वहां
छिपाने की आज्ञा दी थी।" 7 तब मैं परात गया और खोदा,
और मैंने उस स्थान से कमरबंध लिया जहाँ मैंने उसे छिपाया
था। और देखो, वह कमरबंध नाश हो चुका था। वह पूरी
तरह व्यर्थ था। 8 और 𐤉𐤄𐤅𐤄 का वचन मेरे पास आया, यह
कहते हुए, 9 "इस प्रकार 𐤉𐤄𐤅𐤄 ने कहा, 'इसी प्रकार मैं
यहूदा का गर्व और यरुशलेम का बड़ा अभिमान नाश कर
दूँगा। 10 'यह दुष्ट लोग, जो मेरे वचनों को सुनने से इनकार
करते हैं, जो अपने मन की हठधर्मिता में चलते हैं, और दूसरे
देवताओं के पीछे चलते हैं ताकि उनकी सेवा करें और उनके
सामने झुकें, वे इस कमरबंध के समान हैं जो पूरी तरह व्यर्थ
है। 11 'क्योंकि जैसे कमरबंध मनुष्य की कमर से चिपकता
है, वैसे ही मैंने इस्राएल के सारे घराने और यहूदा के सारे
घराने को अपने से चिपकाया है,' 𐤉𐤄𐤅𐤄 की यह वाणी है,
'ताकि वे मेरे लिए एक प्रजा हों, और एक नाम के लिए, और
प्रशंसा के लिए, और शोभा के लिए। परन्तु उन्होंने नहीं
सुना।' 12 "और तुम उनसे यह वचन कहना, 'इस प्रकार
इस्राएल के ईश्वर 𐤉𐤄𐤅𐤄 ने कहा, "हर घड़ा दाखमधु से
भरना है।" ' और जब वे तुमसे कहेंगे, 'क्या हम नहीं जानते
कि हर घड़ा दाखमधु से भरा होना चाहिए?' 13 "तब उनसे
कहना, 'इस प्रकार 𐤉𐤄𐤅𐤄 ने कहा, "देखो, मैं इस देश के
सब निवासियों को, और दाऊद के सिंहासन पर बैठने वाले
राजाओं को, और याजकों को, और नबियों को, और
यरुशलेम के सब निवासियों को मतवाला कर दूँगा! 14 "और
मैं उन्हें एक-दूसरे से टकरा दूँगा, पिता और पुत्र दोनों को एक
साथ," 𐤉𐤄𐤅𐤄 की यह वाणी है। "मैं न तो दया करूँगा, न
बचाऊँगा, न ही करुणा करूँगा, कि मैं उन्हें नाश न करूँ।" '
" 15 सुनो और ध्यान दो, अभिमानी मत बनो, क्योंकि 𐤉𐤄𐤅𐤄

ने कहा है। 16 अपने ईश्वर 𐤉𐤄𐤅𐤄 को महिमा दो, इससे
पहले कि वह अंधकार लाए, और इससे पहले कि तुम्हारे पाँव
अंधेरे पहाड़ों पर ठोकर खाएँ, और जब तुम ज्योति की खोज
कर रहे हो, वह उसे मृत्यु की छाया में बदल दे, और उसे घना
अंधकार कर दे। 17 और यदि तुम नहीं सुनते, तो मेरा प्राण
गुप्त में तुम्हारे गर्व के कारण रोएगा, और मेरी आँखें आँसुओं
से कड़वे रीति से रोएंगी और बहेंगी, क्योंकि 𐤉𐤄𐤅𐤄 की भेड़ें
बंधुआई में ले जाई जाएँगी। 18 राजा से और रानी माता से
कहना, "अपने आप को दीन करो। बैठ जाओ, क्योंकि
तुम्हारा शासन, तुम्हारे सौंदर्य का मुकुट, गिर चुका है।"
19 दक्षिण के नगर बंद कर दिए जाएँगे, कोई उन्हें खोलने
वाला नहीं होगा। यहूदा बंधुआई में ले जाया जाएगा, पूरा का
पूरा। वह पूरी तरह बंधुआई में ले जाई जाएगी। 20 अपनी
आँखें उठाओ और देखो जो उत्तर से आते हैं। वह झुंड कहाँ
है जो तुम्हें दिया गया था, तुम्हारी सुंदर भेड़ें? 21 तुम क्या
कहोगे जब वह तुम्हें दण्ड देगा? क्योंकि तुमने उन्हें सरदार
होना सिखाया है, तुम्हारे ऊपर प्रधान होना। क्या तुम्हें प्रसव
पीड़ा नहीं पकड़ लेती, जैसे कि जच्चा स्त्री को? 22 और जब
तुम अपने हृदय में कहो, "यह मेरे ऊपर क्यों आ पड़ा?" यह
तुम्हारी बड़ी दुष्टता के कारण है कि तुम्हारे कपड़े उघाड़ दिए
गए, तुम्हारी एड़ियाँ नंगी कर दी गईं। 23 क्या एक कूशी
अपना चमड़ा बदल सकता है या चीते अपने धब्बे? तुम जो
बुराई करना सिखाए गए हो, भला करना भी नहीं सीख सकते!
24 "इसलिए मैं उन्हें ऐसे बिखेर दूँगा जैसे जंगल की आंधी से
उड़ जाने वाला भूसा। 25 "यह तुम्हारा भाग है, तुम्हारा नपा
हुआ हिस्सा मुझसे," यह घोषणा है 𐤉𐤄𐤅𐤄 की, "क्योंकि
तुमने मुझे भूल दिया और झूठ पर भरोसा किया। 26 "मैं
तुम्हारे कपड़े भी तुम्हारे मुँह पर चढ़ा दूँगा, और तुम्हारी लज्जा
देखी जाएगी, 27 तुम्हारी व्यभिचार और तुम्हारी हिनहिनाहटें,
तुम्हारी वेश्या का दुष्टपन! मैंने तेरे घृणित काम देखे हैं खेतों
के पहाड़ों पर। हाय तुझ पर, हे येरूशलेम! तू कब तक शुद्ध
होगी?"

14

1 𐤉𐤄𐤅𐤄 का वचन जो यिर्मयाहु के पास सूखे के
विषय में आया। 2 "यहूदा शोक कर चुका है, और
उसके फाटक निर्बल हो गए हैं। वे भूमि पर विलाप करते हैं,
और येरूशलेम की पुकार ऊपर उठ गई है। 3 "और उनके
सरदारों ने अपने छोटे बच्चों को पानी के लिए भेजा, वे हौदों में
गए और कोई पानी नहीं पाया, वे अपने पात्र खाली लेकर
लौटे। वे लज्जित हुए, और लज्जा से अपना सिर ढक
लिया। 4 "क्योंकि भूमि फट गई थी, क्योंकि देश में वर्षा नहीं
हुई। हल चलाने वाले लज्जित हुए, उन्होंने अपना सिर ढक
लिया। 5 "यहां तक कि हिरण ने मैदान में जन्म दिया, परंतु
छोड़ दिया क्योंकि कोई घास नहीं थी। 6 "और जंगली गधे
निर्जन ऊंचाइयों पर खड़े थे, वे गीदड़ों की तरह वायु को
सूंघते थे। उनकी आंखें विफल हो गईं क्योंकि कोई घास नहीं
थी।" 7 हे 𐤉𐤄𐤅𐤄, यद्यपि हमारी दुष्टताएँ हमारे विरुद्ध
गवाही देती हैं, अपने नाम के निमित्त कार्य कर। क्योंकि
हमारी बगावतें बहुत रही हैं, हमने तेरे विरुद्ध पाप किया है। 8 हे
इस्राएल की आशा, संकट के समय का उसका उद्धारकर्ता, तू
क्यों देश में परदेशी के समान है, या यात्री के समान जो रहने
को उतरता है? 9 तू क्यों ऐसे मनुष्य के समान है जो चकित है,
ऐसे पराक्रमी पुरुष के समान जो बचाने में असमर्थ है? फिर
भी तू, हे 𐤉𐤄𐤅𐤄, हमारे बीच में है, और तेरा नाम हम पर
पुकारा गया है। हमें मत छोड़। 10 यहोवा 𐤉𐤄𐤅𐤄 ने इस
प्रजा से कहा, "वे भटकना ही प्रेम करते हैं, उन्होंने अपने पांवों
को नहीं रोका। इसलिये 𐤉𐤄𐤅𐤄 ने उन्हें ग्रहण नहीं किया।
अब वह उनकी दुष्टता को स्मरण करता है और उनके पापों
को दंड देता है।" 11 और 𐤉𐤄𐤅𐤄 ने मुझसे कहा, "इस
प्रजा के लिए भलाई की प्रार्थना मत कर। 12 "जब वे उपवास
करते हैं, मैं उनकी पुकार नहीं सुनता। और जब वे होमबलि
और अन्नबलि चढ़ाते हैं, मैं उन्हें स्वीकार नहीं करता। इसके
स्थान पर, मैं उन्हें तलवार, और भोजन की कमी, और
महामारी से नाश कर रहा हूँ।" 13 तब मैंने कहा, "आह, प्रभु
𐤉𐤄𐤅𐤄! देख, नबियों ने उनसे कहा, 'तुम तलवार नहीं
देखोगे, न भोजन की कमी होगी, क्योंकि मैं तुम्हें इस स्थान में
सच्ची शाति दूँगा।'" 14 तब 𐤉𐤄𐤅𐤄 ने मुझसे कहा, "नबी
मेरे नाम में झूठ बोलते हैं। मैंने उन्हें न तो भेजा, न आज्ञा दी,
न उनसे बातें कीं। वे तुम्हें झूठा दर्शन, व्यर्थ ज्योतिष, और
अपने मन की धोखाधड़ी सुनाते हैं। 15 "इस कारण 𐤉𐤄𐤅𐤄
ने उन नबियों के विषय में कहा जो मेरे नाम में भविष्यद्वाणी
करते हैं, जिन्हें मैंने नहीं भेजा, और जो कहते हैं, 'इस देश में
तलवार और भोजन की कमी नहीं होगी।' 'तलवार और
भोजन की कमी से वे नबी नाश हो जाएँगे! 16 'और जिन लोगों
से वे भविष्यद्वाणी करते हैं, वे येरूशलेम की गलियों में भोजन
की कमी और तलवार के कारण फेंके जाएँगे, उन्हें कोई
दफनाने वाला न होगा - न वे, न उनकी पत्नियाँ, उनके बेटे या
उनकी बेटियाँ। क्योंकि मैं उन पर उनकी बुराई उड़ेल दूँगा।'
17 "और तू उनसे यह वचन कह, 'मेरी आँखें दिन-रात
आँसुओं से बहें, और रुकें नहीं; क्योंकि मेरी प्रजा की कन्या
एक भारी प्रहार से, बहुत गंभीर घाव से कुचली गई है।
18 'यदि मैं खेत में बाहर जाता हूँ, तो देखो वे जो तलवार से
मारे गए हैं! और यदि मैं नगर में प्रवेश करता हूँ, तो देखो वे
जो भोजन की कमी से बीमार हैं! क्योंकि नबी और याजक ऐसे
देश में घूमते हैं जिसे वे नहीं जानते।'" 19 क्या तूने यहूदा को
पूरी तरह त्याग दिया है? क्या तेरी आत्मा को सिय्योन से घृणा
है? तूने हमें क्यों मारा है कि हमारे लिए कोई चंगा करने वाला
नहीं है? हम शाति की आशा करते रहे, परन्तु कुछ अच्छा नहीं
मिला; और चंगाई के समय के लिये, परन्तु देखो - डर है!
20 हे 𐤉𐤄𐤅𐤄, हम अपनी दुष्टता और अपने पितरों की
दुष्टता जानते हैं, क्योंकि हमने तेरे विरुद्ध पाप किया है।
21 हमें अपने नाम के लिये तुच्छ मत ठहर। अपनी महिमा के
सिंहासन का अपमान मत कर। स्मरण कर, अपनी वाचा को
हमारे साथ मत तोड़। 22 क्या अन्यजातियों के व्यर्थ देवताओं
में से कोई वर्षा लाता है? क्या आकाश जल बरसाता है? क्या तू
ही नहीं है, हे 𐤉𐤄𐤅𐤄 हमारे ईश्वर? और हम तेरी बाट जोहते
हैं, क्योंकि तू ही यह सब करता है।

15

1 और 𐤉𐤄𐤅𐤄 ने मुझसे कहा, "यदि मूशेह और
शमूएल भी मेरे सामने खड़े हों, तो भी मेरा मन इस
लोगों की ओर नहीं होगा। उन्हें मेरी उपस्थिति से दूर भेज दो,
जाने दो।" 2 "और ऐसा होगा, जब वे तुमसे कहेंगे, 'हम कहां
जाएँ?' तब तुम उनसे कहना, 'यूं कहता है 𐤉𐤄𐤅𐤄, "जो
मृत्यु के लिए है, मृत्यु के लिए। और जो तलवार के लिए है,
तलवार के लिए। और जो भोजन की कमी के लिए है, भोजन

की कमी के लिए। और जो बंधन के लिए है, बंधन के
लिए।” ’ 3“और मैं उनके ऊपर चार प्रकार नियुक्त
करूँगा,” 𐤉𐤄𐤅𐤄 घोषित करता है, “मार डालने के लिए
तलवार, घसीटने के लिए कुत्ते, आकाश के पक्षी और पृथ्वी के
पशु खाने और नष्ट करने के लिए।” 4“और मैं उन्हें पृथ्वी
के सब राज्यों के लिए भय का कारण बनाऊँगा, मनश्शेह पुत्र
हिज़कियाह, यहूदा के राजा के कारण, क्योंकि उसने
येरुशालेम में जो किया।” 5“क्योंकि कौन तुझ पर दया
करता है, हे येरुशालेम? और कौन तेरा शोक करता है? और
कौन यह पूछने को मुड़ता है कि तू कैसी है?” 6“तू जिसने
मुझे छोड़ दिया है,” 𐤉𐤄𐤅𐤄 घोषित करता है, “तू पीछे हट
गई है। इस कारण मैं अपना हाथ तुझ पर फैलाऊँगा और
तुझे नष्ट कर दूँगा। मैं दया करते-करते थक गया हूँ!”
7“और मैं उन्हें देश के फाटकों में पंखे से उड़ा दूँगा। मैं
शोक कराऊँगा, मैं अपनी प्रजा को नाश करूँगा। वे अपने
मार्गों से नहीं लौटे।” 8“उनकी विधवाएँ समुद्र की बालू से
अधिक हो जाएँगी। मैं उनके विरुद्ध, जवान पुरुषों की माता
के विरुद्ध, दोपहर को लुटेरे को लाऊँगा। मैं अचानक उन
पर भय और घबराहट डालूँगा।” 9“जिसने सात को जन्म
दिया, वह मुरझा जाएगी। वह अपनी अंतिम साँस लेगी।
उसका सूर्य दिन रहते ही अस्त हो जाएगा। वह लज्जित होगी
और अपमानित होगी। और उनकी शेष प्रजा को मैं उनके
शत्रुओं के सामने तलवार को सौंप दूँगा,” 𐤉𐤄𐤅𐤄 घोषित
करता है। 10हाय मुझ पर, मेरी माता, कि तूने मुझे जन्म
दिया, जगत के सब लोगों के लिये झगड़े का पुरुष और
विवाद का पुरुष! न मैंने ब्याज पर उधार दिया है, न लोगों ने
मुझे ब्याज पर उधार दिया है। सब मुझ पर दोष लगाते हैं।
11𐤉𐤄𐤅𐤄 ने कहा, “क्या मैंने तुझे भले के लिए नहीं
ठहराया? क्या मैंने तेरे शत्रु के विरुद्ध बुराई के समय और
संकट के समय तेरे लिये मध्यस्थता नहीं की?” 12“क्या कोई
लोहे को तोड़ सकता है, उत्तर से आया हुआ लोहा या
पीतल?” 13“तेरी सम्पत्ति और तेरे खजाने मैं बिना मूल्य के
लूट के रूप में दूँगा, तेरे सब पापों के कारण, तेरी सब सीमाओं
में।” 14“और मैं उन्हें तेरे शत्रुओं के साथ उस देश में ले
जाऊँगा जिसे तू नहीं जानती, क्योंकि मेरे क्रोध में आग
भड़काई गई है, जो तुझ पर जल रही है।” 15हे 𐤉𐤄𐤅𐤄, तू
स्वयं जानता है। मुझे स्मरण कर और मेरी सुधि ले, और
मुझ पर उपद्रव करने वालों से मेरा पलटा ले। अपनी धीरज
में, मुझे न ले जा। जान ले कि तेरे कारण मैंने निन्दा सहा
है। 16तेरे वचन मिले और मैंने उन्हें खाया, और तेरा वचन
मेरे लिये हृदय का हर्ष और आनंद हुआ। क्योंकि तेरा नाम
मुझ पर पुकारा गया है, हे सेनाओं के ईश्वर 𐤉𐤄𐤅𐤄। 17मैं
हँसने वालों की संगति में नहीं बैठा, न मैं आनन्दित हुआ। मैंने
अकेले बैठा क्योंकि तेरे हाथ के कारण, क्योंकि तूने मुझे क्रोध
से भर दिया। 18मेरा दुख क्यों अन्तहीन है और मेरा घाव
असाध्य, जो चंगा होने से इनकार करता है? क्या तू मेरे लिये
झूठा सोता है, ऐसे जल जैसे विश्वासयोग्य नहीं?” 19इसलिए
यों कहता है 𐤉𐤄𐤅𐤄, “यदि तू लौटे, तो मैं तुझे लौटा
लाऊँगा। मेरे सामने तू खड़ा होगा। और यदि तू निकम्मे से
कीमती को अलग करे, तो तू मेरे मुख के समान होगा। वे तेरे
पास लौटें, परन्तु तू उनके पास न लौटना।” 20“और मैं तुझे
इस लोगों के लिये दृढ पीतल की दीवार बना दूँगा। और वे
तेरे विरुद्ध लड़ेंगे, परन्तु तुझ पर प्रबल न होंगे। क्योंकि मैं
तुझे बचाने और छुड़ाने के लिये तेरे साथ हूँ,” 𐤉𐤄𐤅𐤄
घोषित करता है। 21“और मैं तुझे दुष्टों के हाथ से
छुड़ाऊँगा, और निर्दय लोगों की पकड़ से तुझे मुक्त
करूँगा।”

16 1और 𐤉𐤄𐤅𐤄 का वचन मुझ तक आया, यह कहते
हुए, 2“पत्नी न लेना, और न ही इस स्थान में पुत्र या
पुत्रियाँ रखना।” 3क्योंकि इस स्थान में जन्म लेने वाले पुत्रों
और पुत्रियों के विषय में, और उनकी माताओं के विषय में जो
उन्हें जनती हैं और उनके पिताओं के विषय में जो उन्हें इस
देश में उत्पन्न करते हैं, 𐤉𐤄𐤅𐤄 यों कहता है, 4“वे रोगों से
मृत्यु मरेंगे, उनका न विलाप किया जाएगा और न दफनाया
जाएगा, परन्तु वे पृथ्वी के ऊपर गोबर के समान होंगे, और
तलवार और भोजन की कमी से नष्ट हो जाएंगे। और उनकी
लाशें आकाश के पक्षियों और पृथ्वी के पशुओं के लिए आहार
होंगी।” 5क्योंकि 𐤉𐤄𐤅𐤄 यों कहता है, “शोक के घर में मत
प्रवेश करना, न उनके लिए विलाप करना और न ही शोक
करना, क्योंकि मैंने इस लोगों से अपनी शान्ति हटा ली है,”
𐤉𐤄𐤅𐤄 की यह घोषणा है, “यहाँ तक कि कृपा और दया
भी।” 6“बड़ा और छोटा दोनों इस देश में मरेंगे। उन्हें
दफनाया नहीं जाएगा, और न ही कोई उनके लिए विलाप
करेगा, न कोई अपने को काटेगा और न ही उनके लिए सिर
मुंडाएगा। 7“और न ही वे शोक में उन्हें रोटी तोड़कर देंगे कि
वे मृतकों के लिए शान्ति पाएं, और न ही उनके पिता या माता
के लिए उन्हें पीने के लिए शान्ति का प्याला देंगे।” 8“भोज के
घर में मत प्रवेश करना, न उनके साथ बैठकर खाना-पीना।”
9क्योंकि सेनाओं के 𐤉𐤄𐤅𐤄, इस्राएल के ईश्वर ने यों कहा,
“देखो, तुम्हारी आँखों के सामने और तुम्हारे दिनों में, मैं
आनंद की आवाज़ और हर्ष की आवाज़, दूल्हे की आवाज़
और दुल्हन की आवाज़ इस स्थान में बन्द कर रहा हूँ।”
10“और जब तुम इस लोगों को ये सब बातें सुनाओगे, और वे
तुमसे कहेंगे, ‘𐤉𐤄𐤅𐤄 ने हमारे विरुद्ध यह सब बड़ी विपत्ति
क्यों घोषित की है? और हमारा क्या अधर्म है, और वह कौन-
सा पाप है जो हमने अपने ईश्वर 𐤉𐤄𐤅𐤄 के विरुद्ध किया
है?’ 11तब तुम उनसे कहना, ‘क्योंकि तुम्हारे पिताओं ने मुझे
त्याग दिया,’ 𐤉𐤄𐤅𐤄 की यह घोषणा है, ‘और वे अन्य
देवताओं के पीछे चले, उनकी सेवा की और उन्हें दण्डवत
किया, और उन्होंने मुझे त्याग दिया और मेरी व्यवस्था का
पालन नहीं किया। 12‘और तुमने अपने पिताओं से भी
अधिक बुराई की है, क्योंकि देखो, तुममें से हर एक अपने ही
बुरे हृदय की हठधर्मी के अनुसार चलता है, मेरी नहीं सुनता।
13‘इस कारण मैं तुम्हें इस देश से उस देश में निकाल दूँगा
जिसे न तुम जानते हो और न तुम्हारे पिताओं ने। और वहां
तुम दिन-रात अन्य देवताओं की सेवा करोगे, जहाँ मैं तुम्हें
कोई अनुग्रह नहीं दिखाऊँगा।’ 14“इसलिए देखो, वे दिन
आने वाले हैं,” 𐤉𐤄𐤅𐤄 की यह घोषणा है, “जब यह नहीं कहा
जाएगा, ‘वह 𐤉𐤄𐤅𐤄 जीवित है जिसने इस्राएल के बच्चों को
मिस्र देश से ऊपर लाया,’ 15परन्तु, ‘वह 𐤉𐤄𐤅𐤄 जीवित है
जिसने इस्राएल के बच्चों को उत्तर देश से और उन सब देशों
से ऊपर लाया जहाँ उसने उन्हें तितर-बितर किया था।’
क्योंकि मैं उन्हें उस देश में वापस ले आऊँगा जो मैंने उनके

पिताओं को दिया था।" [16]"देखो, मैं बहुत से मछुआरों को
बुला रहा हूँ," 𐤉𐤄𐤅𐤄 की यह घोषणा है, "और वे उन्हें
पकड़ेंगे। और उसके बाद मैं बहुत से शिकारी भेजूँगा, और वे
उन्हें हर पहाड़ और हर टीले से और चट्टानों की दरारों से
शिकार करेंगे।" [17]"क्योंकि मेरी आँखें उनके सब मार्गों पर
लगी हैं; वे मुझसे छिपे नहीं हैं, और न ही उनकी बुराई मेरी
आँखों से छिपी है।" [18]"और पहले मैं उनके अधर्म और
उनके पाप का दूना दण्ड दूँगा, क्योंकि उन्होंने मेरी भूमि को
अपनी घृणित वस्तुओं की लाशों से अपवित्र किया है, और मेरी
विरासत को अपनी घृणित वस्तुओं से भर दिया है।" [19]हे
𐤉𐤄𐤅𐤄, मेरी शक्ति और मेरा गढ़ और संकट के दिन मेरा
शरणस्थान, जातियाँ पृथ्वी के छोर से तेरे पास आएँगी और
कहेंगी, "हमारे पिताओं ने केवल असत्य, व्यर्थता, और उनमें
कोई लाभ न होने वाली वस्तुएँ ही पाईं।" [20]क्या मनुष्य अपने
लिए देवता बनाएगा, जो वास्तव में देवता नहीं हैं? [21]"इसलिए
देखो, मैं उन्हें इस समय यह जानने दूँगा; मैं उन्हें अपना हाथ
और अपनी शक्ति दिखाऊँगा। और वे जानेंगे कि मेरा नाम
𐤉𐤄𐤅𐤄 है!"

17 [1]"याहूदा का पाप लोहे के कलम से लिखा गया है,
हीरे की नोक से उनके हृदय की पटिया पर और
तुम्हारे वेदियों के सींगों पर खोदा गया है, [2]जबकि उनके बच्चे
अपनी वेदियों और अपनी अशेरीम को हरे-भरे वृक्षों और ऊँचे
पहाड़ों पर स्मरण करते हैं। [3]"मेरे मैदान का पहाड़, मैं
तुम्हारी सम्पत्ति, तुम्हारे सब खजाने, तुम्हारे ऊँचे स्थानों के
पाप को, तुम्हारी सब सीमाओं में, लूट के लिए देता हूँ।
[4]"और तुम, अपने ही से, अपनी उस मीरास को छोड़ दोगे
जो मैंने तुम्हें दी थी। और मैं तुम्हें उन शत्रुओं की सेवा
कराऊँगा जिस देश को तुम नहीं जानते, क्योंकि तुमने मेरे
क्रोध में आग भड़काई है जो सदा जलती रहती है।" [5]यहोवा
𐤉𐤄𐤅𐤄 ने यूँ कहा, "शापित है वह मनुष्य जो मनुष्य पर
भरोसा करता है और शरीर को अपना सहारा बनाता है, और
जिसका हृदय यहोवा 𐤉𐤄𐤅𐤄 से फिर जाता है। [6]"क्योंकि
वह जंगल की झाड़ी के समान होगा, जो भलाई आने पर नहीं
देखता, और वह मरुभूमि के सूखे स्थानों में बसेगा, ऐसे
नमक देश में जहाँ कोई नहीं रहता। [7]"धन्य है वह मनुष्य जो
यहोवा 𐤉𐤄𐤅𐤄 पर भरोसा करता है, और जिसका भरोसा
यहोवा 𐤉𐤄𐤅𐤄 है। [8]"क्योंकि वह उस वृक्ष के समान होगा
जो जल के पास लगाया गया है, जो नदी के किनारे अपनी
जड़ें फैलाता है, और जब तपन आती है तब नहीं देखता।
और उसका पत्ता हरा रहता है, और अकाल के वर्ष में वह
चिन्तित नहीं होता, और न ही फल देने से रुकता है।
[9]"हृदय सब वस्तुओं से अधिक कपटी और असाध्य है –
उसे कौन जान सकता है? [10]"मैं यहोवा 𐤉𐤄𐤅𐤄 हृदय को
खोजता हूँ, मैं गुर्दों को परखता हूँ, और हर मनुष्य को उसके
मार्गों के अनुसार, उसके कामों के फल के अनुसार प्रतिफल
देता हूँ। [11]"जैसा तीतर जो अंडों को सेता है परन्तु उन्हें
निकालता नहीं, वैसा ही है वह जो धन प्राप्त करता है, परन्तु
धर्म से नहीं। वह उसके दिनों के बीच में उसे छोड़ देता है,
और उसके अन्त में वह मूर्ख ठहरता है।" [12]एक महिमामय
सिंहासन, आदि से ही ऊँचा, हमारा मिकदाश का स्थान है।
[13]हे यहोवा 𐤉𐤄𐤅𐤄, इस्राएल की आशा, सब जो तुझे छोड़ते
हैं वे लज्जित होंगे। "जो मुझ से फिरते हैं वे भूमि में लिखे
जाएँगे, क्योंकि उन्होंने यहोवा 𐤉𐤄𐤅𐤄 को, जीवित जल के
सोते को, छोड़ दिया है।" [14]हे यहोवा 𐤉𐤄𐤅𐤄, मुझे चंगा
कर कि मैं चंगा हो जाऊँ। मुझे बचा कि मैं बच जाऊँ, क्योंकि
तू ही मेरी स्तुति है। [15]देख, वे मुझ से कहते हैं, "यहोवा
𐤉𐤄𐤅𐤄 का वचन कहाँ है? अब आ जाए!" [16]और मैं तेरे
पीछे चलने वाला चरवाहा होने से भागा नहीं, और न ही मैंने
दुख के दिन की लालसा की। तू आप ही जानता है, जो मेरे
होंठों से निकला वह तेरे सामने था। [17]मेरे लिए भय का
कारण न बन, तू संकट के दिन में मेरा शरणस्थान है।
[18]मेरे सताने वाले लज्जित हों, परन्तु मैं लज्जित न होऊँ। वे
टूट जाएँ, परन्तु मैं न टूटूँ। उन पर विपत्ति का दिन ला, और
उन्हें दुगुने नाश से नष्ट कर! [19]यहोवा 𐤉𐤄𐤅𐤄 ने मुझसे
कहा, "जा और लोगों के बच्चों के फाटक में खड़ा हो, जिससे
यहूदा के राजा भीतर आते और जिससे वे बाहर जाते हैं, और
यरूशलेम के सब फाटकों में। [20]"और उनसे कह, 'यहोवा
𐤉𐤄𐤅𐤄 का वचन सुनो, हे यहूदा के राजा, और सब यहूदा,
और यरूशलेम के सब रहने वाले, जो इन फाटकों से प्रवेश
करते हो। [21]'यहोवा 𐤉𐤄𐤅𐤄 ने यूँ कहा, "अपने आप को
सावधान रखो, और सब्त के दिन कोई बोझ मत उठाओ,
और उसे यरूशलेम के फाटकों से भीतर मत लाओ, [22]न ही
सब्त के दिन अपने घरों से बोझ बाहर निकालो, और कोई
काम मत करो। और सब्त के दिन को पवित्र करो, जैसे मैंने
तुम्हारे पितरों को आज्ञा दी। [23]"परन्तु उन्होंने न तो सुना,
और न अपना कान लगाया, और उन्होंने अपनी गर्दन को
कठोर किया कि न सुनें और न शिक्षा लें। [24]"और ऐसा
होगा, यदि तुम ध्यानपूर्वक मेरी आज्ञा मानोगे," यहोवा
𐤉𐤄𐤅𐤄 की वाणी है, "कि सब्त के दिन इस नगर के फाटकों
से कोई बोझ न लाओ, और सब्त के दिन को पवित्र करो, कि
उसमें कोई काम न करो, [25]तो दाऊद के सिंहासन पर बैठने
वाले राजा और सरदार इस नगर के फाटकों से प्रवेश करेंगे,
रथों और घोड़ों पर सवार होकर, वे और उनके सरदार –
यहूदा के पुरुष और यरूशलेम के निवासी। और यह नगर
सदा के लिए बसा रहेगा। [26]"और वे यहूदा के नगरों से और
यरूशलेम के चारों ओर के स्थानों से, और बिन्यामीन की
भूमि से और नीचले देश से, पहाड़ों से और नेगेब से आएँगी,
होमबलियाँ और बलिदान लाएँगे, अन्नबलि और धूप लाएँगे,
यहोवा 𐤉𐤄𐤅𐤄 के भवन में स्तुति की भेंट लाएँगे। [27]"परन्तु
यदि तुम मेरी आज्ञा न मानो कि सब्त के दिन को पवित्र करो,
और न ही बोझ उठाओ जब यरूशलेम के फाटकों से सब्त के
दिन प्रवेश करते हो, तब मैं उसके फाटकों में आग जलाऊँगा,
और वह यरूशलेम के महलों को भस्म करेगी, और वह बुझाई
नहीं जाएगी।" ' "

18 [1]वह वचन जो यिर्मयाहू के पास 𐤉𐤄𐤅𐤄 से आया,
यह कहते हुए, [2]"उठ, और कुम्हार के घर जाओ,
और वहाँ मैं तुझे अपने वचन सुनाऊँगा।" [3]तब मैं कुम्हार के
घर गया, और उसे चाक पर एक काम करते देखा। [4]और
वह पात्र जो उसने मिट्टी का बनाया, कुम्हार के हाथ में बिगड़
गया, तो उसने उसे फिर से एक और पात्र बनाया, जैसा
कुम्हार को अच्छा लगा। [5]तब 𐤉𐤄𐤅𐤄 का वचन मेरे पास
आया, यह कहते हुए, [6]"हे इस्राएल के घराने, क्या मैं तुम्हारे

साथ इस कुम्हार के समान नहीं कर सकता?" 𐤉𐤄𐤅𐤄 की
यह वाणी है। "देखो, जैसे मिट्टी कुम्हार के हाथ में होती है,
वैसे ही तुम मेरे हाथ में हो, हे इस्राएल के घराने! 7 "जैसे ही मैं
किसी राष्ट्र और किसी राज्य के विषय में कहूँ, उसे उखाड़
फेंकने, गिराने और नष्ट करने को, 8 और वह राष्ट्र अपनी
बुराई से फिर जाए, जिसके विषय में मैंने कहा था, तब मैं उस
बुराई से पछताऊँगा, जिसे मैं उस पर करने की सोच रहा
था। 9 "और जैसे ही मैं किसी राष्ट्र और किसी राज्य के विषय
में कहूँ, उसे बनाने और लगाने को, 10 और वह मेरी आँखों में
बुराई करे और मेरी वाणी न सुने, तब मैं उस भलाई से
पछताऊँगा, जिसके विषय में मैंने कहा था कि मैं उसे दूँगा।
11 "और अब, यहूदा के लोगों और येरूशलेम के निवासियों से
कहो, '𐤉𐤄𐤅𐤄 यों कहता है, "देखो, मैं तुम्हारे विरुद्ध बुराई
रच रहा हूँ और एक युक्ति बना रहा हूँ। अब तुम में से हर
एक अपनी बुरी राह से फिरो, और अपनी चालचलन और
अपने काम अच्छे बनाओ।" ' " 12 परन्तु वे कहेंगे, "कोई
लाभ नहीं! क्योंकि हम अपनी ही युक्तियों के अनुसार चलते
हैं, और हम में से हर एक अपने बुरे हृदय की हठधर्मी करता
है।" 13 इसलिए 𐤉𐤄𐤅𐤄 यों कहता है, "अब राष्ट्रों के बीच
पूछो, किसने ऐसी बातें सुनी हैं? इस्राएल की कुंवारी ने वह
किया है, जो सबसे भयानक है। 14 "क्या लबानोन की बर्फ
मैदान की चट्टान से चूक जाती है? या दूर से बहने वाले ठंडे
जल सूख जाते हैं? 15 "परन्तु मेरी प्रजा ने मुझे भुला दिया है,
उन्होंने झूठ के लिये धूप जलाई है, और वे अपनी राहों से,
प्राचीन पथों से ठोकर खा गए हैं, पगडंडियों पर चलने के
लिये और राजमार्ग पर नहीं। 16 उन्होंने अपनी भूमि को
उजाड़, सदा के लिये फटकारने योग्य बना दिया है - हर एक
जो उसके पास से गुजरता है, चकित होता है और अपना सिर
हिलाता है। 17 "मैं उन्हें शत्रु के सामने पूर्वी पवन के समान
तितर-बितर कर दूँगा; मैं उनके विपत्ति के दिन उनका मुँह
नहीं, परन्तु पीठ दिखाऊँगा।" 18 तब वे कहने लगे, "आओ,
हम यिर्मयाह के विरुद्ध युक्तियाँ बनाएं, क्योंकि व्यवस्था याजक
से, न तो सलाह बुद्धिमान से, और न नबी से वचन खोएगा।
आओ, हम उसे अपनी जीभ से मारें, और उसकी किसी भी
बात पर ध्यान न दें।" 19 हे 𐤉𐤄𐤅𐤄, मेरी ओर ध्यान दे,
और मेरे शत्रुओं की वाणी पर ध्यान दे! 20 क्या भलाई का
बदला बुराई से दिया जाए? क्योंकि उन्होंने मेरे प्राण के लिये
गड्ढा खोदा है। स्मरण कर कि मैं तेरे सामने उनके लिये
भलाई कहने के लिये खड़ा था, ताकि तेरे क्रोध को उनसे हटा
दूँ। 21 इसलिए उनके बच्चों को भूख में सौंप दे, और उन्हें
तलवार की शक्ति में कर दे। उनकी स्त्रियाँ विधवा और
अपने बच्चों से शोकाकुल हों। उनके पुरुष मारे जाएँ, उनके
जवान लोग युद्ध में तलवार से मार डाले जाएँ। 22 उनके घरों
से एक चीत्कार सुना जाए, जब तू उन पर अचानक लूटपाट
करने वाली सेना ला दे। क्योंकि उन्होंने मुझे पकड़ने के लिये
गड्ढा खोदा है, और मेरे पैरों के लिये फंदे लगाए हैं। 23 परन्तु
तू, हे 𐤉𐤄𐤅𐤄, तू उनकी सारी युक्ति जानता है, जो मेरे
विरुद्ध है, मुझे मार डालने के लिये। उनकी दुष्टता को क्षमा
न कर, न उनके पाप को अपनी उपस्थिति से मिटा, परन्तु वे
तेरे सामने गिराए जाएँ। तेरे क्रोध के समय उनसे व्यवहार
कर।

19 1 यहोवा 𐤉𐤄𐤅𐤄 ने कहा, "जाकर एक कुम्हार का
मिट्टी का घड़ा ले, और लोगों के कुछ बुजुर्गों और
कुछ याजकों के बुजुर्गों को साथ ले। 2 "फिर तू बेन हिन्नोम
की तराई में जा, जो हांडी के फाटक के प्रवेशद्वार के पास है,
और वहाँ वे वचन सुनाना जो मैं तुझसे कहता हूँ। 3 और
कहना, 'याहूदा के राजाओं और यरूशलेम के निवासियों,
यहोवा 𐤉𐤄𐤅𐤄 का वचन सुनो। सेनाओं के यहोवा 𐤉𐤄𐤅𐤄,
इस्राएल के ईश्वर ने यूं कहा, "देखो, मैं इस स्थान पर ऐसी
विपत्ति लाने वाला हूँ कि जो भी उसे सुनेगा उसके कान
बजेंगे। 4 "क्योंकि उन्होंने मुझे त्याग दिया है और इस स्थान
को अपवित्र किया है, और यहाँ धूप जलाई है अन्य देवताओं
को, जिन्हें न वे, न उनके पितर, न याहूदा के राजा जानते थे;
और उन्होंने इस स्थान को निर्दोषों के लहू से भर दिया है।
5 और उन्होंने बाल के ऊँचे स्थान बनाए हैं, ताकि वे अपने
पुत्रों को आग में होमबलि चढ़ाएँ बाल को — जिसे मैंने न
आज्ञा दी, न कहा, और न ही वह मेरे मन में आया। 6 "इस
कारण देखो, वे दिन आते हैं," यहोवा 𐤉𐤄𐤅𐤄 की वाणी है,
"कि इस स्थान का नाम न तो तोफेत कहा जाएगा, न बेन
हिन्नोम की तराई, परन्तु वध की तराई। 7 "और मैं इस स्थान
में याहूदा और यरूशलेम की युक्ति को व्यर्थ कर दूँगा, और
मैं उन्हें उनके शत्रुओं के सामने तलवार से गिराऊँगा, और
उनके प्राण खोजने वालों के हाथों से। और मैं उनकी लाशों
को आकाश के पक्षियों और पृथ्वी के पशुओं के लिए भोजन
बना दूँगा। 8 "और मैं इस नगर को उजाड़ बना दूँगा, और
उपहास; जो कोई उसके पास से गुजरेगा वह उसके सारे
आघातों के कारण चकित होगा और फुसफुसाएगा। 9 "और
मैं उन्हें अपने पुत्रों का मांस, और अपनी पुत्रियों का मांस
खाने दूँगा, और वे घेराव और संकट में एक-दूसरे का मांस
खाएँगे, जिस संकट से उनके शत्रु और उनके प्राण खोजने
वाले उन्हें संकट में डालेंगे।" ' 10 "और तू उस घड़े को उन
पुरुषों की आँखों के सामने तोड़ देना जो तेरे साथ आते हैं,
11 और उनसे कहना, 'सेनाओं का यहोवा 𐤉𐤄𐤅𐤄 यूं कहता
है, "मैं इस जाति और इस नगर को वैसे ही तोड़ दूँगा जैसे
कुम्हार का पात्र तोड़ा जाता है, जिसे फिर कभी सुधारा नहीं
जा सकता। और वे तोफेत में गाड़े जाएँगे जब तक गाड़ने
का स्थान न रहेगा। 12 "यहोवा 𐤉𐤄𐤅𐤄 की वाणी है, मैं इस
स्थान और इसके निवासियों के साथ यही करूंगा, और इस
नगर को तोफेत के समान बना दूँगा। 13 "और यरूशलेम के
घर और याहूदा के राजाओं के घर तोफेत के स्थान के समान
अशुद्ध हो जाएँगे, उन सब घरों के कारण जिनकी छतों पर
उन्होंने आकाश की सारी सेना को धूप जलाई है, और अन्य
देवताओं को पेय अर्घ्य चढ़ाया है।" ' " 14 और जब यिर्मयाह
तोफेत से लौटा, जहाँ यहोवा 𐤉𐤄𐤅𐤄 ने उसे नबी होने के लिए
भेजा था, तब उसने यहोवा 𐤉𐤄𐤅𐤄 के भवन के आँगन में
खड़ा होकर सब लोगों से कहा, 15 "सेनाओं का यहोवा
𐤉𐤄𐤅𐤄, इस्राएल का ईश्वर यूं कहता है, 'देखो, मैं इस नगर
और इसके सब गाँवों पर वह सब विपत्ति लाने वाला हूँ, जो मैंने
इसके विरुद्ध कही है; क्योंकि उन्होंने अपनी गर्दनें कठोर कर
ली हैं, ताकि मेरे वचन न सुनें।' "

20 1 और पशहूर इम्मेर का पुत्र, वह कोहेन जो 𐤉𐤄𐤅𐤄
के भवन में प्रधान अधिपति भी था, उसने सुना कि

यिर्मयाहू नबी ने ये वचन कहे। 2और पशहूर ने यिर्मयाहू नबी
को मारा और उसे उस बेड़ी में डाल दिया जो बिन्यामिन के
ऊँचे फाटक में थी, जो 𐤉𐤄𐤅𐤄 के भवन के पास थी। 3और
ऐसा हुआ कि अगले दिन पशहूर ने यिर्मयाहू को बेड़ी से बाहर
निकाला, और यिर्मयाहू ने उससे कहा, "𐤉𐤄𐤅𐤄 ने तेरा नाम
पशहूर नहीं रखा है, परन्तु मगोर-मिस्साबिब। 4"क्योंकि ऐसा
कहता है 𐤉𐤄𐤅𐤄, 'देख, मैं तुझे अपने ही लिये और अपने
सब प्रियजनों के लिये भय का कारण बना रहा हूँ। और वे तेरे
शत्रुओं की तलवार से गिरेंगे, और तेरी आँखें उसे देखेंगी।
और मैं सब यहूदा को बाबेल के राजा के हाथ में दूँगा, और वह
उन्हें बाबेल में ले जाएगा और उन्हें तलवार से मारेगा। 5'और
मैं इस नगर की सारी सम्पत्ति, और उसकी सारी मेहनत, और
उसके सारे बहुमूल्य वस्त्र, और यहूदा के राजाओं के सब
खजाने शत्रुओं के हाथ में दूँगा, जो उन्हें लूटेंगे, छीनेंगे और
बाबेल ले जाएँगे। 6'और तू, पशहूर, और जो तेरे घर में रहते
हैं, सब बन्दी होकर बाबेल में प्रवेश करेंगे। और वहाँ तू मरेगा,
और वहीं दफ़नाया जाएगा, तू और तेरे सब मित्र जिन्हें तूने
झूठी भविष्यवाणी की।' " 7हे 𐤉𐤄𐤅𐤄, तूने मुझे बहकाया,
और मैं बहकाया गया। तू मुझसे बलवान है और प्रबल हुआ।
मैं दिनभर हँसी का पात्र रहा हूँ, सब मुझ पर ठट्ठा करते हैं।
8क्योंकि जब भी मैं बोलता हूँ, मैं चिल्लाता हूँ, 'हिंसा और
विनाश!' का प्रचार करता हूँ। क्योंकि 𐤉𐤄𐤅𐤄 का वचन मेरे
लिये दिन-दिन कलंक और ठट्ठा बन गया। 9जब भी मैंने
कहा, "मैं उसका स्मरण न करूँ, और न ही उसके नाम से
फिर बोलूँ," तो वह मेरे ह्रदय में ऐसी जलती हुई आग की तरह
था जो मेरी हड्डियों में बन्द था। और मैं उसे रोकते-रोकते
थक गया, और मैं असमर्थ था। 10क्योंकि मैंने बहुतों को
कहते सुना, "चारों ओर भय है!" "उसे प्रकट करो," वे कहते
हैं, "आओ हम उसे प्रकट करें!" मेरे सब मित्र मेरे गिरने की
बाट जोह रहे थे, "शायद वह फँस जाए, ताकि हम उस पर
प्रबल हों, और अपना पलटा लें।" 11परन्तु 𐤉𐤄𐤅𐤄 मेरे
साथ एक शक्तिशाली, भयावह योद्धा के समान है। इसलिये
मेरे सतानेवाले ठोकर खाएँगे और प्रबल न होंगे। वे बहुत
लज्जित होंगे, क्योंकि उन्होंने बुद्धिमानी से काम न किया –
उनका उपहास सदा के लिये रहेगा और कभी न भुलाया
जाएगा। 12परन्तु, हे सेनाओं के 𐤉𐤄𐤅𐤄, जो धर्मियों की
जाँच करता है, और वृक्कों और ह्रदय को देखता है, मुझे तेरे
प्रतिशोध को उन पर देखने दे, क्योंकि मैंने अपना कारण तुझ
पर प्रकट किया है। 13गाओ 𐤉𐤄𐤅𐤄 के लिये!
हल्लेलू-𐤉𐤄𐤅𐤄! क्योंकि उसने दीन की प्राण को दुष्टों के
हाथ से छुड़ाया है। 14शापित हो वह दिन जिस दिन मैं उत्पन्न
हुआ! वह दिन धन्य न हो जिस दिन मेरी माता ने मुझे जन्म
दिया! 15शापित हो वह मनुष्य जिसने मेरे पिता को समाचार
दिया, यह कहकर, "तुझे पुत्र हुआ है," और उसे बहुत
आनन्दित किया। 16वह मनुष्य उन नगरों के समान हो जिन्हें
𐤉𐤄𐤅𐤄 ने उलट दिया, और जिन पर उसने पछतावा न
किया। वह प्रातःकाल को चिल्लाहट सुने, और दोपहर को
रणघोष। 17क्योंकि मैं गर्भ से ही क्यों न मारा गया, ताकि मेरी
माता मेरी कब्र हो जाती, और उसका गर्भ सदा बड़ा रहता।
18मैं गर्भ से क्यों निकला कि क्लेश और दु:ख देखूँ, और
अपने दिन लज्जा में बिताऊँ?

21

1यह वचन यिर्मयाहू के पास 𐤉𐤄𐤅𐤄 से आया, जब
राजा त्सिदकियाह ने मल्कियाह के पुत्र पशहूर और
मा'सेयाह के पुत्र त्सेफन्याहू, जो किोहेन था, को यह कहकर
उसके पास भेजा, 2"कृपया हमारे की ओर से पर 𐤉𐤄𐤅𐤄 से
पूछें, क्योंकि बाबेल के राजा नबूकदनेत्स्सार हम से लड़ रहा
है। सम्भव है कि 𐤉𐤄𐤅𐤄 अपने सब अद्भुत कामों के
अनुसार हमसे व्यवहार करे, ताकि वह हमसे हट जाए।"
3परन्तु यिर्मयाहू ने उनसे कहा, "त्सिदकियाह से यह कहो,
4'ऐसा कहता है 𐤉𐤄𐤅𐤄 ईश्वर इस्राएल का, "देखो, मैं
तुम्हारे हाथ में जो युद्ध के हथियार हैं, जिनसे तुम बाबेल के
राजा और कस्दी लोगों से, जो तुम्हें शहर की दीवार के बाहर
घेरते हैं, लड़ते हो, उन्हें पीछे कर देता हूँ। और मैं उन्हें इस
नगर के भीतर इकट्ठा करूँगा। 5"और मैं स्वयं अपने बढ़ाए
हुए हाथ और बलवान भुजा से, क्रोध, रोष और बड़ी जलन में
तुम्हारे विरुद्ध युद्ध करूँगा। 6"और मैं इस नगर के रहने
वालों को, मनुष्य और पशु दोनों को मार डालूँगा – वे बड़े
महामारी से मर जाएँगे। 7"और उसके बाद," यह 𐤉𐤄𐤅𐤄
की वाणी है, "मैं त्सिदकियाहू राजा यहूदा का, उसके सेवको
और प्रजा का, और इस नगर में बचे हुए लोगों का, जो
महामारी, तलवार और अकाल से बच निकले होंगे, उन्हें
बाबेल के राजा नबूकदनेत्स्सार के हाथ में, उनके शत्रुओं के
हाथ में और उनके प्राण चाहने वालों के हाथ में दे दूँगा। और
वह उन्हें तलवार की धार से मार डालेगा; वह न उन पर दया
करेगा, न उन्हें बख्शेगा, न उन पर तरस खाएगा।" ' 8"और
इस प्रजा से भी तुम कहो, 'ऐसा कहता है 𐤉𐤄𐤅𐤄, "देखो, मैं
तुम्हारे सामने जीवन का मार्ग और मृत्यु का मार्ग रखता हूँ।
9"जो इस नगर में रहेगा वह तलवार, अकाल और महामारी
से मर जाएगा; परन्तु जो बाहर निकलकर कस्दियों के पास
जाएगा जो तुम्हें घेरे हुए हैं, वह जीवित रहेगा, और उसका प्राण
उसके लिए लूट समान होगा। 10"क्योंकि मैंने अपना मुख
इस नगर के विरुद्ध किया है, भलाई के लिए नहीं, परन्तु बुराई
के लिए," यह 𐤉𐤄𐤅𐤄 की वाणी है। "यह बाबेल के राजा के
हाथ में दे दिया जाएगा, और वह इसे आग से जला देगा।" '
11"और यहूदा के राजा के घराने से कहो, '𐤉𐤄𐤅𐤄 का
वचन सुनो, 12'हे दाऊद के घराने! ऐसा कहता है 𐤉𐤄𐤅𐤄,
"प्रातःकाल न्याय करो और लुटे हुए को अंधेर करने वाले के
हाथ से छुड़ाओ, ऐसा न हो कि मेरा क्रोध आग के समान
निकलकर जल उठे, और उसके बुझाने वाला कोई न हो,
तुम्हारे कर्मों की बुराई के कारण। 13"देखो, मैं तेरे विरुद्ध हूँ,
हे तराई में रहने वाले, मैदानी चट्टान," यह 𐤉𐤄𐤅𐤄 की वाणी
है, "जो कहते हैं, 'हमारे विरुद्ध कौन उतरेगा? और हमारे
निवास स्थानों में कौन प्रवेश करेगा?' 14"और मैं तुम्हें तुम्हारे
कर्मों के फल के अनुसार दण्ड दूँगा," यह 𐤉𐤄𐤅𐤄 की वाणी
है। "और मैं उसके वन में आग लगाऊँगा, और वह उसके
चारों ओर सबको भस्म कर डालेगी।" ' "

22

1यहोवा 𐤉𐤄𐤅𐤄 ने कहा, "यहूदा के राजा के घर
नीचे जा। और वहाँ तू यह वचन कहेगा, 2और
कहेगा, 'यहोवा 𐤉𐤄𐤅𐤄 का वचन सुन, हे यहूदा का राजा,
जो दाऊद के सिंहासन पर बैठा है, तू और तेरे सेवक और तेरे
लोग जो इन फाटकों से प्रवेश करते हैं! 3'यहोवा 𐤉𐤄𐤅𐤄 ने
कहा, "न्याय और धर्म करो, और उसे छुड़ाओ जिसे

उत्पीड़क के हाथ से लूटा गया है। परदेशी, अनाथ, या
विधवा पर अत्याचार मत करो और न उस पर हिंसा करो,
और इस स्थान में निर्दोष लहू मत बहाओ। [4] "क्योंकि यदि
तुम निश्चय ही यह वचन करोगे, तब दाऊद के सिंहासन पर
बैठने वाले राजा इस घर के फाटकों से प्रवेश करेंगे, वे और
उनके सेवक और उनके लोग, घोड़ों पर और रथों में सवार
होकर। [5] "परन्तु यदि तुम इन वचनों की बात नहीं मानोगे, तो
मैं अपनी ही शपथ खाता हूँ," यहोवा 𐤉𐤄𐤅𐤄 की यह वाणी है,
"कि यह घर उजाड़ हो जाएगा।" ' " [6] क्योंकि यहोवा
𐤉𐤄𐤅𐤄 ने यहूदा के राजा के घर के विषय में कहा, "तू मेरे
लिये गिलआद के समान है, लबानोन का सिर। परन्तु मैं तुझे
जंगल बनाऊँगा, ऐसी नगरियाँ जहाँ कोई न बसे। [7] "और मैं
तेरे विरुद्ध नाश करने वालों को तैयार करूँगा, हर एक अपने
हथियारों के साथ। और वे तेरे उत्तम देवदारों को काट डालेंगे
और उन्हें आग में फेंक देंगे। [8] "और बहुत सी जातियाँ इस
नगर से होकर जाएँगी, और वे एक दूसरे से कहेंगे, 'यहोवा
𐤉𐤄𐤅𐤄 ने इस बड़े नगर के साथ ऐसा क्यों किया?' [9] "तब वे
कहेंगे, 'क्योंकि उन्होंने यहोवा 𐤉𐤄𐤅𐤄 अपने ईश्वर की वाचा
को त्याग दिया, और अन्य देवताओं के सामने दण्डवत किया
और उनकी सेवा की।' " [10] मरे हुए के लिये मत रोओ, न
उसके लिये विलाप करो। परन्तु उसके लिये कड़वे स्वर में
रोओ जो चला गया है, क्योंकि वह कभी लौटकर नहीं आएगा
और न अपनी जन्मभूमि देखेगा। [11] क्योंकि यहोवा 𐤉𐤄𐤅𐤄
ने शल्लूम, योशियाह के पुत्र, यहूदा के राजा, जो अपने पिता
योशियाह के स्थान पर राज्य करता था, जो इस स्थान से
गया, के विषय में कहा, "वह कभी लौटकर नहीं आएगा,
[12] परन्तु जिस स्थान पर उन्होंने उसे निर्वासित किया है वहीं
वह मरेगा, और फिर इस देश को नहीं देखेगा। [13] "हाय उस
पर जो अपने घर को धर्म के बिना और अपनी अटारियों को
न्याय के बिना बनाता है, जो अपने पड़ोसी की सेवा बिना
मजदूरी के लेता है और उसे उसकी मजदूरी नहीं देता, [14] जो
कहता है, 'मैं अपने लिये एक बड़ा घर बनाऊँगा और विशाल
अटारियाँ, और उसके लिये खिड़कियाँ काटूँगा, उसे देवदार
से पाटूँगा और लाल रंग से रंगूँगा।' [15] "क्या तू इसलिए राजा
है क्योंकि तू अपने आप को देवदार में घेरे हुए है? क्या तेरे
पिता ने खाया और पिया नहीं, और न्याय और धर्म नहीं
किया? तब उसके साथ सब कुछ अच्छा था। [16] "उसने
दरिद्र और कंगाल का न्याय किया - तब उसके साथ अच्छा
था। क्या यही मुझे जानना न था?" यहोवा 𐤉𐤄𐤅𐤄 की यह
वाणी है। [17] "परन्तु तेरी आँखें और तेरा हृदय केवल अपने
लोभ पर हैं, और निर्दोष लहू बहाने पर, और उत्पीड़न और
हिंसा करने पर।" [18] इसलिये यहोवा 𐤉𐤄𐤅𐤄 ने योयाकीम,
योशियाह के पुत्र, यहूदा के राजा, के विषय में कहा, "लोग
उसके लिये विलाप न करें: 'हाय, मेरे भाई!' या 'हाय, मेरी
बहन!' लोग उसके लिये विलाप न करें: 'हाय, स्वामी!' या
'हाय, उसकी महिमा!' [19] "उसे गधे के दफ़नाने के समान
दफ़नाया जाएगा, घसीट कर और यरूशलेम के फाटकों के
बाहर फेंक दिया जाएगा। [20] "लबानोन पर चढ़कर चिल्ला,
और बाशान में अपनी आवाज़ ऊँची कर। और अबारीम से
पुकार, क्योंकि तेरे सब प्रेमी नाश हो गए हैं। [21] "मैंने तुझसे
तेरी समृद्धि में बातें कीं, परन्तु तू ने कहा, 'मैं नहीं सुनता।'
यह तेरी जवानी से ही तेरी चाल रही है, क्योंकि तूने मेरी वाणी
नहीं मानी। [22] "तुम्हारे सब चरवाहे वायु से ग्रसित हो जाएँ,
और तुम्हारे प्रेमी बंधुआई में चले जाएँ। तब तुम अपने सब
बुरे कामों के कारण लज्जित और अपमानित होगे।" [23] "हे
लेबानोन में रहने वाले, देवदार वृक्षों में बसे हुए! जब पीड़ाएं
तुम पर आएँगी, जैसे जन्म देने वाली स्त्री की पीड़ाएँ होती हैं,
तब तुम कैसे कराहोगे!" [24] "जैसा मैं जीवित हूँ," 𐤉𐤄𐤅𐤄
घोषित करता है, "यदि याहोयाक़ीम का पुत्र कोन्याहू, यहूदा
का राजा, मेरे दाहिने हाथ की मुहर होती, तो भी मैं वहाँ से तुझे
उतार फेंकता।" [25] "और मैं तुझे उनके हाथ में दूँगा जो तेरी
जान ढूँढते हैं, और उनके हाथ में जिनसे तू डरता है, अर्थात
बाबेल के राजा नबूकदनेत्स्सर और कस्दी लोगों के हाथ
में।" [26] "और मैं तुझे और तेरी जननी को, जिसने तुझे
जन्म दिया, उस देश में फेंक दूँगा जहाँ तुम पैदा नहीं हुए,
और वहाँ तुम मरोगे।" [27] "परन्तु जिस देश की ओर उनका
मन लौटने के लिए लालायित है, वहाँ वे कभी न लौटेंगे।"
[28] "क्या यह मनुष्य कोन्याहू तुच्छ और टूटा हुआ पात्र है, या
ऐसा बर्तन है जिसे कोई नहीं चाहता? क्यों वे उसे और उसके
वंशजों को फेंककर ऐसे देश में डालते हैं जिसे वे नहीं
जानते?" [29] "हे देश, देश, देश! 𐤉𐤄𐤅𐤄 का वचन सुन।"
[30] "यहोवा 𐤉𐤄𐤅𐤄 यूँ कहता है, 'इस मनुष्य को निःसंतान
लिख दो, ऐसा पुरुष जो अपने दिनों में सफल न होगा; क्योंकि
उसके वंश में से कोई भी सफल न होगा, जो दाऊद के
सिंहासन पर बैठे, और यहूदा में फिर कभी राज्य करे।'"

23 [1] "हाय उन चरवाहों पर जो मेरे चरागाह की भेड़ों को
नष्ट कर रहे हैं और उन्हें तितर-बितर कर रहे हैं!"
यह घोषणा करता है 𐤉𐤄𐤅𐤄. [2] इस कारण इस्राएल के
ईश्वर 𐤉𐤄𐤅𐤄 ने उन चरवाहों के विषय में कहा जो मेरी प्रजा
को चराते हैं, "तुमने मेरी भेड़ों को तितर-बितर कर दिया,
उन्हें भगा दिया और उनकी देखभाल नहीं की। देखो, मैं
तुम्हारे कर्मों की बुराई के लिए तुम्हें दंड दूँगा," यह घोषणा
करता है 𐤉𐤄𐤅𐤄. [3] "इसलिए मैं अपनी भेड़ों के बचे हुए झुंड
को उन सब देशों से इकट्ठा करूँगा जहाँ मैंने उन्हें भगा दिया
था, और उन्हें उनके बाड़े में वापस लाऊँगा। और वे फलेंगे
और बढ़ेंगे। [4] "और मैं उन पर चरवाहे खड़ा करूँगा, और वे
उन्हें चराएँगे। और वे फिर भयभीत न होंगे, न हतोत्साहित
होंगे, और न वे खोए रहेंगे," यह घोषणा करता है 𐤉𐤄𐤅𐤄.
[5] "देखो, वे दिन आने वाले हैं," यह घोषणा करता है 𐤉𐤄𐤅𐤄,
"जब मैं दाविद के लिए एक धर्मी शाखा उत्पन्न करूँगा, और
एक राजा राज्य करेगा और बुद्धिमानी से कार्य करेगा, और
देश में न्याय और धर्म करेगा। [6] "उसके दिनों में यहूदा
उद्धार पाएगा, और इस्राएल सुरक्षित निवास करेगा। और यह
उसका नाम होगा जिससे वह पुकारा जाएगा: '𐤉𐤄𐤅𐤄
त्सिदक़ेनु।' [7] "इस कारण, देखो, वे दिन आने वाले हैं," यह
घोषणा करता है 𐤉𐤄𐤅𐤄, "जब वे अब यह न कहेंगे, 'जैसा
कि 𐤉𐤄𐤅𐤄 जीवित है जिसने इस्राएल की सन्तानों को मिस्र
देश से ऊपर लाया,' [8] परन्तु, 'जैसा कि 𐤉𐤄𐤅𐤄 जीवित है
जिसने इस्राएल के घराने के वंश को उत्तर देश से और सब
देशों से जहाँ मैंने उन्हें भगा दिया था, ऊपर लाया और ले
आया।' और वे अपने देश में निवास करेंगे।" [9] मेरे भीतर
का हृदय नबियों के कारण टूट गया है; मेरी सारी हड्डियाँ काँप
रही हैं। मैं मदहोश मनुष्य के समान हूँ, और दाखमधु से

पराजित पुरुष के समान हूँ, 𐤉𐤄𐤅𐤄 के कारण, और उसके
पवित्र वचनों के कारण। [10] क्योंकि देश व्यभिचारियों से भर
गया है; देश शाप के कारण विलाप करता है। जंगल के
चरागाह सूख गए हैं। उनका मार्ग बुरा है, और उनकी शक्ति
सीधी नहीं है। [11] "क्योंकि नबी और याजक दोनों ही अशुद्ध हो
गए हैं। यहाँ तक कि मेरे घर में भी मैंने उनकी बुराई पाई है,"
यह घोषणा करता है 𐤉𐤄𐤅𐤄. [12] "इस कारण उनका मार्ग
उनके लिए अंधकार में फिसलने वाला मार्ग होगा। वे उसमें
धकेले जाएँगे और गिरेंगे। क्योंकि मैं उन पर बुराई लाऊँगा,
उनके दंड का वर्ष," यह घोषणा करता है 𐤉𐤄𐤅𐤄. [13] "और
मैंने शोमरोन के नबियों में मूर्खता देखी है: वे बाल के द्वारा
भविष्यवाणी करते थे और मेरी प्रजा इस्राएल को गुमराह
करते थे। [14] "और मैंने येरूशलेम के नबियों में भयानक बात
देखी है: व्यभिचार करना और झूठ में चलना। और वे बुरे
लोगों के हाथों को दृढ़ करते हैं, ताकि कोई अपनी बुराई से न
लौटे। वे सब मेरे लिए सदोम के समान हैं, और उसके
निवासी अमोरा के समान। [15] "इसलिए सेनाओं का 𐤉𐤄𐤅𐤄
नबियों के विषय में कहता है, 'देखो, मैं उन्हें नागदौन
खिलाऊँगा, और उन्हें विषमय जल पिलाऊँगा। क्योंकि
येरूशलेम के नबियों से सारे देश में अशुद्धता फैल गई है।' "
[16] सेनाओं का 𐤉𐤄𐤅𐤄 कहता है, "उन नबियों के वचनों को
न सुनो जो तुम्हें भविष्यवाणी करते हैं, वे तुम्हें गुमराह करते
हैं। वे अपने ही मन का दर्शन बोलते हैं, 𐤉𐤄𐤅𐤄 के मुख से
नहीं। [17] "वे उन लोगों से कहते रहते हैं जो मुझे तुच्छ जानते
हैं, '𐤉𐤄𐤅𐤄 ने कहा है तुम्हें शांति मिलेगी।' और सब से जो
अपने ही हठीले मन के अनुसार चलते हैं, कहते हैं, 'तुम पर
कोई बुराई नहीं आएगी।' " [18] क्योंकि किसने 𐤉𐤄𐤅𐤄 की
युक्ति में खड़े होकर उसका वचन देखा और सुना है? किसने
उसके वचन को ध्यान से सुना और उसका पालन किया?
[19] देखो, 𐤉𐤄𐤅𐤄 का तूफ़ान क्रोध में निकल रहा है, घूमता
हुआ आँधी! यह दुष्टों के सिर पर घूमता है। [20] 𐤉𐤄𐤅𐤄 का
रोष तब तक नहीं लौटेगा जब तक वह अपने हृदय की मनसा
को पूरा और सिद्ध न कर ले। आने वाले दिनों में तुम इसे पूरी
रीति से समझोगे। [21] "मैंने इन नबियों को नहीं भेजा, फिर भी
वे दौड़ पड़े। मैंने उनसे नहीं कहा, फिर भी उन्होंने
भविष्यवाणी की। [22] "पर यदि वे मेरी सम्मति में खड़े होते, तो
वे मेरी प्रजा को मेरे वचन सुनाते, और उन्हें उनके बुरे मार्ग से
और उनके बुरे कर्मों से फेर देते। [23] "क्या मैं निकट का
ईश्वर हूँ," 𐤉𐤄𐤅𐤄 की घोषणा है, "और दूर का ईश्वर नहीं?
[24] "यदि कोई गुप्त स्थानों में छिपा हो, तो क्या मैं उसे नहीं
देखूँगा?" 𐤉𐤄𐤅𐤄 की घोषणा है। "क्या मैं आकाश और
पृथ्वी को नहीं भरता?" 𐤉𐤄𐤅𐤄 की घोषणा है। [25] "मैंने सुना
है कि नबी क्या कहते हैं जो मेरे नाम में झूठी बात बोलते हैं,
यह कहते हुए, 'मैंने स्वप्न देखा, मैंने स्वप्न देखा!' [26] "कब
तक यह नबियों के हृदय में रहेगा? - झूठ के नबी और अपने
ही हृदय की छलना के नबी। [27] जो मेरे लोगों को मेरे नाम को
उनके स्वप्नों के द्वारा भुलाने का प्रयास करते हैं, जिन्हें हर
कोई अपने पड़ोसी को सुनाता है, जैसे उनके पितरों ने मेरे
नाम को बअल के लिये भुला दिया। [28] "जिस नबी के पास
स्वप्न है, वह स्वप्न बताए, और जिसके पास मेरा वचन है, वह
मेरे वचन को सच्चाई में बोले। भूसी का गेहूँ से क्या संबंध
है?" 𐤉𐤄𐤅𐤄 की घोषणा है। [29] "क्या मेरा वचन आग के
समान नहीं है?" 𐤉𐤄𐤅𐤄 की घोषणा है, "और उस हथौड़े के
समान जो चट्टान को तोड़ता है? [30] "इसलिये देखो, मैं नबियों
के विरुद्ध हूँ," 𐤉𐤄𐤅𐤄 की घोषणा है, "जो मेरे वचन हर कोई
अपने पड़ोसी से चुरा लेता है। [31] "देखो, मैं नबियों के विरुद्ध
हूँ," 𐤉𐤄𐤅𐤄 की घोषणा है, "जो अपनी जीभ का प्रयोग करते
हैं और कहते हैं, 'उसने 𐤉𐤄𐤅𐤄 की घोषणा की।' [32] "देखो,
मैं उनके विरुद्ध हूँ जो झूठे स्वप्न बोलते हैं," 𐤉𐤄𐤅𐤄 की
घोषणा है, "और उन्हें सुनाते हैं, और मेरे लोगों को अपने झूठों
और अपने लापरवाह घमण्ड से बहकाते हैं। परन्तु मैंने स्वयं
उन्हें न भेजा और न ही उन्हें आज्ञा दी है। और वे इस प्रजा
के लिये बिल्कुल भी लाभदायक नहीं हैं," 𐤉𐤄𐤅𐤄 की घोषणा
है। [33] "और जब ये लोग या नबी या याजक तुमसे पूछें, यह
कहते हुए, '𐤉𐤄𐤅𐤄 का संदेश क्या है?' तब तुम उनसे
कहोगे, 'क्या संदेश?' मैं तुम्हें त्याग दूँगा," 𐤉𐤄𐤅𐤄 की
घोषणा है। [34] "जहाँ तक उस नबी और याजक और उस
प्रजा की बात है जो कहती है, '𐤉𐤄𐤅𐤄 का संदेश,' मैं उस
पुरुष और उसके घर को दण्ड दूँगा। [35] "यह है जो हर कोई
अपने पड़ोसी से कहता है, और हर कोई अपने भाई से कहता
है, '𐤉𐤄𐤅𐤄 ने क्या उत्तर दिया?' और, '𐤉𐤄𐤅𐤄 ने क्या
कहा?' [36] "परन्तु 𐤉𐤄𐤅𐤄 का संदेश तुम अब और स्मरण न
करना! क्योंकि हर मनुष्य का संदेश उसका अपना वचन है,
क्योंकि तुमने जीवित ईश्वर, सेनाओं के 𐤉𐤄𐤅𐤄 के वचनों
को बदल दिया है, हमारे ईश्वर को! [37] "यह है जो तुम नबी से
कहते हो, '𐤉𐤄𐤅𐤄 ने तुम्हें क्या उत्तर दिया?' और,
'𐤉𐤄𐤅𐤄 ने क्या कहा?' [38] "परन्तु क्योंकि तुम कहते हो,
'𐤉𐤄𐤅𐤄 का संदेश!' इसलिये यों कहा 𐤉𐤄𐤅𐤄 ने, 'क्योंकि
तुम यह वचन कहते हो, "𐤉𐤄𐤅𐤄 का संदेश!" और मैंने
तुम्हें भेजा है, यह कहते हुए, "मत कहो, '𐤉𐤄𐤅𐤄 का
संदेश!' " [39] इसलिये देखो, मैं, मैं तुम्हें पूरी रीति से भूल
जाऊँगा और तुम्हें अपनी उपस्थिति से दूर फेंक दूँगा, उस
नगर समेत जिसे मैंने तुम्हें और तुम्हारे पितरों को दिया था।
[40] 'और मैं तुम पर एक सदा का अपमान और एक सदा की
लज्जा डालूँगा जो नहीं भूली जाएगी।' "

24

[1] 𐤉𐤄𐤅𐤄 ने मुझे दिखाया, और देखो, दो टोकरे
अंजीरों के 𐤉𐤄𐤅𐤄 के हेयख़ाल के सामने रखे थे,
जब बाबेल के राजा नबूकदनेत्स्सर ने यहोयाकीम के पुत्र
यहोयाकीन, यहूदा के राजा, और यहूदा के सरदारों को
कारीगरों और लोहारों के साथ येरूशलेम से निकालकर बाबेल
में पहुँचाया था। [2] एक टोकरे में बहुत अच्छे अंजीर थे, जैसे
पहले पकने वाले अंजीर। और दूसरे टोकरे में बहुत सड़े हुए
अंजीर थे जिन्हें खाया नहीं जा सकता था, क्योंकि वे इतने
सड़े हुए थे।" [3] और 𐤉𐤄𐤅𐤄 ने मुझसे कहा, "तू क्या
देखता है, यिर्मयाहू?" और मैंने कहा, "अंजीर; अच्छे अंजीर
बहुत अच्छे हैं। और सड़े हुए, बहुत सड़े हुए, जिन्हें खाया
नहीं जा सकता, वे इतने सड़े हुए हैं।" [4] फिर 𐤉𐤄𐤅𐤄 का
वचन मुझसे आया, यह कहते हुए, [5] "यहोवा 𐤉𐤄𐤅𐤄,
इस्राएल का ईश्वर, यों कहता है, 'जैसे ये अच्छे अंजीर हैं,
वैसे ही मैं यहूदा के उन निर्वासितों को मानता हूँ, जिन्हें मैंने
उनके भले के लिए इस स्थान से कस्दी देश में भेजा है।
[6] 'और मैं अपनी आँखें उन पर भलाई के लिए लगाऊँगा, और
उन्हें इस देश में वापस लाऊँगा। और मैं उन्हें बनाऊँगा और

गिराऊँगा नहीं, और मैं उन्हें लगाऊँगा और उखाड़ूँगा नहीं।
7 ‘और मैं उन्हें एक हृदय दूँगा कि वे मुझे जानें कि मैं
𐤉𐤄𐤅𐤄 हूँ। और वे मेरी प्रजा होंगे और मैं उनका ईश्वर
होऊँगा, क्योंकि वे अपने पूरे मन से मेरी ओर लौटेंगे। 8 ‘और
जैसे सड़े हुए अंजीर जिन्हें खाया नहीं जा सकता क्योंकि वे
इतने सड़े हुए हैं,’ क्योंकि यों कहता है 𐤉𐤄𐤅𐤄, ‘वैसे ही मैं
यहूदा के राजा सिदकिय्याहू, उसके सरदारों, येरूशलेम के
बचे हुए जो इस देश में रहते हैं, और जो मिस्त्र देश में रहते हैं,
उन्हें सौंप दूँगा। 9 ‘और मैं उन्हें पृथ्वी के सब राज्यों के लिए
भय और बुराई का कारण बनाऊँगा, नामधराई और कहावत,
उपहास और शाप का विषय, उन सब स्थानों में जहाँ मैं उन्हें
हाँक दूँगा। 10 ‘और मैं उन पर तलवार, अकाल और
महामारी भेजूँगा, जब तक वे उस देश से नष्ट न हो जाएँ,
जिसे मैंने उन्हें और उनके पितरों को दिया था।’ ”

25

1 वह वचन जो यिर्मयाहू के पास समस्त यहूदा के
लोगों के विषय में आया, योशियाहू के पुत्र यहोयाकीम,
यहूदा के राजा के चौथे वर्ष में, जो बाबेल के राजा
नबूकदनेत्स्सर का पहला वर्ष था। 2 जिसे यिर्मयाहू नबी ने
यहूदा के सब लोगों और यरूशलेम के सब निवासियों से
कहा। 3 “आमोन के पुत्र योशियाहू के तेरहवें वर्ष से लेकर
आज तक, ये तेईस वर्ष हो गए हैं जब 𐤉𐤄𐤅𐤄 का वचन मुझ
पर आया। और मैंने तुम से बातें कीं, भोर उठकर बातें कीं,
परन्तु तुमने नहीं सुनी। 4 “और 𐤉𐤄𐤅𐤄 ने अपने सब दास
नबियों को तुम्हारे पास भेजा, भोर उठकर भेजा, परन्तु तुमने
नहीं सुनी और न अपने कान झुकाए। 5 कहते हुए, ‘अब हर
कोई अपनी बुरी चाल से और अपने बुरे कामों से लौट आए,
और उस देश में बसो, जो 𐤉𐤄𐤅𐤄 ने तुम्हें और तुम्हारे पितरों
को युगानुयुग दिया है।’ 6 ‘और दूसरे देवताओं के पीछे
जाकर उनकी सेवा न करो और उनको दण्डवत् न करो।
और अपने हाथों के कामों से मुझे क्रोधित न करो, जिससे मैं
तुम पर विपत्ति न लाऊं।’ 7 “परन्तु तुमने मेरी नहीं सुनी,”
𐤉𐤄𐤅𐤄 की वाणी है, “ताकि तुम अपने ही बुरे कामों से मुझे
क्रोधित करो।” 8 “इस कारण सेनाओं के 𐤉𐤄𐤅𐤄 ने कहा,
‘क्योंकि तुमने मेरे वचनों को नहीं सुना,’ 9 ‘देखो, मैं उत्तर की
सब जातियों को बुलाता हूं,’ 𐤉𐤄𐤅𐤄 की वाणी है, ‘और बाबेल
के राजा नबूकदनेत्स्सर को, जो मेरा दास है, और उन्हें इस
देश और इसके निवासियों और चारों ओर की सब जातियों के
विरुद्ध ले आऊंगा; और मैं उन्हें सत्यानाश करूंगा और
उनको उजाड़ और चकित करनेवाला और अनन्त उजाड़
कर दूंगा।’ 10 ‘और मैं उनके बीच से हर्ष का शब्द और
आनन्द का शब्द, दूल्हे का शब्द और दुल्हिन का शब्द,
चक्की का शब्द और दीपक का उजियाला नष्ट कर दूंगा।’
11 ‘और यह सारा देश उजाड़ और निर्जन होगा, और ये
जातियां बाबेल के राजा की सेवा सत्तर वर्ष तक करेंगी।’
12 ‘और जब सत्तर वर्ष पूरे हो जाएंगे, तब मैं बाबेल के राजा
और उस जाति को, कसदियों की भूमि को, उनके अधर्म के
कारण दण्ड दूंगा,’ 𐤉𐤄𐤅𐤄 की वाणी है, ‘और उसको
अनन्त उजाड़ कर दूंगा।’ 13 ‘और उस देश पर मैं अपने वे
सब वचन लाऊंगा, जो मैंने उसके विरुद्ध कहे हैं, अर्थात् जो
कुछ इस पुस्तक में लिखा है, जिसे यिर्मयाहू ने सब जातियों के
विषय में भविष्यद्वाणी की है।’ 14 ‘क्योंकि वे भी बहुत-सी
जातियों और बड़े-बड़े राजाओं के दास होंगे। और मैं उनके
कर्मों और उनके हाथों के कामों के अनुसार उन्हें बदला
दूंगा।’ ” 15 क्योंकि इस प्रकार इस्त्राएल के ईश्वर 𐤉𐤄𐤅𐤄 ने
मुझ से कहा, “मेरे हाथ से यह क्रोध का दाखमधु का प्याला
ले, और जिन जातियों को मैं तुझे भेजता हूं, उनको पिला।”
16 “और वे पीएंगे, और डगमगाएंगे, और तलवार के कारण
पागल होंगे, जिसे मैं उनके बीच भेज रहा हूं।” 17 तब मैंने
𐤉𐤄𐤅𐤄 के हाथ से प्याला लिया, और जिन जातियों के पास
𐤉𐤄𐤅𐤄 ने मुझे भेजा था, उनको पिलाया। 18 यरूशलेम और
यहूदा के नगरों, उसके राजाओं और उसके सरदारों को,
उनको उजाड़ और चकित और फटकार और शाप
करनेवाला किया, जैसा आज के दिन है। 19 मिस्त्र के राजा
फ़िरौन और उसके सेवकों और उसके सरदारों और उसके
सब लोगों को। 20 और सब मिश्रित लोगों को, और ऊत्स की
भूमि के सब राजाओं को, और पलिश्तियों की भूमि के सब
राजाओं को - अश्कलोन और अज़्ज़ाह और एक्रोन और
अशदोद के बचे हुए को। 21 एदोम, और मोआब, और
अम्मोन के पुत्रों को। 22 और सूर के सब शासकगण, और
सीदोन के सब शासकगण, और समुद्र के पार तटवर्ती देशों
के शासकगण; 23 देदन, और तेमा, और बूज़, और जो सब
दूर के कोनों में रहते हैं; 24 और सब अरब के शासकगण
और सब मिश्रित लोगों के शासकगण जो जंगल में रहते हैं;
25 और सब ज़िम्री के शासकगण, और सब ईलाम के
शासकगण, और सब मादी के शासकगण; 26 और सब उत्तर
के शासकगण, दूर और पास, एक दूसरे के साथ, और पृथ्वी
के सब राज्य जो भूमि के ऊपर हैं। शेषक का शासक भी
उनके बाद पियेगा। 27 “और तू उनसे कहना, ‘सेनाओं के
𐤉𐤄𐤅𐤄, इस्त्राएल के ईश्वर ने यूँ कहा, “पीओ, मतवाले हो
जाओ, और उल्टी करो! गिरो और फिर न उठो, उस तलवार
के कारण जिसे मैं तुम्हारे बीच भेज रहा हूँ।” ’ 28 “और ऐसा
होगा कि जब वे तेरे हाथ से प्याला लेकर पीने से इन्कार
करेंगे, तब तू उनसे कहना, ‘सेनाओं के 𐤉𐤄𐤅𐤄 ने यूँ कहा,
“तुम पीओगे! 29 “क्योंकि देख, मैं उस नगर पर विपत्ति लाना
शुरू कर रहा हूँ जिस पर मेरा नाम लिया गया है, और क्या
तुम सचमुच निर्दोष रहोगे? तुम निर्दोष नहीं रहोगे, क्योंकि मैं
पृथ्वी के सब निवासियों पर तलवार बुला रहा हूँ,” यह 𐤉𐤄𐤅𐤄
सेनाओं का वचन है।’ 30 “और तू उन सब के विरुद्ध ये सब
वचन भविष्यवाणी करके कह, ‘𐤉𐤄𐤅𐤄 ऊँचाई से गरजता
है, और अपने पवित्र निवास स्थान से अपनी वाणी निकालता
है। वह अपनी भेड़शाला पर बलपूर्वक गरजता है; अंगूर
रौंदनेवालों की सी पुकार करता है, पृथ्वी के सब निवासियों के
विरुद्ध। 31 “कोलाहल पृथ्वी के छोर तक आएगा, क्योंकि
𐤉𐤄𐤅𐤄 का राष्ट्रों से मुक़दमा है। वह सब प्राणियों का न्याय
करेगा। दुष्टों को वह तलवार के हवाले करेगा,’ यह 𐤉𐤄𐤅𐤄
का वचन है।” 32 सेनाओं के 𐤉𐤄𐤅𐤄 ने यूँ कहा, “देखो,
विपत्ति राष्ट्र से राष्ट्र पर चल रही है, और पृथ्वी के सुदूर छोर से
एक महान आँधी उठाई जाती है। 33 “और उस दिन 𐤉𐤄𐤅𐤄
के मारे हुए एक छोर से पृथ्वी के दूसरे छोर तक होंगे। न
उनका विलाप किया जाएगा, न इकट्ठा किया जाएगा, न
दफ़नाया जाएगा; वे भूमि के ऊपर गोबर के समान होंगे।
34 “हाय, हे चरवाहो, चिल्लाओ! और राख में लोटपोट हो

जाओ, हे झुंड के अगुवो! क्योंकि तुम्हारे वध और तुम्हारे
तितर-बितर होने के दिन पूरे हो गए हैं, और तुम उत्तम पात्र
की नाईं गिरोगे। 35 "और चरवाहों से शरणस्थान नष्ट हो
जाएगा, और झुंड के अगुवों से बचाव छिन जाएगा।
36 "चरवाहों का रोना सुनो, और झुंड के अगुवों का विलाप,
क्योंकि 𐤉𐤄𐤅𐤄 उनका चरागाह उजाड़ रहा है! 37 "और
शांति के चरागाह 𐤉𐤄𐤅𐤄 के जलते हुए क्रोध के कारण
काट दिए जाएँगे। 38 "सिंह की तरह वह अपने गुप्त स्थान से
निकल आएगा, क्योंकि उनका देश तलवार और अंधेरियों के
कारण उजाड़ होगा, और उसके जलते हुए क्रोध के
कारण।"

26

1 यहोयाकीम, योशियाह का पुत्र, यहूदा का राजा होने
के आरम्भ में यह वचन 𐤉𐤄𐤅𐤄 की ओर से आया,
2 "इस प्रकार कहा 𐤉𐤄𐤅𐤄 ने, '𐤉𐤄𐤅𐤄 के भवन के आँगन
में खड़ा हो, और यहूदा के सब नगरों से, जो 𐤉𐤄𐤅𐤄 के
भवन में दण्डवत करने आते हैं, उन सब को वे सब वचन बोल
जो मैं तुझे उन्हें कहने की आज्ञा देता हूँ। एक भी वचन
घटाना मत। 3 'हो सकता है कि वे सुनें और हर एक अपने
बुरे मार्ग से फिर जाए, तब मैं उस बुराई से पछताऊँगा जिसे मैं
उनके विरुद्ध करने का विचार करता हूँ, उनके कर्मों की बुराई
के कारण।' 4 "और तू उनसे कह, 'इस प्रकार कहा 𐤉𐤄𐤅𐤄
ने, "यदि तुम मेरी न सुनो, मेरी व्यवस्था में चलने के लिये,
जिसे मैंने तुम्हारे सामने रखा है, 5 मेरे दास नबियों के वचनों
को सुनने के लिये, जिन्हें मैं तुम्हारे पास भेजता हूँ, भोर ही भोर
उठकर उन्हें भेजता हूँ – तौभी तुमने नहीं सुना – 6 तब मैं इस
भवन को शीलो के समान कर दूँगा, और इस नगर को पृथ्वी
की सब जातियों के लिये शाप बना दूँगा।" ' " 7 और यिर्मयाह
के यह वचन 𐤉𐤄𐤅𐤄 के भवन में बोलते हुए सब याजकों और
नबियों और सब लोगों ने सुने। 8 और ऐसा हुआ, जब यिर्मयाह
ने बोलना पूरा किया वह सब कुछ जो 𐤉𐤄𐤅𐤄 ने उसे सब
लोगों से कहने की आज्ञा दी थी, तब याजकों और नबियों और
सब लोगों ने उसे पकड़ लिया और कहा, "तू निश्चय मरेगा!
9 "तूने 𐤉𐤄𐤅𐤄 के नाम में क्यों भविष्यवाणी की है, यह
कहकर, 'यह भवन शीलो के समान होगा, और यह नगर
निर्जन होकर उजाड़ हो जाएगा, कोई रहने वाला नहीं
रहेगा'?" और सब लोग 𐤉𐤄𐤅𐤄 के भवन में यिर्मयाह के
विरुद्ध इकट्ठे हो गए। 10 और यहूदा के सरदारों ने यह सुना,
और वे राजा के भवन से 𐤉𐤄𐤅𐤄 के भवन में ऊपर आए
और 𐤉𐤄𐤅𐤄 के भवन के नये फाटक के प्रवेश पर बैठ गए।
11 तब याजकों और नबियों ने सरदारों और सब लोगों से कहा,
"इस मनुष्य के लिये मृत्यु का दण्ड है! क्योंकि इसने इस
नगर के विरुद्ध भविष्यवाणी की है, जैसा कि तुमने अपने कानों
से सुना है।" 12 तब यिर्मयाह ने सब सरदारों और सब लोगों
से कहा, "𐤉𐤄𐤅𐤄 ने मुझे इस भवन और इस नगर के
विरुद्ध भविष्यद्वाणी करने के लिये भेजा है उन सब वचनों के
साथ जिन्हें तुमने सुना है। 13 "अब, अपने मार्गों और अपने
कर्मों को अच्छा करो, और 𐤉𐤄𐤅𐤄 अपने ईश्वर की वाणी
का पालन करो, तब 𐤉𐤄𐤅𐤄 उस बुराई से पछताएगा जिसे
उसने तुम्हारे विरुद्ध कहा है। 14 "और देखो, मैं तुम्हारे हाथ
में हूँ। मेरे साथ वैसा करो जैसा तुम्हें अच्छा और ठीक लगे।
15 "पर यह निश्चय जान लो कि यदि तुम मुझे मार डालो तो
तुम अपने ऊपर, इस नगर पर, और उसके निवासियों पर
निर्दोष का लहू लाते होगे। क्योंकि वास्तव में 𐤉𐤄𐤅𐤄 ने मुझे
तुम्हारे पास भेजा है इन सब वचनों को तुम्हारे सुनने में बोलने
के लिये।" 16 तब सरदारों और सब लोगों ने याजकों और
नबियों से कहा, "इस मनुष्य के लिये मृत्यु का दण्ड नहीं है।
क्योंकि इसने हमसे 𐤉𐤄𐤅𐤄 हमारे ईश्वर के नाम में कहा
है।" 17 और उस देश के कुछ पुरनियों ने उठकर सब लोगों
की मण्डली से कहा, 18 "मोरेशेत का मीकायाह यहूदा के राजा
हिज़किय्याह के दिनों में भविष्यवाणी करता था, और उसने
यहूदा के सब लोगों से कहा, 'इस प्रकार कहा 𐤉𐤄𐤅𐤄
सेनाओं का, "सिय्योन जोत का खेत बन जाएगा, और
यरूशलेम ढेर होगा, और भवन का पहाड़ वन की ऊँची जगहों
के समान होगा।" ' 19 "क्या यहूदा के राजा हिज़कियाह और
यहूदा ने उसे मार डाला? क्या उसने 𐤉𐤄𐤅𐤄 का भय नहीं
माना और 𐤉𐤄𐤅𐤄 की कृपा नहीं माँगी? और प्रभु ने उस
बुराई से पछताया जिसे उसने उनके विरुद्ध कहा था। परन्तु
हम तो अपने ऊपर बड़ा बुराई कर रहे हैं।" 20 तथापि एक
और मनुष्य था जिसने 𐤉𐤄𐤅𐤄 के नाम में भविष्यवाणी की,
ऊरियाह, शेमायाह का पुत्र, क़रियत यारीम का; उसने इस
नगर और इस देश के विरुद्ध यिर्मयाह के सब वचनों के
अनुसार भविष्यवाणी की। 21 और जब राजा यहोयाकीम और
उसके सब वीर पुरुषों और सब सरदारों ने उसके वचन सुने,
तब राजा ने उसे मार डालने की खोज की। परन्तु ऊरियाह
ने यह सुना और डर गया और भाग गया और मिस्र चला
गया। 22 तब राजा यहोयाकीम ने मिस्र में लोग भेजे:
एलनाथान, अखबोर का पुत्र, और कुछ पुरुष उसके साथ
मिस्र में गए। 23 और वे ऊरियाह को मिस्र से ले आए और
उसे राजा यहोयाकीम के पास लाए, जिसने उसे तलवार से
मारा और उसके मृत शरीर को आम लोगों की कब्रों में फेंक
दिया। 24 परन्तु शाफान का पुत्र अखीकाम का हाथ यिर्मयाह
के साथ था, ताकि उसे लोगों के हाथ में न दिया जाए कि वे
उसे मार डालें।

27

1 यहोयाकीम, योशियाहु के पुत्र, यहूदा के राजा के
राज्य की शुरुआत में, यह वचन यिर्मयाहु के पास
𐤉𐤄𐤅𐤄 से आया, कहा, 2 "यह वही है जो 𐤉𐤄𐤅𐤄 ने मुझसे
कहा, 'अपने लिए बंधन और जुए बना लो। फिर तुम उन्हें
अपनी गर्दन पर डालो, 3 और उन्हें एदोम के राजा, मोआब के
राजा, अम्मोनियों के राजा, सूर के राजा, और सिदोन के
राजा को भेजो, उन दूतों के हाथ द्वारा जो यहूदा के राजा
सिदकियाहु के पास येरूशालेम आए। 4 'और तुम उन्हें अपने
स्वामियों से यह कहने की आज्ञा दोगे, "इस प्रकार कहा
𐤉𐤄𐤅𐤄 सेनाओं का, इस्राएल के ईश्वर ने, 'अपने स्वामियों
से यह कहो,' 5 'मैंने पृथ्वी, मनुष्य और पशु जो पृथ्वी के
ऊपर हैं, अपनी बड़ी शक्ति और अपनी फैली हुई भुजा से
बनाए। और मैं इसे उसी को दूँगा जिसे मेरी आँखों में उचित
लगे। 6 'और अब, मैंने इन सभी देशों को बाबेल के राजा
नबूकदनेत्स्सर, अपने सेवक के हाथ में दे दिया है। और
मैदान के पशुओं को भी मैंने उसे सेवा करने के लिए दे दिया
है। 7 'और सभी राष्ट्र उसकी और उसके पुत्र और उसके पुत्र
के पुत्र की सेवा करेंगे, जब तक कि उसके देश का समय न
आ जाए। तब बहुत से राष्ट्र और महान राजा उसे सेवा करने

पर मजबूर करेंगे। 8 'और ऐसा होगा, कि जो राष्ट्र और राज्य
बाबेल के राजा नबूकदनेत्स्सर की सेवा नहीं करेंगे, और जो
अपनी गर्दन बाबेल के राजा के जुए के नीचे नहीं रखेंगे, उस
राष्ट्र को मैं दंड दूँगा,' यह कहता है 𐤉𐤄𐤅𐤄, 'तलवार,
अकाल, और महामारी से, जब तक कि मैं उन्हें उसके हाथ से
नष्ट न कर दूँ। 9 'इसलिए अपने नबियों, अपने ज्योतिषियों,
अपने स्वप्नद्रष्टाओं, अपने बादलों को देखने वालों, और
अपने जादूगरों की न सुनो, जो तुमसे कहते हैं, "बाबेल के
राजा की सेवा मत करो।" 10 'क्योंकि वे तुम्हें झूठी बात कहते
हैं, ताकि तुम्हें तुम्हारी भूमि से दूर ले जाएँ। और मैं तुम्हें
निकाल दूँगा, और तुम नाश हो जाओगे। 11 'परन्तु वे राष्ट्र जो
अपनी गर्दनों को बाबेल के राजा के जुए के नीचे रखते हैं
और उसकी सेवा करते हैं, मैं उन्हें उनकी भूमि में छोड़ दूँगा,'
यह कहता है 𐤉𐤄𐤅𐤄, 'और वे उसकी खेती करेंगे और
उसमें बसेंगे।' " 12 और मैंने यहूदा के राजा सिदकियाहु से
इन सब वचनों के अनुसार कहा, "अपनी गर्दनों को बाबेल के
राजा के जुए के नीचे रखो, और उसकी और उसकी प्रजा की
सेवा करो, और जीवित रहो! 13 "तुम और तुम्हारी प्रजा
तलवार, अकाल, और महामारी से क्यों मरोगे, जैसा कि
𐤉𐤄𐤅𐤄 ने उस राष्ट्र के विरुद्ध कहा है जो बाबेल के राजा की
सेवा नहीं करता? 14 "उन नबियों के वचनों की न सुनो जो
तुमसे कहते हैं, 'बाबेल के राजा की सेवा मत करो,' क्योंकि वे
तुम्हें झूठी बात कहते हैं, 15 क्योंकि मैंने उन्हें नहीं भेजा," यह
कहता है 𐤉𐤄𐤅𐤄, "तौभी वे मेरे नाम में झूठी बात कहते हैं,
ताकि मैं तुम्हें निकाल दूँ। तब तुम और वे नबी जो तुम्हें झूठी
बात कहते हैं, नाश हो जाओगे।" 16 तब मैंने याजकों और
सारी प्रजा से कहा, "इस प्रकार कहा 𐤉𐤄𐤅𐤄 ने, 'उन नबियों
के वचनों की न सुनो जो तुमसे कहते हैं, "देखो, 𐤉𐤄𐤅𐤄 के
घर के पात्र अब शीघ्र ही बाबेल से लौट आएँगे," क्योंकि वे
तुम्हें झूठी बात कहते हैं। 17 'उनकी न सुनो। बाबेल के राजा
की सेवा करो, और जीवित रहो! क्यों यह नगर उजाड़ हो
जाए?' 18 'पर यदि वे नबी हैं, और यदि 𐤉𐤄𐤅𐤄 का वचन
उनके साथ है, तो अब वे 𐤉𐤄𐤅𐤄 सेनाओं के पास विनती
करें, कि जो पात्र 𐤉𐤄𐤅𐤄 के घर में, और यहूदा के राजा के
घर में, और येरूशालेम में बचे हैं, वे बाबेल न जाएँ।'
19 "क्योंकि इस प्रकार कहा 𐤉𐤄𐤅𐤄 सेनाओं ने उन खंभों,
उस समुद्र, उन आधारों, और उन बचे हुए पात्रों के विषय में,
जो इस नगर में बचे हैं, 20 जिन्हें बाबेल के राजा
नबूकदनेत्स्सर ने नहीं लिया, जब उसने यहूदा के राजा
यहोयाकीम के पुत्र येकोन्याहु को येरूशालेम से बाबेल ले
जाकर बंदी बनाया, और यहूदा और येरूशालेम के सब
सरदारों को - 21 इस प्रकार कहा 𐤉𐤄𐤅𐤄 सेनाओं ने,
इस्राएल के ईश्वर ने, उन पात्रों के विषय में जो 𐤉𐤄𐤅𐤄 के
घर में, यहूदा के राजा के घर में, और येरूशालेम में बचे हैं:
22 'वे बाबेल ले जाए जाएँगे, और वहाँ रहेंगे, जब तक कि मैं
उनका दर्शन न करूँ,' यह कहता है 𐤉𐤄𐤅𐤄। 'तब मैं उन्हें
लौटा लाऊँगा और उन्हें इस स्थान पर बहाल करूँगा।' "

28 1 और यह उस वर्ष में हुआ, जब यहूदा के राजा
सिदकियाह के राज्य की शुरुआत थी, चौथे वर्ष और
पाँचवें महीने में, कि हनन्याह आज़ूर का पुत्र, जो गिबोन से
था, नबी, ने यहोवा 𐤉𐤄𐤅𐤄 के भवन में याजकों और सब
लोगों की उपस्थिति में मुझसे कहा, 2 "इस प्रकार सेनाओं के
यहोवा 𐤉𐤄𐤅𐤄, इस्राएल के ईश्वर ने कहा, 'मैंने बाबेल के
राजा का जूआ तोड़ दिया है। 3 दो वर्षों के भीतर मैं यहोवा
𐤉𐤄𐤅𐤄 के भवन के सब पात्र इस स्थान पर लौटा दूँगा,
जिन्हें बाबेल के राजा नबूकदनेस्सर इस स्थान से ले गया
और बाबेल को ले गया। 4 'और मैं यहोयाकीम के पुत्र
यहोन्याह यहूदा के राजा को, और यहूदा के सब निर्वासितों को
जो बाबेल गए थे, इस स्थान पर लौटा दूँगा,' यहोवा 𐤉𐤄𐤅𐤄
की यह वाणी है, 'क्योंकि मैं बाबेल के राजा का जूआ तोड़
दूँगा।' " 5 तब नबी यिर्मयाह ने नबी हनन्याह से याजकों और
सब लोगों की उपस्थिति में कहा, जो यहोवा 𐤉𐤄𐤅𐤄 के भवन
में खड़े थे, 6 और नबी यिर्मयाह ने कहा, "आमेन! यहोवा
𐤉𐤄𐤅𐤄 ऐसा करे! यहोवा 𐤉𐤄𐤅𐤄 तेरे वचन पूरे करे जिन्हे
तूने भविष्यद्वाणी की, कि वह यहोवा 𐤉𐤄𐤅𐤄 के भवन के पात्र
और बाबेल से सब निर्वासितों को इस स्थान पर लौटा लाए!
7 "परन्तु अब यह वचन सुन, जिसे मैं तेरे कानों और सब
लोगों के कानों में कहता हूँ: 8 "जो नबी मुझसे और तुझसे
पहले हुए, उन्होंने प्राचीन काल से बहुत से देशों और महान
राज्यों के विषय में युद्ध, विपत्ति और महामारी के विषय में
भविष्यवाणी की। 9 "वह नबी जो शान्ति की भविष्यद्वाणी करता
है— जब उस नबी का वचन पूरा होता है, तभी वह नबी यहोवा
𐤉𐤄𐤅𐤄 का सच्चा भेजा हुआ माना जाता है।" 10 तब नबी
हनन्याह ने नबी यिर्मयाह की गर्दन से जूआ उतारकर तोड़
दिया। 11 और हनन्याह ने सब लोगों की उपस्थिति में कहा,
"इस प्रकार यहोवा 𐤉𐤄𐤅𐤄 ने कहा, 'इसी प्रकार मैं दो वर्षों
के भीतर सब जातियों की गर्दनों से बाबेल के राजा
नबूकदनेस्सर का जूआ तोड़ दूँगा।' " तब नबी यिर्मयाह
अपने मार्ग चला गया। 12 फिर यहोवा 𐤉𐤄𐤅𐤄 का वचन नबी
हनन्याह द्वारा नबी यिर्मयाह की गर्दन से जूआ तोड़े जाने के
बाद यिर्मयाह के पास पहुँचा, यह कहते हुए, 13 "जा और
हनन्याह से कह, 'यहोवा 𐤉𐤄𐤅𐤄 ने कहा है, "तूने लकड़ी के
जूए तोड़ डाले, परन्तु तू लोहे के जूए बनाएगा।" 14 'क्योंकि
सेनाओं का यहोवा 𐤉𐤄𐤅𐤄, इस्राएल का ईश्वर, यों कहता है,
"मैंने इन सब जातियों की गर्दनों पर लोहे का जूआ रखा है,
कि वे बाबेल के राजा नबूकदनेस्सर की सेवा करें। और वे
उसकी सेवा करेंगे। और मैंने उसे मैदान के पशुओं को भी दे
दिया है।" ' " 15 तब नबी यिर्मयाह ने नबी हनन्याह से कहा,
"हे हनन्याह, सुन! यहोवा 𐤉𐤄𐤅𐤄 ने तुझे नहीं भेजा, परन्तु
तूने इन लोगों को झूठ पर भरोसा करने के लिए प्रेरित किया
है। 16 "इसलिए यहोवा 𐤉𐤄𐤅𐤄 यों कहता है, 'देख, मैं तुझे
पृथ्वी के ऊपर से हटा दूँगा। इस वर्ष तू मर जाएगा, क्योंकि
तूने यहोवा 𐤉𐤄𐤅𐤄 के विरुद्ध विद्रोह की बातें की हैं।' "
17 और नबी हनन्याह उसी वर्ष, सातवें महीने में मर गया।

29 1 और ये वे वचन हैं उस पत्र के जिन्हें यिर्मयाहू नबी ने
येरुशालेम से बचे हुए बुढ़ों, और याजकों, और नबियों
और उन सब लोगों को भेजे जिन्हें नेबूकदनेत्स्सर ने
येरुशालेम से बाबेल में बन्दी बनाकर पहुँचाया था - 2 जब
येकोन्याह राजा, और राजमाता, और खोजे, और यहूदा और
येरुशालेम के हाकिम, और कारीगर, और लोहार येरुशालेम
से निकल गए थे – 3 एल्लासा शाफ़ान का पुत्र, और गमर्याह
Ḥिलकियाह का पुत्र, जिन्हें त्सिदकियाहू यहूदा का राजा

बाबेल में नेबूकदनेत्स्सर बाबेल के राजा के पास भेजा, उनके
हाथ से, कहते हुए, 4 "सेनाओं का 𐤉𐤄𐤅𐤄, इस्त्राएल का
ईश्वर, उन सब बन्दियों से यह कहता है जिन्हें मैंने येरुशालेम
से बाबेल में बन्दी बनाकर पहुँचाया है, 5 'घर बनाओ और
उनमें बसो, बाग लगाओ और उनका फल खाओ। 6 'पत्नी
लो और बेटे-बेटियाँ उत्पन्न करो। और अपने बेटों के लिए
पत्नियाँ लो और अपनी बेटियों को पति के पास दो, और वे
बेटे-बेटियाँ उत्पन्न करें, और वहाँ बढ़ो, घटो नहीं। 7 'और
उस नगर की शान्ति की खोज करो जहाँ मैं ने तुम्हें बन्दी
बनाकर पहुँचाया है, और उसके लिये 𐤉𐤄𐤅𐤄 से प्रार्थना
करो, क्योंकि उसकी शान्ति में तुम्हारी शान्ति है।' 8 "क्योंकि
सेनाओं का 𐤉𐤄𐤅𐤄, इस्त्राएल का ईश्वर, यह कहता है,
'तुम्हारे नबी और तुम्हारे भावी बतानेवाले जो तुम्हारे बीच में हैं,
वे तुम्हें धोखा न दें, न उन स्वप्नों को सुनो जिन्हें तुम देखते
हो। 9 'क्योंकि वे मेरे नाम में तुम से झूठी भविष्यद्वाणी करते
हैं। मैंने उन्हें नहीं भेजा है,' 𐤉𐤄𐤅𐤄 की यह वाणी है।
10 "क्योंकि 𐤉𐤄𐤅𐤄 यह कहता है, 'जब सत्तर वर्ष पूरे हो
जाएँगे, बाबेल में मैं तुम्हें दर्शन दूँगा और तुम्हारे प्रति अपने
अच्छे वचन को पूरा करूँगा, तुम्हें इस स्थान पर वापस लाने
के लिये। 11 'क्योंकि मैं तुम्हारे लिये अपनी योजनाओं को
जानता हूँ,' 𐤉𐤄𐤅𐤄 की यह वाणी है, 'शान्ति की योजनाएँ
और बुराई की नहीं, तुम्हें आशा और भविष्य देने के लिये।
12 'तब तुम मुझे पुकारोगे, और मेरे पास आकर प्रार्थना
करोगे, और मैं तुम्हारी सुनूँगा। 13 'और तुम मुझे खोजोगे,
और मुझे पाओगे, जब तुम पूरे मन से मुझे ढूँढोगे। 14 'और
मैं तुम्हें मिल जाऊँगा,' 𐤉𐤄𐤅𐤄 की यह वाणी है, 'और मैं
तुम्हारी बंधुवाई को पलट दूँगा, और तुम्हें सब जातियों से और
उन सब स्थानों से इकट्ठा करूँगा जहाँ मैंने तुम्हें पहुँचाया है,
𐤉𐤄𐤅𐤄 की यह वाणी है। और मैं तुम्हें उस स्थान पर वापस
लाऊँगा जहाँ से मैंने तुम्हें बन्दी बनाकर पहुँचाया।'
15 "क्योंकि तुमने कहा है, '𐤉𐤄𐤅𐤄 ने हमारे लिये बाबेल में
नबी उठाए हैं' - 16 इसलिये 𐤉𐤄𐤅𐤄 ने उस राजा के विषय में
कहा है जो दाऊद के सिंहासन पर बैठता है, और उन सब
लोगों के विषय में जो इस नगर में रहते हैं, और तुम्हारे भाइयों
के विषय में जो तुम्हारे साथ बन्दी बनाकर नहीं ले जाए गए,
17 सेनाओं का 𐤉𐤄𐤅𐤄 यह कहता है, 'देखो, मैं उन पर
तलवार, अकाल, और महामारी भेज रहा हूँ। और मैं उन्हें
ऐसे सड़े अंजीरों के समान कर दूँगा कि वे इतने बुरे होंगे कि
खाए न जा सकें। 18 'और मैं उन्हें तलवार, अकाल, और
महामारी से पीछा करूँगा। और मैं उन्हें पृथ्वी के सब राज्यों में
भय का कारण बना दूँगा, शाप और विस्मय और सीटी और
नामधराई बनने के लिये उन सब जातियों में जहाँ मैंने उन्हें
पहुँचाया है। 19 'क्योंकि उन्होंने मेरे वचनों पर ध्यान नहीं
दिया,' 𐤉𐤄𐤅𐤄 की यह वाणी है, 'जिन्हें मैंने अपने दास
नबियों के द्वारा उन तक पहुँचाया, प्रातःकाल उठकर और
भेजकर, तौभी तुमने नहीं सुना,' 𐤉𐤄𐤅𐤄 की यह वाणी है।
20 "इसलिये हे सब बन्दी जिन्हें मैंने येरुशालेम से बाबेल भेजा
है, तुम 𐤉𐤄𐤅𐤄 का वचन सुनो। 21 "सेनाओं का 𐤉𐤄𐤅𐤄,
इस्त्राएल का ईश्वर, अख़ाब कोलायाह का पुत्र, और
त्सिदकियाहू मा'असेयाह का पुत्र, जो मेरे नाम में तुमसे झूठी
भविष्यद्वाणी करते हैं, उनके विषय में यह कहता है, 'देखो, मैं
उन्हें नेबूकदनेत्स्सर बाबेल के राजा के हाथ में दे दूँगा, और
वह उन्हें तुम्हारी आँखों के सामने मारेगा। 22 'और उनके
कारण बाबेल में जो यहूदा के सभी निर्वासित हैं वे शाप का
उपयोग करेंगे, यह कहते हुए, "𐤉𐤄𐤅𐤄 तुम्हें सिदकियाहू
और अहाब के समान करे, जिन्हें बाबेल के राजा ने आग में
भुना," 23 क्योंकि उन्होंने यिस्त्राएल में दुष्टता की है, और
अपने पड़ोसियों की पत्नियों के साथ व्यभिचार किया है, और
मेरे नाम में झूठा वचन बोला है जिसे मैंने उन्हें आदेश नहीं
दिया। और मैं वही हूँ जो जानता हूँ, और साक्षी हूँ,' 𐤉𐤄𐤅𐤄
की घोषणा। 24 "और नेहेलेमी शेमायाहू से कहो, 25 "इस
प्रकार सेनाओं के 𐤉𐤄𐤅𐤄, यिस्त्राएल के ईश्वर ने कहा,
'क्योंकि तुमने अपने नाम से यरूशलेम में रहनेवाले सब लोगों
को, महासेयहू के पुत्र सफन्याहू याजक को, और सब याजकों
को पत्र भेजे हैं, यह कहते हुए, 26 "𐤉𐤄𐤅𐤄 ने तुम्हें
यहोयादाहू याजक के स्थान पर याजक बनाया है, ताकि
𐤉𐤄𐤅𐤄 के भवन में हर एक पागल और जो अपने आप को
नबी बनाता है उस पर अधिकारी हों, कि तुम उसे बेड़ियों और
लोहे के कॉलर में डालो। 27 "तो तुमने अनाथोत के यिर्मयाहू
को क्यों नहीं डाँटा, जो अपने आप को तुम्हारे लिये नबी बनाता
है? 28 "क्योंकि उसने हमको बाबेल में यह कहकर भेजा है,
'यह लम्बा होगा - घर बनाओ और उनमें बसो, और बाग
लगाओ और उसका फल खाओ।' " ' " 29 और याजक
सफन्याहू ने यह पत्र नबी यिर्मयाहू के सुनने में पढ़ा। 30 तब
𐤉𐤄𐤅𐤄 का वचन यिर्मयाहू के पास आया, यह कहते हुए,
31 "सब निर्वासितों के पास भेजो, यह कहते हुए, 'शेमायाहू
नेहेलेमी के विषय में 𐤉𐤄𐤅𐤄 ने ऐसा कहा, "क्योंकि शेमायाहू
ने तुम्हारे लिये भविष्यवाणी की, और मैंने उसे नहीं भेजा, और
उसने तुम्हें झूठ पर भरोसा करने के लिये प्रेरित किया,"
32 इस कारण 𐤉𐤄𐤅𐤄 ने ऐसा कहा, "देखो, मैं शेमायाहू
नेहेलेमी और उसके वंश पर दण्ड ला रहा हूँ: उसका कोई भी
इस लोगों के बीच रहनेवाला न होगा, और न ही वह उस भलाई
को देखेगा जो मैं अपनी प्रजा के लिये करने जा रहा हूँ,"
𐤉𐤄𐤅𐤄 की घोषणा, "क्योंकि उसने 𐤉𐤄𐤅𐤄 के विरुद्ध
अधर्म बोला है।" ' "

30

1 यह वचन जो यिर्मयाहू के पास 𐤉𐤄𐤅𐤄 से आया,
कहा, 2 "यिस्त्राएल का ईश्वर 𐤉𐤄𐤅𐤄 यूँ कहता है,
'तू एक पुस्तक में अपने लिये वे सब वचन लिख ले जो मैं
तुझ से कह चुका हूँ। 3 'देख, वे दिन आनेवाले हैं,' 𐤉𐤄𐤅𐤄
की घोषणा है, 'जब मैं अपनी प्रजा यिस्त्राएल और यहूदा की
बंधुआई को पलट दूँगा,' 𐤉𐤄𐤅𐤄 की घोषणा है, 'और उन्हें
उस देश में लौटा लाऊँगा जो मैंने उनके पितरों को दिया था,
और वे उसको अधिकार में लेंगे।' " 4 और ये वे वचन हैं जो
𐤉𐤄𐤅𐤄 ने यिस्त्राएल और यहूदा के विषय में कहे। 5 "क्योंकि
यह वही है जो 𐤉𐤄𐤅𐤄 ने कहा, 'हमने काँपने की, भय की
आवाज़ सुनी है, और शान्ति की नहीं। 6 'अब पूछकर देखो
कि क्या कोई पुरुष जन्म देता है? क्यों मैं हर एक पुरुष को
अपनी कोख पर हाथ रखे देखता हूँ, जैसे कोई स्त्री प्रसव में
हो, और सबके चेहरे पीले पड़ गए हैं? 7 'हाय! वह दिन महान
है, उसके समान कोई नहीं। और वह याक़ोब की संकट का
समय है, परन्तु वह उसमें से बचाया जाएगा। 8 'और उस
दिन यह होगा,' सेनाओं के 𐤉𐤄𐤅𐤄 की यह वाणी है, 'कि मैं
उसका जूआ तेरी गर्दन से तोड़ दूँगा, और तेरे बन्धनों को

फाड़ डालूँगा, और परदेशी उन्हें फिर दास न बनाएँगे।
9 'परन्तु वे 𐤉𐤄𐤅𐤄 अपने ईश्वर की, और दाविद अपने
राजा की सेवा करेंगे, जिसे मैं उनके लिये उठाऊँगा।
10 'और तू मत डर, हे मेरे दास याक़ोब,' 𐤉𐤄𐤅𐤄 की यह
वाणी है, 'और न ही तू भयभीत हो, हे यिस्राएल। क्योंकि देख,
मैं तुझे दूर से बचा रहा हूँ, और तेरे वंश को उनकी बंधुआई
की भूमि से। और याक़ोब लौटेगा, और विश्राम करेगा, और
निश्चिन्त रहेगा, और कोई उसे भयभीत न करेगा।
11 'क्योंकि मैं तेरे साथ हूँ,' 𐤉𐤄𐤅𐤄 की यह वाणी है, 'तुझे
बचाने के लिये। यद्यपि जिन जातियों में मैंने तुझे तितर-बितर
किया है, उन सबका मैं अन्त कर दूँगा, तौभी तेरा मैं अन्त न
करूँगा। परन्तु मैं न्याय से तुझे ताड़ना दूँगा, और तुझे
बिलकुल निर्दोष न छोड़ूँगा।' 12 "क्योंकि 𐤉𐤄𐤅𐤄 यूँ कहता
है, 'तेरी चोट असाध्य है, तेरी घाव गम्भीर है। 13 'तेरे लिये
कोई पक्ष नहीं करता, कि तेरे घाव को बाँध दे। तेरे लिये कोई
औषधि नहीं। 14 'जो तुझसे प्रेम करते थे वे सब तुझे भूल गए
हैं, वे तुझे खोजते नहीं। क्योंकि मैंने तुझ पर शत्रु के समान
प्रहार किया है, निर्दय दण्ड के साथ, क्योंकि तेरा अधर्म बड़ा
है, तेरे पाप बढ़ गए हैं। 15 'तू अपनी चोट के विषय में क्यों
रोता है? तेरा दुख असाध्य है। तेरे बहुत अधर्मों के कारण,
तेरे पाप बढ गए हैं, इसलिये मैंने तुझ से यह किया है।
16 'तौभी जितने तुझे निगलते हैं वे सब निगले जाएँगे। और
तेरे सब विरोधी, हर एक, बन्धुआई में जाएँगे। और जो तेरा
शोषण करते हैं वे शोषित होंगे, और जितने तुझ पर लूटते हैं,
मैं उन्हें लूट बना दूँगा। 17 'क्योंकि मैं तुझे चंगा करूँगा और
तेरे घावों से तुझे आरोग्य दूँगा,' 𐤉𐤄𐤅𐤄 की यह वाणी है,
'क्योंकि उन्होंने तुझे निकाला हुआ कहा है, "यह सिय्योन है,
कोई उसको नहीं खोजता।" ' 18 "𐤉𐤄𐤅𐤄 यूँ कहता है,
'देख, मैं याक़ोब के तम्बुओं की बंधुआई को पलट दूँगा, और
उसकी निवास-स्थलों पर दया करूँगा। और नगर अपने ढेर
पर बनाया जाएगा, और महल अपनी उचित जगह पर ठहरा
रहेगा। 19 'और उनमें से धन्यवाद का स्वर और हँसी
करनेवालों की आवाज़ उठेगी। और मैं उनको बढ़ाऊँगा, और
वे घटेंगे नहीं। और मैं उनका आदर करूँगा, और वे छोटे न
होंगे। 20 'और उसके पुत्र पहिले के समान होंगे, और उसकी
मण्डली मेरे सम्मुख स्थिर होगी। और मैं उन सब को दण्ड
दूँगा जो उन्हें दबाते हैं। 21 'और उसका प्रधान उसके ही
मध्य से होगा, और उसका शासक उसके भीतर से
निकलेगा। और मैं उसे निकट लाऊँगा, और वह मेरे पास
आएगा, क्योंकि कौन है जिसने अपना मन मुझे निकट आने
के लिये अर्पण किया?' 𐤉𐤄𐤅𐤄 की यह वाणी है। 22 'और
तुम मेरी प्रजा होगे, और मैं तुम्हारा ईश्वर ठहरूँगा।' "
23 देखो, 𐤉𐤄𐤅𐤄 का आँधी क्रोध में निकला है, एक घुमड़ता
हुआ आँधी! यह दुष्टों के सिर पर टूट पड़ेगा। 24 𐤉𐤄𐤅𐤄
का प्रज्वलित क्रोध तब तक नहीं रुकेगा जब तक उसने अपने
मन की युक्तियों को पूरा और स्थिर न कर लिया हो। अन्तिम
दिनों में तुम उसको समझोगे।

31

1 "उस समय," 𐤉𐤄𐤅𐤄 घोषणा करता है, "मैं
इस्राएल की सब कुलों का ईश्वर होऊंगा, और वे मेरी
प्रजा होंगे।" 2 यहोवा 𐤉𐤄𐤅𐤄 ने कहा, "तलवार से बची हुई
एक प्रजा ने जंगल में अनुग्रह पाया, इस्राएल, जब वह विश्राम
पाने को गया।" 3 𐤉𐤄𐤅𐤄 ने दूर से मुझे प्रकट होकर कहा,
"मैंने तुझ से सदा प्रेम किया है, इसलिये मैं तुझे करुणा से
खींच लूंगा। 4 "मैं तुझे फिर से बनाऊंगा। और तू फिर से
बनायी जाएगी, इस्राएल की कन्या! फिर से तू अपने डफ
बजाएगी, और आनन्द करने वालों के नृत्यों में निकलेगी।
5 "फिर तू शोमेरोन के पहाड़ों पर दाखलताएं लगाएगी।
लगाने वाले लगाएंगे और उन्हें साधारण समझेंगे। 6 "क्योंकि
ऐसा दिन होगा जब एप्रैम के पहाड़ पर रखवाले पुकारेंगे,
'उठो, और हम सिय्योन पर जाएं, अपने ईश्वर 𐤉𐤄𐤅𐤄 के
पास।' " 7 क्योंकि यहोवा 𐤉𐤄𐤅𐤄 ने कहा, "याक़ोब के लिये
आनन्द से गाओ, और जातियों के प्रधानों के बीच
जयजयकार करो। पुकारो, स्तुति करो, और कहो, 'हे
𐤉𐤄𐤅𐤄, अपनी प्रजा, इस्राएल के बचे हुओं को बचा ले!'
8 "देखो, मैं उन्हें उत्तर देश से लाता हूं, और उन्हें पृथ्वी के
छोरों से इकट्ठा करूंगा, उनके बीच अंधे और लंगड़े, गर्भवती
और जच्चा भी होंगे, सब मिलकर – एक बड़ी सभा यहां
लौटेगी। 9 "वे रोते हुए आएंगे, और प्रार्थनाओं के साथ मैं उन्हें
लाऊंगा। मैं उन्हें जल की नदियों के किनारे सीधी राह में
चलाऊंगा, जिस में वे ठोकर न खाएंगे। क्योंकि मैं इस्राएल
का पिता होऊंगा, और एप्रैम मेरा पहिलौठा है। 10 "हे
अन्यजातियो, यहोवा 𐤉𐤄𐤅𐤄 का वचन सुनो, और इसे दूर
द्वीपों में प्रचार करो, और कहो, 'जिसने इस्राएल को तितर-
बितर किया वह उसे इकट्ठा करता है, और अपने झुंड की
रखवाली करने वाले चरवाहे के समान उसकी रक्षा करेगा।'
11 "क्योंकि यहोवा 𐤉𐤄𐤅𐤄 याक़ोब को छुड़ाएगा, और उसे
उस से भी बलवान के हाथ से छुड़ाएगा। 12 "और वे आएंगे
और सिय्योन की ऊंचाई पर गाते हुए आएंगे, और यहोवा
𐤉𐤄𐤅𐤄 की भलाई की ओर बहेंगे, अन्न, नये दाखरस, और
तेल के लिये, और झुंड और गाय-बैल के बच्चों के लिये।
और उनका प्राण एक सिंचाई वाले बगीचे के समान होगा, और
वे फिर कभी न सूखेंगे। 13 "तब कन्या नृत्य में आनन्द
करेगी, और जवान और बूढ़े मिलकर। और मैं उनके शोक
को आनन्द में बदल दूंगा, और उन्हें शाति दूंगा, और उनके
शोक से उन्हें आनन्दित करूंगा। 14 और मैं याजकों के प्राण
को सम्पन्न करूंगा। और मेरी प्रजा मेरी भलाई से तृप्त होगी,"
यहोवा 𐤉𐤄𐤅𐤄 कहता है। 15 यहोवा 𐤉𐤄𐤅𐤄 ने कहा,
"रामाह में एक आवाज़ सुनी गई, विलाप, कड़वा रोना, राहेल
अपने पुत्रों के लिये रो रही है, अपने पुत्रों के लिये शाति पाने से
इंकार करती है, क्योंकि वे नहीं रहे।" 16 यहोवा 𐤉𐤄𐤅𐤄 ने
कहा, "अपनी आवाज़ को रोने से, और अपनी आंखों को
आंसुओं से रोक, क्योंकि तेरे परिश्रम का फल है," यहोवा
𐤉𐤄𐤅𐤄 कहता है, "और वे शत्रु देश से लौट आएंगे।
17 "और तेरे अन्त के लिये आशा है," यहोवा 𐤉𐤄𐤅𐤄 कहता
है, "और तेरे पुत्र अपनी भूमि पर लौट आएंगे। 18 "मैंने
सचमुच एप्रैम का विलाप सुना है, 'तूने मुझे ताड़ना दी, और मै
ताड़ना पाया, जैसे एक अनियंत्रित बछड़ा। मुझे लौटा, और
मैं लौटूंगा, क्योंकि तू मेरा ईश्वर 𐤉𐤄𐤅𐤄 है। 19 'क्योंकि
लौटने के बाद, मैं ने मन फिराया। और सिखाए जाने के बाद,
मैंने अपनी जांघ पर हाथ मारा। मैं लज्जित हुआ, हां,
अपमानित भी, क्योंकि मैंने अपनी जवानी का अपमान
उठाया।' 20 "क्या एप्रैम मेरे लिये प्रिय पुत्र है, प्रिय बच्चा?
क्योंकि यद्यपि मैंने उसके विरुद्ध बातें कीं, तौभी मैं उसे स्मरण

करता हूं। इसलिये मेरी करुणा उसके लिये गहराई से
उमड़ती है। मैं उसके लिये बड़ी दया करूंगा,” यहोवा
𐤉𐤄𐤅𐤄 कहता है। 21 “चिह्न खड़े करो, निशानियां बनाओ;
अपना मन मार्ग की ओर लगाओ, जिस में तू गया था। लौट
आ, हे इस्राएल की कन्या, लौट आ अपने इन नगरों में!
22 “तू कब तक यहाँ-वहाँ भटकेगी, हे अविश्वासी पुत्री?
क्योंकि 𐤉𐤄𐤅𐤄 ने पृथ्वी पर नई चीज़ बनाई है: एक स्त्री एक
पुरुष को घेरेगी!” 23 सेनाओं के 𐤉𐤄𐤅𐤄, इस्राएल के ईश्वर
ने यूँ कहा, “वे फिर से यह वचन यहूदा देश और उसकी
नगरों में कहें, जब मैं उनकी बंधुआई को लौटा दूँगा, ‘धर्मी
घर, पवित्रता के पर्वत, 𐤉𐤄𐤅𐤄 तुझे आशीष दे!’ 24 “और
यहूदा और उसकी सब नगरों में किसान और वे जो झुंडों के
साथ यात्रा करते हैं, मिलकर बसेंगे।” 25 “क्योंकि मैं थकी
हुई आत्मा को तृप्त करूँगा, और हर दुखी प्राणी को संतुष्ट
करूँगा।” 26 इस पर मैं जागा और चारों ओर देखा, और
मेरी नींद मुझे मधुर लगी। 27 “देख, वे दिन आ रहे हैं,”
𐤉𐤄𐤅𐤄 की यह वाणी है, “कि मैं इस्राएल के घराने और
यहूदा के घराने को मनुष्य के बीज और पशु के बीज से
बोऊँगा।” 28 “और जैसा मैंने उन पर ध्यान दिया कि उन्हें
उखाड़ूँ, और तोड़ूँ, और गिरा दूँ, और नाश करूँ, और दु:ख
पहुँचाऊँ, वैसे ही मैं उन पर ध्यान दूँगा कि उन्हें बनाऊँ और
लगाऊँ,” 𐤉𐤄𐤅𐤄 की यह वाणी है। 29 “उन दिनों वे अब
और यह न कहेंगे, ‘पिताओं ने खट्टी अंगूर खाई, और बेटों के
दाँत सुन्न हो गए।’ 30 “परन्तु हर एक अपने ही अधर्म के
कारण मरेगा - जो कोई खट्टी अंगूर खाएगा, उसके दाँत सुन्न
होंगे।” 31 “देख, वे दिन आ रहे हैं,” 𐤉𐤄𐤅𐤄 की यह वाणी
है, “जब मैं इस्राएल के घराने और यहूदा के घराने के साथ
एक नई वाचा बाँधूँगा।” 32 “उस वाचा के समान नहीं, जो
मैंने उनके पिताओं के साथ बाँधी थी, जिस दिन मैं उनका
हाथ पकड़कर उन्हें मिस्र देश से निकाल लाया था, मेरी वह
वाचा जिसे उन्होंने तोड़ा, यद्यपि मैं उनका पति था,” 𐤉𐤄𐤅𐤄
की यह वाणी है। 33 “क्योंकि यह वह वाचा है जो मैं उन दिनों
के बाद इस्राएल के घराने के साथ बाँधूँगा,” 𐤉𐤄𐤅𐤄 की यह
वाणी है: “मैं अपनी व्यवस्था उनके भीतरी अंगों में डालूँगा
और उसे उनके हृदय पर लिखूँगा। और मैं उनका ईश्वर
होऊँगा, और वे मेरी प्रजा होंगे।” 34 “और वे फिर से अपने
पड़ोसी और अपने भाई को यह न सिखाएँगे, ‘𐤉𐤄𐤅𐤄 को
जानो,’ क्योंकि वे सब मुझे जानेंगे, छोटे से बड़े तक,”
𐤉𐤄𐤅𐤄 की यह वाणी है। “क्योंकि मैं उनके अधर्म को क्षमा
करूँगा और उनके पाप को फिर स्मरण न करूँगा।”
35 सेनाओं के 𐤉𐤄𐤅𐤄 ने यह कहा, जो दिन के उजियाले के
लिये सूर्य देता है, और रात के उजियाले के लिये चाँद और
तारों की विधि ठहराता है, जो समुद्र को हिलाता है कि उसकी
लहरें गरजती हैं - उसका नाम सेनाओं का 𐤉𐤄𐤅𐤄 है:
36 “यदि ये विधियाँ मेरे सामने से हट जाएँ,” 𐤉𐤄𐤅𐤄 की यह
वाणी है, “तो इस्राएल का वंश भी मेरे सामने सदा सर्वदा जाति
रहना छोड़ देगा।” 37 सेनाओं के 𐤉𐤄𐤅𐤄 ने यह कहा, “यदि
ऊपर के आकाश को मापा जा सके, और नीचे की पृथ्वी की
नींवें खोजी जा सकें, तो मैं भी इस्राएल के सब वंश को उन
सब बातों के कारण निकाल दूँगा, जो उन्होंने की हैं,”
𐤉𐤄𐤅𐤄 की यह वाणी है। 38 “देख, वे दिन आ रहे हैं,”
𐤉𐤄𐤅𐤄 की यह वाणी है, “कि नगर 𐤉𐤄𐤅𐤄 के लिये बनाया
जाएगा हननेएल के गुम्मट से लेकर कोने के फाटक तक।”
39 “और नापने की डोरी फिर सीधी गरब की पहाड़ी तक
जाएगी, फिर गोआ की ओर मुड़ेगी।” 40 “और सब घाटी
जहाँ मृत शरीर और राख पड़ी है, और सब खेत किद्रोन की
नाला तक, घोड़े के फाटक के कोने तक, पूरब की ओर, सब
𐤉𐤄𐤅𐤄 के लिये पवित्र होंगे। अब कभी और उसे उखाड़ा या
गिराया न जाएगा।”

32

1 यह वचन जो यिर्मयाहू के पास 𐤉𐤄𐤅𐤄 से यहूदा के
राजा सिदकियाहू के दसवें वर्ष में आया, जो
नबूकदनेत्स्सर का अठारहवाँ वर्ष था। 2 उस समय बाबेल के
राजा की सेना ने येरुशालेम को घेर लिया था, और नबी
यिर्मयाहू यहूदा के राजा के घर में पहरे के आँगन में बन्द था।
3 क्योंकि यहूदा के राजा सिदकियाहू ने उसे बन्द कर रखा
था, यह कहकर, “तू क्यों भविष्यवाणी करता है और कहता है,
‘यहोवा 𐤉𐤄𐤅𐤄 यूँ कहता है, देख, मैं इस नगर को बाबेल के
राजा के हाथ में दे रहा हूँ और वह उसे ले लेगा, 4 और यहूदा
का राजा सिदकियाहू कसदियों के हाथ से नहीं बचेगा, परन्तु
निश्चय ही बाबेल के राजा के हाथ में दिया जाएगा, और वह
उससे आमने-सामने बातें करेगा, और आँखों से आँखें
देखेगा, 5 और वह सिदकियाहू को बाबेल ले जाएगा, और वह
वहाँ तब तक रहेगा जब तक मैं उसकी सुधि लूँ,” यह वचन है
𐤉𐤄𐤅𐤄 का। “यद्यपि तुम कसदियों से लड़ोगे, परन्तु सफल
न होगे।” ’ ” 6 और यिर्मयाहू ने कहा, “यहोवा 𐤉𐤄𐤅𐤄 का
वचन मेरे पास आया, यह कहकर, 7 ‘देख, हनामेएल, शल्लूम
का पुत्र, तेरा मामा तुझ से मिलने आएगा और कहेगा, “मेरा
खेत जो अनातोत में है, खरीद ले, क्योंकि छुड़ाने का
अधिकार तेरा है, उसे खरीदने का।” ’ 8 “सो हनामेएल, मेरे
मामा का पुत्र, मेरे पास पहरे के आँगन में आया, यहोवा
𐤉𐤄𐤅𐤄 के वचन के अनुसार, और मुझसे कहा, ‘कृपया मेरा
वह खेत खरीद ले जो अनातोत में है, जो बिन्यामीन की भूमि
में है, क्योंकि वारिस होने का अधिकार तेरा है, और छुड़ाने का
अधिकार भी तेरा है। अपने लिये उसे खरीद ले।’ और तब
मैं जान गया कि यहोवा 𐤉𐤄𐤅𐤄 का यही वचन है। 9 “तब
मैंने अनातोत में जो खेत था, उसे अपने मामा के पुत्र
हनामेएल से खरीदा और उसे चाँदी दी, सत्रह शेकेल चाँदी
तौली। 10 “और मैंने लेख लिखकर मुहरबन्द किया, गवाह
बुलाए, और तराजू में चाँदी तौली। 11 “फिर मैंने खरीद का
लेख लिया – वह जो आज्ञा और व्यवस्था के अनुसार
मुहरबन्द था, और वह भी जो खुला था – 12 और मैंने खरीद
का लेख बरूक, नेरियाह के पुत्र, महसेयाह के पुत्र को दिया,
अपने मामा के पुत्र हनामेएल के सामने, और उन गवाहों के
सामने जिन्होंने खरीद के लेख पर हस्ताक्षर किए थे, और
उन सब यहूदियों के सामने जो पहरे के आँगन में बैठे थे।
13 “और मैंने उनकी आँखों के सामने बरूक को आज्ञा दी,
यह कहकर, 14 ‘यहोवा 𐤉𐤄𐤅𐤄 सेनाओं का, इस्राएल का
ईश्वर, यूँ कहता है, “ये दोनों लेख, यह खरीद का मुहरबन्द
लेख और यह खुला लेख, ले लो और उन्हें मिट्टी के पात्र में
रखो, ताकि वे बहुत दिनों तक बने रहें।” ’ 15 ‘क्योंकि यहोवा
𐤉𐤄𐤅𐤄 सेनाओं का, इस्राएल का ईश्वर, यूँ कहता है, “इस
देश में फिर से घर और खेत और दाख की बारियाँ खरीदी
जाएँगी।” ’ ” 16 “और जब मैंने खरीद का लेख बरूक,

नेरियाह के पुत्र को दे दिया, तब मैंने यहोवा 𐤉𐤄𐤅𐤄 से
प्रार्थना की, यह कहकर, 17 ‘हाय, प्रभु 𐤉𐤄𐤅𐤄! देख, तूने
आकाश और पृथ्वी को अपनी बड़ी शक्ति और फैले हुए भुजा
से बनाया है। तेरे लिये कोई भी बात कठिन नहीं है, 18 जो
हजारों पर करुणा करता है, और पितरों के अधर्म का दण्ड
उनके बाद उनकी गोद में पुत्रों को देता है – महान, पराक्रमी
ईश्वर, सेनाओं का यहोवा 𐤉𐤄𐤅𐤄, यही उसका नाम है,
19 योजना में महान और कार्य में शक्तिशाली, क्योंकि तेरी
आँखें सब मनुष्यों की चाल पर खुली रहती हैं, ताकि प्रत्येक
को उसके मार्गों के अनुसार और उसके कामों के फल के
अनुसार दे। 20 ‘क्योंकि तूने मिस्र देश में आज तक चिन्ह
और अद्‌भुत काम किए हैं, और इस्राएल और अन्य मनुष्यों
में भी। और तूने अपने लिये नाम बनाया है, जैसा आज तक
है। 21 ‘और तूने अपने लोगों इस्राएल को मिस्र देश से चिन्हों
और अद्‌भुत कामों के साथ, बलवन्त हाथ और फैले हुए भुजा
और बड़े भयानक कामों के साथ निकाला। 22 ‘और तू ने
उन्हें यह देश दिया, जिस की शपथ तू ने उनके पितरों से खाई
थी कि उन्हें देगा, दूध और मधु बहनेवाला देश। 23 ‘और वे
आकर उसे अपने अधिकार में ले लिए, परन्तु उन्होंने तेरी
वाणी को नहीं सुना और न तेरी תורה में चले। उन्होंने वह
सब नहीं किया जो तू ने उन्हें आज्ञा दी थी, इसलिये तू ने उन
पर यह सब बुराई ले आया। 24 ‘देख घेरे के ढेर! वे नगर पर
चढ़ आए हैं कि उसे ले लें। और नगर कसदी लोगों के हाथ
में दे दिया गया है जो उसके विरुद्ध लड़ते हैं, तलवार और
अकाल और महामारी के कारण। और जो तू ने कहा वह
घटित हुआ है, और देख, तू इसे देख रहा है! 25 ‘तौभी हे प्रभु
𐤉𐤄𐤅𐤄, तू ने मुझ से कहा, “चाँदी देकर खेत मोल लो, और
गवाह बुलाओ”! यद्यपि यह नगर कसदी लोगों के हाथ में दे
दिया गया है।’ ” 26 तब 𐤉𐤄𐤅𐤄 का वचन यिर्मयाहू के पास
आया, यह कहते हुए, 27 “देख, मैं 𐤉𐤄𐤅𐤄, सब प्राणियों का
ईश्वर हूँ। क्या कोई बात मेरे लिये कठिन है?” 28 इसलिये
यहोवा यों कहता है, “देख, मैं इस नगर को कसदी लोगों के
हाथ में, बाबेल के राजा नबूकदनेत्स्सर के हाथ में दे रहा हूँ,
और वह उसे ले लेगा। 29 “और कसदी लोग जो इस नगर
के विरुद्ध लड़ते हैं, इस नगर में आकर इसे आग लगाएँगे
और जलाएँगे, उन घरों सहित जिनकी छतों पर उन्होंने बाल
को धूप जलाई और दूसरे देवताओं को पेय अर्घ्य उंडेला, कि
मुझे क्रोधित करें। 30 “क्योंकि इस्राएल के पुत्रों और यहूदा
के पुत्रों ने अपनी जवानी से मेरे साम्हने केवल बुराई ही की
है। इस्राएल के पुत्रों ने अपने हाथों के काम से केवल मुझे
क्रोधित किया है,” यह 𐤉𐤄𐤅𐤄 की यह वाणी है। 31 “क्योंकि
इस नगर ने मेरे कोप और मेरे क्रोध का कारण मेरे सामने
उस दिन से किया है, जिस दिन से उन्होंने उसे बनाया है,
आज तक, कि मैं उसे अपने साम्हने से दूर कर दूँ। 32 इस
कारण कि इस्राएल के पुत्रों और यहूदा के पुत्रों ने जो बुराई
की है, जिससे मुझे क्रोधित करें - वे, उनके राजा, उनके
सरदार, उनके याजक, उनके नबी, यहूदा के पुरुष और
यरूशलेम के निवासी। 33 “और उन्होंने मेरी ओर पीठ फेर
ली है और मुँह नहीं - यद्यपि मैं ने उन्हें सिखाया, भोर उठकर
और सिखाया, उन्होंने नहीं सुना कि शिक्षा ग्रहण करें।
34 “और उन्होंने अपनी घृणित वस्तुएँ उस भवन में रखीं,
जिस पर मेरा नाम लिया गया है, कि उसे अशुद्ध करें।
35 “और उन्होंने बाल की ऊँची जगहें बनाई हैं जो बेन हिन्नोम
की तराई में हैं, कि अपने बेटे-बेटियों को मोलेक को चढ़ाएँ,
जिसे मैं ने उन्हें आज्ञा नहीं दी, और न मेरे मन में आया, कि वे
यह घृणित काम करें, यहूदा को पाप में डालें। 36 “अब
इस्राएल का ईश्वर 𐤉𐤄𐤅𐤄 यों कहता है, इस नगर के विषय
में जिस के विषय में तुम कहते हो, ‘यह बाबेल के राजा के
हाथ में तलवार और अकाल और महामारी से दिया जाएगा’:
37 ‘देख, मैं उन्हें उन सब देशों से इकट्ठा कर रहा हूँ, जहाँ मैं
ने उन्हें अपने कोप और अपने क्रोध और बड़े क्रोध में हाँक
दिया था। और मैं उन्हें इस स्थान पर लौटा लाऊँगा, और
उन्हें शान्ति से बसाऊँगा। 38 ‘और वे मेरी प्रजा होंगे, और मैं
उनका ईश्वर होऊँगा। 39 ‘और मैं उन्हें एक ही मन और एक
ही मार्ग दूँगा, कि वे सदा मेरा भय मानें, उनके भले के लिये
और उनके पुत्रों के भले के लिये जो उनके बाद होंगे।
40 ‘और मैं उनके साथ एक सदा की वाचा बाँधूँगा, कि मैं उन
पर भलाई करने से न फिरूँ। और मैं अपने भय को उनके
हृदय में डालूँगा कि वे मुझ से न फिरें। 41 ‘और मैं उन पर
आनन्दित होऊँगा कि उन पर भलाई करूँ, और उन्हें इस देश
में सचाई से अपने सारे मन और अपनी सारी आत्मा से
लगाऊँगा।’ 42 “क्योंकि यहोवा यों कहता है, ‘जैसे मैं ने इस
प्रजा पर यह सब बड़ी बुराई ले आया हूँ, वैसे ही मैं उन पर वह
सब भलाई ले आऊँगा, जो मैं उनसे कह रहा हूँ। 43 ‘और इस
देश में खेत खरीदे जाएँगे, जिस के विषय में तुम कहते हो,
“यह सुनसान है, न मनुष्य है और न पशु। इसे कसदी लोगों
के हाथ में दे दिया गया है।” 44 ‘खेत चाँदी से खरीदे जाएँगे,
और लिखत पर हस्ताक्षर और मुहर लगेगी, और गवाह बुलाए
जाएँगे, बिन्यामीन के देश में, और यरूशलेम के चारों ओर के
स्थानों में, और यहूदा के नगरों में, और पहाड़ी देश के नगरों
में, और नीचले देश के नगरों में, और नेगेब के नगरों में।
क्योंकि मैं उनकी बन्धुआई को लौटा लाऊँगा,’ यह 𐤉𐤄𐤅𐤄
की यह वाणी है।”

33

1 और 𐤉𐤄𐤅𐤄 का वचन यिर्मयाहू के पास दूसरी बार
आया, जब वह अब भी रक्षक की आँगन में बंद था,
यह कहते हुए, 2 “यहोवा 𐤉𐤄𐤅𐤄 जिसने इसे बनाया,
𐤉𐤄𐤅𐤄 जिसने इसे स्थापित करने के लिए रूप दिया,
उसका नाम 𐤉𐤄𐤅𐤄 है, ऐसा कहता है, 3 ‘मुझे पुकारो, और
मैं तुम्हें उत्तर दूँगा, और तुम्हें महान बातें और अज्ञात बातें
दिखाऊँगा, जिन्हें तुमने नहीं जानीं।’ 4 “क्योंकि इस प्रकार
कहता है 𐤉𐤄𐤅𐤄, इस्राएल का ईश्वर, इस नगर के घरों
और यहूदा के राजाओं के घरों के विषय में, जो घेरे और
तलवार के कारण ढा दिए गए हैं, 5 जब वे कस्दियों से लड़ने
आते हैं, और उन स्थानों को मनुष्यों की लाशों से भर देते हैं,
जिन्हें मैं अपने क्रोध और अपने प्रकोप में मार डालूँगा, और
जिनकी बुराई के कारण मैंने अपने मुख को इस नगर से छिपा
लिया है। 6 ‘देखो, मैं इसमें आरोग्य और चंगाई लाऊँगा।
और मैं उन्हें चंगा करूँगा और उन्हें शांति और सत्य की
बहुतायत प्रकट करूँगा। 7 ‘और मैं यहूदा की बंधुआई और
इस्राएल की बंधुआई को पलट दूँगा, और उन्हें आरंभ के
समान बनाऊँगा, 8 और मैं उन्हें उनकी सारी अधर्मता से शुद्ध
करूँगा, जिससे उन्होंने मेरे विरुद्ध पाप किया है। और उनकी
सारी अधर्मता को क्षमा करूँगा, जिससे उन्होंने मेरे विरुद्ध

पाप किया और मेरे विरुद्ध अपराध किया है। 9 'और यह मेरे
लिए आनन्द का नाम, प्रशंसा और गौरव होगा पृथ्वी की सब
जातियों के सामने, जो उन सब भलाईयों को सुनेंगी जो मैं
उनके लिए कर रहा हूँ। और वे डरेंगी और कापेंगी उन सब
भलाईयों और शांति के कारण जो मैं इसके लिए कर रहा हूँ।'
10 "यहोवा 𐤉𐤄𐤅𐤄 यूँ कहता है, 'इस स्थान में जिसके विषय
में तुम कहते हो, "यह उजड़ा पड़ा है, न मनुष्य है और न
पशु," यहूदा के नगरों में और येरूशलेम की सड़कों में जो
सुनसान हैं, बिना मनुष्य और बिना निवासी और बिना पशु के,
फिर सुना जाएगा 11 आनन्द का शब्द और हर्ष का शब्द, दूल्हे
का शब्द और दुल्हन का शब्द, उनका शब्द जो कहते हैं,
"सेनाओं का यहोवा 𐤉𐤄𐤅𐤄 की स्तुति करो, क्योंकि यहोवा
𐤉𐤄𐤅𐤄 भला है, क्योंकि उसकी करुणा सदा की है," उनका
शब्द जो यहोवा 𐤉𐤄𐤅𐤄 के भवन में धन्यवाद का बलिदान
लाते हैं। क्योंकि मैं देश की बंधुआई को आरंभ के समान
पलट दूँगा,' यहोवा 𐤉𐤄𐤅𐤄 की वाणी है। 12 "यहोवा
𐤉𐤄𐤅𐤄 सेनाओं का यूँ कहता है, 'इस स्थान में जो उजड़ा
पड़ा है, न मनुष्य है और न पशु, और उसके सब नगरों में,
फिर चरवाहों का घर होगा जो अपनी भेड़ों को बैठाएँगे।
13 'पर्वतों के नगरों में, नीचले देश के नगरों में, नेगेब के
नगरों में, बिन्यामीन के देश में, और येरूशलेम के चारों ओर
के स्थानों में, और यहूदा के नगरों में, झुंड फिर उन के गिनने
वाले के हाथ के नीचे से निकल जाएँगे,' यहोवा 𐤉𐤄𐤅𐤄 की
वाणी है। 14 'देखो, वे दिन आ रहे हैं,' यहोवा 𐤉𐤄𐤅𐤄 की
वाणी है, 'जब मैं वह उत्तम वचन पूरा करूँगा, जो मैंने
इस्राएल के घर और यहूदा के घर से कहा है। 15 'उन दिनों
और उसी समय मैं दावीद के लिए एक धर्म की शाखा
उगाऊँगा। और वह देश में न्याय और धर्म करेगा। 16 'उन
दिनों यहूदा का उद्धार होगा, और येरूशलेम सुरक्षित बसेगा।
और यह उसका नाम कहलाएगा: 'यहोवा 𐤉𐤄𐤅𐤄 हमारी
धार्मिकता।' 17 "क्योंकि यहोवा 𐤉𐤄𐤅𐤄 कहता है, 'दावीद के
लिए इस्राएल के घर के सिंहासन पर बैठने के लिए मनुष्य की
घटी न होगी। 18 'और याजकों, लेवियों के लिए, मेरे सामने
होमबलि चढ़ाने, अन्नबलि जलाने और निरन्तर बलि देने के
लिए मनुष्य की घटी न होगी।' " 19 और यहोवा 𐤉𐤄𐤅𐤄 का
वचन यिर्मयाहू के पास आया, यह कहते हुए, 20 "यहोवा
𐤉𐤄𐤅𐤄 यूँ कहता है, 'यदि तुम मेरे दिन से और मेरी रात से
वाचा को तोड़ सकते हो, कि उनके अपने समय में दिन और
रात न हों, 21 तो मेरी वाचा भी दावीद मेरे दास से टूट सकती
है - ताकि उसके सिंहासन पर राज्य करने के लिए पुत्र न हो -
और लेवियों याजकों से भी, मेरे सेवकों से। 22 'जैसे आकाश
के तारागण गिने नहीं जाते, और समुद्र की रेत नापी नहीं
जाती, वैसे ही मैं दावीद मेरे दास के वंश को और लेवियों को
बढ़ाऊँगा जो मेरी सेवा करते हैं।' " 23 और यहोवा 𐤉𐤄𐤅𐤄
का वचन यिर्मयाहू के पास आया, यह कहते हुए, 24 "क्या
तुमने ध्यान नहीं दिया कि इन लोगों ने क्या कहा है, यह कहते
हुए, 'वे दो वंश जिन्हें यहोवा 𐤉𐤄𐤅𐤄 ने चुना है, उसने उन्हें
तुच्छ जाना है'? तो उन्होंने मेरी प्रजा का अपमान किया है,
ताकि वे उनके सामने फिर कभी जाति न हों। 25 "यहोवा
𐤉𐤄𐤅𐤄 यूँ कहता है, 'यदि मेरी वाचा दिन और रात से न हो,
और यदि मैंने आकाश और पृथ्वी की विधियों को न ठहराया
हो, 26 तो मैं याक़ोब और दावीद मेरे दास के वंश को भी तुच्छ
जानूँगा, ताकि उसके वंश से अब्राहम, यित्सहाक, और याक़ोब
के वंश पर प्रभुता करने वालों को न लूँ। क्योंकि मैं उनकी
बंधुआई को पलट दूँगा और उन पर दया करूँगा।' "

34 1 वह वचन जो यिर्मयाहू के पास 𐤉𐤄𐤅𐤄 से आया,
जब नबूकदनेत्स्सर बाबेल का राजा और उसकी सारी
सेना, और उसके अधीन सब राज्यों और सब लोगों ने
येरूशलेम और उसके सब नगरों पर चढ़ाई की, यह कहते
हुए, 2 "इस प्रकार कहता है 𐤉𐤄𐤅𐤄, इस्राएल का ईश्वर,
'जा और सिदकियाहू यहूदा के राजा से कह, "इस प्रकार
कहता है 𐤉𐤄𐤅𐤄, 'देख, मैं इस नगर को बाबेल के राजा के
हाथ में दे रहा हूँ, और वह इसे आग से जला देगा।" 3 "और
तू उसके हाथ से नहीं बचेगा, परंतु निश्चय ही पकड़ा जाएगा
और उसके हाथ में दिया जाएगा। और तेरी आंखें बाबेल के
राजा की आंखों को देखेंगी, और उसका मुंह तेरे मुंह से बातें
करेगा, और तू बाबेल जाएगा।' " 4 "परंतु हे सिदकियाहू
यहूदा के राजा! 𐤉𐤄𐤅𐤄 का वचन सुन! 𐤉𐤄𐤅𐤄 तेरे विषय
में यों कहता है, 'तू तलवार से नहीं मरेगा। 5 'शांति से तू
मरेगा, और जैसे तेरे पितरों, जो तुझसे पहले राजा थे, के
लिए मसाले जलाए गए, वैसे ही तेरे लिए भी जलाए जाएंगे,
और तेरे लिए विलाप किया जाएगा, यह कहते हुए, "हाय,
स्वामी!" क्योंकि मैंने वचन कहा है,' 𐤉𐤄𐤅𐤄 की यह वाणी
है। 6 और यिर्मयाहू नबी ने ये सब वचन सिदकियाहू यहूदा के
राजा से येरूशलेम में कहे, 7 जब बाबेल के राजा की सेना
येरूशलेम और यहूदा के बाकी नगरों, लाकीश और अजेका
से लड़ रही थी। क्योंकि ये ही यहूदा के नगरों में से गढ़वाले
नगर रह गए थे। 8 वह वचन जो 𐤉𐤄𐤅𐤄 की ओर से
यिर्मयाहू के पास आया, जब राजा सिदकियाहू ने सब लोगों के
साथ जो येरूशलेम में थे एक वाचा की, कि उन्हें स्वतंत्रता
घोषित की जाए। 9 कि हर कोई अपने इब्री दास और इब्री
दासी को स्वतंत्र कर दे; कोई यहूदी अपने भाई को दासत्व में
न रखे। 10 और जब सब प्रधानों और सब लोगों ने, जिन्होंने
उस वाचा में प्रवेश किया था, यह सुना कि हर कोई अपने दास
और दासी को स्वतंत्र करे और उन्हें अब और दासत्व में न
रखे, तब उन्होंने आज्ञा मानी और उन्हें स्वतंत्र किया।
11 परन्तु बाद में वे फिर मुड़े और उन दासों और दासियों को
वापस ले आए जिन्हें उन्होंने स्वतंत्र किया था, और उन्हें फिर
से दास और दासी बनाया। 12 इसलिए 𐤉𐤄𐤅𐤄 का वचन
यिर्मयाहू के पास आया, यह कहते हुए, 13 "इस प्रकार कहता
है 𐤉𐤄𐤅𐤄, इस्राएल का ईश्वर, 'मैंने तुम्हारे पितरों के साथ
उस दिन वाचा की, जब मैं उन्हें मिस्र देश से, दासत्व के घर
से निकाल लाया, यह कहते हुए, 14 "सात वर्ष के अंत में हर
कोई अपने इब्री भाई को स्वतंत्र कर दे, जो उसे बेचा गया हो।
और जब वह छह वर्ष तेरी सेवा कर चुका हो, तब तू उसे अपने
से स्वतंत्र कर दे।" परन्तु तुम्हारे पितरों ने मेरी आज्ञा न
मानी और न अपने कान झुकाए। 15 'और तुमने अभी हाल
में लौटकर वह किया जो मेरी दृष्टि में ठीक है, हर किसी ने
अपने पड़ोसी को स्वतंत्रता घोषित की, और मेरे नाम से पुकारे
जाने वाले भवन में मेरे सामने वाचा की। 16 'परन्तु तुम फिर
लौटे और मेरे नाम को अपवित्र किया, और तुमने अपने दासों
और दासियों को, जिन्हें तुमने अपनी इच्छा से स्वतंत्र किया
था, वापस ले लिया और उन्हें दास और दासी बनाया।'

[17] "इसलिए इस प्रकार कहता है 𐤉𐤄𐤅𐤄, 'तुमने मेरी आज्ञा
न मानी कि हर कोई अपने भाई और पड़ोसी को स्वतंत्र करे।
देखो, मैं तुम्हें स्वतंत्रता घोषित करता हूँ,' 𐤉𐤄𐤅𐤄 की यह
वाणी है, 'तलवार, महामारी और अकाल के लिए! और मैं तुम्हें
पृथ्वी के सब राज्यों के लिए भय का कारण बनाऊंगा।
[18] 'और मैं उन मनुष्यों को दूंगा जिन्होंने मेरी वाचा तोड़ी,
जिन्होंने उस वाचा की बातों को स्थिर नहीं किया, जो उन्होंने
मेरे सामने की थी, जब उन्होंने बछड़े को दो टुकड़े कर
उसके बीच से होकर चले। [19] यहूदा के प्रधान, येरूशलेम के
प्रधान, खोजे, और याजक, और देश के सब लोग, जो बछड़े
के टुकड़ों के बीच से होकर चले। [20] 'और मैं उन्हें उनके
शत्रुओं और उनके प्राण के खोजियों के हाथ में दूंगा। और
उनके शव आकाश के पक्षियों और पृथ्वी के पशुओं का भोजन
होंगे। [21] 'और मैं सिदकियाहू यहूदा के राजा और उसके
प्रधानों को उनके शत्रुओं और उनके प्राण के खोजियों के हाथ
में दूंगा, और बाबेल के राजा की सेना के हाथ में दूंगा जो
तुमसे हट गई है। [22] 'देखो, मैं आज्ञा देता हूँ,' 𐤉𐤄𐤅𐤄 की
यह वाणी है, 'और मैं उन्हें इस नगर में फिर लाऊंगा, और वे
इसके विरुद्ध लड़ेंगे और इसे ले लेंगे और आग से जलाएंगे।
और मैं यहूदा के नगरों को निर्जन कर दूंगा, जहाँ कोई न
रहेगा।' "

35

[1] वचन जो यिर्मयाहू के पास 𐤉𐤄𐤅𐤄 की ओर से
योशियाहू के पुत्र यहोयाकीम, यहूदा के राजा के दिनों
में आया, यह कहता हुआ, [2] "रेकाबियों के घराने के पास जा।
और तुम उनसे बातें करोगे, और उन्हें 𐤉𐤄𐤅𐤄 के भवन में,
एक कोठरी में लाओगे, और उन्हें दाखमधु पीने को दोगे।"
[3] तब मैंने याजान्याह, यिर्मयाहू का पुत्र, हबात्स्त्सिन्याह का
पुत्र, और उसके भाइयों और सब पुत्रों को, और रेकाबियों के
पूरे घराने को लिया, [4] और उन्हें 𐤉𐤄𐤅𐤄 के भवन में, हानान
पुत्र यिगदलयाहू की कोतरी में लाया, जो ईश्वर का जन था,
जो सरदारों की कोठरी के पास, मासेयाहू पुत्र शल्लूम,
द्वारपाल की कोठरी के ऊपर थी। [5] और मैंने रेकाबियों के
घराने के पुत्रों के सामने दाखमधु से भरे हुए कटोरे और
प्याले रखे, और उनसे कहा, "दाखमधु पियो।" [6] परन्तु
उन्होंने कहा, "हम दाखमधु नहीं पीते, क्योंकि रेकाब के पुत्र
योਨ◌ादाब हमारे पिता ने हमें आज्ञा दी थी, यह कहकर, 'तुम
दाखमधु न पीना, न तुम और न तुम्हारे पुत्र, सदा के लिए।
[7] 'और न कोई घर बनाना, न बीज बोना, न दाख की बारी
लगाना, और न इन में से कोई रखना, परन्तु तम्बुओं में सब
दिन बसना, ताकि उस देश में जहाँ तुम परदेशी हो, तुम बहुत
दिन जीवित रहो।' [8] "इसलिए हम रेकाब के पुत्र योਨ◌ादाब
की वाणी के आज्ञाकारी हुए, जो उसने हमें आज्ञा दी थी, कि
हम अपने सब दिनों में दाखमधु न पीएं, न हम, न हमारी
स्त्रियाँ, न हमारे पुत्र, और न हमारी बेटियाँ, [9] और न अपने
लिये घर बनाएँ कि उनमें बसें। और हमारे पास कोई दाख की
बारी, खेत, या बीज नहीं है। [10] "परन्तु हम तम्बुओं में बसते
हैं, और अपने पिता योਨ◌ादाब की सब आज्ञाओं के अनुसार
हमने पालन किया और किया है। [11] "और ऐसा हुआ कि जब
बाबेल के राजा नबूकदनेत्स्सर देश पर चढ़ आया, तब हमने
कहा, 'आओ, हम कसदियों की सेना और अरामियों की सेना
के भय से येरूशलेम को जाएँ।' इसलिए हम येरूशलेम में
रहते हैं।" [12] और 𐤉𐤄𐤅𐤄 का वचन यिर्मयाहू के पास आया,
यह कहता हुआ, [13] "इस प्रकार सेनाओं के 𐤉𐤄𐤅𐤄,
इस्राएल के ईश्वर, ने कहा, 'जाओ, और यहूदा के लोगों और
येरूशलेम के निवासियों से कहो, "क्या तुमने शिक्षा नहीं ली
कि मेरी वाणी का पालन करो?" 𐤉𐤄𐤅𐤄 की यह वाणी है।
[14] "रेकाब के पुत्र योਨ◌ादाब के वचन, जो उसने अपने पुत्रों
को आज्ञा दी थी, कि वे दाखमधु न पीएँ, स्थिर हैं; और
उन्होंने आज तक नहीं पिया, क्योंकि उन्होंने अपने पिता की
आज्ञा का पालन किया। परन्तु मैंने तुमसे बातें कीं, भोर-भोर
उठकर और बातें कीं, परन्तु तुमने मेरी नहीं सुनी। [15] "और
मैंने अपने सब दास नबियों को तुम्हारे पास भेजा, भोर-भोर
उठकर और उन्हें भेजा, यह कहते हुए, 'हर एक अपने बुरे
मार्ग से फिरो, और अपने कामों को अच्छा बनाओ, और अन्य
देवताओं के पीछे जाकर उनकी सेवा न करो, और उस देश में
बसोगे, जो मैंने तुम और तुम्हारे पितरों को दिया है।' परन्तु
तुमने कान नहीं लगाया, और न मेरी सुनी। [16] "रेकाब के पुत्र
योਨ◌ादाब ने अपने पिता की आज्ञा का पालन किया, जो
उसने उन्हें आज्ञा दी थी, परन्तु इस लोगों ने मेरी नहीं सुनी।"
[17] "इसलिए सेनाओं के 𐤉𐤄𐤅𐤄, इस्राएल के ईश्वर, ने इस
प्रकार कहा, 'देखो, मैं यहूदा पर और येरूशलेम के सब
निवासियों पर वह सारी बुराई लानेवाला हूँ, जो मैंने उनके
विरुद्ध कही है, क्योंकि मैंने उनसे बातें कीं परन्तु उन्होंने नहीं
सुनी, और मैंने उन्हें पुकारा परन्तु उन्होंने उत्तर नहीं दिया।'
" [18] और यिर्मयाहू ने रेकाबियों के घराने से कहा, "सेनाओं के
𐤉𐤄𐤅𐤄, इस्राएल के ईश्वर, ने इस प्रकार कहा, 'क्योंकि
तुमने अपने पिता योਨ◌ादाब की आज्ञा का पालन किया, और
उसकी सब आज्ञाओं को मानकर उसके अनुसार किया है,
[19] इसलिए सेनाओं के 𐤉𐤄𐤅𐤄, इस्राएल के ईश्वर, ने इस
प्रकार कहा, "रेकाब का पुत्र योਨ◌ादाब के वंश से ऐसा
व्यक्ति कभी अभाव में न होगा, जो मेरे सामने खड़ा न हो।" '
"

36

[1] और यहोयाकीम, योशियाह के पुत्र, यहूदा के राजा,
के चौथे वर्ष में यह वचन यिर्मयाह के पास 𐤉𐤄𐤅𐤄
की ओर से आया, [2] "एक स्क्रॉल ले और उस पर वे सब
वचन लिख जो मैंने तुझ से इस्राएल, और यहूदा, और सब
राष्ट्रों के विरुद्ध कहे हैं, जिस दिन से मैंने तुझ से कहा,
योशियाह के दिनों से लेकर आज तक।" [3] "शायद यहूदा का
घराना वह सब बुराई सुन ले, जिसे मैं उन पर लाने की सोच
रहा हूँ, ताकि हर कोई अपनी बुरी चाल से लौट आए, और मैं
उनकी दुष्टता और उनके पाप को क्षमा कर दूँ।" [4] और
यिर्मयाह ने नेरियाह के पुत्र बारूक को बुलाया। और बारूक
ने यिर्मयाह के मुँह से 𐤉𐤄𐤅𐤄 के सब वचन उस स्क्रॉल पर
लिखे, जो उसने उससे कहे थे। [5] और यिर्मयाह ने बारूक को
आज्ञा दी, यह कहते हुए, "मैं बन्द हूँ, मैं 𐤉𐤄𐤅𐤄 के भवन में
प्रवेश करने में असमर्थ हूँ। [6] "परन्तु तू प्रवेश करेगा, और
उस स्क्रॉल से, जो तूने मेरे मुँह से लिखा है, 𐤉𐤄𐤅𐤄 के
वचन, 𐤉𐤄𐤅𐤄 के भवन में लोगों की सुनवाई में उपवास के
दिन पढ़ेगा। और यहूदा के सब लोगों के सुनवाई में भी पढ़ेगा,
जो अपने नगरों से आते हैं। [7] "शायद वे 𐤉𐤄𐤅𐤄 के सामने
अपनी विनती प्रस्तुत करें, और वे लौट आएँ, हर कोई अपनी
बुरी चाल से। क्योंकि यह लोगों के विरुद्ध 𐤉𐤄𐤅𐤄 का बड़ा

क्रोध और रोष कहा गया है।" 8 और नेरियाह के पुत्र बारूक
ने यिर्मयाह नबी की सारी आज्ञा के अनुसार किया, पुस्तक से
𐤉𐤄𐤅𐤄 के वचन 𐤉𐤄𐤅𐤄 के भवन में पढ़े। 9 और
यहोयाकीम, योशियाह के पुत्र, यहूदा के राजा, के पाँचवें वर्ष के
नौवें महीने में, उन्होंने यरूशलेम के सब लोगों के लिए, और
यहूदा के नगरों से यरूशलेम आनेवाले सब लोगों के लिए,
𐤉𐤄𐤅𐤄 के सामने एक उपवास बुलाया। 10 और बारूक ने
यिर्मयाह के वचन उस पुस्तक से 𐤉𐤄𐤅𐤄 के भवन में, शापान
शास्त्री के पुत्र गमारिय्याह के कक्ष में, ऊपरी आँगन में,
𐤉𐤄𐤅𐤄 के भवन के नए फाटक के प्रवेश द्वार पर, सब लोगों
की सुनवाई में पढ़े। 11 और गमारिय्याह के पुत्र, शापान के
पुत्र, मीकायाह ने पुस्तक से 𐤉𐤄𐤅𐤄 के सब वचन सुने।
12 तब वह राजा के घर नीचे उतरा, शास्त्री के कक्ष में। और
वहाँ सब प्रधान बैठे थे: एलिशामा शास्त्री, देलायाह शेमायाह
का पुत्र, एलनाथान अकबोर का पुत्र, गमारिय्याह शापान का
पुत्र, सिदकिय्याह हनन्याह का पुत्र, और सब प्रधान। 13 और
मीकायाह ने उन्हें वे सब वचन बताए जो उसने सुने, जब
बारूक ने लोगों की सुनवाई में पुस्तक पढ़ी। 14 तब सब
प्रधानों ने, नेतन्याह का पुत्र, शेलम्याह का पुत्र, कूशी का पुत्र,
यहूदी को बारूक के पास भेजा, यह कहते हुए, "अपने हाथ में
वह स्क्रॉल ले आ, जिससे तूने लोगों की सुनवाई में पढ़ा है,
और आ।" तब नेरिय्याह का पुत्र बारूक ने स्क्रॉल अपने
हाथ में लिया और उनके पास आया। 15 और उन्होंने उससे
कहा, "कृपया बैठ और हमारे सुनवाई में पढ़।" तब बारूक ने
उनके सुनवाई में पढ़ा। 16 और ऐसा हुआ कि जब उन्होंने सब
वचन सुने, तो वे भय से एक-दूसरे की ओर देखने लगे, और
बारूक से कहा, "हम निश्चय ही ये सब वचन राजा को
बताएँगे।" 17 और उन्होंने बारूक से पूछा, यह कहते हुए,
"कृपया हमें बताओ, तूने ये सब वचन कैसे लिखे? उसके मुँह
से?" 18 और बारूक ने उन्हें उत्तर दिया, "उसने ये सब वचन
अपने मुँह से मुझसे कहे, और मैंने उन्हें स्याही से पुस्तक में
लिखा।" 19 तब प्रधानों ने बारूक से कहा, "जा, तू और
यिर्मयाह छिप जाओ, और किसी को मत बताओ कि तुम कहाँ
हो।" 20 और वे राजा के पास, आँगन में गए। पर उन्होंने
स्क्रॉल एलिशामा शास्त्री के कक्ष में रख दिया, और सब वचन
राजा की सुनवाई में बताए। 21 तब राजा ने यहूदी को स्क्रॉल
लाने के लिए भेजा, और उसने उसे एलिशामा शास्त्री के कक्ष
से लिया। और यहूदी ने उसे राजा की सुनवाई में, और राजा
के पास खड़े सब प्रधानों की सुनवाई में पढ़ा। 22 और राजा
नवें महीने में शीतकालीन घर में बैठा था, उसके सामने अंगीठी
पर आग जल रही थी। 23 और ऐसा हुआ, जब यहूदी ने तीन
या चार खंड पढ़ लिए, तब राजा ने उसे लेखक की छुरी से
काटकर अंगीठी पर की आग में डाल दिया, जब तक कि पूरी
पुस्तक आग में जल न गई। 24 फिर भी राजा और उसके
सब सेवक, जिन्होंने ये सब वचन सुने, न तो डरे और न ही
अपने वस्त्र फाड़े। 25 फिर भी एलनाथान, और देलायाहु,
और गमर्याहु ने राजा से विनती की कि वह पुस्तक न जलाए,
परन्तु उसने उनकी न सुनी। 26 और राजा ने येरहमेएल
राजा के पुत्र को, और सेरयाहु आज्रीएल के पुत्र को, और
शेलम्याहु अबदेएल के पुत्र को आज्ञा दी कि बरूख लेखक को
और यिर्मयाहु नबी को पकड़ लें, परन्तु 𐤉𐤄𐤅𐤄 ने उन्हें छिपा
दिया। 27 और राजा ने वह पुस्तक जला दी, जिसमें वे वचन
थे जो बरूख ने यिर्मयाहु के मुख से लिखे थे, तब 𐤉𐤄𐤅𐤄
का वचन यिर्मयाहु के पास आया, यह कहते हुए, 28 "एक और
पुस्तक ले, और उस पर सब पहिले के वचन लिख, जो पहली
पुस्तक में थे जिसे यहोयाकीम यहूदा का राजा जला चुका है।
29 और यहूदा के राजा यहोयाकीम से कह, 'यूं कहता है
𐤉𐤄𐤅𐤄, "तू ने यह पुस्तक जला दी है, यह कहकर, 'तू ने
क्यों इसमें लिखा है कि बाबेल का राजा निश्चय ही आकर इस
देश को नाश करेगा, और यहां से मनुष्य और पशु को मिटा
देगा?' " 30 'इसलिए यहोयाकीम यहूदा के राजा के विषय में
𐤉𐤄𐤅𐤄 यों कहता है, "उसके सिंहासन पर दाविद का कोई
बैठने वाला न होगा, और उसका शव दिन की गर्मी और रात
की ठंडक में बाहर डाल दिया जाएगा। 31 "और मैं उसको,
और उसके वंश को, और उसके सेवकों को उनके अधर्म के
कारण दंड दूंगा। और मैं उन पर, और यरूशलेम के
निवासियों पर, और यहूदा के लोगों पर वह सारी बुराई ले
आऊंगा, जो मैं ने उनके विरुद्ध कही है। परन्तु उन्होंने न
सुनी।" ' " 32 तब यिर्मयाहु ने एक और पुस्तक ली और उसे
बरूख लेखक, नेरियाह के पुत्र को दी, जिसने यिर्मयाहु के
मुख से उस पर सब वे वचन लिखे, जो यहोयाकीम यहूदा का
राजा आग में जला चुका था। और बहुत से समान वचन उन
में जोड़े गए।

37 1 और राजा सिदकियाहु, योशियाहु का पुत्र,
यहोयाकीम के पुत्र कोन्याहु के स्थान पर राज्य करने
लगा, जिसे बाबेल के राजा नबूकदनेस्सर ने यहूदा देश में
राज्य करने के लिये नियुक्त किया था। 2 परन्तु न तो उसने
और न ही उसके सेवकों ने और न ही देश के लोगों ने
𐤉𐤄𐤅𐤄 के उन वचनों को सुना जो उसने नबी यिर्मयाहु के
द्वारा कहे थे। 3 और राजा सिदकियाहु ने शेलम्याहु के पुत्र
यहूखल और याजक मा'सेयाहु के पुत्र त्सेफन्याहु को नबी
यिर्मयाहु के पास यह कहने भेजा, "कृपया हमारे लिये 𐤉𐤄𐤅𐤄
हमारे ईश्वर से प्रार्थना करो।" 4 अब भी यिर्मयाहु लोगों के
बीच आता-जाता था, क्योंकि उन्होंने अभी तक उसे कारागार
में नहीं डाला था। 5 उसी बीच फ़िरऔन की सेना मिस्र से
निकल पड़ी। और जब कसदी लोग, जो येरुशलेम को घेरे
हुए थे, उनका समाचार सुने, तो वे येरुशलेम से हट गये।
6 और 𐤉𐤄𐤅𐤄 का वचन नबी यिर्मयाहु के पास आया, यह
कहता हुआ, 7 "इस प्रकार कहता है 𐤉𐤄𐤅𐤄, इस्राएल का
ईश्वर: यहूदाह के राजा से, जिसने तुम्हें मुझ से पूछने के लिये
मेरे पास भेजा, कहना, 'देखो, फ़िरऔन की सेना, जो तुम्हारी
सहायता करने आयी है, अपने देश मिस्र लौट जायेगी।
8 और कसदी लोग फिर लौटकर इस नगर से लड़ेंगे, और
उसे लेकर आग से जला देंगे।' 9 "इस प्रकार कहता है
𐤉𐤄𐤅𐤄: अपने आप को धोखा मत दो, यह कहते हुए,
'कसदी लोग हम से चले जायेंगे,' क्योंकि वे नहीं जायेंगे।
10 'क्योंकि यदि तुमने उन सब कसदी सैनिकों को मार भी
डाला जो तुम्हारे विरुद्ध लड़ रहे हैं, और उनमें से केवल
घायल मनुष्य ही बचे रहें, तो वे प्रत्येक अपने तम्बू में उठ खड़े
होंगे और इस नगर को आग से जला देंगे।' " 11 और ऐसा
हुआ कि जब फ़िरऔन की सेना के भय से कसदी सेना
येरुशलेम की घेराबन्दी से हट गयी, 12 तब यिर्मयाहु येरुशलेम
से निकलकर बिन्यामीन देश में अपने भाग का हिस्सा लेने के

लिये लोगों के बीच गया। 13और ऐसा हुआ कि जब वह
बिन्यामीन के फाटक पर पहुँचा, तो वहाँ एक पहरे का प्रधान
था जिसका नाम शेलम्याहु का पुत्र, हनन्याहु का पोता,
यिरियाहु था। और उसने नबी यिर्मयाहु को पकड़कर कहा,
"तुम कसदी लोगों के पास भागने जा रहे हो!" 14परन्तु
यिर्मयाहु ने कहा, "यह झूठ है! मैं कसदी लोगों के पास नहीं
भाग रहा।" परन्तु उसने उसकी बात न मानी, और यिरियाहु
ने यिर्मयाहु को पकड़कर अधिकारियों के पास पहुँचाया।
15और अधिकारियों ने यिर्मयाहु पर क्रोध किया, और उसे
पीटा और शास्त्री यहोनातान के घर के कारागार में डाल
दिया; क्योंकि उन्होंने उसी को कारागार बना रखा था।
16जब यिर्मयाहु कालकोठरी और कोठरियों में पहुँच गया, तब
वह वहाँ बहुत दिनों तक रहा। 17तब राजा सिदकियाहु ने उसे
बुलाकर बाहर निकाला। और राजा ने अपने घर में गुप्त रूप
से उससे पूछा, और कहा, "क्या 𐤉𐤄𐤅𐤄 की ओर से कोई
वचन है?" और यिर्मयाहु ने कहा, "हाँ है।" और उसने कहा,
"तुम बाबेल के राजा के हाथ में दे दिये जाओगे!" 18और
यिर्मयाहु ने राजा सिदकियाहु से कहा, "मैंने तेरे विरुद्ध, तेरे
सेवकों के विरुद्ध, और इस प्रजा के विरुद्ध क्या पाप किया है,
कि तू ने मुझे कारागार में डाल दिया है? 19"तेरे वे नबी कहाँ
हैं जिन्होंने तुझे भविष्यवाणी करके कहा, 'बाबेल का राजा तुझ
पर या इस देश पर नहीं आएगा?' 20"अब, कृपया सुन, हे मेरे
प्रभु राजा! मेरी विनती तेरे सम्मुख ग्रहण की जाये, और मुझे
शास्त्री यहोनातान के घर में फिर न लौटा, कहीं मैं वहाँ मर न
जाऊँ।" 21तब राजा सिदकियाहु ने आज्ञा दी कि यिर्मयाहु को
पहरे के आँगन में रखा जाये, और उन्हें आज्ञा दी कि उसे
प्रतिदिन रोटी बनानेवालों की गली से एक टुकड़ा रोटी दी
जाये, जब तक नगर में सारी रोटी समाप्त न हो जाये। इस
प्रकार यिर्मयाहु पहरे के आँगन में ही रहा।

38 1और शेफ़टयाह मत्तान का पुत्र, और गदल्याहू
पाशहूर का पुत्र, और युकल शलेम्याहू का पुत्र, और
पाशहूर मल्कियाह का पुत्र ने वे वचन सुने जो यिर्मयाह ने सब
लोगों से कहा था, 2"यहोवा 𐤉𐤄𐤅𐤄 ने यूँ कहा, 'जो कोई
इस नगर में रहेगा वह तलवार, अन्न की घटी, और महामारी
से मरेगा, परन्तु जो कसदी लोगों के पास चला जाएगा वह
जीवित रहेगा। उसका प्राण उसके लिए लूट के समान होगा,
और वह जीवित रहेगा।' 3"यहोवा 𐤉𐤄𐤅𐤄 ने यूँ कहा, 'यह
नगर निश्चय बाबेल के राजा की सेना के हाथ में दिया
जाएगा, और वह इसे ले लेगा।' " 4तब सरदारों ने राजा से
कहा, "कृपया, इस मनुष्य को मृत्यु दण्ड दिया जाए, क्योंकि
वह इस नगर में रहने वाले योद्धाओं और सब लोगों के हाथों
को ढीला कर रहा है, ऐसे वचन बोलकर। क्योंकि यह मनुष्य
इस लोगों की शान्ति नहीं चाहता, परन्तु हानि चाहता है।"
5और सिदकियाह राजा ने कहा, "देखो, वह तुम्हारे हाथ में
है। क्योंकि राजा तुम्हारे विरुद्ध कुछ भी नहीं कर सकता।"
6और उन्होंने यिर्मयाह को लेकर राजा के पुत्र मल्कियाहू के
गड्ढे में डाल दिया, जो पहरे के आँगन में था; और उन्होंने
यिर्मयाह को रस्सियों से नीचे उतारा। और उस गड्ढे में जल
नहीं था, केवल कीचड़ था; और यिर्मयाह कीचड़ में धँस
गया। 7और एबेद-मलेक कूशी, जो राजमहल के खोजों में से
एक था, ने सुना कि उन्होंने यिर्मयाह को गड्ढे में डाल दिया है।
और राजा बिन्यामिन फाटक पर बैठा था, 8तब एबेद-मलेक
राजमहल से निकलकर राजा से यह कहने आया, 9"हे मेरे
स्वामी राजा, इन लोगों ने जो कुछ किया है यिर्मयाह नबी के
साथ, वह बुरा किया है, जिसे उन्होंने गड्ढे में डाल दिया है;
और वह वहाँ भूख से मर जाएगा, क्योंकि नगर में अब रोटी
नहीं बची है।" 10तब राजा ने एबेद-मलेक कूशी को आज्ञा
दी, "यहाँ से अपने संग तीस जन ले जा, और यिर्मयाह नबी
को गड्ढे से मरने से पहले बाहर निकाल।" 11तब एबेद-मलेक
उन लोगों को लेकर राजमहल के भण्डारघर के नीचे गया,
और वहाँ से पुराने कपड़े और चिथड़े लिये, और उन्हें
रस्सियों से गड्ढे में यिर्मयाह के पास नीचे उतारा। 12और
एबेद-मलेक कूशी ने यिर्मयाह से कहा, "कृपया, इन पुराने
कपड़ों और चिथड़ों को अपनी बगल के नीचे, रस्सियों के
नीचे रख लो।" और यिर्मयाह ने ऐसा किया। 13और उन्होंने
यिर्मयाह को रस्सियों से खींचकर ऊपर निकाला, और
यिर्मयाह पहरे के आँगन में रहने लगा। 14तब सिदकियाह
राजा ने भेजकर यिर्मयाह नबी को अपने पास यहोवा 𐤉𐤄𐤅𐤄
के भवन के तीसरे प्रवेश द्वार पर बुलाया। और राजा ने
यिर्मयाह से कहा, "मैं तुझसे एक बात पूछता हूँ; मुझसे कोई
बात छिपाना मत।" 15यिर्मयाह ने सिदकियाह से कहा, "यदि
मैं तुझे बताऊँ, क्या तू मुझे मार न डालेगा? और यदि मैं तुझे
सलाह दूँ, तू मेरी न सुनेगा।" 16परन्तु सिदकियाह राजा ने
गुप्त रूप से यिर्मयाह से शपथ खाई, "यहोवा 𐤉𐤄𐤅𐤄 के
जीवन की शपथ, जिसने हमें यह जीवन दिया है, मैं तुझे न
मारूँगा, न ही तुझे उन लोगों के हाथ में दूँगा जो तेरे प्राण की
खोज करते हैं।" 17तब यिर्मयाह ने सिदकियाह से कहा,
"यहोवा 𐤉𐤄𐤅𐤄, सेनाओं का ईश्वर, इस्राएल का ईश्वर, यूँ
कहता है: 'यदि तू सचमुच बाबेल के राजा के सरदारों के पास
आत्मसमर्पण करेगा, तब तेरा प्राण जीवित रहेगा, और यह
नगर आग से न जलाया जाएगा; और तू और तेरा घराना
जीवित रहेगा। 18'परन्तु यदि तू बाबेल के राजा के सरदारों
के पास आत्मसमर्पण न करेगा, तब यह नगर कसदी लोगों के
हाथ में दे दिया जाएगा, और वे इसे आग से जला देंगे; और तू
उनके हाथ से न बचेगा।' " 19तब सिदकियाह राजा ने
यिर्मयाह से कहा, "मैं उन यहूदियों से डरता हूँ जो कसदी
लोगों के पास जा चुके हैं, कहीं वे मुझे उनके हाथ में न दे दें
और वे मुझे पीड़ित न करें।" 20परन्तु यिर्मयाह ने कहा, "वे
तुझे न सौंपेंगे। कृपया, यहोवा 𐤉𐤄𐤅𐤄 की वाणी मान ले जो
मैं तुझसे कह रहा हूँ, तब तेरा भला होगा, और तेरा प्राण बचा
रहेगा। 21"परन्तु यदि तू आत्मसमर्पण करने से इनकार
करेगा, तो यह वह वचन है जो यहोवा 𐤉𐤄𐤅𐤄 ने मुझे
दिखाया है: 22'तब देख, यहूदा के राजा के घर में बची हुई
सब स्त्रियों को बाबेल के राजा के सरदारों के पास सौंप दिया
जाएगा; और देख, वे कह रही हैं, "तेरे मित्रों ने तुझे बहकाया
और तुझ पर प्रबल हुए; तेरे पाँव कीचड़ में धँस गए; वे फिर
पीछे हट गए।" 23'और वे तेरी सब पत्नियों और तेरे पुत्रों
को कसदी लोगों के पास सौंप देंगे, और तू स्वयं उनके हाथ से
न बचेगा, परन्तु बाबेल के राजा के हाथ में पकड़ लिया
जाएगा, और यह नगर आग से जला दिया जाएगा।' " 24तब
सिदकियाह ने यिर्मयाह से कहा, "इन वचनों को कोई न जाने,
और तू न मरे। 25"परन्तु यदि सरदार सुनें कि मैंने तुझसे
बातें की हैं, और वे तेरे पास आकर तुझसे कहें, 'हमें अभी
बता कि तूने राजा से क्या कहा, और राजा ने तुझसे क्या

कहा। हमसे मत छिपाना, और हम तुझे न मारेंगे,’ [26]तब तू
उनसे कहना, ‘मैंने राजा के सामने विनती की थी कि मुझे
योनातान के घर न भेजा जाए, कि मैं वहाँ मर जाऊँ।’ ”
[27]और सब सरदार यिर्मयाह के पास आए और उससे पूछने
लगे। और उसने उन्हें ठीक वही बातें बताईं जो राजा ने आज्ञा
दी थी। तब उन्होंने उससे और कुछ न कहा, क्योंकि बात
प्रकट नहीं हुई थी। [28]इस प्रकार यिर्मयाह पहरे के आँगन में
रहा, जब तक कि येरूशलेम पकड़ा न गया। और ऐसा हुआ
जब येरूशलेम पकड़ा गया।

39 [1]यहूदा के शासक सिदकियाहु के नौवें वर्ष में, दसवें
महीने में, बाबेल के शासक नबूकदनेत्स्सर और
उसकी सारी सेना येरुशलेम के विरुद्ध आए, और उसको घेर
लिया। [2]सिदकियाहु के ग्यारहवें वर्ष में, चौथे महीने में, महीने
के नौवें दिन, नगर की दीवार तोड़ दी गई। [3]और बाबेल के
शासक के सब प्रधान आकर मध्य-द्वार में बैठे: नेरगल-सर-
एत्सेर, समगर-नेबो, सरसेखिम, रब-सरिस, नेरगल-सर-
एत्सेर, रब-मैग और बाबेल के शासक के सब और प्रधान।
[4]और ऐसा हुआ कि जब यहूदा का शासक सिदकियाहु और
सब योद्धा उन्हें देखते हैं, तो वे भाग गए और रात में राजा के
बगीचे के मार्ग से, दो दीवारों के बीच के फाटक से नगर
छोड़कर निकल गए। और वह मरुभूमि के मार्ग से गया।
[5]परन्तु कसदियों की सेना ने उनका पीछा किया और यरीहो
के मरुभूमि मैदानों में सिदकियाहु को पकड़ लिया। और
उन्होंने उसे पकड़कर बाबेल के शासक नबूकदनेत्स्सर के
पास, हमात देश के रिब्ला में ले गए, जहाँ उसने उस पर न्याय
किया। [6]और बाबेल के शासक ने रिब्ला में सिदकियाहु के
पुत्रों को उसकी आंखों के सामने मार डाला। बाबेल के
शासक ने यहूदा के सब प्रधानों को भी मार डाला। [7]और
उसने सिदकियाहु की आंखें फोड़ दीं, और उसे कांसे की
बेड़ियों में बाँधकर बाबेल ले गया। [8]और कसदियों ने शासक
के घर और लोगों के घरों को आग से जला दिया, और
येरुशलेम की दीवारों को ढा दिया। [9]और रक्षक प्रमुख
नबूज़रादान ने नगर में बचे हुए लोगों को, और जो उसके पास
भाग गए थे, तथा बाकी बचे हुए लोगों को बाबेल को निर्वासित
कर दिया। [10]परन्तु रक्षक प्रमुख नबूज़रादान ने यहूदा देश
में दरिद्र लोगों को छोड़ दिया, जिनके पास कुछ भी न था,
और उसी दिन उन्हें दाख की बारियाँ और खेत दिए। [11]और
बाबेल के शासक नबूकदनेत्स्सर ने रक्षक प्रमुख नबूज़रादान
को यिर्मयाहु के विषय में आज्ञा दी, [12]“उसे ले जाकर उसका
ध्यान रखना, और उसे तनिक भी हानि न करना, परन्तु जैसा
वह तुमसे कहे वैसा ही उसके साथ करना।” [13]तब रक्षक
प्रमुख नबूज़रादान, रबसरिस नबूशज्बान, रबमैग नेरगल-सर-
एत्सेर, और बाबेल के शासक के सब प्रधान अधिकारी ने
भेजकर, [14]यिर्मयाहु को रक्षक के आंगन से निकालकर, उसे
शाफ़ान के पुत्र अहीकाम के पुत्र गदल्याहु को सौंप दिया, कि
उसे घर ले जाए। और वह लोगों के बीच में रहने लगा।
[15]और ऋ५ऋz का वचन यिर्मयाहु के पास आया जब वह
रक्षक के आंगन में बन्द था, यह कहते हुए, [16]“जा, और
कूशी एबेद-मलेक से कह, ‘सैनाओं के ऋ५ऋz, इस्राएल के
ईश्वर, यों कहता है, देख, मैं इस नगर पर अपनी बातें विपत्ति
के लिए लाने जा रहा हूँ, न कि भलाई के लिए, और वे उसी
दिन तेरे सामने पूरी होंगी। [17]“और मैं तुझे उसी दिन
छुड़ाऊँगा,” ऋ५ऋz की यह वाणी है, “कि तू उन लोगों के
हाथ में न दिया जाएगा, जिनसे तू डरता है। [18]“क्योंकि मै
तुझे निश्चय ही बचाऊँगा, और तू तलवार से न गिरेगा, परन्तु
तेरी प्राण तेरे लिये लूट समान होगी, क्योंकि तूने मुझ पर
भरोसा रखा है,” ऋ५ऋz की यह वाणी है।’ ”

40 [1]वह वचन जो यिर्मेयाहू के पास ऋ५ऋz की ओर से
आया, जब नेबूज़रादान, पहरेदारों का प्रधान, ने उसे
रामा से छोड़ दिया, जब वह उसे यरूशलेम और यहूदा से
बन्दी बनाकर बंधनों में लेकर गया था, जो सब बाबेल को
निर्वासित किए जा रहे थे। [2]और पहरेदारों के प्रधान ने
यिर्मेयाहू को लिया और उससे कहा, “ऋ५ऋz तुम्हारे ईश्वर
ने इस स्थान पर यह बुराई कही है। [3]“और ऋ५ऋz ने इसे
ले आया है, और जैसा उसने कहा था वैसा ही किया है।
क्योंकि तुमने ऋ५ऋz के विरुद्ध पाप किया है और उसकी
वाणी का पालन नहीं किया, इसलिए यह बात तुम पर आ पड़ी
है। [4]“और अब देखो, आज मैं तुम्हें उन बंधनों से छुड़ाता हूं
जो तुम्हारे हाथों पर थे। यदि तुम्हें मेरे साथ बाबेल जाना
अच्छा लगे, तो आओ, और मैं तुम्हारी देखभाल करूंगा।
परन्तु यदि तुम्हें मेरे साथ बाबेल जाना बुरा लगे, तो यहीं
ठहरो। देखो, यह सारा देश तुम्हारे सामने है, जहाँ तुम्हें
अच्छा और उचित लगे वहीं जाओ।” [5]और उससे पहले कि
उसने उत्तर दिया, “या फिर गदल्याहू, अहीकाम के पुत्र,
शाफान के पुत्र, जिसके ऊपर बाबेल के राजा ने यहूदा के
नगरों पर हाकिम नियुक्त किया है, उसके पास लौट जाओ
और लोगों के बीच उसके साथ रहो, या फिर जहाँ तुम्हें उचित
लगे वहाँ जाओ।” और पहरेदारों के प्रधान ने उसे भोजन
और एक भेंट दी और उसे जाने दिया। [6]तब यिर्मेयाहू
गदल्याहू, अहीकाम के पुत्र, के पास मित्सपा गया, और उस
भूमि में बचे हुए लोगों के बीच उसके साथ रहने लगा। [7]और
सब सेनाओं के प्रधान जो मैदानों में थे, वे और उनके लोग,
यह सुनकर कि बाबेल के राजा ने अहीकाम के पुत्र गदल्याहू
को देश में हाकिम बनाया है, और पुरुषों, स्त्रियों, बच्चों और
उस देश के निर्धनों को, जिन्हें बाबेल नहीं ले जाया गया था,
उसके अधीन कर दिया है। [8]तब वे सब गदल्याहू के पास
मित्सपा आए - नतन्याहू का पुत्र यिश्माएल, और योहानान
और यहोनातान, कारेह के पुत्र, और तन्हुमेत का पुत्र
सरायाह, और ओफ़ै का नेतोफ़ाती और माअकाती का पुत्र
येज़न्याहू, वे और उनके लोग। [9]और अहीकाम का पुत्र
गदल्याहू ने उनसे और उनके पुरुषों से शपथ खाकर कहा,
“कसदियों की सेवा करने से मत डरो। देश में रहो और
बाबेल के राजा की सेवा करो, और तुम्हारा भला होगा।
[10]“और मैं, देखो, मैं मित्सपा में रह रहा हूँ, हमारे पास आने
वाले कसदियों की सेवा करने के लिये। परन्तु तुम दाखमधु
और ग्रीष्मकालीन फल और तेल इकट्ठा करो, और उन्हें
अपने पात्रों में रखो, और अपने नगरों में निवास करो जिन्हें
तुमने ले लिया है।” [11]और यहूदी जो मोआब में, और
अम्मोनियों के बीच, और एदोम में, और सब देशों में थे, यह
सुनकर कि बाबेल के राजा ने यहूदा में एक बचे हुए लोगों को
छोड़ा है, और उस पर अहीकाम का पुत्र गदल्याहू नियुक्त
किया है, [12]तब सब यहूदी उन सब स्थानों से जहाँ उन्हें भगा
दिया गया था लौट आए, और यहूदा की भूमि में, अहीकाम के

पुत्र गदल्याहू के पास मित्सपा आए, और दाखमधु और
ग्रीष्मकालीन फल बहुतायत से इकट्ठा किया। 13 और
योहानान, कारेह का पुत्र, और सब सेना के प्रधान जो मैदानों
में थे, गदल्याहू के पास मित्सपा आए। 14 और उन्होंने उससे
कहा, "क्या तू जानता है कि अम्मोनियों का राजा बा'लीस ने
नतन्याह का पुत्र यिश्माएल को तेरी जान लेने के लिए भेजा
है?" परन्तु अहीकाम का पुत्र गदल्याहू ने उनकी बात पर
विश्वास नहीं किया। 15 तब योहानान, कारेह का पुत्र, ने
मित्सपा में गुप्त रूप से गदल्याहू से कहा, "कृपया मुझे जाने
दे और गुप्त रूप से नतन्याह का पुत्र यिश्माएल को मार
डालूँ। क्यों वह तुझे मार डाले और सब यहूदी जो तेरे पास
इकट्ठे हुए हैं वे तितर-बितर हों, और यहूदा में बचे हुए लोग
नष्ट हो जाएँ?" 16 परन्तु अहीकाम का पुत्र गदल्याहू ने
योहानान, कारेह के पुत्र, से कहा, "यह काम मत कर, क्योंकि
जो तू यिश्माएल के विषय में कह रहा है वह सत्य नहीं है।"

41 1 और सातवें महीने में ऐसा हुआ कि यिशमाएल
नतन्याह का पुत्र, एलीशामा का पुत्र, राजवंश का,
और राजा के अधिकारियों में से, दस आदमियों के साथ
मित्स्पा में अहिकाम के पुत्र गेदलयाहू के पास आया। और
जब वे मित्स्पा में वहाँ साथ-साथ रोटी खा रहे थे, 2 तब
यिशमाएल नतन्याह का पुत्र, और वे दस आदमी जो उसके
साथ थे, उठे और अहिकाम के पुत्र गेदलयाहू को तलवार से
मारा, और उसे मार डाला जिसे बाबेल के राजा ने देश पर
हाकिम बनाया था। 3 और यिशमाएल ने उन सब यहूदियों को
मार डाला जो उसके साथ थे, गेदलयाहू के साथ मित्स्पा में,
और उन कसदियों को भी जो वहाँ पाए गए, युद्ध के आदमियों
को। 4 और ऐसा हुआ, दूसरे दिन जब उसने गेदलयाहू को
मार डाला था, जब अब तक किसी को इसका ज्ञान न था,
5 कि लोग शेकेम से, शीलो से, और शोमेरोन से, अस्सी
आदमी आए, जिनकी दाढ़ियाँ मुंडी हुई थीं और उनके वस्त्र
फटे हुए थे, और उन्होंने अपने को काटा हुआ था, उनके हाथ
में भेंट और धूप थी, ताकि वे उन्हें 𐤉𐤄𐤅𐤄 के घर ले जाएं।
6 और यिशमाएल नतन्याह का पुत्र मित्स्पा से उन्हें मिलने
निकला, रोते हुए जैसा वह चलता था। और ऐसा हुआ, जब
वह उनसे मिला, तब उसने उनसे कहा, "अहिकाम के पुत्र
गेदलयाहू के पास आओ!" 7 और ऐसा हुआ, जब वे नगर के
भीतर आए, तब यिशमाएल नतन्याह का पुत्र ने उन्हें एक गड्ढे
में मार डाला, वह और उसके साथ के आदमी। 8 परन्तु उनमें
से दस आदमी पाए गए जिन्होंने यिशमाएल से कहा, "हमको
मत मार, क्योंकि हमारे पास खेत में गेहूं, जौ, तेल, और मधु
छिपा हुआ है।" तब उसने पीछे हटकर उन्हें उनके भाइयों में
नहीं मारा। 9 और वह गड्ढा जिसमें यिशमाएल ने उन सब
आदमियों की लाशें फेंकी थीं जिन्हें उसने गेदलयाहू के कारण
मारा था, वही था जो राजा आसा ने इस कारण बनाया था कि
इस्राएल के राजा बाशा से डरता था - यिशमाएल नतन्याह का
पुत्र ने उसे मारे हुओं से भर दिया। 10 तब यिशमाएल ने
मित्स्पा में जो बाकी लोग बचे थे, राजा की बेटियों को और उन
सब लोगों को जो मित्स्पा में रह गए थे, जिन्हें नबूज़रादान,
सेना के प्रधान ने अहिकाम के पुत्र गेदलयाहू को सौंपा था,
सबको बंधुआ बनाया। और यिशमाएल नतन्याह का पुत्र ने
उन्हें बंधुआ बनाकर अम्मोनियों के पास जाने के लिये चला।
11 परन्तु योहानान कारेअह का पुत्र और सेना के सब प्रधान
जो उसके साथ थे, ने यह सुना कि यिशमाएल नतन्याह का
पुत्र ने क्या-क्या बुराई की थी, 12 तब वे सब आदमियों को
लेकर यिशमाएल नतन्याह का पुत्र से लड़ने गए। और
उन्होंने उसे उस बड़े तालाब के पास पाया जो गिबोन में है।
13 और ऐसा हुआ, जब सब लोग जो यिशमाएल के साथ थे,
योहानान कारेअह का पुत्र और सेना के सब प्रधान जो उसके
साथ थे, को देखा, तब वे आनन्दित हुए। 14 और सब लोग
जिन्हें यिशमाएल ने मित्स्पा से बंधुआ बनाया था, पलट गए,
और लौट आए, और योहानान कारेअह का पुत्र के पास गए।
15 परन्तु यिशमाएल नतन्याह का पुत्र योहानान से आठ
आदमियों के साथ भाग निकला और अम्मोनियों के पास चला
गया। 16 तब योहानान कारेअह का पुत्र और सेना के सब
प्रधान जो उसके साथ थे, मित्स्पा से सब बाकी लोगों को ले
आए जिन्हें उसने यिशमाएल नतन्याह का पुत्र से छुड़ाया था,
जब उसने अहिकाम के पुत्र गेदलयाहू को मार डाला था -
युद्ध के पराक्रमी लोग और स्त्रियाँ और बालक और खोजे,
जिन्हें उसने गिबोन से वापस लाया था। 17 और वे चले गए
और किंहाम के ठहरने के स्थान में रहे, जो बेतलेहेम के पास
है, ताकि मिस्र में प्रवेश करें, 18 कसदियों के कारण। क्योंकि
वे उनसे डरते थे, क्योंकि यिशमाएल नतन्याह का पुत्र ने
अहिकाम के पुत्र गेदलयाहू को मार डाला था, जिसे बाबेल के
राजा ने देश पर हाकिम बनाया था।

42 1 तब सारी सेना के सेनापति, और याहोहानान कारेह
का पुत्र, और येज़न्याह होशायाह का पुत्र, और सब
लोग, छोटे से बड़े तक, निकट आए। 2 और यिर्मयाहु नबी से
कहने लगे, "हम आपसे बिनती करते हैं, हमारी विनती आप
को ग्रहणीय हो, और हमारे लिए 𐤉𐤄𐤅𐤄 तुम्हारे ईश्वर से
प्रार्थना करो, इस सारे बचे हुए के लिए, क्योंकि हम बहुतों में से
थोड़े रह गए हैं, जैसा तुम्हारी आंखें हमें देखती हैं। 3 "और
𐤉𐤄𐤅𐤄 तुम्हारे ईश्वर हमें वह मार्ग दिखाए जिस पर हमें
चलना चाहिए और वह वचन बताए जो हमें करना चाहिए।"
4 और यिर्मयाहु नबी ने उनसे कहा, "मैंने सुना। देखो, मैं
तुम्हारे वचनों के अनुसार 𐤉𐤄𐤅𐤄 तुम्हारे ईश्वर से प्रार्थना
कर रहा हूं, और यह होगा कि मैं तुम्हें सब वचन बताऊंगा जो
𐤉𐤄𐤅𐤄 तुम्हें उत्तर देगा। मैं तुमसे एक भी वचन नहीं
छिपाऊंगा।" 5 और उन्होंने यिर्मयाहु से कहा, "यदि हम उन
सब वचनों के अनुसार न करें जो 𐤉𐤄𐤅𐤄 तुम्हारे ईश्वर हमें
तुम्हारे द्वारा भेजता है, तो 𐤉𐤄𐤅𐤄 हमारे बीच सच्चा और
स्थिर साक्षी हो।" 6 "चाहे भला हो या बुरा, हम 𐤉𐤄𐤅𐤄
अपने ईश्वर की वाणी का पालन करेंगे, जिसके पास हम तुम्हें
भेजते हैं, ताकि जब हम 𐤉𐤄𐤅𐤄 अपने ईश्वर की वाणी मानें,
तब हमारे लिए भला हो।" 7 और दस दिन के बाद ऐसा हुआ
कि 𐤉𐤄𐤅𐤄 का वचन यिर्मयाहु के पास आया। 8 तब उसने
याहोहानान कारेह का पुत्र और सारे सेनापतियों को जो उसके
साथ थे, और सब लोगों को, छोटे से बड़े तक, बुलाया, 9 और
उनसे कहा, "इस प्रकार 𐤉𐤄𐤅𐤄, इस्राएल का ईश्वर, कहता
है, जिसके पास तुमने मुझे अपनी विनती रखने के लिए भेजा
था, 10 'यदि तुम सचमुच इस देश में रहोगे, तब मैं तुम्हें
बनाऊंगा और न गिराऊंगा, और मैं तुम्हें लगाऊंगा और न
उखाड़ूंगा। क्योंकि मैं उस बुराई से पछताया हूं जो मैंने तुम
पर लाई थी। 11 'जिस बाबेल के राजा से तुम डरते हो, उससे

मत डरो। उससे मत डरो,’ यह 𐤉𐤄𐤅𐤄 की वाणी है,
‘क्योंकि मैं तुम्हारे संग हूं, तुम्हें बचाने और उसके हाथ से
छुड़ाने के लिए। [12] ‘और मैं तुम पर दया करूंगा, ताकि वह
तुम पर दया करे और तुम्हें तुम्हारे अपने देश में लौटा दे।’
[13] “पर यदि तुम कहो, ‘हम इस देश में नहीं रहेंगे,’ और इस
प्रकार 𐤉𐤄𐤅𐤄 तुम्हारे ईश्वर की वाणी का उल्लंघन करो,
[14] कहते हुए, ‘नहीं, पर हम मिस्र देश को जाएंगे ताकि न
लड़ाई देखें, न नरसिंगे की ध्वनि सुनें, न रोटी के लिए भूख
सहें, और वहां हम रहेंगे,’ [15] तो हे यहूदा के बचे हुए लोगों,
𐤉𐤄𐤅𐤄 का वचन सुनो! इस प्रकार 𐤉𐤄𐤅𐤄 सेनाओं का,
इस्राएल का ईश्वर, कहता है, ‘यदि तुम अपने मुख मिस्र में
प्रवेश करने को फेरो और वहां जाकर बसो, [16] तो यह होगा
कि जिस तलवार से तुम डरते थे वह तुम्हें वहां मिस्र देश में
पकड़ लेगी, और जिस भोजन की कमी से तुम डरते थे वह
तुम्हें वहां मिस्र में लगेगी, और तुम वहीं मरोगे। [17] ‘और ऐसा
उन सब लोगों के साथ होगा जिन्होंने मिस्र जाने और वहां
बसने के लिए अपने मुख फेर लिए: वे तलवार से, भोजन की
कमी से और महामारी से मरेंगे, और उनमें से कोई भी उस
बुराई से न बचेगा न निकलेगा जो मैं उन पर लाता हूं।’
[18] “क्योंकि सेनाओं के 𐤉𐤄𐤅𐤄, इस्राएल के ईश्वर, ने कहा
है, ‘जैसा मेरा क्रोध और मेरा रोष यरूशलेम के निवासियों पर
उंडेला गया है, वैसा ही मेरा रोष तुम पर उंडेला जाएगा जब
तुम मिस्र में प्रवेश करोगे। और तुम शपथ, आश्चर्य, शाप
और निंदा बनोगे, और इस स्थान को फिर न देखोगे।’
[19] “𐤉𐤄𐤅𐤄 ने तुम्हारे विषय कहा है, हे यहूदा के बचे हुए
लोगों, ‘मिस्र को मत जाओ!’ निश्चित जान लो कि मैंने आज
तुम्हें चेताया है। [20] “क्योंकि जब तुमने मुझे 𐤉𐤄𐤅𐤄 अपने
ईश्वर के पास भेजा, यह कहते हुए, ‘हमारे लिए 𐤉𐤄𐤅𐤄
हमारे ईश्वर से प्रार्थना करो, और जैसा सब 𐤉𐤄𐤅𐤄 तुम्हारे
ईश्वर कहे, वैसा हमें बताओ और हम करेंगे,’ तब तुमने अपने
आप को धोखा दिया। [21] “तो मैंने आज तुम्हें यह बता दिया,
परन्तु तुमने 𐤉𐤄𐤅𐤄 अपने ईश्वर की वाणी का पालन नहीं
किया, उन सब में जो उसने मुझे तुम्हारे पास भेजा। [22] “और
अब, निश्चित जान लो कि जिस स्थान को तुम जाकर बसने
की इच्छा रखते हो, वहां तुम तलवार, भोजन की कमी, और
महामारी से मरोगे।”

43 [1] और ऐसा हुआ, जब यिर्मयाहु ने सब लोगों से ये सब
वचन कहे – सब वचन 𐤉𐤄𐤅𐤄 उनके ईश्वर के,
जिनके लिये 𐤉𐤄𐤅𐤄 उनके ईश्वर ने उसे उनके पास भेजा
था – [2] तब अज़रयाहु होशायाह का पुत्र, और योहानान कारेह
का पुत्र, और सब घमण्डी लोग बोले, यिर्मयाहु से कहकर, “तू
झूठ बोल रहा है! 𐤉𐤄𐤅𐤄 हमारे ईश्वर ने तुझे यह कहने को
नहीं भेजा, ‘मित्रायिम मत जाओ वहाँ परदेशी होकर बसने के
लिये।’” [3] “क्योंकि बारूक नेरियाह का पुत्र तुझे हमारे विरुद्ध
भड़का रहा है, ताकि हमें कस्दी लोगों के हाथ में दे दे, जिससे
वे हमें मार डालें या हमें बाबेल में निर्वासित कर ले जाएं।”
[4] सो योहानान कारेह का पुत्र, और सब सेनापति, और सब
लोग 𐤉𐤄𐤅𐤄 की वाणी को न माने, कि यहूदा देश में रह
जाएं। [5] और योहानान कारेह का पुत्र और सब सेनापति ने
यहूदा के सब बचे हुओं को ले लिया जो सब जातियों से यहूदा
देश में बसने को लौटे थे, जहाँ वे तित्तर-बित्तर कर दिये गये
थे – [6] पुरुषों को, और स्त्रियों को, और बच्चों को, और राजा
की पुत्रियों को, और हर प्राणी को, जिसे नबूज़रादान,
अंगरक्षकों के प्रधान ने गदल्याहु अहीकाम के पुत्र, शाफान के
पुत्र के संग छोड़ दिया था, और यिर्मयाहु नबी को, और
बारूक नेरियाह के पुत्र को। [7] सो वे मित्रायिम देश को गए,
क्योंकि उन्होंने 𐤉𐤄𐤅𐤄 की वाणी को न माना। और वे
ताहपनहेस तक गए। [8] और 𐤉𐤄𐤅𐤄 का वचन यिर्मयाहु के
पास ताहपनहेस में आया, यह कहकर, [9] “तू बड़े-बड़े पत्थर
अपने हाथ में ले, और उन्हें यहूदा के लोगों की आँखों के
सामने, ताहपनहेस में फ़िरौन के घर के फाटक के भीतर, ईंटों
के आँगन में मिट्टी में गाड़ दे। [10] “तब उनसे कह, ‘सेनाओं
के 𐤉𐤄𐤅𐤄, इस्राएल के ईश्वर, ने यूँ कहा, “देखो, मैं भेजने
जा रहा हूँ, और मैं नबूकदनेत्स्सर बाबेल के राजा, अपने दास
को ले आऊँगा। और मैं उसका सिंहासन इन पत्थरों के
ऊपर रखवाऊँगा, जिन्हें मैंने गाड़ा है। और वह अपना छत्र
उनके ऊपर फैलाएगा।” [11] “और वह आएगा और मित्रायिम
देश को मारेगा। मृत्यु के लिये जो हैं, वे मृत्यु के लिये; और
बन्धुवाई के लिये जो हैं, वे बन्धुवाई के लिये; और तलवार के
लिये जो हैं, वे तलवार के लिये।” [12] “और वह मित्रायिम के
देवताओं के घरों में आग लगाएगा। और उन्हें जला देगा और
बन्दी बना लेगा। और वह मित्रायिम देश से अपने को इस
प्रकार ढक लेगा, जैसे कोई चरवाहा अपना वस्त्र ओढ़ता है,
और वहाँ से शान्ति के साथ निकल जाएगा।” [13] “और वह
बेत-शेमेश की पत्थर की मूर्तियों को तोड़ डालेगा, जो
मित्रायिम देश में हैं, और वह मिस्त्रियों के देवताओं के घरों को
आग से जला देगा।” ’ ”

44 [1] यिर्मयाहू के पास मिस्र देश में रहने वाले सभी
यहूदियों के बारे में यह वचन आया - जो मिग्दोल,
और तहपन्हेस, और नोप में, और पठरोस देश में रहते थे,
यह कहते हुए, [2] “सेनाओं के 𐤉𐤄𐤅𐤄, इस्राएल के एलोहिम
ने यूँ कहा, ‘तुमने स्वयं देखा है कि मैंने येरूशलेम और यहूदा
के सभी नगरों पर जो भी बुराई लाई है। और देखो, आज वे
खंडहर हैं, और उनमें कोई नहीं रहता, [3] क्योंकि उन्होंने मुझे
उकसाने के लिए बुराई की, अन्य शक्तिशाली लोगों की सेवा
करके जिन्हें वे नहीं जानते थे, न तुम, न तुम्हारे पिताओं ने,
धूप जलाने के लिए। [4] ‘और मैंने अपने सभी सेवकों नबियों
को तुम्हारे पास भेजा, सुबह जल्दी उठकर उन्हें भेजा, यह
कहते हुए, “कृपया इस घृणित कार्य को मत करो जिसे मैं
घृणा करता हूँ!” [5] ‘परंतु उन्होंने न तो सुना और न ही अपने
कान झुकाए, अपनी बुराई से लौटने के लिए, अन्य
शक्तिशाली लोगों को धूप जलाने के लिए नहीं। [6] ‘इसलिए
मेरा क्रोध और मेरा असंतोष यहूदा के नगरों और येरूशलेम
की गलियों में उंडेला गया और जल गया, और वे खंडहर
और बंजर भूमि बन गए, जैसा कि आज है।’ [7] “और अब,
सेनाओं के 𐤉𐤄𐤅𐤄, इस्राएल के एलोहिम ने यूँ कहा, ‘तुम
अपने जीवन के खिलाफ यह महान बुराई क्यों कर रहे हो,
ताकि तुमसे पुरुष और स्त्री, बालक और शिशु, यहूदा के बीच
से काट दिए जाएं, कोई नहीं बचे, [8] अपने हाथों के कार्यों से
मुझे उकसाकर, मिस्र देश में अन्य शक्तिशाली लोगों को धूप
जलाकर, जहाँ तुम रहने गए हो, अपने आप को काटने के
लिए और पृथ्वी की सभी जातियों के बीच शाप और अपमान
बनने के लिए? [9] ‘क्या तुमने अपने पिताओं की बुराइयों को,

यहूदा के राजाओं की बुराइयों को, उनकी पत्नियों की बुराइयों
को, अपनी बुराइयों को, और अपनी पत्नियों की बुराइयों को,
जो उन्होंने यहूदा देश और येरूशलेम की गलियों में की हैं,
भूल गए हो? 10 'आज तक वे नम्र नहीं हुए हैं, न ही उन्होंने
श्रद्धा की है, न ही उन्होंने मेरी तोराह और मेरे नियमों में चले हैं
जो मैंने तुम्हारे और तुम्हारे पिताओं के सामने रखे थे।'
11 "इसलिए सेनाओं के 𐤉𐤄𐤅𐤄, इस्त्राएल के एलोहिम ने यूँ
कहा, 'देखो, मैं तुम्हारे खिलाफ अपना चेहरा बुराई के लिए
और सभी यहूदा को काटने के लिए मोड़ रहा हूँ। 12 'और मैं
यहूदा के बचे हुए लोगों को ले जाऊँगा जिन्होंने मिस्त्र देश में
जाने के लिए अपना चेहरा मोड़ा है। और वे सभी मिस्त्र देश में
नष्ट हो जाएँगे - तलवार से गिरेंगे, भोजन की कमी से नष्ट हो
जाएँगे। सबसे छोटे से लेकर सबसे बड़े तक वे मरेंगे, तलवार
से और भोजन की कमी से। और वे शाप और आश्चर्य और
शाप और अपमान बनेंगे! 13 'और मैं मिस्त्र देश में रहने वालों
को दंड दूँगा, जैसा कि मैंने येरूशलेम को दंड दिया है,
तलवार से, भोजन की कमी से, और महामारी से। 14 'और
यहूदा के बचे हुए लोगों में से कोई भी जो मिस्त्र देश में रहने के
लिए गए हैं, न तो बचेंगे और न ही जीवित रहेंगे, ताकि वे
यहूदा देश में लौट सकें, जहाँ वे रहने के लिए लौटने की
लालसा रखते हैं। क्योंकि वे नहीं लौटेंगे, सिवाय उन लोगों के
जो बच निकलते हैं।' " 15 तब सभी पुरुष जिन्होंने जाना कि
उनकी पत्नियों ने अन्य शक्तिशाली लोगों को धूप जलाया है,
और सभी महिलाएँ जो वहाँ खड़ी थीं, एक बड़ी सभा, और
सभी लोग जो मिस्त्र देश में, पठरोस में रहते थे, यिर्मयाहू को
उत्तर दिया, यह कहते हुए, 16 "हम उस मामले में आपकी बात
नहीं सुनने जा रहे हैं जिसके बारे में आपने हमें 𐤉𐤄𐤅𐤄 के
नाम में कहा है! 17 "परंतु हम वही करेंगे जो हमारे मुँह से
निकला है, आकाश की रानी को धूप जलाने और उसे पेय
अर्पण करने के लिए, जैसा कि हमने किया है, हम और हमारे
पिताओं ने, हमारे राजाओं और हमारे प्रमुखों ने, यहूदा के
नगरों में और येरूशलेम की गलियों में। और हमारे पास बहुत
भोजन था, और हम समृद्ध थे, और हमने कोई बुराई नहीं
देखी। 18 "परंतु जब से हमने आकाश की रानी को धूप
जलाना और उसे पेय अर्पण करना बंद कर दिया है, हम सब
कुछ खो चुके हैं और तलवार और भोजन की कमी से नष्ट हो
गए हैं। 19 "और जब हमने आकाश की रानी को धूप जलाया
और उसे पेय अर्पण किया, क्या हमने उसके लिए केक बनाए,
उसे पूजने के लिए, और उसे पेय अर्पण किया, बिना हमारे
पतियों के?" 20 तब यिर्मयाहू ने सभी लोगों से - पुरुषों और
महिलाओं से, और उन सभी लोगों से जिन्होंने उसे यह उत्तर
दिया था, कहा, 21 "जहाँ तक धूप जलाने की बात है जो तुमने
यहूदा के नगरों में और येरूशलेम की गलियों में जलाया, तुम
और तुम्हारे पिताओं ने, तुम्हारे राजाओं और तुम्हारे प्रमुखों ने,
और देश के लोगों ने, क्या 𐤉𐤄𐤅𐤄 ने उन्हें याद नहीं किया?
और यह उसके दिल में आया! 22 "और 𐤉𐤄𐤅𐤄 इसे और
सहन नहीं कर सका, तुम्हारे कार्यों की बुराई और तुम्हारी
घृणित चीजों के कारण जो तुमने की। इसलिए तुम्हारा देश
खंडहर है, आश्चर्य का विषय, शाप, और बिना निवासी के,
जैसा कि आज है। 23 "क्योंकि तुमने धूप जलाया और
क्योंकि तुमने 𐤉𐤄𐤅𐤄 के खिलाफ पाप किया, और 𐤉𐤄𐤅𐤄
की आवाज़ नहीं मानी और न ही उसकी तोराह में चले, उसके
नियमों में या उसके साक्ष्यों में, इसलिए यह बुराई तुम पर आई
है, जैसा कि आज है।" 24 और यिर्मयाहू ने सभी लोगों और
सभी महिलाओं से कहा, "𐤉𐤄𐤅𐤄 का वचन सुनो, सभी यहूदा
जो मिस्त्र देश में हैं! 25 "सेनाओं के 𐤉𐤄𐤅𐤄, इस्त्राएल के
एलोहिम ने यूँ कहा, 'तुम और तुम्हारी पत्नियों ने अपने मुँह से
कहा है, और अपने हाथों से पूरा किया है, यह कहते हुए, "हम
अपने व्रतों को पूरा करेंगे जो हमने किए हैं, आकाश की रानी
को धूप जलाने और उसे पेय अर्पण करने के लिए।" तो
अपने व्रतों की पुष्टि करो और अपने व्रतों को पूरा करो!'
26 "इसलिए 𐤉𐤄𐤅𐤄 का वचन सुनो, सभी यहूदा जो मिस्त्र
देश में रहते हैं, 'देखो, मैंने अपने महान नाम की शपथ ली
है,' 𐤉𐤄𐤅𐤄 घोषणा करता है, 'मेरा नाम अब मिस्त्र देश में
किसी यहूदा के मुँह से नहीं पुकारा जाएगा, यह कहते हुए,
"जैसे 𐤉𐤄𐤅𐤄 जीवित है..." 27 'देखो, मैं उनके लिए बुराई
के लिए देख रहा हूँ और अच्छे के लिए नहीं। और सभी
यहूदा के लोग जो मिस्त्र देश में हैं, तलवार और भोजन की
कमी से नष्ट हो जाएँगे, जब तक कि वे समाप्त नहीं हो जाते।
28 'और जो तलवार से बचेंगे, थोड़ी संख्या में, मिस्त्र देश से
यहूदा देश में लौटेंगे। और सभी यहूदा के बचे हुए लोग, जो
मिस्त्र देश में रहने के लिए गए हैं, जानेंगे कि किसका वचन
स्थापित है, मेरा या उनका। 29 'और यह तुम्हारे लिए चिन्ह
है,' 𐤉𐤄𐤅𐤄 घोषणा करता है, 'कि मैं तुम्हें इस स्थान में दंड
दे रहा हूँ, ताकि तुम जानो कि मेरे वचन निश्चित रूप से
तुम्हारे खिलाफ बुराई के लिए स्थापित हैं।' 30 "𐤉𐤄𐤅𐤄 ने यूँ
कहा, 'देखो, मैं मिस्त्र के राजा फिरौन होफ्रा को उसके शत्रुओं
के हाथ में और उन लोगों के हाथ में दे रहा हूँ जो उसके
जीवन की खोज करते हैं, जैसे मैंने यहूदा के राजा
सिदकियाह को बाबेल के राजा नबूकदनेस्सर के हाथ में दिया,
उसके शत्रु जो उसके जीवन की खोज करते थे।' "

45 1 वह वचन जो यिर्मयाहु नबी ने बरूक पुत्र नेरियाह से
कहा, जब उसने ये वचन यिर्मयाहु के मुख से पुस्तक
में लिखे, यहोयाकीम पुत्र योशियाहु, यहूदा का राजा, के चौथे
वर्ष में, कहा: 2 "इस प्रकार कहा 𐤉𐤄𐤅𐤄, इस्त्राएल के ईश्वर
ने, तुम्हारे विषय में, बरूक: 3 'तुमने कहा है, "हाय मुझ पर
अब! क्योंकि 𐤉𐤄𐤅𐤄 ने मेरे दुख में शोक जोड़ा है। मै
अपनी आहों से थक गया हूँ, और मुझे विश्राम नहीं मिला।" '
4 "उसे यह कहो, 'इस प्रकार कहा 𐤉𐤄𐤅𐤄, "देखो, जो मैंने
बनाया है उसे मैं गिरा रहा हूँ, और जो मैंने लगाया है उसे मै
उखाड़ रहा हूँ, अर्थात, सारी भूमि को। 5 "और क्या तुम
अपने लिये बड़ी बातें ढूंढते हो? उन्हें मत ढूंढो, क्योंकि देखो,
मैं सब प्राणियों पर बुराई ला रहा हूँ," यह वचन है 𐤉𐤄𐤅𐤄
का। "परन्तु मैं तुम्हारा जीवन तुम्हें पुरस्कार स्वरूप दूँगा सब
स्थानों में, जहाँ भी तुम जाओगे।" ' "

46 1 यह वह वचन है जो 𐤉𐤄𐤅𐤄 ने नबी यिर्मयाहू को
अन्यजातियों के विषय में दिया। 2 मित्रायिम के विषय
में, फ़िरऔह नेको, मित्रायिम का राजा, की सेना के विषय में,
जो फरात नदी पर कारकेमीश में थी, और जिसे बाबेल के
राजा नबूकदनेत्स्सर ने यहोयाकीम, योशियाहू के पुत्र, यहूदा
के राजा के चौथे वर्ष में मारा था। 3 "बड़ी और छोटी ढाल
तैयार करो, और युद्ध के लिए निकट आओ! 4 "घोड़ों को
जोतो, और घुडसवारों पर चढ़ो! टोप पहनकर खड़े होओ,
भाले चमकाओ, कवच पहनो! 5 "मैं उन्हें क्यों डरते और पीछे

मुड़े देखता हूँ? उनके योद्धा पराजित हो गए। और वे जल्दी
में भाग गए, और पीछे मुड़कर नहीं देखा, क्योंकि चारों ओर
भय था," यह 𐤉𐤄𐤅𐤄 की घोषणा है। 6 तेज़ को भागने न दो,
न ही शक्तिशाली पुरुष को निकलने दो। वे ठोकर खाएँगे
और गिरेंगे उत्तर की ओर, फरात नदी के पास। 7 यह कौन है
जो बाढ़ के समान उठता है, जिसकी जलधाराएँ नदियों के
समान उमड़ती हैं? 8 मित्रायिम बाढ़ के समान उठता है, और
उसकी जलधाराएँ नदियों के समान उमड़ती हैं। और वह
कहता है, 'मैं उठकर पृथ्वी को ढक लूँ; नगर और उसके
निवासियों को नष्ट कर दूँ।' 9 आगे बढ़ो, हे घोड़ों, और क्रोध
करो, हे रथों! और शक्तिशाली पुरुष निकलें - कुश और पूत
जो ढाल सँभालते हैं, और लूद जो धनुष सँभालते और खींचते
हैं। 10 क्योंकि यह सेनाओं के प्रभु 𐤉𐤄𐤅𐤄 का दिन है,
प्रतिशोध का दिन, अपने शत्रुओं से बदला लेने का। और
तलवार भक्ष करेगी, और तृप्त होगी और उनके लहू से
मतवाली होगी। क्योंकि सेनाओं के प्रभु 𐤉𐤄𐤅𐤄 का उत्तर
देश में, फरात नदी के पास, वध का आयोजन है। 11 गिलाद
पर जाओ और मरहम लो, हे कन्या, मित्रायिम की पुत्री।
व्यर्थ तूने बहुत औषधियों का उपयोग किया, तेरे लिए कोई
चंगाई नहीं है। 12 जातियों ने तेरी लज्जा सुनी है, और तेरी
पुकार ने देश को भर दिया है। क्योंकि शक्तिशाली ने
शक्तिशाली पर ठोकर खाई, वे दोनों साथ गिरे। 13 वह वचन
जो 𐤉𐤄𐤅𐤄 ने नबी यिर्मयाहू से कहा, बाबेल के राजा
नबूकदनेत्स्सर के मित्रायिम की भूमि को मारने के आने के
विषय में। 14 "मित्रायिम में प्रचार करो, और मिग्दोल में इसे
सुनाओ। और नोफ़्ह और तहपनहेस में सुनाया जाए। कहो,
'दृढ़ रहो और तैयार होओ, क्योंकि तलवार तुम्हारे चारों ओर
भक्ष करेगी।' 15 "तेरे शक्तिशाली लोग क्यों बहा दिए गए? वे
खड़े नहीं रहे क्योंकि 𐤉𐤄𐤅𐤄 ने उन्हें दूर कर दिया।
16 "उसने बहुतों को ठोकर खिलाई; वास्तव में, वे एक-दूसरे
पर गिरे, और कहा, 'उठो! हम अपनी जाति के पास लौट
चलें, और अपने जन्म की भूमि को जाएँ, उत्पीड़क तलवार
से दूर।' 17 "वहाँ वे चिल्लाए, 'फ़िरऔह, मित्रायिम का राजा,
केवल एक शोर है। उसने नियत समय को जाने दिया!'
18 "जैसा कि मैं जीवित हूँ," सेनाओं का नाम 𐤉𐤄𐤅𐤄
रखनेवाला राजा कहता है, "जैसा कि ताबोर पहाड़ों के बीच
है, और जैसा कि करमेल समुद्र के पास है, वह आएगा।
19 "हे मित्रायिम में रहनेवाली पुत्री, निर्वासन में जाने के लिए
अपने आप को तैयार कर! क्योंकि नोफ़्ह उजाड़ और खंडहर
होगा, और जलाया जाएगा, बिना निवासियों के। 20 "मित्रायिम
बहुत सुंदर बछिया के समान है, परन्तु विनाश आ रहा है, वह
उत्तर से आ रहा है। 21 "उसके किराए के लोग भी, उसके
बीच में, मोटे बछड़ों के समान हैं, क्योंकि वे भी लौट जाएँगे, वे
सब मिलकर भाग जाएँगे। वे खड़े नहीं रहेंगे, क्योंकि उनकी
विपत्ति का दिन उन पर आ गया है, उनके दण्ड का समय।
22 "उसकी ध्वनि साँप की तरह चलती है, क्योंकि वे सेना की
तरह बढ़ते हैं और कुल्हाड़ियों के साथ उस पर आते हैं, जैसे
लकड़हारे। 23 "वे उसके वन को काट डालेंगे," 𐤉𐤄𐤅𐤄
घोषणा करता है, "क्योंकि वह खोजा नहीं गया है, क्योंकि वे
टिड्डियों से भी अधिक हैं, और उनकी कोई गिनती नहीं है।
24 "मित्रस्त्रयिम की बेटी लज्जित होगी। उसे उत्तर के लोगों
के हाथ में दे दिया जाएगा।" 25 𐤉𐤄𐤅𐤄 सेनाओं का,
इस्त्राएल के ईश्वर ने कहा है, "देखो, मैं नो के आमोन पर,
और फ़िरऔन पर, और मित्रस्त्रयिम पर, और उनके
शक्तिशाली लोगों पर, और उनके शासकों पर, और फ़िरऔन
पर और उन पर जो उस पर भरोसा करते हैं, दण्ड ला रहा
हूँ। 26 "और मैं उन्हें उनके जीवन की खोज करने वालों के
हाथ में दूँगा, बाबेल के राजा नबूकदनेत्स्सर के हाथ में और
उसके सेवकों के हाथ में। और उसके बाद यह प्राचीन दिनों
की तरह बसाया जाएगा," 𐤉𐤄𐤅𐤄 घोषणा करता है।
27 "परन्तु तेरे विषय में, मत डर, हे मेरे दास याक़ोब, और
मत निराश हो, हे इस्त्राएल! क्योंकि देखो, मैं तुझे दूर से बचा
रहा हूँ, और तेरे वंश को उनके बंधुआई के देश से। और
याक़ोब लौट आएगा, और विश्राम पाएगा और निश्चिन्त रहेगा,
और कोई उसे व्याकुल न करेगा। 28 "मत डर, हे मेरे दास
याक़ोब," 𐤉𐤄𐤅𐤄 घोषणा करता है, "क्योंकि मैं तेरे साथ हूँ।
यद्यपि मैं उन सब जातियों का पूरी तरह अन्त कर दूँगा,
जिनके पास मैंने तुझे भगाया है, तो भी तेरा पूरी तरह अन्त न
करूँगा। परन्तु मैं तुझे न्याय से ताड़ना दूँगा, और किसी
रीति से तुझे बिना दण्ड के न छोड़ूँगा।"

47 1 𐤉𐤄𐤅𐤄 का वचन जो यिर्मयाहू नबी को पलिश्ती
लोगों के विषय में आया, उस समय से पहले जब
फ़िरौन ने अज़्ज़ा को मारा था। 2 यहोवा 𐤉𐤄𐤅𐤄 ने कहा,
"देखो, उत्तर से जल उठते हैं और उमड़ती हुई बाढ़ होंगे।
और वे देश और उसमें जो कुछ है, नगर और उसके सब
रहनेवालों को डुबो देंगे। और लोग चिल्लाएँगे और देश के
सब निवासी विलाप करेंगे। 3 "उसके शक्तिशाली घोड़ों के
टापों की ध्वनि से, उसके रथों के दौड़ने से, उसके पहियों की
गरज से, पिता अपने पुत्रों की ओर नहीं देखेंगे, क्योंकि हाथ
दुर्बल हो गए हैं। 4 क्योंकि वह दिन आया है पलिश्ती लोगों को
नाश करने के लिए, सूर और सिदोन से हर सहायता करने
वाले को काट देने के लिए। क्योंकि 𐤉𐤄𐤅𐤄 पलिश्ती लोगों
का नाश कर रहा है, कप्तोर के द्वीप के बचे हुए लोगों का।
5 "अज़्ज़ा पर गंजापन आएगा, अश्क़लोन उनके घाटी के बचे
हुए लोगों समेत काट डाला जाएगा। कब तक तुम अपने को
घायल करते रहोगे? 6 "हे 𐤉𐤄𐤅𐤄 की तलवार, कब तक तू
विश्राम करेगी? अपनी म्यान में लौट जा, शान्त हो और ठहर
जा! 7 "वह कैसे विश्राम करेगी, जब 𐤉𐤄𐤅𐤄 ने उसे आज्ञा दी
है? अश्क़लोन और समुद्रतट के विरुद्ध – वहाँ उसने उसे
ठहराया है।"

48 1 मोआब के विषय में। यह वह है जो 𐤉𐤄𐤅𐤄 सेनाओं
का, इस्त्राएल का ईश्वर कहता है, "हाय नेबो पर!
क्योंकि वह नाश कर दिया गया है, किर्यातयिम लज्जित और
पकड़ लिया गया है। ऊँचा गढ़ लज्जित किया गया और
तोड़ा गया है।" 2 "अब मोआब के लिए कोई प्रशंसा नहीं है।
हेशबोन में उन्होंने उसके विरुद्ध बुराई की युक्ति बनाई है,
'आओ, हम उसे एक राष्ट्र के रूप में काट दें।' हे मदमेन, तू
भी काटा गया है, तलवार तेरे पीछे जाएगी।" 3 "सुनो!
होरोनयिम से एक चीत्कार, नाश और बड़ी विनाश!"
4 "मोआब नाश कर दिया जाएगा, उसके छोटे बच्चे
पुकारेंगे।" 5 "क्योंकि लुहित की चढ़ाई पर वे कड़वे रोते हुए
ऊपर चढ़ते हैं। क्योंकि होरोनयिम की उतराई में शत्रु विनाश
की पुकार सुनेंगे।" 6 "भागो, अपनी जानें बचाओ! और

जंगल में झाड़ी के समान हो जाओ।” 7 “क्योंकि तूने अपने
कामों और अपने खजानों पर भरोसा किया है, तू पकड़ा
जाएगा। और केमोश निर्वासन में जाएगा, उसके याजक और
उसके सरदार भी साथ।” 8 “और हर नगर में एक नाश
करनेवाला आएगा, कोई नहीं बचेगा। और घाटी नाश हो
जाएगी, और मैदान नष्ट हो जाएगा, जैसा 𐤉𐤄𐤅𐤄 ने कहा
है।” 9 “मोआब को पंख दो, क्योंकि उसे भागना है, और
उसके नगर उजाड़ हो जाएँ, जिनमें कोई न बस सके।”
10 “शापित है वह जो 𐤉𐤄𐤅𐤄 का काम करने में ढीला है,
और शापित है वह जो अपनी तलवार को रक्त से रोकता है।”
11 “मोआब अपनी जवानी से निश्चिंत रहा है, और वह अपने
रस पर बैठा है, और बर्तन से बर्तन में खाली नहीं किया गया
है, और वह निर्वासन में नहीं गया है। इसलिए उसका स्वाद
उसी में रहा है, और उसकी गंध नहीं बदली।” 12 “इसलिए
देखो, दिन आ रहे हैं,” 𐤉𐤄𐤅𐤄 की यह वाणी है, “जब मैं उसे
झुकाने वाले भेजूँगा, जो उसे उलट देंगे और उसके बर्तन
खाली करेंगे और घड़े तोड़ेंगे।” 13 “और मोआब केमोश के
कारण लज्जित होगा, जैसा इस्राएल का घराने बेथ ईश्वर के
कारण लज्जित हुआ, जो उनका शरणस्थान था।” 14 “तुम
कैसे कहते हो, ‘हम युद्ध के लिए शक्तिशाली और सामर्थी
पुरुष हैं’?” 15 “मोआब नाश कर दिया गया है और उसके
नगरों में प्रवेश किया गया है। और उसके चुने हुए जवान वध
के लिये नीचे गए हैं,” यह प्रभु की वाणी है, जिसका नाम
सेनाओं का 𐤉𐤄𐤅𐤄 है।” 16 “मोआब की विपत्ति निकट आ
गई है और उसका क्लेश शीघ्र आ रहा है।” 17 “उसके लिये
विलाप करो, हे तुम सब जो उसके चारों ओर हो। और तुम
सब जो उसका नाम जानते हो, कहो, ‘कैसे वह शक्तिशाली
राजदण्ड टूट गया, वैभव की छड़ी टूट गई!’” 18 “अपनी
महिमा से नीचे उतर, और प्यास में बैठ, हे दिबोन की बेटी
निवासी। क्योंकि मोआब का नाश करनेवाला तेरे विरुद्ध
आएगा, वह तेरे गढ़ों को नष्ट करेगा।” 19 “मार्ग के पास
खड़ा रह और देख, हे अरोएर की निवासी। उससे पूछ जो
भागता है और उससे जो बच निकलती है; कह, ‘क्या किया
गया है?’” 20 “मोआब लज्जित किया गया है, क्योंकि वह
तोड़ा गया है। विलाप करो और पुकारो! अर्नोन में यह सुना
जाए कि मोआब नाश कर दिया गया है।” 21 “और न्याय
आया है मैदान के देश पर, होलोन पर, और यहसाह पर, और
मोफ़ा'थ पर।” 22 और दिबोन और नेबो और बेथ
दिबलथयिम पर, 23 और क़िरयतयिम और बेथ गमूल और
बेथ मेओन पर, 24 और क़ेरियोथ और बोत्स्राह और मोआब
देश के सब नगरों पर, दूर और पास। 25 “मोआब का सींग
काट दिया गया है, और उसकी भुजा तोड़ दी गई है,”
𐤉𐤄𐤅𐤄 की घोषणा है। 26 “उसे मतवाला बना दो, क्योंकि
उसने अपने आप को 𐤉𐤄𐤅𐤄 के विरुद्ध बड़ा बनाया है।
मोआब अपनी उल्टी में छींटेगा, और वह उपहास में होगा।
27 “क्या इस्राएल तेरे लिये उपहास नहीं था? क्या वह चोरों में
पाया गया था? क्योंकि जब भी तू उसके विषय में बोलता है, तू
अपना सिर हिलाता है। 28 “हे मोआब के निवासियों, नगरों को
छोड़ो और चट्टान में बसो, और गुफा के मुँह के किनारों में
घोंसला बनाने वाली फाख्ता के समान बनो। 29 “हमने मोआब
के अभिमान के विषय में सुना है। वह बहुत ऊँचा है अपने
घमंड और अहंकार और गर्व के कारण, और उसके मन के
घमंड के विषय में।” 30 “मैं उसकी क्रोध को जानता हूँ,”
𐤉𐤄𐤅𐤄 की घोषणा है, “और उसकी डींगें झूठी हैं। उसके
काम झूठे हैं। 31 “इसलिये मैं मोआब के लिये विलाप करता
हूँ, और मैं सारे मोआब के लिये पुकारता हूँ। मैं क़िर हेरेस के
पुरुषों के लिये शोक करता हूँ। 32 “हे सिब्मा की दाखलता! मैं
तेरे लिये याज़ेर के रोने से रोता हूँ। तेरी डालियाँ समुद्र के
पार चली गई हैं, वे याज़ेर के समुद्र तक पहुँची हैं। लुटेरा तेरे
ग्रीष्म के फलों और तेरे दाख की फ़सल पर आ गिरा है।
33 “आनन्द और हर्ष बगीचे और मोआब के देश से ले लिया
गया है। और मैंने दाखरस को दाखरस के कुण्डों से समाप्त
कर दिया है। कोई हर्ष के साथ नहीं रौंदता - हर्ष का कोई हर्ष
नहीं है! 34 “हेशबोन के रोदन से लेकर एलालेह तक, याहत्स
तक वे अपनी आवाज़ उठाएँगे, त्सोआर से लेकर होरोनयिम
तक, तीन वर्ष की बछिया के समान, क्योंकि निमरीम का पानी
भी सूख गया है। 35 “और मैं मोआब में उसका अन्त कर
दूँगा जो ऊँचे स्थानों पर चढ़ाता है और अपने देवताओं को
धूप जलाता है,” 𐤉𐤄𐤅𐤄 की घोषणा है। 36 “इसलिये मेरा
मन मोआब के लिये बांसुरियों के समान बजता है, और मेरा
मन क़िर हेरेस के पुरुषों के लिये बांसुरियों के समान बजता
है। इसलिये जो धन उन्होंने बनाया वह चला जाएगा।
37 “क्योंकि हर सिर गंजा है, और हर दाढ़ी मुंडी हुई है - सब
हाथों पर चीरे हैं, और कमर पर टाट है। 38 “मोआब के सब
घरों की छतों पर और उसकी सड़कों में सब विलाप है, क्योंकि
मैंने मोआब को ऐसा पात्र तोड़ा है जिसमें कोई प्रसन्न नहीं
होता,” 𐤉𐤄𐤅𐤄 की घोषणा है। 39 “कैसे वह तोड़ी गई है! वे
विलाप करेंगे! कैसे मोआब ने अपनी पीठ शर्म से फेर ली है!
इसलिये मोआब चारों ओर के सबके लिये उपहास और भय
का कारण होगा।” 40 क्योंकि यूं कहता है 𐤉𐤄𐤅𐤄, “देख,
वह उकाब के समान उड़ता है, और मोआब पर अपने पंख
फैलाएगा। 41 “क़ेरियोथ पकड़ा जाएगा, और गढ़ियाँ कब्ज़ा
की जाएँगी। और उस दिन मोआब के शक्तिशाली पुरुषों का
मन प्रसव करने वाली स्त्री का मन होगा। 42 “और मोआब
एक जाति के रूप में नष्ट कर दिया जाएगा, क्योंकि उसने
अपने आप को 𐤉𐤄𐤅𐤄 के विरुद्ध बड़ा बनाया है। 43 “भय
और गड्ढा और फंदा तेरे ऊपर है, हे मोआब के निवासी,”
𐤉𐤄𐤅𐤄 की घोषणा है। 44 “जो भय से भागता है वह गड्ढे में
गिरता है, और जो गड्ढे से निकलता है वह फंदे में फँसता है।
क्योंकि मैं मोआब पर उनके दण्ड का वर्ष ला रहा हूँ,”
𐤉𐤄𐤅𐤄 की घोषणा है। 45 “जो भागे वे हेशबोन की छाया के
नीचे असहाय खड़े रहे। परन्तु हेशबोन से आग निकलेगी,
और सिहोन के बीच से ज्वाला, और मोआब के माथे को और
शाओन के पुत्रों के सिर के शिखर को भस्म करेगी। 46 “हाय
तुझ पर, हे मोआब! केमोश की प्रजा नाश हो गई है, क्योंकि
तेरे बेटे बन्दी बनाकर ले जाए गए हैं, और तेरी बेटियाँ बन्दी
बनाकर ले जाई गई हैं। 47 “परन्तु मैं अन्तिम दिनों में मोआब
की बंधुआई को लौटा दूँगा,” 𐤉𐤄𐤅𐤄 की घोषणा है। यहां
तक मोआब का न्याय है।

49 1 अम्मोनियों के विषय में: यों कहा 𐤉𐤄𐤅𐤄 ने, “क्या
इस्राएल के कोई पुत्र नहीं हैं? क्या उसका कोई वारिस
नहीं है? क्यों मलकाम ने गाद पर अधिकार कर लिया है, और

उसकी प्रजा उसके नगरों में बस रही है? 2 “इसलिए देखो, वे
दिन आ रहे हैं,” 𐤉𐤄𐤅𐤄 की घोषणा है, “जब मैं अम्मोनियों
की रब्बा में युद्ध का नगाड़ा बजाऊँगा। और वह ढेर और
उजाड़ स्थान हो जाएगी, और उसके गाँव आग से जलाए
जाएँगे। तब इस्राएल उन लोगों को उखाड़ फेंकेगा जिन्होंने
उसे उखाड़ा था,” 𐤉𐤄𐤅𐤄 की यह घोषणा है। 3 “हे हेश्बोन,
विलाप करो, क्योंकि अय उजाड़ दी गई है! रोओ, हे रब्बा की
बेटियों, टाट ओढ़ लो! शोक मनाओ और नगर-दीवारों के पास
परिश्रम से खोजो, क्योंकि मलकाम निर्वासन में जाएगा, उसके
याजकों और उसके सरदारों के साथ। 4 “तुम घाटियों में क्यों
घमण्ड करती हो, तुम्हारी बहती हुई घाटी, हे अविश्वासी पुत्री
जो अपने खजानों पर भरोसा करती हो, कहती हो, ‘कौन मेरे
विरुद्ध आएगा?’ 5 “देखो, मैं तुम्हारे चारों ओर से डर लेकर
आ रहा हूँ,” सेनाओं के प्रभु 𐤉𐤄𐤅𐤄 की यह घोषणा है।
“और तुम सीधे आगे खदेड़े जाओगे, हर एक अपनी ओर,
और कोई भटके हुए को घर नहीं लाएगा। 6 “और इसके बाद
मैं अम्मोन की सन्तानों की बंधुआई को लौटा दूँगा,” 𐤉𐤄𐤅𐤄
की यह घोषणा है। 7 एदोम के विषय में: सेनाओं के 𐤉𐤄𐤅𐤄
ने यों कहा, “क्या तेमान में अब और बुद्धि नहीं रही? क्या
समझ रखने वालों से सम्मति खो गई है? क्या उनकी बुद्धि
नष्ट हो गई है? 8 “भागो, पीछे लौटो, गहराई में बसो, हे देदान
के रहनेवालो! क्योंकि मैं एसाव पर विपत्ति लाऊँगा, वह समय
जब मैं उसे दण्ड दूँगा। 9 “यदि अंगूर बीननेवाले तेरे पास
आएँ, तो क्या वे कुछ अंगूर नहीं छोड़ेंगे? रात में भी यदि चोर
आते, तो क्या वे जितना चाहें उतना ही नष्ट न कर देंगे!
10 “परन्तु मैं एसाव को नंगा कर दूँगा। मैं उसके छिपने के
स्थानों को प्रकट कर दूँगा, जिससे वह अपने को छिपा न
सके। उसकी सन्तान उजाड़ दी जाएगी, उसके भाई और
उसके पड़ोसी, और वह फिर नहीं रहेगा। 11 “अपने अनाथ
बच्चों को छोड़ दे, मैं उन्हें जीवित रखूँगा। और तेरी विधवाएँ
मुझ पर भरोसा करें।” 12 क्योंकि यों कहा 𐤉𐤄𐤅𐤄 ने,
“देखो, जिनका न्याय यह नहीं था कि वे प्याला पियें, उन्होंने
अवश्य ही पिया है। और क्या तू दण्ड से बचेगा? तू नहीं
बचेगा, परन्तु अवश्य ही पीएगा। 13 “क्योंकि मैंने अपनी ही
शपथ खाई है,” 𐤉𐤄𐤅𐤄 की यह घोषणा है, “कि बोत्स्रा
उजाड़, अपमान, उजाड़ा और शाप हो जाएगी, और उसके
सब नगर सदा के लिए उजाड़ हो जाएँगे।” 14 मैंने 𐤉𐤄𐤅𐤄
से एक समाचार सुना है, और एक दूत जातियों के पास भेजा
गया है, “इकट्ठे हो जाओ, उसके विरुद्ध आओ, और युद्ध के
लिये उठ खड़े होओ! 15 “क्योंकि देखो, मैं तुझे जातियों में
छोटा कर दूँगा, मनुष्यों के बीच तिरस्कृत कर दूँगा। 16 “तेरा
डर, तेरे मन का अभिमान, तुझे धोखा दे गया है, हे चट्टानों
की दरारों में रहनेवाले, पहाड़ी की ऊँचाई को पकड़नेवाले!
चाहे तू अपना घोंसला गरुड़ के समान ऊँचा कर ले, वहाँ से
मैं तुझे नीचे लाऊँगा,” प्रभु की यह घोषणा है। 17 “और एदोम
उजाड़ हो जाएगा, जो कोई उसके पास से गुज़रेगा वह चकित
होगा और उसकी सब विपत्तियों पर सीटी बजाएगा। 18 “जैसे
सदोम और अमोरा और उनके पड़ोसी नगरों का नाश हुआ
था,” 𐤉𐤄𐤅𐤄 की यह घोषणा है, “वैसा ही होगा। कोई वहाँ
नहीं बसेगा, न कोई मनुष्य उसमें निवास करेगा। 19 “देखो,
वह यरदन की बढ़ती हुई घास से सिंह के समान बलवान के
घर पर चढ़ता है। परन्तु एक ही क्षण में मैं उसे उससे भगा
दूँगा। और उस पर नियुक्त करनेवाला चुना हुआ कौन है?
क्योंकि मेरे समान कौन है? और कौन मुझे बुलाएगा? और वह
कौन-सा चरवाहा है जो मेरे सामने खड़ा हो सकता है?”
20 इसलिए एदोम के विषय में 𐤉𐤄𐤅𐤄 की सम्मति को सुनो,
जो उसने सम्मति की है, और तेमान के निवासियों के विषय में
उसकी युक्तियों को सुनो, जो उसने ठहराई हैं: झुंड का सबसे
छोटा भी उन्हें खींच ले जाएगा! वह उनके चरागाह को उनके
सामने उजाड़ देगा! 21 उनके गिरने की ध्वनि से पृथ्वी काँप
उठेगी। एक पुकार है! उसकी ध्वनि लाल समुद्र पर सुनी गई
है। 22 देखो, वह उक़ाब की तरह ऊपर उड़ता है, और अपने
पंख बोत्स्राह के ऊपर फैलाता है। और एदोम के वीर पुरुषों
का दिल उस दिन स्त्री के प्रसव पीड़ा के समान होगा।
23 दमेसक के विषय में: “हमात और अर्पद लज्जित हो गए
हैं, क्योंकि उन्होंने एक बुरी ख़बर सुनी है। वे समुद्र की तरह
घबरा गए हैं, जो चैन नहीं पा सकता।” 24 “दमेसक निर्बल
हो गया है, वह भागने के लिए मुड़ गई है, और कांपना उसे
पकड़ लिया है। संकट और पीड़ा ने उसे जकड़ लिया है,
जैसे प्रसव करने वाली स्त्री को।” 25 “कैसे प्रशंसा का नगर
उजाड़ हो गया, मेरे आनन्द का नगर!” 26 “इस कारण
उसके जवान उसके रास्तों में गिरेंगे, और उस दिन के सब
योद्धा नाश होंगे,” सेनाओं के 𐤉𐤄𐤅𐤄 की यह वाणी है।
27 “और मैं दमेसक की दीवार में आग जलाऊँगा, और वह
बेन-हदद के महलों को भस्म करेगी।” 28 क़ेदार और
हात्सार के राज्यों के विषय में, जिन्हें बाबेल का राजा
नबूकदनेस्सर ने मारा: यहोवा 𐤉𐤄𐤅𐤄 यों कहता है, “उठो,
क़ेदार पर चढ़ाई करो, और पूरब के लोगों को नष्ट करो!”
29 “उनके तम्बू और उनकी भेड़-बकरियाँ, उनके परदे और
सब बर्तन लूट लिए जाएँगे। और वे उनके ऊँट अपने लिये ले
जाएँगे। और वे चिल्लाएँगे, ‘चारों ओर भय है!’ 30 “भागो,
दूर चले जाओ! गहराइयों में बसो, हे हात्सार के रहने वालो!”
यह 𐤉𐤄𐤅𐤄 की वाणी है। “क्योंकि बाबेल का राजा
नबूकदनेस्सर ने तुम्हारे विरुद्ध युक्ति की है, और तुम्हारे
विरुद्ध योजना बनाई है।” 31 “उठो, उस निश्चिन्त जाति पर
चढ़ो जो निडर रहती है,” यह 𐤉𐤄𐤅𐤄 की वाणी है। “उसके
पास न तो फाटक हैं, न बाड़े; वे अकेले रहते हैं।” 32 “और
उनके ऊँट लूट बनेंगे, और उनके बड़े झुंड माल बनेंगे। और
मैं उन्हें सब दिशाओं में बिखेर दूँगा, जो किनारों को मुंडवाते
हैं, और मैं उनके चारों ओर से उन पर विपत्ति लाऊँगा,” यह
𐤉𐤄𐤅𐤄 की वाणी है। 33 “हात्सार गीदड़ों का निवास और
सदा के लिये उजाड़ होगा। वहाँ कोई न रहेगा, न मनुष्य का
पुत्र उसमें बसेगा।” 34 वह वचन जो 𐤉𐤄𐤅𐤄 का यिर्मयाह
नबी के पास एलाम के विषय में आया, यहूदा के राजा
सिदकियाह के राज्य के आरम्भ में, यह कहते हुए,
35 “सेनाओं के यहोवा 𐤉𐤄𐤅𐤄 यों कहता है, ‘देखो, मैं एलाम
का धनुष, उनकी शक्ति का मूल तोड़ डालूँगा।’ 36 ‘और मैं
एलाम पर चारों दिशाओं से चारों हवाएँ लाऊँगा, और उन्हें उन
सब दिशाओं में बिखेर दूँगा। और ऐसी कोई जाति न होगी
जहाँ एलाम के निर्वासित न जाएँ।’ 37 ‘और मैं एलाम को
उनके शत्रुओं के सामने और उनके प्राण खोजने वालों के
सामने तोड़ दूँगा। और मैं उन पर विपत्ति लाऊँगा, अपना
जलता क्रोध,’ यह 𐤉𐤄𐤅𐤄 की वाणी है। ‘और मैं उन पर
तलवार भेजूँगा जब तक कि मैं उन्हें नाश न कर दूँ।’

38 ‘और मैं एलाम में अपना सिंहासन स्थापित करूँगा, और
वहाँ से राजा और प्रधानों को नाश कर दूँगा,’ यह 𐤉𐤄𐤅𐤄
की वाणी है। 39 ‘और यह अन्त के दिनों में होगा कि मैं एलाम
की बंधुआई को लौटा दूँगा,’ यह 𐤉𐤄𐤅𐤄 की वाणी है।”

50 1 यह वह वचन है जो 𐤉𐤄𐤅𐤄 ने बाबेल और कस्दी
देश के विषय में नबी यिर्मयाहु से कहा। 2 “जातियों में
प्रचार करो और सुनाओ। झंडा ऊँचा करो, सुनाओ और
छिपाओ मत। कहो, ‘बाबेल लिया जाएगा, बेल लज्जित होगा,
मेरोदक टूटेगा, उसकी मूरतें लज्जित होंगी, उसकी मूर्तियाँ
चकनाचूर होंगी।’ 3 क्योंकि उत्तर से एक जाति उसके विरुद्ध
चढ़ेगी, जो उसके देश को उजाड़ डालेगी, और उसमें कोई न
रहेगा। मनुष्य और पशु दोनों भाग जाएँगे। 4 “उन दिनों और
उसी समय,” 𐤉𐤄𐤅𐤄 की यह वाणी है, “यिस्राएल के बच्चे
और यहूदा के बच्चे दोनों रोते हुए आएँगे, और अपने ईश्वर
𐤉𐤄𐤅𐤄 को ढूँढेंगे। 5 “वे सिय्योन का मार्ग पूछेंगे, अपने मुख
उसी ओर करेंगे, और कहेंगे, ‘आओ और हम 𐤉𐤄𐤅𐤄 से
सदा की वाचा में मिल जाएँ, जो कभी न भूली जाए।’ 6 “मेरी
प्रजा भटकी हुई भेड़ें हैं। उनके चरवाहों ने उन्हें बहका दिया
है, उन्हें पहाड़ों पर भटका दिया है। वे पहाड़ से पहाड़ी पर
गए, उन्होंने अपने विश्राम स्थान को भुला दिया। 7 “जिस
किसी ने उन्हें पाया, उसने उन्हें खा लिया। और उनके
शत्रुओं ने कहा, ‘हम दोषी नहीं हैं, क्योंकि उन्होंने 𐤉𐤄𐤅𐤄 के
विरुद्ध पाप किया है, जो धार्मिकता का घर और उनके पितरों
की आशा है: 𐤉𐤄𐤅𐤄।’ 8 “बाबेल के बीच से भागो, कस्दियों
के देश से निकल आओ। और झुंड के आगे मेढ़ों के समान
हो जाओ। 9 “क्योंकि देखो, मैं उत्तरी देश से बड़ी-बड़ी
जातियों की एक सभा को बाबेल के विरुद्ध उठाता और लाता
हूँ, और वे उसके विरुद्ध पंक्ति बाँधेंगे। वहाँ से वह पकड़ ली
जाएगी - उनके तीर निपुण पराक्रमी मनुष्य के समान होंगे,
जो व्यर्थ नहीं लौटता। 10 “और कस्दी लूट हो जाएगा, और
जो कोई उसे लूटेगा, वे तृप्त होंगे,” 𐤉𐤄𐤅𐤄 की यह वाणी है।
11 “क्योंकि तुम प्रसन्न थे, क्योंकि तुमने आनन्द किया, हे मेरे
निज भाग को लूटनेवालो, क्योंकि तुमने दानों को रौंदनेवाली
बछिया के समान मोटे हो गए हो, और तुम बलवान घोड़ों के
समान हिनहिनाते हो, 12 तुम्हारी माता बहुत लज्जित होगी।
जिसने तुम्हें जन्म दिया, वह लज्जित होगी। देखो, वह
जातियों के अन्त में, जंगल, सूखी भूमि और मरुभूमि बन
जाएगी। 13 “𐤉𐤄𐤅𐤄 के क्रोध के कारण वह बसाई न
जाएगी, वरन् वह उजाड़ हो जाएगी - पूरा का पूरा। जो कोई
बाबेल से होकर जाएगा, वह अचंभित होगा और उसकी सारी
मारों पर सीटी बजाएगा। 14 “हे धनुष खींचनेवालो, बाबेल के
चारों ओर पंक्ति बाँधो। उस पर तीर चलाओ, तीरों को न
छोड़ो, क्योंकि उसने 𐤉𐤄𐤅𐤄 के विरुद्ध पाप किया है।
15 “उस पर चारों ओर से जयजयकार करो। उसने हाथ
उठा दिया है, उसकी नीवें गिर गई हैं, उसकी शहरपनाह ढा दी
गई है, क्योंकि यह 𐤉𐤄𐤅𐤄 का बदला है। उस पर बदला
लो। जैसा उसने किया, वैसा ही तुम भी उसके साथ करो।
16 “बाबेल में बोनेवाले और कटनी के समय हंसिया चलानेवाले
को काट डालो। दबानेवाले की तलवार से प्रत्येक अपने लोगों
की ओर लौटेगा, और प्रत्येक अपने देश को भागेगा।
17 “यिस्राएल तितर-बितर भेड़ है, सिंहों ने उसे खदेड़ दिया
है। पहले अश्शूर का राजा उसे खा गया, और अब, अन्त में,
बाबेल का राजा नबूकदनेस्सर ने उसकी हड्डियाँ तोड़ दी हैं।”
18 इस कारण सेनाओं के यहोवा 𐤉𐤄𐤅𐤄, यिस्राएल के ईश्वर
ने यूँ कहा, “देखो, मैं बाबेल के राजा और उसके देश को
दण्ड दूँगा, जैसे मैंने अश्शूर के राजा को दण्ड दिया।
19 “और मैं यिस्राएल को उसके चरागाह में फिर ले आऊँगा,
और वह कर्मेल और बाशान पर चराएगा। और उसकी आत्मा
एप्रैम और गिलाद के पर्वत पर तृप्त होगी। 20 “उन दिनों और
उसी समय,” 𐤉𐤄𐤅𐤄 की यह वाणी है, “यिस्राएल की
अधर्मता ढूँढ़ी जाएगी, परन्तु वह न होगी; और यहूदा के पाप,
परन्तु वे न पाए जाएँगे। क्योंकि जिनको मैं बचा रखूँगा,
उनको मैं क्षमा करूँगा। 21 “मराताइम देश पर चढ़ो, और
उस पर, और पेकोद के निवासियों पर। उनका वध करो और
उन्हें पूर्ण रूप से सत्यानाश कर दो,” 𐤉𐤄𐤅𐤄 की यह वाणी
है, “और जैसा मैं ने तुम्हें आज्ञा दी है, वैसा ही करो। 22 “देश
में युद्ध की ध्वनि है, और महान विनाश की ध्वनि है। 23 “कैसे
सारी पृथ्वी का हथौड़ा काट दिया गया और टूट गया! कैसे
बाबेल राष्ट्रों के बीच एक खंडहर बन गया! 24 “मैंने तेरे लिये
फंदा बिछाया है, और तू पकड़ा गया, हे बाबेल, और तू स्वयं
नहीं जानता था! तू पाया गया और पकड़ा भी गया, क्योंकि तूने
𐤉𐤄𐤅𐤄 के विरुद्ध संघर्ष किया।” 25 𐤉𐤄𐤅𐤄 ने अपना
शस्त्रागार खोला है, और अपने क्रोध के हथियार बाहर
निकाले हैं, क्योंकि प्रभु ईश्वर सेनाओं के ईश्वर का कसदियो
के देश में एक काम है। 26 हर ओर से उसके विरुद्ध आओ,
उसके भंडार खोलो, उसे खंडहरों के ढेर के समान ढेर करो,
और उसे विनाश के अधीन कर दो। उसका कोई अवशेष न
रहने दो। 27 उसके सब बैलों को मार डालो, उन्हें वध के
लिये नीचे ले आओ। हाय उन पर! क्योंकि उनका दिन आ
गया है, उनके दण्ड का समय। 28 सुनो! वे भागते हैं और
बाबेल के देश से निकल भागते हैं, सिय्योन में यह घोषित
करने के लिये कि हमारे ईश्वर 𐤉𐤄𐤅𐤄 का पलटा, उसके
मन्दिर का पलटा। 29 “बाबेल के विरुद्ध धनुर्धारियों को
बुलाओ। हे सब धनुष ताननेवालो, उसके चारों ओर छावनी
डालो, कोई न बचे। उसके काम के अनुसार उसका बदला
दो, उसके साथ वैसा ही करो जैसा उसने किया है। क्योंकि
उसने 𐤉𐤄𐤅𐤄, इस्राएल के क़दोष के विरुद्ध अभिमान किया
है। 30 “इसलिये उसके जवान उसके रास्तों में गिरेंगे, और
उसके सब योद्धा उस दिन मर जाएंगे,” 𐤉𐤄𐤅𐤄 की यह वाणी
है। 31 “देख, मैं तुझ पर हूं, हे अभिमानी!” सेनाओं के प्रभु
𐤉𐤄𐤅𐤄 की यह वाणी है, “क्योंकि तेरा दिन आ गया है, तेरे
दण्ड का समय। 32 “और अभिमानी ठोकर खाएगा, और वह
गिरेगा, और कोई उसे उठानेवाला न होगा। और मैं उसके
नगरों में आग जलाऊँगा, और वह उसके चारों ओर सब कुछ
भस्म कर डालेगी।” 33 सेनाओं के 𐤉𐤄𐤅𐤄 ने यूँ कहा,
“इस्राएल के पुत्रों को दबाया गया, यहूदा के पुत्रों के साथ।
और जिन सबने उन्हें बन्धुआई में लिया, उन्होंने उन्हें पकड़े
रखा, उन्होंने उन्हें जाने नहीं दिया। 34 “उनका छुड़ानेवाला
बलवान है, सेनाओं का 𐤉𐤄𐤅𐤄 उसका नाम है। वह उनका
मुक़दमा दृढ़ता से लड़ेगा, ताकि देश को विश्राम दे, परन्तु
बाबेल के निवासियों को अशान्ति। 35 “कसदियों पर तलवार
है,” 𐤉𐤄𐤅𐤄 की यह वाणी है, “और यह बाबेल के निवासियो
पर, और उसके प्रधानों पर और उसके बुद्धिमानों पर।

36“झूठों पर तलवार है, और वे मूर्ख हो जाएंगे। उसके
शूरवीरों पर तलवार है, और वे टूट जाएंगे। 37“उनके घोड़ों
पर और उनके रथों पर, और उन सब मिश्रित लोगों पर जो
उसके बीच में हैं, तलवार है, और वे स्त्रियों के समान हो
जाएंगे। उसके खज़ानों पर तलवार है, और वे लूट लिये
जाएंगे। 38“उसके जल पर तलवार है, और वे सूख जाएंगे।
क्योंकि वह तराशे हुए मूरतों का देश है, और वे अपने मूर्तियों
पर घमण्ड करते हैं। 39“इसलिये वन्य पशु गीदड़ों के साथ
उसमें बसेंगे, और शुतुरमुर्ग उसमें रहेंगे। और वह फिर कभी
बसाया न जाएगा, न पीढ़ी-दर-पीढ़ी उसमें निवास किया
जाएगा। 40“जैसे ईश्वर ने सदोम और अमोरा और उनके
पड़ोसी नगरों को उलट दिया,” 𐤉𐤄𐤅𐤄 की यह वाणी है,
“वैसे ही कोई वहां न बसेगा, न मनुष्यपुत्र उसमें निवास
करेगा। 41“देख, एक जाति उत्तर से आ रही है, और एक
बड़ी जाति और पृथ्वी के छोर से बहुत से राजा उकसाए गए
हैं। 42“वे धनुष और भाला थामे रहते हैं, वे क्रूर हैं और वे
दया नहीं दिखाते। वे समुद्र की गरज के समान गर्जते हैं,
और घोड़ों पर सवार होते हैं, युद्ध के लिये एक पुरुष के समान
पंक्ति में लगाए गए, तेरे विरुद्ध, हे बाबेल की बेटी। 43“बाबेल
के राजा ने उनके विषय में समाचार सुना, और उसके हाथ
निर्बल हो गए। संकट ने उसे पकड़ लिया, प्रसव करनेवाली
स्त्री के समान पीड़ा। 44“देख, वह यरदेन की घमण्डी
झाड़ियों से सिंह के समान चढ़ता है, स्थायी चरागाह के
विरुद्ध। परन्तु एक क्षण में मैं उन्हें उससे भगा दूँगा। और
वह चुना हुआ कौन है जिसे मैं उसके विरुद्ध नियुक्त करूँ?
क्योंकि कौन मेरे समान है? कौन मुझे बुलाता है? और वह
चरवाहा कौन है जो मेरे सामने खड़ा हो?” 45इसलिये
𐤉𐤄𐤅𐤄 की वह युक्ति सुनो जो उसने बाबेल के विषय में
युक्ति की है, और उसकी वह योजनाएँ जो उसने कसदियों के
देश के विषय में योजनाएँ की हैं: झुंड का सबसे छोटा भी उन्हें
घसीट ले जाएगा! वह उनका चरागाह उनके सामने उजाड़
देगा! 46बाबेल की पकड़ की ध्वनि से पृथ्वी काप जाएगी, और
राष्ट्रों के बीच चिल्लाहट सुनी जाएगी।

51 1यहोवा 𐤉𐤄𐤅𐤄 ने कहा, “देखो, मैं बाबेल के विरुद्ध,
लेब में रहने वालों के विरुद्ध – अपने शत्रुओं के
विरुद्ध, एक नाश करने वाले की आत्मा को उभार रहा हूँ।
2और मैं बाबेल पर झाड़ने वाले भेजूँगा, जो उसे झाड़ेंगे और
उसकी भूमि को खाली कर देंगे। क्योंकि वे उसके चारों ओर
होंगे, उस बुराई के दिन में। 3“धनुर्धर अपना धनुष ताने,
और वह अपने कवच में तैयार खड़ा हो। उसके जवानों पर
दया न करो, उसकी सारी सेना को नाश कर डालो। 4“और
मारे गए कस्दी देश में गिरेंगे, और उसके मार्गों में घायल
होकर गिरेंगे। 5“क्योंकि न तो इस्राएल और न यहूदा अपने
ईश्वर, सेनाओं के यहोवा 𐤉𐤄𐤅𐤄 से विधवा हैं, यद्यपि उनकी
भूमि इस्राएल के पवित्र के विरुद्ध पाप से भर गई है।” 6बाबेल
के बीच से भाग जाओ और हर एक अपने प्राण को बचाए!
उसकी अधर्मिता में न कटो, क्योंकि यहोवा 𐤉𐤄𐤅𐤄 का
प्रतिशोध लेने का समय है, वही उसे उसका फल चुकाता है।
7बाबेल यहोवा 𐤉𐤄𐤅𐤄 के हाथ में एक सोने का प्याला था,
जिसने सारी पृथ्वी को मतवाला कर दिया। जातियों ने उसकी
दाखमदिरा पी, इसलिये जातियाँ पागल हो गईं! 8बाबेल
अचानक गिर जाएगी और टूट जाएगी। उसके लिये विलाप
करो! उसके दर्द के लिये औषधि लो – शायद वह चंगी हो
जाए। 9हमने बाबेल को चंगा करना चाहा, परन्तु वह चंगी न
हुई। हम उसे छोड़ दें और हर कोई अपने देश चला जाए,
क्योंकि उसका न्याय आकाश तक पहुँच गया है और बादलों
तक उठा है। 10यहोवा 𐤉𐤄𐤅𐤄 ने हमारी धार्मिकता प्रगट की
है। आओ और सिय्योन में यहोवा 𐤉𐤄𐤅𐤄 हमारे ईश्वर का
काम घोषित करें। 11तीर को चमकाओ! ढाल उठाओ! यहोवा
𐤉𐤄𐤅𐤄 ने मादी राजाओं की आत्मा को उभारा है। क्योंकि
उसकी योजना बाबेल के विरुद्ध है, उसे नाश करने के लिये,
क्योंकि यहोवा 𐤉𐤄𐤅𐤄 का प्रतिशोध है, उसके मन्दिर का
प्रतिशोध। 12बाबेल की दीवारों पर एक झंडा उठाओ, पहरे
को दृढ़ करो, पहरेदारों को बैठाओ, घात की तैयारी करो।
क्योंकि यहोवा 𐤉𐤄𐤅𐤄 ने जो कहा था बाबेल के निवासियों के
विषय में, वही उसने सोचा और पूरा किया। 13हे बहुत जलों
पर रहनेवाली, धन में बड़ी, तेरा अन्त आ पहुँचा है, तेरे
लालच का नाप पूरा हुआ। 14सेनाओं के यहोवा 𐤉𐤄𐤅𐤄 ने
अपनी ही शपथ खाई है, “निश्चय मैं तुझे मनुष्यों से भर दूँगा,
जैसे टिड्डियों से, और वे तेरे विरुद्ध जयजयकार करेंगे।”
15उसने अपनी शक्ति से पृथ्वी बनाई, अपनी बुद्धि से जगत
की स्थापना की, और अपनी समझ से आकाशों को ताना।
16जब वह अपनी वाणी देता है तो आकाशों में जल गरजते हैं,
और वह पृथ्वी के छोर से कुहरे उठाता है; वह वर्षा के लिये
बिजली बनाता है, और अपनी कोठियों से वायु निकालता है।
17सब मनुष्य इतना मूर्ख हो गए कि वे न जान सके, हर
सुनार अपनी खुदी हुई मूर्ति से लज्जित हुआ, क्योंकि उसकी
ढली हुई मूर्ति झूठ है, और उनमें श्वास नहीं है। 18वे व्यर्थ हैं,
ठट्ठा करने का काम हैं। उनके दण्ड के समय वे नाश हो
जाएँगे। 19याक़ोब का भाग उनका सा नहीं है, क्योंकि वही सब
का रचयिता है, और इस्राएल उसकी विरासत का गोत्र है।
सेनाओं का यहोवा 𐤉𐤄𐤅𐤄 ही उसका नाम है। 20“तू मेरा
हथौड़ा, युद्ध के हथियार है, और मैं तेरे द्वारा जातियों को
टुकड़े-टुकड़े कर दूँगा, और तेरे द्वारा राज्यों को नाश कर
दूँगा। 21“और तेरे द्वारा मैं घोड़े और उसके सवार को
टुकड़े-टुकड़े कर दूँगा, और तेरे द्वारा रथ और उसके सवार
को टुकड़े-टुकड़े कर दूँगा। 22“और तेरे साथ मैं पुरुष और
स्त्री को टुकड़े-टुकड़े कर दूँगा, और तेरे साथ मैं बूढ़े और
जवान को टुकड़े-टुकड़े कर दूँगा, और तेरे साथ मैं जवान
और कुँवारी को टुकड़े-टुकड़े कर दूँगा। 23“और तेरे साथ
मैं चरवाहे और उसके झुंड को टुकड़े-टुकड़े कर दूँगा, और
तेरे साथ मैं किसान और उसके बैलों के जोड़े को टुकड़े-
टुकड़े कर दूँगा। और तेरे साथ मैं हाकिमों और शासकों को
टुकड़े-टुकड़े कर दूँगा। 24“और मैं बाबेल और कस्दी लोगों
के सब निवासियों को उस सब बुराई के लिए जो उन्होंने तेरी
आँखों के सामने सिय्योन में की है, उसका पलटा दूँगा,”
𐤉𐤄𐤅𐤄 की यह वाणी है। 25“देख, मैं तुझ पर हूँ, हे
विनाशकारी पर्वत, जो सारी पृथ्वी को नष्ट करता है,”
𐤉𐤄𐤅𐤄 की यह वाणी है। “और मैं तुझ पर अपना हाथ
बढ़ाऊँगा। और मैं तुझे चट्टानों से गिरा दूँगा, और तुझे जला
हुआ पर्वत बना दूँगा। 26“और वे तुझ में से न तो कोने का
पत्थर लेंगे और न नींव का पत्थर, परन्तु तू सदा के लिए
उजाड़ रहेगा,” 𐤉𐤄𐤅𐤄 की यह वाणी है। 27देश में ध्वज

उठाओ, जातियों में नरसिंगा फूँको! जातियों को उसके विरुद्ध
तैयार करो, उसके विरुद्ध राज्य बुलाओ: अरारात, मिन्नी और
अश्कनाज़। उसके विरुद्ध सेनापति ठहराओ, घोड़ों को ऐसे
ले आओ जैसे रोएँदार टिड्डियाँ। 28 जातियों को उसके विरुद्ध
अलग करो, मादी राजाओं के साथ, उसके हाकिमों और
उसके सब शासकों के साथ, उसके राज्य के सब देश।
29 ताकि देश काँप उठे और पीड़ा में तड़पे। क्योंकि 𐤉𐤄𐤅𐤄
की हर युक्ति बाबेल के विरुद्ध ठहराई जाएगी, बाबेल देश को
उजाड़ करने के लिए, कि वहाँ कोई न बसे। 30 बाबेल के वीरों
ने लड़ना छोड़ दिया है, वे अपने गढ़ों में रह गए हैं। उनकी
शक्ति जाती रही, वे स्त्रियों के समान हो गए हैं, उन्होंने उसके
निवास स्थानों को जला दिया है। उसके फाटकों की सलाखें
तोड़ी गई हैं। 31 एक दौड़ने वाला दूसरे से मिलने के लिए
दौड़ता है, और एक समाचार लाने वाला दूसरे से मिलने के
लिए, बाबेल के राजा को समाचार देने के लिए कि उसका
नगर चारों ओर से ले लिया गया है। 32 और घाट पार किए
गए हैं, और उन्होंने नरकटों को आग से जला दिया है, और
सैनिक घबरा गए हैं। 33 क्योंकि सेनाओं के 𐤉𐤄𐤅𐤄,
इस्त्राएल के ईश्वर ने कहा, "बाबेल की बेटी उस खलिहान के
समान है जब उसे रौंदा जाता है। अभी थोड़ी ही देर है और
उसकी कटनी का समय आएगा।" 34 "नबूकदनेस्सर बाबेल
का राजा हमको खा गया है, उसने हमें कुचल दिया है, उसने
हमें खाली पात्र बना दिया है, उसने हमें अजगर की तरह
निगल लिया है। उसने मेरा स्वादिष्ट भोजन अपने पेट से भर
लिया है, उसने हमें दूर कर दिया है। 35 "मेरे साथ जो हिंसा
हुई है और मेरा मांस बाबेल पर हो," सिय्योन का निवासी
कहता है। और, "मेरा लहू कस्दी लोगों के निवासियों पर हो,"
यरूशलेम कहता है। 36 इस कारण 𐤉𐤄𐤅𐤄 यों कहता है,
"देख, मैं तेरा मुक़दमा लड़ रहा हूँ। और मैं तेरे लिए पलटा
लूँगा और उसके समुद्र को सुखा दूँगा और उसके सोते को
सुखा दूँगा। 37 "और बाबेल ढेर हो जाएगा, गीदड़ों का निवास
स्थान, आश्चर्य और फुफकार का कारण, बिना निवासी।
38 "वे सिंहों की तरह गरजेंगे, वे शेर-बच्चों की तरह गरजेंगे।
39 "उनके उन्माद में मैं उनके भोज तैयार करूँगा। और मैं
उन्हें मदहोश कर दूँगा, ताकि वे आनन्द करें, और सदैव की
नींद सोएँ और न जागें," 𐤉𐤄𐤅𐤄 की यह वाणी है। 40 "मैं
उन्हें भेड़ों की तरह वध के लिये उतार लाऊँगा, जैसे मेढ़ों
और बकरों को। 41 "ओह, कैसे शेषक पकड़ा गया है, सारी
पृथ्वी की स्तुति पकड़ ली गई है! कैसे बाबेल जातियों के बीच
उजाड़ हो गया है! 42 "समुद्र बाबेल पर चढ़ गया है, वह
उसकी लहरों के गर्जन से ढक दिया गया है। 43 "उसके
नगर उजाड़ हो गए हैं, एक सूखी भूमि और एक मरुस्थल,
एक ऐसी भूमि जहाँ कोई नहीं बसता, न ही मनुष्य का पुत्र उस
पर से गुजरता है। 44 "और मैं बाबेल में बेल को दंड दूँगा।
और मैं उससे वह उगलवाऊँगा जो उसने निगल लिया था,
और जातियाँ अब उसकी ओर नहीं उमड़ेंगी। यहाँ तक कि
बाबेल की दीवार भी गिर जाएगी। 45 "मेरे लोगों! उसके बीच
से बाहर निकल आओ! और हर कोई अपने प्राण को 𐤉𐤄𐤅𐤄
के जलते हुए क्रोध से छुड़ाए। 46 "और ऐसा न हो कि
तुम्हारा हृदय दुर्बल हो जाए, और तुम उस समाचार से डर
जाओ जो उस भूमि में सुना गया है - क्योंकि एक वर्ष में
समाचार आएगा, और उसके बाद दूसरे वर्ष में समाचार
आएगा, और भूमि में हिंसा होगी, शासक शासक के विरुद्ध।
47 इसलिए देखो, वे दिन आ रहे हैं कि मैं बाबेल की खुदी हुई
मूरतों पर दंड लाऊँगा, और उसकी सारी भूमि लज्जित होगी,
और उसके बीच उसके सारे मारे हुए गिरेंगे। 48 "और
आकाश और पृथ्वी और जो कुछ उनमें है, वे सब बाबेल पर
आनंद के साथ जयजयकार करेंगे, क्योंकि लुटेरे उत्तर से
उसके पास आएंगे," 𐤉𐤄𐤅𐤄 की यह वाणी है। 49 जैसे बाबेल
इस्त्राएल के मारे हुए लोगों के कारण गिरनेवाला है, वैसे ही
बाबेल के कारण सारी पृथ्वी के मारे हुए लोग गिरेंगे। 50 तुम
जो तलवार से बच निकले हो, चले जाओ! ठहरो मत! दूर से
𐤉𐤄𐤅𐤄 को स्मरण करो, और येरुशलेम को अपने हृदय में
आने दो। 51 हम लज्जित हैं क्योंकि हमने अपमान सुना है।
लज्जा ने हमारे मुख को ढँक लिया है, क्योंकि विदेशियों ने
𐤉𐤄𐤅𐤄 के भवन के पवित्र स्थानों में प्रवेश किया है।
52 "इसलिए देखो, वे दिन आ रहे हैं," 𐤉𐤄𐤅𐤄 की यह वाणी
है, "कि मैं उसकी खुदी हुई मूरतों पर दंड लाऊँगा, जबकि
सारे देश में घायलों की कराह सुनी जाएगी। 53 "यद्यपि बाबेल
आकाश तक चढ़े, और यद्यपि वह अपनी शक्ति की ऊँचाई
को दुर्गम बनाए, तो भी लुटेरे उसके पास मेरे पास से आएंगे,"
𐤉𐤄𐤅𐤄 की यह वाणी है। 54 सुनो! बाबेल से एक चिल्लाहट,
और कसदियों की भूमि से बड़ी विनाश-ध्वनि। 55 क्योंकि
𐤉𐤄𐤅𐤄 बाबेल को उजाड़ रहा है, और उसकी ऊँची आवाज़
को शांत करेगा। और उसकी लहरें बड़ी जलधारा की तरह
गरजेंगी, उनकी आवाज़ का शोर गूँजेगा। 56 क्योंकि लुटेरा
उसके विरुद्ध, बाबेल के विरुद्ध आएगा, और उसके वीर पकड़े
जाएंगे। उनके सब धनुष टूट जाएंगे, क्योंकि 𐤉𐤄𐤅𐤄
प्रतिफल का ईश्वर है, वह निश्चय ही बदला देगा। 57 "और
मैं उसके हाकिमों को, और उसके बुद्धिमानों को, उसके
अधिपतियों को, उसके प्रधानों को, और उसके वीरों को
मतवाला कर दूँगा। और वे सदा की नींद सोएंगे, और न
जागेंगे," सेनाओं के 𐤉𐤄𐤅𐤄 नामवाले प्रभु का यह वचन है।
58 सेनाओं के 𐤉𐤄𐤅𐤄 ने यूँ कहा, "बाबेल की चौड़ी दीवारें
पूरी तरह ढहा दी गई हैं, और उसके ऊँचे फाटक आग में
जला दिए गए हैं, और लोग व्यर्थ ही परिश्रम करते हैं, और
जातियाँ आग के लिए अपने को थका देती हैं।" 59 वह वचन
जो नबी यिर्मयाह ने नेरिय्याह के पुत्र, महसय्याह के पुत्र
सरायाह को आज्ञा दी, जब वह यहूदा के राजा सिदकिय्याह के
साथ उसके राज्य के चौथे वर्ष में बाबेल गया। और सरायाह
एक सरदार था। 60 सो यिर्मयाह ने एक पुस्तक में बाबेल पर
आनेवाली सारी बुराइयाँ लिखीं, ये सब वचन जो बाबेल के
विषय में लिखे गए थे। 61 और यिर्मयाह ने सरायाह से कहा,
"जब तू बाबेल में आए और उसे देखे, और इन सब वचनों को
पढ़े। 62 तब तू कहना, 'हे 𐤉𐤄𐤅𐤄, तूने इस स्थान के विषय
में कहा है कि इसे काट डालेगा, ताकि इसमें कोई न बसे, न
मनुष्य न पशु, क्योंकि यह सदा के लिए उजाड़ है।' 63 "और
ऐसा होगा, जब तू इस पुस्तक के पढ़ने के बाद समाप्त करेगा,
तब तू इसमें एक पत्थर बाँधकर उसे फरात नदी के बीच में
फेंक देना। 64 और कहना, 'ऐसे ही बाबेल डूबेगा और उस
बुराई से न उठेगा, जिसे मैं उस पर ला रहा हूँ, और वे थक
जाएँगे।' " यहाँ तक यिर्मयाह के वचन हैं।

52 1 सिदकियाहु इक्कीस वर्ष का था जब उसने राज्य
करना शुरू किया, और उसने येरुशालयिम में ग्यारह
वर्ष तक राज्य किया। और उसकी माता का नाम हमुतल था,
लिब्नाह के यिर्मयाहु की बेटी। 2 और उसने 𐤉𐤄𐤅𐤄 की दृष्टि
में बुरा किया, जैसा कि यहोयाकीम ने किया था। 3 क्योंकि
𐤉𐤄𐤅𐤄 के अप्रसन्नता के कारण यह येरुशालयिम और
यहूदा के विरुद्ध हुआ, यहाँ तक कि उसने उन्हें अपनी
उपस्थिति से निकाल दिया। और सिदकियाहु ने बाबेल के
राजा के विरुद्ध विद्रोह किया। 4 और ऐसा हुआ कि उसके
राज्य के नौवें वर्ष में, दसवें महीने में, महीने की दसवीं तारीख
को, बाबेल का राजा नबूकदनेत्स्सर और उसकी सारी सेना
येरुशालयिम के विरुद्ध आई और उसके विरुद्ध डेरा डाला।
और उन्होंने उसके चारों ओर घेराबंदी की दीवार बनाई।
5 और नगर राजा सिदकियाहु के राज्य के ग्यारहवें वर्ष तक
घेराबंदी में रहा। 6 चौथे महीने की नौवीं तारीख को नगर में
भोजन की कमी इतनी गंभीर हो गई कि देश के लोगों के पास
भोजन नहीं रहा। 7 तब नगर की दीवार टूट गई, और सब
योद्धा रात में नगर से निकलकर दो दीवारों के बीच के फाटक
से बाहर चले गए, जो राजा के बगीचे के पास था, जबकि
कस्दी नगर के चारों ओर थे। और वे मरुभूमि के मार्ग से
गए। 8 परन्तु कस्दियों की सेना ने राजा का पीछा किया, और
उन्होंने यरीहो के मरुभूमि के मैदानों में सिदकियाहु को पकड़
लिया, और उसकी सारी सेना उससे छिटक गई। 9 तब
उन्होंने राजा को पकड़कर बाबेल के राजा के पास हमात देश
के रिबला में ले गए, और उसने उसके ऊपर न्याय किया।
10 और बाबेल के राजा ने सिदकियाहु के पुत्रों को उसकी
आंखों के सामने मार डाला, और रिबला में यहूदा के सब
प्रधानों को भी मार डाला। 11 और उसने सिदकियाहु की
आंखें फोड़ डालीं। और बाबेल के राजा ने उसे कांसे की
बेड़ियों में बांधकर बाबेल में ले गया, और उसे उसकी मृत्यु के
दिन तक जेल में रखा। 12 और पांचवें महीने की दसवीं
तारीख को, जो बाबेल के राजा नबूकदनेत्स्सर के राज्य का
उन्नीसवां वर्ष था, नबूजरादान, जो अंगरक्षक का प्रधान था
और बाबेल के राजा की सेवा करता था, येरुशालयिम में
आया, 13 और उसने 𐤉𐤄𐤅𐤄 के भवन को, और राजा के घर
को, और येरुशालयिम के सब घरों को, और सब बड़े
आदमियों के घरों को आग से जला दिया। 14 और अंगरक्षक
के प्रधान के साथ जो कस्दियों की सारी सेना थी, उन्होंने
येरुशालयिम की सब दीवारों को चारों ओर से तोड़ दिया।
15 और नबूजरादान, अंगरक्षक का प्रधान, कुछ दीन लोगों
को, और शेष लोगों को जो नगर में बचे थे, और भगोड़ों को
जो बाबेल के राजा के पास चले गए थे, और बाकी कारीगरों
को निर्वासित कर ले गया। 16 परन्तु नबूजरादान, अंगरक्षक
का प्रधान, ने देश के कुछ दीन लोगों को दाख की बारी की
देखभाल करनेवाले और किसान के रूप में छोड़ दिया।
17 और कस्दियों ने 𐤉𐤄𐤅𐤄 के भवन में जो कांसे के खंभे थे,
और खड़े स्थान और कांसे का समुद्र जो 𐤉𐤄𐤅𐤄 के भवन
में था, तोड़ डाले, और उनका सारा कांसा बाबेल ले गए।
18 उन्होंने हांड़ियाँ, और फावड़े, और बुझाने की कैची, और
कटोरे, और करछुल, और सब कांसे के बर्तन जिनसे वे सेवा
करते थे, ले गए। 19 और कटोरे, और धूपदानी, और कटोरे,
और हांड़ियाँ, और दीवटें, और करछुल, और प्याले, चाहे वे
ठोस सोने के हों या ठोस चांदी के, अंगरक्षक के प्रधान ने ले
लिए। 20 दो खंभे, एक समुद्र, बारह कांसे के बैल जो उसके
नीचे थे, और खड़े स्थान, जो राजा शलोमो ने 𐤉𐤄𐤅𐤄 के
भवन के लिए बनाए थे - इन सब बर्तनों का कांसा तौल से परे
था। 21 जहाँ तक खंभों का प्रश्न है, एक खंभे की ऊँचाई
अठारह अम्माह थी, और उसकी परिधि बारह अम्माह, और
उसकी मोटाई चार एत्स्बाओथ थी, खोखला। 22 और उस
पर एक कांस्य का मुकुट था। और एक मुकुट की ऊँचाई
पाँच अम्माह थी, जाली और अनारों के साथ, चारों ओर
कांस्य का मुकुट। और दूसरा स्तंभ भी अनारों के साथ ऐसा
ही था। 23 और किनारों पर छियानबे अनार थे। जाली पर
सभी अनार चारों ओर एक सौ थे। 24 और प्रहरी के प्रधान ने
सरायाह प्रधान कोहेन को, और त्सेफन्याह दूसरे कोहेन को,
और तीन द्वारपालों को पकड़ा। 25 और नगर से उसने एक
खोजे को लिया जो योद्धाओं का अधिकारी था, और सात
पुरुषों को जो राजा का मुख देखते थे, जो नगर में पाए गए,
और सेना के प्रधान का लेखक जो देश के लोगों की गणना
करता था, और देश के लोगों में से साठ पुरुषों को जो नगर में
पाए गए। 26 और नबूज़रादान, प्रहरी का प्रधान, इन्हें लेकर
बाबेल के राजा के पास रिबला में ले गया, 27 और बाबेल के
राजा ने उन्हें मारा और रिबला में हमात देश में उनका वध
किया। इस प्रकार यहूदा अपने देश से निर्वासित हुआ। 28 ये
वे लोग हैं जिन्हें नबूकदनेत्स्सर ने निर्वासित किया: सातवें वर्ष
में, तीन हजार तेईस यहूदी; 29 नबूकदनेत्स्सर के अठारहवे
वर्ष में उसने येरुशालेम से आठ सौ बत्तीस जनों को निर्वासित
किया; 30 नबूकदनेत्स्सर के तेईसवें वर्ष में, नबूज़रादान, प्रहरी
का प्रधान, यहूदियों में से सात सौ पैंतालीस जनों को निर्वासित
किया। सब जन चार हजार छह सौ थे। 31 और यह हुआ कि
यहोयाकीन यहूदा के राजा के निर्वासन के सैंतीसवें वर्ष में,
बारहवें महीने में, महीने की पच्चीसवीं तारीख को, एवील-
मेरोदक बाबेल का राजा, अपने राज्य के पहले वर्ष में,
यहोयाकीन यहूदा के राजा का सिर ऊँचा किया और उसे
कारागार से बाहर निकाला, 32 और उससे कृपा से बोला और
उसका सिंहासन उन राजाओं से ऊँचा रखा जो उसके साथ
बाबेल में थे। 33 सो उसने अपने कारागार के वस्त्र बदल
दिए, और वह राजा के सामने अपने जीवन के सब दिनों में
निरंतर रोटी खाता रहा। 34 और उसके भत्ते की बात यह थी,
कि बाबेल के राजा की ओर से उसे हर दिन एक भाग दिया
जाता था, उसकी मृत्यु के दिन तक, उसके जीवन के सब
दिनों में।

यहेजकेल

𐤉𐤄𐤅𐤄

हिंदी संस्करण

यहेजकेल

1 1 और यह तीसवें वर्ष में, चौथे महीने में, महीने की पाँचवीं
तारीख को हुआ, जब मैं निर्वासितों के बीच केb◌ार नदी
के किनारे था, तब आकाश खुल गए और मैंने ईश्वर के
दर्शनों को देखा। 2 महीने की पाँचवीं तारीख को, राजा
यहोयाकीन के निर्वासन के पाँचवें वर्ष में, 3 ३५३z का वचन
स्पष्ट रूप से यह̆h◌ज़केल, याजक, बूज़ी के पुत्र, के पास
कासदी देश में केb◌ार नदी के किनारे आया। और वहाँ
३५३z का हाथ उस पर था। 4 और मैंने देखा, उत्तर दिशा
से एक बवंडर आ रहा था, एक बड़ा बादल जिसमें आग
चमक रही थी। और उसके चारों ओर प्रकाश था, और
उसके बीच से जैसे चमकती धातु, आग के बीच से निकल
रही हो। 5 और उसके बीच से चार जीवित प्राणी प्रकट हुए।
और उनका यह रूप था: उनका स्वरूप मनुष्य के समान था।
6 और प्रत्येक के चार मुख थे, और प्रत्येक के चार पंख थे।
7 और उनके पाँव सीधे पाँव थे, और उनके पाँवों के तलवे
बछड़े के पाँव के तलवे के समान थे। और वे चमकते पीतल
की तरह चमकते थे। 8 और उनके पंखों के नीचे, उनके
चारों ओर, मनुष्य के हाथ थे। और प्रत्येक के चारों ओर
मुख और पंख थे। 9 उनके पंख एक दूसरे को छूते थे। जब
वे चलते थे तो वे मुड़ते नहीं थे, परन्तु हर एक सीधा आगे
चलता था। 10 और उनके मुख का स्वरूप यह था: मनुष्य
का मुख; और चारों के दाहिने ओर शेर का मुख था; और
चारों के बाएँ ओर बैल का मुख था; और चारों के पास गरुड़
का मुख था। 11 ऐसे उनके मुख थे। उनके पंख ऊपर की
ओर फैले हुए थे, दो एक-दूसरे को छूते थे, और दो उनके
शरीरों को ढाँपते थे। 12 और हर एक सीधा आगे चलता था,
जहाँ आत्मा जाना चाहती थी, वे जाते थे; और जब वे चलते
थे तो वे मुड़ते नहीं थे। 13 और उन जीवित प्राणियों का
स्वरूप जलती हुई अंगारों और मशालों के समान था, जो
जीवित प्राणियों के बीच इधर-उधर घूमती थीं। और आग
उज्ज्वल थी, और आग से बिजली निकलती थी। 14 और
जीवित प्राणी आगे-पीछे दौड़ते थे, जैसे बिजली की चमक का
स्वरूप। 15 और जब मैंने जीवित प्राणियों को देखा, तो मैंने
पृथ्वी पर प्रत्येक जीवित प्राणी के पास एक पहिया देखा,
उसके चार मुखों सहित। 16 उन पहियों का स्वरूप और
उनका कार्य तरक़्क़ीज़ पत्थर के स्वरूप के समान था, और
चारों का एक ही रूप था। उनका स्वरूप और उनका कार्य
ऐसा था, मानो एक पहिया दूसरे पहिये के भीतर हो। 17 जब वे
चलते थे, वे चारों दिशाओं में चलते थे; वे चलते समय मुड़ते
नहीं थे। 18 और उनके घेरे ऊँचे और अद्भुत थे, और
उनके चारों घेरे चारों ओर आँखों से भरे हुए थे। 19 और जब
जीवित प्राणी चलते थे, तो पहिए उनके साथ चलते थे। और
जब जीवित प्राणी पृथ्वी से ऊपर उठते थे, तो पहिए भी ऊपर
उठते थे। 20 जहाँ आत्मा जाना चाहती थी, वे वहाँ जाते थे,
क्योंकि वहीं आत्मा जाती थी। और पहिए उनके साथ-साथ
ऊपर उठते थे, क्योंकि जीवित प्राणियों की आत्मा पहियों में
थी। 21 जब वे चलते थे, ये चलते थे; जब वे खड़े रहते थे, ये
खड़े रहते थे; और जब वे पृथ्वी से ऊपर उठते थे, पहिए भी
उनके साथ-साथ ऊपर उठते थे, क्योंकि जीवित प्राणियों की
आत्मा पहियों में थी। 22 और जीवित प्राणियों के सिरों के
ऊपर एक आकाशमंडल का स्वरूप था, जो अद्भुत बर्फ़
जैसा दिखता था, उनके सिरों के ऊपर फैला हुआ था।
23 और विस्तार के नीचे उनके पंख सीधे थे, एक दूसरे की
ओर। हर एक के दो पंख थे जो एक ओर ढकते थे, और हर
एक के दो पंख थे जो शरीर की दूसरी ओर ढकते थे।
24 और जब वे चलते थे, मैंने उनके पंखों की आवाज़ सुनी,
जैसे बहुत से जल की आवाज़, जैसे ऍल शद्दाई की वाणी, एक
कोलाहल जैसे सेना का शोर। और जब वे स्थिर खड़े होते
थे, तो वे अपने पंख नीचे कर लेते थे। 25 और एक आवाज़
उस विस्तार के ऊपर से आई जो उनके सिरों के ऊपर था।
जब वे खड़े होते थे, तो वे अपने पंख गिरा देते थे। 26 और
उनके सिरों के ऊपर विस्तार के ऊपर एक सिंहासन की
समानता थी, जिसकी रूपरेखा नीलम पत्थर जैसी थी। और
सिंहासन की समानता पर एक मनुष्य के स्वरूप की समानता
ऊँचाई में उसके ऊपर थी। 27 और उसकी कमर से ऊपर
की ओर की उपस्थिति से मैंने देखा, जैसे चमकदार धातु
दिखाई देती हो, जिसके भीतर चारों ओर आग की उपस्थिति
थी। और उसकी कमर से नीचे की ओर मैंने देखा, जैसे
आग की उपस्थिति हो, और चारों ओर चमक थी। 28 जैसे
वर्षा के दिन बादल में इंद्रधनुष की उपस्थिति होती है, वैसे ही
उसके चारों ओर चमक की उपस्थिति थी। यह ३५३z की
महिमा की समानता की उपस्थिति थी। और जब मैंने इसे
देखा, मैं अपने मुँह के बल गिर पड़ा, और मैंने एक की वाणी
सुनी जो बोल रहा था।

2 1 और उसने मुझसे कहा, "मनुष्य के पुत्र, अपने पांवों पर
खड़ा हो, ताकि मैं तुझसे बात करूँ।" 2 और जब उसने
मुझसे बात की, तो रूआh मुझमें प्रवेश कर गया, और मुझे
मेरे पांवों पर खड़ा कर दिया। और मैंने उसकी वाणी सुनी जो
मुझसे बोल रहा था। 3 और उसने मुझसे कहा, "मनुष्य के
पुत्र, मैं तुझे इस्राएल की सन्तानों के पास भेज रहा हूँ, एक
विद्रोही राष्ट्र के पास, जिन्होंने मेरे विरुद्ध विद्रोह किया है। वे
और उनके पितृजन आज तक मेरे विरुद्ध अपराध करते रहे
हैं। 4 "और पुत्र कठोर मुख और कठोर हृदय वाले हैं,
जिनके पास मैं तुझे भेज रहा हूँ, और तू उनसे कहेगा, 'ऐसा
कहता है आदोन ३५३z।' 5 "और वे – चाहे वे सुनें या चाहे
वे इन्कार करें, क्योंकि वे विद्रोही घराना हैं – जान लेंगे कि एक
नबी उनके बीच में रहा है। 6 "और तू, मनुष्य के पुत्र, उनसे
मत डर, और न ही उनके वचनों से डर, चाहे तेरे पास काँटे
और झाड़ियाँ हों और तू बिच्छुओं के बीच निवास करता हो।
उनके वचनों से मत डर और उनके चेहरों से मत घबरा,

क्योंकि वे विद्रोही घराना हैं। 7 "और तू उनसे मेरे वचनों को
कहेगा, चाहे वे सुनें या चाहे वे इन्कार करें, क्योंकि वे विद्रोही
हैं। 8 "और तू, मनुष्य के पुत्र, जो मैं तुझसे कह रहा हूँ उसे
सुन। तू उस विद्रोही घराने जैसा विद्रोही मत बन, अपना मुँह
खोल और जो मैं तुझे देता हूँ उसे खा।" 9 और मैंने देखा
और मेरे पास एक हाथ फैला हुआ था। और देख, उसमें एक
पुस्तक का स्क्रॉल था, 10 और उसने उसे मेरे सामने फैलाया,
और वह भीतर और बाहर लिखा हुआ था। और उस पर
विलाप और शोक और हाय लिखा हुआ था।

3 1 और उसने मुझसे कहा, "मनुष्य के पुत्र, जो कुछ तू
पाता है उसे खा, इस ग्रंथ को खा, और जा, इस्राएल के
घराने से बोल।" 2 और मैंने अपना मुँह खोला, और उसने
मुझे वह ग्रंथ खिलाया। 3 और उसने मुझसे कहा, "मनुष्य के
पुत्र, अपना पेट भर, और इस ग्रंथ से अपना पेट भर जो मैं
तुझे दे रहा हूँ।" और मैंने उसे खाया, और वह मेरे मुँह में
मधु के समान मीठा था। 4 और उसने मुझसे कहा, "मनुष्य
के पुत्र, इस्राएल के घराने के पास जा, और उनसे मेरे वचनों
से बोल। 5 "क्योंकि तुझे किसी अनजानी बोली और कठिन
भाषा वाले लोगों के पास नहीं भेजा गया, परन्तु इस्राएल के
घराने के पास। 6 न बहुत से अनजानी बोली और कठिन भाषा
वाले लोगों के पास, जिनके वचन तू नहीं समझता। यदि मैं
तुझे उनके पास भेजता, तो वे तेरी सुनते। 7 "परन्तु इस्राएल
का घराना तेरी नहीं सुनेगा, क्योंकि वे मेरी नहीं सुनते। क्योंकि
इस्राएल का सारा घराना कठोर माथे का और कठोर हृदय
का है। 8 "देख, मैं तेरा मुख उनके मुखों के समान कठोर
कर दूँगा और तेरा माथा उनके माथों के समान कठोर कर
दूँगा। 9 "हीरे से भी कठोर, चकमक से भी कठोर मैं तेरा
माथा कर दूँगा। उनसे मत डर, न उनके मुख देखकर
भयभीत हो, क्योंकि वे विद्रोही घराना हैं।" 10 और उसने
मुझसे कहा, "मनुष्य के पुत्र, मेरे सब वचन जो मैं तुझसे
कहता हूँ अपने हृदय में ग्रहण कर और अपने कानों से सुन।
11 "और जा! निर्वासितों के पास जा, अपने लोगों के पुत्रों के
पास, और उनसे कह, 'यहोवा 𐤉𐤄𐤅𐤄 ऐसा कहता है,' चाहे
वे सुनें, चाहे वे न सुनें।" 12 और आत्मा ने मुझे उठा लिया,
और मेरे पीछे मैंने बड़ा कोलाहल सुना, "धन्य हो 𐤉𐤄𐤅𐤄 की
महिमा उसके स्थान से।" 13 और जीवित प्राणियों के पंखों की
ध्वनि जो एक दूसरे से छू रहे थे, और उनके पास पहियों की
ध्वनि, और बड़ा कोलाहल। 14 और आत्मा ने मुझे उठा लिया
और मुझे ले गया, और मैं अपने आत्मा की कड़वाहट और
क्रोध में गया, और 𐤉𐤄𐤅𐤄 का हाथ मुझ पर दृढ़ था।
15 और मैं निर्वासितों के पास तील अबीब में पहुँचा, जो नदी
कबार के किनारे बसे थे। और मैं वहीं बैठा जहाँ वे बैठे थे,
और सात दिन तक उनके बीच चकित बैठा रहा। 16 और
सात दिनों के अंत में 𐤉𐤄𐤅𐤄 का वचन मुझ पर हुआ, कहा,
17 "मनुष्य के पुत्र, मैंने तुझे इस्राएल के घराने के लिए प्रहरी
ठहराया है। और तू मेरे मुख से वचन सुनकर उन्हें मेरी ओर
से चेताएगा। 18 "जब मैं दुष्ट से कहूँ, 'तू निश्चय मर
जाएगा,' और तूने उसे न चेताया और न दुष्ट को उसकी दुष्ट
चाल से चेताया कि उसके प्राण बचाए जाएँ, तो वह दुष्ट अपने
अधर्म में मर जाएगा, परन्तु उसका लहू मैं तुझ से माँगूँगा।
19 "परन्तु यदि तूने दुष्ट को चेताया और उसने अपनी दुष्टता
से न फिरा, न अपनी दुष्ट चाल से, तो वह अपने अधर्म में मर
जाएगा, और तूने अपने प्राण को बचाया। 20 "और जब कोई
धर्मी अपने धर्म से फिरकर अधर्म करे, और मैंने उसके आगे
ठोकर रखी, तो वह मरेगा। क्योंकि तूने उसे न चेताया, वह
अपने पाप में मरेगा, और उसके धर्म के काम स्मरण न किए
जाएँगे, परन्तु उसका लहू मैं तुझ से माँगूँगा। 21 "परन्तु यदि
तूने धर्मी को चेताया कि धर्मी पाप न करे, और उसने पाप न
किया, तो वह निश्चय जीवित रहेगा क्योंकि उसे चेताया गया
है, और तूने अपने प्राण को बचाया।" 22 और वहाँ 𐤉𐤄𐤅𐤄
का हाथ मुझ पर हुआ, और उसने मुझसे कहा, "उठ, मैदान
में जा, ताकि मैं तुझ से वहाँ बात करूँ।" 23 तब मैं उठा और
मैदान में गया, और देख, 𐤉𐤄𐤅𐤄 की महिमा वहाँ खड़ी थी,
जैसे कि महिमा जो मैंने नदी कबार के पास देखी थी, और मै
अपने मुँह के बल गिर पड़ा। 24 और आत्मा मुझ में प्रवेश
किया और मुझे मेरे पैरों पर खड़ा किया, और मुझसे बोला
और मुझसे कहा, "जा, अपने घर के भीतर अपने आप को
बन्द कर।" 25 "और तू, हे मनुष्य के पुत्र, देख, वे तुझ पर
रस्सियाँ डालेंगे और तुझे उनसे बाँधेंगे, ताकि तू उनके बीच
बाहर न निकल सके। 26 "और मैं तेरी जीभ को तेरे मुँह की
छत से चिपका दूँगा, और तू मौन हो जाएगा और उनके लिए
कोई ताड़ना देने वाला न होगा, क्योंकि वे विद्रोही घराना हैं।
27 "परन्तु जब मैं तुझ से बोलूँगा, तब मैं तेरा मुँह खोलूँगा,
और तू उनसे कहेगा, 'यहोवा 𐤉𐤄𐤅𐤄 ऐसा कहता है।' जो
सुने, वह सुने; और जो न सुने, वह न सुने, क्योंकि वे विद्रोही
घराना हैं।"

4 1 "और तू, मनुष्य का पुत्र, एक मिट्टी की तख्ती ले, और
उसे अपने सामने रख, और उस पर एक नगर,
यरूशलेम, अंकित कर। 2 और उस पर घेराबंदी कर, और
उसके विरुद्ध घेराबंदी की दीवार बना, और उसके विरुद्ध एक
ढेर लगाना, और उसके विरुद्ध छावनियाँ बनाना, और उसके
चारों ओर तोपें रखना। 3 "फिर लोहे की तख्ती ले, और उसे
तेरे और नगर के बीच लोहे की दीवार के समान रख। और
तू अपना मुख उसके विरुद्ध कर, और वह घिरा रहेगा, और तू
उसके विरुद्ध घेराबंदी करेगा। यह इस्राएल के घराने के लिये
चिन्ह है। 4 "और तू अपने बाएँ करवट लेट जा, और तू
इस्राएल के घराने का अधर्म उस पर डाल। जितने दिन तू
उस पर लेटा रहेगा, तू उनका अधर्म उठाएगा। 5 "क्योंकि
मैंने स्वयं तेरे ऊपर उनके अधर्म के वर्ष रखे हैं, दिनों की
संख्या के अनुसार, तीन सौ नब्बे दिन। और तू इस्राएल के
घराने का अधर्म उठाएगा। 6 "और जब तू उन्हें पूरा कर ले,
तब तू फिर दाहिने करवट लेट जा और यहूदा के घराने का
अधर्म चालीस दिन उठाएगा, एक दिन एक वर्ष के लिये। मैंने
तेरे ऊपर एक दिन एक वर्ष के लिये ठहराया है। 7 "तब तू
अपना मुख यरूशलेम की घेराबंदी की ओर कर, और अपनी
बाँह खोल, और उसके विरुद्ध नबा कर। 8 "और देख, मैं
तुझ पर रस्सियाँ डालूँगा कि जब तक तू अपनी घेराबंदी के
दिन पूरे न करे, तब तक एक ओर से दूसरी ओर न फिर
सके। 9 "और गेहूँ, और जौ, और सेम, और मसूर, और
बाजरा, और स्पेल्ट ले। और तू उन्हें एक पात्र में डाल, और
उनसे रोटी बना। जितने दिन तू अपने करवट पर लेटा

रहेगा, उतने दिन, तीन सौ नब्बे दिन, तू उसे खाएगा।
10 "और तेरा भोजन जो तू खाएगा, वह तौल कर होगा, बीस
शेकेल प्रति दिन, समय-समय पर खाने के लिये। 11 "और
जल को माप कर पीना, एक षष्ठांश हिन, समय-समय पर
पीना। 12 "और उसे जौ की रोटी के रूप में खाना। और
उनके देखते हुए, मनुष्य के गोबर पर उसे पकाना।" 13 और
ऋ५ऋ२ ने कहा, "इसी प्रकार इस्राएल के पुत्र उन जातियों
के बीच, जहाँ मैं उन्हें हाँक दूँगा, अपनी अशुद्ध रोटी
खाएँगे।" 14 तब मैंने कहा, "हाय, अदोनै ऋ५ऋ२! देख,
मैंने अपनी जवानी से अब तक कभी अपने को अशुद्ध नहीं
किया। मैंने कभी ऐसा नहीं खाया जो स्वयं मर गया हो या
पशुओं ने फाड़ा हो, न ही अशुद्ध मांस मेरे मुँह में गया है।"
15 और उसने मुझसे कहा, "देख, मैं तुझे मनुष्य के गोबर के
बदले गाय-बैल का गोबर देता हूँ, और तू अपने रोटी उस पर
तैयार करेगा।" 16 और उसने मुझसे कहा, "मनुष्य का पुत्र,
देख, मैं यरूशलेम में रोटी की पूर्ति काट डालने जा रहा हूँ,
और वे रोटी को तौल कर भय के साथ खाएँगे, और जल को
माप कर आतंक के साथ पीएँगे। 17 ताकि उन्हें रोटी और
जल की घटी हो, और वे एक-दूसरे से भयभीत हों, और अपने
अधर्म में नष्ट हों।"

5 1 "और तू, मनुष्य का पुत्र, एक तेज तलवार ले, उसे नाई
के उस्तरे के समान ले और उसे अपने सिर और अपनी
दाढ़ी पर फेर। और तू तराजू लेकर बालों को तौल और उन्हें
बाँट। 2 "उनमें से एक तिहाई को नगर के बीच में घेराबंदी के
दिन पूरे होने पर आग से जला। और तू एक तिहाई ले और
उसके चारों ओर तलवार से मार, और एक तिहाई को हवा में
बिखेर। और मैं उनके पीछे तलवार निकालूँगा। 3 "और तू
उनमें से कुछ ले और उन्हें अपने वस्त्र के किनारे में बाँध।
4 "और उनमें से फिर कुछ ले, और उन्हें आग के बीच में
डाल, और आग में जला। उससे आग पूरे इसराएल के घर
तक फैल जाएगी। 5 "इस प्रकार कहता है आदोन ऋ५ऋ२,
'यह येरुशालेम है जिसे मैंने अन्यजातियों के बीच में, और
उसके चारों ओर देशों के बीच रखा है। 6 'पर उसने मेरी
विधियों के विरुद्ध विद्रोह किया, अन्यजातियों से भी अधिक
दुष्टता की, और मेरी व्यवस्थाओं के विरुद्ध देशों से भी
अधिक जो उसके चारों ओर हैं। क्योंकि उन्होंने मेरी विधियों
को तुच्छ जाना, और मेरी व्यवस्थाओं में नहीं चले।' 7 "इस
कारण आदोन ऋ५ऋ२ कहता है, 'क्योंकि तूने अपने चारों
ओर के अन्यजातियों से भी अधिक विद्रोह किया, और मेरी
व्यवस्थाओं में नहीं चला, और मेरी विधियों को नहीं किया,
और यहाँ तक कि अपने चारों ओर के अन्यजातियों की
विधियों के अनुसार भी नहीं किया।' 8 इस कारण आदोन
ऋ५ऋ२ कहता है, 'देख, मैं स्वयं तेरे विरुद्ध हूँ और तेरे बीच
में अन्यजातियों की आँखों के सामने न्याय करूँगा। 9 'और
मैं तेरे बीच में ऐसा करूँगा जैसा मैंने कभी नहीं किया, और
जैसा मैं फिर कभी नहीं करूँगा, तेरे सब घृणित कामों के
कारण। 10 'इस कारण तेरे बीच में पिता अपने पुत्रों को
खाएँगे, और पुत्र अपने पिताओं को खाएँगे। और मैं तेरे बीच
न्याय करूँगा और तेरे सब बचे हुओं को सब दिशाओं में
बिखेर दूँगा। 11 'इस कारण, जैसा कि मैं जीवित हूँ,' आदोन
ऋ५ऋ२ कहता है, 'क्योंकि तूने मेरे मिकदाश को अपनी सारी
गंदगी और अपनी सारी घृणित वस्तुओं से अशुद्ध किया है,
इस कारण मैं भी पीछे हटूँगा। और मेरी आँख दया नही
करेगी, और मैं न बचाऊँगा। 12 'तेरे एक तिहाई लोग तेरे
बीच में महामारी से मरेंगे, और अकाल से नाश होंगे। और
एक तिहाई तेरे चारों ओर तलवार से गिरेंगे। और एक तिहाई
को मैं सब दिशाओं में बिखेर दूँगा, और उनके पीछे तलवार
निकालूँगा। 13 'और मेरा क्रोध पूरा होगा। और मैं अपना
प्रकोप उन पर उतारूँगा, और मैं शान्त हो जाऊँगा। और वे
जानेंगे कि मैं, ऋ५ऋ२, ने अपने जलन में यह कहा है, जब
मैंने उन पर अपना प्रकोप पूरा कर लिया होगा। 14 'और मैं
तुझे उजाड़ और निन्दा का पात्र बनाऊँगा अन्यजातियों के
बीच में जो तेरे चारों ओर हैं, उन सब की आँखों के सामने जो
वहाँ से गुजरते हैं। 15 'और यह निन्दा, उपहास, चेतावनी
और आश्चर्य का कारण होगा अन्यजातियों के बीच में जो तेरे
चारों ओर हैं, जब मैं तेरे बीच में क्रोध, प्रकोप और कठोर
ताड़ना में न्याय करूँगा। मैं, ऋ५ऋ२, ने कहा है। 16 'जब
मैं उन पर अकाल के बुरे तीर भेजूँगा जो उनके विनाश के
लिए होंगे, जिन्हें मैं तुझे नाश करने के लिए भेजूँगा, तो मैं तुझ
पर अकाल बढ़ाऊँगा और तेरी रोटी का भाग काट दूँगा।
17 'और मैं तुझ पर अकाल और बुरे पशु भेजूँगा, और वे तुझे
वंचित करेंगे। और महामारी और खून तेरे बीच से गुजरेंगे,
जब मैं तुझ पर तलवार लाऊँगा। मैं, ऋ५ऋ२, ने कहा है।'
"

6 1 और ऋ५ऋ२ का वचन मुझ से हुआ, यह कहते हुए,
2 "मनुष्य के पुत्र, अपना मुख यिस्राएल के पर्वतों की
ओर फेर और उनके विरुद्ध भविष्यवाणी कर। 3 "और तृ
कह, 'हे यिस्राएल के पर्वतों, ऋ५ऋ२ प्रभु का वचन सुनो!'
इस प्रकार प्रभु ऋ५ऋ२ पर्वतों, पहाड़ियों, घाटियों और
तराइयों से कहता है, "देखो, मैं आप ही तुम पर तलवार लाता
हूँ और तुम्हारे ऊँचे स्थानों को नाश कर दूँगा। 4 "और
तुम्हारे वेदियाँ उजाड़ दी जाएँगी, तुम्हारे सूर्य-स्तंभ तोड़े
जाएँगे। और मैं तुम्हारे घात किए हुए लोगों को तुम्हारे मूर्तियों
के सामने गिराऊँगा, 5 और यिस्राएल की सन्तानों की लाशों
को उनकी मूर्तियों के सामने डालूँगा, और तुम्हारी हड्डियों को
तुम्हारी वेदियों के चारों ओर बिखेर दूँगा। 6 "तुम्हारे सब रहने
के स्थानों में नगर उजाड़े जाएँगे और ऊँचे स्थान सुनसान
किए जाएँगे, ताकि तुम्हारी वेदियाँ टूटकर अपना दण्ड पाएँ।
और तुम्हारी मूर्तियाँ तोड़ी जाएँगी और समाप्त की जाएँगी,
और तुम्हारे सूर्य-स्तंभ काट दिए जाएँगे, और तुम्हारे काम
मिटा दिए जाएँगे। 7 "और मारे हुए तुम्हारे बीच गिरेंगे, और
तुम जानोगे कि मैं ऋ५ऋ२ हूँ। 8 "परन्तु मैं एक शेष
बचाऊँगा, कि तुम में से कुछ तलवार से बचकर अन्यजातियों
में रहोगे, जब तुम देशों में तित्तर-बित्तर किए जाओगे।
9 "और तुम में से जो बचेंगे, वे अन्यजातियों में जहाँ वे बन्दी
बनाकर ले जाए गए हैं, वहाँ मुझे स्मरण करेंगे, क्योंकि उनके
व्यभिचारी हृदय के कारण जो मुझसे फिर गया है और उनकी
आँखों के कारण जिन्होंने अपनी मूर्तियों के पीछे व्यभिचार
किया है, मैं टूट गया हूँ। और वे अपने किए हुए सब बुरे कामों
और सब घृणित कर्मों के कारण अपने आप से घृणा करेंगे।
10 "और वे जानेंगे कि मैं ऋ५ऋ२ हूँ, और मैंने व्यर्थ यह
बुराई उन पर करने की बात नहीं की।" 11 'इस प्रकार प्रभु

𐤉𐤄𐤅𐤄 कहता है, "अपने हाथ से मार और अपने पाँव
पटक, और कह, 'हाय, यिस्राएल के घराने की सब बुरी
घृणित बातों के कारण! वे तलवार से, भोजन की कमी से,
और महामारी से गिरेंगे! 12 'जो दूर है वह महामारी से मरेगा,
जो निकट है वह तलवार से गिरेगा, और जो बचा रह गया
और घेरा गया है वह भोजन की कमी से मरेगा। और मैं उन
पर अपना क्रोध पूरा करूँगा। 13 'और तुम जानोगे कि मैं
𐤉𐤄𐤅𐤄 हूँ, जब उनके घात किए हुए उनकी मूर्तियों के बीच,
उनकी वेदियों के चारों ओर, हर ऊँची पहाड़ी पर, सब पर्वत-
चोटियों पर, हर हरे वृक्ष के नीचे और हर घने बांज के नीचे
होंगे, जहाँ उन्होंने अपनी मूर्तियों को सुगन्धित धूप चढ़ाई।
14 'और मैं अपने हाथ उन पर फैलाऊँगा और देश को
उजाड़ कर दूँगा, दीब्लाह की ओर के जंगल से भी अधिक
उजाड़, उनके सब रहने के स्थानों में। और वे जानेंगे कि मैं
𐤉𐤄𐤅𐤄 हूँ।' " ' "

7

1 और 𐤉𐤄𐤅𐤄 का वचन मुझ तक आया, यह कहते हुए,
2 "और तू, मनुष्य का पुत्र, यह वही है जो अदोन्
𐤉𐤄𐤅𐤄 ने इस्राएल की भूमि से कहा, 'एक अंत! भूमि के
चारों कोनों पर अंत आ गया है। 3 'अब अंत तुझ पर है, और
मैं तुझ पर अपना क्रोध भेजूँगा, और तेरे मार्गों के अनुसार
तेरा न्याय करूँगा, और तेरे सब घृणित कामों का प्रतिफल
दूँगा। 4 'और मेरी आँख तुझ पर दया नहीं करेगी, न ही मैं
तुझे छोड़ूँगा, क्योंकि मैं तुझे तेरे मार्गों के अनुसार प्रतिफल
दूँगा जबकि तेरे घृणित काम तेरे बीच में हैं। और तू जान
लेगा कि मैं 𐤉𐤄𐤅𐤄 हूँ!' 5 "यहोवा अदोन् 𐤉𐤄𐤅𐤄 ने कहा,
'एक विपत्ति, एक ही विपत्ति, देख, यह आ गई है! 6 'अंत आ
गया है, अंत आ गया है! यह तेरे विरुद्ध जाग उठा है, देख,
यह आ गया है! 7 'तेरे लिए समय आया है, हे देश के रहने
वालों। समय आ गया है, कोलाहल का दिन निकट है, और
यह पर्वतों में आनन्द का नहीं है। 8 'शीघ्र ही मैं अपना क्रोध
उंडेल दूँगा, और तुझ पर अपना क्रोध पूरा करूँगा, और तेरे
मार्गों के अनुसार तेरा न्याय करूँगा, और तेरे सब घृणित
कामों का प्रतिफल दूँगा। 9 'और मेरी आँख दया नहीं करेगी,
न ही मैं छोड़ूँगा। मैं तुझे तेरे मार्गों के अनुसार दूँगा जबकि
तेरे घृणित काम तेरे बीच में हैं। और तू जान लेगा कि मैं
𐤉𐤄𐤅𐤄 हूँ जो मारता है। 10 'देख, वह दिन! देख, यह आ
गया है! समय आ गया है, छड़ी ने फूल दिया है, घमण्ड ने
कली निकाली है। 11 'हिंसा दुष्टता की छड़ी में बढ़ गई है।
उनमें से कोई नहीं है, न उसकी भीड़ में से कोई, न उनके धन
में से कोई, और न ही उनमें से कोई प्रमुख। 12 'समय आ
गया है, दिन आ पहुँचा है। 'खरीदने वाला आनन्दित न हो, न
बेचने वाला शोक करे, क्योंकि उसका क्रोध उसकी सारी भीड़
पर है। 13 'क्योंकि बेचने वाला जो बेच चुका है, उसकी ओर
लौटेगा नहीं, चाहे वे अभी जीवित भी हों। क्योंकि दर्शन उसकी
सारी भीड़ के लिए है - यह लौटेगा नहीं। और उसकी दुष्टता
के कारण कोई अपने प्राण को थामे नहीं रहता। 14 'उन्होंने
तुरही फूँकी है और सब तैयार है, परन्तु कोई युद्ध को नहीं
जाता, क्योंकि मेरा क्रोध उसकी सारी भीड़ पर है।
15 'तलवार बाहर है, और भीतर महामारी और भोजन की घटी
है। जो खेत में है वह तलवार से मरता है, और जो नगर में है,
उसे भोजन की घटी और महामारी खा जाती है, 16 और जो
उनमें से बचेंगे वे बचकर पहाड़ों पर घाटियों के कपोतों के
समान होंगे। वे सब शोक कर रहे हैं, हर एक अपने पाप के
लिए। 17 'सब हाथ ढीले पड़ जाएँगे, और सब घुटने जल के
समान हो जाएँगे। 18 'और वे टाट बाँध लेंगे, और काँपते हुए
ढक दिए जाएँगे। और हर चेहरे पर लज्जा होगी, और उनके
सब सिरों पर गंजापन होगा। 19 'वे अपनी चाँदी को गलियों में
फेंक देंगे, और उनका सोना मैल के समान हो जाएगा।
उनकी चाँदी और उनका सोना 𐤉𐤄𐤅𐤄 के क्रोध के दिन
उन्हें छुड़ा नहीं पाएँगे। वे अपनी लालसा तृप्त नहीं करेंगे, न
अपने पेट को भरेंगे, क्योंकि यह उनकी दुष्टता का ठोकर
खाने का पत्थर रहा है। 20 'और उसके आभूषण की शोभा,
उसने उसे उत्कृष्टता में बनाया। परन्तु उन्होंने उससे अपने
घृणित कामों और अपनी अशुद्धताओं की मूरतें बनाईं।
इसलिए मैं उसे उनके लिए मैल के समान कर दूँगा। 21 'और
मैं उसे परदेशियों के हाथ में लूट के लिए दूँगा, और पृथ्वी के
दुष्टों को शिकार के लिए, और वे उसे अपवित्र करेंगे।
22 'और मैं उनसे अपना मुख फेर लूँगा। और वे मेरे गुप्त
स्थान को अपवित्र करेंगे, क्योंकि विनाशक उसमें प्रवेश करेंगे
और उसे अपवित्र करेंगे। 23 'एक जंजीर बना, क्योंकि देश
खून के अपराधों से भर गया है, और नगर हिंसा से भर गया
है। 24 'और मैं अन्यजातियों के दुष्टों को ले आऊँगा, और वे
उनके घरों के स्वामी बनेंगे। और मैं शक्तिशाली के घमण्ड
को समाप्त कर दूँगा, और उनके मिक़दश अपवित्र होंगे।
25 'विनाश आएगा। और वे शान्ति ढूँढेंगे, परन्तु कोई नहीं
है। 26 'विपत्ति पर विपत्ति आएगी, और समाचार पर समाचार
होगा। और वे एक नबी से दर्शन माँगेंगे। परन्तु व्यवस्था
याजक से नष्ट हो गई है, और पुरनियों से सम्मति भी।
27 'राजा शोक करे, और प्रधान निराशा धारण करे, और
साधारण लोगों के हाथ काँपें। और मैं उनके मार्ग के अनुसार
उनके साथ व्यवहार करूँगा, और उनके अपने न्यायों से
उनका न्याय करूँगा। और वे जानेंगे कि मैं 𐤉𐤄𐤅𐤄 हूँ।' "

8

1 और यह हुआ छठे वर्ष में, छठे महीने के पाँचवें दिन,
जब मैं अपने घर में बैठा था और यहूदा के बुज़ुर्ग मेरे
सामने बैठे थे, कि आदोन 𐤉𐤄𐤅𐤄 का हाथ मुझ पर वहाँ आ
पड़ा। 2 और मैंने देखा और देखा एक समानता, आग के
स्वरूप के समान। उसकी कमर से नीचे का स्वरूप आग के
समान था, और उसकी कमर से ऊपर का स्वरूप चमक के
समान था, जैसे चमकता हुआ धातु। 3 और उसने हाथ के
स्वरूप को फैलाया, और मेरे बालों की एक लट से मुझे पकड़
लिया। और रूआाह ने मुझे पृथ्वी और आकाश के बीच उठा
लिया, और मुझे ईश्वर के दर्शनों में येरुशलेम ले गया, भीतरी
आँगन के उत्तर द्वार के द्वार तक, जहाँ ईर्ष्या की मूरत की गद्दी
थी, जो ईर्ष्या उत्पन्न करती है। 4 और देखो, इस्राएल के
ईश्वर की महिमा वहाँ थी, जैसे वह दर्शन जो मैंने मैदान में
देखा था। 5 और उसने मुझसे कहा, "मनुष्य के पुत्र, कृपया
अपनी आँखें उत्तर की ओर उठाओ।" और मैंने अपनी आँखें
उत्तर की ओर उठाईं, और वेदी के द्वार के उत्तर में मैंने उस
ईर्ष्या की मूरत को प्रवेश द्वार में देखा। 6 और उसने मुझसे
कहा, "हे मनुष्य के पुत्र, क्या तुम देखते हो वे क्या कर रहे हैं,
वे बड़े घृणित काम जो इस्राएल का घर यहाँ कर रहा है, मुझे
मेरे मिकदाश से दूर कर रहे हैं? और तुम इससे भी बड़े

घृणित काम देखोगे।” 7 तब वह मुझे आँगन के द्वार पर
लाया। और मैंने देखा और दीवार में एक छेद देखा। 8 और
उसने मुझसे कहा, “हे मनुष्य के पुत्र, कृपया दीवार में
खोदो।” और जब मैंने दीवार में खोदा, तो मैंने एक द्वार
देखा। 9 और उसने मुझसे कहा, “अंदर जाओ, और देखो वे
दुष्ट घृणित काम जो वे वहाँ कर रहे हैं।” 10 और मैं अंदर
गया और देखा, और देखा हर प्रकार के रेंगने वाले जीव,
घृणित पशु, और इस्राएल के घर के सब मूर्तियाँ, चारों ओर
दीवारों पर खुदी हुई थीं। 11 और उनके सामने इस्राएल के
घर के सत्तर बुज़ुर्ग खड़े थे, और उनके बीच शाफान का पुत्र
यआज़न्याह खड़ा था। हर एक के हाथ में धूपदान था, और
गाढ़े धुएँ का बादल ऊपर उठ रहा था। 12 और उसने मुझसे
कहा, “हे मनुष्य के पुत्र, क्या तुमने देखा जो इस्राएल के घर
के बुज़ुर्ग अंधकार में कर रहे हैं, हर एक अपनी मूर्तियों के
कमरे में? क्योंकि वे कहते हैं, ‘𐤉𐤄𐤅𐤄 हमें नहीं देखता,
𐤉𐤄𐤅𐤄 ने इस भूमि को छोड़ दिया है।’ ” 13 और उसने
मुझसे कहा, “तुम इससे भी बड़े घृणित काम देखोगे जो वे
कर रहे हैं।” 14 और वह मुझे 𐤉𐤄𐤅𐤄 के घर के उत्तर द्वार
के दरवाज़े पर लाया, और मैंने स्त्रियों को वहाँ बैठे देखा, जो
तमूज़ के लिए रो रही थीं। 15 तब उसने मुझसे कहा, “क्या
तुमने यह देखा, हे मनुष्य के पुत्र? तुम इससे भी बड़े घृणित
काम देखोगे।” 16 और वह मुझे 𐤉𐤄𐤅𐤄 के घर के भीतरी
आँगन में ले गया। और वहाँ, 𐤉𐤄𐤅𐤄 के हेयखल के द्वार
पर, बरामदे और वेदी के बीच, लगभग पच्चीस पुरुष थे
जिनकी पीठ 𐤉𐤄𐤅𐤄 के हेयखल की ओर थी और उनके
चेहरे पूर्व की ओर थे, और वे सूर्य को पूर्व की ओर दण्डवत
कर रहे थे। 17 और उसने मुझसे कहा, “क्या तुमने देखा, हे
मनुष्य के पुत्र? क्या यह यहूदा के घर के लिए कोई छोटी बात
है कि वे ये घृणित काम यहाँ कर रहे हैं? क्योंकि उन्होंने भूमि
को हिंसा से भर दिया है, और वे मुझे क्रोधित करने को लौट
आए हैं। और देखो, वे मेरी नाक में डालने के लिए शाख
डाल रहे हैं। 18 “इस कारण मैं वास्तव में क्रोध में व्यवहार
करूँगा। मेरी आँख दया नहीं करेगी और न मैं बख़्शूँगा।
और वे मेरे कानों में ऊँची आवाज़ से पुकारेंगे, पर मैं उन्हें न
सुनूँगा।”

9 1 और उसने मेरी सुनवाई में ऊँचे स्वर से पुकारकर
कहा, “नगर के दंड देने वालों को पास आने दो, प्रत्येक
अपने विनाश के हथियार को अपने हाथ में लिये हुए।” 2 और
देखो, उत्तर की ओर मुँह किए हुए ऊपरी फाटक की दिशा से
छह पुरुष आये, प्रत्येक के हाथ में युद्ध-कुल्हाड़ी थी। और
उनके बीच में एक व्यक्ति था जो सूत के वस्त्र पहिने हुए था
और उसकी कमर पर लेखक का दवात था। और वे आकर
पीतल की वेदी के पास खड़े हो गए। 3 और इस्राएल के
ईश्वर की महिमा उस करूब से, जहाँ वह थी, घर की चौखट
तक ऊपर उठी। और उसने सूत के वस्त्र पहिने उस व्यक्ति
को बुलाया, जिसकी कमर पर लेखक का दवात था, 4 और
𐤉𐤄𐤅𐤄 ने उससे कहा, “नगर के बीच से, यरूशलेम के बीच
से होकर जा, और उन लोगों के माथों पर चिन्ह बना, जो
नगर में होने वाले सब घृणित कामों पर आह भरते और रोते
हैं।” 5 और दूसरों से उसने मेरी सुनवाई में कहा, “उसके
पीछे नगर में होकर जाओ और प्रहार करो; तुम्हारी आँखें न
तो दया करें और न ही बख्शें। 6 “बूढ़े, जवान पुरुष,
कुँवारियाँ, बालक और स्त्रियाँ— सबको संहार कर डालो; पर
जिस किसी पर चिन्ह है, उसके पास मत जाना, और मेरे
पवित्रस्थान से आरम्भ करो।” तब वे घर के सामनेवाले
पुरनियों से आरम्भ करने लगे। 7 और उसने उनसे कहा,
“घर को अशुद्ध करो और आँगनों को मारे हुओं से भर दो।
बाहर जाओ!” तब वे बाहर जाकर नगर में प्रहार करने लगे।
8 और जब वे मार रहे थे तब ऐसा हुआ कि मैं अकेला रह
गया। तब मैं अपने मुँह के बल गिर पड़ा और पुकारकर कहा,
“हाय, प्रभु 𐤉𐤄𐤅𐤄! क्या तू यरूशलेम पर अपना क्रोध
उंडेलकर इस्राएल के सब बचे हुओं का नाश कर रहा है?”
9 तब उसने मुझसे कहा, “इस्राएल और यहूदा के घराने की
अधर्मता अत्यन्त बड़ी है, और देश खून-खराबे से भरा हुआ
है, और नगर टेढ़े-मेढ़े कामों से भरा है। क्योंकि वे कहते हैं,
‘𐤉𐤄𐤅𐤄 ने देश को छोड़ दिया है और 𐤉𐤄𐤅𐤄 देखता
नहीं।’ 10 “परन्तु मेरी दृष्टि दया नहीं करेगी और मैं नही
बख़्शूँगा; मैं उनके आचरणों का फल उनके ही सिर पर
डालूँगा।” 11 और देखो, सूत के वस्त्र पहिने वह व्यक्ति
जिसकी कमर पर दवात थी, वापस आकर कहने लगा, “मैंने
जैसा तूने मुझे आज्ञा दी थी वैसा ही किया है।”

10 1 और मैंने देखा और आकाशमंडल में जो करूबिम
के सिर के ऊपर था, नीलम पत्थर के समान,
सिंहासन की समानता के रूप में दिखाई देता था। 2 और
उसने सन की लिनन वस्त्र पहने हुए मनुष्य से कहा, “चक्कों
के बीच, करूब के नीचे जाकर अपने हाथों को करूबिम के
बीच से अग्नि के अंगारों से भर ले, और नगर पर छिटका
दे।” और वह मेरी आंखों के सामने गया। 3 और जब मनुष्य
भीतर गया, करूबिम भवन के दक्षिण ओर खड़े थे, और
बादल ने भीतरी आंगन को भर दिया। 4 और 𐤉𐤄𐤅𐤄 की
महिमा करूब से घर की चौखट पर ऊपर उठी। और घर
बादल से भर गया, और आंगन 𐤉𐤄𐤅𐤄 की महिमा की चमक
से भर गया। 5 और करूबिम के पंखों की ध्वनि बाहरी आंगन
में सुनी गई, जैसे ईश्वर शद्दाई बोलते समय उसकी वाणी होती
है। 6 और ऐसा हुआ, जब उसने लिनन वस्त्र पहने मनुष्य को
आज्ञा दी, कहा, “चक्कों के बीच से, करूबिम के बीच से आग
ले लो,” तब वह गया और पहिये के पास खड़ा हुआ। 7 और
एक करूब ने अपने हाथ को करूबिम के बीच से उस आग
की ओर बढ़ाया, और कुछ लिया, और उसे लिनन वस्त्र पहने
मनुष्य के हाथ में रखा, जिसने लिया और बाहर चला गया।
8 और करूबिम के पंखों के नीचे मनुष्य के हाथ का रूप देखा
गया। 9 और मैंने देखा और चार पहिये करूबिम के पास थे,
प्रत्येक करूब के पास एक पहिया, और पहियों का रूप बेरिल
पत्थर के रंग जैसा था। 10 उनके रूप के विषय में, चारों एक
समान दिखाई दिए; मानो एक पहिये के बीच एक पहिया।
11 जब वे चलते, वे चारों ओर चलते; चलते समय वे मुड़े
नहीं, परंतु जिस दिशा में सिर मुंह किए था उसी दिशा में
चलते। चलते समय वे मुडे नहीं। 12 और उनके सारे शरीर,
और उनकी पीठ, और उनके हाथ, और उनके पंख, और जो
चारों के पास पहिये थे, चारों ओर आंखों से ढके हुए थे।
13 मेरे सुनने में उन पहियों को “पहिया” कहा गया। 14 और
प्रत्येक के चार मुख थे: पहला मुख करूब का मुख था, और

दूसरा मुख मनुष्य का मुख, और तीसरा मुख सिंह का मुख,
और चौथा मुख गरुड़ का मुख। 15 और करूबिम ऊपर उठे
– यह वही जीवित प्राणी था जिसे मैंने नदी कबार के किनारे
देखा। 16 और जब करूबिम चलते, तब पहिये उनके पास
चलते। और जब करूबिम अपने पंख पृथ्वी से ऊपर उठाने
को उठाते, तब वही पहिये भी उनके पास से नहीं हटते।
17 जब वे स्थिर रहते, पहिये भी स्थिर रहते, और जब एक
ऊपर उठता, दूसरा भी ऊपर उठता, क्योंकि जीवित प्राणी की
आत्मा उनमें थी। 18 और 𐤉𐤄𐤅𐤄 की महिमा घर की चौखट
से चली गई और करूबिम के ऊपर खड़ी हुई। 19 और
करूबिम ने अपने पंख उठाए और मेरी आंखों के सामने पृथ्वी
से ऊपर उठे। जब वे बाहर गए, तब पहिये उनके पास थे।
और वह 𐤉𐤄𐤅𐤄 के घर के पूर्व द्वार पर खड़ा हुआ, और
इस्राएल के ईश्वर की महिमा उनके ऊपर थी। 20 यह वही
जीवित प्राणी था जिसे मैंने इस्राएल के ईश्वर के नीचे नदी
कबार के किनारे देखा, और मैं जान गया कि वे करूबिम थे।
21 प्रत्येक के चार मुख और प्रत्येक के चार पंख थे, और
मनुष्य के हाथ का रूप उनके पंखों के नीचे था। 22 और
उनके मुखों का रूप वही था जैसा कि मैंने नदी कबार के
किनारे देखा था, उनका रूप और वे स्वयं। प्रत्येक सीधा
आगे बढ़ता था।

11 1 और रूआḥ ने मुझे उठाया और मुझे 𐤉𐤄𐤅𐤄 के
भवन के पूरब फाटक पर ले आया, जो पूरब की ओर
है। और देखो, फाटक के द्वार पर पच्चीस पुरुष थे, जिनमें से
मैंने अज़्ज़ूर के पुत्र यआज़न्याह और बिनयाहू के पुत्र
पेलत्याहू को देखा, जो लोगों के प्रधान थे। 2 और उसने
मुझसे कहा, "मनुष्य के पुत्र, ये वे पुरुष हैं जो दुष्टता की
युक्ति करते हैं और इस नगर में बुरी सम्मति देते हैं, 3 जो
कहते हैं, 'यह निकट नहीं है, आओ हम घर बनाएँ। यह हांडी
है, और हम मांस हैं।' 4 "इसलिये उनके विरुद्ध नबूआ कर,
नबूआ कर, हे मनुष्य के पुत्र!" 5 और 𐤉𐤄𐤅𐤄 का रूआḥ
मुझ पर उतरा, और उसने मुझसे कहा, "बोल! 'यहोवा
𐤉𐤄𐤅𐤄 यों कहता है, "तुमने ऐसा कहा है, हे इस्राएल के
घराने। क्योंकि मैं जानता हूँ कि तुम्हारे आत्मा में क्या उठता
है। 6 "तुमने इस नगर में अपने घायलों को बढ़ाया है, और
इसकी गलियों को मारे हुओं से भर दिया है।" 7 'इस कारण
प्रभु 𐤉𐤄𐤅𐤄 यों कहता है, "तुम्हारे मारे हुए जिन्हें तुमने इसके
बीच में डाल दिया है, वे ही मांस हैं, और यह नगर हांडी है।
परन्तु मैं तुम्हें इसके बीच से निकाल लूँगा। 8 "तुमने तलवार
से डरा है, और मैं तुम पर तलवार लाऊँगा," प्रभु 𐤉𐤄𐤅𐤄 की
यह वाणी है। 9 "और मैं तुम्हें इसके बीच से निकाल लूँगा,
और तुम्हें परदेशियों के हाथ में दूँगा, और तुम पर न्याय
करूँगा। 10 "तुम तलवार से गिरोगे। इस्राएल की सीमा पर
मैं तुम्हारा न्याय करूँगा। और तुम जानोगे कि मैं 𐤉𐤄𐤅𐤄
हूँ। 11 "यह तुम्हारी हांडी नहीं है, और न तुम इसके बीच में
मांस हो। इस्राएल की सीमा पर मैं तुम्हारा न्याय करूँगा।
12 "और तुम जानोगे कि मैं 𐤉𐤄𐤅𐤄 हूँ, क्योंकि तुमने मेरी
विधियों में नहीं चला और न मेरे नियमों को किया, परन्तु उन
जातियों के नियमों के अनुसार किया जो तुम्हारे चारों ओर
हैं।" ' " 13 और ऐसा हुआ कि जब मैं नबूआ कर रहा था,
तब बिनयाहू का पुत्र पेलत्याहू मर गया। और मैं अपने मुँह के
बल गिर पड़ा और ऊँचे शब्द से चिल्लाया, और कहा, "हाय,
प्रभु 𐤉𐤄𐤅𐤄! क्या तू इस्राएल के बचे हुओं का अन्त कर रहा
है?" 14 तब 𐤉𐤄𐤅𐤄 का वचन मुझ पर आया, यह कहता
हुआ, 15 "हे मनुष्य के पुत्र, तेरे भाई, तेरे रिश्तेदार, तेरे
कुटुम्बी, और इस्राएल का सारा घराना, वे सब जिनके विषय
में यरूशलेम के निवासियों ने कहा, '𐤉𐤄𐤅𐤄 से दूर हो
जाओ, यह भूमि हमें निज भाग के लिये दी गई है।'
16 "इसलिये कह, 'प्रभु 𐤉𐤄𐤅𐤄 यों कहता है, "यद्यपि मैंने
उन्हें अन्यजातियों में दूर भेजा, और यद्यपि मैंने उन्हें देशों में
तितर-बितर किया, तौभी जिन देशों में वे गए वहाँ मैं उनके
लिये थोड़े समय तक एक मिक्दाश ठहरा।" ' 17 "इसलिये
कह, 'प्रभु 𐤉𐤄𐤅𐤄 यों कहता है, "और मैं तुम्हें लोगों में से
इकट्ठा करूँगा, और तुम्हें उन देशों से इकट्ठा करूँगा जहाँ तुम
तितर-बितर हुए हो, और मैं तुम्हें इस्राएल की भूमि दूँगा।" '
18 "और वे वहाँ जाएँगे, और वहाँ से उसकी सारी गंदगी और
उसकी सारी घृणित वस्तुएँ दूर करेंगे। 19 "और मैं उन्हें एक
ही मन दूँगा, और तुम्हारे भीतर एक नई आत्मा डालूँगा। और
उनके शरीर से पथरीला हृदय निकाल दूँगा, और उन्हें मांस
का हृदय दूँगा, 20 ताकि वे मेरी विधियों में चलें, और मेरे
नियमों को मानें और उन्हें करें। और वे मेरे लोग होंगे और मैं
उनका ईश्वर होऊँगा। 21 "परन्तु जिनका हृदय उनकी
गंदगी और उनकी घृणित वस्तुओं के पीछे चलता है, मैं उनके
कामों का बदला उनके ही सिर पर दूँगा," प्रभु 𐤉𐤄𐤅𐤄 की
यह वाणी है। 22 और केरुबिम ने अपने पंख उठाए, और
पहियों को अपने पास रखा, और इस्राएल के ईश्वर की महिमा
उनके ऊपर ऊँची थी। 23 और 𐤉𐤄𐤅𐤄 की महिमा नगर के
बीच से ऊपर उठी, और नगर के पूरब की ओर के पर्वत पर
ठहर गई। 24 और रूआḥ ने मुझे उठाया और मुझे एक
दर्शन में ईश्वर के रूआḥ के द्वारा कस्दीम में ले आया, जहां
निर्वासित थे। और दर्शन जो मैंने देखा था वह मुझसे उठ
गया। 25 और मैंने निर्वासितों से 𐤉𐤄𐤅𐤄 के सब वचन कहे
जो उसने मुझे दिखाए थे।

12 1 और 𐤉𐤄𐤅𐤄 का वचन मेरे पास आया, यह कहते
हुए, 2 "मनुष्य के पुत्र, तू एक विद्रोही घर के बीच
रहता है। उनके पास देखने के लिए आंखें हैं पर उन्होंने नहीं
देखा, उनके पास सुनने के लिए कान हैं पर उन्होंने नहीं सुना,
क्योंकि वे एक विद्रोही घर हैं। 3 "इसलिए, हे मनुष्य के पुत्र,
निर्वासन के लिए अपना सामान तैयार कर, और दिन के
समय उनकी आंखों के सामने निर्वासन में चला जा। और तू
अपने स्थान से निकलकर उनके सामने किसी और स्थान पर
निर्वासन में चला जा। सम्भव है कि वे देखें, यद्यपि वे एक
विद्रोही घर हैं। 4 "और तू अपने सामान को दिन के समय
उनकी आंखों के सामने निर्वासन के लिए बाहर ला, और
संध्या को उनकी आंखों के सामने बाहर जा, जैसे निर्वासन में
जाने वाले जाते हैं। 5 "उनकी आंखों के सामने दीवार को
खोद, और उसी से बाहर निकल जा - 6 उन्हें अपने कंधों पर
उठाकर अंधकार में बाहर ला। अपना चेहरा ढाँक ले, ताकि
तू भूमि को न देख सके, क्योंकि मैंने तुझे इस्राएल के घराने
के लिए एक चिन्ह बनाया है।" 7 और मैंने वैसा ही किया जैसा
मुझे आज्ञा दी गई थी। मैंने दिन के समय निर्वासन के लिए
अपना सामान बाहर निकाला, और संध्या को अपने हाथ से

दीवार खोदी। मैंने उन्हें अंधकार में बाहर निकाला, और
अपनी आंखों के सामने अपने कंधे पर उठाया। 8 और सुबह
में 𐤉𐤄𐤅𐤄 का वचन मेरे पास आया, यह कहते हुए, 9 "हे
मनुष्य के पुत्र, क्या इस्राएल के घराने ने, इस विद्रोही घराने
ने, तुझसे नहीं कहा, 'तू क्या कर रहा है?' 10 "उनसे कह,
'इस प्रकार कहा प्रभु 𐤉𐤄𐤅𐤄 ने, "यह संदेश यरूशलेम के
राजकुमार और इस्राएल के पूरे घराने के लिए है जो उनके
बीच में हैं।" ' 11 "कह, 'मैं तुम्हारे लिए एक चिन्ह हूँ। जैसा
मैंने किया है, वैसा ही उनके साथ होगा - वे निर्वासन में,
बंधुआई में जाएंगे।' 12 "और जो राजकुमार उनके बीच है,
वह अपने कंधे पर अंधकार में अपना सामान उठाकर बाहर
जाएगा। वे दीवार को खोदेंगे ताकि उसके द्वारा बाहर निकाला
जा सके। वह अपना चेहरा ढाँकेगा, ताकि अपनी आंखों से
भूमि न देखे। 13 "और मैं अपने जाल को उसके ऊपर
फैलाऊंगा, और वह मेरे फंदे में फँस जाएगा। और मैं उसे
बाबेल, कसदियों की भूमि में लाऊंगा, पर वह उसे नहीं देखेगा,
और वहाँ मर जाएगा। 14 "और मैं उसके चारों ओर जो लोग
उसकी सहायता करते हैं, और उसके सब दलों को, हर दिशा
में बिखेर दूंगा, और उनकी पीछे तलवार खींचूंगा। 15 "और
वे जानेंगे कि मैं 𐤉𐤄𐤅𐤄 हूँ, जब मैं उन्हें अन्यजातियों में
बिखेर दूंगा और उन्हें देशों में तितर-बितर कर दूंगा। 16 "पर
मैं उनके कुछ पुरुषों को तलवार, भोजन की कमी और
महामारी से बचाकर छोड़ दूंगा, ताकि वे जहाँ भी अन्यजातियों
के बीच जाएं, अपने सब घृणित कामों को प्रकट करें। और वे
जानेंगे कि मैं 𐤉𐤄𐤅𐤄 हूँ।" 17 और 𐤉𐤄𐤅𐤄 का वचन मेरे
पास आया, यह कहते हुए, 18 "हे मनुष्य के पुत्र, तू अपनी
रोटी कांपते हुए खा, और अपना पानी डर और चिंता के साथ
पी। 19 "और तू देश के लोगों से कह, 'इस प्रकार कहा प्रभु
𐤉𐤄𐤅𐤄 ने यरूशलेम के निवासियों और इस्राएल की भूमि से,
"वे अपनी रोटी चिंता के साथ खाएँ, और अपना पानी विस्मय
के साथ पिएँ, क्योंकि उसकी भूमि उन सबके कारण खाली हो
गई है जो उसमें बसते हैं, उनके सब हिंसा के कारण।
20 "और जो नगर बसे हुए हैं वे उजाड़ दिए जाएंगे, और भूमि
सुनसान हो जाएगी। और तुम जानोगे कि मैं 𐤉𐤄𐤅𐤄 हूँ।" '
" 21 और 𐤉𐤄𐤅𐤄 का वचन मेरे पास आया, यह कहते हुए,
22 "हे मनुष्य के पुत्र, यह कहावत क्या है जो इस्राएल की भूमि
में तुम्हारे लोगों के पास है, जो कहती है, 'दिन बीत जाते हैं,
और हर दर्शन शून्य हो जाता है'? 23 "इसलिए उनसे कह,
'इस प्रकार कहा प्रभु 𐤉𐤄𐤅𐤄 ने, "मैं इस कहावत को समाप्त
कर दूंगा, ताकि वे इसे इस्राएल में और न बोलें।" पर उनसे
कह, "दिन निकट आ गए हैं, साथ ही हर दर्शन की बात भी।
24 "क्योंकि अब इस्राएल के घराने में कोई झूठा दर्शन या
चापलूसी वाला भविष्यद्वचन नहीं होगा। 25 "क्योंकि मैं
𐤉𐤄𐤅𐤄 हूँ, मैं बोलता हूँ। और जो वचन मैं बोलता हूँ वह पूरा
होता है। अब वह टलने वाला नहीं है। क्योंकि तुम्हारे दिनों में,
हे विद्रोही घराने, जब मैं वचन बोलता हूँ तब मैं उसे करूँगा,"
प्रभु 𐤉𐤄𐤅𐤄 की यह घोषणा है।' " 26 फिर 𐤉𐤄𐤅𐤄 का
वचन मेरे पास आया, यह कहते हुए, 27 "हे मनुष्य के पुत्र,
देख, इस्राएल का घराना कह रहा है, 'जो दर्शन वह देख रहा
है वह बहुत दिनों बाद के लिए है, और वह दूर के समयों के
लिए भविष्यवाणी कर रहा है।' 28 "इसलिए उनसे कह, 'इस
प्रकार कहा प्रभु 𐤉𐤄𐤅𐤄 ने, "मेरे कोई वचन अब और
विलम्बित नहीं होंगे। जब मैं वचन बोलता हूँ, वह पूरा होगा,"
प्रभु 𐤉𐤄𐤅𐤄 की यह घोषणा है।' "

13 1 और 𐤉𐤄𐤅𐤄 का वचन मेरे पास आया, यह कहते
हुए, 2 "मनुष्य के पुत्र, इसराएल के नबियों के विरुद्ध
भविष्यद्वाणी कर, जो भविष्यद्वाणी करते हैं; और उन से कह,
जो अपने ही हृदय से भविष्यद्वाणी करते हैं, '𐤉𐤄𐤅𐤄 का
वचन सुनो!' " 3 इस प्रकार कहता है आदोन 𐤉𐤄𐤅𐤄, "उन
मूर्ख नबियों पर हाय, जो अपने ही आत्मा के पीछे चलते हैं,
बिना कोई दर्शन पाए हुए! 4 "हे इसराएल, तेरे नबी उजड़े हुए
स्थानों में लोमड़ियों के समान हो गए हैं। 5 "तुमने न तो दीवार
में दरारों पर चढ़कर उसे बंद किया, और न ही इसराएल के
घराने के लिए कोई दीवार बनाई, कि वे 𐤉𐤄𐤅𐤄 के दिन युद्ध
में खड़े हो सकें। 6 "उनके दर्शनों में झूठ है और उनके
भविष्यकथन में कपट है। वे कहते हैं, 'इस प्रकार कहता है
𐤉𐤄𐤅𐤄,' जबकि 𐤉𐤄𐤅𐤄 ने उन्हें नहीं भेजा; फिर भी वे
आशा करते हैं कि उनका वचन स्थिर होगा! 7 "क्या तुमने
झूठा दर्शन नहीं देखा, और क्या तुमने कपट के भविष्यकथन
नहीं बोले? तुम कहते हो, '𐤉𐤄𐤅𐤄 कहता है,' जबकि मैंने
नहीं कहा।" 8 इस कारण आदोन 𐤉𐤄𐤅𐤄 ने कहा, "क्योंकि
तुमने झूठ बोला और कपट देखे, इसलिए देखो, मैं तुम्हारे
विरुद्ध हूँ," आदोन 𐤉𐤄𐤅𐤄 की यह वाणी है। 9 "मेरा हाथ
उन नबियों के विरुद्ध होगा, जो झूठ देखते और कपटपूर्ण बातें
कहते हैं। वे मेरी प्रजा की सभा में न होंगे, न इसराएल के
घराने की वंशावली में लिखे जाएंगे, और न ही इसराएल की
भूमि में प्रवेश करेंगे। और तुम जानोगे कि मैं आदोन 𐤉𐤄𐤅𐤄
हूँ। 10 "क्योंकि उन्होंने मेरी प्रजा को भटका दिया है, यह
कहते हुए, 'शांति!' जबकि शांति नहीं है। और जब कोई
दीवार बनाता है, तो देखो, वे उसे पलस्तर से पोतते हैं!
11 "उन से कह जो पलस्तर पोतते हैं: वह गिरेगी! वहां
मूसलधार वर्षा होगी, और तुम बड़े ओलों, गिरो! – और
तूफ़ानी पवन उसे गिरा देगी, 12 और देखो, दीवार गिर
जाएगी! क्या तुमसे यह नहीं पूछा जाएगा, 'वह पलस्तर कहाँ है
जिससे तुमने उसे पोता था?' " 13 इसलिए आदोन 𐤉𐤄𐤅𐤄
ने कहा, "मैं अपने क्रोध में तूफ़ानी पवन भेजूँगा, और अपने
रोष में मूसलधार वर्षा, और अपने क्रोध में बड़े ओले, नाश
करने के लिए। 14 "और मैं उस दीवार को गिरा दूँगा जिसे
तुमने पलस्तर से पोता था, और उसे भूमि पर गिरा दूँगा, और
उसकी नींव प्रकट होगी। और वह गिरेगी, और तुम उसके
बीच नष्ट हो जाओगे। और तुम जानोगे कि मैं 𐤉𐤄𐤅𐤄 हूँ।
15 "इस प्रकार मैं अपने क्रोध को उस दीवार पर और उन पर
जो उसे पलस्तर से पोतते हैं, समाप्त करूँगा, और तुम से
कहूँगा, 'वह दीवार अब नहीं रही, और न वे जो उसे पोतते थे
– 16 इसराएल के नबी, जो येरुशलेम के विषय में भविष्यद्वाणी
करते हैं, और जो उसके लिए शांति के दर्शन देखते हैं,
जबकि शांति नहीं है,' " आदोन 𐤉𐤄𐤅𐤄 की यह वाणी है।
17 "और तू, मनुष्य के पुत्र, अपनी प्रजा की बेटियों के विरुद्ध
अपना मुख कर, जो अपने ही हृदय से भविष्यद्वाणी करती हैं,
और उनके विरुद्ध भविष्यद्वाणी कर। 18 "और तू कह,
'आदोन 𐤉𐤄𐤅𐤄 कहता है: उन पर हाय जो हाथों की हर
जोड़ के लिए गद्दियाँ सिलती हैं, और हर कद के सिरों के लिए

परदे बनाती हैं, आत्माओं को फँसाने के लिए! तुम मेरी प्रजा
की आत्माओं को फँसाती हो, जबकि अपनी आत्माओं को
जीवित रखती हो! 19 “और तुमने मेरी प्रजा के बीच मुझे
अपवित्र किया है जौ की मुट्ठियों और रोटी के टुकड़ों के लिए,
उन आत्माओं को मार डालने के लिए जो नहीं मरनी चाहिए
थीं, और उन आत्माओं को जीवित रखने के लिए जो जीवित
नहीं रहनी चाहिए थीं, अपनी झूठी बातों के द्वारा मेरी प्रजा से
जो झूठ सुनते हैं!” 20 ‘इसलिए आदोन 𐤉𐤄𐤅𐤄 ने कहा,
“देखो, मैं तुम्हारी उन गद्दियों के विरुद्ध हूँ, जिनसे तुम
आत्माओं को पक्षियों की तरह फँसाती हो। और मैं उन्हें
तुम्हारी बाँहों से फाड़ दूँगा, और आत्माओं को छुड़ा दूँगा,
आत्माएँ जिन्हें तुम पक्षियों की तरह फँसाती हो। 21 “और मैं
तुम्हारे परदे फाड़ दूँगा, और अपनी प्रजा को तुम्हारे हाथ से
छुड़ा दूँगा, और वे अब तुम्हारे हाथ में शिकार न रहेंगे। और
तुम जानोगे कि मैं 𐤉𐤄𐤅𐤄 हूँ।” ’ ” 22 “क्योंकि तुमने झूठ
के द्वारा धर्मी के मन को उदास किया, जिसे मैंने उदास नहीं
किया। और तुमने दुष्ट के हाथों को बल दिया, ताकि वह
अपनी बुरी चाल से न लौटे, उसे जीवित रखने के लिए।
23 “इसलिए तुम अब और झूठे दर्शन न देखोगे, और न ही
कपट का अभ्यास करोगे। और मैं अपनी प्रजा को तुम्हारे
हाथ से छुड़ा दूँगा, और तुम जानोगे कि मैं 𐤉𐤄𐤅𐤄 हूँ।” ’ ”

14 1 और कुछ इस्राएल के बुज़ुर्ग मेरे पास आए और मेरे
सामने बैठे। 2 और 𐤉𐤄𐤅𐤄 का वचन मुझ पर
आया, यह कहते हुए, 3 “मनुष्य के पुत्र, इन लोगों ने अपने
हृदयों में अपने मूर्तियों को रखा है, और अपने चेहरे के सामने
अपनी दुष्टता का ठोकर का पत्थर रखा है। क्या मुझे उन्हें
मुझसे पूछने देना चाहिए? 4 “इसलिए उनसे कहो, और तुम
उनसे कहोगे, ‘यहोवा 𐤉𐤄𐤅𐤄 ने यों कहा, “इस्राएल के घर
का हर एक जो अपने हृदय में अपनी मूर्तियाँ रखता है, और
अपने चेहरे के सामने अपनी दुष्टता का ठोकर का पत्थर
रखता है, और नबी के पास आता है - मैं 𐤉𐤄𐤅𐤄 उस आने
वाले को उसके बहुत से मूर्तियों के अनुसार उत्तर दूँगा, 5 ताकि
इस्राएल के घर को उनके हृदय से पकड़ लूँ, क्योंकि वे सब
अपने मूर्तियों के द्वारा मुझसे दूर हो गए हैं।” ’ 6 “इसलिए
इस्राएल के घर से कहो, ‘यहोवा 𐤉𐤄𐤅𐤄 ने यों कहा, “मन
फिराओ, और अपनी मूर्तियों से लौट आओ, और अपने चेहरे
सब घृणित कामों से फेर लो। 7 “क्योंकि इस्राएल के घर का
कोई भी, या इस्राएल में रहने वाला कोई परदेशी, जो मुझसे
अलग हो जाता है और अपने हृदय में अपनी मूर्तियाँ रखता है
और अपने चेहरे के सामने अपनी दुष्टता का ठोकर का
पत्थर रखता है, और मेरे विषय में पूछने के लिए किसी नबी
के पास आता है, तो मैं 𐤉𐤄𐤅𐤄 स्वयं उसका उत्तर दूँगा।
8 “और मैं उस मनुष्य के विरुद्ध अपना चेहरा करूँगा और
उसे चिन्ह और कहावत बनाऊँगा, और मैं उसे अपने लोगों के
बीच से काट डालूँगा। और तुम जानोगे कि मैं 𐤉𐤄𐤅𐤄 हूँ।
9 “और यदि नबी धोखा खाए, और कोई वचन बोले, तो मैंने
𐤉𐤄𐤅𐤄 उस नबी को धोखा दिया है, और मैं अपना हाथ उस
पर बढ़ाऊँगा और उसे अपने लोगों इस्राएल के बीच से नष्ट
कर दूँगा। 10 “और वे अपनी दुष्टता उठाएँगे, नबी की दुष्टता
पूछने वाले की दुष्टता के समान होगी, 11 ताकि इस्राएल का
घर अब मुझसे भटके नहीं, और अपने सब अपराधों के द्वारा
अब और अशुद्ध न हो। और वे मेरे लोग होंगे और मैं उनका
ईश्वर रहूँगा,” यहोवा 𐤉𐤄𐤅𐤄 की यह वाणी है।’ ” 12 और
𐤉𐤄𐤅𐤄 का वचन फिर मुझ पर आया, यह कहते हुए,
13 “मनुष्य के पुत्र, जब कोई देश मेरे विरुद्ध पाप करता है,
और मैं उस पर अपना हाथ फैलाता हूँ, और उसकी रोटी का
सहारा काट देता हूँ और उस पर अकाल भेजता हूँ, और उस
में से मनुष्य और पशु को काट डालता हूँ, 14 तब यदि ये तीन
व्यक्ति, नूह, दानिय्येल, और अय्यूब, उस में हों, तो वे अपनी
ही धार्मिकता से केवल अपने प्राणों को बचाएँगे,” यहोवा
𐤉𐤄𐤅𐤄 की यह वाणी है। 15 “यदि मैं उस देश में कोई दुष्ट
पशु भेजूँ, और वह उसे नंगा कर दे, और वह उजाड़ हो जाए,
ताकि कोई मनुष्य उन पशुओं के कारण उसमें से न गुज़रे,
16 तो यदि ये तीन व्यक्ति उस में हों, मेरे जीवन की शपथ,”
यहोवा 𐤉𐤄𐤅𐤄 की यह वाणी है, “वे न तो पुत्रों को और न ही
पुत्रियों को बचाएँगे। वे अकेले ही बचेंगे, परन्तु वह देश
उजाड़ हो जाएगा। 17 “या यदि मैं उस देश पर तलवार
लाऊँ, और मैं कहूँ, ‘हे तलवार, देश के भीतर से जा,’ और मैं
उस में से मनुष्य और पशु को काट डालूँ, 18 तो यदि ये तीन
व्यक्ति उसके बीच में हों, मेरे जीवन की शपथ,” यहोवा
𐤉𐤄𐤅𐤄 की यह वाणी है, “वे न तो पुत्रों को और न ही पुत्रियों
को बचाएँगे, क्योंकि वे अकेले ही बचेंगे। 19 “या यदि मैं उस
देश पर महामारी भेजूँ, और मैं उस पर अपने क्रोध को रक्त
में उड़ेलूँ, ताकि उसमें से मनुष्य और पशु को काट डालूँ,
20 तो यदि नूह, दानिय्येल, और अय्यूब उस में हों, मेरे जीवन
की शपथ,” यहोवा 𐤉𐤄𐤅𐤄 की यह वाणी है, “वे न तो पुत्र को
और न ही पुत्री को बचाएँगे। वे अपनी धार्मिकता से केवल
अपने प्राणों को बचाएँगे।” 21 क्योंकि यहोवा 𐤉𐤄𐤅𐤄 ने यों
कहा, “जब मैं अपने चार बुरे दण्ड यरूशलेम पर भेजूँगा:
तलवार, अकाल, दुष्ट पशु और महामारी, ताकि उसमें से
मनुष्य और पशु को काट डालूँ, तो यह कितना अधिक होगा?
22 “परन्तु देखो, उसमें एक बचे हुए रहेंगे जो बाहर लाए
जाएँगे, पुत्र और पुत्रियाँ दोनों। देखो, वे तुम्हारे पास आ रहे
हैं, और तुम उनके मार्गों और उनके कर्मों को देखोगे, और
उस बुराई के विषय में जिसे मैं यरूशलेम पर लाया हूँ, तुम्हें
शाति मिलेगी - सब जो मैंने उस पर लाया। 23 “और वे तुम्हें
शाति देंगे, जब तुम उनके मार्गों और उनके कर्मों को देखोगे।
और तुम जानोगे कि व्यर्थ नहीं था कि मैंने जो कुछ उसमें
किया, किया,” यहोवा 𐤉𐤄𐤅𐤄 की यह वाणी है।

15 1 फिर 𐤉𐤄𐤅𐤄 का वचन मुझ पर आया, यह कहते
हुए, 2 “हे मनुष्यपुत्र, दाखलता अन्य किसी वृक्ष से
कैसे उत्तम है, वह दाखलता की डाली जो वन के वृक्षों के बीच
रही है? 3 “क्या उससे लकड़ी ली जाती है कि कोई काम
बनाया जाए? क्या वे उससे खूंटी लेते हैं कि उस पर कोई पात्र
टांगा जाए? 4 “देख, उसे आग में ईंधन के लिये दिया जाता
है। उसके दोनों छोर आग जलाती है, और उसका मध्य भाग
जलकर झुलस जाता है। क्या वह किसी काम के योग्य है?
5 “देख, जब वह अखण्ड था, तब वह काम के लिये नहीं
बनाया गया, तो जब आग ने उसे जला दिया और वह झुलस
गया, तब वह काम में और भी कैसे लगेगा? 6 “इस कारण
ऐसा कहता है आदोन 𐤉𐤄𐤅𐤄, ‘जैसे दाखलता वन के वृक्षों
में होती है, जिसे मैं आग में ईंधन के लिये देता हूं, वैसे ही मैं

यरूशलेम के रहनेवालों को दूंगा। 7 ‘और मैं अपना मुख
उनके विरुद्ध करूँगा। वे एक आग से बाहर निकलेंगे, पर
दूसरी आग उन्हें भस्म कर देगी। और तुम जानोगे कि मैं
𐤉𐤄𐤅𐤄 हूँ, जब मैं अपना मुख उनके विरुद्ध करूँगा।
8 ‘और मैं इस देश को उजाड़ कर दूँगा, क्योंकि उन्होंने
अपराध किया है,’ यह वचन है आदोन 𐤉𐤄𐤅𐤄 का।”

16 1 फिर 𐤉𐤄𐤅𐤄 का वचन मुझ पर आया, यह कहते
हुए, 2 “हे मनुष्यपुत्र, यरूशलेम को उसके घृणित
कर्मों का ज्ञान करा, 3 और कह, ‘ऐसा कहता है आदोन
𐤉𐤄𐤅𐤄 यरूशलेम से, “तेरा मूल और तेरी उत्पत्ति कनान
देश से है। तेरा पिता एमोरी था और तेरी माता हित्ती थी।
4 “और तेरे जन्म के विषय में, जिस दिन तू पैदा हुआ, तेरी
नाभि नहीं काटी गई, न तू जल से धोकर शुद्ध की गई, न तुझे
नमक से रगड़ा गया, न कपड़ों में लपेटा गया। 5 “किसी ने
तुझ पर दया करके यह सब तुझ पर करने को नहीं किया,
तुझ पर करुणा करने के लिये नहीं। परन्तु तू मैदान में डाल
दी गई, अपने जीवन की घृणा के लिये, जिस दिन तू उत्पन्न
हुई। 6 “तब मैं तेरे पास से होकर गया और देखा कि तू अपने
ही खून में रौंदी गई पड़ी है, और मैंने तुझसे तेरे खून में कहा,
‘जी!’ और मैंने तुझसे तेरे खून में कहा, ‘जी!’ 7 “मैंने तुझे
मैदान के पौधे के समान बढ़ाया। और तू बढ़ी और बड़ी हुई,
और तूने उत्तम आभूषण धारण किये। तेरे स्तन बने, तेरे
बाल बढ़े, और तू नग्न और नंगी थी। 8 “फिर मैं तेरे पास से
होकर गया और तुझे देखा, और देख, तेरा समय प्रेम का
समय था। और मैंने अपना आंचल तुझ पर फैला दिया और
तेरी नग्नता ढक दी। और मैंने तुझसे शपथ खाई और तुझ
से वाचा बाँधी, और तू मेरी हो गई,” यह वचन है आदोन
𐤉𐤄𐤅𐤄 का। 9 “और मैंने तुझे जल से धोया, और तेरा खून
धो डाला, और तुझे तेल से अभिषेक किया। 10 “और मैंने
तुझे कढ़ाई का काम पहनाया और तुझे चमड़े के सैंडल
दिये। और मैंने तुझे महीन मलमल में लपेटा और रेशम से
ढक दिया। 11 “और मैंने तुझे आभूषणों से सजाया, और तेरे
हाथों में कंगन डाले, और तेरे गले में हार। 12 “और तेरी
नाक में नथ डाली, और तेरे कानों में बालियाँ, और तेरे सिर
पर शोभायुक्त मुकुट रखा। 13 “इस प्रकार तू सोने और चाँदी
से सजी, और तेरे वस्त्र महीन मलमल, रेशम और कढ़ाई के
थे। तू उत्तम आटे, मधु और तेल से भोजन करती थी। और
तू अत्यन्त सुन्दर हो गई, और राज्य के योग्य बन गई।
14 “और तेरी सुन्दरता के कारण तेरा नाम राष्ट्रों में प्रसिद्ध
हुआ, क्योंकि वह परिपूर्ण थी, मेरे वैभव से जिसे मैंने तुझ पर
रखा,” यह वचन है आदोन 𐤉𐤄𐤅𐤄 का। 15 “परन्तु तू ने
अपने ही सौंदर्य पर भरोसा किया, और अपने नाम के कारण
वेश्या बनी, और जो भी वहाँ से गुजरता था, उस पर अपनी
व्यभिचार को उड़ेल दिया जिसने उसे लेना चाहा। 16 “और तू
ने अपने वस्त्रों में से कुछ लिए और अपने लिये बहुरंगी ऊँचे
स्थान बनाए, और उन पर व्यभिचार किया - जो न होना
चाहिए था, और न ही होगा। 17 “और तू ने अपने शोभायुक्त
आभूषण, मेरा सोना और मेरी चाँदी जो मैंने तुझे दी, उन्हें
लेकर अपने लिये पुरुष की मूरतें बनाई और उनके साथ
व्यभिचार किया। 18 “और तू ने अपने कढ़ाईदार वस्त्र लेकर
उन्हें ढक दिया, और तू ने मेरा तेल और मेरी धूप उनके
सामने रखी। 19 “और मेरा भोजन जो मैंने तुझे दिया, उत्तम
आटा और तेल और मधु जिससे मैंने तुझे खिलाया, तू ने
उन्हें उनके सामने सुगन्धित धूप के रूप में रखा - और ऐसा
ही हुआ,” यहोवा 𐤉𐤄𐤅𐤄 की वाणी है। 20 “और तू ने अपने
बेटे और बेटियाँ, जिन्हें तू ने मेरे लिये उत्पन्न किया, उन्हें लिया
और उन्हें उनके लिये भोजन स्वरूप बलि चढ़ा दिया। क्या
तेरी व्यभिचार छोटी बात थी, 21 कि तू ने मेरे बच्चों को मार
डाला और उन्हें उनके लिये दे दिया, उन्हें आग में से
निकालकर पास कराकर? 22 “और तेरी सारी घृणित बातों
और व्यभिचारों में तू ने अपने यौवन के दिनों को स्मरण नहीं
किया, जब तू नंगी और उघाड़ी थी, अपने लहू में रौंदी हुई।
23 “फिर ऐसा हुआ कि तेरे सब बुरे कामों के बाद - ‘हाय, हाय
तुझ पर!’ यहोवा 𐤉𐤄𐤅𐤄 की वाणी है – 24 कि तू ने अपने
लिये एक मेहराबदार स्थान भी बनाया, और अपने लिये हर
गली में एक ऊँचा स्थान बनाया। 25 “तू ने हर मार्ग के सिर
पर अपने ऊँचे स्थान बनाए, और अपने सौंदर्य को घृणास्पद
कर दिया। और तू ने अपने पैर हर एक गुजरने वाले के लिये
फैलाए, और अपने व्यभिचार को बढ़ाया। 26 “और तू ने मिस्र
के पुत्रों, अपने पड़ोसियों, बड़े शरीर वालों के साथ व्यभिचार
किया। और तू ने अपने व्यभिचार को बढ़ाया मुझे क्रोधित
करने के लिये। 27 “और देख, मैंने अपना हाथ तेरे विरुद्ध
फैलाया, और तेरा भाग घटा दिया, और तुझे उनके हाथ में
सौंप दिया जो तुझसे बैर रखते हैं, पिलिश्तियों की पुत्रियों को,
जो तेरे दुष्ट मार्ग से लज्जित हैं। 28 “और तू अश्शूर के पुत्रों
के साथ व्यभिचार किया, तृप्त न हुई। और तू ने उनके साथ
व्यभिचार किया, और फिर भी तृप्त न हुई। 29 “और तू ने
अपने व्यभिचार को व्यापारियों के देश, कसदी देश तक
बढ़ाया, और तब भी तू तृप्त न हुई। 30 “तेरा हृदय कितना
दुर्बल है!” यहोवा 𐤉𐤄𐤅𐤄 की वाणी है, “कि तू ये सब काम
करती है, निर्लज्ज वेश्या के काम। 31 “तू ने हर मार्ग के सिर
पर अपना मेहराबदार स्थान बनाया, और हर गली में अपना
ऊँचा स्थान बनाया। फिर भी तू वेश्या के समान न थी,
क्योंकि तू ने मज़दूरी का तिरस्कार किया! 32 “वह स्त्री जो
व्यभिचार करती है, जो अपने पति के स्थान पर पराए लेती है!
33 “सभी वेश्याओं को उपहार दिए जाते हैं, पर तू ने अपने सब
प्रेमियों को उपहार दिए, और उन्हें अपने पास बुलाने के लिये
चारों ओर से रिश्वत दी अपने व्यभिचारों में। 34 “इस प्रकार
तू अपने व्यभिचारों में अन्य स्त्रियों से भिन्न है, क्योंकि कोई
तेरे पीछे व्यभिचार नहीं करता, और तू ने मजदूरी दी, जब कि
तुझे मजदूरी न दी गई। इस प्रकार तू भिन्न है।”
35 ‘इसलिये, हे वेश्या, यहोवा 𐤉𐤄𐤅𐤄 का वचन सुन!
36 ‘यहोवा 𐤉𐤄𐤅𐤄 ने यों कहा, “क्योंकि तेरा पीतल बहा दिया
गया और तेरी नग्नता तेरी व्यभिचारिणी स्त्रियों और तेरे
प्रियजनों के साथ तेरे घृणित मूर्तियों के संग प्रकट हो गई,
और तेरे पुत्रों का रक्त जो तू ने उनको दिया था, 37 इस
कारण देख, मैं तेरे सब प्रियजनों को, जिनसे तू प्रसन्न होती
थी, सब को जिन्हें तू प्रेम करती थी, सब को जिन्हें तू घृणा
करती थी, इकट्ठा करूंगा। और मैं उनको चारों ओर से तेरे
विरुद्ध इकट्ठा करूंगा और तेरी नग्नता उनको दिखाऊंगा,
और वे तेरी सारी नग्नता देखेंगे। 38 “और मैं तेरा न्याय
व्यभिचारिणी स्त्रियों और रक्त बहानेवालों के न्याय के
अनुसार करूंगा। और मैं तुझ पर जलन और क्रोध का लहू

ले आऊंगा। 39 "और मैं तुझे उनके हाथ में दे दूँगा, और वे
तेरे गुंबदों को गिरा देंगे, और तेरे ऊँचे स्थानों को ढा देंगे।
और वे तुझे तेरे वस्त्रों से वंचित करेंगे, और तेरी शोभायुक्त
आभूषण ले लेंगे, और तुझे नग्न और नंगा छोड़ देंगे।
40 "और वे तेरे विरुद्ध एक सभा लाएँगे, और वे तुझ पर
पत्थरों से प्रहार करेंगे और तुझे अपनी तलवारों से छेदेंगे,
41 और तेरे घरों को आग से जला देंगे, और बहुत स्त्रियों की
आँखों के सामने तेरा न्याय करेंगे। और मैं तुझे व्यभिचार से
रोक दूँगा, और तू अब मजदूरी न देगी। 42 "सो मैं अपना
क्रोध तुझ पर शान्त करूंगा, और मेरी जलन तुझ से हट
जाएगी। और मैं शान्त हो जाऊँगा और अब और क्रोधित न
रहूँगा। 43 "क्योंकि तू ने अपने युवावस्था के दिन नहीं स्मरण
किए, परन्तु मुझे इन सब से चिढ़ाया, इसलिए देख, मैं भी तेरा
मार्ग तेरे ही सिर पर लाऊँगा," यहोवा 𐤉𐤄𐤅𐤄 की वाणी है।
"क्या मैं तेरे सब घृणित कामों के कारण यह विचार न
करूंगा? 44 "देख, सब जो लोकोक्ति कहते हैं तेरे विरुद्ध यह
लोकोक्ति कहेंगे, 'जैसी माता, वैसी पुत्री!' 45 "तू अपनी माता
की पुत्री है, जिसने अपने पति और अपने बच्चों से घृणा की।
और तू अपनी बहनों की बहन है, जिन्होंने अपने पतियों और
अपने बच्चों से घृणा की। तेरी माता एक हित्ती स्त्री थी और
तेरा पिता एक एमोरी था। 46 "और तेरी बड़ी बहन शमरोन है,
वह और उसकी बेटियाँ, जो तेरे उत्तर में रहती हैं। और तेरी
छोटी बहन, जो तेरे दक्षिण में रहती है, सदोम और उसकी
बेटियाँ हैं। 47 "क्या तू ने उनकी राहों में नहीं चला और उनके
घृणित कामों के अनुसार नहीं किया? परन्तु तेरे सब मार्गों में
तू शीघ्र ही उनसे अधिक भ्रष्ट हो गई। 48 "जैसा मैं जीवित
हूँ," यहोवा 𐤉𐤄𐤅𐤄 की वाणी है, "न तो तेरी बहन सदोम ने
और न उसकी बेटियों ने तेरे और तेरी बेटियों के समान
किया। 49 "देख, यह तेरी बहन सदोम का अधर्म था: वह
और उसकी बेटी घमण्ड में थी, रोटी की बहुतायत और
निश्चिन्त विश्राम में। और उसने कंगाल और दरिद्र की
सहायता नहीं की। 50 "और वे गर्वीली थीं और मेरे साम्हने
घृणित काम करती थीं, और जब मैंने यह देखा तब मैंने
उनको हटा दिया। 51 "और शमरोन ने तेरे पापों का आधा भी
नहीं किया, परन्तु तू ने अपनी घृणित बातों को उनसे अधिक
बढ़ा दिया, और तेरे सब घृणित कामों के द्वारा तू ने अपनी
बहनों को धार्मिक ठहराया! 52 "तू भी, जिसने अपनी बहनों का
पक्ष लिया, अपना लज्जा उठा, क्योंकि तेरे पाप उनके पापों से
अधिक घृणित थे। वे तुझ से अधिक धार्मिक हैं। इसलिये तू
भी लज्जित हो, और अपना लज्जा उठा, क्योंकि तू ने अपनी
बहनों को धार्मिक ठहराया। 53 "और मैं उनकी बंधुआई को
लौटा दूँगा, सदोम और उसकी बेटियों की बंधुआई, और
शमरोन और उसकी बेटियों की बंधुआई, और तेरे बंधुओं की
बंधुआई उनके साथ, 54 कि तू अपना लज्जा उठाए, और सब
के लिए जो तू ने किया जब तू ने उनको शान्त किया, लज्जित
हो। 55 "और तेरी बहनें, सदोम और उसकी बेटियाँ, अपनी
पूर्व स्थिति में लौटेंगी, और शमरोन और उसकी बेटियाँ अपनी
पूर्व स्थिति में लौटेंगी, और तू और तेरी बेटियाँ अपनी पूर्व
स्थिति में लौटेंगी। 56 "क्या तेरी बहन सदोम तेरे गर्व के दिनों
में तेरे मुँह में एक कहावत न थी? 57 तेरी बुराई प्रगट होने से
पहले, अराम की बेटियों और उसके चारों ओर के सब लोगों
की निन्दा के समय, और पलिश्ती स्त्रियों की बेटियों की, जो
तुझे हर जगह तुच्छ जानती हैं? 58 "तू अपनी दुष्टता और
अपने घृणित कामों को उठाएगी," यहोवा 𐤉𐤄𐤅𐤄 की वाणी
है। 59 "क्योंकि यहोवा 𐤉𐤄𐤅𐤄 ने यों कहा, "मैं तेरा व्यवहार
उसी प्रकार करूंगा जैसा तू ने किया है, क्योंकि तू ने शपथ को
तुच्छ जाना और वाचा तोड़ दी। 60 "परन्तु मैं अपनी वाचा को
तुझ से तेरे युवावस्था के दिनों में स्मरण करूंगा, और तुझ से
एक अनन्त वाचा ठहराऊंगा। 61 "और तू अपने मार्ग स्मरण
करेगी और लज्जित होगी, जब तू अपनी बड़ी और अपनी
छोटी बहनों को पाएगी। और मैं उन्हें तेरे लिये बेटियां
ठहराऊँगा, तुझ से तेरी वाचा के द्वारा नहीं। 62 "और मैं आप
ही तुझ से अपनी वाचा ठहराऊँगा। और तू जान लेगी कि मैं
𐤉𐤄𐤅𐤄 हूँ, 63 कि तू स्मरण करे। और तू लज्जित होगी,
और फिर कभी अपने मुँह को अपने लज्जा के कारण न
खोलेगी, जब मैं तुझे सब के लिये जो तू ने किया क्षमा
करूँगा," यहोवा 𐤉𐤄𐤅𐤄 की वाणी है।' "

17 1 और 𐤉𐤄𐤅𐤄 का वचन मेरे पास आया, यह कहते
हुए, 2 "मनुष्य के पुत्र, एक पहेली प्रस्तुत करो, और
इस्राएल के घराने को एक दृष्टांत कहो। 3 "और तुम कहो,
'यहोवा 𐤉𐤄𐤅𐤄 यों कहता है, "बड़े पंखों और लम्बे परों वाला
महान उकाब, जो रंग-बिरंगे पंखों से ढका हुआ था, लेबानोन
आया और देवदार की चोटी को ले गया। 4 "उसने उसकी
सबसे ऊपरी कोमल डाली को तोड़ लिया और उसे व्यापारियों
की भूमि में ले आया। उसने उसे व्यापारियों के नगर में रखा।
5 "उसने देश के कुछ बीज भी लिए और उसे एक खेत में बो
दिया। उसने उसे बहुत से जल के पास लगाया, उसे बेंत के
पेड़ की तरह रखा। 6 "सो वह बढा और एक नीची, फैली हुई
दाखलता बन गया। उसकी डालियाँ उसकी ओर मुड़ीं, और
उसकी जड़ उसके नीचे थी। और वह दाखलता बन गया,
डालियाँ निकालीं और अंकुर भेजे। 7 "और एक और महान
उकाब था, जिसके बड़े पंख और बहुत से पंख थे। और
देखो, इस दाखलता ने अपनी जड़ों को उसकी ओर मोड़
लिया, और अपनी डालियाँ उसकी ओर फैला दीं, ताकि वह
उसे सींचे, उस क्यारी से दूर जहाँ उसे लगाया गया था।
8 "वह एक अच्छे खेत में बहुत से जल के पास लगाया गया
था, ताकि डालियाँ निकलें, और फल लाए, और एक
शोभायुक्त दाखलता बने।" ' 9 "कहो, 'यहोवा 𐤉𐤄𐤅𐤄 यों
कहता है, "क्या यह फल-फूल पाएगा? क्या वह इसकी जड़ों
को उखाड़ नहीं डालेगा, और उसका फल काट कर उसे
मुरझा नहीं देगा? उसके सारे अंकुरित पत्ते मुरझा जाएँगे,
बिना बड़े बल या बहुत से लोगों के, उसकी जड़ों से उसे
उखाड़ ले जाने के लिए। 10 "देखो, वह लगाया गया है, क्या
यह फल-फूल पाएगा? जब पूर्वी वायु उसे छू लेगी, क्या वह पूरी
तरह मुरझा नहीं जाएगा—उसी क्यारी में जहाँ वह उगा था,
मुरझा जाएगा?" ' " 11 और 𐤉𐤄𐤅𐤄 का वचन मेरे पास
आया, यह कहते हुए, 12 "कृपया इस विद्रोही घराने से कहो,
'क्या तुम नहीं जानते कि ये क्या अर्थ रखते हैं?' कहो,
'देखो, बाबेल का राजा यरूशलेम गया और उसके राजा और
सरदारों को पकड़ लिया, और उन्हें अपने साथ बाबेल ले
आया। 13 'और उसने राजवंश में से एक को लिया, और
उसके साथ एक वाचा की, और उसे शपथ दिलाई। और
उसने देश के सामर्थी पुरुषों को हटा लिया, 14 ताकि राज्य

नीचा रहे और अपने आप को न उठाए, परन्तु उसकी वाचा
की रक्षा करे, कि वह स्थिर रहे। 15 ‘परन्तु उसने उसके
विरुद्ध विद्रोह किया, अपने दूतों को मिस्र भेजकर, ताकि उसे
घोड़े और बहुत से लोग दे। क्या वह फल-फूल पाएगा? जो
यह काम करता है, क्या वह बच निकलेगा? और क्या वह एक
वाचा तोड़कर फिर भी बच निकलेगा? 16 ‘जैसा मैं जीवित हूँ,’
यहोवा 𐤉𐤄𐤅𐤄 कहता है, ‘उस स्थान में जहाँ वह राजा रहता
है जिसने उसे राज्य करने के लिए नियुक्त किया, जिसकी
शपथ उसने तुच्छ जाना और जिसकी वाचा उसने तोड़ी,
उसके साथ बाबेल के बीच में वह मर जाएगा! 17 ‘और
फ़िरऔन अपनी बड़ी सेना और बड़ी भीड़ के साथ उसकी
लड़ाई में सहायता नहीं करेगा, जब वे घेरा डालेंगे और एक
दीवार बनाएँगे, ताकि बहुत से लोगों को काट डालें। 18 ‘और
उसने वाचा तोड़कर शपथ को तुच्छ जाना। और देखो,
उसने अपना हाथ दिया और यह सब किया है, वह बचने वाला
नहीं है।’ ” 19 इसलिये यहोवा 𐤉𐤄𐤅𐤄 यों कहता है, “जैसा
मैं जीवित हूँ, मेरी शपथ जिसे उसने तुच्छ जाना, और मेरी
वाचा जिसे उसने तोड़ा, क्या मैं उसे उसके ही सिर पर न
डालूँगा? 20 “और मैं अपने जाल को उसके ऊपर फैलाऊँगा,
और वह मेरे फंदे में फँस जाएगा। और मैं उसे बाबेल ले
आऊँगा और वहाँ उसके साथ न्याय करूँगा, उस अपराध के
लिये जो उसने मेरे विरुद्ध किया। 21 और उसके सब भागने
वाले अपने सब दलों के साथ तलवार से गिर जाएँगे, और जो
बचे हैं वे हर वायु में बिखर जाएँगे। और तुम जानोगे कि मैं,
𐤉𐤄𐤅𐤄, ने यह कहा है।” 22 यहोवा 𐤉𐤄𐤅𐤄 यों कहता है,
“और मैं सबसे ऊँचे देवदार की चोटी से लूँगा और उसे
नियुक्त करूँगा। और मैं स्वयं सबसे ऊपरी कोमल डाली को
तोड़कर उसे एक ऊँचे और ऊँचे पर्वत पर लगाऊँगा।
23 “इस्त्राएल के पर्वत की ऊँचाई पर मैं उसे लगाऊँगा। और
वह डालियाँ निकालेगा, और फल लाएगा, और एक बड़ा
देवदार बन जाएगा। और उसके नीचे हर प्रकार के पक्षी
बसेंगे, उसकी डालियों की छाया में वे बसेंगे। 24 “और मैदान
के सब पेड़ जान लेंगे कि मैं, 𐤉𐤄𐤅𐤄, ने ऊँचे पेड़ को नीचे
किया और नीच पेड़ को ऊँचा किया, हरे पेड़ को सूखा दिया
और सूखे पेड़ को फलता किया। मैं, 𐤉𐤄𐤅𐤄, ने यह कहा है
और मैं इसे करूँगा।”

18 1 और 𐤉𐤄𐤅𐤄 का वचन मेरे पास आया, कहा,
2 “तुम क्या मतलब रखते हो जब तुम इस कहावत
का प्रयोग यिस्त्राएल की भूमि के विषय में करते हो, कहते हुए,
‘पिताओं ने खट्टी अंगूर खाई हैं, और बच्चों के दाँत कुंठित हो
गए हैं’? 3 “जैसा कि मैं जीवित हूँ,” आदोन 𐤉𐤄𐤅𐤄 घोषित
करता है, “तुम अब यिस्त्राएल में इस कहावत का प्रयोग नहीं
करोगे। 4 “देखो, सब प्राण मेरे हैं, पिता का प्राण भी और पुत्र
का प्राण भी मेरा है। जो प्राण पाप करता है वही मरेगा। 5 “पर
यदि कोई मनुष्य धर्मी है और न्याय और धार्मिकता करता है,
6 यदि उसने पहाड़ों पर नहीं खाया, न ही अपनी आँखें
यिस्त्राएल के घराने की मूर्तियों की ओर उठाईं, न अपने
पड़ोसी की पत्नी को अशुद्ध किया, और न स्त्री की अशुद्धता
के समय उसके पास गया, 7 यदि उसने किसी पर अत्याचार
नहीं किया, ऋणी को उसकी गिरवी लौटा दी, डकैती नहीं की,
भूखे को अपनी रोटी दी और नंगे को वस्त्र से ढका, 8 यदि
उसने ब्याज पर ऋण नहीं दिया और न ही लाभ लिया, अधर्म
से अपने हाथ को पीछे खींचा, मनुष्य और मनुष्य के बीच
सच्चाई से न्याय किया, 9 यदि वह मेरी व्यवस्थाओं में चलता
है, और मेरे नियमों को सच्चाई से माना है – वह धर्मी है,
निश्चय ही जीवित रहेगा!” आदोन 𐤉𐤄𐤅𐤄 की यह वाणी है।
10 “पर यदि उसने एक पुत्र उत्पन्न किया जो डाकू है या रक्त
बहाने वाला है, जो इनमें से कोई भी करता है – 11 जबकि
उसने स्वयं इनमें से कोई नहीं किया - कि उसने भी पहाड़ों पर
खाया या अपने पड़ोसी की पत्नी को अशुद्ध किया, 12 यदि
उसने दरिद्र और अभावग्रस्त पर अत्याचार किया, डकैती
की, गिरवी वापस नहीं की, अपनी आँखें मूर्तियों की ओर
उठाईं, या घृणित कर्म किया, 13 यदि उसने ब्याज पर ऋण
दिया या लाभ लिया - क्या वह जीवित रहेगा? वह जीवित नहीं
रहेगा! यदि उसने इन घृणित कार्यों में से कोई भी किया है, वह
निश्चय ही मरेगा, उसका लहू उसी पर होगा। 14 “पर देखो,
यदि उसने एक पुत्र उत्पन्न किया जो उन सब पापों को देखता
है जो उसके पिता ने किए हैं, पर वह डरता है और वैसे नहीं
करता, 15 उसने पहाड़ों पर नहीं खाया, और न ही यिस्त्राएल
के घर की मूर्तियों की ओर अपनी आँखें उठाईं, न अपने
पड़ोसी की पत्नी को अशुद्ध किया, 16 उसने किसी पर
अत्याचार नहीं किया, न गिरवी रोकी, न डकैती की, भूखे को
अपनी रोटी दी और नंगे को वस्त्र से ढका, 17 उसने दरिद्र से
अपना हाथ पीछे खींचा, और न तो ब्याज लिया न लाभ, उसने
मेरे नियमों का पालन किया और मेरी व्यवस्थाओं में चला –
वह अपने पिता की दुष्टता के कारण नहीं मरेगा, वह निश्चय
ही जीवित रहेगा! 18 “उसका पिता, क्योंकि उसने अत्याचार
किया, अपने भाई को लूटा, और अपनी प्रजा के बीच जो
अच्छा नहीं है वह किया, देखो, वह अपनी दुष्टता के कारण
मरेगा। 19 “और तुम कहते हो, ‘पुत्र को पिता की दुष्टता क्यों
न उठानी चाहिए?’ पर पुत्र ने न्याय और धार्मिकता की है,
उसने मेरी सब व्यवस्थाओं को माना और उन्हें किया है, वह
निश्चय ही जीवित रहेगा। 20 “जो प्राण पाप करता है वही
मरेगा। पुत्र पिता की दुष्टता नहीं उठाएगा, न ही पिता पुत्र की
दुष्टता उठाएगा। धर्मी की धार्मिकता उसी पर होगी, और
दुष्ट की दुष्टता उसी पर होगी। 21 “पर यदि दुष्ट अपने सब
पापों से, जो उसने किए हैं, फिर जाए, और मेरी सब
व्यवस्थाओं को माने, और न्याय और धार्मिकता करे, वह
निश्चय ही जीवित रहेगा, वह नहीं मरेगा। 22 “उसके किए हुए
सब अपराध उसकी स्मृति में नहीं आएंगे - उसकी की हुई
धार्मिकता में वह जीवित रहेगा। 23 “क्या मुझे दुष्ट की मृत्यु
में कोई प्रसन्नता है?” घोषणा करता है आदोन 𐤉𐤄𐤅𐤄।
“क्या यह न हो कि वह अपनी राह से फिरकर जीवित रहे?
24 “परन्तु जब एक धर्मी अपने धर्म से फिर जाता है और
अधर्म करता है, सब घृणित कामों के अनुसार जो दुष्ट ने
किए हैं, क्या वह जीवित रहेगा? उसकी सब धार्मिकता जो
उसने की है स्मरण नहीं की जाएगी। अपने अपराध और
अपने पाप के कारण जो उसने किया है, उसी के लिए वह
मरेगा। 25 “और तुमने कहा, ‘𐤉𐤄𐤅𐤄 का मार्ग सही नहीं
है।’ अब सुनो, हे इस्त्राएल के घराने, क्या मेरा मार्ग सही नहीं
है? क्या तुम्हारे ही मार्ग सही नहीं हैं? 26 “जब कोई धर्मी अपने
धर्म से फिरकर अधर्म करता है और उसी में मर जाता है, तो
उसी अधर्म के कारण जो उसने किया है, वह मरता है।

27 “और जब दुष्ट अपनी दुष्टता से फिर जाता है जो उसने
की है, और न्याय व धार्मिकता करता है, वह अपने प्राण को
जीवित रखता है। 28 “क्योंकि उसने देखा और अपने सब
अपराधों से फिर गया जो उसने किए, वह निश्चय जीवित
रहेगा, वह नहीं मरेगा। 29 “और इस्राएल का घराना कहता
है, ‘𐤉𐤄𐤅𐤄 का मार्ग सही नहीं है।’ हे इस्राएल के घराने,
क्या मेरे मार्ग सही नहीं हैं? क्या तुम्हारे ही मार्ग सही नहीं हैं?
30 “इस कारण मैं तुम्हें न्याय करूंगा, हे इस्राएल के घराने,
हर एक को उसके मार्ग के अनुसार,” घोषणा करता है आदोन
𐤉𐤄𐤅𐤄। “मन फिराओ और अपने सब अपराधों से लौट
आओ, और अधर्म तुम्हारे लिए ठोकर का कारण न बने।
31 “अपने से सब अपराधों को दूर फेंक दो जिनसे तुमने
अपराध किया है, और अपने लिए नया हृदय और नई आत्मा
बनाओ। हे इस्राएल के घराने, तुम क्यों मरोगे? 32 “क्योंकि मैं
मरने वाले की मृत्यु में प्रसन्न नहीं हूँ,” घोषणा करता है आदोन
𐤉𐤄𐤅𐤄। “इसलिए फिरो और जीवित रहो!”

19 1 “और इस्राएल के नेताओं के लिए विलाप का गीत
उठा, 2 और कह, ‘तेरी माता सिंहनियों में कैसी सिंहनी
थी! वह सिंहों के बीच लेटी रही, और जवान सिंहों के बीच
उसने अपने शावकों को पाला। 3 ‘और उसने अपने एक
शावक को पाला, और वह जवान सिंह हो गया। और उसने
शिकार करना सीखा, उसने मनुष्यों को खा डाला। 4 ‘फिर
जातियों ने उसके विषय में सुना। वे उसे उनके गड्ढे में पकड़
ले गए, और वे उसे जंजीरों में मिस्र देश में ले गए। 5 ‘जब
उसने देखा कि उसकी आशा खो गई है, तब उसने अपने
दूसरे शावक को लिया और उसे जवान सिंह बनाया। 6 ‘और
वह सिंहों के बीच चला और जवान सिंह हो गया। और उसने
शिकार करना सीखा, उसने मनुष्यों को खा डाला। 7 ‘और
उसने उनकी विधवाओं को जान लिया, और उनके नगरों को
उजाड़ दिया। भूमि और जो भी उसमें भर गए थे, वे उसकी
गर्जना की आवाज से चकित हो गए। 8 ‘फिर प्रांतों से चारों
ओर की जातियाँ उसके विरुद्ध आईं, और उन्होंने उस पर
अपना जाल फैलाया, वह उनके गड्ढे में पकड़ा गया। 9 ‘और
उन्होंने उसे पिंजरे में जंजीरों में डालकर, बाबेल के राजा के
पास ले गए। वे उसे जालों में ले आए, ताकि उसकी गर्जना
इस्राएल के पर्वतों पर फिर न सुनी जाए। 10 ‘तेरी माता तेरी
दाख की बारी में दाखलता के समान थी, जल के पास रोपी
हुई, जल की बहुतायत के कारण फलदायी और शाखाओं
वाली। 11 ‘और उसके पास शासकों के राजदण्डों के लिए
दृढ़ छड़ें थीं। और उसकी ऊँचाई घने शाखाओं के बीच
ऊँची हुई, और बहुत शाखाओं के कारण उसकी ऊँचाई में
देखी गई। 12 ‘परन्तु वह क्रोध में उखाड़ दी गई, भूमि पर
डाल दी गई, और पूर्वी वायु ने उसके फल को सुखा दिया।
उसकी दृढ़ छड़ें टूट गईं और मुरझा गईं, अग्नि ने उन्हें भस्म
कर डाला। 13 ‘और अब वह जंगल में, सूखी और प्यास की
भूमि में रोपी गई है। 14 ‘और उसकी शाखाओं की एक छड़ी
से आग निकली। उसने उसका फल भस्म कर डाला, ताकि
उसमें अब कोई दृढ़ छड़ी न रहे, जो राज्य करने का
राजदण्ड हो।’ ” यह एक विलाप है, और यह विलाप ही
रहेगा।

20 1 और यह हुआ कि सातवें वर्ष, पाँचवें महीने के दसवे
दिन, इस्राएल के कुछ बुज़ुर्ग 𐤉𐤄𐤅𐤄 से पूछने आए
और मेरे सामने बैठ गए। 2 और 𐤉𐤄𐤅𐤄 का वचन मुझ पर
आया, यह कहते हुए, 3 “मनुष्य के पुत्र, इस्राएल के बुज़ुर्गों से
बात करो, और उनसे कहो, ‘यहोवा 𐤉𐤄𐤅𐤄 ने यों कहा,
“क्या तुम मुझसे पूछने आए हो? जैसा कि मैं जीवित हूँ, मै
तुमसे पूछे जाने वाला नहीं हूँ,” यहोवा 𐤉𐤄𐤅𐤄 की घोषणा
है।’ 4 “उनका न्याय करो, हे मनुष्य के पुत्र, उनका न्याय
करो! उनके पितरों की घृणित बातों को उन्हें बताओ। 5 “और
उनसे कहो, ‘यहोवा 𐤉𐤄𐤅𐤄 ने यों कहा, “जिस दिन मैंने
इस्राएल को चुना और याक़ोब के घराने की संतानों से शपथ
खाई, और स्वयं को उन्हें मित्स्रायिम देश में प्रकट किया, उस
दिन मैंने उनसे शपथ खाई और कहा, ‘मैं 𐤉𐤄𐤅𐤄 तुम्हारा
ईश्वर हूँ।’ 6 “उस दिन मैंने उनसे शपथ खाई कि उन्हे
मित्स्रायिम देश से निकालकर एक ऐसे देश में ले जाऊँगा
जिसे मैंने उनके लिए ढूँढा था, दूध और मधु की धाराओं से
बहता हुआ, सभी देशों की महिमा। 7 “और मैंने उनसे कहा,
‘तुम में से हर एक अपनी आँखों के सामने की घृणित वस्तुओ
को फेंक दो, और मित्स्रायिम के मूर्तियों से अपने आप को
अशुद्ध न करो! मैं 𐤉𐤄𐤅𐤄 तुम्हारा ईश्वर हूँ।’ 8 “पर उन्होंने
मेरे विरुद्ध विद्रोह किया, और मेरी नहीं मानी। उन सबने
अपनी आँखों के सामने की घृणित वस्तुओं को नहीं फेंका,
और न ही मित्स्रायिम की मूर्तियों को छोड़ा। सो मैंने निश्चय
किया कि मैं अपना क्रोध उन पर उंडेल दूँ, मित्स्रायिम देश
के बीच में अपने रोष को उन पर पूर्ण करूँ। 9 “पर मैंने अपने
नाम के कारण ऐसा किया कि वह जातियों की आँखों के
सामने अपवित्र न हो, जिनके बीच मैं उन्हें प्रकट हुआ था,
ताकि उन्हें मित्स्रायिम देश से निकाल लाऊँ। 10 “सो मैं उन्हे
मित्स्रायिम देश से निकाल लाया, और उन्हें जंगल में ले
गया। 11 “और मैंने उन्हें अपनी विधियाँ दीं और अपने नियम
बताए, ‘कि यदि कोई मनुष्य उन्हें करता है, तो वह उनके द्वारा
जीवित रहेगा।’ 12 “और मैंने उन्हें अपने सब्बत भी दिए,
ताकि वे मेरे और उनके बीच एक चिन्ह हों, यह जानने के लिए
कि मैं 𐤉𐤄𐤅𐤄 हूँ जो उन्हें पवित्र करता हूँ। 13 “पर इस्राएल
के घराने ने जंगल में मेरे विरुद्ध विद्रोह किया। उन्होंने मेरी
विधियों में नहीं चला, और मेरे नियमों को तुच्छ जाना, जिन्हे
यदि कोई मनुष्य करता है, तो वह उनके द्वारा जीवित रहेगा।
और उन्होंने मेरे सब्बतों को बहुत अपवित्र किया। तब मैंने
कहा कि मैं जंगल में उन पर अपना क्रोध उंडेल दूँगा, उन्हे
नष्ट कर दूँगा। 14 “पर मैंने अपने नाम के कारण ऐसा किया,
कि वह जातियों की आँखों के सामने अपवित्र न हो, जिनके
सामने मैं उन्हें बाहर लाया था। 15 “और मैंने स्वयं भी जंगल
में उनसे शपथ खाई कि उन्हें उस देश में न ले जाऊँ जिसे
मैंने उन्हें दिया था, दूध और मधु की धाराओं से बहता हुआ,
सभी देशों की महिमा, 16 क्योंकि उन्होंने मेरे नियमों को तुच्छ
जाना, और मेरी विधियों में नहीं चले, और मेरे सब्बतों को
अपवित्र किया। क्योंकि उनका मन उनके मूर्तियों के पीछे
चला गया। 17 “और मेरी आँख ने उन पर दया की, उन्हे
नष्ट करने से रोका। और मैंने जंगल में उनका अन्त नही
किया। 18 “और मैंने जंगल में उनके पुत्रों से कहा, ‘अपने
पितरों की विधियों में मत चलो, और उनके नियमों को न
मानो, और उनकी मूर्तियों से अपने आप को अशुद्ध न करो।

[19]'मैं 𐤉𐤄𐤅𐤄 तुम्हारा ईश्वर हूँ। मेरी विधियों में चलो, और
मेरे नियमों को मानो, और उन्हें करो। [20]'और मेरे सब्बतों
को पवित्र करो, और वे मेरे और तुम्हारे बीच एक चिन्ह होंगे,
ताकि तुम जानो कि मैं 𐤉𐤄𐤅𐤄 तुम्हारा ईश्वर हूँ।' [21]"परन्तु
पुत्रों ने मेरे विरुद्ध विद्रोह किया। उन्होंने मेरी विधियों में नहीं
चला, और मेरे नियमों को नहीं माना कि वे उन्हें करें, जिन्हें
यदि कोई मनुष्य करता है, तो वह उनके द्वारा जीवित रहेगा।
उन्होंने मेरे सब्बतों को अपवित्र किया, सो मैंने निश्चय किया
कि मैं जंगल में उन पर अपना क्रोध उंडेल दूँ, उन पर अपना
रोष पूरा करूँ। [22]"पर मैंने अपना हाथ रोक लिया और
अपने नाम के कारण ऐसा किया, कि वह जातियों की आँखों
के सामने अपवित्र न हो, जिनके सामने मैं उन्हें बाहर लाया
था। [23]"और मैंने स्वयं जंगल में शपथ में अपना हाथ
उठाया, कि उन्हें जातियों में बिखेर दूँ और उन्हें देशों में फैला
दूँ, [24]क्योंकि उन्होंने मेरे न्याय नहीं किए, और उन्होंने मेरी
विधियों को अस्वीकार किया, और उन्होंने मेरे शब्बातों को
अपवित्र किया, और उनकी आँखें उनके पितरों के मूर्तियों पर
लगी थीं। [25]"और मैंने उन्हें ऐसे नियम दिए जो अच्छे नहीं
थे, और ऐसे न्याय जिनसे वे जीवित नहीं रह सकते थे।
[26]"और मैंने उन्हें उनके ही उपहारों से अपवित्र किया, क्योंकि
उन्होंने अपने सब पहिलौठों को आग से पार किया, ताकि मैं
उन्हें चकित कर दूँ, ताकि वे जान लें कि मैं 𐤉𐤄𐤅𐤄 हूँ।" '
[27]"इसलिये, मनुष्य के पुत्र, इस्राएल के घराने से कह, और
तू उनसे कह, 'यहोवा 𐤉𐤄𐤅𐤄 ऐसा कहता है, "इसमें तुम्हारे
पितरों ने मुझ पर और अधिक अपमान किया, मेरे विरुद्ध
अपराध करके। [28]"जब मैं उन्हें उस देश में लाया, जिसके
देने के लिये मैंने शपथ में अपना हाथ उठाया था, और उन्होंने
सब ऊँचे पहाड़ और सब घने वृक्ष देखे, वहाँ उन्होंने अपने
बलिदान चढ़ाए और अपने चढ़ावे से मुझे क्रोधित किया।
और उन्होंने वहाँ अपनी सुगन्ध उठाई और वहाँ अपने पेय
चढ़ावे उड़ेल दिए। [29]"और मैंने उनसे कहा, 'यह ऊँचा
स्थान क्या है जहाँ तुम जाते हो?' इसलिये उसका नाम आज
तक बामाह कहलाता है।" ' [30]"इसलिये इस्राएल के घराने
से कह, 'यहोवा 𐤉𐤄𐤅𐤄 ऐसा कहता है, "क्या तुम अपने
पितरों की रीति पर अपने आप को अपवित्र करते हो? और
क्या तुम उनकी घृणित वस्तुओं के पीछे व्यभिचार करते हो?
[31]"क्योंकि जब तुम अपने उपहार उठाते हो और अपने पुत्रों
को आग से पार कराते हो, तो तुम आज तक अपनी मूर्तियों के
साथ अपने आप को अपवित्र करते हो। और क्या मैं तुम्हारे
द्वारा पूछे जाने योग्य हूँ, हे इस्राएल के घराने? जैसे मैं जीवित
हूँ," यहोवा 𐤉𐤄𐤅𐤄 की वाणी है, "मैं तुम्हारे द्वारा पूछे जाने
योग्य नहीं हूँ। [32]"और जो बात तुम्हारी आत्मा में उठती है,
वह कभी न होगी, जब तुम कहते हो, 'हम जातियों के समान
हों, अन्य देशों के गोत्रों के समान, जो लकड़ी और पत्थर की
सेवा करते हैं।' [33]"जैसा कि मैं जीवित हूँ," यहोवा 𐤉𐤄𐤅𐤄
की वाणी है, "क्या मैं बलवान हाथ, फैले हुए भुजा और उंडेले
हुए क्रोध से तुम पर राज्य न करूँगा? [34]"और मैं तुम्हें लोगों
से बाहर लाऊँगा और उन देशों से इकट्ठा करूँगा जहाँ तुम
बिखरे हुए हो, बलवान हाथ और फैले हुए भुजा और उंडेले हुए
क्रोध से। [35]"और मैं तुम्हें जातियों के जंगल में लाऊँगा और
वहाँ तुम्हारे साथ आमने-सामने न्याय करूँगा। [36]"जैसा कि
मैंने मिस्र देश के जंगल में तुम्हारे पितरों के साथ न्याय किया,
वैसा ही मैं तुम्हारे साथ न्याय करूँगा," यहोवा 𐤉𐤄𐤅𐤄 की
वाणी है। [37]"और मैं तुम्हें लाठी के नीचे से पार कराऊँगा
और तुम्हें वाचा के बंधन में लाऊँगा, [38]और मैं तुम्हारे बीच से
विद्रोहियों को और जो मेरे विरुद्ध अपराध करते हैं, उन्हें
निकाल दूँगा। जिस देश में वे रहते हैं, वहाँ से मैं उन्हें बाहर
लाऊँगा, पर वे इस्राएल देश में न आएँगे। और तुम जानोगे
कि मैं 𐤉𐤄𐤅𐤄 हूँ। [39]"हे इस्राएल के घराने," यहोवा
𐤉𐤄𐤅𐤄 ऐसा कहता है, "जाओ, तुममें से हर एक अपनी
मूर्तियों की सेवा करे, और उसके बाद, यदि तुम मेरी न सुनो।
परन्तु अब और मेरे पवित्र नाम को अपने उपहारों और अपनी
मूर्तियों से अपवित्र न करो। [40]"क्योंकि मेरे पवित्र पर्वत पर,
इस्राएल के पर्वत की ऊँचाई पर," यहोवा 𐤉𐤄𐤅𐤄 की वाणी
है, "वहाँ समस्त इस्राएल का घराना, वे सब देश में, मेरी सेवा
करेंगे। वहाँ मैं उन्हें ग्रहण करूँगा और वहाँ तुम्हारे चढ़ावे और
तुम्हारे पहिलौठों के चढ़ावे और तुम्हारे सब पवित्र उपहार
माँगूँगा। [41]"मीठी सुगन्ध के रूप में मैं तुम्हें ग्रहण करूँगा,
जब मैं तुम्हें लोगों से बाहर लाऊँगा। और मैं तुम्हें उन देशों से
इकट्ठा करूँगा जहाँ तुम बिखरे हुए हो। और मैं तुम्हारे द्वारा
जातियों के सामने पवित्र ठहरूँगा। [42]"और तुम जानोगे कि
मैं 𐤉𐤄𐤅𐤄 हूँ, जब मैं तुम्हें इस्राएल देश में लाऊँगा, उस देश
में जिसके देने के लिये मैंने शपथ में अपना हाथ उठाया था
कि तुम्हारे पितरों को दूँ। [43]"और वहाँ तुम अपने मार्गों और
सब कामों को स्मरण करोगे, जिनसे तुम अपवित्र हुए थे।
और तुम अपने ही दृष्टि में अपने को सब बुराइयों के कारण
घृणित करोगे, जो तुमने किए। [44]"और तुम जानोगे कि मैं
𐤉𐤄𐤅𐤄 हूँ, जब मैंने तुम्हारे साथ अपने नाम के कारण
व्यवहार किया है, न कि तुम्हारे बुरे मार्गों के अनुसार और न
तुम्हारे भ्रष्ट कामों के अनुसार, हे इस्राएल के घराने," यहोवा
𐤉𐤄𐤅𐤄 की वाणी है।' " [45]और 𐤉𐤄𐤅𐤄 का वचन मुझ पर
हुआ, यह कहते हुए, [46]"मनुष्य के पुत्र, अपना मुँह दक्षिण की
ओर फेर, और दक्षिण के विरुद्ध प्रचार कर और जंगल देश,
नेगेब के विरुद्ध भविष्यद्वाणी कर। [47]"और तू नेगेब के जंगल
से कह, '𐤉𐤄𐤅𐤄 का वचन सुन! यहोवा 𐤉𐤄𐤅𐤄 ऐसा कहता
है, "देख, मैं तुझमें आग सुलगा रहा हूँ, और वह तुझमें हर
हरे वृक्ष और हर सूखे वृक्ष को भस्म कर देगी - ज्वलन्त
ज्वाला बुझाई न जाएगी। और वह दक्षिण से उत्तर तक सब
चेहरों को जला देगी। [48]"और सब प्राणी देखेंगे कि मैं,
𐤉𐤄𐤅𐤄, ने उसे सुलगा दिया है, वह बुझाई नहीं जाएगी।" '
" [49]और मैंने कहा, "हाय, प्रभु 𐤉𐤄𐤅𐤄! वे मेरे विषय में
कहते हैं, 'क्या यह दृष्टान्त नहीं बोलता?' "

21 [1]और 𐤉𐤄𐤅𐤄 का वचन मुझ पर आया, यह कहते
हुए, [2]"मनुष्य के पुत्र, अपना चेहरा यरूशलेम की
ओर फेर, और मिकदशों के विरुद्ध प्रचार कर, और इस्राएल
की भूमि के विरुद्ध नबी की तरह बोल। [3]"और तू इस्राएल
की भूमि से कह, 'यहोवा 𐤉𐤄𐤅𐤄 यों कहता है, देख, मैं तुझ
पर हूँ, और मैं अपनी तलवार म्यान से खींचूँगा और तुझ से
धर्मी और दुष्ट दोनों को काट डालूँगा। [4]"क्योंकि मैं तुझ से
धर्मी और दुष्ट दोनों को काट डालूँगा, इसलिए मेरी तलवार
म्यान से निकलेगी और दक्षिण से उत्तर तक सब शरीर के
विरुद्ध होगी। [5]"और सब शरीर जानेंगे कि मैं, 𐤉𐤄𐤅𐤄, ने
अपनी तलवार म्यान से निकाली है, ताकि फिर वापस न रखी

जाए।" ' 6 "और तू, मनुष्य के पुत्र, अपनी कमर तोड़ने के
दुख के साथ कराह, और उनके सामने कड़वाहट के साथ
कराह। 7 "और जब वे तुझ से कहें, 'तू क्यों कराह रहा है?'
तब तू कह, 'क्योंकि वह समाचार आ रहा है। और हर हृदय
पिघल जाएगा, और सब हाथ ढीले पड़ जाएँगे, और हर
आत्मा दुर्बल हो जाएगी, और सब घुटने जल के समान दुर्बल
हो जाएँगे। देख, वह आ रहा है, और वह अवश्य होगा,'
घोषणा करता है आदोन 𐤉𐤄𐤅𐤄।" 8 और 𐤉𐤄𐤅𐤄 का
वचन मुझ पर आया, यह कहते हुए, 9 "मनुष्य के पुत्र, नबी
की तरह बोल, और तू कहे, 'यहोवा 𐤉𐤄𐤅𐤄 यों कहता है!
कह, 'एक तलवार, तलवार को तेज किया गया है और
चमकाया भी गया है! 10 'यह वध करने के लिये तेज की गई
है, यह बिजली के समान चमकने के लिये चमकाई गई है!'
क्या हम आनन्द करें? हे मेरे पुत्र, तूने छड़ी को तुच्छ जाना
है, हर डंडे को! 11 "और उसने इसे हाथ में लेने के लिये
चमकाया है। यह तलवार तेज की गई और चमकाई गई है,
ताकि घातक के हाथ में दी जाए। 12 "रो और विलाप कर, हे
मनुष्य के पुत्र, क्योंकि यह मेरी प्रजा पर, इस्राएल के सब
प्रधानों पर होगा। वे मेरी प्रजा समेत तलवार के हवाले कर
दिए जाएँगे, इसलिए अपनी जाँघ पर प्रहार कर। 13 "क्योंकि
यह परीक्षा है, और यदि वह छड़ी को तुच्छ भी जाने तो क्या
यह न होगा?" घोषणा करता है आदोन 𐤉𐤄𐤅𐤄। 14 "और
तू, हे मनुष्य के पुत्र, नबी की तरह बोल, और अपने हाथों को
एक साथ मार। और तलवार दो बार, तीन बार आ जाए, मारे
हुओं की तलवार। यह मारे हुओं की तलवार है, महान जो
उन्हें घेरती है। 15 "मैंने तलवार की नोक को उनके सब
फाटकों के विरुद्ध रखा है, ताकि हृदय पिघल जाए और गिरे
हुए बहुत हों। आह! यह बिजली के समान बनाई गई है, वध
के लिये तेज की गई। 16 "अपने आप को दाहिने पर तेज
करो, अपने आप को बाएँ पर तेज करो, जहाँ कहीं तेरा
किनारा ठहराया गया है! 17 और मैं भी, मैं अपने हाथों को एक
साथ मारूँगा। और अपना क्रोध शान्त करूँगा। मैं, 𐤉𐤄𐤅𐤄,
ने कहा है।" 18 और 𐤉𐤄𐤅𐤄 का वचन फिर मुझ पर आया,
यह कहते हुए, 19 "और तू, हे मनुष्य के पुत्र, अपने लिये
बाबेल के राजा की तलवार जाने के लिये दो मार्ग ठहरा, दोनों
एक ही भूमि से निकलते हों। और एक चिन्ह लगा, शहर की
ओर मार्ग के सिर पर उसे रख। 20 "तू तलवार जाने का मार्ग
रब्बा अम्मोनियों का, और यहूदा का, किलेवाले यरूशलेम का
ठहरा। 21 "क्योंकि बाबेल का राजा मार्ग के चौराहे पर, दो
मार्गों के मोड़ पर खड़ा होगा, भविष्यद्वाणी करने के लिये। वह
तीरों को हिलाएगा, वह घर के देवताओं से पूछेगा, वह यकृत
को देखेगा। 22 "उसके दाहिने हाथ में यरूशलेम की
भविष्यद्वाणी होगी: गढ़-फोड़नेवाले लाना, वध का आह्वान
करना, ऊँचे स्वर से पुकार करना, फाटकों के विरुद्ध गढ़-
फोड़नेवाले रखना, ढेरी लगाना, और एक दीवार बनाना।
23 "और यह उनके लिये झूठी भविष्यद्वाणी होगी उनकी आँखों
में जिन्होंने उनके लिये शपथ खाई है। परन्तु वह उनके
अधर्म को स्मरण में ला रहा है, ताकि वे पकड़े जाएँ।
24 "इसलिये आदोन 𐤉𐤄𐤅𐤄 यों कहता है, 'क्योंकि तूने
अपने अधर्म को स्मरण में ला दिया है, कि तेरे अपराध प्रगट
हो गए हैं, ताकि तेरे पाप तेरे सब कामों में देखे जाएँ। क्योंकि
तू स्मरण में लाया गया है, तू हाथ से पकड़ा गया है। 25 'और
तुझ पर, हे अपवित्र दुष्ट, इस्राएल का प्रधान, जिसका दिन
आ पहुँचा है, अन्त के अधर्म का समय, 26 आदोन 𐤉𐤄𐤅𐤄
यों कहता है, 'पगड़ी उतार, और मुकुट उतार! यह ऐसा न
रहेगा! नम्र को ऊँचा कर, और ऊँचे को नीचा कर।
27 'उलट-पलट, उलट-पलट, मैं इसे उलट दूँगा! यह अब न
रहेगा, जब तक वह न आए, जिसका अधिकार है - और मै
इसे दूँगा!' 28 "और तू, हे मनुष्य के पुत्र, नबी की तरह बोल
और कह, 'आदोन 𐤉𐤄𐤅𐤄 ने अम्मोनियों और उनके उपहास
के विषय में यों कहा।' और तू कहे, 'एक तलवार, तलवार
वध के लिये निकाली गई है, बिजली के समान चमकने के
लिये चमकाई गई है – 29 जब वे तेरे लिये झूठी दृष्टियाँ देखते
हैं, जब वे तुझ पर झूठ भविष्यद्वाणी करते हैं - तुझे अपवित्र
दुष्टों की गर्दन पर रखने के लिये, जिनका दिन आ पहुँचा है,
अन्त के अधर्म का समय। 30 'इसे अपनी म्यान में लौटा।
उस स्थान पर जहाँ तू सृजा गया, अपनी उत्पत्ति की भूमि में,
मैं तेरा न्याय करूँगा। 31 'और मैं तुझ पर अपना क्रोध
उंडेलूँगा, अपने प्रकोप की आग से तुझ पर फूँक मारूँगा,
और तुझे हिंसक मनुष्यों के हाथ में दूँगा, नाश करने में
निपुण। 32 'तू आग का ईंधन होगा, तेरा लहू देश के बीच में
होगा। तू स्मरण में न लाया जाएगा, क्योंकि मैं 𐤉𐤄𐤅𐤄 ने
कहा है।' "

22

1 और 𐤉𐤄𐤅𐤄 का वचन मुझ पर आया, कहा,
2 "और अब, मनुष्य के पुत्र, न्याय कर, उस रक्त की
नगरी का न्याय कर! और तू उसको उसकी सब घृणित बातो
को दिखा! 3 "और तू कहेगा, 'यहोवा 𐤉𐤄𐤅𐤄 ने यूँ कहा,
"यह नगरी अपने बीच रक्त बहाती है ताकि उसका समय आ
जाए। और उसने अपने भीतर मूर्तियाँ बनाई हैं ताकि वह
अपवित्र हो। 4 "तू उस रक्त के कारण दोषी हो गई है जो तूने
बहाया है, और उन मूर्तियों के कारण अपवित्र हो गई है जिन्हे
तूने बनाया है। इस प्रकार तूने अपने दिनों को निकट ला दिया
है, और अपने वर्षों के अंत तक पहुँच गई है। इसलिये मैं तुझे
जातियों के लिये अपमान और सब देशों के लिये उपहास बना
दूँगा। 5 "जो पास हैं और जो तुझसे दूर हैं वे सब तेरा उपहास
करते हैं – तेरा नाम अपवित्र है और बड़ा भ्रम है! 6 "देख
इस्राएल के प्रधान: प्रत्येक ने तुझ में रक्त बहाने के लिये
अपनी भुजा का प्रयोग किया है। 7 "उन्होंने तेरे भीतर पिता
और माता का तिरस्कार किया है। उन्होंने तेरे बीच में परदेशी
पर अत्याचार किया है। उन्होंने तेरे भीतर अनाथ और विधवा
पर भी अत्याचार किया है। 8 "तूने मेरे लिये जो पवित्र है
उसका तिरस्कार किया है, और मेरे शब्बतों को अपवित्र किया
है। 9 "तेरे भीतर निन्दा करने वाले मनुष्य रहे हैं जो रक्त
बहाते हैं। और तेरे भीतर वे हैं जो पहाड़ों पर खाते हैं। उन्होंने
तेरे बीच में दुष्टता की है। 10 "तेरे भीतर उन्होंने पिता की
नग्नता प्रकट की है। तेरे भीतर उन्होंने उन स्त्रियों को नम्र
किया है जो अपनी अशुद्धता के समय अपवित्र थीं। 11 "और
एक ने अपने पड़ोसी की पत्नी के साथ घृणित काम किया है।
और दूसरे ने अपनी बहू को दुष्टता से अपवित्र किया है।
और तेरे भीतर किसी और ने अपनी बहिन, अपने पिता की
बेटी को नम्र किया है। 12 "तेरे भीतर उन्होंने रक्त बहाने के
लिये घूस ली है। तूने ब्याज और बढ़ोतरी ली है। तूने अपने
पड़ोसी को दबाकर उसका नाश किया है। और तूने मुझे भूल

गया है,” यहोवा 𐤉𐤄𐤅𐤄 की वाणी है। 13 “और देख, मैं
अपने हाथ मारूँगा तेरे उस लोभ के कारण जो तूने किया है,
और उस रक्तपात के कारण जो तेरे बीच में हुआ है।
14 “क्या तेरा हृदय ठहर सकेगा, तेरे हाथ दृढ रह सकेंगे, उन
दिनों में जब मैं तुझसे व्यवहार करूँ? मैं, 𐤉𐤄𐤅𐤄, ने कहा है
और मैं यह करूँगा। 15 “और मैं तुझे जातियों में तितर-बितर
कर दूँगा, और तुझे देशों में छितरा दूँगा, और तेरे भीतर से
तेरी अशुद्धता को भस्म कर दूँगा। 16 “और तू जातियों की
आँखों के सामने स्वयं को अपवित्र करेगा। और तू जान
जाएगा कि मैं 𐤉𐤄𐤅𐤄 हूँ।” ’ ” 17 और 𐤉𐤄𐤅𐤄 का वचन
मुझ पर आया, कहा, 18 “मनुष्य के पुत्र, इस्राएल का घराना
मेरे लिये मैला हो गया है। वे सब कांसा, और राँगा, और
लोहा, और सीसा हैं, भट्ठी के बीच – वे चाँदी की मैल हो गए
हैं। 19 “इसलिये यहोवा 𐤉𐤄𐤅𐤄 ने यूँ कहा, ‘क्योंकि तुम सब
मैल हो गए हो, इसलिये देखो, मैं तुम्हें यरूशलेम के बीच
इकट्ठा कर रहा हूँ। 20 ‘जैसे वे चाँदी, और कांसा, और लोहा,
और सीसा, और राँगा भट्ठी के बीच इकट्ठा करते हैं, उस पर
आग फूँकने के लिये, उसे गलाने के लिये, वैसे ही मैं अपने
क्रोध और अपने प्रकोप में तुम्हें इकट्ठा करूँगा और तुम्हें
गलाऊँगा। 21 ‘और मैं तुम्हें इकट्ठा करूँगा और अपने क्रोध
की आग से तुम पर फूँक मारूँगा, और तुम उसके बीच में गल
जाओगे। 22 ‘जैसे चाँदी भट्ठी के बीच गलती है, वैसे ही तुम
उसके बीच गलोगे। और तुम जान जाओगे कि मैं, 𐤉𐤄𐤅𐤄,
ने तुम पर अपना क्रोध उँडेला है।’ ” 23 और 𐤉𐤄𐤅𐤄 का
वचन मुझ से आया, यह कहते हुए, 24 “मनुष्य के पुत्र, उससे
कह, ‘तू वह भूमि है जो शुद्ध नहीं हुई और न ही अप्रसन्नता के
दिन में उस पर वर्षा हुई।’ 25 “उसके नबी उसके बीच षडयंत्र
कर रहे हैं, जैसे गर्जन करता हुआ सिंह शिकार को फाड़ता
है। उन्होंने जीवन को निगल लिया, धन और सम्पत्ति ले ली,
उन्होंने उसके बीच बहुत सी विधवाएँ बना दीं। 26 “उसके
याजकों ने मेरी तोराह का अपमान किया है और उन्होंने मेरी
पवित्र बातों को अशुद्ध किया है। उन्होंने पवित्र और अपवित्र
में भेद नहीं किया, न ही उन्होंने अशुद्ध और शुद्ध में अंतर
प्रकट किया। और उन्होंने मेरी शब्बतों से अपनी आँखें ढक
लीं, और मैं उनके बीच अशुद्ध ठहराया गया। 27 “उसके
हाकिम उसके बीच भेड़ियों के समान हैं जो शिकार को फाड़ते
हैं, लहू बहाने, जीवन नष्ट करने और लालच के लाभ को
प्राप्त करने के लिये। 28 “और उसके नबी उन्हें सफेदी
करके ढकते हैं, झूठा दर्शन देखते हैं, और उनके लिये झूठ
का ज्योतिष करते हैं, कहते हैं, ‘यहोवा 𐤉𐤄𐤅𐤄 ऐसा कहता
है,’ जबकि 𐤉𐤄𐤅𐤄 ने नहीं कहा। 29 “उस भूमि के लोगों ने
अत्याचार किया, लूटपाट की, गरीब और दरिद्र को सताया।
और उन्होंने परदेसी को बिना न्याय के सताया। 30 “और मैं
ने उनमें से किसी मनुष्य की खोज की, जो दीवार बनाए, और
भूमि के लिये मेरे सामने खाई में खड़ा हो, कि मैं उसे नाश न
करूँ – परन्तु मुझे कोई न मिला! 31 “इसलिये मैं ने अपने
क्रोध को उन पर उँडेल दिया है, मैंने उन्हें अपने प्रकोप की
आग से भस्म कर दिया है। और मैंने उनका मार्ग उनके
अपने ही सिर पर डाल दिया है,” यहोवा 𐤉𐤄𐤅𐤄 की यह
वाणी है।

23 1 𐤉𐤄𐤅𐤄 का वचन मेरे पास आया, यह कहते हुए,
2 “मनुष्य के पुत्र, दो स्त्रियाँ थीं, एक ही माता की
पुत्रियाँ। 3 “और उन्होंने मिस्र में व्यभिचार किया, उन्होंने
अपनी युवावस्था में व्यभिचार किया। वहाँ उनके स्तनों को
छुआ गया, और वहाँ उनके कुंवारी स्तनों को दबाया गया।
4 “और उनके नाम थे: ओहोला बड़ी और ओहोलिबाह उसकी
बहन। और वे मेरी थीं, और उन्होंने पुत्रों और पुत्रियों को
जन्म दिया। और उनके नाम: शोमेरोन ओहोला है, और
येरुशलेम ओहोलिबाह है। 5 “और ओहोला ने व्यभिचार किया
जब वह मेरी थी। और उसने अपने प्रेमियों के लिए लालसा
की, पड़ोसी अश्शूरियों के लिए, 6 बैंगनी वस्त्र पहने, अधिकारी
और शासक, सभी वांछनीय युवा पुरुष, घोड़ों पर सवार
घुड़सवार। 7 “इसलिए उसने अपने व्यभिचार को उन पर
डाला, सभी अश्शूर के चुने हुए पुत्रों पर। और जिनके लिए
उसने लालसा की, उनके सभी मूर्तियों के साथ, उसने स्वयं
को अपवित्र किया। 8 “और उसने मिस्र से अपने व्यभिचार
को नहीं छोड़ा, क्योंकि उसकी युवावस्था में उन्होंने उसके
साथ लेटा, और उसके कुंवारी स्तनों को दबाया, और उस पर
अपने व्यभिचार को उंडेला। 9 “इसलिए मैंने उसे उसके
प्रेमियों के हाथ में दे दिया, अश्शूरियों के हाथ में, जिनके लिए
उसने लालसा की। 10 “उन्होंने उसकी नग्नता को उजागर
किया, उन्होंने उसके पुत्रों और पुत्रियों को ले लिया, और उसे
तलवार से मार डाला। और वह स्त्रियों के बीच एक कहावत
बन गई, और उन्होंने उस पर न्याय किया। 11 “और उसकी
बहन ओहोलिबाह ने यह देखा, फिर भी वह अपनी लालसा में
उससे अधिक भ्रष्ट हो गई, और अपने व्यभिचार में अपनी
बहन के व्यभिचार से अधिक भ्रष्ट हो गई। 12 “उसने अश्शूर
के पुत्रों के लिए लालसा की, अधिकारी और शासक,
निकटतम, पूर्ण रूप से वस्त्र पहने, घोड़ों पर सवार घुड़सवार,
सभी वांछनीय युवा पुरुष। 13 “और मैंने देखा कि वह अपवित्र
हो गई, उन्होंने दोनों ने एक ही मार्ग लिया। 14 “लेकिन उसने
अपने व्यभिचार को बढ़ाया, और उसने दीवार पर खुदे हुए
पुरुषों को देखा, लाल रंग में चित्रित कसदियों की छवियाँ,
15 उनकी कमर के चारों ओर बेल्ट से बंधे, उनके सिर पर
बहते हुए पगड़ी, सभी अधिकारी की तरह दिखते हुए,
कसदियों के बाबेलियन की तरह, उनके जन्म की भूमि।
16 “जैसे ही उसकी आँखों ने उन्हें देखा, उसने उनके लिए
लालसा की और कसदीम में उनके पास दूत भेजे। 17 “और
बाबेलियन उसके पास आए, प्रेम के बिस्तर में, और उन्होंने
अपने व्यभिचार से उसे अपवित्र किया। और वह उनसे
अपवित्र हो गई, और उसकी आत्मा उनसे घृणा में बदल गई।
18 “और उसने अपने व्यभिचार को उजागर किया और अपनी
नग्नता को उजागर किया। तब मैंने अपनी आत्मा को उससे
घृणा में बदल दिया, जैसे मेरी आत्मा उसकी बहन से घृणा में
बदल गई थी। 19 “और उसने अपने व्यभिचार को बढ़ाया,
अपनी युवावस्था के दिनों को याद करते हुए, जब उसने मिस्र
की भूमि में व्यभिचार किया। 20 “और उसने अपने प्रेमियों के
लिए लालसा की, जिनका मांस गधों के मांस की तरह है, और
जिनका स्राव घोड़ों के स्राव की तरह है। 21 “इस प्रकार
तुमने अपनी युवावस्था की दुष्टता के लिए लालसा की, जब
मिस्रियों ने तुम्हारे युवावस्था के स्तनों के कारण तुम्हारे स्तनों
को दबाया। 22 “इसलिए, ओहोलिबाह, इस प्रकार कहा अडोन

𐤉𐤄𐤅𐤄 ने, 'देखो, मैं तुम्हारे प्रेमियों को तुम्हारे विरुद्ध उकसा रहा हूँ, जिनसे तुम्हारी आत्मा घृणा में बदल गई है, और उन्हें हर तरफ से तुम्हारे विरुद्ध लाऊँगा: 23 बाबेलियन, और सभी कसदियों, पेकोद, शोवा, और कोवा, सभी अश्शूर के पुत्र उनके साथ, सभी वांछनीय युवा पुरुष, राज्यपाल और शासक, अधिकारी और नाम के पुरुष, सभी घोड़ों पर सवार। 24 'और वे तुम्हारे विरुद्ध युद्ध-बल, रथ, और पहियों के साथ आएंगे, और लोगों की एक सभा के साथ। वे तुम्हारे विरुद्ध कवच, ढाल, और हेलमेट चारों ओर रखेंगे। और मैं उन्हें न्याय सौंप दूँगा, और वे तुम्हें उनके निर्णयों के अनुसार न्याय करेंगे। 25 'और मैं अपनी जलन तुम्हारे विरुद्ध मोड़ दूँगा और वे तुम्हारे साथ गर्मी से व्यवहार करेंगे। वे तुम्हारी नाक और तुम्हारे कान काट देंगे, जबकि बाकी तुम तलवार से गिरोगे। तुम्हारे पुत्रों और तुम्हारी पुत्रियों को वे ले जाएंगे, जबकि बाकी तुम आग से भस्म हो जाओगे। 26 'और वे तुम्हारे वस्त्रों को उतार देंगे और तुम्हारे सुंदर गहने ले लेंगे। 27 'और मैं तुम्हारी दुष्टता और तुम्हारे व्यभिचार को मिस्त्र की भूमि से समाप्त कर दूँगा, ताकि तुम उनकी ओर अपनी आँखें न उठाओ और न ही मिस्त्र को फिर कभी याद करो।' 28 "क्योंकि इस प्रकार कहा अडोन 𐤉𐤄𐤅𐤄 ने, 'देखो, मैं तुम्हें उन लोगों के हाथ में दे रहा हूँ जिन्हें तुम घृणा करते हो, उन लोगों के हाथ में जिनसे तुम्हारी आत्मा घृणा में बदल गई है। 29 'और वे तुम्हारे साथ घृणा में व्यवहार करेंगे, और वे तुम्हारे सभी कामों को ले जाएंगे, और वे तुम्हें नग्न और नंगे छोड़ देंगे। और तुम्हारे व्यभिचार की नग्नता उजागर होगी, और तुम्हारे व्यभिचार की दुष्टता। 30 'मैं यह तुम्हारे साथ इसलिए कर रहा हूँ क्योंकि तुमने जातियों के साथ व्यभिचार किया है, क्योंकि तुम उनकी मूर्तियों से अपवित्र हो गए हो। 31 'तुमने अपनी बहन के मार्ग में चले हो, और मैं उसके प्याले को तुम्हारे हाथ में दूँगा।' 32 "इस प्रकार कहा अडोन 𐤉𐤄𐤅𐤄 ने, 'अपनी बहन के प्याले को पीओ, गहरे और चौड़े को - तुम पर हँसी और उपहास होगा - क्योंकि यह बहुत कुछ धारण करता है। 33 'मदहोशी और दुःख से भर जाओ, आश्चर्य और विनाश का प्याला, तुम्हारी बहन शोमेरोन का प्याला। 34 'और तुम इसे पीओगे और इसे खाली करोगे, और इसके टुकड़ों को चबाओगे, और अपने ही स्तनों को फाड़ोगे। क्योंकि मैंने कहा है,' अडोन 𐤉𐤄𐤅𐤄 ने घोषणा की। 35 "इसलिए इस प्रकार कहा अडोन 𐤉𐤄𐤅𐤄 ने, 'क्योंकि तुमने मुझे भुला दिया है और मुझे अपनी पीठ के पीछे फेंक दिया है, इसलिए तुम अपनी दुष्टता और अपने व्यभिचार को सहोगे।' " 36 और 𐤉𐤄𐤅𐤄 ने मुझसे कहा, "मनुष्य के पुत्र, ओहोला और ओहोलिबाह का न्याय करो! और उन्हें उनके घृणित कार्यों को घोषित करो। 37 "क्योंकि उन्होंने व्यभिचार किया है, और उनके हाथों पर खून है। और उन्होंने अपनी मूर्तियों के साथ व्यभिचार किया है, और यहाँ तक कि अपने पुत्रों को जिन्हें उन्होंने मुझे जन्म दिया, आग के माध्यम से उन्हें भस्म करने के लिए अर्पित किया। 38 "उन्होंने यह भी मेरे साथ किया: उन्होंने उसी दिन मेरे मिकदाश को अपवित्र किया, और उन्होंने मेरे शब्बाथोथ को अपवित्र किया। 39 "क्योंकि जब उन्होंने अपनी मूर्तियों के लिए अपने बच्चों को मार डाला, उसी दिन वे मेरे मिकदाश में आए इसे अपवित्र करने के लिए। और देखो, यही उन्होंने मेरे घर के बीच में किया। 40 "और उन्होंने यहाँ तक कि दूर से पुरुषों को बुलाया, जिनके लिए एक दूत भेजा गया था। और देखो, वे आए - जिनके लिए तुमने अपने आप को धोया, अपनी आँखों को रंगा, और अपने आप को आभूषणों से सजाया। 41 "और तुम एक शानदार सोफे पर बैठी, उसके सामने एक मेज तैयार की, जिस पर तुमने मेरी धूप और मेरा तेल रखा। 42 "और उसके साथ एक भीड़ की आवाज़ थी, और जंगल से शराबी लाए गए थे, साधारण प्रकार के पुरुषों के साथ। और उन्होंने उनके कलाई पर कंगन डाले और उनके सिर पर सुंदर मुकुट रखे। 43 "तब मैंने व्यभिचार में थकी हुई के बारे में कहा, 'अब उन्हें उसके व्यभिचार करने दो, यहाँ तक कि उसके भी!' 44 "और वे उसके पास गए, जैसे पुरुष एक वेश्या स्त्री के पास जाते हैं। इस प्रकार वे ओहोला और ओहोलिबाह के पास गए, दुष्ट स्त्रियाँ। 45 "लेकिन धर्मी पुरुष उन्हें व्यभिचारिणियों के न्याय के साथ न्याय करें, और उन स्त्रियों के न्याय के साथ जो खून बहाती हैं, क्योंकि वे व्यभिचारिणियां हैं, और उनके हाथों पर खून है। 46 "क्योंकि इस प्रकार कहा अडोन 𐤉𐤄𐤅𐤄 ने, 'उनके विरुद्ध एक सभा बुलाओ, उन्हें दुर्व्यवहार और लूट के लिए सौंप दो। 47 'और सभा उन्हें पत्थरों से मारेगी और अपनी तलवारों से काटेगी। वे उनके पुत्रों और उनकी पुत्रियों को मार डालेंगे, और उनके घरों को आग से जला देंगे। 48 'और मैं देश में दुष्टता का अंत कर दूँगा, और सभी स्त्रियों को यह सिखाया जाएगा कि उन्होंने जो किया है वैसा दुष्टता न करें। 49 'और वे तुम्हारी दुष्टता तुम पर डालेंगे, और तुम अपनी मूर्तियों के पापों को सहोगे। और तुम जानोगे कि मैं अडोन 𐤉𐤄𐤅𐤄 हूँ।' "

24 1 और नौवें वर्ष में, दसवें महीने में, महीने की दसवीं तारीख को, 𐤉𐤄𐤅𐤄 का वचन मुझ पर आया, यह कहते हुए, 2 "मनुष्य के पुत्र, उस दिन का नाम लिख, क्योंकि इसी दिन बाबेल के राजा ने यरुशलेम पर आक्रमण किया है। 3 "और इस विद्रोही घराने से एक दृष्टांत कह, और उनसे कह, 'यों कहता है आदोन 𐤉𐤄𐤅𐤄, "एक बर्तन चढ़ा, उसे चढ़ा, और उसमें पानी भी डाल। 4 "उसमें मांस के टुकड़े इकट्ठा कर, हर उत्तम टुकड़ा, जाँघ और कंधा, उसे उत्तम हड्डियों से भर। 5 "झुंड में से उत्तम ले, उसके नीचे हड्डियाँ भी रख, उसे अच्छी तरह उबाल, और हड्डियों को उसमें पकने दे।" 6 'इस कारण यों कहता है आदोन 𐤉𐤄𐤅𐤄, "हाय उस रक्तमय नगर पर, उस बर्तन पर जिसमें जंग है, और जिसकी जंग उससे नहीं निकली! उसे टुकड़ा-टुकड़ा बाहर निकाल, जिस पर कोई चिट्ठी नहीं पड़ी। 7 "क्योंकि उसका खून उसके बीच में है। उसने उसे एक चमकदार चट्टान पर रखा है। उसने उसे भूमि पर नहीं डाला, न मिट्टी से ढका। 8 "क्रोध भड़काने और बदला लेने के लिए, मैंने उसका खून एक चमकदार चट्टान पर रखा है, ताकि वह ढका न जाए।" 9 'इस कारण यों कहता है आदोन 𐤉𐤄𐤅𐤄, "हाय उस रक्तमय नगर पर! मैं भी ढेर को बड़ा करूँगा। 10 "लकड़ी पर लकड़ी रख, आग जलाकर प्रज्वलित कर, मांस को अच्छी तरह पकाओ, मसाले मिलाओ, और हड्डियों को जलने दो। 11 "और उसे अंगारों पर खाली रख, ताकि वह गरम हो जाए, और उसका पीतल चमक उठे। और उसकी गंदगी

उसमें पिघले, और उसकी जंग नष्ट हो। 12 “उसने अपने
परिश्रम से स्वयं को थका डाला है, और उसकी बड़ी जंग
उससे नहीं गई। उसकी जंग आग में डाल!” 13 “तेरी गंदगी
में दुष्टता है। क्योंकि मैंने तुझे शुद्ध किया, पर तू शुद्ध नहीं
हुआ। अब तू अपनी गंदगी से और शुद्ध नहीं होगा, जब तक
मैं अपना क्रोध तुझ पर स्थिर न कर दूँ। 14 “मैं, 𐤉𐤄𐤅𐤄,
ने कहा है। यह आएगा, और मैं इसे पूरा करूँगा। मैं न तो
रोकूँगा, न क्षमा करूँगा, न पछताऊँगा। तेरे मार्गों और तेरे
कामों के अनुसार वे तेरा न्याय करेंगे,” यह वचन है आदोन
𐤉𐤄𐤅𐤄 का।’ ” 15 और 𐤉𐤄𐤅𐤄 का वचन मुझ पर आया,
यह कहते हुए, 16 “मनुष्य के पुत्र, देख, मैं एक ही प्रहार से
तेरी आँखों की अभिलाषा को तुझसे ले रहा हूँ। पर तू शोक न
करना, न रोना, न तेरी आँखों से आँसू बहने देना।
17 “चुपचाप कराह, मरे हुए के लिये शोक न कर। अपना
पगड़ी अपने सिर पर बाँध, और अपने पाँव में सैंडल पहन।
अपनी ऊपरी ओंठ को न ढक, और न मनुष्यों की शोक की
रोटी खा।” 18 और मैंने प्रातः लोगों से बातें कीं, और
सायंकाल मेरी पत्नी मर गई। और अगले दिन मैंने जैसा
मुझको आज्ञा दी गई थी वैसा ही किया। 19 और लोगों ने
मुझसे कहा, “क्या तू हमें यह नहीं बताएगा कि तू जो काम कर
रहा है उसका हम पर क्या अर्थ है?” 20 और मैंने उनसे कहा,
“𐤉𐤄𐤅𐤄 का वचन मुझ पर आया, यह कहते हुए,
21 ‘इस्त्राएल के घराने से कह, “यों कहता है आदोन
𐤉𐤄𐤅𐤄, ‘देख, मैं अपने मिक्दश को अपवित्र कर रहा हूँ –
तेरी शक्ति का गौरव, तेरी आँखों की अभिलाषा, और तेरे प्राण
का आनंद। और तेरे बेटे-बेटियाँ जिन्हें तू पीछे छोड़ आया है,
वे तलवार से गिरेंगे। 22 ‘और तू वही करेगा जो मैंने किया।
अपनी ऊपरी ओंठ को न ढक, और न मनुष्यों की शोक की
रोटी खा। 23 और तेरे सिर पर तेरी पगड़ियाँ रहेंगी और तेरे
पाँव में तेरे सैंडल रहेंगे। तू शोक न करेगा, न रोएगा, पर तू
अपने अधर्मों में गल जाएगा और एक-दूसरे के साथ
कराहेगा। 24 ‘और यहेज़केल तेरे लिये एक चिन्ह होगा। जो
कुछ उसने किया, वैसा ही तू करेगा। जब यह आएगा, तब तू
जान लेगा कि मैं आदोन 𐤉𐤄𐤅𐤄 हूँ।’ ” 25 ‘और तू, मनुष्य
के पुत्र, जिस दिन मैं उनसे उनका दृढ़ गढ़, उनकी शोभा का
आनंद, उनकी आँखों की अभिलाषा, और उनके प्राण का
उठाना, उनके बेटे और उनकी बेटियाँ ले लूँगा, 26 उस दिन
एक भागा हुआ तेरे पास आएगा, तेरे कानों को यह सुनाने के
लिये। 27 ‘उस दिन तेरा मुँह उस भागे हुए के लिये खुल
जाएगा, और तू बोलेगा और अब चुप न रहेगा। और तू उनके
लिये एक चिन्ह होगा। और वे जानेंगे कि मैं 𐤉𐤄𐤅𐤄 हूँ।’ ”

25 1 और 𐤉𐤄𐤅𐤄 का वचन मेरे पास आया, यह कहते
हुए, 2 “मनुष्य के पुत्र, अपना मुख अम्मोनियों की
ओर फेर, और उनके विरुद्ध नबूवत कर। 3 “और अम्मोनियों
से कह, ‘अदोन 𐤉𐤄𐤅𐤄 का वचन सुनो! इस प्रकार कहता है
अदोन 𐤉𐤄𐤅𐤄, “क्योंकि तुमने कहा, ‘आहा!’ मेरे मिकदाश
के विरुद्ध जब वह अपवित्र किया गया, और इस्त्राएल की भूमि
के विरुद्ध जब वह नाश हो गई, और यहूदा के घर के विरुद्ध
जब वे निर्वासन में चले गए, 4 इस कारण, देखो, मैं तुम्हें पूरब
के मनुष्यों के अधिकार में दे रहा हूँ, और वे तुम्हारे बीच अपने
डेरा डालेंगे और अपने निवास बनाएँगे – वे तुम्हारा फल
खाएँगे, और तुम्हारा दूध पीएँगे। 5 “और मैं रब्बाह को ऊँटों
के लिए चरागाह और अम्मोन को झुंडों के लिए विश्राम स्थान
बनाऊँगा। और तुम जानोगे कि मैं 𐤉𐤄𐤅𐤄 हूँ।” 6 ‘क्योंकि
यह है जो अदोन 𐤉𐤄𐤅𐤄 ने कहा, “क्योंकि तुमने अपने हाथ
ताली बजाई, और अपने पाँव पटके, और अपनी पूरी आत्मा
के उपहास से इस्त्राएल की भूमि के विरुद्ध आनन्द किया,
7 इस कारण देखो, मैं स्वयं अपना हाथ तुम्हारे विरुद्ध
फैलाऊँगा, और तुम्हें जातियों को लूट के रूप में दूँगा। और
मैं तुम्हें लोगों से काट दूँगा, और तुम्हें देशों से नष्ट कर दूँगा।
मैं तुम्हें नष्ट कर दूँगा, और तुम जानोगे कि मैं 𐤉𐤄𐤅𐤄 हूँ।”
8 ‘यह है जो अदोन 𐤉𐤄𐤅𐤄 ने कहा, “क्योंकि मोआब और
सेईर कहते हैं, ‘देखो, यहूदा का घर सभी जातियों के समान
है,’ 9 इस कारण, देखो, मैं मोआब का किनारा उसकी नगरों
की ओर, उसकी सीमा पर उसकी नगरों की ओर, देश की
शोभा – बेत येशीमोथ, बाल-मेओन, और किर्यातायिम को
खोल रहा हूँ, 10 और मैं उसे अम्मोनियों के साथ पूरब के
मनुष्यों को अधिकार में दूँगा, ताकि अम्मोन जातियों में स्मरण
न किए जाएँ। 11 “और मोआब पर भी मैं न्याय करूँगा, और
वे जानेंगे कि मैं 𐤉𐤄𐤅𐤄 हूँ।” 12 ‘इस प्रकार कहा अदोन
𐤉𐤄𐤅𐤄 ने, “क्योंकि एदोम ने यहूदा के घर के विरुद्ध
प्रतिशोध लिया, और वे अत्यन्त दोषी हो गए, और उन्होंने उन
पर बदला लिया,” 13 इसलिए इस प्रकार कहा अदोन 𐤉𐤄𐤅𐤄
ने, “मैं एदोम के विरुद्ध अपना हाथ फैलाऊँगा, और मनुष्य
और पशु को उससे काट दूँगा और उसे उजाड़ दूँगा – तेमान
से लेकर देदान तक वे तलवार से गिरेंगे। 14 “और मैं अपना
प्रतिशोध एदोम पर अपने लोगों इस्त्राएल के हाथ से करूँगा।
और वे एदोम में मेरे क्रोध और मेरे रोष के अनुसार कार्य
करेंगे। तब वे मेरे प्रतिशोध को जानेंगे,” यह घोषणा है अदोन
𐤉𐤄𐤅𐤄 की। 15 ‘इस प्रकार कहा अदोन 𐤉𐤄𐤅𐤄 ने,
“क्योंकि पलिश्तियों ने प्रतिशोध में कार्य किया, और घृणा से
प्रतिशोध लिया, शाश्वत बैर के साथ नष्ट करने के लिए,”
16 इसलिए इस प्रकार कहा अदोन 𐤉𐤄𐤅𐤄 ने, “देखो, मैं
पलिश्तियों के विरुद्ध अपना हाथ फैलाऊँगा, और क्रेतीयों को
काट डालूँगा और समुद्रतट के शेष लोगों को नष्ट कर दूँगा,
17 और उन पर महान प्रतिशोध करूँगा प्रचंड ताड़ना के
साथ। और वे जानेंगे कि मैं 𐤉𐤄𐤅𐤄 हूँ, जब मैं उन पर
अपना प्रतिशोध करूँगा।” ’ ”

26 1 और यह ग्यारहवें वर्ष में, महीने के पहले दिन हुआ,
कि 𐤉𐤄𐤅𐤄 का वचन मेरे पास आया, कहा,
2 “मनुष्य के पुत्र, क्योंकि सूर ने येरुशालेम के विरुद्ध कहा,
‘आहा! वह, राष्ट्रों का द्वार, टूट गया है, वह मेरे हवाले कर दी
गई है। मैं भर जाऊं, वह नाश हो गई है।’ 3 “इस कारण
आदोन 𐤉𐤄𐤅𐤄 यों कहता है, ‘देख, मैं तेरे विरुद्ध हूँ, हे सूर,
और बहुत से राष्ट्रों को तेरे विरुद्ध चढ़ा दूंगा, जैसे समुद्र अपनी
लहरें उठाता है। 4 ‘और वे सूर की दीवारों को नाश करेंगे,
और तेरे गुम्बदों को गिरा देंगे। और मैं तेरी मिट्टी तुझ से
खुरच दूंगा, और तुझे चमकते पत्थर के समान बना दूंगा।
5 ‘वह समुद्र के बीच जाल फैलाने का स्थान होगी, क्योंकि मैंने
कहा है,’ आदोन 𐤉𐤄𐤅𐤄 की यह वाणी है। ‘और वह राष्ट्रों के
लिए लूट होगी, 6 जबकि उसके गाँव जो मैदान में हैं, वे तलवार
से मार डाले जाएंगे। और वे जानेंगे कि मैं 𐤉𐤄𐤅𐤄 हूँ।’

7 "क्योंकि आदोन 𐤉𐤄𐤅𐤄 यों कहता है, 'देख, मैं उत्तर से
सूर के विरुद्ध नबूकदनेस्सर, बाबेल का राजा, राजाओं का
राजा, को घोड़ों, रथों, घुडसवारों, बड़ी भीड़ और बहुत से
लोगों सहित लाऊंगा। 8 'वह तलवार से तेरे गाँवों को मैदान में
मार डालेगा। और वह तेरे विरुद्ध घेरा बांधेगा, और तेरे
विरुद्ध दीवार बनाएगा, और तेरे विरुद्ध बड़ा ढाल खड़ा
करेगा, 9 और अपने बैटरिंग रैम के प्रहार तेरी दीवारों पर
लगाएगा, और अपने हथियारों से तेरे गुम्बदों को गिरा देगा।
10 'उसके बहुत से घोड़ों से, उनकी धूल तुझे ढक लेगी।
घुडसवारों, पहियों, और रथों के शोर से तेरी दीवारें कांपेंगी,
जब वह तेरे फाटकों में प्रवेश करेगा, जैसे लोग टूटे हुए नगर
में प्रवेश करते हैं। 11 'अपने घोड़ों के खुरों से वह तेरी सारी
सड़कों को रौंदेगा, वह तेरे लोगों को तलवार से मारेगा, और
तेरे बल के खंभे भूमि पर गिरेंगे। 12 'और वे तेरे धन को
लूटेंगे, और तेरे व्यापार को छीन लेंगे। और तेरी दीवारें तोड़
देंगे और तेरे सुहावने घरों को नाश करेंगे। और तेरे पत्थरों,
तेरी लकड़ी और तेरी मिट्टी को समुद्र के बीच डाल देंगे।
13 'और मैं तेरे गीतों की ध्वनि को बंद कर दूंगा, और तेरी
वीणाओं की ध्वनि फिर कभी न सुनी जाएगी। 14 'और मैं तुझे
चमकते पत्थर के समान बना दूंगा, और तुझे जाल फैलाने
का स्थान बना दूंगा, फिर कभी न बसाई जाएगी, क्योंकि मैं
𐤉𐤄𐤅𐤄 ने कहा है,' आदोन 𐤉𐤄𐤅𐤄 की यह वाणी है।
15 "आदोन 𐤉𐤄𐤅𐤄 ने सूर से कहा, 'क्या तट प्रदेश तेरे
पतन की ध्वनि से कापेंगे नहीं, जब घायल पुकारेंगे, जब तेरे
बीच वध किया जाएगा? 16 'और समुद्र के सब अधिपति
अपने सिंहासनों से उतर आएंगे, और अपने वस्त्र उतार देंगे,
और अपने कढ़ाई वाले वस्त्र उतार देंगे, और काँपना पहनेंगे,
और भूमि पर बैठेंगे। और वे लगातार कांपेंगे, और तेरे कारण
चकित होंगे। 17 'और वे तेरे लिए विलाप उठाएंगे, और तुझ
से कहेंगे, "तू कैसे नाश हो गया, हे समुद्री पुरुषों से भरा हुआ,
वह नगर जिसकी प्रशंसा होती थी, जो समुद्र में दृढ़ था, वह
और उसके निवासी, जिन्होंने अपने भय को अपने सब
निवासियों पर रखा था! 18 अब तेरे पतन के दिन तट प्रदेश
कांपते हैं! और समुद्र के किनारे के तट प्रदेश तेरे बाहर जाने
पर थरथराते हैं।" ' 19 "क्योंकि आदोन 𐤉𐤄𐤅𐤄 यों कहता
है, 'जब मैं तुझे उजड़ा हुआ नगर बनाऊं, उन नगरों के
समान जो अब बसे नहीं हैं, जब मैं तेरे ऊपर गहराई लाऊं,
और महान जल तुझे ढक लें, 20 तब मैं तुझे उन लोगों के
साथ नीचे गड्ढे में उतार दूंगा, जो प्राचीन काल में उतर गए
हैं। और मैं तुझे पृथ्वी के सबसे नीच भागों में, प्राचीन उजाड़ों
में, उन लोगों के साथ बसाऊंगा, जो गड्ढे में गए हैं, ताकि तू
फिर न लौटे। परन्तु मैं जीवितों के देश में शोभा स्थापित
करूंगा। 21 'मैं तुझे भय का कारण बनाऊंगा, और तू फिर न
रहेगा। और तेरा खोजा जाएगा, परन्तु फिर कभी न मिलेगा,'
आदोन 𐤉𐤄𐤅𐤄 की यह वाणी है।"

27 1 फिर से 𐤉𐤄𐤅𐤄 का वचन मुझ पर आया, कहा,
2 "अब, मनुष्य के पुत्र, सूर के लिए एक विलाप
उठाओ, 3 और तू सूर से कहे, 'तू जो समुद्र के प्रवेशद्वार पर
रहती है, बहुत से तटों पर लोगों की व्यापारी, इस प्रकार कहता
है आदोन 𐤉𐤄𐤅𐤄, "हे सूर, तूने स्वयं कहा है, 'मैं सुंदरता में
सिद्ध हूं।' 4 "तेरी सीमाएँ समुद्र के बीच में हैं। तेरे कारीगरों
ने तेरी सुंदरता सिद्ध की है। 5 "उन्होंने सेनिर के देवदार वृक्षों
से तेरे सब तख्ते बनाए। लेबानोन से उन्होंने तेरे लिए एक
देवदार लिया कि तेरे लिए मस्तूल बनाए। 6 "बाशान के बलूत
के वृक्षों से उन्होंने तेरे चप्पू बनाए। उन्होंने तेरे डेक को
किट्टीम के तटों से हाथी दांत के साथ बनाया। 7 "मिस्र से
उत्तम कढ़ाईदार मलमल तेरा पाल था जो तेरी ध्वजा के रूप
में तेरी सेवा करता था। एलीशाह के तटों से नीला और बैंगनी
तेरा आवरण था। 8 "सीदोन और अरवाद के निवासी तेरे
नाविक थे। तेरे ज्ञानी पुरुष, हे सूर, तेरे भीतर थे, वे तेरे
नाविक थे। 9 "गेबाल के पुरनिए और उसके ज्ञानी पुरुष तेरे
भीतर थे तेरे जोड़-सीमों को सुधारने के लिए। समुद्र के सब
जहाज और उनके नाविक तेरे भीतर थे तेरे व्यापार को करने
के लिए। 10 "परस, लुद और पूत के लोग तेरी सेना में युद्ध
के पुरुष थे। उन्होंने तेरे भीतर ढाल और टोप टांग दिए,
उन्होंने तुझे शोभायमान किया। 11 "अरवाद के पुत्र और तेरी
सेना तेरी दीवारों पर चारों ओर थे, और गम्मादी तेरे गुम्बदों में
थे। उन्होंने अपनी ढालें तेरी दीवारों पर चारों ओर टांग दीं,
उन्होंने तेरी सुंदरता सिद्ध की। 12 "तरशीश तेरी व्यापारी थी
तेरी बहुत बड़ी धन-संपत्ति के कारण। उन्होंने तेरे व्यापार के
लिए चाँदी, लोहे, टीन और सीसा दिया। 13 "यावान, तूबल
और मेशेक तेरे व्यापारी थे। उन्होंने तेरे व्यापार के लिए दास
और पीतल की वस्तुएँ बदलीं। 14 "तोघरमाḥ के घर के लोग
घोड़े, घुडसवार और खच्चरों को तुम्हारे व्यापार के लिए
बदलते थे। 15 "देदान के लोग तुम्हारे साथ व्यापार करते
थे। बहुत से द्वीप तुम्हारा बाज़ार थे, वे हाथी दांत और
आबनूस तुम्हें भुगतान में लाते थे। 16 "अराम तुम्हारा व्यापारी
था तुम्हारे अनेक कामों के कारण। उन्होंने तुम्हें पन्ने, बैंगनी,
और कढ़ाई, और उत्तम मलमल, और मूंगा, और माणिक
तुम्हारे माल के लिए दिए। 17 "यहूदा और इस्राएल का देश
तुम्हारे व्यापारी थे। तुम्हारे माल के लिए उन्होंने मिन्नीत का
गेहूं, और आरंभिक अंजीर, और मधु, और तेल, और
गिलआद का मरहम दिया। 18 "दमिश्क तुम्हारा व्यापारी था
तुम्हारे अनेक कामों के कारण, तुम्हारे भारी सम्पत्ति के कारण,
हेलबोन की दाखमधु और उजली ऊन के साथ। 19 "वेदन
और यावान उज़ाल से तुम्हारे माल के लिए भुगतान करते थे,
उन्होंने लोहे का सामान, दालचीनी, और बेंत तुम्हारे माल के
लिए बदला। 20 "देदान तुम्हारे साथ सवारी के काठी कपड़ों
में व्यापार करता था। 21 "अरब और सब क़ेदार के हाकिम
तुम्हारे लिए व्यापारी थे। वे मेमनों, और भेड़ों, और बकरों में
तुम्हारे व्यापारी थे। 22 "शेवा और रामा के व्यापारी तुम्हारे
व्यापारी थे। उन्होंने तुम्हारे माल के लिए उत्तम मसाले, और
हर प्रकार के बहुमूल्य पत्थर, और सोना दिया। 23 "हरान,
और कन्नेह, और एदेन, शेवा के व्यापारी, अश्शूर, और
किल्मद तुम्हारे साथ व्यापार करते थे। 24 "वे तुम्हारे साथ
सिद्ध वस्तुओं में व्यापार करते थे, बैंगनी वस्त्रों में, कढ़ाईदार
वस्त्रों में, अनेक रंगों के कपड़ों के सन्दूकों में, दृढ़ मुड़े हुए
रस्सों में, तुम्हारे माल में। 25 "तरशीश के जहाज तुम्हारे माल
के यात्री थे। और तुम समुद्र के बीच में भरे और भारी लदे
हुए थे। 26 "तुम्हारे नाविक तुम्हें बहुत जल में ले आए, परन्तु
पूर्वी वायु ने तुम्हें समुद्र के बीच में तोड़ दिया। 27 "तुम्हारी
सम्पत्ति, और तुम्हारा माल, तुम्हारा व्यापार, तुम्हारे नाविक

और तुम्हारे खलासी, तुम्हारे सीवन सुधारने वाले, और तुम्हारे
व्यापार करने वाले, और तुम्हारे सब योद्धा जो तुम्हारे भीतर हैं,
और सारी मंडली जो तुम्हारे बीच में है, तेरे पतन के दिन
समुद्र के बीच में नीचे चली जाएगी। 28 समुद्र के तट तेरे
नाविकों की चिल्लाहट की ध्वनि पर कांपेंगे। 29 "और सब
चप्पू चलाने वाले, नाविक, समुद्र के सब खलासी अपने
जहाजों से उतर आएंगे। वे तट पर खड़े होंगे। 30 और वे
अपना स्वर उठाकर तेरे ऊपर कड़वे स्वर से रोएंगे, और
अपने सिर पर धूल डालेंगे, और राख में लोटेंगे। 31 "और वे
तेरे कारण अपना सिर मुंडा देंगे, और टाट से कमर कसी
करेंगे। और तेरे लिए वे मन की कड़वाहट और कड़वे विलाप
के साथ रोएंगे। 32 "और तेरे लिए वे विलाप करते हुए एक
विलाप उठाएंगे। और वे तेरे लिए विलाप करेंगे, 'समुद्र के
बीच में सोर के समान कौन नष्ट हुआ है?' 33 'जब तेरे माल
समुद्र द्वारा बाहर गए, तूने बहुत सी प्रजा को भर दिया; तेरी
बड़ी सम्पत्ति और तेरे व्यापार से तूने पृथ्वी के राजाओं को
धनी बना दिया। 34 'उस समय जब तू समुद्रों से जल की
गहराइयों में टूट गया, तेरा माल और तेरी सारी मंडली तेरे
बीच में गिर गई। 35 'सारे द्वीपों के निवासी तुझ पर चकित
होंगे, और उनके राजा बहुत डरेंगे, उनके मुख संकट में
होंगे। 36 'जातियों के बीच के व्यापारी तुझ पर सीटी
बजाएंगे। तू एक भयावह वस्तु बनेगा, और सदा के लिए न
रहेगा।' " ' "

28 1 और 𐤉𐤄𐤅𐤄 का वचन मुझ पर आया, यह कहते
हुए, 2 "मनुष्य के पुत्र, सूर के राजकुमार से कह,
'ऐसा कहता है आदोन 𐤉𐤄𐤅𐤄, "क्योंकि तेरा हृदय ऊँचा हो
गया है, और तू कहता है, 'मैं ईश्वर हूँ, मैं समुद्रों के बीच
ईश्वर की गद्दी पर बैठा हूँ,' जबकि तू मनुष्य है, और ईश्वर
नहीं, यद्यपि तू अपना हृदय ईश्वर के समान करता है!
3 "देख, क्या तू दानीएल से भी बुद्धिमान है? क्या कोई रहस्य
तुझ से छिपा नहीं है? 4 "तेरी बुद्धि और तेरी समझ से तू ने
अपने लिये धन बनाया, और सोना और चाँदी अपने खज़ानों
में इकट्ठा किया। 5 "तेरी महान बुद्धि और व्यापार के द्वारा तू ने
अपना धन बढ़ाया, और तेरे धन के कारण तेरा हृदय ऊँचा
हो गया।" 6 'इसलिये ऐसा कहता है आदोन 𐤉𐤄𐤅𐤄,
"क्योंकि तू ने अपना हृदय ईश्वर के समान बना लिया है,
7 इसलिये देख, मैं तेरे विरुद्ध अन्यजातियों में से पराए निर्दयी
लोगों को लाऊँगा। और वे तेरी बुद्धि की शोभा पर अपनी
तलवारें खींचेंगे, और वे तेरी शोभा को अपवित्र करेंगे। 8 "वे
तुझे गड्ढे में उतारेंगे, और तू समुद्र के बीच मारे हुओं की मृत्यु
से मरेगा। 9 "क्या तू अब भी उसके सामने जो तुझे मारता है
कहेगा, 'मैं ईश्वर हूँ', जबकि तू मनुष्य है, और ईश्वर नहीं,
उसके हाथ में जो तुझे मारता है? 10 "तू अन्यजातियों के हाथ
से खतनारहितों की मृत्यु मरेगा। क्योंकि मैंने कहा है," यह
घोषणा है आदोन 𐤉𐤄𐤅𐤄 की।' " 11 और 𐤉𐤄𐤅𐤄 का
वचन मुझ पर आया, यह कहते हुए, 12 "मनुष्य के पुत्र, सूर
के राजा के लिये विलाप उठा, और उससे कह, 'ऐसा कहता है
आदोन 𐤉𐤄𐤅𐤄, "तू नमूने को सील करने वाला था, बुद्धि में
परिपूर्ण और शोभा में सिद्ध। 13 "तू अदन में, ईश्वर की
वाटिका में था। हर एक अनमोल पत्थर तेरी आड़ था:
माणिक्य, पुखराज, और हीरा, पन्ना, शोहम, और यशब,
नीलम, फिरोजा, और मरकत और सोना। तेरे ढोल और
बाँसुरियों का काम उसी दिन तैयार था, जिस दिन तू सृजा
गया। 14 "तू अभिषिक्त करूब था जो ढाँपता है। और मैंने
तुझे ठहराया; तू ईश्वर के पवित्र पर्वत पर था। तू आग के
पत्थरों के बीच इधर-उधर चलता था। 15 "तू अपनी सारी
चालों में सिद्ध था, जिस दिन तू सृजा गया, जब तक कि तुझ
में अधर्म पाया गया। 16 "तेरे व्यापार की बहुतायत से तू भीतर
से हिंसा से भर गया, और तू ने पाप किया। इसलिये मैंने तुझे
ईश्वर के पर्वत से गिरा दिया, और मैं ने तुझे नष्ट कर दिया,
हे ढाँपने वाले करूब, आग के पत्थरों के बीच से। 17 "तेरा
हृदय तेरी शोभा के कारण ऊँचा हो गया, तू ने अपनी बुद्धि को
अपनी शोभा के लिये भ्रष्ट किया। मैंने तुझे पृथ्वी पर फेंक
दिया, मैंने तुझे राजाओं के सामने डाल दिया कि वे तुझ को
देखें। 18 "तू ने अपने पवित्रस्थान को अपने बहुत से अधर्मों
से, अपने व्यापार के अधर्म से अपवित्र किया। इसलिये मैंने
तेरे बीच से आग निकाली। उसने तुझे भस्म कर दिया, और
मैंने तुझे पृथ्वी पर राख कर दिया उन सबकी आँखों के
सामने जो तुझे देखते हैं। 19 "सब लोग जो तुझे जानते थे,
तेरे विषय में अचंभित होंगे। तू भयावह होगा, और सदा के
लिये नहीं रहेगा।" ' " 20 और 𐤉𐤄𐤅𐤄 का वचन मुझ पर
आया, यह कहते हुए, 21 "मनुष्य के पुत्र, अपना मुख सिदोन
की ओर कर, और उसके विरुद्ध नबूवत कर, 22 और तू कहे,
'ऐसा कहता है आदोन 𐤉𐤄𐤅𐤄, "देख, मैं तेरे विरुद्ध हूँ, हे
सिदोन, और मैं तेरे बीच महिमा पाऊँगा। और वे जानेंगे कि
मैं 𐤉𐤄𐤅𐤄 हूँ, जब मैं उसके बीच में अपने न्याय करूँगा।
और मैं उसमें पवित्र ठहरूँगा। 23 "और मैं उसके ऊपर
महामारी भेजूँगा, और उसकी गलियों में रक्त होगा। और
उसके बीच मारे हुए चारों ओर से उस पर तलवार के द्वारा
गिरेंगे। और वे जानेंगे कि मैं 𐤉𐤄𐤅𐤄 हूँ। 24 "और इस्राएल
के घराने के लिये अब कोई चुभने वाला काँटा या दुख देने
वाला काँटा उन सब के बीच से नहीं रहेगा जो उनके चारों
ओर हैं और जो उन्हें तुच्छ जानते हैं। और वे जानेंगे कि मैं
आदोन 𐤉𐤄𐤅𐤄 हूँ।" 25 'ऐसा कहता है आदोन 𐤉𐤄𐤅𐤄,
"जब मैं इस्राएल के घराने को उन लोगों में से इकट्ठा करूँगा
जिनके बीच वे तितर-बितर हैं, तब मैं जातियों की आँखों के
सामने उनमें पवित्र ठहरूँगा। और वे अपनी भूमि में बसेंगे जो
मैंने अपने दास याक़ोब को दी। 26 "और वे सुरक्षित रहेंगे,
और घर बनाएँगे, और दाख की बारियाँ लगाएंगे, और
सुरक्षित रहेंगे, जब मैं उनके चारों ओर सब पर न्याय करूँगा
जो उन्हें तुच्छ जानते हैं। और वे जानेंगे कि मैं 𐤉𐤄𐤅𐤄
उनका ईश्वर हूँ।" ' "

29 1 दसवें वर्ष में, दसवें महीने में, महीने की बारहवीं
तारीख को, 𐤉𐤄𐤅𐤄 का वचन मेरे पास आया, यह
कहते हुए, 2 "मनुष्य के पुत्र, अपना मुख फ़िरऔन,
मित्स्रयिम के राजा के विरुद्ध कर, और उसके विरुद्ध, और
पूरे मित्स्रयिम के विरुद्ध भविष्यवाणी कर। 3 "बोल, और तू
कहे, 'ऐसा कहता है आदोन 𐤉𐤄𐤅𐤄, "देख, मैं तुझ पर हूँ,
हे फ़िरऔन मित्स्रयिम का राजा, हे महान अजगर जो अपनी
नदियों के बीच लेटा है, जिसने कहा है, 'यह मेरी नदी मेरी है,
और मैंने इसे अपने लिए बनाया है।' 4 "और मैं तेरे जबड़ों में
काँटे डालूँगा, और तेरी नदियों की मछलियों को तेरी चमड़ी

से चिपका दूँगा। और मैं तुझे तेरी नदियों के बीच से ऊपर
खींच लाऊँगा, और तेरी नदियों की सब मछलियाँ तेरी चमड़ी
से चिपकी रहेंगी। 5 "और मैं तुझे जंगल में छोड़ दूँगा, तुझे
और तेरी नदियों की सब मछलियों को। धरती के ऊपर तू
गिरेगा, और तुझे न तो उठाया जाएगा और न इकट्ठा किया
जाएगा। मैं तुझे मैदान के जानवरों और आकाश के पक्षियों
के खाने के लिए दूँगा। 6 "और मित्स्रयिम के सब निवासी
जानेंगे कि मैं 𐤉𐤄𐤅𐤄 हूँ, क्योंकि वे इस्राएल के घराने के लिए
नरकट की छड़ी बने हुए थे। 7 "जब उन्होंने तुझे हाथ से
पकड़ा, तू टूट गया और उनके सारे कंधे फाड़ डाले। जब
उन्होंने तुझ पर सहारा लिया, तू टूट गया और उनकी सब
कमर काँप उठीं।" 8 'इस कारण आदोन 𐤉𐤄𐤅𐤄 यों कहता
है, "देख, मैं तुझ पर तलवार ला रहा हूँ और तुझ में से मनुष्य
और पशु को काट डालूँगा। 9 "और मित्स्रयिम की भूमि
उजाड़ और बर्बादी हो जाएगी। और वे जानेंगे कि मैं 𐤉𐤄𐤅𐤄
हूँ, क्योंकि उसने कहा, 'यह नदी मेरी है, और मैंने इसे बनाया
है।' 10 "इस कारण देख, मैं तुझ पर और तेरी नदियों पर हूँ,
और मित्स्रयिम की भूमि को उजाड़ और बर्बादी कर दूँगा,
मिग्दोल से सवेनेह तक, कुश की सीमा तक। 11 "न मनुष्य
का पाँव उसमें से गुज़रेगा, न पशु का पाँव उसमें से गुज़रेगा,
और न वह चालीस वर्षों तक बसी होगी। 12 "और मैं
मित्स्रयिम की भूमि को उन भूमियों के बीच उजाड़ कर दूँगा
जो उजाड़ हो चुकी हैं। और उन नगरों के बीच जो उजड़े हुए
हैं, उसके नगर चालीस वर्षों तक उजाड़ रहेंगे। और मैं
मित्स्रियों को जातियों के बीच तितर-बितर कर दूँगा, और
उन्हें देशों में छितरा दूँगा।" 13 'क्योंकि आदोन 𐤉𐤄𐤅𐤄 यों
कहता है, "चालीस वर्षों के अंत में मैं मित्स्रियों को उन
जातियों में से इकट्ठा करूँगा जिनमें वे तितर-बितर हुए थे।
14 "और मैं मित्स्रयिम की बंधुवाई को लौटा लाऊँगा और
उन्हें पतरोस की भूमि में, उनके जन्मस्थान की भूमि में वापस
लाऊँगा, और वहाँ वे नीच राज्य होंगे, 15 राज्यों में सबसे नीच
होकर, और फिर कभी जातियों के ऊपर न उठेंगे। और मैं
उन्हें थोड़ा कर दूँगा ताकि वे जातियों पर शासन न कर
सकें। 16 "और अब वे इस्राएल के घराने का शरणस्थान न
रहेंगे, जो उनकी ओर फिरकर अपनी अधर्मता को स्मरण
कराते थे। और वे जानेंगे कि मैं आदोन 𐤉𐤄𐤅𐤄 हूँ।" ' "
17 और यह हुआ कि सत्ताईसवें वर्ष में, पहले महीने में, महीने
के पहले दिन को, 𐤉𐤄𐤅𐤄 का वचन मेरे पास आया, यह
कहते हुए, 18 "मनुष्य के पुत्र, नबूकदनेस्सर बाबेल का राजा
ने अपनी सेना को सूर के विरुद्ध बड़ी सेवा करने के लिए
लगाया, हर सिर गंजा कर दिया गया और हर कंधा घिस
गया। परन्तु उसने और उसकी सेना ने सूर से कोई इनाम
नहीं पाया, उस सेवा के लिए जो उसने उसके विरुद्ध की।
19 "इस कारण आदोन 𐤉𐤄𐤅𐤄 यों कहता है, 'देख, मैं
मित्स्रयिम की भूमि नबूकदनेस्सर बाबेल के राजा को दे रहा
हूँ। और वह उसकी सम्पत्ति ले जाएगा, उसका लूट लेगा,
और उसका माल उठाएगा। और यह उसकी सेना के लिए
इनाम होगा। 20 'मैंने उसे मित्स्रयिम की भूमि उसके परिश्रम
के बदले दी है, क्योंकि उन्होंने मेरे लिए काम किया,' आदोन
𐤉𐤄𐤅𐤄 की घोषणा है। 21 'उस दिन मैं इस्राएल के घराने
का सींग उगाऊँगा, और तेरे मुँह को उनके बीच बोलने के
लिए खोल दूँगा। और वे जानेंगे कि मैं 𐤉𐤄𐤅𐤄 हूँ।' "

30

1 और 𐤉𐤄𐤅𐤄 का वचन मुझ पर आया, यह कहते
हुए, 2 "मनुष्य के पुत्र, नबा और कह, 'इस प्रकार
कहा प्रभु 𐤉𐤄𐤅𐤄 ने, "रोओ, 'हाय उस दिन पर!' 3 "क्योंकि
वह दिन निकट है, यहां तक कि 𐤉𐤄𐤅𐤄 का दिन निकट है।
वह बादलों का दिन है, राष्ट्रों का समय। 4 "मिस्र पर तलवार
आ जाएगी, और कूश में बड़ी पीड़ा होगी, जब मिस्र में मारे हुए
गिरेंगे, और वे उसकी दौलत ले जाएंगे, और उसकी नींव तोड़
दी जाएगी। 5 "कूश, और पूत, और लूद, सब मिश्रित लोग,
और कुब, और वाचा की भूमि के पुत्र, वे सब उनके साथ
तलवार से गिरेंगे।" 6 'इस प्रकार कहा 𐤉𐤄𐤅𐤄 ने, "जो
मिस्र पर भरोसा करते हैं वे गिरेंगे, और उसकी शक्ति का
घमण्ड नीचे आ जाएगा। मिग्दोल से सवेनह तक जो उसके
भीतर हैं वे तलवार से गिरेंगे," यह प्रभु 𐤉𐤄𐤅𐤄 की घोषणा
है। 7 "वे उजड़े हुए देशों के बीच नष्ट हो जाएंगे, और उसके
नगर सूख चुके नगरों के बीच होंगे। 8 "और वे जानेंगे कि मैं
𐤉𐤄𐤅𐤄 हूँ, जब मैं मिस्र में आग जलाऊँगा और उसके सब
सहायकों को चूर कर दूँगा। 9 "उस दिन दूत मेरे आगे
जहाजों में निकलेंगे ताकि निश्चिंत कूशी लोगों को भयभीत
करें, और उन पर बड़ी पीड़ा आ पड़ेगी, जैसे मिस्र के दिन
पर – देखो, यह आ रहा है!" 10 'इस प्रकार कहा प्रभु
𐤉𐤄𐤅𐤄 ने, "मैं मिस्र की भीड़ को नष्ट कर दूँगा, बाबेल के
राजा नबूकदनेस्सर के हाथ से। 11 "वह और उसके लोग
उसके साथ, राष्ट्रों के निर्दयी लोग, देश को नष्ट करने के लिए
लाए गए हैं। और वे मिस्र के विरुद्ध अपनी तलवारें निकालेंगे,
और देश को मारे हुओं से भर देंगे। 12 "और मैं नदियों को
सूखा दूँगा, और देश को दुष्टों के हाथ बेच दूँगा। और मैं देश
को उजाड़ दूँगा, और जो कुछ उसमें है, विदेशियों के हाथ
से। मैं, 𐤉𐤄𐤅𐤄, ने कहा है।" 13 'इस प्रकार कहा प्रभु
𐤉𐤄𐤅𐤄 ने, "और मैं मूर्तियों को नष्ट कर दूँगा, और नोप में
प्रतिमाओं का अंत कर दूँगा, और अब मिस्र की भूमि से कोई
प्रधान न रहेगा, और मैं मिस्र की भूमि में भय डाल दूँगा।
14 "और मैं पथरोस को उजाड़ दूँगा, और त्सोअन में आग
लगाऊँगा, और नोह में दण्ड लागू करूँगा। 15 "और मैं सीन
पर, जो मिस्र का गढ़ है, अपना प्रकोप उड़ेलूँगा। और मैं नोह
की भीड़ को काट डालूँगा। 16 "और मैं मिस्र में आग
लगाऊँगा, सीन पीड़ा से तड़पेगा, नोह फाड़ा जाएगा, और
नोप के प्रतिदिन शत्रु होंगे। 17 "आवेन और पी बेस्थ के
जवान लोग तलवार से गिरेंगे, और ये नगर बंधुआई में
जाएंगे। 18 "और तेखप्नेहस में वह दिन अंधकारमय होगा,
जब मैं वहाँ मिस्र के जुओं को तोड़ दूँगा। और उसकी शक्ति
का घमण्ड उसमें समाप्त होगा, उस पर बादल छा जाएगा।
और उसकी बेटियाँ बंधुआई में चली जाएँगी। 19 "और मैं
मिस्र पर दण्ड लागू करूँगा, और वे जानेंगे कि मैं 𐤉𐤄𐤅𐤄
हूँ।" ' " 20 और ऐसा हुआ ग्यारहवें वर्ष, पहले महीने में,
महीने की सातवीं तारीख को, कि 𐤉𐤄𐤅𐤄 का वचन मुझ पर
आया, यह कहते हुए, 21 "मनुष्य के पुत्र, मैंने फ़िरौन मिस्र के
राजा की भुजा तोड़ दी है। और देख, वह चंगा होने के लिए
नहीं बँधी, न उसे तलवार पकड़ने के लिए बल देने को पट्टी
बाँधी गई है। 22 "इस कारण इस प्रकार कहा प्रभु 𐤉𐤄𐤅𐤄
ने, 'देख, मैं फ़िरौन मिस्र के राजा के विरुद्ध हूँ, और उसकी
भुजाएँ तोड़ दूँगा, वह बलवान और वह जो टूटी हुई थी, और

उसकी तलवार उसके हाथ से गिरा दूँगा, 23 और मैं मिस्त्रियों
को राष्ट्रों में तितर-बितर कर दूँगा, और उन्हें देशों में फैला
दूँगा, 24 और बाबेल के राजा की भुजाओं को बल दूँगा। और
मैं अपनी तलवार उसके हाथ में रखूँगा। और मैं फ़िरौन की
भुजाएँ तोड़ दूँगा, और वह उसके सामने मारे हुओं की कराहों
से कराहेगा। 25 'और मैं बाबेल के राजा की भुजाओं को बल
दूँगा, परन्तु फ़िरौन की भुजाएँ गिर जाएँगी। और वे जानेंगे
कि मैं 𐤉𐤄𐤅𐤄 हूँ, जब मैं अपनी तलवार बाबेल के राजा के
हाथ में रखूँगा और वह उसे मिस्त्र की भूमि के विरुद्ध
फैलाएगा। 26 'और मैं मिस्त्रियों को राष्ट्रों में तितर-बितर कर
दूँगा, और उन्हें देशों में फैला दूँगा। और वे जानेंगे कि मैं
𐤉𐤄𐤅𐤄 हूँ।' "

31

1 और यह हुआ ग्यारहवें वर्ष में, तीसरे महीने में, महीने
के पहले दिन, कि 𐤉𐤄𐤅𐤄 का वचन मेरे पास आया,
यह कहते हुए, 2 "मनुष्य के पुत्र, मिस्त्र के फ़िरऔन राजा
और उसकी भीड़ से कह, 'तुम अपनी महानता में किससे
तुलना किए जाते हो? 3 'देखो, अश्शूर लेबानोन में एक
देवदार था, सुंदर शाखाओं और वन की छाया वाला, और
ऊँचा कद वाला। और उसकी चोटी घने पत्तों के बीच थी।
4 'पानी ने उसे बड़ा बनाया, गहराई ने उसे उसकी नदियों से
ऊँचा किया, जो उसकी रोपाई के चारों ओर बहती थीं, और
अपने चैनल सभी खेत के पेड़ों को भेजे। 5 'इसलिए उसकी
ऊँचाई खेत के सब पेड़ों से ऊपर उठी, और उसकी डालियाँ
बढ़ीं, और उसकी शाखाएँ बहुत लंबी हो गईं अनेक जल के
कारण, जब उसने उन्हें बाहर भेजा। 6 'आकाश के सब पक्षी
उसकी डालियों में अपने घोंसले बनाए, और उसकी शाखाओं
के नीचे सब खेत के पशु जन्मे। और उसकी छाया में सब
महान राष्ट्र बसे। 7 'और वह अपनी महानता और अपनी
शाखाओं की लंबाई में सुंदर था, क्योंकि उसकी जड़ें अनेक
जलों तक पहुँचीं। 8 'ईश्वर के बाग़ में देवदारों ने उसे नहीं
छिपाया, देवदार वृक्ष उसकी डालियों जैसे नहीं थे, और
शाहबलूत के पेड़ उसकी शाखाओं जैसे नहीं थे। ईश्वर के
बाग़ में कोई वृक्ष उसकी तरह सुंदर नहीं था। 9 'मैंने उसे
उसकी बहुत सी शाखाओं से सुंदर बनाया, ताकि ईश्वर के
बाग़ में जो सब वृक्ष अदन में थे, वे उससे ईर्ष्या करें।'
10 "इस कारण प्रभु 𐤉𐤄𐤅𐤄 ने कहा, 'क्योंकि तुम ऊँचाई में
बढ़े हो, और उसकी चोटी घने पत्तों के बीच रखी, और उसका
हृदय उसकी ऊँचाई में ऊँचा हुआ, 11 'मैं उसे राष्ट्रों के
शक्तिशाली के हाथ में देता हूँ, और वह निश्चित रूप से
उसके साथ व्यवहार करेगा। मैंने उसे उसकी दुष्टता के लिए
निकाल दिया है। 12 'और परदेशी, राष्ट्रों में से सबसे निर्दयी,
उसे काट डालेंगे और छोड़ देंगे। उसकी शाखाएँ पहाड़ों पर
और सब घाटियों में गिरेंगी, उसकी डालियाँ देश की सब
नदियों से टूटेंगी। और पृथ्वी के सब लोग उसकी छाया से
बाहर आएँगे और उसे छोड़ देंगे। 13 'उसके खंडहर पर
आकाश के सब पक्षी बसेंगे, और सब खेत के पशु उसकी
शाखाओं पर होंगे, 14 ताकि जल के पास कोई भी वृक्ष अपनी
ऊँचाई के कारण घमण्ड न करे, और अपनी चोटी घने पत्तों
के बीच न रखे, और न ही कोई वृक्ष जो जल पीता है, इतना
ऊँचा हो कि उन तक पहुँचे। 'क्योंकि वे सब मृत्यु को दिए
जाएँगे, पृथ्वी की गहराई में, मनुष्यों के पुत्रों के बीच जो गड्ढे में
उतरते हैं।' 15 "प्रभु 𐤉𐤄𐤅𐤄 ने कहा, 'जिस दिन उसे कब्र में
उतारा जाएगा मैं शोक कराऊँगा। मैं गहराई को उसके
कारण ढक दूँगा और उसकी धाराओं को रोक दूँगा, और
अनेक जल रोके जाएँगे। और मैं लेबानोन को उसके लिए
शोक कराऊँगा, और खेत के सब वृक्ष उसके कारण मुरझा
जाएँगे। 16 'मैं राष्ट्रों को उसके गिरने की आवाज़ पर हिला
दूँगा, जब मैं उसे कब्र में उतारूँगा उन सब के साथ जो गड्ढे में
उतरते हैं। और अदन के सब वृक्ष, लेबानोन के श्रेष्ठ और
उत्तम, सब जो जल पीते हैं, वे पृथ्वी की गहराई में शान्त किए
जाएँगे। 17 'वे भी उसके साथ कब्र में उतरेंगे, उन के साथ
जो तलवार से मारे गए। और जो उसकी शक्ति थे वे राष्ट्रों के
बीच उसकी छाया में बसेंगे। 18 'तुम अदन के वृक्षों के बीच
आदर और महानता में किससे तुलना किए जाते हो? परन्तु
तुम अदन के वृक्षों के साथ पृथ्वी की गहराई में उतारे
जाओगे, खतना न किए हुओं के बीच लेटे हुए, उन के साथ
जो तलवार से मारे गए। यह फ़िरऔन और उसकी सब भीड़
है,' यह प्रभु 𐤉𐤄𐤅𐤄 की घोषणा है।"

32

1 और यह बारहवें वर्ष में, बारहवें महीने में, महीने के
पहले दिन हुआ कि 𐤉𐤄𐤅𐤄 का वचन मेरे पास
आया, यह कहते हुए, 2 "मनुष्य के पुत्र, मिस्त्र के फ़िर'औन के
लिए विलाप करो, और उससे कहो, 'तू जातियों के बीच एक
युवा शेर के समान था, और तू समुद्रों में एक अजगर के
समान है, और तू अपनी नदियों में फूट पड़ा, और अपने पैरों
से जल को परेशान किया, और उनकी नदियों को गंदा कर
दिया।' 3 "इस प्रकार आदोन 𐤉𐤄𐤅𐤄 ने कहा, 'और मैं
अपनी जाल को बहुत से लोगों की सभा के साथ तेरे ऊपर
फैलाऊँगा, और वे तुझे मेरी जाल में ऊपर लाएँगे। 4 'और मैं
तुझे भूमि पर छोड़ दूँगा, तुझे खुले मैदानों में फेंक दूँगा, और
आकाश के सभी पक्षियों को तुझ पर बसाऊँगा। और तेरे
साथ मैं पृथ्वी के सभी पशुओं को संतुष्ट करूँगा। 5 'और मैं
तेरे मांस को पहाड़ों पर रखूँगा, और तेरी ऊँचाई से घाटियों
को भर दूँगा, 6 और तेरे रक्त की धारा से भूमि को पहाड़ों तक
सींचूँगा, और नदियों को तुझसे भर दूँगा। 7 'और जब मैं तुझे
बुझा दूँगा, तो मैं आकाश को ढक दूँगा, और उसके तारों को
अंधेरा कर दूँगा। मैं सूर्य को बादल से ढक दूँगा, और चंद्रमा
अपनी रोशनी नहीं देगा। 8 'आकाश के सभी चमकदार
प्रकाशों को मैं तेरे ऊपर अंधेरा कर दूँगा, और तेरी भूमि पर
अंधकार लाऊँगा,' आदोन 𐤉𐤄𐤅𐤄 कहता है। 9 'और मैं
बहुत से लोगों के दिलों को परेशान करूँगा, जब मैं तेरी विनाश
को उन देशों में लाऊँगा, जिन्हें तू नहीं जानता। 10 'और मैं
बहुत से लोगों को तुझसे भयभीत करूँगा, और उनके राजा
तुझसे बहुत डरेंगे जब मैं अपनी तलवार उनके सामने
घुमाऊँगा। और वे लगातार काँपेंगे, हर आदमी अपनी जान
के लिए, तेरे पतन के दिन।' 11 "क्योंकि इस प्रकार आदोन
𐤉𐤄𐤅𐤄 ने कहा, 'बाबेल के राजा की तलवार तुझ पर
आएगी। 12 'शक्तिशाली लोगों की तलवारों से, सभी राष्ट्रों के
निर्दयी लोगों से, मैं तेरी सेना को गिराऊँगा। और वे मिस्त्र के
घमंड को नष्ट करेंगे, और उसकी सारी सेना नष्ट हो
जाएगी। 13 'और मैं उसकी सभी पशुओं को उसके महान
जल के पास से नष्ट कर दूँगा, और मनुष्य का पैर उन्हें अब
और परेशान नहीं करेगा, न ही पशुओं के खुर उन्हें परेशान

करेंगे। 14 'तब मैं उनके जल को साफ कर दूँगा, और
उनकी नदियों को तेल की तरह बहाऊँगा,' आदोन 𐤉𐤄𐤅𐤄
कहता है। 15 'जब मैं मिस्र की भूमि को उजाड़ दूँगा, और
भूमि को उसके सभी भरने वालों से खाली कर दूँगा, जब मैं
उसमें रहने वालों को मार दूँगा, तब वे जानेंगे कि मैं 𐤉𐤄𐤅𐤄
हूँ। 16 'यह विलाप है, और वे उसके लिए विलाप करेंगे, राष्ट्रों
की बेटियाँ उसके लिए विलाप करेंगी। मिस्र और उसकी सारी
भीड़ के लिए वे उसके लिए विलाप करेंगे,' आदोन 𐤉𐤄𐤅𐤄
कहता है।" 17 और यह बारहवें वर्ष में, महीने के पंद्रहवें दिन
हुआ कि 𐤉𐤄𐤅𐤄 का वचन मेरे पास आया, यह कहते हुए,
18 "मनुष्य के पुत्र, मिस्र की भीड़ के लिए विलाप करो, और
उन्हें पृथ्वी की गहराइयों में भेज दो, उसे और शक्तिशाली राष्ट्रों
की बेटियों को, उन लोगों के साथ जो गड्ढे में जा रहे हैं।
19 'क्या तू दूसरों से अधिक सुखद है? नीचे जा, और
खतनारहितों के साथ रखा जा।' 20 "तलवार से मारे गए
लोगों के बीच वे गिरते हैं। उसे तलवार को दिया जाएगा, उसे
और उसकी सारी भीड़ को खींचते हुए। 21 "सबसे
शक्तिशाली लोग कब्र के बीच से उससे बात करते हैं, उसके
सहायकों के साथ, 'वे नीचे चले गए हैं, वे खतनारहितों के
साथ लेटे हैं, तलवार से मारे गए।' 22 "अश्शूर वहाँ है, और
उसकी सारी सभा, उसकी कब्रों के साथ उसके चारों ओर,
सभी मारे गए, तलवार से गिरे हुए, 23 जिनकी कब्रें गड्ढे के
किनारों में बनाई गई हैं, और उसकी सभा उसकी कब्र के चारों
ओर है, सभी मारे गए, तलवार से गिरे हुए, क्योंकि उन्होंने
जीवितों की भूमि में भय उत्पन्न किया। 24 "वहाँ एलाम है और
उसकी सारी भीड़, उसकी कब्र के चारों ओर, सभी मारे गए,
तलवार से गिरे हुए, जो खतनारहित नीचे पृथ्वी के निचले
भागों में गए हैं, क्योंकि उन्होंने जीवितों की भूमि में भय उत्पन्न
किया। और वे उन लोगों के साथ अपनी शर्म उठाते हैं जो
गड्ढे में जा रहे हैं। 25 "उन्होंने उसे मारे गए लोगों के बीच में
बिस्तर बना दिया है, उसकी सारी भीड़ के साथ, उसकी कब्रों
के चारों ओर, सभी खतनारहित, तलवार से मारे गए, क्योंकि
उन्होंने जीवितों की भूमि में भय उत्पन्न किया। इसलिए वे उन
लोगों के साथ अपनी शर्म उठाते हैं जो गड्ढे में जा रहे हैं। मारे
गए लोगों के बीच में उन्हें रखा गया है। 26 "वहाँ मेशेख और
तुबाल हैं और उसकी सारी भीड़, उनकी कब्रों के चारों ओर,
सभी खतनारहित, तलवार से मारे गए, क्योंकि उन्होंने जीवितों
की भूमि में भय उत्पन्न किया। 27 "और वे उन शक्तिशाली
लोगों के साथ नहीं लेटेंगे जो खतनारहितों के गिरे हुए हैं, जो
अपनी युद्ध सामग्री के साथ कब्र में गए हैं, और जिनकी
तलवारें उनके सिर के नीचे रखी गई थीं। लेकिन उनकी
दुष्टताएँ उनकी हड्डियों पर हैं, क्योंकि जीवितों की भूमि में
शक्तिशाली लोगों का भय। 28 "और तू खतनारहितों के बीच
में टूट जाएगा, और तलवार से मारे गए लोगों के साथ लेट
जाएगा। 29 "वहाँ एदोम है, उसके राजा और उसके सभी
राजकुमार, जो अपनी शक्ति में दिए गए हैं, तलवार से मारे
गए लोगों के साथ। खतनारहितों के साथ वे लेटे हैं, और उन
लोगों के साथ जो गड्ढे में जा रहे हैं। 30 "वहाँ उत्तर के
राजकुमार हैं, सभी, और सभी सिदोनियन, जो मारे गए लोगों
के साथ नीचे चले गए हैं, क्योंकि उन्होंने भय उत्पन्न किया।
वे अपनी शक्ति से शर्मिंदा हैं। और वे तलवार से मारे गए
लोगों के साथ खतनारहित लेटे हैं, और उन लोगों के साथ
अपनी शर्म उठाते हैं जो गड्ढे में जा रहे हैं। 31 "फ़िर'औन -
फ़िर'औन और उसकी सारी सेना - उन्हें देखेगा, और वह
अपनी सारी सेना के लिए सांत्वना पाएगा जो तलवार से मारे
गए थे," आदोन 𐤉𐤄𐤅𐤄 कहता है। 32 "क्योंकि मैंने जीवितों
की भूमि में उसके भय को रखा है, फिर भी उसे खतनारहितों
के बीच में रखा जाएगा, तलवार से मारे गए लोगों के साथ -
फ़िर'औन और उसकी सारी सेना," आदोन 𐤉𐤄𐤅𐤄 कहता
है।

33 1 और 𐤉𐤄𐤅𐤄 का वचन मेरे पास आया, यह कहते
हुए, 2 "मनुष्य के पुत्र, अपनी प्रजा के बच्चों से बोल,
और उनसे कह, 'जब मैं किसी देश पर तलवार लाऊँ, और
उस देश के लोग अपने क्षेत्र से एक व्यक्ति लें और उसे
अपना पहरेदार बनाएँ, 3 और वह तलवार को देश पर आते हुए
देखे, और नरसिंगा फूँके और लोगों को चेतावनी दे, 4 तब जो
कोई नरसिंगा की ध्वनि सुने और चेतावनी न ले, यदि तलवार
आकर उसे ले जाए, तो उसका लहू उसके अपने सिर पर
होगा। 5 'उसने नरसिंगा की ध्वनि सुनी, परन्तु चेतावनी नहीं
ली, उसका लहू उसी पर है। परन्तु जिसने चेतावनी ली वह
अपना प्राण बचाएगा। 6 'परन्तु यदि पहरेदार तलवार को
आते हुए देखे और नरसिंगा न फूँके, और लोग सावधान न
हों, और तलवार आकर उनमें से किसी प्राणी को ले जाए, वह
अपनी अधर्मता में ले लिया गया, और उसका लहू मैं पहरेदार
के हाथ से माँगूँगा।' 7 "और तू, मनुष्य के पुत्र, मैंने तुझे
इस्राएल के घर के लिए पहरेदार बनाया है। और तू मेरे मुख
से वचन सुनेगा और मेरी ओर से उन्हें चेतावनी देगा। 8 "जब
मैं दुष्ट से कहूँ, 'हे दुष्ट, तू अवश्य मर जाएगा!' और तूने
दुष्ट को उसकी मार्ग से चेताया नहीं, वह दुष्ट अपनी अधर्मता
में मर जाएगा, और उसका लहू मैं तेरे हाथ से माँगूँगा।
9 "परन्तु जब तूने दुष्ट को उसकी मार्ग से फिरने की चेतावनी
दी और उसने अपनी मार्ग से फिरा नहीं, वह अपनी अधर्मता
में मर जाएगा, परन्तु तूने अपना प्राण बचा लिया। 10 "और
तू, हे मनुष्य के पुत्र, इस्राएल के घर से कह, 'यह वह है जो
तुमने कहा, "यदि हमारे अपराध और हमारे पाप हम पर पड़े
हैं, और हम उनमें घुल जाते हैं, तो हम कैसे जीवित रहेंगे?" '
11 "उनसे कह, 'जैसा कि मैं जीवित हूँ,' घोषणा करता है
आदोन 𐤉𐤄𐤅𐤄, 'मैं दुष्ट की मृत्यु में प्रसन्न नहीं होता, परन्तु
यह कि दुष्ट अपनी राह से फिरकर जीवित रहे। लौट आओ,
लौट आओ अपनी बुरी राहों से! क्यों मरना चाहिए, हे इस्राएल
के घराने?' 12 "और तू, हे मनुष्य के पुत्र, अपनी प्रजा के
बच्चों से कह, 'धर्मी मनुष्य की धार्मिकता उसे उसके अपराध
के दिन नहीं बचाएगी। और दुष्ट की दुष्टता के कारण वह
उस दिन नहीं ठोकर खाएगा जिस दिन वह अपनी दुष्टता से
फिरता है। और धर्मी अपने पाप के दिन अपनी धार्मिकता के
कारण जीवित न रह सकेगा।' 13 "जब मैं धर्मी से कहता हूँ
कि वह जीवित रहेगा, और वह अपनी धार्मिकता पर भरोसा
करता है, और अधर्म करता है, तो उसकी कोई धार्मिकता
स्मरण न की जाएगी, परन्तु उसके अधर्म के कारण जो
उसने किया है, वह मरेगा। 14 "फिर, जब मैं दुष्ट से कहता
हूँ, 'तू निश्चय ही मरेगा,' यदि वह अपने पाप से फिरकर
सीधा और धर्म करता है, 15 यदि दुष्ट गिरवी लौटाता है, जो
उसने चुराया उसे वापस देता है, और जीवन की व्यवस्था में
चलता है बिना दुष्टता किए, तो वह निश्चय जीवित रहेगा; वह

न मरेगा। 16 “उसके किए हुए किसी भी पाप को उसके विरुद्ध
स्मरण न किया जाएगा - उसने सीधा और धर्म किया है; वह
निश्चय जीवित रहेगा। 17 “और तेरे लोगों के बच्चे कह चुके
हैं, ‘𐤉𐤄𐤅𐤄 का मार्ग उचित नहीं है।’ परन्तु उनके ही मार्ग
उचित नहीं हैं! 18 “जब धर्मी अपनी धार्मिकता से फिरकर
अधर्म करता है, वह उसके कारण मरेगा। 19 “परन्तु जब
दुष्ट अपनी दुष्टता से फिरकर सीधा और धर्म करता है, वह
उसके कारण जीवित रहेगा। 20 “और तुमने कहा है,
‘𐤉𐤄𐤅𐤄 का मार्ग उचित नहीं है।’ हे इस्राएल के घराने, मैं
तुम में से हर एक का न्याय उसके अपने मार्गों के अनुसार
करूंगा।” 21 और बारहवें वर्ष में हमारे निर्वासन के, दसवें
महीने में, पाँचवें दिन, यरूशलेम से भागा हुआ एक मेरे पास
आया और कहा, “नगर मार गिराया गया है!” 22 और
𐤉𐤄𐤅𐤄 का हाथ मुझ पर उस संध्या को आया, जब वह
मनुष्य आया जो भाग निकला था। और उसने मेरा मुँह
खोला, इससे पहले कि वह मेरे पास सुबह आया। और मेरा
मुँह खोला गया। और मैं अब और चुप न रहा। 23 तब
𐤉𐤄𐤅𐤄 का वचन मुझ पर आया, यह कहते हुए, 24 “हे
मनुष्य के पुत्र, जो उजड़े हुए स्थानों में इस्राएल की भूमि में
रहते हैं, कह रहे हैं, ‘अब्राहम केवल एक ही था, और उसने
भूमि का उत्तराधिकार पाया। परन्तु हम बहुत हैं, भूमि हमें
स्वामित्व के लिए दी जाए।’ 25 “इस कारण उनसे कह, ‘यूं
कहता है आदोन 𐤉𐤄𐤅𐤄, “तुम रक्त के साथ मांस खाते हो,
और अपनी आँखें अपने मूर्तियों की ओर उठाते हो, और रक्त
बहाते हो। क्या तुम भूमि के अधिकारी बनोगे? 26 “तुम अपनी
तलवार पर भरोसा करते हो, और घृणित काम करते हो, और
तुम में से हर एक अपने पड़ोसी की पत्नी को अशुद्ध करता
है। क्या तुम भूमि के अधिकारी बनोगे?” ’ 27 “उनसे यह
कह, ‘यूं कहता है आदोन 𐤉𐤄𐤅𐤄, “जैसा कि मैं जीवित हूँ,
जो उजड़े हुए स्थानों में हैं वे तलवार से गिरेंगे, और जो खुले
मैदान में है उसे मैं पशुओं को दूँगा कि वे उसे खाएँ, और जो
गढ़ों और गुफाओं में हैं वे महामारी से मरेंगे। 28 “और मैं भूमि
को उजाड़ और निर्जन बना दूँगा, उसके बल की घमण्ड ठहर
जाएगी, और इस्राएल के पहाड़ उजाड़ होंगे, जिन पर कोई न
गुजरेगा। 29 “और वे जानेंगे कि मैं 𐤉𐤄𐤅𐤄 हूँ, जब मैं भूमि
को उजाड़ और निर्जन बना दूँगा, उनके सब घृणित कामों के
कारण जो उन्होंने किए हैं।” ’ 30 “और तू, हे मनुष्य के पुत्र,
तेरे लोगों के बच्चे दीवारों के पास और घरों के द्वारों में तेरे
विषय में बातें कर रहे हैं। और वे एक दूसरे से कहते हैं, हर
एक अपने भाई से, ‘कृपया आओ और सुनो कि कौन सा
वचन 𐤉𐤄𐤅𐤄 से आता है।’ 31 “और वे तेरे पास वैसे ही
आते हैं जैसे लोग आते हैं, और वे तेरे सामने बैठते हैं जैसे
मेरी प्रजा, और वे तेरे वचन सुनते हैं, परन्तु उन्हें करते नहीं।
क्योंकि अपने मुँह से वे बहुत प्रेम दिखाते हैं – उनके हृदय
अपने लोभ का पीछा करते हैं। 32 “और देख, तू उनके लिए
एक बहुत सुन्दर गीत के समान है, किसी ऐसे का जिसके
पास मधुर स्वर है और जो किसी बाजे पर अच्छा बजाता है।
और वे तेरे वचन सुनते हैं, परन्तु उन्हें करते नहीं। 33 “और
जब यह होगा - देख, यह होगा - तब वे जानेंगे कि उनके बीच
एक नबी रहा है।”

34

1 और 𐤉𐤄𐤅𐤄 का वचन मेरे पास आया, यह कहते
हुए, 2 “मनुष्य के पुत्र, इस्राएल के चरवाहों के विरुद्ध
नबा करो, नबा करो और उनसे कहो, ‘आदोन 𐤉𐤄𐤅𐤄 ने
चरवाहों से कहा, “हाय उन चरवाहों पर जो इस्राएल के हैं, जो
स्वयं को ही चराते हैं! क्या चरवाहों को झुंड को नहीं चराना
चाहिए? 3 “तुम चरबी खाते हो और ऊन पहनते हो। तुम
मोटों को वध करते हो – तुम झुंड को नहीं चराते। 4 “तुमने
निर्बलों को मज़बूत नहीं किया, न ही बीमारों को चंगा किया, न
टूटे को बाँधा, न भटके हुए को लौटाया, न खोए हुए को ढूँढा;
पर तुमने उन पर बल और कठोरता से राज्य किया। 5 “और
वे बिखर गए क्योंकि कोई चरवाहा नहीं था। और जब वे
बिखर गए, तब वे मैदान के सब पशुओं के लिए भोजन बन
गए। 6 “मेरी भेड़ें सब पहाड़ों पर और हर ऊँची पहाड़ी पर
भटक गईं। और मेरी भेड़ें पूरी पृथ्वी के ऊपर बिखरी हुई थीं,
और कोई उन्हें ढूँढने या खोजने वाला नहीं था।” 7 ‘इसलिए,
हे चरवाहों, 𐤉𐤄𐤅𐤄 का वचन सुनो: 8 “मेरे जीवन की
शपथ,” आदोन 𐤉𐤄𐤅𐤄 की घोषणा है, “क्योंकि मेरा झुंड
लूट बन गया, और मेरा झुंड हर मैदान के पशु के लिए भोजन
बन गया, क्योंकि कोई चरवाहा नहीं था, और मेरे चरवाहों ने
मेरे झुंड को नहीं ढूँढा, बल्कि चरवाहे स्वयं को ही चराते रहे
और मेरे झुंड को नहीं चराया,” 9 इसलिए, हे चरवाहों,
𐤉𐤄𐤅𐤄 का वचन सुनो! 10 ‘आदोन 𐤉𐤄𐤅𐤄 ने कहा,
“देखो, मैं चरवाहों के विरुद्ध हूँ, और मैं अपने झुंड को उनके
हाथ से माँगूँगा, और उन्हें भेड़ों को चराना बंद कर दूँगा, और
चरवाहे अब स्वयं को नहीं चराएँगे। और मैं अपने झुंड को
उनके मुँह से छुड़ाऊँगा, और वे अब उनके लिए भोजन नहीं
बनेंगे।” 11 ‘क्योंकि आदोन 𐤉𐤄𐤅𐤄 ने कहा, “देखो, मैं स्वयं
अपने झुंड की खोज करूँगा और उन्हें ढूँढूँगा। 12 “जैसे
कोई चरवाहा अपने बिखरे हुए झुंड के बीच अपने भेड़ों को
खोजता है, वैसे ही मैं अपने झुंड को ढूँढूँगा और उन्हें उन सब
स्थानों से छुड़ाऊँगा जहाँ वे बादल और घने बादल के दिन
बिखरे थे। 13 “और मैं उन्हें लोगों के बीच से बाहर लाऊँगा
और देशों से इकट्ठा करूँगा, और उन्हें उनके अपने देश में
लाऊँगा। और मैं उन्हें इस्राएल के पहाड़ों पर, घाटियों में,
और देश के सब निवास स्थानों में चराऊँगा। 14 “मैं उन्हें
अच्छे चरागाह में चराऊँगा, और उनका डेरा इस्राएल के
ऊँचे पहाड़ों पर होगा। वे वहाँ अच्छे डेरे में लेटेंगे और
इस्राएल के पहाड़ों पर हरे-भरे चरागाह में चरेंगे। 15 “मैं
अपने झुंड को चराऊँगा और उन्हें लेटाऊँगा,” आदोन
𐤉𐤄𐤅𐤄 की घोषणा है। 16 “मैं खोए हुए को ढूँढूँगा और
भटके हुए को लौटाऊँगा। और मैं टूटे हुए को बाँधूँगा और
बीमार को मज़बूत करूँगा, पर मोटे और बलवान को नष्ट कर
दूँगा। मैं उन्हें न्याय के अनुसार चराऊँगा।” 17 ‘और हे मेरे
झुंड, तुम्हारे विषय में, आदोन 𐤉𐤄𐤅𐤄 ने कहा, “देखो, मैं
भेड़ और भेड़ के बीच, मेढ़ों और बकरों के बीच न्याय कर
रहा हूँ। 18 “क्या तुम्हारे लिए यह पर्याप्त नहीं कि तुमने अच्छे
चरागाह को खा लिया, और अपने पैरों से बाकी चरागाह को
रौंद डाला? या कि तुमने स्वच्छ जल पिया, और बाकी को
अपने पैरों से गंदा कर दिया? 19 “और मेरे झुंड के विषय में,
वे वही खाते हैं जो तुमने अपने पैरों से रौंदा है, और वही पीते हैं
जो तुमने अपने पैरों से गंदा किया है।” 20 ‘इसलिए आदोन
𐤉𐤄𐤅𐤄 ने उनसे कहा, “देखो, मैं स्वयं मोटी और दुबली

भेड़ों के बीच न्याय करूँगा। [21]"क्योंकि तुमने पहलू और
कंधे से धक्का दिया, और सब निर्बलों को अपने सींगों से
ठेला, और उन्हें बाहर बिखेर दिया, [22]इसलिए मैं अपने झुंड
को बचाऊँगा, और वे अब लूट नहीं होंगे। और मैं भेड़ और
भेड़ के बीच न्याय करूँगा। [23]"और मैं उनके ऊपर एक
चरवाहा खड़ा करूंगा, अपना दास दाऊद, और वह उन्हें
खिलाएगा। वह उन्हें खिलाएगा और उनका चरवाहा होगा।"
[24]"और मैं, 𐤉𐤄𐤅𐤄, उनका ईश्वर होऊंगा, और मेरा दास
दाऊद उनके बीच एक राजकुमार होगा। मैं, 𐤉𐤄𐤅𐤄, ने यह
कहा है।" [25]"और मैं उनके साथ शांति की वाचा करूंगा,
और देश से दुष्ट पशुओं को नष्ट कर दूंगा। और वे जंगल में
सुरक्षित निवास करेंगे और वन में शांति से सोएंगे।" [26]"और
मैं उन्हें और अपने पर्वत के चारों ओर के स्थानों को
आशीर्वाद दूंगा, और उनके समय पर वर्षा बरसाऊंगा -
आशीर्वाद की वर्षा वे होंगी।" [27]"और मैदान के वृक्ष अपना
फल देंगे और भूमि अपनी उपज देगी, और वे अपने देश में
सुरक्षित रहेंगे। और वे जान लेंगे कि मैं 𐤉𐤄𐤅𐤄 हूँ, जब मैं
उनके जुए की सलाखें तोड़ दूंगा। और मैं उन्हें उनके दास
बनाने वालों के हाथ से छुड़ाऊंगा।" [28]"और वे फिर
अन्यजातियों का शिकार न होंगे, और पृथ्वी के पशु उन्हें न
खा जाएंगे। और वे सुरक्षित रहेंगे, और कोई उन्हें भयभीत
नहीं करेगा।" [29]"और मैं उनके लिए नाम का एक रोपण
स्थान खड़ा करूंगा, और वे देश में भूख से फिर न खाए
जाएंगे, और न ही वे फिर अन्यजातियों की लज्जा उठाएंगे।"
[30]"और वे जान लेंगे कि मैं, 𐤉𐤄𐤅𐤄 उनका ईश्वर, उनके
साथ हूँ, और वे, इस्राएल का घराना, मेरी प्रजा हैं," ऐसा
कहता है आदोन 𐤉𐤄𐤅𐤄।" [31]"और तुम, मेरी भेड़ें, मेरे
चरागाह की भेड़ें, मनुष्य हो, और मैं तुम्हारा ईश्वर हूँ," ऐसा
कहता है आदोन 𐤉𐤄𐤅𐤄।"

35 [1]और 𐤉𐤄𐤅𐤄 का वचन मेरे पास आया, यह कहते
हुए, [2]"मनुष्य के पुत्र, अपना मुख सेईर पर्वत की
ओर कर और उसके विरुद्ध नबूवत कर, [3]और तू उससे
कह, 'ऐसा कहता है आदोन 𐤉𐤄𐤅𐤄, "देखो, हे सेईर पर्वत,
मैं तेरे विरुद्ध हूँ, और अपना हाथ तेरे विरुद्ध फैलाऊँगा, और
तुझे उजाड़ और सुनसान कर दूँगा। [4]"तेरे नगरों को मैं
नष्ट कर दूँगा, और तुझे उजाड़ कर दूँगा। और तू जान
लेगा कि मैं 𐤉𐤄𐤅𐤄 हूँ। [5]"क्योंकि तेरे पास सदा बैर रहा,
और तूने इस्राएल की सन्तानों को उनके संकट के समय,
उनके अंत के समय की दुष्टता के समय तलवार की शक्ति
में सौंप दिया। [6]"इस कारण, जैसा कि मैं जीवित हूँ," यह
वचन है आदोन 𐤉𐤄𐤅𐤄 का, "मैं तुझे लहू के लिये
ठहराऊँगा, और लहू तेरा पीछा करेगा। क्योंकि तूने लहू से
बैर नहीं किया, इसलिये लहू तेरा पीछा करेगा। [7]"और मैं
सेईर पर्वत को उजाड़ और सुनसान कर दूँगा, और उसमें से
जाने और लौटने वाले को काट डालूँगा, [8]और उसकी
पहाड़ियों को मारे हुओं से भर दूँगा, तेरे पहाड़ों, तेरी तराइयों
और तेरे सब घाटियों में तलवार से गिरने वाले गिरेंगे। [9]"मैं
तुझे सदा के लिये उजाड़ कर दूँगा, और तेरे नगर निर्जन हो
जाएँगे। और तू जान लेगा कि मैं 𐤉𐤄𐤅𐤄 हूँ। [10]"क्योंकि
तूने कहा, 'ये दो जातियाँ और ये दो देश मेरे हैं, और हम इन्हें
अपना लेंगे,' यद्यपि वहाँ 𐤉𐤄𐤅𐤄 था, [11]इसलिये, जैसा कि मैं
जीवित हूँ," यह वचन है आदोन 𐤉𐤄𐤅𐤄 का, "मैं तेरे क्रोध
के अनुसार और तेरी डाह के अनुसार करूँगा, जो तूने उनके
विरुद्ध अपनी घृणा में दिखाई। और जब मैं तेरा न्याय
करूँगा, तब मैं अपने को उनमें प्रकट करूँगा। [12]"और तू
जान लेगा कि मैं 𐤉𐤄𐤅𐤄 हूँ। मैंने तेरी सारी निन्दाएँ सुनी है
जो तूने इस्राएल के पहाड़ों के विरुद्ध कही हैं, यह कहते हुए,
'वे उजाड़ दिए गए हैं, वे हमें खाने के लिये दिये गए।'
[13]"और तूने अपने मुँह से मेरे विरुद्ध डींग मारी है और अपने
वचनों को मेरे विरुद्ध बढ़ाया है - मैंने स्वयं सुना है।" [14]'ऐसा
कहता है आदोन 𐤉𐤄𐤅𐤄, "जैसा कि सारी पृथ्वी आनन्दित
हो रही है मैं तुझे उजाड़ कर दूँगा। [15]"जैसा कि तूने आनन्द
किया क्योंकि इस्राएल के घराने की मीरास उजाड़ दी गई थी,
वैसे ही मैं तुझसे करूँगा: उजाड़ा जाएगा, हे सेईर पर्वत, और
समस्त एदोम भी, सब का सब! और वे जानेंगे कि मैं 𐤉𐤄𐤅𐤄
हूँ।" '

36 [1]"और तू, मनुष्य का पुत्र, नबा इस्राएल के पहाड़ों से
कह, और तू कह, 'हे इस्राएल के पहाड़ो, 𐤉𐤄𐤅𐤄
का वचन सुनो! [2]'यहोवा 𐤉𐤄𐤅𐤄 ने यों कहा, "क्योंकि शत्रु
ने तेरे विषय में कहा, 'हा! प्राचीन ऊँचाइयाँ हमारी संपत्ति हो
गई हैं,' " ' [3]इस कारण नबा, और तू कह, 'यहोवा 𐤉𐤄𐤅𐤄
ने यों कहा, "क्योंकि उन्होंने तुझे उजाड़ दिया और चारों ओर
से तुझे निगल लिया, कि तू अन्यजातियों का अधिकार बन
गया, और तू वाचालों के होंठों पर उठाया गया और लोगों द्वारा
निन्दित किया गया," [4]इस कारण, हे इस्राएल के पहाड़ो,
यहोवा 𐤉𐤄𐤅𐤄 का वचन सुनो! यहोवा 𐤉𐤄𐤅𐤄 ने पहाड़ों,
पहाड़ियों, नदियों और तराइयों, उजड़े हुए खंडहरों और उन
नगरों से कहा है जो त्याग दिए गए हैं, जो चारों ओर की
अन्यजातियों के उपहास और लूट का कारण बने; [5]इस
कारण यहोवा 𐤉𐤄𐤅𐤄 ने यों कहा, "क्या मैंने अपनी जलन
की आग में अन्यजातियों और सारे एदोम के विरुद्ध न बोला,
जिन्होंने मेरे देश को अपने लिए अधिकार कर लिया, हृदय
की सारी खुशी से, अपने प्राण में तिरस्कार के साथ, ताकि
उसे शिकार के लिये निकाल दें?" ' [6]"इस कारण इस्राएल
की भूमि के विषय में नबा कर, और तू पहाड़ों, पहाड़ियों,
नदियों और तराइयों से कह, 'यहोवा 𐤉𐤄𐤅𐤄 ने यों कहा,
"देखो, मैंने अपनी जलन और अपने क्रोध में कहा है, क्योंकि
तुमने अन्यजातियों की लज्जा सही है।" [7]'इस कारण यहोवा
𐤉𐤄𐤅𐤄 ने यों कहा, "मैंने अपनी शपथ में हाथ उठाया है कि
जो अन्यजाति तुम्हारे चारों ओर हैं, वे अपनी ही लज्जा
उठाएँगे।" [8]"परन्तु तू, हे इस्राएल के पहाड़ो, अपनी डालियां
निकालो और अपने फल मेरे लोगों इस्राएल के लिये लाओ,
क्योंकि वे आने वाले हैं! [9]"क्योंकि देखो, मैं तेरे लिये हूँ, और
मैं तेरी ओर फिरूँगा, और तू जोता और बोया जाएगा।
[10]"और मैं तुझ पर मनुष्यों को बढ़ाऊँगा, इस्राएल के सारे
घराने को, सबको। और नगर बसाए जाएँगे और खंडहरों को
फिर से बनाया जाएगा। [11]"और मैं तुझ पर मनुष्य और पशु
को बढ़ाऊँगा, और वे बढ़ेंगे और बच्चा जनेंगे। और मैं तुझे
प्राचीन काल के समान बसाऊँगा, और तुझे तेरे प्रारम्भ से भी
उत्तम करूँगा। और तू जान लेगा कि मैं 𐤉𐤄𐤅𐤄 हूँ।
[12]"और मैं मनुष्यों को, अपने लोगों इस्राएल को, तुझ पर

चलने दूँगा, और वे तुझे अपना अधिकार बनाएँगे, और तू
उनकी विरासत होगी, और तू अब उन्हें शोक में नहीं
डालेगा।” 13 ‘यहोवा 𐤉𐤄𐤅𐤄 ने यों कहा, “क्योंकि वे तुझसे
कहते हैं, ‘तू मनुष्यों को खा जाता है और अपनी जाति को
शोकित करता है,’ 14 इस कारण तू अब से मनुष्यों को नहीं
खाएगा, और अब से अपनी जाति को शोकित नहीं करेगा,”
यहोवा 𐤉𐤄𐤅𐤄 की यह वाणी है। 15 “और अब मैं तुझे
अन्यजातियों की निन्दा सुनने नहीं दूँगा। और तू अब से
लोगों की लज्जा नहीं उठाएगा, और न अब से अपनी जातियों
को ठोकर खिलाएगा,” यहोवा 𐤉𐤄𐤅𐤄 की यह वाणी है।’ ”
16 और यहोवा 𐤉𐤄𐤅𐤄 का वचन मुझ पर उतरा, यह कहता
हुआ, 17 “हे मनुष्य के पुत्र, जब इस्राएल का घराना अपने
देश में बसता था, तो उन्होंने अपने मार्गों और कामों से उसे
अशुद्ध किया। मेरे लिये उनका मार्ग उस स्त्री की अशुद्धता के
समान था जो अपने मासिक धर्म में होती है। 18 “इस कारण
मैंने उन पर अपना क्रोध उंडेला, उस खून के लिये जो
उन्होंने भूमि पर बहाया, और उनकी मूर्तियों के लिये जिनसे
उन्होंने उसे अशुद्ध किया। 19 “और मैंने उन्हें अन्यजातियों में
तितर-बितर किया, और वे देशों में फैलाए गए। मैंने उनके
मार्गों और उनके कामों के अनुसार उनका न्याय किया।
20 “और जब वे अन्यजातियों के पास आए, जहाँ-जहाँ वे गए,
उन्होंने मेरे पवित्र नाम को अपवित्र किया; क्योंकि उनके विषय
में कहा गया, ‘ये यहोवा 𐤉𐤄𐤅𐤄 के लोग हैं, और फिर भी वे
उसके देश से निकल गए हैं।’ 21 “परन्तु मैंने अपने पवित्र
नाम पर दया की, जिसे इस्राएल के घराने ने उन
अन्यजातियों में अपवित्र किया जहाँ-जहाँ वे गए।”
22 “इसलिये इस्राएल के घर से कह, ‘यहोवा 𐤉𐤄𐤅𐤄 ऐसा
कहता है, “मैं यह काम तुम्हारे लिये नहीं करता, हे इस्राएल के
घर, परन्तु अपने पवित्र नाम के लिये करता हूँ, जिसे तुमने
अन्यजातियों के बीच जहाँ भी गये हो, अपवित्र किया है।”
23 “और मैं अपने महान नाम को पवित्र करूँगा, जिसे
अन्यजातियों में अपवित्र किया गया है, जिसे तुमने उनके बीच
अपवित्र किया है। और अन्यजाति जानेंगे कि मैं 𐤉𐤄𐤅𐤄
हूँ,” यहोवा 𐤉𐤄𐤅𐤄 की यह वाणी है, “जब मैं तुम्हारे भीतर
उनकी आँखों के सामने पवित्र ठहरूँगा।” 24 “और मैं तुम्हें
अन्यजातियों में से निकाल लूँगा, और सब देशों से इकट्ठा
करूँगा, और तुम्हें तुम्हारे अपने देश में ले आऊँगा।”
25 “और मैं तुम पर शुद्ध जल छिड़कूँगा, और तुम शुद्ध हो
जाओगे। तुम्हारी सारी अशुद्धताओं और तुम्हारे सब मूर्तियों से
मैं तुम्हें शुद्ध करूँगा।” 26 “और मैं तुम्हें नया हृदय दूँगा और
तुम्हारे भीतर नई आत्मा डालूँगा। और तुम्हारे शरीर से पत्थर
का हृदय निकालकर मांस का हृदय दूँगा।” 27 “और मैं
अपनी आत्मा तुम्हारे भीतर डालूँगा। और मैं ऐसा करूँगा कि
तुम मेरी विधियों पर चलो और मेरे नियमों को मानो और उन
पर चलो।” 28 “और तुम उस देश में बसोगे, जिसे मैंने
तुम्हारे पितरों को दिया था। और तुम मेरे लोग ठहरोगे, और
मैं तुम्हारा ईश्वर ठहरूँगा।” 29 “और मैं तुम्हें तुम्हारी सब
अशुद्धताओं से बचाऊँगा। और मैं अन्न के लिये बुलाऊँगा
और उसे बढ़ाऊँगा, और तुम्हारे ऊपर अन्न की कमी नहीं
आने दूँगा।” 30 “और मैं तुम्हारे वृक्षों का फल और तुम्हारे
खेतों की उपज बढ़ाऊँगा, ताकि तुम्हें फिर कभी अन्यजातियों
में अकाल की लज्जा न उठानी पड़े।” 31 “और तुम अपनी
बुरी चालचलन और अपने ऐसे कामों को स्मरण करोगे जो
अच्छे नहीं थे। और तुम अपने दृष्टिकोण में अपने ही कारण
घृणा करोगे, तुम्हारे अधर्म और घृणित कर्मों के कारण।”
32 “मैं तुम्हारे लिये यह नहीं करता,” यहोवा 𐤉𐤄𐤅𐤄 की यह
वाणी है, “यह तुम्हें मालूम हो। हे इस्राएल के घर, अपने मार्गों
के कारण लज्जित हो और लज्जा से लाल हो।” 33 ‘यहोवा
𐤉𐤄𐤅𐤄 ऐसा कहता है, “जिस दिन मैं तुम्हें तुम्हारे सब
अधर्मों से शुद्ध करूँगा, उसी दिन मैं नगरों को बसाऊँगा, और
उजड़े हुए स्थानों को फिर से बनवाऊँगा।” 34 “और जो भूमि
उजाड़ डाली गई थी, वह जोतेगी, वह अब उन सब की आँखों
के सामने उजाड़ न रहेगी जो वहाँ से गुजरते हैं।” 35 “और
वे कहेंगे, ‘यह भूमि जो उजाड़ पड़ी थी, अदन की बारी के
समान हो गई है। और जो नगर उजड़े हुए, सुनसान और
गिराए हुए थे, वे अब गढ़वाले और बसे हुए हैं।’ ” 36 “तब वे
अन्यजाति जो तुम्हारे चारों ओर बची रहेंगी, जानेंगी कि मैं,
𐤉𐤄𐤅𐤄, ने उजड़े हुए स्थानों को बनाया है और जो उजाड़
थे, उन्हें लगाया है। मैं, 𐤉𐤄𐤅𐤄, ने यह कहा है और मैं इसे
पूरा करूँगा।” 37 ‘यहोवा 𐤉𐤄𐤅𐤄 ऐसा कहता है, “फिर से
मैं इस्राएल के घर को मुझसे पूछने दूँगा कि उनके लिये क्या
करूँ: मैं उनके लोगों को झुंड के समान बढ़ाऊँगा।”
38 “जैसे पवित्र झुंड, जैसे यरूशलेम में उसके नियत पर्वों के
समय के झुंड, वैसे ही उजड़े हुए नगर मनुष्यों के झुंड से भर
जाएँगे। और वे जानेंगे कि मैं 𐤉𐤄𐤅𐤄 हूँ।”

37 1 𐤉𐤄𐤅𐤄 का हाथ मुझ पर था और उसने मुझे
𐤉𐤄𐤅𐤄 की आत्मा द्वारा बाहर निकाला, और मुझे
घाटी के बीच में रखा। और वह हड्डियों से भरी हुई थी।
2 और उसने मुझे उनके बीच से गुज़ारा, चारों ओर, और
देखो, घाटी की सतह पर बहुत सी हड्डियाँ थीं, और देखो, वे
बहुत सूखी थीं। 3 और उसने मुझसे कहा, “मनुष्य के पुत्र,
क्या ये हड्डियाँ जीवित होंगी?” और मैंने कहा, “हे अदोनै
𐤉𐤄𐤅𐤄, तू जानता है।” 4 फिर उसने मुझसे कहा, “इन
हड्डियों पर भविष्यवाणी कर, और उनसे कह, ‘हे सूखी हड्डियों,
𐤉𐤄𐤅𐤄 का वचन सुनो! 5 ‘यहोवा 𐤉𐤄𐤅𐤄 ने इन हड्डियों से
कहा, “देखो, मैं तुम्हारे भीतर आत्मा डाल रहा हूँ, और तुम
जीवित हो जाओगे। 6 “और मैं तुम्हारे ऊपर स्नायु डालूँगा
और तुम्हारे ऊपर मांस लाऊँगा, और तुम्हें चमड़े से ढक दूँगा
और तुम्हारे भीतर आत्मा डालूँगा, और तुम जीवित हो
जाओगे। और तुम जानोगे कि मैं 𐤉𐤄𐤅𐤄 हूँ।” ’ ” 7 और
मैंने वैसा ही भविष्यवाणी की जैसा मुझे आज्ञा दी गई थी। और
जैसे ही मैंने भविष्यवाणी की, एक शब्द हुआ, और एक
खड़खड़ाहट हुई। और हड्डियाँ एक-दूसरे से मिल गईं, हड्डी
से हड्डी। 8 और मैंने देखा और देखो स्नायु और मांस उन पर
आए, और चमड़े ने उन्हें ढक दिया, पर उनमें आत्मा नहीं
थी। 9 फिर उसने मुझसे कहा, “आत्मा से भविष्यवाणी कर,
भविष्यवाणी कर, हे मनुष्य के पुत्र, और आत्मा से कह,
‘यहोवा 𐤉𐤄𐤅𐤄 ने कहा, “चारों दिशाओं से आओ, हे आत्मा,
और इन मारे हुओं पर फूँको, ताकि वे जीवित हो जाएँ।” ’ ”
10 और मैंने वैसा ही भविष्यवाणी की जैसा उसने मुझे आज्ञा
दी, और आत्मा उनमें आई, और वे जीवित हो गए, और अपने
पैरों पर खड़े हो गए, एक बहुत बड़ी सेना। 11 और उसने
मुझसे कहा, “मनुष्य के पुत्र, ये हड्डियाँ सारे इस्राएल का

घराना हैं। देखो, वे कहते हैं, 'हमारी हड्डियाँ सूख गई हैं,
हमारी आशा नष्ट हो गई है, और हम स्वयं कट गए हैं!'
12 "इस कारण भविष्यवाणी कर, और उनसे कह, 'यहोवा
𐤉𐤄𐤅𐤄 ने कहा, "देखो, हे मेरे लोगों, मैं तुम्हारी कब्रें खोल
रहा हूँ, और तुम्हें तुम्हारी कब्रों से बाहर निकालूँगा, और तुम्हें
इस्राएल के देश में ले आऊँगा। 13 "और तुम जानोगे कि मैं
𐤉𐤄𐤅𐤄 हूँ, जब मैं तुम्हारी कब्रें खोलूँगा, हे मेरे लोगों, और
तुम्हें तुम्हारी कब्रों से बाहर निकालूँगा। 14 "और मैं अपनी
आत्मा तुम्हारे भीतर डालूँगा, और तुम जीवित हो जाओगे,
और मैं तुम्हें तुम्हारे अपने देश में बसाऊँगा। और तुम जानोगे
कि मैंने 𐤉𐤄𐤅𐤄 कहा है, और मैंने इसे किया है," यहोवा
𐤉𐤄𐤅𐤄 की घोषणा है।' " 15 और 𐤉𐤄𐤅𐤄 का वचन मुझ
पर आया, यह कहते हुए, 16 "और तू, हे मनुष्य के पुत्र, अपने
लिए एक लकड़ी ले और उस पर लिख, 'यहूदा के लिए और
इस्राएल की संतान के लिए, उसके साथी।' फिर एक और
लकड़ी ले और उस पर लिख, 'योसुफ़ के लिए, इफ्रयिम की
लकड़ी, और सारे इस्राएल के घराने के लिए, उसके साथी।'
17 "फिर उन्हें अपने लिए एक लकड़ी में मिला दे, और वे तेरे
हाथ में एक हो जाएँगे। 18 "और जब तेरे लोगों के पुत्र तुझसे
कहें, 'क्या तू हमें नहीं बताएगा कि तू इनसे क्या कहना चाहता
है?' 19 तो उनसे कह, 'यहोवा 𐤉𐤄𐤅𐤄 ने कहा, "देखो, मैं
योसुफ़ की लकड़ी ले रहा हूँ, जो इफ्रयिम के हाथ में है, और
इस्राएल की जनजातियाँ, उसके साथी। और मैं उन्हें यहूदा
की लकड़ी के साथ दूँगा, और उन्हें एक लकड़ी बनाऊँगा,
और वे मेरे हाथ में एक हो जाएँगे।" ' 20 "और जिन
लकड़ियों पर तू लिखता है वे उनकी आँखों के सामने तेरे हाथ
में होंगी। 21 "और उनसे कह, 'यों कहता है आदोन
𐤉𐤄𐤅𐤄, "देखो, मैं इस्राएल के बच्चों को अन्यजातियों में
से, जहाँ कहीं वे गए हैं, निकाल रहा हूँ, और मैं उन्हें चारों ओर
से इकट्ठा करूँगा, और उन्हें उनके देश में ले आऊँगा।
22 "और मैं उन्हें उस देश में, इस्राएल के पहाड़ों पर, एक राष्ट्र
बना दूँगा। और एक ही राजा उन सब पर राजा होगा, और वे
अब दो राष्ट्र न रहेंगे, और अब दो राज्यों में विभाजित न होंगे।
23 "और वे अब अपने गंदे मूर्तियों से, न अपनी अशुद्धताओं
से, और न अपने किसी अपराध से अपने को अपवित्र
करेंगे। और मैं उन्हें उनके सब निवास स्थानों से छुड़ाऊँगा
जहाँ उन्होंने पाप किया है, और मैं उन्हें शुद्ध करूँगा। और वे
मेरी प्रजा होंगे, और मैं उनका ईश्वर होऊँगा। 24 जबकि
दावीद मेरा दास उन पर राजा होगा। और वे सब एक ही
चरवाहा रखेंगे और मेरी विधियों में चलेंगे और मेरी
व्यवस्थाओं को मानेंगे, और उनका पालन करेंगे। 25 "और वे
उस देश में बसेंगे जो मैंने अपने दास याक़ोब को दिया था,
जहाँ तुम्हारे पितृ लोग रहते थे। और वे उसमें रहेंगे, वे और
उनके बच्चे और उनके बच्चों के बच्चे, सदा के लिये; और
मेरा दास दावीद सदा उनका प्रधान रहेगा। 26 "और मैं उनके
साथ शांति की वाचा बाँधूँगा—यह उनके साथ सदा की वाचा
होगी। और मैं उन्हें स्थापित करूँगा और उनकी वृद्धि करूँगा,
और अपना मिकदाश उनके बीच सदा के लिये रखूँगा।
27 "और मेरा निवासस्थान उन पर होगा। और मैं उनका
ईश्वर होऊँगा, और वे मेरी प्रजा होंगे। 28 "और अन्यजाति
जानेंगे कि मैं, 𐤉𐤄𐤅𐤄, इस्राएल को पवित्र कर रहा हूँ, जब
मेरा मिकदाश उनके बीच सदा के लिये होगा।" ' "

38

1 और 𐤉𐤄𐤅𐤄 का वचन मुझ तक आया, यह कहते
हुए, 2 "मनुष्य के पुत्र, अपना मुख गोग़, मागोग के
देश के विरुद्ध कर, रोश, मेषेक और तूबाल के प्रधान के
विरुद्ध, और उसके विरुद्ध नबूवत कर। 3 "और तू कहे, 'इस
प्रकार कहता है आदोन 𐤉𐤄𐤅𐤄, "देख, मैं तुझसे विरोध
करता हूँ, हे गोग़, रोश, मेषेक और तूबाल के प्रधान। 4 "और
मैं तुझे फेरूँगा, और तेरे जबड़ों में काँटे डालूँगा, और तुझे
निकाल लाऊँगा, तेरी सारी सेना के साथ, घोड़े और
घुड़सवार, पूर्ण रूप से सुसज्जित, एक बड़ी सभा कवच और
ढाल के साथ, सब के सब तलवार पकड़े हुए। 5 "फारस,
कूश, और पूत उनके साथ हैं, सब के सब ढाल और टोप के
साथ, 6 "गोमेर और उसकी सब टोलियाँ, तोगरमा का घर दूर
उत्तर से और उसकी सब टोलियाँ, बहुत से लोग तेरे साथ।
7 "तैयार रह, अपने आप को तैयार कर, तू और तेरी सारी
सभाएँ जो तेरे पास इकट्ठी हुई हैं। और तू उनके लिये एक
रखवाला होगा। 8 "बहुत दिनों के बाद तुझे बुलाया जाएगा।
अंतिम वर्षों में तू उस देश में आएगा जो तलवार से वापस
लाया गया है और बहुत सी जातियों से इकट्ठा किया गया है,
इस्राएल के पहाड़ों पर, जो निरंतर उजाड़ पड़े थे। पर वे
जातियों से निकालकर लाए गए, और सब के सब निश्चिन्तता
से बसेंगे। 9 "और तू ऊपर आएगा, आँधी के समान आता
हुआ, तू देश को बादल के समान ढाँक लेगा, तू और तेरी
सारी टोलियाँ और बहुत से लोग तेरे साथ।" 10 'इस प्रकार
कहता है आदोन 𐤉𐤄𐤅𐤄, "और उस दिन ऐसा होगा कि
तुझारे हृदय में बातें उठेंगी, और तू एक दुष्ट युक्ति बनाएगा।
11 "और तू कहेगा, 'मैं उन गाँवों के विरुद्ध ऊपर चढ़ूँगा
जिनकी दीवारें नहीं हैं, मैं उन पर जाऊँगा जो विश्राम में हैं जो
निश्चिन्तता से बसते हैं, सब दीवारों के बिना, और न पट्टियों
और न फाटकों के साथ,' 12 लूट लेने और माल लेने के लिए,
अपने हाथ फैलाने के लिए उन उजाड़ जगहों के विरुद्ध जो
फिर बसाई गई है, और उस लोगों के विरुद्ध जो जातियों से
इकट्ठे किए गए हैं, पशु और संपत्ति प्राप्त करने वाले, जो देश
के मध्य में बसते हैं। 13 "शेवा, और देदान, और तरशीश के
व्यापारी, और उनके सब जवान सिंह तुझसे कहेंगे, 'क्या तू
लूट लेने आया है? क्या तूने अपनी सेना माल लेने के लिये
इकट्ठी की है, चाँदी और सोना ले जाने के लिये, पशु और
संपत्ति ले जाने के लिये, बड़ा लूट लेने के लिये?' " '
14 "इसलिये, हे मनुष्य के पुत्र, नबूवत कर, और तू गोग़ से
कहे, 'इस प्रकार कहता है आदोन 𐤉𐤄𐤅𐤄, "उस दिन जब
मेरी प्रजा इस्राएल निश्चिन्तता से बसती होगी, क्या तू न
जानता होगा? 15 "और तू अपनी जगह से दूर उत्तर से
आएगा, तू और बहुत से लोग तेरे साथ, सब घोड़ों पर सवार,
एक बड़ी सभा और एक प्रबल सेना। 16 "और तू मेरी प्रजा
इस्राएल के विरुद्ध बादल के समान ऊपर आएगा, देश को
ढाँपने के लिये - अंतिम दिनों में ऐसा होगा। और मैं तुझे
अपने देश के विरुद्ध लाऊँगा, ताकि जातियाँ मुझे जानें, जब
मैं तुझ में पवित्र ठहरूँगा, हे गोग़, उनकी आँखों के सामने।"
17 'इस प्रकार कहता है आदोन 𐤉𐤄𐤅𐤄, "क्या तू वही है
जिसके विषय में मैंने पूर्व दिनों में अपनी सेवकों इस्राएल के
नबियों के द्वारा कहा, जिन्होंने उन दिनों में कई वर्षों तक
नबूवत की, तुझे उनके विरुद्ध लाने के लिये? 18 "और उस
दिन ऐसा होगा, जिस दिन गोग़ इस्राएल के देश के विरुद्ध

आएगा," यह घोषणा करता है आदोन 𐤉𐤄𐤅𐤄, "कि मेरा
क्रोध मेरे मुख पर चढ़ेगा। [19] "क्योंकि मेरी जलन और मेरे
क्रोध की आग में मैंने कहा है, 'उस दिन इस्राएल के देश में
बड़ा कम्पन होगा, [20] ताकि समुद्र की मछलियाँ, आकाश के
पक्षी, मैदान के पशु, और सब रेंगने वाले जो भूमि पर रेंगते हैं,
और सब मनुष्य जो भूमि के मुख पर हैं, मेरे सम्मुख काँपें।
और पहाड़ गिरा दिए जाएँगे, और खड़ी जगहें गिरेंगी, और
हर दीवार भूमि पर गिर जाएगी।' [21] "और मैं अपने सब
पहाड़ों पर गोग़ के विरुद्ध तलवार बुलाऊँगा," यह घोषणा
करता है आदोन 𐤉𐤄𐤅𐤄, "हर एक का तलवार उसके भाई
के विरुद्ध होगी। [22] "और मैं उसका न्याय करूँगा महामारी
और रक्त से, और मूसलधार वर्षा और बड़े ओले, आग और
गंधक उस पर और उसकी टोलियों पर और उन बहुत से
लोगों पर जो उसके साथ हैं, बरसाऊँगा। [23] "और मैं अपने
आप को महान बनाऊँगा और पवित्र ठहराऊँगा, और मैं बहुत
सी जातियों की आँखों में जाना जाऊँगा। और वे जानेंगे कि
मैं ही 𐤉𐤄𐤅𐤄 हूँ।" '

39 [1] "और तू, मनुष्य का पुत्र, गोग़ के विरुद्ध भविष्यवाणी
कर, और तू कहे, 'यहोवा 𐤉𐤄𐤅𐤄 ऐसा कहता है,
"देख, मैं तेरे विरुद्ध हूँ, हे गोग़, रोश, मेशेख़ और तूबल का
प्रधान, [2] और मैं तुझे मोड़ दूँगा और तुझे ले आऊँगा, और
तुझे उत्तर के दूरस्थ भागों से निकालकर इस्राएल के पर्वतों
पर लाऊँगा, [3] और तेरे बाएँ हाथ से धनुष को तोड़ दूँगा, और
तेरे दाहिने हाथ से तीरों को गिरा दूँगा। [4] "इस्राएल के पर्वतों
पर तू गिरेगा, तू और तेरी सारी सेनाएँ और तेरे संग के लोग।
हर प्रकार के शिकार करने वाले पक्षियों और मैदान के पशुओं
को मैं तुझे खाने के लिए दूँगा। [5] "मैदान के ऊपर तू गिरेगा,
क्योंकि मैंने यह कहा है," यहोवा 𐤉𐤄𐤅𐤄 की वाणी है।
[6] "और मैं मागोग पर और उन पर जो तटों पर निश्चिंत रहते
हैं, आग भेजूँगा। और वे जानेंगे कि मैं 𐤉𐤄𐤅𐤄 हूँ। [7] "और
मैं अपने पवित्र नाम को अपनी प्रजा इस्राएल के बीच में प्रकट
करूँगा, और अपने पवित्र नाम को अब और अपवित्र न होने
दूँगा। और जातियाँ जानेंगी कि मैं 𐤉𐤄𐤅𐤄 हूँ, इस्राएल में
पवित्र। [8] "देख, वह आनेवाला है, और वह किया जाएगा,"
यहोवा 𐤉𐤄𐤅𐤄 की वाणी है। "यह वही दिन है जिसके विषय
में मैंने कहा था। [9] "और इस्राएल के नगरों में रहनेवाले बाहर
निकलकर हथियारों को आग लगाएँगे और जलाएँगे, ढाल
और कवच, धनुष और तीर, गदा और भाले। और वे सात
वर्षों तक उनसे आग जलाएँगे। [10] और वे न तो मैदान से
लकड़ी लाएँगे और न ही जंगलों से काटेंगे, क्योंकि वे हथियारों
से ही आग जलाएँगे। और वे उन्हें लूटेंगे जिन्होंने उन्हें लूटा
था, और उन पर हाथ डालेंगे जिन्होंने उन्हें लूटा था," यहोवा
𐤉𐤄𐤅𐤄 की वाणी है। [11] "और उसी दिन मैं गोग़ को इस्राएल
में कब्र की जगह दूँगा, समुद्र के पूर्व की ओर गुजरने वालों की
तराई में, और वह गुजरने वालों को रोक देगी, क्योंकि वहाँ वे
गोग़ और उसकी सारी भीड़ को दफनाएँगे, और उसका नाम
होगा हामोन-गोग़ की तराई। [12] "और इस्राएल का घर सात
महीने तक उन्हें दफनाएगा, ताकि देश शुद्ध हो जाए।
[13] "और देश की सारी प्रजा उन्हें दफनाएगी, और जिस दिन
मैं महिमावान ठहरूँगा वह उनके लिए नाम होगा," यहोवा
𐤉𐤄𐤅𐤄 की वाणी है। [14] "और वे मनुष्यों को अलग करेंगे
जो निरंतर देश से होकर गुजरें, उन लोगों को दफनाएँगे जो
भूमि की सतह पर पड़े हुए थे, ताकि उसे शुद्ध करें। सात
महीने के अंत में वे खोज करेंगे। [15] और जब कोई गुजरते
हुए किसी मनुष्य की हड्डी देखेगा, तो वह उसके पास एक
चिन्ह लगाएगा, जब तक कि गाड़नेवाले उसे हामोन-गोग़ की
तराई में दफना न दें। [16] "और वहाँ हामोना नाम का एक
नगर भी होगा। इस प्रकार वे देश को शुद्ध करेंगे।" '
[17] "और तू, मनुष्य का पुत्र, यहोवा 𐤉𐤄𐤅𐤄 ऐसा कहता है,
'हर प्रकार के पक्षी और हर मैदान के पशु से कह, "इकट्ठे हो
और आओ, चारों ओर से मेरी बलि पर इकट्ठे हो, जिसे मैं
तुम्हारे लिए मार रहा हूँ, इस्राएल के पर्वतों पर बड़ी बलि, और
तुम मांस खाओगे और लहू पियोगे। [18] "वीरों का मांस खाओ,
पृथ्वी के राजकुमारों का लहू पियो, मेढ़ों, मेम्नों, बकरों और
बैलों का, सब के सब बाशान के मोटे। [19] "और तुम चरबी
खाओगे जब तक कि तृप्त न हो जाओ, और लहू पियोगे जब
तक कि नशे में न हो जाओ, मेरी बलि पर जिसे मैं तुम्हारे लिए
मार रहा हूँ। [20] "और तुम मेरी मेज पर घोड़ों और सवारों,
पराक्रमी पुरुषों और सब युद्धियों से तृप्त होगे," यहोवा
𐤉𐤄𐤅𐤄 की वाणी है। [21] "और मैं अपना वैभव जातियों के
बीच में रखूँगा। और सब जातियाँ मेरा न्याय देखेंगी, जो मैंने
किया है, और मेरा हाथ जो मैंने उन पर लगाया है। [22] "और
इस्राएल का घर जान लेगा कि मैं 𐤉𐤄𐤅𐤄 उनका ईश्वर हूँ,
उस दिन से आगे। [23] "और जातियाँ जान लेंगी कि इस्राएल
का घर अपने अधर्म के कारण बंधुआई में गया, क्योंकि
उन्होंने मेरे विरुद्ध अपराध किया, इसलिये मैंने उनसे अपना
मुख छिपाया, और उन्हें उनके शत्रुओं के हाथ में दिया, और
वे सब तलवार से गिर गए। [24] "उनकी अशुद्धता और उनके
अपराधों के अनुसार मैंने उनसे व्यवहार किया, और उनसे
अपना मुख छिपाया।" ' [25] "इसलिए यहोवा 𐤉𐤄𐤅𐤄 ऐसा
कहता है, 'अब मैं याकूब के बंधुओं को वापस लाने जा रहा
हूँ। और मैं इस्राएल के पूरे घर पर दया करूँगा, और अपने
पवित्र नाम के लिए जलन करूँगा। [26] 'और उन्होंने अपना
लज्जा और अपने सारे अपराध, जो उन्होंने मेरे विरुद्ध किए,
सह लिया होगा, जब वे अपने देश में सुरक्षित रहेंगे और कोई
उन्हें भयभीत न करेगा। [27] जब मैं उन्हें जातियों से वापस
लाऊँगा और उनके शत्रुओं के देशों से इकट्ठा करूँगा। और
मैं अनेक जातियों की आँखों के सामने उनमें पवित्र ठहरूँगा।
[28] 'और वे जानेंगे कि मैं 𐤉𐤄𐤅𐤄 उनका ईश्वर हूँ, जिसने
उन्हें जातियों के बीच बंधुआई में भेजा था, और फिर उन्हें
उनके देश में इकट्ठा किया, और उनमें से किसी को भी पीछे न
छोड़ा। [29] 'और अब मैं उनसे अपना मुख और नहीं
छिपाऊँगा, क्योंकि मैंने अपनी आत्मा इस्राएल के घर पर
उंडेली है,' यहोवा 𐤉𐤄𐤅𐤄 की वाणी है।"

40 [1] हमारे निर्वासन के पच्चीसवें वर्ष में, वर्ष की शुरुआत
में, महीने की दसवीं तारीख को, नगर पर आघात होने
के चौदहवें वर्ष में, उसी दिन 𐤉𐤄𐤅𐤄 का हाथ मुझ पर आया
और उसने मुझे वहाँ पहुँचाया। [2] ईश्वर के दर्शन में उसने
मुझे यिस्राएल की भूमि में पहुँचाया और मुझे एक बहुत ऊँचे
पर्वत पर खड़ा किया, और उस पर दक्षिण की ओर एक नगर
की रचना थी। [3] तब उसने मुझे वहाँ पहुँचाया, और देखो,
एक पुरुष जिसका स्वरूप पीतल के स्वरूप के समान था,

और उसके हाथ में सन की डोरी और एक मापने की कनेह
थी, और वह फाटक में खड़ा था। 4 और उस पुरुष ने मुझसे
कहा, “मनुष्य के पुत्र, अपनी आँखों से देख और अपने कानों
से सुन, और अपने हृदय को उन सब बातों पर लगाओ जो मैं
तुझे दिखा रहा हूँ; क्योंकि तुझे यहाँ लाया गया है ताकि तुझे ये
बातें दिखाऊँ। यिस्राएल के घराने को वह सब कुछ घोषित
कर जो तू देख रहा है।” 5 और देखो: भवन के चारों ओर
बाहर की ओर एक दीवार थी, और उस पुरुष के हाथ में एक
मापने की कनेह थी, जो छह अम्माह लंबी थी, प्रत्येक अम्माह
और एक तोफह। और उसने दीवार की चौड़ाई मापी, एक
कनेह, और ऊँचाई एक कनेह। 6 फिर वह पूर्व की ओर के
फाटक पर आया। और वह उसकी सीढ़ियों पर चढ़ा और
फाटक की दहलीज़ मापी, एक कनेह चौड़ी, और दूसरी
दहलीज़, एक कनेह चौड़ी। 7 और छोटी कोठरी एक कनेह
लंबी और एक कनेह चौड़ी थी, और छोटी कोठरियों के बीच
पाँच अम्माह का स्थान था। और फाटक की दहलीज़ जो
फाटक के बरामदे के भीतर थी, एक कनेह थी। 8 फिर उसने
भीतर के फाटक के बरामदे को मापा, एक कनेह। 9 और
उसने फाटक के बरामदे को मापा, आठ अम्माह, और उसके
खंभे दो अम्माह। और फाटक का बरामदा भीतर था।
10 और पूर्व फाटक की छोटी कोठरियाँ, तीन एक ओर और
तीन दूसरी ओर, सब तीनों एक ही माप की थीं। और खंभे
इस ओर और उस ओर एक ही माप के थे। 11 और उसने
फाटक के प्रवेश की चौड़ाई मापी, दस अम्माह, और फाटक
की लंबाई तेरह अम्माह। 12 और छोटी कोठरियों के सामने
की सीमा, एक अम्माह इस ओर और एक अम्माह उस ओर।
और फाटक की कोठरी इस ओर छह अम्माह और उस ओर
छह अम्माह थी। 13 और उसने फाटक को एक छोटी कोठरी
की छत से दूसरी की छत तक मापा, चौड़ाई पच्चीस अम्माह,
द्वार से द्वार तक। 14 और उसने खंभों को मापा, साठ अम्माह
ऊँचे, आँगन के खंभे तक, फाटक के चारों ओर। 15 और
प्रवेश फाटक के सामने से भीतर के फाटक के बरामदे के
सामने तक पचास अम्माह था। 16 और छोटी कोठरियों और
उनके खंभों के भीतर संकीर्ण खिड़की के चौखट थे, और
बरामदों के लिए भी। और भीतर चारों ओर खिड़कियाँ थीं।
और प्रत्येक खंभे पर खजूर के वृक्ष थे। 17 और उसने मुझे
बाहरी आँगन में पहुँचाया, और देखो, कमरे और एक फ़र्श
चारों ओर आँगन के चारों ओर बनाए गए, फ़र्श पर तीस
कमरे। 18 और फ़र्श फाटकों के किनारे पर था, फाटकों की
लंबाई के बराबर – निचला फ़र्श। 19 और उसने निचले
फाटक के सामने से भीतर के आँगन के सामने तक बाहर की
ओर मापा, सौ अम्माह पूर्व और उत्तर की ओर। 20 और
बाहरी आँगन के उत्तर की ओर के फाटक को उसने उसकी
लंबाई और चौड़ाई मापी। 21 और उसकी छोटी कोठरियाँ,
तीन इस ओर और तीन उस ओर, उसके खंभे और उसके
बरामदे, पहले फाटक के समान माप के थे; उसकी लंबाई
पचास अम्माह और चौड़ाई पच्चीस अम्माह थी। 22 और
उसकी खिड़कियाँ और उसके बरामदे और उसके खजूर के
वृक्ष, पूर्व की ओर के फाटक के समान माप के थे। और वे
सात सीढ़ियाँ चढ़कर उस तक पहुँचे, और उसका बरामदा
उसके सामने था। 23 और आंतरिक आँगन का फाटक उत्तरी
फाटक के सामने था, और पूरब के फाटक पर। और उसने
फाटक से फाटक तक नापा, एक सौ अम्माह। 24 और उसने
मुझे दक्षिण की ओर ले गया, और देखो, दक्षिण की ओर एक
फाटक था। और उसने उसके खंभों और बरामदों को इन
नापों के अनुसार नापा। 25 और उसमें और उसके बरामदों में
चारों ओर खिड़कियाँ थीं, जैसी वे खिड़कियाँ, उसकी लंबाई
पचास अम्माह और उसकी चौड़ाई पच्चीस अम्माह थी।
26 और सात सीढ़ियाँ उस पर चढ़ाती थीं, और उसका बरामदा
उनके सामने था। और उसके खंभों पर खजूर के पेड़ थे,
एक इस ओर और एक उस ओर। 27 और आंतरिक आँगन
का एक फाटक दक्षिण की ओर था। और उसने फाटक से
फाटक तक दक्षिण की ओर नापा, एक सौ अम्माह। 28 और
उसने मुझे आंतरिक आँगन में दक्षिणी फाटक से लाया, और
उसने दक्षिणी फाटक को इन नापों के अनुसार नापा। 29 और
उसकी छोटी कोठरियाँ, और उसके खंभे, और उसके बरामदे
इन नापों के अनुसार थे। और उसमें और उसके बरामदों में
चारों ओर खिड़कियाँ थीं - पचास अम्माह लंबा और पच्चीस
अम्माह चौड़ा। 30 और चारों ओर बरामदे थे, पच्चीस अम्माह
लंबा और पाँच अम्माह चौड़ा। 31 और उसके बरामदे बाहरी
आँगन की ओर थे, और उसके खंभों पर खजूर के पेड़ थे,
और आठ सीढ़ियाँ उस पर चढ़ाती थीं। 32 और उसने मुझे
आंतरिक आँगन में पूरब की ओर लाया, और उसने फाटक
को इन नापों के अनुसार नापा। 33 और उसकी छोटी
कोठरियाँ, और उसके खंभे, और उसके बरामदे इन नापों के
अनुसार थे। और उसमें और उसके बरामदों में चारों ओर
खिड़कियाँ थीं - पचास अम्माह लंबा और पच्चीस अम्माह
चौड़ा। 34 और उसके बरामदे बाहरी आँगन की ओर थे, और
उसके खंभों पर खजूर के पेड़ थे, इस ओर और उस ओर,
और आठ सीढ़ियाँ उस पर चढ़ाती थीं। 35 और उसने मुझे
उत्तर फाटक पर लाया, और उसने उसे इन नापों के अनुसार
नापा, 36 उसकी छोटी कोठरियाँ, उसके खंभे, और उसके
बरामदे। और उसमें चारों ओर खिड़कियाँ थीं, उसकी लंबाई
पचास अम्माह और उसकी चौड़ाई पच्चीस अम्माह थी।
37 और उसके खंभे बाहरी आँगन की ओर थे, और उसके
खंभों पर खजूर के पेड़ थे, इस ओर और उस ओर, और
आठ सीढ़ियाँ उस पर चढ़ाती थीं। 38 और फाटक के खंभों
के पास एक कोठरी थी, जहाँ वे होमबलि धोते थे। 39 और
फाटक के बरामदे में दो मेजें इस ओर और दो मेजें उस ओर
थीं, जिन पर होमबलि, और पापबलि, और अपराधबलि का
वध किया जाता था। 40 और बाहर की ओर, जब कोई उत्तर
फाटक के प्रवेश द्वार पर चढ़ता था, तो दो मेजें थीं। और
फाटक के बरामदे की दूसरी ओर भी दो मेजें थीं। 41 चार
मेजें इस ओर और चार मेजें उस ओर थीं, फाटक के पास,
आठ मेजें जिन पर वे वध करते थे। 42 और चार तराशी हुई
पत्थर की मेजें होमबलि के लिए थीं, एक अम्माह और आधा
लंबा, एक अम्माह और आधा चौड़ा, और एक अम्माह ऊँचा।
इन पर वे उपकरण रखते थे जिनसे वे होमबलि और बलि का
वध करते थे। 43 और दोहरे काँटे, एक तोफ़ह चौड़े, चारों
ओर जड़े हुए थे। और मेजों पर बलियों का मांस था।
44 और आंतरिक फाटक के बाहर गानेवालों के लिए कोठरियाँ
आंतरिक आँगन में थीं, एक उत्तर फाटक के पास दक्षिण की
ओर और दूसरी दक्षिण फाटक के पास उत्तर की ओर।
45 और उसने मुझसे कहा, “यह कोठरी जो दक्षिण की ओर है

वह उन याजकों के लिए है जो घर की सेवा का कार्य रखते हैं। [46] "और जो कोठरी उत्तर की ओर है वह उन याजकों के लिए है जो वेदी की सेवा का कार्य रखते हैं, वे सादोक के पुत्र हैं, लेवी के पुत्रों में से, जो 𐤉𐤄𐤅𐤄 के समीप जाकर उसकी सेवा करते हैं।" [47] और उसने आँगन को नापा, एक सौ अम्माह लंबा और एक सौ अम्माह चौड़ा, एक चौकोर। और वेदी घर के सामने थी। [48] और उसने मुझे घर के बरामदे पर लाया और बरामदे के द्वार की चौखटों को नापा, पाँच अम्माह इस ओर और पाँच अम्माह उस ओर। और फाटक की चौड़ाई तीन अम्माह इस ओर और तीन अम्माह उस ओर थी। [49] बरामदे की लंबाई बीस अम्माह, और चौड़ाई ग्यारह अम्माह थी। और सीढ़ियों के पास जो उस पर चढ़ाती थीं, दरवाज़ों की चौखटों पर खंभे थे, एक इस ओर और एक उस ओर।

41

[1] और उसने मुझे हेयख़ल में लाया, और उसने चौखटों को नापा, एक ओर छह अम्माह चौड़ी और दूसरी ओर छह अम्माह चौड़ी, तम्बू की चौड़ाई। [2] और प्रवेशद्वार दस अम्माह चौड़ा था, और प्रवेशद्वार की बगल की दीवारें इस ओर पाँच अम्माह और उस ओर पाँच अम्माह थीं। और उसने इसकी लंबाई चालीस अम्माह और चौड़ाई बीस अम्माह नापी। [3] और वह भीतर गया और चौखटों को नापा, दो अम्माह, और प्रवेशद्वार छह अम्माह ऊँचा, और प्रवेशद्वार की चौड़ाई सात अम्माह। [4] और उसने लंबाई बीस अम्माह और चौड़ाई बीस अम्माह नापी, हेयख़ल के सामने। और उसने मुझसे कहा, "यह सबसे पवित्र स्थान है।" [5] और उसने घर की दीवार को नापा, छह अम्माह, और घर के चारों ओर प्रत्येक पार्श्व कक्ष की चौड़ाई प्रत्येक ओर चार अम्माह थी। [6] और पार्श्व कक्ष तीन-तीन थे, एक दूसरे के ऊपर, प्रत्येक पर तीस कक्ष, वे उन मचान पर टिके थे जो चारों ओर पार्श्व कक्षों के लिये थे, सहारा देने के लिये, परन्तु घर की दीवार से जुड़े नहीं थे। [7] और पार्श्व कक्षों के लिए एक चौड़ा मार्ग और ऊपर की ओर घूमता हुआ मार्ग था, क्योंकि घर के चारों ओर घूमता हुआ मार्ग सीढ़ियों के समान ऊपर जाता था। और जब कोई सबसे निचले से सबसे ऊँचे तक बीच वाले द्वारा ऊपर चढ़ता था तो संरचना की चौड़ाई बढ़ती थी। [8] और मैंने घर के चारों ओर ऊँचाई देखी: पार्श्व कक्षों की नींव, एक क़नेह की लंबाई छह अम्माह। [9] पार्श्व कक्षों की बाहरी दीवार की मोटाई पाँच अम्माह थी, और जो घर के पार्श्व कक्षों के बीच छोड़ा गया था। [10] और कक्षों और घर के बीच की चौड़ाई चारों ओर बीस अम्माह थी। [11] और पार्श्व कक्ष का द्वार खुले स्थान की ओर था, एक द्वार उत्तर की ओर और दूसरा दक्षिण की ओर। और खुले स्थान का स्थान चारों ओर पाँच अम्माह चौड़ा था। [12] और वह भवन जो अलग स्थान के सामने पश्चिम की ओर था, सत्तर अम्माह चौड़ा था, और भवन की दीवार चारों ओर पाँच अम्माह मोटी थी, और उसकी लंबाई नब्बे अम्माह थी। [13] तब उसने घर को नापा, सौ अम्माह लंबा। और अलग स्थान, भवन और उसकी दीवारें, सौ अम्माह लंबी थीं। [14] और घर के सामने की चौड़ाई और पूरब की ओर अलग स्थान की चौड़ाई सौ अम्माह थी। [15] और उसने भवन की लंबाई को पीछे के अलग स्थान के सामने और उसकी गैलरियों को एक ओर और दूसरी ओर नापा, सौ अम्माह, जैसे कि भीतर का हेयख़ल और आँगन के बरामदे। [16] चौखटें और संकरे खिड़की के चौखटे, और गैलरियाँ चारों ओर, दहलीज़ के सामने उनकी तीन-तीन, लकड़ी से ढकी हुई थीं। भूमि से खिड़कियों तक, और खिड़कियाँ ढकी हुई थीं। [17] द्वार के ऊपर के स्थान से, भीतर के घर तक, और बाहर तक, और हर दीवार पर चारों ओर, भीतर और बाहर, माप से। [18] और यह करूबों और खजूर के वृक्षों से बनाया गया था, और करूब और करूब के बीच एक खजूर का वृक्ष। एक करूब के दो चेहरे थे। [19] कि मनुष्य का चेहरा एक ओर खजूर के वृक्ष की ओर था, और जवान सिंह का चेहरा दूसरी ओर खजूर के वृक्ष की ओर था - घर के चारों ओर सब पर यह बनाया गया। [20] भूमि से द्वार के ऊपर के स्थान तक, और हेयख़ल की दीवार पर, करूब और खजूर के वृक्ष खुदे हुए थे। [21] हेयख़ल के चौखट चौकोर थे, और पवित्र स्थान का सामने का भाग, उसका रूप एक जैसा था। [22] वेदी लकड़ी की थी, तीन अम्माह ऊँची, और उसकी लंबाई दो अम्माह। और उसके कोने, और उसकी लंबाई, और उसकी भुजाएँ लकड़ी की थीं। और उसने मुझसे कहा, "यह वह मेज़ है जो 𐤉𐤄𐤅𐤄 के सामने है।" [23] और हेयख़ल और पवित्र स्थान के दो द्वार थे। [24] और प्रत्येक द्वार के दो पल्ले थे, दो मोड़नेवाले पल्ले, एक द्वार के लिये दो पल्ले और दूसरे द्वार के लिये दो पल्ले। [25] और करूब और खजूर के वृक्ष हेयख़ल के द्वारों पर खुदे हुए थे, जैसे दीवारों पर खुदे हुए थे। और मोटी लकड़ी बरामदे के सामने बाहर थी। [26] और संकरे खिड़की के चौखटे और खजूर के वृक्ष एक ओर और दूसरी ओर थे, बरामदे की ओर की ओरों पर, और घर के पार्श्व कक्षों पर, और मोटी लकड़ी।

42

[1] और उसने मुझे उत्तर की ओर मार्ग से बाहरी आँगन में बाहर निकाला। और उसने मुझे उस कक्ष में ले गया जो अलग स्थान के सामने था, और जो भवन के उत्तर में सामने था। [2] जिसकी लम्बाई सौ अम्माह थी, उत्तर का द्वार था, चौड़ाई पचास अम्माह थी। [3] भीतरी आँगन के बीस के सामने, और बाहरी आँगन की फर्श के सामने, गैलरी के सामने गैलरी तीन-तीन में। [4] और कक्षों के सामने, भीतर की ओर, दस अम्माह चौड़ा चलने का मार्ग था, एक अम्माह का रास्ता। और उनके द्वार उत्तर की ओर थे। [5] और ऊपरी कक्ष छोटे थे, क्योंकि गैलरियों ने उनसे अधिक स्थान ले लिया था, नीचे और बीच के भवन से। [6] क्योंकि वे तीन-तीन में थे और आँगनों के स्तंभों के समान स्तंभ नहीं थे, इसलिये ऊपरी नीचे और बीच से भूमि से ऊपर खिसके हुए थे। [7] जहाँ तक कक्षों के पास बाहरी दीवार की बात है, बाहरी आँगन की ओर जो कक्षों के सामने थी, उसकी लम्बाई पचास अम्माह थी। [8] क्योंकि कक्षों की लम्बाई बाहरी आँगन की ओर पचास अम्माह थी, और जो हेकल के सामने थी वह सौ अम्माह थी। [9] और इन कक्षों के नीचे पूरब की ओर प्रवेश द्वार था, जैसा कोई उन्हें बाहरी आँगन से प्रवेश करता है। [10] आँगन की दीवार की मोटाई में पूरब की ओर, अलग स्थान के सामने और भवन के सामने, कक्ष थे। [11] और उनके सामने का मार्ग उन कक्षों के रूप के समान था जो उत्तर की ओर थे, उतने ही लम्बे और उतने ही चौड़े जितने दूसरे, और

उनके सब निकास और प्रवेश योजना के अनुसार थे।
12 और जो कक्ष दक्षिण की ओर थे उनके द्वारों के अनुसार
मार्ग के सामने एक द्वार था, मार्ग दीवार के सामने पूरब की
ओर था, जैसा कोई उनमें प्रवेश करता है। 13 और उसने
मुझसे कहा, "उत्तर के कक्ष और दक्षिण के कक्ष, जो अलग
स्थान के सामने हैं, वे पवित्र कक्ष हैं जहाँ याजक जो 𐤉𐤄𐤅𐤄
के समीप आते हैं, अति पवित्र भेंट खाते हैं। वहाँ वे अति
पवित्र वस्तुएँ, और अन्न भेंट, और पाप भेंट, और दोष भेंट
रखते हैं, क्योंकि वह स्थान पवित्र है।" 14 "जब याजक प्रवेश
करें, वे पवित्र कक्ष से बाहरी आँगन में बाहर न जाएँ, परन्तु
अपने वस्त्र वहीं छोड़ दें जिनमें वे सेवा करते हैं, क्योंकि वे
पवित्र हैं, और अन्य वस्त्र पहनें और उस वस्तु के समीप आएँ
जो लोगों के लिये है।" 15 और जब उसने भीतरी भवन का
माप पूरा कर लिया, तब उसने मुझे पूरब की ओर मुँह
करनेवाले फाटक से बाहर निकाला, और चारों ओर मापा।
16 उसने पूरबी ओर को मापने वाली क़ानेह से मापा, मापने
वाली क़ानेह से पाँच सौ क़ानेह चारों ओर। 17 उसने उत्तरी
ओर मापा, मापने वाली क़ानेह से पाँच सौ क़ानेह चारों ओर।
18 उसने दक्षिणी ओर मापा, मापने वाली क़ानेह से पाँच सौ
क़ानेह। 19 वह पश्चिमी ओर घूम गया और मापने वाली क़ानेह
से पाँच सौ क़ानेह मापा। 20 उसने चारों ओर मापा। उसके
चारों ओर दीवार थी, पाँच सौ लम्बी और पाँच सौ चौड़ी, ताकि
पवित्र स्थानों को सामान्य से अलग करे।

43 1 और उसने मुझे फाटक की ओर ले चला, वह
फाटक जो पूरब की ओर देखता है। 2 और देखो,
इस्राएल के ईश्वर की महिमा पूरब की ओर से आई। और
उनकी आवाज़ बहुत से जल की ध्वनि के समान थी, और
पृथ्वी उनकी महिमा से चमक उठी। 3 और यह उस दर्शन की
उपस्थिति के समान था, जो मैंने देखा था, उस दर्शन के
समान जो मैंने देखा था जब वह नगर को नष्ट करने आए
थे। और वे दर्शन उसी के समान थे जो मैंने कब्बार नदी के
पास देखा था, और मैं अपने मुख के बल गिर पड़ा। 4 और
𐤉𐤄𐤅𐤄 की महिमा उस भवन में पूरब की ओर देख रहे
फाटक के मार्ग से आई। 5 और आत्मा ने मुझे उठा लिया
और मुझे भीतर के आँगन में ले आया। और देखो, 𐤉𐤄𐤅𐤄
की महिमा उस भवन को भर गई। 6 और मैंने किसी को भवन
से मुझसे बोलते सुना, और एक पुरुष मेरे पास खड़ा था।
7 और उसने मुझसे कहा, "मनुष्य के पुत्र, यह मेरे सिंहासन
का स्थान है और यह मेरे पैरों के तलवों का स्थान है, जहाँ मैं
इस्राएल की सन्तानों के बीच सदा वास करूँगा। और
इस्राएल का घर अब और मेरे पवित्र नाम को अशुद्ध न
करेगा, न वे और न उनके राजा, अपनी व्यभिचार से और
अपने राजाओं के शवों से उनके ऊँचे स्थानों पर।" 8 "जब
उन्होंने अपनी चौखट मेरी चौखट के पास और अपने
द्वारस्तम्भ मेरे द्वारस्तम्भ के पास रखा, और उनके और मेरे
बीच एक दीवार थी, तब उन्होंने अपने घृणित कामों से मेरे
पवित्र नाम को अशुद्ध किया। इसलिए मैंने अपने क्रोध में
उन्हें भस्म कर दिया।" 9 "अब वे अपनी व्यभिचार और
अपने राजाओं के शवों को मुझसे दूर कर दें, और मैं उनके
बीच सदा वास करूँगा।" 10 "मनुष्य के पुत्र, इस भवन को
इस्राएल के घर को दिखाओ, कि जब वे अपने अधर्म के
कारण लज्जित हों, तो वे उसकी माप नापें।" 11 "और क्योंकि
वे उन सब बातों पर लज्जित होंगे जो उन्होंने की हैं, तुम उन्हे
इस भवन की रचना और उसकी संरचना, उसके निकास
और उसके प्रवेश द्वार, उसकी पूरी रचना और उसके सब
नियम, और उसके सब रूप और उसकी सब तोराह बताना।
और इसे उनकी आँखों के सामने लिख दो, ताकि वे उसकी
पूरी रचना और उसके सब नियमों को देखें और उन्हें करें।"
12 "यह भवन की तोराह है: पर्वत की चोटी पर, उसके चारो
ओर की सब सीमा अति पवित्र है। देखो, यह भवन की तोराह
है।" 13 "और ये वेदी की नाप हैं, अम्माह में: एक अम्माह
और एक तोपह, और नींव एक अम्माह ऊँची और एक अम्माह
चौड़ी, और उसके किनारे चारों ओर एक ज़ेरेथ की माला।
और यह वेदी का ऊपरी भाग है।" 14 "और नींव से भूमि पर
से निचली ओट तक दो अम्माह, और ओट की चौड़ाई एक
अम्माह, और छोटी ओट से बड़ी ओट तक चार अम्माह, और
ओट की चौड़ाई एक अम्माह।" 15 "और वेदी की आग की
चौकी चार अम्माह ऊँची है, और चौकी से ऊपर की ओर
चार सींग निकलते हैं।" 16 "और वेदी की आग की चौकी
बारह अम्माह लंबी और बारह अम्माह चौड़ी, चारों कोनों पर
चौकोर है।" 17 "और ओट चौदह लंबी और चौदह चौड़ी
चारों ओर है, और उसके चारों ओर आधे अम्माह की माला है,
और उसकी नींव चारों ओर एक अम्माह है, और उसकी
सीढ़ियाँ पूरब की ओर हैं।" 18 और उसने मुझसे कहा,
"मनुष्य के पुत्र, प्रभु 𐤉𐤄𐤅𐤄 यों कहता है, 'यह वेदी के लिए
नियम हैं, जिस दिन वह बनाई जाए, उस पर होमबलि चढ़ाने
और उस पर रक्त छिड़कने के लिए।' 19 'और तुम याजकों,
लेवियों को, जो सादोक की सन्तान में से हैं और मेरे समीप
आते हैं, एक बछड़ा पापबलि के लिए दोगे,' प्रभु 𐤉𐤄𐤅𐤄 की
यह वाणी है। 20 'और तुम उसका कुछ रक्त लेकर वेदी के
चार सींगों पर, ओट के चार कोनों पर और उसके चारों ओर
की माला पर लगाओगे, और उसे शुद्ध करोगे और उसके लिए
प्रायश्चित करोगे।' 21 'और तुम पापबलि के बछड़े को लेकर
उस भवन के नियत स्थान पर, मिकदश के बाहर जला
दोगे।' 22 'और दूसरे दिन तुम एक बकरा, जो निर्दोष हो,
पापबलि के लिए लाओगे। और वे वेदी को शुद्ध करेंगे जैसे
उन्होंने बछड़े से उसे शुद्ध किया।' 23 'जब तुम उसके शुद्ध
करने का काम पूरा कर लो, तब तुम एक बछड़ा, जो निर्दोष
हो, और एक मेढ़ा, जो निर्दोष हो, लाओ।' 24 'और तुम उन्हे
𐤉𐤄𐤅𐤄 के सम्मुख लाओ, और याजक उन पर नमक
छिड़केंगे और उन्हें 𐤉𐤄𐤅𐤄 के लिए होमबलि चढ़ाएँगे।'
25 'सात दिन तक प्रतिदिन एक बकरा पापबलि के लिए तैयार
करो, और एक बछड़ा और झुंड में से एक मेढ़ा, जो निर्दोष
हों, तैयार करो।' 26 'सात दिन तक वे वेदी के लिए प्रायश्चित
करेंगे और उसे शुद्ध करेंगे और उसे अभिषिक्त करेंगे।'
27 'और जब ये दिन पूरे हो जाएँ, तब आठवें दिन और उसके
बाद, याजक तुम्हारे होमबलि और तुम्हारे मेलबलि वेदी पर
चढ़ाएँगे, और मैं तुम्हें ग्रहण करूँगा,' प्रभु 𐤉𐤄𐤅𐤄 की यह
वाणी है।"

44 1 और उसने मुझे मिक़दाश के बाहरी फाटक की ओर
लौटाया, जो पूरब की ओर है, और वह बंद था।
2 और 𐤉𐤄𐤅𐤄 ने मुझसे कहा, "यह फाटक बंद है, यह न

खोला जाए, और कोई इसमें प्रवेश न करे, क्योंकि 𐤄𐤅𐤄𐤉 ईश्वर इसराएल का इसमें से प्रवेश कर चुका है, और यह बंद रहेगा। 3 "राजकुमार, राजकुमार के रूप में, उसमें बैठकर 𐤄𐤅𐤄𐤉 के सामने रोटी खाएगा, फाटक के बरामदे के मार्ग से प्रवेश करेगा और उसी मार्ग से बाहर जाएगा।" 4 और उसने मुझे उत्तर फाटक के मार्ग से घर के सामने लाया। और मैंने देखा और देखा कि 𐤄𐤅𐤄𐤉 की महिमा 𐤄𐤅𐤄𐤉 के घर से भर गई, और मैं अपने मुंह के बल गिर पड़ा। 5 और 𐤄𐤅𐤄𐤉 ने मुझसे कहा, "हे मनुष्य के पुत्र, अपना मन लगा और अपनी आंखों से देख और अपने कानों से सुन, जो कुछ मैं तुझसे कहता हूं 𐤄𐤅𐤄𐤉 के घर की सब विधियों और उसकी सब तोरोत के विषय में। और तू घर के प्रवेश द्वार पर अपना मन लगा, मिक़्दाश के सब निकासों के साथ। 6 और तू विद्रोही लोगों से, इसराएल के घराने से कह, 'इस प्रकार कहा आदोन 𐤄𐤅𐤄𐤉 ने, "हे इसराएल के घराने, तुम्हारी ये सब घृणित बातों से अब बस करो। 7 कि तुमने परदेशियों के पुत्रों को, जो हृदय में खतनारहित और शरीर में खतनारहित हैं, मेरे मिक़्दाश में आने दिया, कि उसे अपवित्र करें, मेरे घर को! तुमने मेरा भोजन, चर्बी और लहू पास लाया, और मेरी वाचा को तोड़ा तुम्हारी सब घृणित बातों के कारण। 8 "और तुमने मेरे लिए जो पवित्र है उसकी चौकसी नहीं रखी, परन्तु अपने लिए दूसरों को मेरे मिक़्दाश की चौकसी के लिए ठहराया।" 9 'इस प्रकार कहा आदोन 𐤄𐤅𐤄𐤉 ने, "कोई भी परदेशी का पुत्र, जो हृदय में खतनारहित और शरीर में खतनारहित है, मेरे मिक़्दाश में प्रवेश न करे, न वह परदेशी का पुत्र जो इसराएल के पुत्रों के बीच में है। 10 "और लेवियों ने जो मुझसे दूर हो गए, जब इसराएल भटक गया, जिन्होंने मेरे पीछे अपने मूर्तियों के पीछे भटककर मुझसे विमुखता की, वे अपना अधर्म उठाएंगे। 11 "और वे मेरे मिकदश में सेवक थे, घर के फाटकपाल और घर के सेवक के रूप में, होमबलि और लोगों के लिए बलि का वध करते थे, और उनके सामने खड़े होकर उनकी सेवा करते थे। 12 "क्योंकि उन्होंने उनके मूर्तियों के सामने उनकी सेवा की और इस्राएल के घराने के लिए दुष्टता का ठोकर बन गए, इस कारण मैंने अपने हाथ को उन पर शपथ में उठा लिया है," घोषणा करता है आदोन 𐤄𐤅𐤄𐤉, "कि वे अपनी दुष्टता का बोझ उठाएँगे, 13 और मेरे निकट आकर मेरी सेवा नहीं करेंगे, न ही किसी पवित्र वस्तु के पास आएँगे जो मेरे लिए पवित्र है, न ही अति पवित्र स्थान में। और वे अपनी लज्जा और अपने घृणित कर्मों का बोझ उठाएँगे जो उन्होंने किए हैं। 14 "तो भी मैं उन्हें घर की जिम्मेदारी की रक्षा करनेवाले बनाऊँगा, उसके सब काम के लिए, और जो कुछ उसमें करना है उसके लिए। 15 "परन्तु याजक, लेवी, सादोक के पुत्र, जिन्होंने मेरे मिकदश की जिम्मेदारी की रक्षा की जब इस्राएल के बच्चे मुझसे भटक गए, वे मेरे निकट आएँगे मेरी सेवा करने के लिए, और वे मेरे सामने खड़े होंगे मेरे लिए चर्बी और लहू लाने के लिए," घोषणा करता है आदोन 𐤄𐤅𐤄𐤉। 16 "वे मेरे मिकदश में प्रवेश करेंगे, और मेरी मेज के निकट आकर मेरी सेवा करेंगे, और मेरी आज्ञा की रक्षा करेंगे। 17 "और ऐसा होगा, जब वे भीतरी आँगन के फाटकों में प्रवेश करेंगे, तो वे सूत के वस्त्र पहनेंगे, और ऊन उन पर नहीं होगा जब वे भीतरी आँगन के फाटकों के भीतर या घर के भीतर सेवा करेंगे। 18 "उनके सिरों पर सूत की पगड़ियाँ होंगी और उनके शरीरों पर सूत की पतलून होंगी, वे पसीने से अपनी कमर नहीं कसेंगे। 19 "और जब वे बाहर की आँगन में, लोगों के पास बाहर की आँगन में जाएँगे, तो वे अपने वे वस्त्र उतार देंगे जिनमें उन्होंने सेवा की है, और उन्हें पवित्र कमरों में छोड़ देंगे, और अन्य वस्त्र पहनेंगे। और वे अपने पवित्र वस्त्रों में लोगों को पवित्र ठहराएँगे। 20 "और वे अपने सिरों को न मुँडवाएँगे, न ही अपने बाल लंबे होने देंगे - वे अपने बालों को ठीक तरह से छाँटकर रखेंगे। 21 "और कोई याजक दाखमधु नहीं पिएगा जब वह भीतरी आँगन में आएगा। 22 "और वे न तो विधवा को पत्नी के रूप में लें, न ही तलाकशुदा स्त्री को, परन्तु इस्राएल के घराने की वंशज युवतियों को लें, या याजकों की विधवाओं को। 23 "और उन्हें मेरे लोगों को पवित्र और अपवित्र के बीच सिखाना है, और उन्हें जानने देना है कि क्या अशुद्ध है और क्या शुद्ध है। 24 "और वे किसी विवाद में न्यायी के रूप में खड़े होंगे, और मेरे सही नियमों के अनुसार उसका न्याय करेंगे। और वे मेरी तोराह और मेरी व्यवस्थाओं की रक्षा करेंगे मेरे सब नियत पर्वों में, और मेरे शब्बाथों को पवित्र ठहराएँगे। 25 "और वे किसी मरे हुए व्यक्ति के निकट जाकर अपने आप को अशुद्ध न करें। केवल पिता या माता के लिए, पुत्र या पुत्री के लिए, भाई या अविवाहित बहन के लिए वे अपने आप को अशुद्ध करेंगे। 26 "और अपने शुद्धिकरण के बाद, वे उसके लिए सात दिन गिनेंगे, 27 और जिस दिन वह पवित्र स्थान के भीतरी आँगन में प्रवेश करेगा पवित्र स्थान में सेवा करने के लिए, वह अपना पापबलि लाएगा," घोषणा करता है आदोन 𐤄𐤅𐤄𐤉। 28 "और यह उनके लिए उत्तराधिकार होगा, मैं ही उनका उत्तराधिकार हूँ। और तुम उन्हें इस्राएल में कोई संपत्ति नहीं दोगे - मैं ही उनकी संपत्ति हूँ। 29 "अन्नबलि, और पापबलि, और दोषबलि वे खाएँगे, और इस्राएल में जो कुछ समर्पित किया गया है वह उनका है। 30 "सबका पहला फल, और सबका हर अंश, तुम्हारे सब अंशों का, याजकों का है। और तुम्हारे आटे के पहले भाग को तुम याजक को दोगे, ताकि आशीष तुम्हारे घर पर ठहरे। 31 "याजकों को कोई भी पक्षी या पशु नहीं खाना है जो मरा हुआ पाया गया हो या फाड़ा गया हो।

45 1 "और जब तुम भूमि को चिट्ठी डालकर मीरास में बाँटोगे, तब 𐤄𐤅𐤄𐤉 को एक भेंट चढ़ाना, भूमि का एक पवित्र भाग, जिसकी लम्बाई पच्चीस हज़ार और चौड़ाई दस हज़ार हो, यह उसके चारों ओर की सीमा में सर्वत्र पवित्र होगा।" 2 "उसमें से एक चौकोर भू-खण्ड पवित्र स्थान के लिये होगा, पाँच सौ गुणा पाँच सौ, और उसके चारों ओर पचास अम्माह का खुला स्थान होगा।" 3 "और इस माप से तुम नापोगे: पच्चीस हज़ार लम्बा और दस हज़ार चौड़ा। और उसमें मिकदाश होगा, अति पवित्र स्थान।" 4 "यह भूमि का पवित्र भाग याजकों के लिये होगा, जो मिकदाश की सेवा करने वाले हैं, जो 𐤄𐤅𐤄𐤉 की सेवा करने के लिये निकट आते हैं। यह उनके घरों के लिये स्थान और मिकदाश के लिये पवित्र भूमि होगी।" 5 "और पच्चीस हज़ार लम्बाई और दस हज़ार चौड़ाई लेवियों के लिये होगी, जो घर के सेवक हैं, उनके लिये एक स्वामित्व होगा, बीस कक्ष।" 6 "और नगर को एक स्वामित्व के रूप में दो: पाँच हज़ार चौड़ा और पच्चीस हज़ार

लम्बा, पवित्र भाग की भेंट के साथ; यह समस्त इस्राएल के
घराने का होगा।" 7 "और प्रधान का भाग पवित्र भेंट और
नगर की स्वामित्व के दोनों ओर होगा। और पवित्र भेंट और
नगर की स्वामित्व की सीमा पर, पश्चिम की ओर पश्चिम में
और पूरब की ओर पूरब में, और लम्बाई एक भाग के पास,
पश्चिमी सीमा से लेकर पूर्वी सीमा तक।" 8 "भूमि का यह
भाग इस्राएल में उसका स्वामित्व होगा, और मेरे प्रधान अब
मेरी प्रजा पर अत्याचार न करेंगे। और वे भूमि को इस्राएल
के घराने को उनकी गोत्रों के अनुसार देंगे।" 9 'प्रभु 𐤉𐤄𐤅𐤄
यों कहता है, "अब बस, हे इस्राएल के प्रधानों! अत्याचार
और लूटपाट दूर करो, और न्याय व धर्म करो, और मेरी प्रजा
को उनके निवास से निकालना बन्द करो," प्रभु 𐤉𐤄𐤅𐤄 की
यह वाणी है।' 10 "सही तराज़ू, और सही एफा, और सही
बाथ रखो।" 11 "एफा और बाथ एक ही माप के हों, ताकि
बाथ दसवाँ हिस्सा हो होमेर का, और एफा दसवाँ हिस्सा हो
होमेर का। उनका माप होमेर के अनुसार हो।" 12 "और एक
शेकेल बीस गेरह का है। तुम्हारा मीना बीस शेकेल, पच्चीस
शेकेल, पन्द्रह शेकेल का है।" 13 "यह वह भेंट है जो तुम
चढ़ाओगे: गेहूँ के एक होमेर से एक-छठा एफा, और जौ के
एक होमेर से एक-छठा एफा दोगे।" 14 "और तेल का नियम
यह है: तेल का बाथ, एक बाथ का दसवाँ हिस्सा कोर से।
एक कोर एक होमेर है या दस बाथ, क्योंकि दस बाथ एक
होमेर हैं।" 15 "और एक भेड़ दो सौ में से, इस्राएल के
जलवाले चरागाहों से, अन्नबलि और होमबलि और मेलबलि के
लिये, उनके लिये प्रायश्चित्त करने के लिये," प्रभु 𐤉𐤄𐤅𐤄
की यह वाणी है।" 16 "भूमि के सब लोग यह भेंट इस्राएल में
प्रधान को देंगे।" 17 "और प्रधान पर होमबलि, और
अन्नबलि, और पेयबलि का दायित्व होगा, पर्व में, नवचन्द्र,
सब्तों में — इस्राएल के घराने के सब नियत समयों में। वह
पापबलि, अन्नबलि, होमबलि और मेलबलि तैयार करेगा,
इस्राएल के घराने के लिये प्रायश्चित्त करने को।" 18 'प्रभु
𐤉𐤄𐤅𐤄 यों कहता है, "पहले महीने के पहले दिन तुम एक
जवान बैल, जो निर्दोष हो, लो, और मिकदाश को शुद्ध
करो।" 19 "और याजक पापबलि के लहू में से कुछ लेकर
घर के चौखटों पर, वेदी की मंच की चारों कोनों पर, और
आँगन के भीतरवाले फाटक के खम्भों पर लगाएगा।"
20 "और सातवें दिन भी तुम ऐसा ही करोगे, उस मनुष्य के
लिये जिसने भूल की या मूर्खता की। और तुम घर के लिये
प्रायश्चित्त करोगे।" 21 "पहले महीने के चौदहवें दिन तुम्हारे
पास फसह होगा, सात दिन का पर्व; खमीर रहित रोटी खाई
जाएगी।" 22 "और उस दिन प्रधान अपने लिये और भूमि के
सब लोगों के लिये एक बैल पापबलि के लिये तैयार करेगा।"
23 "और पर्व के सातों दिन वह 𐤉𐤄𐤅𐤄 के लिये होमबलि
चढ़ाएगा, सात बैल और सात मेढ़े, निर्दोष, प्रतिदिन सात दिन
तक, और एक नर बकरी प्रतिदिन पापबलि के लिये।"
24 "और वह एक-एक बैल के लिये एक एफा अन्नबलि और
एक-एक मेढ़े के लिये एक एफा अन्नबलि और एक-एक एफा
के लिये एक हिन तेल तैयार करेगा।" 25 "सातवें महीने के
पन्द्रहवें दिन पर्व में वह सात दिन तक इन्हीं के समान
चढ़ाएगा, जैसे पापबलि, जैसे होमबलि, जैसे अन्नबलि और
जैसे तेल।"

46 1 'यहोवा 𐤉𐤄𐤅𐤄 ने यों कहा, "भीतरी आँगन का
फाटक जो पूरब की ओर है वह छः दिनों तक बन्द
रहेगा, परन्तु सब्बाथ के दिन खोला जाएगा, और नए चाँद के
दिन भी खोला जाएगा। 2 "और राजकुमार उस फाटक के
बरामदे के मार्ग से बाहर से प्रवेश करेगा, और वह खम्भे के
पास खड़ा रहेगा। और כהנים (याजक) उसका होमबलि
और मेलबलि तैयार करेंगे। और वह फाटक की देहरी पर
दण्डवत करेगा, और बाहर चला जाएगा, परन्तु फाटक साँझ
तक बन्द नहीं किया जाएगा। 3 "और देश के लोग भी इस
फाटक के प्रवेश द्वार पर यहोवा 𐤉𐤄𐤅𐤄 के सम्मुख दण्डवत
करेंगे, सब्बाथों में और नए चाँदों में। 4 "और होमबलि जो
राजकुमार सब्बाथ के दिन यहोवा 𐤉𐤄𐤅𐤄 के लिये लाता है
वह छः मेम्ने, सिद्ध, और एक मेढ़ा, सिद्ध होगा। 5 "और
अन्नबलि एक एपा एक मेढ़े के लिये, और मेमनों के लिये
अन्नबलि, उसकी सामर्थ्य अनुसार, और एक हिन तेल एक
एपा के लिये। 6 "और नए चाँद के दिन: एक बछड़ा, सिद्ध,
छः मेम्ने और एक मेढ़ा, वे सब सिद्ध होंगे। 7 "और वह एक
एपा एक बछड़े के लिये, और एक एपा एक मेढ़े के लिये, और
मेमनों के लिये उसकी सामर्थ्य अनुसार अन्नबलि तैयार
करेगा, और एक हिन तेल एक एपा के लिये। 8 "और जब
राजकुमार प्रवेश करता है, वह उसी फाटक के बरामदे के
मार्ग से आता है, और उसी मार्ग से बाहर जाता है। 9 "और
जब देश के लोग यहोवा 𐤉𐤄𐤅𐤄 के सम्मुख नियत समयों में
प्रवेश करते हैं, जो कोई उत्तर फाटक से प्रवेश करेगा, वह
दण्डवत करने को दक्षिण फाटक से बाहर निकलेगा। और
जो कोई दक्षिण फाटक से प्रवेश करेगा, वह उत्तर फाटक से
बाहर निकलेगा, वह उसी फाटक से फिर नहीं लौटेगा जिससे
आया, परन्तु विपरीत से बाहर जाएगा। 10 "और राजकुमार
उनके बीच में रहेगा, जब वे प्रवेश करेंगे तब वह प्रवेश करेगा,
और जब वे बाहर जाएंगे तब वह बाहर जाएगा। 11 "और पर्वों
और नियत समयों में अन्नबलि एक एपा एक बछड़े के लिये,
और एक एपा एक मेढ़े के लिये, और मेमनों के लिये उसकी
सामर्थ्य अनुसार, और एक हिन तेल एक एपा के लिये।
12 "और जब राजकुमार यहोवा 𐤉𐤄𐤅𐤄 को स्वेच्छा से
होमबलि या मेलबलि चढ़ाएगा, तब उसके लिये पूरब की ओर
फाटक खोला जाएगा। और वह अपने होमबलि और मेलबलि
उसी प्रकार तैयार करेगा जैसे सब्बाथ के दिन करता है। और
वह बाहर जाएगा, और उसके बाहर जाने के बाद फाटक बन्द
कर दिया जाएगा। 13 "और प्रतिदिन यहोवा 𐤉𐤄𐤅𐤄 को एक
वर्ष का मेमना, सिद्ध, होमबलि चढ़ाना; उसे प्रतिदिन प्रातःकाल
तैयार करना। 14 "और उसके साथ प्रतिदिन प्रातःकाल
अन्नबलि तैयार करना, एक छठा भाग एक एपा का, और एक
तिहाई हिन तेल का महीन आटे को भिगोने के लिये, यहोवा
𐤉𐤄𐤅𐤄 के लिये अन्नबलि – निरन्तर सदा की विधियाँ।
15 "और मेमना, और अन्नबलि, और तेल तैयार करना,
प्रतिदिन प्रातःकाल, एक निरन्तर होमबलि।" 16 'यहोवा
𐤉𐤄𐤅𐤄 ने यों कहा, "जब राजकुमार अपनी किसी संपत्ति का
उपहार अपने पुत्रों में से किसी को देगा, तो वह उसके पुत्रों की
होगी, वह उनका निज भाग होगा उत्तराधिकार से। 17 "और
जब वह अपनी किसी संपत्ति का उपहार अपने दासों में से
किसी को देगा, तो वह उसके पास छुड़ौती के वर्ष तक रहेगी,
तब वह राजकुमार को लौट जाएगी। केवल उसके पुत्रों का

उत्तराधिकार उनका होगा। 18 “और राजकुमार लोगों की
संपत्ति को उनके भाग से निकाल कर नहीं लेगा। वह अपनी
संपत्ति से अपने पुत्रों को भाग देगा, ताकि मेरे लोग अपनी
संपत्ति से अलग न किए जाएं।” ’ ” 19 और उसने मुझे उस
प्रवेश द्वार से, जो फाटक के पास था, כהנים (याजकों) के
पवित्र कक्षों में ले गया जो उत्तर की ओर थे। और देखो,
पश्चिम की ओर चरम छोर पर एक स्थान था। 20 और
उसने मुझसे कहा, “यह वह स्थान है जहाँ כהנים
अपराधबलि और पापबलि पकाते हैं, जहाँ वे अन्नबलि बेक
करते हैं, ताकि उन्हें बाहर आँगन में न ले आएं कि लोग पवित्र
न हो जाएं।” 21 और उसने मुझे बाहर आँगन में निकाला
और मुझे आँगन के चार कोनों में ले गया। और देखो,
आँगन के हर कोने में एक और आँगन था। 22 आँगन के
चार कोनों में ढके हुए आँगन थे, चालीस अम्मा लम्बे और
तीस चौड़े, इन चार कोनों का एक ही माप था। 23 और उनमें
चारों ओर पत्थर की कतारें थीं, और पंक्तियों के नीचे आग
के स्थान बने थे, चारों ओर। 24 और उसने मुझसे कहा, “ये
वे रसोईघर हैं जहाँ घर के सेवक लोग के बलिदानों को पकाते
हैं।”

47 1 और उसने मुझे घर के दरवाज़े की ओर वापस
मोड़ा। और देखो, घर की दहलीज़ के नीचे से पानी
बह रहा था पूर्व की ओर, क्योंकि घर पूर्व की ओर मुख किए
था, और पानी घर के दाहिने ओर से, वेदी के दक्षिण से बह
रहा था। 2 और उसने मुझे उत्तरी फाटक से बाहर निकाला,
और बाहर से घुमाकर मुझे उस बाहरी फाटक तक ले गया जो
पूर्व की ओर था। और देखो, दाहिनी ओर से पानी टपक रहा
था। 3 जब वह मनुष्य हाथ में मापने की रेखा लेकर पूर्व की
ओर गया, तो उसने एक हज़ार अम्माह नापा, और मुझे पानी
में पार कराया, टखनों तक पानी। 4 और उसने एक हज़ार
नापा और मुझे पार कराया, घुटनों तक पानी। और उसने
एक हज़ार नापा और मुझे पार कराया, कमर तक पानी।
5 और उसने एक हज़ार नापा, एक नदी जिसे मैं पार नहीं कर
सका, क्योंकि पानी बढ़ गया था, तैरने का पानी, एक नदी
जिसे पार नहीं किया जा सकता। 6 और उसने मुझसे कहा,
“मनुष्य के पुत्र, क्या तुमने यह देखा?” और उसने मुझे ले
जाकर नदी के किनारे पर वापस खड़ा किया। 7 जब मैं लौटा,
तो देखो, नदी के किनारे के दोनों ओर बहुत से वृक्ष थे।
8 और उसने मुझसे कहा, “ये जल पूर्वी देश की ओर बह रहे
हैं, और अराबाह में उतरते हैं, और समुद्र में प्रवेश करते हैं,
और समुद्र में बहकर जल चंगा हो जाता है। 9 “और ऐसा
होगा कि हर जीवधारी जो रेंगता है, जहाँ भी नदी जाएगी,
जीवित रहेगा। और वहाँ बहुत सी मछलियाँ होंगी, क्योंकि ये
जल वहाँ जाते हैं, और वे चंगे होते हैं। और जहाँ भी नदी
बहती है सब जीवित रहेंगे। 10 “और ऐसा होगा कि मछुआरे
उसके किनारे पर खड़े होंगे, एन गदी से एन एग्लाइम तक,
जाल फैलाने की जगहें होंगी। उनकी मछलियाँ बड़ी समुद्र की
मछलियों की तरह होंगी, बहुत अधिक। 11 “उसके कीचड़
और दलदल चंगे न होंगे, वे नमक के लिए छोड़ दिए जाएंगे।
12 “और नदी के किनारे, दोनों ओर, हर प्रकार के वृक्ष उगेंगे
जो भोजन के लिए काम आते हैं, जिनके पत्ते नहीं मुरझाते
और जिनका फल समाप्त नहीं होता। वे हर महीने फल देंगे,
क्योंकि उनका जल मिकदाश से बहता है। और उनका फल
भोजन के लिए होगा और उनके पत्ते आरोग्य के लिए।”
13 यहोवा 𐤉𐤄𐤅𐤄 ने यूँ कहा, “यह वह सीमा है जिसके द्वारा
तुम देश को बारह गोत्रों के अनुसार उत्तराधिकार में लोगे;
यूसुफ को दो भाग। 14 “और तुम इसे विरासत में लोगे, हर
एक अपने भाई के समान। क्योंकि मैंने अपने हाथ को शपथ
में उठाया कि इसे तुम्हारे पितरों को दूँगा, और यह देश तुम्हें
विरासत में मिलेगा। 15 “और देश की उत्तर की सीमा यह है:
बड़ी समुद्र से, हेथलोन के मार्ग से, जैसे कोई सिदाद की ओर
जाता है। 16 “हमात, बेरोता, सिब्राइम, जो दमिश्क की सीमा
और हमात की सीमा के बीच है, हत्सार हतिकोन, जो हौरान
की सीमा पर है। 17 “और सीमा समुद्र से हत्सार एनान तक
होगी, दमिश्क की सीमा, और उत्तर की ओर हमात की
सीमा। यह उत्तर का भाग है। 18 “और पूरब का भाग हौरान
और दमिश्क और गिलआद और इस्राएल के देश के बीच से
है; यरदन, सीमा से पूरब की ओर समुद्र तक तुम मापोगे।
यह पूरब का भाग है। 19 “और दक्षिण का भाग नेगेव की ओर
से, तामार से लेकर मरीबा के जल तक, कादेश के पास, वादी
के साथ बड़ी समुद्र तक। यह दक्षिण का भाग है नेगेव की
ओर। 20 “और पश्चिम का भाग बड़ी समुद्र है, सीमा से
लेकर हमात के सामने तक। यह पश्चिम का भाग है।
21 “और तुम इस देश को इस्राएल के गोत्रों के अनुसार
अपने बीच बाँटोगे। 22 “और ऐसा होगा कि तुम इसे अपने
लिए और उनके लिए जो तुम्हारे बीच रहते हैं और तुम्हारे बीच
पुत्र उत्पन्न करते हैं, चिट्ठी डालकर विरासत में बाँटोगे। और
वे तुम्हारे बीच इस्राएल की सन्तानों में जन्मे के समान होंगे; वे
तुम्हारे साथ इस्राएल के गोत्रों के बीच विरासत पाएंगे।
23 “और ऐसा होगा कि जिस गोत्र में परदेशी रहेगा, वहाँ तुम
उसे उसकी विरासत दोगे,” यहोवा 𐤉𐤄𐤅𐤄 की यह वाणी है।

48 1 “और ये हैं गोत्रों के नाम: उत्तर छोर से हेथलोन के
मार्ग पर हमात के प्रवेशद्वार तक, हात्सार एयनान
तक, दम्मेसेक की उत्तरी सीमा तक, हमात की ओर से,
उसके पूर्व से लेकर पश्चिम तक, दान: एक। 2 “और दान
की सीमा के पास, पूर्व से पश्चिम तक, अशेर: एक। 3 “और
अशेर की सीमा के पास, पूर्व से पश्चिम तक, नप्ताली: एक।
4 “और नप्ताली की सीमा के पास, पूर्व से पश्चिम तक,
मनश्शेह: एक। 5 “और मनश्शेह की सीमा के पास, पूर्व से
पश्चिम तक, इप्रयिम: एक। 6 “और इप्रयिम की सीमा के
पास, पूर्व से पश्चिम तक, रूबेन: एक। 7 “और रूबेन की
सीमा के पास, पूर्व से पश्चिम तक, यहूदा: एक। 8 “और
यहूदा की सीमा के पास, पूर्व से पश्चिम तक, वह भेंट है जो
तुम उठाते हो, चौड़ाई में पच्चीस हज़ार, और लंबाई में एक
भाग के समान, पूर्व से पश्चिम तक, और उसके बीच में
मिकदश। 9 “जो भेंट तुम 𐤉𐤄𐤅𐤄 को उठाते हो, वह लंबाई
में पच्चीस हज़ार और चौड़ाई में दस हज़ार। 10 “और इनमें
से कोहेनिम के लिये पवित्र भेंट: उत्तर में पच्चीस हज़ार, और
पश्चिम में दस हज़ार चौड़ाई, और पूर्व में दस हज़ार चौड़ाई,
और दक्षिण में पच्चीस हज़ार लंबाई। और 𐤉𐤄𐤅𐤄 का
मिकदश उसके बीच में होगा – 11 कोहेनिम, सादोक के पुत्रों
के लिये, जो पवित्र हैं, जिन्होंने मेरी आज्ञा की रक्षा की,
जिन्होंने भटकाव नहीं किया जब इस्राएल के पुत्र भटके, जैसे

लेवियों ने भटकाव किया। 12 "तो यह भेंट उनके लिये होगी,
देश की भेंट से, लेवियों की सीमा के पास एक अति पवित्र
स्थान। 13 "और कोहेनिम की सीमा के पास, लेवियों के पास
लंबाई में पच्चीस हज़ार और चौड़ाई में दस हज़ार होगी,
उसकी पूरी लंबाई पच्चीस हज़ार और चौड़ाई दस हज़ार।
14 "और वे उसका कोई भाग न बेचें, न बदलें, न उस उत्तम
भाग को देश से हस्तांतरित करें, क्योंकि वह 𐤉𐤄𐤅𐤄 के लिये
पवित्र है। 15 "और जो पाँच हज़ार चौड़ाई बची रहेगी,
पच्चीस हज़ार के सामने, वह नगर के सामान्य उपयोग के
लिये होगी, निवास और खुले स्थानों के लिये। और नगर
उसके बीच में होगा। 16 "और ये हैं उसकी मापें: उत्तर की
ओर चार हज़ार पाँच सौ, और दक्षिण की ओर चार हज़ार
पाँच सौ, और पूर्व की ओर चार हज़ार पाँच सौ, और पश्चिम
की ओर चार हज़ार पाँच सौ। 17 "और नगर का खुला स्थान
होगा: उत्तर की ओर दो सौ पचास, और दक्षिण की ओर दो
सौ पचास, और पूर्व की ओर दो सौ पचास, और पश्चिम की
ओर दो सौ पचास। 18 "और शेष लंबाई, पवित्र भेंट की भेंट
के पास, पूर्व में दस हज़ार और पश्चिम में दस हज़ार होगी।
और वह पवित्र भेंट के पास होगी, और उसकी उपज नगर के
काम करनेवालों के लिये भोजन होगी। 19 "और नगर के
काम करनेवाले, इस्त्राएल के सब गोत्रों में से, उसकी खेती
करेंगे। 20 "सारी भेंट पच्चीस हज़ार गुणा पच्चीस हज़ार,
चौकोर। तुमको नगर के अधिकार के साथ पवित्र भेंट उठानी
है। 21 "और जो शेष है वह प्रधान के लिये होगा, एक ओर
और दूसरी ओर पवित्र भेंट और नगर के अधिकार की,
पवित्र भेंट के पच्चीस हज़ार अम्माह के सामने पूर्वी सीमा तक,
और पश्चिम की ओर पच्चीस हज़ार के सामने पश्चिमी सीमा
तक, प्रधान के भागों के पास। और पवित्र भेंट और घर का
मिकदश उसके बीच में होगा। 22 "तो लेवीयों का भाग और
नगर का भाग उस भूमि के बीच में है जो राजकुमार की है -
यहूदा की सीमा और बिन्यामिन की सीमा के बीच में, यह
राजकुमार का है।" 23 "और बाकी गोत्रों के विषय में, पूरब से
लेकर पश्चिम की ओर, बिन्यामिन: एक।" 24 "और
बिन्यामिन की सीमा के पास, पूरब से लेकर पश्चिम की ओर,
शिमोन: एक।" 25 "और शिमोन की सीमा के पास, पूरब से
लेकर पश्चिम की ओर, यिस्साकार: एक।" 26 "और
यिस्साकार की सीमा के पास, पूरब से लेकर पश्चिम की ओर,
जबुलुन: एक।" 27 "और जबुलुन की सीमा के पास, पूरब से
लेकर पश्चिम की ओर, गद: एक।" 28 "और गद की सीमा
के पास, दक्षिण दिशा में नेगेब की ओर, सीमा तामार से लेकर
मरीबा के जल तक, जो कादेश के पास है, नाले के साथ-साथ
महान समुद्र तक जाएगी।" 29 "यह वह देश है जिसे तुम
यिस्त्राएल के गोत्रों के बीच चिट्ठी डालकर मीरास के रूप में
बाँटोगे, और ये उनके भाग होंगे," ऐसा आख़िरकार कहता है
आदोन 𐤉𐤄𐤅𐤄।" 30 "और नगर के निकास ये हैं, नगर के
फाटक यिस्त्राएल के गोत्रों के नामों के अनुसार: उत्तर की
ओर, चार हज़ार पाँच सौ माप।" 31 "तीन फाटक उत्तर की
ओर: एक फाटक रऊबेन के लिये, एक फाटक यहूदा के
लिये, एक फाटक लेवी के लिये।" 32 "और पूरब की ओर,
चार हज़ार पाँच सौ, तीन फाटक: एक फाटक योसफ़ के
लिये, एक फाटक बिन्यामिन के लिये, एक फाटक दान के
लिये।" 33 "और दक्षिण की ओर, चार हज़ार पाँच सौ, तीन
फाटक: एक फाटक शिमोन के लिये, एक फाटक यिस्साकार
के लिये, एक फाटक जबुलुन के लिये।" 34 "और पश्चिम
की ओर, चार हज़ार पाँच सौ, उनके तीन फाटक: एक
फाटक गद के लिये, एक फाटक आशेर के लिये, एक फाटक
नप्ताली के लिये।" 35 "चारों ओर अठारह हज़ार अम्माह।
और उस दिन से नगर का नाम यह होगा: 𐤉𐤄𐤅𐤄 शम्माह!"

दानिय्येल

हिंदी संस्करण

दानिय्येल

1 1यहोयाकीम के राज्य के तीसरे वर्ष में, यहूदा के राजा
यहोयाकीम के विरुद्ध बाबेल के राजा नबूकदनेस्सर
यरूशलेम आया और उस पर घेरा डाला। 2और ३५३ट ने
यहूदा के राजा यहोयाकीम को उसके हाथ में कर दिया, और
ईश्वर के भवन के कुछ बर्तन भी। और वह उन्हें शिनआर
देश में अपने देवता के भवन में ले गया। और उसने उन
बर्तनों को अपने देवता के खजाने के घर में रखा। 3और
राजा ने अपने खोजों के प्रधान अश्पेनज़ से कहा कि वह
इस्राएल की सन्तानों में से, और राजा के वंशजों में से, और
कुछ हाकिमों में से लड़के लाए। 4ऐसे जवान लड़के जिनमें
कोई दोष न हो, सुन्दर रूप, सब प्रकार की बुद्धि में चतुर,
ज्ञान में निपुण, और समझने में समर्थ हों, और जो राजा के
महल में खड़े होने योग्य हों; और कि वे कस्दियों की भाषा
और उनकी लेखनी सिखाए। 5और राजा ने उन्हें अपनी
भोजन-सामग्री और अपनी पीने की दाखमधु का प्रतिदिन
हिस्सा ठहराया, और उन्हें तीन वर्ष तक शिक्षा दी जाए, ताकि
उसके बाद वे राजा के सम्मुख खड़े हों। 6और उनमें से
यहूदा की सन्तानों में से दानिय्येल, हनन्याह, मिशाएल, और
अजर्याह थे। 7और खोजों के प्रधान ने उनके नाम रखे।
उसने दानिय्येल का नाम बेल्तशअस्सर, हनन्याह का शद्रक,
मिशाएल का मेशक, और अजर्याह का अबेदनगो रखा।
8परन्तु दानिय्येल ने ठान लिया कि वह राजा की भोजन-
सामग्री और उसकी पीने की दाखमधु से अपने को अशुद्ध न
करेगा; इसलिए उसने खोजों के प्रधान से विनती की कि वह
अपने को अशुद्ध न करे। 9और ईश्वर ने दानिय्येल को
खोजों के प्रधान की दृष्टि में अनुग्रह और करुणा दी।
10परन्तु खोजों के प्रधान ने दानिय्येल से कहा, "मैं अपने
स्वामी राजा से डरता हूँ, जिसने तुम्हारा भोजन और पेय
ठहराया है। ऐसा न हो कि वह तुम्हारे चेहरे को तुम्हारी आयु
के जवानों से बुरा देखे, और तुम राजा के सामने मेरा सिर
खतरे में डालो।" 11तब दानिय्येल ने उस प्रहरी से कहा जिसे
खोजों के प्रधान ने दानिय्येल, हनन्याह, मिशाएल और
अजर्याह पर नियुक्त किया था, 12"कृपया अपने दासों की
दस दिन तक परीक्षा कर; हमें खाने के लिए सब्ज़ियाँ और
पीने के लिए पानी दिया जाए।" 13"फिर हमारे चेहरे और
उन जवानों के चेहरे, जो राजा की भोजन-सामग्री खाते हैं, तेरे
सामने देखे जाएं; और अपने दासों के साथ जैसा तू देखे वैसा
कर।" 14इस प्रकार उसने उनकी बात मानी और उन्हें दस
दिन तक परखा। 15और दस दिन के अंत में उनके चेहरे
सब जवानों से अच्छे और मोटे दिखे, जो राजा की भोजन-
सामग्री खाते थे। 16तब प्रहरी ने उनका भोजन और उनकी
पीने की दाखमधु हटा ली और उन्हें सब्ज़ियाँ देता रहा।
17और इन चार जवानों को ईश्वर ने सब प्रकार की विद्या
और बुद्धि में ज्ञान और समझ दी; और दानिय्येल को सब
प्रकार के दर्शन और स्वप्नों का ज्ञान था। 18और उन दिनों
के अंत में, जिनके बाद राजा ने कहा था कि वे लाए जाएं,
खोजों का प्रधान उन्हें नबूकदनेस्सर के सामने लाया।
19और राजा ने उनसे बातें कीं; और उन सबमें से कोई भी
दानिय्येल, हनन्याह, मिशाएल और अजर्याह के समान न पाया
गया; इसलिए वे राजा के सामने खड़े हुए। 20और जिस
किसी विषय में बुद्धि और समझ की राजा ने उनसे परीक्षा ली,
उसने उन्हें अपने सारे ज्योतिषियों और तंत्रियों से दस गुणा
बढ़कर पाया, जो उसके सारे राज्य में थे। 21और दानिय्येल
राजा कोरेश के पहले वर्ष तक बना रहा।

2 1नबूकदनेस्सर के राज्य के दूसरे वर्ष में, नबूकदनेस्सर
ने स्वप्न देखे, और उसका मन इतना व्याकुल हुआ कि
उसकी नींद चली गई। 2और राजा ने जादूगरों, ज्योतिषियों,
टोने-टोटका करने वालों और कस्दियों को बुलाने की आज्ञा
दी कि वे राजा को उसके स्वप्न बताएं। तब वे आकर राजा
के सामने खड़े हुए। 3और राजा ने उनसे कहा, "मैंने एक
स्वप्न देखा है, और मेरा मन स्वप्न को जानने के लिए
व्याकुल है।" 4तब कस्दियों ने राजा से अरामी भाषा में कहा,
"हे राजा, सदा जीवित रह! अपने दासों को स्वप्न बता, और
हम उसका अर्थ प्रकट करेंगे।" 5राजा ने कस्दियों को उत्तर
दिया, "मेरी बात ठान ली गई है: यदि तुम मुझे स्वप्न और
उसका अर्थ न बताओगे, तो तुम्हारे अंग-भंग कर दिए जाएंगे
और तुम्हारे घर कूड़े के ढेर बना दिए जाएंगे। 6"परन्तु यदि
तुम मुझे स्वप्न और उसका अर्थ बता दोगे, तो तुम मुझ से
उपहार, पुरस्कार और बड़ी प्रतिष्ठा पाओगे। इसलिए मुझे
स्वप्न और उसका अर्थ बताओ।" 7उन्होंने फिर उत्तर दिया
और कहा, "राजा अपने दासों को स्वप्न बता दे, और हम
उसका अर्थ प्रकट करेंगे।" 8राजा ने उत्तर दिया और कहा,
"मैं निश्चय जानता हूँ कि तुम समय पाना चाहते हो, क्योंकि
तुम देखते हो कि मेरी बात ठान ली गई है। 9"यदि तुम मुझे
स्वप्न न बताओ, तो तुम्हारे लिए केवल एक ही आज्ञा है!
क्योंकि तुमने समय बदलने तक मेरे सामने झूठी और भ्रष्ट
बातें कहने का इरादा किया है। इसलिए मुझे स्वप्न बताओ,
तब मैं जानूँगा कि तुम उसका अर्थ भी प्रकट करोगे।"
10कस्दियों ने राजा को उत्तर दिया और कहा, "धरती पर
कोई ऐसा नहीं है जो राजा की बात बता सके। क्योंकि कोई
राजा, स्वामी या अधिपति कभी किसी जादूगर, ज्योतिषी या
कस्दी से ऐसी बात नहीं पूछता। 11"और जो बात राजा पूछ
रहा है वह कठिन है, और कोई और राजा को वह प्रकट नहीं
कर सकता, केवल देवता ही, जिनका निवास मनुष्यों के साथ
नहीं है।" 12इस कारण राजा क्रोधित और बहुत ही क्रोध से
भर गया, और उसने बाबेल के सब बुद्धिमानों को नष्ट करने
की आज्ञा दी। 13तब आज्ञा निकली, और वे बुद्धिमानों को
मारने लगे; और उन्होंने दानिय्येल और उसके साथियों को भी
ढूँढा कि उन्हें मार डालें। 14तब दानिय्येल ने विवेक और बुद्धि
से राजा के अंगरक्षक के प्रधान अर्योख को उत्तर दिया, जो

बाबेल के बुद्धिमानों को मारने निकला था। 15 उसने अर्योख,
राजा के अधिकारी से कहा, "राजा की आज्ञा इतनी कठोर
क्यों है?" तब अर्योख ने दानिय्येल को यह बात बता दी।
16 तब दानिय्येल राजा के पास गया और उससे समय माँगा,
और उसने कहा कि वह राजा को अर्थ बताएगा। 17 तब
दानिय्येल अपने घर गया, और उसने यह बात अपने साथियों
हनन्याह, मिशाएल और अजर्याह को बताई। 18 कि वे इस
गुप्त बात के विषय में स्वर्ग के ईश्वर से दया माँगें, ताकि
दानिय्येल और उसके साथी बाबेल के बाकी बुद्धिमानों के संग
न नाश हों। 19 तब वह गुप्त बात दानिय्येल पर रात के दर्शन
में प्रगट की गई। और दानिय्येल ने स्वर्ग के ईश्वर को धन्य
कहा। 20 दानिय्येल ने उत्तर दिया और कहा, "धन्य है ईश्वर
का नाम युगानुयुग; क्योंकि बुद्धि और पराक्रम उसी के हैं।
21 "वह समयों और कालों को बदलता है; वह राजाओं को
हटाता और राजाओं को खड़ा करता है; वह बुद्धिमानों को बुद्धि
और समझनेवालों को ज्ञान देता है। 22 "वह गूढ़ और गुप्त
बातें प्रगट करता है; वह अंधकार में क्या है जानता है, और
ज्योति उसके संग रहती है। 23 "हे मेरे पितरों के ईश्वर, मैं
तेरा धन्यवाद और स्तुति करता हूँ, क्योंकि तूने मुझे बुद्धि और
शक्ति दी है; और अब तूने मुझे वह बता दिया है जो हमने तुझ
से माँगा था; क्योंकि तूने हमें राजा का विषय बता दिया है।"
24 इस कारण दानिय्येल अर्योख के पास गया, जिसे राजा ने
बाबेल के बुद्धिमानों को नाश करने के लिए ठहराया था। उसने
उससे कहा, "बाबेल के बुद्धिमानों को नाश न कर; मुझे राजा
के सामने ले चल, और मैं राजा को अर्थ दिखाऊँगा।"
25 तब अर्योख दानिय्येल को शीघ्रता से राजा के सामने ले
गया और उससे कहा, "मैंने यहूदा के बंधुआई में से एक
मनुष्य पाया है, जो राजा को अर्थ बता देगा।" 26 राजा ने
दानिय्येल से, जिसका नाम बेल्तशअस्सर था, कहा, "क्या तू
मुझे वह स्वप्न बता सकता है जो मैंने देखा है और उसका
अर्थ?" 27 दानिय्येल ने राजा के सामने उत्तर दिया और कहा,
"वह गुप्त बात जिसे राजा पूछ रहा है, उसे बुद्धिमान, ज्योतिषी,
जादूगर और भविष्यवक्ता राजा को प्रगट नहीं कर सकते।
28 "परन्तु स्वर्ग में एक ईश्वर है, जो गुप्त बातें प्रगट करता है,
और उसने राजा नबूकदनेस्सर को बता दिया है कि आने वाले
दिनों में क्या होगा। तेरा स्वप्न और तेरे सिर के दर्शन, जो
तेरे बिस्तर पर आए, ये हैं: 29 "हे राजा, तेरे बिस्तर पर तेरे
मन में यह विचार आया कि इसके बाद क्या होगा। और
जिसने गुप्त बातें प्रगट कीं, उसने तुझे बता दिया कि क्या
होगा। 30 "और मेरे लिये यह गुप्त बात प्रगट नहीं की गई
क्योंकि मुझमें किसी भी जीवित प्राणी से अधिक बुद्धि है, परन्तु
इसलिये कि राजा को अर्थ बताया जाए, और तू अपने मन के
विचार जान ले।" 31 "हे राजा, तू देख रहा था, और क्या
देखता है कि एक बड़ी मूर्ति! वह बड़ी मूर्ति, जिसकी चमक
अत्यन्त उत्तम थी, तेरे सामने खड़ी थी, और उसका रूप
भयानक था। 32 "उस मूर्ति का सिर उत्तम सोने का था,
उसकी छाती और भुजाएँ चाँदी की, उसका पेट और जाँघें
पीतल की थीं। 33 उसकी टाँगें लोहे की थीं, और उसके पाँव
कुछ लोहे के और कुछ मिट्टी के थे। 34 "तू देख रहा था कि
क्या देखता है, बिना हाथों से एक पत्थर निकाला गया, और
उसने उस मूर्ति के लोहे और मिट्टी के पाँवों पर मारा और उन्हें
टुकड़े-टुकड़े कर दिया। 35 "तब लोहे, मिट्टी, पीतल, चाँदी
और सोने को एक साथ कुचल दिया गया, और वे ग्रीष्म ऋतु
की खलिहान की भूसी के समान हो गए; और हवा ने उन्हें ऐसा
उड़ा दिया कि उनका कोई निशान न पाया गया। और वह
पत्थर, जिसने मूर्ति को मारा था, बड़ा पहाड़ बन गया और
सारी पृथ्वी में भर गया। 36 "यह स्वप्न है, और इसका अर्थ
हम राजा के सामने बताएँगे। 37 "हे राजा, तू राजाओं का
राजा है; क्योंकि स्वर्ग के ईश्वर ने तुझे राज्य, पराक्रम, बल
और महिमा दी है। 38 और जहाँ कहीं मनुष्यों की सन्तानें
रहती हैं, या मैदान के पशु और आकाश के पक्षी रहते हैं,
उसने उन्हें तेरे हाथ में दे दिया है, और तुझे उन सब पर
प्रभुता दी है। तू सोने का सिर है। 39 "और तेरे बाद एक और
राज्य उठेगा, जो तुझसे नीचा होगा; फिर एक तीसरा राज्य,
पीतल का, जो सारी पृथ्वी पर प्रभुता करेगा। 40 "और चौथा
राज्य लोहे के समान बलवन्त होगा; क्योंकि लोहे की नाईं वह
सब कुछ चूर-चूर और कुचल देता है; और लोहे की नाईं जो
सब कुछ तोड़ डालता है, वैसे ही वह उन्हें चूर-चूर और
तोड़ेगा। 41 "और जैसे तूने देखा कि उस मूर्ति के पाँव और
अँगुलियाँ कुछ कुम्हार की मिट्टी और कुछ लोहे की थीं, वैसे ही
वह राज्य बंटा हुआ होगा; परन्तु उसमें लोहे की कुछ दृढ़ता
रहेगी, क्योंकि तूने लोहे को गीली मिट्टी से मिला हुआ देखा।
42 "और जैसे पाँवों की अँगुलियाँ कुछ लोहे की और कुछ
मिट्टी की थीं, वैसे ही राज्य का कुछ भाग दृढ़ और कुछ भाग
भंगुर होगा। 43 "और जैसे तूने लोहे को गीली मिट्टी से मिला
हुआ देखा, वैसे ही वे मनुष्यों की सन्तानों से मिलेंगे; परन्तु वे
एक दूसरे से चिपकेंगे नहीं, जैसे लोहे और मिट्टी आपस में
नहीं मिलते। 44 "और उन राजाओं के दिनों में स्वर्ग का
ईश्वर एक ऐसा राज्य खड़ा करेगा जो कभी नष्ट न होगा;
और वह राज्य किसी अन्य लोगों को न दिया जाएगा; वह उन
सब राज्यों को चूर-चूर करेगा और उनका अन्त करेगा, और
वह सदा तक स्थिर रहेगा। 45 "क्योंकि तूने देखा कि वह
पत्थर पहाड़ से बिना हाथों के काटा गया, और उसने लोहे,
पीतल, मिट्टी, चाँदी और सोने को कुचल दिया। उस महान
ईश्वर ने राजा को बता दिया है कि इसके बाद क्या होगा। यह
स्वप्न सच्चा है और उसका अर्थ विश्वासयोग्य है।" 46 तब
राजा नबूकदनेस्सर अपने मुँह के बल गिरा और दानिय्येल
को दण्डवत किया, और आज्ञा दी कि उसे भेंट और सुगन्ध
अर्पण किया जाए। 47 राजा ने दानिय्येल को उत्तर दिया और
कहा, "निश्चय तेरा ईश्वर ईश्वरों का ईश्वर है, राजाओं का
प्रभु है और गुप्त बातों का प्रगट करनेवाला है, क्योंकि तू यह
गुप्त बात प्रगट कर सका।" 48 तब राजा ने दानिय्येल को
बड़ा किया और उसको बहुत बड़े उपहार दिए, और उसे बाबेल
के सारे प्रान्त पर प्रभु बनाया, और सब बुद्धिमानों के ऊपर
प्रधान ठहराया। 49 और दानिय्येल ने राजा से विनती की,
और उसने शद्रक, मेशक और अबेदनगो को बाबेल के प्रान्त
के कार्यभार पर नियुक्त किया; और दानिय्येल राजा के
फाटक पर रहा।

3 1 राजा नबूकदनेस्सर ने सोने की एक मूर्ति बनाई,
जिसकी ऊँचाई साठ अम्माह और चौड़ाई छह अम्माह
थी। उसने उसे बाबेल के प्रान्त में दूरा के मैदान में खड़ा
किया। 2 और राजा नबूकदनेस्सर ने उपराज्यपालों,
अधिपतियों, राज्यपालों, सलाहकारों, कोषाध्यक्षों, न्यायियों,
हाकिमों और सब प्रान्तों के अधिकारियों को उस मूर्ति के

अभिषेक के लिये बुलाया, जिसे राजा नबूकदनेस्सर ने खड़ा
किया था। 3तब उपराज्यपाल, अधिपति और राज्यपाल,
सलाहकार, कोषाध्यक्ष, न्यायी, हाकिम और सब प्रान्तों के
अधिकारी उस मूर्ति के अभिषेक के लिये इकट्ठे हुए, जिसे
राजा नबूकदनेस्सर ने खड़ा किया था; और वे उस मूर्ति के
सामने खड़े हुए, जिसे नबूकदनेस्सर ने खड़ा किया था।
4तब एक घोषक ने ऊँचे स्वर से पुकारकर कहा, "हे देश-
देश के लोगो, जातियों और भाषाओं के लोगो, तुम्हें आज्ञा दी
जाती है— 5कि जैसे ही तुम नरसिंगे, बाँसुरी, तंत्री-वाद्य,
वीणा, सारंगी, बाँसुरियाँ और सब प्रकार के बाजों का शब्द
सुनो, तुम गिरकर उस सोने की मूर्ति को दण्डवत करो, जिसे
राजा नबूकदनेस्सर ने खड़ा किया है।" 6"और जो कोई
गिरकर दण्डवत नहीं करेगा, उसे तुरन्त धधकती आग की
भट्टी के बीच में डाल दिया जाएगा।" 7इसलिये जैसे ही सब
लोगों ने नरसिंगे, बाँसुरी, तंत्री-वाद्य, वीणा, सारंगी और सब
प्रकार के बाजों का शब्द सुना, सब लोग, जातियाँ और भाषाएँ
गिर पड़ीं और उस सोने की मूर्ति को दण्डवत करने लगीं,
जिसे राजा नबूकदनेस्सर ने खड़ा किया था। 8तत्पश्चात
उसी समय कुछ कस्दी आगे बढे और यहूदियों पर दोष
लगाया। 9उन्होंने राजा नबूकदनेस्सर से कहा, "हे राजा,
सदा जीवित रह! 10"हे राजा, तूने आज्ञा दी है कि जो कोई
नरसिंगे, बाँसुरी, तंत्री-वाद्य, वीणा, सारंगी, बाँसुरियाँ और सब
प्रकार के बाजों का शब्द सुने, वह गिरकर उस सोने की मूर्ति
को दण्डवत करे; 11और जो कोई गिरकर दण्डवत न करे,
उसे धधकती आग की भट्टी के बीच में डाल दिया जाए।
12"परन्तु कुछ यहूदी हैं जिन्हें तूने बाबेल के प्रान्त के काम
पर नियुक्त किया है—शद्रक, मेशक और अबेदनगो—इन
मनुष्यों ने, हे राजा, तेरी परवाह नहीं की; न तो वे तेरे देवताओं
की सेवा करते हैं और न उस सोने की मूर्ति को दण्डवत करते
हैं जिसे तूने खड़ा किया है।" 13तब नबूकदनेस्सर क्रोध
और प्रकोप से भरकर शद्रक, मेशक और अबेदनगो को लाने
की आज्ञा दी। तब वे उन मनुष्यों को राजा के सामने ले
आए। 14नबूकदनेस्सर ने उनसे कहा, "क्या सच है, शद्रक,
मेशक और अबेदनगो, कि तुम मेरे देवताओं की सेवा नहीं
करते और उस सोने की मूर्ति को दण्डवत नहीं करते जिसे
मैंने खड़ा किया है? 15"अब यदि तुम तैयार हो, कि जैसे ही
तुम नरसिंगे, बाँसुरी, तंत्री-वाद्य, वीणा, सारंगी, बाँसुरियाँ और
सब प्रकार के बाजों का शब्द सुनो, तो उस मूर्ति के सामने
गिरकर दण्डवत करो, जो मैंने बनाई है—तो अच्छा होगा।
परन्तु यदि तुम दण्डवत न करोगे, तो तुम्हें तुरन्त धधकती
आग की भट्टी के बीच में डाल दिया जाएगा; और कौन सा
देवता तुम्हें मेरे हाथ से छुड़ा सकेगा?" 16शद्रक, मेशक और
अबेदनगो ने राजा से उत्तर दिया, "हे नबूकदनेस्सर, इस
विषय में हम तुझे उत्तर देने की आवश्यकता नहीं समझते।
17"यदि ऐसा है, तो हमारा ईश्वर, जिसकी हम सेवा करते हैं,
हमें धधकती आग की भट्टी से और तेरे हाथ से भी छुड़ा
सकता है—वह हमें छुड़ाएगा, हे राजा। 18"और यदि वह न
भी करे, तो हे राजा, तुझे यह जान लेना चाहिए कि हम तेरे
देवताओं की सेवा नहीं करेंगे, और उस सोने की मूर्ति को
दण्डवत नहीं करेंगे जिसे तूने खड़ा किया है।" 19तब
नबूकदनेस्सर क्रोध से भर गया, और शद्रक, मेशक और
अबेदनगो के विरुद्ध उसका मुखभाव बदल गया; उसने आज्ञा
दी कि भट्टी को सामान्य से सात गुणा अधिक गरम किया
जाए। 20और उसने अपनी सेना के कुछ सबल पुरुषों को
आज्ञा दी कि शद्रक, मेशक और अबेदनगो को बाँधकर
धधकती आग की भट्टी में डाल दें। 21तब वे मनुष्य अपने
कोट, पतलून, पगड़ियों और अन्य वस्त्रों समेत बाँधे गए और
धधकती आग की भट्टी के बीच में डाल दिए गए। 22और
क्योंकि राजा की आज्ञा अत्यन्त तत्क्षण थी और भट्टी
अत्यधिक गरम की गई थी, उस ज्वाला ने उन मनुष्यों को
मार डाला जिन्होंने शद्रक, मेशक और अबेदनगो को ऊपर ले
जाकर डाला था। 23और वे तीनों मनुष्य—शद्रक, मेशक
और अबेदनगो—बँधे हुए ही धधकती आग की भट्टी के बीच
में गिर पड़े। 24तब राजा नबूकदनेस्सर चकित हुआ और
घबराकर उठ खड़ा हुआ; उसने अपने सलाहकारों से कहा,
"क्या हमने तीन पुरुषों को बँधा हुआ आग में नहीं डाला?"
उन्होंने राजा से कहा, "निश्चय, हे राजा।" 25उसने कहा,
"देखो! मैं चार पुरुषों को खुला हुआ, आग के बीच चल-
फिरते देखता हूँ, और उन्हें कोई क्षति नहीं पहुँची है; और
चौथे का रूप ईश्वर के पुत्र के समान है।" 26तब
नबूकदनेस्सर धधकती आग की भट्टी के मुँह के पास गया
और बोला, "हे शद्रक, मेशक और अबेदनगो, परमप्रधान
ईश्वर के दासो, बाहर आओ, यहाँ आओ।" तब शद्रक,
मेशक और अबेदनगो आग के बीच से बाहर आए। 27और
उपराज्यपाल, अधिपति, राज्यपाल और राजा के सलाहकार
इकट्ठे हुए, और उन्होंने देखा कि इन पुरुषों के शरीर पर आग
का कोई प्रभाव न हुआ; उनके सिर के बाल भी न जले, उनके
वस्त्र भी न बदले, और उन पर आग की गन्ध भी न आई।
28नबूकदनेस्सर ने उत्तर दिया, "धन्य हो शद्रक, मेशक और
अबेदनगो के ईश्वर, जिसने अपना दूत भेजकर अपने उन
दासों को छुड़ाया जिन्होंने उस पर भरोसा किया, और राजा
की आज्ञा बदल दी, और अपने शरीर तक न्योछावर कर दिए
कि वे किसी अन्य देवता की सेवा न करें और न दण्डवत करें,
पर केवल अपने ईश्वर की ही करें!" 29"इस कारण मैं आज्ञा
देता हूँ कि जो कोई किसी भी देश, जाति या भाषा में शद्रक,
मेशक और अबेदनगो के ईश्वर के विरुद्ध कोई दुष्ट बात
कहे, उसका अंग-भंग किया जाए और उसका घर कूड़े का
ढेर बना दिया जाए; क्योंकि ऐसा कोई अन्य ईश्वर नहीं जो
इस प्रकार छुड़ा सके।" 30तब राजा ने बाबेल के प्रान्त में
शद्रक, मेशक और अबेदनगो को उन्नति दी।

4 1राजा नबूकदनेस्सर की ओर से सब लोगों, जातियों
और भाषाओं के लिये जो सारी पृथ्वी पर रहते हैं: तुम्हारी
शान्ति बढती रहे। 2मुझे अच्छा लगा कि मैं उन चिन्हों और
अद्भुत कामों का वर्णन करूँ जो परमप्रधान ईश्वर ने मेरे
लिये किये हैं। 3उसके चिन्ह कितने बड़े हैं, और उसके
अद्भुत काम कितने शक्तिशाली हैं! उसका राज्य अनन्तकाल
का राज्य है, और उसकी प्रभुता पीढ़ी से पीढ़ी तक रहती है।
4मैं, नबूकदनेस्सर, अपने घर में चैन से और अपने महल में
सुख से रहता था। 5मैंने एक स्वप्न देखा और वह मुझे
डराने लगा; और मेरे पलंग पर मेरे मन के विचार और मेरे
सिर के दर्शन मुझे भयभीत करने लगे। 6इसलिये मैंने आज्ञा
दी कि बाबेल के सब बुद्धिमानों को मेरे सामने लाया जाए ताकि
वे मुझे उस स्वप्न का अर्थ बताएं। 7तब जादूगर, ज्योतिषी,
कस्दी और भावी बतानेवाले आए; और मैंने उन्हें स्वप्न बताया,

परन्तु वे उसका अर्थ मुझे न बता सके। 8 परन्तु अन्त में
दानिय्येल मेरे सामने आया, जिसका नाम मेरे देवता के नाम
पर बेल्तशअस्सर है; और उसमें पवित्र ईश्वर की आत्मा है।
और मैंने स्वप्न उसे बताकर कहा, 9 "हे बेल्तशअस्सर,
जादूगरों के प्रधान, क्योंकि मैं जानता हूँ कि तुझमें पवित्र
ईश्वर की आत्मा है और कोई गुप्त बात तुझ से कठिन नहीं है,
मुझे मेरे स्वप्न के दर्शन और उसका अर्थ बता।" 10 "अब
मेरे सिर के दर्शन, जो मैंने अपने पलंग पर देखे, ये थे: मैंने
देखा, और क्या देखता हूँ कि पृथ्वी के बीच में एक वृक्ष है और
उसकी ऊँचाई बड़ी है। 11 "वह वृक्ष बढ़कर बलवन्त हुआ
और उसकी ऊँचाई आकाश तक पहुँच गई, और वह सारी
पृथ्वी के छोर तक देखा जाता था। 12 "उसकी पत्तियाँ सुन्दर
थीं और उसके फल बहुत थे, और उसमें सबके लिये भोजन
था। मैदान के पशु उसके नीचे छाया पाते थे, और आकाश
के पक्षी उसकी डालियों में रहते थे, और सब प्राणियों का
भोजन उससे होता था। 13 "मेरे सिर के दर्शनों में मैंने देखा
और क्या देखता हूँ कि एक जागरूक, अर्थात् एक पवित्र,
आकाश से उतर रहा है। 14 "उसने ऊँचे स्वर से पुकारा और
कहा, 'उस वृक्ष को काट डालो और उसकी डालियों को छाँट
डालो, उसकी पत्तियाँ उतार डालो और उसके फल बिखेर दो;
पशु उसके नीचे से भाग जाएं और पक्षी उसकी डालियों से हट
जाएं। 15 'तौभी उसके ठूँठ को उसकी जड़ों समेत पृथ्वी में
रहने दो, पर लोहे और पीतल की जंजीर से बन्धा हुआ, और
खेत की हरी घास में रहने दो; वह आकाश की ओस से तर
हो, और उसका भाग मैदान के पशुओं के संग हो। 16 'उसका
मन मनुष्य का न रहे, परन्तु उसको पशु का मन दिया जाए;
और सात काल उस पर बीतें। 17 'यह आज्ञा जागरूकों के
निर्णय से और यह वचन पवित्रों के आदेश से है; ताकि जीवित
लोग जानें कि परमप्रधान मनुष्यों के राज्य पर प्रभुता करता है,
और जिसे चाहता है उसे देता है, और उस पर नीच से नीच
मनुष्य को बैठा देता है।' 18 "यह स्वप्न मैंने, राजा
नबूकदनेस्सर ने देखा है। अब हे बेल्तशअस्सर, तू इसका
अर्थ बता, क्योंकि मेरे राज्य के सब बुद्धिमान मुझे इसका अर्थ
बताने में असमर्थ हैं; परन्तु तू सक्षम है, क्योंकि तुझमें पवित्र
ईश्वर की आत्मा है।" 19 तब दानिय्येल, जिसका नाम
बेल्तशअस्सर था, थोड़ी देर के लिये चकित रह गया और
उसके विचार उसे डराने लगे। राजा ने उत्तर दिया और
कहा, "हे बेल्तशअस्सर, स्वप्न और उसका अर्थ तुझे न
डराए।" बेल्तशअस्सर ने उत्तर दिया, "हे मेरे स्वामी, यह
स्वप्न तेरे शत्रुओं के लिये हो और इसका अर्थ तेरे बैरियों के
लिये हो। 20 "वह वृक्ष जो तूने देखा, जो बड़ा और बलवन्त
हुआ, जिसकी ऊँचाई आकाश तक पहुँची और जो सारी पृथ्वी
को दिखाई देता था, 21 जिसकी पत्तियाँ सुन्दर और फल बहुत
थे, और उसमें सबके लिये भोजन था, जिसके नीचे मैदान के
पशु रहते थे और जिसकी डालियों में आकाश के पक्षी बसते
थे— 22 वह तू ही है, हे राजा, क्योंकि तू बड़ा और बलवन्त
हुआ है, और तेरी महानता बढ़कर आकाश तक पहुँच गई है
और तेरी प्रभुता पृथ्वी के छोर तक। 23 "और जैसा कि राजा
ने एक जागरूक, अर्थात् एक पवित्र, को आकाश से उतरते
देखा, जिसने कहा, 'उस वृक्ष को काट डालो और नाश कर
डालो, परन्तु उसके ठूँठ को जड़ों समेत पृथ्वी में रहने दो,
परन्तु लोहे और पीतल की जंजीर में खेत की हरी घास में
बन्धा हुआ; और वह आकाश की ओस से तर हो और उसका
भाग मैदान के पशुओं के संग हो, जब तक सात काल उस पर
न बीतें'— 24 हे राजा, यह उसका अर्थ है, और यह
परमप्रधान का आदेश है, जो मेरे स्वामी राजा पर आनेवाला
है। 25 "तुझे मनुष्यों में से निकाल दिया जाएगा, और तेरा
निवास मैदान के पशुओं के संग होगा, और तुझे बैल के समान
घास खाने को दी जाएगी, और तू आकाश की ओस से तर
होगा; और सात काल तुझ पर बीतेंगे, जब तक तू यह न जान
ले कि परमप्रधान मनुष्यों के राज्य पर प्रभुता करता है और
जिसे चाहता है उसे देता है। 26 "और जहाँ यह कहा गया कि
वृक्ष की जड़ का ठूँठ छोड़ दिया जाए—तेरा राज्य तुझे ही
रहेगा, जब तू जान लेगा कि आकाश प्रभुता करता है।
27 "इसलिये, हे राजा, मेरी सम्मति तुझे भली लगे: अपने पाप
को धर्म से और अपने अधर्म को दीन-दुखियों पर दया
दिखाकर तोड़ डाल; सम्भव है कि तेरा सुख बढ़ाया जाए।"
28 यह सब राजा नबूकदनेस्सर पर घटित हुआ। 29 बारह
महीने के अन्त में वह बाबेल के महल की छत पर टहल रहा
था। 30 राजा ने कहा, "क्या यह बड़ा बाबेल नहीं है, जिसे मैंने
अपनी बड़ी शक्ति से राज्य का घर और अपनी महिमा की
शोभा के लिये बनाया है?" 31 वह वचन राजा के मुँह में ही था
कि आकाश से यह आवाज़ आई, "हे राजा नबूकदनेस्सर,
तुझ से कहा जाता है: राज्य तुझसे जाता रहा। 32 तुझे
मनुष्यों में से निकाला जाएगा, और तेरा निवास मैदान के
पशुओं के संग होगा; और तुझे बैल के समान घास खाने को
दी जाएगी; और सात काल तुझ पर बीतेंगे, जब तक तू यह न
जान ले कि परमप्रधान मनुष्यों के राज्य पर प्रभुता करता है
और जिसे चाहता है उसे देता है।" 33 उसी घड़ी यह वचन
नबूकदनेस्सर पर पूरा हुआ; और वह मनुष्यों में से निकाला
गया और बैल के समान घास खाने लगा; और उसका शरीर
आकाश की ओस से तर हुआ, जब तक कि उसके बाल
गरुड़ के पंखों के समान और उसके नाखून पक्षियों के नखों
के समान न हो गए। 34 और दिनों के अन्त में मैंने,
नबूकदनेस्सर ने, आकाश की ओर अपनी आँखें उठाईं और
मेरी समझ लौट आई; और मैंने परमप्रधान को धन्य कहा,
और उसकी स्तुति की और उसका आदर किया, जो सदा
जीवित है, जिसकी प्रभुता अनन्त प्रभुता है और उसका राज्य
पीढ़ी से पीढ़ी तक है। 35 और पृथ्वी के सब रहनेवाले कुछ भी
नहीं हैं; और वह आकाश की सेना और पृथ्वी के रहनेवालों के
संग अपनी इच्छा के अनुसार करता है; और कोई उसकी
शक्ति को रोक नहीं सकता और न उससे कह सकता है,
"तूने क्या किया है?" 36 उसी समय मेरी समझ लौट आई,
और मेरे राज्य की महिमा के लिये मेरी शोभा और मेरी
उज्ज्वलता मुझे लौटाई गई; और मेरे मन्त्रियों और
अधिपतियों ने मुझे ढूँढ़ा; और मैं अपने राज्य में पुनः स्थिर
किया गया, और मुझमें अत्यन्त महानता बढ़ाई गई। 37 अब
मैं, नबूकदनेस्सर, स्वर्ग के राजा की स्तुति, महिमा और
आदर करता हूँ; क्योंकि उसके सब काम सच्चाई हैं और
उसकी सब चालें न्याय की हैं; और जो अभिमान से चलते हैं
उन्हें वह नम्र करने में समर्थ है।

5 1 बेलशत्स्सर राजा ने अपने हज़ार बड़े लोगों के लिये
एक बड़ी दावत की, और हज़ार की उपस्थिति में
दाखमधु पिया। 2 दाखमधु का स्वाद लेते हुए, बेलशत्स्सर ने
आदेश दिया कि सोने और चाँदी के बर्तन लाए जाएँ जिन्हें

उसके पिता नवुखदनेत्स्सर ने येरूशलेम में जो हेयखल था
वहाँ से लिया था, ताकि राजा और उसके बड़े लोग, उसकी
पत्नियाँ और उसकी रखेलियाँ उनसे पी सकें। 3 तब वे सोने
के बर्तन लाए गए जो येरूशलेम में जो हेयखल था, ईश्वर के
भवन से लिये गये थे। और राजा और उसके बड़े लोग,
उसकी पत्नियाँ और उसकी रखेलियाँ उनसे पीने लगे।
4 उन्होंने दाखमधु पिया, और सोने, चाँदी, काँसे, लोहे, लकड़ी
और पत्थर के देवताओं की स्तुति की। 5 उसी क्षण एक
मनुष्य के हाथ की उंगलियाँ प्रकट हुई और राजा के महल की
दीवार पर दीपस्तंभ के सामने प्लास्टर पर लिखने लगीं।
और राजा ने उस हाथ का भाग देखा जो लिख रहा था। 6 तब
राजा का रंग बदल गया, और उसके विचार उसे भयभीत
करने लगे, ताकि उसके कूल्हों के जोड़ ढीले हो गये और
उसके घुटने आपस में टकराने लगे। 7 राजा ने ज़ोर से
पुकारा कि ज्योतिषियों, कसदियों और भविष्य बताने वालों को
लाया जाए। राजा ने बाबेल के बुद्धिमानों से कहा, "जो कोई
इस लेख को पढ़े और उसका अर्थ मुझे बताए, वह बैंगनी
वस्त्र पहनेगा और उसके गले में सोने की ज़ंजीर होगी, और
वह राज्य में तीसरा शासक होगा।" 8 तब राजा के सब
बुद्धिमान आ गए, पर वे लेख को पढ़ने में असमर्थ थे, और
उसका अर्थ राजा को बताने में असमर्थ रहे। 9 तब राजा
बेलशत्स्सर बहुत घबरा गया, और उसका रंग बदल गया,
और उसके बड़े लोग उलझन में पड़ गए। 10 राजरानी, राजा
और उसके बड़े लोगों की बातों के कारण भोजगृह में आई।
और राजरानी ने कहा, "हे राजा, सदा जीवित रहो! अपने
विचारों से भयभीत न हो, और न ही तुम्हारा रंग बदले।
11 "तेरे राज्य में एक मनुष्य है जिसमें पवित्र ईश्वर की आत्मा
है। और तेरे पिता के दिनों में उसमें प्रकाश, समझ और बुद्धि,
देवताओं की बुद्धि के समान, पाई जाती थी। और तेरे पिता
राजा नवुखदनेत्स्सर ने उसे जादूगरों, ज्योतिषियों, कसदियों
और भविष्य बताने वालों का प्रधान बनाया था। 12 क्योंकि
उसमें उत्तम आत्मा, ज्ञान और समझ, स्वप्नों की व्याख्या
करने, पहेलियों को सुलझाने और कठिन समस्याओं का हल
निकालने की शक्ति पाई जाती थी, उसी दानियेल में, जिसे
राजा ने बेलतेशत्स्सर नाम दिया था। अब दानियेल को
बुलाया जाए, और वह व्याख्या बताए।" 13 तब दानियेल को
राजा के सामने लाया गया। राजा ने दानियेल से कहा, "क्या
तुम वही दानियेल हो जो यहूदा से निर्वासन में लाए गए पुत्रों में
से हो, जिन्हें मेरे पिता राजा यहूदा से लाए थे? 14 "मैंने तेरे
विषय में सुना है कि ईश्वर की आत्मा तुझमें है, और तुझमें
प्रकाश, समझ और उत्तम बुद्धि पाई जाती है। 15 "और
बुद्धिमानों, ज्योतिषियों को मेरे सामने लाया गया है, कि वे इस
लेख को पढ़ें और इसका अर्थ मुझे बताएँ, पर वे इस शब्द का
अर्थ बताने में असमर्थ रहे। 16 "और मैंने स्वयं तेरे विषय में
सुना है कि तू व्याख्याएँ देने और कठिन समस्याएँ हल करने
में सक्षम है। अब यदि तू लेख को पढ़ सके और उसका अर्थ
मुझे बताए, तो तू बैंगनी वस्त्र पहनेगा और तेरे गले में सोने की
ज़ंजीर होगी, और तू राज्य में तीसरा शासक होगा।" 17 तब
दानियेल ने राजा के सामने उत्तर दिया और कहा, "तेरे
उपहार तेरे पास ही रहें, और अपने इनाम किसी और को दे
दे। फिर भी मैं राजा को लेख पढ़कर सुनाऊँगा और उसका
अर्थ बताऊँगा। 18 "हे राजा, परमप्रधान ईश्वर ने तेरे पिता
नवुखदनेत्स्सर को राज्य, महानता, महिमा और आदर
दिया। 19 "और जिस महानता को उसने उसे दी, उसके
कारण सब लोग, जातियाँ और भाषाएँ उसके सामने काँपते
और डरते थे। जिसे वह चाहता था उसे मारता था, और
जिसे चाहता था उसे जीवित रखता था, और जिसे चाहता था
उसे ऊँचा उठाता था, और जिसे चाहता था उसे नीचा करता
था। 20 "परन्तु जब उसका हृदय घमंडी हो गया और उसकी
आत्मा इतनी कड़ी हो गई कि वह अहंकार करने लगा, तो
उसे उसके राजसिंहासन से उतार दिया गया, और उसकी
महिमा उससे छीन ली गई। 21 "फिर उसे मनुष्यों के बीच से
निकाल दिया गया, और उसका हृदय पशुओं के समान कर
दिया गया, और उसका निवास जंगली गधों के साथ था। उसे
बैल के समान घास खाने को दी गई, और उसका शरीर
आकाश की ओस से भीग गया, जब तक कि उसने यह न
जान लिया कि परमप्रधान ईश्वर मनुष्यों के राज्य पर प्रभुता
करता है, और वह जिसे चाहता है उसे उस पर नियुक्त करता
है। 22 "और तू उसका पुत्र, बेलशत्स्सर, तूने अपना हृदय
नम्र नहीं किया, यद्यपि तू यह सब जानता था। 23 "और तूने
आकाश के प्रभु के विरुद्ध अपने आप को ऊँचा उठाया है।
और उसके भवन के बर्तन तेरे सामने लाए गए, और तू और
तेरे बड़े लोग, तेरी पत्नियाँ और तेरी रखेलियाँ उनसे दाखमधु
पीते रहे। और तूने चाँदी, सोने, काँसे, लोहे, लकड़ी और
पत्थर के देवताओं की स्तुति की, जो न देखते हैं, न सुनते हैं
और न जानते हैं। परन्तु वह ईश्वर, जिसके हाथ में तेरी
श्वास है और जो तेरे सब मार्गों का स्वामी है, तूने उसका
आदर नहीं किया। 24 "तब उससे वह हाथ का भाग भेजा
गया, और यह लेख लिखा गया। 25 "और यह वह लेख है
जो लिखा गया: मेने, मेने, तेकेल, उपहार्सिन। 26 "इन शब्दों
का यह अर्थ है: मेने - ईश्वर ने तेरे राज्य की गिनती कर ली
है और उसका अन्त कर दिया है। 27 "तेकेल - तू तराजू पर
तौला गया और अधूरा पाया गया। 28 "परेस - तेरा राज्य
विभाजित किया गया है और मादी और फारसियों को दे दिया
गया है।" 29 तब बेलशत्स्सर ने आदेश दिया, और उन्होंने
दानियेल को बैंगनी वस्त्र पहनाए और उसके गले में सोने की
ज़ंजीर डाली, और उसके विषय में घोषणा की कि वह राज्य में
तीसरा शासक है। 30 उसी रात कसदियों का राजा
बेलशत्स्सर मारा गया। 31 और दारयवेश मादी ने राज्य ले
लिया, जिसकी आयु लगभग बासठ वर्ष थी।

6 1 दारयवेश को यह अच्छा लगा कि वह राज्य पर एक सौ
बीस शासक नियुक्त करे, जो पूरे राज्य पर हों। 2 और
उनके ऊपर तीन राज्यपाल थे, जिनमें दानियेल एक था,
ताकि वे शासक उन्हें हिसाब दें और राजा को कोई हानि न
हो। 3 तब यह दानियेल राज्यपालों और शासकों से बढ़कर
पाया गया, क्योंकि उसमें उत्तम आत्मा थी। और राजा ने
सोचा कि उसे पूरे राज्य पर नियुक्त करे। 4 तब राज्यपालों
और शासकों ने राज्य की बात में दानियेल के विरुद्ध अवसर
ढूँढने का प्रयत्न किया। पर वे कोई अवसर या दोष नहीं पा
सके, क्योंकि वह विश्वासयोग्य था, और उसमें कोई लापरवाही
या भ्रष्टता नहीं पाई गई। 5 तब उन मनुष्यों ने कहा, "हम इस
दानियेल के विरुद्ध कोई अवसर न पाएँगे, जब तक कि उसके
ईश्वर की व्यवस्था के विषय में न पाएँ।" 6 तब वे राज्यपाल
और शासक एक साथ आकर राजा से कहने लगे, "हे राजा

दारयवेश, सदा जीवित रहो! 7“राज्य के सब राज्यपालों,
हाकिमों और शासकों, मंत्रियों और सलाहकारों ने मिलकर यह
परामर्श किया है कि एक शाही आज्ञा ठहराई जाए और एक
कठोर निषेध ठहराया जाए, कि जो कोई तीस दिन तक किसी
भी देवता या मनुष्य से प्रार्थना करे, तुझको छोड़कर, हे राजा,
उसे सिंहों की गुफा में डाला जाए। 8“अब, हे राजा, उस
निषेध को ठहराओ और लेख पर हस्ताक्षर करो, ताकि वह
बदला न जाए, मादी और फारसियों की व्यवस्था के अनुसार,
जो नहीं बदलती।” 9तब राजा दारयवेश ने उस लिखित
निषेध पर हस्ताक्षर किए। 10और दानियेल ने जब यह जाना
कि लेख पर हस्ताक्षर हो गया है, तो वह अपने घर गया, और
उसकी ऊपरी कोठरी में येरूशलेम की ओर खुली खिड़कियों
के सामने, वह दिन में तीन बार घुटनों के बल बैठा, प्रार्थना
करता और अपने ईश्वर के सम्मुख धन्यवाद करता रहा,
जैसा वह पहले करता आया था। 11तब वे मनुष्य इकट्ठे होकर
दानियेल को अपने ईश्वर के सामने प्रार्थना करते और विनती
करते पाए। 12तब वे राजा के पास आए और राजा के निषेध
के विषय में बोले, “क्या तूने यह निषेध पर हस्ताक्षर नहीं किया
कि जो कोई तीस दिन तक किसी भी देवता या मनुष्य से,
तुझको छोड़कर, हे राजा, प्रार्थना करे, वह सिंहों की गुफा में
डाला जाए?” राजा ने उत्तर दिया और कहा, “यह वचन
निश्चय है, मादी और फारसियों की व्यवस्था के अनुसार, जो
नहीं बदलती।” 13तब उन्होंने राजा के सामने कहा,
“दानियेल, जो यहूदा से निर्वासित पुत्रों में से है, उसने तेरा, हे
राजा, और उस निषेध का जिसकी तूने आज्ञा दी है, कोई
ध्यान नहीं रखा, परन्तु दिन में तीन बार अपनी प्रार्थना करता
है।” 14तब राजा ने जब यह बातें सुनीं, तो अपने ही ऊपर
बहुत दुखी हुआ, और दानियेल को छुड़ाने का मन लगाया।
और सूर्यास्त तक वह उसे छुड़ाने का प्रयत्न करता रहा।
15तब वे मनुष्य राजा के पास एक साथ आए और राजा से
कहा, “हे राजा, जान ले कि मादी और फारसियों की व्यवस्था
यह है कि कोई निषेध या आज्ञा, जिसे राजा ठहराए, वह बदली
नहीं जाती।” 16तब राजा ने आज्ञा दी, और उन्होंने दानियेल
को लाकर सिंहों की गुफा में डाल दिया। और राजा ने
दानियेल से कहा, “तेरा ईश्वर, जिसकी तू निरन्तर सेवा
करता है, वही तुझे छुड़ाएगा।” 17और एक पत्थर लाकर
गुफा के मुँह पर रखा गया, और राजा ने उसे अपनी मुहर से
और अपने बड़े लोगों की मुहरों से सील कर दिया, ताकि
दानियेल के विषय में स्थिति न बदले। 18तब राजा अपने
महल में गया और रात भर उपवास किया। और उसके सामने
कोई मनोरंजन नहीं लाया गया, और उसकी नींद उड़ गई।
19तब राजा भोर को बहुत जल्दी उठा और सिंहों की गुफा की
ओर शीघ्र गया। 20और जब वह गुफा के पास पहुँचा, तो
उसने दु:खी आवाज़ में दानियेल को पुकारा। राजा ने
दानियेल से कहा, “दानियेल, जीवित ईश्वर का सेवक, क्या
तेरा ईश्वर, जिसकी तू निरन्तर सेवा करता है, तुझे सिंहों से
छुड़ाने में सक्षम रहा है?” 21तब दानियेल ने राजा से कहा,
“हे राजा, सदा जीवित रहो! 22“मेरे ईश्वर ने अपने दूत को
भेजा और सिंहों के मुँह बन्द कर दिए, और उन्होंने मुझे कोई
हानि नहीं पहुँचाई, क्योंकि मैं उसके सामने निर्दोष पाया गया।
और तेरे सामने भी, हे राजा, मैंने कोई हानि नहीं की।” 23तब
राजा बहुत प्रसन्न हुआ और उसने आज्ञा दी कि दानियेल को
गुफा से ऊपर निकाला जाए। और दानियेल को गुफा से
ऊपर निकाला गया, और उस पर कोई हानि नहीं पाई गई,
क्योंकि उसने अपने ईश्वर पर भरोसा रखा। 24तब राजा ने
आज्ञा दी, और उन मनुष्यों को लाया गया जिन्होंने दानियेल
पर दोष लगाया था, और उन्होंने उन्हें, उनके बच्चों और
उनकी पत्नियों को सिंहों की गुफा में डाल दिया। और सिंहों ने
उन पर अधिकार कर लिया और उनके सब हड्डियों को तोड़
डाला, इससे पहले कि वे गुफा के तले पर पहुँचते। 25तब
राजा दारयवेश ने सब लोगों, जातियों और भाषाओं को, जो
सारी पृथ्वी पर बसते थे, लिखा: “तुम्हें शान्ति बहुतायत से
मिले। 26“मेरे सामने से यह आज्ञा निकली है कि मेरे राज्य
के प्रत्येक प्रदेश में लोग दानियेल के ईश्वर के सामने काँपें
और भय मानें, क्योंकि वही जीवित ईश्वर है और सदा स्थिर
है। और उसका राज्य नाश नहीं होता, और उसका प्रभुत्व
अन्त तक बना रहता है। 27“वह छुड़ाता और बचाता है, और
आकाश और पृथ्वी पर चिन्ह और अद्भुत कार्य करता है,
क्योंकि उसने दानियेल को सिंहों की शक्ति से छुड़ाया है।”
28और यह दानियेल दारयवेश के राज्य में और फारसी
कोरेश के राज्य में सफल रहा।

7

1बेलशत्स्सर, बाबेल के राजा के प्रथम वर्ष में, दानियेल
ने एक स्वप्न और अपने बिस्तर पर अपने सिर के दर्शन
देखे। तब उसने स्वप्न को लिखा, और विषयों का सार
दिया। 2दानियेल ने कहा, “मैंने रात में अपने दर्शन में देखा,
और स्वर्ग की चारों हवाएँ बड़े समुद्र को मथ रही थीं। 3“और
समुद्र से चार बड़े पशु निकले, जो एक दूसरे से भिन्न थे।
4“पहला सिंह के समान था, और उसके पंख उकाब के थे।
मैं देखता रहा, जब तक उसके पंख उखाड़े नहीं गए, और
उसे पृथ्वी से उठाकर मनुष्य के समान दो पैरों पर खड़ा किया
गया, और उसे मनुष्य का हृदय दिया गया। 5“और देखो,
दूसरा पशु, दूसरा, रीछ के समान था। और वह एक ओर
उठा हुआ था, और उसके मुँह में, उसके दाँतों के बीच तीन
पसलियाँ थीं। और उन्होंने उससे कहा, ‘उठ, बहुत मांस
खा!’ 6“इसके बाद मैंने देखा, और देखो, एक और, तेंदुए के
समान, और उसकी पीठ पर एक पक्षी के चार पंख थे। उस
पशु के चार सिर भी थे, और उसको प्रभुता दी गई। 7“इसके
बाद मैंने रात के दर्शनों में देखा, और देखो, चौथा पशु,
भयानक और शक्तिशाली, बहुत ही बलवान था। और उसके
बड़े लोहे के दाँत थे। उसने खाया और चूर चूर किया, और
बाकी को अपने पैरों से रौंद डाला। और वह सब पशुओं से
भिन्न था जो उससे पहले थे, और उसके दस सींग थे। 8“मैं
उन सींगों पर ध्यान कर रहा था, तब देखो, उनमें से एक
छोटा सींग निकला, और पहले तीन सींग उसके सामने से
उखाड़े गए। और देखो, उस सींग में मनुष्य की आँखों के
समान आँखें थीं, और एक मुँह जो बड़े बड़े शब्द बोलता था।
9“मैं देखता रहा, जब तक कि सिंहासन रखे गए, और
प्राचीनकालीन बैठा। उसका वस्त्र हिम के समान श्वेत था,
और उसके सिर के बाल शुद्ध ऊन के समान थे। उसका
सिंहासन अग्नि की लपटें था, और उसके पहिये धधकती
आग। 10“एक आग की नदी बह रही थी और उसके सम्मुख
से निकल रही थी। सहस्त्रों सहस्त्र उसकी सेवा कर रहे थे,
और दस हज़ार गुना दस हज़ार उसके सामने खड़े थे।
न्यायासन बैठा, और पुस्तकें खोली गईं। 11“मैं देखता रहा।
तब, उस सींग के बड़े शब्दों के शब्द के कारण जो वह बोल

रहा था, मैं देखता रहा जब तक कि पशु मारा गया, और
उसका शरीर नाश कर दिया गया और जलती हुई आग को
सौंप दिया गया। 12 और बाकी पशुओं से उनका राज्य छीन
लिया गया। परन्तु उन्हें जीवन का विस्तार दिया गया, एक
समय और अवधि तक। 13 "मैं रात के दर्शनों में देखता रहा,
और देखो, मनुष्यपुत्र के समान एक, स्वर्ग के बादलों के साथ
आया! और वह प्राचीनकालीन के पास आया, और वे उसे
उसके सामने लाए। 14 "और उसे प्रभुता, महिमा और राज्य
दिया गया, कि सब लोग, जातियाँ और भाषाएँ उसकी सेवा
करें। उसकी प्रभुता अनन्त प्रभुता है, जो नहीं टलती, और
उसका राज्य वह है जो नाश नहीं होगा। 15 "मेरे लिये,
दानियेल, मेरी आत्मा मेरे शरीर के भीतर व्याकुल हो गई,
और मेरे सिर के दर्शनों ने मुझे भयभीत कर दिया। 16 "मैं
उनमें से एक के पास गया जो खड़ा था, और उससे इन सब
बातों का निश्चय पूछा। और उसने मुझसे कहा और मुझे इन
बातों का अर्थ बताया। 17 'ये बड़े पशु, जो चार हैं, चार राजा
हैं, जो पृथ्वी से उठेंगे। 18 'फिर परमप्रधान के पवित्र लोग
राज्य प्राप्त करेंगे, और राज्य को सदा के लिये, युगानुयुग
धारण करेंगे।' 19 "तब मैं चौथे पशु के विषय में निश्चय
चाहता था, जो सब से भिन्न था, बहुत भयानक, जिसके दाँत
लोहे के और नाखून काँसे के थे, जिसने खाया, चूर किया
और बाकी को अपने पैरों से रौंद डाला। 20 और उसके सिर
पर जो दस सींग थे, उनके विषय में, और उस दूसरे के विषय
में जो निकला, जिसके सामने से तीन गिरे थे - वह सींग
जिसमें आँखें थीं और मुँह था जो बड़े शब्द बोलता था,
जिसका रूप उसके साथियों से बड़ा था। 21 "मैं देखता रहा,
और वह सींग पवित्र लोगों से लड़ रहा था, और उन पर प्रबल
हो रहा था। 22 जब तक कि प्राचीनकालीन आया, और
परमप्रधान के पवित्र लोगों को न्याय दिया गया, और समय
आया कि पवित्र लोगों ने राज्य को पाया। 23 "उसने कहा,
'चौथा पशु पृथ्वी पर चौथा राज्य है, जो सब राज्यों से भिन्न है,
और वह सारी पृथ्वी को खा जाएगा, और उसे रौंदेगा और चूर
करेगा। 24 'और वे दस सींग उस राज्य के दस राजा हैं। वे
उठेंगे, और उनके बाद एक और उठेगा, और वह पहले वालों
से भिन्न होगा, और वह तीन राजाओं को दीन करेगा। 25 और
वह परमप्रधान के विरुद्ध बातें कहेगा, और परमप्रधान के
पवित्र लोगों को थका देगा, और समयों और व्यवस्था को
बदलने की ठानेगा, और वे एक समय, समयों और आधे
समय तक उसके हाथ में दे दिए जाएँगे। 26 'परन्तु
न्यायासन बैठा, और उसकी प्रभुता छीन ली जाएगी, और
उसका नाश कर दिया जाएगा और अन्त तक नष्ट किया
जाएगा। 27 'और राज्य, और प्रभुता, और स्वर्ग के नीचे सब
राज्यों की महानता, परमप्रधान के पवित्र लोगों को दे दी
जाएगी। उसका राज्य अनन्त राज्य है, और सब प्रभुताएँ
उसकी सेवा करेंगी और उसकी आज्ञा मानेंगी।' 28 "यह बात
का अन्त है। मेरे लिये, दानियेल, मेरे विचारों ने मुझे बहुत
भयभीत किया, और मेरा रंग बदल गया। परन्तु मैंने इस बात
को अपने हृदय में रखा।"

8 1 बेलशत्स्सर राजा के राज्य के तीसरे वर्ष में, मुझे
दानियेल को एक दर्शन प्रकट हुआ, उस पहले के बाद
जो मुझे पहले दिखाया गया था। 2 और मैंने दर्शन में देखा,
और ऐसा हुआ जब मैं देख रहा था, कि मैं शूशन गढ़ में था,
जो ऐलाम प्रान्त में है। और मैंने दर्शन में देखा, और मैं
ऊलाई नदी के किनारे था। 3 और मैंने अपनी आँखें उठाई
और देखा, और देखा कि एक मेढ़ा नदी के किनारे खड़ा था,
और उसके दो सींग थे, और दोनों सींग ऊँचे थे। और एक
दूसरे से ऊँचा था, और जो ऊँचा था वह बाद में निकला।
4 मैंने उस मेढ़े को पश्चिम, उत्तर और दक्षिण की ओर
धकेलते हुए देखा, ताकि कोई पशु उसके सामने खड़ा न हो
सका, और न कोई उसके हाथ से छुड़ा सका, और वह जैसा
चाहता था वैसा करता था और बड़ा हो गया। 5 और मैं ध्यान
से देख रहा था और देखा कि एक बकरा पश्चिम से आया,
सारी पृथ्वी की सतह पर, और वह भूमि को छुए बिना आया।
और उस बकरे की आँखों के बीच एक बड़ा सींग था। 6 और
वह उस मेढ़े के पास आया जिसके दो सींग थे, जिसे मैंने नदी
के किनारे खड़ा देखा था, और उसने अपनी शक्ति के क्रोध
में उस पर हमला किया। 7 और मैंने उसे मेढ़े के पास आते
देखा, और वह उस पर बहुत क्रोधित हुआ, और उसने मेढ़े
को मारा, और उसके दोनों सींग तोड़ दिए। और मेढ़े में
उसको रोकने की शक्ति न रही, पर उसने उसे भूमि पर गिरा
दिया और उस पर पैर रखा। और कोई न था जो मेढ़े को
उसके हाथ से छुड़ा सके। 8 और वह बकरा बहुत बड़ा हो
गया। परन्तु जब वह बलशाली हुआ, तो उसका बड़ा सींग टूट
गया, और उसके स्थान पर चार बड़े सींग उत्पन्न हुए, स्वर्ग
की चारों दिशाओं की ओर। 9 और उनमें से एक से एक छोटा
सींग निकला, जो दक्षिण की ओर, और पूर्व की ओर, और
शोभायमान भूमि की ओर बहुत बड़ा हो गया। 10 और वह
इतना बड़ा हो गया कि स्वर्ग की सेना तक पहुँच गया। और
उसने उस सेना के कुछ और तारों को पृथ्वी पर गिरा दिया,
और उन्हें पैरों तले रौंदा। 11 यहाँ तक कि उसने अपने को
सेना के प्रधान के समान ऊँचा किया। और उसने उससे
नित्य बलि छीन ली, और उसके पवित्रस्थान की नींव गिरा
दी। 12 और अधर्म के कारण एक सेना को नित्य बलि के
विरुद्ध कर दिया गया। और उसने सच्चाई को भूमि पर गिरा
दिया, और वह कार्य करता और सफल हुआ। 13 तब मैंने
एक पवित्रजन को बोलते हुए सुना। और दूसरे पवित्रजन ने
उस पहले बोलने वाले से कहा, "यह दर्शन कब तक रहेगा,
उस नित्य बलि के विषय में और उस अधर्म के विषय में जो
उजाड़ डालता है, ताकि पवित्रस्थान और सेना दोनों पैरों तले
रौंदी जाएँ?" 14 और उसने मुझसे कहा, "दो हज़ार तीन सौ
संध्या और प्रातःकाल तक; तब पवित्रस्थान शुद्ध किया
जाएगा।" 15 और ऐसा हुआ कि जब मैंने, दानियेल ने, दर्शन
देखा, तब मैंने समझने का प्रयत्न किया, और देखो, मेरे
सामने एक मनुष्य के समान रूप वाला खड़ा था। 16 और मैंने
ऊलाई के बीच से एक मनुष्य का शब्द सुना, जिसने पुकारा
और कहा, "ग़ब्रियल, इस मनुष्य को दर्शन समझा दे।"
17 तब वह वहाँ आया जहाँ मैं खड़ा था। और जब वह आया,
तो मैं डर गया और अपने मुँह के बल भूमि पर गिर पड़ा, पर
उसने मुझसे कहा, "समझ, हे मनुष्यपुत्र, क्योंकि यह दर्शन
अन्त समय के लिये है।" 18 और जब वह मुझसे बातें कर
रहा था, तब मैं भूमि पर अपने मुँह के बल गिरकर मूर्च्छित हो
गया, पर उसने मुझे छुआ और मुझे सीधा खड़ा कर दिया।
19 और उसने कहा, "देख, मैं तुझे बताता हूँ कि अन्त समय

में क्या होगा, क्योंकि नियत समय में अन्त होगा। [20] "जो मेढ़ा
तूने देखा, जिसके दो सींग थे, वे मादी और फारस के राजा
हैं। [21] "और वह बकरा यूनान का राजा है, और जो बड़ा सींग
उसकी आँखों के बीच था, वह पहला राजा है। [22] "और वह
जो टूटा, और उसके स्थान पर चार खड़े हुए: वे उस जाति में
से चार राज्य हैं, परन्तु उसकी शक्ति में नहीं। [23] "और
उनके राज्य के अन्त समय में, जब अधर्मी अपने माप को
पूरा करेंगे, तब एक कठोर मुख वाला और छल में निपुण
राजा उठेगा। [24] "और उसकी शक्ति प्रबल होगी, परन्तु
अपनी शक्ति से नहीं, और वह अद्‌भुत रीति से नाश करेगा,
और समृद्ध और सफल होगा, और पराक्रमी पुरुषों और पवित्र
लोगों को नाश करेगा। [25] "और अपनी चतुराई से वह अपने
हाथ में छल को सफल करेगा, और अपने मन में बड़ा होगा,
और निश्चिन्त रहने वाले बहुतों को नाश करेगा, और राजाओं
के राजा के विरुद्ध खड़ा होगा - तौभी वह बिना हाथ के टूट
जाएगा। [26] "और जो दर्शन संध्याओं और प्रातःकालों का
कहा गया है वह सत्य है। और तू दर्शन को छिपा रख, क्योंकि
वह बहुत दिनों के लिये है।" [27] और मैं, दानियेल, कई दिनों
तक व्याकुल और बीमार रहा। तब मैं उठा और राजा के काम
में लगा। और मैं दर्शन से अचम्भित हुआ, परन्तु कोई उसे
समझने वाला न था।

9 [1] मादीवंशी क्षयर्ष के पुत्र दारयवेश के पहले वर्ष में,
जिसे कसदियों के राज्य पर राजा नियुक्त किया गया था
- [2] उसके राज्य के पहले वर्ष में, मैंने, दानियेल ने, पवित्र
शास्त्र से यह ध्यान किया कि भविष्यद्वक्ता यिर्मयाह को
𐤉𐤄𐤅𐤄 के वचन के अनुसार येरूशलेम की उजाड़ होने की
अवधि सत्तर वर्ष पूरी होगी। [3] तब मैंने 𐤉𐤄𐤅𐤄 ईश्वर की
ओर प्रार्थना और विनतियों से, उपवास, टाट और राख के
साथ ध्यान लगाया। [4] और मैंने 𐤉𐤄𐤅𐤄 अपने ईश्वर से
प्रार्थना की, और अंगीकार किया, और कहा, "हे 𐤉𐤄𐤅𐤄,
महान और भयानक ईश्वर, जो वाचा और करुणा को उन से
निभाता है जो उससे प्रेम करते हैं और जो उसकी आज्ञाओं को
मानते हैं। [5] "हमने पाप किया है, बुराई की है, दुष्टता की है
और विद्रोह किया है, तेरी आज्ञाओं और तेरे न्यायों से हट गए
हैं। [6] "और हमने तेरे दास भविष्यद्वक्ताओं की नहीं सुनी,
जिन्होंने तेरे नाम में हमारे राजाओं, हमारे सरदारों, हमारे
पितरों और देश की सारी प्रजा से बातें कीं। [7] "हे 𐤉𐤄𐤅𐤄,
धर्म तेरा है, और हम लोगों का मुख लज्जित है, जैसा आज
के दिन है - यहूदा के लोगों का, येरूशलेम के निवासियों का
और सारे इस्राएल का, जो पास हैं और जो दूर हैं उन सब
देशों में जहाँ तूने उन्हें भगा दिया है, उनके अपराधों के कारण
जो उन्होंने तेरे विरुद्ध किए। [8] "हे प्रभु, हमारा मुख लज्जित
है, हमारे राजाओं का, हमारे सरदारों का और हमारे पितरों
का, क्योंकि हमने तेरे विरुद्ध पाप किया है। [9] "हमारे ईश्वर
𐤉𐤄𐤅𐤄 की ओर दया और क्षमा है, क्योंकि हम उसके विरुद्ध
विद्रोह कर चुके हैं। [10] "और हमने अपने ईश्वर 𐤉𐤄𐤅𐤄 की
वाणी को न माना कि उसकी व्यवस्थाओं में चलें, जिन्हें उसने
अपने दास भविष्यद्वक्ताओं के द्वारा हमारे सामने रखा।
[11] "और सारे इस्राएल ने तेरी व्यवस्था का उल्लंघन किया
और तेरी वाणी न मानने के लिये किनारे हो गए। इसलिये
मूसा, ईश्वर के दास की व्यवस्था में लिखी हुई शाप और
शपथ हम पर उंडेली गई, क्योंकि हमने उसके विरुद्ध पाप
किया। [12] "और उसने अपने वचनों की पुष्टि की, जो उसने
हम पर और उन शासकों पर जो हम पर राज्य करते थे, कहे
थे, और हम पर बड़ा दुःख लाकर। क्योंकि सारे आकाश के
नीचे ऐसा कुछ न किया गया जैसा येरूशलेम पर किया गया।
[13] "जैसा मूसा की व्यवस्था में लिखा है, सब यह बुराई हम पर
आई है, तौभी हमने अपने ईश्वर 𐤉𐤄𐤅𐤄 की कृपा पाने का
प्रयास नहीं किया, अपनी दुष्टताओं से लौटने और तेरे सत्य
को समझने के लिये। [14] "इसलिये 𐤉𐤄𐤅𐤄 उस बुराई पर
ध्यान रखता रहा और उसे हम पर ले आया। क्योंकि हमारा
ईश्वर 𐤉𐤄𐤅𐤄 जो कुछ करता है उसमें धर्मी है, पर हम ने
उसकी वाणी न मानी। [15] "और अब, हे हमारे ईश्वर
𐤉𐤄𐤅𐤄, जिसने अपनी प्रजा को मिस्र देश से बलवान हाथ
के द्वारा निकाला, और अपने लिये एक नाम बनाया, जैसा
आज के दिन है - हमने पाप किया है, हमने दुष्टता की है।
[16] "हे 𐤉𐤄𐤅𐤄, तेरे सब धर्म के अनुसार, मैं प्रार्थना करता हूँ,
तेरी जलन और तेरा क्रोध तेरे नगर येरूशलेम, तेरे पवित्र
पर्वत से दूर हो जाए। क्योंकि हमारे पापों और हमारे पितरों की
दुष्टताओं के कारण येरूशलेम और तेरी प्रजा हमारे चारों
ओर के सब लोगों के लिये उपहास बन गई है। [17] "और अब,
हे हमारे ईश्वर, अपने दास की प्रार्थना और उसकी विनतियां
सुन, और 𐤉𐤄𐤅𐤄 के लिये तेरे उजाड़ पड़े पवित्रस्थान पर
अपना मुख चमका। [18] "हे मेरे ईश्वर, अपना कान झुका
और सुन। अपनी आँखें खोल और हमारे उजाड़ देख, और
उस नगर को देख जो तेरे नाम से कहलाता है। क्योंकि हम
अपनी प्रार्थनाएँ तेरे सामने अपने धर्म के कारण नहीं रखते,
परन्तु तेरी बड़ी करुणाओं के कारण। [19] "हे 𐤉𐤄𐤅𐤄, सुन!
हे 𐤉𐤄𐤅𐤄, क्षमा कर! हे 𐤉𐤄𐤅𐤄, ध्यान दे और कर! अपने
ही लिये विलम्ब न कर, हे मेरे ईश्वर, क्योंकि तेरा नगर और
तेरी प्रजा तेरे नाम से कहलाते हैं।" [20] और जब मैं बोल रहा
था, और प्रार्थना कर रहा था, और अपने पाप और अपनी
प्रजा इस्राएल के पाप को अंगीकार कर रहा था, और अपने
ईश्वर 𐤉𐤄𐤅𐤄 के सम्मुख अपने ईश्वर के पवित्र पर्वत के
लिये अपनी प्रार्थना कर रहा था, [21] जब मैं प्रार्थना में ही बोल
रहा था, तब वह मनुष्य ग़ब्रियल, जिसे मैंने आरम्भ में दर्शन में
देखा था, सायंकालीन भेंट के समय, तीव्र उड़ान में मेरे पास
आ पहुँचा। [22] और उसने मुझे समझाया, और मुझसे बातें
कीं, और कहा, "हे दानियेल, अब मैं तुझे समझ में बुद्धिमान
बनाने आया हूँ। [23] "तेरी प्रार्थनाओं के आरम्भ में ही एक
वचन निकला, और मैं उसे बताने आया हूँ, क्योंकि तू अति
प्रिय है। इसलिये उस वचन पर ध्यान दे और दर्शन को
समझ। [24] "तेरी प्रजा और तेरे पवित्र नगर के लिये सत्तर
सप्तक ठहराए गए हैं, ताकि अपराध का अन्त किया जाए,
और पाप को मुहरबन्द किया जाए, और अधर्म को प्रायश्चित
किया जाए, और सदा की धार्मिकता लायी जाए, और दर्शन
और भविष्यद्वक्ता पर मुहर की जाए, और परमपवित्र का
अभिषेक किया जाए। [25] "इसलिये जान ले और समझ:
येरूशलेम को पुनः बसाने और बनाने की आज्ञा निकलने से
लेकर अभिषिक्त राजकुमार तक सात सप्तक और बासठ
सप्तक होंगे। वह फिर से बनाया जाएगा, चौक और नहर के
साथ, परन्तु संकट के समयों में। [26] "और बासठ सप्तकों के
बाद अभिषिक्त काटा जाएगा और उसके पास कुछ न रहेगा।
और आने वाले एक राजकुमार की प्रजा नगर और

पवित्रस्थान को नाश करेगी। और उसका अन्त प्रलय के
साथ होगा। और अन्त तक युद्ध और उजाड़ ठहराया गया
है। 27 "और वह बहुतों के साथ एक सप्तक के लिये वाचा को
स्थिर करेगा। और सप्तक के बीच में वह होमबलि और
अन्नबलि को बन्द कर देगा। और घृणित बातों के पंख पर वह
उजाड़ करेगा, यहाँ तक कि पूर्ण अन्त तक और जो ठहराया
गया है वह उजाड़ करने वाले पर उंडेला जाएगा।"

10

1 फारस के राजा कोरेश के तीसरे वर्ष में दानियेल
को, जिसका नाम बेलतेशत्स्सर कहलाता था, एक
वचन प्रकट हुआ। और वह वचन सत्य था, और वह बड़ी
लड़ाई के विषय में था। और उसने उस वचन को समझा,
और उस दर्शन को समझ पाया। 2 उन दिनों मैं, दानियेल,
तीन सप्तक तक शोक करता रहा। 3 मैंने मनभावन भोजन
नहीं खाया, न मांस और दाखमधु मेरे मुँह में आए, और न
मैंने अपने को अभिषेक किया, जब तक कि तीन सप्तक पूरे
न हो गए। 4 और पहले महीने के चौबीसवें दिन, जब मैं उस
बड़े नदी, हिद्देकेल, के किनारे था। 5 तब मैंने अपनी आँखें
उठाईं और देखा, और देखो, एक मनुष्य, जो सूत के वस्त्र
पहने था, और जिसकी कमर ऊफ़ाज़ के सोने से कसी हुई
थी। 6 और उसका शरीर तुरक्खी पत्थर के समान था, और
उसका मुख बिजली के समान था, और उसकी आँखें आग
की मशालों के समान थीं, और उसके हाथ और उसके पैर
चमकते पीतल के समान थे, और उसके वचनों का शब्द भीड़
के शब्द के समान था। 7 और मैं, दानियेल, अकेला उस
दर्शन को देख रहा था, क्योंकि जो पुरुष मेरे साथ थे उन्होंने
उस दर्शन को न देखा; पर उन पर बड़ी थरथरी छा गई, और
वे भागकर छिप गए। 8 तब मैं अकेला रह गया जब मैंने यह
बड़ा दर्शन देखा, और मुझ में कोई शक्ति न रही; मेरा रूप-
लावण्य मुझ से नष्ट हो गया, और मुझ में बल न बचा।
9 तौभी मैंने उसके वचनों का शब्द सुना; और जब मैंने उसके
वचनों का शब्द सुना, तब मैं भूमि पर अपने मुँह के बल
मूर्च्छित हो गया। 10 और देखो, एक हाथ ने मुझे छुआ, और
मुझे घुटनों और हाथों के तलवों पर काँपते हुए बैठा दिया।
11 और उसने मुझसे कहा, "हे दानियेल, अति प्रिय पुरुष, उन
वचनों को समझ जो मैं तुझसे कहता हूँ, और खड़ा हो जा,
क्योंकि अब मैं तुझको भेजा गया हूँ।" और जब वह मुझसे
यह वचन कह रहा था, तब मैं काँपता हुआ खड़ा हो गया।
12 तब उसने मुझसे कहा, "हे दानियेल, मत डर; क्योंकि
जिस दिन से तूने यह ठाना कि समझे और अपने ईश्वर के
सामने दीन हो, तेरे वचन सुने गए, और तेरे वचनों के कारण
मैं आया हूँ। 13 "पर फारस के राज्य के प्रधान ने इक्कीस
दिन तक मेरा सामना किया; पर देखो, मीकाएल, एक प्रधान
सरदार, मेरी सहायता करने आया, और मैं वहाँ फारस के
राजाओं के साथ रह गया। 14 "और अब मैं तुझे यह
समझाने आया हूँ कि अन्तिम दिनों में तेरी प्रजा पर क्या
बीतेगा; क्योंकि यह दर्शन अभी आने वाले दिनों के लिये है।"
15 और जब उसने मुझसे ऐसे वचन कहे, तब मैं भूमि की ओर
अपना मुख किये चुप रहा। 16 और देखो, मनुष्यों के पुत्रों के
समान एक ने मेरे होठों को छुआ; तब मैंने अपना मुँह खोला
और उससे कहा जो मेरे सामने खड़ा था, "हे मेरे प्रभु, इस
दर्शन के कारण मुझ पर पीड़ा आ गई है, और मुझ में कोई
शक्ति न रही। 17 "तो मेरा प्रभु का यह दास किस प्रकार
तुझसे बातें कर सकेगा, हे मेरे प्रभु? क्योंकि मुझ में अब कोई
शक्ति न रही, और मुझ में प्राण भी न रहे।" 18 तब फिर उस
मनुष्य के समान रूपवाले ने मुझे छुआ और मुझे बल दिया।
19 और उसने कहा, "हे अति प्रिय पुरुष, मत डर! तुझ पर
शान्ति हो; अब बलवंत हो, वरन् बलवंत हो।" और जब उसने
मुझसे यह कहा, तब मैं बलवन्त हुआ, और मैंने कहा, "मेरे
प्रभु कहे, क्योंकि तू ने मुझे बल दिया है।" 20 तब उसने कहा,
"क्या तू जानता है कि मैं तुझसे क्यों आया हूँ? और अब मैं
फारस के प्रधान से लड़ने को लौटता हूँ; और जब मैं निकल
जाऊँगा, तब यूनान का प्रधान आएगा। 21 "परन्तु मैं तुझे
सत्य लेख में जो लिखा है वह बताऊँगा। और इनका सामना
करने में मेरे साथ कोई नहीं है, केवल तेरा प्रधान मीकाएल
है।"

11

1 "और दारयवेश मादी के पहले वर्ष में, मैं स्वयं
उसकी सहायता और रक्षा करने के लिए खड़ा हुआ।
2 "और अब मैं तुम्हें सत्य बताता हूँ: देखो, पारस में तीन और
राजा उठेंगे, और चौथा उन सब से कहीं अधिक धनी होगा।
और अपनी शक्ति से, अपनी दौलत के कारण, वह सबको
यवन के राज्य के विरुद्ध भड़काएगा। 3 "और एक
शक्तिशाली राजा उठेगा, और वह बड़ी अधिकारता से राज्य
करेगा, और जैसा चाहेगा वैसा करेगा। 4 "परन्तु जब वह
उठेगा, उसका राज्य टूट जाएगा और आकाश के चारों पवनों
की ओर बंट जाएगा, परन्तु न तो उसकी संतान के बीच और
न ही उसी अधिकार के अनुसार जिससे उसने राज्य किया
था। क्योंकि उसका राज्य उखाड़ दिया जाएगा, और दूसरों
के लिए दिया जाएगा। 5 "और दक्षिण का राजा बलवान होगा,
और उसके एक सेनापति को उस पर अधिकार मिलेगा और
वह भी राज्य करेगा – उसका राज्य एक बड़ा राज्य होगा।
6 "और कुछ वर्षों के अन्त में वे आपस में मिलेंगे, और दक्षिण
के राजा की बेटी उत्तर के राजा के पास एक संधि करने
आएगी। परन्तु वह अपनी शक्ति को बनाए न रखेगी, और न
ही वह और न ही उसकी शक्ति स्थिर रहेंगे। और उसे छोड़
दिया जाएगा, उन लोगों सहित जिन्होंने उसे लाया, और
जिसने उसे जन्म दिया, और जिसने उस समय उसका सहारा
दिया। 7 "परन्तु उसकी जड़ों की एक शाखा से कोई उसकी
जगह उठेगा, और वह रक्षा के लिये आएगा और उत्तर के
राजा के गढ़ में प्रवेश करेगा, और उनके विरुद्ध कार्य करेगा,
और विजयी होगा, 8 और उनके पराक्रमी लोगों को, उनके
राजकुमारों को और उनके चाँदी-सोने के बहुमूल्य बर्तनों को
वह पकड़ लेगा और मिस्र में ले जाएगा। और वह उत्तर के
राजा से अधिक वर्षों तक स्थिर रहेगा। 9 "तब वह दक्षिण के
राजा के राज्य में प्रवेश करेगा, परन्तु अपने देश को लौट
जाएगा। 10 "परन्तु उसके पुत्र स्वयं को बल देंगे, और एक
बड़ी सेना इकट्ठा करेंगे। और वह आकर बाढ़ की तरह बह
जाएगा और पार करेगा, फिर अपने गढ़ को लौटेगा, और
प्रबल होगा। 11 "तब दक्षिण का राजा क्रोधित होकर युद्ध के
लिये निकलेगा, उत्तर के राजा से युद्ध करने। परन्तु वह बड़ी
सेना खड़ी करेगा, परन्तु वह सेना उसके शत्रु के हाथ में दी
जाएगी। 12 और वह सेना को पकड़ लेगा, उसका हृदय ऊँचा
होगा। और वह दसियों हज़ारों को गिरा देगा, परन्तु विजयी
नहीं होगा। 13 "और उत्तर का राजा लौटेगा और पहली से
बड़ी सेना खड़ी करेगा, और कुछ वर्षों के अन्त में बड़ी सेना

और बहुत सामग्रियों के साथ अवश्य आएगा। 14 "और उन
दिनों में बहुत से लोग दक्षिण के राजा के विरुद्ध उठ खड़े
होंगे, और तेरे लोगों में से कुछ हिंसक लोग दर्शन को स्थिर
करने के लिये ऊँचे उठेंगे, परन्तु वे ठोकर खाएँगे। 15 "तब
उत्तर का राजा आएगा और घेरा बनाने वाला ढेर बनाएगा,
और गढ़ों का नगर पकड़ लेगा। और दक्षिण की भुजाएँ न
ठहरेंगी, और न उसके चुने हुए लोग, क्योंकि खड़े होने की
शक्ति न होगी। 16 "तो उसका विरोधी जैसा चाहेगा वैसा
करेगा – कोई उसके सामने खड़ा न होगा – और वह
शोभायुक्त देश में खड़ा होगा, और उसके हाथ में विनाश
होगा। 17 "और वह अपने पूरे राज्य की शक्ति के साथ प्रवेश
करने के लिये अपना मुख फेर देगा, और उसके साथ एक
संधि करेगा। और वह ऐसा करेगा, और उसे स्त्रियों की बेटी
देगा ताकि उसे भ्रष्ट करे। परन्तु वह न ठहरेगी, और न ही
उसके लिये होगी। 18 "तब वह अपना मुख समुद्र तटों की
ओर फेर देगा और बहुतों को पकड़ लेगा। परन्तु एक शासक
उसके अपमान का अन्त करेगा। और अपमान दूर होने पर,
वह उस पर पलटेगा। 19 "तब वह अपने ही देश के गढ़ों की
ओर अपना मुख फेर देगा, परन्तु ठोकर खाकर गिरेगा, और
नहीं मिलेगा। 20 "और उसके स्थान पर एक ऐसा खड़ा होगा
जो गौरवशाली राज्य पर कर लगाएगा, परन्तु कुछ ही दिनों में
वह नाश कर दिया जाएगा, न तो क्रोध से और न ही युद्ध में।
21 "और उसके स्थान पर एक तुच्छ व्यक्ति उठेगा, जिसे
राज्य की महिमा नहीं दी जाएगी। परन्तु वह शान्तिपूर्वक
आएगा, और चापलूसी से राज्य पर कब्ज़ा करेगा। 22 "और
बाढ़ की भुजाएँ उसके सामने से बहा दी जाएँगी और टूट
जाएँगी, और वाचा का प्रधान भी। 23 "और उनके उसके
साथ मिल जाने के बाद, वह छल करेगा, और एक छोटी जाति
के साथ ऊपर आएगा और बलवान होगा। 24 "वह
शान्तिपूर्वक प्रान्त के सबसे धनी स्थानों में प्रवेश करेगा, और
वह करेगा जो उसके पितरों ने नहीं किया, और न ही उसके
पुरखों ने: उनके बीच लूट और शिकार और सामग्री बाँटेगा,
और गढ़ों के विरुद्ध अपनी युक्तियाँ करेगा, परन्तु केवल कुछ
समय के लिये। 25 "और वह अपनी शक्ति और अपने हृदय
को दक्षिण के राजा के विरुद्ध एक बड़ी सेना के साथ
उठाएगा, और दक्षिण का राजा एक बहुत बड़ी और
शक्तिशाली सेना के साथ युद्ध के लिये उठेगा, परन्तु न
ठहरेगा, क्योंकि वे उसके विरुद्ध युक्तियाँ करेंगे। 26 "और जो
उसके भोजन खाते हैं वही उसे नाश करेंगे, और उसकी सेना
बहा दी जाएगी, और बहुत से मारे जाएँगे। 27 "और इन दोनों
राजाओं के हृदय बुराई करने के होंगे, और एक ही मेज पर
झूठ बोलेंगे, परन्तु सफल न होंगे, क्योंकि अन्त अभी नियत
समय के लिये है। 28 "तब वह बहुत सामग्री के साथ अपने
देश लौटेगा, और उसका हृदय पवित्र वाचा के विरुद्ध होगा।
और वह कार्य करेगा, और अपने देश लौटेगा। 29 "नियत
समय पर वह लौटेगा और दक्षिण की ओर जाएगा, परन्तु यह
पहले या बाद की तरह न होगा। 30 "क्योंकि कित्तीम से
जहाज़ उसके विरुद्ध आएँगे, और वह हतोत्साहित होगा, और
पवित्र वाचा के विरुद्ध क्रोध में लौटेगा, और कार्य करेगा, और
उन पर विचार करेगा जो पवित्र वाचा को त्यागते हैं।
31 "और उसकी ओर से बलवान उठेंगे और मिक्दाश, गढ़ को
अशुद्ध करेंगे, और निरन्तर को दूर करेंगे, और उजाड़ने
वाली घृणित वस्तु को स्थापित करेंगे। 32 "और चापलूसी से
वह उन लोगों को अशुद्ध करेगा जो वाचा के विरुद्ध दुष्टता
करते हैं, परन्तु जो लोग अपने ईश्वर को जानते हैं, वे बलवान
होंगे, और कार्य करेंगे। 33 "और लोगों में से जो समझदार है
वे बहुतों को समझ देंगे। और वे तलवार और ज्वाला, बंधन
और लूट से, कुछ दिनों तक ठोकर खाएँगे। 34 "और जब वे
ठोकर खाएँगे, उन्हें थोड़ी सहायता मिलेगी, परन्तु बहुत से
लोग चापलूसी से उनके साथ जुड़ जाएँगे। 35 "और उनमें से
कुछ जो समझदार हैं वे ठोकर खाएँगे, ताकि उन्हें परिष्कृत
किया जाए, और शुद्ध किया जाए, और उजला किया जाए,
अन्त समय तक, क्योंकि यह अभी भी नियत समय के लिये
है। 36 "और राजा जैसा चाहेगा वैसा करेगा, और स्वयं को
बढ़ाएगा और हर शक्तिशाली से ऊपर बड़ा दिखाएगा, और
पराक्रमी लोगों के ईश्वर के विरुद्ध आश्चर्यजनक बातें कहेगा,
और तब तक सफल होगा जब तक कि क्रोध पूरा न हो जाए
– क्योंकि जो ठहराया गया है, वह किया जाएगा – 37 और वह
अपने पितरों के ईश्वर की परवाह न करेगा और न ही स्त्रियो
की इच्छा की, और न ही किसी देवता की परवाह करेगा,
परन्तु स्वयं को सब से ऊपर बढ़ाएगा। 38 "परन्तु अपने
स्थान पर वह गढ़ों के देवता को आदर देगा। और एक ऐसे
देवता को जिसे उसके पितरों ने नहीं जाना, वह सोने और
चाँदी और बहुमूल्य पत्थरों और मूल्यवान भेंटों के साथ आदर
देगा। 39 "और वह सबसे दृढ़ गढ़ों के विरुद्ध एक पराये
देवता के साथ कार्य करेगा, जिसे वह मान लेगा। वह उसे
महिमा देगा और बहुतों पर शासन करने का कारण बनेगा,
और भूमि को लाभ के लिये बाँटेगा। 40 "अन्त समय में
दक्षिण का राजा उस पर धक्का देगा, और उत्तर का राजा
बवण्डर की तरह उस पर धावा करेगा, रथों और घुड़सवारो
और बहुत जहाज़ों के साथ। और वह देशों में प्रवेश करेगा,
और बह जाएगा और पार करेगा, 41 और शोभायुक्त देश में
प्रवेश करेगा, और बहुत से ठोकर खाएँगे, परन्तु ये उसके
हाथ से बचेंगे: एदोम, और मोआब, और अम्मोन के पुत्रों के
प्रधान। 42 "और वह देशों पर अपना हाथ फैलाएगा, और
मिस्र का देश न बच सकेगा। 43 "और वह सोने-चाँदी के
खज़ानों और मिस्र की सारी दौलत पर राज्य करेगा, और
लिबी और कूशी उसके कदमों पर होंगे। 44 "तब पूर्व और
उत्तर से समाचार उसे परेशान करेंगे, और वह बहुत क्रोध के
साथ बाहर निकलेगा कि नाश करे और बहुतों को वध करे।
45 और वह समुद्रों के बीच और शोभायुक्त पवित्र पर्वत के बीच
अपने महल के तम्बू खड़े करेगा, परन्तु वह अपने अन्त को
पहुँचेगा, और उसकी सहायता करने वाला कोई न होगा।

12 1 "और उस समय मीकाएल खड़ा होगा, वह महान
प्रधान जो तेरे लोगों के पुत्रों पर खड़ा है। और एक
संकट का समय होगा, जैसा कि किसी जाति के होने से लेकर
उस समय तक कभी न हुआ। और उस समय तेरे लोग
छुड़ाए जाएँगे, वे सब जो पुस्तक में लिखे हुए पाए जाते हैं।
2 और बहुत से जो पृथ्वी की धूल में सोए हैं, जाग उठेंगे, कुछ
सदा के लिये जीवन के लिये, और कुछ निन्दा और सदा की
घृणा के लिये। 3 "और जो समझदार हैं वे आकाशमण्डल की
चमक के समान चमकेंगे, और जो बहुतों को धर्म की ओर ले
जाते हैं वे सितारों के समान सर्वदा और सदा चमकेंगे।
4 "परन्तु तू, दानिएल, इन वचनों को छिपा रख और पुस्तक

को अन्त समय तक सील कर दे। बहुत से लोग ध्यानपूर्वक
खोज करेंगे और ज्ञान बढ़ेगा।" 5 तब मैं, दानिएल, ने देखा
और देखा कि दो और खड़े हैं, एक इस नदी के किनारे पर
और दूसरा उस नदी के किनारे पर। 6 और उनमें से एक ने
उस सन के वस्त्र पहने हुए पुरुष से कहा, जो नदी के जलों के
ऊपर था, "इन अद्भुत बातों का अन्त कब तक होगा?"
7 और मैंने उस सन के वस्त्र पहने हुए पुरुष को सुना, जो नदी
के जलों के ऊपर था, और उसने अपना दाहिना हाथ और
अपना बायाँ हाथ आकाश की ओर उठाया, और उस की शपथ
खाई जो युगानुयुग जीवित है, कि यह एक नियत समय,
नियत समयों और आधा के लिये होगा। और जब वे पवित्र
लोगों की शक्ति को बिखेर देंगे, तब ये सब बातें पूरी होंगी।
8 और मैंने सुना, परन्तु न समझा, तब मैंने कहा, "हे मेरे प्रभु,
इनका अन्त क्या होगा?" 9 और उसने कहा, "हे दानिएल,
जा, क्योंकि ये वचन अन्त समय तक गुप्त और सील किए
गए हैं। 10 "बहुत से शुद्ध किए जाएँगे, उजले बनाए जाएँगे
और परिष्कृत किए जाएँगे। परन्तु दुष्ट दुष्टता करेंगे – और
कोई दुष्ट न समझेगा, परन्तु जो समझदार हैं वे समझेंगे।
11 "और उस समय से जब से निरन्तर बलिदान हटा लिया
जाएगा, और उजाड़ने वाली घृणित वस्तु स्थापित की जाएगी,
एक हज़ार दो सौ नब्बे दिन होंगे। 12 "धन्य है वह जो प्रतीक्षा
करता है, और एक हज़ार तीन सौ पैंतीस दिनों तक पहुँचता
है। 13 "परन्तु तू, अन्त तक अपने मार्ग पर जा। और तू
विश्राम करेगा, और दिनों के अन्त में अपने भाग में उठ खड़ा
होगा।"

होशे

३५३२

हिंदी संस्करण

होशे

1 [1] 𐤉𐤄𐤅𐤄 का वचन जो होशेआ बएरी के पुत्र के पास
आया, उज़ियाह, योथाम, आहाज़ और हिज़कियाह के
दिनों में, जो यहूदा के राजा थे, और यारोबाम योआश के पुत्र
के दिनों में, जो यिस्राएल का राजा था। [2] 𐤉𐤄𐤅𐤄 का वचन
होशेआ के साथ प्रारम्भ हुआ। और 𐤉𐤄𐤅𐤄 ने होशेआ से
कहा, "जाओ, अपने लिए व्यभिचारिणी स्त्री और व्यभिचार के
बच्चे ले लो, क्योंकि देश ने पूरी तरह से 𐤉𐤄𐤅𐤄 से व्यभिचार
किया है।" [3] तब वह गया और गोमेर, दिब्लायिम की पुत्री को
लिया, और उसने गर्भवती होकर उसको एक पुत्र जनमा।
[4] और 𐤉𐤄𐤅𐤄 ने उससे कहा, "उसका नाम यिज्रेल रखना,
क्योंकि थोड़े समय में मैं यिज्रेल का रक्त यहू के घर पर पलट
दूँगा, और यिस्राएल के घर के राज्य को समाप्त कर दूँगा।
[5] और उस दिन ऐसा होगा कि मैं यिस्राएल की धनुष यिज्रेल
की तराई में तोड़ दूँगा।" [6] और उसने फिर गर्भवती होकर
एक बेटी को जनमा। और उसने उससे कहा, "उसका नाम
लो-रूहमाह रखना, क्योंकि अब मैं यिस्राएल के घर पर और
दया नहीं करूँगा कि उन्हें किसी प्रकार क्षमा करूँ। [7] परन्तु
मैं यहूदा के घर पर दया करूँगा और उन्हें 𐤉𐤄𐤅𐤄 उनके
ईश्वर के द्वारा बचाऊँगा, और उन्हें न तो धनुष, न तलवार, न
युद्ध, न घोड़े, न घुड़सवारों के द्वारा बचाऊँगा।" [8] और जब
उसने लो-रूहमाह को दूध छुड़ाया, तब उसने गर्भवती होकर
एक पुत्र को जनमा, [9] तब उसने कहा, "उसका नाम लो-अम्मी
रखना, क्योंकि तुम मेरे लोग नहीं हो, और मैं तुम्हारा नहीं हूँ।
[10] फिर भी यिस्राएल के पुत्रों की गिनती समुद्र की बालू के
समान होगी, जिसे न तो मापा जा सकता है और न गिना जा
सकता है। और ऐसा होगा कि जिस स्थान पर उनसे कहा
गया था, 'तुम मेरे लोग नहीं हो,' वहाँ वे 'जीवित ईश्वर के
पुत्र' कहलाएँगे। [11] और यहूदा के पुत्र और यिस्राएल के पुत्र
एकत्र होंगे, और अपने लिए एक प्रधान ठहराएँगे, और देश से
ऊपर चढ़ेंगे, क्योंकि यिज्रेल का दिन महान है!

2 [1] "अपने भाइयों से कहो, 'हे मेरे लोग,' और अपनी बहनों
से, 'हे दया की गई।' [2] "अपनी माता से मुकदमा करो,
मुकदमा करो, क्योंकि वह मेरी पत्नी नहीं है, न ही मैं उसका
पति हूँ! वह अपने व्यभिचार को अपने चेहरे से दूर करे, और
अपनी व्यभिचारिता को अपनी छाती के बीच से हटा दे,
[3] अन्यथा मैं उसे निर्वस्त्र कर दूँगा, और उसे उसी दिन के
समान बना दूँगा जिस दिन वह जन्मी थी, और उसे जंगल के
समान बना दूँगा, और उसे सूखी भूमि के समान कर दूँगा,
और उसे प्यास से मार डालूँगा। [4] "और मैं उसके बच्चों पर
दया नहीं करूँगा, क्योंकि वे व्यभिचार के बच्चे हैं। [5] "क्योंकि
उनकी माता ने व्यभिचार किया है, जिसने उन्हें गर्भ में धारण
किया उसने लज्जा से काम लिया है। क्योंकि उसने कहा, 'मैं
अपने प्रेमियों के पीछे जाऊँगी, जो मुझे मेरी रोटी और मेरा
पानी, मेरी ऊन और मेरा सन, मेरा तेल और मेरी पेय देते
हैं।' [6] "इसलिए देख, मैं तेरे मार्ग को काँटों से बन्द कर रहा
हूँ, और मैं उसे दीवार से घेर दूँगा, ताकि वह अपने पथ न
पाए। [7] "और वह अपने प्रेमियों के पीछे जाएगी परन्तु उन्हें
नहीं पाएगी, और उन्हें ढूँढेगी परन्तु नहीं पाएगी। तब वह
कहेगी, 'मैं जाऊँगी और अपने पहले पति के पास लौट
जाऊँगी, क्योंकि तब मेरे लिए अब से अच्छा था।' [8] "और
उसने यह नहीं जाना कि मैंने ही उसे अन्न और नया दाखमधु
और तेल दिया, और उसके चाँदी और सोने को बढ़ाया, जिसे
उन्होंने बाल के लिए तैयार किया। [9] "इसलिए मैं लौटकर
अपना अन्न उसके समय में ले लूँगा और अपना नया दाखमधु
उसके मौसम में, और अपनी ऊन और अपने सन को ले लूँगा
जो उसकी नग्नता को ढकते थे। [10] "और अब मैं उसकी
लज्जा उसके प्रेमियों की आँखों के सामने प्रकट करूँगा, और
कोई भी उसे मेरे हाथ से नहीं छुड़ाएगा। [11] "और मैं उसकी
सारी खुशी, उसकी पर्व, उसके नए चाँद, और उसके शब्बाथ,
यहाँ तक कि उसके सब नियत समयों को बन्द कर दूँगा।
[12] और उसकी दाखलताओं और उसकी अंजीर के वृक्षों को
उजाड़ दूँगा, जिनके विषय में उसने कहा, 'ये मेरी मजदूरी है
जो मेरे प्रेमियों ने मुझे दी है।' और मैं उन्हें जंगल बना दूँगा,
और मैदान के पशु उन्हें खाएँगे। [13] "और मैं उसे बालों के
उन दिनों के लिए दण्ड दूँगा जिनमें उसने धूप जलाया, और
अपनी अंगूठियों और गहनों से अपने को सजाया, और अपने
प्रेमियों के पीछे गई, और मुझे भूल गई," यह 𐤉𐤄𐤅𐤄 की
वाणी है। [14] "इसलिए देख, मैं उसे फुसलाकर जंगल में ले
जाऊँगा, और उसके मन से बातें करूँगा। [15] और वहाँ से मैं
उसे उसकी दाखलताएँ दूँगा, और आखोर की तराई को
आशा का द्वार दूँगा। और वहाँ वह ऐसे उत्तर देगी जैसे अपनी
जवानी के दिनों में, जैसे उस दिन जब वह मिस्र देश से बाहर
आई थी। [16] "और ऐसा होगा कि उस दिन," 𐤉𐤄𐤅𐤄 की
वाणी है, "कि तू मुझे 'मेरा पति' कहेगी, और अब मुझे 'मेरा
बाल' न कहेगी। [17] "और मैं उसके मुँह से बालों के नाम दूर
कर दूँगा, और वे अब उनके नाम से स्मरण नहीं किए
जाएँगे। [18] "और उस दिन मैं उनके लिये मैदान के पशुओं के
साथ, आकाश के पक्षियों के साथ, और भूमि के रेंगने वाले
प्राणियों के साथ वाचा करूँगा, जब मैं धनुष, और तलवार,
और युद्ध को पृथ्वी से तोड़ दूँगा। और मैं उन्हें सुरक्षित लेटा
दूँगा। [19] "और मैं तुझे अपने साथ सदा के लिए विवाह में
लूँगा, और तुझे धर्म और न्याय और दया और करुणा में
अपने साथ विवाह में लूँगा। [20] "और मैं तुझे विश्वासयोग्यता
में अपने साथ विवाह में लूँगा, और तू 𐤉𐤄𐤅𐤄 को जानेगी।
[21] "और ऐसा होगा कि उस दिन मैं उत्तर दूँगा," 𐤉𐤄𐤅𐤄 की
वाणी है, "कि मैं आकाश को उत्तर दूँगा, और वे पृथ्वी को
उत्तर देंगे। [22] और पृथ्वी अन्न और नया दाखमधु और तेल
को उत्तर देगी, और वे यिजरेएल को उत्तर देंगे। [23] "और मैं
उसे अपने लिये पृथ्वी में बोऊँगा, और उस पर दया करूँगा

जिसने दया नहीं पाई थी। और मैं उनसे कहूँगा जो मेरे लोग
नहीं थे, 'तुम मेरे लोग हो,' और वे कहेंगे, 'मेरे ईश्वर!' "

3 1 फिर 𐤉𐤄𐤅𐤄 ने मुझसे कहा, "फिर जा, एक स्त्री से
प्रेम कर जो एक मित्र द्वारा प्रिय है, और एक व्यभिचारिणी
है, जैसा कि 𐤉𐤄𐤅𐤄 का प्रेम इस्त्राएल की संतान के लिए है,
यद्यपि वे दूसरे देवताओं की ओर मुडते हैं और अपने
किशमिश के केक से प्रेम करते हैं।" 2 तो मैंने उसे अपने लिए
पंद्रह चाँदी के टुकड़ों और एक लेतेख जौ के लिए खरीदा।
3 और मैंने उससे कहा, "तुम कई दिनों तक मेरे साथ रहोगी,
तुम व्यभिचार नहीं करोगी, न किसी मनुष्य की बनोगी, और मैं
भी तुम्हारे प्रति वैसा ही रहूँगा।" 4 क्योंकि कई दिनों तक
इस्त्राएल की संतान बिना राजा और बिना हाकिम, और बिना
बलिदान, और बिना स्तंभ, और बिना कंधे के वस्त्र या घर के
मूर्तियों के रहेंगे। 5 इसके बाद इस्त्राएल की संतान लौट
आएगी, और 𐤉𐤄𐤅𐤄 अपने ईश्वर को और दाविद अपने
राजा को ढूंढेंगे, और 𐤉𐤄𐤅𐤄 और उसकी भलाई का आदर
करेंगे, अंतिम दिनों में।

4 1 हे इस्त्राएल की संतान, 𐤉𐤄𐤅𐤄 का वचन सुनो, क्योंकि
𐤉𐤄𐤅𐤄 का देश के निवासियों के विरुद्ध एक मुक़दमा है:
"क्योंकि देश में सत्य या कृपा या ईश्वर का ज्ञान नहीं है।
2 "शपथ लेना, झूठ बोलना, हत्या करना, चोरी करना, और
व्यभिचार करना बढ़ गए हैं। और रक्तपात के पीछे रक्तपात
है। 3 "इसलिए देश शोक करता है, और वहाँ रहने वाला हर
कोई दुर्बल हो जाता है, मैदान के पशुओं और आकाश के
पक्षियों के साथ। और समुद्र की मछलियाँ भी ले ली जाती हैं।
4 "तथापि, कोई भी न तो झगड़े और न ही दूसरे को डाँटे,
क्योंकि तुम्हारे लोग एक याजक से झगड़ने वालों के समान
हैं। 5 "और तुम दिन में ठोकर खाओगे, और नबी रात में
तुम्हारे साथ ठोकर खाएगा। और मैं तुम्हारी माता को नष्ट
कर दूँगा। 6 "मेरे लोग ज्ञान के अभाव से नष्ट हो गए हैं।
क्योंकि तुमने ज्ञान को अस्वीकार किया है, मैंने भी तुम्हें मेरे
लिए याजक होने से अस्वीकार कर दिया। क्योंकि तुमने
अपने ईश्वर की तोराह को भुला दिया है, मैं भी तुम्हारी संतान
को भूल जाऊँगा। 7 "जैसे वे बढ़े, वैसे ही उन्होंने मेरे विरुद्ध
पाप किया। उन्होंने मेरी महिमा को लज्जा में बदल दिया।
8 "वे मेरे लोगों के पाप खाते हैं, और अपने मन की इच्छा को
उनकी दुष्टता पर लगाते हैं। 9 "और ऐसा होगा: जैसे लोग,
वैसे याजक। और मैं उनके मार्गों के अनुसार उन्हें दंड दूँगा,
और उनके कर्मों के अनुसार उन्हें प्रतिफल दूँगा। 10 "और वे
खाएँगे पर संतुष्ट नहीं होंगे, वे व्यभिचार करेंगे पर बढ़ेंगे नहीं,
क्योंकि उन्होंने 𐤉𐤄𐤅𐤄 की आज्ञा मानना छोड़ दिया है।
11 "व्यभिचार, और दाखमधु, और नया दाखमधु हृदय को
दास बना लेते हैं। 12 "मेरे लोग अपने लकड़ी से पूछते हैं,
और उनकी छड़ी उन्हें बताती है। क्योंकि व्यभिचार की आत्मा
ने उन्हें भटका दिया है, और वे अपने ईश्वर के अधीन से
व्यभिचार करने गए। 13 "वे पहाड़ों की चोटी पर बलिदान
चढ़ाते हैं, और पहाड़ियों पर, बाँज और गूलर और बांज वृक्ष
के नीचे धूप जलाते हैं, क्योंकि उसकी छाया अच्छी है।
इसलिए तुम्हारी बेटियाँ व्यभिचार करती हैं, और तुम्हारी बहुएँ
व्यभिचार करती हैं। 14 "जब तुम्हारी बेटियाँ व्यभिचार करती
हैं, तब मैं उन्हें दंड नहीं दूँगा, और जब तुम्हारी बहुएँ व्यभिचार
करती हैं, तब भी नहीं, क्योंकि वे वेश्याओं के साथ अलग हो
जाते हैं, और पवित्र स्त्रियों के साथ बलिदान चढ़ाते हैं - ऐसे
लोग जो नहीं समझते, गिरा दिए जाते हैं! 15 "यद्यपि तुम
वेश्या हो, हे इस्त्राएल, यहूदा दोषी न हो। गिलगाल में मत
आओ, और न बेथ-आवेन पर जाओ, और न शपथ खाओ,
यह कहते हुए, 'जैसे 𐤉𐤄𐤅𐤄 जीवित है!' 16 "क्योंकि
इस्त्राएल हठी है, जैसे हठी बछड़ा। क्या अब 𐤉𐤄𐤅𐤄 उन्हें
चौड़ी जगह में मेमने के समान खिलाएगा? 17 "एप्रैम मूर्तियों
से जुड़ा हुआ है, उसे छोड़ दो। 18 "उनका पेय खट्टा हो गया
है, उन्होंने लगातार व्यभिचार किया है। उसके शासकों ने
लज्जा को जंगली प्रेम किया। 19 "एक हवा ने उसे अपने
पंखों में बाँध लिया है, और वे अपने बलिदानों के कारण
लज्जित होंगे।

5 1 "सुनो, हे कोहेनीम! और सुनो, हे इस्त्राएल का घर!
ध्यान दो, हे राजा का घर! क्योंकि न्याय तुम्हारे लिए है,
क्योंकि तुम मित्सपह के लिए जाल और ताबोर पर फैलाया
हुआ जाल बन गए हो। 2 "और उन्होंने शित्तीम का गड्ढा गहरा
कर दिया है, इसलिए मैं उन सबको डाँटता हूँ। 3 "मैंने
इफ्रयिम को जाना है, और इस्त्राएल मुझसे छिपा नहीं है।
क्योंकि अब, हे इफ्रयिम, तू ने व्यभिचार किया है, इस्त्राएल
अशुद्ध हो गया है। 4 "उनके काम उन्हें अपने ईश्वर की ओर
लौटने नहीं देते, क्योंकि व्यभिचार की आत्मा उनके बीच है,
और वे 𐤉𐤄𐤅𐤄 को नहीं जानते। 5 "और इस्त्राएल की महिमा
उसके चेहरे पर गवाही देगी, और इस्त्राएल और इफ्रयिम
अपनी दुष्टता में ठोकर खाएँगे। यहूदा भी उनके साथ ठोकर
खाएगा। 6 "अपनी भेड़ों और झुंडों के साथ वे 𐤉𐤄𐤅𐤄 को
ढूँढने जाते हैं, परन्तु उसे नहीं पाते – उसने उनसे मुँह फेर
लिया है। 7 "उन्होंने 𐤉𐤄𐤅𐤄 के विरुद्ध विश्वासघात किया है,
क्योंकि उन्होंने पराए बच्चे उत्पन्न किए हैं। अब एक नया चाँद
उनके हिस्सों के साथ उन्हें निगल जाएगा। 8 "गिबाह में
नरसिंगा फूँको, रामा में तुरही! चिल्लाओ, हे बेथ अवेन!
तुम्हारे पीछे, हे बिन्यामीन! 9 "इफ्रयिम डाँट के दिन उजाड़ हो
जाएगा। इस्त्राएल के गोत्रों में मैं निश्चय को प्रकट करूँगा।
10 "यहूदा के सरदार सीमा हटाने वालों के समान होंगे – उन
पर मैं अपना क्रोध पानी की तरह उंडेलता हूँ। 11 "इफ्रयिम
दबा हुआ है, न्याय में कुचला गया है, क्योंकि उसने आज्ञा के
पीछे चला जब वह उसे अच्छा लगा। 12 "इसलिए मैं इफ्रयिम
के लिए कीड़े के समान हूँ, और यहूदा के घर के लिए सड़न
के समान। 13 "जब इफ्रयिम ने अपनी बीमारी देखी, और
यहूदा ने अपना घाव देखा, तब इफ्रयिम अश्शूर के पास गया
और राजा यारेब के पास भेजा। परन्तु वह तुझे चंगा करने में
असमर्थ है, या तुझसे घाव को दूर करने में। 14 "क्योंकि मैं
इफ्रयिम के लिए सिंह के समान हूँ, और यहूदा के घर के लिए
जवान सिंह के समान। मैं स्वयं उन्हें फाड़ता और चला जाता
हूँ, मैं उन्हें ले जाता हूँ, और कोई छुड़ाने वाला नहीं है। 15 "मैं
चला जाऊँगा, मैं अपने स्थान पर लौट जाऊँगा, जब तक कि
वे अपना दोष स्वीकार न करें और मेरा मुख न खोजें, अपनी
पीड़ा में वे यत्नपूर्वक मुझे खोजेंगे।

6 1 ‘आओ, और हम 𐤉𐤄𐤅𐤄 की ओर लौट चलें। क्योंकि
उसने फाड़ा है पर वह हमें चंगा करता है, उसने चोट
पहुंचाई है पर वह हमें बाँधता है। 2 ‘दो दिनों के बाद वह हमें
जीवित करेगा, तीसरे दिन वह हमें उठाएगा, ताकि हम उसके
सामने जीवित रहें। 3 ‘तो आओ हम जानें, हम 𐤉𐤄𐤅𐤄 को
जानने का पीछा करें। उसका निकलना सुबह के समान
निश्चित है। और वह हमारे पास आता है जैसे वर्षा, जैसे
पिछली वर्षा भूमि को सींचती है।’ 4 “एप्रैम, मैं तुझसे क्या
करूँ? यहूदा, मैं तुझसे क्या करूँ? क्योंकि तेरी
विश्वासयोग्यता भोर के बादल के समान है, और आरंभिक
ओस के समान चली जाती है। 5 “इसलिए मैंने नबियों के द्वारा
काटा, मैंने अपने मुख के वचनों से उन्हें मारा। और मेरे
न्याय प्रकाश के समान प्रकट होते हैं। 6 “क्योंकि मैं दया में
प्रसन्न होता हूँ और वध में नहीं, और ईश्वर के ज्ञान में होमबलि
से अधिक। 7 “परंतु आदम के समान उन्होंने वाचा का
उल्लंघन किया। वहाँ उन्होंने मेरे विरुद्ध विश्वासघात किया।
8 “गिलआद अधर्मियों का नगर है - रक्त से लथपथ।
9 “और जैसे डाकुओं के दल किसी मनुष्य की घात लगाते हैं,
वैसे ही याजकों का समुदाय शेकेम के मार्ग पर हत्या करता है,
क्योंकि उन्होंने दुष्टता की है। 10 “मैंने इस्राएल के घर में
भयानक बात देखी है: वहाँ एप्रैम का व्यभिचार है, इस्राएल
अपवित्र हो गया है। 11 “और तेरे लिए भी, हे यहूदा, एक
कटनी ठहराई गई है, जब मैं अपनी प्रजा की बंधुआई को
लौटाऊँगा।

7 1 “जब भी मैं इस्राएल को चंगा करना चाहता, तब एप्रैम
का अधर्म प्रकट हुआ, और शमरोन के दुष्कर्म। क्योंकि
उन्होंने झूठ गढ़ा, और एक चोर भीतर आता है, बाहर
डाकुओं का दल लूटता है। 2 “और वे अपने मन में नहीं
कहते कि मैं उनकी सब बुराइयों को स्मरण करता हूँ। अब
उनके ही काम उन्हें घेरे हुए हैं, वे मेरे सामने हो गए हैं।
3 “अपनी बुराइयों से वे एक राजा को प्रसन्न करते हैं, और
शासकों को अपनी झूठ से। 4 “वे सब व्यभिचारी हैं, जैसे एक
रोटी पकाने वाले से गरम की हुई भट्ठी, जो आटा गूँधने के बाद
आग हिलाना छोड़ देता है, जब तक वह खमीर न हो जाए।
5 “हमारे राजा के दिन शासक बीमार हो गए, दाखमधु से
उन्मत्त। उसने ठट्ठा करने वालों के साथ अपना हाथ
फैलाया। 6 “क्योंकि वे निकट आए, उनका मन भट्ठी के
समान है। वे सारी रात घात में लेटे रहते हैं, उनका रोटी
पकाने वाला सोता है। सुबह में वह जलती हुई आग के समान
प्रज्वलित होती है। 7 “वे सब भट्ठी के समान गरम हैं, और
उन्होंने अपने शासकों को भस्म किया। उनके सब राजा गिर
गए - उनमें से कोई भी मुझ पर नहीं पुकारता। 8 “एप्रैम
अन्यजातियों के बीच मिल जाता है, एप्रैम अधपकी रोटी बन
गया है। 9 “परदेशियों ने उसकी शक्ति को निगल लिया, और
वह नहीं जानता। उसके ऊपर सफेद बाल भी छिटक गए हैं,
और वह नहीं जानता। 10 “और इस्राएल की महिमा उसके
चेहरे के सामने गवाही देती है, पर उन्होंने 𐤉𐤄𐤅𐤄 अपने
ईश्वर की ओर न लौटे, और न ही उन्होंने इस सबके लिए उसे
खोजा। 11 “और एप्रैम बिना मन का भोला कबूतर बन गया है,
उन्होंने मिस्र को पुकारा, वे अश्शूर को गए। 12 “जब वे जाते
हैं मैं उन पर अपना जाल फैलाता हूँ, मैं उन्हें आकाश के
पक्षियों के समान नीचे लाता हूँ, मैं उन्हें ताड़ना देता हूँ ताकि
उनका समुदाय सुन ले। 13 “हाय उन पर, क्योंकि वे मुझसे
भटक गए! विनाश उन पर, क्योंकि उन्होंने मेरे विरुद्ध अपराध
किया! और मैं स्वयं ने उन्हें छुड़ाया, फिर भी उन्होंने मेरे
विरुद्ध झूठ बोला। 14 और उन्होंने अपने मन से मुझ पर नहीं
पुकारा जब वे अपने पलंगों पर रोए। अन्न और नए दाखरस
के लिए वे इकट्ठा हुए; वे मुझसे दूर हो गए। 15 “और मैंने
शिक्षा दी, मैंने उनकी भुजाओं को दृढ़ किया, पर उन्होंने मेरे
विरुद्ध बुराई की युक्ति की। 16 “वे लौटते हैं, परंतु परमप्रधान
की ओर नहीं। वे ढीली धनुष के समान हो गए हैं। उनके
शासक अपनी जीभ के श्रापों से तलवार से गिरते हैं। यही
उनकी निंदा मिस्र की भूमि में होगी।

8 1 “मेढ़े के सींग को अपने मुँह पर रखो, 𐤉𐤄𐤅𐤄 के घर
के विरुद्ध एक गरुड़ की तरह, क्योंकि उन्होंने मेरी वाचा
का उल्लंघन किया है, और उन्होंने मेरी तोराह के विरुद्ध
विद्रोह किया है। 2 “वे मुझसे पुकारते हैं, ‘मेरे ईश्वर - हम,
इस्राएल, तुझे जानते हैं!’ 3 “इस्राएल ने उस भलाई को
अस्वीकार कर दिया है, एक शत्रु उसका पीछा करता है।
4 “उन्होंने राजा बनाए, परन्तु मुझसे नहीं। उन्होंने शासक
बनाए, और मैं ने नहीं जाना। अपने चाँदी और सोने से
उन्होंने अपने लिये मूर्तियाँ बनाईं, ताकि वे काट डाले जाएँ।
5 “हे शोमेरोन, तेरे बछड़े को दूर कर दिया गया है! मेरा क्रोध
उनके विरुद्ध भड़क उठा है। वे कब तक निर्दोषता में असमर्थ
रहेंगे? 6 “क्योंकि यह भी इस्राएल से है: एक कारीगर ने इसे
बनाया है, और यह ईश्वर नहीं है! क्योंकि शोमेरोन का बछड़ा
तो टुकड़े-टुकड़े है! 7 “क्योंकि वे हवा बोते हैं, और बवंडर
काटते हैं। डंठल में कोई कली नहीं है, वह अन्न नहीं देता।
यदि देता भी है, तो अजनबी उसे निगल जाते हैं। 8 “इस्राएल
निगल लिया गया है। अब वे राष्ट्रों के बीच ऐसे हो गए हैं जैसे
ऐसा पात्र जिसमें कोई प्रसन्नता नहीं है। 9 “क्योंकि वे स्वयं
अश्शूर को चले गए हैं। एप्रयिम एक जंगली गधा अकेला
अपने आप में है, उन्होंने प्रेमियों को किराए पर लिया है।
10 “फिर भी, यद्यपि उन्होंने अपने आप को राष्ट्रों के बीच बेच
डाला, इस बार मैं उन्हें इकट्ठा करूँगा, जब उन्होंने थोड़े
समय के लिये राजा के बोझ, शासकों से दुख सहा हो।
11 “क्योंकि एप्रयिम ने पाप के लिये बहुत से वेदी बनाए हैं, वे
उसके लिये पाप करने की वेदी बन गई हैं। 12 “मैंने उसके
लिये अपनी तोराह की असंख्य बातें लिखीं - उन्हें अजीब
समझा गया। 13 “मेरे बलिदानों के विषय में: वे मांस का वध
करते हैं और खाते हैं। 𐤉𐤄𐤅𐤄 उन्हें स्वीकार नहीं करेगा।
अब वह उनकी दुष्टता को याद करता है और उनके पापों को
दण्ड देता है। उन्हें मिस्र लौटने दो! 14 “क्योंकि इस्राएल ने
अपने निर्माता को भुला दिया है, और महल बनाए हैं। और
यहूदा ने किलेबंद नगर बढ़ा दिए हैं। परन्तु मैं उसकी नगरों
पर आग भेजूँगा, और वह उसके गढ़ों को भस्म कर
डालेगी।”

9 1 हे इस्राएल, अन्य लोगों की तरह उल्लास से मत मगन
हो, क्योंकि तूने अपने ईश्वर से व्यभिचार किया है। तूने
सब खलिहानों पर प्रेम का मूल्य प्रेम किया है। 2 खलिहान

और रसकुंड उन्हें भोजन नहीं देंगे, और नया दाखमधु उसमें
असफल होगा। 3वे 𐤉𐤄𐤅𐤄 की भूमि में निवास नहीं करेंगे,
परन्तु इप्रैम मिस्र लौट जाएगा, और अश्शूर में अशुद्धता
खाएगा। 4वे 𐤉𐤄𐤅𐤄 को दाखमधु की भेंट नहीं चढ़ाते, न
उनके बलिदान उसे प्रिय हैं - यह उनके लिए शोक करने वालों
की रोटी के समान है, जो कोई उसे खाता है वह अशुद्ध होता
है। क्योंकि उनकी रोटी उनके जीवन के लिए है, यह 𐤉𐤄𐤅𐤄
के भवन में नहीं आती। 5तुम नियत सभा और 𐤉𐤄𐤅𐤄 के
पर्व के दिन के लिए क्या करोगे? 6देखो, वे विनाश के कारण
जाएंगे - मिस्र उन्हें इकट्ठा करेगा, मोफ़ उन्हें दफनाएगा,
बिछुआ उनके चाँदी के मूल्यवान वस्तुओं पर अधिकार
करेगा, उनके तम्बुओं में काँटे होंगे। 7दण्ड के दिन आ गए
हैं, प्रतिफल के दिन आ गए हैं। इस्त्राएल जानता है! नबी मूर्ख
है, 'आत्मा का मनुष्य' पागल है, तेरे बड़े अधर्म के कारण,
और बड़ी शत्रुता है। 8ईश्वर का प्रहरी तेरे ऊपर, हे इप्रैम,
नबी है, परन्तु उसके सब मार्गों में शिकारी का फंदा है। उसके
ईश्वर के घर में शत्रुता है। 9उन्होंने अपने आप को गिबा के
दिनों की तरह गहरा भ्रष्ट कर लिया है। वह उनकी दुष्टता
को स्मरण करता है, वह उनके पापों को दण्ड देता है।
10"मैंने जंगल में अंगूरों के समान इस्त्राएल को पाया। मैंने
तेरे पितरों को अंजीर के वृक्ष पर उसके आरम्भ में पहिलौठे
फलों के समान देखा। वे स्वयं बाल पेओर को गए, और
लज्जा के लिए अपने आप को अलग किया, और जिसको
उन्होंने प्रेम किया उसके समान घृणित बन गए। 11"इप्रैम
पक्षी के समान है, उनका सम्मान उड़ गया - न जन्म, न
गर्भवती, और न गर्भाधान! 12"यदि वे अपने बालकों का
पालन करें, तो भी मैं उन्हें मनुष्य के बिना कर दूँगा। जब मैं
उनसे फिर जाऊँगा, तो उन पर हाय होगा! 13"मैंने इप्रैम को,
सूर के समान, मनोहर स्थान में लगाया हुआ देखा है। परन्तु
इप्रैम अपने बालकों को घातक को निकाल देगा।" 14हे
𐤉𐤄𐤅𐤄, उन्हें दे - क्या दूँ? उन्हें गर्भपात करने वाला गर्भ
और सूखे स्तन दे। 15"उनका सब अधर्म गिलगाल में है,
क्योंकि वहीं मैं ने उनसे बैर किया है। उनके कुकर्मों के कारण
मैं उन्हें अपने भवन से निकाल दूँगा, मैं अब उन्हें प्रेम नहीं
करता। उनके सब प्रधान द्रोही हैं। 16"इप्रैम मारा गया है,
उनकी जड़ सूख गई है, वे फल नहीं देते। यदि वे बालकों को
जनें भी, तो भी मैं उनके गर्भ के प्रिय जनों को घात कर
दूँगा।" 17मेरा ईश्वर उन्हें तिरस्कृत करता है, क्योंकि
उन्होंने उसकी आज्ञा का पालन नहीं किया, इसलिये वे जातियों
के बीच भटकने वाले हो जाएंगे!

10

1यिस्त्राएल एक निकृष्ट दाखलता है, वह अपने लिए
फल लाता है। जैसे उसका फल बढ़ा, उसने वेदियों
को बढ़ाया। और जैसे उसकी भूमि अच्छी हुई, उन्होंने खंभे
बनाए। 2उनका हृदय कपटी हो गया है, अब वे दोषी हैं। वह
उनकी वेदियों को गिरा देता है, वह उनके खंभों को नष्ट कर
देता है। 3क्योंकि अब वे कहते हैं, "हमारा कोई राजा नहीं है,
क्योंकि हमने 𐤉𐤄𐤅𐤄 का भय नहीं माना। राजा हमारे लिए
क्या करेगा?" 4उन्होंने बातें की हैं, झूठी शपथ खाकर वाचा
की है। इसलिए न्याय खेत की मेड़ों में जहरीली घास की
तरह उग आएगा। 5शोमेरोन के निवासी बेथ अवेन के बछड़े
के कारण डरते हैं। उसके लोग उसके लिए विलाप करेंगे,
और उसके याजक भी जो उस पर आनन्दित होते थे, उसके
गौरव के कारण जो उससे दूर हो गया है। 6उसे अश्शूर को
राजा यारेब के लिए भेंट स्वरूप भी ले जाया जाता है। एप्रैम
लज्जा पाएगा, और यिस्त्राएल उसकी सम्मति से लज्जित
होगा। 7शोमेरोन नाश कर दिया गया है, उसका राजा पानी
की सतह पर एक टहनी के समान है। 8और अवेन की ऊँची
जगहें, जो यिस्त्राएल का पाप है, नष्ट कर दी जाएँगी, उनके
वेदियों पर काँटे और ऊँटकटारे उग आएँगे। और वे पहाड़ों
से कहेंगे, "हम पर ढक जाओ!" और पहाड़ियों से, "हम पर
गिर जाओ!" 9"हे यिस्त्राएल, तू गिबा के दिनों से पाप करता
आया है। वहीं वे खड़े रहे! गिबा में कुकर्मियों के पुत्रों के
विरुद्ध लड़ाई ने उन्हें नहीं पकड़ा। 10"जब मैं चाहूँगा, तब मैं
उन्हें बाँधूँगा। और लोग उनके विरुद्ध इकट्ठे किए जाएँगे जब
मैं उन्हें उनके दोहरे दोष के लिए बाँधूँगा। 11"और एप्रैम एक
सिखाई हुई बछिया है, जो अनाज रौंदना पसंद करती है। पर
मैं स्वयं उसके सुन्दर गर्दन पर जाऊँगा – मैं एप्रैम को जूए में
लगाऊँगा, यहूदा हल जोतेगा, याक़ोब उसके लिए मिट्टी
जोतेगा।" 12अपने लिए धर्म बोओ, कृपा के अनुसार काटो,
अपनी बंजर भूमि को तोड़ो, यह समय है कि तुम 𐤉𐤄𐤅𐤄 को
खोजो, जब तक वह आकर तुम पर धर्म की वर्षा करे।
13तुमने दुष्टता बोई है, तुमने अधर्म काटा है, तुमने झूठ का
फल खाया है, क्योंकि तुमने अपने मार्ग पर भरोसा किया,
अपने बहुत से पराक्रमी पुरुषों पर। 14और तेरे लोगों में
कोलाहल उठेगा, और तेरे सब गढ़ लूट लिए जाएँगे जैसे
शलमान ने बेथ अर्बेल को युद्ध के दिन में लूटा था – एक माता
अपने बच्चों पर टुकड़े टुकड़े कर दी गई। 15वैसा ही तेरे
साथ भी होगा, हे बेथ ईश्वर, तेरी बुरी दुष्टता के कारण। भोर
में यिस्त्राएल का राजा पूरी रीति से नाश कर दिया जाएगा!

11

1"जब इस्त्राएल बच्चा था, तब मैं ने उससे प्रेम किया,
और मिस्र से मैं ने अपने पुत्र को बुलाया। 2"वे
उनको बुलाते थे, तो वे उनके सामने से चले गए। उन्होंने
बालों के लिये बलि चढ़ाई, और खुदी हुई मूरतों के लिये धूप
जलाई। 3"मैं ने इप्रैम को चलना सिखाया, उन्हें उनकी
भुजाओं से पकड़ा, परन्तु उन्होंने यह न जाना कि मैं ने उनको
चंगा किया। 4"मैं ने मनुष्य की रस्सियों से, प्रेम की डोरियों
से उन्हें खींचा, और उनके लिये ऐसा हुआ जैसे कोई उनके
गले से जुआ उतारता है। और मैं झुककर उनको भोजन
कराया। 5"नहीं, वह मिस्र देश में लौट जाए, और अश्शूर
उसका राजा हो, क्योंकि उन्होंने लौटना अस्वीकार किया।
6"और तलवार उसके नगरों में घूमेगी, और उसके फाटक
की बल्लियों को नाश करेगी, और उनके अपने ही युक्तियों के
कारण उन्हें भस्म करेगी। 7"मेरे लोग मुझ से विमुख होने के
लिये झुके हुए हैं। यद्यपि वे परमप्रधान को पुकारते हैं, तो भी
वह उनमें से किसी को नहीं उठाता। 8"मैं तुझे कैसे छोड़ दूं,
हे इप्रैम? मैं तुझे कैसे सौंप दूं, हे इस्त्राएल? मैं तुझे अदमा के
समान कैसे कर दूं? मैं तुझे त्सेबोईम के समान कैसे कर दूं?
मेरा मन मेरे भीतर पलट जाता है, मेरी सारी दया जल उठी
है। 9"मैं अपने क्रोध की जलन को न करूँगा, मैं इप्रैम को
नाश करने के लिये न लौटूंगा। क्योंकि मैं ईश्वर हूं, मनुष्य
नहीं, तेरे बीच में पवित्र हूं, और मैं शत्रुता के साथ न
आऊंगा। 10"वे 𐤉𐤄𐤅𐤄 का अनुसरण करें। वह सिंह के

समान गरजता है। जब वह गरजता है, तो पश्चिम से पुत्र
कांपेंगे। 11 “वे मिस्र से पक्षी के समान कांपेंगे, और अश्शूर
देश से कपोत के समान। और मैं उन्हें उनके अपने घरों में
बसाऊंगा,” 𐤉𐤄𐤅𐤄 की यह वाणी है। 12 “इप्रैम ने मुझे झूठ
से घेर लिया है, और इस्राएल के घराने ने छल से। परन्तु
यहूदा अब भी ईश्वर के साथ भटक रहा है, और वह पवित्र के
प्रति सच्चा है।”

12 1 एप्रयिम हवा पर भोजन कर रहा है, और पूरब की
हवा का पीछा कर रहा है। पूरे दिन वह झूठ और
विनाश बढ़ाता है। और वे अश्शूर के साथ वाचा करते हैं,
और तेल मिस्र को भेजा जाता है। 2 और 𐤉𐤄𐤅𐤄 का यहूदा
के साथ विवाद है, याक़ोब को उसके मार्गों के अनुसार दंड
देने के लिए, उसके कर्मों के अनुसार उसे प्रतिफल देने के
लिए। 3 उसने गर्भ में रहते हुए अपने भाई की एड़ी पकड़ी,
और अपनी शक्ति में उसने ईश्वर से संघर्ष किया। 4 उसने
दूत से संघर्ष किया और विजय पाई, वह रोया और उसका
अनुग्रह मांगा। उसने उसे बेथ ईश्वर में पाया, और वहाँ उसने
हमसे बातें कीं – 5 यहाँ तक कि 𐤉𐤄𐤅𐤄 सेनाओं के ईश्वर,
𐤉𐤄𐤅𐤄 उसका स्मरण है। 6 इसलिए, अपने ईश्वर की ओर
लौट। कृपा और न्याय की रक्षा कर, और निरंतर अपने
ईश्वर की बाट जोह। 7 एक व्यापारी! उसके हाथ में छल का
तराज़ू है, उसने अंधेर करना पसंद किया। 8 और एप्रयिम
कहता है, “निश्चित रूप से, मैं धनी हो गया हूँ, मैंने अपने
लिए धन पाया है। मेरी सब परिश्रमों में वे मुझमें कोई दुष्टता
जो पाप है, नहीं पाएंगे।” 9 “पर मैं हूँ 𐤉𐤄𐤅𐤄 तुम्हारा ईश्वर
मिस्र की भूमि से, फिर मैं तुम्हें डेरों में बसाऊँगा जैसे नियत
समय के दिनों में। 10 “और मैंने नबियों से बातें की हैं, और
दर्शनों को बढ़ाया है। और नबियों के द्वारा मैंने दृष्टान्त दिए
हैं।” 11 क्या गिलआद दुष्ट है? निश्चय ही, वे झूठे रहे हैं!
गिलगाल में उन्होंने बैल चढ़ाए हैं। उनके वेदियाँ भी जोते हुए
खेत पर ढेरों की तरह हैं। 12 और जब याक़ोब अराम देश को
भागा, इस्राएल ने पत्नी के लिए सेवा की, और पत्नी के लिए
उसने पहरा दिया। 13 और एक नबी के द्वारा 𐤉𐤄𐤅𐤄 ने
इस्राएल को मिस्र से बाहर निकाला, और एक नबी के द्वारा
उसकी रक्षा की गई। 14 एप्रयिम ने बहुत कटुता से
उकसाया। इसलिए उसका प्रभु उसका रक्त-अपराध उस पर
छोड़ गया, और उसके अपमान का बदला उसे दिया।

13 1 जब इफ्रयिम ने बोला तो कांप उठे, वह यिस्राएल में
ऊँचा उठाया गया। परन्तु बअल के द्वारा वह दोषी हो
गया, और वह मर गया। 2 और अब वे और भी पाप करते हैं,
और अपने लिये अपनी चाँदी से ढाली हुई मूरतें बनाते हैं,
मूर्तियाँ अपने कौशल के अनुसार, वे सब कारीगरों का काम
हैं। वे उनके विषय में कहते हैं, “जो वध करते हैं वे बछड़ों को
चूमें!” 3 इस कारण वे भोर के बादल के समान होंगे, और उस
ओस के समान जो भोर ही में चली जाती है, उस भूसी के
समान जो खलिहान से उड़ जाती है, और खिड़की से
निकलनेवाले धुएँ के समान। 4 “पर मैं ही 𐤉𐤄𐤅𐤄 तुम्हारा
ईश्वर हूँ, मिस्र की भूमि से; मेरे सिवाय तुझे और कोई ईश्वर
न जानना होगा, क्योंकि मेरे सिवाय कोई उद्धारकर्ता नहीं है।
5 “मैंने तुझे जंगल में, सूखी भूमि में पहचाना। 6 “जब वे तृप्त
हुए, तो सन्तुष्ट हो गए। वे सन्तुष्ट हुए और उनका हृदय
ऊँचा हो गया, इसलिये वे मुझे भूल गए। 7 “इसलिये मैं उनके
लिये सिंह के समान हो गया, मैं मार्ग में चीते के समान घात
लगाकर बैठा। 8 मानो बाल-बच्चों से वंचित हुई रीछिनि की
नाईं मैं उन पर चढ़कर उनके हृदय के घेरे को फाड़
डालूँगा। वहाँ मैं उन्हें सिंह के समान खा जाऊँगा, वन का पशु
उन्हें फाड़ेगा। 9 “हे यिस्राएल, तूने अपने को नष्ट किया है,
परन्तु तेरी सहायता मुझ में है। 10 “तेरा राजा अब कहाँ है कि
वह तेरे सब नगरों में तुझे बचाए, और तेरे हाकिम जिन्हें तूने
कहा, ‘मुझे राजा और हाकिम दे’? 11 “मैंने अपने क्रोध में
तुझे राजा दिया, और अपने प्रकोप में ले लिया। 12 “इफ्रयिम
का अधर्म बंधा हुआ है, उसका पाप छिपा हुआ है। 13 “जच्चा
के दर्द उस पर आ जाएँगे। वह बुद्धिमान पुत्र नहीं है, क्योंकि
जब समय आता है, तो वह जन्म के समय विलम्ब नहीं
करता। 14 “मैं उन्हें अधोलोक के वश से छुड़ाऊँगा, मृत्यु से
छुड़ाऊँगा। हे मृत्यु, तेरी विपत्ति कहाँ है? हे अधोलोक, तेरा
विनाश कहाँ है? पश्चाताप मेरी आँखों से छिपा हुआ है।
15 चाहे वह भाइयों में फलवन्त हो, एक पूर्वी वायु आएगी,
𐤉𐤄𐤅𐤄 की ओर से वायु जंगल से उठेगी, और उसका सोता
सूखा जाएगा, उसका स्रोत सूख जाएगा – वह सब मनोहर
वस्तुओं के खजाने को लूट लेगा। 16 “शोमेरोन दोषी ठहराई
गई है, क्योंकि उसने अपने ईश्वर के विरुद्ध बलवा किया है –
वे तलवार से गिरेंगे, उनके बालकों को टुकड़े-टुकड़े किया
जाएगा, और उनकी गर्भवती स्त्रियों को चीरा जाएगा।”

14 1 हे इस्राएल, अपने ईश्वर 𐤉𐤄𐤅𐤄 की ओर लौट
आ, क्योंकि तू अपनी दुष्टता से ठोकर खाया है।
2 अपने साथ वचन ले ले, और 𐤉𐤄𐤅𐤄 की ओर लौट आ।
उससे कह, “सारी दुष्टता दूर कर, और भलाई को स्वीकार
कर, और हम अपने होंठों के बैल चढ़ाएँगे।” 3 “अश्शूर हमें
न बचाएगा। हम घोड़ों पर न सवार होंगे, और फिर कभी
अपने हाथों के काम से न कहेंगे, ‘हमारे पराक्रमी।’ क्योंकि
अनाथ तुझ में करुणा पाता है।” 4 “मैं उनकी
अविश्वासयोग्यता को चंगा करूँगा, मैं उनसे स्वेच्छा से प्रेम
करूँगा, क्योंकि मेरा क्रोध उस से हट गया है।” 5 “मैं
इस्राएल के लिए ओस के समान होऊँगा। वह सोसन के
समान फूलेगा, और अपनी जड़ें लेबानोन की तरह डालेगा।”
6 “उसकी शाखाएँ फैलेंगी, और उसकी शोभा जैतून के वृक्ष
के समान होगी, और उसकी सुगंध लेबानोन के समान
होगी।” 7 “जो उसके छाया के नीचे रहते हैं वे लौटेंगे। वे
अन्न के समान जीवित होंगे, और दाखलता के समान फूलेंगे,
और लेबानोन की दाखमधु के समान सुगंधित होंगे।”
8 “एप्रैम का और क्या मूरतों से लेना-देना? मैं ही उसका उत्तर
दूँगा और उसकी देखभाल करूँगा। मैं हरे सरो वृक्ष के समान
हूँ, तेरा फल मुझ से आता है।” 9 कौन बुद्धिमान है जो इन
बातों को समझे? कौन समझदार है जो इन्हें जान ले? क्योंकि
𐤉𐤄𐤅𐤄 के मार्ग सीधे हैं, और धर्मी उन पर चलते हैं, परन्तु
अपराधी उन में ठोकर खाते हैं।

योएल

𐤉𐤄𐤅𐤄

हिंदी संस्करण

योएल

1 1𐤉𐤄𐤅𐤄 का वचन जो योएल पुत्र पेतूएल के पास
आया। 2हे बुजुर्गों, इसे सुनो, और कान लगाओ, हे देश
के सब रहनेवालो! क्या यह तुम्हारे दिनों में हुआ है, या तुम्हारे
पितरों के दिनों में? 3इसे अपने बच्चों को सुनाओ, और तुम्हारे
बच्चे अपने बच्चों को, और उनके बच्चे उसके बाद की पीढ़ी
को। 4जो कुछ कुतरनेवाले टिड्डे ने छोड़ा उसे झुंड के टिड्डों
ने खा लिया, और जो झुंड के टिड्डों ने छोड़ा उसे रेंगनेवाले
टिड्डों ने खा लिया, और जो रेंगनेवाले टिड्डों ने छोड़ा उसे नाश
करनेवाले टिड्डों ने खा लिया। 5जागो, हे मदिरापान
करनेवालों, और रोओ। और विलाप करो, हे सब दाखमधु
पीनेवालों, नये दाखमधु के कारण, क्योंकि वह तुम्हारे मुँह से
काट लिया गया है। 6क्योंकि एक जाति मेरी भूमि पर चढ़
आई है, बलवान और असंख्य। उसके दाँत सिंह के दाँत हैं,
और उसके पास सिंहनी के दाढ़ हैं। 7उसने मेरी दाखलता
को उजाड़ डाला और मेरी अंजीर के पेड़ को तोड़ डाला।
उसने उसे पूरी तरह नंगा कर दिया और फेंक दिया, उसकी
डालियाँ सफेद हो गईं। 8सूतक वस्त्र पहिने हुई युवती की
नाईं विलाप कर, अपने जवानी के पति के लिये। 9अन्नबलि
और पानबलि 𐤉𐤄𐤅𐤄 के भवन से काट डाले गये हैं।
कोहेनीम, 𐤉𐤄𐤅𐤄 के सेवक शोक कर रहे हैं। 10खेत
उजाड़ा गया है, भूमि शोक कर रही है, क्योंकि अन्न नष्ट हो
गया है, नये दाखमधु सूख गए हैं, तेल विफल हो गया है।
11किसान लज्जित हैं, दाखबाग के रखवाले गेहूँ और जौ के
लिये विलाप कर रहे हैं, क्योंकि खेत की फसल नष्ट हो गई
है। 12दाखलता सूख गई है, और अंजीर का पेड़ मुरझा गया
है, अनार, खजूर, और सेब का पेड़, खेत के सब पेड़ सूख
गए हैं, क्योंकि मनुष्यों के पुत्रों में आनन्द सूख गया है। 13हे
कोहेनीम, कमर कसो और विलाप करो। हे वेदी के सेवकों,
विलाप करो। आओ, रात्रि भर सूतक वस्त्र में लेटो, हे मेरे
ईश्वर के सेवको। क्योंकि अन्नबलि और पानबलि तुम्हारे
ईश्वर के भवन से रोक दिये गये हैं। 14एक उपवास
ठहराओ। एक सभा बुलाओ, सब बुजुर्गों को, देश के सब
रहनेवालों को, अपने ईश्वर 𐤉𐤄𐤅𐤄 के भवन में इकट्ठा करो,
और 𐤉𐤄𐤅𐤄 को पुकारो। 15हाय उस दिन पर! क्योंकि
𐤉𐤄𐤅𐤄 का दिन निकट है, और वह ईश्वर शद्दाई की ओर से
नाश के समान आता है। 16क्या अन्न हमारी आँखों के सामने
काटा नहीं गया है, आनन्द और हर्ष हमारे ईश्वर के भवन से?
17बीज अपने ढेलों के नीचे सड़ गया है, कोठार उजाड़ दिये
गये हैं, भण्डारघर टूट गए हैं, क्योंकि अन्न सूख गया है।
18पशु कैसे कराहते हैं! गाय-बैल के झुंड भटक रहे हैं,
क्योंकि उनके पास चरागाह नहीं है। भेड़-बकरियों के झुंड भी
नाश हो रहे हैं। 19मैं तुझ से पुकारता हूँ, 𐤉𐤄𐤅𐤄, क्योंकि
आग ने जंगल की चराइयों को भस्म कर दिया है, और ज्वाला
ने खेत के सब पेड़ों को जला डाला है। 20यहाँ तक कि
मैदान के पशु भी तुझ से पुकारते हैं, क्योंकि पानी की धाराएँ
सूख गई हैं, और आग ने जंगल की चराइयों को भस्म कर
दिया है।

2 1सिय्योन में नरसिंगा फूंको, और मेरे पवित्र पर्वत पर
चेतावनी की ध्वनि करो! धरती के सब निवासी कांप उठें,
क्योंकि 𐤉𐤄𐤅𐤄 का दिन आ रहा है, क्योंकि वह निकट है।
2अंधकार और उदासी का दिन, बादलों का दिन, गहन
बादलों का दिन, जैसे सुबह के बादल पहाड़ों पर फैलते हैं -
एक प्रजा बड़ी और शक्तिशाली, जिनके समान कभी नहीं हुई,
और उनके बाद भी फिर कभी नहीं होगी, पीढ़ियों के अनेक
वर्षों तक। 3उनके आगे आग भस्म करती है, और उनके
पीछे ज्वाला जलती है। उनके सामने भूमि अदन की वाटिका
के समान है, और उनके पीछे उजाड़ मरुभूमि। और उनसे
कोई नहीं बच सकता। 4उनका रूप घोड़ों के समान है, और
वे अश्वों के समान दौड़ते हैं। 5जैसे रथों का शब्द, वे पर्वतों
की चोटी पर कूदते हैं, जैसे धधकती आग का शब्द जो ठूंठ
को भस्म करती है, जैसे शक्तिशाली लोग जो युद्ध की पंक्ति में
खड़े किए गए हों। 6उनके सामने लोग पीड़ा में हैं, सब चेहरे
लाल हो जाते हैं। 7वे पराक्रमी पुरुषों के समान दौड़ते हैं, वे
युद्ध करने वाले पुरुषों के समान दीवार पर चढ़ते हैं, हर एक
अपने मार्ग पर चलता है, और वे अपनी पंक्ति नहीं तोड़ते।
8और वे एक दूसरे पर दबाव नहीं डालते, हर एक अपने पथ
पर चलता है। वे हथियारों के बीच गिरते हैं, तौभी रुकते
नहीं। 9वे नगर पर दौड़ते हैं, वे दीवार पर दौड़ते हैं। वे घरों
में चढ़ते हैं, वे खिड़कियों में चोर के समान प्रवेश करते हैं।
10धरती उनके सामने कांपेगी, शमायिम कांप उठेंगे। सूर्य
और चंद्रमा अंधकारमय होंगे, और तारे अपनी चमक वापस
ले लेंगे। 11और 𐤉𐤄𐤅𐤄 अपनी सेना के सामने अपनी वाणी
देगा, क्योंकि उसकी छावनी बहुत बड़ी है, क्योंकि उसके वचन
का करने वाला शक्तिशाली है। क्योंकि 𐤉𐤄𐤅𐤄 का दिन बड़ा
और अत्यन्त भयानक है, और कौन उसे सह सकता है?
12“तो भी अब,” 𐤉𐤄𐤅𐤄 कहता है, “सारे मन से मेरी ओर
लौट आओ, और उपवास, और रोने, और विलाप करने के
साथ।” 13और अपने हृदय को फाड़ो, न कि अपने वस्त्रों
को, और 𐤉𐤄𐤅𐤄 अपने ईश्वर की ओर लौट आओ, क्योंकि
वह अनुग्रहकारी और दयालु है, धैर्यवान और बड़ी कृपा वाला
है, और वह बुराई के विषय में पछताएगा। 14कौन जानता है -
शायद वह फिर जाए और पछताए, और अपने पीछे एक
आशीर्वाद छोड़ जाए, अन्न अर्पण और पेय अर्पण 𐤉𐤄𐤅𐤄
तुम्हारे ईश्वर के लिये। 15सिय्योन में नरसिंगा फूंको, उपवास
को पवित्र करो, सभा बुलाओ। 16लोगों को इकट्ठा करो, सभा
को पवित्र करो, प्राचीनों को बुलाओ, बच्चों को और दूध पीने
वालों को इकट्ठा करो। दूल्हा अपने कक्ष से निकले, और
दुल्हन अपनी कोठरी से। 17याजक, 𐤉𐤄𐤅𐤄 के दास,
मण्डप और वेदी के बीच रोएं। और वे कहें, “हे 𐤉𐤄𐤅𐤄,

अपनी प्रजा को बचा, और अपनी विरासत को निन्दा के लिए
मत दे, ताकि जाति-जाति उन पर प्रभुत्व न करें। क्यों लोग
जातियों के बीच कहें, 'उनका ईश्वर कहाँ है?' " 18 और
𐤉𐤄𐤅𐤄 अपनी भूमि के लिये जलन करेगा, और अपनी प्रजा
को बचाएगा। 19 और 𐤉𐤄𐤅𐤄 उत्तर देगा और अपनी प्रजा
से कहेगा, "देखो, मैं तुम्हें अन्न और नयी दाखमधु और तेल
भेज रहा हूँ, और तुम उनसे तृप्त होगे। और अब मैं तुम्हें
जातियों के बीच निन्दा का विषय नहीं बनाऊँगा। 20 "और
उत्तरी को मैं तुमसे बहुत दूर कर दूँगा, और उसे सूखी और
उजाड़ भूमि में हाँक दूँगा, उसका मुख पूर्वी समुद्र की ओर,
और उसका पीछे का भाग पश्चिमी समुद्र की ओर। और
उसकी दुर्गन्ध ऊपर उठेगी और उसकी गंध चढ़ेगी, क्योंकि
उसने बड़ी बातें की हैं।" 21 मत डर, हे भूमि, प्रसन्न हो और
आनन्द कर, क्योंकि 𐤉𐤄𐤅𐤄 ने बड़ी बातें की हैं! 22 मत
डरो, हे मैदान के पशुओं, क्योंकि जंगल के चरागाह फिर से
हरे हो जाएँगे, और वृक्ष अपना फल देगा, अंजीर का पेड़ और
दाखलता अपनी शक्ति देंगे। 23 और हे सिय्योन के बच्चों,
आनन्दित और मगन रहो 𐤉𐤄𐤅𐤄 अपने ईश्वर में, क्योंकि
वह तुम्हें धर्म का शिक्षक देगा, और तुम्हारे लिये वर्षा
बरसाएगा, पहली वर्षा और बाद की वर्षा, जैसे पहले हुआ
करता था। 24 और खलिहान अन्न से भर जाएँगे, और
रसकुण्ड नए दाखमधु और तेल से उमड़ेंगे। 25 "तब मैं तुम्हें
उन वर्षों का प्रतिफल दूँगा जिन्हें टिड्डी दल, रेंगने वाली टिड्डी,
और नाश करने वाली टिड्डी, और काटने वाली टिड्डी ने खाया
है—मेरा बड़ा दल जिसे मैंने तुम्हारे बीच भेजा था। 26 "तब
तुम खाओगे—खाओगे और तृप्त हो जाओगे—और
𐤉𐤄𐤅𐤄 अपने ईश्वर के नाम की स्तुति करोगे, जिसने
तुम्हारे साथ अद्‌भुत कार्य किए हैं। और मेरी प्रजा कभी
लज्जित नहीं होगी। 27 "और तुम जानोगे कि मैं इस्राएल के
बीच में हूँ, और मैं हूँ 𐤉𐤄𐤅𐤄 तुम्हारा ईश्वर और कोई और
नहीं है। और मेरी प्रजा कभी लज्जित नहीं होगी। 28 "और
इसके बाद ऐसा होगा कि मैं अपना आत्मा सब प्राणियों पर
उंडेलूँगा। और तुम्हारे बेटे-बेटियाँ भविष्यवाणी करेंगे, तुम्हारे
बूढ़े स्वप्न देखेंगे, तुम्हारे जवान दर्शन देखेंगे। 29 "और दासों
और दासियों पर भी मैं उन्हीं दिनों में अपना आत्मा उंडेलूँगा।
30 "और मैं आकाश में और पृथ्वी पर अद्‌भुत चिन्ह दूँगा:
रक्त और अग्नि और धुएँ के स्तंभ। 31 सूर्य अन्धकार में
और चन्द्रमा रक्त में बदल जाएगा, 𐤉𐤄𐤅𐤄 के महान और
भयानक दिन के आने से पहले। 32 "और ऐसा होगा कि हर
एक जो 𐤉𐤄𐤅𐤄 के नाम को पुकारेगा वह बचाया जाएगा।
क्योंकि सिय्योन पर्वत पर और यरूशलेम में बच निकलना
होगा जैसा 𐤉𐤄𐤅𐤄 ने कहा है, और उन बचे हुओं में जिन्हें
𐤉𐤄𐤅𐤄 बुलाता है।

3 1 "क्योंकि देखो, उन्हीं दिनों और उसी समय में, जब मैं
यहूदा और येरूशलेम की बंधुआई को लौटा दूँगा, 2 तब
मैं सब अन्यजातियों को इकट्ठा करूँगा और उन्हें यहोशापात
की तराई में ले आऊँगा। और मैं वहाँ अपने लोगों, अपनी
मीरास इस्राएल के कारण, जिनको उन्होंने अन्यजातियों के
बीच तितर-बितर किया, और मेरे देश का बाँट किया, उन सब
के साथ न्याय करूँगा। 3 "और उन्होंने मेरे लोगों के लिए
चिट्ठियाँ डालीं, और एक जवान को वेश्या के लिए दे दिया,
और एक लड़की को दाखमधु के लिए बेच दिया, और उसे पी
लिया। 4 "और तुम मेरे लिए क्या हो, हे सूर और सिदोन,
और समस्त पलिश्त देश के तट? क्या तुम मुझसे बदला ले
रहे हो? और यदि तुम मुझसे बदला लेते हो, तो मैं तुरंत और
शीघ्र तुम्हारा प्रतिफल तुम्हारे ही सिर पर लौटा दूँगा।
5 "क्योंकि तुमने मेरा चाँदी और मेरा सोना ले लिया है, और
मेरे अच्छे खजाने को अपने मन्दिरों में पहुँचा दिया है, 6 और
यहूदा के लोगों और येरूशलेम के लोगों को तुमने यावान के
पुत्रों के हाथ बेच दिया है, ताकि उन्हें उनकी सीमाओं से दूर
कर दो। 7 "देखो, मैं उन्हें उस स्थान से उकसाऊँगा जहां
तुमने उन्हें बेचा है, और जो कुछ तुमने किया है, मैं उसे तुम्हारे
ही सिर पर लौटा दूँगा, 8 और मैं तुम्हारे पुत्रों और तुम्हारी
पुत्रियों को यहूदा के लोगों के हाथ बेच दूँगा, और वे उन्हें शेबा
के लोगों को बेचेंगे, एक दूर देश की जाति को। क्योंकि
𐤉𐤄𐤅𐤄 ने कहा है।" 9 अन्यजातियों के बीच यह प्रचार
करो, "युद्ध के लिए तैयार हो! वीरों को जगा दो, सब युद्ध के
पुरुष निकट आएँ, वे ऊपर आएँ। 10 "अपने हल के फाले
को तलवारों में, और अपनी हँसियों को भालों में गढ़ो। दुर्बल
कहे, 'मैं पराक्रमी हूँ।' " 11 जल्दी करो और आओ, हे सब
अन्यजातियो, और चारों ओर से इकट्ठा हो जाओ। हे
𐤉𐤄𐤅𐤄, अपने वीरों को यहाँ उतारो। 12 "अन्यजातियों को
उत्तेजित होने दो, और वे यहोशापात की तराई में ऊपर आएँ।
क्योंकि वहाँ मैं बैठकर चारों ओर की सब अन्यजातियों का
न्याय करूँगा। 13 "दरांती लगाओ, क्योंकि फसल पक चुकी
है। आओ, नीचे उतरो, क्योंकि रसकुण्ड भर गया है, कुण्डों
से रस उमड़ रहा है, क्योंकि उनकी बुराई बड़ी है।" 14 भीड़,
भीड़ निर्णय की तराई में है! क्योंकि निर्णय की तराई में
𐤉𐤄𐤅𐤄 का दिन निकट है। 15 सूरज और चाँद अंधकारमय
हो जाएँगे, और तारे अपनी चमक वापस ले लेंगे। 16 और
𐤉𐤄𐤅𐤄 सिय्योन से गरजेंगे, और येरूशलेम से अपनी वाणी
देंगे। और आकाश और पृथ्वी काँप उठेंगे, परन्तु 𐤉𐤄𐤅𐤄
अपने लोगों के लिए शरणस्थान होंगे, और इस्राएल के बच्चों
के लिए गढ़ होंगे। 17 "तब तुम जानोगे कि मैं 𐤉𐤄𐤅𐤄
तुम्हारा ईश्वर हूँ, जो सिय्योन में, मेरे पवित्र पर्वत पर वास
करता हूँ। और येरूशलेम पवित्र होगी, और फिर कोई विदेशी
उसमें से होकर न जाएगा। 18 "और उसी दिन ऐसा होगा कि
पहाड़ों से नया दाखमधु टपकेगा, और पहाड़ियों से दूध
बहेगा। और यहूदा की सब नदियाँ जल से भर जाएँगी, और
𐤉𐤄𐤅𐤄 के भवन से एक सोता निकलेगा, और शित्तीम की
तराई को सींचेगा। 19 "मिस्र उजाड़ हो जाएगा, और एदोम
उजाड़, जंगल हो जाएगा, यहूदा के लोगों पर की गई हिंसा के
कारण, जिनका निर्दोष लहू उन्होंने उनके देश में बहाया।
20 "परन्तु यहूदा सदा बसा रहेगा, और येरूशलेम पीढ़ी दर
पीढ़ी। 21 "और मैं उनके लहू का प्रतिशोध लूँगा, जिसका
प्रतिशोध मैंने नहीं लिया। और 𐤉𐤄𐤅𐤄 सिय्योन में वास
करेंगे!"

आमोस

𐤉𐤄𐤅𐤄

हिंदी संस्करण

आमोस

1 1 आमोस के वचन, जो तेक़ोवा के चरवाहों में से था, जिसे
उसने इस्राएल के विषय में देखा, यहूदा के राजा
उज्जियाह के दिनों में और इस्राएल के राजा यारोबाम पुत्र
योआश के दिनों में, भूकंप से दो वर्ष पहले। 2 और उसने
कहा, "𐤉𐤄𐤅𐤄 सिय्योन से गरजता है, और यरूशलेम से
अपनी वाणी देता है। और चरवाहों की चराइयाँ शोक
मनाएँगी, और कर्मेल की चोटी सूख जाएगी।" 3 यहोवा
𐤉𐤄𐤅𐤄 यों कहता है, "दमिश्क के तीन अपराधों के कारण,
और चार के कारण, मैं उसे नहीं लौटाऊँगा, क्योंकि उन्होंने
गिलआद को लोहे के दाँतों से दंवाया। 4 "परन्तु मैं हज़ाएल
के घर पर आग भेजूँगा, और यह बिन-हदद के महलों को
भस्म करेगी। 5 "और मैं दमिश्क की डंडी तोड़ दूँगा, और
आवन की तराई से रहने वाले को काट डालूँगा, और बेथ-
एदेन से राजदण्ड धारण करने वाले को। और अराम के
लोग कीर में बंधुआई करके ले जाए जाएँगे," यहोवा 𐤉𐤄𐤅𐤄
ने कहा। 6 यहोवा 𐤉𐤄𐤅𐤄 यों कहता है, "अज़्ज़ा के तीन
अपराधों के कारण, और चार के कारण, मैं उसे नहीं
लौटाऊँगा, क्योंकि उन्होंने पूरे बंधुआई किए हुओं को लेकर
एदोम को सौंप दिया। 7 "परन्तु मैं अज़्ज़ा की दीवार पर आग
भेजूँगा, और यह उसके महलों को भस्म करेगी। 8 "और मैं
अशदोद से रहने वाले को काट डालूँगा, और अश्क़लोन से
राजदण्ड धारण करने वाले को। और मैं अपनी हाथ को
एक्रोन पर फेरूँगा, और पलिश्तियों का शेष भाग नाश हो
जाएगा," प्रभु 𐤉𐤄𐤅𐤄 ने कहा। 9 यहोवा 𐤉𐤄𐤅𐤄 यों कहता
है, "सोरे के तीन अपराधों के कारण, और चार के कारण, मैं
उसे नहीं लौटाऊँगा, क्योंकि उन्होंने पूरे बंधुआई किए हुओं को
एदोम को सौंप दिया, और भाईचारे की वाचा को स्मरण नहीं
रखा। 10 "परन्तु मैं सोरे की दीवार पर आग भेजूँगा, और
यह उसके महलों को भस्म करेगी।" 11 यहोवा 𐤉𐤄𐤅𐤄 यों
कहता है, "एदोम के तीन अपराधों के कारण, और चार के
कारण, मैं उसे नहीं लौटाऊँगा, क्योंकि उसने अपने भाई का
तलवार से पीछा किया, और सब करुणा को त्याग दिया।
और उसका क्रोध निरंतर फाड़ता रहा, और उसने अपना
क्रोध सदा बनाए रखा। 12 "परन्तु मैं तेमान पर आग भेजूँगा,
और यह बोत्स्राह के महलों को भस्म करेगी।" 13 यहोवा
𐤉𐤄𐤅𐤄 यों कहता है, "अम्मोन के पुत्रों के तीन अपराधों के
कारण, और चार के कारण, मैं उसे नहीं लौटाऊँगा, क्योंकि
उन्होंने गिलआद की गर्भवती स्त्रियों को चीर डाला, ताकि
अपनी सीमा को बढ़ाएँ। 14 "इसलिए मैं रब्बा की दीवार पर
आग जलाऊँगा, और यह उसके महलों को भस्म करेगी, युद्ध
के दिन में कोलाहल के साथ, और बवंडर के दिन में आँधी के
साथ। 15 "और उनका राजा बंधुआई में चला जाएगा, वह
और उसके सरदार एक साथ," यहोवा 𐤉𐤄𐤅𐤄 ने कहा।

2 1 यहोवा 𐤉𐤄𐤅𐤄 यों कहता है, "मोआब के तीन अपराधों
के कारण, और चार के कारण, मैं उसे नहीं लौटाऊँगा,
क्योंकि उसने एदोम के राजा की हड्डियों को चूना बनाने के
लिए जला दिया। 2 "परन्तु मैं मोआब पर आग भेजूँगा, और
यह केरियोत के महलों को भस्म करेगी। और मोआब
कोलाहल, चिल्लाहट और नरसिंगे की ध्वनि के बीच मरेगा।
3 "और मैं उसके बीच से न्यायी को काट डालूँगा, और उसके
सब सरदारों को उसके संग मार डालूँगा," यहोवा 𐤉𐤄𐤅𐤄 ने
कहा। 4 यहोवा 𐤉𐤄𐤅𐤄 यों कहता है, "यहूदा के तीन
अपराधों के कारण, और चार के कारण, मैं उसे नहीं
लौटाऊँगा, क्योंकि उन्होंने यहोवा 𐤉𐤄𐤅𐤄 की तोराह को तुच्छ
जाना, और उसकी विधियों को नहीं माना। और उनके झूठ,
जिनके पीछे उनके पितरों ने चले, ने उन्हें भटका दिया।
5 "परन्तु मैं यहूदा पर आग भेजूँगा, और यह यरूशलेम के
महलों को भस्म करेगी।" 6 यहोवा 𐤉𐤄𐤅𐤄 यों कहता है,
"इस्राएल के तीन अपराधों के कारण, और चार के कारण,
मैं उसे नहीं लौटाऊँगा, क्योंकि वे धर्मी को चाँदी के लिए बेचते
हैं, और कंगाल को जूतों की जोड़ी के लिए, 7 जो दीनों के
सिर को भूमि की धूल में पीसते हैं, और नम्रों का मार्ग मोड़ते
हैं। और एक पुरुष और उसका पिता एक ही युवती के पास
जाते हैं, मेरे पवित्र नाम को अशुद्ध करने के लिए। 8 "और वे
हर वेदी के पास उन वस्त्रों पर लेटते हैं जो गिरवी लिए गए हैं,
और अपने ईश्वर के घर में वे दण्ड पाए हुओं की दाखमधु
पीते हैं। 9 "तौभी मैंने उनके सामने एमोरी को नष्ट कर दिया,
जिसकी ऊँचाई देवदार की ऊँचाई के समान थी, और वह
बाँज वृक्षों के समान दृढ़ था। तौभी मैंने उसके ऊपर से फल
और नीचे से जड़ें नष्ट कर दीं। 10 "और मैं तुम्हें मिस्र देश
से ऊपर ले आया, और चालीस वर्ष जंगल के मार्ग में चलाया,
ताकि एमोरी के देश को तुम्हारे अधिकार में करूँ। 11 "और
मैंने तुम्हारे पुत्रों में से कुछ को नबी बनाया, और तुम्हारे जवानों
में से कुछ को नज़ीर बनाए। क्या ऐसा नहीं है, हे इस्राएल के
बच्चों?" यहोवा 𐤉𐤄𐤅𐤄 की घोषणा है। 12 "परन्तु तुमने
नज़ीरों को दाखमधु पिलाया, और नबियों को आज्ञा दी,
'भविष्यवाणी मत करो!' 13 "देखो, मैं तुम पर बोझ से दबा
हुआ हूँ, जैसे पूलों से भरी हुई गाड़ी दब जाती है। 14 "इसलिए
तेज़ के लिए भागने का स्थान न रहेगा, और शक्तिशाली
अपनी शक्ति को दृढ़ न करेगा, और वीर अपने प्राण न बचा
पाएगा, 15 और धनुष चलाने वाला स्थिर न रहेगा, और पैरों से
तेज़ भागने वाला न बचेगा, न ही घोड़े पर चढ़ने वाला अपना
जीवन बचा पाएगा, 16 और सबसे बहादुर वीर भी उस दिन
नग्न होकर भागेगा," यहोवा 𐤉𐤄𐤅𐤄 की घोषणा है।

3 1 इस वचन को सुनो जो 𐤉𐤄𐤅𐤄 ने तुम्हारे विरुद्ध कहा
है, हे यिस्राएल के बच्चों, उस पूरे कुल के विरुद्ध जिसे मैं
मित्रस्रायिम की भूमि से ऊपर लाया था, यह कहते हुए,
2 "पृथ्वी के सब कुलों में से केवल तुम्हें ही मैंने जाना है, इस
कारण मैं तुम्हें तुम्हारी सारी दुष्टताओं के लिये दण्ड दूँगा।"

3क्या दो बिना मिले एक साथ चल सकते हैं? 4क्या शेर
जंगल में गरजता है जब उसके पास शिकार नहीं होता? क्या
जवान शेर अपनी मांद से अपनी आवाज़ निकालता है जब
तक उसने पकड़ा न हो? 5क्या पक्षी पृथ्वी पर फन्दे में गिरता
है जहाँ उसके लिये कोई जाल नहीं है? क्या फन्दा पृथ्वी से
उछल पड़ता है यदि उसने शिकार नहीं पकड़ा? 6यदि किसी
नगर में नरसिंगा फूँका जाता है, तो क्या लोग नहीं काँपते?
यदि किसी नगर में विपत्ति होती है, तो क्या यह 𐤉𐤄𐤅𐤄 ने
नहीं किया? 7क्योंकि आदोन 𐤉𐤄𐤅𐤄 कोई बात नहीं करता
जब तक वह अपना भेद अपने सेवकों नबियों पर प्रगट न
करे। 8शेर ने गरजा है! कौन नहीं डरेगा? आदोन 𐤉𐤄𐤅𐤄
ने कहा है! कौन भविष्यवाणी नहीं करेगा? 9"अशदोद के
महलों में और मित्रस्रायिम की भूमि के महलों में पुकारो, और
कहो, 'शोमेरोन के पहाड़ों पर इकट्ठा होओ, और उसके बीच
के बहुत अशान्ति को देखो, और उसके भीतर के पीड़ितों
को। 10'परन्तु वे यह नहीं जानते कि क्या सही है,' यह
𐤉𐤄𐤅𐤄 की वाणी है, 'वे जो अपने महलों में लूट और डाका
इकट्ठा करते हैं।' " 11इसलिये इस प्रकार आदोन 𐤉𐤄𐤅𐤄
ने कहा, "एक शत्रु, यहाँ तक कि भूमि के चारों ओर! और वह
तुम्हारी शक्ति को तुमसे गिरा देगा, और तुम्हारे महलों को
लूटा जाएगा।" 12इस प्रकार 𐤉𐤄𐤅𐤄 ने कहा, "जैसे एक
चरवाहा शेर के मुँह से दो पैर या कान का टुकड़ा छुड़ा लेता
है, वैसे ही शोमेरोन में रहने वाले यिस्राएल के बच्चे छुड़ाये
जाएँगे - खाट के कोने में और दम्मेसेक में सोफे पर!
13"सुनो और याक़ोब के घराने के विरुद्ध गवाही दो," यह
आदोन 𐤉𐤄𐤅𐤄 की वाणी है, सेनाओं के ईश्वर की।
14"क्योंकि जिस दिन मैं यिस्राएल की उनकी बगावतों के लिये
जाँच करूँगा, मैं बेथ-एल के वेदियों के विषय में भी दण्ड
दूँगा। और वेदी के सींग तोड़े जाएँगे, और वे भूमि पर गिरेंगे।
15"और मैं शीतकालीन घर को ग्रीष्मकालीन घर सहित मार
दूँगा। और हाथी-दांत के घर नाश होंगे, और बड़े घर मिटा
दिये जाएँगे," यह 𐤉𐤄𐤅𐤄 की वाणी है।

4 1इस वचन को सुनो, हे बाशान की गायें, जो शोमरोन के
पर्वत पर हो, जो गरीबों को सताते हो, जो जरूरतमंदों को
कुचलते हो, जो अपने स्वामियों से कहते हो, "दाखमधु
लाओ, हम पीएं!" 2आदोन 𐤉𐤄𐤅𐤄 ने अपनी पवित्रता की
शपथ खाई है, "देखो, दिन तुम्हारे ऊपर आने वाले हैं जब वह
तुम्हें काँटों से उठा लेगा, और तुम्हारे वंशजों को मछली के
काँटों से, 3और तुम्हें टूटे स्थानों से बाहर जाने देगा, प्रत्येक
स्त्री अपने सामने, और तुम हार्मोन की ओर फेंके जाओगे,"
यहोवा 𐤉𐤄𐤅𐤄 की यह वाणी है। 4"बेत एल आओ और
अपराध करो, गिलगल में पाप बढ़ाओ। और अपनी बलियाँ
हर सुबह लाओ, अपने दशमांश हर तीन दिन में। 5"और
खमीर के साथ धन्यवाद की अर्पण जलाओ, स्वेच्छा की भेंटों
को ऊँचे स्वर में घोषित करो। क्योंकि तुमने इसे चाहा है, हे
इस्राएल के पुत्रों!" यहोवा 𐤉𐤄𐤅𐤄 की यह वाणी है। 6"और
मैंने तुम्हें तुम्हारे सब नगरों में दाँतों की स्वच्छता दी, और
तुम्हारे सब स्थानों में रोटी की कमी। परन्तु तुम मेरी ओर न
लौटे," यहोवा 𐤉𐤄𐤅𐤄 की यह वाणी है। 7"और मैंने फसल
से तीन महीने पहले तुमसे वर्षा रोक ली। तब मैं एक नगर पर
वर्षा करता और दूसरे नगर पर वर्षा नहीं करता। एक भाग
पर वर्षा होती, और जहाँ वर्षा नहीं होती, वह भाग सूख जाता।
8"तब दो या तीन नगर जल पीने के लिए दूसरे नगर में
भटकते, परन्तु वे तृप्त नहीं होते। परन्तु तुम मेरी ओर न
लौटे," यहोवा 𐤉𐤄𐤅𐤄 की यह वाणी है। 9"मैंने तुम्हें झुलसा
देने और फफूंदी से मारा। टिड्डियों ने तुम्हारे बहुत से बगीचों
को, तुम्हारे दाख की बारियों को, तुम्हारी अंजीरों को और
तुम्हारे जैतून के वृक्षों को खा लिया। परन्तु तुम मेरी ओर न
लौटे," यहोवा 𐤉𐤄𐤅𐤄 की यह वाणी है। 10"मैंने तुम्हारे बीच
मिस्र के समान एक महामारी भेजी। मैंने तुम्हारे जवानों को
तलवार से मारा, तुम्हारे पकड़े गए घोड़ों के साथ। और मैंने
तुम्हारे छावनियों की दुर्गंध तुम्हारी नासिकाओं में पहुँचाई।
परन्तु तुम मेरी ओर न लौटे," यहोवा 𐤉𐤄𐤅𐤄 की यह वाणी
है। 11"मैंने तुम में से कुछ को उलट दिया, जैसे ईश्वर ने
सदोम और अमोरा को उलट दिया, और तुम जलती हुई आग
से खींचे गए जलते हुए लकड़ी के टुकड़े के समान थे।
परन्तु तुम मेरी ओर न लौटे," यहोवा 𐤉𐤄𐤅𐤄 की यह वाणी
है। 12"इसलिए मैं यह तुम्हारे साथ कर रहा हूँ, हे इस्राएल।
और क्योंकि मैं यह तुम्हारे साथ कर रहा हूँ, हे इस्राएल, अपने
ईश्वर से मिलने के लिए तैयार हो जाओ!" 13क्योंकि देखो,
वही जो पर्वतों को बनाता है, और पवन को रचता है, और
मनुष्य को अपना विचार प्रकट करता है, और भोर को
अंधकार बनाता है, और पृथ्वी की ऊँचाइयों पर चलता है,
𐤉𐤄𐤅𐤄 सेनाओं का ईश्वर उसका नाम है।

5 1इस वचन को सुनो जिसे मैं तुम्हारे विरुद्ध उठाता हूँ, यह
विलाप, हे यिस्राएल के घराने। 2यिस्राएल की कन्या गिर
गई है, फिर उठने की नहीं। वह अपनी भूमि पर परित्यक्त
पड़ी है, उसे उठाने वाला कोई नहीं। 3क्योंकि इस प्रकार कहा
आदोन 𐤉𐤄𐤅𐤄 ने, "वह नगर जो हज़ार से बाहर जाता है,
सौ शेष रहेगा, और जो सौ से बाहर जाता है, दस शेष रहेगा
यिस्राएल के घराने के लिए।" 4क्योंकि इस प्रकार कहा
𐤉𐤄𐤅𐤄 ने यिस्राएल के घराने से, "मुझे खोजो और जीवित
रहो, 5परन्तु बेत-एल को मत खोजो, न गिलगाल में प्रवेश
करो, न ही बेएरशेबा को पार करो। क्योंकि गिलगाल निश्चय
ही बंधुआई में जाएगा, और बेत-एल व्यर्थ हो जाएगा।
6"𐤉𐤄𐤅𐤄 को खोजो और जीवित रहो, ऐसा न हो कि वह
यूसुफ के घराने पर अग्नि की तरह प्रज्वलित हो, और उसे
भस्म कर डाले, और बेत-एल में बुझाने वाला कोई न हो।
7"हे तुम जो न्याय को नागदौना में बदल देते हो, और धर्म
को पृथ्वी पर डालते हो!" 8वही जिसने कीमा और केसिल
बनाए, और मृत्यु की छाया को भोर में बदलता है और दिन को
रात करता है, जो समुद्र के जल को बुलाता है और उन्हें पृथ्वी
के मुख पर उंडेलता है - 𐤉𐤄𐤅𐤄 उसका नाम है – 9जो
बलवान पर विनाश चमकाता है, ताकि विनाश गढ़ पर आ
जाए। 10उन्होंने उस से बैर किया जो फाटक में ताड़ना देता
है, और जो सत्य बोलता है उसका तिरस्कार करते हैं।
11इस कारण कि तुम दीन पर पांव धरते हो और उससे अन्न
कर लेते हो - तुमने गढ़ी हुई पत्थर की घरियां बनाई, परन्तु
उनमें रहने नहीं जाओगे, तुमने मनोहर दाख की बारियां
लगाई, परन्तु उनमें से दाखमधु नहीं पियोगे। 12क्योंकि मैं
जानता हूँ कि तुम्हारे अपराध बहुत हैं और तुम्हारे पाप बड़े हैं,
धर्मियों को सताना, घूस लेना, और दीन को फाटक पर

ठुकराना। [13]इसलिए बुद्धिमान उस समय चुप रहता है,
क्योंकि वह बुरा समय है। [14]भला खोजो और बुरा नहीं, ताकि
तुम जीवित रहो। और सेनाओं का ईश्वर 𐤉𐤄𐤅𐤄 तुम्हारे
संग हो, जैसा तुमने कहा है। [15]बुराई से बैर करो और भलाई
से प्रेम करो, और फाटक में न्याय स्थापित करो। शायद
सेनाओं का ईश्वर 𐤉𐤄𐤅𐤄 यूसुफ के अवशेषों पर अनुग्रह
करे। [16]इस कारण सेनाओं का ईश्वर 𐤉𐤄𐤅𐤄, 𐤉𐤄𐤅𐤄
कहता है, "सब खुले चौराहों में विलाप है, और सब गलियों में
कहते हैं, 'हाय! हाय!' और वे खेतिहर को शोक करने के
लिए बुलाएँगे, और कुशल विलाप करने वालों को विलाप के
लिए। [17]"और सब दाखबाड़ियों में विलाप है, क्योंकि मैं
तुम्हारे बीच से होकर निकलता हूँ," 𐤉𐤄𐤅𐤄 कहता है।
[18]हाय उन पर जो 𐤉𐤄𐤅𐤄 के दिन की लालसा करते हैं!
तुम्हारे लिए 𐤉𐤄𐤅𐤄 का दिन क्या है? वह तो अंधकार है, न
कि ज्योति। [19]जैसे जब कोई सिंह से भागे, और भालू उससे
भेंटे; या वह अपने घर में प्रवेश करे, और अपना हाथ दीवार
पर टिकाए, और उसे सर्प डसे। [20]क्या 𐤉𐤄𐤅𐤄 का दिन
अंधकार नहीं, और ज्योति नहीं? क्या वह घोर अंधकार नहीं,
जिसमें कोई प्रकाश नहीं है? [21]"मैंने तुम्हारे पर्वों से घृणा की
है, मैं ने उन्हें तुच्छ जाना है, और तुम्हारी सभाओं से प्रसन्न
नहीं हूँ। [22]"यद्यपि तुम मुझ को होमबलियाँ और अन्नबलियाँ
चढ़ाते हो, मैं उन्हें ग्रहण नहीं करता, और तुम्हारे पाले हुए
मेलबलियों पर दृष्टि नहीं करता। [23]"मेरे पास से तुम्हारे गीतों
का कोलाहल दूर करो, क्योंकि मैं तुम्हारे सारंगी के संगीत को
नहीं सुनता। [24]"वरन् न्याय को जल की तरह, और धर्म को
प्रबल नदी की तरह बहने दो। [25]"हे यिस्राएल के घराने, क्या
तुमने चालीस वर्षों तक जंगल में मुझे बलिदान और अन्नबलि
चढ़ाए? [26]परन्तु तुमने सिक्कुत अपना राजा और किय्यून
अपने मूरतें, अपने खगोलीय देवता, जिन्हें तुमने अपने लिए
बनाया था, उठा लिया। [27]"इस कारण मैं तुम्हें दम्मेसिक से
परे बंधुआई में भेजूँगा," सेनाओं का ईश्वर 𐤉𐤄𐤅𐤄 कहता है
- उसका नाम।

6 [1]हाय उन पर जो सिय्योन में निश्चिंत बैठे हैं, और
शोमेरोन के पर्वत पर भरोसा करते हैं, जो जातियों के
प्रधानों में से विशिष्ट हैं, जिनके पास यिस्राएल का घराना
आता है! [2]कल्नेह को पार करो और देखो, और वहाँ से बड़े
Ḥमात को जाओ। फिर पलिश्तियों के गत को नीचे जाओ।
क्या तुम इन राज्यों से उत्तम हो, या उनकी सीमा तुम्हारी सीमा
से बड़ी है? [3]हे तुम जो बुराई के दिन को दूर रखते हो, फिर
भी अत्याचार का आसन निकट लाते हो, [4]जो हाथी दाँत की
खाटों पर लेटे हैं, और अपने पलंगों पर तान कर बैठे हैं, और
झुंड से मेमनों और बाड़े के बीच से बछड़ों को खाते हैं, [5]जो
वीणा के स्वर पर व्यर्थ गाते हैं, और अपने लिए गीत रचते हैं
जैसे दाविद, [6]जो कटोरों से दाखमधु पीते हैं, और उत्तम
सुगंधित तेल से अपना अभिषेक करते हैं, तौभी वे यूसुफ के
टूटने पर शोकित नहीं हुए! [7]इसलिए अब वे पहले बंधुआई में
जाने वालों के संग बंधुआई में जाएंगे, और जो तान कर बैठे हैं
उनका भोज समाप्त हो जाएगा! [8]आदोन 𐤉𐤄𐤅𐤄 ने अपनी
शपथ स्वयं खाई है, सेनाओं का ईश्वर 𐤉𐤄𐤅𐤄 कहता है, "मैं
याआकोब के गर्व से घृणा करता हूँ, और उसके महलों से बैर
करता हूँ। इसलिये मैं नगर और जो कुछ उसमें है उसे सौंप
दूँगा।" [9]और ऐसा होगा, यदि एक घर में दस पुरुष बचे रहें,
तो वे मर जाएंगे। [10]और जब कोई कुटुम्बी या उसका दाह
करने वाला घर से शवों को बाहर ले जाएगा, तो वह घर के
भीतर वाले से कहेगा, "क्या तेरे संग कोई है?" और वह
कहेगा, "नहीं," तब वह कहेगा, "चुप रह!" क्योंकि हमने
𐤉𐤄𐤅𐤄 के नाम को स्मरण नहीं किया है! [11]क्योंकि देखो,
𐤉𐤄𐤅𐤄 आज्ञा दे रहा है, और वह बड़े घर को दरारों से, और
छोटे घर को चीरों से मारेगा। [12]क्या घोड़े चट्टान पर दौड़ते
हैं? क्या कोई उसे बैलों से जोतता है? क्योंकि तुमने न्याय को
विष में, और धर्म के फल को नागदौना में बदल दिया है, [13]हे
तुम जो व्यर्थ की बात पर आनंद करते हो, और कहते हो,
"क्या हमने अपनी ही शक्ति से सींग नहीं लिए?" [14]"क्योंकि
देखो, मैं तुम्हारे विरुद्ध एक जाति उठाने वाला हूँ, हे यिस्राएल
के घराने," सेनाओं का ईश्वर 𐤉𐤄𐤅𐤄 कहता है, "और वे
तुम्हें Ḥमात के प्रवेश से लेकर अराबा की नाली तक
सताएँगे।"

7 [1]यह वही है जो आदोन 𐤉𐤄𐤅𐤄 ने मुझे दिखाया, और
देखो, वह देर की फ़सल की शुरुआत में टिड्डियों के झुंड
बना रहा था। और देखो, यह फ़सल राजा की कटाई के बाद
की थी। [2]और यह हुआ, जब उन्होंने भूमि की घास को खा
लिया, तब मैंने कहा, "हे आदोनै 𐤉𐤄𐤅𐤄, क्षमा कर, मैं
प्रार्थना करता हूँ! याकोब कैसे जीवित रहेगा, क्योंकि वह छोटा
है?" [3]𐤉𐤄𐤅𐤄 ने इस विषय में मन बदल लिया। "ऐसा नहीं
होगा," कहा 𐤉𐤄𐤅𐤄 ने। [4]यह वही है जो आदोन 𐤉𐤄𐤅𐤄 ने
मुझे दिखाया, और देखो, आदोन 𐤉𐤄𐤅𐤄 आग से विवाद
करने के लिए बुला रहा था, और उसने बड़ी गहराई को भस्म
कर दिया और भाग को नष्ट कर दिया, [5]और मैंने कहा, "हे
आदोनै 𐤉𐤄𐤅𐤄, कृपया रोक! याकोब कैसे जीवित रहेगा,
क्योंकि वह छोटा है?" [6]𐤉𐤄𐤅𐤄 ने इस विषय में मन बदल
लिया। "यह भी नहीं होगा," कहा आदोन 𐤉𐤄𐤅𐤄 ने। [7]यह
वही है जो उसने मुझे दिखाया, और देखो, 𐤉𐤄𐤅𐤄 एक
दीवार पर खड़ा था जो सीसा डोरी से बनाई गई थी, और
उसके हाथ में सीसा डोरी थी, [8]और 𐤉𐤄𐤅𐤄 ने मुझसे कहा,
"आमोस, तुम क्या देखते हो?" और मैंने कहा, "एक सीसा
डोरी।" और 𐤉𐤄𐤅𐤄 ने कहा, "देखो, मैं अपनी प्रजा
इस्राएल के बीच सीसा डोरी रख रहा हूँ, अब मैं उन्हें क्षमा
नहीं करूँगा। [9]और इसहाक के ऊँचे स्थान उजाड़ कर दिए
जाएँगे, और इस्राएल के पवित्रस्थान नष्ट कर दिए जाएँगे।
और मैं यारोबाम के घर पर तलवार लेकर उठूँगा।" [10]तब
अमत्स्याह, बेथ-एल का कोहेन, ने यारोबाम इस्राएल के राजा
के पास भेजा, और कहा, "आमोस ने तेरे विरुद्ध इस्राएल के
घर के बीच षडयंत्र किया है। यह भूमि उसके सारे वचनों को
सहन नहीं कर सकती, [11]क्योंकि यह वही है जो आमोस ने
कहा, 'यारोबाम तलवार से मरेगा, और इस्राएल अवश्य
अपनी भूमि से निर्वासित किया जाएगा।'" [12]और अमत्स्याह
ने आमोस से कहा, "जाओ, हे दर्शी! यहूदा की भूमि में भागो,
और वहाँ रोटी खाओ और नवा करो, [13]परंतु अब और बेथ-
एल में नवा मत करो, क्योंकि यह राजा का पवित्रस्थान है और
यह राज्य का घर है।" [14]और आमोस ने अमत्स्याह को
उत्तर दिया और कहा, "मैं नबी नहीं हूँ, न नबी का पुत्र हूँ,

क्योंकि मैं एक चरवाहा हूँ और गूलर के अंजीर का उगाने
वाला हूँ। 15 “परंतु 𐤉𐤄𐤅𐤄 ने मुझे झुंड के पीछे से लिया,
और 𐤉𐤄𐤅𐤄 ने मुझसे कहा, ‘जाओ, मेरी प्रजा इस्त्राएल के
लिए नवा करो।’ 16 “और अब, 𐤉𐤄𐤅𐤄 का वचन सुनो।
तुम कहते हो, ‘इस्त्राएल के विरुद्ध नवा मत करो, और
इसहाक के घर के विरुद्ध उपदेश मत दो।’ 17 “इस कारण
यह कहा 𐤉𐤄𐤅𐤄 ने, ‘तेरी पत्नी नगर में वेश्या बनेगी, और
तेरे पुत्र और पुत्रियाँ तलवार से गिरेंगे, और तेरी भूमि माप की
डोरी से बाँटी जाएगी, और तू अशुद्ध भूमि में मरेगा, और
इस्त्राएल अवश्य अपनी भूमि से निर्वासित किया जाएगा।’ ”

8

1 यह वही है जो आदोन 𐤉𐤄𐤅𐤄 ने मुझे दिखाया, और
देखो, एक टोकरी ग्रीष्मकालीन फलों की। 2 और उसने
कहा, “आमोस, तुम क्या देखते हो?” और मैंने कहा, “एक
टोकरी ग्रीष्मकालीन फलों की।” और 𐤉𐤄𐤅𐤄 ने मुझसे
कहा, “अंत मेरी प्रजा इस्त्राएल पर आ गया है, अब मैं उन्हें
क्षमा नहीं करूँगा। 3 “और उस दिन हेयखल के गीत विलाप
होंगे,” यह घोषणा है आदोन 𐤉𐤄𐤅𐤄 की, “हर जगह बहुत से
शव पड़े होंगे, जहाँ-तहाँ फेंके हुए – चुप्पी!” 4 यह सुनो, तुम
जो दरिद्रों को निगलते हो, और भूमि के कंगालों का नाश
करना चाहते हो, 5 जो कहते हैं, “कब नया चाँद बीत जाएगा
ताकि हम अन्न बेचें, और सब्बाथ कब समाप्त होगा ताकि हम
अपना गेहूँ बेचें, एफ़ाह को छोटा करें और शेकेल को बड़ा
करें, और तराज़ू को छल से बिगाड़ें, 6 ताकि हम दरिद्रों को
चाँदी के लिए और कंगालों को एक जोड़ी जूतों के लिए
खरीदें, और गेहूँ की भूसी को बेचें?” 7 𐤉𐤄𐤅𐤄 ने याकोब की
महिमा की शपथ खाई है, “मैं उनके किसी भी काम को कभी
नहीं भूलूँगा। 8 “क्या इस कारण भूमि न काँपेगी, और जो
उसमें बसते हैं वे सब विलाप न करेंगे? और वह सब नदी की
तरह उमड़ेगी, और मिस्त्र की नदी की तरह उठेगी और बैठ
जाएगी। 9 “और उस दिन ऐसा होगा,” यह घोषणा है आदोन
𐤉𐤄𐤅𐤄 की, “कि मैं दोपहर को सूर्य को अस्त कर दूँगा,
और उजाले के दिन पृथ्वी को अंधकारमय कर दूँगा, 10 और
मैं तुम्हारे पर्वों को विलाप में, और तुम्हारे सब गीतों को शोक में
बदल दूँगा, और सब कमरों पर टाट बाँध दूँगा, और हर सिर
पर गंजापन लाऊँगा, और उसे एकमात्र पुत्र के लिए शोक के
समान बना दूँगा, और उसका अंत कटु दिन के समान होगा।
11 “देखो, दिन आ रहे हैं,” यह घोषणा है आदोन 𐤉𐤄𐤅𐤄
की, “कि मैं भूमि पर एक भूख भेजूँगा, न रोटी की भूख, न
पानी की प्यास, परंतु 𐤉𐤄𐤅𐤄 के वचनों को सुनने की भूख।
12 “और वे समुद्र से समुद्र तक, और उत्तर से पूरब तक
भटकेंगे – वे यत्नपूर्वक खोजेंगे, 𐤉𐤄𐤅𐤄 का वचन ढूँढेंगे,
परंतु वे उसे न पाएँगे। 13 “उस दिन सुंदर कन्याएँ और
बलवान जवान प्यास से मूर्छित होंगे, 14 जो शमरोन के दोष
की शपथ खाते हैं, और कहते हैं, ‘जैसा तेरे ईश्वर का जीवन
है, हे दान!’ और, ‘जैसा बेएरशेबा का मार्ग जीवित है!’ और वे
गिरेंगे और फिर कभी न उठेंगे।”

9

1 मैंने 𐤉𐤄𐤅𐤄 को वेदी के पास खड़े देखा, और उसने
कहा, “स्तंभ के सिर को मारो, ताकि दहलीज़ें हिलें, और
उन्हें सिर से काट दो, उन सबको। और उनके शेष को मैं
तलवार से मार डालूँगा। उनमें से कोई भागने वाला न बचेगा,
और उनमें से कोई पलायन करने वाला न निकलेगा। 2 “यदि
वे कब्र में गाड़े जाएँ, वहाँ से मेरा हाथ उन्हें लेगा; और यदि वे
आकाश पर चढ़ें, वहाँ से मैं उन्हें नीचे लाऊँगा। 3 “और यदि
वे कर्मेल पर्वत की चोटी पर छिपें, वहाँ से मैं खोज कर उन्हें
लूँगा। और यदि वे मेरी आँखों से समुद्र की तह में छिपें, वहां
से मैं सर्प को आज्ञा दूँगा, और वह उन्हें डसेगा। 4 “और यदि
वे अपने शत्रुओं के सामने बंधुआई में जाएँ, वहाँ से मैं तलवार
को आज्ञा दूँगा, और वह उन्हें मार डालेगी। और मैं अपनी
आँखें उन पर बुराई के लिए लगाऊँगा, न कि भलाई के
लिए।” 5 और सेनाओं का आदोन 𐤉𐤄𐤅𐤄 वही है जो पृथ्वी
को छूता है, ताकि वह पिघल जाए, और उसमें बसने वाले सब
विलाप करें, और वह सब नदी की तरह उठे, और मिस्त्र की
नदी की तरह बैठ जाए – 6 जो अपने ऊपरी कमरे आकाश में
बना रहा है, और पृथ्वी पर अपने आकाशमंडल की नींव रखी
है, जो समुद्र के जल को बुलाता है, और उन्हें पृथ्वी के ऊपर
उँडेलता है - 𐤉𐤄𐤅𐤄 ही उसका नाम है। 7 “क्या तुम मेरे
लिए कुश के लोगों के समान नहीं हो, हे इस्त्राएल की
सन्तान?” यह घोषणा है 𐤉𐤄𐤅𐤄 की। “क्या मैंने इस्त्राएल
को मिस्त्र की भूमि से नहीं निकाला, और पलिश्तियों को
कफ्तोर से, और अराम को कीर से? 8 “देखो, आदोन
𐤉𐤄𐤅𐤄 की आँखें पापी राज्य पर लगी हैं, और मैं उसे पृथ्वी
के ऊपर से नष्ट कर दूँगा, परंतु ऐसा नहीं कि मैं याकोब के
घर को पूरी तरह नष्ट कर दूँ,” यह घोषणा है 𐤉𐤄𐤅𐤄 की।
9 “क्योंकि देखो, मैं आज्ञा दे रहा हूँ, और मैं इस्त्राएल के घर
को सब जातियों में गहना चलनी से छानूँगा, जैसे कोई चलनी
से छानता है, फिर भी एक दाना भी भूमि पर नहीं गिरेगा।
10 “मेरी प्रजा के सब पापी तलवार से मर जाएँगे, वे जो कहते
हैं, ‘बुराई हम पर न आएगी और न हमें मिलेगी।’ 11 “उस
दिन मैं दाऊद की गिरी हुई झोपड़ी को उठाऊँगा। और मैं
उसके टूटे स्थानों को सुधारूँगा और उसके खंडहरों को
उठाऊँगा। और मैं उसे वैसा ही बनाऊँगा जैसा प्राचीन दिनों में
था, 12 ताकि वे एदोम के बचे हुओं को, और सब जातियों को
जिन पर मेरा नाम पुकारा गया है, अपने अधीन कर लें,” यह
घोषणा है 𐤉𐤄𐤅𐤄 की, जो यह करता है। 13 “देखो, वे दिन
आ रहे हैं,” यह घोषणा है 𐤉𐤄𐤅𐤄 की, “कि हल जोतने वाला
लवनी काटने वाले को, और दाखरस रौंदने वाला बीज बोने
वाले को पकड़ लेगा। और पर्वतों से नया दाखमधु टपकेगा,
और सब पहाड़ पिघल जाएँगे। 14 “और मैं अपनी प्रजा
इस्त्राएल की बंधुआई को लौटा दूँगा। और वे उजड़ी हुई
नगरियों को बनाएँगे और उनमें बसेंगे। और वे अंगूर के बाग़
लगाएंगे और उनका दाखमधु पीएँगे, और बाग़ लगाकर उनके
फल खाएँगे। 15 “और मैं उन्हें उनकी भूमि पर रोप दूँगा,
और उन्हें अब कभी उनकी भूमि से, जिसे मैंने उन्हें दी है,
उखाड़ा नहीं जाएगा,” कहा 𐤉𐤄𐤅𐤄 तुम्हारे ईश्वर ने!

ओबद्याह

𐤉𐤄𐤅𐤄

हिंदी संस्करण

ओबद्याह

1 [1]ओबद्याह का दर्शन: यह वह वचन है जो प्रभु 𐤉𐤄𐤅𐤄
ने एदोम के विषय में कहा। हमने 𐤉𐤄𐤅𐤄 से एक
समाचार सुना है, और राष्ट्रों के बीच एक दूत भेजा गया है, जो
कहता है, "उठो, और हम उसके विरुद्ध युद्ध के लिए उठें!"
[2]देखो, मैंने तुझे राष्ट्रों में छोटा बना दिया है; तू अत्यन्त तुच्छ
समझा गया है। [3]तेरे हृदय का अभिमान तुझे धोखा दे गया
है, हे तू जो चट्टानों की दरारों में बसता है, जिसकी निवास-
स्थान ऊँची है, जो अपने मन में कहता है, 'कौन मुझे भूमि
पर गिरा देगा?' [4]यदि तू उकाब की नाईं ऊपर चढ़े, और यदि
तू अपने घोंसले को तारों के बीच रखे, तो भी वहाँ से मैं तुझे
नीचे गिराऊँगा, यह 𐤉𐤄𐤅𐤄 की वाणी है। [5]यदि चोर तेरे
पास आते, यदि रात में डाकू आते, तू कितना नाश किया गया
होता! क्या वे उतना ही नहीं चुराते जितना उन्हें चाहिए? यदि
दाख बीननेवाले तेरे पास आते, क्या वे कुछ बचे हुए दाने नहीं
छोड़ते? [6]एशाव कैसे टटोला गया है! उसके छिपे हुए खजाने
ढूँढे गए हैं! [7]तेरे सब सहयोगी तुझे सीमा तक निकाल देंगे;
तेरे मित्र तुझे धोखा देंगे और तुझ पर प्रबल होंगे। वे तेरी
रोटी को तेरे नीचे फँदा बना देंगे, और तू उसे नहीं समझेगा!
[8]उस दिन मैं एदोम से बुद्धिमानों को और एशाव के पर्वतों से
समझ को नष्ट कर दूँगा, यह 𐤉𐤄𐤅𐤄 की वाणी है। [9]और
तेरे पराक्रमी पुरुष, हे तेमान, निराश हो जाएँगे, ताकि एशाव
के पर्वत से सब लोग वध के कारण काट डाले जाएँ।
[10]अपने भाई याक़ोब पर की गई हिंसा के कारण तुझ पर
लज्जा छा जाएगी, और तू सदा के लिए काट डाला जाएगा।
[11]जिस दिन तू एक ओर खड़ा रहा, जिस दिन परदेशियों ने
उसका धन लूटा, जब विदेशियों ने उसके फाटकों में प्रवेश
किया और यरूशलेम पर चिट्ठियाँ डालीं, तू भी उनमें से एक
जैसा था। [12]तू अपने भाई के दिन पर, उसके पराये होने के
दिन पर न देखता, न यहूदा के पुत्रों पर उनके विनाश के दिन
पर आनन्द करता, न संकट के दिन पर अपना मुँह बड़ा
करता। [13]तू मेरे लोगों के फाटकों में उनके विपत्ति के दिन
प्रवेश न करता, न उनके दुर्भाग्य के दिन उनकी विपत्ति को
देखता, न उनके धन को उनके विपत्ति के दिन पकड़ता।
[14]तू मार्ग के मोड़ पर खड़ा होकर उनके शरणार्थियों को
काटता नहीं, न संकट के दिन उनके बचे हुओं को सौंपता।
[15]क्योंकि 𐤉𐤄𐤅𐤄 का दिन सब जातियों पर निकट है। जैसा
तूने किया है, वैसा ही तेरे साथ किया जाएगा; तेरा प्रतिफल
तेरे ही सिर पर लौटेगा। [16]क्योंकि जैसे तूने मेरे पवित्र पर्वत
पर पिया, वैसे ही सब जातियाँ लगातार पीएँगी; वे पीएँगी और
निगल जाएँगी, और वे ऐसे हो जाएँगे जैसे वे कभी थे ही नहीं।
[17]परन्तु सिय्योन पर्वत पर एक शेष रह जाएगा, और वे पवित्र
होंगे। और याक़ोब का घराना अपनी सम्पत्तियों का अधिकार
करेगा। [18]और याक़ोब का घराना अग्नि होगा, और यूसुफ
का घराना ज्वाला; परन्तु एशाव का घराना भूसे के समान
होगा। और वे उनमें जलेंगे और उन्हें भस्म करेंगे, ताकि
एशाव के घराने में कोई बचा न रहे, क्योंकि यह 𐤉𐤄𐤅𐤄 ने
कहा है। [19]और वे दक्षिण देश को एशाव के पर्वतों के साथ
अधिकार में लेंगे, और निम्न देश को पलिश्तियों के साथ।
और वे एप्रयिम के खेतों और शमरोन के खेतों, और
बिन्यामिन को गिलआद के साथ अधिकार करेंगे। [20]और
इस सेना के निर्वासित इस्राएल के पुत्रों के, जो कनानियों के
क्षेत्र में सारपता तक हैं, और यरूशलेम के निर्वासित, जो
सपरद में हैं, वे दक्षिण के नगरों का अधिकार करेंगे। [21]और
उद्धारक सिय्योन पर्वत पर आएँगे ताकि एशाव के पर्वतों का
न्याय करें; और राज्य 𐤉𐤄𐤅𐤄 का होगा।

योना

𐤉𐤅𐤍𐤄

हिंदी संस्करण

योना

1 1और 𐤉𐤄𐤅𐤄 का वचन अमित्तै के पुत्र योना के पास
आया, यह कहते हुए, 2“उठ, नीनवेह उस बड़े नगर में
जा, और उसके विरुद्ध पुकार, क्योंकि उनकी बुराइयाँ मेरे
सामने आ गई हैं।” 3परन्तु योना 𐤉𐤄𐤅𐤄 के सामने से
तरशीश को भागने के लिए उठ खड़ा हुआ, और याफ़ो को
गया, और एक जहाज़ पाया जो तरशीश जा रहा था। और
उसने किराया चुकाया, और उसमें उतर गया, ताकि उनके
साथ तरशीश को जाए 𐤉𐤄𐤅𐤄 के सामने से। 4और
𐤉𐤄𐤅𐤄 ने समुद्र पर एक बड़ी आंधी भेजी, और समुद्र पर
बड़ी आँधी हो गई, यहाँ तक कि जहाज़ टूटने पर था। 5तब
नाविक डर गए, और हर एक अपने देवता की ओर पुकारा,
और जो माल जहाज़ में था उसे समुद्र में फेंक दिया, ताकि
उसे हल्का किया जाए। परन्तु योना जहाज़ के सबसे नीचे के
भाग में उतर गया था, और लेट गया और गहरी नींद में था।
6और प्रधान ने उसके पास आकर उससे कहा, “तू क्यों सोया
है? उठ, अपने ईश्वर को पुकार, सम्भव है कि ईश्वर हम पर
ध्यान दे, कि हम नाश न हों।” 7और वे आपस में कहने लगे,
“आओ, हम चिट्ठियाँ डालें, कि हम जान लें किसके कारण
यह बुराई हम पर आई है।” तब उन्होंने चिट्ठियाँ डालीं, और
चिट्ठी योना पर पड़ी। 8तब उन्होंने उससे कहा, “कृपया हमें
बता! किस कारण यह बुराई हम पर आई है? तेरा काम क्या
है? और तू कहाँ से आया है? तेरा देश क्या है? और तू किस
लोगों में से है?” 9और उसने उनसे कहा, “मैं एक इब्री हूँ।
और मैं 𐤉𐤄𐤅𐤄 का भय मानता हूँ, जो आकाश का ईश्वर है,
जिसने समुद्र और स्थल बनाया है।” 10तब वे पुरुष अत्यन्त
डर गए, और उससे कहने लगे, “तूने यह क्यों किया?”
क्योंकि वे पुरुष जानते थे कि वह 𐤉𐤄𐤅𐤄 के सामने से भागा
था, क्योंकि उसने उन्हें बताया था। 11और उन्होंने उससे
कहा, “हम तुझसे क्या करें कि समुद्र हमारे लिए शांत हो
जाए?” क्योंकि समुद्र और अधिक तूफ़ानी हो रहा था।
12और उसने उनसे कहा, “मुझे ले कर समुद्र में फेंक दो,
तब समुद्र तुम्हारे लिए शांत हो जाएगा। क्योंकि मैं जानता हूँ
कि यह बड़ी आँधी मेरे कारण है।” 13तो भी वे पुरुष भूमि पर
लाने के लिये नाव खेते रहे, परन्तु वे न कर सके, क्योंकि
समुद्र उनके विरुद्ध और अधिक तूफ़ानी हो गया। 14तब
उन्होंने 𐤉𐤄𐤅𐤄 को पुकारा और कहा, “हम विनती करते हैं,
हे 𐤉𐤄𐤅𐤄, हम इस मनुष्य के प्राण के कारण नाश न हों,
और हम पर निर्दोष लहू न डाल। क्योंकि तूने, हे 𐤉𐤄𐤅𐤄,
जैसा तुझे भाया वैसा ही किया है।” 15तब उन्होंने योना को ले
कर समुद्र में फेंक दिया, और समुद्र का कोप थम गया।
16तब वे पुरुष 𐤉𐤄𐤅𐤄 से अत्यन्त डर गए, और 𐤉𐤄𐤅𐤄
को बलि चढ़ाई और मन्नतें मानीं। 17परन्तु 𐤉𐤄𐤅𐤄 ने एक
बड़ी मछली ठहराई कि योना को निगल ले। और योना उस
मछली के पेट में तीन दिन और तीन रात रहा।

2 1और योना ने 𐤉𐤄𐤅𐤄 अपने ईश्वर से मछली के पेट से
प्रार्थना की। 2और उसने कहा, “मैंने अपनी संकट के
कारण 𐤉𐤄𐤅𐤄 को पुकारा, और उसने मेरी सुन ली। कब्र के
पेट से मैंने पुकारा, और तूने मेरी आवाज़ सुनी। 3“क्योंकि
तूने मुझे गहरे में, समुद्रों के बीच में फेंक दिया, और बाढ़ ने
मुझे घेर लिया। तेरी सब लहरें और तेरे सब तरंग मेरे ऊपर
से गुज़रे। 4“तब मैंने कहा, ‘मैं तेरी आँखों से दूर कर दिया
गया हूँ। क्या मैं फिर कभी तेरे क़ोदेश हेयख़ाल की ओर
देखूँगा?’ 5“पानी ने मुझे जीवन तक घेर लिया, गहराई ने
मुझे चारों ओर से बंद कर दिया, समुद्री घास मेरे सिर के
चारों ओर लिपट गई। 6“मैं पर्वतों की जड़ों तक उतर गया,
पृथ्वी अपने बाड़ों सहित सदा के लिए मेरे पीछे हो गई। पर
तूने मेरे जीवन को गड्ढे से ऊपर उठाया, हे 𐤉𐤄𐤅𐤄, मेरे
ईश्वर। 7“जब मेरा जीवन मुझमें मुरझा गया, मैंने 𐤉𐤄𐤅𐤄
को स्मरण किया। और मेरी प्रार्थना तेरे पास, तेरे क़ोदेश
हेयख़ाल में पहुँची। 8“जो लोग झूठे व्यर्थ चीज़ों पर ध्यान
देते हैं, वे अपनी ही करुणा को त्याग देते हैं। 9“पर मैं तुझे
धन्यवाद के स्वर से बलिदान चढ़ाऊँगा, जो मैंने मन्नत मानी
है उसे पूरा करूँगा। छुटकारा 𐤉𐤄𐤅𐤄 का है।” 10तब
𐤉𐤄𐤅𐤄 ने मछली से कहा, और उसने योना को सूखी भूमि
पर उगल दिया।

3 1और 𐤉𐤄𐤅𐤄 का वचन दूसरी बार योना के पास आया,
यह कहते हुए, 2“उठ, नीनवे उस बड़े नगर में जा, और
उसे वह संदेश सुनाओ जो मैं तुझसे बोलता हूँ।” 3और योना
उठकर 𐤉𐤄𐤅𐤄 के वचन के अनुसार नीनवे को गया। अब
नीनवे ईश्वर के सामने एक बड़ा नगर था, तीन दिन की यात्रा
का। 4और योना नगर में पहले दिन की यात्रा पर भीतर जाने
लगा। और उसने पुकार कर कहा, “अभी चालीस दिन, और
नीनवे उलट दिया जाएगा!” 5और नीनवे के लोगों ने ईश्वर
पर विश्वास किया, और उपवास की घोषणा की, और टाट
ओढ़ लिया, बड़े से लेकर छोटे तक सबने। 6और यह बात
नीनवे के राजा तक पहुँची, इसलिए वह अपने सिंहासन से
उठा, और अपना वस्त्र उतार दिया, और टाट ओढ़ लिया
और राख में बैठ गया। 7और उसने नीनवे में आज्ञा दी और
कहा, “राजा और उसके महानुभावों के आदेश से: न कोई
मनुष्य न कोई पशु, झुंड या रेवड़, कुछ भी चखे - वे न खाएँ,
न ही पानी पियें। 8“पर मनुष्य और पशु दोनों टाट ओढ़ें, और
ईश्वर को ज़ोर से पुकारें। और हर एक अपने बुरे मार्ग से
और अपने हाथों की हिंसा से लौट जाए। 9“कौन जानता है
कि क्या ईश्वर लौटकर पछताएगा, और अपने क्रोध की
जलन से फिरकर हमें नाश न करे?” 10और ईश्वर ने उनके
काम देखे, कि वे अपने बुरे मार्ग से लौट आए। और ईश्वर
उस बुराई से पछताया जो उसने कहा था कि वह उन पर
लाएगा, और उसने उसे नहीं किया।

4 [1] परन्तु यहोना को यह बहुत बुरा लगा, और वह शोक
करने लगा। [2] और उसने 𐤉𐤄𐤅𐤄 से प्रार्थना की, और
कहा, "हे 𐤉𐤄𐤅𐤄, क्या यही बात मैंने अपने देश में रहते
समय नहीं कही थी? इसी कारण मैं आगे बढ़कर तरशीश भाग
गया। क्योंकि मैं जानता था कि तू अनुग्रह करनेवाला और
करुणामय, धैर्यशील और बड़ी करुणा से परिपूर्ण, और बुराई
से पछतानेवाला ईश्वर है। [3] "और अब, हे 𐤉𐤄𐤅𐤄, मेरी प्राण
ले ले, क्योंकि मेरे लिए जीवित रहने से मरना अच्छा है!"
[4] और 𐤉𐤄𐤅𐤄 ने कहा, "क्या तेरा क्रोधित होना उचित है?"
[5] तब यहोना नगर से बाहर गया और नगर के पूरब की ओर
बैठ गया, और वहाँ अपने लिये एक झोपड़ी बनाई, और उसके
नीचे छाया में बैठ गया, यह देखने के लिये कि उस नगर का
क्या होगा। [6] और 𐤉𐤄𐤅𐤄 ईश्वर ने एक पौधा ठहराया, और
उसे यहोना के ऊपर उगाया, कि उसके सिर पर छाया रहे
और उसे उसके दुःख से छुटकारा मिले। और यहोना उस
पौधे के कारण बहुत आनन्दित हुआ। [7] परन्तु जब भोर हुई,
तब दूसरे दिन ईश्वर ने एक कीड़ा ठहराया, जिसने उस पौधे
को काटा, और वह सूख गया। [8] और जब सूर्य निकला, तब
ईश्वर ने प्रचण्ड पूर्वी वायु ठहराई; और सूर्य यहोना के सिर पर
पड़ा, जिससे वह मूर्छित हो गया, और अपने प्राण के लिये
मृत्यु माँगी, और कहा, "मेरे लिये जीवित रहने से मरना भला
है।" [9] और ईश्वर ने यहोना से कहा, "क्या तू पौधे के कारण
उचित रीति से क्रोधित हुआ है?" उसने कहा, "मैं उचित रीति
से क्रोधित हुआ हूँ, यहाँ तक कि मृत्यु तक!" [10] और
𐤉𐤄𐤅𐤄 ने कहा, "तू उस पौधे पर दया करता है, जिस पर
तूने परिश्रम नहीं किया, न तूने उसे बढ़ाया; वह एक रात में
उगा, और एक रात में नष्ट हो गया। [11] "तो क्या मैं नीनवेह,
उस बड़े नगर, पर दया न करूँ, जिसमें एक लाख बीस हज़ार
से अधिक प्राणी हैं, जो अपने दाएँ हाथ को बाएँ हाथ से नहीं
पहचानते, और बहुत से पशु भी हैं?"

मीका

हिंदी संस्करण

मीका

1 1 𐤉𐤄𐤅𐤄 का वचन जो मोरेशेत के मीकाह के पास
यहूदा के शासक योथम, आहाज़, हिज़कियाह के दिनों में
आया, जो उसने शमरोन और येरुशलेम के सम्बन्ध में
देखा। 2 सुनो, हे सब जन! हे पृथ्वी, और उसमें जो कुछ है,
ध्यान दो! और प्रभु 𐤉𐤄𐤅𐤄 तेरे विरुद्ध साक्षी हों — 𐤉𐤄𐤅𐤄
अपने पवित्र मंदिर से। 3 देखो, 𐤉𐤄𐤅𐤄 अपने स्थान से
प्रकट होने वाले हैं, और वह उतरेगा और पृथ्वी के उच्च
स्थलों पर चरण रखेगा। 4 और पहाड़ उसके नीचे पिघल
जाएँगे, और उपत्याएँ मोम की तरह आग के सामने फट
जाएँगी, जैसे ऊँचे स्थान से पानी ढहता है। 5 यह सब याक़ोब
के अपराध के कारण हुआ है और इस्राएल के घर के पाप के
लिये। याक़ोब का अपराध क्या है? क्या वह शमरोन नहीं है?
और यहूदा की उच्चस्थलियाँ क्या हैं? क्या वे येरुशलेम नहीं
हैं? 6 "और मैं शमरोन को खलिहान बनाऊँगा, अंगूर लगाने
के स्थानों के लिये; और मैं उसकी पत्थर-भित्तियों को घाटी में
ढहाकर उसकी नीवें उजागर करूँगा। 7 "और उसकी सब
खुदी हुई मूर्तियाँ चूर-चूर कर दी जाएँगी, और उसके सब
दान अग्नि से जला दिये जाएँगे। और उसकी सब بتِ◌ियाँ
मैं उजाड़ डालूँगा, क्योंकि उसने वेश्या के वेतन से इसे इकट्ठा
किया, और वे वेश्या के वेतन पर लौटेंगी।" 8 इसी कारण मैं
विलाप करता हूँ और कराह उठता हूँ। मैं नग्न और नंगा हुआ
चलता हूँ। मैं सियारों के समान अंत्येष्टि करता हूँ, और
शुतुरमुर्गों की भाँति शोक मनाता हूँ। 9 क्योंकि उसके घाव
अक्षय हैं। क्योंकि यह यहूदा तक पहुँचा है, यह मेरे लोगों के
द्वार तक पहुँचा है, येरुशलेम तक। 10 इसे गाथ में न घोषित
करो, बैथ अफ्रा में बिलकुल न रोओ, धूल में लुडको।
11 शापिर के निवासी, तुम लज्जा और नग्नता में चलो।
सआनान का निवासी बाहर नहीं निकला। बैथ हाएत्सेल का
शोक तुझे उसका स्थान दे देता है। 12 यद्यपि मरोथ के
निवासियों ने भलाई की आशा की, तब भी बुराई 𐤉𐤄𐤅𐤄 से
येरुशलेम के द्वार पर उतरी। 13 हे लछीश का निवासी, रथ
को घोड़े से जोड़ — वह सिय्योन की पुत्री के लिये पाप की
शुरुआत थी — क्योंकि इस्राएल के अपराध तुझमें पाए गए।
14 इसलिए तू मोरेशेत गाथ को बिदाई-उपहार देगा, अखिम के
घर यहूशाल के शासकों के लिये ठगो के समान हो जाएंगे।
15 फिर मैं तुझ पर एक उपनिवेश-खारिज करनेवाला लाकर
बैठाऊँगा, हे मरेशा के निवासी। इस्राएल की प्रतिष्ठा
अदुल्लाम तक पहुँचेगी। 16 अपने लिये अपना सिर मुंडवा
और अपने बाल काट ले, अपनी प्रिय संतानों के लिये; अपनी
खोपड़ी को गिद्ध-सी बढा ले, क्योंकि वे तुझ से निर्वासित किए
जाएँगे।

2 1 उन पर हाय जो दुष्टता की योजना बनाते हैं, और अपने
बिस्तरों पर बुराई का काम करते हैं! सुबह की रोशनी में
वे इसे अभ्यास में लाते हैं, क्योंकि यह उनके हाथ की शक्ति में
है। 2 और वे खेतों की लालसा करते हैं और उन्हें छीन लेते
हैं, घरों को भी, और उन्हें ले जाते हैं। और वे एक आदमी
और उसके घर पर, एक आदमी और उसकी विरासत पर
अत्याचार करते हैं। 3 इसलिए 𐤉𐤄𐤅𐤄 ने कहा, "देखो, इस
कबीले के खिलाफ मैं बुराई की योजना बना रहा हूँ, जिससे
तुम अपनी गर्दनें नहीं हटा सकते, न ही गर्व से चल सकते हो,
क्योंकि यह बुराई का समय है। 4 "उस दिन एक व्यक्ति
तुम्हारे खिलाफ एक कहावत उठाएगा, और वह कड़वे विलाप
के साथ विलाप करेगा, और कहेगा, 'हम पूरी तरह से नष्ट हो
गए हैं! वह मेरे लोगों की विरासत को बदल देता है। वह इसे
मुझसे कैसे हटा देता है! वह हमारे खेतों को पथभ्रष्ट को
बांटता है।' " 5 "इसलिए तुम्हारे पास 𐤉𐤄𐤅𐤄 की सभा में
भूमि को लॉट द्वारा विभाजित करने के लिए कोई नहीं होगा।
6 "तुम प्रचार नहीं करते, वे प्रचार करते हैं। वे इनको प्रचार
नहीं करते, निंदा वापस नहीं की जाती। 7 "क्या तुम्हें 'याकोब
का घर' कहा जाता है? क्या 𐤉𐤄𐤅𐤄 की आत्मा सीमित हो
गई है? क्या ये उसके कार्य हैं? क्या वचन सीधे चलने वाले के
लिए अच्छा नहीं करते? 8 "और हाल ही में मेरे लोग एक
दुश्मन के रूप में उठे हैं। तुम उन लोगों से वस्त्र के साथ
चोगा उतार लेते हो जो तुम पर विश्वास करते हैं, जैसे वे
गुजरते हैं - जो युद्ध से लौट रहे हैं। 9 "तुमने मेरे लोगों की
स्त्रियों को उनके सुखद घरों से निकाल दिया है। तुमने
उनके बच्चों से मेरी शोभा को हमेशा के लिए छीन लिया है।
10 "उठो और जाओ, क्योंकि यह तुम्हारा विश्राम नहीं है,
क्योंकि अशुद्धता नष्ट करती है, और विनाश गंभीर है।
11 "यदि कोई व्यक्ति हवा और असत्य के पीछे चलकर झूठ
बोलता है: 'मैं तुम्हें दाखमधु और मजबूत पेय का प्रचार
करता हूँ,' वह इस लोगों का 'प्रचारक' होगा! 12 "मैं निश्चित
रूप से तुम सबको इकट्ठा करूँगा, हे याकोब, मैं यिस्राएल के
अवशेष को इकट्ठा करूँगा, उन्हें भेड़ों के झुंड की तरह एकत्र
करूँगा, उनके चरागाह के बीच में एक झुंड की तरह, वे
मनुष्यों के कारण शोरगुल कर रहे हैं। 13 "दरार बनाने वाला
उनके सामने जाएगा। वे बाहर निकलेंगे, और फाटक से
गुजरेंगे, और उसके द्वारा बाहर जाएंगे, और उनका शासक
उनके सामने से गुजरेगा, उनके सिर पर 𐤉𐤄𐤅𐤄 के साथ!"

3 1 तब मैंने कहा, "अब सुनो, हे याक़ोब के प्रधानों, और
इस्राएल के घराने के शासको! क्या तुम्हें न्याय को नहीं
जानना चाहिए? 2 तुम जो भलाई से घृणा करते हो और बुराई
से प्रेम रखते हो, जो मेरे लोगों की खाल नोचते हो, और
उनकी हड्डियों से मांस उतारते हो। 3 जो मेरे लोगों का मांस
खाते हैं, उनकी खाल उतारते हैं, उनकी हड्डियाँ तोड़ते हैं,
और उन्हें बर्तन में टुकड़े-टुकड़े कर डालते हैं, जैसे पकाने
के बर्तन में मांस होता है।" 4 इसलिये जब वे 𐤉𐤄𐤅𐤄 से
पुकारेंगे, तो वह उन्हें उत्तर नहीं देगा, और उस समय वह
उनसे अपना मुख छिपा लेगा, क्योंकि उन्होंने अपने कर्मों को

दुष्ट बनाया है। 5 इस प्रकार 𐤉𐤄𐤅𐤄 ने मेरे लोगों को भ्रम में
डालने वाले नबियों के विषय में कहा, जो अपने दाँतों से काटते
हैं और कहते हैं, "शान्ति!" परन्तु जो उनके मुख में कुछ नहीं
डालता, उसके विरुद्ध वे युद्ध की घोषणा करते हैं। 6 इसलिये
तुम्हारे लिये यह रात होगी जिसमें दर्शन नहीं होगा, और तुम्हारे
लिये यह अन्धकार होगा जिसमें भविष्यदर्शन नहीं होगा। सूर्य
नबियों पर अस्त हो जाएगा, और दिन उनके लिये
अन्धकारमय हो जाएगा। 7 और दर्शन करने वाले लज्जित
होंगे, और भविष्यद्रष्टा लज्जित होंगे; वे सब अपने होंठों को
ढक लेंगे, क्योंकि ईश्वर की ओर से कोई उत्तर नहीं होगा।
8 परन्तु वास्तव में मैं सामर्थ से, 𐤉𐤄𐤅𐤄 की आत्मा से, और
न्याय तथा पराक्रम से परिपूर्ण हूँ, ताकि याक़ोब को उसका
अपराध और इस्राएल को उसका पाप सुनाऊँ। 9 कृपया यह
सुनो, हे याक़ोब के घर के प्रधानों, और इस्राएल के घराने के
शासकों, जो न्याय से घृणा करते हैं और सीधी बात को टेढ़ा
करते हैं। 10 जो सिय्योन को रक्तपात से, और येरुशलेम को
अधर्म से बनाते हैं। 11 उसके प्रधान घूस लेकर न्याय करते
हैं, उसके याजक मजदूरी लेकर शिक्षा देते हैं, और उसके
नबी मूल्य लेकर भविष्यदर्शन करते हैं। फिर भी वे 𐤉𐤄𐤅𐤄
पर भरोसा रखते हैं और कहते हैं, "क्या 𐤉𐤄𐤅𐤄 हमारे बीच
में नहीं है? हमारे ऊपर कोई बुराई नहीं आएगी।" 12 इसलिये
तुम्हारे कारण सिय्योन खेत के समान जोती जाएगी, और
येरुशलेम खण्डहरों का ढेर बन जाएगी, और घर का पर्वत
वनाच्छादित ऊँचाई के समान होगा।

4 1 और अन्तिम दिनों में यह होगा कि 𐤉𐤄𐤅𐤄 के घर का
पर्वत पर्वतों के शीर्ष पर स्थापित होगा, और पहाड़ियों से
ऊपर उठेगा। और जातियाँ उसकी ओर प्रवाहित होंगी।
2 और अनेक राष्ट्र आकर कहेंगे, "आओ, और हम 𐤉𐤄𐤅𐤄
के पर्वत पर चढ़ें, याक़ोब के ईश्वर के घर पर; और वह हमें
अपने मार्ग सिखाए, और हम उसके मार्गों पर चलें। क्योंकि
सिय्योन से तोराह निकलती है, और येरुशलेम से 𐤉𐤄𐤅𐤄
का वचन।" 3 और वह अनेक लोगों के बीच न्याय करेगा,
और दूर के शक्तिशाली राष्ट्रों को निंदा करेगा। वे अपनी
तलवारों को हलों में और अपनी भालों को काटने के हुकों में
बदल देंगे — राष्ट्र राष्ट्र के विरुद्ध तलवार नहीं उठाएगा, और
युद्ध की शिक्षा और नहीं देगा। 4 परन्तु प्रत्येक अपनी बेल
और अपनी अंजीर के पेड़ के नीचे बैठेगा, और उन्हें कोई
डरानेवाला न होगा; क्योंकि सेनाओं के 𐤉𐤄𐤅𐤄 के मुख ने
कहा है। 5 क्योंकि सब जन-समूह अपने-अपने शक्तिमान के
नाम पर चलते हैं, पर हम अनन्त काल तक अपने ईश्वर
𐤉𐤄𐤅𐤄 के नाम पर चलेंगे। 6 "उस दिन," घोषणा करते हैं
𐤉𐤄𐤅𐤄, "मैं लंगड़े लोगों को एकत्र करूँगा, और परित्यक्तों
और जिन्होंने कष्ट सहा उन्हें साथ लाऊँगा। 7 "और मैं
लंगड़ों को अवशेष बनाऊँगा, और परित्यक्तों को एक
शक्तिशाली राष्ट्र। और 𐤉𐤄𐤅𐤄 सिय्योन पर्वत पर उन पर
राज करेगा, आरम्भ से अब तक और अनन्तकाल तक।
8 "और हे झुंड के क़िला-टॉवर, सिय्योन की पुत्री के गढ़, यह
तेरे पास आएगा; पूर्व की राज-व्यवस्था आएगी, येरुशलेम की
पुत्री का राज्य वापस आएगा।" 9 अब तू ज़ोर-ज़ोर से क्यों रो
रही है? क्या तेरे बीच कोई राज्यपाल नहीं है? क्या तेरा
परामर्शदाता नष्ट हो गया है? क्योंकि पीड़ा ने तुझे बाल-
लड़की की भाँति घेर लिया है। 10 दुख उठाओ और जन्म दे,
हे सिय्योन की पुत्री, जैसे प्रसव-वती स्त्री। क्योंकि अब तू
नगर छोड़ने वाली है, और तू खेत में बस जायेगी। और तू
बाबेल को जाओगी, वहाँ तुझे आज़ादी मिलेगी; वहाँ 𐤉𐤄𐤅𐤄
तुझे तेरे शत्रुओं के हाथ से छुड़ाएगा। 11 और अब तेरे विरुद्ध
अनेक ग़ैर-यहूदियों की भीड़ एकत्र हो जाएगी, जो कहते हैं,
"उसे अपवित्र कर दें, और हमारी आँखें सिय्योन को देखें!"
12 परन्तु वे 𐤉𐤄𐤅𐤄 के विचारों को नहीं जानते, और न ही
उसका परामर्श समझते हैं। क्योंकि उसने उन्हें थ्रेसिंग-फ्लोर
पर गँठेरों की भाँति इकट्ठा किया है। 13 "उठो और थ्रेश करो,
हे सिय्योन की पुत्री, क्योंकि मैं तेरी सींग को लोहे का और तेरे
होज़ों को कांसे का बनाऊँगा। और तू अनेक लोगों को चूर-
चूर कर देगी, और मैं उनकी सम्पत्ति 𐤉𐤄𐤅𐤄 के लिये अलग
रखूँगा, और उनकी धन-सम्पदा सब पृथ्वी के प्रभु के लिये।"

5 1 अब तूम पर छापे पड़े हैं, हे डाकुओं की पुत्री; हमारे
विरुद्ध घेराबंदी की गई है। वे इस्राएल के न्यायाधीश को
गाल पर छड़ी से मार रहे हैं। 2 परन्तु तू, बैथ लेहेम एफ्राथाह,
हे यहूदा की कुलों में छोटी, तुझ से मेरे लिये वह निकलेगा जो
इस्राएल में शासक बन जाएगा। और उसके उद्भव
प्राचीनकाल से, अनन्त काल से है। 3 इसलिये वह उन्हें तब
तक छोड़ देगा, जब तक कि प्रसव करनेवाली ने जन्म न दे
दे, और उसके भाइयों का अवशेष इस्राएल के बच्चों के पास
लौट न आये। 4 और वह 𐤉𐤄𐤅𐤄 की शक्ति में खड़ा होकर
चराएगा, अपने ईश्वर 𐤉𐤄𐤅𐤄 के नाम की महिमा में चरवाहा
बनकर। और वे वहाँ निवास करेंगे, क्योंकि उस समय वह
पृथ्वी के छोर तक महान होगा। 5 और यह शान्ति होगी। जब
अश्शूर हमारी भूमि में आएगा, और जब वह हमारे महलों में
पैर रखेगा, तब हम उसके विरुद्ध सात चरवाहों और आठ
पुरुष-नेताओं को उठाएँगे। 6 और वे तलवार से अश्शूर की
भूमि को चराएँगे, और निमरोद की भूमि को उसके द्वारों पर;
और जब अश्शूर हमारी भूमि में आएगा और हमारे प्रदेश में
कदम रखेगा तब वह हमें अश्शूर से छुड़ाएगा। 7 और याक़ोब
का अवशेष अनेक जातियों के बीच में 𐤉𐤄𐤅𐤄 की ओस की
भाँति, घास पर बरसात की भाँति होगा — जो पुरुष का
इंतजार नहीं करते और मनुष्यों के पुत्रों के लिये देरी नही
करते। 8 और याक़ोब का अवशेष कई जातियों के बीच शेष
रहेगा, जैसे वन के जानवरों में शेर, भेढ़कियों के झुंड में
बालक-शेर की भाँति, जो जहाँ से होकर गुज़रता है वहां
दबोचता और फाड़ देता है, और छुड़ानेवाला को न मिले। 9 हे
तेरा हाथ उठाया जाए तेरे बैरी पर, और तेरे सब शत्रु काट
डाले जाएँ। 10 "और उस दिन," घोषणा करते हैं 𐤉𐤄𐤅𐤄,
"मैं तेरे घोड़ों को तुझमें से काट डालूँगा, और तेरे रथों को
नष्ट कर दूँगा। 11 "और मैं तेरे देश के नगर काट डालूँगा,
और तेरे सब दृढ़गढों को गिरा डालूँगा। 12 "और मैं तेरे हाथ
से जादू-तंत्र काट डालूँगा, और तेरे पास जादूगर न रहे।
13 "और मैं तेरे बीच से तेरी खुदी हुई मूर्तियाँ और तेरी
स्तम्भियाँ काट डालूँगा, ताकि तू फिर अपने हाथों के काम को
न झुककर पूजा करे। 14 "और मैं तेरे बीच से तेरे आशेरो
(अशेरीम) को उखाड़ डालूँगा, और मैं तेरे नगरों को नाश
कर दूँगा। 15 "और मैं क्रोध और रोष में उन ग़ैर-यहूदियो
पर प्रतिशोध लूँगा जो आज्ञा नहीं माने।"

6

1 अब सुनो कि 𐤉𐤄𐤅𐤄 क्या कह रहे हैं, "ऊठो, पर्वतों से
लड़ो, और पहाड़ियाँ तुम्हारी वाणी सुनें। 2 "हे पर्वतों,
𐤉𐤄𐤅𐤄 की वाद-विवाद-भरी बात सुनो, और हे पृथ्वी की
अनन्त नीवों! क्योंकि 𐤉𐤄𐤅𐤄 का अपने लोगों से विवाद है
और वह इस्राएल को कटु निंदा करेगा। 3 "मेरे प्रजासभा,
मैंने तुम्हारे साथ क्या किया? और मैंने तुम्हें किस प्रकार
थकाया? मुझे उत्तर दो। 4 क्योंकि मैंने तुम्हें मिस्त्र देश से
उठाया, और दासत्व के घर से छुड़ाया। और मैंने तुम्हारे
आगे मोशेह, आहरोन, और मरियम भेजे। 5 "मेरे प्रजासभा,
कृपया स्मरण करो कि मोआव के राजा बालाक ने क्या सलाह
दी, और बेओर के पुत्र बिलआम ने उसे क्या उत्तर दिया —
शित्तीम से गिलगाल तक — ताकि 𐤉𐤄𐤅𐤄 की धारिता की
पहचान की जा सके।" 6 मैं किसके साथ 𐤉𐤄𐤅𐤄 के
साम्मुख आऊँ, ऊँचे ईश्वर के साम्मुख झुकूँ? क्या मैं दहन-
बलिदानों के साथ, साल का बछड़ा लेकर उसके पास आऊँ?
7 क्या 𐤉𐤄𐤅𐤄 हजारों भेड़ों या दस हज़ार नदियाँ तेल से
प्रसन्न होते हैं? क्या मैं अपने अपराध के कारण अपना पहला
पुत्र दूँ, अपने शरीर का फल अपनी आत्मा के पाप के लिये?
8 उसने तुम्हें, हे मनुष्य, बताया है कि क्या अच्छा है। और
𐤉𐤄𐤅𐤄 तुमसे क्या माँगता है, यदि वह न्याय करना, दया से
प्रेम करना, और अपने ईश्वर के साथ नम्रता से चलना नहीं
है? 9 𐤉𐤄𐤅𐤄 की वाणी नगर की ओर पुकारती है — और
ध्वनि-युक्त बुद्धि तेरे नाम को देखे! "छड़ी और जिसने उसे
नियुक्त किया है उसको सुनो!" 10 "क्या दुष्ट के घर में अभी
भी दुष्ट वस्तुओं के खज़ाने रहे हैं, और वह छोटा नाप जो
घृणा है?" 11 क्या मैं दुष्ट तराजुओं और झूठे वजन के थैली
के साथ निर्दोष रहूँगा? 12 "क्योंकि वहाँ उसके धनिक निर्दय
अन्याय से भरे हुए हैं, और उसके निवासी मिथ्या बोले हैं, और
उनका जीभ उनके मुँह में छल है। 13 "इसलिये मैं भी तुम्हें
एक भीषण घाव से मारूंगा, तुम्हें तुम्हारे पापों के कारण
उजाड़ने के लिये। 14 "तुम खाओगे पर तृप्त नहीं होगे, और
तुम्हारा पेट रिक्त रहेगा। और तुम भंडार करोगे पर बचाओगे
नहीं, और जो तुम बचाओगे मैं तलवार को दे दूँगा। 15 "तुम
बोओगे पर काटोगे नहीं, तुम जैतून दबाओगे पर अपने आप
पर तेल नहीं लगाओगे, और मीठा दाख बनाओगे पर मदिरा
नहीं पियोगे। 16 "क्योंकि ओम्री के विधान कठोरता से माने
जाते हैं, और आहाब के घर के सभी कर्म भी, और तुम उनकी
परामर्श-रचनाओं पर चलते हो। इसलिए मैं तुम्हें विनाश के
लिये दे देता हूँ, और तुम्हारे निवासियों को हू-हू की निंदा के
लिये, और तुम मेरे लोगों की लज्जा सहो।"

7

1 हाय मुझ पर! क्योंकि मैं ग्रीष्मकाल के फलों के संग्रह के
समान हूँ, दाख की फसल की बीनाई के समान। खाने
के लिए कोई गुच्छा नहीं है; मेरी आत्मा ने पहले पके फल की
इच्छा की थी। 2 धर्मी मनुष्य पृथ्वी से नाश हो गया है, और
मनुष्यों में कोई सीधा नहीं रहा। सब के सब रक्त के लिये
घात में पड़े हैं; हर एक अपने भाई को जाल में फँसाता है।
3 दोनों हाथ बुराई करने पर लगे हैं ताकि वे उसे अच्छी तरह
करें; शासक उपहार माँगता है, न्यायी घूस चाहता है, और
महान व्यक्ति अपनी इच्छा का उच्चारण करता है — और वे
उसे मिलकर बुनते हैं। 4 उनमें से सबसे अच्छा काँटेदार
झाड़ी के समान है; और सबसे सीधा काँटों की बाड़ से भी
कठोर है। तेरे पहरेदारों का दिन और तेरा दण्ड आ पहुँचा है;
अब उनकी उलझन होगी। 5 किसी मित्र पर भरोसा न रखो,
किसी साथी पर भरोसा न करो; अपनी गोद में पड़ी स्त्री से
अपने मुँह के द्वार की रक्षा करो। 6 क्योंकि पुत्र पिता का
अपमान करता है, पुत्री अपनी माता के विरुद्ध उठती है, बहू
अपनी सास के विरुद्ध; मनुष्य के शत्रु उसके अपने ही घर के
लोग हैं। 7 पर मैं 𐤉𐤄𐤅𐤄 की ओर दृष्टि रखता हूँ; मैं अपने
उद्धार के ईश्वर की प्रतीक्षा करता हूँ; मेरा ईश्वर मेरी सुनता
है। 8 हे मेरी शत्रु, मुझ पर आनन्द मत मना। जब मैं गिरा हूँ,
तब भी उठूँगा; जब मैं अन्धकार में बैठा हूँ, तब 𐤉𐤄𐤅𐤄 मेरे
लिये ज्योति है। 9 मैं 𐤉𐤄𐤅𐤄 के प्रकोप को सहूँगा, क्योंकि
मैंने उसके विरुद्ध पाप किया है, जब तक कि वह मेरा मुकद्दमा
न लड़े और मेरे लिये न्याय न करे। वह मुझे प्रकाश में
निकाल लाएगा, और मैं उसकी धार्मिकता देखूँगा। 10 और
मेरी शत्रु यह देखे, और उस पर लज्जा छा जाए जिसने मुझ
से कहा, "तेरा ईश्वर 𐤉𐤄𐤅𐤄 कहाँ है?" मेरी आँखें उस पर
देखेंगी; अब वह सड़कों की कीचड़ के समान रौंदी जाएगी।
11 तेरी दीवारें बनाने का दिन! उस दिन की आज्ञा दूर-दूर
तक फैले। 12 उस दिन वे तेरे पास आएँगे — अश्शूर से
और मिस्त्र के दृढ़ नगरों से, और मिस्त्र से लेकर नदी तक,
और समुद्र से समुद्र तक, और पर्वत से पर्वत तक। 13 परन्तु
पृथ्वी उजाड़ हो जाएगी, उसके निवासियों के कारण, उनके
कर्मों के फल के लिये। 14 अपनी लाठी से अपनी प्रजा को
चराओ, अपने निज भाग के झुंड को, जो वन में अकेले रहते
हैं, कर्मेल के बीच में; वे बाशान और गिलाद में चरें, जैसे
प्राचीन दिनों में। 15 "जैसे उन दिनों में जब तू मिस्त्र देश से
निकला था, मैं उसे अद्भुत काम दिखाऊँगा।" 16 जातियां
देखें और अपनी सारी शक्ति के कारण लज्जित हों; वे अपने
मुँह पर हाथ रखेंगी, उनके कान बहरे हो जाएँगे। 17 वे साँप
के समान मिट्टी चाटेंगी; वे अपने गढ़ों से काँपते हुए निकलेंगी,
पृथ्वी के कीड़ों के समान; वे हमारे ईश्वर 𐤉𐤄𐤅𐤄 से डरेंगी,
और तेरे कारण भयभीत होंगी। 18 तेरे समान कौन ईश्वर है,
जो अधर्म को क्षमा करता है और अपनी निज सम्पत्ति के
अवशेष के अपराध को ढाँपता है? वह अपना क्रोध सदा नहीं
रखेगा, क्योंकि वह दया से प्रसन्न होता है। 19 वह फिर लौट
आएगा, और हम पर दया करेगा; वह हमारे अधर्मों को रौंद
डालेगा; और तू हमारे सब पापों को समुद्र की गहराई में फेंक
देगा। 20 तू याक़ोब को सत्य, और अब्राहम को करूणा
दिखाता है, जैसा तूने हमारे पितरों से प्राचीन दिनों में शपथ
खाई थी!

नहूम

हिंदी संस्करण

नहूम

1 [1]निनेवेह के विषय में सन्देश। एलकोश के निवासी नहूम
के दर्शन की पुस्तक। [2]𐤉𐤄𐤅𐤄 एक ईर्ष्यालु और
प्रतिशोध लेने वाले ईश्वर हैं, 𐤉𐤄𐤅𐤄 प्रतिशोधी और क्रोध के
स्वामी हैं। 𐤉𐤄𐤅𐤄 अपने शत्रुओं से प्रतिशोध लेते हैं, और
अपने बैरियों के लिए ध्यान रखते हैं। [3]𐤉𐤄𐤅𐤄 धीरजवन्त
और सामर्थ में महान हैं, परन्तु दोषी को किसी रीति से निर्दोष
नहीं ठहराते। 𐤉𐤄𐤅𐤄 का मार्ग बवंडर और आँधी में है, और
बादल उसके चरणों की धूल हैं। [4]वह समुद्र को डाँटते हैं
और उसे सूखा देते हैं। और सब नदियों को वह सूखा बना
देते हैं; बाशान और कर्मेल मुरझा जाते हैं, और लेबानोन का
फूल कुम्हला जाता है। [5]पहाड़ उसके साम्हने काँपते हैं, और
पहाड़ियाँ गल जाती हैं। पृथ्वी उसके दर्शन से काँप उठती है,
और जगत् और उसमें बसने वाले सब लोग। [6]कौन उसके
क्रोध के सामने ठहर सकता है? और कौन उसके प्रकोप की
ज्वाला में उठ सकता है? उसका क्रोध आग के समान उँडेला
गया है, और चट्टानें उसके द्वारा टूट गई हैं। [7]𐤉𐤄𐤅𐤄 भला
है, संकट के दिन में एक दृढ़ गढ़ के समान है; और वह
उनको जानता है जो उसमें शरण लेते हैं। [8]परन्तु वह प्रचण्ड
बाढ़ से उस स्थान का अन्त कर देगा, और अन्धकार उसके
शत्रुओं का पीछा करेगा। [9]तुम 𐤉𐤄𐤅𐤄 के विरुद्ध क्या
षडयंत्र करते हो? वह उसका पूर्ण अन्त करेगा; संकट दूसरी
बार नहीं उठेगा। [10]यद्यपि वे काँटों के समान उलझे हुए हैं,
और अपने पेय से मतवाले हैं, तो भी वे पूर्ण रूप से सूखी हुई
भूसी के समान भस्म हो जाएँगे। [11]तेरे बीच से वह निकला
जो 𐤉𐤄𐤅𐤄 के विरुद्ध दुष्टता की कल्पना करता है, बेलियाल
का परामर्शदाता। [12]यहोवा 𐤉𐤄𐤅𐤄 यों कहता है, "चाहे वे
बलवान् और बहुत हों, तो भी वे काटे जाएँगे और चले जाएँगे।
यद्यपि मैंने तुझे दुःख दिया है, मैं तुझे फिर दुःख नहीं दूँगा।
[13]"अब मैं उसका जूआ तुझ से तोड़ दूँगा, और तेरे बन्धनों
को चीर डालूँगा।" [14]और 𐤉𐤄𐤅𐤄 ने तेरे विषय में आज्ञा दी
है, "तेरा नाम फिर न बोया जाएगा। तेरे देवताओं के भवन से
मैं खुदी हुई मूर्ति और ढली हुई मूर्ति दोनों को काट डालूँगा।
मैं तेरी कब्र तैयार करूँगा, क्योंकि तू नगण्य ठहरा है।"
[15]देखो, पहाड़ों पर उसके पाँव हैं जो शुभ समाचार लाता है,
जो शान्ति का प्रचार करता है! हे यहूदा, अपने पर्व मनाओ,
अपनी मन्नतें पूरी करो; क्योंकि बेलियाल अब तुझ में से फिर
कभी नहीं निकलेगा; वह पूरी रीति से नष्ट किया गया है।

2 [1]जो चूर-चूर करनेवाला है वह तेरे साम्हने आया है।
प्राचीरों की रक्षा करो! मार्ग पर पहरेदारी करो! अपनी
कमर कस लो! अपनी शक्ति को महान रूप से दृढ़ करो।
[2]𐤉𐤄𐤅𐤄 याक़ोब की महिमा को इस्राएल की महिमा के
समान पलटा देगा, क्योंकि खाली करने वालों ने उन्हें खाली
कर दिया और उनकी बेलों की शाखाओं को बर्बाद कर दिया।
[3]उसके पराक्रमी पुरुषों की ढालें लाल हो गई हैं, युद्ध के पुरुष
लाल वस्त्र धारण किए हुए हैं। रथ उसकी तैयारी के दिन
ज्वलन्त मशालों के समान हैं, और साइप्रस वृक्ष डोलेगा।
[4]रथंयिताएँ नगर-मार्गों में टकराती हुई दौड़ती हैं, वे चौड़ी
सड़कों पर एक-दूसरे पर टूट पड़ती हैं। वे ज्वलन्त मशालो
के समान दिखते हैं, वे बिजली की तरह दौड़ते हैं। [5]वह
अपने कुलीनों को याद करता है; वे अपने मार्ग में ठोकर खाते
हैं, वे उसकी दीवारों की ओर भागते हैं, और रक्षा तैयार है।
[6]नदी के द्वार खुल गए हैं, और महल पिघल गया है। [7]और
यह तय है: वह निर्वासित की जाएगी, उसे ले जाया जाएगा।
और उसकी दासियाँ कबूतरों की आवाज़ की भांति कराहती हैं,
अपने सीनों पर प्रहार कर रही हैं। [8]और प्राचीन निनेवेह
जलाशय के समान थी, अब वे भागते हैं। "रुक! रुक!" वे
चिल्लाते हैं, पर कोई लौट कर नहीं आता। [9]चाँदी को
लुटाओ! सोना लूटो! धन-भण्डार की कोई सीमा नहीं — सभी
कीमती वस्तुओं की संपदा है। [10]वह रिक्त है, यथार्थ में
शून्यता और बर्बादी! और हृदय पिघल गया है, और घुटने
आपस में ठक-ठक कर रहे हैं, और सब कमर में बड़ा दुख
है, और सबके मुख रक्तावर्ण हो गए हैं। [11]शेर का बिल कहां
है, और शावकों का चरने का स्थान कहाँ है, जहाँ शेर, शेरनी
और शावक चले जाते थे, बिना किसी के उन्हें परेशान करने
के? [12]शेर ने अपने शावकों के लिए पर्याप्त विच्छेद किया,
और अपनी शेरनियों के लिए गला घोंटा, और उसने अपने
गुफ्तों को शिकार से भर दिया, और अपने बिलों को फटे हुए
शिकार से। [13]"देखो, मैं तेरे विरुद्ध हूँ," घोषणा करते है
सेनाओं के 𐤉𐤄𐤅𐤄, "और मैं तेरे रथों को धुंए में जला दूँगा,
और तलवार तेरे शावकों को खा जाएगी। और मैं तेरे शिकार
को पृथ्वी से काट दूँगा, और तेरे संदेशवाहकों की आवाज अब
अधिक नहीं सुनी जाएगी।"

3 [1]हाय उस रक्तपात की नगरी पर! यह सब झूठ से भरी
हुई है, लूट से परिपूर्ण है, शिकार की कोई कमी नहीं।
[2]कोड़े की आवाज़ और घूमते पहियों की खड़खड़ाहट, दौड़ते
घोड़ों की, और झटके खाते रथों की ध्वनि। [3]घोड़े पर सवार
योद्धा चमकती तलवार और झिलमिलाती भाला लिए हुए हैं;
बहुत से घायल पड़े हैं, और मृत देहों का अंबार लगा है, शवो
का अन्त नहीं; वे शवों पर ठोकर खाते हैं। [4]क्योंकि उस
सुन्दरी वेश्या के बहुत अधिक व्यभिचारों के कारण, जो टोनों
की स्वामिनी है, जो अपने व्यभिचारों से जातियों को बेचती है,
और अपने जादू से कुलों को। [5]"देख, मैं तेरे विरुद्ध हूँ,"
सेनाओं के 𐤉𐤄𐤅𐤄 की यह वाणी है, "और मैं तेरे वस्त्र तेरे
मुँह तक उठा दूँगा, और राष्ट्रों को तेरी नग्नता दिखाऊँगा,
और राज्यों को तेरी लज्जा। [6]"और मैं तुझ पर घृणास्पद
वस्तुएँ फेंक दूँगा, और तुझे तुच्छ समझूँगा, और तुझे सबके
लिए दृष्टान्त बना दूँगा।" [7]"और ऐसा होगा कि जितने लोग
तुझे देखेंगे, वे तुझसे भागेंगे, और कहेंगे, 'निनेवेह उजाड़ दी
गई है! उसके लिए कौन शोक करेगा?' मैं तेरे लिए शोक

करनेवाले कहाँ से ढूँढूँ?" 8 क्या तू नोह-आमोन से उत्तम है,
जो नील नदी के किनारे रहती थी, जिसके चारों ओर जल
था, जिसका किला समुद्र के समान था, और जिसकी दीवार
समुद्र के समान थी? 9 कूश और मिस्र उसकी शक्ति थे, और
वह असीम थी; पूत और लूबिम तेरे सहाय थे। 10 तौभी वह
बन्दी होकर ले जाई गई; वह बन्धन में चली गई। हर सड़क
के सिर पर उसके छोटे बच्चों को टुकड़े-टुकड़े कर दिया
गया। उसके आदरणीय पुरुषों के लिये चिट्ठियाँ डाली गईं,
और उसके सब बड़े पुरुषों को जंजीरों में बाँध दिया गया।
11 तू भी मतवाली होगी; तू भी छिप जाएगी; तू भी शत्रु से शरण
माँगेगी। 12 तेरे सब दृढ़गढ़ पक चुके अंजीरों के वृक्षों के
समान हैं; जब उन्हें हिलाया जाता है, वे खानेवाले के मुँह में
गिर पड़ते हैं। 13 देख, तेरे बीच के लोग स्त्रियाँ हैं! तेरे देश
के फाटक तेरे शत्रुओं के लिये चौड़े खुले हैं; आग तेरे
फाटकों की सलाखों को भस्म कर देगी। 14 घेराबन्दी के लिये
अपने लिये जल ले आ! अपनी रक्षा को दृढ़ कर! मिट्टी में जा
और गारा रौंद, ईंट का साँचा पकड़ ले! 15 वहाँ आग तुझे
भस्म करेगी; तलवार तुझे काट डालेगी; वह तुझे टिड्डी के
समान खा जाएगी। अपने को टिड्डियों के समान बहुत कर ले;
अपने को झुण्ड की टिड्डियों के समान बहुत कर ले! 16 तूने
अपने व्यापारियों की संख्या आकाश के तारों से भी अधिक
कर दी है; टिड्डियाँ उतर कर सब कुछ उड़ा ले जाएँगी।
17 तेरे अधिकारी टिड्डियों के समान हैं, और तेरे प्रधान बड़े
टिड्डों के समान हैं, जो ठंडी के दिन बाड़ों में बैठते हैं; सूर्य
निकलते ही वे उड़ जाते हैं, और जहाँ वे थे वह स्थान ज्ञात
नहीं रहता। 18 तेरे चरवाहे सो गए हैं, हे अश्शूर के राजा! तेरे
प्रधान विश्राम में पड़े हैं; तेरे लोग पहाड़ों पर तितर-बितर हो
गए हैं, और कोई उन्हें इकट्ठा करनेवाला नहीं। 19 तेरा घाव
असाध्य है, तेरी चोट भयानक है; जितने तेरे समाचार सुनते
हैं, वे तेरे कारण ताली बजाते हैं, क्योंकि किस पर तेरी दुष्टता
निरन्तर नहीं आई थी?

हबक्कूक

हिंदी संस्करण

हबक्कूक

1 1 यह सन्देश जो नबी हबक्कूक ने देखा। 2 हे 𐤉𐤄𐤅𐤄,
कब तक मैं पुकारूँ और तू नहीं सुनेगा? मैं तुझ से
'हिंसा!' पुकारता हूँ, और तू उद्धार नहीं करता। 3 तू मुझे क्यूँ
दुष्टता दिखाता है, और मुझे कुव्यवहार देखने देता है?
क्योंकि विनाश और हिंसा मेरे सामने है। और वहाँ झगड़ा है,
और विवाद उठता है। 4 इस कारण तोराह रुक जाती है, और
न्याय कभी प्रकट नहीं होता। क्योंकि दुष्ट धर्मी को घेर लेते हैं
इसलिये न्याय टेढ़ा निकलता है। 5 "जातियों के बीच देखो,
और दृष्टि डालो, और अचम्भित हो, अचम्भित हो! क्योंकि
एक काम तुम्हारे दिनों में किया जा रहा है जिसे यदि कहा जाए
तो तुम विश्वास नहीं करोगे। 6 "देखो, मैं कस्दी उठाता हूँ,
एक कड़वा और उतावला राष्ट्र, जो पृथ्वी की चौड़ाई में चलता
है, उन निवास स्थानों को पाने के लिये जो उनके नहीं हैं।
7 "वे डरावने और भयानक हैं, उनका न्याय और उनका वैभव
उनसे ही निकलता है। 8 "उनके घोड़े चीते से भी तेज़ होंगे,
और संध्या के भेड़ियों से भी अधिक भयानक। और उनके
घुड़सवार आगे बढ़ेंगे, और उनके घुड़सवार दूर से आते हैं।
वे गिद्ध की तरह उड़ते हैं, खाने के लिये दौड़ते हैं। 9 "वे सब
के सब हिंसा करने आते हैं, उनके चेहरे का रुख पूरब की हवा
के समान है, और वे कैदियों को बालू के समान बटोरते हैं।
10 "और वे राजाओं का उपहास करते हैं, और हाकिम उनके
लिये हँसी का विषय हैं। वे हर गढ़ पर हँसते हैं, क्योंकि वे मिट्टी
का ढेर लगाते हैं और उसे जीत लेते हैं। 11 "तब वह पवन के
समान आगे बढ़ेगा, और अपराध करेगा और दोषी ठहरेगा,
और इस शक्ति को अपने देवता को सौंप देगा।" 12 क्या तू
अनादि से नहीं है, हे 𐤉𐤄𐤅𐤄 मेरे ईश्वर, मेरे क़दोश? तू नहीं
मरेगा! हे 𐤉𐤄𐤅𐤄, तू ने उन्हें न्याय के लिये ठहराया है, हे
चट्टान, तू ने उन्हें डाँट के लिये स्थिर किया है। 13 तेरी आँखें
इतनी शुद्ध हैं कि बुराई को देख नहीं सकतीं, तू कुव्यवहार पर
दृष्टि नहीं डाल सकता। तू विश्वासघात करने वालों पर क्यों
दृष्टि डालता है – चुप रहता है, जब दुष्ट उस से भी अधिक
धर्मी को निगल जाता है? 14 क्या तू मनुष्यों को समुद्र की
मछलियों के समान बना देगा, रेंगनेवाले जीवों के समान जिन
पर कोई शासक नहीं है? 15 वे सब काँटे से खींच लिये गये हैं,
उसके जाल में पकड़े गये, और उसके फंदे में बटोरे गये।
इसलिये वह आनन्द करता है और मगन होता है। 16 इसलिये
वह अपने जाल को बलिदान चढ़ाता है, और अपने फंदे को
धूप जलाता है, क्योंकि उन्हीं से उसका भाग मोटा और उसका
भोजन समृद्ध होता है। 17 क्या वह इसलिये अपना जाल खाली
करता रहेगा, और जातियों का बिना दया के वध करेगा?

2 1 मैं अपनी पहरेदारी पर खड़ा हूँ, और पहरे की मीनार
पर ठहरता हूँ, और देखता हूँ कि वह मुझसे क्या कहेगा,
और जब मुझे डाँटा जाए तो मैं क्या उत्तर दूँ। 2 और
𐤉𐤄𐤅𐤄 ने मुझसे उत्तर दिया और कहा, "दर्शन लिख, और
उसे पट्टियों पर अंकित कर, ताकि जो उसे पढ़े वह दौड़े।
3 "क्योंकि दर्शन अभी भी नियत समय के लिये है, और वह
अंत की ओर बोलता है, और झूठ नहीं बोलता। यदि वह देर
करता है, तो उसकी बाट जोह; क्योंकि वह निश्चय ही आएगा,
विलंब न करेगा। 4 "देख, जिसका प्राणी उसके भीतर सीधा
नहीं है, वह घमंडी है। परन्तु धर्मी अपने स्थिरता से जीवित
रहेगा। 5 "और यह भी, क्योंकि दाखमधु उसे धोखा देता है,
मनुष्य घमंडी है, और वह अपने घर में नहीं रहता। क्योंकि
वह अपने लालच को कब्र के समान बड़ा करता है, और वह
मृत्यु के समान है, और तृप्त नहीं होता, और अपने लिये सब
जातियों को इकट्ठा करता है और अपने लिये सब लोगों को
जोड़ता है। 6 "क्या ये सब उसके विरुद्ध एक नीतिवचन और
एक ठट्ठा भरी पहेली न उठाएँगे, और कहेंगे, 'उस पर हाय जो
अपना नहीं है उसे बढ़ाता है! कब तक वह अपने ऊपर बहुत
से बंधन लादेगा?' 7 "क्या तेरे लेनदार अचानक न उठेंगे?
और जो तुझे डराते हैं, वे न जागेंगे, और तू उनके लिये लूट
न होगा? 8 "क्योंकि तू ने बहुत सी जातियों को लूटा है, सब
लोगों का शेष तुझे लूटेगा, मनुष्यों के लहू के कारण, और भूमि
पर, नगर पर, और उसमें बसने वालों पर किए हुए उपद्रव के
कारण। 9 "हाय उस पर जो अपने घर के लिये बुराई का लाभ
प्राप्त करता है, ताकि अपना घोंसला ऊँचे पर रखे, कि बुराई
की पकड़ से बच निकले! 10 "तू ने अपने घर के लिये लज्जा
की युक्ति की है, बहुत से लोगों को काट डालने के लिये, और
तेरा प्राणी पाप करता है। 11 "क्योंकि दीवार से एक पत्थर
चिल्लाता है, और लकड़ी की कड़ी उसे उत्तर देती है।
12 "हाय उस पर जो रक्त से एक नगर बनाता है, और अधर्म
से एक शहर स्थापित करता है! 13 "देख, क्या यह 𐤉𐤄𐤅𐤄
सेनाओं से नहीं है, कि लोग केवल आग के लिये परिश्रम करते
हैं, और जातियाँ व्यर्थ ही थकती हैं, 14 क्योंकि पृथ्वी 𐤉𐤄𐤅𐤄
की महिमा के ज्ञान से भर जाएगी, जैसे जल समुद्र को ढक
लेता है! 15 "हाय उस पर जो अपने पड़ोसी को पीने को देता
है, अपना मशक उड़ेलकर, और उसे मतवाला भी करता है -
ताकि उनकी नग्नता देखे! 16 "तुझे महिमा के बदले लज्जा
से भरना होगा। तू भी पी, और खतनारहित के समान प्रगट
हो! 𐤉𐤄𐤅𐤄 के दाहिने हाथ का कटोरा तुझ पर घूम आएगा,
और तेरी महिमा पर बड़ी लज्जा होगी। 17 "क्योंकि लेबानोन
पर किए गए उपद्रव से तू ढक जाएगा - और पशुओं की नाश
से, जिनसे तू ने उन्हें डराया - मनुष्यों के लहू के कारण और
भूमि पर, नगर पर और उसमें बसने वालों पर किए हुए उपद्रव
के कारण। 18 "खुदी हुई मूरत किस काम की है? क्योंकि
उसका बनाने वाला उसे गढ़ता है: ढाली हुई मूरत और झूठ
की शिक्षा! क्योंकि उसका बनाने वाला अपनी बनाई हुई वस्तु
पर भरोसा करता है: गूंगी मूर्तियाँ बनाने के लिये! 19 "हाय उस
पर जो लकड़ी से कहता है, 'जाग!' निःशब्द पत्थर से,
'उठ!' क्या यह शिक्षक है? देख, यह सोने और चाँदी से मढ़ा

हुआ है, और उसके भीतर कुछ भी आत्मा नहीं है। [20] "परन्तु
𐤉𐤄𐤅𐤄 अपने पवित्र मन्दिर में है। सारी पृथ्वी उसके सामने
निःशब्द हो।"

3 [1] हबक्कूक नबी की प्रार्थना, मधुर वाद्य यंत्रों पर। [2] हे
𐤉𐤄𐤅𐤄, मैंने तेरी चर्चा सुनी, मैं भयभीत हुआ। हे
𐤉𐤄𐤅𐤄, अपने कार्य को वर्षों के बीच नया कर! वर्षों के बीच
इसे प्रकट कर। क्रोध में दया को स्मरण कर। [3] ईश्वर
तेमान से आता है, और क़दोष एक पर्वत पारान से। सेला।
उसकी शोभा आकाश को ढँक लेगी, और उसकी स्तुति पृथ्वी
को भर देगी। [4] और उसकी चमक प्रकाश के समान है,
उसके हाथ से किरणें निकलती हैं, और वहाँ उसकी शक्ति
छिपी है। [5] उसके आगे महामारी चलती है, और उसके पैरों से
जलती हुई ज्वाला निकलती है। [6] वह खड़ा होगा और पृथ्वी
को मापेगा। वह देखेगा और जातियों को हिला देगा। और
प्राचीन पर्वत टूट जाएंगे, प्राचीन पहाड़ झुकेंगे। उसकी राहें
अनन्त हैं। [7] मैंने कुशान के तम्बुओं को दुःख के अधीन
देखा, मिद्यान देश के परदे काँप उठे। [8] क्या 𐤉𐤄𐤅𐤄 नदियों
पर क्रोधित है? क्या तेरी अप्रसन्नता नदियों पर है, क्या तेरी
जलन समुद्र पर है, कि तू अपने घोड़ों पर सवार हुआ, अपने
उद्धार के रथों पर? [9] तूने अपना धनुष खोला, वचन की छड़ी
की शपथें। सेला। तूने पृथ्वी को नदियों से चीर दिया।
[10] पर्वतों ने तुझे देखा, वे काँप उठे। जल का तूफ़ान गुज़र
गया। गहराई ने अपनी आवाज़ दी, उसने अपने हाथ उठाए।
[11] सूरज, चाँद अपनी जगह पर ठहर गए। तेरे तीर प्रकाश
के समान चले, तेरी चमकती हुई बरछी बिजली के समान
थी। [12] तू पृथ्वी पर क्रोध में चला, तू जातियों को क्रोध में
रौंदा। [13] तू अपनी प्रजा को बचाने के लिये निकला, अपने
अभिषिक्त को बचाने के लिये। तूने दुष्ट के घर के सिर को
मारा, नींव से गर्दन तक उजागर किया। सेला। [14] तूने
उसके ही तीरों से उसके प्रधानों के सिर को बेधा। वे मुझे
तितर-बितर करने के लिये तूफ़ान की तरह आए, छिपकर
निर्धन को निगल जाने की तरह आनन्दित हुए। [15] तूने अपने
घोड़ों से समुद्र को रौंदा, बहुत से जल के फेन को। [16] मैंने
सुना, और मेरा शरीर काँप उठा, मेरी ओंठें शब्द पर
थरथराईं, मेरी हड्डियों में सड़न आ गई। और मैं अपने भीतर
काँपा, कि मैं संकट के दिन विश्राम कर सकूँ, जब वह प्रजा
पर आएगा जो हम पर चढ़ाई करेगा। [17] यद्यपि अंजीर का
पेड़ नहीं खिलेगा, और बेल में फल नहीं होगा, जैतून की उपज
विफल हो गई, और खेतों ने भोजन नहीं दिया, भेड़ें बाड़े से
काट दी गई हैं, और गोशालाओं में गाय-बैल नहीं हैं, [18] तौभी
मैं 𐤉𐤄𐤅𐤄 में आनन्द करूँगा, मैं अपने उद्धार के ईश्वर में
उल्लासित होऊँगा। [19] 𐤉𐤄𐤅𐤄 प्रभु मेरी शक्ति है। और वह
मेरे पाँवों को हरिणों के समान बनाता है, और मुझे मेरे ऊँचे
स्थानों पर चलाता है। प्रमुख गायक के लिये मेरे तार वाले
वाद्य यंत्रों के साथ।

सपन्याह

𐤉𐤄𐤅𐤄

हिंदी संस्करण

सपन्याह

1 [1]वह वचन जो 𐤉𐤄𐤅𐤄 की ओर से कुशी के पुत्र,
गदल्याह के पुत्र, अमर्याह के पुत्र, हिज़किय्याह के पुत्र
त्सेफ़न्याह के पास आया, जब आमोन के पुत्र योशियाह यहूदा
का राजा था। [2]“मैं पृथ्वी के ऊपर से सब कुछ नाश कर
दूँगा,” 𐤉𐤄𐤅𐤄 की यह घोषणा है। [3]“मैं मनुष्य और पशु
दोनों को नाश कर दूँगा, मैं आकाश के पक्षियों और समुद्र की
मछलियों को नाश कर दूँगा, और ठोकर के कारणों को दुष्टों
के साथ हटा दूँगा; जब मैं पृथ्वी के ऊपर से मनुष्य को काट
डालूँगा,” 𐤉𐤄𐤅𐤄 की यह घोषणा है। [4]“और मैं यहूदा के
विरुद्ध, और यरूशलेम के सब निवासियों के विरुद्ध अपना
हाथ फैलाऊँगा, और इस स्थान से बाल का हर चिन्ह मिटा
दूँगा — मूर्तिपूजक याजकों के नाम सहित, याजकों के
साथ।” [5]“और वे जो छतों पर स्वर्ग की सेना को दण्डवत
करते हैं, और वे जो दण्डवत करते हैं और 𐤉𐤄𐤅𐤄 की
शपथ खाकर मल्काम की शपथ भी खाते हैं।” [6]“और वे जो
𐤉𐤄𐤅𐤄 का अनुसरण करने से फिर गए हैं, और जिन्होंने न
तो 𐤉𐤄𐤅𐤄 को खोजा और न ही उसका विचार किया।”
[7]“प्रभु 𐤉𐤄𐤅𐤄 की उपस्थिति में मौन रहो; क्योंकि 𐤉𐤄𐤅𐤄
का दिन निकट है, क्योंकि 𐤉𐤄𐤅𐤄 ने बलिदान की तैयारी की
है, उसने अपने बुलाए हुओं को पवित्र किया है।” [8]“और ऐसा
होगा कि 𐤉𐤄𐤅𐤄 के बलिदान के दिन मैं हाकिमों और राजा
के पुत्रों को, और उन सब को जो विदेशी वस्त्र पहनते हैं,
दण्ड दूँगा।” [9]“और उस दिन मैं उन सब को दण्ड दूँगा जो
देहली पर कूदते हैं, जो अपने स्वामियों के घरों को हिंसा और
छल से भर देते हैं।” [10]“और उस दिन यह होगा,” 𐤉𐤄𐤅𐤄
की यह घोषणा है, “कि मछली फाटक से एक पुकार की ध्वनि
होगी, दूसरे भाग से विलाप, और पहाड़ियों से बड़ा टूटने का
शब्द होगा।” [11]“रोओ, हे मखतेश के निवासियों, क्योंकि सब
व्यापारी लोग नष्ट हो जाएँगे, और जो चाँदी तौलते हैं वे सब
काटे जाएँगे।” [12]“और उस समय यह होगा कि मैं यरूशलेम
को दीपक लेकर टटोलूँगा, और उन मनुष्यों को दण्ड दूँगा जो
अपने अवशेषों पर स्थिर हैं, जो अपने मन में कहते हैं,
‘𐤉𐤄𐤅𐤄 न भलाई करता है, न बुराई।’” [13]“और उनकी
सम्पत्ति लूट बन जाएगी, और उनके घर उजाड़ हो जाएँगे; वे
घर बनाएँगे पर उनमें बसेंगे नहीं, वे दाख की बारियाँ लगाएँगे
पर उनका दाखमधु नहीं पीएँगे।” [14]“𐤉𐤄𐤅𐤄 का बड़ा दिन
निकट है, निकट और शीघ्र आने वाला है; 𐤉𐤄𐤅𐤄 के दिन
का शब्द भयावह है — वीर पुरुष वहाँ करुणा से पुकारेगा।”
[15]“वह दिन क्रोध का दिन है, संकट और क्लेश का दिन,
उजाड़ और विनाश का दिन, अन्धकार और उदासी का दिन,
बादलों और घने बादलों का दिन।” [16]“नरभेड़ के सींग और
युद्ध की ध्वनि का दिन — गढ़वाले नगरों के विरुद्ध और ऊँचे
बुर्जों के विरुद्ध।” [17]“और मैं मनुष्यों पर संकट लाऊँगा,
और वे अन्धों के समान चलेंगे, क्योंकि उन्होंने 𐤉𐤄𐤅𐤄 के
विरुद्ध पाप किया है; उनका रक्त धूल के समान बहाया
जाएगा, और उनका मांस गोबर के समान होगा।” [18]“उनका
चाँदी या सोना उन्हें 𐤉𐤄𐤅𐤄 के क्रोध के दिन में नहीं बचा
सकेगा; और उसकी जलन की आग से सारी पृथ्वी भस्म हो
जाएगी, क्योंकि वह पृथ्वी पर रहने वालों का अचानक अन्त
कर देगा।”

2 [1]एकत्र होओ, एकत्र होओ, हे निर्विकार-राष्ट्र, [2]उस
निर्णय के जन्म लेने से पहले — दिन पराली की भाँति
उड़ा डाल दिया जाएगा — इससे पहले कि 𐤉𐤄𐤅𐤄 का
दहन-क्रोध तुम्हारे उपर आ जाए, इससे पहले कि 𐤉𐤄𐤅𐤄
का क्रोध का दिन तुम पर आ पहुँचे! [3]हे पृथ्वी के सब नम्र
लोगों, जो उसका न्याय करते हो, 𐤉𐤄𐤅𐤄 को खोजो; धर्म
खोजो, नम्रता खोजो, ताकि 𐤉𐤄𐤅𐤄 के क्रोध के दिन तुम
छिपे रह सको। [4]क्योंकि अज़्ज़ाह परित्यक्त हो चुकी है और
अश्केलोन उजाड़ दी गई है; आशदोद दोपहर में निकाला गया
है और एक्रोन उखाड़ फेंका गया है। [5]तटवर्ती देश के
निवासियों पर दुख है, केरैथियों की जाति! 𐤉𐤄𐤅𐤄 का वचन
तेरे विरुद्ध है, हे कनान, पलिश्ती लोगों की भूमि; “मैं तुम्हें नष्ट
कर दूँगा कि वहाँ कोई निवासी न रहे।” [6]और तटभूमि
चरागाहें, मैथुनियों के उपवन और मवेशियों के घेरे बन
जाएगी। [7]और वह तटभूमि यहूदा के घर की अवशेष के लिये
रहेगी; वे वहाँ अपनी भेड़ों को चरेंगे, संध्या में वे अश्केलोन के
घरों में लेटेंगे; क्योंकि 𐤉𐤄𐤅𐤄 उनके ईश्वर उनको देखेगा
और उनकी बंदीगिरी पलट देगा। [8]“मैंने मोआब की उपहास
की ध्वनि सुनी है, और आमोन के पुत्रों की गालीयाँ, जिनसे
उन्होंने मेरे लोगों का अपमान किया और अपने सीमाओं के
विरुद्ध उच्च उठे। [9]“इसलिये, जैसे मैं जीवित हूँ,” यहोवा
सेनाओं का 𐤉𐤄𐤅𐤄, इस्राएल का ईश्वर, कहता है, “मोआब
सिदोम के समान हो जाएगा, और आमोन के पुत्र अमोरा के
समान — खरपतवारों का अधिकार और नमक का गड्ढा,
और सदा का उजाड़; मेरी प्रजा उनका लूटेगी, और मेरी
जाति का शेष-भाग उन्हें अधिकार में ले लेगा।” [10]यही
उनकी घमण्ड का फल है, क्योंकि उन्होंने 𐤉𐤄𐤅𐤄 की
सेनाओं के लोगों का अपमान किया और अपने आप को उनके
विरुद्ध ऊँचा किया। [11]𐤉𐤄𐤅𐤄 उनके लिये भयानक सिद्ध
होगा; क्योंकि वह पृथ्वी के सब बलवानों को सिकुड़ा देगा, और
सब देशों के तटीय प्रदेश अपनी-अपनी जगहों से उसके
सम्मुख झुकेंगे। [12]“और तू भी, हे कुशी लोगों, मेरी तलवार
से मारा जाएगा।” [13]वह अपना हाथ उत्तर की ओर फैलाएगा
और अश्शूर को नष्ट कर देगा, और निनवेह को उजाड़ कर
देगा, रण भूमि के समान सूखा। [14]और उसके मध्य में झुण्ड
लेटेंगे, राष्ट्र का हर पशु; फिरच्छ और घोंघा उसकी स्तम्भों की
चोटी पर बसे; खिड़की पर पुकार सुनायी देती है, दहलीज पर
सूखा पड़ा है, क्योंकि देवदार के काम उजागर हो गए हैं।
[15]यह वही वह आनंदित नगर है जो सुरक्षित रहकर कहता

था अपने हृदय में, “मैं ही सब कुछ हूँ, और मेरे अतिरिक्त
कोई नहीं है।” कैसे वह उजाड़ जगह बन गया, पशुओं का
लेटने का स्थान! जो भी उसके पास से गुजरता है वह सीटी
बजाता और मुँह से घूँट दिखाता।

3 [1]हाय उस बाग़ी और अपवित्र, अत्याचार करनेवाले नगर
पर! [2]उसने वाणी नहीं मानी, शिक्षा नहीं स्वीकार की,
𐤉𐤄𐤅𐤄 पर भरोसा नहीं किया, न ही अपने ईश्वर के निकट
आई। [3]उसके मध्य के हाकिम गर्जनेवाले सिंह हैं; उसके
न्यायी संध्या के भेड़िए हैं, जो प्रातः तक कुछ भी नहीं छोड़ते।
[4]उसके नबी उच्छृंखल और विश्वासघाती मनुष्य हैं; उसके
याजक पवित्रस्थान को अपवित्र करते हैं, उन्होंने तोराह पर
अत्याचार किया है। [5]𐤉𐤄𐤅𐤄 उसके बीच धर्मी है; वह
अधर्म नहीं करता; वह प्रत्येक भोर अपने न्याय को प्रकाश में
लाता है, वह चूकता नहीं, परंतु दुष्ट व्यक्ति लज्जा नहीं
जानता। [6]“मैंने जातियों को काट डाला; उनके कोने के
मीनारें उजाड़ हो गईं; मैंने उनकी गलियों को सुनसान कर
दिया कि कोई उन पर से न गुज़रे; उनके नगर नाश हो गए
— न कोई मनुष्य, न कोई निवासी।” [7]“मैंने कहा, ‘केवल
मुझसे डर, शिक्षा स्वीकार कर।’ तब उसका निवास मेरे
ठहराए हुए सब के अनुसार न काटा जाता। परन्तु उन्होंने
प्रातः ही उठकर अपने सब कर्म बिगाड़े।” [8]“इसलिए मेरी
बाट जोहते रहो,” 𐤉𐤄𐤅𐤄 की यह वाणी है, “उस दिन तक
जब मैं लूट के लिये उठूँगा; क्योंकि मेरा न्याय यह है कि
जातियों को इकट्ठा करूँ, राज्यों को एकत्र करूँ, ताकि उन
पर अपना क्रोध, अपना जलता रोष उँडेल दूँ; क्योंकि मेरी
जलन की आग से सारी पृथ्वी भस्म हो जाएगी।” [9]“तब मैं
लोगों को शुद्ध भाषा दूँगा, कि वे सब 𐤉𐤄𐤅𐤄 के नाम से
पुकारें, और एक ही मन से उसकी सेवा करें।” [10]“कूश की
नदियों के पार से मेरे उपासक, मेरे बिखरे हुओं की पुत्री, मेरा
अर्घ्य लेकर आएँगे।” [11]“उस दिन तू अपने उन कर्मों के
लिये जिनसे तूने मेरे विरुद्ध अपराध किया, लज्जित न होगी;
क्योंकि तब मैं तेरे बीच से तेरे घमण्ड करनेवालों को हटा दूँगा,
और तू मेरे पवित्र पर्वत पर फिर अभिमानी न होगी।”
[12]“परन्तु मैं तेरे मध्य एक दीन और दरिद्र प्रजा को छोड़
दूँगा, और वे 𐤉𐤄𐤅𐤄 के नाम पर भरोसा करेंगे।”
[13]“इस्राएल का अवशेष अधर्म नहीं करेगा, झूठ न बोलेगा,
और उनके मुख में छल की जीभ नहीं पाई जाएगी; क्योंकि वे
चरागाह में चरेंगे और विश्राम करेंगे, और कोई उन्हें भयभीत
नहीं करेगा।” [14]हे सिय्योन की पुत्री, जयजयकार कर! हे
इस्राएल, ऊँचे स्वर से पुकार! हे यरूशलेम की पुत्री, अपने
सारे हृदय से प्रसन्न हो और आनन्द कर! [15]𐤉𐤄𐤅𐤄 ने तेरे
न्यायों को हटा दिया है; उसने तेरे शत्रु को दूर कर दिया है;
इस्राएल का राजा, 𐤉𐤄𐤅𐤄, तेरे मध्य है; तू अब बुराई से
नहीं डरेगी। [16]उस दिन यरूशलेम से कहा जाएगा, “मत
डर, हे सिय्योन; तेरे हाथ दुर्बल न हों।” [17]“तेरा ईश्वर
𐤉𐤄𐤅𐤄 तेरे मध्य है, वह उद्धार करने में पराक्रमी है; वह तुझ
पर आनन्द से उल्लास करेगा; वह अपने प्रेम में चुप रहेगा;
वह गान गाकर तुझ पर मगन होगा।” [18]“मैं उन सब को
इकट्ठा करूँगा जो तेरे नियत समयों के विषय में विलाप करते
हैं, जो तेरे मध्य हैं, जिन पर उसका अपमान बोझ है।”
[19]“देख, उस समय मैं तेरे सब पीड़कों के साथ निपटूँगा; मैं
लँगड़ों को बचाऊँगा, और निकाले हुओं को इकट्ठा करूँगा;
और जहाँ वे अपमानित हुए थे, वहाँ उन्हें नाम और प्रशंसा
दूँगा।” [20]“उस समय मैं तुझे ले आऊँगा, हाँ, जब मैं तुझे
इकट्ठा करूँगा; क्योंकि मैं तुझे पृथ्वी की सब जातियों के बीच
नाम और प्रशंसा दूँगा, जब मैं तेरी बंधुआई तेरी आँखों के
सामने लौटा दूँगा,” 𐤉𐤄𐤅𐤄 कहता है।

हाग्गै

𐤉𐤄𐤅𐤄

हिंदी संस्करण

हाग्गै

1 1 दूसरे वर्ष दारयवेश राजा के, छठे महीने में, महीने के
पहले दिन, 𐤉𐤄𐤅𐤄 का वचन हाग्गै नबी के द्वारा
जरुब्बाबेल शालतीएल के पुत्र, यहूदा के शासक, और यहोशू
यहोसादाक के पुत्र, महायाजक, से कहता है। 2 सेनाओं के
𐤉𐤄𐤅𐤄 ने कहा, 'यह लोग कहते हैं, "समय नहीं आया है,
वह समय कि 𐤉𐤄𐤅𐤄 का भवन बनाया जाए।" ' 3 तब
𐤉𐤄𐤅𐤄 का वचन हाग्गै नबी के द्वारा आया, कहता है, 4 "क्या
यह समय है कि तुम लोग अपने गहनों वाले घरों में बसे रहो,
और यह भवन खंडहर में पड़ा रहे?" 5 अब सेनाओं के
𐤉𐤄𐤅𐤄 ने कहा, "अपने मार्गों पर ध्यान दो! 6 "तुमने बहुत
बोया, परन्तु थोड़ा पाया; खाते हो, परन्तु तृप्त नहीं होते; पीते
हो, परन्तु मदिरा से तृप्त नहीं होते; वस्त्र पहनते हो, परन्तु
कोई गर्म नहीं होता; और जो मज़दूरी कमाता है, वह छिद्रदार
थैली में मज़दूरी डालता है।" 7 सेनाओं के 𐤉𐤄𐤅𐤄 ने कहा,
"अपने मार्गों पर ध्यान दो! 8 "पहाड़ पर चढ़ो, लकड़ी लाओ
और भवन बनाओ। और मैं उससे प्रसन्न होऊँगा, और मेरी
महिमा होगी," 𐤉𐤄𐤅𐤄 ने कहा। 9 "जब तुमने बहुत खोजा,
तो देखो, वह थोड़ा हुआ। और जब तुमने उसे घर में लाया,
तो मैं उस पर फूँक मारता था। क्यों?" सेनाओं के 𐤉𐤄𐤅𐤄
की यह वाणी है। "क्योंकि मेरा भवन खंडहर पड़ा है, और
तुम में से हर एक अपने घर की ओर दौड़ता है। 10 "इसलिए
तुम्हारे ऊपर के आकाश ने ओस को रोका है, और भूमि ने
अपनी उपज को रोका है। 11 "और मैंने भूमि पर, पहाड़ों पर,
अन्न पर, नए दाखमधु पर, तेल पर, और जो कुछ भूमि
उपजाती है, उस पर, मनुष्य पर, पशुओं पर, और हाथों के
सारे परिश्रम पर सूखा बुलाया।" 12 तब जरुब्बाबेल
शालतीएल का पुत्र, और यहोशू यहोसादाक का पुत्र,
महायाजक, और सब लोगों का शेष, 𐤉𐤄𐤅𐤄 अपने ईश्वर
की वाणी को, और हाग्गै नबी के वचनों को मान गए, जैसा कि
𐤉𐤄𐤅𐤄 उनके ईश्वर ने उसे भेजा था। और लोगों ने
𐤉𐤄𐤅𐤄 की उपस्थिति का भय माना। 13 और हाग्गै,
𐤉𐤄𐤅𐤄 का दूत, 𐤉𐤄𐤅𐤄 का संदेश लोगों से कहता है, "मैं
तुम्हारे साथ हूँ, 𐤉𐤄𐤅𐤄 की यह वाणी है।" 14 और 𐤉𐤄𐤅𐤄
ने जरुब्बाबेल शालतीएल के पुत्र, यहूदा के शासक की आत्मा
को, और यहोशू यहोसादाक के पुत्र, महायाजक की आत्मा
को, और सब लोगों के शेष की आत्मा को जागृत किया। और
वे आकर सेनाओं के 𐤉𐤄𐤅𐤄 अपने ईश्वर के भवन पर काम
करने लगे। 15 छठे महीने की चौबीसवीं तारीख को, दारयवेश
राजा के दूसरे वर्ष में।

2 1 सातवें महीने की इक्कीस तारीख़ को 𐤉𐤄𐤅𐤄 का वचन
हग्गै नबी के द्वारा आया, यह कहते हुए, 2 "कृपया,
शालतीएल के पुत्र जरुब्बाबेल, यहूदा के राज्यपाल से, और
यहोत्सादाक के पुत्र यहोशू से, महायाजक से, और लोगों के
अवशेष से कहो, 3 'तुममें से कौन ऐसा बचा है जिसने इस
भवन को उसके पहले के वैभव में देखा था? और अब तुम इसे
कैसे देखते हो? क्या यह तुम्हारी दृष्टि में उस से तुलना करने
पर कुछ भी नहीं है? 4 'अब, हे जरुब्बाबेल, दृढ़ हो,' 𐤉𐤄𐤅𐤄
की यह वाणी है। 'और दृढ़ हो, यहोशू, यहोत्सादाक का पुत्र,
महायाजक। और दृढ़ हो, हे देश के सब लोग,' 𐤉𐤄𐤅𐤄 की
यह वाणी है, 'और काम करो। क्योंकि मैं तुम्हारे साथ हूं,'
सेनाओं के 𐤉𐤄𐤅𐤄 की यह वाणी है – 5 वह वचन जो मैंने
तुमसे वाचा किया था जब तुम मिस्र से निकले, और मेरी
आत्मा तुम्हारे बीच ठहरी हुई है, मत डरो!' 6 "क्योंकि सेनाओं
के 𐤉𐤄𐤅𐤄 ने यूँ कहा, 'थोड़े ही समय में, मैं आकाश और
पृथ्वी, समुद्र और सूखी भूमि को हिला दूँगा। 7 'और मैं सब
जातियों को हिला दूँगा, और वे सब जातियों की चाहत के पास
आएँगी, और मैं इस भवन को महिमा से भर दूँगा,' सेनाओं के
𐤉𐤄𐤅𐤄 ने कहा। 8 'चाँदी मेरी है, और सोना मेरा है,'
सेनाओं के 𐤉𐤄𐤅𐤄 की यह वाणी है। 9 'इस बाद के भवन की
महिमा पहले से बड़ी होगी,' सेनाओं के 𐤉𐤄𐤅𐤄 ने कहा।
'और इस स्थान में मैं शाति दूँगा,' सेनाओं के 𐤉𐤄𐤅𐤄 की
यह वाणी है। 10 "नौवें महीने की चौबीसवीं तारीख़ को,
दारयवेश के दूसरे वर्ष में, 𐤉𐤄𐤅𐤄 का वचन हग्गै नबी के
पास आया, यह कहते हुए, 11 "सेनाओं के 𐤉𐤄𐤅𐤄 ने यूं
कहा, 'अब, याजकों से तोराह के विषय में पूछो, यह कहते
हुए, 12 "यदि कोई अपने वस्त्र की मोड़ में पवित्र मांस लिए हो,
और अपने वस्त्र के किनारे से वह रोटी या पकवान, या
दाखमधु, या तेल, या कोई भी भोजन को छू ले, तो क्या वह
पवित्र होगा?' " तब याजकों ने उत्तर दिया और कहा,
"नहीं।" 13 और हग्गै ने कहा, "यदि कोई जो किसी मृत
शरीर से अशुद्ध हुआ है, इन सब में से किसी को छू ले, तो
क्या वह अशुद्ध होगा?" और याजकों ने उत्तर दिया और कहा,
"वह अशुद्ध है।" 14 और हग्गै ने उत्तर देकर कहा, " 'ऐसा
ही यह लोग हैं, और ऐसा ही यह जाति मेरे सामने है,' 𐤉𐤄𐤅𐤄
की यह वाणी है, 'और ऐसा ही उनके हाथों के हर काम हैं।
और वे जो कुछ भी यहाँ लाते हैं, वह अशुद्ध है। 15 'पर अब,
कृपया विचार करो, इस दिन से आगे: इससे पहले कि
𐤉𐤄𐤅𐤄 के मन्दिर में एक पत्थर दूसरे पर रखा गया था,
16 उन दिनों से - कोई बीस के ढेर पर आता था, और वहां
केवल दस थे; कोई पचास निकालने दाखमधु की कोठी पर
आता था, और वहाँ केवल बीस थे – 17 'मैंने तुम्हें धूप और
फफूँद और ओलों से तुम्हारे सब कामों में मारा, फिर भी तुममें
से कोई मेरे पास नहीं आया,' 𐤉𐤄𐤅𐤄 की यह वाणी है।
18 'अब इस दिन से आगे विचार करो, नौवें महीने की
चौबीसवीं तारीख़ से, जिस दिन 𐤉𐤄𐤅𐤄 के मन्दिर की नींव
रखी गई थी, उस दिन से विचार करो: 19 'क्या बीज अब तक
भंडारगृह में है? और अब तक दाखलता, अंजीर का पेड़,
अनार और जैतून का पेड़ फल नहीं दे पाए हैं! इस दिन से मैं
तुम्हें आशीर्वाद दूँगा!' " 20 और दूसरी बार 𐤉𐤄𐤅𐤄 का वचन

हग्गै के पास महीने की चौबीसवीं तारीख़ को आया, यह कहते
हुए, 21 “यहूदा के राज्यपाल जरुब्बाबेल से कहो, ‘मैं आकाश
और पृथ्वी को हिला दूँगा। 22 ‘और मैं राज्यों के सिंहासन को
उलट दूँगा। और मैं जातियों के राज्यों की शक्ति को नष्ट
कर दूँगा, और रथों और उनके सवारों को उलट दूँगा। और
घोड़े और उनके सवार गिर जाएँगे, हर एक अपने भाई की
तलवार से। 23 ‘उस दिन,’ सेनाओं के 𐤉𐤄𐤅𐤄 की यह वाणी
है, ‘मैं तुझे लूँगा, हे मेरे दास जरुब्बाबेल, शालतीएल के पुत्र,’
𐤉𐤄𐤅𐤄 की यह वाणी है, ‘और तुझे अपनी मुद्रिका के समान
बनाऊँगा, क्योंकि मैंने तुझे चुन लिया है,’ सेनाओं के 𐤉𐤄𐤅𐤄
की यह वाणी है।”

जकर्याह

हिंदी संस्करण

जकर्याह

1 1 दायविश के दूसरे वर्ष के आठवें महीने में, 𐤉𐤄𐤅𐤄 का
वचन बरक्याह के पुत्र और इद्दो के पौत्र नबी ज़कर्याह के
पास आया, यह कहते हुए — 2 “तुम्हारे पिताओं पर 𐤉𐤄𐤅𐤄
अत्यंत क्रोधित हुआ था। 3 “इसलिए तुम उनसे कहो, ‘इस
प्रकार सेनाओं के 𐤉𐤄𐤅𐤄 ने कहा, “मेरी ओर लौट आओ,”
सेनाओं के 𐤉𐤄𐤅𐤄 की यह घोषणा है, “और मैं तुम्हारी ओर
लौट आऊँगा,” सेनाओं के 𐤉𐤄𐤅𐤄 की यह घोषणा है।”
4 “अपने पितरों के समान मत बनो, जिनसे पहले के नबियों ने
कहा, ‘सेनाओं के 𐤉𐤄𐤅𐤄 ने कहा, “अब अपनी बुरी चालों
और अपने बुरे कामों से फिर आओ।” ’ परन्तु उन्होंने न तो
मेरी सुनी और न ही मेरी ओर ध्यान दिया,” यह 𐤉𐤄𐤅𐤄 की
वाणी है। 5 “तुम्हारे पिता अब कहाँ हैं? और क्या नबी सदा
जीवित रहते हैं?” 6 “परन्तु मेरे वचन और मेरे विधि-विधान,
जिन्हें मैंने अपने दास नबियों को आज्ञा दी थी, क्या उन्होंने
तुम्हारे पितरों को नहीं पकड़ लिया?” तब वे लौट आए और
बोले, ‘जैसा सेनाओं के 𐤉𐤄𐤅𐤄 ने हमारे चाल-चलन और
हमारे कर्मों के अनुसार करने की ठानी थी, वैसा ही उसने
हमारे साथ किया।’ ” 7 दायविश के दूसरे वर्ष के ग्यारहवें
महीने, जो शेबत महीना है, की चौबीसवीं तारीख़ को, 𐤉𐤄𐤅𐤄
का वचन ज़कर्याह, बरक्याह के पुत्र, इद्दो के पौत्र नबी के पास
आया, यह कहते हुए — 8 “मैंने रात में देखा, और देखो —
एक व्यक्ति लाल घोड़े पर सवार था, और वह घने वृक्षों के
बीच में खड़ा था; और उसके पीछे लाल, चितकबरे, और
श्वेत घोड़े थे।” 9 तब मैंने कहा, “हे मेरे स्वामी, ये क्या हैं?”
और वह दूत जो मुझसे बोलता था, उसने कहा, “मैं तुझे
दिखाऊँगा कि ये क्या हैं।” 10 और वह व्यक्ति जो वृक्षों के
बीच खड़ा था, उसने उत्तर दिया, “ये वे हैं जिन्हें 𐤉𐤄𐤅𐤄 ने
पृथ्वी पर विचरण करने के लिए भेजा है।” 11 तब उन्होंने
𐤉𐤄𐤅𐤄 के दूत को, जो वृक्षों के बीच खड़ा था, उत्तर दिया,
“हमने सारी पृथ्वी पर भ्रमण किया, और देखो — सारी पृथ्वी
शांति और विश्राम में है।” 12 तब 𐤉𐤄𐤅𐤄 के दूत ने कहा,
“हे सेनाओं के 𐤉𐤄𐤅𐤄, तू यरूशलेम और यहूदा के नगरों
पर कितने समय तक दया नहीं करेगा, जिन पर तू सत्तर वर्षों
से क्रोधित रहा है?” 13 तब 𐤉𐤄𐤅𐤄 ने उस दूत को, जो
मुझसे बोल रहा था, भले और सांत्वनादायक वचन कहे।
14 और वह दूत जो मुझसे बोलता था, उसने कहा, “प्रचार
कर, और कह, ‘सेनाओं के 𐤉𐤄𐤅𐤄 ने कहा है, “मैं
यरूशलेम और सिय्योन के लिए बड़ी जलन के साथ जलता
हूँ।” 15 “और मैं उन राष्ट्रों से अत्यंत क्रोधित हूँ जो निश्चिंत
हैं; क्योंकि जब मैं थोड़ा क्रोधित हुआ, तब उन्होंने उस बुराई
को बढ़ाया।” 16 ‘इसलिए सेनाओं के 𐤉𐤄𐤅𐤄 ने कहा है, “मैं
दया के साथ यरूशलेम को लौटूँगा; और मेरा घर उसमें
बनाया जाएगा,” सेनाओं के 𐤉𐤄𐤅𐤄 की यह घोषणा है, “और
यरूशलेम पर नापने की डोरी खींची जाएगी।” ’ 17 “फिर
प्रचार कर, और कह, ‘सेनाओं के 𐤉𐤄𐤅𐤄 ने कहा, “फिर से
मेरे नगर भलाई से भरपूर होंगे; और 𐤉𐤄𐤅𐤄 फिर सिय्योन
को सांत्वना देगा, और फिर यरूशलेम को चुनेगा।” ’ ”
18 फिर मैंने अपनी आँखें उठाईं और देखा, और देखो —
चार सींग थे। 19 तब मैंने उस दूत से कहा जो मुझसे बोल
रहा था, “ये क्या हैं?” और उसने कहा, “ये वे सींग हैं जिन्होंने
यहूदा, इस्राएल और यरूशलेम को तितर-बितर किया।”
20 तब 𐤉𐤄𐤅𐤄 ने मुझे चार कारीगर दिखाए। 21 तब मैंने
कहा, “ये क्या करने आए हैं?” और उसने कहा, “ये वे सींग है
जिन्होंने यहूदा को तितर-बितर किया, ताकि कोई अपना सिर
न उठा सके; परन्तु ये उन्हें डराने आए हैं, उन जातियों के
सींगों को गिराने के लिए जिन्होंने यहूदा की भूमि के विरुद्ध
अपने सींग उठाए ताकि उसे तितर-बितर कर सकें।”

2 1 तब मैंने अपनी आँखें उठाईं और देखा, और देखो —
एक व्यक्ति के हाथ में नापने की डोरी थी। 2 तब मैंने
कहा, “तू कहाँ जा रहा है?” उसने मुझसे कहा, “यरूशलेम
को नापने के लिए, यह देखने कि उसकी चौड़ाई और लंबाई
कितनी है।” 3 और देखो, वह दूत जो मुझसे बात कर रहा
था, निकल गया, और दूसरा दूत उससे मिलने के लिए बाहर
आया। 4 और उसने उससे कहा, “दौड़, उस जवान से कह,
‘यरूशलेम बिना दीवारों का नगर रहेगा, क्योंकि उसमें बहुत
से मनुष्य और पशुधन होंगे।’” 5 ‘क्योंकि मैं स्वयं उसके
चारों ओर अग्नि की दीवार होऊँगा,’ 𐤉𐤄𐤅𐤄 की यह घोषणा
है, ‘और मैं उसके बीच अपनी महिमा के साथ निवास
करूँगा।’ ” 6 “हाय, हाय! उत्तर देश की भूमि से भागो,”
𐤉𐤄𐤅𐤄 की यह वाणी है, “क्योंकि मैंने तुम्हें स्वर्ग की चारों
दिशाओं में बिखेर दिया है,” यह 𐤉𐤄𐤅𐤄 की घोषणा है। 7 “हे
सिय्योन, भाग जा — तू जो बाबेल की बेटी के साथ बसती
है।” 8 क्योंकि सेनाओं के 𐤉𐤄𐤅𐤄 ने यूँ कहा है — अपनी
महिमा के लिए उसने मुझे उन राष्ट्रों के पास भेजा है जिन्होंने
तुम्हें लूटा: “क्योंकि जो तुझ को छूता है, वह मेरी आँख की
पुतली को छूता है।” 9 “क्योंकि देखो, मैं उन पर अपना हाथ
हिलाऊँगा, और वे अपने दासों के लिए लूट बन जाएँगे; और
तब तुम जानोगे कि सेनाओं के 𐤉𐤄𐤅𐤄 ने मुझे भेजा है।”
10 “गाओ और आनन्द करो, हे सिय्योन की बेटी! क्योंकि
देखो, मैं आ रहा हूँ और तेरे बीच निवास करूँगा,” यह
𐤉𐤄𐤅𐤄 की घोषणा है। 11 “और उस दिन बहुत सी जातियां
𐤉𐤄𐤅𐤄 से जुड़ जाएँगी, और वे मेरी प्रजा बनेंगी; और मैं तेरे
बीच निवास करूँगा; और तू जान लेगी कि सेनाओं के
𐤉𐤄𐤅𐤄 ने मुझे तेरे पास भेजा है।” 12 “और 𐤉𐤄𐤅𐤄 यहूदा
को अपनी पवित्र भूमि में अपने भाग के रूप में प्राप्त करेगा,
और फिर यरूशलेम को चुनेगा।” 13 “सब प्राणी 𐤉𐤄𐤅𐤄 के
सामने मौन रहें, क्योंकि वह अपने पवित्र निवास से उठ खड़ा
हुआ है!”

3 1और उसने मुझे यहोशू महान् याजक को 𐤉𐤄𐤅𐤄 के
दूत के सामने खड़ा दिखाया, और शैतान को उसके
दाहिने हाथ पर खड़ा देखा ताकि वह उसका विरोधी बने।
2और 𐤉𐤄𐤅𐤄 ने शैतान से कहा, "𐤉𐤄𐤅𐤄 तुझे डाँटे, हे
शैतान! वह 𐤉𐤄𐤅𐤄 जिसने यरूशलेम को चुना है, तुझे डाँटे!
क्या यह आग से निकाली गई जलती हुई लकड़ी नहीं है?"
3और यहोशू मैले वस्त्र पहने हुए था, और वह दूत के सामने
खड़ा था। 4और उसने उन लोगों से कहा जो उसके सामने
खड़े थे, "इन मैले वस्त्रों को उससे उतारो।" और उससे
कहा, "देख, मैंने तेरा अधर्म तुझसे दूर किया है, और तुझे
शोभायुक्त वस्त्र पहनाऊँगा।" 5तब मैंने कहा, "उसके सिर
पर स्वच्छ पगड़ी रखो।" तब उन्होंने उसके सिर पर स्वच्छ
पगड़ी रखी, और उसे वस्त्र पहनाए। और 𐤉𐤄𐤅𐤄 का दूत
पास खड़ा रहा। 6और 𐤉𐤄𐤅𐤄 का दूत यहोशू से कहता
हुआ गवाही देता रहा — 7"सेनाओं के 𐤉𐤄𐤅𐤄 ने कहा,
'यदि तू मेरी चाल में चलेगा और यदि तू मेरी आज्ञा को
मानेगा, तो तू मेरे घर का न्यायी होगा, और मेरे आँगनों की भी
रक्षा करेगा; और मैं तुझे इन खड़े लोगों के बीच आने-जाने
की अनुमति दूँगा। 8'अब सुन, हे यहोशू महान् याजक, तू
और तेरे साथी जो तेरे सामने बैठते हैं — क्योंकि वे एक चिन्ह
के पुरुष हैं — देख, मैं अपने दास शाखा को ले आ रहा हूँ।
9'देख, वह पत्थर जो मैंने यहोशू के सामने रखा है — उस
एक पत्थर पर सात आँखें हैं; देख, मैं उस पर नक़्क़ाशी कर
रहा हूँ,' सेनाओं के 𐤉𐤄𐤅𐤄 की यह घोषणा है, 'और मैं उस
देश का अधर्म एक ही दिन में दूर कर दूँगा।' 10'उस दिन,'
सेनाओं के 𐤉𐤄𐤅𐤄 की यह घोषणा है, 'तुम एक दूसरे को
दाखलता और अंजीर के पेड़ के नीचे बुलाओगे।' "

4 1और वह दूत जो मुझसे बोलता था, फिर लौटा और मुझे
जगाया, जैसे कोई मनुष्य नींद से जाग उठता है। 2और
उसने मुझसे कहा, "तू क्या देखता है?" तब मैंने कहा, "मैं
देखता हूँ — एक सोने का दीवट है, जिसके ऊपर एक
कटोरा है, और उस पर सात दीपक हैं, और उन सात दीपकों
के लिए सात नलिकाएँ हैं।" 3"और उसके पास दो जैतून के
वृक्ष हैं — एक कटोरे के दाहिने और दूसरा उसके बाएँ।"
4तब मैंने उस दूत से कहा जो मुझसे बोल रहा था, "हे मेरे
स्वामी, ये क्या हैं?" 5तब उस दूत ने जो मुझसे बोलता था
उत्तर दिया, "क्या तू नहीं जानता कि ये क्या हैं?" मैंने कहा,
"नहीं, हे मेरे स्वामी।" 6तब उसने मुझसे कहा, "यह
𐤉𐤄𐤅𐤄 का वचन जरुब्बाबेल के लिए है — 'न तो सामर्थ्य
से, न बल से, परन्तु मेरे आत्मा से,' सेनाओं के 𐤉𐤄𐤅𐤄 की
यह घोषणा है।" 7'हे महान् पर्वत, तू कौन है? जरुब्बाबेल के
सामने तू मैदान बन जाएगा; और वह शीर्ष पत्थर को बाहर
लाएगा, लोगों के चिल्लाने के साथ, "अनुग्रह, अनुग्रह उस पर
हो!" ' " 8फिर 𐤉𐤄𐤅𐤄 का वचन मेरे पास आया, यह कहते
हुए — 9"जरुब्बाबेल के हाथों ने इस भवन की नींव डाली है,
और उसके ही हाथ उसे पूरा करेंगे; और तू जान लेगा कि
सेनाओं के 𐤉𐤄𐤅𐤄 ने मुझे तेरे पास भेजा है।" 10"क्योंकि
किसने छोटे आरंभ के दिन को तुच्छ जाना? वे आनन्द करेंगे
जब वे जरुब्बाबेल के हाथ में नापने की डोरी देखेंगे। ये सात
𐤉𐤄𐤅𐤄 की आँखें हैं, जो सारी पृथ्वी पर ध्यान से देखते
हैं।" 11तब मैंने उससे पूछा, "ये दो जैतून के वृक्ष क्या हैं,
एक दीवट के दाहिने और दूसरा उसके बाएँ?" 12और मैंने
दूसरी बार पूछा, "ये दो जैतून की शाखाएँ क्या हैं, जो अपने
से सुनहरा तेल दो सुनहरी नलिकाओं के द्वारा उँडेलती हैं?"
13तब उसने मुझसे कहा, "क्या तू नहीं जानता कि ये क्या
हैं?" मैंने कहा, "नहीं, हे मेरे स्वामी।" 14तब उसने कहा, "ये
दो अभिषिक्त जन हैं, जो सारी पृथ्वी के प्रभु के पास खड़े
हैं।"

5 1तब मैंने अपनी आँखें फिर उठाईं, और देखा — एक
उड़ता हुआ पत्र था। 2और उसने मुझसे कहा, "तू क्या
देखता है?" मैंने उत्तर दिया, "मैं एक उड़ता हुआ पत्र देखता
हूँ, जिसकी लंबाई बीस अम्मा और चौड़ाई दस अम्मा है।"
3तब उसने मुझसे कहा, "यह वह शाप है जो सारी पृथ्वी पर
फैल रहा है; एक ओर यह लिखा है कि 'हर एक जो चोरी
करता है, वह नाश किया जाएगा,' और दूसरी ओर यह लिखा
है कि 'हर एक जो झूठी शपथ खाता है, वह नाश किया
जाएगा।' " 4"मैं इसे भेजूँगा," सेनाओं के 𐤉𐤄𐤅𐤄 की यह
घोषणा है, "और यह चोर के घर में और उस व्यक्ति के घर में
प्रवेश करेगा जो मेरे नाम से झूठी शपथ खाता है; और यह
उसके घर के बीच में ठहर जाएगा और उसके लकड़ी-पत्थर
दोनों को नष्ट कर देगा।" 5तब वह दूत जो मुझसे बोलता था
बाहर आया और मुझसे कहा, "अब अपनी आँखें उठाकर
देख, यह क्या है जो निकल रहा है।" 6और मैंने पूछा, "यह
क्या है?" उसने कहा, "यह एक एफा-माप है जो निकल रहा
है।" फिर उसने कहा, "यह उनका रूप है जो सारी पृथ्वी पर
हैं।" 7"और देखो, एक सीसे का ढक्कन उठाया गया, और
देखो — उस एफा-माप के भीतर एक स्त्री बैठी है।" 8तब
उसने कहा, "यह दुष्टता है!" और उसने उसे एफा-माप के
भीतर डाल दिया और उसके मुँह पर सीसे का बोझ रख
दिया। 9तब मैंने अपनी आँखें उठाईं और देखा — और
देखो, दो स्त्रियाँ थीं जिनके पंखों में हवा थी; और उनके पंख
सारस के पंखों के समान थे; और उन्होंने उस एफा-माप को
पृथ्वी और स्वर्ग के बीच उठा लिया। 10तब मैंने उस दूत से,
जो मुझसे बोल रहा था, पूछा, "वे उस एफा-माप को कहाँ ले
जा रही हैं?" 11और उसने मुझसे कहा, "शिनआर देश में
उसके लिए एक घर बनाने के लिए; और जब वह तैयार हो
जाएगा, तब उसे उसके स्थान पर स्थिर किया जाएगा।"

6 1फिर मैंने अपनी आँखें उठाईं और देखा — और देखो,
चार रथ दो पहाड़ों के बीच से निकल रहे थे, और वे
पहाड़ पीतल के पहाड़ थे। 2पहले रथ में लाल घोड़े थे, दूसरे
रथ में काले घोड़े, 3तीसरे रथ में श्वेत घोड़े, और चौथे रथ
में चितकबरे मजबूत घोड़े थे। 4तब मैंने उस दूत से पूछा जो
मुझसे बोल रहा था, "हे मेरे स्वामी, ये क्या हैं?" 5और दूत ने
उत्तर दिया और मुझसे कहा, "ये स्वर्ग की चार आत्माएँ हैं,
जो सारी पृथ्वी के प्रभु के सामने से निकलती हैं।" 6"काले
घोड़ेवाला उत्तर देश की ओर जा रहा है, और श्वेत घोड़े
उसके पीछे निकले हैं, और चितकबरे घोड़े दक्षिण देश की
ओर जा रहे हैं।" 7और बलशाली घोड़े पृथ्वी पर घूमने को
उत्सुक होकर निकल पड़े; और उसने कहा, "जाओ, पृथ्वी
पर घूमो।" तब वे पृथ्वी पर घूमते रहे। 8तब उसने मुझसे

पुकारकर कहा, “देख, जो उत्तर देश की ओर गए हैं, उन्होंने
उत्तर देश में मेरे आत्मा को विश्राम दिया है।” 9 फिर
𐤉𐤄𐤅𐤄 का वचन मेरे पास आया, यह कहते हुए —
10 “निर्वासितों से चाँदी और सोना ले — हेलेदाई, तोबिय्याह,
और यदयाह से, जो बाबेल से आए हैं; और उसी दिन तू
यशिय्याह पुत्र सपन्याह के घर में जा।” 11 “और उस चाँदी
और सोने से एक मुकुट बना, और उसे यहोशू पुत्र
यहोसादाक, महान् याजक के सिर पर रख।” 12 “और
उससे कह, ‘सेनाओं के 𐤉𐤄𐤅𐤄 ने कहा, देख, वह पुरुष
जिसका नाम शाखा है! और अपने स्थान से वह बढ़ेगा, और
𐤉𐤄𐤅𐤄 के मन्दिर का निर्माण करेगा।’ 13 “वही 𐤉𐤄𐤅𐤄 के
मन्दिर का निर्माण करेगा; वही महिमा को धारण करेगा; और
वह अपने सिंहासन पर बैठेगा और राज्य करेगा; और वह
अपने सिंहासन पर याजक भी होगा, और उनके बीच मेल की
युक्ति होगी।” 14 “और वह मुकुट 𐤉𐤄𐤅𐤄 के मन्दिर में
हेलेम, तोबिय्याह, यदयाह, और हेन पुत्र सपन्याह की स्मृति
के लिए रहेगा।” 15 “और जो दूर हैं वे आकर 𐤉𐤄𐤅𐤄 के
मन्दिर का निर्माण करेंगे; और तू जान लेगा कि सेनाओं के
𐤉𐤄𐤅𐤄 ने मुझे तेरे पास भेजा है; और ऐसा तब होगा जब तू
अपने परमेश्वर 𐤉𐤄𐤅𐤄 की वाणी को पूरी निष्ठा से
मानेगा।”

7 1 और दारयावेश राजा के चौथे वर्ष में ऐसा हुआ कि
𐤉𐤄𐤅𐤄 का वचन जकर्याह के पास आया, नौवें महीने
किसलेव की चौथी तारीख को। 2 अब बेत-एल ने शार-एत्सेर
और रगेम-मेलेक को अपने लोगों सहित भेजा, ताकि वे
𐤉𐤄𐤅𐤄 के सामने विनती करें। 3 उन्होंने सेनाओं के
𐤉𐤄𐤅𐤄 के भवन के याजकों और नबियों से कहा, “क्या मैं
पाँचवें महीने में रोऊँ और उपवास रखूँ जैसा मैंने इतने वर्षों से
किया है?” 4 तब सेनाओं के 𐤉𐤄𐤅𐤄 का वचन मुझ पर
उतरा, यह कहते हुए — 5 “सारी देश-प्रजा और याजकों से
कह, ‘जब तुमने इन सत्तर वर्षों में पाँचवें और सातवें महीने में
उपवास और विलाप किया, क्या तुमने सचमुच मेरे लिए
उपवास किया — मेरे लिए?’ ” 6 ‘और जब तुम खाते और
पीते थे, क्या तुम खानेवालों और पीनेवालों के लिए नहीं खाते-
पीते थे?’ 7 ‘क्या ये वही वचन नहीं हैं जो 𐤉𐤄𐤅𐤄 ने पहले
नबियों के द्वारा कहे थे, जब यरूशलेम और उसके चारों ओर
के नगर बसे हुए और सुख से थे, और दक्षिण और नीचला
देश भी बसा हुआ था?’ ” 8 फिर 𐤉𐤄𐤅𐤄 का वचन जकर्याह
के पास आया, यह कहते हुए — 9 “सेनाओं के 𐤉𐤄𐤅𐤄 ने
कहा, ‘सच्चा न्याय करो, और हर एक अपने भाई के प्रति
दया और करुणा दिखाओ। 10 “विधवा, अनाथ, परदेशी, या
दरिद्र को न दबाओ; और अपने अपने मन में एक दूसरे के
विरुद्ध बुराई की युक्ति न करो।’ 11 “परन्तु उन्होंने सुनने से
इन्कार किया, अपने कंधे झटक-दिए, और अपने कानों को
बन्द कर लिया ताकि वे न सुनें।” 12 “उन्होंने अपने हृदय को
पत्थर के समान कठोर बना लिया, ताकि वे व्यवस्था और वे
वचन न सुनें जो सेनाओं के 𐤉𐤄𐤅𐤄 ने अपने आत्मा द्वारा
पहले नबियों के माध्यम से भेजे थे; इस कारण सेनाओं के
𐤉𐤄𐤅𐤄 से बड़ा क्रोध भड़क उठा।” 13 “और ऐसा हुआ —
जैसे जब उसने बुलाया तो उन्होंने नहीं सुना, वैसे ही जब वे
पुकारेंगे, मैं भी नहीं सुनूँगा,” सेनाओं के 𐤉𐤄𐤅𐤄 ने कहा।
14 “और मैंने उन्हें उन जातियों में आँधी के समान बिखेर
दिया जिन्हें वे नहीं जानते थे; और उनके पीछे भूमि उजाड़
कर दी गई, न कोई उस पर से होकर गया, न लौटा; क्योंकि
उन्होंने मनोहर देश को उजाड़ बना दिया।”

8 1 और सेनाओं के 𐤉𐤄𐤅𐤄 का वचन आया, यह कहते
हुए — 2 “सेनाओं के 𐤉𐤄𐤅𐤄 ने कहा, ‘मैं सिय्योन के
लिये बड़ी जलन से जलूंगा, और बड़ी क्रोध के साथ मैं उसके
लिये ईर्ष्या करूंगा।’ ” 3 “सेनाओं के 𐤉𐤄𐤅𐤄 ने कहा, ‘मैं
सिय्योन में लौटूंगा और यरूशलेम के बीच में वास करूंगा;
और यरूशलेम सत्य का नगर कहलाएगा, और सेनाओं के
𐤉𐤄𐤅𐤄 का पर्वत, पवित्र पर्वत कहलाएगा।’ ” 4 “सेनाओं के
𐤉𐤄𐤅𐤄 ने कहा, ‘फिर यरूशलेम की गलियों में बूढ़े पुरुष
और बूढ़ी स्त्रियाँ बैठी होंगी, हर एक अपने हाथ में लाठी लिये
हुए, क्योंकि वह बहुत वृद्ध होगा।’ 5 ‘और नगर की गलियां
लड़कों और लड़कियों से भर जाएँगी, जो उसकी गलियों में
खेलेंगे।’ 6 “सेनाओं के 𐤉𐤄𐤅𐤄 ने कहा, ‘यदि यह बात इस
समय इन लोगों के बचे हुओं की दृष्टि में अद्भुत है, तो क्या
यह मेरी दृष्टि में भी अद्भुत होगी?’ सेनाओं के 𐤉𐤄𐤅𐤄 की
यह घोषणा है।” 7 “सेनाओं के 𐤉𐤄𐤅𐤄 ने कहा, ‘देखो, मैं
अपने लोगों को उदय होते सूर्य के देश और अस्त होते सूर्य
के देश से छुड़ाऊँगा।’ 8 ‘और मैं उन्हें लौटा लाऊँगा, और वे
यरूशलेम के बीच में वास करेंगे; और वे मेरे लोग होंगे, और
मैं उनका ईश्वर ठहरूँगा, सत्य और धर्म में।’ 9 “सेनाओं के
𐤉𐤄𐤅𐤄 ने कहा, ‘तुम्हारे हाथ दृढ़ हों, हे तुम जो इन दिनों
इन वचनों को नबियों के मुख से सुन रहे हो, उस दिन से जब
सेनाओं के 𐤉𐤄𐤅𐤄 के भवन की नींव डाली गई, ताकि मन्दिर
फिर बनाया जाए।’ 10 ‘क्योंकि उन दिनों से पहले न तो
मनुष्य के लिये मज़दूरी थी, न ही पशु के लिये कोई किराया
था; और बाहर जाने या भीतर आनेवाले के लिये शान्ति नहीं
थी, क्योंकि शत्रु के कारण संकट था; और मैंने सब मनुष्यों
को एक दूसरे के विरुद्ध कर दिया।’ 11 ‘परन्तु अब मैं इस
लोगों के बचे हुओं के लिये उन पहले दिनों के समान नहीं हूँ,’
सेनाओं के 𐤉𐤄𐤅𐤄 की यह घोषणा है।” 12 ‘क्योंकि शान्ति
के बीज बोए जाएँगे; दाखलता अपना फल देगी, भूमि अपनी
उपज देगी, और आकाश अपनी ओस देगा; और मैं इस लोगों
के बचे हुओं को ये सब वस्तुएँ उत्तराधिकार में दूँगा।’
13 ‘और जैसे तुम जातियों में शाप के विषय हुए थे, हे यहूदा
के घराने और इस्राएल के घराने, वैसे ही अब मैं तुम्हें
बचाऊँगा, और तुम आशीष ठहरोगे; मत डरो, तुम्हारे हाथ
दृढ़ हों।’ 14 “क्योंकि सेनाओं के 𐤉𐤄𐤅𐤄 ने कहा, ‘जैसे मैंने
निश्चय किया था कि तुम्हारे पितरों के मुझे क्रोधित करने पर
तुम्हारे लिये बुराई करूँगा,’ सेनाओं के 𐤉𐤄𐤅𐤄 की यह
घोषणा है, ‘और मैं पछताया नहीं।’ 15 ‘वैसे ही अब इन दिनों
में मैंने यरूशलेम और यहूदा के घराने के लिये भलाई करने
का निश्चय किया है; मत डरो।’ 16 ‘ये वे बातें हैं जो तुम
करना — एक दूसरे के साथ सत्य बोलो; अपने फाटकों में
शान्ति के लिये सत्य और न्याय का निर्णय करो।’ 17 ‘और
अपने हृदय में एक दूसरे के विरुद्ध बुराई की युक्ति न करो,
और झूठी शपथ को प्रेम न करो; क्योंकि इन सब बातों से मैं
घृणा करता हूँ,’ सेनाओं के 𐤉𐤄𐤅𐤄 की यह घोषणा है।”
18 फिर सेनाओं के 𐤉𐤄𐤅𐤄 का वचन मुझ पर उतरा, यह

कहते हुए — 19 “सेनाओं के 𐤉𐤄𐤅𐤄 ने कहा, ‘चौथे महीने
का उपवास, और पाँचवें का, और सातवें का, और दसवें का,
यहूदा के घराने के लिये आनन्द, हर्ष, और प्रसन्न नियत समय
होंगे; इसलिये वे सत्य और शान्ति से प्रेम करें।’ ”
20 “सेनाओं के 𐤉𐤄𐤅𐤄 ने कहा, ‘अब भी लोग आएँगे, और
बहुत नगरों के निवासी भी।’ 21 ‘और एक नगर के निवासी
दूसरे से कहेंगे, “आओ, हम जाकर 𐤉𐤄𐤅𐤄 के सामने
विनती करें, और सेनाओं के 𐤉𐤄𐤅𐤄 को खोजें; मैं भी
जाऊँगा।” ’ 22 ‘और बहुत सी जातियाँ और बलवान राष्ट्र
यरूशलेम में सेनाओं के 𐤉𐤄𐤅𐤄 को खोजने और 𐤉𐤄𐤅𐤄
के सामने विनती करने आएँगे।’ 23 “सेनाओं के 𐤉𐤄𐤅𐤄 ने
कहा, ‘उन दिनों में सब राष्ट्रों की भाषाओं में से दस पुरुष एक
यहूदी पुरुष के वस्त्र के किनारे को पकड़कर कहेंगे, “हम
तुम्हारे साथ जाएँगे, क्योंकि हमने सुना है कि ईश्वर तुम्हारे
साथ है।” ’ ”

9 1 𐤉𐤄𐤅𐤄 का वचन हद्रक देश के विरुद्ध और दमिश्क
पर उतरने वाला यह संदेश है — जब मनुष्य की आँखें
और इस्राएल की सब जातियाँ 𐤉𐤄𐤅𐤄 की ओर लगी होंगी।
2 और हमात भी उसकी सीमा से लगी है; और सूर और
सिदोन, चाहे वे अत्यन्त बुद्धिमान ही क्यों न हों। 3 क्योंकि सूर
ने अपने लिये एक गढ़ बनाया, और चाँदी को धूल के समान
और सोने को सड़कों की कीचड़ के समान इकट्ठा किया।
4 देखो, 𐤉𐤄𐤅𐤄 उसे छीन लेगा, और वह उसकी शक्ति को
समुद्र में नष्ट करेगा, और वह आग से भस्म हो जाएगी।
5 अश्केलोन यह देखेगा और भयभीत होगा; अज़्ज़ा भी
अत्यन्त पीड़ा से मरोड़े खाएगा; और एक्रोन क्योंकि उसकी
आशा टूट गई है; और अज़्ज़ा से राजा नाश किया जाएगा,
और अश्केलोन अब न बसेगा। 6 “और अश्दोद में एक
परदेसी बसेगा, और मैं पलिश्तियों का घमण्ड काट डालूँगा।”
7 “और मैं उसके मुँह से उसका रक्त, और उसके दाँतों के
बीच से उसकी घृणित वस्तुएँ निकाल लूँगा; और वह भी हमारे
ईश्वर के लिये रह जाएगा; और वह यहूदा में एक प्रधान के
समान होगा, और एक्रोन यबूसी के समान होगा।” 8 “और मैं
अपने घर के चारों ओर डेरा डालूँगा, सेना के विरुद्ध, आने-
जानेवाले के विरुद्ध, ताकि कोई अत्याचारी फिर कभी उन पर
से न गुज़रे; क्योंकि अब मैं अपनी आँखों से देख चुका हूँ।”
9 “हे सिय्योन की पुत्री, बहुत आनन्द कर! हे यरूशलेम की
पुत्री, ऊँचे स्वर से जयजयकार कर! देख, तेरा राजा तेरे
पास आता है, वह धर्मी है और उद्धार से युक्त है, दीन और
गदहे पर सवार, हाँ, गदही के बच्चे पर।” 10 “और मैं इफ्रैम
से रथ, और यरूशलेम से घोड़ा नाश करूँगा, और युद्ध का
धनुष भी तोड़ दूँगा; और वह जातियों से मेल की बातें करेगा,
और उसका राज्य समुद्र से समुद्र तक, और नदी से पृथ्वी के
छोर तक होगा।” 11 “और तू भी, अपनी वाचा के लहू के
कारण, मैं तेरे बन्दियों को गढ़हीन कुंड से छुड़ाऊँगा।”
12 “हे आशा के बन्दियों, दुर्ग में लौट आओ; आज भी मैं यह
घोषित करता हूँ कि मैं तुझे दूना प्रतिफल दूँगा।” 13 “क्योंकि
मैं अपने लिये यहूदा को खींचूँगा, और इफ्रैम को धनुष में
भरूँगा, और हे सिय्योन, मैं तेरे पुत्रों को यूनान के पुत्रों के
विरुद्ध भड़काऊँगा, और तुझे वीर की तलवार के समान कर
दूँगा।” 14 और 𐤉𐤄𐤅𐤄 उनके लिये प्रकट होगा, और
उसका तीर बिजली के समान निकलेगा; और प्रभु 𐤉𐤄𐤅𐤄
नरसिंगा फूँकेगा, और दक्षिण दिशा की बवण्डरियों के साथ
चलेगा। 15 सेनाओं का 𐤉𐤄𐤅𐤄 उन्हें रक्षा देगा; और वे
खाएँगे, और गोफन के पत्थरों को रौंदेंगे; और वे पीएँगे और
ऐसा गरजेंगे जैसे दाखमधु पीकर; और वे कटोरे के समान
भर जाएँगे, और वे वेदी के कोनों के समान होंगे। 16 और उस
दिन 𐤉𐤄𐤅𐤄 उनका ईश्वर उन्हें अपने लोगों की भेड़ों के
समान बचाएगा; क्योंकि वे उसके देश पर चमकते हुए मुकुट
के रत्नों के समान होंगे। 17 क्योंकि उसका क्या भला और
उसकी क्या शोभा है! अन्न जवानों को उन्नति देगा, और नया
दाखमधु कन्याओं को।

10 1 बरसात के समय में 𐤉𐤄𐤅𐤄 से वर्षा माँगो —
𐤉𐤄𐤅𐤄 ही बिजली की चमकें बनाता है, और वह
उन्हें वर्षा की बौछारें देता है, और हर एक के लिये खेत की
हरी वनस्पतियाँ उत्पन्न करता है। 2 क्योंकि घर के मूर्तियां
मिथ्या बातें करती हैं, और भविष्यवक्ता झूठे दर्शन देखते हैं,
और झूठे स्वप्न सुनाते हैं; वे व्यर्थ दिलासा देते हैं; इसलिये वे
भेड़ों के समान भटक गए हैं; वे पीड़ित हैं, क्योंकि कोई
चरवाहा नहीं है। 3 “मेरा क्रोध चरवाहों पर भड़कता है, और
मैं अगुवों पर दण्ड ठहराता हूँ; क्योंकि सेनाओं का 𐤉𐤄𐤅𐤄
अपनी भेड़ों — यहूदा के घराने — को देखने आएगा, और
उन्हें अपने युद्ध के घोड़े के समान तेजस्वी बनाएगा।”
4 “उससे कोना पत्थर निकलेगा, उससे कील, उससे युद्ध का
धनुष, और उससे सब प्रधान एक साथ निकलेंगे।” 5 “और
वे युद्ध में सड़क के कीचड़ को रौंदने वाले वीर पुरुषों के
समान होंगे; और वे लड़ेंगे, क्योंकि 𐤉𐤄𐤅𐤄 उनके साथ है;
और घोड़ों पर सवार लज्जित होंगे।” 6 “और मैं यहूदा के
घराने को बल दूँगा, और यूसुफ के घराने को बचाऊँगा; और
उन्हें लौटा लाऊँगा, क्योंकि मैं उन पर दया करूँगा; और वे
ऐसे होंगे मानो मैंने उन्हें कभी नहीं तज दिया; क्योंकि मैं
𐤉𐤄𐤅𐤄 उनका ईश्वर हूँ, और मैं उनकी सुनूँगा।” 7 “और
इफ्रैम वीर पुरुष के समान होगा, और उनका हृदय दाखमधु
के समान आनन्दित होगा; और उनके पुत्र देखकर आनन्द
करेंगे, और उनका हृदय 𐤉𐤄𐤅𐤄 में मगन होगा।” 8 “मैं
उन्हें सीटी देकर बुलाऊँगा और इकट्ठा करूँगा, क्योंकि मैं
उन्हें छुड़ाऊँगा; और वे बढ़ेंगे जैसे वे पहले बढ़े थे।”
9 “यद्यपि मैं उन्हें राष्ट्रों में बो दूँगा, तो भी वे दूर देशों में मुझे
स्मरण करेंगे; और वे अपने बालकों सहित जीवित रहेंगे और
लौट आएँगे।” 10 “और मैं उन्हें मिस्र देश से लौटा लाऊँगा,
और अश्शूर से इकट्ठा करूँगा, और उन्हें गिलाद और
लबानोन देश में लाऊँगा, जब तक कि उनके लिये कोई स्थान
न बचे।” 11 “और वह संकट के समुद्र से होकर जाएगा,
और समुद्र की लहरों को मारेगा, और नदी की गहराइयाँ सूख
जाएँगी; और अश्शूर का घमण्ड नीचे किया जाएगा, और
मिस्र का राजदण्ड दूर किया जाएगा।” 12 “और मैं उन्हें
𐤉𐤄𐤅𐤄 में बल दूँगा, और वे उसके नाम में चलते फिरते
रहेंगे,” 𐤉𐤄𐤅𐤄 की यह घोषणा है।

11 1 खोलो अपने द्वार, हे लेबनान, और आग से तुम्हारे
देवदारों को खा जाने दो। 2 विस्मय कर, हे सरकश
वृक्ष, क्योंकि देवदार गिर गया है; क्योंकि बलिष्ठों की क्षति हुई

है। विलाप कर, हे बाशान के बरगदों, क्योंकि घना बन आया
घटित। 3 सुनो! चरवाहों का विलाप, क्योंकि उनकी महिमा
नष्ट हुई; सुनो! शेरों का गर्जन, क्योंकि यर्दन की आन-बान-
शान उजाड़ दी गई। 4 ऐसे कहा 𐤉𐤄𐤅𐤄 मेरे ईलोहेम ने,
“वह भेड़-बकरे चराओ जो वध के लिए रखे गए हैं, 5 जिनके
मालिक उन्हें मारते हैं और दोष नहीं समझते, और उनके
विक्रेता कहते हैं, ‘बरुख़ हो 𐤉𐤄𐤅𐤄, क्योंकि मैं धनवान हो
गया हूँ।’ और उनके अपने चरवाहे भी उनका दया नहीं
करते। 6 “क्योंकि मैं अब देश के निवासियों पर दया नहीं
करूँगा,” कहता है 𐤉𐤄𐤅𐤄। “पर देखो, मैं मनुष्यों को एक-
एक करके उनके पडोसी के हाथ में और उनके
राज्याधिकारियों के हाथ में सौंपता हूँ। और वे पृथ्वी को
कुचल डालेंगे, पर मैं उन्हें उनके हाथ से छुड़ाकर नहीं ले
जाऊँगा।” 7 तदुपरान्त मैंने वध के लिये रखे हुए झुंड की
भेड़ों की चरवाही की, सच्चे रूप से झुंड के गरीबों की। और
मैंने अपने लिये दो दंड लिये; एक का नाम मैंने ‘रूचिकरता’
रखा और दूसरे का नाम मैंने ‘एकता’ रखा, और मैंने झुंड
की चरवाही की। 8 फिर मैंने उन तीनों चरवाहों को एक महीने
में ही छोड़ दिया, क्योंकि मेरी आत्मा ने उन्हें तिरस्कृत किया,
और उनकी आत्माएँ भी मुझसे घृणा कर रही थीं। 9 सो मैंने
कहा, “मैं तुम्हारी चरवाही नहीं कर रहा। मरनेवालों को मरने
दो, भटके हुए को भटकने दो, और जो बचे उन्हें एक दूसरे
का मांस खाने दो।” 10 और मैंने अपना दण्ड ‘रूचिकरता’
लिया और उसे आधा काट डाला, कि मैं उस सन्धि को तोड़
दूँ जो मैंने सब जातियों के साथ की थी। 11 और वह उसी
दिन टूट गया। और झुंड के वे गरीब जो मुझे देख रहे थे,
जान गए कि यह 𐤉𐤄𐤅𐤄 का वचन था। 12 और मैंने उनसे
कहा, “यदि यह तुम्हारे नेत्र में अच्छा है तो मुझे मेरी मजदूरी
दो; और यदि नहीं तो रहो।” तो उन्होंने मेरे वेतन के लिये
मुझ पर तीर्थ किया तीस सिक्के। 13 और 𐤉𐤄𐤅𐤄 ने मुझ से
कहा, “इसे कुम्हार के पास फेंक दो।” — उस मनोहर मूल्य
को जिसके लिये मुझे उन्होंने जाना — और मैंने वह तीस
सिक्के लेकर 𐤉𐤄𐤅𐤄 के घर में कुम्हार के लिये फेंक दिए।
14 फिर मैंने अपना दूसरा दण्ड ‘एकता’ भी आधा काट दिया,
कि यह यहूदा और इस्राएल के बीच की भाईचारे को तोड़े।
15 और 𐤉𐤄𐤅𐤄 ने मुझ से कहा, “फिर मूर्ख चरवाहे के
उपकरण ले लो।” 16 “क्योंकि देखो, मैं देश में ऐसा चरवाहा
उत्थापित कर रहा हूँ जो भटके हुए को नहीं ढूँढेगा, न युवा को
खोजेगा, न टूटे हुए को चंगे करेगा, न खड़े हुए को
खिलायेगा; पर वह तैलीय का मांस खायेगा और उनके खुरों
को फाड़ डालेगा।” 17 “हे व्यर्थ चरवाहे पर दुःख हो जो झुंड
को त्याग देता है! उसके बांह पर तलवार हो और उसकी
दाहिनी आँख पर! उसकी बाँह सूख जायेगी और उसकी
दाहिनी आँख धुंधली हो जाएगी।”

12 1 प्रभु का वचन 𐤉𐤄𐤅𐤄 का संदेश यिस्राएल के
विरुद्ध। 𐤉𐤄𐤅𐤄, जो शमायिम को फैलाता है, और
पृथ्वी की नींव रखता है, और मनुष्य की आत्मा को उसके
भीतर बनाता है, यह घोषणा करता है, 2 “देखो, मैं यरुशलेम
को चारों ओर की सभी जातियों के लिए चक्कर लाने वाला
प्याला बना रहा हूँ, और यह यहूदा के विरुद्ध भी होगा, जब
यरुशलेम की घेराबंदी होगी। 3 “और उस दिन ऐसा होगा कि
मैं यरुशलेम को सब जातियों के लिए एक बहुत भारी पत्थर
बना दूँगा — जो कोई उसे उठाएगा, वह बुरी तरह घायल
होगा। और पृथ्वी की सब जातियाँ उसके विरुद्ध इकट्ठी
होंगी।” 4 “उस दिन,” 𐤉𐤄𐤅𐤄 घोषणा करता है, “मैं हर
घोड़े को घबराहट से और उसके सवार को पागलपन से
मारूँगा। और यहूदा के घर पर मैं अपनी आँखें खोलूँगा,
परंतु अन्य लोगों के हर घोड़े को मैं अंधा कर दूँगा।” 5 “और
यहूदा के प्रधान अपने हृदय में कहेंगे, ‘यरुशलेम के निवासी
मेरे लिए सामर्थ्य हैं, सेनाओं के 𐤉𐤄𐤅𐤄, उनके ईश्वर के
द्वारा।’” 6 “उस दिन मैं यहूदा के प्रधानों को लकड़ी के बीच
अग्नि-पात्र के समान और पूलों के बीच अग्नि की मशाल के
समान बना दूँगा। वे दाएँ-बाएँ चारों ओर की सभी जातियों को
भस्म कर देंगे। और यरुशलेम फिर अपने स्थान पर,
यरुशलेम में, फिर से बसी होगी।” 7 “और 𐤉𐤄𐤅𐤄 पहले
यहूदा के तंबुओं का उद्धार करेगा, ताकि दाऊद के घर का
वैभव और यरुशलेम के निवासियों का वैभव यहूदा से बढ न
जाए।” 8 “उस दिन 𐤉𐤄𐤅𐤄 यरुशलेम के निवासियों की
रक्षा करेगा। और उस दिन उनके बीच जो दुर्बल होगा, वह
दाऊद के समान होगा, और दाऊद का घर ईश्वर के समान
होगा, उनके आगे 𐤉𐤄𐤅𐤄 का दूत के समान।” 9 “और उस
दिन ऐसा होगा कि मैं उन सब जातियों को नाश करने की
चेष्टा करूँगा जो यरुशलेम के विरुद्ध आती हैं।” 10 “और मैं
दाऊद के घर और यरुशलेम के निवासियों पर कृपा और
प्रार्थना की आत्मा उंडेल दूँगा। और वे मुझ पर दृष्टि करेंगे,
जिसे उन्होंने बेधा है, और वे उसके लिए वैसे शोक करेंगे जैसे
कोई अपने एकलौते पुत्र के लिए करता है, और वे उसके लिए
वैसे विलाप करेंगे जैसे कोई अपने पहिलौठे के लिए करता
है।” 11 “उस दिन यरुशलेम में बड़ा विलाप होगा, जैसे
मेगिद्दोन की तराई में हादद रिमोन पर विलाप होता है।”
12 “और देश शोक करेगा, हर कुल अपने-अपने अनुसार;
दाऊद के घर का कुल अलग, और उनकी स्त्रियाँ अलग;
नातान के घर का कुल अलग, और उनकी स्त्रियाँ अलग;”
13 “लेवी के घर का कुल अलग, और उनकी स्त्रियाँ अलग;
शिमई के घर का कुल अलग, और उनकी स्त्रियाँ अलग;”
14 “बाकी सब कुल, हर कुल अपने-अपने अनुसार, और
उनकी स्त्रियाँ अलग-अलग।”

13 1 “उस दिन दाऊद के घर और यरुशलेम के
निवासियों के लिए पाप और अशुद्धि के लिए एक
फव्वारा खोला जाएगा।” 2 “और ऐसा होगा उस दिन,”
सेनाओं के 𐤉𐤄𐤅𐤄 घोषणा करते हैं, “कि मैं पृथ्वी से मूर्तियों
के नाम काट दूँगा, और उन्हें फिर याद न रखा जाएगा, और
मैं पृथ्वी से नबी और अस्वच्छ आत्मा को भी हटा दूँगा।”
3 “और जब कोई फिर नबी बोले, तब उसके मां-बाप जो उसे
उत्पन्न किए हैं उससे कहेंगे, ‘तुम जीवित न रहोगे, क्योंकि
तुमने 𐤉𐤄𐤅𐤄 के नाम में झूठ बोला है।’ और जो उसे उत्पन्न
किए हैं उसके पिता और माता उस समय जब वह नबी बोले
उसे भेद कर मार डालेंगे।” 4 “और उस दिन नबी अपने
दर्शन के लिए लज्जित होंगे, जब भी वह नबी बोलेगा, और
धोखा देने के लिए ऊनी चोगा नहीं पहनेंगे।” 5 “बल्कि वह
कहेगा, ‘मैं नबी नहीं हूँ, मैं एक किसान हूँ, क्योंकि मुझे मेरे
युवावस्था में एक व्यक्ति ने दास के रूप में बेचा था।’”
6 “और कोई उससे कहेगा, ‘तुम्हारे हाथों में ये घाव किसलिए

हैं?' और वह कहेगा, 'क्योंकि मुझे मेरे घर में उन लोगों ने
घायल किया जो मुझसे प्रेम करते हैं।'" 7 "हे तलवार, मेरी
रखवाले के विरुद्ध जागो, उस मनुष्य के विरुद्ध जो मेरा
सहचर है," सेनाओं के 𐤉𐤄𐤅𐤄 घोषणा करते हैं। "चरवाहे
को मारो, और भेड़ें तितर-बितर कर दो। पर मैं अपने हाथ
को छोटे लोगों पर फेर दूँगा।" 8 "और यह पूरे देश में होगा,"
𐤉𐤄𐤅𐤄 घोषणा करते हैं, "कि वहाँ उनके भीतर से दो-तिहाई
काट दिए जाएँगे और मर जाएँगे, और एक-तिहाई वहाँ
बचेगा।" 9 "और मैं उस एक-तिहाई को आग में लाऊँगा,
और उन्हें जैसे चाँदी को परखा जाता है वैसे परखूँगा, और
जैसा सोने को परखा जाता है वैसा आजमाऊँगा। वे मेरे नाम
को पुकारेंगे, और मैं उनकी आवाज़ सुनूँगा। मैं कहूँगा, 'ये
मेरे लोग हैं,' और वे कहेंगे, '𐤉𐤄𐤅𐤄 मेरा ईश्वर है।'"

14 1 देखो, 𐤉𐤄𐤅𐤄 के लिए एक दिन आने वाला है, जब
तुम्हारा लूटा हुआ माल तुम्हारे बीच बाँटा जाएगा।
2 और मैं सब जातियों को यरुशलेम के विरुद्ध युद्ध करने के
लिए इकट्ठा करूँगा। और नगर लिया जाएगा, घर लूटे
जाएँगे, और स्त्रियाँ अपमानित की जाएँगी। नगर का आधा
भाग बंधुआई में जाएगा, परन्तु शेष लोग नगर से काटे नहीं
जाएँगे। 3 और 𐤉𐤄𐤅𐤄 बाहर जाएगा और उन जातियों से
लड़ेगा, जैसे वह युद्ध के दिन लड़ा था। 4 और उस दिन
उसके पाँव जैतून के पहाड़ पर खड़े होंगे, जो यरुशलेम के
पूर्व में है। और जैतून का पहाड़ पूरब से पश्चिम तक बहुत
बड़ी घाटी के रूप में बीच में से फट जाएगा; पहाड़ का आधा
उत्तर की ओर और आधा दक्षिण की ओर हट जाएगा।
5 और तुम मेरी पर्वत की घाटी की ओर भागोगे — क्योंकि
पहाड़ों की घाटी आत्साल तक पहुँचेगी। और तुम वैसे ही
भागोगे जैसे यहूदा के राजा उज़िय्याह के दिनों में भूकंप से
भागे थे। और 𐤉𐤄𐤅𐤄 मेरा ईश्वर आएगा — और सब
पवित्र जन तुम्हारे साथ होंगे।" 6 "और उस दिन ऐसा होगा:
कोई प्रकाश नहीं होगा, सब कुछ अंधकारमय होगा।" 7 "और
वह एक ही दिन होगा, जो 𐤉𐤄𐤅𐤄 को ज्ञात है, न दिन होगा न
रात; पर संध्या समय प्रकाश होगा।" 8 "और उस दिन
जीवित जल यरुशलेम से बहेगा, उसका आधा भाग पूर्वी समुद्र
की ओर और आधा पश्चिमी समुद्र की ओर, ग्रीष्म और शीत
दोनों में।" 9 "और 𐤉𐤄𐤅𐤄 सारी पृथ्वी पर राजा होगा। उस
दिन एक ही 𐤉𐤄𐤅𐤄 होगा, और उसका नाम एक ही होगा।"

10 "सारी भूमि गिबा से लेकर रिम्मोन तक, जो यरुशलेम के
दक्षिण में है, मैदान बन जाएगी; और वह ऊँची होगी और
अपने स्थान पर बसी रहेगी, बिन्यामिन के फाटक से लेकर
प्रथम फाटक के स्थान और कोने के फाटक तक, और
हननेएल के गुम्बद से लेकर राजा के दाखमदिरों तक।"
11 "और वे उसमें बसेंगे, और फिर कभी पूर्ण विनाश न होगा;
परन्तु यरुशलेम सुरक्षित बसी रहेगी।" 12 "और यह वह
महामारी है जिससे 𐤉𐤄𐤅𐤄 उन सब लोगों को मारेगा जिन्होंने
यरुशलेम के विरुद्ध युद्ध किया: उनका मांस उनके पैरों पर
खड़े रहते हुए गल जाएगा, और उनकी आँखें उनके
नेत्रकोटरों में गल जाएँगी, और उनकी जीभ उनके मुँह में गल
जाएगी।" 13 "और उस दिन 𐤉𐤄𐤅𐤄 की ओर से उनमें बड़ी
भ्रम की दशा होगी; और हर एक व्यक्ति अपने पड़ोसी का हाथ
पकड़ लेगा, और उसका हाथ अपने पड़ोसी के हाथ के विरुद्ध
उठेगा।" 14 "और यहूदा भी यरुशलेम में लड़ेगा। और चारों
ओर की सब जातियों का धन इकट्ठा किया जाएगा — सोना,
चाँदी और वस्त्र बहुतायत में।" 15 "और यह विपत्ति घोड़े,
खच्चर, ऊँट, गधे और उन सब पशुओं पर भी पड़ेगी जो उन
शिविरों में हैं — यही महामारी होगी।" 16 "और ऐसा होगा कि
जो भी जातियों में से बचे रहेंगे जिन्होंने यरुशलेम के विरुद्ध
चढ़ाई की थी, वे वर्ष प्रति वर्ष राजा 𐤉𐤄𐤅𐤄 सेनाओं के प्रभु
की आराधना करने और सुक्कोत के पर्व को मनाने आएँगे।"
17 "और ऐसा होगा कि यदि पृथ्वी के किसी कुल का कोई
व्यक्ति राजा 𐤉𐤄𐤅𐤄 सेनाओं के प्रभु की आराधना करने के
लिए यरुशलेम न आए, तो उन पर वर्षा न होगी।" 18 "और
यदि मिस्र का कुल न आए और न प्रवेश करे, तो उन पर कोई
वर्षा न होगी। उन पर वह विपत्ति पड़ेगी जिससे 𐤉𐤄𐤅𐤄 उन
जातियों को मारता है जो सुक्कोत के पर्व को मनाने नहीं
आते।" 19 "यह मिस्र की सजा और उन सब जातियों की
सजा होगी जो सुक्कोत के पर्व को मनाने नहीं आते।"
20 "उस दिन घोड़ों की घंटियों पर '𐤉𐤄𐤅𐤄 के लिए पवित्र'
खुदा होगा। और 𐤉𐤄𐤅𐤄 के भवन के बर्तन वेदी के सामने
के कटोरों के समान होंगे।" 21 "और यरुशलेम और यहूदा
के हर बर्तन 𐤉𐤄𐤅𐤄 सेनाओं के प्रभु के लिए पवित्र होंगे।
और जो कोई बलिदान करेगा वह आएगा और उन्हें लेगा और
उनमें पकाएगा। और उस दिन 𐤉𐤄𐤅𐤄 सेनाओं के प्रभु के
भवन में कोई व्यापारी न रहेगा।"

मलाकी

हिंदी संस्करण

मलाकी

1 1 𐤉𐤄𐤅𐤄 के वचन का संदेश इस्राएल के लिए मलाकी
के द्वारा। 2 “मैंने तुमसे प्रेम किया है,” 𐤉𐤄𐤅𐤄 कहता
है। “परन्तु तुम पूछते हो, ‘आपने हमसे किस प्रकार प्रेम
किया?’ क्या एसाव याक़ोब का भाई नहीं था?” 𐤉𐤄𐤅𐤄 कहता
है, “फिर भी मैंने याक़ोब से प्रेम किया। 3 परन्तु मैंने एसाव से
बैर किया, और उसके पर्वतों और उसके निज भाग को जंगल
के सियारों के लिए उजाड़ डाला।” 4 यदि एदोम कहे, “हम
तो गिरा दिए गए हैं, फिर हम उजाड़े हुए स्थानों को बनाएँगे,”
तो 𐤉𐤄𐤅𐤄 सेनाओं का प्रभु यों कहता है, “वे बनाएँ, पर मैं
गिरा दूँगा। और लोग उन्हें ‘दुष्टता की सीमा’ कहेंगे, वह प्रजा
जिस पर 𐤉𐤄𐤅𐤄 सदा क्रोधित रहता है।” 5 और तुम्हारी
आँखें देखेंगी, और तुम कहोगे, ‘इस्राएल की सीमा से परे
𐤉𐤄𐤅𐤄 महान है!’ 6 “पुत्र अपने पिता का आदर करता है,
और दास अपने स्वामी का। यदि मैं पिता हूँ, तो मेरा आदर
कहाँ है? और यदि मैं प्रभु हूँ, तो मेरा भय कहाँ है?” 𐤉𐤄𐤅𐤄
सेनाओं का प्रभु तुम याजकों से कहता है, जो मेरे नाम का
तिरस्कार करते हो। परन्तु तुम पूछते हो, ‘हमने आपके नाम
का किस प्रकार तिरस्कार किया?’ 7 “तुम मेरे वेदी पर अशुद्ध
भोजन चढ़ाते हो। फिर तुम कहते हो, ‘हमने आपको किस
प्रकार अशुद्ध किया?’ इस कारण कि तुम कहते हो, ‘𐤉𐤄𐤅𐤄
की मेज़ तुच्छ है।’ 8 “जब तुम अंधे को बलिदान के रूप में
लाते हो, क्या यह बुरा नहीं है? और जब तुम लँगड़े और बीमार
को लाते हो, क्या यह बुरा नहीं है? इसे अपने राज्यपाल के पास
ले जाओ! क्या वह तुमसे प्रसन्न होगा? क्या वह तुम्हारा अनुग्रह
से स्वागत करेगा?” 𐤉𐤄𐤅𐤄 सेनाओं का प्रभु कहता है।
9 “अब तुम ईश्वर के अनुग्रह के लिये विनती करो, ताकि वह
हम पर दया करे। यह सब तुम्हारे हाथों से किया गया है; क्या
वह तुम्हारा अनुग्रह करेगा?” 𐤉𐤄𐤅𐤄 सेनाओं का प्रभु कहता
है। 10 “तुम में कौन है जो द्वार बंद करे, ताकि मेरी वेदी पर
व्यर्थ आग न जलाई जाए? मुझे तुम में प्रसन्नता नहीं है,”
𐤉𐤄𐤅𐤄 सेनाओं का प्रभु कहता है, “और मैं तुम्हारे हाथों से
भेंट स्वीकार नहीं करता।” 11 “क्योंकि सूर्य के उदय से
लेकर उसके अस्त तक मेरा नाम जातियों में महान है। और
हर स्थान पर मेरे नाम के लिये धूप और शुद्ध भेंट चढ़ाई
जाती है, क्योंकि मेरा नाम जातियों में महान है,” 𐤉𐤄𐤅𐤄
सेनाओं का प्रभु कहता है। 12 “परन्तु तुम मेरा अपमान करते
हो यह कहकर, ‘𐤉𐤄𐤅𐤄 की मेज़ अशुद्ध है, और उसका
फल, उसका भोजन तुच्छ है।’” 13 “और तुम कहते हो,
‘अरे, यह कितनी थकावट है!’ और तुम उसका तिरस्कार
करते हो,” 𐤉𐤄𐤅𐤄 सेनाओं का प्रभु कहता है। “और तुम
लूट का, लँगड़े और बीमार को लाते हो — यही तुम भेंट के
रूप में लाते हो! क्या मैं इसे तुम्हारे हाथ से स्वीकार करूँ?”
𐤉𐤄𐤅𐤄 कहता है। 14 “धोखेबाज़ शापित है, जिसके झुंड में
एक नर है, और जो मन्नत मानता है, परन्तु 𐤉𐤄𐤅𐤄 को
दोषयुक्त चीज़ का बलिदान चढ़ाता है। क्योंकि मैं एक महान
राजा हूँ,” 𐤉𐤄𐤅𐤄 सेनाओं का प्रभु कहता है, “और मेरा नाम
जातियों में भयभीत किया जाता है।”

2 1 “और अब, हे याजको, यह आज्ञा तुम्हारे लिये है।
2 “यदि तुम नहीं सुनोगे, और यदि तुम इसे मन में नही
लोगे कि मेरे नाम की महिमा करो,” सेनाओं के प्रभु 𐤉𐤄𐤅𐤄
कहता है, “तो मैं तुम पर शाप भेजूँगा, और तुम्हारी आशीषो
को शाप दूँगा; वास्तव में, मैंने उन्हें शाप दिया है, क्योंकि तुम
इसे मन में नहीं रखते। 3 “देखो, मैं तुम्हारे वंश को डाँटूँगा,
और तुम्हारे मुख पर तुम्हारे पर्वों की मल गिराऊँगा, और तुम
उसी के साथ दूर किए जाओगे। 4 “और तुम जानोगे कि मैंने
तुम्हारे पास यह आज्ञा भेजी है, ताकि लेवी के साथ मेरा वाचा
स्थिर रहे,” सेनाओं के प्रभु 𐤉𐤄𐤅𐤄 कहता है। 5 “उसके
साथ मेरी वाचा जीवन और शाति की थी, और मैंने उन्हें उसे
दिया कि वह भय करे; और उसने मुझसे भय किया और मेरे
नाम के प्रति आदर के साथ खड़ा रहा। 6 “सत्य की तोराह
उसके मुख में थी, और उसके होंठों पर अधर्म नहीं पाया गया;
वह मेरे साथ शाति और सिधाई में चलता रहा, और बहुतों को
अधर्म से फेर दिया। 7 “क्योंकि याजक के होंठों को ज्ञान की
रक्षा करनी चाहिए, और लोग उसके मुख से तोराह की खोज
करें, क्योंकि वह सेनाओं के प्रभु 𐤉𐤄𐤅𐤄 का दूत है।
8 “परन्तु तुमने मार्ग से भटक गए हो, तुमने बहुतों को तोराह
में ठोकर खिलाई है; तुमने लेवी की वाचा को भ्रष्ट किया है,”
सेनाओं के प्रभु 𐤉𐤄𐤅𐤄 कहता है। 9 “इसलिए मैं ने भी तुम्हे
सब लोगों के सामने तुच्छ और नीचा बना दिया है, क्योंकि तुम
मेरे मार्गों को नहीं मानते और तोराह में पक्षपात दिखाते हो।”
10 क्या हमारा सबका एक ही पिता नहीं? क्या एक ही ईश्वर ने
हमें नहीं बनाया? तो फिर हम एक दूसरे के विरुद्ध विश्वासघात
क्यों करते हैं, ताकि पितरों की वाचा को अपवित्र करें?
11 यहूदा ने विश्वासघात किया है, और इस्राएल और
येरुशलेम में घृणित काम हुआ है, क्योंकि यहूदा ने उस पवित्र
स्थान को अपवित्र किया है जो 𐤉𐤄𐤅𐤄 को प्रिय था, और
एक विदेशी देवी की पुत्री से विवाह किया है। 12 𐤉𐤄𐤅𐤄
याक़ोब के तंबुओं में से उस मनुष्य को काट डाले जो यह काम
करता है — चाहे वह जागृत करता हो या उत्तर देता हो, और
सेनाओं के प्रभु 𐤉𐤄𐤅𐤄 के लिये भेंट लाता हो। 13 और तुमने
यह दूसरी बात भी की है: तुम 𐤉𐤄𐤅𐤄 की वेदी को आँसुओं,
रोने और विलाप से ढक देते हो, क्योंकि वह अब तुम्हारी भेंट
की ओर ध्यान नहीं देता, न ही तुम्हारे हाथों से प्रसन्नतापूर्वक
उसे ग्रहण करता है। 14 और तुम कहते हो, “क्यों?” क्योंकि
𐤉𐤄𐤅𐤄 तेरे और तेरी जवानी की पत्नी के बीच साक्षी है,
जिसके साथ तूने विश्वासघात किया है, यद्यपि वह तेरी साथी
और तेरी वाचा की पत्नी है। 15 क्या उसने उन्हें एक नही
बनाया? और उसमें आत्मा का अवशेष था। और वह क्यों एक
बना? ताकि वह ईश्वर की सन्तान की खोज करे। इसलिए
अपनी आत्मा की रक्षा करो, और कोई भी अपनी जवानी की

पत्नी के विरुद्ध विश्वासघात न करे। 16 "क्योंकि मैं तलाक से
घृणा करता हूँ," इस्राएल के ईश्वर 𐤉𐤄𐤅𐤄 कहता है, "और
वह जो अपने वस्त्र को हिंसा से ढँकता है," सेनाओं के प्रभु
𐤉𐤄𐤅𐤄 कहता है। "इसलिए अपनी आत्मा की रक्षा करो,
और विश्वासघात न करो।" 17 तुमने अपने वचनों से
𐤉𐤄𐤅𐤄 को थका दिया है, और तुम कहते हो, "हमने उसे
किस प्रकार थकाया?" इस में कि तुम कहते हो, "जो बुराई
करता है वह 𐤉𐤄𐤅𐤄 की दृष्टि में भला है, और वह उनमें
प्रसन्न है," या "न्याय का ईश्वर कहाँ है?"

3 1 "देखो, मैं अपना दूत भेज रहा हूँ, और वह मेरे आगे
मार्ग तैयार करेगा। तब अचानक वह प्रभु आएगा जिसे
तुम खोज रहे हो, और वह वाचा का दूत, जिसमें तुम प्रसन्न
होते हो। देखो, वह आ रहा है," सेनाओं के प्रभु 𐤉𐤄𐤅𐤄
कहता है। 2 "परन्तु उसके आने के दिन को कौन सह सकता
है, और जब वह प्रकट होगा तो कौन ठहर सकेगा? क्योंकि वह
सोने को शुद्ध करने वाले की आग के समान है, और धोबी के
साबुन के समान है। 3 "वह बैठकर चाँदी को शुद्ध करने और
साफ़ करने वाला बनेगा। वह लेवी के पुत्रों को शुद्ध करेगा,
और उन्हें सोने और चाँदी के समान परखकर शुद्ध करेगा,
और वे 𐤉𐤄𐤅𐤄 के लिये धर्म में भेंट चढ़ाएँगे। 4 "तब यहूदा
और येरूशलेम की भेंट 𐤉𐤄𐤅𐤄 को प्रिय होगी, जैसे प्राचीन
दिनों में, जैसे पुराने वर्षों में थी। 5 "और मैं न्याय करने के
लिये तुम्हारे समीप आऊँगा, और मैं जल्दी गवाही दूँगा जादू
टोना करने वालों के विरुद्ध, व्यभिचारियों के विरुद्ध, झूठी
शपथ खाने वालों के विरुद्ध, और उन लोगों के विरुद्ध जो
मजदूर को उसकी मजदूरी में ठगते हैं, विधवाओं और
अनाथों को दबाते हैं, परदेशी को दूर करते हैं, और मुझसे
नहीं डरते," सेनाओं के प्रभु 𐤉𐤄𐤅𐤄 कहता है। 6 "क्योंकि मैं
𐤉𐤄𐤅𐤄 हूँ, मैं नहीं बदलता; इस कारण हे याक़ोब के पुत्रों,
तुम नष्ट नहीं हुए हो। 7 "तुम्हारे पितरों के दिनों से तुम मेरी
विधियों से हट गए हो और उन्हें नहीं माना। मेरी ओर लौट
आओ, और मैं तुम्हारी ओर लौट आऊँगा," सेनाओं के प्रभु
𐤉𐤄𐤅𐤄 कहता है। "परन्तु तुम कहते हो, 'हम किस में
लौटें?'" 8 "क्या मनुष्य ईश्वर को लूट सकता है? फिर भी तुम
मुझे लूट रहे हो! परन्तु तुम कहते हो, 'हमने आपको किस
बात में लूटा?' दशमांश और भेंट में। 9 "तुम शाप से शापित
हो, क्योंकि तुम मुझे लूट रहे हो — यह सारी जाति!" 10 "सब
दशमांश भंडार में ले आओ, ताकि मेरे भवन में आहार हो।
और इस में मुझे परखो," सेनाओं के प्रभु 𐤉𐤄𐤅𐤄 कहता है,
"क्या मैं तुम्हारे लिये आकाश के झरोखे नहीं खोलूँगा, और
तुम्हारे लिये आशीष की ऐसी वर्षा नहीं करूँगा कि तुम्हारे पास
रखने की जगह न बचे।" 11 "और मैं तुम्हारे लिये भक्षी को
डाँटूँगा, ताकि वह तुम्हारी भूमि की उपज को नष्ट न करे, और
न ही तुम्हारी दाखलता खेत में अपना फल देने से वंचित
रहे," सेनाओं के प्रभु 𐤉𐤄𐤅𐤄 कहता है। 12 "और सब राष्ट्र
तुम्हें धन्य कहेंगे, क्योंकि तुम प्रसन्नता की भूमि कहलाओगे,"
सेनाओं के प्रभु 𐤉𐤄𐤅𐤄 कहता है। 13 "तुम्हारे वचन मेरे
विरुद्ध कठोर रहे हैं," 𐤉𐤄𐤅𐤄 कहता है; "फिर भी तुम कहते
हो, 'हमने आपके विरुद्ध क्या कहा?'" 14 "तुम कहते हो,
'ईश्वर की सेवा करना व्यर्थ है। हमने क्या लाभ पाया जब
हमने उसकी आज्ञाओं का पालन किया, और सेनाओं के प्रभु
𐤉𐤄𐤅𐤄 के सामने विलाप करते हुए चले?'" 15 "और अब
हम अभिमानियों को धन्य कहते हैं; न केवल दुष्टता करने
वाले फलते-फूलते हैं, बल्कि वे ईश्वर को भी परखते हैं और
बच निकलते हैं।" 16 तब जिन्होंने 𐤉𐤄𐤅𐤄 का भय माना, वे
एक दूसरे से बातें करेंगे, और 𐤉𐤄𐤅𐤄 ध्यान देगा और
सुनेगा; और उसके सामने एक स्मरण-पुस्तक लिखी जाएगी,
उन लोगों के लिये जो 𐤉𐤄𐤅𐤄 से डरते हैं और उसके नाम
का विचार करते हैं। 17 "और वे मेरे होंगे," सेनाओं के प्रभु
𐤉𐤄𐤅𐤄 कहता है, "उस दिन जब मैं अपनी विशेष संपत्ति
तैयार करूँगा। और मैं उन्हें बचाऊँगा जैसे कोई मनुष्य अपने
उस पुत्र को बचाता है जो उसकी सेवा करता है।" 18 "तब
तुम फिर देखोगे कि धर्मी और दुष्ट में क्या भेद है, जो ईश्वर
की सेवा करता है और जो उसकी सेवा नहीं करता, उनमें क्या
अंतर है।"

4 1 "क्योंकि देखो, वह दिन आने वाला है जो भट्ठी के समान
जलता होगा, और सब अभिमानी और सब दुष्ट लोग भूसे
के समान होंगे। और वह आने वाला दिन उन्हें जला देगा,"
सेनाओं के प्रभु 𐤉𐤄𐤅𐤄 कहता है, "और उनके लिये न तो
जड़ बचेगी और न शाखा।" 2 "परन्तु तुम जो मेरे नाम का
भय मानते हो, तुम्हारे लिये धर्म का सूर्य अपने पंखों में चंगाई
लेकर उदय होगा; और तुम निकलकर बाड़े से निकले बछड़ों
के समान कूदोगे और आनन्दित होओगे।" 3 "और तुम दुष्टों
को रौंदोगे, क्योंकि जिस दिन मैं यह करूँगा," सेनाओं के प्रभु
𐤉𐤄𐤅𐤄 कहता है, "वे तुम्हारे पाँवों के नीचे राख होंगे।"
4 "मेरे सेवक मूसा की तोराह को स्मरण करो, जिसे मैंने होरेब
में सारे इस्राएल के लिये आज्ञाएँ और नियमों सहित उसको
आज्ञा दी थी।" 5 "देखो, मैं यहोवा के महान और भयानक
दिन के आने से पहले तुम्हारे पास नबी एलिय्याह को
भेजूँगा।" 6 "और वह पितरों के मन बच्चों की ओर, और
बच्चों के मन पितरों की ओर फेर देगा, ऐसा न हो कि मैं
आकर पृथ्वी को पूर्ण विनाश से मार डालूँ।"

भजन संहिता

𐤉𐤄𐤅𐤄

हिंदी संस्करण

भजन संहिता

1 1 धन्य है वह मनुष्य जो दुष्टों की सम्मति में नहीं चलता, और पापियों के मार्ग में नहीं खड़ा होता, और ठट्ठा करने वालों की बैठक में नहीं बैठता। 2 परन्तु जिसका सुख 𐤉𐤄𐤅𐤄 की तोराह में है, और जो उसकी तोराह पर दिन-रात ध्यान करता है। 3 वह उस वृक्ष के समान होगा जो जल की नदियों के पास लगाया गया है, जो अपने समय पर फल देता है, और जिसका पत्ता नहीं मुर्झाता; और जो कुछ वह करता है, सफल होता है। 4 दुष्ट ऐसे नहीं हैं; वे उस भूसी के समान हैं जिसे पवन उड़ाकर ले जाता है। 5 इसलिये दुष्ट न्याय में स्थिर न रहेंगे, और न पापी धर्मियों की मण्डली में। 6 क्योंकि 𐤉𐤄𐤅𐤄 धर्मियों के मार्ग को जानता है, परन्तु दुष्टों का मार्ग नष्ट हो जाएगा।

2 1 क्यों जातियाँ क्रोध करती हैं, और लोग व्यर्थ बातों का मनन करते हैं? 2 पृथ्वी के राजा खड़े होते हैं, और हाकिम आपस में सम्मति करते हैं 𐤉𐤄𐤅𐤄 और उसके मशियह के विरुद्ध। 3 वे कहते हैं, "आओ, हम उनके बन्धन तोड़ डालें, और उनके डोरों को अपने ऊपर से फेंक दें।" 4 जो स्वर्ग में विराजमान है, वह हँसता है; 𐤉𐤄𐤅𐤄 उनका उपहास करता है। 5 तब वह अपने क्रोध में उनसे बोलेगा, और अपने प्रकोप में उन्हें भयभीत करेगा। 6 "परन्तु मैं ने अपने राजा को सियोन, अपने पवित्र पर्वत पर ठहराया है।" 7 "मैं यह विधि घोषित करता हूँ: 𐤉𐤄𐤅𐤄 ने मुझसे कहा, 'तू मेरा पुत्र है; आज मैं ने तुझे उत्पन्न किया है।'" 8 'मुझ से माँग, और मैं जातियों को तेरी विरासत कर दूँगा, और पृथ्वी के छोर तेरी सम्पत्ति।' 9 'तू लोहे की छड़ी से उन्हें तोड़ डालेगा, और कुम्हार के पात्र के समान उन्हें चूर-चूर कर देगा।' 10 अब, हे राजाओ, बुद्धिमान बनो; हे पृथ्वी के न्यायियो, शिक्षा ग्रहण करो। 11 𐤉𐤄𐤅𐤄 की सेवा भय के साथ करो, और काँपते हुए आनन्द मनाओ। 12 पुत्र को चूमो, ऐसा न हो कि वह क्रोधित हो, और तुम मार्ग में नाश हो जाओ; क्योंकि उसका क्रोध शीघ्र भड़कने वाला है। धन्य हैं वे सब जो उसमें शरण लेते हैं।

3 *दाविद का एक भजन, जब वह अपने पुत्र अब्शालोम से भागा।*

1 हे 𐤉𐤄𐤅𐤄, मेरे विरोधी कितने बढ़ गए हैं! बहुत से लोग मेरे विरुद्ध उठ खड़े हुए हैं। 2 बहुत से लोग मेरे विषय में कहते हैं, "उसके लिये ईश्वर में कोई उद्धार नहीं है।" सेला। 3 परन्तु हे 𐤉𐤄𐤅𐤄, तू मेरे लिये ढाल है, मेरी महिमा है, और वह है जो मेरा सिर ऊँचा करता है। 4 मैंने अपनी आवाज़ से 𐤉𐤄𐤅𐤄 को पुकारा, और उसने अपने पवित्र पर्वत से मेरी सुनी। सेला। 5 मैं लेट गया और सो गया; मैं जाग उठा, क्योंकि 𐤉𐤄𐤅𐤄 ने मुझे सम्भाला। 6 मैं दसियों हजार लोगों से नहीं डरता जो चारों ओर मेरे विरुद्ध खड़े हो गए हैं। 7 हे 𐤉𐤄𐤅𐤄, उठ! हे मेरे ईश्वर, मुझे बचा ले! क्योंकि तूने मेरे सब शत्रुओं को गाल पर मारा है; तूने दुष्टों के दाँत तोड़ डाले हैं। 8 उद्धार 𐤉𐤄𐤅𐤄 का है; तेरा आशीर्वाद तेरे लोगों पर है। सेला।

4 *मुख्य गायक के लिए, तार वाले उपकरणों पर। दाविद का एक भजन।*

1 हे मेरे धर्म के ईश्वर, जब मैं पुकारूँ तब मेरी सुन! तूने मुझे संकट में से विस्तार दिया; मुझ पर अनुग्रह कर, और मेरी प्रार्थना सुन। 2 हे मनुष्यों के पुत्रों, कब तक तुम मेरी महिमा को लज्जा में फेरते रहोगे? कब तक तुम व्यर्थता से प्रेम करोगे और झूठ को ढूँढ़ते रहोगे? सेला। 3 परन्तु जान लो कि 𐤉𐤄𐤅𐤄 ने अपने लिये एक भक्त को अलग रखा है; जब मैं उसे पुकारता हूँ, 𐤉𐤄𐤅𐤄 सुनता है। 4 काँपो, और पाप मत करो; अपने हृदय में अपने बिस्तर पर सोचो, और चुप रहो। सेला। 5 धर्म के बलिदान चढ़ाओ, और 𐤉𐤄𐤅𐤄 पर भरोसा रखो। 6 बहुत से लोग कहते हैं, "कौन हमें भलाई दिखाएगा?" हे 𐤉𐤄𐤅𐤄, अपना मुख का प्रकाश हम पर चमका। 7 तूने मेरे हृदय में अधिक आनन्द भर दिया है, उनके अन्न और दाखमधु की बढ़ती के समय से भी अधिक। 8 मैं शान्ति से लेटकर सो जाऊँगा; क्योंकि केवल तू ही, हे 𐤉𐤄𐤅𐤄, मुझे सुरक्षित निवास देता है।

5 *मुख्य गायक के लिए, बांसुरी पर। दाविद का एक भजन।*

1 हे 𐤉𐤄𐤅𐤄, मेरे वचनों पर कान लगा, और मेरी ध्यानमग्न प्रार्थना पर विचार कर। 2 मेरी पुकार की आवाज़ पर ध्यान दे, हे मेरे राजा और मेरे ईश्वर, क्योंकि मैं तुझी से प्रार्थना करता हूँ। 3 हे 𐤉𐤄𐤅𐤄, भोर को तू मेरी आवाज़ सुनता है; मैं सुबह तेरे सामने अपनी याचना रखता हूँ और प्रतीक्षा करता हूँ। 4 क्योंकि तू ऐसा ईश्वर नहीं जो दुष्टता से प्रसन्न हो; बुराई तेरे संग नहीं रह सकती। 5 अभिमानी तेरी आँखों के सामने स्थिर नहीं रह सकते; तू सब अधर्म करने वालों से घृणा करता है। 6 तू झूठ बोलने वालों को नष्ट करता है; 𐤉𐤄𐤅𐤄 रक्तपिपासु और छल करने वाले मनुष्य से घृणा करता है। 7 परन्तु मैं, तेरी बड़ी करुणा के कारण, तेरे घर में प्रवेश करूँगा; और तेरे पवित्र हेयख़ल की ओर तेरे भय में सिर झुकाऊँगा। 8 हे 𐤉𐤄𐤅𐤄, मेरे विरोधियों के कारण अपनी धर्म में मेरा मार्गदर्शन कर; मेरे सम्मुख अपना मार्ग सीधा कर। 9 क्योंकि उनके मुख में सत्य नहीं है; उनका आन्तरिक भाग विनाश है; उनका गला खुली कब्र के समान है; वे अपनी जीभ से चिकनी बातें करते हैं। 10 हे ईश्वर, उन्हें दोषी ठहराओ! उन्हें उनकी ही युक्तियों से गिरा दे; उनके अनेक अपराधों के कारण उन्हें

निकाल दे, क्योंकि उन्होंने तेरे विरुद्ध विद्रोह किया है।
11परन्तु जो सब तुझ में शरण लेते हैं, वे आनन्द करें; वे सदा
जयजयकार करें, क्योंकि तू उन्हें ढाँप लेता है; और जो तेरे
नाम से प्रेम करते हैं, वे तुझ में मगन हों। 12क्योंकि तू, हे
𐤉𐤄𐤅𐤄, धर्मी को आशीष देता है; तू उसे कृपा से ऐसे घेर
लेता है जैसे ढाल से।

6

मुख्य गायक के लिए, तार वाले उपकरणों पर लायर के साथ। दाविद का एक भजन।

1हे 𐤉𐤄𐤅𐤄, अपने क्रोध में मुझे ताड़ना न दे, और अपने
प्रकोप में मुझे अनुशासित न कर। 2हे 𐤉𐤄𐤅𐤄, मुझ पर
अनुग्रह कर, क्योंकि मैं निर्बल हो गया हूँ; हे 𐤉𐤄𐤅𐤄, मुझे
चंगा कर, क्योंकि मेरी हड्डियाँ काँप रही हैं। 3मेरी आत्मा भी
अत्यन्त व्याकुल हो गई है; और तू, हे 𐤉𐤄𐤅𐤄 — कब
तक? 4हे 𐤉𐤄𐤅𐤄, लौट आ, मेरे जीवन को बचा ले! अपनी
करुणा के कारण मुझे उद्धार दे। 5क्योंकि मृत्यु में तेरा
स्मरण नहीं होता; कब्र में कौन तेरा धन्यवाद करेगा? 6मैं
अपनी कराहों से थक गया हूँ; प्रत्येक रात मैं अपने बिस्तर को
आँसुओं से भिगोता हूँ, अपने पलंग को आँसुओं से तर कर
देता हूँ। 7मेरी आँख शोक के कारण मंद हो गई है; मेरे सब
शत्रुओं के कारण वह वृद्ध हो गई है। 8हे अधर्म करनेवालो,
मुझ से दूर हो जाओ; क्योंकि 𐤉𐤄𐤅𐤄 ने मेरे रोने की आवाज़
सुन ली है। 9𐤉𐤄𐤅𐤄 ने मेरी बिनती सुन ली है; 𐤉𐤄𐤅𐤄
मेरी प्रार्थना स्वीकार करता है। 10मेरे सब शत्रु लज्जित हों
और अत्यन्त व्याकुल हों; वे पीछे हटें, और तुरन्त लज्जित
हों।

7

दाविद का एक मधुर कविता, जिसे उसने 𐤉𐤄𐤅𐤄 के लिए गाया, कूश बिन्यामिनी के शब्दों के बारे में।

1हे 𐤉𐤄𐤅𐤄, मेरे ईश्वर, मैंने तुझ में शरण ली है; मुझे मेरे
सब पीछा करने वालों से बचा और छुड़ा। 2कहीं वे सिंह के
समान मेरा गला न फाड़ें, और टुकड़े-टुकड़े न करें, जब
कोई छुड़ाने वाला न हो। 3हे 𐤉𐤄𐤅𐤄 मेरे ईश्वर, यदि मैंने
यह किया है, यदि मेरे हाथों में अधर्म है, 4यदि मैंने उसके
साथ बुरा किया जो मुझसे मेल में था, या अपने शत्रु को बिना
कारण लूटा, 5तो शत्रु मेरा पीछा करे और मेरी आत्मा को
पकड़ ले, मेरा जीवन भूमि पर रौंदे, और मेरी महिमा को धूल
में डाल दे। सेला। 6हे 𐤉𐤄𐤅𐤄, अपने क्रोध में उठ! मेरे
विरोधियों के प्रकोप के विरुद्ध उठ खड़ा हो, और मेरे लिये
जाग; तू न्याय का आदेश देगा। 7जातियों की मण्डली तुझ
को घेरे; और तू उन पर ऊपर से फिर से राज्य कर।
8𐤉𐤄𐤅𐤄 जातियों का न्याय करता है; हे 𐤉𐤄𐤅𐤄, मुझे मेरी
धार्मिकता और मेरे भीतर की सच्चाई के अनुसार न्याय दे।
9हे धर्मी ईश्वर, दुष्टता का अन्त कर, और धर्मी को स्थिर
कर; क्योंकि धर्मी ईश्वर हृदय और अंतःकरण को परखता
है। 10मेरा ढाल ईश्वर के ऊपर है, जो सीधाई के लोगों को
बचाता है। 11ईश्वर धर्मी न्यायी है, और ईश्वर हर दिन क्रोध
से भर जाता है। 12यदि कोई पश्चाताप न करे, तो वह अपनी
तलवार को तेज करता है, वह अपना धनुष तानता है और
उसे तैयार करता है। 13वह अपने लिये मृत्यु के हथियार
तैयार करता है; वह अपने तीरों को पीछा करने वालों के लिये
धधकाता है। 14देखो, जो दुष्टता में गर्भवती है, उसने कष्ट
को गर्भ में धारण किया और झूठ को जन्म दिया। 15उसने
एक गड्ढा खोदा और उसे खोदकर तैयार किया, और उसी
खाई में गिर गया जो उसने बनाई। 16उसकी कष्ट-पीड़ा
उसी के सिर पर लौट आती है, और उसकी दुष्टता उसके ही
माथे पर उतरती है। 17मैं 𐤉𐤄𐤅𐤄 का धन्यवाद करूँगा
उसके धर्म के अनुसार, और 𐤉𐤄𐤅𐤄 परमप्रधान के नाम की
स्तुति करूँगा।

8

मुख्य गायक के लिए, हार्प पर। दाविद का एक भजन।

1हे 𐤉𐤄𐤅𐤄, हमारे प्रभु, तेरा नाम समस्त पृथ्वी पर कितना
उत्तम है! तूने अपनी महिमा आकाश के ऊपर स्थापित की
है। 2बालकों और शिशुओं के मुख से तूने अपनी शक्ति
स्थिर की है, अपने शत्रुओं के कारण, ताकि तू शत्रु और
बदला लेने वाले को शांत करे। 3जब मैं तेरे आकाश को
देखता हूँ, तेरी उँगलियों के कार्यों को — चन्द्रमा और तारों
को जिन्हें तूने स्थापित किया है — 4तो मनुष्य क्या है कि तू
उसका स्मरण रखता है? और मनुष्य का पुत्र क्या है कि तू
उसकी सुधि लेता है? 5तूने उसे ईश्वर से थोड़ा ही नीचा
बनाया, और उसे महिमा और शोभा का मुकुट पहनाया। 6तूने
उसे अपने हाथों के कार्यों पर प्रभुत्व दिया; तूने सब कुछ
उसके पैरों के नीचे रखा है। 7सब भेड़-बकरियाँ और बैल,
और साथ ही मैदान के पशु भी, 8आकाश के पक्षी और समुद्र
की मछलियाँ, जो समुद्र के मार्गों से होकर जाती हैं। 9हे
𐤉𐤄𐤅𐤄, हमारे प्रभु, तेरा नाम समस्त पृथ्वी पर कितना उत्तम
है!

9

मुख्य गायक के लिए, 'पुत्र की मृत्यु' पर। दाविद का एक भजन।

1हे 𐤉𐤄𐤅𐤄, मैं पूरे मन से तेरा धन्यवाद करूँगा; मैं तेरे सब
आश्चर्यकर्मों का प्रचार करूँगा। 2मैं तुझ में आनन्दित और
मगन रहूँगा; हे परमप्रधान, मैं तेरे नाम का भजन करूँगा।
3जब मेरे शत्रु पीछे लौटते हैं, तो वे तेरे साम्हने ठोकर खाकर
नाश हो जाते हैं। 4क्योंकि तूने मेरा न्याय और मेरा मुकदमा
किया है; तू धर्म में न्याय करने के लिये सिंहासन पर बैठा है।
5तूने जातियों को डाँटा है, तूने दुष्टों को नष्ट किया है; तूने
उनका नाम सदा के लिये मिटा दिया है। 6शत्रु का नाम सदा
के लिये नाश हो गया है; तूने उनके नगरों को उखाड़ फेंका,
यहाँ तक कि उनकी स्मृति भी मिट गई। 7परन्तु 𐤉𐤄𐤅𐤄
सदा बना रहता है; वह न्याय के लिये अपना सिंहासन तैयार
कर रहा है। 8वह जगत का धर्म के अनुसार न्याय करेगा;
वह जातियों का सीधाई से न्याय करेगा। 9और 𐤉𐤄𐤅𐤄
पीड़ित के लिये शरणस्थान है, संकट के समय में दृढ गढ़
है। 10जो तेरे नाम को जानते हैं वे तुझ पर भरोसा रखते हैं;
क्योंकि हे 𐤉𐤄𐤅𐤄, तू ने उन्हें नहीं छोड़ा जो तुझे खोजते हैं।
11उस 𐤉𐤄𐤅𐤄 का भजन करो जो सियोन में वास करता है;
उसके कार्यों का प्रचार लोगों के बीच करो। 12क्योंकि वह

रक्त के बदले का विचार करता है; वह पीड़ितों की पुकार को नहीं भूलता। 13 हे 𐤉𐤄𐤅𐤄, मुझ पर अनुग्रह कर! मेरे शत्रुओं के कारण मेरी दुर्दशा को देख; तू जो मुझे मृत्यु के फाटकों से उठाता है। 14 ताकि मैं सियोन की पुत्री के फाटकों में तेरी स्तुति का प्रचार करूँ; मैं तेरे उद्धार में आनन्द करूँ। 15 जातियाँ उसी गड्ढे में धँस गई हैं जो उन्होंने खोदा था; उसी जाल में जो उन्होंने छिपाया, उनका ही पाँव फँस गया। 16 𐤉𐤄𐤅𐤄 प्रकट हुआ है; उसने न्याय किया है; दुष्ट अपने ही हाथों के कार्य में फँसा है। ध्यान। सेला। 17 दुष्ट नरक में लौट जाते हैं, और सब जातियाँ जो ईश्वर को भूल जाती हैं। 18 क्योंकि दीन सदैव के लिये भुलाया नहीं जाएगा, न ही निर्धन की आशा सदा के लिये खो जाएगी। 19 हे 𐤉𐤄𐤅𐤄, उठ! मनुष्य को प्रबल न होने दे; जातियों का तेरे साम्हने न्याय किया जाए। 20 हे 𐤉𐤄𐤅𐤄, उन पर भय डाल; ताकि जातियाँ जानें कि वे नाशवान मनुष्य हैं। सेला।

10

1 हे 𐤉𐤄𐤅𐤄, तू क्यों दूर खड़ा है? संकट के समय में क्यों छिपा रहता है? 2 दुष्ट अपने अभिमान में दीन जन का पीछा करता है; वे उसी चाल में फँस जाते हैं जो उसने रची है। 3 क्योंकि दुष्ट अपने मन की लालसा पर घमण्ड करता है; और लोभी व्यक्ति 𐤉𐤄𐤅𐤄 को तुच्छ जानकर उसे श्राप देता है। 4 दुष्ट अपने घमण्ड में ईश्वर को नहीं खोजता; उसके सब विचारों में ईश्वर का कोई स्थान नहीं है। 5 उसके मार्ग सदा सफल रहते हैं; तेरे नियम उसकी दृष्टि से परे हैं; वह अपने सब शत्रुओं का तिरस्कार करता है। 6 वह अपने मन में कहता है, "मैं कभी नहीं डगमगाऊँगा; पीढ़ी-दर-पीढ़ी मुझे कोई विपत्ति न होगी।" 7 उसका मुँह शाप, छल और अत्याचार से भरा है; उसकी जीभ के नीचे कष्ट और अनर्थ है। 8 वह गाँवों के गुप्त स्थानों में घात लगाकर बैठता है; वह छिपे हुए स्थानों में निर्दोष को घात करता है; उसकी आँखें दीन जन की ताक में रहती हैं। 9 वह अपने मांद में सिंह के समान घात में बैठा है; वह दीन को पकड़ने के लिये घात करता है; वह उसे जाल में फँसाकर पकड़ लेता है। 10 वह झुककर बैठता है, नीचे झुक जाता है, और दीन उसके बल में गिर पड़ता है। 11 वह अपने मन में कहता है, "ईश्वर भूल गया है; उसने अपना मुख छिपा लिया है; वह कभी नहीं देखेगा।" 12 हे 𐤉𐤄𐤅𐤄, उठ! हे ईश्वर, अपना हाथ उठा; दीन जनों को न भूल। 13 दुष्ट क्यों ईश्वर का अपमान करता है और अपने मन में कहता है, "इसका कोई हिसाब नहीं होगा"? 14 तू ने देखा है, क्योंकि तू दु:ख और क्रोध पर ध्यान देता है, ताकि अपने हाथ से उसका बदला दे; दीन तुझ पर अपना भरोसा छोड़ता है; तू अनाथ का सहायक है। 15 दुष्ट और दुराचारी की भुजा तोड़ दे; उसकी दुष्टता को तब तक खोज जब तक तू कुछ न पाए। 16 𐤉𐤄𐤅𐤄 सदा-सर्वदा के लिये राजा है; जातियाँ उसकी भूमि से नाश हो जाएँगी। 17 हे 𐤉𐤄𐤅𐤄, तू ने दीन जनों की इच्छा सुनी है; तू उनका मन तैयार करता है; तू अपना कान लगाता है। 18 ताकि अनाथ और पीड़ित का न्याय करे, ताकि पृथ्वी का मनुष्य अब और उत्पीड़न न करे।

मुख्य गायक के लिए। दावीद् का।

11

1 मैंने 𐤉𐤄𐤅𐤄 में शरण ली है; तुम मुझसे क्यों कहते हो, "पक्षी के समान अपने पर्वत पर भाग जा"? 2 देखो, दुष्ट धनुष तानते हैं; वे अंधकार में सीधे हृदय वालों पर चलाने के लिये तीर पर डोर लगाते हैं। 3 यदि नेव (नींव) नाश हो जाए, तो धर्मी क्या कर सकता है? 4 𐤉𐤄𐤅𐤄 अपने पवित्र मन्दिर में है; 𐤉𐤄𐤅𐤄 का सिंहासन आकाश में है; उसकी आँखें देखती हैं, उसकी पलकें मनुष्यों की जाँच करती हैं। 5 𐤉𐤄𐤅𐤄 धर्मी को परखता है, परन्तु दुष्ट और जो हिंसा से प्रेम करता है, उस से उसकी आत्मा घृणा करती है। 6 वह दुष्टों पर जाल, आग और गन्धक की वर्षा करेगा; जलती हुई वायु उनका प्याला होगा। 7 क्योंकि 𐤉𐤄𐤅𐤄 धर्मी है; वह धर्म से प्रेम करता है; सीधे लोग उसका मुख देखेंगे।

12

मुख्य गायक के लिए, वीणा पर। दाऊद का भजन।

1 हे 𐤉𐤄𐤅𐤄, बचा ले, क्योंकि भक्त व्यक्ति लुप्त हो गया है; विश्वासयोग्य लोग मनुष्यों में से समाप्त हो गए हैं। 2 वे एक दूसरे से झूठ बोलते हैं; चिकनी बातों और दो मन से बातें करते हैं। 3 सभी चिकनी बातों वाले होंठों को, और घमण्ड की बातें करने वाली जीभ को 𐤉𐤄𐤅𐤄 काट डालेगा। 4 जो कहते हैं, "हम अपनी जीभ से बलवान हैं; हमारे होंठ हमारे ही हैं; कौन हमारा स्वामी है?" 5 "दीन जन के उत्पीड़न के कारण, और दरिद्र के आह भरने के कारण, अब मैं उठूँगा," 𐤉𐤄𐤅𐤄 कहता है, "मैं उसे सुरक्षा में रखूँगा, जिसके लिये वह तड़पता है।" 6 𐤉𐤄𐤅𐤄 के वचन शुद्ध वचन हैं, ऐसे जैसे मिट्टी के भट्ठे में तपी हुई चाँदी, सात बार परखी हुई। 7 हे 𐤉𐤄𐤅𐤄, तू उन्हें सुरक्षित रखेगा; तू इस पीढ़ी से सदा के लिये उनकी रक्षा करेगा। 8 जब निकृष्ट लोग उन्नति करते हैं, तब दुष्ट लोग चारों ओर घूमते हैं।

13

मुख्य गायक के लिए। दाविद का एक भजन।

1 हे 𐤉𐤄𐤅𐤄, तू कब तक मुझे भूलता रहेगा? क्या सदा के लिये? तू कब तक अपना मुख मुझसे छिपाए रहेगा? 2 मैं कब तक अपनी आत्मा में युक्ति करता रहूँ, और प्रतिदिन अपने हृदय में शोक रखूँ? मेरा शत्रु कब तक मुझ पर ऊँचा बना रहेगा? 3 हे 𐤉𐤄𐤅𐤄 मेरे ईश्वर, मेरी ओर दृष्टि कर और मुझे उत्तर दे; मेरी आँखों को ज्योति दे, ऐसा न हो कि मैं मृत्यु की नींद सो जाऊँ। 4 ऐसा न हो कि मेरा शत्रु कहे, "मैं उस पर जयवंत हुआ," और मेरे विरोधी मेरे डगमगाने पर आनन्द करें। 5 परन्तु मैंने तेरी करुणा पर भरोसा रखा है; मेरा हृदय तेरे उद्धार में आनन्दित होता है। 6 मैं 𐤉𐤄𐤅𐤄 का गीत गाऊँगा, क्योंकि उसने मुझ पर भलाई की है।

14

मुख्य गायक के लिए। दावीद् का।

1 मूर्ख अपने मन में कहता है, "कोई 𐤉𐤄𐤅𐤄 नहीं है।" वे भ्रष्ट हो गए हैं, उन्होंने घृणित कर्म किया है; कोई भला करने वाला नहीं है। 2 𐤉𐤄𐤅𐤄 ने आकाश से मनुष्यों की सन्तानों पर दृष्टि की, यह देखने के लिये कि क्या कोई समझदार है, कोई है जो 𐤉𐤄𐤅𐤄 को खोजे। 3 वे सब भटक गए हैं, वे सब मिलकर अशुद्ध हो गए हैं; कोई भी भलाई करने

वाला नहीं, एक भी नहीं। 4 क्या सब अधर्म के कारीगर
अज्ञानी हैं, जो मेरी प्रजा को ऐसे खाते हैं जैसे वे रोटी खाते हैं,
और 𐤉𐤄𐤅𐤄 को नहीं पुकारते? 5 वहाँ वे बहुत डर गए,
क्योंकि 𐤉𐤄𐤅𐤄 धर्मियों की पीढ़ी के साथ है। 6 तुम दीन के
युक्ति को लज्जित करना चाहते हो, परन्तु 𐤉𐤄𐤅𐤄 उसका
शरणस्थान है। 7 अरे! काश कि इस्राएल का उद्धार सियोन
से आता! जब 𐤉𐤄𐤅𐤄 अपनी प्रजा की बंधुआई को लौटा
लाएगा, तब याकोब आनन्द करेगा, इस्राएल मगन होगा।

15

दाविद का एक भजन।

1 हे 𐤉𐤄𐤅𐤄, कौन तेरे तम्बू में निवास करेगा? कौन
तेरे पवित्र पर्वत पर वास करेगा? 2 वह जो निष्कलंक चलता
है, धर्म का आचरण करता है, और अपने हृदय में सत्य
बोलता है। 3 जिसने अपनी जीभ से निन्दा नहीं की, न अपने
पड़ोसी के साथ बुराई की, न अपने मित्र के विरुद्ध कलंक
उठाया। 4 जिसकी दृष्टि में दुष्ट तुच्छ ठहरता है, परन्तु जो
𐤉𐤄𐤅𐤄 से भय मानते हैं, उनका वह आदर करता है; जो
अपनी हानि के लिये शपथ खाता है और फिर नहीं बदलता।
5 जिसने अपना रुपया ब्याज पर नहीं दिया, और निर्दोष के
विरुद्ध घूस नहीं ली; जो ऐसा करता है, वह कभी नहीं
डगमगाएगा।

16

दाऊद की कविता।

1 हे ईश्वर, मेरी रक्षा कर, क्योंकि मैंने तुझ में शरण
ली है। 2 मैंने 𐤉𐤄𐤅𐤄 से कहा है, "तू ही 𐤉𐤄𐤅𐤄 है; तेरे
सिवा मेरा कोई भला नहीं।" 3 जो पृथ्वी पर पवित्रजन हैं, वे ही
उत्कृष्ट हैं, और उन में ही मेरा सारा आनन्द है। 4 जो दूसरे
देवताओं के पीछे भागते हैं, उनका दु:ख बढ़ाया जाएगा; मैं
उनके रक्तमिश्रित पेय अर्पण नहीं चढ़ाऊँगा, न उनके नाम
अपने होंठों पर लूँगा। 5 𐤉𐤄𐤅𐤄 मेरा भाग और मेरे प्याले का
अंश है; तू ही मेरी भाग्यरेखा को संभालता है। 6 सीमाएँ मेरे
लिये सुहावने स्थानों पर गिरी हैं; हाँ, मेरा भाग बहुत सुन्दर
है। 7 मैं 𐤉𐤄𐤅𐤄 को धन्य कहता हूँ, जिसने मुझे सम्मति दी;
और रात के समय मेरा अन्तःकरण भी मुझे शिक्षा देता है।
8 मैंने 𐤉𐤄𐤅𐤄 को सदा अपने सामने रखा है; क्योंकि वह मेरे
दाहिने हाथ है, मैं नहीं डगमगाऊँगा। 9 इसलिये मेरा हृदय
आनन्दित है, और मेरा गौरव उल्लसित होता है; मेरा शरीर भी
निश्चिन्त रहेगा। 10 क्योंकि तू मेरे प्राण को अधोलोक में नहीं
छोड़ेगा, न अपने भक्त को सड़ने देगा। 11 तू मुझे जीवन का
मार्ग दिखाता है; तेरे मुख का दर्शन पूर्ण आनन्द देता है; तेरे
दाहिने हाथ में सदा-सर्वदा सुख हैं।

17

न्याय सुनो, हे 𐤉𐤄𐤅𐤄,

1 हे 𐤉𐤄𐤅𐤄, धर्म का विषय सुन; मेरी पुकार पर
ध्यान दे; मेरे प्रार्थना को सुन, जो छल रहित होंठों से निकलती
है। 2 मेरा न्याय तेरे सम्मुख से प्रकट हो; तेरी आँखें सीधी
बातों को देखें। 3 तू ने मेरे हृदय की जाँच की; तू रात में मुझ
से मिला; तू ने मुझे परखा, और कुछ भी कपट न पाया; मेरे
मुँह ने अपराध नहीं किया। 4 मनुष्यों के कर्मों के विषय में —
तेरे होंठों के वचन से — मैं ने अपने को विनाशक के मार्गों से
बचाए रखा है। 5 मेरे पाँव तेरे पथ पर दृढ़ रहे; मेरे चरण
फिसले नहीं। 6 हे ईश्वर, मैंने तुझे पुकारा है, क्योंकि तू मुझे
उत्तर देता है; अपना कान मेरी ओर झुका, और मेरी बात
सुन। 7 अपनी करुणा को प्रकट कर, हे तू जो अपने दाहिने
हाथ से उन लोगों को बचाता है जो उठने वालों से शरण लेते
हैं। 8 मुझे अपनी आँख की पुतली के समान रख; अपने पंखो
की छाया में मुझे छिपा। 9 उन दुष्टों से जो मुझ पर आक्रमण
करते हैं, उन घातक शत्रुओं से जो मुझे घेरे हुए हैं। 10 वे
अपने मन की चर्बी में घिरे हुए हैं; वे अपने मुँह से घमण्ड की
बातें करते हैं। 11 अब वे हमारे चारों ओर हमारे कदमों का
पीछा करते हैं; उन्होंने अपनी आँखें भूमि पर डालने को लगाई
हैं। 12 वे शिकार फाड़ने को उत्सुक सिंह के समान हैं, और
झपटने को तैयार जवान सिंह के समान हैं। 13 हे 𐤉𐤄𐤅𐤄,
उठ, उसका सामना कर, उसे झुका दे; अपनी तलवार से मेरी
आत्मा को दुष्ट से बचा। 14 हे 𐤉𐤄𐤅𐤄, उन मनुष्यों से —
इस संसार के लोगों से — जिनका भाग इस जीवन में है, तू
उन्हें अपने भण्डार से भरता है; वे पुत्रों से तृप्त होते हैं, और
अपनी सम्पत्ति अपने बालकों को छोड़ जाते हैं। 15 परन्तु मैं
धर्म में तेरे मुख का दर्शन करूँगा; जब मैं जागूँगा, तो तेरे
स्वरूप के दर्शन से तृप्त हो जाऊँगा।

18

मुख्य गायक के लिए। दाविद, 𐤉𐤄𐤅𐤄 का सेवक, जिसने 𐤉𐤄𐤅𐤄 से इस गीत के शब्दों को कहा, उस दिन जब 𐤉𐤄𐤅𐤄 ने उसे उसके सभी शत्रुओं के हाथ से, और शाऊल के हाथ से छुड़ाया। उसने कहा:

1 हे 𐤉𐤄𐤅𐤄, मैं तुझ से प्रेम करता हूँ, तू ही मेरी शक्ति है।
2 𐤉𐤄𐤅𐤄 मेरी चट्टान, मेरा गढ़ और मेरा छुड़ाने वाला है;
मेरा ईश्वर मेरी चट्टान है, मैं उसी में शरण लेता हूँ; वह मेरी
ढाल, मेरे उद्धार का सींग और मेरा ऊँचा गढ़ है। 3 मैं
𐤉𐤄𐤅𐤄 को पुकारूँगा, जो स्तुति के योग्य है, और मैं अपने
शत्रुओं से बचाया जाऊँगा। 4 मृत्यु की रस्सियाँ मुझे घेर
चुकी थीं, और बेलियाल की धाराएँ मुझे भयभीत करती थीं।
5 पाताल की डोरियाँ मुझे घेरे हुई थीं; मृत्यु के फंदे मेरे सामने
थे। 6 अपने संकट में मैंने 𐤉𐤄𐤅𐤄 को पुकारा, और अपने
ईश्वर से सहायता माँगी; उसने अपने मन्दिर से मेरी आवाज़
सुनी, और मेरी पुकार उसके कानों में पहुँची। 7 तब पृथ्वी
हिलने और काँपने लगी; पहाड़ों की नींव भी डोल गई, क्योंकि
वह क्रोधित हुआ। 8 उसकी नासिकाओं से धुआँ उठा, और
उसके मुँह से भस्म करने वाली आग निकली; उससे अंगारे
जल उठे। 9 उसने आकाश को झुका दिया और उतर आया,
और उसके पैरों के नीचे घना बादल था। 10 वह करूब पर
सवार होकर उड़ा; वह पवन के पंखों पर उड़ चला। 11 उसने
अन्धकार को अपना आवरण बनाया; उसके चारों ओर
उसका मंडप था — जल के घने बादल, आकाश के गहरे
मेघ। 12 उसके सामने की चमक से उसके घने बादल निकल
गए — ओले और अग्नि के अंगारे। 13 𐤉𐤄𐤅𐤄 ने आकाश
में गर्जन किया, और परमप्रधान ने अपनी आवाज़ दी —
ओले और अग्नि के अंगारे। 14 उसने अपने तीर छोड़े और
उन्हें तितर-बितर किया; उसने बिजली चमकाई और उन्हें

उलझा दिया। 15 तब जल की नालियाँ दिखाई दीं, और पृथ्वी
की नींव उजागर हो गई — हे 𐤉𐤄𐤅𐤄, तेरी डाँट से, तेरी
नासिकाओं की श्वास के फूँक से। 16 उसने ऊपर से हाथ
बढ़ाया, मुझे पकड़ लिया; उसने मुझे गहरे जल से बाहर
निकाला। 17 उसने मुझे मेरे बलवान शत्रु से छुड़ाया, और
उन से जो मुझ से बैर रखते थे, क्योंकि वे मुझ से अधिक
शक्तिशाली थे। 18 उन्होंने मेरे विपत्ति के दिन मुझे घेर लिया,
परन्तु 𐤉𐤄𐤅𐤄 मेरा सहारा था। 19 उसने मुझे एक विशाल
स्थान में निकाल लाया; उसने मुझे छुड़ाया, क्योंकि वह मुझ
से प्रसन्न था। 20 𐤉𐤄𐤅𐤄 ने मेरे धर्म के अनुसार मुझे
प्रतिफल दिया; मेरे हाथों की शुद्धता के अनुसार उसने मुझे
प्रतिफल दिया। 21 क्योंकि मैंने 𐤉𐤄𐤅𐤄 के मार्गों को सुरक्षित
रखा है, और अपने ईश्वर के विरुद्ध दुष्टता नहीं की।
22 क्योंकि उसके सब न्याय मेरे सामने हैं, और मैं उसकी
विधियों से नहीं फिरा। 23 मैं उसके सम्मुख निष्कलंक रहा हूँ,
और अपने को अपने अधर्म से बचाए रखा है। 24 और
𐤉𐤄𐤅𐤄 ने मेरे धर्म के अनुसार मुझे प्रतिफल दिया, मेरे हाथों
की शुद्धता के अनुसार, जो उसकी दृष्टि में है। 25 जो कृपालु
है, उसके साथ तू कृपा दिखाता है; जो सिद्ध है, उसके साथ तू
सिद्धता दिखाता है। 26 जो शुद्ध है, उसके साथ तू शुद्धता
दिखाता है; परन्तु जो टेढ़ा है, उसके साथ तू भी टेढ़ा होता
है। 27 क्योंकि तू दीन लोगों का उद्धार करता है, परन्तु
घमण्डी आँखों वालों को नीचे गिरा देता है। 28 क्योंकि तू ही
मेरे दीपक को जलाता है; 𐤉𐤄𐤅𐤄 मेरा ईश्वर मेरे अन्धकार
को उजियाला करता है। 29 क्योंकि तेरे साथ मैं सेना पर
आक्रमण करता हूँ; और अपने ईश्वर के साथ मैं दीवार
फाँदता हूँ। 30 ईश्वर का मार्ग सिद्ध है; 𐤉𐤄𐤅𐤄 का वचन
परखा हुआ है; वह उन सब का ढाल है जो उस में शरण लेते
हैं। 31 क्योंकि 𐤉𐤄𐤅𐤄 को छोड़ और कौन ईश्वर है? और
हमारे ईश्वर को छोड़ कौन चट्टान है? 32 वही ईश्वर मुझे
शक्ति से कमर बाँधता है, और मेरे मार्ग को सिद्ध करता है।
33 वह मेरे पैरों को हरिणियों के पैरों के समान बना देता है,
और मुझे मेरे ऊँचे स्थानों पर खड़ा करता है। 34 वह मेरे
हाथों को युद्ध के लिये सिखाता है, जिससे मेरी भुजाएँ पीतल
की धनुष को मोड़ सकें। 35 तू ने मुझे अपने उद्धार की ढाल
दी; तेरा दाहिना हाथ मुझे सम्भालता है, और तेरी नम्रता ने
मुझे महान बना दिया। 36 तू ने मेरे नीचे मेरे पाँवों के लिये
स्थान चौड़ा किया है, और मेरे पाँव नहीं फिसले। 37 मैं अपने
शत्रुओं के पीछे पड़ा और उन्हें पकड़ लिया, और जब तक वे
नष्ट न हुए, तब तक नहीं लौटा। 38 मैं ने उन्हें तोड़ा कि वे
उठ न सके; वे मेरे पैरों के नीचे गिर पड़े। 39 क्योंकि तू ने
मुझे युद्ध के लिये शक्ति से कमर बाँधी, और मेरे विरोधियों
को मेरे नीचे झुका दिया। 40 तू ने मेरे शत्रुओं को मेरी पीठ
दिखायी; और जो मुझ से बैर रखते थे, मैं ने उन्हें नाश कर
दिया। 41 वे पुकारे, परन्तु कोई उद्धार करने वाला न था;
उन्होंने 𐤉𐤄𐤅𐤄 को पुकारा, परन्तु उसने उन्हें उत्तर नहीं
दिया। 42 मैं ने उन्हें वायु के सामने की धूल के समान पीस
डाला; मैं ने उन्हें सड़कों की मिट्टी की तरह बाहर फेंक दिया।
43 तू ने मुझे लोगों के झगड़ों से छुड़ाया; तू ने मुझे जातियों
का प्रधान बनाया; जिन लोगों को मैं नहीं जानता था, वे मेरी
सेवा करते हैं। 44 जैसे ही उन्होंने मेरे विषय में सुना, वे मेरी
आज्ञा मानने लगे; परदेशी मेरे आगे झुकते हैं। 45 परदेशी
निर्बल हो जाते हैं, और अपने गढ़ों से काँपते हुए निकल आते
हैं। 46 𐤉𐤄𐤅𐤄 जीवित है! और धन्य है मेरी चट्टान! और मेरे
उद्धार के ईश्वर की महिमा हो! 47 वह ईश्वर जो मेरे लिये
बदला लेता है, और जातियों को मेरे अधीन करता है। 48 वह
मुझे मेरे शत्रुओं से छुड़ाता है; तू मुझे मेरे विरोधियों से ऊँचा
उठाता है; तू मुझे हिंसक मनुष्य से मुक्त करता है। 49 इस
कारण मैं तेरा धन्यवाद करूँगा, हे 𐤉𐤄𐤅𐤄, जातियों के बीच
में, और तेरे नाम का भजन गाऊँगा। 50 वह अपने राजा के
उद्धार को महान करता है, और अपने अभिषिक्त — दाविद
और उसके वंश — पर सदा के लिये करुणा दिखाता है।

19 *मुख्य गायक के लिए। दाविद का एक भजन।*

1 आकाश ईश्वर की महिमा का वर्णन करता है, और
आकाशमण्डल उसके हाथों के कार्य को प्रकट करता है।
2 दिन से दिन वाणी उत्पन्न होती है, और रात से रात ज्ञान
प्रकट होता है। 3 न तो कोई वाणी है, न कोई शब्द; उनकी
आवाज़ सुनाई नहीं देती। 4 उनकी रेखा सारी पृथ्वी पर
निकल गई है, और उनके वचन जगत के छोर तक पहुँचे हैं;
उनमें उसने सूर्य के लिये एक तम्बू लगाया है। 5 वह अपने
मण्डप से निकलने वाले दूल्हे के समान है, और मार्ग पर
दौड़ने वाले बलवान पुरुष के समान आनन्दित होता है।
6 उसका उदय आकाश के एक छोर से होता है, और उसका
परिभ्रमण दूसरे छोर तक; और उसकी ऊष्मा से कोई भी वस्तु
छिपी नहीं रहती। 7 𐤉𐤄𐤅𐤄 की व्यवस्था सिद्ध है, जो आत्मा
को पुनर्जीवित करती है; 𐤉𐤄𐤅𐤄 की साक्षी विश्वासयोग्य है,
जो भोले को बुद्धिमान बनाती है। 8 𐤉𐤄𐤅𐤄 की उपदेश सही
हैं, जो हृदय को आनन्दित करते हैं; 𐤉𐤄𐤅𐤄 की आज्ञा
निर्मल है, जो आँखों को ज्योति देती है। 9 𐤉𐤄𐤅𐤄 का भय
पवित्र है, जो सदैव बना रहता है; 𐤉𐤄𐤅𐤄 के निर्णय सत्य हैं,
और सब प्रकार से धर्ममय हैं। 10 वे सोने से भी, हाँ, बहुत
बढ़िया सोने से अधिक मनोहर हैं; और मधु तथा मधु-छत्ते से
भी मीठे हैं। 11 तेरा दास भी उनसे चेतावनी पाता है; उन्हें
मानने में महान प्रतिफल है। 12 अपनी भूलों को कौन जान
सकता है? मुझे गुप्त अपराधों से निर्दोष ठहरा। 13 और
अपने दास को घमण्ड के पापों से रोक; उन्हें मुझ पर प्रभुत्व
न करने दे; तब मैं सिद्ध रहूँगा और बड़े अपराध से मुक्त
रहूँगा। 14 हे 𐤉𐤄𐤅𐤄, मेरे मुँह के वचन और मेरे हृदय के
ध्यान तेरे सम्मुख मनोहर हों, हे मेरी चट्टान और मेरे छुड़ाने
वाले।

20 *मुख्य गायक के लिए। दाविद का एक भजन।*

1 कष्ट के दिन में 𐤉𐤄𐤅𐤄 तेरा उत्तर दे; याक़ोब के
ईश्वर का नाम तुझे ऊँचा उठाए। 2 वह तुझे अपने पवित्र
स्थान से सहायता भेजे, और सियोन से तुझे सहारा दे। 3 वह
तेरे सब अर्पणों को स्मरण करे, और तेरे होमबलि को ग्रहण
करे। सेला। 4 वह तुझे तेरे मन की इच्छा के अनुसार दे,
और तेरे सब विचारों को पूरा करे। 5 हम तेरे उद्धार में
जयजयकार करेंगे, और अपने ईश्वर के नाम में ध्वजा

उठाएँगे; 𐤉𐤄𐤅𐤄 तेरी सब याचनाएँ पूरी करे। 6अब मैं
जानता हूँ कि 𐤉𐤄𐤅𐤄 अपने अभिषिक्त को बचाएगा; वह
अपने पवित्र आकाश से उसको उत्तर देगा, अपने दाहिने हाथ
के उद्धार के पराक्रम से। 7कोई रथों पर भरोसा रखता है,
कोई घोड़ों पर; परन्तु हम अपने ईश्वर 𐤉𐤄𐤅𐤄 के नाम को
स्मरण करते हैं। 8वे झुक गए और गिर पड़े हैं; परन्तु हम
उठे हैं और स्थिर खड़े हैं। 9हे 𐤉𐤄𐤅𐤄, उद्धार कर; जिस
दिन हम पुकारें, राजा को उत्तर देने दे।

21 *मुख्य गायक के लिए। दाविद का एक भजन।*

1हे 𐤉𐤄𐤅𐤄, राजा तेरी शक्ति में आनन्दित है, और
तेरे उद्धार में वह अत्यन्त प्रसन्न होता है। 2तू ने उसके मन
की इच्छा पूरी की, और उसके अधरों की याचना को
अस्वीकार नहीं किया। सेला। 3क्योंकि तू ने उसको भलाई
की आशीषों से मिला दिया है, और उसके सिर पर उत्तम सोने
का मुकुट रखा है। 4उसने तुझसे जीवन माँगा, और तू ने
उसे दिया — दिनों की दीर्घता, सदा और सर्वदा के लिये।
5तेरे उद्धार के द्वारा उसकी महिमा महान हुई है; तू ने उस पर
वैभव और शोभा डाली है। 6क्योंकि तू ने उसे सदा के लिये
धन्य किया है, और अपनी उपस्थिति के आनन्द से उसे
प्रसन्न किया है। 7क्योंकि राजा 𐤉𐤄𐤅𐤄 पर भरोसा रखता है,
और परमप्रधान की करुणा से वह डगमगाएगा नहीं। 8तेरा
हाथ तेरे सब शत्रुओं को पकड़ लेगा; तेरा दाहिना हाथ तेरे
बैरियों को पा लेगा। 9तेरी उपस्थिति के समय तू उन्हें अग्नि
की भट्ठी के समान कर देगा; 𐤉𐤄𐤅𐤄 अपने क्रोध में उन्हें
निगल जाएगा, और आग उन्हें भस्म कर देगी। 10तू उनकी
संतान को पृथ्वी से नाश करेगा, और उनके वंश को मनुष्यों में
से मिटा देगा। 11क्योंकि उन्होंने तेरे विरुद्ध बुराई की कल्पना
की, उन्होंने दुष्ट योजना रची, परन्तु वे सफल नहीं हुए।
12क्योंकि तू उन्हें पीठ दिखाने पर मजबूर करेगा, जब तू
अपने धनुष की डोरी उनके मुख पर खींचेगा। 13हे
𐤉𐤄𐤅𐤄, अपनी शक्ति में महान हो; हम गाएँगे और तेरी
पराक्रम की स्तुति करेंगे।

22 *मुख्य गायक के लिए, 'सुबह की हिरण' पर। दाविद का एक भजन।*

1हे मेरे ईश्वर, मेरे ईश्वर, तू ने मुझे क्यों छोड़ दिया है? तू
मेरी सहायता से और मेरी कराहने की बातों से क्यों दूर है? 2हे
मेरे ईश्वर, मैं दिन को पुकारता हूँ पर तू उत्तर नहीं देता; और
रात को भी, पर मुझे विश्राम नहीं मिलता। 3तो भी तू पवित्र है,
जो इस्राएल की स्तुतियों पर विराजमान है। 4हमारे पितरों ने
तुझ पर भरोसा रखा; उन्होंने भरोसा रखा, और तू ने उन्हें
छुड़ाया। 5उन्होंने तेरी ओर पुकारा और बचाए गए; उन्होंने
तुझ पर भरोसा रखा और लज्जित नहीं हुए। 6परन्तु मैं तो
कीड़ा हूँ, मनुष्य नहीं; मनुष्यों का उपहास और लोगों का
तिरस्कृत। 7जो मुझे देखते हैं, सब मुझ पर ठट्ठा करते हैं;
होंठ बिचकाते हैं, सिर हिलाते हैं। 8"उसने 𐤉𐤄𐤅𐤄 पर
भरोसा रखा, अब वही उसे छुड़ाए; वह उसे बचाए, क्योंकि उसे
उसमें प्रसन्नता है।" 9क्योंकि तू ही है जिसने मुझे गर्भ से
निकाला; तू ने मुझे मेरी माता के स्तनों पर सुरक्षित किया।
10जन्म के समय ही मैं तुझ पर छोड़ा गया; मेरी माता के गर्भ
से ही तू मेरा ईश्वर रहा है। 11मुझसे दूर मत हो, क्योंकि
संकट समीप है, और कोई सहायक नहीं। 12बहुत से साँड़ों ने
मुझे घेर लिया है; बाशान के बलवानों ने मुझे घेरे में ले लिया
है। 13वे मुझ पर अपने मुँह ऐसे फैलाते हैं, जैसे फाड़ने और
गरजने वाला सिंह। 14मैं जल के समान ढल गया हूँ, और
मेरी सारी हड्डियाँ अलग हो गई हैं; मेरा हृदय मोम के समान
हो गया है, वह मेरे भीतर पिघल गया है। 15मेरी शक्ति मिट्टी
के टुकड़े के समान सूख गई है, और मेरी जीभ मेरे तालू से
चिपक गई है; तू ने मुझे मृत्यु की धूल में डाल दिया है।
16कुत्तों ने मुझे घेर लिया है; दुष्टों की मण्डली ने मुझे चारों
ओर से घेरा है; उन्होंने मेरे हाथ और मेरे पाँव छेद दिए हैं।
17मैं अपनी सब हड्डियाँ गिन सकता हूँ; वे देखते हैं, वे मुझे
घूरते हैं। 18वे मेरे वस्त्र आपस में बाँटते हैं, और मेरे परिधान
पर चिट्ठियाँ डालते हैं। 19परन्तु तू, हे 𐤉𐤄𐤅𐤄, मुझसे दूर
मत हो; हे मेरी शक्ति, शीघ्र मेरी सहायता को आ। 20मेरी
जान को तलवार से छुड़ा, मेरी अकेली प्राण को कुत्ते के पंजे
से बचा। 21मुझे सिंह के मुँह से बचा, और जंगली साँड़ों के
सींगों से छुड़ा; तू ने मेरी सुन ली है। 22मैं अपने भाइयों के
बीच तेरे नाम का प्रचार करूँगा; सभा के बीच मैं तेरी स्तुति
करूँगा। 23हे 𐤉𐤄𐤅𐤄 का भय माननेवालो, उसकी स्तुति
करो; हे याक़ोब की सन्तान, उसका आदर करो; हे इस्राएल
की सारी सन्तान, उसका भय मानो। 24क्योंकि उसने दु:खी
की दु:ख-स्थिति का तिरस्कार या घृणा नहीं की, न उसने
अपना मुख उससे छिपाया; पर जब उसने उसकी ओर
पुकारा, तब उसने सुना। 25तेरी ही ओर से मेरी स्तुति बड़ी
सभा में होगी; जो तेरा भय मानते हैं, उनके सामने मैं अपनी
मन्नतें पूरी करूँगा। 26दीन जन खाएँगे और तृप्त होंगे; जो
उसको खोजते हैं वे हालेलू𐤉𐤄𐤅𐤄 कहेंगे; तुम्हारा हृदय सदा
जीवित रहे। 27पृथ्वी के सब छोर 𐤉𐤄𐤅𐤄 को स्मरण करेंगे
और उसकी ओर फिरेंगे; और जातियों के सब कुल तेरे
सामने दण्डवत करेंगे। 28क्योंकि राज्य 𐤉𐤄𐤅𐤄 का है, और
वह जातियों पर प्रभुत्व करता है। 29पृथ्वी के सब सम्पन्नजन
खाएँगे और दण्डवत करेंगे; जो मिट्टी में उतरते हैं वे सब
उसके सामने झुकेंगे, चाहे जिसने अपना प्राण भी जीवित नहीं
रखा। 30एक पीढ़ी उसकी सेवा करेगी; 𐤉𐤄𐤅𐤄 के विषय में
यह आनेवाली पीढ़ी को बताया जाएगा। 31वे आएँगे और
उसकी धर्मता की घोषणा करेंगे उस जाति के लोगों को जो
उत्पन्न होंगे, कि उसने यह किया है।

23 *दाविद का एक भजन।*

1𐤉𐤄𐤅𐤄 मेरा चरवाहा है; मुझे किसी वस्तु की घटी
नहीं। 2वह मुझे हरी चराइयों में बैठाता है; वह मुझे शान्त
जल के पास ले चलता है। 3वह मेरे प्राण को बहाल करता है;
अपने नाम के निमित्त वह मुझे धर्म के मार्गों में ले चलता है।
4यद्यपि मैं मृत्यु की छाया की तराई से होकर चलूँ, तौभी मैं
किसी बुराई से नहीं डरूँगा, क्योंकि तू मेरे संग है; तेरी लाठी
और तेरी छड़ी मुझे शान्ति देती हैं। 5तू मेरे शत्रुओं के सामने
मेरे लिये मेज़ बिछाता है; तू ने मेरे सिर पर तेल मला है; मेरा
प्याला उमड़ता है। 6निश्चय भलाई और करूणा मेरे जीवन

के सब दिनों में मेरे पीछे-पीछे चलेंगी; और मैं 𐤉𐤄𐤅𐤄 के
भवन में दीर्घ काल तक निवास करूँगा।

24

दाविद का एक भजन।

[1]पृथ्वी और उस में जो कुछ है, वह सब 𐤉𐤄𐤅𐤄 की
है; जगत् और जो उसमें बसते हैं, वे भी उसी के हैं। [2]क्योंकि
उसने उसे समुद्रों पर स्थिर किया है, और नदियों पर उसे
स्थापन किया है। [3]कौन 𐤉𐤄𐤅𐤄 के पर्वत पर चढ़ेगा? और
कौन उसके पवित्र स्थान में खड़ा होगा? [4]वह जिसका हाथ
निर्दोष है और जिसका हृदय शुद्ध है; जिसने अपनी प्राण को
व्यर्थ बातों की ओर नहीं लगाया, और छलपूर्वक शपथ नहीं
खाई। [5]वह 𐤉𐤄𐤅𐤄 से आशीष पाएगा, और अपने उद्धार के
ईश्वर से धर्म प्राप्त करेगा। [6]यह वही पीढ़ी है जो उसको
खोजती है; जो याक़ोब के ईश्वर का मुख तलाश करती है।
सेला। [7]हे फाटकों, अपने सिर उठाओ; हे सनातन द्वारो, उठे
रहो; और महिमा के राजा प्रवेश करें। [8]यह महिमा का राजा
कौन है? 𐤉𐤄𐤅𐤄 बलवान और पराक्रमी है; 𐤉𐤄𐤅𐤄 युद्ध में
पराक्रमी है। [9]हे फाटकों, अपने सिर उठाओ; हे सनातन
द्वारो, उठे रहो; और महिमा के राजा प्रवेश करें। [10]यह महिमा
का राजा कौन है? सेनाओं का 𐤉𐤄𐤅𐤄 — वही महिमा का
राजा है। सेला।

25

दाविद का।

[1]א, 𐤀 हे 𐤉𐤄𐤅𐤄, मैं अपना प्राण तेरे पास उठाता
हूँ। [2]ב ,𐤁 हे मेरे ईश्वर, मैंने तुझ पर भरोसा रखा है; मुझे
लज्जित न होने दे; मेरे शत्रु मुझ पर जयजयकार न करें।
[3]ג ,𐤂 निश्चय जो तेरी बाट जोहते हैं वे लज्जित न होंगे; पर
जो व्यर्थ में कपट करते हैं वे लज्जित होंगे। [4]ד ,𐤃 हे
𐤉𐤄𐤅𐤄, मुझे अपने मार्ग दिखा; मुझे अपने पथ सिखा।
[5]ה ,𐤄 अपनी सच्चाई में मेरा मार्गदर्शन कर, ו ,𐤅 और मुझे
सिखा, क्योंकि तू ही मेरे उद्धार का ईश्वर है; मैं दिन भर तेरी
बाट जोहता हूँ। [6]ז ,𐤆 हे 𐤉𐤄𐤅𐤄, अपनी दया और अपनी
करूणाओं को स्मरण कर, क्योंकि वे अनादि से हैं। [7]ח, 𐤇
मेरी जवानी के पापों और मेरे अपराधों को स्मरण न कर;
अपनी करूणा के अनुसार मुझे स्मरण कर, हे 𐤉𐤄𐤅𐤄,
अपनी भलाई के कारण। [8]ט ,𐤈 𐤉𐤄𐤅𐤄 भला और सीधा
है; इसलिये वह पापियों को मार्ग सिखाता है। [9]י ,𐤉 वह दीन
जनों का न्याय में मार्गदर्शन करता है, और वह नम्र जनों को
अपना मार्ग सिखाता है। [10]כ ,𐤊 𐤉𐤄𐤅𐤄 के सब मार्ग
करूणा और सच्चाई हैं उन लोगों के लिये जो उसकी वाचा
और उसकी चितौनियों को मानते हैं। [11]ל ,𐤋 अपने नाम के
निमित्त, हे 𐤉𐤄𐤅𐤄, तू मेरा महान अपराध क्षमा कर। [12],𐤌
מ वह मनुष्य कौन है जो 𐤉𐤄𐤅𐤄 का भय मानता है? वह उसे
उस मार्ग में सिखाता है जिसे उसे चुनना चाहिए। [13]נ ,𐤍
उसका प्राण भलाई में वास करेगा, और उसकी सन्तान पृथ्वी
का अधिकार पाएगी। [14]ס ,𐤎 𐤉𐤄𐤅𐤄 का भेद उसके भय
माननेवालों के साथ है, और वह अपनी वाचा उन्हें बताता है।
[15]ע ,𐤏 मेरी आँखें सदा 𐤉𐤄𐤅𐤄 की ओर लगी रहती हैं,
क्योंकि वही मेरे पाँवों को जाल से छुड़ाता है। [16]פ ,𐤐 अपनी
ओर फिर और मुझ पर अनुग्रह कर, क्योंकि मैं अकेला और
पीड़ित हूँ। [17]צ ,𐤑 मेरे हृदय की क्लेश बढ़ गए हैं; मुझे मेरे
संकटों से निकाल। [18]ר ,𐤓 मेरी दु:ख-स्थिति और मेरी
कठिनाई पर दृष्टि कर, और मेरे सब पापों को क्षमा कर।
[19]देख, मेरे शत्रु कितने बढ़ गए हैं; और वे मुझसे घोर बैर
रखते हैं। [20]שׁ ,𐤔 मेरे प्राण की रक्षा कर, और मुझे छुड़ा;
मुझे लज्जित न होने दे, क्योंकि मैंने तुझ में शरण ली है।
[21]ת ,𐤕 निर्दोषता और सीधाई मेरी रक्षा करें, क्योंकि मैंने तेरी
बाट जोही है। [22]हे ईश्वर, इस्राएल को उसके सब संकटों से
छुड़ा।

26

दाविद का।

[1]हे 𐤉𐤄𐤅𐤄, मेरा न्याय कर, क्योंकि मैं अपनी खराई
में चला हूँ; और मैंने 𐤉𐤄𐤅𐤄 पर अडिग विश्वास रखा है।
[2]हे 𐤉𐤄𐤅𐤄, मुझे जाँच और परख; मेरी अंतःकरण और मेरे
हृदय को आज़मा। [3]क्योंकि तेरी करूणा मेरी आँखों के
सामने है, और मैं तेरी सच्चाई में चला हूँ। [4]मैं झूठे मनुष्यों के
संग नहीं बैठा, न ही कपटी लोगों के साथ जाता हूँ। [5]मै
कुकर्मियों की सभा से घृणा करता हूँ, और दुष्टों के साथ नही
बैठता। [6]मैं अपने हाथ निर्दोषता में धोता हूँ, और तेरे वेदी के
चारों ओर चलता हूँ, हे 𐤉𐤄𐤅𐤄। [7]कि मैं धन्यवाद का स्वर
उठाऊँ, और तेरे सब अद्भुत कार्यों का वर्णन करूँ। [8]हे
𐤉𐤄𐤅𐤄, मैं तेरे भवन के निवास से, और उस स्थान से जहां
तेरी महिमा निवास करती है, प्रेम रखता हूँ। [9]मेरे प्राण को
पापियों के साथ न लेना, और मेरे जीवन को रक्तपिपासु
मनुष्यों के साथ नहीं। [10]जिनके हाथों में कपट है, और
जिनके दाहिने हाथ रिश्वत से भरे हैं। [11]पर मैं अपनी खराई
में चलता रहूँगा; मुझे छुड़ा और मुझ पर अनुग्रह कर।
[12]मेरा पाँव समतल स्थान पर खड़ा रहेगा; सभाओं में मै
𐤉𐤄𐤅𐤄 की स्तुति करूँगा।

27

दाविद का।

[1]𐤉𐤄𐤅𐤄 मेरा प्रकाश और मेरा उद्धार है; मैं किससे
डरूँ? 𐤉𐤄𐤅𐤄 मेरे जीवन का दृढ़ गढ़ है; मैं किससे भय
खाऊँ? [2]जब कुकर्मी मुझ पर यह चाहकर चढ़े कि मेरा मांस
खा जाएँ, मेरे शत्रु और मेरे विरोधी ठोकर खाकर गिर
पड़ेंगे। [3]चाहे कोई सेना मेरे विरुद्ध डेरे डाले, मेरा हृदय नही
डरेगा; चाहे युद्ध मेरे विरुद्ध उठ खड़ा हो, तौभी मैं भरोसा
रखूँगा। [4]एक बात मैंने 𐤉𐤄𐤅𐤄 से माँगी है, उसी की खोज
में रहूँगा — कि मैं अपने जीवन के सब दिनों में 𐤉𐤄𐤅𐤄 के
भवन में निवास करूँ, ताकि 𐤉𐤄𐤅𐤄 की मनोहरता पर दृष्टि
करूँ, और उसके मंदिर में विचार करूँ। [5]क्योंकि विपत्ति के
दिन वह मुझे अपने तंबू में छिपा लेगा; अपने निवास के
आच्छादन में वह मुझे छिपा रखेगा; वह मुझे चट्टान पर ऊँचा
उठाएगा। [6]और अब मेरा सिर मेरे चारों ओर के शत्रुओं से
ऊँचा उठाया जाएगा; और मैं उसके तंबू में जयजयकार के
बलिदान चढ़ाऊँगा; मैं गाऊँगा, मैं 𐤉𐤄𐤅𐤄 की स्तुति
करूँगा। [7]हे 𐤉𐤄𐤅𐤄, जब मैं अपनी आवाज़ से पुकारूँ, तब
सुन; मुझ पर अनुग्रह कर और मुझे उत्तर दे। [8]तूने मेरे
हृदय से कहा, "मेरा मुख ढूँढो।" हे 𐤉𐤄𐤅𐤄, मैं तेरे मुख का
ही खोजी हूँ। [9]अपना मुख मुझसे न छिपा; अपने दास को

क्रोध में दूर न कर; तू मेरा सहायक रहा है; मुझे न छोड़, न
त्याग, हे मेरे उद्धार के ईश्वर। 10 यदि मेरा पिता और मेरी
माता मुझे छोड़ भी दें, तो 𐤉𐤄𐤅𐤄 मुझे अपनाएगा। 11 हे
𐤉𐤄𐤅𐤄, मुझे अपना मार्ग सिखा, और मेरे शत्रुओं के कारण
मुझे सीधा मार्ग दिखा। 12 मुझे मेरे विरोधियों की इच्छा पर न
छोड़, क्योंकि झूठे साक्षी मेरे विरुद्ध उठ खड़े हुए हैं, और वे
क्रोध से श्वास लेते हैं। 13 यदि मैं जीवितों की भूमि में
𐤉𐤄𐤅𐤄 की भलाई को देखने की आशा न रखता, तो मैं चूर-
चूर हो जाता। 14 𐤉𐤄𐤅𐤄 की बाट जोह; दृढ़ रह, और वह
तेरे हृदय को बल देगा; हाँ, मैं कहता हूँ, 𐤉𐤄𐤅𐤄 की बाट
जोह।

28 *दाविद का।*

1 मैं तेरी ओर पुकारता हूँ, हे 𐤉𐤄𐤅𐤄, मेरी चट्टान!
मुझसे बहरी मत रह! क्योंकि यदि तू मुझसे मौन रहेगा, तो मैं
उन लोगों के समान हो जाऊँगा जो गड्ढे में उतरते हैं। 2 जब
मैं तेरी ओर पुकार कर प्रार्थना करता हूँ, तब मेरी प्रार्थना की
आवाज़ सुन, जब मैं अपने हाथ तेरे पवित्र वाणी के स्थान की
ओर उठाता हूँ। 3 मुझे दुष्टों के साथ और अधर्म के काम
करने वालों के साथ न खींच ले, जो अपने पड़ोसियों से मेल
की बातें तो करते हैं, परन्तु उनके हृदय में बुराई है। 4 उनके
कामों के अनुसार उन्हें दे, और उनके कर्मों की दुष्टता के
अनुसार उन्हें प्रतिफल दे; उनके हाथों के काम के अनुसार
उन्हें दे; उन्हें उनके योग्य फल लौटा। 5 क्योंकि वे 𐤉𐤄𐤅𐤄
के कामों और उसके हाथों के कार्यों पर ध्यान नहीं देते;
इसलिए वह उन्हें गिरा देगा, और उन्हें फिर नहीं उठाएगा।
6 धन्य है 𐤉𐤄𐤅𐤄, क्योंकि उसने मेरी प्रार्थना की आवाज़
सुनी है! 7 𐤉𐤄𐤅𐤄 मेरी शक्ति और मेरी ढाल है; मेरा हृदय
उस पर भरोसा करता है और मैं सहायता पाता हूँ; इसलिए
मेरा हृदय आनंदित होता है, और मैं अपने गीत से उसकी
स्तुति करता हूँ। 8 𐤉𐤄𐤅𐤄 अपने लोगों की शक्ति है, और
वह अपने अभिषिक्त का उद्धार करने वाला गढ़ है। 9 अपने
लोगों का उद्धार कर, और अपनी विरासत को आशीष दे; और
उनका चरवाहा बन, और उन्हें सदा-सर्वदा तक संभाल।

29 *दाविद का एक भजन।*

1 हे पराक्रमी जनो, 𐤉𐤄𐤅𐤄 को दो; 𐤉𐤄𐤅𐤄 को
महिमा और सामर्थ्य दो। 2 𐤉𐤄𐤅𐤄 के नाम की महिमा दो;
पवित्रता के शोभा में 𐤉𐤄𐤅𐤄 के आगे दण्डवत करो।
3 𐤉𐤄𐤅𐤄 का स्वर जल के ऊपर है; महिमा का ईश्वर गर्जन
करता है; 𐤉𐤄𐤅𐤄 बहुत-से जलों के ऊपर है। 4 𐤉𐤄𐤅𐤄
का स्वर सामर्थ्यशाली है; 𐤉𐤄𐤅𐤄 का स्वर अत्यन्त
गौरवशाली है। 5 𐤉𐤄𐤅𐤄 का स्वर देवदारों को तोड़ डालता
है; 𐤉𐤄𐤅𐤄 लेबानोन के देवदारों को टुकड़े-टुकड़े कर देता
है। 6 वह लेबानोन को बछड़े की तरह, और सिरयोन को
जवान जंगली बैल की तरह उछलाता है। 7 𐤉𐤄𐤅𐤄 का स्वर
आग की ज्वालाओं को चीरता है। 8 𐤉𐤄𐤅𐤄 का स्वर
मरुभूमि को हिलाता है; 𐤉𐤄𐤅𐤄 कादेश की मरुभूमि को हिला
देता है। 9 𐤉𐤄𐤅𐤄 का स्वर हरिणियों को जन्म देती है, और
वन को उजाड़ देता है; और उसके मंदिर में सब कहते हैं,
"महिमा!" 10 𐤉𐤄𐤅𐤄 जल-प्रलय के समय सिंहासन पर बैठा
था; और 𐤉𐤄𐤅𐤄 सदा-सर्वदा राजा रहेगा। 11 𐤉𐤄𐤅𐤄
अपनी प्रजा को सामर्थ्य देता है; 𐤉𐤄𐤅𐤄 अपनी प्रजा को
शान्ति से आशीष देता है।

30 *एक भजन; एक गीत। दाविद के घर का समर्पण।*

1 हे 𐤉𐤄𐤅𐤄, मैं तेरा बखान करूँगा, क्योंकि तूने मुझे ऊपर
उठाया है, और मेरे शत्रुओं को मुझ पर आनन्दित होने नहीं
दिया। 2 हे 𐤉𐤄𐤅𐤄, मेरे ईश्वर, मैं ने तुझे पुकारा, और तूने
मुझे चंगा किया। 3 हे 𐤉𐤄𐤅𐤄, तूने मेरे प्राण को कब्र से
निकाला; तूने मुझे जीवित रखा कि मैं गर्त में न उतरूँ। 4 हे
उसके भक्तो, 𐤉𐤄𐤅𐤄 की स्तुति करो, और उसकी पवित्रता
के स्मरण पर धन्यवाद दो। 5 क्योंकि उसका क्रोध केवल
क्षणभर का है, उसकी कृपा जीवनभर की है; रातभर रोना रह
सकता है, परन्तु भोर में आनन्द आता है। 6 मैंने अपनी
समृद्धि में कहा, "मैं कभी नहीं डगमगाऊँगा।" 7 हे 𐤉𐤄𐤅𐤄,
तेरी कृपा से तूने मेरे पर्वत को दृढ़ बनाया; पर जब तूने अपना
मुख छिपाया, मैं घबरा गया। 8 मैंने तुझसे पुकारा, हे
𐤉𐤄𐤅𐤄; और 𐤉𐤄𐤅𐤄 से विनती की। 9 "मेरे लहू से क्या
लाभ होगा, यदि मैं कब्र में उतर जाऊँ? क्या धूल तेरी स्तुति
करेगी? क्या वह तेरी सच्चाई का प्रचार करेगी?" 10 "हे
𐤉𐤄𐤅𐤄, सुन और मुझ पर दया कर; हे 𐤉𐤄𐤅𐤄, तू मेरा
सहायक बन।" 11 तूने मेरे विलाप को नृत्य में बदल दिया;
तूने मेरा टाट उतार फेंका और मुझे आनन्द से कमर बाँधी।
12 जिससे मेरा हृदय तेरी स्तुति करे और चुप न रहे। हे
𐤉𐤄𐤅𐤄 मेरे ईश्वर, मैं सदा तेरी धन्यवाद करूँगा।

31 *मुख्य गायक के लिए। दाविद का एक भजन।*

1 हे 𐤉𐤄𐤅𐤄, मैं ने तुझ में शरण ली है; मुझे कभी
लज्जित न होने दे; अपनी धर्मशीलता के कारण मुझे छुड़ा।
2 अपना कान मेरी ओर झुका; शीघ्र मुझे बचा; मेरे लिए दृढ़
चट्टान और उद्धार का घर बन। 3 क्योंकि तू ही मेरी चट्टान
और मेरा गढ़ है; अपने नाम के कारण मेरी अगुवाई कर और
मेरा मार्गदर्शन कर। 4 उस जाल से मुझे निकाल, जो उन्होंने
मेरे लिए छिपाया है; क्योंकि तू ही मेरा शरणस्थान है। 5 तेरे
हाथ में मैं अपनी आत्मा सौंपता हूँ; तूने मुझे छुड़ाया है, हे
𐤉𐤄𐤅𐤄, सत्य के ईश्वर। 6 मैं झूठे व्यर्थ मूर्तियों से घृणा
करता हूँ; परन्तु मैं 𐤉𐤄𐤅𐤄 पर भरोसा रखता हूँ। 7 मैं तेरी
करुणा में आनन्दित और प्रफुल्लित होऊँगा; क्योंकि तूने मेरी
दुर्दशा को देखा है, तूने मेरी आत्मा के संकटों को जाना है।
8 और तूने मुझे शत्रु के हाथ में नहीं सौंपा; तूने मेरे पाँवों को
विस्तृत स्थान पर खड़ा किया। 9 हे 𐤉𐤄𐤅𐤄, मुझ पर दया
कर, क्योंकि मैं संकट में हूँ; मेरा नेत्र, मेरा मन, और मेरा
शरीर दुख से क्षीण हो गया है। 10 क्योंकि मेरा जीवन दुःख में
नष्ट हो रहा है, और मेरे वर्ष कराहने में; मेरे अधर्म के कारण
मेरी शक्ति घट गई है, और मेरी हड्डियाँ गल गई हैं। 11 मैं
अपने सब विरोधियों के लिए नामधराई बन गया हूँ, विशेषकर
अपने पड़ोसियों के लिए भय का कारण; जो बाहर मुझे देखते
हैं, मुझसे भागते हैं। 12 मैं भूले हुए मरे हुए के समान हो गया

हूँ; मैं टूटे हुए पात्र के समान हूँ। 13क्योंकि मैंने बहुतों की
निन्दा सुनी है; चारों ओर भय है; जब वे मेरे विरुद्ध सम्मति
करते हैं, तो मेरे प्राण को लेने की युक्ति रचते हैं। 14परन्तु हे
𐤉𐤄𐤅𐤄, मैं तुझ पर भरोसा रखता हूँ; मैंने कहा है, "तू मेरा
ईश्वर है।" 15मेरे समय तेरे हाथ में हैं; मुझे मेरे शत्रुओं के
हाथ से, और मुझ पर अत्याचार करने वालों से छुड़ा।
16अपने दास पर अपना मुख उज्ज्वल कर; अपनी करूणा से
मुझे उद्धार दे। 17हे 𐤉𐤄𐤅𐤄, मुझे लज्जित न होने दे,
क्योंकि मैंने तुझे पुकारा है; दुष्ट लोग लज्जित हों, और कब्र में
मौन हो जाएँ। 18झूठ बोलने वाले होंठ बन्द हों, जो धर्मी के
विरुद्ध घमण्ड और तिरस्कार से बातें करते हैं। 19तेरी भलाई
कितनी बड़ी है, जिसे तूने अपने डर मानने वालों के लिए रख
छोड़ी है; जिसे तूने मनुष्यों के सामने अपने भरोसा रखने वालों
के लिए तैयार किया है। 20तू उन्हें अपने उपस्थिती के गुप्त
स्थान में मनुष्यों की युक्तियों से छिपा रखता है; तू उन्हें वाद-
विवाद करने वाली जीभों से आश्रय में रखता है। 21धन्य हो
𐤉𐤄𐤅𐤄, क्योंकि उसने दृढ नगर में मुझ पर अपनी अद्‌भुत
करूणा दिखाई है। 22और मैंने अपने घबराहट में कहा, "मैं
तेरी दृष्टि से काट दिया गया हूँ।" तौभी तूने मेरी विनती की
आवाज़ सुनी जब मैं तेरे पास पुकारा। 23हे उसके सब भक्तो,
𐤉𐤄𐤅𐤄 से प्रेम रखो! क्योंकि 𐤉𐤄𐤅𐤄 विश्वासयोग्य लोगों
की रक्षा करता है, और गर्व करने वाले को भरपूर बदला देता
है। 24हे 𐤉𐤄𐤅𐤄 की बाट जोहने वालो, दृढ बनो, और वह
तुम्हारे हृदय को बल देगा।

32

दाऊद की कविता।

1धन्य है वह जिसका अपराध क्षमा किया गया,
जिसका पाप ढाँका गया है। 2धन्य है वह मनुष्य, जिसके लिए
𐤉𐤄𐤅𐤄 अधर्म का लेखा नहीं रखता, और जिसकी आत्मा में
कपट नहीं है। 3जब मैं चुप रहा, तो मेरे हड्डियाँ दिनभर
कराहने से सूख गईं। 4क्योंकि दिन-रात तेरे हाथ का भार
मुझ पर था; मेरी तरावट ग्रीष्म ऋतु के सूखे के समान सूख
गई। सेलाह। 5मैंने अपना पाप तुझसे प्रकट किया, और
अपना अधर्म नहीं छिपाया; मैंने कहा, "मैं अपने अपराधों को
𐤉𐤄𐤅𐤄 के सम्मुख स्वीकार करूँगा," और तूने मेरे पाप के
अधर्म को क्षमा किया। सेलाह। 6इस कारण हर भक्त तुझसे
प्रार्थना करे, जब तक तू मिल सकता है; निश्चय ही प्रचण्ड
जलप्रलय भी उस तक नहीं पहुँचेगी। 7तू मेरा छिपने का
स्थान है; तू मुझे संकट से बचाए रखता है; तू मुझे उद्धार के
गीतों से घेर लेता है। सेलाह। 8"मैं तुझे समझाऊँगा और
सिखाऊँगा जिस मार्ग में तुझे चलना है; मैं तुझे सम्मति दूँगा,
मेरी आँख तुझ पर रहेगी।" 9घोड़े या खच्चर के समान मत
बन, जिनमें समझ नहीं होती; जिनको लगाम और बाग से
रोकना पड़ता है, नहीं तो वे तेरे पास नहीं आते। 10दुष्ट के
बहुत दुःख होते हैं; परन्तु जो 𐤉𐤄𐤅𐤄 पर भरोसा रखता है,
उसको कृपा घेरे रहती है। 11हे धर्मियों, 𐤉𐤄𐤅𐤄 में
आनन्दित और मगन रहो; और सब सीधे हृदय वाले लोग
जयजयकार करो।

33

1हे धर्मियों, 𐤉𐤄𐤅𐤄 में आनन्द करो; सीधाई वालो
के लिए स्तुति सुहावनी है। 2वीणा से 𐤉𐤄𐤅𐤄 का
धन्यवाद करो; दस तार वाले सारंगी से उसकी स्तुति गाओ।
3उसके लिए नया गीत गाओ; कुशलता से और हर्ष के साथ
मधुरता से बजाओ। 4क्योंकि 𐤉𐤄𐤅𐤄 का वचन सीधा है,
और उसका सारा काम सच्चाई से होता है। 5वह धर्म और
न्याय से प्रेम रखता है; पृथ्वी 𐤉𐤄𐤅𐤄 की करूणा से भरी है।
6𐤉𐤄𐤅𐤄 के वचन से आकाश बनाए गए, और उसके मुख
की साँस से उसकी सारी सेना। 7वह समुद्र के जलों को मानो
एक ढेर में इकट्ठा करता है; वह गहरे जलों को भंडारों में रख
देता है। 8सारी पृथ्वी 𐤉𐤄𐤅𐤄 से डरे; जगत के सब रहने
वाले उससे भय मानें। 9क्योंकि उसने कहा, और वह हो गया;
उसने आज्ञा दी, और वह स्थिर रहा। 10𐤉𐤄𐤅𐤄 जातियों
की युक्ति को व्यर्थ करता है; वह लोगों की कल्पनाओं को
व्यर्थ कर देता है। 11𐤉𐤄𐤅𐤄 की युक्ति सदा बनी रहती है;
उसके हृदय के विचार पीढ़ी से पीढ़ी तक। 12धन्य है वह
जाति जिसका ईश्वर 𐤉𐤄𐤅𐤄 है; वह प्रजा जिसे उसने अपनी
निज विरासत के लिए चुना है। 13𐤉𐤄𐤅𐤄 आकाश से
देखता है; वह सब मनुष्यों के पुत्रों को देखता है। 14अपने
निवास स्थान से वह पृथ्वी के सब रहने वालों को देखता है।
15वह उन सब के हृदयों को रचता है; वह उनके सब कामों
को समझता है। 16कोई राजा बड़ी सेना से उद्धार नहीं पाता;
कोई पराक्रमी अपनी बड़ी शक्ति से नहीं बचता। 17घोड़ा भी
उद्धार के लिए व्यर्थ आशा है, और अपनी बड़ी शक्ति से वह
बचा नहीं सकता। 18देखो, 𐤉𐤄𐤅𐤄 की आँखें उन पर लगी
हैं जो उससे डरते हैं, उन पर जो उसकी करूणा की बाट
जोहते हैं। 19कि वह उनके प्राण को मृत्यु से बचाए, और
अकाल में उन्हें जीवित रखे। 20हमारी आत्मा 𐤉𐤄𐤅𐤄 की
बाट जोहती है; वह हमारी सहायता और हमारी ढाल है।
21क्योंकि हमारा हृदय उसमें आनन्दित है, क्योंकि हम उसके
पवित्र नाम पर भरोसा रखते हैं। 22हे 𐤉𐤄𐤅𐤄, तेरी करूणा
हम पर बनी रहे, जैसे हम तुझ पर आशा रखते हैं।

34

दाविद का, जब उसने अबीमेलेक के सामने अपना व्यवहार बदला; जिसने उसे भगा दिया, और वह चला गया।

1א , 𐤀 मैं सर्वदा 𐤉𐤄𐤅𐤄 को धन्य कहूँगा; उसकी स्तुति
सदा मेरे मुख में बनी रहेगी। 2ב ,𐤁 मेरी आत्मा 𐤉𐤄𐤅𐤄 पर
गर्व करेगी; दीन लोग यह सुनकर आनन्दित होंगे। 3ג ,𐤂
मेरे साथ मिलकर 𐤉𐤄𐤅𐤄 को महान ठहराओ, और हम
मिलकर उसके नाम की बड़ाई करें। 4ד ,𐤃 मैंने 𐤉𐤄𐤅𐤄 को
खोजा, और उसने मुझे उत्तर दिया, और मेरे सब भय से मुझे
छुड़ाया। 5ה ,𐤄 जिन्होंने उसकी ओर देखा, वे प्रकाशित हुए;
ו ,𐤅 और उनके चेहरे लज्जित नहीं हुए। 6ז ,𐤆 इस दीन ने
पुकारा, और 𐤉𐤄𐤅𐤄 ने सुना, और उसे उसके सब संकटों
से छुड़ाया। 7ח , 𐤇 𐤉𐤄𐤅𐤄 का दूत उसके डर मानने
वालों के चारों ओर डेरा डालता है, और उन्हें बचाता है। 8,𐤈
ט स्वाद लो और देखो कि 𐤉𐤄𐤅𐤄 भला है; धन्य है वह
मनुष्य जो उसमें शरण लेता है। 9י ,𐤉 हे उसके पवित्र जनो,

𐤉𐤄𐤅𐤄 का भय मानो; क्योंकि जो उसका भय मानते हैं, उन्हें
किसी वस्तु की घटी नहीं होती। [10]כ ,𐤊 जवान सिंह घटी पाते
हैं और भूखे रहते हैं; परन्तु जो 𐤉𐤄𐤅𐤄 को ढूंढते हैं, उन्हें
किसी भली वस्तु की कमी नहीं होती। [11]ל ,𐤋 हे बालकों,
आओ, मेरी सुनो; मैं तुम्हें 𐤉𐤄𐤅𐤄 का भय सिखाऊँगा।
[12]מ ,𐤌 कौन है वह मनुष्य जो जीवन चाहता है, और भलाई
देखने के लिए बहुत दिन प्रेम करता है? [13]נ ,𐤍 अपनी जीभ
को बुराई से, और अपने होठों को छल बोलने से रोक। [14],𐤎
ס बुराई से हटकर भलाई कर; शान्ति का खोज कर उसका
पीछा कर। [15]ע ,𐤏 𐤉𐤄𐤅𐤄 की आँखें धर्मियों पर लगी हैं,
और उसके कान उनकी दोहाई पर लगे हैं। [16]פ ,𐤐 𐤉𐤄𐤅𐤄
का मुख बुराई करने वालों के विरुद्ध है, ताकि वह पृथ्वी से
उनकी स्मृति मिटा दे। [17]צ ,𐤑 उन्होंने पुकारा, और
𐤉𐤄𐤅𐤄 ने सुना, और उन्हें उनके सब संकटों से छुड़ाया।
[18]ק , 𐤒 𐤉𐤄𐤅𐤄 टूटे हुए मन वालों के समीप है, और
कुचले हुए आत्मा वालों को बचाता है। [19]ר ,𐤓 धर्मी के बहुत
संकट होते हैं, परन्तु 𐤉𐤄𐤅𐤄 उसे उन सब से छुड़ाता है।
[20]ש ,𐤔 वह उसकी सब हड्डियों की रक्षा करता है; उनमें से
एक भी नहीं टूटी जाती। [21]बुराई दुष्ट को मार डालती है; ,𐤕
ת और जो धर्मी से बैर रखते हैं, वे दोषी ठहराए जाते हैं।
[22]𐤉𐤄𐤅𐤄 अपने दासों के प्राण का उद्धार करता है; और जो
उसमें शरण लेते हैं, वे किसी दोष के भागी नहीं ठहरते।

35

दाविद का।

[1]हे 𐤉𐤄𐤅𐤄, उन से वाद-विवाद कर जो मुझ से
वाद-विवाद करते हैं; जो मुझ से लड़ते हैं, उनसे युद्ध कर।
[2]ढाल और कवच लेकर खड़ा हो जा, और मेरे सहायक के
रूप में उठ। [3]भाला और बरछी निकाल, और मेरे पीछे पड़ने
वालों का सामना कर; मेरी आत्मा से कह, "मैं तेरा उद्धार
हूँ।" [4]वे लोग लज्जित और लज्जा से लाल हों जो मेरे प्राण
के खोजी हैं; वे पीछे हट जाएँ और अपमानित हों जो मुझ पर
बुराई का विचार करते हैं। [5]वे पवन के आगे के भूसे के
समान हों, जब 𐤉𐤄𐤅𐤄 का दूत उन्हें उड़ा दे। [6]उनका मार्ग
अन्धकारमय और फिसलन भरा हो, जब 𐤉𐤄𐤅𐤄 का दूत
उनका पीछा करे। [7]क्योंकि बिना कारण उन्होंने मेरे लिए
जाल फैलाया; बिना कारण उन्होंने मेरे प्राण के लिए गढ़ा
खोदा। [8]उन पर अचानक विनाश आ पड़े, और जो जाल
उन्होंने बिछाया, उसी में वे स्वयं फँसें; वे उसमें गिरकर नाश
हों। [9]परन्तु मेरी आत्मा 𐤉𐤄𐤅𐤄 में मगन होगी; उसके
उद्धार में आनन्दित होगी। [10]मेरी सब हड्डियाँ कहेंगी, "हे
𐤉𐤄𐤅𐤄, तेरे समान कौन है, जो दीन को उससे अधिक
बलवान के हाथ से बचाता है, और दरिद्र व अभावग्रस्त को
लूटने वाले से छुड़ाता है?" [11]कपटपूर्ण साक्षी उठते हैं; वे
मुझसे वे बातें पूछते हैं जिन्हें मैं नहीं जानता। [12]वे मेरे
उपकार के बदले बुराई करते हैं, जिससे मेरा प्राण शोक से
भर जाता है। [13]परन्तु जब वे बीमार थे, तब मैंने टाट ओढ़ा,
उपवास से अपनी आत्मा को दीन किया; और मेरी प्रार्थना मेरी
छाती में लौट आती थी। [14]मैं ऐसे चलता था जैसे कोई मित्र
या भाई के लिये विलाप करता है; जैसे कोई माता के लिये
शोक करता है, मैं दु:ख में झुका रहता था। [15]परन्तु जब मैं
ठोकर खाया, तो वे आनन्दित हुए और एकत्र हो गए; वे लोग,
जिनको मैं नहीं जानता था, मेरे विरुद्ध इकट्ठे हुए; वे बिना रुके
मुझे फाड़ते रहे। [16]दुष्ट ठट्ठेबाज़ों के साथ उन्होंने दावतों में
हँसी उड़ाई; उन्होंने मुझ पर दाँत पीसे। [17]हे 𐤉𐤄𐤅𐤄, तू
कब तक देखता रहेगा? मेरी आत्मा को उनके विनाश से बचा,
मेरे प्रिय प्राण को सिंहों से छुड़ा। [18]मैं बड़ी सभा में तेरा
धन्यवाद करूँगा; बहुत लोगों के बीच में तेरा गुणगान
करूँगा। [19]मेरे झूठे शत्रु मुझ पर आनन्द न करें, और जो
बिना कारण मुझसे बैर रखते हैं, वे आँख न मारें। [20]क्योंकि
वे शान्ति की बातें नहीं कहते, परन्तु जो देश के शान्त लोगों
पर रहते हैं, उनके विरुद्ध छल की कल्पनाएँ करते हैं। [21]वे
मेरे विरुद्ध अपना मुँह चौड़ा करके कहते हैं, "आहा, आहा!
हमारी आँखों ने देख लिया है।" [22]हे 𐤉𐤄𐤅𐤄, तूने यह देखा
है; मौन न रह। हे 𐤉𐤄𐤅𐤄, मुझ से दूर न हो। [23]अपने
आप को जाग्रत कर और मेरे न्याय के लिये उठ; मेरे कारण
के लिये, हे मेरे ईश्वर और प्रभु। [24]हे 𐤉𐤄𐤅𐤄 मेरे ईश्वर,
अपनी धार्मिकता के अनुसार मेरा न्याय कर; और उन्हें मुझ
पर आनन्द करने न दे। [25]वे अपने मन में यह न कहें,
"आहा, यही हमारी इच्छा थी!" वे यह न कहें, "हमने उसे
निगल लिया।" [26]जो मेरे अनर्थ पर आनन्द करते हैं, वे सब
लज्जित और अपमानित हों; जो मुझ पर घमण्ड करते हैं, वे
लज्जा और तिरस्कार का वस्त्र पहनें। [27]जो मेरी धार्मिकता
के कारण प्रसन्न होते हैं, वे जयजयकार करें और आनन्द
मनाएँ; वे सदा कहें, "𐤉𐤄𐤅𐤄 महान ठहरे, जो अपने दास
की शान्ति की इच्छा रखता है।" [28]और मेरी जीभ तेरी
धार्मिकता का वर्णन करेगी, और तेरी स्तुति दिन भर करती
रहेगी।

36

मुख्य गायक के लिए। दाविद, 𐤉𐤄𐤅𐤄 का सेवक।

[1]अधर्म दुष्ट के हृदय में कहता है; उसके नेत्रों के सामने
ईश्वर का भय नहीं है। [2]क्योंकि वह अपनी दृष्टि में अपने को
चापलूसी करता है, ताकि अपने अधर्म को पहचानकर उससे
घृणा न करे। [3]उसके मुँह के वचन अधर्म और छल के हैं;
उसने बुद्धि करना और भलाई करना छोड़ दिया है। [4]वह
अपने बिस्तर पर अधर्म की कल्पना करता है; वह अपने को
ऐसे मार्ग पर रखता है जो अच्छा नहीं; वह बुराई से घृणा नहीं
करता। [5]हे 𐤉𐤄𐤅𐤄, तेरी करुणा आकाश तक पहुँचती है,
और तेरी सच्चाई बादलों तक फैली है। [6]तेरी धार्मिकता
शक्तिशाली पर्वतों के समान है; तेरे न्याय गहरे सागर के
समान हैं; हे 𐤉𐤄𐤅𐤄, तू मनुष्य और पशु दोनों का उद्धार
करता है। [7]हे ईश्वर, तेरी करुणा कितनी मूल्यवान है! मनुष्य
तेरे पंखों की छाया में शरण लेते हैं। [8]वे तेरे घर की समृद्धि से
तृप्त होते हैं, और तू उन्हें अपने आनन्द के नदी से पिलाता
है। [9]क्योंकि जीवन का स्रोत तेरे साथ है; तेरे प्रकाश में हम
प्रकाश देखते हैं। [10]जो तुझे जानते हैं, उन पर अपनी
करुणा बढ़ा; और सीधाई से रहने वालों पर अपनी धार्मिकता
बनाए रख। [11]अभिमान का पाँव मुझ पर न आए, और दुष्टों
का हाथ मुझे दूर न करे। [12]वहाँ अधर्म के कर्ता गिर गए हैं;
वे गिराए गए हैं और फिर उठ नहीं सकते।

37 *दाविद का।*

1א ,𐤀 दुष्टों के कारण चिढ़ मत, और अधर्म के
कर्ताओं से डाह मत कर। 2क्योंकि वे घास की नाईं शीघ्र सूख
जाएँगे, और हरी पौधों की नाईं मुरझा जाएँगे। 3ב ,𐤁
𐤉𐤄𐤅𐤄 पर भरोसा रख, और भलाई कर; देश में बस और
सत्य से अपना पालन कर। 4और 𐤉𐤄𐤅𐤄 में अपना
आनन्द मान, और वह तेरे मन की इच्छाएँ पूरी करेगा। 5,𐤂
ג अपना मार्ग 𐤉𐤄𐤅𐤄 पर छोड़ दे, उस पर भरोसा रख, और
वही पूरा करेगा। 6वह तेरी धार्मिकता को ज्योति के समान
और तेरे न्याय को दोपहर के समान उजागर करेगा। 7ד ,𐤃
𐤉𐤄𐤅𐤄 में विश्राम कर, और उसके लिये धैर्य से प्रतीक्षा कर;
उस मनुष्य के कारण मत चिढ़ जो अपने मार्ग में सफल होता
है, जो दुष्ट योजनाएँ करता है। 8ה ,𐤄 क्रोध को छोड़ दे,
और रोष को त्याग दे; चिढ़ मत, कहीं तू भी बुराई न कर
बैठे। 9क्योंकि दुष्ट काटे जाएँगे; परन्तु जो 𐤉𐤄𐤅𐤄 की बाट
जोहते हैं, वे देश के अधिकारी होंगे। 10ו ,𐤅 थोड़ी ही देर में
दुष्ट न रहेगा; तू उसके स्थान को देखेगा, पर वह वहाँ न
होगा। 11परन्तु नम्र लोग देश के अधिकारी होंगे, और शान्ति
की बहुतायत में आनन्दित रहेंगे। 12ז ,𐤆 दुष्ट धर्मी के
विरुद्ध षडयंत्र करता है, और उस पर दाँत पीसता है।
13𐤉𐤄𐤅𐤄 उस पर हँसता है, क्योंकि वह देखता है कि
उसका दिन आ रहा है। 14ח ,𐤇 दुष्ट तलवार निकालते हैं
और धनुष खींचते हैं, कि दीन और दरिद्र को गिराएँ, और जो
सीधा चलते हैं उन्हें घात करें। 15उनकी तलवार उनके ही
हृदय में घुस जाएगी, और उनके धनुष टूट जाएँगे। 16ט ,𐤈
धर्मी का थोड़ा भी बहुत दुष्टों की बड़ी सम्पत्ति से उत्तम है।
17क्योंकि दुष्टों की बाँहें तोड़ी जाएँगी, परन्तु 𐤉𐤄𐤅𐤄 धर्मियों
को संभाले रखता है। 18י ,𐤉 𐤉𐤄𐤅𐤄 सिद्ध लोगों के दिन
जानता है, और उनकी विरासत सदा के लिये बनी रहती है।
19वे विपत्ति के समय लज्जित न होंगे, और अकाल के दिनों
में तृप्त रहेंगे। 20כ ,𐤊 परन्तु दुष्ट नाश हो जाएँगे; और
𐤉𐤄𐤅𐤄 के शत्रु मैदानों की शोभा के समान मिट जाएँगे; वे
धुएँ के समान उड़ जाएँगे। 21ל ,𐤋 दुष्ट उधार लेता है और
चुका नहीं देता; परन्तु धर्मी अनुग्रह करता और देता है।
22क्योंकि उसके आशीष पाए हुए लोग देश के अधिकारी होंगे,
परन्तु जो उसके द्वारा शापित हैं वे नाश होंगे। 23מ ,𐤌 मनुष्य
के कदम 𐤉𐤄𐤅𐤄 के द्वारा स्थिर किए जाते हैं, और वह
उसके मार्ग में प्रसन्न होता है। 24यदि वह गिर भी जाए, तो
पूरी रीति से नहीं गिरेगा, क्योंकि 𐤉𐤄𐤅𐤄 उसका हाथ संभाले
रहता है। 25נ ,𐤍 मैं जवान था और अब बूढ़ा हो गया हूँ, तौभी
मैंने धर्मी को त्यागा हुआ, या उसके वंश को रोटी माँगते नहीं
देखा। 26वह दिन भर अनुग्रह करता और उधार देता है,
और उसका वंश आशीर्वाद का अधिकारी होता है। 27ס ,𐤎
बुराई से हट जा, और भलाई कर; और सदा तक बस।
28क्योंकि 𐤉𐤄𐤅𐤄 न्याय से प्रेम रखता है, और अपने भक्तों
को नहीं त्यागता; वे सदा तक सुरक्षित रहते हैं, परन्तु दुष्टों
का वंश नाश होता है। 29धर्मी लोग देश के अधिकारी होंगे,
और उसमें सदा तक बसेंगे। 30פ ,𐤐 धर्मी का मुँह ज्ञान
बोलता है, और उसकी जीभ न्याय की बातें करती है।
31उसके हृदय में उसके ईश्वर की तोरा है; उसके कदम नहीं
फिसलते। 32צ ,𐤑 दुष्ट धर्मी की घात में रहता है, और उसे
मार डालने की खोज करता है। 33𐤉𐤄𐤅𐤄 उसे उसके हाथ
में नहीं छोड़ेगा, और जब उसका न्याय होगा तब उसे दोषी
नहीं ठहराएगा। 34ק ,𐤒 𐤉𐤄𐤅𐤄 की बाट जोह और उसके
मार्ग की रक्षा कर; तब वह तुझे देश का अधिकारी बनाएगा—
जब दुष्ट काटे जाएँगे, तब तू देखेगा। 35ר ,𐤓 मैंने दुष्ट को
बड़ी शक्ति में देखा है, जो अपने को देशी हरे पेड़ के समान
फैला रहा था। 36परन्तु वह जाता रहा, और देखो, वह नहीं
रहा; मैंने उसे ढूँढा, परन्तु वह नहीं मिला। 37ש ,𐤔 सिद्ध
मनुष्य पर दृष्टि रख, और सीधाई से चलने वाले को देख;
क्योंकि उस मनुष्य का अन्त शान्ति है। 38परन्तु अपराधी
सब के सब नाश हो जाएँगे; दुष्टों का अन्त काट दिया
जाएगा। 39ת ,𐤕 परन्तु धर्मियों का उद्धार 𐤉𐤄𐤅𐤄 से होता
है; वह विपत्ति के समय उनका बल है। 40और 𐤉𐤄𐤅𐤄
उनकी सहायता करता और उन्हें छुड़ाता है; वह उन्हें दुष्टों से
बचाता और उद्धार देता है, क्योंकि उन्होंने उसमें शरण ली है।

38 *दावीद् का एक भजन, स्मरण कराने के लिए।*

1हे 𐤉𐤄𐤅𐤄, अपने क्रोध में मुझे न डाँट, और अपने
प्रकोप में मुझे न ताड़ना। 2क्योंकि तेरे तीर मुझ में धँसे हैं,
और तेरा हाथ मुझ पर भारी पड़ा है। 3तेरे क्रोध के कारण
मेरे शरीर में कोई स्वस्थता नहीं है, और मेरे पाप के कारण
मेरी हड्डियों में शान्ति नहीं है। 4क्योंकि मेरे अधर्म मेरे सिर से
ऊपर चढ़ गए हैं; वे मेरे लिये भारी बोझ के समान हैं, जो
उठाया नहीं जाता। 5मेरे घाव सड़ गए हैं और दुर्गन्ध करते
हैं, मेरी मूर्खता के कारण। 6मैं झुक गया हूँ, बहुत ही नीचे
झुकाया गया हूँ; मैं दिन भर शोक करता हुआ चलता हूँ।
7क्योंकि मेरी कटि जलन से भर गई है, और मेरे शरीर में
कोई स्वस्थता नहीं है। 8मैं निर्बल और बहुत कुचला हुआ हूँ;
मैं अपने हृदय के कराहने से कराह उठा हूँ। 9हे 𐤉𐤄𐤅𐤄,
मेरी सारी इच्छा तेरे सामने है, और मेरी आहें तुझ से छिपी
नहीं हैं। 10मेरा हृदय धड़कता है, मेरी शक्ति मुझ से जाती
रही है; और मेरी आँखों का प्रकाश भी मुझ में नहीं रहा।
11मेरे प्रियजन और मेरे मित्र मेरी विपत्ति से दूर खड़े हैं, और
मेरे पड़ोसी भी दूर रहते हैं। 12जो मेरे प्राण की खोज करते
हैं, वे मेरे लिये फन्दे लगाते हैं; और जो मेरी हानि चाहते हैं, वे
विनाश की बातें करते हैं और दिन भर छल बोलते हैं।
13परन्तु मैं बहरे के समान नहीं सुनता, और गूंगे के समान
मुँह नहीं खोलता। 14मैं उस मनुष्य के समान हूँ जो नहीं
सुनता, और जिसके मुँह में कोई उलाहना नहीं है। 15क्योंकि
हे 𐤉𐤄𐤅𐤄, मैं तुझ पर भरोसा रखता हूँ; तू सुनेगा, हे
𐤉𐤄𐤅𐤄 मेरे ईश्वर। 16क्योंकि मैंने कहा, 'ऐसा न हो कि वे
मुझ पर आनन्द करें; जब मेरा पाँव फिसले, तब वे मुझ पर
घमण्ड करें।' 17क्योंकि मैं गिरने को तैयार हूँ, और मेरा
दु:ख सदा मेरे सामने है। 18क्योंकि मैं अपने अधर्म को
मानता हूँ; मैं अपने पाप के कारण खेद करता हूँ। 19परन्तु
मेरे शत्रु जीवित हैं और बलवन्त हो गए हैं; और जो बिना
कारण मुझ से बैर रखते हैं, वे बढ़ गए हैं। 20जो बुराई के
बदले भलाई चुकाते हैं, वे मेरे विरोधी हैं, क्योंकि मैं भलाई का

पीछा करता हूँ। 21 हे 𐤉𐤄𐤅𐤄, मुझे मत छोड़; हे मेरे ईश्वर,
मुझ से दूर मत हो। 22 हे 𐤉𐤄𐤅𐤄, मेरे उद्धार, मेरी सहायता
करने में शीघ्र कर।

39 *मुख्य गायक के लिए; येदूथून के लिए, दाविद का एक भजन।*

1 मैं ने कहा, "मैं अपनी चाल पर ध्यान रखूँ, कि अपनी जीभ
से पाप न करूँ; जब तक दुष्ट मेरे सामने है, मैं अपने मुँह पर
लगाम लगाकर रखूँ।" 2 मैं गूंगा बन गया, चुप रहा; भलाई के
विषय में भी मौन रहा, और मेरा दु:ख भड़क उठा। 3 मेरा
हृदय मेरे भीतर गर्म हुआ; जब मैं मनन करता रहा तब आग
जल उठी; तब मैं अपनी जीभ से बोल उठा। 4 "हे 𐤉𐤄𐤅𐤄,
मुझे मेरा अन्त बतला, और मेरे दिनों की माप बता कि वह क्या
है; कि मैं जान लूँ कि मैं कितना क्षणभंगुर हूँ। 5 देख, तू ने
मेरे दिनों को हथेली के बराबर किया है, और मेरी आयु तेरे
सामने कुछ भी नहीं है; निश्चय ही हर मनुष्य, चाहे वह दृढ़
खड़ा हो, केवल एक श्वासमात्र है। सेलाह। 6 निश्चय हर
मनुष्य छाया के समान चलता है; वे व्यर्थ ही हलचल मचाते हैं;
वह धन जोड़ता है, पर नहीं जानता कि उसे कौन बटोरेगा।
7 "अब, हे 𐤉𐤄𐤅𐤄, मैं किस की बाट जोहूँ? मेरी आशा तो
तुझी में है। 8 "मुझे मेरे सब अपराधों से छुड़ा; मूर्खों का
उपहास न बना। 9 "मैं मौन रहा, मुँह नहीं खोला, क्योंकि यह
तू ही है जिसने यह किया है। 10 "मुझ से अपनी मार दूर
कर; मैं तेरे हाथ के प्रहार से गल गया हूँ। 11 "जब तू मनुष्य
को अधर्म के कारण डाँटता है और उसे सुधारता है, तब तू
उसके प्रिय वस्तु को कीड़े की नाईं नष्ट कर देता है; निश्चय
ही प्रत्येक मनुष्य श्वासमात्र है। सेलाह। 12 "हे 𐤉𐤄𐤅𐤄,
मेरी प्रार्थना सुन, मेरी पुकार पर कान लगा; मेरे आँसुओं पर
चुप न रह; क्योंकि मैं तेरे साथ परदेसी हूँ, अपने सब पूर्वजों
की नाईं एक यात्री हूँ। 13 "मुझ से अपना दृष्टि हटा ले, कि मैं
कुछ शान्ति पा लूँ, इससे पहले कि मैं चला जाऊँ और फिर न
रहूँ।"

40 *मुख्य गायक के लिए। दाविद का एक भजन।*

1 मैं ने 𐤉𐤄𐤅𐤄 की बाट जोही; और उसने मेरी ओर
झुककर मेरी पुकार सुनी। 2 और उसने मुझे विनाश के गढ़े
से, कीचड़ भरे दलदल से निकाल लिया; उसने मेरे पाँव
चट्टान पर रखे, और मेरे डग स्थिर किए। 3 तब उसने मेरे
मुँह में एक नया गीत रखा — हमारे ईश्वर की स्तुति; बहुत
लोग देखकर भय मानेंगे, और 𐤉𐤄𐤅𐤄 पर भरोसा रखेंगे।
4 धन्य है वह मनुष्य जिसने 𐤉𐤄𐤅𐤄 को अपनी आशा बनाया,
और घमण्डियों या असत्य की ओर मुड़ने वालों की ओर नहीं
गया। 5 हे 𐤉𐤄𐤅𐤄 मेरे ईश्वर, तेरे किये हुए अद्भुत कार्य
बहुत हैं, और हमारे विषय में तेरे विचार अनेक हैं; तेरे समान
कोई नहीं है; यदि मैं उन्हें बताऊँ और कहूँ, तो वे गिनने से
अधिक हैं। 6 तू ने न बलिदान और अन्नबलि चाही; परन्तु मेरे
लिये शरीर तैयार किया; तू ने होमबलि और पापबलि की माँग
नहीं की। 7 तब मैंने कहा, "देख, मैं आया हूँ; पुस्तक के ग्रन्थ
में मेरे विषय में लिखा हुआ है।" 8 "हे मेरे ईश्वर, तेरी इच्छा
करना मुझे भाता है, और तेरी तोरा मेरे अन्तःकरण में है।"
9 मैं ने धार्मिकता का सुसमाचार बड़े समुदाय में सुनाया; देख,
मैं ने अपने होंठ नहीं रोके; हे 𐤉𐤄𐤅𐤄, तू जानता है। 10 मैं ने
तेरी धार्मिकता को अपने हृदय में नहीं छिपाया; मैं ने तेरी
सच्चाई और तेरे उद्धार का प्रचार किया; मैं ने तेरी करुणा
और तेरी सच्चाई को बड़े समुदाय से नहीं छिपाया। 11 हे
𐤉𐤄𐤅𐤄, अपनी करुणा मुझ से न रोक; तेरी कृपा और तेरी
सच्चाई सदा मुझे सुरक्षित रखें। 12 क्योंकि असंख्य बुराइयों
मुझे घेरे हुई हैं; मेरे अधर्म ने मुझे पकड़ लिया है, कि मैं देख
नहीं सकता; वे मेरे सिर के बालों से भी अधिक हो गए हैं;
इसलिये मेरा हृदय मुझ में विफल हुआ है। 13 हे 𐤉𐤄𐤅𐤄,
मुझे छुड़ाने में प्रसन्न हो; हे 𐤉𐤄𐤅𐤄, मेरी सहायता करने में
शीघ्र कर। 14 जो मेरे प्राण को नष्ट करना चाहते हैं, वे सब
लज्जित और लज्जा से भर जाएँ; जो मेरी हानि चाहते हैं, वे
पीछे हटें और लज्जित हों। 15 जो मुझ से कहते हैं, "आहा,
आहा!" वे अपनी ही लज्जा से स्तब्ध हों। 16 जो तुझे खोजते
हैं, वे सब तुझ में आनन्दित और प्रसन्न हों; जो तेरे उद्धार से
प्रेम रखते हैं, वे निरन्तर कहें, "𐤉𐤄𐤅𐤄 महान है!" 17 परन्तु
मैं दीन और दरिद्र हूँ; 𐤉𐤄𐤅𐤄 मेरी सुधि ले; तू मेरा सहायक
और मेरा उद्धारकर्ता है; हे मेरे ईश्वर, विलम्ब न कर।

41 *मुख्य गायक के लिए। दाविद का एक भजन।*

1 धन्य है वह जो दरिद्र पर ध्यान देता है; 𐤉𐤄𐤅𐤄
उसे संकट के दिन में छुड़ाता है। 2 𐤉𐤄𐤅𐤄 उसकी रक्षा
करता है और उसे जीवित रखता है; वह पृथ्वी पर धन्य
कहलाता है; और तू उसे उसके शत्रुओं की इच्छा पर नही
छोड़ता। 3 𐤉𐤄𐤅𐤄 उसे उसके रोग के पलंग पर सम्भालता
है; तू उसकी बीमारी में उसके पलंग को बदल देता है। 4 मैं ने
कहा, "हे 𐤉𐤄𐤅𐤄, मुझ पर अनुग्रह कर; मुझे चंगा कर,
क्योंकि मैं ने तेरे विरुद्ध पाप किया है।" 5 मेरे शत्रु मेरे विषय
में बुराई की बातें कहते हैं, "कब वह मरेगा और उसका नाम
नाश होगा?" 6 यदि कोई मुझ से मिलने आता है, तो झूठ
बोलता है; उसका मन दुष्टता इकट्ठी करता है; जब वह बाहर
जाता है, तो उसकी चर्चा करता है। 7 जो मुझ से बैर रखते
हैं, वे सब मेरे विषय में आपस में फुसफुसाते हैं; वे मेरे लिये
बुराई का विचार करते हैं। 8 "एक दुष्ट रोग उस पर चिपक
गया है; अब जब वह लेट गया है, तो फिर उठेगा नहीं।"
9 यहाँ तक कि मेरा अपना मित्र, जिस पर मैं भरोसा करता
था, जो मेरी रोटी खाता था, उसने मेरे विरुद्ध अपनी एड़ी
उठाई है। 10 परन्तु तू, हे 𐤉𐤄𐤅𐤄, मुझ पर अनुग्रह कर
और मुझे उठा खड़ा कर, कि मैं उन्हें प्रतिफल दूँ। 11 इसीसे
मैं जानता हूँ कि तू मुझसे प्रसन्न है, क्योंकि मेरा शत्रु मुझ पर
जयजयकार नहीं करता। 12 और तू मेरी खराई में मुझे
संभालता है, और मुझे अपने साम्हने सदा के लिये ठहराता
है। 13 धन्य हो 𐤉𐤄𐤅𐤄, इस्राएल का ईश्वर, युगानुयुग तक!
आमेन और आमेन।

42 *मुख्य गायक के लिए। कोरह के पुत्रों के लिए एक कविता।*

1 जैसे हिरनी जल की धाराओं के लिये हाँफती है, वैसे ही हे
ईश्वर, मेरी आत्मा तेरे लिये तरसती है। 2 मेरी आत्मा ईश्वर
के लिये, जीवित ईश्वर के लिये प्यासे है; मैं कब जाकर ईश्वर

के सम्मुख उपस्थित होऊँगा? [3]मेरे आँसू दिन-रात मेरे
भोजन रहे हैं, जब वे मुझसे सदा कहते रहते हैं, "तेरा ईश्वर
कहाँ है?" [4]इन बातों को मैं स्मरण करता हूँ, और अपने
भीतर अपना प्राण उँडेलता हूँ; क्योंकि मैं भीड़ के साथ जाया
करता था, और आनन्द तथा स्तुति के स्वर के साथ, पर्व का
उत्सव मनानेवाली भीड़ के संग ईश्वर के भवन को जाता था।
[5]हे मेरी आत्मा, तू क्यों उदास है? और मुझ में क्यों व्याकुल
है? ईश्वर की बाट जोह; क्योंकि मैं फिर भी उसका धन्यवाद
करूँगा, जो मेरे मुख का उद्धार है। [6]हे मेरे ईश्वर, मेरी
आत्मा मुझ में उदास है; इसलिये मैं तुझे यरदेन के देश से,
और हेरमोन के शिखरों से, मित्सआर पर्वत से स्मरण करता
हूँ। [7]गहराई तेरी झरनों की गर्जना पर गहराई को पुकारती
है; तेरी सब लहरें और तेरी सब तरंगें मुझ पर से गुज़र गई
हैं। [8]दिन में ३५३z अपनी करूणा भेजता है, और रात में
उसका गीत मेरे संग रहता है — मेरे जीवन के ईश्वर से की
हुई प्रार्थना। [9]मैं अपने शिला ईश्वर से कहता हूँ, "तू ने मुझे
क्यों भूल गया? मैं शत्रु के अत्याचार के कारण क्यों विलाप
करता फिरूँ?" [10]मेरे बैरी मुझे अपमानित करते हैं, मेरी
हड्डियों पर प्रहार के समान, जब वे दिन भर मुझसे कहते रहते
हैं, "तेरा ईश्वर कहाँ है?" [11]हे मेरी आत्मा, तू क्यों उदास है?
और मुझ में क्यों व्याकुल है? ईश्वर की बाट जोह; क्योंकि मैं
फिर भी उसका धन्यवाद करूँगा, जो मेरे मुख का उद्धार और
मेरा ईश्वर है।

43 [1]हे ईश्वर, मेरा न्याय कर, और उस निर्दयी जाति के
विरुद्ध मेरा मुक़दमा लड़; मुझ को छल और अधर्म
के मनुष्य से छुड़ा। [2]क्योंकि तू मेरा बल का ईश्वर है; तू ने
मुझे क्यों त्याग दिया है? मैं शत्रु के अत्याचार के कारण क्यों
विलाप करता फिरूँ? [3]अपनी ज्योति और अपनी सच्चाई
भेज; वे मुझे मार्ग दिखाएँ; वे मुझे तेरे पवित्र पर्वत पर और तेरे
मिश्कानोत तक ले जाएँ। [4]तब मैं ईश्वर की वेदी के पास
जाऊँगा, उस ईश्वर के पास जो मेरे आनन्द और हर्ष का
कारण है; और मैं वीणा के साथ तेरा स्तुतिगान करूँगा, हे मेरे
ईश्वर, मेरे ईश्वर। [5]हे मेरी आत्मा, तू क्यों उदास है? और
मुझ में क्यों व्याकुल है? ईश्वर की बाट जोह; क्योंकि मैं फिर
भी उसका धन्यवाद करूँगा, जो मेरे मुख का उद्धार और मेरा
ईश्वर है।

44 *मुख्य गायक के लिए, कोरह के पुत्रों के लिए।
एक कविता।*

[1]हे ईश्वर, हमने अपने कानों से सुना है; हमारे पिताओं ने हमें
बताया है, वे कार्य जो तू ने उनके दिनों में, प्राचीन काल में
किए। [2]तू ने अपने हाथ से जातियों को निकाल दिया, परन्तु
उन्हें रोप दिया; तू ने लोगों को कष्ट दिया, और उन्हें निकाल
बाहर किया। [3]क्योंकि उन्होंने अपनी तलवार से देश का
अधिकार नहीं पाया, न ही उनके अपने हाथ ने उन्हें बचाया;
परन्तु तेरे दाहिने हाथ, तेरी भुजा, और तेरे मुख का प्रकाश
था, क्योंकि तू ने उनमें प्रसन्नता ली। [4]तू स्वयं मेरा राजा है, हे
ईश्वर; याअकोब के लिये उद्धार का आदेश दे। [5]तेरे द्वारा
हम अपने शत्रुओं को पछाड़ते हैं; तेरे नाम से हम उन पर पैर
रखते हैं जो हमारे विरुद्ध उठते हैं। [6]क्योंकि मैं अपने धनुष
पर भरोसा नहीं करता, और मेरी तलवार मुझे नहीं बचाती।
[7]क्योंकि तू ने हमें हमारे शत्रुओं से छुड़ाया है, और जो हम से
बैर रखते थे उन्हें लज्जित किया है। [8]हम ईश्वर में दिन भर
घमण्ड करेंगे, और तेरे नाम की सदा स्तुति करेंगे। सेलाह।
[9]तौभी तू ने हमें छोड़ दिया और हमें लज्जित किया, और तू
हमारी सेनाओं के साथ नहीं निकलता। [10]तू ने हमें शत्रु से
पीछे हटाया है, और जो हम से बैर रखते हैं उन्होंने हमें लूट
लिया है। [11]तू ने हमें भेड़ों के समान खाने के लिये सौंप दिया
है, और हमें जातियों में तितर-बितर कर दिया है। [12]तू ने
अपनी प्रजा को बिना किसी मूल्य के बेच दिया है, और उनके
लिये अधिक मूल्य नहीं माँगा। [13]तू ने हमें हमारे पड़ोसियों के
लिये उपहास बना दिया है, जो हमारे चारों ओर हैं उनके लिये
तिरस्कार और ठट्ठा बना दिया है। [14]तू ने हमें जातियों के
बीच एक कहावत बना दिया है, लोगों के बीच सिर हिलाने का
कारण बनाया है। [15]मेरी लज्जा सदा मेरे सामने रहती है,
और मेरे चेहरे की लज्जा ने मुझे ढँक लिया है। [16]दोष
लगानेवाले और निन्दक की वाणी के कारण, शत्रु और
पलटवार करनेवाले के कारण। [17]यह सब हमारे ऊपर आया
है; तौभी हमने तुझे नहीं भुलाया, और न ही तेरी वाचा के प्रति
विश्वासघात किया। [18]हमारा हृदय पीछे नहीं हटा, और न ही
हमारे कदम तेरे मार्ग से भटके। [19]फिर भी तू ने हमें गीदड़ों
के स्थान में तोड़ डाला, और मृत्यु की छाया से हमें ढँक
दिया। [20]यदि हमने अपने ईश्वर के नाम को भुलाया होता, या
किसी पराए देवता की ओर अपने हाथ फैलाए होते, [21]क्या
ईश्वर इसे नहीं जानता? क्योंकि वह हृदय के रहस्यों को
जानता है। [22]परन्तु तेरे ही कारण हम दिन भर मारे जाते हैं;
हम वध के लिये भेड़ों के समान गिने जाते हैं। [23]जाग! तू
क्यों सोता है, हे ३५३z? उठ! हमें सदा के लिये मत छोड़।
[24]तू अपना मुख क्यों छिपाता है, और हमारे दु:ख और
अत्याचार को क्यों अनदेखा करता है? [25]क्योंकि हमारी
आत्मा धूल में झुक गई है; हमारा शरीर पृथ्वी से चिपका हुआ
है। [26]उठ, हमारी सहायता कर, और अपनी करूणा के
कारण हमें छुड़ा।

45 *मुख्य गायक के लिए, तुरियों पर, कोरह के पुत्रों
के लिए। एक काव्य प्रेम गीत।*

[1]मेरा हृदय एक उत्तम वचन से उमड़ रहा है; मैं अपने कार्यों
को राजा के विषय में कहता हूँ; मेरी जिह्वा एक कुशल लेखक
की कलम के समान है। [2]तू मनुष्यों के पुत्रों से अधिक
सुन्दर है; अनुग्रह तेरे होंठों पर उड़ेला गया है; इसलिये ईश्वर
ने तुझे सदा के लिये आशीष दी है। [3]हे पराक्रमी, अपनी जाँघ
पर अपनी तलवार बाँध ले, अपनी महिमा और अपनी शोभा।
[4]और अपनी शोभा में सफलतापूर्वक सवारी कर, सत्य, नम्रता
और धर्म के कारण; और तेरे दाहिने हाथ से भय उत्पन्न
करने वाले काम हों। [5]तेरे तीर राजा के शत्रुओं के हृदय को
भेदते हैं; लोग तेरे अधीन गिरते हैं। [6]तेरा सिंहासन, हे ईश्वर,
युगानुयुग है; तेरे राज्य का राजदण्ड सीधाई का राजदण्ड
है। [7]तू ने धर्म से प्रेम किया और दुष्टता से बैर रखा;
इसलिये ईश्वर, तेरा ईश्वर, ने तुझे आनन्द के तेल से तेरे
साथियों से अधिक अभिषिक्त किया है। [8]तेरे सब वस्त्र
गन्धरस, अगर और कासिया की सुगन्ध से भरे हैं; हाथी-दाँत

के महलों में से वीणा के स्वर ने तुझे आनन्दित किया है।
9 राजकुमारियाँ तेरे प्रिय जनों में हैं; तेरे दाहिने हाथ पर
ओफीर के सोने से सजी हुई रानी खड़ी है। 10 हे पुत्री, सुन,
देख, और अपना कान झुका; अपने लोगों और अपने पिता के
घर को भूल जा। 11 और राजा तेरी सुन्दरता से प्रसन्न होगा;
क्योंकि वह तेरा प्रभु है — तू उसकी आराधना कर। 12 और
सूर की पुत्री भेंट लेकर आएगी; लोगों में धनीजन तेरी कृपा
पाने की खोज करेंगे। 13 राजा की पुत्री भीतर से पूरी महिमा
से परिपूर्ण है; उसका वस्त्र सोने की कढ़ाई से बना हुआ है।
14 वह रंग-बिरंगे वस्त्रों में राजा के पास लाई जाती है; उसकी
संगिनियाँ, उसकी सहेलियाँ, उसके पीछे तेरे पास लाई जाती
हैं। 15 वे आनन्द और उल्लास के साथ लाई जाती हैं; वे राजा
के महल में प्रवेश करती हैं। 16 तेरे पिताओं के स्थान पर तेरे
पुत्र होंगे, जिन्हें तू सारी पृथ्वी पर राजकुमार ठहराएगा। 17 मैं
तेरे नाम को सब पीढ़ियों में स्मरण कराऊँगा; इसलिये लोग
तेरा सदा और सर्वदा धन्यवाद करेंगे।

46 *मुख्य गायक के लिए, कोरह के पुत्रों के लिए। एक गाना जिसमें सॉप्रान हैं।*

1 ईश्वर हमारा शरणस्थान और बल है, संकट में शीघ्र
सहायता करने वाला। 2 इस कारण हम नहीं डरते, चाहे पृथ्वी
डगमगा जाए, और पहाड़ समुद्र के बीच गिर जाएँ। 3 उसके
जल गरजें और फेन उठाएँ, पहाड़ उसके उमड़ने से कांप
उठें। सेलाह। 4 एक नदी है, जिसकी धाराएँ ईश्वर के नगर
को आनन्दित करती हैं, जो परमप्रधान का पवित्र निवास है।
5 ईश्वर उसके बीच में है, वह नहीं गिरेगी; ईश्वर सुबह होते ही
उसकी सहायता करेगा। 6 जातियाँ क्रोध करती हैं, राज्य
डगमगाते हैं; वह अपनी वाणी सुनाता है, पृथ्वी पिघल जाती
है। 7 𐤉𐤄𐤅𐤄 सेनाओं का हमारे साथ है; याअकोब का ईश्वर
हमारा शरणस्थान है। सेलाह। 8 आओ, 𐤉𐤄𐤅𐤄 के कार्यों
को देखो, जो विनाश उसने पृथ्वी पर किया है। 9 वह पृथ्वी के
छोर तक युद्धों को रोक देता है; वह धनुष तोड़ता है और भाले
को चकनाचूर करता है; वह रथों को आग में जला देता है।
10 शांत रहो, और जानो कि मैं ईश्वर हूँ; मैं जातियों के बीच
महान ठहरूँगा, मैं पृथ्वी पर महान ठहरूँगा। 11 𐤉𐤄𐤅𐤄
सेनाओं का हमारे साथ है; याअकोब का ईश्वर हमारा
शरणस्थान है। सेलाह।

47 *मुख्य गायक के लिए। क़ोरा के पुत्रों के लिए एक भजन।*

1 हे सब लोगों, अपने हाथ ताली बजाओ! गीत के स्वर से
ईश्वर का जयजयकार करो! 2 क्योंकि 𐤉𐤄𐤅𐤄 परमप्रधान
भययोग्य है; वह सारी पृथ्वी का महान राजा है। 3 वह लोगों
को हमारे अधीन कर देता है, और जातियों को हमारे पैरों के
नीचे रखता है। 4 वह हमारे लिये हमारी मीरास चुनता है, उस
याअकोब की महिमा जिसे वह प्रेम करता है। सेलाह। 5 ईश्वर
जयजयकार के साथ ऊपर गया है; 𐤉𐤄𐤅𐤄 नरसिंगे के स्वर
के साथ ऊपर गया है। 6 ईश्वर का भजन गाओ, भजन
गाओ! हमारे राजा का भजन गाओ, भजन गाओ! 7 क्योंकि
ईश्वर सारी पृथ्वी का राजा है; समझ के साथ भजन गाओ।
8 ईश्वर जातियों पर राज्य करता है; ईश्वर अपने पवित्र
सिंहासन पर विराजमान है। 9 लोगों के सरदार इकट्ठे हो गए
हैं, अब्राहम के ईश्वर के लोगों के साथ; क्योंकि पृथ्वी की ढालें
ईश्वर की हैं; वह अत्यन्त महान किया जाएगा।

48 *एक गीत, एक कविता, क़ोरा के पुत्रों के लिए।*

1 महान है 𐤉𐤄𐤅𐤄, और हमारे ईश्वर के नगर में,
उसके पवित्र पर्वत पर अत्यन्त स्तुति के योग्य है। 2 सुन्दर
ऊँचाई पर, सारी पृथ्वी का आनन्द, उत्तर दिशा में स्थित
सिय्योन पर्वत, महान राजा का नगर है। 3 ईश्वर उसके गढ़ों
में जाना जाता है, वह उसका शरणस्थान है। 4 क्योंकि देखो,
राजा एकत्र हुए, वे साथ-साथ आगे बढ़े। 5 उन्होंने देखा, तब
चकित हुए; वे भयभीत हुए और भाग गए। 6 वहाँ काँपना उन
पर छा गया, जैसे किसी प्रसववती स्त्री को पीड़ा होती है।
7 पूर्वी वायु से तू ने तरशीश के जहाज़ों को तोड़ दिया। 8 जैसा
हमने सुना, वैसा ही हमने देखा है; 𐤉𐤄𐤅𐤄 सेनाओं के नगर
में, हमारे ईश्वर के नगर में; ईश्वर उसे सदा के लिये स्थिर
करता है। सेलाह। 9 हे ईश्वर, हम ने तेरी करूणा का चिन्तन
किया है, तेरे मन्दिर के भीतर। 10 हे ईश्वर, तेरे नाम के
अनुसार तेरी स्तुति पृथ्वी के छोर तक है; तेरा दाहिना हाथ
धर्म से परिपूर्ण है। 11 सिय्योन पर्वत आनन्द करे, यहूदा की
पुत्रियाँ तेरे न्याय के कारण उल्लसित हों। 12 सिय्योन के
चारों ओर चलो, उसके चारों ओर घूमो, उसके गुम्बदों की
गिनती करो। 13 उसकी प्राचीर पर ध्यान दो, उसके गढ़ों में
होकर जाओ; ताकि तुम आने वाली पीढ़ी को यह बता सको।
14 क्योंकि यह ईश्वर हमारा ईश्वर है, युगानुयुग; वही हमारा
मार्गदर्शन करेगा, मृत्यु तक भी।

49 *मुख्य गायक के लिए। कोरह के पुत्रों के लिए एक भजन।*

1 हे सब लोगों, यह सुनो; हे संसार के सब निवासियों, कान
लगाओ। 2 चाहे वे आदम के पुत्र हों या मनुष्य के पुत्र, धनी
और निर्धन, सब एक साथ। 3 मेरा मुँह बुद्धि की बातें कहेगा,
और मेरे हृदय का ध्यान समझ प्रदान करेगा। 4 मैं अपने
कान को दृष्टान्त की ओर लगाऊँगा; मैं अपने रहस्य को
वीणा पर खोलूँगा। 5 मैं बुरे दिनों में क्यों डरूँ, जब मेरे छल
करने वालों की बुराई मुझे घेर लेती है? 6 जो अपने धन पर
भरोसा रखते हैं, और अपनी बड़ी सम्पत्ति पर घमण्ड करते
हैं। 7 कोई भाई किसी को कभी छुड़ा नहीं सकता, न ही उसके
लिये ईश्वर को कोई फिरौती दे सकता है। 8 क्योंकि उनके
जीवन का छुटकारा बहुत महँगा है, और वह सदा के लिये
रुक जाएगा। 9 कि वह सदा जीवित रहे, और गड्ढा न देखे।
10 क्योंकि वह देखता है कि बुद्धिमान मर जाते हैं, मूर्ख और
अज्ञानी दोनों नाश हो जाते हैं, और अपनी सम्पत्ति दूसरों को
छोड़ जाते हैं। 11 उनकी कब्रें उनके घर हैं सदा के लिये;
उनके निवास स्थान पीढ़ी दर पीढ़ी; वे अपनी भूमि को अपने
ही नामों से पुकारते हैं। 12 परन्तु मनुष्य अपनी महिमा में
स्थिर नहीं रहता; वह उन पशुओं के समान है जो नाश होते
हैं। 13 उनका यह मार्ग उनके लिये मूर्खता है; तौभी उनके
अनुयायी उनके वचनों से प्रसन्न रहते हैं। सेलाह। 14 वे भेड़ों

के समान कब्र में डाल दिए जाएँगे; मृत्यु उनका चरवाहा
बनेगी; और सीधे लोग सुबह को उन पर राज्य करेंगे; और
उनका रूप कब्र में नष्ट हो जाएगा, उनके निवास स्थान से
दूर। [15] परन्तु ईश्वर मेरी आत्मा को कब्र की शक्ति से
छुड़ाएगा, क्योंकि वह मुझे ग्रहण करेगा। सेलाह। [16] जब
कोई मनुष्य धनी हो जाए, और उसके घर की महिमा बढ़े, तब
भयभीत मत हो। [17] क्योंकि जब वह मर जाएगा तो कुछ भी
साथ नहीं ले जाएगा; उसकी महिमा उसके पीछे नहीं जाएगी।
[18] यद्यपि जब वह जीवित था तो उसने अपने आप को barak
किया, और यद्यपि वे तेरी प्रशंसा करते हैं जब तू अपने लिए
भलाई करता है, [19] तो भी वह अपने पितरों की पीढ़ी में जाएगा;
वे कभी ज्योति नहीं देखेंगे। [20] मनुष्य जो धनवान है परन्तु
समझ नहीं रखता, वह पशुओं के समान है जो नाश होते हैं।

50 *आसफ का भजन।*

[1] एल ईश्वर 𐤄𐤅𐤄𐤉 बोलता है, और वह पृथ्वी को
पुकारता है, सूर्य के उदय से लेकर उसके अस्त तक।
[2] सिय्योन से, जो सौन्दर्य की पूर्णता है, ईश्वर प्रकाशमान होता
है। [3] हमारा ईश्वर आता है और मौन नहीं रहता — उसके
आगे आग भस्म करती है, और उसके चारों ओर बड़ा तूफ़ान
है। [4] वह ऊपर से आकाश को बुलाता है, और पृथ्वी को भी,
ताकि वह अपनी प्रजा का न्याय करे। [5] "मेरे भक्तों को मेरे
पास इकट्ठा करो, जिन्होंने बलिदान के द्वारा मुझसे वाचा बाँधी
है।" [6] तब आकाश उसकी धार्मिकता प्रकट करता है, क्योंकि
ईश्वर आप ही न्यायी है। सेलाह। [7] "हे मेरी प्रजा, सुनो, और
मैं बोलूँगा; हे इस्राएल, मैं तेरे विरुद्ध साक्षी दूँगा; मैं ईश्वर हूँ,
तेरा ईश्वर। [8] "मैं तेरे बलिदानों के लिये तुझे दोष नहीं देता,
क्योंकि तेरे होमबलि सदा मेरे सामने हैं। [9] "मैं तेरे घर से बैल
नहीं लूँगा, न तेरे बाड़े से बकरों को। [10] "क्योंकि जंगल का
हर पशु मेरा है, और हज़ार पहाड़ों के पशुधन मेरे हैं। [11] "मैं
पर्वतों के सब पक्षियों को जानता हूँ, और जो कुछ मेरे मैदान में
चलता है वह मेरा है। [12] "यदि मुझे भूख लगे, तो मैं तुझसे
नहीं कहूँगा; क्योंकि संसार मेरा है और जो कुछ उसमें है सब
मेरा है। [13] "क्या मैं बैलों का मांस खाता हूँ, या बकरों का लहू
पीता हूँ? [14] "ईश्वर को धन्यवाद का बलिदान चढ़ा, और
परमप्रधान के लिये अपनी मन्नतें पूरी कर। [15] "और संकट
के दिन मुझ को पुकार; मैं तुझे छुड़ाऊँगा, और तू मेरी महिमा
करेगा।" [16] परन्तु दुष्ट से ईश्वर कहता है, "तुझे क्या
अधिकार है कि तू मेरी विधियाँ सुनाए, या मेरी वाचा को अपने
मुँह में ले, [17] "जबकि तू शिक्षा से घृणा करता है, और मेरे
वचनों को अपने पीछे फेंक देता है? [18] "जब तू चोर को
देखता है, तो उससे प्रसन्न होता है, और व्यभिचारियों की
संगति करता है। [19] "तू अपने मुँह को बुराई के लिये खोलता
है, और तेरी जीभ छल रचती है। [20] "तू बैठकर अपने भाई
के विरुद्ध बोलता है, अपनी माँ के पुत्र की निन्दा करता है।
[21] "तू ने यह किया, और मैं चुप रहा; तू ने सोचा कि मैं तेरे
समान हूँ; परन्तु अब मैं तुझे डाँटता हूँ, और तेरे सामने यह
सब प्रकट करता हूँ। [22] "हे ईश्वर को भूलने वालों, इस बात
को समझो, ऐसा न हो कि मैं फाड़ डालूँ और कोई छुड़ानेवाला
न हो। [23] "जो धन्यवाद का बलिदान चढ़ाता है वह मेरी
महिमा करता है; और जो अपना मार्ग ठीक रखता है, मैं उसे
ईश्वर का उद्धार दिखाऊँगा।"

51 *मुख्य गायक के लिए। दाविद का एक भजन; जब नाथन नबी उसके पास आया, जब उसने बथशेबा को निकट लाया।*

[1] हे ईश्वर, अपनी करूणा के अनुसार मुझ पर अनुग्रह कर;
अपनी महान दया के अनुसार मेरे अपराधों को मिटा दे।
[2] मेरे अपराध से मुझे पूर्ण रूप से धो, और मेरे पाप से मुझे
शुद्ध कर। [3] क्योंकि मैं अपने अपराधों को जानता हूँ, और
मेरा पाप सदा मेरे सामने है। [4] मैंने केवल तेरे ही विरुद्ध पाप
किया है, और तेरी दृष्टि में बुराई की है; ताकि तू अपने वचनों
में धर्मी ठहरे, और जब तू न्याय करे तब निर्दोष पाया जाए।
[5] देख, अधर्म में मैं उत्पन्न हुआ हूँ, और पाप में मेरी माता ने
मुझे गर्भ धारण किया। [6] देख, तू आन्तरिक भागों में सत्य
चाहता है, और गुप्त में तू मुझे ज्ञान सिखाता है। [7] मुझे
हाइसोप से शुद्ध कर, और मैं शुद्ध हो जाऊँगा; मुझे धो, और
मैं हिम से भी अधिक उज्जवल हो जाऊँगा। [8] मुझे आनन्द
और हर्ष सुनने दे, ताकि वे हड्डियाँ जो तू ने तोड़ी हैं, आनन्दित
हों। [9] मेरे पापों से अपना मुख छिपा ले, और मेरे सब अधर्मों
को मिटा दे। [10] हे ईश्वर, मुझ में एक शुद्ध हृदय उत्पन्न कर,
और मेरे भीतर एक स्थिर आत्मा को नवीकृत कर। [11] मुझे
अपने सामने से दूर न कर, और अपनी पवित्र आत्मा को
मुझसे न ले। [12] अपनी मुक्ति के आनन्द को मुझ में
पुनःस्थापित कर, और उदार आत्मा से मुझे सम्भाल। [13] तब
मैं अपराधियों को तेरे मार्ग सिखाऊँगा, और पापी तेरी ओर
लौटेंगे। [14] हे ईश्वर, मेरे उद्धार के ईश्वर, मुझे रक्तदोष से
छुड़ा; तब मेरी जीभ तेरी धार्मिकता का ऊँचे स्वर से गुणगान
करेगी। [15] हे 𐤄𐤅𐤄𐤉, मेरे होंठ खोल दे, और मेरा मुँह तेरी
स्तुति का प्रचार करे। [16] क्योंकि तू बलिदान से प्रसन्न नहीं
होता, नहीं तो मैं देता; होमबलि में तू प्रसन्न नहीं होता।
[17] ईश्वर को प्रिय बलिदान एक टूटी आत्मा है; टूटा और नम्र
हृदय, हे ईश्वर, तू उसे तुच्छ नहीं जानता। [18] अपनी कृपा से
सिय्योन पर भलाई कर; यरूशलेम की दीवारों का निर्माण
कर। [19] तब तू धार्मिकता के बलिदानों से, होमबलियों और
पूर्ण होमबलियों से प्रसन्न होगा; तब बैल तेरी वेदी पर चढ़ाए
जाएँगे।

52 *मुख्य गायक के लिए, दाविद की एक कविता; जब डोएग एदोमी आया और शाऊल को बताया, और कहा, "दाविद अहिमेलेक के घर गया।"*

[1] हे पराक्रमी मनुष्य, तू बुराई पर क्यों घमण्ड करता है? ईश्वर
की कृपा तो दिनभर बनी रहती है। [2] तेरी जीभ विनाश की
कल्पना करती है, एक तीक्ष्ण उस्तरे के समान, छल का कार्य
करती है। [3] तूने भलाई से अधिक बुराई को प्रेम किया, और
धार्मिकता बोलने की अपेक्षा झूठ को। सेलाह। [4] हे छलपूर्ण
जीभ, तूने निगल जानेवाले सब वचनों को प्रेम किया। [5] ईश्वर
भी तुझे सदा के लिये नष्ट करेगा, तुझे पकड़कर तेरे तम्बू से
उखाड़ लेगा, और जीवितों की भूमि से जड़ से उखाड़ देगा।
सेलाह। [6] धर्मी लोग देखकर डरेंगे, और उस पर हँसेंगे।

7“देखो उस मनुष्य को, जिसने ईश्वर को अपना बल नहीं
बनाया, परन्तु अपनी बड़ी सम्पत्ति पर भरोसा किया, और
अपने विनाश में दृढ़ रहा।” 8परन्तु मैं ईश्वर के घर में एक
हरे जैतून के वृक्ष के समान हूँ; मैं सदा सर्वदा ईश्वर की कृपा
पर भरोसा रखता हूँ। 9मैं तेरा धन्यवाद सदा करूँगा, क्योंकि
तूने यह किया है; और तेरे भक्तों के सम्मुख तेरे नाम की बाट
जोहूँगा, क्योंकि वह भला है।

53 *मुख्य गायक के लिए, 'बीमारी' पर। दाऊद का भजन।*

1मूर्ख ने अपने हृदय में कहा है, “𐤉𐤄𐤅𐤄 नहीं है।” वे भ्रष्ट
हो गए हैं, उन्होंने घृणित अधर्म किया है; कोई भी भला नहीं
करता। 2𐤉𐤄𐤅𐤄 ने आकाश से मनुष्यों के पुत्रों पर दृष्टि
की, यह देखने के लिये कि क्या कोई बुद्धिमान है, कोई ईश्वर
को खोजता है। 3वे सब भटक गए हैं; सब के सब मलिन हो
गए हैं; कोई भी भला नहीं करता, एक भी नहीं। 4क्या अधर्म
के कर्मियों को ज्ञान नहीं है, जो मेरी प्रजा को ऐसे खा जाते हैं
जैसे वे रोटी खाते हैं, और 𐤉𐤄𐤅𐤄 को नहीं पुकारते? 5वहाँ वे
अत्यन्त भयभीत हुए, जहाँ कोई भय नहीं था; क्योंकि 𐤉𐤄𐤅𐤄
उसके अस्थियों को तितर-बितर करेगा जो तेरे विरुद्ध छावनी
डालता है; तू उन्हें लज्जित करेगा, क्योंकि 𐤉𐤄𐤅𐤄 ने उन्हें
तज दिया है। 6ओह, कि इस्राएल का उद्धार सिय्योन से आ
जाए! जब ईश्वर अपनी प्रजा की बन्धुआई को लौटा लाएगा,
तब याक़ोब आनन्द करेगा, इस्राएल मगन होगा।

54 *मुख्य गायक के लिए, तार वाले उपकरणों पर। दाविद की एक कविता; जब ज़िफ़ाइट आए और शाऊल से कहा, "क्या दाविद हमारे साथ छिपता नहीं है?"*

1हे ईश्वर, अपने नाम के द्वारा मुझे बचा, और अपनी शक्ति
से मेरा न्याय कर। 2हे ईश्वर, मेरी प्रार्थना सुन; मेरे मुँह के
वचनों पर कान लगा। 3क्योंकि परदेशी मेरे विरुद्ध उठे हैं,
और क्रूर लोग मेरे जीवन का अन्वेषण करते हैं; उन्होंने
ईश्वर को अपने सामने नहीं रखा। सेलाह। 4देखो, ईश्वर
मेरा सहायक है; 𐤉𐤄𐤅𐤄 उन लोगों के साथ है जो मेरा प्राण
संभालते हैं। 5वह मेरे शत्रुओं को उनके दुष्कर्मों का फल
देगा; अपनी सच्चाई से उन्हें नष्ट कर। 6मैं स्वेच्छा से तुझे
बलिदान चढ़ाऊँगा; हे 𐤉𐤄𐤅𐤄, मैं तेरे नाम की स्तुति
करूँगा, क्योंकि वह भला है। 7क्योंकि उसने मुझे सब
विपत्तियों से छुड़ाया है; और मेरी आँख ने मेरे शत्रुओं पर
दृष्टि की है।

55 *मुख्य गायक के लिए, तार वाले उपकरणों पर। दाऊद की कविता।*

1हे ईश्वर, मेरी प्रार्थना सुन, और मेरी विनती से अपना मुख
न छिपा। 2मेरी ओर ध्यान दे और मुझे उत्तर दे; मैं अपनी
शिकायत में व्याकुल और कराहता हूँ। 3शत्रु के कोलाहल के
कारण, दुष्टों के चिल्लाने के कारण; क्योंकि वे मुझ पर
विपत्ति लाते हैं, और अपने क्रोध में मुझसे बैर रखते हैं।
4मेरा हृदय मुझमें व्याकुल है, और मृत्यु के भय मुझ पर छा
गए हैं। 5भय और काँप आ गए हैं, और थरथराहट ने मुझे
ढँक लिया है। 6और मैंने कहा, “काश मुझे कबूतर के समान
पंख मिलते! मैं उड़ जाता और विश्राम पाता।” 7“देख, मैं
दूर निकल जाता, और जंगल में ठहरता।” सेलाह। 8“मैं
शीघ्रता से अपने को उस प्रचण्ड वायु और आँधी से बचा ले
जाता।” 9हे 𐤉𐤄𐤅𐤄, उन्हें उलझा दे, उनकी जीभें बाँट दे;
क्योंकि मैंने नगर में हिंसा और झगड़ा देखा है। 10दिन और
रात वे उसकी दीवारों पर घूमते रहते हैं; उसके बीच अधर्म
और कष्ट भी हैं। 11उसके बीच विनाश है; उत्पीड़न और
छल उसकी गलियों से नहीं हटते। 12वह कोई शत्रु नहीं है जो
मेरी निन्दा करता है, जिसे मैं सह लेता; न वह जो मुझसे घृणा
करता है, जो मेरे विरुद्ध बड़ा बनता है—तब मैं उससे छिप
जाता। 13परन्तु तू—एक मनुष्य, मेरा समकक्ष, मेरा साथी
और मेरा मित्र था। 14हमने साथ मिलकर मधुर परामर्श
लिया, और ईश्वर के भवन तक भीड़ के साथ चले। 15उन
पर मृत्यु आ पड़े; वे जीवित ही अधोलोक में उतर जाएँ,
क्योंकि उनके निवासों में, उनके भीतर, बुराई है। 16परन्तु मैं,
मैं ईश्वर को पुकारता हूँ, और 𐤉𐤄𐤅𐤄 मुझे बचाता है।
17साँझ और भोर और दोपहर मैं कराहता और विलाप करता
हूँ, और वह मेरी आवाज़ सुनता है। 18वह मेरे प्राण को शान्ति
में छुड़ाता है, उस युद्ध से जो मुझ पर है; क्योंकि बहुत से मेरे
विरुद्ध हैं। 19ईश्वर, जो प्राचीन काल से विराजमान है, वह
सुनेगा और उन्हें दण्ड देगा। सेलाह। क्योंकि वे नहीं बदलते,
और न ईश्वर का भय मानते हैं। 20उसने अपने शान्ति रखने
वालों पर हाथ बढ़ाया; उसने अपनी वाचा तोड़ दी। 21उसके
मुख के वचन मक्खन से भी कोमल थे, परन्तु उसके हृदय में
युद्ध था; उसके वचन तेल से भी नरम थे, तौभी वे खींची हुई
तलवारें थीं। 22अपना बोझ 𐤉𐤄𐤅𐤄 पर डाल दे, और वह
तुझे सम्भालेगा; वह धर्मी को कभी हिलने नहीं देगा। 23परन्तु
तू, हे ईश्वर, उन्हें विनाश के गढ़े में उतार देगा; रक्तपायी
और कपटी मनुष्य आधे दिन भी नहीं पाएँगे; परन्तु मैं
तुझ पर भरोसा रखता हूँ।

56 *मुख्य गायक के लिए, 'दूर से चुप कबूतर' पर। दाविद की एक कविता; जब पलिश्तियों ने उसे गथ में पकड़ लिया।*

1हे ईश्वर, मुझ पर अनुग्रह कर, क्योंकि मनुष्य मुझे निगल
जाना चाहता है; वह दिनभर मुझसे लड़ता है और मुझे सताता
है। 2मेरे शत्रु दिनभर मुझे निगल जाना चाहते हैं, क्योंकि
बहुत से लोग मेरे विरुद्ध लड़ते हैं, हे परमप्रधान। 3जिस दिन
मैं डरता हूँ, उसी दिन मैं तुझ पर भरोसा रखता हूँ। 4ईश्वर
में, जिसके वचन की मैं स्तुति करता हूँ; ईश्वर में मैंने भरोसा
रखा है; मैं नहीं डरता; मनुष्य मेरा क्या कर सकता है? 5वे
दिनभर मेरे वचनों को तोड़-मरोड़ देते हैं; उनके सब विचार
मेरे विरुद्ध बुराई के हैं। 6वे मिलते हैं, छिपते हैं; वे मेरे कदमों
पर दृष्टि रखते हैं, क्योंकि वे मेरे प्राण की घात में हैं। 7उनकी
दुष्टता के कारण उन्हें निकाल फेंक; हे ईश्वर, अपने क्रोध में
जातियों को गिरा दे। 8तूने मेरे भटकने की गिनती की है; मेरे
आँसू अपने पात्र में रखे हैं—क्या वे तेरी पुस्तक में नहीं लिखे
हैं? 9जिस दिन मैं तुझे पुकारता हूँ, मेरे शत्रु पीछे हट जाएँगे;
यह मैं जानता हूँ, कि ईश्वर मेरे पक्ष में है। 10ईश्वर में,

जिसके वचन की मैं स्तुति करता हूँ; 𐤉𐤄𐤅𐤄 में, जिसके
वचन की मैं स्तुति करता हूँ। 11 ईश्वर में मैंने भरोसा रखा है;
मैं नहीं डरता; मनुष्य मेरा क्या कर सकता है? 12 हे ईश्वर,
तेरी मुझ पर मन्नतें हैं; मैं तुझे धन्यवाद का बलिदान
चढ़ाऊँगा। 13 क्योंकि तूने मेरे प्राण को मृत्यु से छुड़ाया है,
मेरे पाँव को फिसलने से बचाया है, ताकि मैं जीवितों के प्रकाश
में, ईश्वर के सामने चलूँ।

57

मुख्य गायक के लिए। 'नाश मत करो।' दाविद की एक कविता; जब वह शाऊल से गुफा में भागा।

1 हे ईश्वर, मुझ पर अनुग्रह कर, मुझ पर अनुग्रह कर!
क्योंकि मेरी आत्मा तुझ में शरण लेती है; और तेरे पंखों की
छाया में मैं शरण लेता हूँ, जब तक कि विपत्ति निकल न
जाए। 2 मैं परमप्रधान ईश्वर को पुकारता हूँ, उस ईश्वर को
जो मेरे लिये सब कुछ सिद्ध करता है। 3 वह आकाश से
भेजकर मुझे बचाता है; वह उस पर ताड़ना भेजता है जो मुझे
निगल जाना चाहता है। सेलाह। ईश्वर अपनी कृपा और
अपनी सच्चाई भेजता है। 4 मेरी आत्मा सिंहों के बीच है; मैं
धधकते लोगों के बीच लेटा हूँ—मनुष्यों के पुत्र, जिनके दाँत
भाले और तीर हैं, और जिनकी जीभ तीक्ष्ण तलवार है। 5 हे
ईश्वर, आकाश से ऊपर महान ठहर; तेरी महिमा सारी पृथ्वी
पर हो। 6 उन्होंने मेरे पदचिन्हों के लिये जाल तैयार किया;
मेरी आत्मा झुक गई; उन्होंने मेरे सामने एक गड्ढा खोदा, वे
स्वयं उसके बीच गिर पड़े! सेलाह। 7 मेरा हृदय स्थिर है, हे
ईश्वर, मेरा हृदय स्थिर है; मैं गाऊँगा और स्तुति करूँगा।
8 हे मेरी महिमा, जाग! हे सारंगी और वीणा, जागो! मैं भोर को
जगाऊँगा। 9 हे 𐤉𐤄𐤅𐤄, मैं जातियों के बीच तेरी स्तुति
करूँगा; मैं राष्ट्रों के बीच तेरे लिये गाऊँगा। 10 क्योंकि तेरी
कृपा आकाश तक महान है, और तेरी सच्चाई बादलों तक।
11 हे ईश्वर, आकाश से ऊपर महान ठहर; तेरी महिमा सारी
पृथ्वी पर हो।

58

मुख्य गायक के लिए। 'नाश मत करो।' दाऊद की कविता।

1 क्या तुम सचमुच धर्म की बात चुपचाप कहते हो? क्या तुम
मनुष्यों के पुत्र, सीधा न्याय करते हो? 2 नहीं, अपने हृदय में
तुम अधर्म करते हो; पृथ्वी पर अपने हाथों की हिंसा तोलते
हो। 3 दुष्ट गर्भ से ही भटक गए हैं; जो झूठ बोलते हैं वे जन्म
से ही भटकते आए हैं। 4 उनका विष सर्प के विष के समान है;
वे बहरे नाग के समान हैं जो अपना कान बन्द करता है,
5 ताकि वह जादूगरों की आवाज़ न सुने, या मंत्रोच्चार करने
वाले कुशल जादूगर की नहीं सुने। 6 हे ईश्वर, उनके मुँह के
दाँत तोड़ दे! हे 𐤉𐤄𐤅𐤄, जवान सिंहों के दाढ़ तोड़ डाल।
7 वे ऐसे गल जाएँ, जैसे जल बहता है; जब वह अपने तीर
चलाए, तो वे काटे जाएँ। 8 वे उस घोंघे के समान हों जो
चलते-चलते गल जाता है; स्त्री के गर्भ के उस मृत बच्चे के
समान, जो सूर्य को न देखे। 9 इससे पहले कि तुम्हारे काँटे
झाड़ियों को महसूस करें, वह उन्हें क्रोध में जीवित ही उड़ा ले
जाए। 10 धर्मी बदला देखकर आनन्द करेगा; वह अपने पाँव
दुष्टों के लहू में धोएगा। 11 और मनुष्य कहेगा, "निश्चय धर्मी
के लिये फल है; निश्चय पृथ्वी पर न्याय करने वाला एक
ईश्वर है।"

59

मुख्य गायक के लिए। 'नाश मत करो।' दाविद की एक कविता; जब शाऊल ने भेजा, और उन्होंने उसे मारने के लिए घर की निगरानी की।

1 हे मेरे ईश्वर, मुझे मेरे शत्रुओं से छुड़ा; जो मुझ पर उठ
खड़े होते हैं, उनसे मुझे ऊँचा स्थान दे। 2 मुझे अधर्म करने
वालों से छुड़ा, और मुझे रक्तपात करने वालों से बचा।
3 देख, उन्होंने मेरे प्राण पर घात लगाई है; शक्तिशाली लोग
मेरे विरुद्ध इकट्ठे हुए हैं, परन्तु मेरे किसी अपराध या पाप के
कारण नहीं, हे 𐤉𐤄𐤅𐤄। 4 किसी अधर्म के कारण नहीं! वे
दौड़ते हैं और अपने आप को तैयार करते हैं; जाग, मेरी
सहायता करने को, और देख। 5 और तू, हे 𐤉𐤄𐤅𐤄 सेनाओं
के ईश्वर, इस्राएल के ईश्वर, जाग, सब जातियों को दण्ड
देने के लिये; किसी दुष्ट विश्वासघाती पर अनुग्रह न दिखा।
सेलाह। 6 वे सन्ध्या को लौटते हैं, कुत्ते की नाईं भूँकते हैं, और
नगर के चारों ओर घूमते हैं। 7 देख, वे अपने मुँह से उगलते
हैं; उनके होंठों में तलवारें हैं; क्योंकि कौन सुनता है? 8 परन्तु
तू, हे 𐤉𐤄𐤅𐤄, उन पर हँसता है; तू सब जातियों का उपहास
करता है। 9 हे मेरी शक्ति, मैं तेरा इंतज़ार करता हूँ; क्योंकि
ईश्वर मेरा दृढ़ गढ़ है, मेरा दयालु ईश्वर। 10 ईश्वर मेरे
आगे-आगे जाता है; वह मुझे मेरे शत्रुओं पर दृष्टि डालने देता
है। 11 उन्हें मत मार, ऐसा न हो कि मेरी प्रजा भूल जाए; उन्हें
अपनी शक्ति से तितर-बितर कर, और नीचे गिरा दे, हे
𐤉𐤄𐤅𐤄 हमारे ढाल। 12 उनके मुँह के पाप, उनके होंठों के
वचन के कारण, वे अपने घमण्ड में फँसे रहें; और उस शाप
और झूठ के कारण जो वे बोलते हैं। 13 क्रोध में अंत कर दे,
अंत कर दे, कि वे और न रहें; और उन्हें पता चल जाए कि
Elohim Ya'aqob̲ में शासन कर रहा है पृथ्वी के छोरों
तक। सेलाह। 14 और सन्ध्या को वे लौटते हैं, कुत्ते की नाईं
भूँकते हैं, और नगर के चारों ओर घूमते हैं। 15 वे भोजन के
लिये इधर-उधर भटकते हैं, और यदि तृप्त न हों तो कराहते
हैं। 16 परन्तु मैं तेरी शक्ति का गीत गाऊँगा; और प्रातःकाल
तेरी करुणा का ऊँचे स्वर में गान करूँगा; क्योंकि तू मेरा दृढ़
गढ़ रहा है, और संकट के दिन मेरी शरण। 17 हे मेरी शक्ति,
मैं तेरा गीत गाऊँगा; क्योंकि ईश्वर मेरा दृढ़ गढ़ है, मेरा
दयालु ईश्वर।

60

मुख्य गायक के लिए 'गवाह के लिली' पर। दाविद की एक कविता, सिखाने के लिए; जब उसने अराम-नहराइम और अराम-त्सोबा के साथ लड़ा, जब योआब लौट आया, और नमक की घाटी में एदोम को मारा, बारह हजार।

1 हे ईश्वर, तूने हमें त्याग दिया है; तूने हमें तोड़ डाला है; तू
अप्रसन्न हुआ है; हमारी ओर फिर आ। 2 तूने पृथ्वी को कम्पा
दिया है; तूने उसे फाड़ दिया है; उसकी दरारों को भर दे,
क्योंकि वह डगमगा रही है। 3 तूने अपनी प्रजा को कष्ट
दिखाया है; तूने हमें मतवालेपन का दाखमधु पिलाया है।
4 तूने उन लोगों को एक ध्वज दिया है जो तेरा भय मानते हैं,

ताकि वह सच्चाई के कारण ऊँचा किया जाए। सेलाह। 5कि जिनसे तू प्रेम रखता है वे छुड़ाए जाएँ; अपनी दाहिनी ओर से उद्धार कर, और मेरी सुन। 6ईश्वर ने अपने पवित्रस्थान में कहा है, "मैं आनन्द मनाऊँगा; मैं शेकेम को बाँट दूँगा, और सुक्कोत की तराई को मापूँगा।" 7"गिलाद मेरा है, और मनश्शे मेरा है; इफ्रैम मेरे सिर की ढाल है, यहूदा मेरा विधिनिर्देशक है।" 8"मोआब मेरा धोवन पात्र है; एदोम पर मैं अपना जूता फेंक दूँगा; हे पलिश्त, तू मेरे कारण जयजयकार कर।" 9कौन मुझे दृढ़ नगर में पहुँचाएगा? कौन मुझे एदोम तक ले जाएगा? 10क्या तू नहीं, हे ईश्वर, जिसने हमें त्याग दिया है? और तू, हे ईश्वर, हमारी सेनाओं के साथ बाहर नहीं जाता! 11संकट से हमारी सहायता कर, क्योंकि मनुष्य की सहायता व्यर्थ है। 12ईश्वर में हम पराक्रम दिखाएँगे, और वही हमारे शत्रुओं को रौंदेगा!

61 *मुख्य गायक के लिए, तार वाले उपकरणों पर। दाऊद का।*

1हे ईश्वर, मेरी पुकार सुन; मेरी प्रार्थना पर कान लगा। 2पृथ्वी के छोर से मैं तुझे पुकारता हूँ, जब मेरा हृदय दुर्बल होता है; मुझे उस चट्टान तक ले चल जो मुझसे ऊँची है। 3क्योंकि तू मेरा शरणस्थान रहा है, शत्रु के सामने एक दृढ़ गढ़। 4मुझे सदा तेरे तम्बू में वास करने दे; तेरे पंखों की छाया में मुझे शरण लेने दे। सेलाह। 5क्योंकि तू, हे ईश्वर, मेरी मन्नतें सुन चुका है; तूने मुझे उनका भाग दिया है जो तेरे नाम से डरते हैं। 6तू राजा के दिनों में और दिन जोड़ता है; उसके वर्षों को पीढ़ी पर पीढ़ी तक बढ़ा देता है। 7वह सदा ईश्वर के सामने वास करे; दया और सत्य को उसकी रक्षा के लिये ठहराना। 8इसलिये मैं सदा तेरे नाम का भजन गाऊँगा, जब मैं प्रतिदिन अपनी मन्नतें पूरी करूँगा।

62 *मुख्य गायक के लिए, येदुथुन को। दाविद की एक भजन।*

1मेरी आत्मा केवल ईश्वर में विश्राम पाती है; उसी से मेरा उद्धार है। 2वह अकेला मेरी चट्टान और मेरा उद्धार, मेरा दृढ़ गढ़ है; मैं बहुत नहीं डगमगाऊँगा। 3तुम कब तक किसी मनुष्य पर प्रहार करोगे? तुम सब उसे गिराना चाहते हो, जैसे झुकी हुई दीवार या डगमगाती बाड़। 4वे उसे उसके ऊँचे पद से गिराने की युक्ति करते हैं; वे झूठ में प्रसन्न होते हैं; अपने मुँह से आशीर्वाद देते हैं, पर अपने हृदय में शाप देते हैं। सेलाह। 5हे मेरी आत्मा, केवल ईश्वर में विश्राम कर, क्योंकि मेरी आशा उसी से है। 6वह अकेला मेरी चट्टान और मेरा उद्धार, मेरा दृढ़ गढ़ है; मैं नहीं डगमगाऊँगा। 7ईश्वर में ही मेरा उद्धार और मेरी महिमा है; मेरी शक्ति की चट्टान, मेरा शरणस्थान ईश्वर में है। 8हे लोगों, हर समय उस पर भरोसा रखो; उसके सामने अपना हृदय उंडेल दो; ईश्वर हमारा शरणस्थान है। सेलाह। 9आदम की संतान केवल श्वास के समान हैं; मनुष्यों की संतान झूठ हैं; तुला पर रखे जाने पर वे श्वास से भी हल्के निकलते हैं। 10अत्याचार पर भरोसा मत रखो, और लूट में व्यर्थ घमण्ड मत करो; यदि धन बढ़े, तो अपना हृदय उस पर मत लगाओ। 11ईश्वर ने एक बार कहा है; दो बार मैंने यह सुना कि सामर्थ्य ईश्वर का है। 12और हे ३५३२, करुणा तेरी है; क्योंकि तू प्रत्येक मनुष्य को उसके काम के अनुसार प्रतिफल देता है।

63 *दाविद का एक भजन; जब वह यहूदा के जंगल में था।*

1हे ईश्वर, तू मेरा ईश्वर है; मैं तुझे तत्परता से खोजता हूँ; मेरी आत्मा तेरे लिये प्यासती है; मेरा शरीर तेरे लिये तरसता है, निर्जल और सूखी भूमि में जहाँ जल नहीं। 2इसलिये मैंने तुझे पवित्रस्थान में देखा है, कि तेरी शक्ति और तेरी महिमा को देख सकूँ। 3क्योंकि तेरी करुणा जीवन से भी उत्तम है; मेरे होंठ तेरा गुणगान करेंगे। 4इस कारण जब तक मैं जीवित रहूँगा, मैं तेरा आशीर्वाद दूँगा; तेरे नाम में मैं अपने हाथ उठाऊँगा। 5मेरी आत्मा मज़ेदार भोजन और चिकनाई से तृप्त होगी, और मेरा मुँह आनंद के गीतों से तेरा गुणगान करेगा। 6जब मैं अपने बिस्तर पर तेरा स्मरण करता हूँ, तो रात की पहरों में तेरे ही ध्यान में लगा रहता हूँ। 7क्योंकि तू मेरी सहायता रहा है, और तेरे पंखों की छाया में मैं आनन्द के गीत गाता हूँ। 8मेरी आत्मा तेरे पीछे लगी रहती है; तेरी दाहिनी ओर मुझे सम्भालती है। 9परन्तु जो मेरे प्राण को नष्ट करने की खोज में हैं, वे पृथ्वी के गहराई के भागों में उतर जाएँगे। 10वे तलवार के वश में कर दिये जाएँगे; वे सियारों का भाग बन जाएँगे। 11परन्तु राजा ईश्वर में आनन्द मनाएगा; जो कोई उसके द्वारा शपथ खाता है वह हर्षित होगा; क्योंकि झूठ बोलने वालों का मुँह बन्द किया जाएगा।

64 *मुख्य गायक के लिए। दाविद का एक भजन।*

1हे ईश्वर, मेरी ध्यानमग्न पुकार को सुन; मेरे प्राण को शत्रु के भय से बचा। 2मुझे दुष्टों की गुप्त युक्तियों से छिपा, अधर्म करने वालों के कोलाहल से। 3जो अपनी जीभ को तलवार की तरह तेज़ करते हैं, और अपने तीरों की तरह कड़वे वचनों को तैयार रखते हैं। 4कि वे निर्दोष पर छिपकर चलाएँ; वे अचानक उस पर प्रहार करते हैं, और नहीं डरते। 5वे अपने लिये दुष्ट वचन दृढ़ करते हैं; फन्दे छिपाने की बात करते हैं; उन्होंने कहा, "कौन हमें देखता है?" 6वे अधर्म की खोज करते हैं; "हमने एक सोची-समझी चतुर युक्ति बनाई है।" मनुष्य का भीतरी भाग और हृदय गहरे हैं। 7परन्तु ईश्वर उन पर एक तीर चलाता है; उनके घाव अचानक हो जाते हैं। 8और वे ठोकर खाते हैं; उनकी अपनी जीभ उनके ही विरुद्ध हो जाती है; जो कोई उन्हें देखता है वह भाग जाता है। 9और सब मनुष्य भय मानते हैं, और ईश्वर के कार्य का प्रचार करते हैं, और उसके किये हुए कार्य पर बुद्धि से विचार करते हैं। 10धर्मी ३५३२ में आनन्द मनाते हैं, और उसमें शरण लेते हैं; और सीधा हृदय वाले सब उसकी स्तुति करते हैं।

65 *मुख्य गायक के लिए। एक भजन, दाविद का एक गाना।*

1हे ईश्वर, तेरे लिये सिय्योन में स्तुति और निस्तब्ध भक्ति ठहरी है; और तेरे लिये मन्नत पूरी की जाएगी। 2हे तू जो सब

प्रार्थना सुनता है, सब प्राणी तेरे पास आते हैं। 3 अधर्म के
कार्य मुझ पर भारी पड़े; हमारे अपराधों को तू ढाँप देता है।
4 धन्य है वह जिसे तू चुनता है, और अपने आँगनों में बसने
के लिये अपने समीप लाता है। हम तेरे घर की भलाई से, तेरे
पवित्र मन्दिर की भलाई से तृप्त होंगे। 5 भय उत्पन्न करने
वाले धर्म के कर्मों के द्वारा तू हमें उत्तर देता है, हे हमारे उद्धार
के ईश्वर, पृथ्वी के सब छोरों और दूर समुद्रों के भरोसे।
6 जिसने अपनी शक्ति से पर्वतों की स्थापना की, जो सामर्थ्य
से कमर बाँधे हुए है। 7 जो समुद्रों के गर्जन, उनकी लहरों के
शब्द, और जातियों के कोलाहल को शांत करता है। 8 जो
पृथ्वी के छोरों में बसते हैं, वे तेरे चिह्नों से डरते हैं; तू भोर और
संध्या के निकलने को आनन्दित करता है। 9 तूने पृथ्वी का
दर्शन किया और उसे सींचा; तूने उसे बहुत समृद्ध किया;
ईश्वर की नदी जल से भरी है; तू उन्हें अन्न देता है, क्योंकि
तूने इसी प्रकार व्यवस्था की है। 10 तूने उसकी नालियों को
सींचा, उसकी मिट्टी को दबा दिया; तू वर्षा से उसे कोमल
करता है; तू उसकी उपज को आशीर्वाद देता है। 11 तूने वर्ष
को अपनी भलाई से माला पहनाई है, और तेरे मार्गों में
भरपूरता टपकती है। 12 जंगल के चरागाह भरपूर टपकते हैं,
और पहाड़ आनन्द से कमर बाँधते हैं। 13 मैदान झुंडों से
ढके हैं, और तराइयाँ अन्न से ढकी हैं; वे जयजयकार करते
और गीत गाते हैं।

66 *मुख्य गायक के लिए। एक भजन, एक गीत।*

1 हे सारी पृथ्वी, ईश्वर के लिये जयजयकार करो!
2 उसके नाम की महिमा का गीत गाओ; उसकी स्तुति को
महिमामय बनाओ। 3 ईश्वर से कहो, "तेरे काम कितने
अद्‌भुत हैं! तेरी महान शक्ति के कारण तेरे शत्रु तेरा झूठा
आज्ञापालन करते हैं। 4 "सारी पृथ्वी तेरे आगे दण्डवत करती
है, वे तेरे लिये गीत गाते हैं, तेरे नाम का भजन करते हैं।"
सेलाह। 5 आओ, ईश्वर के कामों को देखो; वह मनुष्यों के
पुत्रों के लिये अद्‌भुत कार्य करता है। 6 उसने समुद्र को सूखी
भूमि में बदल दिया; वे नदी को पैदल पार कर गये; वहाँ हम
उसमें आनन्दित हुए। 7 वह अपनी शक्ति से सदा राज्य
करता है; उसकी आँखें जातियों पर दृष्टि रखती हैं; विद्रोही
लोग अपने आप को ऊँचा न करें। सेलाह। 8 हे लोगों, हमारे
ईश्वर को धन्य कहो, और उसकी स्तुति की ध्वनि को
गूँजाओ। 9 जिसने हमें जीवन में स्थिर रखा, और हमारे पाँवों
को डगमगाने नहीं दिया। 10 क्योंकि तूने, हे ईश्वर, हमें परखा
है; तूने हमें ऐसे तपा लिया है जैसे चाँदी तलाई जाती है।
11 तूने हमें जाल में फँसाया; तूने हमारे कटिबन्ध पर क्लेश
रखा। 12 तूने मनुष्यों को हमारे सिर पर चढ़ाया; हम आग
और जल के बीच से गुज़रे; पर तूने हमें समृद्धि के स्थान पर
पहुँचा दिया। 13 मैं तेरे घर में होमबलि लेकर आऊँगा; मैं
अपनी मन्नतें तेरे लिये पूरी करूँगा। 14 जो मेरे होंठों ने कही
थीं और मेरे मुँह ने मेरे संकट में बोली थीं। 15 मैं तुझको मोटे
पशुओं की होमबलियाँ अर्पण करूँगा, मेढ़ों की धूप सहित; मैं
बैलों और बकरों का बलिदान चढ़ाऊँगा। सेलाह। 16 आओ
सुनो, हे सब जो ईश्वर का भय मानते हो, और मैं बताऊँगा कि
उसने मेरे प्राण के लिये क्या किया है। 17 मैंने अपने मुँह से
उसको पुकारा, और मेरी जीभ पर उसकी स्तुति रही। 18 यदि
मैं अपने हृदय में अधर्म को देखता, तो 𐤉𐤄𐤅𐤄 मेरी नही
सुनता। 19 पर सचमुच, ईश्वर ने मेरी सुनी है; उसने मेरी
प्रार्थना की आवाज़ पर ध्यान दिया है। 20 धन्य है ईश्वर,
जिसने मेरी प्रार्थना को ठुकराया नहीं, और न ही अपनी
करुणा को मुझसे हटाया।

67 *मुख्य गायक के लिए, तार वाले उपकरणों पर। एक भजन, एक गीत।*

1 ईश्वर हम पर अनुग्रह करे और हमें आशीर्वाद दे; वह अपना
मुख हम पर चमकाए। सेलाह। 2 कि तेरी मार्ग पृथ्वी पर
प्रकट हो, और तेरे उद्धार सब जातियों में जाना जाए। 3 हे
ईश्वर, लोग तेरा गुणगान करें; सब लोग तेरा गुणगान करें।
4 जातियाँ आनन्द करें और जयजयकार करें! क्योंकि तू
लोगों का न्याय सीधाई से करता है, और पृथ्वी की जातियों
का नेतृत्व करता है। सेलाह। 5 हे ईश्वर, लोग तेरा गुणगान
करें; सब लोग तेरा गुणगान करें। 6 पृथ्वी अपनी उपज देगी;
ईश्वर, हमारा अपना ईश्वर, हमें आशीर्वाद देगा। 7 ईश्वर हमें
आशीर्वाद देगा; और पृथ्वी के सब छोर उसके भय से
थरथराएँगे।

68 *मुख्य गायक के लिए। एक भजन, दाविद का एक गाना।*

1 ईश्वर उठता है, उसके शत्रु तितर-बितर हो जाते हैं। और
जो उससे घृणा करते हैं, वे उसके सामने से भाग जाते हैं!
2 जैसे धुआँ उड़ा दिया जाता है, वैसे तू उन्हें उड़ा देता है;
जैसे मोम आग के सामने पिघलता है, वैसे दुष्ट लोग ईश्वर के
सामने नाश हो जाते हैं। 3 परन्तु धर्मी लोग आनन्दित होते हैं,
वे ईश्वर के सामने जयजयकार करते हैं, और हर्ष से मगन
होते हैं। 4 ईश्वर के लिये गाओ, उसके नाम की स्तुति करो;
उस के लिये मार्ग तैयार करो जो मरुभूमि में सवार होता है;
उसका नाम याह है, और उसके सामने आनन्दित हो। 5 पिता
रहितों का पिता, और विधवाओं का न्यायी, ईश्वर अपने पवित्र
निवास में है। 6 ईश्वर अकेले को घर देता है; वह बंधनों में
पड़े हुओं को समृद्धि में निकाल लाता है; परन्तु बाग़ी लोग
सूखी भूमि में बसते हैं। 7 हे ईश्वर, जब तू अपनी प्रजा के
आगे चला, जब तू जंगल के बीच से चला, सेला। 8 धरती
काँपी और आकाश ईश्वर के सामने बरसा; यह सीनै पर्वत
ईश्वर के सामने काँप उठा, यिस्राएल के ईश्वर के सामने।
9 हे ईश्वर, तूने भरपूर वर्षा भेजी; जब तेरी मीरास थकी हुई
थी, तब तूने उसे दृढ़ किया। 10 तेरी मण्डली उसमें बसी; तूने
अपनी भलाई से निर्धनों के लिये व्यवस्था की, हे ईश्वर।
11 𐤉𐤄𐤅𐤄 ने वचन दिया; और जो स्त्रियाँ उसे प्रचार करती
थीं, वे बड़ी सेना थीं। 12 "सेनाओं के राजा भागते और भागते
हैं! और जो स्त्री घर में रहती है, वह लूट बाँटती है।" 13 यदि
तुम भेड़-बाड़ों के बीच लेटते हो, तो कबूतर के पंख चाँदी से
मढ़े हुए होंगे, और उसके पर सुनहरे सोने से दमकते होंगे।
14 जब ईश्वर सर्वशक्तिमान ने वहाँ के राजाओं को तितर-
बितर किया, तब त्सल्मोन पर हिम गिरा। 15 ईश्वर का पर्वत
बाशान का पर्वत है; बाशान का पर्वत ऊँची चोटियों का पर्वत

है। 16 हे ऊँची चोटियों वाले पर्वत, तुम उस पर्वत पर क्यों डाह करते हो, जिसे ईश्वर ने अपने निवास के लिये चाहा? 𐤉𐤄𐤅𐤄 सदा वहीं वास करता है। 17 ईश्वर के रथ दो लाख हैं, हजारों हजार; 𐤉𐤄𐤅𐤄 सीनै से पवित्र स्थान में आया। 18 तू ऊँचाई पर चढ़ गया; तूने बन्धुओं को बन्धन से छुड़ाया; तूने मनुष्यों में से भेंटें लीं, और यहाँ तक कि बाग़ियों से भी, कि याह ईश्वर वहाँ निवास करे। 19 धन्य है 𐤉𐤄𐤅𐤄, जो दिन-प्रतिदिन हमारा भार उठाता है, वह हमारे उद्धार का ईश्वर है! सेला। 20 हमारा ईश्वर उद्धार का ईश्वर है; और मृत्यु से छुटकारा प्रभु 𐤉𐤄𐤅𐤄 के पास है। 21 निश्चय ही, ईश्वर अपने शत्रुओं के सिर को चोट पहुँचाएगा, उस बालों वाले माथे को जो अपने अपराध में चलता है। 22 𐤉𐤄𐤅𐤄 ने कहा, "मैं बाशान से लौटाऊँगा, मैं समुद्र की गहराइयों से लौटाऊँगा।" 23 "ताकि तू अपना पाँव लहू में डुबोए; तेरे कुत्तों की जीभें तेरे शत्रुओं के भाग से तृप्त हों।" 24 उन्होंने तेरे गमन देखे, हे ईश्वर, मेरे ईश्वर, मेरे राजा के गमन पवित्र स्थान में देखे। 25 गाने वाले आगे चले, बाजे बजाने वाले उनके पीछे; और उनके बीच में डफ बजाने वाली कुमारियाँ थीं। 26 सभा में ईश्वर को धन्य कहो, 𐤉𐤄𐤅𐤄 को, यिस्राएल के स्रोत से। 27 वहाँ बिन्यामिन है, सबसे छोटा, उनका प्रधान; यहूदा के नेता, उनका दल; ज़ेबुलुन का प्रधान और नफ़्ताली का प्रधान। 28 तेरे ईश्वर ने तेरी शक्ति की आज्ञा दी है; हे ईश्वर, तूने हमारे लिये यह कार्य किया है, बलवान हो जा! 29 तेरे यरूशलेम के मन्दिर के कारण, राजा तेरे लिये भेंटें लाते हैं। 30 सरकण्डों के पशुओं को डाँट, बैलों की मण्डली को और लोगों के बछड़ों को; हर एक जो चाँदी के टुकड़ों से अपने को नम्र करता है। उन लोगों को तितर-बितर कर जो झगड़ों में प्रसन्न होते हैं! 31 दूत मिस्र से निकलते हैं; कूश अपने हाथ ईश्वर की ओर फैलाता है। 32 हे पृथ्वी के राज्यों, ईश्वर के लिये गाओ; 𐤉𐤄𐤅𐤄 की स्तुति करो, सेला। 33 उसके लिये जो प्राचीन उच्चतम आकाशों पर सवार है! देखो, वह अपनी वाणी निकालता है, एक शक्तिशाली वाणी। 34 ईश्वर को सामर्थ्य दो; उसकी महिमा यिस्राएल के ऊपर है, और उसकी शक्ति बादलों में है। 35 हे ईश्वर, तू अपने पवित्र स्थानों से भयानक है; यिस्राएल का ईश्वर वही है जो अपनी प्रजा को शक्ति और सामर्थ्य देता है। धन्य हो ईश्वर!

69 *मुख्य गायक के लिए, तुरही पर। दाविद का।*

1 मुझे बचा, हे ईश्वर! क्योंकि जल मेरी गर्दन तक आ गया है। 2 मैं गहरे कीचड़ में धँस गया हूँ, और खड़े होने का कोई स्थान नहीं है; मैं गहरे जल में आ गया हूँ, और बाढ़ मुझे बहा ले जाती है। 3 मैं रोते-रोते थक गया हूँ; मेरा गला सूख गया है; जब तक मैं अपने ईश्वर की प्रतीक्षा करता हूँ, मेरी आँखें धुँधली हो गई हैं। 4 जो बिना कारण मुझसे बैर रखते हैं, वे मेरे सिर के बालों से अधिक हैं; जो मुझे नाश करना चाहते हैं, वे शक्तिशाली हैं — मेरे झूठे शत्रु; जो मैंने नहीं छीना, उसे भी मैंने लौटा दिया। 5 हे ईश्वर, तू स्वयं मेरी मूर्खता जानता है; और मेरा अपराध तुझसे छिपा नहीं है। 6 हे सेनाओं के प्रभु 𐤉𐤄𐤅𐤄, जो तेरा इंतज़ार करते हैं वे मेरे कारण लज्जित न हों; जो तुझे ढूँढते हैं, वे मेरे कारण निराश न हों, हे यिस्राएल के ईश्वर। 7 क्योंकि मैंने तेरे कारण अपमान सहा है; लज्जा ने मेरा मुँह ढँक लिया है। 8 मैं अपने भाइयों के लिये परदेशी बन गया हूँ, और अपनी माता के पुत्रों के लिये अजनबी। 9 क्योंकि तेरे घर के लिये जलन ने मुझे खा लिया है, और जो तेरी निन्दा करते हैं, उनकी निन्दाएँ मुझ पर पड़ी हैं। 10 और मैंने उपवास करके अपने प्राण में विलाप किया, परन्तु यह मेरे लिये अपमान बन गया। 11 जब मैंने टाट ओढ़ा, तब मैं उनके लिये हँसी का पात्र बन गया। 12 जो फाटक पर बैठते हैं, वे मेरे विषय में बातें करते हैं, और मैं पियक्कड़ों का गीत बन गया हूँ। 13 परन्तु मैं तो तुझसे प्रार्थना करता हूँ, हे 𐤉𐤄𐤅𐤄, अनुकूल समय पर, हे ईश्वर; अपनी महान कृपा में, अपनी मुक्ति की सच्चाई में मुझे उत्तर दे। 14 मुझे कीचड़ से निकाल, और मुझे डूबने न दे; मुझे उन से बचा जो मुझसे बैर रखते हैं, और गहरे जल से निकाल। 15 जल की बाढ़ मुझे न डुबोए, गहराई मुझे न निगले, और गड्ढा मुझ पर अपना मुँह न बन्द करे। 16 हे 𐤉𐤄𐤅𐤄, मुझे उत्तर दे, क्योंकि तेरी कृपा भली है; अपनी बड़ी दया के अनुसार मेरी ओर मुड़। 17 और अपने दास से अपना मुख न छिपा; क्योंकि मैं संकट में हूँ — शीघ्र मुझे उत्तर दे। 18 मेरे प्राण के निकट आ, उसे छुड़ा; मेरे शत्रुओं के कारण मुझे मोल लेकर छुड़ा। 19 तू स्वयं मेरा अपमान, मेरी लज्जा और मेरा भ्रम जानता है; मेरे विरोधी सब तेरे सामने हैं। 20 अपमान ने मेरा हृदय तोड़ दिया है, और मैं बीमार हूँ; मैंने सहानुभूति चाही, पर कोई न मिला; और शान्तिदाता खोजे, परन्तु कोई न मिला। 21 उन्होंने मुझे भोजन के लिये ज़हर दिया, और मेरी प्यास बुझाने को मुझे सिरका पिलाया। 22 उनकी मेज़ उनके सामने फंदा बन जाए, और जो निश्चिन्त हैं उनके लिये जाल ठहर जाए। 23 उनकी आँखें अन्धी हो जाएँ कि वे न देख सकें; और उनके कटि-देश को सदा काँपता बना दे। 24 अपना क्रोध उन पर उण्डेल, और तेरा जलता हुआ रोष उन्हें पकड़ ले। 25 उनके डेरे उजाड़ हो जाएँ; उनके तम्बुओं में कोई न रहे। 26 क्योंकि वे उसी का पीछा करते हैं जिसे तूने मारा है, और जिनको तूने घायल किया है, उनके दर्द की बातें करते हैं। 27 उनकी अधर्म पर अधर्म जोड़ दे, और उन्हें तेरी धार्मिकता में प्रवेश करने न दे। 28 उन्हें जीवितों की पुस्तक से मिटा दे, और धर्मियों के साथ न लिखा जाए। 29 पर मैं दीन और पीड़ित हूँ; तेरी मुक्ति, हे ईश्वर, मुझे ऊँचा उठाए। 30 मैं गीत के साथ ईश्वर के नाम की स्तुति करूँगा, और धन्यवाद के साथ उसे महान बनाऊँगा। 31 और यह 𐤉𐤄𐤅𐤄 को बैल से भी अधिक भाता है, सींग और खुर वाले साँढ़ से भी। 32 नम्र लोग यह देखकर आनन्दित होंगे; हे ईश्वर को खोजने वालों, तुम्हारे हृदय जीवित रहें। 33 क्योंकि 𐤉𐤄𐤅𐤄 दीनों की सुनता है, और अपने बन्दियों को तुच्छ नहीं जानता। 34 आकाश और पृथ्वी उसकी स्तुति करें, समुद्र और जो कुछ उनमें चलता है वह भी। 35 क्योंकि ईश्वर सिय्योन को बचाएगा और यहूदा के नगरों को बनाएगा; वे वहां बसेंगे और उसका अधिकार रखेंगे। 36 और उसके दासों की सन्तान उसे विरासत में पाएगी, और जो उसके नाम से प्रेम करते हैं, वे उसमें निवास करेंगे।

70 *मुख्य गायक के लिए। दाविद का; स्मरण दिलाने के लिए।*

1हे ईश्वर, मुझे छुड़ा! मेरी सहायता के लिये शीघ्र आ, हे
𐤉𐤄𐤅𐤄! 2जो मेरे प्राण की खोज करते हैं, वे लज्जित और
अपमानित हों; जो मेरे विनाश की इच्छा रखते हैं, वे पीछे
हटकर अपमानित हों। 3जो कहते हैं, "आहा, आहा!", वे
अपनी लज्जा के कारण पीछे लौटें। 4जो तुझे ढूँढ़ते हैं, वे सब
तुझ में आनन्दित और मगन हों; और जो तेरी मुक्ति से प्रेम
रखते हैं, वे सदा कहें, "ईश्वर महान है!" 5पर मैं दीन और
दरिद्र हूँ; हे ईश्वर, मेरी ओर शीघ्र आ! तू मेरा सहायक और
मेरा उद्धारकर्ता है; हे 𐤉𐤄𐤅𐤄, विलम्ब न कर।

71

1हे 𐤉𐤄𐤅𐤄, मैंने तुझ में शरण ली है; मुझे कभी
लज्जित न होने दे। 2अपनी धार्मिकता में मुझे छुड़ा
और बचा ले; अपना कान मेरी ओर झुका और मुझे बचा।
3मेरे लिये एक चट्टान बन जा जहाँ मैं सदा निवास कर सकूँ;
तूने मुझे बचाने की आज्ञा दी है, क्योंकि तू मेरी चट्टान और
मेरा गढ़ है। 4हे मेरे ईश्वर, मुझे दुष्ट के हाथ से छुड़ा,
अधर्मी और निर्दयी के हाथ से बचा। 5क्योंकि तू ही मेरी
आशा है, हे प्रभु 𐤉𐤄𐤅𐤄, मेरी जवानी से ही मेरा भरोसा तू ही
है। 6जन्म से ही मैंने तुझ पर भरोसा रखा है; तू ही मुझे मेरी
माता के गर्भ से बाहर लाया। मेरी स्तुति सदा तेरी ही है। 7मैं
बहुतों के लिये आश्चर्य बन गया हूँ, पर तू मेरा दृढ़
शरणस्थान है। 8मेरा मुँह तेरी स्तुति से भरा है, तेरी महिमा से
दिन भर। 9बुढ़ापे के समय मुझे न त्याग; जब मेरी शक्ति
घटे तब मुझे न छोड़। 10क्योंकि मेरे शत्रु मेरे विरुद्ध बोलते
हैं, और जो मेरे प्राण की घात करते हैं, वे आपस में सम्मति
करते हैं। 11वे कहते हैं, "ईश्वर ने उसे छोड़ दिया है; उसका
पीछा करो और उसे पकड़ लो, क्योंकि कोई छुड़ाने वाला नहीं
है।" 12हे ईश्वर, मुझसे दूर न रह; हे मेरे ईश्वर, मेरी
सहायता के लिये शीघ्र आ। 13जो मेरे प्राण के शत्रु हैं, वे
लज्जित और नष्ट हों; जो मेरी हानि चाहते हैं, वे अपमान और
भ्रम से ढँक दिए जाएँ। 14पर मैं सदा आशा रखूँगा, और तेरा
अधिकाधिक गुणगान करूँगा। 15मेरा मुँह तेरी धार्मिकता
और तेरी मुक्ति को दिन भर बताएगा, यद्यपि मैं उसकी गणना
नहीं कर सकता। 16मैं प्रभु 𐤉𐤄𐤅𐤄 की शक्ति में आऊँगा;
मैं तेरी धार्मिकता का उल्लेख करूँगा — केवल तेरी ही।
17हे ईश्वर, तूने मुझे मेरी जवानी से सिखाया है, और आज
तक मैं तेरे अद्भुत कार्यों का वर्णन करता हूँ। 18और अब
जब मैं बूढ़ा और पका बालों वाला हो गया हूँ, हे ईश्वर, मुझे न
छोड़, जब तक मैं तेरी शक्ति आने वाली पीढ़ी को और तेरी
सामर्थ्य सब आने वालों को न बताऊँ। 19क्योंकि तेरी
धार्मिकता, हे ईश्वर, अति उच्च है; तूने बड़े कार्य किए हैं; हे
ईश्वर, तेरे समान कौन है? 20जिसने मुझे बड़ी विपत्तियाँ और
कष्ट दिखाए हैं, तू फिर मुझे जीवित करेगा और पृथ्वी की
गहराइयों से मुझे फिर ऊपर लाएगा। 21तू मेरी महानता
बढ़ाएगा, और हर ओर से मुझे शान्ति देगा। 22वीणा के साथ
मैं तेरी सच्चाई की स्तुति करूँगा, हे मेरे ईश्वर; हे यिस्राएल
के पवित्र, मैं वीणा के साथ तेरा गीत गाऊँगा। 23जब मैं तेरे
लिये गाऊँगा, तब मेरे होंठ आनन्द से चिल्लाएँगे, और मेरा
प्राण भी, जिसे तूने छुड़ाया है। 24मेरी जीभ भी दिन भर तेरी
धार्मिकता का प्रचार करेगी, क्योंकि जो मेरी हानि चाहते थे वे
लज्जित और अपमानित हो गए हैं।

72 *श्लोमो के लिए।*

1हे ईश्वर, राजा को अपनी न्यायप्रियता दे, और राजा
के पुत्र को अपनी धार्मिकता दे। 2वह तेरी प्रजा का न्याय
धर्मपूर्वक करे, और तेरे दीनों का न्याय सच्चाई से करे।
3पर्वत लोगों के लिये शान्ति लाएँ, और पहाड़ धार्मिकता के
द्वारा। 4वह लोगों के दीनों का न्याय करे, दरिद्रों के पुत्रों को
बचाए, और अन्धेर करने वाले को चूर करे। 5वे सूर्य के
रहते तेरा भय मानें, और चन्द्रमा के रहते, पीढ़ी दर पीढ़ी
तक। 6वह कटी हुई घास पर वर्षा के समान उतरे, और पृथ्वी
को सींचने वाली बूंदों के समान। 7उसके दिनों में धर्मी फले-
फूले, और बहुत शान्ति रहे, जब तक चन्द्रमा न रहे। 8वह
समुद्र से समुद्र तक, और नदी से पृथ्वी के छोर तक राज्य
करे। 9मरुभूमि में रहने वाले उसके आगे झुकें, और उसके
शत्रु मिट्टी चाटें। 10तरशीश और द्वीपों के राजा उपहार लाएँ;
शेबा और सेबा के राजा भेंट दें। 11सभी राजा उसके आगे
दण्डवत करें, और सब जातियाँ उसकी सेवा करें। 12क्योंकि
वह दीन को बचाता है जब वह पुकारता है, और निर्धन को,
जिसका कोई सहायक नहीं। 13वह दीन और दरिद्र पर दया
करता है, और दरिद्रों के प्राणों को बचाता है। 14वह उनके
प्राणों को अन्धेर और हिंसा से छुड़ाता है; और उनका लोहू
उसकी दृष्टि में अनमोल है। 15वह जीवित रहेगा, और शेबा
का सोना उसे दिया जाएगा; उसके लिये निरन्तर प्रार्थना की
जाएगी; वह दिन भर धन्य किया जाए। 16पृथ्वी पर बहुत
अन्न हो, पर्वतों की चोटी पर; उसका फल लेबानोन के समान
लहराए, और नगरवासी पृथ्वी की घास के समान फले-फूले।
17उसका नाम सदा बना रहे; उसका नाम सूर्य के रहते-रहते
बना रहे; लोग उसी में आशीष पाएँ; सब जातियाँ उसे धन्य
कहें। 18धन्य है 𐤉𐤄𐤅𐤄 ईश्वर, यिस्राएल का ईश्वर, जो
अकेला अद्भुत काम करता है। 19और उसका महिमायुक्त
नाम सदा धन्य हो! सारी पृथ्वी उसकी महिमा से भर जाए।
आमेन और आमेन। 20दाविद, यिशै के पुत्र की प्रार्थनाएं
समाप्त हुईं।

73 *आसफ का भजन।*

1निश्चित ही ईश्वर यिस्राएल के लिये भला है, उनके
लिये जिनका हृदय शुद्ध है। 2पर मेरे लिये, मेरे पाँव लगभग
फिसल गए थे, मेरे कदम लगभग डगमगा गए थे। 3क्योंकि
जब मैंने दुष्टों की शान्ति देखी, तब मैं घमण्ड करने वालों से
डाह करने लगा। 4क्योंकि मृत्यु के समय उन्हें कोई पीड़ा
नहीं होती, और उनका शरीर बलवान रहता है। 5वे मनुष्यों के
समान संकट में नहीं पड़ते, और मनुष्यों की तरह उन्हें
विपत्तियाँ नहीं आतीं। 6इसलिये घमण्ड उनका हार है, और
हिंसा का वस्त्र उन्हें ढँकता है। 7उनकी आँखें मोटापे से
उभरी हुई हैं; उनके हृदय की कल्पनाएँ उमड़ती रहती हैं। 8वे
ठट्ठा करते और अत्याचार की बुराई से बातें करते हैं; वे
अभिमान से बोलते हैं। 9उन्होंने अपना मुँह आकाश के विरुद्ध

लगाया है, और उनकी जीभ पृथ्वी पर घूमती है। 10इस
कारण उसकी प्रजा इधर लौट आती है, और वे जल को भर-
भर कर पीते हैं। 11वे कहते हैं, "ईश्वर कैसे जानता है? और
क्या परमप्रधान में ज्ञान है?" 12देखो, ये दुष्ट हैं; वे सदा
सुखी रहते हैं, और अपनी सम्पत्ति बढ़ाते हैं। 13निश्चय ही
व्यर्थ में मैंने अपना हृदय शुद्ध रखा, और अपने हाथ निर्दोषता
में धोए। 14क्योंकि मैं दिन भर पीड़ित रहा, और हर सुबह
ताड़ना पाई। 15यदि मैं कहता, "मैं ऐसा ही बोलूँगा," तो
देखो, मैं तेरे बच्चों की पीढ़ी को छलता। 16जब मैंने इसको
समझना चाहा, तो यह मेरी आँखों के लिये कठिन कार्य था।
17जब तक कि मैं ईश्वर के पवित्रस्थान में न गया, तब मैंने
उनका अन्त समझा। 18निश्चय ही, तू उन्हें फिसलन भरी
जगहों पर रखता है; तू उन्हें विनाश के लिये गिरा देता है।
19वे कितनी शीघ्र नष्ट हो गए! भयावह विनाश से पूरी तरह
मिट गए। 20हे 𐤉𐤄𐤅𐤄, जब तू उठेगा, तू उनके स्वरूप का
तिरस्कार करेगा, जैसे जागने पर स्वप्न का किया जाता है।
21क्योंकि मेरा हृदय खिन्न हुआ, और मेरी अन्तःस्थल में
पीड़ा हुई। 22मैं मूर्ख और अज्ञानी था; मैं तेरे सामने एक पशु
के समान था। 23तौभी मैं सदा तेरे साथ हूँ; तूने मेरा दाहिना
हाथ पकड़ा हुआ है। 24तू अपनी सम्मति से मेरी अगुवाई
करेगा, और बाद में मुझे महिमा में ग्रहण करेगा। 25आकाश
में मेरे लिये तेरा सिवाय कौन है? और पृथ्वी पर तुझ को छोड़
मैं किसी की इच्छा नहीं करता। 26मेरा शरीर और मेरा हृदय
क्षीण हो सकता है, परन्तु ईश्वर मेरे हृदय की चट्टान और
मेरा भाग सदा के लिये है। 27देख, जो तुझसे दूर रहते हैं वे
नाश हो जाते हैं; तू सब को नाश कर देता है जो तुझसे
विश्वासघात करते हैं। 28परन्तु मेरे लिये ईश्वर के निकट
रहना भला है; मैंने प्रभु 𐤉𐤄𐤅𐤄 में अपनी शरण ली है, ताकि
तेरे सब कार्यों का प्रचार करूँ।

74

आसफ की कविता।

1हे ईश्वर, तू हमें सदा के लिये क्यों त्याग देता है?
तेरी क्रोध की धूम्र-रेखा तेरी चराई की भेड़ों के विरुद्ध क्यों
उठती है? 2अपनी उस मण्डली को स्मरण कर जिसे तूने
प्राचीन काल में मोल लिया, अपनी मीरास की गोत्र को जिसे
तूने छुड़ाया, इस सिय्योन पर्वत को जहाँ तू वास करता था।
3अपनी डगमगाती चालें उन अनन्त खण्डहरों की ओर उठा;
शत्रु ने तेरे पवित्रस्थान में सब प्रकार की बुराई की है। 4तेरे
विरोधियों ने तेरे स्थानों के बीच गरज मचाई; उन्होंने अपने
चिन्हों को चिन्ह के रूप में स्थापित किया। 5ऐसा प्रतीत होता
है मानो किसी ने घने वृक्षों के बीच कुल्हाड़ी उठाई हो। 6अब
उन्होंने उसकी सारी नक्काशीदार कारीगरी को कुल्हाड़ी और
हथौड़े से तोड़ डाला है। 7उन्होंने तेरे पवित्रस्थान में आग
लगा दी; तेरे नाम के मिशकान को भूमि तक अपवित्र कर
डाला। 8उन्होंने अपने मन में कहा, "आओ, उन्हें पूरी तरह
नष्ट कर दें।" उन्होंने देश में ईश्वर के सब सभा-भवन जला
दिए। 9हम अपने चिन्ह नहीं देखते; अब कोई नबी नहीं रहा,
और हमारे बीच कोई नहीं जो जानता हो कि यह कब तक
होगा। 10हे ईश्वर, यह विरोधी कब तक निन्दा करेगा? क्या
शत्रु तेरे नाम का सदा अपमान करेगा? 11तू अपना हाथ, यहाँ
तक कि अपना दाहिना हाथ, क्यों रोकता है? अपने वक्ष से
निकालकर इसे समाप्त कर दे! 12क्योंकि ईश्वर प्राचीन काल
से मेरा राजा है, जो पृथ्वी के बीच उद्धार के कार्य करता है।
13तूने अपनी सामर्थ्य से समुद्र को विभाजित किया; तूने जल
में समुद्री नागों के सिरों को तोड़ा। 14तूने लिव्याथान के सिरों
को चकनाचूर किया; तूने उसे जंगल के लोगों के लिये भोजन
के रूप में दे दिया। 15तूने स्रोत और नदियों को फाड़ दिया;
तूने बलवान नदियों को सुखा दिया। 16दिन तेरा है, रात भी
तेरी है; तूने ज्योति और सूर्य को स्थिर किया है। 17तूने पृथ्वी
की सब सीमाएँ ठहराई हैं; तूने ग्रीष्म और शीत ऋतु बनाई।
18इसको स्मरण कर: शत्रु ने 𐤉𐤄𐤅𐤄 की निन्दा की है, और
मूर्ख लोगों ने तेरे नाम का अपमान किया है। 19अपनी
फाख्ता के प्राण को वनपशुओं को न दे! अपने दीन लोगों के
जीवन को सदा के लिये न भूल। 20वाचा पर ध्यान दे, क्योंकि
पृथ्वी के अन्धकारमय स्थान हिंसा के निवास-स्थानों से भरे
हैं। 21पीड़ित व्यक्ति लज्जित होकर न लौटे! दीन और दरिद्र
तेरे नाम की स्तुति करें। 22हे ईश्वर, उठ और अपना
मुकदमा स्वयं लड़; स्मरण कर कि मूर्ख मनुष्य तेरा दिन-
प्रतिदिन अपमान करता है। 23अपने शत्रुओं की आवाज़ को
न भूल; जो तेरे विरुद्ध उठते हैं उनका कोलाहल निरन्तर
बढ़ता जाता है।

75

मुख्य गायक के लिए। 'नाश मत करो।' आसाफ का एक भजन, एक गीत।

1हम तेरा धन्यवाद करते हैं, हे ईश्वर, हम तेरा धन्यवाद
करते हैं! और तेरा नाम निकट है! तेरे अद्भुत कार्यों का
वर्णन किया जाएगा! 2"जब मैं ठहराया हुआ समय लूँगा, तो मैं
ही सीधाई से न्याय करूँगा। 3"पृथ्वी और उसके सब निवासी
गल जाते हैं; मैं ही उसके स्तंभों को स्थिर रखता हूँ। सेला।
4"मैंने अभिमानियों से कहा, 'अभिमान न करो,' और दुष्टों
से, 'अपना सींग न ऊँचा करो।' 5"अपना सींग ऊँचा न
उठाओ, और कठोर गर्दन से बातें न करो।" 6क्योंकि
पदोन्नति न तो पूरब से है, न पश्चिम से, और न जंगल से।
7परन्तु ईश्वर ही न्यायी है; वह एक को नीचे करता है और
दूसरे को ऊपर उठाता है। 8क्योंकि 𐤉𐤄𐤅𐤄 के हाथ में एक
प्याला है, और दाखमधु झाग मारता है; वह मिश्रण से भरा
हुआ है, और वह उसे उण्डेलता है। पृथ्वी के सब दुष्ट लोग
उसके तलछट तक उसे पीते हैं। 9पर मैं तो सदा घोषणा
करूँगा, मैं याक़ोब के ईश्वर की स्तुति के गीत गाऊँगा।
10"और मैं सब दुष्टों के सींग काट डालूँगा; परन्तु धर्मियों के
सींग ऊँचे किये जाएँगे।"

76

मुख्य गायक के लिए, तार वाले उपकरणों पर। आसाफ का एक भजन, एक गीत।

1यहूदा में ईश्वर प्रसिद्ध है; उसका नाम यिस्राएल में महान
है। 2और उसका निवासस्थान शालेम में है, और उसका
वासस्थान सिय्योन में है। 3वहाँ उसने धनुष के तीरों को,
ढाल, तलवार और युद्ध के हथियारों को तोड़ डाला। सेला।
4तू ज्योतिर्मय है, शिकार के पर्वतों से भी अधिक तेजस्वी।
5साहसी लोग लूटे गए हैं; वे अपनी नींद सो गए हैं; और

शक्तिशाली पुरुषों में से किसी ने भी अपने हाथ न पाए। 6 तेरे डाँटने से, हे याक़ोब के ईश्वर, घोड़े और सवार दोनों मूर्छित होकर गिर गए। 7 तू ही भययोग्य है; और जब तू क्रोधित होता है, तब कौन तेरे सामने ठहर सकता है? 8 आकाश से तूने न्याय सुनाया; पृथ्वी ने भय किया और चुप हो गई। 9 जब ईश्वर न्याय के लिये उठा, तब पृथ्वी के नम्रों को बचाने के लिये। सेला। 10 क्योंकि मनुष्य का क्रोध तेरा गुणगान करता है, और जो क्रोध शेष रहता है उससे तू अपने को सजाता है। 11 अपने ईश्वर 𐤉𐤄𐤅𐤄 से मन्नतें मानो और उन्हें पूरी करो; जो उसके आस-पास हैं वे सब उसके लिये उपहार लाएँ जो भययोग्य है। 12 वह अधिपतियों की आत्मा को काट डालता है; वह पृथ्वी के राजाओं के लिये भी भयानक है।

77

मुख्य गायक के लिए, येदुथुन के लिए। आसाफ का एक भजन।

1 मेरी आवाज़ ईश्वर की ओर है, और मैं पुकारता हूँ; मेरी आवाज़ ईश्वर की ओर है, और उसने मेरी सुनी। 2 मेरे संकट के दिन मैंने 𐤉𐤄𐤅𐤄 को खोजा; रात भर मेरा हाथ फैला रहा और थमा नहीं, मेरा प्राण शान्ति पाने से इनकार करता रहा। 3 मैंने ईश्वर को स्मरण किया और कराहा; मैंने विलाप किया, और मेरी आत्मा निर्बल हो गई। सेला। 4 तूने मेरी आँखों की नींद रोक दी; मैं इतना व्याकुल था कि बोल नहीं सका। 5 मैंने पुराने दिनों को स्मरण किया, बीते हुए वर्षों को सोचा। 6 मैंने रात में अपने गीत को स्मरण किया; मैं अपने हृदय में ध्यान करता हूँ, और मेरी आत्मा लगन से खोजती है। 7 क्या 𐤉𐤄𐤅𐤄 सदा के लिये त्याग देगा, और फिर कभी प्रसन्न न होगा? 8 क्या उसकी कृपा सदा के लिये समाप्त हो गई? क्या प्रतिज्ञा पीढ़ी दर पीढ़ी निष्फल हो गई? 9 क्या ईश्वर अनुग्रह करना भूल गया है? क्या उसने क्रोध में अपनी दया बन्द कर दी है? सेला। 10 तब मैंने कहा, "यह मेरा दुःख है: कि परमप्रधान का दाहिना हाथ बदल गया है।" 11 मैं याह के कार्यों को स्मरण करूँगा; मैं तेरे प्राचीन अद्‌भुत कर्मों को स्मरण करूँगा। 12 मैं तेरे सब कार्यों पर ध्यान करूँगा, और तेरे कर्मों की बातें करूँगा। 13 हे ईश्वर, तेरी मार्ग पवित्रता में है; कौन महान ईश्वर तेरे समान है? 14 तू वही ईश्वर है जो अद्‌भुत कार्य करता है; तूने जातियों के बीच अपनी शक्ति प्रकट की है। 15 अपनी भुजा के द्वारा तूने अपनी प्रजा, याक़ोब और योसेफ के पुत्रों को छुड़ाया। सेला। 16 हे ईश्वर, जल ने तुझे देखा; जल ने तुझे देखा और डर गया; गहराइयाँ भी काँप उठीं। 17 बादलों ने जल बरसाया; आकाश में गर्जना हुई; तेरे तीर इधर-उधर चमके। 18 तेरी गर्जना की ध्वनि घूम गई; बिजली ने पृथ्वी को प्रकाशित किया; पृथ्वी काँप उठी और हिल गई। 19 तेरा मार्ग समुद्र में था, और तेरी पथरीली राहें बड़ी जलधारा में; पर तेरे पदचिह्न ज्ञात न हुए। 20 तूने मूशे और अहरोन के हाथ द्वारा अपनी प्रजा को झुण्ड के समान चलाया।

78

आसफ की कविता।

1 हे मेरी प्रजा, मेरी तोराह पर कान लगा; मेरे मुँह के वचनों पर अपना कान झुका। 2 मैं अपने मुँह को दृष्टान्त में खोलूँगा; मैं प्राचीन रहस्यों को प्रकट करूँगा। 3 जो हमने सुना और जाना है, और हमारे पिताओं ने हमें बताया है। 4 हम उन्हें उनके बच्चों से नहीं छिपाएँगे, आने वाली पीढ़ी को 𐤉𐤄𐤅𐤄 की स्तुतियाँ, उसकी शक्ति और उसके अद्‌भुत कार्य बताएँगे जो उसने किए हैं। 5 क्योंकि उसने याक़ोब में एक साक्षी ठहराया, और यिस्राएल में एक तोराह रखी, जिसे उसने हमारे पिताओं को आज्ञा दी, कि वे उसे अपने बच्चों को सिखाएँ। 6 ताकि आने वाली पीढ़ी, जो उत्पन्न होंगी, वे उसे जानें; और वे उठकर अपने बच्चों को बताएँ। 7 कि वे अपना भरोसा ईश्वर पर रखें, और ईश्वर के कार्यों को न भूलें, परन्तु उसकी आज्ञाओं को मानें। 8 और वे अपने पितरों के समान न हों — एक हठीली और विद्रोही पीढ़ी, ऐसी पीढ़ी जिसने अपना हृदय स्थिर नहीं किया, और जिसकी आत्मा ईश्वर के प्रति विश्वासयोग्य नहीं रही। 9 एप्रैम के पुत्र, धनुष से सुसज्जित योद्धा, युद्ध के दिन पीछे मुड़ गए। 10 उन्होंने ईश्वर की वाचा का पालन नहीं किया, और उसकी तोराह में चलने से इनकार किया। 11 और उन्होंने उसके कार्यों और उन अद्‌भुत कर्मों को भूल गए जो उसने उन्हें दिखाए थे। 12 उसने उनके पितरों की दृष्टि में अद्‌भुत काम किए, मिस्र देश में, त्सोअन के मैदान में। 13 उसने समुद्र को फाड़ा और उन्हें पार कराया; और जल को ढेर के समान खड़ा कर दिया। 14 और दिन में बादल के साथ उनका मार्गदर्शन किया, और सारी रात अग्नि की ज्योति से। 15 उसने जंगल में चट्टानों को फाड़ा, और उन्हें बड़ी गहराइयों से जल पिलाया। 16 उसने चट्टान से नदियाँ बहाईं, और जल को नदियों के समान बहाया। 17 तौभी उन्होंने मरुभूमि में परमप्रधान के विरुद्ध विद्रोह करके उसके विरुद्ध और अधिक पाप किया। 18 और उन्होंने अपने हृदय में ईश्वर की परीक्षा की, अपनी इच्छा के अनुसार भोजन माँगकर। 19 और उन्होंने ईश्वर के विरुद्ध बातें कीं; उन्होंने कहा, "क्या ईश्वर जंगल में मेज़ तैयार कर सकता है?" 20 "देखो, उसने चट्टान पर मारा, और जल फूट निकला, और धाराएँ उमड़ पड़ीं; क्या वह रोटी भी दे सकता है? क्या वह अपनी प्रजा के लिये माँस प्रदान करेगा?" 21 इसलिये 𐤉𐤄𐤅𐤄 ने सुना और क्रोधित हुआ; याक़ोब के विरुद्ध आग भड़क उठी, और यिस्राएल के विरुद्ध क्रोध उठा। 22 क्योंकि उन्होंने ईश्वर पर विश्वास नहीं किया, और न ही उसकी मुक्ति पर भरोसा किया। 23 तौभी उसने ऊपर के बादलों को आज्ञा दी, और आकाश के द्वार खोले। 24 और उसने उन पर खाने के लिये मन्ना बरसाया, और उन्हें आकाश का अन्न दिया। 25 मनुष्यों ने शक्तिशालियों की रोटी खाई; उसने उन्हें परिपूर्ण होने तक आहार भेजा। 26 उसने आकाश में पूरबी हवा चलाई, और अपनी शक्ति से दक्षिणी हवा ले आया। 27 और उसने उन पर धूल के समान माँस बरसाया, और समुद्र की बालू के समान पंखों वाले पक्षी। 28 और उसने उन्हें उसके डेरा के बीच गिरा दिया, उसके मिशकान के चारों ओर। 29 इसलिये उन्होंने खाया और पूरी तरह तृप्त हुए, क्योंकि उसने उन्हें उनकी इच्छा की वस्तु दी। 30 उन्होंने अपनी इच्छा से मुँह न मोड़ा था, उनका भोजन अब भी उनके मुँह में था। 31 तभी ईश्वर का क्रोध उन पर भड़क उठा, और उसने उनके बलवानों को मार डाला, और यिस्राएल के चुने

हुए लोगों को गिरा दिया। 32 इन सब के बाद भी उन्होंने पाप
किया, और उसकी अद्भुत शक्तियों पर विश्वास नहीं किया।
33 इसलिये उसने उनके दिन वायु के समान समाप्त कर दिए,
और उनके वर्ष संकट में। 34 जब उसने उन्हें मारा, तब वे
उसकी खोज में लगे; वे लौट आए और ईश्वर की लगन से
खोज करने लगे। 35 और उन्हें स्मरण हुआ कि ईश्वर
उनकी चट्टान है, और परमप्रधान ईश्वर उनका छुड़ानेवाला
है। 36 पर उन्होंने अपने मुँह से उसकी चापलूसी की, और
अपनी जीभ से उससे झूठ बोला। 37 क्योंकि उनका हृदय
उसके साथ स्थिर नहीं था, और वे उसकी वाचा के प्रति सच्चे
नहीं रहे। 38 परन्तु वह दयालु होकर उनके अधर्म को क्षमा
करता रहा, और उन्हें नाश नहीं किया; और बार-बार उसने
अपना क्रोध फेर दिया, और अपने सम्पूर्ण रोष को न
जगाया। 39 क्योंकि उसने स्मरण किया कि वे केवल देह हैं
— एक उड़ती हुई साँस जो लौटकर नहीं आती। 40 उन्होंने
कितनी बार जंगल में उसके विरुद्ध विद्रोह किया, और
मरुभूमि में उसे दुखी किया! 41 और बार-बार उन्होंने ईश्वर
की परीक्षा ली, और यिस्राएल के पवित्र को क्रोध दिलाया।
42 वे उसकी भुजा को नहीं स्मरण करते, उस दिन को जब
उसने उन्हें शत्रु से छुड़ाया। 43 कैसे उसने मिस्र में अपने
चिन्ह किये, और त्सोअन के मैदान में अपने अद्भुत कार्य
दिखाए। 44 उसने उनकी नदियों को रक्त में बदल दिया,
ताकि वे अपनी धाराओं का जल न पी सकें। 45 उसने उन पर
मक्खियों के झुंड भेजे जो उन्हें खा गए, और मेंढक जो उन्हें
नष्ट कर गए। 46 और उसने उनकी उपज को फुदके को
और उनके परिश्रम को टिड्डियों को दे दिया। 47 उसने उनके
दाखलताओं को ओलों से नष्ट कर दिया, और उनके गूलर
के वृक्षों को पाले से। 48 और उसने उनके पशुओं को ओलों
के हवाले कर दिया, और उनके मवेशियों को अग्नि की चमक
के हवाले किया। 49 उसने उन पर अपने क्रोध की जलन
भेजी — रोष, क्रोध, विपत्ति, और विपत्तियों के दूतों की एक
टोली। 50 उसने अपने क्रोध के लिये मार्ग बनाया; उसने
उनके प्राण को मृत्यु से नहीं बचाया, पर उनकी जीवन को
महामारी के हवाले कर दिया। 51 और उसने मिस्र में सब
पहिलौठों को मारा, हाम के तम्बुओं में उनके बल के पहिलौठों
को। 52 फिर उसने अपनी प्रजा को भेड़ों के समान बाहर
निकाला, और उन्हें जंगल में झुण्ड के समान चलाया।
53 और उसने उन्हें सुरक्षित चलाया, और वे नहीं डरे; पर
समुद्र ने उनके शत्रुओं को ढँक लिया। 54 और वह उन्हें
अपने पवित्र स्थान की सीमा पर ले आया, उस पर्वत पर जिसे
उसकी दाहिनी भुजा ने प्राप्त किया था। 55 और उसने उनके
सामने जातियों को निकाला, और उन्हें मापी हुई मीरास बाँटी,
और यिस्राएल के गोत्रों को उनके तम्बुओं में बसाया। 56 तौभी
उन्होंने परमप्रधान ईश्वर की परीक्षा ली और विद्रोह किया,
और उसकी चितौनियों को नहीं माना। 57 परन्तु वे अपने
पितरों के समान पीछे लौटे, और छल करने वाले धनुष के
समान कपट किया। 58 क्योंकि उन्होंने उसके ऊँचे स्थानों से
उसे क्रोधित किया, और अपनी खुदी हुई मूर्तियों से उसे
जलन दिलाई। 59 जब ईश्वर ने यह सुना, वह क्रोधित हुआ,
और यिस्राएल को अत्यन्त तुच्छ जाना। 60 और उसने शीलो
के मिशकान को छोड़ दिया, उस तम्बू को जिसे उसने मनुष्यों
के बीच खड़ा किया था। 61 और उसने अपनी शक्ति को
बन्दीगृह में दे दिया, और अपनी शोभा को शत्रु के हाथ में।
62 और उसने अपनी प्रजा को तलवार के हवाले कर दिया,
और अपनी मीरास पर क्रोधित हुआ। 63 उसके जवान आग
में भस्म हो गए, और उसकी युवतियाँ विवाह-गीत न गा सकीं।
64 उसके याजक तलवार से गिर गए, और उनकी विधवाएं
विलाप नहीं कर सकीं। 65 तब त्र५त्र२ नींद से जागे हुए
व्यक्ति के समान उठा, और दाखमधु से पुकारने वाले
पराक्रमी पुरुष के समान। 66 और उसने अपने शत्रुओं को
पीछे की ओर मारा, और उन्हें सदा की लज्जा दी। 67 तब
उसने योसेफ के तम्बू को तुच्छ जाना, और एप्रैम के गोत्र को
नहीं चुना। 68 परन्तु उसने यहूदा के गोत्र को चुना, सिय्योन
पर्वत को जिसे वह प्रेम करता था। 69 और उसने अपने मंदिर
को ऊँचाइयों के समान बनाया, उसे पृथ्वी के समान सदा के
लिये स्थिर किया। 70 और उसने अपने दास दाऊद को
चुना, और उसे भेड़ों के बाड़े से ले लिया। 71 वह उसे दुधारू
भेड़ों के पीछे से ले आया, ताकि वह उसकी प्रजा याक़ोब और
उसकी मीरास यिस्राएल की रखवाली करे। 72 और उसने
उन्हें अपने हृदय की सच्चाई के अनुसार चराया, और अपने
हाथों की कुशलता से उनका नेतृत्व किया।

79

आसफ का भजन।

1 हे ईश्वर, अन्यजातियाँ तेरी मीरास में घुस आई हैं;
उन्होंने तेरे पवित्र मंदिर को अपवित्र किया है; उन्होंने
यरूशलेम को खण्डहर बना दिया है। 2 उन्होंने तेरे दासों के
शवों को आकाश के पक्षियों के लिये भोजन बना दिया, और
तेरे भक्तों के मांस को पृथ्वी के वन्य पशुओं के लिये।
3 उन्होंने यरूशलेम के चारों ओर उनके रक्त को जल के
समान बहाया, और कोई दफनाने वाला नहीं था। 4 हम अपने
पड़ोसियों के लिये निन्दा का कारण बन गए हैं, अपने चारों
ओर के लोगों के लिये तिरस्कार और उपहास का विषय। 5 हे
त्र५त्र२, कब तक? क्या तू सदा के लिये क्रोधित रहेगा? क्या
तेरी जलन आग के समान जलती रहेगी? 6 अपना क्रोध उन
अन्यजातियों पर उण्डेल दे जिन्होंने तुझे नहीं जाना, और उन
राज्यों पर जिन्होंने तेरे नाम को नहीं पुकारा। 7 क्योंकि उन्होंने
याक़ोब को निगल लिया है, और उसके चरागाह को उजाड़
दिया है। 8 हमारे पितरों के अधर्मों को हमारे विरुद्ध स्मरण न
कर; तेरी दया शीघ्र ही हम से भेंट करे, क्योंकि हम बहुत
निर्बल हो गए हैं। 9 हे हमारे उद्धार के ईश्वर, अपने नाम की
महिमा के लिये हमारी सहायता कर; हमें छुड़ा, और हमारे
पापों को ढाँक दे, अपने नाम के कारण। 10 क्यों अन्यजातियां
कहें, “उनका ईश्वर कहाँ है?” तेरे दासों के बहाए गए रक्त
का बदला अन्यजातियों के बीच, हमारी आँखों के सामने
प्रकट कर। 11 कैदियों की कराह तेरे सामने पहुँचे; अपनी
भुजा की महानता के अनुसार, मृत्यु के लिये ठहराए हुए लोगों
को बचा। 12 और हमारे पड़ोसियों को उनके उपहास का सात
गुना प्रतिफल दे, उनके ही वक्ष में, जिससे उन्होंने तेरा, हे
त्र५त्र२, उपहास किया है। 13 और हम, तेरी प्रजा और तेरे
चरागाह की भेड़ें, हम तेरा सदा धन्यवाद करेंगे; पीढ़ी से पीढ़ी
तक हम तेरी स्तुति का वर्णन करेंगे।

80 *मुख्य गायक के लिए, 'गवाही के लिली' पर। आसाफ का एक भजन।*

1हे यिस्राएल के चरवाहे, जो योसेफ को झुण्ड के समान
चलाता है, जो करूबों के बीच विराजमान है — प्रकाशमान
हो! 2एप्रैम, बिन्यामिन, और मनश्शे के सामने अपनी शक्ति
को जागृत कर, और आकर हमें बचा! 3हे ईश्वर, हमें फिर
लौटा; अपना मुख प्रकाशमान कर, ताकि हम उद्धार पाएं! 4हे
יהוה सेनाओं के ईश्वर, तू कब तक अपनी प्रजा की
प्रार्थना पर क्रोधित रहेगा? 5तूने उन्हें आँसुओं की रोटी
खिलाई है, और आँसुओं से तीन गुना भरकर पिलाया है।
6तूने हमें अपने पड़ोसियों के लिये विवाद का कारण बना दिया
है, और हमारे शत्रु अपने बीच हँसते हैं। 7हे सेनाओं के
ईश्वर, हमें फिर लौटा; अपना मुख प्रकाशमान कर, ताकि हम
उद्धार पाएं! 8तूने मिस्र से एक दाखलता निकाल लाई; तूने
जातियों को निकाल दिया और उसे लगाया। 9तूने उसके
लिये स्थान तैयार किया; उसने गहरी जड़ें जमाईं और उसने
देश को भर दिया। 10पर्वत उसकी छाया से ढँक गए, और
उसके डालियाँ शक्तिशाली देवदारों तक फैल गईं। 11उसकी
शाखाएँ समुद्र तक फैलीं, और उसकी कोपलें नदी तक।
12तूने उसकी बाड़ क्यों तोड़ डाली, कि जो भी मार्ग से
गुजरता है उसका फल तोड़ ले? 13जंगल का सूअर उसे
रौंदता है, और मैदान का वन्य पशु उसे खा जाता है। 14हे
सेनाओं के ईश्वर, हम तुझसे विनती करते हैं, लौट आ;
आकाश से नीचे देख, और इस दाखलता पर ध्यान दे।
15उस पौधे पर जो तेरे दाहिने हाथ ने लगाया, और उस पुत्र
पर जिसे तूने अपने लिये सामर्थी किया। 16वह आग से जल
गया, काटा गया; वे तेरे मुख की डाँट से नाश हो गए। 17तेरा
हाथ तेरे दाहिने हाथ वाले पर रहे, उस आदम के पुत्र पर जिसे
तूने अपने लिये सामर्थी किया है। 18तब हम तुझसे विमुख न
होंगे; हमें पुनर्जीवित कर, और हम तेरे नाम को पुकारेंगे।
19हे יהוה सेनाओं के ईश्वर, हमें फिर लौटा; अपना मुख
प्रकाशमान कर, ताकि हम उद्धार पाएं!

81 *मुख्य गायक के लिए, वीणा पर। आसाफ का।*

1हमारे बल ईश्वर के लिये आनन्द से जयजयकार
करो; याक़ोब के ईश्वर के लिये ऊँचा स्वर करो। 2गीत
उठाओ और डफ बजाओ, मनोहर वीणा और सारंगी के
साथ। 3नए चाँद के समय मेंढे का सींग फूँको, हमारे पर्व
दिवस पर उसके ढके रहने के समय। 4क्योंकि यह यिस्राएल
के लिये एक विधि है, और याक़ोब के ईश्वर का एक विधान।
5उसने उसे यहोसेफ में साक्षी के रूप में ठहराया, जब वह
मिस्र देश में फिरा; मैंने ऐसी भाषा सुनी जिसे मैं नहीं जानता
था। 6"मैंने उसके कंधे को बोझ से मुक्त किया; उसके हाथ
टोकरी से छूट गए। 7"तूने संकट में पुकारा और मैंने तुझे
छुड़ाया; मैंने तुझे गर्जन के बादल में उत्तर दिया; मैंने तुझे
मेरीबा के जल पर परखा। सेला। 8"हे मेरी प्रजा, सुन, और
मैं तुझे चेतावनी दूँगा; हे यिस्राएल, यदि तू मेरी सुने! 9"तेरे
बीच कोई पराया देव न हो, और तू किसी विदेशी देवता के
सामने न झुक। 10"मैं יהוה तेरा ईश्वर हूँ, जो तुझे मिस्र
देश से निकाल लाया; तू अपना मुँह चौड़ा खोल, और मैं उसे
भर दूँगा। 11"परन्तु मेरी प्रजा ने मेरी वाणी न सुनी, और
यिस्राएल ने मेरी आज्ञा न मानी। 12"इसलिये मैंने उन्हें उनके
हठीले हृदय के हवाले कर दिया, कि वे अपनी युक्तियों में
चलें। 13"हाय, यदि मेरी प्रजा मेरी सुनती, यदि यिस्राएल
मेरी राहों पर चलता, 14"तो मैं उनके शत्रुओं को तुरंत दबा
देता, और उनके विरोधियों पर अपना हाथ फेरता। 15"जो
יהוה से बैर रखते हैं वे उसके सामने दब जाते, और
उनका समय सदा तक बना रहता। 16"वह उन्हें उत्तम गेहूं
से तृप्त करता, और चट्टान से निकले मधु से मैं तुझे तृप्त
करता।"

82 *आसफ का भजन।*

1ईश्वर शक्तिशालियों की सभा में खड़ा है; वह
देवताओं के बीच न्याय करता है। 2तुम कब तक अन्याय से
न्याय करोगे, और दुष्टों का पक्ष लोगे? सेला। 3दरिद्र और
अनाथ का न्याय करो; पीड़ित और दीन का अधिकार स्थिर
करो। 4दरिद्र और कंगाल को छुड़ाओ; उन्हें दुष्टों के हाथ
से बचाओ। 5वे न जानते हैं और न समझते हैं; वे अन्धकार
में चलते हैं; पृथ्वी की सब नींव डोल रही हैं। 6मैंने कहा, "तुम
देवता हो, और तुम सब परमप्रधान के पुत्र हो।" 7"तौभी तुम
मनुष्यों के समान मरोगे, और किसी एक प्रधान के समान
गिरोगे।" 8हे ईश्वर, उठ, पृथ्वी का न्याय कर, क्योंकि तू सब
जातियों का अधिकारी होगा।

83 *एक गीत, आसफ का भजन।*

1हे ईश्वर, चुप न रह! मौन न रह, और स्थिर भी न
रह, हे ईश्वर! 2देख, तेरे शत्रु कोलाहल कर रहे हैं, और जो
तुझसे बैर रखते हैं वे सिर उठाते हैं। 3वे तेरी प्रजा के विरुद्ध
चालाकी से षडयंत्र रचते हैं, और तेरे छिपे हुए खज़ानों के
विरुद्ध सलाह करते हैं। 4वे कहते हैं, "आओ, हम उन्हें एक
जाति के रूप में नष्ट कर दें, ताकि यिस्राएल का नाम फिर
स्मरण में न रहे।" 5क्योंकि उन्होंने एक मन से सम्मिलित
होकर युक्ति रची है; उन्होंने तेरे विरुद्ध वाचा बाँधी है —
6एदोम के डेरे और इस्माएलियों के साथ, मोआब और
हागरियों के साथ; 7गेबल, अम्मोन और अमालेक; पलिश्त
और सूर के निवासियों के साथ; 8अश्शूर भी उनके साथ जुड़
गया है; उन्होंने लूत के पुत्रों की सहायता की है। सेला।
9उनसे वैसा ही कर जैसा तूने मिद्यान के साथ किया, जैसा
सीसेरा और याबीन के साथ किया था, कीशोन की नदी पर।
10जो एंदोर में नष्ट हुए, जो भूमि के लिये गोबर समान हो
गए। 11उनके प्रधानों को ओरेब और ज़ेएब के समान कर दे,
और उनके सब सरदारों को ज़ेबह और सल्मुन्ना के समान।
12जिन्होंने कहा, "हम ईश्वर के चरागाहों को अपने लिये
अधिकार में ले लें।" 13हे मेरे ईश्वर, उन्हें घूमते हुए धूल के
समान कर दे, जैसे हवा के सामने पराल होता है। 14जैसे
आग वन को भस्म करती है, और जैसे ज्वाला पहाड़ों को
जलाती है, 15वैसे ही तू अपने बवंडर से उनका पीछा कर,
और अपने तूफ़ान से उन्हें भयभीत कर। 16उनके मुख

लज्जा से भर दे, ताकि वे तेरे नाम की खोज करें, हे
𐤉𐤄𐤅𐤄। [17]वे सदैव के लिये लज्जित और भयभीत हों; वे
लज्जा से नाश हो जाएँ। [18]और वे जान लें कि तू, जिसका
नाम 𐤉𐤄𐤅𐤄 है — तू अकेला समस्त पृथ्वी पर परमप्रधान
है।

84 *मुख्य गायक के लिए, वीणा पर। क़ोरा के पुत्रों के लिए एक भजन।*

[1]हे सेनाओं के 𐤉𐤄𐤅𐤄, तेरे मिश्कनोत कितने सुहावने हैं!
[2]मेरी आत्मा ने तेरे आँगनों के लिये लालसा की है, वरन् वह
मूर्छित हो गई है; मेरा हृदय और मेरा शरीर जीवित ईश्वर के
लिये पुकारते हैं। [3]यहाँ तक कि गौरैया को भी घर मिल गया
है, और अबाबील को अपने लिये घोंसला, जहाँ वह अपने
बच्चों को रखती है — तेरे वेदी, हे सेनाओं के 𐤉𐤄𐤅𐤄, मेरे
राजा और मेरे ईश्वर। [4]धन्य हैं वे जो तेरे घर में वास करते
हैं; वे सदा तेरा गुणगान करते हैं। सेला। [5]धन्य है वह मनुष्य
जिसकी शक्ति तुझ में है, जिनके हृदय में तेरे मार्ग बसे हैं।
[6]जब वे विलाप की तराई से गुजरते हैं, तो उसे सोते का स्थान
बना देते हैं; शिक्षक भी उसे आशीषों से ढक देता है। [7]वे बल
से बल को प्राप्त करते जाते हैं; हर एक व्यक्ति सिय्योन में
ईश्वर के सामने उपस्थित होता है। [8]हे सेनाओं के 𐤉𐤄𐤅𐤄
ईश्वर, मेरी प्रार्थना सुन; हे याक़ोब के ईश्वर, कान लगा।
सेला। [9]हे ईश्वर, हमारे ढाल पर दृष्टि कर, और अपने
अभिषिक्त के मुख पर दृष्टि डाल। [10]क्योंकि तेरे आँगनों में
एक दिन अन्य हजारों से उत्तम है; मैं अपने ईश्वर के घर में
द्वारपाल होना चुनूँगा, न कि दुष्टों के तंबुओं में वास करूँ।
[11]क्योंकि 𐤉𐤄𐤅𐤄 ईश्वर सूर्य और ढाल है; 𐤉𐤄𐤅𐤄 कृपा
और महिमा देता है; वह उन लोगों से कोई भलाई नहीं रोकता
जो खरे चलन में चलते हैं। [12]हे सेनाओं के 𐤉𐤄𐤅𐤄, धन्य
है वह मनुष्य जो तुझ पर भरोसा रखता है!

85 *मुख्य गायक के लिए। क़ोरा के पुत्रों के लिए एक भजन।*

[1]हे 𐤉𐤄𐤅𐤄, तू अपनी भूमि पर प्रसन्न होगा; तू याक़ोब की
बंधुआई को लौटा देगा। [2]तू अपनी प्रजा की दुष्टता को दूर
करेगा; तू उनके सब पापों को ढाँक देगा। सेला। [3]तू अपना
समस्त क्रोध हटा देगा; तू अपने प्रचण्ड रोष से फिर जाएगा।
[4]हे हमारे उद्धार के ईश्वर, हमें फिर लौटा ले, और हमारे प्रति
अपना क्रोध शांत कर। [5]क्या तू सदा हम पर क्रोधित रहेगा?
क्या तू पीढ़ी दर पीढ़ी अपना रोष फैलाएगा? [6]क्या तू हमें फिर
से जीवन नहीं देगा, ताकि तेरी प्रजा तुझ में आनन्द करे? [7]हे
𐤉𐤄𐤅𐤄, हमें अपनी करूणा दिखा, और हमें अपना उद्धार
प्रदान कर। [8]मैं सुनूँ कि ईश्वर 𐤉𐤄𐤅𐤄 क्या कहता है;
क्योंकि वह अपनी प्रजा और अपने भक्तों से शान्ति की बातें
कहता है; परन्तु वे फिर मूर्खता की ओर न लौटें। [9]निश्चय
ही, उसका उद्धार उन लोगों के निकट है जो उसका भय
मानते हैं, ताकि उसकी महिमा हमारी भूमि में वास करे।
[10]करूणा और सत्य मिलेंगे; धर्म और शान्ति एक दूसरे को
चूमेंगे। [11]सत्य पृथ्वी से अंकुरित होगा, और धर्म शमयिम से
नीचे दृष्टि करेगा। [12]निश्चय ही 𐤉𐤄𐤅𐤄 भलाई देगा, और
हमारी भूमि अपनी उपज उत्पन्न करेगी। [13]धर्म उसके आगे
चलेगा, और उसके पगचिह्नों के लिये मार्ग तैयार करेगा।

86 *दाऊद की प्रार्थना।*

[1]हे 𐤉𐤄𐤅𐤄, अपना कान मेरी ओर झुका, मुझे उत्तर
दे, क्योंकि मैं दीन और दरिद्र हूँ। [2]मेरी आत्मा की रक्षा कर,
क्योंकि मैं भक्त हूँ; तू मेरा ईश्वर है; अपने उस दास को बचा
जो तुझ पर भरोसा रखता है। [3]हे 𐤉𐤄𐤅𐤄, मुझ पर कृपा
कर, क्योंकि मैं दिनभर तुझी को पुकारता हूँ। [4]अपने दास के
मन को आनन्दित कर, क्योंकि हे 𐤉𐤄𐤅𐤄, मैं अपनी आत्मा
को तेरी ओर उठाता हूँ। [5]क्योंकि तू, हे 𐤉𐤄𐤅𐤄, भला है,
और क्षमा करने को तत्पर है, और उन सब पर अत्यन्त
करूणामय है जो तुझे पुकारते हैं। [6]हे 𐤉𐤄𐤅𐤄, मेरी प्रार्थना
पर ध्यान दे, और मेरी विनती की आवाज़ को सुन। [7]क्लेश
के दिन मैं तुझे पुकारूँगा, क्योंकि तू मुझे उत्तर देगा। [8]हे
𐤉𐤄𐤅𐤄, तेरे समान कोई देवता नहीं, और तेरे कर्मों के
समान कोई नहीं। [9]वे सब जातियाँ जिन्हें तूने बनाई हैं, आकर
तेरे सामने दण्डवत करेंगी, हे 𐤉𐤄𐤅𐤄, और तेरे नाम की
महिमा करेंगी। [10]क्योंकि तू महान है, और अद्भुत काम
करता है; तू ही अकेला ईश्वर है। [11]हे 𐤉𐤄𐤅𐤄, मुझे अपना
मार्ग सिखा; मैं तेरे सत्य में चलूँ; मेरा हृदय एक कर दे कि
तेरे नाम का भय मानूँ। [12]हे 𐤉𐤄𐤅𐤄 मेरे ईश्वर, मैं सम्पूर्ण
मन से तेरा धन्यवाद करूँगा, और तेरे नाम की सदा महिमा
करूँगा। [13]क्योंकि तेरी करूणा मुझ पर महान है, और तूने
मेरी आत्मा को अधोलोक की गहराइयों से छुड़ा लिया है।
[14]हे ईश्वर, अभिमानी मेरे विरुद्ध उठ खड़े हुए हैं, और क्रूर
लोगों का दल मेरे प्राण का खोजी हुआ है; उन्होंने तुझे अपने
सामने नहीं रखा। [15]परन्तु तू, हे 𐤉𐤄𐤅𐤄, दयालु और
अनुग्रहकारी ईश्वर है, कोप करने में धीमा, और करूणा त
सत्य में महान। [16]मेरी ओर फिर और मुझ पर अनुग्रह कर;
अपने दास को अपनी शक्ति दे, और अपनी दासी के पुत्र को
बचा। [17]मुझ पर भलाई का चिन्ह दिखा, ताकि जो मुझसे बैर
रखते हैं, वे देखकर लज्जित हों; क्योंकि तू, हे 𐤉𐤄𐤅𐤄, ने
मेरी सहायता की और मुझे सांत्वना दी है।

87 *एक भजन, एक गीत, क़ोरा के पुत्रों के लिए।*

[1]उसकी नींव पवित्र पर्वतों पर रखी गई है।
[2]𐤉𐤄𐤅𐤄 सिय्योन के फाटकों से प्रेम करता है, याक़ोब के
सब निवास स्थानों से अधिक। [3]तेरे विषय में महिमा की बातें
कही जाती हैं, हे ईश्वर के नगर! सेला। [4]"मैं रहब और
बावेल का उल्लेख उन लोगों में करूँगा जो मुझे जानते हैं;
देख, हे पलिश्त, सूर और कूश — 'यह और वह व्यक्ति वहीं
जन्मा।' " [5]और सिय्योन के विषय में कहा जाएगा, "हर एक
व्यक्ति उसमें जन्मा है; क्योंकि परमप्रधान स्वयं उसे स्थिर
करता है।" [6]𐤉𐤄𐤅𐤄 लोगों की पंजी में लिखता है, "यह
व्यक्ति वहीं जन्मा।" सेला। [7]और गायक तथा वादक कहेंगे,
"मेरे सब सोते तुझ में हैं।"

88 *एक गीत, कोरह के पुत्रों के लिए एक भजन। मुख्य गायक के लिए, 'बीमारी के लिए उत्तर।'*

हेमान एज्राही की एक कविता।

1 हे 𐤉𐤄𐤅𐤄, मेरे उद्धार के ईश्वर, मैं दिन में तुझसे पुकारता
हूँ, और रात में तेरे सामने प्रार्थना करता हूँ। 2 मेरी प्रार्थना तेरे
सम्मुख पहुँचे; मेरी दोहाई की ओर कान लगा। 3 क्योंकि मेरी
आत्मा संकटों से परिपूर्ण है, और मेरा जीवन कब्र के समीप
पहुँच गया है। 4 मुझे उन लोगों में गिना गया है जो गड्ढे में
उतरते हैं; मैं ऐसा मनुष्य बन गया हूँ जिसमें कोई शक्ति नहीं।
5 मृतकों के समान स्वतंत्र, उन घायलों के समान जो कब्र में
पड़े हैं, जिनको तू फिर स्मरण नहीं करता, और जो तेरे हाथ
से काटे गए हैं। 6 तूने मुझे सबसे गहरे गड्ढे में रखा है,
अन्धकारमय और गहराई के स्थानों में। 7 तेरा क्रोध मुझ
पर भारी पड़ा है, और तूने अपनी सब लहरों से मुझे सताया
है। सेला। 8 तूने मेरे मित्रों को मुझसे दूर कर दिया; तूने मुझे
उनके लिये घृणास्पद बना दिया; मैं बन्दी हो गया हूँ और
निकल नहीं सकता। 9 क्लेश के कारण मेरी आँख मंद हो गई
है। हे 𐤉𐤄𐤅𐤄, मैं दिनभर तुझे पुकारता हूँ; मैं अपने हाथ
तेरी ओर फैलाता हूँ। 10 क्या तू मृतकों के लिये चमत्कार
करेगा? क्या मृत उठकर तेरा गुणगान करेंगे? सेला। 11 क्या
तेरी करूणा कब्र में बताई जाएगी? क्या तेरा विश्वासयोग्यपन
विनाश के स्थान में स्मरण किया जाएगा? 12 क्या तेरे अद्‌भुत
कार्य अन्धकार में जाने जाएँगे? और तेरा धर्म विस्मृति के
देश में? 13 परन्तु मैं, हे 𐤉𐤄𐤅𐤄, तुझी को पुकारता हूँ; और
भोर में मेरी प्रार्थना तेरे सम्मुख आती है। 14 हे 𐤉𐤄𐤅𐤄, तू
मुझे क्यों त्यागता है? तू अपना मुख मुझसे क्यों छिपाता है?
15 मैं बालपन से ही पीड़ित और मरता हुआ हूँ; मैं तेरे भय से
थक गया हूँ और निराश हूँ। 16 तेरा प्रचण्ड क्रोध मुझ पर से
गुज़र गया है; तेरे आघातों ने मुझे काट डाला है। 17 वे
दिनभर जल के समान मुझे घेरे रहते हैं; वे सब मिलकर मुझ
पर बंद हो गए हैं। 18 तूने मेरे मित्र और मेरे साथी को मुझसे
दूर कर दिया; अन्धकार मेरा निकटतम साथी है।

89

एथान एज्राही का एक कविता।

1 मैं 𐤉𐤄𐤅𐤄 की करूणाओं का सदा गीत गाऊँगा;
अपने मुख से तेरी विश्वासयोग्यता को पीढ़ी दर पीढ़ी प्रकट
करूँगा। 2 क्योंकि मैंने कहा, "करूणा सदा के लिये स्थिर की
गई है; तूने अपनी विश्वासयोग्यता को शमयिम में स्थापन
किया है।" 3 "मैंने अपने चुने हुए के साथ वाचा बाँधी है; मैंने
अपने दास दाविद से शपथ खाई है।" 4 'मैं तेरे वंश को सदा
के लिये स्थिर करूँगा, और तेरे सिंहासन को पीढ़ी दर पीढ़ी
बनाऊँगा।' सेला। 5 और शमयिम तेरे अद्‌भुत कार्यों की
स्तुति करेगा, हे 𐤉𐤄𐤅𐤄; तेरी विश्वासयोग्यता भी पवित्र जनों
की सभा में। 6 क्योंकि शमयिम में कौन है जो 𐤉𐤄𐤅𐤄 के
तुल्य है? शक्तिशालियों के पुत्रों में कौन है जो 𐤉𐤄𐤅𐤄 के
समान है? 7 ईश्वर पवित्र जनों की सभा में अत्यन्त भययोग्य
है, और अपने चारों ओर के सब से अधिक भयानक है। 8 हे
𐤉𐤄𐤅𐤄 सेनाओं के ईश्वर, तेरे समान बलशाली कौन है, हे
या? तेरी विश्वासयोग्यता तेरे चारों ओर है। 9 तू समुद्र के
उठने पर प्रभुत्व करता है; जब उसकी लहरें उठती हैं, तू उन्हें
शान्त कर देता है। 10 तूने रहब को ऐसा तोड़ा जैसे मारे हुए
को; तूने अपनी भुजा की शक्ति से अपने शत्रुओं को तितर-
बितर किया। 11 शमयिम तेरे हैं, पृथ्वी भी तेरी है; संसार और
जो कुछ उसमें है, तूने उन्हें स्थापन किया है। 12 उत्तर और
दक्षिण — तूने उन्हें उत्पन्न किया; ताबोर और हर्मोन तेरे नाम
से आनन्दित होते हैं। 13 तेरी भुजा पराक्रमी है; तेरा हाथ
शक्तिशाली है; तेरा दाहिना हाथ ऊँचा है। 14 धर्म और न्याय
तेरे सिंहासन की नींव हैं; करूणा और सत्य तेरे मुख के आगे
चलते हैं। 15 धन्य हैं वे लोग जो तुरही की ध्वनि को जानते
हैं; वे तेरे मुख के प्रकाश में चलते हैं, हे 𐤉𐤄𐤅𐤄। 16 तेरे
नाम में वे दिनभर आनन्द करते हैं, और तेरे धर्म में ऊँचे किए
जाते हैं। 17 क्योंकि तू ही उनकी शक्ति की शोभा है, और तेरी
कृपा से हमारा सींग ऊँचा होता है। 18 क्योंकि 𐤉𐤄𐤅𐤄 हमारा
ढाल है, और यिस्राएल का पवित्र जन हमारा राजा है। 19 तब
तूने अपने भक्त से दर्शन में कहा, "मैंने एक पराक्रमी को
सहायता दी है; मैंने लोगों में से एक चुने हुए को ऊँचा उठाया
है।" 20 "मैंने अपने दास दाविद को पाया है; मैंने अपने पवित्र
तेल से उसका अभिषेक किया है।" 21 "जिसके साथ मेरा
हाथ स्थिर रहेगा; मेरी भुजा भी उसे बल देगी।" 22 "कोई
शत्रु उस पर कर नहीं लगाएगा, और कोई दुष्टता का पुत्र
उसे पीड़ा नहीं देगा।" 23 "मैं उसके शत्रुओं को उसके मुख
के सामने पराजित कर दूँगा, और जो उससे बैर रखते हैं,
उन्हें मार डालूँगा।" 24 "परन्तु मेरी विश्वासयोग्यता और मेरी
करूणा उसके साथ रहेंगी, और मेरे नाम में उसका सींग
ऊँचा किया जाएगा।" 25 "मैं उसका हाथ समुद्र पर रखूँगा,
और उसका दाहिना हाथ नदियों पर।" 26 "वह मुझसे
पुकारेगा, 'तू मेरा पिता है, मेरा ईश्वर, और मेरे उद्धार की
चट्टान।'" 27 "मैं उसे ज्येष्ठ पुत्र ठहराऊँगा, पृथ्वी के
राजाओं में सर्वोच्च।" 28 "मैं अपनी करूणा उसके लिये सदा
रखूँगा, और मेरी वाचा उसके साथ दृढ़ बनी रहेगी।" 29 "मैं
उसके वंश को सदा स्थिर करूँगा, और उसका सिंहासन
शमयिम के दिनों के समान बना रहेगा।" 30 "यदि उसके पुत्र
मेरी तोराह को त्याग दें, और मेरे न्यायों में न चलें," 31 "यदि
वे मेरी विधियों को अपवित्र करें, और मेरे आदेशों को न
मानें," 32 "तब मैं उनके अपराध को दण्ड की छड़ी से, और
उनके अधर्म को मार से दण्ड दूँगा।" 33 "परन्तु अपनी
करूणा मैं उससे नहीं हटाऊँगा, और अपनी विश्वासयोग्यता
से असत्य नहीं करूँगा।" 34 "मैं अपनी वाचा को अपवित्र
नहीं करूँगा, और जो मेरे होंठों से निकला है उसे नहीं
बदलूँगा।" 35 "मैंने अपनी पवित्रता की शपथ खाई है; मैं
दाविद से झूठ नहीं बोलूँगा।" 36 "उसका वंश सदा रहेगा,
और उसका सिंहासन मेरे सामने सूर्य के समान स्थिर
रहेगा।" 37 "चन्द्रमा के समान वह सदा स्थिर रहेगा, और
शमयिम में साक्षी स्थिर है।" सेला। 38 तौभी तूने तिरस्कृत
किया और त्याग दिया; तू अपने अभिषिक्त पर क्रोधित हुआ।
39 तूने अपने दास की वाचा को तुच्छ ठहराया; तूने उसके
मुकुट को धूल में गिरा दिया। 40 तूने उसकी सब बाड़ों को
तोड़ दिया, उसके दृढ़ गढ़ों को नष्ट कर दिया। 41 जो कोई
मार्ग से जाता है, वह उसे लूटता है; वह अपने पड़ोसियों के
लिये उपहास बन गया है। 42 तूने उसके शत्रुओं का दाहिना
हाथ ऊँचा किया है, तूने उसके सब विरोधियों को प्रसन्न किया

है। [43] इसके अतिरिक्त तूने उसकी तलवार की धार को मोड़ दिया, और उसे युद्ध में स्थिर नहीं रहने दिया। [44] तूने उसकी शोभा का अन्त कर दिया, और उसके सिंहासन को भूमि पर गिरा दिया। [45] तूने उसकी जवानी के दिनों को घटा दिया; तूने उसे लज्जा से ढक दिया। सेला। [46] हे 𐤉𐤄𐤅𐤄, कब तक तू छिपा रहेगा? क्या तेरा क्रोध सदैव आग के समान जलता रहेगा? [47] स्मरण कर कि मेरा जीवन कितना छोटा है; तूने सब मनुष्यों के पुत्रों को व्यर्थ ही क्यों उत्पन्न किया? [48] कौन मनुष्य जीवित रहेगा और मृत्यु न देखेगा? कौन कब्र की शक्ति से अपना जीवन छुड़ा सकता है? सेला। [49] हे 𐤉𐤄𐤅𐤄, तेरी पूर्व की करूणाएँ कहाँ हैं, जिन्हें तूने अपनी विश्वासयोग्यता में दाविद से शपथ खाई थी? [50] हे 𐤉𐤄𐤅𐤄, अपने दासों की निन्दा को स्मरण कर, जिसे मैंने अपने हृदय में सब अनेक लोगों की ओर से सहा है। [51] जिससे तेरे शत्रुओं ने तेरी निन्दा की है, हे 𐤉𐤄𐤅𐤄, और तेरे अभिषिक्त के पदचिन्हों का अपमान किया है। [52] धन्य हो 𐤉𐤄𐤅𐤄 सदा के लिये! आमेन और आमेन।

90

मोशेह की प्रार्थना, ईलोहीम का आदमी।

[1] हे 𐤉𐤄𐤅𐤄, तू पीढ़ी दर पीढ़ी हमारा शरणस्थान रहा है। [2] पहाड़ों के उत्पन्न होने से पहले, जब तूने पृथ्वी और जगत को उत्पन्न किया, तब से लेकर अनादि से अनन्त तक तू ही ईश्वर है। [3] तू मनुष्य को फिर मिट्टी में लौटा देता है, और कहता है, "हे मनुष्यों के पुत्रों, लौट आओ।" [4] क्योंकि तेरी दृष्टि में एक हज़ार वर्ष बीते हुए कल के समान हैं, या रात की एक पहर के समान। [5] तू उन्हें नींद के समान बहा देता है; वे भोर के घास के समान होते हैं जो अंकुरित होती है। [6] भोर को वह फूलती और बढ़ती है, सायंकाल को वह काटी जाती और सूख जाती है। [7] क्योंकि हम तेरे क्रोध से नष्ट हो गए हैं, और तेरे प्रकोप से व्याकुल हुए हैं। [8] तूने हमारे अधर्मों को अपने सम्मुख रख दिया है, हमारे गुप्त पापों को अपने मुख के प्रकाश में। [9] क्योंकि हमारे सब दिन तेरे क्रोध में बीत गए; हम अपने वर्ष आह के समान व्यतीत करते हैं। [10] हमारे जीवन के दिन सत्तर वर्ष के होते हैं, और बल के कारण अस्सी वर्ष के; तौभी उनका गर्व केवल परिश्रम और दुःख है, क्योंकि वह शीघ्र कट जाता है, और हम उड़ जाते हैं। [11] तेरे क्रोध की शक्ति को कौन जानता है? और तेरे भय के अनुसार तेरे प्रकोप को कौन समझता है? [12] हमें अपने दिन गिनना सिखा, कि हम बुद्धिमान हृदय प्राप्त करें। [13] लौट आ, हे 𐤉𐤄𐤅𐤄! कब तक? और अपने दासों पर दया कर। [14] प्रातःकाल हमें अपनी करूणा से तृप्त कर, कि हम अपने सब दिनों में आनन्द और हर्ष करें। [15] जिन दिनों में तूने हमें दुःख दिया, और जिन वर्षों में हमने क्लेश देखा, उनके अनुसार हमें आनन्द दे। [16] अपने कार्य को अपने दासों पर प्रकट कर, और अपनी महिमा को उनके पुत्रों पर। [17] और 𐤉𐤄𐤅𐤄 हमारे ईश्वर की कृपा हम पर बनी रहे; और हमारे हाथों के कार्य को हमारे लिये स्थिर कर — हाँ, हमारे हाथों के कार्य को स्थिर कर!

91

[1] जो परमप्रधान की गुप्त जगह में रहता है, और ईश्वर शद्दै की छाया में निवास करता है, [2] वह 𐤉𐤄𐤅𐤄 के विषय में कहता है, "वह मेरा शरणस्थान और मेरा गढ़ है, मेरा ईश्वर, जिस पर मैं भरोसा करता हूँ।" [3] क्योंकि वह तुझे शिकारी के फंदे से, और विनाशकारी महामारी से छुड़ाएगा। [4] वह तुझे अपने पंखों से ढाँक लेगा, और उसके पंखों के नीचे तू शरण पाएगा; उसकी सच्चाई तेरी ढाल और कवच है। [5] तू रात के भय से नहीं डरेगा, न उस तीर से जो दिन में उड़ता है। [6] न उस महामारी से जो अंधकार में चलती है, न उस विनाश से जो दोपहर में उजाड़ता है। [7] तेरे पास हजार गिरेंगे, और तेरे दाहिने हाथ पर दस हजार, परन्तु वह तेरे पास नहीं आएगा। [8] केवल अपनी आँखों से तू देखेगा, और दुष्टों का फल देखेगा। [9] क्योंकि तूने 𐤉𐤄𐤅𐤄 को — जो मेरा शरणस्थान है, परमप्रधान को — अपना निवास स्थान बनाया है। [10] कोई अनिष्ट तुझ पर नहीं पड़ेगा, और कोई विपत्ति तेरे तम्बू के निकट नहीं आएगी। [11] क्योंकि वह तेरे विषय में अपने दूतों को आज्ञा देगा कि वे तेरी सब राहों में तेरी रक्षा करें। [12] वे तुझे अपने हाथों पर उठा लेंगे, ताकि कहीं तेरा पाँव पत्थर से न टकराए। [13] तू सिंह और नाग पर चलेगा, जवान सिंह और सर्प को अपने पैरों तले रौंदेगा। [14] "क्योंकि उसने मुझसे प्रेम रखा है, इसलिये मैं उसे छुड़ाऊँगा; मैं उसे ऊँचा करूँगा, क्योंकि उसने मेरा नाम जाना है।" [15] "जब वह मुझको पुकारेगा, मैं उसको उत्तर दूँगा; संकट में मैं उसके संग रहूँगा; मैं उसे छुड़ाऊँगा और उसका आदर करूँगा।" [16] "मैं उसे दीर्घायु से तृप्त करूँगा, और उसे अपना उद्धार दिखाऊँगा।"

92

एक भजन, शब्बात के दिन के लिए एक गीत।

[1] 𐤉𐤄𐤅𐤄 का धन्यवाद करना अच्छा है, और तेरे नाम, हे परमप्रधान, की स्तुति गाना उचित है। [2] प्रातःकाल तेरी करूणा का और रात को तेरी सच्चाई का प्रचार करना। [3] दस तारों वाले यंत्र पर और सारंगी पर, वीणा की मधुर ध्वनि के साथ। [4] क्योंकि हे 𐤉𐤄𐤅𐤄, तूने अपने कार्यों से मुझे आनन्दित किया है; मैं तेरे हाथों के कामों पर उल्लसित होता हूँ। [5] हे 𐤉𐤄𐤅𐤄, तेरे कार्य कितने महान हैं! तेरे विचार अत्यन्त गहरे हैं! [6] मूर्ख मनुष्य इसे नहीं जानता, और अज्ञानी इसे नहीं समझता। [7] जब दुष्ट लोग घास के समान उगते हैं, और सब अधर्म के कर्ता फूलते हैं, तो यह इसलिये है कि वे सदा के लिये नाश हों। [8] परन्तु तू, हे 𐤉𐤄𐤅𐤄, सदा ऊँचा बना रहता है। [9] क्योंकि देख, तेरे शत्रु, हे 𐤉𐤄𐤅𐤄, देख, तेरे शत्रु नष्ट हो गए हैं; और अधर्म के सब कर्ता छितराए गए हैं। [10] परन्तु तूने मेरा सींग वन बैल के समान ऊँचा किया है; मैं नये तेल से अभिषिक्त हुआ हूँ। [11] मेरी आँख ने मेरे शत्रुओं पर दृष्टि की है; और मेरे कानों ने उन कुकर्मियों के विषय में सुना है जो मेरे विरुद्ध उठे हैं। [12] धर्मी व्यक्ति खजूर के वृक्ष के समान फूलेगा; वह लेबानोन के देवदार के समान बढ़ेगा। [13] जो 𐤉𐤄𐤅𐤄 के भवन में लगाए गए हैं, वे हमारे ईश्वर के आँगनों में फलते-फूलते रहेंगे। [14] वे बुढ़ापे में भी फल देंगे; वे ताज़ा और हरे बने रहेंगे। [15] इसलिये कि वे घोषणा करें कि

𐤉𐤄𐤅𐤄 सीधा है; वह मेरा चट्टान है, और उसमें कोई अधर्म
नहीं है।

93
1 𐤉𐤄𐤅𐤄 राज्य करता है; वह वैभव धारण करता है;
𐤉𐤄𐤅𐤄 बल से परिपूर्ण है और कमर बाँधता है।
वास्तव में, पृथ्वी स्थिर की गई है, और वह अचल है। 2 तेरा
सिंहासन प्राचीनकाल से स्थिर है; तू अनादि से है। 3 नदियाँ
उठी हैं, हे 𐤉𐤄𐤅𐤄; नदियाँ अपनी आवाज़ उठाती हैं; नदियाँ
अपनी लहरें ऊँची उठाती हैं। 4 ऊँचाई पर 𐤉𐤄𐤅𐤄 बहुत
सामर्थी है; वह बहुत जल की गर्जना और समुद्र की प्रबल
लहरों से भी अधिक सामर्थी है। 5 तेरे साक्ष्य अत्यन्त
विश्वसनीय हैं; पवित्रता तेरे भवन के योग्य है, हे 𐤉𐤄𐤅𐤄,
युगानुयुग।

94
1 हे 𐤉𐤄𐤅𐤄, प्रतिशोध के ईश्वर, हे प्रतिशोध के
ईश्वर, प्रकाशमान हो! 2 हे पृथ्वी के न्यायी, उठ! और
अभिमानियों को उनके कर्म के अनुसार दण्ड दे। 3 हे
𐤉𐤄𐤅𐤄, दुष्ट कब तक, कब तक दुष्ट लोग आनन्द
मनाएँगे? 4 वे उच्छृंखल बातें बोलते हैं; सब अधर्म के कर्ता
अपने आप में घमण्ड करते हैं। 5 वे तेरे लोगों को कुचलते हैं,
हे 𐤉𐤄𐤅𐤄, और तेरी विरासत को पीड़ित करते हैं। 6 वे
विधवा और परदेशी को घात करते हैं, और अनाथ की हत्या
करते हैं। 7 फिर भी वे कहते हैं, "याह नहीं देखता, और
याकोब का ईश्वर परवाह नहीं करता।" 8 हे लोगों में मूर्खो,
समझो; और हे निर्बुद्धि जनो, तुम कब बुद्धिमान बनोगे?
9 जिसने कान लगाया, क्या वह नहीं सुनेगा? जिसने आँख
बनाई, क्या वह नहीं देखेगा? 10 जो जातियों को ताड़ना देता
है, क्या वह तुझे नहीं सुधारेगा? जो मनुष्य को ज्ञान सिखाता
है। 11 𐤉𐤄𐤅𐤄 मनुष्य के विचारों को जानता है, कि वे व्यर्थ
हैं। 12 धन्य है वह मनुष्य जिसे तू अनुशासन देता है, हे याह,
और अपनी तोरा से शिक्षा देता है। 13 कि तू उसे विपत्ति के
दिनों में विश्राम दे, जब तक दुष्टों के लिये गड्ढा न खोदा
जाए। 14 क्योंकि 𐤉𐤄𐤅𐤄 अपने लोगों को नहीं त्यागेगा, न
अपनी विरासत को छोड़ेगा। 15 क्योंकि न्याय धर्म के पास
लौट आएगा, और सब सीधे मन वाले उसके पीछे चलेंगे।
16 कौन मेरे लिये दुष्टों के विरुद्ध उठेगा? कौन मेरे लिये
अधर्म के काम करने वालों के विरुद्ध खड़ा होगा? 17 यदि
𐤉𐤄𐤅𐤄 मेरी सहायता न करता, तो मेरा प्राण शीघ्र मौन हो
जाता। 18 जब मैंने कहा, "मेरा पाँव फिसल गया," तब हे
𐤉𐤄𐤅𐤄, तेरी करूणा ने मुझे संभाला। 19 जब मेरे भीतर
बहुत चिंता थी, तब तेरे सांत्वनों ने मेरे प्राण को आनन्दित
किया। 20 क्या अनर्थ का सिंहासन, जो व्यवस्था के द्वारा
संकट रचता है, तेरे साथ सम्मिलित होगा? 21 वे धर्मी के प्राण
के विरुद्ध इकट्ठे होते हैं, और निर्दोष रक्त को दोषी ठहराते
हैं। 22 परन्तु 𐤉𐤄𐤅𐤄 मेरा गढ़ है, और मेरा ईश्वर मेरी
शरण की चट्टान है। 23 वह उनकी दुष्टता उन्हीं पर लौटाता
है, और उन्हें उनके ही अधर्म में नाश करता है; 𐤉𐤄𐤅𐤄
हमारा ईश्वर उन्हें नष्ट करेगा।

95
1 आओ, हम 𐤉𐤄𐤅𐤄 के लिये गीत गाएँ! अपने उद्धार
की चट्टान के लिये जयजयकार करें। 2 हम धन्यवाद
के साथ उसके सम्मुख आएँ; गीतों के साथ उसका गुणगान
करें। 3 क्योंकि 𐤉𐤄𐤅𐤄 महान ईश्वर है, और सब देवताओं
से बढ़कर महान राजा है। 4 उसके हाथ में पृथ्वी की गहराइयां
हैं; और पहाड़ों की ऊँचाइयाँ भी उसकी हैं। 5 समुद्र उसका है,
क्योंकि उसी ने उसे बनाया; और सूखी भूमि भी उसके हाथों ने
रची। 6 आओ, हम दण्डवत करें और झुकें; हम अपने रचने
वाले 𐤉𐤄𐤅𐤄 के सामने घुटने टेकें। 7 क्योंकि वही हमारा
ईश्वर है, और हम उसके चरागाह की प्रजा और उसके हाथ
की भेड़ें हैं। आज यदि तुम उसकी वाणी सुनो, 8 "अपने हृदय
को कठोर मत करो, जैसे मरीबा में, और जैसे जंगल में मस्सा
के दिन किया था," 9 "जब तुम्हारे पितरों ने मुझे परखा और
मुझे जाँच लिया, यद्यपि उन्होंने मेरे काम देखे थे।"
10 "चालीस वर्ष तक मैं उस पीढ़ी से अप्रसन्न रहा, और कहा,
'वे लोग हैं जिनका मन भटकता रहता है, और वे मेरी राहों को
नहीं जानते।'" 11 "इस कारण मैंने अपने क्रोध में शपथ
खाई, 'वे मेरे विश्राम में प्रवेश नहीं करेंगे।'"

96
1 𐤉𐤄𐤅𐤄 के लिये एक नया गीत गाओ; सारी पृथ्वी,
𐤉𐤄𐤅𐤄 के लिये गाओ! 2 𐤉𐤄𐤅𐤄 के लिये गाओ,
उसके नाम को आशीष दो; दिन-प्रतिदिन उसके उद्धार का
प्रचार करो। 3 जातियों के बीच उसकी महिमा का, और सब
लोगों में उसके अद्भुत कामों का वर्णन करो। 4 क्योंकि
𐤉𐤄𐤅𐤄 महान है और अत्यन्त स्तुति के योग्य है; वह सब
देवताओं से बढ़कर भय योग्य है। 5 क्योंकि सब जातियों के
देवता व्यर्थ हैं, परन्तु 𐤉𐤄𐤅𐤄 ने आकाश बनाया। 6 वैभव
और शोभा उसके सम्मुख हैं; बल और शोभा उसके
पवित्रस्थान में हैं। 7 हे सब लोगों के कुलो, 𐤉𐤄𐤅𐤄 को दो,
𐤉𐤄𐤅𐤄 को महिमा और बल दो। 8 उसके नाम की महिमा
को दो; भेंट लेकर उसके आँगनों में आओ। 9 पवित्रता के
वैभव में 𐤉𐤄𐤅𐤄 के सामने दण्डवत करो; सारी पृथ्वी उसके
सामने काँपे। 10 जातियों में कहो, "𐤉𐤄𐤅𐤄 राज्य करता है;
जग स्थिर किया गया है, वह कभी नहीं डगमगाएगा। वह
जातियों का न्याय धर्म से करेगा।" 11 आकाश आनन्द करे,
पृथ्वी मगन हो; समुद्र गरजे और जो कुछ उसमें है वह सब।
12 मैदान उल्लसित हो, और जो कुछ उसमें है; तब वन के
सब वृक्ष आनन्द से जयजयकार करेंगे। 13 क्योंकि वह आ
रहा है, क्योंकि वह पृथ्वी का न्याय करने आ रहा है; वह जगत
का न्याय धर्म में, और लोगों का न्याय अपनी सच्चाई में
करेगा।

97
1 𐤉𐤄𐤅𐤄 राज्य करता है; पृथ्वी आनन्दित हो, और
बहुत से द्वीप मगन हों। 2 बादल और घने अंधकार
उसके चारों ओर हैं; धर्म और न्याय उसके सिंहासन की नींव
हैं। 3 उसके आगे आग चलती है, और उसके चारों ओर
उसके शत्रुओं को भस्म कर देती है। 4 उसकी बिजली ने
संसार को प्रकाशित किया; पृथ्वी ने देखा और काँप उठी।
5 पहाड़ 𐤉𐤄𐤅𐤄 के सामने, समस्त पृथ्वी के प्रभु के सम्मुख,
मोम के समान पिघल गए। 6 आकाश उसके धर्म की घोषणा

करते हैं, और सब लोग उसकी महिमा को देखते हैं। [7]वे सब
लज्जित हों जो मूर्तियों की सेवा करते हैं, और व्यर्थ बातों में
घमण्ड करते हैं। सब देवता उस के सामने दण्डवत करें।
[8]सिय्योन सुनकर आनन्दित हुआ, और यहूदा की पुत्रियाँ
प्रसन्न हुईं, हे 𐤉𐤄𐤅𐤄, तेरे न्यायों के कारण। [9]क्योंकि तू, हे
𐤉𐤄𐤅𐤄, सारी पृथ्वी पर परमप्रधान है; तू सब देवताओं से
अत्यन्त महान है। [10]हे 𐤉𐤄𐤅𐤄 से प्रेम करने वालो, बुराई से
घृणा करो! वह अपने भक्तों के प्राण की रक्षा करता है, और
उन्हें दुष्टों के हाथ से छुड़ाता है। [11]धर्मी के लिये ज्योति बोई
गई है, और सीधे मन वालों के लिये आनन्द। [12]हे धर्मियों,
𐤉𐤄𐤅𐤄 में आनन्द करो, और उसकी पवित्रता का स्मरण
करके धन्यवाद दो।

98

एक भजन।

[1]𐤉𐤄𐤅𐤄 के लिये एक नया गीत गाओ, क्योंकि
उसने अद्भुत काम किए हैं; उसके दाहिने हाथ और उसकी
पवित्र भुजा ने उसके लिये उद्धार किया है। [2]𐤉𐤄𐤅𐤄 ने
अपना उद्धार प्रगट किया है; अपनी धर्मता को उसने जातियों
के सामने प्रगट किया है। [3]उसने अपने प्रेम और अपनी
सच्चाई को इस्राएल के घराने के लिये स्मरण किया है; पृथ्वी
के सब छोरों ने हमारे ईश्वर का उद्धार देखा है। [4]हे सारी
पृथ्वी, 𐤉𐤄𐤅𐤄 के लिये जयजयकार करो; गीत गाओ,
आनन्द करो और स्तुति करो। [5]वीणा के साथ 𐤉𐤄𐤅𐤄 के
लिये गाओ, वीणा और गीत के स्वर के साथ। [6]नरसिंगा और
मेढ़े के सींग की ध्वनि के साथ; 𐤉𐤄𐤅𐤄 राजा के सम्मुख
जयजयकार करो। [7]समुद्र और जो कुछ उसमें है वह गरजे,
जगत और जो उसमें बसते हैं वे भी। [8]नदियाँ अपने हाथ
थपथपाएँ, और पहाड़ सब मिलकर 𐤉𐤄𐤅𐤄 के सम्मुख
आनन्द से गाएँ। [9]क्योंकि वह पृथ्वी का न्याय करने आ रहा
है, वह जगत का न्याय धर्म से, और लोगों का न्याय समता से
करेगा।

99

[1]𐤉𐤄𐤅𐤄 राज्य करता है; लोग काँप उठें! वह करूबों
पर विराजमान है; पृथ्वी काँप उठे। [2]𐤉𐤄𐤅𐤄
सिय्योन में महान है, और वह सब लोगों के ऊपर उच्च है।
[3]वे तेरे महान और भयप्रद नाम की स्तुति करें; वह पवित्र है।
[4]राजा की शक्ति न्याय से प्रेम रखती है; तू सीधाई को स्थिर
करता है; तू याकोब में न्याय और धर्म करता है। [5]𐤉𐤄𐤅𐤄
हमारे ईश्वर को महान करो, और उसके पादपीठ के सामने
दण्डवत करो; वह पवित्र है। [6]मूशेह और हारून उसके
याजकों में से थे, और शमूएल भी उन में था जो उसके नाम
को पुकारते थे; उन्होंने 𐤉𐤄𐤅𐤄 को पुकारा, और उसने उन्हें
उत्तर दिया। [7]वह उनसे बादल के खम्भे में बोला; उन्होंने
उसकी चितौनियों और उस विधि को माना जो उसने उन्हें दी
थी। [8]हे 𐤉𐤄𐤅𐤄 हमारे ईश्वर, तूने उन्हें उत्तर दिया; तू
उनके लिये क्षमाशील ईश्वर था, पर उनके कामों का प्रतिकार
करने वाला भी था। [9]𐤉𐤄𐤅𐤄 हमारे ईश्वर को महान करो,
और उसके पवित्र पर्वत के सामने दण्डवत करो; क्योंकि
𐤉𐤄𐤅𐤄 हमारा ईश्वर पवित्र है।

धन्यवाद का एक भजन।

100

[1]हे सारी पृथ्वी, 𐤉𐤄𐤅𐤄 के लिये जयजयकार
करो! [2]आनन्द के साथ 𐤉𐤄𐤅𐤄 की सेवा करो;
गीत गाते हुए उसके सम्मुख आओ। [3]जान लो कि 𐤉𐤄𐤅𐤄
ही ईश्वर है; उसी ने हमें बनाया है, और हम उसके हैं —
उसकी प्रजा और उसके चरागाह की भेड़ें। [4]उसके फाटकों
में धन्यवाद के साथ प्रवेश करो, और उसके आँगनों में स्तुति
के साथ; उसका धन्यवाद करो; उसके नाम को आशीष दो।
[5]क्योंकि 𐤉𐤄𐤅𐤄 भला है; उसकी करूणा सदा की है, और
उसकी सच्चाई पीढ़ी-पीढ़ी तक।

101

दाविद का एक भजन।

[1]मैं करूणा और न्याय का गीत गाऊँगा; हे
𐤉𐤄𐤅𐤄, मैं तेरी स्तुति करूँगा। [2]मैं निष्कलंक मार्ग से
बुद्धिमानी से चलूँगा। तू मेरे पास कब आएगा? मैं अपने घर
के भीतर निष्कलंक ह्रदय से चलूँगा। [3]मैं अपने सामने
बेलियाल की कोई बात नहीं रखूँगा; जो भटकते हैं उनके काम
से मुझे घृणा है; वह मुझसे चिपकेगा नहीं। [4]कुटिल ह्रदय
मुझसे दूर होगा; मैं बुराई को नहीं जानूँगा। [5]जो अपने
पड़ोसी की छिपकर निन्दा करता है, उसे मैं नष्ट कर दूँगा;
ऊँची आँख और घमण्डी ह्रदय वाले को मैं सहन नहीं
करूँगा। [6]धरती के विश्वासयोग्यों पर मेरी आँखें लगी हैं, कि
वे मेरे संग वास करें; जो निष्कलंक मार्ग से चलता है, वही
मेरी सेवा करेगा। [7]जो छल करता है वह मेरे घर में नहीं
रहेगा; जो झूठ बोलता है वह मेरी उपस्थिति में स्थिर न
रहेगा। [8]प्रत्येक भोर मैं देश के सब दुष्टों को नष्ट कर दूँगा,
कि 𐤉𐤄𐤅𐤄 के नगर से अधर्म के सब कर्मियों को काट
डालूँ।

102

दुखी की एक प्रार्थना, जब वह अभिभूत होता है, और अपने शिकायत को 𐤉𐤄𐤅𐤄 के सामने प्रकट करता है।

[1]हे 𐤉𐤄𐤅𐤄, मेरी प्रार्थना सुन, और मेरी पुकार तेरे पास
पहुँचे। [2]मेरे संकट के दिन तू अपना मुख मुझसे न छिपा;
अपना कान मेरी ओर झुका; जिस दिन मैं पुकारूँ, उस दिन
शीघ्र मुझे उत्तर दे। [3]क्योंकि मेरे दिन धुएँ के समान नष्ट हो
गए हैं, और मेरी हड्डियाँ चूल्हे के समान जल गई हैं। [4]मेरा
ह्रदय मारा गया और घास के समान सूख गया है, क्योंकि मैं
अपनी रोटी खाना भूल गया हूँ। [5]मेरी कराहने की ध्वनि के
कारण मेरी हड्डियाँ मेरे मांस से चिपक गई हैं। [6]मैं जंगल के
पेलिकन के समान हो गया हूँ, मैं मरुस्थल के उल्लू के समान
बन गया हूँ। [7]मैं जागता रहता हूँ और घर की छत पर अकेले
बैठे पक्षी के समान हो गया हूँ। [8]मेरे शत्रु प्रतिदिन मुझे ताना
देते हैं; जो मेरे विरुद्ध क्रोधित हैं, वे मेरे विरुद्ध शपथ खाते
हैं। [9]क्योंकि मैंने राख को रोटी के समान खाया है, और
अपने पेय को आँसुओं के साथ मिलाया है। [10]तेरे क्रोध और
रोष के कारण; क्योंकि तूने मुझे उठाया और नीचे गिरा दिया।
[11]मेरे दिन लम्बी होती छाया के समान हैं, और मैं घास के
समान सूख गया हूँ। [12]परन्तु तू, हे 𐤉𐤄𐤅𐤄, सदा सर्वदा
विराजमान रहेगा, और तेरी स्मृति पीढ़ी से पीढ़ी तक बनी
रहेगी। [13]तू स्वयं उठेगा और सिय्योन पर दया करेगा,

क्योंकि उसे अनुग्रह देने का समय, वह नियत समय, आ गया
है। 14 क्योंकि तेरे दास उसके पत्थरों से प्रसन्न हुए हैं, और
उसके धूल से भी प्रेम करते हैं। 15 और जातियाँ 𐤉𐤄𐤅𐤄 के
नाम का भय मानेंगी, और पृथ्वी के सब राजा तेरी महिमा का
आदर करेंगे। 16 क्योंकि 𐤉𐤄𐤅𐤄 सिय्योन का निर्माण
करेगा, और वह अपनी महिमा में प्रकट होगा। 17 वह दीन
जन की प्रार्थना की ओर ध्यान देगा, और उनकी याचना को
तुच्छ नहीं समझेगा। 18 यह आनेवाली पीढ़ी के लिए लिखा
गया है, ताकि जो लोग उत्पन्न होंगे वे याह की स्तुति करें।
19 क्योंकि उसने अपने पवित्र स्थान की ऊँचाई से देखा; स्वर्ग
से 𐤉𐤄𐤅𐤄 ने पृथ्वी पर दृष्टि डाली, 20 कि वह बन्दी के
कराहने को सुने, और मृत्यु के लिए ठहराए गए लोगों को
मुक्त करे। 21 𐤉𐤄𐤅𐤄 के नाम का प्रचार सिय्योन में किया
जाए, और उसकी स्तुति यरूशलेम में की जाए। 22 जब लोग
एकत्रित हों, और राज्य मिलकर 𐤉𐤄𐤅𐤄 की सेवा करें।
23 उसने मेरे मार्ग में मेरी शक्ति को कम किया है; उसने मेरे
दिनों को घटा दिया है। 24 मैं ने कहा, "हे मेरे ईश्वर, मेरे
जीवन के मध्य में मुझे न ले जा; तेरे वर्ष सब पीढ़ियों तक बने
रहते हैं।" 25 "तू ने प्राचीन काल में पृथ्वी की नींव रखी, और
आकाश तेरे हाथों का कार्य है।" 26 "वे नाश हो जाएँगे, परन्तु
तू बना रहेगा; वे सब वस्त्र के समान पुराने हो जाएँगे; तू उन्हें
वस्त्र के समान बदल देगा, और वे बदल दिए जाएँगे।"
27 "परन्तु तू वही है, और तेरे वर्षों का कोई अन्त नहीं।"
28 "तेरे दासों के पुत्र बने रहेंगे, और उनकी सन्तान तेरे
साम्हने स्थिर की जाएगी।"

103

दाविद का।

1 हे मेरे प्राण, 𐤉𐤄𐤅𐤄 की स्तुति कर, और जो
कुछ मुझ में है वह उसके पवित्र नाम की स्तुति करे। 2 हे मेरे
प्राण, 𐤉𐤄𐤅𐤄 की स्तुति कर, और उसकी सारी कृपाओं को
न भूल। 3 वह जो तेरे सब अधर्म क्षमा करता है, जो तेरी सब
बीमारियों को चंगा करता है। 4 जो तेरे जीवन को विनाश से
छुड़ाता है, जो तुझे करूणा और दया से मुकुट पहनाता है।
5 जो तेरी इच्छा को उत्तम वस्तुओं से तृप्त करता है, तेरी
जवानी उकाब के समान नई हो जाती है। 6 𐤉𐤄𐤅𐤄 धर्म
और न्याय करता है सब पीड़ितों के लिए। 7 उसने अपने मार्ग
मूशे को दिखाए, अपने कार्य इस्त्राएल के पुत्रों को प्रकट
किए। 8 𐤉𐤄𐤅𐤄 दयालु और अनुग्रहकारी है, क्रोध में धीमा
और करूणा में महान है। 9 वह सदा विवाद नहीं करता, न
अपना क्रोध सदा तक बनाए रखता है। 10 उसने हमारे पापों
के अनुसार हमारे साथ व्यवहार नहीं किया, न हमारे अधर्म के
अनुसार हमें प्रतिफल दिया। 11 जैसे आकाश पृथ्वी से ऊँचा
है, वैसे ही उसकी करूणा उन पर है जो उसका भय मानते हैं।
12 पूर्व पश्चिम से जितनी दूर है, उसी प्रकार उसने हमारे
अपराधों को हमसे उतना ही दूर कर दिया है। 13 जैसे पिता
अपने बच्चों पर दया करता है, वैसे ही 𐤉𐤄𐤅𐤄 उन पर दया
करता है जो उसका भय मानते हैं। 14 क्योंकि वह जानता है
कि हम कैसे बने हैं; वह स्मरण रखता है कि हम मिट्टी हैं।
15 मनुष्य के दिन घास के समान हैं; जैसे मैदान का फूल, वैसे
ही वह खिलता है। 16 जब उस पर वायु बहती है तो वह लुप्त
हो जाता है, और उसका स्थान उसे फिर नहीं पहचानता।
17 परन्तु 𐤉𐤄𐤅𐤄 की करूणा सदा से सदा तक उन पर है
जो उसका भय मानते हैं, और उसकी धार्मिकता बच्चों के
बच्चों तक है। 18 उन पर जो उसकी वाचा को मानते हैं, और
उसकी आज्ञाओं को स्मरण रखते हैं कि वे उन्हें पूरा करें।
19 𐤉𐤄𐤅𐤄 ने स्वर्ग में अपना सिंहासन स्थापित किया है, और
उसका राज्य सब पर प्रभुत्व करता है। 20 हे उसके स्वर्गदूतों,
जो सामर्थ्य में बलवन्त हैं, जो उसके वचन को मानते हैं,
उसके वचन की ध्वनि सुनते हैं, 𐤉𐤄𐤅𐤄 की स्तुति करो।
21 हे उसके सब सेनाओं, जो उसकी इच्छा पूरी करते हैं,
उसके सेवकों, 𐤉𐤄𐤅𐤄 की स्तुति करो। 22 हे उसकी सारी
सृष्टि, उसके राज्य के सब स्थानों में, 𐤉𐤄𐤅𐤄 की स्तुति
करो। हे मेरे प्राण, 𐤉𐤄𐤅𐤄 की स्तुति कर!

104

1 हे मेरे प्राण, 𐤉𐤄𐤅𐤄 की स्तुति कर! हे 𐤉𐤄𐤅𐤄
मेरे ईश्वर, तू बहुत महान है; तूने गौरव और शोभा
को वस्त्र के समान धारण किया है। 2 जो अपने को ज्योति से
वस्त्र के समान ढाँपता है, जो आकाश को परदे के समान
फैलाता है। 3 जो अपने ऊपरी कक्षों की कड़ियाँ जल के
ऊपर रखता है, जो बादलों को अपना रथ बनाता है, जो पवन
के पंखों पर चलता है। 4 जो अपनी दूतों को पवन बनाता है,
अपने सेवकों को अग्नि की ज्वाला बनाता है। 5 उसने पृथ्वी
की नींव डाली, ताकि वह सदा के लिए न डगमगाए। 6 तूने
उसे गहरे जल से वस्त्र के समान ढाँपा; जल पर्वतों के ऊपर
खड़ा था। 7 तेरी डाँट से वे भाग गए; तेरे गर्जन की आवाज़
से वे शीघ्र चले गए। 8 वे पर्वतों पर चढ़ गए; वे घाटियों में
उतर गए, उस स्थान तक जिसे तूने उनके लिए ठहराया।
9 तूने एक सीमा बाँधी कि वे उसे पार न करें, ताकि वे फिर
पृथ्वी को न ढाँपें। 10 जो झरनों को घाटियों में भेजता है; वे
पर्वतों के बीच बहते हैं। 11 वे मैदान के सब पशुओं को जल
पिलाते हैं; जंगली गधे अपनी प्यास बुझाते हैं। 12 आकाश के
पक्षी उनके पास बसेरा करते हैं; वे डालियों के बीच से गाते
हैं। 13 वह अपने ऊपरी कक्षों से पर्वतों को सींचता है; पृथ्वी
तेरे कार्यों के फल से तृप्त होती है। 14 वह पशुओं के लिए
घास उगाता है, और मनुष्यों की सेवा के लिए पौधे, ताकि पृथ्वी
से भोजन उत्पन्न हो। 15 और दाखमधु जो मनुष्य के हृदय
को प्रसन्न करता है, तेल जो मुख को चमकाता है, और रोटी
जो मनुष्य के हृदय को बल देती है। 16 𐤉𐤄𐤅𐤄 के वृक्ष तृप्त
हैं, लबानोन के देवदार जिनको उसने लगाया। 17 जहाँ पक्षी
अपने घोंसले बनाते हैं; सारस का निवास देवदारों में होता है।
18 ऊँचे पहाड़ जंगली बकरियों के लिए हैं; चट्टानें पहाड़ी चूहों
का शरणस्थान हैं। 19 उसने चन्द्रमा को नियत समयों के
लिए बनाया; सूर्य अपना अस्त होना जानता है। 20 तू
अन्धकार लाता है और वह रात हो जाती है; उसमें वन के सब
पशु रेंगते हैं। 21 युवा सिंह शिकार के लिए गर्जना करते हैं,
और अपना भोजन ईश्वर से मांगते हैं। 22 सूर्य उदय होता है -
वे लौट जाते हैं और अपनी मांदों में लेट जाते हैं। 23 मनुष्य
अपने काम पर निकलता है, और सन्ध्या तक अपने परिश्रम
पर रहता है। 24 हे 𐤉𐤄𐤅𐤄, तेरे कार्य कितने अनेक हैं! तूने

सबको बुद्धि से बनाया है; पृथ्वी तेरी सृष्टियों से परिपूर्ण है।
25 देखो, वह समुद्र है, विशाल और व्यापक, जिसमें असंख्य
जीव हैं — छोटे-बड़े सब जीवधारी। 26 वहीं जहाज़ चलते हैं;
वही लिव्यातान जिसे तूने वहाँ खेलने के लिए बनाया। 27 वे
सब तुझसे आशा रखते हैं कि तू उन्हें समय पर उनका भोजन
दे। 28 तू उन्हें देता है, वे उसे एकत्र करते हैं; तू अपना हाथ
खोलता है, वे उत्तम वस्तुओं से तृप्त होते हैं। 29 तू अपना
मुख छिपाता है, वे घबरा जाते हैं; तू उनकी श्वास ले लेता है, वे
मर जाते हैं और मिट्टी में लौट जाते हैं। 30 तू अपनी आत्मा
भेजता है, वे उत्पन्न होते हैं; और तू पृथ्वी के मुख को नया कर
देता है। 31 𐤉𐤄𐤅𐤄 की महिमा सदा बनी रहे; 𐤉𐤄𐤅𐤄 अपने
कार्यों में आनन्द करे। 32 जो पृथ्वी की ओर देखता है और
वह काँप उठती है; वह पर्वतों को छूता है और वे धुआँ छोड़ते
हैं। 33 मैं अपने जीवन भर 𐤉𐤄𐤅𐤄 के लिए गीत गाऊँगा;
जब तक मैं हूँ, अपने ईश्वर की स्तुति करता रहूँगा। 34 मेरी
मनन-चिन्तन उससे मधुर हो; मैं 𐤉𐤄𐤅𐤄 में आनन्दित रहूँ।
35 पापी पृथ्वी से नष्ट हो जाएँ, और दुष्ट फिर न रहें। हे मेरे
प्राण, 𐤉𐤄𐤅𐤄 की स्तुति कर! हालेलू-याह!

105 1 हे 𐤉𐤄𐤅𐤄 का धन्यवाद करो! उसके नाम को
पुकारो; उसके कार्यों को राष्ट्रों में प्रकट करो।
2 उसके लिए गाओ, उसकी स्तुति के भजन गाओ; उसके सब
अद्भुत कार्यों का वर्णन करो। 3 उसके पवित्र नाम में गर्व
करो; वे जो 𐤉𐤄𐤅𐤄 को खोजते हैं, उनके हृदय आनन्दित
हों। 4 𐤉𐤄𐤅𐤄 और उसकी शक्ति को खोजो; सदा उसके
मुख का दर्शन चाहो। 5 उसके अद्भुत कार्यों को स्मरण करो
जो उसने किए हैं, उसके चमत्कारों को और उसके मुख से
निकले न्यायों को। 6 हे उसके दास अब्राहम की सन्तान, हे
याक़ोब की सन्तान, उसके चुने हुए लोगों! 7 वह 𐤉𐤄𐤅𐤄
हमारा ईश्वर है; उसके न्याय सारे पृथ्वी पर हैं। 8 उसने
अपनी वाचा सदा के लिए स्मरण रखी है, वह वचन जो उसने
हजार पीढ़ियों के लिए ठहराया। 9 जो उसने अब्राहम के साथ
बाँधी, और अपनी शपथ यित्सहाक से खाई। 10 और उसने
उसे याक़ोब के लिए विधि ठहराई, और इस्राएल के लिए सदा
की वाचा बनाई। 11 कहते हुए, "मैं तुझे कनान देश दूँगा, तेरे
निज भाग के रूप में विरासत।" 12 जब वे संख्या में थोड़े थे,
बहुत ही थोड़े, और उस देश में परदेशी थे। 13 और वे एक
राष्ट्र से दूसरे में, और एक राज्य से दूसरे लोगों के बीच घूमते
रहे। 14 उसने किसी को उन्हें सताने न दिया, और उनके
कारण राजाओं को डाँटा। 15 "मेरे अभिषिक्तों को मत छुओ,
और मेरे नबियों को कोई हानि मत पहुँचाओ।" 16 और उसने
उस देश में अकाल बुलाया; उसने रोटी का सब साधन नष्ट
कर दिया। 17 उसने उनके आगे एक व्यक्ति को भेजा —
योसेफ़, जिसे दास के रूप में बेचा गया। 18 उन्होंने उसके
पाँव बेड़ियों से बाँध दिए; उसका गला लोहे की जंजीरों में
जकड़ा गया। 19 जब तक उसका वचन पूरा न हुआ, तब
तक 𐤉𐤄𐤅𐤄 का वचन उसे परखता रहा। 20 राजा ने
भेजकर उसे छुड़ाया; राष्ट्रों के शासक ने उसे स्वतंत्र किया।
21 उसने उसे अपने घर का स्वामी बनाया, और अपनी सारी
संपत्ति पर अधिकारी ठहराया। 22 उसने अपने प्रधानों को
अपनी इच्छा के अनुसार बाँधने की शक्ति दी, और अपने
पुरनों को बुद्धि सिखाई। 23 तब इस्राएल मिस्र में आया, और
याक़ोब हाम के देश में परदेशी बनकर रहा। 24 और उसने
अपनी प्रजा को बहुत बढ़ाया, और उन्हें उनके शत्रुओं से
अधिक सामर्थी बनाया। 25 उसने उनके हृदय को अपनी प्रजा
से बैर करने के लिए फेर दिया, और अपने दासों के विरुद्ध
षडयंत्र रचने के लिए। 26 उसने अपने दास मूशे को भेजा,
और हारून को, जिसे उसने चुना था। 27 उन्होंने उनके बीच
उसके चिन्ह दिखाए, और हाम के देश में उसके अद्भुत
कार्य। 28 उसने अंधकार भेजा और वह अंधकारमय हो गया;
और उन्होंने उसके वचन का विरोध नहीं किया। 29 उसने
उनके जल को रक्त में बदल दिया, और उनकी मछलियों को
मार डाला। 30 उनका देश मेंढकों से भर गया, उनके राजाओं
के कक्षों तक। 31 उसने कहा, और मक्खियों के झुंड आए,
और उनके सब प्रदेशों में ऊँस कीड़े। 32 उसने उनके लिए
वर्षा के बदले ओले दिए, और उनके देश में जलती हुई आग।
33 और उसने उनकी बेलों और अंजीर के वृक्षों को मारा, और
उनके प्रदेश के वृक्षों को तोड़ डाला। 34 उसने कहा, और
टिड्डियाँ आईं, और असंख्य बाल टिड्डियाँ। 35 और उन्होंने
उनके देश की सारी हरियाली खा ली, और उनके भूमि के
फलों को नष्ट कर दिया। 36 तब उसने उनके देश के सब
पहलौठों को मारा, उनकी सारी शक्ति के पहिलौठे को।
37 और उसने उन्हें चाँदी और सोने के साथ बाहर निकाला,
और उसकी जनजातियों में कोई निर्बल नहीं था। 38 जब वे
निकले, तब मिस्र आनन्दित हुआ, क्योंकि उन पर उनका भय
छा गया था। 39 उसने बादल को आवरण के रूप में फैलाया,
और रात में प्रकाश देने के लिए आग रखी। 40 उन्होंने माँगा,
और उसने बटेरें भेजीं, और उन्हें स्वर्ग की रोटी से तृप्त
किया। 41 उसने चट्टान को खोला, और जल फूट निकला;
वह सूखी भूमि में नदी के समान बहा। 42 क्योंकि उसने अपने
पवित्र वचन को स्मरण किया, और अपने दास अब्राहम को।
43 इस प्रकार उसने अपनी प्रजा को आनन्द के साथ निकाला,
अपने चुने हुओं को गीतों के साथ। 44 और उसने उन्हें
जातियों के देश दिए, और उन्होंने अन्य लोगों के परिश्रम का
फल पाया। 45 इसलिए कि वे उसकी विधियों का पालन करें,
और उसकी तोराह की रक्षा करें। हालेलू-याह!

106 1 हालेलूयाह! 𐤉𐤄𐤅𐤄 का धन्यवाद करो, क्योंकि
वह भला है! क्योंकि उसकी करूणा सदा बनी
रहती है। 2 कौन 𐤉𐤄𐤅𐤄 के सामर्थ्यशाली कार्यों का वर्णन
कर सकता है? या उसकी सारी स्तुति को प्रकट कर सकता
है? 3 धन्य हैं वे जो न्याय की रक्षा करते हैं, जो सदा धर्म के
काम करते हैं। 4 हे 𐤉𐤄𐤅𐤄, अपनी प्रजा पर कृपा करते
समय मुझे स्मरण कर; अपने उद्धार से मुझ पर ध्यान दे।
5 कि मैं तेरे चुने हुओं की भलाई देख सकूँ, तेरी प्रजा के
आनन्द में आनन्दित होऊँ, और तेरे उत्तराधिकारियों के साथ
गर्व करूँ। 6 हमने अपने पितरों के साथ पाप किया है; हमने
दुष्टता की है, हमने अधर्म किया है। 7 हमारे पितरों ने मिस्र में
तेरे अद्भुत कार्यों को नहीं समझा; उन्होंने तेरी बहुत सी

करूणाओं को स्मरण नहीं किया, परन्तु समुद्र के पास, लाल
समुद्र में तेरा विरोध किया। [8]तौभी उसने अपने नाम के
कारण उन्हें बचाया, ताकि अपनी शक्ति को प्रकट करे।
[9]और उसने लाल समुद्र को डाँटा और वह सूख गया; और
उसने उन्हें गहराइयों में से, जैसे मरुभूमि में, निकाल लिया।
[10]और उसने उन्हें बैरी के हाथ से बचाया, और शत्रु के हाथ
से छुड़ाया। [11]और जल ने उनके विरोधियों को ढक लिया;
उनमें से एक भी नहीं बचा। [12]तब उन्होंने उसके वचनों पर
विश्वास किया; उन्होंने उसकी स्तुति का गीत गाया। [13]वे
शीघ्र ही उसके कार्यों को भूल गए; उन्होंने उसकी सम्मति की
प्रतीक्षा नहीं की। [14]परन्तु जंगल में लालसा की, और
मरुभूमि में ईश्वर की परीक्षा ली। [15]और उसने उन्हें उनकी
माँग दी, परन्तु उनके प्राणों में क्षीणता भेज दी। [16]और
उन्होंने छावनी में मूशे से डाह की, और 𐤉𐤄𐤅𐤄 के पवित्र
हारून से। [17]पृथ्वी खुल गई और दातान को निगल गई,
और अबीराम की मण्डली को ढक लिया। [18]और उनकी
मण्डली में आग भड़क उठी; ज्वाला ने दुष्टों को भस्म कर
डाला। [19]उन्होंने होरेब में बछड़ा बनाया, और गढ़े हुए
प्रतिमाओं के सामने झुके। [20]इस प्रकार उन्होंने मेरी महिमा
को उस बैल की मूरत से बदल दिया जो घास खाता है।
[21]उन्होंने अपने उद्धारकर्ता ईश्वर को भुला दिया, जिसने
मिस्त्र में महान कार्य किए थे। [22]हाम के देश में उसके
अद्भुत कार्यों के विषय में, लाल समुद्र के पास उसके
भयानक कार्यों के विषय में। [23]तब उसने कहा कि वह उन्हें
नाश करेगा, यदि उसका चुना हुआ मूशे उसके सामने बीच में
खड़ा न होता, ताकि उसके क्रोध को नाश करने से रोक दे।
[24]फिर उन्होंने उस मनोहर देश को तुच्छ जाना; उन्होंने
उसके वचन पर विश्वास नहीं किया। [25]उन्होंने अपने तम्बुओं
में कुड़कुड़ाया, और 𐤉𐤄𐤅𐤄 की आवाज़ नहीं सुनी।
[26]इसलिए उसने अपना हाथ उनके विरुद्ध उठाया, कि उन्हें
जंगल में गिरा दे। [27]और उनके वंश को अन्यजातियों के
बीच गिरा दे, और उन्हें देशों में तितर-बितर कर दे। [28]और
वे बाल-पेओर के साथ मिल गए, और मरे हुओं को चढ़ाए गए
बलिदानों को खाया। [29]इस प्रकार उन्होंने अपने कर्मों से उसे
क्रोधित किया, और महामारी उनके बीच फूट पड़ी। [30]तब
पीनहास उठा और मध्यस्थता की, और वह महामारी रुक
गई। [31]और यह उसके लिए धर्म के रूप में गिना गया, पीढ़ी
से पीढ़ी तक सदा के लिए। [32]और उन्होंने मेरिबा के जल पर
उसे क्रोधित किया, और मूशे को उनके कारण कष्ट सहना
पड़ा। [33]क्योंकि उन्होंने उसके आत्मा को कड़वा कर दिया,
और उसने अपने होंठों से असावधानी से बोला। [34]उन्होंने
उन लोगों को नाश नहीं किया, जैसा कि 𐤉𐤄𐤅𐤄 ने उन्हें
आज्ञा दी थी। [35]परन्तु वे अन्यजातियों के साथ मिल गए,
और उनके कार्यों को सीख लिया। [36]और उनकी मूर्तियों की
सेवा की, जो उनके लिए फंदा बन गईं। [37]और उन्होंने अपने
पुत्रों और अपनी पुत्रियों को दुष्टात्माओं के लिए बलिदान
किया। [38]और उन्होंने निर्दोषों का रक्त बहाया, अपने पुत्रों
और पुत्रियों का रक्त, जिन्हें उन्होंने कनान की मूर्तियों को
चढ़ाया; और देश रक्त से अशुद्ध हो गया। [39]इस प्रकार वे
अपने कर्मों से अशुद्ध हो गए, और अपने आचरणों से
व्यभिचार किया। [40]और 𐤉𐤄𐤅𐤄 का क्रोध अपनी प्रजा पर
भड़क उठा, और उसने अपने निज भाग को तुच्छ जाना।
[41]तब उसने उन्हें अन्यजातियों के हाथ में दे दिया, और जो
उनसे बैर रखते थे, वे उन पर प्रभुत्व करने लगे। [42]और
उनके शत्रुओं ने उन्हें दबाया, और वे उनके हाथों के अधीन
नम्र किए गए। [43]उसने उन्हें बहुत बार छुड़ाया, परन्तु वे
अपनी योजनाओं में विद्रोह करते रहे, और अपने अधर्म के
कारण दीन किए गए। [44]तौभी जब उसने उनकी पुकार सुनी,
तो उनकी दुर्दशा पर ध्यान दिया। [45]और उसने उनके
कारण अपनी वाचा को स्मरण किया, और अपनी महान
करूणा के अनुसार दया की। [46]और उसने उनके बन्धकों
के सामने उन्हें दया पाने दी। [47]हे हमारे ईश्वर 𐤉𐤄𐤅𐤄, हमें
बचा ले, और अन्यजातियों के बीच से हमें इकट्ठा कर, ताकि
हम तेरे पवित्र नाम का धन्यवाद करें, और तेरी स्तुति में
आनन्द करें। [48]धन्य हो इस्राएल का ईश्वर 𐤉𐤄𐤅𐤄, सदा
से सदा तक! और सारी प्रजा कहे, "आमीन!" हालेलू-याह!

107 [1]𐤉𐤄𐤅𐤄 का धन्यवाद करो! क्योंकि वह भला है,
क्योंकि उसकी करूणा सदा बनी रहती है। [2]वे जो
𐤉𐤄𐤅𐤄 के द्वारा छुड़ाए गए हैं, वे यह कहें — जिन्हें उसने
शत्रु के हाथ से छुड़ाया है। [3]और उन्हें देशों से इकट्ठा किया,
पूर्व से और पश्चिम से, उत्तर से और दक्षिण से। [4]वे जंगल
में, मरुभूमि के मार्ग में भटकते रहे; उन्हें बसने के लिए कोई
नगर नहीं मिला। [5]वे भूखे और प्यासे थे; उनमें उनका प्राण
मुरझा गया। [6]तब उन्होंने अपनी विपत्ति में 𐤉𐤄𐤅𐤄 की
दोहाई दी, और उसने उन्हें उनके संकटों से छुड़ाया। [7]और
उसने उन्हें सीधा मार्ग दिखाया, ताकि वे बसने के लिए किसी
नगर को जाएँ। [8]वे 𐤉𐤄𐤅𐤄 की करूणा के लिए धन्यवाद
करें, और मनुष्यों के पुत्रों के लिए उसके अद्भुत कार्यों के
लिए। [9]क्योंकि उसने प्यासे प्राण को तृप्त किया, और भूखे
प्राण को उत्तम वस्तुओं से भर दिया। [10]कुछ लोग अंधकार
और मृत्यु की छाया में बैठे थे, दु:ख और लोहे की बेड़ियों में
बँधे हुए। [11]क्योंकि उन्होंने ईश्वर के वचनों का विरोध किया,
और परमप्रधान की सम्मति को तुच्छ जाना। [12]इसलिए
उसने उनके हृदय को परिश्रम से दीन किया; वे ठोकर खाए,
और कोई न था जो सहायता करे। [13]तब उन्होंने अपनी
विपत्ति में 𐤉𐤄𐤅𐤄 की दोहाई दी, और उसने उन्हें उनके
संकटों से छुड़ाया। [14]उसने उन्हें अंधकार और मृत्यु की
छाया से बाहर निकाला, और उनकी बेड़ियाँ तोड़ डालीं। [15]वे
𐤉𐤄𐤅𐤄 की करूणा के लिए धन्यवाद करें, और मनुष्यों के
पुत्रों के लिए उसके अद्भुत कार्यों के लिए। [16]क्योंकि उसने
पीतल के फाटकों को तोड़ डाला, और लोहे की सलाखों को
दो भागों में काट दिया। [17]मूर्ख अपने अपराध और अपने
अधर्म के कारण दु:ख उठाते हैं। [18]उनके प्राण को हर
प्रकार का भोजन अरुचिकर लगता है, और वे मृत्यु के द्वार
के समीप पहुँच जाते हैं। [19]तब उन्होंने अपनी विपत्ति में
𐤉𐤄𐤅𐤄 की दोहाई दी, और उसने उन्हें उनके संकटों से
बचाया। [20]उसने अपना वचन भेजा और उन्हें चंगा किया,
और उन्हें उनके विनाशों से छुड़ाया। [21]वे 𐤉𐤄𐤅𐤄 की

करूणा के लिए धन्यवाद करें, और मनुष्यों के पुत्रों के लिए
उसके अद्‌भुत कार्यों के लिए। 22वे धन्यवाद के बलिदान
चढ़ाएँ, और हर्ष के साथ उसके कार्यों का वर्णन करें। 23जो
लोग जहाज़ों में समुद्र में उतरते हैं, और महान जलों पर काम
करते हैं, 24वे 𐤉𐤄𐤅𐤄 के कार्यों को देखते हैं, और गहराई में
उसके अद्‌भुत कामों को। 25क्योंकि वह आज्ञा देता है और
आँधी-पवन उठाता है, जो समुद्र की लहरों को ऊँचा करती
है। 26वे आकाश तक चढ़ते हैं, फिर गहराइयों में उतर जाते
हैं; उनके प्राण संकट के कारण पिघल जाते हैं। 27वे मत्त
मनुष्य के समान डगमगाते और लड़खड़ाते हैं, और उनकी
सारी बुद्धि नष्ट हो जाती है। 28तब वे अपनी विपत्ति में
𐤉𐤄𐤅𐤄 की दोहाई देते हैं, और वह उन्हें उनके संकटों से
निकालता है। 29वह आँधी को शान्त कर देता है, ताकि
उसकी लहरें स्थिर हो जाएँ। 30तब वे आनन्दित होते हैं
क्योंकि वे शान्त हो गए हैं; और वह उन्हें उनकी इच्छा के
बन्दरगाह पर पहुँचा देता है। 31वे 𐤉𐤄𐤅𐤄 की करूणा के
लिए धन्यवाद करें, और मनुष्यों के पुत्रों के लिए उसके
अद्‌भुत कार्यों के लिए। 32वे उसे लोगों की सभा में ऊँचा
करें, और पुरनों की सभा में उसकी स्तुति करें। 33वह नदियों
को मरुभूमि बना देता है, और जल के सोतों को सूखी भूमि।
34फलवंत भूमि को खारी मरुभूमि बना देता है, वहाँ बसनेवालों
की बुराई के कारण। 35वह मरुभूमि को जल का तालाब बना
देता है, और सूखी भूमि को जल के सोतों में बदल देता है।
36और वह वहाँ भूखों को बसाता है, और वे बसने के लिए
नगर बनाते हैं। 37वे खेत बोते और दाख की बारियाँ लगाते
हैं, और उपज का फल उत्पन्न करते हैं। 38और उसने उन्हें
आशीष दी, और वे बहुत बढ़े; और उसने उनके पशुओं को
घटने नहीं दिया। 39परन्तु जब वे अत्याचार, विपत्ति और
दु:ख के कारण घट गए और दीन हुए, 40तब वह सरदारों पर
अपमान डालता है, और उन्हें निर्जन उजाड़ में भटकने देता
है। 41परन्तु वह दरिद्र को दु:ख से उठा लेता है, और उसके
कुल को झुंड के समान बढ़ाता है। 42धर्मी यह देखकर
आनन्दित होते हैं, और सब अधर्म अपना मुख बन्द कर लेते
हैं। 43कौन बुद्धिमान है? वह इन बातों पर ध्यान दे, और वे
𐤉𐤄𐤅𐤄 की करूणाओं को समझें।

108 *एक गीत, दावीद् का भजन।*

1हे ईश्वर, मेरा हृदय स्थिर है; मैं गाऊँगा और
स्तुति करूँगा — यहाँ तक कि मेरी महिमा भी। 2जाग, वीणा
और सारंगी! मैं प्रभात को जगाऊँगा। 3हे 𐤉𐤄𐤅𐤄, मैं राष्ट्रों
के बीच तेरी स्तुति करूँगा, और जातियों के बीच तेरे लिए
भजन गाऊँगा। 4क्योंकि तेरी करूणा आकाश से भी ऊँची है,
और तेरी सच्चाई बादलों तक पहुँचती है। 5हे ईश्वर, तू
आकाश से ऊपर ऊँचा हो, और तेरी महिमा सारी पृथ्वी के
ऊपर हो। 6इसलिए कि तेरे प्रियजन छुड़ाए जाएँ; अपने
दाहिने हाथ से बचा और मुझे उत्तर दे। 7ईश्वर ने अपने
पवित्रस्थान में कहा, "मैं आनन्द मनाऊँगा; मैं शेकेम को बाँट
दूँगा, और सक्कोत की तराई को नाप लूँगा।" 8"गिलआद
मेरा है, मनश्शे मेरा है; एप्रैम मेरा सिर का बल है, यहूदा मेरा
विधिदाता है।" 9"मोआब मेरा धुलाई का पात्र है; एदोम पर मै
अपना जूता फेंकता हूँ; पलिश्त देश पर मैं जयजयकार करता
हूँ।" 10कौन मुझे दृढ़ नगर में ले जाएगा? कौन मुझे एदोम
तक पहुँचाएगा? 11क्या तूने हमें त्याग नहीं दिया, हे ईश्वर?
और तू हमारी सेनाओं के साथ नहीं निकलता, हे ईश्वर!
12संकट से हमारी सहायता कर, क्योंकि मनुष्य की सहायता
व्यर्थ है। 13हम ईश्वर में पराक्रम दिखाएँगे, क्योंकि वही
हमारे शत्रुओं को रौंदेगा।

109 *मुख्य गायक के लिए। दाऊद का भजन।*

1हे मेरी स्तुति के ईश्वर, मौन न रह। 2क्योंकि
दुष्ट का मुख और छल करनेवाले का मुख मेरे विरुद्ध खुल
गया है; उन्होंने मुझ पर झूठी जीभ से बातें की हैं। 3उन्होंने
मुझको बैर के वचनों से घेर लिया है, और बिना कारण मुझसे
युद्ध करते हैं। 4मेरे प्रेम के बदले वे मुझ पर दोष लगाते हैं,
परन्तु मैं तो प्रार्थना में रहता हूँ। 5और उन्होंने मेरे भले के
बदले मुझे बुरा दिया, और मेरे प्रेम के बदले बैर। 6उस पर
एक दुष्ट मनुष्य को ठहरा दे, और एक अभियोग लगानेवाला
उसके दाहिने हाथ पर खड़ा हो। 7जब उसका न्याय हो, तब
वह दोषी ठहरे, और उसकी प्रार्थना पाप बन जाए। 8उसके
दिन थोड़े हों, और कोई दूसरा उसकी पदवी ले ले। 9उसके
बालक अनाथ हों, और उसकी पत्नी विधवा। 10उसके बच्चे
भटकते और भीख माँगते रहें, और अपने उजड़े हुए स्थानो
से टुकड़े माँगें। 11ऋणदाता उसके सब सामान पर अधिकार
करे, और पराये उसके परिश्रम का लूट लें। 12उस पर कोई
कृपा करनेवाला न रहे, न उसके अनाथों पर कोई दया
करनेवाला। 13उसकी सन्तान नष्ट हो जाए, और उनका
नाम अगली पीढ़ी में मिटा दिया जाए। 14उसके पितरों का
अधर्म 𐤉𐤄𐤅𐤄 के सामने स्मरण रहे, और उसकी माता का
पाप मिटाया न जाए। 15वे सदा 𐤉𐤄𐤅𐤄 के सामने बने रहें,
और वह उनका स्मरण पृथ्वी से मिटा दे। 16क्योंकि उसने
कृपा करना स्मरण नहीं रखा, परन्तु दीन और दरिद्र मनुष्य
का पीछा किया, और टूटे हुए मनवाले को मार डालने की
खोज की। 17वह शाप देना प्रेम करता था, तो वह उस पर आ
पड़े; और वह आशीष में प्रसन्न नहीं था, तो वह उससे दूर हो
जाए। 18उसने शाप को अपने वस्त्र के समान धारण किया;
तो वह उसके भीतर जल के समान और उसकी हड्डियों में तेल
के समान समा जाए। 19वह उसके लिए ऐसे वस्त्र के समान
हो जो वह अपने चारों ओर लपेटता है, और ऐसे पेटी के
समान हो जिसे वह सदा बाँधता है। 20यह मेरे दोष
लगानेवालों का प्रतिफल 𐤉𐤄𐤅𐤄 की ओर से हो, और उन पर
जो मेरे प्राण के विरोध में बुरा बोलते हैं। 21परन्तु तू, हे
𐤉𐤄𐤅𐤄 प्रभु, अपने नाम के कारण मुझ से व्यवहार कर;
क्योंकि तेरी करूणा उत्तम है, मुझे छुड़ा ले। 22क्योंकि मै
दीन और दरिद्र हूँ, और मेरा हृदय मुझ में घायल हो गया है।
23मैं लम्बी होती छाया के समान चला गया हूँ, मैं टिड्डी के
समान उड़ाया गया हूँ। 24मेरे घुटने उपवास के कारण निर्बल
हो गए हैं, और मेरा शरीर कृश हो गया है। 25मैं उनके लिए
उपहास का कारण बन गया हूँ; वे मुझे देखते हैं और सिर
हिलाते हैं। 26हे मेरे ईश्वर 𐤉𐤄𐤅𐤄, मेरी सहायता कर!

अपनी करूणा के अनुसार मुझे बचा। 27और वे जान लें कि
यह तेरे हाथ से हुआ है; हे 𐤉𐤄𐤅𐤄, तू ही ने यह किया है।
28वे शाप दें, परन्तु तू आशीष दे; वे उठें, परन्तु लज्जित हों,
और तेरा दास आनन्दित हो। 29मेरे दोष लगानेवाले लज्जा
से वस्त्र पहनें, और अपनी लज्जा को अपने ओढ़ने के समान
ओढ़ लें। 30मैं अपने मुख से 𐤉𐤄𐤅𐤄 का बड़ा धन्यवाद
करूँगा, और भीड़ के बीच उसकी स्तुति करूँगा। 31क्योंकि
वह दीन जन के दाहिने हाथ पर खड़ा होता है, ताकि उसके
प्राण को दोष देनेवालों से बचाए।

110

एक भजन, दाविद का।

1𐤉𐤄𐤅𐤄 ने प्रभु से कहा, “मेरे दाहिने हाथ पर
बैठ, जब तक मैं तेरे शत्रुओं को तेरे पैरों की चौकी न बना
दूं।” 2𐤉𐤄𐤅𐤄 तेरी शक्तिशाली राजदण्ड को सिय्योन से
भेजता है। अपने शत्रुओं के बीच में शासन कर! 3तेरे लोग
तेरी शक्ति के दिन में स्वेच्छा से आते हैं, पवित्रता की शोभा में!
गर्भ से, भोर से, तेरे जवानी की ओस तेरी है! 4𐤉𐤄𐤅𐤄 ने
शपथ खाई है और वह पछताएगा नहीं, “तू सदा के लिए एक
याजक है, मेल्कीसेदेक की रीति के अनुसार।” 5𐤉𐤄𐤅𐤄
तेरे दाहिने हाथ पर है, वह अपने क्रोध के दिन राजाओं को
तोड़ेगा। 6वह राष्ट्रों के बीच न्याय करता है, वह मरे हुओं से
भर देगा, वह पृथ्वी पर प्रधान को चूर कर देगा! 7वह मार्ग के
किनारे की धारा से पीता है, इसलिए वह सिर उठाता है!

111

1𐤀, आल्लेलूयाह! मैं पूरे दिल से 𐤉𐤄𐤅𐤄 का
धन्यवाद करता हूँ, 𐤁, सीधे लोगों की संगति में,
और सभा में। 2𐤂, 𐤉𐤄𐤅𐤄 के कार्य महान हैं, 𐤃, उन सभी
द्वारा खोजे गए जो उनमें आनंद लेते हैं। 3𐤄, उसकी कृति
वैभव और महानता से भरी है, 𐤅, और उसकी धार्मिकता सदा
के लिए स्थिर है। 4𐤆, उसने अपने अद्भुत कार्यों को याद
रखने योग्य बनाया है; 𐤉𐤄𐤅𐤄 𐤇, अनुग्रह दिखाता है और
दयालु है। 5𐤈, उसने उन लोगों को भोजन दिया है जो
उसका आदर करते हैं; 𐤉, वह अपने वाचा को सदा के लिए
याद रखता है। 6𐤊, उसने अपने लोगों को अपने कार्यों की
शक्ति दिखाई है, 𐤋, ताकि उन्हें अन्यजातियों की विरासत दे
सके। 7𐤌, उसके हाथों के कार्य सत्य और न्यायपूर्ण हैं, 𐤍,
उसकी सभी आज्ञाएँ विश्वसनीय हैं, 8𐤎, वे सदा और सदा के
लिए स्थिर हैं, 𐤏, सत्य और सीधेपन में किए गए। 9𐤐, उसने
अपने लोगों को मुक्ति भेजी है, 𐤑, उसने अपनी वाचा को सदा
के लिए आदेश दिया है। 𐤒, क़ोदश और भयानक है उसका
नाम। 10𐤓, 𐤉𐤄𐤅𐤄 का भय ज्ञान की शुरुआत है, 𐤔, जो
इन्हें करते हैं उनकी समझ अच्छी होती है। 𐤕, उसकी स्तुति
सदा स्थिर है।

112

1हलेलूयाह! א , 𐤀 धन्य है वह मनुष्य जो
𐤉𐤄𐤅𐤄 से भय रखता है, ב ,𐤁 जो उसकी
आज्ञाओं में बहुत प्रसन्न होता है। 2ג ,𐤂 पृथ्वी पर उसका वंश
शक्तिशाली होगा, ד ,𐤃 सीधे लोगों की पीढ़ी धन्य होगी। 3,𐤄
ה उसके घर में धन और वैभव हैं, ו ,𐤅 और उसकी धार्मिकता
सदा स्थिर रहती है। 4ז ,𐤆 अंधकार में भी सीधे लोगों के
लिए प्रकाश उगता है, ח, 𐤇 अनुग्रहशील, करुणामय और
धर्मी। 5ט ,𐤈 भला है वह मनुष्य जो अनुग्रह दिखाता और
उधार देता है, י ,𐤉 वह अपने कार्यों को न्याय में स्थिर रखता
है। 6כ ,𐤊 क्योंकि वह कभी नहीं डगमगाता; ל ,𐤋 धर्मी सदा
स्मरण किया जाएगा। 7מ ,𐤌 वह किसी बुरी बात से नहीं
डरता। נ ,𐤍 उसका हृदय दृढ़ है, वह 𐤉𐤄𐤅𐤄 पर भरोसा
रखता है। 8ס ,𐤎 उसका हृदय स्थिर है, वह नहीं डरता, ,𐤏
ע जब तक वह अपने शत्रुओं पर दृष्टि न करे। 9פ ,𐤐 उसने
उदारता से बाँटा, उसने निर्धनों को दिया, צ ,𐤑 उसकी
धार्मिकता सदा स्थिर रहती है। ק , 𐤒 उसका सींग सम्मान
के साथ ऊँचा किया गया है। 10ר ,𐤓 दुष्ट इसे देख कर
क्रोधित होता है; ש ,𐤔 वह अपने दाँत पीसता है और गल
जाता है। ת ,𐤕 दुष्ट की अभिलाषा नष्ट हो जाती है।

113

1हलेलूयाह! हे 𐤉𐤄𐤅𐤄 के सेवको, उसकी स्तुति
करो, 𐤉𐤄𐤅𐤄 के नाम की स्तुति करो! 2𐤉𐤄𐤅𐤄
के नाम की महिमा अब और सदा बनी रहे! 3सूर्योदय से
लेकर उसके अस्त होने तक, 𐤉𐤄𐤅𐤄 का नाम स्तुति के
योग्य है। 4𐤉𐤄𐤅𐤄 सब जातियों से ऊपर महान है, उसकी
महिमा आकाश से भी ऊँची है। 5कौन है जो हमारे ईश्वर
𐤉𐤄𐤅𐤄 के समान है, जो उच्च सिंहासन पर विराजमान है?
6वह ऊपर से आकाश और पृथ्वी पर दृष्टि डालता है; 7वह
दरिद्र को मिट्टी से उठाता है, और कंगाल को राख के ढेर से
उठाता है, 8कि वह उसे कुलीनों के साथ बिठाए, अपनी प्रजा
के श्रेष्ठों के साथ। 9वह बाँझ स्त्री को घर में बसाता है, बच्चों
की प्रसन्न माता बनाता है। हलेलूयाह!

114

1जब यिस्राएल मिस्र से निकल गया, याक़ोब का
घर अजनबी भाषा वाले लोगों के बीच से निकला,
2यहूदा उसका पवित्रस्थान बन गया, और यिस्राएल उसका
राज्य। 3समुद्र ने यह देखा और भाग गया; यरदेन पीछे मुड़
गया। 4पहाड़ों ने मेढ़ों की तरह उछल-कूद की, और छोटी
पहाड़ियों ने मेमनों की तरह। 5हे समुद्र, तू क्यों भागा? हे
यरदेन, तू क्यों पीछे मुड़ा? 6हे पहाड़ों, तुम मेढ़ों की तरह क्यों
कूदे? हे छोटी पहाड़ियों, मेमनों की तरह क्यों उछले? 7हे
पृथ्वी, प्रभु के सामने कांप, याक़ोब के ईश्वर के सामने,
8जिसने चट्टान को जल के सरोवर में बदल दिया,

115

1हम को नहीं, हे 𐤉𐤄𐤅𐤄, हम को नहीं, परन्तु
अपने नाम को महिमा दे, अपनी करूणा और
अपनी सच्चाई के कारण। 2अन्यजातियाँ क्यों कहें, “अब
उनका ईश्वर कहाँ है?” 3परन्तु हमारा ईश्वर आकाश में है;
जो कुछ उसे प्रसन्न करता है, वही वह करता है। 4उनकी
मूर्तियाँ चाँदी और सोने की हैं, मनुष्यों के हाथों का कार्य।
5उनके मुँह हैं, परन्तु वे बोलते नहीं; उनकी आँखें हैं, परन्तु वे
देखते नहीं। 6उनके कान हैं, परन्तु वे सुनते नहीं; उनकी
नाकें हैं, परन्तु वे सूँघती नहीं। 7उनके हाथ हैं, परन्तु वे छूते
नहीं; उनके पैर हैं, परन्तु वे चलते नहीं; उनके गले से कोई
आवाज़ नहीं निकलती। 8जो उन्हें बनाते हैं, वे उनके समान
हो जाते हैं — और जो उन पर भरोसा करते हैं, वे भी। 9हे
यिस्राएल, 𐤉𐤄𐤅𐤄 पर भरोसा रख; वही उनका सहायक और

उनकी ढाल है। 10हे अहरोन के घराने, 𐤉𐤄𐤅𐤄 पर भरोसा
रखो; वही उनका सहायक और उनकी ढाल है। 11हे वे जो
𐤉𐤄𐤅𐤄 से भय मानते हैं, 𐤉𐤄𐤅𐤄 पर भरोसा रखो; वही
उनका सहायक और उनकी ढाल है। 12𐤉𐤄𐤅𐤄 ने हमें
स्मरण किया है; उसने हमें आशीष दी; उसने यिस्राएल के
घराने को आशीष दी; उसने अहरोन के घराने को आशीष
दी। 13उसने उन सबको आशीष दी जो 𐤉𐤄𐤅𐤄 से भय
मानते हैं, छोटे और बड़े दोनों को। 14𐤉𐤄𐤅𐤄 तुम्हें और
तुम्हारे बच्चों को अधिकाधिक बढ़ाए। 15तुम 𐤉𐤄𐤅𐤄 से
आशीषित हो, जिसने आकाश और पृथ्वी बनाई। 16आकाश
तो 𐤉𐤄𐤅𐤄 का है; परन्तु पृथ्वी उसने मनुष्यों के पुत्रों को दी
है। 17मरे हुए लोग हलेलूयाह नहीं कहते, न ही वे जो मौन के
स्थान में उतरते हैं। 18परन्तु हम, हम यह की स्तुति करेंगे,
अब और सदा के लिए। हलेलूयाह!

116

1मैं 𐤉𐤄𐤅𐤄 से प्रेम करता हूँ, क्योंकि उसने मेरी
वाणी और मेरी विनतियाँ सुनी हैं। 2क्योंकि उसने
अपना कान मेरी ओर झुकाया है, और मैं अपने सब दिनों में
उसे पुकारूँगा। 3मृत्यु के बंधन मेरे चारों ओर थे, और
अधोलोक के दुःख मुझ पर आ गए; मुझे संकट और शोक
मिला। 4तब मैंने 𐤉𐤄𐤅𐤄 के नाम को पुकारा, "हे 𐤉𐤄𐤅𐤄,
मैं तुझसे प्रार्थना करता हूँ, मेरे प्राण को छुड़ा।" 5𐤉𐤄𐤅𐤄
अनुग्रहशील और धर्मी है; और हमारा ईश्वर करुणामय है।
6𐤉𐤄𐤅𐤄 सरल जनों की रक्षा करता है; मैं नीचा किया गया
था, परन्तु उसने मुझे बचा लिया। 7हे मेरे प्राण, तू अपने
विश्राम में लौट जा, क्योंकि 𐤉𐤄𐤅𐤄 ने तेरे साथ भलाई की
है। 8क्योंकि तूने मेरे प्राण को मृत्यु से, मेरी आँखों को
आँसुओं से, और मेरे पैरों को फिसलने से छुड़ा लिया है। 9मैं
जीवितों की भूमि में 𐤉𐤄𐤅𐤄 के सामने चलूँगा। 10मैंने
विश्वास किया, इसलिए मैंने कहा; मैं बहुत पीड़ा में था। 11मैंने
अपनी घबराहट में कहा, "सब मनुष्य झूठे हैं।" 12मैं
𐤉𐤄𐤅𐤄 को क्या दूँ? क्योंकि उसके सब उपकार मुझ पर हैं।
13मैं उद्धार का प्याला उठाऊँगा, और 𐤉𐤄𐤅𐤄 के नाम को
पुकारूँगा। 14मैं अपनी मन्नतें 𐤉𐤄𐤅𐤄 को अदा करूँगा, अब
उसकी सब प्रजा के सामने। 15𐤉𐤄𐤅𐤄 की दृष्टि में उसके
भक्तों की मृत्यु अनमोल है। 16हे 𐤉𐤄𐤅𐤄, मैं वास्तव में तेरा
दास हूँ, मैं तेरा दास हूँ, तेरी दासी का पुत्र हूँ; तूने मेरे बंधनों
को खोल दिया है। 17मैं तुझे धन्यवाद का बलिदान
चढ़ाऊँगा, और 𐤉𐤄𐤅𐤄 के नाम को पुकारूँगा। 18मैं अपनी
मन्नतें 𐤉𐤄𐤅𐤄 को उसकी सब प्रजा के सामने पूरी करूँगा,
19𐤉𐤄𐤅𐤄 के घर के आँगनों में, तेरे बीच, हे येरूशलेम।
हलेलूयाह!

117

1हलेलू-𐤉𐤄𐤅𐤄, हे सब राष्ट्रों! उसकी स्तुति करो,
हे सब लोगों, उसकी प्रशंसा करो! 2क्योंकि उसकी
करूणा हमारे ऊपर महान है, और 𐤉𐤄𐤅𐤄 की सच्चाई सदा
बनी रहती है। हलेलूयाह!

118

1हे 𐤉𐤄𐤅𐤄 को धन्यवाद दो, क्योंकि वह भला है!
क्योंकि उसकी करूणा सदा बनी रहती है। 2अब
यिस्राएल कहे, "उसकी करूणा सदा बनी रहती है।" 3अब
अहरोन का घराना कहे, "उसकी करूणा सदा बनी रहती
है।" 4अब जो 𐤉𐤄𐤅𐤄 से भय मानते हैं, वे कहें, "उसकी
करूणा सदा बनी रहती है।" 5मैंने संकट में यह को पुकारा;
यह ने मुझे उत्तर दिया और मुझे खुली जगह पर रखा।
6𐤉𐤄𐤅𐤄 मेरी ओर है; मैं नहीं डरूँगा कि मनुष्य मेरा क्या
करेगा। 7𐤉𐤄𐤅𐤄 मेरी सहायता करने वालों के बीच मेरे
साथ है; इसलिए मैं अपने बैरियों को देखूँगा। 8मनुष्य पर
भरोसा करने से अच्छा है कि 𐤉𐤄𐤅𐤄 में शरण ली जाए।
9प्रधानों पर भरोसा करने से अच्छा है कि 𐤉𐤄𐤅𐤄 में शरण
ली जाए। 10सब अन्यजातियाँ मुझे घेरे हुई थीं; 𐤉𐤄𐤅𐤄 के
नाम से मैं उन्हें काट डालूँगा। 11उन्होंने मुझे घेर लिया, हाँ,
उन्होंने मुझे चारों ओर से घेर लिया; 𐤉𐤄𐤅𐤄 के नाम से मैं
उन्हें काट डालूँगा। 12उन्होंने मुझे मधुमक्खियों के समान
घेर लिया; वे काँटों की आग के समान बुझ गए; 𐤉𐤄𐤅𐤄 के
नाम से मैं उन्हें काट डालूँगा। 13उन्होंने मुझे गिराने के लिए
धक्का दिया, परन्तु 𐤉𐤄𐤅𐤄 ने मेरी सहायता की। 14यह
मेरी शक्ति और गीत है, और वह मेरा उद्धार बन गया है।
15हर्ष और उद्धार की आवाज़ धर्मियों के तम्बुओं में है;
𐤉𐤄𐤅𐤄 का दाहिना हाथ पराक्रम करता है। 16𐤉𐤄𐤅𐤄 का
दाहिना हाथ ऊँचा किया गया है; 𐤉𐤄𐤅𐤄 का दाहिना हाथ
पराक्रम करता है। 17मैं नहीं मरूँगा, परन्तु जीवित रहूँगा,
और यह के कार्यों को सुनाऊँगा। 18यह ने मुझे कड़ी ताड़ना
दी, परन्तु मुझे मृत्यु के हवाले नहीं किया। 19धार्मिकता के
फाटकों को मेरे लिए खोलो; मैं उनमें प्रवेश करूँगा, और यह
को धन्यवाद दूँगा। 20यह 𐤉𐤄𐤅𐤄 का फाटक है; धर्मी
उसमें प्रवेश करेंगे। 21मैं तेरा धन्यवाद करता हूँ, क्योंकि तूने
मेरी सुनी है, और तू मेरा उद्धार बन गया है। 22जिस पत्थर
को राजमिस्त्रियों ने तुच्छ जाना, वही कोने का मुख्य पत्थर
बन गया है। 23यह 𐤉𐤄𐤅𐤄 की ओर से हुआ है; यह हमारी
दृष्टि में अद्भुत है। 24यह वही दिन है जिसे 𐤉𐤄𐤅𐤄 ने
बनाया है; हम इसमें आनन्द और हर्ष करें। 25हे 𐤉𐤄𐤅𐤄, मैं
तुझसे प्रार्थना करता हूँ, बचा ले; हे 𐤉𐤄𐤅𐤄, मैं तुझसे प्रार्थना
करता हूँ, उन्नति प्रदान कर। 26धन्य है वह जो 𐤉𐤄𐤅𐤄 के
नाम से आता है! हम तुझे 𐤉𐤄𐤅𐤄 के घर से आशीष देते हैं।
27𐤉𐤄𐤅𐤄 ईश्वर है, और उसने हमें प्रकाश दिया; बलिदान
को रस्सियों से वेदी के सींगों तक बाँध दो। 28तू मेरा ईश्वर
है, और मैं तेरा धन्यवाद करूँगा; तू मेरा ईश्वर है, मैं तेरा
उच्चारण करूँगा। 29हे 𐤉𐤄𐤅𐤄 को धन्यवाद दो, क्योंकि
वह भला है! क्योंकि उसकी करूणा सदा बनी रहती है।

119

1א , 𐤀 धन्य हैं वे जो मार्ग में निष्कलंक हैं, जो
𐤉𐤄𐤅𐤄 की तोराह में चलते हैं! 2धन्य हैं वे जो
उसकी गवाहियों को मानते हैं, जो अपने पूरे हृदय से उसकी
खोज करते हैं! 3वे अधर्म नहीं करते; वे उसकी मार्गों में
चलते हैं। 4तूने हमें आज्ञा दी है कि हम तेरी आज्ञाओं की पूरी
सावधानी से रक्षा करें। 5ओह, यदि मेरे मार्ग स्थिर हों ताकि
मैं तेरी विधियों की रक्षा कर सकूँ! 6तब मैं लज्जित न
होऊँगा, जब मैं तेरे सब आदेशों पर ध्यान दूँगा। 7मैं सीधाई

के हृदय से तेरा धन्यवाद करूँगा, जब मैं तेरी धार्मिकता के
न्यायादेश सीखूँगा। 8 मैं तेरी विधियों की रक्षा करूँगा; ओह,
मुझे पूरी तरह मत छोड़ देना! 9 ב ,𐤁 कोई युवक अपने मार्ग
को कैसे शुद्ध रखेगा? तेरे वचन के अनुसार उसकी रक्षा
करके। 10 मैंने अपने सारे हृदय से तेरा खोज किया है; मुझे
तेरे आदेशों से भटकने न दे! 11 मैंने तेरे वचन को अपने
हृदय में रखा है, ताकि मैं तेरे विरुद्ध पाप न करूँ। 12 धन्य है
तू, हे 𐤉𐤄𐤅𐤄! मुझे तेरी विधियाँ सिखा। 13 मेरे होंठों से मैंने
तेरे मुख के सब न्यायादेशों को सुनाया है। 14 मैं तेरी गवाहियों
के मार्ग में आनन्दित हुआ हूँ, जैसे सब सम्पत्ति में। 15 मैं तेरी
आज्ञाओं पर ध्यान करूँगा और तेरे मार्गों पर विचार करूँगा।
16 मैं तेरी विधियों में प्रसन्न रहूँगा; मैं तेरे वचन को नहीं
भूलूँगा। 17 ג ,𐤂 अपने दास पर भलाई कर, ताकि मैं जीवित
रहूँ और तेरे वचन की रक्षा कर सकूँ। 18 मेरी आँखें खोल
दे, कि मैं तेरी तोराह से अद्भुत बातें देख सकूँ। 19 मैं पृथ्वी
पर एक परदेशी हूँ; अपनी आज्ञाएँ मुझसे न छिपा। 20 मेरा
प्राण तेरे न्यायादेशों की लालसा में सदा टूटता रहता है।
21 तूने अभिमानियों को डाटा है, शापित हैं वे जो तेरे आदेशों
से भटकते हैं। 22 मुझसे अपमान और तिरस्कार को दूर
कर, क्योंकि मैंने तेरी गवाहियों को माना है। 23 यद्यपि प्रधान
मेरे विरुद्ध बैठकर बोलते हैं, तेरा दास तेरी विधियों पर ध्यान
करता है। 24 तेरी गवाहियाँ भी मेरी प्रसन्नता और मेरे
सलाहकार हैं। 25 ד ,𐤃 मेरा प्राण मिट्टी से चिपका हुआ है;
अपने वचन के अनुसार मुझे जीवन दे। 26 मैंने अपने मार्ग
बताए और तूने मुझे उत्तर दिया; मुझे तेरी विधियाँ सिखा।
27 मुझे तेरी आज्ञाओं के मार्ग को समझा दे, ताकि मैं तेरे
अद्भुत कार्यों पर ध्यान कर सकूँ। 28 मेरा प्राण शोक से
पिघल गया है; अपने वचन के अनुसार मुझे बल दे।
29 मुझसे झूठ के मार्ग को दूर कर, और अपनी तोराह से मुझ
पर अनुग्रह कर। 30 मैंने सत्य के मार्ग को चुना है; तेरे
न्यायादेशों को मैंने अपने सामने रखा है। 31 मैंने तेरी
गवाहियों से चिपक गया हूँ; हे 𐤉𐤄𐤅𐤄, मुझे लज्जित न
कर। 32 मैं तेरे आदेशों के मार्ग में दौड़ता हूँ, क्योंकि तूने मेरा
हृदय विस्तृत किया है। 33 ה, 𐤄 मुझे सिखा, हे 𐤉𐤄𐤅𐤄,
तेरी विधियों का मार्ग, और मैं उसे अन्त तक मानूँगा। 34 मुझे
समझ दे, ताकि मैं तेरी तोराह का पालन कर सकूँ, और अपने
सारे हृदय से उसकी रक्षा करूँ। 35 मुझे तेरे आदेशों के मार्ग
में चलने दे, क्योंकि मैं उसमें प्रसन्न हुआ हूँ। 36 मेरा हृदय
तेरी गवाहियों की ओर झुका दे, और लाभ की लालसा की
ओर नहीं। 37 मेरी आँखों को व्यर्थ बातों से फेर दे, और
अपने मार्ग में मुझे जीवित कर। 38 अपने वचन को अपने
दास के लिए स्थिर कर, जो तेरे भय की ओर ले जाता है।
39 मेरा वह अपमान दूर कर, जिससे मैं डरता हूँ, क्योंकि तेरे
न्यायादेश अच्छे हैं। 40 देख, मैंने तेरी आज्ञाओं की लालसा
की है; अपनी धार्मिकता में मुझे जीवित कर। 41 ו ,𐤅 हे
𐤉𐤄𐤅𐤄, तेरी करूणाएँ मुझ पर आएँ, तेरे वचन के अनुसार
तेरा उद्धार। 42 ताकि मैं अपने निन्दक को उत्तर दे सकूँ,
क्योंकि मैंने तेरे वचन पर भरोसा रखा है। 43 और मेरे मुँह से
सत्य का वचन कभी न छीन, क्योंकि मैंने तेरे न्यायादेशों की
आशा की है। 44 कि मैं तेरी तोराह की सदा, युगानुयुग रक्षा
कर सकूँ। 45 कि मैं खुले मार्ग में चल सकूँ, क्योंकि मैंने तेरी
आज्ञाओं की खोज की है। 46 कि मैं तेरी गवाहियों की चर्चा
राजाओं के सामने कर सकूँ, और लज्जित न होऊँ। 47 कि
मैं तेरे आदेशों में आनन्दित हो सकूँ, जिन्हें मैंने प्रेम किया है।
48 कि मैं तेरे आदेशों की ओर अपने हाथ उठा सकूँ, जिन्हें
मैंने प्रेम किया है; जब मैं तेरी विधियों पर ध्यान करता हूँ।
49 ז ,𐤆 अपने दास के लिए अपने वचन को स्मरण कर,
जिस पर तूने मुझे आशा करने को प्रेरित किया। 50 यह मेरे
दु:ख में मेरी शान्ति है, क्योंकि तेरे वचन ने मुझे जीवन दिया
है। 51 अभिमानियों ने मुझे अत्यन्त अपमानित किया है,
परन्तु मैं तेरी तोराह से नहीं भटका। 52 मैंने तेरे प्राचीन
न्यायादेशों को स्मरण किया है, हे 𐤉𐤄𐤅𐤄, और मैं स्वयं को
शान्त करता हूँ। 53 दुष्टों के कारण क्रोध ने मुझे पकड़ लिया
है, जो तेरी तोराह को त्याग देते हैं। 54 तेरी विधियाँ मेरे गीत
बन गई हैं, मेरे परदेश में। 55 मैंने रात में तेरे नाम को स्मरण
किया है, हे 𐤉𐤄𐤅𐤄, और मैं तेरी तोराह की रक्षा करता हूँ।
56 यह मेरा भाग हो गया है, क्योंकि मैंने तेरी आज्ञाओं को माना
है। 57 ח, 𐤇 तू मेरा भाग है, हे 𐤉𐤄𐤅𐤄; मैंने तेरे वचनों की
रक्षा करने का वचन दिया है। 58 मैंने अपने सारे हृदय से
तेरा मुख माँगा है; अपने वचन के अनुसार मुझ पर अनुग्रह
कर। 59 मैंने अपने मार्गों पर विचार किया, और अपने पैरों
को तेरी गवाहियों की ओर मोड़ा। 60 मैं शीघ्रता से उठा, और
विलम्ब नहीं किया, तेरे आदेशों की रक्षा करने के लिए।
61 दुष्टों के बन्धन ने मुझे घेर लिया है, परन्तु मैंने तेरी तोराह
को नहीं भुलाया। 62 आधी रात को मैं उठता हूँ तेरा धन्यवाद
करने के लिए, तेरे धर्मी न्यायादेशों के कारण। 63 मैं उन सब
का साथी हूँ जो तेरा भय मानते हैं, और जो तेरी आज्ञाओं की
रक्षा करते हैं। 64 हे 𐤉𐤄𐤅𐤄, तेरी करूणा ने पृथ्वी को भर
दिया है; मुझे तेरी विधियाँ सिखा। 65 ט ,𐤈 तूने अपने दास
पर भलाई की है, हे 𐤉𐤄𐤅𐤄, अपने वचन के अनुसार।
66 मुझे अच्छा विवेक और ज्ञान सिखा, क्योंकि मैंने तेरे
आदेशों पर भरोसा रखा है। 67 दुःखित होने से पहले मैं भटक
गया था, परन्तु अब मैं तेरे वचन की रक्षा करता हूँ। 68 तू
भला है और भलाई करता है; मुझे तेरी विधियाँ सिखा।
69 अभिमानियों ने मेरे विरुद्ध झूठ गढ़ा है; परन्तु मैं पूरे मन से
तेरी आज्ञाओं को मानता हूँ। 70 उनका हृदय चिकना होकर
असंवेदनशील हो गया है; परन्तु मैं तेरी तोराह में आनन्दित
हूँ। 71 मेरे लिए यह अच्छा था कि मैं दुःखित हुआ, ताकि मैं
तेरी विधियाँ सीख सकूँ। 72 तेरे मुख की तोराह मेरे लिए
हजारों सोने-चाँदी के टुकड़ों से भी उत्तम है। 73 י ,𐤉 तेरे
हाथों ने मुझे बनाया और गढ़ा है; मुझे समझ दे, ताकि मैं तेरे
आदेश सीख सकूँ। 74 जो तेरा भय मानते हैं, वे मुझे देखकर
आनन्दित होते हैं, क्योंकि मैंने तेरे वचन की प्रतीक्षा की है।
75 मुझे ज्ञात है, हे 𐤉𐤄𐤅𐤄, कि तेरे न्यायादेश धर्मी हैं, और
तूने विश्वासयोग्यता में मुझे दुःख दिया है। 76 तेरी करूणा
तेरे दास के अनुसार मेरे लिए शान्ति का कारण बने, जैसा
तूने वचन दिया है। 77 तेरी दयाएँ मुझ पर आएँ, ताकि मैं
जीवित रहूँ, क्योंकि तेरी तोराह ही मेरी प्रसन्नता है।

78 अभिमानियों को लज्जित किया जाए, क्योंकि उन्होंने झूठ
से मुझे विकृत किया है; परन्तु मैं तेरी आज्ञाओं पर ध्यान
करता हूँ। 79 जो तेरा भय मानते हैं, वे मेरी ओर फिरें, और
जो तेरी गवाहियों को जानते हैं। 80 मेरा हृदय तेरी विधियों में
सिद्ध रहे, ताकि मैं लज्जित न होऊँ। 81 כ ,𐤊 तेरे उद्धार के
लिए मेरा प्राण तड़पता है, क्योंकि मैंने तेरे वचन की प्रतीक्षा की
है। 82 मेरी आँखें तेरे वचन के लिए तड़प गई हैं, यह कहते
हुए, "कब तू मुझे शान्ति देगा?" 83 क्योंकि मैं धुएँ में पड़े हुए
मशक के समान हो गया हूँ, फिर भी मैंने तेरी विधियों को नहीं
भुलाया। 84 तेरे दास के दिन कितने हैं? तू मेरे सताने वालों
पर कब न्यायादेश करेगा? 85 अभिमानियों ने मेरे लिए गड्ढे
खोदे हैं, जो तेरी तोराह के अनुसार नहीं हैं। 86 तेरे सब
आदेश विश्वासयोग्य हैं; उन्होंने झूठ से मेरा सताव किया है;
मेरी सहायता कर! 87 उन्होंने पृथ्वी पर मुझे लगभग समाप्त
कर दिया, परन्तु मैंने तेरी आज्ञाओं को नहीं छोड़ा। 88 अपनी
करूणा के अनुसार मुझे जीवित कर, ताकि मैं तेरे मुख की
गवाही की रक्षा कर सकूँ। 89 ל ,𐤋 सदा के लिए, हे 𐤉𐤄𐤅𐤄,
तेरा वचन आकाश में स्थिर है। 90 तेरी विश्वासयोग्यता पीढ़ी
से पीढ़ी तक बनी रहती है; तूने पृथ्वी की स्थापना की, और
वह स्थिर खड़ी है। 91 तेरे न्यायादेशों के अनुसार वे आज
तक स्थिर हैं, क्योंकि सब तेरे दास हैं। 92 यदि तेरी तोराह
मेरी प्रसन्नता न होती, तो मैं अपने दुःख में नाश हो जाता।
93 मैं तेरी आज्ञाओं को कभी नहीं भूलूँगा, क्योंकि उन्हीं के द्वारा
तूने मुझे जीवन दिया है। 94 मैं तेरा हूँ, मुझे बचा ले; क्योंकि
मैंने तेरी आज्ञाओं की खोज की है। 95 दुष्ट मुझे नष्ट करने
के लिए मेरी प्रतीक्षा करते हैं; मैं तेरी गवाहियों को समझता
हूँ। 96 मैंने सब सिद्धता का अन्त देखा है; परन्तु तेरा आदेश
अति व्यापक है। 97 מ ,𐤌 ओह, मैं तेरी तोराह से कितना प्रेम
करता हूँ! यह दिनभर मेरा ध्यान है। 98 तेरे आदेश मुझे मेरे
शत्रुओं से अधिक बुद्धिमान बनाते हैं, क्योंकि वे सदा मेरे साथ
हैं। 99 मुझे अपने सब शिक्षकों से अधिक समझ है, क्योंकि
तेरी गवाहियाँ मेरा ध्यान हैं। 100 मुझे वृद्धों से अधिक समझ
है, क्योंकि मैंने तेरी आज्ञाओं का पालन किया है। 101 मैंने
अपने पैरों को हर बुरे मार्ग से रोका है, ताकि मैं तेरे वचन की
रक्षा कर सकूँ। 102 मैं तेरे न्यायादेशों से नहीं भटका, क्योंकि
तूने स्वयं मुझे सिखाया है। 103 तेरा वचन मेरे स्वाद में
कितना मधुर है, मेरे मुँह में मधु से भी अधिक मीठा! 104 तेरी
आज्ञाओं से मुझे समझ प्राप्त होती है; इसलिए मैं हर झूठे मार्ग
से बैर रखता हूँ। 105 נ ,𐤍 तेरा वचन मेरे पैरों के लिए दीपक
है और मेरे मार्ग के लिए प्रकाश। 106 मैंने शपथ ली है और
उसे पूरी की है, कि मैं तेरे धर्मी न्यायादेशों की रक्षा करूँगा।
107 मैं अत्यन्त दुःखित हूँ; हे 𐤉𐤄𐤅𐤄, अपने वचन के
अनुसार मुझे जीवित कर। 108 मेरे मुँह की स्वेच्छा भेंट को
स्वीकार कर, हे 𐤉𐤄𐤅𐤄, और मुझे तेरे न्यायादेश सिखा।
109 मेरा जीवन सदा मेरे हाथ में है, फिर भी मैं तेरी तोराह को
नहीं भूलता। 110 दुष्टों ने मेरे लिए फन्दा लगाया है, परन्तु मैं
तेरी आज्ञाओं से नहीं भटका। 111 तेरी गवाहियाँ सदा के लिए
मेरी विरासत हैं, क्योंकि वे मेरे हृदय का आनन्द हैं। 112 मैंने
अपने हृदय को तेरी विधियों का पालन करने की ओर झुका
दिया है, सदा, अन्त तक। 113 ס ,𐤎 मैंने दो मन वाले
विचारों से घृणा की है, परन्तु मैंने तेरी तोराह से प्रेम किया है।
114 तू मेरा शरणस्थान और मेरी ढाल है; मैंने तेरे वचन की
प्रतीक्षा की है। 115 हे कुकर्म करनेवालों, मुझसे दूर हो जाओ,
क्योंकि मैं अपने ईश्वर की आज्ञाओं का पालन करता हूँ!
116 अपने वचन के अनुसार मेरा सहारा बन, ताकि मैं जीवित
रहूँ; और मेरी आशा के कारण मुझे लज्जित न कर।
117 मुझे स्थिर रख, ताकि मैं उद्धार पा सकूँ, और सदा तेरी
विधियों की ओर दृष्टि लगाऊँ। 118 तूने उन सब को तुच्छ
ठहराया है जो तेरी विधियों से भटकते हैं, क्योंकि उनका छल
झूठा है। 119 तूने पृथ्वी के सब दुष्टों को मल के समान नष्ट
कर दिया है; इसलिए मैंने तेरी गवाहियों से प्रेम किया है।
120 मेरा शरीर तेरे भय से काँपता है, और मैं तेरे न्यायादेशों से
विस्मित हूँ। 121 ע ,𐤏 मैंने न्याय और धर्म का पालन किया है;
मुझे मेरे अंधेर करनेवालों के हाथ में मत छोड़। 122 अपने
दास के भले के लिए ज़िम्मेदार बन; अभिमानियों को मुझे
सताने न दे। 123 मेरी आँखें तेरे उद्धार के लिए और तेरी
धार्मिकता के वचन के लिए तड़प गई हैं। 124 अपने दास के
साथ अपनी करूणा के अनुसार व्यवहार कर, और मुझे तेरी
विधियाँ सिखा। 125 मैं तेरा दास हूँ—मुझे समझ दे, ताकि मैं
तेरी गवाहियों को जान सकूँ। 126 अब समय है कि 𐤉𐤄𐤅𐤄
कार्य करे, क्योंकि उन्होंने तेरी तोराह को तोड़ डाला है।
127 इसलिए मैंने तेरे आदेशों से प्रेम किया है, सोने से भी, यहां
तक कि उत्तम सोने से अधिक। 128 इसलिए मैं तेरी सब
आज्ञाओं को सीधा मानता हूँ; मैंने हर झूठे मार्ग से बैर रखा
है। 129 פ ,𐤐 तेरी गवाहियाँ अद्भुत हैं; इसलिए मेरा प्राण
उनका पालन करता है। 130 तेरे वचनों का खुलासा प्रकाश
देता है, और भोले लोगों को समझ प्रदान करता है। 131 मैंने
अपना मुँह खोला और हाँफता रहा, क्योंकि मैं तेरे आदेशों के
लिए लालायित था। 132 मेरी ओर फिर और मुझ पर अनुग्रह
कर, जैसा तू अपने नाम से प्रेम करनेवालों के साथ अपने
न्याय के अनुसार करता है। 133 तेरे वचन के अनुसार मेरे
पदचिह्नों को स्थिर कर, और किसी अधर्म को मुझ पर
अधिकार न करने दे। 134 मनुष्य के उत्पीड़न से मेरा उद्धार
कर, ताकि मैं तेरी आज्ञाओं की रक्षा कर सकूँ। 135 अपने
दास पर अपना मुख चमका, और मुझे तेरी विधियाँ सिखा।
136 मेरी आँखों से जलधाराएँ बहती हैं, क्योंकि उन्होंने तेरी
तोराह की रक्षा नहीं की। 137 צ ,𐤑 तू धर्मी है, हे 𐤉𐤄𐤅𐤄,
और तेरे न्यायादेश सीधे हैं। 138 तूने अपनी गवाहियों को
धार्मिकता और अत्यन्त सत्यता में ठहराया है। 139 मेरा
उत्साह मुझे खा गया है, क्योंकि मेरे विरोधियों ने तेरे वचनों
को भुला दिया है। 140 तेरा वचन अत्यन्त परखा हुआ है,
और तेरे दास ने उससे प्रेम किया है। 141 मैं छोटा और तुच्छ
हूँ, परन्तु मैंने तेरी आज्ञाओं को नहीं भुलाया। 142 तेरी
धार्मिकता सदा की धार्मिकता है, और तेरी तोराह सत्य है।
143 कष्ट और व्याकुलता ने मुझे घेर लिया है; तेरे आदेश मेरी
प्रसन्नता हैं। 144 तेरी गवाहियों की धार्मिकता सदा के लिए है;
मुझे समझ दे, ताकि मैं जीवित रहूँ। 145 ק ,𐤒 मैंने पूरे
हृदय से पुकारा है; हे 𐤉𐤄𐤅𐤄, मुझे उत्तर दे! मैं तेरी विधियों

का पालन करता हूँ। 146 मैंने तुझे पुकारा है; मुझे बचा, ताकि मैं तेरी गवाहियों की रक्षा कर सकूँ। 147 मैं भोर से पहले उठकर सहायता के लिए पुकारता हूँ; मैंने तेरे वचन की प्रतीक्षा की है। 148 मेरी आँखें रात की पहरेदारी से भी पहले जागती हैं, ताकि मैं तेरे वचन पर ध्यान कर सकूँ। 149 तेरी करूणा के अनुसार मेरी वाणी को सुन; हे 𐤉𐤄𐤅𐤄, अपने न्यायादेश के अनुसार मुझे जीवित कर। 150 दुष्ट मेरे पास आ गए हैं, जो बुराई का पीछा करते हैं; वे तेरी तोराह से दूर हैं। 151 तू निकट है, हे 𐤉𐤄𐤅𐤄, और तेरे सब आदेश सत्य हैं। 152 बहुत पहले से मैंने तेरी गवाहियों को जाना है कि तूने उन्हें सदा के लिए स्थिर किया है। 153 ר ,𐤓 मेरी दुर्दशा को देख और मेरा उद्धार कर, क्योंकि मैंने तेरी तोराह को नहीं भुलाया। 154 मेरा पक्ष ले और मेरा उद्धार कर; अपने वचन के अनुसार मुझे जीवित कर। 155 दुष्टों से उद्धार दूर है, क्योंकि उन्होंने तेरी विधियों की खोज नहीं की। 156 तेरी दयाएँ बहुत हैं, हे 𐤉𐤄𐤅𐤄; अपने न्यायादेशों के अनुसार मुझे जीवित कर। 157 मेरे सतानेवाले और विरोधी बहुत हैं, परन्तु मैं तेरी गवाहियों से नहीं भटका। 158 मैंने विश्वासघातियों को देखा और घृणा की, क्योंकि उन्होंने तेरे वचन की रक्षा नहीं की। 159 देख, मैंने तेरी आज्ञाओं से प्रेम किया है; हे 𐤉𐤄𐤅𐤄, अपनी करूणा के अनुसार मुझे जीवित कर। 160 तेरे वचन का सार सत्य है, और तेरे सब धर्मी न्यायादेश सदा के लिए स्थिर हैं। 161 ש ,𐤔 शासकों ने बिना कारण मेरा उत्पीड़न किया है, परन्तु तेरे वचन के प्रति मेरा ह्रदय भय से काँपता है। 162 मैं तेरे वचन में आनन्दित हूँ, जैसे कोई बड़ा धन पाता है। 163 मैंने झूठ से घृणा की है और उससे घिन की है, परन्तु मैंने तेरी तोराह से प्रेम किया है। 164 मैं दिन में सात बार तेरा गुणगान करता हूँ, तेरे धर्मी न्यायादेशों के कारण। 165 जो तेरी तोराह से प्रेम करते हैं, उनके पास बड़ी शान्ति है, और उनके लिए कोई ठोकर नहीं है। 166 हे 𐤉𐤄𐤅𐤄, मैंने तेरे उद्धार की प्रतीक्षा की है, और मैंने तेरे आदेशों को पूरा किया है। 167 मेरे प्राण ने तेरी गवाहियों की रक्षा की है, और मैंने उनसे अत्यन्त प्रेम किया है। 168 मैंने तेरी आज्ञाओं और तेरी गवाहियों की रक्षा की है, क्योंकि मेरे सब मार्ग तेरे सम्मुख हैं। 169 ת ,𐤕 मेरी पुकार तेरे सामने पहुँचे, हे 𐤉𐤄𐤅𐤄; अपने वचन के अनुसार मुझे समझ दे। 170 मेरी प्रार्थना तेरे सामने पहुँचे; अपने वचन के अनुसार मेरा उद्धार कर। 171 मेरे होंठ प्रशंसा से भर जाएँ, क्योंकि तूने मुझे अपनी विधियाँ सिखाई हैं। 172 मेरी जीभ तेरे वचन का गीत गाए, क्योंकि तेरे सब आदेश धार्मिक हैं। 173 तेरा हाथ मेरी सहायता करे, क्योंकि मैंने तेरी आज्ञाओं को चुना है। 174 मैंने तेरे उद्धार की लालसा की है, हे 𐤉𐤄𐤅𐤄, और तेरी तोराह मेरी प्रसन्नता है। 175 मेरा प्राण जीवित रहे और तेरा गुणगान करे, और तेरे न्यायादेश मेरी सहायता करें। 176 मैं खोई हुई भेड़ के समान भटक गया हूँ; अपने दास को खोज ले, क्योंकि मैंने तेरे आदेशों को नहीं भुलाया।

120

चढ़ाई के गीत का एक भजन।

1 मेरे संकट में मैंने 𐤉𐤄𐤅𐤄 को पुकारा, और उसने मुझे उत्तर दिया। 2 हे 𐤉𐤄𐤅𐤄, मेरी आत्मा को झूठे होंठों से, और धोखेबाज़ जीभ से बचा। 3 हे धोखेबाज़ जीभ, तुझसे क्या दिया जाए, या तेरे साथ क्या किया जाए? 4 बलशाली पुरुष के तीक्ष्ण तीर, और झाड़ की कोयले जैसी जलती अग्नि! 5 हाय मुझ पर, क्योंकि मैं मेशेख में परदेशी रहा हूँ, मैंने केदार के तम्बुओं में निवास किया है। 6 मेरी आत्मा बहुत समय तक उनके साथ रही है जो शान्ति से बैर रखते हैं। 7 मैं शान्ति का हूँ; पर जब मैं बोलता हूँ, वे युद्ध के लिए उठ खड़े होते हैं।

121

चढ़ाई के गीत का एक भजन।

1 मैं अपनी आँखें पहाड़ों की ओर उठाता हूँ; मेरी सहायता कहाँ से आएगी? 2 मेरी सहायता 𐤉𐤄𐤅𐤄 से आती है, जो आकाश और पृथ्वी का रचयिता है। 3 वह तेरे पाँव को फिसलने नहीं देगा; जो तेरा रक्षक है, वह नहीं सोएगा। 4 देख, जो इस्राएल की रक्षा करता है, वह न ऊँघेगा, न सोएगा। 5 𐤉𐤄𐤅𐤄 तेरा रक्षक है; 𐤉𐤄𐤅𐤄 तेरे दाहिने हाथ पर तेरी छाया है। 6 दिन में सूर्य तुझे न जलाएगा, और न रात में चन्द्रमा। 7 𐤉𐤄𐤅𐤄 तुझे सब बुराई से बचाएगा; वह तेरी आत्मा की रक्षा करेगा। 8 𐤉𐤄𐤅𐤄 तेरे बाहर जाने और भीतर आने की रक्षा करेगा, अब और सदा तक।

122

चढ़ाई के गीत का एक। दाविद का।

1 मैं आनन्दित हुआ जब उन्होंने मुझसे कहा, “आओ, हम 𐤉𐤄𐤅𐤄 के भवन में जाएँ।” 2 हे येरुशलेम, हमारे पैर तेरे फाटकों के भीतर खड़े हैं। 3 येरुशलेम उस नगर के समान बनाया गया है, जो एक साथ जुड़ा हुआ है। 4 जहाँ इस्राएल की गवाहियों के अनुसार, याह की गोत्रें ऊपर चढ़ती हैं, 𐤉𐤄𐤅𐤄 के नाम का धन्यवाद करने के लिए। 5 क्योंकि वहाँ न्याय के सिंहासन रखे गए हैं, दाविद के घराने के सिंहासन। 6 येरुशलेम की शान्ति के लिए प्रार्थना करो; जो तुझसे प्रेम करते हैं, वे सुखी रहें। 7 तेरी दीवारों के भीतर शान्ति हो, और तेरे महलों में विश्राम हो। 8 अपने भाइयों और मित्रों के कारण मैं कहता हूँ, “तेरे भीतर शान्ति हो।” 9 𐤉𐤄𐤅𐤄 हमारे ईश्वर के भवन के कारण, मैं तेरे भले की खोज करता हूँ।

123

चढ़ाई के गीत का एक भजन।

1 मैं अपनी आँखें तेरी ओर उठाता हूँ, जो आकाश में विराजमान है। 2 देख, जैसे दासों की आँखें अपने स्वामी के हाथ की ओर रहती हैं, और दासी की आँखें अपनी स्वामिनी के हाथ की ओर, वैसे ही हमारी आँखें 𐤉𐤄𐤅𐤄 हमारे ईश्वर की ओर लगी रहती हैं, जब तक कि वह हम पर अनुग्रह न करे। 3 हम पर अनुग्रह कर, हे 𐤉𐤄𐤅𐤄, हम पर अनुग्रह कर! क्योंकि हम उपहास से बहुत भर गए हैं। 4 हमारी आत्मा उन घमण्डियों के तिरस्कार और निर्धनों के उपहास से बहुत भर गई है।

124

चढ़ाई के गीत का एक। दाविद का।

1“यदि 𐤉𐤄𐤅𐤄 हमारे पक्ष में न होता,” अब इस्राएल कहे;
2“यदि 𐤉𐤄𐤅𐤄 हमारे पक्ष में न होता, जब मनुष्य हमारे
विरुद्ध उठे,” 3“तो वे हमें अपने प्रकोप में जीवित निगल
जाते।” 4“तब जल हम पर उमड़ पड़ते, और धारा हमारी
आत्मा के ऊपर बह जाती।” 5“तब घमण्डी जल हमारी
आत्मा के ऊपर बह जाता।” 6धन्य है 𐤉𐤄𐤅𐤄, जिसने हमें
उनके दाँतों का शिकार नहीं बनने दिया। 7हमारी आत्मा
फन्दे से निकले हुए पक्षी के समान निकल गई; फन्दा टूट
गया, और हम निकल गए। 8हमारी सहायता 𐤉𐤄𐤅𐤄 के
नाम में है, जो आकाश और पृथ्वी का रचयिता है।

125

चढ़ाई के गीत का एक भजन।

1जो 𐤉𐤄𐤅𐤄 पर भरोसा करते हैं, वे सिय्योन
पर्वत के समान हैं - जो नहीं डगमगाता, परन्तु सदा स्थिर
रहता है। 2जैसे पहाड़ येरुशलेम को चारों ओर से घेरे हुए हैं,
वैसे ही 𐤉𐤄𐤅𐤄 अब और सदा तक अपनी प्रजा को घेरे रहता
है। 3क्योंकि दुष्टता का राजदण्ड धर्मियों के भाग में नहीं
ठहरेगा, ताकि धर्मी अपने हाथ अधर्म की ओर न बढ़ाएँ। 4हे
𐤉𐤄𐤅𐤄, जो भले हैं और जिनका हृदय सीधा है, उन पर
भलाई कर। 5परन्तु जो अपने टेढ़े मार्गों पर मुड़ जाते हैं,
𐤉𐤄𐤅𐤄 उन्हें दुष्टों के साथ ले जाएगा। इस्राएल पर शान्ति
हो!

126

चढ़ाई के गीत का एक भजन।

1जब 𐤉𐤄𐤅𐤄 सिय्योन की बन्धुआई को लौटा
लाएगा, तब हम स्वप्न देखनेवालों के समान होंगे। 2तब
हमारा मुँह हँसी से और हमारी जीभ गाने से भर जाएगी; तब
अन्यजातियाँ कहेंगी, “𐤉𐤄𐤅𐤄 ने उनके लिए बड़े काम किए
हैं।” 3𐤉𐤄𐤅𐤄 ने हमारे लिए बड़े काम किए हैं; इसलिए हम
आनन्दित हैं। 4हे 𐤉𐤄𐤅𐤄, हमारी बन्धुआई को लौटा दे,
जैसे दक्खिन की नदियाँ बहती हैं। 5जो आँसू बहाकर बोते हैं,
वे जयगान के साथ काटेंगे। 6जो बीज लेकर रोता हुआ
निकलता है, वह निश्चय ही आनन्द के साथ लौटेगा, अपनी
पूलियाँ लेकर।

127

चढ़ाई का एक गीत। श्लोमो के लिए।

1यदि 𐤉𐤄𐤅𐤄 घर न बनाए, तो बनाने वालों का
परिश्रम व्यर्थ है; यदि 𐤉𐤄𐤅𐤄 नगर की रक्षा न करे, तो प्रहरी
का जागना व्यर्थ है। 2तुम्हारा भोर को उठना और देर तक
जागना, और कष्ट की रोटी खाना व्यर्थ है; क्योंकि वह अपने
प्रिय को नींद देता है। 3देखो, बालक 𐤉𐤄𐤅𐤄 की ओर से
एक विरासत हैं, गर्भ का फल उसका प्रतिफल है। 4जैसे
बलशाली पुरुष के हाथ में तीर होते हैं, वैसे ही जवानी के पुत्र
हैं। 5धन्य है वह मनुष्य, जिसने अपने तरकश को उनसे भर
लिया है; जब वह फाटक पर अपने शत्रुओं से बातें करेगा, तब
वह लज्जित न होगा।

128

चढ़ाई के गीत का एक भजन।

1धन्य हैं वे सब जो 𐤉𐤄𐤅𐤄 से डरते हैं, जो
उसके मार्गों में चलते हैं। 2तू अपने हाथों के परिश्रम का फल
खाएगा; तू धन्य होगा, और तेरे लिए सब कुछ अच्छा होगा।
3तेरी पत्नी तेरे घर के भीतर फलवन्त दाखलता के समान
होगी, और तेरे पुत्र तेरी मेज़ के चारों ओर जैतून के पौधों के
समान होंगे। 4देख, जो मनुष्य 𐤉𐤄𐤅𐤄 से डरता है, वह ऐसा
ही धन्य होगा। 5𐤉𐤄𐤅𐤄 तुझे सिय्योन से आशीष दे, और तू
अपने जीवन के सब दिनों में येरुशलेम की भलाई देखे।
6और तू अपने पुत्रों के पुत्रों को देखे; इस्राएल पर शान्ति
हो।

129

चढ़ाई के गीत का एक भजन।

1“बाल्यकाल से उन्होंने मुझे बहुत सताया है,”
अब इस्राएल कहे। 2“बाल्यकाल से उन्होंने मुझे बहुत सताया
है, परन्तु उन्होंने मुझ पर प्रबलता नहीं पाई।” 3“हल
चलानेवालों ने मेरी पीठ पर हल चलाया, और अपनी नालियों
लम्बी कीं।” 4𐤉𐤄𐤅𐤄 धर्मी है; उसने दुष्टों की रस्सियाँ काट
दी हैं। 5जो सिय्योन से बैर रखते हैं, वे सब लज्जित होकर
पीछे मुड़ें। 6वे घर की छतों की घास के समान हों, जो उगने
से पहले ही सूख जाती है। 7जो काटनेवाला है उसका हाथ,
और जो पूलियाँ बाँधता है उसका अँचल, किसी से न भरे।
8और जो वहाँ से गुजरते हैं, वे न कहें, “𐤉𐤄𐤅𐤄 की आशीष
तुम पर हो; हम तुम्हें 𐤉𐤄𐤅𐤄 के नाम में आशीष देते हैं।”

130

चढ़ाई के गीत का एक भजन।

1हे 𐤉𐤄𐤅𐤄, गहराइयों में से मैंने तुझे पुकारा है।
2हे 𐤉𐤄𐤅𐤄, मेरी आवाज़ सुन; तेरे कान मेरी विनतियों की
आवाज़ पर ध्यान दें। 3हे याह, यदि तू अधर्म पर ध्यान रखे,
हे 𐤉𐤄𐤅𐤄, तो कौन ठहर सकेगा? 4परन्तु क्षमा तुझ में है,
ताकि लोग तेरा भय मानें। 5मैंने 𐤉𐤄𐤅𐤄 की बाट जोही है;
मेरी आत्मा ने बाट जोही है, और मैं उसके वचन की आशा
रखता हूँ। 6मेरी आत्मा 𐤉𐤄𐤅𐤄 की प्रतीक्षा करती है,
पहरेदारों के भोर की प्रतीक्षा से भी अधिक, हाँ, भोर की प्रतीक्षा
से अधिक। 7हे इस्राएल, 𐤉𐤄𐤅𐤄 की बाट जोह; क्योंकि
𐤉𐤄𐤅𐤄 के पास करुणा है, और उसके पास बहुत छुटकारा
है। 8और वह इस्राएल को उसके सब अधर्मों से छुड़ाएगा।

131

चढ़ाई के गीत का एक। दाविद का।

1हे 𐤉𐤄𐤅𐤄, मेरा हृदय अभिमानी नहीं हुआ, न
ही मेरी आँखें घमण्ड से ऊँची हुई हैं; न ही मैंने महान बातों या
उन अद्भुत बातों की चिन्ता की है जो मेरे लिए अत्यधिक हैं।
2क्या मैंने अपनी आत्मा को शान्त और स्थिर नहीं किया है?
जैसे अपनी माँ के पास दूध छुड़ाया हुआ बालक होता है, वैसे
ही मेरी आत्मा है। 3हे इस्राएल, अब और सदा तक 𐤉𐤄𐤅𐤄
की बाट जोह।

132

चढ़ाई के गीत का एक भजन।

1हे 𐤉𐤄𐤅𐤄, दाविद को स्मरण कर, उसकी सारी
कठिनाइयों को। 2कैसे उसने 𐤉𐤄𐤅𐤄 से शपथ खाई, और
याक़ोब के पराक्रमी ईश्वर से मन्नत मानी। 3“मैं अपने घर में
नहीं जाऊँगा, न ही अपने बिछौने पर लेटूँगा,” 4“मैं अपनी

आँखों को नींद और अपनी पलकें झपकना न दूँगा," 5 "जब
तक मैं 𐤉𐤄𐤅𐤄 के लिए एक स्थान न पा लूँ, याक़ोब के
पराक्रमी ईश्वर के लिए एक मन्दिर न बना लूँ।" 6 देखो,
हमने उसके विषय में एप्राथा में सुना; हमने उसे वन के मैदानों
में पाया। 7 आओ, हम उसके पवित्र निवास में प्रवेश करें; हम
उसके पादपीठ पर दण्डवत करें। 8 हे 𐤉𐤄𐤅𐤄, उठ, अपने
विश्रामस्थान में आ; तू और तेरी शक्ति की सन्दूक। 9 तेरे
याजक धर्म धारण करें, और तेरे भक्त आनन्द से
जयजयकार करें। 10 अपने दास दाविद के कारण, अपने
अभिषिक्त के मुख को अस्वीकार न कर। 11 𐤉𐤄𐤅𐤄 ने
सत्य में दाविद से शपथ खाई है, और वह उससे न फिरता है:
"तेरे शरीर के फल में से मैं तेरे सिंहासन पर बिठाऊँगा।"
12 "यदि तेरे पुत्र मेरी वाचा और मेरी शिक्षाएँ जिनकी मैं उन्हें
शिक्षा देता हूँ, उनका पालन करें, तो उनके पुत्र भी सदा तेरे
सिंहासन पर बैठेंगे।" 13 क्योंकि 𐤉𐤄𐤅𐤄 ने सिय्योन को चुना
है; उसने उसे अपने निवासस्थान के लिए इच्छा की है।
14 "यह मेरा विश्रामस्थान सदा के लिए है; मैं यहाँ निवास
करूँगा, क्योंकि मैंने इसे चाहा है।" 15 "मैं उसके अन्न को
बहुत आशीष दूँगा, और उसके दीनों को रोटी से सन्तुष्ट
करूँगा।" 16 "मैं उसके याजकों को उद्धार से परिधान
करूँगा, और उसके भक्त आनन्द से जयजयकार करेंगे।"
17 "वहाँ मैं दाविद के लिए सींग को उगाऊँगा; मैं अपने
अभिषिक्त के लिए दीपक की तैयारी करूँगा।" 18 "मैं उसके
शत्रुओं पर लज्जा ओढ़ाऊँगा, परन्तु उस पर उसका मुकुट
चमकेगा।"

133

चढ़ाई का गीत। दावीद् का।

1 देखो, कितना अच्छा और मनोहर है जब भाई
एकता में साथ-साथ रहते हैं! 2 वह उस अनमोल तेल के
समान है जो सिर पर डाला जाता है, जो दाढ़ी पर, अहरोन की
दाढ़ी पर बहता है, और उसके वस्त्रों के गले तक पहुँचता है।
3 वह हेरमोन की ओस के समान है जो सिय्योन के पर्वतों पर
उतरती है; क्योंकि वहाँ 𐤉𐤄𐤅𐤄 ने आशीष का आदेश दिया है
— सदा का जीवन!

134

चढ़ाई के गीत का एक भजन।

1 आओ, हे 𐤉𐤄𐤅𐤄 के सब दासो, जो रात में
𐤉𐤄𐤅𐤄 के भवन में खड़े रहते हो, 𐤉𐤄𐤅𐤄 को आशीष दो!
2 अपने हाथों को पवित्र स्थान में उठाओ, और 𐤉𐤄𐤅𐤄 को
आशीष दो। 3 𐤉𐤄𐤅𐤄, जो आकाश और पृथ्वी का
सृष्टिकर्ता है, वह तुझे सिय्योन से आशीष दे!

135

1 हलेलूयाह! 𐤉𐤄𐤅𐤄 के नाम की स्तुति करो; हे
𐤉𐤄𐤅𐤄 के सेवको, उसकी स्तुति करो। 2 जो
𐤉𐤄𐤅𐤄 के भवन में, हमारे ईश्वर के आँगनों में खड़े रहते हो,
3 हलेलूयाह, क्योंकि 𐤉𐤄𐤅𐤄 भला है; उसके नाम की स्तुति
करो, क्योंकि वह मनोहर है। 4 क्योंकि याह ने याक़ोब को
अपने लिए, इस्राएल को अपनी विशेष संपत्ति के रूप में चुना
है। 5 मैं जानता हूँ कि 𐤉𐤄𐤅𐤄 महान है, और हमारा प्रभु सब
देवताओं से ऊपर है। 6 𐤉𐤄𐤅𐤄 ने जो कुछ उसे अच्छा लगा
वही किया, आकाश और पृथ्वी में, समुद्रों और सब गहराइयों
में। 7 वह पृथ्वी के छोर से बादल उठाता है, वर्षा के लिए
बिजली बनाता है, और अपनी भंडारगृहों से पवन निकालता
है। 8 वही है जिसने मिस्र के पहलौठों को मारा, मनुष्य से
लेकर पशु तक। 9 जिसने तेरे बीच, हे मिस्र, चिन्ह और
आश्चर्यकर्म भेजे, फ़िरौन और उसके सब दासों पर।
10 जिसने बहुत सी जातियों को मारा, और पराक्रमी राजाओं
को घात किया। 11 अमोरियों के राजा सीहोन को, बाशान के
राजा ओग को, और कनान के सब राज्यों को। 12 और उसने
उनका देश इस्राएल अपने लोगों को निज भाग के रूप में
दिया। 13 हे 𐤉𐤄𐤅𐤄, तेरा नाम सदा बना रहेगा; हे 𐤉𐤄𐤅𐤄,
तेरा स्मरण पीढ़ी दर पीढ़ी रहेगा। 14 क्योंकि 𐤉𐤄𐤅𐤄 अपने
लोगों का न्याय करता है, और अपने दासों पर दया करता
है। 15 जातियों के मूर्तियाँ चाँदी और सोने की हैं, मनुष्यों के
हाथों की कारीगरी। 16 उनके मुँह हैं, पर वे बोलते नहीं; आँखें
हैं, पर वे देखते नहीं। 17 उनके कान हैं, पर वे सुनते नहीं;
और उनके मुँह में साँस नहीं। 18 जो उन्हें बनाते हैं, वे उनके
समान हो जाते हैं, और जो उन पर भरोसा रखते हैं, वे भी।
19 हे इस्राएल के घराने, 𐤉𐤄𐤅𐤄 को आशीष दो! हे अहरोन
के घराने, 𐤉𐤄𐤅𐤄 को आशीष दो! 20 हे लेवी के घराने,
𐤉𐤄𐤅𐤄 को आशीष दो! हे सब जो 𐤉𐤄𐤅𐤄 से डरते हो,
𐤉𐤄𐤅𐤄 को आशीष दो! 21 सिय्योन से धन्य हो 𐤉𐤄𐤅𐤄, जो
येरुशलेम में निवास करता है! हलेलूयाह!

136

1 धन्यवाद दो 𐤉𐤄𐤅𐤄 को, क्योंकि वह भला है!
क्योंकि उसकी करुणा सदा की है। 2 धन्यवाद दो
ईश्वर के ईश्वरों के ईश्वर को! क्योंकि उसकी करुणा सदा
की है। 3 धन्यवाद दो प्रभुओं के प्रभु को! क्योंकि उसकी
करुणा सदा की है। 4 उसी को जिसने अकेले ही बड़े-बड़े
अद्भुत काम किए, क्योंकि उसकी करुणा सदा की है।
5 उसी को जिसने ज्ञान से आकाश बनाया, क्योंकि उसकी
करुणा सदा की है। 6 उसी को जिसने पृथ्वी को जल पर
फैलाया, क्योंकि उसकी करुणा सदा की है। 7 उसी को
जिसने महान ज्योतियाँ बनाईं, क्योंकि उसकी करुणा सदा की
है। 8 दिन में शासन करने के लिए सूर्य को, क्योंकि उसकी
करुणा सदा की है। 9 रात में शासन करने के लिए चाँद और
तारों को, क्योंकि उसकी करुणा सदा की है। 10 उसी को
जिसने मिस्र के पहलौठों को मारा, क्योंकि उसकी करुणा
सदा की है। 11 और जिसने इस्राएल को उनके बीच से बाहर
निकाला, क्योंकि उसकी करुणा सदा की है। 12 बलवान हाथ
और फैलाए हुए भुजा के साथ, क्योंकि उसकी करुणा सदा
की है। 13 उसी को जिसने सरकंडों के समुद्र को दो भागों में
बाँटा, क्योंकि उसकी करुणा सदा की है। 14 और जिसने
इस्राएल को उसके बीच से पार कराया, क्योंकि उसकी
करुणा सदा की है। 15 परन्तु फ़िरौन और उसकी सेना को
सरकंडों के समुद्र में डुबो दिया, क्योंकि उसकी करुणा सदा
की है। 16 उसी को जिसने अपने लोगों को जंगल के मार्ग से
चलाया, क्योंकि उसकी करुणा सदा की है। 17 उसी को
जिसने महान राजाओं को मारा, क्योंकि उसकी करुणा सदा

की है। 18 और पराक्रमी राजाओं को घात किया, क्योंकि
उसकी करुणा सदा की है। 19 अमोरियों के राजा सीहोन को,
क्योंकि उसकी करुणा सदा की है। 20 और बाशान के राजा
ओग को, क्योंकि उसकी करुणा सदा की है। 21 और जिसने
उनका देश भाग के रूप में दिया, क्योंकि उसकी करुणा सदा
की है। 22 अपने दास इस्राएल को निज भाग के रूप में,
क्योंकि उसकी करुणा सदा की है। 23 जिसने हमारी दीनता
में हमें स्मरण किया, क्योंकि उसकी करुणा सदा की है।
24 और जिसने हमें हमारे शत्रुओं से छुड़ाया, क्योंकि उसकी
करुणा सदा की है। 25 जो सब प्राणियों को भोजन देता है,
क्योंकि उसकी करुणा सदा की है। 26 धन्यवाद दो आकाश
के ईश्वर को! क्योंकि उसकी करुणा सदा की है।

137

1 बाबेल की नदियों के किनारे हम बैठे और रोए,
जब हम सिय्योन को स्मरण करते थे। 2 हमने
अपनी सारंगियों को उसके बीच की विलो वृक्षों पर लटका
दिया। 3 क्योंकि वहीं हमारे बंधक रखनेवालों ने हमसे गीत के
शब्द माँगे, और हमारे उत्पीड़कों ने हर्ष के लिए कहा, "हमें
सिय्योन का कोई गीत गाओ!" 4 हम 𐤉𐤄𐤅𐤄 का गीत किसी
परदेशी भूमि पर कैसे गा सकते हैं? 5 यदि मैं तुझे भूल जाऊँ,
हे येरुशलेम, तो मेरा दाहिना हाथ अपनी चतुराई भूल जाए।
6 यदि मैं तुझे स्मरण न करूँ, यदि मैं येरुशलेम को अपने
सर्वोच्च आनन्द से ऊपर न रखूँ, तो मेरी जीभ मेरे तालु से
लग जाए। 7 हे 𐤉𐤄𐤅𐤄, येरुशलेम के दिन को एदोम के पुत्रों
के विरुद्ध स्मरण कर, जो कहते थे, "उसे उजाड़ दो, उजाड़
दो, उसकी नींव तक।" 8 हे विनाश के लिए ठहराई गई बाबेल
की बेटी, धन्य है वह जो तुझे तेरे ही कर्म का फल देगा, जैसा
तूने हमारे साथ किया। 9 धन्य है वह जो तेरे बच्चों को
पकड़कर चट्टान पर पटक देगा।

138 *दाविद का।*

1 मैं सम्पूर्ण हृदय से 𐤉𐤄𐤅𐤄 की स्तुति करूँगा;
ईश्वर के सम्मुख मैं तेरी स्तुति के गीत गाऊँगा। 2 मैं तेरे
पवित्र मन्दिर की ओर झुककर तेरे नाम का धन्यवाद
करूँगा, तेरी करुणा और तेरी सच्चाई के लिए; क्योंकि तूने
अपने वचन और अपने नाम को सब से ऊँचा ठहराया है।
3 जिस दिन मैंने तुझे पुकारा, तूने मुझे उत्तर दिया, और मेरी
आत्मा को सामर्थ्य से दृढ़ किया। 4 पृथ्वी के सब राजा तेरा
धन्यवाद करें, हे 𐤉𐤄𐤅𐤄, जब वे तेरे मुख के वचनों को
सुनेंगे। 5 और वे 𐤉𐤄𐤅𐤄 के मार्गों का गीत गाएँगे, क्योंकि
𐤉𐤄𐤅𐤄 की महिमा महान है। 6 यद्यपि 𐤉𐤄𐤅𐤄 उच्च है, तो
भी वह दीन को देखता है; पर अभिमानी को वह दूर से जानता
है। 7 चाहे मैं संकट के बीच चलूँ, तू मुझे जीवित रखता है; तू
अपने हाथ को मेरे शत्रुओं के क्रोध के विरुद्ध फैलाता है, और
तेरा दाहिना हाथ मुझे बचाता है। 8 𐤉𐤄𐤅𐤄 मेरे लिए सब
कुछ सिद्ध करता है; हे 𐤉𐤄𐤅𐤄, तेरी करुणा सदा की है;
अपने हाथों के कार्य को न त्याग।

139 *मुख्य गायक के लिए। दाऊद का भजन।*

1 हे 𐤉𐤄𐤅𐤄, तूने मुझे खोजा है और मुझे जान लिया है। 2 तू
मेरे बैठने और उठने को जानता है; तू दूर से ही मेरे विचार
को समझता है। 3 तू मेरे चलने और लेटने के मार्ग को
छानता है, और मेरे सब मार्गों को भलीभाँति जानता है।
4 क्योंकि मेरे जीभ पर कोई शब्द आता नहीं कि, देख, हे
𐤉𐤄𐤅𐤄, तू उसे पहले ही जानता है। 5 तू ने मुझे आगे और
पीछे से घेर लिया है, और अपने हाथ को मुझ पर रखा है।
6 यह ज्ञान मेरे लिए अत्यन्त अद्भुत है; यह इतना ऊँचा है
कि मैं इसे समझ नहीं सकता। 7 मैं तेरी आत्मा से कहां
जाऊँ? या तेरे मुख से कहाँ भागूँ? 8 यदि मैं आकाश पर चढ़
जाऊँ, तू वहाँ है; यदि मैं अधोलोक में बिछौना बिछाऊँ, देख,
तू वहाँ भी है। 9 यदि मैं प्रभात के पंख लेकर सागर के छोर
पर बस जाऊँ, 10 तो वहाँ भी तेरा हाथ मेरा मार्गदर्शन करेगा,
और तेरा दाहिना हाथ मुझे थामे रहेगा। 11 यदि मैं कहूँ,
"अन्धकार मुझे ढाँप लेगा," तो रात मेरे लिए प्रकाश बन
जाएगी। 12 अन्धकार भी तुझ से अन्धकारमय नहीं है; रात
दिन के समान चमकती है — अन्धकार और प्रकाश दोनों
तुझ से समान हैं। 13 क्योंकि तूने मेरे अंतःस्थ अंगों को रचा,
तूने मुझे मेरी माता के गर्भ में बुना। 14 मैं तेरा धन्यवाद करता
हूँ, क्योंकि मैं अद्भुत रीति से और भययोग्य रीति से रचा गया
हूँ; तेरे कार्य अद्भुत हैं, इसे मेरी आत्मा भलीभाँति जानती है।
15 मेरी हड्डियाँ तुझ से छिपी न थीं जब मैं गुप्त स्थान में बनाया
गया, और पृथ्वी की गहराइयों में बुना गया। 16 तेरी आँखों ने
मेरे अजन्मे शरीर को देखा, और मेरे सब दिन तेरी पुस्तक में
लिखे गए थे, जब उनमें से एक भी न था। 17 हे ईश्वर, तेरे
विचार मेरे लिए कितने अनमोल हैं! उनका योग कितना महान
है! 18 यदि मैं उन्हें गिनूँ, तो वे रेत से भी अधिक हैं; जब मैं
जागता हूँ, तब भी मैं तेरे साथ हूँ। 19 हे ईश्वर, काश तू दुष्टों
का नाश करे! इसलिए, हे रक्तपिपासु मनुष्यो, मुझ से दूर हो
जाओ। 20 वे तेरे विरुद्ध दुष्टता से बोलते हैं; हे प्रभु, तेरे शत्रु
व्यर्थ तेरा विरोध करते हैं। 21 हे 𐤉𐤄𐤅𐤄, क्या मैं उन से बैर
नहीं रखता जो तुझ से बैर रखते हैं? क्या मैं उन से घृणा नहीं
करता जो तेरे विरोध में उठ खड़े होते हैं? 22 मैं उनसे सम्पूर्ण
घृणा करता हूँ; वे मेरे शत्रु बन गए हैं। 23 हे ईश्वर, मुझे जाँच
और मेरे हृदय को जान; मुझे परख और मेरे विचारों को
जान। 24 देख, क्या मुझ में कोई मूर्तिपूजक मार्ग है, और
मुझे अनन्त मार्ग में चला।

140 *मुख्य गायक के लिए। एक भजन, दाविद का।*

1 हे 𐤉𐤄𐤅𐤄, मुझे दुष्ट मनुष्यों से बचा; मुझे हिंसक लोगों से
सुरक्षित रख। 2 जो अपने हृदय में बुराइयों का षडयंत्र करते
हैं; जो दिन भर झगड़े भड़काते रहते हैं। 3 उन्होंने अपनी
जीभों को सर्प के समान तेज किया है; उनके होंठों के नीचे
नाग का विष है। सेलाह। 4 हे 𐤉𐤄𐤅𐤄, मुझे दुष्टों के हाथों से
बचा; मुझे हिंसक मनुष्य से सुरक्षित रख, जिन्होंने मेरे कदमों
को फँसाने की युक्ति की है। 5 अभिमानियों ने मेरे लिए फंदे
और डोरें छिपाई हैं; उन्होंने मार्ग के किनारे जाल फैलाया है;
उन्होंने मेरे लिए फँदे लगाए हैं। सेलाह। 6 मैंने 𐤉𐤄𐤅𐤄 से
कहा, "तू मेरा ईश्वर है; हे 𐤉𐤄𐤅𐤄, मेरी प्रार्थना की वाणी को

सुन।” [7] “हे प्रभु ञ५ञ२, मेरे उद्धार की सामर्थ्य, तूने युद्ध
के दिन मेरे सिर को ढक लिया।” [8] “हे ञ५ञ२, दुष्टों की
इच्छा पूरी न कर; उनकी दुष्ट योजनाओं को सफल न होने
दे। सेलाह।” [9] “जो मुझे घेरे हुए हैं, वे अपने सिर ऊँचे
करते हैं; उनके होंठों की विपत्ति उन पर ही पड़े।” [10] “उन
पर अंगारे गिरें; वे आग में गिरें, गहरे गड्ढों में उतरें, ताकि
फिर न उठें।” [11] “जो निन्दा करता है वह पृथ्वी पर स्थिर न
हो; और बुराई शीघ्र ही हिंसक मनुष्य को पकड़ ले।” [12] मैं
जानता हूँ कि ञ५ञ२ दीनों का न्याय करता है, और दरिद्रों
के न्याय का पालन करता है। [13] निश्चित रूप से धर्मी तेरे
नाम का धन्यवाद करेंगे; सीधे लोग तेरे सम्मुख निवास
करेंगे।

141

एक भजन, दाविद का।

[1] हे ञ५ञ२, मैंने तुझसे पुकारा है; शीघ्र मेरे पास
आ! जब मैं तुझसे पुकारूँ, तो मेरी आवाज़ पर कान लगा।
[2] मेरी प्रार्थना तेरे सम्मुख धूप के समान ठहराई जाए, और मेरे
हाथों का उठना सायंकालीन भेंट के समान हो। [3] हे ञ५ञ२,
मेरे मुख पर पहरा बिठा; मेरे होंठों के द्वार की रक्षा कर।
[4] मेरा हृदय बुराई की ओर न झुके, कि मैं अधर्म करनेवालों
के साथ बुरे कर्म करूँ; और मैं उनके स्वादिष्ट भोजनों का
भागी न बनूँ। [5] यदि धर्मी मुझे मारे या कृपा से मुझे समझाए,
तो वह मेरे सिर पर सुगन्धित तेल के समान होगा; मेरा सिर
उसे अस्वीकार न करे। फिर भी मेरी प्रार्थना उनकी बुराइयों
के विरोध में रहेगी। [6] उनके न्यायी लोग चट्टान के पास गिरा
दिए गए हैं; परन्तु उन्होंने मेरे वचनों को सुना है, क्योंकि वे
मनोहर थे। [7] हमारी हड्डियाँ कब्र के मुख पर बिखरी हुई हैं,
जैसे जब कोई भूमि जोतता और तोड़ता है। [8] परन्तु, हे प्रभु
ञ५ञ२, मेरी आँखें तुझ पर लगी हैं; मैं तुझ में शरण लेता
हूँ; मेरी जान को व्यर्थ न जाने दे। [9] मुझे उन फंदों से बचा
जो उन्होंने मेरे लिए लगाए हैं, और अधर्म करनेवालों के जालों
से दूर रख। [10] दुष्ट अपने ही जालों में फँस जाएँ, जब मैं
सुरक्षित निकल जाऊँ।

142

दाविद की एक कविता। एक प्रार्थना जब वह गुफा में था।

[1] मैं अपनी आवाज़ से ञ५ञ२ को पुकारता हूँ; अपनी आवाज़
से ञ५ञ२ से प्रार्थना करता हूँ। [2] मैं अपनी व्यथा उसके
सामने उंडेलता हूँ; अपनी विपत्ति उसके सम्मुख प्रकट करता
हूँ। [3] जब मेरी आत्मा मुझ में निर्बल हो गई, तब तूने मेरा मार्ग
जाना। जिस पथ पर मैं चलता हूँ, उसमें उन्होंने मेरे लिए
फंदा छिपाया है। [4] दाहिनी ओर देख और देख, कोई मेरे लिए
चिन्ता नहीं करता; मुझे कोई शरण नहीं; कोई मेरी आत्मा का
हाल नहीं पूछता। [5] मैंने तुझसे पुकारा, हे ञ५ञ२, मैंने कहा,
“तू मेरा शरणस्थान है, जीवितों की भूमि में मेरा भाग है।”
[6] “मेरी पुकार को सुन, क्योंकि मैं अत्यन्त दीन हो गया हूँ;
मुझे मेरे सतानेवालों से छुड़ा, क्योंकि वे मुझ से अधिक
बलवान हैं।” [7] “मेरी आत्मा को बन्दीगृह से निकाल, ताकि मैं
तेरे नाम का धन्यवाद कर सकूँ; धर्मी मेरे चारों ओर इकट्ठे
होंगे, क्योंकि तू मेरे साथ भलाई करता है।”

143

एक भजन, दाविद का।

[1] हे ञ५ञ२, मेरी प्रार्थना सुन; मेरी विनती पर
ध्यान दे। अपनी सच्चाई और अपनी धर्मिकता के अनुसार
मुझे उत्तर दे। [2] अपने दास के साथ न्याय में प्रवेश न कर,
क्योंकि तेरे सामने कोई भी जीवित व्यक्ति धर्मी नहीं ठहरता।
[3] क्योंकि शत्रु ने मेरी आत्मा का पीछा किया है; उसने मेरा
जीवन भूमि पर रौंद डाला है; उसने मुझे अन्धकारमय स्थानों
में बसाया है, जैसे प्राचीन मृतक। [4] इस कारण मेरी आत्मा
मुझ में निर्बल हो गई है; मेरा हृदय मेरे भीतर स्तब्ध हो गया
है। [5] मैंने प्राचीन दिनों को स्मरण किया है; मैं तेरे सब कार्यों
पर ध्यान करता हूँ; मैं तेरे हाथों के कार्यों पर मनन करता हूँ।
[6] मैंने अपने हाथ तेरे प्रति फैलाए हैं; मेरी आत्मा तेरे लिए
प्यासे देश के समान है। सेलाह। [7] शीघ्र उत्तर दे, हे
ञ५ञ२; मेरी आत्मा निःशेष हो रही है! मुझ से अपना मुख न
छिपा, ऐसा न हो कि मैं गड्ढे में उतरनेवालों के समान हो
जाऊँ। [8] मुझे भोर में तेरी करुणा का समाचार दे, क्योंकि मैंने
तुझ पर भरोसा रखा है; मुझे वह मार्ग दिखा जिस पर मुझे
चलना है, क्योंकि मैंने अपनी आत्मा तेरे प्रति उठाई है। [9] हे
ञ५ञ२, मुझे मेरे शत्रुओं से छुड़ा; मैं तुझ में शरण लेता हूँ।
[10] मुझे सिखा कि मैं तेरी इच्छा पूरी करूँ, क्योंकि तू मेरा
ईश्वर है; तेरी उत्तम आत्मा मुझे सीधाई की भूमि में ले चले।
[11] अपने नाम के कारण, हे ञ५ञ२, मुझे जिलाए रख;
अपनी धर्मिकता में मेरी आत्मा को संकट से निकाल।
[12] और अपनी कृपा से मेरे शत्रुओं को नष्ट कर; मेरे जीवन
के विरोधियों का सर्वनाश कर, क्योंकि मैं तेरा दास हूँ।

144

दाविद का।

[1] धन्य है ञ५ञ२ मेरा शिला, जो मेरे हाथों को
युद्ध के लिए और मेरी उँगलियों को लड़ाई के लिए सिखाता
है। [2] वह मेरी करुणा और मेरा गढ़ है, मेरा ऊँचा गुम्बद और
मेरा उद्धारकर्ता, मेरी ढाल है, जिस पर मैं भरोसा करता हूँ;
वही लोगों को मेरे अधीन करता है। [3] हे ञ५ञ२, मनुष्य क्या
है कि तू उसकी सुधि लेता है? मनुष्य का पुत्र क्या है कि तू
उसका विचार करता है? [4] मनुष्य तो एक श्वास के समान है;
उसके दिन छाया के समान क्षणभंगुर हैं। [5] हे ञ५ञ२, अपने
आकाश को झुका और उतर आ; पर्वतों को छू कि वे धुआं
छोड़ें। [6] बिजली भेजकर उन्हें तितर-बितर कर; अपने तीर
चलाकर उन्हें भ्रमित कर। [7] ऊँचाई से अपना हाथ बढ़ा; मुझे
महान जलों से, विदेशियों के हाथ से छुड़ा। [8] जिनके मुख
झूठ बोलते हैं, और जिनका दाहिना हाथ कपट का हाथ है।
[9] हे ईश्वर, मैं तुझ से एक नया गीत गाऊँगा; दस तार वाले
वीणा पर मैं तेरी स्तुति करूँगा। [10] वही राजाओं को उद्धार
देता है, वही अपने दास दाविद्र को दुष्ट तलवार से बचाता है।
[11] मुझे विदेशियों के हाथ से छुड़ा और बचा, जिनके मुख झूठ
बोलते हैं, और जिनका दाहिना हाथ कपट का हाथ है।
[12] ताकि हमारे पुत्र अपनी जवानी में बढ़ते पौधों के समान हों,
और हमारी पुत्रियाँ नक्काशीदार पत्थरों के समान हों, जो
महलों की शोभा बढ़ाती हैं। [13] हमारे भण्डार भरपूर हों, सब
प्रकार की वस्तुओं से परिपूर्ण; हमारी भेड़ें मैदानों में हज़ारों,
दस हज़ारों बच्चे दें। [14] हमारे पशु भरे-पूरे हों; न कोई घुसपैठ

हो, न निकलना पड़े, और न हमारी गलियों में विलाप हो। 15 धन्य है वह प्रजा जिसका हाल ऐसा है; धन्य है वह प्रजा जिसका ईश्वर 𐤉𐤄𐤅𐤄 है।

145 *दावीद् की तेहिलाह।*

1 א, 𐤀 मैं तेरा गुणगान करता हूँ, हे मेरे ईश्वर और मेरे राजा; और तेरे नाम को युगानुयुग आशीष देता हूँ। 2 ב, 𐤁 मैं हर दिन तेरा आशीष करता हूँ, और तेरे नाम की सदा-सर्वदा स्तुति करता हूँ। 3 ג, 𐤂 महान है 𐤉𐤄𐤅𐤄, और अत्यन्त स्तुति के योग्य है; उसकी महानता अगम्य है। 4 ד, 𐤃 पीढ़ी दर पीढ़ी तेरे कार्यों की स्तुति करेगी, और तेरे पराक्रमी कर्मों का प्रचार करेगी। 5 ה, 𐤄 मैं तेरे वैभव और तेरे उत्कृष्ट गौरव का वर्णन करूँगा, और तेरे अद्भुत कार्यों का मनन करूँगा। 6 ו, 𐤅 लोग तेरे भयानक कार्यों की शक्ति का वर्णन करेंगे, और मैं तेरी महानता का प्रचार करूँगा। 7 ז, 𐤆 वे तेरी महान भलाई की स्मृति का प्रचार करेंगे, और तेरी धर्मिकता का गीत गाएँगे। 8 ח, 𐤇 𐤉𐤄𐤅𐤄 अनुग्रहकारी और दयालु है, क्रोध करने में धीमा और अति करुणामय है। 9 ט, 𐤈 𐤉𐤄𐤅𐤄 सब पर भला है, और उसकी दया उसके सब कार्यों पर है। 10 י, 𐤉 तेरे सब कार्य तेरा धन्यवाद करते हैं, हे 𐤉𐤄𐤅𐤄, और तेरे भक्तजन तुझे आशीष देते हैं। 11 כ, 𐤊 वे तेरे राज्य की महिमा का वर्णन करते हैं, और तेरी शक्ति की चर्चा करते हैं। 12 ל, 𐤋 ताकि मनुष्यों के पुत्रों को उसके पराक्रमी कर्मों का और उसके राज्य के गौरवशाली वैभव का ज्ञान हो। 13 מ, 𐤌 तेरा राज्य सदा स्थायी राज्य है, और तेरा प्रभुत्व पीढ़ी से पीढ़ी तक बना रहता है। נ, 𐤍 𐤉𐤄𐤅𐤄 अपने सब वचनों में विश्वासयोग्य है और अपने सब कार्यों में कृपालु है। 14 ס, 𐤎 𐤉𐤄𐤅𐤄 उन सबको संभालता है जो गिरते हैं, और उन सबको उठाता है जो झुके हुए हैं। 15 ע, 𐤏 सबों की आँखें तेरी ओर आशाभरी दृष्टि से देखती है, और तू उन्हें उनके समय पर आहार देता है। 16 פ, 𐤐 तू अपना हाथ खोलता है और सब जीवित प्राणियों की इच्छा पूरी करता है। 17 צ, 𐤑 𐤉𐤄𐤅𐤄 अपने सब मार्गों में धर्मी है और अपने सब कार्यों में दयालु है। 18 ק, 𐤒 𐤉𐤄𐤅𐤄 उन सब के समीप है जो उसे पुकारते हैं, जो उसे सच्चाई से पुकारते हैं। 19 ר, 𐤓 वह उन लोगों की इच्छा पूरी करता है जो उसका भय मानते हैं; वह उनकी पुकार सुनता है और उन्हें बचाता है। 20 ש, 𐤔 𐤉𐤄𐤅𐤄 उन सबको जो उससे प्रेम रखते हैं सुरक्षित रखता है, परन्तु सब दुष्टों को वह नाश कर देता है। 21 ת, 𐤕 मेरा मुख 𐤉𐤄𐤅𐤄 की स्तुति बोले, और सब शरीर उसके पवित्र नाम को सदा-सर्वदा आशीष दें।

146

1 हल्लेलु-याह! हे मेरे प्राण, 𐤉𐤄𐤅𐤄 की स्तुति कर। 2 जब तक मैं जीवित हूँ, मैं 𐤉𐤄𐤅𐤄 की स्तुति करूँगा; जब तक अस्तित्व है, मैं अपने ईश्वर का गीत गाऊँगा। 3 राजकुमारों पर भरोसा मत रखो, न किसी मनुष्य पर, जिसमें उद्धार नहीं है। 4 जब उसकी आत्मा निकल जाती है, वह अपनी मिट्टी में लौट जाता है; उसी दिन उसकी सारी योजनाएँ नष्ट हो जाती हैं। 5 धन्य है वह जिसका सहायक याक़ोब का ईश्वर है, जिसकी आशा 𐤉𐤄𐤅𐤄 अपने ईश्वर पर है। 6 जो आकाश और पृथ्वी का, समुद्र और जो कुछ उनमें है उसका रचयिता है, जो सदा सत्य को स्थिर रखता है। 7 जो पीड़ितों का न्याय करता है, भूखों को रोटी देता है; 𐤉𐤄𐤅𐤄 बंधनों में पड़े हुओं को मुक्त करता है। 8 𐤉𐤄𐤅𐤄 अंधों की आँखें खोलता है, 𐤉𐤄𐤅𐤄 झुके हुओं को उठाता है, 𐤉𐤄𐤅𐤄 धर्मियों से प्रेम करता है। 9 𐤉𐤄𐤅𐤄 परदेशियों की रक्षा करता है, वह अनाथ और विधवा को संभालता है, परन्तु दुष्टों का मार्ग उलट देता है। 10 𐤉𐤄𐤅𐤄 सदा सर्वदा राज्य करता है; हे सिय्योन, तेरा ईश्वर पीढ़ी से पीढ़ी तक राज्य करेगा। हल्लेलु-याह!

147

1 हल्लेलु-याह! हमारे ईश्वर की स्तुति करना उत्तम है; क्योंकि यह मनोहर है — स्तुति करना उचित है। 2 𐤉𐤄𐤅𐤄 यरूशलेम को बनाता है; वह इस्राएल के तितर-बितर लोगों को इकट्ठा करता है। 3 वह टूटे हुए मनवालों को चंगा करता है और उनके घावों को बाँधता है। 4 वह तारों की गिनती ठहराता है; और उन सबको नाम से बुलाता है। 5 हमारा प्रभु महान और अत्यन्त शक्तिशाली है; उसकी समझ की कोई सीमा नहीं है। 6 𐤉𐤄𐤅𐤄 दीनों को उठाता है, और दुष्टों को पृथ्वी पर गिरा देता है। 7 𐤉𐤄𐤅𐤄 का धन्यवाद के साथ उत्तर दो; वीणा के साथ अपने ईश्वर के लिए गीत गाओ। 8 जो आकाश को बादलों से ढाँपता है, जो पृथ्वी के लिए वर्षा तैयार करता है, जो पहाड़ों पर घास उगाता है। 9 वह पशुओं को उनका आहार देता है, और काव-काव करने वाले कौवों के बच्चों को भी। 10 वह घोड़े की शक्ति से प्रसन्न नहीं होता, न मनुष्य की टांगों की ताक़त से उसे प्रसन्नता होती है। 11 𐤉𐤄𐤅𐤄 उन्हें प्रिय रखता है जो उसका भय मानते हैं, जो उसकी करुणा की आशा रखते हैं। 12 यरूशलेम, 𐤉𐤄𐤅𐤄 की स्तुति कर! सिय्योन, अपने ईश्वर की स्तुति कर! 13 क्योंकि उसने तेरे फाटकों की कड़ियों को दृढ़ किया है; उसने तेरे बीच तेरे पुत्रों को आशीष दी है। 14 वह तेरी सीमाओं में शांति स्थापित करता है, और तुझे उत्तम गेहूँ से तृप्त करता है। 15 वह अपना आदेश पृथ्वी पर भेजता है; उसका वचन शीघ्र दौड़ता है। 16 वह ऊन के समान हिम देता है, और राख के समान पाला बिखेरता है। 17 वह अपना ओले पत्थरों के समान फेंकता है; उसकी ठंड के सामने कौन ठहर सकता है? 18 वह अपना वचन भेजता है और उन्हें पिघला देता है; वह अपनी वायु चलाता है — और जल बहने लगते हैं। 19 वह याक़ोब को अपना वचन प्रकट करता है, इस्राएल को अपने विधि और नियम बताता है। 20 उसने किसी अन्य जाति के साथ ऐसा नहीं किया; उन्होंने उसके नियमों को नहीं जाना। हल्लेलु-याह!

148

1 हल्लेलु-याह! आकाश से 𐤉𐤄𐤅𐤄 की स्तुति करो; ऊँचाइयों में उसकी स्तुति करो। 2 उसकी स्तुति करो, उसके सब दूतों; उसकी स्तुति करो, उसके सब सेनाओं। 3 उसकी स्तुति करो, हे सूर्य और चन्द्रमा; उसकी स्तुति करो, हे ज्योतिर्मान तारों सब। 4 उसकी स्तुति करो, आकाशों के आकाश; और हे आकाश के ऊपर के जल, उसकी स्तुति करो। 5 वे 𐤉𐤄𐤅𐤄 के नाम की स्तुति करें,

क्योंकि उसी ने आज्ञा दी और वे उत्पन्न हुए। 6 और उसने
उन्हें सदा सर्वदा के लिए स्थिर किया; उसने एक व्यवस्था दी
है जिसे वे नहीं लाँघते। 7 हे पृथ्वी, 𐤉𐤄𐤅𐤄 की स्तुति करो; हे
महान समुद्री जीवो, और गहराइयों सब। 8 अग्नि और ओले,
हिम और बादल; प्रचण्ड वायु जो उसकी वाणी पूरी करती है।
9 पहाड़ और सब टीले; फलदायी वृक्ष और सब देवदार।
10 वन-पशु और सब पशुधन; रेंगने वाले जन्तु और उड़ने
वाले पक्षी। 11 पृथ्वी के राजा और सब लोग; हाकिम और
पृथ्वी के सब न्यायी। 12 युवा और कुमारियाँ, वृद्ध और बालक
साथ-साथ। 13 वे 𐤉𐤄𐤅𐤄 के नाम की स्तुति करें, क्योंकि
केवल उसका नाम महान है; उसकी महिमा पृथ्वी और आकाश
से ऊपर है। 14 वह अपने लोगों का सींग बढ़ाता है, अपने
भक्तों की स्तुति; इस्राएल की सन्तान की, जो उसके निकट
हैं। हल्लेलु-याह!

149 1 हल्लेलु-याह! 𐤉𐤄𐤅𐤄 के लिए एक नया गीत
गाओ; भक्तों की सभा में उसकी स्तुति करो।
2 इस्राएल अपने रचयिता में आनंद करे; सिय्योन की सन्तान
अपने राजा में मगन हों। 3 वे नृत्य के साथ उसके नाम की
स्तुति करें; डफली और वीणा के साथ उसके लिए गीत गाएँ।
4 क्योंकि 𐤉𐤄𐤅𐤄 अपने लोगों से प्रसन्न होता है; वह दीनों को
उद्धार से अलंकृत करता है। 5 भक्त अपने वैभव में आनन्दित
हों; वे अपने बिस्तरों पर ऊँचे स्वर से गाएँ। 6 उनके मुँह में
ईश्वर की स्तुति हो, और उनके हाथ में दोधारी तलवार।
7 ताकि वे जातियों से बदला लें, और लोगों पर दण्ड चलाएँ।
8 उनके राजाओं को बेड़ियों से बाँधें, और उनके श्रेष्ठों को
लोहे की जंजीरों से। 9 उन पर लिखी हुई न्याय की व्यवस्था
पूरी करें; यह उसके सब भक्तों की महिमा है। हल्लेलु-याह!

150 1 हल्लेलु-याह! उसके पवित्र स्थान में ईश्वर की
स्तुति करो; उसकी सामर्थ्य के विशाल विस्तार में
उसकी स्तुति करो। 2 उसके पराक्रमी कर्मों के कारण उसकी
स्तुति करो; उसकी अत्यन्त महानता के अनुसार उसकी
स्तुति करो। 3 मेंढ़े के सींग की ध्वनि के साथ उसकी स्तुति
करो; वीणा और सारंगी के साथ उसकी स्तुति करो। 4 डफ
और नृत्य के साथ उसकी स्तुति करो; तार वाले वाद्य और
बासुरी के साथ उसकी स्तुति करो। 5 घंटे की झंकार के साथ
उसकी स्तुति करो; प्रबल झंकार वाले झाझ के साथ उसकी
स्तुति करो। 6 जिस किसी में भी श्वास है, वह यहो का
गुणगान करे। हल्लेलु-याह!

नीतिवचन

𐤉𐤄𐤅𐤄

हिंदी संस्करण

नीतिवचन

1 1इस्त्राएल के राजा दाविद के पुत्र शेलोमो की नीतिवचन
पुस्तक। 2बुद्धि और शिक्षा को जानने के लिए, समझ के
वचनों को समझने के लिए। 3बुद्धि की शिक्षा प्राप्त करने के
लिए — धर्म, न्याय और सीधाई के लिए। 4भोले को चतुराई
देने के लिए, जवानों को ज्ञान और विवेक देने के लिए।
5बुद्धिमान सुनकर अपनी शिक्षा में वृद्धि करे, और समझदार
व्यक्ति उत्तम सलाह प्राप्त करे। 6नीतिवचन और दृष्टान्त को
समझने के लिए, बुद्धिमानों के वचनों और उनके रहस्यों को
समझने के लिए। 7𐤉𐤄𐤅𐤄 का भय ज्ञान का प्रारम्भ है; मूर्ख
बुद्धि और शिक्षा को तुच्छ जानते हैं। 8हे मेरे पुत्र, अपने पिता
की शिक्षा को सुन, और अपनी माता की तोरा को न छोड़।
9क्योंकि वे तेरे सिर के लिए शोभा का मुकुट हैं और तेरे गले
के लिए हार हैं। 10हे मेरे पुत्र, यदि पापी तुझे फुसलाएँ, तो तू
न मान। 11यदि वे कहें, "आ हमारे साथ चल, हम लहू के
लिए घात में बैठें, निर्दोष को बिना कारण फँसाएँ।" 12"हम
उन्हें कब्र की तरह जीवित निगल जाएँगे, और पूरे के पूरे,
जैसे जो गड्ढे में उतरते हैं।" 13"हम सब प्रकार की बहुमूल्य
वस्तुएँ पाएँगे, और अपने घरों को लूट से भर देंगे।"
14"अपना भाग हमारे साथ डाल, हम सबकी एक ही थैली
होगी।" 15हे मेरे पुत्र, उनके मार्ग पर मत चल, अपने पाँव को
उनकी राह से दूर रख। 16क्योंकि उनके पाँव बुराई की ओर
दौड़ते हैं, और वे लहू बहाने में शीघ्र होते हैं। 17निश्चित ही,
किसी पक्षी की दृष्टि में जाल फैलाना व्यर्थ है। 18पर वे अपने
ही लहू के लिए घात में बैठते हैं, अपने ही प्राणों के लिए जाल
बिछाते हैं। 19ऐसे ही सब लालची लोगों के मार्ग हैं; वह अपने
ही स्वामी का प्राण हर लेता है। 20बुद्धि बाहर बुलाती है; वह
खुले स्थानों में अपनी आवाज़ ऊँची करती है। 21वह
भीड़भाड़ वाली गलियों के सिर पर पुकारती है; नगर के
फाटकों के प्रवेशद्वारों पर, वह अपने वचन बोलती है। 22"हे
भोले लोगो, कब तक तुम अपनी भोलेपन से प्रेम करोगे? ठट्ठा
करने वाले कब तक अपने ठट्ठों में आनंद लेंगे, और मूर्ख
ज्ञान से घृणा करेंगे?" 23"मेरी डाँट पर लौट आओ; देखो, मैं
अपनी आत्मा तुम पर उंडेलूँगी, और अपने वचन तुम्हें प्रकट
करूँगी।" 24"क्योंकि मैंने बुलाया और तुमने इनकार किया;
मैंने अपना हाथ फैलाया, पर किसी ने ध्यान नहीं दिया।"
25"और तुमने मेरी सारी सम्मति को तुच्छ जाना, और मेरी
डाँट को स्वीकार न किया।" 26"इसलिए मैं भी तुम्हारे विपत्ति
के समय हँसूंगी, जब तुम्हारा भय आएगा तब मैं ठट्ठा
करूँगी।" 27"जब तुम्हारा भय आँधी के समान आएगा, और
तुम्हारी विपत्ति बवंडर के समान आएगी; जब संकट और पीड़ा
तुम पर पड़ेगी।" 28"तब वे मुझे पुकारेंगे, पर मैं उत्तर न
दूँगी; वे मुझे ढूँढेंगे, पर मुझे न पाएँगे।" 29"क्योंकि उन्होंने
ज्ञान से बैर रखा, और 𐤉𐤄𐤅𐤄 का भय मानना न चुना।"
30"उन्होंने मेरी सम्मति को स्वीकार न किया, और मेरी सारी
डाँट को तुच्छ जाना।" 31"इसलिए वे अपने ही मार्ग के फल
खाएँगे, और अपनी ही युक्तियों से भर जाएँगे।" 32"क्योंकि
भोले लोगों का फिर जाना उन्हें मार डालता है, और मूर्खों की
निश्चिंतता उन्हें नाश करती है।" 33"पर जो मेरी सुनेगा, वह
निश्चिन्त रहेगा, और बुराई के भय से मुक्त होकर सुरक्षित
रहेगा।"

2 1हे मेरे पुत्र, यदि तू मेरे वचनों को ग्रहण करे, और मेरी
आज्ञाओं को अपने पास संचित रखे, 2ताकि तू अपने
कान को बुद्धि की ओर लगाए, और अपने हृदय को समझ की
ओर झुकाए। 3हाँ, यदि तू विवेक के लिए पुकारे, और समझ
के लिए अपनी आवाज़ ऊँची करे, 4यदि तू उसे चाँदी के
समान खोजे, और छिपे हुए धन के समान उसकी तलाश
करे, 5तब तू 𐤉𐤄𐤅𐤄 का भय समझेगा, और ईश्वर का ज्ञान
पाएगा। 6क्योंकि 𐤉𐤄𐤅𐤄 ही बुद्धि देता है; उसके मुख से
ज्ञान और समझ निकलती है। 7वह सीधे चलने वालों के लिए
स्थिरता का भंडार रखता है; वह खरे चलने वालों के लिए
ढाल है। 8वह न्याय के मार्गों की रक्षा करता है, और अपने
भक्तों के मार्ग की देखभाल करता है। 9तब तू धर्म, न्याय,
सीधाई, और हर उत्तम मार्ग को समझेगा। 10क्योंकि बुद्धि
तेरे हृदय में प्रवेश करेगी, और ज्ञान तेरे प्राण को प्रिय
लगेगा। 11विवेक तेरा रक्षक होगा, और समझ तेरी पहरेदारी
करेगी। 12ताकि तुझे दुष्ट मार्ग से छुड़ाए, उस मनुष्य से जो
टेढ़ी बातें बोलता है। 13जो सीधाई के मार्गों को छोड़कर
अंधकार के रास्तों पर चलते हैं। 14जो बुराई करने में
आनन्द लेते हैं, और दुष्टता की टेढ़ी बातों में प्रसन्न होते हैं।
15जिनके मार्ग टेढ़े हैं, और जो अपने चालों में भ्रष्ट हैं।
16ताकि तुझे उस पराई स्त्री से छुड़ाए, उस विदेशी से जो
अपने वचनों से मृदुलता करती है। 17जो अपनी जवानी के
साथी को छोड़ देती है, और अपने ईश्वर की वाचा को भूल
जाती है। 18क्योंकि उसका घर मृत्यु की ओर झुक गया है,
और उसके मार्ग मरे हुओं की ओर जाते हैं। 19जो उसके
पास जाते हैं, वे लौटकर नहीं आते, न जीवन (ḥai) के मार्गों
तक पहुँचते हैं। 20इसलिए तू भलाई के मार्ग पर चल, और
धर्म के पथों की रक्षा कर। 21क्योंकि सीधे लोग पृथ्वी पर
बसेंगे, और खरे लोग उसमें रहेंगे। 22परन्तु दुष्ट लोग पृथ्वी
से काट दिए जाएँगे, और विश्वासघाती उसमें से उखाड़े
जाएँगे।

3 1मेरे पुत्र, मेरी तोराह को मत भूलना, और अपने हृदय
को मेरी आज्ञाओं का पालन करने देना; 2क्योंकि वे तुम्हें
दीर्घायु और लंबी आयु और शांति देंगे। 3दया और सत्य तुम्हें

न छोड़ें - उन्हें अपनी गर्दन के चारों ओर बांध लो, उन्हें अपने
हृदय की पट्टिका पर लिख लो, 4 इस प्रकार एलोहिम और
मनुष्य की दृष्टि में अनुग्रह और अच्छी समझ प्राप्त करना।
5 𐤉𐤄𐤅𐤄 पर अपने पूरे हृदय से भरोसा रखो, और अपनी
समझ पर निर्भर मत रहो; 6 अपने सभी मार्गों में उसे जानो,
और वह तुम्हारे सभी रास्तों को सीधा करेगा। 7 अपनी दृष्टि
में बुद्धिमान न बनो; 𐤉𐤄𐤅𐤄 का आदर करो और बुराई से
दूर रहो। 8 यह तुम्हारे नाभि के लिए स्वास्थ्य है, और तुम्हारी
हड्डियों के लिए ताजगी। 9 𐤉𐤄𐤅𐤄 का सम्मान अपने धन से
करो, और अपनी सारी वृद्धि के पहले फल से; 10 तब तुम्हारे
भंडार भरपूर होंगे, और तुम्हारे कुंड नए दाखमधु से भर
जाएंगे। 11 मेरे पुत्र, 𐤉𐤄𐤅𐤄 की अनुशासन को तुच्छ मत
समझो, और उसकी फटकार से घृणा मत करो; 12 क्योंकि
जिसे 𐤉𐤄𐤅𐤄 प्रेम करता है उसे वह फटकारता है, जैसे पिता
उस पुत्र को जिसे वह प्रसन्न करता है। 13 धन्य है वह मनुष्य
जिसने ज्ञान पाया है, और वह मनुष्य जिसने समझ प्राप्त की
है; 14 क्योंकि उसका लाभ चांदी के लाभ से बेहतर है, और
उसका लाभ उत्तम सोने से। 15 वह माणिकों से भी अधिक
मूल्यवान है, और तुम्हारी सारी प्रसन्नताएँ उसकी तुलना में नहीं
हो सकतीं। 16 उसके दाहिने हाथ में दीर्घायु है, और उसके
बाएँ हाथ में धन और सम्मान। 17 उसके मार्ग सुखद मार्ग हैं,
और उसके सभी पथ शांति हैं। 18 वह उन लोगों के लिए
जीवन का वृक्ष है जो उसे पकड़ते हैं, और धन्य हैं वे सभी जो
उसे धारण करते हैं। 19 𐤉𐤄𐤅𐤄 ने पृथ्वी की नींव ज्ञान से
रखी; उसने समझ से आकाश की स्थापना की; 20 उसके
ज्ञान से गहराइयाँ टूट गईं, और बादल ओस गिराते हैं।
21 मेरे पुत्र, उन्हें अपनी आँखों से दूर न जाने दो; सच्चे ज्ञान
और विवेक की रक्षा करो; 22 तब वे तुम्हारे प्राण के लिए जीवन
और तुम्हारी गर्दन के लिए अलंकरण बन जाएंगे। 23 तब तुम
अपने मार्ग में सुरक्षित चलोगे, और तुम्हारा पैर नहीं
फिसलेगा। 24 जब तुम लेटोगे, तो तुम्हें डरने की आवश्यकता
नहीं होगी। और तुम लेटोगे और तुम्हारी नींद मधुर होगी।
25 अचानक डर से मत डरो, न ही दुष्टों के विनाश से जब वह
आता है; 26 क्योंकि 𐤉𐤄𐤅𐤄 तुम्हारे पक्ष में है, और वह तुम्हारे
पैर को फंसने से बचाएगा। 27 उनसे भलाई को मत रोको जो
इसके योग्य हैं, जब यह तुम्हारे हाथ की शक्ति में हो।
28 अपने पड़ोसी से मत कहो, "जाओ, और वापस आओ,
और कल मैं इसे दूँगा," जब यह तुम्हारे पास हो। 29 अपने
पड़ोसी के खिलाफ बुराई की योजना मत बनाओ, यह देखते
हुए कि वह तुम्हारे पास सुरक्षित रहता है। 30 बिना कारण के
किसी मनुष्य से मत झगड़ो, यदि उसने तुम्हारे साथ कोई
बुराई नहीं की है। 31 हिंसक व्यक्ति से ईर्ष्या मत करो, और
उसके किसी भी मार्ग को मत चुनो; 32 क्योंकि विकृत व्यक्ति
𐤉𐤄𐤅𐤄 के लिए घृणास्पद है, और उसकी गुप्त सलाह सीधे
लोगों के साथ है। 33 𐤉𐤄𐤅𐤄 का शाप दुष्टों के घर पर है,
परन्तु वह धर्मियों के घर को आशीर्वाद देता है। 34 वह
निश्चित रूप से उपहास करने वालों का उपहास करता है,
परन्तु नम्रों को अनुग्रह देता है। 35 बुद्धिमान सम्मान का
उत्तराधिकार प्राप्त करते हैं, परन्तु मूर्ख लज्जा को उठाते हैं!

4 1 हे बच्चों, पिता की शिक्षा को सुनो, और समझ प्राप्त
करने के लिए ध्यान दो। 2 क्योंकि मैं तुम्हें उत्तम उपदेश
देता हूँ; मेरी तोराह को मत त्यागो। 3 क्योंकि मैं अपने पिता
का पुत्र था, कोमल और अपनी माता की दृष्टि में एकलौता।
4 तब उसने मुझे सिखाया और मुझसे कहा, "तेरा हृदय मेरे
वचनों को दृढ़ता से थामे रखे; मेरी आज्ञाओं को रख और
जीवित रह।" 5 "ज्ञान प्राप्त कर! समझ प्राप्त कर! मत भूल,
और मेरे मुँह के वचनों से मत हट।" 6 "उसे मत छोड़, वह
तेरी रक्षा करेगी; उससे प्रेम कर, वह तेरा ध्यान रखेगी।"
7 "ज्ञान का आरंभ यह है: ज्ञान प्राप्त कर! और अपनी सारी
प्राप्ति में समझ प्राप्त कर।" 8 "उसे महान कर, वह तुझे
ऊँचा उठाएगी; जब तू उसे आलिंगन करेगा, वह तुझे आदर
देगी।" 9 "वह तेरे सिर पर आदर का मुकुट रखेगी, और
तुझे शोभा का ताज प्रदान करेगी।" 10 हे मेरे पुत्र, मेरे वचनों
को सुन और उन्हें स्वीकार कर, ताकि तेरे जीवन के वर्ष
अधिक हों। 11 मैंने तुझे ज्ञान के मार्ग में सिखाया है, मैंने तुझे
सीधे मार्गों पर चलाया है। 12 जब तू चलेगा, तेरे कदम
बाधित नहीं होंगे, और यदि तू दौड़ेगा तो नहीं ठोकर खाएगा।
13 अनुशासन को दृढ़ता से थामे रह, उसे मत छोड़; उसकी
रक्षा कर, क्योंकि वही तेरे जीवन का आधार है। 14 दुष्टों के
मार्ग में मत प्रवेश कर, और बुरे करने वालों के पथ पर मत
चल। 15 उससे बच, उसके पास से मत गुजर; उससे मुँह
मोड़ और आगे बढ़ जा। 16 क्योंकि वे तब तक नहीं सोते जब
तक उन्होंने बुराई न की हो, और उनकी नींद छिन जाती है
जब तक वे किसी को गिरा न दें। 17 वे दुष्टता की रोटी खाते
हैं और हिंसा का दाखमधु पीते हैं। 18 परन्तु धर्मियों का मार्ग
प्रभात के प्रकाश के समान है, जो पूर्ण दिन तक और अधिक
चमकता जाता है। 19 दुष्टों का मार्ग अंधकार के समान है; वे
नहीं जानते कि किस कारण ठोकर खाते हैं। 20 हे मेरे पुत्र,
मेरे वचनों पर ध्यान दे; अपने कान मेरे कहे हुए वचनों की
ओर लगा। 21 उन्हें अपनी आँखों से दूर न होने दे; उन्हें
अपने हृदय के मध्य में रख। 22 क्योंकि जो उन्हें पाते हैं
उनके लिए वे जीवन हैं, और उनके सारे शरीर के लिए
आरोग्य। 23 अपने हृदय की पूरी चौकसी के साथ रक्षा कर,
क्योंकि उसी से जीवन के स्रोत निकलते हैं। 24 अपने मुँह से
टेढ़ी बातों को दूर रख, और अपने होंठों से कुटिलता को
अलग कर। 25 तेरी आँखें सीधे आगे देखें, और तेरी पलकें
सीधे सामने की ओर देखें। 26 अपने पाँव के मार्ग पर विचार
कर, तब तेरे सब मार्ग स्थिर होंगे। 27 दाएँ या बाएँ न मुड़;
अपने पाँव को बुराई से दूर रख।

5 1 हे मेरे पुत्र, मेरी बुद्धि को सुन; अपनी कान मेरी समझ
की ओर लगा। 2 कि तू विवेक की रक्षा कर सके, और
तेरे होंठ ज्ञान की रक्षा करें। 3 क्योंकि पराई स्त्री के होंठ मधु
टपकाते हैं, और उसका मुँह तेल से भी कोमल होता है।
4 परन्तु उसका अंत नागदौन के समान कड़वा, और दोधारी
तलवार के समान तीखा होता है। 5 उसके पाँव मृत्यु की ओर
उतरते हैं, उसके कदम अधोलोक को थामते हैं। 6 वह जीवन
के मार्ग पर विचार नहीं करती; उसके मार्ग डगमगाते हैं, और

तू उन्हें नहीं जानता। 7 इसलिए अब, हे बच्चों, मेरी बात सुनो,
और मेरे मुँह के वचनों से मत फिरो। 8 अपने मार्ग को उससे
बहुत दूर रख, और उसके घर के द्वार के पास मत जा।
9 कहीं ऐसा न हो कि तू अपनी महिमा दूसरों को दे दे, और
अपने वर्षों को किसी निर्दयी को। 10 कहीं ऐसा न हो कि पराए
तेरी शक्ति से भर जाएँ, और तेरी मेहनत का फल किसी
विदेशी के घर चला जाए। 11 तब तू अपने अंत में विलाप
करेगा, जब तेरा शरीर और तेरा मांस नष्ट हो जाएगा।
12 और कहेगा, "मैंने अनुशासन से कैसे घृणा की, और मेरे
हृदय ने ताड़ना को कैसे तुच्छ जाना!" 13 "मैंने अपने
शिक्षकों की आवाज़ नहीं सुनी, और जिन्होंने मुझे सिखाया
उनकी ओर अपना कान नहीं लगाया।" 14 "थोड़े ही समय में
मैं सारी बुराई में फँस गया था, सभा और मण्डली के बीच।"
15 अपने ही कुंड से जल पी, और अपने ही कुएँ से बहता हुआ
जल। 16 क्या तेरे सोते बाहर फैलने चाहिए, और तेरी नदियाँ
सड़कों पर बहें? 17 वे केवल तेरे ही हों, और तेरे साथ पराए न
हों। 18 तेरा सोता आशीषित हो, और अपनी जवानी की पत्नी
के साथ आनन्द कर। 19 प्रेममयी हिरणी और मनोहर हरिणी!
उसके स्तन तुझे सदा तृप्त करें, और तू सदा उसके प्रेम में
मग्न रह। 20 क्यों, हे मेरे पुत्र, तू पराई स्त्री से मोहित होगा,
और किसी विदेशी के वक्ष को आलिंगन करेगा? 21 क्योंकि
मनुष्य के मार्ग 𐤉𐤄𐤅𐤄 की आँखों के सामने हैं, और वह
उसके सब पथों पर विचार करता है। 22 दुष्ट अपने ही
अधर्मों में फँस जाता है, और अपने पाप की रस्सियों में बँध
जाता है। 23 वह अनुशासन के अभाव में मर जाता है, और
अपनी महान मूर्खता में भटक जाता है।

6 1 हे मेरे पुत्र, यदि तू अपने मित्र के लिए जमानतदार बन
गया है, यदि तू किसी अजनबी के लिए हाथ मिलाकर
प्रतिज्ञा कर चुका है, 2 तो तू अपने ही मुँह के वचनों से फँस
गया है, अपने ही मुँह की बातों में पकड़ा गया है। 3 अब यह
कर, हे मेरे पुत्र, और अपने आप को छुड़ा ले, क्योंकि तू
अपने मित्र के हाथ में आ गया है: जा, अपने आप को दीन
कर, और अपने मित्र से विनती कर। 4 अपनी आँखों को नींद
मत दे, और अपनी पलकों को ऊँघना मत दे। 5 अपने आप
को शिकार करने वाले के हाथ से छूटने वाले हिरण के समान
छुड़ा ले, और फंदा लगाने वाले के हाथ से छूटने वाले पक्षी के
समान निकल जा। 6 हे आलसी मनुष्य, चींटी के पास जा,
उसके तरीकों को देख और बुद्धिमान बन। 7 जिसका न कोई
प्रधान, न निरीक्षक, न शासक है। 8 वह ग्रीष्मकाल में अपनी
सामग्री जुटा लेती है, और कटनी के समय अपना भोजन
इकट्ठा करती है। 9 हे आलसी मनुष्य, तू कब तक लेटा
रहेगा? तू अपनी नींद से कब उठेगा? 10 थोड़ी नींद, थोड़ी
ऊँघ, थोड़ा हाथ बाँधकर लेटना; 11 तब तेरी गरीबी डाकू के
समान आ जाएगी, और तेरी घटी सशस्त्र पुरुष के समान।
12 निकृष्ट व्यक्ति, दुष्ट मनुष्य, टेढ़ी बातों के साथ चलता है।
13 वह अपनी आँखों से इशारा करता है, अपने पाँवों से संकेत
देता है, अपनी उँगलियों से इंगित करता है। 14 उसके हृदय
में कुटिलता है, वह हर समय बुराई की युक्ति रचता है, और
झगड़ा फैलाता है। 15 इस कारण उसका विपत्ति अचानक आ
जाती है; एक ही क्षण में वह टूट जाता है, और कोई चंगाई
नहीं होती। 16 ये छह बातें 𐤉𐤄𐤅𐤄 को घृणित हैं, और सात
बातें उसके लिए घृणा की वस्तु हैं: 17 घमंडी आँखें, झूठी
जीभ, और निर्दोष रक्त बहाने वाले हाथ, 18 बुराई की युक्तियां
रचने वाला हृदय, और बुराई करने के लिए शीघ्र दौड़ने वाले
पाँव, 19 झूठ बोलने वाला झूठा साक्षी, और भाइयों के बीच
झगड़ा उत्पन्न करने वाला। 20 हे मेरे पुत्र, अपने पिता की
आज्ञा को मान, और अपनी माता की तोराह को मत छोड़।
21 उन्हें सदा अपने हृदय पर बाँध ले; उन्हें अपनी गर्दन के
चारों ओर बाँध। 22 जब तू चलता है, यह तेरी अगुवाई करता
है; जब तू लेटता है, यह तेरा पहरा देता है; और जब तू
जागता है, यह तुझ से बातें करता है। 23 क्योंकि आज्ञा एक
दीपक है, और तोराह एक ज्योति है, और ताड़ना की शिक्षा
जीवन का मार्ग है। 24 ताकि तू बुरी स्त्री से, और परायी स्त्री
की चापलूसी करने वाली जीभ से बचा रहे। 25 उसकी
सुंदरता की अभिलाषा अपने हृदय में न करना, और उसकी
पलकों से तू फंस न जाना। 26 क्योंकि व्यभिचारिणी के कारण
मनुष्य रोटी के टुकड़े तक गिर जाता है, और व्यभिचारिणी
स्त्री बहुमूल्य जीवन का शिकार करती है। 27 क्या कोई
मनुष्य अपनी छाती में आग रखेगा और उसके वस्त्र न जलें?
28 क्या कोई गरम कोलों पर चलेगा और उसके पाँव न
झुलसें? 29 ऐसा ही वह है जो अपने पड़ोसी की पत्नी के पास
जाता है; जो कोई उसे छूता है वह दण्ड से नहीं बचेगा।
30 यदि कोई चोरी करे अपने मन को तृप्त करने के लिये जब
वह भूखा हो, तो लोग उसे तुच्छ नहीं मानते। 31 तौभी यदि वह
पकड़ा जाए तो सात गुना चुकाएगा; वह अपने घर की सारी
सम्पत्ति दे देगा। 32 जो कोई स्त्री के साथ व्यभिचार करता है,
उसमें समझ का अभाव है; जो ऐसा करता है वह अपने ही
जीवन को नाश करता है। 33 उसे घाव और लज्जा मिलेगी,
और उसका अपमान कभी नहीं मिटेगा। 34 क्योंकि जलन
पुरुष को क्रोधित करती है, और वह बदले के दिन क्षमा नहीं
करता। 35 वह किसी भी मुआवज़े का ध्यान नहीं करता, और
चाहे तू बहुत बड़ा उपहार दे, वह उसे स्वीकार नहीं करेगा।

7 1 मेरे पुत्र, मेरे वचनों की रक्षा कर, और मेरी आज्ञाओं
को अपने साथ संचित कर। 2 मेरी आज्ञाओं को मान
और जीवित रह, और मेरी तोराह को अपनी आँख की पुतली
के समान रख। 3 उन्हें अपनी उंगलियों पर बाँध ले; उन्हें
अपने हृदय की पटिया पर लिख ले। 4 ज्ञान से कह, "तू मेरी
बहन है", और समझ को अपना घनिष्ठ मित्र ठहरा। 5 ताकि
तू परायी स्त्री से, उस विदेशी से जो अपने वचनों से लुभाती है,
बचा रहे। 6 क्योंकि मैंने अपने घर की खिड़की से, अपनी
जाली के बीच से झाँक कर देखा, 7 और मैंने भोले लोगों के
बीच देखा, युवकों में पहचाना, एक युवक जिसमें समझ का
अभाव था। 8 वह गली से होकर उसके कोने के पास से जाता
था, और उसके घर की ओर बढ़ता गया। 9 संध्या के समय,
रात होने पर, अंधेरे और गहन रात्रि में। 10 और देखो, एक
स्त्री उससे मिली, जो व्यभिचारिणी के वस्त्र में थी, और
जिसका मन छल से भरा था। 11 वह शोरगुल करनेवाली और
हठी थी, उसके पाँव उसके घर में नहीं टिकते थे। 12 कभी

सड़क पर, कभी चौक में, और हर कोने पर वह घात लगाए
बैठी रहती है। 13 और उसने उसे पकड़ लिया और चूमा,
फिर निर्लज्ज होकर उससे कहा, 14 “मेरे पास मेलबलि हैं;
आज मैंने अपनी मन्नतें चुका दी हैं। 15 “इसलिए मैं तुझसे
मिलने के लिये निकली, तेरे मुख का यत्नपूर्वक खोज किया,
और तुझे पा लिया। 16 “मैंने अपने बिस्तर को आच्छादनों से
बिछाया है, मिस्र के रंगीन सूत के वस्त्रों से। 17 “मैंने अपने
बिस्तर को गंधरस, अगरु, और दालचीनी से सुगंधित किया
है। 18 “आओ, हम भोर तक प्रेम में तृप्त हों; प्रेम में आनन्द
लें। 19 “क्योंकि मेरा पति घर पर नहीं है; वह दूर यात्रा पर
गया है। 20 “वह अपने साथ चाँदी की थैली ले गया है; और
पूर्णिमा के दिन वह लौटेगा।” 21 अपने बहुत से मीठे वचनों से
उसने उसे बहकाया, और अपने चिकने होंठों से उसे
फुसलाया। 22 वह तुरन्त उसके पीछे चला, जैसे बैल वध के
लिये जाता है, और जैसे मूर्ख बन्धनों में दण्ड पाने को जाता
है। 23 जब तक कि एक तीर उसके जिगर को न भेद दे;
जैसे कोई पक्षी फंदे की ओर दौड़ता है, और नहीं जानता कि
यह उसके जीवन को ले लेगा। 24 अब हे पुत्रों, मेरी बात सुनो;
और मेरे मुख के वचनों पर ध्यान दो। 25 तेरा हृदय उसके
मार्गों की ओर न झुके, और तू उसकी पगडंडियों में न
भटके। 26 क्योंकि बहुतों को उसने घायल कर गिराया है, और
उसके मारे हुओं की संख्या अधिक है। 27 उसका घर कब्र का
मार्ग है, जो मृत्यु के कोठों की ओर उतरता है।

8 1 क्या ज्ञान नहीं पुकारता? और समझ अपनी आवाज़
ऊँची नहीं करती? 2 मार्गों के ऊपर ऊँचाई पर, जहाँ
रास्ते मिलते हैं, वहाँ वह खड़ी होती है। 3 नगर के फाटकों के
पास, प्रवेश द्वारों पर, वह पुकारती है। 4 “हे मनुष्यों, मैं तुम से
पुकारती हूँ, और मेरी आवाज़ आदम के पुत्रों से है। 5 “हे
भोले लोगों, समझ प्राप्त करो, और हे मूर्खों, समझदार हृदय
के बनो। 6 “सुनो, क्योंकि मैं उत्तम बातें कहती हूँ, और मेरे
होंठों का खुलना सीधाई की बात करता है। 7 “क्योंकि मेरा
मुँह सत्य बोलता है, और अधर्म मेरे होंठों के लिये घृणित है।
8 “मेरे मुख के सब वचन धर्म में हैं; उनमें से कोई भी टेढ़ा या
विकृत नहीं। 9 “वे सब समझ रखनेवाले के लिये सीधे हैं,
और ज्ञान पानेवालों के लिये ठीक हैं। 10 “मेरी शिक्षा को
स्वीकार करो, न कि चाँदी को; और ज्ञान को उत्तम सोने से
अधिक मानो। 11 “क्योंकि ज्ञान माणिकों से भी उत्तम है, और
सब सुख उसके तुल्य नहीं। 12 “मैं, ज्ञान, समझ के साथ
रहती हूँ, और ज्ञान तथा विवेक को प्राप्त करती हूँ।
13 “𐤉𐤄𐤅𐤄 का भय बुराई से घृणा करना है; मैं घमण्ड,
अभिमान, और बुरे मार्ग, तथा टेढ़ी जीभ से घृणा करती हूँ।
14 “सलाह मेरी है, और सच्चा ज्ञान; मैं समझ हूँ, बल मेरे
पास है। 15 “मेरे द्वारा राजा राज्य करते हैं, और शासक
न्यायपूर्ण आज्ञाएँ देते हैं। 16 “राजकुमार मेरे द्वारा राज्य
करते हैं, और प्रतिष्ठित जन, पृथ्वी के सब न्यायी मेरे द्वारा
न्याय करते हैं।” 17 “मैं उनसे प्रेम करती हूँ जो मुझसे प्रेम
करते हैं, और जो मुझे लगन से खोजते हैं, वे मुझे पाते हैं।”
18 “धन और आदर मेरे साथ हैं, स्थायी सम्पत्ति और धर्म भी
मेरे पास हैं।” 19 “मेरा फल सोने से, यहाँ तक कि उत्तम सोने
से भी उत्तम है, और मेरी उपज चुने हुए चाँदी से अधिक है।”
20 “मैं धर्म के मार्ग में चलती हूँ, न्याय के पथों के मध्य में,”
21 “ताकि जो मुझसे प्रेम रखते हैं उन्हें धन प्रदान करूँ, और
उनके कोषागारों को भर दूँ।” 22 “𐤉𐤄𐤅𐤄 ने मुझे उत्पन्न
किया, अपनी मार्ग की शुरुआत में, अपने प्राचीन कार्यों के
प्रथम रूप में।” 23 “मैं सनातन काल से ठहराई गई, आदि
से, पृथ्वी के होने से पहले।” 24 “जब गहराइयाँ नहीं थीं, मैं
उत्पन्न की गई; जब बहुत जल से भरे सोते नहीं थे।”
25 “पहाड़ों के स्थापित होने से पहले, पहाड़ियों से पहले, मैं
उत्पन्न की गई।” 26 “जब उसने पृथ्वी और मैदानों को, या
संसार की प्रथम मिट्टी को नहीं बनाया था।” 27 “जब उसने
शमयिम को तैयार किया, मैं वहाँ थी; जब उसने गहराई के
ऊपर गोला ठहराया,” 28 “जब उसने ऊपर बादलों को स्थिर
किया, जब उसने गहराई के सोतों को दृढ़ किया,” 29 “जब
उसने समुद्र के लिये उसकी सीमा ठहराई, ताकि जल उसकी
आज्ञा का उल्लंघन न करे; जब उसने पृथ्वी की नींवों को
ठहराया,” 30 “तब मैं उसके पास थी, एक कुशल कारीगर के
समान; मैं प्रतिदिन उसके सामने आनन्दित रहती थी,”
31 “उसकी पृथ्वी में आनन्द करती, और मेरी प्रसन्नता आदम
के पुत्रों के साथ थी।” 32 “अब हे पुत्रों, मेरी सुनो; क्योंकि
धन्य हैं वे जो मेरे मार्गों की रक्षा करते हैं।” 33 “शिक्षा सुनो
और बुद्धिमान बनो, और उसे तुच्छ न जानो।” 34 “धन्य है
वह मनुष्य जो मेरी सुनता है, प्रतिदिन मेरे फाटकों पर प्रतीक्षा
करता है, मेरे द्वारों के खम्भों पर पहरा देता है।” 35 “क्योंकि
जो मुझे पाता है, वह जीवन पाता है, और 𐤉𐤄𐤅𐤄 की कृपा
प्राप्त करता है।” 36 “परन्तु जो मुझसे पाप करता है, वह
अपने ही प्राण का हानि करनेवाला है; जो मुझसे बैर रखता है,
वे मृत्यु से प्रेम करते हैं।”

9 1 ज्ञान ने अपना घर बनाया है; उसने उसके सात खम्भे
तराशे हैं। 2 उसने अपना मांस तैयार किया है; अपनी
दाखमधु मिलाई है; अपना मेज़ भी तैयार किया है। 3 उसने
अपनी दासियों को भेजा है; वह नगर के ऊँचे स्थानों से
पुकारती है। 4 “कौन भोला है? वह इधर मुड़ आए!” और जो
समझ में कमी रखता है, उससे वह कहती है, 5 “आओ, मेरी
रोटी खाओ, और वह दाखमधु पियो, जिसे मैंने मिलाया है।”
6 “भोलेपन को छोड़ दो और जीवित रहो, और समझ के मार्ग
में चलो।” 7 जो ठट्ठेबाज़ को ताड़ना देता है, वह अपने लिये
अपमान प्राप्त करता है; और जो दुष्ट को डाँटता है, वह
अपने लिये कलंक लाता है। 8 ठट्ठेबाज़ को न डाँट, कहीं वह
तुझ से बैर न करे; बुद्धिमान को डाँट, और वह तुझ से प्रेम
करेगा। 9 बुद्धिमान को शिक्षा दे, और वह और अधिक
बुद्धिमान होगा; धर्मी को सिखा, और वह अपने ज्ञान में वृद्धि
करेगा। 10 𐤉𐤄𐤅𐤄 का भय ज्ञान का आरम्भ है, और पवित्र
जन का ज्ञान ही समझ है। 11 क्योंकि मेरे द्वारा तेरे दिन
अधिक होंगे, और तेरे जीवन के वर्ष बढ़ाए जाएंगे। 12 यदि तू
बुद्धिमान बनता है, तो अपने लिये ही बुद्धिमान बनता है; पर
यदि तू ठट्ठा करता है, तो अकेला उसका भार उठाएगा।
13 मूर्ख स्त्री कोलाहल करती है, वह भोली है और कुछ नहीं

जानती। [14]क्योंकि वह अपने घर के द्वार पर, नगर के ऊँचे
स्थानों पर बैठ जाती है। [15]जो मार्ग से सीधे चलते हैं, उनसे
वह पुकारकर कहती है। [16]"कौन भोला है? वह इधर मुड़
आए!" और जो समझ में कमी रखता है, उससे वह कहती है,
[17]"चुराया हुआ जल मीठा है, और गुप्त में खाया हुआ रोटी
स्वादिष्ट है।" [18]परन्तु वह नहीं जानता कि वहाँ मरे हुए हैं;
उसके अतिथि अधोलोक की गहराइयों में हैं।

10 [1]शलोमो के नीतिवचन: बुद्धिमान पुत्र पिता को
आनन्दित करता है, परन्तु मूर्ख पुत्र अपनी माता का
दुख है। [2]दुष्टता से प्राप्त खज़ाने का कोई लाभ नहीं, परन्तु
धर्म मृत्यु से छुड़ाता है। [3]𐤉𐤄𐤅𐤄 धर्मी के प्राण को भूखा
नहीं रखता, परन्तु वह दुष्टों की अभिलाषा को ठुकरा देता है।
[4]जो आलसी हाथों से काम करता है, वह निर्धन होता है;
परन्तु जो परिश्रमी हाथों से कार्य करता है, वह धनी बनता है।
[5]जो ग्रीष्म में संग्रह करता है, वह बुद्धिमान पुत्र है; जो कटनी
के समय सोता है, वह लज्जा का कारण होता है। [6]धर्मी के
सिर पर आशीषें होती हैं, परन्तु दुष्टों का मुँह उपद्रव को
ढाँपता है। [7]धर्मी की स्मृति धन्य है, परन्तु दुष्टों का नाम
सड़ जाएगा। [8]बुद्धिमान हृदय आज्ञाओं को ग्रहण करता है,
परन्तु मूर्ख होंठवाला गिर पड़ता है। [9]जो खरेपन में चलता
है, वह निडर होकर चलता है, परन्तु जो अपने मार्गों को टेढ़ा
करता है, वह प्रकट हो जाएगा। [10]जो आँख मारता है, वह
दुःख उत्पन्न करता है, और मूर्ख होंठवाला गिर पड़ता है।
[11]धर्मी का मुँह जीवन का सोता है, परन्तु दुष्टों का मुँह उपद्रव
को ढाँपता है। [12]घृणा झगड़े को भड़काती है, परन्तु प्रेम सब
अपराधों को ढाँप देता है। [13]जिसके पास समझ है, उसके
होंठों पर ज्ञान पाया जाता है, परन्तु जिसके पास हृदय की
कमी है, उसकी पीठ के लिये छड़ी है। [14]बुद्धिमान ज्ञान को
संचित रखते हैं, परन्तु मूर्ख का मुँह विनाश के निकट है।
[15]धनी का धन उसका दृढ़ नगर है, परन्तु निर्धनों का विनाश
उनकी दरिद्रता है। [16]धर्मी की मजदूरी जीवन के लिये है,
परन्तु दुष्ट की उपज पाप के लिये। [17]जो शिक्षा पर ध्यान
देता है, वह जीवन के मार्ग में है, परन्तु जो ताड़ना से मुंह
मोड़ता है, वह भटक जाता है। [18]जो घृणा को छिपाता है,
उसके होंठ झूठे हैं; और जो निन्दा फैलाता है, वह मूर्ख है।
[19]जहाँ वचन बहुत होते हैं, वहाँ अपराध की कमी नहीं होती;
परन्तु जो अपने होंठों को रोकता है, वह बुद्धिमान है। [20]धर्मी
की जीभ चुनी हुई चाँदी है, परन्तु दुष्टों का हृदय बहुत थोड़ा
मूल्य रखता है। [21]धर्मी के होंठ बहुतों का पालन करते हैं,
परन्तु मूर्ख हृदय की कमी से मर जाते हैं। [22]𐤉𐤄𐤅𐤄 की
आशीष मनुष्य को धनी बनाती है, और वह उसके साथ कोई
दुःख नहीं जोड़ता। [23]दुष्ट के लिये बुराई करना खेल के
समान है, परन्तु समझ रखनेवाले मनुष्य के लिये ज्ञान है।
[24]जिस बात से दुष्ट डरता है, वही उस पर आती है; परन्तु
धर्मी की अभिलाषा पूरी होती है। [25]जब बवंडर निकल जाता
है, तब दुष्ट नहीं रहता; परन्तु धर्मी सदा के लिये नींव के
समान ठहरता है। [26]जैसे सिरके से दाँतों को पीड़ा होती है
और धुएँ से आँखों को, वैसे ही आलसी अपने भेजनेवालों के
लिये होता है। [27]𐤉𐤄𐤅𐤄 का भय दिनों को बढ़ाता है, परन्तु
दुष्टों के वर्ष घटाए जाते हैं। [28]धर्मी आनन्द की आशा रखते
हैं, परन्तु दुष्टों की आशा नाश हो जाती है। [29]𐤉𐤄𐤅𐤄 का
मार्ग निष्कलंक के लिये दृढ़ गढ़ है, परन्तु कुकर्म करनेवालों
के लिये विनाश। [30]धर्मी कभी नहीं डगमगाएगा, परन्तु दुष्ट
पृथ्वी पर स्थिर नहीं रहेगा। [31]धर्मी का मुँह ज्ञान उत्पन्न
करता है, परन्तु टेढ़ी जीभ काट दी जाएगी। [32]धर्मी के होंठ
जानते हैं कि क्या सुहावना है, परन्तु दुष्टों का मुँह विकृति
बोलता है।

11 [1]झूठे तराज़ू 𐤉𐤄𐤅𐤄 के लिये घृणित हैं, परन्तु सही
बाट उसका प्रसन्नता का कारण है। [2]जब अभिमान
आता है, तब अपमान भी आता है; परन्तु नम्र लोगों के साथ
ज्ञान रहता है। [3]सिधे लोगों की खराई उन्हें मार्ग दिखाती है,
परन्तु विश्वासघातियों की कुटिलता उनका विनाश करती है।
[4]धन क्रोध के दिन कुछ लाभ नहीं देता, परन्तु धर्म मृत्यु से
छुड़ाता है। [5]निर्दोष का धर्म उसके मार्ग को सीधा करता है,
परन्तु दुष्ट अपने ही दुष्टता से गिर पड़ता है। [6]सिधे लोगों
का धर्म उन्हें छुड़ाता है, परन्तु विश्वासघातियों को उनकी
लालच फँसा लेती है। [7]जब दुष्ट मनुष्य मर जाता है, उसकी
आशा नाश होती है, और अधर्मी की आकांक्षा मिट जाती है।
[8]धर्मी संकट से छुड़ाया जाता है, और दुष्ट उसके स्थान में
पड़ता है। [9]भ्रष्ट मनुष्य अपने पड़ोसी को अपने मुँह से नाश
करता है, परन्तु धर्मी ज्ञान से बच निकलता है। [10]जब धर्मी
समृद्ध होते हैं, नगर आनन्द करता है; और जब दुष्ट नाश
होते हैं, तब जयध्वनि होती है। [11]सिधे लोगों की आशीष से
नगर ऊँचा होता है, परन्तु दुष्टों के मुँह से वह उलट दिया
जाता है। [12]जो समझ में कमी रखता है, वह अपने पड़ोसी
का तिरस्कार करता है; परन्तु समझदार मनुष्य मौन रहता
है। [13]कुप्रचार करनेवाला भेद खोलता है, परन्तु
विश्वासयोग्य आत्मा वाला बात को छिपा लेता है। [14]जहां
सलाह नहीं होती, वहाँ लोग गिर पड़ते हैं; परन्तु बहुत से
मंत्रियों में सुरक्षा होती है। [15]जो किसी अजनबी का
ज़मानतदार होता है, वह संकट में पड़ता है; परन्तु जो हाथ
मिलाकर प्रतिज्ञा से बचता है, वह सुरक्षित रहता है। [16]कृपालु
स्त्री आदर प्राप्त करती है, परन्तु कठोर पुरुष धन प्राप्त
करते हैं। [17]दयालु मनुष्य अपने ही प्राण को लाभ पहुँचाता है,
परन्तु निर्दयी अपने ही शरीर को दुःख देता है। [18]दुष्ट झूठी
मजदूरी कमाता है, परन्तु जो धर्म बोता है, वह सच्चा प्रतिफल
पाता है। [19]धर्म जीवन के लिये होता है, परन्तु जो बुराई का
पीछा करता है, वह अपने ही मृत्यु की ओर जाता है।
[20]विकृत हृदय वाले 𐤉𐤄𐤅𐤄 के लिये घृणास्पद हैं, परन्तु जो
मार्ग में सिद्ध हैं, वे उसकी प्रसन्नता हैं। [21]हाथ पर हाथ रखो,
दुष्ट दण्ड से नहीं बचेगा; परन्तु धर्मियों का वंश बच
निकलेगा। [22]जैसे सूअर की नाक में सोने की नथ होती है,
वैसे ही सुन्दर परन्तु समझहीन स्त्री होती है। [23]धर्मी की
इच्छा केवल भलाई की होती है, परन्तु दुष्टों की आशा क्रोध में
परिणत होती है। [24]कोई ऐसा है जो बिखेरता है, फिर भी
अधिक बढ़ता है; और कोई ऐसा है जो उचित बात को रोकता
है, और उसे घटी होती है। [25]उदार आत्मा समृद्ध होती है,
और जो दूसरों को सींचता है, वह स्वयं भी सींचा जाता है।

26 जो अन्न रोक रखता है, उस पर लोग शाप देते हैं; परन्तु
जो उसे बेचता है, उसके सिर पर आशीष होती है। 27 जो
भलाई को यत्नपूर्वक खोजता है, वह अनुग्रह पाता है; परन्तु
जो बुराई को ढूंढता है, वह उसी में फँसता है। 28 जो अपने
धन पर भरोसा करता है, वह गिर जाएगा; परन्तु धर्मी हरे पत्ते
के समान फलेंगे-फूलेंगे। 29 जो अपने ही घर को संकट में
डालता है, वह वायु का वारिस होगा; और मूर्ख बुद्धिमानों का
दास बनेगा। 30 धर्मी का फल जीवन का वृक्ष है, और जो
आत्माओं को जीतता है, वह बुद्धिमान है। 31 देख, धर्मी को
पृथ्वी पर ही प्रतिफल मिलता है, तो दुष्ट और पापी को कितना
अधिक मिलेगा!

12

1 जो अनुशासन से प्रेम करता है, वह ज्ञान से प्रेम
करता है; परन्तु जो ताड़ना से बैर करता है, वह मूर्ख
है। 2 भला मनुष्य 𐤉𐤄𐤅𐤄 की कृपा प्राप्त करता है, परन्तु
दुष्ट युक्तियों वाला मनुष्य उसके द्वारा दुष्ट ठहराया जाता है।
3 मनुष्य दुष्टता से स्थिर नहीं होता, परन्तु धर्मियों की जड़
नहीं हिलाई जाएगी। 4 योग्य पत्नी अपने पति का मुकुट है,
परन्तु जो लज्जा उत्पन्न करती है, वह उसकी हड्डियों में सड़न
के समान है। 5 धर्मियों के विचार न्यायपूर्ण होते हैं, परन्तु
दुष्टों की युक्तियाँ छलपूर्ण होती हैं। 6 दुष्टों के वचन ऐसे हैं,
"रक्त के लिये घात लगाए रहो," परन्तु सीधे लोगों का मुँह
उन्हें छुड़ाता है। 7 दुष्ट उलट दिए जाते हैं और फिर नहीं
रहते, परन्तु धर्मियों का घर स्थिर रहता है। 8 मनुष्य को
उसकी बुद्धि के अनुसार सराहा जाता है, परन्तु विकृत हृदय
वाला तुच्छ ठहराया जाता है। 9 जो तुच्छ समझा जाता है और
फिर भी उसके पास सेवक है, वह उस से अच्छा है जो अपने
को बड़ा समझता है परन्तु रोटी से रहित है। 10 धर्मी अपने
पशु के जीवन की चिन्ता करता है, परन्तु दुष्टों की दया भी
क्रूरता है। 11 जो अपनी भूमि जोतता है, वह रोटी से तृप्त
होगा; परन्तु जो व्यर्थ बातों का पीछा करता है, उसमें समझ
का अभाव है। 12 दुष्ट बुरे काम करनेवालों की लूट का
लालच करता है, परन्तु धर्मियों की जड़ फल देती है।
13 होंठों के अपराध में बुरा फंदा होता है, परन्तु धर्मी संकट से
निकल जाता है। 14 मनुष्य अपने मुँह के फल से भलाई से
भरता है, और उसके हाथों के काम का फल उसे वापस
मिलता है। 15 मूर्ख का मार्ग उसकी अपनी दृष्टि में सीधा है,
परन्तु जो परामर्श सुनता है, वह बुद्धिमान है। 16 मूर्ख का
क्रोध तुरंत प्रकट हो जाता है, परन्तु चतुर मनुष्य अपमान को
छिपा लेता है। 17 जो सत्य बोलता है, वह धर्म की बात प्रकट
करता है; परन्तु झूठा साक्षी छल का। 18 अविवेकी वाणी
तलवार की चोट के समान है, परन्तु बुद्धिमानों की जीभ
आरोग्य प्रदान करती है। 19 सत्य के होंठ सदा स्थिर रहते
हैं, परन्तु झूठी जीभ केवल एक क्षण के लिये। 20 जो बुराई
की युक्ति करते हैं, उनके हृदय में छल है; परन्तु जो मेल की
सलाह देते हैं, उनमें आनन्द है। 21 धर्मी पर कोई विपत्ति नहीं
आती, परन्तु दुष्ट बुराई से भर जाते हैं। 22 झूठे होंठ
𐤉𐤄𐤅𐤄 के लिये घृणास्पद हैं, परन्तु जो सच्चाई से कार्य
करते हैं, वे उसकी प्रसन्नता हैं। 23 समझदार मनुष्य ज्ञान को
छिपाए रखता है, परन्तु मूर्खों का हृदय मूर्खता को प्रकट
करता है। 24 परिश्रमी का हाथ राज्य करेगा, परन्तु आलसी
को जबरन मजदूरी करनी पड़ेगी। 25 मनुष्य के हृदय में
चिन्ता उसे दबा देती है, परन्तु अच्छा वचन उसे आनन्दित
करता है। 26 धर्मी अपने पड़ोसी का मार्गदर्शन करता है,
परन्तु दुष्टों का मार्ग उन्हें गुमराह करता है। 27 आलसी
अपने शिकार को नहीं पकाता, परन्तु परिश्रमी मनुष्य अपनी
सम्पत्ति का आदर करता है। 28 धर्म के मार्ग में जीवन है,
और उसके पथ में मृत्यु नहीं है।

13

1 पुत्र अपने पिता की शिक्षा से बुद्धिमान होता है, परन्तु
ठट्ठा करने वाला ताड़ना को नहीं सुनता। 2 मुख के
फल से मनुष्य भलाई खाता है, परन्तु विश्वासघाती की इच्छा
हिंसा के लिए होती है। 3 जो अपने मुख की रक्षा करता है, वह
अपने प्राण की रक्षा करता है; परन्तु जो अपने होंठों को बहुत
खोलता है, वह नाश को प्राप्त होता है। 4 आलसी व्यक्ति की
आत्मा चाहती है, परन्तु पाती नहीं; जबकि परिश्रमी की आत्मा
समृद्ध होती है। 5 धर्मी झूठे वचन से घृणा करता है, परन्तु
दुष्ट व्यक्ति घृणास्पद होता है और लज्जा में आता है।
6 धार्मिकता उसे जो मार्ग में सिद्ध है, उसकी रक्षा करती है,
परन्तु दुष्टता पापी को उलट देती है। 7 कोई अपने आप को
धनी दिखाता है, परन्तु उसके पास कुछ नहीं; और कोई
अपने आप को दरिद्र दिखाता है, परन्तु उसके पास बड़ी
संपत्ति है। 8 मनुष्य के जीवन का फिरौती उसका धन है,
परन्तु गरीब ताड़ना को नहीं सुनता। 9 धर्मी का प्रकाश
आनन्दित करता है, परन्तु दुष्टों का दीपक बुझा दिया जाता
है। 10 अभिमान से केवल झगड़ा उत्पन्न होता है, परन्तु जो
परामर्श लेते हैं, उनके पास ज्ञान है। 11 व्यर्थ से प्राप्त धन
घटता है, परन्तु जो हाथ से इकट्ठा करता है, वह बढ़ाता है।
12 आशा का विलम्ब हृदय को पीड़ित करता है, परन्तु पूरी हुई
इच्छा जीवन का वृक्ष है। 13 जो वचन का तिरस्कार करता है,
वह नाश होता है, परन्तु जो आज्ञा का आदर करता है, वह
प्रतिफल पाता है। 14 बुद्धिमानों की तोराह जीवन का सोता है,
जो मनुष्य को मृत्यु के फंदों से दूर करता है। 15 अच्छी
समझ कृपा प्राप्त करती है, परन्तु विश्वासघातियों का मार्ग
कठिन होता है। 16 जिसके पास समझ है, वह ज्ञान के साथ
कार्य करता है, परन्तु मूर्ख मूर्खता फैलाता है। 17 दुष्ट दूत
बुराई में गिरता है, परन्तु विश्वासयोग्य दूत चिकित्सा है।
18 जो शिक्षा को अनदेखा करता है, उसके लिए दरिद्रता और
लज्जा है, परन्तु जो ताड़ना को मानता है, वह आदर पाता है।
19 पूरी हुई इच्छा आत्मा के लिए मधुर है, परन्तु बुराई से
मुड़ना मूर्खों के लिए घृणास्पद है। 20 जो बुद्धिमानों के साथ
चलता है, वह बुद्धिमान होता है, परन्तु मूर्खों का साथी बुराई
सहता है। 21 बुराई पापियों का पीछा करती है, परन्तु धर्मियों
को भलाई दी जाती है। 22 भला मनुष्य अपने पुत्रों के पुत्रों के
लिए विरासत छोड़ता है, परन्तु पापी का धन धर्मियों के लिए
रखा जाता है। 23 गरीब की जोती हुई भूमि में बहुत अन्न होता
है, परन्तु न्याय की कमी उसे नष्ट कर देती है। 24 जो अपनी
छड़ी को रोकता है, वह अपने पुत्र से घृणा करता है, परन्तु जो
उससे प्रेम करता है, वह उसको अनुशासन से ढूंढता है।

25 धर्मी अपने आत्मा की तृप्ति तक खाता है, परन्तु दुष्टों का
पेट खाली रहता है।

14 1 हर बुद्धिमान स्त्री ने अपना घर बनाया है, परन्तु
मूर्ख अपने ही हाथों से उसे ढा देती है। 2 जो अपनी
सीधाई में चलता है, वह 𐤉𐤄𐤅𐤄 का भय मानता है, परन्तु
जिसके मार्ग टेढ़े हैं, वह उसका तिरस्कार करता है। 3 मूर्ख
के मुख में घमंड की छड़ी होती है, परन्तु बुद्धिमानों के होंठ
उन्हें सुरक्षित रखते हैं। 4 जहाँ बैल नहीं होते, वहाँ चरनी साफ़
रहती है; परन्तु बैल की शक्ति से बहुत उपज होती है।
5 विश्वासयोग्य गवाह झूठ नहीं बोलता, परन्तु झूठा गवाह झूठ
उगलता है। 6 ठट्ठा करने वाला बुद्धि को खोजता है परन्तु नहीं
पा सकता, परन्तु समझ रखने वाले को ज्ञान शीघ्र प्राप्त होता
है। 7 मूर्ख मनुष्य की संगति से दूर हो जा, क्योंकि वहाँ ज्ञान
के शब्द नहीं मिलेंगे। 8 चतुर का ज्ञान यह है कि वह प्रभु का
मार्ग समझे, परन्तु मूर्खों की मूर्खता छल है। 9 मूर्ख अपराध
पर ठट्ठा करते हैं, परन्तु सीधे लोगों के बीच कृपा होती है।
10 हृदय अपने ही कड़वाहट को जानता है, और कोई पराया
उसके आनन्द में सहभागी नहीं होता। 11 दुष्ट का घर नष्ट हो
जाता है, परन्तु सीधे लोगों का तम्बू फलीभूत होता है। 12 कोई
मार्ग मनुष्य को सीधा प्रतीत होता है, परन्तु उसका अन्त मृत्यु
का मार्ग है। 13 हँसी में भी हृदय दुखी रहता है, और उस
आनन्द का अन्त शोक है। 14 हृदय का पथभ्रष्ट अपने ही
मार्गों से तृप्त होता है, परन्तु भला मनुष्य ऊपर से तृप्त होता
है। 15 भोला हर बात पर विश्वास करता है, परन्तु चतुर अपने
पगों पर ध्यान देता है। 16 बुद्धिमान भय मानता है और बुराई
से दूर रहता है, परन्तु मूर्ख आगे बढ़ता है और लापरवाह होता
है। 17 जो अधीर होता है वह मूर्खता करता है, और जो
दुष्टता की युक्ति बनाता है वह घृणित होता है। 18 भोले लोग
मूर्खता के अधिकारी होंगे, परन्तु चतुर ज्ञान से मुकुटधारी
होंगे। 19 दुष्ट भले लोगों के सामने झुकेंगे, और अधर्मी
धर्मियों के द्वारों पर। 20 गरीब अपने पड़ोसी तक से घृणा
किया जाता है, परन्तु धनी के बहुत से मित्र होते हैं। 21 जो
अपने पड़ोसी से घृणा करता है, वह पाप करता है; परन्तु जो
गरीब पर कृपा दिखाता है, आशीषित है वह। 22 क्या जो बुराई
की युक्ति करते हैं, वे भटक नहीं जाते? परन्तु जो भलाई की
योजना बनाते हैं, उनके पास कृपा और सच्चाई होती है।
23 हर परिश्रम में लाभ होता है, परन्तु केवल होंठों की बात
निर्धनता की ओर ले जाती है। 24 बुद्धिमानों का मुकुट उनका
धन है, परन्तु मूर्खों की मूर्खता मूर्खता ही रहती है। 25 सच्चा
गवाह प्राणों को बचाता है, परन्तु जो झूठ उगलता है वह
धोखेबाज़ है। 26 𐤉𐤄𐤅𐤄 का भय दृढ़ भरोसा है, और उसके
बालकों के लिए शरणस्थान है। 27 𐤉𐤄𐤅𐤄 का भय जीवन
का सोता है, जो मनुष्य को मृत्यु के फंदों से दूर करता है।
28 बहुत से लोगों में राजा की महिमा होती है, परन्तु लोगों की
कमी में शासक का नाश होता है। 29 जो धीरजवन्त है उसके
पास बड़ा समझ है, परन्तु जो आत्मा में अधीर है वह मूर्खता
को बढ़ाता है। 30 शान्त हृदय शरीर के लिए जीवन है, परन्तु
ईर्ष्या हड्डियों के लिए सड़न है। 31 जो गरीब को सताता है, वह
अपने सृष्टिकर्ता का अपमान करता है, परन्तु जो उसकी
आदर करता है, वह दरिद्र पर कृपा करता है। 32 अपनी ही
बुराई से दुष्ट नीचे गिराया जाता है, परन्तु धर्मी अपनी मृत्यु में
भी शरण पाता है। 33 बुद्धि उस मनुष्य के हृदय में विश्राम
करती है जिसके पास समझ है, परन्तु मूर्खों के बीच वह
प्रकट हो जाती है। 34 धार्मिकता किसी राष्ट्र को महान बनाती
है, परन्तु पाप लोगों के लिए अपमान है। 35 राजा की प्रसन्नता
बुद्धिमान दास की ओर होती है, परन्तु उसका क्रोध उस पर है
जो लज्जा उत्पन्न करता है।

15 1 मृदु उत्तर क्रोध को दूर करता है, परन्तु कठोर
वचन क्रोध को भड़काता है। 2 बुद्धिमान की जीभ
ज्ञान को उत्तम बनाती है, परन्तु मूर्खों का मुख मूर्खता
उगलता है। 3 𐤉𐤄𐤅𐤄 की आँखें हर स्थान पर हैं, जो दुष्टों
और धर्मियों दोनों को देखती हैं। 4 चिकित्सा देने वाली जीभ
जीवन का वृक्ष है, परन्तु उसमें वक्रता आत्मा को तोड़ देती
है। 5 मूर्ख अपने पिता की शिक्षा का तिरस्कार करता है,
परन्तु जो ताड़ना को मानता है, वह समझदार है। 6 धर्मी के
घर में बड़ा धन है, परन्तु दुष्ट की आमदनी में संकट होता
है। 7 बुद्धिमानों के होंठ ज्ञान को फैलाते हैं, परन्तु मूर्खों का
हृदय ऐसा नहीं करता। 8 दुष्टों का बलिदान 𐤉𐤄𐤅𐤄 के लिए
घृणित है, परन्तु सीधे जन की प्रार्थना उसकी प्रसन्नता है।
9 दुष्ट का मार्ग 𐤉𐤄𐤅𐤄 के लिए घृणास्पद है, परन्तु वह उसे
प्रेम करता है जो धार्मिकता का पीछा करता है। 10 जो मार्ग
को त्यागता है उसके लिए अनुशासन कठिन है; जो ताड़ना से
घृणा करता है वह मर जाता है। 11 कब्र और विनाश 𐤉𐤄𐤅𐤄
के सामने हैं, तो मनुष्यों के हृदय कितने अधिक उसके
सम्मुख होंगे। 12 ठट्ठा करने वाला अपने सुधारक से प्रेम नहीं
करता, और न ही वह बुद्धिमानों के पास जाता है।
13 आनन्दित हृदय मुख को प्रसन्न करता है, परन्तु हृदय के
दुख से आत्मा टूट जाती है। 14 समझ रखने वाले का हृदय
ज्ञान को खोजता है, परन्तु मूर्खों का मुख मूर्खता से पोषित
होता है। 15 पीड़ित के सब दिन दुखमय होते हैं, परन्तु हर्षित
हृदय के लिए यह निरन्तर भोज है। 16 थोड़ा धन 𐤉𐤄𐤅𐤄
के भय सहित बेहतर है, बनिस्पत बड़े खजाने के जो संकट
लाते हैं। 17 जहाँ प्रेम है वहाँ साग-सब्ज़ी का भोजन बेहतर है,
बनिस्पत बैल के मोटे मांस के जहाँ बैर है। 18 क्रोधी मनुष्य
झगड़ा उत्पन्न करता है, परन्तु जो धीरजवान है वह झगड़े
को शांत करता है। 19 आलसी का मार्ग काँटों की बाड़ जैसा
है, परन्तु सीधे लोगों का मार्ग राजमार्ग है। 20 बुद्धिमान पुत्र
अपने पिता को आनन्दित करता है, परन्तु मूर्ख मनुष्य अपनी
माता का तिरस्कार करता है। 21 मूर्खता उस व्यक्ति के लिए
आनन्द है जिसके पास हृदय का अभाव है, परन्तु समझदार
मनुष्य सीधा चलता है। 22 परामर्श के बिना योजनाएँ निष्फल
हो जाती हैं, परन्तु बहुत से सलाहकारों के द्वारा वे स्थिर की
जाती हैं। 23 मनुष्य अपने मुख के उत्तर से आनन्द पाता है,
और उचित समय पर कहा गया वचन कितना अच्छा होता है!
24 बुद्धिमान के लिए जीवन का मार्ग ऊपर की ओर होता है,
ताकि वह नीचे की कब्र से दूर रहे। 25 𐤉𐤄𐤅𐤄 अभिमानियों
का घर ढा देता है, और वह विधवा की सीमा को स्थिर करता
है। 26 दुष्ट विचार 𐤉𐤄𐤅𐤄 के लिए घृणास्पद हैं, परन्तु

प्रसन्न वचन शुद्ध हैं। 27 जो लाभ के लोभ में है वह अपने ही
घर में संकट लाता है, परन्तु जो घूस से घृणा करता है वह
जीवित रहता है। 28 धर्मी का हृदय उत्तर देने से पहले विचार
करता है, परन्तु दुष्टों का मुख बुराई उगलता है। 29 𐤉𐤄𐤅𐤄
दुष्टों से दूर है, परन्तु वह धर्मियों की प्रार्थना को सुनता है।
30 आँखों का प्रकाश हृदय को आनन्दित करता है, और
अच्छी सूचना हड्डियों को पुष्ट करती है। 31 जो कान जीवन
की ताड़ना को सुनता है, वह बुद्धिमानों के बीच निवास करता
है। 32 जो अनुशासन को अनदेखा करता है, वह अपने आप
से घृणा करता है; परन्तु जो ताड़ना को सुनता है, वह समझ
प्राप्त करता है। 33 𐤉𐤄𐤅𐤄 का भय बुद्धि का अनुशासन है,
और आदर से पहले नम्रता आती है।

16 1 मनुष्य के लिए हृदय की योजनाएँ होती हैं, परन्तु
जीभ का उत्तर 𐤉𐤄𐤅𐤄 से आता है। 2 मनुष्य के सब
मार्ग उसकी अपनी दृष्टि में शुद्ध होते हैं, परन्तु 𐤉𐤄𐤅𐤄
आत्माओं को तौलता है। 3 अपने कार्यों को 𐤉𐤄𐤅𐤄 पर सौंप
दे, और तेरी योजनाएँ स्थिर होंगी। 4 𐤉𐤄𐤅𐤄 ने सब कुछ
अपने उद्देश्य के लिए बनाया है, यहाँ तक कि दुष्ट को भी
विपत्ति के दिन के लिए। 5 जो भी हृदय में अभिमानी है, वह
𐤉𐤄𐤅𐤄 के लिए घृणास्पद है; हाथ से हाथ मिलाने पर भी वह
निर्दोष नहीं ठहरेगा। 6 कृपा और सच्चाई से अधर्म मिटाया
जाता है, और 𐤉𐤄𐤅𐤄 के भय में मनुष्य बुराई से दूर होता
है। 7 जब मनुष्य के मार्ग 𐤉𐤄𐤅𐤄 को प्रसन्न करते हैं, तब वह
उसके शत्रुओं को भी उसके साथ मेल में कर देता है।
8 धार्मिकता के साथ थोड़ा बेहतर है, बनिस्पत बड़े लाभ के जो
अन्याय से हो। 9 मनुष्य का हृदय अपना मार्ग सोचता है,
परन्तु 𐤉𐤄𐤅𐤄 उसके कदमों को स्थिर करता है। 10 राजा
के होंठों पर वचन का भार होता है; न्याय करते समय उसका
मुख गलती नहीं करता। 11 सही तराज़ू और तुला 𐤉𐤄𐤅𐤄
की हैं; थैली में सब बाट उसी का कार्य हैं। 12 राजाओं के लिए
अधर्म करना घृणास्पद है, क्योंकि सिंहासन धार्मिकता से
स्थिर होता है। 13 धर्मी होंठ राजाओं के लिए प्रसन्नता का
कारण हैं, और वे उसी से प्रेम करते हैं जो सीधा बोलता है।
14 राजा का क्रोध मृत्यु का दूत है, परन्तु बुद्धिमान व्यक्ति उसे
शांत करता है। 15 राजा के मुख के प्रकाश में जीवन होता है,
और उसकी कृपा बाद की वर्षा के मेघ के समान है। 16 सोना
पाने से बढ़कर बुद्धि प्राप्त करना कितना अच्छा है! और चाँदी
से भी अधिक समझ प्राप्त करना श्रेष्ठ है। 17 सीधे लोगों का
मार्ग बुराई से दूर रहना है; जो अपने जीवन की रक्षा करता है,
वह अपने मार्ग की रक्षा करता है। 18 विनाश से पहले गर्व
आता है, और पतन से पहले घमण्डी आत्मा। 19 गरीबों के
साथ नम्र आत्मा रखना बेहतर है, बनिस्पत अभिमानियों के
साथ लूट बाँटने के। 20 जो वचन पर बुद्धिमानी से ध्यान देता
है वह भलाई पाता है, और जो 𐤉𐤄𐤅𐤄 पर भरोसा करता है
वह आशीषित है। 21 बुद्धिमान हृदय वाला समझदार कहलाता
है, और होंठों की मधुरता शिक्षा को बढ़ाती है। 22 समझ
रखने वाले के लिए समझ जीवन का सोता है, परन्तु मूर्खों का
अनुशासन मूर्खता है। 23 बुद्धिमान का हृदय उसके मुख को
विवेक देता है, और उसके होंठों पर शिक्षा बढ़ती है।
24 मनभावन वचन मधुकोष के समान हैं, आत्मा के लिए मधुर
और हड्डियों के लिए आरोग्यदायक। 25 कोई मार्ग मनुष्य को
सीधा प्रतीत होता है, परन्तु उसका अन्त मृत्यु का मार्ग है।
26 जो परिश्रम करता है, वह अपने ही लिए परिश्रम करता है,
क्योंकि उसका मुख उसे आगे बढ़ाता है। 27 बेलियाल का
मनुष्य बुराई की युक्ति करता है, और उसके होंठों पर वह
अग्नि के समान जलती है। 28 विकृत मनुष्य झगड़ा फैलाता
है, और चुगलखोर घनिष्ठ मित्रों को अलग करता है।
29 दुष्ट मनुष्य अपने पड़ोसी को फुसलाता है, और उसे ऐसे
मार्ग में ले जाता है जो अच्छा नहीं है। 30 जो अपनी आँख
मिचकाता है वह कुटिलता की युक्ति करता है, और अपने होंठ
हिलाकर बुराई उत्पन्न करता है। 31 सफेद बाल शोभा का
मुकुट हैं, और यह धर्म के मार्ग में पाया जाता है। 32 जो
धैर्यवान है वह पराक्रमी से उत्तम है, और जो अपनी आत्मा
पर अधिकार रखता है वह उस से बढ़कर है जो नगर जीतता
है। 33 चिट्ठी गोद में डाली जाती है, परन्तु उसका हर निर्णय
𐤉𐤄𐤅𐤄 की ओर से होता है।

17 1 सूखी रोटी का एक टुकड़ा और उसके साथ शांति
बेहतर है, बनिस्पत उस घर के जो झगड़े की बलियों
से भरा हुआ हो। 2 बुद्धिमान दास उस पुत्र पर प्रभुत्व रखता है
जो लज्जा उत्पन्न करता है, और भाइयों के बीच विरासत में
भाग लेता है। 3 चाँदी के लिए पिघलाने का बर्तन और सोने के
लिए भट्टी होती है, परन्तु 𐤉𐤄𐤅𐤄 हृदयों की परीक्षा करता
है। 4 दुष्ट व्यक्ति दुष्ट होंठों की ओर ध्यान देता है; और झूठा
व्यक्ति विनाशकारी जीभ की ओर कान लगाता है। 5 जो गरीब
का उपहास करता है, वह अपने सृष्टिकर्ता का अपमान करता
है; और जो विपत्ति पर आनन्द करता है, वह निर्दोष नहीं
ठहरेगा। 6 पौत्र वृद्ध पुरुषों का मुकुट हैं, और बच्चों की शोभा
उनके पिता हैं। 7 उत्तम वचन मूर्ख के लिए उचित नहीं, तो
झूठे होंठ सम्मानित व्यक्ति के लिए और भी अनुचित हैं।
8 भेंट उसके स्वामी की दृष्टि में अनुग्रह का पत्थर है; जहाँ भी
वह मुड़ता है, वह सफल होता है। 9 जो अपराध को ढाँपता है,
वह प्रेम चाहता है; परन्तु जो बात को बार-बार कहता है, वह
घनिष्ठ मित्रों को अलग कर देता है। 10 ताड़ना बुद्धिमान
व्यक्ति के भीतर गहराई तक जाती है, बनिस्पत मूर्ख पर सौ
प्रहारों के। 11 दुष्ट व्यक्ति केवल विद्रोह की खोज करता है,
इसलिए उसके विरुद्ध एक क्रूर दूत भेजा जाता है। 12 एक
खोए हुए बच्चों वाली रीछ का सामना करना मूर्ख की मूर्खता
का सामना करने से बेहतर है। 13 जो भलाई के बदले बुराई
करता है, उसके घर से बुराई दूर नहीं जाएगी। 14 झगड़े की
शुरुआत जल को खोलने के समान है; इसलिए उसके फूटने
से पहले विवाद को रोक दो। 15 जो दुष्ट को धर्मी ठहराता है
और जो धर्मी को दोषी ठहराता है, दोनों 𐤉𐤄𐤅𐤄 के लिए
घृणास्पद हैं। 16 यह क्या बात है कि मूर्ख के हाथ में बुद्धि
खरीदने के लिए मूल्य है, जबकि उसके पास हृदय नहीं है?
17 मित्र हर समय प्रेम करता है, और भाई संकट के समय के
लिए जन्मा है। 18 जिसके पास समझ का अभाव है, वह
प्रतिज्ञा में हाथ मिलाता है, और अपने मित्र के लिए जमानत
बन जाता है। 19 जो अपराध से प्रेम करता है, वह झगड़े से

प्रेम करता है; और जो अपने द्वार को ऊँचा करता है, वह
विनाश की खोज करता है। 20जिसका हृदय टेढ़ा है, उसे
भलाई नहीं मिलती; और जिसकी जीभ विकृत है, वह बुराई में
गिरता है। 21जो कोई मूर्ख को जन्म देता है, उसके लिए वह
शोक का कारण होता है, और मूर्ख का पिता आनन्द नहीं
पाता। 22आनन्दित हृदय उत्तम चिकित्सा देता है, परन्तु टूटे
हुए आत्मा हड्डियों को सुखा देती है। 23दुष्ट व्यक्ति पीठ पीछे
घूस स्वीकार करता है ताकि न्याय के मार्गों को बिगाड़े।
24बुद्धि समझ रखने वाले के मुख के सामने होती है, परन्तु
मूर्ख की आँखें पृथ्वी के सिरों पर भटकती हैं। 25मूर्ख पुत्र
अपने पिता के लिए दुःख है, और उस स्त्री के लिए कड़वाहट
है जिसने उसे जन्म दिया। 26धर्मी को दण्ड देना भी अच्छा
नहीं, और सीधे लोगों को उनकी सीधाई के लिए मारना
अनुचित है। 27जिसके पास ज्ञान है, वह अपने शब्दों को
संयमित रखता है, और समझदार व्यक्ति आत्मा में शांत
रहता है। 28यहाँ तक कि मूर्ख भी जब मौन रहता है तो
बुद्धिमान समझा जाता है, और जब अपने होंठ बन्द रखता है
तो समझदार माना जाता है।

18 1अलग रहने वाला अपनी ही इच्छा को खोजता है;
वह हर सही ज्ञान के विरुद्ध विद्रोह करता है। 2मूर्ख
समझ में आनन्द नहीं पाता, परन्तु अपने ही हृदय को प्रकट
करने में। 3जब दुष्ट आता है, तब तिरस्कार भी आता है,
और लज्जा के साथ अपमान भी। 4मनुष्य के मुख के वचन
गहरे जल के समान हैं; बुद्धि का सोता बहती हुई धारा के
समान है। 5दुष्ट का पक्ष लेना अच्छा नहीं, और न धर्मी को
न्याय में हटाना। 6मूर्ख के होंठ झगड़े में प्रवेश करते हैं, और
उसका मुख मार के लिए पुकारता है। 7मूर्ख का मुख उसका
विनाश है, और उसके होंठ उसके जीवन का फंदा हैं।
8चुगलखोर के वचन स्वादिष्ट भोजन के समान हैं, और वे
हृदय के भीतर तक उतरते हैं। 9जो अपने काम में आलसी
है, वह नाश करने वाले का भाई है। 10𐤉𐤄𐤅𐤄 का नाम दृढ़
गढ़ है; धर्मी उसमें दौड़कर शरण पाता है और सुरक्षित रहता
है। 11धनी का धन उसके लिए दृढ़ नगर है, और उसकी
कल्पना में एक ऊँची दीवार के समान है। 12विनाश से पहले
मनुष्य का हृदय घमण्डी होता है, और आदर से पहले नम्रता
आती है। 13जो सुनने से पहले उत्तर देता है, वह उसके लिए
मूर्खता और लज्जा है। 14मनुष्य की आत्मा उसकी बीमारी में
उसे संभालती है, परन्तु टूटी हुई आत्मा को कौन सह सकता
है? 15समझ रखने वाले का हृदय ज्ञान प्राप्त करता है, और
बुद्धिमान का कान ज्ञान को खोजता है। 16मनुष्य का उपहार
उसके लिए स्थान बनाता है, और उसे महान पुरुषों के सामने
लाता है। 17जो पहले अपना पक्ष रखता है, वह सही प्रतीत
होता है, जब तक कि दूसरा आकर उसकी जाँच न करे।
18चिट्ठी विवादों को समाप्त करती है, और शक्तिशाली लोगों
के बीच भेद करती है। 19अपमानित भाई दृढ़ नगर से भी
कठिन जीता जाता है, और विवाद गढ़ के कड़ी सलाखों के
समान होते हैं। 20मनुष्य का पेट उसके मुख के फल से
भरता है; वह अपने होंठों की उपज से तृप्त होता है। 21मृत्यु
और जीवन जीभ की शक्ति में हैं, और जो उससे प्रेम करते हैं
वे उसका फल खाएँगे। 22जिसने पत्नी पाई उसने भलाई
पाई, और उसने 𐤉𐤄𐤅𐤄 से अनुग्रह प्राप्त किया। 23गरीब
विनम्रता से बोलता है, परन्तु धनी कठोरता से उत्तर देता है।
24जिसके बहुत मित्र हैं, वह नाश को पहुँच सकता है, परन्तु
एक प्रेमी मित्र ऐसा भी है जो भाई से भी अधिक निकट रहता
है।

19 1गरीब जो अपनी सीधाई में चलता है, वह उस मूर्ख
से बेहतर है जिसके होंठ कुटिल हैं। 2ज्ञान के बिना
इच्छा भी अच्छी नहीं; और जो अपने पांवों से जल्दी करता है,
वह पाप करता है। 3मनुष्य की मूर्खता उसके मार्ग को टेढ़ा
करती है, और उसका हृदय 𐤉𐤄𐤅𐤄 के विरुद्ध क्रोधित होता
है। 4धन बहुत से मित्र जोड़ता है, परन्तु गरीब अपने मित्र से
अलग कर दिया जाता है। 5झूठा गवाह निर्दोष नहीं ठहरेगा,
और जो झूठ उगलता है वह बच नहीं सकेगा। 6बहुत लोग
प्रधान की कृपा पाने का यत्न करते हैं, और जो उपहार देता है
उसके सब मित्र होते हैं। 7गरीब के सब भाई उससे घृणा
करते हैं; तो उसके मित्र उससे और भी अधिक दूर हो
जाएँगे! वह वचनों का पीछा करता है — पर वे खो जाते हैं।
8जो समझ प्राप्त करता है वह अपने जीवन से प्रेम करता है;
और जो समझ की रक्षा करता है वह भलाई पाता है। 9झूठा
गवाह निर्दोष नहीं ठहरेगा, और जो झूठ उगलता है वह नाश
हो जाएगा। 10विलासिता मूर्ख के लिए उचित नहीं, तो
राजकुमारों पर दास का राज्य करना कितना अधिक अनुचित
है। 11मनुष्य की समझ उसे धैर्यवान बनाती है, और उसका
गौरव अपराध को क्षमा करने में है। 12राजा का क्रोध सिंह
की गर्जना के समान है, परन्तु उसकी कृपा घास पर ओस के
समान है। 13मूर्ख पुत्र अपने पिता के लिए विपत्ति है, और
झगड़ालू पत्नी निरन्तर टपकने के समान है। 14घर और
धन पिता से मिलने वाली विरासत हैं, परन्तु समझदार पत्नी
𐤉𐤄𐤅𐤄 की ओर से होती है। 15आलस्य मनुष्य को गहरी
नींद में डाल देता है, और आलसी प्राणी भूख से पीड़ित होता
है। 16जो आज्ञा की रक्षा करता है, वह अपने जीवन की रक्षा
करता है; परन्तु जो उसके मार्गों का तिरस्कार करता है, वह
मर जाता है। 17जो गरीब पर कृपा करता है, वह 𐤉𐤄𐤅𐤄
को उधार देता है, और वह उसके कार्य का प्रतिफल देगा।
18अपने पुत्र को अनुशासित कर, क्योंकि आशा है; परन्तु
उसकी मृत्यु की ओर अपना मन मत लगा। 19जो व्यक्ति
अत्यधिक क्रोधी है वह दण्ड भोगेगा; क्योंकि यदि तू उसे
छुड़ाएगा, तो फिर ऐसा करना पड़ेगा। 20परामर्श सुन और
अनुशासन को स्वीकार कर, ताकि तू अपने अन्त में बुद्धिमान
हो। 21मनुष्य के हृदय में बहुत सी योजनाएँ होती हैं, परन्तु
𐤉𐤄𐤅𐤄 की युक्ति ही स्थिर रहती है। 22मनुष्य में चाहनीय
बात उसकी दयालुता है, और झूठे से गरीब अच्छा है।
23𐤉𐤄𐤅𐤄 का भय जीवन की ओर ले जाता है, और वह
सन्तुष्ट रहता है; उस पर बुराई नहीं आती। 24आलसी
व्यक्ति अपना हाथ कटोरे में डालता है, परन्तु उसे अपने मुख
तक नहीं लाता। 25ठट्ठा करने वाले को मारो, और भोला
व्यक्ति बुद्धिमान हो जाएगा; और समझ वाले को ताड़ना दो,
तो वह ज्ञान को ग्रहण करेगा। 26जो अपने पिता को लूटता है

और अपनी माता को भगाता है, वह ऐसा पुत्र है जो लज्जा और अपमान लाता है। [27]हे मेरे पुत्र, अनुशासन सुनना छोड़ मत दे, ताकि तू ज्ञान के वचनों से दूर न हो जाए। [28]बेलियाल का गवाह न्याय का तिरस्कार करता है, और दुष्ट का मुख दुष्टता को निगलता है। [29]ठट्ठा करने वालों के लिए न्याय तैयार है, और मूर्खों की पीठ के लिए मार।

20 [1]दाख़मदिरा ठट्ठा करने वाली है, और मद्यपान झगड़ालू है; जो उससे भटक जाता है वह बुद्धिमान नहीं। [2]राजा का भय सिंह की गर्जना के समान है; जो उसे क्रोधित करता है वह अपने ही जीवन के विरुद्ध पाप करता है। [3]मनुष्य का झगड़े से दूर रहना उसके लिए सम्मान है, परन्तु हर मूर्ख झगड़े में पड़ता है। [4]आलसी शरद ऋतु के बाद हल नहीं चलाता; कटनी के समय वह माँगता है — परन्तु कुछ नहीं पाता। [5]मनुष्य के हृदय की युक्ति गहरे जल के समान है, परन्तु समझदार व्यक्ति उसे निकाल लेता है। [6]अधिकांश लोग अपनी दया का प्रचार करते हैं, परन्तु विश्वासयोग्य मनुष्य कौन पा सकता है? [7]धर्मी मनुष्य अपनी सीधाई में चलता है; उसके पश्चात उसके बच्चे आशीषित होते हैं। [8]जो राजा न्याय के सिंहासन पर बैठता है, वह अपनी आँखों से सब बुराई को छाँट देता है। [9]कौन कह सकता है, "मैंने अपना हृदय शुद्ध किया है, मैं अपने पाप से शुद्ध हूँ"? [10]विभिन्न बाट और विभिन्न माप, दोनों 𐤉𐤄𐤅𐤄 के लिए घृणास्पद हैं। [11]यहाँ तक कि बालक भी अपने कार्यों से जाना जाता है, कि उसका काम शुद्ध और सीधा है या नहीं। [12]सुनने वाला कान और देखने वाली आँख, दोनों 𐤉𐤄𐤅𐤄 ने बनाए हैं। [13]नींद से प्रेम मत कर, ऐसा न हो कि तू गरीब हो जाए; अपनी आँखें खोल और तू रोटी से तृप्त होगा। [14]"बुरा है! बुरा है!" खरीदार कहता है; परन्तु जब वह चला जाता है, तब वह घमण्ड करता है। [15]सोना और बहुत से माणिक हैं, परन्तु ज्ञान के होंठ एक अनमोल पात्र हैं। [16]जो किसी अजनबी के लिए ज़मानत लेता है, उसका वस्त्र ले लो, और परदेशियों के लिए उसे गिरवी रखो। [17]धोखे से प्राप्त रोटी मनुष्य को मीठी लगती है, परन्तु बाद में उसका मुख कंकड़ों से भर जाता है। [18]परामर्श से योजनाएँ स्थिर होती हैं, और बुद्धिमान मार्गदर्शन से युद्ध किया जाता है। [19]जो चुगलखोरी करता फिरता है वह भेद प्रकट करता है; इसलिए उस व्यक्ति से संगति मत कर जो अपने होंठों से चिकनी बातें करता है। [20]जो अपने पिता या अपनी माता को शाप देता है, उसका दीप गहरी अन्धकार में बुझा दिया जाएगा। [21]लोभ से प्रारम्भ में प्राप्त की गई विरासत अन्त में आशीषित नहीं होती। [22]यह मत कह, "मैं बुराई का प्रतिदान दूँगा।" 𐤉𐤄𐤅𐤄 की प्रतीक्षा कर, और वह तुझे उद्धार देगा। [23]विभिन्न बाट 𐤉𐤄𐤅𐤄 के लिए घृणास्पद हैं, और झूठी तुला अच्छी नहीं है। [24]मनुष्य के कदम 𐤉𐤄𐤅𐤄 की ओर से होते हैं; तो मनुष्य अपने मार्ग को कैसे समझ सकता है? [25]मनुष्य के लिए यह फंदा है कि वह उतावली में कहे, "यह पवित्र है," और बाद में अपने वचनों पर विचार करे। [26]बुद्धिमान राजा दुष्टों को छाँट देता है, और उनके ऊपर पहिया फिराता है। [27]मनुष्य की आत्मा 𐤉𐤄𐤅𐤄 का दीपक है, जो उसके भीतर के सभी भागों की जाँच करता है। [28]कृपा और सच्चाई राजा की रक्षा करते हैं, और वह अपनी कृपा से अपने सिंहासन को स्थिर रखता है। [29]युवकों की शोभा उनकी शक्ति है, और वृद्धों की महिमा उनके सफेद बाल हैं। [30]घाव देने वाले प्रहार बुराई को दूर करते हैं, और प्रहार हृदय के भीतरी भागों को शुद्ध करते हैं।

21 [1]राजा का हृदय 𐤉𐤄𐤅𐤄 के हाथ में जल की धाराओं के समान है; वह उसे जहाँ चाहता है, वहां मोड़ देता है। [2]मनुष्य के सब मार्ग उसकी अपनी दृष्टि में ठीक हैं, परन्तु 𐤉𐤄𐤅𐤄 हृदयों को तौलता है। [3]धार्मिकता और न्याय करना 𐤉𐤄𐤅𐤄 के लिए बलिदान से भी अधिक ग्रहणयोग्य है। [4]अभिमानी दृष्टि, घमण्डी हृदय, दुष्टों का दीपक — ये सब पाप हैं। [5]परिश्रमी की योजनाएँ केवल समृद्धि की ओर ले जाती हैं, परन्तु उतावली केवल निर्धनता की ओर। [6]झूठी जीभ से प्राप्त धन वायु के समान व्यर्थ है, जो मृत्यु की ओर ले जाता है। [7]दुष्टों की लूट उन्हें ही फँसा लेती है, क्योंकि वे न्याय करने से इन्कार करते हैं। [8]दोषी मनुष्य का मार्ग टेढ़ा होता है, परन्तु निर्दोष का कार्य सीधा होता है। [9]छत के कोने में रहना उस झगड़ालू स्त्री के साथ घर बाँटने से बेहतर है। [10]दुष्ट की इच्छा बुराई के लिए होती है; उसका पड़ोसी उसकी दृष्टि में कृपा नहीं पाता। [11]जब ठट्ठा करने वाले को दण्ड दिया जाता है, तब भोला बुद्धिमान बनता है; और जब बुद्धिमान को शिक्षा दी जाती है, तो वह ज्ञान प्राप्त करता है। [12]धर्मी व्यक्ति बुद्धिमानी से दुष्ट के घर पर विचार करता है; वह उनकी दुष्टता के कारण उन्हें उलट देता है। [13]जो गरीब की पुकार पर अपने कान बन्द करता है, वह स्वयं पुकारेगा परन्तु उसकी नहीं सुनी जाएगी। [14]गुप्त में दी गई भेंट क्रोध को शांत करती है, और गोद में दी गई घूस प्रबल रोष को शांत करती है। [15]धर्मियों के लिए न्याय करना आनन्द है, परन्तु अधर्म करने वालों के लिए बिनाश। [16]जो व्यक्ति समझ के मार्ग से भटकता है, वह मरे हुओं की सभा में ठहरता है। [17]जो व्यक्ति सुख से प्रेम करता है, वह गरीब हो जाता है; जो दाख़मदिरा और तेल से प्रेम करता है, वह धनी नहीं होता। [18]दुष्ट धर्मी के लिए फिरौती होता है, और विश्वासघाती सीधे लोगों के लिए। [19]मरुभूमि में रहना उस झगड़ालू और क्रोधित स्त्री के साथ रहने से बेहतर है। [20]मनभावन धन और तेल बुद्धिमानों के घर में होता है, परन्तु मूर्ख मनुष्य उसे निगल जाता है। [21]जो धर्म और दया का पीछा करता है, वह जीवन, धर्म और आदर पाता है। [22]बुद्धिमान व्यक्ति शक्तिशाली लोगों के नगर पर चढ़ाई करता है, और उस भरोसेमंद गढ़ को गिरा देता है। [23]जो अपने मुख और जीभ की रक्षा करता है, वह अपने जीवन को संकटों से बचाता है। [24]घमण्डी, अभिमानी, "ठट्ठा करने वाला" — यही उसका नाम है; वह घोर अभिमान के साथ काम करता है। [25]आलसी मनुष्य की लालसा उसे मार डालती है, क्योंकि उसके हाथ काम करने से इंकार करते हैं। [26]वह दिनभर लोभपूर्वक लालसा करता है, परन्तु धर्मी देता है और रोकता नहीं। [27]दुष्टों का बलिदान 𐤉𐤄𐤅𐤄 के लिए घृणास्पद है; तो कितना अधिक जब वह उसे दुष्टता के साथ लाता है! [28]झूठा गवाह नाश हो जाता है, परन्तु जो सुनता है

वह सदैव बोलता रहता है। 29 दुष्ट मनुष्य अपना मुख कठोर
करता है, परन्तु सीधा मनुष्य अपना मार्ग स्थिर करता है।
30 कोई भी बुद्धि, समझ या परामर्श 𐤉𐤄𐤅𐤄 के विरुद्ध नहीं
ठहर सकता। 31 घोड़ा युद्ध के दिन के लिए तैयार किया
जाता है, परन्तु उद्धार 𐤉𐤄𐤅𐤄 की ओर से होता है।

22 1 अच्छा नाम बड़े धन से अधिक मूल्यवान है; कृपा
चाँदी और सोने से भी उत्तम है। 2 धनी और गरीब
दोनों मिलते हैं — 𐤉𐤄𐤅𐤄 उन सबका सृजनहार है। 3 चतुर
व्यक्ति बुराई को पहले से देखता है और अपने आप को छिपा
लेता है, परन्तु भोले लोग आगे बढ़ते हैं और दण्ड पाते हैं।
4 नम्रता का प्रतिफल 𐤉𐤄𐤅𐤄 का भय है — धन, आदर और
जीवन। 5 काँटे और फंदे कुटिल के मार्ग में हैं; जो अपने
जीवन की रक्षा करता है वह उनसे दूर रहता है। 6 लड़के को
उसके मार्ग में शिक्षा दे जिस पर उसे चलना चाहिए, तो वह
वृद्ध होने पर भी उससे नहीं हटेगा। 7 धनी गरीबों पर राज्य
करता है, और ऋणी उधार देने वाले का दास होता है। 8 जो
अधर्म बोता है वह विपत्ति काटता है, और उसके क्रोध की
छड़ी नाश हो जाती है। 9 जिसकी दृष्टि उदार है वह आशीषित
है, क्योंकि वह अपनी रोटी गरीब को देता है। 10 ठट्ठा करने
वाले को निकाल दे और झगड़ा भी निकल जाएगा; विवाद
और अपमान दोनों समाप्त हो जाएँगे। 11 जो हृदय की
पवित्रता से प्रेम करता है और जिसकी वाणी मनोहर है, राजा
उसका मित्र बनता है। 12 𐤉𐤄𐤅𐤄 की आँखें ज्ञान की रक्षा
करती हैं, परन्तु वह विश्वासघातियों के वचनों को उलट देता
है। 13 आलसी कहता है, "बाहर सिंह है! मैं गलियों में मारा
जाऊँगा!" 14 पराई स्त्री का मुख गहरा गड्ढा है; जिस पर
𐤉𐤄𐤅𐤄 का क्रोध है, वह उसमें गिरता है। 15 मूर्खता बालक
के हृदय में बँधी रहती है, परन्तु अनुशासन की छड़ी उसे
उससे दूर कर देती है। 16 जो कोई गरीब को दबाता है अपने
लाभ के लिए, और जो किसी धनी को देता है, दोनों ही
निर्धनता में आते हैं। 17 अपना कान झुका और बुद्धिमानों के
वचन सुन, और अपना हृदय मेरे ज्ञान पर लगा। 18 क्योंकि
यदि तू उन्हें अपने भीतर रखे तो वे मनोहर हैं; वे सब तेरे होंठों
पर तैयार रहें। 19 कि तेरा भरोसा 𐤉𐤄𐤅𐤄 पर हो, मैं ने आज
तुझे यह बताया है, हाँ तुझे। 20 क्या मैंने पहले ही तुझे परामर्श
और ज्ञान के विषय में नहीं लिखा? 21 ताकि तुझे सत्य के
वचनों की निश्चयता का ज्ञान हो, और तू अपने पास भेजने
वालों को सत्य के वचन लौटा सके। 22 गरीब को उसकी
गरीबी के कारण लूट मत, और फाटक पर पीड़ित पर
अत्याचार मत कर। 23 क्योंकि 𐤉𐤄𐤅𐤄 उनका मामला
लड़ता है, और जो उन्हें लूटते हैं उन्हें वह लूट लेता है।
24 क्रोधी मनुष्य से मित्रता मत कर, और उग्र स्वभाव वाले
व्यक्ति के साथ मत चल। 25 ऐसा न हो कि तू उसके मार्ग
सीख ले, और अपने प्राण को फंदे में डाल दे। 26 उन लोगों
में से मत हो जो हाथ मिलाकर प्रतिज्ञा करते हैं, या जो ऋणों
के लिए ज़मानत देते हैं। 27 यदि तुझे चुकाने का साधन नहीं
है, तो वह तेरा बिछावन तुझ से क्यों ले जाए? 28 उन प्राचीन
सीमाओं को मत हटा जो तेरे पितरों ने ठहराई हैं। 29 क्या तू
ऐसे मनुष्य को देखता है जो अपने कार्य में निपुण है? वह
राजाओं के सम्मुख ठहरेगा, वह सामान्य मनुष्यों के सामने
नहीं ठहरेगा।

23 1 जब तू किसी शासक के साथ भोजन के लिए बैठता
है, तो जो तेरे सामने है उस पर ध्यानपूर्वक दृष्टि
कर। 2 यदि तू भोजन में लिप्त मनुष्य है, तो अपने गले पर
छुरी रख। 3 उसके स्वादिष्ट भोजन की इच्छा मत कर,
क्योंकि वह भोजन छलपूर्ण है। 4 धनी बनने के लिए परिश्रम
मत कर; अपनी ही समझ पर भरोसा करना छोड़ दे। 5 क्या
तू उस वस्तु पर अपनी दृष्टि लगाता है जो स्थिर नहीं? क्योंकि
धन अवश्य ही अपने लिए पंख बना लेता है; वह उकाब के
समान आकाश की ओर उड़ जाता है। 6 दुष्ट दृष्टि वाले के
रोटी मत खा, और उसके स्वादिष्ट भोजन की इच्छा मत
कर। 7 क्योंकि जैसा वह अपने मन में सोचता है, वैसा ही वह
है। वह तुझसे कहेगा, "खा और पी!" परन्तु उसका हृदय
तेरे साथ नहीं है। 8 तू जो टुकड़ा खा चुका है उसे उगल देगा,
और तेरे मधुर वचन व्यर्थ हो जाएँगे। 9 मूर्ख के कानों में मत
बोल, क्योंकि वह तेरे बुद्धिमान वचनों का तिरस्कार करेगा।
10 प्राचीन सीमा को मत हटा, और अनाथों के खेतों में मत
प्रवेश कर। 11 क्योंकि उनका छुड़ाने वाला बलवान है; वह तेरा
मामला उनके विरुद्ध लड़ेगा। 12 अपने हृदय को अनुशासन
के प्रति लगा, और अपने कानों को ज्ञान के वचनों पर लगा।
13 बालक से अनुशासन मत रोक; यदि तू उसे छड़ी से मारेगा
तो वह नहीं मरेगा। 14 तू उसे छड़ी से मारेगा और उसके प्राण
को कब्र से छुड़ाएगा। 15 हे मेरे पुत्र, यदि तेरा हृदय बुद्धिमान
हो, तो मेरा हृदय भी आनन्दित होगा, हाँ, मैं स्वयं। 16 और
जब तेरे होंठ सीधी बात बोलेंगे, तब मेरे अंतरतम में उल्लास
होगा। 17 तेरा हृदय पापियों से ईर्ष्या न करे, परन्तु दिन भर
𐤉𐤄𐤅𐤄 के भय में बना रहे। 18 निश्चय ही एक अन्त है,
और तेरी आशा व्यर्थ नहीं होगी। 19 सुन, हे मेरे पुत्र, और
बुद्धिमान बन; और अपने हृदय को मार्ग में ले चल।
20 दाखमदिरा पीने वालों में और मांस के लालची खाने वालो
के साथ मत रह। 21 क्योंकि पियक्कड़ और पेटू निर्धन हो
जाते हैं, और आलस्य उन्हें चिथड़ों में लपेट देता है।
22 अपने पिता की सुन जिसने तुझे उत्पन्न किया, और जब
तेरी माता वृद्ध हो जाए तब उसका तिरस्कार मत कर।
23 सत्य को प्राप्त कर और उसे मत बेच — ज्ञान, अनुशासन
और समझ भी। 24 धर्मी का पिता बहुत आनन्दित होता है,
और जो बुद्धिमान पुत्र को उत्पन्न करता है वह उसमें प्रसन्न
होता है। 25 तेरा पिता और तेरी माता आनन्द करें, और
जिसने तुझे जन्म दिया वह उल्लसित हो। 26 हे मेरे पुत्र,
अपना हृदय मुझे दे, और तेरी आँखें मेरे मार्गों पर लगी रहें।
27 क्योंकि वेश्या गहरा गड्ढा है, और पराई स्त्री संकीर्ण कुआं
है। 28 वह भी किसी शिकार की तरह घात में रहती है, और
मनुष्यों में विश्वासघातियों की संख्या बढ़ाती है। 29 किसके
पास हाय है? किसके पास दु:ख है? किसके पास झगड़े हैं?
किसके पास शिकायतें हैं? किसके पास व्यर्थ चोटें हैं? किसकी
आँखें लाल हैं? 30 जो दाखमदिरा में देर तक टिके रहते हैं,
जो मिले-जुले पेय खोजने जाते हैं। 31 दाखमदिरा पर दृष्टि
मत डाल जब वह लाल हो, जब वह प्याले में अपनी रंगत

दिखाती है, जब वह सहजता से बहती है। 32 अन्त में वह साँप
के समान डँसती है, और विषधर के समान डंक मारती है।
33 तेरी आँखें पराई स्त्रियों को देखेंगी, और तेरा हृदय कुटिल
बातें बोलेगा। 34 तू उस व्यक्ति के समान होगा जो समुद्र के
बीच में लेटा हो, या जो मस्तूल के शिखर पर पड़ा हो, यह
कहते हुए — 35 "उन्होंने मुझे मारा, पर मैं घायल नहीं हुआ!
उन्होंने मुझे पीटा, पर मुझे पता भी नहीं चला! मैं कब जागूँगा?
मैं फिर जाकर उसे खोजूँगा!"

24
1 दुष्ट लोगों से ईर्ष्या मत कर, और उनके साथ रहने
की इच्छा मत रख। 2 क्योंकि उनका हृदय हिंसा की
युक्ति करता है, और उनके होंठ अनर्थ की बातें करते हैं।
3 बुद्धि के द्वारा घर बनता है, और समझ के द्वारा वह स्थिर
होता है। 4 और ज्ञान के द्वारा उसके कक्ष सब मूल्यवान और
मनोहर धन से भर जाते हैं। 5 बुद्धिमान व्यक्ति शक्ति में
पराक्रमी होता है, और ज्ञान रखने वाला अपनी शक्ति बढ़ाता
है। 6 क्योंकि बुद्धिमान परामर्श से तू अपना युद्ध करता है, और
विजय बहुत से सलाहकारों के द्वारा होती है। 7 बुद्धि मूर्ख के
लिए ऊँची है; वह फाटक पर अपना मुख नहीं खोलता। 8 जो
बुराई की योजना बनाता है, उसे दुष्ट योजनाओं का कारीगर
कहा जाता है। 9 मूर्खता का विचार पाप है, और ठट्ठा करने
वाला मनुष्यों के लिए घृणास्पद है। 10 यदि तू संकट के दिन
में ढीला पड़ता है, तो तेरी शक्ति थोड़ी है। 11 जो मृत्यु के
लिए ले जाए जा रहे हैं उन्हें बचा, और जो वध के लिए ठोकर
खा रहे हैं उन्हें रोक। 12 यदि तू कहे, "देखो, हम तो नहीं
जानते थे," क्या वह जो हृदयों को तौलता है नहीं समझेगा?
और जो तेरे जीवन की रक्षा करता है, क्या वह नहीं जानेगा?
और क्या वह मनुष्य को उसके काम के अनुसार प्रतिफल नहीं
देगा? 13 हे मेरे पुत्र, मधु खा क्योंकि वह अच्छा है, और
मधुकोष तेरे स्वाद के लिए मधुर है। 14 ऐसा ही अपनी आत्मा
के लिए बुद्धि को जान; यदि तू उसे पा ले, तो एक भविष्य होगा,
और तेरी आशा नष्ट नहीं होगी। 15 हे दुष्ट, धर्मी के निवास
के विरुद्ध घात में मत बैठ, और उसके विश्राम स्थान को न
बिगाड़। 16 क्योंकि धर्मी मनुष्य सात बार गिरता है और फिर
उठता है, परन्तु दुष्ट विपत्ति में ठोकर खाकर गिर जाता है।
17 जब तेरा शत्रु गिरे, तो आनन्दित मत हो, और जब वह
ठोकर खाए तो तेरा हृदय हर्षित न हो। 18 ऐसा न हो कि
३५३२ देखे और यह उसकी दृष्टि में बुरा लगे, और वह
अपना क्रोध उस से हटा ले। 19 दुष्ट कर्म करने वालों के
कारण चिंतित मत हो, और दुष्टों से ईर्ष्या मत कर।
20 क्योंकि दुष्ट के लिए कोई भविष्य नहीं है; दुष्टों का दीपक
बुझा दिया जाएगा। 21 हे मेरे पुत्र, ३५३२ और राजा का
भय मान, और उन लोगों के साथ मत मिल जो परिवर्तनशील
हैं। 22 क्योंकि उनका विनाश अचानक उठ खड़ा होता है,
और कौन जानता है दोनों पर आने वाला नाश? 23 ये भी
बुद्धिमानों के लिए हैं: न्याय में पक्षपात करना अच्छा नहीं।
24 जो दुष्ट से कहता है, "तू धर्मी है," लोग उसे शाप देते हैं,
और जातियाँ उसका तिरस्कार करती हैं। 25 परन्तु जो उन्हें
डाँटते हैं, उन पर अनुग्रह होता है, और उन पर एक उत्तम
आशीर्वाद आता है। 26 जो सीधा उत्तर देता है, वह होंठों को
चूमता है। 27 अपना कार्य बाहर तैयार कर, और मैदान में
उसे अपने लिए उचित बना; तब तू अपना घर बनाएगा।
28 अपने पड़ोसी के विरुद्ध बिना कारण साक्षी मत बन, और
अपने होंठों से छल मत कर। 29 यह मत कह, "जैसा उसने
मेरे साथ किया, वैसा मैं भी उसके साथ करूँगा; मैं प्रत्येक को
उसके कर्म के अनुसार प्रतिफल दूँगा।" 30 मैं आलसी के
खेत के पास से, और समझहीन मनुष्य के दाख की बारी के
पास से होकर गया; 31 और देखो, वह सब काँटों से भर गया
था; उसकी भूमि ऊँटकटारे से ढकी थी, और उसकी पत्थर
की दीवार गिरी हुई थी। 32 जब मैंने इसे देखा, तो अपने
हृदय को इस पर लगाया; मैंने देखा और शिक्षा प्राप्त की।
33 थोड़ी नींद, थोड़ा झपकी लेना, थोड़ा हाथों को जोड़कर
विश्राम करना — 34 और तेरी गरीबी धीरे-धीरे आएगी, और
तेरी घटी हथियारबंद मनुष्य के समान।

25
1 ये भी शेलोमो के कहावतें हैं जिन्हें यहूदा के राजा
हिज़कियाहू के लोगों ने नकल की। 2 किसी बात को
छिपाना ईश्वर की महिमा है, और किसी बात की खोज करना
राजाओं की महिमा है। 3 आकाश की ऊँचाई और पृथ्वी की
गहराई जैसी है, वैसे ही राजाओं का हृदय अगम्य है। 4 चाँदी
से मल को निकाल दो, तब सुनार के लिये पात्र निकल आता
है। 5 राजा के सामने से दुष्ट को दूर कर दो, तब उसका
सिंहासन धर्म में स्थिर रहेगा। 6 राजा के सामने अपने आप
को ऊँचा मत करो, और महान पुरुषों के स्थान पर मत खड़े
हो। 7 क्योंकि यह अच्छा है कि वह तुझसे कहे, 'यहाँ ऊपर
आ,' न कि तुझे किसी प्रतिष्ठित व्यक्ति के सामने नीचे किया
जाए, जिसे तेरी आँखों ने देखा है। 8 जल्दी में विवाद करने
के लिये बाहर मत निकल, क्योंकि अंत में जब तेरा पड़ोसी
तुझे लज्जित कर दे तो तू क्या करेगा? 9 अपना विवाद अपने
पड़ोसी के साथ स्वयं निपटा, और दूसरे का भेद प्रकट न
कर। 10 ऐसा न हो कि जो सुनता है वह तुझे लज्जित करे,
और तेरी बदनामी लौटकर न आए। 11 समय पर कहा गया
शब्द, चाँदी की जाली में सोने के सेब के समान होता है।
12 सोने की अंगूठी और उत्तम सोने का आभूषण, वैसे ही
बुद्धिमान की डाँट सुनने वाले कान के लिये होती है। 13 कटनी
के समय में हिम की ठंडक के समान है वह विश्वासी दूत जो
उसे भेजने वालों के लिये होता है, क्योंकि वह अपने स्वामियों
के जीवन को ताज़गी देता है। 14 जो व्यक्ति झूठे ढंग से
अपने उपहारों का घमण्ड करता है, वह वर्षा रहित बादल और
पवन के समान है। 15 धैर्य से शासक को मनाया जाता है,
और कोमल जीभ हड्डी को तोड़ देती है। 16 क्या तूने मधु
पाया है? जितनी तेरी आवश्यकता है उतना ही खा, कहीं तू
अधिक खाकर उल्टी न करे। 17 अपने पड़ोसी के घर में
अपने पाँव को कम रख, कहीं वह तुझसे ऊबकर तुझसे बैर
न कर बैठे। 18 लाठी, तलवार और तीक्ष्ण तीर के समान है
वह व्यक्ति जो अपने पड़ोसी के विरुद्ध झूठी गवाही देता है।
19 टूटा हुआ दाँत और खिसकी हुई टाँग के समान है संकट
के समय विश्वासघाती व्यक्ति पर भरोसा करना। 20 जो ठंडे
समय में वस्त्र उतारता है, या सोडा पर सिरका डालता है,
वैसा ही है जो दुखी मन वाले के सामने गीत गाता है। 21 यदि

तेरा शत्रु भूखा है तो उसे रोटी खाने को दे, और यदि वह
प्यासा है तो उसे पानी पीने को दे। 22 क्योंकि तू उसके सिर
पर अंगारों के कोयले ढेर करता है, और ऋ५ऋट तुझे
प्रतिफल देगा। 23 उत्तर की हवा वर्षा लाती है, और छिपी हुई
जीभ क्रोधित चेहरा लाती है। 24 छत के कोने में रहना उस
झगड़ालू स्त्री के साथ घर बाँटने से उत्तम है। 25 जैसे प्यासे
गले के लिये ठंडा पानी, वैसे ही दूर देश से आने वाली अच्छी
खबर है। 26 गंदला सोता और बिगड़ा हुआ झरना उस धर्मी
व्यक्ति के समान है जो दुष्टों के सामने झुकता है। 27 अधिक
मधु खाना अच्छा नहीं है, न ही अपनी ही महिमा की खोज
करना महिमा है। 28 टूटी हुई दीवारों वाला नगर उस मनुष्य
के समान है जिसके आत्मा पर नियंत्रण नहीं है।

26

1 जैसे ग्रीष्म ऋतु में हिमपात और कटनी के समय में
वर्षा अनुचित है, वैसे ही मूर्ख के लिये आदर शोभा
नहीं देता। 2 जैसे पक्षी उड़ता फिरता है, और निगल यहाँ-वहाँ
फड़फड़ाता है, वैसे ही बिना कारण शाप नहीं आता। 3 घोड़े के
लिये कोड़ा, गदहे के लिये लगाम, और मूर्ख की पीठ के लिये
दंड होता है। 4 मूर्ख को उसकी मूर्खता के अनुसार उत्तर मत
दे, कहीं तू भी उसके समान न हो जाए। 5 मूर्ख को उसकी
मूर्खता के अनुसार उत्तर दे, कहीं वह अपनी दृष्टि में बुद्धिमान
न बन जाए। 6 जो मूर्ख के हाथ से संदेश भेजता है, वह अपने
पैर काट देता है और हानि पीता है। 7 जैसे लँगड़े के पैर ढीले
लटकते हैं, वैसे ही मूर्खों के मुँह में कहावत होती है। 8 जैसे
कोई गोफन में पत्थर बाँधता है, वैसे ही जो मूर्ख को आदर
देता है। 9 जैसे शराबी के हाथ में काँटा लगता है, वैसे ही मूर्खों
के मुँह में कहावत होती है। 10 जो किसी मूर्ख या किसी आने-
जाने वाले को काम पर रखता है, वह ऐसा है जैसे तीरंदाज़ जो
सबको घायल करता है। 11 जैसे कुत्ता अपनी उल्टी की ओर
लौटता है, वैसे ही मूर्ख अपनी मूर्खता को दोहराता है। 12 क्या
तूने ऐसे व्यक्ति को देखा है जो अपनी दृष्टि में बुद्धिमान है?
मूर्ख के लिये उससे भी अधिक आशा है। 13 आलसी कहता
है, "मार्ग में सिंह है! गलियों में हिंसक सिंह है!" 14 जैसे
दरवाज़ा अपनी कुंडियों पर घूमता है, वैसे ही आलसी अपने
बिस्तर पर घूमता है। 15 आलसी अपना हाथ थाली में डालता
है, उसे अपने मुँह तक लाने में भी थक जाता है। 16 आलसी
अपनी दृष्टि में सात सलाह देने वालों से भी अधिक बुद्धिमान
समझता है। 17 जो किसी कुत्ते के कान पकड़ता है, वह उस
व्यक्ति के समान है जो अपने न होने वाले झगड़े में हस्तक्षेप
करता है। 18 जैसे पागल व्यक्ति चिंगारियाँ, तीर और मृत्यु
फेंकता है, 19 वैसा ही है वह मनुष्य जो अपने पड़ोसी को धोखा
देता है, और कहता है, "मैं तो मज़ाक कर रहा था!"
20 लकड़ी न होने से आग बुझ जाती है, और निन्दक न होने
से झगड़ा समाप्त होता है। 21 कोयला अंगारों के लिये और
लकड़ी आग के लिये होती है, वैसे ही झगड़ालू व्यक्ति विवाद
को भड़काता है। 22 निन्दक के वचन स्वादिष्ट टुकड़ों के
समान हैं, जो हृदय के भीतर तक उतर जाते हैं। 23 चाँदी की
परत चढ़ा हुआ मिट्टी का बर्तन, वैसे ही जलते होंठ और दुष्ट
हृदय होते हैं। 24 जो घृणा करता है वह अपने होंठों से ढोंग
करता है, परंतु अपने भीतर छल रखता है। 25 भले ही वह
मधुर वचन बोले, उस पर विश्वास मत कर, क्योंकि उसके
हृदय में सात घृणाएँ छिपी हैं। 26 घृणा छल से ढकी रहती है,
परन्तु सभा में उसका दुष्टता प्रकट हो जाती है। 27 जो गड्ढा
खोदता है, वह उसी में गिरता है, और जो पत्थर लुढ़काता है,
वह उसी पर लौट आता है। 28 झूठी जीभ अपने पीड़ितों से
बैर करती है, और चापलूस मुँह विनाश लाता है।

27

1 कल का घमण्ड मत कर, क्योंकि तू नहीं जानता कि
एक दिन क्या उत्पन्न करेगा। 2 तेरी प्रशंसा कोई
दूसरा मनुष्य करे, न कि तेरा अपना मुँह; कोई पराया करे, न
कि तेरे अपने होंठ। 3 पत्थर भारी है और रेत बोझिल है,
परन्तु मूर्ख का क्रोध दोनों से भी भारी होता है। 4 खुली डाँट
छिपे प्रेम से उत्तम है। 5 मित्र के घाव सच्चे होते हैं, परन्तु शत्रु
के चुम्बन अधिक होते हैं। 6 तृप्त व्यक्ति मधु के छत्ते से भी
घृणा करता है, परन्तु भूखे के लिये कड़वी भी वस्तु मीठी
लगती है। 7 जैसे पक्षी अपने घोंसले से भटकता है, वैसे ही
मनुष्य अपने स्थान से भटकता है। 8 सुगंधित तेल और इत्र
हृदय को आनन्दित करते हैं, वैसे ही मित्र की सम्मति मन को
मधुर लगती है। 9 अपने मित्र और अपने पिता के मित्र को
मत त्याग, और विपत्ति के दिन अपने भाई के घर मत जा;
निकट का पड़ोसी दूर के भाई से उत्तम है। 10 हे मेरे पुत्र,
बुद्धिमान बन, और मेरे हृदय को आनन्दित कर, ताकि मुझे
ताने देने वाले को मैं उत्तर दे सकूँ। 11 चतुर मनुष्य विपत्ति को
देखकर छिप जाता है; परन्तु भोले लोग आगे बढ़ते हैं और
दण्ड पाते हैं। 12 जो किसी पराये के लिये ज़मानत देता है
उसका वस्त्र ले ले, और किसी परायी स्त्री के लिये उसे गिरवी
रख। 13 जो अपने मित्र का सुबह-सुबह ऊँची आवाज़ में
अभिवादन करता है, वह उसके लिये शाप के समान गिना
जाएगा। 14 बहुत वर्षा के दिन की लगातार टपकती बूँदें और
झगड़ालू स्त्री एक समान हैं। 15 जो उसे रोकना चाहता है वह
पवन को रोकने जैसा है, और उसका दाहिना हाथ तेल का
सामना करता है। 16 लोहा लोहे को तेज करता है, वैसे ही
मनुष्य अपने मित्र का मुख तेज करता है। 17 जो अंजीर के
वृक्ष की रक्षा करता है वह उसका फल खाता है, और जो
अपने स्वामी की रक्षा करता है वह सम्मानित होता है। 18 जैसे
जल में चेहरा चेहरे को दर्शाता है, वैसे ही मनुष्य का हृदय
मनुष्य को प्रकट करता है। 19 पाताल और विनाश तृप्त नहीं
होते, वैसे ही मनुष्य की आँखें भी तृप्त नहीं होतीं। 20 चाँदी के
लिये कुंड और सोने के लिये भट्ठी होती है, वैसे ही मनुष्य
अपनी प्रशंसा से परखा जाता है। 21 यदि तू मूर्ख को ओखली
में अनाज के साथ कूटे, तो भी उसकी मूर्खता उससे दूर नहीं
होगी। 22 अपनी भेड़ों की दशा भली प्रकार जान, और अपने
झुंडों पर मन लगा। 23 क्योंकि धन सदा नहीं रहता, और न
ही मुकुट पीढ़ी दर पीढ़ी बना रहता है। 24 घास कट जाती है
और नई घास उग आती है, और पहाड़ों की वनस्पति एकत्र
की जाती है। 25 भेड़ के बच्चे तेरे वस्त्रों के लिये हैं, और
बकरियाँ खेत की कीमत के लिये। 26 और बकरियों का दूध
तेरे भोजन के लिये पर्याप्त है, तेरे घराने के भोजन के लिये,
और तेरी दासियों के पालन के लिये। 27 और बकरियों का

दूध तुम्हारे भोजन के लिए पर्याप्त होगा, तुम्हारे घराने के
भोजन के लिए, और तुम्हारी लड़कियों के लिए भरण-पोषण।

28 1 दुष्ट भागते हैं चाहे कोई उनका पीछा न करे, परन्तु
धर्मी सिंह के समान निर्भीक होते हैं। 2 देश के
अपराध के कारण उसके बहुत से शासक होते हैं, परन्तु
समझ और ज्ञान वाले मनुष्य द्वारा न्याय स्थिर रहता है। 3 जो
निर्धन व्यक्ति दूसरे निर्धनों पर अत्याचार करता है, वह उस
झाड़ने वाली वर्षा के समान है जो अन्न नहीं छोड़ती। 4 जो
तोराह को त्यागते हैं वे दुष्टों की प्रशंसा करते हैं, परन्तु जो
तोराह की रक्षा करते हैं वे उनसे संघर्ष करते हैं। 5 दुष्ट लोग
न्याय को नहीं समझते, परन्तु जो 𐤉𐤄𐤅𐤄 को खोजते हैं वे
सब कुछ समझते हैं। 6 वह निर्धन जो अपनी सिधाई में
चलता है, उस धनवान से उत्तम है जो अपनी चाल में टेढ़ा है।
7 जो तोराह की रक्षा करता है वह समझदार पुत्र है, परन्तु
भोगियों का साथी अपने पिता का अपमान करता है। 8 जो
ब्याज और लाभ से अपनी सम्पत्ति बढ़ाता है, वह उसे उस
व्यक्ति के लिये इकट्ठा करता है जो निर्धनों पर कृपा करता
है। 9 जो तोराह सुनने से अपना कान फेर लेता है, उसकी
प्रार्थना भी घृणास्पद होती है। 10 जो सीधों को बुरे मार्ग में
भटकाता है, वह अपने ही गड्ढे में गिरता है; परन्तु खरे लोग
अच्छा भाग पाते हैं। 11 धनवान अपनी दृष्टि में बुद्धिमान होता
है, परन्तु समझ वाला निर्धन उसे परख लेता है। 12 जब धर्मी
आनन्द करते हैं, तब महिमा होती है; परन्तु जब दुष्ट उठ
खड़े होते हैं, तब लोग छिप जाते हैं। 13 जो अपने अपराधों
को छिपाता है वह सफल नहीं होता, परन्तु जो उन्हें स्वीकार
कर छोड़ देता है वह दया पाता है। 14 धन्य है वह मनुष्य जो
सदा भय मानता है, परन्तु जो अपने हृदय को कठोर करता है
वह बुराई में गिरता है। 15 गर्जने वाला सिंह और आक्रमण
करने वाला भालू, ऐसा दुष्ट शासक है जो निर्धनों पर
अत्याचार करता है। 16 जो प्रधान समझ से रहित है वह बड़ा
अत्याचारी होता है, परन्तु जो लोभ से घृणा करता है वह अपने
दिन बढ़ाता है। 17 जो व्यक्ति रक्त का दोषी है वह गड्ढे की
ओर भागता है; कोई उसे सहायता न करे। 18 जो निष्कलंक
चलता है वह बचाया जाता है, परन्तु जो अपनी चाल में टेढ़ा है
वह तुरंत गिरता है। 19 जो अपनी भूमि जोतता है वह रोटी से
तृप्त होता है, परन्तु जो व्यर्थ बातों के पीछे दौड़ता है वह
दरिद्रता से भर जाता है। 20 सच्चा मनुष्य बहुत आशीष पाता
है, परन्तु जो शीघ्र धनवान बनने की जल्दी करता है वह दण्ड
से नहीं बचेगा। 21 पक्षपात करना अच्छा नहीं है, क्योंकि रोटी
के एक टुकड़े के लिये मनुष्य अपराध करेगा। 22 दुष्ट दृष्टि
वाला मनुष्य धन के पीछे दौड़ता है, और यह नहीं जानता कि
दरिद्रता उस पर आने वाली है। 23 जो मनुष्य को डाँटता है,
वह बाद में उस व्यक्ति से अधिक कृपा पाता है जो जीभ से
चापलूसी करता है। 24 जो अपने पिता या माता को लूटता है
और कहता है, "यह अपराध नहीं है," वह नाश करने वाले का
साथी है। 25 जो लोभी है वह झगड़ा भड़काता है, परन्तु जो
𐤉𐤄𐤅𐤄 पर भरोसा रखता है वह समृद्ध होता है। 26 जो
अपने ही हृदय पर भरोसा करता है वह मूर्ख है, परन्तु जो
बुद्धिमानी से चलता है वह बचाया जाता है। 27 जो निर्धन को
देता है उसे कुछ नहीं घटता, परन्तु जो अपनी आँखें छिपाता
है उस पर बहुत शाप आते हैं। 28 जब दुष्ट उठ खड़े होते हैं,
तब लोग छिप जाते हैं; परन्तु जब वे नष्ट होते हैं, तब धर्मी
बढ़ते हैं।

29 1 जो बार-बार डाँटे जाने पर भी अपनी गर्दन कठोर
करता है, वह अचानक नाश हो जाता है और उसका
उपचार नहीं होता। 2 जब धर्मी बढ़ते हैं, तब लोग आनन्दित
होते हैं; परन्तु जब दुष्ट राज्य करता है, तब लोग कराहते हैं।
3 जो ज्ञान से प्रेम करता है, वह अपने पिता को आनन्दित
करता है; परन्तु वेश्याओं का साथी अपना धन नष्ट करता
है। 4 राजा न्याय से देश को स्थिर रखता है, परन्तु जो
रिश्वत लेता है वह उसे नष्ट करता है। 5 जो व्यक्ति अपने
पड़ोसी की चापलूसी करता है, वह अपने ही पैरों के लिये जाल
बिछाता है। 6 दुष्ट मनुष्य अपने अपराध के कारण फँसता है,
परन्तु धर्मी गाता और आनन्द करता है। 7 धर्मी निर्धनों के
न्याय को जानता है, परन्तु दुष्ट ज्ञान को नहीं समझते।
8 ठट्ठेबाज़ नगर में उपद्रव करते हैं, परन्तु बुद्धिमान क्रोध को
टाल देते हैं। 9 जब बुद्धिमान व्यक्ति मूर्ख से विवाद करता है,
चाहे वह क्रोधित हो या हँसे, शान्ति नहीं होती। 10 रक्तपिपासु
लोग निष्कलंक से बैर करते हैं और सीधों के प्राण की खोज
करते हैं। 11 मूर्ख अपना सारा क्रोध प्रकट कर देता है, परन्तु
बुद्धिमान उसे अन्त में शांत कर देता है। 12 यदि शासक झूठे
वचनों पर ध्यान देता है, तो उसके सब सेवक दुष्ट बन जाते
हैं। 13 निर्धन और अत्याचारी में यह समानता है: 𐤉𐤄𐤅𐤄
दोनों की आँखों को ज्योति देता है। 14 जो राजा निर्धनों का
सत्य के साथ न्याय करता है, उसका सिंहासन सदा स्थिर
रहता है। 15 दण्ड और ताड़ना से बुद्धि प्राप्त होती है, परन्तु
छोड़ा गया बालक अपनी माता के लिये लज्जा लाता है।
16 जब दुष्ट बढ़ते हैं, तब अपराध बढ़ता है; परन्तु धर्मी उनके
पतन को देखते हैं। 17 अपने पुत्र को अनुशासन में रख, तब
वह तुझे विश्राम देगा और तेरे मन को आनन्दित करेगा।
18 जहाँ दर्शन नहीं होता वहाँ लोग अनियंत्रित हो जाते हैं,
परन्तु धन्य है वह जो तोराह की रक्षा करता है। 19 दास
केवल वचन से नहीं सुधरता; यद्यपि वह समझता है, तो भी
वह नहीं सुनता। 20 क्या तूने ऐसे व्यक्ति को देखा है जो अपने
वचनों में उतावला है? मूर्ख के लिये उससे अधिक आशा है।
21 जो अपने दास के साथ बचपन से कोमलता से व्यवहार
करता है, वह अन्त में उसे पुत्र के समान पाता है। 22 क्रोधी
मनुष्य झगड़ा उत्पन्न करता है, और जो रोष में शीघ्र है वह
बहुत अपराध करता है। 23 मनुष्य का गर्व उसे नीचा करता
है, परन्तु आत्मा में दीन व्यक्ति सम्मान पाता है। 24 जो चोर
के साथ साझेदारी करता है, वह अपने प्राण से बैर करता है;
वह शपथ सुनता है, परन्तु कुछ नहीं बताता। 25 मनुष्य का
भय फँदा लाता है, परन्तु जो 𐤉𐤄𐤅𐤄 पर भरोसा रखता है
वह ऊँचा किया जाता है। 26 बहुत से लोग शासक का मुख
देखते हैं, परन्तु मनुष्य का न्याय 𐤉𐤄𐤅𐤄 से होता है।
27 दुष्ट व्यक्ति धर्मी के लिये घृणास्पद है, और जो मार्ग में
सीधा है वह दुष्ट के लिये घृणास्पद है।

30 1याक़ेह के पुत्र आगूर के वचन — एक संदेश। इस
व्यक्ति ने इथीएल के लिये कहा, इथीएल और ऊकाल
के लिये कहा। 2क्योंकि मैं सब मनुष्यों से अधिक मूर्ख हूँ,
और मनुष्य की समझ मुझ में नहीं है। 3मैंने बुद्धि नहीं सीखी,
कि मैं पवित्र एक का ज्ञान जान सकूँ। 4कौन है जो आकाश
में चढ़ा और उत्तर आया? किसने पवन को अपनी मुट्ठियों में
बाँधा? किसने जल को वस्त्र में बाँधा? किसने पृथ्वी के सब
छोरों की स्थापना की? उसका नाम क्या है, और उसके पुत्र
का नाम क्या है, यदि तू जानता है? 5ईश्वर का हर एक वचन
खरा है; वह उन लोगों के लिये ढाल है जो उसमें शरण लेते
हैं। 6उसके वचनों में कुछ न जोड़, कहीं वह तुझे दोषी
ठहराए और तू झूठा सिद्ध हो। 7दो बातें मैं ने तुझसे माँगी हैं
— मेरे मरने से पहले उन्हें मुझसे मत रोकना। 8झूठ और
कपट का वचन मुझसे दूर कर; न तो मुझे दरिद्रता दे, न
धन; परन्तु मुझे मेरी आवश्यकता की रोटी दे। 9कहीं ऐसा न
हो कि तृप्त होकर मैं इनकार करूँ और कहूँ, "𐤉𐤄𐤅𐤄 कौन
है?" और कहीं ऐसा न हो कि मैं निर्धन होकर चोरी करूँ और
अपने ईश्वर के नाम का अपमान करूँ। 10किसी दास की
उसके स्वामी से निन्दा मत कर, कहीं वह तुझे शाप न दे और
तू दोषी न ठहर जाए। 11ऐसी पीढ़ी है जो अपने पिता को शाप
देती है और अपनी माता को आशीष नहीं देती। 12ऐसी पीढ़ी
है जो अपनी दृष्टि में शुद्ध है, परन्तु अपने ही मल से धुली नहीं
है। 13ऐसी पीढ़ी है — आह, कैसी ऊँची हैं उनकी आँखें!
और उनकी पलकों का गर्व उठा हुआ है। 14ऐसी पीढ़ी है
जिसके दाँत तलवार हैं और जबड़े के दाँत चाकू हैं, जो पृथ्वी
से निर्धनों को और मनुष्यों में से दीनों को निगल जाते हैं।
15जोंक की दो बेटियाँ हैं: "दे! दे!" तीन ऐसी बातें हैं जो कभी
तृप्त नहीं होतीं, और चार जो कभी नहीं कहतीं, "बस!"
16पाताल, बाँझ गर्भ, वह भूमि जो जल से तृप्त नहीं होती, और
वह अग्नि जो कभी नहीं कहती, "बस।" 17जो नेत्र अपने
पिता का उपहास करता है और अपनी माता की आज्ञा मानने
से तुच्छ समझता है — घाटी के कौए उसे उखाड़ लेंगे और
नवयुवा उकाब उसे खाएँगे। 18तीन बातें ऐसी हैं जो मुझे
अद्भुत लगती हैं, और चार जिन्हें मैं नहीं समझता।
19आकाश में उकाब का मार्ग, चट्टान पर साँप का मार्ग, समुद्र
के हृदय में जहाज़ का मार्ग, और पुरुष का युवती के साथ
व्यवहार का मार्ग। 20यह व्यभिचारिणी स्त्री का मार्ग है: वह
खाती है, अपना मुँह पोंछती है, और कहती है, "मैं ने कोई
बुराई नहीं की।" 21तीन बातों के कारण पृथ्वी काँपती है, और
चार बातों के कारण वह सह नहीं सकती। 22जब दास राज्य
करता है, और जब मूर्ख भोजन से तृप्त होता है। 23जब
घृणित स्त्री विवाह करती है, और जब दासी अपनी स्वामिनी
का स्थान ले लेती है। 24पृथ्वी पर चार छोटी-छोटी चीजें हैं,
परन्तु वे अत्यन्त बुद्धिमान हैं। 25चींटियाँ बलवान जाति नहीं
हैं, तो भी वे ग्रीष्मकाल में अपना भोजन तैयार करती हैं।
26पहाड़ी चूहे निर्बल लोग हैं, तो भी वे अपनी बस्तियाँ चट्टानों
में बनाते हैं। 27टिड्डों का कोई राजा नहीं होता, तो भी वे सब
पंक्तियों में निकलते हैं। 28मकड़ी अपने दोनों हाथों से पकड़
लेती है, और राजमहलों में रहती है। 29तीन ऐसी बातें हैं जो
सुगठित रूप से चलती हैं, और चार जो अपने चलने में सुंदर
हैं। 30सिंह, जो पशुओं में सबसे बलवान है, और किसी के
सामने से पीछे नहीं हटता। 31तेज़ चाल वाला घोड़ा, या नर
बकरा, और वह राजा जिसके साथ उसकी सेना हो। 32यदि
तूने अपने आप को ऊँचा समझकर मूर्खता की है, या बुराई
की युक्ति की है, तो अपना हाथ अपने मुँह पर रख।
33क्योंकि जैसे दबाने से दूध मक्खन बनाता है, और दबाने से
नाक से रक्त निकलता है, वैसे ही क्रोध को दबाने से झगड़ा
उत्पन्न होता है।

31 1राजा लेमूएल के वचन — वह संदेश जो उसकी
माता ने उसे सिखाया। 2क्या कहूँ, हे मेरे पुत्र? और
क्या कहूँ, मेरे गर्भ के पुत्र? और क्या कहूँ, मेरी प्रतिज्ञाओं के
पुत्र? 3अपनी शक्ति स्त्रियों को मत दे, न ही अपने मार्ग उन
लोगों को जो राजाओं को नष्ट करते हैं। 4हे लेमूएल,
राजाओं के लिये दाखमदिरा पीना उचित नहीं, न ही
राजकुमारों के लिये प्रबल पेय की लालसा करना। 5कहीं वे
पीकर व्यवस्था को भूल न जाएँ, और सब दुखियों का न्याय न
बिगाड़ दें। 6जो नाश होने पर है उसे प्रबल पेय दे, और जो
आत्मा में कड़ुवे हैं उन्हें दाखमदिरा दे। 7वह पीए और अपनी
दरिद्रता को भूल जाए, और अपने दुःख को फिर याद न
करे। 8मूक के लिये अपना मुँह खोल, उन सब के न्याय के
लिये जो विनाश के पुत्र हैं। 9अपना मुँह खोल, धर्म से न्याय
कर, और निर्धन और दरिद्र के पक्ष का समर्थन कर। 10𐤀
א, एक योग्य पत्नी कौन पा सकता है? क्योंकि उसका मूल्य
मणियों से भी अधिक है। 11ב ,𐤁 उसके पति का हृदय उस
पर भरोसा करता है, और उसे लाभ की कोई कमी नहीं होती।
12ג ,𐤂 वह अपने पति का भला करती है, न कि बुरा, अपने
जीवन के सब दिनों में। 13ד ,𐤃 वह ऊन और सन ढूँढ़ती है,
और प्रसन्नता से अपने हाथों से काम करती है। 14ה ,𐤄 वह
तार्शीश के जहाजों के समान है, जो दूर से अपना आहार
लाती है। 15ו ,𐤅 वह रात रहते ही उठ जाती है, और अपने
घराने को भोजन देती है, और अपनी दासियों को हिस्सा
बाँटती है। 16ז ,𐤆 वह किसी खेत पर विचार करती है और
उसे खरीद लेती है; और अपने परिश्रम के फल से दाख की
बारी लगाती है। 17ח , 𐤇 वह अपनी कमर को सामर्थ्य से
कसती है, और अपने भुजाओं को दृढ़ करती है। 18ט ,𐤈
वह अनुभव करती है कि उसका लाभ अच्छा है; उसका दीपक
रात को बुझता नहीं। 19י ,𐤉 वह अपना हाथ तकुए पर
लगाती है, और उसकी हथेली चरखे को पकड़ती है। 20,𐤊
כ वह अपना हाथ निर्धनों की ओर बढ़ाती है, और दीनों की
ओर अपने हाथ फैलाती है। 21ל ,𐤋 वह अपने घराने के लिये
हिम से नहीं डरती, क्योंकि उसके सब लोग सुर्ख वस्त्रों में
लिपटे हैं। 22מ ,𐤌 वह अपने लिये आवरण बनाती है; वह
महीन मलमल और बैंगनी वस्त्र पहनती है। 23נ ,𐤍 उसका
पति फाटकों में प्रसिद्ध है, जब वह देश के पुरनियों के बीच
बैठता है। 24ס ,𐤎 वह महीन वस्त्र बनाती है और उन्हें बेचती
है, और व्यापारियों को कमरबंद देती है। 25ע ,𐤏 सामर्थ्य
और शोभा उसके वस्त्र हैं, और वह आने वाले समय पर
आनन्द करती है। 26פ ,𐤐 वह अपने मुँह को बुद्धि से खोलती
है, और उसकी जीभ पर कृपा की तोराह है। 27צ ,𐤑 वह

अपने घराने के मार्गों पर ध्यान रखती है, और आलस्य की
रोटी नहीं खाती। 28 ק ,𐤒 उसके पुत्र उठकर उसे धन्य
कहते हैं; उसका पति भी, और वह उसकी प्रशंसा करता है।
29 ר ,𐤓 "बहुत सी पुत्रियाँ उत्कृष्ट कार्य कर चुकी हैं, परन्तु
तू उन सब से बढ़ी हुई है।" 30 שׁ ,𐤔 शोभा छलावा है और
रूप व्यर्थ है, परन्तु जो स्त्री 𐤉𐤄𐤅𐤄 का भय मानती है वही
प्रशंसा के योग्य है। 31 ת ,𐤕 उसके हाथों के फल का उसे
दो, और उसके कार्य फाटकों में उसकी प्रशंसा करें।

अय्यूब

हिंदी संस्करण

अय्यूब

1 1ऊत्स देश में एक मनुष्य था, जिसका नाम अय्योब
था। और वह मनुष्य सिद्ध और सीधा था, और एक जो
ईश्वर से डरता और बुराई से हटता था। 2और उसके सात
बेटे और तीन बेटियाँ उत्पन्न हुईं। 3और उसकी संपत्ति सात
हज़ार भेड़ें, और तीन हज़ार ऊँट, और पाँच सौ जोड़ी बैल,
और पाँच सौ गधिनियाँ, और बहुत बड़ी दास-मंडली थी,
ताकि वह मनुष्य सब पूरब के लोगों में सबसे बड़ा था। 4और
उसके बेटे जाते और अपने-अपने दिन पर अपने घर में भोज
करते, और अपनी तीन बहनों को बुलाते कि वे उनके साथ
खाएँ और पीएँ। 5और ऐसा हुआ कि जब भोज के दिन घूम
आते, तब अय्योब उन्हें भेजकर पवित्र करता, और भोर को
उठकर होमबलि चढ़ाता - जितने वे सब थे - क्योंकि अय्योब
कहता, "शायद मेरे बेटों ने पाप किया और अपने हृदय में
ईश्वर को शाप दिया।" अय्योब ऐसा सदा करता था। 6और
वह दिन हुआ कि ईश्वर के बेटे 𐤉𐤄𐤅𐤄 के सम्मुख उपस्थित
होने आए, और शैतान भी उनके बीच आया। 7और 𐤉𐤄𐤅𐤄
ने शैतान से कहा, "तू कहाँ से आता है?" और शैतान ने
𐤉𐤄𐤅𐤄 को उत्तर दिया और कहा, "पृथ्वी पर चक्कर लगाने
और उसमें ऊपर-नीचे घूमने से।" 8और 𐤉𐤄𐤅𐤄 ने शैतान
से कहा, "क्या तूने मेरे दास अय्योब पर ध्यान किया है, कि
पृथ्वी पर उसके समान कोई नहीं, एक सिद्ध और सीधा
मनुष्य, जो ईश्वर से डरता और बुराई से हटता है?" 9और
शैतान ने 𐤉𐤄𐤅𐤄 को उत्तर दिया और कहा, "क्या अय्योब
व्यर्थ ही ईश्वर से डरता है? 10"क्या तूने उसके चारों ओर,
और उसके घर के चारों ओर, और उसके सब के चारों ओर,
जो उसके पास है, बाड़ा नहीं बनाया? तूने उसके हाथों के काम
को आशीष दी है, और उसकी संपत्ति देश में बढ़ गई है।
11परन्तु अपना हाथ बढ़ा और उसके सब कुछ को मार - यदि
वह तुझे तेरे मुख पर शाप न दे!" 12और 𐤉𐤄𐤅𐤄 ने शैतान
से कहा, "देख, उसके पास जो कुछ है वह तेरे हाथ में है।
केवल उस पर अपना हाथ मत डाल।" और शैतान 𐤉𐤄𐤅𐤄
के साम्हने से निकल गया। 13और वह दिन हुआ कि उसके
बेटे और बेटियाँ अपने बड़े भाई के घर में दाखमधु पीते और
खाते थे। 14और एक दूत अय्योब के पास आया और कहा,
"बैल हल जोत रहे थे और गधिनियाँ उनके पास चर रही थीं,
15कि शेबा ने उन पर धावा किया और उन्हें ले गए, और
उन्होंने दासों को तलवार की धार से मार डाला। और केवल
मैं अकेला बचकर तुझे बताने आया हूँ!" 16वह अभी कह ही
रहा था कि दूसरा भी आया और कहा, "ईश्वर की आग
आकाश से गिरी और भेड़ों और दासों को जला डाला और
उन्हें भस्म कर दिया। और केवल मैं अकेला बचकर तुझे
बताने आया हूँ!" 17वह अभी कह ही रहा था कि दूसरा भी
आया और कहा, "कसदी लोगों ने तीन दल बनाए और ऊँटों
पर धावा किया और उन्हें ले गए, और दासों को तलवार की
धार से मार डाला। और केवल मैं अकेला बचकर तुझे बताने
आया हूँ!" 18वह अभी कह ही रहा था कि दूसरा भी आया
और कहा, "तेरे बेटे और बेटियाँ अपने बड़े भाई के घर में
दाखमधु पीते और खाते थे, 19और देख, जंगल से बड़ी
आँधी आई और घर के चारों कोनों पर मारी, और वह जवानों
पर गिरा और वे मर गए। और केवल मैं अकेला बचकर तुझे
बताने आया हूँ!" 20तब अय्योब उठकर अपना वस्त्र फाड़ा,
और अपना सिर मुंडवाया, और भूमि पर गिरा और दण्डवत
किया। 21और उसने कहा, "नंगा मैं अपनी माँ के गर्भ से
निकला, और नंगा ही वहाँ लौट जाऊँगा। 𐤉𐤄𐤅𐤄 ने दिया,
और 𐤉𐤄𐤅𐤄 ने ले लिया। 𐤉𐤄𐤅𐤄 के नाम की स्तुति हो।"
22इन सब में अय्योब ने न तो पाप किया और न ही ईश्वर पर
कोई मूर्खता डाली।

2 1फिर वह दिन आया कि ईश्वर के पुत्र 𐤉𐤄𐤅𐤄 के
सामने अपने को प्रस्तुत करने आए, और हा'सातान भी
उनके बीच आकर 𐤉𐤄𐤅𐤄 के सामने अपने को प्रस्तुत करने
आया। 2और 𐤉𐤄𐤅𐤄 ने हा'सातान से कहा, "तू कहाँ से
आया?" और हा'सातान ने 𐤉𐤄𐤅𐤄 को उत्तर दिया और
कहा, "पृथ्वी पर इधर-उधर खोजते हुए और उसमें ऊपर-
नीचे चलते हुए।" 3और 𐤉𐤄𐤅𐤄 ने हा'सातान से कहा,
"क्या तूने मेरे दास अय्यूब पर ध्यान दिया है, कि पृथ्वी पर
उसके समान कोई नहीं है, एक सिद्ध और सीधा मनुष्य, जो
ईश्वर से डरता है और बुराई से दूर रहता है? और अब भी वह
अपनी खराई को दृढ़ता से पकड़े हुए है, यदापि तूने मुझे
उसके बिरुद्ध उकराया कि बिना कारण उसे नाश कर दूँ।"
4और हा'सातान ने 𐤉𐤄𐤅𐤄 को उत्तर दिया और कहा,
"त्वचा के बदले त्वचा! और मनुष्य के पास जो कुछ है, वह
अपने प्राण के लिए दे देगा। 5"परन्तु अपना हाथ बढ़ाकर
उसकी हड्डी और उसके मांस को छू, क्या वह तेरे मुँह पर तुझे
शाप नहीं देगा?" 6और 𐤉𐤄𐤅𐤄 ने हा'सातान से कहा,
"देख, वह तेरे हाथ में है, केवल उसके प्राण को बचा।"
7और हा'सातान 𐤉𐤄𐤅𐤄 के सामने से निकल गया, और
अय्यूब को उसके पाँव के तलवे से लेकर उसके सिर के
शिखर तक दुःखदायी फोड़े से मार दिया। 8और उसने एक
मिट्टी का टुकड़ा लिया जिससे वह अपने को खुजला सके,
और वह राख के बीच बैठा रहा। 9और उसकी पत्नी ने उससे
कहा, "क्या तू अब भी अपनी खराई को पकड़े रहता है?
ईश्वर को शाप दे और मर जा!" 10परन्तु उसने उससे कहा,
"तू मूर्ख स्त्रियों में से किसी एक की नाईं बोलती है। क्या हम
ईश्वर के हाथ से अच्छा ग्रहण करें और बुरा ग्रहण न करें?"
इन सब में अय्यूब ने अपने होंठों से पाप नहीं किया। 11और
अय्यूब के तीन मित्रों ने उस पर आई सारी विपत्ति को सुना,
और वे प्रत्येक अपने स्थान से आए—एलीफ़ज़ तेमानी, और
बिल्दद शूही, और सोफ़र नआमाती—और वे मिले ताकि
उसके साथ शोक करें और उसे शान्ति दें। 12और उन्होंने

दूर से अपनी आँखें उठाईं और उसे पहचाना नहीं, और
उन्होंने अपनी आवाज उठाई और रोए। और प्रत्येक ने अपनी
चादर फाड़ दी और आकाश की ओर अपने सिर पर धूल
उड़ाई। 13 तब वे उसके साथ भूमि पर सात दिन और सात
रात बैठे रहे, और किसी ने उससे एक भी बात नहीं कही,
क्योंकि उन्होंने देखा कि उसका दुःख बहुत बड़ा था।

3 1 इसके बाद अयोब ने अपना मुंह खोला और अपने जन्म
के दिन को शाप दिया। 2 और अयोब ने कहा, 3 "जिस
दिन मैं पैदा हुआ वह दिन नष्ट हो जाए, और वह रात जब यह
कहा गया, 'एक लड़का गर्भ में ठहराया गया है।' 4 वह दिन
अंधकार हो जाए। न ऊपर से ईश्वर उसे ढूंढे, और न उस
पर ज्योति चमके। 5 अंधकार और मृत्यु की छाया उसे वापस
ले ले, उस पर बादल छा जाए, जो कुछ भी दिन को काला
करता है वह उसे डराए। 6 वह रात - अंधकार उसे पकड़
ले। वह वर्ष के दिनों में गिना न जाए, महीनों की गिनती में न
आए। 7 देखो, वह रात सुनसान हो! उसमें कोई गाना न आए!
8 वे उसे शाप दें जो दिन को शाप देते हैं, जो लीव्यातान को
जगाने के लिए तैयार रहते हैं। 9 उसकी सांझ के तारे
अंधकारमय हो जाएं। वह प्रकाश की बाट जोहे, पर उसे न
मिले। और वह भोर की पलकें न देखे। 10 क्योंकि उसने मेरे
गर्भ के द्वार बन्द न किए, और न मेरी आँखों से दुःख छुपाया।
11 मैं गर्भ से ही क्यों न मर गया, पेट से निकलकर क्यों प्राण न
छोड़ दिए? 12 क्यों घुटने थे मुझे ग्रहण करने के लिए? या
स्तन थे मुझे दूध पिलाने के लिए? 13 क्योंकि अब मैं चैन से
पड़ा रहता। मैं सो गया होता - तब मैं विश्राम में होता, 14 पृथ्वी
के राजाओं और मंत्रियों के साथ, जिन्होंने अपने लिये खंडहर
बनाए थे, 15 या उन हाकिमों के साथ जिनके पास सोना था,
जिन्होंने अपने घर चाँदी से भर दिए थे, 16 या जैसे छुपा हुआ
गर्भपात, जैसे शिशु जिन्होंने कभी प्रकाश न देखा? 17 वहाँ
दुष्ट लोग क्रोध करना छोड़ देते हैं, और वहाँ थके हुए विश्राम
पाते हैं, 18 कैदी भी एक साथ विश्राम करते हैं, वे अत्याचारी
की आवाज़ नहीं सुनते। 19 वहाँ छोटा और बड़ा दोनों होते हैं,
और दास अपने स्वामी से मुक्त हो जाता है। 20 वह दुखी को
ज्योति क्यों देता है, और कड़वे मन वाले को जीवन क्यों देता
है, 21 जो मृत्यु की बाट जोहते हैं, पर वह नहीं आती, और उसे
खजानों से भी अधिक खोजते हैं; 22 जो बहुत आनन्दित होते
हैं, वे प्रसन्न होते हैं जब वे कब्र पाते हैं? 23 वह उस मनुष्य को
ज्योति क्यों देता है जिसकी राह छिपाई गई है, और जिसे
ईश्वर ने घेर लिया है? 24 क्योंकि मेरी आह खाने से पहले ही
आती है, और मेरी कराहें जल की तरह उमड़ती हैं।
25 क्योंकि जिस बात से मैं बहुत डरता था वही मुझ पर आ
पड़ा, और जिससे मैं घबराता था वही मुझ पर आ पड़ा।
26 मैंने न तो चैन पाया, न शांति पाई, न विश्राम पाया, फिर भी
विपत्ति आ गई!"

4 1 तब एलीफ़ज़ तेमानी ने उत्तर दिया और कहा, 2 "यदि
कोई तुझसे एक वचन कहने का प्रयत्न करे, क्या तू
अधीर हो जाएगा? परन्तु कौन है जो बोलने से अपने आप को
रोक सके? 3 देख, तू ने बहुतों को शिक्षा दी है, और तू ने
निर्बल हाथों को बल दिया है। 4 तेरे वचनों ने ठोकर खाने वाले
को उठाया है, और तू ने निर्बल घुटनों को दृढ़ किया है। 5 पर
अब यह तुझ पर आ गया है, और तू अधीर हो गया है; यह
तुझे छू गया है, और तू व्याकुल है। 6 क्या तेरी भक्ति तेरा
भरोसा नहीं है, तेरे मार्गों की सिधाई तेरी आशा नहीं है?
7 स्मरण कर, कृपया: कौन, निर्दोष होकर, कभी नाश हुआ है?
और कहाँ सीधे लोग कभी काटे गए हैं? 8 जैसा मैंने देखा है,
जो दुष्टता की जुताई करते और दुख बोते हैं, वे वही काटते
हैं। 9 ईश्वर की श्वास से वे नाश हो जाते हैं, और उसकी
नासिका की वायु से वे भस्म हो जाते हैं। 10 सिंह की गर्जना,
और पराक्रमी सिंह की वाणी, पर जवान सिंहों के दाँत तोड़े
जाएंगे। 11 बूढ़ा सिंह शिकार के अभाव से नाश होता है, और
सिंहनी के बच्चे तितर-बितर हो जाते हैं। 12 और मेरे पास
गुप्त रूप से एक वचन आया, और मेरे कान ने उसका थोड़ा
भाग ग्रहण किया। 13 रात्रि के दर्शन के विचारों में, जब गहरी
नींद मनुष्यों पर पड़ती है, 14 मुझ पर भय आ पड़ा, और काँप
उठी, जिससे मेरी हड्डियाँ बहुत हिल गईं। 15 फिर एक आत्मा
मेरे मुख के सामने से गुज़री, मेरे शरीर के रोम खड़े हो गए।
16 वह स्थिर खड़ा रहा, पर मैं उसका रूप पहचान न सका।
मेरी आँखों के सामने एक आकर था – निस्तब्धता, फिर एक
आवाज़ मैंने सुनी, 17 'क्या नश्वर मनुष्य ईश्वर से अधिक
धर्मी है? क्या मनुष्य अपने बनाने वाले से अधिक शुद्ध है?
18 'देख, वह अपने सेवकों पर भी भरोसा नहीं करता, और वह
अपने दूतों में भी भूल पाता है। 19 'तो फिर वे कितने अधिक
जो मिट्टी के घरों में रहते हैं, जिनकी नींव धूल में है, जो कीड़े
के समान कुचले जाते हैं? 20 'प्रातः से संध्या तक वे तोड़े
जाते हैं, वे सदा के लिए नाश हो जाते हैं, कोई ध्यान नहीं
देता। 21 'क्या उनके तंबुओं की डोरियाँ उखाड़ी नहीं जातीं?
वे बिना बुद्धि के मर जाते हैं!'

5 1 "पुकारो, कृपया, क्या कोई है जो तुम्हें उत्तर दे? और
तुम किस पवित्र जन की ओर मुड़ोगे? 2 क्योंकि क्रोध
मूर्ख को मार डालता है और ईर्ष्या सरल को नष्ट कर देती
है। 3 मैंने स्वयं देखा है कि मूर्ख जड़ पकड़ रहा है, परन्तु
अचानक उसका घर अभिशप्त हो गया। 4 उसके पुत्र सुरक्षा
से दूर हैं, वे फाटक में कुचले जाते हैं, कोई छुड़ाने वाला
नहीं। 5 भूखे उसके खेत की उपज खा जाते हैं, यहाँ तक कि
काँटों से भी ले लेते हैं, और फंदा उनकी सम्पत्ति को हड़प
लेता है। 6 क्योंकि बुराई धूल से नहीं आती, न ही संकट भूमि
से अंकुरित होता है; 7 क्योंकि मनुष्य संकट के लिये जन्मा है,
और चिनगारियाँ ऊपर की ओर उड़ती हैं। 8 परन्तु मेरे लिये,
मैं ईश्वर की खोज करता, और मैं अपना मुक़दमा ईश्वर के
सामने प्रस्तुत करता, 9 जो महान और अगम्य काम कर रहा
है, असंख्य आश्चर्यकर्म। 10 जो पृथ्वी के मुख पर वर्षा देता
है, और खेत के मुख पर जल भेजता है। 11 निम्न जन को
ऊँचा करने के लिये, और जो विलाप करते हैं उन्हें सुरक्षा में
उठाया जाए। 12 चालाकों की युक्तियों को विफल करता है,
ताकि उनके हाथ प्रभावी काम न करें। 13 बुद्धिमानों को उनकी
ही चतुराई में पकड़ता है, और षडयंत्रकारियों की युक्ति बहा
दी जाती है। 14 दिन में वे अन्धकार से टकराते हैं, और

दोपहर में वे रात की तरह टटोलते हैं। 15परन्तु वह दीन-दुखियों को उनके मुँह की तलवार से, बलवानों की पकड़ से बचा लेता है। 16इस प्रकार गरीबों को आशा मिलती है, और अधर्म अपना मुँह बन्द कर देता है। 17देखो, धन्य है वह मनुष्य जिसे ईश्वर ताड़ना देता है, इसलिए ईश्वर सर्वशक्तिमान की अनुशासन को तुच्छ मत जानो। 18क्योंकि वह घायल करता है, परन्तु वह बाँधता भी है; वह मारता है, परन्तु उसके हाथ चंगा करते हैं। 19छः संकटों में वह तुम्हें छुड़ाता है, और सातवें में कोई बुराई तुम्हें नहीं छूती। 20भोजन की कमी में वह तुम्हें मृत्यु से छुड़ाएगा, और युद्ध में, तलवार की शक्ति से। 21जब जीभ कोड़े मारती है, तब तुम सुरक्षित रहोगे, और जब विनाश आएगा तब तुम्हें भय न होगा। 22विनाश और भूखमरी पर तुम हँसोगे, और पृथ्वी के पशुओं से तुम्हें भय नहीं होगा। 23क्योंकि तुम्हारा वाचा मैदान के पत्थरों के साथ है, और मैदान के पशु तुम्हारे साथ शान्ति में होंगे। 24और तुम जानोगे कि तुम्हारा तम्बू शान्ति में है, और तुम अपने तम्बू को देखोगे और पाप न करोगे। 25और तुम जानोगे कि तुम्हारी सन्तान बहुत हैं, और तुम्हारे वंशज पृथ्वी की घास के समान। 26तुम कब्र में वृद्धावस्था में आओगे, जैसे अपने समय में अन्न का ढेर लगाया जाता है। 27देखो, यह हमने खोजा है, यह सत्य है। इसे सुनो, और अपने लिये जान लो।"

6 1और इयोब ने उत्तर दिया और कहा, 2"अह, कि मेरी शोक की पूरी तरह तोल की जाती, और मेरी विपत्ति तराज़ू पर रखी जाती! 3क्योंकि यह समुद्र की बालू से भी भारी होती, इसलिये मेरे वचन उतावले हो गए हैं। 4क्योंकि ईश्वर शद्दाई के तीर मेरे भीतर हैं, मेरी आत्मा उनका विष पी लेती है, ईश्वर के हमले मेरे विरुद्ध खड़े हैं। 5क्या जंगली गधा तब रेंफ्ता है जब उसके पास घास है, या क्या बैल अपने चारे पर गरजता है? 6क्या बेस्वाद भोजन बिना नमक के खाया जाता है? क्या मालो के रस में कोई स्वाद है? 7मैं उसे छूने से इन्कार करता हूं, वे मेरे लिए बीमार होने पर भोजन के समान हैं। 8अह, कि मुझे मेरी इच्छा मिल जाए, कि ईश्वर मुझे वह दे जो मैं चाहता हूं! 9कि ईश्वर को मुझे कुचलने में प्रसन्नता होती, वह अपना हाथ खोलकर मुझे काट डालता! 10तब भी मेरे पास शांति होती, और मैं दर्द में आनन्द करता, यद्यपि बख़्शा नहीं गया, क्योंकि मैंने ञ्प१ञ्ट के वचन छिपाए नहीं। 11मेरे पास क्या शक्ति है, कि मैं प्रतीक्षा करूं? और मेरा क्या अन्त है, कि मैं अपना जीवन लम्बा करूं? 12क्या मेरी शक्ति पत्थरों की शक्ति है? क्या मेरा शरीर काँसे का है? 13क्या मेरी सहायता मुझमें नहीं है? और क्या मेरी क्षमता मुझसे दूर नहीं की गई है? 14जिसे कष्ट है: उसके लिये दया, यहाँ तक कि जो ईश्वर शद्दाई का भय छोड़ता है। 15मेरे भाई नाले के समान अविश्वसनीय हैं, जैसे पलंग जिस पर कभी नदियाँ बहती थीं, 16जो बर्फ़ के कारण अन्धकारमय होते हैं, जिनमें हिम छिपा रहता है। 17जब गरमी होती है, वे बहना बन्द कर देते हैं; जब बहुत गरमी होती है, वे अपनी जगह से विलीन हो जाते हैं। 18उनकी राहों के पथ हट जाते हैं, वे उजाड़ में प्रवेश करते हैं और नष्ट हो जाते हैं। 19तेमा के यात्री बड़ी आशा से देखते थे, शेबा के यात्रियों ने उनकी बाट जोही। 20वे लज्जित हुए क्योंकि उन्होंने भरोसा किया था, वे वहां पहुँचे और निराश हुए। 21वास्तव में, अब तुम वैसे ही हो गए हो! तुम विनाश देखते हो और डरते हो। 22क्या मैंने कभी कहा, 'मुझे दो'? या, 'अपने धन से मेरे लिये रिश्वत दो'? 23या, 'मुझे शत्रु के हाथ से छुड़ाओ?' या, 'मुझे अन्धेरियों के हाथ से छुड़ाओ'? 24मुझे सिखाओ, और मैं चुप रहूंगा। और मुझे दिखाओ कि मैंने कहाँ भटकाव किया है। 25सीधाई के वचन कठोर हैं! परन्तु तुम्हारी ताड़ना क्या ताड़ना करती है? 26क्या तुम मेरे वचनों को ताड़ना देने के लिये मानते हो, और निराशा में पड़े मनुष्य की बातों को, जो पवन के समान हैं? 27तुम अनाथ पर चिट्ठियाँ डालते, और अपने मित्र का सौदा करते हो! 28परन्तु अब, कृपया मेरी ओर देखो - क्या मैं तुम्हारे सामने झूठ बोलूंगा? 29फिर लौट आओ, कृपया, कोई अधर्म न हो। लौट आओ! मेरी धार्मिकता अब भी उसमें है। 30क्या मेरी जीभ पर अधर्म है? क्या मेरी स्वादेन्द्रिय टेढ़े को नहीं पहचानती?

7 1"क्या मनुष्य को पृथ्वी पर संघर्ष नहीं करना पड़ता? क्योंकि उसके दिन एक मजदूर के दिनों के समान हैं। 2जैसे एक दास जो छाया के लिए आहें भरता है, और जैसे एक मजदूर जो अपनी मज़दूरी की लालसा करता है, 3वैसे ही मुझे व्यर्थ के महीनों का भाग मिला है। और रातों को कष्ट मेरे लिए ठहराए गए हैं। 4जब मैं लेटता हूँ, मैं कहता हूँ, 'मैं कब उठूँगा, और रात कब समाप्त होगी?' क्योंकि मैंने भोर तक करवट बदलते-बदलते भर लिया है। 5मेरा शरीर कीड़े और गंदगी से ढका हुआ है, मेरी त्वचा फट गई है और उसमें फोड़े हो गए हैं। 6मेरे दिन बुनकर के शटल से भी तेज़ हैं, और वे आशा के बिना व्यतीत होते हैं। 7स्मरण कर कि मेरा जीवन एक श्वास है! मेरी आँख फिर कभी भलाई नहीं देखेगी। 8जो मुझे देखता है उसकी आँख अब मुझे नहीं देखेगी। तेरी आँखें मुझ पर होंगी, और मैं न रहूँगा। 9बादल मिट जाता है और विलीन हो जाता है, वैसे ही जो कब्र में उतरता है वह ऊपर नहीं आता। 10वह अपने घर में फिर कभी नहीं लौटता, और उसका स्थान अब उसे नहीं जानता। 11मैं भी, मैं अपना मुँह बंद नहीं रखूँगा, मैं अपनी आत्मा के संकट में बोलूँगा, मैं अपने अस्तित्व की कड़वाहट में शिकायत करूँगा। 12क्या मैं समुद्र हूँ, या समुद्री अजगर, कि तू मुझ पर पहरा लगाता है? 13जब मैं कहता हूँ, 'मेरा बिस्तर मुझे सांत्वना देता है, मेरी खाट मेरी शिकायत को हल्की करती है,' 14तब तू मुझे स्वप्नों से डराता है और तू मुझे दर्शन से भयभीत करता है, 15इस प्रकार मेरी आत्मा फाँसी चुनती है, मेरी हड्डियों से बढ़कर मृत्यु को चाहती है। 16मैं नष्ट हो गया हूँ, मैं सदा नहीं जीना चाहता। मुझे छोड़ दे, क्योंकि मेरे दिन एक श्वास हैं। 17मनुष्य क्या है, कि तू उसे महान बनाए, कि तू अपना हृदय उस पर लगाए, 18कि तू उसे हर भोर देखने आता है, हर क्षण उसे परखता है? 19कब तक तू मुझसे दृष्टि नहीं हटाता, और मुझे अकेला नहीं छोड़ता जब तक मैं अपनी लार निगल लूँ? 20क्या मैंने पाप किया है? मैंने तुझसे क्या किया है, हे मनुष्यों के रक्षक? तूने मुझे अपना निशाना क्यों

बनाया है, कि मैं तुझ पर बोझ बन गया हूँ? 21 और तू मेरे
अपराध को क्यों नहीं क्षमा करता, और मेरी दुष्टता को क्यों
नहीं हटा देता? क्योंकि अब मैं मिट्टी में लेट जाता हूँ, और तू
मुझे ढूँढेगा, पर मैं नहीं रहूँगा।"

8 1 तब बिल्दाद शूही ने उत्तर दिया और कहा, 2 "तू कब
तक ऐसी बातें करता रहेगा, क्योंकि तेरे मुंह के वचन
प्रबल वायु जैसे हैं? 3 क्या ईश्वर न्याय को टेढ़ा करता है? या
क्या ईश्वर शद्दाई जो ठीक है उसे टेढ़ा करता है? 4 यदि तेरे
पुत्रों ने उसके विरुद्ध पाप किया, और उसने उन्हें उनके
अपराध के हाथ में सौंप दिया, 5 यदि तू ईश्वर को यत्नपूर्वक
खोजे और ईश्वर शद्दाई से बिनती करे, 6 यदि तू निर्मल और
सीधा होता, तो निश्चय ही वह तेरे लिये उठ खड़ा होता और
तेरे धर्मी निवास को आशीष देता। 7 यद्यपि तेरी आदि छोटी
थी, तौभी अन्त बहुत बढ़ती। 8 निश्चित ही, पूर्व की पीढ़ी से
पूछ और उनके पितरों की खोज के लिये तैयार हो। 9 क्योंकि
हम तो बस कल के हैं और कुछ नहीं जानते, क्योंकि पृथ्वी पर
हमारे दिन छाया जैसे हैं। 10 क्या वे तुझे नहीं सिखाएँगे, तुझ
से बातें नहीं करेंगे, और अपने हृदय से वचन बाहर नहीं
निकालेंगे? 11 क्या कागज बिना दलदल के बढ़ता है? क्या
सरकण्डा बिना जल के फलता है? 12 जब तक वह हरा है,
और काटा नहीं गया, किसी भी पौधे से पहले सूख जाता है।
13 ऐसे ही सब उन लोगों के मार्ग हैं जो ईश्वर को भूल जाते हैं,
और अशुद्ध की आशा नाश हो जाती है। 14 जिसका
शरणस्थान टूट गया है, और जिसका भरोसा मकड़ी के जाले
जैसा है। 15 वह अपने घर पर झुकता है, पर वह स्थिर नहीं
रहता। वह उसे थामे रहता है, पर वह स्थायी नहीं होता।
16 वह सूर्य से पहले हरा-भरा है, और उसकी डालियाँ उसके
बाग में फैलती हैं। 17 उसकी जड़ें ढेर के चारों ओर लिपट
जाती हैं, और पत्थरों के बीच स्थान ढूँढती हैं। 18 यदि वह
अपने स्थान से नष्ट कर दिया जाए, तो वह उसका इनकार
करेगा: 'मैंने तुझे नहीं देखा।' 19 देख, यही उसके मार्ग का
हर्ष है, और मिट्टी से अन्य उगते हैं। 20 देख, ईश्वर निर्दोष
को नहीं छोड़ता, और न ही कुकर्मियों का हाथ पकड़ता है।
21 जब वह तेरे मुंह को हंसी से और तेरे होंठों को जयजयकार
से भर देगा, 22 जो तुझ से बैर रखते हैं, वे लज्जा ओढ़ेंगे,
और दुष्टों का तम्बू फिर न रहेगा।"

9 1 तब योब ने उत्तर दिया और कहा, 2 "निश्चय मैं जानता
हूँ कि यह ऐसा ही है। पर मनुष्य ईश्वर के साथ कैसे
धर्मी ठहर सकता है? 3 यदि कोई उससे वाद-विवाद करना
चाहे, तो वह हज़ार में से एक बार भी उसे उत्तर नहीं दे
सकता। 4 जो हृदय में बुद्धिमान और शक्ति में प्रबल है -
किसने उसके विरुद्ध अपने आप को कठोर किया और शांति
पाई? 5 वह जो पहाड़ों को हटाता है, और वे नहीं जानते; जब
वह अपने क्रोध में उन्हें उलट देता है; 6 जो पृथ्वी को उसके
स्थान से हिलाता है, और उसके खंभे काँपते हैं; 7 जो सूर्य को
आज्ञा देता है, और वह नहीं उगता; और वह तारों को बन्द
कर देता है, 8 जो आकाश को अकेला फैलाता है, और समुद्र
की लहरों पर चलता है; 9 जिसने अश, केसील और कीमा
और दक्षिण के कक्ष बनाए; 10 जो बड़े-बड़े और अगम्य काम
करता है, और असंख्य अद्भुत काम। 11 देखो, वह मेरे पास
से गुजरता है, और मैं नहीं देखता; वह आगे बढ़ता है, पर मै
उसे पहचान नहीं पाता। 12 देखो, वह छीन लेता है, कौन उसे
लौटाएगा? कौन उससे कहेगा, 'तू क्या कर रहा है?' 13 ईश्वर
अपने क्रोध को नहीं लौटाता; घमण्ड के सहायक उसके नीचे
झुक जाते हैं। 14 तो मैं उससे कैसे उत्तर दूँगा, अपने वचन
उसके सामने कैसे चुनूँगा? 15 यदि मैं धर्मी भी होता, तो भी मै
उसे उत्तर नहीं देता; मैं उससे अपनी न्याय की याचना
करता। 16 यदि मैंने पुकारा और उसने मुझे उत्तर दिया, तो
भी मैं विश्वास न करता कि वह मेरी आवाज़ सुन रहा है।
17 क्योंकि वह मुझे आँधी से तोड़ देता है, और बिना कारण
मेरे घावों को बढ़ाता है। 18 वह मुझे मेरी श्वास लेने नहीं देता,
पर मुझे कड़वाहट से भर देता है। 19 यदि मैं सामर्थ्य की बात
करूँ? देखो, वह प्रबल है। और यदि न्याय की? कौन मुझे
समय ठहराएगा? 20 यदि मैं धर्मी हूँ? तो मेरा ही मुँह मुझे दुष्ट
ठहराएगा। यदि मैं सिद्ध हूँ? तो वह मुझे टेढ़ा ठहराएगा।
21 यदि मैं सिद्ध भी हूँ? तो क्या मैं अपने प्राण को नहीं जानता?
मैं अपने जीवन से घृणा करता हूँ! 22 सब कुछ एक समान है,
इसलिए मैं कहता हूँ, 'वह सिद्ध और दुष्ट दोनों को नष्ट
करता है।' 23 यदि कोड़ा अचानक मारता है, तो वह निर्दोष
के परीक्षा पर हँसता है। 24 पृथ्वी दुष्ट के हाथ में दी गई है।
वह इसके न्यायाधीशों के चेहरे ढक देता है। यदि यह
ऋ५ऋट नहीं है, तो फिर कौन है? 25 मेरे दिन धावक से भी
तेज़ हो गए हैं - वे उड़ गए हैं, उन्होंने भलाई नहीं देखी। 26 वे
तेज़ जहाज़ों की तरह निकल गए हैं, जैसे कोई उकाब अपने
शिकार पर झपटता है। 27 यदि मैं कहूँ, 'मुझे अपनी
शिकायत भूल जाने दे, मुझे अपना उदास चेहरा उतारने दे,
और मुझे मुस्कुराने दे,' 28 तो मैं अपनी सारी पीड़ाओं से
डरूँगा। मैं जानता हूँ कि तू मुझे निर्दोष नहीं ठहराता।
29 यदि मैं दुष्ट हूँ, तो मैं व्यर्थ ही क्यों परिश्रम करूँ? 30 यदि मै
अपने आप को हिम के पानी से धो लूँ, और अपने हाथों को
साबुन से शुद्ध कर लूँ, 31 तो भी तू मुझे गड्ढे में डाल देगा,
और मेरे वस्त्र मुझसे घृणा करेंगे। 32 क्योंकि मनुष्य नहीं कि
मैं उससे उत्तर दूँ, और हम न्याय में साथ आएँ। 33 हम दोनो
पर हाथ रखने के लिए हमारे बीच कोई मध्यस्थ नहीं है।
34 वह अपनी छड़ी मुझसे हटा ले, और उसका भय मुझे न
डराए। 35 तब मैं बोलूँगा और उससे न डरूँगा, क्योंकि मै
अपने भीतर ऐसा नहीं हूँ।

10 1 "मेरी आत्मा जीवन से थक गई है। मैं अपनी
शिकायत प्रकट करता हूँ, मैं अपनी आत्मा की
कड़वाहट में बोलता हूँ। 2 मैं ईश्वर से कहता हूँ, 'मुझे दुष्ट
मत ठहराओ, मुझे दिखाओ कि तू मुझ से क्यों झगड़ता है।
3 क्या यह तुझे अच्छा लगता है कि तू मुझे कुचल दे, कि तू
अपने हाथों की कारीगरी को तुच्छ जाने, और दुष्टों की युक्ति
पर चमके? 4 क्या तेरी आँखें शरीर की हैं? क्या तू मनुष्य
जैसा देखता है? 5 क्या तेरे दिन नाशवान मनुष्य के दिनों के
समान हैं? क्या तेरे वर्ष बलवान मनुष्य के दिनों के समान हैं,
6 कि तू मेरी दुष्टता ढूँढे और मेरा पाप खोज निकाले?

7क्योंकि तू जानता है कि मैं दुष्ट नहीं हूँ, और तेरे हाथ से
छुड़ाने वाला कोई नहीं। 8तेरे हाथों ने मुझे बनाया और गढ़ा
है, चारों ओर से मिलाकर; तौभी तू मुझे नष्ट कर देता है।
9स्मरण कर, कृपया, कि तूने मुझे मिट्टी के समान बनाया।
और क्या तू मुझे फिर धूल बना देगा? 10क्या तूने मुझे दूध
की तरह नहीं डाला, और पनीर की तरह मुझे जमाया?
11त्वचा और मांस तूने मुझ पर चढ़ाया, और हड्डियों और
स्नायु से मुझे बुन दिया। 12जीवन और कृपा तूने मुझे दी है,
और तेरी देखरेख ने मेरी आत्मा को सुरक्षित रखा है।
13और ये सब तूने अपने हृदय में रखे हैं; मैं जानता हूँ कि
यह तेरे साथ था। 14यदि मैं पाप करता हूँ, तो तू मेरी
देखभाल करता है, और मेरे किसी दुष्ट कर्म को बिना दंड के
नहीं छोड़ता। 15यदि मैं दुष्ट हूँ, हाय मुझ पर! और यदि मैं
धर्मी हूँ, तो भी मैं अपना सिर ऊँचा नहीं करूँगा - लज्जा से
भरा हुआ और अपनी दु:ख देखता हुआ! 16यदि मैं उसे
ऊँचा उठाऊँ, तो तू मुझे सिंह की तरह पीछा करता है, और
फिर तू मेरे विरुद्ध अपने अद्भुत कार्य दिखाता है। 17तू मेरे
विरुद्ध अपने गवाह नए करता है, और मुझ पर अपना क्रोध
बढ़ाता है; बदल-बदल कर सेनाएँ मेरे साथ हैं। 18तो तूने
मुझे गर्भ से क्यों निकाला? हाय, कि मैं नष्ट हो जाता और
किसी ने मुझे नहीं देखा होता! 19मुझे ऐसा होना चाहिए था
जैसे मैं कभी न था - गर्भ से कब्र तक पहुँचा दिया जाता।
20क्या मेरे दिन थोड़े नहीं हैं? तो अब रुक! मुझे अकेला
छोड़, ताकि मैं थोड़ा चमक उठूँ। 21इससे पहले कि मैं चला
जाऊँ, और लौट न आऊँ, अंधकार और मृत्यु की छाया के
देश में, 22ऐसे देश में जो अंधकार जैसा अंधकार है, मृत्यु
की छाया के समान, बिना किसी व्यवस्था के, जिसका प्रकाश
अंधकार के समान है।"

11

1और त्सोफर नआमाती ने उत्तर दिया और कहा,
2"क्या बहुत से वचन बिना उत्तर के रहेंगे? और क्या
बातों वाला मनुष्य धर्मी ठहराया जाएगा? 3क्या तेरी बकबक
मनुष्यों को चुप करा देगी? और तू उपहास करेगा और कोई
तुझे लज्जित न करेगा? 4चूँकि तूने कहा, 'मेरी बातें निर्दोष
हैं, और मैं तेरी आँखों में शुद्ध रहा हूँ।' 5पर यदि केवल
ईश्वर बोलते और अपने होंठ तेरे विरुद्ध खोलते, 6और तुझे
बुद्धि के भेद दिखाते, जो तुझसे दोगुना है। तब जान ले कि
ईश्वर तेरे अधर्म को तुझसे भूल गया है। 7क्या तू खोजकर
ईश्वर को पा सकता है, या एल शद्दाई के अन्त को खोज
सकता है? 8वह आकाश (शमायिम) से भी ऊँचा है - तू क्या
कर सकेगा? अधोलोक से गहरा है - तू क्या जान सकेगा?
9उसका माप धरती से लम्बा, और समुद्र से चौड़ा है। 10यदि
वह चले और बन्द करे, और इकट्ठा करे, तो कौन उसको
उलट सकता है? 11क्योंकि वह झूठे मनुष्यों को जानता है।
जब वह अधर्म देखता है तो क्या वह उसको ध्यान में नहीं
लाता? 12परन्तु निर्बुद्धि मनुष्य तब समझदार होता है जब
जंगली गदहे का बच्चा मनुष्य के रूप में जन्म लेता है! 13यदि
तू अपना मन तैयार करे, और अपने हाथ उसकी ओर
फैलाए; 14यदि तेरे हाथ में अधर्म हो, तो उसे दूर कर और
कुटिलता को अपने डेरे में न बसने दे; 15तब निश्चय तू
अपना मुख बिना दाग के ऊँचा उठाएगा; तू स्थिर खड़ा होगा,
और भयभीत न होगा, 16क्योंकि तू दु:ख को भूल जाएगा,
और उसको ऐसे स्मरण करेगा जैसे बीते हुए जल। 17और
तेरा जीवन दोपहर से भी उज्जवल होगा। तू ऊपर उड़
जाएगा, और भोर के समान होगा। 18और तू आशा के
कारण भरोसा करेगा। और जब तू खोजेगा तब तू निश्चिन्त
होकर लेट जाएगा। 19और तू विश्राम करेगा, और कोई तुझे
भयभीत न करेगा, और बहुत से तेरी कृपा चाहेंगे। 20परन्तु
दुष्टों की आँखें नाश हो जाएँगी, और उनके लिए भागने का
मार्ग न होगा, और उनकी आशा आत्मा का निकल जाना
होगी।"

12

1और अय्यूब ने उत्तर दिया और कहा, 2"निश्चय ही
तुम लोग ही लोग हो, और तुम्हारे साथ ही ज्ञान मर
जाएगा! 3परन्तु मेरे पास भी तुम्हारी तरह ही हृदय है; मैं
तुमसे कम नहीं हूँ। और कौन है जो इन जैसी बातों को नहीं
जानता? 4मैं अपने मित्रों के लिये उपहास का कारण बन गया
हूँ - वह जिसने ईश्वर को पुकारा और उसने उसे उत्तर दिया!
धर्मी, सिद्ध मनुष्य उपहास का कारण है! 5दीपक उस व्यक्ति
के विचार में तुच्छ है जो चैन में है - उन लोगों के लिये तैयार
है जिनके पैर फिसलते हैं। 6लुटेरों के तम्बू शान्ति में रहते हैं,
और जो ईश्वर को उकसाते हैं वे निश्चिन्त हैं, उसके लिये जो
ईश्वर को अपने हाथ में लाता है! 7परन्तु अब पशुओं से पूछो,
और वे तुम्हें सिखाएँगे; और आकाश के पक्षी तुमसे कहेंगे;
8या पृथ्वी से बात करो, और वह तुम्हें सिखाएगी; और समुद्र
की मछलियाँ तुम्हें बताएंगी। 9इन सब में से कौन नहीं जानता
कि यह 𐤉𐤄𐤅𐤄 का हाथ है जिसने यह किया है, 10जिसके
हाथ में सब जीवितों का जीवन है, और सब मनुष्यों की
आत्मा। 11क्या कान वचनों को नहीं परखता? और क्या मुँह
अपने लिये भोजन का स्वाद नहीं लेता? 12बुजुर्गों के पास
ज्ञान होता है, और दीर्घायु में समझ। 13उसके पास ज्ञान और
सामर्थ्य है, उसके पास युक्ति और समझ है। 14देखो, वह
तोड़ता है, और उसे फिर से नहीं बनाया जा सकता। यदि वह
मनुष्य को बन्द कर दे, तो कोई उसे छुड़ा नहीं सकता।
15देखो, वह जल रोक लेता है, और वे सूख जाते हैं। और
वह उन्हें भेजता है, और वे पृथ्वी को डुबा देते हैं। 16उसके
पास बल और सामर्थ्य है। भ्रमित करने वाला और भ्रमित होने
वाला, दोनों उसके हैं। 17वह सलाहकारों को लूट कर ले
जाता है, और न्यायियों को पागल कर देता है। 18वह
राजाओं की बन्धनों को ढीला करता है, और उनकी कमर पर
कमरबन्द बाँध देता है; 19वह याजकों को लूट के रूप में ले
जाता है, और सामर्थी को उलट देता है; 20विश्वासी लोगों के
होंठों को फेर देता है, और प्राचीनों की समझ को छीन लेता है;
21राजाओं पर तिरस्कार उंडेलता है, और बलवानों की कमर
खोल देता है; 22अंधकार से गहन बातें प्रकट करता है, और
वह मृत्यु की छाया को प्रकाश में लाता है; 23जातियों को बड़ा
करता है, और वह उन्हें नष्ट करता है; जातियों को फैलाता
है, और वह उन्हें निकाल ले जाता है, 24पृथ्वी के लोगों के
प्रधानों का हृदय फेर देता है, और उन्हें निर्जन प्रदेश में
भटका देता है। 25वे अंधकार में टटोलते हैं, उनके पास कोई

प्रकाश नहीं होता, और वह उन्हें मदिरापान करनेवाले के
समान डगमगाता है।

13 1 “देखो, मेरी आंख ने यह सब देखा है, मेरे कान ने
सुना और समझा है। 2 जो तुम जानते हो, मैं भी
जानता हूँ; मैं तुमसे कम नहीं हूँ। 3 परन्तु मैं ईश्वर शद्दाई से
बोलूँगा, और मैं ईश्वर से वाद-विवाद करने में प्रसन्न हूँ।
4 परन्तु तुम झूठ से लेप करते हो, व्यर्थ के वैद्य हो, तुम सब!
5 यदि तुम केवल चुप रहो, तो वही तुम्हारी बुद्धि होगी! 6 कृपया
मेरा तर्क सुनो, और मेरे होंठों की विनती पर ध्यान दो। 7 क्या
तुम ईश्वर के लिये टेढ़ी बात करोगे, और उसके लिये छल
बोलोगे? 8 क्या तुम उसके प्रति पक्षपाती रहोगे? क्या तुम ईश्वर
के लिये वकालत करोगे? 9 जब वह तुम्हें जांचेगा, तब क्या वह
अच्छा होगा? या क्या तुम उसे धोखा दे सकते हो जैसे कोई
मनुष्य को धोखा देता है? 10 यदि तुम गुप्त रूप से पक्षपात
दिखाओगे, तो वह अवश्य तुम्हें दोषी ठहराएगा। 11 क्या
उसकी महिमा तुम्हें भयभीत न करे, और उसका डर तुम पर
न गिरे? 12 तुम्हारी भारी बातें राख की कहावतें हैं, तुम्हारी ढालें
मिट्टी की ढालें हैं। 13 मेरे सामने चुप रहो, और मुझे बोलने दो,
और मेरे ऊपर जो कुछ भी आए सो हो जाने दो! 14 मैं क्यों
अपने मांस को अपने दाँतों में लूँ, और अपने प्राणों को अपने
हाथों में रखूँ? 15 यद्यपि वह मुझे मारता है – मैं प्रतीक्षा करता
हूँ! परन्तु मैं उसके सामने अपने मार्गों को सीधा ठहराऊँगा।
16 वह भी मेरा उद्धार है, क्योंकि कोई अपवित्र उसके सामने
नहीं आता। 17 मेरे वचनों को ध्यान से सुनो, और मेरे कहने
पर अपने कान लगाओ। 18 देखो, कृपया, मैंने अपना
मुकदमा तैयार किया है, मैं जानता हूँ कि मैं धर्मी हूँ। 19 कौन
है जो मुझसे झगड़ेगा? क्योंकि तब मैं चुप रहूँगा और मर
जाऊँगा। 20 सिर्फ़ दो बातें मुझ पर न कर, तब मैं तेरे मुख से
छिपा न रहूँगा: 21 अपना हाथ मुझसे दूर कर ले, और तेरा
भय मुझे भयभीत न करे। 22 तब बुला, और मुझे उत्तर देने
दे; या मुझे बोलने दे, और तू मुझे उत्तर दे। 23 मेरे कितने
अधर्म और पाप हैं? मुझे मेरा अपराध और मेरा पाप बता।
24 तू अपना मुख क्यों छिपाता है, और मुझे अपना शत्रु गिनता
है? 25 क्या तू एक उड़ा हुआ पत्ता डराएगा? और क्या तू सूखे
तिनके का पीछा करेगा? 26 क्योंकि तू मेरे विरुद्ध कटु बातें
लिखता है, और मुझे मेरी जवानी के अधर्म का भागी बनाता
है, 27 और मेरे पाँवों को बेड़ियों में डालता है, और मेरे सब
मार्गों को ध्यान से देखता है। तू मेरे पैरों के तलवों के लिये
सीमा बनाता है। 28 और वह, जैसे सड़ा हुआ, नष्ट होता है,
जैसे कीड़ों से खाया हुआ वस्त्र।

14 1 “स्त्री से जन्मा मनुष्य कुछ ही दिनों का और क्लेश
से भरा हुआ होता है। 2 वह फूल के समान निकलता
है और मुरझा जाता है। वह छाया के समान भागता है और
स्थिर नहीं रहता। 3 फिर ऐसे पर तू अपनी आँखें खोलता है,
और मुझे अपने साथ न्याय के लिये लाता है! 4 अशुद्ध में से
शुद्ध कौन निकाल सकता है? कोई नहीं! 5 चूंकि उसके दिन
निश्चय किए गए हैं, उसके महीनों की गिनती तेरे पास है, तूने
उसकी सीमा ठहराई है, जिसे वह पार नहीं कर सकता।
6 उससे दृष्टि फेर ले और उसे विश्राम करने दे, जब तक कि
वह मज़दूर के समान अपना दिन पूरा न कर ले। 7 क्योंकि
वृक्ष के लिये आशा है, यदि उसे काट दिया जाए, तो वह फिर
से अंकुरित हो जाएगा, और उसकी कोमल डालियाँ समाप्त
नहीं होंगी। 8 यद्यपि उसकी जड़ धरती में बूढ़ी हो जाए, और
उसका ठूंठ मिट्टी में मर जाए, 9 तथापि जल की गंध पाकर वह
अंकुरित होता है, और पौधे के समान पत्ते निकालता है।
10 पर मनुष्य मर जाता है और निर्बल हो जाता है, और मनुष्य
प्राण छोड़ देता है, और वह कहाँ है? 11 समुद्र से जल लुप्त हो
जाता है, और नदी सूखकर शुष्क हो जाती है, 12 और मनुष्य
लेट जाता है और फिर नहीं उठता। जब तक कि शमायिम
नष्ट न हो जाएँ, वे न तो जागते हैं, न अपनी नींद से उठाए
जाते हैं। 13 ओह, यदि तू मुझे कब्र में छिपा देता; मुझे तब
तक छिपा देता जब तक तेरा क्रोध फिर न जाता। मेरे लिये
एक समय ठहरा देता, और मुझे स्मरण करता! 14 यदि कोई
मनुष्य मर जाए, तो क्या वह फिर जीवित होगा? अपने सारे
कठिन परिश्रम के दिनों तक मैं प्रतीक्षा करूँगा, जब तक मेरा
परिवर्तन न आ जाए। 15 तू पुकारेगा, और मैं तुझे उत्तर
दूँगा। तू अपने हाथों की कृति की लालसा करेगा। 16 क्योंकि
अब तू मेरे कदमों की गिनती करता है - क्या तू मेरे पाप पर
ध्यान नहीं देता? 17 मेरा अपराध एक थैली में बंधा हुआ है,
और तू मेरे अधर्म को ढाँप देता है। 18 पर गिरता हुआ पर्वत
टूट जाता है, और चट्टान अपनी जगह से हटा दी जाती है,
19 जैसे जल पत्थरों को घिस देता है, उसकी बाढ़ पृथ्वी की
मिट्टी को बहा ले जाती है - वैसे ही तू मनुष्य की आशा का नाश
कर देता है। 20 तू उसे परास्त करता है, सदा के लिये, और
वह चला जाता है - उसका मुख बदल जाता है और तू उसे
दूर भेज देता है। 21 उसके पुत्र आदर पाते हैं, और वह नहीं
जानता। और वे नीचा किए जाते हैं, और वह उसे नहीं
समझता। 22 वह केवल अपने शरीर का दुख अनुभव करता
है, और अपने ही लिये शोक करता है।”

15 1 और एलीफ़ज़ तेमानवासी ने उत्तर दिया और कहा,
2 “क्या एक बुद्धिमान मनुष्य व्यर्थ के ज्ञान से उत्तर
देगा, या अपनी देह को पूरब की हवा से भर देगा? 3 क्या वह
व्यर्थ की बातों से विवाद करेगा, या उन भाषणों से जो लाभ नहीं
पहुँचाते? 4 निश्चित ही, तुम श्रद्धा को दूर करते हो, और
ईश्वर के सामने प्रार्थना रोकते हो। 5 क्योंकि तेरी दुष्टता तेरे
मुँह को सिखाती है, और तू छलियों की जीभ को चुनता है।
6 मैं नहीं, परन्तु तेरा ही मुँह तुझे दोषी ठहराता है। और तेरे ही
होंठ तेरे विरुद्ध गवाही देते हैं। 7 क्या तू पहला जन्मा हुआ है?
या क्या तुझे पहाड़ों से पहले बनाया गया था? 8 क्या तूने ईश्वर
की गुप्त सम्मति सुनी है? और क्या तूने ज्ञान को अपने ही
तक सीमित किया है? 9 तुझे क्या मालूम है जो हमें मालूम नहीं
है - समझ, जो हमारे भीतर नहीं है? 10 हमारे बीच तो
श्वेतकेशी और बूढ़े हैं, जो तेरे पिता से भी बहुत अधिक वृद्ध
हैं। 11 क्या ईश्वर की शाति देने वाली बातें तेरे लिए पर्याप्त
नहीं हैं - और एक ऐसा वचन जो कोमलता से तुझसे व्यवहार
करता है? 12 तूने क्या अपने हृदय में लिया है? और तेरी
आँखें क्यों चमक रही हैं? 13 कि तू अपने आत्मा को ईश्वर के

विरुद्ध फेर ले, और तेरे मुँह से वचन निकलें? [14] मनुष्य क्या
है, कि वह शुद्ध हो सके? और स्त्री से जन्मा हुआ, कि वह
धर्मी ठहर सके? [15] देख, वह अपने पवित्र जनों पर भी भरोसा
नहीं करता, और आकाश भी उसकी दृष्टि में शुद्ध नहीं है,
[16] तो फिर वह कितना कम है जो घृणित और भ्रष्ट है, जो
अधर्म को पानी की तरह पीता है! [17] मुझे तुझे दिखाने दे -
मेरी बात सुन - और यह जो मैंने देखा है, मैं घोषित करता हूँ,
[18] जिसकी घोषणा बुद्धिमानों ने की है, और अपने पितरों से
नहीं छिपाया है, [19] जिन्हें ही भूमि दी गई थी, और कोई पराया
उनके बीच से होकर नहीं गुज़रा: [20] दुष्ट के सब दिन वह
स्वयं को पीड़ा देता है, और निर्दयी के लिए थोड़े वर्ष ही संचित
किए गए हैं। [21] उसके कानों में डरावनी ध्वनि है; शांति में
उसके पास एक नाश करने वाला आता है। [22] वह अंधकार
से लौटने में विश्वास नहीं करता, और वह तलवार के लिए
सुरक्षित रखा गया है। [23] वह भोजन के लिए भटकता है - वह
कहाँ है? वह जानता है कि अंधकार का दिन उसके लिए
तैयार किया गया है। [24] कष्ट और पीड़ा उसे डराते हैं - वे
उसे दबा देते हैं, जैसे हमला करने को तैयार एक शासक।
[25] क्योंकि उसने अपना हाथ ईश्वर के विरुद्ध फैलाया है, और
ईश्वर शद्दाई के विरुद्ध सामर्थ्य से काम करता है। [26] वह
उसके विरुद्ध घमंड से दौड़ता है, मोटे-लोहे से जड़े ढालों के
साथ। [27] क्योंकि उसने अपने चेहरे को अपनी चर्बी से ढक
लिया है, और अपनी कमर पर मोटी परतें चढ़ा ली हैं।
[28] परन्तु वह उजड़े हुए नगरों में रहता है, उन घरों में जिनमें
कोई नहीं बसता, जो ढेर बनने के लिए तैयार कर दिए गए हैं।
[29] वह धनी नहीं होगा, और उसका धन नहीं बढ़ेगा, और
उसकी संपत्ति पृथ्वी पर फैल नहीं पाएगी। [30] वह अंधकार से
दूर नहीं होता। ज्वाला उसकी डालियों को सुखा देती है, और
वह उसके मुख की श्वास से हट जाता है। [31] वह झूठ पर
भरोसा न करे, अपने आप को धोखा देते हुए, क्योंकि झूठ ही
उसका प्रतिफल है। [32] उसके दिन से पहले ही वह पूरा हो
जाता है, और उसकी डाली हरी नहीं होगी। [33] वह अपनी
कच्ची अंगूर की फसल को दाखलता की तरह गिरा देता है,
और अपने फूल को जैतून के वृक्ष की तरह झाड़ देता है।
[34] क्योंकि अपवित्रों की संगति बाँझ है, और आग रिश्वत के
तम्बुओं को भस्म कर देती है। [35] वे कष्ट की गर्भाधान करते
हैं और दुष्टता को जन्म देते हैं, यहाँ तक कि उनका गर्भ छल
की तैयारी करता है।

16 [1] और अय्योब ने उत्तर दिया और कहा, [2] “मैंने ऐसे
बहुत से सुने हैं; तुम सब दुःख के शोक करने वाले
हो! [3] क्या वायु के वचनों का अन्त है? या कौन तुझे उकसाता
है कि तू उत्तर देता है? [4] मैं भी तुम्हारे समान बोल सकता था,
यदि तुम मेरे स्थान पर होते। मैं भी तुम्हारे विरुद्ध वचन जोड़
सकता था, और अपने सिर को तुम्हारे ऊपर हिला सकता
था। [5] मैं अपने मुँह से तुम्हें दृढ़ कर सकता था, और मेरे
हिलते होंठ तुम्हें शान्ति दे सकते थे। [6] यदि मैं बोलता हूँ, तो
मेरा दुःख नहीं घटता; और यदि मैं चुप रहता हूँ, तो क्या वह
मुझसे दूर हो जाता है? [7] पर अब उसने मुझे थका दिया है।
तूने मेरी सारी मण्डली को चकित कर दिया है। [8] और तूने
मुझे जकड़ लिया है, और यह एक गवाह है। और मेरी क्षति
मेरे विरुद्ध उठ खड़ी होती है, यह मेरे चेहरे पर गवाही देती
है। [9] उसने अपने क्रोध में मुझे चीर डाला, और वह मुझसे
बैर करता है। उसने अपने दाँत मुझ पर पीसे; मेरा विरोधी
अपनी आँखें मुझ पर तेज करता है। [10] उन्होंने मेरे विरुद्ध
अपना मुँह बड़ा खोला, तिरस्कार में मेरे गालों पर मारा, वे सब
मेरे विरुद्ध इकट्ठे हो गए। [11] ईश्वर ने मुझे कुटिलों के हाथ में
सौंप दिया है, और मुझे दुष्टों के हाथों में डाल दिया है। [12] मैं
चैन में था, पर उसने मुझे तोड़ दिया। और उसने मेरी गर्दन
से पकड़कर मुझे चूर कर दिया, और उसने मुझे अपने
निशाने के लिये खड़ा कर दिया है। [13] उसके तीरंदाज़ मुझे
घेर लेते हैं, वह मेरी दोनों किड़नियों को चीर डालता है और
दया नहीं करता, वह मेरा पित्त भूमि पर उँडेल देता है।
[14] उसने मुझमें दरार पर दरार डाली। वह वीर पुरुष की नाई
मुझ पर दौड़ता है। [15] मैंने अपनी चमड़ी पर टाट सी दी,
और अपनी सींग को धूल में डाल दिया। [16] मेरा मुँह रोने से
लाल हुआ है, और मेरी पलकों पर मृत्यु की छाया है; [17] यद्यपि
मेरे हाथ पर कोई उपद्रव न था, और मेरी प्रार्थना शुद्ध थी।
[18] हे पृथ्वी, मेरा लहू मत ढाँप, और मेरी पुकार का कोई
विश्रामस्थान न हो! [19] देख, अब भी मेरा साक्षी स्वर्ग
(शमयिम) में है, और मेरा पक्षपाती ऊँचे में है। [20] मेरे मित्र ही
मुझे उपहास करते हैं; मेरी आँखें ईश्वर की ओर आँसू बहाती
हैं। [21] हे काश कोई मनुष्य के लिये ईश्वर से प्रार्थना करता,
जैसे मनुष्य अपने पड़ोसी के लिये करता है! [22] जब कुछ वर्ष
बीत जाएँगे, तब मैं उस मार्ग पर चला जाऊँगा, जहाँ से लौटना
नहीं।

17 [1] “मेरी आत्मा टूट चुकी है, मेरे दिन बुझ गए हैं, कब्र
मेरे लिए तैयार हैं। [2] निश्चय ही, उपहास मेरे साथ है,
और मेरी आंख उनकी गालियों पर ठहरती है! [3] कृपया मेरे
लिए अपने साथ एक गिरवी रखो। कौन मेरे साथ हाथ
मिलाएगा? [4] क्योंकि तू ने उनके हृदय को समझ से छिपा दिया
है, इसलिये तू उन्हें ऊँचा नहीं उठाता। [5] जो मित्रों को भाग के
लिये दोषी ठहराता है, उसके बच्चों की आंखें भी असफल
होंगी। [6] परन्तु उसने मुझे लोगों के बीच एक कहावत बना
दिया है, जबकि पहले मैं एक ढोलक के समान था। [7] और
दुःख से मेरी आंख मंद हो गई है, और मेरे सब अंग छाया के
समान हो गए हैं। [8] सिध्द लोग इस पर अचम्भित हैं, और
निर्दोष अपवित्र के विरुद्ध अपने आप को उठाता है। [9] और
धर्मी अपने मार्ग पर बना रहता है, और जिसके हाथ शुद्ध है
वह और भी अधिक बलवंत होता जाता है। [10] परन्तु कृपया,
तुम सब फिर आओ, क्योंकि मैं तुम में से किसी को बुद्धिमान
नहीं पाता। [11] मेरे दिन बीत गए हैं, मेरी योजनाएँ टूट गई हैं –
मेरे हृदय की इच्छाएँ। [12] वे रात को दिन मानते हैं, कि ज्योति
निकट है, अंधकार के सामने! [13] यदि मैं प्रतीक्षा करूँ – कब्र
मेरा घर है, मैं अंधकार में अपना बिस्तर बनाऊँगा, [14] मैं
सड़ांध से कहूँगा, ‘तू मेरा पिता है,’ – और कीड़े से, ‘तू मेरी
माता और मेरी बहन है।’ [15] फिर मेरी आशा कहाँ है? मेरी
आशा की बात, कौन उसे देखेगा? [16] क्या वह कब्र में उत्तर
जाएगी? क्या हम सब मिलकर धूल में नीचे जाएंगे?”

18 1 और बिलदद शूहाइट ने उत्तर दिया और कहा,
2 "तुम शब्दों का अंत कब करोगे? समझो, और फिर
हम बातें करें। 3 क्यों हमें पशु माना जाए, तुम्हारी आँखों में
मूर्ख ठहराया जाए? 4 तुम जो क्रोध में स्वयं को चीरते हो -
क्या तुम्हारे लिए पृथ्वी त्याग दी जाएगी? या चट्टान अपनी
जगह से हटा दी जाएगी? 5 निश्चय ही दुष्ट का प्रकाश बुझ
जाता है, और उसकी आग की लौ चमकती नहीं। 6 उसके
तंबू में प्रकाश अंधकारमय हो जाएगा, और उसके पास का
दीपक बुझा दिया जाएगा। 7 उसके बल के कदम रुक जाते
हैं और उसकी अपनी ही युक्ति उसे गिरा देती है। 8 क्योंकि
वह अपने ही पैरों से जाल में डाला जाता है, और वह गड्ढे पर
चलता है। 9 जाल उसकी एड़ी पकड़ लेता है, एक फंदा उस
पर प्रबल होता है। 10 उसके लिए भूमि पर एक फंदा छिपा
हुआ है, और मार्ग में उसके लिए एक जाल। 11 भय चारों
ओर से उसे डराते हैं, और उसके पीछे-पीछे दौड़ते हैं।
12 उसकी शक्ति भूख से कमजोर हो जाती है, और विपत्ति
उसके पास तैयार खड़ी है। 13 यह उसकी चमड़ी के अंगों को
खा जाती है, मृत्यु का पहलौठा उसके अंगों को खा जाता है।
14 वह अपने तंबू के आश्रय से उखाड़ लिया जाता है, और
उन्हें आतंक के राजा के सामने घुमाया जाता है। 15 उसके
तंबू में वह बसता है जो उसका नहीं है; गंधक उसके घर पर
छिड़क दिया जाता है। 16 उसकी जड़ें नीचे सूख जाती हैं,
और उसकी शाखा ऊपर से काट दी जाती है। 17 उसकी
स्मृति पृथ्वी से मिट जाती है, और सड़क पर उसका कोई
नाम नहीं रहता। 18 उसे प्रकाश से अंधकार में धकेल दिया
जाता है, और उसे संसार से बाहर कर दिया जाता है। 19 वह
अपनी प्रजा में न कोई संतान छोड़ता है न वंशज, न ही उसके
निवासों में कोई बचे हुए। 20 पश्चिम में रहने वाले उसके दिन
पर चकित होते हैं, जैसे पूर्व में रहने वाले भयभीत होते हैं।
21 निश्चय ही, दुष्टों के निवास ऐसे ही होते हैं, और यह उसका
स्थान है जो ईश्वर को नहीं जानता।"

19 1 और अय्योब ने उत्तर दिया और कहा, 2 "तुम कब
तक मेरी जीवन को दुखी करोगे, और मुझे वचनों से
कुचलते रहोगे? 3 ये दस बार तुमने मुझे अपमानित किया है,
निर्लज्ज होकर तुम मुझ पर आक्रमण करते हो। 4 यदि
वास्तव में मैं भटक गया हूँ, तो मेरी भटकन मेरे साथ रहती
है। 5 यदि वास्तव में तुम अपने आप को मुझ से बड़ा दिखाते
हो, और मेरे तिरस्कार को मेरे विरुद्ध ठहराते हो, 6 तो जान
लो कि ईश्वर ने मुझे गिरा दिया है, और अपने जाल से मुझे
घेर लिया है। 7 देखो, मैं चिल्लाता हूँ, 'हिंसा!' पर मुझे नहीं
सुना जाता। मैं जोर से पुकारता हूँ, पर न्याय नहीं होता।
8 उसने मेरा मार्ग रोक दिया है, और मैं आगे नहीं बढ़ता। और
उसने मेरे पथों में अंधकार डाल दिया है। 9 उसने मेरी महिमा
मुझसे छीन ली है, और मेरे सिर से मुकुट ले लिया है। 10 वह
मुझे हर ओर से तोड़ता है, और मैं नष्ट हो गया; और मेरी
आशा को पेड़ की तरह उखाड़ देता है। 11 और उसने अपना
क्रोध मेरे विरुद्ध भड़काया है, और वह मुझे अपने शत्रुओं में
गिनता है। 12 उसकी सेनाएँ एकत्र होती हैं, और वे मेरे विरुद्ध
अपना मार्ग बनाती हैं, और मेरे तम्बू के चारों ओर डेरा डालती
हैं। 13 उसने मेरे भाइयों को मुझसे दूर कर दिया है, और मेरे
मित्र पूरी तरह से मुझसे पराये हो गए हैं। 14 मेरे निकटवर्ती
दूर हो गए हैं, और मेरे घनिष्ठ मित्र मुझे भूल गए हैं। 15 मेरे
घर के अतिथि, और मेरी दासियाँ, मुझे परदेशी समझती हैं -
मैं उनकी आँखों में परदेशी हूँ। 16 मैंने अपने दास को पुकारा,
पर वह उत्तर नहीं देता - मुझे अपने मुँह से उसे विनती करनी
पड़ती है। 17 मेरी आत्मा मेरी पत्नी के लिए अजनबी है, और
मेरी दया मेरे ही शरीर के बच्चों के लिए। 18 यहाँ तक कि
छोटे बच्चों ने भी मुझे तुच्छ जाना। मैं उठता हूँ, और वे मेरे
विरुद्ध बोलते हैं। 19 मेरे सारे घनिष्ठ मित्र मुझे घृणा करते हैं,
और जिन्हें मैं प्रेम करता था वे मेरे विरुद्ध हो गए हैं। 20 मेरी
हड्डी मेरी त्वचा और मेरे मांस से चिपकी है, और मैं अपने
दाँतों की त्वचा से बच निकला हूँ। 21 मुझ पर दया करो, मुझ
पर दया करो, हे मेरे मित्रों, क्योंकि ईश्वर का हाथ मुझे मार
चुका है! 22 तुम मुझे क्यों सताते हो जैसे ईश्वर, और मेरे मांस
से तृप्त नहीं होते? 23 हाय, यदि मेरे वचन लिखे जाते! हाय,
यदि वे किसी पुस्तक में अंकित किए जाते, 24 लौह कलम
और सीसे से चट्टान पर सदा के लिए खुदे रहते! 25 क्योंकि मैं
जानता हूँ कि मेरा छुड़ानेवाला जीवित है, और अंत में वह
पृथ्वी पर खड़ा होगा; 26 और मेरी खाल छिन जाने के बाद,
तब अपने शरीर में मैं ईश्वर को देखूँगा, 27 जिसे मैं स्वयं
अपनी ओर से देखूँगा, और कोई पराया नहीं। मेरे भीतर की
अंतड़ियाँ नष्ट हो गई हैं! 28 यदि तुम कहो, 'हम उसे क्यों
सताएँ?' यह देखते हुए कि कारण की जड़ मुझमें पाई गई है,
29 तलवार से स्वयं डरो, क्योंकि क्रोध तलवार का दंड है,
ताकि तुम जानो कि न्याय है।"

20 1 तब सोफर नआमाती ने उत्तर दिया और कहा,
2 "निश्चय ही, मेरे विचार मुझे उत्तर देने को विवश
करते हैं, क्योंकि मेरे भीतर शीघ्रता है। 3 मैंने वह उलाहना
सुना है जो मेरा अपमान करता है, और मेरी समझ की आत्मा
मुझे उत्तर देने पर मजबूर करती है। 4 क्या तुमने यह पुराना
नहीं जाना है, जब से मनुष्य पृथ्वी पर रखा गया, 5 कि दुष्टों
का गान थोड़े समय का होता है, और अशुद्ध व्यक्ति का
आनंद केवल एक पल का होता है। 6 यद्यपि उसका अभिमान
आकाश (शमायिम) तक चढ़े और उसका सिर बादलों तक
पहुंचे, 7 तो भी वह सदा के लिए अपने ही गोबर के समान नाश
होता है। जिन्होंने उसे देखा है वे कहते हैं, 'वह कहाँ है?' 8 वह
स्वप्न की नाईं उड़ जाता है, और नहीं पाया जाता। और वह
रात के दर्शन की नाईं भगा दिया जाता है। 9 आंखें जिन्होंने
उसे देखा था अब नहीं देखेंगी, न ही उसका स्थान अब उसे
देखेगा। 10 उसके पुत्र दरिद्रों की कृपा मांगते हैं, और उसके
हाथ उसका धन लौटाते हैं। 11 उसकी हड्डियाँ उसकी जवानी
से भर जाती हैं, और वह उसके साथ धूल में लेट जाती हैं।
12 यदि बुराई उसके मुंह में मीठी है, तो वह उसे अपनी जीभ के
नीचे छिपाता है, 13 वह उसे सहलाता है और त्यागता नहीं,
बल्कि अब भी अपने मुंह में रखता है, 14 उसका भोजन उसके
पेट में बदल जाता है, उसके भीतर नागों का विष है। 15 उसने
धन निगल लिया है, फिर वह उसे उगल देता है - ईश्वर उसे
उसके पेट से बाहर निकाल देता है। 16 वह नागों का विष

चूसता है; विषधर सर्प की जीभ उसे मार डालती है। 17 वह न
तो नदियों को देखता है, न शहद और मलाई बहती हुई
धाराओं को। 18 वह लौटाता है जिसके लिए उसने परिश्रम
किया, और उसे खाता नहीं - जैसे उसके व्यापार का धन,
परन्तु वह आनंद नहीं उठाता। 19 क्योंकि उसने सताया है,
उसने दरिद्रों को छोड़ दिया है, उसने वह घर छीन लिया है
जिसे उसने नहीं बनाया। 20 क्योंकि वह अपने भीतर आराम
नहीं जान पाएगा, न ही अपनी इच्छा की हुई वस्तु को
बचाएगा। 21 उसके खाने के बाद कुछ भी शेष नहीं रहता,
इसलिये उसकी भलाई स्थिर नहीं रहती। 22 उसकी बहुतायत
के साथ वह संकट में है; हर मजदूर का हाथ उसके विरुद्ध
आता है। 23 जब उसका पेट भर जाएगा, तब ३५३२ उस
पर अपना जलता हुआ क्रोध डालता है, और जब वह खा रहा
होता है तब उसे बरसाता है। 24 वह लोहे के हथियार से
भागेगा, एक कांसे का धनुष उसे बेध देगा। 25 वह खींचा गया
है, और शरीर से बाहर आता है, और चमकदार नोक उसकी
पित्त से बाहर निकलती है। भय उस पर आ जाते हैं। 26 सारा
अंधकार उसके खजाने की प्रतीक्षा करता है। बिना फूंके
आग उसे भस्म कर देती है, यह उसके तम्बू में जो कुछ शेष है
उसे नष्ट कर देती है। 27 शमयिम उसकी दुष्टता प्रकट
करते हैं, और पृथ्वी उसके विरुद्ध उठ खड़ी होती है।
28 उसके घर की वृद्धि चली जाती है, उसके क्रोध के दिन
बहती हुई दूर हो जाती है। 29 यह दुष्ट मनुष्य के लिए ईश्वर
का भाग है, और वह विरासत जिसे ईश्वर ने उसके लिए
ठहराया है।"

21

1 और अय्योब ने उत्तर दिया और कहा, 2 "मेरे वचन
को ध्यान से सुनो, और यही तुम्हारा शाति का दिलासा
हो। 3 मेरे साथ सह लो और मुझे बोलने दो, और जब मैं बोल
लूँ तो हँसी उड़ाते रहना। 4 मेरी शिकायत क्या मनुष्य के
विरुद्ध है? और क्यों मैं अधीर न होऊँ? 5 मुझे देखो और
चकित हो जाओ, तब अपना हाथ अपने मुँह पर रखो। 6 जब
मैं इस पर विचार करता हूँ तो डर जाता हूँ, और मेरा शरीर
काँप उठता है। 7 दुष्ट क्यों जीवित रहते हैं, बूढे होते हैं, और
सामर्थ्य में शक्तिशाली हो जाते हैं? 8 उनकी सन्तान उनके
साथ उनके सामने स्थिर रहती है, और उनके वंशज उनकी
आँखों के सामने। 9 उनके घर शाति से हैं, बिना भय के, और
उन पर ईश्वर की छड़ी नहीं है। 10 उनका बैल गर्भ धारण
करता है और असफल नहीं होता, उनकी गाय बिना गर्भपात
के जनती है। 11 वे अपने छोटे बच्चों को झुंड के समान बाहर
भेजते हैं, और उनके पुत्रियाँ नृत्य करती हैं। 12 वे डफ और
वीणा पर गाते हैं, और बाँसुरी की ध्वनि पर आनन्दित होते हैं।
13 वे अपने दिन भलाई में बिताते हैं, और एक ही क्षण में कब्र
में उतर जाते हैं। 14 और वे ईश्वर से कहते हैं, 'हमसे हट
जा, क्योंकि हमें तेरे मार्गों को जानने की इच्छा नहीं है।
15 सर्वशक्तिमान ईश्वर कौन है, कि हम उसकी सेवा करें?
और यदि हम उससे प्रार्थना करें तो हमें क्या लाभ होगा?'
16 देखो, क्या उनकी भलाई उनके अपने हाथ में नहीं है? दुष्टों
की युक्ति मुझसे दूर रही है। 17 दुष्टों का दीपक कितनी बार
बुझा दिया जाता है, और उन पर विपत्ति आती है, और वह
अपने क्रोध में दुख बाँटता है? 18 वे पवन के सामने भूसे के
समान होते हैं, और उस भूसी के समान जो आँधी ले जाती
है। 19 ईश्वर एक की दुष्टता उसके बच्चों के लिए संचित
करता है। उसे उसका प्रतिफल दे, ताकि वह जान ले।
20 उसकी आँखें उसके विनाश को देखें, और वह
सर्वशक्तिमान ईश्वर के क्रोध का प्याला पिए। 21 क्योंकि
उसके बाद उसके घर में उसे क्या सुख है, जब उसके महीनों
की गिनती काट दी गई है? 22 क्या कोई ईश्वर को ज्ञान सिखा
सकता है, क्योंकि वही ऊँचे लोगों का न्याय करता है? 23 एक
अपनी पूर्ण शक्ति में मरता है, पूरी तरह शान्त और सन्तुष्ट
होकर; 24 उसकी बाल्टियाँ दूध से भरी रहती हैं, और उसकी
हड्डियाँ मज्जा से तर होती हैं। 25 दूसरा अपने अस्तित्व की
कड़वाहट में मरता है, और कभी आनन्द से भोजन नहीं
करता। 26 दोनों धूल में साथ लेटते हैं, और कीड़े उन्हें ढक
लेते हैं। 27 देखो, मैं तुम्हारे विचारों को जानता हूँ, और उन
युक्तियों को भी जिनसे तुम मुझे अन्याय करना चाहते हो।
28 क्योंकि तुम कहते हो, 'प्रतिष्ठित व्यक्ति का घर कहाँ है?
और दुष्ट का तम्बू, उसका निवासस्थान कहाँ है?' 29 क्या
तुमने मार्ग से गुजरने वालों से नहीं पूछा? और क्या तुम उनके
चिन्हों को नहीं जानते? 30 कि दुष्ट को विपत्ति के दिन के लिए
सुरक्षित रखा जाता है? उन्हें क्रोध के दिन लाया जाता है।
31 कौन उसके मार्ग को उसके चेहरे पर बताता है? और
किसने उसके किए हुए कार्यों का बदला दिया है? 32 जहाँ तक
उसका प्रश्न है, उसे कब्र तक पहुँचाया जाता है, और कब्र पर
पहरा रखा जाता है। 33 नदी की मिट्टी के ढेले उसके लिये
मधुर होंगे, और सब मनुष्य उसका अनुसरण करेंगे, उससे
पहले अनगिनत जा चुके हैं। 34 तो तुम मुझे व्यर्थ में कैसे
शान्त्वना देते हो, यह देखते हुए कि तुम्हारे उत्तरों में विकृति
बनी रहती है?"

22

1 तब एलीफ़ज़ तेमानी ने उत्तर दिया और कहा,
2 "क्या एक बलशाली पुरुष ईश्वर के किसी काम आ
सकता है? क्या बुद्धिमान भी उसका कोई लाभ कर सकता है?
3 क्या यह ईश्वर सर्वशक्तिमान को आनंद देता है कि तू धर्मी
है? या लाभ कि तू अपने मार्ग सिद्ध करता है? 4 क्या तेरे
उसकी भय-भक्ति के कारण वह तुझे डाँटता है, या तेरे साथ
न्याय करने को प्रवेश करता है? 5 क्या तेरी बुराई बड़ी नहीं है?
और तेरे अधर्म का कोई अंत नहीं है? 6 क्योंकि तू अपने भाई
से व्यर्थ में बंधक लेता है, और नग्न को उनके वस्त्र उतार
लेता है। 7 तू थके हुए को पानी नहीं देता, और तू भूखे से
रोटी रोक लेता है। 8 परन्तु बलशाली पुरुष ही भूमि का स्वामी
होता है, और आदरणीय व्यक्ति उसमें बसता है। 9 तू
विधवाओं को खाली हाथ भेजता है, और अनाथों की भुजाएं
तोड़ी जाती हैं। 10 इसलिए तेरे चारों ओर फंदे हैं, और
अचानक भय तुझे डराता है, 11 या अंधकार, जिससे तू देख
नहीं पाता, और जल की बाढ़ तुझे ढक लेती है। 12 क्या
ईश्वर ऊँचे आकाश में नहीं है? और ऊँचे तारों को देख, वे
कितने ऊँचे हैं! 13 और तूने कहा, 'ईश्वर क्या जानता है?
क्या वह घने बादल से न्याय करेगा?' 14 'बादल उसे ढकते हैं,
कि वह न देखे, और वह आकाश के घेरे पर चलता है।'

15 क्या तू उस पुरानी राह पर ध्यान देता है जिस पर दुष्ट लोग
चले थे, 16 जो अपने समय से पहले काट डाले गए, जिनकी
नींव बाढ़ से बहा दी गई? 17 उन्होंने ईश्वर से कहा, 'हमसे दूर
हो जा!' और ईश्वर सर्वशक्तिमान ने उनके साथ क्या किया?
18 फिर भी उसने उनके घरों को अच्छी वस्तुओं से भर दिया!
परन्तु दुष्टों की युक्ति मुझसे दूर रही। 19 धर्मी इसे देखते हैं
और आनन्दित होते हैं, और निर्दोष उन पर हँसते हैं।
20 'निश्चित ही, हमारे शत्रु काट डाले गए हैं, और आग ने
उनके बचत को भस्म कर दिया है।' 21 उसकी सेवा कर,
और शाति में रह; तब आशीष तुझ तक पहुँचेगी। 22 कृपया
उसकी बातों को अपने मुंह से ली गई तोराह को स्वीकार करो,
और उसके वचनों को अपने हृदय में रखो। 23 यदि तुम
ईश्वर शद्दाई की ओर लौट आओ, तो तुम बन जाओगे। यदि
तुम अधर्म को अपने तंबुओं से दूर कर दो, 24 और सोने को
मिट्टी में डाल दो, और ओफीर का सोना घाटियों के पत्थरों में
रख दो, 25 तब ईश्वर शद्दाई तुम्हारा सोना और तुम्हारी चाँदी,
तुम्हारी शक्ति होगा। 26 तब तुम निश्चय ही ईश्वर शद्दाई में
आनन्द करोगे, और अपना मुख ईश्वर की ओर उठाओगे।
27 अपनी प्रार्थना उससे करो, और वह तुम्हारी सुनेगा, और
तुम अपनी मन्नतें पूरी करोगे। 28 और जो कुछ भी तुम
ठहराओगे वह तुम्हारे लिये स्थिर किया जाएगा, और प्रकाश
तुम्हारे मार्गों पर चमकेगा। 29 क्योंकि उन्होंने दीन को नीचा
किया है, और तुम कहोगे, 'उठो!' और वह नम्र दृष्टि वाले को
बचाएगा। 30 क्या वह निर्दोष न होने वाले को छुड़ाएगा? तो
तुम्हारे हाथों की शुद्धता से तुम छुड़ाए जाओगे।

23

1 और अय्योब ने उत्तर दिया और कहा, 2 "आज भी
मेरी शिकायत कड़वी है; मेरे कराहने के कारण मेरा
हाथ भारी है। 3 काश मैं जान पाता कि उसे कहाँ ढूँढूँ, तो मैं
उसके निवास स्थान तक पहुँच जाता! 4 मैं उसके सामने
अपना मुक़दमा पेश करता, और अपने मुँह को प्रमाणों से भर
देता। 5 मैं उन वचनों को जान लेता जो वह मुझे उत्तर देता,
और समझता कि वह मुझसे क्या कहता। 6 क्या वह मुझसे
बड़ी शक्ति से विवाद करता? नहीं! बल्कि वह मेरी ओर ध्यान
देता। 7 वहाँ धर्मी उसके साथ तर्क कर सकता है, और मैं
अपने न्यायी से सदैव के लिये सुरक्षित निकल जाता। 8 देख,
मैं आगे बढ़ता हूँ, परन्तु वह नहीं है; और पीछे की ओर, परन्तु
मैं उसे नहीं समझ पाता; 9 बाईं ओर जहाँ वह काम करता है,
परन्तु मैं नहीं देखता; वह दाईं ओर फिरता है, परन्तु मैं नहीं
देखता। 10 क्योंकि वह उस मार्ग को जानता है जिस पर मैं
चलता हूँ। जब उसने मुझे परखा, तो मैं सोने के समान
निकलूँगा। 11 मेरे पाँव ने उसके चरणों को दृढ़ता से थामा है।
मैंने उसकी राह की रक्षा की, और किनारे नहीं हुआ। 12 मैंने
उसके होंठों की आज्ञा से भटककर नहीं चला। मैंने उसके
मुख के वचनों को अपने भाग से अधिक संजोया है।
13 परन्तु वह एक है, और कौन उसे फेर सकता है? और जो
उसकी आत्मा ने चाहा है वही वह करता है। 14 क्योंकि वह
मेरी भागीदारी को पूरा करता है, और ऐसे बहुत से मेरे साथ
हैं। 15 इसलिये मैं उसके साम्हने भयभीत हूँ; मैं सोचता हूँ,
और मैं उससे डरता हूँ। 16 क्योंकि ईश्वर ने मुझे दुर्बल बना
दिया है, और ईश्वर शद्दै ने मुझे भयभीत कर दिया है;
17 क्योंकि अन्धकार से पहले मैं काटा नहीं गया था, और
उसने मेरे चेहरे से घोर अन्धकार को ढाँक दिया है।

24

1 "समय ३५३२ ईश्वर शद्दाई से छिपे नहीं हैं, और
जो उसे जानते हैं उन्होंने उसके दिनों को क्यों नही
देखा? 2 वे सीमा चिन्ह हटा देते हैं; वे झुंडों को लूटकर खा
जाते हैं; 3 वे अनाथ का गधा भगा ले जाते हैं; वे विधवा के बैल
को गिरवी रखते हैं; 4 वे दरिद्र को मार्ग से निकाल देते हैं;
पृथ्वी के गरीब लोग मिलकर छिप जाते हैं। 5 देखो, जैसे
जंगल के जंगली गधे वे अपने काम में लगे रहते हैं, शिकार
के लिए लालची खोजी; जंगल उसके बच्चों के लिए उसकी
रोटी देता है। 6 वे उसके चारे को खेत में काट लेते हैं और
दुष्ट की दाखबारी में बीनते हैं। 7 वे रात को बिना वस्त्र के
बिताते हैं, बिना आवरण के और ठंड में। 8 वे पहाड़ों की वर्षा
से भीग जाते हैं, और आश्रय के अभाव में चट्टान से लिपट
जाते हैं। 9 वे स्तन से अनाथ को छीन ले जाते हैं, और गरीब
से गिरवी ले लेते हैं; 10 नंगे, वे बिना वस्त्र के घूमते हैं; और
भूखे, वे पूले उठा ले जाते हैं। 11 वे अपनी दीवारों के भीतर
तेल निचोड़ते हैं; दाखरस कुंड वे रौंदते हैं, फिर भी प्यासे
रहते हैं। 12 पुरुष नगर में कराहते हैं, और घायल जीव
आत्माएं चिल्लाती हैं, और ईश्वर उसे मूर्खता नहीं मानता।
13 वे ज्योति के विरोधी हो गए हैं; उन्होंने उसकी राहों को नही
जाना और न ही उसके मार्गों पर ठहरे हैं। 14 हत्यारा भोर में
उठता है, वह दरिद्र और जरूरतमंद को मारता है, और रात
में वह चोर के समान होता है। 15 और व्यभिचारी की आंख
संध्या को ताकती है, कहती है, 'कोई आंख मुझे नही
देखती।' और वह चेहरा ढक लेता है। 16 अंधकार में उसने
घरों में सेंध लगाई है; दिन में वे अपने को बंद कर लेते हैं;
उन्होंने ज्योति को नहीं जाना। 17 उन सब के लिए भोर मृत्यु
की छाया के समान है, जब वह मृत्यु की छाया के अत्यंत भय
को पहचानता है। 18 वह जल के मुख पर तेज है; उनका भाग
पृथ्वी में शापित है; वह दाखबारी के मार्ग में नहीं जाता।
19 सूखा और गर्मी हिम के जल को छीन ले जाते हैं - कब्र,
पापियों को। 20 गर्भ उसे भूल जाता है, कीड़ा उस पर मीठा
भोजन करता है; उसका स्मरण नहीं रहता, और दुष्टता पेड़
के समान तोड़ दी जाती है; 21 बांझ स्त्री के साथ बुरा करता
है जो जन्म नहीं देती, और विधवा के लिए कोई भलाई नही
करता। 22 परन्तु वह सामर्थ्य के साथ पराक्रमी को खींच ले
जाता है - वह उठ खड़ा होता है, और जीवन के विषय में कोई
निश्चय नहीं करता। 23 वह उसे सुरक्षा देता है, और वह उस
पर भरोसा करता है; तौभी उसकी आंखें उनके मार्गों पर रहती
हैं। 24 वे थोड़ी देर के लिए ऊंचे किए जाते हैं, फिर वे चले
जाते हैं, फिर वे नीचा कर दिए जाते हैं। जैसे सब, वे इकट्ठे
किए जाते हैं, और वे बालियों के सिरों के समान काट डाले
जाते हैं। 25 और यदि ऐसा नहीं है, तो कौन मुझे झूठा
ठहराता है, और मेरे वचन को व्यर्थ करता है?"

25

1 और बिलदाद शूह के रहनेवाले ने उत्तर दिया और
कहा, 2 "शासन और आदर उसी के हैं, वह अपने

ऊँचे स्थानों में शाति स्थापित करता है। 3क्या उसकी
सेनाओं की कोई गिनती है? और किस पर उसका प्रकाश नहीं
चमकता? 4तो मनुष्य कैसे ईश्वर के सामने धर्मी हो सकता
है? या स्त्री से जन्मा हुआ निर्दोष कैसे हो सकता है? 5देखो,
चाँद भी नहीं चमकता, और तारे भी उसकी दृष्टि में निर्दोष
नहीं हैं, 6तो फिर मनुष्य, जो कीड़ा है, और आदमी का पुत्र,
जो कृमि है, कितना कम है?"

26 1और अय्योब ने उत्तर दिया और कहा, 2"तूने
असहाय की कैसे सहायता की, और निर्बल भुजा को
कैसे बचाया? 3तूने मूर्ख को कैसी सम्मति दी, या बहुतों को
समझदार सलाह कैसे दी? 4तूने किसके साथ बातें कीं? और
किसकी आत्मा तुझसे निकली? 5मरे हुए काँपते हैं - वे जो
जल के नीचे हैं और उनमें रहनेवाले। 6कब्र उसके सामने
खुली पड़ी है, और विनाश का कोई आवरण नहीं है। 7उसने
उत्तर दिशा को शून्य पर फैलाया, पृथ्वी को कुछ पर
लटकाया, 8वह जल को अपने घने बादलों में बाँधता है, और
बादल उनके नीचे फटते नहीं। 9वह अपने सिंहासन का मुख
ढाँकता है, और अपने बादल को उस पर फैला देता है।
10उसने जल की सतह पर सीमा खींची, ज्योति और
अंधकार की सीमा पर। 11शमयिम के खम्भे काँपते हैं, और
उसकी डाँट से चकित होते हैं। 12अपनी शक्ति से उसने
समुद्र को शान्त किया, और अपनी समझ से उसने रहाब को
मार गिराया। 13अपनी आत्मा से उसने शमयिम को सुशोभित
किया। उसका हाथ भागते हुए नाग को बेध देता है। 14देख,
ये उसकी राहों के किनारे मात्र हैं, और उसके विषय में जो
कुछ सुना जाता है, वह कितना थोड़ा है! और उसकी शक्ति
के गर्जन को कौन समझ सकता है?"

27 1और अय्योब ने फिर अपनी वाणी उठाई, और कहा,
2"जैसा कि ईश्वर जीवित है, जिसने मेरे न्याय को
टाल दिया है, और ईश्वर शद्दाई, जिसने मेरा जीवन कड़वा
किया है, 3जब तक मेरी सांस मुझ में है, और ईश्वर की
आत्मा मेरी नथुनों में है, 4मेरे होंठ अधर्म नहीं बोलेंगे, न ही
मेरी जीभ छल कहेगी। 5मुझसे दूर हो कि मैं यह मान लूँ कि
तुम सही हो। जब तक मैं मर न जाऊँ मैं अपनी खराई मुझसे
न हटाऊँगा। 6मैं अपनी धार्मिकता को थामे रहूँगा, और उसे
न छोड़ूँगा। जब तक मैं जीवित हूँ मेरा हृदय मुझे दोषी नहीं
ठहराएगा। 7मेरा शत्रु दुष्ट के समान हो, और जो मेरे विरुद्ध
उठ खड़ा हो वह अधर्मी के समान हो। 8क्योंकि अपवित्र के
लिए आशा क्या है, जब वह काटा जाता है, जब ईश्वर उसका
जीवन ले लेता है? 9क्या ईश्वर उसकी पुकार सुनेगा, जब
संकट उस पर आ पड़े? 10क्या वह ईश्वर शद्दाई में प्रसन्न
होगा - क्या वह हर समय ईश्वर को पुकारेगा? 11मैं तुम्हें
ईश्वर के हाथ से सिखाऊँगा, जो कुछ ईश्वर शद्दाई के पास है
उसे मैं नहीं छिपाऊँगा। 12देखो, तुम सब ने इसे देखा है।
फिर तुम सब व्यर्थ क्यों हो? 13यह दुष्ट मनुष्य का भाग ईश्वर
से है, और निर्दयी लोगों की विरासत, जो वे ईश्वर शद्दाई से
पाते हैं: 14यदि उसके पुत्र बढते हैं, तो यह तलवार के लिए है;
और उसके वंशजों के पास खाने के लिए पर्याप्त नहीं होगा।
15उसके जो शेष रह जाते हैं वे मृत्यु में दफनाए जाते हैं, और
उनकी विधवाएँ नहीं रोतीं। 16चाहे वह चाँदी को धूल के
समान ढेर करे, और वस्त्रों को मिट्टी के समान इकट्ठा करे -
17वह इकट्ठा करता है, परन्तु धर्मी उसे पहनता है, और
निर्दोष चाँदी को बाँटता है। 18उसने अपना घर कीड़े के
समान बनाया, जैसे झोपड़ी जिसे कोई चौकीदार बनाता है।
19वह लेट जाता है, धनी मनुष्य, परन्तु उसे नहीं इकट्ठा किया
जाता। जब वह अपनी आँखें खोलता है, तो वह नहीं रहता!
20बाढ़ की नाईं भय उसे दबा लेते हैं; आँधी की हवा उसे रात
में उड़ा ले जाती है। 21पूर्व की हवा उसे उड़ा ले जाती है, और
वह चला जाता है; क्योंकि यह उसे उसके स्थान से बहा ले
जाती है। 22और यह उस पर प्रहार करता है और नहीं
छोड़ता; वह उसकी शक्ति से शीघ्र भाग जाता है। 23यह उस
पर ताली बजाता है, और उसे उसके स्थान से सीटी बजाकर
बाहर निकालता है।

28 1"वास्तव में, चाँदी के लिए एक खान है, और सोने
को शुद्ध करने का एक स्थान है। 2लोहा पृथ्वी से
निकाला जाता है, और ताँबा अयस्क से गलाया जाता है।
3उसने अंधकार का एक अंत ठहराया है, और हर सीमा तक
वह खोजता है, गहन अंधकार में पत्थरों तक। 4वह लोगों से
दूर एक सुरंग खोलता है; वे पाँवों से भुला दिए जाते हैं; वे
मनुष्यों से दूर लटकते हैं; वे इधर-उधर झूलते रहते हैं।
5पृथ्वी, जिससे भोजन उत्पन्न होता है, नीचे से आग के समान
उलट दी जाती है; 6इसके पत्थर नीलम का स्थान हैं, और
इसमें सोने की धूल है। 7कोई शिकारी पक्षी इस मार्ग को नहीं
जानता, न ही बाज की आँख ने इसे देखा है। 8अभिमानी पशु
इस पर नहीं चले हैं, न ही उग्र सिंह उस पर गुज़रा है। 9वह
अपनी हाथ चकमक पत्थर पर रखता है; वह पर्वतों को जड़ों
से उलट देता है। 10वह चट्टानों में नहरें काटता है, और
उसकी आँख सब बहुमूल्य वस्तुओं को देखती है। 11वह
नदियों के स्रोतों को रोकता है; और वह छिपी हुई चीज़ों को
प्रकाश में लाता है। 12और बुद्धि – वह कहाँ पाई जाती है?
और समझ का स्थान कहाँ है? 13मनुष्य उसकी क़ीमत नहीं
जानता, और यह जीवितों की भूमि में नहीं पाई जाती।
14गहराई ने कहा, 'यह मुझमें नहीं है,' और समुद्र ने कहा,
'यह मेरे पास नहीं है।' 15सोना इसके लिए नहीं दिया जाता,
न ही चाँदी इसकी क़ीमत के रूप में तोली जाती है। 16यह
ओफीर के सोने से, बहुमूल्य शोहम या नीलम से भी नहीं
आंका जाता। 17सोना या क्रिस्टल इसकी तुलना में नहीं हैं,
न ही यह उत्तम सोने के पात्र के लिए बदला जाता है। 18मूँगा
या क्रिस्टल का कोई ज़िक्र नहीं है, क्योंकि बुद्धि की क़ीमत
माणिक से भी अधिक है। 19कुश का पुखराज इसकी तुलना
में नहीं है, न ही यह शुद्ध सोने में आंका जाता है। 20और बुद्धि
– यह कहाँ से आती है? और समझ का स्थान कहाँ है? 21यह
सब जीवितों की आँखों से छिपी है, और शमयिम के पक्षियों से
गुप्त रखी गई है। 22विनाश और मृत्यु ने कहा, 'हमने अपने
कानों से इसकी सूचना सुनी है।' 23ईश्वर ने उसके मार्ग को
समझ लिया है, और उसने उसके स्थान को जान लिया है।
24क्योंकि वह पृथ्वी के सिरों तक देखता है; शमयिम के नीचे

सब कुछ देखता है, [25] हवा के लिए एक माप बनाते हुए, और जल को नापकर आँकते हुए। [26] जब उसने वर्षा के लिए एक नियम बनाया, और बिजली की गर्जना के लिए मार्ग बनाया, [27] तब उसने बुद्धि को देखा और घोषित किया; उसने उसे तैयार किया और खोजा भी। [28] और उसने मनुष्य से कहा, 'देखो, त्र५त्र२ का भय ही बुद्धि है, और बुराई से फिरना ही समझ है।' "

29

[1] और अय्योब ने फिर अपनी बात उठाई, और कहा, [2] "हाय, कि मैं पिछले महीनों के समान होता, उन दिनों के समान जब ईश्वर ने मेरी रक्षा की थी; [3] जब उसका दीपक मेरे सिर पर चमकता था, जब मैं उसके प्रकाश से अंधकार में चलता था; [4] जैसा मैं अपने पतझड़ के दिनों में था, जब ईश्वर की निकटता मेरे तंबू पर थी; [5] जब ईश्वर शद्दाई अब भी मेरे साथ था, जब मेरे बच्चे मेरे चारों ओर थे; [6] जब मेरे कदम मलाई से नहाए हुए थे और चट्टान मेरे लिये तेल की नदियाँ बहाती थी। [7] जब मैं नगर के फाटक से बाहर जाता था, खुली चौक में अपनी गद्दी लेने के लिए, [8] तो जवान मुझे देखकर छिप जाते थे, और बूढ़े उठकर खड़े होते थे; [9] प्रधान अपने वचनों को रोक लेते थे, और अपने मुँह पर हाथ रखते थे; [10] प्रधानों की आवाज़ दब जाती थी, और उनकी जीभ तालू से चिपक जाती थी। [11] क्योंकि जब कान सुनता था, तो उसने मुझे आशीष दी, और जब आँख देखती थी, तो उसने मेरी गवाही दी; [12] क्योंकि मैंने उस कंगाल को बचाया जो पुकारता था, और अनाथ को भी, जिसका कोई सहायक न था। [13] नाश होने वाले की आशीष मुझ पर आती थी, और मैं विधवा के हृदय को आनंद से गवाता था। [14] मैं ने धार्मिकता को पहना, और उसने मुझे ढाँक लिया; न्याय मेरा चोगा और पगड़ी था। [15] मैं अंधों की आँखें था, और मैं लंगड़ों के पैर था। [16] मैं कंगाल का पिता था, और उस मुकद्दमे की जाँच करता था जिसे मैं नहीं जानता था। [17] और मैंने कुटिल के जबड़े तोड़े, और उसके दाँतों से शिकार छीन लिया। [18] तब मैंने सोचा कि मैं अपने घोंसले में मर जाऊँगा, और अपने दिनों को रेत के समान बढ़ाऊँगा, [19] मेरी जड़ें जल तक फैलती हैं, और मेरी डाल पर सारी रात ओस ठहरी रहती है, [20] मेरी महिमा मुझमें नई रहती थी, और मेरी धनुष मेरी हाथ में नया होता था। [21] लोग मेरी सुनते थे, और मेरी प्रतीक्षा करते थे, और मेरी सम्मति पर चुप रहते थे। [22] मेरे वचनों के बाद वे फिर नहीं बोलते थे, और मेरी बात उन पर टपकती थी। [23] वे मेरी प्रतीक्षा वर्षा की तरह करते थे, और अपना मुँह देर की वर्षा के लिए खोलते थे। [24] मैं उन पर मुस्कुराता था जो विश्वास नहीं करते थे, और मेरे मुख का प्रकाश उन्होंने मंद नहीं किया। [25] मैं उनके लिये मार्ग चुनता था, और प्रधान की तरह बैठता था, और सेना में राजा की तरह वास करता था, जैसे कोई शोक करने वालों को शांति देता है।

30

[1] "पर अब वे मुझ पर हंसते हैं, जो मुझसे छोटे हैं, जिनके पिता को मैं अपने भेड़ के कुत्तों के साथ भी रखने से इन्कार कर देता। [2] उनके हाथों की ताकत मेरे लिए किस काम की है, क्योंकि उनका पुरुषत्व बल नष्ट हो चुका है? [3] वे कमी और भूख से सूख गए हैं, वे एक बंजर भूमि की ओर भागते हैं, जो पहले उजाड़ और विनाश थी। [4] वे झाड़ियो के पास नमक की जड़ी-बूटियाँ तोड़ते हैं, और झाड़ी के पेड़ की जड़ें उनका भोजन है। [5] उन्हें बीच से निकाल दिया गया, उन पर ऐसे चिल्लाया गया जैसे किसी चोर पर। [6] नालों की घाटियों में रहने के लिए, ज़मीन के गड्ढों और दरारों में। [7] झाड़ियों के बीच वे चिल्लाते हैं, बिच्छू बूटी के नीचे वे इकट्ठा होकर बैठते हैं - [8] मूर्खों के पुत्र, यहाँ तक कि नामहीन पुत्र, उन्हें देश से कोड़े मारकर बाहर निकाल दिया गया है। [9] और अब मैं उनका गीत बन गया हूँ, और मैं उनके लिए एक कहावत बन गया हूँ। [10] उन्होंने मुझसे घृणा की, मुझसे दूर हो गए, और मेरे मुँह पर थूकने से भी नहीं रुके। [11] क्योंकि उसने मेरी धनुष की डोरी खोल दी और मुझे दुखी किया, उन्होंने मेरे सामने संयम छोड़ दिया। [12] मेरे दाहिने हाथ पर एक दल उठता है; उन्होंने मेरे पैर हटा दिए, और वे मुझ पर अपनी विनाशकारी राहें बढ़ाते हैं। [13] उन्होंने मेरी राह तोड़ दी, वे मेरे विनाश से लाभ उठाते हैं; उन्हें कोई नहीं रोकता। [14] वे एक चौड़े उल्लंघन की तरह आते हैं; खंडहरों के नीचे मुझ पर दौड़ते हैं। [15] विनाश मुझ पर पलट दिए जाते हैं; वे मेरी जान का पीछा हवा की तरह करते हैं, और मेरी समृद्धि बादल की तरह चली गई। [16] और अब मेरा जीवन अपने आप बह रहा है; कष्ट के दिन मुझे पकड़ लेते हैं। [17] रात में मेरी हड्डियाँ मुझ में छेद दी गई हैं, और मेरी पीड़ा कभी शांत नहीं होती। [18] महान परिश्रम से मेरा वस्त्र बदल दिया गया है - यह मेरे कोट के कॉलर की तरह मुझे पकड़ता है। [19] मुझे कीचड़ में फेंक दिया, और मैं धूल और राख के समान हो गया हूँ। [20] मैं तुझसे पुकारता हूँ, परन्तु तू मुझे उत्तर नहीं देता; मैं खड़ा होता हूँ, और तू मुझे समझता है। [21] तू मेरे प्रति निर्दयी हो गया है; अपने हाथ की शक्ति से तू मेरा विरोध करता है। [22] आप मुझे वायु तक उठा देते हो, मुझे उस पर सवार कर देते हो; और तू मुझे आँधी में पिघला देता है। [23] क्योंकि मैं जान चुका हूँ कि तू मुझे मृत्यु तक ले आता है, और सब जीवितों के लिये ठहराए हुए घर तक। [24] तो भी क्या कोई खंडहरों के ढेर में अपना हाथ नहीं फैलाता, या विपत्ति में सहायता के लिये नहीं पुकारता? [25] क्या मैं उस पर नहीं रोया जो संकट में था? क्या मेरा प्राण कंगाल के लिये शोकाकुल नहीं हुआ? [26] जब मैं भलाई की आशा करता था, तब बुराई मुझ पर आ गई। और जब मैं ज्योति की बाट जोहता था, तब अंधकार आ गया। [27] मेरे भीतरी अंग उबलते रहे और विश्राम न पाया; दु:ख के दिन मेरे सामने आते रहे। [28] मैं काला होकर घूमता रहा, परन्तु सूर्य से नहीं; मैं सभा में खड़ा होकर सहायता के लिये पुकारा। [29] मैं गीदड़ों का भाई और शुतुरमुर्गों का साथी हो गया। [30] मेरी त्वचा मुझ पर काली हो गई, और मेरी हड्डियाँ तपिश से जल उठीं। [31] इस प्रकार मेरा वीणा शोक का, और मेरी बाँसुरी रोने का स्वर बन गया।

31

[1] "मैंने अपनी आँखों के साथ एक वाचा की है। फिर मैं किसी कुंवारी को कैसे देख सकता हूँ? [2] क्योंकि ऊपर से एलोअह का क्या भाग है, और ऊँचाई से ईश्वर शद्दै की विरासत क्या है? [3] क्या वह टेढ़े लोगों के लिये विपत्ति नहीं

है, और दुष्टता के काम करने वालों के लिये अजनबीपन नहीं
है? 4 क्या वह मेरी चालों को नहीं देखता, और मेरे सब कदमों
की गिनती नहीं करता? 5 यदि मैं झूठ के साथ चला हूँ, या
यदि मेरा पाँव छल की ओर जल्दी किया है, 6 तो वह मुझे सही
तराजू में तोले, और एलोअह मेरी सच्चाई को जाने। 7 यदि
मेरा कदम मार्ग से मुड़ गया है, या मेरा हृदय मेरी आँखों के
पीछे चला गया है, या यदि कोई दाग़ मेरे हाथों से चिपका है,
8 तो मैं बोऊँ, और कोई दूसरा खाए; और मेरी उपज उखाड़
दी जाए। 9 यदि मेरा हृदय किसी स्त्री से ललचाया है, या यदि
मैंने अपने पड़ोसी के द्वार पर छिपकर खड़ा रहा हूँ, 10 तो मेरी
पत्नी किसी दूसरे के लिये पीसे, और दूसरे उसके ऊपर
झुकें। 11 क्योंकि वह एक दुष्ट योजना होती, और दण्डनीय
दुष्टता होती। 12 क्योंकि वह एक आग होती जो विनाश तक
जलती, और मेरी सारी वृद्धि के बीच जड़ पकड़ लेती।
13 यदि मैंने अपने दास या दासी की विनती को अस्वीकार
किया है जब उन्होंने मेरे विरुद्ध शिकायत की, 14 तो जब
ईश्वर उठेगा, तब मैं क्या करूँगा? और जब वह दण्ड देगा,
तब मैं उसे क्या उत्तर दूँगा? 15 क्या उसी ने जिसने मुझे गर्भ
में बनाया, उसे नहीं बनाया? और क्या उसी ने हम दोनों को
गर्भ में आकार नहीं दिया? 16 यदि मैंने दरिद्र को सुख से
वंचित किया है, या विधवा की आँखों को विफल किया है, 17 या
मैंने अपनी रोटी का टुकड़ा अकेले खाया है, और अनाथ ने
उसका भाग नहीं खाया है – 18 परन्तु अपनी जवानी से ही वह
मेरे साथ पिता के समान बड़ा हुआ, और मेरी माता के गर्भ से
ही मैंने उसका मार्गदर्शन किया – 19 यदि मैंने किसी को वस्त्रों
के अभाव में नाश होते देखा है, या किसी दरिद्र को बिना
आवरण के; 20 यदि उसकी कमर ने मुझे आशीर्वाद नहीं दिया
है, और उसने मेरी भेड़ों के ऊन से स्वयं को गर्म नहीं किया
है; 21 यदि मैंने अनाथ के विरुद्ध अपना हाथ उठाया है, जब
मैंने देखा कि मुझे फाटक में सहायता मिली है; 22 मेरी भुजा
मेरे कंधे से गिर जाए, और मेरी भुजा हड्डी से टूट जाए।
23 क्योंकि मैं ईश्वर से विनाश का भय मानता हूँ, और उसकी
महानता से मैं बच नहीं सकता था। 24 यदि मैंने सोने पर
अपना भरोसा रखा है, या उत्तम सोने को अपना शरणस्थान
कहा है; 25 यदि मैंने आनन्द मनाया क्योंकि मेरी सम्पत्ति बड़ी
थी, और क्योंकि मेरे हाथ ने बहुत कुछ प्राप्त किया था;
26 यदि मैंने सूर्य को देखा जब वह चमकता है, या चाँद को
उसकी चमक में चलता हुआ; 27 ताकि मेरा हृदय गुप्त रूप से
फुसलाया गया हो, और मेरे मुँह ने मेरे हाथ को चूमा हो –
28 यह भी एक दण्डनीय दुष्टता है, क्योंकि मैं ऊपर के ईश्वर
का इन्कार करता। 29 यदि मैंने आनन्द मनाया जब वह जो
मुझसे बैर रखता था, नाश हुआ, या जब उस पर बुराई आई
तो मैं उठ खड़ा हुआ – 30 मैंने अपने मुँह को उसके जीवन पर
श्राप माँगने से भी पाप नहीं करने दिया – 31 यदि मेरे तम्बू के
पुरुषों ने नहीं कहा, 'कौन है जो उसके मांस से तृप्त न हुआ
हो?' 32 अजनबी को सड़क पर रात बिताने की आवश्यकता
नहीं पड़ी, क्योंकि मैंने अपने द्वार मार्ग के लिये खोल दिए।
33 यदि मैंने अपने अपराधों को अब्राहम के समान ढक लिया,
अपनी अधर्मता को अपने वक्ष में छिपाकर, 34 तो मैं बड़ी भीड़
से डरता, और कुलों के उपहास से भय खाता, तब मैं चुप
रहता और द्वार से बाहर चला जाता! 35 कौन मुझे सुनवाई
देगा? देखो, मेरा हस्ताक्षर, ईश्वर शद्दै मुझे उत्तर दे, और
मेरा अभियोगी एक लेख लिखे! 36 क्या मैं उसे अपने कंधे पर
नहीं उठाऊँगा, क्या मैं उसे अपने ऊपर मुकुट की तरह
बाँधूँगा? 37 मैं उसे अपने कदमों की गिनती बताऊँगा - मै
उसके पास एक राजकुमार की तरह जाऊँगा। 38 यदि मेरी
भूमि मेरे विरुद्ध चिल्लाती है, या उसकी नालियाँ एक साथ
रोती हैं; 39 यदि मैंने उसका फल बिना मूल्य खाया है, या
उसके स्वामियों को मरवा दिया है; 40 तो गेहूँ की जगह काँटे
उगें, और जौ की जगह बेकार घास।" अय्यूब के वचन
समाप्त हुए।

32 1 तब ये तीनों पुरुष अय्यूब को उत्तर देना छोड़ दिए,
क्योंकि वह अपनी ही आँखों में धर्मी था। 2 और
एलीहू, बराकएल का पुत्र, बूज़ी और राम के कुल का, उसका
क्रोध अय्यूब पर भड़क उठा। उसका क्रोध इसलिये भड़का
क्योंकि उसने अपने आप को धर्मी ठहराया न कि ईश्वर
३५३२ को। 3 और उसके तीनों मित्रों के विरुद्ध उसका
क्रोध भड़का, क्योंकि वे कोई उत्तर न पा सके, और उन्होंने
ईश्वर ३५३२ को दुष्ट ठहराया। 4 और क्योंकि वे उससे
वर्षों में बड़े थे, एलीहू अय्यूब से बात करने के लिये प्रतीक्षा
करता रहा। 5 और जब एलीहू ने देखा कि इन तीनों पुरुषों के
मुख में कोई उत्तर नहीं है, तो उसका क्रोध भड़क उठा।
6 और एलीहू, बराकएल का पुत्र, बूज़ी, उत्तर देकर कहने
लगा, "मैं आयु में जवान हूँ, और आप वृद्ध हैं। इसलिये मै
भयभीत था कि मैं अपनी राय आपको बता दूँ। 7 मैंने कहा,
'दिन बोलें, और बहुत वर्ष ज्ञान सिखाएँ।' 8 पर वास्तव में यह
मनुष्य में आत्मा है और ईश्वर सर्वशक्तिमान का श्वास है जो
उसे समझ देता है। 9 बहुत लोग बुद्धिमान नहीं हैं, न ही वृद्ध
लोग न्याय समझाते हैं। 10 इसलिये मैंने कहा, 'मेरी सुनो, मै
भी तुम्हें अपनी राय बताऊँ।' 11 देखो, मैंने तुम्हारे वचनों की
प्रतीक्षा की, मैंने तुम्हारी तर्क-युक्तियों को सुना, जब तुम सोच
रहे थे कि क्या कहना है। 12 और मैंने तुम्हारी ओर ध्यान से
देखा। पर देखो, तुम में से किसी ने अय्यूब को गलत सिद्ध
नहीं किया, न ही उसके वचनों का उत्तर दिया। 13 ऐसा न हो
कि तुम कहो, 'हमने बुद्धि पाई है' - यह ईश्वर है जो उसे
हटाता है, मनुष्य नहीं। 14 अब उसने मेरे विरुद्ध वचन नही
कहे, इसलिये मैं भी तुम्हारे वचनों से उसे उत्तर नहीं दूँगा।
15 वे टूट गए हैं; उन्होंने फिर उत्तर नहीं दिया; वचन उनसे
चले गए हैं। 16 और मैं प्रतीक्षा करता रहा, पर वे बोलते नहीं,
क्योंकि वे चुपचाप खड़े रहे, उन्होंने और उत्तर नहीं दिया।
17 मैं भी अपनी ओर से उत्तर दूँ; मैं भी अपनी राय बताऊँ।
18 क्योंकि मैं वचनों से भरा हूँ; आत्मा मेरे भीतर मुझे दबा रही
है। 19 देखो, मेरे भीतर यह ऐसी है जैसे दाखमधु खोला न
गया हो; यह नए मटकों के समान फट पड़ेगा। 20 मुझे बोलने
दो, ताकि मुझे राहत मिले; मुझे अपने होंठ खोलने दो और
उत्तर देने दो। 21 कृपया, मैं किसी के प्रति पक्षपात न करूँ, न
ही किसी मनुष्य की चापलूसी करूँ। 22 क्योंकि मैं चापलूसी
करना नहीं जानता, ऐसा न हो कि मेरा सृजनहार शीघ्र ही मुझे
उठा ले जाए!

33 1“फिर भी, हे अय्योब, कृपया मेरे वचन सुन और मेरे
सब वचनों पर ध्यान दे। 2देख, कृपया! मैं अपना मुंह
खोलने वाला हूं, मेरी जीभ मेरे मुंह में बोलेगी। 3मेरे वचन मेरे
हृदय की सीधाई से हैं, मेरे होंठ ज्ञान को स्पष्ट रूप से
बोलेंगे। 4ईश्वर की आत्मा ने मुझे बनाया है, और ईश्वर शद्दै
की सांस मुझे जीवन देती है। 5यदि तू सक्षम है, तो मुझे
उत्तर दे, मेरे सामने स्वयं को व्यवस्थित कर, और अपना
स्थान ले। 6देख, मैं तेरे समान ईश्वर के सामने हूं, मैं भी
मिट्टी से ही बनाया गया हूं। 7देख, तुझे मेरे कारण डरना नहीं
चाहिए, और न ही मेरा दबाव तुझ पर भारी होना चाहिए।
8परन्तु तूने मेरे सुनने में बोला है, और मैं वचनों की ध्वनि
सुनता हूं, 9‘मैं शुद्ध हूं, अपराध रहित हूं; मैं निर्दोष हूं, और
मुझमें कोई दुष्टता नहीं है। 10देख, वह मेरे विरुद्ध अवसर
ढूंढता है, वह मुझे अपना शत्रु मानता है; 11वह मेरे पांव बेड़ियों
में डालता है, वह मेरी सब चालों पर दृष्टि रखता है।’
12देख, इस बात में तू धर्मी नहीं ठहरा। मैं तुझे उत्तर दूंगा:
ईश्वर मनुष्य से बड़ा है! 13तू उसके विरुद्ध क्यों शिकायत
करता है? क्या इसलिए कि वह अपने सब मामलों का उत्तर
नहीं देता? 14क्योंकि ईश्वर एक बार, या दो बार बोलता है –
परन्तु मनुष्य ध्यान नहीं देता – 15स्वप्न में, रात के दर्शन में,
जब गहरी नींद मनुष्यों पर आती है, जब बिस्तर पर झपकी
आती है, 16तब वह मनुष्यों के कान खोलता है, और उनकी
शिक्षा पर मुहर लगाता है, 17ताकि मनुष्य को कर्मों से मोड़े,
और मनुष्य से घमण्ड छिपा दे। 18वह उसकी प्राण को गड्ढे
से बचाता है, और उसके जीवन को तलवार से नाश होने से
रोकता है। 19और वह अपने बिस्तर पर पीड़ा से ताड़ना पाता
है, और उसकी हड्डियों में निरन्तर पीड़ा बनी रहती है, 20ऐसा
कि उसका जीवन रोटी से घृणा करता है, और उसका प्राण
मनोहर भोजन से। 21उसका मांस नष्ट हो जाता है, और
उसकी हड्डियां जो पहले दिखाई नहीं देती थीं, अब बाहर
निकल आती हैं। 22और उसका प्राणी गड्ढे के निकट आ
जाता है, और उसका जीवन विनाश करने वालों के पास।
23यदि उसके लिये कोई दूत हो, कोई मध्यस्थ, हज़ार में से
एक, जो मनुष्य को उसकी सीधाई दिखाए, 24तब वह उस पर
अनुग्रह करता है और कहता है, ‘इसे गड्ढे में उतरने से छोड़
दे, मैंने एक प्रायश्चित्त पाया है।’ 25‘उसका मांस बालक से
भी ताज़ा हो जाए, और वह अपनी जवानी के दिनों में लौट
आए।’ 26वह ईश्वर से प्रार्थना करता है, और वह उसे ग्रहण
करता है। और वह आनन्द से उसका मुख देखता है, और
वह मनुष्य को उसकी धार्मिकता लौटा देता है। 27वह मनुष्यों
से गाता है और कहता है, ‘मैंने पाप किया है, और जो सीधा
था उसे बिगाड़ दिया, और यह मेरे लिए लाभकारी न हुआ।’
28उसने मेरे प्राणी को गड्ढे में उतरने से छुड़ा लिया है, और
मेरा जीवन (ḥai) ज्योति को देखता है। 29देखो, ईश्वर ये
सब करता है - दो बार, तीन बार मनुष्य के साथ, 30कि
उसके प्राणी को गड्ढे से वापस लाए, जीवितों की ज्योति से
प्रकाशित करने के लिए। 31ध्यान दो, अय्योब, मेरी सुनो,
चुप रहो, और मुझे बोलने दो। 32यदि वचन हों, तो मुझे
उत्तर दो; बोलो, क्योंकि मैं चाहता हूँ कि तुझे धर्मी ठहराऊं।
33यदि नहीं, तो मेरी सुनो, चुप रहो, और मुझे तुझे बुद्धि
सिखाने दो।”

34 1तब एलीहू ने उत्तर दिया और कहा, 2“मेरे वचनों
को सुनो, हे बुद्धिमान पुरुषों; मेरी ओर ध्यान दो, हे
ज्ञान रखने वालों। 3क्योंकि कान वचनों को परखता है जैसे
तालू भोजन का स्वाद लेता है। 4आओ हम अपने लिये जो
सीधा है उसे चुनें; हममें जानें कि क्या भला है। 5क्योंकि
अय्योब ने कहा है, ‘मैं धर्मी हूँ, परन्तु ईश्वर ने मेरा अधिकार
छीन लिया है। 6क्या मैं अपने अधिकार के विषय में झूठ
बोलूँगा? मेरा घाव असाध्य है – बिना अपराध के।’ 7अय्योब
के समान कौन मनुष्य है, जो ठट्ठों को जल के समान पीता है,
8जो दुष्टकर्म करने वालों की संगति में जाता है, और
अधर्मियों के साथ चलता है? 9क्योंकि उसने कहा है, ‘मनुष्य
को यह लाभ नहीं कि वह [illegible] में प्रसन्नता पाए।’
10इसलिए, हे हृदयवान पुरुषों, मेरी सुनो: Ĕl से दुष्टता
करना और Ĕl Shaddai से अधर्म करना दूर हो।
11क्योंकि वह मनुष्य के काम के अनुसार उसको प्रतिफल
देता है, और उसके मार्ग के अनुसार मनुष्य को प्रतिफल पाता
है। 12सच तो यह है कि ईश्वर बुराई नहीं करता, और
सर्वशक्तिमान ईश्वर न्याय को नहीं बिगाड़ता। 13किसने उसे
पृथ्वी सौंपी है? और किसने समस्त जगत को स्थापित किया
है? 14यदि वह अपने मन को उस पर लगाये, यदि वह अपने
पास उसकी आत्मा और उसका श्वास बटोर ले, 15तो सब
प्राणी एक साथ नष्ट हो जाएँ, और मनुष्य मिट्टी में लौट जाए।
16यदि तू समझता है, तो इसे सुन! मेरे वचनों का शब्द ध्यान
से सुन: 17क्या जो न्याय से बैर करता है वह शासन करेगा?
या क्या तू धर्मी से धर्मात्मा को दुष्ट ठहराएगा? 18कौन राजा
से कहेगा: ‘बेलियाल,’ और प्रधानों से: ‘दुष्ट’? – 19जो
प्रधानों का पक्षपात नहीं करता, और धनवान को निर्धन से
अधिक नहीं मानता? क्योंकि वे सब उसके ही हाथों की
कारीगरी हैं। 20क्षण भर में वे मर जाते हैं, रात के बीच में;
लोग कांप उठते हैं और चले जाते हैं; और शक्तिशाली बिना
हाथ लगाए उठा लिये जाते हैं। 21क्योंकि उसकी आँखें मनुष्य
के मार्गों पर लगी रहती हैं, और वह उसके सब कदम देखता
है। 22कोई अंधकार और मृत्यु की छाया नहीं है जहाँ दुष्टता
के कारीगर अपने आप को छिपाते हैं। 23क्योंकि वह किसी
मनुष्य को ईश्वर के सामने न्याय में उपस्थित होने के लिए
कोई निश्चित समय नियुक्त नहीं करता। 24वह बलवानों को
बिना पूछताछ के टुकड़े-टुकड़े करता है, और दूसरों को
उनकी जगह खड़ा करता है। 25निश्चय ही, वह उनके कामों
को जानता है, और वह रात में उलट देगा, और वे कुचले
जाएंगे। 26दुष्टों को वह दर्शकों के सामने थप्पड़ मारता है,
27क्योंकि वे उसका पीछा करना छोड़ दिए, और उन्होंने
उसकी सब राहों को नहीं माना, 28ताकि दरिद्रों की पुकार
उसके पास पहुँचे; क्योंकि वह पीड़ितों की पुकार को सुनता
है। 29और जब वह मौन रहता है, तब कौन अशांति करेगा?
और जब वह अपना मुख छिपाता है, तब कौन उसे देख
सकता है, चाहे वह किसी राष्ट्र के विरुद्ध हो या किसी मनुष्य के
अकेले विरुद्ध? 30ताकि कोई अशुद्ध व्यक्ति राज्य न करे,

कहीं लोग फंदे में न फँसें। 31 क्या किसी ने ईश्वर से कहा है,
'मैंने दूर कर दिया है, मैं भ्रष्टाचार से काम नहीं करता।
32 'मुझे सिखाओ जो मैं नहीं देखता। यदि मैंने अधर्म किया
है, तो मैं फिर ऐसा नहीं करूंगा'? 33 क्या वह तुम्हें चुकाए
क्योंकि तुमने इंकार किया है? क्योंकि तुम चुनते हो, और मैं
नहीं, इसलिये जो तुम जानते हो वह बोलो। 34 हृदय के लोग
मुझसे कहें, और एक बुद्धिमान व्यक्ति जो मेरी सुनता है:
35 'अय्योब ज्ञान के साथ नहीं बोलता, और उसके वचन बिना
बुद्धि के हैं।' 36 काश अय्योब का अंत तक परखा जाता,
क्योंकि उसके उत्तर दुष्ट लोगों के समान हैं! 37 क्योंकि वह
अपने पाप में विद्रोह जोड़ता है - वह हमारे बीच ताली बजाता
है, और ईश्वर के विरुद्ध अपने वचन बढ़ाता है।"

35 1 और एलीहू ने उत्तर दिया और कहा, 2 "क्या तुम
सोचते हो कि यह सही है? क्या तुम कहते हो, 'मेरी
धार्मिकता ईश्वर से भी बढ़कर है'? 3 क्योंकि तुम कहते हो,
'इसका तुझ पर क्या उपयोग है? मुझे क्या लाभ है यदि मैंने
पाप न किया होता?' 4 मैं तुम्हें और तुम्हारे साथियों को उत्तर
दूँगा। 5 आकाश की ओर देखो, और देखो। और उन बादलों
पर ध्यान दो जो तुमसे ऊँचे हैं। 6 यदि तुम पाप करते हो, तो
तुम उसका क्या कर सकते हो? यदि तुम्हारे अपराध बढ़ते हैं,
तो तुम उसका क्या कर सकते हो? 7 यदि तुम धर्मी हो, तो तुम
उसे क्या देते हो? या वह तुम्हारे हाथ से क्या लेता है? 8 तुम्हारी
दुष्टता तुम्हारे जैसे मनुष्य के लिए है, और तुम्हारी धार्मिकता
मनुष्य के पुत्र के लिए। 9 अत्याचारों की भीड़ के कारण वे
चिल्लाते हैं; वे बहुतों की भुजा के कारण सहायता के लिए
पुकारते हैं। 10 और कोई नहीं कहता, 'मेरा सृजनहार ईश्वर
कहाँ है, जो रात में गीत देता है, 11 जो हमें पृथ्वी के पशुओं से
अधिक सिखाता है, और हमें आकाश के पक्षियों से अधिक
बुद्धिमान बनाता है?' 12 वहाँ वे चिल्लाते हैं, परन्तु वह उत्तर
नहीं देता, क्योंकि दुष्टों का घमण्ड है। 13 केवल, यह असत्य
है कि ईश्वर नहीं सुनता, और कि ईश्वर सर्वशक्तिमान उस
पर ध्यान नहीं देता। 14 यद्यपि तुम कहते हो कि तुम उसे नहीं
देखते, फिर भी न्याय उसके सामने है, और तुम उसकी
प्रतीक्षा करते हो। 15 और अब, क्या व्यर्थ ही उसका अप्रसन्न
होना आया है? फिर भी उसने अत्यधिक घमण्ड पर ध्यान नहीं
दिया। 16 इस प्रकार इय्योब व्यर्थ ही अपना मुँह खोलता है,
वह ज्ञान के बिना वचनों को बढ़ाता है।"

36 1 तब एलीहू ने जारी रखा और कहा, 2 "मेरे साथ
थोड़ा धैर्य रखो, और मुझे तुम्हें दिखाने दो कि ईश्वर
के लिए अभी और भी कहने को है। 3 मैं अपना ज्ञान दूर से
लाता हूँ और अपने सृजनहार को धर्मी ठहराता हूँ। 4 निश्चित
रूप से मेरे वचन झूठे नहीं हैं; जो ज्ञान में सिद्ध है वह तुम्हारे
साथ है। 5 देखो, ईश्वर सामर्थी है, पर किसी को नहीं तुच्छ
जानता - हृदय की शक्ति में सामर्थी है। 6 वह दुष्टों को
जीवित नहीं रखता, परन्तु पीड़ितों को न्याय देता है। 7 वह
धर्मियों से अपनी आँखें नहीं हटाता, और राजाओं को
सिंहासन पर बिठाता है, और उन्हें सदा के लिए स्थापित
करता है, और वे महिमान्वित होते हैं। 8 और यदि वे बेड़ियों में
बँधे हों, कष्ट की रस्सियों में फँसे हों, 9 तो वह उन्हें उनके
कामों को और उनके अपराधों को दिखाता है, कि उन्होंने
घमण्ड से व्यवहार किया। 10 और वह उनके कानों को शिक्षा
के लिए खोलता है, और आदेश देता है कि वे दुष्टता से लौट
आएं। 11 यदि वे आज्ञा मानें और सेवा करें, तो वे अपने दिन
भलाई में और अपने वर्ष सुख में बिताएँगे। 12 परन्तु यदि वे
आज्ञा न मानें, तो तलवार से नाश होंगे, और बिना ज्ञान के मर
जाएँगे। 13 परन्तु जिनका हृदय अपवित्र है वे क्रोधी हो जाते
हैं - जब वह उन्हें बाँधता है तो वे सहायता के लिए पुकारते
नहीं। 14 उनका जीवन जवानी में ही समाप्त हो जाता है, और
उनका जीवन पुरुष वेश्याओं के बीच में। 15 वह पीड़ित को
उसके दुःख में छुड़ाता है, और उनके कानों को संकट में
खोलता है। 16 और वह तुझे भी संकट से निकालकर चौड़े
स्थान में लाता, जहाँ कोई रोक नहीं है। और जो तेरी मेज पर
रखा जाता वह उत्तम भोजन से भरा होता। 17 परन्तु तू दुष्टों
के न्याय से भर गया है, न्याय और निर्णय तुझ पर आ गए
हैं। 18 क्योंकि क्रोध तुझे ठट्ठों की ओर खींच सकता है। और
कोई बड़ा घूस तुझे भटका न दे। 19 क्या वह तेरी दौलत का
मूल्य आँकेगा? नहीं, न तो बहुमूल्य धातु का, न तेरी सारी
शक्ति का! 20 रात की लालसा मत कर, जब लोग अपने
स्थान पर उठा लिए जाते हैं। 21 सावधान रहो, दुष्टता की
ओर मत मुड़ो, क्योंकि तूने दुःख के बजाय इसे चुना है।
22 देखो, ईश्वर अपनी शक्ति से महान है; उसके समान
शिक्षक कौन है? 23 किसने उसके मार्ग को ठहराया है, या
किसने कहा है, 'तूने अधर्म किया है'? 24 उसके काम की
महिमा करो, जिसका मनुष्यों ने गीत गाया है। 25 सब मनुष्यों
ने उसे देखा है, मनुष्य उसे दूर से देखता है। 26 देखो, ईश्वर
महान है, हमारी समझ से परे है, और हम उसके वर्षों की
संख्या नहीं जानते। 27 क्योंकि वह जल की बूँदों को ऊपर
खींचता है, जो कुहासे से वर्षा के रूप में गिरती हैं, 28 जिन्हें
बादल नीचे बरसाते हैं - मनुष्य पर वर्षा की धाराओं में।
29 फिर भी, कौन बादलों के फैलने को समझता है, उसके
डेरा से आनेवाली गड़गड़ाहट को? 30 देखो, उसने उस पर
अपनी ज्योति फैलाई है, और उसने समुद्र की गहराइयों को
ढाँक दिया है। 31 इन्हीं से वह लोगों का न्याय करता है; वह
भोजन बहुतायत से देता है। 32 उसने अपनी हथेलियों को
बिजली से ढक लिया है, और उसे मारने का आदेश देता है।
33 उसका शब्द उसके विषय में बताता है, यहाँ तक कि पशु भी
आनेवाली बात को प्रकट करते हैं।

37 1 "इस पर भी मेरा हृदय काँपता है, और अपनी जगह
से उछल जाता है। 2 सुनो, सुनो उसकी आवाज़ के
काँपने को, और उसके मुँह से निकलने वाली ध्वनि को। 3 वह
इसे सब आकाशों के नीचे छोड़ता है, और उसकी बिजली
पृथ्वी के छोर तक जाती है। 4 इसके बाद एक आवाज़
गरजती है। वह अपनी महिमा की आवाज़ से गर्जन करता है,
और जब उसकी आवाज़ सुनाई देती है तो वह उन्हें नहीं
रोकता। 5 ईश्वर अपनी आवाज़ से अद्भुत रीति से गरजता
है; बड़े काम करता है, जिन्हें हम नहीं समझते। 6 क्योंकि वह
हिम से कहता है, 'पृथ्वी पर गिर,' कोमल वर्षा और उसकी

शक्ति की भारी वर्षा से भी। 7 वह हर मनुष्य का हाथ सील कर
देता है, ताकि सब मनुष्य उसके काम को जान लें। 8 तब पशु
अपने गुफ़ा में जाता है, और वे अपने मांदों में रहते हैं।
9 दक्षिण के कक्ष से बवंडर आता है, और उत्तर की बिखरी हुई
हवाओं से ठंड आती है। 10 ईश्वर की श्वास से हिम दी जाती
है, और जल का विस्तार ठोस हो जाता है। 11 वह मोटे बादलों
को नमी से लादता है; वह अपने चमकते बादलों को बिखेरता
है। 12 और वे इधर-उधर घूमते हैं, उसकी मार्गदर्शना से
घुमाए जाते हैं, ताकि वे धरती पर जो कुछ भी वह उन्हें आदेश
देता है, उसे पूरा करें। 13 वह इसे लाता है, चाहे दंड के रूप
में हो, या अपनी भूमि के लिए, या कृपा के लिए। 14 इसको
सुनो, हे अय्योब, स्थिर रहो और ईश्वर के आश्चर्यों पर ध्यान
दो। 15 क्या तुम जानते हो जब ईश्वर ने उन्हें रखा, और
उसके बादल की बिजली को चमकाया? 16 क्या तुम बादलों
का संतुलन जानते हो, उस अद्भुत का जो ज्ञान में सिद्ध है?
17 तुम्हारे वस्त्र क्यों गरम हैं, जब पृथ्वी दक्षिण से शांत होती
है? 18 क्या तुमने उसके साथ बादलों को फैलाया, जो कठोर
दर्पण के समान दृढ़ हैं? 19 हमें सिखाओ कि हम उससे क्या
कहें; हम अंधकार के कारण व्यवस्थित नहीं कर सकते।
20 क्या उसे बताया जाना चाहिए कि मैं बोलूंगा? क्या कोई
मनुष्य निगल लिए जाने की मांग करेगा? 21 और अब, वे उस
प्रकाश को नहीं देखेंगे जो बादलों के पीछे चमकता है, जब
वायु गुजर चुकी और उन्हें साफ कर चुकी है। 22 स्वर्णिम
उत्तर से यह आता है - ईश्वर के साथ अद्भुत महिमा है।
23 सर्वशक्तिमान, हम ने उसे नहीं पाया, वह सामर्थ और न्याय
में महान है और धार्मिकता में बड़ा है - वह अत्याचार नहीं
करता। 24 इसलिए मनुष्य उसका भय मानते हैं। वह किसी
भी बुद्धिमान हृदय वाले की ओर ध्यान नहीं करता।"

38 1 तब 𐤉𐤄𐤅𐤄 ने अय्यूब को बवंडर के बीच से उत्तर
दिया और कहा, 2 "यह कौन है जो बिना ज्ञान के
वचनों से परामर्श को अंधकारमय करता है? 3 अब अपनी
कमर को पुरुष की नाईं कस ले, और मैं तुझसे प्रश्न करूँगा,
और तू मुझे उत्तर देगा। 4 जब मैंने पृथ्वी की नींव डाली तब
तू कहाँ था? बता, यदि तुझे समझ है। 5 किसने उसकी माप
तय की, यदि तू जानता है? या किसने उस पर रेखा खींची?
6 उसकी नींव किस पर धंसी? या किसने उसका कोना-पत्थर
रखा, 7 जब भोर के तारे एक साथ गाते थे, और ईश्वर के
सब पुत्र आनन्द से चिल्लाते थे? 8 या किसने समुद्र को द्वारों
से घेरा, जब वह फूटा और गर्भ से बाहर आया; 9 जब मैंने
बादलों को उसका वस्त्र बनाया, और घने अंधकार को उसकी
कपड़े की पट्टी; 10 और उसके लिए मेरी विधि ठहराई, और
किवाड़ और द्वार लगाए; 11 और कहा, 'यहाँ तक तू आएगा,
परन्तु आगे नहीं, और यहाँ तेरी गर्वित लहरें रुकेंगी?' 12 क्या
तूने कभी प्रभात को आज्ञा दी है, और भोर को उसका स्थान
दिखाया है, 13 कि वह पृथ्वी के छोरों को पकड़ ले, और दुष्ट
लोग उसमें से झाड़े जाएँ? 14 वह मुहर के नीचे की मिट्टी की
नाईं बदल जाती है, और वे वस्त्र के समान खड़े हो जाते हैं।
15 और दुष्टों से उनका प्रकाश रोका जाता है, और ऊँचा
उठाया हुआ भुजा तोड़ी जाती है। 16 क्या तू समुद्र के सोतों
तक पहुँचा है? या तूने गहराई की गुप्त जगहों में चला है?
17 क्या मृत्यु के फाटक तुझ पर प्रकट हुए हैं? या क्या तूने
मृत्यु की छाया के फाटकों को देखा है? 18 क्या तूने पृथ्वी की
चौड़ाई को समझ लिया है? बता, यदि तू सब जानता है।
19 प्रकाश का निवास स्थान कहाँ है? और अंधकार कहाँ है
उसका स्थान, 20 कि तू उसे उसकी सीमा तक ले जाए, और
उसके घर के पथों को जान ले? 21 क्या तू जानता है? क्योंकि
तब तू जन्मा होता, और तेरे दिनों की गिनती बहुत होती!
22 क्या तुम हिम के भण्डारों में प्रवेश कर चुके हो, या क्या
तुमने ओलों के भण्डार देखे हैं? 23 जिन्हें मैंने संकट के
समय, युद्ध और लड़ाई के दिन के लिए रखा है? 24 वह मार्ग
कहाँ है जिस पर प्रकाश बाँटा जाता है, या पूर्वी पवन पृथ्वी पर
बिखेरी जाती है? 25 किसने प्रचुर जल के लिए नहर काटी, या
गर्जन के लिए मार्ग बनाया? 26 ताकि उस भूमि पर वर्षा कराई
जाए जहाँ कोई नहीं है, एक जंगल जहाँ कोई मनुष्य नहीं है;
27 ताकि उजाड़ और निर्जन स्थानों को तृप्त किया जाए, और
घास के बीज अंकुरित हों? 28 क्या वर्षा का कोई पिता है? या
किसने ओस की बूँदों को उत्पन्न किया? 29 किसके गर्भ से
बर्फ आती है? और किसने शमायिम की पाला को जन्म दिया?
30 जल पत्थर की तरह कठोर हो जाते हैं, और गहरे की
सतह जम जाती है। 31 क्या तुम कीमा के बन्धनों को बाँध
सकते हो, या केसील की रस्सियों को ढीला कर सकते हो?
32 क्या तुम तारामण्डलों को उनके समय पर निकालते हो? या
भालू को उसके बेटों सहित चलाते हो? 33 क्या तुम शमायिम
के नियम जानते हो? या क्या तुम उनका शासन पृथ्वी पर लगा
सकते हो? 34 क्या तुम बादलों की ओर अपनी आवाज़ उठा
सकते हो, ताकि जल की बाढ़ तुम्हें ढक ले? 35 क्या तुम
बिजली भेजते हो, और वे जाती हैं और तुमसे कहती हैं, 'हम
यहाँ हैं!'? 36 किसने आन्तरिक अंगों में बुद्धि डाली है? या
किसने हृदय को समझ दी है? 37 किसके पास बादलों की
गिनती की बुद्धि है, या शमायिम के घड़ों को उलटने की शक्ति
है? 38 जब धूल ढेलों में कठोर हो जाती है, और मिट्टी के ढेले
आपस में चिपकते हैं? 39 क्या तुम सिंह के लिए शिकार
पकड़ते हो, या जवान सिंहों की भूख को तृप्त करते हो,
40 जब वे गुफाओं में झुकते हैं, अपने छिपने के स्थान की
आड़ में बैठते हैं? 41 कौन कौवे को भोजन देता है, जब उसके
बच्चे ईश्वर को पुकारते हैं, बिना भोजन भटकते हैं?

39 1 "क्या तुम जानते हो कि जंगली पहाड़ी बकरियाँ कब
बच्चे जनती हैं? या क्या तुम देखते हो जब हिरणी
जन्म देती है? 2 क्या तुम गिनते हो कि वे कितने महीने पूरे
करती हैं? या क्या तुम जानते हो कि वे कब बच्चे जनती हैं?
3 वे झुक जाती हैं, अपने बच्चों को जन्म देती हैं, उनका प्रसव
पीड़ा समाप्त हो जाता है। 4 उनके बच्चे स्वस्थ होते हैं, वे खेत
में बड़े होते हैं। वे चले जाते हैं और फिर उनकी ओर नही
लौटते। 5 किसने जंगली गधे को स्वतंत्र किया? किसने
जंगली गधे की बंधन खोल दी? 6 जिसका घर मैंने जंगल
बनाया है, और नमक की भूमि उसकी निवास-स्थली है? 7 वह
नगर की हलचल पर हँसता है; वह चालक की चिल्लाहट नही

सुनता। 8पर्वतों का क्षेत्र उसका चरागाह है, और वह
हरियाली की खोज करता है। 9क्या जंगली बैल तुम्हारी सेवा
करने में प्रसन्न होगा? या तुम्हारे चारे की नांद के पास रात
बिताएगा? 10यदि तुम जंगली बैल को रस्सियों से हल में बाँध
दो, तो क्या वह तुम्हारे पीछे घाटियों को जोतेगा? 11क्या तुम
उसकी महान शक्ति पर भरोसा करोगे? या क्या तुम अपना
काम उसे सौंप दोगे? 12क्या तुम उस पर विश्वास करोगे कि
वह तुम्हारा अन्न घर लाएगा, और उसे तुम्हारे खलिहान में
इकट्ठा करेगा? 13शुतुरमुर्ग के पंख आनन्द से फड़फड़ाते हैं,
परन्तु वे सारस के पंख और पर नहीं हैं। 14वह अपने अंडों
को भूमि पर छोड़ देती है, और उन्हें धूल में गरम करती है।
15और वह भूल जाती है कि कोई पैर उन्हें कुचल सकता है,
या कोई जंगली जानवर उन पर चल सकता है। 16वह अपने
बच्चों के साथ कठोरता से व्यवहार करती है, मानो वे उसके
नहीं हैं; उसका परिश्रम व्यर्थ है, बिना भय के। 17क्योंकि
ईश्वर ने उसे बुद्धि भूलने दी है, और उसे समझ से विभूषित
नहीं किया। 18जब वह अपने आप को ऊपर उठाती है, तो
वह घोड़े और उसके सवार पर हँसती है। 19क्या तुमने घोड़े
को शक्ति दी है? क्या तुमने उसकी गर्दन को अयाल से ढँक
दिया है? 20क्या तुम उसे टिड्डी की तरह कूदने बनाओगे?
उसकी शानदार फुँफकार डरावनी होती है। 21वह घाटी में
खुर से खोदता है, और शक्ति में आनन्दित होता है। वह
हथियारों की भिड़न्त में दौड़ पड़ता है। 22वह भय पर हँसता
है, और डरता नहीं; न ही वह तलवार से पीछे हटता है।
23तरकश उसके विरुद्ध खड़खड़ाता है, चमकती हुई भाला
और बरछी। 24वह उग्रता और क्रोध से भूमि को खा जाता
है, और जब मेंढे के सींग की ध्वनि होती है, तो स्थिर नहीं
रहता। 25मेंढे के सींग के धमाके पर वह कहता है, 'आहा!'
और दूर से वह युद्ध को सूंघ लेता है, सेनापतियों की गर्जना
और पुकार। 26क्या बाज तेरी बुद्धि से उड़ता है, अपने पंखों
को दक्षिण की ओर फैलाता हुआ? 27क्या गिद्ध तेरे आदेश पर
ऊपर चढ़ता है, और ऊँचाई पर अपना घोंसला बनाता है?
28वह चट्टान पर रहता है, और चट्टान की खाई और गढ़ में
निवास करता है। 29वहीं से वह शिकार को खोजता है,
उसकी आँखें दूर से देखती हैं। 30और उसके बच्चे रक्त
चूसते हैं। और जहाँ मारे गए हैं, वहीं वह रहता है!

40 1और 𐤉𐤄𐤅𐤄 ने अय्योब को उत्तर दिया, और कहा,
2"क्या कोई उलाहना देनेवाला ईश्वर सर्वशक्तिमान से
वादविवाद करेगा? जो ईश्वर को डाँटता है वह इसका उत्तर
दे।" 3और अय्योब ने 𐤉𐤄𐤅𐤄 को उत्तर दिया और कहा,
4"देख, मैं तुच्छ हूँ, मैं तुझे क्या उत्तर दूँ? मैं अपने मुँह पर
हाथ रखता हूँ। 5मैंने एक बार कहा है; परन्तु मेरे पास कोई
उत्तर नहीं है - और दो बार, परन्तु मैं और कुछ नहीं
कहता।" 6तब 𐤉𐤄𐤅𐤄 ने अय्योब को बवंडर के बीच से
उत्तर दिया, और कहा, 7"अब अपनी कमर को पुरुष की
तरह बाँध; मैं तुझसे पूछता हूँ, और तू मुझे उत्तर दे। 8क्या तू
मेरे न्याय को भी रद्द करेगा? क्या तू मुझे दुष्ट ठहराएगा, और
स्वयं धर्मी ठहराया जाएगा? 9या क्या तेरे पास ईश्वर की तरह
भुजा है? या क्या तू उसकी तरह शब्दों से गर्जना करता है?
10कृपया अपने को महिमा और गरिमा से सज्जित कर, और
आदर और तेज़ से परिधान कर। 11अपने क्रोध की उग्रता
को सब ओर बिखेर, और हर घमण्डी पर दृष्टि डाल और
उसे नीचा कर। 12हर घमण्डी को देख, उसे दीन कर।
और दुष्टों को उनके स्थान पर रौंद डाल। 13उनको एक
साथ मिट्टी में छिपा, उनके चेहरों को अंधकार में बाँध। 14तब
मैं भी तुझे मान लूँगा कि तेरा अपना दाहिना हाथ तुझे बचाता
है। 15देख अब, बेहमोथ, जिसे मैंने तेरे साथ बनाया - वह
बैल की नाईं घास खाता है। 16देख अब, उसकी शक्ति
उसकी कमर में है, और उसका सामर्थ उसके पेट की पेशियों
में। 17वह अपनी पूँछ को देवदार की तरह हिलाता है; उसकी
जाँघों की नसें आपस में गुँथी हुई हैं। 18उसकी हड्डियाँ पीतल
की नलियों के समान हैं, उसकी पसलियाँ लोहे की छड़ों के
समान हैं। 19वह ईश्वर के मार्गों का आदि है। उसका
सृजनहार उसकी तलवार को पास लाता है। 20क्योंकि पहाड़
उसके लिए आहार उपजाते हैं, और मैदान के सब जीव वहां
खेलते हैं। 21वह कमल वृक्षों के नीचे लेटता है, सरकंडे और
दलदल की आड़ में। 22कमल वृक्ष उसकी छाया से उसको
ढकते हैं; नदी के किनारे की बेंतें उसे घेरे रहती हैं। 23देख,
यदि नदी प्रबलता से उमड़ती है, तो वह घबराता नहीं; वह
निडर रहता है, चाहे यरदेन उसकी मुँह में उमड़ आए।
24क्या उसकी आँखों के सामने उसे फँसाया जा सकता है,
फंदों से? या उसकी नाक छेदी जा सकती है?

41 1"क्या तू लिव्यातान को काँटे से निकाल सकेगा, या
उसके जीभ को उस डोरी से फँसा सकेगा जिसे तू
नीचे डालता है? 2क्या तू उसकी नाक में रस्सी डाल सकेगा,
या उसके जबड़े को काँटे से भेद सकेगा? 3क्या वह तुझसे
विनती करता रहेगा? क्या वह तुझसे कोमलता से बातें करेगा?
4क्या वह तुझसे वाचा करेगा कि वह सदा तेरे दास के रूप में
लिया जाए? 5क्या तू उसके साथ वैसे खेलेगा जैसे किसी पक्षी
से खेलता है? या अपनी लड़कियों के लिए उसे बाँध देगा?
6क्या साथी उसके लिए सौदा करेंगे? क्या वे उसे व्यापारियों में
बाँट देंगे? 7क्या तू उसकी खाल को काँटों से भर देगा? या
उसके सिर को मछली पकड़ने के भालों से? 8अपना हाथ उस
पर रख - संघर्ष को सोच! फिर ऐसा मत करना! 9देख,
उसकी कोई भी आशा व्यर्थ होती है - उसके दर्शन मात्र से वह
नीचे गिर जाता है! 10कोई भी इतना साहसी नहीं है कि उसे
जगाए। फिर कौन मेरे सामने ठहर सकता है? 11किसने
पहले मुझे दिया है, कि मैं उसे चुका दूँ - सारे शमायिम के
नीचे सब कुछ मेरा है? 12मैं उसके अंगों, उसकी महान
शक्ति, या उसके सुन्दर रूप के विषय में मौन नहीं रहूँगा।
13कौन उसकी खाल की सतह को उतारेगा? कौन उसके
निकट दोहरी लगाम लेकर आएगा? 14कौन उसके मुख के
द्वार खोलेगा, जब उसके चारों ओर डरावने दाँत हैं?
15उसकी पंक्तिबद्ध चमकती खाल उसका घमण्ड है - बन्द,
एक मजबूत मुहर के समान। 16एक दूसरे से वे इतनी
कसकर जुडी हैं कि उनके बीच में एक साँस भी नहीं जाती।
17वे एक दूसरे से जुडी रहती हैं, वे साथ-साथ चिपकी रहती
हैं और अलग नहीं होतीं। 18उसकी छींक से प्रकाश निकलता

है, और उसकी आँखें भोर की पलकें जैसी हैं। 19उसके मुख
से आग की मशालें निकलती हैं - आग की चिनगारियाँ बाहर
निकलती हैं। 20उसकी नासिकाओं से धुआँ निकलता है,
मानो उबलते हुए हांडी या कड़ाही से। 21उसकी साँस अंगारों
को प्रज्वलित करती है, और उसके मुँह से ज्वाला निकलती
है। 22उसकी गर्दन में शक्ति निवास करती है, और भय
उसके आगे छलांग लगाता है। 23उसके मांस की सिलवटें
आपस में चिपकी रहती हैं। वे उस पर दृढ़ हैं, अचल।
24उसका हृदय पत्थर के समान कठोर है, यहाँ तक कि
चक्की के निचले पत्थर के समान कठोर। 25जब वह स्वयं
को उठाता है, तो शक्तिशाली डरते हैं। उसकी टक्करों के
कारण वे चकित हो जाते हैं। 26कोई तलवार जो उस तक
पहुँचती है, प्रभावी नहीं होती, न भाला, न बर्छी, न सोंटा।
27वह लोहे को भूसे के समान और पीतल को सड़े हुए लकड़ी
के समान मानता है। 28तीर उसे भागने पर मजबूर नहीं
करता, गोफन के पत्थर उसके लिए भूसे के समान हो जाते
हैं। 29गदा भूसे के समान गिनी जाती हैं, वह भाले की खनक
पर हँसता है। 30उसका निचला भाग नुकीले मिट्टी के टुकड़ों
के समान है। वह कीचड़ पर दंवनी गाड़ी की तरह लेटता है।
31वह गहरे को हांडी की तरह उबाल देता है, वह समुद्र को
मरहम की हांडी के समान बना देता है। 32वह अपने पीछे
चमकदार मार्ग छोड़ता है। कोई गहरे को श्वेत केश वाला
समझेगा। 33पृथ्वी पर कोई उसके समान नहीं है - भय रहित
बनाया हुआ। 34वह सब घमंडी को देखता है। वह अभिमान
के सब पुत्रों पर प्रभुता करता है।"

42

1और अय्योब ने 𐤉𐤄𐤅𐤄 को उत्तर दिया और कहा,
2"मैं जानता हूँ कि तू सब कुछ करने में समर्थ है,
और तेरी कोई युक्ति रोकी नहीं जा सकती। 3यह कौन है जो
ज्ञान बिना युक्ति छिपाता है? इसलिए मैंने कहा जो मैं नहीं
समझता था, ऐसे अद्‌भुत काम जो मुझसे परे थे, जिन्हें मैं
नहीं जानता था। 4सुन, मैं कहूँगा; मैं तुझसे पूछता हूँ, तू मुझे
बता।" 5मैंने तेरे विषय में कानों से सुना था, परन्तु अब मेरी
आँख ने तुझे देखा है। 6इसलिए मैं लज्जित होकर पछताता
हूँ, धूल और राख में।" 7और ऐसा हुआ कि जब 𐤉𐤄𐤅𐤄 ने
ये वचन अय्योब से कहे, तब 𐤉𐤄𐤅𐤄 ने तेमानवासी एलीफ़ज़
से कहा, "मेरा क्रोध तुझ पर और तेरे दो मित्रों पर भड़का है;
क्योंकि तुमने मेरे विषय में सत्य नहीं कहा जैसा कि मेरे दास
अय्योब ने कहा। 8अब तुम सात बैल और सात मेढ़े लेकर
मेरे दास अय्योब के पास जाओ, और अपने लिये होमबलि
चढ़ाओ। और मेरा दास अय्योब तुम्हारे लिये प्रार्थना करेगा,
क्योंकि मैं उसे ग्रहण करूँगा, ऐसा न हो कि मैं तुम्हें दण्ड दूँ;
क्योंकि तुमने मेरे विषय में सत्य नहीं कहा जैसा कि मेरे दास
अय्योब ने कहा।" 9तब तेमानवासी एलीफ़ज़, शूही बिल्लद
और नामाती सोपर जाकर 𐤉𐤄𐤅𐤄 के आदेश के अनुसार
किया। और 𐤉𐤄𐤅𐤄 ने अय्योब की सुनी। 10और जब
अय्योब ने अपने मित्रों के लिये प्रार्थना की, तब 𐤉𐤄𐤅𐤄 ने
उसकी बंधुआई को पलट दिया; और 𐤉𐤄𐤅𐤄 ने अय्योब को
जितना पहले था उसका दूना दिया। 11तब उसके सब भाई
और सब बहनें और जितने उसके पहले मित्र थे वे सब उसके
पास आए और उसके घर में उसके साथ भोजन किया। और
उन्होंने उसके लिये शोक मनाया और उसे उस सब विपत्ति के
विषय में शांति दी, जो 𐤉𐤄𐤅𐤄 ने उस पर लाई थी। और
उनमें से हर एक ने उसे एक क़ेसिता और हर एक ने सोने की
एक अंगूठी दी। 12और 𐤉𐤄𐤅𐤄 ने अय्योब के अंत के दिनों
को उसके आरंभ से अधिक आशीष दी; और उसके पास
चौदह हज़ार भेड़ें, छः हज़ार ऊँट, एक हज़ार बैलों के जोड़े
और एक हज़ार गधियाँ थीं। 13और उसके सात बेटे और
तीन बेटियाँ थीं। 14उसने पहली का नाम यमीमा रखा, दूसरी
का नाम केसिया और तीसरी का नाम केरन-हपूक रखा।
15और सारे देश में अय्योब की बेटियों के समान सुन्दर
स्त्रियाँ नहीं पाई गईं; और उनके पिता ने उन्हें उनके भाइयों के
बीच में मीरास दी। 16इसके बाद अय्योब एक सौ चालीस वर्ष
जीवित रहा, और अपने पुत्रों और पुत्रों के पुत्रों को चार पीढ़ी
तक देखा। 17और अय्योब बूढ़ा होकर और दिनों से तृप्त
होकर मरा।

श्रेष्ठगीत

हिंदी संस्करण

श्रेष्ठगीत

1 1 गीतों का गीत, जो शेलोमो का है। 2 वह मुझे अपने मुँह
के चुंबनों से चूमे, क्योंकि तेरा प्रेम दाखमदिरा से उत्तम
है। 3 तेरे तेलों की सुगंध मधुर है; तेरा नाम ऐसे है जैसे बहाया
हुआ तेल; इसलिए कुमारियाँ तुझसे प्रेम करती हैं। 4 मुझे
खींच ले! हम तेरे पीछे दौड़ेंगे। राजा मुझे अपने आंतरिक
कक्षों में ले आया है। हम तुझ में आनन्द और हर्ष मनाएँगे।
हम तेरे प्रेम की प्रशंसा दाखमदिरा से अधिक करेंगे। निश्चय
ही वे तुझसे प्रेम करते हैं। 5 मैं श्यामल हूँ, परन्तु मनोहर हूँ, हे
यरूशलेम की पुत्रियों, केदार के तंबुओं के समान, शेलोमो के
परदों के समान। 6 मुझ पर दृष्टि मत डालो, क्योंकि मैं
श्यामल हूँ, क्योंकि सूर्य ने मुझे तपा दिया है। मेरी माता के
पुत्र मुझसे क्रोधित हुए; उन्होंने मुझे दाख की बारी की
रखवाली के लिए लगाया, परन्तु अपनी ही दाख की बारी मैंने
नहीं रखी। 7 मुझे बता दे, हे वह जिसे मेरा प्राण प्रेम करता है,
तू कहाँ चराता है, और दोपहर को कहाँ उन्हें विश्राम देता है।
क्योंकि मैं तेरे साथियों की भेड़ों के पास ऐसे क्यों ठहरूँ जैसे
परदा ओढ़े हुए स्त्री? 8 यदि तू नहीं जानती, हे स्त्रियों में सबसे
सुंदरी, तो भेड़ों के पदचिह्नों के पीछे चल और अपने छोटे
बकरों को चराने वालों के तंबुओं के पास चराना। 9 मैंने तेरा,
हे मेरी प्रिया, फ़िरौन के रथों में मेरी घोड़ी के समान उपमा दी
है। 10 तेरे गाल आभूषणों से सुशोभित हैं, तेरी गर्दन मोतियों
की माला से। 11 हम तेरे लिए सोने के आभूषण चाँदी की
कीलों के साथ बनाएँगे। 12 जब राजा अपनी मेज़ पर बैठा था,
तब मेरा नर्द अपनी सुगंध बिखेरता है। 13 मेरा प्रिय मेरे लिए
मुर के गट्ठर के समान है, जो मेरे वक्षस्थलों के बीच रहता है।
14 मेरा प्रिय मेरे लिए एयन-गेदी की दाख की बारियों में हिना
के फूलों का गुच्छा है। 15 देख, तू सुंदर है, मेरी प्रिया! देख,
तू सुंदर है! तेरी आँखें कबूतरों के समान हैं। 16 देख, तू
सुंदर है, मेरे प्रिय! हाँ, मनोहर है! हमारा बिछौना हरियाली से
भरा है। 17 हमारे घरों की बलियाँ देवदार की हैं, और हमारे
शहतीर सरो वृक्ष के हैं।

2 1 मैं शारोन का गुलाब हूँ, घाटियों की कुमुदिनी हूँ। 2 जैसे
काँटों के बीच कुमुदिनी होती है, वैसे ही मेरी प्रिया पुत्रियों
के बीच है। 3 जैसे वन के वृक्षों के बीच सेब का वृक्ष होता है,
वैसे ही मेरा प्रिय पुत्रों के बीच है। मैंने उसकी छाया में आनन्द
लिया और बैठ गई, और उसका फल मेरे स्वाद के लिए मधुर
था। 4 वह मुझे दाखमदिरा के भवन में ले आया, और उसका
ध्वज मेरे ऊपर प्रेम था। 5 "मुझे किशमिश की टिकियों से
बल दो, सेबों से ताज़गी दो, क्योंकि मैं प्रेम से मूर्छित हूँ।"
6 उसका बायाँ हाथ मेरे सिर के नीचे है, और उसका दायाँ हाथ
मुझे आलिंगन करता है। 7 हे यरूशलेम की पुत्रियों, मैं तुम्हें
मैदान की हरिणियों और मृगनियों की शपथ देती हूँ, जब तक
प्रेम स्वयं न चाहे, तब तक उसे जगाओ या उकसाओ मत।
8 मेरे प्रिय का स्वर! देखो, वह आता है, पर्वतों पर कूदता
हुआ, पहाड़ियों पर फुदकता हुआ। 9 मेरा प्रिय हरिण या
नवयुवक मृग के समान है। देखो, वह हमारी दीवार के पीछे
खड़ा है, खिड़कियों से झाँकता है, झरोखों से झाकता है।
10 मेरा प्रिय उत्तर देता है और मुझसे कहता है, "उठो, मेरी
प्रिया, मेरी सुंदरी, और बाहर चलो। 11 "क्योंकि देखो, शीत
ऋतु बीत गई है, वर्षा समाप्त होकर चली गई है। 12 "पृथ्वी
पर फूल प्रकट हो गए हैं; गाने का समय आ गया है, और
फाख्ता का स्वर हमारे देश में सुनाई देता है। 13 "अंजीर के
पेड़ ने अपने अंजीर पकाए हैं, और कोमल अंगूरों वाली बेलों
ने सुगंध दी है। उठो, मेरी प्रिया, मेरी सुंदरी, और बाहर
चलो!" 14 "हे मेरी कबूतर, जो चट्टानों की दरारों में और
चट्टानों की आड़ में है, मुझे तेरा मुख दिखा, मुझे तेरा स्वर
सुनने दे; क्योंकि तेरा स्वर मधुर है और तेरा रूप मनोहर
है।" 15 हमारे लिए लोमड़ियों को पकड़ो, छोटी लोमड़ियों को
जो बेलों को नष्ट करती हैं, क्योंकि हमारी बेलें फूल रही हैं।
16 मेरा प्रिय मेरा है और मैं उसकी हूँ; वह कुमुदिनियों के बीच
चरता है। 17 जब तक दिन उजियाला न हो और छायाएँ भाग
न जाएँ, लौट आ, मेरे प्रिय, और बेथेर के पर्वतों पर हरिण या
नवयुवक मृग के समान हो जा।

3 1 रात को अपने बिस्तर पर मैंने अपने प्राण के प्रिय को
खोजा; मैंने उसे खोजा, परन्तु नहीं पाया। 2 "आओ, मैं
उठूँ और नगर में घूमूँ, गलियों और चौक में जाकर अपने
प्राण के प्रिय को खोजूँ।" मैंने उसे खोजा, परन्तु नहीं पाया।
3 नगर में घूमने वाले पहरेदारों ने मुझे पाया, मैंने उनसे कहा,
"क्या तुमने मेरे प्राण के प्रिय को देखा है?" 4 मैं उनसे थोड़ा
ही आगे बढ़ी थी कि मुझे मेरा प्राण का प्रिय मिल गया। मैंने
उसे थाम लिया और उसे जाने नहीं दिया, जब तक कि मैंने
उसे अपनी माता के घर में, और उस कक्ष में जहाँ उसने मुझे
गर्भ में धारण किया था, न ले आई। 5 हे यरूशलेम की
पुत्रियों, मैं तुम्हें मैदान की हरिणियों और मृगनियों की शपथ
देती हूँ, जब तक प्रेम स्वयं न चाहे, तब तक उसे जगाओ या
उकसाओ मत। 6 यह कौन है जो जंगल से धुएँ के स्तंभों के
समान आती है, गंधरस और लोबान की सुगंध से सुगन्धित,
7 सब व्यापारियों के सुगन्धित चूर्णों से? देखो, यह शेलोमो की
पलकी है — साठ पराक्रमी पुरुष उसके चारों ओर हैं,
इस्राएल के पराक्रमी पुरुषों में से। 8 सब के सब तलवार
धारण किए हुए हैं, युद्ध में निपुण; प्रत्येक के पास अपनी जाँघ
पर तलवार है, रात के भय के कारण। 9 राजा शेलोमो ने
अपने लिए लेबनोन की लकड़ी से एक पालकी बनाई।
10 उसके खंभे चाँदी के बनाए, उसका आधार सोने का,
उसकी आसन बैंगनी रंग की थी; भीतर से उसे प्रेम से सजाया
गया था, यरूशलेम की पुत्रियों द्वारा। 11 हे सिय्योन की
पुत्रियो, बाहर निकलो और राजा शेलोमो को देखो, उस मुकुट

के साथ जिससे उसकी माता ने उसके विवाह के दिन और
उसके हृदय के आनन्द के दिन उसे मुकुट पहनाया ।

4 1 देख, तू सुंदर है, मेरी प्रिया! देख, तू सुंदर है! तेरी
आँखें तेरे घूँघट के पीछे कबूतरों के समान हैं । तेरे बाल
गिलाद पर्वत से उतरते बकरियों के झुंड के समान हैं । 2 तेरे
दाँत नाई के हाथ से कटी हुई भेड़ों के झुंड के समान हैं, जो
धुलाई से ऊपर आए हैं; उन सबके जुड़वाँ हैं, और उनमें से
कोई अपनी संतान से वंचित नहीं है । 3 तेरे होंठ लाल डोरी के
समान हैं, और तेरा वचन मनोहर है । तेरे गाल तेरे घूँघट के
पीछे अनार के टुकड़े के समान हैं । 4 तेरी गर्दन दाविद के
गढ़ के समान है, जो शस्त्रागार के लिए बनाया गया है; जिस
पर हज़ार ढालें लटकी हैं, सब पराक्रमी पुरुषों के हथियार ।
5 तेरे दोनों स्तन दो जुड़वाँ हरिण-बच्चियों के समान हैं, जो
कुमुदिनियों के बीच चरती हैं । 6 जब तक दिन उजियाला न
हो और छायाएँ भाग न जाएँ, मैं गंधरस के पर्वत और लोबान
की पहाड़ी पर जाऊँगा । 7 तू सर्वथा सुंदर है, मेरी प्रिया, और
तुझ में कोई दोष नहीं है । 8 मेरी दुल्हन, मेरे साथ लेबनोन से
चल; मेरे साथ लेबनोन से चल । अमाना की चोटी से, शेनिर
और हेरमोन की चोटी से देख, सिंहों की मांदों से, तेंदुओं के
पर्वतों से । 9 मेरी बहन, मेरी दुल्हन, तूने मेरे हृदय को जीत
लिया है; तेरी एक दृष्टि से, तेरी हार के एक मोती से तूने मेरे
हृदय को बाँध लिया है । 10 हे मेरी बहन, मेरी दुल्हन, तेरा प्रेम
कितना मधुर है! तेरे प्रेम दाखमदिरा से कितना उत्तम है, और
तेरे इत्र की सुगंध सब सुगंधियों से बढ़कर है! 11 हे मेरी
दुल्हन, तेरे होंठ मधुकोष की तरह टपकते हैं; तेरी जीभ के
नीचे मधु और दूध है । और तेरे वस्त्रों की सुगंध लेबनोन की
सुगंध के समान है । 12 मेरी बहन, मेरी दुल्हन, तू एक बन्द
बगीचा है, बन्द सोता है, मुहरबन्द झरना है । 13 तेरे पौधे
अनारों का बगीचा हैं, मनोहर फलों के साथ, हिना और नर्द के
पौधों के साथ । 14 नर्द और केसर, गंधद्रव्य और दालचीनी,
सब लोबान के वृक्षों के साथ, गंधरस और अगर, और सब
उत्तम सुगंधियों के साथ । 15 एक बगीचे का सोता, जीवित
जल का कुआँ, और लेबनोन से बहने वाली धाराएँ । 16 हे
उत्तर पवन, जाग; और हे दक्षिण पवन, आ! मेरे बगीचे पर
बह, ताकि उसकी सुगंध फैले । मेरा प्रिय अपने बगीचे में आए
और उसके मनोहर फलों को खाए ।

5 1 मैं अपने बगीचे में आ गया हूँ, हे मेरी बहन, मेरी दुल्हन;
मैंने अपने गंधरस को अपनी सुगंधियों के साथ तोड़ा है;
मैंने अपना मधुकोष अपने मधु के साथ खाया है; मैंने अपनी
दाखमदिरा अपने दूध के साथ पी है । खाओ, हे मित्रों! पियो,
और भरपूर पियो, हे प्रिय जनो! 2 मैं सो रही थी, पर मेरा हृदय
जाग रहा था — मेरे प्रिय का स्वर! वह खटखटाता है, कहता
है, "मेरे लिए द्वार खोलो, मेरी बहन, मेरी प्रिया, मेरी कबूतर,
मेरी सिद्ध प्रिया; क्योंकि मेरा सिर ओस से भीगा है, मेरी लटें
रात्रि की बूँदों से ।" 3 मैंने अपना वस्त्र उतार दिया है; क्या मैं
फिर उसे पहनूँ? मैंने अपने पैर धोए हैं; क्या मैं उन्हें फिर मैला
करूँ? 4 मेरे प्रिय ने अपनी हाथ किवाड़ की सुई पर रखा, और
मेरे मन में उसके लिए तीव्र भावना जाग उठी । 5 मैंने अपने
प्रिय के लिए द्वार खोलने को उठी, और मेरे हाथ गंधरस से
टपकते थे, मेरी उंगलियाँ बहते गंधरस से, किवाड़ के हत्थों
पर । 6 मैंने अपने प्रिय के लिए द्वार खोला, पर मेरा प्रिय हट
गया था, चला गया । जब वह बोला, तो मेरा प्राण निकल गया;
मैंने उसे खोजा, परन्तु नहीं पाया; मैंने उसे पुकारा, पर उसने
उत्तर नहीं दिया । 7 नगर में घूमने वाले पहरेदारों ने मुझे पाया;
उन्होंने मुझे मारा, मुझे घायल किया; दीवारों के रखवालों ने
मुझसे मेरा घूँघट छीन लिया । 8 हे यरूशलेम की पुत्रियो, मैं
तुम्हें शपथ देती हूँ, यदि तुम मेरे प्रिय को पाओ, तो उससे
कहना कि मैं प्रेम से मूर्छित हूँ । 9 तेरा प्रिय कैसा है, हे स्त्रियों
में सबसे सुंदरी? तेरा प्रिय कैसा है, कि तूने हमें शपथ दिलाई
है? 10 मेरा प्रिय गोरा और लालिमा से युक्त है, दस हज़ार में
सबसे श्रेष्ठ । 11 उसका सिर उत्तम सोने का है; उसकी लटें
लहरदार हैं, कौए के समान काली । 12 उसकी आँखें कबूतरों
के समान हैं, जो जल की धाराओं के पास हैं, दूध में धुले हुए
और सुन्दरता से जड़े हुए । 13 उसके गाल सुगंधित पौधों की
क्यारियों के समान हैं, सुगन्धियों के बाग के समान; उसके
होंठ कुमुदिनियों के समान हैं, जो बहते गंधरस से टपकते हैं ।
14 उसके हाथ सोने की छड़ों के समान हैं, जिनमें पन्ने भरे हैं;
उसका शरीर हाथीदाँत का बना हुआ है, जो नीलमों से मढ़ा
है । 15 उसकी टाँगें संगमरमर के खंभों के समान हैं, जो
उत्तम सोने के आधारों पर टिके हैं; उसका रूप लेबनोन के
समान है, देवदारों के समान मनोहर । 16 उसका मुँह अत्यन्त
मधुर है, और वह सम्पूर्ण रूप से मनोहर है । यही मेरा प्रिय है,
यही मेरा मित्र है, हे यरूशलेम की पुत्रियो!

6 1 "हे स्त्रियों में सबसे सुंदरी, तेरा प्रिय कहाँ गया? तेरा
प्रिय किस ओर मुड़ा है? हम तेरे साथ उसे ढूँढें ।" 2 मेरा
प्रिय अपने बगीचे में गया है, सुगन्धित पौधों की क्यारियों में,
बगीचों में चरने और कुमुदिनियाँ तोड़ने । 3 मैं अपने प्रिय की
हूँ, और मेरा प्रिय मेरा है; वह कुमुदिनियों के बीच चरता है ।
4 हे मेरी प्रिया, तू तिर्सा के समान सुन्दर है, यरूशलेम के
समान मनोहर है, ध्वजों से सुसज्जित सेना के समान भयानक
है । 5 अपनी आँखें मुझसे फेर ले, क्योंकि वे मुझे मोहित कर
लेती हैं । तेरे बाल गिलाद पर्वत से उतरती बकरियों के झुंड
के समान हैं । 6 तेरे दाँत धोकर ऊपर आती भेड़ों के झुंड के
समान हैं; उन सबके जुड़वाँ हैं, और उनमें से कोई अपनी
संतान से वंचित नहीं है । 7 तेरे गाल तेरे घूँघट के पीछे अनार
के टुकड़े के समान हैं । 8 साठ रानियाँ, अस्सी उपपत्नियाँ,
और अनगिनत कुमारियाँ हैं । 9 मेरी कबूतर, मेरी सिद्ध प्रिया,
वह अकेली है, अपनी माता की अकेली, जिसने उसे जन्म
दिया उसका प्रिय । पुत्रियों ने उसे देखा और उसे आशीष दी,
रानियों और उपपत्नियों ने भी उसकी प्रशंसा की । 10 यह कौन
है जो भोर के समान चमकती है, चन्द्रमा के समान सुन्दर,
सूर्य के समान उज्ज्वल, और ध्वजों से सुसज्जित सेना के
समान भयानक है? 11 मैं अखरोटों के बगीचे में उतरी, यह
देखने कि नदीघाटी की कलियाँ फूटीं या नहीं, यह देखने कि
बेलों में कोंपलें निकलीं या नहीं, और अनार के फूल खिले या
नहीं । 12 मुझे ज्ञात नहीं था, मेरा मन मुझे मेरे कुलीन लोगों
के रथों के समान बना ले गया । 13 लौट आ, लौट आ, हे
शूलम्मीत; लौट आ, लौट आ, ताकि हम तुझे देख सकें! तुम
शूलम्मीत को क्यों देखना चाहती हो, मानो दो सेनाओं का नृत्य
हो?

7

[1]तेरे जूतों में तेरे पैर कितने सुन्दर हैं, हे राजकुमारी की
पुत्री! तेरी जाँघों के मोड़ आभूषणों के समान हैं, कारीगर
के हाथों का काम। [2]तेरी नाभि गोल कटोरे के समान है,
उसमें कभी मिश्रित दाखमदिरा की कमी न हो। तेरा शरीर
गेहूँ के ढेर के समान है, जो कुमुदिनियों से घिरा हुआ है।
[3]तेरे दोनों स्तन दो जुड़वाँ हरिण-बच्चियों के समान हैं। [4]तेरी
गर्दन हाथीदाँत के गुम्बद के समान है, तेरी आँखें हेश्बोन में
बथ-रब्बीम के फाटक के पास के तालाबों के समान हैं; तेरी
नाक लेबनोन के गुम्बद के समान है, जो दमिशेक की ओर
देखती है। [5]तेरा सिर तेरे ऊपर करमेल पर्वत के समान है,
और तेरे सिर के बाल बैंगनी रंग के समान हैं; राजा तेरी लटों
में बँधा हुआ है। [6]हे प्रिया, तू कितनी मनोहर और कितनी
सुहावनी है, आनन्दों में भरी हुई! [7]तेरी कद-काठी खजूर के
वृक्ष के समान है, और तेरे स्तन उसके गुच्छों के समान।
[8]मैंने कहा, "मैं उस खजूर के वृक्ष पर चढ़ जाऊँ, और
उसकी डालियों को थाम लूँ।" तेरे स्तन दाखलताओं के
गुच्छों के समान हों, और तेरे श्वास की सुगंध सेबों के समान
हो। [9]और तेरा मुख उत्तम दाखमदिरा के समान हो, जो मेरे
प्रिय के लिए सहजता से उतरती है, धीरे-धीरे सोती हुई ओंठों
पर बहती है। [10]मैं अपने प्रिय की हूँ, और उसकी इच्छा मुझ
पर है। [11]आओ, मेरे प्रिय, हम मैदान में चलें; हम गाँवों में
रात बिताएँ। [12]हम भोर को दाख की बारियों में जाएँ; देखें
कि बेल में कोंपलें फूटीं या नहीं, अंगूर के फूल खिले या नहीं,
और अनार खिले या नहीं। वहाँ मैं तुझे अपना प्रेम दूँगी।
[13]प्रेमफल की सुगंध फैल गई है, और हमारे द्वारों पर सब
प्रकार की मनोहर वस्तुएँ हैं, नई और पुरानी, जो मैंने तेरे लिए,
हे मेरे प्रिय, सहेज रखी हैं।

8

[1]अह, कौन तुझे मेरा भाई बना देता, जो मेरी माता के
स्तनों से दूध पी चुका हो! यदि मैं तुझे बाहर पाती, तो
तुझे चूमती, और मुझे कोई तिरस्कार न करता। [2]मैं तुझे ले
जाती, तुझे अपनी माता के घर में लाती, जिसने मुझे शिक्षा दी
है; मैं तुझे मसालेदार दाखमदिरा पिलाती, अपने अनार के
रस से। [3]उसका बायाँ हाथ मेरे सिर के नीचे है, और उसका
दायाँ हाथ मुझे आलिंगन करता है। [4]हे यरूशलेम की
पुत्रियो, मैं तुम्हें शपथ देती हूँ, प्रेम को तब तक न जगाओ और
न उकसाओ जब तक वह स्वयं न चाहे। [5]यह कौन है जो
जंगल से आती है, अपने प्रिय पर झुकी हुई? सेब के पेड़ के
नीचे मैंने तुझे जगाया; वहाँ तेरी माता ने तेरे साथ प्रसव पीड़ा
सही; वहीं उसने तुझे जन्म दिया। [6]मुझे अपने हृदय पर
मुहर की तरह रख, अपनी भुजा पर मुहर की तरह; क्योंकि
प्रेम मृत्यु के समान प्रबल है, ईर्ष्या कब्र के समान कठोर है;
उसकी ज्वालाएँ अग्नि की ज्वालाएँ हैं — 𐤉𐤄𐤅𐤄 की
ज्वाला। [7]बहुत-से जल प्रेम को बुझा नहीं सकते, और नदियां
उसे बहा नहीं सकतीं। यदि कोई अपने घर की सारी सम्पत्ति
प्रेम के लिए दे दे, तो उसे पूर्णतः तुच्छ जाना जाएगा। [8]हमारी
एक छोटी बहन है, और उसके स्तन नहीं हैं। जब उसकी
सगाई का दिन आएगा, तो हम अपनी बहन के लिए क्या करें?
[9]यदि वह दीवार है, तो हम उस पर चाँदी की प्राचीर बनाएँगे;
और यदि वह द्वार है, तो हम उसे देवदार की पट्टियों से बन्द
करेंगे। [10]मैं दीवार हूँ, और मेरे स्तन गुम्बदों के समान हैं;
इस प्रकार मैं उसकी दृष्टि में ऐसी हो गई जैसे जिसने शान्ति
पाई हो। [11]शेलोमो की एक दाखबारी थी, बाल-हामोन में;
उसने उस दाखबारी को रखवालों को सौंप दिया था; प्रत्येक
को उसके फल के बदले हज़ार चाँदी के टुकड़े लाने थे।
[12]मेरी अपनी दाखबारी मेरे सामने है; हे शेलोमो, हज़ार तेरे
लिए हों, और दो सौ उनके लिए जो उसके फल की रक्षा करते
हैं। [13]हे तू जो बगीचों में रहती है, साथी तेरी आवाज़ सुनते है
— मुझे भी सुनने दे! [14]हे मेरे प्रिय, शीघ्र आ, और सुगन्धित
पर्वतों पर हरिण या युवा हिरण के समान हो जा।

रूत

𐤉𐤄𐤅𐤄

हिंदी संस्करण

रूत

1 [1]और ऐसा हुआ कि जब शासक लोग शासन कर रहे थे,
तब देश में भोजन की कमी हुई। और बेथलेहम, यहूदा
का एक व्यक्ति अपनी पत्नी और अपने दो पुत्रों के साथ
मोआब के खेतों में परदेशी बनने गया। [2]उस व्यक्ति का नाम
एलीमेलेक था, और उसकी पत्नी का नाम नाओमी था, और
उसके दो पुत्रों के नाम महलोन और किल्योन थे - वे
बेथलेहम, यहूदा के एप्राती थे। और वे मोआब के खेतों में गए
और वहाँ रहने लगे। [3]और एलीमेलेक, नाओमी का पति, मर
गया। और वह अपने दो पुत्रों के साथ रह गई। [4]और
उन्होंने मोआब की स्त्रियों में से पत्नियाँ लीं, एक का नाम
ओर्पा था और दूसरी का नाम रूत था। और वे वहाँ लगभग
दस वर्ष तक रहे। [5]और महलोन और किल्योन भी दोनों मर
गए, इसलिए वह स्त्री अपने दो पुत्रों और अपने पति से रहित
हो गई। [6]तब वह अपनी पुत्रवधुओं के साथ उठी और मोआब
के खेतों से लौट आई, क्योंकि उसने मोआब के खेतों में सुना
था कि 𐤉𐤄𐤅𐤄 ने अपने लोगों को रोटी देकर दर्शन दिया
है। [7]और वह उस स्थान से चली जहाँ वह थी, और उसकी
दोनों पुत्रवधुएँ उसके साथ थीं। और वे यहूदा देश की ओर
लौटने के लिए मार्ग पर चलीं। [8]और नाओमी ने अपनी दोनों
पुत्रवधुओं से कहा, "जाओ, हर एक अपनी माता के घर लौट
जाओ। 𐤉𐤄𐤅𐤄 तुम्हारे प्रति कृपा दिखाए, जैसे तुमने मरे
हुओं और मुझ पर कृपा दिखाई है।" [9]"𐤉𐤄𐤅𐤄 तुम्हें यह
अनुग्रह दे कि तुम अपने-अपने पतियों के घर में विश्राम
पाओ।" तब उसने उन्हें चूमा, और उन्होंने ऊँचे स्वर से
रोया। [10]और उन्होंने उससे कहा, "नहीं, हम तेरे साथ तेरे
लोगों के पास लौटेंगे।" [11]पर नाओमी ने कहा, "लौट जाओ,
मेरी पुत्रियों, तुम मेरे साथ क्यों जाओगी? क्या अब भी मेरे गर्भ
में पुत्र हैं जो तुम्हारे पति बनें?" [12]"लौट जाओ, मेरी पुत्रियों,
अपनी राह पर चलो, क्योंकि मैं पति पाने के लिए बहुत बूढ़ी हो
चुकी हूँ। यदि मैं कहूँ कि मुझे आशा है, यदि आज रात मुझे
पति भी मिल जाए और मैं पुत्र भी जनूँ," [13]"क्या तुम उनके
बड़े होने तक प्रतीक्षा करोगी? क्या तुम अपने को पति न पाने
के लिए बाँध लोगी? नहीं, मेरी पुत्रियों, क्योंकि यह मेरे लिए
तुम्हारी तुलना में बहुत अधिक कड़वा है, क्योंकि 𐤉𐤄𐤅𐤄 का
हाथ मेरे विरुद्ध हो गया है।" [14]और उन्होंने फिर ऊँचे स्वर
से रोया। और ओर्पा ने अपनी सास को चूमा, पर रूत उससे
लिपट गई। [15]और उसने कहा, "देखो, तुम्हारी ननद अपने
लोगों और अपने देवताओं के पास लौट गई है। लौट जाओ,
अपनी ननद के पीछे चलो।" [16]पर रूत ने कहा, "मुझसे यह
न कहो कि मैं तुझे छोड़ दूँ या तेरे पीछे चलना छोड़ दूँ। जहाँ
तू जाएगी, मैं जाऊँगी; और जहाँ तू ठहरेगी, मैं ठहरूँगी। तेरा
लोग मेरा लोग है, और तेरा ईश्वर मेरा ईश्वर।" [17]"जहाँ तू
मरेगी, मैं मरूँगी, और वहीं मुझे दफनाया जाएगा। 𐤉𐤄𐤅𐤄
मेरे साथ ऐसा करे और इससे भी अधिक करे — क्योंकि
मृत्यु ही तुझे और मुझे अलग करेगी।" [18]और जब उसने
देखा कि वह उसके साथ जाने के लिए दृढ़ हो गई है, तो
उसने उससे बोलना बंद कर दिया। [19]और वे दोनों चलती
रहीं जब तक कि वे बेथलेहम पहुँचीं। और जब वे बेथलेहम
पहुँचीं, तब सारे नगर में उनके कारण हलचल हुई, और लोगों
ने कहा, "क्या यह नाओमी है?" [20]और उसने उनसे कहा,
"मुझे नाओमी मत कहो, मुझे मारा कहो, क्योंकि ईश्वर
सर्वशक्तिमान ने मेरे साथ बहुत कड़ाई की है।" [21]"मैं भरपूर
होकर निकली थी, और 𐤉𐤄𐤅𐤄 ने मुझे खाली लौटा दिया।
तुम मुझे नाओमी क्यों कहती हो, क्योंकि 𐤉𐤄𐤅𐤄 ने मेरे
विरुद्ध साक्षी दी है, और ईश्वर सर्वशक्तिमान ने मेरे साथ बुरा
किया है?" [22]इस प्रकार नाओमी लौटी, और उसकी पुत्रवधू
मोआबी रूत उसके साथ लौटी, जो मोआब के खेतों से लौटी
थी। और वे जौ की फसल के आरंभ में बेथलेहम पहुँचीं।

2 [1]और नाओमी के पति की ओर से एक संबंधी था, जो
अत्यंत धनवान व्यक्ति था, एलीमेलेक के कुल का, और
उसका नाम बोअज़ था। [2]और मोआबी स्त्री रूत ने नाओमी
से कहा, "कृपया मुझे खेत में जाने दो, और जिसके नेत्रों में
मुझे अनुग्रह मिले, उसके पीछे मैं बालें बटोरूँ।" तब उसने
उससे कहा, "जाओ, मेरी पुत्री।" [3]तब वह चली गई, और
लवाइयों के बाद खेत में बालें बटोरने लगी। और ऐसा हुआ
कि वह एलीमेलेक के संबंधी बोअज़ के खेत के उस भाग में
पहुँची। [4]और देखो, बोअज़ बेथलेहम से आया और लवाइयों
से कहा, "𐤉𐤄𐤅𐤄 तुम्हारे साथ रहे!" और उन्होंने उससे
उत्तर दिया, "𐤉𐤄𐤅𐤄 तुम्हें आशीष दे!" [5]तब बोअज़ ने
अपने सेवक से, जो लवाइयों पर नियत था, कहा, "यह जवान
स्त्री कौन है?" [6]और लवाइयों पर नियत सेवक ने उत्तर
दिया, "यह वह जवान मोआबी स्त्री है जो नाओमी के साथ
मोआब के खेतों से लौटी है।" [7]और उसने कहा, 'कृपया
मुझे लवाइयों के पीछे गट्ठों के बीच में बालें बटोरने और इकट्ठा
करने दो।' और वह सुबह से अब तक आई और रही है —
उसने घर में थोड़ा ही विश्राम किया है।" [8]तब बोअज़ ने रूत
से कहा, "क्या तूने सुना नहीं, मेरी पुत्री? किसी अन्य खेत में
बालें बटोरने मत जाना, न यहाँ से जाना, पर मेरी युवतियों के
पास रहना।" [9]"तेरी आँखें उसी खेत पर लगी रहें जहाँ वे
लवटते हैं, और तू उनके पीछे जाना। क्या मैंने जवान पुरुषों
को तुझे न छूने की आज्ञा नहीं दी? और जब तू प्यासे, तो
पात्रों के पास जाकर उन में से पीना जो जवानों ने भरे हैं।"
[10]तब वह अपने मुँह के बल गिर पड़ी, भूमि तक झुकी, और
उससे कहा, "मैं परदेशिनी हूँ, फिर भी तूने मुझ पर ध्यान क्यों
दिया कि मैं तेरी दृष्टि में अनुग्रह पाऊँ?" [11]बोअज़ ने उत्तर
देकर उससे कहा, "मुझे सब बताया गया है जो तूने अपने
पति की मृत्यु के बाद अपनी सास के लिए किया, और कैसे
तूने अपने पिता और माता और अपने जन्मस्थान को छोड़
दिया, और उस लोगों के पास आ गई जिसे तू पहले नहीं
जानती थी।" [12]"𐤉𐤄𐤅𐤄 तेरे काम का प्रतिफल दे, और

तेरा प्रतिदान पूर्ण हो 𐤉𐤄𐤅𐤄 इस्राएल के ईश्वर से, जिसके
पंखों के नीचे तू शरण लेने आई है।" [13] और उसने कहा,
"मेरे प्रभु, तेरी दृष्टि में मुझे अनुग्रह मिले, क्योंकि तूने मुझे
शाति दी है, और अपनी दासी के मन से बातें की हैं, यद्यपि मैं
तेरी दासियों में से एक के समान नहीं हूँ।" [14] और बोअज़ ने
उससे कहा, "भोजन के समय यहाँ आ, और रोटी खा, और
अपने टुकड़े को सिरके में डुबो।" तब वह लवाइयों के पास
बैठी, और उसने उसे भूनी हुई बालें दीं। और उसने खाया
और तृप्त हुई, और उसके पास बचा भी रह गया। [15] जब वह
बालें बटोरने को उठी, तब बोअज़ ने अपने जवानों को आज्ञा
दी, "उसे गट्ठों के बीच से भी बालें बटोरने दो, और उसे
लज्जित न करो।" [16] "अपनी गठरियों में से उसके लिए
निकाल कर छोड़ दो, ताकि वह बटोर सके, और उसे मत
रोकना।" [17] और उसने शाम तक खेत में बालें बटोरीं, और
जो उसने बटोरा था उसे कूटा, और वह लगभग एक एफा जौ
का था। [18] और उसने उसे उठाया और नगर में आई, और
उसकी सास ने देखा जो उसने बटोरा था। और उसने
निकालकर उसे दिया जो बचा था जब वह तृप्त हुई थी।
[19] तब उसकी सास ने उससे कहा, "आज तूने कहाँ बालें
बटोरीं? और तूने कहाँ काम किया? वह व्यक्ति धन्य हो
जिसने तुझ पर ध्यान दिया।" तब उसने अपनी सास को
बताया जिसके साथ उसने काम किया, और कहा, "आज
जिसके साथ मैंने काम किया उसका नाम बोअज़ है।"
[20] और नाओमी ने अपनी पुत्रवधू से कहा, "वह 𐤉𐤄𐤅𐤄 का
धन्य हो, जिसने अपनी करुणा जीवितों और मरे हुओं से न
छोड़ी!" और नाओमी ने उससे कहा, "वह मनुष्य हमारा
संबंधी है, हमारे छुड़ाने वालों में से एक है।" [21] और मोआबी
रूत ने कहा, "उसने मुझसे यह भी कहा, 'मेरे जवानों के पास
तब तक रहना जब तक वे मेरी सारी फसल पूरी न कर
लें।'" [22] और नाओमी ने अपनी पुत्रवधू रूत से कहा, "यह
अच्छा है, मेरी पुत्री, कि तू उसकी युवतियों के साथ बाहर
जाए, ताकि किसी अन्य खेत में तुझसे भेंट न हो।" [23] और
वह बोअज़ की युवतियों के साथ बालें बटोरने में लगी रही, जब
तक जौ की फसल और गेहूँ की फसल पूरी न हुई; पर वह
अपनी सास के साथ रहती रही।

3 [1] और उसकी सास नाओमी ने उससे कहा, "मेरी पुत्री,
क्या मुझे तेरे लिए विश्राम का स्थान न ढूँढना चाहिए,
ताकि तेरा भला हो?" [2] "और अब क्या बोअज़, जिसके
युवतियों के साथ तू रही है, हमारा संबंधी नहीं है? देख, वह
आज रात खलिहान में जौ को झाड़ रहा है।" [3] "इसलिए तू
स्नान कर और अपने को तेल से अभिषेक कर, अपने वस्त्र
पहन और खलिहान में नीचे जा। जब तक वह खाना और
पीना पूरा न कर ले, तब तक अपने को उस मनुष्य पर प्रकट
न करना।" [4] "और जब वह लेट जाएगा, तब तू देखना वह
कहाँ लेटा है, फिर जाकर उसके पाँव ढँकने वाला भाग
खोलना और वहीं लेट जाना; और वह तुझे बताएगा कि तुझे
क्या करना है।" [5] और उसने उससे कहा, "जो कुछ तू
मुझसे कहती है, मैं वही करूँगी।" [6] तब वह खलिहान में नीचे
गई, और सब कुछ वैसा ही किया जैसा उसकी सास ने उसे
आज्ञा दी थी। [7] और बोअज़ ने खाया और पिया, और उसका
हृदय प्रसन्न हुआ, और वह अनाज के ढेर के सिरे पर जाकर
लेट गया। तब वह धीरे-धीरे आई, और उसके पाँवों का भाग
खोला, और लेट गई। [8] और आधी रात को ऐसा हुआ कि वह
मनुष्य चौंक उठा, और मुड़कर देखा, तो क्या देखता है —
एक स्त्री उसके पाँवों पर लेटी हुई है! [9] और उसने कहा, "तू
कौन है?" उसने उत्तर दिया, "मैं तेरी दासी रूत हूँ। अब तू
अपनी चादर अपनी दासी पर फैला दे, क्योंकि तू छुड़ानेवाला
है।" [10] तब उसने कहा, "𐤉𐤄𐤅𐤄 की ओर से तू धन्य है,
मेरी पुत्री! क्योंकि तूने अपने आरंभ की तुलना में अंत में और
भी अधिक कृपा दिखाई है, कि तू किसी जवान पुरुष के पीछे
नहीं गई, चाहे वह निर्धन हो या धनी।" [11] "और अब, मेरी
पुत्री, मत डर। जो कुछ तू कहती है, मैं तेरे लिए करूँगा,
क्योंकि मेरे नगर के सब लोग जानते हैं कि तू एक सदाचारी
स्त्री है।" [12] "और अब वास्तव में मैं तेरा छुड़ानेवाला हूँ,
परन्तु एक छुड़ानेवाला मुझसे अधिक निकट है।" [13] "आज
रात यहीं ठहर, और सुबह ऐसा होगा कि यदि वह तुझे छुड़ाए
— अच्छा, उसे ऐसा करने दे; परन्तु यदि वह तुझे छुड़ाने को
प्रसन्न न हो, तो 𐤉𐤄𐤅𐤄 के जीवित रहते मैं तुझे छुड़ाऊँगा!
अब सुबह तक यहीं लेटी रह।" [14] और वह सुबह तक उसके
पाँवों पर लेटी रही, और वह इस से पहले उठी कि कोई दूसरे
को पहचान सके। और उसने कहा, "यह न जाना जाए कि
स्त्री खलिहान में आई थी।" [15] और उसने कहा, "वह
ओढ़नी ले जो तेरे ऊपर है और उसे पकड़।" तब उसने उसे
पकड़ा, और उसने छह माप जौ नापकर उस पर रख दिया;
और वह नगर में चली गई। [16] और जब वह अपनी सास के
पास आई, तो उसने कहा, "क्या तू है, मेरी पुत्री?" और उसने
उसे सब बताया जो उस मनुष्य ने उसके लिए किया था।
[17] और उसने कहा, "उसने मुझे ये छह माप जौ दिए, क्योंकि
उसने मुझसे कहा, 'अपनी सास के पास खाली हाथ मत
जाना।'" [18] तब उसने कहा, "धैर्य रख, मेरी पुत्री, जब तक
तू न जान ले कि यह बात कैसे होती है, क्योंकि वह मनुष्य
आज इस कार्य को पूरा किए बिना विश्राम नहीं करेगा।"

4 [1] और बोअज़ फाटक पर गया और वहाँ बैठ गया। और
देखो, वह छुड़ानेवाला जिससे बोअज़ ने बात की थी, वहां
से गुज़रा। तब बोअज़ ने कहा, "इधर मुड़ो, हे अमुक व्यक्ति,
यहाँ बैठो।" तब वह मुड़ा और बैठ गया। [2] और उसने नगर
के दस प्राचीनों को लिया और कहा, "यहाँ बैठो।" तब वे बैठ
गए। [3] तब उसने छुड़ानेवाले से कहा, "नाओमी, जो मोआब
के खेतों से लौटी है, उसने वह भूमि का टुकड़ा बेचा जो हमारे
भाई एलीमेलेक की थी।" [4] "और मैंने सोचा कि मैं इसे तुझसे
बताऊँ, यह कहते हुए, 'इसको नगर के निवासियों और मेरे
लोगों के प्राचीनों के सामने मोल ले। यदि तू इसे छुड़ाना
चाहता है, तो छुड़ा ले; पर यदि तू इसे छुड़ाना नहीं चाहता, तो
मुझे बता दे ताकि मैं जान लूँ, क्योंकि तुझको छोड़ कोई नहीं
जो इसे छुड़ाए, और मैं तेरे बाद हूँ।'" तब उसने कहा, "मैं
इसे छुड़ाऊँगा।" [5] तब बोअज़ ने कहा, "जिस दिन तू
नाओमी के हाथ से वह भूमि मोल लेगा, उसी दिन तू मोआबी
स्त्री रूत को भी, जो मरे हुए की पत्नी थी, प्राप्त करेगा, ताकि
मरे हुए का नाम उसके भाग में जीवित रहे।" [6] तब छुड़ानेवाले
ने कहा, "मैं इसे अपने लिए छुड़ा नहीं सकता, ऐसा न हो कि
मैं अपनी ही विरासत को नष्ट कर दूँ। तू मेरे छुड़ाने का
अधिकार अपने लिए ले ले, क्योंकि मैं इसे छुड़ा नहीं

सकता।" 7 और पहले इस्राएल में छुड़ाने और अदला-बदली
के विषय में ऐसा किया जाता था, ताकि हर बात की पुष्टि हो:
कोई व्यक्ति अपनी जूती उतारकर दूसरे को दे देता था, और
यह इस्राएल में साक्षी ठहरता था। 8 तब छुड़ानेवाले ने बोअज़
से कहा, "इसे अपने लिए मोल ले।" तब उसने अपनी जूती
उतार दी। 9 तब बोअज़ ने प्राचीनों और सब लोगों से कहा,
"आज तुम साक्षी हो कि मैंने नाओमी के हाथ से एलीमेलेक
की, और किल्योन और महलोन की सारी संपत्ति मोल ले ली
है।" 10 "और साथ ही, मोआबी स्त्री रूत, जो महलोन की
पत्नी थी, उसे मैंने अपनी पत्नी के रूप में प्राप्त किया है, ताकि
मरे हुए का नाम उसके भाग में जीवित रहे, और उसका नाम
उसके भाइयों और उसके स्थान के फाटक से न कटे। आज
तुम साक्षी हो।" 11 तब फाटक पर सब लोग और प्राचीन बोले,
"हम साक्षी हैं! 𐤉𐤄𐤅𐤄 उस स्त्री को जो तेरे घर में आ रही है
राहेल और लेआ के समान बनाए, जिन्होंने मिलकर इस्राएल
का घर बनाया। और तू एप्राथा में प्रसिद्ध हो, और बेथलेहम में
नाम पा।" 12 "और तेरा घर पेरेत्स के घर के समान हो,
जिसे तामार ने यहूदा को जन्म दिया, उस वंश के द्वारा जिसे
𐤉𐤄𐤅𐤄 इस जवान स्त्री से तुझे देगा।" 13 तब बोअज़ ने
रूत को लिया, और वह उसकी पत्नी बनी; और वह उसके
पास गया, और 𐤉𐤄𐤅𐤄 ने उसे गर्भ धारण करने दिया, और
उसने एक पुत्र को जन्म दिया। 14 तब स्त्रियों ने नाओमी से
कहा, "𐤉𐤄𐤅𐤄 धन्य हो, जिसने आज तुझे छुड़ानेवाले से
वंचित नहीं किया! और उसका नाम इस्राएल में प्रसिद्ध हो।"
15 "और वह तेरे लिए जीवन को पुनः स्थापित करने वाला
और तेरी वृद्धावस्था का पालन करने वाला होगा; क्योंकि तेरी
पुत्रवधू, जो तुझसे प्रेम करती है, जिसने तुझे सात पुत्रों से भी
उत्तम दिया है, उसने उसे जन्म दिया है।" 16 तब नाओमी ने
उस बालक को लिया और अपने वक्षस्थल पर रखा, और
उसका पालन करने लगी। 17 और उसकी पड़ोसी स्त्रियों ने
उसका नाम रखा, कहते हुए, "नाओमी के लिए एक पुत्र
उत्पन्न हुआ है।" और उन्होंने उसका नाम ओबेद रखा। वह
यिशै का पिता था, जो दाविद का पिता था। 18 और यह पेरेत्स
की वंशावली है: पेरेत्स ने हेत्स्रोन को जन्म दिया। 19 और
हेत्स्रोन ने राम को जन्म दिया, और राम ने अम्मीनादाब को
जन्म दिया। 20 और अम्मीनादाब ने नहशोन को जन्म दिया,
और नहशोन ने सल्मोन को जन्म दिया। 21 और सल्मोन ने
बोअज़ को जन्म दिया, और बोअज़ ने ओबेद को जन्म
दिया। 22 और ओबेद ने यिशै को जन्म दिया, और यिशै ने
दाविद को जन्म दिया।

विलापगीत

𐤉𐤄𐤅𐤄

हिंदी संस्करण

विलापगीत

1 1א , 𐤀 कैसे अकेली बैठी है, वह नगरी जो कभी लोगों
से बड़ी थी! वह विधवा के समान हो गई है, जो राष्ट्रों में
बड़ी थी! जो प्रांतों में राजकुमारी थी, वह दासी बन गई है! 2 ,𐤁
ב वह रात को कड़वे आँसू बहाती है, और उसके गालों पर
उसके आँसू हैं। उसके सब प्रेमियों में से कोई उसका शांति
देनेवाला नहीं है। उसके सब मित्रों ने उसको धोखा दिया है, वे
उसके शत्रु बन गए हैं। 3ג ,𐤂 यहूदा दुःख और कठोर
परिश्रम के कारण बंधुआई में चला गया है। वह अन्यजातियों
के बीच रहती है, उसको विश्राम नहीं मिला। उसके सब
सतानेवालों ने उसको तंग जगहों के बीच पकड़ लिया है। 4 ,𐤃
ד सिय्योन के मार्ग विलाप करते हैं, क्योंकि पर्व के लिये कोई
नहीं आता। उसके सब फाटक उजड़े पड़े हैं, उसके याजक
आह भरते हैं, उसकी कुँवारी लड़कियाँ दुःखी हैं, और वह
स्वयं कड़वाहट से भरी हुई है। 5ה ,𐤄 उसके विरोधी प्रधान
हो गए हैं, उसके शत्रु चैन से रहते हैं। क्योंकि 𐤉𐤄𐤅𐤄 ने
उसके बहुत अपराधों के कारण उसको दुःख दिया है। उसके
बच्चे शत्रु के आगे बंधुआई में चले गए हैं। 6ו ,𐤅 और
सिय्योन की बेटी से सारा वैभव चला गया है। उसके अधिपति
हरिण के समान हो गए हैं, जिन्हें कोई चरागाह नहीं मिला। वे
सतानेवाले के सामने शक्तिहीन होकर भागते हैं। 7ז ,𐤆
अपने दुःख और भटकने के दिनों में, यरूशलेम ने अपने सब
सुखों को स्मरण किया, जो उसके पास प्राचीन दिनों में थे।
जब उसका लोग शत्रु के हाथ में गिरा, और उसकी सहायता
करनेवाला कोई न था, शत्रुओं ने उसको देखा, उन्होंने उसके
नाश पर ठट्ठा किया। 8ח, 𐤇 यरूशलेम ने भारी पाप किया है,
इसलिये वह अशुद्ध हो गई है। जितनों ने उसका आदर किया
था उन्होंने उसका तिरस्कार किया, क्योंकि उन्होंने उसका
नंगापन देखा है। वह स्वयं आह भरती है और मुँह फेर लेती
है। 9ט ,𐤈 उसकी अशुद्धता उसके कपड़ों की झालरों में है।
उसने अपने अंत का विचार नहीं किया, इसलिये वह अद्भुत
रीति से नीचे गिरी। उसका शांति देनेवाला कोई न था।
"देख, हे 𐤉𐤄𐤅𐤄, मेरा दुःख, क्योंकि शत्रु ने अपना आप को
बड़ा किया है।" 10י ,𐤉 शत्रु ने अपने हाथ उसके सब सुखों
पर फैलाए। वास्तव में उसने देखा कि अन्यजाति उसके
मिकदाश में प्रवेश कर गए हैं, जिनको तूने अपनी सभा में
प्रवेश न करने की आज्ञा दी थी। 11כ ,𐤊 उसका सब लोग
रोटी खोजते हुए आह भरते हैं। उन्होंने अपने सुखों को
भोजन के लिये दे दिया, ताकि जीवन लौटा लाएँ। "देख, हे
𐤉𐤄𐤅𐤄, और ध्यान दे, क्योंकि मैं तुच्छ हो गई हूँ।" 12 𐤋,
क्या यह तुम्हारे लिये कुछ भी नहीं है, हे सब मार्ग से जानेवालों?
देखो और ध्यान दो कि क्या ऐसा कोई दुःख है जैसा मेरा
दुःख है, जो मुझ पर आया है, जिसे 𐤉𐤄𐤅𐤄 ने मुझ पर
डाला है, अपने जलते हुए क्रोध के दिन। 13מ ,𐤌 "ऊपर से
उसने मेरी हड्डियों में आग भेजी है, और उसने उन्हें परास्त
कर दिया; उसने मेरे पैरों के लिए एक जाल फैलाया और मुझे
पीछे कर दिया; उसने मुझे उजाड़ दिया और पूरे दिन मुझे
कमजोर कर दिया। 14נ ,𐤍 "मेरे अपराधों का जूआ उसके
हाथ से बंधा हुआ है, गुँथा हुआ और मेरी गर्दन पर डाल दिया
गया है। उसने मेरी ताक़त को गिरा दिया, 𐤉𐤄𐤅𐤄 ने मुझे
उन हाथों में दे दिया है जिनका मैं सामना करने में असमर्थ
हूँ। 15ס ,𐤎 "𐤉𐤄𐤅𐤄 ने मेरे बीच में मेरे सब वीरों को रौंद
दिया है, उसने मेरे विरुद्ध मेरे जवानों को कुचलने के लिए
एक नियत समय बुलाया है। 𐤉𐤄𐤅𐤄 ने दाखमधु के कुण्ड
जैसा रौंद डाला है। यहूदा की कन्या पुत्री। 16ע ,𐤏 "इसी
कारण मैं रोती हूँ। मेरी आँख, मेरी आँख आँसुओं से बह रही
है, क्योंकि वह शांति देनेवाला, जो मेरा जीवन लौटा सकता था,
मुझ से दूर हो गया है। मेरे बच्चे चकित हैं, क्योंकि शत्रु ने
जय प्राप्त की है।" 17פ ,𐤐 सिय्योन अपने हाथ फैलाती है,
उसके लिये कोई शांति देनेवाला नहीं है। 𐤉𐤄𐤅𐤄 ने याक़ोब
के विषय में आज्ञा दी है, उसके पड़ोसी उसके शत्रु हो गए हैं।
येरूशलेम उनके बीच अशुद्धता बन गई है। 18צ ,𐤑 𐤉𐤄𐤅𐤄
धर्मी है, क्योंकि मैंने उसके वचन के विरुद्ध विद्रोह किया। अब
सब जातियों, सुनो और मेरा दुःख देखो। मेरी कुमारियाँ और
मेरे जवान बंधुआई में चले गए हैं। 19ק , 𐤒 मैंने अपने
प्रेमियों को बुलाया, पर उन्होंने मुझे धोखा दिया। मेरे
याजकगण और मेरे बुज़ुर्ग नगर में ही मर गए, जबकि वे
भोजन ढूँढ रहे थे ताकि अपना जीवन लौटा सकें। 20ר ,𐤓
"देख, हे 𐤉𐤄𐤅𐤄, कि मैं संकट में हूँ। मेरे अंदरूनी अंग
खौल रहे हैं, मेरा हृदय भीतर ही पलट गया है, क्योंकि मैंने
बहुत विद्रोह किया है। बाहर तलवार ने मुझे अनाथ कर दिया
है, घर के भीतर यह मृत्यु के समान है।" 21ש ,𐤔 "उन्होंने
सुना कि मैंने आह भरी, पर मुझे शांति देने वाला कोई नहीं है।
मेरे सभी शत्रुओं ने मेरी विपत्ति सुनी, वे आनन्दित हुए कि तूने
यह किया है। तू उस दिन को ले आएगा जिसका तूने घोषणा
की है, तो वे मेरे समान हो जाएँ।" 22ת ,𐤕 "उनकी सारी
बुराई तेरे सामने आ जाए, और तू उनके साथ वैसा ही कर
जैसा तूने मेरे साथ मेरे सारे अपराधों के कारण किया।
क्योंकि मेरी आहें बहुत हैं, और मेरा हृदय अशक्त है।"

2 1א , 𐤀 कैसे 𐤉𐤄𐤅𐤄 ने अपने क्रोध में सिय्योन की
बेटी को बादल से ढक दिया है! उसने यिस्राएल की शोभा
को आकाश से पृथ्वी पर गिरा दिया है, और अपने पाँव की
चौकी को अपने क्रोध के दिन में याद नहीं किया। 2ב ,𐤁
𐤉𐤄𐤅𐤄 ने बिना दया के याक़ोब की सारी चरागाहों को निगल
लिया है। अपने क्रोध में उसने यहूदा की बेटी के गढ़ों को
गिरा दिया है। उसने उन्हें भूमि पर लाया है। उसने राज्य
और उसके शासकों को अपवित्र किया है। 3ג ,𐤂 अपने
क्रोध की तपिश में उसने यिस्राएल का हर सींग काट डाला
है। उसने अपने दाहिने हाथ को शत्रु के सामने से हटा लिया
है। और वह याक़ोब के विरुद्ध जलता है जैसे जलती हुई
अग्नि, जो चारों ओर सब कुछ भस्म कर देती है। 4ד ,𐤃
उसने अपना धनुष शत्रु की तरह खींचा है। उसने अपना

दाहिना हाथ विरोधी के रूप में नियुक्त किया है। और उसने
उन सबको मार डाला जो आँखों को भाते थे। सिय्योन की
बेटी के तंबू में, उसने अपना क्रोध आग की तरह उंडेल दिया
है। 5ה ,𐤄 𐤉𐤄𐤅𐤄 शत्रु के समान हो गया है। उसने
यिस्राएल को निगल लिया है, उसने उसके सब महलों को
निगल लिया है, उसने उसके गढ़ों को नष्ट कर दिया है। और
उसने यहूदा की बेटी में शोक और विलाप को बढ़ाया है। 6,𐤅
ו उसने अपने मण्डप को बगीचे के समान गिरा दिया है, उसने
अपनी सभा-स्थान को नष्ट कर दिया है। 𐤉𐤄𐤅𐤄 ने
सिय्योन में नियत समयों और शब्बाथों को भुला दिया है, और
अपने भयंकर क्रोध में राजा और याजक से घृणा की है।
7ז ,𐤆 𐤉𐤄𐤅𐤄 ने अपनी वेदी को तुच्छ जाना, अपने मिक्दश
को त्याग दिया, उसने उसके महलों की दीवारों को शत्रु के
हाथ में सौंप दिया है। उन्होंने 𐤉𐤄𐤅𐤄 के घर में शोर मचाया
है, जैसे किसी नियत समय के दिन। 8ח, 𐤇 𐤉𐤄𐤅𐤄 ने
सिय्योन की बेटी की दीवार को नष्ट करने की योजना बनाई
है। उसने मापने की डोरी खींची है। उसने नाश करने से
अपना हाथ नहीं मोड़ा। और उसने परकोटे और दीवार को
विलाप करने दिया; वे दोनों साथ ही निर्बल हो गए हैं। 9ט ,𐤈
उसके फाटक भूमि में धँस गए हैं। उसने उसके कड़े तोड़
दिए और नष्ट कर दिए हैं। उसका राजा और उसके हाकिम
जातियों के बीच हैं। तोराह अब नहीं रही, और उसके नबियों
को 𐤉𐤄𐤅𐤄 से कोई दर्शन नहीं मिला। 10י ,𐤉 सिय्योन की
बेटी के बुजुर्ग भूमि पर बैठे हैं, मौन हैं। उन्होंने अपने सिर पर
धूल डाली है, उन्होंने टाट ओढ़ लिया है। येरुशालेम की
कुमारियों ने अपने सिर भूमि तक झुका लिए हैं। 11כ ,𐤊 मेरी
आँखें आँसुओं से थक गई हैं, मेरा आंतरिक भाग उबल रहा
है, मेरा पित्तभूमि पर उंडेला गया है मेरे लोगों की बेटी के
विनाश के कारण, जब बच्चे और शिशु नगर की गलियों में
निर्बल हो रहे हैं। 12𐤋, वे अपनी माताओं से कहते हैं, "अन्न
और दाखमधु कहाँ है?" जैसे वे घायल लोगों के समान निर्बल
हो रहे हैं नगर की गलियों में, जैसे उनका जीवन उनकी
माताओं की गोद में उंडेला जा रहा है। 13מ ,𐤌 मैं तुम्हें कैसे
चेतावनी दूँ, तुम्हारी तुलना किससे करूँ, हे येरुशालेम की
बेटी? तुम्हें सांत्वना देने के लिए तुम्हारी उपमा किससे दूँ, हे
सिय्योन की कन्या बेटी? क्योंकि तुम्हारा टूटना समुद्र के
समान बड़ा है। कौन तुम्हें चंगा करेगा? 14נ ,𐤍 तुम्हारे नबियों
ने तुम्हारे लिए झूठ और मूर्खता देखी है, और उन्होंने तुम्हें
तुम्हारे अधर्म को नहीं दिखाया, कि तुम्हारी बंधुआई को लौटा
दें। परन्तु उनके दर्शन तुम्हारे लिए झूठे और भ्रामक संदेश
हैं। 15ס ,𐤎 जितने लोग तेरे पास से गुजरे, उन्होंने तेरे ऊपर
अपने हाथ ताली बजाई। उन्होंने सीटी बजाई, और उन्होंने
अपना सिर हिलाया येरुशालेम की बेटी के ऊपर, "क्या यह
वही नगर है जिसे कहा जाता है, 'सौंदर्य की सिद्धता, सारी
पृथ्वी का आनंद'?" 16פ ,𐤐 तेरे सब शत्रुओं ने तेरे विरुद्ध
अपना मुख खोला है; उन्होंने सीटी बजाई और अपने दाँत
पीसे हैं। वे कहते हैं, "हमने उसको निगल लिया है! यह
निश्चय ही वह दिन है जिसका हम इंतजार कर रहे थे; हमने
उसे पाया है, हमने उसे देखा है।" 17ע ,𐤏 𐤉𐤄𐤅𐤄 ने वही
किया जो उसने ठाना था, उसने अपना वचन पूरा किया जिसे
उसने प्राचीन काल में आज्ञा दी थी। उसने गिरा दिया, बिना
दया के, और उसने तेरे शत्रु को तुझ पर आनन्दित होने
दिया। उसने तेरे विरोधियों के सींग को ऊँचा किया। 18,𐤑
צ उनका हृदय 𐤉𐤄𐤅𐤄 की ओर पुकार उठा, "सिय्योन की
पुत्री की दीवार, दिन और रात नदियों के समान आँसू बहने
दो। अपने आप को विश्राम मत दो, अपनी आँखों को आराम
मत दो। 19ק ,𐤒 "उठो, रात में पुकारो, पहरे की शुरुआत
में, अपने हृदय को जल के समान 𐤉𐤄𐤅𐤄 के सामने उंडेल
दो। अपने हाथ उसकी ओर उठाओ अपने छोटे बच्चों के
जीवन के लिये, जो भूख से हर गली के सिर पर निढाल हो रहे
हैं। 20ר ,𐤓 "देख, हे 𐤉𐤄𐤅𐤄, और ध्यान से देख, तूने
किसके साथ ऐसा किया है। क्या स्त्रियाँ अपने ही बच्चों को,
तोपह के शिशुओं को खाएँ? क्या याजक और नबी 𐤉𐤄𐤅𐤄
के मिक्दाश में मारे जाएँ? 21שׁ ,𐤔 "युवा और बूढ़े सड़कों में
भूमि पर पड़े हैं। मेरी कन्याएँ और मेरे जवान तलवार से गिर
पड़े। तूने अपने क्रोध के दिन उन्हें मारा, तूने बिना दया के
उनका वध किया। 22ת ,𐤕 "क्या तूने ठहराए हुए दिन के
समान डरावनी बातें घोषित कीं? और मेरे चारों ओर कोई न
बचा और न ही जीवित रहा 𐤉𐤄𐤅𐤄 के क्रोध के दिन।
जिनको मैंने पाला और बड़ा किया, मेरे शत्रु ने उन्हें नष्ट कर
दिया।"

3 1अ,𐤀 मैं वह मनुष्य हूँ जिसने 𐤉𐤄𐤅𐤄 के क्रोध की
छड़ी से दु:ख देखा है। 2उसने मुझे अंधकार में चलाया
और प्रकाश में नहीं। 3वास्तव में, उसने अपनी ओर से
मुड़कर, अपना हाथ मेरे विरुद्ध दिन भर उठाया है। 4ब,𐤁
उसने मेरे मांस और मेरी त्वचा को क्षीण कर दिया है, उसने
मेरी हड्डियों को तोड़ दिया है। 5उसने मेरे विरुद्ध ढेर लगाया
है, और मुझे कड़वाहट और कठिनाई से घेर लिया है।
6उसने मुझे अंधकार में बसाया है जैसे प्राचीन काल के मृत।
7ग,𐤂 उसने मुझे बंद कर दिया है, और मैं बाहर नहीं जा
सकता, उसने मेरी जंजीर भारी कर दी है। 8इसके अलावा,
जब मैं रोता और चिल्लाता हूँ, तो वह मेरी प्रार्थना को बंद कर
देता है। 9उसने मेरे मार्गों को काट दिया है, उसने मेरे रास्तों
को टेढ़ा कर दिया है। 10द,𐤃 वह मेरे लिए एक भालू की तरह
है जो घात में बैठा है, एक शेर की तरह छिपा हुआ। 11उसने
मेरे मार्गों को मोड़ दिया है और मुझे टुकड़े-टुकड़े कर दिया
है, 12उसने मुझे नष्ट कर दिया है। उसने अपनी धनुष को
झुका दिया है 13ह,𐤄 उसने अपने तरकश के तीरों को मेरी
किडनी में चुभा दिया है। मैं अपने सभी लोगों के लिए उपहास
बन गया हूँ, 14उनका गीत दिन भर। उसने मुझे कड़वाहट से
भर दिया है, 15उसने मुझे नागदौन से भिगो दिया है। 16व,𐤅
और उसने मेरी दाँतों को कंकड़ से तोड़ दिया है, उसने मुझे
राख से ढक दिया है। 17और तूने मेरी आत्मा को शांति से
दूर कर दिया है, मैंने भलाई को भुला दिया है। 18और मैंने
कहा, "मेरी शक्ति और मेरी आशा 𐤉𐤄𐤅𐤄 से नष्ट हो गई
है।" 19ज,𐤆 मेरी पीड़ा और मेरी वेदना को याद कर,
नागदौन और कड़वाहट। 20तेरी आत्मा वास्तव में याद
करती है और मुझ पर झुक जाती है। 21यह मैं अपने मन में
याद करता हूँ, इसलिए मैं प्रतीक्षा करता हूँ: 22𐤇,ח 𐤉𐤄𐤅𐤄
की दयालुता! क्योंकि हम नष्ट नहीं हुए हैं, 23क्योंकि उसकी
करुणाएँ समाप्त नहीं हुई हैं। वे हर सुबह नई होती हैं,
24महान है तेरी विश्वासनीयता। "𐤉𐤄𐤅𐤄 मेरा भाग है," मेरी

आत्मा कहती है,“इसलिए मैं उसके लिए प्रतीक्षा करता हूँ!”
25 𐤉𐤄𐤅𐤄 𐤈,ט उन लोगों के लिए अच्छा है जो उसके लिए
प्रतीक्षा करते हैं, उस आत्मा के लिए जो उसे खोजती है।
26 यह अच्छा है - दोनों प्रतीक्षा करने और चुप रहने के लिए,
𐤉𐤄𐤅𐤄 की मुक्ति के लिए। 27 यह एक मनुष्य के लिए
अच्छा है कि वह अपनी जवानी में जुआ उठाए। 28 𐤉,י उसे
अकेले बैठने और चुप रहने दे, क्योंकि उसने इसे उस पर
रखा है। 29 उसे अपने मुँह को धूल में डालने दे, शायद अभी
भी आशा हो। 30 उसे अपने गाल को उस पर देने दे जो उसे
मारता है - 31 𐤊,כ क्योंकि 𐤉𐤄𐤅𐤄 हमेशा के लिए नहीं
छोड़ता। क्योंकि यद्यपि उसने दु:ख दिया, 32 फिर भी वह
अपनी दयालुता की महानता के अनुसार करुणा दिखाएगा।
33 क्योंकि उसने अपने हृदय से दु:ख नहीं दिया है, और न ही
वह मनुष्यों के बच्चों को दुखी करता है। 34 𐤋,ל अपने पैरों के
नीचे पृथ्वी के सभी बंदियों को कुचलने के लिए, 35 मनुष्य के
न्याय को सर्वोच्च के सामने मोड़ने के लिए, 36 या किसी
व्यक्ति को उसके कारण में विकृत करने के लिए - यह
𐤉𐤄𐤅𐤄 स्वीकार नहीं करता। 37 𐤌,מ कौन था जिसने कहा,
और यह हो गया! 38 क्या 𐤉𐤄𐤅𐤄 ने इसे आदेश नहीं दिया
है? क्या बुराई और भलाई 39 सर्वोच्च के मुँह से नहीं
निकलती? क्या? क्या मनुष्य शिकायत करे, 40 𐤍,נ चलो हम
अपने मार्गों की खोज करें और जाँच करें, और 𐤉𐤄𐤅𐤄 की
ओर लौटें। 41 चलो हम अपने हृदय और हाथों को शमयिम
में Ĕl की ओर उठाएँ: 42 हम, हमने अपराध किया और विद्रोह
किया। तू, तूने क्षमा नहीं किया। 43 𐤎,ס तूने अपने आप को
अप्रसन्नता से लपेट लिया और हमारा पीछा किया। 44 तूने
मारा है, तूने करुणा नहीं दिखाई। 45 तूने अपने आप को एक
बादल से ढक लिया है, ताकि प्रार्थना पास न हो सके। 46 𐤐,פ
हमारे सभी शत्रुओं ने हमारे विरुद्ध अपना मुँह खोला है। भय
और फंदा हम पर आ गए हैं, 47 लज्जा और विनाश। मेरी
आँखों से जलधाराएँ बहती हैं 48 मेरे लोगों की बेटी के विनाश
के लिए। 49 𐤏,ע मेरी आँखें बहती हैं और नहीं रुकतीं, बिना
रुके, 50 जब तक 𐤉𐤄𐤅𐤄 नीचे नहीं देखता और शमयिम से
नहीं देखता। मेरी आँखें मेरी आत्मा को पीड़ा देती हैं 51 मेरे
नगर की सभी बेटियों के कारण। 52 𐤑,צ मेरे शत्रुओं ने मुझे
बिना कारण एक पक्षी की तरह शिकार किया। 53 उन्होंने मुझे
गड्ढे में काट दिया है, और उन्होंने मुझ पर पत्थर फेंके।
54 पानी मेरे सिर पर बह गया; मैंने कहा, “मैं कट गया हूँ!”
55 𐤒,ק मैंने तेरे नाम को पुकारा, हे 𐤉𐤄𐤅𐤄, सबसे निचले
गड्ढे से। तूने मेरी आवाज़ सुनी है, 56 मेरे कराहने से, मेरी
पुकार से अपना कान न छिपा। 57 तू मेरे पास आया जिस
दिन मैंने तुझे पुकारा; तूने कहा, “डर मत!” 58 𐤓,ר हे
𐤉𐤄𐤅𐤄, तूने मेरी आत्मा के लिए मामला लड़ा; तूने मेरा
जीवन छुड़ाया। 59 हे 𐤉𐤄𐤅𐤄, तूने मेरा उत्पीड़न देखा है;
मेरे मामले का न्याय कर। 60 तूने उनकी सारी प्रतिशोध देखी
है, मेरे विरुद्ध उनकी सारी योजनाएँ। 61 𐤔,ש तूने उनकी
निंदा सुनी है, हे 𐤉𐤄𐤅𐤄, मेरे विरुद्ध उनकी सारी योजनाएँ,
62 उनके होंठ जो मेरे विरुद्ध उठते हैं, और उनके मेरे विरुद्ध
दिन भर की साजिश। 63 उनके बैठने और उठने को देखो; मैं
उनका गीत हूँ। 64 𐤕,ת उन्हें प्रतिफल दे, हे 𐤉𐤄𐤅𐤄, उनके
हाथों के काम के अनुसार। 65 उन्हें एक आवरण वाला हृदय
दे, उन पर तेरा शाप! 66 उनका पीछा कर और उन्हें
अप्रसन्नता में नष्ट कर, 𐤉𐤄𐤅𐤄 के शमयिम के नीचे से।

4 1 א , 𐤀 कैसे सोना धुंधला हो गया है, उत्तम सोना बदल
गया है! मिक़दाश के पत्थर हर सड़क के सिर पर बिखरे
पड़े हैं। 2 ב ,𐤁 सिय्योन के अनमोल पुत्र जो उत्तम सोने के
तुल्य तोले गए थे, वे अब कैसे मिट्टी के बर्तनों के समान गिने
गए हैं, कुम्हार के हाथों का काम! 3 𐤂ג ,𐤂 यहाँ तक कि
गीदड़ भी अपने स्तन प्रस्तुत करते हैं, वे अपने बच्चों को दूध
पिलाते हैं। मेरी प्रजा की बेटी क्रूर हो गई है, जंगल में
शुतुरमुर्गों के समान। 4 ד ,𐤃 शिशु की जीभ प्यास के कारण
अपने तालु से चिपक गई है; बच्चे रोटी माँगते हैं, कोई उन्हें
तोड़कर नहीं देता। 5 ה ,𐤄 जो स्वादिष्ट व्यंजन खाते थे वे
सड़कों में उजाड़ हो गए हैं; जो लाल वस्त्रों में पले थे उन्होंने
गोबर के ढेरों को गले लगाया है। 6 ו ,𐤅 और मेरी प्रजा की
बेटी की दुष्टता सदोम के पाप से भी बढ़कर है, जो एक ही
क्षण में उलट दी गई थी, और किसी ने उस पर हाथ भी नहीं
मारा! 7 ז ,𐤆 उसके नाज़ीर बर्फ से भी अधिक उजले और
दूध से भी अधिक श्वेत थे; शरीर में माणिक से भी अधिक
लाल, उनका काट नीलम के समान था। 8 ח , 𐤇 उनका
रूप कालिख से भी काला हो गया; वे गलियों में पहचाने नहीं
जाते; उनकी त्वचा हड्डियों पर सिकुड़ गई, वह सूख गई,
लकड़ी के समान हो गई। 9 ט ,𐤈 तलवार से मारे गए वे भूख
से मारे गए लोगों से बेहतर थे; क्योंकि ये खेत के फलों की
कमी से छिद्रित होकर तड़पते रहे। 10 י ,𐤉 दयालु स्त्रियों के
हाथों ने अपने ही बच्चों को उबाल दिया; वे उनके लिए भोजन
बन गए, मेरी प्रजा की बेटी के विनाश में। 11 כ ,𐤊 𐤉𐤄𐤅𐤄 ने
अपना क्रोध पूरा किया है, उसने अपना जलता हुआ
अप्रसन्नता उंडेल दी है। और उसने सिय्योन में आग जलाई,
और उसने उसकी नींवों को भस्म कर डाला। 12 𐤋, पृथ्वी के
शासकों ने विश्वास नहीं किया, न ही जगत के किसी भी
निवासियों ने, कि कोई विरोधी और शत्रु येरुशलेम के फाटकों
में प्रवेश करेगा। 13 𐤌, म यह उसके नबियों के पापों के कारण
था, उसके कोहेनिम की दुष्टताओं के कारण, जिन्होंने उसके
बीच में धर्मियों का लहू बहाया। 14 𐤍, न वे सड़कों में अंधे
होकर डगमगाते रहे; उन्होंने अपने आप को लहू से अपवित्र
कर लिया, ताकि कोई उनके वस्त्रों को छू न सके। 15 𐤎, न
उन्होंने उन पर चिल्लाकर कहा, “दूर हटो! अशुद्ध! दूर हटो!
दूर हटो! मत छुओ!” जब वे भागे और डगमगाए, तब उन्होंने
जातियों के बीच कहा, “वे अब और नहीं ठहरेंगे।” 16 𐤐, प
𐤉𐤄𐤅𐤄 का मुख उन्हें बिखेर दिया। वह अब उनकी ओर
ध्यान नहीं देता। उन्होंने कोहेनिम का कोई आदर नहीं
दिखाया और न ही प्राचीनों पर कोई अनुग्रह किया। 17 𐤏, अ
जब तक हम जीवित रहे, हमारी आँखें नष्ट हो गईं, व्यर्थ
हमारे सहारे की प्रतीक्षा करते हुए। अपने प्रहरी-गृह में हमने
उस राष्ट्र की बाट जोही, जो बचा न सका। 18 𐤑, स उन्होंने
हमारे कदमों का शिकार किया, ताकि हम अपनी गलियों में न
जा सकें। हमारा अंत निकट था, हमारे दिन पूरे हो गए थे,

क्योंकि हमारा अंत आ चुका था। [19]ק, 𐤒 हमारे पीछा करने
वाले आकाश के गिद्धों से भी तेज़ थे। वे पहाड़ों पर हमारे पीछे
गरमी से आए और जंगल में हमारे लिए घात लगाकर बैठे।
[20]ר, 𐤓 हमारी नासिका की सांस, 𐤉𐤄𐤅𐤄 के अभिषिक्त,
उनके गड्ढों में फँस गए, जिनकी छाया में हमने अन्यजातियों
के बीच रहने का विचार किया था। [21]ש, 𐤔 आनन्दित हो
और प्रसन्न हो, एदोम की बेटी, तुम जो ऊत्स देश में निवास
करती हो! प्याला तुम्हारे पास भी आने वाला है, ताकि तुम
मदहोश होकर स्वयं को नग्न कर लो। [22]ת, 𐤕 तुम्हारी
दुष्टता पूरी हो गई है, सिय्योन की बेटी। वह अब तुम्हारे
निर्वासन को नहीं बढ़ाएगा। वह तुम्हारी दुष्टता को दण्ड देगा,
एदोम की बेटी, वह तुम्हारे पापों को प्रकट करेगा!

5 [1]हे 𐤉𐤄𐤅𐤄, हम पर जो आया है उसे स्मरण कर। देख
और हमारी लज्जा को देखो! [2]हमारी विरासत
अजनबियों को सौंप दी गई है, और हमारे घर विदेशियों को।
[3]हम अनाथ, पिताविहीन हो गए हैं, हमारी माताएँ विधवाओं के
समान हैं। [4]हमें अपने पीने के पानी के लिए भुगतान करना
पड़ा, और हमारी लकड़ी भी मूल्य पर आती है। [5]हमारी गर्दन
पर हमें पीछा किया गया है, हम ने परिश्रम किया और विश्राम
नहीं पाया। [6]हमने मिस्र को हाथ दिया; अश्शूर को, रोटी से
तृप्त होने के लिए। [7]हमारे पिताओं ने पाप किया, वे अब नहीं
हैं। हमने उनकी दुष्टताओं का भार उठाया है। [8]दासों ने हम
पर राज्य किया है; उनके हाथ से छुड़ाने वाला कोई नहीं है।
[9]हम अपने प्राणों से अपनी रोटी लाते हैं, जंगल की तलवार के
कारण। [10]हमारी त्वचा भट्टी के समान गरम हो गई है,
भोजन की घोर कमी की तपन के कारण। [11]उन्होंने सिय्योन
की स्त्रियों को नम्र किया है, यहूदा की कन्याओं को नगरों में।
[12]हाकिमों को उनके हाथों से टांगा गया, और बुज़ुर्गों का
सम्मान नहीं किया गया। [13]युवकों को पीसने के लिए ले गए,
और जवान लकड़ी के नीचे ठोकर खाए। [14]बुज़ुर्ग लोग
फाटक से हट गए, जवान लोग अपने गीत से। [15]हमारे
हृदय का आनन्द समाप्त हो गया है, हमारा नृत्य विलाप में
बदल गया है। [16]हमारे सिर से मुकुट गिर गया है। हाय हम
पर, क्योंकि हम ने पाप किया है! [17]इसी कारण हमारा हृदय
बीमार हो गया है, इन्हीं कारणों से हमारी आँखें धुँधली हो गई
हैं। [18]क्योंकि सिय्योन पर्वत उजाड़ पड़ा है; उसमें लोमड़ियां
घूम रही हैं। [19]परन्तु तू, हे 𐤉𐤄𐤅𐤄, सदा बना रहता है, तेरा
सिंहासन पीढ़ी से पीढ़ी तक। [20]तू हमें क्यों सदा भूल जाता है,
हमें इतने लंबे दिनों तक क्यों त्याग देता है? [21]हमें फिर से
अपनी ओर फेर ले, हे 𐤉𐤄𐤅𐤄, और हम लौट आएँगे; हमारे
दिनों को प्राचीन काल के समान नया कर। [22]क्या तूने हमें
पूरी तरह त्याग दिया है? तू हम पर अत्यन्त क्रोधित हुआ है!

सभोपदेशक

हिंदी संस्करण

सभोपदेशक

1 1 कोहेलेथ दाऊद का पुत्र, येरुशलेम में राजा के वचन।
2 “व्यर्थ! व्यर्थ!” कोहेलेथ कहता है, “व्यर्थ, व्यर्थ, सब
व्यर्थ है!” 3 मनुष्य को उस सब परिश्रम से क्या लाभ होता है,
जिसमें वह सूर्य के नीचे परिश्रम करता है? 4 एक पीढ़ी चली
जाती है, और एक पीढ़ी आती है, परन्तु पृथ्वी सदा बनी रहती
है। 5 सूर्य भी उदय होता है, और सूर्य अस्त होता है, और
जहाँ वह उदय हुआ था वहाँ जल्दी लौट आता है। 6 दक्षिण
की ओर जाता हुआ, और उत्तर की ओर घूमता हुआ, घूमता,
घूमता, और अपनी चाल पर वायु फिर लौटती है। 7 सब
नदियाँ समुद्र में बहती हैं, तौभी समुद्र भरता नहीं। जिस स्थान
से नदियाँ निकलती हैं, वहीं फिर लौट आती हैं। 8 सब बातें
थकाऊ हैं, कोई उसका वर्णन नहीं कर सकता। आँख देखने
से तृप्त नहीं होती, न कान सुनने से भरता है। 9 जो हो चुका
वही फिर होगा, और जो किया गया वही फिर किया जाएगा,
और सूर्य के नीचे कुछ नया नहीं। 10 क्या कोई बात है जिस
के विषय में कहा जाता है, “देख, यह नई है”? वह तो पहले ही
से हो चुकी है, बहुत समय से। 11 पहले वालों की कोई स्मृति
नहीं रहती, और न आगे आने वालों की स्मृति उनके बाद वालों
में रहेगी। 12 मैं, कोहेलेथ, येरुशलेम में इस्राएल पर राजा
था। 13 और मैंने अपने हृदय को लगाया कि स्वर्ग के नीचे
जो कुछ किया जाता है, उसे ज्ञान से खोजूँ और जाँचूँ; यह
कठिन कार्य ईश्वर ने मनुष्यों के पुत्रों को दिया है कि वे उससे
दबाए जाएँ। 14 मैंने सब काम देखे जो सूर्य के नीचे किए
जाते हैं। और देखो, सब व्यर्थ और वायु को पकड़ने जैसा
है। 15 जो टेढ़ा है वह सीधा नहीं किया जा सकता, और जो
घटता है वह गिना नहीं जा सकता। 16 तब मैंने अपने हृदय में
कहा, “देख, मैंने बड़ी बुद्धि प्राप्त की है, और येरुशलेम में
मुझसे पहले जितने थे उन सबसे अधिक ज्ञान पाया है। और
मेरे हृदय ने बहुत बुद्धि और ज्ञान को देखा है।” 17 और मैंने
अपने हृदय को लगाया कि बुद्धि को जानूँ, और पागलपन और
मूर्खता को भी जानूँ। मैंने जाना कि यह भी वायु को पकड़ने
जैसा है। 18 क्योंकि बहुत बुद्धि में बहुत दुःख है, और जो ज्ञान
बढ़ाता है वह पीड़ा बढ़ाता है।

2 1 मैंने अपने हृदय में कहा, “आओ, अब मैं तुझे आनन्द
से परखूँ और देखूँ कि क्या अच्छा है।” पर देखो, यह
भी व्यर्थ था। 2 मैंने हँसी के विषय में कहा, “यह पागलपन है,”
और आनन्द के विषय में, “यह क्या करता है?” 3 मैंने अपने
हृदय में खोजा कि किस प्रकार मैं अपने शरीर को दाखमधु
से उत्तेजित करूँ, और अपने हृदय को बुद्धि से मार्गदर्शन
करूँ, और मूर्खता को भी पकड़ लूँ, जब तक मैं देख सकूँ कि
मनुष्यों के पुत्रों के लिए उनके जीवन के सब दिनों में सूर्य के
नीचे क्या अच्छा है। 4 मैंने अपने काम बड़े किए, मैंने अपने
लिये घर बनाए, और अपने लिये दाख की बारियाँ लगाईं।
5 मैंने अपने लिये बाग़ और उपवन बनाए, और उनमें हर
प्रकार के फलदार वृक्ष लगाए। 6 मैंने अपने लिये जलाशय
बनाए, जिनसे वृक्षों की वनस्पति को सींचा जाए। 7 मैंने दास
और दासियाँ खरीदीं, और मेरे घर में दासों के पुत्र भी हुए।
इसके अलावा, येरुशलेम में मुझसे पहले जितनों के पास था
उनसे अधिक झुंड और गाय-बैल भी मेरे पास थे। 8 मैंने
चाँदी और सोना भी अपने लिये इकट्ठा किया, और राजाओं
और प्रान्तों के खज़ाने भी। मैंने अपने लिये गायक और
गायिकाएँ जुटाईं, और मनुष्यों के सुख - स्त्रियाँ और स्त्रियां
भी। 9 इस प्रकार मैं बड़ा हुआ और येरुशलेम में मुझसे पहले
जितने थे उन सबसे अधिक बढ़ा। और मेरी बुद्धि मेरे साथ
बनी रही। 10 और जो कुछ मेरी आँखें चाहती थीं, उनसे मैंने
उन्हें नहीं रोका। मैंने अपने हृदय को किसी भी सुख से वंचित
नहीं किया, क्योंकि मेरा हृदय मेरे सब परिश्रम में आनन्दित
हुआ। और यही मेरे सब परिश्रम का भाग था। 11 पर जब
मैंने अपने सब कामों पर दृष्टि की, जो मेरे हाथों ने किए थे,
और उस परिश्रम पर जो मैंने किया था, तो देखो, सब व्यर्थ
और वायु को पकड़ने जैसा था, और सूर्य के नीचे कोई लाभ
नहीं था। 12 और मैंने बुद्धि, पागलपन और मूर्खता को देखने
के लिये अपना मन लगाया। क्योंकि जो मनुष्य मेरे बाद
आएगा वह क्या करेगा, केवल वही जो पहले ही किया गया है।
13 तब मैंने देखा कि बुद्धि मूर्खता से उत्तम है, जैसे ज्योति
अंधकार से उत्तम है। 14 ज्ञानी का नेत्र उसके सिर में होता
है, पर मूर्ख अंधकार में चलता है। और मैंने भी जाना कि एक
ही घटना उन सब पर आती है। 15 तब मैंने अपने हृदय में
कहा, “जैसी घटना मूर्ख की होती है, वैसी ही मेरी भी होती है,
और तब मैं अधिक बुद्धिमान क्यों था?” तब मैंने अपने हृदय
में कहा, “यह भी व्यर्थ है।” 16 क्योंकि ज्ञानी की स्मृति मूर्ख
की स्मृति से अधिक नहीं रहती, क्योंकि आने वाले दिनों में
सब भुला दिया जाएगा। और ज्ञानी मनुष्य कैसे मरता है?
मूर्ख के साथ ही! 17 तब मैंने जीवन से घृणा की, क्योंकि सूर्य
के नीचे जो काम किया जाता है वह मुझ पर भारी था; क्योंकि
सब व्यर्थ और वायु को पकड़ने जैसा है। 18 और मैंने अपने
सब परिश्रम से भी घृणा की, जिसमें मैंने सूर्य के नीचे परिश्रम
किया था, क्योंकि उसे उस मनुष्य के लिये छोड़ना होगा जो
मेरे बाद आएगा। 19 और कौन जानता है कि वह बुद्धिमान
होगा या मूर्ख? तौभी वह मेरे सब परिश्रम पर प्रभुत्व करेगा,
जिसमें मैंने परिश्रम किया और जिसमें मैंने अपने को बुद्धिमान
दिखाया, सूर्य के नीचे। यह भी व्यर्थ है। 20 इसलिये मैंने
अपने हृदय को फेर दिया और सूर्य के नीचे अपने सब
परिश्रम से निराश हो गया। 21 क्योंकि कोई मनुष्य बुद्धि, ज्ञान
और कौशल से परिश्रम करता है, तौभी वह अपनी संपत्ति उस
मनुष्य को छोड़ देता है, जिसने उसके लिये परिश्रम नहीं
किया। यह भी व्यर्थ और बड़ी बुराई है। 22 क्योंकि मनुष्य को
सूर्य के नीचे अपने सब परिश्रम और अपने हृदय की चिंता से
क्या लाभ है, जिसमें वह परिश्रम करता है? 23 क्योंकि उसके

सब दिन दुःख हैं, और उसका काम कष्टदायक है; यहाँ तक
कि रात में भी उसका हृदय विश्राम नहीं करता। यह भी व्यर्थ
है। 24 मनुष्य के लिये इससे अच्छा कुछ नहीं कि वह खाए
और पीए और अपने परिश्रम में आनन्द पाए! और मैंने देखा
कि यह भी ईश्वर के हाथ से है। 25 क्योंकि उसके बिना कौन
खा सकता है या किसे आनन्द हो सकता है? 26 क्योंकि जो
मनुष्य उसके दृष्टि में भला है, उसे वह बुद्धि, ज्ञान और
आनन्द देता है; परन्तु पापी को वह यह काम देता है कि वह
बटोरता और इकट्ठा करता है, ताकि उसे उस को दे जो ईश्वर
के सामने भला है। यह भी व्यर्थ और वायु को पकड़ने जैसा
है।

3 1 हर एक बात का एक समय ठहराया गया है, और स्वर्ग
के नीचे हर कार्य का एक समय है। 2 जन्म का समय है,
और मरने का समय है; लगाने का समय है, और उखाड़ने
का समय है। 3 मार डालने का समय है, और चंगा करने का
समय है; तोड़ने का समय है, और बनाने का समय है। 4 रोने
का समय है, और हँसने का समय है; शोक करने का समय
है, और नृत्य करने का समय है। 5 पत्थर फेंकने का समय
है, और पत्थर बटोरने का समय है; गले लगाने का समय है,
और गले लगाने से दूर रहने का समय है। 6 खोजने का
समय है, और खो देने का समय है; रखने का समय है, और
फेंक देने का समय है। 7 फाड़ने का समय है, और सीने का
समय है; चुप रहने का समय है, और बोलने का समय है।
8 प्रेम करने का समय है, और बैर करने का समय है; लड़ाई
का समय है, और शांति का समय है। 9 काम करने वाला
अपने परिश्रम से क्या लाभ पाता है? 10 मैंने वह काम देखा जो
ईश्वर ने मनुष्यों के पुत्रों को दिया है कि वे उससे दबाए जाएँ।
11 उसने सब कुछ अपने समय में सुन्दर बनाया है। यहाँ तक
कि युगों को भी उसने उनके हृदय में रखा है, तौभी मनुष्य उस
काम को नहीं जान सकता जो ईश्वर आदि से अंत तक
करता है। 12 मैंने जाना कि मनुष्यों के लिये इससे अच्छा कुछ
नहीं कि वे आनन्द करें और अपने जीवन में भलाई करें।
13 और यह भी कि हर मनुष्य खाए और पीए और अपने सब
परिश्रम में सुख पाए; यह ईश्वर का दान है। 14 मैंने जाना कि
जो कुछ ईश्वर करता है वह सदा रहेगा। उसमें न कुछ जोड़ा
जा सकता है, और न कुछ घटाया जा सकता है। ईश्वर ऐसा
करता है कि मनुष्य उसके सामने भय मानें। 15 जो है, वह
पहले ही हो चुका है, और जो होगा, वह पहले हो चुका है।
परन्तु ईश्वर बीते हुए को खोजता है। 16 फिर मैंने सूर्य के
नीचे यह भी देखा: न्याय के स्थान पर अधर्म था, और धर्म
के स्थान पर भी अधर्म था। 17 मैंने अपने हृदय में कहा,
"ईश्वर धर्मी और दुष्ट का न्याय करेगा, क्योंकि हर बात और
हर काम के लिये एक समय है।" 18 मैंने अपने हृदय में कहा,
"मनुष्यों के पुत्रों के विषय में ईश्वर उन्हें परखेगा, ताकि देखे
कि वे वास्तव में पशुओं के समान हैं।" 19 क्योंकि मनुष्यों के
पुत्रों की घटना भी पशुओं की घटना जैसी है - एक ही घटना
उन सब पर आती है: जैसे एक मरता है, वैसे ही दूसरा मरता
है। सचमुच उन सब में एक ही श्वास है; मनुष्य को पशुओं
पर कोई लाभ नहीं। क्योंकि सब व्यर्थ है। 20 सब एक ही
स्थान पर जाते हैं; सब मिट्टी से आए हैं, और सब मिट्टी में लौट
जाते हैं। 21 कौन जानता है कि मनुष्यों के पुत्रों की आत्मा
ऊपर जाती है, और पशु की आत्मा पृथ्वी की ओर नीचे जाती
है? 22 इसलिये मैंने देखा कि मनुष्य के लिये इससे अच्छा
कुछ नहीं कि वह अपने कामों में आनन्द करे; क्योंकि यही
उसका भाग है। क्योंकि कौन उसे यह दिखाने के लिये वापस
लाएगा कि उसके बाद क्या होगा?

4 1 फिर मैंने सूर्य के नीचे होने वाले सब अत्याचारों पर
दृष्टि की: और देखो! पीड़ितों के आँसू, पर उनके पास
कोई शान्तिदाता नहीं; और उनके सताने वालों के पास
सामर्थ्य था, पर उनके पास कोई शान्तिदाता नहीं। 2 इस
कारण मैंने मरे हुओं की प्रशंसा की, जो पहले ही मर चुके थे,
जीवितों से अधिक जो अभी जीवित हैं। 3 और उन दोनों से
अच्छा वह है जो कभी अस्तित्व में नहीं आया, जिसने वह बुरा
काम नहीं देखा जो सूर्य के नीचे किया जाता है। 4 और मैंने
देखा कि सब परिश्रम और काम की कुशलता मनुष्य और
उसके पड़ोसी के बीच ईर्ष्या उत्पन्न करती है। यह भी व्यर्थ
और वायु को पकड़ने जैसा है। 5 मूर्ख अपने हाथ बाँधकर
बैठता है और अपना ही मांस खा जाता है। 6 एक मुट्ठी भर
चैन, उन दोनों हाथों से भरे हुए परिश्रम और वायु को पकड़ने
से उत्तम है। 7 फिर मैंने सूर्य के नीचे व्यर्थता पर दृष्टि की।
8 एक मनुष्य है, जिसका कोई दूसरा नहीं, न पुत्र है और न
भाई; तौभी उसके सब परिश्रम का कोई अंत नहीं। उसकी
आँख भी धन से तृप्त नहीं होती। और वह कहता नहीं, "मैं
किसके लिये परिश्रम करता हूँ और अपने प्राण को भलाई से
वंचित करता हूँ?" यह भी व्यर्थ और बुरा काम है। 9 दो एक
से अच्छे हैं, क्योंकि उनके परिश्रम का अच्छा प्रतिफल है।
10 क्योंकि यदि वे गिरें, तो एक अपने साथी को उठाएगा;
परन्तु उस पर हाय जो अकेला है जब वह गिरता है, क्योंकि
उसका कोई नहीं जो उसे उठाए। 11 फिर यदि दो साथ लेटें,
तो वे गर्म होते हैं; परन्तु एक अकेला कैसे गर्म हो सकता है?
12 और यदि कोई अकेले पर प्रबल हो, तो दो उसका सामना
करेंगे; और तीन गुना डोरी जल्दी नहीं टूटती। 13 एक गरीब
और बुद्धिमान जवान उस बूढ़े और मूर्ख राजा से उत्तम है, जो
अब चेतावनी लेना नहीं जानता। 14 क्योंकि वह कारागार से
निकलकर राजा होता है, यद्यपि उसके राज्य में वह गरीब
जन्मा था। 15 मैंने उन सब जीवितों को देखा जो सूर्य के नीचे
चलते हैं, वे दूसरे जवान के साथ थे जो उसके स्थान पर
खड़ा हुआ। 16 उन सब लोगों का कोई अंत नहीं था, जो
उसके पहले थे; परन्तु जो उसके बाद आएंगे, वे उसमें
आनन्दित न होंगे। यह भी व्यर्थ और वायु को पकड़ने जैसा
है।

5 1 जब तू ईश्वर के भवन में जाए, तो अपने पाँव को
संभाल; और मूर्खों के बलिदान चढ़ाने से सुनने के लिये
पास आना उत्तम है, क्योंकि वे नहीं जानते कि वे बुरा करते
हैं। 2 अपने मुँह से जल्दी न कर, और तेरा हृदय ईश्वर के
सामने कोई बात कहने में उतावला न हो। क्योंकि ईश्वर स्वर्ग
में है, और तू पृथ्वी पर है; इसलिये तेरे वचन थोड़े हों।
3 क्योंकि काम की बहुतायत से स्वप्न आता है, और मूर्ख की
वाणी बहुत बोलने से पहचानी जाती है। 4 जब तू ईश्वर से
मन्नत माने, तो उसे चुकाने में विलम्ब न कर; क्योंकि वह मूर्खों

से प्रसन्न नहीं होता। जो कुछ तू माने, उसे चुका। 5मन्नत न
मानना उस से उत्तम है कि मन्नत मानकर न चुकाए। 6अपना
मुँह अपनी देह को पाप में न डालने दे, और ईश्वर के दूत के
सामने यह न कह, "यह भूल थी।" क्यों ईश्वर तेरी वाणी से
क्रोधित हो और तेरे हाथों के काम को नाश करे? 7क्योंकि
बहुत स्वप्नों और व्यर्थ बातों में व्यर्थता है; परन्तु तू ईश्वर का
भय मान। 8यदि तू किसी प्रान्त में गरीब का अतिक्रमण, और
न्याय और धर्म का हरण देखे, तो इस विषय में आश्चर्य न
कर; क्योंकि उच्च पर उच्च है जो देख रहा है, और उन पर
और भी उच्च हैं। 9और भूमि की उपज सब के लिये है; राजा
भी खेत से सेवा पाता है। 10जो चाँदी से प्रेम करता है, वह
चाँदी से तृप्त नहीं होता; और जो धन से प्रेम करता है, वह
लाभ से नहीं। यह भी व्यर्थ है। 11जब संपत्ति बढ़ती है, तो
उन्हें खाने वाले भी बढ़ते हैं। फिर उनके स्वामी के लिये क्या
लाभ है, सिवाय इसके कि वे उन्हें देखते हैं? 12मजदूर की
नींद मधुर होती है, चाहे वह थोड़ा खाए या बहुत; परन्तु धनी
की अधिकता उसे सोने नहीं देती। 13मैंने सूर्य के नीचे एक
दुखद बुराई देखी: धन उसके स्वामी के लिये बुराई स्वरूप
रखा जाता है। 14और वह धन बुरी तरह से नष्ट हो जाता है,
और यदि वह पुत्र उत्पन्न करे, तो उसके हाथ में कुछ नहीं
रहता। 15जैसा वह अपनी माता के गर्भ से नंगा निकला, वैसा
ही लौट जाएगा, जैसा आया था। और अपने परिश्रम से जो
उसने पाया है, उसमें से वह कुछ भी साथ नहीं ले जाएगा।
16और यह भी एक बड़ी बुराई है: जैसा वह आया, वैसा ही
जाएगा। और उसको क्या लाभ, क्योंकि उसने वायु के लिये
परिश्रम किया है? 17उसके सब दिन अंधकार में बीतते हैं,
और बहुत शोक, बीमारी और क्रोध में। 18देख, जो मैं ने
देखा है वह यह है: यह भला और सुन्दर है कि मनुष्य खाए
और पीए, और अपने सब परिश्रम में आनन्द पाए, जिसमें वह
सूर्य के नीचे परिश्रम करता है, अपने जीवन के उन सब दिनों
में जो ईश्वर ने उसे दिए हैं; क्योंकि यही उसका भाग है।
19फिर, जब ईश्वर ने किसी मनुष्य को धन और सम्पत्ति दी
है, और उसे उन्हें भोगने, अपना भाग लेने और अपने परिश्रम
में आनन्दित होने की सामर्थ्य दी है, तो यह ईश्वर का दान
है। 20यद्यपि वह बहुत स्मरण न करे अपने जीवन के दिनों
का, क्योंकि ईश्वर उसके हृदय की प्रसन्नता से उसे व्यस्त
रखता है।

6 1मैंने सूर्य के नीचे एक बुराई देखी है, और यह मनुष्यों में
बड़ी है। 2एक मनुष्य जिसे ईश्वर ने धन, सम्पत्ति और
सम्मान दिया है, ऐसा कि उसकी आत्मा को जो कुछ भी वह
चाहता है उसमें से कुछ भी नहीं घटता, परन्तु ईश्वर उसे
उसका उपभोग करने की अनुमति नहीं देता, और कोई पराया
उसे खा जाता है। यह व्यर्थ और एक बुरी बीमारी है। 3यदि
कोई मनुष्य सौ पुत्र उत्पन्न करे और बहुत वर्ष जीवित रहे,
यहाँ तक कि उसके जीवन के दिन बहुत हों, परन्तु उसकी
आत्मा भलाई से तृप्त न हो, और उसका दफ़न न हो, तो मैं
कहता हूँ कि गर्भपात उससे उत्तम है। 4क्योंकि वह व्यर्थ में
आता है और अंधकार में चला जाता है, और अंधकार में
उसका नाम ढँक जाता है। 5उसने सूर्य को भी नहीं देखा,
फिर भी उसे उस मनुष्य से अधिक विश्राम है। 6और चाहे वह
दो बार हज़ार वर्ष जीवित रहे, तौभी वह भलाई को न देखे।
क्या सब एक ही स्थान पर नहीं जाते? 7मनुष्य का सब
परिश्रम उसके मुँह के लिये है, तौभी उसकी भूख तृप्त नहीं
होती। 8ज्ञानी को मूर्ख पर क्या लाभ है? और निर्धन को क्या
है जो जीवितों के सामने चलना जानता है? 9जो आँख देखती
है, वह उस से उत्तम है जिस की लालसा भटकती है। यह भी
व्यर्थ और वायु को पकड़ने जैसा है। 10जो कुछ होगा वह
पहले ही नामित किया गया है, और यह ज्ञात है कि वह मनुष्य
का पुत्र है। और वह उस से विवाद नहीं कर सकता जो उस
से अधिक शक्तिशाली है। 11जितने वचन बढ़ते हैं, उतनी ही
व्यर्थता बढ़ती है - मनुष्य को क्या लाभ है? 12क्योंकि कौन
जानता है कि मनुष्य के लिये जीवन में क्या भला है, उसके
व्यर्थ जीवन के सब दिनों में, जो छाया की तरह व्यतीत होते
हैं? क्योंकि कौन मनुष्य को यह बताता है कि उसके बाद सूर्य
के नीचे क्या होगा?

7 1अच्छा नाम उत्तम तेल से अच्छा है, और मृत्यु का दिन
जन्म के दिन से उत्तम है। 2शोक के घर में जाना भोज
के घर में जाने से उत्तम है, क्योंकि यही सब मनुष्यों का अंत
है। और जीवित इसे अपने हृदय में लगाते हैं। 3शोक हँसी से
उत्तम है, क्योंकि मुख के दुःख से हृदय सुधरता है। 4ज्ञानी
का हृदय शोक के घर में रहता है, परन्तु मूर्खों का हृदय
आनन्द के घर में। 5ज्ञानी की डाँट सुनना मनुष्य के लिये
मूर्खों का गीत सुनने से उत्तम है। 6जैसे बर्तनों के नीचे काँटों
का चरमराना होता है, वैसे ही मूर्ख की हँसी होती है। यह भी
व्यर्थ है। 7अत्याचार ज्ञानी को पागल बना देता है, और घूस
हृदय को नष्ट कर देती है। 8किसी बात का अंत उसकी
शुरुआत से अच्छा है। आत्मा में धैर्यवान, आत्मा में घमंडी से
अच्छा है। 9अपने आत्मा में शीघ्र क्रोधित न हो, क्योंकि क्रोध
मूर्खों के वक्ष में रहता है। 10यह न कह, "पहले के दिन इनसे
अच्छे क्यों थे?" क्योंकि यह पूछना तेरी बुद्धि नहीं है। 11बुद्धि,
विरासत के साथ भली है, और उन लोगों के लिये लाभकारी है
जो सूर्य देखते हैं। 12क्योंकि बुद्धि रक्षा करती है जैसे चाँदी
रक्षा करती है; परन्तु ज्ञान का लाभ यह है कि बुद्धि उन्हें
जीवन देती है जिनके पास वह है। 13ईश्वर के काम को
देख: जिसे उसने टेढ़ा किया है उसे सीधा कौन कर सकता
है? 14समृद्धि के दिन में आनन्दित हो; और विपत्ति के दिन में
बिचार कर कि ईश्वर ने उस को भी बनाया है जैसे इस को,
ताकि मनुष्य उसके बाद कुछ न जान सके। 15मैंने अपने
व्यर्थ जीवन के दिनों में सब देखा है: कोई धर्मी अपने धर्म में
नष्ट होता है, और कोई दुष्ट अपनी बुराई में लम्बे समय तक
जीवित रहता है। 16अत्यधिक धर्मी न बन, और अत्यधिक
बुद्धिमान भी न - क्यों अपने आप को नाश करे? 17अत्यधिक
दुष्ट न बन, और मूर्ख भी न - क्यों अपने समय से पहले मर
जाए? 18यह भला है कि तू इसको पकड़ ले, और अपने हाथ
को उस से भी न छुड़ाए। क्योंकि जो ईश्वर का भय मानता है
वह दोनों से बाहर आता है। 19बुद्धि ज्ञानी को बल देती है,
नगर के दस शासकों से भी अधिक। 20पृथ्वी पर कोई धर्मी
मनुष्य नहीं है जो भलाई करता हो और पाप न करता हो।
21उन सब बातों पर ध्यान न दे जो लोग कहते हैं, ऐसा न हो
कि तू अपने दास को तुझे शाप देते सुने। 22क्योंकि तू अपने
हृदय में जानता है कि तूने भी बहुत बार दूसरों को शाप दिया

है। 23 मैंने इन सब बातों को बुद्धि से परखा। मैंने कहा, "मैं बुद्धिमान हूँ," परन्तु वह मुझसे दूर थी। 24 जो कुछ है, वह दूर और अत्यन्त गहरा है - उसे कौन पा सकता है? 25 मैंने अपने हृदय को फिराकर जानने और खोजने और बुद्धि और निष्कर्ष ढूँढ़ने के लिये लगाया, कि मूर्खता की दुष्टता और मूर्खता और पागलपन को जानूँ। 26 और मैंने मृत्यु से भी अधिक कड़वी स्त्री को पाया, जिसका हृदय फन्दे और जाल हैं, और जिसके हाथ बन्धन हैं। जो ईश्वर को प्रसन्न करता है वह उससे बच निकलता है, परन्तु पापी उसके द्वारा पकड़ा जाता है। 27 "देख, यह मैंने पाया," कोहेलेथ कहता है, "एक-एक करके, निष्कर्ष ढूँढ़ने के लिये। 28 जिसे मेरी आत्मा अभी भी खोजती है, परन्तु मैंने नहीं पाया: एक हज़ार में एक मनुष्य पाया, परन्तु उन सब में एक स्त्री नहीं पाई। 29 निश्चित ही, यह अकेला मैंने पाया: कि ईश्वर ने मनुष्य को सीधा बनाया, परन्तु उन्होंने बहुत युक्तियाँ खोज निकालीं।"

8 1 ज्ञानी के समान कौन है? और कौन किसी विषय का अर्थ जानता है? मनुष्य की बुद्धि उसका मुख चमकाती है, और उसके मुख की कठोरता बदल जाती है। 2 मैं राजा की आज्ञा का पालन करता हूँ, ईश्वर के सामने की शपथ के कारण। 3 उसके सम्मुख से जाने में जल्दी न कर; किसी बुरी बात में दृढ़ न हो, क्योंकि वह जो चाहता है वही करता है। 4 जहाँ राजा का वचन है, वहाँ शक्ति है; और कौन उससे कह सकता है, "तू क्या कर रहा है?" 5 जो आज्ञा को मानता है वह बुरी बात नहीं जानता; और ज्ञानी का हृदय समय और न्याय दोनों को पहचानता है। 6 क्योंकि हर बात के लिये एक समय और न्याय है, यद्यपि मनुष्य की बुराई उस पर भारी है। 7 क्योंकि वह नहीं जानता कि क्या होगा; और जब होगा तब उसे कौन बताएगा? 8 कोई आत्मा पर अधिकार नहीं रखता कि आत्मा को रोके, और न मृत्यु के दिन पर कोई अधिकार है। लड़ाई में कोई छुट्टी नहीं है, और दुष्टता उन्हें नहीं छुड़ाती जो उसके वश में हैं। 9 यह सब मैंने देखा; मैंने अपने हृदय को उस सब काम पर लगाया जो सूर्य के नीचे किया जाता है: एक समय होता है जब मनुष्य अपने साथी पर बुराई के लिये शासन करता है। 10 और मैंने दुष्टों को दफ़नाते देखा, और वे पवित्र स्थान से आते-जाते थे, और उस नगर में जहाँ उन्होंने ऐसा किया था, उन्हें भुला दिया गया। यह भी व्यर्थ है। 11 क्योंकि बुरे काम का दण्ड शीघ्र नहीं दिया जाता, इसलिये मनुष्यों के पुत्रों का हृदय उनमें बुराई करने के लिये भर जाता है। 12 यद्यपि पापी सौ बार बुराई करता है, और उसके दिन बढ़ाए जाते हैं, तौभी मैं जानता हूँ कि जो ईश्वर का भय मानते हैं, उनके लिये भलाई है, जो उसके सामने डरते हैं। 13 परन्तु दुष्ट के लिये भला न होगा, और वह छाया के समान अपने दिन न बढ़ाएगा, क्योंकि वह ईश्वर से नहीं डरता। 14 पृथ्वी पर एक व्यर्थता है, कि धर्मियों को वही मिलता है जो दुष्टों के काम के अनुसार है; और दुष्टों को वही मिलता है जो धर्मियों के काम के अनुसार है। मैंने कहा कि यह भी व्यर्थ है। 15 इस कारण मैंने आनन्द की प्रशंसा की, क्योंकि मनुष्य के लिये सूर्य के नीचे अपने जीवन के उन दिनों में, जो ईश्वर ने उसे दिए हैं, खाने, पीने और आनन्द करने के अलावा और कुछ भला नहीं है; क्योंकि यही उसके परिश्रम में उसके साथ रहता है। 16 जब मैंने अपने हृदय को बुद्धि जानने और पृथ्वी पर होने वाले काम को देखने में लगाया, (यद्यपि कोई दिन और रात नींद नहीं देखता), 17 तब मैंने ईश्वर के सब काम को देखा, कि मनुष्य उस काम को नहीं पा सकता जो सूर्य के नीचे किया जाता है। यद्यपि मनुष्य खोजने का परिश्रम करे, तौभी वह उसे नहीं पाता; और यद्यपि ज्ञानी कहे कि वह जानता है, तौभी वह नहीं पा सकता।

9 1 मैंने यह सब अपने हृदय में रखा, और यह सब जानने के लिये लगाया: कि धर्मी और ज्ञानी और उनके काम ईश्वर के हाथ में हैं। मनुष्य यह नहीं जानता कि उस से प्रेम होगा या घृणा। 2 सब के लिये एक ही घटना है: धर्मी और दुष्ट के लिये, भले और अशुद्ध के लिये, बलिदान करने वाले और न करने वाले के लिये। जैसा भला है, वैसा ही पापी है; और जो शपथ खाता है वह वैसा ही है जैसा शपथ से डरने वाला। 3 यह बुराई है जो सूर्य के नीचे होती है: कि सब के लिये एक ही घटना है। सचमुच, मनुष्यों के पुत्रों का हृदय बुराई से भरा है, और उनके जीवन भर उनके हृदय में पागलपन है, और उसके बाद - वे मरे हुओं के पास जाते हैं। 4 परन्तु सब जीवितों से जुड़ा हुआ मनुष्य आशा रखता है, क्योंकि जीवित कुत्ता मरे हुए सिंह से अच्छा है। 5 क्योंकि जीवित जानते हैं कि वे मरेंगे, परन्तु मरे हुए कुछ नहीं जानते; और उन्हें अब कोई प्रतिफल नहीं, क्योंकि उनकी स्मृति भुला दी गई है। 6 उनका प्रेम, उनकी घृणा और उनकी डाह अब नष्ट हो गई है; और उन्हें अब सूर्य के नीचे किए जाने वाले किसी भी काम में कोई भाग नहीं है। 7 जा, अपनी रोटी आनन्द से खा, और अपने दाखमधु को हर्ष के साथ पी, क्योंकि ईश्वर ने तेरे कामों को पहले ही स्वीकार कर लिया है। 8 तेरे वस्त्र सदा श्वेत हों, और तेरे सिर पर तेल की कमी न हो। 9 अपने व्यर्थ जीवन के सब दिनों में, जो उसने तुझे सूर्य के नीचे दिए हैं, अपनी प्रिय पत्नी के साथ जीवन का आनन्द ले; क्योंकि यही तेरे जीवन में तेरा भाग है, और तेरे परिश्रम में जिसमें तू सूर्य के नीचे परिश्रम करता है। 10 जो कुछ तेरा हाथ करने को पाए, उसे अपनी शक्ति से कर; क्योंकि कब्र में, जहाँ तू जाने वाला है, न कोई काम है, न योजना, न ज्ञान, न बुद्धि। 11 मैंने फिर सूर्य के नीचे देखा कि दौड़ तेज़ लोगों की नहीं, और युद्ध वीरों का नहीं, और रोटी ज्ञानी की नहीं, और धन समझ वालों का नहीं, और कृपा ज्ञानियों की नहीं, परन्तु समय और अवसर सब पर आते हैं। 12 क्योंकि मनुष्य भी अपना समय नहीं जानता। जैसे मछलियाँ बुरे जाल में पकड़ी जाती हैं, और जैसे पक्षी फन्दे में फँसते हैं, वैसे ही मनुष्य बुरे समय में फँसते हैं, जब वह उन पर अचानक आ पड़ता है। 13 मैंने यह भी सूर्य के नीचे एक बुद्धि देखी, और यह मेरे लिये बड़ी थी। 14 एक छोटा नगर था, और उसमें थोड़े लोग थे; और उस पर एक बड़ा राजा चढ़ आया, और उसने उसके विरुद्ध घेरा डाल दिया, और उसके विरुद्ध बड़े किले बनाए। 15 और उसमें एक गरीब ज्ञानी मनुष्य मिला, और उसने अपनी बुद्धि से नगर को छुड़ा लिया; तौभी उस गरीब मनुष्य को कोई स्मरण न किया। 16 तब मैंने कहा, "बुद्धि बल से उत्तम है; तौभी गरीब मनुष्य की बुद्धि तुच्छ समझी जाती है, और उसके वचनों को कोई नहीं सुनता।" 17 ज्ञानी के वचन शान्ति से सुने जाने योग्य हैं, मूर्खों के शासक की चिल्लाहट से अधिक। 18 बुद्धि युद्ध के

हथियारों से उत्तम है; परन्तु एक पापी बहुत भलाई को नष्ट
कर देता है।

10 1 मरी हुई मक्खियाँ सुगंध बनाने वाले का तेल
बदबूदार और खमीरयुक्त बना देती हैं; थोड़ी मूर्खता
बुद्धि और सम्मान से भारी पड़ती है। 2 ज्ञानी का हृदय उसके
दाहिने हाथ पर होता है, परन्तु मूर्ख का हृदय उसके बाएँ पर।
3 और जब कोई मूर्ख मार्ग पर चलता है, तो उसका हृदय
अभावग्रस्त होता है, और वह सबको दिखाता है कि वह मूर्ख
है। 4 यदि शासक की आत्मा तेरे विरुद्ध उठे, तो अपनी जगह
न छोड़; क्योंकि शान्त स्वभाव बड़े दोषों को भी शान्त कर देता
है। 5 सूर्य के नीचे एक बुराई है, जिसे मैंने देखा है, मानो
शासक की भूल से। 6 मूर्ख बहुत ऊँचे स्थानों पर बैठाए जाते
हैं, और धनवान नीचे बैठते हैं। 7 मैंने दासों को घोड़ों पर
देखा, और हाकिमों को दासों की तरह भूमि पर चलते देखा।
8 जो गड्ढा खोदता है, वह उसमें गिरता है; और जो दीवार
तोड़ता है, उसे साँप डसता है। 9 जो पत्थर काटता है, उससे
आहत होता है; और जो लकड़ी चीरता है, उससे संकट में
पड़ता है। 10 यदि लोहा कुंद हो और उसकी धार न बनाई
जाए, तो अधिक शक्ति की आवश्यकता होती है; परन्तु बुद्धि
से कार्य ठीक होता है। 11 यदि साँप बिना झाड़-फूँक के डस
ले, तो 'जीभ का मालिक' भी व्यर्थ है। 12 ज्ञानी मनुष्य के मुँह
के वचन अनुग्रह दिखाते हैं, परन्तु मूर्ख के होंठ उसी को
निगल जाते हैं। 13 उसके मुँह के वचनों का आरम्भ मूर्खता है,
और उसका अंत पागलपन की बुरी मूर्खता। 14 और मूर्ख
वचन बढ़ाता है; मनुष्य नहीं जानता कि क्या होगा; और उसके
बाद क्या होगा, उसे कौन बताएगा? 15 मूर्खों का परिश्रम उन्हें
थका देता है, क्योंकि वे नगर को जाने का मार्ग भी नहीं
जानते। 16 हाय तुझ पर, हे देश, जब तेरा राजा बालक हो,
और तेरे प्रधान भोर को भोजन करें। 17 धन्य है तू, हे देश,
जब तेरा राजा कुलीनों का पुत्र हो, और तेरे प्रधान उचित
समय पर बल के लिये भोजन करें, न कि पियक्कड़पन के
लिये। 18 आलस्य के कारण छप्पर गिरता है, और हाथों की
ढिलाई से घर टपकता है। 19 भोजन हँसी के लिये किया जाता
है, और दाखमधु जीवन को आनन्दित करता है; और चाँदी
सबका उत्तर देती है। 20 राजा को अपने विचार में भी शाप
मत दे, और धनी को अपने शयनकक्ष में भी शाप मत दे;
क्योंकि आकाश का पक्षी वाणी को ले जाता है, और उड़ने
वाला पक्षी इस बात को प्रकट करता है।

11 1 अपनी रोटी जल पर डाल दे, क्योंकि बहुत दिनों के
बाद तू उसे पाएगा। 2 सात को भी बाँट, और आठ को
भी, क्योंकि तू नहीं जानता कि पृथ्वी पर कैसी बुराई होगी।
3 यदि बादल वर्षा से भरे हों, तो वे पृथ्वी पर वर्षा बरसाते हैं;
और यदि वृक्ष दक्षिण की ओर या उत्तर की ओर गिरे, जहाँ
वृक्ष गिरता है, वहीं वह रहता है। 4 जो वायु को देखता है, वह
बोता नहीं; और जो बादलों को देखता है, वह काटता नहीं।
5 जैसे तू नहीं जानता कि वायु का मार्ग क्या है, या गर्भवती स्त्री
के गर्भ में हड्डियाँ कैसे बनती हैं, वैसे ही तू ईश्वर के कामों को
नहीं जानता, जो सब करता है। 6 प्रातःकाल अपने बीज बो,
और सन्ध्या तक अपने हाथ को विश्राम मत दे; क्योंकि तू नहीं
जानता कि कौन सफल होगा, यह या वह, या दोनों ही समान
रूप से अच्छे होंगे। 7 प्रकाश भी मधुर है, और आँखों के लिये
सूर्य को देखना अच्छा है। 8 परन्तु यदि कोई मनुष्य बहुत वर्ष
जीवित रहे, तो वह उन सब में आनन्दित हो; और वह
अन्धकार के दिनों को स्मरण करे, क्योंकि वे बहुत होंगे। जो
कुछ आने वाला है वह व्यर्थ है। 9 हे जवान, अपनी जवानी में
आनन्दित हो, और अपने युवावस्था के दिनों में तेरा हृदय
तुझे प्रसन्न करे, और तू अपने हृदय के मार्गों और अपनी
आँखों की दृष्टि में चले; परन्तु यह जान कि इन सब बातों के
लिये ईश्वर तुझे न्याय में लाएगा। 10 इसलिये अपने हृदय से
क्रोध को दूर कर, और अपने शरीर से बुराई को दूर कर;
क्योंकि जवानी और जीवन का आरम्भ व्यर्थ है।

12 1 अपने सृजनहार को अपनी जवानी के दिनों में
स्मरण कर, पहिले कि बुरे दिन आएं और वे वर्ष आ
पहुँचें जिनके विषय में तू कहे, "मुझे उनमें प्रसन्नता नहीं है।"
2 पहिले कि सूर्य, और ज्योति, और चन्द्रमा, और तारे
अंधकारमय हो जाएँ, और वर्षा के बाद बादल लौट आएँ।
3 जिस दिन घर के रखवाले काँपेंगे, और बलवन्त लोग झुक
जाएँगे; और पीसने वाले कम होने के कारण रुक जाएँगे, और
खिड़की से देखने वाले धुँधले हो जाएँगे। 4 और गली के द्वार
बन्द हो जाएँगे, जब पीसने की आवाज़ धीमी होगी; और पक्षी
की आवाज़ सुनकर वह उठ जाएगा, और गीत गाने वाली सब
कन्याएँ झुक जाएँगी। 5 वे ऊँचाई से भी डरेंगे, और मार्ग में
भय होगा; और बादाम का वृक्ष फूल जाएगा, और टिड्डी
बोझिल हो जाएगी, और इच्छा नाश होगी। क्योंकि मनुष्य
अपने शाश्वत घर की ओर जा रहा है, और शोक करने वाले
गली-गली फिरेंगे। 6 पहिले कि चाँदी की डोरी खुल जाए, या
स्वर्ण का कटोरा टूट जाए, या सोते पर घड़ा टूट जाए, या कुएं
पर चक्र टूट जाए। 7 और मिट्टी पृथ्वी में लौट जाए जैसी वह
थी, और आत्मा ईश्वर के पास लौट जाए जिसने उसे दिया।
8 "व्यर्थ! व्यर्थ!" कोहेलेथ ने कहा, "सब व्यर्थ है।" 9 और
ज्ञानी होने के अलावा, कोहेलेथ ने लोगों को ज्ञान सिखाया,
और ध्यान दिया, और खोजा, और बहुत सी नीतिवचन ठीक
से क्रमबद्ध किए। 10 कोहेलेथ ने मनोहर वचन ढूँढने का
प्रयास किया, और सत्य के वचन, ठीक से लिखे हुए।
11 ज्ञानी के वचन उकसाने वालों के समान हैं, और संग्रह के
स्वामियों द्वारा गाड़े गए कीलों के समान; वे एक ही चरवाहे
द्वारा दिए गए थे। 12 और इनके अलावा, मेरे पुत्र, सावधान
रह - बहुत से ग्रन्थ बनाने का कोई अन्त नहीं, और अधिक
अध्ययन शरीर को थका देता है। 13 सम्पूर्ण विषय का निष्कर्ष
सुन: ईश्वर का भय मान और उसकी आज्ञाओं को रख,
क्योंकि यही सब मनुष्यों का कर्तव्य है। 14 क्योंकि ईश्वर हर
काम को न्याय में लाएगा, हर एक गुप्त बात को भी, चाहे भली
हो या बुरी।

एस्तेर

हिंदी संस्करण

एस्तेर

1 [1]और यह हुआ आḥशवेऱोश के दिनों में – वही
आḥशवेऱोश जिसने हूदू से लेकर कूश तक एक सौ
सत्ताईस प्रांतों पर राज्य किया – [2]उन दिनों में, जब राजा
आḥशवेऱोश अपने राज्य के सिंहासन पर बैठा था, जो शूशन
किले में था, [3]कि अपने राज्य के तीसरे वर्ष में उसने अपने
सब अधिकारियों और सेवकों के लिये एक भोज किया। पारस
और मादै की शक्ति, सरदार और प्रांतों के हाकिम उसके
सामने थे, [4]जब उसने अपने आदरणीय राज्य की धन-
सम्पत्ति और अपनी महान महिमा का वैभव बहुत दिनों तक,
एक सौ अस्सी दिन तक दिखाया। [5]और जब ये दिन पूरे हो
गए, तो राजा ने सब लोगों के लिये जो शूशन किले में पाए गए,
बड़े से छोटे तक, सात दिन का भोज किया, राजमहल के
आंगन में। [6]सफेद और नीले परदे महीन मलमल और बैंगनी
डोरियों से चाँदी के डंडों और संगमरमर के खम्भों पर बंधे थे
– सोफे सोने और चाँदी के थे, जो मणियों के फर्श पर रखे
थे, जो संगमरमर, मोती और काले पत्थर से बने थे। [7]और
सोने के बर्तनों में पेय परोसे गए, बर्तन एक-दूसरे से भिन्न थे,
और राजसी दाखमधु बहुतायत से थी, राजा के आदेश के
अनुसार। [8]और पीना नियम के अनुसार था, किसी को
मजबूर नहीं किया गया, क्योंकि राजा ने अपने सब घर के
अधिकारियों को आदेश दिया था कि हर व्यक्ति अपनी इच्छा
के अनुसार करे। [9]रानी वश्ती ने भी स्त्रियों के लिये
राजमहल में, जो राजा आḥशवेऱोश का था, भोज किया।
[10]सातवें दिन, जब राजा का मन दाखमधु से प्रसन्न था,
उसने मेहूमान, बिज़था, ḥरबोना, बिग़था, और अबग़था, ज़ेथर
और कार्कस, जो राजा आḥशवेऱोश की सेवा में सात खोजे
थे, को आज्ञा दी, [11]कि वे रानी वश्ती को राजमुकुट सहित
राजा के सामने लाएँ, ताकि वह अपनी सुन्दरता प्रजा और
अधिकारियों को दिखाए, क्योंकि वह देखने में सुन्दर थी।
[12]परन्तु रानी वश्ती ने राजा की आज्ञा, जो खोजों के द्वारा दी
गई थी, मानने से इनकार किया। तब राजा बहुत क्रोधित
हुआ और उसका क्रोध उसमें भड़क उठा। [13]तब राजा ने
ज्ञानी पुरुषों से कहा, जो समय को समझते थे – क्योंकि राजा
का कार्य सबके सामने था जो व्यवस्था और न्याय को जानते
थे – [14]और जो उसके समीप थे: कार्शेना, शेथर, अदमता,
तरशीश, मेरेस, मार्सेना, मेमुखान, पारस और मादै के सात
सरदार, जो राजा का मुख देखते थे और राज्य में पहले
स्थान पर बैठते थे: [15]"व्यवस्था के अनुसार, रानी वश्ती के
साथ क्या किया जाए, क्योंकि उसने राजा आḥशवेऱोश की
आज्ञा का पालन नहीं किया, जो खोजों के द्वारा दी गई थी?"
[16]और मेमुखान ने राजा और सरदारों के सामने उत्तर दिया,
"रानी वश्ती ने न केवल राजा के विरुद्ध, बल्कि सब सरदारों
और सब लोगों के विरुद्ध भी अपराध किया है, जो राजा
आḥशवेऱोश के सब प्रांतों में हैं। [17]"क्योंकि रानी का यह
कार्य सब स्त्रियों तक पहुँचेगा, जिससे वे अपने पतियों को
तुच्छ जानेंगी, जब वे कहेंगी, 'राजा आḥशवेऱोश ने रानी वश्ती
को अपने सामने बुलाया, पर वह नहीं आई।' [18]"और आज
ही पारस और मादै की राजकुमारियाँ यह बात राजा के
अधिकारियों से कहेंगी और बहुत अपमान और क्रोध होगा।"
[19]"यदि राजा को अच्छा लगे, तो वह उसकी ओर से एक
शाही आज्ञा निकाले, और वह पारसियों और मादियों की
व्यवस्था में लिखा जाए, कि वह न टले, कि वश्ती राजा
आḥशवेऱोश के सामने फिर कभी न आए। और राजा उसका
राजपद किसी और को दे, जो उससे उत्तम हो। [20]"और
राजा की आज्ञा, जो वह करेगा, उसके सारे राज्य में प्रचारित
की जाए, कितना ही बड़ा क्यों न हो, तब सब स्त्रियाँ अपने
पतियों का आदर करेंगी, बड़े हों या छोटे।" [21]और यह बात
राजा और सरदारों की दृष्टि में अच्छी लगी, और राजा ने
मेमुखान के वचन के अनुसार किया। [22]इसलिये उसने
अपने सब प्रांतों में पत्र भेजे, हर प्रांत की अपनी लिखावट में,
और हर जाति की अपनी भाषा में, कि हर पुरुष अपने ही घर
में स्वामी बने और अपनी प्रजा की भाषा में बोले।

2 [1]इन घटनाओं के बाद, जब सम्राट आḥशवेऱोश का क्रोध
शान्त हुआ, उसने वश्ती को स्मरण किया, जो उसने
किया था, और उसके विरुद्ध जो आज्ञा की गई थी। [2]तब
सम्राट के सेवकों ने, जो उसकी सेवा में थे, कहा, "सम्राट के
लिए सुन्दर युवा कन्याओं को खोजा जाए।" [3]और सम्राट
अपने राज्य के सब प्रांतों में अधिकारियों को नियुक्त करे,
और सब सुन्दर युवा कन्याओं को शूशन के गढ़ में, स्त्रियों के
भवन में इकट्ठा करें, हेगै सम्राट के खोजा, स्त्रियों के रक्षक के
हाथ में, ताकि उन्हें उनकी तैयारियाँ दी जाएं। [4]"और वह
युवा स्त्री जो सम्राट को प्रसन्न करे, वह वश्ती के स्थान पर
महारानी बने।" और यह बात सम्राट को अच्छी लगी, और
उसने ऐसा किया। [5]शूशन के गढ़ में एक व्यक्ति था, एक
यहूदी जिसका नाम मोर्दकै था, याईर का पुत्र, शिमई का पुत्र,
किश का पुत्र, एक बिन्यामिनी। [6]जो यरूशलेम से उन
बंधुओं के साथ बंधुआई में ले जाया गया था, जो यहूदा के
राजा येखोन्याह के साथ निर्वासित किए गए थे, जिन्हें बाबेल
के राजा नबूकदनेस्सर ने बंधुआई में ले लिया था। [7]और
ऐसा हुआ कि वह हदस्सा को पाल रहा था, जो एस्तेर थी,
अपने चाचा की बेटी, क्योंकि उसका न तो पिता था और न
माता। वह युवा स्त्री सुन्दर और शोभायमान थी। और जब
उसके पिता और माता मर गए, तो मोर्दकै ने उसे अपनी बेटी
के समान ले लिया। [8]और ऐसा हुआ कि जब सम्राट की
आज्ञा और आदेश सुने गए, और जब बहुत सी युवतियाँ शूशन
के गढ़ में हेगै के हाथ में इकट्ठा की गईं, तब एस्तेर भी सम्राट
के भवन में ले जाई गई, हेगै के हाथ में, जो स्त्रियों का रक्षक
था। [9]और वह युवती उसे भायी, और उसने उससे कृपा
पाई। इसलिये उसने शीघ्रता से उसकी तैयारियाँ और उसका
भाग उसे दिया, और सम्राट के भवन से सात चुनी हुई दासियां
दीं। और उसने उसे और उसकी दासियों को स्त्रियों के भवन

में उत्तम स्थान पर रखा। 10एस्तेर ने अपने लोगों या अपने
सम्बन्धियों को प्रकट नहीं किया, क्योंकि मोर्दकै ने उसे आज्ञा
दी थी कि इसे प्रकट न करे। 11और प्रतिदिन मोर्दकै स्त्रियों
के आँगन के सामने टहलता था, ताकि एस्तेर की कुशल पूछे
और उसके साथ क्या किया जाता है, यह जाने। 12अब जब
हर युवती की बारी सम्राट अḥश्वेरोश के पास जाने की आती
थी, जब वह स्त्रियों के लिये बारह महीने की विधि पूरी करती
थी – क्योंकि उनके तैयारियों के दिन इस प्रकार पूरे होते थे:
छह महीने गंधरस के तेल के साथ, और छह महीने सुगन्ध
और स्त्रियों की तैयारियों के साथ। 13इस प्रकार तैयार
होकर युवती सम्राट के पास जाती थी, और जो कुछ वह
माँगती थी, उसे स्त्रियों के भवन से सम्राट के भवन में ले जाने
के लिये दिया जाता था। 14सन्ध्या को वह जाती, और प्रातः
वह स्त्रियों के दूसरे भवन में लौट आती, शा'अशगज़ के हाथ
में, जो सम्राट का खोजा था, उपपत्नियों का रक्षक। वह फिर
सम्राट के पास नहीं जाती जब तक कि सम्राट उसे प्रसन्न न
करे और नाम लेकर न बुलाए। 15और जब एस्तेर की बारी
आयी, अबीहाइल की बेटी, जो मोर्दकै का चाचा था, जिसने
उसे अपनी बेटी के समान लिया था, सम्राट के पास जाने की,
उसने कुछ और नहीं माँगा, केवल वही जो हेगै, सम्राट का
खोजा, स्त्रियों का रक्षक, ने सलाह दी। और एस्तेर ने सबके
नेत्रों में अनुग्रह पाया जिन्होंने उसे देखा। 16और एस्तेर को
सम्राट अḥश्वेरोश के पास, उसके राज भवन में, दसवें महीने
में, जो तेबेथ महीना है, उसके शासन के सातवें वर्ष में ले जाया
गया। 17और सम्राट ने एस्तेर को सब स्त्रियों से अधिक प्रेम
किया, और उसने सब कन्याओं से अधिक उसकी दृष्टि में
कृपा और दया पाई। और उसने उसके सिर पर राजमुकुट
रखा और उसे वश्ती के स्थान पर महारानी बनाया। 18और
सम्राट ने एक बड़ा भोज किया, एस्तेर का भोज, अपने सब
अधिकारियों और सेवकों के लिये। और उसने प्रान्तों में
विश्राम घोषित किया और सम्राट की रीति के अनुसार भेंट
दी। 19और जब दूसरी बार कन्याएँ इकट्ठी की गईं, मोर्दकै
सम्राट के फाटक पर बैठा। 20एस्तेर ने अपने लोगों और
अपने सम्बन्धियों को प्रकट नहीं किया, जैसा कि मोर्दकै ने
उसे आज्ञा दी थी, क्योंकि एस्तेर ने मोर्दकै की आज्ञा मानी,
जैसे वह उसके द्वारा पाली जाती थी। 21उन दिनों में, जब
मोर्दकै सम्राट के फाटक पर बैठा था, सम्राट के दो खोजे,
बिगतान और तेरेश, द्वारपाल, क्रोधित हुए और सम्राट
अḥश्वेरोश पर हाथ डालने की युक्ति की। 22और यह बात
मोर्दकै को मालूम हुई, जिसने महारानी एस्तेर को बताया, और
एस्तेर ने मोर्दकै के नाम से सम्राट से कहा। 23और जब उस
बात की जाँच हुई, तो वह सच्ची पाई गई, और दोनों को
लकड़ी पर लटका दिया गया। और यह बात सम्राट की
उपस्थिति में इतिहास की पुस्तक में लिखी गई।

3 1इन घटनाओं के बाद सम्राट अḥश्वेरोश ने हामान,
हम्मेदाता के पुत्र, अगागी को पदोन्नत किया, और उसे
उच्च किया और उसे उसके साथ सब प्रधानों से ऊँचे आसन
पर बैठाया। 2और सम्राट के सब सेवक जो सम्राट के फाटक
में थे, हामान के आगे झुकते और दंडवत करते थे, क्योंकि
सम्राट ने उसके विषय में ऐसा आदेश दिया था। परन्तु मोर्दकै
न झुका और न दंडवत किया। 3और सम्राट के सेवकों ने जो
सम्राट के फाटक में थे, मोर्दकै से कहा, "तू सम्राट की आज्ञा
का उल्लंघन क्यों करता है?" 4और ऐसा हुआ कि जब वे
उससे प्रतिदिन बोलते और वह उनकी न सुनता, तब उन्होंने
हामान से कहा, यह देखने के लिए कि क्या मोर्दकै के वचन
स्थिर रहेंगे - क्योंकि उसने उन्हें बताया था कि वह यहूदी है।
5और जब हामान ने देखा कि मोर्दकै न झुका और न दंडवत
किया, तब हामान क्रोध से भर गया। 6परन्तु उसके नेत्रों में
यह तुच्छ था कि केवल मोर्दकै पर हाथ डाले, क्योंकि उन्होंने
उसे मोर्दकै की प्रजा के विषय में बता दिया था। इसलिये
हामान ने मोर्दकै की सारी यहूदी प्रजा को, जो अḥश्वेरोश के
सारे राज्य में थी, नष्ट करने की खोज की। 7पहले महीने में,
जो निसान महीना है, अḥश्वेरोश के राज्य के बारहवें वर्ष में,
किसी ने हामान के सामने पूर - अर्थात् चिट्ठी - दिन प्रतिदिन,
और महीने से महीने तक डाली, जब तक वह बारहवें महीने
पर नहीं पड़ी, जो अदार महीना है। 8तब हामान ने
अḥश्वेरोश सम्राट से कहा, "तेरे राज्य के सब प्रान्तों में एक
प्रजा बिखरी और फैली हुई है, जिनकी विधियाँ सब लोगों से
भिन्न हैं, और वे सम्राट की विधियाँ नहीं मानते। इसलिये
सम्राट के लिये यह उचित नहीं है कि उन्हें रहने दिया जाए।"
9"यदि सम्राट को अच्छा लगे, तो लिख दिया जाए कि उन्हें
नाश किया जाए, और मैं दस हज़ार किक्कार चाँदी उन के
हाथ में दूँगा जो यह काम करें, ताकि वह सम्राट के कोष में
पहुँचाई जाए।" 10और सम्राट ने अपनी अंगूठी अपने हाथ से
उतारकर हामान हम्मेदाता के पुत्र अगागी को, जो यहूदियों का
शत्रु था, दे दी। 11और सम्राट ने हामान से कहा, "चाँदी तुझे
दी गई, और वह प्रजा भी, उनके साथ जैसा तुझे भला लगे
वैसा कर।" 12और पहले महीने के तेरहवें दिन सम्राट के
शास्त्री बुलाए गए, और जैसा हामान ने आज्ञा दी थी, वैसा ही
लिखा गया - सम्राट के अधिपतियों के लिये, और प्रत्येक
प्रान्त के हाकिमों के लिये, और सब प्रजा के अधिकारियों के
लिये, प्रत्येक प्रान्त की लिखावट के अनुसार और प्रत्येक
प्रजा की भाषा के अनुसार। यह अḥश्वेरोश सम्राट के नाम से
लिखा गया और सम्राट की अंगूठी से मोहर किया गया।
13और पत्र वाहकों द्वारा सब प्रान्तों में भेजे गए कि सब
यहूदियों को, छोटे-बड़े, बालक और स्त्रियों को, एक ही दिन
में, बारहवें महीने के तेरहवें दिन, जो अदार महीना है, काट
डालें, मार डालें और नाश करें, और उनकी संपत्ति को लूट
लें। 14उस लेख की एक प्रति हर प्रान्त में विधि बनाने के
लिये प्रकाशित की गई, ताकि सब लोग उस दिन के लिये
तैयार रहें। 15दौड़वाले सम्राट की आज्ञा से शीघ्र चले, और
वह फ़रमान शूशन किले में दिया गया। तब सम्राट और
हामान बैठकर पीने लगे, परन्तु शूशन नगर घबराहट में था।

4 1और मोर्दकै ने जो कुछ हुआ था उसे सीखा, और
मोर्दकै ने अपने वस्त्र फाड़े और टाट और राख पहन
ली, और नगर के बीच में बाहर निकल गया, और ऊँचे और
कड़वे रोदन से पुकारा। 2और वह राजा के फाटक के सामने
गया, क्योंकि कोई भी टाट पहनकर राजा के फाटक में प्रवेश
नहीं कर सकता था। 3और हर प्रान्त में जहाँ राजा की आज्ञा
और फ़रमान पहुँचा, वहाँ यहूदियों में बड़ा शोक हुआ, और
उपवास, और रोना, और विलाप करना। और बहुत से टाट
और राख में पड़े। 4और इस्तेर की दासियाँ और खोजे आए
और उसे बताया, और रानी बहुत दुखी हुई, और मोर्दकै को
पहनने के लिए वस्त्र भेजे, और उसका टाट उससे उतारने

को, परन्तु उसने न माना। 5 और इस्तेर ने हाथाक को
बुलाया, जो राजा के खोजों में से एक था जिसे उसने उसकी
सेवा करने के लिये नियुक्त किया था, और उसने उसके द्वारा
मोर्दकै के विषय में आज्ञा दी, कि यह क्या और क्यों है। 6 और
हाथाक मोर्दकै के पास गया, नगर के खुले स्थान में, राजा के
फाटक के सामने। 7 और मोर्दकै ने उसे सब बताया जो उस
पर गुज़रा था, और उस चाँदी के विषय में भी जो हामान ने
राजा के खज़ानों में यहूदियों को नष्ट करने के लिये देने का
वचन दिया था। 8 और उसने उसे उस लिखित फ़रमान की
एक प्रति दी जो शूशन में उन्हें नष्ट करने के लिये दी गई थी,
कि वह उसे इस्तेर को दिखाए और उसे बताए, और उसे
राजा के पास जाकर उसकी बिनती करने और अपने लोगों के
लिये उसके सामने गिड़गिड़ाने की आज्ञा दे। 9 और हाथाक
आया और इस्तेर को मोर्दकै के वचन बताए। 10 और इस्तेर
ने हाथाक से कहा, और उसे मोर्दकै के लिये आज्ञा दी,
11 "राजा के सब दास और राजा के प्रान्तों के लोग जानते हैं
कि जो कोई भी पुरुष या स्त्री बिना बुलाए राजा के भीतरी
आँगन में राजा के पास जाता है, उसके लिये एक ही व्यवस्था
है: उसे मृत्यु देना, सिवाय उसके जिस पर राजा सोने का
राजदण्ड बढ़ा दे, वह जीवित रहेगा। परन्तु मुझे इन तीस
दिनों से राजा के पास बुलाया नहीं गया है।" 12 और उन्होंने
इस्तेर के वचन मोर्दकै को बताए। 13 और मोर्दकै ने उनसे
इस्तेर को उत्तर देने की आज्ञा दी, "अपने मन में यह मत
सोच कि तू राजा के घर में सब यहूदियों से अधिक बच
जाएगी। 14 "क्योंकि यदि तू इस समय पूरी तरह चुप रहे, तो
यहूदियों के लिये कहीं और से छुटकारा और उद्धार उठेगा,
परन्तु तू और तेरे पिता का घर नाश होंगे। और कौन जानता
है कि तू ऐसे समय के लिये ही राज्य में आई है?" 15 और
इस्तेर ने मोर्दकै को यह उत्तर देने की आज्ञा दी, 16 "जाओ,
सब यहूदियों को जो शूशन में पाए जाते हैं, इकट्ठा करो, और
मेरे लिये उपवास करो, और तीन दिन रात और दिन न खाओ
और न पियो। मैं भी और मेरी दासियाँ उसी प्रकार उपवास
करेंगी, तब मैं राजा के पास जाऊँगी, जो व्यवस्था के विरुद्ध
है। और यदि मैं नाश होऊँगी, तो नाश होऊँगी!" 17 तब
मोर्दकै चला गया और जैसा इस्तेर ने उसे आज्ञा दी थी वैसा
ही किया।

5

1 और ऐसा हुआ कि तीसरे दिन इस्तेर ने शाही वस्त्र
पहने और राजा के महल के भीतरी आँगन में, राजा के
घर के सामने खड़ी हुई, जबकि राजा अपने शाही घर के
सिंहासन पर बैठा था, घर के द्वार के सामने। 2 और ऐसा हुआ
कि जब राजा ने रानी इस्तेर को आँगन में खड़ा देखा, तो वह
उसकी आँखों में अनुग्रह पाई, और राजा ने इस्तेर की ओर
सोने का राजदण्ड बढ़ाया जो उसके हाथ में था। तब इस्तेर
पास आई और राजदण्ड के शीर्ष को छुआ। 3 और राजा ने
उससे कहा, "हे रानी इस्तेर, तुझे क्या चाहिए, और तेरी क्या
याचना है? मेरे राज्य का आधा भी हो, तो तुझे दिया
जाएगा।" 4 और इस्तेर ने उत्तर दिया, "यदि राजा को अच्छा
लगे, तो राजा और हामान आज उस भोज में आएँ जिसे मैंने
उसके लिए तैयार किया है।" 5 और राजा ने कहा, "हामान
को तुरन्त बुलाओ, ताकि जैसा इस्तेर ने कहा है वैसा किया
जाए।" तब राजा और हामान उस भोज में गए जिसे इस्तेर ने
तैयार किया था। 6 और राजा ने इस्तेर से दाखमधु के भोज
में कहा, "तेरी क्या याचना है? और वह तुझे दी जाएगी। और
तेरी क्या विनती है? मेरे राज्य का आधा भी हो, तो वह पूरी की
जाएगी।" 7 तब इस्तेर ने उत्तर दिया और कहा, "मेरी याचना
और मेरी विनती यह है: 8 "यदि मैं राजा की दृष्टि में अनुग्रह
पाऊँ, और यदि राजा को अच्छा लगे कि मेरी याचना दी जाए
और मेरी विनती पूरी की जाए, तो राजा और हामान उस भोज
में आएँ जिसे मैं उनके लिए करूँगी, और कल मैं राजा के
वचन के अनुसार करूँगी।" 9 और हामान उस दिन हर्षित
और प्रसन्न मन से निकला। परन्तु जब हामान ने मर्दकै को
राजा के फाटक में देखा और वह उसके सामने न खड़ा हुआ
और न डरा, तब वह मर्दकै के विरुद्ध क्रोध से भर गया।
10 तौभी हामान ने अपने आप को संयमित किया, और अपने
घर आया, और अपने मित्रों और अपनी पत्नी ज़ेरेश को
बुलवाया। 11 और हामान ने उन्हें अपनी धन-सम्पत्ति की
महिमा, अपने बहुत से पुत्रों, और सब कुछ बताया जिसमें
राजा ने उसे बढ़ाया था, और कैसे उसने उसे अधिकारियों
और राजा के सेवकों से ऊपर उठाया था। 12 और हामान ने
कहा, "रानी इस्तेर के साथ राजा के भोज में आने के लिए मेरे
सिवाय किसी को नहीं बुलाया गया; और कल भी मैं उसके
साथ राजा के पास बुलाया गया हूँ। 13 "परन्तु यह सब मुझे
व्यर्थ लगता है, जब तक मैं यहूदी मर्दकै को राजा के फाटक
में बैठे देखता हूँ।" 14 तब उसकी पत्नी ज़ेरेश और उसके
सब मित्रों ने उससे कहा, "पचास अम्माह ऊँचा एक खम्भा
बनवाया जाए, और सुबह राजा से कह देना कि मर्दकै को उस
पर टाँग दिया जाए। तब राजा के साथ भोज में प्रसन्न होकर
जाना।" यह बात हामान को अच्छी लगी, और उसने खम्भा
बनवा लिया।

6

1 उस रात सम्राट की नींद उड़ गई, और उसने आज्ञा दी
कि इतिहास की वार्षिक पुस्तिका लाई जाए। और वे
सम्राट के सामने पढ़े गए। 2 और पाया गया कि मोर्दकै ने
बिगतना और तेरेश के विषय में बताया था, जो सम्राट के दो
खोजे हुए खोजे थे, दरबान, जिन्होंने सम्राट अहशवेरोश पर
हाथ डालने की कोशिश की थी। 3 तब सम्राट ने कहा, "इसके
लिए मोर्दकै के लिए मूल्य या महानता में क्या किया गया है?"
और सम्राट के सेवकों ने जो उसकी सेवा करते थे कहा,
"उसके लिए कुछ भी नहीं किया गया।" 4 और सम्राट ने
कहा, "दरबार में कौन है?" अब हामान सम्राट के महल के
बाहरी आंगन में आया था ताकि सम्राट से बात करे कि मोर्दकै
को उस लकड़ी पर टाँग दे जो उसने उसके लिए तैयार की
थी। 5 और सम्राट के सेवकों ने उससे कहा, "देखो, हामान
दरबार में खड़ा है।" और सम्राट ने कहा, "उसे अंदर आने
दो।" 6 और जब हामान भीतर आया, तो सम्राट ने उससे
पूछा, "उस मनुष्य के लिए क्या किया जाना चाहिए जिसे
सम्राट मूल्यवान मानने में प्रसन्न होता है?" अब हामान ने
अपने मन में सोचा, "सम्राट मुझसे अधिक किसे मूल्यवान
मानने में प्रसन्न होगा?" 7 और हामान ने सम्राट को उत्तर
दिया, "उस मनुष्य के लिए जिसे सम्राट मूल्यवान मानने में
प्रसन्न होता है, 8 एक शाही वस्त्र लाया जाए जो सम्राट ने पहना
हो, और एक घोड़ा जिस पर सम्राट ने सवारी की हो, जिसके
सिर पर शाही मुकुट रखा गया हो। 9 "और यह वस्त्र और
घोड़ा सम्राट के सबसे महान राजकुमारों में से एक के हाथ में

दिया जाए। वे उस मनुष्य को वस्त्र पहनाएँ जिसे सम्राट
मूल्यवान मानने में प्रसन्न होता है। और उसे घोड़े पर चढ़ाकर
नगर चौक से ले जाएँ, और उसके आगे यह घोषणा करें,
'ऐसा किया जाता है उस मनुष्य के लिए जिसे सम्राट मूल्यवान
मानने में प्रसन्न होता है!' " 10 और सम्राट ने हामान से कहा,
"शीघ्र, जैसा तूने कहा है वैसा वस्त्र और घोड़ा ले, और यहूदि
मोर्दकै के लिए कर जो सम्राट के फाटक पर बैठता है। तेरे
कहे हुए सब वचन में से एक भी न घटे।" 11 और हामान ने
वस्त्र और घोड़ा लिया, और मोर्दकै को वस्त्र पहनाया और
उसे घोड़े पर चढ़ाकर नगर चौक से ले गया, और उसके
आगे घोषणा की, "ऐसा किया जाता है उस मनुष्य के लिए
जिसे सम्राट मूल्यवान मानने में प्रसन्न होता है।" 12 तब
मोर्दकै सम्राट के फाटक पर लौट आया। परन्तु हामान अपने
घर को शोक करता हुआ और ढका हुआ सिर लेकर शीघ्र
गया। 13 और जब हामान ने अपनी पत्नी ज़ेरेश और अपने
सब प्रियजनों को वह सब कुछ बताया जो उस पर बीती थी, तो
उसके बुद्धिमान पुरुषों और उसकी पत्नी ज़ेरेश ने उससे कहा,
"यदि मोर्दकै, जिसके सामने तू गिरना आरम्भ कर चुका है,
यहूदियों की संतान में से है, तो तू उसके विरुद्ध सफल नहीं
होगा, परन्तु निश्चय ही उसके सामने गिर जाएगा।" 14 जब
वे अब भी उससे बात कर रहे थे, तब सम्राट के खोजे आए
और हामान को उस भोज में शीघ्र ले गए जो एस्तेर ने तैयार
किया था।

7 1 और राजा और हामान आए, रानी इस्तेर के साथ पीने
के लिए। 2 और दूसरे दिन भी दाखमधु के भोज में राजा
ने इस्तेर से कहा, "तेरी बिनती क्या है, रानी इस्तेर? और यह
तुझे दी जाएगी। और तेरी याचना क्या है? मेरे आधे राज्य
तक भी, और यह पूरी होगी!" 3 तब रानी इस्तेर ने उत्तर
देकर कहा, "यदि मैं तेरी दृष्टि में अनुग्रह पाऊँ, हे राजा, और
यदि राजा को अच्छा लगे, तो मेरी जान मेरी बिनती पर और
मेरी प्रजा मेरी याचना पर मुझे दी जाए। 4 "क्योंकि हम बेचे
गए हैं, मैं और मेरी प्रजा, नाश होने, मारे जाने, और नष्ट होने
के लिए। और यदि हम दास और दासी होकर बेचे जाते, तो
मैं चुप रहती, यद्यपि शत्रु राजा की हानि की पूर्ति नहीं कर
सकता था।" 5 तब राजा अख़शवेरोश ने रानी इस्तेर से पूछा,
"वह कौन है, और कहाँ है, जिसने अपने मन को ऐसा करने
के लिए भरा?" 6 तब इस्तेर ने कहा, "वह शत्रु और बैरी यह
बुरा हामान है!" तब हामान राजा और रानी के सामने डर
गया। 7 और राजा दाखमधु के भोज से अपने क्रोध में
उठकर महल के बगीचे में चला गया। और हामान रानी
इस्तेर के सामने अपने जीवन के लिए बिनती करने को रह
गया, क्योंकि उसने देखा कि राजा ने उसके विरुद्ध बुराई का
निश्चय कर लिया है। 8 जब राजा महल के बगीचे से
दाखमधु के भोज की जगह लौटा, हामान उस पलंग पर गिर
रहा था जिस पर इस्तेर थी। तब राजा ने कहा, "क्या घर में
रहते हुए भी वह रानी पर अत्याचार करेगा?" जैसे ही यह बात
राजा के मुख से निकली, उन्होंने हामान का मुख ढक दिया।
9 और हरवोना, जो खोजों में से एक था, ने राजा से कहा,
"देख, वह लकड़ी भी, जो पचास अम्माह ऊँची है, जिसे
हामान ने मर्दकै के लिए तैयार की थी, जिसने राजा के लिए
भलाई की बात कही थी, हामान के घर पर खड़ी है।" तब
राजा ने कहा, "उसे उसी पर लटका दो!" 10 और उन्होंने
हामान को उसी लकड़ी पर लटका दिया, जिसे उसने मर्दकै
के लिए तैयार की थी। तब राजा का क्रोध शांत हो गया।

8 1 उस दिन राजा आह्शवेरोश ने रानी एस्तेर को हामान का
घर दिया, जो यहूदीयों का शत्रु था। और मोर्दकै राजा
के सामने आया, क्योंकि एस्तेर ने बताया कि वह उसके लिए
कौन था। 2 और राजा ने अपनी मुहर वाली अँगूठी, जो उसने
हामान से ले ली थी, मोर्दकै को दी। और एस्तेर ने मोर्दकै को
हामान के घर पर अधिकारी नियुक्त किया। 3 और एस्तेर ने
फिर राजा से बात की, और उसके पैरों पर गिरकर आँसुओ
से विनती की कि हामान अग़ागी के दुष्ट षडयंत्र को, जो
उसने यहूदीयों के विरुद्ध रचा था, समाप्त कर दे। 4 और
राजा ने एस्तेर की ओर सुनहरा राजदण्ड बढ़ाया। और
एस्तेर उठकर राजा के सामने खड़ी हुई। 5 और उसने कहा,
"यदि राजा को अच्छा लगे, और यदि मुझे उसकी दृष्टि में
अनुग्रह मिला है, और यह बात राजा के सामने ठीक है और मै
उसकी आँखों में प्रसन्नकारी हूँ, तो यह लिखा जाए कि हामान,
हम्मेदाता का पुत्र, अग़ागी के षडयंत्र को वापस लाया जाए,
जो उसने यहूदीयों को राजा के सब प्रांतों में नष्ट करने के
लिये लिखा था।" 6 "क्योंकि मैं कैसे सह सकती हूँ कि मेरी
प्रजा पर यह विपत्ति आए? या मैं कैसे देख सकती हूँ कि मेरे
कुटुम्ब का विनाश हो?" 7 और राजा आह्शवेरोश ने रानी
एस्तेर और यहूदी मोर्दकै से कहा, "देखो, मैंने एस्तेर को
हामान का घर दे दिया है, और उसे लकड़ी पर लटका दिया
है, क्योंकि उसने यहूदीयों पर हाथ डाला था। 8 "अब तुम
यहूदीयों के लिये जो तुम्हें अच्छा लगे, राजा के नाम से लिखो,
और राजा की मुहर वाली अँगूठी से सील करो; क्योंकि जो
पत्र राजा के नाम से लिखा और राजा की अँगूठी से सील
किया जाता है, उसे कोई वापस नहीं ले सकता।" 9 तब उसी
समय, तीसरे महीने में, जो सिवान महीना है, तेइसवें दिन,
राजा के लिपिकों को बुलाया गया। और मोर्दकै ने जो कुछ
यहूदीयों को, और हाकिमों को, और राज्यपालों को, और
हरेक प्रांत के प्रधानों को, भारत से लेकर कूश तक, एक सौ
सत्ताईस प्रांतों में आज्ञा दी थी, उसके अनुसार लिखा गया,
प्रत्येक प्रांत के लिये उसकी लिपि में, और प्रत्येक जाति के
लिये उनकी भाषा में, और यहूदीयों के लिये उनकी लिपि और
उनकी भाषा में। 10 और उसने राजा आह्शवेरोश के नाम से
लिखा, और उसे राजा की अँगूठी से सील किया, और पत्रों
को घुडसवार दूतों के द्वारा भेजा, जो राजसी घोड़ों पर, तेज़
घोड़ियों से उत्पन्न घोड़ों पर सवार होकर दौड़ते थे। 11 कि
राजा ने यहूदीयों को, जो हर नगर में थे, यह अधिकार दिया
कि वे इकट्ठे होकर अपने प्राणों की रक्षा करें, और हर जाति
या प्रांत की शक्ति को जो उन पर आक्रमण करे, मार डालें,
नाश करें, और उनका संहार करें, छोटे बच्चों और स्त्रियों
सहित, और उनका माल लूट लें। 12 राजा आह्शवेरोश के सब
प्रांतों में, बारहवें महीने, अर्थात अदार महीने की तेरहवीं
तारीख को, एक ही दिन यह होना था। 13 लिखित आज्ञा की
प्रति हर प्रांत में व्यवस्था के रूप में घोषित की गई, ताकि सब
जातियाँ जान लें, और यहूदी उस दिन अपने शत्रुओं से बदला
लेने के लिये तैयार हों। 14 घुडसवार दूत राजसी घोड़ों पर
चढ़े और राजा की आज्ञा से शीघ्र और तत्पर होकर निकले।
और यह आदेश शूशन के किले में भी घोषित किया गया।
15 और मोर्दकै राजा की उपस्थिति से निकलकर नीले और

श्वेत राजसी वस्त्र पहिने हुए, बड़े सोने का मुकुट और महीन मलमल और बैंगनी वस्त्र पहिने हुए गया। और शूशन नगर आनन्दित और प्रसन्न हुआ। [16]यहूदीयों के लिये उजियाला और आनन्द और हर्ष और आदर हुआ। [17]और हर प्रांत और हर नगर में, जहाँ कहीं राजा की आज्ञा और उसका आदेश पहुँचा, वहाँ यहूदीयों के लिये आनन्द और हर्ष और भोज और शुभ दिन हुआ। और देश की बहुत सी जातियों के लोग यहूदी बन गए, क्योंकि यहूदीयों का भय उन पर छा गया था।

9 [1]और बारहवें महीने में, जो आदर का महीना है, तेरहवें दिन, जब सम्राट की आज्ञा और उसका फ़रमान पूरा होने को आया, उस दिन जब यहूदीयों के शत्रु उन पर प्रबल होने की प्रतीक्षा कर रहे थे, यह उलट गया, ताकि यहूदीयों ने अपने से बैर करने वालों पर प्रबल होकर विजय प्राप्त की। [2]यहूदी अपने नगरों में, सम्राट अḥशवेरोश के सब प्रांतों में इकट्ठे हुए, उन पर हाथ डालने के लिए जो उनका बुरा चाहते थे। और कोई उनके सामने न टिक सका, क्योंकि सब लोगों पर उनका भय छा गया। [3]और प्रांतों के सब प्रधान, और अधिपति, और हाकिम, और जो सम्राट का काम करते थे, सब यहूदीयों की सहायता करते थे, क्योंकि मर्दकै का भय उन पर पड़ा था। [4]क्योंकि मर्दकै सम्राट के भवन में बड़ा हो गया था, और उसका समाचार सब प्रांतों में फैल गया था; क्योंकि यह मर्दकै और भी महान होता गया। [5]और यहूदीयों ने अपने सब शत्रुओं को तलवार की चोट से, वध और नाश के साथ मार डाला, और जो कुछ उनके बैरीयों को अच्छा लगा, वही उन्होंने किया। [6]और शूशान गढ़ में यहूदीयों ने पाँच सौ पुरुषों को मार डाला और नष्ट किया। [7]और उन्होंने पारशन्दाता, और दाल्फोन, और अष्पाता को मार डाला। [8]और पोराता, और अदार्या, और अरिदाता को, [9]और परमश्ता, और अरिसै, और अरिदै, और वयेजाता को, [10]हामान पुत्र हम्मेदाता, यहूदीयों के शत्रु, के दस पुत्रों को मारा। परन्तु उन्होंने लूट पर हाथ नहीं डाला। [11]उसी दिन शूशान गढ़ में मारे गए लोगों की संख्या सम्राट के सामने लाई गई। [12]और सम्राट ने महारानी एस्तेर से कहा, "यहूदीयों ने शूशान गढ़ में पाँच सौ पुरुष और हामान के दस पुत्रों को मार डाला और नष्ट किया है। शेष सम्राट के प्रांतों में उन्होंने क्या किया होगा! अब तेरा क्या निवेदन है? और वह तुझे दिया जाएगा। और तेरी और क्या इच्छा है? और वह पूरी होगी।" [13]और एस्तेर ने कहा, "यदि सम्राट को अच्छा लगे, तो शूशान में रहने वाले यहूदीयों को कल भी आज के फ़रमान के अनुसार करने दिया जाए, और हामान के दस पुत्रों को काठ पर टाँग दिया जाए।" [14]और सम्राट ने ऐसा ही करने की आज्ञा दी। और शूशान में फ़रमान जारी किया गया, और हामान के दस पुत्रों को टाँग दिया गया। [15]और शूशान में रहने वाले यहूदी चौदहवें दिन भी इकट्ठे हुए, और उन्होंने शूशान में तीन सौ पुरुषों को मार डाला। परन्तु उन्होंने लूट पर हाथ नहीं डाला। [16]और सम्राट के प्रांतों में रहने वाले शेष यहूदी इकट्ठे हुए और अपने प्राणों की रक्षा की, और अपने शत्रुओं से विश्राम पाया, और अपने शत्रुओं के पचहत्तर हज़ार पुरुषों को मार डाला। परन्तु उन्होंने लूट पर हाथ नहीं डाला। [17]तेरहवें दिन आदर महीने का, और चौदहवें दिन वे विश्राम करके उसे भोज और आनन्द का दिन बनाया। [18]परन्तु शूशान में रहने वाले यहूदी तेरहवें और चौदहवें दिन इकट्ठे हुए, और पंद्रहवे दिन विश्राम किया, और उसे भोज और आनन्द का दिन बनाया। [19]इस कारण वे यहूदी जो गाँवों में रहते थे, जो अनगिर्द नगरों में बसे थे, चौदहवें दिन आदर महीने का दिन आनन्द और भोज का अच्छा दिन मानते थे, और एक-दूसरे को भाग भेजते थे। [20]और मर्दकै ने इन बातों को लिखकर सम्राट अḥशवेरोश के सब प्रांतों में रहने वाले सब यहूदीयों को, जो निकट और दूर थे, पत्र भेजे। [21]उनमें यह स्थिर करने के लिए कि वे प्रति वर्ष आदर महीने के चौदहवें और पंद्रहवे दिन को मानें। [22]जिन दिनों में यहूदीयों ने अपने शत्रुओं से विश्राम पाया, और जिस महीने में उनके लिए शोक से आनन्द और विलाप से अच्छा दिन हो गया, कि वे उन्हें भोज और आनन्द के दिन बनाएं, और एक-दूसरे को भाग और दरिद्रों को दान भेजें। [23]और यहूदीम ने वैसा ही करने का संकल्प किया जैसा उन्होंने आरम्भ किया था, और जैसा मोर्दकै ने उन्हें लिखा था। [24]क्योंकि हामान, हाम्मेदाथा का पुत्र अगागी, सब यहूदीम का शत्रु, यहूदीम को नष्ट करने की युक्ति कर चुका था, और पुर - अर्थात चिट्ठी - डाली थी कि उन्हें चूर-चूर करके नष्ट कर दे। [25]परन्तु जब वह रानी के सामने आई, तब उसने पत्र द्वारा आज्ञा दी कि हामान की बुरी युक्ति, जो उसने यहूदीम के विरुद्ध की थी, उसके अपने सिर पर लौटे, और वह और उसके पुत्र खम्भे पर टाँगे जाएँ। [26]इसलिये इन दिनों को पुर के नाम से पुरिम कहा गया। इसलिये, इस पत्र की सब बातों के कारण, और जो उन्होंने इस विषय में देखा, और जो उन पर बीता, [27]यहूदीम ने यह स्थिर किया और अपने ऊपर और अपनी सन्तान पर और उन सब पर जो उनके साथ मिलें, यह दायित्व डाला कि बिना चूके वे इन दो दिनों का प्रति वर्ष अपने लिखे अनुसार और अपने नियत समय पर पालन करें। [28]और ये दिन स्मरण में रहें और प्रत्येक पीढ़ी, प्रत्येक कुल, प्रत्येक प्रान्त और प्रत्येक नगर में माने जाएँ, और ये पुरिम के दिन यहूदीम में से कभी न मिटें, और इनका स्मरण उनकी सन्तान में से कभी न हटे। [29]और रानी एस्तेर, अबीहाइल की पुत्री, और मोर्दकै यहूदी ने सब अधिकार के साथ लिखा कि इस दूसरे पत्र के द्वारा पुरिम की पुष्टि की जाए। [30]और मोर्दकै ने सब यहूदीम को पत्र भेजे, अहश्वेरोश के राज्य के एक सौ सत्ताईस प्रान्तों में, मेल और सच्चाई के बचन। [31]कि पुरिम के इन दिनों को उनके नियत समयों पर स्थिर किया जाए, जैसा कि मोर्दकै यहूदी और रानी एस्तेर ने उनके लिये स्थिर किया था, और जैसा उन्होंने अपने और अपनी सन्तान के लिये अपने उपवास और विलाप के विषय में स्थिर किया था। [32]और एस्तेर की आज्ञा ने इन पुरिम की बातों की पुष्टि की, और यह पुस्तक में लिखी गई।

10 [1]और राजा अहश्वेरोश ने देश और समुद्र के द्वीपों पर कर लगाया। [2]और उसके पराक्रम और उसकी शक्ति के सब काम, और मोर्दकै की महानता का सही विवरण, जिससे राजा ने उसे बड़ा किया, क्या वे मादै और पारस के राजाओं की वार्षिक पुस्तकों में नहीं लिखे हैं? [3]क्योंकि मोर्दकै यहूदी राजा अहश्वेरोश के बाद दूसरा था, और यहूदीम में बड़ा और अपने बहुत भाइयों को प्रिय था, अपने लोगों की

भलाई चाहता था और अपनी सारी सन्तान के लिये मेल बोलता था।

एज्रा

हिंदी संस्करण

एज्रा

1 1 और पारस के राजा कोरेश के पहले वर्ष में, कि 𐤉𐤄𐤅𐤄 का वचन यिर्मेयाहू के मुख से पूरा हो, 𐤉𐤄𐤅𐤄 ने पारस के राजा कोरेश की आत्मा को जगाया, कि वह अपने सारे राज्य में उद्घोषणा करे, और लिखित में भी कहे, 2 "यहो कहता है कोरेश पारस का राजा, '𐤉𐤄𐤅𐤄 आकाशों का ईश्वर ने मुझे पृथ्वी के सब राज्यों को दिया है। और उसने मुझे आज्ञा दी है कि मैं यरूशालेम में, जो यहूदा में है, उसके लिये एक भवन बनाऊँ। 3 उसके सब लोगों में से जो कोई तुम्हारे बीच है, उसका ईश्वर उसके साथ हो! और वह यरूशालेम को, जो यहूदा में है, ऊपर जाए, और 𐤉𐤄𐤅𐤄, इस्राएल के ईश्वर का भवन बनाए - वही ईश्वर है - जो यरूशालेम में है। 4 और जो कोई कहीं भी अजनबी ठहरा हो, उस स्थान के लोग उसकी सहायता करें चाँदी और सोने से, वस्तुओं और पशुओं से, साथ ही उस भवन के लिये स्वेच्छा से दी गई भेंटों से, जो यरूशालेम में ईश्वर का है।' " 5 तब यहूदा और बिन्यामिन के पितरों के सिर, और याजक और लेवी, और वे सब जिनकी आत्मा ईश्वर ने जगाई थी, उठे कि वे जाकर 𐤉𐤄𐤅𐤄 का भवन बनाएँ, जो यरूशालेम में है। 6 और उनके आस-पास के सब लोगों ने चाँदी और सोने की वस्तुओं, सामान और पशुओं, और मूल्यवान वस्तुओं से उनके हाथों को दृढ किया, और सब स्वेच्छा से दी गई भेंटों के साथ। 7 और राजा कोरेश ने 𐤉𐤄𐤅𐤄 के भवन के पात्र निकाले, जिन्हें नबूकदनेस्सर ने यरूशालेम से ले जाकर अपने देवताओं के भवन में रखा था, 8 और कोरेश पारस के राजा ने उन्हें कोशाध्यक्ष मिथ्रेदात के हाथ से निकाला, और उन्हें यहूदा के प्रधान शेषबज्जर को गिन कर सौंप दिया। 9 और यह उनकी गिनती थी: सोने के तीस थाल, चाँदी के एक हज़ार थाल, उन्तीस छुरियाँ, 10 सोने के तीस कटोरे, अगला, चाँदी के चार सौ दस कटोरे, और अन्य एक हज़ार बर्तन। 11 सब सोने और चाँदी के बर्तन पाँच हज़ार चार सौ थे। शेषबज्जर उन्हें सब बन्दियों के साथ ले गया, जो बाबेल से यरूशालेम लाए गए थे।

2 1 और ये वे प्रान्त के पुत्र हैं जो निर्वासन से बन्दीगृह से लौटे, जिन्हें नेबूकदनेत्स्सर बाबेल के राजा ने बाबेल में बन्दी बना लिया था, और जो येरूशलेम और यहूदा लौटे, हर एक अपने नगर में, 2 जो ज़ेरुब्बाबेल के साथ आए: येशुआ, नेहेम्याह, सरायाह, रेएलायाह, मोर्दैकै, बिलशान, मिस्पार, बिगतवै, रेहूम, बआनाह। इस्राएल के लोगों के पुरुषों की गिनती: 3 पारोश के पुत्र, दो हज़ार एक सौ बहत्तर; 4 शेफतयाह के पुत्र, तीन सौ बहत्तर; 5 अरह के पुत्र, सात सौ पचहत्तर; 6 पहत-मोआब के पुत्र, येशुआ और योआब के पुत्रों में से, दो हज़ार आठ सौ बारह; 7 एलाम के पुत्र, एक हज़ार दो सौ चौवन; 8 ज़त्तू के पुत्र, नौ सौ पैंतालीस; 9 ज़क्कै के पुत्र, सात सौ साठ; 10 बनी के पुत्र, छह सौ बयालिस; 11 बेबै के पुत्र, छह सौ तेईस; 12 अज़गद के पुत्र, एक हज़ार दो सौ बाईस; 13 अदोनीकाम के पुत्र, छह सौ छियासठ; 14 बिगतवै के पुत्र, दो हज़ार छप्पन; 15 अदीन के पुत्र, चार सौ चौवन; 16 हेज़कियाह के अतर के पुत्र, अट्ठानबे; 17 बेत्सै के पुत्र, तीन सौ तेईस; 18 योरह के पुत्र, एक सौ बारह; 19 हाशूम के पुत्र, दो सौ तेईस; 20 गिब्बार के पुत्र, पचानबे; 21 बेत लेहम के पुत्र, एक सौ तेईस; 22 नेतोफ़ा के पुरुष, छप्पन; 23 अनातोत के पुरुष, एक सौ अट्ठाईस; 24 अज़मावेत के पुत्र, बयालिस; 25 क़िर्यात अरीम, केफिराह और बे'एरोत के पुत्र, सात सौ तैंतालीस; 26 रामाह और गेबा के पुत्र, छः सौ इक्कीस; 27 मिकमास के पुरुष, एक सौ बाईस; 28 बेत एल और ऐ के पुरुष, दो सौ तेईस; 29 नेबो के पुत्र, बावन; 30 मग्बीश के पुत्र, एक सौ छप्पन; 31 दूसरे एलाम के पुत्र, एक हजार दो सौ चौवन; 32 हारिम के पुत्र, तीन सौ बीस; 33 लोड़, हादिद और ओनो के पुत्र, सात सौ पच्चीस; 34 यरीहो के पुत्र, तीन सौ पैंतालीस; 35 सेनाअह के पुत्र, तीन हजार छः सौ तीस। 36 कोहेनीम: येदायाह के पुत्र, येहशुआ के घराने के, नौ सौ तिहत्तर; 37 इम्मेर के पुत्र, एक हजार बावन; 38 पशहूर के पुत्र, एक हजार दो सौ सैंतालीस; 39 हारिम के पुत्र, एक हजार सत्रह। 40 लेवीते: येहशुआ और क़दमीएल के पुत्र, होदव्याह के पुत्रों में से, चौहत्तर। 41 गायक: आसाफ के पुत्र, एक सौ अट्ठाईस। 42 द्वारपालों के पुत्र: शल्लूम के पुत्र, अतेर के पुत्र, तल्मोन के पुत्र, अक्कूब के पुत्र, हतीता के पुत्र, शोबई के पुत्र, सब मिलाकर एक सौ उनतालीस। 43 नतिनिम: त्सीहा के पुत्र, हासूफा के पुत्र, तब्बाओत के पुत्र, 44 क़ेरोस के पुत्र, सियाहा के पुत्र, पड़ोन के पुत्र, 45 लेबानाह के पुत्र, हग़ावाह के पुत्र, अक्कूब के पुत्र, 46 हग़ाव के पुत्र, शमलै के पुत्र, हनन के पुत्र, 47 गिद्देल के पुत्र, गाहर के पुत्र, रेअयाह के पुत्र, 48 रेत्सिन के पुत्र, नेकोदा के पुत्र, गज़्ज़ाम के पुत्र, 49 उज्जा के पुत्र, पासेह के पुत्र, बिसै के पुत्र, 50 असनाह के पुत्र, मेउनिम के पुत्र, नेफ़ुसिम के पुत्र, 51 बक्बुक के पुत्र, हक़ूफ़ा के पुत्र, हरहुर के पुत्र, 52 बात्सलूत के पुत्र, मेहीदा के पुत्र, हर्शा के पुत्र, 53 बरकोस के पुत्र, सीसेरा के पुत्र, तेमह के पुत्र, 54 नेत्सियाह के पुत्र, हतिफ़ा के पुत्र। 55 शलोमोह के दासों के पुत्र: सोतै के पुत्र, सोफ़ेरेत के पुत्र, पेरूदा के पुत्र, 56 याला के पुत्र, दरक़ोन के पुत्र, गिद्देल के पुत्र, 57 शेफ़त्याह के पुत्र, हत्तील के पुत्र, त्सेबयिम के पोखेरेत के पुत्र, अम्मी के पुत्र। 58 सभी नतीनीम और शलोमोह के दासों के पुत्र तीन सौ बानवे थे। 59 और ये वे थे जो तेल मेलह, तेल हर्शा, केरूब, अड्डान, इम्मेर से ऊपर आए; परन्तु वे अपने पितरों का घर और अपनी वंशावली दिखाने में असमर्थ थे कि वे इस्राएल के हैं या नहीं। 60 देलायाह के पुत्र, तोबियाह के पुत्र, नेकोदा के

पुत्र, छह सौ बावन; 61 और याजकों के पुत्रों में से: हबायाह के
पुत्र, कोत्स के पुत्र, बरज़िल्लै के पुत्र, जिसने गिलआदी
बरज़िल्लै की बेटियों में से एक को पत्नी बनाया, और उसके
नाम से पुकारा गया। 62 इन लोगों ने अपनी वंशावली की सूची
ढूँढी परन्तु वे नहीं पाए गए, इसलिए उन्हें याजकाई पद से
अशुद्ध माना गया। 63 और हाकिम ने उनसे कहा कि जब तक
उरीम और तुम्मीम के साथ एक याजक न उठे, तब तक वे
अत्यन्त पवित्र भेंटों में से न खाएँ। 64 सारी सभा बयालिस
हज़ार तीन सौ साठ की थी, 65 उनके दास और दासियाँ सात
हज़ार तीन सौ सैंतीस थे। उनके पास दो सौ गानेवाले पुरुष
और स्त्रियाँ भी थीं। 66 उनके घोड़े सात सौ छत्तीस, उनके
खच्चर दो सौ पैंतालीस, 67 उनके ऊँट चार सौ पैंतीस, गधे
छह हज़ार सात सौ बीस। 68 और जब पितरों के घरों के कुछ
प्रधान यरूशलेम में 𐤉𐤄𐤅𐤄 के भवन में आए, तो उन्होंने
स्वेच्छा से ईश्वर के भवन के लिए अर्पण किया ताकि उसे
उसकी जगह पर स्थिर किया जाए। 69 उन्होंने अपने सामर्थ्य
के अनुसार काम के लिए खज़ाने में इकसठ हज़ार सोने के
द्राख्मे, पाँच हज़ार चाँदी की मीना, और याजकों के सौ वस्त्र
दिए। 70 और याजक, और लेवी, और कुछ लोग, और
गायक, और फाटकदार, और नतीनीम अपने नगरों में बसे,
और सब इस्राएली अपने-अपने नगरों में।

3 1 जब सातवाँ महीना आया, और इस्राएल के बच्चे नगरों
में थे, तो लोग एक मन होकर यरूशलेम में इकट्ठे हुए।
2 और योशुआ योत्सादाक का पुत्र और उसके भाई याजक,
और जरुब्बाबेल शाल्तिएल का पुत्र और उसके भाई उठे और
इस्राएल के ईश्वर की वेदी बनाई, उस पर होमबलि चढ़ाने के
लिए, जैसा मूशेह, ईश्वर का जन, की तोराह में लिखा है।
3 उन्होंने वेदी को उसके स्थान पर रखा, क्योंकि वे देश के
लोगों से डरते थे। और उन्होंने उस पर 𐤉𐤄𐤅𐤄 को होमबलि
चढ़ाया, भोर और सांझ की होमबलियाँ। 4 और उन्होंने जैसा
लिखा है, वैसे ही सुक्कोत का पर्व मनाया, और दिन-प्रतिदिन
की होमबलियाँ गिनती के अनुसार, हर दिन की विधि के
अनुसार चढ़ाईं। 5 और उसके बाद नित्य होमबलि, और
नवचंद्र की और 𐤉𐤄𐤅𐤄 के सब पवित्र नियत समयों की
बलियाँ, और उन सब की जो 𐤉𐤄𐤅𐤄 को स्वेच्छा से भेंट
चढ़ाते थे। 6 सातवें महीने के पहले दिन से उन्होंने 𐤉𐤄𐤅𐤄
को होमबलि चढ़ाना शुरू किया। परन्तु 𐤉𐤄𐤅𐤄 के हेयखल
की नींव अब तक नहीं डाली गई थी। 7 और उन्होंने राजगीरों
और बढ़इयों को चाँदी दी, और सिदोन और सूर के लोगों को
भोजन, पेय और तेल दिया, ताकि वे लेबानोन से देवदार की
लकड़ियाँ समुद्र के रास्ते यापो तक ले आएँ, जैसा कोरेश,
पारस के राजा, ने उन्हें आज्ञा दी थी। 8 और उनके
यरूशलेम में ईश्वर के घर पर आने के दूसरे वर्ष के दूसरे
महीने में, जरुब्बाबेल शाल्तिएल का पुत्र और योशुआ
योत्सादाक का पुत्र, और उनके बाकी भाई याजक और लेवी,
और सब जो बंधुआई से यरूशलेम लौट आए थे, काम शुरू
किया। और उन्होंने बीस वर्ष और उससे ऊपर के लेवियों को
𐤉𐤄𐤅𐤄 के घर के काम की देखरेख करने के लिए
ठहराया। 9 और योशुआ उसके पुत्र और उसके भाई,
कदमिएल उसके पुत्रों के साथ, यहूदा के पुत्र मिलकर, ईश्वर
के घर पर काम करने वालों की देखरेख करने लगे। हेनदाद
के पुत्र अपने पुत्रों और भाइयों लेवियों के साथ उनके साथ
थे। 10 और जब बनाने वालों ने 𐤉𐤄𐤅𐤄 के हेयखल की नींव
डाली, तो उन्होंने याजकों को उनके वस्त्रों में तुरहियाँ लेकर
ठहराया, और लेवियों को आसाप के पुत्रों को झांझ लेकर
𐤉𐤄𐤅𐤄 की स्तुति करने के लिए ठहराया, जैसा दाविद,
इस्राएल का राजा, ने ठहराया था। 11 और उन्होंने 𐤉𐤄𐤅𐤄
की स्तुति और धन्यवाद करके उत्तर दिया, "क्योंकि वह भला
है, क्योंकि उसकी करुणा इस्राएल पर सदा रहती है।" और
सब लोग बड़े शब्द से चिल्लाए जब उन्होंने 𐤉𐤄𐤅𐤄 की
स्तुति की, क्योंकि 𐤉𐤄𐤅𐤄 के घर की नींव डाली गई थी।
12 और बहुत से याजक और लेवी और पितरों के घराने के
प्रधान, बूढ़े लोग जिन्होंने पहला घर देखा था, इस घर की नींव
अपनी आँखों के सामने डाली हुई देखकर ऊँचे शब्द से रोए,
और बहुतों ने आनन्द के कारण ऊँचे स्वर से जयजयकार
की। 13 और लोग आनन्द की जयजयकार की ध्वनि और
लोगों के रोने की ध्वनि में भेद नहीं कर सकते थे, क्योंकि लोग
बड़े शब्द से चिल्ला रहे थे, और वह ध्वनि दूर तक सुनी गई।

4 1 और जब यहूदा और बिन्यामीन के विरोधियों ने सुना कि
निर्वासितों के पुत्र 𐤉𐤄𐤅𐤄 ईश्वर इस्राएल के हेयख़ल
का निर्माण कर रहे हैं, 2 वे जरुब्बाबेल और पिताओं के प्रमुखों
के पास आए और उनसे कहा, "हमें तुम्हारे साथ बनाने दो,
क्योंकि हम तुम्हारे ईश्वर को उसी तरह ढूंढते हैं जैसे तुम
करते हो। और हमने अश्शूर के राजा एसर्हद्दोन के दिनों से
ही उसे बलिदान चढ़ाया है, जिसने हमें यहाँ लाया।" 3 परन्तु
जरुब्बाबेल और येशुआ और इस्राएल के पिताओं के शेष
प्रमुखों ने उनसे कहा, "हमारे और तुम्हारे लिए हमारे ईश्वर के
लिये एक घर बनाना नहीं है, परन्तु हम अकेले 𐤉𐤄𐤅𐤄
ईश्वर इस्राएल के लिये बनाएंगे, जैसा कि पारस के राजा
कोरेश ने हमें आज्ञा दी है।" 4 और ऐसा हुआ कि उस देश के
लोग यहूदा के लोगों के हाथों को कमजोर कर रहे थे और
उनके निर्माण में उन्हें परेशान कर रहे थे, 5 और उन्होंने पारस
के राजा कोरेश के सब दिनों में, यहाँ तक कि पारस के राजा
दायविश के राज्यकाल तक, उनकी योजनाओं को विफल
करने के लिए उनके विरुद्ध सलाहकारों को काम पर रखा।
6 और अहश्वेरोश के राज्यकाल में, उसके राज्य के प्रारंभ में,
उन्होंने यहूदा और यरूशलेम के निवासियों के विरुद्ध एक
आरोप लिखा। 7 और अर्तक्षत्र के दिनों में, बिशलाम,
मितरिदात, तबेएल और उनके शेष साथियों ने पारस के राजा
अर्तक्षत्र को लिखा। और पत्र अरामी भाषा में लिखा गया
और अरामी में अनुवाद किया गया। 8 रेखुम हाकिम और
शिम्शै शास्त्री ने यरूशलेम के विरुद्ध राजा अर्तक्षत्र को यह
पत्र लिखा: 9 रेखुम हाकिम, और शिम्शै शास्त्री, और उनके
शेष साथी - न्यायाधीश, दूत, कौंसल, अधिकारी, एरेक और
बाबेल और शूशान के लोग, देहावियों, ईलामियों, 10 और वे
शेष राष्ट्र जिन्हें महान और महान ओस्नप्पर ने निर्वासन में ले
जाकर शमरोन के नगरों और नदी के उस पार के अन्य
स्थानों में बसाया। और अब, 11 यह उस पत्र की प्रति है जो
उन्होंने उसे भेजा, राजा अर्तक्षत्र को, आपके सेवक नदी के
उस पार के पुरुषों से। और अब, 12 राजा को यह ज्ञात हो कि
वे यहूदी जो आप से ऊपर आए हैं, हमारे पास यरूशलेम आए
हैं, और वे विद्रोही और दुष्ट नगर का निर्माण कर रहे हैं, और
उसकी दीवारों को पूरा कर रहे हैं और नींवों को सुधार रहे हैं।

[13] अब राजा को यह ज्ञात हो कि यदि यह नगर बनाया जाता है और दीवारें पूरी होती हैं, तो वे कर, महसूल या टोल नहीं देंगे, और राजा की आय में हानि होगी। [14] अब, क्योंकि हमने महल से नमक खाया है, हमारे लिए राजा की लज्जा देखना उचित नहीं था। इसलिये हमने भेजा और राजा को सूचित किया, [15] कि आपके पिताओं की अभिलेख पुस्तिका में खोज की जाए, और आप अभिलेख पुस्तिका में पाएँगे और जानेंगे कि यह नगर विद्रोही नगर है, और राजाओं और प्रान्तों को हानि पहुँचाने वाला है। और प्राचीन दिनों से ही इसमें विद्रोह उठाया गया था, जिसके कारण यह नगर नष्ट कर दिया गया। [16] हम राजा को सूचित करते हैं कि यदि यह नगर फिर से बनाया गया और इसकी दीवारें पूरी की गईं, तो आपके पास नदी के उस पार कोई भाग नहीं रहेगा। [17] राजा ने यह संदेश भेजा: रेखुम हाकिम और शिम्शै शास्त्री, और उनके शेष साथियों को जो शमरोन में और नदी के उस पार रहते हैं: शाति! और अब, [18] जो पत्र तुमने हमें भेजा है, वह मेरे सामने स्पष्ट रूप से पढ़ा गया है। [19] और मैंने आज्ञा दी, और खोज की गई, और पाया गया कि इस नगर ने प्राचीन दिनों में राजाओं के विरुद्ध उठ खड़ा हुआ है, और इसमें विद्रोह और बलवा हुआ है। [20] और शक्तिशाली राजाओं ने यरूशलेम पर राज्य किया है, जिन्होंने नदी के उस पार सब पर राज्य किया। और उन्हें कर, महसूल और टोल दिया जाता था। [21] अब, आज्ञा दी जाए कि इन लोगों को रोका जाए, और यह नगर तब तक न बनाया जाए जब तक कि मेरी ओर से आज्ञा न दी जाए। [22] और इसे करने में लापरवाही से सावधान रहो। क्यों राजा को हानि बढ़नी चाहिए? [23] अब जब राजा अर्तक्षत्र का पत्र रेखुम और शिम्शै शास्त्री और उनके साथियों के सामने पढ़ा गया, तो वे यहूदियों के विरुद्ध यरूशलेम में जल्दबाजी से गए, और उन्हें शक्ति और बल से रोक दिया। [24] तब यरूशलेम में स्थित ईलाह के घर का काम रुक गया, और यह पारस के राजा दायविश के राज्यकाल के दूसरे वर्ष तक रुका रहा।

5 [1] तब नबी, हग्गै नबी और जकरयाह इद्दो के पुत्र, यहूदियों से, जो यहूदा और येरूशलेम में थे, उन पर यिस्राएल के ईश्वर 𐤉𐤄𐤅𐤄 के नाम से बोले। [2] तब जरुब्बाबेल शअल्तीएल का पुत्र और येशुआ योत्सादाक का पुत्र उठे और येरूशलेम में ईश्वर के भवन का निर्माण करने लगे। और ईश्वर के नबी उनके साथ थे, उनकी सहायता करते हुए। [3] उसी समय नदी के पार के राज्यपाल तत्तनै और शेतर-बोज़नै और उनके साथी उनके पास आए और उनसे यह कहा, "तुम्हें किसने आज्ञा दी है कि तुम इस भवन को बनाओ और इस दीवार को पूरा करो?" [4] तब हमने उनसे उन पुरुषों के नाम बताए जो इस भवन का निर्माण कर रहे थे। [5] और उनके ईश्वर की दृष्टि यहूदियों के प्राचीनों पर थी, ताकि वे उन्हें रोक न सकें, जब तक कि यह विषय दारयावेश तक पहुँचे। और फिर उन्होंने इसके विषय में एक पत्र भेजा। [6] यह उस पत्र की प्रति है जो तत्तनै, नदी के पार का राज्यपाल, और शेतर-बोज़नै और उनके साथी अधिकारी, नदी के पार से, दारयावेश राजा को भेजते थे। [7] उन्होंने उसे एक पत्र भेजा, और इसमें यह लिखा था: दारयावेश राजा को: सब कुशल। [8] राजा को ज्ञात हो कि हम यहूदा प्रांत में गए, महान ईश्वर के भवन में, जो बड़े पत्थरों से बनाया जा रहा है और दीवारों में लकड़ियाँ लगाई जा रही हैं। और यह काम शीघ्रता से हो रहा है और उनके हाथों में बरूख है। [9] तब हमने उन प्राचीनों से पूछा, उनसे यह कहते हुए, "तुम्हें किसने आज्ञा दी कि तुम इस भवन को बनाओ और इन दीवारों को पूरा करो?" [10] और हमने उनसे उनके नाम भी पूछे, ताकि हम तुम्हें सूचित करें, और उन पुरुषों के नाम लिखें जो उनके प्रधान हैं। [11] और यह उत्तर उन्होंने हमें दिया, कहते हुए, "हम आकाश और पृथ्वी के ईश्वर 𐤉𐤄𐤅𐤄 के सेवक हैं, और हम उस भवन का पुनर्निर्माण कर रहे हैं जो बहुत वर्ष पहले बनाया गया था, जिसे यिस्राएल के एक महान राजा ने बनाया और पूरा किया था। [12] "परन्तु क्योंकि हमारे पितरों ने आकाश के ईश्वर 𐤉𐤄𐤅𐤄 को क्रोधित किया, उसने उन्हें बाबेल के राजा नबूकदनेस्सर, कसदी के हाथ में दे दिया, जिसने इस भवन को नष्ट किया और लोगों को बाबेल में निर्वासित कर दिया। [13] "परन्तु बाबेल के राजा कोरेश के पहले वर्ष में, राजा कोरेश ने इस ईश्वर के भवन को बनाने की आज्ञा दी। [14] "और सोने और चाँदी के पात्र भी, जो ईश्वर के भवन के थे, जिन्हें नबूकदनेस्सर ने येरूशलेम में हेकल से ले लिया था और बाबेल के मन्दिर में पहुँचा दिया था, उन्हें राजा कोरेश ने बाबेल के मन्दिर से निकालकर शेषबत्सर नामक एक व्यक्ति को दे दिया, जिसे उसने राज्यपाल बनाया था। [15] और उसने उससे कहा, 'इन पात्रों को लो, जाओ, उन्हें येरूशलेम में हेकल में रखो, और ईश्वर का भवन अपनी जगह पर बनाया जाए।' [16] "तब वही शेषबत्सर आया और येरूशलेम में ईश्वर के भवन की नींव डाली, और तब से अब तक वह निर्माणाधीन है, और यह पूरा नहीं हुआ है।" [17] और अब, यदि राजा को यह अच्छा लगे, तो राजा के खजाने के घर में, जो बाबेल में है, यह खोज की जाए कि क्या वास्तव में राजा कोरेश ने येरूशलेम में इस ईश्वर के भवन को बनाने की आज्ञा दी थी; और राजा हमें इस विषय में अपना निर्णय भेज दे।

6 [1] तब दारयवेश राजा ने एक आज्ञा दी, और पुस्तकों के घर में खोज की गई जहाँ बाबेल के खजाने भी रखे गए थे। [2] और अह्मेथा में, उस महल में जो मादै प्रांत में है, एक पत्र पाया गया, और उसमें यह लिखा हुआ था: [3] राजा कोरेश के पहले वर्ष में, राजा कोरेश ने यरूशलेम में ईश्वर के घर के विषय में एक आज्ञा दी, "घर उस स्थान पर बनाया जाए जहां उन्होंने चढ़ावे चढ़ाए, और उसकी नीवें दृढ़ रखी जाएँ, उसकी ऊँचाई साठ अम्माह, उसकी चौड़ाई साठ अम्माह। [4] भारी पत्थरों की तीन कतारें और नई लकड़ी की एक कतार। खर्च राजा के घर से दिया जाए। [5] "और सोने और चाँदी के बर्तन जो ईश्वर के घर के थे, जिन्हें नबूकदनेत्स्सर ने यरूशलेम के हेयख़ाल से लिया और बाबेल ले गया, लौटाए जाएँ और यरूशलेम के हेयख़ाल में अपने स्थान पर रखे जाएँ, और उन्हें ईश्वर के घर में जमा किया जाए।" [6] अब, नदी के पार के अधिपति तत्तनै और शेथर-बोज़नै और तुम्हारे साथी अधिकारीगण जो नदी के पार हैं, वहाँ से दूर रहो। [7] इस ईश्वर के घर के काम को अकेला छोड़ दो। यहूदियों के अधिपति और यहूदियों के प्राचीन इस ईश्वर के घर को उसकी जगह पर बनाएँ। [8] और मैंने यह आज्ञा दी कि तुम यहूदियों के प्राचीनों के लिए इस ईश्वर के घर के निर्माण के

लिए क्या करो: खर्च सही-सही इन लोगों को राजा के
संसाधनों से, नदी के पार के करों से दिया जाए, ताकि उन्हें
रोका न जाए। 9 और जो कुछ उन्हें चाहिए - चाहे जवान बैल
हों, मेढ़े और मेम्ने हों, आकाश के ईश्वर के होमबलियों के
लिए, गेहूँ, नमक, दाखमधु और तेल, जैसा यरूशलेम के
याजकों ने माँगा - उन्हें दिन-प्रतिदिन बिना चूके दिया जाए।
10 ताकि वे आकाश के ईश्वर को सुगंधित चढ़ावे चढ़ाएँ और
राजा और उसके पुत्रों के जीवन के लिए प्रार्थना करें। 11 और
मैंने यह आज्ञा दी कि जो कोई इस वचन को बदले, उसके घर
से एक लकड़ी खींची जाए, और उसे उस पर लटकाकर
दण्डित किया जाए। और उसके घर को इसके कारण गोबर
का ढेर बना दिया जाए। 12 और ईश्वर, जिसने वहाँ अपना
नाम बसाया है, किसी भी राजा या लोगों को उलट दे जो इस
ईश्वर के घर को बदलने या नष्ट करने के लिए हाथ लगाएँ,
जो यरूशलेम में है! मैं दारयवेश आज्ञा देता हूँ - इसे शीघ्र
किया जाए। 13 तब नदी के पार के अधिपति तत्तनै, शेथर-
बोज़नै और उनके साथी तुरंत उसी प्रकार करने लगे जैसा
दारयवेश राजा ने भेजा था। 14 और यहूदियों के प्राचीन लोग
बना रहे थे, और वे नबी हग्गै नबी और ज़कर्याह इद्दो के पुत्र
की नबूवत से आशीषित हुए। और उन्होंने बनाया और पूरा
किया, इस्राएल के ईश्वर की आज्ञा और कोरेश, दारयवेश
और अरतहशश्ता पारस के राजा की आज्ञा के अनुसार।
15 और यह घर तीसरे दिन, अदर महीने में पूरा हुआ, जो
राजा दारयवेश के राज्य के छठे वर्ष में था। 16 तब इस्राएल
के पुत्रों ने, याजकों और लेवियों और निर्वासन से आए शेष
पुत्रों ने इस ईश्वर के घर का समर्पण आनन्द के साथ किया।
17 और इस ईश्वर के घर के समर्पण में उन्होंने सौ बैल, दो सौ
मेढ़े, चार सौ मेम्ने चढ़ाए, और पूरे इस्राएल के लिए बारह
बकरे पापबलि के रूप में, इस्राएल के गोत्रों की संख्या के
अनुसार। 18 और उन्होंने याजकों को उनके विभागों में और
लेवियों को उनके विभागों में नियुक्त किया, यरूशलेम में ईश्वर
की सेवा पर, जैसा मूशेह की पुस्तक में लिखा है। 19 और
निर्वासन के पुत्रों ने पहले महीने के चौदहवें दिन पासह किया।
20 क्योंकि याजकों और लेवियों ने अपने आप को शुद्ध किया
था - सब के सब शुद्ध थे। और उन्होंने पासह को सब
निर्वासन के पुत्रों और अपने भाइयों याजकों और अपने लिए
वध किया। 21 और इस्राएल के पुत्र जिन्होंने निर्वासन से
लौटकर देश के अन्यजातियों की अशुद्धता से अपने आप को
अलग किया था, इस्राएल के 𐤉𐤄𐤅𐤄 ईश्वर की खोज के
लिए, वे सब मिलकर खाए। 22 और उन्होंने अख़मीरी रोटी
का पर्व सात दिन आनन्द के साथ मनाया, क्योंकि 𐤉𐤄𐤅𐤄 ने
उन्हें आनन्दित किया, और अश्शूर के राजा का मन उनकी
ओर फेर दिया, ताकि उनके हाथ इस्राएल के ईश्वर, ईश्वर
के घर के काम में बलवत्तर हों।

7 1 और इन घटनाओं के बाद, पारस के राजा अर्तहशश्ता
के शासनकाल में, एज़रा, सरायाह का पुत्र, अजर्याह का
पुत्र, हिलकियाह का पुत्र, 2 शल्लूम का पुत्र, सादोक का पुत्र,
अहितुब का पुत्र, 3 अमर्याह का पुत्र, अजर्याह का पुत्र,
मेरायोथ का पुत्र, 4 जरह्याह का पुत्र, उज़्ज़ी का पुत्र, बुक्की का
पुत्र, 5 अबिशूआ का पुत्र, पिन्हास का पुत्र, एलेआज़ार का
पुत्र, हारून महायाजक का पुत्र – 6 यह एज़रा बाबेल से ऊपर
आया। और वह एक शास्त्री था, मूशेह की तोराह में निपुण,
जिसे 𐤉𐤄𐤅𐤄 ईश्वर इस्राएल का ने दिया था। और राजा ने
उसे वह सब दिया जो उसने माँगा, क्योंकि 𐤉𐤄𐤅𐤄 उसके
ईश्वर का हाथ उस पर था। 7 और इस्राएल के कुछ पुत्र,
और याजक, और लेवी, और गायक, और फाटकपाल, और
नतिनिम यरूशलेम में राजा अर्तहशश्ता के सातवें वर्ष में ऊपर
आए। 8 और वह यरूशलेम में पाँचवें महीने में आया, जो राजा
के सातवें वर्ष में था। 9 क्योंकि पहले महीने के पहले दिन वह
बाबेल से ऊपर चढ़ने लगा, और पाँचवें महीने के पहले दिन
वह यरूशलेम पहुँचा, अपने ईश्वर के अच्छे हाथ के अनुसार
जो उस पर था। 10 क्योंकि एज़रा ने अपना हृदय तैयार किया
था कि वह 𐤉𐤄𐤅𐤄 की तोराह की खोज करे, और उसे करे,
और इस्राएल में विधियों और नियमों को सिखाए। 11 और
यह उस पत्र की प्रति है जिसे राजा अर्तहशश्ता ने एज़रा
याजक, शास्त्री, 𐤉𐤄𐤅𐤄 की आज्ञाओं के वचनों में शास्त्री,
और उसकी विधियों के लिए इस्राएल को दिया:
12 अर्तहशश्ता, राजाओं का राजा, एज़रा याजक को, स्वर्ग के
ईश्वर की व्यवस्था का सिद्ध शास्त्री। और अब, 13 मैं आज्ञा
देता हूँ कि मेरे राज्य में जो कोई इस्राएल के लोगों का, और
याजकों और लेवियों का है, जो स्वेच्छा से यरूशलेम जाने को
तैयार है, वह तेरे साथ जाए। 14 क्योंकि तुझे राजा और
उसके सात मंत्रियों ने यहूदा और यरूशलेम की जाँच करने
के लिए भेजा है, तेरे हाथ में जो तेरे ईश्वर की व्यवस्था है
उसके अनुसार; 15 और चाँदी और सोना ले जाने के लिए, जो
राजा और उसके मंत्रियों ने स्वेच्छा से इस्राएल के ईश्वर को
दिया है, जिसका निवास यरूशलेम में है, 16 और वह सब
चाँदी और सोना जो तू बाबेल के सारे प्रांत में पाए, लोगों और
याजकों के उपहार सहित, जो उनके ईश्वर के भवन के लिए
यरूशलेम में स्वेच्छा से दिया गया हो, 17 इसलिए, इस चाँदी
से तुरंत बैल, मेढ़े, मेम्ने, उनके अन्नबलि और उनके पेयबलि
खरीदना, और उन्हें तेरे ईश्वर के भवन की वेदी पर
यरूशलेम में चढ़ाना। 18 और जो कुछ तुझे और तेरे भाइयों
को चाँदी और सोने के शेष के साथ करना अच्छा लगे, अपने
ईश्वर की इच्छा के अनुसार कर। 19 और वे पात्र जो तुझे
तेरे ईश्वर के भवन की सेवा के लिए दिए गए हैं, उन्हें
यरूशलेम में तेरे ईश्वर के सामने रख देना। 20 और तेरे
ईश्वर के भवन के लिए जो और आवश्यक बातें हैं, जिन्हें तुझे
देना है, वह राजा के खजाने से दे देना। 21 और मैं, मैं राजा
अर्तहशश्ता, नदी के उस पार के सब खजांची को आज्ञा देता
हूँ, कि जो कुछ एज़रा याजक, स्वर्ग के ईश्वर की व्यवस्था का
शास्त्री, तुमसे माँगे, उसे तुरंत करो, 22 एक सौ किकर चाँदी
तक, और एक सौ कोर गेहूँ तक, और एक सौ बाथ दाखमधु
तक, और एक सौ बाथ तेल तक, और नमक गिनती के
बिना। 23 जो कुछ स्वर्ग के ईश्वर की आज्ञा है, वह स्वर्ग के
ईश्वर के भवन के लिये पूरी लगन से किया जाए। क्योंकि
क्यों राजा के राज्य और उसके पुत्रों पर क्रोध होना चाहिए?
24 हम और भी तुम्हें सूचित करते हैं कि किसी भी याजकों
और लेवियों, गायक, द्वारपाल, नतिनीम और इस ईश्वर के
भवन के सेवकों पर कर, चुंगी या महसूल लगाने का अधिकार
नहीं है। 25 और तू, एज्रा, तेरे हाथ में जो तेरे ईश्वर की बुद्धि
है उसके अनुसार, न्यायाधीशों और हाकिमों को नियुक्त कर,
जो सब लोगों का न्याय करें जो नदी के पार हैं, सब जो तेरे

ईश्वर की व्यवस्था जानते हैं। और जो नहीं जानते, उन्हें
सिखा। 26 और जो कोई तेरे ईश्वर की व्यवस्था और राजा
की व्यवस्था को नहीं करता, उस पर शीघ्र न्याय किया जाए,
चाहे वह मृत्यु हो, या निर्वासन, या माल की जब्ती, या कैद।
27 धन्य हो 𐤉𐤄𐤅𐤄 हमारे पितरों का ईश्वर, जिसने यह बात
राजा के मन में डाली, कि 𐤉𐤄𐤅𐤄 के भवन को जो
येरुशलेम में है, सुशोभित करे, 28 और जिसने मुझ पर राजा
और उसके मंत्रियों के सामने, और राजा के सब पराक्रमी
हाकिमों के सामने करुणा की। और मैं सामर्थी हुआ, क्योंकि
𐤉𐤄𐤅𐤄 मेरे ईश्वर का हाथ मुझ पर था। और मैंने इस्राएल
से प्रधानों को इकट्ठा किया कि वे मेरे साथ ऊपर जाएं।

8 1 ये उनके पितरों के प्रधान हैं, और यह उनकी वंशावली है
जो मेरे साथ बाबेल से राजा अर्तहशश्ता के राज्य में
ऊपर गए: 2 फीनेहस के पुत्रों में से, गेरशोम; इतामार के पुत्रों
में से, दानियेल; दाऊद के पुत्रों में से, हत्तूश; 3 शेखन्याह के
पुत्रों में से, परोश के पुत्रों में से, ज़कर्याह; और उसके साथ
पंजीकृत थे एक सौ पचास पुरुष; 4 पहत-मोआब के पुत्रों में
से, एलयाहोएयनै पुत्र ज़कर्याह, और उसके साथ दो सौ पुरुष;
5 शेखन्याह के पुत्रों में से, यहजीएल का पुत्र, और उसके
साथ तीन सौ पुरुष; 6 और आदीन के पुत्रों में से, एबेद पुत्र
यहोनातान, और उसके साथ पचास पुरुष; 7 और एलाम के
पुत्रों में से, यशायाह पुत्र अतलयाहु, और उसके साथ सत्तर
पुरुष; 8 और शेफटयाह के पुत्रों में से, ज़बद्याह पुत्र मीकाएल,
और उसके साथ अस्सी पुरुष; 9 योआब के पुत्रों में से,
ओबद्याह पुत्र येहीएल, और उसके साथ दो सौ अठारह पुरुष;
10 और शेलोमिथ के पुत्रों में से, योसिफ्याह का पुत्र, और
उसके साथ एक सौ साठ पुरुष; 11 बेबै के पुत्रों में से, ज़कर्याह
पुत्र बेबै, और उसके साथ अट्ठाईस पुरुष; 12 अज़गाद के पुत्रों
में से, योहानान पुत्र हक्कातान, और उसके साथ एक सौ दस
पुरुष; 13 और अदोनिकाम के अंतिम पुत्रों में से, जिनके नाम
ये हैं; एलीफेलेट, येईएल, और शमायाह, और उनके साथ
साठ पुरुष; 14 और बिगवै के पुत्रों में से, ऊथै और ज़ब्बूद,
और उनके साथ सत्तर पुरुष। 15 और मैंने उन्हें अहावा की
ओर बहनेवाली नदी पर इकट्ठा किया, और हम वहाँ तीन दिन
रुके। और मैंने लोगों और याजकों के बीच देखा, और वहाँ
लवी के पुत्रों में से कोई नहीं पाया। 16 तब मैंने एलीएज़र,
अरिऐल, शेमायाह, एलनाथान, यारीब, एलनाथान, नाथान,
ज़ख़र्याह और मेशुल्लाम, अगुवों को भेजा – और योयारीब
और एलनाथान को भी, जो समझ रखनेवाले पुरुष थे।
17 और मैंने उन्हें कासिफ्या स्थान पर प्रमुख पुरुष इद्दो के
पास आज्ञा दी, और उनके मुँह में शब्द रखे कि वे इद्दो और
उसके भाइयों नतिनीम से, जो कासिफ्या स्थान पर थे, हमारे
लिए हमारे ईश्वर के भवन के सेवक लाएँ। 18 फिर, हमारे
ऊपर हमारे ईश्वर का भला हाथ होने के कारण, वे हमें एक
समझ रखनेवाला पुरुष लाए, जो लवी के पुत्र, इस्राएल के
पुत्र माहली के पुत्रों में से था, और शेरेब्याह अपने पुत्रों और
भाइयों समेत अठारह। 19 और हशब्याह, और उसके साथ
मरारी के पुत्रों में से यशायाह, उसके भाई और उनके पुत्र
बीस। 20 और नतिनीम में से, जिन्हें दाविद और अगुवों ने
लवियों की सेवा के लिये ठहराया था, दो सौ बीस नतिनीम,
जिनका सबका नाम लेकर उल्लेख किया गया था। 21 तब
मैंने वहाँ अहावा की नदी पर उपवास घोषित किया, कि हम
अपने ईश्वर के सामने दीन हों, और उससे अपने लिये, अपने
बालकों और अपनी सारी संपत्ति के लिये सीधा मार्ग माँगें।
22 क्योंकि मुझे राजा से शत्रु के मार्ग में हमारी सहायता के
लिये सेना और घुड़सवारों की टुकड़ी माँगते लज्जा लगी,
क्योंकि हमने राजा से कहा था, "जो सब लोग उसे खोजते हैं,
उनके भले के लिये हमारे ईश्वर का हाथ उन पर है, परन्तु
उसकी शक्ति और उसका क्रोध सब पर है जो उसे छोड़ देते
हैं।" 23 सो हमने इसके लिये उपवास किया और अपने ईश्वर
से बिनती की, और उसने हमारी प्रार्थना सुनी। 24 और मैंने
याजकों के अगुवों में से बारह को अलग किया: शेरेब्याह,
हशब्याह, और उनके साथ उनके दस भाइयों को। 25 और
मैंने उनके लिये चाँदी, सोना और वस्तुएँ, हमारे ईश्वर के
भवन के लिये भेंट, जिसे राजा, उसके मंत्रियों, उसके प्रधानों
और सब इस्राएलियों ने जो वहाँ थे, अर्पण की थी, तोल कर
दी। 26 इस प्रकार मैंने उनके हाथ में छह सौ पचास कीकर
चाँदी, और चाँदी के पात्र एक सौ कीकर, और सोने के एक
सौ कीकर तौले। 27 और बीस सोने के कटोरे, जिनका भार
हज़ार द्राख्मा था, और उत्तम चमकदार पीतल के दो पात्र,
जो सोने के समान मूल्यवान थे। 28 और मैंने उनसे कहा,
"तुम 𐤉𐤄𐤅𐤄 के लिये पवित्र हो, और ये वस्तुएँ भी पवित्र हैं।
और यह चाँदी और सोना तुम्हारे पितरों के ईश्वर 𐤉𐤄𐤅𐤄 के
लिये स्वेच्छा की भेंट है।" 29 "उन्हें तब तक पहरे में रखो
जब तक तुम उन्हें यरूशलेम में याजकों और लवियों और
इस्राएल के पितरों के घरानों के प्रधानों के सामने 𐤉𐤄𐤅𐤄 के
भवन के कोष्ठों में तौल न दो।" 30 तब याजकों और लवियों
ने चाँदी, सोना और वस्तुएँ तौली हुई ले लीं, उन्हें हमारे ईश्वर
के भवन को यरूशलेम ले जाने के लिये। 31 तब हम पहले
महीने के बारहवें दिन अहावा नदी से यरूशलेम को चले।
और हमारे ऊपर हमारे ईश्वर का हाथ था, और उसने हमें
शत्रु के हाथ और मार्ग में घात लगानेवाले से बचा लिया।
32 और जब हम यरूशलेम पहुँचे, तब वहाँ तीन दिन ठहरे।
33 और चौथे दिन हमारे ईश्वर के भवन में चाँदी, सोना और
वस्तुएँ तोली गईं, जो ऊरिय्याह के पुत्र मेरैमोत याजक के
हाथ में दी गईं; और उसके साथ पीनहस का पुत्र एलीआज़र
था। और उनके साथ लवी, योज़ाबाद, येशू का पुत्र और
बिन्नूई का पुत्र नोहद्याह थे। 34 तब सबका गिनती और तोल
हुआ; और उस समय सबका भार लिख लिया गया। 35 उन
निर्वासितों के पुत्रों ने, जो बंधुवाई से आए थे, इस्राएल के
ईश्वर के लिये होमबलि चढ़ाया: बारह बैल सारे इस्राएल के
लिये, छियानबे मेढ़े, सतहत्तर मेम्ने, और बारह बकरे पापबलि
के लिये – ये सब 𐤉𐤄𐤅𐤄 को होमबलि के रूप में चढ़ाए।
36 और उन्होंने राजा की आज्ञाएँ राजा के राज्यपालों और नदी
के पार के अधिपतियों को दीं; और उन्होंने लोगों और ईश्वर
के भवन को सहारा दिया।

9 1 और जब ये हो चुके थे, तब नेताओं ने मेरे पास आकर
कहा, "यिस्राएल के लोग और याजक और लेवी लोग
देश के लोगों से अपने आप को अलग नहीं किए हैं, उन घृणित
कामों के अनुसार, कनानी, हित्ती, परिज्जी, यबूसी, अम्मोनी,
मोआबी, मिस्री, और एमोरी के। 2 क्योंकि उन्होंने उनकी

बेटियों में से अपनी और अपने बेटों के लिए पत्नियाँ ले ली हैं,
ताकि पवित्र वंश उन देशों के लोगों के साथ मिला हुआ है।
और इस अपराध में नेताओं और हाकिमों का हाथ सबसे आगे
रहा है।" [3]और जब मैंने यह बात सुनी, तो मैंने अपना वस्त्र
और अपना ओढ़ना फाड़ा, और अपने सिर और दाढ़ी के बाल
नोचे, और आश्चर्यचकित होकर बैठ गया। [4]तब सब वे लोग
जो यिस्राएल के ईश्वर के वचनों से काँपते थे, मेरे पास इकट्ठे
हुए, निर्वासितों के अपराध के कारण, और मैं साझ की बलि
तक आश्चर्यचकित बैठा रहा। [5]और साझ की बलि पर मैं
अपनी पीड़ा से उठा। और अपना वस्त्र और अपना ओढ़ना
फाड़कर, मैं घुटनों के बल गिरा और अपने हाथों को 𐤉𐤄𐤅𐤄
अपने ईश्वर की ओर फैलाया, [6]और कहा, "हे मेरे ईश्वर, मैं
अत्यन्त लज्जित और घायल हूँ कि अपना मुख तेरी ओर
उठाऊँ, हे मेरे ईश्वर, क्योंकि हमारे अधर्म हमारे सिर से
ऊपर चढ़ गए हैं, और हमारा अपराध आकाश तक बढ़ गया
है। [7]"हमारे पितरों के दिनों से आज तक हम बहुत दोषी रहे
हैं, और हमारे अधर्मों के कारण हम, हमारे राजा, और हमारे
याजक देश के राजाओं के हाथ में तलवार, बंधुआई, लूट
और मुख की लज्जा में दिए गए हैं, जैसा कि आज है। [8]"पर
अब थोड़ी देर के लिए, 𐤉𐤄𐤅𐤄 हमारे ईश्वर की ओर से हम
पर कृपा हुई है, कि हमें बचने के लिए एक बचे हुए को छोड़
दे, और अपने पवित्र स्थान में हमें एक कील दे, ताकि हमारा
ईश्वर हमारी आँखों को प्रकाशित करे और हमारी दासता में
हमें कुछ जीवन दे। [9]"क्योंकि हम दास थे, परन्तु अपनी
दासता में हमारे ईश्वर ने हमें नहीं छोड़ा, और पारस के
राजाओं के सम्मुख हम पर कृपा की, हमें जीवित करने के
लिए, हमारे ईश्वर के भवन को उठाने के लिए, उसके खंडहरों
को सुधारने के लिए, और यहूदा और यरूशलेम में हमें एक
दीवार देने के लिए। [10]"और अब, हे हमारे ईश्वर, इसके
बाद हम क्या कहें? क्योंकि हम ने तेरी आज्ञाओं को त्याग दिया
है, [11]जो तू ने अपने दास नबियों के द्वारा आज्ञा दी थी, यह
कहते हुए, 'यह देश जिसमें तुम अधिकारी होने जा रहे हो, वह
देश देश के लोगों की अशुद्धता से अशुद्ध है, उनके घृणित
कामों से जिस से उन्होंने उसे एक सिरे से दूसरे सिरे तक भर
दिया है, उनकी अशुद्धता से। [12]'और अब, न तो अपनी
बेटियों को उनके बेटों के लिए पत्नियाँ दो, और न उनकी
बेटियों को अपने बेटों के लिए लो। और उनकी शांति या
उनकी समृद्धि को कभी न चाहो, ताकि तुम बलवान रहो, और
देश की भलाई खाओ, और उसे अपने बच्चों को सदा के लिए
उत्तराधिकार में छोड़ दो।' [13]"और हमारे बुरे कामों और
हमारे बड़े अपराध के कारण जो सब हम पर आया है, चूँकि
तू, हमारे ईश्वर, ने हमारे अधर्म पर छड़ी को रोक रखा है,
और हमें ऐसा उद्धार दिया है, [14]तो क्या हम फिर मुड़कर तेरी
आज्ञाओं को तोड़ें, और इन घृणित लोगों से विवाह करें? क्या
तू हम पर इतना क्रोधित न होगा कि हमें भस्म कर दे, यहाँ
तक कि कोई शेष या बचा हुआ न रहे? [15]"हे 𐤉𐤄𐤅𐤄
इस्राएल के ईश्वर, तू धर्मी है, क्योंकि हम आज के दिन के
समान बचे हुए रह गए हैं। देख, हम तेरे सामने अपने
अपराध में खड़े हैं, क्योंकि इस विषय में तेरे सामने कोई खड़ा
नहीं हो सकता!"

10 [1]और जब एज्रा प्रार्थना कर रहा था, और जब वह
अंगीकार कर रहा था, रो रहा था, और ईश्वर के
भवन के सामने झुक रहा था, तब एक बहुत बड़ी सभा - पुरुष
और स्त्रियाँ और बालक - इस्राएल से उसके पास इकट्ठा हुए,
क्योंकि लोग बहुत कड़वे रूप से रोए। [2]और शेखन्याह
यहीएल का पुत्र, ओलाम के पुत्रों में से एक, उठकर एज्रा से
कहने लगा, "हमने अपने ईश्वर के विरुद्ध अपराध किया है,
और देश के लोगों से विदेशी स्त्रियाँ ले ली हैं। और अब
इस्राएल में इस विषय में आशा है।" [3]"अब आओ, हम अपने
ईश्वर के साथ एक वाचा करें कि इन सब स्त्रियों और उनसे
उत्पन्न हुए बच्चों को दूर कर दें, जैसा कि 𐤉𐤄𐤅𐤄 और
हमारे ईश्वर की आज्ञा से डरने वालों की सम्मति है। और यह
सब तोराह के अनुसार किया जाए।" [4]"उठो, क्योंकि यह
बात तुम्हारे ऊपर है, पर हम तुम्हारे साथ हैं। दृढ़ हो और
कार्य करो।" [5]तब एज्रा उठा, और उसने याजकों, लेवियों
और सारे इस्राएल के प्रधानों को शपथ दिलाई कि वे इस
वचन के अनुसार करें। और उन्होंने शपथ खाई। [6]फिर
एज्रा ईश्वर के भवन के सामने से उठा, और याहोहनान
एल्याशिब का पुत्र के कमरे में गया। और वह वहाँ गया -
उसने रोटी नहीं खाई और न पानी पिया, क्योंकि वह निर्वासितों
के अपराध के कारण शोक कर रहा था। [7]और यहूदाह और
यरूशलेम में सब निर्वासितों के पुत्रों के लिये घोषणा की गई
कि वे यरूशलेम में इकट्ठा हों, [8]और जो कोई तीन दिनों के
भीतर न आए, प्रधानों और प्राचीनों की सम्मति के अनुसार,
उसकी सारी संपत्ति वर्जित की जाएगी, और वह स्वयं
निर्वासितों की सभा से अलग किया जाएगा। [9]तब यहूदाह
और बिन्यामीन के सब पुरुष तीन दिनों के भीतर यरूशलेम में
इकट्ठा हुए। वह नौवां महीना था, महीने की बीसवीं तारीख।
और सब लोग ईश्वर के भवन के खुले स्थान में बैठे, इस
मामले के कारण और वर्षा के कारण काप रहे थे। [10]तब
एज्रा याजक खड़ा हुआ और उनसे कहा, "तुमने अपराध
किया है और विदेशी स्त्रियाँ ले ली हैं, और इस्राएल के
अपराध में वृद्धि की है। [11]"अब, अपने पितरों के ईश्वर
𐤉𐤄𐤅𐤄 ईश्वर के आगे अंगीकार करो, और उसकी इच्छा
पूरी करो, और देश के लोगों से और विदेशी स्त्रियों से अलग
हो जाओ।" [12]तब सारी सभा ने ऊँची आवाज़ से उत्तर दिया
और कहा, "सही है! हमें तेरे वचन के अनुसार करना है।
[13]"परन्तु लोग बहुत हैं, और यह वर्षा का मौसम है, और हम
बाहर खड़े नहीं रह सकते। और यह काम एक या दो दिन
का नहीं है, क्योंकि हमने इस विषय में बहुत अधिक अपराध
किया है। [14]"कृपया, सभा के सब प्रधान खड़े हों। और
हमारे नगरों में जिन लोगों ने विदेशी स्त्रियाँ ली हैं, वे अपने
नगरों के प्राचीनों और न्यायियों के साथ नियत समयों पर
आएँ, जब तक कि हमारे ईश्वर का जलता हुआ क्रोध हम से
इस विषय में फिर न जाए।" [15]केवल यहोनातान आसाहेल
का पुत्र और याहज्याह तिक्वाह का पुत्र इस का विरोध किया,
और मेशुल्लाम और शब्बेतै लेवी ने उनका समर्थन किया।
[16]तब निर्वासितों के पुत्रों ने ऐसा ही किया। और एज्रा याजक
और कुछ पितरों के प्रधानों ने, प्रत्येक अपने नाम से, अलग
होकर बैठ गए। और उन्होंने दसवें महीने के पहले दिन इस
मामले की जाँच करने के लिये बैठना शुरू किया। [17]और
उन्होंने पहले महीने के पहले दिन तक उन सब पुरुषों से काम
पूरा किया जिन्होंने विदेशी स्त्रियाँ ली थीं। [18]और उन
याजकों के पुत्रों में जिन्होंने विदेशी स्त्रियाँ ली थीं, ये पाए गए:

येहशुआ योत्सादाक का पुत्र, और उसके भाई - मा’सेयाह,
एलीएज़र, यारीब, और गदल्याह। 19 और उन्होंने अपनी
पत्नियों को दूर करने के लिये हाथ दिया। और दोषी होकर
उन्होंने अपने अपराध के लिये एक मेढ़ा भेंट किया। 20 और
इम्मेर के पुत्रों में से: हनानी और जबद्याह। 21 और हारिम के
पुत्रों में से: मा’सेयाह, एल्याहू, शमायाह, यहीएल, और
उज़्ज़ियाह। 22 और पशहूर के पुत्रों में से: एलयोएयनै,
मा'असेयाहु, यिश्माएल, नथानएल, योज़ाबाद, और
एल'आसह। 23 और लेवियों में से: योज़ाबाद, शिमी, केलेयाह
- वही केलिता है – पेतह्याह, यहूदा, और एलीएज़र। 24 और
गानेवालों में से: एलयाशिब। और द्वारपालों में से: शल्लूम,
और तेलेम, और ऊरी। 25 और यिस्राएल में परोश के पुत्रों में
से: रम्याह, और यिज्जियाह, और मल्कियाह, और मियामिन,
और एल'आज़ार, और मल्कियाह, और बिनायाह। 26 और
एलाम के पुत्रों में से: मत्तन्याह, ज़कर्याह, और येहि'एल, और
अब्दी, और यरेमोथ, और एल्याहु। 27 और ज़त्तू के पुत्रों में
से: एलयोएयनै, एलयाशिब, मत्तन्याह, और यरेमोथ, और
ज़ाबाद, और अज़ीज़ा। 28 और बब्बै के पुत्रों में से:
याहोहानान, हनन्याह, ज़ब्बै, और अतलै। 29 और बानी के
पुत्रों में से: मशुल्लाम, मल्लूक, और अदायाह, याशूब, और
शे'अल, रामोत। 30 और पहत-मोआब के पुत्रों में से: अदना,
और केलेल, बिनायाह, मा'असेयाह, मत्तन्याह, बेत्सलएल,
और बिन्नूई, और मनश्शेह। 31 और हारिम के पुत्रों में से:
एलीएज़र, यिश्शियाह, मल्कियाह, शेमायाह, शिम'ओन।
32 बिन्यामिन, मल्लूक, और शेमर्याह। 33 हाशूम के पुत्रों में
से: मत्तेनै, मत्तत्ताह, ज़ाबाद, एलीफेलेट, यरेमाय, मनश्शेह,
और शिमी। 34 बानी के पुत्रों में से: मा'अदाय, अमराम, और
ऊ'एल। 35 बिनायाह, बिदेयाह, केलेहै। 36 वन्याह, मेरमोत,
एलयाशिब। 37 मत्तन्याह, मत्तेनै, और या'आसू। 38 और
बानी, और बिन्नूई, शिमी। 39 और शेलम्याह, और नथान,
और अदायाह। 40 मखनदेबाय, शशै, शरै। 41 अज़रएल,
और शेलम्याहु, शेमर्याह। 42 शल्लूम, अमर्याह, और योसफ़।
43 नेबो के पुत्रों में से: ये'ईएल, मत्तित्याह, ज़ाबाद, ज़ेबिना,
यद्दू, और यो'एल, बिनायाह। 44 इन सब ने परदेशी स्त्रियाँ ले
ली थीं, और उनमें से कितनों के बच्चों वाली स्त्रियाँ भी थीं।

नहेम्याह

𐤉𐤄𐤅𐤄

हिंदी संस्करण

नहेम्याह

1 1 नेहेमयाह, हकल्याह के पुत्र के वचन। और ऐसा हुआ
कि बीसवें वर्ष में, किसलू के महीने में, जब मैं शूशन के
किले में था, 2 कि हनानी, जो मेरे भाइयों में से एक था, यहूदा
से कुछ पुरुषों के साथ आया; और मैंने उनसे उन यहूदियों के
विषय में पूछा जो बच गए थे, अर्थात बंधुआई से बचे हुए लोगों
के विषय में, और यरूशलेम के विषय में। 3 और उन्होंने
मुझसे कहा, "जो लोग बंधुआई से बचकर प्रांत में रह गए हैं,
वे बड़ी विपत्ति और तिरस्कार में हैं। और यरूशलेम की
दीवार गिरा दी गई है, और उसके फाटक आग से जलाए गए
हैं।" 4 जब मैंने ये बातें सुनीं, तो मैं बैठ गया और रोया, और
कई दिनों तक शोक करता रहा; और मैं स्वर्ग के ईश्वर के
सामने उपवास और प्रार्थना करता रहा। 5 और मैंने कहा, "मैं
प्रार्थना करता हूँ, हे स्वर्ग के ईश्वर ऋ५ऋz, हे महान और
भयानक ईश्वर, जो अपने प्रेम करने वालों और अपनी
आज्ञाओं का पालन करने वालों के साथ वाचा और करुणा को
बनाए रखता है।" 6 "कृपा कर अपने दास की प्रार्थना पर
ध्यान दे, और अपनी आँखें खोल कि तू अपने दास की
प्रार्थना को सुने, जिसे मैं अब तेरे सामने दिन और रात
इस्राएल की सन्तान, तेरे दासों के लिये करता हूँ, और
इस्राएल की सन्तान के उन पापों को स्वीकार करता हूँ, जो
हमने तेरे विरुद्ध किए हैं। मैं और मेरे पिता का घराना —
हमने पाप किया है।" 7 "हमने तेरे विरुद्ध बहुत ही दुष्टता की
है, और तेरी आज्ञाओं, विधियों और नियमों को नहीं माना, जो
तूने अपने दास मूसा को दी थीं।" 8 "कृपा करके उस वचन
को स्मरण कर जो तूने अपने दास मूसा से कहा था, 'यदि
तुम अपराध करोगे, तो मैं तुम्हें लोगों के बीच तितर-बितर कर
दूँगा।'" 9 "परन्तु यदि तुम मेरी ओर लौट आओगे, और मेरी
आज्ञाओं को मानोगे और उन्हें करोगे, तो चाहे तुम्हें स्वर्ग के
छोर तक भी निकाल दिया गया हो, वहाँ से मैं तुम्हें इकट्ठा
करूँगा और उस स्थान पर लाऊँगा जिसे मैंने अपने नाम के
वास के लिये चुना है।" 10 "वे तो तेरे ही दास और तेरे ही
लोग हैं, जिन्हें तूने अपनी बड़ी शक्ति और अपनी दृढ़ भुजा से
छुड़ाया है।" 11 "हे ऋ५ऋz, मैं तुझसे विनती करता हूँ,
अपने दास की प्रार्थना पर ध्यान दे, और उन दासों की प्रार्थना
पर भी जो तेरे नाम का भय मानने में प्रसन्न हैं। आज अपने
दास को सफल बना, मैं प्रार्थना करता हूँ, और इस मनुष्य के
सामने उसे अनुग्रह प्रदान कर।" क्योंकि मैं राजा का प्याला
भरने वाला था।

2 1 और ऐसा हुआ कि निसान महीने में, राजा अर्तक्षत्र के
बीसवें वर्ष में, जब उसके सामने दाखमधु था, तब मैंने
दाखमधु लिया और राजा को दिया। और मैं कभी उसके
सामने उदास नहीं रहा था। 2 तब राजा ने मुझसे कहा, "तेरा
चेहरा क्यों उदास है, क्योंकि तू बीमार तो नहीं है? यह हृदय
का दुख ही है।" तब मैं बहुत डर गया। 3 और मैंने राजा से
कहा, "राजा सदा जीवित रहे! मेरा चेहरा क्यों न उदास हो,
जब वह नगर जहाँ मेरे पितरों की कब्रें हैं, उजाड़ पड़ा है और
उसके फाटक आग से जलाए गए हैं?" 4 तब राजा ने मुझसे
कहा, "तू क्या माँगता है?" तब मैंने स्वर्ग के ईश्वर से प्रार्थना
की। 5 और मैंने राजा से कहा, "यदि यह राजा को भला लगे,
और यदि तेरा दास तेरी दृष्टि में अनुग्रह पाए, तो मुझे यहूदा
भेज दे, मेरे पितरों की कब्रों के नगर में, ताकि मैं उसे फिर से
बनाऊँ।" 6 तब राजा ने, रानी उसके पास बैठी हुई थी, मुझसे
कहा, "तेरी यात्रा में कितना समय लगेगा? और तू कब
लौटेगा?" इसलिए यह राजा को अच्छा लगा कि मुझे भेज दे,
और मैंने उसे एक निश्चित समय बताया। 7 और मैंने राजा
से कहा, "यदि यह राजा को अच्छा लगे, तो मुझे नदी के उस
पार के राज्यपालों के लिये पत्र दिए जाएँ, ताकि वे मुझे यहूदा
तक जाने की अनुमति दें।" 8 "और आसाफ के लिये, जो
राजा के जंगल का रखवाला है, एक पत्र, ताकि वह मुझे
लकड़ी दे जिससे मैं मंदिर के भवन के फाटकों, नगर की
दीवार, और उस घर के लिये जिसमें मैं रहूँगा, के लिये कड़ी
बना सकूँ।" और मेरे ईश्वर के कृपालु हाथ के अनुसार,
राजा ने मुझे सब कुछ दिया। 9 तब मैं नदी के उस पार के
राज्यपालों के पास गया, और उन्हें राजा के पत्र दिए। अब
राजा ने मेरे साथ सेना के प्रधान और घुड़सवार भेजे थे।
10 जब होरोनी सनबल्लत और अम्मोनी अधिकारी तोबिय्याह
ने यह सुना, तो उन्हें यह बहुत बुरा लगा कि कोई मनुष्य
इस्राएल के लोगों की भलाई के लिये आया है। 11 फिर मैं
यरूशलेम आया, और वहाँ तीन दिन ठहरा। 12 और मैं रात
को उठा, मैं और मेरे साथ कुछ पुरुष; और मैंने किसी को
नहीं बताया कि मेरा ईश्वर मेरे हृदय में क्या करने को डाल
चुका है यरूशलेम के लिये। और मेरे सिवाय मेरे नीचे कोई
पशु नहीं था जिस पर मैं सवार था। 13 और मैं रात में घाटी के
फाटक से बाहर निकला, गीदड़ों के सोते और गोबर के
फाटक की ओर गया, और मैंने यरूशलेम की उन दीवारों को
देखा जो तोड़ी गई थीं और उसके फाटक जो आग से जलाए
गए थे। 14 फिर मैं सोते के फाटक और राजा के तालाब की
ओर गया, परन्तु मेरे नीचे का पशु जाने के लिये स्थान नहीं पा
सका। 15 इसलिये मैं रात में नाले के मार्ग से ऊपर गया, और
दीवार को देखा; फिर लौटा, और घाटी के फाटक से भीतर
आया, और लौट आया। 16 और हाकिमों को न मालूम था कि
मैं कहाँ गया था या क्या किया था; क्योंकि मैंने अब तक
यहूदियों, याजकों, प्रधानों, हाकिमों या अन्य काम करने वालों
को नहीं बताया था। 17 तब मैंने उनसे कहा, "तुम देखते हो
कि हम किस संकट में हैं, कैसे यरूशलेम उजाड़ पड़ा है और
उसके फाटक आग से जलाए गए हैं। आओ, हम यरूशलेम
की दीवार बनाएँ ताकि हम अब और अपमानित न हों।"
18 और मैंने उन्हें बताया कि मेरा ईश्वर का कृपालु हाथ मुझ
पर कैसा रहा है, और राजा के वे वचन जो उसने मुझसे कहे
थे। तब उन्होंने कहा, "हम उठें और बनाएँ।" इस प्रकार
उन्होंने अपने हाथों को भले कार्य के लिये दृढ़ किया।

19 परन्तु जब होरोनी सनबल्लत, अम्मोनी सेवक तोबिय्याह
और अरबी गेशेम ने यह सुना, तो उन्होंने हमारा उपहास किया
और हमें तुच्छ जाना, और कहा, "यह क्या है जो तुम कर रहे
हो? क्या तुम राजा के विरुद्ध विद्रोह कर रहे हो?" 20 तब मैंने
उन्हें उत्तर दिया और कहा, "स्वर्ग का ईश्वर हमें आशीष
देगा, और हम उसके दास उठकर बनाएँगे; परन्तु तुम्हारा
यरूशलेम में कोई भाग, न अधिकार, न स्मरण रहेगा।"

3 1 तब महायाजक एलियाशिब और उसके भाइयों याजकों
ने उठकर भेड़ों के फाटक का निर्माण किया। उन्होंने
उसे पवित्र ठहराया और उसके फाटक खड़े किए; उन्होंने
उसे मिहा के गुम्मट तक और हननेएल के गुम्मट तक पवित्र
ठहराया। 2 और उसके बगल में यरीहो के लोगों ने निर्माण
किया। और उनके पास इम्री के पुत्र ज़क्कूर ने निर्माण
किया। 3 हसेनाह के पुत्रों ने मछली के फाटक का निर्माण
किया; उन्होंने उसके बीम लगाए और उसके फाटक, उसके
कुंडे और उसकी सळाखें खड़ी कीं। 4 और उनके पास
ऊरिय्याह के पुत्र, कोत्स के पुत्र मेरैमोत ने मरम्मत की; और
उनके पास बेरेख्याह के पुत्र, मेषेज़बएल के पुत्र मशुल्लाम ने
मरम्मत की; और उनके पास बा'ना के पुत्र सादोक ने मरम्मत
की। 5 और उनके पास टेकूआ के लोगों ने मरम्मत की;
परन्तु उनके प्रधानों ने अपने प्रभु के कार्य में अपनी गर्दन नहीं
झुकाई। 6 और पासेह के पुत्र यहोयादा और बेसोदेयाह के पुत्र
मशुल्लाम ने पुराने फाटक की मरम्मत की; उन्होंने उसके बीम
लगाए और उसके फाटक, उसके कुंडे और उसकी सळाखें
खड़ी कीं। 7 और उनके पास गिबोन के मेलतिय्याह और
मेरोनोती के यादोन, गिबोन और मिस्पा के पुरुषों ने नदी के
पार के राज्यपाल की कुर्सी की मरम्मत की। 8 उनके पास
हरहायाह के पुत्र उज्जीएल, जो सुनारों में से एक था, ने
मरम्मत की; और उसके पास हनन्याह, जो इत्र बनाने वालों में
से था, ने मरम्मत की; और उन्होंने यरूशलेम की चौड़ी दीवार
तक मरम्मत की। 9 और उनके पास हूर के पुत्र रेफायाह, जो
यरूशलेम के आधे भाग का अधिपति था, ने मरम्मत की।
10 और उनके पास हरुमाफ के पुत्र यदायाह ने अपने घर के
सामने मरम्मत की; और उसके पास हशबन्याह के पुत्र हत्तूश
ने मरम्मत की। 11 हारिम के मल्किय्याह और पहत-मोआब
के पुत्र हश्शूब ने एक दूसरा भाग और भट्ठियों के गुम्मट की
मरम्मत की। 12 और उसके पास हलोहेश के पुत्र शल्लूम, जो
यरूशलेम के आधे भाग का अधिपति था, ने अपनी पुत्रियों के
साथ मिलकर मरम्मत की। 13 हनून और ज़ानोआ के लोगों
ने घाटी के फाटक की मरम्मत की; उन्होंने उसे बनाया और
उसके फाटक, कुंडे और सळाखें खड़ी कीं, और दीवार का
एक हज़ार गज़ भाग गोबर के फाटक तक बनाया। 14 गोबर
के फाटक की मरम्मत रेकाब के पुत्र मल्किय्याह ने की, जो
बेथ-हकेरेम के भाग का अधिपति था; उसने उसे बनाया और
उसके फाटक, कुंडे और सळाखें खड़ी कीं। 15 सोते के
फाटक की मरम्मत कोल-होज़ेह के पुत्र शल्लून ने की, जो
मिस्पा के भाग का अधिपति था; उसने उसे बनाया और छत
डाली, और उसके फाटक, कुंडे और सळाखें खड़ी कीं, और
राजा के बगीचे के पास शीलोह के सरोवर की दीवार भी, और
दाऊदनगर की सीढ़ियों तक बनाई। 16 उसके बाद अज़बुक
के पुत्र नहेम्याह, जो बेथ-त्सूर के आधे भाग का अधिपति था,
ने दाऊद की कब्रों के सामने तक, और कृत्रिम सरोवर तक,
और वीरों के घर तक मरम्मत की। 17 उसके बाद लेवी लोगों
में से बानी के पुत्र रेहूम ने मरम्मत की; उसके पास हशब्याह,
जो केइला के आधे भाग का अधिपति था, ने अपने भाग के
लिये मरम्मत की। 18 उसके बाद उनके भाइयों में से हनदाद
के पुत्र बव्वी, जो केइला के दूसरे आधे भाग का अधिपति था,
ने मरम्मत की। 19 और उसके पास मिस्पा के अधिपति
येशूआ के पुत्र एज़र ने एक दूसरा भाग मरम्मत किया, उस
ऊपरी हथियारघर की चढ़ाई के सामने जो कोने पर है।
20 उसके बाद ज़ब्बै के पुत्र बरूख ने बड़ी उत्सुकता से दूसरा
भाग मरम्मत किया, सहारे से लेकर महायाजक एलियाशिब के
घर के फाटक तक। 21 उसके बाद ऊरिय्याह के पुत्र
मेरैमोत, कोत्स के पुत्र, ने एक दूसरा भाग मरम्मत किया,
एलियाशिब के घर के फाटक से उसके घर के अन्त तक।
22 उसके बाद आसपास के लोगों के याजकों ने मरम्मत की।
23 उसके बाद बिन्यामीन और हश्शूब ने अपने घर के सामने
मरम्मत की; उनके बाद मासेया के पुत्र, अनन्याह के पुत्र
अजर्याह ने अपने घर के पास मरम्मत की। 24 उसके बाद
हनदाद के पुत्र बिन्नूई ने एक दूसरा भाग मरम्मत किया,
अजर्याह के घर से लेकर कोण तक, और कोने तक।
25 उज्जै के पुत्र पलाल ने कोने के सामने, और उस मीनार
पर जो राजा के ऊपरी घर से निकलती थी जो जेल के
आँगन के पास थी, मरम्मत की; उसके बाद परोश के पुत्र
पिदायाह ने मरम्मत की। 26 अब नतीनीम लोग ओफेल में
रहते थे, जो जल के फाटक के सामने, पूरब की ओर और
निकली हुई मीनार तक था। 27 उसके बाद टेकूआ के लोगों
ने एक दूसरा भाग मरम्मत किया, बड़ी निकली हुई मीनार के
सामने से लेकर ओफेल की दीवार तक। 28 घोड़े के फाटक
के ऊपर याजकों ने अपने अपने घर के सामने मरम्मत की।
29 उनके बाद इम्मेर के पुत्र सादोक ने अपने घर के सामने
मरम्मत की; उसके बाद शेखन्याह के पुत्र शेमायाह, जो पूरबी
फाटक का रखवाला था, ने मरम्मत की। 30 उसके बाद
शलेम्याह के पुत्र हनन्याह और सलाफ के छठे पुत्र हनून ने
एक दूसरा भाग मरम्मत किया; उसके बाद बेरेख्याह के पुत्र
मशुल्लाम ने अपने कमरे के सामने मरम्मत की। 31 उसके
बाद सुनारों में से एक मल्किय्याह ने नतीनीम के घर और
व्यापारियों के घर तक मरम्मत की, मिफ्काद फाटक के सामने
से लेकर कोने की चढ़ाई तक। 32 और कोने की चढ़ाई से
लेकर भेड़ों के फाटक तक, सुनारों और व्यापारियों ने मरम्मत
की।

4 1 जब सनबल्लत ने सुना कि हम दीवार बना रहे हैं, तो वह
बहुत क्रोधित हुआ और अत्यंत अप्रसन्न होकर यहूदियों
का उपहास करने लगा। 2 और उसने अपने भाइयों और
शमरोन की सेना के सामने कहा, "ये निर्बल यहूदी क्या कर
रहे हैं? क्या वे पुनः निर्माण करेंगे? क्या वे बलिदान करेंगे? क्या
वे इसे एक ही दिन में पूरा करेंगे? क्या वे उन जले हुए पत्थरों
को कूड़े के ढेरों से फिर से जीवित कर देंगे?" 3 और अम्मोनी
तोबिय्याह उसके पास था, और उसने कहा, "जो कुछ वे
बनाते हैं, यदि कोई लोमड़ी भी उस पर चढ़ जाए, तो वह
उनकी पत्थर की दीवार गिरा देगी।" 4 "हे हमारे परमेश्वर,
सुन, क्योंकि हम तुच्छ ठहराए गए हैं। उनकी निन्दा उनके ही
सिर पर लौटा दे, और उन्हें बन्दीगृह की भूमि में लूट के लिये

दे।" 5 "और उनकी अधर्मता को न ढाँप, और उनके पाप को
अपने सामने से न मिटा, क्योंकि उन्होंने निर्माताओं के सामने
तुझे भड़काया है।" 6 इसलिये हमने दीवार बनाई, और पूरी
दीवार आधी ऊँचाई तक जुड़ गई, क्योंकि लोगों का मन कार्य
करने में लगा हुआ था। 7 जब सनबल्लत, तोबिय्याह, अरब,
अम्मोनी और अशदोदी लोगों ने सुना कि यरूशलेम की दीवारों
की मरम्मत हो रही है और दरारें भरने लगी हैं, तब वे बहुत
क्रोधित हुए। 8 और सब ने मिलकर यरूशलेम पर चढ़ाई
करने और उसे हानि पहुँचाने की साजिश की। 9 परन्तु हमने
अपने परमेश्वर से प्रार्थना की, और उनके कारण दिन और
रात पहरा बिठा दिया। 10 और यहूदा ने कहा, "भार उठाने
वालों की शक्ति घट रही है, और मलबा बहुत है; हम दीवार
नहीं बना सकते।" 11 और हमारे शत्रु कहते थे, "जब तक वे
जानें या देखें, हम उनके बीच आ जाएँगे और उन्हें मार
डालेंगे, और काम रोक देंगे।" 12 और जब हमारे आस-पास
रहने वाले यहूदी आए, तो उन्होंने हमसे बार-बार कहा, "तुम
जिधर भी मुड़ो, वे हमारे विरुद्ध तैयार हैं।" 13 इसलिये मैंने
दीवार के नीचले भागों, खुली जगहों के पीछे लोगों को उनके
कुलों के अनुसार खड़ा किया, उनके तलवारों, भालों और
धनुषों सहित। 14 और मैंने देखा, और उठकर प्रधानों,
अधिकारियों और बाकी लोगों से कहा, "उनसे मत डरो। उस
महान और भयानक 𐤉𐤄𐤅𐤄 को स्मरण करो, और अपने
भाइयों, पुत्रों, पुत्रियों, पत्नियों और घरों के लिये युद्ध करो।"
15 और जब हमारे शत्रुओं ने सुना कि हमें सब कुछ पता चल
गया है, और कि परमेश्वर ने उनकी युक्ति को व्यर्थ कर दिया
है, तब हम सब दीवार पर लौट आए, हर एक अपने काम
पर। 16 और उस समय से मेरे आधे सेवक काम में लगे रहे,
और बाकी आधे भाले, ढालें, धनुष और कवच धारण किए हुए
थे; और प्रधान सारे यहूदा के लोगों के पीछे थे। 17 जो लोग
दीवार बना रहे थे और जो भार उठा रहे थे, वे एक हाथ से
काम करते और दूसरे हाथ में हथियार पकड़े रहते थे।
18 निर्माताओं में से प्रत्येक ने अपनी तलवार अपनी कमर पर
बाँध रखी थी जब वह निर्माण कर रहा था; और नरसिंगे
फूँकने वाला मेरे पास था। 19 और मैंने प्रधानों, अधिकारियों
और बाकी लोगों से कहा, "काम बहुत बड़ा और विस्तृत है,
और हम दीवार पर एक दूसरे से दूर फैले हुए हैं।" 20 "जहाँ
कहीं तुम नरसिंगे की ध्वनि सुनो, वहाँ हमारे पास इकट्ठे हो
जाओ; हमारा परमेश्वर हमारे लिये लड़ेगा।" 21 इस प्रकार
हम कार्य में लगे रहे, और उनमें से आधे लोग भोर से लेकर
तारों के निकलने तक भाले पकड़े रहते थे। 22 उसी समय
मैंने लोगों से कहा, "हर व्यक्ति और उसका सेवक यरूशलेम
में रात बिताएँ, ताकि वे रात को हमारे लिये पहरेदार और दिन
में काम करने वाले हों।" 23 इस प्रकार न मैं, न मेरे भाई, न
मेरे सेवक, न जो मेरे पीछे पहरा देते थे, हम में से कोई भी
अपने वस्त्र नहीं उतारता था; हर कोई हथियार लिए रहता था,
यहाँ तक कि जब पानी पीते थे।"

5 1 और लोगों और उनकी पत्नियों की अपने भाइयों
यहूदियों के विरुद्ध बड़ी चिल्लाहट हुई। 2 और कुछ कह
रहे थे, "हम, हमारे पुत्र और हमारी पुत्रियाँ बहुत हैं। हमें
उनके लिये अन्न चाहिए ताकि हम खाएँ और जीवित रहें।"
3 और कुछ कह रहे थे, "हमने अपने खेतों, अंगूर के बागों
और घरों को गिरवी रख दिया है ताकि अकाल के कारण
अनाज खरीद सकें।" 4 और कुछ कह रहे थे, "हमने अपने
खेतों और अंगूर के बागों पर राजा का कर देने के लिये चाँदी
उधार ली है।" 5 "अब हमारा मांस तो हमारे भाइयों के समान
है, हमारे बच्चे उनके बच्चों के समान हैं; और देखो, हम
अपने पुत्रों और पुत्रियों को दास बना रहे हैं, और हमारी कुछ
पुत्रियाँ पहले ही दास बना दी गई हैं, और हमारे पास उन्हें
छुड़ाने की शक्ति नहीं है, क्योंकि हमारे खेत और अंगूर के
बाग दूसरे लोगों के पास हैं।" 6 जब मैंने उनकी पुकार और ये
बातें सुनीं, तो मुझे बहुत क्रोध आया। 7 तब मैंने अपने मन में
विचार किया, और मैं सरदारों और अधिकारियों से झगड़ा
करने लगा, और उनसे कहा, "तुम में से हर एक अपने भाई
से ब्याज लेता है।" और मैंने उनके विरुद्ध एक बड़ी सभा
बुला ली। 8 और मैंने उनसे कहा, "हम अपनी सामर्थ्य के
अनुसार अपने उन यहूदी भाइयों को छुड़ाते हैं जिन्हें
अन्यजातियों के पास बेचा गया था; और तुम तो अपने ही
भाइयों को बेचते हो! क्या वे फिर हमारे पास बेचे जाएँगे?" तब
वे चुप रहे और कोई उत्तर न दे सके। 9 फिर मैंने कहा, "जो
काम तुम करते हो वह अच्छा नहीं है। क्या तुम्हें अपने
परमेश्वर का भय नहीं मानना चाहिए, ताकि हमारे शत्रु
अन्यजातियों की निन्दा हम पर न आए?" 10 "मैं भी, मेरे भाई
और मेरे सेवक उन्हें चाँदी और अन्न उधार देते हैं; हम सब
ब्याज लेना छोड़ दें।" 11 "आज ही उन्हें उनके खेत, अंगूर
के बाग, जैतून के पेड़, और घर लौटा दो, और वह सौवाँ भाग
भी लौटा दो जो तुमने उनसे लिया है — चाँदी, अन्न, नये
दाखमधु और तेल का।" 12 तब उन्होंने कहा, "हम यह सब
लौटाएँगे, और उनसे कुछ नहीं माँगेंगे; हम जैसा तू कहता है
वैसा ही करेंगे।" तब मैंने याजकों को बुलाया, और उनसे
शपथ ली कि वे इस बात के अनुसार करेंगे। 13 मैंने अपने
वस्त्र की झोली को झाड़कर कहा, "ऐसा ही परमेश्वर हर उस
मनुष्य को उसके घर और उसकी सम्पत्ति से झाड़ दे, जो इस
वचन के अनुसार न करेगा, ताकि वह ऐसा ही झाड़ा और
खाली किया जाए।" तब सारी सभा ने कहा, "आमेन," और
उन्होंने 𐤉𐤄𐤅𐤄 की स्तुति की। और लोगों ने इस वचन के
अनुसार किया। 14 इसके साथ ही, जिस दिन से मुझे यहूदा
देश में उनका अधिपति नियुक्त किया गया था, राजा अर्तक्षत्र
के बीसवें वर्ष से लेकर बत्तीसवें वर्ष तक, अर्थात् बारह वर्ष
तक, न मैंने और न मेरे भाइयों ने अधिपति का भोजन लिया।
15 पर मुझसे पहले के अधिपति लोगों पर बोझ डालते थे,
और उनसे रोटी और दाखमधु, और इसके अलावा चाँदी के
चालीस शेकेल लेते थे; और उनके सेवक भी लोगों पर
अत्याचार करते थे। परन्तु मैंने ऐसा नहीं किया, क्योंकि मैं
परमेश्वर का भय मानता था। 16 मैंने भी इस दीवार के कार्य
पर परिश्रम किया, और हमने कोई भूमि नहीं खरीदी। और
मेरे सब सेवक उस कार्य के लिये एकत्रित थे। 17 और मेरी
मेज़ पर यहूदियों और अधिकारियों में से एक सौ पचास
व्यक्ति भोजन करते थे, और उनके अलावा वे लोग भी जो
हमारे पास आस-पास की जातियों से आते थे। 18 और जो
मेरे लिये प्रतिदिन तैयार किया जाता था वह एक बैल और छः
उत्तम भेड़ें थीं, और पक्षी भी तैयार किए जाते थे, और प्रत्येक
दसवें दिन सब प्रकार की दाखमधु बहुत मात्रा में। और फिर
भी, मैंने अधिपति का भोजन नहीं माँगा, क्योंकि यह लोगों पर

भारी बोझ था। 19 हे मेरे परमेश्वर, इस सब भलाई के लिये
जो मैंने इन लोगों के लिये की है, मुझे स्मरण रखना।

6

1 जब सनबल्लत, तोबिय्याह, अरब गेशेम और हमारे
बाकी शत्रुओं ने सुना कि मैंने दीवार बना ली है और उसमें
कोई दरार नहीं रही — यद्यपि उस समय तक मैंने फाटकों में
द्वार नहीं लगाए थे — 2 तब सनबल्लत और गेशेम ने मेरे पास
संदेश भेजा, "आओ, हम ओनो के मैदान के किसी गाँव में
मिलें।" पर वे मुझे हानि पहुँचाने की युक्ति कर रहे थे।
3 इसलिये मैंने उनके पास दूत भेजकर कहा, "मैं एक बड़ा
कार्य कर रहा हूँ, मैं नीचे नहीं आ सकता। जब तक मैं उसे
छोड़कर तुम्हारे पास आऊँ, तब तक काम क्यों रुक जाए?"
4 फिर भी उन्होंने मुझसे वही बात चार बार भेजी, और मैंने
उन्हें वही उत्तर दिया। 5 तब पाँचवीं बार सनबल्लत ने अपने
सेवक को मेरे पास उसी बात के साथ भेजा, उसके हाथ में
एक खुला पत्र था। 6 उसमें लिखा था: "जातियों में यह सुना
गया है, और गशमु कहता है कि तू और यहूदी विद्रोह करने
की युक्ति करते हो; इसी कारण तू दीवार बना रहा है, और तू
उनके राजा बनने का विचार रखता है — जैसा कि यह कहा
जा रहा है।" 7 "और तूने भविष्यद्वक्ताओं को भी यरूशलेम में
तेरे विषय में यह प्रचार करने के लिये ठहराया है कि 'यहूदा में
एक राजा है।' अब ये बातें राजा तक पहुँच जाएँगी। इसलिए
अब आ, हम परामर्श करें।" 8 तब मैंने उसे यह कहकर भेजा,
"जैसी बातें तू कह रहा है, वैसी कोई बात नहीं है; तू उन्हें
अपने ही मन से गढ़ रहा है।" 9 क्योंकि वे सब हमें डराने की
चेष्टा कर रहे थे, कहते हुए, "उनके हाथ काम से ढीले पड़
जाएँगे, ताकि वह पूरा न हो।" पर अब, मेरे हाथों को दृढ़
कर। 10 जब मैं मेहेतबएल के पुत्र देलायाह के पुत्र शेमायाह
के घर गया, जो अपने को बन्द रखे हुए था, तो उसने कहा,
"आओ, हम परमेश्वर के भवन में, मन्दिर के भीतर मिलें,
और मन्दिर के द्वार बन्द कर लें, क्योंकि वे तुझे मार डालने
को आ रहे हैं — रात में वे तुझे मार डालने आएँगे।" 11 पर
मैंने कहा, "क्या मेरे समान व्यक्ति भाग जाएगा? और मेरे
समान कौन है जो अपना प्राण बचाने को मन्दिर में जाएगा? मैं
नहीं जाऊँगा!" 12 और मैंने जान लिया कि परमेश्वर ने उसे
नहीं भेजा है, परन्तु उसने मेरे विरुद्ध यह भविष्यवाणी
तोबिय्याह और सनबल्लत के द्वारा करवायी थी, क्योंकि
उन्होंने उसे किराए पर लिया था। 13 क्योंकि वह किराए का
व्यक्ति था, ताकि मैं डरकर ऐसा करूँ और पाप कर बैठूँ, और
वे मुझे बदनाम कर सकें, ताकि मेरी निन्दा कर सकें। 14 हे
मेरे परमेश्वर, तोबिय्याह और सनबल्लत को उनके इन कामों
के अनुसार स्मरण कर, और भविष्यद्वक्त्री नोअद्याह और
बाकी भविष्यद्वक्ताओं को भी, जिन्होंने मुझे भयभीत करने का
प्रयास किया। 15 और एलूल महीने की पच्चीसवीं तारीख़ को
पचपन दिन में दीवार पूरी हो गई। 16 और जब हमारे सब
शत्रुओं ने यह सुना, और हमारे आस-पास की सब जातियों ने
देखा, तो वे अपने मन में अत्यन्त नीच हो गए, और जान गए
कि यह काम हमारे परमेश्वर के द्वारा हुआ है। 17 उन्हीं दिनों
यहूदा के सरदार भी तोबिय्याह को बहुत से पत्र भेजते थे,
और तोबिय्याह के पत्र उनके पास आते थे। 18 क्योंकि यहूदा
में बहुत से लोग उसकी शपथ खा चुके थे, क्योंकि वह आरह
के पुत्र शेखन्याह का जामाता था, और उसका पुत्र यहोहानान
बेरेक्याह के पुत्र मशुल्लाम की बेटी से ब्याहा था। 19 वे उसके
भले कामों की चर्चा मेरे सामने करते थे, और मेरी बातें उसे
बताते थे। और तोबिय्याह मुझे डराने के लिये पत्र भेजता
रहा।

7

1 जब दीवार बनकर पूरी हो गई, तब मैंने फाटक लगाए,
और द्वारपालों, गानेवालों और लेवियों को नियुक्त किया।
2 और मैंने अपने भाई हनानी को, और किले के अधिकारी
हनन्याह को यरूशलेम का प्रभारी बनाया; क्योंकि वह एक
विश्वासयोग्य मनुष्य था, और बहुतों से अधिक परमेश्वर से
भय मानता था। 3 और मैंने उनसे कहा, "यरूशलेम के
फाटक तब तक न खोले जाएँ जब तक सूर्य गरम न हो जाए;
और जब वे अभी पहरा दे रहे हों, तब फाटकों को बन्द कर
देना और कुंडियाँ चढ़ा देना। और यरूशलेम के निवासियों में
से पहरेदार ठहराना, हर एक को उसके स्थान पर और हर
एक को अपने घर के सामने।" 4 और नगर चारों ओर से
विशाल और बड़ा था, परन्तु उसमें लोग कम थे, और घर अब
तक बनाए नहीं गए थे। 5 और मेरे परमेश्वर ने मेरे मन में यह
डाला कि मैं सरदारों, अधिकारियों और प्रजा को वंशावली के
अनुसार गिनवाऊँ। तब मुझे उन लोगों की वंशावली की
पुस्तक मिली, जो पहले लौटे थे, और उसमें यह लिखा पाया
गया — 6 ये वे प्रान्त के पुत्र हैं जो बाबेल के राजा
नबूकदनेस्सर द्वारा बंधुआई में ले जाए गए थे, और फिर
यरूशलेम और यहूदा लौट आए, हर एक अपने नगर में। 7 वे
जरुब्बाबेल, येशूआ, नहेम्याह, अजर्याह, रआम्याह, नहमानि,
मोर्दकै, बिलशान, मिस्पेरेथ, बिगवै, नहूम और बआना के साथ
आए थे। इस्राएल की प्रजा के पुरुषों की गिनती यह है —
8 परोश के पुत्र: दो हजार एक सौ बहत्तर। 9 शेफतयाह के
पुत्र: तीन सौ बहत्तर। 10 आरह के पुत्र: छः सौ बावन।
11 पहत-मोआब के पुत्र, जो येशूआ और योआब के पुत्रों में से
थे: दो हजार आठ सौ अठारह। 12 ईलाम के पुत्र: एक हजार
दो सौ चौवन। 13 जात्तू के पुत्र: आठ सौ पैंतालीस। 14 जक्कै
के पुत्र: सात सौ साठ। 15 बिन्नूई के पुत्र: छः सौ
अड़तालीस। 16 बेबै के पुत्र: छः सौ अट्ठाईस। 17 अज्गाद के
पुत्र: दो हजार तीन सौ बाईस। 18 अदोनीकाम के पुत्र: छः सौ
सड़सठ। 19 बिगवै के पुत्र: दो हजार सड़सठ। 20 अदीन के
पुत्र: छः सौ पचपन। 21 हेज़किय्याह के अतिर के पुत्र:
अठानवे। 22 हाशूम के पुत्र: तीन सौ अट्ठाईस। 23 बेत्सै के
पुत्र: तीन सौ चौबीस। 24 हारिफ़ के पुत्र: एक सौ बारह।
25 गिबोन के पुत्र: पचानवे। 26 बेतलेहम और नेतोफा के
पुरुष: एक सौ अठासी। 27 अनातोत के पुरुष: एक सौ
अट्ठाईस। 28 बेत-अज्मावेथ के पुरुष: बयालीस। 29 किर्यत-
यारीम, केपीरा और बेएरोत के पुरुष: सात सौ तैंतालीस।
30 रामाह और गेबा के पुरुष: छः सौ इक्कीस। 31 मिकमास के
पुरुष: एक सौ बाईस। 32 बेत-एल और ऐ के पुरुष: एक सौ
तेईस। 33 दूसरे नेबो के पुरुष: बावन। 34 दूसरे एलाम के
पुत्र: एक हजार दो सौ चौवन। 35 हारिम के पुत्र: तीन सौ
बीस। 36 यरीहो के पुत्र: तीन सौ पैंतालीस। 37 लोद, हादीद
और ओनो के पुत्र: सात सौ इक्कीस। 38 सेनआह के पुत्र:
तीन हजार नौ सौ तीस। 39 याजक: येशूआ के घराने के

येदायाह के पुत्र: नौ सौ तिहत्तर। 40 इम्मेर के पुत्र: एक हजार
बावन। 41 पशहूर के पुत्र: एक हजार दो सौ सैंतालीस।
42 हारिम के पुत्र: एक हजार सत्रह। 43 लेवी: येशूआ,
कदमीएल, होदेवह के पुत्र: चौहत्तर। 44 गायक: आसाप के
पुत्र: एक सौ अड़तालीस। 45 द्वारपाल: शल्लूम, अतेर,
तल्मोन, अक्कूब, हातिता और शोबैय के पुत्र: एक सौ
अड़तीस। 46 नतीनीम: त्सीहा, हसूफा और तब्बाओत के पुत्र,
47 केरोस, सिया और पदोन के पुत्र, 48 लेबाना, हगाबा और
सल्मै के पुत्र, 49 हानान, गिद्देल और गहार के पुत्र, 50 रेआया,
रेत्सिन और नेकोदा के पुत्र, 51 गज्जाम, उज़्ज़ा और पसेह के
पुत्र, 52 बेसै, मेऊनिम और नेफिशेसिम के पुत्र, 53 बकबुक,
हकूफा और हरहूर के पुत्र, 54 बत्सलित, मेहीदा और हरशा
के पुत्र, 55 बरकोस, सीसेरा और तेमह के पुत्र, 56 नेत्सियह
और हातिफा के पुत्र। 57 सुलैमान के दासों के पुत्र: सोतै,
सोफेरेत और पेरीदा के पुत्र, 58 याला, दरकोन और गिद्देल के
पुत्र, 59 शेफत्याह, हतिल, त्सेबायिम के पोकेरेत और आमोन
के पुत्र। 60 सभी नतीनीम और सुलैमान के दासों के पुत्र
मिलाकर तीन सौ बानवे थे। 61 और ये वे थे जो तेल-मेलह,
तेल-हारशा, केरूब, अद्दोन और इम्मेर से आए, पर वे अपने
पितरों के घर और अपनी वंशावली नहीं बता सके कि वे
इस्राएल के हैं या नहीं: 62 देलायाह, तोबिय्याह और नेकोदा के
पुत्र: छः सौ बयालीस। 63 और याजकों में से: हबायाह, कोत्स
और बरजिल्लै के पुत्र, जिसने गिलादी बरजिल्लै की बेटियों में
से एक को पत्नी किया और उसके नाम से पुकारा गया।
64 इन लोगों ने अपनी वंशावली की खोज की पर वह नहीं
मिली, इसलिए उन्हें याजकाई से अशुद्ध ठहराया गया।
65 और राज्यपाल ने उनसे कहा कि जब तक ऊरीम और
तुम्मीम वाला याजक उपस्थित न हो, तब तक वे अति पवित्र
वस्तुओं में से कुछ न खाएँ। 66 सारी सभा मिलाकर बयालीस
हजार तीन सौ साठ की थी। 67 इसके अलावा उनके दास
और दासियाँ सात हजार तीन सौ सैंतीस थे। और उनके पास
दो सौ पैंतालीस गायक और गायिकाएँ थीं। 68 उनके घोड़े
सात सौ छत्तीस, उनके खच्चर दो सौ पैंतालीस, 69 ऊँट चार
सौ पैंतीस, और गधे छः हजार सात सौ बीस थे। 70 और कुछ
पितृवंशों के प्रधानों ने काम के लिये भेंट दी। राज्यपाल ने
भंडार में एक हजार सोने की दरिकाएँ, पचास कटोरे, और
पाँच सौ तीस याजकों के वस्त्र दिए। 71 और कुछ पितृवंशों के
प्रधानों ने कार्य के भंडार में बीस हजार सोने की दरिकाएँ और
दो हजार दो सौ चाँदी की मीनाएँ दीं। 72 और बाकी लोगों ने
बीस हजार सोने की दरिकाएँ, दो हजार चाँदी की मीनाएँ और
सड़सठ याजकों के वस्त्र दिए। 73 इस प्रकार याजक, लेवी,
द्वारपाल, गायक, प्रजा में से कुछ लोग, नतीनीम और समस्त
इस्राएल अपने-अपने नगरों में बस गए।

8 1 जब सातवाँ महीना आया, इस्राएल के बच्चे अपने नगरों
में थे। और सब लोग एक मन होकर जल फाटक के
सामने के खुले स्थान में इकट्ठा हुए, और उन्होंने एज्रा शास्त्री
से कहा कि वह मूसा की व्यवस्था की पुस्तक लाए, जिसे
𐤉𐤄𐤅𐤄 ने इस्राएल को आज्ञा दी थी। 2 तब एज्रा याजक ने
सातवें महीने के पहले दिन को उन लोगों की सभा के सामने
व्यवस्था की पुस्तक लाई — पुरुषों, स्त्रियों और सब समझ
रखनेवालों के सामने। 3 और उसने जल फाटक के सामने
के खुले स्थान में, प्रातः से दोपहर तक, पुरुषों, स्त्रियों और
समझ रखनेवालों के सामने से पढ़ा; और सब लोगों के कान
व्यवस्था की पुस्तक पर लगे रहे। 4 एज्रा शास्त्री लकड़ी के
मंच पर खड़ा हुआ, जो उन्होंने इस प्रयोजन के लिए बनाया
था। और उसके दाहिनी ओर मतित्याह, शेमा, अनायाह,
उरियाह, हिलकियाह और मासेयाह थे; और उसके बाईं ओर
पेदायाह, मिषाएल, मल्कियाह, हाशूम, हाशबद्दाना, जकर्याह
और मशुल्लाम थे। 5 एज्रा ने सब लोगों की दृष्टि में पुस्तक
खोली, क्योंकि वह सब लोगों से ऊपर था; और जब उसने
उसे खोला, तो सब लोग खड़े हो गए। 6 तब एज्रा ने
𐤉𐤄𐤅𐤄, महान परमेश्वर को आशीष दी। तब सब लोगों ने
अपने हाथ उठाकर कहा, "आमेन, आमेन!" और सिर
झुकाकर धरती की ओर मुँह करके 𐤉𐤄𐤅𐤄 की आराधना
की। 7 और येशूआ, बानी, शेरेब्याह, यामिन, अक्कूब, शब्बतै,
होदयाह, मासेयाह, केलीता, अजर्याह, योजबाद, हानान,
पेलायाह और लेवी लोगों को व्यवस्था समझा रहे थे, जबकि
लोग अपनी जगह पर खड़े थे। 8 और उन्होंने परमेश्वर की
व्यवस्था की पुस्तक से स्पष्ट रूप से पढ़ा, और अर्थ
समझाकर पढ़ने में समझ दी। 9 और नहेम्याह, जो राज्यपाल
था, और एज्रा याजक, शास्त्री, और वे लेवी जो लोगों को
सिखा रहे थे, सब लोगों से कहने लगे, "यह दिन तुम्हारे
परमेश्वर 𐤉𐤄𐤅𐤄 के लिए पवित्र है; मत विलाप करो, न
रोओ।" क्योंकि जब सब लोगों ने व्यवस्था के वचन सुने, तो
वे रोने लगे। 10 तब उसने उनसे कहा, "जाओ, उत्तम भोजन
खाओ, मीठा पीओ, और जिनके लिये कुछ तैयार नहीं है, उन्हे
भाग भेजो; क्योंकि यह दिन हमारे प्रभु के लिये पवित्र है।
उदास मत हो, क्योंकि 𐤉𐤄𐤅𐤄 का आनन्द तुम्हारी शक्ति
है।" 11 और लेवी सब लोगों को चुप कराते हुए कहने लगे,
"चुप रहो, क्योंकि यह दिन पवित्र है; उदास मत हो।" 12 तब
सब लोग खाने-पीने, भाग बाँटने और बड़ा आनन्द करने गए,
क्योंकि वे उन वचनों को समझ गए जो उन्हें सुनाए गए थे।
13 दूसरे दिन सब लोगों के पितृवंशों के प्रधान, याजक और
लेवी एज्रा शास्त्री के पास इकट्ठा हुए ताकि वे व्यवस्था के
वचनों का अध्ययन करें। 14 और उन्होंने व्यवस्था में पाया कि
𐤉𐤄𐤅𐤄 ने मूसा के द्वारा आज्ञा दी थी कि इस्राएल के पुत्र
सातवें महीने के पर्व में झोपड़ियों में रहें। 15 और यह भी
लिखा था कि वे अपने नगरों और यरूशलेम में घोषणा करें,
कहें, "पहाड़ पर जाओ और जैतून की डालियाँ, जंगली जैतून
की डालियाँ, मुरद के पेड़ की डालियाँ, खजूर की डालियाँ
और घने पेड़ों की डालियाँ लाओ ताकि झोपड़ियाँ बनाओ,
जैसा लिखा है।" 16 तब लोग गए और डालियाँ लाकर अपने-
अपने घरों की छतों पर, अपने आँगनों में, परमेश्वर के भवन
के आँगनों में, जल फाटक के खुले स्थान में और इफ्रैम
फाटक के खुले स्थान में झोपड़ियाँ बनाईं। 17 और सब
मंडली, जो बंधुआई से लौटकर आई थी, उन्होंने झोपड़ियाँ
बनाईं और उनमें बैठे; क्योंकि नून के पुत्र यहोशू के दिनों से
लेकर उस दिन तक इस्राएल के लोगों ने ऐसा नहीं किया था।
और वहाँ बहुत बड़ा आनन्द हुआ। 18 और पहले दिन से
अन्तिम दिन तक, प्रतिदिन उसने परमेश्वर की व्यवस्था की

पुस्तक से पढ़ा। उन्होंने सात दिन तक पर्व मनाया, और
आठवें दिन नियम के अनुसार एक सभा हुई।

9 [1]और इस महीने के चौबीसवें दिन, यिस्राएल के बच्चे
उपवास के साथ, टाट ओढ़े हुए, और अपने ऊपर मिट्टी
डालकर इकट्ठे हुए। [2]और यिस्राएल के वंशजों ने अपने आप
को सभी विदेशियों से अलग किया, और खड़े होकर अपने
पापों और अपने पिताओं की दुष्टताओं को स्वीकार किया।
[3]और वे अपनी जगह पर खड़े हुए और 𐤉𐤄𐤅𐤄 अपने
एलोहिम की तोराह की पुस्तक से दिन का चौथा हिस्सा पढ़ा,
और चौथा हिस्सा वे स्वीकार करते और 𐤉𐤄𐤅𐤄 अपने
एलोहिम की उपासना करते रहे। [4]तब येशुआ और बानी,
कदमीएल, शेबन्याह, बुन्नी, शेरब्याह, बानी, केनानी लेवियों की
सीढ़ियों पर खड़े हुए और 𐤉𐤄𐤅𐤄 अपने एलोहिम को ऊँची
आवाज़ में पुकारा। [5]तब लेवी, येशुआ और कदमीएल, बानी,
हशबन्याह, शेरब्याह, होदियाह, शेबन्याह, पेतह्याह ने कहा,
"उठो, 𐤉𐤄𐤅𐤄 अपने एलोहिम की स्तुति करो सदैव और
सदा के लिए! और आपके प्रतिष्ठित नाम की स्तुति करें, जो
सभी आशीर्वाद और प्रशंसा से ऊपर है! [6]"आप 𐤉𐤄𐤅𐤄 हैं,
आप अकेले। आपने आकाश, आकाश के आकाश, उनके
सभी मेजबानों के साथ, पृथ्वी और जो कुछ उस पर है, समुद्र
और जो कुछ उनमें है, सब कुछ बनाया है, और आप सभी को
जीवन देते हैं। और आकाश के मेजबान आपके सामने
झुकते हैं। [7]"आप 𐤉𐤄𐤅𐤄 हैं, वह एलोहिम जिसने अब्राम
को चुना, और उसे कसदीम के ऊर से बाहर लाया, और उसे
अब्राहम का नाम दिया। [8]और उसके हृदय को आपके सामने
विश्वासयोग्य पाया, और उसके साथ एक वाचा की, कनानी,
हित्ती, एमोरी, परिज्जी, यबूसी, और गिरगाशी की भूमि देने के
लिए - इसे उसकी संतानों को देने के लिए। और आपने
अपने वचनों को स्थापित किया, क्योंकि आप धर्मी हैं। [9]और
मिस्र में हमारे पिताओं की पीड़ा को देखा, और लाल सागर के
पास उनकी पुकार सुनी। [10]और फ़िरौन के खिलाफ, और
उसके सभी सेवकों के खिलाफ, और उसकी भूमि के सभी
लोगों के खिलाफ चिन्ह और चमत्कार दिए। क्योंकि आपने
जाना कि उन्होंने उनके खिलाफ गर्व से काम किया। और
आपने अपने लिए एक नाम बनाया, जैसा कि आज है।
[11]"और आपने उनके सामने समुद्र को विभाजित किया, और
वे सूखी भूमि पर समुद्र के बीच से पार हो गए। और उनके
पीछा करने वालों को आपने गहरे में फेंक दिया जैसे पत्थर
को प्रबल जल में। [12]"और आपने उन्हें दिन में बादल के
स्तंभ से, और रात में अग्नि के स्तंभ से मार्गदर्शन किया,
ताकि उन्हें उस मार्ग में प्रकाश मिले जिसमें वे जाने वाले थे।
[13]"और आप माउंट सीनै पर उतरे, और आकाश से उनसे
बात की, और उन्हें सीधे न्याय और सत्य की तोराह, अच्छे
कानून और आदेश दिए। [14]"और आपने उन्हें अपना पवित्र
शब्बाथ बताया, और आपने उन्हें अपने सेवक मोशेह के हाथ
से आदेश और कानून और तोरात दिए। [15]"और आपने
उनके भूख के लिए आकाश से रोटी दी, और उनकी प्यास के
लिए चट्टान से पानी निकाला, और उन्हें कहा कि उस भूमि में
जाएं जिसे देने की आपने शपथ ली थी। [16]"लेकिन उन्होंने
और हमारे पिताओं ने गर्व से काम किया, और अपनी गर्दनें
कठोर कीं, और आपके आदेशों का पालन नहीं किया।
[17]"और उन्होंने पालन करने से इनकार कर दिया, और
आपके चमत्कारों को याद नहीं किया जो आपने उनके बीच
किए थे, और अपनी गर्दनें कठोर कीं, और अपनी विद्रोह में
उन्होंने एक नेता नियुक्त किया ताकि वे अपनी दासता में लौट
सकें। लेकिन आप एक क्षमाशील एलोहिम हैं, अनुग्रह दिखाने
वाले, और दयालु, धैर्यवान, और महान कृपा के हैं, और
आपने उन्हें नहीं छोड़ा। [18]"यहाँ तक कि जब उन्होंने अपने
लिए ढाला हुआ बछड़ा बनाया, और कहा, 'यह तुम्हारा
शक्तिशाली है जिसने तुम्हें मिस्र से बाहर लाया,' और बड़े
निंदा के कार्य किए, [19]फिर भी आपने अपनी महान दया में
उन्हें जंगल में नहीं छोड़ा। दिन में उन्हें मार्गदर्शन करने के
लिए बादल का स्तंभ उनसे दूर नहीं हुआ, न ही रात में उन्हें
प्रकाश देने के लिए अग्नि का स्तंभ। [20]"आपने उन्हें सिखाने
के लिए अपनी अच्छी आत्मा दी, और उनके मुँह से अपना
मन्ना नहीं रोका, और उनकी प्यास के लिए उन्हें पानी दिया।
[21]"और चालीस वर्षों तक आपने उन्हें जंगल में बनाए रखा -
उन्हें कुछ नहीं कमी हुई। उनके वस्त्र पुराने नहीं हुए और
उनके पैर नहीं सूजे। [22]"और आपने उन्हें राज्य और लोग
दिए, और उनके भाग्य को विभाजित किया। इसलिए उन्होंने
सिहोन की भूमि, हेशबोन के राजा की भूमि, और बाशान के
राजा ओग की भूमि पर कब्जा कर लिया। [23]"और आपने
उनके बच्चों को आकाश के तारों के समान बढ़ाया, और उन्हें
उस भूमि में लाया जिसे आपने उनके पिताओं से कहा था कि
वे जाकर कब्जा करें। [24]"इसलिए पुत्रों ने जाकर भूमि पर
कब्जा कर लिया, और आपने उनके सामने भूमि के लोगों,
कनानियों को नम्र किया, और उन्हें उनके हाथों में दे दिया,
उनके राजाओं और भूमि के लोगों के साथ, ताकि वे उनके
साथ अपनी इच्छा के अनुसार करें। [25]"और उन्होंने दीवारों
वाले शहरों और समृद्ध भूमि पर कब्जा कर लिया, और सभी
अच्छे से भरे घरों, पहले से खोदे गए कुंओं, अंगूर के बागों,
और जैतून के पेड़ों, और फलदार पेड़ों का कब्जा कर
लिया। इसलिए उन्होंने खाया और संतुष्ट हुए और मोटे हो
गए, और आपकी महान भलाई में आनंदित हुए। [26]"लेकिन
वे अवज्ञाकारी हो गए और आपके खिलाफ विद्रोह किया, और
आपकी तोराह को अपनी पीठ के पीछे फेंक दिया। और
उन्होंने आपके नबियों को मार डाला जिन्होंने उन्हें चेतावनी दी
थी, ताकि वे आपके पास लौटें। और उन्होंने बड़े निंदा के
कार्य किए। [27]"इसलिए आपने उन्हें उनके शत्रुओं के हाथ में
दे दिया, जिन्होंने उन्हें पीड़ा दी। और उनके संकट के समय,
जब उन्होंने आपको पुकारा, आपने आकाश से सुना। और
अपनी महान दया के अनुसार आपने उन्हें उद्धारकर्ता दिए
जिन्होंने उन्हें उनके शत्रुओं के हाथ से बचाया। [28]"लेकिन
आराम के बाद, उन्होंने आपके सामने बुराई करने के लिए
वापस लौट आए। तब आपने उन्हें उनके शत्रुओं के हाथ में
छोड़ दिया, ताकि वे उन पर शासन करें। लेकिन जब वे
वापस लौटे और आपको पुकारा, आपने आकाश से सुना, और
अपनी दया के अनुसार उन्हें कई बार बचाया। [29]और उन्हें
चेतावनी दी, ताकि वे आपकी तोराह में लौट आएं। लेकिन
उन्होंने गर्व से काम किया, और आपके आदेशों का पालन नहीं
किया, और आपके न्यायों के खिलाफ पाप किया, 'जो कोई
उन्हें करता है, वह उनके द्वारा जीवित रहेगा।' और उन्होंने
विद्रोही कंधा दिया और अपनी गर्दनें कठोर कीं, और नहीं
सुना। [30]"और आपने उनके साथ कई वर्षों तक धैर्य रखा,
और अपने आत्मा के द्वारा, अपने नबियों के हाथ से उन्हें

चेतावनी दी, फिर भी उन्होंने कान नहीं दिया। इसलिए आपने
उन्हें भूमि के लोगों के हाथ में दे दिया। 31 "लेकिन अपनी
महान दया में आपने उनका अंत नहीं किया और न ही उन्हें
छोड़ा, क्योंकि आप अनुग्रह और दया के एलोहिम हैं।
32 "और अब, हमारे एलोहिम, महान, शक्तिशाली, और
भयानक एल, जो वाचा और दया की रक्षा करते हैं, जो सभी
संकट हम पर, हमारे राजाओं और हमारे प्रमुखों, हमारे
कोहेनिम और हमारे नबियों, हमारे पिताओं और आपके सभी
लोगों पर आया है, अश्शूर के राजाओं के दिनों से लेकर
आज तक, आपके सामने छोटा न लगे। 33 "और जो कुछ
हम पर आया है उसमें आप धर्मी हैं, क्योंकि आपने सत्य किया
है, लेकिन हमने दुष्टता की है। 34 "और हमारे राजा, हमारे
शासक, हमारे कोहेनिम, और हमारे पिताओं ने आपकी तोराह
नहीं की, न ही आपके आदेशों और आपकी गवाहियों का
पालन किया, जिनके साथ आपने उनके खिलाफ गवाही दी।
35 "क्योंकि उन्होंने अपने राज्य में, या आपकी महान भलाई में
जो आपने उन्हें दी, या उस बड़ी और समृद्ध भूमि में जो आपने
उनके सामने रखी थी, आपकी सेवा नहीं की - न ही अपने बुरे
कार्यों से लौटे। 36 "देखो, आज हम सेवक हैं! और वह भूमि
जो आपने हमारे पिताओं को दी, उसके फल और उसकी
भलाई खाने के लिए, देखो, हम उसमें सेवक हैं! 37 "और
उसकी समृद्ध उपज उन राजाओं के पास जाती है जिन्हें
आपने हमारे ऊपर नियुक्त किया है, हमारे पापों के कारण।
और वे हमारे शरीर और हमारे पशुओं पर अपनी इच्छा से
शासन करते हैं, और हम बड़ी पीड़ा में हैं। 38 "और इन सब
के कारण, हम एक विश्वासयोग्य प्रतिज्ञा कर रहे हैं, और इसे
लिखते हैं। और हमारे शासक, हमारे लेवी, हमारे कोहेनिम
उस पर अपनी मुहर लगाते हैं।

10

1 जिन लोगों ने अपनी मुहर लगाई, वे थे —
राज्यपाल नहेम्याह, हकल्या का पुत्र, और
सिदकियाह। 2 सेरायाह, अजर्याह, यिर्मयाह, 3 पशहूर,
अमर्याह, मल्कियाह, 4 हत्तूश, शेबन्याह, मलूक, 5 हरीम,
मेरैमोत, ओबद्याह, 6 दानिय्येल, गिन्नेतोन, बारूक,
7 मशुल्लाम, अबिय्याह, मियामिन, 8 मआज्याह, बिलगै और
शेमायाह। ये याजक थे। 9 और लेवी: येशूआ, अजन्याह का
पुत्र, हेनदाद के पुत्रों में से बिन्नूई, और कदमीएल। 10 और
उनके भाई: शेबन्याह, होदयाह, केलेता, पेलायाह, हानान,
11 मीखा, रहोब, हशब्याह, 12 जक्कूर, शेरेब्याह, शेबन्याह,
13 होदयाह, बानी और बेनिनू। 14 लोगों के प्रमुख: परोश,
पहत-मोआब, एइलाम, जात्तू, बानी, 15 बुन्नी, अज़गद, बेबै,
16 आदोनीयाह, बिगलवै, आदिन, 17 अतेर, हिजकिय्याह,
अज़्ज़ूर, 18 होदयाह, हशूम, बेत्सै, 19 हरीफ, आनातोत, नेबै,
20 मग्पियाश, मशुल्लाम, हेज़ीर, 21 मेशेज़ाबेल, सादोक,
यद्दूआ। 22 पेलत्याह, हानान, अनायाह, 23 होशेय, हनन्याह,
हश्शूब, 24 हल्लोहेष, पिल्हा, शोबेक, 25 रेहूम, हशब्नाह,
माहसेयाह, 26 अहियाह, हानान, आनन, 27 मल्लूक, हरीम,
बआनाह। 28 और बाकी लोग — याजक, लेवी, फाटकपाल,
गायक, नतिनिम, और वे सब जिन्होंने देश के लोगों से अपने
को अलग किया था कि परमेश्वर की व्यवस्था को मानें,
उनकी स्त्रियाँ, उनके बेटे और बेटियाँ, सब जो ज्ञान और
समझ रखते थे — 29 वे अपने भाइयों और प्रतिष्ठितों के
साथ मिलकर यह शपथ और शाप बाँधते हुए यह प्रतिज्ञा कर
रहे थे कि हम अपने परमेश्वर की व्यवस्था के अनुसार
चलेंगे, जो परमेश्वर के दास मूसा के द्वारा दी गई थी, और
अपने प्रभु 𐤉𐤄𐤅𐤄 की सब आज्ञाओं, नियमों और विधियों को
मानेंगे और पूरा करेंगे। 30 और हम अपनी बेटियाँ देश के
लोगों को विवाह में न देंगे, और न उनकी बेटियाँ अपने बेटों के
लिये लेंगे। 31 और यदि देश के लोग सब्त के दिन या किसी
पवित्र दिन बेचने के लिये माल या अन्न लाएँ, तो हम उनसे
सब्त या किसी पवित्र दिन में नहीं खरीदेंगे; और सातवें वर्ष में
हम भूमि को विश्राम देंगे और सब ऋणों को छोड़ देंगे।
32 और हमने अपने ऊपर यह आदेश रखा कि हम हर वर्ष
अपने परमेश्वर के भवन की सेवा के लिये अपने से एक-
तिहाई शेकेल दें। 33 रखने की रोटी, नित्य अन्नबलि, सब्त,
नए चाँद, और नियत पर्वों की होमबलियों, पवित्र भेंटों, और
इस्राएल के प्रायश्चित्त के लिये पापबलियों, और हमारे
परमेश्वर के भवन की सब सेवा के लिये। 34 और हमने
याजकों, लेवियों और लोगों के बीच चिट्ठियाँ डालीं कि हमारे
पितरों के घरानों के अनुसार वर्ष-वर्ष ठहराए गए समय पर
हमारे परमेश्वर 𐤉𐤄𐤅𐤄 के वेदी पर जलाने के लिये हमारे
परमेश्वर के भवन में लकड़ी की भेंट लाई जाए, जैसा कि
व्यवस्था में लिखा है। 35 और यह कि हम अपनी भूमि के
पहिलौठे फल, और सब वृक्षों के सब फलों के पहिलौठे, वर्ष-वर्ष
𐤉𐤄𐤅𐤄 के भवन में लाएँगे। 36 और अपने बेटों और अपने
पशुओं के पहिलौठे, जैसा कि व्यवस्था में लिखा है, और अपने
गाय-बैलों और भेड़-बकरियों के पहिलौठे हमारे परमेश्वर के
भवन में लाएँगे, उन याजकों के पास जो हमारे परमेश्वर के
भवन में सेवा करते हैं। 37 और यह कि हम अपने आटे के
पहिलौठे, अपनी भेंटें, और सब प्रकार के वृक्षों के फल, नये
दाखमधु और तेल को याजकों के पास, हमारे परमेश्वर के
भवन के कोठरों में लाएँगे; और अपनी भूमि के दशमांश
लेवियों को देंगे, क्योंकि लेवी हमारे सब नगरों में दशमांश लिया
करते हैं। 38 और जब लेवी दशमांश लें, तब हारून का एक
याजक उनके साथ रहेगा, और लेवी अपने दशमांश का
दशमांश हमारे परमेश्वर के भवन में, भंडार के कोठरों में
लाएँगे। 39 क्योंकि इस्राएल के लोग और लेवी के पुत्र अन्न,
नये दाखमधु और तेल की भेंट को उन कोठरों में लाते हैं,
जहाँ पवित्रस्थान के पात्र रखे रहते हैं, और जहाँ सेवा करने
वाले याजक, फाटकपाल और गायक रहते हैं; और हम अपने
परमेश्वर के भवन की उपेक्षा नहीं करेंगे।

11

1 अब लोगों के प्रधान यरूशलेम में बसते थे; और
बाकी लोगों ने चिट्ठियाँ डालीं कि हर दस में से एक
व्यक्ति यरूशलेम, पवित्र नगर में रहे, और नौ भाग अन्य
नगरों में रहें। 2 और लोगों ने उन सब मनुष्यों को आशीष दी
जिन्होंने स्वेच्छा से यरूशलेम में बसने का निश्चय किया।
3 और ये वे प्रधान थे जो यरूशलेम में बसे; परन्तु यहूदा के
नगरों में सब इस्राएली, याजक, लेवी, नतिनिम और सुलैमान
के दासों के वंशज अपनी-अपनी सम्पत्ति के नगरों में बसे।
4 यरूशलेम में यहूदा और बिन्यामीन के पुत्रों में से कुछ बसे।
यहूदा के पुत्रों में से: अतायाह, उज्जिय्याह का पुत्र, जकर्याह
का पुत्र, अमर्याह का पुत्र, शेफटयाह का पुत्र, महललेल का
पुत्र, परेस के वंशजों में से। 5 और मासेयाह, बारूक का पुत्र,

कोल-होजे का पुत्र, हज़ायाह का पुत्र, अदायाह का पुत्र,
योयारीब का पुत्र, जकर्याह का पुत्र, शीलोनी का पुत्र।
[6]यरूशलेम में रहने वाले परेस के वंशज सब मिलाकर चार
सौ अड़सठ बहादुर पुरुष थे। [7]और ये बिन्यामीन के पुत्र थे:
सल्लू, मशुल्लाम का पुत्र, योएद का पुत्र, पेदायाह का पुत्र,
कोलायाह का पुत्र, मासेयाह का पुत्र, इथीएल का पुत्र,
यशायाह का पुत्र। [8]और उसके बाद गब्बै और सल्लै —
कुल नौ सौ अट्ठाईस पुरुष। [9]और ज़िक्री का पुत्र योएल उन
पर प्रधान था, और सेनूआ का पुत्र यहूदा नगर का दूसरा
अधिकारी था। [10]याजकों में से: येदायाह, योयारीब का पुत्र,
याकिन। [11]सेरायाह, हिलकिय्याह का पुत्र, मशुल्लाम का
पुत्र, सादोक का पुत्र, मेरायोत का पुत्र, अहीतूब का पुत्र —
वह परमेश्वर के भवन का प्रधान था। [12]और उनके भाई, जो
परमेश्वर के भवन के कार्य में लगे थे, आठ सौ बाईस पुरुष
थे; और अदायाह, यरोहम का पुत्र, पेलल्याह का पुत्र, अम्सी
का पुत्र, जकर्याह का पुत्र, पशहूर का पुत्र, मल्कियाह का
पुत्र। [13]और उसके भाइयों, जो पितरों के घरानों के प्रधान
थे, दो सौ बयालिस पुरुष थे; और अमश्सै, अज़रएल का
पुत्र, अहजै का पुत्र, मशिल्लेमोत का पुत्र, इम्मेर का पुत्र।
[14]और उनके भाई, वीर योद्धा, एक सौ अट्ठाईस थे; और उन
पर अधिकारी था ज़बदीएल, महान पुरुषों का पुत्र। [15]लेवियों
में से: शेमायाह, हश्शूब का पुत्र, अज़रकाम का पुत्र, हशब्याह
का पुत्र, बुन्नी का पुत्र। [16]और शब्बतै और योजबाद, जो
लेवियों के प्रधानों में से थे, वे परमेश्वर के भवन के बाहर के
कार्य पर अधिकारी थे। [17]और मतन्याह, मीका का पुत्र,
ज़ब्दी का पुत्र, आसाप का पुत्र, जो धन्यवाद में प्रार्थना प्रारम्भ
करने वाला था; और बकबुक्याह, जो उसके भाइयों में दूसरा
था; और अब्दा, शम्मूआ का पुत्र, गलाल का पुत्र, येदूथून का
पुत्र। [18]पवित्र नगर में रहने वाले सब लेवी दो सौ चौरासी
थे। [19]और फाटकपाल — अक्कूब, तल्मोन और उनके भाई,
जो फाटकों की रक्षा करते थे, एक सौ बहत्तर थे। [20]और
बाकी इस्राएली, याजक और लेवी यहूदा के सब नगरों में
अपनी-अपनी विरासत में बसे। [21]परन्तु नतिनिम ओपेल में
बसे; और त्सीहा और गिश्पा नतिनिम के ऊपर अधिकारी
थे। [22]यरूशलेम में लेवियों के प्रधान उज्जी थे — बानी के
पुत्र, हशब्याह के पुत्र, मतन्याह के पुत्र, मीखा के पुत्र।
आसाफ के पुत्रों में से गायक लोग परमेश्वर के भवन के काम
पर नियुक्त थे। [23]क्योंकि राजा का आदेश उनके विषय में
था, और गायकों के लिये प्रत्येक दिन का निश्चित भरण-
पोषण ठहराया गया था। [24]और पेथह्याह, मेशेज़ाबेल का पुत्र,
यहूदा के पुत्र ज़ेरह की संतान में से, राजा का प्रतिनिधि था,
जो लोगों से सम्बन्ध रखने वाले सभी कार्यों में नियुक्त था।
[25]और गाँवों में, उनके खेतों सहित, यहूदा के पुत्रों में से कुछ
किर्यत-अरबा और उसके आस-पास के गाँवों में, और दीबोन
और उसके गाँवों में, और येकब्सेल और उसके गाँवों में
बसे। [26]और येशूआ, मोलादाह और बेत-पेलेट में भी बसे।
[27]और हत्सार-शूआल, बेएर-शेबा और उसके गाँवों में।
[28]और त्सिकलग और मेकोना और उसके गाँवों में। [29]और
एन्-रिमोन, सोरा और यरमूत में। [30]ज़ानोआह, अदुल्लाम
और उनके गाँवों में; लकीश और उसके खेतों में; अजेका
और उसके गाँवों में। इस प्रकार वे बेएर-शेबा से हिनोम की
तराई तक बस गए। [31]और बिन्यामीन के पुत्र गेबा,
मिखमाश, अय्या, और बेत-एल और उनके गाँवों में बसे।
[32]अनातोत, नोब और अनन्याह में। [33]हात्सोर, रामाह और
गित्तैम में। [34]हादीद, त्सेबोईम और नेबलात में। [35]लोद
और ओनो, अर्थात् बढ़ईयों की तराई में। [36]और लेवियों के वे
विभाजन जो यहूदा में थे, वे बिन्यामीन के लिये भी नियुक्त
थे।

12 [1]और ये वे याजक और लेवी थे जो जरुब्बाबेल,
शाल्तिएल के पुत्र, और येशूआ के साथ लौटकर
आए: सरायाह, यिर्मयाह, एज्रा। [2]अमर्याह, मल्लूक, हत्तूश।
[3]शेखन्याह, रहूम, मेरैमोत। [4]इद्दो, गिन्नेतोई, अबिय्याह।
[5]मियामिन, मा'दयाह, बिल्गाह। [6]शेमायाह, और योयारीब,
येदायाह। [7]सल्लू, अमोक, हिलकिय्याह, और येदायाह। ये
येशूआ के दिनों में याजकों के प्रधान और उनके भाइयों के
प्रमुख थे। [8]और लेवियों में: येशूआ, बिन्नूई, कदमिएल,
शेरेब्याह, यहूदा, मतन्याह — जो धन्यवाद के गीत का नेतृत्व
करता था, वह और उसके भाई। [9]और बकबुक्याह और
उन्नी, उनके भाई, उनके सामने पहरे की सेवाओं के लिये
नियुक्त थे। [10]और येशूआ से योयाकीम उत्पन्न हुआ, और
योयाकीम से एलियाशीब, और एलियाशीब से योयादा। [11]और
योयादा से योहनान उत्पन्न हुआ, और योहनान से यद्दूआ।
[12]और योयाकीम के दिनों में याजकों में, पितरों के घरानों के
प्रधान ये थे: सरायाह के लिये — मेरायाह; यिर्मयाह के लिये
— हनन्याह। [13]एज्रा के लिये — मशुल्लाम; अमर्याह के
लिये — योहनान। [14]मेलिकु के लिये — योहनान; शेबन्याह
के लिये — योसेफ। [15]हरीम के लिये — अदना; मेरायोथ
के लिये — हेल्कै। [16]इद्दो के लिये — जकर्याह; गिन्नेतोन
के लिये — मशुल्लाम। [17]अबिय्याह के लिये — ज़िक्री;
मिन्यामिन के लिये — मोअद्याह, पिल्तै। [18]बिल्गाह के लिये
— शम्मूआ; शेमायाह के लिये — योहनान। [19]योयारीब के
लिये — मत्तनै; येदायाह के लिये — उज़्ज़ी। [20]सल्लै के
लिये — कॉल्लै; अमोक के लिये — एबर। [21]हिलकिय्याह
के लिये — हशब्याह; और येदायाह के लिये — नतनएल।
[22]एलियाशीब, योयादा, योहनान, और यद्दूआ के दिनों में लेवी
और याजक अपने पितरों के घरानों के प्रधानों के रूप में दर्ज
किए गए; दारयवेश पारसी के राज्यकाल में भी याजकों को
दर्ज किया गया। [23]लेवी के पुत्रों के नाम एलियाशीब के पुत्र
योहनान के दिनों तक वंशावली की पुस्तक में लिखे गए।
[24]और लेवियों के प्रधान थे — हशब्याह, शेरेब्याह, और
येशूआ, कदमिएल का पुत्र; और उनके भाई उनके सामने थे,
स्तुति और धन्यवाद करने के लिये, पहरे के अनुसार पहरा
रखते हुए, जैसा कि परमेश्वर के जन दाऊद की आज्ञा थी।
[25]मत्तन्याह, बकबुक्याह, ओबद्याह, मशुल्लाम, तल्मोन और
अक्कूब फाटकों की कोठरियों की रखवाली करने वाले द्वारपाल
थे। [26]ये योयाकीम, येशूआ के पुत्र, योत्सादाक के पुत्र के
दिनों में, और हाकिम नेहेम्याह और याजक, शास्त्री एज्रा के
दिनों में थे। [27]और जब यरूशलेम की दीवार का अभिषेक
किया गया, तब लेवियों को उनके सब स्थानों से बुलाया गया
कि वे यरूशलेम में आएँ, आनंद के साथ अभिषेक करें,

धन्यवाद और गीत, झांझ, वीणा और सारंगी के साथ।
28 और गानेवालों के पुत्र यरूशलेम के आस-पास के देशों से,
और नेतोपतियों के गाँवों से इकट्ठे हुए। 29 और बेत-ह-
गिलगाल, गेवा और अज़्मावेथ के खेतों से भी, क्योंकि
गानेवालों ने अपने लिये यरूशलेम के चारों ओर गाँव बनाए
थे। 30 और याजकों और लेवियों ने अपने आप को शुद्ध
किया, और उन्होंने लोगों, फाटकों और दीवार को भी शुद्ध
किया। 31 तब मैंने यहूदा के प्रधानों को दीवार पर चढ़ाया,
और दो बड़े धन्यवाद-दल नियुक्त किए; एक दाहिनी ओर की
दीवार पर मल-मूत्र के फाटक की ओर गया। 32 और उनके
पीछे होशायाह और यहूदा के प्रधानों का आधा भाग चला।
33 फिर अजर्याह, एज्रा और मशुल्लाम। 34 यहूदा, बिन्यामीन,
शेमायाह और यिर्मयाह। 35 और याजकों के पुत्रों में तुरहियों
के साथ थे — जकर्याह, योहनान का पुत्र, शेमायाह का पुत्र,
मतन्याह का पुत्र, मीखायाह का पुत्र, ज़क्कूर का पुत्र,
आसाफ का पुत्र। 36 और उसके भाई — शेमायाह,
अज़रएल, मिलालाई, गिलालाई, मा'ई, नतनएल, यहूदा और
हनानी — दाऊद, परमेश्वर के जन के गीत-साधनों के
साथ, और उनके आगे शास्त्री एज्रा था। 37 और वे झरने के
फाटक पर, सीधे अपने सामने, दाऊद के नगर की सीढ़ियों
से ऊपर चढ़े, दीवार की सीढ़ी से, दाऊद के भवन के ऊपर
से, पूर्व दिशा की ओर जल-फाटक तक पहुँचे। 38 और
दूसरा धन्यवाद-दल उनके विपरीत चला, और मैं उनके पीछे
था, और लोगों का आधा भाग दीवार पर, भट्टियों के गुम्मट से
होते हुए चौड़ी दीवार तक गया। 39 और एप्रैम के फाटक के
ऊपर से, पुराने फाटक, मछली फाटक, हननेल के गुम्मट,
मआ के गुम्मट तक, और भेड़ फाटक तक; और वे जेल
फाटक पर ठहर गए। 40 तब दोनों धन्यवाद-दल परमेश्वर
के भवन में ठहरे, और मैं और मेरे साथ के आधे अधिकारी
भी वहाँ थे। 41 और याजक — एलियाकीम, मासेयाह,
मिन्यामीन, मीखायाह, एलियोएनै, ज़कर्याह और हनन्याह —
तुरहियों के साथ थे। 42 और मासेयाह, शेमायाह, एलआज़र,
उज़्ज़ी, योहनान, मल्कियाह, एलाम और एज़र; और गानेवाले
ऊँचे स्वर में गा रहे थे, और यिज्रह्याह उन पर अधिकारी
था। 43 और उस दिन उन्होंने बड़े-बड़े बलिदान चढ़ाए और
बहुत आनन्द किया, क्योंकि परमेश्वर ने उन्हें बड़े आनन्द से
आनन्दित किया था; स्त्रियाँ और बच्चे भी आनन्दित हुए, और
यरूशलेम का आनन्द दूर-दूर तक सुनाई दिया। 44 और
उसी दिन भण्डार की कोठरियों पर कुछ अधिकारी ठहराए गए
— चढ़ावे, पहिलौठे और दशमांश के लिये, ताकि नगरों के
खेतों से याजकों और लेवियों के लिये, व्यवस्था के अनुसार
भाग इकट्ठा करें; क्योंकि यहूदा याजकों और लेवियों के
सेवकाई में आनन्दित था। 45 और गानेवाले और फाटकपाल
दोनों अपने परमेश्वर की सेवा और शुद्धता की आज्ञा का
पालन करते थे, जैसा कि दाऊद और उसके पुत्र सुलैमान
की आज्ञा थी। 46 क्योंकि दाऊद और आसाफ के दिनों में भी
गानेवालों के प्रधान और परमेश्वर की स्तुति और धन्यवाद के
गीत हुआ करते थे। 47 और जरुब्बाबेल और नेहेम्याह के
दिनों में सब इस्राएलियों ने गानेवालों और फाटकपालों के लिये
उनके-उनके दिन का भाग दिया; और उन्होंने लेवियों के लिये
पवित्र किया, और लेवियों ने हारून की सन्तान के लिये पवित्र
किया।

13 1 उसी दिन मूसा की पुस्तक लोगों के सामने पढ़ी गई,
और उसमें यह लिखा पाया गया कि अम्मोनी और
मोआबी कभी भी परमेश्वर की मण्डली में प्रवेश न करें।
2 क्योंकि उन्होंने इस्राएल के लोगों को रोटी और पानी के साथ
स्वागत नहीं किया था, बल्कि बिलआम को उनके विरुद्ध श्राप
देने के लिए किराए पर बुलाया था; यद्यपि हमारे परमेश्वर ने
उस श्राप को आशीर्वाद में बदल दिया। 3 और जब उन्होंने
व्यवस्था को सुना, तब उन्होंने सब मिश्रित भीड़ को इस्राएल
से अलग कर दिया। 4 और इससे पहले एल्याशीब याजक,
जो हमारे परमेश्वर के भवन के भण्डारों पर अधिकारी था,
तोबियाह का सम्बन्धी था। 5 और उसने उसके लिये एक बड़ा
कक्ष तैयार किया था, जहाँ पहले अन्नबलि, लोबान, और पात्र,
तथा अनाज, नये दाखमधु और तेल के दशमांश रखे जाते
थे, जो लेवियों, गानेवालों, द्वारपालों और याजकों के लिये
ठहराए गए थे। 6 परन्तु इन सब दिनों में मैं यरूशलेम में नहीं
था; क्योंकि बाबेल के राजा अर्तक्षत्र के बत्तीसवें वर्ष में मैं राजा
के पास गया था। और कुछ समय बाद मैंने राजा से छुट्टी
मांगी। 7 और जब मैं यरूशलेम आया, तो मुझे वह बुराई पता
चली जो एल्याशीब ने तोबियाह के लिये की थी, जब उसने
उसे परमेश्वर के भवन के आँगनों में एक कक्ष तैयार करके
दिया था। 8 यह मुझे बहुत अप्रिय लगा; इसलिए मैंने तोबियाह
का सारा सामान उस कक्ष से बाहर फेंक दिया। 9 तब मैंने
आज्ञा दी कि उन कक्षों को शुद्ध किया जाए, और फिर मैंने
उनमें परमेश्वर के भवन के पात्र, अन्नबलि और लोबान
रखवाए। 10 और मैंने जाना कि लेवियों को उनके भाग नहीं
दिए गए थे; इसलिए लेवी और गानेवाले, जो सेवा करते थे,
अपने-अपने खेतों में चले गए थे। 11 तब मैंने अधिकारियों से
विवाद किया और कहा, "परमेश्वर का भवन क्यों छोड़ दिया
गया है?" तब मैंने उन्हें इकट्ठा किया और उनके अपने स्थानों
पर खड़ा किया। 12 और सब यहूदा के लोग अनाज, नये
दाखमधु और तेल के दशमांश भण्डार में लाए। 13 और मैंने
भण्डार पर अधिकारी ठहराए — याजक शेलम्याह, शास्त्री
सादोक, और लेवी पेदायाह; और उनके साथ जक्कूर के पुत्र,
मतन्याह के पुत्र हनान था; क्योंकि वे विश्वासयोग्य माने जाते
थे, और उन पर अपने भाइयों को बाँटने की ज़िम्मेदारी थी।
14 हे मेरे परमेश्वर, इस विषय में मुझे स्मरण रखना, और मेरे
उन भले कामों को न मिटा, जो मैंने अपने परमेश्वर के भवन
और उसकी सेवाओं के लिये किए हैं। 15 उन दिनों में मैंने
यहूदा में कुछ लोगों को देखा जो विश्रामदिन पर दाखरस के
कुण्डों में अंगूर रौंद रहे थे, और गेहूँ के पूले ला रहे थे, और
गधों पर दाखरस, अंगूर, अंजीर और सब प्रकार का बोझ
लादकर यरूशलेम ला रहे थे। तब मैंने उन्हें उस दिन डाँटा,
जब वे भोजन का व्यापार कर रहे थे। 16 और त्सोर के लोग
वहाँ रहते थे, जो मछली और सब प्रकार का माल लाकर
विश्रामदिन पर यहूदा के लोगों और यरूशलेम में बेचते थे।
17 तब मैंने यहूदा के सरदारों से विवाद किया और उनसे कहा,
"यह क्या बुरा काम है जो तुम करते हो, कि विश्रामदिन को
अशुद्ध करते हो?" 18 "क्या तुम्हारे पितरों ने ऐसा नहीं किया
था, जिससे हमारे परमेश्वर ने यह सब विपत्ति हम पर और
इस नगर पर लाई? फिर भी तुम विश्रामदिन को अशुद्ध करके
इस्राएल पर और भी अधिक क्रोध लाते हो।" 19 और ऐसा
हुआ कि जब यरूशलेम के फाटकों पर अन्धेरा छाने लगा,

विश्रामदिन से पहले, तब मैंने आज्ञा दी कि फाटक बन्द कर
दिए जाएँ, और विश्रामदिन के बाद तक न खोले जाएँ। और
मैंने अपने कुछ सेवकों को फाटकों पर खड़ा किया, ताकि
कोई बोझ विश्रामदिन पर अन्दर न लाया जाए। [20]तब
व्यापारी और सब प्रकार के माल बेचने वाले एक या दो बार
यरूशलेम के बाहर रात बिताने लगे। [21]तब मैंने उन्हें
चेतावनी दी और कहा, "तुम क्यों दीवार के पास रात बिताते
हो? यदि तुम फिर ऐसा करोगे, तो मैं तुम पर हाथ रखूँगा।"
उस समय से उन्होंने विश्रामदिन पर आना बन्द कर दिया।
[22]और मैंने लेवियों को आज्ञा दी कि वे अपने आप को शुद्ध
करें, और आकर फाटकों की रखवाली करें, ताकि विश्रामदिन
को पवित्र करें। हे मेरे परमेश्वर, इस विषय में भी मुझे स्मरण
रखना, और अपनी महान करुणा के अनुसार मुझ पर दया
करना। [23]उन दिनों में मैंने यहूदा के कुछ लोगों को देखा
जिन्होंने अश्दोद, अम्मोन और मोआब की स्त्रियों से विवाह
किया था। [24]और उनके आधे बच्चे अश्दोद की भाषा बोलते
थे, और यहूदा की भाषा नहीं बोल सकते थे, पर वे उन अन्य
जातियों की भाषा बोलते थे। [25]तब मैंने उनसे विवाद किया,
और उन पर शाप दिया, और कुछ को मारा, और उनके बाल
नोचे, और उन्हें परमेश्वर की शपथ दिलाई, यह कहते हुए,
"तुम अपनी बेटियों को उनके बेटों को विवाह में न देना, और
न उनके बेटों की बेटियों को अपने बेटों या अपने लिये लेना।"
[26]"क्या इस्राएल के राजा सुलैमान ने इन्हीं के कारण पाप
नहीं किया था? बहुत सी जातियों में उसके समान कोई राजा
नहीं था; वह अपने परमेश्वर का प्रिय था, और परमेश्वर ने
उसे सारे इस्राएल पर राजा बनाया था। फिर भी परदेशी
स्त्रियों ने उसी को पाप में डाल दिया।" [27]"तो क्या हम यह
सुनें कि तुम यह बड़ा बुरा काम कर रहे हो, अपने परमेश्वर के
विरुद्ध अपराध करके विदेशी स्त्रियों से विवाह कर रहे हो?"
[28]और महायाजक एल्याशीब का पुत्र योयादा का एक पुत्र
होरनी सानबल्लत का दामाद था; इसलिए मैंने उसे अपने पास
से भगा दिया। [29]हे मेरे परमेश्वर, उन्हें स्मरण रखना,
क्योंकि उन्होंने याजक पद और लेवियों की वाचा को अशुद्ध
किया है। [30]इस प्रकार मैंने उन्हें सब परदेशी वस्तुओं से शुद्ध
किया, और याजकों और लेवियों को उनके-उनके कामों के
अनुसार नियुक्त किया। [31]और लकड़ी की भेंट और
पहिलौठों की व्यवस्था नियत समयों पर की। हे मेरे परमेश्वर,
मुझे भलाई के लिये स्मरण रखना!

1 इतिहास

हिंदी संस्करण

1 इतिहास

1 1 आदम, शेठ, एनोश, 2 केनान, महललेल, यारेद,
3 हनोक, मतुशेलह, लेमेक, 4 नूह, शेम, हाम, और
याफ़ेत। 5 याफ़ेत के पुत्र: गोमेर और मागोग, और मादै, और
यावान, और तूबल, और मेशक, और तीरास। 6 और गोमेर
के पुत्र: अशकेनाज़, और दिफ़्रथ, और तोगरमा। 7 और
यावान के पुत्र: एलीशा और तरशीशा, कित्तीम और
रोडानीम। 8 हाम के पुत्र: कूश और मिस्र, पूत और कनान।
9 और कूश के पुत्र: शेबा, और हविला, और सबता, और
रामा, और सबतेका। और रामा के पुत्र: शेबा और देदान।
10 और कूश ने निम्रोद को जन्म दिया; वह पृथ्वी पर पराक्रमी
होने लगा। 11 और मिस्र ने लूदीम, और आनामीम, और
लेहाबीम, और नप्तुहीम को जन्म दिया, 12 और पत्रुसिम, और
कसलुहीम जिनसे पलिश्ती आए, और कप्तोरीम। 13 और
कनान ने सिदोन को जन्म दिया, उसका पहलौठा, और हेत,
14 और यबूसी, और एमोरी, और गिर्गाशी, 15 और हिव्वी, और
अर्की, और सिनी, 16 और अरवादी, और समारी, और
हमाती। 17 शेम के पुत्र: एलाम, और अश्शूर, और अरपक्षद,
और लूद, और अराम, और ऊत्स, हूल, और गेथेर, और
मेशक। 18 और अरपक्षद ने शेलह को जन्म दिया, और
शेलह ने एबर को जन्म दिया। 19 एबर से दो पुत्र जन्मे: एक
का नाम पेलग था, क्योंकि उसके दिनों में पृथ्वी विभाजित हुई,
और उसके भाई का नाम योक्तान था। 20 और योक्तान ने
अलमोदाद, और शेलफ, और हाथ्सरमावेथ, और यारह को
जन्म दिया, 21 और हादोराम, और उजाल, और दिकला,
22 और एबाल, और अबीमेएल, और शेबा, 23 और ओपीर,
और हविला, और योबाब। ये सब योक्तान के पुत्र थे।
24 शेम, अरपक्षद, शेलह, 25 एबर, पेलग, रेउ, 26 सेरुग,
नाहोर, तेरह, 27 और अब्राम, वही अब्राहम है। 28 अब्राहम के
पुत्र: यित्सहाक और यिश्माएल। 29 ये उनकी वंशावलियाँ हैं:
यिश्माएल का पहलौठा नेबायोत, और केदार, और अदबील,
और मिबसाम, 30 मिशमा, और दूमा, और मस्सा, हदद, और
तेमा, 31 यतुर, नफीश, और केदेमाह। ये यिश्माएल के पुत्र
थे। 32 और पुत्र जो कतूरा से जन्मे, अब्राहम की रखैल:
ज़िम्रान, और योक्षान, और मेदन, और मिद्यान, और
यिशबाक, और शूआह। योक्षान के पुत्र: शेबा और देदान।
33 और मिद्यान के पुत्र: एफा, और एफ़ेर, और हनोक, और
अबीदा, और एलदाहा। ये सब कतूरा की संतानें थीं। 34 और
अब्राहम ने यित्सहाक को जन्म दिया। यित्सहाक के पुत्र:
एसाव और इस्राएल। 35 एसाव के पुत्र: एलीफ़ज़, रेऊएल,
और येऊश, और यालाम, और कोरह। 36 और एलीफ़ज़ के
पुत्र: तेमान, और ओमार, त्सेफ़ी, और गताम, और केनज़,
और तिम्ना, और अमालेक। 37 रेऊएल के पुत्र: नहथ,
ज़ेरह, शम्माह, और मिज्जाह। 38 और सेईर के पुत्र: लोतान,
और शोबाल, और त्सिबोन, और आनाह, और दीशोन, और
एत्सेर, और दीशान। 39 और लोतान के पुत्र: होरी और
होमाम; लोतान की बहन तिम्ना थी। 40 शोबाल के पुत्र:
अलेयान, और मनहाथ, और एबाल, शेफ़ी, और ओनाम।
त्सिबोन के पुत्र: अयाह और आनाह। 41 आनाह का पुत्र
दीशोन था। दीशोन के पुत्र: हमरान, और एश्बान, और
यित्रान, और केरान। 42 एत्सेर के पुत्र: बिल्हान, और
ज़ावान, और याकान। दीशान के पुत्र: ऊत्स और अरान।
43 और ये वे राजा थे जो एदोम देश में राज्य करते थे,
इस्राएल के बच्चों पर किसी राजा के राज्य करने से पहले:
बेला बेओर का पुत्र, और उसके नगर का नाम दिनहाबा था।
44 और जब बेला मर गया, तो योबाब ज़ेरह का पुत्र बोत्सरा
से उसके स्थान पर राज्य करने लगा। 45 और योबाब मर
गया, और हूशाम तेमान देश का उसके स्थान पर राज्य करने
लगा। 46 और जब हूशाम मर गया, तो हदद बेदद का पुत्र,
जिसने मैदान में मिद्यान को मारा, मोआब के खेत में, उसके
स्थान पर राज्य करने लगा। उसके नगर का नाम आवीथ
था। 47 और हदद मर गया, और सम्लाह मसरेका का उसके
स्थान पर राज्य करने लगा। 48 और सम्लाह मर गया, और
शाऊल रहोबोत-नाहर का उसके स्थान पर राज्य करने
लगा। 49 और शाऊल मर गया, और बाल-हनान अख़बोर
का पुत्र उसके स्थान पर राज्य करने लगा। 50 और बाल-
हनान मर गया, और हदद उसके स्थान पर राज्य करने
लगा। और उसके नगर का नाम पाई था। और उसकी पत्नी
का नाम मेहेतबेल था, मातरेद की बेटी, मे-ज़हाब की बेटी।
51 और हदद मर गया। और एदोम के सरदार थे: सरदार
तिम्ना, सरदार अलयाह, सरदार येथेत, 52 सरदार
ओहोलिबामा, सरदार एला, सरदार पीनोन, 53 सरदार केनज़,
सरदार तेमान, सरदार मिब्सार, 54 सरदार मगदीएल, और
सरदार इराम। ये एदोम के सरदार थे।

2 1 ये थे इस्राएल के पुत्र: रूबेन, शिमोन, लेवी और यहूदा,
इस्साकार और ज़बुलुन, 2 दान, योसेफ़ और बिन्यामिन,
नफ़ताली, गाद और आशेर। 3 यहूदा के पुत्र: एर, और
ओनान, और शेला, ये तीन उसके लिए शूआ की कनानिन
स्त्री से उत्पन्न हुए। और यहूदा का पहिलौठा एर ३५१३z की
दृष्टि में बुरा था, और उसने उसे मार डाला। 4 और तामार,
उसकी बहू ने उसके लिए पेरेत्स और ज़ेरह को जन्म दिया।
यहूदा के सब पुत्र पाँच थे। 5 पेरेत्स के पुत्र: हेत्स्रोन और
हमूल। 6 और ज़ेरह के पुत्र: ज़िम्री, और एतान, और हेमान,
और कलकोल, और दारा, ये सब पाँच। 7 और कर्मी का पुत्र
आखार था, जो इस्राएल को संकट में डालने वाला था,
जिसने वह वस्तु ले ली थी जो शाप के अधीन थी। 8 और
एतान का पुत्र अजर्याह था। 9 और हेत्स्रोन के पुत्र जो उसके

लिए उत्पन्न हुए: येरहमेएल, और राम, और केलुबै। 10 राम
ने अम्मीनादाब को उत्पन्न किया, और अम्मीनादाब ने नहशोन
को उत्पन्न किया, जो यहूदा के पुत्रों का प्रधान था; 11 नहशोन
ने सलमा को उत्पन्न किया, और सलमा ने बोअज़ को उत्पन्न
किया; 12 बोअज़ ने ओबेद को उत्पन्न किया, और ओबेद ने
यिशै को उत्पन्न किया; 13 यिशै ने अपने पहिलौठे एल्याब को
उत्पन्न किया, और अबीनादाब को दूसरा, और शम्मा को
तीसरा, 14 नेथनेल को चौथा, रद्दै को पाँचवाँ, 15 ओत्सेम को
छठा, दाविद को सातवाँ। 16 और उनकी बहनें: त्सेरूया और
अबीगयिल। और त्सेरूया के पुत्र: अबीशै, और योआब, और
आसा'एल, ये तीन। 17 और अबीगयिल ने अम्मासा को जन्म
दिया। और अम्मासा का पिता यित्तर यिश्माएली था। 18 और
कालब, हेत्स्रोन का पुत्र, ने अपनी पत्नी अज़ूबा और येरियोत
से पुत्र उत्पन्न किए। और उसके ये पुत्र थे: येशेर, और
शोबाब, और अरदोन। 19 और अज़ूबा मर गई, और कालब
ने एप्रथ को पत्नी बनाया, जिसने उसके लिए हूर को जन्म
दिया। 20 और हूर ने ऊरी को उत्पन्न किया, और ऊरी ने
बेत्सलेल को उत्पन्न किया। 21 और बाद में हेत्स्रोन गिलआद
के पिता माखीर की बेटी के पास गया, जिसे उसने साठ वर्ष
की आयु में लिया। और उसने उसके लिए सेगूब को जन्म
दिया। 22 और सेगूब ने याईर को उत्पन्न किया, जिसके
गिलआद देश में तेईस नगर थे। 23 और उसने उनसे गेशूर
और अराम को लिया, याईर के नगरों के साथ, केनाथ और
उसके नगरों के साथ, कुल साठ नगर। ये सब गिलआद के
पिता माखीर के पुत्रों के थे। 24 और हेत्स्रोन की मृत्यु के बाद
कालब एप्राथा में, हेत्स्रोन की पत्नी अबियाह ने उसके लिए
अशहूर को जन्म दिया, जो तेकोआ का पिता था। 25 और
हेत्स्रोन के पहिलौठे येरहमेएल के पुत्र थे: राम पहिलौठा, और
बुनह, और ओरेन, और ओत्सेम, और अहीयाह। 26 और
येरहमेएल की एक और पत्नी थी, जिसका नाम अतराह था;
वह ओनाम की माता थी। 27 और येरहमेएल के पहिलौठे राम
के पुत्र थे: मा'अत्स, और यामीन, और एकेर। 28 और
ओनाम के पुत्र थे: शम्मै और यादा। और शम्मै के पुत्र:
नादाब और अबीशूर। 29 और अबीशूर की पत्नी का नाम
अबीहयिल था, और उसने उसके लिए अहबान और मोलिद
को उत्पन्न किया। 30 और नादाब के पुत्र: सेलेद और
अप्पाइम, और सेलेद बिना संतान के मर गया। 31 और
अप्पाइम का पुत्र यिशी था, और यिशी का पुत्र शेशन था, और
शेशन का पुत्र अहलै था। 32 और यादा, शम्मै का भाई, के
पुत्र: यित्तर और योहनतन थे, और यित्तर बिना संतान के मर
गया। 33 और योहनतन के पुत्र: पेलेत और ज़ाज़ा। ये थे
येरहमेएल के पुत्र। 34 और शेशन के कोई पुत्र नहीं थे, केवल
पुत्रियाँ थीं। और शेशन का एक मिस्री दास था, जिसका नाम
यरहा था। 35 और शेशन ने अपनी बेटी को अपने दास यरहा
को पत्नी के रूप में दिया, और उसने उसके लिए अत्तै को
जन्म दिया। 36 और अत्तै ने नातान को उत्पन्न किया, और
नातान ने ज़ाबाद को उत्पन्न किया, 37 और ज़ाबाद ने एफलाल
को उत्पन्न किया, और एफलाल ने ओबेद को उत्पन्न किया,
38 और ओबेद ने याहू को उत्पन्न किया, और याहू ने अजर्याह
को उत्पन्न किया, 39 और अजर्याह ने हेलेत्स को उत्पन्न
किया, और हेलेत्स ने एल'आसाह को उत्पन्न किया, 40 और
एल'आसाह ने सिस्मै को उत्पन्न किया, और सिस्मै ने शल्लूम
को उत्पन्न किया, 41 और शल्लूम ने येक़म्याह को उत्पन्न
किया, और येक़म्याह ने एलीशामा को उत्पन्न किया। 42 और
कालब, येरहमेएल का भाई, के पुत्र: मेशा उसका पहिलौठा,
जो ज़ीफ़ का पिता था, और मरेशा के पुत्र जो हेब्रोन का पिता
था। 43 और हेब्रोन के पुत्र: कोरह, और तप्पूअह, और रेकेम,
और शेमा। 44 और शेमा ने रहाम को उत्पन्न किया, जो
योर्के'अम का पिता था, और रेकेम ने शम्मै को उत्पन्न किया।
45 और शम्मै का पुत्र मा'ओन था, और मा'ओन बेथ सूर का
पिता था। 46 और एफा, कालब की उपपत्नी, ने हारान, और
मोत्सा, और गज़ेज़ को जन्म दिया। और हारान ने गज़ेज़
को उत्पन्न किया। 47 और यहदई के पुत्र: रेगेम, और योथम,
और गेशान, और पेलेट, और एफा, और शाफ़। 48 मआका,
कालब की उपपत्नी, ने शेबर और तिरहानाह को जन्म दिया।
49 और उसने शाफ़ को जन्म दिया, जो मदमनाह का पिता
था, शेवा, जो मखबना और गिब'आ का पिता था। और
कालब की बेटी अख्सा थी। 50 ये थे कालब के वंशज: एप्राथा
का पहिलौठा हूर के पुत्र: शोबाल, जो किर्यात-येआरिम का
पिता था, 51 सलमा, जो बेथलेहम का पिता था, हारेफ़, जो
बेथ-गादेर का पिता था। 52 और शोबाल, किर्यात-येआरिम
का पिता, के वंशज थे: हारो'एह, मनूहोतियों का आधा।
53 और किर्यात-येआरिम के कुल: यित्रियों, और पुथियों, और
शुमातियों, और मिस्रियों। इनमें से त्सोरियों और
एशताओलियों आए। 54 सलमा के पुत्र: बेथलेहम, नेतोफ़ाती,
आतरोत-बेत-योआब, और मन्हती का आधा, और त्सोरी।
55 और याबेत्स में रहने वाले शास्त्रियों के कुल: तीराती,
शिम'ाती, और सुखाती। ये थे केनी, जो हमात से आए थे,
जो रेकाब के घर का पिता था।

3

1 और ये दाऊद के पुत्र थे जो उसके लिए हेब्रोन में
जन्मे: पहिलौठा अम्नोन, अहिनोअम यिज़्रेलीत से;
दूसरा, दानिएल, अबीगेल कर्मेली से; 2 तीसरा, अब्शालोम
मआका का पुत्र, गशूर के राजा तल्मै की बेटी; चौथा,
अदोनिय्याह हग्गीत का पुत्र; 3 पाँचवाँ, शेफ़तयाह, अबीतल
से; छठा, यित्रेअम, उसकी पत्नी एगला से। 4 हेब्रोन में उसके
लिए ये छह जन्मे। और उसने वहाँ सात वर्ष और छह महीने
राज्य किया, और येरूशलेम में उसने तैंतीस वर्ष राज्य किया।
5 और उसके लिए येरूशलेम में ये जन्मे: शिम्मा, और शोबाब,
और नातान, और शलोमो - चार, बथशूआ अम्मीएल की बेटी
से। 6 इब्खार भी, और एलीशामा, और एलीपेलट, 7 और
नोगाह, और नेफ़ेग, और याफ़ियाह, 8 और एलीशामा, और
एल्यादा, और एलीपेलट, नौ, 9 दाऊद के सब पुत्र, उपपत्नियों
के पुत्रों को छोड़कर, और उनकी बहन तामार। 10 और
शलोमो का पुत्र रहबाम था, अबियाह उसका पुत्र, आसा
उसका पुत्र, यहोशापात उसका पुत्र, 11 योराम उसका पुत्र,
अहज्याह उसका पुत्र, योआश उसका पुत्र, 12 अमस्याह
उसका पुत्र, अजर्याह उसका पुत्र, योथाम उसका पुत्र,
13 आहज उसका पुत्र, हिज़कियाह उसका पुत्र, मनश्शे
उसका पुत्र, 14 आमोन उसका पुत्र, योशिय्याह उसका पुत्र।

15 और योशिय्याह के पुत्र: योहानान पहिलौठा, दूसरा
यहोयाकीम, तीसरा सिदकिय्याह, चौथा शल्लूम। 16 और
यहोयाकीम के पुत्र: येकोन्याह उसका पुत्र और सिदकिय्याह
उसका पुत्र। 17 और येकोन्याह के बंदी के पुत्र: शअल्तिएल
उसका पुत्र, 18 और मल्कीराम, और पेदायाह, और
शनअत्स्सार, येकम्याह, होशामा, और नेदव्याह। 19 और
पेदायाह के पुत्र: जरुब्बाबेल और शिम्मी। जरुब्बाबेल के पुत्र:
मेशुल्लाम, और हनन्याह, और शेलोमीत उनकी बहन, 20 और
हशूबा, और ओहेल, और बेरेख्याह, और हसद्याह, युशब-
हसेद, पाँच। 21 और हनन्याह के पुत्र: पेलेटयाह और
यशायाह, रेफायाह के पुत्र, अरनान के पुत्र, ओबद्याह के पुत्र,
और शेखन्याह के पुत्र। 22 और शेखन्याह का पुत्र:
शमायाह। शमायाह के पुत्र: हट्टूश, और यिगाल, और
बरियाह, और नेआर्याह, और शापत, छह। 23 और नेआर्याह
के पुत्र: एलयोएनै, और हिज़किय्याह, और अजरिकाम,
तीन। 24 और एलयोएनै के पुत्र: होदव्याह, और एलियाशिब,
और पेलायाह, और अक्कूब, और योहानान, और देलायाह,
और अनानी, सात।

4 1 यहूदा के पुत्र: पेरेत्स, हेस्रोन, और कर्मी, और हूर,
और शोबाल। 2 और शोबाल के पुत्र रेअयाह ने यहथ को
उत्पन्न किया, और यहथ ने अहुमै और लहाद को उत्पन्न
किया। ये सूराती लोगों के कुल थे। 3 और एइताम के पिता
के ये थे: यिजरेएल, और यिशमा, और यिदबाश। और
उनकी बहन का नाम हात्सेलेलपोनी था; 4 और पेनूएल गेदोर
का पिता था, और एज़र हूशह का पिता था। ये हूर के पुत्र थे,
जो एप्राथा का पहलौठा था, जो बेतलेहेम का पिता था। 5 और
अशहूर, जो तकोवा का पिता था, की दो पत्नियां थीं, हेला और
नआरा। 6 और नआरा ने उसके लिए अहुज्जाम, और हेफेर,
और तेमेनी, और हा'अहश्तरी को जन्म दिया। ये नआरा के
पुत्र थे। 7 और हेला के पुत्र: त्सेरेत, और त्सोहार, और
एतनान; 8 और कोत्स ने अनूब, और त्सोबेबह, और अहर्हेल
के कुलों को उत्पन्न किया, जो हरूम का पुत्र था। 9 और
याबेत्स अपने भाइयों से अधिक प्रतिष्ठित था, और उसकी
माता ने उसका नाम याबेत्स रखा, यह कहते हुए, "क्योंकि
मैंने उसे पीड़ा में जन्म दिया।" 10 और याबेत्स ने यिस्राएल
के ईश्वर 𐤉𐤄𐤅𐤄 को पुकारा और कहा, "हे, कि तू सचमुच
मुझे आशीर्वाद दे, और मेरी सीमा को बढ़ा, और तेरी हाथ मेरे
साथ हो, और तू मुझे बुराई से बचाए, ताकि यह मेरी पीड़ा न
बने!" और ईश्वर 𐤉𐤄𐤅𐤄 ने उसे वही दिया जो उसने मांगा।
11 और शूहाह का भाई केलूब ने मेहीर को उत्पन्न किया, जो
एश्तोन का पिता था। 12 और एश्तोन ने बेत-राफा, और
पासेअह, और तेहिन्नाह को उत्पन्न किया, जो इर-नहश का
पिता था। ये रेकेह के लोग थे। 13 और केनज़ के पुत्र:
ओथनीएल और सेरायाह। और ओथनीएल के पुत्र: हत्थत,
14 और मेओनोतै, जिसने ओफ्रा को उत्पन्न किया। और
सेरायाह ने योआब को उत्पन्न किया, जो गेय-हराशिम का पिता
था, क्योंकि वे कारीगर थे। 15 और यफुन्नेह का पुत्र कालेब
के पुत्र: इरु, एला, और नाम। और एला का पुत्र केनज़ था।
16 और यहललेल के पुत्र: जिफ, और जिफाह, तिरेया, और
असरएल। 17 और एज्रह के पुत्र: येथेर, और मेरेद, और
एफ़ेर, और यालोन। और उसने मरियम, और शम्मै, और
यिशबह को जन्म दिया, जो एश्तेमोआ का पिता था। 18 और
उसकी पत्नी यहूदिया ने येरेद को जन्म दिया, जो गेदोर का
पिता था, और हेबर को, जो सोखो का पिता था, और
येकुथिएल को, जो ज़ानोआह का पिता था। और ये फ़िरौन
की बेटी बिथ्या के पुत्र थे, जिसे मेरेद ने लिया। 19 और
होदियाह की पत्नी, जो नहम की बहन थी, के पुत्र, केइलाह के
गरमी और एश्तेमोआ के माकाती लोगों के पिता थे। 20 और
शिमोन के पुत्र: अम्नोन, और रिन्नाह, बेन-हनान, और
तुलोन। और यिशी के पुत्र: ज़ोहेथ और बेन-ज़ोहेथ।
21 शेलाह, जो यहूदा का पुत्र था, के पुत्र: एर, जो लेखाह का
पिता था, और लअदाह, जो मारेशा का पिता था, और
अशबेआ के घराने के सन काम करने वालों के घराने; 22 और
योकीम, और कोज़ेबा के लोग, और योआश, और साराफ,
जिन्होंने मोआब में राज्य किया, और याशुबी-लेहेम। परन्तु ये
अभिलेख प्राचीन थे। 23 ये कुम्हार और वे थे जो नेताइम और
गेदेरा में रहते थे; वे राजा के काम के लिए वहाँ रहते थे।
24 शिमोन के पुत्र: नेमूएल, और यामीन, यारीब, ज़ेरह,
शाऊल, 25 शल्लूम उसका पुत्र, मिब्साम उसका पुत्र, मिश्मा
उसका पुत्र। 26 और मिश्मा के पुत्र: हम्मूएल उसका पुत्र,
ज़क्कूर उसका पुत्र, शिम्मी उसका पुत्र। 27 और शिम्मी के
सोलह पुत्र और छः बेटियां थीं, परन्तु उसके भाइयों के
अधिक पुत्र नहीं थे, और उनके कुल यहूदा के पुत्रों जितना
नहीं बढ़े। 28 और वे बेएरशेबा, और मोलादा, और हात्सार-
शूएल में रहते थे, 29 और बिल्हा में, और एत्सेम में, और
तोलाद में, 30 और बेतुएल में, और होरमा में, और त्सिकलग
में, 31 और बेत-मारकबोत में, और हात्सार-सुसिम में, और
बेत-बिरी में, और शआराइम में। ये उनकी नगरियां थीं,
दाविद के राज्य तक। 32 और उनकी बस्तियां एइताम, और
आयिन, और रिम्मोन, और तोकेन, और आशान, पाँच नगर
थे, 33 और उन नगरों के चारों ओर जितनी भी बस्तियां थीं,
बाल तक। ये उनके निवास स्थान थे, और उन्होंने अपनी
वंशावली रखी। 34 और मेशोबाब, और यामलेक, और योशा,
अमत्स्याह का पुत्र; 35 और योएल, और याहू, योशिब्याह का
पुत्र, सेरायाह का पुत्र, असीएल का पुत्र; 36 और एलयोएनै,
और याक़ोबह, और येशोहायाह, और असायाह, और अदिएल,
और येशीमीएल, और बनेयाह; 37 और ज़ीज़ा, शिफी का पुत्र,
अल्लोन का पुत्र, येदयाह का पुत्र, शिम्री का पुत्र, शेमायाह का
पुत्र। 38 ये नाम लेकर बताए गए उनके कुलों में अगुवे थे,
और उनके पितृगृह बहुत बढ़े। 39 और वे गेदोर के प्रवेश द्वार
तक, घाटी के पूर्वी ओर तक गए, ताकि अपनी भेड़ों के लिए
चरागाह ढूंढें, 40 और उन्होंने अच्छा, हरा-भरा चरागाह पाया,
और वह भूमि विस्तृत, निश्चिंत और सुरक्षित थी, क्योंकि वहां
पहले हमात के लोग बसे थे। 41 और ये नाम लेकर लिखे गए
लोग यहूदा के राजा हिज़किय्याह के दिनों में आए, और उनके
डेरे और वहाँ पाए गए घरों को मारा, और उन्हें पूरी तरह नष्ट
किया, जैसा कि आज तक है, और उनके स्थान में बसे,
क्योंकि वहाँ उनकी भेड़ों के लिए चरागाह था। 42 और उनमें
से, शिमोन के पुत्रों में से पाँच सौ पुरुष, सेईर पर्वत पर गए,
उनके प्रधान पेलत्याह, और नेआर्याह, और रेफायाह, और
उज़्ज़ीएल, यिशी के पुत्र थे। 43 और उन्होंने बचे हुए

अमालेकियों को मारा, जो बच निकले थे, और आज तक वहाँ
बसे।

5 1अब यिस्त्राएल के पहिलौठे रुबेन के पुत्रों की बात: वह
पहिलौठा था, परन्तु उसने अपने पिता के बिछौने को
अपवित्र किया, इसलिए उसका जन्मसिद्ध अधिकार यूसुफ,
यिस्त्राएल के पुत्रों को दिया गया, ताकि वंशावली जन्मसिद्ध
अधिकार के अनुसार न गिनी जाए। 2क्योंकि यहूदा अपने
भाइयों से प्रबल हुआ, और उससे शासक उत्पन्न हुआ, यद्यपि
जन्मसिद्ध अधिकार यूसुफ का ही था। 3यिस्त्राएल के
पहिलौठे रुबेन के पुत्र: हनोक और पल्लू, हेस्त्रोन और कार्मी।
4योएल के पुत्र: शमायाह उसका पुत्र, गोग उसका पुत्र, शिमी
उसका पुत्र, 5मिकाह उसका पुत्र, रेआयाह उसका पुत्र, बाल
उसका पुत्र, 6और बेएरा उसका पुत्र, जिसे अश्शूर के राजा
तिग्लत-पिलेसर ने बंधुआई में ले लिया। वही रुबेनियों का
प्रधान था। 7और उसके भाई अपने कुलों के अनुसार, जब
उनकी पीढ़ियों की वंशावली लिखी गई: प्रधान, येईएल और
जकर्याह। 8और बेला, अजाज का पुत्र, शेमा का पुत्र, योएल
का पुत्र, जो अरोएर में रहते थे, नेबो और बाल-मेओन तक।
9और वे पूरब की ओर युफ्रात नदी के जंगल के प्रवेश तक
बसे, क्योंकि उनकी पशु-संपत्ति गिलआद देश में बढ़ गई थी।
10और शाऊल के दिनों में उन्होंने हागरियों से युद्ध किया, जो
उनके हाथ से मारे गए। और वे गिलआद के पूरे पूरब भाग में
उनके तंबुओं में बसे। 11और गाद के पुत्र उनके पास बाशान
देश में सल्का तक बसे। 12योएल प्रधान था, शाफाम उसके
बाद, फिर यानै और शाफट बाशान में। 13और उनके पिता
के घराने के भाई: मीकाएल, और मेशुल्लाम, और शेबा, और
योरै, और याकान, और जिया, और एबर, सात। 14ये थे
अबीहयील के पुत्र, हूरी का पुत्र, यारोआह का पुत्र, गिलआद
का पुत्र, मीकाएल का पुत्र, येशिशै का पुत्र, यहदो का पुत्र,
बुज का पुत्र। 15अही, अब्दीएल का पुत्र, गूनी का पुत्र, उनके
पिता के घराने का प्रधान था। 16और वे गिलआद, बाशान
और उसके गाँवों में, और शारोन की सारी खुली भूमि में
उनकी सीमाओं के भीतर बसे। 17ये सब यहूदा के राजा
योताम और यिस्त्राएल के राजा यारोबाम के दिनों में वंशावलियों
में लिखे गए। 18रूबेन के पुत्र, और गादी, और मनश्शे के
आधे गोत्र के चौंतीस हजार सात सौ साठ शूरवीर थे, ढाल
और तलवार उठाने वाले, धनुष चलाने वाले, और युद्ध में
निपुण, सेना में निकलने वाले। 19और उन्होंने हागरियों से,
और येतूर, और नाफिश, और नोदाब से युद्ध किया। 20और
उन्हें उनके विरुद्ध सहायता मिली, और हागरियों और उनके
साथियों को उनके हाथ में कर दिया गया। क्योंकि उन्होंने
युद्ध में ईश्वर को पुकारा, और उसने उनकी प्रार्थना सुनी,
क्योंकि उन्होंने उस पर भरोसा किया। 21और उन्होंने उनकी
पशु-संपत्ति ले ली: उनके पचास हजार ऊँट, और दो लाख
पचास हजार भेड़ें, और दो हजार गधे, और एक लाख
मनुष्य। 22क्योंकि बहुत लोग मारे गए, क्योंकि युद्ध ईश्वर का
था। और वे बंधुआई तक उनकी जगहों में बसे रहे। 23और
मनश्शे के आधे गोत्र के पुत्र उस देश में बसे। वे बाशान से
बाल-हेरमोन तक, अर्थात सनीर और हेरमोन पर्वत तक बढ़े।
24और ये उनके पितरों के घराने के प्रधान थे: एफ़ेर, और
यिशी, और एलीएल, और अज़रीएल, और यिर्मयाहू,
होदवयाह, और यहदीएल - पराक्रमी शूरवीर, नामी पुरुष,
और उनके पितरों के घराने के प्रधान। 25परन्तु उन्होंने
अपने पितरों के ईश्वर के विरुद्ध विश्वासघात किया, और देश
के लोगों के देवताओं के पीछे व्यभिचार किया, जिन्हें ईश्वर ने
उनके सामने नष्ट कर दिया था। 26इसलिये यिस्त्राएल के
ईश्वर ने अश्शूर के राजा पुल की आत्मा को, और अश्शूर के
राजा तिग्लत-पिलेसर की आत्मा को उकसाया। और उसने
रुबेनियों, गादियों और मनश्शे के आधे गोत्र को बंधुआई में ले
जाकर हालह, और हाबोर, और हारा, और गोजान नदी में
पहुँचाया, आज तक।

6 1लेवी के पुत्र: गेरेशोम, क़ेहाथ और मेरारी। 2और
क़ेहाथ के पुत्र: अम्राम, यित्सहार, और हेब्रोन, और
उज़्ज़ीएल। 3और अम्राम की संतानें: अहारोन, और मोशेह,
और मरयम। और अहारोन के पुत्र: नदाब और अबीहू,
एलआज़र और इथामार। 4एलआज़र ने पिनहास को जन्म
दिया, पिनहास ने अबीशूआ को जन्म दिया; 5और अबीशूआ
ने बुक्की को जन्म दिया, और बुक्की ने उज़्ज़ी को जन्म
दिया; 6और उज़्ज़ी ने ज़ेरह्याह को जन्म दिया, और ज़ेरह्याह
ने मेरायोथ को जन्म दिया; 7मेरायोथ ने अमर्याह को जन्म
दिया, और अमर्याह ने अहीतूब को जन्म दिया; 8और अहीतूब
ने सादोक को जन्म दिया, और सादोक ने अहिमआत्स को
जन्म दिया; 9और अहिमआत्स ने अज़र्याहू को जन्म दिया,
और अज़र्याहू ने योहानान को जन्म दिया; 10और योहानान ने
अज़र्याहू को जन्म दिया - वही था जिसने यरूशलेम में
शेलोमो द्वारा बनाई गई घर में याजक के रूप में सेवा की;
11और अज़र्याहू ने अमर्याह को जन्म दिया, और अमर्याह ने
अहीतूब को जन्म दिया; 12और अहीतूब ने सादोक को जन्म
दिया, और सादोक ने शल्लूम को जन्म दिया; 13और शल्लूम
ने हिलकियाह को जन्म दिया, और हिलकियाह ने अज़र्याहू को
जन्म दिया; 14और अज़र्याहू ने सरायाह को जन्म दिया, और
सरायाह ने यहोत्सादाक को जन्म दिया। 15और यहोत्सादाक
चला गया जब ३५३२ ने यहूदा और यरूशलेम को
नबूकदनेत्स्सर के हाथ से बंधुआई में भेज दिया। 16लेवी के
पुत्र: गेरेशोम, क़ेहाथ और मेरारी। 17और ये हैं गेरेशोम के
पुत्रों के नाम: लिब्नी और शिमी। 18और क़ेहाथ के पुत्र:
अम्राम, और यित्सहार, और हेब्रोन, और उज़्ज़ीएल।
19मेरारी के पुत्र: महली और मूशी। और ये हैं लेवियों के कुल
उनके पिताओं के अनुसार। 20गेरेशोम से लिब्नी उसका पुत्र,
यहाथ उसका पुत्र, ज़िम्मा उसका पुत्र, 21योआह उसका पुत्र,
इद्दो उसका पुत्र, ज़ेरह उसका पुत्र, येअतेरै उसका पुत्र।
22क़ेहाथ के पुत्र: अम्मीनादाब उसका पुत्र, कोरह उसका
पुत्र, असीर उसका पुत्र, 23एलकाना उसका पुत्र, एब्यासाफ
उसका पुत्र, असीर उसका पुत्र, 24तहथ उसका पुत्र, उरीएल
उसका पुत्र, उज़्ज़ीयाह उसका पुत्र, और शाऊल उसका
पुत्र। 25और एलकाना के पुत्र: अमसै और अहिमोत।
26एलकाना - एलकाना के पुत्र: सोफै उसका पुत्र, और नहथ
उसका पुत्र, 27एलियाब उसका पुत्र, येरोहम उसका पुत्र,
एलकाना उसका पुत्र। 28और शमूएल के पुत्र; पहिलौठा

वश्नी, और अबियाह। 29 मेरारी के पुत्र: महली, लिब्नी उसका
पुत्र, शिमी उसका पुत्र, उज़्ज़ाह उसका पुत्र, 30 शिमा उसका
पुत्र, हग्गियाह उसका पुत्र, और असायाह उसका पुत्र।
31 और ये वे लोग हैं जिन्हें दाऊद ने 𐤉𐤄𐤅𐤄 के घर में गीत
की सेवा पर नियुक्त किया, जब सन्दूक विश्राम में आ गया।
32 और वे मिलापवाले तंबू के मन्दिर से पहले गीत की सेवा
कर रहे थे, जब तक शेलोमो ने 𐤉𐤄𐤅𐤄 का घर यरूशलेम में
न बना लिया था, और वे अपने नियमों के अनुसार अपनी
सेवाएँ करते थे। 33 और ये वे हैं जो अपने पुत्रों के साथ खड़े
थे: क़ेहाथियों के पुत्रों में से हेमान गायक, योएल का पुत्र,
शमूएल का पुत्र, 34 एलकाना का पुत्र, येरोहम का पुत्र,
एलीएल का पुत्र, तोवाह का पुत्र, 35 सूफ का पुत्र, एलकाना
का पुत्र, महथ का पुत्र, अमसै का पुत्र, 36 एलकाना का पुत्र,
योएल का पुत्र, अज़र्याहू का पुत्र, सपन्याह का पुत्र, 37 तहथ
का पुत्र, असीर का पुत्र, एब्यासाफ का पुत्र, कोरह का पुत्र,
38 यित्सहार का पुत्र, क़ेहाथ का पुत्र, लेवी का पुत्र, इस्राएल
का पुत्र। 39 और उसका भाई आसाप, जो उसके दाहिने हाथ
पर खड़ा था, वह आसाप बेरेक्याह का पुत्र, शिमा का पुत्र था।
40 मिकाएल का पुत्र, बाअसेयाह का पुत्र, मल्कियाह का पुत्र,
41 एथ्नी का पुत्र, ज़ेरह का पुत्र, अदायाह का पुत्र, 42 एतान का
पुत्र, ज़िम्मा का पुत्र, शिमी का पुत्र, 43 यहाथ का पुत्र, गेरेशोम
का पुत्र, लेवी का पुत्र। 44 और उनके भाई, मेरारी के पुत्र,
बाएँ हाथ पर, एतान क़ीशी का पुत्र, अब्दी का पुत्र, मल्लूक का
पुत्र, 45 हशब्याह का पुत्र, अमस्याह का पुत्र, हिलकियाह का
पुत्र, 46 अम्त्सी का पुत्र, बानी का पुत्र, शेमेर का पुत्र,
47 महली का पुत्र, मूशी का पुत्र, मेरारी का पुत्र, लेवी का
पुत्र। 48 और उनके भाई, लेवी लोग, एलोहीम के घर के
मन्दिर की हर प्रकार की सेवा के लिए नियुक्त किए गए।
49 परन्तु अहारोन और उसके पुत्र होमबलि की वेदी और धूप
की वेदी पर चढ़ाते थे, पवित्रतम स्थान की सब सेवा के लिए,
और इस्राएल के लिए प्रायश्चित्त करने के लिए, जैसा कि
मोशेह, एलोहीम का दास, ने आज्ञा दी थी। 50 और ये हैं
अहारोन के पुत्र: एलआज़र उसका पुत्र, पिनहास उसका पुत्र,
अबीशूआ उसका पुत्र, 51 बुक्की उसका पुत्र, उज़्ज़ी उसका
पुत्र, ज़ेरह्याह उसका पुत्र, 52 मेरायोथ उसका पुत्र, अमर्याह
उसका पुत्र, अहीतूब उसका पुत्र, 53 सादोक उसका पुत्र,
अहिमआत्स उसका पुत्र। 54 और ये उनके निवास स्थान थे
उनके सीमाओं के भीतर उनके बस्तियों में, अहारोन के पुत्रों
के, क़ेहाथियों के कुल के, क्योंकि वह उनका भाग था।
55 और उन्होंने यहूदा देश में उन्हें हेब्रोन दिया, उसके चारों
ओर के खुले मैदानों सहित। 56 परन्तु नगर के खेत और
उसके गाँव उन्होंने कालेब, येफुन्नेह के पुत्र को दिए। 57 और
अहारोन के पुत्रों को शरण नगर दिए: हेब्रोन, और लिब्ना
उसके खुले मैदानों सहित, और यत्तीर, और एश्तेमोआ उसके
खुले मैदानों सहित, 58 और हिलेन उसके खुले मैदानों सहित,
देबीर उसके खुले मैदानों सहित, 59 और अशान उसके खुले
मैदानों सहित, और बेत-शेमेश उसके खुले मैदानों सहित।
60 और बिन्यामीन के गोत्र से: गेबा उसके खुले मैदानों सहित,
और आलेमेत उसके खुले मैदानों सहित, और अनातोत
उसके खुले मैदानों सहित। उनके कुलों में सब नगर तेरह
थे। 61 और क़ेहाथियों के गोत्र के शेष कुल को, मनश्शे के
आधे गोत्र से चिट्ठी डालकर दस नगर मिले। 62 और
गेरेशोम के पुत्रों को, उनके कुलों में, तेरह नगर मिले,
इस्साकार के गोत्र से, और आशेर के गोत्र से, और नप्ताली
के गोत्र से, और बाशान में मनश्शे के गोत्र से। 63 मेरारी के
पुत्रों को, उनके कुलों में, चिट्ठी डालकर बारह नगर मिले,
रूबेन के गोत्र से, और गाद के गोत्र से, और ज़ेबुलुन के गोत्र
से। 64 सो इस्राएल के पुत्रों ने लेवियों को नगर उनके खुले
मैदानों सहित दिए। 65 और उन्होंने यहूदा के पुत्रों के गोत्र से,
और शिमोन के पुत्रों के गोत्र से, और बिन्यामीन के पुत्रों के
गोत्र से ये नगर, जिनका नाम लिया गया है, चिट्ठी डालकर
दिए। 66 और क़ेहाथ के पुत्रों के कुछ कुलों को इप्रैम के गोत्र
से उनके क्षेत्रों में नगर मिले। 67 और उन्होंने उन्हें शरण
नगर दिए: शेकेम उसके खुले मैदानों सहित, इप्रैम के पहाड़ो
में, और गेज़ेर उसके खुले मैदानों सहित, 68 और योक़मेआम
उसके खुले मैदानों सहित, और बेत-खोरोन उसके खुले
मैदानों सहित, 69 और अयालोन उसके खुले मैदानों सहित,
और गत-रिमोन उसके खुले मैदानों सहित। 70 और मनश्शे
के आधे गोत्र से: आनेर उसके खुले मैदानों सहित, और
बिलआम उसके खुले मैदानों सहित, क़ेहाथ के पुत्रों के शेष
कुल के लिए। 71 मनश्शे के आधे गोत्र के कुल से गेरेशोम
के पुत्र: गोलान बाशान में उसके खुले मैदानों सहित और
अश्तरोत उसके खुले मैदानों सहित। 72 और इस्साकार के
गोत्र से: क़ेदेश उसके खुले मैदानों सहित, दबेरत उसके खुले
मैदानों सहित, 73 रामोत उसके खुले मैदानों सहित, और
आनाम उसके खुले मैदानों सहित। 74 और आशेर के गोत्र
से: मशाल उसके खुले मैदानों सहित, और अब्दोन उसके
खुले मैदानों सहित, 75 और हुक़ोक़ उसके खुले मैदानो
सहित, और रेहोब उसके खुले मैदानों सहित। 76 और
नप्ताली के गोत्र से: गलील में क़ेदेश उसके खुले मैदानो
सहित, और हामोन उसके खुले मैदानों सहित, और
किर्यातायिम उसके खुले मैदानों सहित। 77 ज़ेबुलुन के गोत्र
से मेरारी के शेष पुत्र: रिम्मोन उसके खुले मैदानों सहित और
ताबोर उसके खुले मैदानों सहित। 78 और यर्दन के उस पार
यरीहो के पास, यर्दन के पूरब ओर, रूबेन के गोत्र से: बेत्सेर
जंगल में उसके खुले मैदानों सहित, और याह्त्सा उसके खुले
मैदानों सहित, 79 क़ेदेमोत उसके खुले मैदानों सहित, और
मेफाअत उसके खुले मैदानों सहित। 80 और गाद के गोत्र
से: रामोत गिलआद में उसके खुले मैदानों सहित, और
महनयिम उसके खुले मैदानों सहित, 81 और हेश्बोन उसके
खुले मैदानों सहित, और याजेर उसके खुले मैदानों सहित।

7 1 और यिस्साकार के पुत्र: तोला, और पूअह, याशूब,
और शिमरोन, चार। 2 और तोला के पुत्र: उज्जी, और
रेफ़ायाह, और यरीएल, और यह्मै, और यिब्साम, और
शेमूएल, अपने पिता के घरों के प्रधान। तोला से उनके वंशो
में पराक्रमी लोग थे; दाऊद के दिनों में उनकी संख्या बाईस
हज़ार छह सौ थी। 3 और उज्जी का पुत्र: यिज्राह्याह, और
यिज्राह्याह के पुत्र: मीकाएल, और ओबद्याह, और योएल,
यिश्शियाह। ये पाँचों प्रधान थे। 4 और उनके साथ उनके
वंशों के अनुसार, उनके पितरों के घरों के अनुसार, छत्तीस

हज़ार युद्ध की सेना थी, क्योंकि उनके बहुत स्त्रियाँ और पुत्र
थे। 5 और यिस्साकार के सब कुलों के उनके भाइयों में
पराक्रमी लोग थे, उनकी वंशावलियों के अनुसार गिने गए,
कुल मिलाकर सत्तासी हज़ार। 6 बिन्यामीन से: बेला, और
बेकेर, और येदियाएल, तीन। 7 और बेला के पुत्र: एत्सबोन,
और उज्जी, और उज्जीएल, और यरीमोथ, और इरी, पाँच -
अपने पितरों के घरों के प्रधान, और वे उनकी वंशावलियों में
गिने गए, बाईस हज़ार चौंतीस पराक्रमी लोग। 8 और बेकेर
के पुत्र: ज़ेमीराह, और योआश, और एलीएज़ेर, और
एल्योएनै, और ओम्री, और यरीमोथ, और अबियाह, और
अनाथोत, और आलेमेथ। ये सब बेकेर के पुत्र थे। 9 उनकी
वंशावलियों के अनुसार, उनके पितरों के घरों के प्रधान, बीस
हज़ार दो सौ पराक्रमी लोग। 10 और येदियाएल का पुत्र:
बिल्हान, और बिल्हान के पुत्र: येऊश, और बिन्यामीन, और
एहूद, और केनआनाह, और ज़ेतान, और तरशीश, और
अहिशाहर। 11 ये सब येदियाएल के पुत्र उनके पितरों के घरों
के प्रधान थे, सत्रह हज़ार दो सौ पराक्रमी लोग, युद्ध की सेना
के लिए निकलनेवाले। 12 और शुप्पीम और हुप्पीम इर के पुत्र
थे, और हुशिम अहेर का पुत्र था। 13 नप्ताली के पुत्र:
यहत्सीएल, और गुनी, और येत्सेर, और शल्लूम, बिल्हाह के
पुत्र। 14 मनश्शे के पुत्र: उसकी अरामी रखैल ने माखीर को
जन्म दिया, जो गिलआद का पिता था, और अस्रिएल का
पिता। 15 और माखीर ने हुप्पीम और शुप्पीम के लिए पत्नियाँ
लीं; और एक का नाम मा'अकाह, और दूसरी का नाम
त्सेलोफहद था। और त्सेलोफहद की बेटियाँ थीं। 16 परन्तु
माखीर की पत्नी मा'अकाह ने एक पुत्र को जन्म दिया, और
उसने उसका नाम पेरेश रखा। और उसके भाई का नाम
शेरेश था, और उसके पुत्र उलाम और राकेम थे। 17 और
उलाम का पुत्र: बेदान। ये गिलआद के पुत्र थे, जो माखीर
का पुत्र था, मनश्शे का पुत्र। 18 और उसकी बहन
हाम्मोलेकत ने इश्होद, और अबीएज़र, और मह्लाह को जन्म
दिया। 19 और शेमीदा के पुत्र: अह्यान, और शेकेम, और
लिकेही, और अनियम। 20 और इफ्रैम के पुत्र: शूतेलह, और
बेरेद उसका पुत्र, और तहथ उसका पुत्र, और एलेदाह
उसका पुत्र, और तहथ उसका पुत्र, 21 और ज़ाबाद उसका
पुत्र, और शूतेलह उसका पुत्र, और एज़र और एलेआद।
परन्तु गत्त के वे लोग, जो उस देश में जन्मे थे, ने उन्हें मार
डाला क्योंकि वे उनके पशु लेने के लिए नीचे गए थे। 22 और
उनके पिता इफ्रैम ने बहुत दिन विलाप किया, और उसके भाई
उसे शान्ति देने आए। 23 और जब वह अपनी पत्नी के पास
गया, उसने गर्भ धारण किया और एक पुत्र को जन्म दिया।
और उसने उसका नाम बेरियाह रखा, क्योंकि उसके घर पर
बुरा आया था। 24 और उसकी बेटी शेएराह थी, जिसने
निचला और ऊपरी बेथ-होरोन और उज़्ज़ेन-शेएराह को
बनाया। 25 और उसका पुत्र रेफह था, और रेशेफ़, और
तहल उसका पुत्र, और तहन उसका पुत्र, 26 लादन उसका
पुत्र, अम्मीहूद उसका पुत्र, एलीशामा उसका पुत्र, 27 नून
उसका पुत्र, यहोशू उसका पुत्र। 28 और उनकी सम्पत्तियाँ
और निवासस्थान बेत-एल और उसके नगर थे: पूर्व में
ना'रान, और पश्चिम में गेज़ेर और उसके नगर, और शेकेम
और उसके नगर, और अय्याह और उसके नगर। 29 और
मनश्शे के पुत्रों की सीमा पर बेत-शेआन और उसके नगर,
तआनक और उसके नगर, मेगिद्दो और उसके नगर, दोर
और उसके नगर थे। इनमें यूसुफ़ के पुत्र, इस्राएल के पुत्र,
बसते थे। 30 आशेर के पुत्र: यिम्नाह, और यिश्वाह, और
यिश्वी, और बेरियाह, और उनकी बहन सेरह। 31 और
बेरियाह के पुत्र: हेबर और माल्कीएल, जो बिरजोत का पिता
था। 32 और हेबर ने याफ्लेत, और शोमेर, और होताम, और
उनकी बहन शूआ को जन्म दिया। 33 और याफ्लेत के पुत्र:
पासह, और बिम्हाल, और अश्वत। ये याफ्लेत की संताने
थीं। 34 और शेमेर के पुत्र: अही, और रोहगह, यहुब्बाह, और
अराम। 35 और उसके भाई हेलेम के पुत्र: त्सोफह, और
यिम्ना, और शेलेश, और अमाल। 36 त्सोफह के पुत्र: शूअह,
और हार्नेफिर, और शूएल, और बेरी, और यिम्रह। 37 बेतेर,
और होद, और शम्मा, और शिल्शाह, और यित्रान, और
बेएरा। 38 और यित्र के पुत्र: येफुन्नेह, और पिस्पह, और
अरा। 39 और उल्ला के पुत्र: अरह, और हन्नीएल, और
रित्स्या। 40 ये सब आशेर के पुत्र थे, उनके पितरों के घरों के
प्रधान, चुने हुए, पराक्रमी लोग, प्रधान नेता। और जब
उन्होंने सेना के लिए, युद्ध के लिए, अपनी वंशावलियों में गिना
गया, तो उनकी संख्या छब्बीस हज़ार थी।

8 1 और बिन्यामिन ने जन्म दिया बेला को अपना पहिलौठा,
अशबेल को दूसरा, अहरह को तीसरा, 2 नोहह को चौथा,
और राफा को पाँचवाँ। 3 और बेला के पुत्र: अद्दार, और गेरा,
और अबीहुद, 4 और अबीशूअ, और नआमान, अहोहह,
5 और गेरा, और शेफुफान, और हूराम। 6 और ये एहुह के
पुत्र हैं। वे गेवा के निवासियों के पितरों के घरों के प्रधान थे,
और वे मनहात में निर्वासित हुए। 7 और नआमान, और
अहियाहू, और गेरा - उसने उन्हें निर्वासित किया। और एहुह
ने उत्पन्न किया उज्जा और अहिहुद। 8 और शाहरयिम ने
मोआब के क्षेत्र में पुत्र उत्पन्न किए, जब उसने हुस्शीम और
बा'रा अपनी पत्नियों को विदा कर दिया। 9 और अपनी पत्नी
होदेश से उसने योबाब, और त्सिब्याह, और मेशा, और
मल्काम को उत्पन्न किया, 10 और येऊत्स, और शोभ्याह,
और मिर्माह को। ये उसके पुत्र थे, उनके पितरों के घरों के
प्रधान। 11 और हुस्शीम से उसने अबीतूब और एलपआल को
उत्पन्न किया। 12 और एलपआल के पुत्र: एबर, और
मिशअम, और शेमेर, जिन्होंने ओनो और लोध को उसके
नगरों सहित बनाया; 13 और बेरियाह और शेमा, जो अयालोन
के निवासियों के पितरों के घरों के प्रधान थे, जिन्होंने गथ के
निवासियों को निकाल दिया। 14 और अहयो, शाशक, और
येरेमोथ, 15 और जबदियाह, और अरद, और एदर, 16 और
मीकाएल, और यिस्फह, और योहा, ये बेरियाह के पुत्र थे।
17 और जबदियाह, और मेशुल्लाम, और हिज़्की, और हेबर,
18 और यिश्मरै, और यिजलियाह, और योबाब, ये एलपआल
के पुत्र थे। 19 और याकीम, और जिखरी, और जब्दी,
20 और एलिएनै, और त्सिल्लेतै, और एलीएल, 21 और
अदायाह, और बेरायाह, और शिम्रत, ये शिमी के पुत्र थे।
22 और यिशपान, और एबर, और एलीएल, 23 और अब्दोन,
और जिखरी, और हानान, 24 और हानन्याह, और एलाम,

और अन्तोथियाह, [25]और यिप्दियाह, और पेनूएल, ये शाशक
के पुत्र थे। [26]और शामशेरै, और शेहर्याह, और अतल्याह,
[27]और या'रेश्याह, और एल्याहू, और जिखरी, ये येरोहम के
पुत्र थे। [28]ये अपनी पीढ़ियों के अनुसार पितरों के घरों के
प्रधान थे, प्रधान। ये यरूशलेम में रहते थे। [29]और गिबोन
का पिता, जिसकी पत्नी का नाम मआकह था, गिबोन में रहता
था। [30]और उसका पहिलौठा पुत्र था अब्दोन, फिर सूर, और
कीश, और बाल, और नदब, [31]और गेदोर, और अहयो, और
जेकेर, [32]और मिक्लोत, जिसने शिमाह को उत्पन्न किया।
और वे भी अपने भाइयों के साथ यरूशलेम में अपने संबंधियों
के पास रहते थे। [33]और नेर ने उत्पन्न किया कीश को, और
कीश ने उत्पन्न किया शाऊल को, और शाऊल ने उत्पन्न
किया योनातान को, और मल्किशूआ, और अबीनदाब, और
एश-बाल। [34]और योनातान का पुत्र था मेरिब-बाल, और
मेरिब-बाल ने उत्पन्न किया मीकाह को। [35]और मीकाह के
पुत्र: पिथोन, और मेलेक, और ता'रेअ, और अहज़। [36]और
अहज़ ने उत्पन्न किया याहोअद्दाह को, और याहोअद्दाह ने
उत्पन्न किया आलेमेथ, और अज़्मावेथ, और जिम्री को। और
जिम्री ने उत्पन्न किया मोट्सा को। [37]और मोट्सा ने उत्पन्न
किया बिन'आ को, राफा उसका पुत्र, एलआसा उसका पुत्र,
अत्सेल उसका पुत्र। [38]और अत्सेल के छह पुत्र थे जिनके
नाम ये थे: अज्रीकाम, बोखेरू, और यिश्माएल, और
शेअर्याह, और ओबद्याह, और हानान। ये सब अत्सेल के पुत्र
थे। [39]और उसके भाई एशेक के पुत्र: उलाम उसका
पहिलौठा, येऊश दूसरा, और एलीफेलेट तीसरा। [40]और
उलाम के पुत्र शक्तिशाली बहादुर पुरुष थे, धनुर्धारी, और
उनके बहुत से पुत्र और पौत्र थे, एक सौ पचास। ये सब
बिन्यामिन के पुत्र थे।

9

[1]और सब यिस्राएल ने अपनी वंशावली के अनुसार
पंजीकरण किया। और देखो, वे यिस्राएल के राजाओं
की पुस्तक में लिखे गए थे। और यहूदा अपने अपराध के
कारण बाबेल में निर्वासित हुआ। [2]और यिस्राएल के नगरों में
उनके स्वामित्व में रहने वाले पहले निवासी, याजक, लेवी,
और नतिनीम थे। [3]और यरूशलेम में यहूदा के पुत्रों में से
कुछ, और बिन्यामीन के पुत्रों में से कुछ, और एप्रैम और
मनश्शेह के पुत्रों में से कुछ रहते थे। [4]ऊतै, अमीहूद का पुत्र,
ओम्री का पुत्र, इम्री का पुत्र, बानी का पुत्र, पेरत्स के पुत्रों में
से, यहूदा का पुत्र। [5]और शीलोनियों में से: आसायाह
पहिलौठा और उसके पुत्र। [6]और ज़ेराह के पुत्रों में से:
येऊएल और उनके भाई, छह सौ नब्बे। [7]और बिन्यामीन के
पुत्रों में से: सल्लू, मेशुल्लाम का पुत्र, होदव्याह का पुत्र,
हसेनूआह का पुत्र। [8]और यिब्नेयाह, येरोहम का पुत्र; और
एला, उज्जी का पुत्र, मिक्री का पुत्र; और मेशुल्लाम,
शेपतयाह का पुत्र, रेऊएल का पुत्र, यिब्नेयाह का पुत्र। [9]और
उनके भाई, उनकी पीढ़ियों के अनुसार, नौ सौ छप्पन। ये सब
पुरुष अपने पितरों के घरों में पिताओं के घर के प्रधान थे।
[10]और याजकों में से: येदयाह, और यहोयारीब, और
याकिन। [11]और अजर्याह, हिल्किय्याह का पुत्र, मेशुल्लाम
का पुत्र, सादोक का पुत्र, मेरायोथ का पुत्र, अहीतूब का पुत्र,
ईश्वर के घर पर अधिकारी। [12]और अदायाह, येरोहम का
पुत्र, पशहूर का पुत्र, मलकिय्याह का पुत्र; और मा'सै,
अदिएल का पुत्र, याहजेरह का पुत्र, मेशुल्लाम का पुत्र,
मेशिल्लेमिथ का पुत्र, इम्मेर का पुत्र। [13]और उनके भाई,
उनके पितरों के घरों के प्रधान, एक हजार सात सौ साठ,
ईश्वर के घर की सेवा के काम के योग्य पुरुष। [14]और लेवी
में से: शेमायाह, हश्शूब का पुत्र, अजरिकाम का पुत्र, हशब्याह
का पुत्र, मरारी के पुत्रों में से। [15]और बकबक्कर, हरेश,
गालाल, और मतन्याह, मीका का पुत्र, ज़िक्री का पुत्र,
आसाफ का पुत्र। [16]और ओबद्याह, शेमायाह का पुत्र,
गालाल का पुत्र, येदूतून का पुत्र; और बरक्याह, आसा का
पुत्र, एल्काना का पुत्र, जो नेतोफातियों के गांवों में रहते थे।
[17]और फाटकपाल: शल्लूम, अक्कूब, तल्मोन, अहिमान,
और उनके भाई - शल्लूम प्रधान। [18]और तब तक वे पूर्व में
राजा के फाटक पर लेवियों की छावनी के लिए फाटकपाल
थे। [19]और शल्लूम, कोरे का पुत्र, एब्यसाफ का पुत्र, कोरह
का पुत्र, और उसके भाई, उसके पिता के घराने से, कोरहियों
में से, सेवा के काम पर, तम्बू के द्वारों की रखवाली करने वाले
थे। और उनके पिताओं ने ३५३z की छावनी के द्वार पर
रखवाली की थी। [20]और पीनहास, एलआज़र का पुत्र, पहले
उनके ऊपर प्रधान था। ३५३z उसके साथ था।
[21]जकर्याह, मेषेलेम्याह का पुत्र, मिलापवाले तम्बू के प्रवेशद्वार
पर फाटकपाल था। [22]जो सब फाटकपाल द्वारों पर चुने गए
थे, वे दो सौ बारह थे। वे अपनी वंशावली में, अपने गांवों में
पंजीकृत थे। दाऊद और शमूएल दर्शी ने उन्हें उनके
विश्वासपात्र पद पर नियुक्त किया था। [23]इसलिए वे और
उनके पुत्र ३५३z के घर के फाटकों पर, तम्बू के घर पर,
पहरेदारी से थे। [24]फाटकपाल चारों ओर थे: पूर्व, पश्चिम,
उत्तर, और दक्षिण। [25]और उनके भाई अपने गांवों में उनके
साथ सात दिन के लिए समय-समय पर आते थे। [26]क्योंकि
चार प्रधान फाटकपाल एक बिश्वासपात्र पद पर थे। वे लेवी
थे, और वे ईश्वर के घर के कमरों और भंडारों पर थे।
[27]और वे रात में ईश्वर के घर के चारों ओर रहते थे क्योंकि
उनके पास जिम्मेदारी थी, और उन्हें इसे हर सुबह खोलना
था। [28]और उनमें से कुछ सेवा के पात्रों पर थे, क्योंकि वे
उन्हें गिनती से लाते और बाहर ले जाते थे। [29]और उनमें से
कुछ पात्रों पर नियुक्त थे, यहाँ तक कि सब पवित्र स्थान के
पात्रों पर, और उत्तम आटे, दाखमधु, तेल, धूप और मसालों
पर। [30]और याजकों के पुत्रों में से कुछ मसालों के मिश्रण
का यौगिक बनाते थे। [31]और मत्तित्याह, लेवियों में से,
शल्लूम कोरही का पहिलौठा, चपटे केक बनाने का कार्य सौंपा
गया था। [32]और उनके भाई, कहाती के पुत्रों में से, हर सब्त
के लिए प्रस्ताव की रोटी पर थे, उसे तैयार करने के लिए।
[33]और ये गायक थे, लेवियों के पितरों के घरों के प्रधान,
कमरों में, और अन्य कर्तव्यों से मुक्त थे, क्योंकि वे दिन-रात
उस काम में लगे रहते थे। [34]ये लेवियों के पितरों के घरों के
प्रधान उनकी पीढ़ियों भर प्रधान थे। वे यरूशलेम में रहते
थे। [35]और येईएल, गिबोन का पिता, जिसकी पत्नी का नाम
मा'अका था, गिबोन में रहता था। [36]और उसका पहिलौठा
पुत्र अब्दोन, फिर सूर, और किश, और बाल, और नेर, और
नदाब। [37]और गदोर, और अहीयो, और जकर्याह, और
मिक्लोत। [38]और मिक्लोत ने शिम्माम को उत्पन्न किया।

और वे भी यरूशलेम में अपने भाइयों के साथ अपने संबंधियों
के पास रहते थे। 39 और नेर ने किश को उत्पन्न किया, और
किश ने शाऊल को उत्पन्न किया, और शाऊल ने योनातान,
मल्कीशूआ, अबीनादाब, और एश-बाल को उत्पन्न किया।
40 और योनातान का पुत्र मेरिब-बाल था, और मेरिब-बाल ने
मीका को उत्पन्न किया। 41 और मीका के पुत्र: पिथोन, और
मेलेक, और तहरेआ। 42 और आहाज, जिसने यारा को
उत्पन्न किया; और यारा ने अलेमेथ, अज्मावेथ, और ज़िम्री
को उत्पन्न किया। और ज़िम्री ने मोत्सा को उत्पन्न किया।
43 और मोत्सा ने बिन्ना को उत्पन्न किया, और रेफायाह उसका
पुत्र, एलासा उसका पुत्र, अत्सेल उसका पुत्र। 44 और
अत्सेल के छह पुत्र थे जिनके नाम ये थे: अजरिकाम,
बोखेरु, और यिश्माएल, और शेअर्याह, और ओबद्याह, और
हानान। ये अत्सेल के पुत्र थे।

10

1 और पेलिश्ती इसराएल के विरुद्ध लड़े। और
इसराएल के पुरुष पेलिश्तियों के सामने से भाग गए,
और गिलबोआ पर्वत पर मारे गए। 2 और पेलिश्तियों ने
शाऊल और उसके पुत्रों का पीछा किया, और पेलिश्तियों ने
याहोनातान, अबीनादाब और मल्किशूअ, शाऊल के पुत्रों को
मार डाला। 3 और लड़ाई शाऊल पर भारी हो गई। और
धनुर्धारियों ने उसे मार डाला, और वह धनुर्धारियों से घायल
हो गया। 4 और शाऊल ने अपने हथियार उठाने वाले से कहा,
"अपनी तलवार निकाल, और मुझे इससे भेद डाल, ऐसा न
हो कि ये खतना न किए हुए लोग आकर मुझे अपमानित
करें।" परन्तु उसके हथियार उठाने वाले ने न किया, क्योंकि
वह बहुत डर गया था, इसलिए शाऊल ने तलवार ली और
उस पर गिर पड़ा। 5 और जब उसके हथियार उठाने वाले ने
देखा कि शाऊल मर गया है, तब वह भी अपनी तलवार पर
गिर पड़ा और मर गया। 6 इस प्रकार शाऊल और उसके
तीनों पुत्र मारे गए, और उसका सारा घराना - वे सब एक
साथ मर गए। 7 और जब घाटी में रहने वाले इसराएल के सब
पुरुषों ने देखा कि वे भाग गए और शाऊल और उसके पुत्र
मर गए हैं, तब उन्होंने अपने नगरों को छोड़ दिया और भाग
गए, और पेलिश्ती आकर उनमें बस गए। 8 और दूसरे दिन
ऐसा हुआ, जब पेलिश्ती मारे हुओं को लूटने आए, तब उन्होंने
गिलबोआ पर्वत पर शाऊल और उसके पुत्रों को गिरे हुए
पाया। 9 और उन्होंने उसका कवच उतार लिया और उसका
सिर और उसका कवच लिया, और पेलिश्तियों के देशभर में
उनके मूर्तियों और लोगों के बीच समाचार प्रचारित करने के
लिए भेजा। 10 और उन्होंने उसका कवच अपने देवताओं के
घर में रखा, और उसका सिर दागोन के घर में गाड़ दिया।
11 और याबेश गिलआद के सब लोगों ने सुना कि पेलिश्तियों ने
शाऊल के साथ क्या किया था। 12 तब सब बहादुर लोग उठ
खड़े हुए और शाऊल का शव और उसके पुत्रों के शव ले
आए। और वे उन्हें याबेश ले आए, और उनके हड्डियों को
याबेश में इमली के पेड़ के नीचे दफना दिया, और सात दिन
तक उपवास किया। 13 इस प्रकार शाऊल मर गया अपने
उस अपराध के कारण जो उसने 𐤉𐤄𐤅𐤄 के विरुद्ध किया
था, क्योंकि उसने 𐤉𐤄𐤅𐤄 के वचन को नहीं माना, और यह
भी कि उसने एक ओझा से पूछने के लिए कहा। 14 और
उसने 𐤉𐤄𐤅𐤄 से नहीं पूछा। इसलिए उसने उसे मार डाला,
और राज्य को यिशै के पुत्र दाऊद को सौंप दिया।

11

1 और सारा यिस्राएल हेब्रोन में दाऊद के पास इकट्ठा
हुआ और कहा, "देख, हम तेरी हड्डी और तेरा मांस
हैं। 2 "और पहले भी, जब शाऊल राजा था, तब भी तू ही था
जो यिस्राएल को बाहर ले जाता और भीतर लाता था। और
𐤉𐤄𐤅𐤄 तेरा ईश्वर ने तुझसे कहा, 'मेरे लोगों यिस्राएल की
चरवाही कर, और मेरे लोगों यिस्राएल पर प्रभु बन।' " 3 तब
सारे यिस्राएल के प्राचीन हेब्रोन में राजा के पास आए, और
दाऊद ने हेब्रोन में 𐤉𐤄𐤅𐤄 के सामने उनके साथ एक वाचा
बाँधी। और उन्होंने शमूएल के वचन के अनुसार दाऊद को
यिस्राएल पर राजा अभिषिक्त किया। 4 और दाऊद और
सारा यिस्राएल येरूशलेम गया, जो यबूस है, वहाँ यबूसियों थे,
जो उस देश के रहने वाले थे। 5 और यबूसियों ने दाऊद से
कहा, "तू यहाँ भीतर नहीं आएगा।" परन्तु दाऊद ने सिय्योन
का गढ़ ले लिया, यह दाऊद का नगर है। 6 और दाऊद ने
कहा, "जो कोई पहले यबूसियों को मारेगा, वह प्रधान और
सेनापति होगा।" तब योआब, त्सेरूया का पुत्र, पहले ऊपर
चढ़ा, और वह प्रधान हो गया। 7 और दाऊद गढ़ में रहने
लगा, इसलिए उन्होंने उसका नाम दाऊद का नगर रखा।
8 और उसने नगर के चारों ओर, मिल्लो से लेकर चारों ओर
तक बनाया, और योआब ने नगर के शेष भाग को सुधारा।
9 और दाऊद आगे बढ़ता गया और बड़ा होता गया, और
सेनाओं का 𐤉𐤄𐤅𐤄 उसके साथ था। 10 और ये वे पराक्रमी
पुरुषों के प्रधान थे जो दाऊद के पास थे, जिन्होंने उसके
राज्य में उसके साथ अपने को दृढ़ किया, सारे यिस्राएल के
साथ, कि उसे यिस्राएल पर राजा ठहराएँ, 𐤉𐤄𐤅𐤄 के वचन
के अनुसार। 11 और ये वे पराक्रमी पुरुषों की गिनती है जो
दाऊद के पास थे: याशोबाम, हक्मोनी का पुत्र, तीस का
प्रधान। उसने एक बार में तीन सौ को मार गिराया। 12 उसके
बाद एल्याज़ार, दोदो का पुत्र, आहोही, जो तीन पराक्रमी
पुरुषों में से एक था। 13 वह दाऊद के साथ पासदम्मीम में
था, और पिलिश्ती लोग वहाँ युद्ध के लिये इकट्ठे हुए थे, और
एक खेत का भाग जौ से भरा हुआ था, और लोग पिलिश्तियों
के सामने से भाग गए। 14 परन्तु उन्होंने उस खेत के बीच में
खड़े होकर उसको छुड़ाया, और पिलिश्तियों को मार
गिराया। इस प्रकार 𐤉𐤄𐤅𐤄 ने उन्हें बड़ी मुक्ति दी। 15 और
तीस प्रधानों में से तीन दाऊद के पास चट्टान पर, अदुल्लाम
की गुफ़ा में उतरे, जबकि पिलिश्तियों की सेना रेफ़ाईम की
तराई में डेरा डाले हुए थी। 16 और दाऊद उस समय गढ़ में
था, और पिलिश्तियों की चौकी तब बेतलहम में थी। 17 और
दाऊद ने लालसा की और कहा, "ओह, कोई मुझे बेतलहम
के कुएँ का जल पिलाए, जो फाटक पर है!" 18 तब उन तीनों
ने पिलिश्तियों की छावनी में सेंध लगाई, और बेतलहम के कुएं
से, जो फाटक पर था, जल भर लिया, और उसे लाकर
दाऊद को दिया। परन्तु दाऊद ने उसे पीना न चाहा, वरन
𐤉𐤄𐤅𐤄 के लिये उसे उंडेल दिया। 19 और उसने कहा, "हे
मेरे ईश्वर, यह मुझसे दूर हो, कि मैं यह करूँ! क्या मैं इन
पुरुषों का लहू पीऊँ, जिन्होंने अपने प्राणों को संकट में डाला?
क्योंकि उन्होंने अपने प्राणों के संकट में इसे लाया।" इसलिए
उसने उसे नहीं पिया। यह वही है जो उन तीन पराक्रमी पुरुषों

ने किया। 20 और योआब का भाई अबीशै तीनों में से एक का
प्रधान था। उसने अपना भाला तीन सौ पर उठाया, जिन्हें
मारा गया, और तीनों में एक नाम पाया। 21 तीनों में से वह दो
से अधिक सम्मानित हुआ, और उनका प्रधान बना। परन्तु
वह पहले तीन तक नहीं पहुँचा। 22 बनायाह, यहोयादा का पुत्र,
कब्सेएल का, जो एक बहादुर पुरुष का पुत्र था, जिसने बड़े
काम किए थे। उसने दो शेर जैसे मोआबी पुरुषों को मारा।
उसने बर्फ़ वाले दिन एक गड्ढे में एक शेर को भी मारा।
23 उसने एक मिस्री पुरुष को भी मारा, जो बड़ा लम्बा था, पाँच
अम्माह का। और मिस्री के हाथ में जुलाहे के करघे के डंडे
के समान एक भाला था। परन्तु वह उस पर डंडे लेकर उतरा
और मिस्री के हाथ से भाला छीन लिया और उसी के भाले से
उसे मार दिया। 24 यह वही है जो बनायाह यहोयादा ने किया,
और तीन पराक्रमी पुरुषों में एक नाम पाया। 25 देख, वह
तीस में से अधिक सम्मानित था, परन्तु पहले तीन तक नहीं
पहुँचा। और दाऊद ने उसे अपने दरबार पर नियुक्त किया।
26 और सेनाओं के पराक्रमी पुरुष थे: आसाहेल, योआब का
भाई; एल्हानान, दोदो का पुत्र, बेतलहम का। 27 शम्मोत,
हरोरी; हेलेत्स, पलोनी। 28 इरा, इक्केश का पुत्र, तकोआ
का; अबीएज़ेर, अनातोती। 29 सिब्बकै, हूशाती; इलै,
आहोही। 30 महारी, नेतोफाती; हेलेद, बाअना का पुत्र,
नेतोफाती। 31 इतै, रिब्बै का पुत्र, गिबा का, बिन्यामीनियों का;
बनायाह, पिरातोनी। 32 हुरै, गाश की तराइयों का; अबीएल,
अर्बाती। 33 अज़्मावेथ, बहरूमी; एलयाह्बा, शआलबोनी।
34 हशेम के पुत्र, गिज़ोनी; याहोनातान, शागे का पुत्र, हरारी।
35 अह्यम, साकर का पुत्र, हरारी; एलिफ़ल, ऊर का पुत्र।
36 हेफ़ेर, मकेराती; अहियाहु, पलोनी। 37 हेत्स्रो, कर्मेली; ना
अरै, एज्बै का पुत्र। 38 योएल, नातान का भाई; मिभ्खर,
हगरी का पुत्र। 39 त्सेलेक, अम्मोनी; नाहरै, बेरोती - योआब,
त्सेरूया का पुत्र, का शस्त्रवाहक। 40 इरा, यित्री; गारेब,
यित्री। 41 ऊरिय्याह, हित्ती लोग; ज़ाबाद, अहलै का पुत्र।
42 अदीना, शीज़ा का पुत्र, रूबेन का; रूबेनियों का प्रधान,
और तीस उसके साथ। 43 हानान, मा अका का पुत्र; और
योशापात, मिथनी। 44 उज्जिय्याह, अश्तराती; शामा और
येईएल, होताम के पुत्र, अरोएरी। 45 येदीएल, शिम्री का पुत्र;
और योहा उसका भाई, तित्सी। 46 एलीएल, महवी; और
यरीब्बै और योशव्याह, एलना आम के पुत्र; यित्माह, मोआबी।
47 एलीएल, और ओबेद, और यासीएल, मत्सोबाया।

12 1 अब ये वे हैं जो दाविद के पास त्सिकलग में आए
जब वह अभी भी क़ीश के पुत्र शाऊल से छिपा हुआ
था। और वे पराक्रमी पुरुषों में से थे, युद्ध में सहायता करने
वाले, 2 धनुषों से सुसज्जित, दाहिने और बाएँ दोनों हाथों से
पत्थरों और तीरों से प्रयोग करने वाले, शाऊल के भाइयों
बिन्यामीन के थे। 3 प्रधान अहिएज़र और योआश थे, गिब्इत
के शमा के पुत्र; और येज़ावेएल और पेलेट, अज़्मावेथ के
पुत्र; और बेरकह और याहू, अनाथोथी। 4 और यिश्मायाह
गिबओनी, तीस में पराक्रमी, और तीस पर प्रभु; और यिर्मयाह,
और यहज़ीएल, और योहानान, और योज़ाबद गेदेराती;
5 एलूज़ै, और यरीमोथ, और बेअल्याह, और शेमर्याहु, और
शेफटयाहु हरूफी। 6 एल्काना, और यिश्शियाहु, और
अज़रएल, और योएज़ेर, और याशोबाम कोरही; 7 और
योएलाह और ज़ेबद्याह, गेरोहम के पुत्र, गेदोर से। 8 और गाद
के कुछ लोग दाविद से जंगल के गढ़ में अलग हुए, पराक्रमी
बहादुर पुरुष, युद्ध के लिए प्रशिक्षित पुरुष, जो ढाल और भाले
को संभाल सकते थे, जिनके चेहरे शेरों के चेहरों के समान
थे, और पहाड़ों पर हिरणों के समान तेज़ थे। 9 एज़ेर प्रधान,
ओबद्याह दूसरा, एलियाव तीसरा, 10 मिश्मन्ना चौथा, यिर्मयाह
पाँचवाँ, 11 अत्तै छठा, एलियल सातवाँ, 12 योहानान आठवाँ,
एलज़ाबाद नौवाँ, 13 यिर्मयाह दसवाँ, मक्बन्नै ग्यारहवाँ। 14 ये
गाद के पुत्रों में से थे, सेना के प्रधान। सबसे छोटा सौ पर
और सबसे बड़ा हजार पर प्रभु था। 15 ये वे थे जिन्होंने पहले
महीने में यर्दन को पार किया, जब वह अपने सब किनारों पर
उमड़ा हुआ था, और घाटियों में सबको पूर्व और पश्चिम की
ओर भगा दिया। 16 और बिन्यामीन और यहूदा के कुछ पुत्र
दाविद के पास गढ़ में आए। 17 और दाविद उनके सामने
बाहर गया, और उनसे कहा, "यदि तुम मेरी सहायता करने
शांति से मेरे पास आए हो, तो मेरा हृदय तुम्हारे साथ मिल
जाएगा; परन्तु यदि तुम मुझे मेरे शत्रुओं के हाथ में पकड़ाने
आए हो - मेरे हाथों में कोई हिंसा नहीं है - तो हमारे पितरों का
ईश्वर देखे और डांटे।" 18 तब आत्मा अमसै पर आई, जो
प्रधान था, और कहा, "तेरे, हे दाविद! और तेरे साथ, हे यिशै
के पुत्र! तुझ पर शांति, तुझ पर शांति और तेरे सहायकों पर
शांति! क्योंकि तेरा ईश्वर तेरी सहायता करेगा।" और दाविद
ने उन्हें ग्रहण किया, और उन्हें लुटेरों के प्रधानों में रखा।
19 और मनश्शे के कुछ लोग दाविद के पास चले गए जब वह
पेलिश्तियों के साथ शाऊल के विरुद्ध युद्ध करने जा रहा था।
पर उन्होंने उनकी सहायता नहीं की, क्योंकि पेलिश्तियों के
प्रधानों ने विचार किया और उसे भेज दिया, कहते हुए, "वह
हमारे सिरों के साथ अपने स्वामी शाऊल के पास चला
जाएगा!" 20 जब वह त्सिकलग को गया, तो मनश्शे में से जो
उसके पास चले गए, वे अद्ना, और योज़ाबद, और येद्याएल,
और मीकाएल, और योज़ाबद, और एलीहू, और सिल्लेतै थे,
मनश्शे के हज़ारों के प्रधान। 21 और उन्होंने दाविद की
सहायता की लुटेरों के विरुद्ध, क्योंकि वे सब पराक्रमी बहादुर
पुरुष थे, और सेना में प्रधान थे। 22 क्योंकि उस समय वे
दिन-प्रतिदिन दाविद के पास आते थे उसकी सहायता करने
के लिए, जब तक वह एक बड़ी सेना न हो गई, ईश्वर की सेना
के समान। 23 और ये उन प्रधानों की गिनती थी, जो युद्ध के
लिए सुसज्जित होकर दाविद के पास हेब्रोन आए, शाऊल का
राज्य उस पर पलटने के लिए, ३५३z के वचन के
अनुसार। 24 यहूदा के पुत्रों में से, ढाल और भाले उठाए हुए,
छः हज़ार आठ सौ युद्ध के लिए सुसज्जित थे। 25 शिमोन के
पुत्रों में से, सेना के लिए पराक्रमी बहादुर पुरुष, सात हज़ार
एक सौ; 26 लेवी के पुत्रों में से चार हज़ार छः सौ; 27 और
यहोयादा, अहरोनियों का प्रधान, और उसके साथ तीन हज़ार
सात सौ; 28 और सादोक, एक जवान पुरुष, पराक्रमी बहादुर
पुरुष, और उसके पिता के घर से बाईस प्रधान; 29 और
बिन्यामीन के पुत्र, शाऊल के संबंधी, तीन हज़ार - तब तक
उनका अधिकांश शाऊल के घर की देखरेख करता था।
30 एप्रैम के पुत्र बीस हज़ार आठ सौ, पराक्रमी बहादुर, नामी

पुरुष, अपने पिता के घर में प्रसिद्ध; 31 मनश्शे के आधे गोत्र
से अठारह हज़ार, जो नाम से नियुक्त थे दाविद को राज्य में
बैठाने के लिए। 32 और इस्साकार के पुत्र, जो समय की
समझ रखते थे, कि इस्राएल को क्या करना चाहिए, उनके
प्रधान दो सौ थे। और उनके सब भाई उनकी आज्ञा में थे।
33 ज़बुलून में से पचास हज़ार सेना में जाने वाले थे, युद्ध की
सब आयुधों के साथ युद्ध को सजाने वाले, अटल मन से
सहायता देने वाले। 34 नप्ताली में से एक हज़ार प्रधान, और
उनके साथ सैंतीस हज़ार ढाल और भाले के साथ। 35 दान
के पुत्रों में से, युद्ध सजाने वाले, अट्ठाईस हज़ार छः सौ;
36 आशेर में से, सेना में जाने वाले, युद्ध सजाने वाले, चालीस
हज़ार। 37 और रूबेनियों और गादियों और मनश्शे के आधे
गोत्र में से, यर्दन के पार से, एक लाख बीस हज़ार युद्ध के
लिए सुसज्जित, हर प्रकार के युद्ध के आयुधों के साथ। 38 ये
सब युद्ध के पुरुष, पंक्ति बनाए हुए, पूरे मन से हेब्रोन आए,
दाविद को सारे इस्राएल पर राज्य में बैठाने के लिए। और
इस्राएल के सब बाकी लोग भी एक मन से दाविद को राज्य में
बैठाने के लिए थे। 39 और वे वहाँ दाविद के साथ तीन दिन
रहे, खाते और पीते, क्योंकि उनके भाइयों ने उनके लिए तैयार
किया था। 40 और जो उनके निकट थे, इस्साकार और
ज़बुलून और नप्ताली से दूर तक, वे गदहों और ऊँटों,
खच्चरों और बैलों पर आटा, अंजीरों की टिक्कियाँ, किशमिश
की टिक्कियाँ, दाखमधु और तेल और गाय-बकरियों का
भोजन बड़ी मात्रा में लाते थे, क्योंकि इस्राएल में आनंद था।

13

1 और दाऊद ने हज़ारों और सैकड़ों के प्रधानों और
हर नेता से परामर्श किया। 2 और दाऊद ने सम्पूर्ण
इस्राएल की सभा से कहा, "यदि यह तुम्हें अच्छा लगे, और
यदि यह 𐤉𐤄𐤅𐤄 हमारे ईश्वर की ओर से है, तो हम अपने
भाइयों को हर जगह भेजें जो इस्राएल की सारी भूमि में बचे हैं,
और उनके साथ उन कोहेनिम और लेवियों को भी जो अपने
नगरों और खुले मैदानों में रहते हैं, और उन्हें हमारे पास
इकट्ठा होने दें; 3 और हम अपने ईश्वर का सन्दूक अपने पास
ले आएं, क्योंकि हमने शाऊल के दिनों से उसका ध्यान नहीं
किया।" 4 और सारी सभा ने ऐसा करने पर सहमति दी,
क्योंकि यह बात सब लोगों की आँखों में ठीक थी। 5 तब
दाऊद ने समस्त इस्राएल को इकट्ठा किया, मिस्र के शिहोर
से लेकर हमात के प्रवेश-द्वार तक, कि ईश्वर के सन्दूक को
किरयत-यारीम से ले आए। 6 और दाऊद और समस्त
इस्राएल बआलाह, यहूदा के किरयत-यारीम में गए, वहाँ से
ईश्वर के सन्दूक को ले आने के लिये, 𐤉𐤄𐤅𐤄, जो करूबों
के बीच विराजमान है, जहाँ उसके नाम का आह्वान किया
जाता है। 7 और उन्होंने ईश्वर के सन्दूक को अबीनादाब के
घर से एक नई गाड़ी पर रखा, और उज़्ज़ा और अहीयो गाड़ी
चला रहे थे। 8 और दाऊद और समस्त इस्राएल अपने सारे
बल के साथ ईश्वर के सम्मुख बजा रहे थे, गीतों के साथ,
सारंगियों, वीणाओं, डफों, झाँझों और तुरहियों के साथ।
9 और जब वे कीदोन के खलिहान पर पहुँचे, तो उज़्ज़ा ने बैल
फिसल जाने के कारण सन्दूक को थामने के लिये अपना हाथ
बढ़ाया। 10 तब 𐤉𐤄𐤅𐤄 का क्रोध उज़्ज़ा पर भड़क उठा,
और उसने सन्दूक पर हाथ रखने के कारण उसे मारा, और
वह वहाँ ईश्वर के सामने मर गया। 11 और दाऊद अप्रसन्न
हुआ, क्योंकि 𐤉𐤄𐤅𐤄 ने उज़्ज़ा पर प्रहार किया था। इसलिये
उस स्थान का नाम आज तक परेत्स-उज़्ज़ा कहलाता है।
12 और दाऊद उस दिन 𐤉𐤄𐤅𐤄 से डरने लगा, और कहने
लगा, "मैं ईश्वर के सन्दूक को अपने पास कैसे लाऊं?"
13 इसलिये दाऊद ने सन्दूक को दाऊद के नगर में अपने
पास नहीं ले गया, परन्तु उसे गत्ती ओबेद-एदोम के घर ले
गया। 14 और ईश्वर का सन्दूक ओबेद-एदोम के घर में
उसके घर में तीन महीने रहा। और 𐤉𐤄𐤅𐤄 ने ओबेद-एदोम
के घर और उसकी सब वस्तुओं को आशीष दी।

14

1 और हूराम, सूर का राजा, दाऊद के पास दूत भेजा,
और देवदारु के पेड़, पत्थर काटने वाले और बढ़ई
भी, ताकि उसके लिये एक घर बनाएँ। 2 और दाऊद ने जाना
कि 𐤉𐤄𐤅𐤄 ने उसे इस्राएल पर राजा के रूप में स्थापित
किया है, क्योंकि उसका राज्य उसके लोगों इस्राएल के कारण
बहुत महान किया गया था। 3 और दाऊद ने येरुशलेम में
और पत्नियाँ लीं, और दाऊद ने और बेटे और बेटियाँ उत्पन्न
कीं। 4 और ये उसके बच्चों के नाम हैं जो उसके येरुशलेम में
हुए: शम्मूआ, और शोबाब, नातान और शेलोमो, 5 और
यिभ्खर, और एलीशूआ, और एलपेलेट, 6 और नोगह, और
नेफेग, और यफीया, 7 और एलीशामा, और बे'एलयादा, और
एलीफेलेट। 8 और जब पलिश्ती सुनने पाए कि दाऊद को
सारे इस्राएल पर राजा अभिषिक्त किया गया है, तब सब
पलिश्ती दाऊद को ढूँढने आए। और दाऊद ने यह सुना
और उनके विरुद्ध निकल पड़ा। 9 और पलिश्ती आए और
रेफाईम की तराई पर छापा मारा। 10 और दाऊद ने 𐤉𐤄𐤅𐤄
से पूछा, "क्या मैं पलिश्तियों पर चढ़ जाऊँ? और क्या तू उन्हें
मेरे हाथ में देगा?" और 𐤉𐤄𐤅𐤄 ने उससे कहा, "चढ़ जा,
और मैं उन्हें तेरे हाथ में दूँगा।" 11 और वे बा'ल पेरात्सीम को
चढ़ गए, और दाऊद ने उन्हें वहाँ मारा। तब दाऊद ने कहा,
"𐤉𐤄𐤅𐤄 ने मेरे शत्रुओं को मेरे हाथ से तोड़ डाला है जैसे
पानी का बहाव।" इसलिये उन्होंने उस स्थान का नाम बा'ल
पेरात्सीम रखा। 12 और वे अपने देवता वहाँ छोड़ गए, और
दाऊद ने आज्ञा दी, और उन्हें आग से जला दिया गया।
13 और पलिश्तियों ने फिर से तराई पर छापा मारा। 14 और
दाऊद ने फिर 𐤉𐤄𐤅𐤄 से पूछा, और 𐤉𐤄𐤅𐤄 ने उससे
कहा, "उनके पीछे मत चढ़ना। उनके चारों ओर घूमकर
शहतूत के पेड़ों के सामने आना। 15 "और ऐसा होगा कि जब
तू शहतूत के पेड़ों की चोटी पर कदमों की आवाज़ सुने, तब
युद्ध में निकल पड़ना, क्योंकि ईश्वर तेरे आगे निकलकर
पलिश्तियों की सेना को मारने जाएगा।" 16 और दाऊद ने
जैसा 𐤉𐤄𐤅𐤄 ने उसे आज्ञा दी, वैसा ही किया, और उन्होंने
गिब'ओन से लेकर गेज़ेर तक पलिश्तियों की सेना को हरा
दिया। 17 और दाऊद का नाम सब देशों में फैल गया, और
𐤉𐤄𐤅𐤄 ने सब जातियों पर उसका भय डाल दिया।

15

1 और उसने अपने लिए दाविद नगर में घर बनाए।
और उसने ईश्वर के सन्दूक के लिए एक स्थान
तैयार किया और उसके लिए एक तम्बू खड़ा किया। 2 तब
दाविद ने कहा, "ईश्वर का सन्दूक केवल लेवी लोग ही
उठाएँगे, क्योंकि 𐤉𐤄𐤅𐤄 ने उन्हें ईश्वर का सन्दूक उठाने

और सदा उसकी सेवा करने के लिए चुन लिया है।” 3 और
दाविद ने सारे यिस्राएल को यरूशलेम में इकट्ठा किया ताकि
𐤉𐤄𐤅𐤄 के सन्दूक को उस स्थान पर ले आएं, जो उसने
उसके लिए तैयार किया था। 4 और दाविद ने अहरोन की
सन्तान और लेवी लोगों को इकट्ठा किया। 5 कहत के पुत्रों में
से: ऊरीएल प्रधान और उसके एक सौ बीस भाई; 6 मरारी के
पुत्रों में से: आसायाह प्रधान और उसके दो सौ बीस भाई;
7 गेरशोम के पुत्रों में से: योएल प्रधान और उसके एक सौ
तीस भाई; 8 एलित्साफ़ान के पुत्रों में से: शमायाह प्रधान और
उसके दो सौ भाई; 9 हेब्रोन के पुत्रों में से: एलीएल प्रधान और
उसके अस्सी भाई; 10 उज्जीएल के पुत्रों में से: अम्मीन्दाब
प्रधान और उसके एक सौ बारह भाई। 11 और दाविद ने
सादोक और एब्यातार याजकों को, और लेवियों को बुलाया,
ऊरीएल, आसायाह, और योएल, शमायाह, और एलीएल,
और अम्मीन्दाब को। 12 और उनसे कहा, “तुम लेवियों के
पिताओं के घराने के प्रधान हो। अपने आप को और अपने
भाइयों को पवित्र करो, तब तुम इस्राएल के ईश्वर 𐤉𐤄𐤅𐤄
के सन्दूक को उस स्थान पर ले आओगे, जिसे मैंने उसके
लिए तैयार किया है। 13 “क्योंकि तुमने पहली बार ऐसा नहीं
किया था, इसलिए 𐤉𐤄𐤅𐤄 हमारे ईश्वर ने हम पर प्रकोप
किया, क्योंकि हमने उससे न्याय के विषय में नहीं पूछा।”
14 तब याजकों और लेवियों ने अपने आप को पवित्र किया
ताकि इस्राएल के ईश्वर 𐤉𐤄𐤅𐤄 के सन्दूक को ऊपर ले
जाएं। 15 और लेवियों के पुत्रों ने ईश्वर के सन्दूक को अपने
कंधों पर डंडों से उठाया, जैसा मूशेह ने 𐤉𐤄𐤅𐤄 के वचन के
अनुसार आज्ञा दी थी। 16 और दाविद ने लेवियों के प्रधानों से
कहा कि वे अपने भाइयों को गायन के लिए नियुक्त करें, गीतों
के यंत्रों के साथ, सारंगी, वीणा और झांझ के साथ, ताकि वे
आनंद के साथ ऊँचे स्वर में गाएँ। 17 तब लेवियों ने योएल के
पुत्र हेमान को नियुक्त किया, और उसके भाइयों में से,
बेरक्याह का पुत्र आसाफ; और उनके भाइयों में से, मरारी के
पुत्रों में से, कूशयाह का पुत्र एतान। 18 और उनके साथ
उनके दूसरे दर्जे के भाई: ज़कर्याह, बेन, और याजीएल, और
शमिरामोत, और येहीएल, और ऊन्नी, एलियाब, और बनायाहू,
और मा'स्याहू, और मत्तित्याहू, और एलीपलहू, और
मिक्न्याहू, और ओबेद-एदोम, और येईएल, फाटकों के
रक्षक। 19 और गायक हेमान, आसाफ, और एतान, पीतल
की झांझ बजाने के लिए थे। 20 और ज़कर्याह, और
आसिएल, और शमिरामोत, और येहीएल, और ऊन्नी, और
एलियाब, और मा'स्याहू, और बनायाहू, वीणा के साथ।
21 और मत्तित्याहू, और एलीपलहू, और मिक्न्याहू, और
ओबेद-एदोम, और येईएल, और अज़ज़्याहू, आठ तार वाले
वीणा पर नेतृत्व करने के लिए। 22 और कनन्याह, लेवियों का
नेता, गीत में था, क्योंकि वह कुशल था। 23 और बेरक्याह
और एल्काना सन्दूक के द्वारपाल थे। 24 और शेबन्याहू, और
योशापात, और नतनएल, और अमसै, और ज़कर्याह, और
बनायाहू, और एलीएज़ेर, याजक, ईश्वर के सन्दूक के आगे
तुरही फूंकने के लिए थे। और ओबेद-एदोम और येहियाह
सन्दूक के द्वारपाल थे। 25 और ऐसा हुआ कि दाविद और
इस्राएल के पुरनियों और हजारों के प्रधानों ने ओबेद-एदोम के
घर से 𐤉𐤄𐤅𐤄 की वाचा का सन्दूक आनन्द के साथ ले
आने के लिए गए। 26 और ऐसा हुआ कि जब ईश्वर ने उन
लेवियों की सहायता की जिन्होंने 𐤉𐤄𐤅𐤄 की वाचा का
सन्दूक उठाया, तो उन्होंने सात बैल और सात मेंढ़े बलिदान
किए। 27 और दाविद उत्तम मलमल के वस्त्र में परिधान किए
हुए थे, जैसे सब लेवी जो सन्दूक उठाए हुए थे, गायक, और
गानों के साथ सेवा का नेतृत्व करने वाला कनन्याह। और
दाविद ने एक लिनन का एपोद पहना हुआ था। 28 तब सारे
इस्राएल ने 𐤉𐤄𐤅𐤄 की वाचा के सन्दूक को जयजयकार
और नरसिंगे की ध्वनि, तुरहियों और झांझ के साथ, सारंगी
और वीणाओं के साथ ऊपर ले गए। 29 और ऐसा हुआ कि
जब 𐤉𐤄𐤅𐤄 की वाचा का सन्दूक दाविद नगर में आया, तो
शाऊल की बेटी मीकल, खिड़की से देख रही थी, और उसने
राजा दाविद को नाचते और बजाते देखा। और उसने उसके
मन में उसे तुच्छ जाना।

16 1 और वे ईश्वर के सन्दूक को लाए और उसे उस
तम्बू के बीच में रखा जिसे दाविद ने उसके लिए खड़ा
किया था। और उन्होंने होमबलि और मेलबलि 𐤉𐤄𐤅𐤄 के
सामने चढ़ाए। 2 और जब दाविद ने होमबलि और मेलबलि
चढ़ाना पूरा किया, तब उसने 𐤉𐤄𐤅𐤄 के नाम में लोगों को
आशीर्वाद दिया। 3 और उसने इस्राएल के हर एक को, पुरुष
और स्त्री दोनों को, एक-एक रोटी, एक नाप और किशमिश
का एक-एक पुआल दिया। 4 और उसने लेवियों में से कुछ को
नियुक्त किया कि वे 𐤉𐤄𐤅𐤄 के सन्दूक के सामने सेवा करें,
स्मरण कराएँ, धन्यवाद दें और इस्राएल के ईश्वर 𐤉𐤄𐤅𐤄
की स्तुति करें। 5 आसाफ प्रधान था, और उसका दूसरा
ज़कर्याह, येईएल, और शमिरामोत, और येहीएल, और
मत्तित्याह, और एलियाब, और बनायाहू, और ओबेद-एदोम,
और येईएल, वीणा और सारंगी के साथ; परन्तु आसाफ झांझ
बजा रहा था। 6 और बनायाहू और यहज़ीएल याजक निरन्तर
ईश्वर के सन्दूक की वाचा के सामने तुरही बजाते थे। 7 और
उस दिन दाविद ने सबसे पहले आसाफ और उसके भाइयों के
हाथ से 𐤉𐤄𐤅𐤄 का धन्यवाद किया। 8 𐤉𐤄𐤅𐤄 का
धन्यवाद करो, उसके नाम को पुकारो, उसकी करामात को
लोगों में प्रगट करो। 9 उसके लिए गाओ, उसकी स्तुति करो,
उसके सब आश्चर्यों का वर्णन करो। 10 उसके पवित्र नाम में
घमण्ड करो, 𐤉𐤄𐤅𐤄 को ढूंढने वालों के हृदय आनन्दित
हों। 11 𐤉𐤄𐤅𐤄 और उसकी शक्ति को ढूंढो, उसके मुख का
निरन्तर खोज करो। 12 उसके आश्चर्यों को स्मरण करो जो
उसने किए हैं, उसके चिह्नों और उसके मुख के न्यायों को।
13 हे इस्राएल की संतान, उसके दास; हे याक़ोब की संतान,
उसके चुने हुए। 14 वह 𐤉𐤄𐤅𐤄 हमारा ईश्वर है, उसके
न्याय सारे पृथ्वी पर हैं। 15 उसकी वाचा को सदा स्मरण
करो, उस वचन को जिसे उसने हजार पीढ़ियों तक आज्ञा दी
है। 16 जो उसने अब्राहम के साथ किया, और यित्सहाक से
अपनी शपथ खाई। 17 और उसने उसे याक़ोब के लिए
व्यवस्था ठहराई, और इस्राएल के लिए सदा की वाचा।
18 कहते हुए, “मैं तुझे कनान देश दूँगा, तेरे निज भाग के रूप
में विरासत। 19 जब तुम संख्या में थोड़े थे, थोड़े ही और
उसमें परदेशी। 20 और वे एक जाति से दूसरी जाति में, और
एक राज्य से दूसरी प्रजा में घूमते रहे। 21 उसने किसी को

उन पर अन्धेर करने न दिया, और उनके कारण राजाओं को
डाँटा। 22 “मेरे अभिषिक्तों को मत छूना, और मेरे नबियों को
कोई हानि न पहुँचाना।” 23 हे सारी पृथ्वी, 𐤉𐤄𐤅𐤄 के लिए
गाओ; दिन-प्रतिदिन उसकी उद्धार की बातें सुनाओ।
24 जातियों में उसकी महिमा प्रगट करो, सब लोगों में उसके
आश्चर्यों को। 25 क्योंकि 𐤉𐤄𐤅𐤄 महान है और अत्यन्त
प्रशंसा के योग्य है, और वह सब देवताओं से बढ़कर भय के
योग्य है। 26 क्योंकि लोगों के सब देवता व्यर्थ हैं, परन्तु
𐤉𐤄𐤅𐤄 ने आकाश बनाए। 27 महिमा और ऐश्वर्य उसके
सामने हैं, सामर्थ और आनन्द उसके स्थान में हैं। 28 हे लोगों
के कुलों, 𐤉𐤄𐤅𐤄 को दो, 𐤉𐤄𐤅𐤄 को महिमा और सामर्थ
दो। 29 𐤉𐤄𐤅𐤄 के नाम की महिमा दो; भेंट लाओ और
उसके सम्मुख आओ; पवित्रता के सौन्दर्य में 𐤉𐤄𐤅𐤄 के
आगे दण्डवत करो। 30 हे सारी पृथ्वी, उसके सम्मुख काँपो।
जगत भी स्थिर है, वह कभी न डगमगाएगा। 31 आकाश
आनन्दित हों और पृथ्वी मगन हो, और जातियों में कहें,
“𐤉𐤄𐤅𐤄 राज्य करता है।” 32 समुद्र और जो कुछ उसमें है
वह गर्जे, मैदान और जो कुछ उसमें है वह मगन हो। 33 तब
जंगल के पेड़ 𐤉𐤄𐤅𐤄 के सम्मुख गाएँगे, क्योंकि वह पृथ्वी
का न्याय करने आ रहा है। 34 𐤉𐤄𐤅𐤄 का धन्यवाद करो,
क्योंकि वह भला है, क्योंकि उसकी करुणा सदा की है।
35 और कहो, “हे हमारे उद्धार के ईश्वर, हमें बचा और हमें
इकट्ठा कर और हमें जातियों से छुड़ा, ताकि हम तेरे पवित्र
नाम का धन्यवाद करें और तेरी स्तुति में घमण्ड करें।”
36 धन्य है 𐤉𐤄𐤅𐤄 इस्राएल का ईश्वर, युगानुयुग! और सब
लोगों ने कहा, “आमीन!” और 𐤉𐤄𐤅𐤄 की स्तुति की।
37 तब उसने आसाफ और उसके भाइयों को वहाँ 𐤉𐤄𐤅𐤄 की
वाचा के सन्दूक के सामने छोड़ दिया ताकि वे सदा की सेवा
करें जैसा हर दिन का काम था। 38 साथ ही, ओबेद-एदोम
और उसके अड़सठ भाई, ओबेद-एदोम येदूतून का पुत्र, और
होसाह, फाटकपाल के लिए। 39 और सादोक याजक और
उसके भाई याजक, 𐤉𐤄𐤅𐤄 के मिष्कान के सामने जो गिबोन
में ऊँचे स्थान पर था। 40 ताकि वे 𐤉𐤄𐤅𐤄 के होमबलि की
वेदी पर प्रति दिन, प्रातः और सायंकाल होमबलि चढ़ाएँ, और
सब कुछ करें जो 𐤉𐤄𐤅𐤄 की व्यवस्था में लिखा है जिसे
उसने इस्राएल को आज्ञा दी थी। 41 और उनके साथ हेमान
और येदूतून और बाकी चुने हुए, जिनके नाम निर्दिष्ट थे,
ताकि वे 𐤉𐤄𐤅𐤄 का धन्यवाद करें, क्योंकि उसकी करुणा
सदा की है। 42 और उनके साथ हेमान और येदूतून तुरहियों
और झांझ और ईश्वर के गीतों के यंत्रों के साथ ऊँचे स्वर से
बजाने के लिए थे, और येदूतून के पुत्र फाटक के लिए।
43 तब सब लोग, हर एक अपने घर चला गया, और दाविद
अपने घर को आशीर्वाद देने लौटा।

17 1 और ऐसा हुआ, जब दाविद अपने घर में रहता था,
तब दाविद ने नातान नबी से कहा, “देखो, मैं देवदारु
के घर में रहता हूँ, परन्तु 𐤉𐤄𐤅𐤄 की वाचा का सन्दूक परदे
के नीचे है।” 2 और नातान ने दाविद से कहा, “जो कुछ तेरे
मन में है सब कर, क्योंकि ईश्वर तेरे साथ है।” 3 और ऐसा
हुआ कि उसी रात ईश्वर का वचन नातान के पास आया, यह
कहकर, 4 “जा, और मेरे सेवक दाविद से कह, ‘𐤉𐤄𐤅𐤄 यों
कहता है, “तू मेरे लिये घर नहीं बनाएगा कि मैं उसमें वास
करूँ। 5 “क्योंकि जब से मैंने इस्राएल को ऊपर निकाला तब
से आज तक मैं किसी घर में नहीं रहा, परन्तु डेरा से डेरा,
और मिष्कान से दूसरे तक चलता रहा। 6 “जहाँ कहीं मैं
समस्त इस्राएल के साथ चला फिरा, क्या मैंने कभी इस्राएल
के किसी हाकिम से, जिन्हें मैंने अपनी प्रजा की रखवाली
करने की आज्ञा दी थी, यह कहा कि ‘तुमने मेरे लिये देवदारु
का घर क्यों नहीं बनाया?’ ” ’ 7 “और अब मेरे सेवक दाविद
से यों कह, ‘सैनाओं का 𐤉𐤄𐤅𐤄 यों कहता है, “मैंने तुझे
भेड़ों के बाड़े से, भेड़ों के पीछे से लिया कि तू मेरी प्रजा
इस्राएल पर प्रधान बने। 8 “और जहाँ कहीं तू गया, मैं तेरे
साथ रहा, और मैंने तेरे सब शत्रुओं को तेरे सामने से काट
डाला, और मैं ने तेरा नाम उन बड़े पुरुषों के नाम के समान
कर दिया जो पृथ्वी पर हैं। 9 “और मैं अपनी प्रजा इस्राएल के
लिये एक स्थान ठहराऊँगा और उन्हें लगाऊँगा, और वे अपने
स्थान पर निवास करेंगे और अब और न हिलेंगे, और न ही
दुष्टों के पुत्र फिर से उन्हें दबाएँगे, जैसा पहले करते थे,
10 जब से मैंने अपनी प्रजा इस्राएल पर हाकिमों को ठहराया,
और मैंने तेरे सब शत्रुओं को दबा दिया। और मैंने तुझसे
कहा कि 𐤉𐤄𐤅𐤄 तेरा घर बनाएगा। 11 “और ऐसा होगा, जब
तेरे दिन पूरे होंगे कि तू अपने पितरों के संग जाएगा, तब मैं
तेरे पश्चात तेरे वंश को, जो तेरे पुत्रों में से होगा, उठाऊँगा
और मैं उसका राज्य स्थिर करूँगा। 12 “वह मेरे लिये घर
बनाएगा, और मैं उसका सिंहासन सदा के लिये स्थिर
करूँगा। 13 “मैं उसका पिता होऊँगा, और वह मेरा पुत्र
होगा। और मैं अपनी करूणा उससे न हटा दूँगा, जैसा मैंने
तेरे पहले वाले से लिया था। 14 “और मैं उसे अपने घर और
अपने राज्य में सदा के लिये स्थिर करूँगा, और उसका
सिंहासन सदा स्थिर रहेगा।” ’ ” 15 इन सब वचनों के
अनुसार और इस सारी दृष्टि के अनुसार, नातान ने दाविद से
कहा। 16 और राजा दाविद भीतर आया और 𐤉𐤄𐤅𐤄 के
सामने बैठा, और कहा, “मैं कौन हूँ, हे 𐤉𐤄𐤅𐤄 ईश्वर? और
मेरा घर क्या है, जो तू ने मुझे यहाँ तक पहुँचाया है? 17 “और
यह तेरी दृष्टि में एक छोटी बात थी, हे ईश्वर, परन्तु तू ने
अपने दास के घर के विषय में बहुत दिनों तक की बातें कही
हैं, और तू ने मेरी ओर ऐसा दृष्टि की मानो मैं कोई महान
व्यक्ति हूँ, हे 𐤉𐤄𐤅𐤄 ईश्वर। 18 “तेरे दास की प्रतिष्ठा के
लिये दाविद और क्या तुझसे कह सकता है? क्योंकि तू अपने
दास को जानता है। 19 “हे 𐤉𐤄𐤅𐤄, अपने दास के कारण
और अपने ही हृदय के अनुसार, तू ने यह सब बड़ा कार्य
किया है, इन सब महान बातों को प्रकट करके। 20 “हे
𐤉𐤄𐤅𐤄, तेरे समान कोई नहीं है, और तेरे सिवाय कोई ईश्वर
नहीं है, जैसा सब कुछ हम ने अपने कानों से सुना है।
21 “और तेरी प्रजा इस्राएल के समान कौन है, जो पृथ्वी पर
एक ही जाति है, जिसे ईश्वर ने अपने लिये छुड़ाने को
निकाला कि वह उसके लिये प्रजा बने; अपने लिये एक बड़ा
और भयानक नाम बनाने को, अन्य जातियों को तेरी प्रजा के
सामने से निकालने को, जिन्हें तू ने मिस्र देश से छुड़ाया था।
22 “क्योंकि तू ने अपनी प्रजा इस्राएल को सदा के लिये अपनी
प्रजा ठहराया। और तू, 𐤉𐤄𐤅𐤄, उनका ईश्वर बन गया।
23 “और अब, हे 𐤉𐤄𐤅𐤄, वह वचन जो तू ने अपने दास

और उसके घर के विषय में कहा है, वह सदा स्थिर रहे, और
जैसा तू ने कहा है वैसा कर। [24]“और वह स्थिर रहे, और
तेरा नाम सदा महान हो, यह कहकर, ‘सैनाओं का 𐤉𐤄𐤅𐤄,
इस्राएल का ईश्वर, इस्राएल का ईश्वर है।’ और तेरे दास
दाविद का घर तेरे सामने स्थिर रहे। [25]“क्योंकि तू, हे मेरे
ईश्वर, ने अपने दास को यह प्रकट किया कि उसके लिये एक
घर बनाया जाएगा। इसलिये तेरा दास तेरे सामने प्रार्थना
करने आया है। [26]“और अब, हे 𐤉𐤄𐤅𐤄, तू ही ईश्वर है,
और तू ने अपने दास से यह भलाई का वचन कहा है।
[27]“और अब, तू ने अपने दास के घर को आशीष देने की
प्रसन्नता की है कि वह तेरे सामने सदा बना रहे। क्योंकि तू ने
उसे आशीष दी है, हे 𐤉𐤄𐤅𐤄, और वह सदा आशीषित
रहेगा।”

18

[1]और इसके बाद यह हुआ कि दाऊद ने पेलिश्तियों
को मारा, और उन्हें दीन किया, और गथ और उसके
नगरों को पेलिश्तियों के हाथ से ले लिया। [2]और उसने
मोआबी लोगों को मारा, और मोआबी लोग दाऊद के दास हो
गए, और भेंट लाए। [3]और दाऊद ने हददेज़र, सोबा के
राजा को हमात तक मारा, जब वह अपने अधिकार को फरात
नदी पर स्थिर करने गया। [4]और दाऊद ने उससे एक
हजार रथ, और सात हजार घुडसवार, और बीस हजार पैदल
सैनिक लिए। और दाऊद ने सब रथ के घोड़ों को काट
डाला, परंतु उनमें से सौ रथ रहने दिए। [5]और जब अराम
दमिश्क के लोग सोबा के राजा हददेज़र की सहायता करने
आए, तब दाऊद ने अराम के बाईस हजार पुरुषों को मारा।
[6]और दाऊद ने दमिश्क के अराम में ठिकाने लगाए, और
अरामी लोग दाऊद के दास हो गए, और भेंट लाए। और
𐤉𐤄𐤅𐤄 ने दाऊद को जहां कहीं वह गया, बचाया। [7]और
दाऊद ने सोना की ढालें लीं जो हददेज़र के सेवकों पर थीं,
और उन्हें यरूशलेम ले आया। [8]और तिब्हत और कुन,
हददेज़र के नगरों से, दाऊद ने बहुत कांसा लाया, जिससे
शलोमोह ने कांसे का समुद्र, और खंभे, और कांसे के बर्तन
बनाए। [9]और जब हमात के राजा तोऊ ने सुना कि दाऊद ने
हददेज़र की सारी सेना को मारा है, [10]तब उसने अपने पुत्र
हदोpaм को राजा दाऊद के पास भेजा, कि वह उससे शांति
मांगे और उसे आशीष दे, क्योंकि उसने हददेज़र से लड़ाई
की और उसे मारा था - क्योंकि हददेज़र तोऊ से लड़ रहा था
- और वह सोना, चाँदी और कांसे के सब प्रकार के पात्र
लाया। [11]राजा दाऊद ने इनको भी 𐤉𐤄𐤅𐤄 को पवित्र
किया, साथ ही चाँदी और सोना जो उसने सब जातियों से
लाया था, एदोम, और मोआब, और अम्मोनियों के बच्चों से,
और पेलिश्तियों से, और अमालेक से। [12]और अबीशै,
त्सेरूया का पुत्र, ने नमक की तराई में अठारह हजार
एदोमियों को मारा। [13]और उसने एदोम में चौकियां रखीं,
और सब एदोमी लोग दाऊद के दास हो गए। और 𐤉𐤄𐤅𐤄
ने दाऊद को जहां कहीं वह गया, बचाया। [14]इस प्रकार
दाऊद ने सारे इस्राएल पर राज्य किया, और वह अपनी सारी
प्रजा को न्याय और धर्म करता था। [15]और योआब, त्सेरूया
का पुत्र, सेना पर था, और यहोशापात, अहीलूद का पुत्र,
इतिहास लेखक था। [16]और सादोक, अहीतूब का पुत्र, और
अबीमेलेक, एब्याथार का पुत्र, याजक थे, और शूशा लेखक
था। [17]और बनायाह, यहोयादा का पुत्र, करेथियों और
पलेथियों पर था। और दाऊद के पुत्र राजा के समीप प्रधान
थे।

19

[1]और इसके बाद यह हुआ कि नहाश अमोन के बच्चों
का राजा मर गया, और उसका पुत्र उसकी जगह
राज्य करने लगा। [2]और दाऊद ने कहा, “मैं नहाश के पुत्र
हानून पर कृपा करूँ, क्योंकि उसके पिता ने मुझ पर कृपा की
थी।” इसलिए दाऊद ने उसके पिता के विषय में उसे शोक
प्रकट करने के लिए दूत भेजे। और दाऊद के सेवक अमोन
के बच्चों के देश में हानून के पास उसे शोक प्रकट करने
आए। [3]तब अमोन के बच्चों के प्रधानों ने हानून से कहा,
“क्या तेरी दृष्टि में दाऊद तेरे पिता का आदर करता है,
क्योंकि उसने तेरे पास शोक प्रकट करनेवाले भेजे हैं? क्या
उसके सेवक तेरे पास देश को जाँचने, उलटने और टोह लेने
नहीं आए?” [4]तब हानून ने दाऊद के सेवकों को पकड़कर
उनका सिर मुंडवा दिया, और उनके वस्त्र आधे काटकर
उनकी नितम्बों तक कर दिए, और उन्हें विदा कर दिया।
[5]और जब कुछ लोग दाऊद के पास उन पुरुषों के विषय में
समाचार लाए, तो उसने उन्हें मिलने भेजा, क्योंकि वे पुरुष
बहुत लज्जित हुए थे। और राजा ने कहा, “यरीहो में ठहरो
जब तक तुम्हारी दाढ़ी बढ़ न जाए, तब लौट आना।” [6]और
जब अमोन के बच्चों ने देखा कि वे दाऊद के लिए दुर्गन्ध बन
गए हैं, तब हानून और अमोन के बच्चों ने अराम-नहरैम, और
अराम-माकाह, और सोबा से रथ और घुडसवार किराए पर
लेने के लिए एक हजार किक्कार चाँदी भेजी। [7]तब उन्होंने
अपने लिए बत्तीस हजार रथ किराए पर लिए, और माकाह का
राजा और उसका लोग आए और मिदेबा के सामने डेरा
डाले। और अमोन के बच्चे अपने नगरों से इकट्ठे होकर युद्ध
करने आए। [8]और जब दाऊद ने यह सुना, तो उसने योआब
और सारे वीर पुरुषों की सेना भेजी। [9]और अमोन के बच्चे
निकलकर नगर के फाटक के सामने युद्ध की पंक्ति में खड़े
हो गए, और जो राजा आए थे, वे मैदान में अकेले ही थे।
[10]और जब योआब ने देखा कि उसके आगे और पीछे से युद्ध
की पंक्तियाँ हैं, तो उसने इस्राएल के कुछ चुने हुए पुरुष
लेकर अराम से लड़ने के लिए युद्ध की पंक्ति में खड़ा किया।
[11]और बाकी लोगों को उसने अपने भाई अबीशै के आधीन
किया, और वे अमोन के बच्चों से लड़ने के लिए युद्ध की पंक्ति
में खड़े हुए। [12]और उसने कहा, “यदि अराम मुझ से
अधिक बलवान हों, तो तू मेरी सहायता करना; परन्तु यदि
अमोन के बच्चे तुझ से अधिक बलवान हों, तो मैं तेरी
सहायता करूँगा। [13]“हिम्मत रखो, और अपने लोगों और
अपने ईश्वर के नगरों के लिए हम बल दिखाएँ, और 𐤉𐤄𐤅𐤄
अपनी दृष्टि में जो भला है वही करे।” [14]तब योआब और जो
लोग उसके साथ थे, अराम से युद्ध करने के लिए निकट गए,
और वे उसके सामने से भाग गए। [15]और जब अमोन के
बच्चों ने देखा कि अरामी भाग गए हैं, तो वे भी उसके भाई
अबीशै के सामने से भागकर नगर में चले गए। और योआब
येरुशलेम आया। [16]और जब अराम ने देखा कि वे इस्राएल
के सामने हार गए हैं, तो उन्होंने दूत भेजकर नदी के पार के
अरामी बुलाए, और हददेज़ेर की सेना के सेनापति शोपाक
उनके आगे गया। [17]और दाऊद को इसकी सूचना मिली,

और उसने सारे इस्राएल को इकट्ठा किया, और यरदन को
पार करके उन पर आ गिरा, और उनके विरुद्ध युद्ध की पंक्ति
में खड़ा हुआ। और दाऊद अराम के विरुद्ध युद्ध की पंक्ति में
खड़ा हुआ, और उन्होंने उससे युद्ध किया। 18 और अराम
इस्राएल के सामने से भाग गए, और दाऊद ने अराम के सात
हजार रथियों और चालीस हजार पैदल सैनिकों को मार
डाला, और सेना के सेनापति शोपाक को मारा। 19 और
हददेज़ेर के सेवकों ने देखा कि वे इस्राएल से हार गए हैं, तब
उन्होंने दाऊद के साथ मेल किया और उसके सेवक बन
गए। और अरामी अब अमोन के बच्चों की सहायता न करने
लगे।

20 1 और यह हुआ कि वर्ष के मोड़ पर, उस समय जब
राजा बाहर जाते हैं, तब योआब ने सेना की ताक़तों
को बाहर ले गया और अम्मोन के पुत्रों की भूमि को नष्ट कर
दिया, और आकर रब्बा को घेर लिया। परन्तु दाविद
येरुशलेम में रहा। और योआब ने रब्बा को मारा और उसे
पलट दिया। 2 और दाविद ने उनके राजा का मुकुट उसके
सिर से लिया, और पाया कि उसका वज़न सोने का कीकर
था, और उसमें बहुमूल्य पत्थर थे। और वह दाविद के सिर
पर रखा गया। और उसने नगर की लूट भी बाहर लाई, बहुत
बड़ी मात्रा में। 3 और उसने उन लोगों को बाहर लाया जो
उसमें थे, और उन्हें आरी से, लोहे की कुदालों से, और
कुल्हाड़ियों से काम करने पर लगाया। और इसी प्रकार
दाविद ने अम्मोन के पुत्रों के सब नगरों से किया। तब दाविद
और सब लोग येरुशलेम लौट आए। 4 और इसके बाद यह
हुआ कि गेज़ेर में पिलिश्तियों के साथ लड़ाई छिड़ गई। तब
सिब्बेकै हूशाती ने सिप्पै को मारा जो दानव के पुत्रों में से था,
और वे दबा दिए गए। 5 और फिर पिलिश्तियों के साथ लड़ाई
हुई, और एल्हानान, याईर का पुत्र, ने लहमी को मारा जो
गोलियत गित्ती का भाई था, जिसकी भाले की डंडी बुनकर के
बीम के समान थी। 6 और फिर गत में लड़ाई हुई, जहाँ एक
बड़ा कद का आदमी था, जिसके हाथ-पैर में चौबीस उँगलियाँ
थीं, छः और छः, और वह भी दानव से उत्पन्न हुआ था।
7 और उसने इस्राएल को ललकारा, और यहोनातान, शिमा
का पुत्र, जो दाविद का भाई था, ने उसे मारा। 8 ये गत में
दानव से उत्पन्न हुए थे, और वे दाविद के हाथ और उसके
सेवकों के हाथ से गिर पड़े।

21 1 और शैतान यिस्राएल के विरुद्ध खड़ा हुआ, और
दाऊद को यिस्राएल की गिनती करने के लिए
उकसाया। 2 और दाऊद ने योआब और लोगों के शासकों से
कहा, "जाओ, बेएरशेबा से दान तक यिस्राएल की गिनती
करो, और उनकी गिनती मेरे पास लाओ ताकि मैं जान
सकूँ।" 3 और योआब ने उत्तर दिया, "𐤉𐤄𐤅𐤄 अपनी प्रजा
को जितने हैं उससे सौ गुना अधिक कर दे। परंतु, मेरे स्वामी
राजा, क्या वे सब मेरे स्वामी के सेवक नहीं हैं? मेरे स्वामी इसे
क्यों ढूँढते हैं? यह क्यों यिस्राएल में दोष का कारण बने?"
4 पर राजा का वचन योआब पर भारी पड़ा। और योआब चला
गया और सारे यिस्राएल में घूमकर येरूशलेम आया। 5 और
योआब ने लोगों की गिनती का योग दाऊद को दिया। और
सारे यिस्राएल में ग्यारह लाख पुरुष थे जो तलवार खींचते थे,
और यहूदा में चार लाख सत्तर हज़ार पुरुष थे जो तलवार
खींचते थे। 6 पर उसने लेवी और बिन्यामीन को उनमें गिना
नहीं, क्योंकि राजा का वचन योआब को घृणित था। 7 और
यह बात ईश्वर की दृष्टि में बुरी थी, और उसने यिस्राएल को
मारा। 8 तब दाऊद ने ईश्वर से कहा, "मैंने यह काम करके
बहुत पाप किया है। अब, मैं प्रार्थना करता हूँ, अपने दास की
अधर्मता को दूर कर, क्योंकि मैंने अत्यंत मूर्खता की है।"
9 और 𐤉𐤄𐤅𐤄 ने गाद, दाऊद के दर्शन करनेवाले से कहा,
10 "जाओ, और तुम दाऊद से कहो, 'यहोवा 𐤉𐤄𐤅𐤄 यो
कहता है, मैं तीन बातें तुम्हारे सामने रखता हूँ - उनमें से एक
चुन लो, और मैं उसे तुम पर करूँगा।' " 11 सो गाद दाऊद
के पास आया और उससे कहा, "𐤉𐤄𐤅𐤄 यों कहता है, 'तुम
अपने लिए चुन लो 12 या तो तीन वर्ष का अकाल, या तीन
महीने अपने शत्रुओं की तलवार से हारना जब तुम्हारे शत्रु
तुम्हें पछाड़ेंगे, या फिर तीन दिन तक 𐤉𐤄𐤅𐤄 की तलवार,
अर्थात भूमि में महामारी, जिसमें 𐤉𐤄𐤅𐤄 का दूत सारे
यिस्राएल की सीमा में विनाश करेगा।' अब सोचो कि मैं उसे
जो मुझे भेजा है, क्या उत्तर दूँ।" 13 और दाऊद ने गाद से
कहा, "मैं बहुत संकट में हूँ। कृपया मुझे 𐤉𐤄𐤅𐤄 के हाथ में
पड़ने दे, क्योंकि उसकी दया बहुत बड़ी है, पर मनुष्य के हाथ
में न पड़ूँ।" 14 और 𐤉𐤄𐤅𐤄 ने यिस्राएल पर महामारी भेजी,
और यिस्राएल के सत्तर हज़ार पुरुष मर गए। 15 और ईश्वर
ने येरूशलेम को नष्ट करने के लिए एक दूत भेजा। और
जैसे ही वह नाश कर रहा था, 𐤉𐤄𐤅𐤄 ने देखा और उस
बुराई से पश्चाताप किया, और उस दूत से कहा जो नाश कर
रहा था, "बस! अब अपना हाथ रोक ले।" और 𐤉𐤄𐤅𐤄 का
दूत ओरनान यबूसी के खलिहान के पास खड़ा था। 16 और
दाऊद ने अपनी आँखें उठाईं और देखा कि 𐤉𐤄𐤅𐤄 का दूत
पृथ्वी और आकाश के बीच खड़ा है, उसके हाथ में खींची हुई
तलवार येरूशलेम पर तनी हुई है। और दाऊद और पुरनिये,
टाट में लिपटे हुए, अपने मुँह के बल गिर पड़े। 17 और
दाऊद ने ईश्वर से कहा, "क्या यह मैं नहीं हूँ जिसने लोगों की
गिनती करने की आज्ञा दी? मैंने ही पाप किया और बुराई की
है। पर ये, ये भेड़ें, उन्होंने क्या किया है? हे 𐤉𐤄𐤅𐤄 मेरे
ईश्वर, तेरा हाथ मुझ पर और मेरे पिता के घराने पर हो, पर
तेरी प्रजा पर न हो कि उन पर विपत्ति आए।" 18 और
𐤉𐤄𐤅𐤄 के दूत ने गाद को आज्ञा दी कि वह दाऊद से कहे
कि दाऊद जाए और ओरनान यबूसी के खलिहान पर
𐤉𐤄𐤅𐤄 के लिये एक वेदी बनाए। 19 तब दाऊद गाद के
वचन पर ऊपर गया, जो उसने 𐤉𐤄𐤅𐤄 के नाम से कहा
था। 20 और ओरनान ने मुड़कर दूत को देखा। और उसके
चार पुत्र उसके साथ छिप गए, और ओरनान गेहूँ दाँत रहा
था। 21 और दाऊद ओरनान के पास आया, और ओरनान ने
दाऊद को देखा और वह खलिहान से बाहर आया, और
दाऊद के सामने भूमि पर अपना मुँह रखकर दंडवत किया।
22 और दाऊद ने ओरनान से कहा, "मुझे खलिहान का
स्थान दे ताकि मैं उस पर 𐤉𐤄𐤅𐤄 के लिये एक वेदी बनाऊँ।
इसे मुझे पूरे दाम पर दे ताकि लोगों से महामारी हटे।"
23 और ओरनान ने दाऊद से कहा, "अपने लिए ले लो, और
मेरा स्वामी राजा जो अपनी दृष्टि में अच्छा माने वही करे।
देखो, मैं तुम्हें होमबलि के लिये गायें देता हूँ, लकड़ी के लिये
खलिहान के औजार, और अनाज की भेंट के लिये गेहूँ। मैं

सब देता हूँ।" 24 पर राजा दाऊद ने ओरनान से कहा, "नहीं,
बल्कि मैं इसे पूरे दाम पर अवश्य खरीदूँगा, क्योंकि मैं
𐤉𐤄𐤅𐤄 के लिये तुम्हारा वस्तु नहीं लूँगा, और न ही बिना
मूल्य के होमबलि चढ़ाऊँगा।" 25 और दाऊद ने ओरनान को
उस स्थान के लिये सोने के छः सौ शेकेल तौले हुए दिये।
26 और दाऊद ने वहाँ 𐤉𐤄𐤅𐤄 के लिये एक वेदी बनाई, और
होमबलि और मेलबलि चढ़ाए, और 𐤉𐤄𐤅𐤄 से प्रार्थना की।
और उसने स्वर्ग से होमबलि की वेदी पर अग्नि से उसको
उत्तर दिया। 27 तब 𐤉𐤄𐤅𐤄 ने दूत को आज्ञा दी, और उसने
अपनी तलवार को म्यान में डाल दिया। 28 उस समय, जब
दाऊद ने देखा कि 𐤉𐤄𐤅𐤄 ने ओरनान यबूसी के खलिहान
पर उसे उत्तर दिया है, तब उसने वहाँ बलि चढ़ाई। 29 क्योंकि
𐤉𐤄𐤅𐤄 का मन्दिर और होमबलि की वेदी, जो मूसा ने जंगल
में बनाई थी, उस समय गिबोन के ऊँचे स्थान पर थी। 30 पर
दाऊद उस के सामने जाकर ईश्वर से पूछ नहीं सका, क्योंकि
वह 𐤉𐤄𐤅𐤄 के दूत की तलवार से डर गया था।

22 1 दाविद ने फिर कहा, "यह 𐤉𐤄𐤅𐤄 ईश्वर का घर
है, और यह इस्राएल के लिए होमबलि का वेदी है।"
2 और दाविद ने आज्ञा दी कि इस्राएल के देश में जो परदेसी
थे, उन्हें इकट्ठा किया जाए। और उसने पत्थर काटने वालों
को नियुक्त किया कि वे ईश्वर के घर के निर्माण के लिए
तराशे हुए पत्थरों को काटें। 3 और दाविद ने द्वारों के दरवाज़ों
की कीलों और क्लैंपों के लिए बहुत अधिक लोहा तैयार किया,
और तांबा इतना अधिक कि उसका तोलना संभव न था,
4 और असीमित संख्या में देवदार के वृक्ष, क्योंकि सिदोनियों
और सूर के लोगों ने दाविद के पास बहुत देवदार की लकड़ी
पहुँचाई। 5 और दाविद ने कहा, "मेरा पुत्र शेलोमोह अभी
जवान और कोमल है, और जो घर 𐤉𐤄𐤅𐤄 के लिए बनाया
जाना है, वह अत्यंत महान होना चाहिए, एक अद्भुत नाम के
लिए, सब देशों में। कृपया, मुझे इसके लिए तैयारी करने
दो।" इस प्रकार दाविद ने अपनी मृत्यु से पहले बड़ी तैयारी
की। 6 उसने अपने पुत्र शेलोमोह को भी बुलाया, और उसे
इस्राएल के ईश्वर 𐤉𐤄𐤅𐤄 के लिए एक घर बनाने की आज्ञा
दी। 7 और दाविद ने शेलोमोह से कहा, "मेरे पुत्र, मेरे मन में
𐤉𐤄𐤅𐤄 मेरे ईश्वर के नाम के लिए एक घर बनाने की इच्छा
रही है, 8 परंतु 𐤉𐤄𐤅𐤄 का वचन मुझ पर आया, यह कहते
हुए, 'तूने बहुत रक्त बहाया है और बड़े युद्ध किए हैं। तू मेरे
नाम के लिए घर नहीं बनाएगा, क्योंकि तूने पृथ्वी पर मेरे
सम्मुख बहुत रक्त बहाया है। 9 देख, तुझसे एक पुत्र उत्पन्न
होगा, जो विश्राम का पुरुष होगा। और मैं उसे चारों ओर के
सब शत्रुओं से विश्राम दूँगा, क्योंकि उसका नाम शेलोमोह है,
और उसके दिनों में मैं इस्राएल को शांति और विश्राम दूँगा।
10 वह मेरे नाम के लिए एक घर बनाएगा, और वह मेरा पुत्र
होगा, और मैं उसका पिता होऊँगा। और मैं इस्राएल पर
उसके राज्य के सिंहासन को सदा के लिए स्थिर करूँगा।'
11 अब, हे मेरे पुत्र, 𐤉𐤄𐤅𐤄 तेरे साथ हो, तब तू सफल होगा
और 𐤉𐤄𐤅𐤄 तेरे ईश्वर के घर को बनाएगा, जैसा उसने
तुझसे कहा है। 12 सिर्फ, 𐤉𐤄𐤅𐤄 तुझे बुद्धि और समझ दे,
और तुझे इस्राएल के विषय में आज्ञा दे, ताकि तू 𐤉𐤄𐤅𐤄
अपने ईश्वर की तोराह की रक्षा करे। 13 तब तू सफल होगा,
यदि तू उन विधियों और न्यायों को करने की रक्षा करेगा,
जिनकी आज्ञा 𐤉𐤄𐤅𐤄 ने मूशेह को इस्राएल के विषय में दी
थी। दृढ़ और साहसी हो, न डर और न ही निराश हो।
14 देख, अपनी पीड़ा में मैंने 𐤉𐤄𐤅𐤄 के घर के लिए एक
लाख कीकर सोना और दस लाख कीकर चाँदी, और तांबा
और लोहा बिना माप के, क्योंकि यह बहुत है, तैयार किया है।
और मैंने लकड़ी और पत्थर तैयार किए हैं, और तू उनमें
और बढ़ाए। 15 और तेरे साथ बहुत से काम करने वाले हैं:
लकड़ी और पत्थर काटने वाले, और हर प्रकार के काम के
लिए सब प्रकार के कुशल लोग। 16 सोने और चाँदी और तांबे
और लोहे का कोई माप नहीं है। उठ और काम कर, और
𐤉𐤄𐤅𐤄 तेरे साथ है।" 17 और दाविद ने इस्राएल के सब
प्रधानों को आज्ञा दी कि वे उसके पुत्र शेलोमोह की सहायता
करें, 18 "क्या 𐤉𐤄𐤅𐤄 तुम्हारा ईश्वर तुम्हारे साथ नहीं है?
और क्या उसने तुम्हें चारों ओर विश्राम नहीं दिया है? क्योंकि
उसने इस देश के निवासियों को मेरे हाथ में दे दिया है, और
देश 𐤉𐤄𐤅𐤄 और उसके लोगों के सम्मुख वश में किया गया
है। 19 अब, अपना हृदय और अपना प्राण 𐤉𐤄𐤅𐤄 अपने
ईश्वर को खोजने में लगा दो। और उठो और 𐤉𐤄𐤅𐤄
ईश्वर का पवित्र स्थान बनाओ, ताकि 𐤉𐤄𐤅𐤄 की वाचा का
सन्दूक और ईश्वर के पवित्र पात्र 𐤉𐤄𐤅𐤄 के नाम के लिए
बनाए जाने वाले घर में लाए जाएँ।"

23 1 और दाऊद बूढ़ा और दिनों से तृप्त था, और उसने
अपने पुत्र शलोमो को इस्राएल पर राज्य करने के
लिए नियुक्त किया। 2 और उसने इस्राएल के सब शासकों
को, याजकों और लेवियों को इकट्ठा किया। 3 और लेवियों को
तीस वर्ष और उससे ऊपर की आयु से गिना गया। और
उनका सिर-दर-सिर गिनती में संख्या अड़तीस हज़ार पुरुष
थी। 4 इनमें से, चौबीस हज़ार 𐤉𐤄𐤅𐤄 के भवन के काम की
देखरेख के लिए थे, और छह हज़ार अधिकारी और न्यायी
थे, 5 और चार हज़ार द्वारपाल थे, और चार हज़ार 𐤉𐤄𐤅𐤄
की स्तुति करने के लिए, "जिसे मैंने स्तुति करने के लिए
बनाया।" 6 और दाऊद ने उन्हें लेवी के पुत्रों: गेरशोन, कहात
और मरारी के अनुसार विभागों में विभाजित किया।
7 गेरशोनियों में से: लादान और शिमी। 8 लादान के पुत्र:
यहीएल मुख्य, फिर ज़ेतान और योएल, तीन। 9 शिमी के
पुत्र: शेलोमित, और हज़ीएल, और हारान, तीन। ये लादान
के पितरों के घरानों के प्रधान थे। 10 और शिमी के पुत्र:
यहत, ज़ीना, और येऊश, और बेरियाह। ये शिमी के चार पुत्र
थे। 11 और यहत मुख्य था और ज़िज़ाह दूसरा। परन्तु
येऊश और बेरियाह के बहुत से पुत्र न थे, इसलिये उन्हें एक
पितृगृह के समान गिना गया। 12 कहात के पुत्र: अम्राम,
यित्सहार, हेब्रोन, और उज़ीएल, चार। 13 अम्राम के पुत्र:
हारून और मोशेह। और हारून पवित्र किया गया, वह और
उसके पुत्र सदा के लिये, कि वह परमपवित्र को पवित्र करे,
𐤉𐤄𐤅𐤄 के सम्मुख धूप जलाने, उसकी सेवा करने, और
उसके नाम में सदा आशीर्वाद देने के लिए। 14 अब मोशेह,
ईश्वर का जन, उसके पुत्रों का नाम लेवी के गोत्र के अनुसार
रखा गया। 15 मोशेह के पुत्र: गेरशोम और एलीएज़ेर।
16 गेरशोम के पुत्र: शेबूएल मुख्य था। 17 और एलीएज़ेर के
पुत्र: रेहव्याह मुख्य था। और एलीएज़ेर के और कोई पुत्र न

थे, परन्तु रेहव्याह के पुत्र बहुत थे। 18 यित्सहार के पुत्र:
शेलोमित मुख्य था। 19 हेब्रोन के पुत्र: यिरियाह मुख्य था,
अमर्याह दूसरा, यहज़ीएल तीसरा, और येकामाम चौथा।
20 उज़ीएल के पुत्र: मीकाह मुख्य था और यिश्शियाह दूसरा।
21 मरारी के पुत्र: महली और मूशी। महली के पुत्र:
एलीआज़र और किश। 22 और एलीआज़र मर गया, और
उसके पुत्र न थे, पर केवल बेटियाँ थीं। और उनके भाई,
किश के पुत्र, ने उन्हें लिया। 23 मूशी के पुत्र: महली, एद्रेर,
और यरेमोथ, तीन। 24 ये लेवी के पुत्र उनके पितरों के घरानों
के अनुसार थे, पितरों के घरानों के प्रधान, जैसे वे सिर-दर-
सिर नामों की संख्या के अनुसार गिने गए, जो 𐤉𐤄𐤅𐤄 के
भवन की सेवा के काम के लिये बीस वर्ष और उससे ऊपर की
आयु से नियुक्त थे। 25 क्योंकि दाऊद ने कहा, "𐤉𐤄𐤅𐤄
इस्राएल का ईश्वर ने अपनी प्रजा को विश्राम दिया है, और वह
यरूशलेम में सदा वास करता है," 26 और लेवियों के विषय में
भी, "वे अब तम्बू या उसकी सेवा के लिये किसी भी पात्र को न
उठाएँगे।" 27 क्योंकि दाऊद के अंतिम वचनों से लेवियों को
बीस वर्ष की आयु और ऊपर से गिना गया। 28 क्योंकि उनका
काम हारून के पुत्रों की 𐤉𐤄𐤅𐤄 के भवन की सेवा में
सहायता करना था, आँगनों और कक्षों में, सब पवित्र वस्तुओं
की शुद्धि में, और ईश्वर के भवन की सेवा के काम में, 29 और
रोटी की मेज़ और अन्नबलि का उत्तम आटा, और अखमीरी
रोटियों और तवे पर पकाई हुई वस्तुओं, और मिश्रित वस्तुओं
और सब प्रकार के माप और आकारों के साथ; 30 और हर
सुबह 𐤉𐤄𐤅𐤄 का धन्यवाद और स्तुति करने के लिये खड़े
होना, और वैसे ही साँझ को भी; 31 और सब होमबलियों के
लिये 𐤉𐤄𐤅𐤄 को सब्तों पर और नये चाँद पर और नियत
समयों पर, उनकी संख्या के अनुसार उनकी विधि के
अनुसार, सदा 𐤉𐤄𐤅𐤄 के सम्मुख; 32 और कि वे मण्डली के
तम्बू की सेवा, पवित्र स्थान की सेवा, और अपने भाइयों हारून
के पुत्रों की सेवा की रक्षा करें, 𐤉𐤄𐤅𐤄 के भवन की सेवा में।

24 1 और हारून के पुत्रों के विभाग: हारून के पुत्र नदाब
और अबीहू, एलीआज़र और इथामार थे। 2 परन्तु
नदाब और अबीहू अपने पिता से पहले मर गए, और उनके
कोई पुत्र नहीं थे, इसलिए एलीआज़र और इथामार ने याजक
के रूप में सेवा की। 3 और दाविद ने एलीआज़र के पुत्रों में से
सादोक और इथामार के पुत्रों में से अहिमेलेक के साथ
मिलकर उनकी सेवा में उनके कार्यों के अनुसार उन्हें
विभाजित किया। 4 और एलीआज़र के पुत्रों में इथामार के
पुत्रों से अधिक प्रधान मिले। सो एलीआज़र के पुत्रों को
उनके पितरों के घरानों के सोलह प्रधानों में और इथामार के
पुत्रों को उनके पितरों के घरानों के आठ प्रधानों में बाँटा गया।
5 और वे चिट्ठी डालकर बाँटे गए, एक दल दूसरे के समान;
क्योंकि पवित्र स्थान के अधिकारी और ईश्वर के अधिकारी,
एलीआज़र के पुत्रों में से और इथामार के पुत्रों में से थे।
6 और लेखक शमायाह, नतनएल का पुत्र, जो लेवी था, ने
उन्हें राजा, और प्रधानों, और याजक सादोक, और एब्यातार
का पुत्र अहिमेलेक, और याजकों और लेवियों के पितरों के
घरानों के प्रधानों के सामने लिखा; एक घराना एलीआज़र के
लिए लिया गया और एक इथामार के लिए। 7 और पहली
चिट्ठी यहोयारीब के लिए निकली, दूसरी यदायाह के लिए,
8 तीसरी हरिम के लिए, चौथी सेओरीम के लिए, 9 पाँचवीं
मल्कियाह के लिए, छठी मियामिन के लिए, 10 सातवीं हक्कोस
के लिए, आठवीं अबियाह के लिए, 11 नौवीं येशुआ के लिए,
दसवीं शेखन्याह के लिए, 12 ग्यारहवीं एलयाशीब के लिए,
बारहवीं याकीम के लिए, 13 तेरहवीं हुप्पाह के लिए, चौदहवीं
येशेबाब के लिए, 14 पंद्रहवीं बिल्गाह के लिए, सोलहवीं इम्मेर
के लिए, 15 सत्रहवीं हेज़ीर के लिए, अठारहवीं हापित्सेत्स के
लिए, 16 उन्नीसवीं पेतह्याह के लिए, बीसवीं येहेज़केल के लिए,
17 इक्कीसवीं याकीन के लिए, बाईसवीं गमूल के लिए,
18 तेईसवीं देलायाह के लिए, चौबीसवीं मा'ज़याह के लिए।
19 ये उनके कार्य थे उनके सेवा में जब वे 𐤉𐤄𐤅𐤄 के भवन में
आते थे, अपने पिता हारून के हाथ से उनकी विधि के
अनुसार, जैसा 𐤉𐤄𐤅𐤄 ईश्वर इस्राएल का ने उसे आज्ञा दी
थी। 20 और लेवी के बाकी पुत्र: अम्राम के पुत्रों में से शुबाएल;
शुबाएल के पुत्रों में से यहद्याह। 21 रेहब्याह के विषय में,
रेहब्याह के पुत्रों में से प्रधान यिश्शियाह था। 22 यित्सहारियों
में से, शेलोमोथ; शेलोमोथ के पुत्रों में से, याहत। 23 और
बिनय; यरियाह, अमरियाह दूसरा, याहज़ीएल तीसरा, और
येकमाम चौथा। 24 उज्जीएल के पुत्रों में से, मीकाह; मीकाह
के पुत्रों में से, शमीर। 25 मीकाह का भाई, यिश्शियाह;
यिश्शियाह के पुत्रों में से, ज़कर्याह। 26 मेरारी के पुत्र: महली
और मुशी; यआज़ियाह का पुत्र, बेनो। 27 मेरारी के पुत्र
यआज़ियाह से: बेनो, और शोहम, और ज़क्कूर, और इब्री।
28 महली से: एलीआज़र, जिसके पुत्र न थे। 29 कीश से:
कीश का पुत्र, येरहमेएल। 30 और मुशी के पुत्र: महली,
एदर, और यरेमोथ। ये लेवियों के पुत्र उनके पितरों के घरानों
के अनुसार थे। 31 इन्होंने भी चिट्ठियाँ डालीं, जैसे उनके भाई
हारून के पुत्रों ने, राजा दाविद, और सादोक, और
अहिमेलेक, और याजकों और लेवियों के पितरों के घरानों के
प्रधानों की उपस्थिति में - पितरों का प्रधान, साथ ही उसके
छोटे भाई।

25 1 और दाविद और सेना के प्रधानों ने सेवा के लिये
आसाप, हेमान, और येदूतुन के पुत्रों में से कुछ को
अलग किया, जो वीणा, सारंगी और झांझ के साथ
भविष्यद्वाणी करें। और काम करने वालों की गिनती उनके
सेवा के अनुसार थी: 2 आसाप के पुत्रों में से: ज़क्कूर, और
योसेफ़, और नतन्याह, और अशरएलाह; ये आसाप के पुत्र
आसाप के हाथ में थे, जो राजा के हाथ में भविष्यद्वाणी करते
थे। 3 येदूतुन के पुत्रों में से: गिदल्याहु, और त्सेरी, और
यशायाहु, हशब्याहु, और मत्तित्याहु, छह; अपने पिता येदूतुन
के हाथ में, जो वीणा के साथ 𐤉𐤄𐤅𐤄 की स्तुति और
धन्यवाद के लिये भविष्यद्वाणी करते थे। 4 हेमान के पुत्रों में
से: बुक्कियाहु, मत्तन्याहु, उज्जीएल, शेबूएल, और यरीमोथ,
हनन्याह, हनानी, एल्याताह, गिद्दलती, और रोमामती-एज़र,
योशबेकाशाह, मल्लोथी, होतिर, महज़ियोत। 5 ये सब हेमान
के पुत्र थे, जो राजा के दृष्टा थे ईश्वर के वचनों में, उसके
सींग को ऊँचा करने के लिये। क्योंकि ईश्वर ने हेमान को
चौदह पुत्र और तीन पुत्रियाँ दी थीं। 6 ये सब अपने पिता के

हाथ में 𐤉𐤄𐤅𐤄 के भवन में गीत के लिये, झांझ, सारंगी और
वीणा के साथ, ईश्वर के भवन की सेवा के लिये थे: आसाप,
येदूतुन, और हेमान, राजा के हाथ में। 7 और उनकी गिनती,
अपने भाइयों के साथ जो 𐤉𐤄𐤅𐤄 के गीतों में प्रशिक्षित थे,
सब निपुण दो सौ अठासी थे। 8 और उन्होंने अपनी सेवा के
लिये चिट्ठियाँ डालीं, छोटे से बड़े तक, शिक्षक से शिष्य तक।
9 पहली चिट्ठी आसाप के लिये योसेफ़ पर पड़ी; गिदल्याहु
दूसरी, वह और उसके भाई और उसके पुत्र, बारह; 10 तीसरी
ज़क्कूर, उसके पुत्र और उसके भाई, बारह; 11 चौथी यित्स्री,
उसके पुत्र और उसके भाई, बारह; 12 पाँचवीं नतन्याहु, उसके
पुत्र और उसके भाई, बारह; 13 छठी बुक्कियाहु, उसके पुत्र
और उसके भाई, बारह; 14 सातवीं यसरएलाह, उसके पुत्र
और उसके भाई, बारह; 15 आठवीं यशायाहु, उसके पुत्र और
उसके भाई, बारह; 16 नौवीं मत्तन्याहु, उसके पुत्र और उसके
भाई, बारह; 17 दसवीं शिमी, उसके पुत्र और उसके भाई,
बारह; 18 ग्यारहवीं अज़रएल, उसके पुत्र और उसके भाई,
बारह; 19 बारहवीं हशब्याह, उसके पुत्र और उसके भाई, बारह;
20 तेरहवीं शूबूएल, उसके पुत्र और उसके भाई, बारह;
21 चौदहवीं मत्तित्याहु, उसके पुत्र और उसके भाई, बारह;
22 पंद्रहवीं यरीमोथ, उसके पुत्र और उसके भाई, बारह;
23 सोलहवीं हनन्याहु, उसके पुत्र और उसके भाई, बारह;
24 सत्रहवीं योशबेकाशाह, उसके पुत्र और उसके भाई, बारह;
25 अठारहवीं हनानी, उसके पुत्र और उसके भाई, बारह;
26 उन्नीसवीं मल्लोथी, उसके पुत्र और उसके भाई, बारह;
27 बीसवीं एल्याताह, उसके पुत्र और उसके भाई, बारह;
28 इक्कीसवीं होतिर, उसके पुत्र और उसके भाई, बारह;
29 बाईसवीं गिद्दलती, उसके पुत्र और उसके भाई, बारह;
30 तेईसवीं महज़ियोत, उसके पुत्र और उसके भाई, बारह;
31 चौबीसवीं रोमामती-एज़र, उसके पुत्र और उसके भाई,
बारह।

26 1 द्वारपालों के विभागों के लिये: कोरहियों में से,
मेशेलेमयाहू, कोरे का पुत्र, आसाप के पुत्रों में से।
2 और मेशेलेमयाहू के पुत्र: जकरयाहू पहिलौठा, येदियाएल
दूसरा, जबद्याहू तीसरा, यतनिएल चौथा, 3 एलाम पाँचवाँ,
याहोहानान छठा, एल्योएयनै सातवाँ। 4 और ओबेद-एदोम के
पुत्र: शेमायाह पहिलौठा, यहोजाबाद दूसरा, योआह तीसरा,
सक्कर चौथा, नतनएल पाँचवाँ, 5 अम्मीएल छठा, यिस्सस्खर
सातवाँ, पउल्लेथै आठवाँ, क्योंकि ईश्वर ने उसे आशीष दी।
6 और शेमायाह उसके पुत्र को पुत्र उत्पन्न हुए, जो अपने
पितरों के घरों पर हाकिम थे, क्योंकि वे सामर्थी पराक्रमी पुरुष
थे। 7 शेमायाह के पुत्र: ओथ्नी, और रेफाएल, और ओबेद,
एल्जाबाद, जिनके भाई एलीहू और समक्याहू सामर्थी पुरुष
थे। 8 ये सब ओबेद-एदोम के पुत्रों में से थे, वे और उनके पुत्र
और उनके भाई, काम के लिये सामर्थी पुरुष: ओबेद-एदोम के
बासठ। 9 और मेशेलेमयाहू के पुत्र और भाई, अठारह सामर्थी
पुरुष। 10 और होसाह, मरारी के पुत्रों में से, के पुत्र थे: शिम्री
प्रधान - यद्यपि वह पहिलौठा न था, उसके पिता ने उसे प्रधान
बनाया। 11 हिलकियाह दूसरा, तेबल्याह तीसरा, जकरयाह
चौथा। होसाह के सब पुत्र और भाई तेरह थे। 12 द्वारपालों के
ये विभाग, प्रधान पुरुषों में से, अपने भाइयों के समान कर्तव्य
रखते थे, 𐤉𐤄𐤅𐤄 के भवन की सेवा करने को। 13 और
उन्होंने प्रत्येक द्वार के लिये चिट्ठियाँ डालीं, छोटे के लिये भी
और बड़े के लिये भी, अपने पितरों के घर के अनुसार।
14 और पूरब की ओर की चिट्ठी शेलमयाहू पर पड़ी। तब
उन्होंने उसके पुत्र जकरयाहू के लिये, जो बुद्धिमान सम्माशी
था, चिट्ठी डाली, और उसकी चिट्ठी उत्तर की ओर निकली।
15 ओबेद-एदोम के लिये दक्षिण की ओर, और उसके पुत्रों के
लिये भंडारगृह। 16 शुप्पीम और होसाह के लिये पश्चिम की
ओर, चढ़ाई पर शल्लेखेत द्वार के साथ; पहरेदार के साथ
पहरेदार। 17 पूर्व की ओर छः लेवी, उत्तर की ओर चार
प्रतिदिन, दक्षिण की ओर चार प्रतिदिन, और भंडारगृह के
लिये दो-दो। 18 और पश्चिम की ओर परबार के लिये,
राजमार्ग पर चार और परबार पर दो। 19 ये कोरह के पुत्रों
और मरारी के पुत्रों में से द्वारपालों के विभाग थे। 20 और
लेवियों में से, अहीयाहू, ईश्वर के भवन के भंडारगृहों और
पवित्र भेंटों के भंडारगृहों के ऊपर था। 21 लादान के पुत्र,
गेरशोनियों में से लादान के पुत्र, अपने पितरों के घरों के
प्रधान, गेरशोनी लादान के: यहीएली। 22 यहीएली के पुत्र,
जेथाम और योएल उसका भाई, 𐤉𐤄𐤅𐤄 के भवन के
भंडारगृहों के ऊपर थे। 23 अम्रामियों, यित्सहारियों, हेब्रोनियों,
और उज़्ज़ीएलियों में से। 24 यहाँ तक कि शेबूएल, गेरशोम
का पुत्र, मूसा का पुत्र, भंडारगृहों का अधिकारी था। 25 और
उसके भाई एलीएज़ेर के द्वारा थे: रेहब्याह उसका पुत्र, और
यशायाह उसका पुत्र, और योराम उसका पुत्र, और जिक्री
उसका पुत्र, और शेलोमोत उसका पुत्र। 26 यह शेलोमोत
और उसके भाई उन सब पवित्र भेंटों के भंडारगृहों के ऊपर
थे, जिन्हें राजा दाऊद और पितरों के घरों के प्रधानों ने,
हज़ारों और सैकड़ों के प्रधानों और सेना के प्रधानों ने पवित्र
किया। 27 उन्होंने युद्धों में जीते हुए कुछ लूट को 𐤉𐤄𐤅𐤄 के
भवन को बनाए रखने के लिये पवित्र किया। 28 और जो कुछ
शमूएल दर्शन करनेवाले ने, और शाऊल, कीश का पुत्र, और
अबनेर, नेर का पुत्र, और योआब, सरूयाह का पुत्र, ने पवित्र
किया, वह सब शेलोमोत और उसके भाइयों के हाथ के अधीन
था। 29 यित्सहारियों में से, केनन्याहू और उसके पुत्र, बाहरी
कार्यों के लिये इस्राएल पर अधिकारी और न्यायी थे।
30 हेब्रोनियों में से, हशब्याहू और उसके भाई, एक हज़ार सात
सौ सामर्थी पुरुष, यरदन के पश्चिम पार इस्राएल की
देखभाल में थे, 𐤉𐤄𐤅𐤄 के सब कामों और राजा की सेवा
में। 31 हेब्रोनियों में से, यरियाहू, अपनी वंशावली के अनुसार,
हिब्रोनियों का प्रधान था। दाऊद के राज्य के चालीसवें वर्ष में
उन्हें ढूंढा गया, और गिलआद के याजेर में उनके बीच
सामर्थी पुरुष मिले। 32 और उसके भाई दो हज़ार सात सौ
सामर्थी पुरुष, पितरों के प्रधान, जिन्हें राजा दाऊद ने
रूबेनियों, गादियों, और मनश्शे के आधे गोत्र के ऊपर
अधिकारी बनाए, ईश्वर के सब कार्यों और राजा के कार्यों में।

27 1 और इस्राएल के पुत्र अपनी गिनती के अनुसार,
पिताओं के मुखिया और हज़ारों और सैकड़ों के
सेनापति और उनके अधिकारी, सब राजा की सेवा करते थे,
उन विभाजनों में जो महीने दर महीने वर्ष भर आते और जाते

थे; प्रत्येक विभाजन में चौबीस हज़ार थे। 2पहले महीने की
पहली विभाजन के ऊपर ज़ाबदीएल का पुत्र याशोबाम था;
और उसकी विभाजन में चौबीस हज़ार थे। 3पेरेत्स के पुत्रों
में से, वह पहले महीने के लिए सेना के सब सेनापतियों का
प्रधान था। 4दूसरे महीने की विभाजन पर अहोह का दोदाई
था; और उसकी विभाजन में मीकलोत भी प्रधान था; और
उसकी विभाजन में चौबीस हज़ार थे। 5तीसरे महीने की
तीसरी सेना का सेनापति यहोयादा का पुत्र बनयाहू था, जो
याजक था, वह प्रधान था; और उसकी विभाजन में चौबीस
हज़ार थे। 6यह वही बनयाहू था जो तीस में पराक्रमी था,
और तीस पर भी प्रधान था; और उसकी विभाजन में उसका
पुत्र अम्मीज़ाबाद था। 7चौथे महीने का चौथा सेनापति योआब
का भाई अ़साहेल था, और उसके बाद उसका पुत्र ज़ेबद्याह;
और उसकी विभाजन में चौबीस हज़ार थे। 8पांचवे महीने का
पांचवा शम्हूत यिज़्राही था; और उसकी विभाजन में चौबीस
हज़ार थे। 9छठे महीने का छठा इक़्क़ेश का पुत्र ईरा
तेकोआवासी था; और उसकी विभाजन में चौबीस हज़ार थे।
10सातवें महीने का सातवां हेल्त्स पेलोनी था, जो इफ्रैम के
पुत्रों में से था; और उसकी विभाजन में चौबीस हज़ार थे।
11आठवें महीने का आठवां सिब्बकै हूशाती था, जो ज़रही का
था; और उसकी विभाजन में चौबीस हज़ार थे। 12नवें महीने
का नवां अबीएज़ेर अनातोती था, जो बिन्यामीन का था; और
उसकी विभाजन में चौबीस हज़ार थे। 13दसवें महीने का
दसवां महरै नेतोफाती था, जो ज़रही का था; और उसकी
विभाजन में चौबीस हज़ार थे। 14ग्यारहवें महीने का ग्यारहवां
बिनयाहू पिराथोनी था, जो इफ्रैम के पुत्रों में से था; और
उसकी विभाजन में चौबीस हज़ार थे। 15बारहवें महीने का
बारहवां हेल्दै नेतोफाती था, जो ओत्नीएल का था; और
उसकी विभाजन में चौबीस हज़ार थे। 16और इस्राएल के
गोत्रों पर: रूबेन पर ज़िक्री का पुत्र एलीएज़ेर; शिमोन पर
माअका का पुत्र शेफ़तयाहू; 17लेवी पर क़ेमूएल का पुत्र
हशब्याह; हारून पर सादोक; 18यहूदा पर दाऊद का भाई
एलीहू; इस्साकार पर मीकाएल का पुत्र ओम्री; 19ज़ेबुलून पर
ओबद्याह का पुत्र यिश्मायाहू; नप्ताली पर अज़्रिएल का पुत्र
यरीमोथ; 20इफ्रैम के पुत्रों पर अज़ज़याह का पुत्र होशेआ;
मनश्शे के आधे गोत्र पर पेदायाह का पुत्र योएल; 21गिलआद
में मनश्शे के आधे गोत्र पर ज़कर्याह का पुत्र इद्दो; बिन्यामीन
पर अबनेर का पुत्र यासीएल; 22दान पर यरोहाम का पुत्र
अज़रीएल। ये सब इस्राएल के गोत्रों के प्रधान थे। 23परन्तु
दाऊद ने बीस वर्ष और उससे कम आयु वालों की गिनती नहीं
की, क्योंकि 𐤉𐤄𐤅𐤄 ने कहा था कि वह इस्राएल को आकाश
के तारों के समान बढ़ाएगा। 24सेरूयाह का पुत्र योआब ने
गिनती शुरू की, पर उसने पूरी न की; क्योंकि इस गिनती के
कारण इस्राएल पर क्रोध आया; और वह गिनती राजा दाऊद
की वार्षिक पुस्तकों में लिखी नहीं गई। 25और अदिएल का
पुत्र अज़्मावेत राजा के खज़ानों पर था; और उज़्ज़ियाह का
पुत्र यहोनातान खेतों, नगरों, गाँवों और गढ़ों में भंडारघरों पर
था। 26और केलूब का पुत्र एज़्री भूमि जोतने वालों पर था।
27और शिमई रामातवासी दाख की बारियों पर था; और ज़ब्दी
शिफ़्मती दाख की बारियों की उपज पर था जो दाख की
कोठियों के लिए थी। 28और गेदेरी का बाअल-हानान जैतून
के वृक्षों और चीकू वृक्षों पर था जो नीचले देश में थे; और
योआश तेल के भंडारों पर था। 29और शित्रै शारोनी उन
गाय-बैलों पर था जो शारोन में चरते थे; और अदलाई का
पुत्र शाफ़ात उन पर था जो तराइयों में थे। 30और ओबील
इस्माएली ऊंटों पर था; और यहदेयाह मेरोनोती गधों पर था।
31और याज़ीज़ हाग्री भेड़ों पर था। ये सब राजा दाऊद की
संपत्ति पर प्रधान थे। 32और राजा दाऊद का चाचा
यहोनातान भी परामर्शदाता था; वह बुद्धिमान व्यक्ति और
लेखक था। और हकमोनी का पुत्र यहीएल राजा के पुत्रों के
साथ था। 33और अहीतोफ़ेल राजा का परामर्शदाता था; और
हूशै अर्की राजा का मित्र था। 34और अहीतोफ़ेल के बाद
यहोयादा का पुत्र बनयाहू, फिर एब्यातार। और राजा की सेना
का प्रधान योआब था।

28 1और अब्राहम ने येरुशालेम में सारे इस्राएल के
शासकों को इकट्ठा किया: गोत्रों के शासकों और उन
सेनापतियों को जो राजा की सेवा में थे, हज़ारों पर और
सैकड़ों पर सेनापतियों को, और राजा तथा उसके पुत्रों की
सारी सम्पत्ति और धन-संपत्ति के प्रभारी सरदारों को,
अधिकारियों को, पराक्रमी योद्धाओं को और सब शक्तिशाली
शूरवीरों को। 2तब राजा दाऊद अपने पैरों पर खड़ा हुआ
और कहा, "हे मेरे भाइयों और मेरी प्रजा, मेरी सुनो: मेरे मन
में यह था कि मैं वाचा के सन्दूक और हमारे ईश्वर 𐤉𐤄𐤅𐤄
के पादपीठ के लिये विश्राम का घर बनाऊँ और उसके लिये
तैयारी भी की थी। 3"परन्तु ईश्वर ने मुझसे कहा, 'तू मेरे
नाम के लिये घर न बनाएगा, क्योंकि तू युद्ध का पुरुष रहा है
और तूने बहुत रक्त बहाया है।' 4"तौभी 𐤉𐤄𐤅𐤄, इस्राएल
का ईश्वर, ने मुझे मेरे पिता के पूरे घराने से चुन लिया कि मैं
सदा इस्राएल पर राजा बनूँ; क्योंकि उसने यहूदा को प्रधान
होने के लिये चुना, और यहूदा के घर में मेरे पिता के घराने
को, और मेरे पिता के पुत्रों में से मुझसे प्रसन्न हुआ कि मुझे
सारे इस्राएल पर राज्य कराए। 5"और मेरे सब पुत्रों में से
— क्योंकि 𐤉𐤄𐤅𐤄 ने मुझे बहुत पुत्र दिए हैं — उसने मेरे
पुत्र शलोमो को चुना कि वह 𐤉𐤄𐤅𐤄 के राज्य के सिंहासन
पर इस्राएल पर बैठे। 6और उसने मुझसे कहा, 'तेरा पुत्र
शलोमो ही मेरा घर और मेरे आँगन बनाएगा; क्योंकि मैंने उसे
अपने लिये पुत्र चुना है, और मैं स्वयं उसका पिता रहूँगा।
7'और मैं उसके राज्य को सदा स्थिर करूँगा, यदि वह आज
के समान मेरी आज्ञाओं और मेरे नियमों को मानने में दृढ़
रहे।' 8"अब सब इस्राएल की सभा और 𐤉𐤄𐤅𐤄 की दृष्टि
में, और हमारे ईश्वर की सुनवाई में, तुम 𐤉𐤄𐤅𐤄 अपने
ईश्वर की सारी आज्ञाओं को ध्यान से मानो और ढूँढो, ताकि
तुम इस उत्तम देश के अधिकारी बनो और इसे अपने बाद
अपने पुत्रों के लिये सदा की मीरास कर छोड़ो। 9"और तू, हे
मेरे पुत्र शलोमो, अपने पिता के ईश्वर को जान और उसकी
निष्कलंक हृदय और प्रसन्न आत्मा के साथ सेवा कर; क्योंकि
𐤉𐤄𐤅𐤄 सब हृदयों को जाँचता है और सब विचारों की
कल्पनाओं को समझता है। यदि तू उसको ढूँढेगा तो वह
तुझसे मिल जाएगा; परन्तु यदि तू उसको त्याग देगा तो वह
तुझे सदा के लिये त्याग देगा। 10"अब देख, 𐤉𐤄𐤅𐤄 ने
तुझे पवित्रस्थान का घर बनाने के लिये चुना है। दृढ़ रह और
कर डाल।" 11तब दाऊद ने अपने पुत्र शलोमो को बरामदे,

भवनों, भंडारगृहों, ऊपरी कमरों, भीतरी कक्षों और
प्रायश्चित्तस्थान की योजनाएँ दीं। 12 और उन सब वस्तुओं
की योजनाएँ दीं जो उसके पास आत्मा से थीं; 𐤉𐤄𐤅𐤄 के
घर के आँगनों की, चारों ओर की सब कोठरियों की, ईश्वर के
घर के भंडारगृहों की, और पवित्र उपहारों के भंडारगृहों की।
13 और याजकों और लेवियों के विभागों की, और 𐤉𐤄𐤅𐤄 के
घर की सब सेवा के काम की, और 𐤉𐤄𐤅𐤄 के घर में सब
सेवा के पात्रों की। 14 और सोने का तौल सोने के सब पात्रों
के लिये, सब प्रकार की सेवा के कामों के लिये; और चाँदी का
तौल चाँदी के सब पात्रों के लिये, सब प्रकार की सेवा के कामों
के लिये। 15 और सोने के दीपपों और उनके सोने के दीपकों
का तौल, प्रत्येक दीपप और उसके दीपकों के लिये तौल के
अनुसार; और चाँदी के दीपपों का तौल, प्रत्येक दीपप और
उसके दीपकों के लिये तौल के अनुसार, प्रत्येक दीपप की
सेवा के अनुसार। 16 और तौल के अनुसार सोने के मेज़ों
का, जो प्रस्तर रोटी के लिये थे, प्रत्येक मेज़ का; और चाँदी
के मेज़ों का भी। 17 और शुद्ध सोने का काँटों, कटोरों, और
शुद्ध सोने के जारों के लिये; और सोने के कटोरों का तौल,
प्रत्येक कटोरे के लिये; और चाँदी के कटोरों का तौल, प्रत्येक
कटोरे के लिये। 18 और सुगन्ध वेदी के लिये परिष्कृत सोने
का तौल, और उस रथ की योजना का, अर्थात सोने के
करूबों का, जो अपने पंख फैलाए हुए थे और 𐤉𐤄𐤅𐤄 की
वाचा के सन्दूक को ढाँपते थे। 19 "यह सब कुछ 𐤉𐤄𐤅𐤄 ने
मुझे लिखावट में समझा दिया, अपने हाथ के द्वारा, इन सब
कामों की योजनाओं को।" 20 तब दाऊद ने अपने पुत्र
शलोमो से कहा, "दृढ़ और साहसी हो, और कर डाल। मत
डर और मत भय खा, क्योंकि 𐤉𐤄𐤅𐤄 ईश्वर, मेरा ईश्वर,
तेरे संग है। वह तुझे न छोड़ेगा और न तज देगा, जब तक
कि तू 𐤉𐤄𐤅𐤄 के घर की सेवा के लिये सब काम पूरे न कर
ले।" 21 "और देख, याजकों और लेवियों के विभाग तेरे संग
हैं ईश्वर के घर की सारी सेवा के लिये; और हर प्रकार के
काम में हर प्रकार के कौशलवाले सब स्वयंसेवक तेरे संग हैं।
और सब प्रधान और सारी प्रजा तेरे हर आदेश के अधीन
हैं।"

29 1 और दाविद राजा ने सारी सभा से कहा, "मेरा पुत्र
शेलोमोह, जिसे ईश्वर ने चुना है, वह अभी जवान
और कोमल है। और काम बड़ा है, क्योंकि महल मनुष्य के
लिए नहीं, परन्तु 𐤉𐤄𐤅𐤄 ईश्वर के लिए है। 2 "और अपनी
सारी शक्ति से मैंने अपने ईश्वर के भवन के लिए तैयार किया
है: सोना सोने के लिए, और चाँदी चाँदी के लिए, और पीतल
पीतल के लिए, लोहे लोहे के लिए, और लकड़ी लकड़ी के
लिए, शोहम पत्थर, और जड़ने के लिए, और रंग-बिरंगे
पत्थर, और हर प्रकार के बहुमूल्य पत्थर, और संगमरमर
की पट्टियाँ - बड़ी मात्रा में। 3 "और साथ ही, क्योंकि मुझे
अपने ईश्वर के भवन में प्रसन्नता है, मेरे पास सोने और चाँदी
का खजाना है; मैं अपने ईश्वर के भवन के लिए उसे देता हूँ,
जितना कि मैंने पवित्र भवन के लिए तैयार किया है उससे भी
अधिक। 4 तीन हज़ार कीकर सोना, ओफीर का सोना, और
सात हज़ार कीकर चाँदी, दीवारों को मढ़ने के लिए ताम्रित
चाँदी; 5 सोना सोने के लिए और चाँदी चाँदी के लिए, और हर
प्रकार का काम जो कारीगरों के हाथों से किया जाना है। तो
आज कौन अपना हाथ 𐤉𐤄𐤅𐤄 के लिए भरने को तैयार है?"
6 और पितरों के मुखिया, और इस्राएल की जातियों के प्रधान,
और हज़ारों और सैकड़ों के सरदार, और राजा के काम पर
अधिकारी, सबने स्वेच्छा से दिया। 7 और उन्होंने ईश्वर के
भवन के काम के लिए पाँच हज़ार कीकर और दस हज़ार
दारिक सोना, और दस हज़ार कीकर चाँदी, और अठारह
हज़ार कीकर पीतल, और एक लाख कीकर लोहा दिया।
8 और जिनके पास पत्थर पाए गए उन्होंने उन्हें 𐤉𐤄𐤅𐤄 के
भवन के खजाने में गेरशोनी यहीएल के हाथ में दे दिया।
9 और लोग आनंदित हुए, क्योंकि उन्होंने स्वेच्छा से दिया था,
क्योंकि सिद्ध हृदय से उन्होंने 𐤉𐤄𐤅𐤄 को स्वेच्छा से दिया
था। और दाविद राजा भी बहुत आनन्दित हुआ। 10 और
दाविद ने सारी सभा के सामने 𐤉𐤄𐤅𐤄 को आशीर्वाद दिया।
और दाविद ने कहा, "धन्य हैं आप, 𐤉𐤄𐤅𐤄, इस्राएल के
ईश्वर, हमारे पिता, सदा और सर्वदा। 11 "हे 𐤉𐤄𐤅𐤄,
महानता, सामर्थ, शोभा, उच्चता और उत्कृष्टता तेरी ही है,
क्योंकि आकाश और पृथ्वी में जो कुछ भी है, वह तेरा है।
राज्य तेरा है, हे 𐤉𐤄𐤅𐤄, और तू सबके ऊपर प्रधान ठहराया
गया है। 12 "धन और महिमा तेरे ही पास से आते हैं, और तू
सब पर प्रभुता करता है। और तेरे हाथ में सामर्थ और
पराक्रम है, और तेरे हाथ में महान बनाने और सबको बल देने
की शक्ति है। 13 "और अब, हे हमारे ईश्वर, हम तेरा
धन्यवाद करते हैं और तेरे महिमामय नाम की स्तुति करते
हैं। 14 "पर मैं कौन हूँ, और मेरी प्रजा कौन है, कि हम ऐसा
स्वेच्छा से दे सकें? क्योंकि सब कुछ तुझसे ही आता है, और
हमने तुझे तेरे ही हाथ से दिया है। 15 "क्योंकि हम तेरे सामने
परदेशी और यात्री हैं, जैसे हमारे सब पितर भी थे; हमारे दिन
पृथ्वी पर छाया के समान हैं, और स्थायी नहीं। 16 "हे
𐤉𐤄𐤅𐤄 हमारे ईश्वर, यह सब भंडार जो हमने तेरे पवित्र
नाम के लिए भवन बनाने के लिए तैयार किया है, तेरे ही हाथ
से है, और सब कुछ तेरा ही है। 17 "और मैं जानता हूँ, हे मेरे
ईश्वर, कि तू हृदय की परीक्षा करता है और सिधाई चाहता
है। मेरे लिए, अपने हृदय की सिधाई में मैंने यह सब कुछ
स्वेच्छा से दिया है। और अब आनन्द के साथ मैंने तेरी प्रजा
को देखा है, जो यहाँ उपस्थित है, कि उन्होंने तुझे स्वेच्छा से
दिया है। 18 "हे 𐤉𐤄𐤅𐤄 अब्राहम, यित्सहाक, और इस्राएल
के ईश्वर, हमारे पितरों के ईश्वर, तेरी प्रजा के मन की यह
प्रवृत्ति सदा बनाए रख और उनका मन तेरी ओर स्थिर कर।
19 "और मेरे पुत्र शेलोमोह को सिद्ध हृदय दे कि वह तेरी
आज्ञाओं, गवाहियों और विधियों को मान ले, सब कुछ करे,
और उस महल का निर्माण करे, जिसके लिए मैंने तैयारी की
है।" 20 और दाविद ने सारी सभा से कहा, "अब अपने ईश्वर
𐤉𐤄𐤅𐤄 को आशीर्वाद दो।" और सारी सभा ने अपने पितरों
के ईश्वर 𐤉𐤄𐤅𐤄 को आशीर्वाद दिया, और उन्होंने अपने
सिर झुकाए और 𐤉𐤄𐤅𐤄 और राजा के आगे दण्डवत
किया। 21 और उन्होंने अगले दिन 𐤉𐤄𐤅𐤄 को बलिदान
चढ़ाए और 𐤉𐤄𐤅𐤄 के लिए होमबलि चढ़ाए: एक हज़ार बैल,
एक हज़ार मेढ़े, एक हज़ार मेम्ने, उनके पेयबलि सहित, और
सब इस्राएल के लिए बड़ी संख्या में बलिदान। 22 और उन्होंने
उस दिन बड़े आनन्द के साथ 𐤉𐤄𐤅𐤄 के सामने खाया और
पिया। और उन्होंने दाविद के पुत्र शेलोमोह को दूसरी बार
राजा ठहराया, और 𐤉𐤄𐤅𐤄 के सामने उसका अभिषेक किया
कि वह नेता हो, और सादोक को याजक ठहराया। 23 और

शेलोमोह अपने पिता दाविद के स्थान पर 𐤉𐤄𐤅𐤄 के
सिंहासन पर बैठा और उसका राज्य सफल हुआ; और सब
इस्त्राएल ने उसकी आज्ञा मानी। [24] और सब हाकिम और सब
पराक्रमी पुरुष, और राजा दाविद के सब पुत्र भी, शेलोमोह
राजा के अधीन हो गए। [25] और 𐤉𐤄𐤅𐤄 ने शेलोमोह को
सब इस्त्राएल की आँखों में अत्यन्त महान किया, और उस पर
ऐसी राजसी महिमा डाली, जो इस्त्राएल में उससे पहले किसी
राजा पर नहीं हुई थी। [26] इस प्रकार यिशै का पुत्र दाविद सारे
इस्त्राएल पर राज्य करता रहा। [27] और जितने दिन उसने
इस्त्राएल पर राज्य किया वे चालीस वर्ष थे। उसने सात वर्ष
हेब्रोन में, और तैंतीस वर्ष येरुशलम में राज्य किया। [28] और
वह अच्छे बूढ़ेपन में मरा, दिनों, धन और महिमा से तृप्त
हुआ। और उसके स्थान पर उसका पुत्र शेलोमोह राज्य
करने लगा। [29] और राजा दाविद के काम, पहिले और बाद
के, देखो, वे शमूएल दर्शी की पुस्तक, नातान नबी की पुस्तक,
और गाद दर्शी की पुस्तक में लिखे हैं। [30] उसके सारे राज्य
और उसकी पराक्रम, और वह समय जो उस पर, और
इस्त्राएल पर, और सब राज्यों पर बीता।

2 इतिहास

𐤉𐤄𐤅𐤄

हिंदी संस्करण

2 इतिहास

1 [1]और शेलोमोह, दाऊद का पुत्र, अपने राज्य में दृढ़
हुआ, और 𐤉𐤄𐤅𐤄 उसका ईश्वर उसके संग था और
उसे अत्यन्त महान बनाया। [2]और शेलोमोह ने समस्त
इस्त्राएल से, हज़ारों और सैकड़ों के प्रधानों से, न्यायियों से,
और समस्त इस्त्राएल के सब अगुवों, पितरों के प्रधानों से
कहा। [3]और शेलोमोह और उसके संग सारी सभा गिबोन के
उस ऊँचे स्थान पर गए, क्योंकि ईश्वर का मिलापवाले तम्बू
वहाँ था, जिसे 𐤉𐤄𐤅𐤄 के दास मोशेह ने जंगल में बनाया
था। [4]परन्तु दाऊद ने ईश्वर का सन्दूक किर्यात-यारीम से
उस स्थान पर चढ़ा लाया, जो दाऊद ने उसके लिये तैयार
किया था, क्योंकि उसने उसके लिये यरूशलेम में एक तम्बू
खड़ा किया था। [5]और जो पीतल की वेदी ऊरी के पुत्र और
हूर के पुत्र बेत्सलेल ने बनाई थी, उसे उसने 𐤉𐤄𐤅𐤄 के
मिष्कान के सामने रखा। और शेलोमोह और सभा ने वहाँ
खोज की। [6]और शेलोमोह वहाँ 𐤉𐤄𐤅𐤄 के सामने,
मिलापवाले तम्बू में पीतल की वेदी पर चढ़ा, और उस पर
हज़ार होमबलि चढ़ाए। [7]उस रात ईश्वर शेलोमोह पर प्रकट
हुआ, और उससे कहा, "माँग, मैं तुझे क्या दूँ।" [8]और
शेलोमोह ने ईश्वर से कहा, "तूने मेरे पिता दाऊद पर बड़ी
करुणा की, और मुझे उसके स्थान पर राजा बनाया। [9]अब,
𐤉𐤄𐤅𐤄 ईश्वर, तेरा वचन मेरे पिता दाऊद के लिये स्थिर
हो, क्योंकि तूने मुझे उस प्रजा पर राज्य करने के लिये
ठहराया है जो पृथ्वी की धूल के समान बहुत है। [10]अब मुझे
ज्ञान और समझ दे, कि मैं इस प्रजा के आगे-पीछे आ-जा
सकूँ। क्योंकि कौन तेरी इस बड़ी प्रजा पर ठीक से राज्य कर
सकता है?" [11]और ईश्वर ने शेलोमोह से कहा, "क्योंकि यह
तेरे मन में था, और तूने धन या वैभव या यश या अपने
शत्रुओं का प्राण नहीं माँगा, और न ही तूने दीर्घायु माँगी, परन्तु
अपने लिये ज्ञान और समझ माँगा कि जिस प्रजा पर मैंने तुझे
राजा बनाया है उस पर ठीक से राज्य करे, [12]इसलिये तुझे
ज्ञान और समझ दिया गया है। और धन और वैभव और यश
भी मैं तुझे दूँगा, जैसे तुझसे पहले किसी राजा को नहीं मिला
और न ही तेरे बाद किसी को मिलेगा।" [13]तब शेलोमोह
गिबोन के ऊँचे स्थान से, मिलापवाले तम्बू के सामने से
यरूशलेम को आया, और इस्त्राएल पर राज्य किया। [14]और
शेलोमोह ने रथों और घुड़सवारों को इकट्ठा किया; और उसके
पास एक हज़ार चार सौ रथ और बारह हज़ार घुड़सवार थे,
जिन्हें उसने रथ-नगरों में और राजा के पास यरूशलेम में
रखा। [15]और राजा ने यरूशलेम में चाँदी और सोना को
पत्थरों के समान बहुत कर दिया, और उसने देवदार के वृक्षों
को निचले देश के गूलर वृक्षों के समान बहुत कर दिया।
[16]और शेलोमोह के लिये घोड़े मित्स्त्राइम और कूएह से मँगाए
जाते थे; राजा के व्यापारी उन्हें कूएह से मोल लेकर लाते थे।
[17]और वे मित्स्त्राइम से एक रथ छः सौ चाँदी के टुकड़ों में,
और एक घोड़ा डेढ़ सौ में लाते थे। और इसी प्रकार वे उन्हें
हित्तियों के सब राजाओं और अराम के राजाओं के लिये भी
उनके हाथ से बाहर लाते थे।

2 [1]और शलोमोह ने 𐤉𐤄𐤅𐤄 के नाम के लिए एक भवन
और अपने राज्य के लिए एक घर बनाने का आदेश
दिया। [2]तब शलोमोह ने सत्तर हजार बोझ उठानेवाले, अस्सी
हजार पहाड़ों में पत्थर काटनेवाले, और तीन हजार छह सौ
उनके निरीक्षक नियुक्त किए। [3]और शलोमोह ने त्सोर के
राजा हूराम को संदेश भेजा, यह कहते हुए, "जैसे तूने मेरे
पिता दाविद के लिए किया, और उसे देवदार भेजे ताकि वह
अपने रहने के लिए घर बना सके - [4]देख, मैं 𐤉𐤄𐤅𐤄 मेरे
ईश्वर के नाम के लिए एक भवन बना रहा हूँ, उसे उसके लिए
पवित्र करने के लिए, उसके सामने सुगंधित धूप जलाने के
लिए, और निरंतर दर्शन रोटी के लिए, और होमबलि सुबह
और शाम को, शब्बाथों पर, नये चाँद पर, और 𐤉𐤄𐤅𐤄 हमारे
ईश्वर के नियत पर्वों पर चढ़ाने के लिए। यह यिस्त्राएल के
लिए सदा रहेगा। [5]"और जो भवन मैं बना रहा हूँ वह महान
है, क्योंकि हमारा ईश्वर सभी शक्तिशाली लोगों से महान है।
[6]"परंतु कौन उसके लिए एक भवन बना सकता है, क्योंकि
आकाश और आकाशों के आकाश भी उसे समाहित नहीं कर
सकते? तब मैं कौन हूँ कि उसके लिए एक भवन बनाऊँ,
केवल उसके सामने बलिदान चढ़ाने के लिए?" [7]"और अब,
मुझे तुरन्त एक ऐसा व्यक्ति भेज, जो सोने, चाँदी, कांस्य,
लोहा, बैंगनी, लाल और नीले रंग में काम करना जानता हो,
और जो नक़्क़ाशी करना जानता हो, उन कुशल जनों के साथ
जो यहूदा और येरुशालेम में मेरे साथ हैं, जिन्हें मेरे पिता
दाविद ने तैयार किया है। [8]"और मुझे देवदार, सरू और
अल्गुम की लकड़ियाँ लेबानोन से भेज, क्योंकि मैं जानता हूँ
कि तेरे सेवक लेबानोन में लकड़ी काटना जानते हैं। और
देख, मेरे सेवक तेरे सेवकों के साथ हैं। [9]यहाँ तक कि मेरे
लिए बहुत सी लकड़ी तैयार करें, क्योंकि जो भवन मैं बना रहा
हूँ वह महान और आश्चर्यजनक है। [10]"और देख, मैंने तेरे
सेवकों, लकड़ी काटनेवालों को बीस हजार कोर पीसा हुआ
गेहूँ, बीस हजार कोर जौ, बीस हजार बाट दाखमधु, और बीस
हजार बाट तेल दिया है।" [11]तब त्सोर के राजा हूराम ने
लिखकर उत्तर दिया, जिसे उसने शलोमोह को भेजा, "क्योंकि
𐤉𐤄𐤅𐤄 अपनी प्रजा से प्रेम करता है, उसने तुझे उनके
ऊपर राजा बनाया है।" [12]और हूराम ने कहा, "धन्य हो
𐤉𐤄𐤅𐤄, यिस्त्राएल का ईश्वर, जिसने आकाश और पृथ्वी
बनाई, क्योंकि उसने राजा दाविद को एक बुद्धिमान पुत्र दिया
है, जो ज्ञान और समझ से युक्त है, 𐤉𐤄𐤅𐤄 के लिए एक
भवन और अपने राज्य के लिए एक घर बनाने को!" [13]"और
अब मैं एक कुशल व्यक्ति, जिसे समझ है, हूराम-अबी को
भेजता हूँ। [14]जो दान की पुत्रियों में से एक स्त्री का पुत्र है,
और उसका पिता त्सोर का पुरुष था, जो सोने, चाँदी, कांस्य,
लोहे, पत्थर, लकड़ी, बैंगनी और नीले, महीन मलमल और

लाल रंग में काम करना जानता है, और किसी भी नक़्क़ाशी
को बनाने और जो योजना उसे दी जाए उसे पूरा करने में
निपुण है, तेरे कुशल जनों और मेरे स्वामी दाविद तेरे पिता के
कुशल जनों के साथ। [15]“और अब, गेहूँ और जौ, तेल और
दाखमधु, जिनकी बात मेरे स्वामी ने की है, उन्हें अपने सेवकों
को भेजे। [16]“और हम लेबानोन से जितनी तुझे आवश्यकता
हो उतनी लकड़ी काटेंगे, और उन्हें समुद्र द्वारा बेड़े में यापो
तक लाएँगे, और तू उसे येरुशालेम ले जाएगा।” [17]और
शलोमोह ने यिस्राएल की भूमि में जो परदेशी लोग थे, उनके
उन गणनाओं के अनुसार गिनती की जिसमें उसके पिता
दाविद ने उनकी गिनती की थी, और वे एक लाख तिरेपन
हजार छह सौ पाए गए। [18]और उसने उनमें से सत्तर हजार
को बोझ उठानेवाले, अस्सी हजार को पर्वतों में लकड़ी
काटनेवाले, और तीन हजार छह सौ को लोगों पर कार्य
करनेवाले निरीक्षक नियुक्त किया।

3 [1]और शलोमोह ने 𐤉𐤄𐤅𐤄 का भवन येरुशालेम में
मोरियाह पर्वत पर बनाना शुरू किया, जहाँ वह उसके
पिता दाविद पर प्रकट हुआ था, उस स्थान पर जिसे दाविद ने
यबूसी ओर्नान के खलिहान पर तैयार किया था। [2]और उसने
अपने राज्य के चौथे वर्ष के दूसरे महीने की दूसरी तिथि को
निर्माण आरंभ किया। [3]और ये हैं नींव की माप जो शलोमोह ने
ईश्वर के भवन के निर्माण के लिए रखी: लंबाई पुराने नाप के
अनुसार साठ अम्माह और चौड़ाई बीस अम्माह थी। [4]और
जो प्रांगण सामने था उसकी लंबाई भवन की चौड़ाई के
अनुसार बीस अम्माह थी, और उसकी ऊँचाई एक सौ बीस
अम्माह थी। और उसने भीतर को शुद्ध सोने से मढ़ दिया।
[5]और बड़े भवन को उसने सरू की लकड़ी से पैनल किया
और उसे उत्तम सोने से मढ़ा, और उस पर खजूर के पेड़
और जंजीर की नक्काशी की। [6]और उसने उस भवन को
शोभा के लिए बहुमूल्य पत्थरों से ढका, और वह सोना
पारवायिम का था। [7]और उसने भवन, कड़ियों, द्वार के
चौखटों, उसकी दीवारों और उसके दरवाज़ों को सोने से मढ़
दिया, और दीवारों पर करूब की नक्काशी की। [8]और उसने
परम-पवित्र स्थान बनाया। इसकी लंबाई भवन की चौड़ाई के
अनुसार बीस अम्माह, और चौड़ाई बीस अम्माह थी। और
उसने इसे उत्तम सोने से मढ़ा, छह सौ किक्कार। [9]और
कीलों का वज़न पचास शेकेल सोना था। और उसने ऊपर
की कोठरियों को सोने से मढ़ा। [10]परम-पवित्र स्थान में
उसने दो करूब बनाए, जिन्हें नक्काशीदार रूप में बनाया
गया, और उन्हें सोने से मढ़ा। [11]और करूबों के पंख: उनकी
लंबाई बीस अम्माह थी; एक पंख पाँच अम्माह था जो कमरे
की दीवार को छूता था, और दूसरा पंख पाँच अम्माह था जो
दूसरे करूब के पंख को छूता था। [12]और दूसरे करूब का
एक पंख पाँच अम्माह था जो कमरे की दीवार को छूता था,
और उसका दूसरा पंख भी पाँच अम्माह था जो पहले करूब
के पंख को छूता था। [13]इन करूबों के पंख बीस अम्माह तक
फैले थे, और वे अपने पैरों पर खड़े थे और भीतर की ओर
मुख किए हुए थे। [14]और उसने नीले, बैंगनी, लाल और
महीन मलमल से परदा बनाया, और उस पर करूबों की
कढ़ाई की। [15]और भवन के सामने उसने दो स्तंभ बनाए,
जिनकी ऊँचाई पैंतीस अम्माह थी, और उनके शीर्ष पर जो
मुकुट था वह पाँच अम्माह का था। [16]और उसने जंजीर
जैसे अलंकार बनाए, जैसे कि वाणी स्थान में होते हैं, और
उन्हें स्तंभों के ऊपर रखा। और उसने सौ अनार बनाए और
उन्हें जंजीर के अलंकारों पर लगाया। [17]और उसने स्तंभो
को हेयकल के सामने खड़ा किया, एक को दाहिने और दूसरे
को बाएँ, और दाहिने वाले का नाम याकीन रखा, और बाएं
वाले का नाम बोअज़।

4 [1]और उसने कांस्य की एक वेदी बनाई, जो लंबाई में बीस
अम्माह, चौड़ाई में बीस अम्माह, और ऊँचाई में दस
अम्माह थी। [2]और उसने ढला हुआ समुद्र बनाया, जो एक
किनारे से दूसरे किनारे तक दस अम्माह था, चारों ओर
गोल। और उसकी ऊँचाई पाँच अम्माह थी, और उसके चारों
ओर तीस अम्माह की रेखा थी। [3]और उसके नीचे बैल जैसी
आकृतियाँ थीं, जो उसे चारों ओर घेरे हुए थीं, एक अम्माह में
दस बैल। समुद्र के चारों ओर दो पंक्तियाँ थीं जब वह ढाली
गई थी। [4]वह बारह बैलों पर खड़ी थी, तीन उत्तर की ओर
मुँह किए, तीन पश्चिम की ओर, तीन दक्षिण की ओर, और
तीन पूर्व की ओर। और समुद्र को उनके ऊपर रखा गया,
और उनके सभी पिछले भाग भीतर की ओर थे। [5]और
उसकी मोटाई एक तोफह थी, और उसका किनारा प्याले के
किनारे के समान था, जैसे कुमुदिनी का फूल। उसमें तीन
हजार बाट पानी समा सकता था। [6]और उसने दस हौद
बनाए, पाँच दाहिनी ओर और पाँच बाईं ओर रखे, ताकि उनमें
धोया जा सके। उनमें होमबलि से संबंधित वस्तुएँ धोई जाती
थीं, पर समुद्र केवल कोहेनीम (याजकों) के स्नान के लिए
था। [7]और उसने नियम के अनुसार सोने के दस दीपस्तंभ
बनाए, और उन्हें हेयकल में रखा, पाँच दाहिनी ओर और पाँच
बाईं ओर। [8]और उसने दस मेज़ बनाए, और उन्हें हेयकल में
रखा, पाँच दाहिनी ओर और पाँच बाईं ओर। और उसने सोने
के सौ कटोरे बनाए। [9]और उसने कोहेनीम का आँगन और
बड़ा आँगन तथा आँगन के लिए द्वार बनाए। और उसने इन
द्वारों को कांस्य से मढ़ा। [10]और उसने समुद्र को दाहिनी
ओर, पूर्व की दिशा में दक्षिण की ओर सामने रखा। [11]और
हूराम ने हांडी, फावड़े और कटोरे बनाए। इस प्रकार हूराम ने
वह सारा कार्य पूरा किया जो उसे राजा शलोमोह के लिए
𐤉𐤄𐤅𐤄 के भवन के लिए करना था। [12]दो स्तंभ और दो
कटोरे के आकार के मुकुट जो स्तंभों के ऊपर थे, और दो
जाल जो उन मुकुटों को ढँकते थे जो स्तंभों के ऊपर थे।
[13]और चार सौ अनार उन दो जालों के लिए, प्रत्येक जाल के
लिए दो पंक्तियों में अनार, उन कटोरे के आकार के मुकुटों
को ढँकने के लिए जो स्तंभों पर थे। [14]और उसने ठिकाने
और उनके ऊपर हौद बनाए। [15]एक समुद्र और उसके नीचे
बारह बैल बनाए। [16]और हांडी, फावड़े और कांटे। और
उनके सभी बर्तन हूराम ने अपने कौशल से राजा शलोमोह के
लिए 𐤉𐤄𐤅𐤄 के भवन के लिए चमकदार कांस्य से बनाए।
[17]राजा ने उन्हें यर्देन की तराई में मिट्टी के साँचे में ढलवाया,
सुकोत और सेरेदाता के बीच। [18]और शलोमोह ने इन सभी
वस्तुओं की इतनी अधिक मात्रा बनाई कि कांस्य का वजन न
गिना गया। [19]और शलोमोह ने ईश्वर के भवन के लिए सभी
साज-सज्जा बनवाई — सोने की वेदी और वे मेज़ जिन पर
दर्शन रोटी रखी जाती थी। [20]और दीपस्तंभ उनके दीपों के

साथ, जो शुद्ध सोने के थे, वाणी स्थान के सामने नियम
अनुसार जलाए जाने के लिए। 21 और फूल, दीप और बत्ती
स्नान करनेवाले सोने के, सब उत्तम सोने के। 22 और बत्ती
बुझानेवाले यंत्र, कटोरे, चम्मच और अग्निधारक — सब
शुद्ध सोने के। और भवन का प्रवेश द्वार, उसके भीतर के
दरवाज़े परम-पवित्र स्थान के लिए, और हेयकल के दरवाज़े
— सब सोने के थे।

5 1 और शलोमोह ने 𐤉𐤄𐤅𐤄 के भवन के लिए जो सब
कार्य किया था वह पूरा हुआ। और शलोमोह ने अपने
पिता दाविद की पवित्र वस्तुएँ — चाँदी, सोना और सब पात्र
— भीतर लाए और उन्हें ईश्वर के भवन के कोष में रखा।
2 और शलोमोह ने यिस्राएल के प्राचीनों और सभी गोत्रों के
मुखियों, यिस्राएलियों के पितृप्रधानों को येरुशालेम में इकट्ठा
किया, कि वे 𐤉𐤄𐤅𐤄 की वाचा के संदूक को दाविद की नगरी
सिय्योन से ऊपर ले आएं। 3 और यिस्राएल के सभी पुरुष
सातवें महीने के पर्व में राजा के पास इकट्ठे हुए। 4 और
यिस्राएल के सभी प्राचीन आए, और लेवियों ने संदूक को
उठाया। 5 और वे वाचा के संदूक, मिलाप तंबू, और तंबू की
सभी पवित्र वस्तुएँ जो उसमें थीं, उन्हें ऊपर ले आए। लेवी
कोहेनीम उन्हें ऊपर ले आए। 6 और राजा शलोमोह और
यिस्राएल की सारी मंडली, जो संदूक के सामने उसके पास
इकट्ठी हुई थी, इतनी भेड़-बकरियाँ और बैल बलि कर रहे थे
कि गिना या जोड़ा नहीं जा सका। 7 और कोहेनीम 𐤉𐤄𐤅𐤄
की वाचा के संदूक को उसकी जगह पर, भवन के वाणी स्थान
में, परम-पवित्र स्थान में, करूबों के पंखों के नीचे ले आए।
8 क्योंकि करूबों ने अपने पंखों को संदूक के स्थान पर फैला
रखा था, और करूबों ने संदूक और उसके डंडों को ढक
लिया था। 9 और डंडे इतने लंबे थे कि उनकी छोरें वाणी
स्थान के सामने से दिखाई देती थीं, पर बाहर से नहीं दिखाई
देती थीं। और वे आज भी वहीं हैं। 10 संदूक में कुछ नहीं था
सिवाय उन दो पत्थर की पट्टियों के, जिन्हें मोशेह ने होरेब में
वहाँ रखा था, जब 𐤉𐤄𐤅𐤄 ने यिस्राएलियों से वाचा बाँधी थी,
जब वे मिस्र से बाहर आए थे। 11 और ऐसा हुआ कि जब
कोहेनीम परम-पवित्र स्थान से बाहर आए — क्योंकि जो
कोहेनीम उपस्थित थे उन्होंने स्वयं को पवित्र किया था, और
किसी ने अपनी पाली नहीं संभाली थी — 12 और लेवी गायक
— आसाफ, हेमान और यदूतून, उनके पुत्रों और भाइयों
सहित — वे वेदी के पूर्वी छोर पर खड़े थे, श्वेत वस्त्रों में,
झांझ, सारंगी और वीणा लिये हुए, और उनके साथ एक सौ
बीस कोहेनीम तुरही बजा रहे थे। 13 और ऐसा हुआ कि जब
तुरही बजानेवाले और गायक एक स्वर में 𐤉𐤄𐤅𐤄 की स्तुति
और धन्यवाद करने लगे, और जब वे स्वर उठाकर तुरही,
झांझ और संगीत के यंत्रों के साथ 𐤉𐤄𐤅𐤄 की स्तुति करते
हुए कहने लगे, "क्योंकि वह भला है, क्योंकि उसकी करुणा
सदा की है," तब 𐤉𐤄𐤅𐤄 के भवन में बादल भर गया।
14 और कोहेनीम उस सेवा में खड़े न रह सके, उस बादल के
कारण, क्योंकि 𐤉𐤄𐤅𐤄 की महिमा ईश्वर के भवन को भर दी
थी।

6 1 तब शलोमोह ने कहा, "𐤉𐤄𐤅𐤄 ने कहा है कि वह घने
बादल में वास करेगा।" 2 "पर मैंने तेरे लिए एक ऊँचा
भवन बनाया है, एक ऐसा स्थान जहाँ तू सदा वास करे।"
3 और राजा ने घूमकर यिस्राएल की सारी सभा को आशीर्वाद
दिया, जबकि यिस्राएल की सारी सभा खड़ी थी। 4 और
उसने कहा, "धन्य हो 𐤉𐤄𐤅𐤄, यिस्राएल का ईश्वर, जिसने
वह सब अपने हाथों से पूरा किया जो उसने मेरे पिता दाविद से
अपने मुँह से कहा था। 5 'जिस दिन से मैंने अपनी प्रजा को
मिस्र की भूमि से निकाला, उस दिन से मैंने यिस्राएल के
किसी भी गोत्र में से किसी नगर को नहीं चुना कि वहाँ मेरे नाम
के लिए एक भवन बने, और न ही मैंने किसी व्यक्ति को मेरी
प्रजा यिस्राएल पर शासन करने के लिए चुना। 6 'पर मैंने
येरुशालेम को चुना कि वहाँ मेरा नाम हो; और मैंने दाविद को
चुना कि वह मेरी प्रजा यिस्राएल पर शासन करे।' 7 "और
मेरे पिता दाविद के मन में था कि वह 𐤉𐤄𐤅𐤄, यिस्राएल के
ईश्वर के नाम के लिए एक भवन बनाए। 8 "पर 𐤉𐤄𐤅𐤄 ने
मेरे पिता दाविद से कहा, 'क्योंकि तेरे मन में मेरे नाम के लिए
भवन बनाना था, यह अच्छा है कि तेरे मन में ऐसा था। 9 'पर
तू वह भवन नहीं बनाएगा, बल्कि तेरा पुत्र जो तेरी संतानों में से
उत्पन्न होगा, वह मेरे नाम के लिए भवन बनाएगा।' 10 "अब
𐤉𐤄𐤅𐤄 ने अपना वह वचन पूरा किया जो उसने कहा था,
और मैं अपने पिता दाविद के स्थान पर खड़ा किया गया हूं
और यिस्राएल की गद्दी पर बैठा हूँ, जैसा 𐤉𐤄𐤅𐤄 ने वादा
किया था। और मैंने 𐤉𐤄𐤅𐤄, यिस्राएल के ईश्वर के नाम के
लिए भवन बनाया है। 11 "और वहाँ मैंने वह संदूक रखा है
जिसमें 𐤉𐤄𐤅𐤄 की वाचा है, जो उसने यिस्राएल की संतान
से बाँधी थी।" 12 और वह 𐤉𐤄𐤅𐤄 के वेदी के सामने,
यिस्राएल की सारी सभा के सामने खड़ा हुआ और अपने हाथ
फैलाए। 13 क्योंकि शलोमोह ने पाँच अम्माह लंबा, पाँच अम्माह
चौड़ा और तीन अम्माह ऊँचा कांस्य का एक मंच बनाया था
और उसे आंगन के बीच में रखा था। और वह उस पर खड़ा
हुआ, और यिस्राएल की सारी सभा के सामने अपने घुटनों पर
झुका, और अपने हाथ स्वर्ग (शमायिम) की ओर फैलाए।
14 और कहा, "𐤉𐤄𐤅𐤄, यिस्राएल के ईश्वर, ना तो स्वर्ग में
और ना पृथ्वी पर तेरे जैसा कोई है, जो अपने सेवकों के साथ
जो पूरे मन से तेरे सामने चलते हैं, वाचा और करुणा बनाए
रखता है। 15 जिसने अपने सेवक मेरे पिता दाविद से जो
प्रतिज्ञा की थी, उसे पूरी की है — वास्तव में, तूने अपने मुँह से
कहा और अपने हाथ से आज के दिन उसे पूरा किया।
16 "और अब, 𐤉𐤄𐤅𐤄, यिस्राएल के ईश्वर, जो तूने अपने
सेवक मेरे पिता दाविद से कहा था उसे पूरा कर, यह कहते
हुए, 'तेरे सामने यिस्राएल की गद्दी पर बैठनेवाला कोई पुरुष
कभी समाप्त न होगा — यदि तेरे पुत्र अपनी चाल पर ध्यान
दें, जैसे तूने मेरे सामने चलने में किया।' 17 "और अब, हे
𐤉𐤄𐤅𐤄, यिस्राएल के ईश्वर, वह वचन सत्य हो जाए जो तूने
अपने सेवक दाविद से कहा है। 18 "क्या यह सच है कि
ईश्वर पृथ्वी पर मनुष्यों के साथ वास करता है? देख, स्वर्ग
और स्वर्गों के भी स्वर्ग तुझे समाहित नहीं कर सकते, तो यह
भवन जो मैंने बनाया है, वह तो और भी नहीं। 19 "तथापि, हे
𐤉𐤄𐤅𐤄, मेरे ईश्वर, अपने सेवक की प्रार्थना और विनती की
ओर ध्यान दे, उस पुकार और प्रार्थना को सुन जो तेरा सेवक
तेरे सामने कर रहा है। 20 "तेरी आँखें इस भवन की ओर
दिन-रात खुली रहें, उस स्थान की ओर जहाँ तूने कहा था कि
तेरा नाम वहाँ रहेगा, ताकि तू अपने सेवक की प्रार्थना को सुन

सके जो वह इस स्थान की ओर करता है। 21 “और जब तेरे
सेवक और तेरी प्रजा यिस्राएल इस स्थान की ओर प्रार्थना
करें, तब तू स्वर्ग में अपने निवासस्थान से सुनना और क्षमा
करना। 22 “यदि कोई अपने पड़ोसी के विरुद्ध पाप करे, और
उससे शपथ दिलाई जाए, और वह आकर इस भवन में तेरे
वेदी के सामने शपथ खाए, 23 तब तू स्वर्ग में सुन, और कार्य
कर, और अपने सेवकों का न्याय कर, दुष्ट को उसके कार्यों
का फल देकर, और धर्मी को उसके धर्म के अनुसार
प्रतिफल देकर। 24 “यदि तेरी प्रजा यिस्राएल तेरे विरुद्ध पाप
करके शत्रु के सामने हार जाए, और वे फिर लौटें और तेरे
नाम को स्वीकार करें और इस भवन में प्रार्थना करें, 25 तब तू
स्वर्ग में सुन और अपनी प्रजा यिस्राएल का पाप क्षमा कर,
और उन्हें उस देश में वापस ला दे जो तूने उनके और उनके
पितरों को दिया। 26 “जब आकाश बन्द हो जाए और वर्षा न
हो क्योंकि उन्होंने तेरे विरुद्ध पाप किया, और वे इस स्थान की
ओर प्रार्थना करें और तेरे नाम को स्वीकार करें, और अपने
पाप से फिरें क्योंकि तूने उन्हें पीड़ा दी, 27 तब तू स्वर्ग में सुन,
और अपने सेवकों और अपनी प्रजा यिस्राएल का पाप क्षमा
कर — क्योंकि तू उन्हें वह उत्तम मार्ग सिखाता है जिसमें
उन्हें चलना चाहिए — और उस भूमि पर वर्षा भेज जिसे तूने
अपनी प्रजा को विरासत में दी है। 28 “यदि भूमि में अकाल
हो, महामारी हो, पीला रोग हो, कीड़े या टिड्डियाँ हों; यदि उनके
शत्रु उनके नगरों में उन्हें सताएँ; कोई भी विपत्ति या रोग हो;
29 जब कोई व्यक्ति, या तेरी समस्त प्रजा यिस्राएल, जो कोई
प्रार्थना या विनती करे — जब हर कोई अपनी पीड़ा और
दुःख को जानकर इस भवन की ओर अपने हाथ फैलाए —
30 तब तू स्वर्ग में, अपने निवासस्थान से सुन, और क्षमा कर,
और हर व्यक्ति को उसके मार्गों के अनुसार प्रतिफल दे,
जिनका हृदय तू जानता है — क्योंकि तू ही एकमात्र मनुष्यों
के हृदयों को जानता है। 31 ताकि वे तुझसे डरें और तेरे
मार्गों में चलें जब तक वे उस भूमि में जीवित रहें जो तूने हमारे
पितरों को दी है। 32 “और उस परदेशी के विषय में भी, जो
तेरी प्रजा यिस्राएल में से नहीं है, पर वह तेरे महान नाम,
बलवान हाथ और फैले हुए भुजा के कारण दूर देश से आकर
इस भवन में प्रार्थना करे, 33 तब तू स्वर्ग में, अपने
निवासस्थान से सुन, और जो कुछ वह परदेशी तुझसे माँगे
वह कर, ताकि पृथ्वी के सभी लोग तेरे नाम को जानें और
तुझसे डरें, जैसे तेरी प्रजा यिस्राएल करती है, और जानें कि
यह भवन जो मैंने बनाया है तेरे नाम से पुकारा जाता है।
34 “जब तेरी प्रजा शत्रुओं के विरुद्ध युद्ध करने जाए, उस
मार्ग पर जिसे तू उन्हें भेजे, और वे उस नगर की ओर और
उस भवन की ओर प्रार्थना करें जिसे मैंने तेरे नाम के लिए
बनाया है, 35 तब तू स्वर्ग से उनकी प्रार्थना और विनती सुन,
और उनका न्याय कर। 36 “जब वे तेरे विरुद्ध पाप करें —
क्योंकि कोई ऐसा नहीं जो पाप न करे — और तू उन पर
क्रोधित होकर उन्हें शत्रु को सौंप दे, और वे उन्हें बंदी
बनाकर दूर या निकट के देश में ले जाएं, 37 और वे उस देश
में जहाँ वे बंधुआई में ले जाए गए हैं, अपने मन में पश्चाताप
करें, और तेरी ओर फिरें, और वहाँ तेरी बंधुआई में रहते हुए
प्रार्थना करें, यह कहते हुए, ‘हमने पाप किया, हम दुष्टता में
चले, हमने अधर्म किया,’ 38 और वे अपने सम्पूर्ण हृदय और
सम्पूर्ण प्राण से तेरी ओर फिरें, उस देश में जहाँ वे बंधुआई में
ले जाए गए, और वे उस भूमि की ओर और उस नगर की
ओर और उस भवन की ओर प्रार्थना करें जो मैंने तेरे नाम के
लिए बनाया है, 39 तब तू स्वर्ग में, अपने निवासस्थान से
उनकी प्रार्थना और विनती सुन, और उनका न्याय कर, और
अपनी उस प्रजा को क्षमा कर जो तेरे विरुद्ध पाप कर चुकी
है। 40 “अब, हे मेरे ईश्वर, मैं प्रार्थना करता हूँ, तेरी आँखें
खुली रहें और तेरे कान इस स्थान की प्रार्थना पर ध्यान दें।
41 “और अब, हे 𐤉𐤄𐤅𐤄 ईश्वर, उठ, अपने विश्राम स्थान में
प्रवेश कर, तू और तेरी शक्ति का संदूक। हे 𐤉𐤄𐤅𐤄 ईश्वर,
तेरे कोहेनीम उद्धार का वस्त्र पहनें, और तेरे भक्त आनंदित
हों। 42 “हे 𐤉𐤄𐤅𐤄 ईश्वर, अपने अभिषिक्त के मुख को न
फेर, अपने सेवक दाविद की करुणा को स्मरण कर।”

7 1 और जब शलोमोह ने प्रार्थना समाप्त की, तो स्वर्ग
(शमायिम) से आग उतरी और होमबलि और मेलबलियों
को भस्म कर दिया। और 𐤉𐤄𐤅𐤄 की महिमा ने उस भवन
को भर दिया। 2 और कोहेनीम 𐤉𐤄𐤅𐤄 के भवन में प्रवेश
नहीं कर सके, क्योंकि 𐤉𐤄𐤅𐤄 की महिमा ने उस भवन को
भर दिया था। 3 और यिस्राएल की सारी संतान ने देखा कि
आग उतरी, और 𐤉𐤄𐤅𐤄 की महिमा भवन पर है, तब वे सब
फर्श पर मुँह के बल झुक गए और दंडवत कर 𐤉𐤄𐤅𐤄 का
धन्यवाद करने लगे, यह कहते हुए, “क्योंकि वह भला है,
उसकी करुणा सदा की है।” 4 और राजा और सारी प्रजा
𐤉𐤄𐤅𐤄 के सामने बलि चढ़ा रहे थे। 5 और राजा शलोमोह
ने बाईस हजार बैल और एक लाख बीस हजार भेड़ें बलि
चढ़ाईं। इस प्रकार राजा और सारी प्रजा ने ईश्वर के भवन
को समर्पित किया। 6 और कोहेनीम अपने-अपने काम पर
खड़े थे, और लेवी संगीत यंत्रों के साथ 𐤉𐤄𐤅𐤄 की स्तुति
कर रहे थे, जिन्हें राजा दाविद ने 𐤉𐤄𐤅𐤄 का धन्यवाद
करने के लिए बनवाया था, यह कहते हुए, “उसकी करुणा
सदा की है,” जब दाविद उनके द्वारा स्तुति करता था। और
कोहेनीम उनके सामने तुरही बजा रहे थे, और सारा यिस्राएल
खड़ा था। 7 और शलोमोह ने उस आँगन के बीच भाग को
पवित्र ठहराया जो 𐤉𐤄𐤅𐤄 के भवन के सामने था, क्योंकि
वहीं उसने होमबलि और मेलबलि की चर्बी चढ़ाई, क्योंकि
कांस्य की वेदी जो शलोमोह ने बनवाई थी, वह होमबलि,
अन्नबलि और चर्बी को समेटने के लिए पर्याप्त नहीं थी।
8 और उस समय शलोमोह ने सात दिन तक पर्व मनाया, और
उसके साथ सारे यिस्राएलियों की एक बहुत बड़ी सभा थी, जो
हमात के द्वार से लेकर मिस्र की घाटी (वादि) तक थी।
9 और आठवें दिन उन्होंने एक पवित्र सभा की, क्योंकि उन्होंने
वेदी के समर्पण को सात दिन और पर्व को सात दिन तक
मनाया था। 10 और सातवें महीने की तेईसवीं तारीख को
उसने लोगों को उनके तंबुओं में भेज दिया, वे आनन्दित और
हर्षित थे उस भलाई के कारण जो 𐤉𐤄𐤅𐤄 ने दाविद,
शलोमोह, और अपनी प्रजा यिस्राएल के लिए की थी। 11 इस
प्रकार शलोमोह ने 𐤉𐤄𐤅𐤄 का भवन और राजा का भवन पूरा
किया। और जो कुछ शलोमोह ने 𐤉𐤄𐤅𐤄 के भवन और
अपने भवन में करने का निश्चय किया था, उसे उसने
सफलतापूर्वक पूरा किया। 12 और रात को 𐤉𐤄𐤅𐤄 शलोमोह
पर प्रकट हुआ और उससे कहा, “मैंने तेरी प्रार्थना सुन ली है,
और इस स्थान को अपने लिए बलिदान के भवन के रूप में

चुना है। 13 “यदि मैं आकाश (शमायिम) को बंद कर दूँ और
वर्षा न हो, या यदि मैं टिड्डियों को भूमि को खा जाने की आज्ञा
दूँ, या यदि मैं अपनी प्रजा में महामारी भेजूँ, 14 और मेरी वह
प्रजा जिस पर मेरा नाम पुकारा गया है, अपने आप को नम्र
करे, और प्रार्थना करे, और मेरा मुख ढूंढे, और अपनी बुरी
चाल से फिरें, तब मैं स्वर्ग से सुनूँगा, और उनके पाप को क्षमा
करूँगा और उनकी भूमि को चंगा करूँगा। 15 “अब मेरी
आँखें खुली रहेंगी और मेरे कान इस स्थान की प्रार्थना पर
ध्यान देंगे। 16 “और अब, मैंने इस भवन को अपने नाम के
लिए सदा के लिए चुन और पवित्र कर लिया है। मेरी आँखें
और मेरा हृदय सदा वहीं रहेंगे। 17 “और तू, यदि तू मेरे
सामने चले जैसे तेरा पिता दाविद चला, और जो कुछ मैंने
तुझसे आज्ञा दी है उस पर चले, और मेरी विधियों और
निर्णयों को माने, 18 तब मैं तेरे राज्य के सिंहासन को स्थिर
करूँगा, जैसा कि मैंने तेरे पिता दाविद से वाचा बाँधी थी, यह
कहते हुए, ‘तेरा कोई वंश यिस्राएल में शासक के रूप में
समाप्त नहीं होगा।’ 19 “पर यदि तू फिर जाए और मेरी
विधियों और आज्ञाओं को जो मैंने तुझको दी हैं त्याग दे, और
जाकर अन्य देवताओं की सेवा और उपासना करे, 20 तब मैं
उन्हें अपनी भूमि से उखाड़ फेंकूँगा, जिसे मैंने उन्हें दी है,
और इस भवन को, जिसे मैंने अपने नाम के लिए पवित्र किया
है, अपनी दृष्टि से हटा दूँगा, और वह सभी लोगों के बीच
उपहास और निंदा का विषय बन जाएगा। 21 “और यह भवन
जो महान बना है, उसके पास से जानेवाला हर कोई चकित
होगा और कहेगा, ‘𐤉𐤄𐤅𐤄 ने इस भूमि और इस भवन के
साथ ऐसा क्यों किया?’ 22 “तब वे कहेंगे, ‘क्योंकि उन्होंने
𐤉𐤄𐤅𐤄, अपने पितरों के ईश्वर को, जिसने उन्हें मिस्र की
भूमि से निकाला, त्याग दिया, और अन्य देवताओं को
अपनाया, और उनकी उपासना और सेवा की। इसलिए उसने
उन पर यह सारी विपत्ति लाई।’”

8 1 और बीस वर्षों के अंत में ऐसा हुआ कि शलोमोह ने
𐤉𐤄𐤅𐤄 का भवन और अपना भवन बनाकर पूरा किया।
2 और जो नगर हूराम ने शलोमोह को दिए थे, शलोमोह ने
उन्हें बनवाया और वहाँ यिस्राएल की सन्तानों को बसाया।
3 और शलोमोह हमात-त्सोबा गया और उसे अपने अधीन कर
लिया। 4 और उसने जंगल में तदमोर और हमात में सब
भंडार नगर बनाए। 5 और उसने ऊपरी बेइत-होरोन और
निचली बेइत-होरोन को भी बनाया — ये सब किलेबंद नगर
थे, जिनमें दीवारें, फाटक और सलाखें थीं। 6 और उसने
बालत और अपने सभी भंडार नगर, रथों के नगर, घुडसवारों
के नगर, और जो कुछ शलोमोह ने येरुशालेम, लेबानोन और
अपने राज्य के सारे प्रदेश में बनाना चाहा — सब कुछ
बनवाया। 7 जो लोग यिस्राएल में से नहीं थे — हित्ती, एमोरी,
प्रिज्जी, हिव्वी और यबूसी — वे सब लोग जो देश में शेष रह
गए थे — 8 उनकी संतति जो उनके बाद देश में रह गई थी,
जिन्हें यिस्राएलियों ने नाश नहीं किया — उन लोगों को
शलोमोह ने जबरन श्रम करने के लिए नियुक्त किया, और
यह आज तक ऐसा ही है। 9 पर शलोमोह ने यिस्राएल की
सन्तानों को अपने कामों के लिए दास नहीं बनाया; बल्कि वे
युद्ध के पुरुष, उसके अधिकारियों के प्रधान, रथों और
घुडसवारों के अधिकारी थे। 10 और ये शलोमोह राजा के
अधिकारियों के प्रधान थे — दो सौ पचास जो लोगों पर
अधिकार रखते थे। 11 और शेलोमो ने फ़िरऔन की बेटी को
दाविद के नगर से उस घर में ऊपर ले आया जो उसने उसके
लिये बनाया था, क्योंकि उसने कहा, “मेरी पत्नी इस्राएल के
राजा दाविद के घर में नहीं रहेगी, क्योंकि जहाँ 𐤉𐤄𐤅𐤄 का
सन्दूक आ चुका है, वह स्थान पवित्र है।” 12 तब शलोमोह ने
𐤉𐤄𐤅𐤄 के लिए उस वेदी पर होमबलि चढ़ाई जो उसने प्रांगण
के सामने बनवाई थी। 13 हर दिन की आवश्यकता के
अनुसार, जैसा कि मोशेह की आज्ञा थी, शब्बाथों, नए चाँदो
और साल में तीन बार नियत पर्वों — मत्सोत का पर्व,
शावुऊत का पर्व, और सुक्कोत का पर्व — पर वह बलि
चढ़ाता था। 14 और अपने पिता दाविद की व्यवस्था के
अनुसार, उसने कोहेनीम को उनकी सेवा में, और लेवीम को
उनके काम में नियुक्त किया, ताकि वे कोहेनीमों के सामने
स्तुति करें और सेवा करें, जैसा कि हर दिन का नियम था,
और फाटकों पर द्वारपाल उनकी पाली के अनुसार नियुक्त थे
— यह दाविद, परमेश्वर के जन की आज्ञा थी। 15 और
कोहेनीमों और लेवीमों के संबंध में राजा की आज्ञा से उन्होंने
किसी बात में या भंडारों के विषय में कोई चूक नहीं की।
16 और शलोमोह का सारा कार्य 𐤉𐤄𐤅𐤄 के भवन की नींव
रखने के दिन से लेकर उसके पूरा होने तक सिद्ध रूप में
तैयार था। और 𐤉𐤄𐤅𐤄 का भवन पूर्ण हुआ। 17 तब
शलोमोह एत्स्योन्-गेबर और एलोत गया, जो एदोम देश के
समुद्र तट पर हैं। 18 और हूराम ने अपने सेवकों के हाथ से
शिप भेजे, और समुद्र को जाननेवाले सेवकों को, और वे
शलोमोह के सेवकों के साथ ओफीर गए और वहाँ से चार सौ
पचास किक्कार सोना लेकर राजा शलोमोह के पास लाए।

9 1 और शबा की रानी ने शलोमोह की ख्याति सुनी और वह
उसे कठिन प्रश्नों से परखने के लिए येरुशालेम आई,
एक बहुत बड़ी टोली के साथ, ऊँटों पर सुगंधित पदार्थ, बहुत
सा सोना और बहुमूल्य पत्थरों के साथ। और वह शलोमोह के
पास आई और उसने उससे अपने मन की सारी बात की।
2 और शलोमोह ने उसके सभी प्रश्नों का उत्तर दिया। ऐसा
कोई विषय न था जो शलोमोह से छिपा हो और जो उसने उसे
न बताया हो। 3 और शबा की रानी ने शलोमोह की बुद्धि को
और उस भवन को देखा जो उसने बनाया था, 4 और उसकी
मेज़ पर परोसा गया भोजन, उसके सेवकों का बैठना, उसके
सेवकों की सेवा और उनके वस्त्र, उसके पान करनेवालों और
उनके वस्त्र, और वह होमबलियाँ जो वह 𐤉𐤄𐤅𐤄 के भवन में
चढ़ाता था — यह सब देखकर वह विस्मित रह गई। 5 तब
उसने राजा से कहा, “वह बात सच है जो मैंने अपने देश में
तेरे विषय में, तेरी बातों और तेरी बुद्धि के विषय में सुनी।
6 “परंतु जब तक मैं स्वयं आकर अपनी आँखों से न देख
लेती, मैंने उन बातों पर विश्वास न किया। और देख, तेरी
बुद्धि की महिमा का तो आधा भाग भी मुझे नहीं बताया गया! तू
उस प्रसिद्धि से कहीं बढ़कर है जो मैंने सुनी थी। 7 “धन्य है
तेरे लोग और धन्य हैं ये तेरे सेवक जो सदा तेरे सामने खड़े
रहते हैं और तेरी बुद्धि सुनते हैं। 8 “धन्य हो 𐤉𐤄𐤅𐤄 तेरा
ईश्वर, जिसे तुझमें प्रसन्नता है कि उसने तुझे 𐤉𐤄𐤅𐤄 तेरे
ईश्वर के सिंहासन पर बैठाकर राजा बनाया! क्योंकि तेरे
ईश्वर ने यिस्राएल से प्रेम किया है कि वह उन्हें सदा के लिए
स्थिर करे, इसलिए उसने तुझे उनके ऊपर राजा बनाया है,

ताकि तू न्याय और धर्म करे।” 9 और उसने राजा को एक
सौ बीस किक्कार सोना, बहुत सा सुगंधित पदार्थ, और
बहुमूल्य पत्थर दिए। जितनी मात्रा में शबा की रानी ने राजा
शलोमोह को सुगंधित वस्तुएँ दीं, वैसी कभी और नहीं आईं।
10 और हूराम के सेवक और शलोमोह के सेवक, जो ओफीर
से सोना लाए थे, वे अल्गुम की लकड़ी और बहुमूल्य पत्थर
भी लाए। 11 और राजा ने उस अल्गुम की लकड़ी से
𐤉𐤄𐤅𐤄 के भवन और अपने महल के लिए सीढ़ियाँ बनाईं,
और गवैयों के लिए सारंगी और वीणाएँ भी बनाईं। यह सब
यहूदा के देश में पहले कभी नहीं देखा गया था। 12 और राजा
शलोमोह ने शबा की रानी को उसकी इच्छा के अनुसार, जो
कुछ उसने माँगा, वह सब कुछ दिया — इसके अतिरिक्त जो
वह राजा के पास लाई थी। और वह अपने सेवकों सहित
अपने देश को लौट गई। 13 और प्रति वर्ष शलोमोह को
आनेवाले सोने का भार छह सौ छियासठ किक्कार था।
14 इसके अतिरिक्त जो व्यापारी और सौदागर लाते थे। और
अरबी के सब राजा और देश के राज्यपाल शलोमोह को
सोना-चाँदी लाते थे। 15 और राजा शलोमोह ने हथौड़े से ढाले
हुए सोने की दो सौ बड़ी ढालें बनवाईं — प्रत्येक ढाल में छह
सौ सोने के सिक्के लगे। 16 और तीन सौ ढालें, प्रत्येक में
तीन सौ सिक्के सोने के लगे थे। और राजा ने उन्हें लेबानोन
के वन भवन में रखवाया। 17 और राजा ने हाथी दाँत का एक
बड़ा सिंहासन बनवाया और उसे शुद्ध सोने से मढ़वाया।
18 और सिंहासन के लिए छह सीढ़ियाँ थीं, और सोने का एक
पायदान था जो सिंहासन से जुड़ा था। और उस आसन के
दोनों ओर बाँहें थीं, और उन बाँहों के पास दो सिंह खड़े थे।
19 और उन छह सीढ़ियों के दोनों ओर बारह सिंह खड़े थे, हर
ओर एक-एक। ऐसा कुछ किसी राज्य में कभी नहीं बनाया
गया था। 20 और राजा शलोमोह के सब पीने के बर्तन सोने
के थे, और लेबानोन के वन भवन के सब बर्तन शुद्ध सोने के
थे — शलोमोह के दिनों में चाँदी का कुछ मूल्य नहीं था।
21 क्योंकि राजा के जहाज़ हूराम के सेवकों के साथ तरशीश
जाते थे। हर तीन वर्ष में तरशीश के जहाज़ सोना, चाँदी,
हाथी दाँत, बंदर और लंगूर लाते थे। 22 और राजा शलोमोह
सम्पत्ति और बुद्धि में पृथ्वी के सभी राजाओं से महान हो गया।
23 और पृथ्वी के सब राजा शलोमोह के पास उसकी बुद्धि
सुनने आते थे, जो ईश्वर ने उसके हृदय में रखी थी।
24 और हर व्यक्ति उपहार लाता था — चाँदी और सोने के
पात्र, वस्त्र, हथियार, सुगंध, घोड़े और खच्चर — वर्ष दर
वर्ष। 25 और शलोमोह के पास रथों और घोड़ों के लिए चार
हजार खुरली और बारह हजार घुडसवार थे, जिन्हें उसने
रथों के नगरों में और राजा के पास येरुशालेम में रखा।
26 और उसने नदी से लेकर पलिश्तियों के देश और मिस्र की
सीमा तक के सब राजाओं पर प्रभुता की। 27 और राजा ने
येरुशालेम में चाँदी को पत्थरों के समान, और देवदार के पेड़ों
को नीची भूमि में अंजीरों के समान बहुत कर दिया। 28 और
लोग मिस्र और अन्य सभी देशों से शलोमोह के लिए घोड़े
लाते थे। 29 और शलोमोह के शेष काम, प्रारंभ से अंत तक,
क्या वे नातान नबी की पुस्तक में, शीलोनी अहीयाह की
भविष्यवाणी में, और भविष्यद्रष्टा इद्दो की दर्शनाओं में
यारोबअम पुत्र नेबत के विषय में लिखे नहीं गए हैं? 30 और
शलोमोह ने येरुशालेम में समस्त यिस्राएल पर चालीस वर्ष
राज्य किया। 31 और शलोमोह अपने पितरों के साथ सो गया
और अपने पिता दाविद की नगरी में उसे दफ़नाया गया। और
उसका पुत्र रहबअम उसके स्थान पर राजा बना।

10 1 और रहबअम शेख़ेम गया, क्योंकि सब यिस्राएल
शेख़ेम गया था कि उसे राजा बनाए। 2 और जब
यारोबअम पुत्र नेबत ने यह सुना — वह मिस्र में था, जहाँ वह
राजा शलोमोह के सामने से भाग गया था — तब यारोबअम
मिस्र से लौट आया। 3 और उन्होंने उसे बुलवाया, और
यारोबअम और समस्त यिस्राएल रहबअम के पास आए और
उससे कहा, 4 “तेरे पिता ने हमारा जूआ भारी कर दिया, अब
तू अपने पिता की कठोर सेवा और भारी जूए को जो उसने हम
पर रखा था, हल्का कर, तब हम तेरी सेवा करेंगे।” 5 और
उसने उनसे कहा, “तीन दिन के बाद मेरे पास लौट आना।”
और लोग चले गए। 6 तब राजा रहबअम ने उन पुरनियों से
सम्मति ली जो उसके पिता शलोमोह के जीवनकाल में उसके
सम्मुख खड़े रहते थे, और पूछा, “तुम मुझे क्या सम्मति देते
हो कि मैं इन लोगों को क्या उत्तर दूँ?” 7 उन्होंने उससे कहा,
“यदि तू इन लोगों के प्रति भला रहेगा, और उन्हें प्रसन्न
करेगा, और उनसे मधुर वचन बोलेगा, तो वे सदा तेरे दास
रहेंगे।” 8 परंतु उसने उन पुरनियों की सम्मति को तुच्छ
जाना, और उनसे परामर्श किया जो जवान लोग उसके साथ
बड़े हुए थे, जो उसके सामने खड़े रहते थे। 9 और उसने
उनसे कहा, “तुम क्या सम्मति देते हो? हम इन लोगों को क्या
उत्तर दें जिन्होंने मुझसे कहा, ‘तेरे पिता ने जो जूआ हम पर
रखा है, उसे हल्का कर’?” 10 तब उन जवानों ने जो उसके
साथ बड़े हुए थे, उससे कहा, “उन लोगों से कह, जिन्होंने
तुझसे यह कहा, ‘तेरा पिता हमारे ऊपर भारी जूआ रख गया,
तू इसे हल्का कर,’ उनसे कह, ‘मेरी छोटी उंगली मेरे पिता
की कमर से भी मोटी है! 11 ‘अब, मेरे पिता ने तुम पर भारी
जूआ रखा, पर मैं उस पर और जोड़ूंगा, मेरे पिता ने तुम्हें
कोड़ों से ताड़ना दी, पर मैं बिच्छुओं से ताड़ना दूँगा!’” 12 तब
यारोबअम और सारे लोग तीसरे दिन रहबअम के पास आए,
जैसा राजा ने कहा था, “तीसरे दिन मेरे पास लौट आना।”
13 और राजा ने उन्हें कठोर उत्तर दिया, और रहबअम ने
पुरनियों की सम्मति को त्याग दिया। 14 और उसने उनसे उन
जवानों की सम्मति के अनुसार कहा, “मेरे पिता ने तुम्हारा
जूआ भारी किया, पर मैं उस पर और जोड़ूंगा; मेरे पिता ने
तुम्हें कोड़ों से ताड़ना दी, पर मैं बिच्छुओं से ताड़ना दूँगा।”
15 इसलिए राजा ने लोगों की नहीं सुनी, क्योंकि यह बात ईश्वर
की ओर से थी, कि 𐤉𐤄𐤅𐤄 अपना वह वचन पूरा करे जो
उसने शीलोनी अहीयाह के द्वारा यारोबअम पुत्र नेबत से कहा
था। 16 जब सब यिस्राएल ने देखा कि राजा ने उनकी नहीं
सुनी, तब उन्होंने राजा को उत्तर दिया, “दाविद में हमारा क्या
भाग? और यिशै के पुत्र में हमें कोई भाग नहीं। हे यिस्राएल,
अपने अपने देवताओं के पास लौट चलो! अब तू अपना घर
देख, हे दाविद!” तब सब यिस्राएली अपने तंबुओं को लौट
गए। 17 पर जो यिस्राएली यहूदा के नगरों में रहते थे, उन पर
रहबअम राज्य करता रहा। 18 तब राजा रहबअम ने हदोराम
को भेजा, जो कर वसूलने पर नियुक्त था, पर यिस्राएलियों ने
उसे पत्थरों से मार डाला, और वह मर गया। तब राजा
रहबअम अपने रथ पर चढ़कर शीघ्र येरुशालेम को भाग

गया। [19]इस प्रकार यिस्त्राएल ने दाविद के घराने के विरुद्ध
आज तक विद्रोह किया।

11 [1]और जब रहबआम यरूशलेम आया, तो उसने यहूदा
और बिन्यामीन के घर से एक लाख अस्सी हज़ार
योद्धाओं को इकट्ठा किया ताकि इस्त्राएल से युद्ध करे, और
राज्य को रहबआम के पास वापस लाए। [2]परन्तु 𐤉𐤄𐤅𐤄 का
वचन शेमायाहु, ईश्वर के जन, के पास आया, यह कहते हुए,
[3]"रहबआम, शेलोमो का पुत्र, यहूदा का राजा, और यहूदा
और बिन्यामीन में इस्त्राएल के सब लोगों से कहो, [4]'𐤉𐤄𐤅𐤄
यों कहता है, "ऊपर मत जाओ और अपने भाइयों से मत
लड़ो! हर एक अपने घर लौट जाए, क्योंकि यह बात मेरी ओर
से है।" ' " सो उन्होंने 𐤉𐤄𐤅𐤄 के वचनों को माना और
यारोबआम के विरुद्ध जाने से लौट आए। [5]और रहबआम
यरूशलेम में रहने लगा, और यहूदा में रक्षा के लिये नगरों का
निर्माण किया। [6]और उसने बेथ लेहम, एयताम, और टेकुआ
का निर्माण किया, [7]और बेथ सूर, सोखो, और अदुल्लाम,
[8]और गत, मरेशा, और ज़ीफ, [9]और अदोरयिम, लाखीश,
और अज़ेका, [10]और त्सोराह, अयालोन, और हेब्रोन, जो
यहूदा और बिन्यामीन में हैं, रक्षा के नगर। [11]और उसने गढ़ों
को दृढ़ किया, और उनमें प्रधानों को रखा, और अन्न, तेल
और दाखमधु का भण्डार रखा, [12]और हर नगर में ढालें
और भाले रखे, और उन्हें बहुत दृढ़ किया। इस प्रकार यहूदा
और बिन्यामीन उसके अधीन रहे। [13]और उनके सब क्षेत्रों
से याजक और लेवी, जो सारे इस्त्राएल में थे, उसके साथ
खड़े हो गए। [14]क्योंकि लेवी अपने चरागाहों और अपने
अधिकारों को छोड़कर यहूदा और यरूशलेम आ गए, क्योंकि
यारोबआम और उसके पुत्रों ने उन्हें 𐤉𐤄𐤅𐤄 की सेवा
करनेवाले याजक होने से अलग कर दिया था, [15]और उसने
अपने लिये ऊँचे स्थानों, और दुष्टात्माओं, और उन बछड़े
की मूर्तियों के लिये याजक ठहराए जिन्हें उसने बनाया था।
[16]और लेवियों के चले जाने के बाद, इस्त्राएल की सब गोत्रों
में से जो अपने मन को इस्त्राएल के ईश्वर 𐤉𐤄𐤅𐤄 को ढूंढने
के लिये लगाते थे, वे यरूशलेम आए कि अपने पितरों के
ईश्वर 𐤉𐤄𐤅𐤄 को बलिदान चढ़ाएं। [17]और उन्होंने यहूदा के
राज्य को दृढ़ किया, और रहबआम शेलोमो के पुत्र को तीन
वर्ष तक बल दिया, क्योंकि उन्होंने दाविद और शेलोमो के मार्ग
में तीन वर्ष तक चला। [18]और रहबआम ने दाविद के पुत्र
यरीमोथ की बेटी और यिशै के पुत्र एलियाब की बेटी अबीहईल
की बेटी महलथ को पत्नी के रूप में लिया। [19]और उसने
उसके लिये ये पुत्र उत्पन्न किए: येऊश, शेमर्याह, और
ज़हाम। [20]और उसके बाद उसने अबशालोम की नातिन
माअखा को लिया। और उसने उसके लिये अबियाह, अत्तै,
ज़ीज़ा, और शेलोमीत को जन्म दिया। [21]और रहबआम ने
अबशालोम की नातिन माअखा को अपनी सब पत्नियों और
उपपत्नियों से अधिक प्रेम किया। क्योंकि उसने अठारह
पत्नियाँ और साठ उपपत्नियाँ ली थीं, और अट्ठाईस पुत्र और
साठ पुत्रियाँ उत्पन्न कीं। [22]और रहबआम ने माअखा के पुत्र
अबियाह को प्रधान ठहराया, कि वह अपने भाइयों में नेता हो,
ताकि उसे राजा बनाए। [23]और उसने बुद्धि से काम लिया,
और अपने कुछ पुत्रों को यहूदा और बिन्यामीन के सब देशों
में, सब गढ़वाले नगरों में फैला दिया, और उन्हें बहुत भोजन
दिया। और उसने बहुत-सी पत्नियाँ ढूंढीं।

12 [1]और ऐसा हुआ कि जब रहबआम ने राज्य की
स्थापना कर ली और अपने आप को दृढ़ कर लिया,
तब उसने 𐤉𐤄𐤅𐤄 की तोराह को त्याग दिया, और सारे
इस्त्राएल ने उसके साथ ऐसा किया। [2]और ऐसा हुआ कि
रहबआम राजा के पाँचवें वर्ष में, मिस्त्र के राजा शिशाक
यरूशलेम के विरुद्ध चढ़ आया – क्योंकि उन्होंने 𐤉𐤄𐤅𐤄 के
विरुद्ध अपराध किया था – [3]बारह सौ रथों और साठ हज़ार
घुड़सवारों के साथ, और असीमित लोगों के साथ जो उसके
संग मिस्त्र से आए: लुब्बी, सुक्की और कूशी। [4]और उसने
यहूदा के गढ़वाले नगरों को ले लिया और यरूशलेम तक
आया। [5]और नबी शेमायाहु रहबआम और यहूदा के प्रधानों
के पास आया, जो शिशाक के कारण यरूशलेम में इकट्ठे हुए
थे, और उनसे कहा, "𐤉𐤄𐤅𐤄 यों कहता है, 'तुमने मुझे
छोड़ दिया है, इसलिये मैंने भी तुम्हें शिशाक के हाथ में छोड़
दिया है।' " [6]तब इस्त्राएल के प्रधानों और राजा ने अपने
आप को दीन किया, और कहा, "𐤉𐤄𐤅𐤄 धर्मी है।" [7]और
जब 𐤉𐤄𐤅𐤄 ने देखा कि उन्होंने अपने आप को दीन किया,
तब 𐤉𐤄𐤅𐤄 का वचन शेमायाहु के पास आया, यह कहते हुए,
"उन्होंने अपने आप को दीन किया है। मैं उन्हें नष्ट नहीं
करता, परन्तु उन्हें थोड़ी मुक्ति दूँगा, और शिशाक के हाथ से
यरूशलेम पर अपना प्रकोप नहीं उण्डेलूँगा, [8]परन्तु वे उसके
दास होंगे, ताकि वे मेरी सेवा और अन्य देशों के राज्यों की
सेवा का भेद जानें।" [9]और मिस्त्र का राजा शिशाक
यरूशलेम के विरुद्ध चढ़ आया, और 𐤉𐤄𐤅𐤄 के भवन के
खजाने और राजा के घर के खजाने ले गया। उसने सब ले
लिया, उसने वे सोने की ढालें भी ले लीं जिन्हें शेलोमो ने बनाया
था। [10]और राजा रहबआम ने उनकी जगह पीतल की ढालें
बनवाईं, और उन्हें पहरेदारों के प्रधानों के हाथ में सौंप दिया,
जो राजा के घर के द्वार पर पहरा देते थे। [11]और जब-जब
राजा 𐤉𐤄𐤅𐤄 के भवन में जाता, पहरेदार आकर उन्हें बाहर
लाते, फिर उन्हें वापस पहरेदार कक्ष में ले जाते। [12]और जब
उसने अपने आप को दीन किया, तब 𐤉𐤄𐤅𐤄 का प्रकोप उस
पर से फिर गया, ताकि उसे पूरी रीति से नष्ट न करे। और
यहूदा में भी बातों का ठीक होना हुआ। [13]सो राजा रहबआम
ने यरूशलेम में अपने आप को दृढ़ किया और राज्य किया।
क्योंकि रहबआम जब राजा हुआ तब वह इकतालीस वर्ष का
था, और उसने यरूशलेम में सत्रह वर्ष राज्य किया, वह नगर
जिसे 𐤉𐤄𐤅𐤄 ने इस्त्राएल की सब गोत्रों में से चुन लिया था
ताकि वहाँ अपना नाम रखे। और उसकी माता का नाम
नआमा था, वह अम्मोनी स्त्री थी। [14]और उसने बुराई की,
क्योंकि उसने अपना मन 𐤉𐤄𐤅𐤄 को खोजने के लिये स्थिर
नहीं किया। [15]और रहबआम के कार्य, पहले और बाद के,
क्या वे नबी शेमायाहु की पुस्तक और इद्दो दृष्टा की पुस्तक में
वंशावलियों के विषय में लिखे नहीं हैं? और रहबआम और
यारोबआम के बीच सारे दिनों में युद्ध रहा। [16]सो रहबआम
अपने पितरों के साथ सो गया, और दाविद के नगर में
दफनाया गया। और उसका पुत्र अबियाह उसके स्थान पर
राजा हुआ।

13 1राजा यारोबआम के अठारहवें वर्ष में अबियाह ने
यहूदा पर राज्य करना आरम्भ किया। 2उसने
यरूशलेम में तीन वर्ष राज्य किया। और उसकी माता का
नाम मीकायाह था, जो गिबा के ऊरीएल की बेटी थी। और
अबियाह और यारोबआम के बीच युद्ध हुआ। 3और अबियाह
ने युद्ध किया एक सेना के साथ, जिसमें चार लाख चुने हुए
वीर योद्धा थे। और यारोबआम ने उसके विरुद्ध आठ लाख
चुने हुए वीर, पराक्रमी पुरुषों के साथ युद्ध की पंक्ति बाँधी।
4और अबियाह एप्रैम के पर्वतों में से त्समारायिम पर्वत पर
खड़ा होकर कहने लगा, "मेरी सुनो, हे यारोबआम और हे सब
इस्राएल! 5"क्या तुम नहीं जानते कि इस्राएल के ईश्वर
𐤉𐤄𐤅𐤄 ने दाविद और उसके पुत्रों को सदा के लिये नमक
की वाचा से इस्राएल का राज्य दिया है? 6"तो भी नेबात का
पुत्र यारोबआम, दाविद के पुत्र शेलोमो का दास, उठा और
अपने स्वामी के विरुद्ध विद्रोह किया। 7"और निकम्मे लोग,
बेलियाल के पुत्र, उसके पास इकट्ठे हो गए, और शेलोमो के
पुत्र रहबआम के विरुद्ध बलवन्त हुए, जब रहबआम जवान
और कोमल मन का था और उनके सामने खड़ा न हो सका।
8"और अब तुम सोचते हो कि दाविद के पुत्रों के हाथ में जो
𐤉𐤄𐤅𐤄 का राज्य है उसके विरुद्ध खड़े हो सकते हो। और
तुम बड़ी भीड़ हो, और तुम्हारे संग वे सोने के बछड़े भी हैं
जिन्हें यारोबआम ने तुम्हारे लिये देवता बनाया। 9"क्या तुमने
𐤉𐤄𐤅𐤄 के याजकों, हारून के पुत्रों और लेवियों को निकाल
नहीं दिया, और अपने लिये देशजातियों की रीति के अनुसार
याजक नहीं बना लिये, कि जो कोई एक बछड़ा और सात मेंढ़े
लेकर अपने को ठहराता है वही उन झूठे देवताओं का याजक
बन जाता है? 10"परन्तु हमारे लिये 𐤉𐤄𐤅𐤄 हमारा ईश्वर है,
और हमने उसे नहीं छोड़ा है, और याजक 𐤉𐤄𐤅𐤄 की सेवा
कर रहे हैं, हारून के पुत्र और लेवी अपने काम में लगे हैं,
11और वे हर सुबह और हर संध्या 𐤉𐤄𐤅𐤄 के लिये होमबलि
और सुगन्धित धूप जलाते हैं, और पवित्र मेज पर प्रस्तुति की
रोटी रखी जाती है, और सोने का दीपस्थान अपने दीपकों के
साथ हर संध्या जलाने के लिये है, क्योंकि हम अपने ईश्वर
𐤉𐤄𐤅𐤄 की आज्ञा को मान रहे हैं। परन्तु तुमने उसे छोड़
दिया है। 12"और देखो, हमारे साथ प्रधान के रूप में स्वयं
ईश्वर है, और उसके याजक हैं, जिनके पास नरसिंगे हैं कि वे
तुम्हारे विरुद्ध गूँजाएँ। हे इस्राएल की सन्तानों, अपने पितरों
के ईश्वर 𐤉𐤄𐤅𐤄 के विरुद्ध मत लड़ो, क्योंकि तुम सफल न
होगे!" 13परन्तु यारोबआम ने घातक दल को पीछे से भेजा,
सो वे यहूदा के आगे भी थे और पीछे भी। 14और जब यहूदा
ने घूमकर देखा, तो क्या देखता है कि उनके सामने और
उनके पीछे युद्ध है। तब उन्होंने 𐤉𐤄𐤅𐤄 को पुकारा, और
याजकों ने नरसिंगे फूँके। 15और यहूदा के लोगों ने जयकारा
किया। और ऐसा हुआ कि जब यहूदा के लोगों ने जयकारा
किया, तब ईश्वर ने यारोबआम और सारे इस्राएल को
अबियाह और यहूदा के सामने पराजित किया। 16और
इस्राएल की सन्तानें यहूदा के सामने भागीं, और ईश्वर ने
उन्हें उनके हाथ में दे दिया। 17और अबियाह और उसके
लोगों ने उन पर बड़ी मार की, और इस्राएल के पाँच लाख
चुने हुए पुरुष मारे गए। 18और उस समय इस्राएल की
सन्तानें दीन हुईं, और यहूदा की सन्तानें प्रबल हुईं, क्योंकि
उन्होंने अपने पितरों के ईश्वर 𐤉𐤄𐤅𐤄 पर भरोसा किया।
19और अबियाह ने यारोबआम का पीछा किया और उसके
नगर ले लिये: उसके गाँवों समेत बेथ एल, और उसके गाँवों
समेत येशाना, और उसके गाँवों समेत एप्रोन। 20और
यारोबआम अबियाह के दिनों में फिर शक्ति प्राप्त न कर
सका। और 𐤉𐤄𐤅𐤄 ने उसे मारा, और वह मर गया।
21परन्तु अबियाह बलवन्त हुआ, और उसने चौदह पत्नियां
लीं, और बाईस पुत्र और सोलह पुत्रियाँ उत्पन्न कीं। 22और
अबियाह के अन्य काम, और उसके मार्ग और उसके वचन,
क्या वे नबी इद्दो की टीका में लिखे नहीं हैं?

14 1सो अबियाह अपने पितरों के साथ सो गया, और
उसे दाविद के नगर में दफनाया गया। और उसका
पुत्र आसा उसके स्थान पर राजा हुआ। उसके दिनों में देश
दस वर्ष तक शान्त रहा। 2और आसा ने वही किया जो अच्छा
और सीधा था 𐤉𐤄𐤅𐤄 अपने ईश्वर की दृष्टि में, 3और
उसने परदेशियों की वेदियाँ और ऊँचे स्थान दूर किए, और
खम्भों को तोड़ डाला और अशेरियों को काट डाला, 4और
यहूदा को आज्ञा दी कि वे अपने पितरों के ईश्वर 𐤉𐤄𐤅𐤄 को
खोजें, और तोराह और आज्ञा को मानें। 5और उसने यहूदा
के सब नगरों से ऊँचे स्थान और सूर्य के खम्भे दूर किए,
और राज्य उसके अधीन शान्त रहा। 6और उसने यहूदा में
गढ़वाले नगर बनाए, क्योंकि देश को शान्ति मिली हुई थी और
उन वर्षों में कोई युद्ध नहीं था, क्योंकि 𐤉𐤄𐤅𐤄 ने उसे शान्ति
दी थी। 7और उसने यहूदा से कहा, "आओ हम इन नगरों
को बनाएँ और उनके चारों ओर दीवारें और मीनारें और
फाटक और अड़सनियाँ बनाएँ, जब तक देश हमारे सामने है,
क्योंकि हमने अपने ईश्वर 𐤉𐤄𐤅𐤄 को खोजा है। हमने उसे
खोजा है, और उसने हमें चारों ओर शान्ति दी है।" सो
उन्होंने बनाया और उन्नति पाई। 8और आसा के पास यहूदा
से तीन लाख ढाल और भाले लिये हुए पुरुषों की सेना थी,
और बिन्यामीन से दो लाख अस्सी हज़ार पुरुष थे जो ढाल
लिये और धनुष खींचते थे। ये सब पराक्रमी पुरुष थे।
9और कूशी ज़ेरह एक लाख की सेना और तीन सौ रथों के
साथ उनके विरुद्ध निकला, और वह मरेशा तक आया।
10और आसा उसके विरुद्ध निकला, और वे मरेशा के
त्सेफाथा नामक तराई में युद्ध की पंक्ति बाँधकर तैयार हुए।
11और आसा ने 𐤉𐤄𐤅𐤄 अपने ईश्वर को पुकारा, और कहा,
"हे 𐤉𐤄𐤅𐤄, तेरे सिवाय कोई नहीं है जो शक्तिशाली और
निर्बल के बीच सहायता कर सके। हे 𐤉𐤄𐤅𐤄 हमारे ईश्वर,
हमारी सहायता कर, क्योंकि हम तुझ पर भरोसा रखते हैं,
और तेरे नाम में हम इस बड़ी भीड़ के विरुद्ध आए हैं। हे
𐤉𐤄𐤅𐤄, तू हमारा ईश्वर है, मनुष्य को तेरे विरुद्ध प्रबल न
होने दे!" 12सो 𐤉𐤄𐤅𐤄 ने कूशियों को आसा और यहूदा के
सामने मारा, और कूशी भाग गए। 13और आसा और उसके
संग लोग उनका पीछा करते हुए गेरार तक पहुँचे। और कूशी
गिर पड़े, यहाँ तक कि उनमें कोई जीवित न बचा; क्योंकि वे
𐤉𐤄𐤅𐤄 और उसकी सेना के सामने टूट गए। और उन्होंने
बहुत-सा लूट लिया, 14और गेरार के चारों ओर के सब नगरों
को मारा, क्योंकि 𐤉𐤄𐤅𐤄 का भय उन पर छा गया। और
उन्होंने सब नगरों को लूटा, क्योंकि उनमें अत्यन्त बहुत लूट
थी। 15और उन्होंने पशुपालकों के डेरे भी मारे, और बहुत-
सी भेड़ें और ऊँट पकड़ लिये, और यरूशलेम लौट आए।

15 [1]और ईश्वर की आत्मा ओदेद के पुत्र अजर्याह पर
आई। [2]और वह आसा के पास जाकर उससे कहने
लगा, "हे आसा, और हे यहूदा और बिन्यामीन के सब लोगों,
मेरी सुनो। जब तक तुम उसके संग हो तब तक 𐤉𐤄𐤅𐤄
तुम्हारे संग है। और यदि तुम उसे खोजोगे तो वह तुम्हें मिल
जाएगा; पर यदि तुम उसे त्याग दोगे तो वह तुम्हें त्याग देगा।
[3]"और बहुत दिनों तक इस्राएल सच्चे ईश्वर से, और तोराह
के याजक से, और तोराह से रहित रहा। [4]"परन्तु अपने
कष्ट में उन्होंने इस्राएल के ईश्वर 𐤉𐤄𐤅𐤄 की ओर फिरकर
उसका खोज किया, और वह उन्हें मिल गया। [5]"और उन
दिनों में न तो बाहर जानेवाले के लिये शान्ति थी और न भीतर
आनेवाले के लिये, क्योंकि देश के सब निवासियों पर बड़ी
उथल-पुथल थी, [6]और जाति जाति से, नगर नगर से कुचली
जाती थी; क्योंकि ईश्वर ने उन सबको हर प्रकार के कष्ट से
घेर दिया था। [7]"परन्तु तुम दृढ़ रहो, और तुम्हारे हाथ ढीले
न पड़ें, क्योंकि तुम्हारे काम का फल मिलेगा!" [8]और जब
आसा ने ये बातें और ओदेद नबी की भविष्यवाणी सुनी, तब
उसने हिम्मत पकड़ी, और यहूदा और बिन्यामीन के सारे देश
से और एप्रैम के पर्वतों में जिन नगरों को उसने ले लिया था,
उन सब से घृणित वस्तुओं को निकाल दिया, और 𐤉𐤄𐤅𐤄
की वेदी को नये सिरे से बनाया, जो 𐤉𐤄𐤅𐤄 के प्रांगण के
सामने थी। [9]और उसने सब यहूदा और बिन्यामीन को, और
एप्रैम, मनश्शे और शिमोन में से उन सब को, जो उनके संग
रहते थे, इकट्ठा किया; क्योंकि जब उन्होंने देखा कि उसका
ईश्वर 𐤉𐤄𐤅𐤄 उसके संग है, तो वे इस्राएल से बड़ी संख्या में
उसके पास आ गए। [10]और वे आसा के राज्य के पंद्रहवें वर्ष
के तीसरे महीने में यरूशलेम में इकट्ठे हुए, [11]और उन्होंने
उस दिन 𐤉𐤄𐤅𐤄 को उन लूटों में से जो वे लाए थे सात सौ
बैल और सात हज़ार भेड़ें चढ़ाईं। [12]और उन्होंने अपने
पितरों के ईश्वर 𐤉𐤄𐤅𐤄 को अपने सारे मन और अपने सारे
प्राण से खोजने की वाचा बाँधी। [13]और जिसने भी इस्राएल
के ईश्वर 𐤉𐤄𐤅𐤄 को न खोजा, वह छोटा हो या बड़ा, पुरुष
हो या स्त्री, उसको अवश्य मारा जाएगा। [14]और उन्होंने
𐤉𐤄𐤅𐤄 से बड़े शब्द से, जयजयकार और नरसिंगों और
मेंढों के सींगों के साथ शपथ खाई। [15]और सारे यहूदा ने
उस शपथ के कारण आनन्द किया, क्योंकि उन्होंने सारे मन
से शपथ खाई थी और अपने सारे प्राण से उसे खोजा था।
और वह उन्हें मिल गया, और 𐤉𐤄𐤅𐤄 ने उन्हें चारों ओर से
शान्ति दी। [16]और उसने अपनी माता मआका को भी, जो
राजा आसा की माता थी, रानी होने से हटा दिया, क्योंकि
उसने अशेरा की एक घृणित मूरत बनाई थी। और आसा ने
उसकी घृणित मूरत को काटकर कुचल डाला और किदरोन
की तराई में जलाया। [17]तो भी इस्राएल से ऊँचे स्थान दूर
नहीं किए गए। तौभी आसा का मन उसके सब दिनों में खरा
था। [18]और उसने अपने पिता की और अपनी पवित्र वस्तुएँ,
अर्थात् चाँदी और सोना और पात्र, ईश्वर के भवन में चढ़ा
दिए। [19]और आसा के राज्य के पैंतीसवें वर्ष तक और युद्ध
नहीं हुआ।

16 [1]आसा के राज्य के छत्तीसवें वर्ष में, इस्राएल के राजा
बाशा यहूदा के विरुद्ध चढ़ आया और रामाह को बनाने
लगा, ताकि कोई आसा राजा यहूदा के पास से बाहर न जाए
और न उसके पास आ सके। [2]तब आसा ने 𐤉𐤄𐤅𐤄 के
भवन और राजा के घर के खजानों से चाँदी और सोना
निकालकर उसे अराम के राजा बिन-हदद के पास भेजा, जो
दारमेस्क में रहता था, यह कहते हुए, [3]"तेरे और मेरे बीच
वैसी ही वाचा हो जैसी मेरे पिता और तेरे पिता के बीच थी।
देख, मैं ने तुझे चाँदी और सोना भेजा है। आ, इस्राएल के
राजा बाशा के साथ अपनी वाचा तोड़ दे, ताकि वह मुझसे हट
जाए।" [4]और बिन-हदद ने राजा आसा की बात मानी और
अपनी सेनाओं के प्रधानों को इस्राएल के नगरों पर भेजा,
और उन्होंने योन और दान और आबेल मयिम और नप्ताली
के सब भण्डार नगरों को मारा। [5]और जब बाशा ने यह सुना,
तो उसने रामाह बनाना छोड़ दिया और अपना काम बन्द कर
दिया। [6]तब राजा आसा ने सारे यहूदा को ले लिया, और
उन्होंने रामाह के वे पत्थर और लकड़ियाँ उठा लीं जिन्हें बाशा
भवन बनाने में काम में ला रहा था। और उनसे उसने गेबा
और मिट्पाह का निर्माण किया। [7]तब हनानी दृष्टा यहूदा के
राजा आसा के पास आया और उससे कहा, "क्योंकि तूने
अराम के राजा पर भरोसा किया और अपने ईश्वर 𐤉𐤄𐤅𐤄
पर भरोसा नहीं किया, इसलिये अराम के राजा की सेना तेरे
हाथ से निकल गई है। [8]"क्या कूशी और लुब्बी बहुत-से रथों
और घुड़सवारों वाली बड़ी सेना न थे? और क्योंकि तूने
𐤉𐤄𐤅𐤄 पर भरोसा किया, उसने उन्हें तेरे हाथ में दे दिया।
[9]"क्योंकि 𐤉𐤄𐤅𐤄 की आँखें सारी पृथ्वी पर घूमती रहती हैं,
ताकि वह उनके लिये बलवन्त दिखाए जिनका मन उसकी
ओर खरा है। तूने इसमें मूर्खता की है; इसलिये अब से तुझे
युद्ध होंगे।" [10]तब आसा दृष्टा पर क्रोधित हुआ, और इस
कारण उसे बन्दीगृह में डाल दिया, क्योंकि वह उस पर क्रोध
से भरा था। और आसा ने उस समय कुछ लोगों पर भी
अत्याचार किया। [11]और देख, आसा के काम, पहले और
बाद के, क्या वे यहूदा और इस्राएल के राजाओं की पुस्तक में
लिखे नहीं हैं? [12]और उसके राज्य के उन्तालीसवें वर्ष में
आसा के पाँवों में बीमारी हुई, और उसकी बीमारी बहुत भारी
थी। तो भी अपनी बीमारी में उसने 𐤉𐤄𐤅𐤄 की खोज नहीं
की, वरन् वैद्यों की। [13]सो आसा अपने पितरों के संग सो
गया, और उसके राज्य के इकतालीसवें वर्ष में मर गया।
[14]और उन्होंने उसे दाविद के नगर में उस कब्र में दफनाया
जिसे उसने अपने लिये खोदा था। और उन्होंने उसे उस
खाट पर लिटाया जो सुगन्धित द्रव्यों और भिन्न-भिन्न प्रकार
की सुगन्धित वस्तुओं से भरी थी जिन्हें इत्र बनानेवालों ने
बनाया था। और उन्होंने उसके लिये बहुत बड़ा दाह किया।

17 [1]और उसके पुत्र यहोशापात ने उसके स्थान पर
राज्य किया, और इस्राएल के विरुद्ध अपने को दृढ़
किया, [2]और उसने यहूदा के सब गढ़वाले नगरों में सेना रखी,
और यहूदा के देश में और एप्रैम के उन नगरों में जो उसके
पिता आसा ने लिये थे, पहरेदार रखे। [3]और 𐤉𐤄𐤅𐤄
यहोशापात के संग था, क्योंकि वह अपने पिता दाविद के पहले
के मार्गों पर चला, और बालों की खोज नहीं की, [4]परन्तु
उसने अपने पिता के ईश्वर की खोज की, और उसकी
आज्ञाओं पर चला और इस्राएल के कामों के अनुसार नहीं।
[5]इसलिये 𐤉𐤄𐤅𐤄 ने राज्य को उसके हाथ में स्थिर किया।

और सब यहूदा ने यहोशापात को भेंटें दीं, और उसके पास
बहुत धन और आदर था। 6और उसका मन 𐤉𐤄𐤅𐤄 के
मार्गों में ऊँचा हुआ; और उसने यहूदा में से ऊँचे स्थान और
अशेरियों को फिर से निकाल दिया। 7और उसके राज्य के
तीसरे वर्ष में उसने अपने अधिकारियों को भेजा, बिन-हयीएल,
और ओबद्याहु, और ज़कर्याहु, और नतनएल, और मीकायाहु,
कि वे यहूदा के नगरों में शिक्षा दें। 8और उनके संग उसने
लेवियों को भेजा: शेमायाहु, और नतन्याहु, और ज़बद्याहु, और
असाहेल, और शेमिरामोत, और यहोनातान, और अदोनियाहु,
और तोबियाहु, और तोब-अदोनीयाहु लेवी; और उनके संग
एलीशामा और यहोराम याजक थे। 9और वे यहूदा में शिक्षा
देने लगे, और उनके संग 𐤉𐤄𐤅𐤄 की तोराह की पुस्तक थी;
और वे यहूदा के सब नगरों में घूमे और लोगों को शिक्षा दी।
10और 𐤉𐤄𐤅𐤄 का भय यहूदा के चारों ओर के सब राज्यों
पर छा गया, और उन्होंने यहोशापात के विरुद्ध युद्ध नहीं
किया। 11और कुछ पलिश्तियों ने यहोशापात के लिये भेंटें
और चाँदी का बोझ लाया। और अरबियों ने उसके लिये झुंड
लाए, सात हज़ार सात सौ मेढ़े और सात हज़ार सात सौ
बकरे। 12और यहोशापात और भी महान होता गया, और
उसने यहूदा में गढ़ और भण्डार नगर बनाए। 13और उसके
पास यहूदा के नगरों में बहुत कामकाज था। और युद्ध के
पुरुष, पराक्रमी वीर, यरूशलेम में थे। 14और उनकी गिनती
उनके पितरों के घरानों के अनुसार यह थी: यहूदा में हजारों
के प्रधान: प्रधान अदनाहु, और उसके संग तीन लाख
पराक्रमी वीर; 15और उसके पास योहनान प्रधान था, और
उसके संग दो लाख अस्सी हज़ार; 16और उसके पास
अमस्याहु था, जो ज़िखरी का पुत्र था, जिसने अपने को
𐤉𐤄𐤅𐤄 को समर्पित किया था; और उसके संग दो लाख
पराक्रमी वीर थे। 17और बिन्यामीन में से: एलियादाहु, जो
एक पराक्रमी वीर था, और उसके संग धनुष और ढाल लिये
हुए दो लाख पुरुष थे; 18और उसके पास यहोजाबाद था,
और उसके संग एक लाख अस्सी हज़ार युद्ध के लिये तैयार
पुरुष थे। 19ये सब राजा की सेवा में थे, उन लोगों को
छोड़कर जिन्हें राजा ने यहूदा के सब गढ़वाले नगरों में रखा
था।

18 1और यहोशापात के पास बहुत धन और आदर था,
और उसने आहाब से विवाह द्वारा मेल कर लिया।
2और कुछ वर्ष बाद वह आहाब से मिलने शमरोन गया। और
आहाब ने उसके और उसके संग आए लोगों के लिये बहुत-सी
भेड़ें और गाय-बैल बलि कीं, और उसे रामोत गिलआद को
अपने साथ चढ़ने के लिये उकसाया। 3और इस्राएल के
राजा आहाब ने यहूदा के राजा यहोशापात से कहा, "क्या तू
मेरे साथ रामोत गिलआद पर जाएगा?" और उसने उससे
कहा, "मैं जैसा तू है वैसा ही हूँ, और मेरी प्रजा तेरी प्रजा के
समान है; और युद्ध में भी तेरे साथ हूँ।" 4और यहोशापात ने
इस्राएल के राजा से कहा, "आज ही 𐤉𐤄𐤅𐤄 का वचन पूछ
ले।" 5तब इस्राएल के राजा ने नबियों को, चार सौ पुरुषों
को, इकट्ठा किया और उनसे कहा, "क्या हम रामोत गिलआद
पर युद्ध करने जाएँ, या मैं रुकूँ?" उन्होंने कहा, "चढ़ जा,
क्योंकि ईश्वर इसे राजा के हाथ में देगा।" 6परन्तु यहोशापात
ने कहा, "क्या यहाँ अब भी 𐤉𐤄𐤅𐤄 का कोई नबी नहीं है,
जिससे हम उसका प्रश्न पूछें?" 7और इस्राएल के राजा ने
यहोशापात से कहा, "एक मनुष्य अब भी है जिससे हम
𐤉𐤄𐤅𐤄 से पूछ सकते हैं; परन्तु मैं उससे बैर करता हूँ,
क्योंकि वह कभी मेरे विषय में भला नहीं, केवल बुरा ही
भविष्यद्वाणी करता है। वह यिमला का पुत्र मीकायाहु है।"
और यहोशापात ने कहा, "राजा ऐसा न कहे।" 8तब इस्राएल
के राजा ने एक अधिकारी को बुलाकर कहा, "यिमला के पुत्र
मीकायाहु को तुरन्त ले आ।" 9और इस्राएल का राजा और
यहोशापात यहूदा का राजा, अपने वस्त्र पहिने, प्रत्येक अपने
सिंहासन पर बैठे थे; और वे शमरोन के फाटक के प्रवेश पर
खलिहान में बैठे थे; और सब नबी उनके सामने भविष्यद्वाणी
कर रहे थे। 10और किनआनाह के पुत्र सिदकियाहु ने अपने
लिये लोहे के सींग बनाए, और कहा, "𐤉𐤄𐤅𐤄 यों कहता है:
'इन्हीं से तू अरामियों को ठोकर मार-मारकर नाश कर
देगा।' " 11और सब नबियों ने भी ऐसा ही कहा, "रामोत
गिलआद पर चढ़ जा और सफल हो, और 𐤉𐤄𐤅𐤄 इसे
राजा के हाथ में देगा।" 12और दूत जो मीकायाहु को बुलाने
गया था, उसने उससे कहा, "देख, नबियों के वचन एक ही
मन से राजा के लिये भले हैं। सो तेरा वचन उनमें से एक के
समान हो, और तू भी भला कह।" 13परन्तु मीकायाहु ने
कहा, "𐤉𐤄𐤅𐤄 जीवित है, जो कुछ मेरा ईश्वर कहेगा, वही मैं
बोलूँगा।" 14और वह राजा के पास आया। और राजा ने
उससे कहा, "हे मीकायाहु, क्या हम रामोत गिलआद पर युद्ध
करने जाएँ, या मैं रुकूँ?" और उसने कहा, "चढ़ जा और
सफल हो, और वे तेरे हाथ में दे दिए जाएँगे।" 15तब राजा ने
उससे कहा, "मैंने तुझे कितनी बार शपथ दिलाई है कि
𐤉𐤄𐤅𐤄 के नाम में मुझसे सच ही कहे, झूठ न कहे?" 16तब
उसने कहा, "मैं ने सब इस्राएल को पहाड़ों पर बिखरा हुआ
देखा, जैसे बिना चरवाहे की भेड़ें होती हैं। और 𐤉𐤄𐤅𐤄 ने
कहा, 'इनका कोई स्वामी नहीं है। हर एक अपने घर शान्ति
से लौट जाए।' " 17और इस्राएल के राजा ने यहोशापात से
कहा, "क्या मैं ने तुझसे नहीं कहा था कि वह मेरे विषय में भला
नहीं, केवल बुरा ही भविष्यद्वाणी करता है?" 18तब मीकायाहु ने
कहा, "इसलिये 𐤉𐤄𐤅𐤄 का वचन सुन: मैं ने 𐤉𐤄𐤅𐤄 को
उसके सिंहासन पर बैठे हुए देखा, और आकाश की सारी सेना
उसके दाहिने और बाएँ खड़ी हुई थी।" 19"और 𐤉𐤄𐤅𐤄 ने
कहा, 'कौन आहाब इस्राएल के राजा को फुसलाएगा कि वह
चढ़कर रामोत गिलआद में गिरे?' और इसने यह कहा और
उस ने वह कहा।" 20"तब एक आत्मा आकर 𐤉𐤄𐤅𐤄 के
सामने खड़ा हुआ और कहा, 'मैं उसे फुसलाऊँगा।'
𐤉𐤄𐤅𐤄 ने उससे कहा, 'किस रीति से?'" 21"और उसने
कहा, 'मैं निकलकर उसके सब नबियों के मुँह में झूठ की
आत्मा हो जाऊँगा।' और उसने कहा, 'तू उसे फुसला और
सफल होगा। निकल और ऐसा ही कर।'" 22"अब देख,
𐤉𐤄𐤅𐤄 ने तेरे इन नबियों के मुँह में झूठ की आत्मा डाल दी
है, और 𐤉𐤄𐤅𐤄 ने तेरे विषय में बुरा कहा है।" 23तब
किनआनाह का पुत्र सिदकियाहु पास आकर मीकायाहु के गाल
पर थप्पड़ मारकर कहने लगा, "𐤉𐤄𐤅𐤄 की आत्मा मुझ से
निकलकर किस रीति से तुझ से बातें करने लगी?" 24और
मीकायाहु ने कहा, "देख, जिस दिन तू किसी कोठरी में
जाकर छिपेगा, उसी दिन तू देखेगा।" 25तब इस्राएल के
राजा ने कहा, "मीकायाहु को ले जाकर नगर के हाकिम

आमोन और राजा के पुत्र योआश को पहुँचा दो। 26 और
कहो, 'राजा यों कहता है: इस मनुष्य को बन्दीगृह में डाल दो
और जब तक मैं शान्ति से न लौट आऊँ तब तक उसे दु:ख
की रोटी और दु:ख का पानी दो।' " 27 और मीकायाहु ने
कहा, "यदि तू सचमुच शान्ति से लौट आए, तो 𐤉𐤄𐤅𐤄 ने
मुझ से बात नहीं की है।" और उसने कहा, "हे सब लोगो,
सुनो!" 28 तब इस्राएल का राजा और यहूदा का राजा
यहोशापात, रामोत गिलआद पर चढ़ गए। 29 और इस्राएल
के राजा ने यहोशापात से कहा, "मैं वेश बदलकर युद्ध में
जाऊँगा, परन्तु तू अपने वस्त्र पहिन ले।" सो इस्राएल के
राजा ने वेश बदल लिया और वे युद्ध में गए। 30 और अराम
के राजा ने अपने रथों के प्रधानों को आज्ञा दी थी, "तुम किसी
छोटे या बड़े से युद्ध न करना, पर केवल इस्राएल के राजा ही
से।" 31 और ऐसा हुआ कि जब रथों के प्रधानों ने यहोशापात
को देखा, तो उन्होंने कहा, "यह तो इस्राएल का राजा है!" सो
वे उस पर लड़ने के लिये मुड़े, परन्तु यहोशापात चिल्लाया
और 𐤉𐤄𐤅𐤄 ने उसकी सहायता की, और ईश्वर ने उन्हें
उससे हटा दिया। 32 और ऐसा हुआ कि जब रथों के प्रधानों
ने देखा कि यह इस्राएल का राजा नहीं है, तब वे उसका पीछा
छोड़कर फिर गए। 33 और एक मनुष्य ने अपनी सादगी में
धनुष खींचा और इस्राएल के राजा को कवच की जोड़ के
बीच मारा। और उसने अपने रथ के सारथी से कहा, "घुमा
और मुझे युद्ध से बाहर ले चल, क्योंकि मैं घायल हो गया हूँ।"
34 परन्तु उस दिन युद्ध बढ़ता गया, और इस्राएल का राजा
अरामियों के साम्हने अपने रथ में खड़ा रहा, यहाँ तक कि
संध्या हुई; और सूर्य डूबते समय वह मर गया।

19

1 और यहूदा का राजा यहोशापात शान्ति से यरूशलेम
में अपने घर लौट आया। 2 तब हनानी का पुत्र येहू
दृष्टा उसके साम्हने निकलकर आया, और राजा यहोशापात
से कहा, "क्या तू दुष्टों की सहायता करता है और उन से प्रेम
करता है जो 𐤉𐤄𐤅𐤄 से बैर रखते हैं? इसलिये 𐤉𐤄𐤅𐤄 का
क्रोध तुझ पर है। 3 "तो भी तुझ में अच्छी बातें पाई गई हैं,
क्योंकि तू ने देश से अशेरोत दूर किए हैं, और अपना मन
ईश्वर को खोजने के लिये तैयार किया है।" 4 सो यहोशापात
यरूशलेम में रहने लगा, और वह फिर बेएर-शेबा से लेकर
एप्रैम के पहाड़ी देश तक लोगों के बीच निकला, और उन्हें
उनके पितरों के ईश्वर 𐤉𐤄𐤅𐤄 की ओर लौटा लाया। 5 और
उसने यहूदा के सब गढ़वाले नगरों में, नगर-नगर में, न्यायी
ठहराए। 6 और उसने न्यायियों से कहा, "जो कुछ तुम करते
हो, उसको देखना; क्योंकि तुम मनुष्य के लिये न्याय नहीं
करते, परन्तु 𐤉𐤄𐤅𐤄 के लिये, जो न्याय करने में तुम्हारे
संग है। 7 "अब तुम पर 𐤉𐤄𐤅𐤄 का भय हो। ध्यान रखो
और ऐसा करो, क्योंकि हमारे ईश्वर 𐤉𐤄𐤅𐤄 के संग न तो
अधर्म है, न पक्षपात है, और न घूस लेना है।" 8 और
यरूशलेम में भी यहोशापात ने कुछ लेवी, और याजकों को,
और इस्राएल के पितरों के घरानों के प्रधानों को 𐤉𐤄𐤅𐤄 के
न्याय और विवाद के लिये ठहराया। और वे यरूशलेम में लौट
आए। 9 और उसने उनसे कहा, "तुम 𐤉𐤄𐤅𐤄 का भय
मानकर, सच्चाई और पूरे मन से ऐसा करो। 10 "जब तुम्हारे
पास तुम्हारे भाइयों में से जो अपने नगरों में रहते हैं कोई
विवाद आए, चाहे वह रक्त का हो और रक्त का, चाहे तोराह
और आज्ञा का, विधियों और न्यायों का, तब तुम उन्हें
सावधान करना, ऐसा न हो कि वे 𐤉𐤄𐤅𐤄 के विरुद्ध अपराध
करें और तुम पर और तुम्हारे भाइयों पर उसका क्रोध आ
पड़े। ऐसा करो, और तुम दोषी न ठहरोगे। 11 "और देखो,
अमर्याहु महायाजक तुम्हारे ऊपर 𐤉𐤄𐤅𐤄 के सब कामों में
प्रधान है; और इस्माएल का पुत्र ज़बद्याहु यहूदा के घर का
प्रधान है राजा के सब कामों के लिये; और लेवी तुम्हारे साम्हने
अधिकारी हैं। दृढ़ रहो और करो, और भलाई करनेवालों के
संग 𐤉𐤄𐤅𐤄 है।"

20

1 और इसके बाद ऐसा हुआ कि मोआब के बच्चे और
अम्मोन के बच्चे आए, और उनके साथ कुछ लोग भी,
यहोशापात के विरुद्ध युद्ध करने के लिये। 2 और वे यहोशापात
के पास आकर बोले, "एक बड़ी सेना समुद्र के पार से, अराम
से, तुम्हारे विरुद्ध आ रही है। और देखो, वे ḥत्सात्सोन तामार
में हैं," जो एयन गदी है। 3 और यहोशापात डर गया, और
अपना मुख 𐤉𐤄𐤅𐤄 को खोजने के लिये फेर लिया, और
सारे यहूदा में उपवास का प्रचार किया। 4 और यहूदा इकट्ठे
हुए कि 𐤉𐤄𐤅𐤄 से पूछें, यहाँ तक कि यहूदा के सब नगरों से
वे 𐤉𐤄𐤅𐤄 को खोजने आए। 5 और यहोशापात यहूदा और
येरुशलेम की सभा में, 𐤉𐤄𐤅𐤄 के भवन में, नये आँगन के
सामने खड़ा हुआ, 6 और कहा, "हे 𐤉𐤄𐤅𐤄 हमारे पितरों के
ईश्वर, क्या तू आकाशों में ईश्वर नहीं है, और क्या तू सब
जातियों के राज्यों पर प्रभुता नहीं करता, और तेरे हाथ में
सामर्थ और पराक्रम नहीं है, ताकि कोई तेरे सामने ठहर न
सके? 7 "क्या तू हमारा ईश्वर नहीं है? तूने अपने लोगों
इस्राएल के सामने से इस देश के निवासियों को निकाल दिया,
और अपने सदा प्रिय अब्राहम की संतान को यह देश दिया।
8 "और वे इसमें बस गए, और तेरे नाम के लिये इसमें एक
पवित्रस्थान बनाया, और कहा, 9 'यदि हम पर तलवार, दण्ड,
या महामारी, या अकाल जैसी बुराई आ पड़े, तो हम इस भवन
के सामने और तेरी उपस्थिति में खड़े होंगे – क्योंकि तेरे नाम
का वास इस भवन में है – और हम अपनी विपत्ति में तुझे
पुकारेंगे, और तू सुनेगा और बचाएगा।' 10 "और अब देख,
अम्मोन और मोआब और सेईर के पहाड़ के लोग, जिन्हें तूने
इस्राएल को मिस्र देश से निकलते समय आक्रमण करने न
दिया, बल्कि उन्होंने उनसे हटकर उन्हें नष्ट नहीं किया,
11 और देख, वे हमें तेरे निज भाग से, जो तूने हमें
उत्तराधिकार में दिया है, निकालने के लिये आ रहे हैं। 12 "हे
हमारे ईश्वर, क्या तू उनका न्याय नहीं करेगा? क्योंकि हम
इस बड़ी सेना के विरुद्ध असमर्थ हैं, जो हमारे विरुद्ध आ रही
है। और हमें नहीं मालूम कि हम क्या करें, परन्तु हमारी आँखें
तुझ पर लगी हुई हैं।" 13 और सब यहूदा, उनके छोटे बच्चों,
उनकी पत्नियों और उनके पुत्रों सहित, 𐤉𐤄𐤅𐤄 के सामने
खड़े हुए। 14 और 𐤉𐤄𐤅𐤄 की आत्मा याहज़ीएल पर, जो
जकरयाह का पुत्र, बनायाह का पुत्र, येईएल का पुत्र,
मत्तन्याह का पुत्र, आसाप के वंश का एक लेवी था, सभा के
बीच में उतरी, 15 और उसने कहा, "हे सब यहूदा, और
येरुशलेम के निवासियों, और हे राजा यहोशापात! सुनो!
𐤉𐤄𐤅𐤄 तुम से यह कहता है, 'इस बड़ी सेना के सामने मत
डरो, और न भयभीत हो, क्योंकि यह युद्ध तुम्हारा नहीं, परन्तु
ईश्वर का है। 16 'कल तुम उनके विरुद्ध उतरो। देखो, वे

सिस की चढ़ाई से चढ़कर आ रहे हैं, और तुम उन्हें नाले के
सिरे पर, येरूएल के जंगल के सामने पाओगे। 17 'इस युद्ध
में तुम्हें लड़ना नहीं होगा। तुम खड़े रहो, ठहरो और 𐤉𐤄𐤅𐤄
की मुक्ति देखो, जो तुम्हारे साथ है, हे यहूदा और येरुशलेम!'
मत डरो और न भयभीत हो, कल उनके सामने निकलो,
क्योंकि 𐤉𐤄𐤅𐤄 तुम्हारे साथ है।" 18 तब यहोशापात ने अपना
मुख भूमि पर झुका दिया, और सब यहूदा और येरुशलेम के
निवासियों ने 𐤉𐤄𐤅𐤄 के सामने गिरकर उसे दण्डवत किया।
19 और लेवी, कतहियों के पुत्रों और कोरहियों के पुत्रों में से,
खड़े होकर इस्राएल के ईश्वर 𐤉𐤄𐤅𐤄 की अत्यन्त ऊँचे
स्वर से स्तुति करने लगे। 20 और वे सुबह-सवेरे उठे और
तेकोआ के जंगल में निकले। और जब वे निकले, यहोशापात
खड़ा होकर बोला, "हे यहूदा और येरुशलेम के निवासियों,
मेरी सुनो: 𐤉𐤄𐤅𐤄 अपने ईश्वर पर विश्वास करो और स्थिर
रहो, उसके नबियों पर विश्वास करो और समृद्ध हो।" 21 और
लोगों से परामर्श करने के बाद, उसने उन गानेवालों को
ठहराया जो 𐤉𐤄𐤅𐤄 की स्तुति करें, और जो उसकी पवित्रता
की शोभा का गुणगान करें, जब वे सेना के आगे निकल रहे
थे, और कह रहे थे, "𐤉𐤄𐤅𐤄 का धन्यवाद करो, क्योंकि
उसकी करुणा सदा की है।" 22 और जब वे गाना और स्तुति
करना आरम्भ ही किए थे, तब 𐤉𐤄𐤅𐤄 ने अम्मोन, मोआब
और सेईर पर्वत के लोगों पर, जो यहूदा के विरुद्ध आए थे,
घातक बैठा दिए, और वे मारे गए। 23 तब अम्मोन और
मोआब के लोग सेईर पर्वत के निवासियों के विरुद्ध उठ खड़े
हुए कि उनका नाश करें। और जब वे सेईर के निवासियों का
अन्त कर चुके, तब वे एक दूसरे को मारने लगे। 24 और
जब यहूदा जंगल के प्रहरीदुर्ग पर आया, तब उन्होंने उस सेना
की ओर देखा, और क्या देखा कि उनके शव भूमि पर पड़े हैं,
और उनमें से कोई भी बचा नहीं। 25 तब यहोशापात और
उसकी प्रजा लूट लेने आए, और उन्होंने मृत शरीरों पर बहुत
सी सम्पत्ति और बहुमूल्य आभूषण पाए, जिन्हें उन्होंने अपने
लिये उतार लिया, इतना कि वे उठा न सके। और वे तीन दिन
तक लूट लूटते रहे, क्योंकि वह बहुत थी। 26 और चौथे दिन
वे बेराखा की तराई में इकट्ठे हुए, क्योंकि वहाँ उन्होंने 𐤉𐤄𐤅𐤄
को आशीर्वाद दिया। इसलिये उस स्थान का नाम आज तक
बेराखा की तराई कहलाया। 27 तब वे लौटे, सब यहूदा और
येरुशलेम के लोग, यहोशापात उनके आगे-आगे, येरुशलेम
को हर्ष के साथ लौटे, क्योंकि 𐤉𐤄𐤅𐤄 ने उन्हें उनके शत्रुओं
पर आनन्दित किया। 28 और वे येरुशलेम को वीणाओं,
सारंगियों और तुरहियों के साथ 𐤉𐤄𐤅𐤄 के भवन में आए।
29 और जब सब देशों के राज्यों ने सुना कि 𐤉𐤄𐤅𐤄 ने
इस्राएल के शत्रुओं से युद्ध किया है, तब ईश्वर का भय उन
सब राज्यों पर छा गया। 30 तब यहोशापात का राज्य शान्ति में
रहा, क्योंकि उसके ईश्वर ने उसे चारों ओर से विश्राम दिया।
31 इस प्रकार यहोशापात यहूदा पर राज्य करता रहा – जब
उसने राज्य करना आरम्भ किया तब उसकी आयु पैंतीस वर्ष
की थी, और उसने येरुशलेम में पच्चीस वर्ष राज्य किया।
और उसकी माता का नाम अज़ूबा था, जो शिल्ही की बेटी
थी। 32 और उसने अपने पिता आसा के मार्ग में चला और
उससे न फिरा, और 𐤉𐤄𐤅𐤄 की दृष्टि में जो ठीक था वही
करता रहा। 33 केवल ऊँचे स्थान दूर नहीं किए गए, क्योंकि
लोगों ने अब तक अपने पितरों के ईश्वर के लिये अपने मन
तैयार नहीं किए थे। 34 और यहोशापात के और काम, पहिले
और अन्तिम, देख, वे हनानी के पुत्र याहू की पुस्तक में लिखे
हैं, जो इस्राएल के राजाओं की पुस्तक में उल्लिखित है।
35 और इसके बाद यहोशापात यहूदा का राजा इस्राएल के
राजा आहज़्याह के साथ मिल गया। उसने ऐसा करके बुराई
की। 36 और उसने उसके साथ मिलकर तरशीश जाने के
लिये जहाज़ बनाए, और उन्होंने एत्स्योन गेबेर में जहाज़
बनाए। 37 तब मरशा के दोदावाहू के पुत्र एलीएजेर ने
यहोशापात के विरुद्ध यह नबूवत की, और कहा, "क्योंकि तूने
आहज़्याह के साथ मिलकर काम किया है, इस कारण
𐤉𐤄𐤅𐤄 तेरे काम को नाश करेगा।" और जहाज़ टूट गए,
और तरशीश को न जा सके।

21

1 और यहोशापात अपने पितरों के साथ सो गया, और
दाऊद के नगर में अपने पितरों के साथ दफनाया
गया। और उसके स्थान पर उसका पुत्र यहोराम राज्य करने
लगा। 2 और उसके भाई थे, यहोशापात के पुत्र: अजर्याहू,
और येहीएल, और ज़कर्याहू, और अजर्याहू, और मीकाएल,
और शेफत्याहू। ये सब इस्राएल के राजा यहोशापात के पुत्र
थे। 3 और उनके पिता ने उन्हें बहुत से उपहार चाँदी, सोना
और बहुमूल्य वस्तुएँ, और यहूदा में गढ़वाले नगर दिये, परन्तु
उसने राज्य यहोराम को दिया क्योंकि वह पहलौठा था। 4 और
जब यहोराम अपने पिता के राज्य पर स्थिर हो गया और
बलवान हुआ, तब उसने अपनी सब भाइयों को तलवार से मार
डाला, और इस्राएल के कुछ प्रधानों को भी। 5 यहोराम बत्तीस
वर्ष का था जब उसने राज्य करना आरम्भ किया, और उसने
येरुशलेम में आठ वर्ष राज्य किया। 6 और वह इस्राएल के
राजाओं के मार्ग में चला, जैसा कि अहाब के घराने ने किया
था, क्योंकि उसकी पत्नी अहाब की बेटी थी। और उसने
𐤉𐤄𐤅𐤄 की दृष्टि में बुराई की। 7 तो भी 𐤉𐤄𐤅𐤄 ने दाऊद
के घराने को नष्ट नहीं किया, क्योंकि उसने दाऊद के साथ
वाचा बाँधी थी, और वचन दिया था कि वह उसके और उसके
पुत्रों को सदा के लिये दीपक देगा। 8 उसके दिनों में एदोमी
यहूदा के हाथ से अलग होकर अपने लिये एक राजा
ठहराया। 9 तब यहोराम अपने हाकिमों और सब रथों के साथ
निकला। और ऐसा हुआ कि वह रात को उठा और एदोमियो
को मारा, जिन्होंने उसे और रथों के प्रधानों को घेर लिया था।
10 इस प्रकार एदोमी आज तक यहूदा के हाथ से अलग हो
गए। तब लिब्ना भी उसके हाथ से अलग हो गई, क्योंकि
उसने अपने पितरों के ईश्वर 𐤉𐤄𐤅𐤄 को छोड़ दिया था।
11 उसने यहूदा के पहाड़ों में ऊँचे स्थान बनाए, और येरुशलेम
के निवासियों को व्यभिचार करने के लिये उकसाया, और
यहूदा को गुमराह किया। 12 तब एल्याहू नबी की ओर से
उसके पास एक पत्र आया, जिसमें कहा गया, "तेरे पिता
दाऊद के ईश्वर 𐤉𐤄𐤅𐤄 यों कहता है: 'क्योंकि तूने अपने
पिता यहोशापात के मार्गों में नहीं चला, और न यहूदा के राजा
आसा के मार्गों में, 13 परन्तु तू इस्राएल के राजाओं के मार्ग में
चला, और तूने यहूदा और येरुशलेम के निवासियों को अहाब
के घराने के व्यभिचार के समान व्यभिचार करने को
उकसाया, और तूने अपने भाइयों को भी मारा, अपने पिता के
घराने के उन जनों को जो तुझ से उत्तम थे, 14 देख,
𐤉𐤄𐤅𐤄 तेरे लोगों, तेरे पुत्रों, तेरी पत्नियों, और तेरी सारी

सम्पत्ति पर बड़ी विपत्ति डालेगा। 15 और तू बहुत रोगों से,
आँतों की बीमारी से पीड़ित होगा, यहाँ तक कि दिन-प्रतिदिन
तेरी आँतें बीमारी के कारण बाहर निकलेंगी।' " 16 और
𐤉𐤄𐤅𐤄 ने पलिश्तियों की आत्मा को, और अरबियों की, जो
कूशी लोगों के पास थे, यहोराम के विरुद्ध भड़काया। 17 और
वे यहूदा में चढ़ आए, और उसमें घुस गए, और राजा के घर
में पाई जानेवाली सारी सम्पत्ति को ले गए, और उसके पुत्रों
और उसकी पत्नियों को भी, यहाँ तक कि उसके पास कोई
पुत्र न बचा, सिवाय उसके सबसे छोटे पुत्र यहोआहाज़ के।
18 और इन सब के बाद 𐤉𐤄𐤅𐤄 ने उसकी आँतों में ऐसी
बीमारी डाली जिसका कोई इलाज न था। 19 और समय पूरा
होने पर, दो वर्ष के अन्त में, बीमारी के कारण उसकी आँतें
बाहर निकल गईं, और वह बड़ी पीड़ा में मर गया। और
उसके लोगों ने उसके लिये उसके पितरों के समान दाह नहीं
किया। 20 जब उसने राज्य करना आरम्भ किया, तब वह
बत्तीस वर्ष का था, और उसने येरुशलेम में आठ वर्ष राज्य
किया, और बिना सम्मान के मर गया। और उसे दाऊद के
नगर में दफनाया गया, परन्तु राजाओं की कब्रों में नहीं।

22 1 और येरुशलेम के निवासियों ने अहज़्याहू को, जो
उसका सबसे छोटा पुत्र था, उसके स्थान पर राजा
ठहराया, क्योंकि अरबी लोगों के साथ आए लुटेरों ने सब बड़े
पुत्रों को मार डाला था। इस प्रकार यहूदा का राजा यहोराम
का पुत्र अहज़्याहू राज्य करने लगा। 2 अहज़्याहू बाईस वर्ष
का था जब उसने राज्य करना आरम्भ किया, और उसने
येरुशलेम में एक वर्ष राज्य किया। और उसकी माता का नाम
अतल्याहू था, जो ओम्री की पौत्री थी। 3 वह भी अहाब के
घराने के मार्गों में चला, क्योंकि उसकी माता ने उसे दुष्ट काम
करने की सम्मति दी। 4 और उसने 𐤉𐤄𐤅𐤄 की दृष्टि में
बुराई की, जैसे अहाब का घराना करता था, क्योंकि उसके
पिता की मृत्यु के बाद वे उसकी हानि करने के लिये उसके
सम्मति देने वाले हो गए थे। 5 वह उनकी सम्मति में भी चला,
और अहाब के पुत्र योराम इस्राएल के राजा के साथ अराम
के राजा हज़ाएल के विरुद्ध रामोत-गिलआद में लड़ने गया।
और अरामी लोगों ने योराम को घायल किया। 6 और वह
यिज्रेल लौटा कि उन घावों से चंगा हो जो उसे रामाह में मिले
थे, जब वह अराम के राजा हज़ाएल से लड़ा था। और यहूदा
का राजा यहोराम का पुत्र अजर्याहू योराम अहाब के पुत्र को
देखने यिज्रेल गया, क्योंकि वह बीमार था। 7 परन्तु अहज़्याहू
का पतन ईश्वर की ओर से हुआ, उसके योराम के पास जाने
से; क्योंकि जब वह गया तो वह योराम के साथ निम्शी के पुत्र
यहू के विरुद्ध निकल पड़ा, जिसे 𐤉𐤄𐤅𐤄 ने अहाब के घराने
को नाश करने के लिये अभिषिक्त किया था। 8 और ऐसा
हुआ कि जब यहू अहाब के घराने का न्याय कर रहा था, तब
उसने यहूदा के हाकिमों और अहज़्याहू के भाइयों के पुत्रों को
पाया, जो अहज़्याहू की सेवा कर रहे थे, और उन्हें मार
डाला। 9 तब उसने अहज़्याहू को ढूँढा, और वे उसे शमरोन में
छिपे हुए पाए, और उसे यहू के पास लाए, और उसे मार डाला,
फिर उसे दफनाया; क्योंकि उन्होंने कहा, "यह यहोशापात का
पुत्र है, जिसने अपने सारे मन से 𐤉𐤄𐤅𐤄 को खोजा था।"
और अहज़्याहू के घराने में ऐसा कोई न रहा जो राज्य करने
योग्य हो। 10 और जब अहज़्याहू की माता अतल्याहू ने देखा
कि उसका पुत्र मर गया है, तो वह उठी और यहूदा के घराने
के राजवंश की सारी संतान को नाश कर दिया। 11 परन्तु
यहोशाबअत, जो राजा की बेटी थी, ने अहज़्याहू के पुत्र
योआश को लिया, और उसे उन राजपुत्रों में से, जो मारे गए
थे, चुराकर उसकी धाय के साथ शयनकक्ष में रख दिया।
इस प्रकार यहोशाबअत, राजा यहोराम की बेटी और याजक
यहोयादा की पत्नी, क्योंकि वह अहज़्याहू की बहन थी, ने उसे
अतल्याहू से छिपा दिया, ताकि वह उसे न मार सके। 12 और
वह उनके साथ ईश्वर के भवन में छः वर्ष छिपा रहा, जब तक
अतल्याहू देश पर राज्य करती रही।

23 1 और सातवें वर्ष में यहोयादा ने अपने आप को दृढ़
किया, और सौ-सौ के सरदारों से वाचा बाँधी:
अजर्याहू यरोहम का पुत्र, और यिश्माएल यहोहनान का पुत्र,
और अजर्याहू ओबेद का पुत्र, और मासेयाहू अदैयाह का पुत्र,
और एलीशापात ज़िक्री का पुत्र। 2 और वे यहूदा भर में घूमे
और सब नगरों से लेवी लोगों को और इस्राएल के पितरों के
घरानों के प्रधानों को इकट्ठा करके येरुशलेम आए। 3 और
सारी सभा ने ईश्वर के भवन में राजा के साथ वाचा बाँधी।
और उसने उनसे कहा, "देखो, राजा का पुत्र राज्य
करनेवाला है, जैसा कि 𐤉𐤄𐤅𐤄 ने दाऊद के पुत्रों के विषय
में कहा है। 4 "यह वह काम है जो तुम करोगे: तुम्हारा एक
तिहाई, जो सब्बत के दिन प्रवेश करता है, याजकों और
लेवियों में से, चौकियों के द्वारपाल; 5 और एक तिहाई राजा के
घर पर, और एक तिहाई नींव के द्वार पर, और सब लोग
𐤉𐤄𐤅𐤄 के भवन के आँगनों में। 6 "और 𐤉𐤄𐤅𐤄 के भवन
में कोई न आये, केवल याजक और वे लेवी जो सेवा करते हैं
– वे प्रवेश करें, क्योंकि वे पवित्र हैं। पर सब लोग 𐤉𐤄𐤅𐤄
की आज्ञा की रक्षा करें। 7 "और लेवी राजा को चारों ओर से
घेरें, हर एक अपने हाथ में हथियार लिये। और जो कोई
भवन में प्रवेश करे वह मारा जाए। और जब राजा प्रवेश करे
और जब वह बाहर निकले तब तुम उसके साथ रहना।"
8 और लेवियों ने और सब यहूदा ने जैसा यहोयादा याजक ने
आज्ञा दी वैसा ही किया। और हर एक ने अपने आदमियों को
ले लिया, जो सब्बत को प्रवेश करनेवाले थे, और जो सब्बत
को निकलनेवाले थे; क्योंकि यहोयादा याजक ने दलों को विदा
नहीं किया। 9 और यहोयादा याजक ने सौ-सौ के सरदारों को
भाले और बड़े और छोटे ढालें दीं, जो दाऊद राजा की थीं,
और ईश्वर के भवन में रखी थीं। 10 और उसने सब लोगों को
खड़ा किया, हर एक अपने हथियार हाथ में लिये, भवन के
दाहिने ओर से लेकर भवन के बाएँ ओर तक, वेदी और भवन
के पास, राजा के चारों ओर। 11 और उन्होंने राजा के पुत्र
को बाहर लाया और उसके सिर पर मुकुट रखा और गवाही
दी, और उसे राजा ठहराया। तब यहोयादा और उसके पुत्रों
ने उसका अभिषेक किया और कहा, "राजा जीवित रहे!"
12 और अतल्याहू ने लोगों की दौड़ने और राजा की स्तुति
करने की आवाज़ सुनी, और वह 𐤉𐤄𐤅𐤄 के भवन में लोगों
के पास आई। 13 और उसने देखा और क्या देखा कि राजा
प्रवेश द्वार पर अपने खम्भे के पास खड़ा है, और सरदार और
तुरहीवाले राजा के पास हैं, और देश के सब लोग आनन्द कर
रहे और तुरही बजा रहे हैं, और गायक भी गीत के यन्त्रों के
साथ हैं, और जो स्तुति का नेतृत्व करते थे। तब अतल्याहू ने
अपने वस्त्र फाड़े और कहा, "विद्रोह! विद्रोह!" 14 और
यहोयादा याजक ने सेना पर नियुक्त सौ-सौ के सरदारों को

बाहर निकाला और उनसे कहा, "उसे पंक्तियों के बाहर ले
जाओ, और जो कोई उसका अनुसरण करे उसे तलवार से
मार डालो।" क्योंकि याजक ने कहा, "उसे 𐤉𐤄𐤅𐤄 के भवन
में मत मारना।" 15 तब उन्होंने उस पर हाथ डाला, और वह
घोड़ों के द्वार के प्रवेश मार्ग से राजा के घर गयी, और उन्होंने
वहाँ उसे मार डाला। 16 तब यहोयादा ने अपने और लोगों
और राजा के बीच यह वाचा बाँधी कि वे 𐤉𐤄𐤅𐤄 के लोग
होंगे। 17 और सब लोग बाल के भवन में गए और उसे गिरा
दिया। उन्होंने उसकी वेदियों और मूरतों को तोड़ डाला, और
बाल के याजक मतान को वेदियों के सामने मार डाला।
18 और यहोयादा ने 𐤉𐤄𐤅𐤄 के भवन की सेवाओं को
याजकों, लेवियों के हाथ में सौंप दिया, जिन्हें दाऊद ने
𐤉𐤄𐤅𐤄 के भवन में नियुक्त किया था, कि वे 𐤉𐤄𐤅𐤄 की
होमबलि चढ़ाएँ, जैसा कि मूसा की तोराह में लिखा है, आनन्द
और गाने के साथ, दाऊद के हाथ से। 19 और उसने भवन
के द्वारों पर द्वारपाल खड़े किए, ताकि कोई अपवित्र किसी
रीति से भी प्रवेश न करे। 20 और उसने सौ-सौ के सरदारों,
और प्रधानों, और लोगों के अधिपतियों, और देश के सब
लोगों को लिया, और राजा को 𐤉𐤄𐤅𐤄 के भवन से नीचे ले
आया। और वे ऊपरी द्वार से राजा के घर में आए, और
उन्होंने राजा को राज्य के सिंहासन पर बिठाया। 21 और देश
के सब लोग आनन्दित हुए। और नगर को विश्राम मिला,
क्योंकि उन्होंने अतल्याहू को तलवार से मार डाला।

24 1 योआश सात वर्ष का था जब उसने राज्य करना
आरम्भ किया, और उसने येरुशलेम में चालीस वर्ष
राज्य किया। और उसकी माता का नाम त्सिब्याह था, जो
बेएरशेबा की थी। 2 और योआश ने यहोयादा याजक के सब
दिनों में 𐤉𐤄𐤅𐤄 की दृष्टि में ठीक किया। 3 और यहोयादा ने
उसके लिये दो पत्नियाँ लीं, और उसने पुत्र और पुत्रियाँ
उत्पन्न कीं। 4 और इसके बाद ऐसा हुआ कि योआश ने
𐤉𐤄𐤅𐤄 के भवन की मरम्मत करने के लिये अपने मन को
लगाया। 5 और उसने याजकों और लेवियों को इकट्ठा करके
उनसे कहा, "यहूदा के नगरों में जाओ, और इस्राएल से वर्ष
प्रति वर्ष चाँदी इकट्ठी करो कि अपने ईश्वर के भवन की
मरम्मत करो, और इस काम में जल्दी करो।" परन्तु लेवियों
ने इसे जल्दी से नहीं किया। 6 तब राजा ने यहोयादा प्रधान
को बुलाकर उससे कहा, "तूने लेवियों को क्यों नहीं कहा कि वे
यहूदा और येरुशलेम से उस चढ़ावा लाएँ, जो 𐤉𐤄𐤅𐤄 के
दास मूसा ने और इस्राएल की सभा ने गवाही के तम्बू के लिये
ठहराया था?" 7 क्योंकि उस दुष्टा स्त्री अतल्याहू के पुत्रों ने
ईश्वर के भवन में सेंध लगाई थी, और 𐤉𐤄𐤅𐤄 के भवन के
सब पवित्र पात्र बालों के लिये तैयार कर दिए थे। 8 तब राजा
ने आज्ञा दी और उन्होंने एक संदूक बनाया, और उसे
𐤉𐤄𐤅𐤄 के भवन के द्वार पर बाहर रख दिया। 9 और यहूदा
और येरुशलेम में यह प्रचार किया गया कि वे उस चढ़ावा को
𐤉𐤄𐤅𐤄 के लिये लाएँ, जो ईश्वर के दास मूसा ने जंगल में
इस्राएल पर ठहराया था। 10 तब सब हाकिमों और सब लोगों
ने आनन्द किया, और उन्होंने लाकर उस संदूक में डाल
दिया जब तक कि वह पूरा न हो गया। 11 और ऐसा हुआ कि
जब लेवी उस संदूक को राजा के हाकिम के पास लाते थे,
और जब उन्होंने देखा कि चाँदी बहुत है, तब राजा का लेखक
और महायाजक का अधिकारी आकर उस संदूक को खाली
करते और फिर उसे उसके स्थान पर ले जाते। ऐसा वे दिन
प्रति दिन करते और बहुत चाँदी इकट्ठी करते। 12 और राजा
और यहोयादा ने उसे उन काम करनेवालों को दिया जो
𐤉𐤄𐤅𐤄 के भवन की सेवा का काम करते थे। और उन्होंने
राजमिस्त्री और बढ़ई किराए पर लिये कि 𐤉𐤄𐤅𐤄 के भवन
को फिर से बनाएं, और लोहे और पीतल के काम करनेवालो
को भी कि 𐤉𐤄𐤅𐤄 के भवन की मरम्मत करें। 13 और काम
करनेवाले परिश्रम करते रहे, और काम उनकी देखरेख में
बढ़ता गया, और उन्होंने ईश्वर के भवन को उसकी रूपरेखा
के अनुसार स्थापित किया और उसे दृढ़ किया। 14 और जब
वे पूरा कर चुके, तब उन्होंने शेष चाँदी राजा और यहोयादा के
पास लाई, और उन्होंने उससे 𐤉𐤄𐤅𐤄 के भवन के लिये पात्र
बनाए, सेवा और चढ़ाने के लिये पात्र, कटोरे और सोने और
चाँदी के बर्तन। और यहोयादा के सब दिनों में 𐤉𐤄𐤅𐤄 के
भवन में निरन्तर होमबलि चढ़ाई जाती रही। 15 और यहोयादा
बूढ़ा होकर दिन पूरे करके मर गया, जब वह मरा तब वह एक
सौ तीस वर्ष का था। 16 और उन्होंने उसे दाऊद के नगर में
राजाओं के बीच दफनाया, क्योंकि उसने इस्राएल में भलाई
की थी, ईश्वर और उसके भवन के विषय में। 17 और
यहोयादा की मृत्यु के बाद यहूदा के हाकिम आकर राजा को
प्रणाम करने लगे। तब राजा ने उनकी सुनी। 18 और उन्होंने
अपने पितरों के ईश्वर 𐤉𐤄𐤅𐤄 के भवन को छोड़ दिया, और
अशेराहों और मूरतों की सेवा करने लगे। और उनके
अपराध के कारण यहूदा और येरुशलेम पर क्रोध आया।
19 और उसने उन्हें नबियों को भेजा कि वे उन्हें 𐤉𐤄𐤅𐤄 की
ओर लौटाएँ। और उन्होंने उनके विरुद्ध गवाही दी, परन्तु
उन्होंने न सुना। 20 तब ईश्वर की आत्मा यहोयादा याजक के
पुत्र जकर्याहू पर आई, और वह लोगों के ऊपर खड़ा होकर
उनसे कहने लगा, "ईश्वर यों कहता है, 'तुम 𐤉𐤄𐤅𐤄 की
आज्ञाओं का उल्लंघन क्यों कर रहे हो और समृद्ध नहीं होते?
क्योंकि तुमने 𐤉𐤄𐤅𐤄 को छोड़ दिया है, इसलिये उसने भी
तुम्हें छोड़ दिया है।' " 21 और उन्होंने उसके विरुद्ध षडयंत्र
रचा, और राजा की आज्ञा से उन्होंने उसे 𐤉𐤄𐤅𐤄 के भवन
के आँगन में पत्थरों से मार डाला। 22 इस प्रकार योआश
राजा ने उस कृपा को स्मरण न किया, जो यहोयादा ने उसके
लिये की थी, परन्तु उसने उसके पुत्र को मार डाला। और
जब वह मर रहा था, उसने कहा, "𐤉𐤄𐤅𐤄 देखता है और
बदला देगा!" 23 और ऐसा हुआ कि वर्ष के अंत में अराम की
सेना उसके विरुद्ध चढ़ाई करके आई। और वे यहूदा और
येरुशलेम में आए और लोगों में से सब हाकिमों को नष्ट
किया, और उनका सब लूटधन दारमेशेक के राजा को भेज
दिया। 24 क्योंकि अराम की सेना थोड़े लोगों के साथ आई
थी, परन्तु 𐤉𐤄𐤅𐤄 ने उनके हाथ में बहुत बड़ी सेना दे दी,
क्योंकि उन्होंने अपने पितरों के ईश्वर 𐤉𐤄𐤅𐤄 को छोड़ दिया
था। इस प्रकार उन्होंने योआश के विरुद्ध न्याय किया।
25 और जब वे उसके पास से चले गए – क्योंकि उन्होंने उसे
बहुत बीमार छोड़ दिया था – तब उसके दासों ने यहोयादा
याजक के पुत्रों के खून के कारण उसके विरुद्ध षडयंत्र
किया, और उसे उसके बिस्तर पर मार डाला, और वह मर
गया। और उन्होंने उसे दाऊद के नगर में दफनाया, परन्तु
राजाओं की कब्रों में नहीं। 26 और वे लोग जिन्होंने उसके

विरुद्ध षडयंत्र किया, ये हैं: ज़ाबाद अम्मोनी स्त्री शिमअत का
पुत्र, और यहोजाबाद मोआबी स्त्री शिम्रित का पुत्र। 27 और
उसके पुत्रों के विषय में, और उसके विषय में बहुत से वचन,
और ईश्वर के भवन की पुनः स्थापना, देखो, वे राजाओं की
पुस्तक की टीका में लिखे हैं। और उसके स्थान पर उसका
पुत्र अमस्याहू राजा हुआ।

25 1 अमस्याहू पच्चीस वर्ष का था जब उसने राज्य
करना आरम्भ किया, और उसने येरुशलेम में
उन्नतीस वर्ष राज्य किया। और उसकी माता का नाम
यहोअद्दान था, जो येरुशलेम की थी। 2 और उसने 𐤉𐤄𐤅𐤄
की दृष्टि में ठीक किया, परन्तु पूरे मन से नहीं। 3 और ऐसा
हुआ कि जब राज्य उस पर दृढ़ हुआ, तब उसने अपने उन
दासों को मार डाला जिन्होंने उसके पिता राजा को मारा था।
4 परन्तु उसने उनके पुत्रों को नहीं मारा, जैसा कि तोराह में
मूसा की पुस्तक में लिखा है, जहाँ 𐤉𐤄𐤅𐤄 ने आज्ञा दी है:
"पिता अपने पुत्रों के कारण प्राणदण्ड नहीं पाएँगे, और पुत्र
अपने पिताओं के कारण प्राणदण्ड नहीं पाएँगे, परन्तु हर एक
अपने पाप के लिये मरेगा।" 5 और अमस्याहू ने यहूदा को
इकट्ठा किया और उन पर हज़ारों के सरदार और सैकड़ों के
सरदार नियुक्त किए, पितरों के घरानों के अनुसार, सब यहूदा
और बिन्यामीन के लिये। और उसने बीस वर्ष से ऊपर वालों
की गिनती की, और उसने पाया कि तीन लाख चुनिंदा योद्धा
हैं, जो सेना में जाते हैं, भाले और ढाल संभालते हैं। 6 और
उसने इस्राएल से एक लाख शूरवीरों को सौ किक्कार चाँदी
के लिये भाड़े पर रखा। 7 परन्तु ईश्वर का एक जन उसके
पास आया और कहा, "हे राजा, इस्राएल की सेना को अपने
साथ मत जाने दे, क्योंकि 𐤉𐤄𐤅𐤄 इस्राएल के साथ नहीं है,
न एप्रैम के सब पुत्रों के साथ। 8 "पर यदि तू जाना चाहता है,
तो जा, बलवन्त हो और युद्ध कर! परन्तु ईश्वर तुझे शत्रु के
सामने गिरा देगा, क्योंकि ईश्वर के पास सहायता करने और
गिराने की सामर्थ है।" 9 तब अमस्याहू ने ईश्वर के उस जन
से कहा, "परन्तु उस सौ किक्कार का क्या होगा, जो मैंने
इस्राएल की सेना को दिया है?" और ईश्वर के उस जन ने
उत्तर दिया, "𐤉𐤄𐤅𐤄 तुझ को इससे अधिक देने की शक्ति
रखता है।" 10 तब अमस्याहू ने उस सेना को, जो एप्रैम से
उसके पास आई थी, विदा कर दिया कि वे अपने घर लौट
जाएँ। और वे यहूदा पर अत्यन्त क्रोधित हुए, और क्रोध में
अपने घर लौट गए। 11 तब अमस्याहू ने अपने को दृढ़ किया
और अपनी प्रजा को ले जाकर नमक की तराई में दस हजार
सेईर के पुत्रों को मार डाला। 12 और यहूदा के पुत्रों ने और
भी दस हजार को जीवित पकड़ लिया, और उन्हें चट्टान की
चोटी पर ले गए, और उन्हें उस चोटी से नीचे गिरा दिया, और
सब के सब टुकड़े-टुकड़े हो गए। 13 परन्तु उस सेना के
सैनिक, जिसे अमस्याहू ने अपने साथ युद्ध करने से लौटा
दिया था, वे शमरोन से लेकर बेत-ḥोरोन तक यहूदा के
नगरों पर चढ़ाई करके गए, और उनमें तीन हजार को मार
डाला, और बहुत लूट ले गए। 14 और ऐसा हुआ कि जब
अमस्याहू एदोमियों को मारकर लौटा, तब वह सेईर के लोगों
के देवताओं को लाया, और उन्हें अपने लिये खड़ा किया,
और उनके सामने दण्डवत किया, और उन्हें धूप जलाया।
15 इस कारण 𐤉𐤄𐤅𐤄 का क्रोध अमस्याहू पर भड़क उठा,
और उसने उसके पास एक नबी भेजा, जिसने उससे कहा,
"तू ने उन लोगों के देवताओं को क्यों खोजा, जिन्होंने अपने
लोगों को तेरे हाथ से नहीं छुड़ाया?" 16 और जब वह उससे
बातें कर रहा था, तब राजा ने उससे कहा, "क्या हमने तुझे
राजा का सम्मति देनेवाला ठहराया है? चुप रह! क्यों तुझे मार
डाला जाए?" तब नबी ने रुककर कहा, "मैं जानता हूँ कि
ईश्वर ने तुझे नाश करने की सम्मति दी है, क्योंकि तूने यह
काम किया है और मेरी सम्मति नहीं मानी।" 17 तब यहूदा का
राजा अमस्याहू ने सम्मति ली और इस्राएल के राजा योआश,
जो यहोआहाज़ का पुत्र, यहू का पुत्र था, उसके पास दूत
भेजकर कहा, "आओ, हम आमने-सामने मिलें।" 18 तब
इस्राएल के राजा योआश ने यहूदा के राजा अमस्याहू को
उत्तर भेजा, "लेबानोन में जो ऊँटकटारा था, उसने लेबानोन
में जो देवदार था, उससे कहा, 'अपनी बेटी को मेरे पुत्र के
लिये पत्नी बना दे।' और लेबानोन का एक जंगली पशु वहाँ से
निकलकर उस ऊँटकटारे को रौंद गया। 19 "तू कहता है,
'देख, मैंने एदोम को मारा है,' और तेरा मन घमण्ड से उठा
है। अब अपने घर बैठा रह; क्यों तू बुराई में पड़कर गिर
जाए, तू और तेरे साथ यहूदा?" 20 परन्तु अमस्याहू ने न
सुना, क्योंकि यह ईश्वर की ओर से था, ताकि उन्हें उनके
शत्रुओं के हाथ में कर दे, क्योंकि उन्होंने एदोम के देवताओं
को खोजा था। 21 तब इस्राएल का राजा योआश निकल
पड़ा। और वह और यहूदा का राजा अमस्याहू आमने-सामने
बेत-शेमेश में, जो यहूदा का है, मिले। 22 और यहूदा इस्राएल
के सामने मारा गया, और वे हर एक अपने डेरे को भाग गए।
23 और इस्राएल का राजा योआश ने यहूदा के राजा अमस्याहू
को, योआश का पुत्र, यहोआहाज़ का पुत्र, बेत-शेमेश में पकड़
लिया, और उसे येरुशलेम ले आया, और येरुशलेम की दीवार
को एप्रैम के फाटक से लेकर कोने के फाटक तक चार सौ
अम्माह गिरा दिया। 24 और उसने सब सोना और चाँदी, और
वे सब पात्र, जो ईश्वर के भवन में ओबेद-एदोम के साथ पाए
गए थे, और राजा के घर के खजाने, और बंधक लिए हुए
लोगों को लिया, और शमरोन लौट गया। 25 और यहूदा का
राजा अमस्याहू, योआश का पुत्र, इस्राएल के राजा
यहोआहाज़ का पुत्र योआश के मरने के बाद पन्द्रह वर्ष जीवित
रहा। 26 और अमस्याहू के और काम, पहिले से अन्त तक,
देखो, क्या वे यहूदा और इस्राएल के राजाओं की पुस्तक में
नहीं लिखे हैं? 27 और जब से अमस्याहू 𐤉𐤄𐤅𐤄 के पीछे
चलने से फिरा, तब उन्होंने उसके विरुद्ध येरुशलेम में षडयंत्र
किया, और वह लाकीश भाग गया। और उन्होंने लाकीश के
पीछे उसके पास दूत भेजे और उसे वहाँ मार डाला। 28 और
वे उसे घोड़ों पर लादकर ले आए, और उसे उसके पितरों के
साथ यहूदा के नगर में दफनाया।

26 1 और यहूदा के सब लोगों ने उज्जियाहू को लिया, जो
सोलह वर्ष का था, और उसके पिता अमत्स्याहू के
स्थान पर उसे राजा ठहराया। 2 उसने एलोत का निर्माण
किया और उसे यहूदा को लौटा दिया, जब राजा अपने पितरों
के संग सो गया। 3 उज्जियाहू सोलह वर्ष का था जब उसने
राज्य करना आरम्भ किया, और यरूशलेम में बावन वर्ष राज्य
किया। और उसकी माता का नाम यरूशलेम की येखोल्याह
था। 4 और उसने वही किया जो 𐤉𐤄𐤅𐤄 की दृष्टि में ठीक
था, जैसा उसके पिता अमत्स्याहू ने किया था। 5 और उसने
ईश्वर की खोज की ज़कर्याहू के दिनों में, जिसे ईश्वर के

दर्शनों में समझ थी। और जब तक उसने 𐤉𐤄𐤅𐤄 की खोज
की, ईश्वर ने उसे सफल बनाया। 6 और वह बाहर गया और
पलिश्तियों से लड़ा, और गत की दीवार, और यब्नेह की
दीवार, और अशदोद की दीवार तोड़ डाली, और अशदोद
और पलिश्तियों के बीच नगर बनाए। 7 और ईश्वर ने उसकी
सहायता की पलिश्तियों के विरुद्ध, और उन अरबों के विरुद्ध
जो गूर-बाल में रहते थे, और मऊनियों के विरुद्ध। 8 और
अम्मोनियों ने उज्जियाहू को भेंट दी। और उसका नाम
मित्स्रयिम (मिस्र) के प्रवेश तक फैल गया, क्योंकि उसने
बहुत बल पाया। 9 और उज्जियाहू ने यरूशलेम में मीनारें
बनाईं — कोने के फाटक पर, तराई के फाटक पर, और
कोने की बुर्ज़ पर — और उन्हें दृढ़ किया। 10 और उसने
जंगल में मीनारें बनाईं, और बहुत से कुएँ खोदे, क्योंकि उसके
पास बहुत पशु थे, नीचे के देश में और मैदान में, और पहाड़ों
में और कर्मेल में किसान और दाखबारी करनेवाले थे, क्योंकि
उसे भूमि प्रिय थी। 11 और उज्जियाहू के पास युद्ध के लिये
तैयार पुरुषों की सेना थी, जो पंक्तियों में युद्ध करने निकलते
थे, उनकी गिनती के अनुसार, जैसा कि लिपिक येईएल और
अधिकारी मा'अस्याहू ने तैयार किया था, राजा के सेनापति
हनन्याहू के अधीन। 12 शक्तिशाली वीरों के कुल प्रधानों की
संख्या दो हजार छः सौ थी। 13 और उनके अधीन तीन लाख
सात हजार पाँच सौ की सेना थी, जो बड़ी शक्ति के साथ युद्ध
करती थी, राजा की शत्रु के विरुद्ध सहायता करने के लिये।
14 और उज्जियाहू ने उनके लिये, सारी सेना के लिये, ढालें,
भाले, टोप, कवच, धनुष और गोफन के पत्थर तैयार किए।
15 और उसने यरूशलेम में युक्तियाँ बनवाईं, कुशल पुरुषों से
गढ़ी हुई, ताकि मीनारों और कोनों पर रखी जाएँ, तीर और
बड़े पत्थर चलाने के लिये। और उसका नाम दूर-दूर तक
फैल गया, क्योंकि वह अद्भुत रीति से सहायता पाया जब तक
वह बलवान न हो गया। 16 परन्तु जब वह बलवान हो गया,
तब उसका मन घमण्ड से फूल गया, उसके पतन तक;
क्योंकि उसने अपने ईश्वर 𐤉𐤄𐤅𐤄 के विरुद्ध अपराध किया,
𐤉𐤄𐤅𐤄 के हेयखाल (मंदिर) में धूप जलाने की वेदी पर धूप
जलाने गया। 17 और अजर्याहू याजक उसके पीछे भीतर
गया, और उसके साथ 𐤉𐤄𐤅𐤄 के अस्सी याजक थे, जो
बहादुर पुरुष थे। 18 और उन्होंने राजा उज्जियाहू का सामना
किया और उससे कहा, "उज्जियाहू, तेरा काम नहीं है कि तू
𐤉𐤄𐤅𐤄 को धूप जलाए, परन्तु याजकों का, जो हारून के
पुत्र हैं, जो पवित्र हैं धूप जलाने के लिये। मिकदाश से निकल
जा, क्योंकि तूने अपराध किया है, और तुझे 𐤉𐤄𐤅𐤄 ईश्वर
की ओर से कोई आदर नहीं मिलेगा।" 19 तब उज्जियाहू
क्रोधित हुआ। और उसके हाथ में धूपदान था धूप जलाने के
लिये। और जब वह याजकों पर क्रोधित हुआ, तो उसके माथे
पर कोढ़ फूट पड़ा, याजकों के सामने 𐤉𐤄𐤅𐤄 के भवन में,
धूप की वेदी के पास। 20 और अजर्याहू महायाजक और सब
याजकों ने उसकी ओर देखा, और देखा कि उसके माथे पर
कोढ़ है। तब उन्होंने उसे वहाँ से जल्दी निकाल दिया। और
वह स्वयं भी बाहर निकलने को उतावला हुआ, क्योंकि
𐤉𐤄𐤅𐤄 ने उसे मारा था। 21 और राजा उज्जियाहू अपनी
मृत्यु के दिन तक कोढ़ी रहा, और एक अलग घर में रहा,
क्योंकि वह कोढ़ी था; और वह 𐤉𐤄𐤅𐤄 के भवन से अलग
किया गया था। और उसका पुत्र योथाम राजमहल पर था,
देश के लोगों पर शासन करता था। 22 और उज्जियाहू के
शेष काम, पहिले से अन्त तक, आमोץ के पुत्र नबी यशायाहू
ने लिखे। 23 और उज्जियाहू अपने पितरों के संग सो गया,
और उसे उसके पितरों के संग उस खेत में दफनाया गया जो
राजाओं के कब्रस्थान का था; क्योंकि उन्होंने कहा, "वह कोढ़ी
है।" और उसका पुत्र योथाम उसके स्थान पर राज्य करने
लगा।

27

1 योथाम पच्चीस वर्ष का था जब उसने राज्य करना
आरम्भ किया, और उसने यरूशलेम में सोलह वर्ष
राज्य किया। और उसकी माता का नाम येरूशाह था, जो
सादोक की बेटी थी। 2 और उसने वही किया जो 𐤉𐤄𐤅𐤄 की
दृष्टि में ठीक था, जैसा उसके पिता उज्जियाहू ने किया था।
केवल उसने 𐤉𐤄𐤅𐤄 के हेयखाल (मंदिर) में प्रवेश नहीं
किया। और लोग अब भी भ्रष्ट आचरण करते रहे। 3 उसने
𐤉𐤄𐤅𐤄 के भवन का ऊपरी फाटक बनाया, और ओफेल की
दीवार पर बहुत निर्माण किया। 4 और उसने यहूदा के पहाड़ी
प्रदेश में नगर बनाए, और वनों में उसने महल और गढ़ियां
बनाईं। 5 और उसने अम्मोनियों के राजा से युद्ध किया और
उस पर प्रबल हुआ। और अम्मोनियों के पुत्रों ने उसी वर्ष उसे
सौ किक्कार चाँदी, और दस हजार कोर गेहूँ, और दस हजार
जौ दिए। यही अम्मोनियों के पुत्रों ने उसे दूसरे और तीसरे
वर्ष भी चुकाया। 6 और योथाम बलवान हुआ, क्योंकि उसने
अपने मार्ग 𐤉𐤄𐤅𐤄 अपने ईश्वर के सामने तैयार किए।
7 और योथाम के बाकी काम, और उसके सब युद्ध और उसके
मार्ग, देखो, वे इस्राएल और यहूदा के राजाओं की पुस्तक में
लिखे हैं। 8 वह पच्चीस वर्ष का था जब उसने राज्य करना
आरम्भ किया, और उसने यरूशलेम में सोलह वर्ष राज्य
किया। 9 और योथाम अपने पितरों के संग सो गया, और उसे
दाविद के नगर में दफनाया गया। और उसका पुत्र आहाज़
उसके स्थान पर राज्य करने लगा।

28

1 आहाज़ बीस वर्ष का था जब उसने राज्य करना
आरम्भ किया, और उसने यरूशलेम में सोलह वर्ष
राज्य किया। और उसने वह नहीं किया जो 𐤉𐤄𐤅𐤄 की
दृष्टि में ठीक था, जैसा उसके पिता दाविद ने किया था।
2 उसने इस्राएल के राजाओं के मार्गों पर चला, और बालों के
लिये ढली हुई मूरतें बनाईं। 3 और उसने स्वयं बेन हिनोम की
तराई में धूप जलाया, और अपने पुत्रों को आग में जलाया,
उन जातियों की घृणित रीति के अनुसार जिन्हें 𐤉𐤄𐤅𐤄 ने
इस्राएल के पुत्रों के सामने से निकाला था। 4 और उसने
ऊँचे स्थानों पर, पहाड़ियों पर, और हर एक हरे वृक्ष के नीचे
बलि चढ़ाई और धूप जलाया। 5 इसलिये उसके ईश्वर
𐤉𐤄𐤅𐤄 ने उसे अराम के राजा के हाथ में दे दिया, और
उन्होंने उसे मारा, और उनमें से बहुतों को बंधुआई में ले
जाकर दममेस्क पहुँचा दिया। और वह इस्राएल के राजा के
हाथ में भी दिया गया, जिसने उसे बड़ी मार से मारा। 6 और
पेकह, रेमल्याहू का पुत्र, ने एक ही दिन में यहूदा में एक लाख
बीस हजार बहादुर पुरुषों को मार डाला, क्योंकि उन्होंने अपने
पितरों के ईश्वर 𐤉𐤄𐤅𐤄 को छोड़ दिया था। 7 और एप्रैम के
एक पराक्रमी पुरुष, जिक्री ने, राजा के पुत्र मा'अस्याहू, और
घर के अधिकारी अजरिकाम, और राजा के दूसरे एल्कानाह

को मारा। 8 और इस्राएल के पुत्रों ने अपने भाइयों में से दो लाख स्त्रियाँ, पुत्र और पुत्रियाँ बंधुआ बनाए। और उनसे बहुत लूट भी छीनी, और लूट को शोमरोन ले गए। 9 परन्तु वहाँ 𐤉𐤄𐤅𐤄 का एक नबी था, जिसका नाम ओदेद था। और वह उस सेना के सामने गया जो शोमरोन में आई थी, और उनसे कहा, "देखो, क्योंकि तुम्हारे पितरों के ईश्वर 𐤉𐤄𐤅𐤄 यहूदा से अप्रसन्न था, उसने उन्हें तुम्हारे हाथ में दे दिया, और तुमने उन्हें ऐसे क्रोध में मारा जो स्वर्ग तक पहुँचता है। 10 "और अब तुम यहूदा और यरूशलेम के पुत्रों को अपने दास-दासियाँ बनाने की युक्ति कर रहे हो, परन्तु क्या तुम भी अपने ईश्वर 𐤉𐤄𐤅𐤄 के सामने दोषी नहीं हो? 11 "अब मेरी सुनो, और अपने भाइयों में से जो बंधुआ बनाए हैं उन्हें लौटा दो, क्योंकि 𐤉𐤄𐤅𐤄 का प्रचण्ड क्रोध तुम पर है।" 12 तब एप्रैम के कुछ प्रधान — याहोहानान का पुत्र अजर्याहू, मेशिल्लेमोथ का पुत्र बेरेक्याहू, शल्लूम का पुत्र यहिज़कियाहू, और हदलै का पुत्र अमासा — उन से विरोध करने को खड़े हुए जो सेना से आए थे। 13 और उन्होंने उनसे कहा, "तुम यहाँ बंधुआओं को मत लाओ, कि हम पर 𐤉𐤄𐤅𐤄 के सामने दोष न आए। क्या तुम हमारे पापों और अपराधों में बढ़ाना चाहते हो? क्योंकि हमारा अपराध बड़ा है, और इस्राएल पर प्रचण्ड क्रोध है।" 14 तब सशस्त्र लोग बंधुआओं और लूट को प्रधानों और सारी सभा के सामने छोड़ गए। 15 और वे पुरुष जो नाम लेकर ठहराए गए थे, उठे और बंधुआओं को लिया, और लूट में से सब नंगों को कपड़े पहनाए, और उन्हें वस्त्र पहनाए और जूते पहनाए, और उन्हें भोजन और पानी दिया, और उनका तेल से अभिषेक किया, और सब दुर्बलों को गधों पर बैठाया, और उन्हें यरीहो, खजूरों के नगर, में उनके भाइयों के पास पहुँचाया, फिर शोमरोन लौट गए। 16 उसी समय राजा आहाज़ ने अश्शूर के राजाओं के पास सहायता माँगने के लिये दूत भेजे। 17 क्योंकि एदोमी फिर से आए और यहूदा को मारा और बंधुआ बना ले गए। 18 और पलिश्तियों ने यहूदा के निचले देश और दक्खिन के नगरों पर चढ़ाई की, और बेत-शेमेश, अयालोन, गेदेरोत, सोखो और उसके गाँव, तिम्नाह और उसके गाँव, और गिम्ज़ो और उसके गाँवों को ले लिया, और वहाँ बस गए। 19 क्योंकि 𐤉𐤄𐤅𐤄 ने यहूदा को आहाज़, इस्राएल के राजा के कारण नीचा किया, क्योंकि उसने यहूदा में निरंकुशता कराई और 𐤉𐤄𐤅𐤄 के विरुद्ध अपराध किया। 20 और अश्शूर का राजा तिग्लत-पिलेसर उसके विरुद्ध आया और उसे कष्ट दिया, परन्तु उसकी सहायता नहीं की। 21 यद्यपि आहाज़ ने 𐤉𐤄𐤅𐤄 के भवन से, राजभवन से, और प्रधानों से कुछ खजाने लिये और अश्शूर के राजा को दिए, परन्तु उसने उसकी सहायता नहीं की। 22 और अपनी कठिनाई के समय राजा आहाज़ ने और भी 𐤉𐤄𐤅𐤄 के विरुद्ध अपराध किया — यही राजा आहाज़ था। 23 और उसने दममेस्क के देवताओं के लिये बलि चढ़ाई, जो उसे मारते थे, यह कहकर, "क्योंकि अराम के राजाओं के देवता उनकी सहायता करते हैं, मैं उन्हें बलि चढ़ाऊँगा कि वे मेरी भी सहायता करें।" परन्तु वे उसके और सारे इस्राएल के लिये ठोकर का कारण बने। 24 और आहाज़ ने ईश्वर के भवन के पात्र एकत्र किए, और ईश्वर के भवन के पात्रों को टुकड़े-टुकड़े किया, और 𐤉𐤄𐤅𐤄 के भवन के फाटक बन्द कर दिए, और यरूशलेम के हर कोने में अपने लिये वेदियाँ बनाईं। 25 और यहूदा के हर नगर में उसने ऊँचे स्थान बनाए ताकि दूसरे देवताओं को धूप जलाए, और उसने अपने पितरों के ईश्वर 𐤉𐤄𐤅𐤄 को क्रोधित किया। 26 और उसके बाकी काम और उसके सब मार्ग, पहिले से अन्त तक, देखो, यहूदा और इस्राएल के राजाओं की पुस्तक में लिखे हैं। 27 और आहाज़ अपने पितरों के संग सो गया, और उसे नगर में, यरूशलेम में दफनाया गया, परन्तु उसे इस्राएल के राजाओं की कब्रों में नहीं लाया गया। और उसका पुत्र हिज़कियाहू उसके स्थान पर राज्य करने लगा।

29 1 हिज़कियाहू पच्चीस वर्ष का था जब उसने राज्य करना आरम्भ किया, और उसने यरूशलेम में उनतीस वर्ष राज्य किया। और उसकी माता का नाम ज़कर्याहू की बेटी अबियाह था। 2 और उसने वही किया जो 𐤉𐤄𐤅𐤄 की दृष्टि में ठीक था, जैसा उसके पिता दाविद ने किया था। 3 अपने राज्य के प्रथम वर्ष, प्रथम महीने में उसने 𐤉𐤄𐤅𐤄 के भवन के फाटक खोले और उनकी मरम्मत की, 4 और याजकों और लेवीयों को भीतर लाया, और उन्हें पूर्व की ओर खुले स्थान में इकट्ठा किया। 5 और उसने उनसे कहा, "हे लेवीयो, मेरी सुनो! अब अपने आप को पवित्र करो, अपने पितरों के ईश्वर 𐤉𐤄𐤅𐤄 के भवन् को पवित्र करो, और पवित्र स्थान से अशुद्धता को निकाल दो। 6 "क्योंकि हमारे पितरों ने अपराध किया और 𐤉𐤄𐤅𐤄 हमारे ईश्वर की दृष्टि में बुरा किया, और उसे छोड़ दिया, और 𐤉𐤄𐤅𐤄 के मिश्कान से अपना मुँह फेर लिया, और अपनी पीठ कर ली। 7 "और उन्होंने बरामदे के द्वार बन्द कर दिए, दीपकों को बुझा दिया, और इस्राएल के ईश्वर के लिये पवित्र स्थान में धूप नहीं जलाया और न होमबलि चढ़ाई। 8 "इस कारण 𐤉𐤄𐤅𐤄 का कोप यहूदा और यरूशलेम पर उतरा, और उसने उन्हें थरथराहट, विस्मय और तिरस्कार के लिये दे दिया, जैसा तुम अपनी आँखों से देखते हो। 9 "और देखो, इसी कारण हमारे पितर तलवार से गिर पड़े; और हमारे पुत्र, हमारी पुत्रियाँ और हमारी पत्नियाँ इसके कारण बंधुआई में हैं। 10 "अब मेरे मन में यह है कि मैं इस्राएल के ईश्वर 𐤉𐤄𐤅𐤄 के साथ वाचा बाँधूँ, ताकि उसका प्रचण्ड क्रोध हम से फिर जाए। 11 "हे मेरे पुत्रो, ढीले मत पड़ो, क्योंकि 𐤉𐤄𐤅𐤄 ने तुम्हें अपने सम्मुख खड़े होने, उसकी सेवा करने, उसके लिये सेवक बने रहने और धूप जलाने के लिये चुना है।" 12 तब लेवी उठे: कहाती पुत्रों में से अमसै के पुत्र महत और अजर्याहू के पुत्र योएल; और मेरारी के पुत्रों में से अब्दी के पुत्र किश और यहल्लेलएल के पुत्र अजर्याहू; और गेरशोनी पुत्रों में से ज़िम्मा के पुत्र योआह और योआह के पुत्र एदेन; 13 और एलीत्साफ़ान के पुत्रों में से शिम्री और येईएल; और आसाफ के पुत्रों में से ज़कर्याहू और मत्तन्याहू; 14 और हेमान के पुत्रों में से येहीएल और शिमी; और येदूतून के पुत्रों में से शेमायाह और उज्जीएल। 15 और उन्होंने अपने भाइयों को इकट्ठा किया, और अपने आप को पवित्र किया, और राजा की आज्ञा और 𐤉𐤄𐤅𐤄 के वचन के अनुसार 𐤉𐤄𐤅𐤄 के भवन को शुद्ध करने गए। 16 और याजक 𐤉𐤄𐤅𐤄 के भवन के भीतरी भाग में उसे शुद्ध करने को गए, और जो भी अशुद्धता उन्हें 𐤉𐤄𐤅𐤄 के हेयखाल में मिली, उसे 𐤉𐤄𐤅𐤄 के भवन के आँगन में बाहर निकाल दिया। तब लेवीयों ने उसे लिया और

किद्रोन की वादी के बाहर ले गए। 17 और उन्होंने प्रथम महीने
के प्रथम दिन से पवित्रीकरण आरम्भ किया, और महीने के
आठवें दिन 𐤉𐤄𐤅𐤄 के बरामदे पर पहुँचे। और उन्होंने
𐤉𐤄𐤅𐤄 के भवन को आठ दिन में पवित्र किया, और प्रथम
महीने के सोलहवें दिन तक उनका काम पूरा हुआ। 18 तब वे
राजा हिज़कियाहू के पास आकर बोले, "हम ने 𐤉𐤄𐤅𐤄 के
सारे भवन को शुद्ध कर दिया है, और होमबलि की वेदी और
उसके सब पात्र, और प्रस्तुति रोटियों की मेज और उसके सब
पात्र भी। 19 "और वे सब पात्र भी जिन्हें राजा आहाज़ ने
अपने राज्य में, जब उसने अपराध किया, एक ओर कर दिया
था — हम ने उन्हें तैयार कर लिया है और पवित्र कर दिया
है। और देखो, वे 𐤉𐤄𐤅𐤄 की वेदी के सामने हैं।" 20 तब
राजा हिज़कियाहू भोर को उठा, नगर के प्रधानों को इकट्ठा
किया, और वे 𐤉𐤄𐤅𐤄 के भवन को ऊपर गए। 21 और वे
राज्य, मिकदाश और यहूदा के लिये पापबलि के रूप में सात-
सात साँड़, सात-सात मेढ़े, सात-सात मेम्ने और सात बकरे
लाए। और उसने हारून के पुत्र याजकों से कहा कि वे उन्हें
𐤉𐤄𐤅𐤄 की वेदी पर चढ़ाएँ। 22 तब उन्होंने साँड़ों का वध
किया, और याजकों ने रक्त लेकर वेदी पर छिड़का; और
उन्होंने मेढ़ों का वध किया और रक्त वेदी पर छिड़का; और
उन्होंने मेम्नों का वध किया और रक्त वेदी पर छिड़का।
23 और वे पापबलि के बकरों को राजा और सभा के सामने
लाए, और उन्होंने उन पर अपने हाथ रखे, 24 और याजकों ने
उनका वध किया, और उनके रक्त से वेदी पर पापबलि
चढ़ाई, सारे इस्राएल के लिये प्रायश्चित्त करने को; क्योंकि
राजा ने कहा था कि होमबलि और पापबलि सारे इस्राएल के
लिये है। 25 और उसने 𐤉𐤄𐤅𐤄 के भवन में लेवीयों को
झाँझ, सारंगी और वीणा के साथ ठहराया, जैसा दाविद, और
राजा के दर्शी गाद, और नबी नातान की आज्ञा थी; क्योंकि
आज्ञा 𐤉𐤄𐤅𐤄 के हाथ से, उसके नबियों के माध्यम से थी।
26 और लेवी दाविद के यन्त्रों के साथ खड़े थे, और याजक
तुरहियों के साथ। 27 और हिज़कियाहू ने वेदी पर होमबलि
चढ़ाने की आज्ञा दी। और जैसे ही होमबलि आरम्भ हुई,
𐤉𐤄𐤅𐤄 के लिये गान भी आरम्भ हुआ, तुरहियों और इस्राएल
के राजा दाविद के यन्त्रों के साथ। 28 और सारी सभा झुक
रही थी, गायक गा रहे थे, और तुरही बजाने वाले फूँक रहे थे
— यह सब तब तक चलता रहा जब तक होमबलि समाप्त न
हुई। 29 और बलि के समाप्त होने पर, राजा और उसके साथ
के सब जन झुके और उपासना की। 30 और राजा
हिज़कियाहू और प्रधानों ने लेवीयों को दाविद और दर्शी
आसाफ के वचनों से 𐤉𐤄𐤅𐤄 की स्तुति गाने की आज्ञा दी।
तब उन्होंने आनन्द के साथ स्तुति गाई, और झुककर
दण्डवत किया। 31 तब हिज़कियाहू ने उत्तर देकर कहा,
"जब तुम ने अपने आप को 𐤉𐤄𐤅𐤄 के लिये समर्पित कर
दिया है, तो निकट आओ और 𐤉𐤄𐤅𐤄 के भवन में
मेलबलियाँ और धन्यवादबलियाँ लाओ।" तब सभा ने
मेलबलियाँ और धन्यवादबलियाँ लाईं, और जिनका मन उभरा
उन सब ने होमबलियाँ भी लाईं। 32 और उन होमबलियों की
संख्या, जो सभा लाई, सत्तर साँड़, सौ मेढ़े, दो सौ मेम्ने थे —
ये सब 𐤉𐤄𐤅𐤄 के लिये होमबलि थे। 33 और पवित्र अर्पण
छः सौ साँड़ और तीन हजार भेड़ें थीं। 34 परन्तु याजक थोड़े
थे, और सब होमबलियों की खाल उतारने में असमर्थ थे;
इसलिए उनके भाइयों लेवीयों ने उनकी सहायता की, जब तक
काम पूरा न हो गया और जब तक अन्य याजकों ने अपने
आप को पवित्र न कर लिया; क्योंकि लेवी अपने आप को
पवित्र करने में याजकों की तुलना में अधिक खरे पाए गए।
35 और होमबलियाँ बहुत थीं, और मेलबलियों की चर्बी के
साथ, और हर होमबलि के लिये पान-अर्पण भी। इस प्रकार
𐤉𐤄𐤅𐤄 के भवन की सेवा फिर से स्थापित हुई। 36 और
हिज़कियाहू और सब लोग आनन्दित हुए कि ईश्वर ने लोगों
को तैयार कर दिया, क्योंकि यह बात बहुत शीघ्र घटित हुई।

30 1 और हिज़कियाहू ने सारे यिस्राएल और यहूदा को
भेजा, और उसने इप्रयिम और मनश्शेह को भी पत्र
लिखे, कि वे यरूशलेम में 𐤉𐤄𐤅𐤄 के भवन में आएं,
𐤉𐤄𐤅𐤄 ईश्वर यिस्राएल के पासह को मानने के लिये।
2 परन्तु राजा और उसके हाकिमों और सारी सभा ने
यरूशलेम में सम्मति की कि दूसरे महीने में पासह मानें।
3 क्योंकि वे अपने समय में इसे मान नहीं सके, क्योंकि पर्याप्त
याजकों ने अपने को पवित्र नहीं किया था, और लोग
यरूशलेम में इकट्ठा नहीं हुए थे। 4 और वह बात राजा की
दृष्टि में और सारी सभा की दृष्टि में अच्छी थी। 5 और
उन्होंने यह निश्चय किया कि सारे यिस्राएल को, बेएरशेबा से
दान तक, पुकार भेजी जाए, कि वे यरूशलेम में 𐤉𐤄𐤅𐤄
ईश्वर यिस्राएल के पासह को मानने आएं, क्योंकि उन्होंने इसे
बहुत दिनों से नहीं किया था, जैसा लिखा है। 6 और
दौड़नेवाले सारे यिस्राएल और यहूदा में राजा और उसके
हाकिमों के पत्र लेकर गए, और राजा की आज्ञा के अनुसार
बोले, "हे यिस्राएल के पुत्रों, अब्राहम, इसहाक, और यिस्राएल
के 𐤉𐤄𐤅𐤄 ईश्वर की ओर लौट आओ, ताकि वह अश्शूर के
राजाओं के हाथ से बचे तुम्हारे शेष लोगों की ओर लौटे।
7 "और अपने पितरों और भाइयों के समान मत बनो, जिन्होंने
अपने पितरों के 𐤉𐤄𐤅𐤄 ईश्वर के विरुद्ध अपराध किया,
इसलिए उसने उन्हें उजाड़ने के लिये छोड़ दिया, जैसा तुम
देखते हो। 8 "अब अपनी गर्दन को कठोर मत करो, जैसे
तुम्हारे पितरों ने किया, परन्तु 𐤉𐤄𐤅𐤄 की ओर हाथ बढ़ाओ,
और उसके पवित्रस्थान में आओ, जिसे उसने सदा के लिये
पवित्र किया है, और 𐤉𐤄𐤅𐤄 अपने ईश्वर की सेवा करो,
ताकि उसका भयानक क्रोध तुमसे फिर जाए। 9 "क्योंकि
यदि तुम 𐤉𐤄𐤅𐤄 की ओर लौटोगे, तो तुम्हारे भाई और
तुम्हारे बच्चे अपने बन्दी बनानेवालों से दया पाएंगे, और इस
देश में लौट आएंगे। क्योंकि 𐤉𐤄𐤅𐤄 तुम्हारा ईश्वर
अनुग्रहकारी और दयालु है, और यदि तुम उसकी ओर
लौटोगे, तो वह तुमसे अपना मुख नहीं फेरता।" 10 और
दौड़नेवाले इप्रयिम और मनश्शेह के देश में, ज़ेबुलून तक,
नगर-नगर में गए। परन्तु वे उन पर हंसी उड़ाते और ठट्ठा
करते थे। 11 तथापि अशेर और मनश्शेह और ज़ेबुलून में से
कुछ ने अपने को दीन किया और यरूशलेम आए। 12 और
यहूदा पर ईश्वर का हाथ भी था, कि वे एक मन होकर राजा
और हाकिमों की आज्ञा को 𐤉𐤄𐤅𐤄 के वचन के अनुसार
करें। 13 और बहुत से लोग, एक बहुत बड़ी सभा, दूसरे महीने
में अखमीरी रोटी का पर्व मानने को यरूशलेम में इकट्ठा हुए।
14 और वे उठे और यरूशलेम में जो वेदियाँ थीं, उन्हें हटा
दिया, और उन्होंने सब धूप की वेदियाँ हटा दीं और उन्हें

किद्रोन की तराई में फेंक दिया। 15 तब उन्होंने दूसरे महीने
के चौदहवें दिन पासह का वध किया। और याजक और लेवी
लज्जित हुए, और अपने को पवित्र किया, और होमबलि
𐤉𐤄𐤅𐤄 के भवन में लाए। 16 और वे अपने स्थान में खड़े
हुए अपने नियम के अनुसार। मूसा, ईश्वर के जन की
व्यवस्था के अनुसार, याजकों ने लेवियों के हाथ से लहू
छिड़का। 17 क्योंकि सभा में बहुतों ने अपने को पवित्र नहीं
किया था। इसलिए लेवियों ने पासह के वध पर उन सब के
लिये किया जो शुद्ध न थे, ताकि वे 𐤉𐤄𐤅𐤄 के लिये पवित्र
किए जाएं। 18 क्योंकि लोगों में से बहुतों ने, इफ्रयिम और
मनश्शेह, इस्साकार और ज़ेबुलून में से बहुतों ने अपने को
शुद्ध नहीं किया था, तौभी उन्होंने पासह खाया, जैसा लिखा था
उसके विरुद्ध। परन्तु हिज़कियाहू ने उनके लिये प्रार्थना की,
कहा, "जो भला है, वह 𐤉𐤄𐤅𐤄 हर एक का प्रायश्चित करे
19 जिसने अपने मन को तैयार किया है ईश्वर को खोजने के
लिये, अपने पितरों के 𐤉𐤄𐤅𐤄 ईश्वर को, यद्यपि वह
पवित्रस्थान की शुद्धि के अनुसार शुद्ध नहीं है।" 20 और
𐤉𐤄𐤅𐤄 ने हिज़कियाहू की सुनी और लोगों को चंगा किया।
21 और यरूशलेम में जो यिस्त्राएल के पुत्र थे, उन्होंने
अखमीरी रोटी का पर्व सात दिन बड़े आनन्द से माना। और
लेवी और याजकों ने दिन-प्रतिदिन 𐤉𐤄𐤅𐤄 की स्तुति की,
𐤉𐤄𐤅𐤄 के सामने स्तुति के बाजों के साथ। 22 और
हिज़कियाहू ने उन सब लेवियों के हृदय को ढाढ़स दिया,
जिनके पास 𐤉𐤄𐤅𐤄 के विषय में अच्छा ज्ञान था। इसलिए
उन्होंने नियुक्त भोजन सात दिन खाया, मेलबलि चढ़ाते हुए
और अपने पितरों के 𐤉𐤄𐤅𐤄 ईश्वर के सामने अंगीकार
करते हुए। 23 और सारी सभा ने सम्मति की कि सात दिन
और मानें, और उन्होंने सात दिन और आनन्द के साथ
मानें। 24 क्योंकि यहूदा का राजा हिज़कियाहू ने सभा को एक
हज़ार बैल और सात हज़ार भेड़ें दीं, और हाकिमों ने सभा को
एक हज़ार बैल और दस हज़ार भेड़ें दीं। और बहुत से
याजकों ने अपने को पवित्र किया। 25 और यहूदा की सारी
सभा, और याजक और लेवी, और सारी सभा जो यिस्त्राएल से
आए थे, और जो यिस्त्राएल देश से आए परदेशी, और जो
यहूदा में रहते थे, उन्होंने आनन्द किया। 26 और यरूशलेम
में बड़ी आनन्द की बात हुई, क्योंकि दाऊद के पुत्र सुलेमान,
यिस्त्राएल के राजा के दिनों से यरूशलेम में ऐसी बात न हुई
थी। 27 और याजक, लेवी उठे और लोगों को आशीष दी,
और उनकी आवाज़ सुनी गई। और उनकी प्रार्थना उसके
पवित्र निवास स्थान में, स्वर्ग तक पहुंची।

31 1 और यह सब पूरा होने पर, जितने यिस्त्राएल वहाँ
उपस्थित थे वे सब यहूदा के नगरों में गए और खंभों
को तोड़ डाला, और अशेरियों को काट डाला, और ऊँचे
स्थानों और वेदियों को गिरा दिया, सब यहूदा और बिन्यामीन
और इफ्रयिम और मनश्शेह में, यहाँ तक कि सब पूरा हो गया।
तब सब यिस्त्राएल के पुत्र अपने-अपने नगरों को, हर एक
अपने निज भाग में लौट आए। 2 और हिज़कियाहू ने याजकों
और लेवियों की बंटाई उनके दलों के अनुसार ठहराई, हर
एक अपनी सेवा के अनुसार, याजकों और लेवियों के होमबलि
और मेलबलि के लिये, सेवा करने और धन्यवाद देने और
𐤉𐤄𐤅𐤄 के शिविर के फाटकों में स्तुति करने के लिये।
3 और राजा ने अपने निज भाग से होमबलियों के लिये दिया,
प्रातः और सायंकाल के होमबलि के लिये, और सब्बाथों, और
नए चाँदों, और ठहराए हुए पर्वों के लिये होमबलि के लिये,
जैसा कि 𐤉𐤄𐤅𐤄 की व्यवस्था में लिखा है। 4 और उसने
उन लोगों से, जो यरूशलेम में रहते थे, कहा कि याजकों और
लेवियों को उनका भाग दें, ताकि वे 𐤉𐤄𐤅𐤄 की व्यवस्था में
बलवान हों। 5 और जब यह वचन फैला, तो यिस्त्राएल के पुत्र
बहुतायत में अन्न, दाखमधु, और तेल, और मधु, और खेत
की सारी उपज के पहिलौठे लाए। और उन्होंने सब का
दशमांश बहुत लाकर रखा। 6 और यिस्त्राएल और यहूदा के
पुत्रों ने, जो यहूदा के नगरों में रहते थे, गाय-बैल और भेड़-
बकरियों का दशमांश लाया। यहाँ तक कि पवित्र उपहारों का
दशमांश, जो उनके ईश्वर 𐤉𐤄𐤅𐤄 को पवित्र किया गया था,
वे लाए, और उन्होंने ढेर ढेर रख दिया। 7 तीसरे महीने में
उन्होंने ढेर लगाना आरम्भ किया, और सातवें महीने में समाप्त
किया। 8 और हिज़कियाहू और हाकिम आए और उन ढेरों को
देखा, और उन्होंने 𐤉𐤄𐤅𐤄 और उसके लोगों यिस्त्राएल को
आशीष दी। 9 और हिज़कियाहू ने याजकों और लेवियों से उन
ढेरों के विषय में पूछा। 10 और अज़र्याहू प्रधान याजक, जो
सादोक के घराने से था, ने उसे उत्तर दिया और कहा, "जब
से उन्होंने भेंटें 𐤉𐤄𐤅𐤄 के भवन में लाना आरम्भ किया है, तब
से हमें खाने के लिये बहुत मिला और बहुत बचा भी है, क्योंकि
𐤉𐤄𐤅𐤄 ने अपने लोगों को आशीष दी है। और यह बड़ी
मात्रा बची हुई है।" 11 और हिज़कियाहू ने आज्ञा दी कि
𐤉𐤄𐤅𐤄 के भवन में कोठरियाँ तैयार करें, और उन्होंने उन्हें
तैयार किया। 12 तब उन्होंने चढ़ावा, और दशमांश, और
पवित्र उपहार विश्वासयोग्यता से भीतर लाए। और कोनन्याहू
लेवी उनका प्रधान था, और उसका भाई शिमी दूसरा था।
13 और येहीएल, और अज़ज़्याहू, और नहथ, और आसहएल,
और यरिमोत, और योज़ाबाद, और एलीएल, और यिस्मक्याहू,
और महथ, और बन्याहू, ये सब कोनन्याहू और उसके भाई
शिमी के हाथ के नीचे निरीक्षक थे, राजा हिज़कियाहू की
आज्ञा से और ईश्वर के भवन के हाकिम अज़र्याहू के द्वारा।
14 और कोरे यिम्नाह का पुत्र लेवी, जो पूर्व द्वार का रखवाला
था, स्वेच्छा की भेंटों पर था, ताकि 𐤉𐤄𐤅𐤄 की भेंटें और अति
पवित्र उपहार बाँटे। 15 और उसके हाथ के नीचे एदेन, और
मिन्यामीन, और येहशूआ, और शेमायाहू, अमर्याहू, और
शेखन्याहू थे, याजकों के नगरों में, अपने भाइयों को
विश्वासयोग्यता से बाँटने के लिये, उनके दलों के अनुसार,
बड़े से छोटे तक। 16 उन पुरुषों के अतिरिक्त, जो तीन वर्ष
के ऊपर से वंशावली में लिखे गए थे, उन्होंने सबको बाँटा, जो
𐤉𐤄𐤅𐤄 के भवन में प्रवेश करते थे, उनकी दिन-दिन की
खुराक उनकी सेवा के काम के लिये, उनके दल के
अनुसार। 17 और याजकों को, जो वंशावली में उनके पितरों
के घर के अनुसार लिखे गए थे, और लेवियों को जो बीस वर्ष
के ऊपर थे, उनके दलों में उनके कार्यों के अनुसार। 18 और
वंशावली में लिखे सबको, उनके छोटे बच्चों और उनकी
पत्नियों, उनके पुत्रों और पुत्रियों, सब मंडली को। क्योंकि
उनकी विश्वासयोग्यता में उन्होंने अपने को पवित्र किया
पवित्रता में। 19 और हारून के पुत्र याजकों के लिये, जो
अपने नगरों की खुली भूमि के खेतों में थे, हर एक नगर में
नाम लेकर ठहराए हुए पुरुष थे, जो सब याजकों में से पुरुषों

को और लेवियों में वंशावली में लिखे हुए सबको भाग बाँटते थे। [20]और हिज़कियाहू ने यह सब यहूदा में किया, और उसने वह किया जो भला, और जो ठीक, और जो सत्य था, अपने ईश्वर ञ५ञ२ के साम्हने। [21]और हर एक काम में, जो उसने ईश्वर के भवन की सेवा में, व्यवस्था में, और आज्ञा में, अपने ईश्वर को खोजने के लिये आरम्भ किया, उसने अपने सारे मन से किया, और वह सफल हुआ।

32 [1]इन बातों के बाद और इस निष्ठा के उपरान्त, अश्शूर का राजा सनहेरीब आया। और वह यहूदा में प्रवेश कर रक्षा-नगरों के विरुद्ध छावनी डाल बैठा, और कहा कि उन्हें अपने लिये फोड़ निकाले। [2]और हिज़कियाहू ने देखा कि सनहेरीब आ पहुँचा है, और उसका मुख यरूशलेम से लड़ने की ओर है, [3]और उसने अपने हाकिमों और शूरवीरों से परामर्श किया कि नगर के बाहर जो सोते थे उन्हें रोक दिया जाए। और उन्होंने उसकी सहायता की। [4]और बहुत से लोग इकट्ठे हुए, और उन्होंने सब सोते और उस नाले को जो देश के बीच से बहता था, रोक दिया, कहते हुए, "अश्शूर के राजा आकर बहुत जल क्यों पाएँ?" [5]और उसने स्वयं को दृढ़ किया, और जो दीवार टूटी थी उसे सब ओर बना दिया, और उसे मीनारों तक उठाया, और उसके बाहर दूसरी दीवार भी बनाई, और दावीद के नगर में मिल्लो को दृढ़ किया, और बहुत से अस्त्र-शस्त्र और ढालें बनवाईं। [6]और उसने लोगों पर युद्ध-अधिकारियों को नियुक्त किया, और उन्हें नगर के फाटक के खुले स्थान में अपने पास इकट्ठा किया, और उनके मन को ढाढ़स देकर कहा, [7]"हियाव बाँधो और दृढ़ बनो, अश्शूर के राजा से, और उसके संग की सारी सेना से मत डरो और न भयभीत हो; क्योंकि हमारे साथ रहनेवाले उन से अधिक हैं जो उसके साथ हैं। [8]"उसके साथ तो केवल शरीर का बल है, पर हमारे साथ ञ५ञ२ हमारे ईश्वर हैं, जो हमारी सहायता करें और हमारे युद्ध लड़ें।" और लोगों ने यहूदा के राजा हिज़कियाहू की बातों पर भरोसा किया। [9]इसके बाद अश्शूर के राजा सनहेरीब ने अपने दासों को यरूशलेम की ओर भेजा—और वह स्वयं और उसकी सब शक्ति लाखीश के विरुद्ध थी—यहूदा के राजा हिज़कियाहू और यरूशलेम में रहनेवाले सब यहूदा से यह कहने को, [10]"अश्शूर के राजा सनहेरीब यों कहता है, 'तुम किस पर भरोसा रखते हो कि यरूशलेम में घेरा झेलते हुए ठहरे हो? [11]'क्या हिज़कियाहू तुम्हें यह कहकर उकसाता नहीं कि तुम भोजन की टाल-मटोल और प्यास से मर जाओ, यह कहते हुए, "ञ५ञ२ हमारे ईश्वर हमें अश्शूर के राजा के हाथ से छुड़ाएगा"? [12]'क्या हिज़कियाहू ने स्वयं उसके ऊँचे स्थानों और उसकी वेदियों को नहीं हटा दिया, और यहूदा और यरूशलेम से यह कहकर आज्ञा नहीं दी, "एक ही वेदी के सामने दण्डवत करो और उसी पर धूप जलाओ"? [13]'क्या तुम नहीं जानते कि मैंने और मेरे पितरों ने अन्य देशों के सब लोगों के साथ क्या किया? क्या उन देशों के जातियों के देवता किसी प्रकार अपने देश को मेरे हाथ से छुड़ा सके? [14]'उन सब जातियों के देवताओं में कौन था, जिन्हें मेरे पितरों ने विनाश के लिये समर्पित किया, जो अपने लोगों को मेरे हाथ से छुड़ा सका, कि तुम्हारा ईश्वर तुम्हें मेरे हाथ से छुड़ा सके? [15]'अब तो हिज़कियाहू तुम्हें न छलाए और न इस रीति से मनाए, और उसकी बातों पर विश्वास न करो; क्योंकि किसी भी जाति या राज्य के किसी देवता ने अपने लोगों को मेरे हाथ से और मेरे पितरों के हाथ से नहीं छुड़ाया—तो फिर तुम्हारा ईश्वर तो कितना कम तुम्हें मेरे हाथ से छुड़ाएगा!'" [16]और उसके दासों ने ञ५ञ२ ईश्वर और उसके दास हिज़कियाहू के विरुद्ध और भी बातें कहीं। [17]और उसने ञ५ञ२, यिस्राएल के ईश्वर, को धिक्कारने के लिये पत्र लिखे, और उसके विरुद्ध कहने को, "जैसे अन्य देशों के देवता अपने लोगों को मेरे हाथ से नहीं छुड़ा सके, वैसे ही हिज़कियाहू का ईश्वर अपने लोगों को मेरे हाथ से नहीं छुड़ाएगा।" [18]तब उन्होंने यरूशलेम के लोगों से, जो दीवार पर थे, यहूदा की भाषा में ऊँचे स्वर से पुकारा, ताकि उन्हें डराएँ और व्याकुल करें, और नगर पर अधिकार पाएँ। [19]और उन्होंने यरूशलेम के ईश्वर के विरुद्ध वैसे ही बातें कहीं जैसे पृथ्वी के लोगों के देवताओं, जो मनुष्यों के हाथ का काम हैं, के विरुद्ध कहते हैं। [20]तब राजा हिज़कियाहू और नबी यशायाहू, आमोत्स के पुत्र, ने इस विषय में प्रार्थना की और स्वर्ग की ओर पुकारा। [21]और ञ५ञ२ ने एक दूत भेजा, जिसने अश्शूर के राजा की छावनी में सब पराक्रमी शूरों को, प्रधान और सेनापति दोनों को, काट डाला; और वह लज्जित होकर अपने देश को लौट गया, और अपने देवालय में गया, और वहाँ उसके कुछ पुत्रों ने उसे तलवार से गिरा दिया। [22]इस प्रकार ञ५ञ२ ने हिज़कियाहू और यरूशलेम के निवासियों को अश्शूर के राजा सनहेरीब के हाथ से, और सब औरों के हाथ से बचा लिया, और चारों ओर से उनका मार्गदर्शन किया। [23]और बहुतों ने यरूशलेम में ञ५ञ२ को भेंटें और यहूदा के राजा हिज़कियाहू को उपहार लाए; और उसके बाद वह सब जातियों की दृष्टि में महान हुआ। [24]उन्हीं दिनों हिज़कियाहू बीमार होकर मृत्यु के निकट था, और उसने ञ५ञ२ से प्रार्थना की; और उसने उससे बातें कीं और उसके लिये एक चिह्न ठहराया। [25]परन्तु हिज़कियाहू ने अपने साथ किए गए भले के अनुसार प्रतिदान नहीं किया, क्योंकि उसका मन घमण्ड से उभर आया था; इसलिये उस पर और यहूदा और यरूशलेम पर क्रोध आया। [26]तब हिज़कियाहू ने और यरूशलेम के निवासियों ने अपने मन के घमण्ड के लिये अपने को दीन किया, इसलिए हिज़कियाहू के दिनों में ञ५ञ२ का क्रोध उन पर नहीं आया। [27]और हिज़कियाहू के पास बहुत-से धन और आदर थे; और उसने अपने लिये रूपा, और सोना, और बहुमूल्य पत्थरों, और सुगन्ध द्रव्यों, और ढालों, और सब प्रकार के मनोहर पात्रों के लिये भण्डार बनाए; [28]और अन्न, और दाखमधु, और तेल की उपज के लिये भण्डार-गृह, और सब प्रकार के पशुधन के लिये बाड़े, और झुण्डों के लिये बाड़े बनाए। [29]और उसने अपने लिये नगर बनाए, और भेड़ों-बकरियों और गाय-बैलों के बड़े-बड़े झुण्ड और रेवड़ पाए; क्योंकि ईश्वर ने उसे बहुत सम्पत्ति दी थी। [30]और हिज़कियाहू ने गिहोन के ऊपरी जल-मुख को भी रोक दिया, और उन्हें दावीद के नगर के पश्चिमी भाग की ओर मोड़ दिया। और हिज़कियाहू अपने सब कामों में सफल हुआ। [31]परन्तु बाबेल के प्रधानों के दूतों के विषय में, जिन्हें उस अद्भुत घटना के विषय में पूछने को भेजा गया था जो देश में हुई थी, ईश्वर ने उसे परखने के लिये उसे छोड़ दिया, कि जो कुछ उसके मन में है वह जान ले। [32]और हिज़कियाहू के बाकी कामकाज और उसकी करूणाएँ, देखो, वे नबी

यशायाहू, आमोत्स के पुत्र, की दर्शन-पुस्तक में, यहूदा और
यिस्राएल के राजाओं की पुस्तक में लिखे हैं। 33 और
हिज़किय्याहू अपने पितरों के साथ सो गया, और उन्होंने उसे
दावीद के पुत्रों की ऊपरी कब्रों में दफनाया। और उसके मृत्यु
पर सारे यहूदा और यरूशलेम के निवासियों ने उसका आदर
किया। और उसके स्थान पर उसका पुत्र मनश्शेह राज्य
करने लगा।

33

1 मनश्शेह बारह वर्ष का था जब उसने राज्य करना
शुरू किया, और उसने यरूशलेम में पचपन वर्ष तक
राज्य किया। 2 परन्तु उसने 𐤄𐤅𐤄𐤉 की दृष्टि में बुराई की,
उन जातियों के घृणित कामों के अनुसार, जिन्हें 𐤄𐤅𐤄𐤉 ने
यिस्राएल के पुत्रों के सामने से निकाला था। 3 क्योंकि उसने
फिर से ऊँचे स्थानों को बनाया, जिन्हें उसके पिता हिज़किय्याहू
ने तोड़ डाला था, और बालों के लिये वेदियाँ बनाईं, और
अशेरोत बनाए, और आकाश की सारी सेनाओं के सामने
झुका और उनकी सेवा की। 4 और उसने 𐤄𐤅𐤄𐤉 के भवन
में वेदियाँ बनाईं, जिसके विषय में 𐤄𐤅𐤄𐤉 ने कहा था,
"यरूशलेम में मेरा नाम सदा रहेगा।" 5 और उसने 𐤄𐤅𐤄𐤉
के भवन के दोनों आँगनों में आकाश की सारी सेनाओं के लिये
वेदियाँ बनाईं। 6 और उसने अपने पुत्रों को बेन-हिन्नोम की
तराई में आग से पार कराया, और टोना-टोटका किया, और
शकुन-अपशकुन किया और जादू टोना किया, और भूत-प्रेत
और टोनेवालों से पूछ लिया। उसने 𐤄𐤅𐤄𐤉 की दृष्टि में
बहुत बुराई की, कि उसे क्रोधित करे। 7 और उसने वह खुदी
हुई मूर्ति, जिसे उसने बनाई थी, ईश्वर के भवन में रख दी,
जिसके विषय में ईश्वर ने दाऊद और उसके पुत्र सुलेमान से
कहा था, "इस भवन में और यरूशलेम में, जिसे मैंने
यिस्राएल की सब गोत्रों में से चुन लिया है, मैं अपना नाम सदा
रखूँगा, 8 और अब मैं यिस्राएल का पाँव उस देश से फिर न
हटाऊँगा, जिसे मैंने तुम्हारे पितरों के लिये ठहराया है—केवल
यदि वे ध्यान से उन सब बातों को करें, जिनकी आज्ञा मैंने
उन्हें दी है, मूसा के हाथ से दी गई सारी व्यवस्था, और
विधियों और नियमों के अनुसार।" 9 इस प्रकार मनश्शेह ने
यहूदा और यरूशलेम के निवासियों को भटका दिया, ताकि वे
उन जातियों से भी अधिक बुराई करें जिन्हें 𐤄𐤅𐤄𐤉 ने
यिस्राएल के पुत्रों के सामने से नष्ट कर दिया था। 10 और
𐤄𐤅𐤄𐤉 ने मनश्शेह और उसके लोगों से कहा, परन्तु उन्होंने
न सुना। 11 इसलिये 𐤄𐤅𐤄𐤉 ने अश्शूर के राजा की सेना के
प्रधानों को उन पर चढ़ा दिया, और उन्होंने मनश्शेह को काँटे
से पकड़ लिया, और उसे काँसे की बेड़ियों में बाँधकर बाबेल
ले गए। 12 और जब वह संकट में पड़ा, तब उसने अपने
ईश्वर 𐤄𐤅𐤄𐤉 का मुख खोजा, और अपने पितरों के ईश्वर
के सामने बहुत दीन हुआ, 13 और उससे प्रार्थना की। और
वह उसकी विनती से द्रवित हुआ और उसकी प्रार्थना सुनी,
और उसे यरूशलेम उसके राज्य में लौटा दिया। तब मनश्शेह
ने जाना कि 𐤄𐤅𐤄𐤉 ही ईश्वर है। 14 और इसके बाद उसने
दावीद के नगर के बाहर पश्चिम ओर गिहोन की तराई में,
मछली के फाटक के प्रवेश तक, और ओपेल को चारों ओर
घेरते हुए एक दीवार बनाई, और उसे बहुत ऊँचा किया। और
उसने यहूदा के सब गढ़वाले नगरों में सेनानियों को रखा।
15 और उसने परदेशी देवताओं और मूर्ति को 𐤄𐤅𐤄𐤉 के
भवन से निकाल दिया, और सब वेदियों को जिन्हें उसने
𐤄𐤅𐤄𐤉 के भवन के पर्वत में और यरूशलेम में बनाया था,
गिरा दिया, और उन्हें नगर से बाहर फेंक दिया। 16 और
उसने 𐤄𐤅𐤄𐤉 की वेदी बनाई, और उस पर मेलबलियाँ और
धन्यवाद बलियाँ चढ़ाईं, और यहूदा को आज्ञा दी कि वे
यिस्राएल के ईश्वर 𐤄𐤅𐤄𐤉 की सेवा करें। 17 तौभी लोग
अभी भी ऊँचे स्थानों पर बलि चढ़ाते थे, परन्तु केवल अपने
ईश्वर 𐤄𐤅𐤄𐤉 को। 18 और मनश्शेह के बाकी काम, उसकी
प्रार्थना उसके ईश्वर से, और उन दर्शकों के वचन जिन्होंने
यिस्राएल के ईश्वर 𐤄𐤅𐤄𐤉 के नाम में उससे बातें कीं, देखो,
वे यिस्राएल के राजाओं की पुस्तक में लिखे हैं। 19 और
उसकी प्रार्थना, और उसकी दीनता, और उसके सब पाप और
अपराध, और जहाँ-जहाँ उसने ऊँचे स्थान बनाए, और
अशेरोत और खुदी हुई मूर्तियाँ खड़ी कीं, उसके दीन होने से
पहले, देखो, वे दर्शकों के वचनों में लिखे हैं। 20 और
मनश्शेह अपने पितरों के संग सो गया, और उन्होंने उसे
उसके अपने घर में दफनाया। और उसका पुत्र आमोन
उसके स्थान पर राज्य करने लगा। 21 आमोन बाईस वर्ष का
था जब उसने राज्य करना शुरू किया, और उसने यरूशलेम
में दो वर्ष तक राज्य किया। 22 परन्तु उसने 𐤄𐤅𐤄𐤉 की
दृष्टि में बुराई की, जैसा कि उसके पिता मनश्शेह ने किया
था। और आमोन ने उन सब खुदी हुई मूर्तियों के लिये बलि
चढ़ाई जिन्हें उसके पिता मनश्शेह ने बनाया था, और उनकी
सेवा की। 23 और उसने अपने पिता मनश्शेह के समान
𐤄𐤅𐤄𐤉 के सामने अपने को दीन नहीं किया, क्योंकि आमोन
ने और भी अधिक अपराध किया। 24 और उसके दासों ने
उसके विरुद्ध षडचन्त्र किया, और उसके अपने घर में उसे
घात कर मार डाला। 25 परन्तु उस देश के लोगों ने उन
सबको मार डाला जिन्होंने राजा आमोन के विरुद्ध षडचन्त्र
किया था। और देश के लोगों ने उसके पुत्र योशियाहू को
उसके स्थान पर राजा बनाया।

34

1 योशियाह आठ वर्ष का था जब उसने राज्य करना
शुरू किया, और उसने यरूशलेम में इकतीस वर्ष
राज्य किया। 2 और उसने 𐤄𐤅𐤄𐤉 की दृष्टि में सही किया,
और अपने पिता दाविद के मार्गों पर चला, और न दाहिने मुड़ा
और न बाएँ। 3 और उसके राज्य के आठवें वर्ष में, जब वह
अब भी जवान था, उसने अपने पिता दाविद के ईश्वर की
खोज करना शुरू किया। और बारहवें वर्ष में उसने यहूदा
और यरूशलेम को ऊँचे स्थानों से, अशेरियों से, खुदी हुई
मूरतों से और ढली हुई मूरतों से शुद्ध करना शुरू किया।
4 और उन्होंने उसकी उपस्थिति में बालों की वेदियों को तोड़
डाला, और सूर्य स्तंभों को जो उनके ऊपर थे, काट डाला।
और अशेरियों, खुदी हुई मूरतों और ढली हुई मूरतों को उसने
नष्ट किया, और उन्हें पीसकर चूर्ण किया और उन लोगों की
कब्रों पर बिखेर दिया जिन्होंने उन्हें अर्पण किया था। 5 और
उसने याजकों की हड्डियों को उनकी वेदियों पर जलाया, और
यहूदा और यरूशलेम को शुद्ध किया। 6 और मनश्शेह, और
एप्रयिम, और शिमोन के नगरों में, नफ़्ताली तक, उनके चारों
ओर के खंडहरों में। 7 और उसने वेदियों और अशेरियों को
तोड़ा, और खुदी हुई मूरतों को पीसकर चूर्ण बनाया, और
सारे सूर्य स्तंभों को काट डाला, पूरे इस्राएल देश में, और
यरूशलेम लौटा। 8 और उसके राज्य के अठारहवें वर्ष में,

जब उसने देश और घर को शुद्ध किया, उसने शापान
अत्तलियाहू का पुत्र, और मा'सेयाहू नगर का प्रधान, और
योआḥ योआḥ◌ाज़ का पुत्र लेखक को भेजा, ताकि 𐤉𐤄𐤅𐤄
अपने ईश्वर के घर की मरम्मत करें। 9 और वे हिल्कियाहू
महायाजक के पास गए, और उन्होंने चाँदी दी जो 𐤉𐤄𐤅𐤄 के
घर में लाई गई थी, जिसे लेवी लोग जो द्वार पर रहते थे
उन्होंने मनश्शे और इप्रैम के हाथ से, और इस्राएल के बचे
हुए से, और सारे यहूदा और बिन्यामीन से इकट्ठा किया था,
और जिसे वे यरूशलेम वापस लाए थे। 10 और उन्होंने उसे
काम करने वालों के हाथ में दिया, जिन्हें 𐤉𐤄𐤅𐤄 के घर पर
नियुक्त किया गया था। और उन्होंने उसे काम करने वालों
को दिया जो 𐤉𐤄𐤅𐤄 के घर में काम करते थे, ताकि घर की
मरम्मत और मजबूती करें। 11 और उन्होंने उसे कारीगरों
और राजमिस्त्रियों को दिया, तराशे हुए पत्थर और लकड़ी
खरीदने के लिए जोड़ के लिए और घरों की छतों के लिए,
जिन्हें यहूदा के राजाओं ने नष्ट कर दिया था। 12 और पुरुषों
ने काम विश्वासपूर्वक किया। और उनके ऊपर याहत और
ओबद्याहू लेवी लोग, मेरारी के पुत्रों में से, और ज़कर्याह और
मशुल्लाम, कहाती के पुत्रों में से, उन्हें निगरानी के लिए
नियुक्त किया गया था; और लेवी लोग, सब जो गीत के यंत्रों
में निपुण थे। 13 और बोझ उठाने वालों के ऊपर, और सब
काम करने वालों के पर्यवेक्षक के ऊपर। और लेवी लोग
लिपिक, अधिकारी और द्वारपाल थे। 14 और जब वे चाँदी
बाहर निकाल रहे थे जो 𐤉𐤄𐤅𐤄 के घर में लाई गई थी,
हिल्कियाहू याजक ने 𐤉𐤄𐤅𐤄 की तोराह की पुस्तक पाई, जो
मूशेह द्वारा दी गई थी। 15 तब हिल्कियाहू ने उत्तर दिया और
शापान लिपिक से कहा, "मैंने 𐤉𐤄𐤅𐤄 के घर में तोराह की
पुस्तक पाई है।" और हिल्कियाहू ने पुस्तक शापान को दी।
16 और शापान पुस्तक को राजा के पास लाया, और राजा के
पास शब्द लाया, कहते हुए, "जो कुछ तुम्हारे सेवकों के हाथ
में दिया गया है, वे कर रहे हैं। 17 "और उन्होंने चाँदी उंडेली
जो 𐤉𐤄𐤅𐤄 के घर में पाई गई, और उसे उन लोगों के हाथ में
दिया जिन्हें नियुक्त किया गया था और काम करने वालों
को।" 18 और शापान लिपिक ने राजा को बताया, कहते हुए,
"हिल्कियाहू याजक ने मुझे एक पुस्तक दी है।" और शापान
ने उसे राजा के सामने पढ़ा। 19 और ऐसा हुआ जब राजा ने
तोराह के शब्द सुने, कि उसने अपने वस्त्र फाड़ डाले।
20 और राजा ने हिल्कियाहू, अहीकाम शापान का पुत्र, और
अब्दोन मीकाह का पुत्र, और शापान लिपिक, और आसायाह
राजा का सेवक, को आज्ञा दी। 21 "जाओ, मेरे लिए और
इस्राएल और यहूदा में जो बचा है उसके लिए 𐤉𐤄𐤅𐤄 से
पूछो, उस पुस्तक के शब्दों के विषय में जो पाई गई है।
क्योंकि 𐤉𐤄𐤅𐤄 का बड़ा क्रोध हम पर उंडेला गया है, क्योंकि
हमारे पिताओं ने 𐤉𐤄𐤅𐤄 के वचन की रक्षा नहीं की, इस
पुस्तक में जो कुछ लिखा है उसके अनुसार करने के लिए।"
22 तब हिल्कियाहू और राजा के लोग हुल्दा नबीयाह, शल्लूम
तोखत का पुत्र, हसराह का पुत्र की पत्नी, जो कपड़े का
रखवाला था, के पास गए, जो यरूशलेम में दूसरे भाग में
रहती थी। और उन्होंने उससे इसके विषय में बातें कीं।
23 और उसने उनसे कहा, "यहोवा 𐤉𐤄𐤅𐤄 इस्राएल का
ईश्वर यूँ कहता है, 'उस मनुष्य से कहो जिसने तुम्हें मेरे पास
भेजा है। 24 "यहोवा 𐤉𐤄𐤅𐤄 कहता है, 'देखो, मैं इस स्थान
और इसके निवासियों पर बुराई ला रहा हूँ, सब शाप जो उस
पुस्तक में लिखे हैं जिसे उन्होंने यहूदा के राजा के सामने
पढ़ा। 25 क्योंकि उन्होंने मुझे छोड़ दिया और दूसरे देवताओं
को धूप जलाया, ताकि मुझे अपने हाथों के सब कामों से
भड़काएँ। इसलिए मेरा क्रोध इस स्थान पर उंडेला गया है,
और शांत नहीं होगा।' " ' 26 "और यहूदा के राजा से,
जिसने तुम्हें यहोवा 𐤉𐤄𐤅𐤄 से पूछने के लिए भेजा, उससे यह
कहो, 'यहोवा 𐤉𐤄𐤅𐤄 इस्राएल का ईश्वर, जिसके शब्द
तुमने सुने हो, यूँ कहता है। 27 "क्योंकि तुम्हारा हृदय कोमल
था, और जब तुमने इस स्थान और इसके निवासियों के
विरुद्ध उसके शब्द सुने, तब तुमने ईश्वर के सामने दीनता
दिखाई, और तुमने मेरे सामने दीनता दिखाई, और तुमने
अपने वस्त्र फाड़े और मेरे सामने रोए, इसलिए मैंने भी सुना,"
यहोवा 𐤉𐤄𐤅𐤄 की यह वाणी है। 28 "देखो, मैं तुम्हें तुम्हारे
पितरों के पास इकट्ठा कर रहा हूँ, और तुम अपने कब्र में शांति
से इकट्ठे किए जाओगे, ताकि तुम्हारी आँखें वह सब बुराई न
देखें जो मैं इस स्थान और इसके निवासियों पर ला रहा हूँ।"
' " सो उन्होंने राजा के पास शब्द लौटाए। 29 और राजा ने
यहूदा और यरूशलेम के सब पुरनियों को इकट्ठा करने के
लिए भेजा। 30 और राजा यहोवा 𐤉𐤄𐤅𐤄 के घर में यहूदा के
सब पुरुषों और यरूशलेम के निवासियों, और याजकों और
लेवी लोगों, और सब लोगों, बड़े और छोटे, के साथ गया।
और उसने उनके सुनने में वाचा की उस पुस्तक के सब शब्द
पढ़े, जो यहोवा 𐤉𐤄𐤅𐤄 के घर में पाई गई थी। 31 और राजा
अपनी जगह पर खड़ा हुआ और यहोवा 𐤉𐤄𐤅𐤄 के सामने
वाचा बाँधी, यहोवा 𐤉𐤄𐤅𐤄 का पालन करने और उसकी
आज्ञाओं और उसकी गवाहियों और उसकी विधियों की रक्षा
करने के लिए, पूरे मन और पूरे प्राण से, उस वाचा के शब्द
करने के लिए जो इस पुस्तक में लिखे गए थे। 32 और उसने
यरूशलेम और बिन्यामीन में सबको खड़ा किया। और
यरूशलेम के निवासियों ने ईश्वर की वाचा के अनुसार किया,
उनके पितरों के ईश्वर की वाचा के अनुसार। 33 और
योशियाह ने इस्राएल के पुत्रों के सब देशों से सब घृणित
वस्तुएँ दूर कीं, और इस्राएल में उपस्थित सबको यहोवा
𐤉𐤄𐤅𐤄 अपने ईश्वर की सेवा करने के लिए बाध्य किया।
उसके सब दिनों में वे यहोवा 𐤉𐤄𐤅𐤄 अपने पितरों के ईश्वर
के अनुसरण से नहीं हटे।

35 1 और योशियाह ने यरूशलेम में 𐤉𐤄𐤅𐤄 के लिये
फसह किया, और उन्होंने पहले महीने के चौदहवें दिन
फसह का बलिदान किया। 2 और उसने याजकों को उनके
कार्यों में नियुक्त किया और उन्हें 𐤉𐤄𐤅𐤄 के घर की सेवा के
लिये दृढ़ किया। 3 और उसने लेवी लोगों से कहा जो सारे
इस्राएल को शिक्षा दे रहे थे, जो 𐤉𐤄𐤅𐤄 के लिये पवित्र थे,
"पवित्र सन्दूक को उस घर में रखो जिसे शलोमो दाविद का
पुत्र, इस्राएल का राजा, ने बनाया। यह अब तुम्हारे कंधों पर
बोझ न रहे। अब 𐤉𐤄𐤅𐤄 अपने ईश्वर और उसके लोगों
इस्राएल की सेवा करो। 4 और अपने पितरों के घरानों के
अनुसार, अपने विभाजनों के अनुसार, इस्राएल के राजा
दाविद की लिखावट और उसके पुत्र शलोमो की लिखावट के
अनुसार तैयार हो जाओ। 5 "और पवित्र स्थान में खड़े हो
जाओ, अपने भाइयों सामान्य लोगों के पितरों के घरानों के
विभाजनों के अनुसार, और लेवी लोगों के पितरों के घराने के

भाग के अनुसार। 6 “और फसह का बलिदान करो, और
अपने आप को पवित्र करो, और अपने भाइयों के लिये तैयार
करो, ताकि मूशेह के हाथ से 𐤉𐤄𐤅𐤄 के वचन के अनुसार
किया जाए।” 7 और योशियाह ने सामान्य लोगों को झुंड से
मेम्ने और बकरी के बच्चे दिए, सब फसह के लिये, जितने
उपस्थित थे उनकी संख्या तीस हज़ार थी, और तीन हज़ार
गाय-बैल – ये राजा की संपत्ति से थे। 8 और उसके नेताओं
ने लोगों, याजकों और लेवी लोगों को स्वेच्छा से भेंट दी।
हिल्कियाह, और ज़कर्याह, और यहीएल, ईश्वर के घर के
प्रधान, उन्होंने याजकों को फसह के लिये दो हज़ार छः सौ
और तीन सौ गाय-बैल दिये। 9 और कोनन्याहू, उसके भाई
शेमायाहू और नतनएल, और हशब्याहू और येईएल और
योज़ाबाद, लेवी लोगों के प्रधान, उन्होंने लेवी लोगों को फसह
की भेंट के लिये पाँच हज़ार और पाँच सौ गाय-बैल दिये।
10 और सेवा तैयार की गई, और याजक अपनी जगह पर
खड़े हुए, और लेवी लोग अपने विभाजनों में, राजा की आज्ञा
के अनुसार। 11 और उन्होंने फसह का बलिदान किया। और
याजकों ने अपने हाथों से छिड़का, जबकि लेवी लोग खाल
उतार रहे थे। 12 और उन्होंने होमबलियों को हटाया, उन्हें
सामान्य लोगों के पितरों के घरानों के विभाजनों को देने के
लिये, ताकि 𐤉𐤄𐤅𐤄 के पास लाया जाए, जैसा मूशेह की
पुस्तक में लिखा है, और गाय-बैल के साथ भी ऐसा ही किया।
13 इस प्रकार उन्होंने फसह को आग में भुना जैसा न्याय में
लिखा है, और उन्होंने पवित्र भेंटों को हांडी और कड़ाह और
कटोरों में उबालकर सब सामान्य लोगों के पास शीघ्र
पहुँचाया। 14 और बाद में उन्होंने अपने लिये और याजकों के
लिये तैयार किया, क्योंकि याजक, हारून के पुत्र, रात तक
होमबलि और चर्बी चढ़ा रहे थे। इसलिये लेवी लोगों ने अपने
लिये और याजकों, हारून के पुत्रों के लिये तैयार किया।
15 और गाने वाले, आसाप के पुत्र, अपनी जगह पर थे, जैसा
दाविद, और आसाप, और हेमान, और यदूतून राजा के दृष्टा
की आज्ञा थी। और द्वारपाल हर द्वार पर अपनी जगह से नहीं
हटे, क्योंकि उनके भाई लेवी लोगों ने उनके लिये तैयार
किया। 16 और उस दिन सारी सेवा 𐤉𐤄𐤅𐤄 की तैयार की
गई, फसह करने के लिये और 𐤉𐤄𐤅𐤄 की वेदी पर होमबलि
चढ़ाने के लिये, जैसा राजा योशियाह ने आज्ञा दी। 17 और
इस्राएल के पुत्र जो उपस्थित थे उन्होंने उस समय फसह
किया, और अखमीरी रोटी का पर्व सात दिनों तक मनाया।
18 इस्राएल में शमूएल नबी के दिनों से ऐसा फसह नहीं किया
गया था। और इस्राएल के किसी भी राजा ने ऐसा फसह नहीं
किया जैसा योशियाह ने किया, याजकों और लेवी लोगों के
साथ, और सब यहूदा और इस्राएल के साथ जो उपस्थित थे,
और यरूशलेम के निवासियों के साथ। 19 योशियाह के राज्य
के अठारहवें वर्ष में यह फसह किया गया। 20 इन सब के
बाद, जब योशियाह ने घर तैयार किया, तब मिस्र का राजा
नेको फरात नदी के किनारे कारकेमीश से लड़ने के लिये
आया। और योशियाह उससे लड़ने के लिये निकला। 21 और
उसने दूत भेजकर उससे कहा, “हे यहूदा के राजा, मुझे तुझ
से क्या काम? मैं आज तुझ से नहीं, परन्तु उस घर से लड़ने
आया हूँ जिससे मैं लड़ रहा हूँ, क्योंकि ईश्वर ने मुझे शीघ्र
करने की आज्ञा दी है। ईश्वर को अकेला छोड़, जो मेरे साथ
है, ऐसा न हो कि वह तुझे नाश कर दे।” 22 परन्तु योशियाह
ने उससे मुँह न मोड़ा, परन्तु लड़ने के लिये भेष बदल लिया,
और ईश्वर के मुख से निकले नेको के शब्दों को नहीं सुना,
और मगिद्दो की तराई में लड़ने आया। 23 और तीरंदाज़ों ने
राजा योशियाह पर तीर चलाया। और राजा ने अपने सेवकों
से कहा, “मुझे ले चलो, क्योंकि मैं बहुत घायल हो गया हूँ।”
24 और उसके सेवकों ने उसे उस रथ से उतारा और उसे
दूसरे रथ में डाला जो उसके पास था, और वे उसे यरूशलेम
लाए। और वह मर गया, और अपने पितरों की कब्रों में से एक
में गाड़ा गया। और सारा यहूदा और यरूशलेम योशियाह के
लिये विलाप करने लगे। 25 और यिर्मयाह ने योशियाह के लिये
विलाप किया। और आज तक सब गाने वाले पुरुष और गाने
वाली स्त्रियाँ योशियाह के विषय में अपने विलापों में कहते हैं,
और इसे इस्राएल में एक विधि बना दिया। और देखो, वे
विलापों में लिखे हैं। 26 और योशियाह के बाकी काम और
उसकी दयालुता, जैसा यहोवा 𐤉𐤄𐤅𐤄 की तोराह में लिखा
था। 27 और उसके काम, पहले से लेकर आख़िर तक,
देखो, वे इस्राएल और यहूदा के राजाओं की पुस्तक में लिखे
हैं।

36 1 और देश के लोगों ने यहोआहाज़, योशियाह के पुत्र
को लिया, और उसे उसके पिता के स्थान पर
यरूशलेम में राज्य करने के लिये नियुक्त किया।
2 यहोआहाज़ जब राज्य करने लगा तब उसकी आयु तेईस वर्ष
की थी, और उसने यरूशलेम में तीन महीने राज्य किया।
3 और मिस्त्राइम के राजा ने उसे यरूशलेम में हटाया, और
देश पर सौ किक्कार चाँदी और एक किक्कार सोने का कर
लगाया। 4 और मिस्त्राइम के राजा ने उसके भाई एलियाकीम
को यहूदा और यरूशलेम पर राजा बनाया, और उसका नाम
यहोयाकीम कर दिया। और नेको ने यहोआहाज़ को
पकड़कर मिस्त्राइम ले गया। 5 यहोयाकीम जब राज्य करने
लगा तब उसकी आयु पच्चीस वर्ष की थी, और उसने
यरूशलेम में ग्यारह वर्ष राज्य किया। और उसने 𐤉𐤄𐤅𐤄
अपने ईश्वर की दृष्टि में बुरा किया। 6 बाबेल के राजा
नबूकदनेस्सर उसके विरुद्ध चढ़ आया, और उसे काँसे की
बेड़ियों में बाँधकर बाबेल ले गया। 7 और नबूकदनेस्सर ने
𐤉𐤄𐤅𐤄 के भवन के कुछ पात्र बाबेल ले जाकर अपने
देवालय में रख दिये। 8 और यहोयाकीम के अन्य काम,
उसके किए हुए घृणित काम और उसके विरुद्ध जो पाया गया,
देखो, वे इस्राएल और यहूदा के राजाओं की पुस्तक में लिखे
हैं। तब उसके पुत्र यहोयाखीन ने उसके स्थान पर राज्य
किया। 9 यहोयाखीन जब राज्य करने लगा तब उसकी आयु
आठ वर्ष की थी, और उसने यरूशलेम में तीन महीने और
दस दिन राज्य किया। और उसने 𐤉𐤄𐤅𐤄 की दृष्टि में बुरा
किया। 10 वर्ष के मुड़ने पर राजा नबूकदनेस्सर ने उसे बाबेल
ले गया, और 𐤉𐤄𐤅𐤄 के भवन के बहुमूल्य पात्रों को भी ले
गया, और यहोयाकीम के भाई सिदकियाह को यहूदा और
यरूशलेम पर राजा बनाया। 11 सिदकियाह जब राज्य करने
लगा तब उसकी आयु इक्कीस वर्ष की थी, और उसने
यरूशलेम में ग्यारह वर्ष राज्य किया। 12 और उसने 𐤉𐤄𐤅𐤄
अपने ईश्वर की दृष्टि में बुरा किया। उसने नबी यिर्मयाह के
सामने, जो 𐤉𐤄𐤅𐤄 के मुँह से बोलता था, अपने आप को दीन
नहीं किया। 13 और उसने राजा नबूकदनेस्सर के विरुद्ध भी

विद्रोह किया, जिसने उससे ईश्वर की शपथ ली थी, परन्तु
उसने अपनी गर्दन कठोर की और अपना हृदय दृढ़ किया कि
𐤉𐤄𐤅𐤄 इस्राएल के ईश्वर की ओर न फिरे। [14]फिर सब
याजकों के प्रधान और लोग सब जातियों के घृणित कामों के
अनुसार और अधिक से अधिक अपराध करने लगे, और
उन्होंने 𐤉𐤄𐤅𐤄 के उस भवन को अशुद्ध किया, जिसे उसने
यरूशलेम में पवित्र किया था। [15]और 𐤉𐤄𐤅𐤄 उनके पितरों
का ईश्वर, अपने दूतों के द्वारा उनको भेजता रहा, क्योंकि वह
अपनी प्रजा और अपने निवासस्थान पर दया करता था।
[16]परन्तु उन्होंने ईश्वर के दूतों का उपहास किया, और उसके
वचनों को तुच्छ जाना, और उसके नबियों का ठट्ठा किया, यहाँ
तक कि 𐤉𐤄𐤅𐤄 का क्रोध उसकी प्रजा पर भड़क उठा, और
कोई चंगा न हुआ। [17]इसलिये उसने कस्दियों के राजा को
उनके विरुद्ध लाया, जिसने उनके जवानों को उनके
पवित्रस्थान में तलवार से घात किया, और उसने न तो जवान
पर दया की, न कुँवारी पर, न बूढ़े पर, न दुर्बल पर – सबको
उसके हाथ में दे दिया। [18]और ईश्वर के भवन के सब पात्र,
बड़े और छोटे, और 𐤉𐤄𐤅𐤄 के भवन के धन, और राजा
और उसके हाकिमों के धन – सब को वह बाबेल ले गया।
[19]और उन्होंने ईश्वर के भवन को जला दिया, और
यरूशलेम की दीवार तोड़ दी, और उसकी सब राजमहलों को
आग से जला दिया, और उसके सब मूल्यवान पात्र नष्ट कर
दिये। [20]और जो तलवार से बच निकले उन्हें उसने बाबेल में
बंधुआई में ले गया, और वे उसके और उसके पुत्रों के दास
बन गए, जब तक फारस का राज्य न हुआ। [21]इसलिये कि
𐤉𐤄𐤅𐤄 का वचन यिर्मयाह के मुँह से पूरा हो, जब तक देश ने
अपने विश्रामदिनों का आनन्द न लिया। जब तक वह उजड़ा
रहा तब तक उसने विश्राम रखा, जब तक सत्तर वर्ष पूरे न
हुए। [22]और फारस के राजा कुरेश के पहले वर्ष में, कि
𐤉𐤄𐤅𐤄 का वचन यिर्मयाह के मुँह से पूरा हो, 𐤉𐤄𐤅𐤄 ने
फारस के राजा कुरेश की आत्मा को जगाया, कि उसने अपने
सारे राज्य में घोषणा की, और यह भी लिखकर कहा,
[23]"यहोवा 𐤉𐤄𐤅𐤄, आकाश का ईश्वर, ने मुझे पृथ्वी के सब
राज्यों को दिया है, और उसने मुझे यह आज्ञा दी है कि मैं
उसके लिये यरूशलेम में, जो यहूदा में है, एक भवन बनाऊँ।
जो कोई उसकी प्रजा में से तुममें है, उसका ईश्वर 𐤉𐤄𐤅𐤄
उसके संग हो, और वह ऊपर जाए!"

B'RIT HADASHAH

मत्ती

𐤉𐤄𐤅𐤄

हिंदी संस्करण

मत्ती

1 1 OW५३Z ह'मशियाह, दाऊद के पुत्र, अब्राहम के पुत्र
की वंशावली की पुस्तक। 2 अब्राहम ने यित्सहाक को
उत्पन्न किया, और यित्सहाक ने याक़ोब को उत्पन्न किया,
और याक़ोब ने यहूदा और उसके भाइयों को उत्पन्न किया।
3 और यहूदा ने तामार से पेरेत्स और ज़ेराह को उत्पन्न किया,
और पेरेत्स ने हेसरोन को उत्पन्न किया, और हेसरोन ने राम
को उत्पन्न किया। 4 और राम ने अमीन्दाब को उत्पन्न किया,
और अमीन्दाब ने नहशोन को उत्पन्न किया, और नहशोन ने
सलमोन को उत्पन्न किया। 5 और सलमोन ने रहाब से बोअज़
को उत्पन्न किया, और बोअज़ ने रूत से ओबेद को उत्पन्न
किया, और ओबेद ने यिशै को उत्पन्न किया। 6 और यिशै ने
राजा दाऊद को उत्पन्न किया, और राजा दाऊद ने ऊरिय्याह
की पत्नी से शलोमो (सुलेमान) को उत्पन्न किया। 7 और
शलोमो ने रहबाम को उत्पन्न किया, और रहबाम ने अबियाह
को उत्पन्न किया, और अबियाह ने आसा को उत्पन्न किया।
8 और आसा ने यहोशापात को उत्पन्न किया, और यहोशापात
ने योराम को उत्पन्न किया, और योराम ने उज्जिय्याह को
उत्पन्न किया। 9 और उज्जिय्याह ने योताम को उत्पन्न किया,
और योताम ने आहाज को उत्पन्न किया, और आहाज ने
हिजकिय्याह को उत्पन्न किया। 10 और हिजकिय्याह ने
मनश्शे को उत्पन्न किया, और मनश्शे ने आमोन को उत्पन्न
किया, और आमोन ने योशिय्याह को उत्पन्न किया। 11 और
योशिय्याह ने यहोनिय्याह और उसके भाइयों को बाबेल में
निर्वासन के समय उत्पन्न किया। 12 और बाबेल के निर्वासन
के बाद, यहोनिय्याह ने शअल्तिएल को उत्पन्न किया, और
शअल्तिएल ने जरुब्बाबेल को उत्पन्न किया। 13 और
जरुब्बाबेल ने अबीहूद को उत्पन्न किया, और अबीहूद ने
एल्याकीम को उत्पन्न किया, और एल्याकीम ने आज़ोर को
उत्पन्न किया। 14 और आज़ोर ने सादोक को उत्पन्न किया,
और सादोक ने अकीम को उत्पन्न किया, और अकीम ने
एलियूद को उत्पन्न किया। 15 और एलियूद ने एलआज़र को
उत्पन्न किया, और एलआज़र ने मत्तान को उत्पन्न किया,
और मत्तान ने याक़ोब को उत्पन्न किया। 16 और याक़ोब ने
योसेफ़ को उत्पन्न किया जो मरियम का पति था, जिससे
OW५३Z उत्पन्न हुए जो मशियाह कहलाते हैं। 17 इस प्रकार
अब्राहम से दाऊद तक चौदह पीढ़ियाँ थीं, और दाऊद से
बाबेल के निर्वासन तक चौदह पीढ़ियाँ थीं, और बाबेल के
निर्वासन से मशियाह तक चौदह पीढ़ियाँ थीं। 18 और
OW५३Z ह'मशियाह का जन्म इस प्रकार हुआ: उसकी
माता मरियम की सगाई योसेफ़ से हो चुकी थी, परन्तु उनके
एक साथ आने से पहले वह आत्मा ह'कोदेश से गर्भवती पाई
गई। 19 और उसका पति योसेफ़, जो धर्मी था, और उसे
सार्वजनिक रूप से अपमानित नहीं करना चाहता था, उसने
मन में उसे गुप्त रूप से छोड़ देने का विचार किया। 20 परन्तु
जब वह इन बातों पर सोच ही रहा था, तो देखो, ३५३Z का
एक दूत स्वप्न में उसके पास प्रकट हुआ और कहा, "हे
दाऊद की सन्तान योसेफ़, मरियम को अपनी पत्नी के रूप में
ग्रहण करने से मत डर, क्योंकि जो कुछ उसमें है वह आत्मा
ह'कोदेश से उत्पन्न हुआ है।" 21 "और वह एक पुत्र को
जन्म देगी, और तू उसका नाम OW५३Z रखना, क्योंकि
वह अपने लोगों को उनके पापों से उद्धार देगा।" 22 और यह
सब इसलिए हुआ ताकि वह पूरा हो जो ३५३Z ने नबी के
द्वारा कहा था। 23 "देखो, एक कुँवारी गर्भवती होगी, और वह
एक पुत्र को जन्म देगी, और वे उसका नाम इम्मानुएल
रखेंगे," जिसका अर्थ है, "ईश्वर हमारे साथ।" 24 और
योसेफ़ नींद से जागकर, जैसा ३५३Z के दूत ने उसे
आदेश दिया था, वैसा ही किया और अपनी पत्नी को ग्रहण
किया। 25 परन्तु उसने उसे नहीं जाना जब तक उसने अपने
पहलौठे पुत्र को जन्म नहीं दिया। और उसने उसका नाम
OW५३Z रखा।

2 1 और OW५३Z का जन्म यहूदा के बेथलेहम में हुआ,
हेरोदेस राजा के दिनों में। देखो, पूरब से ज्योतिषी
यरूशलेम में आए। 2 कहते हुए, "वह कहाँ है जो यहूदियों का
जन्मा हुआ राजा है? क्योंकि हमने पूरब में उसका तारा देखा
और हम उसकी आराधना करने आए हैं।" 3 जब हेरोदेस
राजा ने यह सुना, वह घबरा गया, और उसके साथ सारा
यरूशलेम भी। 4 और उसने लोगों के सब प्रधान याजकों और
शास्त्रियों को बुलाकर उनसे पूछा कि ह'मशियाह का जन्म
कहाँ होना चाहिए। 5 उन्होंने उससे कहा, "यहूदा के बेथलेहम
में, क्योंकि नबी के द्वारा ऐसा लिखा गया है।" 6 'परन्तु हे
यहूदा के देश के बेथलेहम, तू यहूदा के शासकों में से किसी
भी दृष्टि से सबसे छोटा नहीं है; क्योंकि तुझ से एक शासक
निकलेगा जो मेरे लोगों इस्राएल की चरवाही करेगा।' 7 तब
हेरोदेस ने गुप्त रूप से ज्योतिषियों को बुलाया और उनसे
ठीक-ठीक पूछा कि तारा कब दिखाई दिया। 8 और उन्हें
बेथलेहम भेजकर कहा, "जाओ और बालक के विषय में
सावधानी से खोज करो, और जब तुम उसे पा लो तो मुझे
समाचार दो ताकि मैं भी जाकर उसकी आराधना करूँ।"
9 राजा की बात सुनकर वे चले गए, और देखो, जो तारा
उन्होंने पूरब में देखा था वह उनके आगे-आगे चला, यहाँ तक
कि जहाँ वह बालक था वहाँ आकर ठहर गया। 10 और जब
उन्होंने तारा देखा तो वे अत्यन्त आनन्द से भर गए। 11 और
जब वे घर में आए, तो उन्होंने बालक को उसकी माता मरियम
के साथ देखा, और गिरकर उसकी आराधना की, और अपने
खजाने खोलकर उसे सोना, लोबान और गंधरस के उपहार
दिए। 12 और स्वप्न में चेतावनी पाकर कि वे हेरोदेस के पास
वापस न जाएँ, वे दूसरे मार्ग से अपने देश लौट गए। 13 और
जब वे चले गए, तो देखो, ३५३Z का एक दूत योसेफ़ को
स्वप्न में दिखाई दिया और कहा, "उठ, बालक और उसकी

माता को लेकर मिस्र भाग जा, और जब तक मैं तुझे कहूँ तब
तक वहीं रहना, क्योंकि हेरोदेस बालक को नाश करने के लिए
उसे ढूँढनेवाला है।" 14 और वह उठकर रात में बालक और
उसकी माता को लेकर मिस्र को चला गया। 15 और वह वहाँ
हेरोदेस की मृत्यु तक रहा, ताकि जो वचन ३५३z ने नबी
के द्वारा कहा था वह पूरा हो, "मैंने मिस्र से अपने पुत्र को
बुलाया।" 16 तब हेरोदेस ने देखा कि ज्योतिषियों ने उसे
धोखा दिया है, वह अत्यन्त क्रोधित हुआ, और उसने
बेथलेहम और उसके आस-पास के सब क्षेत्रों में दो वर्ष के
और उस से छोटे सब बालकों को मरवा डाला, उस समय के
अनुसार जो उसने ज्योतिषियों से ठीक-ठीक जाना था।
17 तब वह पूरा हुआ जो नबी यिर्मयाह के द्वारा कहा गया था।
18 "रामाह में एक शब्द सुना गया, रोना और बड़ा विलाप;
राहेल अपने बच्चों के लिए रो रही थी, और शान्त होना नहीं
चाहती थी, क्योंकि वे अब नहीं रहे।" 19 परन्तु जब हेरोदेस
मर गया, तो देखो, ३५३z का एक दूत मिस्र में योसेफ़ को
स्वप्न में दिखाई दिया। 20 और कहा, "उठ, बालक और
उसकी माता को लेकर इस्राएल देश में चला जा, क्योंकि जो
बालक का प्राण लेना चाहते थे वे मर गए हैं।" 21 और वह
उठकर बालक और उसकी माता को लेकर इस्राएल देश में
आया। 22 परन्तु जब उसने सुना कि अर्केलाउस अपने पिता
हेरोदेस की जगह यहूदा में राज्य करता है, तो वहाँ जाने से
डर गया; और स्वप्न में चेतावनी पाकर वह गलील के प्रदेशों
में चला गया। 23 और आकर एक नगर में रहने लगा
जिसका नाम नासरत था, ताकि जो नबियों के द्वारा कहा गया
था वह पूरा हो, "वह नासरी कहलाएगा।"

3 1 उन दिनों याहोहानान बपतिस्मा देनेवाला यहूदा के जंगल
में प्रचार करता हुआ आया। 2 और कहता था, "मन
फिराओ, क्योंकि स्वर्ग का राज्य निकट आ गया है।"
3 क्योंकि यह वही है जिसके विषय में नबी यशायाह के द्वारा
कहा गया था, "जंगल में पुकारनेवाले की आवाज़, 'प्रभु
३५३z का मार्ग तैयार करो, उसके पथ सीधे करो।' "
4 और याहोहानान ऊँट के बालों का वस्त्र और अपनी कमर में
चमड़े की पेटी बाँधे हुए था, और उसका भोजन टिड्डियाँ और
वन का मधु था। 5 तब यरूशलेम और सारा यहूदा और
यरदन के आस-पास का सारा देश उसके पास आने लगा।
6 और वे अपने पापों को स्वीकार करते हुए यरदन नदी में
उससे बपतिस्मा लेते थे। 7 पर जब उसने बहुत से फरीसियों
और सदूकियों को अपने बपतिस्मा के लिए आते देखा, तो
उनसे कहा, "हे साँपों की सन्तान! किसने तुम्हें आने वाले
क्रोध से भागने की चेतावनी दी?" 8 "इसलिए ऐसे फल लाओ
जो मन फिराव के योग्य हों।" 9 "और अपने मन में यह न
सोचो कि 'हमारा पिता अब्राहम है,' क्योंकि मैं तुमसे कहता हूँ
कि ईश्वर इन पत्थरों से भी अब्राहम के लिए सन्तान उत्पन्न
कर सकता है।" 10 "कुल्हाड़ी पेड़ों की जड़ पर रखी जा
चुकी है; इसलिए जो भी पेड़ अच्छा फल नहीं लाता, वह काटा
जाता है और आग में डाला जाता है।" 11 "मैं तो तुम्हें मन
फिराव के लिए पानी में बपतिस्मा देता हूँ; पर जो मेरे बाद
आनेवाला है, वह मुझसे शक्तिशाली है, जिसके जूते उठाने
योग्य भी मैं नहीं हूँ। वह तुम्हें आत्मा ह'कोदेश और आग में
बपतिस्मा देगा।" 12 "उसके हाथ में छाज है, और वह अपनी
खलिहान को पूरी तरह से साफ करेगा, और अपने गेहूँ को
भण्डार में इकट्ठा करेगा, परन्तु भूसे को वह अगम्य आग से
जला देगा।" 13 तब OW५३z गलील से याहोहानान के पास
यरदन में बपतिस्मा लेने आया। 14 पर याहोहानान उसे रोकने
लगा, और कहा, "मुझे तो आपसे बपतिस्मा लेने की
आवश्यकता है, और क्या आप मेरे पास आते हैं?" 15 परन्तु
OW५३z ने उत्तर देकर उससे कहा, "अब ऐसा ही होने दे,
क्योंकि हमें इस प्रकार सब धार्मिकता को पूरा करना उचित
है।" तब उसने उसे अनुमति दी। 16 और जब OW५३z
बपतिस्मा लेकर पानी से ऊपर आया, तो देखो, आकाश खुल
गए, और उसने ईश्वर ३५३z की आत्मा को कपोत के
समान उतरते और अपने ऊपर आते देखा। 17 और देखो,
स्वर्ग से यह शब्द हुआ, "यह मेरा प्रिय पुत्र है, जिससे मैं प्रसन्न
हूँ।"

4 1 तब OW५३z आत्मा के द्वारा जंगल में ले जाया गया
ताकि वह शैतान से परीक्षा में डाला जाए। 2 और चालीस
दिन और चालीस रात उपवास करने के बाद, वह भूखा हुआ।
3 और परखनेवाला उसके पास आकर बोला, "यदि तू
३५३z का पुत्र है, तो इन पत्थरों से कह कि वे रोटियाँ बन
जाएँ।" 4 परन्तु उसने उत्तर देकर कहा, "लिखा है, 'मनुष्य
केवल रोटी से नहीं, परन्तु हर वचन से जो ३५३z के मुख
से निकलता है, जीवित रहेगा।' " 5 तब शैतान उसे पवित्र
नगर में ले गया, और उसे मन्दिर की चोटी पर खड़ा किया।
6 और उससे कहा, "यदि तू ३५३z का पुत्र है, तो अपने
आप को नीचे गिरा दे; क्योंकि लिखा है, 'वह तेरे विषय में
अपने स्वर्गदूतों को आज्ञा देगा,' और, 'वे अपने हाथों पर तुझे
उठा लेंगे, ताकि तेरे पैर पत्थर से न टकराएँ।' "
7 OW५३z ने उससे कहा, "यह भी लिखा है, 'तू अपने
ईश्वर ३५३z की परीक्षा न ले।' " 8 फिर शैतान उसे एक
अत्यन्त ऊँचे पहाड़ पर ले गया, और उसे संसार के सब
राज्यों और उनकी महिमा को दिखाया। 9 और उससे कहा,
"मैं ये सब कुछ तुझे दूँगा यदि तू गिरकर मेरी उपासना
करे।" 10 तब OW५३z ने उससे कहा, "दूर हो, हे शैतान!
क्योंकि लिखा है, 'तू अपने ईश्वर ३५३z की उपासना कर,
और केवल उसी की सेवा कर।' " 11 तब शैतान उसे
छोड़कर चला गया, और देखो, स्वर्गदूत आकर उसकी सेवा
करने लगे। 12 जब OW५३z ने सुना कि याहोहानान
बन्दीगृह में डाल दिया गया है, तो वह गलील चला गया।
13 और नासरत को छोड़कर, वह झील के किनारे कफ़र
नहूम में आकर रहने लगा, जो ज़बुलून और नप्ताली के क्षेत्रों
में है। 14 ताकि जो वचन नबी यशायाह के द्वारा कहा गया था
वह पूरा हो। 15 "ज़बुलून की भूमि और नप्ताली की भूमि,
समुद्र का मार्ग, यरदन के पार, अन्यजातियों की गलील —
16 जो लोग अन्धकार में बैठे थे उन्होंने एक बड़ा प्रकाश
देखा; और जो मृत्यु की छाया वाले देश में बैठे थे, उन पर
प्रकाश चमका।" 17 उस समय से OW५३z प्रचार करने
और यह कहने लगा, "मन फिराओ, क्योंकि स्वर्ग का राज्य
निकट आ गया है।" 18 और जब OW५३z गलील की
झील के किनारे चल रहा था, तो उसने दो भाइयों को देखा
— शिमोन जिसे केफा कहा जाता है, और उसके भाई

अंद्रियास को — जो समुद्र में जाल डाल रहे थे, क्योंकि वे
मछुआरे थे। 19 और उसने उनसे कहा, “मेरे पीछे आओ,
और मैं तुम्हें मनुष्यों के मछुआरे बना दूँगा।” 20 और वे तुरन्त
अपने जाल छोड़कर उसके पीछे हो लिए। 21 और वहाँ से
आगे बढ़कर उसने दो और भाइयों को देखा — जब्दी का
पुत्र याक़ोब और उसका भाई याहोहानान — जो अपने पिता
जब्दी के साथ नाव में जालों की मरम्मत कर रहे थे; और
उसने उन्हें बुलाया। 22 और वे तुरन्त नाव और अपने पिता
को छोड़कर उसके पीछे हो लिए। 23 और OW५३Z सारी
गलील में फिरता रहा, और उनके सभागृहों में शिक्षा देता रहा,
और राज्य के सुसमाचार का प्रचार करता, और लोगों में हर
प्रकार की बीमारी और दुर्बलता को चंगा करता रहा। 24 और
उसकी ख्याति सारे सूरिया में फैल गई; और वे सब बीमारों
को, जो विभिन्न रोगों और पीड़ाओं से पीड़ित थे, और जिनमें
दुष्टात्माएँ थीं, मिरगी के रोगी और लकवाग्रस्तों को उसके
पास लाए; और उसने उन्हें चंगा किया। 25 और उसके पीछे
बड़ी भीड़ चली — गलील, दिकापोलिस, यरूशलेम, यहूदा,
और यरदन के पार से।

5

1 जब उसने भीड़ को देखा, तो वह पहाड़ पर चढ़ गया;
और जब वह बैठ गया, उसके शिष्य उसके पास आए।
2 और उसने अपना मुँह खोलकर उन्हें सिखाना शुरू किया,
यह कहते हुए — 3 “धन्य हैं वे जो आत्मा में दीन हैं, क्योंकि
स्वर्ग का राज्य उनका है।” 4 “धन्य हैं वे जो शोक करते हैं,
क्योंकि वे शान्ति पाएँगे।” 5 “धन्य हैं वे जो नम्र हैं, क्योंकि वे
पृथ्वी के अधिकारी होंगे।” 6 “धन्य हैं वे जो धर्म की भूख
और प्यास रखते हैं, क्योंकि वे तृप्त किए जाएँगे।” 7 “धन्य हैं
वे जो दयालु हैं, क्योंकि वे दया पाएँगे।” 8 “धन्य हैं वे जिनका
हृदय शुद्ध है, क्योंकि वे ईश्वर को देखेंगे।” 9 “धन्य हैं वे जो
मेल करानेवाले हैं, क्योंकि वे ईश्वर के पुत्र कहलाएँगे।”
10 “धन्य हैं वे जो धर्म के कारण सताए गए हैं, क्योंकि स्वर्ग
का राज्य उनका है।” 11 “धन्य हो तुम जब लोग तुम्हारा
अपमान करें, तुम्हें सताएँ, और मेरे कारण तुम्हारे विरुद्ध झूठ
बोलकर हर प्रकार की बुराई कहें।” 12 “आनन्द करो और
प्रसन्न रहो, क्योंकि स्वर्ग में तुम्हारा प्रतिफल बड़ा है; क्योंकि
उन्होंने तुम्हारे पहले नबियों को भी इसी प्रकार सताया था।”
13 “तुम पृथ्वी के नमक हो; पर यदि नमक बेस्वाद हो जाए,
तो उसे फिर कैसे नमकीन किया जाएगा? वह फिर किसी
काम का नहीं, सिवाय इसके कि बाहर फेंका जाए और मनुष्यों
के पैरों तले रौंदा जाए।” 14 “तुम संसार के प्रकाश हो; पहाड़
पर बसा हुआ नगर छिप नहीं सकता।” 15 “और लोग दीपक
जलाकर उसे टोकरी के नीचे नहीं रखते, पर दीवट पर रखते
हैं, और वह घर के सब लोगों को प्रकाश देता है।”
16 “तुम्हारा प्रकाश मनुष्यों के सामने ऐसा चमके कि वे तुम्हारे
भले कामों को देखकर स्वर्ग में तुम्हारे पिता की महिमा करें।”
17 “यह न सोचो कि मैं व्यवस्था या नबियों को नष्ट करने
आया हूँ; मैं नष्ट करने नहीं, परन्तु पूरा करने आया हूँ।”
18 “क्योंकि मैं तुमसे सच कहता हूँ, जब तक स्वर्ग और पृथ्वी
टल न जाएँ, व्यवस्था से एक योट या एक बिन्दु भी तब तक
नहीं टलेगा जब तक सब कुछ पूरा न हो जाए।” 19 “इसलिए
जो कोई इन सबसे छोटे आज्ञाओं में से एक को तोड़े, और
मनुष्यों को ऐसा करना सिखाए, वह स्वर्ग के राज्य में सबसे
छोटा कहलाएगा; पर जो उन्हें मानता और सिखाता है, वह
स्वर्ग के राज्य में बड़ा कहलाएगा।” 20 “क्योंकि मैं तुमसे
कहता हूँ, यदि तुम्हारी धार्मिकता शास्त्रियों और फरीसियों से
अधिक न हो, तो तुम किसी रीति से स्वर्ग के राज्य में प्रवेश
नहीं करोगे।” 21 “तुमने सुना है कि प्राचीनों से कहा गया था,
'तू हत्या न करना,' और जो कोई हत्या करेगा वह न्याय के
योग्य ठहराया जाएगा।” 22 “परन्तु मैं तुमसे कहता हूँ, जो
कोई बिना कारण अपने भाई पर क्रोधित होता है वह न्याय के
योग्य ठहराया जाएगा। और जो अपने भाई से कहे, ‘राका!’
वह महासभा के योग्य ठहरेगा। पर जो कहे, ‘मूर्ख!’ वह
गेहिन्नोम की आग के योग्य ठहरेगा।” 23 “इसलिए यदि तू
अपनी भेंट वेदी पर लाए, और वहाँ याद आए कि तेरे भाई को
तेरे विरुद्ध कुछ है,” 24 “तो अपनी भेंट वहाँ वेदी के सामने
छोड़ दे, और पहले जाकर अपने भाई से मेल कर, फिर
आकर अपनी भेंट चढ़ा।” 25 “अपने विरोधी के साथ तुरंत
मेल कर ले, जब तक तू उसके साथ मार्ग में है; कहीं ऐसा न
हो कि तेरा विरोधी तुझे न्यायी के हाथ सौंप दे, और न्यायी
तुझे सेवक के हवाले कर दे, और तू जेल में डाल दिया
जाए।” 26 “मैं तुझसे सच कहता हूँ, जब तक तू आख़िरी
पैसे तक न चुका दे, वहाँ से किसी रीति से बाहर न
निकलेगा।” 27 “तूने सुना है कि कहा गया था, ‘व्यभिचार न
करना।’” 28 “परन्तु मैं तुमसे कहता हूँ, जो कोई किसी स्त्री
को वासना से देखने को देखता है, वह अपने मन में उसके
साथ पहले ही व्यभिचार कर चुका है।” 29 “यदि तेरी दाहिनी
आँख तुझे ठोकर खिलाती है, तो उसे निकाल कर फेंक दे;
क्योंकि तेरे लिए यह भला है कि तेरे अंगों में से एक नष्ट हो
जाए, न कि तेरा सारा शरीर गेहिन्नोम में डाला जाए।”
30 “और यदि तेरा दाहिना हाथ तुझे ठोकर खिलाता है, तो
उसे काटकर फेंक दे; क्योंकि तेरे लिए यह अच्छा है कि तेरे
अंगों में से एक नष्ट हो जाए, न कि तेरा सारा शरीर गेहिन्नोम
में डाला जाए।” 31 “और कहा गया था, ‘जो कोई अपनी
पत्नी को छोड़ दे, वह उसे तलाक़ का पत्र दे।’” 32 “परन्तु
मैं तुमसे कहता हूँ, जो कोई अपनी पत्नी को छोड़ता है, सिवाय
व्यभिचार के कारण के, वह उसे व्यभिचारिणी बनाता है; और
जो छोड़ी हुई स्त्री से विवाह करता है, वह व्यभिचार करता
है।” 33 “फिर तूने सुना है कि प्राचीनों से कहा गया था, ‘झूठी
शपथ न खाना, परन्तु अपनी शपथें प्रभु ३५३Z को पूरी
करना।’” 34 “परन्तु मैं तुमसे कहता हूँ, किसी भी प्रकार की
शपथ न खाना — न स्वर्ग की, क्योंकि वह ईश्वर का
सिंहासन है।” 35 “न पृथ्वी की, क्योंकि वह उसके पाँवों की
चौकी है; न यरूशलेम की, क्योंकि वह महान राजा का नगर
है।” 36 “न अपने सिर की शपथ खा, क्योंकि तू एक बाल भी
श्वेत या श्याम नहीं कर सकता।” 37 “परन्तु तुम्हारा ‘हाँ’
‘हाँ’ और तुम्हारा ‘ना’ ‘ना’ ही हो; जो इनसे अधिक है, वह
दुष्ट से है।” 38 “तूने सुना है कि कहा गया था, ‘आँख के
बदले आँख, और दाँत के बदले दाँत।’” 39 “परन्तु मैं तुमसे
कहता हूँ, बुरे व्यक्ति का विरोध मत कर; पर जो कोई तेरे
दाहिने गाल पर थप्पड़ मारे, उसके सामने दूसरा भी फेर
दे।” 40 “और यदि कोई तुझ पर मुकदमा करके तेरा कुर्ता
लेना चाहे, तो उसे चादर भी दे दे।” 41 “और यदि कोई तुझे
एक मील चलने को विवश करे, तो उसके साथ दो मील

चल ।” 42 “जो तुझसे माँगे, उसे दे, और जो तुझसे उधार
लेना चाहे, उससे मुँह न मोड़ ।” 43 “तूने सुना है कि कहा
गया था, ‘अपने पड़ोसी से प्रेम करना और अपने शत्रु से बैर
रखना ।’” 44 “परन्तु मैं तुमसे कहता हूँ, अपने शत्रुओं से
प्रेम करो, जो तुम पर श्राप देते हैं उन्हें आशीर्वाद दो, जो तुमसे
बैर रखते हैं उनके साथ भलाई करो, और जो तुम्हारा अपमान
करते और तुम्हें सताते हैं उनके लिए प्रार्थना करो ।”
45 “ताकि तुम अपने उस पिता के पुत्र बनो जो स्वर्ग में है;
क्योंकि वह अपना सूर्य दुष्टों और भले दोनों पर उदय करता
है, और धर्मी और अधर्मी दोनों पर वर्षा भेजता है ।”
46 “क्योंकि यदि तुम केवल उनसे प्रेम करो जो तुमसे प्रेम
रखते हैं, तो तुम्हें क्या प्रतिफल मिलेगा? क्या महसूल लेनेवाले
भी ऐसा ही नहीं करते?” 47 “और यदि तुम केवल अपने
भाइयों को नमस्कार करो, तो तुम क्या विशेष करते हो? क्या
महसूल लेनेवाले भी ऐसा ही नहीं करते?” 48 “इसलिए तुम
सिद्ध बनो, जैसे तुम्हारा स्वर्ग में पिता सिद्ध है ।”

6 1 “सावधान रहो कि अपनी भलाई मनुष्यों के सामने
इसलिए न करो कि वे तुम्हें देखें; नहीं तो तुम्हें अपने
स्वर्गीय पिता से कोई प्रतिफल नहीं मिलेगा ।” 2 “इसलिए जब
तू भलाई करे, तो कपटियों की तरह अपने आगे तुरही न बजा,
जैसे वे आराधनालयों और गलियों में करते हैं ताकि लोग
उनकी प्रशंसा करें । मैं तुमसे सच कहता हूँ, उन्हें उनका
प्रतिफल मिल चुका है ।” 3 “परन्तु जब तू भलाई करे, तो तेरा
बायाँ हाथ यह न जाने कि तेरा दायाँ हाथ क्या कर रहा है,”
4 “ताकि तेरी भलाई गुप्त रहे; और तेरा पिता जो गुप्त में
देखता है, वह तुझे प्रत्यक्ष प्रतिफल देगा ।” 5 “और जब तू
प्रार्थना करे, तो कपटियों के समान मत हो; क्योंकि वे
आराधनालयों और गलियों के मोड़ों पर खड़े होकर प्रार्थना
करना पसन्द करते हैं ताकि लोग उन्हें देखें । मैं तुमसे सच
कहता हूँ, उन्हें उनका प्रतिफल मिल चुका है ।” 6 “परन्तु जब
तू प्रार्थना करे, तो अपने कमरे में जा, और दरवाज़ा बन्द
करके अपने उस पिता से प्रार्थना कर जो गुप्त में है; और तेरा
पिता जो गुप्त में देखता है, वह तुझे प्रत्यक्ष प्रतिफल देगा ।”
7 “और जब तू प्रार्थना करे, तो अन्यजातियों के समान बार-
बार व्यर्थ शब्द मत बोल, क्योंकि वे यह सोचते हैं कि अपने
बहुत बोलने से सुने जाएँगे ।” 8 “इसलिए उनके समान मत
बनो, क्योंकि तुम्हारा पिता तुम्हारी माँगने से पहले ही जानता है
कि तुम्हें क्या चाहिए ।” 9 “इस प्रकार प्रार्थना करो: ‘हे हमारे
पिता जो स्वर्ग में हैं, तेरा नाम पवित्र माना जाए ।” 10 ‘तेरा
राज्य आए; तेरी इच्छा जैसी स्वर्ग में होती है, वैसी पृथ्वी पर भी
हो ।’ 11 ‘आज हमें हमारी दैनिक रोटी दे ।’ 12 ‘और हमारे
अपराधों को क्षमा कर, जैसे हम भी अपने अपराधियों को
क्षमा करते हैं ।’ 13 ‘और हमें परीक्षा में न ला, परन्तु दुष्ट से
बचा; क्योंकि राज्य, सामर्थ्य और महिमा सदा तेरी ही है ।
आमेन ।’ 14 “क्योंकि यदि तुम मनुष्यों के अपराध क्षमा
करोगे, तो तुम्हारा स्वर्गीय पिता भी तुम्हें क्षमा करेगा ।”
15 “परन्तु यदि तुम मनुष्यों के अपराध क्षमा नहीं करोगे, तो
तुम्हारा पिता भी तुम्हारे अपराध क्षमा नहीं करेगा ।” 16 “और
जब तुम उपवास करो, तो कपटियों के समान उदास न दिखो;
क्योंकि वे अपने चेहरों को विकृत करते हैं ताकि लोग उन्हें
उपवास करता हुआ देखें । मैं तुमसे सच कहता हूँ, उन्हें
उनका प्रतिफल मिल चुका है ।” 17 “परन्तु जब तू उपवास
करे, तो अपने सिर पर तेल लगा और मुँह धो,” 18 “ताकि तू
मनुष्यों को उपवास करता हुआ न दिखे, परन्तु अपने उस
पिता को जो गुप्त में है; और तेरा पिता जो गुप्त में देखता है,
वह तुझे प्रत्यक्ष प्रतिफल देगा ।” 19 “पृथ्वी पर अपने लिए
धन इकट्ठा मत करो, जहाँ कीड़ा और जंग नष्ट करते हैं,
और जहाँ चोर सेंध लगाकर चुराते हैं ।” 20 “परन्तु अपने
लिए धन स्वर्ग में इकट्ठा करो, जहाँ न कीड़ा नष्ट करता है, न
जंग, और जहाँ चोर सेंध नहीं लगाते और न चुराते हैं ।”
21 “क्योंकि जहाँ तेरा धन है, वहीं तेरा हृदय भी रहेगा ।”
22 “शरीर का दीपक आँख है; इसलिए यदि तेरी आँख सीधी
है, तो तेरा सारा शरीर प्रकाशमय होगा ।” 23 “पर यदि तेरी
आँख बुरी है, तो तेरा सारा शरीर अन्धकारमय होगा ।
इसलिए यदि तेरे भीतर का प्रकाश अन्धकार हो गया है, तो
वह अन्धकार कितना बड़ा होगा!” 24 “कोई भी व्यक्ति दो
स्वामियों की सेवा नहीं कर सकता; क्योंकि वह या तो एक से
बैर करेगा और दूसरे से प्रेम करेगा, या एक से लगा रहेगा
और दूसरे को तुच्छ जानेगा । तुम ईश्वर और धन दोनों की
सेवा नहीं कर सकते ।” 25 “इसलिए मैं तुमसे कहता हूँ, अपने
जीवन की चिन्ता मत करो कि क्या खाओगे या क्या पियोगे, न
अपने शरीर की कि क्या पहनोगे । क्या जीवन भोजन से
बढ़कर नहीं, और शरीर वस्त्र से बढ़कर नहीं?” 26 “आकाश
के पक्षियों को देखो; वे न बोते हैं, न काटते हैं, न खत्तों में
इकट्ठा करते हैं, फिर भी तुम्हारा स्वर्गीय पिता उन्हें खिलाता
है । क्या तुम उनसे अधिक मूल्यवान नहीं हो?” 27 “तुममें से
कौन चिन्ता करके अपने जीवन में एक क्षण भी बढ़ा सकता
है?” 28 “और वस्त्र के विषय में क्यों चिन्ता करते हो? मैदान
के सोसन के फूलों को ध्यान से देखो कि वे कैसे बढ़ते हैं; वे न
परिश्रम करते हैं, न कताई ।” 29 “और मैं तुमसे कहता हूँ कि
शलोमो भी अपनी सारी शोभा में उनमें से किसी एक के समान
वस्त्र पहने हुए नहीं था ।” 30 “इसलिए यदि ईश्वर मैदान की
घास को, जो आज है और कल भट्ठी में डाली जाएगी, ऐसे
वस्त्र पहनाता है, तो वह तुम्हें कितना अधिक वस्त्र पहनाएगा,
हे अल्पविश्वासियों?” 31 “इसलिए यह मत कहो, ‘हम क्या
खाएँ?’ या ‘क्या पीएँ?’ या ‘क्या पहनें?’” 32 “क्योंकि इन सब
बातों की खोज अन्यजाति करते हैं; और तुम्हारा स्वर्गीय पिता
जानता है कि तुम्हें इन सबकी आवश्यकता है ।” 33 “परन्तु
पहले ईश्वर के राज्य और उसकी धार्मिकता को खोजो, तो ये
सब वस्तुएँ तुम्हें दी जाएँगी ।” 34 “इसलिए कल की चिन्ता
मत करो, क्योंकि कल अपनी चिन्ता आप करेगा; हर दिन की
बुराई उसी दिन के लिए पर्याप्त है ।”

7 1 “न्याय न करो, ताकि तुम पर भी न्याय न किया
जाए ।” 2 “क्योंकि जिस न्याय से तुम न्याय करते हो,
उसी से तुम्हारा भी न्याय किया जाएगा; और जिस नाप से तुम
नापते हो, उसी से तुम्हारे लिए भी नापा जाएगा ।” 3 “और तू
क्यों अपने भाई की आँख के तिनके को देखता है, परन्तु
अपनी ही आँख के शहतीर पर ध्यान नहीं देता?” 4 “या तू
अपने भाई से कैसे कह सकता है, ‘आ, मैं तेरी आँख से
तिनका निकाल दूँ,’ और देख, तेरी अपनी आँख में शहतीर
है?” 5 “हे कपटी! पहले अपनी आँख से शहतीर निकाल, तब
तू स्पष्ट रूप से देख सकेगा कि अपने भाई की आँख से

तिनका कैसे निकाले।" 6 "जो पवित्र है उसे कुत्तों को मत दो,
और अपने मोती सूअरों के सामने मत डालो, कहीं वे उन्हें
अपने पैरों तले रौंदें और पलटकर तुम्हें फाड़ न डालें।"
7 "माँगो, और तुम्हें दिया जाएगा; खोजो, और तुम पाओगे;
खटखटाओ, और तुम्हारे लिए खोला जाएगा।" 8 "क्योंकि
जो कोई माँगता है वह पाता है, और जो खोजता है वह पाता है,
और जो खटखटाता है उसके लिए खोला जाएगा।" 9 "तुममें
कौन मनुष्य है जो अपने पुत्र के रोटी माँगने पर उसे पत्थर
देगा?" 10 "या यदि वह मछली माँगे, तो क्या उसे साँप देगा?"
11 "इसलिए यदि तुम जो बुरे हो, अपने बच्चों को अच्छी
वस्तुएँ देना जानते हो, तो तुम्हारा स्वर्गीय पिता उन लोगों को
जो उससे माँगते हैं, अच्छी वस्तुएँ कितना अधिक देगा!"
12 "इसलिए जो कुछ तुम चाहते हो कि लोग तुम्हारे साथ करें,
वही तुम भी उनके साथ करो; क्योंकि यही व्यवस्था और
नबियों का सार है।" 13 "संकीर्ण द्वार से प्रवेश करो; क्योंकि
वह द्वार चौड़ा और वह मार्ग विस्तृत है जो विनाश की ओर ले
जाता है, और बहुत से लोग उसी में प्रवेश करते हैं।"
14 "क्योंकि वह द्वार संकीर्ण और वह मार्ग कठिन है जो जीवन
की ओर ले जाता है, और थोड़े ही लोग उसे पाते हैं।"
15 "झूठे नबियों से सावधान रहो, जो तुम्हारे पास भेड़ों के
वस्त्र में आते हैं, पर भीतर भयानक भेड़िए हैं।" 16 "उनके
फलों से तुम उन्हें पहचानोगे। क्या लोग काँटों से अंगूर, या
ऊँटकटारे से अंजीर तोड़ते हैं?" 17 "इसी प्रकार हर अच्छा
पेड़ अच्छा फल लाता है, और बुरा पेड़ बुरा फल लाता है।"
18 "अच्छा पेड़ बुरा फल नहीं ला सकता, और न बुरा पेड़
अच्छा फल ला सकता है।" 19 "जो पेड़ अच्छा फल नहीं
लाता, वह काटा जाता है और आग में डाला जाता है।"
20 "इसलिए उनके फलों से तुम उन्हें पहचानोगे।" 21 "हर
एक जो मुझसे कहता है, 'प्रभु, प्रभु,' वह स्वर्ग के राज्य में
प्रवेश नहीं करेगा, परन्तु वही जो मेरे स्वर्गीय पिता की इच्छा
पूरी करता है।" 22 "बहुत से लोग उस दिन मुझसे कहेंगे,
'प्रभु, प्रभु, क्या हमने तेरे नाम से भविष्यवाणी नहीं की, और
तेरे नाम से दुष्टात्माओं को नहीं निकाला, और तेरे नाम से
बहुत से अद्भुत कार्य नहीं किए?'" 23 "तब मैं उनसे स्पष्ट
कहूँगा, 'मैंने तुम्हें कभी नहीं जाना; हे अधर्म करनेवालो,
मुझसे दूर हो जाओ!'" 24 "इसलिए जो कोई मेरे ये वचन
सुनता है और उन पर चलता है, वह उस बुद्धिमान मनुष्य के
समान है जिसने अपना घर चट्टान पर बनाया।" 25 "और वर्षा
हुई, बाढ़ आई, और वायु चली और उस घर पर प्रहार किया;
तो भी वह नहीं गिरा, क्योंकि उसकी नींव चट्टान पर डाली गई
थी।" 26 "परन्तु जो कोई मेरे ये वचन सुनता है और उन पर
नहीं चलता, वह उस मूर्ख मनुष्य के समान है जिसने अपना
घर बालू पर बनाया।" 27 "और वर्षा हुई, बाढ़ आई, और वायु
चली और उस घर पर प्रहार किया, और वह गिर गया, और
उसका पतन बड़ा था।" 28 "और जब OW५ऋZ ने ये बातें
पूरी कीं, तो लोग उसकी शिक्षा से चकित हुए।" 29 "क्योंकि
वह उन्हें शास्त्रियों के समान नहीं, परन्तु अधिकार रखनेवाले
के समान शिक्षा दे रहा था।"

8 1 और जब वह पहाड़ से नीचे उतरा, तो बड़ी भीड़ उसके
पीछे हो ली। 2 और देखो, एक कोढ़ी आया और उसके
सामने झुककर कहने लगा, "प्रभु, यदि तू चाहे, तो मुझे शुद्ध
कर सकता है।" 3 और OW५ऋZ ने अपना हाथ बढ़ाकर
उसे छू लिया, और कहा, "मैं चाहता हूँ; तू शुद्ध हो जा।" और
तुरन्त उसका कोढ़ दूर हो गया। 4 और OW५ऋZ ने उससे
कहा, "देख, किसी से यह बात न कहना, परन्तु जा, अपने
को याजक को दिखा, और वह भेंट चढ़ा जो मोशेह ने आज्ञा
दी थी, ताकि यह उनके लिए गवाही हो।" 5 और जब
OW५ऋZ कफ़र नाहूम में प्रवेश किया, तो एक सूबेदार
उसके पास आकर विनती करने लगा, 6 कहने लगा, "प्रभु,
मेरा सेवक घर में लकवाग्रस्त पड़ा है और बहुत पीड़ा में है।"
7 और OW५ऋZ ने उससे कहा, "मैं आकर उसे चंगा
करूँगा।" 8 सूबेदार ने उत्तर दिया, "प्रभु, मैं योग्य नहीं कि तू
मेरे छत के नीचे आए; परन्तु केवल एक शब्द कह दे, और
मेरा सेवक चंगा हो जाएगा।" 9 "क्योंकि मैं स्वयं अधिकार के
अधीन एक मनुष्य हूँ, और मेरे अधीन सैनिक हैं; मैं इस से
कहता हूँ, 'जा,' तो वह जाता है; और दूसरे से, 'आ,' तो वह
आता है; और अपने सेवक से, 'यह कर,' तो वह करता है।"
10 जब OW५ऋZ ने यह सुना, तो वह अचंभित हुआ और
अपने पीछे चलनेवालों से कहा, "मैं तुमसे सच कहता हूँ,
इस्राएल में भी मैंने ऐसा विश्वास नहीं पाया।" 11 "और मैं
तुमसे कहता हूँ कि बहुत से लोग पूरब और पश्चिम से आएँगे,
और अब्राहम, यित्सहाक और याक़ोब के साथ स्वर्ग के राज्य
में बैठेंगे।" 12 "परन्तु राज्य के पुत्रों को बाहर के अन्धकार
में डाल दिया जाएगा; वहाँ रोना और दाँत पीसना होगा।"
13 और OW५ऋZ ने सूबेदार से कहा, "जा, जैसा तूने
विश्वास किया है वैसा ही तेरे लिए हो।" और उसी घड़ी
उसका सेवक चंगा हो गया। 14 और जब OW५ऋZ कैफ़ा
के घर आया, तो उसने उसकी सास को ज्वर से पीड़ित
बिस्तर पर पड़े देखा। 15 और उसने उसका हाथ छू लिया,
तो उसका ज्वर उतर गया; और वह उठकर उनकी सेवा
करने लगी। 16 और जब सायं हुई, तो बहुत से दुष्टात्मा-
ग्रस्त लोग उसके पास लाए गए; और उसने एक वचन से
आत्माओं को निकाल दिया, और सब रोगियों को चंगा किया।
17 यह इसलिये हुआ कि जो यशायाहू नबी के द्वारा कहा गया
था, वह पूरा हो जाए: 'उसने हमारी दुर्बलताओं को ले लिया
और हमारी बीमारियाँ उठा लीं।' 18 जब OW५ऋZ ने अपने
चारों ओर बड़ी भीड़ देखी, तो उसने दूसरे किनारे जाने की
आज्ञा दी। 19 तब एक शास्त्री उसके पास आकर बोला,
"गुरु, मैं जहाँ भी तू जाएगा, तेरे पीछे चलूँगा।" 20 और
OW५ऋZ ने उससे कहा, "लोमड़ियों के बिल हैं और
आकाश के पक्षियों के घोंसले हैं, परन्तु आदम के पुत्र के सिर
रखने की भी जगह नहीं है।" 21 और उसके एक चेले ने
उससे कहा, "प्रभु, पहले मुझे जाने दे कि मैं अपने पिता को
दफना दूँ।" 22 परन्तु OW५ऋZ ने उससे कहा, "मेरे पीछे
चल, और मरे हुए अपने मरे हुओं को दफनाने दें।" 23 और
जब वह नाव में चढ़ा, तो उसके चेले उसके पीछे हो लिए।
24 और देखो, समुद्र में बड़ी आँधी आई, यहाँ तक कि नाव
लहरों से ढँक गई; परन्तु वह सो रहा था। 25 तब उसके चेले
उसके पास आकर उसे जगाने लगे, और कहने लगे, "प्रभु,
हमें बचा ले! हम नाश हो रहे हैं।" 26 तब उसने उनसे कहा,
"हे अल्पविश्वासियों, तुम क्यों डरते हो?" फिर उठकर उसने

पवन और समुद्र को डाँटा, और बड़ा शान्ति हो गई। 27 और
लोग अचंभित होकर कहने लगे, "यह कैसा मनुष्य है कि वायु
और समुद्र भी इसकी आज्ञा मानते हैं?" 28 और जब वह दूसरे
किनारे पर, गिरगशियों के देश में पहुँचा, तो दो दुष्टात्मा-ग्रस्त
मनुष्य कब्रों से निकलकर उससे मिले, जो अत्यन्त उग्र थे,
इसलिये कोई उस मार्ग से नहीं जा सकता था। 29 और देखो,
वे चिल्लाकर कहने लगे, "हमें तुझसे क्या लेना-देना है,
OWЧ३Z, ईश्वर के पुत्र? क्या तू यहाँ समय से पहले हमें
पीड़ा देने आया है?" 30 और उनसे कुछ दूरी पर बहुत से
सूअरों का एक झुंड चर रहा था। 31 और दुष्टात्माओं ने
उससे विनती की, "यदि तू हमें निकालता है, तो हमें सूअरों के
झुंड में भेज दे।" 32 और उसने उनसे कहा, "जाओ।" तब
वे निकलकर सूअरों में चली गईं, और देखो, सारा झुंड तीव्र
ढलान से समुद्र में दौड़ पड़ा और पानी में डूबकर मर गया।
33 और चरवाहे भागकर नगर में गए, और सब बातें बताईं,
यहाँ तक कि उन दुष्टात्मा-ग्रस्त लोगों का हाल भी बताया।
34 और देखो, सारा नगर OWЧ३Z से मिलने बाहर आया;
और जब उन्होंने उसे देखा, तो उससे विनती की कि वह
उनके क्षेत्र से चला जाए।

9 1 और वह नाव में चढ़कर पार गया और अपने नगर में
आया। 2 और देखो, वे एक लकवाग्रस्त मनुष्य को
बिस्तर पर लाए; और OWЧ३Z ने उनका विश्वास देखकर
उस लकवाग्रस्त से कहा, "हे पुत्र, ढाढ़स बाँध, तेरे पाप क्षमा
किए गए हैं।" 3 तब देखो, कुछ शास्त्रियों ने अपने मन में
कहा, "यह मनुष्य निन्दा करता है।" 4 परन्तु OWЧ३Z ने
उनके विचार जानकर कहा, "तुम अपने मन में बुरे विचार
क्यों करते हो?" 5 "क्योंकि क्या आसान है — यह कहना,
'तेरे पाप क्षमा किए गए,' या यह कहना, 'उठ, और चल
फिर?'" 6 "परन्तु ताकि तुम जानो कि आदम का पुत्र पृथ्वी
पर पाप क्षमा करने का अधिकार रखता है..." तब उसने उस
लकवाग्रस्त से कहा, "उठ, अपना बिस्तर उठा, और अपने
घर जा।" 7 और वह उठा और अपने घर चला गया। 8 जब
लोगों ने यह देखा, तो वे चकित हुए और ईश्वर की स्तुति की,
जिसने मनुष्यों को ऐसा अधिकार दिया। 9 और जब
OWЧ३Z वहाँ से आगे बढ़ा, तो उसने एक मनुष्य को देखा,
जिसका नाम मत्ती था, जो महसूल लेने के स्थान पर बैठा
था। और उसने उससे कहा, "मेरे पीछे चल।" तब वह
उठकर उसके पीछे हो लिया। 10 और ऐसा हुआ कि जब
OWЧ३Z घर में भोजन पर बैठा था, तो देखो, बहुत से
महसूल लेनेवाले और पापी आए और उसके और उसके चेलों
के साथ बैठ गए। 11 जब फरीसीयों ने यह देखा, तो उन्होंने
उसके चेलों से कहा, "तुम्हारा गुरु महसूल लेनेवालों और
पापियों के साथ क्यों खाता है?" 12 जब OWЧ३Z ने यह
सुना, तो उनसे कहा, "जो स्वस्थ हैं उन्हें वैद्य की
आवश्यकता नहीं, परन्तु जो रोगी हैं उन्हें है।" 13 "परन्तु
जाओ और सीखो कि यह क्या है, 'मैं बलिदान नहीं, पर दया
चाहता हूँ'; क्योंकि मैं धर्मियों को नहीं, परन्तु पापियों को मन
फिराने के लिए बुलाने आया हूँ।" 14 तब योहन्नान के चेले
उसके पास आए और कहने लगे, "हम और फरीसी तो बहुत
उपवास रखते हैं, परन्तु तेरे चेले उपवास क्यों नहीं रखते?"
15 और OWЧ३Z ने उनसे कहा, "जब तक दूल्हा उनके
साथ है, क्या विवाह-मेहमान शोक कर सकते हैं? परन्तु वे
दिन आएँगे जब दूल्हा उनसे ले लिया जाएगा, तब वे उपवास
करेंगे।" 16 "कोई भी व्यक्ति पुराने वस्त्र पर बिना सिकुड़ा
हुआ कपड़े का टुकड़ा नहीं लगाता; क्योंकि नया टुकड़ा वस्त्र
से खींचता है, और फाड़ और बढ़ जाती है।" 17 "और वे
नयी दाखरस पुरानी मशकों में नहीं डालते; नहीं तो मशकें
फट जाती हैं, दाखरस बह जाती है, और मशकें नष्ट हो जाती
हैं। परन्तु नयी दाखरस नई मशकों में डाली जाती है, और
दोनों सुरक्षित रहते हैं।" 18 जब वह उनसे ये बातें कह ही रहा
था, तभी देखो, एक सरदार आया और उसके सामने
झुककर कहने लगा, "मेरी बेटी अभी मरी है, परन्तु तू आकर
उस पर अपना हाथ रख दे, तो वह जीवित हो जाएगी।"
19 तब OWЧ३Z उठा और उसके पीछे हो लिया, और उसके
चेले भी उसके साथ गए। 20 और देखो, एक स्त्री जिसे बारह
वर्षों से रक्तस्राव की बीमारी थी, पीछे से आकर उसके वस्त्र
के किनारे को छू लिया। 21 क्योंकि वह अपने मन में कह रही
थी, "यदि मैं केवल उसके वस्त्र को छू लूँ, तो मैं चंगी हो
जाऊँगी।" 22 परन्तु OWЧ३Z मुड़ा, और जब उसने उसे
देखा, तो कहा, "हे पुत्री, ढाढ़स बाँध; तेरे विश्वास ने तुझे
चंगा किया है।" और वह स्त्री उसी घड़ी से चंगी हो गई।
23 और जब OWЧ३Z सरदार के घर पहुँचा, और बाँसुरी
बजानेवालों और भीड़ को हल्ला करते देखा, 24 तो उसने
उनसे कहा, "बाहर जाओ, क्योंकि लड़की मरी नहीं है, परन्तु
सो रही है।" तब वे उसकी हँसी उड़ाने लगे। 25 परन्तु जब
भीड़ को बाहर निकाल दिया गया, तो वह भीतर गया और
उसका हाथ पकड़ लिया, और वह लड़की उठ गई। 26 और
यह समाचार उस सारे देश में फैल गया। 27 और जब
OWЧ३Z वहाँ से आगे बढ़ा, तो दो अन्धे उसके पीछे हो
लिए, और पुकारकर कहने लगे, "हे दाविद के पुत्र, हम पर
दया कर।" 28 और जब वह घर में पहुँचा, तो वे अन्धे उसके
पास आए। और OWЧ३Z ने उनसे कहा, "क्या तुम
विश्वास करते हो कि मैं यह कर सकता हूँ?" उन्होंने उससे
कहा, "हाँ, प्रभु।" 29 तब उसने उनकी आँखों को छूकर कहा,
"तुम्हारे विश्वास के अनुसार तुम्हारे लिये हो।" 30 और उनकी
आँखें खुल गईं। और OWЧ३Z ने उन्हें कड़े शब्दों में
चेतावनी दी, "देखो, किसी को यह बात न बताना।" 31 परन्तु
जब वे निकल गए, तो उन्होंने उसके विषय में उस सारे देश में
चर्चा फैला दी। 32 जब वे जा रहे थे, तो देखो, वे एक गूँगे
मनुष्य को, जो दुष्टात्मा से ग्रस्त था, उसके पास लाए।
33 और जब दुष्टात्मा निकाल दी गई, तो गूँगा बोलने लगा।
और लोग अचंभित होकर कहने लगे, "इस्राएल में ऐसा कभी
नहीं देखा गया!" 34 परन्तु फरीसीयों ने कहा, "यह
दुष्टात्माओं के प्रधान की सहायता से दुष्टात्माओं को
निकालता है।" 35 और OWЧ३Z सब नगरों और गाँवों में
घूमता रहा, उनके आराधनालयों में उपदेश देता रहा, राज्य के
सुसमाचार का प्रचार करता रहा, और लोगों में हर प्रकार की
बीमारी और दुर्बलता को चंगा करता रहा। 36 और जब उसने
भीड़ को देखा, तो उस पर दया की, क्योंकि वे थके हुए और
बिखरे हुए थे, जैसे बिना चरवाहे की भेड़ें। 37 तब उसने अपने
चेलों से कहा, "कटनी तो बहुत है, परन्तु मजदूर थोड़े हैं।"

[38] "इसलिये कटनी के प्रभु से प्रार्थना करो कि वह अपनी
कटनी के लिये मजदूर भेजे।"

10

[1] और उसने अपने बारह चेलों को पास बुलाकर उन्हें
अशुद्ध आत्माओं पर अधिकार दिया, कि वे उन्हें
निकालें, और हर प्रकार की बीमारी और हर दुर्बलता को चंगा
करें। [2] और ये हैं बारह प्रेरितों के नाम: प्रथम, शिमोन जो
केफा कहलाता है, और उसका भाई अंद्री; जब्दी का पुत्र
याक़ोब, और उसका भाई योहन्नान; [3] फिलिप्पोस और
बरथोलोमी; तोमा और मत्ती महसूल लेनेवाला; हलेफ़ का
याक़ोब, और लब्बै, जिसका उपनाम तद्दै था; [4] शिमोन कनानी,
और यहूदा करीयोती, जिसने उसी को पकड़वाया।
[5] OW५ऋZ ने इन बारहों को भेजा और उन्हें आज्ञा दी, कहा,
"अन्यजातियों के मार्ग पर मत जाना, और सामरियों के किसी
नगर में प्रवेश मत करना; [6] परन्तु इस्राएल के घराने की खोई
हुई भेड़ों के पास जाओ। [7] "और जाते समय यह प्रचार करो,
कि स्वर्ग का राज्य निकट आ गया है।" [8] "रोगियों को चंगा
करो, कोढ़ियों को शुद्ध करो, मरे हुओं को जिलाओ,
दुष्टात्माओं को निकालो; तुमने बिना मूल्य पाया है, बिना मूल्य
दो।" [9] "अपने कमरबन्दों में सोना, चाँदी, या ताँबा मत
रखना।" [10] "न यात्रा के लिये थैला, न दो कुरते, न जूते, न
लाठी; क्योंकि मजदूर अपने भोजन के योग्य है।" [11] "और
जिस किसी नगर या गाँव में प्रवेश करो, वहाँ यह पूछो कि कौन
योग्य है, और जब तक वहाँ से निकलो, उसी के यहाँ ठहरो।"
[12] "और जब किसी घर में प्रवेश करो, तो उसे नमस्कार
करो।" [13] "और यदि वह घर योग्य हो, तो तुम्हारा शान्ति-
संदेश उस पर आ जाए; परन्तु यदि वह योग्य न हो, तो
तुम्हारी शान्ति तुम्हारे पास लौट आए।" [14] "और जो कोई
तुम्हें न स्वीकारे और न तुम्हारी बातें सुने, उस घर या नगर से
निकलते समय अपने पाँव की धूल झाड़ दो।" [15] "मैं तुमसे
सच कहता हूँ, न्याय के दिन सदोम और अमोरा की भूमि उस
नगर से अधिक सहन करेगी।" [16] "देखो, मैं तुम्हें भेड़ों की
तरह भेड़ियों के बीच भेज रहा हूँ; इसलिए साँपों की तरह
बुद्धिमान और कबूतरों की तरह भोले बनो।" [17] "परन्तु
मनुष्यों से सावधान रहो, क्योंकि वे तुम्हें अदालतों में सौंपेंगे,
और अपनी आराधनालयों में कोड़े मारेंगे।" [18] "और मेरे
कारण तुम्हें राज्यपालों और राजाओं के सामने लाया जाएगा,
ताकि तुम उनके और अन्यजातियों के लिये गवाही दो।"
[19] "परन्तु जब वे तुम्हें पकड़वाएँ, तो यह चिन्ता न करना कि
क्या बोलना है या कैसे बोलना है; क्योंकि जो कुछ तुम्हें उस
समय बोलना होगा, वह तुम्हें दिया जाएगा।" [20] "क्योंकि
बोलनेवाले तुम नहीं, बल्कि तुम्हारे पिता की आत्मा तुम में
बोलती है।" [21] "भाई भाई को मृत्यु के लिये सौंप देगा, और
पिता पुत्र को; और पुत्र माता-पिता के विरोध में उठ खड़े होंगे
और उन्हें मरवा देंगे।" [22] "और मेरे नाम के कारण सब लोग
तुमसे बैर करेंगे; परन्तु जो अन्त तक स्थिर रहेगा, वही
उद्धार पाएगा।" [23] "और जब वे तुम्हें इस नगर में सताएँ, तो
दूसरे नगर को भाग जाओ; क्योंकि मैं तुमसे सच कहता हूँ,
कि आदम का पुत्र आने से पहले तुम इस्राएल के नगरों को
समाप्त न कर सकोगे।" [24] "चेला अपने गुरु से बड़ा नहीं
होता, और न दास अपने स्वामी से बड़ा।" [25] "चेला के लिये
इतना ही बहुत है कि वह अपने गुरु के समान हो जाए, और
दास अपने स्वामी के समान हो जाए। यदि उन्होंने घर के
स्वामी को बेएलज़ेबूल कहा है, तो उसके घरवालों को कितना
अधिक कहेंगे!" [26] "इसलिये उनसे मत डरो; क्योंकि जो
कुछ ढका हुआ है, वह प्रगट किया जाएगा, और जो छिपा है,
वह जाना जाएगा।" [27] "जो मैं तुमसे अँधेरे में कहता हूँ, उसे
उजाले में कहो; और जो तुम कानों में सुनते हो, उसे छतों पर
से प्रचार करो।" [28] "और उनसे मत डरो जो शरीर को तो
मार सकते हैं, परन्तु आत्मा को नहीं मार सकते; बल्कि उससे
डरो जो आत्मा और शरीर दोनों को गे-हिन्नोम में नाश कर
सकता है।" [29] "क्या दो गौरैयों को एक पैसे में नहीं बेचा
जाता? फिर भी तुम्हारे पिता की इच्छा के बिना उनमें से एक
भी पृथ्वी पर नहीं गिरती।" [30] "परन्तु तुम्हारे सिर के सब
बाल तक गिने हुए हैं।" [31] "इसलिये मत डरो; तुम बहुत सी
गौरैयों से अधिक मूल्यवान हो।" [32] "इसलिये जो कोई
मनुष्यों के सामने मेरा अंगीकार करेगा, मैं भी उसे अपने पिता
के सामने अंगीकार करूँगा, जो स्वर्ग में है।" [33] "परन्तु जो
कोई मनुष्यों के सामने मेरा इन्कार करेगा, मैं भी उसे अपने
पिता के सामने इन्कार करूँगा, जो स्वर्ग में है।" [34] "यह न
सोचो कि मैं पृथ्वी पर शान्ति लाने आया हूँ; मैं शान्ति लाने
नहीं, परन्तु तलवार लाने आया हूँ।" [35] "क्योंकि मैं इसलिये
आया हूँ कि मनुष्य को उसके पिता के विरोध में, पुत्री को
उसकी माता के विरोध में, और बहू को उसकी सास के विरोध
में कर दूँ।" [36] "और मनुष्य के शत्रु उसके अपने ही घर के
लोग होंगे।" [37] "जो कोई अपने पिता या माता को मुझसे
अधिक प्रेम करता है, वह मेरे योग्य नहीं; और जो कोई अपने
पुत्र या पुत्री को मुझसे अधिक प्रेम करता है, वह मेरे योग्य
नहीं।" [38] "और जो कोई अपना क्रूस उठाकर मेरे पीछे नहीं
चलता, वह मेरे योग्य नहीं।" [39] "जो कोई अपना जीवन
बचाना चाहेगा, वह उसे खो देगा; और जो कोई मेरे कारण
अपना जीवन खो देगा, वह उसे पाएगा।" [40] "जो तुम्हें ग्रहण
करता है, वह मुझे ग्रहण करता है; और जो मुझे ग्रहण करता
है, वह उसे ग्रहण करता है जिसने मुझे भेजा है।" [41] "जो
किसी नबी को नबी के नाम से ग्रहण करता है, वह नबी का
प्रतिफल पाएगा; और जो किसी धर्मी को धर्मी के नाम से
ग्रहण करता है, वह धर्मी का प्रतिफल पाएगा।" [42] "और जो
कोई इन छोटे जनों में से किसी को केवल एक प्याला ठंडा
जल भी चेला के नाम से पिलाएगा, मैं तुमसे सच कहता हूँ, वह
अपना प्रतिफल किसी भी प्रकार नहीं खोएगा।"

11

[1] और ऐसा हुआ कि जब OW५ऋZ ने अपने बारह
चेलों को आज्ञा देना समाप्त किया, तो वह वहाँ से चला
गया ताकि उनके नगरों में उपदेश दे और प्रचार करे। [2] और
जब योहन्नान ने बन्दीगृह में मसीह के कार्यों के विषय में सुना,
तो उसने अपने दो चेलों को भेजा। [3] और उसने उससे कहा,
"क्या तू वही आनेवाला है, या हम किसी और की प्रतीक्षा
करें?" [4] और OW५ऋZ ने उत्तर देकर उनसे कहा, "जाओ,
जो कुछ तुम सुनते और देखते हो, वह योहन्नान को बता
दो।" [5] "अन्धे दृष्टि पाते हैं, लँगड़े चलते हैं, कोढ़ी शुद्ध किए
जाते हैं, बहरे सुनते हैं, मरे हुए जिलाए जाते हैं, और गरीबों
को सुसमाचार सुनाया जाता है।" [6] "और धन्य है वह जो

मुझ में ठोकर नहीं खाता।" 7 जब वे चले गए, तो OW५ऋZ
ने भीड़ से योहन्नान के विषय में कहना आरम्भ किया, "तुम
जंगल में क्या देखने गए थे? क्या हवा से डोलती हुई
नरकट?" 8 "तो फिर तुम क्या देखने गए थे? क्या कोमल
वस्त्र पहने हुए मनुष्य? देखो, जो कोमल वस्त्र पहनते हैं, वे
राजाओं के घरों में रहते हैं।" 9 "तो फिर तुम क्या देखने गए
थे? क्या नबी? हाँ, मैं तुमसे कहता हूँ, और नबी से भी
बढ़कर।" 10 "क्योंकि यह वही है जिसके विषय में लिखा है,
'देख, मैं तेरे आगे अपना दूत भेजता हूँ, जो तेरे आगे तेरा
मार्ग तैयार करेगा।'" 11 "मैं तुमसे सच कहता हूँ, कि स्त्रियों
से जन्मे हुए लोगों में योहन्नान बपतिस्मा देनेवाले से बड़ा कोई
नहीं उठा; तौभी स्वर्ग के राज्य में जो सबसे छोटा है, वह उससे
बड़ा है।" 12 "और योहन्नान बपतिस्मा देनेवाले के दिनों से
अब तक स्वर्ग का राज्य परिश्रम के साथ आगे बढ़ता है, और
परिश्रमी लोग उसे अपने अधिकार में लेते हैं।" 13 "क्योंकि
सब नबियों और व्यवस्था ने योहन्नान तक भविष्यद्वाणी की।"
14 "और यदि तुम यह स्वीकार करना चाहो, तो वही आनेवाला
एलिय्याहु है।" 15 "जिसके कान हों, वह सुन ले!" 16 "अब मैं
इस पीढ़ी की तुलना किससे करूँ? यह उन बालकों के समान
है जो चौकों में बैठकर अपने साथियों को पुकारते हैं," 17 और
कहते हैं, 'हमने तुम्हारे लिये बाँसुरी बजाई, पर तुमने नाचा
नहीं; हमने तुम्हारे लिये विलाप किया, पर तुमने शोक न
किया।' 18 "क्योंकि योहन्नान न तो खाता आया, न पीता; और
वे कहते हैं, 'उसमें दुष्टात्मा है।'" 19 "आदम का पुत्र खाता-
पीता आया, और वे कहते हैं, 'देखो, यह तो पेटू और दाखरस
पीनेवाला मनुष्य है, महसूल लेनेवालों और पापियों का मित्र।'
परन्तु ज्ञान अपने कामों से धर्मी ठहराया गया।" 20 तब उसने
उन नगरों को डाँटना आरम्भ किया जिनमें उसके अधिकांश
शक्तिशाली काम किए गए थे, क्योंकि उन्होंने मन फिराया
नहीं। 21 "हाय तुझ पर, खोराज़ीन! हाय तुझ पर, बेत-सैदा!
क्योंकि यदि तेरे बीच में जो सामर्थ्य के काम किए गए, वे सूर
और सिदोन में किए जाते, तो वे बहुत पहले टाट ओढ़कर
और राख में बैठकर मन फिराते।" 22 "परन्तु मैं तुमसे
कहता हूँ, कि न्याय के दिन सूर और सिदोन की दशा तुम्हारी
अपेक्षा अधिक सहनीय होगी।" 23 "और तू, केफर नहूम, जो
स्वर्ग तक ऊँचा उठाया गया था, अधोलोक में गिराया जाएगा!
क्योंकि यदि तेरे बीच में जो सामर्थ्य के काम किए गए, वे
सदोम में किए जाते, तो वह आज तक बनी रहती।"
24 "परन्तु मैं तुमसे कहता हूँ कि न्याय के दिन सदोम की भूमि
की दशा तुम्हारी अपेक्षा अधिक सहनीय होगी।" 25 उसी
समय OW५ऋZ ने कहा, "हे पिता, स्वर्ग और पृथ्वी के प्रभु,
मैं तेरा धन्यवाद करता हूँ, क्योंकि तूने ये बातें बुद्धिमान और
समझदारों से छिपाई हैं और बालकों पर प्रकट की हैं।"
26 "हाँ, हे पिता, क्योंकि यह तुझे अच्छा लगा।" 27 "सब कुछ
मेरे पिता ने मुझे सौंप दिया है; और कोई भी पुत्र को नहीं
जानता, केवल पिता; और न कोई पिता को जानता है, केवल
पुत्र, और जिसे पुत्र प्रकट करना चाहे।" 28 "हे सब परिश्रम
करनेवालो और बोझ से दबे लोगों, मेरे पास आओ; मैं तुम्हें
विश्राम दूँगा।" 29 "मेरा जूआ अपने ऊपर लो और मुझसे
सीखो, क्योंकि मैं नम्र और हृदय में दीन हूँ; और तुम्हारे प्राणों
को विश्राम मिलेगा।" 30 "क्योंकि मेरा जूआ सहज है और
मेरा बोझ हल्का है।"

12

1 उसी समय OW५ऋZ शब्बत के दिन अनाज के
खेतों से होकर जा रहे थे; और उनके चेले भूखे थे,
और वे बालियाँ तोड़कर खाने लगे। 2 जब फ़रीसियों ने यह
देखा, तो उन्होंने उनसे कहा, "देखो, तुम्हारे चेले वह कर रहे
हैं जो शब्बत के दिन करना उचित नहीं है।" 3 परन्तु उसने
उनसे कहा, "क्या तुमने नहीं पढ़ा कि जब दाऊद और उसके
साथी भूखे थे, तो उसने क्या किया?" 4 "वह ईश्वर के घर में
गया और वह प्रस्तुत की हुई रोटी खाई, जिसे न तो उसके
लिये खाना उचित था, न ही उसके साथियों के लिये, पर
केवल याजकों के लिये।" 5 "या क्या तुमने व्यवस्था में नहीं
पढ़ा कि शब्बत के दिन पवित्रस्थान में याजक शब्बत को
अपवित्र करते हैं, तौभी निर्दोष रहते हैं?" 6 "परन्तु मैं तुमसे
कहता हूँ कि यहाँ मन्दिर से भी बड़ा कोई है।" 7 "और यदि
तुम जानते कि इसका क्या अर्थ है — 'मैं बलिदान नहीं, दया
चाहता हूँ,' — तो तुम निर्दोषों को दोषी नहीं ठहराते।"
8 "क्योंकि आदम का पुत्र शब्बत का भी प्रभु है।" 9 और वहां
से निकलकर वह उनकी सभा में गया। 10 और देखो, वहां
एक व्यक्ति था जिसका हाथ सूख गया था। और उन्होंने
उससे पूछा, "क्या शब्बत के दिन चंगा करना उचित है?" —
ताकि वे उस पर आरोप लगा सकें। 11 उसने उनसे कहा,
"तुममें कौन ऐसा मनुष्य है जिसके पास एक भेड़ हो, और
यदि वह शब्बत के दिन किसी गड्ढे में गिर जाए, तो वह उसे
पकड़कर निकाल न लेगा?" 12 "तो मनुष्य भेड़ से कितना
अधिक मूल्यवान है! इसलिये शब्बत के दिन भलाई करना
उचित है।" 13 तब उसने उस मनुष्य से कहा, "अपना हाथ
फैलाओ।" उसने उसे फैलाया, और वह दूसरे के समान ठीक
हो गया। 14 तब फ़रीसी बाहर जाकर उसके विरोध में विचार
करने लगे कि उसे कैसे नष्ट करें। 15 परन्तु OW५ऋZ यह
जानकर वहाँ से हट गए; और बड़ी भीड़ उनके पीछे हो ली,
और उन्होंने उन सबको चंगा किया। 16 और उन्हें चिताया कि
वे उसे प्रकट न करें। 17 यह इसलिये हुआ ताकि नबी
यशायाह के द्वारा कही हुई बात पूरी हो कि, 18 "देखो, मेरा
सेवक जिसे मैंने चुना, मेरा प्रिय जिसमें मेरा प्राण प्रसन्न हुआ;
मैं अपनी आत्मा उस पर रखूँगा, और वह अन्यजातियों के
लिये न्याय की घोषणा करेगा।" 19 "वह न तो झगड़ेगा, न
पुकारेगा, और न उसकी आवाज़ गलियों में कोई सुनेगा।"
20 "कुटी हुई सरकण्डी को वह नहीं तोड़ेगा, और धूम्राती बत्ती
को वह नहीं बुझाएगा, जब तक कि वह न्याय को विजय तक
न पहुँचा दे।" 21 "और अन्यजातियाँ उसके नाम पर आशा
रखेंगी।" 22 तब वे एक मनुष्य को जो दुष्टात्मा से ग्रस्त था,
अन्धा और गूंगा था, उसके पास लाए; और उसने उसे चंगा
किया, ताकि वह अन्धा और गूंगा मनुष्य बोलने और देखने
दोनों में सक्षम हो गया। 23 और सब भीड़ चकित होकर कहने
लगी, "क्या यह दाऊद का पुत्र है?" 24 परन्तु जब फ़रीसियों
ने यह सुना, तो उन्होंने कहा, "यह मनुष्य दुष्टात्माओं को
बेएलज़ेबुल, जो दुष्टात्माओं का प्रधान है, के द्वारा ही
निकालता है।" 25 परन्तु OW५ऋZ ने उनके विचार
जानकर उनसे कहा, "हर एक राज्य जो अपने ही विरुद्ध
विभाजित होता है, उजड़ जाता है; और हर एक नगर या घर
जो अपने ही विरुद्ध विभाजित होता है, स्थिर नहीं रह
सकता।" 26 "और यदि शैतान शैतान को निकालता है, तो

वह अपने ही विरुद्ध विभाजित हुआ; फिर उसका राज्य कैसे
स्थिर रहेगा?" 27 "और यदि मैं बेएलज़ेबुल के द्वारा
दुष्टात्माओं को निकालता हूँ, तो तुम्हारे पुत्र उन्हें किसके द्वारा
निकालते हैं? इस कारण वे तुम्हारे न्यायी होंगे।" 28 "परन्तु
यदि मैं ईश्वर की आत्मा के द्वारा दुष्टात्माओं को निकालता हूँ,
तो ईश्वर का राज्य तुम पर आ गया है।" 29 "या कोई कैसे
किसी बलवान के घर में प्रवेश कर उसके माल को लूट सकता
है, जब तक कि पहले उस बलवान को बाँध न ले? तब वह
उसका घर लूट सकेगा।" 30 "जो मेरे साथ नहीं, वह मेरे
विरोध में है; और जो मेरे साथ इकट्ठा नहीं करता, वह तितर-
बितर करता है।" 31 "इसलिये मैं तुमसे कहता हूँ, हर एक
पाप और निन्दा मनुष्यों को क्षमा की जाएगी, परन्तु आत्मा की
निन्दा मनुष्यों को क्षमा नहीं की जाएगी।" 32 "और जो कोई
आदम के पुत्र के विरुद्ध एक शब्द कहेगा, उसे क्षमा की
जाएगी; परन्तु जो पवित्र आत्मा के विरुद्ध बोलेगा, उसे न तो
इस युग में और न आनेवाले युग में क्षमा मिलेगी।" 33 "या तो
वृक्ष को अच्छा ठहराओ और उसका फल अच्छा, या वृक्ष को
बुरा और उसका फल बुरा; क्योंकि वृक्ष उसके फल से
पहचाना जाता है।" 34 "अरे साँप के बच्चों! तुम जो बुरे हो,
कैसे अच्छी बातें बोल सकते हो? क्योंकि मुँह तो उसी से
बोलता है जो हृदय में भरपूर है।" 35 "अच्छा मनुष्य अपने
अच्छे खजाने में से भली बातें निकालता है, और बुरा मनुष्य
अपने बुरे खजाने में से बुरी बातें निकालता है।" 36 "परन्तु मैं
तुमसे कहता हूँ, कि जो भी मनुष्य व्यर्थ बात बोलेंगे, न्याय के
दिन उसका लेखा देंगे।" 37 "क्योंकि तेरे वचनों के कारण तू
धर्मी ठहराया जाएगा, और तेरे वचनों के कारण तू दोषी
ठहराया जाएगा।" 38 तब कुछ शास्त्रियों और फ़रीसियों ने
उत्तर दिया, "गुरु, हम तुझसे कोई चिह्न देखना चाहते हैं।"
39 परन्तु उसने उत्तर देकर उनसे कहा, "दुष्ट और
व्यभिचारी पीढ़ी चिह्न ढूँढ़ती है, परन्तु उसे योना नबी के चिह्न
को छोड़ कोई और चिह्न नहीं दिया जाएगा।" 40 "क्योंकि
जैसे योना तीन दिन और तीन रात उस बड़ी मछली के पेट में
रहा, वैसे ही आदम का पुत्र तीन दिन और तीन रात पृथ्वी के
हृदय में रहेगा।" 41 "नीनवेह के लोग न्याय के दिन इस पीढ़ी
के साथ उठकर उसे दोषी ठहराएँगे, क्योंकि उन्होंने योना के
प्रचार पर मन फिराया था; और देखो, यहाँ योना से भी बड़ा
कोई है।" 42 "दक्षिण की रानी न्याय के दिन इस पीढ़ी के
साथ उठकर उसे दोषी ठहराएगी, क्योंकि वह पृथ्वी के छोर से
शलोमो की बुद्धि सुनने आई थी; और देखो, यहाँ शलोमो से भी
बड़ा कोई है।" 43 "जब कोई अशुद्ध आत्मा मनुष्य से निकल
जाती है, तो वह विश्राम की खोज में निर्जल स्थानों से होकर
फिरती है, और उसे कहीं विश्राम नहीं मिलता।" 44 "तब वह
कहती है, 'मैं अपने उस घर में लौट जाऊँगी जहाँ से निकली
थी।' और जब वह आती है, तो पाती है कि वह खाली, साफ़-
सुथरा और सजा हुआ है।" 45 "तब वह जाकर अपने साथ
सात अन्य आत्माओं को, जो अपने से भी अधिक दुष्ट हैं, ले
आती है, और वे वहाँ प्रवेश करके निवास करती हैं; और उस
मनुष्य की अंतिम दशा पहली से भी बुरी हो जाती है। इसी
प्रकार इस दुष्ट पीढ़ी के साथ भी होगा।" 46 जब वह अब भी
भीड़ से बातें कर रहा था, देखो, उसकी माता और उसके भाई
बाहर खड़े थे, उससे बात करना चाहते थे। 47 तब किसी ने
उससे कहा, "देखो, तेरी माता और तेरे भाई बाहर खड़े हैं,
तुझसे बात करना चाहते हैं।" 48 परन्तु उसने उस से
कहनेवाले को उत्तर दिया, "मेरी माता कौन है, और मेरे भाई
कौन हैं?" 49 और उसने अपना हाथ अपने चेलों की ओर
बढ़ाकर कहा, "देखो, मेरी माता और मेरे भाई यही हैं!"
50 "क्योंकि जो कोई मेरे पिता की इच्छा को पूरी करता है जो
स्वर्ग में है, वही मेरा भाई, बहन और माता है।"

13

1 उसी दिन ow५ऋz घर से निकलकर समुद्र
किनारे बैठ गए। 2 और उनके पास बड़ी भीड़ इकट्ठी
हो गई, इसलिए वह नाव में चढ़कर बैठ गए, और सारी भीड़
किनारे पर खड़ी रही। 3 और उन्होंने उनसे बहुत बातें
दृष्टान्तों में कही, यह कहते हुए, "देखो, एक बोने वाला बीज
बोने निकला।" 4 "और जब वह बो रहा था, तो कुछ बीज
रास्ते के किनारे गिरे, और पक्षी आकर उन्हें खा गए।"
5 "और कुछ पत्थरीली भूमि पर गिरे, जहाँ मिट्टी अधिक नहीं
थी; और वे तुरन्त उग आए, क्योंकि मिट्टी गहरी नहीं थी।"
6 "परन्तु जब सूर्य निकला, तो वे झुलस गए, और क्योंकि
उनकी जड़ नहीं थी, वे सूख गए।" 7 "और कुछ काँटों के
बीच गिरे, और काँटे बढ़कर उन्हें दबा गए।" 8 "और कुछ
अच्छी भूमि पर गिरे, और फल लाए — कोई सौ गुना, कोई
साठ, और कोई तीस गुना।" 9 "जिसके कान सुनने के लिए
हैं, वह सुने।" 10 तब चेले उसके पास आकर बोले, "आप
उनसे दृष्टान्तों में क्यों बात करते हैं?" 11 उन्होंने उत्तर दिया,
"क्योंकि तुम्हें स्वर्ग के राज्य के भेद जानने का वरदान दिया
गया है, पर उन्हें नहीं दिया गया।" 12 "क्योंकि जिसके पास
है, उसे और दिया जाएगा, और उसके पास बहुतायत होगी;
परन्तु जिसके पास नहीं है, उससे वह भी ले लिया जाएगा जो
उसके पास है।" 13 "इस कारण मैं उनसे दृष्टान्तों में बात
करता हूँ, क्योंकि देखते हुए भी वे नहीं देखते, और सुनते हुए
भी नहीं सुनते, और न समझते हैं।" 14 "और उनके विषय में
यशायाह की भविष्यवाणी पूरी होती है, जो कहती है, 'तुम
सुनोगे तो सही, परन्तु समझोगे नहीं; और देखोगे तो सही,
परन्तु पहचानोगे नहीं।'" 15 "क्योंकि इस लोगों का हृदय
कठोर हो गया है, और उनके कान सुनने में सुस्त हैं, और
उन्होंने अपनी आँखें बंद कर ली हैं, ताकि कहीं ऐसा न हो कि
वे अपनी आँखों से देखें और कानों से सुनें, और अपने हृदय
से समझें, और लौट आएँ, और मैं उन्हें चंगा करूँ।"
16 "परन्तु धन्य हैं तुम्हारी आँखें, क्योंकि वे देखती हैं, और
तुम्हारे कान, क्योंकि वे सुनते हैं।" 17 "क्योंकि मैं तुमसे सच
कहता हूँ, बहुत-से नबीगण और धर्मी लोग यह देखने की
इच्छा रखते थे जो तुम देखते हो, परन्तु उन्होंने नहीं देखा;
और वह सुनने की इच्छा रखते थे जो तुम सुनते हो, परन्तु
उन्होंने नहीं सुना।" 18 "सो तुम बोने वाले के दृष्टान्त को
सुनो।" 19 "जब कोई व्यक्ति राज्य का वचन सुनता है और
उसे नहीं समझता, तो दुष्ट आकर उसके हृदय में बोया गया
शब्द छीन लेता है; यही वह है जो मार्ग के किनारे बोया गया।"
20 "और जो पत्थरीली भूमि पर बोया गया, वह वह है जो वचन
सुनते ही आनन्द के साथ उसे ग्रहण कर लेता है।"
21 "परन्तु उसके भीतर जड़ नहीं होती, वह थोड़े समय तक
ही रहता है; और जब वचन के कारण क्लेश या उत्पीड़न
आता है, तो वह तुरन्त ठोकर खाकर गिर पड़ता है।"

22 "और जो काँटों के बीच बोया गया, वह वह व्यक्ति है जो
वचन को सुनता है, परन्तु इस युग की चिंता और धन की
छल-कपट उस वचन को दबा देती है, और वह फलहीन हो
जाता है।" 23 "और जो अच्छी भूमि पर बोया गया, वह वह
व्यक्ति है जो वचन को सुनता और समझता है, जो वास्तव में
फल लाता है — कोई सौ गुना, कोई साठ, और कोई तीस
गुना।" 24 एक और दृष्टान्त उसने उनसे कहा, "स्वर्ग का
राज्य उस मनुष्य के समान है जिसने अपने खेत में अच्छा
बीज बोया।" 25 "परन्तु जब लोग सो रहे थे, तो उसका शत्रु
आकर गेहूँ के बीच जंगली घास बो गया और चला गया।"
26 "और जब अंकुर निकले और फल लाए, तब जंगली घास
भी दिखाई दी।" 27 "तब घर के स्वामी के दास उसके पास
आए और बोले, 'स्वामी, क्या आपने अपने खेत में अच्छा बीज
नहीं बोया था? फिर इसमें जंगली घास कहाँ से आ गई?'"
28 "उसने उनसे कहा, 'किसी मनुष्य ने, एक शत्रु ने यह
किया है।' तब दासों ने उससे कहा, 'क्या आप चाहते हैं कि
हम जाकर उन्हें उखाड़ दें?'" 29 "परन्तु उसने कहा, 'नहीं,
कहीं ऐसा न हो कि जब तुम जंगली घास उखाड़ो, तो गेहूँ भी
उनके साथ उखाड़ डालो।'" 30 "'दोनों को कटनी तक
साथ-साथ बढ़ने दो; और कटनी के समय मैं कटनी
करनेवालों से कहूँगा, "पहले जंगली घास इकट्ठी करो और
उन्हें जलाने के लिये गट्ठर बाँधो, परन्तु गेहूँ को मेरे खत्ते में
इकट्ठा करो।" ' " 31 एक और दृष्टान्त उसने उनसे कहा,
"स्वर्ग का राज्य राई के दाने के समान है, जिसे किसी मनुष्य
ने लेकर अपने खेत में बोया।" 32 "वह सभी बीजों में सबसे
छोटा तो है, परन्तु जब बढ़ता है, तो सब पौधों से बड़ा हो जाता
है और वृक्ष बन जाता है, ताकि आकाश के पक्षी आकर
उसकी डालियों में बसेरा करें।" 33 एक और दृष्टान्त उसने
उनसे कहा, "स्वर्ग का राज्य उस खमीर के समान है, जिसे
किसी स्त्री ने लेकर तीन माप आटे में मिला दिया, जब तक
कि सारा खमीरित न हो गया।" 34 OWЧ३Z ने यह सब
बातें भीड़ से दृष्टान्तों में कही, और वह उनसे बिना दृष्टान्त
के नहीं बोलते थे। 35 "ताकि जो नबी के द्वारा कहा गया था
वह पूरा हो, जो कहता है, 'मैं दृष्टान्तों में अपना मुँह खोलूँगा;
मैं जगत की उत्पत्ति से गुप्त रखी बातों को प्रकट करूँगा।' "
36 तब भीड़ को विदा करके OWЧ३Z घर में गए; और
उसके चेले उसके पास आकर बोले, "हमें खेत की जंगली
घास के दृष्टान्त का अर्थ समझाइए।" 37 और उन्होंने उत्तर
देकर उनसे कहा, "जो अच्छा बीज बोता है, वह आदम का
पुत्र है।" 38 "और खेत संसार है; अच्छा बीज राज्य के पुत्र
हैं, परन्तु जंगली घास दुष्ट के पुत्र हैं।" 39 "और वह शत्रु
जिसने उन्हें बोया, शैतान है; कटनी इस युग का अंत है, और
कटनी करनेवाले दूत हैं।" 40 "जैसे जंगली घास इकट्ठी कर
आग में जलाई जाती है, वैसे ही इस युग के अंत में होगा।"
41 "आदम का पुत्र अपने दूतों को भेजेगा, और वे उसके
राज्य में से वे सब चीजें इकट्ठी करेंगे जो ठोकर का कारण हैं,
और वे जो अधर्म करते हैं।" 42 "और उन्हें आग की भट्टी में
डाल देंगे; वहाँ रोना और दाँत पीसना होगा।" 43 "तब धर्मी
अपने पिता के राज्य में सूर्य के समान चमकेंगे। जिसके कान
सुनने के लिये हैं, वह सुने।" 44 "फिर स्वर्ग का राज्य उस
खजाने के समान है जो किसी खेत में छिपा हुआ था, जिसे
किसी मनुष्य ने पाकर छिपा दिया; और उसके आनन्द के
कारण वह जाकर अपनी सब वस्तुएँ बेच देता है और वह खेत
खरीद लेता है।" 45 "फिर स्वर्ग का राज्य उस व्यापारी के
समान है जो उत्तम मोतियों की खोज में था।" 46 "और जब
उसने एक बहुमूल्य मोती पाया, तो जाकर अपनी सब वस्तुएं
बेच दीं और उसे खरीद लिया।" 47 "फिर स्वर्ग का राज्य
उस जाल के समान है जिसे समुद्र में डाल दिया गया और
जिसमें हर प्रकार की मछलियाँ इकट्ठी हो गईं।" 48 "और जब
वह भर गया, तो उन्होंने उसे किनारे खींच लिया, और बैठकर
अच्छी मछलियों को बर्तनों में इकट्ठा किया, परन्तु खराबों को
फेंक दिया।" 49 "ऐसा ही युग के अंत में होगा; दूत निकलेंगे
और दुष्टों को धर्मियों के बीच से अलग करेंगे।" 50 "और
उन्हें आग की भट्टी में डाल देंगे; वहाँ रोना और दाँत पीसना
होगा।" 51 OWЧ३Z ने उनसे कहा, "क्या तुमने ये सब बाते
समझ लीं?" उन्होंने उससे कहा, "हाँ, प्रभु।" 52 और उसने
उनसे कहा, "इसलिए हर एक शास्त्री जो स्वर्ग के राज्य में
शिक्षा पाया है, उस गृहस्वामी के समान है जो अपने भंडार से
नयी और पुरानी वस्तुएँ निकालता है।" 53 और ऐसा हुआ कि
जब OWЧ३Z ने ये दृष्टान्त समाप्त किए, तो वह वहाँ से
चले गए। 54 और जब वह अपने नगर में आए, तो उन्होंने
उनकी आराधनास्थल में शिक्षा दी, जिससे वे अचंभित होकर
कहने लगे, "इस मनुष्य को यह ज्ञान और सामर्थ्य के कार्य
कहाँ से मिले?" 55 "क्या यह बढ़ई का पुत्र नहीं है? क्या
इसकी माता का नाम मरियम नहीं है? और इसके भाई —
याक़ूब, योसेफ़, शिमोन, और यहूदा — क्या ये सब नहीं हैं?"
56 "और इसकी बहनें क्या सब हमारे साथ नहीं हैं? फिर
इसको ये सब बातें कहाँ से मिलीं?" 57 और वे उस पर ठोकर
खाने लगे। परन्तु OWЧ३Z ने उनसे कहा, "नबी अपने
नगर और अपने घर को छोड़कर कहीं और अपमानित नहीं
होता।" 58 और उनके अविश्वास के कारण उसने वहाँ बहुत
से चमत्कार नहीं किए।

14 1 उस समय हेरोदेस जिला शासक ने OWЧ३Z के
विषय में समाचार सुना। 2 और अपने सेवकों से कहा,
"यह याहोहानान बपतिस्मा देने वाला है। वह मृतकों में से जी
उठा है, और यही कारण है कि ये शक्तिशाली सामर्थ्य उसके
अंदर काम कर रही हैं।" 3 क्योंकि हेरोदेस ने याहोहानान को
पकड़ लिया था, बाँधकर उसे जेल में डाल दिया था, अपने
भाई फिलिप्पेस की पत्नी हेरोदिया के कारण। 4 क्योंकि
याहोहानान ने उससे कहा था, "तेरे लिए उसे रखना उचित
नहीं है।" 5 और उसे मार डालना चाहता था, परन्तु भीड़ से
डरता था, क्योंकि वे उसे एक नबी मानते थे। 6 परन्तु जब
हेरोदेस का जन्मदिन मनाया जा रहा था, तब हेरोदिया की
बेटी ने उनके सामने नाच किया और हेरोदेस को प्रसन्न
किया। 7 इसलिए उसने शपथ खाकर वादा किया कि वह उसे
जो चाहे देगी। 8 और वह, अपनी माँ के उकसाने पर, बोली,
"मुझे यहाँ याहोहानान बपतिस्मा देने वाले का सिर थाली में दे
दो।" 9 और राजा उदास हुआ, परन्तु अपनी शपथों और
अतिथियों के कारण उसने आदेश दिया कि उसे दिया जाए।
10 और उसने भेजकर याहोहानान का सिर जेल में कटवा
दिया। 11 और उसका सिर थाली में लाया गया और लड़की

को दिया गया, और वह उसे अपनी माँ के पास ले गई।
12 और उसके चेलों ने आकर शरीर को उठा लिया और
दफना दिया, और जाकर 𐤉𐤄𐤅𐤔𐤏 को समाचार दिया।
13 जब 𐤉𐤄𐤅𐤔𐤏 ने यह सुना, तो वह वहाँ से नाव द्वारा
अकेले एक निर्जन स्थान पर चला गया। और जब भीड़ ने
यह सुना, तो वे नगरों से पैदल उसके पीछे गए। 14 और जब
𐤉𐤄𐤅𐤔𐤏 बाहर आया, उसने एक बड़ी भीड़ को देखा और
उन पर दया आई, और उसने उनके रोगियों को चंगा किया।
15 और जब साँझ हुई, तो उसके चेले उसके पास आकर
बोले, "यह एक निर्जन स्थान है, और समय अब बहुत हो गया
है। भीड़ को विदा कर दे ताकि वे गाँवों में जाकर अपने लिए
भोजन खरीद सकें।" 16 परन्तु 𐤉𐤄𐤅𐤔𐤏 ने उनसे कहा,
"उन्हें जाने की आवश्यकता नहीं है, तुम ही उन्हें खाने को
दो।" 17 और उन्होंने उससे कहा, "यहाँ हमारे पास केवल
पाँच रोटियाँ और दो मछलियाँ हैं।" 18 और उसने कहा,
"उन्हें यहाँ मेरे पास लाओ।" 19 और उसने भीड़ को हरी
घास पर बैठने की आज्ञा दी, और पाँच रोटियाँ और दो
मछलियाँ लेकर, स्वर्ग की ओर देखकर आशीर्वाद दिया और
रोटियों को तोड़ा, और चेलों को दिया; और चेलों ने उन्हें भीड़
को दिया। 20 और सब ने खाया और तृप्त हुए। और उन्होंने
बचे हुए टुकड़े उठाए — बारह टोकरियाँ भरकर। 21 और
जिन्होंने खाया वे स्त्रियों और बच्चों को छोड़कर लगभग पाँच
हज़ार पुरुष थे। 22 और तुरंत 𐤉𐤄𐤅𐤔𐤏 ने अपने चेलों को
नाव में चढ़ने और अपने से पहले दूसरी ओर जाने को कहा,
जब तक वह भीड़ को विदा कर दे। 23 और भीड़ को विदा
करने के बाद, वह अकेला प्रार्थना करने के लिए पहाड़ पर
चढ़ गया। और जब संध्या हुई, तो वह वहाँ अकेला था।
24 परन्तु नाव उस समय समुद्र के बीच में थी, लहरों से घिरी
हुई, क्योंकि हवा उसके विरुद्ध थी। 25 और रात के चौथे पहर
में 𐤉𐤄𐤅𐤔𐤏 उनके पास आया, समुद्र पर चलते हुए।
26 और जब चेलों ने उसे समुद्र पर चलते देखा, तो वे घबरा
गए और बोले, "यह कोई भूत है!" और डर के मारे चिल्ला
उठे। 27 परन्तु तुरंत 𐤉𐤄𐤅𐤔𐤏 ने उनसे कहा, "ढाढ़स
रखो, मैं हूँ; मत डरो।" 28 और केफ़ा ने उसे उत्तर दिया
और कहा, "प्रभु, यदि तू ही है, तो मुझे आज्ञा दे कि मैं पानी
पर तेरे पास आऊँ।" 29 और उसने कहा, "आ।" और जब
केफ़ा नाव से नीचे उतरा, तो वह पानी पर चलता हुआ
𐤉𐤄𐤅𐤔𐤏 के पास जाने लगा। 30 परन्तु जब उसने देखा कि
हवा तेज़ है, तो डर गया। और डूबने लगा, तो चिल्लाकर
कहा, "प्रभु, मुझे बचा ले!" 31 और तुरंत 𐤉𐤄𐤅𐤔𐤏 ने हाथ
बढ़ाया, उसे पकड़ लिया और उससे कहा, "हे अल्प विश्वास
वाले, तूने संदेह क्यों किया?" 32 और जब वे नाव में चढ़े, तो
हवा थम गई। 33 और जो नाव में थे, उन्होंने आकर उसे
दण्डवत किया और कहा, "निश्चय ही तू 𐤉𐤄𐤅𐤄 का पुत्र
है।" 34 और पार होकर, वे गन्नेसार की भूमि में पहुँचे।
35 और जब उस स्थान के पुरुषों ने उसे पहचाना, तो उन्होंने
उस सारे आस-पास के देश में खबर भेजी, और सब रोगियों
को उसके पास लाए। 36 और उससे विनती की कि वे केवल
उसके वस्त्र के किनारे को छू लें। और जितनों ने उसे छुआ,
वे सब पूरी तरह से चंगे हो गए।

15 1 तब येरूशलेम से शास्त्री और फरीसी 𐤉𐤄𐤅𐤔𐤏
के पास आए और बोले, 2 "तेरे चेले पुरखों की परंपरा
का उल्लंघन क्यों करते हैं? क्योंकि वे रोटी खाते समय अपने
हाथ नहीं धोते।" 3 परन्तु उसने उत्तर देकर उनसे कहा,
"तुम भी अपनी परंपरा के कारण ईश्वर की आज्ञा का
उल्लंघन क्यों करते हो? 4 "क्योंकि ईश्वर ने आज्ञा दी है, कहा
है, 'अपने पिता और माता का आदर कर,' और, 'जो कोई
पिता या माता को श्राप दे, वह अवश्य मृत्यु को प्राप्त हो।'
5 "परन्तु तुम कहते हो, 'जो कोई अपने पिता या माता से कहे,
"जो लाभ तुझे मुझसे मिलता, वह अर्पित कर दिया गया है,"
6 वह अपने पिता या माता का आदर करने से मुक्त है।' इस
प्रकार तुमने अपनी परंपरा के द्वारा ईश्वर की आज्ञा को
निरर्थक बना दिया है। 7 "हे कपटी लोगों! यशायाहू ने तुम्हारे
विषय में ठीक भविष्यद्वाणी की है, कहा, 8 'यह लोग अपने मुँह
से मेरे निकट आते हैं, और अपने होंठों से मेरा आदर करते
हैं, परन्तु उनका हृदय मुझसे बहुत दूर है। 9 'और व्यर्थ ही वे
मेरी उपासना करते हैं, मनुष्यों की आज्ञाओं को उपदेश के
रूप में सिखाते हैं।' " 10 और भीड़ को पास बुलाकर उसने
उनसे कहा, "सुनो और समझो: 11 "जो मुँह में जाता है वह
मनुष्य को अशुद्ध नहीं करता, परन्तु जो मुँह से निकलता है,
वही मनुष्य को अशुद्ध करता है।" 12 तब उसके चेले उसके
पास आकर बोले, "क्या तू जानता है कि जब फरीसियों ने यह
वचन सुना तो वे ठोकर खा गए?" 13 परन्तु उसने उत्तर
दिया, "हर पौधा जिसे मेरे स्वर्गीय पिता ने नहीं लगाया,
उखाड़ फेंका जाएगा। 14 "उन्हें अकेला छोड़ दो। वे अंधों
के अंधे नेता हैं। और यदि अंधा अंधे को मार्ग दिखाए, तो
दोनों गड्ढे में गिरेंगे।" 15 और केफ़ा ने उत्तर दिया और कहा,
"हमें यह दृष्टांत समझा।" 16 और 𐤉𐤄𐤅𐤔𐤏 ने कहा, "क्या
तुम भी अब तक बिना समझ के हो? 17 "क्या तुम नहीं
समझते कि जो कुछ मुँह में जाता है, वह पेट में चला जाता है,
और फिर मल में निकल जाता है? 18 "परन्तु जो कुछ मुँह से
निकलता है, वह हृदय से आता है, और वही मनुष्य को अशुद्ध
करता है। 19 "क्योंकि हृदय से दुष्ट विचार, हत्याएँ,
व्यभिचार, व्यभिचारिणीपन, चोरी, झूठी गवाही और निन्दाएं
निकलती हैं। 20 "ये बातें मनुष्य को अशुद्ध करती हैं, परन्तु
बिना हाथ धोए खाना मनुष्य को अशुद्ध नहीं करता।" 21 और
𐤉𐤄𐤅𐤔𐤏 वहाँ से निकलकर सूर और सिदोन के प्रदेशों में
चला गया। 22 और देखो, कनान की एक स्त्री उन सीमाओं
से आकर चिल्लाई और बोली, "मुझ पर दया कर, हे प्रभु,
दाविद के पुत्र! मेरी बेटी पर बुरी आत्मा का अधिकार है।"
23 परन्तु उसने उसे एक शब्द भी उत्तर नहीं दिया। और
उसके चेले उसके पास आकर बोले, "उसे भेज दे, क्योंकि वह
हमारे पीछे चिल्ला रही है।" 24 और उसने उत्तर देकर कहा,
"मैं केवल इस्राएल के घराने की खोई हुई भेड़ों के पास भेजा
गया हूँ।" 25 परन्तु वह आकर उसे प्रणाम करने लगी और
बोली, "प्रभु, मेरी सहायता कर!" 26 और उसने उत्तर दिया,
"यह उचित नहीं है कि बच्चों की रोटी लेकर कुत्तों के सामने
डाल दी जाए।" 27 परन्तु उसने कहा, "हाँ प्रभु, क्योंकि छोटे
कुत्ते भी अपने स्वामियों की मेज़ से गिरने वाले टुकड़े खाते
हैं।" 28 तब 𐤉𐤄𐤅𐤔𐤏 ने उत्तर देकर उससे कहा, "हे स्त्री,

तेरा विश्वास बड़ा है! तुझे तेरी इच्छा के अनुसार हो।" और
उसी घड़ी उसकी बेटी चंगी हो गई। 29और वहाँ से
निकलकर 𐤉𐤄𐤅𐤔𐤏 गलील की झील के किनारे आया, और
पहाड़ पर चढ़कर वहाँ बैठ गया। 30और बहुत सी भीड़
उसके पास आई, जो लँगड़े, अंधे, गूँगे, अपंग और बहुतों को
अपने साथ लाई। और उन्होंने उन्हें 𐤉𐤄𐤅𐤔𐤏 के पैरों के
पास रखा, और उसने उन्हें चंगा किया। 31इस प्रकार भीड़
अचम्भित हुई जब उन्होंने गूँगों को बोलते, अपंगों को स्वस्थ,
लँगड़ों को चलते और अंधों को देखते देखा। और उन्होंने
इस्राएल के ईश्वर की स्तुति की। 32और 𐤉𐤄𐤅𐤔𐤏 ने
अपने चेलों को पास बुलाकर कहा, "मुझे भीड़ पर दया आती
है, क्योंकि वे अब तीन दिन से मेरे साथ हैं और उनके पास
खाने को कुछ नहीं है। और मैं उन्हें भूखा भेजना नहीं चाहता,
कहीं वे मार्ग में बेहोश न हो जाएँ।" 33तब उसके चेले बोले,
"हम इस निर्जन स्थान में इतनी बड़ी भीड़ को तृप्त करने के
लिए पर्याप्त रोटियाँ कहाँ से पाएँगे?" 34और 𐤉𐤄𐤅𐤔𐤏 ने
उनसे कहा, "तुम्हारे पास कितनी रोटियाँ हैं?" उन्होंने कहा,
"सात, और कुछ छोटी मछलियाँ।" 35और उसने भीड़ को
भूमि पर बैठने की आज्ञा दी। 36और सात रोटियाँ और
मछलियाँ लेकर, धन्यवाद दिया, उन्हें तोड़ा और अपने चेलों
को दिया, और चेलों ने उन्हें भीड़ को दिया। 37और सब ने
खाया और तृप्त हुए, और जो टुकड़े बचे थे, उन्हें सात बड़ी
टोकरियों में भर लिया गया। 38और जिन्होंने खाया वे स्त्रियों
और बच्चों को छोड़कर चार हज़ार पुरुष थे। 39और भीड़
को विदा करके, वह नाव में चढ़ गया और मगदला की
सीमाओं में पहुँचा।

16 1और फरीसी और सदूकी उसके पास आए, और
उसे परखते हुए माँगा कि वह उन्हें स्वर्ग से कोई चिन्ह
दिखाए। 2और उसने उत्तर देकर उनसे कहा, "जब सांझ
होती है, तो तुम कहते हो, 'आज अच्छा मौसम होगा, क्योंकि
स्वर्ग लाल है,' 3और प्रातःकाल में, 'आज तूफान होगा,
क्योंकि स्वर्ग लाल और उदास है।' हे कपटी लोगों, तुम स्वर्ग
का रूप पहचानना जानते हो, परन्तु युगों के चिन्हों को नहीं
पहचानते! 4"दुष्ट और व्यभिचारी पीढ़ी चिन्ह मांगती है,
परन्तु उसे योना भविष्यद्वक्ता के चिन्ह को छोड़ और कोई
चिन्ह नहीं दिया जाएगा।" और वह उन्हें छोड़कर चला
गया। 5और उसके चेले समुद्र के उस पार आए, और रोटी
लेना भूल गए थे। 6और 𐤉𐤄𐤅𐤔𐤏 ने उनसे कहा,
"सावधान रहो, और फरीसियों और सदूकियों के खमीर से
बचो।" 7और वे आपस में सोचने लगे, "यह इसलिए कहा कि
हम रोटी नहीं लाए।" 8परन्तु 𐤉𐤄𐤅𐤔𐤏 ने यह जानकर
उनसे कहा, "हे अल्प-विश्वासियों, तुम आपस में क्यों सोचते
हो कि तुम रोटी नहीं लाए? 9"क्या तुम अब तक नहीं समझते,
न स्मरण करते हो पाँच रोटियों के पाँच हज़ार का, और
कितनी टोकरियाँ तुमने उठाईं? 10"या सात रोटियों के चार
हज़ार का, और कितनी बड़ी टोकरियाँ तुमने उठाईं? 11"तुम
कैसे नहीं समझते कि मैं तुमसे रोटी के विषय में नहीं कह रहा
था, परन्तु फरीसियों और सदूकियों के खमीर से सावधान
रहो।" 12तब उन्होंने समझा कि उसने उनसे रोटी के खमीर
से नहीं, परन्तु फरीसियों और सदूकियों की शिक्षा से सावधान
रहने के लिए कहा था। 13जब 𐤉𐤄𐤅𐤔𐤏 कैसरेया
फिलिप्पुस के प्रदेश में आया, तो उसने अपने चेलों से पूछा,
"लोग क्या कहते हैं कि मनुष्य का पुत्र कौन है?" 14और
उन्होंने कहा, "कुछ कहते हैं कि याहोहानान बपतिस्मा देने
वाला है, और दूसरे कहते हैं एलियाहू, और कुछ कहते हैं
यिर्मयाहू या नबियों में से कोई एक।" 15उसने उनसे कहा,
"परन्तु तुम क्या कहते हो कि मैं कौन हूँ?" 16और शिमोन
केफ़ा ने उत्तर देकर कहा, "तू मसीह है, जीवित ईश्वर का
पुत्र।" 17और 𐤉𐤄𐤅𐤔𐤏 ने उत्तर देकर उससे कहा, "धन्य
है तू, शिमोन बार-योना, क्योंकि मांस और रक्त ने नहीं, परन्तु
मेरे स्वर्गीय पिता ने तुझ पर यह प्रगट किया है। 18"और मैं
भी तुझसे कहता हूँ कि तू केफ़ा है, और इस चट्टान पर मैं
अपनी सभा बनाऊँगा, और अधोलोक के फाटक उस पर
प्रबल न होंगे। 19"और मैं तुझे स्वर्ग के राज्य की कुंजियां
दूँगा; और जो कुछ तू पृथ्वी पर बाँधेगा, वह स्वर्ग में बँधा होगा,
और जो कुछ तू पृथ्वी पर खोलेगा, वह स्वर्ग में खुला होगा।"
20तब उसने अपने चेलों को चेतावनी दी कि वे किसी से न
कहें कि वह 𐤉𐤄𐤅𐤔𐤏 मसीह है। 21उस समय से
𐤉𐤄𐤅𐤔𐤏 ने अपने चेलों को दिखाना आरंभ किया कि उसे
येरूशलेम जाना आवश्यक है, और पुरनियों, प्रधान याजकों
और शास्त्रियों से बहुत दुःख उठाना, और मारा जाना, और
तीसरे दिन फिर जीवित होना। 22और केफ़ा ने उसे किनारे
ले जाकर डाँटना शुरू किया, और कहा, "हे प्रभु, अपने ऊपर
दया कर; यह बात तेरे साथ कभी न होगी!" 23परन्तु उसने
फिरकर केफ़ा से कहा, "हे शैतान, मेरे पीछे हट! तू मेरे लिए
ठोकर का कारण है, क्योंकि तेरे विचार ईश्वर के नहीं, परन्तु
मनुष्यों के हैं।" 24तब 𐤉𐤄𐤅𐤔𐤏 ने अपने चेलों से कहा,
"यदि कोई मेरे पीछे आना चाहे, तो वह अपने आप का इंकार
करे, और अपना क्रूस उठाए, और मेरे पीछे हो ले।
25"क्योंकि जो कोई अपना प्राण बचाना चाहेगा, वह उसे खो
देगा; परन्तु जो कोई मेरे कारण अपना प्राण खोएगा, वह उसे
पाएगा। 26"क्योंकि यदि मनुष्य सारे संसार को प्राप्त कर ले,
और अपना प्राण खो दे, तो उसे क्या लाभ? या मनुष्य अपने
प्राण के बदले क्या देगा? 27"क्योंकि मनुष्य का पुत्र अपने
पिता की महिमा में अपने स्वर्गदूतों के साथ आने वाला है; और
तब वह प्रत्येक व्यक्ति को उसके कर्मों के अनुसार प्रतिफल
देगा। 28"सच में मैं तुमसे कहता हूँ, यहाँ खड़े कुछ ऐसे हैं
जो मृत्यु का स्वाद नहीं चखेंगे जब तक वे मनुष्य के पुत्र को
उसके राज्य में आते हुए न देख लें।"

17 1और छः दिन बाद 𐤉𐤄𐤅𐤔𐤏 ने केफ़ा, याक़ोब और
उसके भाई याहोहानान को साथ लिया, और उन्हें
अपने साथ अकेले एक ऊँचे पहाड़ पर ले गया। 2और वह
उनके सामने रूपांतरित हुआ, और उसका चेहरा सूर्य के
समान चमकने लगा, और उसके वस्त्र प्रकाश के समान
उजले हो गए। 3और देखो, मोशेह और एलियाहू उनके
सामने प्रकट हुए और उससे बातें कर रहे थे। 4तब केफ़ा ने
उत्तर देकर 𐤉𐤄𐤅𐤔𐤏 से कहा, "हे प्रभु, हमारे लिए यहाँ होना
अच्छा है; यदि तू चाहे, तो हम यहाँ तीन तम्बू बनाएँ — एक
तेरे लिए, एक मोशेह के लिए, और एक एलियाहू के लिए।"
5जब वह अभी बोल ही रहा था, देखो, एक उज्ज्वल बादल ने
उन्हें ढक लिया; और बादल में से एक आवाज़ आई जो कहती

थी, "यह मेरा प्रिय पुत्र है, जिससे मैं प्रसन्न हूँ; इसकी सुनो।"
6 और जब चेलों ने यह सुना, तो वे अपने मुँह के बल गिर पड़े
और बहुत डर गए। 7 परन्तु 𐤉𐤄𐤅𐤔𐤏 उनके पास आया
और उन्हें छूकर कहा, "उठो, मत डरो।" 8 और उन्होंने
अपनी आँखें उठाईं, तो 𐤉𐤄𐤅𐤔𐤏 के सिवा और किसी को
नहीं देखा। 9 और जब वे पहाड़ से नीचे उतर रहे थे,
𐤉𐤄𐤅𐤔𐤏 ने उन्हें आज्ञा दी, कहा, "जब तक मनुष्य का पुत्र
मृतकों में से जी न उठे, तब तक इस दर्शन को किसी से मत
कहना।" 10 और उसके चेलों ने उससे पूछा, "फिर शास्त्री
क्यों कहते हैं कि पहले एलियाहू को आना चाहिए?" 11 और
𐤉𐤄𐤅𐤔𐤏 ने उत्तर देकर उनसे कहा, "एलियाहू वास्तव में
पहले आता है और सब कुछ पुनर्स्थापित करेगा। 12 "परन्तु
मैं तुमसे कहता हूँ कि एलियाहू आ चुका है, और उन्होंने उसे
नहीं पहचाना, बल्कि उसके साथ जैसा चाहा वैसा किया; इसी
प्रकार मनुष्य का पुत्र भी उनके हाथों दुःख उठाने वाला है।"
13 तब चेलों ने समझा कि उसने उनसे याहोहानान बपतिस्मा
देने वाले के विषय में कहा। 14 और जब वे भीड़ के पास आए,
तो एक व्यक्ति उसके पास आया और उसके सामने घुटनों के
बल गिरकर कहा, 15 "हे प्रभु, मेरे पुत्र पर दया कर, क्योंकि
उसे मिर्गी का रोग है और वह बहुत पीड़ित रहता है; क्योंकि
वह बार-बार आग में और बार-बार पानी में गिरता है।"
16 "और मैं उसे तेरे चेलों के पास लाया, पर वे उसे चंगा न
कर सके।" 17 तब 𐤉𐤄𐤅𐤔𐤏 ने उत्तर दिया, "हे अविश्वासी
और भ्रष्ट पीढ़ी, मैं कब तक तुम्हारे साथ रहूँ? मैं कब तक
तुम्हें सहूँ? उसे मेरे पास लाओ।" 18 और 𐤉𐤄𐤅𐤔𐤏 ने दुष्ट
आत्मा को डाँटा, और वह उससे निकल गई; और उसी घड़ी
लड़का चंगा हो गया। 19 तब चेले अकेले में 𐤉𐤄𐤅𐤔𐤏 के
पास आए और बोले, "हम उसे क्यों न निकाल सके?" 20 और
𐤉𐤄𐤅𐤔𐤏 ने उनसे कहा, "तुम्हारे अविश्वास के कारण;
क्योंकि मैं तुमसे सच कहता हूँ, यदि तुम्हारे पास राई के दाने
के समान विश्वास हो, तो तुम इस पहाड़ से कहोगे, 'यहाँ से
वहाँ हट जा,' और वह हट जाएगा; और तुम्हारे लिए कुछ भी
असंभव न होगा। 21 "परन्तु इस प्रकार का जाति केवल
प्रार्थना और उपवास से ही निकलती है।" 22 और जब वे
गलील में रह रहे थे, 𐤉𐤄𐤅𐤔𐤏 ने उनसे कहा, "मनुष्य का
पुत्र मनुष्यों के हाथों में पकड़वाया जाने वाला है," 23 "और वे
उसे मार डालेंगे, और तीसरे दिन वह फिर जी उठेगा।" और
वे बहुत शोक करने लगे। 24 और जब वे कफ़र नहूम में
आए, तो कर वसूल करने वाले केफ़ा के पास आए और बोले,
"क्या तुम्हारे गुरु कर नहीं देते?" 25 उसने कहा, "हाँ।" और
जब वह घर में आया, तो 𐤉𐤄𐤅𐤔𐤏 ने पहले ही उससे कहा,
"तेरा क्या विचार है, हे शिमोन? पृथ्वी के राजा कर या महसूल
किससे लेते हैं? अपने पुत्रों से या परायों से?" 26 केफ़ा ने
उससे कहा, "परायों से।" 𐤉𐤄𐤅𐤔𐤏 ने उससे कहा, "तो
पुत्र स्वतंत्र हैं। 27 "तौभी, ताकि हम उन्हें ठोकर का कारण न
बनें, तू समुद्र पर जा, काँटा डाल, और जो मछली पहले
निकले, उसे पकड़; और जब तू उसका मुँह खोले, तो उसमें
एक सिक्का पाएगा; उसे लेकर मेरे और अपने लिए उन्हें दे
दे।"

18 1 उसी समय चेले 𐤉𐤄𐤅𐤔𐤏 के पास आए और बोले,
"तो फिर स्वर्ग के राज्य में कौन सबसे बड़ा है?"
2 और 𐤉𐤄𐤅𐤔𐤏 ने एक छोटे बच्चे को अपने पास बुलाया
और उसे उनके बीच में खड़ा किया। 3 और कहा, "मैं तुमसे
सच कहता हूँ, जब तक तुम पलटकर छोटे बच्चों के समान न
बनो, किसी रीति से स्वर्ग के राज्य में प्रवेश नहीं करोगे।
4 "इसलिए जो कोई अपने आप को इस छोटे बच्चे के समान
दीन बनाता है, वही स्वर्ग के राज्य में सबसे बड़ा है। 5 "और
जो कोई ऐसे एक छोटे बच्चे को मेरे नाम में ग्रहण करता है,
वह मुझे ग्रहण करता है। 6 "पर जो कोई इन छोटे बच्चों में से
किसी एक को, जो मुझ पर विश्वास करते हैं, ठोकर खिलाता
है, उसके लिए यह अच्छा होगा कि उसके गले में चक्की का
पाट लटकाया जाए और वह समुद्र की गहराई में डुबा दिया
जाए। 7 "संसार पर हाय, ठोकरों के कारण! क्योंकि ठोकरें
आना अनिवार्य हैं, परन्तु उस मनुष्य पर हाय, जिसके द्वारा
ठोकर आती है। 8 "यदि तेरा हाथ या पाँव तुझे ठोकर
खिलाए, तो उसे काटकर अपने से फेंक दे। तेरे लिए यह
अच्छा है कि तू टेढ़ा या लँगड़ा होकर जीवन में प्रवेश करे, न
कि दो हाथ या दो पाँव रहते हुए सदा की आग में डाला जाए।
9 "और यदि तेरी आँख तुझे ठोकर खिलाए, तो उसे
निकालकर अपने से फेंक दे। तेरे लिए यह अच्छा है कि तू
एक आँखवाला होकर जीवन में प्रवेश करे, न कि दो आँखें
रखते हुए गेहिन्नोम की आग में डाला जाए।" 10 "सावधान
रहो कि तुम इन छोटे लोगों में से किसी को तुच्छ न जानो,
क्योंकि मैं तुमसे कहता हूँ, स्वर्ग में उनके स्वर्गदूत सदा मेरे
स्वर्गीय पिता का मुख देखते हैं।" 11 "क्योंकि मनुष्य का पुत्र
खोए हुए को बचाने आया है।" 12 "तुम क्या सोचते हो? यदि
किसी व्यक्ति के सौ भेड़ें हों और उनमें से एक भटक जाए, तो
क्या वह निन्यानवे को पहाड़ों पर छोड़कर उस भटकी हुई को
ढूँढने नहीं जाएगा?" 13 "और यदि वह उसे पा ले, तो मैं तुमसे
सच कहता हूँ, वह उस भेड़ के कारण अधिक आनन्द करता
है, बनिस्बत उन निन्यानवे के जो नहीं भटकीं।" 14 "इसी
प्रकार तुम्हारे स्वर्गीय पिता की यह इच्छा नहीं है कि इन छोटे
लोगों में से एक भी नाश हो।" 15 "और यदि तेरा भाई तेरे
विरुद्ध पाप करे, तो तू जाकर उसके साथ अकेले में उसकी
गलती बता। यदि वह तेरी सुने, तो तूने अपने भाई को पा
लिया।" 16 "पर यदि वह न सुने, तो अपने साथ एक या दो
और को ले जा, ताकि 'हर बात दो या तीन गवाहों के मुँह से
स्थिर की जाए।'" 17 "और यदि वह उनकी भी न सुने, तो
इसे सभा को बता; और यदि वह सभा की भी न सुने, तो उसे
तू अपने लिए अन्यजाति और चुंगी लेने वाले के समान
मान।" 18 "मैं तुमसे सच कहता हूँ, जो कुछ तुम पृथ्वी पर
बाँधोगे, वह स्वर्ग में बँधा होगा; और जो कुछ तुम पृथ्वी पर
खोलोगे, वह स्वर्ग में खुला होगा।" 19 "फिर मैं तुमसे कहता
हूँ, यदि तुममें से दो व्यक्ति पृथ्वी पर किसी बात के विषय में
सहमत हों, तो वह मेरे स्वर्गीय पिता के द्वारा उनके लिए पूरी
की जाएगी।" 20 "क्योंकि जहाँ दो या तीन मेरे नाम में इकट्ठे
होते हैं, वहाँ मैं उनके बीच में हूँ।" 21 तब केफ़ा उसके पास
आया और कहा, "हे प्रभु, यदि मेरा भाई मेरे विरुद्ध पाप करे,
तो मैं उसे कितनी बार क्षमा करूँ? क्या सात बार तक?"
22 𐤉𐤄𐤅𐤔𐤏 ने उससे कहा, "मैं तुझसे यह नहीं कहता कि

सात बार तक, परन्तु सत्तर बार सात तक। 23 "इसी कारण
स्वर्ग का राज्य उस मनुष्य के समान है जो एक राजा था और
अपने दासों से हिसाब लेना चाहता था। 24 "जब वह हिसाब
लेने लगा, तो एक व्यक्ति उसके पास लाया गया जो उस पर
दस हज़ार तोले का ऋणी था। 25 "परन्तु जब वह चुकाने में
असमर्थ था, तो उसके स्वामी ने आज्ञा दी कि उसे उसकी
पत्नी, बच्चों और जो कुछ उसका है, सब के साथ बेच दिया
जाए और ऋण चुकाया जाए।" 26 "तब उस दास ने उसके
आगे गिरकर कहा, 'स्वामी, मुझ पर धैर्य रख, मैं तुझे सब
चुका दूँगा।'" 27 "और उस दास के स्वामी को दया आई,
उसने उसे छोड़ दिया और उसका सारा ऋण क्षमा कर
दिया।" 28 "परन्तु वह दास बाहर गया और अपने एक साथी
दास को पाया जो उस पर सौ चाँदी के सिक्के का ऋणी था;
और उसने उसे पकड़कर उसका गला दबाया, और कहा,
'जो तू मुझ पर ऋणी है, वह चुका!'" 29 "तब उसके साथी
दास ने उसके पैरों पर गिरकर विनती की, कहा, 'मुझ पर
धैर्य रख, मैं तुझे सब चुका दूँगा।'" 30 "परन्तु वह न माना,
और जाकर उसे जेल में डाल दिया, जब तक वह ऋण चुका
न दे।" 31 "जब उसके साथी दासों ने जो कुछ हुआ देखा,
तो वे बहुत दुखी हुए, और जाकर अपने स्वामी को सारी बात
बता दी जो घटित हुई थी।" 32 "तब उसके स्वामी ने उसे
बुलाकर कहा, 'हे दुष्ट दास! तूने मुझसे विनती की इसलिए
मैंने तेरा सारा ऋण क्षमा कर दिया।'" 33 'क्या तुझे अपने
साथी दास पर दया नहीं करनी चाहिए थी, जैसे मैंने तुझ पर
दया की?'" 34 "और उसके स्वामी ने क्रोधित होकर उसे
यातनादाताओं को सौंप दिया, जब तक वह सारा ऋण न चुका
दे।" 35 "इसी प्रकार मेरा स्वर्गीय पिता भी तुमसे वैसा ही
करेगा, यदि तुम में से हर एक अपने हृदय से अपने भाई को
उसके अपराध क्षमा न करे।"

19 1 और ऐसा हुआ कि जब ow५१३z ने ये बातें पूरी
कीं, तो वह गलील से निकलकर यर्दन के पार यहूदा
के प्रदेशों में आया। 2 और बड़ी भीड़ उसके पीछे चली, और
उसने वहाँ उन्हें चंगा किया। 3 और फरीसी उसके पास आए,
उसे परखते हुए बोले, "क्या किसी व्यक्ति के लिए किसी भी
कारण से अपनी पत्नी को त्याग देना उचित है?" 4 और
उसने उत्तर देकर उनसे कहा, "क्या तुमने नहीं पढ़ा कि
जिसने उन्हें आरंभ में बनाया, उसने उन्हें पुरुष और स्त्री
बनाया," 5 "और कहा, 'इसी कारण पुरुष अपने पिता और
माता को छोड़कर अपनी पत्नी से मिल जाएगा, और वे दोनों
एक शरीर होंगे?'" 6 "इस प्रकार वे अब दो नहीं, परन्तु एक
शरीर हैं। इसलिए जिसे ईश्वर ने जोड़ा है, मनुष्य उसे अलग
न करे।" 7 उन्होंने उससे कहा, "तो फिर मोशेह ने तलाक़ का
प्रमाणपत्र देने और उसे अलग करने की आज्ञा क्यों दी?"
8 उसने उनसे कहा, "तुम्हारे हृदय की कठोरता के कारण
मोशेह ने तुम्हें अपनी पत्नियों को त्यागने की अनुमति दी;
परन्तु आरंभ से ऐसा नहीं था।" 9 "और मैं तुमसे कहता हूँ,
जो कोई अपनी पत्नी को व्यभिचार को छोड़ किसी और
कारण से त्यागता है, और दूसरी से विवाह करता है, वह
व्यभिचार करता है; और जो त्यागी हुई स्त्री से विवाह करता
है, वह भी व्यभिचार करता है।" 10 उसके चेलों ने उससे
कहा, "यदि पति और पत्नी के बीच ऐसी दशा है, तो विवाह न
करना ही अच्छा है।" 11 और उसने उनसे कहा, "सब इस
वचन को ग्रहण नहीं कर सकते, परन्तु केवल वही जिन्हें यह
दिया गया है।" 12 "क्योंकि कुछ नपुंसक ऐसे हैं जो अपनी
माता के गर्भ से ही ऐसे उत्पन्न हुए, और कुछ नपुंसक ऐसे है
जिन्हें मनुष्यों ने नपुंसक बनाया, और कुछ ऐसे हैं जिन्होंने
स्वर्ग के राज्य के कारण अपने आप को नपुंसक बनाया है।
जो इसे ग्रहण कर सकता है, वह करे।" 13 तब छोटे बच्चो
को उसके पास लाया गया ताकि वह उन पर हाथ रखे और
प्रार्थना करे; परन्तु चेलों ने उन्हें डाँटा। 14 परन्तु ow५१३z
ने कहा, "छोटे बच्चों को आने दो, और उन्हें मत रोको,
क्योंकि ऐसे ही लोगों का स्वर्ग का राज्य है।" 15 और उसने
उन पर हाथ रखे और वहाँ से चला गया। 16 और देखो, एक
व्यक्ति उसके पास आया और कहा, "हे अच्छे गुरु, मुझे कौन
सा भला कार्य करना चाहिए ताकि मुझे सदा का जीवन
मिले?" 17 और उसने उससे कहा, "तू मुझे अच्छा क्यों कहता
है? कोई भी भला नहीं, केवल एक — ईश्वर। परन्तु यदि तू
जीवन में प्रवेश करना चाहता है, तो आज्ञाओं का पालन
कर।" 18 उसने उससे कहा, "कौन सी?" और ow५१३z
ने कहा, " 'तू हत्या न करना,' 'तू व्यभिचार न करना,' 'तू
चोरी न करना,' 'तू झूठी गवाही न देना,'" 19 "'अपने पिता
और माता का आदर करना,' और 'अपने पड़ोसी से अपने
समान प्रेम करना।'" 20 उस जवान ने उससे कहा, "मैंने
अपनी जवानी से ये सब आज्ञाएँ मानी हैं; अब भी मुझे क्या
कमी है?" 21 ow५१३z ने उससे कहा, "यदि तू सिद्ध होना
चाहता है, तो जा, जो कुछ तेरे पास है उसे बेचकर गरीबों को
दे, और तुझे स्वर्ग में धन मिलेगा; और आ, मेरे पीछे हो ले।"
22 और जब उस जवान ने यह वचन सुना, तो वह उदास
होकर चला गया, क्योंकि उसके पास बहुत धन था। 23 तब
ow५१३z ने अपने चेलों से कहा, "मैं तुमसे सच कहता हूँ,
किसी धनवान व्यक्ति के लिए स्वर्ग के राज्य में प्रवेश करना
कठिन है।" 24 "और फिर मैं तुमसे कहता हूँ, किसी ऊँट के
लिए सुई के छेद से निकल जाना आसान है, बजाय इसके कि
कोई धनवान ईश्वर के राज्य में प्रवेश करे।" 25 जब उसके
चेलों ने यह सुना, तो वे बहुत चकित हुए और बोले, "तो फिर
कौन उद्धार पा सकता है?" 26 तब ow५१३z ने उन पर
दृष्टि डालकर कहा, "मनुष्यों से यह असंभव है, परन्तु ईश्वर
से सब कुछ संभव है।" 27 तब केफ़ा ने उत्तर देकर उससे
कहा, "देख, हम सब कुछ छोड़कर तेरे पीछे हो लिए हैं; तो
हमें क्या मिलेगा?" 28 और ow५१३z ने उनसे कहा, "मैं
तुमसे सच कहता हूँ, जब मनुष्य का पुत्र अपने गौरव के
सिंहासन पर बैठेगा, तब तुम जो मेरे पीछे हुए हो, पुनर्स्थापन
के समय बारह सिंहासनों पर बैठोगे, इस्राएल के बारह गोत्रों
का न्याय करोगे।" 29 "और जो कोई मेरे नाम के कारण
घरों, भाइयों, बहनों, पिता, माता, पत्नी, बच्चों या भूमि को छोड़
दे, वह सौ गुना पाएगा और सदा का जीवन प्राप्त करेगा।"
30 "परन्तु बहुत से जो पहले हैं वे पीछे होंगे, और जो पीछे हैं वे
पहले होंगे।"

20 1 "क्योंकि स्वर्ग का राज्य उस गृहस्वामी के समान है,
जो भोर में अपने दाख की बारी के लिए मजदूरों को
रखने निकला। 2 "और जब उसने मजदूरों से एक दिन के
लिए एक चाँदी के सिक्के पर सहमति की, तो उन्हें अपनी

दाख की बारी में भेज दिया। 3 "और वह तीसरे घंटे के
लगभग बाहर गया और कुछ और लोगों को बाज़ार में खाली
खड़े देखा। 4 "और उनसे कहा, 'तुम भी दाख की बारी में
जाओ, और जो ठीक होगा मैं तुम्हें दूँगा।' और वे चले गए।"
5 "फिर वह छठे और नौवें घंटे के लगभग बाहर गया, और
ऐसा ही किया।" 6 "और ग्यारहवें घंटे के लगभग फिर बाहर
जाकर कुछ और लोगों को खाली खड़े पाया, और उनसे
कहा, 'तुम सारा दिन यहाँ खाली क्यों खड़े हो?'" 7 "उन्होंने
उससे कहा, 'क्योंकि किसी ने हमें काम पर नहीं रखा।' उसने
उनसे कहा, 'तुम भी दाख की बारी में जाओ, और जो उचित
होगा तुम पाओगे।'" 8 "और जब साँझ हुई, तो दाख की बारी
के स्वामी ने अपने प्रबंधक से कहा, 'मजदूरों को बुलाकर
उनकी मजदूरी दे दो, आख़िरी से शुरू करके पहले तक।'"
9 "और जब वे आए जो ग्यारहवें घंटे में रखे गए थे, तो उन्हें
प्रत्येक को एक चाँदी का सिक्का मिला।" 10 "और जब पहले
वाले आए, तो उन्होंने सोचा कि उन्हें अधिक मिलेगा, परन्तु
उन्हें भी प्रत्येक को एक चाँदी का सिक्का मिला।" 11 "और
जब उन्होंने उसे लिया, तो गृहस्वामी के विरुद्ध कुड़कुड़ाने
लगे।" 12 "कहने लगे, 'इन अंतिम लोगों ने केवल एक घंटा
काम किया, और तूने उन्हें हमारे समान बना दिया, जिन्होंने
दिन का बोझ और गर्मी सहा।'" 13 "पर उसने उनमें से एक
को उत्तर देकर कहा, 'मित्र, मैं तेरे साथ अन्याय नहीं कर
रहा। क्या तूने मुझसे एक चाँदी के सिक्के पर सहमति नहीं
की थी?'" 14 'अपना ले और चला जा। मैं इस अंतिम को भी
तुझ जैसा देना चाहता हूँ।'" 15 'क्या मुझे अपने धन के साथ
अपनी इच्छा के अनुसार करने का अधिकार नहीं है? या तेरी
आँख बुरी है क्योंकि मैं भला हूँ?'" 16 "इसी प्रकार, जो अंतिम
हैं वे पहले होंगे, और जो पहले हैं वे अंतिम होंगे। क्योंकि बहुत
से बुलाए गए हैं, परन्तु थोड़े चुने गए हैं।" 17 और जब
OWY९३Z येरूशलेम की ओर जा रहा था, तो उसने बारह
चेलों को अलग ले जाकर मार्ग में उनसे कहा, 18 "देखो, हम
येरूशलेम जा रहे हैं, और मनुष्य का पुत्र मुख्य याजकों और
शास्त्रियों के हाथ पकड़वाया जाएगा, और वे उसे मृत्यु की
सज़ा देंगे," 19 "और उसे अन्यजातियों के हाथों सौंपेंगे ताकि
वे उसका उपहास करें, कोड़े लगाएँ और उसे क्रूस पर चढ़ाएँ;
और तीसरे दिन वह फिर जी उठेगा।" 20 तब ज़बदई के पुत्रों
की माता अपने पुत्रों के साथ उसके पास आई, और दण्डवत
करके उससे एक याचना की। 21 और उसने उससे कहा, "तू
क्या चाहती है?" उसने उससे कहा, "आदेश दे कि मेरे ये दो
पुत्र तेरे राज्य में एक तेरे दाहिने और दूसरा तेरे बाएँ बैठे।"
22 परन्तु OWY९३Z ने उत्तर देकर कहा, "तुम नहीं जानते
कि क्या माँगते हो। क्या तुम वह प्याला पी सकते हो जिसे मैं
पीने वाला हूँ, और क्या उस बपतिस्मे से बपतिस्मा ले सकते हो
जिससे मैं लेता हूँ?" उन्होंने उससे कहा, "हम ले सकते हैं।"
23 तब उसने उनसे कहा, "निश्चय ही तुम मेरा प्याला पियोगे,
और उस बपतिस्मे से बपतिस्मा लोगे जिससे मैं लेता हूँ; परन्तु
मेरे दाहिने या बाएँ बैठने का देना मेरा नहीं है, परन्तु उनके
लिए है जिनके लिए यह मेरे पिता के द्वारा तैयार किया गया
है।" 24 जब दसों ने यह सुना, तो वे उन दो भाइयों पर
क्रोधित हुए। 25 परन्तु OWY९३Z ने उन्हें अपने पास
बुलाकर कहा, "तुम जानते हो कि अन्यजातियों के शासक
उन पर प्रभुत्व करते हैं, और जो बड़े हैं वे उन पर अधिकार
चलाते हैं।" 26 "परन्तु तुम्हारे बीच ऐसा न होगा; परन्तु जो
कोई तुम्हारे बीच बड़ा होना चाहता है, वह तुम्हारा सेवक
बने।" 27 "और जो कोई तुम्हारे बीच प्रथम होना चाहता है,
वह तुम्हारा दास बने।" 28 "जैसे कि मनुष्य का पुत्र सेवा लेने
नहीं आया, परन्तु सेवा करने और बहुतों के बदले अपना
जीवन देने आया है।" 29 और जब वे यरीहो से निकल रहे थे,
तो एक बड़ी भीड़ उसके पीछे चली। 30 और देखो, मार्ग के
किनारे बैठे दो अंधे यह सुनकर कि OWY९३Z जा रहा है,
पुकारने लगे, "हे प्रभु, दाविद के पुत्र, हम पर दया कर!"
31 और भीड़ ने उन्हें डाँटा कि वे चुप रहें, परन्तु वे और भी
ज़ोर से चिल्लाने लगे, "हे प्रभु, दाविद के पुत्र, हम पर दया
कर!" 32 तब OWY९३Z रुक गया, उन्हें बुलाकर कहा, "तुम
क्या चाहते हो कि मैं तुम्हारे लिए करूँ?" 33 उन्होंने उससे
कहा, "हे प्रभु, कि हमारी आँखें खुल जाएँ।" 34 और दया से
प्रेरित होकर OWY९३Z ने उनकी आँखों को छू लिया; और
तुरंत उनकी आँखें खुल गईं, और वे उसके पीछे हो लिए।

21

1 और जब वे येरूशलेम के निकट पहुँचे और जैतून
के पर्वत पर बेथ फगी पहुँचे, तब OWY९३Z ने दो
चेलों को भेजा। 2 और उनसे कहा, "तुम्हारे सामने के गाँव में
जाओ, और तुरंत वहाँ तुम्हें एक गधी बँधी मिलेगी और उसके
साथ उसका बच्चा; उन्हें खोलो और मेरे पास ले आओ।"
3 "और यदि कोई तुमसे कुछ कहे, तो कहना, 'प्रभु को उनकी
आवश्यकता है,' और वह तुरंत उन्हें भेज देगा।" 4 और यह
सब इसलिये हुआ ताकि वह पूरा हो जो भविष्यद्वक्ता के द्वारा
कहा गया था, 5 "सिय्योन की बेटी से कहो, 'देख, तेरा राजा
तेरे पास आता है, नम्र होकर, और गधी पर, अर्थात् एक बच्चे
पर, जो गधी का बच्चा है।'" 6 और चेलों ने जाकर वैसा ही
किया जैसा OWY९३Z ने उन्हें आज्ञा दी थी। 7 उन्होंने गधी
और उसके बच्चे को लाया, और अपने वस्त्र उन पर डाले,
और वह उन पर बैठ गया। 8 और भीड़ में से अधिकांश ने
अपने वस्त्र मार्ग में बिछाए, और कुछ ने वृक्षों की डालियों
काटकर मार्ग में बिछाईं। 9 और जो भीड़ उसके आगे जा रही
थी और जो उसके पीछे चल रही थी, पुकारकर कहने लगी,
"दाविद के पुत्र को होशियाना! धन्य है वह जो ३Y९३Z के
नाम में आता है! उच्चतम में होशियाना!" 10 और जब वह
येरूशलेम में प्रवेश किया, तो सारा नगर हिल गया, और लोग
कहने लगे, "यह कौन है?" 11 और भीड़ ने कहा, "यह
OWY९३Z है, जो नासरत गलील का भविष्यद्वक्ता है।"
12 और OWY९३Z ईश्वर के पवित्रस्थान में गया और उन
सबको निकाल दिया जो पवित्रस्थान में बेचते और खरीदते
थे; और उसने मुद्रा बदलने वालों की मेजें और कबूतर बेचने
वालों की कुर्सियाँ उलट दीं। 13 और उनसे कहा, "लिखा है,
'मेरा घर प्रार्थना का घर कहलाएगा,' परन्तु तुमने इसे
'डाकुओं की गुफा' बना दिया है।" 14 और अंधे और लँगड़े
उसके पास पवित्रस्थान में आए, और उसने उन्हें चंगा किया।
15 पर जब मुख्य याजकों और शास्त्रियों ने वे अद्भुत काम
देखे जो उसने किए, और जब उन्होंने बच्चों को पवित्रस्थान
में पुकारते सुना, "दाविद के पुत्र को होशियाना!" तो वे
अप्रसन्न हुए। 16 और उससे कहा, "क्या तू सुनता है कि ये

क्या कह रहे हैं?" OW५३Z ने उनसे कहा, "हाँ, क्या तुमने
कभी नहीं पढ़ा, 'बालकों और दूध पीने वालों के मुख से तूने
स्तुति सिद्ध की है?'" 17 और उन्हें छोड़कर वह नगर से
निकल गया और बेथ अनिया गया, और वहाँ रात बिताई।
18 और भोर को नगर को लौटते समय उसे भूख लगी।
19 और मार्ग के किनारे एक अंजीर का वृक्ष देखकर उसके
पास गया, और उस पर पत्तों के सिवा कुछ न पाया; और
उससे कहा, "तेरे ऊपर फिर कभी फल न लगे।" और तुरंत
अंजीर का वृक्ष सूख गया। 20 और चेलों ने यह देखकर
आश्चर्य किया, और बोले, "अंजीर का वृक्ष इतनी शीघ्र कैसे
सूख गया?" 21 और OW५३Z ने उत्तर देकर उनसे कहा,
"मैं तुमसे सच कहता हूँ, यदि तुम विश्वास रखो और सन्देह
न करो, तो न केवल यह अंजीर के वृक्ष के साथ करोगे, पर
यदि तुम इस पहाड़ से कहो, 'उखड़ जा और समुद्र में गिर
जा,' तो यह हो जाएगा।" 22 "और जो कुछ तुम प्रार्थना में
विश्वास से माँगोगे, वह तुम्हें मिलेगा।" 23 और जब वह
पवित्रस्थान में आया, तो मुख्य याजक और लोगों के प्राचीन
उसके पास आए जब वह उपदेश दे रहा था, और बोले, "तू ये
काम किस अधिकार से करता है? और यह अधिकार तुझे
किसने दिया?" 24 और OW५३Z ने उत्तर देकर उनसे
कहा, "मैं भी तुमसे एक प्रश्न पूछता हूँ, यदि तुम मुझे
बताओगे, तो मैं भी तुमसे कहूँगा कि मैं ये काम किस अधिकार
से करता हूँ।" 25 "योहनान का बपतिस्मा कहाँ से था? स्वर्ग
से या मनुष्यों से?" तब वे अपने बीच विचार करने लगे, "यदि
हम कहें, 'स्वर्ग से,' तो वह हमसे कहेगा, 'फिर तुमने उस पर
विश्वास क्यों नहीं किया?'" 26 "पर यदि हम कहें, 'मनुष्यों
से,' तो हमें भीड़ का भय है, क्योंकि सब योहनान को नबी
मानते हैं।" 27 और उन्होंने OW५३Z को उत्तर दिया, "हम
नहीं जानते।" और उसने उनसे कहा, "मैं भी तुमसे नहीं
कहता कि मैं ये काम किस अधिकार से करता हूँ।" 28 "पर
तुम क्या सोचते हो? एक व्यक्ति के दो पुत्र थे; उसने पहले के
पास जाकर कहा, 'बेटा, आज मेरी दाख की बारी में काम
करने जा।'" 29 "उसने उत्तर देकर कहा, 'मैं नहीं जाऊँगा,'
परन्तु बाद में पछताकर चला गया।" 30 "और वह दूसरे के
पास गया और वैसा ही कहा। उसने उत्तर देकर कहा, 'हाँ,
प्रभु, मैं जाता हूँ,' परन्तु नहीं गया।" 31 "इन दोनों में से
किसने पिता की इच्छा पूरी की?" उन्होंने कहा, "पहले ने।"
OW५३Z ने उनसे कहा, "मैं तुमसे सच कहता हूँ, चुंगी लेने
वाले और वेश्याएँ तुमसे पहले ईश्वर के राज्य में प्रवेश कर रहे
हैं।" 32 "क्योंकि योहनान तुम्हारे पास धर्म के मार्ग में आया
और तुमने उस पर विश्वास नहीं किया; पर चुंगी लेने वालों
और वेश्याओं ने उस पर विश्वास किया; और जब तुमने यह
देखा, तब भी तुमने बाद में पछताकर उस पर विश्वास नहीं
किया।" 33 "एक और दृष्टान्त सुनो: एक व्यक्ति था, जो
गृहस्वामी था; उसने दाख की बारी लगाई, उसके चारों ओर
बाड़ लगाई, उसमें रस-कुंड खोदा और एक गुम्मट बनाया;
और उसने उसे किसानों को पट्टे पर दी और यात्रा पर चला
गया।" 34 "और जब फल का समय निकट आया, तो उसने
अपने दासों को किसानों के पास भेजा ताकि वह उसके फल
प्राप्त करे।" 35 "पर किसानों ने उसके दासों को पकड़ लिया,
एक को पीटा, दूसरे को मार डाला और तीसरे को पत्थरवाह
किया।" 36 "फिर उसने पहले से अधिक दासों को भेजा,
और उन्होंने उनके साथ भी वैसा ही किया।" 37 "अंत में
उसने अपने पुत्र को उनके पास भेजा, यह सोचकर, 'वे मेरे
पुत्र का आदर करेंगे।'" 38 "पर जब किसानों ने पुत्र को
देखा, तो उन्होंने आपस में कहा, 'यह उत्तराधिकारी है;
आओ, हम इसे मार डालें और इसकी विरासत अपने
अधिकार में ले लें।'" 39 "और उन्होंने उसे पकड़कर दाख
की बारी से बाहर निकाल दिया और मार डाला।"
40 "इसलिए जब दाख की बारी का स्वामी आएगा, तो वह उन
किसानों के साथ क्या करेगा?" 41 उन्होंने उससे कहा, "वह
उन दुष्टों को बुरी मृत्यु देगा, और दाख की बारी को अन्य
किसानों को देगा जो उसके समय पर उसे फल देंगे।"
42 OW५३Z ने उनसे कहा, "क्या तुमने कभी पवित्र शास्त्रों
में नहीं पढ़ा, 'जिस पत्थर को राजमिस्त्रियों ने तुच्छ जाना,
वही कोने का प्रधान पत्थर बन गया; यह ३५३Z की ओर से
हुआ, और यह हमारी आँखों में अद्भुत है।'" 43 "इस कारण
मैं तुमसे कहता हूँ, ईश्वर का राज्य तुमसे छीन लिया जाएगा
और उस जाति को दिया जाएगा जो उसके फल उत्पन्न करती
है।" 44 "जो कोई इस पत्थर पर गिरेगा, वह चूर-चूर हो
जाएगा; और जिस पर यह गिरेगा, उसे पीस डालेगा।"
45 और जब मुख्य याजकों और फरीसियों ने उसके दृष्टान्त
सुने, तो जान लिया कि वह उनके विषय में कह रहा है।
46 और जब वे उसे पकड़ना चाहते थे, तो भीड़ से डरते थे,
क्योंकि लोग उसे नबी मानते थे।

22 1 और OW५३Z ने फिर दृष्टान्तों में उनसे कहा,
2 "स्वर्ग का राज्य उस राजा के समान है जिसने
अपने पुत्र के लिये विवाह भोज तैयार किया।" 3 "और उसने
अपने दासों को भेजा कि जो आमंत्रित थे उन्हें विवाह भोज के
लिये बुलाएँ; परन्तु वे आना नहीं चाहते थे।" 4 "फिर उसने
अन्य दासों को भेजा, और कहा, 'उन आमंत्रित लोगों से
कहो, देखो, मैंने अपना भोजन तैयार कर लिया है; मेरे बैल
और पाले हुए पशु वध किए गए हैं, और सब कुछ तैयार है;
विवाह भोज में आओ।'" 5 "परन्तु उन्होंने ध्यान नहीं दिया
और चले गए — कोई अपने खेत पर, कोई अपने व्यापार
पर।" 6 "और बाकी ने उसके दासों को पकड़ लिया, उनका
अपमान किया और उन्हें मार डाला।" 7 "परन्तु जब राजा ने
यह सुना तो वह क्रोधित हुआ, और अपनी सेना भेजकर उन
हत्यारों का नाश किया और उनके नगर को आग से जला
दिया।" 8 "तब उसने अपने दासों से कहा, 'वास्तव में विवाह
भोज तैयार है, परन्तु जिन्हें बुलाया गया था वे योग्य नहीं
थे।'" 9 "'इसलिए मार्गों के मोड़ों पर जाओ और जितनों को
भी पाओ, उन्हें विवाह भोज के लिये बुलाओ।'" 10 "और वे
दास मार्गों पर जाकर जितनों को उन्होंने पाया, सबको, चाहे
बुरे हों या अच्छे, इकट्ठा कर लाए; और विवाह भवन अतिथियों
से भर गया।" 11 "और जब राजा अतिथियों को देखने
आया, तो उसने वहाँ एक व्यक्ति को देखा जिसने विवाह का
वस्त्र नहीं पहना था।" 12 "और उसने उससे कहा, 'मित्र, तू
यहाँ बिना विवाह का वस्त्र पहने कैसे आ गया?' और वह मौन
हो गया।" 13 "तब राजा ने दासों से कहा, 'इसके हाथ-पाँव
बाँधकर इसे बाहर अंधकार में फेंक दो; वहाँ रोना और दाँत
पीसना होगा।'" 14 "क्योंकि बहुत से बुलाए गए हैं, पर थोड़े

ही चुने गए हैं।" 15 तब फरीसी गए और इस बात का विचार
करने लगे कि उसे बातों में कैसे फँसाएँ। 16 और उन्होंने
अपने चेलों को हेरोदियों के साथ उसके पास भेजा, और कहा,
"गुरु, हम जानते हैं कि तू सच्चा है और ईश्वर का मार्ग
सच्चाई से सिखाता है, और किसी की परवाह नहीं करता,
क्योंकि तू मनुष्यों की ओर पक्षपात नहीं करता।" 17 "तो हमें
बता, तू क्या सोचता है? क्या कैसर को कर देना उचित है या
नहीं?" 18 परन्तु OWY३Z ने उनकी दुष्टता जानकर कहा,
"हे कपटी लोगो, तुम मुझे क्यों परखते हो?" 19 "मुझे कर का
सिक्का दिखाओ।" तब वे उसके पास एक चाँदी का सिक्का
लाए। 20 और उसने उनसे कहा, "यह मूर्ति और लेख
किसका है?" 21 उन्होंने उससे कहा, "कैसर की।" तब उसने
उनसे कहा, "तो जो वस्तु कैसर की है, उसे कैसर को दो,
और जो ईश्वर की है, उसे ईश्वर को दो।" 22 और यह
सुनकर वे चकित हुए, और उसे छोड़कर चले गए। 23 उसी
दिन सदूकी, जो यह कहते हैं कि पुनरुत्थान नहीं है, उसके
पास आए और उससे प्रश्न किया, 24 कहते हुए, "गुरु, मूशेह
ने कहा कि यदि कोई व्यक्ति मर जाए और उसके संतान न
हो, तो उसका भाई उसकी पत्नी से विवाह करे और अपने भाई
के लिये वंश उठाए।" 25 "हमारे बीच सात भाई थे; पहले ने
विवाह किया और बिना संतान के मर गया, और अपनी पत्नी
को अपने भाई के लिये छोड़ गया।" 26 "उसी प्रकार दूसरे
और तीसरे ने भी, सातों तक।" 27 "और अन्त में वह स्त्री भी
मर गई।" 28 "तो पुनरुत्थान में वह सातों में से किसकी पत्नी
होगी? क्योंकि सबने उसे पत्नी के रूप में रखा था।" 29 और
OWY३Z ने उत्तर देकर उनसे कहा, "तुम भ्रम में हो,
क्योंकि न तो शास्त्रों को जानते हो और न ईश्वर की सामर्थ्य
को।" 30 "क्योंकि पुनरुत्थान में वे न तो विवाह करते हैं, न
विवाह में दिए जाते हैं, परन्तु स्वर्ग में ईश्वर के दूतों के समान
हैं।" 31 "और मृतकों के पुनरुत्थान के विषय में क्या तुमने
वह नहीं पढ़ा जो ईश्वर ने तुमसे कहा था," 32 'मैं अब्राहम का
ईश्वर हूँ, और यित्सहाक का ईश्वर हूँ, और याक़ोब का ईश्वर
हूँ।' ३Y३Z मृतकों का ईश्वर नहीं, परन्तु जीवितों का
ईश्वर है।" 33 और जब भीड़ ने यह सुना, तो उसकी शिक्षा से
चकित हो गई। 34 परन्तु जब फरीसियों ने सुना कि उसने
सदूकियों को चुप करा दिया है, तो वे एकत्र हुए। 35 और
उनमें से एक, जो तोराह में निपुण था, ने उसे परखने के लिये
प्रश्न किया, 36 "गुरु, तोराह में सबसे बड़ा आदेश कौन-सा
है?" 37 और OWY३Z ने उससे कहा, " 'तू अपने सारे
हृदय से, अपनी सारी आत्मा से, और अपनी सारी बुद्धि से,
अपने ईश्वर ३Y३Z से प्रेम रख।' 38 "यह पहला और बड़ा
आदेश है।" 39 "और दूसरा इसके समान है, 'तू अपने
पड़ोसी से अपने समान प्रेम रख।'" 40 "इन दो आदेशों पर
सारा तोराह और नबियों का आधार है।" 41 और जब फरीसी
इकट्ठे हुए, तब OWY३Z ने उनसे पूछा, 42 कहते हुए, "तुम
मसीह के विषय में क्या सोचते हो? वह किसका पुत्र है?"
उन्होंने उससे कहा, "दाविद का।" 43 उसने उनसे कहा,
"फिर दाविद आत्मा में उसे 'प्रभु' क्यों कहता है,"
44 '३Y३Z ने मेरे प्रभु से कहा, "मेरे दाहिने बैठ जब तक मैं
तेरे शत्रुओं को तेरे पाँव की चौकी न बना दूँ।"' 45 "तो यदि
दाविद उसे 'प्रभु' कहता है, तो वह उसका पुत्र कैसे है?"
46 और कोई भी उसे एक भी शब्द का उत्तर न दे सका, और
उस दिन से किसी ने फिर उससे कोई प्रश्न नहीं किया।

23

1 तब OWY३Z ने भीड़ और अपने चेलों से कहा,
2 कहते हुए, "शास्त्री और फरीसी मूशेह की गद्दी पर
बैठे हैं। 3 "इसलिए जो कुछ वे तुम्हें पालन करने को कहते हैं,
उसे मानो और करो; परन्तु उनके कामों के अनुसार मत
करो, क्योंकि वे कहते हैं और करते नहीं।" 4 "क्योंकि वे भारी
बोझ बाँधकर मनुष्यों के कंधों पर रखते हैं, परन्तु अपनी
उँगली से उन्हें छूना भी नहीं चाहते।" 5 "और वे अपने सब
काम मनुष्यों को दिखाने के लिये करते हैं; वे अपने तफ़िलीन
को चौड़ा करते हैं और अपने वस्त्रों के त्सीत्सित को लम्बा
करते हैं।" 6 "और भोजों में प्रमुख स्थानों से प्रेम रखते हैं,
और सभाओं में आगे की आसनों से।" 7 "और बाजारों में
नमस्कार और मनुष्यों से 'रब्बी, रब्बी' कहलाना उन्हें अच्छा
लगता है।" 8 "परन्तु तुम 'रब्बी' मत कहलाना, क्योंकि
तुम्हारा एक ही गुरु है, मसीह, और तुम सब भाई हो।"
9 "और पृथ्वी पर किसी को अपना पिता मत कहो, क्योंकि
तुम्हारा एक ही पिता है, जो स्वर्ग में है।" 10 "और 'नेता' भी
मत कहलाना, क्योंकि तुम्हारा एक ही नेता है, मसीह।"
11 "परन्तु जो तुम में सबसे बड़ा है, वह तुम्हारा सेवक होगा।"
12 "जो अपने आप को बड़ा बनाएगा, वह छोटा किया जाएगा;
और जो अपने आप को छोटा करेगा, वह बड़ा किया
जाएगा।" 13 "हाय तुम पर, शास्त्रियों और फरीसियों, कपटी
लोगो! क्योंकि तुम मनुष्यों के सामने स्वर्ग के राज्य को बन्द
कर देते हो; तुम स्वयं नहीं प्रवेश करते और जो प्रवेश करना
चाहते हैं उन्हें भी प्रवेश नहीं करने देते।" 14 "हाय तुम पर,
शास्त्रियों और फरीसियों, कपटी लोगो! क्योंकि तुम विधवाओं
के घरों को निगल जाते हो और दिखावे के लिये लम्बी प्रार्थनाएं
करते हो; इस कारण तुम्हें अधिक दण्ड मिलेगा।" 15 "हाय
तुम पर, शास्त्रियों और फरीसियों, कपटी लोगो! क्योंकि तुम
एक परिवर्तित व्यक्ति को पाने के लिये समुद्र और स्थल का
भ्रमण करते हो; और जब वह बन जाता है, तो उसे अपने से
दुगुना गेहिनोम का पुत्र बना देते हो।" 16 "हाय तुम पर, अंधे
मार्गदर्शकों! जो कहते हो, 'जो कोई मिष्कान की शपथ खाए,
उसका कुछ नहीं होता; परन्तु जो कोई मिष्कान के सोने की
शपथ खाए, वह बंध जाता है।'" 17 "मूर्खों और अंधो! क्या
बड़ा है — सोना या वह मिष्कान जो सोने को पवित्र करता
है?" 18 "और यह भी कहते हो, 'जो कोई वेदी की शपथ
खाए, उसका कुछ नहीं होता; परन्तु जो कोई उस पर रखे हुए
भेंट की शपथ खाए, वह बंध जाता है।'" 19 "मूर्खों और
अंधो! क्या बड़ा है — भेंट या वह वेदी जो भेंट को पवित्र
करती है?" 20 "इसलिये जो कोई वेदी की शपथ खाता है, वह
उस वेदी और उस पर जो कुछ है, सब की शपथ खाता है।"
21 "और जो मिष्कान की शपथ खाता है, वह उसकी और
उसमें वास करने वाले की शपथ खाता है।" 22 "और जो
स्वर्ग की शपथ खाता है, वह ईश्वर के सिंहासन और उस पर
बैठे हुए की शपथ खाता है।" 23 "हाय तुम पर, शास्त्रियों
और फरीसियों, कपटी लोगो! क्योंकि तुम पुदीना, सौंफ और
जीरे का दशमांश देते हो, परन्तु तोराह की भारी बातों —

न्याय, दया और विश्वास — को छोड़ दिया है। इन्हें करना
आवश्यक था, और दूसरे को नहीं छोड़ना चाहिए था।”
24 “अंधे मार्गदर्शकों! जो मच्छर को छानते हो, पर ऊँट को
निगल जाते हो।” 25 “हाय तुम पर, शास्त्रियों और फरीसियों,
कपटी लोगो! क्योंकि तुम प्याले और थाली के बाहर को साफ
करते हो, परन्तु भीतर वे लूट और अधर्म से भरी हैं।” 26 “हे
अंधे फरीसी! पहले प्याले और थाली के भीतर को साफ करो,
ताकि उनका बाहर भी साफ हो जाए।” 27 “हाय तुम पर,
शास्त्रियों और फरीसियों, कपटी लोगो! क्योंकि तुम चूने से
पुती हुई कब्रों के समान हो, जो बाहर से तो सुन्दर दिखती हैं,
पर भीतर मरे हुए लोगों की हड्डियों और सब अशुद्धि से भरी
हैं।” 28 “ऐसे ही तुम भी बाहर से मनुष्यों को धर्मी दिखते हो,
पर भीतर कपट और अधर्म से भरे हो।” 29 “हाय तुम पर,
शास्त्रियों और फरीसियों, कपटी लोगो! क्योंकि तुम नबियों की
कब्रें बनाते हो और धर्मियों की समाधियों को सजाते हो।”
30 “और कहते हो, ‘यदि हम अपने पितरों के दिनों में होते, तो
नबियों के लहू बहाने में उनके साथ भाग न लेते।’” 31 “इस
प्रकार तुम अपने ऊपर गवाही देते हो कि तुम उन लोगों के
पुत्र हो जिन्होंने नबियों की हत्या की।” 32 “तो अपने पितरों
के माप को पूरा करो!” 33 “हे साँपों! हे विषधर की सन्तान!
तुम गेहिनोम के दण्ड से कैसे बचोगे?” 34 “इस कारण देखो,
मैं तुम्हारे पास नबी, बुद्धिमान और शास्त्री भेजता हूँ; उनमें से
कुछ को तुम मारोगे और सूली पर चढ़ाओगे, और कुछ को
तुम अपनी सभाओं में कोड़े लगाओगे और नगर-नगर में
उनका उत्पीड़न करोगे।” 35 “ताकि तुम पर धरती पर बहाए
गए सब धर्मी लहू का दण्ड आए — धर्मी हेबेल के लहू से
लेकर ज़कर्याह, बेरेक्याह के पुत्र के लहू तक, जिसे तुमने
मिष्कान और वेदी के बीच मार डाला।” 36 “सचमुच मैं तुमसे
कहता हूँ, यह सब इस पीढ़ी पर आएगा।” 37 “हे येरूशलेम,
येरूशलेम! जो नबियों को मारती है और उन पर पत्थर
फेंकती है जो तेरे पास भेजे गए! मैं कितनी बार चाहता था कि
जैसे मुर्गी अपने बच्चों को अपने पंखों के नीचे एकत्र करती
है, वैसे ही मैं तेरे बच्चों को इकट्ठा करूँ; परन्तु तुमने नहीं
चाहा।” 38 “देखो! तुम्हारा घर तुम्हारे लिये उजाड़ छोड़ दिया
गया है।” 39 “क्योंकि मैं तुमसे कहता हूँ, अब से तुम मुझे
बिल्कुल नहीं देखोगे, जब तक यह न कहो, ‘धन्य है वह जो
३Y३Z के नाम में आता है!’”

24

1 और जब OWY३Z मिकदाश से निकलकर जा
रहे थे, तो उनके चेले उनके पास आए ताकि उन्हें
मिकदाश की इमारतें दिखाएँ। 2 और OWY३Z ने उनसे
कहा, “क्या तुम ये सब नहीं देखते? सच में, मैं तुमसे कहता
हूँ, यहाँ एक पत्थर दूसरे पर नहीं छोड़ा जाएगा जो गिराया न
जाए।” 3 और जब वह जैतून के पहाड़ पर बैठा था, तो चेले
अलग से उसके पास आए, कहते हुए, “हमें बता, यह कब
होगा, और तेरे आने और युग के अंत का क्या चिन्ह होगा?”
4 और OWY३Z ने उत्तर देकर उनसे कहा, “सावधान रहो
कि कोई तुम्हें भ्रमित न करे।” 5 “क्योंकि बहुत से मेरे नाम में
आएँगे, कहते हुए, ‘मैं मसीह हूँ,’ और बहुतों को भ्रमित
करेंगे।” 6 “और तुम युद्धों और युद्धों की अफ़वाहें सुनने
लगोगे। देखो, तुम व्याकुल मत होना, क्योंकि ये सब होना
अवश्य है, परन्तु अंत अभी नहीं।” 7 “क्योंकि जाति जाति पर
उठेगी, और राज्य राज्य पर; और जगह-जगह अकाल,
घातक रोग, और भूकम्प होंगे।” 8 “ये सब प्रसव पीड़ा की
शुरुआत हैं।” 9 “तब वे तुम्हें क्लेश में डालेंगे और तुम्हें मार
डालेंगे, और मेरे नाम के कारण तुम सब जातियों से घृणा
किए जाओगे।” 10 “और तब बहुत से ठोकर खाएँगे, और
एक-दूसरे को पकड़वाएँगे, और एक-दूसरे से बैर करेंगे।”
11 “और बहुत से झूठे नबी उठ खड़े होंगे और बहुतों को
भ्रमित करेंगे।” 12 “और अधर्म बढ़ने के कारण बहुतों का
प्रेम ठंडा पड़ जाएगा।” 13 “परन्तु जो अंत तक स्थिर रहेगा,
वही उद्धार पाएगा।” 14 “और इस राज्य के सुसमाचार का
प्रचार सारी दुनिया में सब जातियों के लिये गवाही के रूप में
किया जाएगा, और तब अंत आएगा।” 15 “इसलिए जब तुम
‘वह घृणित वस्तु जो उजाड़ करती है,’ जिसे नबी दानिएल ने
कहा था, मिकदाश में खड़ी देखो — जो पढ़ता है, वह समझे
—” 16 “तब जो यहूदा में हों, वे पहाड़ों की ओर भाग जाएँ।”
17 “जो छत पर है, वह अपने घर से कुछ लेने को नीचे न
उतरे।” 18 “और जो खेत में है, वह अपना वस्त्र लेने को
पीछे न लौटे।” 19 “उन दिनों गर्भवती और दूध पिलाने वाली
स्त्रियों पर हाय!” 20 “और प्रार्थना करो कि तुम्हारा भागना न
तो जाड़े में हो और न शब्बत के दिन।” 21 “क्योंकि तब ऐसा
बड़ा क्लेश होगा, जैसा संसार की उत्पत्ति से अब तक न हुआ,
और न कभी होगा।” 22 “और यदि वे दिन घटाए न जाते, तो
कोई प्राणी न बचता; परन्तु चुने हुओं के कारण वे दिन घटा
दिए जाएँगे।” 23 “तब यदि कोई तुमसे कहे, ‘देखो, यहां
मसीह है!’ या ‘वहाँ!’ तो विश्वास मत करना।” 24 “क्योंकि
झूठे मसीह और झूठे नबी उठ खड़े होंगे, और बड़े चिन्ह और
चमत्कार दिखाएँगे ताकि यदि संभव हो तो चुने हुओं को भी
भ्रमित करें।” 25 “देखो, मैंने तुम्हें पहले ही सचेत कर दिया
है।” 26 “इसलिये यदि वे तुमसे कहें, ‘देखो, वह जंगल में
है!’ तो बाहर मत जाना; या ‘देखो, वह भीतर के कमरों में है!’
तो विश्वास मत करना।” 27 “क्योंकि जैसे बिजली पूरब से
निकलकर पश्चिम तक चमकती है, वैसे ही मनुष्य के पुत्र का
आना भी होगा।” 28 “क्योंकि जहाँ भी शव होगा, वहाँ गिद्ध
इकट्ठे होंगे।” 29 “और उन दिनों के क्लेश के तुरन्त बाद सूर्य
अंधकारमय हो जाएगा, और चन्द्रमा अपना प्रकाश न देगा,
और तारे स्वर्ग से गिर पड़ेंगे, और स्वर्ग की शक्तियाँ हिलाई
जाएँगी।” 30 “और तब स्वर्ग में मनुष्य के पुत्र का चिन्ह
प्रकट होगा, और तब पृथ्वी के सब क़बीले विलाप करेंगे, और
वे मनुष्य के पुत्र को स्वर्ग के बादलों पर सामर्थ और बड़ी
महिमा सहित आते हुए देखेंगे।” 31 “और वह अपने स्वर्गदूतों
को बड़ी तुरही की ध्वनि के साथ भेजेगा, और वे उसके चुने
हुओं को चारों दिशाओं से, स्वर्ग के एक छोर से दूसरे छोर
तक, इकट्ठा करेंगे।” 32 “और अंजीर के पेड़ से यह उपमा
सीखो: जब उसकी डाल कोमल हो जाती है और पत्तियां
निकालती है, तो तुम जानते हो कि गर्मी निकट है।” 33 “वैसे
ही तुम भी, जब ये सब बातें देखो, तो जान लो कि वह निकट
है, द्वार पर है।” 34 “सच में, मैं तुमसे कहता हूँ, यह पीढ़ी तब
तक नहीं टलेगी जब तक ये सब बातें न हो जाएँ।” 35 “स्वर्ग
और पृथ्वी टल जाएँगी, पर मेरे वचन कभी नहीं टलेंगे।”

36 “पर उस दिन और घड़ी के विषय में कोई नहीं जानता, न
स्वर्ग के स्वर्गदूत, केवल मेरे पिता ही।” 37 “और जैसे नूह के
दिन थे, वैसे ही मनुष्य के पुत्र का आना भी होगा।”
38 “क्योंकि जैसे जलप्रलय से पहले के दिनों में वे खाते-पीते,
ब्याह करते और ब्याह में देते थे, उस दिन तक जब तक नूह
जहाज़ में प्रवेश न किया।” 39 “और वे तब तक न जानते थे
जब तक जलप्रलय आकर सबको बहा न ले गया; वैसे ही
मनुष्य के पुत्र का आना होगा।” 40 “तब दो व्यक्ति खेत में
होंगे, एक उठा लिया जाएगा और दूसरा छोड़ दिया जाएगा।”
41 “दो स्त्रियाँ चक्की पीस रही होंगी, एक उठा ली जाएगी
और दूसरी छोड़ दी जाएगी।” 42 “इसलिये जागते रहो,
क्योंकि तुम नहीं जानते कि तुम्हारा प्रभु किस घड़ी आएगा।”
43 “पर यह जान लो, कि यदि घर के स्वामी को मालूम होता
कि चोर किस पहर आने वाला है, तो वह जागता रहता और
अपने घर में सेंध न लगने देता।” 44 “इस कारण तुम भी
तैयार रहो, क्योंकि मनुष्य का पुत्र उस घड़ी आएगा जब तुम
सोचते भी नहीं।” 45 “फिर कौन है वह विश्वासयोग्य और
बुद्धिमान दास, जिसे उसके स्वामी ने अपने घराने पर ठहराया
ताकि वह समय पर उन्हें भोजन दे?” 46 “धन्य है वह दास,
जिसे उसका स्वामी आकर ऐसा ही करते हुए पाए।” 47 “सच
में, मैं तुमसे कहता हूँ, वह उसे अपनी सारी संपत्ति पर
अधिकार देगा।” 48 “पर यदि वह दुष्ट दास अपने मन में
कहे, ‘मेरा स्वामी आने में देर कर रहा है,’” 49 “और अपने
साथियों को पीटना शुरू करे, और पियक्कड़ों के साथ खाए
और पिए,” 50 “तो उस दास का स्वामी उस दिन आएगा जब
वह अपेक्षा नहीं करता, और उस घड़ी जब वह नहीं जानता।”
51 “और वह उसे दो टुकड़े कर देगा और कपटियों के साथ
उसका भाग ठहराएगा — वहाँ रोना और दाँत पीसना होगा।”

25

1 “तब स्वर्ग का राज्य उन दस कन्याओं के समान
होगा जिन्होंने अपने दीपक लिये और दूल्हे से मिलने
निकलीं।” 2 “उनमें से पाँच बुद्धिमान थीं और पाँच मूर्ख।”
3 “जो मूर्ख थीं, उन्होंने अपने दीपक लिये पर तेल अपने साथ
नहीं लिया।” 4 “परन्तु जो बुद्धिमान थीं, उन्होंने अपने दीपकों
के साथ अपनी पात्रों में तेल लिया।” 5 “जब दूल्हा आने में
देर करने लगा, तो वे सब ऊँघने लगीं और सो गईं।”
6 “आधी रात को आवाज़ हुई, ‘देखो, दूल्हा आ रहा है! उससे
मिलने निकलो!’” 7 “तब वे सब कन्याएँ उठीं और अपने
दीपकों को ठीक किया।” 8 “और मूर्खों ने बुद्धिमानों से कहा,
‘हमें अपने तेल में से दो, क्योंकि हमारे दीपक बुझ रहे हैं।’”
9 “परन्तु बुद्धिमानों ने उत्तर दिया, ‘नहीं, ऐसा न हो कि हमारे
और तुम्हारे लिये पर्याप्त न रहे; बल्कि बेचनेवालों के पास
जाओ और अपने लिये मोल ले लो।’” 10 “और जब वे मोल
लेने गईं, तो दूल्हा आया, और जो तैयार थीं वे उसके साथ
विवाह भोज में चली गईं, और द्वार बंद कर दिया गया।”
11 “फिर बाद में दूसरी कन्याएँ भी आकर कहने लगीं, ‘प्रभु,
प्रभु, हमारे लिये द्वार खोल!’” 12 “पर उसने उत्तर दिया,
‘सच में, मैं तुमसे कहता हूँ, मैं तुम्हें नहीं जानता।’”
13 “इसलिये जागते रहो, क्योंकि तुम नहीं जानते कि मनुष्य
का पुत्र किस दिन या किस घड़ी आएगा।” 14 “क्योंकि यह
उस मनुष्य के समान है जो यात्रा पर जा रहा था, जिसने
अपने दासों को बुलाया और अपनी संपत्ति उन्हें सौंप दी।”
15 “और उसने एक को पाँच प्रतिभाएँ दीं, दूसरे को दो, और
दूसरे को एक, हर एक को उसकी सामर्थ्य के अनुसार; और
फिर यात्रा पर निकल गया।” 16 “जिसने पाँच प्रतिभाएँ पाई
थीं, वह तुरन्त जाकर उनसे व्यापार करने लगा और पाँच
और प्रतिभाएँ कमाईं।” 17 “इसी प्रकार जिसने दो प्रतिभाएं
पाई थीं, उसने भी दो और कमाईं।” 18 “पर जिसने एक पाई
थी, वह जाकर भूमि खोदकर अपने स्वामी का धन छिपा
दिया।” 19 “और बहुत समय बाद उन दासों का स्वामी आया
और उनसे लेखा-जोखा करने लगा।” 20 “जिसने पाँच
प्रतिभाएँ पाई थीं, वह पाँच और लेकर आया और कहा,
‘स्वामी, आपने मुझे पाँच प्रतिभाएँ सौंपी थीं; देखिए, मैंने उनके
सिवाय पाँच और प्रतिभाएँ कमाईं।’” 21 “उसके स्वामी ने
उससे कहा, ‘शाबाश, भले और विश्वासयोग्य दास! तू थोड़े में
विश्वासयोग्य रहा, मैं तुझे बहुत पर नियुक्त करूँगा; अपने
स्वामी के आनन्द में प्रवेश कर।’” 22 “फिर जिसने दो
प्रतिभाएँ पाई थीं, वह भी आया और कहा, ‘स्वामी, आपने मुझे
दो प्रतिभाएँ दी थीं; देखिए, मैंने उनके सिवाय दो और प्रतिभाएं
कमाईं।’” 23 “उसके स्वामी ने उससे कहा, ‘शाबाश, भले
और विश्वासयोग्य दास! तू थोड़े में विश्वासयोग्य रहा, मैं तुझे
बहुत पर नियुक्त करूँगा; अपने स्वामी के आनन्द में प्रवेश
कर।’” 24 “फिर जिसने एक प्रतिभा पाई थी, वह भी आया
और कहा, ‘स्वामी, मैं जानता था कि आप कठोर व्यक्ति हैं,
जहाँ नहीं बोया वहाँ काटते हैं, और जहाँ बीज नहीं बिखेरा वहां
से इकट्ठा करते हैं।’” 25 “और मैं डर गया, इसलिए जाकर
आपकी प्रतिभा भूमि में छिपा दी; देखिए, जो आपका है, वह
लीजिए।’” 26 “उसके स्वामी ने उत्तर दिया, ‘दुष्ट और
आलसी दास! तू जानता था कि मैं जहाँ नहीं बोया वहाँ काटता
हूँ और जहाँ बीज नहीं बिखेरा वहाँ से इकट्ठा करता हूँ।’”
27 “‘तो तुझे चाहिये था कि मेरा धन साहूकारों के पास रख
देता, ताकि मेरे लौटने पर मैं उसे ब्याज सहित ले लेता।’”
28 “‘इसलिये उस से वह प्रतिभा ले लो और उसे दे दो जिसके
पास दस प्रतिभाएँ हैं।’” 29 “‘क्योंकि जिसके पास है, उसे
और दिया जाएगा और उसके पास बहुतायत होगी; पर जिसके
पास नहीं है, उससे वह भी छीन लिया जाएगा जो उसके पास
है।’” 30 “‘और उस निकम्मे दास को बाहर के अंधकार में
डाल दो — वहाँ रोना और दाँत पीसना होगा।’” 31 “जब
मनुष्य का पुत्र अपनी महिमा में आएगा, और सब पवित्र
स्वर्गदूत उसके साथ होंगे, तब वह अपनी महिमा के सिंहासन
पर बैठेगा।” 32 “और सब जातियाँ उसके सामने इकट्ठी की
जाएँगी, और वह उन्हें एक दूसरे से अलग करेगा, जैसे एक
चरवाहा भेड़ों को बकरों से अलग करता है।” 33 “और वह
भेड़ों को अपने दाहिने और बकरों को बाएँ रखेगा।” 34 “तब
राजा अपने दाहिने वालों से कहेगा, ‘आओ, मेरे पिता के धन्य
लोगो, उस राज्य को प्राप्त करो जो तुम्हारे लिये संसार की
उत्पत्ति से तैयार किया गया है।’” 35 “‘क्योंकि मैं भूखा था
और तुमने मुझे भोजन दिया; मैं प्यासा था और तुमने मुझे
पानी दिया; मैं परदेशी था और तुमने मुझे अपने यहां
ठहराया।’” 36 “‘मैं नंगा था और तुमने मुझे वस्त्र पहनाए; मैं
बीमार था और तुमने मेरी सुधि ली; मैं बन्दीगृह में था और

तुम मुझसे मिलने आए।’” 37 “तब धर्मी उससे उत्तर देंगे,
‘प्रभु, हमने कब तुझे भूखा देखा और भोजन दिया, या प्यासा
देखा और पीने को दिया?’” 38 “‘और कब हमने तुझे
परदेशी देखा और अपने यहाँ ठहराया, या नंगा देखा और
वस्त्र पहनाए?’” 39 “‘और कब हमने तुझे बीमार या बन्दीगृह
में देखा और तुझसे मिलने आए?’” 40 “तब राजा उत्तर देगा,
‘मैं तुमसे सच कहता हूँ, जितना तुमने मेरे इन छोटे भाइयों में
से किसी एक के लिये किया, वह मेरे लिये किया।’” 41 “तब
वह बाएँ ओर के लोगों से भी कहेगा, ‘मुझसे दूर हो जाओ, हे
शापित लोगो, उस अनन्त आग में जो शैतान और उसके दूतों
के लिये तैयार की गई है।’” 42 “‘क्योंकि मैं भूखा था और
तुमने मुझे भोजन नहीं दिया; मैं प्यासा था और तुमने मुझे
पानी नहीं दिया।’” 43 “‘मैं परदेशी था और तुमने मुझे अपने
यहाँ नहीं ठहराया; नंगा था और तुमने मुझे वस्त्र नहीं पहनाए;
बीमार और बन्दीगृह में था और तुम मेरे पास नहीं आए।’”
44 “तब वे भी उत्तर देंगे, ‘प्रभु, हमने कब तुझे भूखा या प्यासा,
या परदेशी, या नंगा, या बीमार, या बन्दीगृह में देखा और तेरी
सेवा नहीं की?’” 45 “तब वह उत्तर देगा, ‘मैं तुमसे सच
कहता हूँ, जितना तुमने इन छोटे लोगों में से किसी एक के
लिये नहीं किया, वह मेरे लिये भी नहीं किया।’” 46 “और ये
अनन्त दण्ड भोगने को जाएँगे, पर धर्मी अनन्त जीवन में
प्रवेश करेंगे।”

26 1 और ऐसा हुआ कि जब OWY३Z ने ये सब बातें
पूरी कीं, तो उसने अपने शिष्यों से कहा, 2 “तुम
जानते हो कि दो दिनों के बाद पासह का पर्व आता है, और
मनुष्य का पुत्र पकड़वाया जाएगा ताकि उसे सूली पर चढ़ाया
जाए।” 3 तब प्रधान याजक, और शास्त्री, और लोगों के
बुज़ुर्ग, उस महायाजक कहलानेवाले कयाफा के आँगन में
इकट्ठे हुए, 4 और उन्होंने OWY३Z को छल से पकड़ने और
मार डालने की युक्ति की। 5 पर वे कहने लगे, “पर्व के समय
नहीं, ऐसा न हो कि लोगों में उपद्रव हो जाए।” 6 और जब
OWY३Z बेत-अन्याह में कोढ़ी शमौन के घर पर था, 7 तो
एक स्त्री उसके पास आई, जिसके पास बहुमूल्य सुगंधित तेल
का संगमरमर का पात्र था, और जब वह भोजन कर रहा था,
उसने वह तेल उसके सिर पर उँडेल दिया। 8 जब उसके
शिष्यों ने यह देखा, तो वे क्रोधित हुए और कहने लगे, “यह
व्यर्थ क्यों किया गया?” 9 “क्योंकि यह सुगंधित तेल बहुत दाम
में बेचा जा सकता था और गरीबों को दिया जा सकता था।”
10 परन्तु OWY३Z ने यह जानकर उनसे कहा, “तुम इस
स्त्री को क्यों दुख देते हो? इसने मेरे लिये अच्छा काम किया
है।” 11 “क्योंकि तुम्हारे पास तो गरीब सदा रहेंगे, पर मैं
तुम्हारे साथ सदा नहीं रहूँगा।” 12 “इसने मेरे शरीर पर यह
सुगंधित तेल डालकर मेरे गाड़े जाने के लिये किया है।”
13 “मैं तुमसे सच कहता हूँ, जहाँ भी इस शुभ समाचार का
प्रचार सारी दुनिया में किया जाएगा, वहाँ यह भी कहा जाएगा
जो इस स्त्री ने किया, उसकी स्मृति के लिये।” 14 तब बारह
में से एक, जिसका नाम क़रियोती यहूदा था, प्रधान याजकों
के पास गया, 15 और कहा, “यदि मैं उसे तुम्हारे हाथ में सौंप
दूँ तो तुम मुझे क्या दोगे?” और उन्होंने उसे तीस चाँदी के
टुकड़े गिनकर दिये। 16 और तब से वह उसे पकड़वाने के
अवसर की खोज करने लगा। 17 और अखमीरी रोटी के
पहले दिन शिष्य OWY३Z के पास आए और बोले, “आप
चाहते हैं कि हम कहाँ जाकर आपके लिये पासह का भोजन
तैयार करें?” 18 उसने कहा, “शहर में एक व्यक्ति के पास
जाओ और उससे कहना, ‘गुरु कहता है, मेरा समय निकट
है; मैं अपने शिष्यों के साथ तेरे घर में पासह मनाऊँगा।’”
19 और शिष्यों ने जैसा OWY३Z ने आज्ञा दी थी, वैसा ही
किया और पासह की तैयारी की। 20 और जब सन्ध्या हुई, तो
वह बारहों के साथ भोजन करने बैठा। 21 जब वे खा रहे थे,
उसने कहा, “मैं तुमसे सच कहता हूँ, तुममें से एक मुझे
पकड़वाएगा।” 22 वे बहुत दुखी हुए और एक-एक करके
उससे कहने लगे, “प्रभु, क्या मैं हूँ?” 23 उसने उत्तर देकर
कहा, “जिसने मेरे साथ थाली में हाथ डुबोया है, वही मुझे
पकड़वाएगा।” 24 “निश्चित ही, मनुष्य का पुत्र जैसा उसके
विषय में लिखा है, वैसा ही जाएगा; परन्तु उस मनुष्य पर हाय,
जिसके द्वारा मनुष्य का पुत्र पकड़वाया जाता है! उस मनुष्य
के लिये अच्छा होता कि वह जन्मा ही न होता।” 25 और
यहूदा, जो उसे पकड़वानेवाला था, उत्तर देकर बोला, “रब्बी,
क्या मैं हूँ?” उसने उससे कहा, “तूने स्वयं कहा है।” 26 जब
वे खा रहे थे, तब OWY३Z ने रोटी ली, और आशीर्वाद
दिया, और तोड़कर शिष्यों को दी और कहा, “लो, खाओ;
यह मेरा शरीर है।” 27 और प्याला लेकर धन्यवाद किया,
और उन्हें दिया और कहा, “तुम सब इस में से पीओ।”
28 “क्योंकि यह मेरा लहू है, नए वाचा का, जो बहुतों के पापों
की क्षमा के लिये बहाया जाता है।” 29 “परन्तु मैं तुमसे कहता
हूँ, अब से मैं इस दाखलता के फल को उस दिन तक नहीं
पीऊँगा, जब तक कि मैं इसे तुम्हारे साथ अपने पिता के राज्य
में नया न पीऊँ।” 30 और भजन गाकर वे जैतून के पर्वत पर
निकल गए। 31 तब OWY३Z ने उनसे कहा, “आज की
रात तुम सब मुझसे ठोकर खाओगे; क्योंकि लिखा है, ‘मैं
चरवाहे को मारूँगा, और झुंड की भेड़ें तितर-बितर हो
जाएँगी।’” 32 “परन्तु मेरे जी उठने के बाद मैं तुमसे पहले
गलील को जाऊँगा।” 33 केफ़ा ने उससे कहा, “यदि सब
तुझसे ठोकर खाएँ, तो भी मैं कभी नहीं ठोकर खाऊँगा।”
34 OWY३Z ने उससे कहा, “मैं तुमसे सच कहता हूँ, कि
आज की रात, मुर्गे के बाँग देने से पहले, तू तीन बार मेरा
इंकार करेगा।” 35 केफ़ा ने उससे कहा, “यदि मुझे तेरे साथ
मरना भी पड़े, तो भी मैं तेरा इंकार नहीं करूँगा।” और सब
शिष्यों ने भी ऐसा ही कहा। 36 तब OWY३Z उनके साथ
गतशमनी नामक स्थान पर आया, और शिष्यों से कहा, “यहीं
बैठो जब तक मैं वहाँ जाकर प्रार्थना करूँ।” 37 और वह केफ़ा
और ज़बदी के दो पुत्रों को साथ लेकर जाने लगा, और
उदास तथा अत्यन्त व्याकुल होने लगा। 38 तब उसने उनसे
कहा, “मेरा मन मृत्यु तक अत्यन्त उदास है; यहाँ ठहरो और
मेरे साथ जागते रहो।” 39 और थोड़ा आगे जाकर वह मुँह के
बल गिरा और प्रार्थना करने लगा, और कहा, “हे मेरे पिता,
यदि सम्भव हो तो यह प्याला मुझसे टल जाए; तौभी जैसा मैं
चाहता हूँ वैसा नहीं, पर जैसा तू चाहता है वैसा ही हो।”
40 और वह शिष्यों के पास आया और उन्हें सोते पाया, और
केफ़ा से कहा, “क्या तुम मेरे साथ एक घड़ी भी जाग नहीं
सके?” 41 “जागते रहो और प्रार्थना करो, ताकि तुम परीक्षा में

न पड़ो; आत्मा तो उत्सुक है, पर शरीर दुर्बल है।" 42 फिर
वह दूसरी बार दूर गया और प्रार्थना की, और कहा, "हे मेरे
पिता, यदि यह प्याला मुझसे न टल सके जब तक मैं इसे पी न
लूँ, तो तेरी इच्छा पूरी हो।" 43 और वह वापस आया और
उन्हें फिर सोते पाया, क्योंकि उनकी आँखें भारी हो गई थीं।
44 और उन्हें छोड़कर फिर चला गया, और तीसरी बार वही
बात कहकर प्रार्थना की। 45 फिर वह अपने शिष्यों के पास
आया और उनसे कहा, "क्या अब भी सो रहे हो और विश्राम
कर रहे हो? देखो, वह समय निकट आ गया है, और मनुष्य
का पुत्र पापियों के हाथ में सौंपा जा रहा है।" 46 "उठो, चलो;
देखो, जो मुझे पकड़वानेवाला है, वह आ पहुँचा है।" 47 जब
वह अभी बोल ही रहा था, देखो, बारहों में से एक यहूदा
तलवारों और लाठियों से सुसज्जित बड़ी भीड़ के साथ आया,
जो प्रधान याजकों और लोगों के बुज़ुर्गों की ओर से भेजे गए
थे। 48 और जिसने उसे पकड़वाया था उसने उन्हें यह चिन्ह
दिया था, और कहा था, "जिसे मैं चूमूँगा, वही है; उसे पकड़
लेना।" 49 और वह तुरन्त OWY३Z के पास गया और
कहा, "प्रणाम, रब्बी!" और उसे चूमा। 50 और OWY३Z ने
उससे कहा, "मित्र, तू किस लिये आया है?" तब वे आगे बढ़े
और OWY३Z पर हाथ डाला और उसे पकड़ लिया।
51 और देखो, जो OWY३Z के साथ था, उसने हाथ
बढ़ाकर अपनी तलवार खींची और महायाजक के सेवक पर
प्रहार किया और उसका कान काट दिया। 52 तब OWY३Z
ने उससे कहा, "अपनी तलवार को उसके स्थान पर रख दे;
क्योंकि जितने तलवार उठाते हैं, वे सब तलवार से नाश
होंगे।" 53 "क्या तू यह सोचता है कि मैं अब अपने पिता से
विनती नहीं कर सकता, और वह मुझे बारह से अधिक सेना-
दलों के स्वर्गदूत नहीं दे सकता?" 54 "तो फिर पवित्र शास्त्र
कैसे पूरे होंगे कि ऐसा ही होना आवश्यक है?" 55 उसी समय
OWY३Z ने भीड़ से कहा, "क्या तुम मुझे डाकू पर चढ़ाई
करनेवाले की तरह तलवारों और लाठियों के साथ पकड़ने
आए हो? मैं प्रतिदिन मन्दिर में बैठकर तुम्हें शिक्षा देता था,
और तुमने मुझे नहीं पकड़ा।" 56 "पर यह सब इसलिए हुआ,
ताकि नबियों के शास्त्र पूरे हों।" तब सब शिष्य उसे छोड़कर
भाग गए। 57 और जिन्होंने OWY३Z को पकड़ा था, वे उसे
कयाफा महायाजक के पास ले गए, जहाँ शास्त्री और बुज़ुर्ग
इकट्ठे हुए थे। 58 पर केफ़ा दूर से उसके पीछे चला,
महायाजक के आँगन तक, और भीतर जाकर सेवकों के साथ
बैठ गया ताकि परिणाम देखे। 59 और प्रधान याजक, और
बुज़ुर्ग, और पूरी सभा OWY३Z के विरुद्ध झूठी गवाही ढूँढ
रहे थे ताकि उसे मृत्यु दिलाएँ। 60 पर उन्होंने कोई न पाई;
यद्यपि बहुत से झूठे गवाह आए, पर वे कुछ सिद्ध न कर
सके। अन्त में दो झूठे गवाह आए। 61 और उन्होंने कहा,
"इस व्यक्ति ने कहा, 'मैं ईश्वर के मन्दिर को ढा सकता हूँ
और उसे तीन दिनों में फिर बना सकता हूँ।'" 62 तब
महायाजक उठ खड़ा हुआ और उससे कहा, "क्या तू कोई
उत्तर नहीं देता? ये तेरे विरुद्ध क्या साक्षी दे रहे हैं?" 63 पर
OWY३Z चुप रहा। तब महायाजक ने उससे कहा, "मैं तुझे
जीवित ईश्वर की शपथ देता हूँ कि तू हमसे कह कि क्या तू
मशीह है, ३Y३Z का पुत्र?" 64 OWY३Z ने उससे कहा,
"तूने स्वयं कहा है। फिर भी मैं तुझसे कहता हूँ, अब से तू
मनुष्य के पुत्र को सर्वशक्तिमान के दाहिने हाथ पर बैठे और
स्वर्ग के बादलों पर आते देखेगा।" 65 तब महायाजक ने
अपने वस्त्र फाड़कर कहा, "उसने परमेश्वर की निन्दा की
है! अब हमें और गवाहों की क्या आवश्यकता है? देखो, तुमने
स्वयं उसकी निन्दा सुनी!" 66 "तुम्हारा क्या विचार है?"
उन्होंने उत्तर देकर कहा, "वह मृत्यु का दोषी है।" 67 तब
उन्होंने उसके मुँह पर थूका और उसे मारा; और कुछ ने
थप्पड़ मारे। 68 और कहा, "हमें भविष्यवाणी कर, हे मशीह,
तुझे किसने मारा?" 69 केफ़ा बाहर आँगन में बैठा था, और
एक दासी उसके पास आई और बोली, "तू भी उस OWY३Z
गलीली के साथ था।" 70 पर उसने सबके सामने इनकार
किया और कहा, "मैं नहीं जानता तू क्या कहती है।" 71 और
जब वह द्वार की ओर गया, तो दूसरी दासी ने उसे देखा और
वहाँ के लोगों से कहा, "यह व्यक्ति भी उस OWY३Z
नात्सरेत का साथी था।" 72 उसने फिर शपथ खाकर
इनकार किया, "मैं उस मनुष्य को नहीं जानता।" 73 थोड़ी
देर बाद वहाँ खड़े लोगों ने केफ़ा से कहा, "निश्चय ही तू भी
उनमें से एक है, क्योंकि तेरी बोली तुझे प्रकट करती है।"
74 तब उसने शाप देना और कसम खाना शुरू किया और
कहा, "मैं उस मनुष्य को नहीं जानता!" और तुरन्त मुर्गा
बोला। 75 तब केफ़ा को वह वचन स्मरण आया जो
OWY३Z ने कहा था, "मुर्गे के बाँग देने से पहले तू तीन बार
मेरा इनकार करेगा।" और वह बाहर जाकर कड़वे आँसू
बहाने लगा।

27 1 और जब सुबह हुई, तो सब प्रधान याजकों और
लोगों के बुज़ुर्गों ने OWY३Z के विरुद्ध विचार किया
कि उसे मृत्यु दिलाएँ। 2 और उसे बाँधकर ले गए, और
राज्यपाल पोंतियुस पीलातुस के हाथ सौंप दिया। 3 तब यहूदा,
जिसने उसे पकड़वाया था, यह देखकर कि वह दोषी ठहराया
गया है, पछताया, और वे तीस चाँदी के सिक्के प्रधान याजकों
और बुज़ुर्गों को लौटाकर दिया। 4 और कहा, "मैंने निर्दोष का
लहू बहाने में पाप किया है।" उन्होंने कहा, "यह हमसे क्या?
तू ही देख ले!" 5 और उसने चाँदी के सिक्के मन्दिर में फेंक
दिए और चला गया और जाकर अपने को फाँसी लगा ली।
6 और प्रधान याजकों ने उन चाँदी के सिक्कों को लेकर कहा,
"उन्हें भेंट के धन में रखना उचित नहीं है, क्योंकि यह लहू की
कीमत है।" 7 उन्होंने विचार किया और उस धन से कुम्हार
का खेत परदेशियों के दफ़नाने के लिये खरीदा। 8 इस
कारण वह खेत आज तक "लहू का खेत" कहलाता है।
9 तब वह पूरा हुआ जो नबी यिर्मयाहु के द्वारा कहा गया था,
"उन्होंने तीस चाँदी के सिक्के लिए, उस का मूल्य जिसे
इस्राएल की सन्तानों ने ठहराया था," 10 "और उन्हें कुम्हार
के खेत के लिए दिया, जैसा ३Y३Z ने मुझे आज्ञा दी थी।"
11 और OWY३Z राज्यपाल के सामने खड़ा था, और
राज्यपाल ने उससे पूछा, "क्या तू यहूदियों का राजा है?" और
OWY३Z ने उससे कहा, "तूने स्वयं कहा है।" 12 और जब
प्रधान याजक और बुज़ुर्ग उस पर दोष लगा रहे थे, तो उसने
कुछ भी उत्तर न दिया। 13 तब पीलातुस ने उससे कहा, "क्या
तू नहीं सुनता, वे तेरे विरुद्ध कितनी बातें गवाही दे रहे हैं?"
14 पर उसने उसे एक भी उत्तर न दिया, जिससे राज्यपाल

बहुत आश्चर्यचकित हुआ। 15 और पर्व के समय राज्यपाल
भीड़ की इच्छा के अनुसार एक कैदी को छोड़ने का रीति
रखता था। 16 और उस समय उनके पास एक प्रसिद्ध कैदी
था, जिसका नाम बरब्बा था। 17 इसलिये जब वे इकट्ठे हुए,
पीलातुस ने उनसे कहा, "तुम किसे चाहते हो कि मैं तुम्हारे
लिये छोड़ दूँ — बरब्बा, या उस OW५ऋZ को जो मशीह
कहलाता है?" 18 क्योंकि वह जानता था कि उन्होंने उसे ईर्ष्या
के कारण पकड़वाया है। 19 जब वह न्यायासन पर बैठा था,
उसकी पत्नी ने उसके पास यह कहकर भेजा, "उस धर्मी
मनुष्य से कुछ न कर, क्योंकि आज मैंने उसके कारण स्वप्न
में बहुत दुख उठाया है।" 20 पर प्रधान याजकों और बुज़ुर्गों ने
भीड़ को समझाया कि वे बरब्बा को माँगें और OW५ऋZ को
नष्ट कर दें। 21 राज्यपाल ने उत्तर देकर उनसे कहा, "इन
दोनों में से किसे चाहते हो कि मैं तुम्हारे लिये छोड़ दूँ?"
उन्होंने कहा, "बरब्बा!" 22 पीलातुस ने उनसे कहा, "तो मैं
उस OW५ऋZ के साथ क्या करूँ जो मशीह कहलाता है?"
सब ने कहा, "उसे सूली पर चढ़ाया जाए!" 23 राज्यपाल ने
कहा, "आख़िर उसने क्या बुरा किया है?" पर वे और भी ज़ोर
से चिल्लाते रहे, "उसे सूली पर चढ़ाया जाए!" 24 जब
पीलातुस ने देखा कि कुछ नहीं बन रहा है, बल्कि उपद्रव बढ़
रहा है, तो उसने पानी लेकर भीड़ के सामने अपने हाथ धोए
और कहा, "मैं इस धर्मी के लहू से निर्दोष हूँ; तुम स्वयं देख
लो।" 25 और सब लोगों ने उत्तर देकर कहा, "उसका लहू
हम पर और हमारे बच्चों पर हो।" 26 तब उसने उनके लिये
बरब्बा को छोड़ दिया, और OW५ऋZ को कोड़े लगवाकर
सूली पर चढ़ाने के लिये सौंप दिया। 27 तब राज्यपाल के
सैनिकों ने OW५ऋZ को प्रांगण में ले जाकर उसके चारों
ओर पूरी पलटन इकट्ठी कर ली। 28 और उन्होंने उसके वस्त्र
उतारकर उसे लाल रंग का चोग़ा पहनाया। 29 और काँटों का
मुकुट गूँथकर उसके सिर पर रखा, और उसके दाहिने हाथ
में एक बेंत दी; और उसके सामने घुटने टेककर उसका
उपहास करने लगे और कहने लगे, "सलाम, यहूदियों के
राजा!" 30 और उस पर थूका, और बेंत लेकर उसके सिर
पर मारा। 31 और जब वे उसका उपहास कर चुके, तो
उसका चोग़ा उतारा और उसके अपने वस्त्र पहनाए, और उसे
सूली पर चढ़ाने के लिये ले गए। 32 और जब वे बाहर जा रहे
थे, तो उन्हें कुरेने का एक मनुष्य मिला, जिसका नाम शिमोन
था; उन्होंने उसे बाध्य किया कि वह उसका क्रूस उठाए।
33 और वे उस स्थान पर पहुँचे जो गोलगोथा कहलाता है,
अर्थात "खोपड़ी का स्थान।" 34 उन्होंने उसे पित्त मिलाया
हुआ दाखमधु पीने को दिया; पर उसने चखकर पीना न
चाहा। 35 और जब उन्होंने उसे सूली पर चढ़ा दिया, तो
उसके वस्त्र बाँट लिए, और चिट्ठियाँ डालकर बाँटने लगे,
ताकि वह पूरी हो जो नबी के द्वारा कहा गया था, "उन्होंने मेरे
वस्त्र आपस में बाँट लिये, और मेरे परिधान पर चिट्ठी
डाली।" 36 और वे बैठकर वहाँ उसकी रखवाली करने लगे।
37 और उसके सिर के ऊपर उसका दोष लिखकर टाँग दिया
गया — यह है OW५ऋZ, यहूदियों का राजा। 38 तब उसके
साथ दो डाकू सूली पर चढ़ाए गए, एक दाहिनी ओर और एक
बाईं ओर। 39 और जो वहाँ से गुज़रते थे, वे सिर हिलाते हुए
उसकी निन्दा करते थे। 40 और उन्होंने उसके सिर के ऊपर
उसके विरुद्ध लिखा हुआ आरोप रखा: यह है OW५ऋZ,
यहूदियों का राजा। 41 इसी प्रकार प्रधान याजक, शास्त्रियों
और बुज़ुर्गों के साथ उसका उपहास करते हुए बोले।
42 "इसने औरों को बचाया, पर अपने आप को नहीं बचा
सकता। यदि यह इस्राएल का राजा है, तो अब क्रूस से उतर
आए, और हम इस पर विश्वास करेंगे।" 43 "इसने ईश्वर पर
भरोसा रखा; यदि वह इसे चाहता है, तो अब इसे छुड़ाए,
क्योंकि इसने कहा था, 'मैं ईश्वर का पुत्र हूँ।'" 44 और जो
डाकू उसके साथ सूली पर चढ़ाए गए थे, वे भी उसी प्रकार
उसका अपमान कर रहे थे। 45 और छठे घंटे से लेकर नौवें
घंटे तक सारे देश पर अन्धकार छा गया। 46 और लगभग
नौवें घंटे OW५ऋZ ने ऊँचे शब्द से पुकारकर कहा, "एली,
एली, लामा शबक्तानी?" अर्थात, "मेरे ईश्वर, मेरे ईश्वर, तूने
मुझे क्यों छोड़ दिया?" 47 वहाँ खड़े कुछ लोगों ने यह सुनकर
कहा, "यह व्यक्ति एलियाहु को पुकार रहा है।" 48 तुरन्त
उनमें से एक दौड़ा और स्पंज लेकर सिरके में भिगोया, और
एक बेंत पर रखकर उसे पीने को दिया। 49 पर बाकी लोगों ने
कहा, "रुको, देखें कि क्या एलियाहु इसे बचाने आता है।"
50 और OW५ऋZ ने फिर ऊँचे शब्द से पुकारकर अपनी
आत्मा को छोड़ दिया। 51 और देखो, मन्दिर का परदा ऊपर
से नीचे तक दो टुकड़ों में फट गया, पृथ्वी काँप गई और
चट्टानें फट गईं। 52 और कब्रें खुल गईं, और बहुत से पवित्र
जनों के शरीर, जो सो गए थे, जी उठे। 53 और उसके
पुनरुत्थान के बाद वे कब्रों से निकलकर पवित्र नगर में गए
और बहुतों को दिखाई दिए। 54 और सूबेदार और जो उसके
साथ OW५ऋZ की रखवाली कर रहे थे, उन्होंने भूकम्प और
जो कुछ हुआ देखा, तो अत्यन्त डर गए और कहा, "निश्चय
ही यह ईश्वर का पुत्र था।" 55 और बहुत सी स्त्रियाँ जो
गलील से OW५ऋZ के पीछे चली थीं, सेवा करती हुई, दूर
से देख रही थीं। 56 उनमें मरियम मगदला की, और याकूब व
योसेफ की माता मरियम, और जब्दी के पुत्रों की माता थीं।
57 और जब साँझ हुई, तो रामतैम का एक धनी व्यक्ति आया,
जिसका नाम योसेफ था, और वह स्वयं भी OW५ऋZ का
एक शिष्य था। 58 उसने पीलातुस के पास जाकर OW५ऋZ
के शरीर की माँग की। तब पीलातुस ने शरीर दे देने की
आज्ञा दी। 59 और योसेफ ने शरीर लेकर उसे स्वच्छ मलमल
में लपेटा। 60 और उसे अपनी नई कब्र में रखा, जिसे उसने
चट्टान में खुदवाया था; और कब्र के द्वार पर एक बड़ा पत्थर
लुढ़काकर चला गया। 61 और मरियम मगदला की और
दूसरी मरियम वहाँ थीं, कब्र के सामने बैठी हुई। 62 अगले
दिन, जो तैयारी के दिन के बाद था, प्रधान याजक और
फ़रीसी पीलातुस के पास इकट्ठे हुए। 63 और बोले, "स्वामी,
हमें स्मरण है कि जब वह धोखेबाज़ जीवित था, तो कहा था,
'तीन दिन के बाद मैं जी उठूँगा।'" 64 "इसलिये आज्ञा दे कि
तीसरे दिन तक कब्र की रक्षा की जाए, ऐसा न हो कि उसके
चेले रात को आकर उसे चुरा ले जाएँ और लोगों से कहें, 'वह
मरे हुओं में से जी उठा।' तब यह अन्तिम धोखा पहले से भी
बुरा होगा।" 65 पीलातुस ने उनसे कहा, "तुम्हारे पास पहरेदार
हैं; जाओ, जैसी सम्भव हो, उसकी रखवाली करो।" 66 वे गए

और पत्थर पर मुहर लगाकर, पहरा बिठाकर कब्र की रक्षा
की।

28 1 शब्बात के बाद, सप्ताह के पहले दिन भोर होते
समय, मरियम मगदला की और दूसरी मरियम कब्र
को देखने आईं। 2 और देखो, एक बड़ा भूकम्प हुआ, क्योंकि
३५३Z का एक दूत स्वर्ग से उतरा और आकर पत्थर को
द्वार से लुढका दिया और उस पर बैठ गया। 3 उसका रूप
बिजली के समान था, और उसके वस्त्र बर्फ़ के समान श्वेत
थे। 4 और उसके भय से रखवाले काँप उठे और मरे हुए
मनुष्यों के समान हो गए। 5 और दूत ने स्त्रियों से कहा, "मत
डरो, क्योंकि मैं जानता हूँ कि तुम उस OW५३Z को खोज
रही हो जो सूली पर चढ़ाया गया था।" 6 "वह यहाँ नहीं है,
क्योंकि वह जी उठा है, जैसा उसने कहा था। आओ, वह
स्थान देखो जहाँ प्रभु रखा गया था।" 7 "और शीघ्र जाओ,
उसके शिष्यों से कहो कि वह मरे हुओं में से जी उठा है; और
देखो, वह तुमसे पहले गलील को जा रहा है; वहाँ तुम उसे
देखोगी। देखो, मैंने तुम्हें बता दिया है।" 8 और वे भय और
बड़े आनन्द से कब्र से शीघ्र निकलकर उसके शिष्यों को
समाचार देने दौड़ीं। 9 और जब वे उसके शिष्यों को बताने जा
रही थीं, तो देखो, OW५३Z उनसे मिला और कहा,
"प्रणाम!" और वे उसके चरणों को पकड़कर उसके सामने
दण्डवत करने लगीं। 10 तब OW५३Z ने उनसे कहा, "मत
डरो; जाओ, मेरे भाइयों से कहो कि गलील को जाएँ, वहाँ वे
मुझे देखेंगे।" 11 जब वे जा रही थीं, तो देखो, कुछ पहरेदार
नगर में जाकर सब बातों का समाचार प्रधान याजकों को दिया
जो घट चुकी थीं। 12 और वे पुरनियों के साथ इकट्ठे होकर
परामर्श कर, सैनिकों को बहुत सा रुपया दिया। 13 और कहा,
"कहना कि उसके शिष्य रात में आकर, जब हम सो रहे थे,
उसे चुरा ले गए।" 14 "और यदि यह बात राज्यपाल के कानों
में पहुँचे, तो हम उसे मना लेंगे और तुम्हें सुरक्षित रखेंगे।"
15 उन्होंने रुपया लेकर वैसा ही किया जैसा उन्हें सिखाया गया
था; और यह कथा यहूदियों में आज तक प्रसिद्ध है। 16 और
ग्यारह शिष्य गलील को उस पहाड़ पर गए जहाँ OW५३Z ने
उन्हें ठहराया था। 17 और जब उन्होंने उसे देखा तो उसे
दण्डवत किया, पर कुछ सन्देह कर रहे थे। 18 और
OW५३Z उनके पास आकर उनसे बोला, "स्वर्ग और पृथ्वी
का सारा अधिकार मुझे दिया गया है।" 19 "इसलिये जाओ,
सब जातियों को शिक्षा दो, और उन्हें पिता और पुत्र और
पवित्र आत्मा के नाम में बपतिस्मा दो।" 20 "और उन्हें यह
सिखाओ कि जो कुछ मैंने तुम्हें आज्ञा दी है, वे सब उसका
पालन करें; और देखो, मैं युग के अन्त तक सदा तुम्हारे साथ
हूँ।" आमीन।

मरकुस

𐤉𐤄𐤅𐤄

हिंदी संस्करण

मरकुस

1 1 अच्छी समाचार की शुरुआत OW५ऋZ ह'मशियाह
की, जो ऋ५ऋZ का पुत्र है। 2 जैसा कि नबियों में लिखा
है, "देखो, मैं अपने संदेशवाहक को तेरे सामने भेजता हूँ, जो
तेरे मार्ग को तेरे आगे तैयार करेगा।" 3 एक पुकारनेवाले की
आवाज़ जंगल में गूंज रही है, 'ऋ५ऋZ का मार्ग तैयार करो,
उसके रास्ते सीधे करो।' " 4 योहानान जंगल में स्नान कराने
आया और पापों की क्षमा के लिये मन-परिवर्तन का स्नान
प्रचार करने लगा। 5 और याहूदा का सारा प्रदेश और
येरूशलेम के सब लोग उसके पास गए, और अपने पापों को
स्वीकार करते हुए, यरदेन नदी में उससे स्नान कराए गए।
6 और योहानान ऊँट के बालों से बने वस्त्र पहने हुए था और
अपनी कमर में चमड़े का कमरबंध बाँधे था, और टिड्डियाँ
तथा वन-मधु खाता था। 7 और वह प्रचार करता था, कहता
हुआ, "मेरे बाद एक आ रहा है जो मुझसे अधिक सामर्थी है,
जिसके जूते का बन्धन खोलने के योग्य भी मैं नहीं हूँ।"
8 "मैंने तुम्हें पानी में स्नान कराया, परन्तु वह तुम्हें आत्मा
ह'कोदेश में स्नान कराएगा।" 9 और उन दिनों ऐसा हुआ कि
OW५ऋZ गलील के नासरत से आया, और योहानान से
यरदेन में स्नान कराया गया। 10 और तुरंत जब वह पानी से
ऊपर निकला, तो उसने देखा कि आकाश फट गया है और
आत्मा कबूतर के समान उस पर उतर रही है। 11 और
आकाश से एक आवाज़ आई, "तू मेरा पुत्र है, प्रिय, तुझ में मैं
प्रसन्न हूँ।" 12 और तुरंत आत्मा ने उसे जंगल में ले गया।
13 और वह जंगल में चालीस दिन तक रहा, शैतान द्वारा
परखा गया, और जंगली पशुओं के साथ था, और स्वर्गदूत
उसकी सेवा करते थे। 14 और जब योहानान पकड़वाया गया,
तब OW५ऋZ गलील में आया, और ईश्वर के राज्य का
सुसमाचार प्रचार करता था। 15 और कहता था, "समय पूरा
हुआ है, और ईश्वर का राज्य निकट है। मन-परिवर्तन करो,
और सुसमाचार पर विश्वास करो।" 16 और जब वह गलील
के समुद्र के किनारे चल रहा था, तो उसने शिमोन और
उसके भाई अंद्रियास को देखा, जो समुद्र में जाल डाल रहे
थे, क्योंकि वे मछुवारे थे। 17 और OW५ऋZ ने उनसे कहा,
"आओ, मेरे पीछे चलो, और मैं तुम्हें मनुष्यों के मछुवारे
बनाऊँगा।" 18 और उन्होंने तुरंत अपने जाल छोड़ दिए और
उसके पीछे हो लिए। 19 और वहाँ से थोड़ा आगे बढ़कर,
उसने जब्दी के पुत्र याक़ोब और उसके भाई योहानान को
देखा, जो नाव में अपने जालों को ठीक कर रहे थे। 20 और
उसने तुरंत उन्हें बुलाया, और उन्होंने अपने पिता जब्दी को
नाव में मजदूरों के साथ छोड़ दिया, और उसके पीछे हो
लिए। 21 और वे केफ़र नहूम में गए, और तुरंत सब्त के दिन
वह सभा-भवन में गया और सिखाने लगा। 22 और वे उसकी
शिक्षा से चकित हो गए, क्योंकि वह उन्हें अधिकार रखनेवाले
की नाईं सिखा रहा था, और शास्त्रियों के समान नहीं।
23 और उनकी सभा में एक मनुष्य था जिसमें अशुद्ध आत्मा
थी, और उसने चिल्लाकर कहा, 24 "हाय! हमारा तुझसे क्या
लेना-देना, OW५ऋZ नासरत के? क्या तू हमें नाश करने
आया है? मैं जानता हूँ तू कौन है: ईश्वर का पवित्र जन!"
25 और OW५ऋZ ने उसे डाटकर कहा, "चुप रह, और
उससे बाहर निकल!" 26 और उसे झटके देकर, उस अशुद्ध
आत्मा ने बड़े शब्द से पुकारा और उससे बाहर निकल गया।
27 और सब अत्यन्त चकित हुए, यहाँ तक कि वे आपस में
सोचने लगे, "यह क्या है? एक नई शिक्षा! अधिकार के साथ
यह अशुद्ध आत्माओं को भी आज्ञा देता है, और वे उसकी
आज्ञा मानती हैं!" 28 और उसकी चर्चा तुरंत सारे गलील के
चारों ओर के देश में फैल गई। 29 और सभा-भवन से
निकलकर वे सीधे शिमोन और अंद्रियास के घर गए, याक़ोब
और योहानान के साथ। 30 और शिमोन की सास ज्वर में पड़ी
थी, और उन्होंने तुरंत उसके विषय में उससे कहा। 31 और
वह पास गया, उसका हाथ पकड़कर उसे उठाया, और तुरन्त
उसका ज्वर उतर गया, और वह उनकी सेवा करने लगी।
32 और सन्ध्या को, जब सूर्य अस्त हुआ, वे सब बीमारों और
दुष्टात्मा-ग्रस्तों को उसके पास लाए। 33 और पूरा नगर द्वार
पर इकट्ठा हो गया। 34 और उसने बहुतों को जो भिन्न-भिन्न
रोगों से पीड़ित थे, चंगा किया, और बहुत सी दुष्टात्माओं को
निकाला, और दुष्टात्माओं को बोलने नहीं दिया, क्योंकि वे उसे
जानती थीं। 35 और बहुत भोर को, जब अभी अँधेरा था, वह
उठा और बाहर जाकर एक निर्जन स्थान में चला गया, और
वहाँ प्रार्थना करने लगा। 36 और शिमोन और जो उसके साथ
थे, वे उसे खोजने लगे। 37 और जब उन्होंने उसे पाया, तो
उससे कहा, "सब लोग तुझे ढूँढ रहे हैं।" 38 और उसने
उनसे कहा, "आओ, हम पड़ोसी नगरों में चलें, ताकि मैं वहां
भी प्रचार करूँ, क्योंकि इसी कारण मैं निकला हूँ।" 39 और
वह गलील के सब सभा-भवनों में प्रचार करता और
दुष्टात्माओं को निकालता था। 40 और एक कोढ़ी उसके पास
आया, उस से विनती करता और घुटनों के बल गिरकर
कहता, "यदि तू चाहे, तो तू मुझे शुद्ध कर सकता है।"
41 और OW५ऋZ ने तरस खाकर हाथ बढ़ाया और उसे
छूकर कहा, "मैं चाहता हूँ, शुद्ध हो जा।" 42 और तुरन्त कोढ़
उससे चला गया, और वह शुद्ध हो गया। 43 और उसने उसे
कड़ी चेतावनी देकर तुरन्त भेज दिया। 44 और उससे कहा,
"देख, किसी से कुछ मत कहना, परन्तु जा, अपने आप को
याजक को दिखा, और अपनी शुद्धि के लिये वही भेंट चढ़ा जो
मूशे ने आज्ञा दी थी, ताकि उनके लिये गवाही हो।" 45 परन्तु
वह निकलकर बहुत प्रचार करने लगा और बात को फैलाने
लगा, यहाँ तक कि OW५ऋZ खुलकर नगर में नहीं जा
सकता था, परन्तु बाहर निर्जन स्थानों में रहता था। तौभी
लोग हर दिशा से उसके पास आते थे।

2 [1]और कुछ दिनों के बाद वह फिर केफ़र नहूम में आया,
और यह सुना गया कि वह घर में है। [2]और इतने लोग
इकट्ठे हो गए कि और स्थान नहीं रहा, यहाँ तक कि द्वार पर
भी नहीं। और उसने उन्हें वचन सुनाया। [3]और वे उसके
पास आए, एक लकवाग्रस्त मनुष्य को लाते हुए, जिसे चार
जन उठा रहे थे। [4]और भीड़ के कारण उसके पास न पहुँच
सकने पर, उन्होंने उस छत को खोल दिया जहाँ वह था, और
छेद करके उस खाट को नीचे उतार दिया जिस पर
लकवाग्रस्त पड़ा था। [5]और जब OWY3Z ने उनका
विश्वास देखा, तो उसने लकवाग्रस्त से कहा, “पुत्र, तेरे पाप
क्षमा किए गए हैं।” [6]और वहाँ कुछ शास्त्री बैठे थे, जो अपने
मनों में विचार कर रहे थे, [7]“यह मनुष्य ऐसा क्यों बोलता है?
यह निन्दा करता है! पापों को क्षमा करनेवाला एकमात्र ईश्वर
ही है।” [8]और तुरंत OWY3Z ने अपने आत्मा में जान
लिया कि वे अपने भीतर ऐसा सोच रहे हैं, और उनसे कहा,
“तुम अपने मनों में यह सब क्यों सोचते हो? [9]“क्या आसान
है, लकवाग्रस्त से कहना, ‘तेरे पाप क्षमा किए गए,’ या कहना,
‘उठ, अपनी खाट उठा और चल?’” [10]“परन्तु ताकि तुम
जानो कि मनुष्य का पुत्र पृथ्वी पर पाप क्षमा करने का
अधिकार रखता है...” उसने लकवाग्रस्त से कहा, [11]“मैं
तुझसे कहता हूँ, उठ, अपनी खाट उठा, और अपने घर
जा।” [12]और वह तुरंत उठा, और अपनी खाट उठा कर
सबके सामने बाहर चला गया, यहाँ तक कि सब
आश्चर्यचकित हुए और ईश्वर की महिमा करने लगे, कहते
हुए, “हमने ऐसा कभी नहीं देखा!” [13]और वह फिर समुद्र के
किनारे गया, और सारी भीड़ उसके पास आई, और वह उन्हें
सिखाता रहा। [14]और जब वह जा रहा था, तो उसने हलेफ़
के पुत्र लेवी को महसूल लेने के स्थान पर बैठे देखा, और
उससे कहा, “मेरे पीछे चल।” और वह उठकर उसके पीछे
हो लिया। [15]और ऐसा हुआ कि जब वह उसके घर भोजन
कर रहा था, तो बहुत से महसूल लेनेवाले और पापी भी
OWY3Z और उसके शिष्यगणों के साथ बैठे, क्योंकि बहुत
से थे, और वे उसके पीछे चलते थे। [16]और जब शास्त्रियों
और फरीसियों ने उसे महसूल लेनेवालों और पापियों के साथ
खाते-पीते देखा, तो उन्होंने उसके शिष्यगणों से कहा, “वह
महसूल लेनेवालों और पापियों के साथ क्यों खाता-पीता है?”
[17]यह सुनकर OWY3Z ने उनसे कहा, “जो स्वस्थ हैं उन्हें
वैद्य की आवश्यकता नहीं, परन्तु जो बीमार हैं। मैं धर्मियों को
नहीं, परन्तु पापियों को मन-परिवर्तन के लिये बुलाने आया
हूँ।” [18]और योहानान के शिष्यगण और फरीसियों के
शिष्यगण उपवास कर रहे थे। और वे आकर उससे कहने
लगे, “योहानान के और फरीसियों के शिष्यगण तो उपवास
करते हैं, परन्तु तेरे शिष्यगण क्यों नहीं करते?” [19]और
OWY3Z ने उनसे कहा, “क्या दूल्हे के मित्र उस समय
उपवास कर सकते हैं जब दूल्हा उनके साथ है? जब तक
उनके पास दूल्हा है, वे उपवास नहीं कर सकते। [20]“परन्तु वे
दिन आएँगे जब दूल्हा उनसे छीन लिया जाएगा, तब वे उन
दिनों में उपवास करेंगे।” [21]“कोई भी नया कपड़ा पुराने वस्त्र
पर नहीं सीता, नहीं तो नया टुकड़ा पुराने से खींचकर फाड़
को और भी बढ़ा देता है।” [22]“और कोई नया दाखमधु पुराने
मशकों में नहीं डालता; नहीं तो नया दाखमधु मशकों को फाड़
देता है, और दाखमधु बह जाता है, और मशकें नष्ट हो जाती
हैं। परन्तु नया दाखमधु नई मशकों में ही डालना चाहिए।”
[23]और ऐसा हुआ कि वह सब्त के दिन खेतों के बीच से जा
रहा था; और उसके शिष्यगण चलते-चलते बालियाँ तोड़ने
लगे। [24]और फरीसियों ने उससे कहा, “देख, वे सब्त के
दिन वह कर रहे हैं जो उचित नहीं है।” [25]और उसने उनसे
कहा, “क्या तुमने कभी नहीं पढ़ा कि दाविद ने क्या किया जब
उसे आवश्यकता हुई और वह भूखा था, वह और उसके साथी
भी? [26]“कैसे वह 3Y3Z के भवन में गया, जब एव्याथार
महायाजक था, और प्रस्ताव की रोटियाँ खाईं, जिन्हें याजको
के सिवाय और किसी के खाने की आज्ञा नहीं, और उसने
अपने साथियों को भी दी?” [27]और उसने उनसे कहा, “सब्त
मनुष्य के लिये बनाया गया है, न कि मनुष्य सब्त के लिये।”
[28]“इसलिये मनुष्य का पुत्र सब्त का भी प्रभु है।”

3 [1]और वह फिर सभा-भवन में गया, और वहाँ एक मनुष्य
था जिसकी एक हाथ सूखी हुई थी। [2]और वे उसे ध्यान
से देख रहे थे कि क्या वह सब्त के दिन उसे चंगा करेगा,
ताकि वे उस पर दोष लगाएँ। [3]और उसने उस मनुष्य से कहा
जिसकी हाथ सूखी हुई थी, “बीच में खड़ा हो जा।” [4]और
उसने उनसे कहा, “क्या सब्त के दिन भलाई करना उचित है,
या बुराई करना, जीवन बचाना या नाश करना?” पर वे चुप
रहे। [5]और उसने क्रोध से चारों ओर देखा, और उनके मनो
की कठोरता से दुखी होकर उस मनुष्य से कहा, “अपना हाथ
फैला।” और उसने फैला दिया, और उसका हाथ दूसरे के
समान ठीक हो गया। [6]और फरीसी बाहर जाकर तुरंत
हेरोदीयों के साथ इस विषय में विचार करने लगे कि उसे किस
प्रकार नाश करें। [7]परन्तु OWY3Z अपने शिष्यगणों के
साथ समुद्र की ओर चला गया। और गलील से एक बड़ी
भीड़ उसके पीछे हो ली, और याहूदा से भी। [8]यहाँ तक कि
येरूशलेम से, एदोम से, यरदेन के पार से, और सूर और
सीदोन के आस-पास के प्रदेश से एक बड़ी भीड़ उसके पास
आई, जब उन्होंने सुना कि वह कितने महान कार्य कर रहा
है। [9]और उसने अपने शिष्यगणों से कहा कि भीड़ के कारण
एक छोटी नाव तैयार रखी जाए, ताकि वे उस पर न गिरे।
[10]क्योंकि उसने बहुतों को चंगा किया था, इसलिये जितनों को
रोग था वे उसे छूने के लिये उसके ऊपर गिरे जाते थे।
[11]और जब भी अशुद्ध आत्माएँ उसे देखतीं, वे उसके सामने
गिर पड़तीं और पुकारतीं, “तू ईश्वर का पुत्र है।” [12]परन्तु
वह उन्हें बार-बार चेतावनी देता था कि वे उसे प्रकट न करें।
[13]और वह पहाड़ पर गया, और जिन्हें वह चाहता था उन्हें
अपने पास बुलाया, और वे उसके पास आ गए। [14]और
उसने बारह को ठहराया कि वे उसके साथ रहें, और उन्हें
प्रचार के लिये भेजे। [15]और उन्हें रोगों को चंगा करने और
दुष्टात्माओं को निकालने का अधिकार दे। [16]और उसने
बारह को ठहराया: शिमोन, जिसे उसने केफा नाम दिया।
[17]और जब्दी के पुत्र याक़ोब, और याक़ोब का भाई योहानान;
और उसने उनका नाम बेने रेगेस रखा, अर्थात “गर्जन के
पुत्र।” [18]और अंद्रियास, और फिलिप्पोस, और बरथोलोमी,
और मत्तीथ्याहु, और तोमा, और हलेफ़ का पुत्र याक़ोब, और
तद्दै, और शिमोन कना’नी। [19]और क़रियोत का यहूदा,

जिसने उसे पकड़वा दिया। और वे एक घर में गए। 20 और
फिर भीड़ इकट्ठा हो गई, यहाँ तक कि वे रोटी भी नहीं खा
सकते थे। 21 और जब उसके संबंधी यह सुनकर आए, तो
उसे पकड़ने निकल पड़े, क्योंकि वे कहते थे, “वह अपना
सुध-बुध खो बैठा है।” 22 और येरूशलेम से आए हुए
शास्त्रियों ने कहा, “इसके पास बेएलज़ेबूल है,” और, “यह
दुष्टात्माओं के प्रधान के द्वारा दुष्टात्माओं को निकालता है।”
23 और उसने उन्हें अपने पास बुलाकर दृष्टान्तों में कहा,
“शैतान शैतान को कैसे निकाल सकता है? 24 “यदि कोई
राज्य अपने ही विरुद्ध विभाजित हो जाए, तो वह राज्य ठहर
नहीं सकता। 25 “और यदि कोई घर अपने ही विरुद्ध
विभाजित हो जाए, तो वह घर ठहर नहीं सकता। 26 “और
यदि शैतान अपने ही विरुद्ध उठ खड़ा हो और विभाजित हो
जाए, तो वह ठहर नहीं सकता, परन्तु उसका अंत हो
जाएगा। 27 “कोई भी बलवान व्यक्ति के घर में प्रवेश कर
उसकी वस्तुओं को लूट नहीं सकता, जब तक वह पहले उस
बलवान को बाँध न ले; तब वह उसका घर लूटेगा। 28 “सच
में मैं तुमसे कहता हूँ, मनुष्यों के पुत्रों के सब पाप और जो भी
निन्दाएँ वे बोलें, क्षमा की जाएँगी। 29 “परन्तु जो आत्मा
ह’कोदेश के विरुद्ध निन्दा करता है, उसे सदा के लिये क्षमा
नहीं मिलेगी, परन्तु वह अनन्त न्याय का दोषी है।” 30 क्योंकि
उन्होंने कहा था, “इसके पास अशुद्ध आत्मा है।” 31 तब
उसके भाई और उसकी माता आए, और बाहर खड़े होकर
उसे बुलाने के लिये लोगों को भेजा। 32 और एक भीड़ उसके
चारों ओर बैठी थी, और उन्होंने उससे कहा, “देख, तेरी माता
और तेरे भाई बाहर तुझे ढूँढ रहे हैं।” 33 परन्तु उसने उन्हें
उत्तर दिया, “मेरी माता और मेरे भाई कौन हैं?” 34 और चारों
ओर अपने पास बैठे हुओं को देखकर कहा, “देखो, मेरी माता
और मेरे भाई यही हैं। 35 “क्योंकि जो कोई ईश्वर की इच्छा
को पूरा करता है, वही मेरा भाई, मेरी बहन और माता है।”

4 1 और वह फिर समुद्र के किनारे सिखाने लगा, और एक
बड़ी भीड़ उसके पास इकट्ठी हुई, इसलिए वह समुद्र में
एक नाव में बैठ गया। और सारी भीड़ समुद्र के सामने किनारे
पर थी। 2 और उसने उन्हें दृष्टान्तों में बहुत कुछ सिखाया,
और अपनी शिक्षा में उनसे कहा: 3 “सुनो! देखो, एक
बोनेवाला बीज बोने निकला। 4 “और जब वह बो रहा था, तो
कुछ बीज मार्ग के किनारे गिरे, और स्वर्ग के पक्षी आकर
उन्हें खा गए। 5 “और कुछ पथरीली भूमि पर गिरे, जहाँ
अधिक मिट्टी नहीं थी; और वे तुरन्त उग आए क्योंकि मिट्टी
गहरी नहीं थी। 6 “परन्तु जब सूर्य निकला, तो वे झुलस गए;
और क्योंकि जड़ नहीं थी, सूख गए। 7 “और कुछ काँटों के
बीच गिरे, और काँटे बढ़कर उन्हें दबा गए, और उन्होंने कोई
फल नहीं दिया। 8 “और कुछ अच्छी भूमि पर गिरे और फल
लाए, जो बढ़े और उपज दिए — कुछ तीस गुना, कुछ साठ
गुना, और कुछ सौ गुना।” 9 और उसने उनसे कहा,
“जिसके सुनने के कान हैं, वह सुने!” 10 और जब वह
अकेला था, तो जो उसके साथ थे, बारहों के साथ, उन्होंने
उस दृष्टान्त के विषय में उससे पूछा। 11 और उसने उनसे
कहा, “तुम्हें ईश्वर के राज्य का रहस्य जानने की आज्ञा दी
गई है; परन्तु जो बाहर हैं, उनके लिये सब बातें दृष्टान्तों में
कही जाती हैं,” 12 “ताकि ‘देखते हुए वे देखें पर न समझें,
और सुनते हुए सुनें पर न समझें, कहीं ऐसा न हो कि वे फिरें
और उनके पाप क्षमा किए जाएँ।’ ” 13 और उसने उनसे
कहा, “क्या तुम यह दृष्टान्त नहीं समझते? फिर सब दृष्टान्तों
को कैसे समझोगे?” 14 “बीज बोनेवाला वचन बोता है। 15 “ये
वे हैं जो मार्ग के किनारे हैं जहाँ वचन बोया गया; और जब वे
सुनते हैं, तो शैतान तुरंत आकर वह वचन जो उनके मनों में
बोया गया था, छीन लेता है। 16 “इसी प्रकार ये वे हैं जो
पथरीली भूमि पर बोए गए; जो वचन सुनते ही तुरन्त आनन्द
से उसे ग्रहण करते हैं, 17 “परन्तु उनके भीतर जड़ नहीं
होती, वे थोड़े समय तक ही टिकते हैं; फिर जब वचन के
कारण कष्ट या उत्पीड़न आता है, तो तुरन्त ठोकर खाते
हैं।” 18 “और ये वे हैं जो काँटों में बोए गए; ये वे हैं जो वचन
सुनते हैं,” 19 “परन्तु इस युग की चिन्ताएँ, धन की छल-
कपट, और अन्य बातों की लालसाएँ भीतर आकर वचन को
दबा देती हैं, और वह निष्फल हो जाता है।” 20 “और जो
अच्छी भूमि में बोए गए, वे वे हैं जो वचन सुनते हैं, उसे ग्रहण
करते हैं, और फल लाते हैं — कोई तीस गुना, कोई साठ
गुना, और कोई सौ गुना।” 21 और उसने उनसे कहा, “क्या
दीपक इसलिए लाया जाता है कि उसे टोकरा या बिस्तर के
नीचे रखा जाए? क्या वह दीपदान पर रखने के लिये नहीं
होता?” 22 “क्योंकि जो कुछ छिपा हुआ है, वह प्रकट किया
जाएगा, और जो गुप्त रखा गया है, वह उजाले में आ
जाएगा।” 23 “जिसके सुनने के कान हैं, वह सुने।” 24 और
उसने उनसे कहा, “जो तुम सुनते हो उस पर ध्यान दो।
जिस नाप से तुम नापते हो, उसी से तुम्हारे लिये भी नापा
जाएगा, और जो सुनते हैं उन्हें और भी दिया जाएगा।”
25 “क्योंकि जिसके पास है, उसे और दिया जाएगा; और
जिसके पास नहीं है, उससे वह भी ले लिया जाएगा जो उसके
पास है।” 26 और उसने कहा, “ईश्वर का राज्य ऐसा है जैसे
कोई मनुष्य भूमि पर बीज बोता है।” 27 “और वह रात को
सोता और दिन को उठता है, और बीज अंकुरित होकर बढ़ता
है, और वह नहीं जानता कि कैसे।” 28 “क्योंकि भूमि अपने
आप फल देती है: पहले तिनका, फिर बाल, और फिर बाल में
पूरा अनाज।” 29 “और जब फल पक जाता है, तो वह तुरन्त
हंसिया लगाता है, क्योंकि कटनी का समय आ गया है।”
30 और उसने कहा, “हम ईश्वर के राज्य की तुलना किससे
करें? या किस दृष्टान्त से उसे दिखाएँ?” 31 “वह सरसों के
दाने के समान है, जो जब भूमि में बोया जाता है, तो पृथ्वी के
सब बीजों में सबसे छोटा होता है।” 32 “परन्तु जब बोया जाता
है, तो बढ़कर सब पेड़ों से बड़ा हो जाता है, और बड़ी डालियां
निकालता है, ताकि स्वर्ग के पक्षी उसकी छाया के नीचे बसेरा
कर सकें।” 33 और बहुत से ऐसे ही दृष्टान्तों में वह उन्हें
वचन सुनाता था, जितना वे सुनने की सामर्थ्य रखते थे।
34 और वह उन्हें बिना दृष्टान्त के नहीं सुनाता था; और जब वे
अकेले होते थे, तो अपने शिष्यगणों को सब कुछ समझाता
था। 35 और उसी दिन, जब संध्या हुई, तो उसने उनसे कहा,
“आओ, हम पार चलें।” 36 और भीड़ को छोड़कर, वे उसे
वैसे ही नाव में साथ ले गए; और अन्य छोटी नावें भी उसके
साथ थीं। 37 और एक बड़ी आँधी उठी, और लहरें नाव पर
पड़ने लगीं, यहाँ तक कि नाव भर गई। 38 और वह नाव के

पिछले भाग में तकिये पर सो रहा था। और उन्होंने उसे
जगाकर उससे कहा, "गुरु, क्या तुझे परवाह नहीं कि हम
नाश हो रहे हैं?" 39 और वह उठकर हवा को डाँटा, और
समुद्र से कहा, "शांत रह, थम जा।" तब हवा थम गई, और
बड़ा चैन हो गया। 40 और उसने उनसे कहा, "तुम इतने
भयभीत क्यों हो? क्या अब तक तुम्हें विश्वास नहीं हुआ?"
41 और वे अत्यन्त डर गए, और एक दूसरे से कहने लगे,
"यह कौन है कि हवा और समुद्र भी इसकी आज्ञा मानते हैं!"

5 1 और वे समुद्र के पार गदरेनियों के देश में पहुँचे।
2 और जब वह नाव से बाहर उतरा, तो तुरन्त कब्रों से
एक मनुष्य, जिसमें अशुद्ध आत्मा थी, उससे मिला। 3 वह
कब्रों के बीच निवास करता था, और कोई भी उसे बाँध नहीं
सकता था, यहाँ तक कि ज़ंजीरों से भी नहीं। 4 क्योंकि वह
बार-बार बेड़ियों और ज़ंजीरों से बाँधा गया था, परन्तु उसने
ज़ंजीरों को तोड़ डाला और बेड़ियों को टुकड़े-टुकड़े कर
दिया, और कोई भी उसे वश में नहीं कर सकता था। 5 और
वह सदा, रात और दिन, पहाड़ों में और कब्रों में चिल्लाता
रहता और पत्थरों से अपने आप को काटता था। 6 और दूर
से OWY३Z को देखकर वह दौड़कर उसके सामने झुक
गया। 7 और ऊँचे शब्द से पुकारकर बोला, "मेरा तुझसे क्या
लेना-देना, OWY३Z, परमप्रधान ईश्वर का पुत्र? ईश्वर की
शपथ खा कि तू मुझे पीड़ा न दे।" 8 क्योंकि उसने उससे
कहा था, "हे अशुद्ध आत्मा, इस मनुष्य से बाहर निकल!"
9 और उसने उससे पूछा, "तेरा नाम क्या है?" उसने उत्तर
दिया, "मेरा नाम सेना है, क्योंकि हम बहुत हैं।" 10 और
उसने उससे बहुत बिनती की कि वह उन्हें उस देश से बाहर न
भेजे। 11 और वहाँ पहाड़ों के पास सूअरों का एक बड़ा झुंड
चर रहा था। 12 और सब दुष्टात्माओं ने उससे विनती की,
"हमें सूअरों में भेज दे ताकि हम उनमें प्रवेश करें।" 13 और
उसने उन्हें आज्ञा दी। तब अशुद्ध आत्माएँ निकलकर सूअरों
में प्रवेश कर गईं — वे लगभग दो हज़ार थे — और पूरा
झुंड खड़ी ढलान से समुद्र में दौड़ पड़ा, और समुद्र में डूब
गया। 14 और सूअरों के चरानेवाले भाग गए, और नगर और
गाँव में यह समाचार बताया। और लोग यह देखने निकले कि
क्या हुआ था। 15 और वे OWY३Z के पास आए, और उस
मनुष्य को देखा जो दुष्टात्माओं से ग्रस्त था, जिसमें सेना थी,
वह बैठा हुआ, वस्त्र पहने और स्वस्थ बुद्धि में था; और वे डर
गए। 16 और जिन्होंने यह देखा था, उन्होंने उन्हें बताया कि
दुष्टात्माओं से ग्रस्त मनुष्य के साथ क्या हुआ और सूअरों के
विषय में भी। 17 और उन्होंने उससे विनती की कि वह उनके
प्रदेश से चला जाए। 18 और जब वह नाव में चढ़ रहा था, तब
वह मनुष्य जो दुष्टात्माओं से छुड़ाया गया था, उससे बिनती
करने लगा कि वह उसके साथ रहे। 19 परन्तु OWY३Z ने
उसे अनुमति नहीं दी, परन्तु उससे कहा, "अपने घर लौट
जा, और अपने मित्रों को बता कि प्रभु ने तेरे लिये क्या महान
कार्य किए हैं, और कैसे उसने तुझ पर दया की है।" 20 और
वह चला गया और डेकापोलिस में प्रचार करने लगा कि
OWY३Z ने उसके लिये क्या किया, और सब लोग चकित
हुए। 21 और जब OWY३Z फिर नाव द्वारा पार गया, तो
एक बड़ी भीड़ उसके पास इकट्ठी हुई, और वह समुद्र के
किनारे था। 22 और देखो, सभा-भवन के अधिकारियों में से
एक, जिसका नाम याईर था, आया; और जब उसने उसे
देखा, तो उसके पैरों पर गिर पड़ा। 23 और उसने उससे
बहुत बिनती की, कहा, "मेरी छोटी बेटी मृत्यु के निकट पड़ी
है। आ, उस पर अपने हाथ रख कि वह चंगी हो जाए और
जीवित रहे।" 24 और वह उसके साथ चला गया, और एक
बड़ी भीड़ उसके पीछे हो ली, और वे उसे धकेलते जा रहे थे।
25 और एक स्त्री थी जिसे बारह वर्ष से रक्तस्राव हो रहा था।
26 और उसने बहुत से वैद्यों से बहुत दुःख उठाया था, और जो
कुछ उसका था वह सब खर्च कर डाला था, परन्तु उसे कोई
लाभ नहीं हुआ, बल्कि वह और भी बुरी हो गई। 27 जब उसने
OWY३Z के विषय में सुना, तो वह भीड़ में पीछे से आकर
उसके वस्त्र को छू गई। 28 क्योंकि वह कहती थी, "यदि मैं
केवल उसके वस्त्रों को छू लूँ, तो चंगी हो जाऊँगी।" 29 और
तुरन्त उसका रक्त का स्रोत सूख गया, और उसने अपने
शरीर में अनुभव किया कि वह उस रोग से चंगी हो गई है।
30 और तुरन्त OWY३Z ने अपने भीतर जान लिया कि
शक्ति उससे निकली है, और भीड़ में घूमकर कहा, "किसने
मेरे वस्त्रों को छुआ?" 31 और उसके शिष्यगणों ने उससे
कहा, "तू देखता है कि भीड़ तुझे धकेल रही है, और तू
कहता है, 'किसने मुझे छुआ?'" 32 और वह चारों ओर
देखता रहा यह जानने के लिये कि यह किसने किया। 33 तब
वह स्त्री, डरती और काँपती हुई, यह जानकर कि उसके
साथ क्या हुआ है, आई और उसके सामने गिरकर सब कुछ
सच-सच कह दिया। 34 और उसने उससे कहा, "पुत्री, तेरे
विश्वास ने तुझे चंगा किया है; शांति से जा, और अपने रोग से
मुक्त हो जा।" 35 वह अभी बोल ही रहा था कि सभा-भवन के
अधिकारी के घर से लोग आए, और कहने लगे, "तेरी बेटी
मर गई; अब शिक्षक को क्यों कष्ट देता है?" 36 परन्तु जो
वचन कहा गया था, उसे सुनकर OWY३Z ने सभा-भवन के
अधिकारी से कहा, "मत डर, केवल विश्वास कर।" 37 और
उसने किसी को अपने साथ आने नहीं दिया, केवल केफा,
याक़ोब, और याक़ोब के भाई योहानान को छोड़कर। 38 और
वे सभा-भवन के अधिकारी के घर पहुँचे, और उसने कोलाहल
देखा — बहुत रोना और विलाप करना। 39 और भीतर
जाकर उसने उनसे कहा, "तुम यह कोलाहल क्यों मचा रहे हो
और क्यों रो रहे हो? यह बच्ची मरी नहीं है, बल्कि सो रही
है।" 40 और वे उस पर हँसने लगे। परन्तु उसने सबको
बाहर निकाल दिया, और उस बच्चे के पिता और माता को,
और जो उसके साथ थे, उन्हें लेकर वहाँ गया जहाँ बच्ची पड़ी
थी। 41 और उस बच्ची का हाथ पकड़कर उससे कहा,
"तलीथा कूमी," जिसका अर्थ है, "छोटी लड़की, मैं तुझसे
कहता हूँ, उठ।" 42 और तुरन्त वह बच्ची उठी और चलने
लगी, क्योंकि वह बारह वर्ष की थी; और वे अत्यन्त अचंभित
हुए। 43 और उसने उन्हें बार-बार आज्ञा दी कि कोई इसे न
जाने, और कहा कि उसे खाने को दिया जाए।

6 1 और वह वहाँ से चला गया और अपने देश पहुँचा, और
उसके शिष्यगण उसके पीछे हो लिए। 2 और सब्त के
दिन आने पर, वह सभा-भवन में सिखाने लगा। और बहुत से
जो उसे सुनते थे, चकित होकर कहने लगे, "इसको यह सब

कहाँ से मिला? और यह कैसी बुद्धि है जो इसे दी गई है, कि
ऐसे अद्‌भुत काम इसके हाथों से किए जाते हैं?” 3 “क्या यह
बढ़ई नहीं है, मरियम का पुत्र, और याक़ोब, योसेफ़, यहूदा
और शिमोन का भाई नहीं है? और क्या इसकी बहनें हमारे
बीच नहीं हैं?” और वे उससे ठोकर खाने लगे। 4 और
OW५१३Z ने उनसे कहा, “नबी अपने देश में, अपने
रिश्तेदारों में, और अपने ही घर में छोड़कर कहीं अपमानित
नहीं होता।” 5 और वह वहाँ कोई बड़ा चमत्कार नहीं कर
सका, सिवाय इसके कि उसने कुछ बीमारों पर हाथ रखकर
उन्हें चंगा किया। 6 और वह उनके अविश्वास से
आश्चर्यचकित हुआ, और आसपास के गाँवों में घूमकर
सिखाने लगा। 7 और उसने बारहों को अपने पास बुलाया,
और उन्हें दो-दो करके भेजना प्रारम्भ किया, और उन्हें अशुद्ध
आत्माओं पर अधिकार दिया। 8 और उसने उन्हें आज्ञा दी
कि मार्ग के लिये कुछ न लें, सिवाय एक लाठी के — न थैला,
न रोटी, न अपने पेटी में तांबा। 9 परन्तु जूते पहने रहें, और
दो वस्त्र न पहनें। 10 और उसने उनसे कहा, “जिस घर में
तुम प्रवेश करो, वहीं ठहरो जब तक कि उस स्थान से
निकलो।” 11 “और जहाँ लोग तुम्हें ग्रहण न करें और तुम्हारी
बात न सुनें, वहाँ से निकलते समय उनके विरुद्ध गवाही के
लिये अपने पैरों की धूल झाड़ दो। मैं तुमसे सच कहता हूँ,
न्याय के दिन सदोम और अमोरा के लिये उस नगर से
अधिक सहनशीलता होगी!” 12 और वे निकल गए और मन-
परिवर्तन का संदेश प्रचार करने लगे। 13 और वे बहुत सी
दुष्टात्माओं को निकालते थे, और बहुत से बीमारों को तेल
लगाकर चंगा करते थे। 14 और राजा हेरोदेस ने यह सुना,
क्योंकि उसका नाम प्रसिद्ध हो गया था; और उसने कहा,
“योहानान बपतिस्मा देनेवाला मरे हुओं में से जी उठा है, और
इसी कारण ये शक्तियाँ उसके भीतर कार्य कर रही हैं।”
15 और कुछ कहते थे, “वह एलियाहु है।” और कुछ कहते
थे, “वह एक नबी है, नबियों में से किसी के समान।”
16 परन्तु जब हेरोदेस ने यह सुना, तो उसने कहा, “यह
योहानान है, जिसे मैंने सिर कटवाया; वही मरे हुओं में से जी
उठा है!” 17 क्योंकि हेरोदेस ने स्वयं योहानान को पकड़कर
बन्धन में डाल दिया था, अपने भाई फिलिप्पोस की पत्नी
हेरोदियास के कारण, क्योंकि उसने उससे विवाह कर लिया
था। 18 क्योंकि योहानान हेरोदेस से कहता था, “तेरे लिये
अपने भाई की पत्नी रखना उचित नहीं है।” 19 इसलिये
हेरोदियास उससे बैर रखती थी और उसे मार डालना चाहती
थी, परन्तु ऐसा नहीं कर सकी। 20 क्योंकि हेरोदेस योहानान
से डरता था, यह जानकर कि वह धर्मी और पवित्र व्यक्ति है;
और वह उसकी रक्षा करता था। और जब वह उसे सुनता
था, तो बहुत उलझन में पड़ता था, फिर भी उसे सुनकर
आनन्द पाता था। 21 और एक अवसर आया जब हेरोदेस ने
अपने जन्मदिन पर अपने सरदारों, सेनानायकों, और गलील
के प्रमुख पुरुषों के लिये भोज दिया। 22 और जब स्वयं
हेरोदियास की बेटी अंदर आई और नाचने लगी, तो उसने
हेरोदेस और उसके साथ बैठे लोगों को प्रसन्न किया; तब राजा
ने उस लड़की से कहा, “जो कुछ तू चाहे मुझसे माँग, मैं तुझे
दूँगा।” 23 और उसने उससे शपथ खाई, “जो कुछ तू मुझसे
माँगेगी, मैं तुझे दूँगा, अपने राज्य के आधे भाग तक भी।”
24 और वह बाहर जाकर अपनी माता से बोली, “मैं क्या
माँगूँ?” उसने कहा, “योहानान बपतिस्मा देनेवाले का सिर।”
25 और वह तुरंत जल्दी से राजा के पास भीतर गई और
बोली, “मैं चाहती हूँ कि तू मुझे अभी इसी घड़ी योहानान
बपतिस्मा देनेवाले का सिर थाल में दे।” 26 तब राजा बहुत
दुःखी हुआ, परन्तु अपनी शपथों के कारण और उन
अतिथियों के कारण जो उसके साथ बैठे थे, उसने उसे मना
नहीं करना चाहा। 27 और राजा ने तुरंत एक जल्लाद को
भेजा और आज्ञा दी कि उसका सिर लाया जाए; और वह
जाकर जेल में उसका सिर काट लाया। 28 और उसने
उसका सिर थाल में लाया और लड़की को दिया, और लड़की
ने उसे अपनी माता को दे दिया। 29 और जब उसके
शिष्यगणों ने यह सुना, तो वे आए और उसके शव को उठा
कर कब्र में रखा। 30 और प्रेरित OW५१३Z के पास इकट्ठे
हुए और उससे सब बातें बताई, जो उन्होंने की थीं और जो
उन्होंने सिखाई थीं। 31 और उसने उनसे कहा, “आओ, तुम
आपस में एकान्त स्थान पर चलो और थोड़ा विश्राम करो”
— क्योंकि बहुत से लोग आ रहे-जाते थे और उन्हें खाने का
भी समय नहीं मिलता था। 32 और वे नाव में चढ़कर अकेले
एक निर्जन स्थान की ओर चले गए। 33 परन्तु लोगों ने उन्हें
जाते देखा और बहुतों ने उसे पहचान लिया; और सब नगरों
से पैदल दौड़कर वहाँ पहले पहुँच गए और उससे मिलने
आए। 34 और जब OW५१३Z बाहर निकला, तो उसने एक
बड़ी भीड़ देखी, और उन पर तरस खाया, क्योंकि वे ऐसे थे
जैसे बिना चरवाहे की भेड़ें। और वह उन्हें बहुत बातें सिखाने
लगा। 35 और जब समय बहुत बीत गया, तो उसके शिष्यगण
उसके पास आए और बोले, “यह स्थान निर्जन है, और अब
समय भी बहुत हो गया है।” 36 “उन्हें विदा कर दे, ताकि वे
आस-पास के गाँवों और बस्तियों में जाकर अपने लिये रोटी
खरीद लें, क्योंकि उनके पास खाने के लिये कुछ नहीं है।”
37 परन्तु उसने उत्तर देकर उनसे कहा, “तुम ही उन्हें खाने
को दो।” वे बोले, “क्या हम दो सौ दीनार की रोटी खरीदें
और उन्हें खाने को दें?” 38 तब उसने उनसे कहा, “तुम्हारे
पास कितनी रोटियाँ हैं? जाकर देखो।” जब उन्होंने पता
किया, तो कहा, “पाँच, और दो मछलियाँ।” 39 और उसने
उन्हें आज्ञा दी कि सबको हरी घास पर टोलियों में बैठा दें।
40 और वे सैकड़ों और पचासों की पंक्तियों में बैठ गए।
41 और उसने पाँच रोटियाँ और दो मछलियाँ लेकर स्वर्ग की
ओर देखा, आशीष दी और रोटियाँ तोड़ीं, और अपने
शिष्यगणों को दीं ताकि वे लोगों के सामने रखें; और दो
मछलियाँ भी सब में बाँट दीं। 42 और सब ने खाया और तृप्त
हो गए। 43 और उन्होंने बारह टोकरियाँ टुकड़ों से भरकर
उठाईं, और मछलियों के भी टुकड़े साथ थे। 44 और जिन्होंने
रोटियाँ खाईं, वे लगभग पाँच हज़ार पुरुष थे। 45 और तुरन्त
उसने अपने शिष्यगणों को नाव में चढ़ने के लिये कहा, और
भीड़ को विदा करते हुए उनसे पहले पार, बेथ सैदा की ओर
जाने को कहा। 46 और उन्हें विदा करके, वह पर्वत पर
प्रार्थना करने चला गया। 47 और जब सांझ हुई, तो नाव
समुद्र के बीच में थी, और वह अकेला भूमि पर था। 48 और
उसने उन्हें चप्पू चलाते हुए कठिनाई में देखा, क्योंकि हवा
उनके विरुद्ध थी; और रात के चौथे पहर के समय वह समुद्र
पर चलता हुआ उनके पास आया, और चाहता था कि उनसे

आगे निकल जाए। 49 और जब उन्होंने उसे समुद्र पर चलते
देखा, तो सोचा कि यह कोई भूत है, और वे चिल्ला उठे।
50 क्योंकि उन्होंने सबने उसे देखा और डर गए; परन्तु उसने
तुरन्त उनसे बातें कीं और कहा, "ढाढ़स रखो, यह मैं हूँ; मत
डरो।" 51 और वह उनके पास नाव में चढ़ गया, और हवा
थम गई; और वे अपने भीतर अत्यन्त आश्चर्यचकित और
चकित हुए। 52 क्योंकि वे रोटियों के विषय में नहीं समझे थे,
क्योंकि उनका हृदय कठोर हो गया था। 53 और समुद्र पार
करके वे गेन्नेसर देश में पहुँचे और किनारे लग गए। 54 और
जब वे नाव से बाहर निकले, तो लोगों ने उसे तुरन्त पहचान
लिया। 55 और उस पूरे क्षेत्र में लोग दौड़ने लगे, और जहाँ-
जहाँ उन्होंने सुना कि वह है, वहाँ बीमारों को बिस्तरों पर
उठाकर ले आए। 56 और जहाँ कहीं वह गाँवों, नगरों या
बस्तियों में गया, वहाँ वे बीमारों को चौकों में लिटाते थे, और
उससे विनती करते थे कि वे केवल उसके वस्त्र की झालर
को ही छू लें; और जितनों ने उसे छुआ, वे सब चंगे हो गए।

7 1 और फरीसी तथा कुछ शास्त्री जो यरूशलेम से आए
थे, OW५१३Z के पास इकट्ठे हुए। 2 और उन्होंने देखा
कि उसके कुछ शिष्यगण अशुद्ध, अर्थात बिना धोए हाथों से
रोटी खा रहे हैं, तो उन्होंने दोष लगाया। 3 क्योंकि फरीसी
और सब यहूदी लोग तब तक नहीं खाते जब तक वे अपने
हाथों को अच्छी तरह धो न लें, बुजुर्गों की परम्परा को पकड़े
हुए। 4 और जब वे बाज़ार से आते हैं तो बिना धोए नहीं खाते;
और बहुत सी अन्य बातें भी हैं जिन्हें उन्होंने ग्रहण किया और
पकड़े रहते हैं — जैसे प्यालों, बर्तनों, पीतल के पात्रों और
खाटों को धोना। 5 तब फरीसियों और शास्त्रियों ने उससे
पूछा, "तेरे शिष्यगण बुजुर्गों की परम्परा के अनुसार क्यों नहीं
चलते, बल्कि बिना धोए हाथों से रोटी खाते हैं?" 6 और उसने
उत्तर देकर उनसे कहा, "यशायाहु नबी ने तुम्हारे विषय में, हे
कपटी लोगों, भलीभाँति भविष्यद्वाणी की है, जैसा लिखा है, 'यह
लोग अपने होंठों से मेरा आदर करते हैं, परन्तु उनका हृदय
मुझसे दूर है।'" 7 "और वे व्यर्थ ही मेरी उपासना करते हैं,
मनुष्यों की आज्ञाओं को शिक्षा के रूप में सिखाते हैं।"
8 "तुमने ईश्वर की आज्ञा को त्याग दिया, और मनुष्यों की
परम्परा को पकड़े हुए हो — जैसे बर्तनों और प्यालों को
धोना, और ऐसी बहुत सी बातें करते हो।" 9 और उसने उनसे
कहा, "तुम अपनी परम्परा की रक्षा करने के लिये ईश्वर की
आज्ञा को भलीभाँति एक ओर रख देते हो।" 10 "क्योंकि
मोशेह ने कहा, 'अपने पिता और अपनी माता का आदर कर,'
और 'जो पिता या माता को श्राप दे, वह मृत्यु के योग्य ठहराया
जाए।'" 11 "परन्तु तुम कहते हो, 'यदि कोई व्यक्ति अपने
पिता या माता से कहे, जो कुछ तुझे मुझसे लाभ होना था, वह
कोर्बान है (अर्थात एक भेंट)।'" 12 "तो तुम उसे उसके पिता
या माता के लिये कुछ करने की अनुमति नहीं देते।"
13 "और इस प्रकार तुम अपनी दी हुई परम्परा के द्वारा ईश्वर
के वचन को निरस्त करते हो; और ऐसी बहुत सी बातें तुम
करते हो।" 14 और उसने भीड़ को अपने पास बुलाकर उनसे
कहा, "सब लोग मेरी सुनो और समझो।" 15 "मनुष्य के
बाहर से उसमें प्रवेश करने वाली कोई भी वस्तु उसे अशुद्ध
नहीं कर सकती, परन्तु जो वस्तु उससे निकलती है वही
मनुष्य को अशुद्ध करती है।" 16 "जिसके कान सुनने के
लिये हों, वह सुने।" 17 और जब वह भीड़ से हटकर घर में
गया, तो उसके शिष्यगणों ने उससे उस दृष्टान्त के विषय में
पूछा। 18 और उसने उनसे कहा, "क्या तुम भी समझ से
रहित हो? क्या तुम नहीं समझते कि जो कुछ बाहर से मनुष्य
में प्रवेश करता है, वह उसे अशुद्ध नहीं कर सकता?"
19 "क्योंकि वह उसके हृदय में नहीं, परन्तु पेट में जाता है,
और फिर शौच में निकल जाता है — इस प्रकार सब भोजन
शुद्ध ठहरते हैं।" 20 और उसने कहा, "जो मनुष्य के भीतर
से निकलता है, वही मनुष्य को अशुद्ध करता है।" 21 "क्योंकि
भीतर से, मनुष्यों के हृदय से, बुरे विचार, व्यभिचार,
अशुद्धता, और हत्या निकलती हैं।" 22 चोरी, लालच,
दुष्टता, छल, अशुद्धता, बुरी दृष्टि, निन्दा, अभिमान, और
मूर्खता। 23 "यह सारी बुराई भीतर से निकलती है और मनुष्य
को अशुद्ध करती है।" 24 और वहाँ से उठकर वह सूर और
सिदोन की सीमाओं में गया; और एक घर में प्रवेश किया, और
चाहता था कि कोई उसे न जाने, परन्तु वह छिप नहीं सका।
25 क्योंकि एक स्त्री, जिसकी छोटी बेटी में अशुद्ध आत्मा थी,
उसके विषय में सुनकर आई और उसके पैरों पर गिर पड़ी।
26 अब वह स्त्री यवन जाति की थी, जन्म से सूरो-फोनीकी,
और वह उससे विनती करती रही कि वह उसकी बेटी से
दुष्टात्मा को निकाल दे। 27 और OW५१३Z ने उससे कहा,
"पहले बालक तृप्त हो लें, क्योंकि यह उचित नहीं कि बालकों
की रोटी लेकर छोटे कुत्तों को दी जाए।" 28 परन्तु उसने
उत्तर दिया, "हाँ, प्रभु; क्योंकि छोटे कुत्ते भी मेज के नीचे
बालकों के टुकड़े खाते हैं।" 29 तब उसने उससे कहा, "इस
वचन के कारण जा; दुष्टात्मा तेरी बेटी से निकल गई है।"
30 और जब वह अपने घर आई, तो उसने दुष्टात्मा को
निकल चुका पाया, और बेटी को खाट पर पड़ी हुई पाया।
31 और फिर सूर और सिदोन की सीमाओं से निकलकर, वह
डेकापोलिस के प्रदेश के बीच से होकर गलील सागर के पास
आया। 32 और वे उसके पास एक बहरे और हकलानेवाले
व्यक्ति को लाए, और उससे विनती की कि वह उस पर हाथ
रखे। 33 और भीड़ से अलग ले जाकर उसने अपनी
उँगलियाँ उसके कानों में डालीं, और थूककर उसकी जीभ को
छुआ। 34 और स्वर्ग की ओर देखकर उसने आह भरी, और
उससे कहा, "एफ्फाथा," अर्थात, "खुल जा।" 35 और
तुरन्त उसके कान खुल गए, और उसकी जीभ की गाँठ खुल
गई, और वह स्पष्ट बोलने लगा। 36 और उसने उन्हें आज्ञा
दी कि किसी से न कहें; परन्तु जितना वह उन्हें मना करता
गया, उतना ही वे और अधिक प्रचार करने लगे। 37 और वे
अत्यन्त चकित होकर कहने लगे, "इसने सब कुछ भली रीति
से किया है; यह बहरे को सुनने और गूंगे को बोलने योग्य बना
देता है।"

8 1 उन दिनों, जब बहुत बड़ी भीड़ इकट्ठी हुई थी और
उनके पास खाने के लिये कुछ नहीं था, तो OW५१३Z ने
अपने शिष्यगणों को अपने पास बुलाया और उनसे कहा,
2 "मुझे इस भीड़ पर तरस आता है, क्योंकि ये अब तीन दिन
से मेरे साथ हैं और इनके पास खाने को कुछ नहीं है।"
3 "और यदि मैं इन्हें बिना भोजन दिये उनके घर भेज दूँ, तो वे

मार्ग में ही थककर गिर जाएँगे, क्योंकि इनमें से कुछ दूर से
आए हैं।" 4 और उसके शिष्यगणों ने उससे उत्तर दिया, "इस
निर्जन स्थान में कौन इन्हें रोटी खिलाने में समर्थ होगा?"
5 तब उसने उनसे पूछा, "तुम्हारे पास कितनी रोटियाँ हैं?"
उन्होंने कहा, "सात।" 6 और उसने भीड़ को भूमि पर बैठने
की आज्ञा दी। और सात रोटियाँ लेकर, धन्यवाद किया,
तोड़ीं, और उन्हें अपने शिष्यगणों को दीं कि वे लोगों के सामने
रखें; और उन्होंने उन्हें भीड़ के सामने रख दिया। 7 और
उनके पास थोड़ी सी छोटी मछलियाँ भी थीं; और उसने
आशीष दी और कहा कि उन्हें भी लोगों के सामने रखें।
8 और सब ने खाया और तृप्त हुए; और उन्होंने टूटे हुए
टुकड़ों से सात बड़ी टोकरियाँ भरकर उठाईं। 9 और जो खा
रहे थे वे लगभग चार हज़ार थे; और उसने उन्हें विदा किया।
10 और तुरन्त वह अपने शिष्यगणों के साथ नाव में चढ़कर
दलमनूथा प्रदेश में पहुँचा। 11 और फरीसी निकलकर उससे
वाद-विवाद करने लगे, और उसे परखने के लिये उससे स्वर्ग
से एक चिन्ह माँगने लगे। 12 और उसने अपने आत्मा में
गहरा निःश्वास लेकर कहा, "यह पीढ़ी चिन्ह क्यों माँगती है?
मैं तुमसे सच कहता हूँ, इस पीढ़ी को कोई चिन्ह नहीं दिया
जाएगा।" 13 और उन्हें छोड़कर वह फिर नाव में चढ़ गया
और पार चला गया। 14 और वे रोटी लेना भूल गए थे, और
उनके पास नाव में एक से अधिक रोटी नहीं थी। 15 और वह
उन्हें चेतावनी देने लगा, "सावधान रहो! फरीसियों के खमीर
और हेरोदेस के खमीर से चौकस रहो।" 16 और वे आपस में
विचार करने लगे, "यह इसलिये कहता है क्योंकि हमारे पास
रोटी नहीं है।" 17 और OW५३Z ने यह जानकर उनसे
कहा, "तुम इस बात पर क्यों विचार कर रहे हो कि तुम्हारे पास
रोटी नहीं है? क्या तुम अब भी नहीं समझते और न ही देखते?
क्या तुम्हारा हृदय अब भी कठोर है?" 18 "क्या तुम्हारी आँखें
हैं, पर तुम देखते नहीं? और कान हैं, पर तुम सुनते नहीं?
क्या तुम स्मरण नहीं करते?" 19 "जब मैंने पाँच रोटियाँ पाँच
हज़ार के लिये तोड़ीं, तो तुमने कितनी टोकरियाँ टुकड़ों से
भरीं?" उन्होंने उससे कहा, "बारह।" 20 "और जब मैंने सात
रोटियाँ चार हज़ार के लिये तोड़ीं, तो तुमने कितनी बड़ी
टोकरियाँ टुकड़ों से भरीं?" उन्होंने कहा, "सात।" 21 तब
उसने उनसे कहा, "क्या तुम अब भी नहीं समझते?" 22 और
वह बेथ सैदा पहुँचा; और वे उसके पास एक अंधे व्यक्ति को
लाए, और उससे विनती की कि वह उसे छुए। 23 और उस
अंधे व्यक्ति का हाथ पकड़कर वह उसे गाँव के बाहर ले गया;
और उसकी आँखों पर थूककर, उस पर हाथ रखकर उससे
पूछा, "क्या तू कुछ देखता है?" 24 और उसने ऊपर देखकर
कहा, "मैं लोगों को देखता हूँ, पर वे मुझे पेड़ों के समान चलते
हुए दिखाई देते हैं।" 25 तब उसने फिर से उसकी आँखों पर
हाथ रखे और उसे ऊपर देखने को कहा; और उसकी दृष्टि
ठीक हो गई, और वह सब कुछ स्पष्ट रूप से देखने लगा।
26 और उसने उसे उसके घर भेज दिया, कहा, "गाँव में मत
जाना।" 27 और OW५३Z और उसके शिष्यगण कैसरिया
फिलिप्पुस के गाँवों की ओर निकले; और मार्ग में उसने अपने
शिष्यगणों से पूछा, "लोग क्या कहते हैं, मैं कौन हूँ?"
28 उन्होंने उत्तर दिया, "कुछ कहते हैं योहानान बपतिस्मा
देनेवाला, और अन्य एलियाहु, और अन्य कहते हैं, नबियों में
से कोई एक।" 29 तब उसने उनसे पूछा, "परन्तु तुम क्या
कहते हो, मैं कौन हूँ?" केफा ने उत्तर दिया, "तू मसीह है।"
30 और उसने उन्हें चेताया कि वे उसके विषय में किसी से न
कहें। 31 और उसने उन्हें सिखाना प्रारम्भ किया कि मनुष्य के
पुत्र को बहुत दुःख उठाना होगा, और प्राचीनों, प्रधान याजकों
और शास्त्रियों द्वारा अस्वीकार किया जाएगा, और मारा
जाएगा, और तीन दिन के बाद जी उठेगा। 32 और वह इस
विषय में स्पष्ट रूप से बोल रहा था; तब केफा ने उसे अलग
ले जाकर डाँटना शुरू किया। 33 परन्तु उसने मुड़कर अपने
शिष्यगणों को देखा और केफा को डाँटा, कहा, "हे शैतान,
मेरे पीछे हट! क्योंकि तू ईश्वर की बातों की नहीं, मनुष्यों की
बातों की सोचता है।" 34 और उसने भीड़ को अपने शिष्यगणों
सहित अपने पास बुलाया और कहा, "जो कोई मेरे पीछे आना
चाहता है, वह अपने आप का इन्कार करे, और अपनी क्रूस
उठाए, और मेरे पीछे चले।" 35 "क्योंकि जो कोई अपना
जीवन बचाना चाहता है, वह उसे खो देगा; परन्तु जो कोई मेरे
और शुभ समाचार के लिये अपना जीवन खो देता है, वह उसे
बचा लेगा।" 36 "क्योंकि यदि मनुष्य सारे जगत को प्राप्त कर
ले, परन्तु अपना जीवन खो दे, तो उसे क्या लाभ?" 37 "या
मनुष्य अपने जीवन के बदले क्या दे सकता है?" 38 "क्योंकि
जो कोई इस व्यभिचारी और पापी पीढ़ी में मुझसे और मेरे
वचनों से लज्जित होगा, उससे मनुष्य का पुत्र भी लज्जित
होगा, जब वह अपने पिता की महिमा में पवित्र दूतों के साथ
आएगा।"

9 1 और उसने उनसे कहा, "मैं तुमसे सच कहता हूँ, यहां
कुछ ऐसे हैं जो मृत्यु का स्वाद कभी नहीं चखेंगे जब तक
वे ईश्वर के राज्य को सामर्थ्य सहित आता हुआ न देख लें।"
2 और छह दिन बाद OW५३Z ने केफा, याकोव और
योहानान को लिया और उन्हें एक ऊँचे पहाड़ पर अकेले
अपने साथ ले गया; और वह उनके सामने रूपांतरित हो
गया। 3 और उसके वस्त्र चमकने लगे, अत्यन्त उजले, जैसे
बर्फ, जैसे पृथ्वी पर कोई धुलाई करने वाला उन्हें इतना
उजला नहीं कर सकता। 4 और एलियाहु और मोशेह उन्हें
दिखाई दिए, जो OW५३Z से बातें कर रहे थे। 5 और केफा
ने उत्तर देकर OW५३Z से कहा, "रब्बी, हमारे लिये यहां
होना अच्छा है; और हम तीन डेरे बनाएँ — एक तेरे लिये,
एक मोशेह के लिये, और एक एलियाहु के लिये।" 6 क्योंकि
वह नहीं जानता था कि क्या कहे, क्योंकि वे अत्यन्त भयभीत
थे। 7 तब एक बादल आया और उन पर छा गया, और बादल
से एक आवाज़ आई, "यह मेरा प्रिय पुत्र है; इसकी सुनो!"
8 और तुरन्त चारों ओर देखकर उन्होंने किसी को नहीं देखा,
केवल OW५३Z को ही अपने साथ देखा। 9 और जब वे
पहाड़ से नीचे उतर रहे थे, उसने उन्हें आज्ञा दी कि जब तक
मनुष्य का पुत्र मरे हुओं में से न उठे, तब तक जो उन्होंने
देखा है उसके विषय में किसी से न कहें। 10 और उन्होंने इस
बात को अपने मन में रखा, और आपस में विचार करने लगे
कि 'मरे हुओं में से उठना' का क्या अर्थ है। 11 और उन्होंने
उससे पूछा, "शास्त्री क्यों कहते हैं कि एलियाहु को पहले आना
चाहिए?" 12 और उसने उनसे कहा, "निश्चय ही, एलियाहु
पहले आकर सब कुछ ठीक करता है; पर मनुष्य के पुत्र के
विषय में लिखा है कि उसे बहुत कष्ट उठाना और तुच्छ जाना

जाना होगा।" 13 "परन्तु मैं तुमसे कहता हूँ कि एलियाहू भी
आ चुका है, और उन्होंने उसके साथ जो चाहा किया, जैसा
कि उसके विषय में लिखा गया है।" 14 और जब वह
शिष्यगणों के पास पहुँचा, तो उसने एक बड़ी भीड़ को उनके
चारों ओर देखा, और शास्त्री उनसे वाद-विवाद कर रहे थे।
15 और तुरन्त, जब सारी भीड़ ने उसे देखा, वे अत्यन्त
चकित हुए, और उसके पास दौड़कर उसे नमस्कार किया।
16 और उसने शास्त्रियों से पूछा, "तुम उनसे क्या वाद-विवाद
कर रहे हो?" 17 और भीड़ में से एक व्यक्ति ने उत्तर दिया,
"गुरु, मैं तेरे पास अपना पुत्र लाया, जिसमें एक गूंगी आत्मा
है।" 18 "और जहाँ कहीं वह उसे पकड़ती है, वह उसे पटक
देती है, और वह मुँह से झाग निकालता है, और दाँत पीसता
है, और सूख जाता है; और मैंने तेरे शिष्यगणों से कहा कि वे
उसे निकाल दें, पर वे न निकाल सके।" 19 और उसने उत्तर
देकर कहा, "हे अविश्वासी पीढ़ी, मैं कब तक तुम्हारे साथ
रहूँ? मैं कब तक तुम्हारा सहन करूँ? उसे मेरे पास लाओ।"
20 तब वे उसे उसके पास लाए; और जब उसने उसे देखा,
तुरन्त आत्मा ने उसे झटका दिया, और वह भूमि पर गिर
पड़ा, और लोटने लगा, और मुँह से झाग निकालने लगा।
21 और उसने उसके पिता से पूछा, "यह कब से उसके साथ
है?" उसने कहा, "बचपन से।" 22 और उसने उसे बार-बार
आग में और पानी में डाल दिया ताकि उसे नष्ट कर दे; पर
यदि तेरे लिये कुछ भी संभव है, तो हम पर दया कर और
हमारी सहायता कर।" 23 और 𐤉𐤄𐤅𐤔𐤏 ने उससे कहा,
"यदि तू विश्वास कर सकता है, तो विश्वास करनेवाले के
लिये सब कुछ संभव है।" 24 तुरन्त उस बालक के पिता ने
आँसुओं से पुकारकर कहा, "मैं विश्वास करता हूँ, हे प्रभु, मेरे
अविश्वास में सहायता कर!" 25 और जब 𐤉𐤄𐤅𐤔𐤏 ने देखा
कि भीड़ दौड़ती हुई आ रही है, तो उसने अशुद्ध आत्मा को
डाँटकर कहा, "हे गूँगी और बहरी आत्मा, मैं तुझे आज्ञा देता
हूँ, इससे बाहर निकल और फिर कभी उसमें प्रवेश न
करना!" 26 और वह चिल्लाई और उसे बहुत झटका दिया
और उससे बाहर निकल गई; और वह मरे हुए के समान हो
गया, यहाँ तक कि बहुतों ने कहा कि वह मर गया है।
27 परन्तु 𐤉𐤄𐤅𐤔𐤏 ने उसका हाथ पकड़कर उसे उठाया,
और वह खड़ा हो गया। 28 और जब वह घर में गया, तो
उसके शिष्यगणों ने उससे अलग होकर पूछा, "हम उसे क्यों
नहीं निकाल सके?" 29 और उसने उनसे कहा, "यह जाति
प्रार्थना और उपवास के बिना नहीं निकल सकती।" 30 और
वहाँ से निकलकर वे गलील से होकर जा रहे थे; और वह नहीं
चाहता था कि कोई जाने। 31 क्योंकि वह अपने शिष्यगणों को
सिखा रहा था और कह रहा था, "मनुष्य का पुत्र मनुष्यों के
हाथों में पकड़वाया जा रहा है, और वे उसे मार डालेंगे; और
मारा जाने के बाद वह तीसरे दिन जी उठेगा।" 32 परन्तु वे
इस वचन को नहीं समझे, और उससे पूछने से डरते थे।
33 और वे केफर नहूम आए; और जब वह घर में आया तो
उसने उनसे पूछा, "मार्ग में तुम आपस में क्या विवाद कर रहे
थे?" 34 परन्तु वे चुप रहे, क्योंकि मार्ग में वे आपस में यह
विवाद कर रहे थे कि उनमें कौन बड़ा है। 35 तब वह बैठ गया
और बारहों को बुलाकर उनसे कहा, "यदि कोई प्रथम होना
चाहता है, तो वह सब में अन्तिम और सबका सेवक बने।"
36 और उसने एक छोटे बालक को लिया और उसे उनके बीच
में खड़ा किया; और उसे अपनी बाँहों में लेकर उनसे कहा,
37 "जो कोई ऐसे एक छोटे बालक को मेरे नाम में ग्रहण
करता है, वह मुझे ग्रहण करता है; और जो मुझे ग्रहण करता
है, वह मुझे नहीं, बल्कि उसे ग्रहण करता है जिसने मुझे भेजा
है।" 38 और योहानान ने उससे कहा, "गुरु, हमने किसी को
तेरे नाम में दुष्टात्माओं को निकालते हुए देखा, और हमने
उसे रोका क्योंकि वह हमारे साथ नहीं चलता।" 39 परन्तु
𐤉𐤄𐤅𐤔𐤏 ने कहा, "उसे मत रोको, क्योंकि जो कोई मेरे
नाम में कोई चमत्कार करता है, वह तुरन्त मेरे विषय में बुरा
नहीं बोल सकता।" 40 "क्योंकि जो हमारे विरुद्ध नहीं है, वह
हमारे पक्ष में है।" 41 "क्योंकि जो कोई तुम्हें मेरे नाम में पानी
का एक प्याला पिलाता है, क्योंकि तुम मसीह के हो, मैं तुमसे
सच कहता हूँ, वह अपना प्रतिफल कभी नहीं खोएगा।"
42 "और जो कोई इन छोटे जनों में से किसी को, जो मुझ पर
विश्वास करते हैं, ठोकर खिलाता है, उसके लिये यह अच्छा
होगा कि उसके गले में चक्की का पाट बाँधकर उसे समुद्र में
फेंक दिया जाए।" 43 "और यदि तेरा हाथ तुझे ठोकर
खिलाता है, तो उसे काट डाल; तेरे लिये यह भला है कि तू
अधूरा होकर जीवन में प्रवेश करे, न कि दोनों हाथ रहते हुए
गे-हिन्नोम में, उस अग्नि में जो बुझाई नहीं जा सकती,
जाए।" 44 जहाँ 'उनका कीड़ा नहीं मरता और आग नहीं
बुझती।' 45 "और यदि तेरा पैर तुझे ठोकर खिलाता है, तो
उसे काट डाल; तेरे लिये यह भला है कि तू लँगड़ा होकर
जीवन में प्रवेश करे, न कि दोनों पैर रहते हुए गे-हिन्नोम में उस
अग्नि में डाला जाए जो बुझाई नहीं जा सकती।" 46 जहां
'उनका कीड़ा नहीं मरता और आग नहीं बुझती।' 47 "और
यदि तेरी आँख तुझे ठोकर खिलाती है, तो उसे निकाल डाल;
तेरे लिये यह भला है कि तू एक आँख के साथ ईश्वर के राज्य
में प्रवेश करे, न कि दोनों आँखें रहते हुए आग में डाला जाए,
गे-हिन्नोम में।" 48 जहाँ 'उनका कीड़ा नहीं मरता और आग
नहीं बुझती।' 49 "क्योंकि हर एक व्यक्ति आग से नमकीन
किया जाएगा, और हर एक बलिदान नमक से नमकीन किया
जाएगा।" 50 "नमक अच्छा है; पर यदि नमक अपना स्वाद
खो दे, तो तुम उसे कैसे नमकीन करोगे? अपने भीतर नमक
रखो और आपस में मेल से रहो।"

10 1 और वहाँ से उठकर वह यहूदा के सीमाओं में,
यरदेन के पार आया; और फिर भीड़ उसके पास
इकट्ठी हुई, और जैसा वह सदा करता था, वह उन्हें फिर
सिखाने लगा। 2 और फरीसी उसके पास आकर पूछने लगे,
"क्या किसी व्यक्ति के लिये अपनी पत्नी को छोड़ देना उचित
है?" — वे उसे परख रहे थे। 3 और उसने उत्तर देकर
उनसे कहा, "मोशेह ने तुम्हें क्या आज्ञा दी थी?" 4 उन्होंने
कहा, "मोशेह ने एक व्यक्ति को यह लिखने की अनुमति दी
थी कि वह अपनी पत्नी को त्यागपत्र देकर छोड़ दे।" 5 और
𐤉𐤄𐤅𐤔𐤏 ने उनसे कहा, "तुम्हारे हृदय की कठोरता के
कारण उसने तुम्हारे लिये यह आज्ञा लिखी।" 6 "परन्तु सृष्टि
के आरम्भ से ईश्वर ने उन्हें नर और नारी बनाया।" 7 "इस
कारण मनुष्य अपने पिता और माता को छोड़कर अपनी पत्नी
के साथ जुड़ जाएगा," 8 "और वे दोनों एक देह होंगे; इस

प्रकार वे अब दो नहीं, परन्तु एक देह हैं।" 9 "इसलिये जिसे
ईश्वर ने जोड़ा है, मनुष्य उसे अलग न करे।" 10 और घर में
उसके शिष्यगणों ने फिर इस विषय में उससे पूछा। 11 और
उसने उनसे कहा, "जो कोई अपनी पत्नी को छोड़कर दूसरी
से विवाह करता है, वह उसके विरुद्ध व्यभिचार करता है।"
12 "और यदि कोई स्त्री अपने पति को छोड़कर दूसरे से
विवाह करे, तो वह व्यभिचार करती है।" 13 और लोग उसके
पास छोटे बालकों को ला रहे थे कि वह उन्हें छुए, परन्तु
शिष्यगण उन लोगों को डाँट रहे थे जो उन्हें ला रहे थे।
14 जब OW५३Z ने यह देखा, तो वह बहुत अप्रसन्न हुआ
और उनसे कहा, "बालकों को मेरे पास आने दो, और उन्हें
मत रोको, क्योंकि ईश्वर का राज्य ऐसे ही लोगों का है।"
15 "मैं तुमसे सच कहता हूँ, जो कोई ईश्वर के राज्य को
बालक के समान ग्रहण नहीं करता, वह किसी रीति से उसमें
प्रवेश नहीं करेगा।" 16 और उसने उन्हें अपनी बाँहों में लिया,
और उन पर अपने हाथ रखकर उन्हें आशीर्वाद दिया।
17 और जब वह मार्ग पर निकल रहा था, तो एक व्यक्ति
दौड़ता हुआ आया और उसके आगे घुटनों के बल झुककर
पूछा, "हे अच्छे गुरु, मैं क्या करूँ कि अनन्त जीवन का
अधिकारी बनूँ?" 18 और OW५३Z ने उससे कहा, "तू मुझे
अच्छा क्यों कहता है? एक को छोड़ किसी में भलाई नहीं —
अर्थात ईश्वर में।" 19 "तू आज्ञाओं को जानता है —
'व्यभिचार न करना,' 'हत्या न करना,' 'चोरी न करना,'
'झूठी गवाही न देना,' 'धोखा न करना,' 'अपने पिता और
अपनी माता का आदर करना।'" 20 और उसने उत्तर देकर
उससे कहा, "गुरु, ये सब मैं अपने युवाकाल से मानता आया
हूँ।" 21 तब OW५३Z ने उस पर दृष्टि की और उससे प्रेम
किया, और उससे कहा, "एक बात तेरे पास कमी है: जा, जो
कुछ तेरा है बेचकर निर्धनों को दे दे, और तुझे आकाश में
धन मिलेगा; और आकर, क्रूस उठाकर मेरे पीछे चल।"
22 पर वह इस वचन से उदास होकर दुःखी चला गया, क्योंकि
उसके पास बहुत संपत्ति थी। 23 और OW५३Z ने चारों
ओर देखकर अपने शिष्यगणों से कहा, "धनवानों के लिये
ईश्वर के राज्य में प्रवेश करना कितना कठिन है!" 24 और
शिष्यगण उसके वचनों से चकित हुए; तब OW५३Z ने फिर
उत्तर देकर उनसे कहा, "बालकों, जिनका भरोसा धन पर है,
उनके लिये ईश्वर के राज्य में प्रवेश करना कितना कठिन
है!" 25 "ऊँट का सुई के छेद से निकल जाना सरल है, परन्तु
किसी धनवान का ईश्वर के राज्य में प्रवेश करना उससे भी
कठिन है।" 26 और वे अत्यन्त आश्चर्यचकित होकर आपस
में कहने लगे, "तो फिर कौन उद्धार पा सकता है?" 27 तब
OW५३Z ने उन्हें देखकर कहा, "मनुष्यों से यह असंभव है,
परन्तु ईश्वर से नहीं; क्योंकि ईश्वर से सब कुछ संभव है।"
28 तब केफा ने उससे कहना शुरू किया, "देख, हम सब कुछ
छोड़कर तेरे पीछे हो लिये हैं।" 29 OW५३Z ने कहा, "मैं
तुमसे सच कहता हूँ, ऐसा कोई नहीं जिसने मेरे और
सुसमाचार के लिये घर या भाइयों या बहनों या पिता या माता
या पत्नी या बच्चों या खेत छोड़े हों," 30 "जो अब इस समय
में सौ गुना न पाए — घर, भाई, बहनें, माताएँ, बच्चे, खेत —
सतावों के साथ; और आनेवाले युग में अनन्त जीवन।"
31 "परन्तु बहुत से जो पहले हैं, वे पीछे होंगे, और जो पीछे हैं,
वे पहले होंगे।" 32 और वे मार्ग में येरूशलेम जा रहे थे; और
OW५३Z उनके आगे-आगे चल रहा था, और वे
आश्चर्यचकित थे; और जो पीछे चल रहे थे, वे भयभीत थे।
तब उसने फिर बारहों को अपने पास लेकर बताया कि उस पर
क्या होनेवाला है। 33 "देखो, हम येरूशलेम जा रहे हैं; और
मनुष्य का पुत्र प्रधान याजकगण और शास्त्रियों के हाथ में
पकड़वाया जाएगा, और वे उसे मृत्यु का दंड देंगे और उसे
अन्यजातियों के हाथ में सौंप देंगे।" 34 "और वे उसका
उपहास करेंगे, और कोड़े मारेंगे, और उस पर थूकेंगे, और
उसे मार डालेंगे; और तीसरे दिन वह जी उठेगा।" 35 तब
ज़ब्दी के पुत्र याकोव और योहानान उसके पास आकर कहने
लगे, "गुरु, हम चाहते हैं कि जो कुछ हम तुझसे माँगें, तू
हमारे लिये करे।" 36 और उसने उनसे कहा, "तुम क्या
चाहते हो कि मैं तुम्हारे लिये करूँ?" 37 उन्होंने उससे कहा,
"हमारे लिये यह कर कि हममें से एक तेरे दाहिने और दूसरा
तेरे बाएँ तेरी महिमा में बैठे।" 38 परन्तु OW५३Z ने उनसे
कहा, "तुम नहीं जानते कि तुम क्या माँगते हो। क्या तुम वह
कटोरा पी सकते हो जो मैं पीता हूँ, और जिस बपतिस्मा से मैं
बपतिस्मा लेता हूँ, उससे तुम बपतिस्मा ले सकते हो?"
39 उन्होंने उससे कहा, "हम कर सकते हैं।" तब OW५३Z
ने उनसे कहा, "जो कटोरा मैं पीता हूँ, तुम भी वह पीओगे,
और जिस बपतिस्मा से मैं बपतिस्मा लेता हूँ, उससे तुम भी
बपतिस्मा लोगे।" 40 "परन्तु दाहिने या बाएँ बैठना मेरा देने
का नहीं है; यह तो उनके लिये है जिनके लिये वह तैयार किया
गया है।" 41 और जब दसों ने यह सुना, तो वे याकोव और
योहानान पर क्रोधित हुए। 42 तब OW५३Z ने उन्हें अपने
पास बुलाकर कहा, "तुम जानते हो कि जो अन्यजातियों के
शासक माने जाते हैं, वे उन पर प्रभुता करते हैं, और उनके
बड़े लोग उन पर अधिकार जताते हैं।" 43 "परन्तु तुम्हारे
बीच ऐसा न होगा; पर जो कोई तुम्हारे बीच बड़ा होना चाहता
है, वह तुम्हारा सेवक बने।" 44 "और जो कोई तुम्हारे बीच
प्रथम होना चाहता है, वह सबका दास बने।" 45 "क्योंकि
मनुष्य का पुत्र सेवा कराने नहीं, पर सेवा करने और बहुतों के
लिये अपने जीवन को छुड़ौती में देने आया है।" 46 फिर वे
यरीहो पहुँचे; और जब वह अपने शिष्यगणों और बड़ी भीड़ के
साथ यरीहो से निकल रहा था, तिमय का पुत्र, अन्धा
बरतिमय, मार्ग के किनारे बैठा भीख माँग रहा था। 47 और
जब उसने सुना कि यह नासरत का OW५३Z है, तो वह
पुकारने लगा, "हे दाविद के पुत्र OW५३Z, मुझ पर दया
कर!" 48 और बहुत लोग उसे चुप रहने के लिये डाँटने लगे,
पर वह और भी अधिक चिल्लाने लगा, "हे दाविद के पुत्र,
मुझ पर दया कर!" 49 तब OW५३Z रुक गया और कहा,
"उसे बुलाओ।" और उन्होंने अन्धे को बुलाकर उससे कहा,
"धैर्य रख, उठ, वह तुझे बुला रहा है।" 50 तब उसने अपना
वस्त्र फेंक दिया, और उठकर OW५३Z के पास आया।
51 और OW५३Z ने उत्तर देकर उससे कहा, "तू क्या
चाहता है कि मैं तेरे लिये करूँ?" अन्धे ने उससे कहा,
"रब्बोनी, कि मैं दृष्टि प्राप्त करूँ।" 52 और OW५३Z ने
उससे कहा, "जा, तेरे विश्वास ने तुझे चंगा किया है।" और
तुरन्त उसने दृष्टि पाई और मार्ग में OW५३Z के पीछे हो
लिया।

11 1 और जब वे येरूशलेम के निकट पहुँचे, बेत फगी
और बेत अनियाह के पास, जो जैतून के पर्वत पर हैं,
तो उसने अपने दो शिष्यगणों को भेजा। 2 और उनसे कहा,
"उस गाँव में जाओ जो तुम्हारे सामने है; और उसमें प्रवेश
करते ही तुम्हें एक गदहे का बच्चा बँधा हुआ मिलेगा, जिस पर
अभी तक किसी ने नहीं बैठा है। उसे खोलो और ले आओ।"
3 "और यदि कोई तुमसे कहे, 'तुम यह क्यों कर रहे हो?' तो
कहना, 'प्रभु को इसकी आवश्यकता है, और वह इसे शीघ्र ही
वापस भेज देगा।'" 4 तब वे गए और गली के बाहर एक द्वार
पर गदहे का बच्चा बँधा हुआ पाया, और उसे खोलने लगे।
5 और वहाँ खड़े कुछ लोगों ने उनसे कहा, "तुम क्या कर रहे
हो, गदहे का बच्चा क्यों खोल रहे हो?" 6 उन्होंने वैसा ही कहा
जैसा 𐤉𐤄𐤅𐤔𐤏 ने कहा था; तब उन्होंने उन्हें जाने दिया।
7 और वे गदहे का बच्चा 𐤉𐤄𐤅𐤔𐤏 के पास लाए, और अपने
वस्त्र उस पर डाल दिये, और वह उस पर बैठ गया। 8 और
बहुतों ने अपने वस्त्र मार्ग पर बिछाए, और अन्य लोग वृक्षों से
डालियाँ काटकर मार्ग पर बिछा रहे थे। 9 और जो उसके
आगे-आगे जा रहे थे और जो उसके पीछे आ रहे थे, पुकारने
लगे, "होशियाना! धन्य है वह जो 𐤉𐤄𐤅𐤄 के नाम में आता
है!" 10 "धन्य है हमारे पिता दाविद का आनेवाला राज्य,
𐤉𐤄𐤅𐤄 के नाम में! होशियाना उच्चतम में!" 11 और
𐤉𐤄𐤅𐤔𐤏 येरूशलेम में आया और मिकदश में प्रवेश किया;
और सब कुछ देखकर, क्योंकि समय पहले ही देर हो चुका
था, वह बारहों के साथ बेत अनियाह चला गया। 12 और
दूसरे दिन जब वे बेत अनियाह से निकले, तो वह भूखा था।
13 और दूर से एक अंजीर का पेड़ पत्तों से भरा हुआ देखकर,
वह यह देखने गया कि क्या उसमें कुछ फल मिलेगा; पर जब
वह उसके पास आया, तो केवल पत्ते पाए, क्योंकि अंजीरों का
समय नहीं था। 14 और 𐤉𐤄𐤅𐤔𐤏 ने उससे कहा, "अब से
कोई तुझ में कभी फल न खाए।" और उसके शिष्यगणों ने
यह सुना। 15 और वे येरूशलेम आए; और 𐤉𐤄𐤅𐤔𐤏
मिकदश में प्रवेश कर वहाँ बेचने और खरीदनेवालों को
निकालने लगा, और मुद्रा बदलनेवालों की मेजें तथा कपोत
बेचनेवालों की कुर्सियाँ उलट दीं। 16 और वह किसी को भी
मिकदश के भीतर किसी वस्तु को लेकर जाने नहीं देता था।
17 और वह सिखाता हुआ उनसे कहने लगा, "क्या यह नहीं
लिखा है, 'मेरा घर सब जातियों के लिये प्रार्थना का घर
कहलाएगा'? पर तुमने उसे 'डाकुओं की गुफा' बना दिया
है।" 18 और शास्त्री और प्रधान याजकगण यह सुनकर यह
विचार करने लगे कि उसे कैसे नाश करें, क्योंकि वे उससे
डरते थे; क्योंकि सारी भीड़ उसकी शिक्षा से चकित थी।
19 और जब साँझ हुई, तो वह नगर से बाहर चला गया।
20 और जब वे प्रातः मार्ग से जा रहे थे, उन्होंने देखा कि
अंजीर का पेड़ जड़ों से सूख गया है। 21 तब केफा ने स्मरण
करके उससे कहा, "रब्बी, देख, वह अंजीर का पेड़ जिसे तूने
श्राप दिया था, सूख गया है।" 22 और 𐤉𐤄𐤅𐤔𐤏 ने उत्तर
देते हुए उनसे कहा, "ईश्वर पर विश्वास रखो।" 23 "क्योंकि
सचमुच मैं तुमसे कहता हूँ, जो कोई इस पर्वत से कहे, 'हट
जा और समुद्र में गिर जा,' और अपने हृदय में संदेह न करे,
परन्तु विश्वास करे कि जो वह कहता है वह होगा, तो जो कुछ
वह कहेगा, वह उसे मिलेगा।" 24 "इसी कारण मैं तुमसे
कहता हूँ, जो कुछ तुम प्रार्थना करते समय माँगो, विश्वास
करो कि तुम उसे प्राप्त करोगे, और वह तुम्हारा होगा।"
25 "और जब भी तुम खड़े होकर प्रार्थना करो, यदि तुम्हारे
मन में किसी के प्रति कुछ भी हो, तो क्षमा कर दो, ताकि
तुम्हारा पिता जो स्वर्ग (शमायिम) में है, तुम्हारे अपराधों को भी
क्षमा करे।" 26 "पर यदि तुम क्षमा नहीं करते, तो तुम्हारा
पिता जो स्वर्ग (शमायिम) में है, तुम्हारे अपराधों को भी क्षमा
नहीं करेगा।" 27 और वे फिर येरूशलेम (यरूशलेम) आए।
और जब वह मिकदाश (मंदिर) में चल रहा था, तब प्रधान
याजक, और शास्त्री, और बुज़ुर्ग उसके पास आए। 28 और
उन्होंने उससे कहा, "तू ये सब अधिकार से क्यों करता है?
और किसने तुझे ये अधिकार दिया कि तू ये सब करे?"
29 और 𐤉𐤄𐤅𐤔𐤏 ने उत्तर देकर उनसे कहा, "मैं तुमसे एक
प्रश्न पूछता हूँ, उसका उत्तर दो, तब मैं तुमसे कहूँगा कि मैं ये
सब किस अधिकार से करता हूँ।" 30 "योहानान
(याहोहानान) का बपतिस्मा — क्या वह स्वर्ग (शमायिम) से था
या मनुष्यों से? मुझे उत्तर दो।" 31 और वे आपस में विचार
करने लगे, "यदि हम कहें, 'स्वर्ग (शमायिम) से,' तो वह
कहेगा, 'फिर तुमने उस पर विश्वास क्यों नहीं किया?'"
32 "पर यदि हम कहें, 'मनुष्यों से,' " – तो वे लोगों से डरते
थे, क्योंकि सब यह मानते थे कि योहानान (याहोहानान)
वास्तव में एक नबी था।" 33 और उन्होंने 𐤉𐤄𐤅𐤔𐤏 को
उत्तर दिया, "हम नहीं जानते।" और 𐤉𐤄𐤅𐤔𐤏 ने उत्तर
देकर उनसे कहा, "न मैं तुमसे कहता हूँ कि मैं ये सब किस
अधिकार से करता हूँ।"

12 1 और उसने उनसे दृष्टांतों में कहना शुरू किया,
"एक मनुष्य ने दाख की बारी लगाई और उसके चारों
ओर बाड़ लगाई, और दाखरस के लिए हौद खोदा और एक
मीनार बनाई, और उसे किसानों को किराए पर दी और यात्रा
पर चला गया।" 2 "और समय आने पर उसने किसानों के
पास एक सेवक को भेजा, ताकि वह किसानों से दाख की बारी
का कुछ फल प्राप्त करे।" 3 "परन्तु उन्होंने उसे पकड़कर
मारा और खाली हाथ लौटा दिया।" 4 "और फिर उसने एक
और सेवक भेजा, और उन्होंने पत्थर मारकर उसके सिर को
घायल किया, और उसका अपमान कर उसे भेज दिया।"
5 "और फिर उसने एक और भेजा, और उन्होंने उसे मार
डाला; और बहुतों को, किसी को पीटा और किसी को मारा।"
6 "उसके पास एक और था, उसका प्रिय पुत्र। उसने उसे
अन्त में उनके पास भेजा, यह कहते हुए, 'वे मेरे पुत्र का
आदर करेंगे।'" 7 "परन्तु वे किसान आपस में कहने लगे,
'यह तो वारिस है। आओ, हम इसे मार डालें, और मीरास
हमारी हो जाएगी।'" 8 "तब उन्होंने उसे पकड़कर मार डाला
और दाख की बारी के बाहर फेंक दिया।" 9 "अब दाख की
बारी का स्वामी क्या करेगा? वह आकर उन किसानों को नाश
करेगा, और दाख की बारी दूसरों को दे देगा।" 10 "क्या
तुमने यह शास्त्र नहीं पढ़ा, 'जिस पत्थर को राजमिस्त्रियों ने
तुच्छ जाना, वही कोने का प्रधान पत्थर बन गया।'" 11 'यह
𐤉𐤄𐤅𐤄 की ओर से हुआ, और यह हमारी दृष्टि में अद्भुत
है।'" 12 और वे उसे पकड़ने का प्रयत्न कर रहे थे, परन्तु
भीड़ से डरते थे, क्योंकि वे जानते थे कि उसने यह दृष्टांत
उनके विरुद्ध कहा था। और उसे छोड़कर चले गए। 13 और

उन्होंने उसके पास कुछ परूशी (फ़रीसी) और हेरोद के
अनुयायी भेजे, ताकि वे उसे वचन में फँसा लें। 14 और जब वे
आए, तो उससे कहने लगे, “गुरु, हम जानते हैं कि तू सच्चा
है, और किसी की परवाह नहीं करता, क्योंकि तू किसी का पक्ष
नहीं लेता, परन्तु सच्चाई से ईश्वर का मार्ग सिखाता है। क्या
कैसर को कर देना उचित है, या नहीं?” 15 “क्या हमें देना
चाहिए, या नहीं देना चाहिए?” और उसने उनकी कपटता
जानकर कहा, “तुम मुझे क्यों परखते हो? मुझे एक चाँदी का
सिक्का दिखाओ।” 16 और उन्होंने उसे लाया, और उसने
उनसे कहा, “यह चित्र और यह लेख किसका है?” उन्होंने
कहा, “कैसर का।” 17 तब 𐤉𐤄𐤅𐤔𐤏 ने उनसे कहा,
“कैसर की वस्तुएँ कैसर को दो, और ईश्वर की वस्तुएँ ईश्वर
को दो।” और वे उस पर अचंभा करते रहे। 18 और सदूकी,
जो कहते हैं कि पुनरुत्थान नहीं है, उसके पास आए। और
उन्होंने उससे पूछा, 19 “गुरु, मोशेह (मूशा) ने हमें लिखा कि
यदि किसी का भाई मर जाए और अपनी पत्नी को पीछे छोड़
जाए, और संतान न छोड़े, तो उसका भाई उस स्त्री से विवाह
करे और अपने भाई के लिए वंश उत्पन्न करे।” 20 “सात भाई
थे; पहले ने पत्नी ली, और मर गया, और कोई संतान न
छोड़ी।” 21 “और दूसरे ने उसे लिया, और वह भी मर गया,
और कोई संतान न छोड़ी; और तीसरे ने भी यही किया।”
22 “और उन सातों ने कोई संतान न छोड़ी। अन्त में वह स्त्री
भी मर गई।” 23 “तो पुनरुत्थान में जब वे जी उठेंगे, तब वह
किसकी पत्नी होगी? क्योंकि सातों ने उसे पत्नी बनाया था।”
24 और 𐤉𐤄𐤅𐤔𐤏 ने उत्तर देते हुए उनसे कहा, “क्या यही
कारण नहीं कि तुम भ्रम में हो, क्योंकि तुम न तो शास्त्र जानते
हो और न ईश्वर की शक्ति?” 25 “क्योंकि जब वे मरे हुओं में
से जी उठते हैं, तो न तो वे विवाह करते हैं, न विवाह में दिए
जाते हैं, परन्तु स्वर्ग (शमायिम) में स्वर्गदूतों के समान होते
हैं।” 26 “और मरे हुओं के विषय में, कि वे जी उठते हैं —
क्या तुमने मूशा (मोशेह) की पुस्तक में झाड़ी के प्रसंग में नहीं
पढ़ा कि ईश्वर ने उससे कहा, ‘मैं अब्राहम का ईश्वर हूँ, और
यित्सहाक का ईश्वर हूँ, और याक़ोब का ईश्वर हूँ?’” 27 “वह
मरे हुओं का ईश्वर नहीं, परन्तु जीवितों का ईश्वर है। तुम
बहुत बड़ी भूल में हो।” 28 और एक शास्त्री, जो निकट आया
और उन्हें आपस में विवाद करते हुए सुन रहा था, और यह
जानकर कि उसने उन्हें अच्छा उत्तर दिया है, उसने उससे
पूछा, “सब आज्ञाओं में से पहली कौन-सी है?” 29 और
𐤉𐤄𐤅𐤔𐤏 ने उत्तर दिया, “सब आज्ञाओं में से पहली यह है:
‘सुनो, हे इसराएल (यिस्राएल), 𐤉𐤄𐤅𐤄 हमारा ईश्वर,
𐤉𐤄𐤅𐤄 एक ही है।’” 30 ‘और तू अपने ईश्वर 𐤉𐤄𐤅𐤄 से
अपने सारे हृदय, अपनी सारी आत्मा, अपनी सारी बुद्धि और
अपनी सारी शक्ति के साथ प्रेम करेगा।’ यही पहली आज्ञा
है।” 31 “और दूसरी, जो इसके समान है, यह है: ‘तू अपने
पड़ोसी से वैसे ही प्रेम करेगा जैसे अपने आप से।’ इनसे बड़ी
कोई और आज्ञा नहीं है।” 32 और उस शास्त्री ने उससे कहा,
“अति उत्तम, गुरु! तूने सत्य कहा है कि ईश्वर एक है और
उसके सिवाय कोई नहीं।” 33 “और उसे सारे हृदय, सारे
ज्ञान, सारी आत्मा और सारी शक्ति से प्रेम करना, और अपने
पड़ोसी से अपने समान प्रेम करना, सब होमबलियों और
बलिदानों से बढ़कर है।” 34 और जब 𐤉𐤄𐤅𐤔𐤏 ने देखा कि
उसने समझदारी से उत्तर दिया, तो उसने उससे कहा, “तू
ईश्वर के राज्य से दूर नहीं है।” और उसके बाद किसी ने
उससे प्रश्न करने का साहस न किया। 35 और 𐤉𐤄𐤅𐤔𐤏 ने
उत्तर देकर, जब वह मिकदाश (मंदिर) में शिक्षा दे रहा था,
कहा, “शास्त्री क्यों कहते हैं कि मसीह (हा’माशियह) दाविद
का पुत्र है?” 36 “दाविद ने स्वयं आत्मा (रूअह) हाकोदेश के
द्वारा कहा, ‘𐤉𐤄𐤅𐤄 ने मेरे प्रभु से कहा, “मेरे दाहिने बैठ जब
तक मैं तेरे शत्रुओं को तेरे पैरों के नीचे की चौकी न बना
दूँ।”’” 37 “दाविद स्वयं उसे ‘प्रभु’ कहता है; तो वह उसका
पुत्र कैसे है?” और बड़ी भीड़ आनंद के साथ उसकी बात सुन
रही थी। 38 और अपनी शिक्षा में वह कह रहा था, “उन
शास्त्रियों से सावधान रहो, जो लंबे वस्त्र पहनकर घूमना और
बाज़ारों में नमस्कार करवाना पसंद करते हैं,” 39 “और
सभाओं में आगे की सीटें और भोजों में मुख्य स्थान चाहते
हैं,” 40 “जो विधवाओं के घर निगल जाते हैं और दिखावे के
लिए लंबी प्रार्थनाएँ करते हैं — ऐसे लोग अधिक कठोर दंड
पाएँगे।” 41 और वह भंडार के सामने बैठा देख रहा था कि
लोग कैसे भंडार में पैसा डालते हैं; और बहुत से धनवान लोगों
ने बहुत कुछ डाला। 42 और एक निर्धन विधवा आई और
उसने दो छोटे सिक्के डाले, जो एक पैसे के बराबर थे।
43 और उसने अपने शिष्यों (तलमिदीम) को पास बुलाकर
उनसे कहा, “मैं तुमसे सच कहता हूँ, इस निर्धन विधवा ने उन
सब से अधिक डाला जिन्होंने भंडार में डाला।” 44 “क्योंकि
उन्होंने सबने अपनी अधिकता में से डाला, परन्तु इसने
अपनी घटी में से सब कुछ, जो उसका जीवनयापन था, डाल
दिया।”

13 1 और जब वह मिकदाश (मंदिर) से बाहर जा रहा था,
उसके एक शिष्य ने उससे कहा, “गुरु, देखो क्या
पत्थर हैं! और कैसी इमारतें हैं!” 2 और 𐤉𐤄𐤅𐤔𐤏 ने उत्तर
देकर उससे कहा, “क्या तुम इन महान इमारतों को देखते
हो? यहाँ एक भी पत्थर दूसरे पर नहीं रहेगा जो गिराया न
जाएगा।” 3 और जब वह जैतून के पहाड़ पर मिकदाश के
सामने बैठा था, केफ़ा, और याक़ोब, और याहोहानान, और
आंद्रेयास ने उससे अलग आकर पूछा, 4 “हमें बता, ये बातें
कब होंगी? और क्या चिन्ह होगा जब ये सब पूरा होनेवाला है?”
5 और 𐤉𐤄𐤅𐤔𐤏 ने उनसे कहना शुरू किया, “सावधान रहो
कि कोई तुम्हें भटका न दे।” 6 “क्योंकि बहुत से मेरे नाम में
आकर कहेंगे, ‘मैं ही हूँ,’ और बहुतों को गुमराह करेंगे।”
7 “और जब तुम युद्धों और युद्धों की अफ़वाहें सुनो, तो
घबराना मत — ये बातें अवश्य होंगी, परन्तु अंत अभी नहीं
आया।” 8 “क्योंकि राष्ट्र राष्ट्र के विरुद्ध उठेगा, और राज्य
राज्य के विरुद्ध; और स्थान-स्थान पर भूकम्प होंगे, और
अकाल और उपद्रव होंगे। ये तो पीड़ाओं का आरंभ है।”
9 “परन्तु अपने ऊपर ध्यान दो; क्योंकि वे तुम्हें सभाओं और
आराधनालयों में सौंपेंगे; तुम्हें पीटा जाएगा, और मेरे कारण
तुम्हें शासकों और राजाओं के सामने गवाही के लिए ले जाया
जाएगा।” 10 “और शुभ समाचार (सुसमाचार) पहले सब
जातियों में प्रचार किया जाएगा।” 11 “और जब वे तुम्हें
पकड़कर सौंपें, तो पहले से चिंता मत करना कि क्या कहना
है; बल्कि जो कुछ तुम्हें उस घड़ी दिया जाए, वही कहो,
क्योंकि बोलनेवाले तुम नहीं, बल्कि आत्मा हकोदेश है।”
12 “और भाई अपने भाई को मृत्यु के लिए सौंप देगा, और

पिता अपने पुत्र को; और पुत्र अपने माता-पिता के विरुद्ध
उठेंगे और उन्हें मरवा देंगे।" 13 "और मेरे नाम के कारण
सब लोग तुमसे बैर करेंगे; परन्तु जो अंत तक धीरज रखेगा,
वही उद्धार पाएगा।" 14 "और जब तुम 'उजाड़ डालनेवाली
घृणित वस्तु' को देखो, जिसके विषय में दानिएल नबी ने कहा
था, उसे वहाँ खड़ा देखा जहाँ उसे नहीं होना चाहिए (जो पढ़े,
वह समझे), तब जो यहूदा (याहूदा) में हैं, वे पहाड़ों की ओर
भाग जाएँ।" 15 "जो छत पर हो, वह नीचे घर में न उतरे, न
अपने घर से कुछ लेने के लिए भीतर जाए।" 16 "और जो
खेत में हो, वह अपनी चादर लेने के लिए पीछे न लौटे।"
17 "उन दिनों गर्भवती स्त्रियों और दूध पिलानेवाली स्त्रियों पर
हाय!" 18 "और प्रार्थना करो कि तुम्हारा भागना जाड़े में न
हो।" 19 "क्योंकि उन दिनों में ऐसा क्लेश होगा, जैसा सृष्टि
के आरंभ से, जिसे ईश्वर ने बनाया, अब तक नहीं हुआ, और
न कभी होगा।" 20 "और यदि प्रभु ने वे दिन न घटाए होते, तो
कोई प्राणी बचाया न जाता; परन्तु चुने हुए लोगों के कारण,
जिन्हें उसने चुना है, उसने वे दिन घटा दिए हैं।" 21 "और
यदि उस समय कोई तुमसे कहे, 'देखो, यहाँ है मसीह!' या,
'देखो, वहाँ है!' तो उस पर विश्वास मत करना।" 22 "क्योंकि
झूठे मसीह और झूठे नबी उठेंगे, और चिन्ह और चमत्कार
दिखाएँगे, ताकि यदि संभव हो तो चुने हुए लोगों को भी भटका
दें।" 23 "परन्तु तुम सावधान रहो। देखो, मैंने तुम्हें सब
पहले से बता दिया है।" 24 "पर उन दिनों में, उस क्लेश के
बाद, सूर्य अंधकारमय हो जाएगा, और चाँद अपनी रोशनी
नहीं देगा।" 25 "और आकाश (शमायिम) के तारे गिरेंगे,
और शमायिम की शक्तियाँ हिलाई जाएँगी।" 26 "और तब वे
मनुष्य के पुत्र (बेन आदम) को बादलों में बहुत शक्ति और
महिमा के साथ आते हुए देखेंगे।" 27 "और तब वह अपने
दूतों को भेजेगा, और अपने चुने हुए लोगों को चारों दिशाओं
से, पृथ्वी के छोर से लेकर शमायिम के छोर तक इकट्ठा
करेगा।" 28 "अंजीर के पेड़ से यह दृष्टांत सीखो: जब
उसकी डाल कोमल हो जाती है और पत्ते निकलने लगते हैं,
तो तुम जानते हो कि ग्रीष्म निकट है।" 29 "इसी प्रकार जब
तुम ये सब बातें होते देखो, तो जान लो कि वह निकट है, द्वार
पर है।" 30 "सचमुच मैं तुमसे कहता हूँ, यह पीढ़ी तब तक
नहीं टलेगी जब तक ये सब बातें पूरी न हो जाएँ।"
31 "शमायिम और पृथ्वी टल जाएँगे, पर मेरे वचन कभी नहीं
टलेंगे।" 32 "पर उस दिन और उस घड़ी के विषय में कोई
नहीं जानता, न शमायिम के दूत, न पुत्र, केवल पिता ही
जानता है।" 33 "सावधान रहो, जागते रहो और प्रार्थना करो;
क्योंकि तुम नहीं जानते वह समय कब है।" 34 "यह उस
मनुष्य के समान है जो विदेश जाता है, जिसने अपना घर
छोड़कर अपने सेवकों को अधिकार दिया, और हर एक को
उसका काम सौंपा, और द्वारपाल को जागते रहने की आज्ञा
दी।" 35 "इसलिए जागते रहो; क्योंकि तुम नहीं जानते कि
घर का स्वामी कब आएगा — संध्या को, या मध्यरात्रि को, या
मुर्गे के बाँग देने पर, या प्रातः।" 36 "कहीं ऐसा न हो कि वह
अचानक आकर तुम्हें सोते पाए।" 37 "और जो मैं तुमसे
कहता हूँ, वह सब से कहता हूँ: जागते रहो!"

14 1 अब पासह (पेसह) और मत्सोत का पर्व दो दिन
बाद था। और प्रधान याजक और शास्त्री यह सोच
रहे थे कि किस रीति से धोखे से उसे पकड़कर मृत्यु के
योग्य ठहराएँ। 2 और वे कह रहे थे, "उत्सव के दिन नहीं,
कहीं ऐसा न हो कि लोगों में हंगामा मच जाए।" 3 और जब
वह बेथ अनयाह (बेत-अन्याह) में कोढ़ी शिमोन के घर पर था
और भोजन कर रहा था, तब एक स्त्री शुद्ध नर्द के अत्यंत
मूल्यवान इत्र की एक संगमरमर की शीशी लेकर आई; और
उसने उस शीशी को तोड़कर उसका इत्र उसके सिर पर डाला
दिया। 4 पर कुछ लोग आपस में क्रोधित होकर कहने लगे,
"यह इत्र क्यों व्यर्थ किया गया?" 5 "क्योंकि इसे तीन सौ
चाँदी के सिक्कों से अधिक में बेचा जा सकता था और वह
धन निर्धनों को दिया जा सकता था।" और वे उस स्त्री को
डाँट रहे थे। 6 परन्तु OW५३Z ने कहा, "उसे छोड़ दो।
तुम उसे क्यों कष्ट दे रहे हो? उसने मेरे लिए एक उत्तम कार्य
किया है।" 7 "क्योंकि निर्धन तो तुम्हारे साथ सदा रहेंगे, और
जब चाहो तुम उनके लिए भलाई कर सकते हो; परन्तु मैं
तुम्हारे साथ सदा नहीं रहूँगा।" 8 "उसने जो कुछ उसके पास
था, वही किया। उसने मेरे शरीर को पहले ही से दफ़न के
लिए अभिषेक किया है।" 9 "सचमुच मैं तुमसे कहता हूँ, जहां
कहीं भी यह शुभ समाचार (सुसमाचार) सारे संसार में प्रचार
किया जाएगा, वहाँ यह भी कहा जाएगा कि इस स्त्री ने क्या
किया, उसकी स्मृति के लिए।" 10 और याहूदा क़रियोत
(याहूदा क़रियोत) में से एक, जो बारह में से था, प्रधान
याजकों के पास गया ताकि उसे उनके हवाले कर दे। 11 और
जब उन्होंने यह सुना, तो वे आनन्दित हुए, और उसे चाँदी देने
का वचन दिया; और वह उसे सुविधानुसार पकड़वाने का
अवसर ढूँढ़ने लगा। 12 और मत्सोत के पहले दिन, जब वे
पासह का बलिदान कर रहे थे, उसके शिष्यों ने उससे कहा,
"आप चाहते हैं कि हम कहाँ जाकर आपके लिए पासह खाने
की तैयारी करें?" 13 और उसने अपने दो शिष्यों को भेजा
और उनसे कहा, "नगर में जाओ, वहाँ एक मनुष्य तुम्हें जल
का घड़ा लिए हुए मिलेगा; उसका पीछा करना।" 14 "और
जहाँ वह प्रवेश करे, वहाँ घर के स्वामी से कहना, 'गुरु कहते
हैं, 'मेरे शिष्यों के साथ पासह खाने के लिए अतिथि-कक्ष कहां
है?'''" 15 "और वह तुम्हें एक बड़ा सुसज्जित ऊपरी कक्ष
दिखाएगा, जो तैयार है; हमारे लिए वहीं तैयारी करो।"
16 और उसके शिष्य निकल गए और नगर में आए, और
जैसा उसने उनसे कहा था वैसा ही पाया, और उन्होंने पासह
की तैयारी की। 17 और जब साँझ हुई, वह बारहों के साथ
आया। 18 और जब वे बैठकर भोजन कर रहे थे, OW५३Z
ने कहा, "सचमुच मैं तुमसे कहता हूँ, तुम में से एक जो मेरे
साथ खा रहा है, वह मुझे पकड़वाएगा।" 19 और वे शोकित
होकर एक-एक करके उससे कहने लगे, "क्या वह मैं हूँ?"
और दूसरा बोला, "क्या वह मैं हूँ?" 20 और उसने उत्तर देकर
उनसे कहा, "यह बारह में से एक है, जो मेरे साथ थाली में
डुबोता है।" 21 "मनुष्य का पुत्र (बेन आदम) तो जैसा उसके
विषय में लिखा है वैसा ही जाता है; परन्तु उस मनुष्य पर हाय
जिसके द्वारा मनुष्य का पुत्र पकड़वाया जाता है! उस मनुष्य
के लिए अच्छा होता कि वह जन्मा ही न होता।" 22 और जब
वे खा रहे थे, OW५३Z ने रोटी ली, आशीर्वाद (बरक) देकर
तोड़ी, और उन्हें दी और कहा, "लो, खाओ, यह मेरा शरीर

है।" 23 और प्याला लेकर धन्यवाद किया, और उन्हें दिया,
और सब ने उसमें से पिया। 24 और उसने उनसे कहा, "यह
मेरा लहू है, जो नये वाचा का है, जो बहुतों के लिए बहाया
जाता है।" 25 "सचमुच मैं तुमसे कहता हूँ, मैं अब फिर
दाखलता के फल को नहीं पीऊँगा, जब तक उस दिन तक
नहीं जब मैं उसे ईश्वर के राज्य में नया पीऊँ।" 26 और
भजन गाकर वे जैतून के पहाड़ पर निकल गए। 27 और
OWY३Z ने उनसे कहा, "तुम सब इस रात मुझ में ठोकर
खाओगे, क्योंकि लिखा है, 'मैं चरवाहे को मारूँगा, और भेड़ें
तितर-बितर हो जाएँगी।'" 28 "परन्तु जब मैं जी उठूँगा, तो
तुमसे पहले गलील जाऊँगा।" 29 और केफ़ा ने उससे कहा,
"यदि सब ठोकर खाएँ, तो भी मैं नहीं खाऊँगा।" 30 और
OWY३Z ने उससे कहा, "सचमुच मैं तुमसे कहता हूँ कि
आज, इसी रात, मुर्गे के दो बार बाँग देने से पहले तुम तीन
बार मेरा इंकार करोगे।" 31 परन्तु उसने और भी ज़ोर से
कहा, "यदि मुझे आपके साथ मरना भी पड़े, तो भी मैं आपका
इंकार नहीं करूँगा!" और सब ने भी यही कहा। 32 और वे
गथ शेमन नामक स्थान पर आए। और उसने अपने शिष्यों
से कहा, "यहाँ बैठो, जब तक मैं प्रार्थना करूँ।" 33 और
उसने अपने साथ केफ़ा, और याक़ोब, और याहोहानान को
लिया, और बहुत व्याकुल और गहरे दुखी होने लगा। 34 और
उसने उनसे कहा, "मेरा मन अत्यंत उदास है, यहाँ तक कि
मृत्यु तक। यहाँ ठहरो और जागते रहो।" 35 और वह थोड़ा
आगे बढ़ा, भूमि पर गिर पड़ा, और यह प्रार्थना करने लगा कि
यदि संभव हो तो वह घड़ी उससे टल जाए। 36 और उसने
कहा, "अब्बा, पिता, तेरे लिए सब कुछ संभव है; यह प्याला
मुझसे हटा दे। तौभी जैसा मैं चाहता नहीं, बल्कि जैसा तू
चाहता है वैसा ही हो।" 37 और वह आया और उन्हें सोते
पाया, और केफ़ा से कहा, "शिमोन, क्या तू सो रहा है? क्या तू
एक घड़ी भी नहीं जाग सका?" 38 "जागते रहो और प्रार्थना
करो, ताकि तुम परीक्षा में न पड़ो; आत्मा तो उत्सुक है, पर
शरीर दुर्बल है।" 39 और फिर वह चला गया और उसी बात
को कहकर प्रार्थना की। 40 और फिर लौटकर उसने उन्हें
सोते पाया, क्योंकि उनकी आँखें भारी थीं; और वे नहीं जानते
थे कि उसे क्या उत्तर दें। 41 और वह तीसरी बार आया और
उनसे कहा, "क्या अब भी सो रहे हो और विश्राम कर रहे हो?
बस! घड़ी आ गई है। देखो, मनुष्य का पुत्र (बेन आदम)
पापियों के हाथों में पकड़वाया जा रहा है।" 42 "उठो, चलो;
देखो, वह जो मुझे पकड़वानेवाला है, निकट आ गया है।"
43 और तुरंत ही जब वह बोल ही रहा था, याहूदा, जो बारह में
से एक था, तलवारों और डंडों से सुसज्जित एक बड़ी भीड़
के साथ आया, जो प्रधान याजकों, शास्त्रियों और बुज़ुर्गों की
ओर से थी। 44 और जिसने उसे पकड़वाना था, उसने उन्हें
एक संकेत दिया था, यह कहते हुए, "जिसे मैं चूमूँ, वही है —
उसे पकड़ लेना और सावधानी से ले जाना।" 45 और वह
आया, सीधा उसके पास गया, और उससे कहा, "रब्बी,
रब्बी!" और उसे चूमा। 46 तब उन्होंने उस पर हाथ डाला
और उसे पकड़ लिया। 47 और जो वहाँ पास खड़ा था, उनमें
से एक ने तलवार खींची, और प्रधान याजक के सेवक को
मारा, और उसका कान काट दिया। 48 और OWY३Z ने
उनसे कहा, "क्या तुम डाकू पर चढ़ाई करने जैसे तलवारों
और डंडों के साथ मुझे पकड़ने निकले हो?" 49 "मैं प्रतिदिन
मिकदाश (मंदिर) में तुम्हारे बीच शिक्षा देता था, और तुमने
मुझे नहीं पकड़ा। परन्तु शास्त्रों को पूरा होना आवश्यक है।"
50 तब सब उसे छोड़कर भाग गए। 51 और एक जवान
व्यक्ति उसका पीछा कर रहा था, जिसके शरीर पर केवल
एक लिनन का वस्त्र था; और जब उन्होंने उसे पकड़ने की
कोशिश की, 52 तो वह वह वस्त्र छोड़कर नंगा भाग गया।
53 और वे OWY३Z को प्रधान याजक के पास ले गए; और
सब प्रधान याजक, बुज़ुर्ग और शास्त्री उसके पास इकट्ठे हुए।
54 और केफ़ा दूर से उसका पीछा करता हुआ प्रधान याजक
के आँगन में पहुँचा, और वह सेवकों के साथ बैठकर आग
ताप रहा था। 55 और प्रधान याजक और सारी सभा
OWY३Z के विरुद्ध गवाही ढूँढ रहे थे ताकि उसे मृत्यु के
योग्य ठहराएँ, पर वे कोई नहीं पा रहे थे। 56 क्योंकि बहुतों ने
उसके विरुद्ध झूठी गवाही दी, पर उनकी गवाहियाँ आपस में
नहीं मिलीं। 57 तब कुछ उठे और झूठी गवाही देने लगे, यह
कहते हुए, 58 "हमने उसे कहते सुना, 'मैं इस मिष्कान (तम्बू)
को जो हाथों से बनाया गया है, नष्ट कर दूँगा, और तीन दिनों
में बिना हाथों से दूसरा बनाऊँगा।'" 59 और तब भी उनकी
गवाहियाँ एक जैसी नहीं थीं। 60 तब प्रधान याजक बीच में
खड़ा होकर OWY३Z से पूछने लगा, "क्या तू कुछ उत्तर
नहीं देता? ये तेरे विरुद्ध क्या गवाही दे रहे हैं?" 61 परन्तु वह
चुप रहा और कोई उत्तर नहीं दिया। फिर प्रधान याजक ने
उससे पूछा, "क्या तू मसीह है, धन्य के पुत्र (बेन बरूक)?"
62 और OWY३Z ने कहा, "मैं हूँ, और तुम मनुष्य के पुत्र
(बेन आदम) को सर्वशक्तिमान के दाहिने हाथ बैठा और
शमायिम के बादलों के साथ आते देखोगे।" 63 तब प्रधान
याजक ने अपने वस्त्र फाड़े और कहा, "अब हमें गवाहों की
क्या आवश्यकता है?" 64 "तुमने निन्दा सुनी है! अब तुम क्या
सोचते हो?" और सब ने उसे मृत्यु के योग्य ठहराया। 65 तब
कुछ लोग उस पर थूकने लगे, और उसकी आँखों पर पट्टी
बाँधी, और उसे मारा, और उससे कहा, "नबी की तरह
बताओ!" और सेवकों ने भी उसे अपने हाथों की थप्पड़ों से
मारा। 66 और जब केफ़ा नीचे आँगन में था, तो प्रधान
याजक की एक दासी आई। 67 और केफ़ा को आग तापते
देखकर उसने उसकी ओर देखा और कहा, "तू भी नासरत
के OWY३Z के साथ था।" 68 पर उसने इंकार किया और
कहा, "मैं नहीं जानता और न समझता हूँ कि तू क्या कह रही
है।" और वह बाहर बरामदे में चला गया, और मुर्गा बाँग
दिया। 69 और दासी ने उसे फिर देखा, और वहाँ खड़े लोगों
से कहने लगी, "यह भी उन्हीं में से है।" 70 और उसने फिर
से इंकार किया। और थोड़ी देर बाद वहाँ खड़े लोगों ने फिर
केफ़ा से कहा, "निश्चित रूप से तू भी उन्हीं में से है, क्योंकि
तू भी गलीली है, और तेरी बोली भी वैसी ही है।" 71 तब उसने
शाप देना और कसम खाना शुरू किया, "मैं उस मनुष्य को
नहीं जानता जिसके विषय में तुम बोलते हो!" 72 और दूसरी
बार मुर्गा बाँग दिया। तब केफ़ा को वह वचन याद आया जो
OWY३Z ने उससे कहा था, "मुर्गे के दो बार बाँग देने से
पहले तू तीन बार मेरा इंकार करेगा।" और यह सोचकर वह
रो पड़ा।

15 [1] और तुरंत ही सुबह में, प्रधान याजकों ने बुज़ुर्गों,
शास्त्रियों और पूरी सभा के साथ परामर्श किया। और
OWY३Z को बाँधकर उन्होंने उसे ले जाकर पीलातुस को
सौंप दिया। [2] और पीलातुस ने उससे पूछा, "क्या तू यहूदियों
का राजा है?" और उसने उत्तर देकर उससे कहा, "तू ही
कहता है।" [3] और प्रधान याजक उस पर बहुत से दोष लगा
रहे थे, परन्तु उसने कोई उत्तर नहीं दिया। [4] तब पीलातुस ने
फिर उससे पूछा, "क्या तू कोई उत्तर नहीं देता? देख, वे तेरे
विरुद्ध कितनी बातें गवाही देते हैं!" [5] परन्तु OWY३Z ने अब
भी कोई उत्तर नहीं दिया, जिससे पीलातुस अचंभित हुआ।
[6] और प्रत्येक पर्व पर वह उनकी इच्छा के अनुसार एक बंदी
को छोड़ दिया करता था। [7] और बरअब्बा नाम का एक
व्यक्ति था, जो विद्रोह में अपने साथियों के साथ बंदी था;
उन्होंने उस विद्रोह में हत्या की थी। [8] और भीड़ ऊँचे स्वर से
पुकारने लगी कि जैसा वह सदा करता आया था, वैसा ही
उनके लिए करे। [9] तब पीलातुस ने उनसे कहा, "क्या तुम
चाहते हो कि मैं तुम्हारे लिए यहूदियों का राजा छोड़ दूँ?"
[10] क्योंकि वह जानता था कि प्रधान याजकों ने उसे डाह के
कारण पकड़वाया है। [11] परन्तु प्रधान याजकों ने भीड़ को
उकसाया कि वह उनके लिए बरअब्बा को छोड़ दे। [12] और
पीलातुस ने फिर उनसे पूछा, "तो फिर मैं उस मनुष्य के साथ
क्या करूँ जिसे तुम यहूदियों का राजा कहते हो?" [13] और
उन्होंने फिर पुकारा, "उसे क्रूस पर चढ़ाओ!" [14] तब
पीलातुस ने कहा, "क्यों? उसने क्या बुराई की है?" परन्तु वे
और भी ज़ोर से चिल्लाने लगे, "उसे क्रूस पर चढ़ाओ!"
[15] तब पीलातुस ने भीड़ को प्रसन्न करना चाहा, और बरअब्बा
को उनके लिए छोड़ दिया; और OWY३Z को कोड़े
लगवाकर उसे क्रूस पर चढ़ाने के लिए सौंप दिया। [16] और
सैनिक उसे प्रांगण में ले गए, जो महल था, और पूरी पलटन
को उसके चारों ओर इकट्ठा किया। [17] और उन्होंने उसे
बैंगनी वस्त्र पहनाया, और काँटों का मुकुट बुनकर उसके सिर
पर रखा। [18] और वे उससे कहने लगे, "जय हो, यहूदियों के
राजा!" [19] और वे उसे सरकंडे से सिर पर मारते और उस
पर थूकते थे, और घुटने टेककर उसकी उपासना करते थे।
[20] और जब वे उसका उपहास कर चुके, तब उन्होंने बैंगनी
वस्त्र उतारकर उसके अपने कपड़े उस पर डाले, और उसे
क्रूस पर चढ़ाने के लिए बाहर ले गए। [21] और उन्होंने एक
राह चलते हुए व्यक्ति को, जो खेत से आ रहा था, पकड़
लिया — वह कुरेनी शिमोन था, अलेक्ज़ान्द्रास और रूफुस
का पिता — ताकि वह उसका क्रूस उठाए। [22] और वे उसे
गोलगोथा नामक स्थान पर ले गए, जिसका अर्थ है, खोपड़ी
का स्थान। [23] और उन्होंने उसे पीने के लिए गंधरस मिली
हुई दाखमदु दी, परन्तु उसने उसे नहीं लिया। [24] और जब
उन्होंने उसे क्रूस पर चढ़ाया, तो उसके वस्त्र बाँट लिए, यह
जानने के लिए चिट्ठियाँ डालीं कि किसे क्या मिले। [25] और
यह तीसरा पहर था जब उन्होंने उसे क्रूस पर चढ़ाया।
[26] और उसके अपराध का लेख उसके ऊपर लिखा गया:
यहूदियों का राजा। [27] और उसके साथ दो डाकुओं को भी
क्रूस पर चढ़ाया गया, एक दाहिनी ओर और दूसरा बाईं
ओर। [28] और यह वचन पूरा हुआ जो कहता है, "वह
अपराधियों के साथ गिना गया।" [29] और जो वहाँ से जा रहे
थे वे उसका अपमान कर रहे थे, सिर हिलाकर कह रहे थे,
"हाय! तू जो मिष्कान (मंदिर) को ढा देता है और तीन दिनों
में बना देता है, [30] अपने आप को बचा, और क्रूस से नीचे
उतर आ!" [31] इसी प्रकार प्रधान याजक और शास्त्री भी
आपस में ठट्ठा करके कहने लगे, "इसने औरों को बचाया,
अपने आप को नहीं बचा सकता।" [32] "मसीह, इस्राएल का
राजा, अब क्रूस से उतर आए, ताकि हम देखकर विश्वास
करें।" और जो उसके साथ क्रूस पर चढ़ाए गए थे, वे भी
उसका अपमान कर रहे थे। [33] और छठे घंटे के आने पर
सारी भूमि पर अंधकार छा गया, जो नौवें घंटे तक रहा।
[34] और नौवें घंटे पर OWY३Z ने ऊँचे स्वर से पुकारकर
कहा, "एली, एली, लमा शबक्तानी?" जिसका अर्थ है, "मेरे
ईश्वर, मेरे ईश्वर, तूने मुझे क्यों छोड़ दिया?" [35] और कुछ
खड़े हुए लोगों ने यह सुनकर कहा, "देखो, वह एलियाह को
पुकारता है!" [36] तब एक दौड़ा, और सिरका से भरा स्पंज
लेकर उसे सरकंडे पर रखकर पीने को दिया, और कहा,
"उसे रहने दो, देखें क्या एलियाह उसे उतारने आता है।"
[37] और OWY३Z ने ऊँचे स्वर से पुकारकर प्राण त्याग
दिए। [38] और मिष्कान (मंदिर) का परदा ऊपर से नीचे तक
दो भागों में फट गया। [39] और जब सूबेदार, जो उसके सामने
खड़ा था, ने यह देखा कि उसने इस प्रकार पुकारकर प्राण
त्याग दिए, तो उसने कहा, "निश्चित रूप से यह मनुष्य ईश्वर
का पुत्र था!" [40] और कुछ स्त्रियाँ भी दूर से देख रही थीं;
उनमें मरियम मगदलीनी, और मरियम जो याक़ोब छोटे और
योसेफ़ की माता थी, और शलोम भी थीं। [41] ये वे ही थीं जो
गलील में उसका अनुसरण करतीं और उसकी सेवा करती
थीं, और बहुत सी अन्य स्त्रियाँ भी थीं जो उसके साथ
यरूशलेम आई थीं। [42] और जब साँझ हो गई, क्योंकि वह
तैयारी का दिन था, अर्थात् सब्त से एक दिन पहले, [43] तो
अरिमथिया का योसेफ़, जो एक माननीय सभा का सदस्य था
और स्वयं भी ईश्वर के राज्य की प्रतीक्षा कर रहा था, आया,
और साहस करके पीलातुस के पास गया और OWY३Z के
शरीर की याचना की। [44] पीलातुस को आश्चर्य हुआ कि क्या
वह पहले ही मर गया है; और उसने सूबेदार को बुलाकर पूछा
कि क्या वह पहले ही मर गया है। [45] और जब उसे सूबेदार से
पता चला, तो उसने शरीर योसेफ़ को दे दिया। [46] और उसने
उत्तम मलमल का कपड़ा खरीदकर उसे नीचे उतारा, और
उस कपड़े में लपेटकर पत्थर में खोदी हुई एक कब्र में रखा,
और कब्र के द्वार पर एक पत्थर लुढ़का दिया। [47] और
मरियम मगदलीनी और योसेफ़ की मरियम ने देखा कि उसे
कहाँ रखा गया था।

16 [1] और जब सब्त बीत गया, तब मरियम मगदलीनी,
और याक़ोब की मरियम, और शलोम ने सुगंधित
वस्तुएँ खरीदीं ताकि जाकर उसका अभिषेक करें। [2] और
बहुत सुबह, सप्ताह के पहले दिन, जब सूर्य उग चुका था, वे
कब्र पर पहुँचीं। [3] और वे आपस में कहने लगीं, "हमारे लिए
कब्र के द्वार से पत्थर कौन हटाएगा?" [4] और ऊपर देखकर
उन्होंने देखा कि पत्थर लुढ़का दिया गया है, क्योंकि वह बहुत
बड़ा था। [5] और जब वे कब्र में दाख़िल हुईं, तो उन्होंने दाहिनी

ओर एक युवक को सफ़ेद वस्त्र पहने बैठे देखा, और वे बहुत
चकित हुईं। 6 और उसने उनसे कहा, "मत डरो। तुम
नासरत के OW५३Z को ढूँढती हो, जिसे क्रूस पर चढ़ाया
गया था। वह जी उठा है — वह यहाँ नहीं है! देखो, यह वह
स्थान है जहाँ उसे रखा गया था।" 7 "परन्तु जाओ, उसके
शिष्यों और केफ़ा से कहो कि वह तुमसे पहले गलील जा रहा
है; तुम वहाँ उसे देखोगी, जैसा उसने तुमसे कहा था।"
8 और वे बाहर निकलकर कब्र से भागीं, क्योंकि वे काँप रही थीं
और भयभीत थीं; और उन्होंने किसी से कुछ नहीं कहा,
क्योंकि वे डर गई थीं। 9 और जब वह सप्ताह के पहले दिन
सुबह जी उठा, तो पहले उसने मरियम मगदलीनी को दर्शन
दिया, जिससे उसने सात दुष्टात्माएँ निकाली थीं। 10 वह
जाकर उनके पास गई जो उसके साथ थे, और जो विलाप
और रो रहे थे, उन्हें यह समाचार दिया। 11 और जब उन्होंने
सुना कि वह जीवित है और उसने उसे देखा है, तो उन्होंने
विश्वास नहीं किया। 12 इसके बाद वह दो व्यक्तियों को भिन्न
रूप में प्रकट हुआ जब वे चल रहे थे और देहात की ओर जा
रहे थे। 13 और वे जाकर बाकी लोगों को यह बताया, परन्तु
उन्होंने उन पर भी विश्वास नहीं किया। 14 फिर वह ग्यारहो
को प्रकट हुआ जब वे भोजन कर रहे थे, और उनके
अविश्वास और हृदय की कठोरता पर उन्हें डाँटा, क्योंकि
उन्होंने उन लोगों की बातों पर विश्वास नहीं किया जिन्होंने उसे
जी उठने के बाद देखा था। 15 और उसने उनसे कहा, "सारे
संसार में जाकर हर सृष्टि के सामने शुभ समाचार
(सुसमाचार) का प्रचार करो।" 16 "जो विश्वास करेगा और
बपतिस्मा लेगा वह उद्धार पाएगा, परन्तु जो विश्वास नही
करेगा वह दोषी ठहराया जाएगा।" 17 "और ये चिन्ह विश्वास
करनेवालों के साथ होंगे: मेरे नाम में वे दुष्टात्माओं को
निकालेंगे, नई भाषाएँ बोलेंगे," 18 "वे साँपों को उठा लेंगे, और
यदि वे कोई घातक वस्तु पी लें तो वह उन्हें हानि नही
पहुँचाएगी; वे बीमारों पर हाथ रखेंगे और वे अच्छे हो
जाएँगे।" 19 फिर, जब प्रभु ने उनसे बातें कर लीं, तो वह
शमायिम में उठा लिया गया, और ३५३Z के दाहिने हाथ बैठ
गया। 20 और वे निकल गए और हर जगह प्रचार करने लगे,
और प्रभु उनके साथ कार्य करता रहा, और उन चमत्कारों के
द्वारा वचन की पुष्टि करता रहा जो उनके साथ होते थे।
आमीन।

लूका

𐤉𐤄𐤅𐤄

हिंदी संस्करण

लूका

1 1चूंकि बहुतों ने हमारे बीच पूरी तरह से प्रमाणित मामलों
का एक वर्णन क्रम में रखने का काम अपने हाथ में लिया
है, 2जैसा कि उन्होंने जिन्होंने आरंभ से प्रत्यक्षदर्शी और
वचन के सेवक रहे, उन्हें हमें सौंपा, 3इसलिए मुझे भी अच्छा
लगा, जिसने इन सभी बातों का शुरू से ठीक से अनुसरण
किया है, तुम्हें एक क्रमबद्ध विवरण लिखना, अत्यंत प्रतिष्ठित
थयोफिलोस, 4ताकि तुम उन वचनों की निश्चितता जान
सको जिनकी तुम्हें शिक्षा दी गई थी। 5याहूदा के सम्राट
हेरोदेस के दिनों में, एक निश्चित याजक था जिसका नाम
ज़ेखर्याह था, अबीया के विभाग से। और उसकी पत्नी
अहरोन की पुत्रियों में से थी, और उसका नाम एलीशेबा था।
6और वे दोनों ईश्वर के सामने धर्मी थे, 𐤉𐤄𐤅𐤄 की सभी
आज्ञाओं और धार्मिकताओं में निर्दोष रूप से चलते थे।
7और उनके कोई संतान नहीं थी, क्योंकि एलीशेबा बांझ थी,
और दोनों ही वृद्ध थे। 8और ऐसा हुआ कि जब वह अपने
विभाग के क्रम में ईश्वर के सामने याजक सेवा कर रहा था,
9याजकीय व्यवस्था के अनुसार, उसे चिट्ठी द्वारा 𐤉𐤄𐤅𐤄 के
मिश्कान में जाकर धूप जलाने के लिए चुना गया। 10और
धूप के समय पर सारी भीड़ बाहर प्रार्थना कर रही थी।
11और 𐤉𐤄𐤅𐤄 का एक संदेशवाहक उसके सामने प्रकट
हुआ, धूप की वेदी के दाहिने ओर खड़ा था। 12और जब
ज़ेखर्याह ने उसे देखा, तो वह घबरा गया, और भय उस पर
छा गया। 13परन्तु स्वर्गदूत ने उससे कहा, “डरो मत,
ज़ेखर्याह, क्योंकि तुम्हारी प्रार्थना सुनी गई है। और तुम्हारी
पत्नी एलीशेबा तुम्हें एक पुत्र जन्म देगी, और तुम उसका नाम
याहोहानान रखोगे। 14“और तुम्हें आनन्द और हर्ष होगा,
और बहुतों को उसके जन्म पर प्रसन्नता होगी। 15“क्योंकि
वह 𐤉𐤄𐤅𐤄 के सामने महान होगा, और न तो दाखमधु और
न ही कोई तेज़ पेय पीएगा। और वह अपनी माता के गर्भ से ही
आत्मा हा’कोदेश से परिपूर्ण होगा। 16“और वह यिस्राएल के
बहुत से पुत्रों को 𐤉𐤄𐤅𐤄, उनके ईश्वर की ओर फेर देगा।
17“और वह उसके सामने एलियाहु की आत्मा और सामर्थ से
जाएगा, ‘पिता के हृदयों को पुत्रों की ओर मोड़ने के लिए,’
और अवज्ञाकारी को धर्मियों की समझ की ओर, ताकि
𐤉𐤄𐤅𐤄 के लिए एक तैयार लोग बना सके।” 18और
ज़ेखर्याह ने स्वर्गदूत से कहा, “मैं इसे कैसे जानूं? क्योंकि मैं
वृद्ध हूं, और मेरी पत्नी भी वृद्ध है।” 19और स्वर्गदूत ने उत्तर
देते हुए उससे कहा, “मैं गाब्रिएल हूं, जो ईश्वर की उपस्थिति
में खड़ा रहता हूं, और तुम्हारे साथ बात करने और तुम्हें यह
शुभ समाचार सुनाने के लिए भेजा गया हूं। 20“परन्तु देखो,
तुम मौन रहोगे और तब तक बोल नहीं पाओगे जब तक कि
यह बात पूरी न हो जाए, क्योंकि तुमने मेरी बातों पर विश्वास
नहीं किया जो उनके नियत समय में पूरी होंगी।” 21और
लोग ज़ेखर्याह की प्रतीक्षा कर रहे थे, और मन्दिर में उसकी
देर से आने पर आश्चर्य कर रहे थे। 22और जब वह बाहर
आया, तो वह उनसे बात नहीं कर सका। और उन्होंने
पहचाना कि उसने मिश्कान में एक दर्शन देखा था, क्योंकि
वह उन्हें इशारा कर रहा था और मूक बना रहा। 23और ऐसा
हुआ, जब उसकी सेवा के दिन पूरे हुए, वह अपने घर चला
गया। 24और उन दिनों के बाद उसकी पत्नी एलीशेबा
गर्भवती हुई। और वह पाँच महीने तक छिपी रही, यह कहती
हुई, 25“𐤉𐤄𐤅𐤄 ने मेरे लिए यह किया है, उन दिनों में जब
उसने मुझ पर दृष्टि की, ताकि लोगों के बीच मेरी निंदा को
दूर कर दे।” 26और छठे महीने में स्वर्गदूत गाब्रिएल को
ईश्वर द्वारा गलील के एक नगर, जिसका नाम नात्सारेथ था,
भेजा गया, 27एक कन्या के पास जो एक पुरुष से व्याही हुई
थी, जिसका नाम य योसेफ़ था, जो दाविद के घराने से था।
और उस कन्या का नाम मरियम था। 28और स्वर्गदूत ने
उसके पास आकर कहा, “प्रणाम, अनुग्रह प्राप्त करनेवाली,
प्रभु तेरे साथ है। तू स्त्रियों में धन्य है!” 29पर वह उसके
वचनों से बहुत घबरा गई, और सोचने लगी कि यह किस
प्रकार का अभिवादन है। 30और स्वर्गदूत ने उससे कहा,
“डर मत, मरियम, क्योंकि तूने ईश्वर की ओर से अनुग्रह
प्राप्त किया है। 31“और देख, तू अपने गर्भ में गर्भवती होगी,
और एक पुत्र जन्म देगी, और उसका नाम 𐤉𐤄𐤅𐤔𐤏
रखेगी। 32“वह महान होगा, और परमप्रधान का पुत्र
कहलाएगा। और 𐤉𐤄𐤅𐤄 ईश्वर उसे उसके पिता दाविद का
सिंहासन देगा। 33“और वह याक़ोब के घराने पर सदा राज्य
करेगा, और उसके राज्य का कोई अंत न होगा।” 34और
मरियम ने स्वर्गदूत से कहा, “यह कैसे होगा, क्योंकि मैं पुरुष
को नहीं जानती?” 35और स्वर्गदूत ने उत्तर में उससे कहा,
“आत्मा हा’कोदेश तुझ पर आएगा, और परमप्रधान की
शक्ति तुझ पर छाया करेगी। और इसी कारण जो पवित्र
जन्मेगा, वह 𐤉𐤄𐤅𐤄 का पुत्र कहलाएगा। 36“और देख,
तेरी कुटुम्बिनी एलीशेबा ने भी अपनी वृद्धावस्था में एक पुत्र को
गर्भ धारण किया है। और जिसे बांझ कहा जाता था, यह
उसका छठा महीना है, 37क्योंकि ईश्वर के लिए कोई बात
असंभव नहीं है।” 38और मरियम ने कहा, “देख, 𐤉𐤄𐤅𐤄
की दासी हूं! तेरे वचन के अनुसार मेरे साथ ऐसा ही हो।”
और स्वर्गदूत उससे चला गया। 39और उन दिनों में मरियम
उठी और शीघ्रता से पहाड़ी देश की ओर याहूदा के एक नगर
में गई, 40और ज़ेखर्याह के घर में प्रवेश करके एलीशेबा को
नमस्कार किया। 41और ऐसा हुआ कि जब एलीशेबा ने
मरियम का अभिवादन सुना, तो बालक उसके गर्भ में उछल
पड़ा। और एलीशेबा आत्मा हा’कोदेश से परिपूर्ण हो गई,
42और उसने ऊँचे स्वर में पुकारकर कहा, “तू स्त्रियों में
धन्य है, और धन्य है तेरे गर्भ का फल! 43“और मैं कौन हूं,
कि मेरे पास प्रभु की माता आए? 44“क्योंकि देखो, जैसे ही

तेरे अभिवादन की ध्वनि मेरे कानों में आई, मेरे गर्भ का शिशु
आनन्द से उछल पड़ा। 45 “धन्य है वह जिसने विश्वास
किया, क्योंकि जो बात 𐤉𐤄𐤅𐤄 ने उससे कही है, वह पूरी
होगी!” 46 और मरियम ने कहा, “मेरा प्राण 𐤉𐤄𐤅𐤄 को
महान बनाता है, 47 और मेरी आत्मा मेरे उद्धारकर्ता ईश्वर में
आनन्दित हुई है। 48 “क्योंकि उसने अपनी दासी की दीनता
पर दृष्टि की है। देखो, अब से सब पीढ़ियाँ मुझे धन्य
कहेंगी। 49 “क्योंकि जो पराक्रमी है उसने मेरे लिए बड़े काम
किए हैं, और उसका नाम पवित्र है। 50 “और उसकी दया
पीढ़ी से पीढ़ी तक उन पर होती है जो उससे डरते हैं।
51 “उसने अपनी भुजा से पराक्रम दिखाया, उसने मन में
घमण्ड करने वालों को तितर-बितर कर दिया। 52 “उसने
शासकों को उनके सिंहासनों से नीचे गिरा दिया, और दीनों को
ऊँचा उठाया। 53 “उसने भूखों को अच्छी वस्तुओं से तृप्त
किया, और धनवानों को खाली भेज दिया। 54 “उसने अपने
सेवक इस्राएल की सहायता की, अपनी दया को स्मरण
किया, 55 “जैसा उसने हमारे पिताओं अब्राहम और उसके वंश
से सदा के लिए कहा था।” 56 और मरियम लगभग तीन
महीने तक उसके साथ रही, और फिर अपने घर लौट गई।
57 और एलीशेबा के प्रसव का समय पूरा हुआ, और उसने एक
पुत्र को जन्म दिया। 58 और उसके पड़ोसियों और
सम्बन्धियों ने सुना कि 𐤉𐤄𐤅𐤄 ने उस पर बड़ी दया की है,
और वे उसके साथ आनन्दित हुए। 59 और ऐसा हुआ, आठवें
दिन वे बालक का खतना करने आए। और वे उसे उसके
पिता ज़ेखर्याह के नाम से बुला रहे थे। 60 पर उसकी माता ने
उत्तर में कहा, “ऐसा नहीं, परन्तु उसका नाम याहोहानान रखा
जाएगा।” 61 और उन्होंने उससे कहा, “तेरे रिश्तेदारों में
कोई ऐसा नहीं है जिसका यह नाम हो।” 62 तब उन्होंने उसके
पिता को संकेत किया कि वह उसका क्या नाम रखना चाहता
है। 63 और उसने एक पटिया मंगवाकर लिखा, “उसका नाम
याहोहानान है।” और सब आश्चर्यचकित हो गए। 64 और
उसी क्षण उसका मुँह खुल गया और उसकी जीभ ढीली हो
गई, और वह बोलने लगा, ईश्वर की स्तुति करता हुआ।
65 और जो सब उसके चारों ओर रहते थे उन सब पर भय छा
गया, और ये सारी बातें याहूदा के पहाड़ी देश में सर्वत्र बताई
गईं। 66 और जितनों ने यह सुना, उन्होंने उन्हें अपने मन में
रखा, यह कहते हुए, “तो यह बालक क्या होगा?” और
𐤉𐤄𐤅𐤄 का हाथ उसके साथ था। 67 और उसके पिता
ज़ेखर्याह आत्मा हा'कोदेश से परिपूर्ण हुआ, और भविष्यवाणी
करते हुए कहा, 68 “धन्य हो 𐤉𐤄𐤅𐤄 ईश्वर इस्राएल का,
क्योंकि उसने अपने लोगों की सुधि ली और उनके लिए मुक्ति
का कार्य किया, 69 और उसने अपने सेवक दाविद के घराने में
हमारे लिए उद्धार का सींग उठाया है, 70 जैसा उसने अपने
पवित्र भविष्यद्वक्ताओं के मुख से, प्राचीन काल से कहा था -
71 हमारे शत्रुओं से उद्धार, और उन सब के हाथ से जो हमसे
बैर रखते हैं, 72 हमारे पिताओं पर दया दिखाने के लिए, और
अपनी पवित्र वाचा को स्मरण करने के लिए, 73 उस शपथ
को जो उसने हमारे पिता अब्राहम से खाई थी: 74 कि वह हमें
दे, कि हम अपने शत्रुओं के हाथ से छुटकारा पाकर, निर्भय
होकर उसकी सेवा करें, 75 पवित्रता और धर्म में उसके सामने
अपने जीवन के सब दिनों में। 76 “और हे बालक, तू
परमप्रधान का नबी कहलाएगा, क्योंकि तू 𐤉𐤄𐤅𐤄 के मुख से
आगे जाकर उसके मार्ग तैयार करेगा, 77 अपने लोगों को
उनके पापों की क्षमा द्वारा उद्धार का ज्ञान देने के लिए,
78 हमारे ईश्वर की कोमल दया के कारण, जिसके द्वारा ऊपर
से उदय होनेवाले ने हम पर दृष्टि की है, 79 अन्धकार और
मृत्यु की छाया में बैठे लोगों को ज्योति देने के लिए, हमारे पैरों
को शान्ति के मार्ग पर ले चलने के लिए।” 80 और बालक
बढ़ता गया और आत्मा में बलवन्त होता गया, और वह जंगलों
में रहा उस दिन तक जब वह इस्राएल के लोगों के सामने
प्रकट हुआ।

2 1 और उन दिनों में ऐसा हुआ कि कैसर ऑगस्टस की
ओर से एक आदेश निकला कि सारी दुनिया की
जनगणना की जाए। 2 यह उस समय की पहली जनगणना
थी जब कुरिनियुस सूरिया का राज्यपाल था। 3 और सब लोग
अपने-अपने नगर में पंजीकरण के लिए जा रहे थे। 4 और
योसेफ़ भी गलील से, नात्सारेथ नगर से उठकर याहूदा में,
दाविद के नगर, जो बेय्थ लेहेम कहलाता है, गया, क्योंकि वह
दाविद के घराने और वंश का था, 5 ताकि मरियम के साथ
पंजीकृत हो, जो उससे व्याही हुई थी - और गर्भवती थी।
6 और ऐसा हुआ कि जब वे वहाँ थे, तो उसके जन्म देने के
दिन पूरे हुए। 7 और उसने अपने पहिलौठे पुत्र को जन्म
दिया, और उसे कपड़ों में लपेटकर चरनी में रखा, क्योंकि
उनके लिए सराय में कोई स्थान नहीं था। 8 और उसी देश में
कुछ चरवाहे थे जो खेतों में रहते थे, और रात को अपने झुंड
की रखवाली कर रहे थे। 9 और देखो, 𐤉𐤄𐤅𐤄 का एक
संदेशवाहक उनके सामने खड़ा हुआ, और 𐤉𐤄𐤅𐤄 की
महिमा उनके चारों ओर चमकने लगी, और वे अत्यन्त डर
गए। 10 और स्वर्गदूत ने उनसे कहा, “डरो मत, क्योंकि
देखो, मैं तुम्हें महान आनन्द का शुभ समाचार सुनाता हूं, जो
सब लोगों के लिए होगा। 11 “क्योंकि आज दाविद के नगर में
तुम्हारे लिए एक उद्धारकर्ता उत्पन्न हुआ है, जो मसीह, प्रभु
है। 12 “और यह तुम्हारे लिए चिन्ह है: तुम एक शिशु को
कपड़ों में लिपटा हुआ, चरनी में लेटा हुआ पाओगे।” 13 और
अचानक उस स्वर्गदूत के साथ आकाश की एक बड़ी सेना
प्रकट हुई, जो ईश्वर की स्तुति कर रही थी और कह रही थी,
14 “सर्वोच्च में ईश्वर की महिमा हो, और पृथ्वी पर उन मनुष्यों
में शान्ति हो जिनसे वह प्रसन्न है!” 15 और ऐसा हुआ कि जब
स्वर्गदूत उनके पास से आकाश की ओर चले गए, तो चरवाहों
ने आपस में कहा, “आओ हम बेय्थ लेहेम चलें और वह बात
देखें जो घटित हुई है, जिसे प्रभु ने हमें प्रकट किया है।”
16 और वे शीघ्रता से आए और मरियम और योसेफ़ को और
शिशु को चरनी में पड़ा हुआ पाया। 17 और देखकर, उन्होंने
वह बात प्रकट की जो उस बालक के विषय में उनसे कही गई
थी। 18 और जितनों ने यह सुना, वे सब उन बातों पर चकित
हुए जो चरवाहों ने उनसे कही थीं। 19 परन्तु मरियम इन सब
बातों को अपने मन में रखती रही और उनका विचार करती
रही। 20 और चरवाहे लौट गए, उस सबके लिए ईश्वर की
महिमा और स्तुति करते हुए जो उन्होंने सुना और देखा था,
जैसा उनसे कहा गया था। 21 और जब उसके खतना के

आठ दिन पूरे हुए, तब उसका नाम ow५३z रखा गया, वही
नाम जो गर्भ में आने से पहले स्वर्गदूत ने दिया था। [22]और
जब उसकी शुद्धिकरण के दिन मूशेह की तोराह के अनुसार
पूरे हुए, तो वे उसे ३५३z को अर्पण करने के लिए
येरुशालेम ले गए - [23]जैसा कि ३५३z की तोराह में लिखा
है, "हर वह पुरुष जो गर्भ खोलता है, ३५३z के लिए पवित्र
कहलाएगा" - [24]और ३५३z की तोराह में कही गई बात के
अनुसार बलिदान चढ़ाने के लिए, "एक जोड़ा तीतर या दो
युवा कबूतर।" [25]और देखो, येरुशालेम में एक पुरुष था
जिसका नाम शिमओन था, और यह पुरुष धर्मी और समर्पित
था, इस्राएल की सांत्वना की प्रतीक्षा कर रहा था। और
आत्मा हा'कोदेश उस पर था। [26]और आत्मा हा'कोदेश द्वारा
उसे यह प्रकट किया गया था कि वह मृत्यु को नहीं देखेगा
जब तक कि ३५३z का मसीह न देख ले। [27]और वह
आत्मा में मिकदाश में आया। और जब माता-पिता बालक
ow५३z को ले आए, ताकि उसके लिए तोराह की रीति के
अनुसार करें, [28]तब उसने उसे अपनी बाहों में लिया और
ईश्वर की स्तुति की और कहा, [29]"अब, हे प्रभु, तू अपने
वचन के अनुसार अपने सेवक को शान्ति में विदा करता है,
[30]क्योंकि मेरी आँखों ने तेरे उद्धार को देख लिया है, [31]जिसे
तूने सब लोगों के सामने तैयार किया है, [32]जातियों के प्रकाश
के लिए, और तेरे लोगों इस्राएल की महिमा के लिए।"
[33]और योसेफ़ और उसकी माता उस बात से चकित थे जो
उसके विषय में कही गई थी। [34]और शिमओन ने उन्हें
आशीर्वाद दिया, और उसकी माता मरियम से कहा, "देख,
यह बालक इस्राएल में बहुतों के गिरने और उठने के लिए
ठहराया गया है, और एक चिन्ह होगा जिसका विरोध किया
जाएगा - [35]और एक तलवार तेरे अपने प्राण में भी प्रवेश
करेगी - ताकि बहुतों के हृदय के विचार प्रकट हो सकें।"
[36]और वहाँ एक नबीयाह हन्नाह थी, पेनूएल की बेटी, अशेर के
गोत्र से। वह बहुत वृद्ध थी, और अपने कौमार्य से सात वर्ष
पति के साथ रही थी, [37]और वह लगभग चौरासी वर्ष की
विधवा थी, जो मिकदाश को नहीं छोड़ती थी, बल्कि दिन रात
उपवास और प्रार्थनाओं के द्वारा ईश्वर की सेवा करती थी।
[38]और वह उसी समय आई, और ३५३z को धन्यवाद
दिया, और उनके विषय में उन सब से बात की जो येरुशालेम
में छुटकारे की प्रतीक्षा कर रहे थे। [39]और जब उन्होंने
३५३z की तोराह के अनुसार सब कुछ पूरा कर लिया, तो वे
गलील को, अपने नगर नात्सारेथ लौट गए। [40]और बालक
बढ़ता गया और आत्मा में बलवान होता गया, और बुद्धि से
परिपूर्ण था। और ईश्वर का अनुग्रह उस पर था। [41]और
उसके माता-पिता प्रति वर्ष फसह के पर्व पर येरुशालेम जाते
थे। [42]और जब वह बारह वर्ष का हुआ, तो वे पर्व की रीति के
अनुसार येरुशालेम गए। [43]और जब वे वे दिन पूरे कर लौट
रहे थे, तब बालक ow५३z येरुशालेम में पीछे रह गया,
और उसके माता-पिता को इसका पता नहीं था। [44]पर यह
सोचकर कि वह साथ की मंडली में है, वे एक दिन का रास्ता
चले और उसे रिश्तेदारों और परिचितों में खोजते रहे।
[45]और जब वे उसे न पाए, तो उसे खोजते हुए येरुशालेम
लौट आए। [46]और ऐसा हुआ कि तीन दिनों के बाद उन्होंने
उसे मिकदाश में पाया, जहाँ वह शिक्षकों के बीच बैठा था, उन्हें
सुनता और उनसे प्रश्न करता था। [47]और जितनों ने उसे
सुना, वे सब उसकी समझ और उसके उत्तरों से चकित थे।
[48]और जब उन्होंने उसे देखा, तो वे अचम्भित हुए। और
उसकी माता ने उससे कहा, "पुत्र, तूने हमारे साथ ऐसा क्यो
किया? देख, तेरा पिता और मैं तुझे बड़े दुख के साथ खोज
रहे थे।" [49]और उसने उनसे कहा, "तुम मुझे क्यों खोज रहे
थे? क्या तुम नहीं जानते कि मुझे अपने पिता के कार्यों में होना
चाहिए?" [50]परन्तु उन्होंने वह बात नहीं समझी जो उसने
उनसे कही। [51]और वह उनके साथ नीचे गया और
नात्सारेथ आया, और उनके अधीन रहा। और उसकी माता
ने इन सब बातों को अपने हृदय में रखा। [52]और ow५३z
बुद्धि और कद में, और ३५३z और मनुष्यों के अनुग्रह में
बढ़ता गया।

3 [1]और टिबेरियुस कैसर के शासन के पंद्रहवें वर्ष में, जब
पोंतियुस पीलातुस याहूदा का राज्यपाल था, और हेरोदेस
गलील का क्षेत्रीय शासक था, और उसका भाई फिलिप्पोस
यतूर और त्राकोनीतिस देश का शासक था, और लूसानियास
अबीलेने का शासक था, [2]हनन और कायाफ़ा प्रधान याजक
थे, तब जंगल में ज़ेखर्याह के पुत्र याहोहानान के पास ईश्वर
का वचन आया। [3]और वह यर्दन के आस-पास के सारे क्षेत्र
में गया, पश्चाताप के लिए पापों की क्षमा का बपतिस्मा प्रचार
करता हुआ। [4]जैसा कि यशायाहु नबी की वचनों की पुस्तक
में लिखा है, "जंगल में एक पुकारने वाले की आवाज़:
'३५३z का मार्ग तैयार करो, उसके मार्गों को सीधा
बनाओ। [5]हर घाटी भर दी जाएगी और हर पर्वत और पहाड़ी
नीची की जाएगी, टेढ़े सीधे हो जाएंगे, और ऊबड़-खाबड़
रास्ते समतल होंगे, [6]और हर प्राणी ईश्वर का उद्धार
देखेगा।' " [7]इसलिए उसने उन भीड़ से कहा जो उसके द्वारा
बपतिस्मा लेने आई थी, "सांपों की सन्तान, किसने तुम्हें आने
वाले क्रोध से बचने की चेतावनी दी? [8]"इसलिए ऐसे फल
लाओ जो पश्चाताप के योग्य हों, और अपने मन में यह मत
कहो, 'हमारा पिता अब्राहम है।' क्योंकि मैं तुमसे कहता हूं कि
ईश्वर इन पत्थरों से भी अब्राहम के लिए सन्तान उत्पन्न कर
सकता है। [9]"और अब भी कुल्हाड़ी वृक्षों की जड़ों पर रखी
है। इस कारण, हर पेड़ जो अच्छा फल नहीं लाता, काटकर
आग में डाला जाता है।" [10]और भीड़ ने उससे पूछा, "तो
फिर हम क्या करें?" [11]और उसने उत्तर देते हुए उनसे कहा,
"जिसके पास दो अंतर्वस्त्र हैं वह उसके साथ बाँटे जिसके
पास कोई नहीं है, और जिसके पास भोजन है वह भी ऐसा ही
करे।" [12]और कर वसूलने वाले भी बपतिस्मा लेने आए और
उससे कहा, "शिक्षक, हम क्या करें?" [13]उसने उनसे कहा,
"तुम जितना निश्चित किया गया है उससे अधिक एकत्र न
करो।" [14]और सिपाहियों ने भी उससे पूछा, "और हम क्या
करें?" उसने उनसे कहा, "किसी को धमकाओ मत, झूठा
दोष मत लगाओ, और अपनी वेतन से संतुष्ट रहो।" [15]और
जब लोग आशा में थे, और सब अपने दिलों में याहोहानान के
बारे में सोच रहे थे कि क्या वह मसीह है या नहीं, [16]योहानान
ने उत्तर दिया, उन सभी से कहते हुए, "मैं वास्तव में तुम्हें पानी
में डुबोता हूँ, परन्तु एक जो मुझसे अधिक सामर्थी है आ रहा
है, जिसके जूते के बन्धन खोलने के योग्य भी मैं नहीं हूँ। वह
तुम्हें Ruaḥ ha'Qodesh और आग में डुबोएगा।"

17 “उसका सूप उसके हाथ में है, और वह अपने खलिहान को
पूरी तरह साफ करेगा, और गेहूं को अपने भंडार में इकट्ठा
करेगा, पर भूसा अग्नि में जलाएगा जो कभी नहीं बुझेगी।”
18 और उसने बहुत से और भी वचनों से उन्हें समझाया, और
लोगों को शुभ सन्देश दिया। 19 परन्तु हेरोदेस क्षेत्रीय
शासक, जिसने फिलिप्पोस की पत्नी हेरोदियास के विषय में,
और जो भी बुरे काम उसने किए थे उनके विषय में,
याहोहानान से ताड़ना पाई, 20 उसने इन सबके साथ यह भी
जोड़ा — कि उसने याहोहानान को जेल में बंद कर दिया।
21 और ऐसा हुआ कि जब सब लोग बपतिस्मा ले रहे थे,
𐤉𐤄𐤅𐤔𐤏 ने भी बपतिस्मा लिया, और प्रार्थना कर रहा था,
तब आकाश खुल गया। 22 और आत्मा हा'कोदेश शरीर रूप
में कबूतर के समान उस पर उतरी, और आकाश से एक
आवाज़ आई, “तू मेरा पुत्र है, प्रिय, मैं तुझसे प्रसन्न हूं।”
23 और जब 𐤉𐤄𐤅𐤔𐤏 ने आरंभ किया, तब उसकी आयु
लगभग तीस वर्ष की थी, और व्यवस्था के अनुसार वह योसेफ़
का पुत्र था, जो एली का था, 24 मतित्याहु का, लेवी का,
मेलेक़ी का, यानाह का, योसेफ़ का, 25 मतित्याहु का, आमोत्स
का, नहूम का, हेसली का, नोगाह का, 26 मआथ का, मतित्याहु
का, शिमई का, योसेफ़ का, यहूदा का, 27 याहोहानान का,
रेफ़ायाह का, ज़ेरुब्बाबेल का, शअल्तिएल का, नेरी का,
28 मेलेक़ी का, अद्दी का, क़ेसेम का, एलमोदम का, एर का,
29 योसेफ़ का, एल्याजर का, योरीम का, मतित्याहु का, लेवी
का, 30 शिमओन का, यहूदा का, योसेफ़ का, योनाम का,
एलयाकीम का, 31 मेलेआ का, मेन्ना का, मतत्ताह का, नातान
का, दाविद का, 32 यिशै का, ओबेद का, बोअज़ का, सलमोन
का, नहशोन का, 33 अम्मीनादाब का, राम का, हेत्सरोन का,
पेरेत्स का, यहूदा का, 34 याक़ोब का, यित्सहाक का, अब्राहम
का, तेरह का, नहोर का, 35 सेरूग का, रेउ का, पेलेग का,
एबर का, शेलह का, 36 केनान का, अरपकशाद का, शेम का,
नोह का, लेमेख का, 37 मेथूशेलह का, हनोक का, येरेद का,
महललेएल का, केनान का, 38 एनोश का, शेत का, आदम
का, 𐤉𐤄𐤅𐤄 का।

4 1 और 𐤉𐤄𐤅𐤔𐤏, आत्मा हा'कोदेश से परिपूर्ण होकर,
यर्दन से लौटे और आत्मा द्वारा जंगल में ले जाए गए।
2 और चालीस दिनों तक शैतान द्वारा परखा गया। उन दिनों
में उसने कुछ भी नहीं खाया, और जब वे दिन पूरे हुए, तब वह
भूखा हुआ। 3 और शैतान ने उससे कहा, “यदि तू 𐤉𐤄𐤅𐤄
का पुत्र है, तो इस पत्थर से कह कि रोटी बन जाए।”
4 परन्तु 𐤉𐤄𐤅𐤔𐤏 ने उसे उत्तर दिया, “लिखा है, ‘मनुष्य
केवल रोटी से नहीं जीवित रहेगा, परन्तु 𐤉𐤄𐤅𐤄 के हर
वचन से।’ ” 5 और शैतान ने उसे एक ऊँचे पर्वत पर ले
जाकर थोड़े ही समय में उसे संसार के सारे राज्य दिखाए।
6 और शैतान ने उससे कहा, “यह सारी सत्ता मैं तुझे दूंगा,
और इनकी महिमा भी, क्योंकि यह मुझे सौंप दी गई है, और मैं
जिसे चाहता हूं उसे देता हूं। 7 “इसलिए यदि तू मेरे आगे
दण्डवत करे, तो यह सब तेरा हो जाएगा।” 8 तब 𐤉𐤄𐤅𐤔𐤏
ने उत्तर में उससे कहा, “मेरे पीछे हट जा, शैतान! क्योंकि
लिखा है, ‘तू 𐤉𐤄𐤅𐤄 अपने ईश्वर की उपासना करेगा, और
केवल उसी की सेवा करेगा।’ ” 9 और उसने उसे येरुशालेम
में ले जाकर मिकदाश की चोटी पर खड़ा किया और उससे
कहा, “यदि तू 𐤉𐤄𐤅𐤄 का पुत्र है, तो यहां से अपने आप को
नीचे गिरा दे, 10 क्योंकि लिखा है, ‘वह तेरे विषय में अपने
स्वर्गदूतों को आज्ञा देगा, कि वे तेरी रक्षा करें,’ 11 और, ‘वे
तुझे अपने हाथों पर उठाएंगे, ऐसा न हो कि तू अपने पाँव को
पत्थर से टकरा दे।’ ” 12 और 𐤉𐤄𐤅𐤔𐤏 ने उत्तर में उससे
कहा, “कहा गया है, ‘तू 𐤉𐤄𐤅𐤄 अपने ईश्वर की परीक्षा न
कर।’ ” 13 और जब शैतान ने हर परीक्षा समाप्त कर ली,
तब वह एक समय के लिए उससे दूर चला गया। 14 और
𐤉𐤄𐤅𐤔𐤏 आत्मा की सामर्थ से गलील को लौटे, और उसकी
चर्चा आसपास के सारे देश में फैल गई। 15 और वह उनके
सभास्थलों में शिक्षा दे रहा था, और सब लोग उसकी प्रशंसा
कर रहे थे। 16 और वह नात्सारेथ आया, जहाँ वह पला बढ़ा
था। और अपनी रीति के अनुसार, शब्बात के दिन वह सभा
में गया और पढ़ने के लिए खड़ा हुआ। 17 और यशायाहु नबी
की पुस्तक उसे दी गई। और जब उसने पुस्तक को खोला,
तो उसने वह स्थान पाया जहाँ लिखा था: 18 “𐤉𐤄𐤅𐤄 की
आत्मा मुझ पर है, क्योंकि उसने मुझे अभिषिक्त किया है कि
मैं दरिद्रों को शुभ समाचार सुनाऊं। उसने मुझे भेजा है टूटे
हृदय वालों को चंगा करने, बंधुओं को मुक्त करने और अंधों
को दृष्टि वापस देने, और दबे हुए लोगों को स्वतंत्र करने के
लिए, 19 कि 𐤉𐤄𐤅𐤄 के प्रसन्नता के वर्ष का प्रचार करूं।”
20 और पुस्तक को समेटकर, उसने सेवक को वापस दे दी
और बैठ गया। और सभा में सबकी आँखें उस पर लगी थीं।
21 और उसने उनसे कहना शुरू किया, “आज यह शास्त्र
तुम्हारी सुनवाई में पूरा हुआ है।” 22 और सब लोग उसकी
गवाही दे रहे थे, और उसके मुंह से निकलने वाले मनभावन
वचनों पर अचम्भित हो रहे थे। और कहने लगे, “क्या यह
योसेफ़ का पुत्र नहीं है?” 23 तब उसने उनसे कहा, “निश्चय
ही तुम मुझसे यह कहावत कहोगे, ‘चिकित्सक, अपने आप
को चंगा कर! जो बातें हमने केफ़र नहूम में होते सुनी हैं, वही
यहाँ अपने देश में भी कर।’ ” 24 और उसने कहा, “मैं तुमसे
सच कहता हूं, कोई नबी अपने देश में ग्रहण नहीं किया
जाता। 25 “परन्तु मैं तुमसे सच कहता हूं, एलियाहु के दिनों
में जब तीन वर्ष और छह महीने तक आकाश बन्द रहा और
पूरे देश में बड़ा अकाल पड़ा, उस समय इस्राएल में बहुत सी
विधवाएँ थीं, 26 पर एलियाहु उन में से किसी के पास नहीं भेजा
गया, केवल सिदोन के सारेफ़थ नगर की एक स्त्री, जो
विधवा थी, के पास। 27 “और एलीशा नबी के समय में
इस्राएल में बहुत से कोढ़ी थे, परन्तु उनमें से कोई शुद्ध नहीं
किया गया, सिवाय नअमान अरामी के।” 28 और सभा में
जितने थे, जब उन्होंने ये बातें सुनीं, तो क्रोध से भर गए।
29 और उठकर उन्होंने उसे नगर से बाहर निकाला, और उस
पहाड़ी की चोटी तक ले गए जिस पर उनका नगर बसा था,
ताकि उसे नीचे गिरा दें। 30 परन्तु वह उनके बीच से
निकलकर चला गया। 31 और वह गलील के केफ़र नहूम
नगर में नीचे आया, और शब्बातों के दिन लोगों को सिखा रहा
था। 32 और वे उसकी शिक्षा से चकित थे, क्योंकि उसका
वचन अधिकार के साथ था। 33 और सभा में एक मनुष्य था
जिसमें एक अशुद्ध दूत की आत्मा थी। और वह ऊँचे स्वर से

चिल्लाया, [34] कहते हुए, "हाय! नात्सारेथ के 𐤉𐤄𐤅𐤔𐤏,
तुझसे हमें क्या लेना देना? क्या तू हमें नष्ट करने आया है? मैं
तुझे जानता हूं कि तू कौन है, ईश्वर का पवित्रजन!" [35] और
𐤉𐤄𐤅𐤔𐤏 ने उसे डांटते हुए कहा, "चुप रह, और उससे
बाहर निकल जा!" और जब उस दुष्ट आत्मा ने उसे बीच में
पटक दिया, तो वह उससे बिना किसी क्षति के बाहर निकल
गया। [36] और सब लोग अचम्भित हुए, और आपस में कहने
लगे, "यह कौन-सा वचन है, कि वह अधिकार और सामर्थ से
अशुद्ध आत्माओं को आज्ञा देता है, और वे बाहर निकल जाती
हैं?" [37] और उसकी चर्चा उस सारे क्षेत्र में फैल गई। [38] और
वह सभा से उठकर शिमओन के घर गया। परन्तु शिमओन
की सास को तेज बुखार था, और उन्होंने उसके लिए उससे
बिनती की। [39] और उसने उसके पास खड़े होकर उस ज्वर
को डाटा, और वह उससे चला गया। और वह तुरंत उठी
और उनकी सेवा करने लगी। [40] और जब सूरज डूबने लगा,
तो सब लोग जो अपने बीमारों को विभिन्न रोगों से ग्रसित थे,
उन्हें उसके पास लाए। और उसने हर एक पर हाथ रखकर
उन्हें चंगा किया। [41] और बहुतों से दुष्ट आत्माएँ भी निकल
रही थीं, चिल्लाते हुए कहती थीं, "तू मसीह है, ईश्वर का
पुत्र!" और वह उन्हें डांटता था, उन्हें बोलने नहीं देता था,
क्योंकि वे जानते थे कि वह मसीह है। [42] और जब दिन हुआ,
तो वह एक एकान्त स्थान में गया। परन्तु भीड़ उसे ढूंढती हुई
आई, और उसके पास पहुंचकर उसे जाने से रोकना चाहा।
[43] और उसने उनसे कहा, "मुझे और नगरों में भी ईश्वर के
राज्य का शुभ समाचार देना आवश्यक है, क्योंकि इसी लिए मैं
भेजा गया हूं।" [44] और वह गलील की सभाओं में प्रचार कर
रहा था।

5 [1] और ऐसा हुआ कि जब भीड़ उस पर दबाव डाल रही थी
ताकि वे 𐤄𐤅𐤄𐤉 का वचन सुनें, तब वह गन्नेसर झील के
किनारे खड़ा था। [2] और उसने झील के किनारे दो नावें
देखीं, पर मछुआरे उनमें से उतर चुके थे और अपने जाल
धो रहे थे। [3] और वह एक नाव में चढ़ा, जो शिमओन की थी,
और उससे कहा कि वह किनारे से थोड़ा हटकर ले चले।
और वह बैठ गया और नाव से भीड़ को सिखाने लगा। [4] और
जब उसने बोलना समाप्त किया, तो उसने शिमओन से कहा,
"गहरे में ले चलो और मछलियाँ पकड़ने के लिए अपने जाल
डालो।" [5] तब शिमओन ने उत्तर देकर कहा, "प्रभु, हमने
सारी रात परिश्रम किया और कुछ नहीं पकड़ा, फिर भी तेरे
वचन पर मैं जाल डालूंगा।" [6] और जब उन्होंने ऐसा किया,
तो उन्होंने बहुत बड़ी संख्या में मछलियाँ पकड़ीं, और उनका
जाल फटने लगा। [7] और उन्होंने अपने दूसरे नाव में साथियों
को इशारा किया कि आकर उनकी मदद करें। और वे आए
और दोनों नावों को भर दिया, यहाँ तक कि वे डूबने लगीं।
[8] और जब शिमओन केफा ने यह देखा, तो वह 𐤉𐤄𐤅𐤔𐤏 के
पैरों पर गिर पड़ा और कहा, "प्रभु, मेरे पास से चले जा,
क्योंकि मैं एक पापी मनुष्य हूं।" [9] क्योंकि जो मछलियों का
पकड़ हुआ था, उसके कारण वह और जो उसके साथ थे सब
चकित हो गए थे। [10] उसी प्रकार ज़ब्दै के पुत्र याक़ोब और
याहोहानान भी, जो शिमओन के साझेदार थे। तब 𐤉𐤄𐤅𐤔𐤏
ने शिमओन से कहा, "मत डर, अब से तू मनुष्यों को पकड़ने
वाला होगा।" [11] और वे नावों को किनारे पर लाकर सब कुछ
छोड़कर उसके पीछे हो लिए। [12] और ऐसा हुआ कि जब वह
एक नगर में था, देखो, एक व्यक्ति जो कोढ़ से भरा हुआ था,
उसने 𐤉𐤄𐤅𐤔𐤏 को देखा। और वह मुँह के बल गिर पड़ा
और उससे बिनती करने लगा, "प्रभु, यदि तू चाहे, तो मुझे
शुद्ध कर सकता है।" [13] और उसने अपना हाथ बढ़ाया और
उसे छूते हुए कहा, "मैं चाहता हूं। शुद्ध हो जा।" और तुरंत
कोढ़ उससे चला गया। [14] और उसने उससे किसी से न
कहने की आज्ञा दी, "परन्तु जाकर अपने आप को याजक
को दिखा, और अपनी शुद्धि के लिए वह भेंट चढ़ा जो मोशेह ने
आज्ञा दी है, उनके लिए एक गवाही के रूप में।" [15] और
उसकी चर्चा और अधिक फैलती गई। और बड़ी भीड़ उसके
पास सुनने और अपने रोगों से चंगा होने के लिए इकट्ठी होती
थी। [16] परन्तु वह निर्जन स्थानों में चला जाता था और
प्रार्थना करता था। [17] और एक दिन ऐसा हुआ कि जब वह
सिखा रहा था, तो फरीसी और तोराह के शिक्षक जो गलील,
यहूदा और येरुशालेम के हर गांव से आए थे, वहां बैठे थे।
और 𐤄𐤅𐤄𐤉 की शक्ति वहाँ उन्हें चंगा करने के लिए
उपस्थित थी। [18] और देखो, कुछ लोग एक व्यक्ति को खाट
पर लाए जो लकवाग्रस्त था। और वे उसे भीतर लाकर उसके
सामने रखने का उपाय खोज रहे थे। [19] परन्तु भीड़ के
कारण कोई मार्ग न पाकर, उन्होंने छत पर चढ़कर खपरैल
से उसे उसकी खाट सहित 𐤉𐤄𐤅𐤔𐤏 के सामने बीच में
उतार दिया। [20] और जब उसने उनका विश्वास देखा, तो
उसने उस व्यक्ति से कहा, "मनुष्य, तेरे पाप क्षमा किए गए
हैं।" [21] तब शास्त्री और फरीसी सोचने लगे, "यह कौन है
जो निन्दा की बातें करता है? केवल ईश्वर ही पापों को क्षमा
कर सकता है।" [22] और 𐤉𐤄𐤅𐤔𐤏 ने उनके विचार
जानकर उनसे कहा, "तुम अपने हृदयों में क्यों विचार कर
रहे हो?" [23] "क्या कहना आसान है, 'तेरे पाप क्षमा हुए,' या
कहना, 'उठकर चल फिर?'" [24] "परन्तु ताकि तुम जानो कि
आदम का पुत्र पृथ्वी पर पाप क्षमा करने का अधिकार रखता
है..." उसने उस लकवाग्रस्त मनुष्य से कहा, "मैं तुझसे
कहता हूं, उठ, अपनी खाट उठा, और अपने घर चला जा।"
[25] और वह तुरन्त उनके सामने उठ खड़ा हुआ, जिस पर वह
लेटा था उसे उठाया, और अपने घर चला गया, ईश्वर की
स्तुति करता हुआ। [26] और सब पर विस्मय छा गया, और वे
ईश्वर की महिमा करने लगे, और भय से भर गए, कहते हुए,
"हमने आज अद्भुत बातें देखी हैं!" [27] इसके बाद वह बाहर
गया और लेवी नामक एक चुंगी लेने वाले को देखा जो चुंगी
घर पर बैठा था, और उससे कहा, "मेरे पीछे हो ले।" [28] और
उसने सब कुछ छोड़कर उठकर उसका अनुसरण किया।
[29] और लेवी ने अपने घर में उसके लिए एक बड़ा भोज रखा,
और बहुत से चुंगी लेने वाले और अन्य लोग उनके साथ बैठ
गए। [30] और फरीसी और उनके शास्त्री उसके शिष्यों से
कुड़कुड़ाते हुए बोले, "तू चुंगी लेने वालों और पापियों के साथ
खाता और पीता क्यों है?" [31] तब 𐤉𐤄𐤅𐤔𐤏 ने उत्तर देकर
उनसे कहा, "जो स्वस्थ हैं उन्हें वैद्य की आवश्यकता नहीं,
पर जो बीमार हैं उन्हें होती है।" [32] "मैं धर्मियों को नहीं,
परन्तु पापियों को पश्चाताप के लिए बुलाने आया हूं।" [33] और
उन्होंने उससे कहा, "याहोहानान के शिष्य बार-बार उपवास
करते और प्रार्थनाएँ करते हैं, और फरीसियों के भी वैसे ही;

परन्तु तेरे शिष्य खाते-पीते हैं।" 34 और उसने उनसे कहा,
"क्या तुम दूल्हे के मित्रों को उपवास करा सकते हो, जब तक
दूल्हा उनके साथ है?" 35 "परन्तु वे दिन आएंगे जब दूल्हा
उनसे छीन लिया जाएगा; तब वे उन दिनों में उपवास करेंगे।"
36 और उसने उन्हें यह दृष्टांत भी कहा, "कोई भी नया वस्त्र
लेकर पुराना वस्त्र नहीं जोड़ता, क्योंकि नया उसे फाड़ देता
है, और जो नया टुकड़ा निकाला गया वह पुराने से मेल नहीं
खाता।" 37 "और कोई भी नया दाखरस पुराने मटकों में नहीं
डालता, नहीं तो नया दाखरस मटकों को फाड़ देता है, और
दाखरस बह जाता है, और मटके नष्ट हो जाते हैं।"
38 "परन्तु नया दाखरस नए मटकों में डाला जाता है, और
दोनों सुरक्षित रहते हैं।" 39 "और कोई भी, जिसने पुराना
दाखरस पिया है, तुरन्त नए को नहीं चाहता, क्योंकि वह
कहता है, 'पुराना ही अच्छा है।'"

6 1 और यह हुआ कि एक शब्बाथ के दिन वह अन्न के खेतों
से होकर गया, और उसके शिष्य बालियों को तोड़ते और
उन्हें हाथों में मलकर खा रहे थे। 2 और कुछ परोक्षवादी
उनसे कहने लगे, "तुम शब्बाथ के दिन ऐसा क्यों कर रहे हो
जो उचित नहीं है?" 3 और OW५३Z ने उन्हें उत्तर दिया,
"क्या तुमने नहीं पढ़ा कि जब दाविद भूखा था, वह और जो
उसके साथ थे उन्होंने क्या किया? 4 कैसे वह ३५३Z के घर
में गया, और प्रस्तर रोटियाँ लीं और खाईं, और अपने
साथियों को भी दीं, जो केवल याजकों के लिए ही उचित था?"
5 और उसने उनसे कहा, "आदमी का पुत्र शब्बाथ का भी प्रभु
है।" 6 और यह हुआ कि किसी और शब्बाथ के दिन वह सभा
में गया और शिक्षा दी, और वहाँ एक मनुष्य था जिसका
दाहिना हाथ सूखा हुआ था। 7 और शास्त्री और परोक्षवादी
उसकी निगरानी कर रहे थे कि वह शब्बाथ के दिन चंगा
करता है या नहीं, ताकि उस पर दोष लगा सकें। 8 और उसने
उनकी कल्पनाओं को जान लिया, और उस व्यक्ति से कहा
जिसका हाथ सूखा था, "उठ और बीच में खड़ा हो।" और
वह उठकर खड़ा हुआ। 9 तब OW५३Z ने उनसे कहा, "मैं
तुमसे पूछता हूँ, क्या शब्बाथ के दिन भला करना उचित है या
बुरा, जीवन को बचाना या नाश करना?" 10 और जब उसने
चारों ओर सबको देखा, तो उस मनुष्य से कहा, "अपना हाथ
बढ़ा।" और उसने ऐसा किया, और उसका हाथ अन्य हाथ
की तरह भला हो गया। 11 पर वे उन्माद से भर गए, और
आपस में चर्चा करने लगे कि वे OW५३Z के साथ क्या
करें। 12 और उन दिनों में यह हुआ कि वह प्रार्थना करने के
लिए पहाड़ पर गया, और पूरी रात ३५३Z से प्रार्थना करता
रहा। 13 और जब दिन हुआ, उसने अपने शिष्यों को बुलाया
और उनमें से बारह को चुना, जिनका नाम उसने प्रेरित रखा:
14 शमौन जिसे उसने केफा भी कहा, और उसका भाई
अंद्रियाह, याक़ोब और याहोहानान, फिलिप्पुस और बर्तुलमई,
15 मत्तिथ्याहु और तोमा, हेलेफ का याक़ोब और शमौन, जिसे
उत्साही कहा जाता था, 16 याहूदा याक़ोब का और याहूदा
क़रिय्योती, जो विश्वासघाती बन गया। 17 और वह उनके
साथ नीचे उतरकर समभूमि पर खड़ा हुआ, जहाँ उसके
शिष्यों की भीड़ और समस्त यहूदा और यरूशलेम से, और
सूर और सीदोन के तटीय प्रदेश से बहुत से लोग आए थे,
ताकि वे उसे सुनें और अपनी बीमारियों से चंगे हों। 18 और वे
जो अशुद्ध आत्माओं से पीड़ित थे - वे भी चंगे किए गए।
19 और सारी भीड़ उसे छूने का प्रयास कर रही थी, क्योंकि
उसमें से सामर्थ्य निकलती थी और वह सबको चंगा करता
था। 20 और उसने अपनी आँखें अपने शिष्यों की ओर
उठाकर कहा, "धन्य हैं तुम दरिद्र, क्योंकि तुम्हारा है ईश्वर
का राज्य। 21 "धन्य हो तुम जो अब भूखे हो, क्योंकि तुम
तृप्त किए जाओगे। धन्य हो तुम जो अब रोते हो, क्योंकि तुम
हँसोगे। 22 "धन्य हो तुम जब लोग तुमसे बैर रखेंगे, और
तुम्हें अलग करेंगे, और तुम्हारी निंदा करेंगे, और तुम्हारे नाम
को बुराई के रूप में निकाल फेंकेंगे, आदम के पुत्र के
कारण। 23 "उस दिन आनंदित होओ और उछलो, क्योंकि
देखो, तुम्हारा प्रतिफल स्वर्गों में बड़ा है, क्योंकि उन्हीं के
पूर्वजों ने नबियों के साथ ऐसा ही किया था। 24 "परंतु
धिक्कार है तुम पर जो धनवान हो, क्योंकि तुम अपनी शांति
प्राप्त कर चुके हो। 25 "धिक्कार है तुम पर जो अब तृप्त हो,
क्योंकि तुम भूखे हो जाओगे। धिक्कार है तुम पर जो अब
हँसते हो, क्योंकि तुम विलाप करोगे और रोओगे।
26 "धिक्कार है जब सभी लोग तुम्हारी प्रशंसा करें, क्योंकि
उनके पूर्वजों ने झूठे नबियों के साथ ऐसा ही किया था।
27 "पर मैं तुम से जो सुनते हो कहता हूँ: अपने शत्रुओं से प्रेम
रखो, जो तुमसे बैर रखते हैं उनके साथ भलाई करो।
28 "जो तुम्हें शाप देते हैं उन्हें आशीर्वाद दो, और जो तुम्हारा
अपमान करते हैं उनके लिए प्रार्थना करो। 29 "जो तेरे एक
गाल पर थप्पड़ मारे, उसके सामने दूसरा भी फेर दे। और
जो तेरा बाहरी वस्त्र छीन ले, उससे अंदर का वस्त्र भी न
रोक। 30 "जो कोई तुझसे माँगे उसे दे, और जो तेरा कुछ ले
जाए उससे वापस मत माँग। 31 "और जैसा तुम चाहते हो कि
लोग तुम्हारे साथ करें, तुम भी उनके साथ वैसा ही करो।
32 "और यदि तुम उनसे प्रेम रखते हो जो तुमसे प्रेम रखते हैं,
तो तुम्हें कौन सा इनाम मिलेगा? क्योंकि पापी भी उनसे प्रेम
रखते हैं जो उनसे प्रेम रखते हैं। 33 "और यदि तुम उन्हीं के
साथ भलाई करते हो जो तुम्हारे साथ भलाई करते हैं, तो तुम्हे
कौन सा इनाम है? पापी भी ऐसा ही करते हैं। 34 "और यदि
तुम उन्हें उधार देते हो जिनसे वापसी की आशा रखते हो, तो
कौन सा इनाम है? पापी भी पापियों को उधार देते हैं कि उतना
ही वापस पाएँ। 35 "परंतु तुम अपने शत्रुओं से प्रेम रखो, और
भलाई करो, और बिना कुछ लौटाने की आशा किए उधार
दो। और तुम्हारा प्रतिफल बड़ा होगा, और तुम परमप्रधान के
पुत्र कहलाओगे। क्योंकि वह कृतघ्न और दुष्टों के प्रति भी
कृपालु है। 36 "इसलिए दयालु बनो, जैसा तुम्हारा पिता भी
दयालु है। 37 "और न्याय मत करो, और तुम पर भी कोई
न्याय नहीं किया जाएगा। दोष मत दो, और तुम दोषी नहीं
ठहराए जाओगे। क्षमा करो, और तुम्हें क्षमा किया जाएगा।
38 "दो, और तुम्हें दिया जाएगा। एक अच्छी माप, दबाई हुई,
हिलाई हुई और उमड़ती हुई तुम्हारी गोद में डाली जाएगी।
क्योंकि जिस माप से तुम मापते हो, उसी से तुम्हारे लिए भी
मापा जाएगा।" 39 और उसने उन्हें एक दृष्टांत कहा, "क्या
अंधा अंधे का मार्गदर्शन कर सकता है? क्या दोनों गड्ढे में
नहीं गिरेंगे? 40 "शिष्य अपने गुरु से बड़ा नहीं होता, परन्तु जो
पूरा होता है वह अपने गुरु के समान होगा। 41 "और तू क्यों

अपने भाई की आँख में तिनका देखता है, पर अपनी आँख में
पड़े शहतीर को नहीं देखता? 42 “या तू अपने भाई से कैसे
कह सकता है, ‘भाई, मुझे तेरी आँख का तिनका निकालने
दे,’ जबकि अपनी आँख में पड़े शहतीर को नहीं देखता?
कपटी, पहले अपनी आँख से शहतीर निकाल, तब तू स्पष्ट
रूप से देख सकेगा कि अपने भाई की आँख का तिनका कैसे
निकाले। 43 “क्योंकि कोई अच्छा पेड़ सड़ा हुआ फल नहीं
देता, न कोई सड़ा हुआ पेड़ अच्छा फल देता है। 44 “क्योंकि
प्रत्येक पेड़ अपने फल से पहचाना जाता है। क्योंकि वे काँटों
से अंजीर नहीं तोड़ते, न ही झाड़ियों से अंगूर इकट्ठा करते
हैं। 45 “भला मनुष्य अपने हृदय के भले भंडार से भलाई
निकालता है, और दुष्ट मनुष्य अपने हृदय के दुष्ट भंडार से
बुराई निकालता है। क्योंकि हृदय की अधिकता से ही उसका
मुँह बोलता है। 46 “पर तुम मुझे ‘प्रभु, प्रभु’ क्यों कहते हो,
और जो मैं कहता हूँ वह नहीं करते? 47 “हर एक जो मेरे पास
आता है, और मेरी बातें सुनता है, और उन्हें करता है, मैं तुम्हें
दिखाऊँगा कि वह किस के समान है: 48 “वह उस मनुष्य के
समान है जो घर बनाता है, जिसने गहरा खोदकर चट्टान पर
नींव डाली। और जब बाढ़ आई, तो धारा ने उस घर पर जोर
से प्रहार किया, पर उसे हिला न सकी, क्योंकि उसकी नींव
चट्टान पर थी। 49 “परन्तु जो सुनता है और नहीं करता, वह
उस मनुष्य के समान है जिसने बिना नींव के भूमि पर घर
बनाया, जिस पर धारा ने आघात किया और वह तुरंत गिर
पड़ा। और उस घर का पतन बड़ा था।”

7 1 और जब उसने लोगों की सुनवाई में अपने सारे शब्द
पूरे कर लिए, तो वह केफर नहूम में गया। 2 और एक
कप्तान का सेवक, जो उसके लिए मूल्यवान था, बीमार था
और मरने के कगार पर था। 3 और OW५ऋZ के बारे में
सुनकर, उसने यहूदियों के बुज़ुर्गों को उसके पास भेजा,
उससे प्रार्थना की कि वह आए और उसके सेवक को चंगा
करे। 4 और जब वे OW५ऋZ के पास आए, तो उन्होंने
उससे आग्रहपूर्वक विनती की, कहा, “वह योग्य है कि आप
उसे यह कृपा प्रदान करें, 5 क्योंकि वह हमारे राष्ट्र से प्रेम करता
है, और उसने हमारे लिए सभा का भवन बनाया है।” 6 तो
OW५ऋZ उनके साथ गया। हालांकि, वह घर से दूर नहीं
था जब कप्तान ने अपने मित्रों को उसके पास यह कहने
भेजा, “प्रभु, अपने आप को कष्ट न दें, क्योंकि मैं योग्य नहीं हूँ
कि आप मेरी छत के नीचे आएं। 7 “इसी कारण से मैंने स्वयं
को आपके पास आने योग्य नहीं समझा। पर एक वचन
कहिए, और मेरा सेवक चंगा हो जाएगा। 8 “क्योंकि मैं भी एक
व्यक्ति हूँ जो अधिकार के अधीन नियुक्त हूँ, और मेरे अधीन
सैनिक हैं। और मैं एक से कहता हूँ, ‘जा,’ और वह जाता है,
और दूसरे से, ‘आ,’ और वह आता है, और अपने सेवक से,
‘यह कर,’ और वह करता है।” 9 और जब OW५ऋZ ने
यह सुना, तो उसने उस पर अचंभा किया, और उसके पीछे
चलने वाली भीड़ से मुड़कर कहा, “मैं तुमसे कहता हूँ, कि
इस्राएल में भी मुझे ऐसा महान विश्वास नहीं मिला!” 10 और
जो लोग भेजे गए थे, वे लौटकर घर आए, उन्होंने उस सेवक
को अच्छे स्वास्थ्य में पाया जो बीमार था। 11 और यह हुआ
कि अगले दिन, वह एक नगर में गया जिसका नाम नाइम
था। और उसके साथ उसके बहुत से शिष्य और एक बड़ी
भीड़ थी। 12 और देखो, जब वह नगर के द्वार के पास पहुँचा,
तो एक मरा हुआ व्यक्ति बाहर ले जाया जा रहा था, जो अपनी
माँ का एकलौता पुत्र था, और वह विधवा थी। और नगर की
एक बड़ी भीड़ उसके साथ थी। 13 और जब प्रभु ने उसे
देखा, तो उसे उस पर तरस आया और उसने उससे कहा,
“मत रो।” 14 और पास आकर उसने ताबूत को छुआ, और
जो उसे उठा रहे थे वे रुक गए। और उसने कहा, “युवक, मैं
तुझसे कहता हूँ, उठ!” 15 और जो मरा हुआ था वह उठ बैठा
और बोलने लगा, और उसने उसे उसकी माँ को दे दिया।
16 और सब पर भय छा गया, और उन्होंने ईश्वर की स्तुति
की, कहा, “हमारे बीच एक महान नबी खड़ा किया गया है,”
और, “ईश्वर ने अपनी प्रजा पर दर्शन किया है।” 17 और
उसके विषय में यह समाचार पूरे यहूदा और पूरे पड़ोस में फैल
गया। 18 और याहोहानान के शिष्यों ने उसे इन सब बातों की
सूचना दी। 19 और याहोहानान ने अपने दो शिष्यों को
बुलाकर OW५ऋZ के पास भेजा, यह कहते हुए, “क्या आप
ही आने वाले हैं, या हम किसी और की प्रतीक्षा करें?” 20 और
जब वे उसके पास आए, तो पुरुषों ने कहा, “याहोहानान
बपतिस्मा देने वाले ने हमें आपके पास भेजा है, यह कहकर,
‘क्या आप ही आने वाले हैं, या हम किसी और की प्रतीक्षा
करें?’” 21 और उसी समय में उसने बहुतों को रोगों, कष्टों,
और दुष्ट आत्माओं से चंगा किया। और उसने बहुत से अंधों
को दृष्टि दी। 22 और OW५ऋZ ने उत्तर देते हुए उनसे
कहा, “जाओ, याहोहानान को वह बताओ जो तुमने देखा और
सुना: अंधों को दृष्टि मिलती है, लंगड़े चलते हैं, कोढ़ी शुद्ध
किए जाते हैं, बहरे सुनते हैं, मरे उठाए जाते हैं, गरीबों को शुभ
समाचार सुनाया जाता है। 23 “और धन्य है वह जो मुझमें
ठोकर नहीं खाता।” 24 और जब याहोहानान के दूत चले गए,
तो उसने भीड़ से याहोहानान के विषय में कहना शुरू किया,
“तुम जंगल में क्या देखने गए थे? क्या हवा से हिलने वाली
नरकट? 25 “परन्तु तुम क्या देखने गए थे? क्या कोई नरम
वस्त्र पहनने वाला मनुष्य? देखो, जो भव्य वस्त्र पहनते हैं
और विलासिता में रहते हैं, वे राजाओं के घरों में होते हैं।
26 “परन्तु तुम क्या देखने गए थे? क्या एक नबी? हाँ, मैं
तुमसे कहता हूँ, और नबी से भी बढ़कर। 27 “यह वही है
जिसके विषय में लिखा गया है, ‘देख, मैं अपने दूत को तेरे
सामने भेजता हूँ, जो तेरे सामने तेरे मार्ग को तैयार करेगा।’
28 “क्योंकि मैं तुमसे कहता हूँ, कि स्त्रियों में जन्मे लोगों में
याहोहानान बपतिस्मा देने वाले से बड़ा कोई नबी नहीं है, परन्तु
ईश्वर के राज्य में जो सबसे छोटा है, वह उससे बड़ा है।”
29 और सब लोग, यहाँ तक कि कर वसूलने वाले भी, जब
उन्होंने सुना, तो उन्होंने ईश्वर को धर्मी ठहराया, क्योंकि वे
याहोहानान के बपतिस्मे से बपतिस्मा ले चुके थे। 30 परन्तु
फरीसी और तोराह के जानकारों ने ईश्वर की योजना को
अपने लिए अस्वीकार कर दिया, क्योंकि उन्होंने उससे
बपतिस्मा नहीं लिया था। 31 और प्रभु ने कहा, “तो मैं इस
पीढ़ी के लोगों की तुलना किससे करूं, और वे किसके समान
हैं? 32 “वे उन बच्चों के समान हैं जो बाजार में बैठे हैं और
एक-दूसरे को पुकारते हुए कहते हैं, ‘हमने तुम्हारे लिए बांसुरी
बजाई और तुम नहीं नाचे, हमने विलाप किया और तुम नहीं
रोए।’ 33 “क्योंकि याहोहानान बपतिस्मा देने वाला न तो रोटी
खाता आया और न दाखमधु पीता, और तुम कहते हो, ‘उसमें

दुष्ट आत्मा है।' 34 "आदम का पुत्र खाने और पीने आया है,
और तुम कहते हो, 'देखो, एक मनुष्य, पेटू और दाखमधु
पीने वाला, कर वसूलने वालों और पापियों का मित्र!' 35 "और
बुद्धि अपने सभी बच्चों के द्वारा धर्मी ठहराई गई है।" 36 और
फरीसियों में से एक ने उससे अपने साथ भोजन करने के
लिए अनुरोध किया। और वह फरीसी के घर गया, और
भोजन करने के लिए बैठ गया। 37 और देखो, नगर में एक
स्त्री थी जो पापिनी थी, जब उसने जाना कि Ow५ऋz
फरीसी के घर में भोजन की मेज पर बैठा है, तो वह इत्र की
एक संगमरमर की कुप्पी लेकर आई। 38 और उसके पीछे
खड़ी होकर, उसके चरणों के पास रोती रही, उसने उसके
चरणों को अपने आँसुओं से भिगोया, और अपने सिर के बालों
से उन्हें पोंछा, और उसके चरणों को चूमती रही और इत्र से
अभिषेक करती रही। 39 और जब उस फरीसी ने जिसने उसे
बुलाया था, यह देखा, तो उसने अपने मन में कहा, "यदि यह
नबी होता, तो जानता कि यह स्त्री कौन है और कैसी है जो
उसे छू रही है, क्योंकि यह पापिनी है।" 40 और Ow५ऋz ने
उत्तर देते हुए उससे कहा, "शिमोन, मुझे तुझसे कुछ कहना
है।" उसने कहा, "गुरु, कहिए।" 41 "एक लेनदार के दो
देनदार थे। एक पांच सौ चांदी के सिक्के का ऋणी था, और
दूसरा पचास का। 42 "और जब वे चुकता नहीं कर सके, तो
उसने दोनों को क्षमा कर दिया। उनमें से कौन उससे अधिक
प्रेम करेगा?" 43 और शिमोन ने उत्तर दिया, "मुझे लगता है
कि वह जिसने अधिक क्षमा प्राप्त किया।" उसने उससे कहा,
"तूने ठीक निर्णय किया है।" 44 और स्त्री की ओर मुड़कर
उसने शिमोन से कहा, "क्या तू इस स्त्री को देखता है? मैं तेरे
घर आया - तूने मेरे चरण धोने के लिए जल नहीं दिया, परंतु
इसने मेरे चरणों को अपने आँसुओं से भिगोया और अपने
बालों से पोंछा। 45 "तूने मुझे चुम्बन नहीं दिया, पर यह जब से
मैं आया हूँ, मेरे चरणों को चूमती रही है। 46 "तूने मेरे सिर
पर तेल नहीं डाला, पर इसने मेरे चरणों पर इत्र डाला।
47 "इसलिए मैं तुझसे कहता हूँ, इसके बहुत से पाप क्षमा किए
गए हैं, क्योंकि इसने बहुत प्रेम किया। पर जिसे थोड़ा क्षमा
किया जाता है, वह थोड़ा प्रेम करता है।" 48 और उसने
उससे कहा, "तेरे पाप क्षमा किए गए हैं।" 49 और जो उसके
साथ मेज पर बैठे थे, वे आपस में कहने लगे, "यह कौन है जो
पापों को भी क्षमा करता है?" 50 और उसने उस स्त्री से कहा,
"तेरा विश्वास तुझे बचा गया। शांति से जा।"

8 1 और इसके बाद यह हुआ कि वह हर नगर और गांव में
होकर ईश्वर के राज्य का शुभ समाचार सुनाते और
प्रचार करते गए, और बारह उसके साथ थे, 2 और कुछ
स्त्रियाँ जिन्हें दुष्ट आत्माओं और बीमारियों से चंगा किया गया
था: मरियम, जिसे 'मगदला की' कहा जाता था, जिससे सात
दुष्टात्माएँ निकली थीं, 3 और योहन्ना, जो हेरोदेस के प्रबंधक
खूज़ास की पत्नी थी, और शोशन्ना, और कई अन्य स्त्रियाँ
जिन्होंने अपनी संपत्ति से उसकी सेवा की। 4 और जब एक
बड़ी भीड़ इकट्ठी हुई, और लोग हर नगर से उसके पास आ
रहे थे, तो उसने दृष्टांत में कहा: 5 "एक बोने वाला बीज बोने
निकला। और जब वह बो रहा था, कुछ बीज रास्ते के किनारे
गिर गए। और वे कुचले गए, और आकाश के पक्षियों ने उन्हें
खा लिया। 6 "और कुछ चट्टान पर गिरे, और जब वे उगे, तो
सूख गए, क्योंकि उनमें नमी नहीं थी। 7 "और कुछ काँटों के
बीच गिरे, और काँटे उनके साथ बढ़े और उन्हें दबा दिया।
8 "और कुछ अच्छे भूमि पर गिरे, और उगकर उन्होंने सौ
गुना फल दिया।" यह कहकर उसने पुकारा, "जिसके कान
हैं सुनने के लिए, वह सुने!" 9 और उसके शिष्य उससे पूछने
लगे, "यह दृष्टांत का क्या अर्थ है?" 10 और उसने कहा,
"तुम्हें ईश्वर के राज्य के रहस्यों को जानने का अधिकार
दिया गया है, पर दूसरों के लिए दृष्टांतों में, ताकि 'देखते हुए
वे न देखें, और सुनते हुए वे न समझें।' 11 "और यह है
दृष्टांत: बीज ऋ५ऋz का वचन है। 12 "और जो रास्ते के
किनारे हैं, वे हैं जो सुनते हैं, फिर शैतान आता है और उनके
हृदयों से वचन को छीन लेता है, ताकि वे विश्वास करके
उद्धार न पाएँ। 13 "और जो चट्टान पर हैं, वे हैं जो सुनते ही
आनन्द के साथ वचन को स्वीकार करते हैं; परंतु वे मूल नहीं
रखते, जो कुछ समय के लिए विश्वास करते हैं और परीक्षा
के समय गिर जाते हैं। 14 "और जो काँटों में गिरे, वे हैं जो
सुनते हैं, परंतु जब वे जाते हैं, तो जीवन की चिंताओं, धन,
और सुखों में घिरकर दम घुट जाते हैं, और परिपक्व फल
नहीं लाते। 15 "और जो अच्छी भूमि में हैं, वे वे हैं जो उत्तम
और भले मन से वचन को सुनकर उसे सुरक्षित रखते हैं,
और धैर्य से फल लाते हैं। 16 "और कोई भी दीया जलाकर
उसे पात्र से ढाँकता नहीं, या बिस्तर के नीचे नहीं रखता,
परन्तु दीपस्थम्भ पर रखता है, ताकि जो अंदर आएं, वे
ज्योति देखें। 17 "क्योंकि जो कुछ छिपा है, वह प्रकट होगा,
और जो कुछ गुप्त है, वह जाना जाएगा और उजागर होगा।
18 "इसलिए ध्यान दो कि तुम कैसे सुनते हो। क्योंकि जिसके
पास है, उसे और दिया जाएगा; और जिसके पास नहीं है,
उससे वह भी ले लिया जाएगा जो वह अपने पास समझता
है।" 19 और उसकी माता और भाई उसके पास आए, और
भीड़ के कारण उसके पास पहुँच न सके। 20 और उसे बताया
गया, कहा गया, "तेरी माता और तेरे भाई बाहर खड़े हैं, और
तुझसे मिलना चाहते हैं।" 21 और उसने उत्तर देते हुए उनसे
कहा, "मेरी माता और मेरे भाई वे हैं जो ऋ५ऋz का वचन
सुनते हैं और उसे पूरा करते हैं।" 22 और एक दिन यह हुआ
कि वह अपनी शिक्षार्थियों के साथ एक नाव में गया, और
उसने उनसे कहा, "आओ, हम झील के पार चलें।" और वे
चल पड़े। 23 और जब वे नौकायन कर रहे थे, वह सो गया।
और झील पर एक आँधी आई, और नाव भरने लगी, और वे
संकट में पड़ गए। 24 और वे उसके पास आए और उसे
जगाते हुए कहने लगे, "प्रभु, प्रभु, हम नष्ट हो रहे हैं!" और
उसने उठकर हवा और पानी की प्रचंडता को डांटा। और वे
शांत हो गए, और वहां शांति छा गई। 25 और उसने उनसे
कहा, "तुम्हारा विश्वास कहाँ है?" और वे डर गए और
अचंभित हुए, और एक-दूसरे से कहने लगे, "यह कौन है, कि
वह हवा और पानी को भी आदेश देता है, और वे उसकी आज्ञा
मानते हैं?" 26 और वे गदरियों के देश में पहुंचे, जो गलील के
सामने है। 27 और जब वह भूमि पर उतरा, तो नगर से एक
व्यक्ति उससे मिला, जिसमें बहुत समय से दुष्टात्माएं थीं।
और वह कपड़े नहीं पहनता था, और घर में नहीं रहता था,
बल्कि कब्रों में। 28 और जब उसने Ow५ऋz को देखा, तो

चिल्लाया, उसके सामने गिर पड़ा, और ऊँचे स्वर में कहा,
"मुझे तुझसे क्या लेना, OWY3Z, परमप्रधान ईश्वर का
पुत्र? मैं तुझसे विनती करता हूँ, मुझे यातना मत दे!"
29 क्योंकि उसने अशुद्ध आत्मा को उस व्यक्ति में से निकलने
की आज्ञा दी थी। क्योंकि वह उसे कई बार पकड़ चुका था,
और उसे जंजीरों और बेड़ियों से बाँधा जाता था और उसकी
निगरानी की जाती थी। पर वह उन बंधनों को तोड़ देता था,
और दुष्टात्मा के द्वारा निर्जन स्थानों में खींच ले जाया जाता
था। 30 और OWY3Z ने उससे पूछा, "तेरा नाम क्या है?"
उसने कहा, "लीजन," क्योंकि उसमें बहुत सी दुष्टात्माएं
प्रवेश कर चुकी थीं। 31 और वे उससे विनती करने लगे कि
वह उन्हें अथाह गड्ढे में न भेजे। 32 और वहीं पहाड़ पर सूअरों
का एक बड़ा झुंड चर रहा था। और उन्होंने उससे विनती की
कि वह उन्हें उनमें प्रवेश करने की अनुमति दे। और उसने
उन्हें अनुमति दी। 33 और दुष्टात्माएं उस मनुष्य से
निकलकर सूअरों में प्रवेश कर गईं, और झुंड ढलान से झील
में दौड़ पड़ा और डूब गया। 34 और जब चरवाहों ने जो कुछ
हुआ देखा, तो वे भाग गए और नगर और गाँव में इसकी
सूचना दी। 35 तो लोग यह देखने आए कि क्या हुआ था,
और OWY3Z के पास आए, और जिसे दुष्टात्माएं छोड़
चुकी थीं, उसे OWY3Z के चरणों में बैठे, वस्त्र पहने और
स्वस्थ चित्त में पाया। और वे डर गए। 36 और जिन्होंने यह
देखा था, उन्होंने उन्हें बताया कि दुष्टात्माओं से पीड़ित
व्यक्ति कैसे चंगा हुआ। 37 और गदरियों के पूरे क्षेत्र की भीड़
ने उससे अनुरोध किया कि वह वहाँ से चला जाए, क्योंकि वे
बड़े भय से ग्रस्त थे। और वह नाव में बैठकर लौट गया।
38 और वह व्यक्ति जिससे दुष्टात्माएं निकल गई थीं, उसके
साथ रहने की विनती करने लगा। परंतु OWY3Z ने उसे
भेजते हुए कहा, 39 "अपने घर लौट जा, और बता कि ईश्वर
ने तेरे लिए क्या किया है।" और वह गया और पूरे नगर में
प्रचार करता रहा कि OWY3Z ने उसके लिए क्या किया।
40 और यह हुआ कि जब OWY3Z लौटकर आया, तो भीड़
ने उसे प्रसन्नता से ग्रहण किया, क्योंकि वे सब उसकी बाट
जोह रहे थे। 41 और देखो, एक व्यक्ति आया जिसका नाम
याईर था, और वह सभा का अधिकारी था। और OWY3Z
के चरणों में गिरकर, वह उससे अपने घर आने की विनती
कर रहा था, 42 क्योंकि उसकी एकमात्र बेटी थी, जिसकी
आयु लगभग बारह वर्ष थी, और वह मर रही थी। और जब
वह गया, तो भीड़ उस पर भीड़ लगाए हुए थी। 43 और एक
स्त्री, जिसे बारह वर्षों से रक्तस्राव था, और जिसने अपने
सारे जीविकोपार्जन को चिकित्सकों पर खर्च कर दिया था,
और किसी से भी चंगा नहीं हो सकी थी, 44 वह पीछे से आई
और उसके वस्त्र के त्सी-त्सीत को छू लिया। और तुरंत
उसका रक्तस्राव रुक गया। 45 और OWY3Z ने कहा,
"किसने मुझे छुआ?" और जब सब ने इनकार किया, तो
केफा और उसके साथियों ने कहा, "प्रभु, भीड़ तुझ पर भीड़
लगाए हुए है और तुझ पर दबाव बना रही है, और तू कहता है,
'किसने मुझे छुआ?' " 46 परंतु OWY3Z ने कहा, "किसी
ने मुझे छुआ है, क्योंकि मैंने जाना कि मुझमें से सामर्थ्य
निकली है।" 47 और वह स्त्री, यह देखकर कि वह छुपी नहीं
रही, डरते हुए आई और उसके सामने गिर पड़ी, और सब
लोगों के सामने उसे बताया कि उसने उसे क्यों छुआ और
कैसे तुरंत चंगी हो गई। 48 और उसने उससे कहा, "हिम्मत
रखो, बेटी, तेरे विश्वास ने तुझे चंगा किया है। शांति से
जा।" 49 जब वह अभी बोल ही रहा था, तब सभा के
अधिकारी के घर से एक व्यक्ति आया और कहा, "तेरी बेटी
मर गई है। शिक्षक को और कष्ट मत दे।" 50 और
OWY3Z ने यह सुनकर उससे कहा, "मत डर, केवल
विश्वास कर, और वह चंगी हो जाएगी।" 51 और जब वह घर
में पहुँचा, तो उसने केवल केफा, याक़ोब, और याहोहानान,
और उस लड़की के माता-पिता को अंदर जाने दिया।
52 और सब उसके लिए रो रहे थे और शोक कर रहे थे।
और उसने कहा, "मत रोओ, वह मरी नहीं है, पर सो रही
है।" 53 और वे उस पर हँसने लगे, क्योंकि वे जानते थे कि
वह मर गई है। 54 पर उसने उसका हाथ पकड़कर पुकारा,
कहा, "बच्ची, उठ!" 55 और उसकी आत्मा लौट आई, और
वह तुरंत उठ गई। और उसने आदेश दिया कि उसे खाने के
लिए कुछ दिया जाए। 56 और उसके माता-पिता अचंभित हुए,
पर उसने उन्हें आज्ञा दी कि जो कुछ हुआ है, उसे किसी से न
कहें।

9 1 और उसने अपने बारह शिष्यों को बुलाकर, उन्हें सब
दुष्टात्माओं पर अधिकार और रोगों को चंगा करने की
शक्ति दी। 2 और उसने उन्हें ईश्वर के राज्य का प्रचार करने
और रोगियों को चंगा करने के लिए भेजा। 3 और उसने
उनसे कहा, "यात्रा के लिए कुछ भी न लो, न लाठी, न थैला,
न रोटी, न चांदी - और न दो अंतःवस्त्र हों। 4 "और जिस
किसी घर में प्रवेश करो, वहीं ठहरो, और वहीं से आगे बढ़ो।
5 "और जो लोग तुम्हें ग्रहण न करें, उस नगर से जाते समय
अपने पैरों की धूल झाड़ दो, उनके विरुद्ध गवाही के रूप
में।" 6 और वे निकलकर गांव-गांव में होकर शुभ समाचार
सुनाते और हर जगह चंगा करते गए। 7 और हेरोदेस
अधिपति ने जो कुछ उससे हुआ सुना, तो वह चकित हुआ,
क्योंकि कुछ लोग कहते थे कि याहोहानान मृतकों में से जी
उठा है। 8 और कुछ कहते थे कि एलियाह प्रकट हुआ है, और
कुछ कहते थे कि कोई प्राचीन नबी जी उठा है। 9 और
हेरोदेस ने कहा, "मैंने याहोहानान का सिर कटवा दिया, पर
यह कौन है जिसके विषय में मैं ऐसी बातें सुनता हूँ?" और वह
उसे देखने की चेष्टा करता रहा। 10 और जब प्रेरित लौटे, तो
उन्होंने जो कुछ उन्होंने किया था, सब उसे बताया। और वह
उन्हें साथ लेकर एक नगर की ओर अलग हो गया जिसका
नाम बेत सैदा था। 11 और जब भीड़ को इसका पता चला, तो
वे उसके पीछे हो लिए। और उसने उनका स्वागत किया, और
उन्हें ईश्वर के राज्य के विषय में बताया, और जो चंगे होने के
योग्य थे उन्हें चंगा किया। 12 और जब दिन ढलने लगा, तो
बारह उसके पास आकर कहने लगे, "इस भीड़ को विदा कर
दीजिए, ताकि वे आस-पास के गांवों और क्षेत्रों में जाकर
रात्रि-विश्राम और भोजन पा सकें, क्योंकि हम यहाँ एक निर्जन
स्थान में हैं।" 13 पर उसने उनसे कहा, "तुम ही उन्हें भोजन
दो।" उन्होंने कहा, "हमारे पास केवल पाँच रोटियाँ और दो
मछलियाँ हैं, जब तक कि हम जाकर इन सब लोगों के लिए
भोजन न खरीदें।" 14 क्योंकि वहाँ लगभग पाँच हज़ार पुरुष
थे। और उसने अपने शिष्यों से कहा, "उन्हें पचास-पचास के

समूहों में बैठाओ।" 15 और उन्होंने ऐसा ही किया, और
सबको बैठा दिया। 16 और उसने पाँच रोटियाँ और दो
मछलियाँ लीं, और आकाश की ओर देखकर आशीर्वाद दिया
और उन्हें तोड़कर अपने शिष्यों को भीड़ के सामने परोसने के
लिए दिया। 17 सो उन्होंने सब खाया और तृप्त हुए, और
बारह टोकरी टूटी हुई रोटियों से भरकर उठाई गई। 18 और
यह हुआ कि जब वह अकेला प्रार्थना कर रहा था, उसके
शिष्य उसके साथ थे, और उसने उनसे पूछा, "भीड़ मुझे
किसके रूप में कहती है?" 19 और उन्होंने उत्तर दिया, "कुछ
कहते हैं याहोहानान बपतिस्मा देने वाला, और कुछ एलियाह,
और कुछ कहते हैं कि कोई प्राचीन नबी जी उठा है।" 20 और
उसने उनसे कहा, "और तुम, तुम मुझे किसके रूप में कहते
हो?" और केफा ने उत्तर दिया, "तू 𐤉𐤄𐤅𐤄 का मसीह है।"
21 और उसने उन्हें कड़ी चेतावनी देते हुए आज्ञा दी कि वे यह
बात किसी से न कहें, 22 कहते हुए, "आदम के पुत्र को बहुत
कुछ सहना होगा, और पुरनों, प्रधान याजकों और शास्त्रियों
द्वारा तिरस्कृत किया जाएगा, और मारा जाएगा, और तीसरे
दिन जी उठेगा।" 23 और उसने सब से कहा, "यदि कोई मेरे
पीछे आना चाहता है, तो वह अपने आप को इन्कार करे, और
प्रतिदिन अपना क्रूस उठाए, और मेरा अनुसरण करे।
24 "क्योंकि जो कोई अपना प्राण बचाना चाहता है वह उसे
खोएगा, पर जो कोई मेरे कारण अपना प्राण खोएगा वही उसे
बचाएगा। 25 "क्योंकि यदि कोई मनुष्य सारा संसार प्राप्त कर
ले, पर स्वयं को खो दे या नष्ट कर ले, तो उसे क्या लाभ?
26 "क्योंकि जो कोई मुझसे और मेरे वचनों से लज्जित होगा,
उससे आदम का पुत्र भी लज्जित होगा जब वह अपनी महिमा
में, अपने पिता की और पवित्र स्वर्गदूतों की महिमा में आएगा।
27 "परन्तु सच्चाई में मैं तुमसे कहता हूँ, यहाँ खड़े कुछ ऐसे हैं
जो मृत्यु का स्वाद चखेंगे नहीं जब तक ईश्वर के राज्य को न
देख लें।" 28 और यह हुआ कि इन बातों के लगभग आठ
दिन बाद, उसने केफा, याहोहानान और याक़ोब को अपने
साथ लिया और प्रार्थना करने के लिए पर्वत पर चढ़ गया।
29 और यह हुआ कि जब वह प्रार्थना कर रहा था, उसके चेहरे
का रूप बदल गया, और उसका वस्त्र उज्ज्वल श्वेत हो
गया। 30 और देखो, दो व्यक्ति उसके साथ बात कर रहे थे,
जो मूसा और एलियाह थे। 31 जो महिमा में प्रकट होकर,
उसकी मृत्यु के विषय में बात कर रहे थे, जिसे वह यरुशलेम
में पूरी करने वाला था। 32 परंतु केफा और उसके साथी नींद
में भारी थे। और जब वे जागे, तो उन्होंने उसकी महिमा और
उन दो पुरुषों को देखा जो उसके साथ खड़े थे। 33 और जब
वे उससे विदा हो रहे थे, तब केफा ने 𐤉𐤄𐤅𐤔𐤏 से कहा,
"प्रभु, हमारे लिए यहाँ होना अच्छा है। तो हम तीन झोपड़ियाँ
बनाएँ: एक तेरे लिए, एक मूसा के लिए, और एक एलियाह के
लिए।" क्योंकि वह नहीं जानता था कि वह क्या कह रहा है।
34 जब वह यह कह रहा था, तब एक बादल आया और उन्हें
ढँक लिया। और जब वे उस बादल में प्रवेश कर रहे थे, तब वे
डर गए। 35 और उस बादल से एक आवाज़ आई, जो कहती
थी, "यह मेरा पुत्र है, प्रिय, इसकी सुनो!" 36 और जब वह
आवाज़ आई, तो 𐤉𐤄𐤅𐤔𐤏 अकेला पाया गया। और उन्होंने
चुपचाप रहा, और उन दिनों में जो कुछ उन्होंने देखा था,
उसका किसी से वर्णन नहीं किया। 37 और यह हुआ कि
अगले दिन जब वे पर्वत से नीचे आए, तो एक बड़ी भीड़ उससे
मिली। 38 और देखो, भीड़ में से एक व्यक्ति चिल्लाया, "गुरु,
मैं तुझसे विनती करता हूँ, मेरे पुत्र पर ध्यान दे, क्योंकि वह
मेरा एकलौता है। 39 "और देख, एक आत्मा उसे पकड़ लेती
है, और वह अचानक चिल्लाता है, और वह उसे मरोड़ती है,
और वह झाग छोड़ता है, और मुश्किल से उसे छोड़ती है, उसे
घायल करती हुई। 40 "और मैंने तेरे शिष्यों से उसे बाहर
निकालने की विनती की, पर वे असमर्थ थे।" 41 और
𐤉𐤄𐤅𐤔𐤏 ने उत्तर देकर कहा, "हाय, अविश्वासी और भ्रष्ट
पीढ़ी, मैं कब तक तुम्हारे साथ रहूँगा और तुम्हारा सहन
करूंगा? अपने पुत्र को यहाँ लाओ।" 42 और जब वह आ ही
रहा था, तब दुष्टात्मा ने उसे गिरा दिया और मरोड़ने लगी।
और 𐤉𐤄𐤅𐤔𐤏 ने उस अशुद्ध आत्मा को डांटा, और उस
बालक को चंगा किया, और उसे उसके पिता को लौटा दिया।
43 और वे सब ईश्वर की महानता से चकित हुए। और जब
सब लोग उन सब बातों पर अचंभा कर रहे थे जो 𐤉𐤄𐤅𐤔𐤏
ने की थीं, उसने अपने शिष्यों से कहा, 44 "इन वचनों को
अपने कानों में रखो, क्योंकि आदम का पुत्र मनुष्यों के हाथों
में पकड़वाया जाने वाला है।" 45 पर वे इस बात को नहीं
समझे, और यह उनसे छिपी रही ताकि वे इसे ग्रहण न कर
सकें। और वे इस विषय में उससे पूछने से डरते थे। 46 और
उनके बीच यह तर्क होने लगा कि उनमें से कौन बड़ा है।
47 और 𐤉𐤄𐤅𐤔𐤏 ने उनके हृदय के विचार को देखकर,
एक छोटे बच्चे को लिया और उसे अपने पास खड़ा किया,
48 और उनसे कहा, "जो कोई इस छोटे बच्चे को मेरे नाम में
ग्रहण करता है, वह मुझे ग्रहण करता है। और जो मुझे ग्रहण
करता है, वह उसे ग्रहण करता है जिसने मुझे भेजा है।
क्योंकि जो तुम सब में सबसे छोटा है, वही बड़ा होगा।"
49 और याहोहानान ने उत्तर देते हुए कहा, "प्रभु, हमने किसी
को तेरे नाम में दुष्टात्माएं निकालते देखा, और हमने उसे
मना किया क्योंकि वह हमारे साथ नहीं चलता।" 50 पर
𐤉𐤄𐤅𐤔𐤏 ने उससे कहा, "उसे मत रोकना, क्योंकि जो
हमारे विरोध में नहीं है, वह हमारे पक्ष में है।" 51 और यह
हुआ कि जब उसके उठाए जाने के दिन पूरे होने लगे, तो
उसने यरुशलेम जाने के लिए अपना मुख दृढ़ कर लिया।
52 और उसने अपने आगे दूत भेजे। और वे जाकर सामरियो
के एक गाँव में प्रवेश किए, ताकि उसके लिए तैयारी करें।
53 पर उन्होंने उसे ग्रहण नहीं किया, क्योंकि उसका मुख
यरुशलेम जाने की ओर था। 54 और जब उसके शिष्य
याक़ोब और याहोहानान ने यह देखा, तो उन्होंने कहा, "प्रभु,
क्या तू चाहता है कि हम आकाश से आग बुलाकर उन्हें नष्ट
करें, जैसे एलियाह ने किया था?" 55 पर उसने मुड़कर उन्हें
डांटा और कहा, "तुम नहीं जानते कि तुम किस आत्मा के हो,
56 क्योंकि आदम का पुत्र मनुष्यों के प्राणों को नष्ट करने नहीं,
पर उन्हें बचाने आया है।" और वे दूसरे गाँव चले गए।
57 और यह हुआ कि जब वे मार्ग में चल रहे थे, तब किसी ने
उससे कहा, "प्रभु, मैं जहाँ भी तू जाएगा, तेरे पीछे चलूँगा।"
58 और 𐤉𐤄𐤅𐤔𐤏 ने उससे कहा, "लोमड़ियों के बिल होते हैं
और आकाश के पक्षियों के घोंसले, पर आदम के पुत्र के पास
सिर रखने की जगह नहीं।" 59 और उसने दूसरे से कहा,
"मेरे पीछे चल," पर उसने कहा, "प्रभु, मुझे पहले जाकर

अपने पिता को दफनाने दे।” 60 और 𐤉𐤄𐤅𐤔𐤏 ने उससे
कहा, “मरे हुए अपने मरे हुओं को दफनाएँ, पर तू जाकर
ईश्वर के राज्य का प्रचार कर।” 61 और एक और ने भी
कहा, “प्रभु, मैं तेरे पीछे चलूँगा, पर मुझे पहले अपने घरवालों
से विदा लेने दे।” 62 पर 𐤉𐤄𐤅𐤔𐤏 ने उससे कहा, “कोई भी
व्यक्ति जो हल पर हाथ रखकर पीछे देखता है, वह ईश्वर के
राज्य के योग्य नहीं है।”

10 1 और इसके बाद प्रभु ने अन्य सत्तर को नियुक्त
किया, और उन्हें दो-दो करके अपने सामने हर नगर
और स्थान में भेजा, जहाँ वह स्वयं जाने वाला था। 2 तब
उसने उनसे कहा, “फसल तो बहुत है, पर मज़दूर थोड़े हैं;
इसलिए फसल के प्रभु से प्रार्थना करो कि वह अपनी फसल में
मज़दूरों को भेजे। 3 “जाओ! देखो, मैं तुम्हें भेड़ों की तरह
भेड़ियों के बीच भेजता हूँ। 4 “न तो थैली लो, न झोला, न
जूते। और मार्ग में किसी को नमस्कार मत करो। 5 “और
जिस किसी घर में प्रवेश करो, पहले कहो, ‘इस घर पर शांति
हो।’ 6 “और यदि वहाँ शांति का पुत्र होगा, तो तुम्हारी शांति
उस पर ठहरेगी; नहीं तो वह तुम्हारे पास लौट आएगी।
7 “और उसी घर में रहो, जो भी भोजन और पेय तुम्हें दें, वह
खाओ और पियो, क्योंकि मजदूर अपनी मजदूरी का हक़दार
है। घर से घर मत जाओ। 8 “और जिस किसी नगर में प्रवेश
करो और वे तुम्हें ग्रहण करें, तो जो कुछ तुम्हारे सामने रखा
जाए उसे खाओ। 9 और वहाँ के बीमारों को चंगा करो, और
उनसे कहो, ‘ईश्वर का राज्य तुम्हारे निकट आ गया है।’
10 “और जिस किसी नगर में प्रवेश करो और वे तुम्हें ग्रहण न
करें, तो उसकी सड़कों पर निकलकर कहो, 11 ‘यहाँ तक कि
तुम्हारे नगर की जो धूल हमारे शरीर से चिपक गई है, हम
तुम्हारे विरोध में उसे झाड़ते हैं। पर यह जान लो कि ईश्वर
का राज्य तुम्हारे निकट आ गया है।’ 12 “मैं तुमसे कहता हूँ
कि उस दिन सदोम के लिए उस नगर की तुलना में सहन
करना आसान होगा।” 13 “हाय तेरे लिए, कोराज़ीन! हाय तेरे
लिए, बेत सैदा! क्योंकि यदि तेरे भीतर जो चमत्कार हुए थे वे
सूर और सीदोन में हुए होते, तो वे कब के टाट ओढ़कर और
राख में बैठकर पश्चाताप कर चुके होते। 14 “परंतु न्याय के
दिन सूर और सीदोन के लिए तेरी तुलना में अधिक
सहनशीलता होगी। 15 “और तू, केफर नहूम, जो आकाश
तक ऊँचा किया गया है, अधोलोक तक गिराया जाएगा।
16 “जो तुम्हारी सुनता है, वह मेरी सुनता है, और जो तुम्हें
अस्वीकार करता है, वह मुझे अस्वीकार करता है। और जो
मुझे अस्वीकार करता है, वह उसे अस्वीकार करता है जिसने
मुझे भेजा है।” 17 और वे सत्तर आनंद के साथ लौटे और
कहने लगे, “प्रभु, तेरे नाम से दुष्टात्माएँ भी हमारे अधीन हो
गई हैं।” 18 और उसने उनसे कहा, “मैंने शैतान को आकाश
से बिजली की तरह गिरते देखा। 19 “देखो, मैं तुम्हें साँपों
और बिच्छुओं पर, और शत्रु की सारी शक्ति पर अधिकार
देता हूँ, और कोई भी तुम्हें किसी प्रकार से हानि नहीं पहुँचा
सकेगा। 20 “परंतु इस पर आनंदित मत हो कि आत्माएँ
तुम्हारे अधीन हैं, पर इस पर आनंदित हो कि तुम्हारे नाम
आकाश में लिखे गए हैं।” 21 उसी समय 𐤉𐤄𐤅𐤔𐤏 आत्मा
में आनन्दित हुआ और कहा, “मैं तेरा धन्यवाद करता हूँ,
पिता, आकाश और पृथ्वी के प्रभु, कि तूने इन्हें बुद्धिमान और
ज्ञानी से छिपाया, और बच्चों पर प्रकट किया। हाँ, पिता,
क्योंकि तेरी दृष्टि में यही अच्छा था। 22 “सब कुछ मेरे पिता
के द्वारा मुझे सौंपा गया है, और कोई नहीं जानता कि पुत्र कौन
है सिवाय पिता के, और पिता कौन है सिवाय पुत्र के, और
जिसे पुत्र प्रकट करना चाहता है।” 23 और अपने शिष्यों की
ओर मुड़कर उसने अलग से कहा, “धन्य हैं वे आँखें जो तुम
जो देख रहे हो उन्हें देखती हैं, 24 क्योंकि मैं तुमसे कहता हूँ
कि बहुत से नबी और राजा यह देखना चाहते थे जो तुम
देखते हो, और नहीं देख सके, और जो तुम सुनते हो उसे
सुनना चाहते थे, और नहीं सुन सके।” 25 और देखो, एक
तोराह का ज्ञाता खड़ा हुआ, और उसे परखते हुए कहने लगा,
“गुरु, मैं अनन्त जीवन पाने के लिए क्या करूँ?” 26 उसने
उससे कहा, “तोराह में क्या लिखा है? तू उसे कैसे पढ़ता है?”
27 उसने उत्तर दिया, “‘तू अपने ईश्वर 𐤉𐤄𐤅𐤄 से अपने
सारे हृदय से, अपनी सारी आत्मा से, अपनी सारी शक्ति से,
और अपनी सारी बुद्धि से प्रेम करेगा,’ और ‘अपने पड़ोसी से
अपने समान।’ ” 28 उसने उससे कहा, “तूने ठीक उत्तर
दिया है। ऐसा कर और तू जीवित रहेगा।” 29 पर वह अपने
आप को धर्मी ठहराना चाहता था, और 𐤉𐤄𐤅𐤔𐤏 से पूछा,
“मेरा पड़ोसी कौन है?” 30 और उत्तर में 𐤉𐤄𐤅𐤔𐤏 ने कहा,
“एक व्यक्ति यरुशलेम से यरीहो की ओर जा रहा था, और
डाकुओं के हाथ पड़ गया। उन्होंने उसे लूट लिया, पीटा, और
अधमरा छोड़कर चले गए। 31 “संयोग से एक याजक उसी
मार्ग से नीचे आ रहा था। और जब उसने उसे देखा, तो
दूसरी ओर से निकल गया। 32 “वैसे ही एक लेवी भी जब उस
स्थान पर पहुँचा और देखा, तो दूसरी ओर से निकल गया।
33 “पर एक सामरी, जो यात्रा कर रहा था, उसके पास
आया। और जब उसने उसे देखा, तो उस पर तरस खाया।
34 और उसके पास जाकर उसके घावों को पट्टियाँ बाँधीं, तेल
और दाखमधु डाला। और उसे अपने पशु पर बैठाकर एक
सराय में ले गया, और उसकी देखभाल की। 35 “अगले दिन
उसने दो चाँदी के सिक्के निकाले और सराय वाले को दिए,
और उससे कहा, ‘इसकी देखभाल करना, और जो कुछ
और खर्च होगा, मैं लौटकर तुझे चुका दूँगा।’ 36 “तो इन
तीनों में से कौन उस व्यक्ति का पड़ोसी सिद्ध हुआ जो डाकुओं
के हाथ पड़ गया था?” 37 उसने कहा, “जिसने उस पर दया
की।” तब 𐤉𐤄𐤅𐤔𐤏 ने उससे कहा, “जा, तू भी ऐसा ही
कर।” 38 और यह हुआ कि जब वे जा रहे थे, तो वह एक
गाँव में पहुँचा। और एक स्त्री जिसका नाम मरथा था, उसने
उसे अपने घर में ग्रहण किया। 39 और उसकी एक बहन थी
जिसका नाम मरियम था, जो 𐤉𐤄𐤅𐤔𐤏 के चरणों में बैठकर
उसका वचन सुनती थी। 40 पर मरथा बहुत सेवा करने में
व्यस्त थी, और पास आकर उसने कहा, “प्रभु, क्या तुझे चिंता
नहीं कि मेरी बहन ने मुझे अकेले सेवा करने के लिए छोड़
दिया है? उससे कह कि वह मेरी सहायता करे।” 41 और
𐤉𐤄𐤅𐤔𐤏 ने उत्तर देकर उससे कहा, “मरथा, मरथा, तू
बहुत सी बातों के लिए चिंतित और व्याकुल है, 42 पर एक ही
बात आवश्यक है, और मरियम ने उत्तम भाग चुना है, जिसे
उससे छीना नहीं जाएगा।”

11
1 और यह हुआ कि जब वह किसी स्थान पर प्रार्थना
कर रहा था, और जब वह रुका, तो उसके एक शिष्य
ने उससे कहा, “प्रभु, हमें प्रार्थना करना सिखा, जैसे
याहोहानान ने भी अपने शिष्यों को सिखाया।” 2 और उसने
उनसे कहा, “जब तुम प्रार्थना करो तो कहो: हमारे पिता, जो
आकाश में है, तेरा नाम पवित्र माना जाए। तेरा राज्य आए।
तेरा इच्छा जैसे आकाश में पूरी होती है, वैसे पृथ्वी पर भी हो।
3 “हमें प्रतिदिन की रोटी प्रतिदिन दे। 4 “और हमारे पापों को
क्षमा कर, क्योंकि हम भी अपने सब ऋणी को क्षमा करते हैं।
और हमें परीक्षा में न ला, पर हमें दुष्ट से छुड़ा।” 5 और
उसने उनसे कहा, “तुममें से कौन ऐसा है, जिसके पास एक
मित्र हो, और आधी रात को उसके पास जाकर कहे, ‘मित्र,
मुझे तीन रोटियाँ उधार दे, 6 क्योंकि मेरा एक मित्र यात्रा में
मेरे पास आया है, और मेरे पास उसे देने के लिए कुछ नहीं
है,’ 7 और वह भीतर से उत्तर दे, ‘मुझे परेशान मत कर,
दरवाज़ा पहले ही बंद हो चुका है, और मेरे बच्चे मेरे साथ
बिस्तर पर हैं। मैं उठकर तुझे नहीं दे सकता’? 8 “मैं तुमसे
कहता हूँ, यदि वह इसलिए नहीं उठेगा और देगा कि वह
उसका मित्र है, तो भी उसकी लगातार माँग के कारण वह
उठकर जितना चाहिए उतना देगा। 9 “और मैं तुमसे कहता
हूँ: माँगो, तो तुम्हें दिया जाएगा; ढूँढो, तो तुम पाओगे;
खटखटाओ, तो तुम्हारे लिए खोला जाएगा। 10 “क्योंकि जो
कोई माँगता है वह पाता है, और जो खोजता है वह पाता है,
और जो खटखटाता है उसके लिए खोला जाएगा। 11 “तुममें
से कौन पिता ऐसा है, जिसका पुत्र रोटी माँगे, तो वह उसे
पत्थर देगा? या यदि वह मछली माँगे, तो मछली के बदले साँप
देगा? 12 या यदि वह अंडा माँगे, तो उसे बिच्छू देगा?
13 “इसलिए यदि तुम जो बुरे हो अपने बच्चों को अच्छे उपहार
देना जानते हो, तो तुम्हारा स्वर्गीय पिता पवित्र आत्मा उन्हें
कितना अधिक देगा जो उससे माँगते हैं!” 14 और वह एक
गूंगे दुष्टात्मा को निकाल रहा था। और जब दुष्टात्मा बाहर
निकल गई, तो गूंगा बोलने लगा, और भीड़ अचंभित हो गई।
15 पर उनमें से कुछ ने कहा, “यह दुष्टात्माओं के सरदार
बेएलज़ेबूल की शक्ति से दुष्टात्माओं को निकालता है।”
16 और अन्य लोग, परखते हुए, उससे आकाश से एक चिन्ह
माँग रहे थे। 17 और उसने उनके विचारों को जानकर उनसे
कहा, “हर राज्य जो अपने ही विरुद्ध विभाजित हो वह उजड़
जाता है, और जो घर घर के विरुद्ध होता है वह गिर जाता है।
18 “इसलिए यदि शैतान भी अपने ही विरुद्ध विभाजित हो गया,
तो उसका राज्य कैसे स्थिर रहेगा? क्योंकि तुम कहते हो कि
मैं बेएलज़ेबूल की शक्ति से दुष्टात्माओं को निकालता हूँ।
19 “अब यदि मैं बेएलज़ेबूल की शक्ति से दुष्टात्माओं को
निकालता हूँ, तो तुम्हारे पुत्र किसकी शक्ति से उन्हें निकालते
हैं? इसलिए वे ही तुम्हारे न्यायी होंगे। 20 “पर यदि मैं ईश्वर
की उंगली से दुष्टात्माओं को निकालता हूँ, तो ईश्वर का राज्य
तुम्हारे पास आ गया है। 21 “जब कोई बलवान व्यक्ति,
हथियारबंद होकर अपने आँगन की रक्षा करता है, तो उसकी
संपत्ति सुरक्षित रहती है। 22 “पर जब कोई उससे अधिक
बलवान आकर उसे पराजित करता है, तो वह उसका वह
सारा हथियार छीन लेता है जिस पर वह भरोसा करता था,
और उसकी लूट को बाँट देता है।” 23 “जो मेरे साथ नहीं है,
वह मेरे विरोध में है, और जो मेरे साथ नहीं बटोरता, वह
बिखेरता है।” 24 “जब कोई अशुद्ध आत्मा किसी मनुष्य से
निकलती है, तो वह सूखे स्थानों में विश्राम की खोज करती
है। और जब वह नहीं पाती, तो कहती है, ‘मैं अपने घर लौट
जाऊँगी जहाँ से आई थी।’ 25 “और जब वह आती है, तो
उसे झाड़ा और सुसज्जित पाती है, 26 तब वह जाकर अपने
से भी अधिक बुरी सात अन्य आत्माओं को अपने साथ ले
आती है, और वे वहाँ प्रवेश करके निवास करती हैं। और उस
मनुष्य की अंतिम दशा पहले से भी अधिक बुरी हो जाती है।”
27 और यह हुआ कि जब वह यह कह रहा था, तो भीड़ में से
एक स्त्री ने ऊँचे स्वर में कहा, “धन्य है वह गर्भ जिसने तुझे
धारण किया, और वे स्तन जिनसे तू ने दूध पिया!” 28 पर
उसने कहा, “बल्कि धन्य वे हैं जो 𐤉𐤄𐤅𐤄 का वचन सुनते है
और उसका पालन करते हैं।” 29 और जब भीड़ इकट्ठा हो
रही थी, तब उसने कहना आरंभ किया, “यह पीढ़ी दुष्ट है।
यह एक चिन्ह मांगती है, और इसे कोई चिन्ह नहीं दिया
जाएगा, सिवाय योना नबी के चिन्ह के। 30 “क्योंकि जैसा
योना निनवे के लोगों के लिए एक चिन्ह बना, वैसे ही आदम
का पुत्र भी इस पीढ़ी के लिए होगा। 31 “दक्षिण की रानी न्याय
में इस पीढ़ी के पुरुषों के साथ उठेगी और उन्हें दोषी
ठहराएगी, क्योंकि वह पृथ्वी के छोर से शलोमोह की बुद्धि
सुनने आई थी। और देखो, यहाँ शलोमोह से भी महान है।
32 “निनवे के लोग न्याय में इस पीढ़ी के साथ उठेंगे और इसे
दोषी ठहराएँगे, क्योंकि उन्होंने योना के प्रचार पर मन फिराया
था। और देखो, यहाँ योना से भी महान है। 33 “कोई भी जब
दीपक जलाता है, तो उसे छुपी हुई जगह या टोकरी के नीचे
नहीं रखता, परंतु दीपस्तंभ पर रखता है, ताकि जो अंदर
आएं वे प्रकाश को देखें। 34 “देह का दीपक आँख है।
इसलिए जब तेरी आँख अच्छी है, तो तेरा सारा शरीर भी
प्रकाशमान होता है। पर जब तेरी आँख बुरी है, तो तेरा शरीर
भी अंधकारमय होता है। 35 “इसलिए ध्यान रख कि जो
प्रकाश तुझ में है वह अंधकार न हो। 36 “इसलिए यदि तेरा
सारा शरीर प्रकाशमय हो, और उसमें कोई भी भाग
अंधकारमय न हो, तो वह पूरी तरह से प्रकाशमय होगा, जैसे
जब दीपक अपने तेज प्रकाश से तुझे उजियाला देता है।”
37 और जब वह बोल रहा था, तब एक फरीसी ने उसे अपने
साथ भोजन करने के लिए बुलाया, और वह भीतर जाकर
भोजन के लिए बैठ गया। 38 और जब उस फरीसी ने देखा
कि उसने भोजन से पहले हाथ नहीं धोए, तो वह चकित
हुआ। 39 और प्रभु ने उससे कहा, “अब तुम फरीसी प्याले
और थाली की बाहरी ओर को तो साफ करते हो, पर तुम्हारा
अंदर लोभ और दुष्टता से भरा है। 40 “मूर्खों! क्या जिसने
बाहर को बनाया, उसने भीतर को नहीं बनाया? 41 “परंतु जो
भीतर है उससे दान दो, और देखो, सब कुछ तुम्हारे लिए शुद्ध
होगा। 42 “परंतु धिक्कार है तुम्हें, फरीसियों! क्योंकि तुम
पुदीना, सौंफ और हर प्रकार की वनस्पति का दसवाँ हिस्सा तो
देते हो, पर न्याय और ईश्वर के प्रेम की उपेक्षा करते हो।
इन्हें करना चाहिए था, और उन अन्य बातों की भी अनदेखी
नहीं करनी चाहिए थी। 43 “हाय तुम पर, फरीसियों! क्योंकि
तुम सभाओं में श्रेष्ठ स्थानों को और बाज़ारों में नमस्कार को
प्रिय मानते हो। 44 “हाय तुम पर, शास्त्रियों और फरीसियों,
कपटी लोगों! क्योंकि तुम छिपी हुई कब्रों के समान हो, और
लोग जो उन पर चलते हैं उन्हें नहीं जानते।” 45 और तोराह

के जानकारों में से एक ने उत्तर देकर उससे कहा, “गुरु, जब
तू ये बातें कहता है, तो तू हमें भी अपमानित करता है।”
46 और उसने कहा, “तुम पर भी हाय, तोराह के जानकारों!
क्योंकि तुम लोगों पर ऐसे बोझ लादते हो जिन्हें उठाना कठिन
है, और स्वयं एक उंगली से भी उन बोझों को नहीं छूते।
47 “हाय तुम पर! क्योंकि तुम नबियों की कब्रें बनाते हो, और
तुम्हारे पूर्वजों ने उन्हें मारा। 48 “इसलिए तुम स्वयं गवाही देते
हो कि तुम अपने पूर्वजों के कार्यों को स्वीकार करते हो —
उन्होंने उन्हें मारा और तुम उनकी कब्रें बनाते हो। 49 “इसी
कारण ईश्वर की बुद्धि ने कहा, ‘मैं उनके पास नबी और प्रेरित
भेजूँगा, और उनमें से कुछ को वे मार डालेंगे और सताएंगे,’
50 ताकि इस पीढ़ी से संसार की उत्पत्ति से बहाए गए सभी
नबियों के खून का हिसाब लिया जाए। 51 हेबेल के खून से
लेकर ज़कर्याह के खून तक, जिसे वे वेदी और मन्दिर
(मिश्कान) के बीच मार डाले थे। हाँ, मैं तुमसे कहता हूँ,
इसका हिसाब इस पीढ़ी से लिया जाएगा। 52 “हाय तुम पर,
तोराह के जानकारों! क्योंकि तुम ने ज्ञान की कुंजी को छीन
लिया। तुम स्वयं भीतर नहीं गए, और जो प्रवेश कर रहे थे
उन्हें भी रोक दिया।” 53 और जब वह ये बातें उनसे कह रहा
था, तो शास्त्री और फरीसी बहुत क्रोध से उसकी विरोध
करने लगे, और उसे बहुत सी बातों में फँसाने का प्रयास करने
लगे, 54 और उसकी घात में थे, ताकि उसके मुँह से कोई बात
पकड़ सकें जिससे उस पर दोष लगा सकें।

12

1 इसी बीच जब अनगिनत लोगों की भीड़ इकट्ठा हुई,
यहाँ तक कि वे एक-दूसरे पर चढ़ने लगे, तब उसने
पहले अपने शिष्यों से कहना शुरू किया, “फरीसियों के खमीर
से सावधान रहो, जो कपट है। 2 “और जो कुछ छिपा हुआ है
वह प्रकट किया जाएगा, और जो गुप्त है वह जाना जाएगा।
3 “इसलिए जो तुमने अंधकार में कहा है, वह उजाले में सुना
जाएगा, और जो तुमने अंदरूनी कमरों में कान में कहा है, वह
छतों पर पुकार कर बताया जाएगा। 4 “पर मैं तुमसे कहता हूँ,
मेरे मित्रों, उन लोगों से मत डरो जो शरीर को मार सकते हैं,
और उसके बाद कुछ और नहीं कर सकते। 5 “पर मैं तुम्हें
बताता हूँ कि किससे डरना चाहिए: उससे डरो, जो मारने के
बाद गेहिनोम में डालने का अधिकार रखता है। हाँ, मैं तुमसे
कहता हूँ, उसी से डरो। 6 “क्या पाँच गौरैयें दो तांबे के सिक्कों
में नहीं बिकतीं? फिर भी उनमें से एक भी ईश्वर के सामने
भूला नहीं जाता। 7 “बल्कि तुम्हारे सिर के बाल तक गिने गए
हैं। मत डरो, तुम बहुत सी गौरैयों से अधिक मूल्यवान हो।
8 “और मैं तुमसे कहता हूँ, जो कोई मनुष्यों के सामने मेरा
अंगीकार करेगा, आदम का पुत्र भी ईश्वर के स्वर्गदूतों के
सामने उसका अंगीकार करेगा। 9 “पर जो मुझे मनुष्यों के
सामने अस्वीकार करेगा, उसे ईश्वर के स्वर्गदूतों के सामने
अस्वीकार किया जाएगा। 10 “और जो कोई आदम के पुत्र
के विरुद्ध एक वचन कहेगा, उसे क्षमा किया जाएगा, पर जो
पवित्र आत्मा के विरुद्ध निंदा करेगा, उसे क्षमा नहीं किया
जाएगा। 11 “और जब वे तुम्हें सभाओं, शासकों और
अधिकारियों के सामने लाएँ, तो चिंता मत करना कि तुम
किस प्रकार उत्तर दोगे या क्या कहोगे। 12 क्योंकि उसी घड़ी
में पवित्र आत्मा तुम्हें सिखाएगी कि तुम्हें क्या कहना चाहिए।”
13 और भीड़ में से किसी ने उससे कहा, “गुरु, मेरे भाई से
कहिए कि वह मेरे साथ विरासत बाँटे।” 14 उसने उससे कहा,
“मनुष्य, किसने मुझे तुम्हारे ऊपर न्यायी या बाँटने वाला
नियुक्त किया?” 15 और उसने उनसे कहा, “चौकस रहो,
और लोभ से सावधान रहो, क्योंकि किसी का जीवन उसकी
संपत्ति की प्रचुरता से नहीं बनता।” 16 तब उसने उन्हें एक
दृष्टांत कहा, “एक धनी व्यक्ति की भूमि ने बहुत उपज दी।
17 “और वह अपने मन में विचार करने लगा, ‘मैं क्या करूँ?
क्योंकि मेरे पास अपनी उपज को रखने की जगह नहीं है।’
18 “और उसने कहा, ‘मैं यह करूँगा: मैं अपने खलिहान तोड़
दूँगा और बड़े बनाऊँगा, और वहाँ अपनी सारी उपज और
माल रखूँगा। 19 फिर मैं अपने मन से कहूँगा, “हे आत्मा, तेरे
पास कई वर्षों के लिए बहुत सारा माल है; विश्राम कर, खा, पी,
और आनन्द कर।” ’ 20 “पर ईश्वर ने उससे कहा, ‘मूर्ख!
आज रात तेरी आत्मा तुझसे माँगी जाएगी। फिर जो तूने
एकत्र किया वह किसका होगा?’ 21 “ऐसा ही वह है जो अपने
लिए धन जमा करता है, और ईश्वर के प्रति धनी नहीं
होता।” 22 और उसने अपने शिष्यों से कहा, “इसी कारण मैं
तुमसे कहता हूँ, अपने जीवन की चिंता मत करो कि क्या
खाओगे, और न शरीर की कि क्या पहनोगे। 23 “क्योंकि
जीवन भोजन से बढ़कर है, और शरीर वस्त्र से बढ़कर।
24 “कौवों को देखो, वे न बोते हैं और न काटते हैं, उनके पास
न भंडार होता है न कोठार, फिर भी ईश्वर उन्हें भोजन देता
है। क्या तुम पक्षियों से कहीं अधिक मूल्यवान नहीं हो?
25 “तुम में से कौन चिंता करके अपने जीवन में एक घड़ी भी
बढ़ा सकता है? 26 “अतः यदि तुम सबसे छोटी बात भी नहीं
कर सकते, तो बाकी बातों की चिंता क्यों करते हो?
27 “कुमुदिनियों को देखो कि वे कैसे बढ़ती हैं: न वे परिश्रम
करती हैं, न कातती हैं। मैं तुमसे कहता हूँ, कि शलोमोह भी
अपनी सारी महिमा में उनमें से किसी एक की तरह नहीं पहना
गया। 28 “और यदि ईश्वर खेत की घास को, जो आज है
और कल भट्टी में डाली जाती है, ऐसी सजाता है, तो हे
अल्पविश्वासियों, वह तुम्हें और अधिक क्यों नहीं सजाएगा?
29 “और यह न सोचो कि क्या खाओगे या क्या पियोगे, और
चिंता मत करो। 30 “क्योंकि संसार के अन्यजाति इन सब
बातों की खोज करते हैं, और तुम्हारा पिता जानता है कि तुम्हें
इनकी आवश्यकता है। 31 “परंतु तुम ईश्वर के राज्य को
खोजो, और ये सब चीजें तुम्हें दी जाएंगी। 32 “डर मत, हे
छोटी झुंड, क्योंकि तुम्हारे पिता को तुम्हें राज्य देना अच्छा
लगा। 33 “अपनी संपत्ति बेचो और दान दो। अपने लिए ऐसे
थैले बनाओ जो पुराने न हों, एक ऐसा खजाना जो आकाश में
कभी नष्ट न हो, जहाँ न चोर पहुँचता है और न कीड़ा नष्ट
करता है। 34 “क्योंकि जहाँ तुम्हारा खजाना है, वहीं तुम्हारा
हृदय भी होगा। 35 “तुम्हारी कमर बंधी हो और तुम्हारे दीपक
जलते रहें। 36 “और उन लोगों के समान बनो जो अपने
स्वामी की प्रतीक्षा कर रहे हैं, कि जब वह विवाह से लौटे और
द्वार खटखटाए, तो वे तुरंत उसके लिए द्वार खोलें। 37 “धन्य
हैं वे दास जिन्हें स्वामी आते हुए जागते पाएगा। मैं तुमसे सच
कहता हूँ कि वह अपनी कमर बाँधकर उन्हें बैठाएगा और
उनके पास जाकर सेवा करेगा। 38 “और यदि वह दूसरी
पहर या तीसरी पहर में आए और उन्हें ऐसा पाए, तो वे दास
धन्य हैं। 39 “पर यह जान लो, कि यदि घर के स्वामी को

मालूम होता कि चोर किस घड़ी आएगा, तो वह जागता रहता
और अपने घर में सेंध लगाने नहीं देता। 40 "इसलिए तुम भी
तैयार रहो, क्योंकि आदम का पुत्र उस घड़ी आएगा जिसकी
तुम आशा नहीं करते।" 41 तब केफा ने उससे कहा, "प्रभु,
क्या तू यह दृष्टांत हमसे कह रहा है, या सब से भी?" 42 और
प्रभु ने कहा, "तो कौन है वह विश्वासयोग्य और बुद्धिमान
भण्डारी, जिसे उसका स्वामी अपने घराने पर नियुक्त करेगा
कि समय पर उन्हें भोजन दे? 43 "धन्य है वह दास जिसे
उसका स्वामी आते हुए ऐसा ही करते पाए। 44 "मैं तुमसे सच
कहता हूँ कि वह उसे अपनी सारी संपत्ति पर अधिकार देगा।
45 "पर यदि वह दास अपने मन में कहे, 'मेरा स्वामी आने में
देर कर रहा है,' और नौकरों और नौकरानियों को मारना
शुरू कर दे, और खाए, पिए और मतवाला हो जाए, 46 तो उस
दास का स्वामी ऐसे दिन आएगा जब वह उसकी आशा नहीं
करेगा, और ऐसी घड़ी जब वह नहीं जानता होगा, और उसे दो
भागों में काट डालेगा, और उसका भाग अविश्वासियों के साथ
ठहराएगा। 47 "और वह दास जो अपने स्वामी की इच्छा
जानता था, पर तैयारी नहीं करता और न उसके अनुसार
चलता, वह बहुत मार खाएगा। 48 "परन्तु जो नहीं जानता,
और ऐसी बात करता है जो मार खाने योग्य है, वह थोड़ा मारा
जाएगा। जिस किसी को बहुत दिया गया है, उससे बहुत माँगा
जाएगा। और जिसे बहुत सौंपा गया है, उससे और अधिक
माँगा जाएगा। 49 "मैं पृथ्वी पर आग लगाने आया हूँ, और
कितना अच्छा होता यदि वह पहले ही भड़क उठती! 50 "पर
मुझे एक बपतिस्मा लेना है, और जब तक वह पूरा न हो जाए,
मैं कितनी पीड़ा में हूँ! 51 "क्या तुम सोचते हो कि मैं पृथ्वी पर
शाति लाने आया हूँ? मैं तुमसे कहता हूँ, नहीं, बल्कि
विभाजन। 52 "क्योंकि अब से एक घर में पाँच जन होंगे जो
एक दूसरे से विभाजित होंगे, तीन दो के विरुद्ध, और दो तीन
के विरुद्ध। 53 "पिता बेटे के विरुद्ध, और बेटा पिता के विरुद्ध;
माता बेटी के विरुद्ध, और बेटी माता के विरुद्ध; सास बहू के
विरुद्ध, और बहू सास के विरुद्ध होगी।" 54 और उसने भीड़
से भी कहा, "जब तुम पश्चिम से बादल उठते देखते हो, तो
तुरंत कहते हो, 'बारिश आ रही है,' और ऐसा होता भी है।
55 "और जब दक्षिणी हवा चलती है, तो कहते हो, 'गर्मी
होगी,' और ऐसा होता है। 56 "हे कपटी लोगों! तुम आकाश
और पृथ्वी का रूप पहचानना जानते हो, फिर इस समय को
क्यों नहीं पहचानते? 57 "और तुम अपने आप भी क्यों नहीं
न्याय करते कि क्या ठीक है? 58 "जब तू अपने विरोधी के
साथ अधिकारी के पास जा रहा हो, तो मार्ग में ही उससे मेल
कर ले, ऐसा न हो कि वह तुझे न्यायी के पास घसीटे, और
न्यायी तुझे सिपाही को सौंप दे, और सिपाही तुझे जेल में डाल
दे। 59 "मैं तुझसे कहता हूँ, जब तक तू अंतिम कौड़ी भी
चुका न दे, तू वहाँ से बाहर नहीं निकलेगा।"

13

1 और उसी समय कुछ लोग वहाँ उपस्थित थे,
जिन्होंने उसे गलीली लोगों की बात बताई, जिनका
लहू पीलातुस ने उनके बलिदानों के साथ मिला दिया था।
2 और OWY13Z ने उत्तर दिया और उनसे कहा, "क्या तुम
समझते हो कि ये गलीली बाकी सभी गलीली लोगों से अधिक
पापी थे, क्योंकि उन्होंने ऐसा दुख सहा? 3 "मैं तुमसे कहता हूँ,
नहीं! परन्तु यदि तुम मन फिराओ नहीं, तो तुम सब इसी
प्रकार नाश हो जाओगे। 4 "या वे अठारह लोग जिन पर
शीलोअह का मीनार गिरा और उन्हें मार डाला, क्या तुम
सोचते हो कि वे यरूशलेम में रहने वाले सभी मनुष्यों से
अधिक दोषी थे? 5 "मैं तुमसे कहता हूँ, नहीं! परन्तु यदि तुम
मन न फिराओ, तो तुम सब इसी प्रकार नाश हो जाओगे।"
6 और उसने यह दृष्टांत सुनाया, "एक व्यक्ति की दाख की
बारी में एक अंजीर का पेड़ लगा था, और वह उसमें फल
ढूँढने आया, पर कुछ न पाया। 7 "और उसने बाग़वान से
कहा, 'देख, यह तीसरा वर्ष है कि मैं इस अंजीर के पेड़ में
फल ढूँढता हूँ और नहीं पाता। इसे काट डाल; यह भूमि को
क्यों व्यर्थ कर रहा है?' 8 "उसने उत्तर दिया, 'स्वामी, इसे इस
वर्ष भी रहने दे, जब तक मैं इसके चारों ओर खोदकर खाद
न डाल दूँ। 9 'यदि यह फल दे, तो अच्छा; नहीं तो फिर तू
इसे काट डाल।'" 10 और वह एक शब्बाथ के दिन सभागृहों
में शिक्षा दे रहा था, 11 और देखो, वहाँ एक स्त्री थी, जिसे
अठारह वर्षों से दुर्बलता की आत्मा ने बाँध रखा था, और वह
झुकी हुई थी और तन कर खड़ी नहीं हो सकती थी। 12 और
OWY13Z ने उसे देखकर बुलाया और उससे कहा, "हे स्त्री,
तू अपनी दुर्बलता से मुक्त की गई है।" 13 और उसने अपने
हाथ उस पर रखे, और वह तुरंत सीधी हो गई और ईश्वर की
स्तुति करने लगी। 14 परन्तु सभागृह का प्रधान यह देखकर
कि OWY13Z ने शब्बाथ के दिन चंगा किया था, क्रोधित
होकर लोगों से कहा, "छः दिन हैं जिनमें काम करना चाहिए;
इसलिए उन्हीं में आकर चंगे हो, और शब्बाथ के दिन नहीं।"
15 तब OWY13Z ने उसे उत्तर दिया, "कपटी! क्या तुम में से
हर कोई शब्बाथ के दिन अपने बैल या गधे को बंधन से
खोलकर पानी पिलाने नहीं ले जाता? 16 "और क्या यह स्त्री,
जो अब्राहम की बेटी है, जिसे शैतान ने अठारह वर्षों से बाँध
रखा था, शब्बाथ के दिन इस बंधन से न छुड़ाई जानी चाहिए
थी?" 17 जब उसने यह कहा, तो उसके सारे विरोधी लज्जित
हुए, और सारी भीड़ उन अद्भुत कामों से आनन्दित हुई जो
वह कर रहा था। 18 फिर उसने कहा, "मैं ईश्वर के राज्य की
उपमा किससे दूँ? और मैं उसकी तुलना किससे करूँ?
19 "यह उस राई के दाने के समान है जिसे किसी व्यक्ति ने
लेकर अपने बगीचे में बोया। और वह बड़ा होकर वृक्ष बन
गया, और आकाश के पक्षियों ने उसकी डालियों पर घोंसले
बनाए।" 20 और फिर उसने कहा, "मैं ईश्वर के राज्य की
तुलना किससे करूँ? 21 "यह उस खमीर के समान है, जिसे
एक स्त्री ने लेकर तीन माप आटे में मिलाया, जब तक वह सब
खमीर से उठ न गया।" 22 और वह नगरों और गावों में
होकर शिक्षा देता गया, और यरूशलेम की ओर यात्रा कर
रहा था, 23 तब किसी ने उससे पूछा, "प्रभु, क्या केवल थोड़े
लोग ही उद्धार पाएँगे?" और उसने उनसे कहा, 24 "संकरे
द्वार से प्रवेश करने का यत्न करो, क्योंकि मैं तुमसे कहता हूँ,
बहुत लोग प्रवेश करने की कोशिश करेंगे, पर वे न कर
सकेंगे। 25 "जब घर का स्वामी उठकर द्वार बंद कर देगा,
और तुम बाहर खड़े होकर द्वार खटखटाने लगोगे और
कहोगे, 'प्रभु, प्रभु, हमारे लिए खोल,' तब वह उत्तर देगा, 'मै
तुम्हें नहीं जानता कि तुम कहाँ से हो।' 26 "तब तुम कहना
शुरू करोगे, 'हमने तेरे साथ खाया और पिया है, और तूने
हमारी गलियों में शिक्षा दी।' 27 "परन्तु वह कहेगा, 'मैं तुमसे

कहता हूँ, मैं तुम्हें नहीं जानता कि तुम कहाँ से हो। मुझसे दूर
हो जाओ, तुम सब अधर्म के कर्ता।’ 28 “वहाँ रोना और दाँत
पीसना होगा, जब तुम अब्राहम, इसहाक, याकूब और सभी
नबियों को ईश्वर के राज्य में देखोगे, और तुम स्वयं को बाहर
निकाला हुआ पाओगे। 29 “और वे पूर्व और पश्चिम से, उत्तर
और दक्षिण से आएंगे, और ईश्वर के राज्य में बैठेंगे।
30 “और देखो, कुछ जो अंतिम हैं, वे पहले होंगे, और जो
पहले हैं, वे अंतिम होंगे।” 31 उसी दिन कुछ फरीसी आए
और उसे कहने लगे, “यहाँ से निकल जा और चला जा,
क्योंकि हेरोदेस तुझे मार डालना चाहता है।” 32 उसने उनसे
कहा, “जाकर उस लोमड़ी से कहो, ‘देख, मैं आज और कल
दुष्टात्माओं को निकालता हूँ और चंगाई करता हूँ, और तीसरे
दिन सिद्ध हो जाऊँगा।’ 33 “पर मुझे आज, कल और परसों
यात्रा करनी ही है, क्योंकि किसी नबी का यरूशलेम के बाहर
मरना उचित नहीं। 34 “यरूशलेम, यरूशलेम! तू जो नबियों
को मारता है और जो तेरे पास भेजे जाते हैं उन्हें पत्थरवाह
करता है! कितनी बार मैंने तेरे बच्चों को इकट्ठा करना चाहा,
जैसे मुर्गी अपने चूज़ों को अपने पंखों के नीचे इकट्ठा करती
है, पर तुमने नहीं चाहा। 35 “देखो, तुम्हारा घर उजाड़ छोड़ा
जाता है। और मैं तुमसे सच कहता हूँ, जब तक कि वह समय
न आ जाए जब तुम कहो, ‘धन्य है वह जो 𐤉𐤄𐤅𐤄 के नाम
से आता है!’ तुम मुझे नहीं देखोगे।”

14 1 और ऐसा हुआ कि जब वह एक फरीसी नेताओं में
से एक के घर में सब्त के दिन भोजन करने गया, तो
वे उसे ध्यान से देख रहे थे। 2 और देखो, उसके सामने एक
मनुष्य था जिसे जलोदर रोग था। 3 और 𐤉𐤄𐤅𐤔𐤏 ने
व्यवस्था के जानकारों और फरीसियों से कहा, “क्या सब्त के
दिन चंगाई करना उचित है?” 4 पर वे चुप रहे। तब उसने
उस व्यक्ति को पकड़ा, चंगा किया, और उसे जाने दिया।
5 और उसने उनसे कहा, “तुम में से कौन है जिसका गधा या
बैल कुएँ में गिर जाए, और वह उसे तुरंत सब्त के दिन बाहर
न निकाले?” 6 और वे इसका उत्तर देने में असमर्थ थे।
7 और जब उसने देखा कि जो बुलाए गए थे वे कैसे उत्तम
स्थान चुनते हैं, तो उसने उनसे एक दृष्टांत कहा: 8 “जब
कोई तुझे विवाह भोज में बुलाए, तो उत्तम स्थान पर न बैठ;
कहीं ऐसा न हो कि उससे अधिक प्रतिष्ठित कोई और बुलाया
गया हो, 9 और जिसने तुझे और उसे बुलाया है वह आकर
तुझसे कहे, ‘इस व्यक्ति को स्थान दे,’ और तब तुझे लज्जित
होकर सबसे नीचे स्थान लेना पड़े। 10 “बल्कि जब तू बुलाया
जाए, तो जाकर सबसे नीचे स्थान पर बैठ, ताकि जब वह तुझे
बुलाने वाला आए, तो तुझसे कहे, ‘मित्र, ऊपर आकर बैठ।’
तब उन सबके सामने जो तेरे साथ बैठे हैं, तुझे आदर
मिलेगा। 11 “क्योंकि जो कोई अपने आप को ऊँचा करता है,
वह नीचा किया जाएगा; और जो अपने आप को नीचा करता
है, वह ऊँचा किया जाएगा।” 12 फिर उसने उस से भी कहा
जिसने उसे बुलाया था, “जब तू दोपहर या रात का भोजन
करे, तो अपने मित्रों, भाइयों, नातेदारों, या धनी पड़ोसियों को
न बुला, कहीं ऐसा न हो कि वे भी तुझे बुलाएं और तेरा
प्रतिफल हो जाए। 13 “पर जब तू भोज दे, तो गरीबों, लंगड़ों,
लूले-लंगड़ों और अंधों को बुला। 14 “और तू धन्य होगा,
क्योंकि उनके पास तुझे लौटाने के लिए कुछ नहीं है। क्योंकि
धर्मियों के पुनरुत्थान पर तुझे प्रतिफल मिलेगा।” 15 और
जब भोज में बैठे लोगों में से एक ने यह सुना, तो उसने उससे
कहा, “धन्य है वह जो ईश्वर के राज्य में रोटी खाएगा!”
16 उसने उससे कहा, “एक मनुष्य ने एक बड़ा भोज तैयार
किया और बहुतों को बुलाया। 17 और उसने भोज के समय
अपने दास को भेजा कि जो बुलाए गए थे उनसे कहे, ‘आओ,
क्योंकि अब सब तैयार है।’ 18 “पर वे सब के सब एक एक
करके बहाने बनाने लगे। पहले ने उससे कहा, ‘मैंने एक खेत
खरीदा है, और मुझे उसे देखने जाना है। मैं चाहता हूँ कि तू
मुझे क्षमा कर दे।’ 19 “दूसरे ने कहा, ‘मैंने पाँच जोड़ी बैल
खरीदी हैं, और मैं उन्हें परखने जा रहा हूँ। मैं चाहता हूँ कि तू
मुझे क्षमा कर दे।’ 20 “एक और ने कहा, ‘मैंने अभी अभी
विवाह किया है, इसलिए मैं नहीं आ सकता।’ 21 “तब वह दास
आकर यह अपने स्वामी को बताया। तब घर के स्वामी ने
क्रोधित होकर अपने दास से कहा, ‘जल्दी से नगर की
गलियों और सड़कों में जाकर गरीबों, लंगड़ों, अंधों और
लूले-लंगड़ों को यहाँ ले आ।’ 22 और उस दास ने कहा,
‘स्वामी, जैसा तू ने आज्ञा दी थी, वैसा ही किया गया है, फिर
भी स्थान है।’ 23 तब स्वामी ने उस दास से कहा, ‘सड़कों
और बाड़ों की ओर जा, और लोगों को मजबूर करके अंदर
ला, ताकि मेरा घर भर जाए। 24 क्योंकि मैं तुमसे कहता हूं,
कि उन बुलाए गए लोगों में से कोई भी मेरे भोज का स्वाद नहीं
चखेगा।’ ” 25 और बड़ी भीड़ उसके साथ चल रही थी, और
वह मुड़कर उनसे कहने लगा, 26 “यदि कोई मेरे पास आता है
और अपने पिता, माता, पत्नी, बच्चों, भाइयों, बहनों, बल्कि
अपनी जान से भी बैर नहीं करता, तो वह मेरा शिष्य नहीं हो
सकता। 27 “और जो कोई अपनी सलीब नहीं उठाता और
मेरे पीछे नहीं आता, वह मेरा शिष्य नहीं हो सकता।
28 “क्योंकि तुम में से कौन है जो एक मीनार बनाना चाहता है
और पहले बैठकर खर्च का अनुमान नहीं लगाता कि क्या
उसके पास पूरा करने के लिए पर्याप्त है? 29 “कहीं ऐसा न हो
कि जब वह नींव डाल दे, और उसे पूरा न कर सके, तो
देखने वाले सब लोग उसका मज़ाक उड़ाने लगें, 30 यह
कहकर, ‘इस मनुष्य ने बनाना शुरू किया और पूरा न कर
सका।’ 31 “या कौन राजा जो दूसरे राजा से युद्ध करने जा
रहा हो, पहले बैठकर यह विचार नहीं करता कि क्या वह दस
हजार लेकर उस पर चढ़ने वाले बीस हजार का सामना कर
सकता है? 32 “और यदि नहीं, तो जब वह अभी दूर हो, वह
दूत भेजकर मेल की शर्तें मांगता है। 33 “इसी प्रकार, तुम में
से जो कोई अपना सब कुछ त्याग नहीं देता, वह मेरा शिष्य
नहीं हो सकता। 34 “नमक अच्छा है; पर यदि नमक
स्वादहीन हो जाए, तो उसे फिर कैसे नमकीन किया जाएगा?
35 “वह न तो भूमि के लिए और न खाद के ढेर के लिए योग्य
होता है, उसे बाहर फेंक दिया जाता है। जिसके कान हो
सुनने के लिए, वह सुने!”

15 1 अब सब चुंगी लेने वाले और पापी उसके पास
आकर उसकी सुनते थे। 2 और फरीसी और शास्त्री
कुड़कुड़ाते हुए कहने लगे, “यह व्यक्ति पापियों को अपने पास
आने देता है और उनके साथ खाता है।” 3 तब उसने उन्हें
यह दृष्टांत सुनाया: 4 “तुम में से कौन मनुष्य है, जिसके पास

सौ भेड़ें हों, और उन में से एक खो जाए, तो वह उन निन्यानवे
को जंगल में छोड़कर उस खोई हुई को तब तक नहीं ढूंढ़ता
जब तक कि उसे पा न ले? [5] "और जब वह उसे पा लेता है,
तो वह उसे अपने कंधों पर रखकर आनन्द करता है।
[6] "और घर आकर अपने मित्रों और पड़ोसियों को बुलाकर
कहता है, 'मेरे साथ आनन्द करो, क्योंकि मेरी खोई हुई भेड़
मिल गई है।' [7] "मैं तुमसे कहता हूं, इसी प्रकार स्वर्ग में एक
पापी के पश्चाताप करने पर निन्यानवे ऐसे धर्मियों की तुलना
में अधिक आनन्द होता है जिन्हें पश्चाताप की आवश्यकता
नहीं। [8] "या कौन स्त्री है, जिसके पास दस चांदी के सिक्के
हों, और यदि वह एक सिक्का खो दे, तो वह दीपक जलाकर
घर बुहारती नहीं और जब तक न पा ले, तब तक खोजती
नहीं? [9] "और जब वह उसे पा लेती है, तो वह अपनी सखियों
और पड़ोसिनों को बुलाकर कहती है, 'मेरे साथ आनन्द करो,
क्योंकि जो सिक्का मैं ने खोया था, वह मिल गया है।' [10] "मैं
तुमसे कहता हूं, इसी प्रकार ईश्वर के स्वर्गदूतों के सामने एक
पापी के पश्चाताप करने पर आनन्द होता है।" [11] और उसने
कहा, "एक मनुष्य के दो बेटे थे। [12] उन में से छोटे ने अपने
पिता से कहा, 'पिता, वह संपत्ति जो मेरे हिस्से में आती है, मुझे
दे दो।' और उसने अपनी जीविका उनके बीच बांट दी।
[13] "और कुछ ही दिन बाद, छोटे बेटे ने सब कुछ इकट्ठा किया
और दूर देश को चला गया, और वहां उसने उच्छृंखल जीवन
में अपनी संपत्ति उड़ा दी। [14] "जब उसने सब कुछ खर्च कर
लिया, तब उस देश में बड़ा अकाल पड़ा, और वह घोर
दरिद्रता में पड़ गया। [15] "और वह उस देश के एक नागरिक
के पास जा लगा; और उस ने उसे अपने खेतों में सूअर
चराने के लिए भेजा। [16] "और वह चाहता था कि जो फलियों
का छिलका सूअर खा रहे थे, उन्हीं से अपना पेट भरे; पर
कोई उसे कुछ न देता था। [17] "तब वह होश में आकर कहने
लगा, 'मेरे पिता के कितने ही मजदूरों के पास बहुतायत रोटी
है, और मैं यहां भूख से मर रहा हूं! [18] 'मैं उठकर अपने पिता
के पास जाऊंगा और उससे कहूंगा, "पिता, मैं ने स्वर्ग के
विरुद्ध और तेरे सामने पाप किया है। [19] "अब मैं इस योग्य
नहीं रहा कि तेरा पुत्र कहलाऊं। मुझे अपने एक मजदूर की
तरह बना ले।" ' [20] "और वह उठकर अपने पिता के पास
गया। जब वह अब भी दूर था, उसके पिता ने उसे देखा, और
तरस खाकर दौड़ा और उसके गले लगकर उसे चूमा।
[21] और पुत्र ने उससे कहा, 'पिता, मैं ने स्वर्ग के विरुद्ध और
तेरे सामने पाप किया है, और अब मैं इस योग्य नहीं कि तेरा
पुत्र कहलाऊं।' [22] परन्तु पिता ने अपने दासों से कहा,
'सबसे अच्छा वस्त्र निकालकर उसे पहनाओ, और उसके
हाथ में अंगूठी और उसके पैरों में जूते पहनाओ। [23] और पला
हुआ बछड़ा लाकर उसे बलि करो, और हम खाएं और
आनन्द करें। [24] क्योंकि मेरा यह पुत्र मरा हुआ था और
जीवित हो गया है; खो गया था और मिल गया है।' और वे
आनन्द मनाने लगे। [25] और उसका बड़ा बेटा खेत में था।
जब वह आया और घर के पास पहुँचा, तो उसे संगीत और
नाच सुनाई दिया। [26] और उसने एक सेवक को बुलाकर
पूछा, 'यह क्या बात है?' [27] उसने उससे कहा, 'तेरा भाई आ
गया है, और तेरे पिता ने पला हुआ बछड़ा बलि किया है,
क्योंकि उसने उसे कुशल से पाया है।' [28] पर वह क्रोधित
हुआ और भीतर न जाना चाहा। तब उसका पिता बाहर
आकर उसे मनाने लगा। [29] उसने अपने पिता से कहा, 'देख,
इतने वर्षों से मैं तेरी सेवा कर रहा हूं, और कभी भी तेरी आज्ञा
का उल्लंघन नहीं किया; फिर भी तू ने कभी मुझे एक बकरी
का बच्चा भी नहीं दिया कि मैं अपने मित्रों के साथ आनन्द
करूं। [30] पर जब तेरा यह पुत्र आया, जिसने तेरी संपत्ति
व्यभिचारियों के साथ उड़ा दी, तो तू ने उसके लिए पला हुआ
बछड़ा बलि किया।' [31] उसने उससे कहा, 'बेटा, तू सदा मेरे
साथ है, और जो कुछ मेरा है, वह तेरा ही है। [32] परन्तु हमें
आनन्दित और प्रसन्न होना ही चाहिए था, क्योंकि तेरा यह भाई
मरा हुआ था और जीवित हो गया है; खो गया था और मिल
गया है।'

16 [1] और उसने अपने शिष्यों से भी कहा, "एक धनवान
मनुष्य था जिसके पास एक प्रबंधक था, और उस पर
उसके धन को नष्ट करने का दोष लगाया गया। [2] "इसलिए
उसने उसे बुलाकर कहा, 'मैं तेरे विषय में यह क्या सुन रहा
हूं? अपनी प्रबंधकीय रिपोर्ट दे, क्योंकि अब तू प्रबंधक नहीं रह
सकता।' [3] "प्रबंधक ने अपने मन में कहा, 'मैं क्या करूं?
क्योंकि मेरा स्वामी मुझसे प्रबंधकीय अधिकार छीन रहा है। मैं
खुदाई नहीं कर सकता, भीख मांगने में मुझे शर्म आती है।
[4] 'मैं जानता हूं कि मुझे क्या करना है, ताकि जब मैं प्रबंधक
पद से हटा दिया जाऊं, तो लोग मुझे अपने घरों में ग्रहण
करें।' [5] "और उसने अपने स्वामी के प्रत्येक कर्जदार को
बुलाया, और पहले से कहा, 'तू मेरे स्वामी का कितना ऋणी
है?' [6] "उसने कहा, 'सौ माप तेल का।' उसने उससे कहा,
'अपना हिसाब ले और जल्दी से बैठकर पचास लिख।'
[7] "फिर उसने दूसरे से कहा, 'और तू कितना ऋणी है?'
उसने कहा, 'सौ माप गेहूं का।' उसने उससे कहा, 'अपना
हिसाब ले और अस्सी लिख।' [8] "और स्वामी ने उस अन्यायी
प्रबंधक की प्रशंसा की क्योंकि उसने चतुराई से काम लिया,
क्योंकि इस युग के पुत्र अपने समय में ज्योति के पुत्रों से
अधिक चतुर हैं। [9] "और मैं तुमसे कहता हूं, अन्यायी धन से
अपने लिए मित्र बनाओ, ताकि जब वह चला जाए, तो वे तुम्हें
सदा के डेरों में ग्रहण करें। [10] "जो थोड़े में विश्वासयोग्य है,
वह अधिक में भी विश्वासयोग्य है; और जो थोड़े में अन्यायी
है, वह अधिक में भी अन्यायी है। [11] "इसलिए यदि तुम
अन्यायी धन में विश्वासयोग्य नहीं रहे, तो कौन तुम्हें सच्ची
संपत्ति सौंपेगा? [12] "और यदि तुम पराए में विश्वासयोग्य नहीं
हो, तो तुम्हारा अपना कौन तुम्हें देगा? [13] "कोई सेवक दो
स्वामियों की सेवा नहीं कर सकता, क्योंकि या तो वह एक से
बैर रखेगा और दूसरे से प्रेम करेगा, या एक से जुड़ा रहेगा
और दूसरे को तुच्छ जानेगा। तुम ईश्वर और धन दोनों की
सेवा नहीं कर सकते।" [14] और फ़रीसी, जो धन से प्रेम
करते थे, इन सब बातों को सुनकर उसका उपहास करने
लगे। [15] तब उसने उनसे कहा, "तुम वे हो जो मनुष्यों के
सामने अपने आप को धर्मी ठहराते हो, पर ईश्वर तुम्हारे मनों
को जानता है; क्योंकि जो मनुष्यों के बीच ऊँचा माना जाता है,
वह ईश्वर की दृष्टि में घृणित है। [16] "व्यवस्था और
भविष्यद्वक्ता योहनान तक थे; उसके बाद ईश्वर के राज्य का
सुसमाचार सुनाया जाता है, और हर कोई उसमें घुसने का
प्रयास करता है। [17] "और आकाश और पृथ्वी के मिट जाने

की अपेक्षा व्यवस्था का एक बिंदु मात्र भी मिट जाना सरल
है। 18 “हर कोई जो अपनी पत्नी को तलाक देता है और
दूसरी से विवाह करता है, वह व्यभिचार करता है; और जो
उस स्त्री से विवाह करता है जिसे उसके पति ने तलाक दिया
है, वह भी व्यभिचार करता है। 19 “एक धनवान था जो बैंगनी
और मलमल के वस्त्र पहनता था और प्रतिदिन भोग-विलास
में जीवन व्यतीत करता था। 20 “और एक कंगाल था,
जिसका नाम एल'आज़र था, जो फोड़े-फुंसियों से भरा हुआ
था, और उसे उसके फाटक पर रखा गया था। 21 “वह उस
धनवान की मेज़ से गिरने वाले टुकड़ों से पेट भरने की
लालसा करता था; बल्कि कुत्ते भी आकर उसकी फुंसियों को
चाटते थे। 22 “और ऐसा हुआ कि वह भिखारी मर गया, और
स्वर्गदूतों ने उसे अब्राहम की गोद में पहुंचाया। और वह
धनवान भी मरा और उसे दफनाया गया। 23 “और जब वह
अधोलोक में पीड़ाएं झेल रहा था, उसने अपनी आंखें उठाकर
दूर अब्राहम को और एल'आज़र को उसकी गोद में देखा।
24 “और उसने पुकारकर कहा, 'पिता अब्राहम, मुझ पर दया
कर, और एल'आज़र को भेज कि वह अपनी उंगली का सिरा
पानी में डुबोकर मेरी जीभ को ठंडक दे, क्योंकि मैं इस ज्वाला
में पीड़ा में हूं।' 25 “पर अब्राहम ने कहा, 'पुत्र, स्मरण कर
कि तूने अपने जीवन में अपनी भलाई पाई, और वैसे ही
एल'आज़र ने बुराई; पर अब वह यहां शांति पा रहा है, और तू
पीड़ा में है। 26 'और इन सब बातों के अलावा, हमारे और
तुम्हारे बीच एक बड़ी खाई बनी हुई है, ताकि जो यहां से तुम्हारे
पास जाना चाहें, वे जा नहीं सकते, और न वहां से हमारे पास
आ सकते हैं।' 27 “तब उसने कहा, 'पिता, मैं तुझसे विनती
करता हूं कि तू उसे मेरे पिता के घर भेज, 28 क्योंकि मेरे पांच
भाई हैं, ताकि वह उन्हें सचेत करे, कहीं वे भी इस पीड़ा के
स्थान में न आ जाएं।' 29 “अब्राहम ने उससे कहा, 'उनके
पास मूसा और भविष्यद्वक्ता हैं; उन्हें ही सुनें।' 30 “उसने
कहा, 'नहीं, पिता अब्राहम! पर यदि कोई मरे हुओं में से उनके
पास जाए, तो वे मन फिराएंगे।' 31 “पर उसने उससे कहा,
'यदि वे मूसा और भविष्यद्वक्ताओं की नहीं सुनते, तो यदि
कोई मरे हुओं में से भी उठे, तो भी वे नहीं मानेंगे।' ”

17 1 और उन्होंने अपने शिष्यों से कहा, “ठोकरें आना
अनिवार्य है, परन्तु धिक्कार है उस मनुष्य को जिसके
द्वारा वे आती हैं! 2 “उसके लिए यह भला होता कि उसकी
गर्दन में चक्की का पत्थर बांधकर उसे समुद्र में डुबो दिया
जाता, बजाय इसके कि वह इन छोटों में से किसी को ठोकर
खिलाए। 3 “सावधान रहो! यदि तेरा भाई तेरा अपराध करे,
तो उसे डांट; और यदि वह पश्चाताप करे, तो उसे क्षमा
कर। 4 “और यदि वह दिन में सात बार तेरा अपराध करे,
और सातों बार तेरे पास लौटकर कहे, 'मैं पश्चाताप करता
हूं,' तो तू उसे क्षमा कर।” 5 और प्रेरितों ने प्रभु से कहा, “हमें
विश्वास में बढ़ा।” 6 और प्रभु ने कहा, “यदि तुम्हारा विश्वास
राई के दाने के बराबर भी होता, तो तुम इस शहतूत के पेड़ से
कह सकते, 'जड़ से उखड़ जा और समुद्र में लग जा,' और
वह तुम्हारी बात मान लेता। 7 “तुम में से कौन है, जिसके पास
हल चलाने या भेड़ें चराने वाला कोई दास हो, और जब वह
खेत से लौटे, तो उससे तुरन्त कहे, 'आओ, बैठकर भोजन
करो'? 8 “क्या वह उससे यह नहीं कहेगा, 'मेरे लिए भोजन
तैयार कर, अपनी कमर कस, और जब तक मैं खाऊं और
पियूं, मेरी सेवा कर; इसके बाद तू खा और पी ले'? 9 “क्या
वह उस दास को धन्यवाद देगा, क्योंकि उसने जो आज्ञा दी
गई थी, वह पूरी की? मुझे ऐसा नहीं लगता। 10 “इसी प्रकार
जब तुम वह सब कुछ कर लो जो तुम्हें आज्ञा दी गई है, तो
कहो, 'हम तो निकम्मे दास हैं, हमने तो केवल वह किया जो
हमारा कर्तव्य था।' ” 11 और ऐसा हुआ कि जब वह
यरूशलेम की ओर जा रहा था, तो शोमरोन और गलील के
बीच से होकर गुज़रा। 12 और जब वह एक गांव में प्रवेश कर
रहा था, तो दस कोढ़ी मनुष्य उसे मिले, जो दूर खड़े रहे।
13 और उन्होंने ऊँचे स्वर से कहा, “यीशु, हे प्रभु, हम पर दया
कर!” 14 और जब उसने उन्हें देखा, तो कहा, “जाओ, अपने
आपको याजकों को दिखाओ।” और ऐसा हुआ कि जब वे जा
रहे थे, तो वे शुद्ध हो गए। 15 और उनमें से एक, जब उसने
देखा कि वह चंगा हो गया है, लौट आया और ऊँचे स्वर से
परमेश्वर की महिमा करने लगा, 16 और वह यीशु के चरणों
पर मुंह के बल गिरकर उसे धन्यवाद देने लगा। और वह
शोमरोनी था। 17 तब यीशु ने उत्तर देकर कहा, “क्या दस
शुद्ध नहीं हुए? तो नौ कहाँ हैं? 18 “क्या और कोई नहीं लौटा
कि परमेश्वर की महिमा करे, सिवाय इस परदेशी के?”
19 और उसने उससे कहा, “उठ, अपने मार्ग पर चला जा;
तेरे विश्वास ने तुझे चंगा किया है।” 20 और जब फरीसियों ने
उससे पूछा कि परमेश्वर का राज्य कब आएगा, तो उसने
उत्तर दिया, “परमेश्वर का राज्य दिखाई देने वाले रीति से
नहीं आता। 21 “और लोग यह न कहेंगे, 'देखो, यहाँ है' या
'देखो, वहाँ है,' क्योंकि देखो, परमेश्वर का राज्य तुम्हारे बीच
में है।” 22 और उसने अपने शिष्यों से कहा, “ऐसे दिन आएंगे
जब तुम मनुष्य के पुत्र के दिनों में से एक दिन को देखने की
लालसा करोगे, परन्तु उसे नहीं देख पाओगे। 23 “और लोग
तुमसे कहेंगे, 'देखो यहाँ है' या 'देखो वहाँ है।' उनके पीछे
मत जाना और न ही उनका अनुसरण करना। 24 “क्योंकि
जैसे बिजली आकाश के एक छोर से चमकती है और दूसरे
छोर तक दिखाई देती है, वैसे ही मनुष्य का पुत्र अपने दिन में
होगा। 25 “परन्तु पहले उसे बहुत दुख उठाना होगा और इस
पीढ़ी द्वारा तिरस्कृत किया जाएगा। 26 “और जैसा नूह के
दिनों में हुआ, वैसा ही मनुष्य के पुत्र के दिनों में भी होगा।
27 “लोग खाते थे, पीते थे, विवाह करते थे, और विवाह में दिए
जाते थे, उस दिन तक जब नूह जहाज में प्रवेश किया और
फिर बाढ़ आई और उन सभी को नष्ट कर दिया। 28 “वैसा
ही लूत के दिनों में भी हुआ: वे खाते थे, पीते थे, खरीदते थे,
बेचते थे, पौधे लगाते थे, और इमारतें बनाते थे। 29 “पर
जिस दिन लूत सदोम से निकला, उस दिन आकाश से आग
और गंधक की वर्षा हुई और उन सभी को नष्ट कर दिया।
30 “वैसा ही उस दिन भी होगा जब मनुष्य का पुत्र प्रकट किया
जाएगा। 31 “उस दिन जो छत पर होगा और जिसका सामान
घर में होगा, वह उसे लेने नीचे न उतरे। और जो खेत में
होगा, वह भी पीछे न लौटे। 32 “लूत की पत्नी को याद करो।
33 “जो कोई अपना प्राण बचाना चाहेगा, वह उसे खो देगा,
और जो उसे खोएगा, वह उसे सुरक्षित रखेगा। 34 “मैं तुमसे
कहता हूँ, उस रात दो एक ही बिस्तर पर होंगे — एक लिया
जाएगा और दूसरा छोड़ा जाएगा। 35 “दो स्त्रियाँ एक साथ

चक्की पीस रही होंगी — एक ली जाएगी और दूसरी छोड़ी
जाएगी। [36] "दो जन खेत में होंगे — एक लिया जाएगा और
दूसरा छोड़ा जाएगा।" [37] और उन्होंने उत्तर दिया और उससे
कहा, "प्रभु, कहाँ?" उसने उनसे कहा, "जहाँ शव होता है, वहाँ
गिद्ध इकट्ठे होते हैं।"

18 [1] और उसने उन्हें यह दृष्टांत सुनाया कि उन्हें सदा
प्रार्थना करनी चाहिए और हिम्मत नहीं हारनी चाहिए।
[2] उसने कहा, "किसी नगर में एक न्यायाधीश था, जो न तो
परमेश्वर से डरता था और न ही मनुष्यों की परवाह करता
था। [3] "और उस नगर में एक विधवा थी, जो उसके पास
आकर कहती थी, 'मेरे विरोधी से न्याय कर।' [4] "और वह
कुछ समय तक नहीं चाहता था, परन्तु बाद में उसने अपने
मन में कहा, 'यद्यपि मैं परमेश्वर से नहीं डरता और न मनुष्यों
की परवाह करता हूँ, [5] "फिर भी यह विधवा मुझे बार-बार
परेशान करती है, इसलिए मैं इसका न्याय करूँगा, कहीं ऐसा
न हो कि वह बार-बार आकर मुझे सताए।'" [6] और प्रभु ने
कहा, "सुनो, वह अन्यायी न्यायाधीश क्या कहता है। [7] "तो
क्या परमेश्वर अपने चुने हुए लोगों के लिए न्याय नहीं करेगा,
जो दिन-रात उससे फरियाद करते हैं, यद्यपि वह उनके लिए
सहनशील है? [8] "मैं तुमसे कहता हूँ कि वह शीघ्र ही उनका
न्याय करेगा। परन्तु जब मनुष्य का पुत्र आएगा, तो क्या वह
पृथ्वी पर विश्वास पाएगा?" [9] और उसने कुछ लोगों से, जो
अपने आप को धर्मी समझते थे और दूसरों को तुच्छ जानते
थे, यह दृष्टांत कहा। [10] "दो व्यक्ति प्रार्थना करने के लिए
मन्दिर में गए — एक फ़रीसी और दूसरा चुंगी लेने वाला।
[11] "फ़रीसी खड़ा होकर अपने मन में यह प्रार्थना करने लगा,
'हे परमेश्वर, मैं तेरा धन्यवाद करता हूँ कि मैं अन्य लोगों की
तरह नहीं हूँ — लुटेरा, अन्यायी, व्यभिचारी — और न ही
इस चुंगी लेने वाले जैसा। [12] "मैं सप्ताह में दो बार उपवास
करता हूँ और जो कुछ मैं कमाता हूँ, उसका दसवा अंश देता
हूँ।' [13] "परन्तु चुंगी लेने वाला दूर खड़ा था, वह स्वर्ग की
ओर अपनी आँखें उठाने की भी हिम्मत न कर सका, परन्तु
अपना सीना पीटते हुए कहता रहा, 'हे परमेश्वर, मुझ पापी पर
दया कर!' [14] "मैं तुमसे कहता हूँ कि यह व्यक्ति, वह नहीं,
अपने घर धर्मी ठहराया हुआ लौट गया। क्योंकि जो कोई
अपने आप को बड़ा बनाता है वह छोटा किया जाएगा, और जो
अपने आप को नम्र करता है वह बड़ा किया जाएगा।" [15] और
वे उसके पास छोटे बच्चों को भी लाने लगे कि वह उन्हें छुए,
परन्तु शिष्यों ने देखकर उन्हें झिड़का। [16] परन्तु OWY३Z
ने बच्चों को अपने पास बुलाया और कहा, "बच्चों को मेरे पास
आने दो और उन्हें मना मत करो, क्योंकि परमेश्वर का राज्य
ऐसे ही लोगों का है। [17] "मैं तुमसे सच कहता हूँ, जो कोई
परमेश्वर के राज्य को एक छोटे बच्चे की तरह स्वीकार नहीं
करता, वह उसमें प्रवेश नहीं कर पाएगा।" [18] और एक
अधिकारी ने उससे पूछा, "हे उत्तम गुरु, मैं अनन्त जीवन का
वारिस होने के लिए क्या करूँ?" [19] तो OWY३Z ने उससे
कहा, "तू मुझे अच्छा क्यों कहता है? कोई भी अच्छा नहीं है,
केवल एक — परमेश्वर। [20] "तू आज्ञाओं को जानता है:
'व्यभिचार न करना,' 'हत्या न करना,' 'चोरी न करना,'
'झूठी गवाही न देना,' 'अपने पिता और माता का आदर
करना।'" [21] उसने कहा, "मैंने इन सबको अपनी जवानी से
माना है।" [22] और यह सुनकर, OWY३Z ने उससे कहा,
"एक बात और है जो तुझमें कमी है: अपनी सारी सम्पत्ति बेच
और उसे ग़रीबों में बाँट दे, और तू स्वर्ग में खज़ाना पाएगा।
और आ, मेरी अनुकरण कर।" [23] परन्तु जब उसने यह
सुना, तो वह बहुत उदास हुआ, क्योंकि वह अत्यन्त धनी था।
[24] और जब OWY३Z ने देखा कि वह बहुत उदास हो गया
है, तो उसने कहा, "धनियों के लिए ईश्वर के राज्य में प्रवेश
करना कितना कठिन है! [25] "एक ऊंट का सुई की नोक से
प्रवेश करना धनवान के ईश्वर के राज्य में प्रवेश करने से
आसान है।" [26] और जो यह सुन रहे थे उन्होंने कहा, "तो
फिर कौन उद्धार पा सकता है?" [27] और उसने कहा, "जो
मनुष्यों के लिए असंभव है, वह ईश्वर के लिए संभव है।"
[28] और केफ़ा ने कहा, "देखो, हमने सब कुछ छोड़ दिया और
तेरा अनुसरण किया।" [29] और उसने उनसे कहा, "निःसंदेह
मैं तुमसे कहता हूँ, ऐसा कोई नहीं है जिसने घर या माता-पिता
या भाइयों या पत्नी या बच्चों को ईश्वर के राज्य के कारण
छोड़ दिया हो, [30] जो इस वर्तमान समय में कई गुना अधिक
न पाए, और आने वाले युग में अनन्त जीवन न पाए।"
[31] और बारहों को अलग ले जाकर, उसने उनसे कहा,
"देखो, हम येरुशलम जा रहे हैं, और जो कुछ भी आदम के
पुत्र के विषय में भविष्यद्वक्ताओं द्वारा लिखा गया है, वह पूरा
होगा। [32] "क्योंकि वह अन्यजातियों के हाथ सौंपा जाएगा और
उसका उपहास किया जाएगा, उसका अपमान किया जाएगा
और उस पर थूका जाएगा, [33] और उसे कोड़े मारकर वे उसे
मार डालेंगे। और तीसरे दिन वह फिर जी उठेगा।"
[34] परन्तु वे इनमें से किसी बात को नहीं समझे, और यह
वचन उनके लिए छिपा रहा, और वे नहीं जानते थे कि क्या
कहा जा रहा था। [35] और ऐसा हुआ कि जब वह यरीहो के
पास आ रहा था, एक अंधा व्यक्ति मार्ग के किनारे बैठा भीख
माँग रहा था। [36] और जब उसने लोगों की भीड़ को जाते
सुना, तो पूछा कि यह क्या हो रहा है। [37] और उन्होंने उसे
बताया कि OWY३Z नात्सरत का वहाँ से जा रहा है।
[38] और वह पुकारने लगा, कहता हुआ, " OWY३Z, दाविद
के पुत्र, मुझ पर दया कर!" [39] और जो आगे जा रहे थे, वे
उसे डाँटते थे कि वह चुप रहे, पर वह और भी ज़ोर से
चिल्लाने लगा, "दाविद के पुत्र, मुझ पर दया कर!" [40] और
OWY३Z रुक गया और आज्ञा दी कि उसे उसके पास लाया
जाए। और जब वह पास आया, उसने उससे पूछा, [41] कहते
हुए, "तू क्या चाहता है कि मैं तेरे लिए करूं?" उसने कहा,
"प्रभु, मेरी दृष्टि लौटा दें।" [42] और OWY३Z ने उससे
कहा, "तेरी दृष्टि प्राप्त हो! तेरे विश्वास ने तुझे उद्धार दिया
है।" [43] और तुरन्त उसने अपनी दृष्टि प्राप्त की, और उसका
अनुसरण करता हुआ ईश्वर की स्तुति करने लगा। और
सभी लोगों ने यह देखकर ईश्वर की महिमा की।

19 [1] और जब वह प्रविष्ट हुआ, वह यरीहो से होकर
निकल रहा था। [2] और देखो, एक व्यक्ति था
जिसका नाम ज़क्कै था! और वह प्रमुख कर वसूलने वाला
था, और वह धनी था, [3] और वह यह देखने का प्रयास कर
रहा था कि OWY३Z कौन है, पर भीड़ के कारण वह नहीं
देख सका, क्योंकि वह कद में छोटा था। [4] और वह आगे

दौड़कर एक अंजीर के पेड़ पर चढ़ गया, ताकि उसे देख
सके, क्योंकि वह उस मार्ग से जाने वाला था। 5 और जब
OW५३Z उस स्थान पर पहुँचा, तो उसने ऊपर देखा और
उसे देखा, और उससे कहा, "ज़क्कै, जल्दी नीचे उतर,
क्योंकि आज मुझे तेरे घर ठहरना है।" 6 और वह शीघ्रता से
नीचे उतरा और आनन्दपूर्वक उसे अपने घर में ग्रहण किया।
7 और जब उन्होंने यह देखा, तो वे सब कुड़कुड़ाने लगे,
कहते हुए, "यह तो एक पापी व्यक्ति के घर ठहरने गया है।"
8 परन्तु ज़क्कै खड़ा हुआ और प्रभु से कहा, "देख, प्रभु, मैं
अपनी आधी सम्पत्ति ग़रीबों को देता हूँ। और यदि मैंने किसी
से छल से कुछ लिया हो, तो मैं उसे चार गुना लौटाता हूँ।"
9 और OW५३Z ने उससे कहा, "आज इस घर में उद्धार
आया है — क्योंकि यह भी अब्राहम का पुत्र है। 10 "क्योंकि
आदम का पुत्र खोए हुओं को ढूंढने और बचाने आया है।"
11 और जब वे यह सुन रहे थे, तो उसने एक और दृष्टांत
कहा, क्योंकि वह येरुशलम के निकट था और वे सोचते थे
कि ईश्वर का राज्य तुरन्त प्रकट होगा। 12 इसलिए उसने
कहा, "एक महान व्यक्ति दूर देश गया ताकि वह अपने लिए
राज्य प्राप्त करे और फिर लौटे। 13 "और उसने अपने दस
सेवकों को बुलाकर उन्हें दस मीना दिए, और उनसे कहा,
'जब तक मैं वापस आऊँ, व्यापार करो।' 14 "पर उसके प्रजा
के लोग उससे बैर रखते थे, और उसके पीछे एक
प्रतिनिधिमंडल भेजा, यह कहने के लिए, 'हम नहीं चाहते कि
यह हमारे ऊपर राज्य करे।' 15 "और जब वह लौटा, राज्य
प्राप्त करके, तो उसने उन सेवकों को बुलवाया जिन्हें उसने
चाँदी दी थी, ताकि यह जान सके कि प्रत्येक ने व्यापार से क्या
कमाया। 16 "और पहला आया, कहता हुआ, 'स्वामी, आपके
एक मीना ने दस मीना और कमा लिए।' 17 "और उसने
उससे कहा, 'शाबाश, भले सेवक। क्योंकि तू थोड़े में
विश्वासयोग्य था, दस नगरों पर तेरा अधिकार हो।' 18 "और
दूसरा आया, कहता हुआ, 'स्वामी, आपके एक मीना ने पाँच
मीना कमा लिए।' 19 "और उसने उससे भी कहा, 'तू भी पाँच
नगरों पर अधिकारी हो।' 20 "और एक और आया, कहता
हुआ, 'स्वामी, यह रहा आपका मीना, जिसे मैंने एक रूमाल में
बाँधकर रखा था। 21 'क्योंकि मैं तुझसे डरता था, क्योंकि तू
एक कठोर मनुष्य है। तू वह लेता है जो तूने नहीं रखा, और
वह काटता है जो तूने नहीं बोया।' 22 "और उसने उससे
कहा, 'तेरे ही मुँह से मैं तुझे न्याय दूँगा, हे दुष्ट सेवक। तू
जानता था कि मैं कठोर मनुष्य हूँ, जो वह लेता हूँ जो मैंने नहीं
रखा, और वह काटता हूँ जो मैंने नहीं बोया। 23 'तो तूने मेरी
चाँदी बैंक में क्यों नहीं रखी, कि जब मैं आता तो उसे ब्याज
सहित ले लेता?' 24 "फिर उसने पास खड़े लोगों से कहा,
'उससे वह मीना ले लो, और उसे दो जिसके पास दस मीना
हैं।' 25 "पर उन्होंने उससे कहा, 'स्वामी, उसके पास तो पहले
से ही दस मीना हैं।' 26 'क्योंकि मैं तुमसे कहता हूँ, कि
जिसके पास है, उसे और दिया जाएगा; और जिसके पास नहीं
है, उससे वह भी छीन लिया जाएगा जो उसके पास है।
27 'परन्तु मेरे उन शत्रुओं को, जो नहीं चाहते थे कि मैं उनके
ऊपर राज्य करूं, उन्हें यहाँ लाओ और मेरे सामने मार
डालो।' " 28 और यह कहकर, वह आगे बढ़ा, येरुशलम की
ओर चढ़ते हुए। 29 और ऐसा हुआ कि जब वह बेथ्थ फगी
और बेथ्थ अन्हा के निकट, जैतून के पर्वत पर पहुँचा, तो
उसने अपने दो शिष्यों को भेजा, 30 कहते हुए, "सामने के गाँव
में जाओ, जिसमें प्रवेश करते ही तुम एक बछड़े को बंधा हुआ
पाओगे, जिस पर कोई कभी नहीं बैठा। उसे खोलो और यहां
लाओ। 31 "और यदि कोई तुमसे पूछे, 'तुम इसे क्यों खोल
रहे हो?' तो उससे कहना, 'क्योंकि प्रभु को इसकी
आवश्यकता है।' " 32 और जो भेजे गए थे, वे चले गए और
उन्होंने वैसा ही पाया जैसा उसने उनसे कहा था। 33 और जब
वे बछड़ा खोल रहे थे, तो उसके मालिकों ने उनसे कहा, "तुम
बछड़े को क्यों खोल रहे हो?" 34 और उन्होंने कहा, "प्रभु को
इसकी आवश्यकता है।" 35 तब वे उसे OW५३Z के पास
लाए। और उन्होंने अपने वस्त्र बछड़े पर डाले, और
OW५३Z को उस पर बैठाया। 36 और जब वह जा रहा था,
वे अपने वस्त्र मार्ग पर बिछा रहे थे। 37 और जब वह जैतून
पर्वत की ढलान के पास पहुँचा, तब सारे शिष्यों की भीड़
आनन्द से ऊँचे स्वर में ईश्वर की स्तुति करने लगी उन सभी
चमत्कारों के लिए जो उन्होंने देखे थे, 38 कहते हुए, " 'धन्य
है वह राजा जो ३५३Z के नाम में आ रहा है!' स्वर्ग में
शान्ति और सर्वोच्च में महिमा!" 39 और भीड़ में से कुछ
फ़रीसी लोगों ने उससे कहा, "गुरु, अपने शिष्यों को डाँटो।"
40 पर उसने उत्तर दिया, "मैं तुमसे कहता हूँ, यदि ये चुप
रहेंगे, तो पत्थर पुकार उठेंगे।" 41 और जब वह निकट
आया, तो उसने नगर को देखा और उस पर रोया, 42 कहते
हुए, "यदि तू भी, हाँ तू भी, इसी दिन में यह जानता, जो तेरे
शान्ति के लिए है! पर अब वे तेरी आँखों से छिपे हुए हैं।
43 "क्योंकि तेरे ऊपर ऐसे दिन आने वाले हैं, जब तेरे शत्रु तेरे
चारों ओर किलेबंदी करेंगे, तुझे घेरेंगे और हर ओर से
दबाएँगे। 44 और वे तुझे और तेरे भीतर के बच्चों को भूमि पर
पटक देंगे, और तुझ में पत्थर पर पत्थर भी बाकी न रहेगा,
क्योंकि तूने अपने दर्शन के समय को नहीं पहचाना।" 45 और
जब वह मिक्दाश में प्रवेश किया, तो उसने वहाँ बेचने और
खरीदने वालों को बाहर निकालना शुरू किया। 46 कहते हुए,
"यह लिखा है, 'मेरा घर प्रार्थना का घर कहलाएगा,' पर तुमने
इसे 'डाकुओं की गुफा' बना दिया है।" 47 और वह प्रतिदिन
मिक्दाश में उपदेश दे रहा था। पर मुख्य याजक, शास्त्री
और लोगों के अगुवे उसे नष्ट करने का उपाय ढूँढ रहे थे।
48 पर वे नहीं समझ सके कि क्या करें, क्योंकि सभी लोग उस
पर मोहित थे, और उसकी बातें सुनते रहते थे।

20 1 और ऐसा हुआ कि उन दिनों में से एक दिन, जब वह
मिक्दाश में लोगों को सिखा रहा था और शुभ समाचार
सुना रहा था, तो मुख्य याजक, शास्त्री और बुज़ुर्ग उसके पास
आए। 2 और उन्होंने उससे कहा, "हमें बता, तू यह सब किस
अधिकार से करता है? या किसने तुझे यह अधिकार दिया?"
3 और उसने उत्तर देकर उनसे कहा, "मैं भी तुमसे एक प्रश्न
पूछता हूँ, मुझे उत्तर दो: 4 "योहानान का बपतिस्मा — क्या
वह स्वर्ग से था या मनुष्यों से?" 5 और वे आपस में सोचने
लगे, कहते हुए, "यदि हम कहें, 'स्वर्ग से,' तो वह कहेगा, 'तो
तुमने उस पर विश्वास क्यों नहीं किया?' 6 "पर यदि हम कहें,
'मनुष्यों से,' तो सब लोग हमें पत्थर मारेंगे, क्योंकि वे निश्चय
मानते हैं कि योहानान एक नबी था।" 7 और उन्होंने उत्तर

दिया कि वे नहीं जानते कि वह कहाँ से था। 8 और
OW५३Z ने उनसे कहा, "तो मैं भी तुमसे नहीं कहता कि मैं
यह सब किस अधिकार से करता हूँ।" 9 और उसने लोगों से
यह दृष्टांत कहना आरंभ किया, "एक व्यक्ति ने एक दाख की
बारी लगाई, और उसे किसानों को किराये पर दे दिया, और
लम्बे समय के लिए बाहर चला गया। 10 "और उचित समय
पर उसने एक सेवक को किसानों के पास भेजा, कि वह दाख
की बारी के फल में से कुछ ले आए। परन्तु किसानों ने उसे
पीटा और खाली हाथ लौटा दिया। 11 "और फिर उसने एक
और सेवक भेजा। और उन्होंने उसे भी पीटा और अपमानित
किया, और खाली हाथ भेज दिया। 12 "और उसने फिर
तीसरे को भेजा। और उन्होंने उसे भी घायल किया और बाहर
फेंक दिया। 13 "तब दाख की बारी के स्वामी ने कहा, 'मैं क्या
करूं? मैं अपने पुत्र, प्रिय को भेजूँगा। संभव है कि जब वे उसे
देखें, तो उसका आदर करें।' 14 "पर जब किसानों ने उसे
देखा, तो आपस में सलाह की, कहते हुए, 'यह तो वारिस है।
आओ, हम उसे मार डालें, ताकि मीरास हमारी हो जाए।'
15 "और उन्होंने उसे दाख की बारी से बाहर निकाल कर मार
डाला। अब उस दाख की बारी का स्वामी उनसे क्या करेगा?
16 "वह आएगा और उन किसानों को नष्ट करेगा और दाख
की बारी दूसरों को दे देगा।" और यह सुनकर उन्होंने कहा,
"ऐसा न हो!" 17 पर उसने उनकी ओर देखकर कहा, "तो
यह क्या है जो लिखा है, 'जिस पत्थर को राजमिस्त्रियों ने
ठुकराया, वही कोने का मुख्य पत्थर बन गया'? 18 "हर कोई
जो उस पत्थर पर गिरेगा, वह चूर-चूर हो जाएगा, और जिस
पर वह गिरेगा, वह पीस डाला जाएगा।" 19 और उसी घड़ी
मुख्य याजक और शास्त्री उसे पकड़ने का प्रयत्न करने लगे,
परन्तु लोगों से डरते थे, क्योंकि वे जान गए थे कि उसने यह
दृष्टांत उनके विरुद्ध कहा। 20 और उन्होंने उसकी निगरानी
रखी, और धर्मी बनने का ढोंग करने वाले गुप्तचरों को भेजा,
ताकि वे उसकी बातों में उसे फँसाएँ और उसे राज्यपाल के
अधीन अधिकार में सौंप दें। 21 इसलिए उन्होंने उससे पूछा,
"गुरु, हम जानते हैं कि तू सही कहता और सिखाता है, और
किसी का पक्ष नहीं करता, बल्कि ईश्वर के मार्ग को सच्चाई
से सिखाता है। 22 "क्या हमारे लिए कैसर को कर देना
उचित है या नहीं?" 23 परन्तु उसकी चालाकी को जानकर,
उसने उनसे कहा, "तुम मुझे क्यों परखते हो? 24 "मुझे एक
चाँदी का सिक्का दिखाओ। इस पर किसकी मूर्ति और लेख
है?" उन्होंने उत्तर दिया, "कैसर की।" 25 और उसने उनसे
कहा, "तो कैसर की वस्तुएँ कैसर को दो, और ईश्वर की
वस्तुएँ ईश्वर को।" 26 और वे लोगों के सामने उसकी बात में
उसे पकड़ न सके, और उसके उत्तर पर अचंभित होकर चुप
रहे। 27 और कुछ सदूकियों ने, जो पुनरुत्थान का इनकार
करते हैं, उसके पास आकर उससे प्रश्न किया, 28 कहते हुए,
"गुरु, मूसा ने हमारे लिए लिखा कि यदि किसी पुरुष का भाई
मरे और उसकी पत्नी हो, और वह संतानरहित मरे, तो
उसका भाई उसकी पत्नी को ले और अपने भाई के लिए वंश
बढ़ाए। 29 "अब सात भाई थे, पहले ने विवाह किया और वह
बिना संतान मरा। 30 "फिर दूसरे ने उसे पत्नी के रूप में
लिया, और वह भी बिना संतान मरा। 31 "तीसरे ने भी उसे
लिया, और इसी प्रकार सभी सातों ने, और किसी की संतान न
हुई और वे मर गए। 32 "और अंत में वह स्त्री भी मर गई।
33 "तो पुनरुत्थान में वह किसकी पत्नी होगी? क्योंकि सातों ने
उसे पत्नी बनाया था।" 34 और OW५३Z ने उत्तर देकर
उनसे कहा, "इस युग के पुत्र विवाह करते हैं और विवाह में
दिए जाते हैं, 35 परन्तु जो उस युग को और मृतकों के
पुनरुत्थान को प्राप्त करने योग्य ठहराए गए हैं, वे न विवाह
करते हैं, न विवाह में दिए जाते हैं। 36 क्योंकि वे फिर मर नहीं
सकते, क्योंकि वे स्वर्गदूतों के समान हैं और ईश्वर के पुत्र हैं,
क्योंकि वे पुनरुत्थान के पुत्र हैं। 37 "परन्तु कि मृतक जी
उठाए जाते हैं, मूसा ने भी झाड़ी के पास दिखाया, जब उसने
३५३Z को 'अब्राहम का ईश्वर, यित्सहाक का ईश्वर, और
याक़ोब का ईश्वर' कहा। 38 "अब वह मरे हुओं का नहीं,
बल्कि जीवितों का ईश्वर है, क्योंकि सब उसके लिए जीवित
हैं।" 39 और कुछ शास्त्रियों ने उत्तर देकर कहा, "गुरु, तू ने
अच्छा कहा।" 40 और वे फिर उस से कोई प्रश्न पूछने का
साहस न कर सके। 41 और उसने उनसे कहा, "वे कैसे
कहते हैं कि मशीहा, दाविद का पुत्र है? 42 "क्योंकि दाविद
स्वयं तेहिल्लीम की पुस्तक में कहता है, '३५३Z ने मेरे प्रभु
से कहा, "मेरे दाहिने बैठ जब तक मैं तेरे शत्रुओं को तेरे पाँवों
की चौकी न बना दूं।" ' 43 "जब तक मैं तेरे शत्रुओं को तेरे
पाँवों की चौकी न बना दूं।" 44 "इसलिए, जब दाविद उसे
'प्रभु' कहता है, तो वह उसका पुत्र कैसे है?" 45 और सब
लोगों के सुनते हुए, उसने अपने शिष्यों से कहा, 46 "शास्त्रियों
से सावधान रहो, जो लंबा चोगा पहनकर चलना पसंद करते
हैं, और बाजारों में नमस्कार लेना, आराधनालयों में अग्रस्थान
और भोजों में प्रमुख स्थान को प्रिय मानते हैं, 47 जो विधवाओं
के घरों को निगल जाते हैं, और दिखावे के लिए लंबी प्रार्थनाएं
करते हैं। उन्हें और भी कड़ा दंड मिलेगा।"

21 1 और ऊपर देखकर उसने देखा कि धनी लोग
अपने उपहार को कोश में डाल रहे हैं, 2 और उसने
देखा कि एक निर्धन विधवा दो छोटी मुद्राएँ डाल रही है।
3 और उसने कहा, "मैं तुमसे सच कहता हूँ कि इस निर्धन
विधवा ने सबसे अधिक डाला है। 4 "क्योंकि इन सब ने
अपनी अधिकता में से ईश्वर को भेंट दी, परन्तु इसने अपनी
गरीबी में से वह सब कुछ दे दिया जो इसके पास जीवन निर्वाह
के लिए था।" 5 और जब कुछ लोग मिक्दाश की चर्चा कर
रहे थे, कि वह सुंदर पत्थरों और भेंटों से सुशोभित है, उसने
कहा, 6 "जिन वस्तुओं को तुम देख रहे हो — वे दिन आने
वाले हैं जब एक पत्थर भी दूसरे पर बाकी न रहेगा जो गिराया
न जाएगा।" 7 और उन्होंने उससे पूछा, "गुरु, यह कब होगा?
और इसका चिन्ह क्या होगा जब यह घटने वाला हो?" 8 उसने
कहा, "देखो कि तुम धोखे में न पड़ो, क्योंकि कई लोग मेरे
नाम में आकर कहेंगे, 'मैं हूँ,' और 'समय निकट है।' उनके
पीछे न जाना। 9 "पर जब तुम युद्धों और उपद्रवों की सुनो, तो
घबराओ मत, क्योंकि ये बातें पहले अवश्य होंगी, परन्तु अंत
तुरंत न होगा।" 10 फिर उसने उनसे कहा, "जाति जाति के
विरुद्ध और राज्य राज्य के विरुद्ध उठेगा। 11 "और विभिन्न
स्थानों में बड़े भूकंप होंगे, और अकाल तथा घातक रोग
फैलेंगे। और भयानक घटनाएँ और स्वर्ग से बड़े चिन्ह प्रकट

होंगे। 12 "पर इन सब से पहले, वे तुम्हें पकड़ेंगे और सताएंगे,
तुम्हें आराधनालयों और जेलों में सौंपेंगे, और तुम्हें राजाओं
और शासकों के सामने मेरे नाम के कारण लाया जाएगा।
13 "और यह तुम्हारे लिए एक गवाही का अवसर बनेगा।
14 "इसलिए अपने मन में यह ठान लो कि तुम पूर्व से उत्तर न
सोचो कि क्या उत्तर देना है। 15 "क्योंकि मैं तुम्हें ऐसा वचन
और बुद्धि दूँगा कि तुम्हारे सभी विरोधी उसका खंडन या
विरोध न कर सकेंगे। 16 "और तुम्हें माता-पिता, भाइयों,
संबंधियों और मित्रों द्वारा भी पकड़वाया जाएगा। और तुम में
से कुछ को मार डाला जाएगा। 17 "और मेरे नाम के कारण
तुम सबके द्वारा घृणित किए जाओगे। 18 "परन्तु तुम्हारे सिर
का एक बाल भी नष्ट न होगा। 19 "धैर्य के द्वारा तुम अपने
प्राणों को प्राप्त करो। 20 "और जब तुम येरुशलम को सेनाओं
से घिरा हुआ देखो, तो जान लो कि उसका उजाड़ किया
जाना निकट है। 21 "तब जो यहूदा में हों वे पहाड़ों की ओर
भाग जाएँ, और जो उसके बीच में हों वे बाहर चले जाएँ, और
जो खेतों में हों वे उसमें प्रवेश न करें। 22 "क्योंकि ये प्रतिशोध
के दिन हैं, ताकि जो कुछ लिखा गया है, वह पूरा हो जाए।"
23 "उन दिनों गर्भवती स्त्रियों और दूध पिलाने वाली माताओं
पर हाय! क्योंकि पृथ्वी पर बड़ा क्लेश और इस प्रजा पर क्रोध
होगा।" 24 "और वे तलवार की धार से गिरेंगे, और सब
जातियों में बंधुआई में ले जाए जाएँगे। और येरुशलम
अन्यजातियों के द्वारा रौंदी जाएगी, जब तक कि अन्यजातियों
का समय पूरा न हो जाए।" 25 "और सूर्य, चन्द्रमा और तारों
में चिन्ह होंगे, और पृथ्वी पर जातियों में संकट होगा, समुद्र की
गर्जना और लहरों के शोर से लोग चकित और व्याकुल
होंगे।" 26 "लोग भय और पृथ्वी पर आने वाली बातों की
आशंका से मूर्छित हो जाएँगे, क्योंकि स्वर्ग की शक्तियाँ हिला
दी जाएँगी।" 27 "और तब वे आदम के पुत्र को बादल में
सामर्थ और महान महिमा के साथ आते हुए देखेंगे।"
28 "और जब ये बातें घटने लगें, तो ऊपर देखो और अपने
सिर उठाओ, क्योंकि तुम्हारा उद्धार निकट है।" 29 और उसने
उनसे यह दृष्टांत कहा, "अंजीर के पेड़ और सब पेड़ों को
देखो।" 30 "जब वे अंकुरित होते हैं, तो देखकर तुम स्वयं
जानते हो कि अब ग्रीष्मकाल निकट है।" 31 "इसी प्रकार जब
तुम ये बातें घटती देखो, तो जान लो कि ईश्वर का राज्य
निकट है।" 32 "मैं तुमसे सच कहता हूँ, यह पीढ़ी तब तक
नहीं टलेगी जब तक ये सब बातें पूरी न हो जाएँ।" 33 "स्वर्ग
और पृथ्वी टल जाएँगी, पर मेरे वचन कभी नहीं टलेंगे।"
34 "अपने ऊपर ध्यान दो, कहीं ऐसा न हो कि तुम्हारे मन
अतिभोजन, मद्यपान और सांसारिक चिंताओं से बोझिल हो
जाएँ, और वह दिन तुम पर अचानक आ पड़े।" 35 "क्योंकि
वह जाल के समान आएगा, उन सब पर जो पूरी पृथ्वी के
ऊपर रहते हैं।" 36 "इसलिए हर समय जागते रहो और
प्रार्थना करो कि तुम इन सब घटनाओं से बच निकलने और
आदम के पुत्र के सामने खड़े होने के योग्य ठहरो।" 37 और
वह दिन में मिक्दाश में सिखाया करता था, और रात को बाहर
जाकर जैतून के पर्वत पर ठहरता था। 38 और सब लोग
प्रातःकाल मिक्दाश में उसके पास उसे सुनने के लिए आते
थे।

22

1 और अखमीरी रोटियों का पर्व निकट आ गया, जिसे
फसह कहा जाता है। 2 और मुख्य याजक और
शास्त्री यह सोच रहे थे कि उसे कैसे मारें, क्योंकि वे लोगों से
डरते थे। 3 और शैतान यहूदा में समा गया, जो कि क़रियोत
का कहलाता था, और वह बारहों में गिना जाता था। 4 और
वह जाकर मुख्य याजकों और सेनापतियों से यह कहने लगा
कि वह उसे उनके हाथ कैसे सौंपे। 5 और वे आनंदित हुए,
और उसे चाँदी देने पर सहमत हो गए। 6 और उसने वचन
दिया, और अवसर ढूंढने लगा कि वह उसे भीड़ से अलग कर
उनके हाथ सौंपे। 7 और अखमीरी रोटियों का वह दिन आया
जब फसह का बलिदान किया जाता है। 8 और उसने केफ़ा
और योहानान को भेजा, कहते हुए, "जाओ और हमारे लिए
फसह की तैयारी करो कि हम उसे खा सकें।" 9 और उन्होंने
उससे कहा, "आप कहाँ चाहते हैं कि हम तैयारी करें?"
10 उसने उनसे कहा, "देखो, जब तुम नगर में प्रवेश करोगे,
तो एक व्यक्ति तुमसे मिलेगा जो पानी का घड़ा लिए होगा।
उसके पीछे-पीछे उसी घर में जाना जिसमें वह प्रवेश करता
है। 11 "और उस घर के स्वामी से कहना, 'गुरु तुमसे कहता
है, "वह अतिथि कक्ष कहाँ है जिसमें मैं अपने शिष्यों के साथ
फसह खा सकूं?" ' 12 "और वह तुम्हें एक बड़ा सुसज्जित
ऊपरी कमरा दिखाएगा। वहीं तैयारी करो।" 13 और वे गए
और जैसा उसने उनसे कहा था वैसा ही पाया, और उन्होंने
फसह की तैयारी की। 14 और जब वह घड़ी आई, तो वह
बैठा, और बारह प्रेरित उसके साथ थे। 15 और उसने उनसे
कहा, "मैंने लालसा की है कि इस पीड़ा से पहले यह फसह
तुम्हारे साथ खाऊं। 16 क्योंकि मैं तुमसे कहता हूँ कि जब
तक वह ईश्वर के राज्य में पूरा न हो जाए, मैं फिर उसे कभी
न खाऊँगा।" 17 और प्याला लेकर धन्यवाद करके उसने
कहा, "इसे लो और आपस में बाँट लो। 18 क्योंकि मैं तुमसे
कहता हूँ कि जब तक ईश्वर का राज्य न आ जाए, मैं दाख
की बेल का फल फिर कभी नहीं पीऊँगा।" 19 और रोटी
लेकर धन्यवाद किया, और उसे तोड़कर उन्हें दिया, कहते
हुए, "यह मेरा शरीर है, जो तुम्हारे लिए दिया जाता है, मेरे
स्मरण में यह किया करो।" 20 उसी प्रकार भोजन के बाद
प्याले को भी लिया, कहते हुए, "यह प्याला मेरे लहू में नया
वाचा है, जो तुम्हारे लिए बहाया जाता है। 21 "पर देखो, जो
मुझे पकड़वाने वाला है, उसका हाथ मेरे साथ मेज़ पर है।
22 "क्योंकि वास्तव में आदम का पुत्र तो जैसा ठहराया गया है
वैसा ही चला जाता है, परन्तु हाय उस मनुष्य पर जिसके द्वारा
वह पकड़वाया जाता है!" 23 तब उन्होंने आपस में पूछना शुरू
किया कि उनमें से कौन है जो यह करने वाला है। 24 और
उनमें यह विवाद भी हुआ कि उनमें से कौन सबसे बड़ा समझा
जाए। 25 और उसने उनसे कहा, "अन्यजातियों के राजा उन
पर प्रभुत्व करते हैं, और जो उन पर अधिकार रखते हैं उन्हें
'कल्याणकारी' कहा जाता है। 26 "परन्तु तुम ऐसा मत
करना, बल्कि तुम में जो सबसे बड़ा हो, वह सबसे छोटा बने,
और जो अगुवा हो, वह सेवक के समान हो। 27 "क्योंकि बड़ा
कौन है — जो मेज़ पर बैठता है या जो सेवा करता है? क्या
वह नहीं जो मेज़ पर बैठता है? परन्तु मैं तुम्हारे बीच में उस
सेवक के समान हूँ जो सेवा करता है। 28 "परन्तु तुम ही वे हो

जिन्होंने मेरी परीक्षाओं में मेरे साथ बने रहे। [29]"और जैसे
मेरे पिता ने मेरे लिए राज्य ठहराया, वैसे ही मैं तुम्हारे लिए
ठहराता हूँ — [30]"कि तुम मेरे राज्य में मेरी मेज़ पर खाओ
और पियो, और सिंहासनों पर बैठकर इस्राएल के बारह गोत्रों
का न्याय करो।" [31]और प्रभु ने कहा, "शिमोन, शिमोन!
देख, शैतान ने तुम्हें गेहूँ की तरह छानने की आज्ञा माँगी है।
[32]"परन्तु मैंने तेरे लिए प्रार्थना की है कि तेरा विश्वास न
छूटे। और जब तू लौटे, तो अपने भाइयों को स्थिर करना।"
[33]और उसने उससे कहा, "प्रभु, मैं तेरे साथ जेल और मृत्यु
तक जाने के लिए तैयार हूँ।" [34]उसने कहा, "मैं तुझसे
कहता हूँ, केफ़ा, आज मुर्ग बांग न देगा जब तक तू तीन बार
यह न कह दे कि तू मुझे नहीं जानता।" [35]और उसने उनसे
कहा, "जब मैंने तुम्हें बिना थैली और बटुए और जूतों के भेजा,
तो क्या तुम्हें किसी वस्तु की कमी हुई?" उन्होंने कहा, "कुछ
भी नहीं।" [36]तब उसने उनसे कहा, "अब जिसके पास थैली
है वह उसे ले चले, और वैसे ही बटुआ भी। और जिसके पास
तलवार नहीं है, वह अपना वस्त्र बेचकर एक खरीदे।
[37]"क्योंकि मैं तुमसे कहता हूँ कि जो लिखा है वह मुझ पर
पूरा होना अभी बाकी है, 'और वह अधर्मी लोगों में गिना
गया।' क्योंकि जो मेरे विषय में लिखा है उसका भी अंत है।"
[38]और उन्होंने कहा, "प्रभु, देखो, यहाँ दो तलवारें हैं।" उसने
उनसे कहा, "यही बहुत है।" [39]और बाहर निकलकर, वह
अपनी आदत के अनुसार जैतून के पर्वत पर गया, और
उसके शिष्य उसके पीछे-पीछे चले। [40]और उस स्थान पर
पहुँचकर उसने उनसे कहा, "प्रार्थना करो कि तुम परीक्षा में न
पड़ो।" [41]और वह उनसे एक पत्थर की दूरी पर हट गया,
और घुटनों के बल गिरकर प्रार्थना करने लगा। [42]कहते हुए,
"पिता, यदि यह तेरी इच्छा हो, तो इस प्याले को मुझसे हटा
ले। तौभी मेरी नहीं, परन्तु तेरी इच्छा पूरी हो।" [43]और स्वर्ग
से एक दूत उसके पास प्रकट हुआ, जो उसे सामर्थ दे रहा
था। [44]और वह अत्यंत पीड़ा में होकर और भी गम्भीरता से
प्रार्थना कर रहा था। और उसका पसीना ऐसे था मानो रक्त
की बड़ी-बड़ी बूँदें भूमि पर गिर रही हों। [45]और जब वह
प्रार्थना से उठा और अपने शिष्यों के पास आया, तो उसने
उन्हें दुःख के कारण सोते पाया। [46]और उसने उनसे कहा,
"तुम क्यों सो रहे हो? उठो और प्रार्थना करो कि तुम परीक्षा में
न पड़ो।" [47]और जब वह यह कह ही रहा था, देखो, एक
भीड़ आ गई; और जो यहूदा कहलाता था, जो बारहों में से
एक था, उनके आगे-आगे आया और OW५१३Z के निकट
उसे चूमने के लिए पहुँचा। [48]पर OW५१३Z ने उससे कहा,
"यहूदा, क्या तू आदम के पुत्र को चुम्बन देकर पकड़वाता
है?" [49]और जो उसके चारों ओर थे, उन्होंने जो घटने वाला
था देखकर कहा, "प्रभु, क्या हम तलवार से वार करें?"
[50]और उनमें से एक ने महायाजक के सेवक पर वार किया
और उसका दाहिना कान काट डाला। [51]पर OW५१३Z ने
उत्तर देकर कहा, "अब बस करो।" और उसके कान को
छूकर उसने उसे चंगा किया। [52]और OW५१३Z ने उन
लोगों से कहा जो उसके विरुद्ध आए थे — मुख्य याजकों,
मिक्दाश के सेनापतियों और पुरनियों से — "क्या तुम डाकू
पर चढ़ाई करने के समान तलवारों और डंडों के साथ आए
हो? [53]"जब मैं प्रतिदिन मिक्दाश में तुम्हारे साथ था, तब
तुमने मुझ पर हाथ नहीं डाला; पर अब तुम्हारा समय है और
अंधकार का अधिकार।" [54]और उसे पकड़कर वे ले गए
और महायाजक के घर में लाए। और केफ़ा दूर से उसका
पीछा कर रहा था। [55]और जब वे आँगन के बीच में आग
जलाकर बैठे, तो केफ़ा भी उनके बीच बैठ गया। [56]और एक
दासी ने उसे आग की रौशनी में बैठे देखा और ध्यानपूर्वक
देखकर कहा, "यह भी उसके साथ था।" [57]पर उसने
इनकार किया, कहते हुए, "हे स्त्री, मैं उसे नहीं जानता।"
[58]और थोड़ी देर बाद एक और ने देखकर कहा, "तू भी
उन्हीं में से है।" पर केफ़ा ने कहा, "हे मनुष्य, मैं नहीं हूँ!"
[59]और लगभग एक घंटे बाद एक और ने दृढ़ता से कहा,
"निश्चित रूप से, यह भी उसके साथ था, क्योंकि यह तो
गलील का है।" [60]पर केफ़ा ने कहा, "हे मनुष्य, मैं नहीं
जानता तू क्या कह रहा है!" और उसी क्षण जब वह बोल ही
रहा था, मुर्ग ने बाँग दी। [61]और प्रभु ने मुड़कर केफ़ा की
ओर देखा, और केफ़ा को प्रभु का वह वचन स्मरण आया कि
उसने उससे कहा था, "मुर्ग बाँग देने से पहले तू तीन बार मेरा
इनकार करेगा।" [62]और केफ़ा बाहर जाकर कड़वे आँसू
बहाने लगा। [63]और जो पुरुष OW५१३Z को पकड़े हुए थे,
वे उसका उपहास कर रहे थे और उसे पीट रहे थे। [64]और
उसकी आँखें बाँधकर वे उसके मुख पर मारते हुए कहने लगे,
"भविष्यवाणी कर! किसने तुझे मारा?" [65]और उन्होंने उसके
विषय में और भी बहुत-सी निन्दात्मक बातें कही। [66]और
जैसे ही दिन हुआ, लोगों के पुरनिये, दोनों मुख्य याजक और
शास्त्री, एकत्र हुए, और वे उसे अपनी महासभा में ले गए,
कहते हुए, [67]"यदि तू मशीहा है, तो हमें बता।" और उसने
उनसे कहा, "यदि मैं तुमसे कहूँ, तो भी तुम विश्वास न
करोगे। [68]"और यदि मैं तुमसे पूछूँ, तो तुम कोई उत्तर न
दोगे। [69]"अब से आदम का पुत्र सर्वशक्तिमान ३५३Z के
दाहिने हाथ पर बैठेगा।" [70]तब वे सब बोले, "तो तू ३५३Z
का पुत्र है?" और उसने उनसे कहा, "तुम आप ही कहते हो
कि मैं हूँ।" [71]और उन्होंने कहा, "अब हमें और गवाही की
क्या आवश्यकता है? क्योंकि हमने स्वयं उसके मुख से यह
सुना है।"

23 [1]और उनकी पूरी सभा उठी और उसे पीलातुस के
पास ले गई। [2]और उन्होंने उस पर दोष लगाना शुरू
किया, कहते हुए, "हमने इसे राष्ट्र को भ्रष्ट करते हुए पाया,
और कैसर को कर देना मना करते हुए, और यह कहता है
कि वही मशीहा है, एक राजा।" [3]और पीलातुस ने उससे
पूछा, "क्या तू यहूदियों का राजा है?" और उसने उत्तर में
कहा, "तू ही कहता है।" [4]और पीलातुस ने मुख्य याजकों
और भीड़ से कहा, "मुझे इस व्यक्ति में कोई दोष नहीं
दिखता।" [5]पर वे और भी आग्रह करने लगे, कहते हुए, "यह
तो लोगों को भड़काता है, यहूदा के सारे क्षेत्र में शिक्षा देता है,
गलील से शुरू कर यहाँ तक।" [6]जब पीलातुस ने गलील का
नाम सुना, तो उसने पूछा क्या यह व्यक्ति गलीली है। [7]और
जब उसने जाना कि वह हेरोदेस के अधिकार क्षेत्र में आता है,
तो उसने उसे हेरोदेस के पास भेज दिया, जो उन दिनों
येरुशलम में ही था। [8]और जब हेरोदेस ने OW५१३Z को
देखा, तो बहुत आनन्दित हुआ, क्योंकि वह बहुत समय से उसे

देखना चाहता था, क्योंकि उसने उसके विषय में बहुत कुछ
सुना था और चाहता था कि वह उससे कोई चमत्कार देखे।
9 और उसने उससे बहुत सी बातें पूछीं, पर उसने कोई उत्तर
नहीं दिया। 10 और मुख्य याजक और शास्त्री खड़े होकर
उस पर कठोरता से दोष लगा रहे थे। 11 और हेरोदेस ने
अपने सैनिकों के साथ मिलकर उसे तुच्छ जाना और उसका
उपहास किया, और एक चमकीला वस्त्र पहनाकर उसे फिर
पीलातुस के पास भेज दिया। 12 और उसी दिन पीलातुस और
हेरोदेस आपस में मित्र बन गए, क्योंकि पहले वे आपस में
शत्रुता रखते थे। 13 और पीलातुस ने मुख्य याजकों और
सरदारों और लोगों को बुलाकर कहा, 14 "तुमने इस मनुष्य
को मेरे पास लाया, जैसे कि यह लोगों को भटकाता है। और
देखो, मैंने तुम्हारे सामने इसकी जांच की है, और जो आरोप
तुम उस पर लगाते हो, उसमें मैंने इस व्यक्ति में कोई दोष नहीं
पाया। 15 और न ही हेरोदेस ने, क्योंकि मैंने तुम्हें उसके पास
भेजा था। और देखो, उसने ऐसा कुछ नहीं किया जो मृत्यु के
योग्य हो। 16 "इसलिए, मैं इसे ताड़ना देकर छोड़ दूँगा।"
17 क्योंकि पर्व में वह उन्हें एक कैदी छोड़ने की रीति से बाध्य
था। 18 तब उन्होंने सब मिलकर चिल्लाकर कहा, "इसे दूर
कर, और हमारे लिए बरब्बा को छोड़ दे।" 19 जो नगर में हुए
एक विद्रोह और हत्या के कारण कारावास में डाला गया था।
20 तब पीलातुस OW५३Z को छोड़ने की इच्छा से उन्हें फिर
संबोधित किया। 21 पर वे चिल्लाकर कहने लगे, "क्रूस पर
चढ़ा! क्रूस पर चढ़ा उसे!" 22 उसने उनसे तीसरी बार कहा,
"क्यों, इसने कौन-सा बुरा काम किया है? मैं इसमें मृत्यु का
कोई कारण नहीं पाता। अतः मैं इसे ताड़ना देकर छोड़
दूँगा।" 23 पर वे ऊँचे स्वर में चिल्लाते रहे कि इसे क्रूस पर
चढ़ाया जाए। और उनके और मुख्य याजकों की आवाज़ें
प्रभावी हो रही थीं। 24 तब पीलातुस ने निर्णय सुनाया कि
उनकी मांग पूरी की जाए। 25 और उसने उन्हें वही छोड़ दिया
जिसे वे माँग रहे थे — जो विद्रोह और हत्या के लिए
कारावास में डाला गया था — पर OW५३Z को उनकी
इच्छा के अनुसार सौंप दिया। 26 और जब वे उसे ले जा रहे
थे, तो उन्होंने एक व्यक्ति को पकड़ा — शिमोन कुरेने का
— जो खेत से आ रहा था, और उन्होंने क्रूस उसे दिया कि
वह OW५३Z के पीछे लेकर चले। 27 और लोगों की एक
बड़ी भीड़ उसके पीछे चल रही थी, और स्त्रियाँ जो विलाप
कर रही थीं और शोक मना रही थीं। 28 पर OW५३Z
उनकी ओर मुड़कर कहने लगे, "येरुशलम की बेटियों, मेरे
लिए मत रोओ, बल्कि अपने लिए और अपने बच्चों के लिए
रोओ। 29 "क्योंकि देखो, वे दिन आने वाले हैं जब लोग
कहेंगे, 'धन्य हैं वे जो बाँझ हैं, वे गर्भ जो कभी नहीं जन्मे,
और वे स्तन जिन्होंने कभी दूध नहीं पिलाया!'" 30 "तब वे
पहाड़ों से कहने लगेंगे, 'हम पर गिर पड़ो!' और पहाड़ियों से,
'हमें ढाँक लो!'" 31 "क्योंकि यदि वे हरे पेड़ के साथ ऐसा
करते हैं, तो सूखे के साथ क्या होगा?" 32 और दो और लोगों
को भी — जो अपराधी थे — उसके साथ मार डालने के
लिए ले जाया गया। 33 और जब वे उस स्थान पर पहुँचे जिसे
गुलगथा कहा जाता है, उन्होंने वहाँ उसे क्रूस पर चढ़ाया, और
उन दो अपराधियों को भी — एक दाहिनी ओर और एक बाईं
ओर। 34 और OW५३Z ने कहा, "पिता, इन्हें क्षमा कर,
क्योंकि ये नहीं जानते कि ये क्या कर रहे हैं।" और उन्होंने
उसके वस्त्र बाँट लिए और चिट्ठियाँ डालीं। 35 और लोग खड़े
होकर देख रहे थे, और अगुवे भी उपहास कर रहे थे, कहते
हुए, "इसने दूसरों को बचाया, यदि यह ईश्वर का मशीहा है,
तो अपने आप को बचाए।" 36 और सैनिक भी उसका उपहास
कर रहे थे, और सिरका लाकर उसे दे रहे थे। 37 और कह
रहे थे, "यदि तू यहूदियों का राजा है, तो अपने आप को बचा
ले।" 38 और उसके ऊपर एक लेख भी था जो यवानी, रोमी
और इब्री अक्षरों में लिखा गया था: यह यहूदियों का राजा है।
39 और जो अपराधियों में से एक लटकाया गया था, वह
उसकी निन्दा करता हुआ कह रहा था, "यदि तू मशीहा है, तो
अपने आप को और हमें बचा।" 40 पर दूसरे ने उत्तर देकर
उसे डाँटा, "क्या तू ईश्वर से भी नहीं डरता, जबकि तू भी
उसी दण्ड में है?" 41 "और हम तो न्यायसंगत रूप से हैं,
क्योंकि हम अपने कार्यों का उचित फल पा रहे हैं, पर इसने
कोई अनुचित काम नहीं किया।" 42 और उसने OW५३Z
से कहा, "प्रभु, जब तू अपने राज्य में आए, तो मुझे स्मरण
कर।" 43 और OW५३Z ने उससे कहा, "मैं तुझसे सच
कहता हूँ, आज तू मेरे साथ स्वर्गलोक में होगा।" 44 और
लगभग छठा घंटा था, और सारे देश पर अंधकार छा गया,
नवें घंटे तक। 45 और सूर्य अंधकारमय हो गया, और
मИШकान का परदा दो भागों में फट गया। 46 और ऊँचे
स्वर में पुकारकर OW५३Z ने कहा, "पिता, मैं अपनी
आत्मा तेरे हाथों में सौंपता हूँ।" और यह कहकर उसने प्राण
त्याग दिए। 47 और सूबेदार ने जो कुछ घटा उसे देखकर
ईश्वर की महिमा की और कहा, "वास्तव में यह मनुष्य धर्मी
था!" 48 और सब भीड़ जो इस दृश्य को देखने आई थी, जब
उन्होंने जो घटा वह देखा, तो अपनी छाती पीटते हुए लौट
गए। 49 और उसके सब परिचित और वे स्त्रियाँ जो गलील से
उसके साथ आई थीं, दूर खड़ी होकर ये बातें देख रही थीं।
50 और देखो, यूसुफ नाम का एक व्यक्ति था, जो सभा का
सदस्य था, एक भला और धर्मी मनुष्य। 51 वह उनके विचार
और काम से सहमत नहीं था; वह यहूदियों के नगर रामतैम
का रहने वाला था, और स्वयं ईश्वर के राज्य की प्रतीक्षा कर
रहा था। 52 उसने पीलातुस के पास जाकर OW५३Z का
शरीर माँगा। 53 और उसे उतारकर, उसने उसे मलमल के
कपड़े में लपेटा, और उसे उस कब्र में रखा जो चट्टान से
खोदी गई थी, जिसमें अभी तक किसी को नहीं रखा गया
था। 54 और वह तैयारी का दिन था, और सब्त निकट आ
रही थी। 55 और जो स्त्रियाँ गलील से उसके साथ आई थीं,
वे उसके पीछे गईं, और कब्र और उसके शरीर को रखे जाने
की रीति को देखा। 56 और लौटकर उन्होंने सुगंधित वस्तुएं
और इत्र तैयार किए। और उन्होंने आज्ञा के अनुसार सब्त
के दिन विश्राम किया।

24 1 और सब्तों के पहले दिन भोर में ही वे कब्र पर आईं,
उन सुगंधित वस्तुओं को लाती हुई जो उन्होंने तैयार
की थीं। 2 और उन्होंने कब्र से पत्थर को लुढ़का हुआ पाया।
3 और भीतर जाकर, उन्होंने प्रभु OW५३Z का शरीर नहीं
पाया। 4 और जब वे इस बात को लेकर उलझन में थीं, देखो,
दो पुरुष चमकते वस्त्रों में उनके पास खड़े हो गए। 5 और वे

डर गईं और अपना मुख भूमि की ओर झुका लिया। उन्होंने
उनसे कहा, “तुम जीवित को मरे हुओं में क्यों ढूँढ रही हो?
6 “वह यहाँ नहीं है, वह जी उठा है! याद करो उसने गलील में
तुमसे क्या कहा था, 7 “कि आदम का पुत्र पापियों के हाथ
सौंपा जाएगा, क्रूस पर चढ़ाया जाएगा, और तीसरे दिन जी
उठेगा।” 8 तब उन्हें उसकी बातें याद आ गईं। 9 और कब्र से
लौटकर उन्होंने ये सारी बातें ग्यारहों और औरों को बताईं।
10 और वे मरियम मग्दलीनी, और योहान्ना, और याक़ोब की
मरियम और उनके साथ की अन्य स्त्रियाँ थीं, जिन्होंने यह
सब प्रेरितों से कहा। 11 पर यह बातें उन्हें कल्पित सी लगीं
और उन्होंने स्त्रियों की बातों पर विश्वास नहीं किया।
12 परन्तु केफ़ा उठा और कब्र की ओर दौड़ा। और झुककर
देखा कि लिनन की पट्टियाँ अकेली पड़ी हैं। और वह जो हुआ
था, उस पर अचंभित होता हुआ अपने घर लौट गया।
13 और देखो, उन्हीं में से दो उस दिन एक गाँव की ओर जा
रहे थे, जिसका नाम अम्माउस था, जो येरुशलम से लगभग
साठ स्टेडियम की दूरी पर था। 14 और वे उन सब बातों के
विषय में जो घटी थीं, आपस में बातें कर रहे थे। 15 और जब
वे बातें कर रहे थे और तर्क कर रहे थे, OW५३z स्वयं
उनके पास आकर उनके साथ चलने लगे। 16 पर उनकी
आँखें रोकी गई थीं, ताकि वे उसे पहचान न सकें। 17 और
उसने उनसे कहा, “वे कौन-सी बातें हैं जो तुम चलते समय
आपस में कर रहे हो? और तुम उदास क्यों हो?” 18 तब उनमें
से एक जिसका नाम क्लेओपास था, उत्तर देकर बोला, “क्या
तू येरुशलम में अकेला ऐसा परदेशी है जिसे इन दिनों में वहाँ
जो हुआ, उसका कुछ भी ज्ञान नहीं?” 19 उसने उनसे पूछा,
“क्या?” उन्होंने उससे कहा, “वह जो नासरत का OW५३z
है, जो ईश्वर और सब लोगों के सामने कार्य और वचन में एक
सामर्थी नबी था। 20 और हमारे मुख्य याजकों और
अधिकारियों ने उसे मृत्यु की सज़ा दिलवा कर क्रूस पर
चढ़वा दिया। 21 “पर हम तो आशा कर रहे थे कि यही
इस्राएल को छुड़ाने वाला है। पर इन सब बातों के अलावा
आज तीसरा दिन है जब ये सब हुआ। 22 “पर हमारी कुछ
स्त्रियाँ, जो सुबह-सवेरे कब्र पर पहुँची थीं, हमें अचंभित कर
गईं। 23 “जब उन्होंने उसका शरीर नहीं पाया, तो वे यह
कहती हुई आईं कि उन्होंने स्वर्गदूतों का दर्शन किया जिन्होंने
कहा कि वह जीवित है।” 24 “और कुछ हमारे साथियों ने कब्र
पर जाकर वैसा ही पाया जैसा स्त्रियाँ कह रही थीं, पर उसे
नहीं देखा।” 25 तब उसने उनसे कहा, “अरे मूढ़ों, और
भविष्यवक्ताओं की सभी बातों पर विश्वास करने में मंद मन
वालों! 26 “क्या यह आवश्यक नहीं था कि मशीहा यह सब
दुःख सहे और अपनी महिमा में प्रवेश करे?” 27 और मूसा से
आरंभ करके, और सभी नबियों से, उसने उन्हें उन सभी
शास्त्रों में जो उसके विषय में लिखा था, समझाया। 28 और
जब वे उस गाँव के पास पहुँचे जहाँ वे जा रहे थे, तो उसने
ऐसा दर्शाया कि वह आगे बढ़ रहा है। 29 पर उन्होंने उसे
आग्रहपूर्वक कहा, “हमारे साथ ठहर जा, क्योंकि साझ होने
वाली है और दिन ढल चुका है।” तब वह उनके साथ ठहरने
गया। 30 और जब वह उनके साथ भोजन के लिए बैठा, तब
उसने रोटी ली, आशीर्वाद दिया, और तोड़कर उन्हें दी।
31 तब उनकी आँखें खुल गईं और उन्होंने उसे पहचान
लिया। और वह उनके सामने से अदृश्य हो गया। 32 और वे
एक-दूसरे से कहने लगे, “क्या जब वह मार्ग में हमसे बातें कर
रहा था और हमारे लिए शास्त्र खोल रहा था, तब हमारा हृदय
जल नहीं रहा था?” 33 और उसी घड़ी वे उठे और येरुशलम
लौटे, और ग्यारह और उनके साथियों को इकट्ठा पाया।
34 जो कह रहे थे, “प्रभु सचमुच जी उठा है और शिमोन को
प्रकट हुआ है।” 35 और उन्होंने मार्ग में जो हुआ था और
उन्होंने कैसे उसे रोटी तोड़ते समय पहचाना, यह बताया।
36 जब वे ये बातें कह ही रहे थे, OW५३z स्वयं उनके बीच
में खड़ा हो गया और उनसे कहा, “तुम्हें शांति मिले।” 37 पर
वे डर और भय से चकित हो गए और सोचने लगे कि कोई
आत्मा देखी है। 38 और उसने उनसे कहा, “तुम क्यों घबराए
हुए हो? और तुम्हारे मन में शंकाएँ क्यों उठ रही हैं?” 39 “मेरे
हाथ और मेरे पाँव देखो, कि वही मैं हूँ। मुझे छूकर देखो,
क्योंकि आत्मा के पास मांस और हड्डियाँ नहीं होतीं, जैसा कि
तुम मुझमें देखते हो।” 40 और यह कहते हुए उसने उन्हें
अपने हाथ और अपने पाँव दिखाए। 41 और जब वे आनन्द
के कारण विश्वास नहीं कर पा रहे थे और अचंभित थे, तो
उसने उनसे पूछा, “क्या तुम्हारे पास कुछ खाने को है?”
42 तब उन्होंने उसे भूनी हुई मछली का टुकड़ा और मधुर
छत्ता दिया। 43 और उसने लेकर उनके सामने खाया।
44 फिर उसने उनसे कहा, “ये वही बातें हैं जो मैंने तुम्हें उस
समय कही थीं जब मैं तुम्हारे साथ था — कि मेरे विषय में
मूसा की व्यवस्था और नबियों और ज़बूर में जो कुछ लिखा है
वह सब पूरा होना चाहिए।” 45 तब उसने उनके मन खोल
दिए, ताकि वे पवित्रशास्त्र को समझ सकें। 46 और उसने
उनसे कहा, “जैसा लिखा है, वैसा ही आवश्यक था कि मशीहा
दुःख सहे और तीसरे दिन मृतकों में से जी उठे। 47 “और
उसके नाम से पश्चाताप और पापों की क्षमा का प्रचार सब
राष्ट्रों में किया जाए, येरुशलम से आरंभ करके। 48 “और तुम
इन सब बातों के गवाह हो। 49 “और देखो, मैं अपने पिता का
प्रतिज्ञा किया हुआ वरदान तुम पर भेजता हूँ; पर जब तक
ऊपर से शक्ति से न भर जाओ, तब तक तुम नगर येरुशलम
में ठहरो।” 50 और वह उन्हें बेथ-अन्याह तक बाहर ले गया,
और अपने हाथ उठाकर उन्हें आशीर्वाद दिया। 51 और ऐसा
हुआ कि जब वह उन्हें आशीर्वाद दे रहा था, वह उनसे अलग
हो गया और स्वर्ग में उठा लिया गया। 52 और वे उसे दंडवत
करके बड़े आनन्द के साथ येरुशलम लौट आए। 53 और वे
सदा मिक्दाश में रहते थे, ईश्वर की स्तुति और आशीर्वाद
करते रहते थे। आमीन।

योहन

𐤉𐤄𐤅𐤄

हिंदी संस्करण

योहन

1 1 आदि में वचन था, और वचन ईश्वर के साथ था, और
वचन ईश्वर था। 2 वह आदि में ईश्वर के साथ था।
3 सब कुछ उसी के द्वारा उत्पन्न हुआ, और उसके बिना एक भी
वस्तु उत्पन्न नहीं हुई जो उत्पन्न हुई। 4 उसमें जीवन था, और
जीवन मनुष्यों की ज्योति था। 5 और ज्योति अंधकार में
चमकती है, और अंधकार ने उसे नहीं पाया। 6 एक मनुष्य था
जो ईश्वर की ओर से भेजा गया था, जिसका नाम योहानान
था। 7 यह गवाह के लिए आया, ज्योति की गवाही देने के लिए,
ताकि सब लोग उसके द्वारा विश्वास करें। 8 वह वह ज्योति
नहीं था, परन्तु वह उस ज्योति की गवाही देने के लिए आया
था। 9 वह सच्ची ज्योति थी, जो हर मनुष्य को प्रकाशित
करती है, जो संसार में आता है। 10 वह संसार में था, और
संसार उसी के द्वारा उत्पन्न हुआ, और संसार ने उसे नहीं
पहचाना। 11 वह अपने लोगों के पास आया, और उसके लोगों
ने उसे ग्रहण नहीं किया। 12 परन्तु जितनों ने उसे ग्रहण
किया, उसने उन्हें ईश्वर की संतान बनने का अधिकार दिया,
अर्थात उन पर जिन्होंने उसके नाम पर विश्वास किया।
13 जो न रक्त से, न शरीर की इच्छा से, न मनुष्य की इच्छा
से, परन्तु ईश्वर से उत्पन्न हुए। 14 और वचन शरीर बना
और हमारे बीच डेरा डाला, और हमने उसकी महिमा देखी,
पिता के एकलौते की महिमा, अनुग्रह और सत्य से परिपूर्ण।
15 योहानान ने उसकी गवाही दी और पुकार कर कहा, "यह
वही है जिसके विषय में मैंने कहा था, 'जो मेरे बाद आता है,
वह मुझसे पहले हो गया है, क्योंकि वह मुझसे पहले था।' "
16 और उसकी परिपूर्णता से हम सबने पाया, और अनुग्रह पर
अनुग्रह। 17 क्योंकि तोराह मूशेह के द्वारा दी गई - अनुग्रह
और सत्य OWY३Z मसीह के द्वारा आया। 18 किसी ने
कभी भी ३Y३Z को नहीं देखा। केवल उत्पन्न पुत्र, जो पिता
की गोद में है, उसी ने उसे प्रकट किया। 19 और यह योहानान
की गवाही है जब यहूदी येरूशलेम से याजकों और लेवियों को
भेजकर उससे पूछने लगे, "तुम कौन हो?" 20 और उसने
अंगीकार किया, और इंकार नहीं किया, परन्तु अंगीकार
किया, "मैं मसीह नहीं हूं।" 21 और उन्होंने उससे पूछा, "तो
तुम कौन हो? क्या तुम एलियाह हो?" उसने कहा, "मैं नहीं
हूं।" "क्या तुम नबी हो?" और उसने उत्तर दिया, "नहीं।"
22 तब उन्होंने उससे कहा, "तुम कौन हो, ताकि हम उन्हें
उत्तर दें जिन्होंने हमें भेजा है? तुम अपने विषय में क्या कहते
हो?" 23 उसने कहा, "मैं जंगल में पुकारने वाले की आवाज़
हूँ, '३Y३Z का मार्ग सीधा करो,' जैसा कि नबी यशायाह ने
कहा।" 24 और जो भेजे गए थे, वे फ़रीसी थे, 25 और उन्होंने
उससे पूछा, "तो फिर तू बपतिस्मा क्यों देता है, यदि तू न तो
मसीह है, न ही एल्याहू, और न नबी?" 26 याहोहानान ने उन्हें
उत्तर दिया, "मैं तो पानी में बपतिस्मा देता हूँ, परन्तु तुम्हारे
बीच एक खड़ा है, जिसे तुम नहीं जानते, 27 वह जो मेरे बाद
आनेवाला है, जो मुझसे पहले हो चुका है, जिसके जूते का
फीता खोलने योग्य मैं नहीं हूँ।" 28 यह बातें यर्दन के पार बेत
अबराह में हुईं, जहाँ याहोहानान बपतिस्मा दे रहा था।
29 दूसरे दिन याहोहानान ने OWY३Z को अपनी ओर आते
देखा, और कहा, "देखो, ३Y३Z का मेम्ना, जो संसार का
पाप उठा ले जाता है! 30 "यह वही है जिसके विषय में मैंने कहा
था, 'मेरे बाद एक पुरुष आता है, जो मुझसे पहले हो चुका है,
क्योंकि वह मुझसे पहले था।' 31 "और मैं उसे नहीं जानता
था, परन्तु इसलिये मैं पानी में बपतिस्मा देने आया कि वह
इस्राएल को प्रकट हो।" 32 और याहोहानान ने गवाही दी,
"मैंने आत्मा को कबूतर के समान स्वर्ग से उतरते और उस
पर ठहरते देखा। 33 "और मैं उसे नहीं जानता था, परन्तु
जिसने मुझे पानी में बपतिस्मा देने को भेजा, उसने मुझसे
कहा, 'जिस पर तू आत्मा को उतरते और उस पर ठहरते
देखेगा, वही है जो पवित्र आत्मा में बपतिस्मा देता है।'
34 "और मैंने देखा और गवाही दी कि यह ३Y३Z का पुत्र
है।" 35 दूसरे दिन फिर याहोहानान अपने दो चेलों के साथ
खड़ा था, 36 और OWY३Z को चलते देखकर उसने कहा,
"देखो, ३Y३Z का मेम्ना!" 37 और दो चेलों ने उसे बोलते
सुना, और वे OWY३Z के पीछे हो लिए। 38 और
OWY३Z ने फिरकर और उन्हें पीछे आते देखकर कहा,
"तुम क्या ढूंढते हो?" उन्होंने उससे कहा, "रब्बी," जिसका
अर्थ है, शिक्षक, "आप कहाँ रहते हैं?" 39 उसने उनसे कहा,
"आओ और देखो।" वे गए और देखा कि वह कहाँ ठहरा है,
और उस दिन उसके साथ रहे। उस समय लगभग दसवा
घंटा था। 40 अंद्रियास, शिमोन केफ़ा का भाई, उन दो में से
एक था जिसने याहोहानान से सुना और उसका अनुसरण
किया। 41 उसने पहले अपने भाई शिमोन को पाया और उससे
कहा, "हमने मसीह पाया है," जिसका अर्थ है, अभिषिक्त।
42 और वह उसे OWY३Z के पास ले आया। और
OWY३Z ने उसकी ओर देखकर कहा, "तू योना का पुत्र
शिमोन है; तेरा नाम केफ़ा होगा," जिसका अर्थ है, पत्थर।
43 दूसरे दिन OWY३Z गलील जाना चाहता था, और उसने
फ़िलिप्पुस को पाया और उससे कहा, "मेरे पीछे हो ले।"
44 और फ़िलिप्पुस अंद्रियास और केफ़ा के नगर, बैतसैदा का
था। 45 फ़िलिप्पुस ने नतनएल को पाया और उससे कहा,
"हमने उसे पाया है जिसके विषय में मूशा ने व्यवस्था में, और
भविष्यद्वक्ताओं ने लिखा है: नासरत का OWY३Z - यूसुफ़
का पुत्र।" 46 नतनएल ने उससे कहा, "क्या नासरत से कोई
भला हो सकता है?" फ़िलिप्पुस ने उससे कहा, "आओ और
देखो।" 47 OWY३Z ने नतनएल को अपने पास आते देखा
और उसके विषय में कहा, "देखो, सचमुच एक इस्राएली है
जिसमें छल नहीं!" 48 नतनएल ने उससे कहा, "आप मुझे
कहाँ से जानते हैं?" OWY३Z ने उत्तर दिया और उससे

कहा, "जब फ़िलिप्पुस ने तुझे बुलाया नहीं था, तब भी जब तू
अंजीर के पेड़ के नीचे था, मैंने तुझे देखा।" [49] नतनएल ने
उत्तर दिया और उससे कहा, "रब्बी, आप ईश्वर के पुत्र हैं!
आप इस्त्राएल के राजा हैं!" [50] 𐤉𐤄𐤅𐤔𐤏 ने उत्तर दिया और
उससे कहा, "क्या तू विश्वास करता है क्योंकि मैंने तुझसे
कहा, 'मैंने तुझे अंजीर के पेड़ के नीचे देखा'? इससे भी बड़े
काम तू देखेगा।" [51] और उसने उससे कहा, "सच, सच, मैं
तुझसे कहता हूँ, अब से तू स्वर्ग को खुला और ईश्वर के
स्वर्गदूतों को मनुष्य के पुत्र पर चढ़ते और उतरते देखेगा।"

2

[1] और तीसरे दिन गलील के क़ानह में एक विवाह हुआ,
और 𐤉𐤄𐤅𐤔𐤏 की माता वहाँ थीं। [2] और 𐤉𐤄𐤅𐤔𐤏
और उसके शिष्य भी विवाह में बुलाए गए। [3] और जब
दाखमधु कम पड़ा, तो 𐤉𐤄𐤅𐤔𐤏 की माता ने उससे कहा,
"उनके पास दाखमधु नहीं है।" [4] 𐤉𐤄𐤅𐤔𐤏 ने उससे कहा,
"स्त्री, मुझे और तुझे इससे क्या? मेरी घड़ी अभी नहीं
आई।" [5] उसकी माता ने सेवकों से कहा, "जो कुछ वह तुमसे
कहे, वही करो।" [6] और वहाँ छः पत्थर के पानी के मटके
रखे थे, यहूदी लोगों की शुद्धि करने की रीति के अनुसार, हर
एक में दो या तीन मात्राएँ समाती थीं। [7] 𐤉𐤄𐤅𐤔𐤏 ने उनसे
कहा, "इन मटकों को पानी से भरो।" और उन्होंने उन्हें
किनारे तक भर दिया। [8] और उसने उनसे कहा, "अब
निकालकर भोज के प्रधान को ले जाओ।" तो वे ले गए।
[9] जब भोज के प्रधान ने वह पानी चखा जो दाखमधु बन गया
था, और यह नहीं जानता था कि वह कहाँ से आया है - परन्तु
वे सेवक जो पानी निकाल चुके थे जानते थे - तब भोज के
प्रधान ने दूल्हे को बुलाया। [10] और उससे कहा, "हर मनुष्य
पहले अच्छा दाखमधु रखता है, और जब लोग बहुत पी लेते
हैं, तब जो घटिया होता है, वही देता है। परन्तु तूने अब तक
अच्छा दाखमधु रखा है।" [11] यह चिन्हों का आरम्भ था, जो
𐤉𐤄𐤅𐤔𐤏 ने गलील के क़ानह में किया, और अपनी महिमा
प्रगट की। और उसके शिष्यों ने उस पर विश्वास किया।
[12] इसके बाद वह अपनी माता, भाइयों और शिष्यों के साथ
कफ़र नहूम को गया। और वहाँ अधिक दिन नहीं ठहरा।
[13] और यहूदी लोगों का पेसह निकट था, और 𐤉𐤄𐤅𐤔𐤏
येरुशलेम को गया। [14] और उसने मिकदश में बैल, भेड़ और
कबूतर बेचनेवालों को, और सर्राफ़ों को बैठे हुए पाया।
[15] और रस्सियों से कोड़ा बनाकर उसने सबको भेड़ों और
बैलों समेत मिकदश से बाहर निकाल दिया, और सर्राफ़ों का
रुपया बिखेर दिया, और उनकी मेज़ें उलट दीं। [16] और
कबूतर बेचनेवालों से कहा, "इन्हें यहाँ से ले जाओ! मेरे पिता
के घर को व्यापार का घर मत बनाओ!" [17] और उसके शिष्यों
को स्मरण हुआ कि लिखा है, "तेरे घर के लिये जलन मुझे
खा गई है।" [18] तब यहूदी लोगों ने उससे उत्तर दिया और
कहा, "जब तू ये काम करता है, तो हमें कौन-सा चिन्ह
दिखाता है?" [19] 𐤉𐤄𐤅𐤔𐤏 ने उत्तर दिया और उनसे कहा,
"इस मशकान को गिरा दो, और तीन दिन में मैं इसे
उठाऊँगा।" [20] तब यहूदी लोगों ने कहा, "इस मशकान को
बनाने में छियालिस वर्ष लगे, और क्या तू इसे तीन दिन में
उठाएगा?" [21] परन्तु वह अपने शरीर के मशकान के विषय में
कह रहा था। [22] इसलिये जब वह मृतकों में से जी उठाया
गया, तो उसके शिष्यों को स्मरण हुआ कि उसने उनसे यह
कहा था। और उन्होंने पवित्र शास्त्र और उस वचन पर
विश्वास किया जो 𐤉𐤄𐤅𐤔𐤏 ने कहा था। [23] और जब वह
पेसह पर्व में येरुशलेम में था, तो बहुतों ने उसका नाम मान
लिया जब उन्होंने वे चिन्ह देखे जो वह कर रहा था।
[24] परन्तु 𐤉𐤄𐤅𐤔𐤏 स्वयं को उन पर नहीं सौंप रहा था,
क्योंकि वह सब मनुष्यों को जानता था। [25] और उसे किसी
मनुष्य की गवाही की आवश्यकता नहीं थी, क्योंकि वह जानता
था कि मनुष्य के भीतर क्या है।

3

[1] और फिराशियों में से एक मनुष्य था, जिसका नाम
नकदीमोन था, वह यहूदियों का एक शासक था। [2] यह
रात को 𐤉𐤄𐤅𐤔𐤏 के पास आया और उससे कहा, "रब्बी,
हम जानते हैं कि आप ईश्वर की ओर से आए हुए शिक्षक हैं,
क्योंकि कोई भी ये चिन्ह नहीं कर सकता जो आप करते हैं,
यदि ईश्वर उसके साथ न हो।" [3] 𐤉𐤄𐤅𐤔𐤏 ने उत्तर दिया
और उससे कहा, "सचमुच, सचमुच, मैं तुमसे कहता हूँ, जब
तक कोई ऊपर से जन्म नहीं लेता, वह ईश्वर के राज्य को
देख नहीं सकता।" [4] नकदीमोन ने उससे कहा, "जब मनुष्य
बूढ़ा हो चुका हो तो वह कैसे जन्म ले सकता है? क्या वह
दूसरी बार अपनी माता के गर्भ में प्रवेश कर जन्म ले सकता
है?" [5] 𐤉𐤄𐤅𐤔𐤏 ने उत्तर दिया, "सचमुच, सचमुच, मैं
तुमसे कहता हूँ, जब तक कोई जल और आत्मा से जन्म नहीं
लेता, वह ईश्वर के राज्य में प्रवेश नहीं कर सकता। [6] "जो
मांस से जन्मा है वह मांस है, और जो आत्मा से जन्मा है वह
आत्मा है। [7] "यह मत चकित हो कि मैंने तुमसे कहा, 'तुम्हें
ऊपर से जन्म लेना आवश्यक है।' [8] "आत्मा जहाँ चाहता है
वहाँ बहती है, और तुम उसकी ध्वनि सुनते हो, पर यह नहीं
जानते कि वह कहाँ से आती है और कहाँ जाती है। ऐसा ही है
हर एक जो आत्मा से जन्मा है।" [9] नकदीमोन ने उत्तर दिया
और उससे कहा, "यह कैसे हो सकता है?" [10] 𐤉𐤄𐤅𐤔𐤏 ने
उत्तर दिया और उससे कहा, "क्या तुम इस्त्राएल के शिक्षक
हो, और यह नहीं जानते? [11] "सचमुच, सचमुच, मैं तुमसे
कहता हूँ, हम वही कहते हैं जो हम जानते हैं और वही गवाही
देते हैं जो हमने देखा है, और तुम हमारी गवाही को ग्रहण नहीं
करते। [12] "यदि मैंने तुमसे पृथ्वी की बातें कहीं और तुम
विश्वास नहीं करते, तो यदि मैं तुमसे स्वर्ग की बातें कहूँ तो
कैसे विश्वास करोगे? [13] "और कोई भी स्वर्ग में नहीं चढ़ा,
सिवाय उसके जो स्वर्ग से उतरा है – मनुष्य का पुत्र।
[14] "और जैसे मोशेह ने जंगल में सर्प को ऊँचा किया, वैसे ही
मनुष्य के पुत्र को ऊँचा किया जाना चाहिए, [15] ताकि जो कोई
उस पर विश्वास करे वह नाश न हो, परन्तु अनन्त जीवन
पाए। [16] "क्योंकि ईश्वर ने जगत से ऐसा प्रेम किया कि उसने
अपना एकलौता उत्पन्न पुत्र दे दिया, ताकि जो कोई उस पर
विश्वास करे वह नाश न हो, परन्तु अनन्त जीवन पाए।
[17] "क्योंकि ईश्वर ने अपने पुत्र को जगत में इसलिये नहीं
भेजा कि जगत का न्याय करे, परन्तु इसलिये कि जगत
उसके द्वारा उद्धार पाए। [18] "जो उस पर विश्वास करता है वह
दोषी नहीं ठहरता, परन्तु जो विश्वास नहीं करता वह पहले ही
दोषी ठहर चुका है, क्योंकि उसने ईश्वर के एकलौते उत्पन्न
पुत्र के नाम पर विश्वास नहीं किया। [19] "और न्याय यह है,
कि ज्योति जगत में आई, और मनुष्यों ने ज्योति की अपेक्षा

अंधकार को अधिक प्रेम किया, क्योंकि उनके काम बुरे थे।
20 “क्योंकि जो कोई बुराई करता है वह ज्योति से बैर रखता
है, और ज्योति के पास नहीं आता, ताकि उसके कामों का
भंडाफोड़ न हो। 21 “परन्तु जो सत्य का पालन करता है वह
ज्योति के पास आता है, ताकि उसके काम प्रगट हों, कि वे
ईश्वर में किए गए हैं।” 22 इसके बाद, OWY३Z और
उसके तामिदिम यहूदिया की भूमि में आए, और वह वहाँ उनके
साथ रहा और बपतिस्मा दे रहा था। 23 और याहोहानान भी
आयिन के पास शालेम में डुबकी दे रहा था, क्योंकि वहाँ बहुत
पानी था। और वे आ रहे थे और डुबकी ले रहे थे, 24 क्योंकि
याहोहानान को अभी जेल में नहीं डाला गया था। 25 तब
याहोहानान के कुछ तालीमिदिम और यहूदी लोगों के बीच
शुद्धिकरण को लेकर विवाद हुआ, 26 और वे याहोहानान के
पास आए और उससे कहा, “रब्बी, वह जो तुम्हारे साथ यर्दन
से परे था, जिसके विषय में तुमने गवाही दी थी, देखो, वह
डुबकी दे रहा है, और सब उसके पास आ रहे हैं!”
27 याहोहानान ने उत्तर दिया और कहा, “मनुष्य कुछ भी नहीं
पा सकता जब तक कि उसे ऊपर से शमायिम से न दिया
जाए। 28 “तुम स्वयं मेरे गवाह हो कि मैंने कहा, ‘मैं
हामशियाह नहीं हूँ परन्तु मैं उसके आगे भेजा गया हूँ।’
29 “जिसके पास दुल्हन है वही दूल्हा है, परन्तु दूल्हे का मित्र,
जो खड़ा है और उसे सुनता है, दूल्हे की आवाज़ से बहुत
आनन्दित होता है। तो यह मेरा आनन्द पूरा हुआ। 30 “यह
उचित है कि वह बढ़े, परन्तु मैं घटूं। 31 “जो ऊपर से आता है
वह सब पर प्रभुत्व रखता है; जो पृथ्वी से है वह पृथ्वी का है
और पृथ्वी की बातें करता है। जो शमायिम से आता है वह
सब पर प्रभुत्व रखता है। 32 “और जो उसने देखा और सुना
है, वही वह गवाही देता है। और कोई उसकी गवाही को ग्रहण
नहीं करता। 33 “जो उसकी गवाही ग्रहण करता है उसने यह
मुहर लगा दी है कि ईश्वर सच्चा है। 34 “क्योंकि जिसे ईश्वर
ने भेजा है वह ईश्वर के वचन बोलता है, क्योंकि ईश्वर आत्मा
को माप कर नहीं देता। 35 “पिता पुत्र से प्रेम करता है, और
सब कुछ उसके हाथ में दे दिया है। 36 “जो पुत्र पर विश्वास
करता है उसके पास अनन्त जीवन है, परन्तु जो पुत्र की
आज्ञा का पालन नहीं करता वह जीवन को न देखेगा, परन्तु
ईश्वर का क्रोध उस पर बना रहता है।”

4 1 तो जब प्रभु ने जाना कि फरीसीयों ने सुना है कि
OWY३Z ने योहानान से अधिक शिष्य बनाए और
स्नान कराए – 2 हालाँकि OWY३Z ने स्वयं स्नान नहीं
कराया, परन्तु उसके शिष्यों ने – 3 वह यहूदा छोड़कर फिर
गलील चला गया। 4 और उसे शमरोन से होकर जाना पड़ा।
5 सो वह शमरोन के एक नगर में आया, जिसका नाम शेकेम
था, उस भूमि के पास जिसे याक़ोब ने अपने पुत्र योसेफ को
दिया था। 6 और वहाँ याक़ोब का सोता था। सो OWY३Z,
यात्रा से थका हुआ, सोते के पास बैठा था। यह लगभग छठा
घण्टा था। 7 शमरोन की एक स्त्री पानी भरने आई।
OWY३Z ने उससे कहा, “मुझे पानी पिला।” 8 क्योंकि
उसके शिष्य भोजन मोल लेने नगर में गए थे। 9 तब शमरोन
की स्त्री ने उससे कहा, “तू, जो एक यहूदी है, मुझसे, जो
शमरोन की स्त्री हूँ, पानी क्यों माँगता है?” क्योंकि यहूदी लोग
शमरोनियों से मेलजोल नहीं रखते। 10 OWY३Z ने उत्तर
दिया और उससे कहा, “यदि तू ईश्वर का वरदान जानती,
और यह भी कि जो तुझसे कहता है, ‘मुझे पानी पिला,’ वह
कौन है, तो तू उससे माँगती, और वह तुझे जीवन का जल
देता।” 11 स्त्री ने उससे कहा, “प्रभु, तेरे पास तो खींचने का
कोई बर्तन नहीं, और कुआँ गहरा है। फिर तुझे जीवन का
जल कहाँ से मिलेगा? 12 “क्या तू हमारे पिता याक़ोब से बड़ा
है, जिसने हमें यह कुआँ दिया, और वह स्वयं इसमें से पीता
था, उसके बेटे और उसका पशुधन भी?” 13 OWY३Z ने
उत्तर दिया और उससे कहा, “जो कोई इस जल को पीता है,
वह फिर प्यासा होगा, 14 परन्तु जो कोई उस जल में से पिएगा
जो मैं उसे दूँगा, वह कभी प्यासा न होगा। और वह जल जो मैं
उसे दूँगा, उसके भीतर एक सोता बन जाएगा, जो अनन्त
जीवन के लिए उमड़ता रहेगा।” 15 स्त्री ने उससे कहा, “प्रभु,
मुझे वह जल दे, ताकि मैं प्यासा न होऊँ, और यहाँ पानी भरने
न आऊँ।” 16 OWY३Z ने उससे कहा, “जा, अपने पति
को बुला, और यहाँ आ।” 17 स्त्री ने उत्तर दिया और कहा,
“मेरा कोई पति नहीं है।” OWY३Z ने उससे कहा, “तूने
ठीक कहा, ‘मेरा कोई पति नहीं है।’ 18 क्योंकि तेरे पाँच पति
हो चुके हैं, और जो अब तेरा है, वह तेरा पति नहीं है। तूने यह
सत्य कहा है।” 19 स्त्री ने उससे कहा, “प्रभु, मैं देखती हूँ कि
तू एक नबी है। 20 “हमारे बापों ने इस पर्वत पर उपासना की,
और तुम कहते हो कि येरूशलेम में वह स्थान है, जहां
उपासना करनी चाहिए।” 21 OWY३Z ने उससे कहा,
“स्त्री, मुझ पर विश्वास कर, वह घड़ी आ रही है जब न तो
इस पर्वत पर और न येरूशलेम में, तुम पिता की उपासना
करोगे। 22 “तुम उस की उपासना करते हो जिसे तुम नहीं
जानते। हम उस की उपासना करते हैं जिसे हम जानते हैं,
क्योंकि उद्धार यहूदियों में से है।” 23 “परन्तु समय आता है,
और अब है, जब सच्चे उपासक पिता की उपासना आत्मा
और सत्य में करेंगे, क्योंकि पिता ऐसे ही उपासकों को खोजता
है कि वे उसकी उपासना करें।” 24 “ईश्वर आत्मा है, और
जो उसकी उपासना करते हैं, उन्हें आत्मा और सत्य में
उपासना करनी चाहिए।” 25 स्त्री ने उससे कहा, “मैं जानती
हूँ कि मसीह आ रहा है, जिसे अभिषिक्त कहा जाता है। जब
वह आएगा, तो वह हमें सब कुछ बताएगा।” 26 OWY३Z ने
उससे कहा, “जो तुझसे बातें कर रहा है, वही मैं हूँ।” 27 और
इसी पर उसके शिष्य आ गए, और वे आश्चर्य कर रहे थे कि
वह एक स्त्री से बातें कर रहा है, तौभी किसी ने नहीं कहा, “तू
क्या ढूंढता है?” या, “तू उससे क्यों बातें करता है?” 28 तब
स्त्री अपना पानी का घड़ा छोड़कर नगर में चली गई, और
लोगों से कहने लगी, 29 “आओ, एक मनुष्य को देखो जिसने
मुझे सब कुछ बता दिया जो मैंने किया है। क्या यह मसीह
नहीं है?” 30 वे नगर से निकलकर उसके पास आने लगे।
31 इसी बीच उसके शिष्य उससे विनती करने लगे, “रब्बी, खा
ले।” 32 परन्तु उसने उनसे कहा, “मेरे पास खाने को भोजन
है जिसे तुम नहीं जानते।” 33 तब शिष्यों ने आपस में कहा,
“क्या किसी ने उसे खाने को ला दिया है?” 34 OWY३Z ने
उनसे कहा, “मेरा भोजन है उसके इच्छा को करना जिसने
मुझे भेजा, और उसके काम को पूरा करना।” 35 “क्या तुम
नहीं कहते, ‘अभी चार महीने और हैं, तब कटनी होगी’?

देखो, मैं तुमसे कहता हूँ, अपनी आँखें उठाकर खेतों को
देखो, वे तो अब ही कटनी के लिये तैयार हैं।” 36 “जो
काटता है वह मजदूरी पाता है, और सदा के जीवन के लिये
फल बटोरता है, ताकि बोने वाला और काटने वाला दोनों
मिलकर आनन्द करें।” 37 “क्योंकि इस बात में यह वचन
सच है, ‘कोई बोता है और दूसरा काटता है।’” 38 “मैंने तुम्हें
भेजा है कि तुम वही काटो जिसके लिये तुमने परिश्रम नहीं
किया। औरों ने परिश्रम किया, और तुम उनके परिश्रम में
सम्मिलित हुए हो।” 39 और उस नगर के बहुत से शमरोनी
उस स्त्री के वचन के कारण उस पर विश्वास करने लगे,
जिसने गवाही दी, “उसने मुझे सब कुछ बता दिया जो मैंने
किया है।” 40 इसलिये जब शमरोनी उसके पास आए, तो
उन्होंने उससे विनती की कि वह उनके साथ रहे, और वह वहाँ
दो दिन रहा। 41 और बहुत अधिक लोगों ने उसके वचन के
कारण विश्वास किया। 42 और उन्होंने उस स्त्री से कहा,
“अब हम तेरे कहने से नहीं, परन्तु हम ने आप ही सुना है,
और जानते हैं कि यह सचमुच मसीह है, संसार का
उद्धारकर्ता।” 43 और दो दिनों के बाद वह वहाँ से निकलकर
गलील को गया। 44 क्योंकि OWY3Z ने स्वयं गवाही दी कि
एक नबी को अपने देश में आदर नहीं मिलता। 45 इसलिये
जब वह गलील को आया तो गलीली लोगों ने उसे ग्रहण किया,
क्योंकि उन्होंने सब कुछ देखा जो उसने पर्व में येरूशलेम में
किया था, क्योंकि वे भी पर्व में गए थे। 46 तब OWY3Z फिर
गलील के कानाह में आया, जहाँ उसने पानी को दाखमधु बना
दिया था। और वहाँ एक सरदार था जिसका पुत्र कफ़र नहूम
में बीमार था। 47 जब उसने सुना कि OWY3Z यहूदाह से
गलील को आया है, तो वह उसके पास गया और उससे विनती
करने लगा कि वह नीचे आकर उसके पुत्र को चंगा करे,
क्योंकि वह मरने ही वाला था। 48 OWY3Z ने उससे कहा,
“यदि तुम चिन्ह और अद्भुत काम न देखो, तो तुम बिलकुल
विश्वास नहीं करोगे।” 49 उस सरदार ने उससे कहा, “प्रभु,
मेरे बच्चे के मरने से पहले नीचे आओ!” 50 OWY3Z ने
उससे कहा, “जा, तेरा पुत्र जीवित है।” और उस मनुष्य ने
उस वचन पर विश्वास किया जो OWY3Z ने उससे कहा
था, और चला गया। 51 और जब वह नीचे जा रहा था, उसके
दास उससे मिले और कहने लगे, “तेरा पुत्र जीवित है!”
52 उसने उनसे उस घड़ी के विषय में पूछा जिसमें वह अच्छा
हुआ, और उन्होंने उससे कहा, “कल सातवें घंटे में उसका
ज्वर छोड़ गया।” 53 तब पिता को मालूम हुआ कि यह वही
घड़ी थी जिसमें OWY3Z ने उससे कहा था, “तेरा पुत्र
जीवित है।” और उसने स्वयं विश्वास किया, और उसके
घराने के सब ने भी। 54 यह दूसरा चिन्ह था जो OWY3Z
ने किया जब वह यहूदाह से गलील को आया।

5 1 इसके बाद यहूदी लोगों का एक उत्सव था, और
OWY3Z येरूशलेम को ऊपर गया। 2 और येरूशलेम
में भेड़ों के फाटक पर एक कुंड है, जिसे इब्री भाषा में बेथ
ज़ाता कहा जाता है, जिसके पाँच बरामदे हैं। 3 इनमें बहुत से
बीमार, अंधे, लंगड़े, लकवाग्रस्त पड़े रहते थे, जो पानी के
हिलने की प्रतीक्षा करते थे। 4 क्योंकि एक दूत निश्चित समय
पर उस कुंड में उतरता और पानी को हिलाता था। फिर जो
कोई पहले हिलने के बाद उसमें उतर जाता था, वह किसी भी
बीमारी से चंगा हो जाता था। 5 और वहाँ एक मनुष्य था जो
अड़तीस वर्ष से बीमारी से ग्रस्त था। 6 जब OWY3Z ने
उसे वहाँ पड़ा देखा, और जान लिया कि वह बहुत समय से
ऐसी ही स्थिति में है, उसने उससे कहा, “क्या तू अच्छा होना
चाहता है?” 7 बीमार मनुष्य ने उत्तर दिया, “प्रभु, मेरे पास
कोई नहीं है जो पानी हिलने पर मुझे कुंड में डाल दे; परन्तु
जब मैं आने लगता हूँ, तो कोई दूसरा मुझसे पहले उतर जाता
है।” 8 OWY3Z ने उससे कहा, “उठ, अपनी खाट उठा
और चल।” 9 और तुरन्त वह मनुष्य अच्छा हो गया, और
उसने अपनी खाट उठा ली और चलने लगा। और उस दिन
सब्बाथ था। 10 इसलिए यहूदी लोगों ने उससे कहा जो चंगा
हुआ था, “यह सब्बाथ है, तुझे खाट उठाना उचित नहीं।”
11 उसने उन्हें उत्तर दिया, “जिसने मुझे अच्छा किया, उसी ने
मुझसे कहा, ‘अपनी खाट उठा और चल।’” 12 इस कारण
उन्होंने उससे पूछा, “वह मनुष्य कौन है जिसने तुझसे कहा,
‘अपनी खाट उठा और चल’?” 13 परन्तु जो चंगा हुआ था
वह नहीं जानता था कि वह कौन है, क्योंकि OWY3Z भीड़
होने के कारण वहाँ से हट गया था। 14 बाद में OWY3Z ने
उसे मिकदाश में पाया और उससे कहा, “देख, तू अच्छा हो
गया है। अब पाप न कर, ताकि तुझ पर कुछ और बुरा न आ
पड़े।” 15 वह मनुष्य चला गया और यहूदी लोगों से कह दिया
कि वही OWY3Z है जिसने उसे अच्छा किया। 16 और इसी
कारण यहूदी लोग OWY3Z को सताने लगे, और उसे मार
डालने की चेष्टा करने लगे, क्योंकि वह सब्बाथ के दिन यह
कार्य करता था। 17 परन्तु OWY3Z ने उन्हें उत्तर दिया,
“मेरा पिता अब तक काम करता है, और मैं भी काम करता
हूँ।” 18 इसी कारण यहूदी लोग और भी अधिक उसे मार
डालने की चेष्टा करने लगे, क्योंकि वह न केवल सब्बाथ
तोड़ता था, परन्तु ईश्वर को अपना पिता कहकर अपने आप
को ईश्वर के बराबर बनाता था। 19 इस पर OWY3Z ने
उनसे कहा, “मैं तुमसे सच सच कहता हूँ, पुत्र अपने आप से
कुछ नहीं कर सकता, परन्तु वही करता है जो वह पिता को
करते हुए देखता है; क्योंकि जो कुछ वह करता है, वही पुत्र
भी उसी प्रकार करता है। 20 क्योंकि पिता पुत्र से प्रेम करता
है, और जो कुछ वह आप करता है वही सब उसे दिखाता है;
और इनसे भी बड़े काम वह उसे दिखाएगा, ताकि तुम
आश्चर्य करो। 21 क्योंकि जैसे पिता मरे हुओं को जिलाता
और जीवन देता है, वैसे ही पुत्र भी जिन्हें चाहता है जीवन देता
है। 22 क्योंकि पिता किसी का न्याय नहीं करता, परन्तु सारा
न्याय पुत्र को सौंप दिया है। 23 कि सब लोग पुत्र का आदर
करें जैसे वे पिता का आदर करते हैं। जो पुत्र का आदर नहीं
करता वह उस पिता का आदर नहीं करता जिसने उसे भेजा
है। 24 “सचमुच, सचमुच, मैं तुमसे कहता हूँ, जो मेरा वचन
सुनता है और उस पर विश्वास करता है जिसने मुझे भेजा है,
उसके पास सदा का जीवन है, और वह न्याय में नहीं आता,
परन्तु मृत्यु से जीवन में प्रवेश कर चुका है। 25 “सचमुच,
सचमुच, मैं तुमसे कहता हूँ, वह समय आने वाला है, और अब
है, जब मरे हुए लोग ईश्वर के पुत्र की आवाज़ सुनेंगे। और
जिन्होंने सुना है वे जीवित होंगे। 26 “क्योंकि जैसे पिता अपने
आप में जीवन रखता है, वैसे ही उसने पुत्र को भी यह दिया

कि वह अपने आप में जीवन रखे, 27 और उसने उसे न्याय
करने का अधिकार भी दिया है, क्योंकि वह आदम का पुत्र
है। 28 "इस पर आश्चर्य मत करो, क्योंकि वह समय आने
वाला है जिसमें कब्रों में सब लोग उसकी आवाज़ सुनेंगे,
29 और बाहर निकलेंगे - जिन्होंने भलाई की है वे जीवन के
पुनरुत्थान के लिए, और जिन्होंने बुराई की है वे न्याय के
पुनरुत्थान के लिए। 30 "मैं अपने आप से कुछ नहीं कर
सकता। जैसा मैं सुनता हूँ, वैसा ही न्याय करता हूँ। और
मेरा न्याय धर्मी है, क्योंकि मैं अपनी इच्छा नहीं खोजता,
परन्तु उस पिता की इच्छा खोजता हूँ जिसने मुझे भेजा है।
31 "यदि मैं अपने विषय में गवाही दूँ, तो मेरी गवाही सच्ची नहीं
है। 32 "एक और है जो मेरे विषय में गवाही देता है, और मैं
जानता हूँ कि जो गवाही वह मेरे विषय में देता है, वह सच्ची
है। 33 "तुमने याहोहानान के पास भेजा, और उसने सत्य की
गवाही दी। 34 "परन्तु मैं मनुष्य से गवाही नहीं लेता, परन्तु मैं
यह इसलिए कहता हूँ कि तुम उद्धार पाओ। 35 "वह जलता
और चमकता हुआ दीपक था, और थोड़ी देर के लिए तुमने
उसके प्रकाश में आनन्द करना चाहा। 36 "परन्तु मेरे पास
याहोहानान की गवाही से भी बड़ी गवाही है, क्योंकि जो काम
पिता ने मुझे पूरे करने को दिए हैं, वे काम जो मैं करता हूँ, वे
मेरे विषय में गवाही देते हैं कि पिता ने मुझे भेजा है। 37 "और
पिता जिसने मुझे भेजा, उसने ही मेरे विषय में गवाही दी।
तुमने न तो कभी उसकी आवाज़ सुनी और न ही उसका रूप
देखा। 38 "और तुममें उसका वचन स्थिर नहीं रहता, क्योंकि
तुम उस पर विश्वास नहीं करते जिसे उसने भेजा। 39 "तुम
पवित्र शास्त्रों में खोज करते हो, क्योंकि तुम सोचते हो कि
उनमें तुम्हारे पास सदा का जीवन है। और यही वे हैं जो मेरे
विषय में गवाही देते हैं। 40 "परन्तु तुम मेरे पास आना नहीं
चाहते ताकि जीवन प्राप्त कर सको। 41 "मैं मनुष्यों से आदर
नहीं लेता, 42 परन्तु मैं तुम्हें जानता हूँ, कि तुममें ईश्वर का प्रेम
नहीं है। 43 "मैं अपने पिता के नाम में आया हूँ और तुम मुझे
ग्रहण नहीं करते; यदि कोई और अपने नाम में आता है, तो
उसे तुम ग्रहण करोगे। 44 "तुम कैसे विश्वास कर सकते हो,
जब तुम एक दूसरे से आदर ग्रहण करते हो, और उस आदर
को जो केवल ईश्वर से आता है, नहीं खोजते? 45 "यह मत
सोचो कि मैं तुम्हें पिता के पास दोषी ठहराऊँगा। एक है जो
तुम्हें दोषी ठहराता है: मूशेह, जिस पर तुमने अपनी आशा
रखी है। 46 "क्योंकि यदि तुम मूशेह पर विश्वास करते, तो
मुझ पर भी विश्वास करते, क्योंकि उसने मेरे विषय में लिखा
है। 47 "परन्तु यदि तुम उसकी लिखी बातों पर विश्वास नहीं
करते, तो मेरे वचनों पर कैसे विश्वास करोगे?"

6 1 इसके बाद 𐤉𐤄𐤅𐤔𐤏 गलील समुद्र के दूसरी ओर
गया, जो किन्नेरेत झील है। 2 और एक बड़ी भीड़ उसका
पीछा कर रही थी, क्योंकि उन्होंने वे चिन्ह देखे जो उसने
बीमारों पर किए। 3 और 𐤉𐤄𐤅𐤔𐤏 पहाड़ पर चढ़ गया, और
वहाँ वह अपने तल्लमिदिम के साथ बैठ गया। 4 और पेसह
निकट था, यहूदी लोगों का पर्व। 5 तब 𐤉𐤄𐤅𐤔𐤏 ने अपनी
आँखें उठाकर देखा कि एक बड़ी भीड़ उसकी ओर आ रही
है, तो उसने फिलिप्पोस से कहा, "हम कहाँ से रोटी खरीदें कि
वे खा सकें?" 6 और यह उसने उसकी परीक्षा लेने के लिए
कहा, क्योंकि वह स्वयं जानता था कि वह क्या करने वाला है।
7 फिलिप्पोस ने उससे कहा, "दो सौ दिनारियों की रोटी भी
उनके लिए काफी नहीं होगी, कि हर एक को थोड़ा-सा मिल
सके।" 8 उसके एक तल्लमिद, आंद्रि, शिमोन केफ़ा का भाई,
ने उससे कहा, 9 "यहाँ एक लड़का है जिसके पास पाँच जौ
की रोटियाँ और दो मछलियाँ हैं, परन्तु इतने लोगों के लिए ये
क्या हैं?" 10 और 𐤉𐤄𐤅𐤔𐤏 ने कहा, "लोगों को बैठा दो।"
अब उस स्थान पर बहुत घास थी, और लगभग पाँच हज़ार
पुरुष बैठ गए। 11 और 𐤉𐤄𐤅𐤔𐤏 ने रोटियाँ लीं, और
धन्यवाद करने के बाद उन्हें तल्लमिदों को बाँट दिया, और
तल्लमिदों ने उन्हें बैठे हुए लोगों को दिया। और उसी प्रकार
मछलियाँ भी, जितनी वे चाहते थे। 12 और जब वे तृप्त हो
गए, तो उसने अपने तल्लमिदों से कहा, "बचे हुए टुकड़े
इकट्ठा करो, ताकि कुछ न नष्ट हो।" 13 तब उन्होंने उन्हें
इकट्ठा किया और पाँच जौ की रोटियों के बचे हुए टुकड़ों से
बारह टोकरियाँ भर दीं, जो खाने वालों से बच गए थे। 14 तब
उन लोगों ने, जो चिन्ह 𐤉𐤄𐤅𐤔𐤏 ने किया था, देखा, और
कहा, "निश्चित ही यह वही नबी है जो जगत में आने वाला
है।" 15 तब 𐤉𐤄𐤅𐤔𐤏, यह जानकर कि वे आकर उसे
पकड़ने वाले हैं ताकि उसे राजा बना दें, फिर से अकेले पहाड़
पर चला गया। 16 और जब साँझ हुई, तो उसके तल्लमिद
समुद्र की ओर नीचे गए, 17 और नाव में चढ़कर वे समुद्र के
पार केफर नाहुम की ओर जा रहे थे। और अंधेरा हो गया
था, और 𐤉𐤄𐤅𐤔𐤏 अभी तक उनके पास नहीं आया था।
18 और समुद्र उठ रहा था क्योंकि बड़ी आँधी चल रही थी।
19 जब वे लगभग पच्चीस या तीस स्टेडिया खे चुके थे, तो
उन्होंने 𐤉𐤄𐤅𐤔𐤏 को समुद्र पर चलते हुए और नाव के पास
आते हुए देखा, और वे डर गए। 20 और उसने उनसे कहा,
"मैं हूँ, डरो मत।" 21 तब उन्होंने उसे नाव में लेने का
निश्चय किया, और तुरंत नाव उस भूमि पर पहुँच गई जहाँ वे
जा रहे थे। 22 अगले दिन, भीड़ जो समुद्र के दूसरी ओर
खड़ी थी, ने देखा कि वहाँ कोई और नाव नहीं थी, केवल वह
एक जिसमें उसके तल्लमिद चढ़े थे, और यह कि 𐤉𐤄𐤅𐤔𐤏
अपने तल्लमिदों के साथ नाव में नहीं चढ़ा था, परन्तु उसके
तल्लमिद अकेले ही चले गए थे – 23 परन्तु अन्य नावें
किन्नेरेत से आईं, उस स्थान के पास जहाँ उन्होंने रोटी खाई
थी जब प्रभु ने धन्यवाद दिया था – 24 इसलिये जब भीड़ ने
देखा कि 𐤉𐤄𐤅𐤔𐤏 वहाँ नहीं था, न ही उसके तालीमिदिम,
तो वे स्वयं भी नावों में चढ़कर कफ़र नहूम आए, 𐤉𐤄𐤅𐤔𐤏
को ढूँढते हुए। 25 और जब उन्होंने उसे समुद्र के दूसरी ओर
पाया, तो उन्होंने उससे पूछा, "रब्बी, तू यहाँ कब आया?"
26 𐤉𐤄𐤅𐤔𐤏 ने उन्हें उत्तर दिया और कहा, "सच्चाई,
सच्चाई, मैं तुमसे कहता हूँ, तुम मुझे इसलिये नहीं ढूँढते कि
तुमने चिन्ह देखे, परन्तु इसलिये कि तुमने रोटियाँ खाईं और
तृप्त हुए। 27 "उस भोजन के लिये परिश्रम न करो जो
नाशवान है, बल्कि उस भोजन के लिये जो सदा की जीवन के
लिये ठहरता है, जिसे आदम का पुत्र तुम्हें देगा, क्योंकि पिता,
ईश्वर ने उस पर अपनी मुहर लगाई है।" 28 तब उन्होंने
उससे कहा, "हमें क्या करना चाहिये कि हम ईश्वर के कार्यों
को करें?" 29 𐤉𐤄𐤅𐤔𐤏 ने उत्तर दिया और उनसे कहा,
"ईश्वर का यह कार्य है कि तुम उस पर विश्वास करो जिसे

उसने भेजा है।” 30 तब उन्होंने उससे कहा, “तू कौन-सा
चिन्ह करेगा कि हम देखें और तुझ पर विश्वास करें? तू क्या
करेगा? 31 “हमारे पितरों ने जंगल में मन्ना खाया, जैसा लिखा
गया है, ‘उसने उन्हें स्वर्ग से रोटी खाने को दी।’ ”
32 इसलिये OWY३Z ने उनसे कहा, “सच्चाई, सच्चाई, मैं
तुमसे कहता हूँ, मूशेह ने तुम्हें स्वर्ग से रोटी नहीं दी, परन्तु
मेरा पिता तुम्हें स्वर्ग से सच्ची रोटी देता है। 33 “क्योंकि ईश्वर
की रोटी वही है जो स्वर्ग से उतरकर संसार को जीवन देता
है।” 34 तब उन्होंने उससे कहा, “प्रभु, हमें यह रोटी सदा
दे।” 35 और OWY३Z ने उनसे कहा, “मैं जीवन की रोटी
हूँ। जो मेरे पास आता है वह कभी भूखा न होगा, और जो मुझ
पर विश्वास करता है वह कभी प्यासा न होगा। 36 “परन्तु मैंने
तुमसे कहा कि तुमने मुझे देखा है, और फिर भी विश्वास नहीं
करते। 37 “जो कुछ पिता मुझे देता है वह मेरे पास आएगा,
और जो मेरे पास आता है उसे मैं कभी बाहर नहीं निकालूँगा।
38 “क्योंकि मैं स्वर्ग से उतरा हूँ, अपनी इच्छा पूरी करने के
लिये नहीं, परन्तु उसकी इच्छा पूरी करने के लिये जिसने मुझे
भेजा है। 39 “यह उस पिता की इच्छा है जिसने मुझे भेजा है,
कि जो कुछ उसने मुझे दिया है, उसमें से मैं कुछ न खो दूँ,
परन्तु अंतिम दिन में उसे उठाऊँ। 40 “और यह उसकी इच्छा
है जिसने मुझे भेजा है, कि जो कोई पुत्र को देखता और उस
पर विश्वास करता है, उसके पास सदा का जीवन हो, और मैं
उसे अंतिम दिन में उठाऊँगा।” 41 तब यहूदी उसके विरुद्ध
कुड़कुड़ाने लगे, क्योंकि उसने कहा, “मैं वह रोटी हूँ जो स्वर्ग
से उतरी है।” 42 और वे कहने लगे, “क्या यह OWY३Z
नहीं है, योसेफ़ का पुत्र, जिसका पिता और माता हम जानते
हैं? फिर यह कैसे कहता है, ‘मैं स्वर्ग से उतरा हूँ’?” 43 तब
OWY३Z ने उत्तर दिया और उनसे कहा, “एक दूसरे के
साथ बड़बड़ाओ मत। 44 “कोई भी मेरे पास नहीं आ सकता
जब तक कि पिता, जिसने मुझे भेजा है, उसे न खींचे। और
मैं उसे अंतिम दिन में जीवित करूँगा। 45 “यह नबियों में
लिखा गया है, ‘और वे सब ३Y३Z द्वारा सिखाए जाएँगे।’
तब हर कोई जिसने पिता से सुना है और सीखा है, मेरे पास
आता है। 46 “न कि किसी ने पिता को देखा है, केवल वही
जिसने ईश्वर से है – उसने पिता को देखा है। 47 “सचमुच,
सचमुच, मैं तुमसे कहता हूँ, जो मुझ पर विश्वास करता है
उसके पास अनन्त जीवन है। 48 “मैं जीवन की रोटी हूँ।
49 “तुम्हारे पिताओं ने जंगल में मन्ना खाया और वे मर गए।
50 “यह वह रोटी है जो स्वर्ग से उतरती है, ताकि कोई उससे
खा ले और न मरे। 51 “मैं जीवित रोटी हूँ जो स्वर्ग से
उतरी। यदि कोई इस रोटी को खाता है, वह सदा जीवित
रहेगा। और वास्तव में, वह रोटी जो मैं दूँगा, वह मेरा शरीर
है, जिसे मैं संसार के जीवन के लिए दूँगा।” 52 इसलिए यहूदी
आपस में झगड़ रहे थे, कहते हुए, “यह मनुष्य हमें अपना
मांस खाने के लिए कैसे दे सकता है?” 53 OWY३Z ने
उनसे कहा, “सचमुच, सचमुच, मैं तुमसे कहता हूँ, जब तक
तुम आदम के पुत्र का मांस न खाओ और उसका लहू न
पियो, तुम्हारे भीतर जीवन नहीं है। 54 “जो मेरा मांस खाता है
और मेरा लहू पीता है, उसके पास अनन्त जीवन है, और मैं
उसे अंतिम दिन में जीवित करूँगा। 55 “क्योंकि मेरा मांस
वास्तव में भोजन है, और मेरा लहू वास्तव में पेय है। 56 “जो
मेरा मांस खाता है और मेरा लहू पीता है, वह मुझ में रहता है,
और मैं उसमें। 57 “जैसे जीवित पिता ने मुझे भेजा है, और मैं
पिता के कारण जीवित हूँ, वैसे ही जो मुझसे पोषण पाता है वह
भी मेरे कारण जीवित रहेगा। 58 “यह वह रोटी है जो स्वर्ग से
उतरी है, न कि जैसे तुम्हारे पिताओं ने मन्ना खाया और मर
गए। जो इस रोटी को खाता है वह सदा जीवित रहेगा।”
59 उसने यह सभा में कहा, कफ़र नहूम में शिक्षा देते समय।
60 इसलिए उसके बहुत से चेलों ने यह सुनकर कहा, “यह
वचन कठिन है, इसे कौन सुन सकता है?” 61 परंतु
OWY३Z ने अपने भीतर यह जानते हुए कि उसके चेले इस
बारे में बड़बड़ा रहे हैं, उनसे कहा, “क्या यह तुम्हें ठोकर
दिलाता है? 62 “तो यदि तुम आदम के पुत्र को वहाँ ऊपर
जाते हुए देखो जहाँ वह पहले था? 63 “यह आत्मा है जो
जीवन देती है, शरीर का कोई लाभ नहीं है। जो वचन मैं
तुमसे बोलता हूँ वे आत्मा हैं और जीवन हैं। 64 “परन्तु तुममें
से कुछ हैं जो विश्वास नहीं करते।” क्योंकि OWY३Z शुरू
से जानता था कि कौन हैं जो विश्वास नहीं करते और कौन है
जो उसे पकड़वाएगा। 65 और उसने कहा, “इसी कारण मैंने
तुमसे कहा है कि कोई भी मेरे पास नहीं आ सकता जब तक
कि यह मेरे पिता द्वारा उसे न दिया जाए।” 66 तब से उसके
बहुत से चेले पीछे हट गए और अब उसके साथ नहीं चलते
थे। 67 OWY३Z ने बारह से कहा, “क्या तुम भी जाना
चाहते हो?” 68 तब शिमोन केफ़ा ने उससे उत्तर दिया, “प्रभु,
हम किसके पास जाएँ? आपके पास अनन्त जीवन के वचन
हैं। 69 “और हमने विश्वास किया है, और हम जानते हैं कि
आप मसीह हैं, जीवित ईश्वर के पुत्र।” 70 OWY३Z ने
उनसे उत्तर दिया, “क्या मैंने तुम्हें, बारह को नहीं चुना, और
तुममें से एक शैतान है?” 71 वह शिमोन के कुरिय्योत वाले
यहूदा के विषय में कह रहा था, क्योंकि वह, बारह में से एक,
उसे पकड़वाने वाला था।

7 1 और इसके बाद OWY३Z गलील में चल रहा था,
क्योंकि वह यहूदा में चलना नहीं चाहता था, क्योंकि यहूदी
लोग उसे मारने की खोज में थे। 2 और यहूदियों का पर्व
निकट था, सुक्कोत का पर्व। 3 तब उसके भाइयों ने उससे
कहा, “यहाँ से निकलकर यहूदा में जाओ, ताकि तुम्हारे
तालीम लेने वाले भी उन कामों को देखें जो तुम कर रहे हो।”
4 “क्योंकि कोई भी गुप्त रूप से काम नहीं करता जब वह स्वयं
खुलकर प्रकट होना चाहता है। यदि तुम ये काम करते हो,
तो अपने आप को संसार को दिखाओ।” 5 क्योंकि उसके भाई
भी उस पर विश्वास नहीं करते थे। 6 OWY३Z ने उनसे
कहा, “मेरा समय अभी नहीं आया, परन्तु तुम्हारा समय हर
समय तैयार है। 7 “संसार के लिए तुम्हें बैर करना असम्भव
है, परन्तु मुझे वह बैर करता है क्योंकि मैं उसकी गवाही देता हूँ
कि उसके काम बुरे हैं।” 8 “तुम इस पर्व पर जाओ। मैं अभी
इस पर्व पर नहीं जा रहा हूँ, क्योंकि मेरा समय अभी पूरा नहीं
हुआ है।” 9 और यह बात कहकर वह गलील में ही ठहर
गया। 10 परन्तु जब उसके भाई पर्व पर चले गए, तब वह भी
गया, परन्तु खुलेआम नहीं, बल्कि जैसे गुप्त रूप से।
11 इसलिए यहूदी लोग पर्व में उसकी खोज कर रहे थे और

कह रहे थे, “वह कहाँ है?” [12] और भीड़ में उसके विषय में
बहुत बड़बड़ाहट थी। कुछ कह रहे थे, “वह भला है,” परन्तु
दूसरे कह रहे थे, “नहीं, बल्कि वह भीड़ को भटका रहा है।”
[13] तथापि कोई भी उसके विषय में खुले तौर से नहीं बोलता
था, यहूदियों के भय से। [14] और पर्व के बीच में OWY(ᴙZ
मिकदाश में गया और वह शिक्षा दे रहा था। [15] और यहूदी
आश्चर्य कर रहे थे और कह रहे थे, “यह मनुष्य बिना सीखे
अक्षरों को कैसे जानता है?” [16] OWY(ᴙZ ने उन्हें उत्तर
दिया और कहा, “मेरी शिक्षा मेरी नहीं, बल्कि उसकी है
जिसने मुझे भेजा है। [17] “यदि कोई उसकी इच्छा करना
चाहे, तो वह शिक्षा के विषय में जान जाएगा, कि यह ईश्वर से
है या मैं अपनी ओर से बोलता हूँ।” [18] “जो स्वयं से बोलता है
वह अपनी महिमा चाहता है, परन्तु जो उसकी महिमा चाहता है
जिसने उसे भेजा है, वही सच्चा है, और उसमें कोई अधर्म
नहीं है।” [19] “क्या मूशेह ने तुम्हें तोराह नहीं दी? फिर भी तुम
में से कोई तोराह का पालन नहीं करता! तुम मुझे क्यों मारना
चाहते हो?” [20] भीड़ ने उत्तर दिया और कहा, “तुममें दुष्टात्मा
है, कौन तुम्हें मारना चाहता है?” [21] OWY(ᴙZ ने उत्तर दिया
और उनसे कहा, “मैंने एक काम किया और तुम सब चकित
हुए। [22] “इसी कारण मोशेह ने तुम्हें ख़तना दिया है - यद्यपि
यह मोशेह से नहीं, परन्तु पिताओं से है - और तुम सब्त के
दिन मनुष्य का ख़तना करते हो। [23] “यदि एक मनुष्य सब्त
के दिन ख़तना प्राप्त करता है, ताकि मोशेह की तोराह न टूटे,
तो क्या तुम मुझ पर क्रोधित हो क्योंकि मैंने सब्त के दिन एक
मनुष्य को पूरी तरह से चंगा किया?” [24] “दिखावे के अनुसार
न्याय मत करो, परन्तु धर्मी न्याय से न्याय करो।” [25] तब
येरूशलेम के कुछ लोग कहने लगे, “क्या यह वही नहीं है
जिसे वे मार डालना चाहते हैं? [26] “और देखो! यह खुलकर
बोलता है, और वे इसे बिल्कुल कुछ नहीं कहते। क्या ऐसा हो
सकता है कि शासक सचमुच जानते हैं कि यह वास्तव में
मसीह है?” [27] “पर हम जानते हैं कि यह कहाँ से है। और
जब मसीह आएगा तो कोई नहीं जानता कि वह कहाँ से है।”
[28] OWY(ᴙZ तब मिकदाश में पुकार कर शिक्षा देता हुआ
कहने लगा, “तुम मुझे जानते हो, और यह भी जानते हो कि मैं
कहाँ से हूँ। और मैं अपनी ओर से नहीं आया हूँ, परन्तु
जिसने मुझे भेजा है वह सच्चा है, जिसे तुम नहीं जानते।
[29] “पर मैं उसे जानता हूँ, क्योंकि मैं उससे हूँ, और उसने ही
मुझे भेजा है।” [30] तब वे उसे पकड़ने का प्रयत्न करने लगे,
परन्तु किसी ने उस पर हाथ नहीं डाला, क्योंकि उसका समय
अभी नहीं आया था। [31] और भीड़ में से बहुतों ने उस पर
विश्वास किया, और कहा, “जब मसीह आएगा, तो क्या वह
इनसे अधिक चिह्न करेगा जो इसने किए हैं?” [32] फरीसियों ने
भीड़ को उसके विषय में बड़बड़ाते सुना, और फरीसियों तथा
प्रधान याजकों ने उसे पकड़ने के लिये अधिकारियों को
भेजा। [33] तब OWY(ᴙZ ने उनसे कहा, “थोड़े समय तक मैं
तुम्हारे साथ हूँ, फिर उसके पास जाता हूँ जिसने मुझे भेजा
है। [34] “तुम मुझे ढूँढोगे और नहीं पाओगे, और जहाँ मैं हूँ वहाँ
तुम नहीं आ सकते।” [35] तब यहूदी आपस में कहने लगे,
“यह कहाँ जानेवाला है कि हम उसे न पाएँगे? क्या वह यवनों
में बिखरे हुओं के पास जानेवाला है और यवनों को शिक्षा
देनेवाला है? [36] “यह कौन सा वचन है जो उसने कहा, ‘तुम
मुझे ढूँढोगे और नहीं पाओगे, और जहाँ मैं हूँ वहाँ तुम नहीं आ
सकते’?” [37] और पर्व के अंतिम महान दिन में OWY(ᴙZ
खड़ा होकर ऊँचे स्वर से पुकारकर कहने लगा, “यदि कोई
प्यासा है तो मेरे पास आए और पीए। [38] “जैसा शास्त्र ने कहा
है, उसके भीतर से जीवन के जल की नदियाँ बहेंगी।”
[39] और यह उसने आत्मा के विषय में कहा, जिसे उस पर
विश्वास करनेवाले प्राप्त करनेवाले थे, क्योंकि पवित्र आत्मा
अभी तक न था, क्योंकि OWY(ᴙZ का अब तक महिमा न
हुआ था। [40] भीड़ में से बहुतों ने यह वचन सुनकर कहा,
“यह सचमुच भविष्यद्वक्ता है।” [41] दूसरों ने कहा, “यह मसीह
है,” परन्तु कुछ औरों ने कहा, “क्या मसीह गलील से आता
है? [42] “क्या शास्त्र ने यह नहीं कहा कि मसीह दाऊद की
संतान से और बेत लेहम नामक गाँव से आएगा, जहाँ दाऊद
था?” [43] तो लोगों के बीच उसके कारण फूट पड़ गई।
[44] और उनमें से कुछ उसे पकड़ना चाहते थे, पर किसी ने
उस पर हाथ नहीं डाला। [45] तब अधिकारी मुख्य कोहेनीम
और फ़रीसियों के पास आए। और उन्होंने उनसे कहा, “तुम
उसे क्यों नहीं लाए?” [46] अधिकारियों ने उत्तर दिया, “कभी
किसी मनुष्य ने इस मनुष्य की तरह बातें नहीं कीं!”
[47] फ़रीसियों ने उनसे उत्तर दिया, “क्या तुम भी भरमा गए हो?
[48] “क्या शासकों में से या फ़रीसियों में से किसी ने उस पर
विश्वास किया है? [49] “पर यह भीड़ जो तोराह को नहीं
जानती, शापित है।” [50] नक़दीमोन - जो रात में OWY(ᴙZ
के पास आया था, उनमें से एक - ने उनसे कहा, [51] “क्या
हमारी तोराह उस मनुष्य का न्याय करती है जब तक वह
पहले उससे न सुने और न जाने कि वह क्या कर रहा है?”
[52] उन्होंने उत्तर दिया और उससे कहा, “क्या तुम भी गलील
से हो? खोजो और देखो कि गलील से कोई नबी नहीं उठा।”
[53] और हर एक अपने घर चला गया।

8 [1] और OWY(ᴙZ जैतून के पहाड़ पर गए। [2] और भोर
को वह फिर से मिकदाश में आए, और सब लोग उसके
पास आ रहे थे। और बैठकर वह उन्हें शिक्षा दे रहे थे।
[3] और शास्त्री और फ़रीसी उस स्त्री को लाए जो व्यभिचार में
पकड़ी गई थी। और उसे बीच में खड़ा करके, [4] उन्होंने
उससे कहा, “गुरु, यह स्त्री व्यभिचार के कार्य में पकड़ी
गई। [5] “और तोराह में मोशेह ने हमें आज्ञा दी कि ऐसी को
पत्थरों से मारा जाए। फिर तू क्या कहता है?” [6] और वे यह
इसलिए कह रहे थे, कि उसे परखें, ताकि वे उस पर दोष लगा
सकें। परन्तु OWY(ᴙZ झुककर उंगली से ज़मीन पर
लिखने लगे, मानो उन्होंने सुना ही नहीं। [7] परन्तु जब वे उससे
बार-बार प्रश्न करते रहे, तो उन्होंने सीधा होकर उनसे कहा,
“जो तुममें निष्पाप है, वही पहले उस पर पत्थर फेंके।”
[8] और फिर से झुककर वे भूमि पर लिखते रहे। [9] और
उन्होंने यह सुनकर, अपने विवेक से दोषी ठहराए जाने पर,
एक-एक करके बाहर जाना शुरू किया, सबसे बड़े से लेकर
सबसे छोटे तक। और OWY(ᴙZ अकेले रह गए, और स्त्री
बीच में खड़ी रही। [10] और OWY(ᴙZ ने सीधा होकर देखा
कि स्त्री के सिवाय कोई नहीं है, तो उन्होंने उससे कहा, “हे
स्त्री, तेरे अभियोगी कहाँ हैं? क्या किसी ने तुझे दोषी नहीं
ठहराया?” [11] उसने कहा, “किसी ने नहीं, प्रभु।” और

OWY3Z ने उससे कहा, "मैं भी तुझे दोषी नहीं ठहराता।
जा, और फिर पाप मत करना।" 12 इसलिये OWY3Z ने
फिर उनसे कहा, "मैं जगत की ज्योति हूं। जो मेरा अनुसरण
करता है, वह अंधकार में न चलेगा, परन्तु जीवन की ज्योति
पाएगा।" 13 इसलिये फ़रीसियों ने उससे कहा, "तू अपने
विषय में गवाही देता है; तेरी गवाही सत्य नहीं है।"
14 OWY3Z ने उत्तर दिया और उनसे कहा, "यदि मैं अपने
विषय में गवाही भी दूं, तो भी मेरी गवाही सत्य है, क्योंकि मैं
जानता हूं कि मैं कहाँ से आया हूं और कहाँ जा रहा हूं। परन्तु
तुम नहीं जानते कि मैं कहाँ से आया हूं और कहाँ जाता हूं।
15 "तुम शरीर के अनुसार न्याय करते हो, मैं किसी का न्याय
नहीं करता। 16 "परन्तु यदि मैं न्याय करता भी हूं, तो मेरा
न्याय सत्य है, क्योंकि मैं अकेला नहीं हूं, परन्तु मैं और वह
पिता जिसने मुझे भेजा है। 17 "और तुम्हारी तोराह में भी
लिखा है कि दो व्यक्तियों की गवाही सत्य है। 18 "मैं वह हूं जो
अपने विषय में गवाही देता हूं, और पिता जिसने मुझे भेजा है,
वह भी मेरे विषय में गवाही देता है।" 19 इसलिये उन्होंने उससे
कहा, "तेरा पिता कहाँ है?" OWY3Z ने उत्तर दिया, "न तो
तुम मुझे जानते हो, न मेरे पिता को। यदि तुम मुझे जानते,
तो मेरे पिता को भी जानते।" 20 ये बातें OWY3Z ने खजाने
में मिकदाश में शिक्षा देते समय कहीं। और किसी ने उस पर
हाथ नहीं डाला, क्योंकि उसका समय अभी नहीं आया था।
21 इसलिये OWY3Z ने उनसे फिर कहा, "मैं चला जाता हूं,
और तुम मुझे खोजोगे, और अपने पाप में मरोगे। जहाँ मैं
जाता हूं, वहाँ तुम नहीं आ सकते।" 22 तब यहूदी लोगों ने
कहा, "क्या वह स्वयं को मार डालेगा, क्योंकि वह कहता है,
'जहाँ मैं जाता हूं, वहाँ तुम नहीं आ सकते'?" 23 और उसने
उनसे कहा, "तुम नीचे से हो, मैं ऊपर से हूँ। तुम इस संसार
के हो, मैं इस संसार का नहीं हूँ।" 24 "इसलिए मैंने तुमसे
कहा कि तुम अपने पापों में मरोगे। क्योंकि यदि तुम विश्वास
नहीं करते कि मैं हूँ, तो तुम अपने पापों में मरोगे।" 25 तब
उन्होंने उससे कहा, "तू कौन है?" और OWY3Z ने उनसे
कहा, "वही जो मैं भी तुमसे कहता हूँ!" 26 "मेरे पास तुम्हारे
विषय में बहुत कुछ कहने और न्याय करने के लिए है। परन्तु
जिसने मुझे भेजा है वह सच्चा है, और जो मैंने उससे सुना है,
वही मैं संसार से कहता हूँ।" 27 वे नहीं समझे कि उसने उनसे
पिता के विषय में कहा। 28 तब OWY3Z ने उनसे कहा,
"जब तुम आदम के पुत्र को ऊपर उठाओगे, तब तुम जानोगे
कि मैं वही हूँ, और मैं अपनी ओर से कुछ नहीं करता, परन्तु
जैसे मेरे पिता ने मुझे सिखाया है, वही मैं कहता हूँ।"
29 "और जिसने मुझे भेजा है वह मेरे साथ है। पिता ने मुझे
अकेला नहीं छोड़ा, क्योंकि मैं सदैव वही करता हूँ जो उसे
अच्छा लगता है।" 30 जब वह ये बातें कह रहा था, तो बहुतों
ने उस पर विश्वास किया। 31 तब OWY3Z ने उन यहूदी
लोगों से कहा जिन्होंने उस पर विश्वास किया, "यदि तुम मेरे
वचन में बने रहते हो, तो तुम वास्तव में मेरे शिष्य हो।"
32 "और तुम सत्य को जानोगे, और सत्य तुम्हें स्वतंत्र
करेगा।" 33 उन्होंने उससे उत्तर दिया, "हम अब्राहम की
संतान हैं, और हमने कभी किसी की दासता नहीं की। तू कैसे
कहता है, 'तुम स्वतंत्र बनोगे'?" 34 OWY3Z ने उन्हें उत्तर
दिया, "सचमुच, सचमुच, मैं तुमसे कहता हूँ, जो कोई पाप
करता है, वह पाप का दास है।" 35 "और दास सदा घर में
नहीं रहता; पुत्र सदा रहता है।" 36 "यदि तब पुत्र तुम्हे
स्वतंत्र करता है, तो तुम वास्तव में स्वतंत्र होगे।" 37 "मै
जानता हूँ कि तुम अब्राहम की संतान हो, परन्तु तुम मुझे मार
डालना चाहते हो, क्योंकि मेरा वचन तुममें स्थान नहीं पाता।"
38 "मैं वही बोलता हूँ जो मैंने अपने पिता से देखा है, और तुम
वही करते हो जो तुमने अपने पिता से सुना है।" 39 उन्होंने
उत्तर दिया और उससे कहा, "अब्राहम हमारा पिता है।"
OWY3Z ने उनसे कहा, "यदि तुम अब्राहम की संतान होते,
तो अब्राहम के काम करते।" 40 "पर अब तुम मुझे मार
डालना चाहते हो, उस मनुष्य को जिसने तुमसे वह सत्य कहा
जो मैंने ईश्वर से सुना है। अब्राहम ने ऐसा नहीं किया।"
41 "तुम अपने पिता के काम करते हो।" तब उन्होंने उससे
कहा, "हम व्यभिचार से पैदा नहीं हुए, हमारे पास एक ही पिता
है: ईश्वर।" 42 OWY3Z ने उनसे कहा, "यदि ईश्वर
तुम्हारा पिता होता, तो तुम मुझसे प्रेम करते, क्योंकि मैं ईश्वर
से निकल कर आया हूँ और यहाँ हूँ। क्योंकि मैं अपनी ओर से
नहीं आया, परन्तु उसी ने मुझे भेजा है।" 43 "तुम मेरे कहे
हुए को क्यों नहीं जानते? क्योंकि तुम मेरे वचन को सुनने में
असमर्थ हो। 44 "तुम अपने पिता शैतान से हो, और अपने
पिता की इच्छाएँ करना चाहते हो। वह आरम्भ से ही हत्यारा
था, और वह सत्य में स्थिर नहीं रहा, क्योंकि उसमें सत्य नही
है। जब वह झूठ बोलता है, तो अपने स्वभाव से बोलता है;
क्योंकि वह झूठा है और उसका पिता है। 45 "और क्योंकि मै
सत्य बोलता हूँ, तुम मुझ पर विश्वास नहीं करते। 46 "तुम में
से कौन मुझे पाप के विषय में दोषी ठहरा सकता है? और यदि
मैं सत्य बोलता हूँ, तो तुम मुझ पर विश्वास क्यों नहीं करते?
47 "जो ईश्वर से है वह ईश्वर के वचनों को सुनता है; इस
कारण तुम नहीं सुनते क्योंकि तुम ईश्वर से नहीं हो।"
48 याहूदी लोगों ने उत्तर दिया और उससे कहा, "क्या हम
ठीक नहीं कहते कि तू एक शोमेरोनी है और तुझमें दुष्टात्मा
है?" 49 OWY3Z ने उत्तर दिया, "मेरे पास कोई दुष्टात्मा
नहीं है, परन्तु मैं अपने पिता का आदर करता हूँ, और तुम
मेरा आदर नहीं करते। 50 "और मैं अपनी महिमा नही
चाहता; एक है जो चाहता है और जो न्याय करता है।
51 "सचमुच, सचमुच, मैं तुमसे कहता हूँ, यदि कोई मेरे वचन
को मान ले, तो वह कभी मृत्यु को नहीं देखेगा।" 52 याहूदी
लोगों ने उससे कहा, "अब हम जान गए कि तुझमें दुष्टात्मा
है! अब्राहम मर गया, और नबी भी; और तू कहता है, 'यदि
कोई मेरे वचन को माने तो वह कभी मृत्यु का स्वाद नही
चखेगा।' 53 "क्या तू हमारे पिता अब्राहम से बड़ा है, जो मर
गया? और नबी भी मर गए। तू अपने को कौन बनाता है?"
54 OWY3Z ने उत्तर दिया, "यदि मैं अपनी महिमा करता हूँ,
तो मेरी महिमा कुछ भी नहीं है। यह मेरा पिता है जो मेरी
महिमा करता है, जिसके विषय में तुम कहते हो कि वह तुम्हारा
ईश्वर है। 55 "और तुमने उसे नहीं जाना, परन्तु मैं उसे
जानता हूँ। और यदि मैं कहूँ, 'मैं उसे नहीं जानता,' तो मै
तुम्हारी तरह झूठा ठहरूँगा। परन्तु मैं उसे जानता हूँ और मै
उसके वचन को मानता हूँ। 56 "तुम्हारे पिता अब्राहम ने मेरे
दिन को देखने के लिये आनन्दित होकर चाहा, और उसने
उसे देखा और आनन्दित हुआ।" 57 इसलिए याहूदी लोगों ने

उससे कहा, "तेरी आयु अभी पचास वर्ष की भी नहीं है, और
क्या तूने अब्राहम को देखा है?" 58 OW५१३Z ने उनसे कहा,
"सचमुच, सचमुच, मैं तुमसे कहता हूँ, अब्राहम के होने से
पहले से मैं हूँ।" 59 इसलिए उन्होंने उस पर पत्थर उठाए कि
उस पर फेंके; परन्तु OW५१३Z छिप गया और मिकदश से
निकल गया, और उनके बीच से होकर चला गया और इस
प्रकार पार हो गया।

9 1 और जाते समय, उन्होंने एक आदमी को देखा, जो
जन्म से अंधा था। 2 और उनके तालीमिद ने उनसे
पूछा, "रब्बी, किसने पाप किया, इस आदमी ने या उसके
माता-पिता ने, कि वह अंधा जन्मा?" 3 OW५१३Z ने उत्तर
दिया, "न तो इस आदमी ने और न ही उसके माता-पिता ने
पाप किया, बल्कि ताकि ईश्वर के कार्य उसमें प्रकट हों।
4 "यह आवश्यक है कि मैं उस के कार्य करूं जिसने मुझे
भेजा, जब तक दिन है - रात आ रही है, जब कोई काम नहीं
कर सकेगा। 5 "जब तक मैं संसार में हूँ, मैं संसार का प्रकाश
हूँ।" 6 यह कहकर, उन्होंने ज़मीन पर थूका और थूक से
मिट्टी बनाई, और मिट्टी को उस अंधे आदमी की आँखों पर
लगाया। 7 और उन्होंने उससे कहा, "जाओ, शिलोआḥ के
तालाब में धोओ," जिसका अनुवाद है, भेजा गया। तो वह
गया और धोया, और देखने लगा। 8 इसलिए पड़ोसी और वे
लोग जिन्होंने उसे पहले देखा था कि वह अंधा था, कहने लगे,
"क्या यह वही नहीं है जो बैठा और भीख मांगता था?" 9 कुछ
ने कहा, "यह वही है।" दूसरों ने कहा, "यह उसके जैसा
है।" उसने कहा, "मैं ही हूँ।" 10 तो उन्होंने उससे कहा,
"तेरी आँखें कैसे खुल गईं?" 11 उसने उत्तर दिया और कहा,
"एक आदमी जिसे OW५१३Z कहा जाता है, उसने मिट्टी
बनाई और मेरी आँखों पर लगाई और मुझसे कहा, 'शिलोआḥ
के तालाब में जाओ और धोओ।' और मैं गया और धोया,
और मुझे दृष्टि मिल गई।" 12 और उन्होंने उससे कहा, "वह
कहाँ है?" उसने कहा, "मुझे नहीं पता।" 13 वे उस व्यक्ति को
जो कभी अंधा था, फ़रीसियों के पास ले आए। 14 अब वह
एक शब्बाथ था जब OW५१३Z ने मिट्टी बनाई और उसकी
आँखें खोलीं। 15 इसलिए फ़रीसियों ने भी उससे फिर पूछा कि
उसने अपनी दृष्टि कैसे पाई। उसने उनसे कहा, "उसने मेरी
आँखों पर मिट्टी लगाई, और मैंने धोया, और मैं देख रहा हूँ।"
16 इसलिए कुछ फ़रीसी कहने लगे, "यह आदमी ईश्वर से
नहीं है, क्योंकि यह शब्बाथ को नहीं मानता।" दूसरे कहने
लगे, "एक आदमी जो पापी है वह ऐसे चमत्कार कैसे कर
सकता है?" और उनमें फूट पड़ गई। 17 तो उन्होंने अंधे
व्यक्ति से फिर कहा, "तू उसके विषय में क्या कहता है,
क्योंकि उसने तेरी आँखें खोलीं?" और उसने कहा, "वह एक
नबी है।" 18 फिर भी, यहूदी उस व्यक्ति के विषय में विश्वास
नहीं करते थे कि वह अंधा था और दृष्टि प्राप्त कर चुका था,
जब तक कि उन्होंने उसके माता-पिता को नहीं बुलाया जिसने
दृष्टि पाई थी। 19 और उन्होंने उनसे पूछा, "क्या यह तुम्हारा
पुत्र है, जिसके विषय में तुम कहते हो कि यह अंधा जन्मा था?
तो अब यह कैसे देखता है?" 20 उसके माता-पिता ने उन्हें
उत्तर दिया और कहा, "हम जानते हैं कि यह हमारा पुत्र है,
और यह अंधा जन्मा था। 21 परन्तु अब यह कैसे देखता है,
हम नहीं जानते, और किसने उसकी आँखें खोलीं, हम नही
जानते। वह बड़ा है, उससे पूछो, वह अपने विषय में स्वयं
कहेगा।" 22 उसके माता-पिता ने यह कहा क्योंकि वे यहूदियो
से डरते थे, क्योंकि यहूदी पहले ही ठहरा चुके थे कि यदि
कोई उसे मसीह माने, तो उसे सभा से निकाल दिया जाए।
23 इसी कारण उसके माता-पिता ने कहा, "वह योग्य आयु का
है, उससे पूछो।" 24 तो दूसरी बार उन्होंने उस मनुष्य को
बुलाया जो अंधा था, और उससे कहा, "ईश्वर को महिमा दो,
हम जानते हैं कि यह मनुष्य पापी है।" 25 तब उसने उत्तर
दिया और कहा, "वह पापी है या नहीं, मैं नहीं जानता। मै
केवल इतना जानता हूँ कि मैं अंधा था, अब मैं देखता हूँ।"
26 और उन्होंने उससे फिर पूछा, "उसने तुझ से क्या किया?
उसने तेरी आँखें कैसे खोलीं?" 27 उसने उन्हें उत्तर दिया,
"मैंने तुमसे पहले ही कह दिया है, और तुमने नहीं सुना। तुम
इसे फिर क्यों सुनना चाहते हो? क्या तुम भी उसके शिष्य
बनना चाहते हो?" 28 तब उन्होंने उसे अपमानित किया और
कहा, "तू उसका शिष्य है, पर हम मूशेह के शिष्य हैं।"
29 "हम जानते हैं कि ईश्वर ने मूशेह से बातें की हैं, परन्तु यह
मनुष्य कहाँ से है, हम नहीं जानते।" 30 मनुष्य ने उन्हें उत्तर
दिया और कहा, "यह तो अद्भुत है! तुम नहीं जानते कि वह
कहाँ से है, फिर भी उसने मेरी आँखें खोल दीं!" 31 "और हम
जानते हैं कि ईश्वर पापियों की नहीं सुनता। पर यदि कोई
ईश्वर का भय मानता है और उसकी इच्छा को करता है, तो
वही उसकी सुनता है।" 32 "सदियों से यह कभी नहीं सुना
गया कि किसी ने जन्म से अंधे की आँखें खोली हों।"
33 "यदि यह मनुष्य ईश्वर से न होता, तो कुछ भी न कर
पाता।" 34 उन्होंने उत्तर दिया और उससे कहा, "तू तो पूरे
का पूरा पापों में जन्मा है – और तू हमें शिक्षा देता है?" और
उन्होंने उसे बाहर निकाल दिया। 35 OW५१३Z ने सुना कि
उन्होंने उसे बाहर निकाल दिया है, और जब उसने उसे पाया,
तो उससे कहा, "क्या तू ईश्वर के पुत्र पर विश्वास करता
है?" 36 उसने उत्तर दिया और कहा, "वह कौन है, प्रभु, कि मै
उस पर विश्वास करूँ?" 37 और OW५१३Z ने उससे कहा,
"तूने उसे देखा भी है और जो तुझ से बातें कर रहा है वही
है।" 38 और उसने कहा, "प्रभु, मैं विश्वास करता हूँ," और
उसके सामने झुक गया। 39 और OW५१३Z ने कहा, "न्याय
के लिए मैं इस संसार में आया हूँ, ताकि जो नहीं देखते वे
देखें, और जो देखते हैं वे अंधे हो जाएँ।" 40 और वे फ़रीसी
जो उसके साथ थे, इन बातों को सुनकर उससे कहने लगे,
"क्या हम भी अंधे हैं?" 41 OW५१३Z ने उनसे कहा, "यदि
तुम अंधे होते, तो तुम्हारा कोई पाप न होता, पर अब तुम कहते
हो, 'हम देखते हैं,' इसलिए तुम्हारा पाप बना रहता है।"

10 1 "सच में, सच में, मैं तुम से कहता हूं, जो कोई भेड़ो
के बाड़े में दरवाज़े से नहीं प्रवेश करता, पर किसी
और रास्ते से चढ़ता है, वह चोर और डाकू है। 2 "पर जो
दरवाज़े से प्रवेश करता है, वही भेड़ों का रखवाला है।
3 "दरबान उसके लिये खोलता है, और भेड़ें उसकी आवाज़
सुनती हैं। और वह अपनी भेड़ों को नाम लेकर पुकारता है
और उन्हें बाहर ले जाता है। 4 "और जब वह अपनी भेड़ों को
बाहर निकाल लेता है, तो उनके आगे-आगे चलता है। और

भेड़ें उसका अनुसरण करती हैं, क्योंकि वे उसकी आवाज़
जानती हैं। 5 “और वे किसी अजनबी के पीछे कभी नहीं
जाएँगी, परन्तु उससे भागेंगी, क्योंकि वे अजनबियों की
आवाज़ नहीं जानतीं।” 6 OWY३Z ने यह दृष्टान्त कहा,
परन्तु वे यह नहीं समझे कि वह उनसे क्या कह रहा था।
7 OWY३Z ने फिर उनसे कहा, “सच में, सच में, मैं तुम से
कहता हूं, मैं भेड़ों का द्वार हूं। 8 “जो कोई मुझ से पहले आया,
वे सब चोर और डाकू हैं, परन्तु भेड़ों ने उनकी नहीं सुनी।
9 “मैं द्वार हूं। यदि कोई मेरे द्वारा प्रवेश करे, वह उद्धार पाएगा,
और भीतर-बाहर जाएगा और चरागाह पाएगा। 10 “चोर
केवल चोरी करने, वध करने और नाश करने आता है। मैं
आया हूं कि वे जीवन पाएं, और वह भी बहुतायत से पाएं।
11 “मैं अच्छा रखवाला हूं। अच्छा रखवाला भेड़ों के लिये
अपना जीवन दे देता है। 12 “परन्तु जो मजदूरी पर रखा
गया है और रखवाला नहीं है – जो भेड़ों का मालिक नहीं है –
वह भेड़िये को आते देखता है और भेड़ों को छोड़कर भाग
जाता है। और भेड़िया भेड़ों को पकड़ लेता है और उन्हें
तितर-बितर कर देता है। 13 “अब मजदूरी वाला इसलिए
भाग जाता है क्योंकि वह मजदूरी वाला है और भेड़ों की चिन्ता
नहीं करता। 14 “मैं अच्छा रखवाला हूं। मैं अपनी भेड़ों को
जानता हूं, और मेरी भेड़ें मुझे जानती हैं, 15 जैसा कि पिता
मुझे जानता है और मैं पिता को जानता हूं। और मैं भेड़ों के
लिये अपना जीवन देता हूं। 16 “और मेरी अन्य भेड़ें भी हैं जो
इस बाड़े की नहीं हैं – मुझे उन्हें भी लाना है, और वे मेरी
आवाज़ सुनेंगी, और एक ही झुंड और एक ही रखवाला
होगा। 17 “इसी कारण पिता मुझ से प्रेम करता है, क्योंकि मैं
अपना जीवन देता हूं ताकि उसे फिर से ले लूं। 18 “कोई इसे
मुझ से नहीं लेता, परन्तु मैं स्वयं इसे देता हूं। मुझे इसे देने
का अधिकार है, और मुझे इसे फिर से लेने का अधिकार है।
यह आज्ञा मैंने अपने पिता से पाई है।” 19 फिर इन बातों के
कारण यहूदीयों में फूट पड़ गई। 20 और उनमें से बहुतों ने
कहा, “उसमें दुष्टात्मा है और वह पागल है, तुम उसकी क्यों
सुनते हो?” 21 अन्य ने कहा, “ये दुष्टात्मा-ग्रस्त के वचन
नहीं हैं। क्या दुष्टात्मा अंधों की आँखें खोल सकता है?”
22 उस समय हनुक्का का पर्व यरूशलेम में आया, और वह
शीतकाल था। 23 और OWY३Z मिकदाश में, शेलोमो के
बरामदे में चल रहे थे। 24 तब यहूदी लोग उसे घेर कर कहने
लगे, “तू हमें कब तक असमंजस में रखेगा? यदि तू मशीह है,
तो हमें स्पष्ट बता।” 25 OWY३Z ने उन्हें उत्तर दिया, “मैंने
तुमसे कहा है, और तुम विश्वास नहीं करते। जो काम मैं
अपने पिता के नाम से करता हूँ, वे मेरे विषय में गवाही देते हैं।
26 “परन्तु तुम विश्वास नहीं करते, क्योंकि तुम मेरी भेड़ों में से
नहीं हो, जैसा कि मैंने तुमसे कहा। 27 “मेरी भेड़ें मेरी आवाज़
सुनती हैं, और मैं उन्हें जानता हूँ, और वे मेरे पीछे चलती हैं।
28 “और मैं उन्हें अनन्त जीवन देता हूँ, और वे कभी नाश
नहीं होंगी, और कोई उन्हें मेरे हाथ से छीन नहीं सकता।
29 “मेरा पिता, जिसने उन्हें मुझे दिया है, सब से बड़ा है। और
कोई उन्हें मेरे पिता के हाथ से छीन नहीं सकता। 30 “मैं और
मेरा पिता एक हैं।” 31 फिर यहूदी लोग उसे पत्थर मारने के
लिए पत्थर उठाने लगे। 32 OWY३Z ने उनसे उत्तर दिया,
“मैंने तुम्हें अपने पिता से बहुत से अच्छे काम दिखाए हैं। उन
कामों में से किस काम के लिए तुम मुझे पत्थर मारते हो?”
33 यहूदी लोग उसे उत्तर देने लगे, “हम तुझे किसी अच्छे
काम के कारण पत्थर नहीं मारते, परन्तु निन्दा के कारण,
और इसलिए कि तू मनुष्य होकर अपने आप को ईश्वर बनाता
है।” 34 OWY३Z ने उनसे उत्तर दिया, “क्या तुम्हारी ही
तोराह में नहीं लिखा है, ‘मैंने कहा, तुम ईश्वर हो’? 35 “यदि
उसने उन्हें ईश्वर कहा, जिनके पास ईश्वर का वचन आया -
और पवित्रशास्त्र को तोड़ा नहीं जा सकता – 36 तो क्या तुम
उस पर, जिसे पिता ने पवित्र ठहराया और संसार में भेजा, यह
कहते हो, ‘तू निन्दा करता है,’ क्योंकि मैंने कहा, ‘मैं ईश्वर
का पुत्र हूँ’? 37 “यदि मैं अपने पिता के काम नहीं करता, तो
मुझ पर विश्वास न करो। 38 “परन्तु यदि मैं करता हूँ, तो
चाहे तुम मुझ पर विश्वास न करो, परन्तु कामों पर विश्वास
करो, ताकि तुम जानो और विश्वास करो कि पिता मुझ में है
और मैं उसमें हूँ।” 39 इस कारण वे उसे फिर पकड़ने की
कोशिश करने लगे, परन्तु वह उनके हाथों से निकल गया,
40 और फिर से यरदन के पार उस स्थान पर गया जहां
योहानान पहले बपतिस्मा देता था, और वहाँ वह ठहरा।
41 और बहुत से लोग उसके पास आए और कहने लगे,
“योहानान ने सचमुच कोई चिन्ह नहीं किया, तौभी जितनी बातें
योहानान ने इस मनुष्य के विषय में कहीं थीं, सब सत्य थीं।”
42 और वहाँ बहुतों ने उस पर विश्वास किया।

11 1 और एक व्यक्ति बीमार था, एलअज़ार, बेथ अनयाह
से, जो मरयम और उसकी बहन मार्था का गाँव था।
2 अब यह वही मरयम थी जिसने प्रभु को इत्र से अभिषेक
किया और अपने बालों से उसके पाँव पोंछे, जिसका भाई
एलअज़ार बीमार था। 3 इस कारण बहनों ने उसके पास
भेजकर कहा, “प्रभु, देखो, जिसे तू प्रेम करता है, वह बीमार
है।” 4 परन्तु जब OWY३Z ने सुना, तो कहा, “यह बीमारी
मृत्यु के लिये नहीं, परन्तु ईश्वर की महिमा के लिये है, ताकि
ईश्वर का पुत्र उसके द्वारा महिमान्वित हो।” 5 अब
OWY३Z मार्था और उसकी बहन और एलअज़ार से प्रेम
करता था। 6 इसलिये जब उसने सुना कि वह बीमार है, तो
उसी स्थान पर जहाँ वह था, और दो दिन ठहर गया। 7 फिर
इसके बाद उसने चेलों से कहा, “आओ हम यहूदा को फिर
जाएँ।” 8 चेलों ने उससे कहा, “रब्बी, अभी-अभी यहूदी तुझे
पत्थरों से मारना चाहते थे, और तू फिर वहाँ जाता है?”
9 OWY३Z ने उत्तर दिया, “क्या दिन में बारह घण्टे नहीं
होते? यदि कोई दिन में चलता है, तो वह ठोकर नहीं खाता,
क्योंकि वह इस संसार का प्रकाश देखता है। 10 “परन्तु यदि
कोई रात में चलता है, तो वह ठोकर खाता है, क्योंकि उसमें
प्रकाश नहीं है।” 11 यह उसने कहा, और इसके बाद उनसे
कहा, “हमारा मित्र एलअज़ार सो गया है, परन्तु मैं वहाँ जा
रहा हूँ, कि उसे जगा दूँ।” 12 इस कारण चेलों ने उससे कहा,
“प्रभु, यदि वह सो गया है तो स्वस्थ हो जाएगा।” 13 परन्तु
OWY३Z उसकी मृत्यु के विषय में बोल रहा था, पर वे
समझे कि वह नींद के आराम के विषय में बोल रहा है। 14 तब
OWY३Z ने उनसे सीधा कहा, “एलअज़ार मर गया है।
15 “और तुम्हारे कारण मैं आनन्दित हूँ कि मैं वहाँ नहीं था,

ताकि तुम विश्वास करो। परन्तु चलो, हम उसके पास
चलें।” 16 तौमा, जिसे जुड़वाँ कहा जाता है, ने अपने साथियों
चेलों से कहा, “आओ हम भी चलें, ताकि हम उसके साथ
मरें।” 17 इसलिये जब OWYऋZ पहुँचा, तो उसने पाया कि
वह कब्र में पहले ही चार दिन पड़ा हुआ था। 18 अब बेथ
अनयाह यरूशलेम के निकट था, लगभग पन्द्रह स्टेडियन
दूर। 19 और बहुत से यहूदी मार्था और मरयम के पास आये
थे, उनके भाई के विषय में उन्हें शान्ति देने। 20 तब मार्था ने
जब सुना कि OWYऋZ आ रहा है, तो उससे मिलने गई,
परन्तु मरयम घर में बैठी रही। 21 तब मार्था ने OWYऋZ से
कहा, “प्रभु, यदि तू यहाँ होता, तो मेरा भाई न मरता।
22 “परन्तु अब भी मैं जानती हूँ कि जो कुछ तू ईश्वर से
माँगेगा, ईश्वर तुझे देगा।” 23 OWYऋZ ने उससे कहा,
“तेरा भाई फिर जी उठेगा।” 24 मरथा ने उससे कहा, “मैं
जानती हूँ कि वह अन्तिम दिन में पुनरुत्थान में फिर जी
उठेगा।” 25 OWYऋZ ने उससे कहा, “मैं ही पुनरुत्थान
और जीवन हूँ। जो मुझ पर विश्वास करता है, वह यदि मर
भी जाए, तौभी जीवित रहेगा। 26 “और हर कोई जो जीवित है
और मुझ पर विश्वास करता है वह कभी नहीं मरेगा। क्या तू
इस पर विश्वास करती है?” 27 उसने उससे कहा, “हाँ, प्रभु,
मैं विश्वास करती हूँ कि आप मसीह हैं, ईश्वर के पुत्र, जो
जगत में आनेवाले थे।” 28 और यह कहकर वह चली गई
और अपनी बहन मरियम को गुप्त रूप से बुलाकर कहने
लगी, “गुरु यहाँ हैं और तुझे बुलाते हैं।” 29 जब उसने यह
सुना, तो वह तुरन्त उठी और उसके पास आ गई। 30 और
OWYऋZ अभी तक गाँव में नहीं आए थे, पर उस स्थान पर
थे जहाँ मरथा उनसे मिली थी। 31 इसलिए यहूदी जो उसके
साथ घर में थे और उसको शान्ति दे रहे थे, जब उन्होंने देखा
कि मरियम तुरन्त उठकर बाहर चली गई, तो वे उसके पीछे
हो लिए, यह कहते हुए, “वह कब्र पर रोने जा रही है।”
32 इसलिए मरियम जब वहाँ पहुँची जहाँ OWYऋZ थे, और
उन्हें देखा, तो उनके चरणों में गिरकर उनसे कहने लगी,
“प्रभु, यदि आप यहाँ होते, तो मेरा भाई न मरता।”
33 OWYऋZ ने जब उसे रोते देखा, और उन यहूदियों को
भी रोते देखा जो उसके साथ आए थे, तो आत्मा में करुणा
हुई और वे व्याकुल हुए, 34 और कहा, “तुमने उसे कहाँ रखा
है?” उन्होंने उससे कहा, “प्रभु, आकर देखिए।”
35 OWYऋZ रो पड़े। 36 इस पर यहूदियों ने कहा, “देखो,
वह उससे कितना प्रेम करता था!” 37 और उनमें से कुछ ने
कहा, “क्या इसने जो अन्धों की आँखें खोलीं, वह इसको
मरने से रोक नहीं सकता था?” 38 OWYऋZ फिर अपने
भीतर करुणा करते हुए कब्र पर आए। वह एक गुफा थी,
और उस पर एक पत्थर रखा था। 39 OWYऋZ ने कहा,
“पत्थर हटा दो।” मरथा, जो मरनेवाले की बहन थी, उससे
कहने लगी, “प्रभु, अब तो दुर्गन्ध आती है, क्योंकि चार दिन
हो गए हैं।” 40 OWYऋZ ने उससे कहा, “क्या मैंने तुझसे
नहीं कहा था कि यदि तू विश्वास करेगी तो ईश्वर की महिमा
को देखेगी?” 41 तब उन्होंने पत्थर को हटा दिया जहाँ मरा
हुआ रखा गया था। और OWYऋZ ने अपनी आँखें ऊपर
उठाईं और कहा, “पिता, मैं तेरा धन्यवाद करता हूँ कि तूने
मेरी सुनी। 42 “और मैं जानता था कि तू सदा मेरी सुनता है;
परन्तु भीड़ के कारण मैंने यह कहा, ताकि वे विश्वास करें कि
तूने मुझे भेजा है।” 43 और यह कहकर उसने बड़े शब्द से
पुकारा, “एलीआज़र, बाहर आ!” 44 और जो मरा था वह
बाहर आया, उसके पैर और हाथ कपड़ों से बंधे हुए थे, और
उसका चेहरा एक कपड़े से लिपटा हुआ था। OWYऋZ ने
उनसे कहा, “उसे खोल दो, और उसे जाने दो।” 45 इसलिए
बहुत से यहूदी जो मरियम के पास आए थे, और जिन्होंने
देखा कि OWYऋZ ने क्या किया, उस पर विश्वास किया।
46 परन्तु उनमें से कुछ फ़रीसियों के पास गए और उन्हें
बताया कि OWYऋZ ने क्या किया। 47 तब प्रधान याजकों
और फ़रीसियों ने सभा बुलाई और कहा, “हम क्या करें?
क्योंकि यह मनुष्य बहुत से चिन्ह करता है। 48 “यदि हम उसे
ऐसे ही रहने दें, तो सब उस पर विश्वास करेंगे, और रोमी
आकर हमसे हमारा स्थान और जाति छीन लेंगे।” 49 और
उनमें से एक, कयाफ़ा, जो उस वर्ष महायाजक था, ने उनसे
कहा, “तुम कुछ नहीं जानते, 50 और न ही विचार करते हो
कि हमारे लिये यह अच्छा है कि एक मनुष्य लोगों के लिये मरे,
न कि पूरी जाति नाश हो।” 51 पर उसने यह अपनी ओर से
नहीं कहा, परन्तु उस वर्ष महायाजक होने के कारण उसने
भविष्यवाणी की कि OWYऋZ उस जाति के लिये मरने वाला
है, 52 और न केवल उस जाति के लिये, परन्तु ईश्वर की उन
सन्तानों को भी, जो इधर-उधर तितर-बितर थीं, एक करने
के लिये। 53 इसलिए उस दिन से उन्होंने उसे मार डालने की
युक्ति की। 54 OWYऋZ अब यहूदियों के बीच खुलकर फिर
न चला, परन्तु वहां से जंगल के पास देश में, इफ्रैम नामक
एक नगर में चला गया, और अपने शिष्यों के साथ वहीं रहा।
55 अब यहूदियों का फ़सह निकट था, और बहुत से लोग देश
से फ़सह से पहले यरूशलेम गए, ताकि अपने आप को पवित्र
करें। 56 और वे OWYऋZ को ढूंढ रहे थे, और आपस में
मन्दिर में खड़े होकर कहने लगे, “तुम क्या सोचते हो? क्या
वह पर्व में बिल्कुल नहीं आएगा?” 57 और प्रधान याजकों और
फ़रीसियों दोनों ने आज्ञा दी थी, कि यदि कोई जाने कि वह
कहाँ है, तो बता दे, ताकि वे उसे पकड़ लें।

12 1 इस प्रकार OWYऋZ, फसह से छह दिन पहले,
बेथ अनयाह में आए, जहाँ एलअज़ार था, जो मर
गया था, जिसे उसने मृतकों में से जीवित कर उठाया। 2 तो
उन्होंने वहाँ उसके लिए एक भोजन बनाया, और मरथा सेवा
कर रही थी, जबकि एलअज़ार उन में से एक था जो उसके
साथ मेज़ पर बैठे थे। 3 तब मरियम ने बहुमूल्य नर्द की एक
लिट्रा सुगंधित तेल ली, OWYऋZ के पाँवों को अभिषेक
किया, और अपने बालों से उसके पाँव पोंछे। और घर उस
सुगंधित तेल की सुगंध से भर गया। 4 तब उसके एक
तालीमिद, यहूदा, जो क़ेरियोत के शिमओन का था, जो उसे
पकड़वाने वाला था, ने कहा, 5 “यह सुगंधित तेल तीन सौ
चाँदी के सिक्कों में बेचकर कंगालों को क्यों न दिया गया?”
6 और उसने यह इसलिए नहीं कहा कि वह कंगालों की चिंता
करता था, बल्कि इसलिए कि वह चोर था, और थैला उसके
पास था, और उसमें जो डाला जाता था, वह निकाल लिया
करता था। 7 OWYऋZ ने तब कहा, “उसे छोड़ दो, उसने
इसे मेरे गाड़े जाने के दिन के लिए सुरक्षित रखा है।

[8]“क्योंकि कंगाल तो तुम्हारे साथ सदा रहेंगे, परन्तु मैं सदा
तुम्हारे साथ न रहूँगा।” [9]तब यहूदियों की बड़ी भीड़ ने जान
लिया कि वह वहाँ है। और वे आए, न केवल OWY3Z के
कारण, परन्तु एलअज़ार को भी देखने के लिए, जिसे उसने
मृतकों में से जीवित किया था। [10]और मुख्य कोहेनिम ने
एलअज़ार को भी मार डालने की ठानी, [11]क्योंकि उसके
कारण बहुत से यहूदी दूर हो गए और OWY3Z पर विश्वास
किया। [12]दूसरे दिन बड़ी भीड़, जो पर्व पर आई थी, जब
उन्होंने सुना कि OWY3Z येरूशलेम आ रहे हैं, [13]तो
उन्होंने खजूर की डालियाँ लीं और उससे मिलने को निकले,
और पुकारते हुए कहने लगे, “होशियाना! धन्य है वह जो
3Y3Z के नाम में आता है, इस्राएल का राजा!” [14]और
OWY3Z ने एक जवान गदहे का बच्चा पाकर उस पर बैठ
गए, जैसा लिखा है: [15]“मत डर, सिय्योन की बेटी, देख, तेरा
राजा आ रहा है, गदहे के बच्चे पर बैठा हुआ।” [16]पहले
उसके तालीमिद यह न समझे। पर जब OWY3Z
महिमावान हुए, तब उन्हें स्मरण हुआ कि यह उसके विषय में
लिखा गया था और उन्होंने उसके साथ यही किया था।
[17]इस कारण भीड़, जो उसके साथ थी जब उसने एलअज़ार
को कब्र से पुकारा और उसे मृतकों में से जीवित किया, गवाही
दे रही थी। [18]इसी कारण भीड़ भी उससे मिलने आई,
क्योंकि उन्होंने सुना कि उसने यह चिन्ह किया है।
[19]फरीसियों ने तब आपस में कहा, “तुम देखते हो कि तुम
कुछ भी सफल नहीं हो रहे हो। देखो, सारी दुनिया उसके
पीछे हो ली है!” [20]और उन लोगों में से जो पर्व पर उपासना
करने आए थे, कुछ यूनानी भी थे। [21]वे फिलिप्पुस के पास
आए, जो गलील के बेथ सैदा का था, और उससे विनती करने
लगे, “प्रभु, हम OWY3Z को देखना चाहते हैं।”
[22]फिलिप्पुस आन्द्रियास के पास आया और बताया, और फिर
आन्द्रियास और फिलिप्पुस ने OWY3Z को बताया। [23]और
OWY3Z ने उन्हें उत्तर दिया, कहा, “वह घड़ी आ गई है
जब आदम का पुत्र आदरित होगा।” [24]“सचमुच, सचमुच,
मैं तुमसे कहता हूँ, जब तक गेहूँ का दाना भूमि में गिरकर
मरता नहीं, वह अकेला रहता है। परन्तु यदि वह मरता है, तो
बहुत फल लाता है।” [25]“जो अपनी जीवन से प्रेम करता है,
वह उसे खो देगा, और जो इस संसार में अपनी जीवन से बैर
करता है, वह उसे अनन्त जीवन के लिए सुरक्षित रखेगा।”
[26]“यदि कोई मेरी सेवा करता है, तो वह मेरा अनुसरण करे।
और जहाँ मैं हूँ, वहाँ मेरा सेवक भी होगा। यदि कोई मेरी सेवा
करता है, तो पिता उसे आदर देगा।” [27]“अब मैं स्वयं
व्याकुल हूँ, और क्या कहूँ? ‘पिता, मुझे इस घड़ी से बचा’?
परन्तु इसी कारण मैं इस घड़ी के लिए आया।” [28]“पिता,
अपने नाम की महिमा कर।” तब आकाश से एक आवाज़
आई, “मैंने उसकी महिमा की है और फिर से उसकी महिमा
करूँगा।” [29]तब भीड़ जो वहाँ खड़ी थी और सुन रही थी,
कहने लगी कि यह बिजली गरजी है। दूसरों ने कहा, “एक
दूत ने उससे बातें की हैं।” [30]OWY3Z ने उत्तर दिया और
कहा, “यह आवाज़ मेरे कारण नहीं आई, परन्तु तुम्हारे
कारण।” [31]“अब इस संसार का न्याय है, अब इस संसार
का शासक बाहर कर दिया जाएगा।” [32]“और मैं, यदि पृथ्वी
से ऊपर उठाया जाऊँ, तो सबको अपनी ओर खींच लूँगा।”
[33]यह उसने कहा, यह दर्शाने के लिए कि किस प्रकार की
मृत्यु से वह मरनेवाला था। [34]भीड़ ने उससे उत्तर दिया,
“हमने तो व्यवस्था से सुना है कि मसीह सदा बना रहता है।
और तू कैसे कहता है, ‘आदम का पुत्र ऊपर उठाया जाना
चाहिए’? यह आदम का पुत्र कौन है?” [35]OWY3Z ने तब
उनसे कहा, “थोड़ी देर तक ज्योति तुम्हारे साथ है। जब तक
तुम्हारे पास ज्योति है, चलो, कहीं ऐसा न हो कि अंधकार तुम
पर हावी हो जाए। और जो अंधकार में चलता है, वह नहीं
जानता कि कहाँ जाता है।” [36]“जब तक तुम्हारे पास ज्योति
है, ज्योति पर विश्वास करो, ताकि तुम ज्योति के पुत्र बनो।”
ये बातें OWY3Z ने कही, और चला गया और उनसे छिप
गया। [37]परन्तु यद्यपि उसने उनके सामने इतने चिन्ह किए
थे, फिर भी उन्होंने उस पर विश्वास नहीं किया। [38]कि
यशायाहु नबी का वचन पूरा हो, जो उसने कहा, “3Y3Z,
किसने हमारे समाचार पर विश्वास किया? और किस पर
3Y3Z का भुजा प्रगट हुआ?” [39]इसी कारण वे विश्वास
नहीं कर सके, क्योंकि फिर यशायाहु ने कहा: [40]“उसने
उनकी आँखों को अंधा कर दिया है और उनके हृदय को
कठोर कर दिया है, ताकि वे अपनी आँखों से न देखें और
अपने हृदय से न समझें, और फिरें, और मैं उन्हें चंगा
करूँ।” [41]यशायाहु ने यह कहा जब उसने उसकी महिमा
देखी और उसके विषय में बोला। [42]तौभी, शासकों में से भी
बहुतों ने उस पर विश्वास किया, परन्तु फरीसियों के कारण
उन्होंने अंगीकार नहीं किया, कहीं ऐसा न हो कि वे सभा से
बाहर निकाल दिए जाएँ। [43]क्योंकि उन्होंने मनुष्यों की प्रशंसा
को ईश्वर की प्रशंसा से अधिक प्रेम किया। [44]तब
OWY3Z ने पुकार कर कहा, “जो मुझ पर विश्वास करता
है, वह मुझ पर विश्वास नहीं करता, परन्तु उस पर करता है
जिसने मुझे भेजा है।” [45]“और जो मुझे देखता है, वह उसे
देखता है जिसने मुझे भेजा है।” [46]“मैं जगत में ज्योति
बनकर आया हूँ, ताकि जो कोई मुझ पर विश्वास करे वह
अंधकार में न रहे।” [47]“और यदि कोई मेरे वचन सुनकर
उनकी रक्षा न करे, तो मैं उसका न्याय नहीं करता। क्योंकि
मैं जगत का न्याय करने नहीं, परन्तु जगत को बचाने आया
हूँ।” [48]“जो मुझे अस्वीकार करता है और मेरे वचनों को
ग्रहण नहीं करता, उसके लिये एक है जो उसका न्याय करेगा:
वह वचन जो मैंने कहा है, वही उसे अन्तिम दिन न्याय
करेगा।” [49]“क्योंकि मैंने अपने आप से नहीं कहा, परन्तु पिता
जिसने मुझे भेजा है, उसने मुझे आज्ञा दी है कि मैं क्या कहूँ
और क्या बोलूँ।” [50]“और मैं जानता हूँ कि उसकी आज्ञा
अनन्त जीवन है। इसलिए, जो कुछ मैं बोलता हूँ, वही मैं
बोलता हूँ जैसा पिता ने मुझसे कहा है।”

13 [1]और पासह पर्व से पहले, OWY3Z यह जानते हुए
कि उसका समय आ गया है कि वह इस संसार से
पिता के पास चला जाए, उसने अपने लोगों से, जो संसार में
थे, प्रेम किया और अंत तक उनसे प्रेम किया। [2]और भोजन
के समय, शैतान पहले ही क़रियोत के यहूदा, शिमोन के पुत्र,
के हृदय में उसे पकड़वाने का विचार डाल चुका था,
[3]OWY3Z, यह जानते हुए कि पिता ने सब कुछ उसके हाथों
में दे दिया है, और कि वह 3Y3Z से आया है और 3Y3Z

के पास जा रहा है, [4]भोजन से उठा और अपने वस्त्र उतार
दिये, और एक तौलिया लेकर अपनी कमर बाँध ली। [5]फिर
उसने एक पात्र में पानी डाला और शिष्यों के पाँव धोने और
उस तौलिए से पोंछने लगा जिससे वह बँधा था। [6]तब वह
शिमोन केफ़ा के पास आया, और उसने उससे कहा, "प्रभु,
क्या आप मेरे पाँव धोते हैं?" [7]𐤉𐤄𐤅𐤔𐤏 ने उत्तर दिया और
उससे कहा, "जो मैं कर रहा हूँ, उसे तू अभी नहीं समझता,
परन्तु इसके बाद समझेगा।" [8]केफ़ा ने उससे कहा, "कदापि
नहीं, आप कभी मेरे पाँव नहीं धोएँगे!" 𐤉𐤄𐤅𐤔𐤏 ने उत्तर
दिया, "यदि मैं तुझे न धोऊँ, तो तेरा मुझ में कोई भाग
नहीं।" [9]शिमोन केफ़ा ने उससे कहा, "प्रभु, केवल मेरे पाँव ही
नहीं, वरन् मेरे हाथ और सिर भी धोएँ!" [10]𐤉𐤄𐤅𐤔𐤏 ने
उससे कहा, "जो स्नान कर चुका है उसे केवल पाँव धोने की
आवश्यकता है, और वह पूरा शुद्ध है। और तुम शुद्ध हो,
परन्तु सब नहीं।" [11]क्योंकि वह जानता था कि कौन उसे
पकड़वाने वाला है, इसलिए उसने कहा, "तुम सब शुद्ध नहीं
हो।" [12]जब उसने उनके पाँव धो लिये और अपने वस्त्र ले
लिये, और फिर बैठ गया, तो उनसे कहा, "क्या तुम जानते हो
कि मैंने तुम्हारे लिये क्या किया है? [13]"तुम मुझे शिक्षक और
प्रभु कहते हो, और ठीक कहते हो, क्योंकि मैं हूँ। [14]"तो यदि
मैं, प्रभु और शिक्षक, ने तुम्हारे पाँव धोए हैं, तो तुम्हें भी चाहिए
कि एक-दूसरे के पाँव धोओ। [15]"क्योंकि मैंने तुम्हें उदाहरण
दिया है, कि जैसे मैंने तुम्हारे लिये किया है, वैसे ही तुम भी
करो। [16]"सचमुच, सचमुच, मैं तुमसे कहता हूँ, दास अपने
स्वामी से बड़ा नहीं होता, न ही दूत उससे बड़ा होता है जिसने
उसे भेजा है। [17]"यदि तुम इन्हें जानते हो, धन्य हो यदि तुम
इन्हें करते हो।" [18]"मैं तुम सब के विषय में नहीं कहता। मैं
जानता हूँ जिन्हें मैंने चुना है, परन्तु ताकि शास्त्र पूरा हो, 'जो
मेरे साथ रोटी खाता है उसने मेरे विरुद्ध अपनी एड़ी उठा दी
है।'" [19]"अब मैं तुम से पहले ही कहता हूँ, कि जब यह घटे,
तब तुम विश्वास कर सको कि मैं वही हूँ।" [20]"सचमुच,
सचमुच, मैं तुम से कहता हूँ, जो किसी को ग्रहण करता है
जिसे मैं भेजता हूँ, वह मुझे ग्रहण करता है। और जो मुझे
ग्रहण करता है, वह उसे ग्रहण करता है जिसने मुझे भेजा
है।" [21]जब 𐤉𐤄𐤅𐤔𐤏 ने यह कहा तो वह आत्मा में उद्विग्न
हुआ, और गवाही दी और कहा, "सचमुच, सचमुच, मैं तुम से
कहता हूँ, तुम में से एक मुझे पकड़वाएगा।" [22]शिष्य एक
दूसरे की ओर देखने लगे, यह सोचते हुए कि वह किसके
विषय में कह रहा है। [23]और उसके एक शिष्य, जिसे
𐤉𐤄𐤅𐤔𐤏 प्रेम करता था, वह 𐤉𐤄𐤅𐤔𐤏 की छाती पर टिका
हुआ था। [24]शिमोन केफ़ा ने तब उसे संकेत किया कि पूछे
कि वह कौन है जिसके विषय में उसने कहा। [25]और
𐤉𐤄𐤅𐤔𐤏 की छाती पर झुककर उसने उससे कहा, "प्रभु,
वह कौन है?" [26]𐤉𐤄𐤅𐤔𐤏 ने उत्तर दिया, "वह है जिसे मैं
रोटी का टुकड़ा दूँगा जब मैं उसे डुबोऊँगा।" और रोटी को
डुबोकर उसने उसे यहूदा क़ेरियोत के, शिमोन के पुत्र को
दिया। [27]और रोटी का टुकड़ा लेने के बाद, शैतान उसमें
प्रवेश कर गया। तब 𐤉𐤄𐤅𐤔𐤏 ने उससे कहा, "जो तू
करता है, जल्दी कर।" [28]परन्तु मेज़ पर बैठे किसी ने भी न
जाना कि उसने यह उससे क्यों कहा। [29]क्योंकि कुछ सोच
रहे थे, क्योंकि यहूदा के पास थैला था, कि 𐤉𐤄𐤅𐤔𐤏 उससे
कह रहा है, "जो पर्व के लिए हमें चाहिए वह खरीद," या कि
वह कंगालों को कुछ दे। [30]इस प्रकार, रोटी का टुकड़ा लेने
के बाद, वह तुरन्त बाहर गया, और रात हो गई। [31]इसलिए
जब वह बाहर गया, 𐤉𐤄𐤅𐤔𐤏 ने कहा, "अब मनुष्य का पुत्र
महिमामंडित हुआ, और 𐤉𐤄𐤅𐤄 उसमें महिमामंडित हुआ।"
[32]"यदि 𐤉𐤄𐤅𐤄 उसमें महिमामंडित हुआ है, तो 𐤉𐤄𐤅𐤄 भी
उसे अपने में महिमामंडित करेगा, और तुरन्त उसे
महिमामंडित करेगा।" [33]"हे बालकों, मैं थोड़ी देर और
तुम्हारे साथ हूँ। तुम मुझे ढूँढोगे, और जैसे मैंने यहूदियों से
कहा था, 'जहाँ मैं जाता हूँ, तुम वहाँ नहीं आ सकते,' अब मैं
तुमसे भी यही कहता हूँ।" [34]"मैं तुम्हें एक नई आज्ञा देता हूँ,
कि तुम एक दूसरे से प्रेम करो; जैसे मैंने तुमसे प्रेम किया है,
वैसे ही तुम भी एक दूसरे से प्रेम करो।" [35]"इसी से सब
जानेंगे कि तुम मेरे शिष्य हो, यदि तुम एक दूसरे से प्रेम
रखोगे।" [36]शिमोन केफ़ा ने उससे कहा, "प्रभु, आप कहाँ
जा रहे हैं?" 𐤉𐤄𐤅𐤔𐤏 ने उसे उत्तर दिया, "जहाँ मैं जा रहा
हूँ, तू अभी मेरा अनुसरण नहीं कर सकता, परन्तु बाद में तू
मेरा अनुसरण करेगा।" [37]केफ़ा ने उससे कहा, "प्रभु, मैं
अभी आपका अनुसरण क्यों नहीं कर सकता? मैं आपके लिए
अपना जीवन अर्पण कर दूँगा।" [38]𐤉𐤄𐤅𐤔𐤏 ने उत्तर
दिया, "क्या तू मेरे लिए अपना जीवन अर्पण करेगा? सचमुच,
सचमुच, मैं तुझ से कहता हूँ, मुर्गा बिलकुल न बाँग देगा जब
तक कि तू मुझे तीन बार न नकारे।"

14 [1]"तुम्हारा हृदय व्याकुल न हो। 𐤉𐤄𐤅𐤄 पर विश्वास
करो, मुझ पर भी विश्वास करो। [2]"मेरे पिता के घर
में बहुत से निवास स्थान हैं। और यदि न होते, तो मैं तुम्हें बता
देता। मैं तुम्हारे लिये स्थान तैयार करने जाता हूँ। [3]"और
यदि मैं जाकर तुम्हारे लिये स्थान तैयार करूँ, तो मैं फिर
आऊँगा और तुम्हें अपने पास ले लूँगा, ताकि जहाँ मैं हूँ, तुम
भी वहाँ रहो। [4]"और जहाँ मैं जाता हूँ तुम जानते हो, और
मार्ग भी तुम जानते हो।" [5]तोमा ने उससे कहा, "प्रभु, हम
नहीं जानते कि आप कहाँ जाते हैं, और हम मार्ग कैसे जान
सकते हैं?" [6]𐤉𐤄𐤅𐤔𐤏 ने उससे कहा, "मैं मार्ग, और सत्य,
और जीवन हूँ। कोई भी पिता के पास नहीं आता, केवल मेरे
द्वारा। [7]"यदि तुमने मुझे जाना होता, तो मेरे पिता को भी
जानते। अब से तुम उसे जानते हो, और उसे देखा भी है।"
[8]फिलिप्पोस ने उससे कहा, "प्रभु, हमें पिता को दिखा दीजिए,
और यही हमारे लिये पर्याप्त है।" [9]𐤉𐤄𐤅𐤔𐤏 ने उससे
कहा, "क्या मैं इतने समय से तुम्हारे साथ हूँ, और तुमने मुझे
नहीं जाना, फिलिप्पोस? जिसने मुझे देखा है उसने पिता को
देखा है, तो तुम कैसे कहते हो, 'हमें पिता को दिखा दो'?
[10]"क्या तुम विश्वास नहीं करते कि मैं पिता में हूँ और पिता
मुझ में है? जो बातें मैं तुमसे कहता हूँ उन्हें मैं अपने आप से
नहीं कहता। परन्तु पिता, जो मुझ में स्थिर रहता है, वही
अपने काम करता है। [11]"मुझ पर विश्वास करो कि मैं पिता
में हूँ और पिता मुझ में है, अन्यथा उन्हीं कामों के कारण मुझ
पर विश्वास करो। [12]"सच सच मैं तुमसे कहता हूँ, जो मुझ
पर विश्वास करता है, वे ही काम जो मैं करता हूँ वह भी
करेगा। और इनसे बड़े भी करेगा, क्योंकि मैं अपने पिता के

पास जाता हूँ। 13 “और जो कुछ तुम मेरे नाम से माँगोगे, वही
मैं करूँगा, ताकि पिता पुत्र में महिमा पाए। 14 “यदि तुम मेरे
नाम से कुछ भी माँगोगे, मैं उसे करूँगा। 15 “यदि तुम मुझसे
प्रेम करते हो, तो मेरी आज्ञाओं को मानोगे। 16 “और मैं पिता
से विनती करूँगा, और वह तुम्हें एक और सहायक देगा,
ताकि वह सदा तुम्हारे साथ रहे - 17 सत्य का आत्मा, जिसे
संसार ग्रहण नहीं कर सकता, क्योंकि वह न तो उसे देखता है
और न ही जानता है। परन्तु तुम उसे जानते हो, क्योंकि वह
तुम्हारे साथ रहता है और तुम में होगा। 18 “मैं तुम्हें अनाथ
नहीं छोड़ूँगा - मैं तुम्हारे पास आ रहा हूँ। 19 “थोड़ी देर में
संसार मुझे फिर नहीं देखेगा, परन्तु तुम मुझे देखोगे, क्योंकि
मैं जीवित हूँ और तुम भी जीवित रहोगे। 20 “उस दिन तुम
जानोगे कि मैं अपने पिता में हूँ, और तुम मुझ में हो, और मैं
तुम में। 21 “जिसके पास मेरी आज्ञाएँ हैं और जो उन्हें मानता
है, वही मुझसे प्रेम करता है। और जो मुझसे प्रेम करता है वह
मेरे पिता द्वारा प्रेम किया जाएगा, और मैं उससे प्रेम करूँगा
और अपने आप को उसे प्रकट करूँगा।” 22 यहूदा - जो
केरिय्योत का नहीं था - ने उससे कहा, “प्रभु, ऐसा क्या हुआ
कि आप हमें अपने आप को प्रकट करने वाले हैं, और संसार
को नहीं?” 23 OW५१३Z ने उसे उत्तर दिया, “यदि कोई
मुझसे प्रेम करता है, तो वह मेरे वचन को मानेगा। और मेरा
पिता उससे प्रेम करेगा, और हम उसके पास आएंगे और
उसके साथ अपना निवास करेंगे। 24 “जो मुझसे प्रेम नहीं
करता वह मेरे वचनों को नहीं मानता। और वचन जिसे तुम
सुनते हो वह मेरा नहीं, परन्तु पिता का है जिसने मुझे भेजा
है। 25 “ये बातें मैंने तुमसे कही जब मैं अभी तुम्हारे साथ था।
26 “परन्तु सहायक, आत्मा ह’क़ोदेश, जिसे पिता मेरे नाम में
भेजेगा, वह तुम्हें सब कुछ सिखाएगा और तुम्हें सब कुछ याद
दिलाएगा जो मैंने तुमसे कहा है। 27 “मैं तुम्हें शाति छोड़ता हूँ
- अपनी शाति तुम्हें देता हूँ। जैसा संसार देता है मैं तुम्हें वैसा
नहीं देता। तुम्हारा हृदय व्याकुल न हो, और न ही भयभीत
हो। 28 “तुमने सुना कि मैंने तुमसे कहा, ‘मैं जा रहा हूँ और
तुम्हारे पास आ रहा हूँ।’ यदि तुम मुझसे प्रेम करते, तो
आनन्द करते कि मैंने कहा, ‘मैं पिता के पास जा रहा हूँ,’
क्योंकि मेरा पिता मुझसे बड़ा है। 29 “और अब मैंने तुम्हें पहले
ही बता दिया है, ताकि जब यह हो तो तुम विश्वास करो।
30 “अब मैं तुमसे बहुत अधिक बातें नहीं करूंगा, क्योंकि इस
संसार का शासक आ रहा है, और उसका मुझ में कुछ भी नहीं
है, 31 परन्तु ताकि संसार जान ले कि मैं पिता से प्रेम करता हूँ,
और जैसा पिता ने मुझे आदेश दिया, वैसा ही मैं कर रहा हूँ।
उठो, यहाँ से चलें।

15 1 “मैं सच्ची दाखलता हूँ, और मेरा पिता माली है।
2 “हर डाल जो मुझ में फल नहीं लाती, वह उसे काट
देता है। और हर डाल जो फल लाती है, वह उसे छाँटता है,
ताकि वह और अधिक फल लाए। 3 “तुम पहले ही शुद्ध हो,
उस वचन के कारण जो मैंने तुमसे कहा है। 4 “मुझ में बने
रहो, और मैं तुम में। जैसे डाल अपने आप फल नहीं ला
सकती, यदि वह दाखलता में न बनी रहे, वैसे ही तुम भी नहीं,
जब तक तुम मुझ में न बने रहो। 5 “मैं दाखलता हूँ, तुम
डालियाँ हो। जो मुझ में बना रहता है और मैं उसमें, वह बहुत
फल लाता है। क्योंकि मेरे बिना तुम कुछ भी नहीं कर
सकते। 6 “यदि कोई मुझ में न बना रहे, तो वह डाल की
तरह फेंक दिया जाता है और सूख जाता है। और लोग उन्हे
इकट्ठा करते हैं और आग में डाल देते हैं, और वे जलाए जाते
हैं। 7 “यदि तुम मुझ में बने रहो, और मेरे वचन तुम में बने
रहें, तो जो कुछ तुम चाहोगे, माँगोगे, और वह तुम्हारे लिये हो
जाएगा। 8 “इससे मेरा पिता महिमा पाता है, कि तुम बहुत फल
लाओ, और तुम मेरे तालीमिदिम बनो। 9 “जैसे पिता ने मुझसे
प्रेम किया, वैसे ही मैंने भी तुमसे प्रेम किया है। मेरे प्रेम में बने
रहो। 10 “यदि तुम मेरी आज्ञाओं को मानो, तो मेरे प्रेम में बने
रहोगे, जैसे मैंने अपने पिता की आज्ञाओं को माना और उसके
प्रेम में बना रहता हूँ। 11 “ये बातें मैंने तुमसे कही हैं, ताकि मेरी
खुशी तुम में हो, और तुम्हारी खुशी पूरी हो। 12 “यह मेरी
आज्ञा है, कि तुम एक-दूसरे से प्रेम करो, जैसा मैंने तुमसे प्रेम
किया है। 13 “किसी का इससे बड़ा प्रेम नहीं है, कि वह अपने
मित्रों के लिये अपना प्राण दे दे। 14 “यदि तुम वह करो जो मै
तुम्हें आज्ञा देता हूँ, तो तुम मेरे मित्र हो। 15 “अब मैं तुम्हें दास
नहीं कहता, क्योंकि दास नहीं जानता कि उसका स्वामी क्या
करता है। पर मैंने तुम्हें मित्र कहा है, क्योंकि जो कुछ मैंने
अपने पिता से सुना है, वह सब मैंने तुम्हें बता दिया है।
16 “तुमने मुझे नहीं चुना, पर मैंने तुम्हें चुना और ठहराया है
कि तुम जाकर फल लाओ, और तुम्हारा फल बना रहे, ताकि
जो कुछ तुम पिता से मेरे नाम में माँगो, वह तुम्हें दे। 17 “ये
बातें मैं तुम्हें आज्ञा देता हूँ, कि तुम एक-दूसरे से प्रेम करो।
18 “यदि संसार तुमसे बैर करता है, तो जान लो कि उसने
मुझसे पहले बैर किया था। 19 “यदि तुम संसार के होते, तो
संसार अपनी चीज़ों से प्रेम करता। पर क्योंकि तुम संसार के
नहीं हो, बल्कि मैंने तुम्हें संसार में से चुन लिया है, इसलिये
संसार तुमसे बैर करता है। 20 “उस वचन को स्मरण रखो,
जो मैंने तुमसे कहा था, ‘दास अपने स्वामी से बड़ा नही
होता।’ यदि उन्होंने मुझे सताया, तो तुम्हें भी सताएँगे। यदि
उन्होंने मेरे वचन को माना, तो तुम्हारे को भी मानेंगे। 21 “पर
ये सब बातें वे तुमसे मेरे नाम के कारण करेंगे, क्योंकि वे उसे
नहीं जानते, जिसने मुझे भेजा है। 22 “यदि मैं न आया होता
और उनसे बातें न की होतीं, तो उनका कोई पाप न होता। पर
अब उनका पाप का कोई बहाना नहीं है। 23 “जो मुझसे बैर
करता है, वह मेरे पिता से भी बैर करता है। 24 “यदि मैंने
उनके बीच वे काम न किये होते जो किसी और ने नहीं किये,
तो उनका कोई पाप न होता। पर अब उन्होंने देखा भी है और
मुझसे और मेरे पिता से बैर भी किया है। 25 पर यह इसलिये
हुआ कि वह वचन पूरा हो जाए जो उनकी तोराह में लिखा है,
‘उन्होंने मुझसे बिना कारण बैर किया।’ 26 “और जब
सहायक आएगा, जिसे मैं तुम्हारे पास पिता की ओर से भेजूँगा,
सत्य की आत्मा, जो पिता से निकलती है, वह मेरी गवाही
देगा। 27 पर तुम भी गवाही दोगे, क्योंकि तुम आरंभ से मेरे
साथ हो।

16 1 “ये बातें मैंने तुमसे कही हैं, ताकि तुम ठोकर न
खाओ। 2 “वे तुम्हें सभाओं से निकाल देंगे, परन्तु वह
घड़ी आती है कि जो कोई तुम्हें मार डालेगा, वह यह समझेगा
कि वह ईश्वर की सेवा कर रहा है। 3 “और वे यह काम तुमसे

इसलिए करेंगे क्योंकि उन्होंने न तो पिता को जाना और न ही
मुझे। 4 “परन्तु मैंने ये बातें तुमसे कही हैं, ताकि जब वह घड़ी
आए तो तुम स्मरण करो कि मैंने यह तुमसे कहा था। और ये
बातें मैंने आरम्भ में तुमसे इसलिए नहीं कहीं क्योंकि मैं तुम्हारे
साथ था। 5 “पर अब मैं उसके पास जाता हूँ जिसने मुझे
भेजा है, और तुम में से कोई मुझसे नहीं पूछता, ‘आप कहाँ
जा रहे हैं?’ 6 “परन्तु मैंने ये बातें तुमसे कही हैं, इस कारण
तुम्हारा हृदय शोक से भर गया है। 7 “परन्तु मैं तुमसे सच
कहता हूँ। तुम्हारे लिये अच्छा है कि मैं चला जाऊँ, क्योंकि
यदि मैं न जाऊँ तो सहायक तुम्हारे पास बिल्कुल न आएगा,
परन्तु यदि मैं जाऊँ, तो मैं उसे तुम्हारे पास भेज दूँगा।
8 “और जब वह आएगा, तो वह संसार को पाप के विषय में,
और धर्म के विषय में, और न्याय के विषय में ठहराएगा -
9 पाप के विषय में इसलिए कि वे मुझ पर विश्वास नहीं करते,
10 धर्म के विषय में इसलिए कि मैं अपने पिता के पास जाता हूँ
और तुम मुझे अब नहीं देखते, 11 न्याय के विषय में इसलिए
कि इस संसार का प्रधान दोषी ठहराया गया है। 12 “मेरे पास
अभी और भी बहुत सी बातें हैं जो मैं तुमसे कहना चाहता हूँ,
परन्तु तुम अब उन्हें सहन नहीं कर सकते। 13 “परन्तु जब
वह, सत्य का आत्मा आएगा, तो वह तुम्हें सब सत्य में ले
चलेगा। क्योंकि वह अपनी ओर से न कहेगा, परन्तु जो कुछ
वह सुनेगा वही कहेगा, और आनेवाली बातें तुम्हें बताएगा।
14 “वह मेरी महिमा करेगा, क्योंकि वह मेरा ही लेकर तुम्हें
बताएगा। 15 “जो कुछ पिता का है वह सब मेरा है। इसी
कारण मैंने कहा कि वह मेरा लेकर तुम्हें बताएगा। 16 “थोड़ी
देर, और तुम मुझे नहीं देखोगे, और फिर थोड़ी देर, और
तुम मुझे देखोगे क्योंकि मैं पिता के पास जा रहा हूँ।” 17 इस
कारण उसके कुछ तालीमिद एक-दूसरे से कहने लगे, “यह
क्या है जो वह हमसे कहता है, ‘थोड़ी देर, और तुम मुझे नहीं
देखोगे, और फिर थोड़ी देर, और तुम मुझे देखोगे,’ और,
‘क्योंकि मैं पिता के पास जा रहा हूँ’?” 18 तो उन्होंने कहा,
“यह क्या है जो वह कहता है, ‘थोड़ी देर’? हम नहीं जानते
कि वह क्या कह रहा है।” 19 OWY३Z ने जान लिया कि वे
उससे पूछना चाहते थे, और उनसे कहा, “क्या तुम आपस में
इस विषय पर पूछ रहे हो कि मैंने कहा, ‘थोड़ी देर, और तुम
मुझे नहीं देखोगे, और फिर थोड़ी देर, और तुम मुझे
देखोगे’? 20 “मैं तुमसे सच-सच कहता हूँ कि तुम रोओगे
और विलाप करोगे, परन्तु संसार आनन्द करेगा। तुम शोक
करोगे, परन्तु तुम्हारा शोक आनन्द में बदल जाएगा।
21 “जब स्त्री प्रसव पीड़ा में होती है तो उसे दुख होता है,
क्योंकि उसकी घड़ी आ गई है, परन्तु जैसे ही बच्चा जन्म ले
लेता है, वह उस क्लेश को फिर स्मरण नहीं करती, इस
आनन्द के कारण कि एक मनुष्य संसार में जन्मा है।
22 “और तुम भी अब शोक करते हो, परन्तु मैं तुम्हें फिर
देखूँगा और तुम्हारा हृदय आनन्दित होगा, और तुम्हारा
आनन्द कोई तुमसे छीन न सकेगा। 23 “और उस दिन तुम
मुझसे कुछ भी न पूछोगे। सच में, सच में, मैं तुमसे कहता हूँ,
जो कुछ भी तुम पिता से मेरे नाम में माँगोगे, वह तुम्हें देगा।
24 “अब तक तुमने मेरे नाम में कुछ भी नहीं माँगा। माँगो,
और तुम पाओगे, ताकि तुम्हारा आनन्द पूरा हो जाए। 25 “ये
बातें मैंने तुमसे दृष्टांतों में कही हैं, पर एक समय आ रहा है
जब मैं तुमसे अब दृष्टांतों में नहीं कहूँगा, परन्तु मैं पिता को
तुम्हारे सामने साफ़-साफ़ बताऊँगा। 26 “उस दिन तुम मेरे
नाम में माँगोगे, और मैं तुमसे यह नहीं कहता कि मैं तुम्हारे
लिये पिता से विनती करूँगा, 27 क्योंकि पिता आप ही तुमसे
प्रेम करता है, क्योंकि तुमने मुझसे प्रेम किया है और विश्वास
किया है कि मैं ३Y३Z से निकला हूँ। 28 “मैं पिता से निकला
और संसार में आया हूँ। फिर, मैं संसार को छोड़कर पिता के
पास चला जाता हूँ।” 29 उसके शिष्य उससे बोले, “देखो,
अब तू साफ़ बोलता है और दृष्टांत का प्रयोग नहीं करता!
30 “अब हम जानते हैं कि तू सब कुछ जानता है, और यह
ज़रूरत नहीं कि कोई तुझसे पूछे। इससे हम विश्वास करते
हैं कि तू ३Y३Z से निकला है।” 31 OWY३Z ने उनसे
कहा, “क्या अब तुम विश्वास करते हो? 32 “देखो, एक समय
आ रहा है, और अब आ गया है, कि तुम तितर-बितर हो
जाओगे, हर एक अपने स्थान पर, और मुझे अकेला छोड़
दोगे। फिर भी मैं अकेला नहीं हूँ, क्योंकि पिता मेरे साथ है।
33 “ये बातें मैंने तुमसे कही हैं, ताकि तुम मुझमें शांति पाओ।
संसार में तुम्हें क्लेश होगा, परन्तु ढाढ़स रखो, मैंने संसार पर
जय पाई है।”

17 1 OWY३Z ने ये बातें कहीं, और अपनी आँखें
शमायिम की ओर उठाईं, और कहा, “पिता, वह घड़ी
आ गई है। अपने पुत्र की महिमा कर, ताकि पुत्र भी तेरी
महिमा करे, 2 जैसा कि तू ने उसे सब प्राणियों पर अधिकार
दिया है, कि वह उन सबको अनन्त आत्मा दे जिन्हें तू ने उसे
दिया है। 3 “और यही अनन्त आत्मा है, कि वे तुझे, जो
एकमात्र सच्चे ईश्वर हैं, और OWY३Z मसीह को जिसे तू
ने भेजा है, जानें। 4 “मैं ने पृथ्वी पर तेरी महिमा की है, उस
कार्य को पूरा करके जो तू ने मुझे करने के लिए दिया था।
5 “और अब, हे पिता, मुझे अपने पास उस महिमा से महिमित
कर, जो मेरे पास तेरे साथ थी, जगत की उत्पत्ति से पहले।
6 “मैं ने तेरे नाम को उन मनुष्यों पर प्रगट किया जिन्हें तू ने
जगत में से मुझे दिए। वे तेरे थे, और तू ने उन्हें मुझे दिया,
और उन्होंने तेरे वचन को माना। 7 “अब वे जान गए हैं कि
जितना कुछ तू ने मुझे दिया है, वह सब तुझ से है। 8 “क्योंकि
जो वचन तू ने मुझे दिए, मैं ने उन्हें दिए, और उन्होंने उन्हें
ग्रहण किया, और सचमुच जान लिया कि मैं तुझ से आया हूँ,
और उन्होंने विश्वास किया कि तू ने मुझे भेजा है। 9 “मैं
उनके लिए प्रार्थना करता हूँ। मैं संसार के लिए प्रार्थना नहीं
करता, परन्तु उनके लिए जिन्हें तू ने मुझे दिया है, क्योंकि वे
तेरे हैं। 10 “और जो मेरा है वह तेरा है, और जो तेरा है वह
मेरा है, और मैं उनमें महिमित हुआ हूँ। 11 “और अब मैं
संसार में नहीं हूँ, परन्तु ये संसार में हैं, और मैं तेरे पास आता
हूँ। हे क़ोदेश पिता, उन्हें अपने नाम में सुरक्षित रख जिसे तू
ने मुझे दिया है, ताकि वे एक हों, जैसे हम एक हैं। 12 “जब मैं
उनके साथ संसार में था, मैं ने उन्हें तेरे नाम में सुरक्षित रखा
जिसे तू ने मुझे दिया था। और मैं ने उनकी रक्षा की, और
उनमें से कोई नाश नहीं हुआ सिवाय विनाश के पुत्र के, ताकि
शास्त्र पूरा हो। 13 “और अब मैं तेरे पास आता हूँ। और मैं ये
बातें संसार में कहता हूँ, ताकि उनमें मेरी आनन्द परिपूर्ण हो।
14 “मैं ने उन्हें तेरा वचन दिया है, और संसार ने उनसे बैर
किया, क्योंकि वे संसार के नहीं हैं, जैसे मैं संसार का नहीं हूँ।

15 "मैं यह प्रार्थना नहीं करता कि तू उन्हें संसार से उठा ले,
परन्तु कि तू उन्हें दुष्ट से बचाए। 16 "वे संसार के नहीं हैं,
जैसे मैं संसार का नहीं हूँ। 17 "उन्हें अपनी सच्चाई में पवित्र
कर – तेरा वचन सत्य है। 18 "जैसे तू ने मुझे संसार में
भेजा, वैसे ही मैं ने उन्हें संसार में भेजा। 19 "और उनके लिए
मैं स्वयं को पवित्र करता हूँ, ताकि वे भी सच्चाई में पवित्र किए
जाएँ। 20 "और मैं केवल इनके लिये ही नहीं प्रार्थना करता,
परन्तु उनके लिये भी जो इनके वचन के द्वारा मुझ पर
विश्वास करेंगे, 21 ताकि वे सब एक हों; जैसे तू, पिता, मुझ में
है, और मैं तुझ में हूँ, वैसे ही वे भी हम में एक हों, ताकि संसार
विश्वास करे कि तू ने मुझे भेजा है। 22 "और जो महिमा तू ने
मुझे दी, मैं ने उन्हें दी, ताकि वे एक हों, जैसे हम एक हैं।
23 "मैं उनमें, और तू मुझ में, ताकि वे पूर्णता से एक हो जाएँ,
और संसार जाने कि तू ने मुझे भेजा है, और उनसे वैसे ही प्रेम
किया है जैसे तू ने मुझसे प्रेम किया है। 24 "पिता, मैं चाहता हूँ
कि वे भी जिन्हें तू ने मुझे दिया है, मेरे साथ वहाँ हों जहाँ मैं हूँ,
ताकि वे मेरी महिमा देखें, जिसे तू ने मुझे दी है, क्योंकि तू ने
मुझसे जगत की उत्पत्ति से पहले प्रेम किया। 25 "हे धर्मी
पिता, संसार ने तुझे नहीं जाना, परन्तु मैं ने तुझे जाना; और
इन लोगों ने जाना कि तू ने मुझे भेजा है। 26 "और मैं ने उन्हें
तेरा नाम प्रगट किया है, और प्रगट करता रहूँगा, ताकि जो
प्रेम तू ने मुझसे किया है, वह उनमें हो, और मैं उनमें रहूँ।"

18

1 इन बातों को कहकर, 𐤉𐤄𐤅𐤔𐤏 अपने शिष्यों के
साथ किदरोन नदी के पार गया, जहाँ एक बाग़ था,
जिसमें वह और उसके शिष्य दाखिल हुए। 2 और यहूदा,
जिसने उसे पकड़वाया, वह भी उस स्थान को जानता था,
क्योंकि 𐤉𐤄𐤅𐤔𐤏 अक्सर वहाँ अपने शिष्यों के साथ मिला
करता था। 3 तब यहूदा ने सैनिकों की एक टुकड़ी और
महायाजकों तथा फरीसियों से अधिकारियों को लेकर वहाँ
आया, और उनके पास दीपक, मशालें और हथियार थे।
4 तब 𐤉𐤄𐤅𐤔𐤏, यह जानते हुए कि उस पर क्या आने वाला
है, आगे बढ़ा और उनसे कहा, "तुम किसे ढूँढ़ते हो?"
5 उन्होंने उत्तर दिया, "नासरत के 𐤉𐤄𐤅𐤔𐤏 को।"
𐤉𐤄𐤅𐤔𐤏 ने उनसे कहा, "मैं हूँ।" और यहूदा, जिसने उसे
पकड़वाया था, उनके साथ खड़ा था। 6 इसलिए जब उसने
उनसे कहा, "मैं हूँ," तो वे पीछे हट गए और भूमि पर गिर
पड़े। 7 फिर उसने उनसे पूछा, "तुम किसे ढूँढ़ते हो?" और
उन्होंने कहा, "नासरत के 𐤉𐤄𐤅𐤔𐤏 को।" 8 𐤉𐤄𐤅𐤔𐤏 ने
उत्तर दिया, "मैंने तुमसे कहा कि मैं हूँ। यदि तुम मुझे ही
ढूँढ़ते हो, तो इन्हें जाने दो।" 9 ताकि वह वचन पूरा हो जाए
जो उसने कहा था, "जिन्हें तूने मुझे दिया उनमें से मैंने किसी
को नहीं खोया।" 10 तब शिमोन केफा ने, जिसके पास
तलवार थी, उसे खींचकर महायाजक के सेवक पर प्रहार
किया और उसका दाहिना कान काट दिया। और उस सेवक
का नाम मलेक था। 11 तब 𐤉𐤄𐤅𐤔𐤏 ने केफा से कहा,
"अपनी तलवार म्यान में रख। क्या मैं वह कटोरा न पीऊँ जो
मेरे पिता ने मुझे दिया है?" 12 तब सैनिकों की टुकड़ी,
हज़ारपति और यहूदियों के अधिकारी ने 𐤉𐤄𐤅𐤔𐤏 को
पकड़कर बाँध लिया। 13 और वे उसे पहले हानन के पास ले
गए, क्योंकि वह उस वर्ष के महायाजक कयाफ़ा का ससुर
था। 14 और कयाफ़ा वही था जिसने यहूदियों को यह सलाह
दी थी कि लोगों के लिए यह अच्छा है कि एक मनुष्य मरे।
15 और शिमोन केफा और एक और शिष्य 𐤉𐤄𐤅𐤔𐤏 के
पीछे-पीछे चले। और वह शिष्य महायाजक को जानता था
और 𐤉𐤄𐤅𐤔𐤏 के साथ महायाजक के आँगन में गया।
16 परन्तु केफा बाहर द्वार पर खड़ा रहा। तब दूसरा शिष्य,
जो महायाजक को जानता था, बाहर जाकर द्वारपाल लड़की
से बोला और केफा को भीतर ले आया। 17 तब द्वार पर
रखवाली करने वाली दासी ने केफा से कहा, "क्या तू भी इस
मनुष्य का शिष्य है?" उसने कहा, "मैं नहीं हूँ।" 18 और
सेवक और अधिकारी, जिन्होंने अंगीठी जलाई थी क्योंकि ठंड
थी, वहाँ खड़े होकर अपने आप को ताप रहे थे। और केफा
भी उनके साथ खड़ा होकर ताप रहा था। 19 तब महायाजक
ने 𐤉𐤄𐤅𐤔𐤏 से उसके शिष्यों और उसकी शिक्षा के विषय में
पूछा। 20 𐤉𐤄𐤅𐤔𐤏 ने उससे उत्तर दिया, "मैंने संसार से
खुले तौर पर बातें कीं। मैं सदा सभा और मिकदाश में शिक्षा
देता रहा, जहाँ यहूदी हमेशा इकट्ठे होते हैं; और मैंने गुप्त में
कुछ नहीं कहा। 21 "तू मुझसे क्यों पूछता है? उनसे पूछ
जिनके ने मुझसे सुना कि मैंने उनसे क्या कहा। देख, वे
जानते हैं कि मैंने क्या कहा।" 22 और जब उसने ये कहा, तो
वहाँ खड़े हुए अधिकारियों में से एक ने 𐤉𐤄𐤅𐤔𐤏 के मुँह पर
थप्पड़ मारा और कहा, "क्या तू महायाजक को इसी रीति से
उत्तर देता है?" 23 𐤉𐤄𐤅𐤔𐤏 ने उसे उत्तर दिया, "यदि मैंने
बुरा कहा है, तो उस बुराई की गवाही दो, परन्तु यदि अच्छा
कहा है, तो तुम मुझे क्यों मारते हो?" 24 तब हनान ने उसे बंधा
हुआ महायाजक कयाफ़ा के पास भेजा। 25 और शिमोन केफ़ा
खड़ा था और अपने आप को गर्म कर रहा था। तब उन्होंने
उससे कहा, "क्या तुम भी उसके चेलों में से एक हो?" उसने
इन्कार किया और कहा, "मैं नहीं हूँ!" 26 महायाजक के
सेवकों में से एक, जिसका कान केफ़ा ने काट दिया था
उसका संबंधी, ने कहा, "क्या मैंने तुझे बाग़ में उसके साथ
नहीं देखा?" 27 तब केफ़ा ने फिर इन्कार किया, और तुरन्त
ही एक मुर्गा बाँग दिया। 28 तब वे 𐤉𐤄𐤅𐤔𐤏 को कयाफ़ा से
किले में ले गए, और वह भोर का समय था। और वे स्वयं
किले में न गए, ताकि अशुद्ध न हों, परन्तु फसह खा सकें।
29 पीलातुस तब उनके पास बाहर आया और कहा, "तुम इस
मनुष्य के विरुद्ध क्या दोष लाते हो?" 30 उन्होंने उत्तर दिया
और उससे कहा, "यदि यह कोई बुराई करने वाला न होता, तो
हम इसे तुझे न सौंपते।" 31 तब पीलातुस ने उनसे कहा,
"तुम इसे ले जाओ और अपनी व्यवस्था के अनुसार इसका
न्याय करो।" यहूदी लोगों ने उससे कहा, "हमारे लिये किसी
को मार डालना उचित नहीं है।" 32 इसलिये कि 𐤉𐤄𐤅𐤔𐤏
का वह वचन पूरा हो जो उसने कहा था, यह दिखाते हुए कि
वह किस प्रकार की मृत्यु मरने वाला था। 33 तब पीलातुस
फिर किले में गया, और 𐤉𐤄𐤅𐤔𐤏 को बुलाकर उससे कहा,
"क्या तू यहूदी लोगों का राजा है?" 34 𐤉𐤄𐤅𐤔𐤏 ने उत्तर
दिया, "क्या तू यह अपनी ओर से कहता है, या दूसरों ने मेरे
विषय में तुझसे कहा है?" 35 पीलातुस ने उत्तर दिया, "क्या मैं
यहूदी हूँ? तेरी अपनी जाति और प्रधान याजकों ने तुझे मुझे
सौंप दिया है। तूने क्या किया?" 36 𐤉𐤄𐤅𐤔𐤏 ने उत्तर दिया,
"मेरा राज्य इस संसार का नहीं है। यदि मेरा राज्य इस

संसार का होता, तो मेरे सेवक लड़ते कि मैं यहूदी लोगों को न
सौंपा जाता। परन्तु अब मेरा राज्य यहाँ से नहीं है।” [37]तब
पीलातुस ने उससे कहा, “तो तू राजा है?” OWY3Z ने
उत्तर दिया, “तू कहता है कि मैं राजा हूँ। इसी लिये मैं जन्मा
हूँ, और इसी लिये संसार में आया हूँ कि मैं सत्य की गवाही
दूँ। जो कोई सत्य का है, वह मेरी वाणी सुनता है।”
[38]पीलातुस ने उससे कहा, “सत्य क्या है?” और यह कहकर
वह फिर यहूदियों के पास बाहर गया और उनसे कहा, “मुझे
इसमें कोई दोष नहीं मिलता। [39]“परन्तु तुम्हारी एक रीति है
कि मैं फसह पर तुम्हें किसी को छोड़ दूँ। क्या तुम चाहते हो
कि मैं तुम्हें यहूदियों का राजा छोड़ दूँ?” [40]तब वे सब फिर
चिल्लाकर कहने लगे, “इसको नहीं, बरअब्बा को!” और
बरअब्बा एक डाकू था।

19

[1]तब, इसलिए, पीलातुस ने OWY3Z को लिया और
कोड़े लगाए। [2]और सैनिकों ने काँटों का मुकुट गूँथा
और उसके सिर पर रखा, और उन्होंने उस पर बैंगनी वस्त्र
डाल दिया, [3]और उसके पास आकर कहने लगे, “याहूदी
लोगों के शासक को प्रणाम!” और उन्होंने उसके चेहरे पर
थप्पड़ मारे। [4]और पीलातुस फिर बाहर गया, और उनसे
कहा, “देखो, मैं उसे तुम्हारे पास लाता हूँ, ताकि तुम जान लो
कि मैं उसमें कोई दोष नहीं पाता।” [5]तब OWY3Z बाहर
आया, काँटों का मुकुट और बैंगनी वस्त्र पहने हुए। और
पीलातुस ने उनसे कहा, “देखो वह मनुष्य!” [6]जब प्रधान
कोहेनिम और अधिकारीयों ने उसे देखा, तो वे चिल्लाने लगे,
“सूली दो! सूली दो!” पीलातुस ने उनसे कहा, “तुम उसे ले
जाकर सूली दो, क्योंकि मैं उसमें कोई दोष नहीं पाता।”
[7]याहूदी लोगों ने उसे उत्तर दिया, “हमारे पास एक व्यवस्था
है, और हमारी व्यवस्था के अनुसार उसे मरना चाहिए, क्योंकि
उसने अपने आप को ईश्वर का पुत्र बनाया।” [8]जब पीलातुस
ने यह वचन सुना, वह और भी डर गया, [9]और फिर महल में
गया, और OWY3Z से पूछा, “तू कहाँ से है?” परंतु
OWY3Z ने उसे कोई उत्तर नहीं दिया। [10]तब पीलातुस ने
उससे कहा, “क्या तू मुझसे बात नहीं करता? क्या तू नहीं
जानता कि मेरे पास तुझे सूली देने का अधिकार है, और मेरे
पास तुझे छोड़ने का अधिकार है?” [11]OWY3Z ने उत्तर
दिया, “यदि ऊपर से तुझे न दिया जाता तो तेरा मुझ पर कोई
अधिकार न होता। इसी कारण जिसने मुझे तेरे हाथों सौंपा
उसका पाप बड़ा है।” [12]उस समय से पीलातुस उसे छोड़ने
का प्रयत्न करता रहा, पर याहूदी लोग चिल्लाने लगे, “यदि तू
इस जन को छोड़ देता है, तो तू कैसर का मित्र नहीं है। जो
कोई अपने आप को शासक बनाता है, वह कैसर के विरुद्ध
बोलता है।” [13]इसलिए जब पीलातुस ने ये वचन सुने, तो
उसने OWY3Z को बाहर लाकर न्यायासन पर बैठाया, उस
स्थान पर जिसे फर्श कहा जाता है, पर इब्री में गब्बथा।
[14]और वह पास्का की तैयारी का दिन था, और लगभग छठा
घंटा। और उसने याहूदी लोगों से कहा, “देखो तुम्हारा
शासक!” [15]पर वे चिल्लाए, “दूर करो, दूर करो, उसे सूली
दो!” पीलातुस ने उनसे कहा, “क्या मैं तुम्हारे शासक को सूली
दूँ?” प्रधान कोहेनिम ने उत्तर दिया, “हमारा कोई शासक नहीं
है सिवाय कैसर के!” [16]तब उसने उसे उनके हाथ सौंप दिया
कि वह सूली दिया जाए। और उन्होंने OWY3Z को लिया
और ले गए। [17]और अपनी सूली उठाए हुए, वह बाहर गया
उस स्थान पर जिसे खोपड़ी का स्थान कहा जाता है, जो इब्री
में गोगथा कहलाता है, [18]जहाँ उन्होंने उसे सूली दिया, और
उसके साथ दो अन्य जनों को, एक इस ओर और एक उस
ओर, और OWY3Z बीच में। [19]और पीलातुस ने एक
शीर्षक भी लिखा, और उसे सूली पर रखा, और यह लिखा
हुआ था: नासरत का OWY3Z, याहूदी लोगों का शासक।
[20]क्योंकि वह स्थान जहाँ OWY3Z सूली दिया गया था
नगर के पास था, इसलिए बहुत से याहूदी लोगों ने यह शीर्षक
पढ़ा, और यह इब्री, यूनानी, और रोमी भाषा में लिखा गया
था। [21]तब याहूदी लोगों के प्रधान कोहेनिम ने पीलातुस से
कहा, “यह न लिख, ‘याहूदी लोगों का शासक,’ पर, ‘उसने
कहा, मैं याहूदी लोगों का शासक हूँ।’ ” [22]पीलातुस ने उत्तर
दिया, “जो मैंने लिखा है, वही मैंने लिखा है।” [23]तब सैनिको
ने, जब उन्होंने OWY3Z को खूँटे पर चढ़ाया, तो उसके
बाहरी वस्त्र लिए और उन्हें चार भागों में बाँटा, हर सैनिक को
एक भाग, और अंदर का वस्त्र भी लिया। परन्तु अंदर का
वस्त्र बिना जोड़ का था, ऊपर से एक ही टुकड़े में बुना हुआ।
[24]तब उन्होंने आपस में कहा, “इसे न फाड़ें, परन्तु इसके
लिये चिट्ठियाँ डालें कि यह किसका होगा,” ताकि वह शास्त्र
पूरा हो जो कहता है, “उन्होंने मेरे वस्त्र आपस में बाँट लिए,
और मेरे कपड़ों पर चिट्ठियाँ डालीं।” सैनिकों ने सचमुच यही
किया। [25]और OWY3Z के खूँटे के पास उसकी माता,
और उसकी माता की बहन, अब्राहम की पत्नी मरियम, और
मगदला की मरियम खड़ी थीं। [26]तब OWY3Z ने अपनी
माता और उस शिष्य को जिसे वह प्रेम करता था पास खड़े
देखकर अपनी माता से कहा, “स्त्री, देख, यह तेरा पुत्र है!”
[27]फिर उस शिष्य से कहा, “देख, यह तेरी माता है!” और
उसी घड़ी से उस शिष्य ने उसे अपने घर ले लिया। [28]इसके
बाद, OWY3Z ने, यह जानते हुए कि सब पूरा हो गया है,
ताकि शास्त्र पूरा हो, कहा, “मुझे प्यास लगी है!” [29]वहाँ खड़े
दाखरस का एक कटोरा रखा था, तब उन्होंने स्पंज को
दाखरस में भिगोकर, उसे हिसोप पर रखकर उसके मुँह तक
पहुँचाया। [30]जब OWY3Z ने दाखरस लिया, तो कहा,
“पूरा हो गया!” और सिर झुकाकर अपनी आत्मा दे दी।
[31]तब, क्योंकि वह तैयारी का दिन था, ताकि शव शब्बात के
दिन खूँटे पर न रहें—क्योंकि वह शब्बात बड़ा दिन था—
इसलिये यहूदी लोगों ने पीलातुस से कहा कि उनके पाँव तोड़े
जाएँ और उन्हें उतार दिया जाए। [32]तब सैनिक आए और
पहले का पाँव तोड़ा, और दूसरे का भी जो उसके साथ खूँटे
पर चढ़ाया गया था। [33]परन्तु जब वे OWY3Z के पास
आए और देखा कि वह पहले ही मर चुका है, तो उन्होंने
उसका पाँव न तोड़ा। [34]परन्तु सैनिकों में से एक ने उसके
पार्श्व में भाला मारा, और तुरंत ही रक्त और जल निकल
आया। [35]और जिसने यह देखा है, उसने गवाही दी है, और
उसकी गवाही सत्य है; और वह जानता है कि वह सत्य कह
रहा है, ताकि तुम विश्वास करो। [36]क्योंकि यह इसलिये हुआ
कि शास्त्र पूरा हो: “उसकी एक भी हड्डी नहीं तोड़ी जाएगी।”
[37]और फिर एक और शास्त्र कहता है, “वे उस पर दृष्टि
करेंगे जिसे उन्होंने भेदा।” [38]इसके बाद, रामथयिम का
योसफ, जो OWY3Z का शिष्य था, परन्तु यहूदियों के भय

से गुप्त रूप से, पीलातुस से शरीर माँगने आया; और
पीलातुस ने अनुमति दी। तब वह आया और יהושע का
शरीर ले गया। [39]और नकदिमोन भी आया, जिसने पहले
रात में יהושע के पास आया था, वह गंधरस और अगरु
का मिश्रण, लगभग सौ पाउंड, लेकर आया। [40]तब उन्होंने
יהושע का शरीर लिया, और उसे कफ़न के कपड़ों में
मसालों के साथ लपेटा, जैसा कि यहूदियों की दफ़नाने की
रीति थी। [41]और जहाँ उसे खूँटे पर चढ़ाया गया था, वहाँ
एक बाग़ था, और उस बाग़ में एक नया क़ब्र था, जिसमें अब
तक किसी को नहीं रखा गया था। [42]और वहाँ, यहूदियों की
तैयारी के कारण, उन्होंने יהושע को रखा, क्योंकि वह
क़ब्र पास थी।

20 [1]और एक शब्बाथ पर, मग्दाला की मरियम सुबह
कब्र पर आई, जब अभी अंधेरा था, और देखा कि
पत्थर कब्र से हटा दिया गया था। [2]तब वह दौड़ी और शिमोन
केफ़ा और उस दूसरे शिष्य के पास आई जिसे יהושע
प्रेम करता था, और उनसे कहा, "वे प्रभु को कब्र से ले गए हैं,
और हम नहीं जानते कि उन्होंने उसे कहाँ रखा है।" [3]तब
केफ़ा और दूसरा शिष्य बाहर गए, और वे कब्र की ओर जा
रहे थे, [4]और दोनों साथ दौड़ रहे थे, पर दूसरा शिष्य केफ़ा
से आगे निकलकर पहले कब्र पर पहुँचा। [5]और झुककर
उसने कपड़े पड़े देखे, परन्तु भीतर नहीं गया। [6]तब शिमोन
केफ़ा भी उसके पीछे आया, और कब्र में प्रवेश किया। और
उसने कपड़े पड़े देखे, [7]और वह रूमाल जो उसके सिर पर
था, कपड़ों के साथ पड़ा नहीं था, पर अलग एक जगह तह
किया हुआ था। [8]तब वह दूसरा शिष्य भी, जो पहले कब्र पर
पहुँचा था, भीतर गया। और उसने देखा और विश्वास
किया। [9]क्योंकि वे अब तक पवित्रशास्त्र को नहीं जानते थे
कि उसे मृतकों में से जी उठना चाहिए। [10]इसलिये शिष्य
फिर अपने घर चले गए। [11]पर मरियम कब्र के बाहर खड़ी
होकर रो रही थी। जब वह रो रही थी, तो उसने झुककर कब्र
में देखा, [12]और दो स्वर्गदूतों को श्वेत वस्त्र पहने बैठे देखा,
एक सिरहाने और दूसरा पैरों की ओर, जहाँ יהושע का
शरीर रखा गया था। [13]और उन्होंने उससे कहा, "हे स्त्री, तू
क्यों रो रही है?" उसने उनसे कहा, "क्योंकि उन्होंने प्रभु को
उठा लिया है, और मैं नहीं जानती कि उन्होंने उसे कहाँ रखा
है।" [14]यह कहकर उसने पीछे फिरकर יהושע को
खड़ा देखा, परन्तु उसने नहीं पहचाना कि यह יהושע
है। [15]יהושע ने उससे कहा, "हे स्त्री, तू क्यों रो रही है?
तू किसे ढूँढती है?" उसने सोचा कि यह माली है, और उससे
कहा, "हे प्रभु, यदि तूने उसे उठाया है, तो मुझसे कह कि तूने
उसे कहाँ रखा है, और मैं उसे ले जाऊँगी।" [16]יהושע
ने उससे कहा, "मरियम!" उसने मुड़कर उससे कहा,
"रब्बूनी!" जिसका अर्थ है, शिक्षक। [17]יהושע ने उससे
कहा, "मुझे मत छू, क्योंकि मैं अभी तक अपने पिता के पास
नहीं चढ़ा। पर मेरे भाइयों के पास जा और उनसे कह, 'मैं
अपने पिता और तुम्हारे पिता, और अपने ईश्वर और तुम्हारे
ईश्वर के पास चढ़ता हूँ।' " [18]मग्दाला की मरियम आई
और शिष्यों को यह समाचार दिया कि उसने प्रभु को देखा है,
और उसने उससे ये बातें कहीं थीं। [19]और उस दिन की
संध्या को, जो शब्बाथ का एक दिन था, जब शिष्य इकट्ठे हुए
और यहूदियों के डर से द्वार बंद थे, יהושע आया और
उनके बीच खड़ा होकर कहा, "तुम्हें शांति मिले।" [20]और
यह कहकर उसने उन्हें अपने हाथ और अपनी पसली
दिखाई। तब शिष्य प्रभु को देखकर आनन्दित हुए। [21]तब
יהושע ने उनसे फिर कहा, "तुम्हें शांति मिले! जैसे पिता
ने मुझे भेजा है, वैसे ही मैं भी तुम्हें भेजता हूँ।" [22]और यह
कहकर उसने उन पर फूँका और उनसे कहा, "पवित्र आत्मा
लो।" [23]"यदि तुम किसी के पापों को क्षमा कर दो, तो वे उन
पर क्षमा किए जाते हैं; यदि तुम उन्हें बनाए रखो, तो वे बनाए
रखे गए हैं।" [24]परन्तु तोमा, जिसे जुड़वा कहा जाता था,
बारह में से एक, उनके साथ न था जब יהושע आया,
[25]इसलिये अन्य शिष्योंने उससे कहा, "हमने प्रभु को देखा
है।" परन्तु उसने उनसे कहा, "जब तक मैं उसके हाथों में
कीलों का निशान न देख लूँ, और अपनी ऊँगली कीलों के
चिन्ह में न डाल दूँ, और अपना हाथ उसके पंजर में न डाल
दूँ, मैं किसी भी रीति से विश्वास न करूँगा।" [26]और आठ
दिन के बाद उसके शिष्य फिर भीतर थे, और तोमा उनके
साथ था। יהושע आया, और द्वार बन्द थे, और वह बीच
में खड़ा हुआ और कहा, "तुम्हें शान्ति मिले!" [27]तब उसने
तोमा से कहा, "अपनी ऊँगली यहाँ ला, और मेरे हाथ देख।
और अपना हाथ ला और मेरे पंजर में डाल - और अविश्वासी
मत बन, परन्तु विश्वासी बन।" [28]तोमा ने उत्तर दिया और
उससे कहा, "प्रभु और मेरा ईश्वर!" [29]יהושע ने उससे
कहा, "तोमा, क्योंकि तूने मुझे देखा है, तूने विश्वास किया।
धन्य हैं वे जिन्होंने नहीं देखा और विश्वास किया।"
[30]निश्चय ही और भी बहुत से चिन्ह יהושע ने अपने
शिष्यों के सामने किए, जो इस पुस्तक में लिखे नहीं गए,
[31]परन्तु ये इसलिए लिखे गए हैं कि तुम विश्वास करो कि
יהושע ही मसीह है, יהוה का पुत्र है, और यह कि
विश्वास करके तुम उसके नाम में जीवन प्राप्त करो।

21 [1]इसके बाद יהושע ने किन्नरेत के समुद्र पर
अपने शिष्य फिर से प्रकट किए, और इस प्रकार
प्रकट हुए: [2]शिमोन केफ़ा, और तोमा जिसे जुड़वा कहा जाता
था, और नतनएल जो गलील के क़ाना का था, ज़बदी के पुत्र,
और उसके दो अन्य शिष्य साथ थे। [3]शिमोन केफ़ा ने उनसे
कहा, "मैं मछली पकड़ने जा रहा हूँ।" उन्होंने उससे कहा,
"हम भी तेरे साथ आते हैं।" वे निकल पड़े और तुरंत नाव में
बैठ गए। और उस रात उन्होंने कुछ भी न पकड़ा। [4]परन्तु
जब भोर हुई, तो יהושע किनारे पर खड़े थे। परन्तु
शिष्यों ने नहीं जाना कि वह יהושע हैं। [5]तब יהושע
ने उनसे कहा, "बच्चो, क्या तुम्हारे पास खाने के लिए कुछ
है?" उन्होंने उत्तर दिया, "नहीं।" [6]उन्होंने उनसे कहा,
"जाल को नाव के दाहिने ओर डालो, और तुम पाओगे।"
उन्होंने डाल दिया, और मछलियों की बहुतायत के कारण वे
उसे खींच न सके। [7]जिस शिष्य से יהושע प्रेम रखते
थे, उसने केफ़ा से कहा, "यह प्रभु हैं!" तब शिमोन केफ़ा ने,
जब सुना कि यह प्रभु हैं, अपना बाहरी वस्त्र पहना – क्योंकि
वह निर्वस्त्र था – और समुद्र में कूद गया। [8]और अन्य शिष्य
छोटी नाव में आए – क्योंकि वे भूमि से दूर नहीं थे, पर लगभग
दो सौ पेकुन – मछलियों से भरे जाल को खींचते हुए। [9]जब

वे भूमि पर पहुँचे, तो उन्होंने वहाँ अंगारों की आग देखी, जिस
पर मछली और रोटी रखी थी। 10 OWY३Z ने उनसे कहा,
“कुछ मछलियाँ लाओ, जो अभी तुमने पकड़ी हैं।” 11 शिमोन
केफ़ा ऊपर गए और जाल को भूमि पर खींच लाए, जो एक
सौ तिरपन बड़ी मछलियों से भरा था। और यद्यपि इतनी थीं,
जाल फटा नहीं। 12 OWY३Z ने उनसे कहा, “आओ,
नाश्ता करो।” और किसी शिष्य को साहस न हुआ कि उससे
पूछे, “तुम कौन हो?,” क्योंकि वे जानते थे कि यह प्रभु हैं।
13 OWY३Z आए और रोटी ली और उन्हें दी, और उसी
प्रकार मछली भी। 14 अब यह तीसरी बार था कि OWY३Z
अपने शिष्यों पर प्रकट हुए, जब वह मृतकों में से जी उठे थे।
15 जब उन्होंने नाश्ता कर लिया, तब OWY३Z ने शिमोन
केफ़ा से कहा, “योना के पुत्र शिमोन, क्या तू मुझसे इनसे
अधिक प्रेम करता है?” उसने उससे कहा, “हाँ, प्रभु, तू
जानता है कि मैं तुझसे प्रेम करता हूँ।” उसने उससे कहा,
“मेरे मेमनों को चराओ।” 16 उसने दूसरी बार उससे कहा,
“योना के पुत्र शिमोन, क्या तू मुझसे प्रेम करता है?” उसने
उससे कहा, “हाँ, प्रभु, तू जानता है कि मैं तुझसे प्रेम करता
हूँ।” उसने उससे कहा, “मेरी भेड़ों की रखवाली कर।”
17 उसने तीसरी बार उससे कहा, “योना के पुत्र शिमोन, क्या
तू मुझसे प्रेम करता है?” केफ़ा दुखी हुआ क्योंकि उसने
तीसरी बार कहा, “क्या तू मुझसे प्रेम करता है?” और उसने
उससे कहा, “प्रभु, तू सब कुछ जानता है, तू जानता है कि मैं
तुझसे प्रेम करता हूँ।” OWY३Z ने उससे कहा, “मेरी भेड़ो
को चराओ।” 18 “सच, सच, मैं तुझसे कहता हूँ, जब तू
जवान था तो स्वयं कमर कसकर जहाँ चाहता था जाता था;
परन्तु जब तू बूढ़ा होगा तो अपने हाथ फैलाएगा, और दूसरा
तेरी कमर कसेगा और जहाँ तू नहीं चाहेगा वहाँ ले जाएगा।”
19 यह उसने यह दर्शाने के लिए कहा कि किस प्रकार की
मृत्यु से वह ईश्वर की महिमा करेगा। और यह कहकर,
उसने उससे कहा, “मेरे पीछे हो ले।” 20 और केफ़ा ने
मुड़कर उस शिष्य को देखा, जिससे OWY३Z प्रेम करते
थे, जो भोजन के समय उसके सीने पर झुक गया था, और
पूछा था, “प्रभु, कौन है जो तुझे पकड़वाने वाला है?” 21 उसे
देखकर, केफ़ा ने OWY३Z से कहा, “परन्तु प्रभु, इसका
क्या होगा?” 22 OWY३Z ने उससे कहा, “यदि मैं चाहता हूँ
कि यह तब तक बना रहे जब तक मैं न आऊँ, तो तुझे क्या?
तू मेरे पीछे हो ले।” 23 तब भाइयों में यह वचन फैल गया कि
वह शिष्य नहीं मरेगा। परन्तु OWY३Z ने यह नहीं कहा कि
वह नहीं मरेगा, पर यह कि, “यदि मैं चाहता हूँ कि वह तब तक
बना रहे जब तक मैं आऊँ, तो तुझे क्या?” 24 यह वही शिष्य है
जो इन बातों की गवाही देता है, और जिसने ये बातें लिखीं।
और हम जानते हैं कि उसकी गवाही सच्ची है। 25 अब और
भी बहुत सी बातें हैं जो OWY३Z ने कीं। यदि वे सब एक-
एक करके लिखी जातीं, तो मुझे लगता है कि संसार भी
लिखी जाने वाली पुस्तकों को समा न पाता। आमीन।

प्रेरितों के काम

𐤉𐤄𐤅𐤄

हिंदी संस्करण

प्रेरितों के काम

1 [1]पहला विवरण मैंने किया, हे थियोफ़िलोस, उन सब बातों
का जो 𐤉𐤄𐤅𐤔𐤏 ने करना और सिखाना शुरू किया,
[2]उस दिन तक जब वह ऊपर उठा लिया गया, आत्मा
हक़ोदेश के द्वारा चुने हुए दूतों को आदेश देने के बाद, [3]जिन्हें
उसने अपनी पीड़ा के बाद बहुत से अचूक प्रमाणों से जीवित
होकर अपने आप को दिखाया, चालीस दिन तक दिखाई देता
रहा, और ईश्वर के राज्य के विषय में बातें करता रहा। [4]और
उनके साथ इकट्ठा होकर, उसने उन्हें आज्ञा दी कि येरूशलेम
से न निकलना, परन्तु पिता की प्रतिज्ञा की प्रतीक्षा करना,
"जिसकी बात तुमने मुझ से सुनी है – [5]क्योंकि याहोहानान ने
सचमुच पानी में डुबोया, परन्तु थोड़े ही दिनों में तुम आत्मा
हक़ोदेश में डुबोए जाओगे।" [6]जब वे इकट्ठे हुए, तो उन्होंने
उससे पूछा, "प्रभु, क्या तू इस समय इस्राएल को राज्य फिर
बहाल करेगा?" [7]उसने उनसे कहा, "यह तुम्हारे लिये नहीं कि
तुम उन समयों या कालों को जानो जिन्हें पिता ने अपनी ही
अधिकार में रखा है। [8]"परन्तु जब आत्मा हक़ोदेश तुम पर
आएगा, तो तुम सामर्थ पाओगे, और तुम मेरे गवाह होगे
येरूशलेम में, और सारे यहूदा और शोमेरोन में, और पृथ्वी के
छोर तक।" [9]और यह कहकर, जब वे देख रहे थे, वह
ऊपर उठा लिया गया, और बादल ने उसे उनकी दृष्टि से
छिपा लिया। [10]और जब वे आकाश की ओर देख रहे थे,
जबकि वह जा रहा था, देखो, दो मनुष्य श्वेत वस्त्र पहने
उनके पास खड़े थे, [11]जिन्होंने कहा, "गलील के पुरुषो, तुम
क्यों आकाश की ओर ताकते खड़े हो? यही 𐤉𐤄𐤅𐤔𐤏, जो
तुम से ऊपर आकाश में उठा लिया गया, उसी रीति से आएगा
जैसे तुमने उसे आकाश में जाते देखा।" [12]तब वे येरूशलेम
को जैतून के पहाड़ से लौट आए, जो येरूशलेम के निकट है,
एक शब्बात की यात्रा की दूरी। [13]और जब वे भीतर आए, तो
उस ऊपरी कोठरी में गए जहाँ वे ठहरे थे: दोनों केफ़ा और
याक़ोब और याहोहानान और आंद्रे, फिलिप्पोस और तोमा,
बरथोलोमी और मत्तीथ्याहु, याक़ोब हेलेफ का और शिमोन
'उत्साही', और यहूदा याक़ोब का। [14]ये सब एक मन होकर
प्रार्थना और विनती में लगे हुए थे, स्त्रियों के साथ और
मरियम 𐤉𐤄𐤅𐤔𐤏 की माता के साथ, और उसके भाइयों के
साथ। [15]और उन दिनों में केफ़ा खड़ा हुआ चेलों के बीच –
और वहां लगभग एक सौ बीस का जमावड़ा था – और कहा,
[16]"पुरुषो और भाइयो, यह लिखित वचन पूरा होना ही था
जिसे आत्मा हक़ोदेश ने पहले दाऊद के मुँह से यहूदा के
विषय में कहा था, जो 𐤉𐤄𐤅𐤔𐤏 को पकड़वाने वालों का
मार्गदर्शक बना, [17]क्योंकि वह हमारे साथ गिना गया और इस
सेवा का भाग पाया।" [18]इस व्यक्ति ने अधर्म की मज़दूरी से
एक खेत मोल लिया, और सिर के बल गिरकर बीच में फट
गया और उसकी सारी अंतड़ियाँ बाहर निकल आईं। [19]और
यह बात येरूशलेम में रहने वालों सब को मालूम हुई, यहां तक
कि उनकी भाषा में उस खेत को कहा गया, हक़ल देमा,
अर्थात लहू का खेत। [20]"क्योंकि भजनों की पुस्तक में लिखा
है, 'उसका निवास उजाड़ हो जाए, और उसमें कोई न बसे,'
और, 'उसका पद किसी और को मिले।' [21]"इसलिए उन
पुरुषों में से, जो उस समय हमारे साथ रहे जब प्रभु
𐤉𐤄𐤅𐤔𐤏 हमारे बीच भीतर-बाहर आते-जाते थे,
[22]याहोहानान के बपतिस्मे से लेकर उस दिन तक जब वह
हम से ऊपर उठा लिया गया, उनमें से एक हमारे साथ उसके
पुनरुत्थान का गवाह बनना चाहिए।" [23]और उन्होंने दो को
प्रस्तुत किया: योसेफ़ जिसे बारसाब्बा कहा जाता था, जो
युस्तोस भी कहलाया, और मत्तीथ्याहु। [24]और प्रार्थना करके
उन्होंने कहा, "तू, 𐤉𐤄𐤅𐤄, जो सब के हृदय जानता है,
दिखा कि इन दोनों में से किसे तूने चुना है [25]कि वह इस सेवा
और दूतत्व का भाग पाए, जिससे यहूदा अपराध के कारण
गिरकर अपने स्थान पर चला गया।" [26]और उन्होंने चिट्ठियां
डालीं, और चिट्ठी मत्तीथ्याहु पर पड़ी; और वह ग्यारह दूतों के
साथ गिना गया।

2 [1]और जब शावुओत के पर्व का दिन आया, तो वे सब एक
मन होकर एक ही स्थान पर थे। [2]और अचानक
आकाश से एक तेज़ आंधी की तरह आवाज़ आई, और उस
घर को भर दिया जहाँ वे बैठे थे। [3]और उनके लिए विभाजित
जीभें आग की तरह दिखाई दीं, और उनमें से हर एक पर बैठ
गईं। [4]और वे सब आत्मा ह'कोदश से भर गए और अन्य
भाषाओं में बोलने लगे, जैसे आत्मा ने उन्हें बोलने दिया।
[5]अब येरूशलेम में आकाश के नीचे हर राष्ट्र से आए हुए भक्त
यहूदी लोग रह रहे थे। [6]और जब यह आवाज़ हुई, भीड़
इकट्ठी हुई और भ्रमित हो गई, क्योंकि हर एक ने उन्हें अपनी
भाषा में बोलते सुना। [7]और वे सब चकित और
आश्चर्यचकित हुए और एक-दूसरे से कहने लगे, "देखो,
क्या ये सब गलीली नहीं हैं जो बोल रहे हैं? [8]"तो फिर हम
कैसे सुन रहे हैं, हर कोई अपनी जन्म-भाषा में? [9]"पार्थियन,
मादी, एइलामी और जो अराम नहरायिम में रहते हैं, यहूदा
और कप्पदोकिनिया, पोंतुस और एशिया, [10]फ्रुगीया और
पाम्फुलिया, मित्स्रायिम और लिबूए के आस-पास कुरेने के
भागों से, और रोम से आए यात्री, यहूदी और धर्मांतरित दोनों,
[11]"क्रेते और अरब, हम उन्हें अपनी-अपनी भाषाओं में ईश्वर
के महान कार्य बोलते हुए सुनते हैं।" [12]और वे सब चकित
और परेशान हुए, और एक-दूसरे से कहने लगे, "इसका क्या
अर्थ है?" [13]और अन्य लोग हँसी उड़ाते हुए कहने लगे, "वे
नये दाखमधु से भर गए हैं।" [14]परन्तु केफ़ा, ग्यारह के
साथ खड़ा होकर, अपनी आवाज़ उठाकर उनसे कहा,
"यहूदिया के पुरुषों और येरूशलेम में रहने वाले सब लोगों,
यह तुम्हें ज्ञात हो, और मेरे वचनों को ध्यान से सुनो।
[15]"क्योंकि ये लोग नशे में नहीं हैं जैसा तुम सोचते हो, क्योंकि

यह तो दिन का तीसरा घंटा ही है। 16 “पर यह वही है जो नबी
योएल द्वारा कहा गया था: 17 ‘और यह होगा कि अंतिम दिनों
में, 𐤉𐤄𐤅𐤄 कहता है, मैं अपनी आत्मा सब प्राणियों पर
उंडेलूँगा। और तुम्हारे पुत्र और तुम्हारी पुत्रियाँ भविष्यद्वाणी
करेंगे, तुम्हारे जवान दर्शन देखेंगे, और तुम्हारे बूढ़े स्वप्न
देखेंगे, 18 और मेरे दासों और मेरी दासियों पर भी उन्हीं दिनों
में मैं अपनी आत्मा उंडेलूँगा, और वे भविष्यद्वाणी करेंगे।
19 ‘और मैं ऊपर आकाश में अद्‌भुत कार्य और नीचे धरती
पर चिन्ह दिखाऊँगा: रक्त, आग और धुएँ की भाप।
20 ‘सूरज अंधकार में और चाँद रक्त में बदल जाएगा, उस
महान और महिमामय 𐤉𐤄𐤅𐤄 के दिन के आने से पहले।
21 ‘और यह होगा कि जो कोई 𐤉𐤄𐤅𐤄 के नाम को पुकारेगा,
वह उद्धार पाएगा।’ 22 “इस्राएल के पुरुषों, ये वचन सुनो:
नासरत के 𐤉𐤄𐤅𐤔𐤏, एक मनुष्य जो ईश्वर से था, तुम्हें
सामर्थी कार्यों, अद्‌भुत कर्मों और चिन्हों से प्रकट किया गया,
जिन्हें ईश्वर ने तुम्हारे बीच उसके द्वारा किया, जैसा तुम स्वयं
जानते हो, 23 उसी को, जो ईश्वर की ठहराई हुई योजना और
पूर्वज्ञान से दिया गया था, तुमने अधर्मी लोगों के हाथों से क्रूस
पर चढ़ाकर मार डाला – 24 “उसे 𐤉𐤄𐤅𐤄 ने जिलाया, मृत्यु
की पीड़ाओं को खोलकर, क्योंकि यह असंभव था कि वह
उसके वश में रहता। 25 “क्योंकि दाविद उसके विषय में
कहता है, ‘मैं 𐤉𐤄𐤅𐤄 को सदा अपने सामने रखता हूँ,
क्योंकि वह मेरे दाहिने है, ताकि मैं न डगमगाऊँ। 26 ‘इसी
कारण मेरा हृदय आनन्दित हुआ, और मेरी जीभ प्रसन्न हुई,
और अब मेरा शरीर भी आशा में विश्राम करेगा, 27 क्योंकि तू
मेरी आत्मा को कब्र में न छोड़ेगा, और न अपने भक्त को
सड़न देखने देगा। 28 ‘तूने मुझे जीवन के मार्ग बताए हैं, तू
मुझे अपने दर्शन से आनन्द से भर देगा।’ 29 “भाइयों, मैं
तुमसे हमारे पूर्वज दाविद के विषय में निःसंकोच कह सकता हूँ
कि वह मर गया और गाड़ा गया, और उसकी कब्र आज तक
हमारे साथ है। 30 “तो, क्योंकि वह नबी था, और जानता था
कि ईश्वर ने उससे शपथ खाई थी कि उसके वंश के फल से,
शरीर के अनुसार, मसीह को उसके सिंहासन पर बैठाएगा,
31 इसका पूर्वाभास करके उसने मसीह के पुनरुत्थान के विषय
में कहा कि उसकी आत्मा कब्र में न छोड़ी गई, और न उसका
शरीर सड़न देख सका। 32 “इस 𐤉𐤄𐤅𐤔𐤏 को 𐤉𐤄𐤅𐤄 ने
जिलाया, जिसके हम सब गवाह हैं। 33 “इसलिए, जब वह
𐤉𐤄𐤅𐤄 के दाहिने ऊँचा किया गया, और पिता से आत्मा
ह’कोदश की प्रतिज्ञा प्राप्त की, तब उसने यह उंडेला, जिसे
तुम अब देखते और सुनते हो। 34 “क्योंकि दाविद स्वर्ग पर
नहीं चढ़ा, परन्तु वह स्वयं कहता है, ‘𐤉𐤄𐤅𐤄 ने मेरे प्रभु से
कहा, “मेरे दाहिने बैठ, 35 जब तक कि मैं तेरे शत्रुओं को तेरे
पाँवों की चौकी न बना दूँ।” ’ 36 “इसलिए इस्राएल का सारा
घराना निश्चयपूर्वक जान ले कि 𐤉𐤄𐤅𐤄 ने इसी 𐤉𐤄𐤅𐤔𐤏
को, जिसे तुमने क्रूस पर चढ़ाया, प्रभु और मसीह दोनों बनाया
है।” 37 और यह सुनकर वे हृदय में चुभ गए, और केफ़ा
और अन्य प्रेरितों से कहने लगे, “भाइयों, हम क्या करें?”
38 और केफ़ा ने उनसे कहा, “मन फिराओ, और तुममें से हर
एक 𐤉𐤄𐤅𐤔𐤏 ह’मशियाह के नाम में पापों की क्षमा के लिए
बपतिस्मा ले, और तुम आत्मा ह’कोदश का वरदान पाओगे।
39 “क्योंकि यह प्रतिज्ञा तुम्हारे लिए और तुम्हारे बच्चों के लिए
है, और उन सब के लिए जो दूर हैं, जितनों को हमारा ईश्वर
𐤉𐤄𐤅𐤄 बुलाएगा।” 40 और उसने और भी बहुत से वचनों के
साथ गवाही दी और उनसे विनती की, “अपने आप को इस
टेढ़ी पीढ़ी से बचाओ।” 41 तब जिन लोगों ने उसके वचन को
खुशी से स्वीकार किया, उन्होंने बपतिस्मा लिया। और उसी
दिन लगभग तीन हज़ार आत्माएँ उनमें मिल गईं। 42 और वे
प्रेरितों की शिक्षा, संगति, रोटी तोड़ने और प्रार्थनाओं में स्थिर
बने रहे। 43 और हर आत्मा पर भय छा गया, और प्रेरितों के
द्वारा बहुत से अद्‌भुत कार्य और चिन्ह किए गए। 44 और
जितने विश्वास करते थे वे सब साथ थे और सब कुछ साझा
रखते थे। 45 और उन्होंने अपनी संपत्ति और सामान बेचकर,
सबको बाँट दिया, जैसा किसी की आवश्यकता होती थी।
46 और वे प्रतिदिन एक मन होकर मिकदाश में रहते थे, और
घर-घर रोटी तोड़ते थे, और आनन्द और सादगी से भोजन
करते थे। 47 ईश्वर की स्तुति करते थे और सब लोगों के
साथ कृपा पाते थे। और प्रभु प्रतिदिन उन लोगों को मण्डली
में मिलाता था जो उद्धार पा रहे थे।

3 1 और केफ़ा और योहानान प्रार्थना के समय, नौवें घंटे,
मिकदश में ऊपर जा रहे थे। 2 और एक व्यक्ति, जो
जन्म से लंगड़ा था, लाया जाता था, जिसे प्रतिदिन मिकदश
के उस फाटक पर रखा जाता था जिसे याफ़ाह कहा जाता है,
ताकि वह मिकदश में प्रवेश करने वालों से भिक्षा माँगे।
3 जिसने केफ़ा और योहानान को मिकदश में प्रवेश करने को
देखा, भिक्षा माँगी। 4 और केफ़ा ने योहानान के साथ उसकी
ओर ध्यान से देखा और कहा, “हमारी ओर देखो।” 5 और
उसने उन पर ध्यान दिया, उनसे कुछ पाने की आशा करते
हुए। 6 परन्तु केफ़ा ने कहा, “मेरे पास चाँदी और सोना नहीं
है, परन्तु जो मेरे पास है, वही मैं तुम्हें देता हूँ: नासरत के
𐤉𐤄𐤅𐤔𐤏 मसीह के नाम में, उठो और चलो।” 7 और उसे
दाहिने हाथ से पकड़कर उसने उठाया, और तुरंत उसके पाँव
और टखनों की हड्डियाँ मज़बूत हो गईं। 8 और वह उछलकर
खड़ा हुआ और चला, और उनके साथ मिकदश में गया,
चलता और उछलता और ईश्वर की स्तुति करता हुआ।
9 और सब लोगों ने उसे चलते और ईश्वर की स्तुति करते
देखा। 10 और उन्होंने उसे पहचाना, कि वही है जो मिकदश
के सुंदर फाटक पर बैठकर भिक्षा माँगता था। और वे जो
कुछ उसके साथ हुआ देखकर आश्चर्य और विस्मय से भर
गए। 11 और जब वह चंगा हुआ लंगड़ा मनुष्य केफ़ा और
योहानान से लिपट रहा था, तो सब लोग उनके पास उस
बरामदे में दौड़ आए जिसे शेलोमो का कहा जाता है, और वे
बहुत चकित हुए। 12 और यह देखकर केफ़ा ने लोगों से
कहा, “इस्राएल के लोगों, तुम इस पर क्यों आश्चर्य करते
हो? या हम पर क्यों इतनी गहराई से देखते हो, मानो हमारी
अपनी शक्ति या भक्ति से हमने उसे चलाया हो? 13 “अब्राहम,
और यित्सहाक, और याक़ोब के ईश्वर, हमारे पितरों के ईश्वर
ने अपने दास 𐤉𐤄𐤅𐤔𐤏 की महिमा की, जिसे तुमने पीलातुस
के सामने पकड़वाया और इन्कार किया, जब उसने उसे
छोड़ने का निश्चय किया था। 14 “परन्तु तुमने उस पवित्र
और धर्मी को नकार दिया, और माँगा कि तुम्हें एक हत्यारा
दिया जाए। 15 “परन्तु तुमने जीवन के नेता को मार डाला,

जिसे 𐤉𐤄𐤅𐤄 ने मृतकों में से जिलाया, जिसके हम गवाह हैं। 16“और उसके नाम में विश्वास के कारण, इस मनुष्य को, जिसे तुम देखते और जानते हो, उसके नाम ने सामर्थ्य दी है; और उसी के द्वारा विश्वास ने उसे तुम्हारे सब के सामने पूरा स्वस्थ किया है। 17“और अब, भाइयों, मैं जानता हूँ कि तुमने यह अज्ञानता में किया, जैसे तुम्हारे हाकिमों ने भी किया। 18“परन्तु इस रीति से 𐤉𐤄𐤅𐤄 ने पूरा किया जो उसने सब नबियों के मुँह से पहले ही बता दिया था, कि उसका मसीह दुख उठाएगा। 19“इसलिये मन फिराओ और लौट आओ, ताकि तुम्हारे पाप मिट जाएँ, जिससे प्रभु के सामने से विश्रांति के समय आ सकें। 20और वह तुम्हारे लिये पूर्व से ठहराए हुए 𐤉𐤄𐤅𐤔𐤏 मसीह को भेजे। 21जिसे स्वर्ग को ग्रहण करना आवश्यक है जब तक सब वस्तुओं की पुनर्स्थापना का समय न आए, जिसके विषय में 𐤉𐤄𐤅𐤄 ने अपने सब पवित्र नबियों के मुँह से पुराने समय से कहा है। 22“क्योंकि मूसा ने पितरों से सचमुच कहा था, ‘𐤉𐤄𐤅𐤄 तुम्हारा ईश्वर तुम्हारे भाइयों में से मेरे समान एक नबी खड़ा करेगा; तुम उसे सब बातों में सुनोगे जो वह तुमसे कहेगा। 23‘और ऐसा होगा कि हर प्राणी जो उस नबी की न सुनेगा, वह लोगों में से पूरी तरह नाश किया जाएगा।’ 24“और इसी प्रकार, सब नबियों ने भी, जिन्होंने शमूएल से लेकर आगे तक बातें कीं, इन दिनों की घोषणा की। 25“तुम नबियों के और उस वाचा के पुत्र हो, जिसे 𐤉𐤄𐤅𐤄 ने हमारे पितरों के साथ बाँधा, अब्राहम से कहकर, ‘तेरे वंश में पृथ्वी के सब राष्ट्र आशीष पाएँगे।’ 26“सबसे पहले तुम्हारे लिये, 𐤉𐤄𐤅𐤄 ने अपने दास 𐤉𐤄𐤅𐤔𐤏 को खड़ा करके भेजा, कि तुम्हें आशीष दे, तुम में से हर एक को उसकी बुरी बातों से फेरकर।”

4 1और जब वे लोगों से बातें कर रहे थे, तो कोहेनीम और मिकदश का कप्तान और सदूकी उन पर आ पड़े। 2वे परेशान थे क्योंकि वे लोगों को शिक्षा दे रहे थे और मृतकों में से जी उठने की घोषणा 𐤉𐤄𐤅𐤔𐤏 में कर रहे थे। 3और उन्होंने उन्हें पकड़ लिया और अगले दिन तक जेल में डाल दिया, क्योंकि पहले ही शाम हो गई थी। 4परन्तु उन में से बहुतों ने जिन्होंने वचन सुना था, विश्वास किया, और पुरुषों की संख्या लगभग पाँच हज़ार हो गई। 5और ऐसा हुआ कि अगले दिन उनके शासक और बुज़ुर्ग और शास्त्री इकट्ठे हुए। 6साथ ही हनन महान याजक, और कयाफ़ा, और योहनान, और अलेक्ज़ान्द्रोस, और जितने भी महान याजक के वंशज थे, सब यरूशलेम में इकट्ठे हुए। 7और उन्हें बीच में खड़ा करके उन्होंने पूछा, “तुमने यह किस सामर्थ्य या किस नाम से किया?” 8तब केफ़ा, आत्मा ह'क़ोदश से भरकर उनसे कहने लगा, “लोगों के शासको और इस्राएल के बुज़ुर्गो। 9“यदि आज हमसे किसी अच्छे काम के लिए जो एक बीमार मनुष्य पर किया गया, उसके कारण से पूछताछ हो रही है कि वह किसके द्वारा चंगा हुआ। 10तो तुम सब और इस्राएल के सब लोगों को ज्ञात हो कि नासरत के 𐤉𐤄𐤅𐤔𐤏 ह'मशियह के नाम में, जिसे तुमने सूली पर चढ़ाया, जिसे 𐤉𐤄𐤅𐤄 ने मृतकों में से जिलाया, उसी के द्वारा यह मनुष्य तुम्हारे सामने स्वस्थ खड़ा है। 11“यह वही पत्थर है जिसे तुम राजमिस्त्रियों ने तुच्छ जाना, जो कोने का प्रधान पत्थर बन गया है।” 12“और किसी और में उद्धार नहीं है, क्योंकि आकाश के नीचे मनुष्यों में और कोई नाम नहीं दिया गया है जिसके द्वारा हमें उद्धार पाना आवश्यक है।” 13और जब उन्होंने केफ़ा और योहानान की ढिठाई देखी, और यह समझ लिया कि वे निरक्षर और साधारण लोग हैं, तो वे अचम्भा करने लगे। और उन्होंने पहचाना कि वे 𐤉𐤄𐤅𐤔𐤏 के साथ रहे थे। 14और जब उन्होंने उस मनुष्य को देखा जो चंगा हुआ था उनके साथ खड़ा है, तो वे उसे नकार नहीं सके। 15परन्तु जब उन्होंने उन्हें महासभा से बाहर जाने की आज्ञा दी, तो वे आपस में विचार-विमर्श करने लगे। 16कहते हुए, “हम इन मनुष्यों के साथ क्या करें? क्योंकि सचमुच उनके द्वारा एक अद्भुत चिह्न हुआ है, यह येरूशलेम में बसने वाले सब को प्रकट है, और हम इसे नकार नहीं सकते। 17“परन्तु ताकि यह लोगों के बीच और न फैल सके, हम उन्हें कड़ी धमकी दें कि वे अब से किसी को भी इस नाम में न बोलें।” 18और उन्होंने उन्हें बुलाया और आज्ञा दी कि वे बिल्कुल भी न बोलें और न सिखाएँ 𐤉𐤄𐤅𐤔𐤏 के नाम में। 19परन्तु केफ़ा और योहानान ने उत्तर दिया, “क्या यह ईश्वर के सामने उचित है कि हम तुम्हारी सुनें ईश्वर से बढ़कर, इसका निर्णय तुम करो। 20“क्योंकि हमारे लिए यह असंभव है कि हम उन बातों को न कहें जिन्हें हमने देखा और सुना है।” 21और उन्हें और धमकी देकर उन्होंने उन्हें छोड़ दिया, क्योंकि लोगों के कारण कोई दण्ड देने का उपाय न पाया, क्योंकि सब उस बात पर ईश्वर की स्तुति कर रहे थे जो हो चुकी थी। 22क्योंकि वह मनुष्य जिस पर यह चमत्कारिक चंगाई हुई थी, चालीस वर्ष से अधिक का था। 23और छोड़े जाने पर वे अपने लोगों के पास गए और जो कुछ महायाजकों और बुज़ुर्गों ने उनसे कहा था, वह सब बताया। 24और यह सुनकर उन्होंने एक मन होकर ऊँचे शब्द में ईश्वर से कहा, “𐤉𐤄𐤅𐤄, तू वही ईश्वर है जिसने आकाश और पृथ्वी और समुद्र और जो कुछ उनमें है बनाया। 25जिसने अपने सेवक दाविद के मुख से कहा, ‘क्यों अन्यजाति उग्र हुए, और लोग व्यर्थ की युक्तियाँ रचते हैं?’ 26‘पृथ्वी के राजा खड़े हुए, और शासक 𐤉𐤄𐤅𐤄 और उसके मशियह के विरोध में इकट्ठे हुए।’ 27“क्योंकि सचमुच, इस नगर में तेरे पवित्र सेवक 𐤉𐤄𐤅𐤔𐤏 के विरोध में, जिसे तूने अभिषिक्त किया, हेरोदेस और पोंतियुस पीलातुस, अन्यजातियों और इस्राएल के लोगों के साथ इकट्ठे हुए। 28ताकि वही करें जो तेरे हाथ और तेरी इच्छा ने पहले से ठहराया था। 29“और अब, 𐤉𐤄𐤅𐤄, उनकी धमकियों पर दृष्टि कर, और अपने दासों को तेरे वचन को पूरी ढिठाई से बोलने की शक्ति दे। 30अपना हाथ बढ़ाकर चंगाई करने, और चिन्ह और अद्भुत कार्य होने दे, तेरे पवित्र सेवक 𐤉𐤄𐤅𐤔𐤏 के नाम से।” 31और जब उन्होंने प्रार्थना की, तो वह स्थान जहाँ वे इकट्ठे हुए थे, हिल गया। और वे सब आत्मा ह'क़ोदश से भर गए और उन्होंने 𐤉𐤄𐤅𐤄 का वचन ढिठाई से बोला। 32और विश्वास करने वालों की भीड़ एक मन और एक आत्मा की थी। और कोई भी यह दावा नहीं करता था कि जो कुछ उसका है, वह उसका अपना है, परन्तु वे सब कुछ साझा रखते थे। 33और बड़े सामर्थ्य के साथ प्रेरितों ने 𐤉𐤄𐤅𐤔𐤏 प्रभु के पुनरुत्थान की

गवाही दी, और उन सब पर बड़ा अनुग्रह था। [34]क्योंकि उनमें कोई भी अभावग्रस्त न था, क्योंकि जितने भी ज़मीन या घर के स्वामी थे, उन्होंने उन्हें बेच डाला, और बिके हुए की क़ीमत लाकर रखते थे। [35]और वे प्रेरितों के पाँवों के सामने रख देते थे, और हर एक को उसकी आवश्यकता के अनुसार बाँट दिया जाता था। [36]और योसफ़, जिसे प्रेरितों ने बरनब्बा नाम दिया - जिसका अर्थ है, "प्रोत्साहन का पुत्र" - एक लेवी था, कुप्रोस का रहने वाला। [37]उसके पास खेत था, उसने उसे बेचकर धन लाया और प्रेरितों के पाँवों के सामने रख दिया।

5 [1]परन्तु एक व्यक्ति जिसका नाम हनन्याह था, अपनी पत्नी सफ़ीरा के साथ, एक संपत्ति बेच दी। [2]और उसने मूल्य का कुछ भाग अलग रख लिया, उसकी पत्नी भी इसके विषय में जानती थी, और एक भाग लाकर उसे प्रेरितों के चरणों में रख दिया। [3]परन्तु केफ़ा ने कहा, "हनन्याह, शैतान ने तेरे ह्रदय को क्यों भर दिया कि तू आत्मा हक़दोष से झूठ बोले और भूमि के मूल्य का कुछ भाग अपने लिए अलग रख ले? [4]"जब तक वह तेरे पास रही, क्या तेरी अपनी न थी? और जब वह बिक गई, क्या तेरे अधिकार में न थी? तूने यह काम अपने ह्रदय में क्यों सोचा? तूने मनुष्यों से नहीं परन्तु ईश्वर से झूठ बोला है।" [5]तब हनन्याह ने ये बातें सुनकर गिर पड़ा और उसका प्राण निकल गया। और उन सब पर, जिन्होंने यह सुना, बड़ा भय छा गया। [6]तब जवान लोग उठे, उसे लपेटा, बाहर ले गए और दफन कर दिया। [7]और लगभग तीन घंटे बाद उसकी पत्नी आयी, यह न जानती कि क्या हो चुका है। [8]और केफ़ा ने उससे कहा, "मुझसे कहो, क्या तुमने भूमि इतनी कीमत पर बेची?" उसने कहा, "हाँ, इतनी पर।" [9]तब केफ़ा ने उससे कहा, "तुम दोनों ने क्यों मिलकर 𐤉𐤄𐤅𐤄 की आत्मा को परखने का विचार किया? देखो, जिन्होंने तेरे पति को दफनाया उनके पैर द्वार पर हैं और वे तुझे भी बाहर ले जाएंगे।" [10]और तुरंत वह उसके चरणों में गिर गई और उसका प्राण निकल गया। तब जवान लोग भीतर आए और उसे मरा हुआ पाया, और उसे बाहर ले जाकर उसके पति के पास दफन कर दिया। [11]और सारी कलीसिया और उन सब पर, जिन्होंने यह सुना, बड़ा भय छा गया। [12]और प्रेरितों के हाथों से लोगों में बहुत चिन्ह और अद्‌भुत काम हुए। और वे सब शेलोमो के बरामदे में एक मन से थे। [13]परन्तु शेष में से कोई उनके साथ मिलने का साहस नहीं करता था, तौभी लोग उनका आदर करते थे। [14]और प्रभु में और अधिक विश्वासी, पुरुषों और स्त्रियों की बड़ी भीड़, बढ़ाई गई। [15]यहाँ तक कि वे बीमारों को गलियों में निकालकर खाटों और बिस्तरों पर रख देते थे, ताकि जब केफ़ा निकले तो उसकी छाया कम से कम उनमें से किसी पर पड़ जाए। [16]और आस-पास के नगरों से भी बहुत लोग यरूशलेम में इकट्ठा हुए, बीमारों और अशुद्ध आत्माओं से पीड़ितों को लाकर, और वे सब चंगे किए गए। [17]तब महायाजक और उसके सब साथी, जो सदूकियों का दल था, उठ खड़े हुए और जलन से भर गए। [18]और उन्होंने प्रेरितों को पकड़कर सार्वजनिक जेल में डाल दिया। [19]परन्तु रात में 𐤉𐤄𐤅𐤄 का एक दूत ने जेल के द्वार खोलकर उन्हें बाहर निकाला और कहा, [20]"जाओ, मंदिर में खड़े होकर लोगों को इस जीवन की सब बातें सुनाओ।" [21]उन्होंने यह सुनकर सुबह-सवेरे मंदिर में जाकर शिक्षा दी। तब महायाजक और उसके साथी आकर महासभा और इस्राएल की सब बुज़ुर्गों को बुलाया, और जेल में लोगों को लाने के लिए भेजा। [22]परन्तु जब सेवक आए, तो उन्हें जेल में न पाया, और लौटकर समाचार दिया। [23]कहते हुए, "हमने जेल को पूरी सुरक्षा में पाया, और दरवाज़ों के सामने पहरेदार खड़े पाए, परन्तु जब खोला तो अंदर किसी को न पाया!" [24]जब महायाजक और मंदिर का कप्तान और प्रधान याजक यह सुनते, तो वे उलझन में पड़े कि यह क्या होगा। [25]परन्तु किसी ने आकर कहा, "देखो, जिन लोगों को तुमने जेल में डाला था, वे मंदिर में खड़े होकर लोगों को शिक्षा दे रहे हैं!" [26]तब कप्तान सेवकों के साथ गया और उन्हें ले आया, परन्तु बल प्रयोग नहीं किया, क्योंकि वे लोगों से डरते थे कि कहीं वे पत्थरवाह न किए जाएं। [27]और जब उन्होंने उन्हें लाया, तो उन्हें महासभा के सामने खड़ा किया, और महायाजक ने उनसे पूछा, [28]"क्या हमने तुम्हें कड़ी आज्ञा नहीं दी थी कि तुम इस नाम से शिक्षा न दो? और देखो, तुमने अपनी शिक्षा से यरूशलेम भर दिया है, और इस मनुष्य का लहू हम पर लाने का विचार करते हो!" [29]तब केफ़ा और अन्य प्रेरितों ने उत्तर दिया, "हमें मनुष्यों की अपेक्षा ईश्वर की आज्ञा का पालन करना चाहिए। [30]"हमारे पितरों के ईश्वर ने 𐤉𐤄𐤅𐤔𐤏 को जिलाया, जिसे तुमने पकड़कर काठ पर लटका दिया। [31]"उसी को, प्रधान और उद्धारकर्ता बनाकर, ईश्वर ने अपने दाहिने हाथ पर महान किया, ताकि इस्राएल को मन-फिराव और पापों की क्षमा दे। [32]"और हम इन बातों के साक्षी हैं, और पवित्र आत्मा भी, जिसे ईश्वर ने उन लोगों को दिया है जो उसकी आज्ञा मानते हैं।" [33]जब उन्होंने यह सुना तो वे क्रोध से भर गए और उन्हें मार डालने की सोचने लगे। [34]परन्तु एक फरीसी जिसका नाम गमलीएल था, जो व्यवस्था का शिक्षक था और सब लोगों में आदरित था, महासभा में खड़ा हुआ और प्रेरितों को थोड़ी देर के लिए बाहर करने की आज्ञा दी। [35]और उनसे कहा, "इस्राएल के लोगों, ध्यान दो कि तुम इन मनुष्यों के साथ क्या करना चाहते हो। [36]"क्योंकि इन दिनों से पहले यहूदा नाम का एक व्यक्ति उठा, जो अपने को कोई बड़ा समझता था। उसके साथ लगभग चार सौ लोग मिल गए। वह मार डाला गया और जितने उसकी बात मानते थे, सब बिखर गए और कुछ न रहा। [37]"उसके बाद, गलील का यहूदा जनगणना के दिनों में उठा और बहुत लोगों को अपने पीछे खींच ले गया। वह भी नष्ट हुआ और जितने उसकी बात मानते थे, सब तितर-बितर हो गए। [38]"और अब मैं तुमसे कहता हूँ, इन मनुष्यों से दूर रहो और उन्हें छोड़ दो, क्योंकि यदि यह योजना या यह काम मनुष्यों का है तो मिट जाएगा। [39]"परन्तु यदि यह ईश्वर का है, तो तुम इसे मिटा नहीं सकोगे, ऐसा न हो कि तुम ईश्वर से लड़ने वाले ठहरो।" [40]और उन्होंने उसकी बात मान ली, और प्रेरितों को बुलाकर, उन्हें पीटकर आज्ञा दी कि वे 𐤉𐤄𐤅𐤔𐤏 के नाम से न बोलें, और उन्हें छोड़ दिया। [41]तब वे महासभा के सामने से आनन्दित होकर चले गए, क्योंकि उन्हें उसके नाम के लिए लज्जा सहने योग्य ठहराया गया।

42 और प्रतिदिन मंदिर में और घर-घर वे शिक्षा देते और शुभ
समाचार सुनाते रहे कि 𐤉𐤄𐤅𐤔𐤏 हा'मशियाह है!

6

1 और उन दिनों में, जब तामलीदिम बढ़ रहे थे, तब
यावानियों के द्वारा इब्रियों के विरुद्ध शिकायत उठी, क्योंकि
उनकी विधवाओं की नित्य सेवा में अनदेखी हुई। 2 तब बारहों
ने तामलीदिमों की सभा बुलाकर कहा, "हमारे लिए यह उचित
नहीं कि हम 𐤉𐤄𐤅𐤄 के वचन को छोड़कर मेजों की सेवा
करें।" 3 "इसलिये, भाइयों, अपने में से सात पुरुष चुनो जो
आत्मा ह'कोदेश और ज्ञान से परिपूर्ण माने जाते हों, जिन्हें
हम इस काम के लिये नियुक्त करेंगे," 4 "पर हम तो प्रार्थना
और वचन की सेवा में लगे रहेंगे।" 5 और यह बात सारी सभा
को अच्छी लगी। और उन्होंने स्तेफनोस को चुना, जो
विश्वास और आत्मा ह'कोदेश से भरा हुआ मनुष्य था, और
फिलिप्पोस को, और प्रोखोरोस को, और निकानोर को, और
तिमोन को, और पार्मेनास को, और निकोलाओस को, जो
अन्तियोक का धर्मान्तरित था। 6 इनको उन्होंने प्रेरितों के
सामने खड़ा किया; और जब उन्होंने प्रार्थना की तो उन पर
हाथ रखे। 7 और 𐤉𐤄𐤅𐤄 का वचन फैलता गया; और
येरूशलेम में तामलीदिमों की संख्या बहुत बढ़ गई, और बहुत
से कोहेनीम विश्वास के आज्ञाकारी हुए। 8 और स्तेफनोस,
विश्वास और सामर्थ से भरा हुआ, लोगों में बड़े अद्भुत काम
और चिन्ह करता था। 9 तब तथाकथित स्वतन्त्र लोगों की
आराधनालय के कितने लोग - कुरेने के, और
अलेक्ज़ान्द्रियावाले, और किलिकिया और एशिया के लोग
उठकर स्तेफनोस से विवाद करने लगे। 10 पर वे उस ज्ञान
और आत्मा का विरोध न कर सके जिससे वह बोलता था।
11 तब उन्होंने कुछ मनुष्यों को भड़काया कि, "हमने उसे मूसा
और ईश्वर के विरुद्ध निन्दा की बातें बोलते सुना है।" 12 और
उन्होंने लोगों को, और बुजुर्गों को, और शास्त्रियों को
भड़काया; और उन पर चढ़कर उसे पकड़ लिया और
महासभा के सामने ले आए। 13 और उन्होंने झूठे गवाह खड़े
किये, जिन्होंने कहा, "यह मनुष्य इस मिकदाश और तोराह के
विरुद्ध निन्दा की बातें बोलना नहीं छोड़ता।" 14 "क्योंकि हमने
उसे यह कहते सुना है कि यह 𐤉𐤄𐤅𐤔𐤏 नासरत का इस
स्थान को नष्ट कर देगा और उन रीति-रिवाजों को बदल देगा
जो मूसा ने हमें सौंपे थे।" 15 और सब जो महासभा में बैठे थे,
उस पर ध्यान से देखते हुए, उसका मुख एक स्वर्गदूत के
मुख के समान देखा।

7

1 और कोहेन हा'गडोल ने कहा, "क्या यह ऐसा है?"
2 और उसने उत्तर दिया, "पुरुषों, भाइयों और पिताओं,
सुनो: सम्मान के ईश्वर हमारे पिता अब्राहम पर प्रकट हुए जब
वह अराम नहरयिम में थे, इससे पहले कि वह हरान में रहते,
3 और उनसे कहा, 'अपनी भूमि और अपने संबंधियों से बाहर
निकलो, और यहाँ आओ, उस भूमि में जिसे मैं तुम्हें
दिखाऊँगा।' 4 "तब वह कसदीम की भूमि से बाहर निकले
और हरान में रहे। और वहाँ से, अपने पिता की मृत्यु के बाद,
उसने उन्हें इस भूमि में ले आया जिसमें अब तुम रहते हो।
5 "और उसने उन्हें उसमें कोई विरासत नहीं दी, उसका एक
पाँव भी नहीं। परन्तु उसने वचन दिया कि वह इसे उसकी
संतति को देगा, और उसके बाद उसकी संतान को, जब अभी
तक उसका कोई बच्चा नहीं था। 6 "और ईश्वर ने इस प्रकार
कहा: कि उसकी संतति परदेशी भूमि में परदेशी होगी, और वे
चार सौ वर्षों तक दासत्व करेंगे और सताए जाएँगे। 7 'और
जिस जाति के वे दास होंगे, मैं उसका न्याय करूंगा,' ईश्वर ने
कहा, 'और उसके बाद वे बाहर आएँगे और इस स्थान में मेरी
सेवा करेंगे।' 8 "और उसने उन्हें खतना की वाचा दी। और
इस प्रकार उसने यित्सहाक को उत्पन्न किया और आठवें दिन
उसका खतना किया। और यित्सहाक ने याक़ोब को जन्म
दिया, और याक़ोब ने बारह पितरों को। 9 "और पितर ईर्ष्या
करके योसेफ़ को मिस्त्र में बेच दिए। परन्तु ईश्वर उसके
साथ था, 10 और उसे उसके सब कष्टों से छुड़ाया, और उसे
मिस्त्र के राजा फ़िरौन के सामने अनुग्रह और बुद्धि दी। और
उसने उसे मिस्त्र और अपने पूरे घर पर शासक नियुक्त
किया। 11 "तब मिस्त्र और कनान के सारे देश में अकाल
और बड़ा संकट पड़ा, और हमारे पितरों को भोजन नही
मिला। 12 "परन्तु याक़ोब ने सुना कि मिस्त्र में अन्न है, और
उसने पहली बार हमारे पितरों को भेजा, 13 और दूसरी बार
योसेफ़ अपने भाइयों पर प्रकट हुआ, और योसेफ़ की जाति
फ़िरौन को ज्ञात हुई। 14 "और योसेफ़ ने भेजकर अपने पिता
याक़ोब और अपने सब संबंधियों को बुलाया, पचहत्तर जन।
15 "और याक़ोब मिस्त्र में उतरे, और मर गए, वह और हमारे
पितर, 16 और उन्हें शेकेम ले जाया गया और उस कब्र में
रखा गया, जिसे अब्राहम ने शेकेम के हमोर के पुत्रों से चाँदी
देकर मोल लिया था। 17 "परन्तु जैसे-जैसे वह समय निकट
आया जब ईश्वर ने अब्राहम से प्रतिज्ञा की थी, लोग मिस्त्र में
बढ़े और बहुत हो गए 18 जब तक एक और राजा न उठा
जिसने योसेफ़ को नहीं जाना। 19 "उसने हमारी जाति के
साथ छल किया, और हमारे पितरों को सताया, उन्हें अपने
बच्चों को बाहर फेंकने पर मजबूर किया, ताकि वे जीवित न
रहें। 20 "उसी समय मूशेह का जन्म हुआ, और वह ईश्वर
को प्रिय था। और वह तीन महीने अपने पिता के घर में पाला
गया। 21 "परन्तु जब उसे बाहर रखा गया, फ़िरौन की बेटी ने
उसे उठाया और उसे अपने पुत्र के समान पाला। 22 "और
मूशेह मिस्त्रियों की सब बुद्धि में शिक्षित हुआ, और शब्दों और
कर्मों में सामर्थी था। 23 "और जब वह चालीस वर्ष का हुआ,
तो उसके मन में अपने भाइयों, इस्राएल के बच्चों से मिलने
का विचार आया। 24 "और उनमें से एक को अन्याय सहते
देखकर, उसने उसका बचाव किया और जो सताया गया था
उसका बदला लिया, मिस्त्री को मारकर। 25 "और उसने
सोचा कि उसके भाई समझेंगे कि ईश्वर उनके हाथ से
छुटकारा देगा, परन्तु उन्होंने नहीं समझा। 26 "और अगले
दिन उसने उन्हें दो को लड़ते हुए देखा, और उन्हें शांति
करने के लिए प्रेरित किया, कहते हुए, 'पुरुषो, तुम भाई हो,
तुम एक दूसरे के साथ अन्याय क्यों करते हो?' 27 "परन्तु
जिसने अपने पड़ोसी पर अन्याय किया वह उसे धकेलते हुए
बोला, 'किसने तुम्हें हमारे ऊपर शासक और न्यायी बनाया?'
28 'क्या तुम मुझे मार डालना चाहते हो जैसे तुमने कल मिस्त्री
को मार डाला?' 29 "और यह सुनकर, मूशेह भाग गया और
मिद्यान देश में परदेशी हो गया, जहाँ उसने दो पुत्र उत्पन्न
किए। 30 "और चालीस वर्ष पूरे होने के बाद, 𐤉𐤄𐤅𐤄 का
एक दूत जंगल में सीनै पर्वत पर झाड़ी में आग की ज्वाला में

उसे दिखाई दिया। 31 "और मूशेह ने देखकर आश्चर्य
किया, और पास जाकर देखने पर 𐤉𐤄𐤅𐤄 की आवाज़
उसके पास आई, 32 कहते हुए, 'मैं तुम्हारे पितरों का ईश्वर हूँ,
अब्राहम का ईश्वर और यित्सहाक का ईश्वर और याक़ोब का
ईश्वर।' और मूशेह काँप गया और देखने का साहस न
किया। 33 'परन्तु 𐤉𐤄𐤅𐤄 ने उससे कहा, "अपने पैरों से
जूतियाँ उतारो, क्योंकि जिस स्थान पर तुम खड़े हो वह पवित्र
भूमि है। 34 "मैंने वास्तव में अपने लोगों का दुःख देखा जो
मिस्र में हैं, और उनकी कराह सुनकर उन्हें छुड़ाने नीचे आया
हूँ। और अब आओ, मैं तुम्हें मिस्र भेजता हूँ।" ' 35 "यह वही
मूशेह है जिसे उन्होंने अस्वीकार किया था, कहते हुए, 'किसने
तुम्हें शासक और न्यायी बनाया?' - इसी को ईश्वर ने झाड़ी में
प्रकट हुए दूत के हाथ से शासक और छुड़ाने वाला भेजा।
36 "इसी ने उन्हें बाहर निकाला, जब उसने मिस्र देश में, लाल
समुद्र में, और जंगल में चालीस वर्ष तक अद्भुत काम और
चिन्ह किए। 37 "यह वही मूशेह है जिसने इस्राएल के बच्चों
से कहा, '𐤉𐤄𐤅𐤄 तुम्हारा ईश्वर तुम्हारे भाइयों में से मेरे
समान एक नबी उठाएगा। उसी की सुनना।' 38 "यह वही है
जो जंगल में सभा में था, उस दूत के साथ जिसने सीनै पर्वत
पर उससे बातें कीं, और हमारे पितरों के साथ, जिन्होंने
जीवित वचन पाए हमें देने के लिए, 39 जिनकी आज्ञा मानने के
लिए हमारे पितर इच्छुक न हुए, परन्तु उसे दूर कर दिया,
और अपने हृदय में मिस्र की ओर लौट गए, 40 आहरोन से
कहते हुए, 'हमारे लिए देवता बना जो हमारे आगे चले, क्योंकि
यह मूशेह जिसने हमें मिस्र की भूमि से निकाला, हम नहीं
जानते कि उसका क्या हुआ।' 41 "और उन्होंने उन दिनों एक
बछड़ा बनाया, और मूर्ति को बलिदान चढ़ाया, और अपने ही
हाथों के कामों में आनन्दित हुए। 42 "तो ईश्वर ने मुड़कर
उन्हें आकाश की सेनाओं की उपासना करने के लिए छोड़
दिया, जैसा कि नबियों की पुस्तक में लिखा है, 'क्या तुमने
जंगल में चालीस वर्षों तक मेरे लिए बलिदान और भेंटें चढ़ाई
थीं, हे इस्राएल के घराने? 43 'और तुमने मोलक के तम्बू और
अपने देवता किय्यून के तारे को उठाया, मूर्तियाँ जिन्हें तुमने
उनके आगे झुकने के लिए बनाई थीं। इस कारण मैं तुम्हें
बाबेल के पार भेज दूँगा।' 44 "गवाही का तम्बू हमारे पितरों के
साथ जंगल में था, जैसा कि उसने नियुक्त किया, मूशेह को
आदेश देकर कि वह इसे उसी रूप के अनुसार बनाए जिसे
उसने देखा था, 45 जिसे हमारे पितरों ने, क्रम से प्राप्त करके,
यहोशू के साथ उन जातियों की भूमि में भी लाया, जिन्हें ईश्वर
ने हमारे पितरों के सामने से निकाल दिया, दाविद के दिनों
तक, 46 जिसने ईश्वर के सामने अनुग्रह पाया और याक़ोब के
ईश्वर के लिए एक निवास स्थान खोजने की इच्छा की,
47 परन्तु शलोमो ने उसके लिए एक घर बनाया। 48 "तथापि,
परमप्रधान हाथों से बने घरों में नहीं रहता, जैसा कि नबी
कहता है: 49 'आकाश मेरा सिंहासन है, और पृथ्वी मेरा
पादपीठ। तुम मेरे लिए कैसा घर बनाओगे? 𐤉𐤄𐤅𐤄 कहता
है, या मेरे विश्राम का स्थान क्या है? 50 'क्या मेरे हाथ ने ये
सब नहीं बनाए?' 51 "तुम हठीले और हृदय और कान में
खतनारहित लोग हो! तुम सदैव आत्मा हाकोदश का विरोध
करते हो, जैसे तुम्हारे पितर करते थे, वैसे ही तुम भी करते
हो। 52 "किस नबी को तुम्हारे पितरों ने सताया नहीं? और
उन्होंने उन्हें मार डाला जिन्होंने पहले धर्मी के आने की घोषणा
की, जिसके तुम अब गद्दार और हत्यारे बन गए हो,
53 जिन्होंने व्यवस्था को दूतों के द्वारा ठहराया हुआ पाया,
परन्तु उसका पालन नहीं किया।" 54 और यह सुनकर वे
हृदय में चुभ गए और उस पर दाँत पीसने लगे। 55 परन्तु
वह, आत्मा हाकोदश से भरकर, आकाश की ओर दृढ़ता से
देखता रहा और ईश्वर की महिमा देखी, और 𐤉𐤄𐤅𐤔𐤏 को
𐤉𐤄𐤅𐤄 के दाहिने हाथ पर खड़ा देखा, 56 और उसने कहा,
"देखो! मैं आकाश को खुला देखता हूँ और मनुष्य के पुत्र को
𐤉𐤄𐤅𐤄 के दाहिने हाथ पर खड़ा हुआ देखता हूँ!" 57 और
ऊँचे शब्द से पुकारते हुए, उन्होंने अपने कान बंद कर लिए,
और एक मन होकर उस पर टूट पड़े, 58 और उसे नगर से
बाहर निकालकर पत्थरवाह किया। और गवाहों ने अपने वस्त्र
एक युवक के पाँवों पर रख दिए जिसका नाम शाऊल था।
59 और जब वे स्तेफ़नोस पर पत्थर मार रहे थे, वह पुकार
रहा था और कह रहा था, "प्रभु 𐤉𐤄𐤅𐤔𐤏, मेरी आत्मा को
ग्रहण कर।" 60 और घुटने टेककर उसने ऊँचे शब्द से
पुकारा, "प्रभु, इस पाप को उनके विरुद्ध न रख।" और यह
कहकर, वह सो गया।

8 1 और शाऊल उसकी मृत्यु की स्वीकृति दे रहा था।
और उसी दिन यरूशालेम में जो सभा थी उस पर बड़ा
सताव हुआ, और वे सब यहूदा और शमरोन के देशों में तितर-
बितर हो गए, केवल दूत छोड़कर। 2 और भक्तिपूर्ण लोगों ने
स्तेफ़नोस को दफनाया, और उस पर बड़ी विलाप की।
3 परन्तु शाऊल सभा को उखाड़ रहा था, हर एक घर में प्रवेश
कर, पुरुषों और स्त्रियों को घसीटकर उन्हें जेल में डालता
था। 4 तब जो तितर-बितर हो गए थे वे हर जगह गए और
सुसमाचार सुनाते रहे: वचन को! 5 और फिलिप्पुस शमरोन
नगर में जाकर उन्हें मसीह का प्रचार करता रहा। 6 और
भीड़ ने एक मन होकर जो बातें फिलिप्पुस कह रहा था उन्हे
सुना, और वे चिन्हों को देख रहे थे जो वह कर रहा था।
7 क्योंकि अशुद्ध आत्माएँ बहुतों में से निकल आईं जो ग्रस्त थे,
ऊँचे शब्द के साथ चिल्लाते हुए, और बहुत से लँगड़े और
पंगु चंगे किए गए। 8 और उस नगर में बड़ी आनन्द हुआ।
9 अब एक मनुष्य था जिसका नाम शिमोन था, जो पहले नगर
में जादू करता और शमरोन के लोगों को चकित करता था,
और यह दावा करता था कि वह कोई बड़ा है। 10 जिसकी वे
सब, छोटे से बड़े तक, सुनते थे, कहते हुए, "यह ईश्वर की
शक्ति है, जो महान है।" 11 और वे उसकी सुनते थे क्योंकि
उसने बहुत समय से अपनी जादूगरी से उन्हें अचंभित किया
था। 12 परन्तु जब उन्होंने फिलिप्पुस पर विश्वास किया जब
उसने ईश्वर के राज्य और 𐤉𐤄𐤅𐤔𐤏 ह'मशियाह के नाम के
विषय में सुसमाचार सुनाया, तो स्त्री-पुरुष सब बपतिस्मा
लिए। 13 और शिमोन आप भी विश्वास किया। और जब वह
बपतिस्मा लिया गया तो वह फिलिप्पुस के साथ रहा, और जो
चिन्ह और चमत्कार हो रहे थे उन्हें देखकर अचंभित हुआ।
14 और जब यरूशालेम में दूतों ने सुना कि शमरोन ने
𐤉𐤄𐤅𐤄 का वचन ग्रहण किया है, तो उन्होंने केफ़ा और
योहानान को उनके पास भेजा। 15 जो वहाँ पहुँचकर उनके
लिए प्रार्थना करने लगे कि वे आत्मा ह'कोदेश प्राप्त करें।
16 क्योंकि वह अब तक उनमें से किसी पर नहीं उतरा था,

केवल वे प्रभु יהושע के नाम में बपतिस्मा लिए हुए थे।
[17]तब उन्होंने उन पर हाथ रखे, और उन्होंने आत्मा
ह'कोदेश प्राप्त किया। [18]और शिमोन ने देखा कि दूतों के
हाथ रखने से आत्मा ह'कोदेश दिया जाता है, तो उसने उन्हें
धन दिया। [19]कहते हुए, "मुझे भी यह अधिकार दो, कि
जिस पर मैं हाथ रखूँ वह आत्मा ह'कोदेश पाए।" [20]परन्तु
केफ़ा ने उससे कहा, "तेरा चाँदी तेरे साथ नाश हो, क्योंकि
तूने समझा कि ईश्वर का वरदान धन से पाया जा सकता है।
[21]"तुझे इस बात में न भाग है और न हिस्सा, क्योंकि तेरा मन
ईश्वर के सामने सीधा नहीं है। [22]"इसलिए तू अपनी इस
बुराई से मन फिरा, और ईश्वर से प्रार्थना कर कि तेरे मन की
युक्ति तुझे क्षमा की जाए। [23]"क्योंकि मैं देखता हूँ कि तू
कड़वाहट के विष में और अधर्म के बन्धन में है।" [24]परन्तु
शिमोन ने उत्तर दिया, "प्रभु से मेरे लिए बिनती करो, कि जो
बातें तुमने कही हैं उनमें से कुछ भी मुझ पर न आए।" [25]तब
उन्होंने गवाही देकर और יהוה का वचन कहकर,
यरूशालेम लौटे, और शमरोनियों के बहुत से गाँवों में
सुसमाचार सुनाते गए। [26]परन्तु יהוה के एक दूत ने
फिलिप्पुस से कहा, "उठकर दक्षिण की ओर उस मार्ग पर जा
जो यरूशालेम से अज़्ज़ाह को जाता है।" यह जंगल है।
[27]और वह उठा और गया, और देखा, कूश का एक पुरुष,
कन्दाके कूशियों की महारानी का एक हिजड़ा, जो उसके सब
खजाने का अधिकारी था, और यरूशालेम उपासना करने
आया था। [28]और लौट रहा था। और अपने रथ पर बैठा
हुआ वह नबी यशायाह को पढ़ रहा था। [29]और आत्मा ने
फिलिप्पुस से कहा, "पास जाकर इस रथ से मिल।" [30]तब
फिलिप्पुस दौड़कर उसके पास गया और उसे नबी यशायाह
को पढ़ते सुना, और कहा, "क्या तू समझता है कि जो पढ़ रहा
है?" [31]उसने कहा, "मैं कैसे समझूँ जब तक कोई मुझे मार्ग
न बिखाए?" और उसने फिलिप्पुस से कहा कि ऊपर आकर
उसके साथ बैठे। [32]और पवित्रशास्त्र का जो खंड वह पढ़
रहा था वह यह था, "वह वध के लिये भेड़ की नाईं ले जाया
गया, और जैसे मेम्ना अपने ऊन कतरने वाले के सामने मौन
रहता है, वैसे ही उसने अपना मुँह न खोला। [33]"उसके दीन
होने में उसका न्याय उठा लिया गया। और उसका वंश कौन
वर्णन करेगा? क्योंकि उसका जीवन धरती से उठा लिया
गया।" [34]तब हिजड़े ने फिलिप्पुस से कहा, "मैं तुझसे बिनती
करता हूँ, नबी यह किस के विषय में कहता है, अपने विषय में
या किसी और के विषय में?" [35]तब फिलिप्पुस ने अपना मुँह
खोला, और उसी पवित्रशास्त्र से आरम्भ करके उसे
יהושע का सुसमाचार सुनाया। [36]और वे मार्ग चलते हुए
किसी जल के स्थान पर आए। और हिजड़े ने कहा, "देख,
जल है! मुझे बपतिस्मा लेने से क्या रोकता है?" [37]और
फिलिप्पुस ने कहा, "यदि तू सारे मन से विश्वास करता है, तो
हो सकता है।" और उसने उत्तर दिया, "मैं विश्वास करता हूँ
कि יהושע ह'मशियाह יהוה का पुत्र है।" [38]और
उसने रथ को रोकने की आज्ञा दी। और फिलिप्पुस और
हिजड़ा दोनों जल में उतर गए, और उसने उसे बपतिस्मा
दिया। [39]और जब वे जल में से ऊपर आए, तो יהוה की
आत्मा ने फिलिप्पुस को उठा लिया, और हिजड़े ने उसे फिर
न देखा, क्योंकि वह अपने मार्ग पर आनन्दित होता हुआ चला
गया। [40]परन्तु फिलिप्पुस अशदोद में पाया गया। और वहां
से होते हुए वह सब नगरों में सुसमाचार सुनाता गया, जब तक
कि कैसरेया को पहुँचा।

9 [1]परन्तु शाऊल, अब भी प्रभु के तालीमिदों के विरुद्ध
धमकी और हत्या की साँस लेता हुआ, महायाजक के
पास आया। [2]उसने उससे दमिश्क की सभाओं के लिए पत्र
मांगे, ताकि यदि वह किसी को मार्ग का पाया, चाहे पुरुष हो या
स्त्री, तो उन्हें बाँधकर येरुशलेम लाए। [3]और ऐसा हुआ कि
जब वह यात्रा कर रहा था और दमिश्क के निकट आया, तो
अचानक उसके चारों ओर आकाश से एक प्रकाश चमका।
[4]और वह भूमि पर गिर पड़ा और एक आवाज़ सुनी जो उससे
कह रही थी, "शाऊल, शाऊल, तू मुझे क्यों सताता है?"
[5]उसने कहा, "हे प्रभु, आप कौन हैं?" और प्रभु ने कहा, "मैं
יהושע हूँ, जिसे तू सताता है। तेरे लिए लात मारना
कठिन है।" [6]और कांपते हुए तथा चकित होकर उसने कहा,
"हे प्रभु, आप मुझसे क्या करवाना चाहते हैं?" प्रभु ने उससे
कहा, "उठ और नगर में जा, और तुझे बताया जाएगा कि
तुझे क्या करना है।" [7]और जो पुरुष उसके साथ यात्रा कर
रहे थे वे निरुत्तर खड़े रहे, आवाज़ सुनते थे परन्तु किसी को
देखते नहीं थे। [8]और शाऊल भूमि से उठा, परन्तु जब
उसकी आँखें खोली गईं तो उसने किसी को न देखा। और
उसका हाथ पकड़कर वे उसे दमिश्क ले गए। [9]और वह
तीन दिन तक दृष्टिहीन रहा, और उसने न तो खाया और न
ही पिया। [10]और दमिश्क में एक तालीमिद था जिसका नाम
हनन्याह था। और प्रभु ने उससे एक दर्शन में कहा,
"हनन्याह!" उसने कहा, "हे प्रभु, मैं यहाँ हूँ।" [11]और प्रभु ने
उससे कहा, "उठ और उस गली में जा जिसे सीधा कहा
जाता है, और यहूदा के घर में तर्सुस का शाऊल नामक
व्यक्ति खोज, देख वह प्रार्थना कर रहा है। [12]और उसने
दर्शन में हनन्याह नामक पुरुष को देखा है जो भीतर आकर
उस पर हाथ रखे ताकि वह फिर से देख सके।" [13]हनन्याह
ने उत्तर दिया, "हे प्रभु, मैंने बहुतों से इस व्यक्ति के विषय में
सुना है, उसने येरुशलेम में तेरे पवित्र लोगों को कितनी
बुराइयाँ कीं। [14]और यहाँ भी उसे महायाजकों से उन सबको
बाँधने का अधिकार मिला है जो तेरे नाम को पुकारते हैं।"
[15]परन्तु प्रभु ने उससे कहा, "जा, क्योंकि वह मेरे लिए चुना
हुआ पात्र है, जो मेरा नाम जातियों, राजाओं और इस्राएल के
बच्चों के सामने उठाएगा। [16]क्योंकि मैं उसे दिखाऊँगा कि
मेरे नाम के लिए उसे कितना दुख उठाना होगा।" [17]तब
हनन्याह गया और उस घर में प्रवेश किया और उस पर हाथ
रखकर कहा, "भाई शाऊल, प्रभु יהושע, जो तुझसे मार्ग
में प्रकट हुआ था जब तू आया, उसने मुझे भेजा है, ताकि तू
फिर से देख सके और पवित्र आत्मा से भर जाए।" [18]और
तुरंत उसकी आँखों से छिलके के समान कुछ गिरा और
उसने दृष्टि प्राप्त की। और उठकर उसने बपतिस्मा लिया।
[19]और भोजन पाकर वह बलवंत हुआ। और शाऊल दमिश्क
में कुछ दिन तालीमिदों के साथ रहा। [20]और तुरंत उसने
सभाओं में मसीह का प्रचार किया कि वही יהוה का पुत्र
है। [21]और सब जिन्होंने सुना चकित होकर कहने लगे, "क्या
यह वही नहीं है जिसने येरुशलेम में इस नाम को पुकारने वालों
को नाश किया, और यहाँ भी इसी कारण आया कि उन्हें

महायाजकों के पास बाँध ले जाए?" 22 परन्तु शाऊल सामर्थ्य
में बढ़ता गया और दमिश्क में रहने वाले यहूदियों को
उलझाता गया, सिद्ध करता गया कि यही मसीह है। 23 और
जब कई दिन बीत गए तो यहूदियों ने उसकी हत्या की योजना
बनाई। 24 परन्तु उनकी योजना शाऊल को पता चल गई।
और वे दिन-रात फाटक पर उसकी घात लगाए बैठे थे, ताकि
उसे मार डालें। 25 परन्तु रात में तालीमिदों ने उसे टोकरी में
दीवार से नीचे उतारकर निकाल दिया। 26 और जब शाऊल
येरुशलेम पहुँचा तो उसने तालीमिदों के साथ मिलना चाहा,
परन्तु वे सब उससे डरते थे, यह विश्वास नहीं करते थे कि
वह तालीमिद है। 27 परन्तु बरनबास ने उसे लिया और प्रेरितों
के पास ले आया और उनसे बताया कि उसने मार्ग में प्रभु को
देखा था और उसने उससे बातें की थीं, और दमिश्क में
उसने प्रभु OW५३Z के नाम में निडरता से बातें की थीं।
28 और वह येरुशलेम में उनके साथ था, भीतर आता और
बाहर जाता रहा। 29 और प्रभु OW५३Z के नाम में निडरता
से बातें करता और यूनानियों से वाद-विवाद करता रहा, परन्तु
उन्होंने उसे मारने का प्रयत्न किया। 30 और जब भाइयों को
इसका पता चला तो उन्होंने उसे कैसरिया ले जाकर तर्सुस
भेज दिया। 31 तब सारे यहूदिया, गलील और शमरोन की
सभाओं को शाति मिली और वे दृढ़ की गईं, और ३५३Z के
भय में और पवित्र आत्मा की शान्ति में चलती रहीं, और
उनकी संख्या बढ़ती गई। 32 और ऐसा हुआ कि जब केफ़ा
सब जगह से होकर जा रहा था, तो वह लुद्दा में रहने वाले
पवित्र लोगों के पास आया। 33 और वहाँ उसने एनेआस
नामक एक व्यक्ति को पाया, जो आठ वर्ष से बिस्तर पर पड़ा
था और लकवाग्रस्त था। 34 और केफ़ा ने उससे कहा,
"एनेआस, OW५३Z मसीह तुझे चंगा करता है! उठ और
अपना बिस्तर ठीक कर।" और वह तुरंत उठ गया। 35 और
लुद्दा और शरोन में रहने वाले सब लोगों ने उसे देखा और प्रभु
की ओर फिर गए। 36 और याफ़ो में तबिथा नामक एक
तालीमिद थी, जिसका अर्थ डोरकास है। यह स्त्री भले कार्यों
और दान के कार्यों से भरी हुई थी, जो वह करती थी। 37 और
उन दिनों में वह बीमार पड़ी और मर गई। और उसे धोकर
उन्होंने ऊपरी कमरे में रख दिया। 38 और क्योंकि लुद्दा याफ़ो
के निकट था और तालीमिदों ने सुना कि केफ़ा वहाँ है, उन्होंने
उससे मिलने के लिए दो पुरुषों को भेजा और उससे आग्रह
किया कि वह बिना विलंब उनके पास आए। 39 तब केफ़ा
उठकर उनके साथ गया। और जब वह पहुँचा तो उन्होंने उसे
ऊपरी कमरे में ले जाया। और सब विधवाएँ रोती हुई उसके
पास खड़ी थीं और वे अंतरीय और बाहरी वस्त्र दिखाती थीं
जो डोरकास ने उनके साथ रहते समय बनाए थे। 40 परन्तु
केफ़ा ने सबको बाहर भेज दिया और घुटनों पर झुककर
प्रार्थना की। और शव की ओर मुड़कर कहा, "तबिथा,
उठ।" और उसने अपनी आँखें खोलीं और केफ़ा को
देखकर बैठ गई। 41 और उसने उसका हाथ पकड़कर उसे
उठाया। और पवित्र लोगों और विधवाओं को बुलाकर उसने
उसे जीवित प्रस्तुत किया। 42 और यह सारी याफ़ो में प्रकट
हो गया और बहुतों ने प्रभु पर विश्वास किया। 43 और ऐसा
हुआ कि उसने याफ़ो में बहुत दिनों तक शिमोन नामक चमड़े
के काम करने वाले के साथ ठहराया।

10 1 अब कैसरेया में एक मनुष्य था जिसका नाम
कॉर्नेलियुस था, जो इटालियन रेजिमेंट का एक
कप्तान था। 2 वह भक्त था और अपने सारे घराने समेत
ईश्वर का भय मानता था, लोगों के लिए बहुत दयालु कार्य
करता था और सदा ईश्वर से प्रार्थना करता था। 3 उसने
दिन के नौवें घंटे के लगभग एक दर्शन में स्पष्ट रूप से देखा
कि ईश्वर का एक दूत उसके पास आया और उससे कहा,
"कॉर्नेलियुस!" 4 वह उसे ध्यान से देखकर डर गया और
बोला, "हे प्रभु, क्या है?" उसने उससे कहा, "तेरी प्रार्थनाएं
और तेरे दयालु कार्य ईश्वर के सामने स्मरण में आ गए हैं।
5 "अब तू लोगों को याफ़ो भेज और शिमोन को बुला जो कि
केफा कहलाता है। 6 "वह शिमोन नामक चमड़े के काम
करने वाले के घर समुद्र के किनारे ठहरा हुआ है।" 7 और
जब वह दूत जो उससे बात कर रहा था चला गया, तो
कॉर्नेलियुस ने अपने घर के दो सेवकों और एक भक्त सिपाही
को, जो सदा उसकी सेवा करता था, बुलाया। 8 और सब कुछ
उन्हें समझाकर उसने उन्हें याफ़ो भेज दिया। 9 अगले दिन
जब वे यात्रा कर रहे थे और नगर के पास पहुँच रहे थे, केफा
छत पर प्रार्थना करने गया, यह छठा घंटा था। 10 और वह
भूखा हो गया और खाना चाहता था। परन्तु जब वे भोजन
तैयार कर रहे थे, तब वह ध्यानावस्था में चला गया। 11 और
उसने देखा कि शमयिम खुल गए और एक पात्र जैसे बड़ा
कपड़ा जो चारों कोनों से बँधा हुआ था, नीचे उतारकर पृथ्वी
पर रखा गया। 12 उसमें पृथ्वी के सब प्रकार के चौपाए,
जंगली जानवर, रेंगने वाले जीव और शमयिम के पक्षी थे।
13 और उससे एक आवाज़ आई, "उठ केफा, मार और
खा।" 14 परन्तु केफा ने कहा, "कदापि नहीं, प्रभु! क्योंकि
मैंने कभी भी कोई अपवित्र या अशुद्ध वस्तु नहीं खाई।"
15 और दूसरी बार उससे आवाज़ आई, "जिसे ईश्वर ने शुद्ध
किया है, तू उसे अशुद्ध न कह।" 16 यह तीन बार हुआ और
फिर वह पात्र शमयिम में उठा लिया गया। 17 और जब केफा
अपने भीतर यह सोच रहा था कि यह दर्शन क्या अर्थ रखता
है, देखो, वे लोग जो कॉर्नेलियुस ने भेजे थे, शिमोन का घर
पूछते हुए द्वार पर खड़े हुए। 18 और पुकारकर पूछने लगे कि
क्या शिमोन, जिसे केफा भी कहते हैं, वहाँ ठहरा है। 19 जब
केफा उस दर्शन के बारे में सोच रहा था, तब आत्मा ने उससे
कहा, "देख, तीन व्यक्ति तुझ को ढूँढ रहे हैं। 20 "इसलिए
उठ, नीचे जा और बिना किसी संदेह के उनके साथ जा,
क्योंकि मैंने उन्हें भेजा है।" 21 तब केफा उन लोगों के पास
नीचे गया जिन्हें कॉर्नेलियुस ने उसके पास भेजा था, और
कहा, "देखो, मैं वही हूँ जिसे तुम ढूँढते हो। तुम किस कारण
से आए हो?" 22 उन्होंने कहा, "कॉर्नेलियुस कप्तान, जो धर्मी
व्यक्ति है और ईश्वर का भय मानता है और पूरे यहूदी राष्ट्र
द्वारा सराहा जाता है, उसे एक पवित्र दूत ने यह आदेश दिया
कि तुझे अपने घर बुलाए और तुझसे बातें सुने।" 23 तब
उसने उन्हें भीतर बुलाकर ठहराया। अगले दिन केफा उनके
साथ चला गया और याफ़ो से कुछ भाई भी उसके साथ गए।
24 और अगले दिन वे कैसरेया में पहुँचे। और कॉर्नेलियुस
उनकी प्रतीक्षा कर रहा था, उसने अपने रिश्तेदारों और
निकट मित्रों को भी बुलाया था। 25 और जब केफा भीतर
आया, तो कॉर्नेलियुस उससे मिलने के लिए उसके पैरों पर

गिरा और प्रणाम किया। 26 परन्तु केफा ने उसे उठाया और
कहा, "खड़ा हो जा, मैं भी मनुष्य हूँ।" 27 और उससे
बातचीत करते हुए वह भीतर गया और बहुत से लोगों को
एकत्र पाया। 28 और उसने उनसे कहा, "तुम जानते हो कि
यहूदी के लिए किसी अन्य जाति के व्यक्ति से मेल रखना या
उसके पास जाना उचित नहीं है। परन्तु ईश्वर ने मुझे
दिखाया है कि मैं किसी मनुष्य को अपवित्र या अशुद्ध न कहूँ।
29 "इसलिए जब मुझे बुलाया गया, तो मैं बिना हिचकिचाहट
आया। तो अब मैं पूछता हूँ, तुमने मुझे क्यों बुलाया?"
30 कॉर्नेलियुस ने कहा, "चार दिन पहले इसी घड़ी मैं उपवास
कर रहा था, और नौवें घंटे अपने घर में प्रार्थना कर रहा था,
और देखो, एक पुरुष उज्ज्वल वस्त्र पहने मेरे सामने खड़ा
हुआ। 31 और उसने कहा, 'कॉर्नेलियुस, तेरी प्रार्थना सुनी गई
और तेरे दयालु कार्य ईश्वर के सामने स्मरण में आए।
32 'अब याफ़ो भेज और शिमोन को बुला जो केफा कहलाता
है। वह शिमोन नामक चमड़े का काम करने वाले के घर
समुद्र के किनारे ठहरा है। जब वह आएगा तो तुझसे बातें
करेगा।' 33 "इसलिए मैंने तुरंत तेरे पास भेजा और तू आकर
अच्छा किया। अब हम सब ईश्वर के सामने उपस्थित हैं, कि
जो कुछ तुझे ईश्वर ने आज्ञा दी है, उसे सुनें।" 34 तब केफा
ने मुँह खोलकर कहा, "सचमुच मैं समझता हूँ कि ईश्वर
किसी का पक्षपाती नहीं है। 35 परन्तु हर जाति में जो उसकी
श्रद्धा करता है और धर्म के काम करता है, वह उसके द्वारा
स्वीकार किया जाता है। 36 "उसने इस्राएल की सन्तानों को
वचन भेजा, शुभ समाचार सुनाते हुए: शांति OWY३Z
ह'मशियह के द्वारा! वही सब का प्रभु है। 37 "तुम जानते हो
कि यह वचन सारे यहूदा में फैल गया, गलील से प्रारंभ होकर
उस स्नान के बाद जो योहनान ने प्रचार किया। 38 कैसे
३Y३Z ने नासरत के OWY३Z को आत्मा ह'क़ोदेश और
सामर्थ्य से अभिषिक्त किया, जो भलाई करता फिरा और उन
सबको चंगा करता रहा जो शैतान से पीड़ित थे, क्योंकि
३Y३Z उसके साथ था। 39 "और हम उसके सब कामों के
गवाह हैं, जो उसने यहूदियों के देश और येरुशालेम में किए;
जिन्हें उन्होंने क्रूस पर चढ़ाकर मार डाला। 40 "३Y३Z ने
तीसरे दिन उसे जिलाया और उसे प्रगट होने दिया। 41 सब
लोगों को नहीं, परन्तु उन गवाहों को जो ईश्वर के द्वारा पहले
से चुन लिए गए थे - हमें, जिन्होंने उसके मृतकों में से जी
उठने के बाद उसके साथ खाया और पिया। 42 "और उसने
हमें लोगों को प्रचार करने और गवाही देने की आज्ञा दी कि
वही है जिसे ३Y३Z ने जीवितों और मरे हुओं का न्यायी
ठहराया है। 43 "इसके विषय में सब नबियों ने गवाही दी है कि
उसके नाम से जो कोई उस पर विश्वास करता है, उसके पाप
क्षमा किए जाते हैं।" 44 जब केफा ये बातें कह ही रहा था, तब
आत्मा ह'क़ोदेश उन सब पर उतरा जो वचन सुन रहे थे।
45 और वे खतना किए हुए विश्वासियों में से जितने केफा के
साथ आए थे, चकित हुए, क्योंकि आत्मा ह'क़ोदेश का
वरदान अन्यजातियों पर भी उंडेला गया। 46 क्योंकि वे उन्हें
अन्य भाषाओं में बोलते और ईश्वर की महिमा करते सुन रहे
थे। तब केफा ने कहा, 47 "क्या कोई पानी को रोक सकता है
कि ये लोग, जिन्होंने आत्मा ह'क़ोदेश पाया है, हमारे समान,
बपतिस्मा न लें?" 48 और उसने आज्ञा दी कि उन्हें
OWY३Z ह'मशियह के नाम में बपतिस्मा दिया जाए। तब
उन्होंने उससे विनती की कि वह कुछ दिन ठहरे।

11 1 और प्रेषितों और भाइयों ने जो यहूदा में थे सुना कि
अन्यजातियों ने भी ३Y३Z का वचन ग्रहण किया।
2 और जब केफ़ा यरूशलेम आया, तो ख़तना वाले उसके
साथ वाद-विवाद करने लगे, 3 कहते हुए, "तू बिना ख़तना
वालों के पास गया और उनके साथ खाया!" 4 परन्तु केफ़ा ने
आरम्भ करके क्रम से समझाना आरम्भ किया, कहते हुए:
5 "मैं याफ़ो नगर में प्रार्थना कर रहा था। और एक दर्शन में
मैंने एक दृश्य देखा, एक विशेष पात्र एक बड़े चादर के
समान उतरता हुआ, आकाश से चार कोनों से उतारा गया,
और वह मेरे पास आया। 6 "उसमें झाँककर, मैंने देखा और
पृथ्वी के चौपायों को, और वन्य पशुओं को, और रेंगनेवाले
जन्तुओं को, और आकाश के पक्षियों को देखा। 7 "और मैंने
एक आवाज़ सुनी जो मुझसे कहती थी, 'उठ, केफ़ा, मार और
खा।' 8 "परन्तु मैंने कहा, 'कदापि नहीं, प्रभु! क्योंकि जो कोई
साधारण या अशुद्ध है वह कभी मेरे मुँह में नहीं गया।' 9 "और
वह आवाज़ फिर से आकाश से मेरे पास आई, 'जिसे ईश्वर ने
शुद्ध किया है उसे तू साधारण न समझ।' 10 "और यह तीन
बार हुआ, और सब फिर से आकाश में उठा लिये गये।
11 "और देख, तुरन्त तीन पुरुष उस घर के सामने खड़े थे
जहाँ मैं था, जो मुझ तक कैसरेया से भेजे गये थे। 12 "और
आत्मा ने मुझसे कहा कि उनके साथ जाऊँ, बिना कुछ संदेह
किए। और ये छह भाई भी मेरे साथ गये, और हम उस मनुष्य
के घर में गये। 13 "और उसने हमें बताया कि उसने अपने
घर में एक स्वर्गदूत को खड़ा देखा, जिसने उससे कहा,
'याफ़ो में लोगों को भेज, और शिमओन को बुला जो केफ़ा
कहलाता है, 14 जो तुझसे ऐसे वचन कहेगा, जिनके द्वारा तू
और तेरा सारा घराना उद्धार पाएगा।' 15 "और जब मैंने
बोलना आरम्भ किया, तो आत्मा पवित्र उन पर उतरी, जैसे
प्रारम्भ में हम पर उतरी थी। 16 "और मुझे प्रभु का वचन
स्मरण हुआ, कि उसने कहा था, 'योहानान ने तो जल में
बपतिस्मा दिया, पर तुम आत्मा पवित्र में बपतिस्मा लोगे।'
17 "तो यदि ईश्वर ने उन्हें वही वरदान दिया जो उसने हमें
दिया, जब हम प्रभु OWY३Z मसीह पर विश्वास लाए, तो मैं
कौन था जो ईश्वर का सामना कर सकता?" 18 और यह
सुनकर वे चुप हो गये, और ईश्वर की स्तुति की, कहते हुए,
"तो ईश्वर ने वास्तव में अन्यजातियों को भी जीवन के लिए
मन-परिवर्तन दिया है।" 19 तब वे जो स्तेफ़नोस के विषय में
हुई क्लेश के कारण तितर-बितर हो गये थे, फोईनीके, और
कुप्रुस, और अन्ताकिया से होकर गुज़रे, और वचन किसी से
नहीं बोले सिवाय केवल यहूदियों के। 20 परन्तु उन में से कुछ
पुरुष कुप्रुस और कुरेने के थे, जो जब अन्ताकिया पहुँचे, तो
यूनानियों से बोले, प्रभु OWY३Z का सुसमाचार सुनाते हुए!
21 और प्रभु का हाथ उनके साथ था, और बहुतों ने विश्वास
करके प्रभु की ओर फिर गए। 22 और इसका समाचार
यरूशलेम की कलीसिया के कानों में पहुँचा, और उन्होंने
बरनाबा को अन्ताकिया तक भेजा, 23 जो वहाँ पहुँचकर, और
ईश्वर का अनुग्रह देखकर आनन्दित हुआ, और सबको मन
की दृढ़ता से प्रभु से लगे रहने के लिए प्रोत्साहित किया।

24 क्योंकि वह एक अच्छा मनुष्य था, और आत्मा पवित्र और
विश्वास से परिपूर्ण था। और बड़ी भीड़ प्रभु में मिलाई गई।
25 तब बरनाबा शाऊल को ढूँढने के लिए तरसुस गया,
26 और जब उसने उसे पाया, तो उसे अन्ताकिया ले आया।
और ऐसा हुआ कि वे एक पूरे वर्ष तक कलीसिया में एकत्रित
होते रहे और बहुतों को शिक्षा दी। और शिष्यों को पहले
अन्ताकिया में 'मसीही' कहा गया। 27 और उन दिनों में
यरूशलेम से कुछ नबी अन्ताकिया आए। 28 और उनमें से
एक जिसका नाम हागाब था, खड़ा हुआ और आत्मा द्वारा
संकेत किया कि सारी दुनिया में बड़ा अकाल पड़ने वाला है -
जो क्लॉडियुस कैसर के समय में भी हुआ। 29 तब शिष्यों ने,
हर एक ने अपनी सामर्थ्य के अनुसार, यहूदिया में रहनेवाले
भाइयों को सहायता भेजने का निश्चय किया। 30 और उन्होंने
ऐसा ही किया, और उसे बरनाबा और शाऊल के हाथों से
प्राचीनों के पास भेजा।

12 1 और उसी समय हेरोदेस राजा ने सभा के कुछ लोगों
के साथ बुरा करने के लिए अपने हाथ बढ़ाए। 2 और
उसने याक़ोब, योहानान के भाई को तलवार से मार डाला।
3 और जब उसने देखा कि यह यहूदियों को प्रसन्न करता है,
तो उसने केफ़ा को भी पकड़ लिया – और यह मत्सोत के
दिन थे। 4 इसलिए जब उसने उसे पकड़ लिया, तो उसने उसे
कारागार में डाल दिया, और चार टुकड़ियों के सैनिकों को
सौंप दिया कि वे उसकी रक्षा करें, यह इरादा रखते हुए कि
पेसह के बाद उसे लोगों के सामने लाए। 5 इसलिए केफ़ा
वास्तव में कारागार में रखा गया, लेकिन सभा द्वारा उसकी
ओर से 𐤉𐤄𐤅𐤄 से प्रार्थना गंभीरता से की जा रही थी।
6 और जब हेरोदेस उसे बाहर लाने ही वाला था, उसी रात
केफ़ा दो जंजीरों से बंधा हुआ दो सैनिकों के बीच सो रहा
था। और दरवाज़े के सामने पहरेदार कारागार की रखवाली
कर रहे थे। 7 और देखो, 𐤉𐤄𐤅𐤄 का एक दूत पास खड़ा
हुआ, और भवन में एक प्रकाश चमका। और केफ़ा की बगल
पर मारकर उसे उठाया और कहा, "शीघ्र उठो!" और उसकी
जंजीरें उसके हाथों से गिर गईं। 8 और दूत ने उससे कहा,
"अपना कमरबंद बांध और अपनी जूतियां पहन," और उसने
ऐसा ही किया। और उसने उससे कहा, "अपना वस्त्र पहन
और मेरे पीछे आ।" 9 और बाहर आकर उसने उसका
अनुसरण किया, और यह नहीं जानता था कि जो दूत द्वारा
किया गया वह सत्य है, पर सोचता था कि वह एक दर्शन देख
रहा है। 10 और जब वे पहले और दूसरे पहरे से निकल गए,
तो वे लोहे के फाटक पर पहुंचे जो नगर की ओर जाता है,
और वह स्वयं उनके लिए खुल गया। और वे बाहर गए और
एक गली से नीचे चले गए, और तुरंत दूत उससे अलग हो
गया। 11 और जब केफ़ा होश में आया, तो उसने कहा, "अब
मैं सचमुच जानता हूं कि 𐤉𐤄𐤅𐤄 ने अपना दूत भेजा है, और
मुझे हेरोदेस के हाथ से और यहूदियों की सारी आशा से
छुड़ाया है।" 12 और यह समझकर, वह मरियम के घर गया,
जो योहानान की माता थी जिसे मर्कोस भी कहा जाता था,
जहां कई लोग प्रार्थना करने के लिए इकट्ठा हुए थे। 13 और
जब केफ़ा ने फाटक के दरवाजे पर दस्तक दी, तो रोडे
नामक एक दासी लड़की उत्तर देने आई। 14 और जब उसने
केफ़ा की आवाज़ पहचानी, तो आनन्द के कारण फाटक नहीं
खोला, पर भीतर दौड़कर यह बताने लगी कि केफ़ा फाटक
पर खड़ा है। 15 और उन्होंने उससे कहा, "तू पागल है!" पर
वह जोर देकर कहती रही कि यह सच है, और वे कहने लगे,
"यह उसका दूत है।" 16 पर केफ़ा दस्तक देता रहा, और
जब उन्होंने खोला तो उसे देखकर चकित हो गए। 17 और
उसने हाथ से उन्हें चुप रहने का संकेत किया, और उन्हें
बताया कि प्रभु ने उसे कारागार से कैसे बाहर निकाला। और
उसने कहा, "यह बात याक़ोब और भाइयों को बता देना।"
और वह निकलकर किसी और स्थान पर चला गया। 18 अब
जब दिन हुआ, तो सैनिकों के बीच केफ़ा के बारे में कोई छोटा
उपद्रव नहीं हुआ। 19 और जब हेरोदेस ने उसे ढूंढा और न
पाया, तो उसने पहरेदारों की पूछताछ की और उन्हें दंड देने
की आज्ञा दी। और वह यहूदिया से कैसरिया गया और वहां
ठहरा। 20 अब हेरोदेस सूर और सिदोन के लोगों से अत्यंत
अप्रसन्न था, पर वे एक मन से उसके पास आए, और राजा के
ख़्वाजासरा ब्लास्तोस को अपना मित्र बनाकर, वे शांति मांग
रहे थे, क्योंकि उनका देश राजा से भोजन पाता था। 21 और
एक नियत दिन पर हेरोदेस ने राजकीय वस्त्र पहनकर अपने
सिंहासन पर बैठा और उन्हें संबोधन दिया। 22 और लोग
लगातार चिल्लाते रहे, "यह मनुष्य की नहीं, किसी देवता की
आवाज़ है!" 23 और तुरंत 𐤉𐤄𐤅𐤄 का एक दूत उसे मार
डाला, क्योंकि उसने ईश्वर को महिमा नहीं दी। और कीड़ों से
खाए जाने पर वह मर गया। 24 परन्तु 𐤉𐤄𐤅𐤄 का वचन
बढ़ता और फैलता गया। 25 और बरनबाह और शाऊल
येरुशलेम से लौटे, जब उन्होंने सेवा पूरी की, और अपने साथ
योहानान को लिया जिसे मर्कोस भी कहा जाता था।

13 1 और अंतियोकिया में जो सभा थी, वहाँ कुछ नबी
और शिक्षक थे: बरनाबाह और शिमोन जिसे नाइगर
कहा जाता था, और कुरेने का लुकियोस, और मनहेम जिसे
हेरोदेस जिला शासक के साथ पाला गया था, और शाऊल।
2 और जब वे प्रभु की सेवा कर रहे थे और उपवास कर रहे
थे, तो आत्मा ह'क़ोदेश ने कहा, "मेरे लिये बरनाबाह और
शाऊल को अलग करो उस काम के लिये जिसके लिये मैंने
उन्हें बुलाया है।" 3 तब उपवास और प्रार्थना करके, और उन
पर हाथ रखकर, उन्होंने उन्हें भेज दिया। 4 तो वे, आत्मा
ह'क़ोदेश के द्वारा भेजे जाने पर, सेल्युकिया को उतरे, और
वहाँ से कुप्रोस को जहाज़ से चले गए। 5 और सलामीस में
पहुँचकर, उन्होंने 𐤉𐤄𐤅𐤄 का वचन यहूदियों की सभाओं में
प्रचार किया। और उनके पास याहोहानान भी सेवक के रूप में
था। 6 और सारे टापू से होकर पाफोस तक पहुँचकर, उन्होंने
एक जादूगर को पाया, जो झूठा नबी था, एक यहूदी जिसका
नाम बार-यहोशुआ था। 7 जो सूबेदार सेर्गियुस पौलुस के साथ
था, जो समझदार मनुष्य था। इस व्यक्ति ने बरनाबाह और
शाऊल को बुलाकर, 𐤉𐤄𐤅𐤄 का वचन सुनना चाहा। 8 परंतु
इलूमास जादूगर - क्योंकि उसका नाम ऐसा ही अनुवादित है -
उनका विरोध करने लगा, सूबेदार को विश्वास से फेरने की
कोशिश करता था। 9 तब शाऊल, आत्मा ह'क़ोदेश से
भरकर, उस पर ध्यान से देखता रहा। 10 और कहा, "हे
शैतान के पुत्र, जो सब धोखे और सब दुष्टता से भरा हुआ है,
सब धर्म का शत्रु, क्या तू 𐤉𐤄𐤅𐤄 के सीधे मार्गों को बिगाड़ना
नहीं छोड़ेगा? 11 "और अब देख, 𐤉𐤄𐤅𐤄 का हाथ तुझ पर

है, और तू कुछ समय तक सूर्य को न देख पाएगा।" और
तुरंत उस पर घना कोहरा छा गया, और वह हाथ पकड़कर ले
जाने वाले को ढूँढता फिरा। 12 और जो कुछ हुआ उसे
देखकर, सूबेदार विश्वास करने लगा, प्रभु की शिक्षा से
अचंभित हुआ। 13 और पाफोस से जहाज़ चलाकर, शाऊल
और उसके साथी पर्गे पहुँचे जो पाम्फूलिया में है। और
याहोहानान उन्हें छोड़कर येरूशलेम लौट गया। 14 परंतु पर्गे
से होते हुए, वे पिसिदिया के अंतियोकिया पहुँचे, और सब्त के
दिन सभा में जाकर बैठ गए। 15 और जब तोराह और नबियों
का पाठ हुआ, तब सभा के सरदारों ने उनसे कहा, "हे भाइयो,
यदि तुम्हारे पास लोगों के लिये कोई प्रोत्साहन का वचन है तो
कहो।" 16 तब शाऊल उठकर, हाथ से संकेत करके कहने
लगा, "हे इस्त्राएलियों, और हे ईश्वर का भय मानने वालों,
सुनो: 17 "इस लोगों इस्त्राएल का ईश्वर ने हमारे पितरों को
चुना, और मिस्त्र देश में उनके प्रवास में लोगों को महान किया,
और ऊँचे हाथ से उन्हें वहाँ से बाहर निकाला। 18 "और
लगभग चालीस वर्ष तक जंगल में उनकी देखभाल करता
रहा। 19 "और कनान देश की सात जातियों का नाश करके,
उनकी भूमि उन्हें मीरास में दी। 20 "और इसके बाद लगभग
साढ़े चार सौ वर्ष तक न्यायी नियुक्त किए, जब तक कि
शमूएल नबी हुआ। 21 "तब उन्होंने एक राजा की माँग की,
और ईश्वर ने उन्हें बिन्यामिन के गोत्र के व्यक्ति, कीश के
पुत्र शाऊल को चालीस वर्ष तक दिया। 22 "और उसे हटा
देने के बाद, उसने उनके लिये दाविद को राजा ठहराया,
जिसके विषय में उसने गवाही दी और कहा, 'मैंने यिशै के पुत्र
दाविद को पाया, जो मेरे मन के अनुसार मनुष्य है, वह मेरी
सारी इच्छा पूरी करेगा।' 23 "इसी के वंश से, प्रतिज्ञा के
अनुसार, 𐤉𐤄𐤅𐤄 ने इस्त्राएल के लिये एक उद्धारकर्ता खड़ा
किया, 𐤉𐤄𐤅𐤔𐤏। 24 उसके आने से पहले, याहोहानान ने
सबसे पहले इस्त्राएल की सारी प्रजा को मन फिराव के
बपतिस्मा का प्रचार किया। 25 "और जब याहोहानान अपनी
सेवा पूरी कर रहा था, उसने कहा, 'तुम क्या समझते हो कि मैं
कौन हूँ? मैं वह नहीं हूँ। पर देखो, मेरे बाद एक आता है,
जिसके पाँव के जूते के फीते खोलने के योग्य भी मैं नहीं हूँ।'
26 "हे भाइयो, अब्राहम की वंशज, और तुम्हारे बीच जो ईश्वर
का भय मानते हैं, तुम्हारे लिये इस उद्धार का वचन भेजा गया
है। 27 क्योंकि येरूशलेम में रहनेवाले और उनके हाकिमों ने,
न उसे पहचाना, न नबियों की बातें समझीं जो हर सब्त को
पढ़ी जाती हैं, और उन्होंने उसे दोषी ठहराकर वही बातें पूरी
कीं। 28 "और जब उन्होंने मृत्यु का कोई कारण नहीं पाया,
तो पीलातुस से विनती की कि उसे मारा जाए। 29 "और जब
उन्होंने सब बातें पूरी कीं जो उसके विषय में लिखी गई थीं, तो
उसे काठ से उतारकर कब्र में रख दिया। 30 "परंतु 𐤉𐤄𐤅𐤄
ने उसे मरे हुओं में से जिलाया। 31 और वह बहुत दिनों तक
उन लोगों को दिखाई दिया, जो गलील से येरूशलेम उसके
साथ आए थे, जो अब लोगों के लिये उसके गवाह हैं।
32 "और हम तुम्हें सुसमाचार सुनाते हैं, वह प्रतिज्ञा जो पितरों
से की गई थी। 33 कि 𐤉𐤄𐤅𐤄 ने इसे हमारे लिये, उनके
बच्चों के लिये पूरी की, 𐤉𐤄𐤅𐤔𐤏 को जिलाकर, जैसा कि
दूसरे भजन में भी लिखा है, 'तू मेरा पुत्र है, आज मैं ने तुझे
जन्म दिया।' 34 "और कि उसने उसे मरे हुओं में से
जिलाकर, फिर कभी सड़ने न दिया, उसने ऐसा कहा, 'मैं
तुम्हें दाविद की विश्वासयोग्य दयालुताएँ दूँगा।' 35 "इसी
कारण वह दूसरे भजन में भी कहता है, 'तू अपने पवित्र जन
को सड़ने न देगा।' 36 "क्योंकि दाविद ने, ईश्वर की इच्छा के
अनुसार अपने समय में सेवा की, और सो गया, अपने पितरों
के साथ दफनाया गया, और सड़ गया। 37 परंतु जिसे
𐤉𐤄𐤅𐤄 ने जिलाया, उसने सड़न नहीं देखी। 38 "इसलिये,
हे भाइयो, यह तुम्हें ज्ञात हो कि इस जन के द्वारा तुम्हें पापों की
क्षमा का प्रचार किया जाता है। 39 और उसके द्वारा हर एक
विश्वास करनेवाला उन सब बातों से धर्मी ठहराया जाता है,
जिनसे तुम मूसा की तोराह के द्वारा धर्मी नहीं ठहराए जा
सके। 40 "तो ध्यान दो कि नबियों में जो कहा गया है, वह तुम
पर न आ पड़े: 41 "देखो, हे तिरस्कार करनेवालो, अचंभा
करो और नाश हो जाओ, क्योंकि मैं तुम्हारे दिनों में एक काम
करूँगा, ऐसा काम कि यदि कोई तुम्हें बताए भी, तो तुम किसी
रीति से विश्वास न करोगे।' " 42 और जब यहूदी सभा से
बाहर गए, तो अन्यजातियों ने बिनती की कि अगली सब्त के
दिन ये बातें उन्हें भी सुनाई जाएँ। 43 और जब सभा टूट गई,
तो बहुत से यहूदी और भक्त धर्मान्तरित शाऊल और
बरनाबाह के पीछे हो लिए, जिन्होंने उनसे बातें कीं और उन्हें
ईश्वर के अनुग्रह में बने रहने के लिये समझाया। 44 और
अगले सब्त के दिन लगभग सारे नगर के लोग 𐤉𐤄𐤅𐤄 का
वचन सुनने के लिये इकट्ठे हुए। 45 परंतु यहूदियों ने भीड़ को
देखकर डाह की, और विरोध करने लगे और बुरी बातें
कहकर शाऊल की बातें का विरोध किया। 46 तब शाऊल
और बरनाबाह ने निडर होकर कहा, "ईश्वर का वचन पहले
तुम्हें सुनाना आवश्यक था, परंतु चूँकि तुम उसे ठुकराते हो,
और अपने आप को अनन्त जीवन के योग्य नहीं ठहराते, तो
देखो, हम अन्यजातियों की ओर मुड़ते हैं। 47 "क्योंकि प्रभु ने
हमें ऐसा आज्ञा दी है, 'मैंने तुझे अन्यजातियों के लिये ज्योति
ठहराया है, कि तू पृथ्वी की छोर तक उद्धार के लिये हो।' "
48 और जब अन्यजातियों ने यह सुना, तो वे आनन्दित हुए
और 𐤉𐤄𐤅𐤄 के वचन की महिमा की। और जितनों को
अनन्त जीवन के लिये ठहराया गया था, वे विश्वास करने
लगे। 49 और 𐤉𐤄𐤅𐤄 का वचन सारे देश में फैलाया जा रहा
था। 50 परंतु यहूदियों ने भक्त और प्रतिष्ठित स्त्रियों और
नगर के प्रधान पुरुषों को भड़काकर, शाऊल और बरनाबाह
पर सताव खड़ा किया, और उन्हें अपनी सीमा से बाहर
निकाल दिया। 51 पर उन्होंने अपने पाँव की धूल उनके विरुद्ध
झाड़ दी, और इकोनियुन को गए। 52 और चेलों को आनन्द
और आत्मा ह'क़ोदेश से भर दिया गया।

14 1 और यह हुआ कि ईकोनियोन में वे दोनों याहूदीम की
सभा में गए, और इस प्रकार बोले कि बहुत से याहूदीम
और यवन विश्वास करने लगे। 2 परन्तु जो याहूदीम आज्ञा न
माने उन्होंने अन्यजातियों को भड़काया और भाइयों के विरोध
में उनके मनों को बिगाड़ा। 3 इसलिये वे बहुत समय तक ठहरे
और प्रभु पर भरोसा रखकर निडर होकर बोले, जो अपनी
अनुग्रह की वाणी की गवाही देता था, और उनके हाथों से
चिन्ह और अद्भुत काम कराता था। 4 और नगर की भीड़
दो भागों में बँट गई, कुछ याहूदीम के पक्ष में, और कुछ प्रेरितों

के पक्ष में। 5 परन्तु जब अन्यजातियों और याहूदीम ने अपने
शासकों समेत उन पर अपमान करने और उन्हें पत्थरवाह
करने का प्रयत्न किया, 6 तो उन्होंने इसका ज्ञान पाकर लुस्त्रा
और देरबे, जो लुकोनिया के नगर हैं, और उसके आस-पास
के देश में भाग निकले। 7 और वहाँ वे सुसमाचार सुनाते थे।
8 और लुस्त्रा में एक मनुष्य बैठा था, जो पैरों से लाचार था,
अपनी माँ के गर्भ से ही लंगड़ा था, जिसने कभी नहीं चला
था। 9 उसने शाऊल को बोलते सुना। और उसने ध्यान से
उसकी ओर देखकर देखा कि उसमें चंगा होने का विश्वास है,
10 तब उसने ऊँचे स्वर से कहा, "अपने पैरों पर सीधा खड़ा
हो जा!" और वह उछलकर चलने लगा। 11 और जब भीड़ ने
देखा कि शाऊल ने क्या किया है, तो उन्होंने लुकोनियाई भाषा
में पुकारकर कहा, "देवता मनुष्य के रूप में हमारे पास उतर
आए हैं!" 12 और उन्होंने बरनाबा को ज़ीउस और शाऊल को
हर्मेस कहा, क्योंकि वही मुख्य वक्ता था। 13 और ज़ीउस का
पुजारी, जो नगर के सामने था, बैल और मालाएँ फाटकों पर
लाया और भीड़ के साथ बलिदान करना चाहता था।
14 परन्तु जब प्रेरित बरनाबा और शाऊल ने यह सुना, तो
उन्होंने अपने वस्त्र फाड़े और भीड़ के बीच दौड़कर पुकारते
हुए कहा, 15 "हे मनुष्यों, तुम यह क्या कर रहे हो? हम भी
तुम्हारे समान स्वभाव के मनुष्य हैं, और तुम्हें यह सुसमाचार
सुनाते हैं कि इन व्यर्थ बातों से जीवित ईश्वर की ओर फिरो,
जिसने आकाश और पृथ्वी और समुद्र और उन सब वस्तुओं
को बनाया जो उनमें हैं। 16 जिसने बीते समयों में सब जातियों
को उनकी अपनी राहों पर चलने दिया। 17 तो भी उसने
अपनी गवाही बिना न छोड़ी, क्योंकि वह भलाई करता रहा,
आकाश से वर्षा और फलवाले समय देता रहा, और भोजन
और आनन्द से हमारे ह्रदय भरता रहा।" 18 फिर भी इन
वचनों के साथ वे मुश्किल से भीड़ को उनसे बलिदान चढ़ाने
से रोक पाए। 19 परन्तु अन्ताकिया और ईकोनियोन से
याहूदीम आए, और भीड़ को फुसलाकर उन्होंने शाऊल को
पत्थरवाह किया और नगर से घसीटकर बाहर फेंक दिया, यह
सोचकर कि वह मर गया है। 20 परन्तु जब चेलों ने उसके
चारों ओर घेरा किया, तो वह उठ खड़ा हुआ और नगर में
चला गया। और दूसरे दिन वह बरनाबा के साथ देरबे चला
गया। 21 और उस नगर को सुसमाचार सुनाकर, और बहुतों
को चेला बनाकर, वे लुस्त्रा, ईकोनियोन और अन्ताकिया
लौटे। 22 और चेलों के प्राणों को दृढ़ करते हुए, उन्हें विश्वास
में बने रहने की चेष्टा करते हुए, कहा कि हमें ईश्वर के राज्य
में प्रवेश करने के लिये बहुत क्लेशों से होकर जाना होगा।
23 और हर कलीसिया में प्राचीनों को ठहराकर, उपवास के
साथ प्रार्थना कर, उन्हें प्रभु को सौंप दिया, जिस पर उन्होंने
विश्वास किया था। 24 और पिसिदिया होकर पंफूलिया में
आए। 25 और पेरगे में वचन सुनाकर, अत्तालिया में उतर
आए। 26 और वहाँ से वे अन्ताकिया को जहाज से गए, जहाँ
वे उस काम के लिये ईश्वर के अनुग्रह के हाथ सौंपे गए थे
जिसे वे पूरा कर चुके थे। 27 और जब पहुँचे और कलीसिया
को इकट्ठा किया, तो उन्होंने बताया कि ईश्वर ने उनके साथ
क्या-क्या किया और कैसे अन्यजातियों के लिये विश्वास का
द्वार खोला। 28 और वे चेलों के साथ वहाँ बहुत समय तक
ठहरे रहे।

15

1 और कुछ लोग यहूदा से नीचे आए और भाइयों को
सिखा रहे थे, "जब तक तुम मूसा की रीति के
अनुसार खतना नहीं कराते, तुम उद्धार नहीं पा सकते।" 2 तो
जब शाऊल और बरनाबा का उनसे कम विवाद और बहस
नहीं हुआ, तब यह ठहराया गया कि शाऊल और बरनाबा और
उनमें से कुछ अन्य यरूशलेम को प्रेरितों और प्राचीनों के पास
इस प्रश्न के विषय में जाएं। 3 तो, कलीसिया द्वारा भेजे जाने
पर, वे फोइनीके और शोमेरोन से होकर गुज़रे, अन्यजातियों
के परिवर्तन की कथा सुनाते हुए। और उन्होंने सब भाइयों को
बहुत आनंद दिया। 4 और यरूशलेम पहुँचकर, उन्हें
कलीसिया और प्रेरितों और प्राचीनों ने ग्रहण किया। और
उन्होंने सब बताया कि ईश्वर ने उनके साथ क्या-क्या किया।
5 और फरीसियों के दल से जो विश्वास करते थे, उनमें से
कुछ खड़े होकर कहने लगे, "उनका खतना करना
आवश्यक है, और उन्हें मूसा की तोराह मानने की आज्ञा देनी
चाहिए।" 6 और प्रेरित और प्राचीन इस विषय को विचारने के
लिए इकट्ठे हुए। 7 और जब बहुत विवाद हुआ, तब केफ़ा
उठकर उनसे कहने लगा, "हे भाइयो, तुम जानते हो कि कुछ
समय पहले ईश्वर ने हम में से चुन लिया, कि मेरे मुँह से
अन्यजाति शुभ समाचार का वचन सुनें और विश्वास करें।
8 "और ईश्वर, जो मन जानता है, ने उन्हें आत्मा हक़दोष
देकर गवाही दी, जैसे हमको दी। 9 और उसने हममें और
उनमें कुछ भेद न किया, विश्वास से उनके मन शुद्ध किए।
10 "तो अब तुम क्यों ईश्वर को परखते हो कि चेलों की
गरदन पर ऐसा जूआ डालो, जिसे न तो हमारे बापदादे और
न हम उठा सके?" 11 "परन्तु हम प्रभु 𐤉𐤄𐤅𐤔𐤏 हामशियाह
के अनुग्रह से विश्वास करते हैं कि उसी रीति से उद्धार पाएंगे
जैसे वे।" 12 और सारी भीड़ चुप हो गई और बरनाबा और
शाऊल की सुनने लगीं, जो यह बता रहे थे कि ईश्वर ने उनके
द्वारा अन्यजातियों में कितने चमत्कार और अद्‌भुत काम
किए। 13 और जब वे चुप हुए, तो याक़ोब ने उत्तर देकर कहा,
"हे भाइयो, मेरी सुनो: 14 "शिमोन ने बताया है कि ईश्वर ने
सबसे पहले अन्यजातियों पर दृष्टि की कि अपने नाम के लिए
उनमें से एक प्रजा निकाले। 15 "और नबियों के वचन इस पर
सहमत हैं, जैसा लिखा है: 16 'इसके बाद मैं लौटकर दाऊद
की गिरी हुई झोपड़ी को फिर से बनाऊँगा। और उसके
खंडहरों को फिर से बनाऊँगा, और उसे सीधा करूँगा,
17 ताकि मनुष्यों का शेष भाग 𐤉𐤄𐤅𐤄 को ढूंढे, वरन् सब
अन्यजाति, जिन पर मेरा नाम पुकारा गया है, यह 𐤉𐤄𐤅𐤄
कहता है जो ये सब करता है।' 18 जिसने यह सब
प्राचीनकाल से ज्ञात कर दिया है। 19 "इसलिए मेरा विचार
यह है कि उन अन्यजातियों को, जो ईश्वर की ओर लौटते हैं,
हम कष्ट न दें। 20 परन्तु हम उन्हें लिखें कि वे मूर्तियों की
अशुद्धता से, और व्यभिचार से, और गला घोंटे हुए से, और
रक्त से दूर रहें। 21 "क्योंकि प्राचीन पीढ़ियों से मूसा के
प्रचारक हर नगर में हैं, और प्रत्येक शब्बात को सभा-भवनों में
पढ़े जाते हैं।" 22 तब प्रेरितों और प्राचीनों और सारी
कलीसिया को यह भला लगा कि वे अपने में से चुने हुए लोगों
को शाऊल और बरनाबा के साथ अंताकिया भेजें: यहूदा जिसे
बरसब्बा कहा जाता था, और सीला, जो भाइयों में प्रमुख पुरुष
थे। 23 और उनके हाथ से यह लिख भेजा: प्रेरितों और

प्राचीनों और भाइयों की ओर से, अंताकिया और सूरिया और
किलिकिया के अन्यजातियों के भाइयों को: नमस्कार।
24 चूंकि हमने सुना है कि हम में से कुछ निकलकर तुम्हें
वचनों से व्याकुल कर रहे हैं, तुम्हारे प्राणों को अशांत करते
हुए, जिन्हें हमने कोई आज्ञा नहीं दी – 25 इसलिए हम सब एक
मन होकर ठहरे कि चुने हुए लोगों को तुम्हारे पास अपने प्रिय
बरनाबा और शाऊल के साथ भेजें। 26 ये वे पुरुष हैं जिन्होंने
हमारे प्रभु 𐤉𐤄𐤅𐤔𐤏 हामशियाह के नाम के लिए अपने प्राण
दे दिए। 27 इसलिए हमने यहूदा और सीला को भेजा है, जो
भी मुँह से यही बातें बताएंगे। 28 क्योंकि आत्मा हक़दोष और
हमको यह अच्छा लगा कि तुम पर इन आवश्यकताओं से
अधिक कोई बोझ न डालें: 29 कि तुम मूर्तियों के बलिदान,
और रक्त, और गला घोंटे हुए, और व्यभिचार से बचो। यदि
तुम अपने आप को इनसे बचाए रखोगे, तो अच्छा करोगे।
दृढ़ रहो! 30 इसलिए वे भेजे जाने पर अंताकिया आए। और
भीड़ को इकट्ठा करके, उन्होंने पत्र सौंपा। 31 और पढ़कर,
उन्होंने उसकी शांति देने वाली बातों से आनन्द किया।
32 और यहूदा और सीला, जो स्वयं भी नबी थे, ने बहुत वचनों
से भाइयों को समझाया और दृढ़ किया। 33 और कुछ समय
बिताकर, वे भाइयों से शांति के साथ प्रेरितों के पास वापस भेजे
गए। 34 परन्तु सीला को रहना अच्छा लगा। 35 और शाऊल
और बरनाबा अंताकिया में रहे, और बहुत अन्य लोगों के साथ
प्रभु 𐤉𐤄𐤅𐤄 का वचन सिखाते और प्रचार करते रहे।
36 और कुछ दिनों के बाद शाऊल ने बरनाबा से कहा, "अब
हम लौटकर उन सब नगरों में अपने भाइयों को देखें जहाँ
हमने 𐤉𐤄𐤅𐤄 का वचन सुनाया था, और देखें कि वे कैसे
हैं।" 37 और बरनाबा ने यह ठहराया कि वे योहन जिसे
मरकुस कहा जाता है, को भी साथ लें। 38 परन्तु शाऊल ने
यह उचित न समझा कि जो पंफुलिया में उनसे हट गया और
काम के लिए उनके साथ न गया, उसे साथ लें। 39 इसलिए
तीव्र मतभेद हुआ कि वे एक-दूसरे से अलग हो गए। और
बरनाबा मरकुस को लेकर कुप्रोस को जहाज़ से चला गया।
40 और शाऊल ने सीला को चुना और भाइयों द्वारा ईश्वर के
अनुग्रह को सौंपा गया। 41 और वह सूरिया और किलिकिया
से होकर गुज़रा, कलीसियाओं को दृढ़ करता हुआ।

16 1 और वह देर्बे और लुस्त्रा में आया। और देखो, वहाँ
एक शिष्य था, जिसका नाम तिमोथियोस था, जो एक
विश्वास करने वाली यहूदी स्त्री का पुत्र था - परन्तु उसके
पिता यूनानी थे - 2 जिसकी लुस्त्रा और इकोनियोन में भाइयों
द्वारा अच्छी गवाही दी जाती थी। 3 शाऊल ने चाहा कि यह
उसके साथ चले। और उसने उसे लिया और उसका खतना
किया, क्योंकि वहाँ के यहूदियों के कारण, क्योंकि सब जानते
थे कि उसका पिता यूनानी था। 4 और जब वे नगरों से होकर
जाते थे, तो उन्होंने उन्हें वे आदेश दिए जिन्हें येरुशलेम में
प्रेरितों और प्राचीनों ने ठहराया था, कि वे उनका पालन करें।
5 तब, वास्तव में, सभाएँ विश्वास में दृढ़ की गईं, और हर दिन
संख्या में बढ़ती गईं। 6 और फ्रीगिया और गलातिया देश से
होकर जाते समय, उन्हें आत्मा हक़दोष द्वारा एशिया में वचन
बोलने से रोका गया। 7 जब वे मुसिया में आए, तो उन्होंने
बिथुनिया में जाने की कोशिश की, परन्तु आत्मा ने उन्हें
अनुमति नहीं दी। 8 और मुसिया से होकर वे ट्रोआस में उतर
आए। 9 और रात में शाऊल को एक दर्शन हुआ: मकदूनिया
का एक पुरुष खड़ा था, जो उससे विनती कर रहा था और
कह रहा था, "मकदूनिया में आकर हमारी सहायता करो।"
10 और जब उसने दर्शन देखा, तो तुरंत हम मकदूनिया जाने
का प्रयत्न करने लगे, यह समझते हुए कि प्रभु ने हमें उन्हें
सुसमाचार सुनाने के लिए बुलाया है। 11 इसलिए, ट्रोआस से
जहाज़ चलाकर हम सीधे सामोथ्राके पहुँचे, और अगले दिन
नेआपोलिस आए, 12 और वहाँ से फिलिप्पोस आए, जो
मकदूनिया के उस भाग का प्रधान नगर है, एक उपनिवेश।
और हम उस नगर में कुछ दिन रहे। 13 और शब्बात के दिन
हम नगर से बाहर नदी के किनारे गए, जहाँ प्रार्थना होती थी।
और बैठकर हम उन स्त्रियों से बातें करने लगे, जो वहां
इकट्ठी हुई थीं। 14 और एक स्त्री, जिसका नाम लुदिया था,
जो थुआतीरा नगर की थी और बैंगनी कपड़े बेचती थी, जो
ईश्वर की आराधना करती थी, सुन रही थी; उसका हृदय प्रभु
ने खोल दिया कि वह शाऊल की बातों पर ध्यान दे। 15 और
जब वह और उसका घराना बपतिस्मा ले चुके, तो उसने हमसे
विनती की, कहती हुई, "यदि तुमने मुझे प्रभु में विश्वासयोग्य
ठहराया है, तो मेरे घर आकर ठहरो।" और उसने हमें आग्रह
किया। 16 और ऐसा हुआ कि जब हम प्रार्थना के लिए जा रहे
थे, तो एक दासी मिली, जिसमें पुथोन की आत्मा थी, जो
अपने स्वामियों को भविष्यवाणी करके बहुत लाभ पहुँचाती थी।
17 वह शाऊल और हमारे पीछे-पीछे चलकर चिल्लाती थी,
कहती हुई, "ये लोग परमप्रधान ईश्वर के दास हैं, जो हमें
उद्धार का मार्ग सुनाते हैं।" 18 और वह यह कई दिनों तक
करती रही। परन्तु शाऊल बहुत दुःखी होकर आत्मा से
कहने लगा, "मैं तुझे 𐤉𐤄𐤅𐤔𐤏 ह'मशियाह के नाम में आज्ञा
देता हूँ कि उससे बाहर निकल।" और वह उसी घड़ी निकल
गई। 19 परन्तु जब उसके स्वामियों ने देखा कि उनके धन
कमाने की आशा जाती रही, तो उन्होंने शाऊल और सीलास
को पकड़कर बाज़ार में हाकिमों के पास घसीटकर ले गए।
20 और उन्हें अधिकारियों के सामने लाकर कहा, "ये लोग,
यहूदी होकर, हमारे नगर में बहुत उपद्रव मचाते हैं, 21 और
ऐसी रीति-नीतियाँ सिखाते हैं जिन्हें हमारे लिए ग्रहण करना
और करना उचित नहीं है, क्योंकि हम रोमी हैं।" 22 तब भीड़
एक साथ उन पर उठ खड़ी हुई। और अधिकारियों ने उनके
वस्त्र उतरवा दिए और उन्हें डंडों से मारने की आज्ञा दी।
23 और जब उन्होंने उन पर बहुत मारपीट की, तो उन्हें जेल
में डाल दिया, और जेलर को उन्हें सुरक्षित रखने की आज्ञा
दी। 24 जिसने ऐसी आज्ञा पाकर उन्हें भीतरी जेल में डाल
दिया और उनके पाँव को बेड़ियों में कस दिया। 25 आधी रात
को शाऊल और सीलास प्रार्थना कर रहे थे और ईश्वर के
लिए गीत गा रहे थे, और कैदी उनकी सुन रहे थे। 26 और
अचानक एक बड़ा भूकंप हुआ, जिससे जेल की नींवें हिल
गईं, और तुरंत सब दरवाज़े खुल गए और सबकी बेड़ियां
खुल गईं। 27 और जेलर नींद से जागकर, जेल के दरवाज़े
खुले देख, यह समझकर कि कैदी भाग गए हैं, तलवार
खींचकर अपने को मार डालने को था। 28 परन्तु शाऊल ने
ऊँचे स्वर से पुकारा, कहता हुआ, "अपने आप को कोई हानि
मत पहुँचाओ, क्योंकि हम सब यहाँ हैं।" 29 तब उसने प्रकाश
मंगाया और भीतर दौड़कर काँपते हुए शाऊल और सीलास

के सामने गिर पड़ा। 30 और उन्हें बाहर लाकर कहा,
"स्वामियों, उद्धार पाने के लिए मुझे क्या करना चाहिए?"
31 उन्होंने कहा, "प्रभु OW५ऋZ ह'मशियाह पर विश्वास
करो, तो तू और तेरा घराना उद्धार पाएगा।" 32 और उन्होंने
उसे और उसके घर के सब लोगों को ऋ५ऋZ का वचन
सुनाया। 33 और उसी रात के घड़ी में उसने उन्हें लेकर
उनके घाव धोए, और तुरंत वह और उसके सब लोग
बपतिस्मा ले लिए। 34 और उन्हें अपने घर लाकर भोजन
सामने रखा, और वह और उसका सारा घराना ईश्वर में
विश्वास करके आनन्दित हुआ। 35 और जब दिन हुआ, तो
अधिकारियों ने सेवकों को भेजा, कहकर, "इन मनुष्यों को
छोड़ दो।" 36 और जेलर ने ये बातें शाऊल से कही,
"अधिकारियों ने तुम्हें छोड़ देने के लिए भेजा है। अब बाहर
आकर शांति से जाओ।" 37 परन्तु शाऊल ने उनसे कहा,
"उन्होंने हमें सार्वजनिक रूप से, बिना दोषी ठहराए, रोमी होते
हुए, पीटा और जेल में डाला। और अब क्या वे हमें गुप्त रूप
से बाहर निकालते हैं? कदापि नहीं! वे स्वयं आकर हमें बाहर
निकालें।" 38 सेवकों ने ये बातें अधिकारियों को बताईं, और
जब उन्होंने सुना कि वे रोमी हैं, तो डर गए। 39 और आकर
उन्होंने उनसे बिनती की, और उन्हें बाहर निकाला, और उनसे
नगर छोड़ने का अनुरोध किया। 40 तो जेल से बाहर आकर
वे लुदिया के पास गए, और भाइयों को देखकर उन्हें शान्त
किया, और निकल पड़े।

17 1 और अम्फीपोलिस और अपोलोनिया से होकर वे
थिस्सलोनिके पहुँचे, जहाँ यहूदी लोगों की एक सभा
थी। 2 और अपनी प्रथा के अनुसार, शाऊल उनके पास गया,
और तीन शब्बाथ तक पवित्र शास्त्रों से उनके साथ विचार-
विमर्श करता रहा। 3 समझाते और यह दिखाते हुए कि
हा'मशियाह को दुख उठाना और मृतकों में से जी उठना
आवश्यक था, और यह कि, "यह हा'मशियाह है, OW५ऋZ,
जिसे मैं तुम्हें सुनाता हूँ।" 4 और उनमें से कुछ ने विश्वास
किया, और उपासना करने वाले यूनानियों में से बड़ी संख्या ने,
और कुछ प्रमुख स्त्रियों ने, शाऊल और सीला के साथ
सम्मिलित हो गए। 5 परन्तु जो यहूदी विश्वास नहीं करते थे,
वे ईर्ष्यालु हो गए, और चौक से कुछ दुष्ट लोगों को ले आए,
और भीड़ को इकट्ठा कर शहर में उपद्रव किया, और यासोन
के घर पर आ पड़े, और उन्हें लोगों के सामने लाना चाहते
थे। 6 परन्तु जब उन्हें न पाया, तो यासोन और कुछ भाइयों
को नगर के शासकों के पास घसीट कर ले गए, और
पुकारकर कहा, "ये जिन्होंने संसार को उलट-पलट दिया है,
यहाँ भी आ पहुँचे हैं। 7 जिन्हें यासोन ने अपने घर में लिया है।
और ये सब कैसर की विधियों के विरुद्ध कार्य कर रहे हैं, यह
कहते हुए कि एक और राजा है, OW५ऋZ।" 8 और उन्होंने
यह सुनकर भीड़ और नगर के शासकों को व्याकुल कर
दिया। 9 और जब उन्होंने यासोन और दूसरों से जमानत ले
ली, तब उन्हें छोड़ दिया। 10 और भाइयों ने तुरंत ही रात को
शाऊल और सीला को बेरोइया भेज दिया, और वहाँ पहुँचकर
वे यहूदियों की सभा में गए। 11 ये लोग थिस्सलोनिके वालों से
अधिक उदार थे, जिन्होंने बड़े उत्साह के साथ वचन को
ग्रहण किया, और प्रतिदिन पवित्र शास्त्रों की जाँच की कि क्या
ये बातें सही हैं। 12 तब उनमें से बहुतों ने विश्वास किया, और
यूनानियों में से भी बहुत सी सम्मानित स्त्रियों और पुरुषों ने।
13 परन्तु जब थिस्सलोनिके के यहूदियों को पता चला कि
शाऊल ने बेरोइया में ऋ५ऋZ का वचन प्रचार किया है, तो वे
वहाँ भी आकर भीड़ को भड़काने लगे। 14 तब भाइयों ने तुरंत
ही शाऊल को समुद्र की ओर जाने के लिए भेजा, परन्तु सीला
और तिमोथियुस वहीं ठहरे रहे। 15 और जिन्होंने शाऊल को
विदा किया, वे उसे अथेनई तक ले गए। और सीला और
तिमोथियुस को यथाशीघ्र उसके पास आने की आज्ञा पाकर, वे
चले गए। 16 परन्तु जब शाऊल अथेनई में उनका इंतजार
कर रहा था, तो जब उसने देखा कि नगर मूर्तिपूजा से भरा
हुआ है, तो उसका आत्मा भीतर ही भीतर खिन्न हुआ।
17 इसलिए वह यहूदियों की सभा में और अन्यजातियों के
उपासकों के साथ, और प्रतिदिन चौक में मिलने वालों के साथ
चर्चा करता था। 18 और कुछ एपिकुरियन और स्टोइक
दार्शनिक उससे मिले। और कुछ कहने लगे, "यह बकवादी
क्या कहना चाहता है?" और कुछ ने कहा, "यह तो पराए
ईश्वर का प्रचारक प्रतीत होता है"—क्योंकि वह उन्हें शुभ
समाचार सुना रहा था: OW५ऋZ और पुनरुत्थान का।
19 तब वे उसे पकड़कर अरेओपागुस ले गए, और कहा, "क्या
हम जान सकते हैं कि यह नया उपदेश क्या है, जो तू कहता
है?" 20 "क्योंकि तू कुछ अजीब बातें हमारे कानों में डाल रहा
है। इसलिए हम जानना चाहते हैं कि इनका क्या अर्थ है।"
21 क्योंकि सब अथेनईवासी और वहाँ रहने वाले परदेशी अपना
समय और कुछ नहीं करते थे, सिवाय इसके कि नया क्या है,
उसे कहें या सुनें। 22 तब शाऊल अरेओपागुस के बीच में
खड़ा होकर बोला, "हे अथेनई के पुरुषों, मैं देखता हूँ कि तुम
हर बात में बड़े धर्मपरायण हो। 23 "क्योंकि जब मैं घूम रहा
था और तुम्हारी उपासना की वस्तुओं को देख रहा था, तो मैंने
एक वेदी भी पाई जिस पर यह लिखा था: अज्ञात ईश्वर को।
तो जिसे तुम बिना जाने पूजते हो, मैं तुम्हें उसी का परिचय
देता हूँ। 24 "ऋ५ऋZ, जिसने संसार और जो कुछ उसमें है,
बनाया, वही आकाश और पृथ्वी का प्रभु होकर, हाथों से बनाए
हुए मन्दिरों में नहीं रहता। 25 "और न वह मनुष्यों के हाथों से
सेवा कराता है—जैसे कि उसे किसी वस्तु की आवश्यकता हो
—क्योंकि वही सबको जीवन, और श्वास, और सब कुछ देता
है। 26 "और उसने एक ही रक्त से मनुष्यों की सब जातियों
को बनाया कि वे सारी पृथ्वी के ऊपर बसें, और उनके समय
और उनके निवास की सीमाएँ पहले से ठहराईं। 27 कि वे प्रभु
को ढूँढें, शायद उसे टटोलकर पाएँ, यद्यपि वह हम में से किसी
से दूर नहीं है। 28 "क्योंकि उसी में हम जीते हैं, चलते हैं,
और हैं; जैसा कि तुम्हारे कुछ कवियों ने भी कहा है, 'क्योंकि
हम भी उसकी सन्तान हैं।' 29 "तो अब, चूँकि हम ईश्वर की
सन्तान हैं, हमें यह नहीं सोचना चाहिए कि ईश्वर सोने या
चाँदी या पत्थर के समान है, या मनुष्य की कला और कल्पना
से बनाई हुई कोई मूर्ति है। 30 "इसलिए, अब तक के
अज्ञानता के समय को नज़रअन्दाज़ करके, ईश्वर अब सब
मनुष्यों को हर जगह मन-फिराव करने की आज्ञा देता है।
31 क्योंकि उसने एक दिन ठहराया है, जिस दिन वह उस
मनुष्य के द्वारा, जिसे उसने ठहराया है, धर्म से जगत का
न्याय करेगा; और उसने उसे मृतकों में से जिलाकर सबको
इसका प्रमाण दिया है।" 32 और जब उन्होंने मृतकों के

पुनरुत्थान् की बात सुनी, तो कितनों ने उपहास किया; और
कितनों ने कहा, "हम इस विषय में फिर तुझसे सुनेंगे।"
33 तब शाऊल उनके बीच से निकल गया। 34 परन्तु कितने
पुरुष उससे मिल गए और विश्वास किया; उनमें डायोनुसियोस
अरेओपागुस का सदस्य, और एक स्त्री जिसका नाम
दामारिस था, और दूसरे भी उनके साथ थे।

18 1 और इसके बाद शाऊल अथेने से निकलकर
कुरिन्थुस गया। 2 और उसने एक यहूदी जिसका
नाम अकुलास था, जो पोन्तुस का जन्मा हुआ था, पाया, जो
हाल ही में इटालिया से अपनी पत्नी प्रिस्किल्ला के साथ आया
था - क्योंकि क्लौदियुस ने सब यहूदियों को रोम छोड़ने की
आज्ञा दी थी - और वह उनके पास गया। 3 और क्योंकि वह
उसी व्यवसाय का था, वह उनके साथ रहा और काम करने
लगा, क्योंकि वे अपने व्यवसाय से तम्बू बनाने वाले थे। 4 और
वह हर शब्बाथ को सभा में वाद-विवाद करता था, और
यहूदियों और यवनियों दोनों को समझाता था। 5 और जब
सीला और तिमोथियोस मकदूनिया से आए, तो शाऊल आत्मा
से प्रेरित होकर यहूदियों को गवाही देता था कि OW५१३Z ही
हा'मशियाह है। 6 परन्तु जब उन्होंने विरोध किया और निन्दा
की, तो उसने अपने वस्त्र झाड़कर उनसे कहा, "तुम्हारा लहू
तुम्हारे सिर पर हो, मैं निर्दोष हूँ। अब से मैं अन्यजातियों के
पास जाऊँगा।" 7 और वहाँ से निकलकर वह एक मनुष्य के
घर गया जिसका नाम युस्तुस था, जो ईश्वर की उपासना
करता था, जिसका घर सभा के पास था। 8 और क्रिस्पुस,
जो सभा का प्रधान था, प्रभु पर अपने सारे घराने समेत
विश्वास किया। और कुरिन्थुस के बहुत से लोग सुनकर
विश्वास करने लगे और बपतिस्मा पाए। 9 और प्रभु ने रात को
दर्शन में शाऊल से कहा, "मत डर, परन्तु बोल, और चुप
मत रह। 10 क्योंकि मैं तेरे साथ हूँ, और कोई तुझ पर चढ़ाई
कर तुझे हानि न करेगा, क्योंकि इस नगर में मेरे बहुत लोग
हैं।" 11 और वह एक वर्ष और छः महीने तक वहाँ रहा, और
उनके बीच १५१३Z का वचन सिखाता रहा। 12 और जब
गल्लियो आखैया का राज्यपाल था, तो यहूदी सब मिलकर
शाऊल पर उठ खड़े हुए और उसे न्यायासन पर लाए।
13 कहते हुए, "यह मनुष्य लोगों को इस प्रकार ईश्वर की
उपासना करने के लिये समझाता है जो व्यवस्था के विरुद्ध
है।" 14 और जब शाऊल अपना मुँह खोलने ही वाला था,
गल्लियो ने यहूदियों से कहा, "यदि यह किसी अन्याय या दुष्ट
उपद्रव का मामला होता, हे यहूदियों, तो मैं तुम्हारे साथ धीरज
रखता। 15 "परन्तु यदि यह वचन और नामों और तुम्हारे
बीच की व्यवस्था का प्रश्न है, तो तुम आप ही देखो, क्योंकि मैं
इन बातों का न्यायी होना नहीं चाहता।" 16 और उसने उन्हें
न्यायासन से भगा दिया। 17 और सब यवनियों ने सोस्थेनेस
को, जो सभा का प्रधान था, पकड़कर न्यायासन के सामने
पीटा। परन्तु गल्लियो ने इस बात की कोई चिन्ता न की।
18 और शाऊल वहाँ कई दिन और ठहरकर भाइयों से विदा
लेकर सुरिया को जहाज़ पर चला, और प्रिस्किल्ला और
अकुलास उसके साथ थे, और उसने केन्ख्रेय में अपना सिर
मुँडाया था, क्योंकि उसने मन्नत मानी थी। 19 और वह
एफेसुस पहुँचा, और उन्हें वहाँ छोड़ दिया, परन्तु वह स्वयं
सभा में गया और यहूदियों से वाद-विवाद किया। 20 और जब
उन्होंने उससे अधिक समय तक रहने की विनती की, तो
उसने इन्कार किया। 21 परन्तु उनसे विदा लेकर कहा, "मुझे
हर हाल में यरूशलेम में आने वाले पर्व को मानना है, परन्तु
यदि ईश्वर चाहे तो मैं तुम्हारे पास फिर आऊँगा।" और वह
एफेसुस से जहाज़ पर चला गया। 22 और कैसरेया पहुँचकर
ऊपर जाकर कलीसिया का अभिवादन किया, और फिर
अन्ताकिया को उतर गया। 23 और वहाँ कुछ समय बिताकर
वह गया और गलातिया के देश और फिर फ्रीगिया से होकर
निकल गया, और सब चेलों को स्थिर करता गया। 24 और
एक यहूदी जिसका नाम अपुल्लोस था, जो अलक्ज़ान्द्रिया का
जन्मा हुआ, विद्वान और शास्त्रों में निपुण था, एफेसुस आया।
25 यह मनुष्य प्रभु के मार्ग में शिक्षा पाया हुआ था। और
आत्मा में उष्ण होकर वह प्रभु की बातें ठीक-ठीक सिखाता था,
यद्यपि वह केवल योहानान के बपतिस्मे को ही जानता था।
26 और वह सभा में निडर होकर बोलने लगा। और जब
अकुलास और प्रिस्किल्ला ने उसे सुना, तो उसे अलग ले
जाकर ईश्वर के मार्ग को और भी ठीक-ठीक समझाया।
27 और जब उसने आखैया को पार करने का विचार किया,
तो भाइयों ने उसकी हिम्मत बढ़ाई और चेलों को लिखा कि
उसे ग्रहण करें। और जब वह पहुँचा, तो उसने उन
विश्वासियों की बड़ी सहायता की जो अनुग्रह के द्वारा विश्वास
करते थे। 28 क्योंकि उसने बड़ी शक्ति से यहूदियों का सबके
सामने खण्डन किया, और शास्त्रों से यह दिखाता रहा कि
OW५१३Z ही हा'मशियाह है।

19 1 और ऐसा हुआ, जब अपोल्लोस कुरिन्थोस में था,
तब शाऊल, ऊपरी भागों से होकर, एफेसोस आया।
और कुछ तल्मीदिम पाकर, 2 उसने उनसे कहा, "क्या तुमने
विश्वास करते समय आत्मा ह'क़ोदश प्राप्त किया?" और
उन्होंने उससे कहा, "नहीं, हमने तो यह भी नहीं सुना कि
आत्मा ह'क़ोदश है।" 3 और उसने उनसे कहा, "तो फिर तुम
किसमें डूबे गए थे?" और उन्होंने कहा, "योḥ◌ानान के
डुबकी में।" 4 और शाऊल ने कहा, "योḥ◌ानान ने सचमुच
तौबा की डुबकी दी, लोगों से कहकर कि वे उसके बाद आने
वाले पर विश्वास करें, जो कि मसीह OW५१३Z है।" 5 और
जब उन्होंने यह सुना, तो वे प्रभु OW५१३Z के नाम में डुबकी
दिए गए। 6 और जब शाऊल ने उन पर हाथ रखे, तो आत्मा
ह'क़ोदश उन पर आ गया, और वे अन्य भाषाओं में बोलने
और नबू करने लगे। 7 और सब पुरुष लगभग बारह थे।
8 और सभा में जाकर वह तीन महीने तक हिम्मत से बोला,
तर्क करते और ईश्वर के राज्य के विषय में मनाते हुए। 9 पर
जब कुछ कठोर हो गए और विश्वास नहीं किया, और भीड़ के
सामने मार्ग की बुराई की, तो वह उनसे हट गया और
तल्मीदिम को अलग कर लिया, और तुरन्नोस के विद्यालय में
प्रतिदिन तर्क करने लगा। 10 और यह दो वर्ष तक चला,
ताकि एशिया में रहने वाले सब ने प्रभु OW५१३Z का वचन
सुना, चाहे यहूदी हो या यावानी। 11 और ईश्वर ने शाऊल के
हाथों से असाधारण चमत्कार किए, 12 यहाँ तक कि रुमाल
या एप्रन उसके शरीर से बीमारों के पास ले जाए जाते थे, और
बीमारियाँ उनसे दूर हो जातीं और दुष्ट आत्माएँ निकल
जातीं। 13 पर कुछ घूमते फिरते यहूदी झाड़-फूँक करने वाले
ने यह ठान लिया कि वे दुष्ट आत्माओं पर प्रभु OW५१३Z का

नाम लें, यह कहकर, “हम तुम्हें उसी 𐤉𐤄𐤅𐤔𐤏 के द्वारा
झाड़ते हैं, जिसे शाऊल प्रचार करता है।” 14 और कुछ
स्केवा नामक यहूदी मुख्य कोहेन के सात पुत्र यह कर रहे
थे। 15 पर दुष्ट आत्मा ने उत्तर देकर कहा, “𐤉𐤄𐤅𐤔𐤏 को
मैं जानता हूँ, और शाऊल को भी जानता हूँ, पर तुम कौन
हो?” 16 तब वह मनुष्य, जिसमें दुष्ट आत्मा थी, उन पर कूद
पड़ा, उन पर हावी हो गया, और उन पर प्रबल हो गया, यहाँ
तक कि वे उस घर से नंगे और घायल होकर भाग गए।
17 और यह सबको पता चला, चाहे यहूदी हों या यावानी, जो
एफेसोस में रहते थे। और सब पर डर आ गया, और प्रभु
𐤉𐤄𐤅𐤔𐤏 का नाम महान किया गया। 18 और बहुत से
जिन्होंने विश्वास किया था, वे आकर अपने कामों का
अंगीकार और प्रकट करने लगे। 19 और बहुत से जिन्होंने
जादू किया था, उन्होंने अपनी पुस्तकों को इकट्ठा करके
सबके सामने जला दिया। और उन्होंने उनकी कीमत गिनी
और पाया कि वह पचास हज़ार चाँदी के टुकड़े हुए। 20 सो
प्रभु का वचन सामर्थ्य से बढ़ता गया और प्रबल होता गया।
21 अब जब ये पूरी हो चुकीं, तो शाऊल ने आत्मा में यह ठाना
कि मकदूनिया और अखाया से होकर येरुशलम जाए, यह
कहते हुए, “वहाँ रहकर मुझे रोम भी देखना चाहिए।”
22 और उसने अपने दो सहायक, तिमोथियोस और एरास्तोस
को मकदूनिया भेजा, पर वह स्वयं एशिया में कुछ समय
ठहरा। 23 और उसी समय मार्ग के विषय में बड़ा हंगामा
हुआ। 24 क्योंकि दिमेत्रियोस नामक एक चाँदी का कारीगर,
जो आर्तेमिस के चाँदी के मंदिर बनाता था, कारीगरों को बहुत
काम देता था। 25 जिसने उन्हें और इसी प्रकार के काम
करने वालों को बुलाकर कहा, “हे पुरुषों, तुम जानते हो कि
हमारी समृद्धि इसी काम से है। 26 “और तुम देखते और
सुनते हो कि न केवल एफेसोस में, पर लगभग सारी एशिया में,
इस शाऊल ने बहुतों को मना लिया और उन्हें मोड़ दिया, यह
कहते हुए कि वे शक्तिशाली नहीं हैं जो हाथों से बनाए जाते
हैं। 27 “और न केवल यह हमारा काम खतरे में है, बल्कि
महान देवी आर्तेमिस का मंदिर भी व्यर्थ माना जाएगा, और
उसकी महिमा घट जाएगी, जिसे सारी एशिया और संसार
पूजते हैं।” 28 यह सुनकर वे क्रोध से भर गए और चिल्लाने
लगे, “एफ़ेसियों की आर्तेमिस महान है!” 29 और सारे नगर में
भ्रम फैल गया, और वे सब एक मन से रंगमंच की ओर दौड़े,
और गयुस और अरिस्तारखोस, मकदूनियों को पकड़ लिया,
जो शाऊल के साथी यात्री थे। 30 और जब शाऊल भीड़ में
जाने का इरादा कर रहा था, तल्मीदिम ने उसे जाने नहीं
दिया। 31 और एशिया के कुछ अधिकारी, जो उसके मित्र थे,
ने उसे यह कहकर संदेश भेजा कि वह अपने आप को रंगमंच
में जोखिम में न डाले। 32 फिर औरों ने कुछ और चिल्लाया,
और औरों ने कुछ और, क्योंकि सभा भ्रमित थी, और उनमें से
अधिकांश यह भी नहीं जानते थे कि वे क्यों इकट्ठा हुए थे।
33 और भीड़ में से कुछ ने अलेक्ज़ान्द्रोस को आगे बढ़ाया –
यहूदी उसे आगे बढ़ा रहे थे। और अलेक्ज़ान्द्रोस ने हाथ से
इशारा किया और लोगों से सफाई देना चाहा। 34 पर जब
उन्होंने पहचान लिया कि वह यहूदी है, तो सब एक स्वर से
लगभग दो घंटे तक चिल्लाते रहे, “एफ़ेसियों की आर्तेमिस
महान है!” 35 और नगर के लेखक ने भीड़ को शांत करके
कहा, “हे एफेसोस के पुरुषों, ऐसा कौन मनुष्य है जो न
जानता हो कि एफेसियों का नगर महान देवी आर्तेमिस के
मंदिर का रक्षक है, और उस वस्तु का जो ज़ीउस से गिरी
थी? 36 “इसलिए, यदि ये बातें अस्वीकार्य नहीं हैं, तो तुम्हें
शांत रहना चाहिए, और जल्दबाजी नहीं करनी चाहिए।
37 “क्योंकि तुम इन पुरुषों को यहाँ लाए हो जो न तो मंदिर-
लुटेरे हैं और न ही तुम्हारी देवी की बुराई कर रहे हैं। 38 “तो
यदि दिमेत्रियोस और उसके साथी कारीगरों का किसी पर
मुक़दमा है, तो अदालतें खुली हैं और राज्यपाल हैं। वे एक-
दूसरे पर अभियोग लगाएँ। 39 “और यदि तुम्हारे पास कोई
और शिकायत है, तो वह नियमित सभा में निपटाई जाएगी।
40 “क्योंकि हम आज के हंगामे के कारण दंगे का दोषी ठहराए
जाने के खतरे में हैं, क्योंकि ऐसा कोई कारण नहीं है जो हम
इस अव्यवस्थित इकट्ठे होने का हिसाब दे सकें।” 41 और यह
कहकर उसने सभा को विदा किया।

20 1 कोलाहल शान्त होने के बाद, शाऊल ने चेलों को
बुलाया, और उन्हें गले लगाकर, मकदोनिया जाने के
लिये रवाना हुआ। 2 और उन भागों से होकर निकलते हुए,
और बहुत वचनों से उन्हें उत्साहित करके, वह यवन में
आया। 3 जहाँ उसने तीन महीने बिताए। जब वह सूरिया को
जहाज़ से जाने वाला था, यहूदी लोगों की ओर से उसके
विरुद्ध षडचंत्र किया गया, तब उसने मकदोनिया से लौटने का
निश्चय किया। 4 और उसके साथ बेरोया का सोपात्रोस, और
थिस्सलुनीकियों में से अरिस्तर्खोस और सेकुन्दुस, और दबे
का गैओस, और तिमोथियुस, और एशिया के तुखिकोस और
त्रुफिमोस थे। 5 ये आगे बढ़कर हमारे लिये तुरोआस में
प्रतीक्षा कर रहे थे। 6 और हम फिलिप्पोस से बेख़मीर की
रोटी के दिनों के बाद जहाज़ से चले, और पाँच दिन में
तुरोआस पहुँचे, जहाँ हम सात दिन रहे। 7 और सब्त के एक
दिन, जब चेले रोटी तोड़ने के लिये इकट्ठे हुए, शाऊल, जो
अगले दिन जाने का इरादा रखता था, उनसे बातें कर रहा था
और आधी रात तक वचन को फैलाता रहा। 8 और उस
अटारी के कमरे में, जहाँ वे इकट्ठे हुए थे, बहुत से दीपक जल
रहे थे। 9 और एक युवक जिसका नाम यूतुखोस था,
खिड़की पर बैठा था। वह गहरी नींद से दब गया, और जब
शाऊल बहुत बातें कर रहा था, तो नींद से वशीभूत होकर
तीसरी मंज़िल से नीचे गिर पड़ा, और मृत उठाया गया।
10 परन्तु शाऊल नीचे उतरकर उस पर गिर पड़ा, और उसे
गले लगाकर कहा, “चिन्ता मत करो, क्योंकि उसका जीवन
उसमें है।” 11 फिर ऊपर जाकर, और रोटी तोड़कर खाकर,
वह बहुत देर तक, यहाँ तक कि भोर तक बातें करता रहा,
और फिर निकल गया। 12 और वे युवक को जीवित ले आए,
और बहुत ही शान्ति पाई। 13 हम आगे जहाज़ पर जाकर
अस्सोस को चले, वहाँ से शाऊल को लेना था, क्योंकि उसने
ऐसा निश्चय किया था कि वह स्वयं पैदल जाएगा। 14 और
जब वह अस्सोस में हमसे मिला, तो हमने उसे जहाज़ पर ले
लिया, और मिटुलेने पहुँचे। 15 और वहाँ से जहाज़ चलाकर,
अगले दिन खियोस के सामने पहुँचे। दूसरे दिन सामोस में
पहुँचे, और त्रोगुल्लियोन में ठहरे। अगले दिन मिलेतेस
पहुँचे। 16 क्योंकि शाऊल ने इफिसुस के पास से जहाज़ ले
जाने का निश्चय किया था, ताकि वह एशिया में विलम्ब न
करे; क्योंकि वह जल्दी करना चाहता था कि यदि सम्भव हो

तो पिन्तेकुस्त के दिन येरूशलेम में हो। [17] और मिलेतेस से
उसने इफिसुस को भेजकर कलीसिया के प्राचीनों को बुलाया।
[18] और जब वे उसके पास आए, तो उसने उनसे कहा, "तुम
जानते हो कि जिस दिन से मैं एशिया में आया, उसी दिन से मैं
सदा तुम्हारे साथ कैसे रहा। [19] प्रभु की सेवा नम्रता से, बहुत
आँसुओं और परीक्षाओं के साथ करता रहा, जो यहूदियों की
चालबाज़ियों से मुझ पर आईं। [20] कि जो कुछ तुम्हारे लिये
लाभदायक था, उसे मैंने कुछ भी रोक न रखा, परन्तु तुम्हें
प्रचार करके, और सार्वजनिक रूप से और घर-घर
सिखाया। [21] यहूदियों और यवनियों दोनों को गवाही देता रहा
कि वे ईश्वर की ओर मन फिराएँ, और हमारे प्रभु OW५ॠz
मसीह में विश्वास करें। [22] "और अब देखो, मैं आत्मा में बंधा
हुआ येरूशलेम जा रहा हूँ, यह न जानते हुए कि वहाँ मुझ पर
क्या घटेगा। [23] सिवाय इसके कि आत्मा पवित्र हर नगर में
गवाही देता है, यह कहते हुए कि बन्धन और क्लेश मेरे लिये
ठहरे हुए हैं। [24] "परन्तु मैं अपने जीवन को कुछ भी मूल्यवान
नहीं मानता, ताकि मैं अपना दौड़ पूरा करूँ, और वह सेवा पूरी
करूँ, जो मैंने प्रभु OW५ॠz से पाई है, कि ईश्वर के अनुग्रह
के सुसमाचार की गवाही दूँ। [25] "और अब देखो, मैं जानता
हूँ कि तुम सब, जिनके बीच मैं ईश्वर के राज्य का प्रचार
करता फिरा, फिर मेरा मुख न देखोगे। [26] "इसलिये मैं आज
तुम्हें गवाही देता हूँ, कि मैं सबका लहू से निर्दोष हूँ।
[27] "क्योंकि मैं ईश्वर की सारी इच्छा तुम्हें सुनाने से नहीं
रुका। [28] "इसलिये अपने आप पर और सारे झुंड पर ध्यान
दो, जिसमें आत्मा पवित्र ने तुम्हें उपदेशक ठहराया है, कि
ईश्वर की कलीसिया की रखवाली करो, जिसे उसने अपने
लहू से मोल लिया है। [29] "मैं जानता हूँ कि मेरे चले जाने के
बाद भयंकर भेड़िये तुम्हारे बीच में आएँगे, जो झुंड को नहीं
छोड़ेंगे। [30] "और तुम्हारे ही बीच से मनुष्य उठ खड़े होंगे, जो
टेढ़ी-मेढ़ी बातें बोलेंगे, ताकि चेलों को अपने पीछे कर लें।
[31] "इसलिये जागते रहो, यह स्मरण करते हुए कि तीन वर्ष
तक रात-दिन मैं आँसुओं के साथ हर एक को चेताते नहीं
थका। [32] "और अब, भाइयों, मैं तुम्हें ईश्वर और उसके
अनुग्रह के वचन के सुपुर्द करता हूँ, जो तुम्हें बनाकर पवित्र
किए हुओं में मीरास दे सकता है। [33] "मैंने किसी का भी चाँदी
या सोना या वस्त्र नहीं चाहा। [34] "तुम स्वयं जानते हो कि इन
हाथों ने मेरी और मेरे साथियों की आवश्यकताओं को पूरा
किया। [35] "मैंने सब प्रकार से तुम्हें दिखाया है कि इस प्रकार
परिश्रम करते हुए हमें निर्बलों की सहायता करनी चाहिए, और
प्रभु OW५ॠz यीशु के वचन को स्मरण रखना चाहिए,
क्योंकि उसने कहा है, 'लेने से देना धन्य है।' " [36] और ये
बातें कहकर वह घुटनों के बल बैठा और सबके साथ प्रार्थना
की। [37] और सब के बीच बहुत रोना हुआ, और शाऊल की
गर्दन पर गिरकर उन्होंने उसे चूमा। [38] विशेषकर उस वचन
से वे दुखी हुए जो उसने कहा था, कि वे अब उसका मुख फिर
न देखेंगे। और वे उसे जहाज़ तक पहुँचा दिए।

21 [1] और ऐसा हुआ, जब हम ने उनसे अपने आप को
अलग किया और जहाज़ चलाया, तो हम सीधे रास्ते
पर चलकर कोस पहुँचे, और अगले दिन रोडोस, और वहाँ से
पत्रा पहुँचे। [2] और एक जहाज़ को फोइनीके जाने वाला
पाकर, हम उस पर चढ़े और रवाना हुए। [3] और कुप्रोस को
देख कर, और उसे बाएँ हाथ छोड़कर, हम सूरिया को चले
और सूर नगर में उतरे, क्योंकि जहाज़ को वहाँ अपना माल
उतारना था। [4] और चेलों को पाकर, हम वहाँ सात दिन रहे।
और उन्होंने आत्मा के द्वारा शाऊल से कहा कि येरूशलेम को
न जाए। [5] और जब वहाँ हमारे दिन पूरे हुए, तो हम चले और
वे सब हमें विदा करने लगे, अपनी स्त्रियों और बच्चों समेत,
जब तक हम नगर से बाहर न हो गए। और समुद्र तट पर
घुटने टेक कर हमने प्रार्थना की। [6] और एक-दूसरे को गले
लगाने के बाद, हम जहाज़ पर चढ़ गए, और वे अपने घर
लौट गए। [7] और सूर नगर से जहाज़ का सफर पूरा करके
हम प्तोलमैइस पहुँचे। और भाइयों को नमस्कार करके, हम
उनके साथ एक दिन ठहरे। [8] और अगले दिन हम चले और
कैसरेया आए, और सुसमाचार प्रचारक फिलिप्पोस के घर
गए, जो सात में से एक था, और उसके साथ रहे। [9] अब
उसके चार कुँवारी बेटियाँ थीं, जो भविष्यवाणी करती थीं।
[10] और जब हम वहाँ कई दिन ठहरे, तो यहूदाह से एक
भविष्यवक्ता, जिसका नाम हागाब था, नीचे आया। [11] और वह
हमारे पास आया और शाऊल का कमरबंद लेकर अपने हाथ-
पाँव बाँधकर कहा, "पवित्र आत्मा यों कहता है, 'येरूशलेम में
यहूदी इस कमरबंद के मालिक को इसी प्रकार बाँधेंगे और
अन्यजातियों के हाथ में सौंप देंगे।' " [12] और यह सुनकर,
हम और वहाँ के लोग उससे विनती करने लगे कि वह
येरूशलेम को न जाए। [13] तब शाऊल ने उत्तर दिया, "तुम
रोकर मेरे मन को क्यों तोड़ते हो? क्योंकि मैं न केवल बँधने
के लिए, पर येरूशलेम में प्रभु OW५ॠz के नाम के लिये
मरने के लिये भी तैयार हूँ।" [14] और जब वह न माना, तो हम
चुप हो गए और कहा, "प्रभु की इच्छा पूरी हो।" [15] और उन
दिनों के बाद, तैयार होकर हम येरूशलेम को चले। [16] और
कैसरेया के कुछ चेले भी हमारे साथ चले और वे कुप्रोस के
मनासोन को भी लाए, जो प्राचीन चेला था, जिसके साथ हमें
ठहरना था। [17] और जब हम येरूशलेम पहुँचे, तो भाइयों ने
हमें आनन्द से ग्रहण किया। [18] और अगले दिन शाऊल
हमारे साथ याक़ोब के पास गया, और सब प्राचीन वहाँ आए।
[19] और उन्हें नमस्कार करके, वह एक-एक करके बताने
लगा कि ईश्वर ने अन्यजातियों के बीच उसकी सेवा के द्वारा
क्या-क्या किया। [20] और उन्होंने यह सुनकर प्रभु की महिमा
की। और उससे कहा, "भाई, तू देखता है कि कितने हजारों
यहूदी विश्वास कर चुके हैं, और सब व्यवस्था के लिये उत्सुक
हैं। [21] "और उनके विषय में उन्होंने यह सुना है कि तू
अन्यजातियों में रहने वाले सब यहूदियों को मूसा को छोड़ने
की शिक्षा देता है, यह कहकर कि न तो बच्चों का खतना करो
और न रीति-रिवाज के अनुसार चलो। [22] "तो फिर क्या हो?
वे तो निश्चय सुनेंगे कि तू आया है। [23] "इसलिये जो हम तुझ
से कहते हैं, वही कर: हमारे पास चार पुरुष हैं जिन्होंने मन्नत
मानी है। [24] "उन्हें ले और उनके साथ शुद्ध हो और उनके
खर्च दे, कि वे अपना सिर मुँडवाएँ। और सब जान लें कि जो
बातें उन्होंने तेरे विषय में सुनी हैं वे कुछ नहीं, पर तू भी
व्यवस्था को मानकर चलता है। [25] "परन्तु जहाँ तक उन
अन्यजातियों का प्रश्न है जिन्होंने विश्वास किया है, हमने
लिखा और ठहराया है कि वे अपने को मूर्तियों के बलि की हुई

वस्तु से, और लहू से, और गला घोंटे हुए से, और व्यभिचार
से बचाएँ।" 26 तब शाऊल ने उन पुरुषों को अगले दिन
लिया, और उनके साथ शुद्ध होकर, मन्दिर में जाकर शुद्धि के
दिनों का पूरा होना बता दिया - जब तक कि हर एक के लिये
भेंट चढ़ाई जाए। 27 और जब सात दिन लगभग पूरे हुए, तो
एशिया के यहूदियों ने उसे मन्दिर में देखकर, सब भीड़ को
उकसाया और उस पर हाथ डाला। 28 चिल्लाकर कहा,
"इस्राएल के पुरुषो, सहायता करो! यह वही मनुष्य है, जो सब
लोगों को हर जगह प्रजा और व्यवस्था और इस स्थान के
विरोध में शिक्षा देता है। और इसने यूनानियों को भी मन्दिर में
लाकर इस पवित्र स्थान को अशुद्ध किया है।" 29 क्योंकि
उन्होंने उससे पहिले एफ़िसुसवासी त्रोफिमुस को उसके साथ
नगर में देखा था, जिससे उन्होंने सोचा कि शाऊल ने उसे
मन्दिर में लाया है। 30 तब सारा नगर हिल गया, और लोग
दौड़कर इकट्ठे हुए, और शाऊल को पकड़कर मन्दिर से
बाहर घसीट ले गए, और तुरन्त द्वार बन्द कर दिए गए।
31 और जब वे उसे मार डालने की कोशिश कर रहे थे, तो
सेना के अधिकारी को यह समाचार पहुँचा कि सारा येरूशलेम
उलझन में है। 32 उसने तुरन्त सैनिकों और सूबेदारों को
लेकर उन पर दौड़कर आया। और उन्होंने सेनापति और
सैनिकों को देखकर शाऊल को मारना छोड़ दिया। 33 तब
सेनापति पास आकर उसे पकड़ लिया और आज्ञा दी कि उसे
दो जंजीरों से बाँधा जाए, और पूछा कि वह कौन है और उसने
क्या किया है। 34 पर भीड़ में से कोई यह चिल्लाता था, कोई
वह। और हल्ला होने के कारण सत्य न जान सका, इसलिये
आज्ञा दी कि उसे किले में ले जाया जाए। 35 और जब वह
सीढ़ियों तक पहुँचा, तो भीड़ की हिंसा के कारण सैनिकों को
उसे उठाकर ले जाना पड़ा। 36 क्योंकि बहुत लोग उसके पीछे
हो लिये और चिल्लाते हुए कहते थे, "उसे दूर करो!" 37 और
जब शाऊल को किले में ले जाया जाने वाला था, तो उसने
सेनापति से कहा, "क्या मुझे तुझ से कुछ कहने की अनुमति
है?" उसने कहा, "क्या तू यूनानी जानता है? 38 "क्या तू वही
मिस्री नहीं है, जिसने कुछ समय पहले विद्रोह खड़ा किया
और चार हजार हत्यारों को जंगल में ले गया?" 39 पर
शाऊल ने कहा, "मैं किलिकिया के तारसुस नगर का यहूदी
हूँ, जो कोई साधारण नगर नहीं। और मैं तुझ से बिनती
करता हूँ, मुझे लोगों से बोलने दे।" 40 और जब उसने उसे
आज्ञा दी, तो शाऊल सीढ़ियों पर खड़ा होकर लोगों की ओर
हाथ हिलाने लगा। और जब बड़ी चुप्पी हुई, तो उसने इब्री
भाषा में कहा,

22 1 "पुरुषों, भाइयों और पिताओं, अब मेरी रक्षा सुनो।"
2 और जब उन्होंने सुना कि वह उनसे इब्री भाषा में
बोल रहा है, तो वे और भी शांत हो गए। और उसने कहा:
3 "मैं वास्तव में यहूदी हूँ, किलिकिया के तर्सुस में जन्मा,
परन्तु इस नगर में गमलीएल के चरणों में पला, हमारे पितरों
की तोराह की शुद्धता के अनुसार शिक्षा पाई, ईश्वर के लिए
उत्साही, जैसे तुम सब आज हो। 4 जिसने इस मार्ग का पीछा
मृत्यु तक किया, पुरुषों और स्त्रियों दोनों को बाँधकर और
उन्हें कारागारों में सौंप दिया। 5 जैसा कि महायाजक भी मेरी
गवाही देता है, और सारी प्राचीन सभा, जिनसे मैंने भाइयों के
नाम पत्र भी लिए, और दमेस्क गया कि वहाँ के लोगों को भी
बंधन में यरूशलेम लाऊँ ताकि उन्हें दण्ड दिया जाए।
6 "और ऐसा हुआ, जब मैं यात्रा कर रहा था और दमेस्क के
निकट आया, दोपहर के समय, अचानक स्वर्ग से मेरे चारों
ओर एक बड़ी ज्योति चमकी। 7 और मैं भूमि पर गिर पड़ा
और मैंने एक आवाज़ सुनी जो मुझसे कह रही थी, 'शाऊल,
शाऊल, तू मुझे क्यों सताता है?' 8 "और मैंने उत्तर दिया,
'आप कौन हैं, प्रभु?' और उसने मुझसे कहा, 'मैं OW५ऋZ
नासरत का हूँ, जिसे तू सताता है।' 9 "और जो मेरे साथ थे,
उन्होंने वास्तव में ज्योति देखी और डर गए, परन्तु वह
आवाज़ नहीं सुनी जो मुझसे बोल रही थी। 10 "और मैंने
कहा, 'मैं क्या करूँ, प्रभु?' और प्रभु ने मुझसे कहा, 'उठ,
दमेस्क जा, और वहाँ तुझे सब बताया जाएगा जो तुझे करने
के लिए ठहराया गया है।' 11 "और क्योंकि उस ज्योति की
महिमा के कारण मैं देख नहीं सकता था, जो मेरे साथ थे
उनके हाथ से मार्गदर्शन पाकर मैं दमेस्क में आया। 12 "और
हनन्याह नामक एक व्यक्ति, जो तोराह के अनुसार समर्पित
व्यक्ति था, और वहाँ के सब यहूदियों से प्रशंसा पाया हुआ
था। 13 वह मेरे पास आया, और खड़ा होकर मुझसे कहा,
'भाई शाऊल, देखो।' और उसी घड़ी मैंने उसकी ओर
देखा। 14 "और उसने कहा, 'हमारे पितरों के ईश्वर ने तुझे
अपनी इच्छा जानने, धर्मी जन को देखने, और उसके मुख
से वाणी सुनने के लिए ठहराया है। 15 'क्योंकि तू उन सब
बातों का, जो तूने देखी और सुनी, सब मनुष्यों के सामने
उसका गवाह होगा। 16 'और अब, तू क्यों विलम्ब करता है?
उठ, बपतिस्मा ले, और अपने पाप धो, ऋ५ऋZ के नाम का
आह्वान करके।' 17 "और ऐसा हुआ, जब मैं यरूशलेम लौटा,
और मन्दिर में प्रार्थना कर रहा था, तो मैं एक दर्शन में पड़ा।
18 और मैंने उसे मुझसे कहते हुए देखा, 'जल्दी कर और
शीघ्रता से यरूशलेम से निकल जा, क्योंकि वे तेरी गवाही को
मेरे विषय में स्वीकार न करेंगे।' 19 "और मैंने कहा, 'प्रभु, वे
जानते हैं कि मैं प्रत्येक सभा में तेरे विश्वासियों को बन्द करता
और मारता था। 20 'और जब तेरे गवाह स्तेफानुस का रक्त
बहाया गया, तब मैं भी वहाँ खड़ा होकर उसके वध की सहमति
दे रहा था, और उसके मारने वालों के वस्त्र की रखवाली कर
रहा था।' 21 "और उसने मुझसे कहा, 'जा, क्योंकि मैं तुझे
यहाँ से दूर अन्यजातियों के पास भेजूँगा।' " 22 और वे
उसकी बातें सुन रहे थे, तब तक कि इस वचन पर, फिर
उन्होंने अपनी आवाज उठाई और कहा, "ऐसे व्यक्ति को पृथ्वी
से दूर कर दो, क्योंकि उसका जीना योग्य नहीं है!" 23 जब वे
चिल्ला रहे थे और अपने वस्त्र फाड़ रहे थे, और आकाश में
धूल उछाल रहे थे। 24 तो सेनापति ने आज्ञा दी कि उसे किले
में ले जाया जाए, और कहा कि उसे कोड़ों से जाँच किया
जाए, ताकि वह जान सके कि वे लोग उसके विरुद्ध क्यों
चिल्ला रहे थे। 25 और जब उन्होंने उसे चमड़े की डोरियों से
बाँधा, तो शाऊल ने पास खड़े सूबेदार से कहा, "क्या तुम्हें
अधिकार है कि बिना दोष ठहराए एक रोमी मनुष्य को कोड़े
मारो?" 26 और जब सूबेदार ने यह सुना, तो वह सेनापति के
पास जाकर कहा, "तू क्या करने जा रहा है, सावधान रह,
क्योंकि यह मनुष्य रोमी है।" 27 और सेनापति उसके पास
आकर उससे कहा, "मुझसे कह, क्या तू रोमी है?" उसने
कहा, "हाँ।" 28 और सेनापति ने उत्तर दिया, "मैंने यह

नागरिकता बड़ी धनराशि से पाई है।" और शाऊल ने कहा,
"परन्तु मैं तो जन्म से ही हूँ।" 29 तुरन्त जो लोग उसे जाँचने
वाले थे, वे उससे हट गए। और सेनापति भी डर गया, जब
उसने जाना कि वह रोमी है, और क्योंकि उसने उसे बाँधा
था। 30 और दूसरे दिन, यह जानने के लिये कि यहूदी लोग
उस पर क्यों दोष लगाते हैं, उसने उसे खोल दिया, और
महायाजकों और उनकी सारी सभा को बुलाकर शाऊल को
उनके सामने लाकर खड़ा कर दिया।

23 1 और शाऊल ने सभा को ध्यान से देखते हुए कहा,
"हे पुरुषो, भाइयो, मैंने आज तक 𐤉𐤄𐤅𐤄 के सामने
पूरी भलाई की अंतरात्मा में जीवन बिताया है।" 2 और प्रधान
कोहेन हागादोल हनन्याह ने उसके पास खड़े लोगों को आज्ञा
दी कि उसके मुँह पर मारो। 3 तब शाऊल ने उससे कहा,
"ईश्वर तुझे मारेगा, हे चूने से पुती हुई दीवार! क्या तू मुझे
तोराह के अनुसार न्याय करता है, और मुझे तोराह के
विपरीत मारने की आज्ञा देता है?" 4 और वहाँ खड़े लोगों ने
कहा, "क्या तू ईश्वर के कोहेन हागादोल को गाली देता है?"
5 और शाऊल ने कहा, "मैं नहीं जानता था, भाइयो, कि वह
कोहेन हागादोल है, क्योंकि लिखा है, 'तू अपनी प्रजा के
शासक के विरुद्ध बुरा न बोले।' " 6 अब शाऊल ने जान
लिया कि एक भाग सदूकी और दूसरा परूशी है, तो उसने
सभा में पुकारकर कहा, "हे पुरुषो, भाइयो, मैं परूशी हूँ,
परूशी का पुत्र हूँ; मैं मरे हुओं के पुनरुत्थान और आशा के
विषय में न्याय किया जाता हूँ!" 7 और जब उसने यह कहा, तो
परूशियों और सदूकियों के बीच झगड़ा हुआ। और भीड़ बँट
गई। 8 क्योंकि सदूकी कहते हैं कि न तो कोई पुनरुत्थान है,
न स्वर्गदूत, न आत्मा; परंतु परूशी दोनों को मानते हैं।
9 और बड़ा कोलाहल हुआ। और परूशियों के दल के कुछ
शास्त्री कड़ा विवाद करने लगे, कहते हुए, "हम इस मनुष्य में
कोई बुराई नहीं पाते। और यदि आत्मा या स्वर्गदूत ने उससे
बात की है, तो हम ईश्वर के विरोध में न लड़ें।" 10 और बड़ा
झगड़ा होने पर, सेनापति ने, डरते हुए कि कहीं शाऊल उनके
द्वारा टुकड़े-टुकड़े न कर दिया जाए, सिपाहियों को आज्ञा दी
कि नीचे जाकर उसे उनके बीच से छीनकर किले में ले
आएं। 11 और अगले रात प्रभु उसके पास खड़ा होकर बोला,
"ढाढ़स बाँध, शाऊल, क्योंकि जिस प्रकार तूने मेरे विषय में
येरूशलेम में गवाही दी है, उसी प्रकार तुझे रोम में भी गवाही
देनी होगी।" 12 और जब दिन हुआ, तो कुछ यहूदी एक
षडयंत्र में मिले और शपथ खाकर बाँध लिए कि जब तक
शाऊल को न मार दें, तब तक न खाएँगे और न पीएंगे।
13 और यह षडयंत्र करनेवाले चालीस से अधिक थे। 14 वे
महायाजकों और बुजुर्गों के पास आकर कहने लगे, "हमने
बड़ी शपथ खाई है कि जब तक शाऊल को न मारें, तब तक
कुछ न खाएँगे। 15 "अब तुम सभा सहित सेनापति को सूचित
करो कि उसे कल तुम्हारे पास लाएँ, जैसे कि तुम उसके विषय
में और ठीक-ठीक पूछना चाहते हो। और हम उसके पास
आने से पहले उसे मार डालने के लिये तैयार हैं।" 16 परंतु
शाऊल की बहन के पुत्र ने उनकी घात की बात सुनी, और
किले में जाकर शाऊल को बताया। 17 तब शाऊल ने एक
सूबेदार को बुलाकर कहा, "इस युवक को सेनापति के पास ले
जा, क्योंकि इसे उससे कुछ कहना है।" 18 तब उसने उसे
लेकर सेनापति के पास ले जाकर कहा, "कैदी शाऊल ने मुझे
बुलाकर विनती की कि मैं इस युवक को तेरे पास लाऊँ,
क्योंकि इसके पास तुझसे कहने को कुछ है।" 19 तब
सेनापति ने उसका हाथ पकड़कर एक ओर जाकर अकेले में
पूछा, "तुझे मुझसे क्या कहना है?" 20 उसने कहा, "यहूदी
आपसे बिनती करने पर सहमत हुए हैं कि आप कल शाऊल
को सभा में लाएँ, जैसे कि वे उसके विषय में और ठीक-ठीक
पूछना चाहते हैं। 21 "इसलिये आप उनकी न सुनें, क्योंकि
उनमें से चालीस से अधिक मनुष्य उसकी घात में घात लगाए
बैठे हैं, जिन्होंने शपथ खाकर ठान लिया है कि जब तक उसे
न मार डालें, तब तक न खाएँगे और न पीएंगे। और अब वे
तैयार हैं, आपकी आज्ञा की प्रतीक्षा कर रहे हैं।" 22 तब
सेनापति ने युवक को विदा किया, और उसे आज्ञा दी, "किसी
को मत बताना कि तूने यह बात मुझे बताई है।" 23 और
उसने दो सूबेदारों को बुलाकर कहा, "रात के तीसरे पहर तक
दो सौ सिपाही, सत्तर घुडसवार और दो सौ भाला चलानेवाले
कैसरिया जाने के लिये तैयार रखो। 24 और सवारी के लिये
जानवर भी तैयार करो, ताकि शाऊल को चढ़ाकर सुरक्षित
रूप से हाकिम फ़िलिक्स के पास पहुँचाओ।" 25 और उसने
इस प्रकार पत्र लिखा: 26 क्लौदियुस लुसियास की ओर से
अत्यन्त श्रेष्ठ हाकिम फ़िलिक्स को नमस्कार। 27 इस मनुष्य
को यहूदियों ने पकड़ लिया था और मार डालनेवाले थे, तब
मैंने सिपाहियों के साथ आकर उसे छुड़ा लिया, यह जानकर
कि वह रोमी है। 28 और यह जानने की इच्छा करके कि
उन्होंने उस पर क्यों दोष लगाया, मैंने उसे उनकी सभा में
लाया। 29 मैंने पाया कि वह उनकी व्यवस्था के प्रश्नों के विषय
में दोषी ठहराया गया था, परंतु ऐसा कोई अपराध नहीं था जो
मृत्यु या बंधन के योग्य हो। 30 और जब मुझे सूचित किया
गया कि यहूदियों की ओर से इस मनुष्य पर घात होनेवाली है,
तब मैंने तुरंत उसे तेरे पास भेज दिया, और उसके दोष
लगानेवालों को भी तेरे सामने उसके विषय में आरोप लगाने
की आज्ञा दी है। बलवन्त रहो! 31 इस प्रकार सिपाहियों ने
अपनी आज्ञा के अनुसार शाऊल को लेकर रात में
अन्तिपत्रिस तक पहुँचाया। 32 और अगले दिन उन्होंने
घुडसवारों को उसके साथ जाने दिया और आप लोग किले में
लौट आए। 33 जब वे कैसरिया पहुँचे तो हाकिम को पत्र सौंप
दिया और शाऊल को भी उसके सामने उपस्थित किया।
34 हाकिम ने पत्र पढ़कर पूछा कि वह किस प्रान्त का है। और
यह जानकर कि वह कीलिकिया का है, 35 उसने कहा, "मैं
तेरी सुनवाई तब करूँगा जब तेरे अभियोग लगानेवाले भी आ
जाएँगे।" और उसने आज्ञा दी कि उसे हेरोदेस के महल में
रखा जाए।

24 1 और पाँच दिनों के बाद, कोहेन हा'गादोल हनन्याह
बड़ों के साथ और एक वक्ता – तर्तुल्लुस को लेकर
नीचे आया। और उन्होंने शाऊल पर हाकिम के सामने आरोप
लगाए। 2 और जब उसे बुलाया गया, तर्तुल्लुस ने उस पर
दोष लगाना शुरू किया, यह कहकर, "तेरे द्वारा हमें बड़ी शांति
मिली है, और इस जाति के लिए तेरे दूरदर्शिता से सुधार लाए
गए हैं, 3 हम इसे सदा और सब स्थानों में, अत्युत्तम फेलिक्स,
पूरे धन्यवाद के साथ मानते हैं। 4 "परन्तु तुझे और न रोकने
के लिए, मैं तुझसे विनती करता हूँ कि तू अपनी कोमलता में

हमें संक्षेप में सुन ले। 5 “क्योंकि हमने इस मनुष्य को एक
महामारी पाया है, जो सारी दुनिया भर में यहूदी लोगों में कलह
उत्पन्न करता है, और नासरी संप्रदाय का अगुवा है, 6 जिसने
मिकदाश को अपवित्र करने का भी प्रयत्न किया, और जिसे
हमने पकड़ लिया, और अपनी व्यवस्था के अनुसार न्याय
करना चाहा, 7 परन्तु सेनापति लूसियास आ गया और बड़े
बल से उसे हमारे हाथों से छीन लिया, 8 और उसके
अभियोगियों को तेरे पास आने की आज्ञा दी। और तू स्वयं
उसकी जाँच करके उन सब बातों को जान सकेगा जिनका
हम उस पर दोष लगाते हैं।” 9 और यहूदी लोग भी सहमत
हुए, यह कहते हुए कि ये बातें सच हैं। 10 और जब हाकिम ने
उसे बोलने का संकेत किया, शाऊल ने उत्तर दिया, “यह
जानते हुए कि तू बहुत वर्षों से इस जाति का न्यायी रहा है, मैं
प्रसन्नता से अपनी रक्षा करता हूँ, 11 क्योंकि तू जान सकता है
कि मुझे यरूशलेम में पूजा करने गए बारह दिन से अधिक
नहीं हुए। 12 “और उन्होंने मुझे मिकदाश में किसी से विवाद
करते हुए या भीड़ को उकसाते हुए नहीं पाया, न तो सभाओं में
और न नगर में। 13 “और वे उन दोषों को सिद्ध करने में
समर्थ नहीं हैं जिनका अब वे मुझ पर दोष लगाते हैं।
14 “और यह मैं तुझसे मान लेता हूँ, कि जिस मार्ग को वे
संप्रदाय कहते हैं, उसी मार्ग के अनुसार मैं अपने पितरों के
ईश्वर 𐤉𐤄𐤅𐤄 की पूजा करता हूँ, और जो कुछ तोराह और
नबियों में लिखा है, उस सब पर विश्वास करता हूँ, 15 ईश्वर
𐤉𐤄𐤅𐤄 पर यह आशा रखते हुए, जिसकी वे भी प्रतीक्षा करते
हैं, कि मृतकों का पुनरुत्थान होगा, धर्मियों और अधर्मियों
दोनों का। 16 “और इसी में मैं यह अभ्यास करता हूँ कि
ईश्वर 𐤉𐤄𐤅𐤄 और मनुष्यों के प्रति सदा निर्मल विवेक रखूँ।
17 “और बहुत वर्षों के बाद मैं अपनी जाति के लिए दया के
काम और भेंटें लाया। 18 उसी समय एशिया के कुछ यहूदी
लोगों ने मुझे मिकदाश में शुद्ध पाया, न तो भीड़ के साथ और
न उपद्रव के साथ। 19 जिन्हें तेरे सामने उपस्थित होना चाहिए
था, यदि उनका मुझ पर कोई दोष है तो आरोप लगाने के
लिए। 20 “अन्यथा ये स्वयं कहें कि जब मैं सभा के सामने
खड़ा था तो उन्होंने मुझ में कौन सा अपराध पाया, 21 सिवाय
इस एक घोषणा के जो मैंने उनके बीच खड़े होकर पुकारकर
कही, ‘मृतकों के पुनरुत्थान के विषय में आज मैं तुम्हारे द्वारा
न्याय किया जा रहा हूँ।’ ” 22 और यह सुनकर, और उस
मार्ग के विषय में अधिक सही जानते हुए, फेलिक्स ने उन्हें
टाल दिया, यह कहकर, “जब सेनापति लूसियास नीचे
आएगा, तब मैं तुम्हारा मामला निपटाऊँगा।” 23 और उसने
सूबेदार को आज्ञा दी कि शाऊल को बंदी रखे और उसे
सुविधा दे, और उसके किसी मित्र को उसकी सेवा करने से न
रोके। 24 और कुछ दिनों के बाद, जब फेलिक्स अपनी पत्नी
द्रूसिल्ला के साथ आया, जो एक स्त्री यहूदी थी, उसने
शाऊल को बुलवाया और उसे मसीह 𐤉𐤄𐤅𐤔𐤏 पर विश्वास
के विषय में सुना। 25 और जब वह धर्म, और संयम, और
आने वाले न्याय के विषय में बातें कर रहा था, तो फेलिक्स
भयभीत हुआ और कहा, “अभी के लिए, जा। और जब मुझे
समय मिलेगा, तब मैं तुझे बुलाऊँगा।” 26 उसी समय वह यह
भी आशा कर रहा था कि शाऊल उसके द्वारा उसे धन देगा,
जिससे वह उसे छोड़ दे। इसलिए वह उसे बार-बार बुलाता
और उससे बातें करता रहा। 27 परन्तु दो वर्ष बीत जाने के
बाद, पोरकियोस फेस्टुस ने फेलिक्स का स्थान लिया। और
यहूदी लोगों को प्रसन्न करना चाहता था, इसलिए फेलिक्स ने
शाऊल को कैद में ही छोड़ दिया।

25 1 फेस्टोस ने, प्रांत में आने के बाद, तीन दिन बाद
कैसरेया से येरुशलेम की ओर ऊपर गया। 2 और
कोहेन हागादोल और यहूदी लोगों के प्रधान पुरुषों ने शाऊल
के विरुद्ध उसे सूचित किया, और वे उससे विनती करने लगे,
3 उससे उसके विरुद्ध कृपा माँगते हुए कि वह उसे येरुशलेम
भेज दे – रास्ते में उसे मार डालने की साज़िश रचते हुए।
4 तब वास्तव में, फेस्टोस ने उत्तर दिया कि शाऊल को
कैसरेया में रखा जाए, और वह स्वयं शीघ्र ही निकलने वाला
था। 5 उसने कहा, “इसलिए, जिनके पास तुम्हारे बीच
अधिकार है, वे मेरे साथ नीचे आएँ और इस मनुष्य पर
आरोप लगाएँ, कि देखें उसमें कोई दोष है या नहीं।” 6 और
उनके बीच दस से अधिक दिन बिताकर, वह कैसरेया नीचे
गया। और अगले दिन, न्यायासन पर बैठकर, उसने शाऊल
को लाने की आज्ञा दी। 7 और जब वह आया, तो वे यहूदी जो
येरुशलेम से नीचे आए थे, चारों ओर खड़े हुए, शाऊल पर
बहुत और भारी दोष लगाते हुए, जिन्हें वे सिद्ध न कर सके।
8 जबकि शाऊल ने अपने बचाव में कहा, “न यहूदियों की
तोराह के विरुद्ध, न मिकदश के विरुद्ध, न कैसर के विरुद्ध
मैंने कोई पाप किया है।” 9 परन्तु फेस्टोस, यहूदियों को
अनुग्रह देना चाहता था, शाऊल को उत्तर देकर कहा, “क्या
तुम चाहते हो कि तुम येरुशलेम जाओ और वहाँ मेरे सामने
इनके विषय में न्याय किया जाओ?” 10 और शाऊल ने कहा,
“मैं कैसर के न्यायासन पर खड़ा हूँ, जहाँ मुझे न्याय किया
जाना चाहिए। मैंने यहूदियों के प्रति कोई बुरा नहीं किया है,
जैसा कि तुम भली-भाँति जानते हो। 11 “क्योंकि यदि मै
सचमुच बुरा करता हूँ, या मृत्यु के योग्य कोई काम किया है,
तो मरने से इंकार नहीं करता। परन्तु यदि इनमें कुछ भी नहीं
है जिनके विषय में ये लोग मुझ पर दोष लगाते हैं, तो कोई भी
मुझे उनके हाथ सौंप नहीं सकता। मैं कैसर से अपील करता
हूँ।” 12 तब फेस्टोस ने सभा से बात करके उत्तर दिया,
“तुमने कैसर से अपील की है? कैसर के पास ही तुम
जाओगे!” 13 और कुछ दिन बीतने के बाद, राजा अग्रिप्पास
और बर्निके कैसरेया फेस्टोस का अभिवादन करने आए।
14 और जब वे वहाँ बहुत दिन रहे, तो फेस्टोस ने शाऊल का
मामला राजा के सामने रखा और कहा, “यहाँ एक मनुष्य है
जिसे फेलिक्स ने कैदी छोड़ दिया था। 15 जिसके विषय में
यहूदियों के प्रधान कोहेनीम और पुरनियों ने मुझे येरुशलेम में
रहते हुए सूचित किया, और उसके विरुद्ध न्याय की याचना
की। 16 “मैंने उन्हें उत्तर दिया, ‘रोमियों की रीति यह नहीं है
कि किसी मनुष्य को नाश के लिए सौंप दिया जाए, जब तक
अभियुक्त अपने अभियोग लगाने वालों से आमने-सामने न
मिले, और उसके पास अपने विरुद्ध लगे दोष का उत्तर देने
का अवसर न हो।’ 17 “इसलिए, जब वे इकट्ठे हुए, बिना
किसी विलम्ब के, अगले दिन मैं न्यायासन पर बैठा और
मनुष्य को भीतर लाने की आज्ञा दी। 18 “जब अभियोग
लगाने वाले खड़े हुए, उन्होंने उस पर कोई ऐसा दोष न लगाया
जैसा कि मैं समझ रहा था। 19 “परन्तु उनके अपने धर्म के

विषय में और एक 𐤉𐤄𐤅𐤔𐤏 के विषय में कुछ प्रश्न थे, जो
मर चुका था, जिसे शाऊल जीवित होने का दावा कर रहा
था। 20 "और इन बातों की जाँच कैसे करूँ, इस विषय में
असमंजस में होकर, मैंने उससे पूछा कि क्या वह येरुशलेम
जाना चाहता है और वहाँ इन बातों के विषय में न्याय किया
जाना चाहता है।" 21 "परन्तु जब शाऊल ने अपील की कि
उसे औगस्तुस के निर्णय के लिए रखा जाए, तो मैंने आज्ञा दी
कि उसे रखा जाए जब तक मैं उसे कैसर के पास भेज दूँ।"
22 और अग्रिप्पास ने फेस्टोस से कहा, "मैं भी इस मनुष्य को
स्वयं सुनना चाहता था।" और उसने कहा, "कल तुम उसे
सुनोगे।" 23 इसलिए, अगले दिन, अग्रिप्पास और बर्निके बड़े
धूमधाम के साथ आए, और सेनापतियों और नगर के प्रमुख
पुरुषों के साथ सभा स्थल में प्रवेश करके, फेस्टोस की आज्ञा
पर शाऊल को भीतर लाया गया। 24 और फेस्टोस ने कहा,
"राजा अग्रिप्पास और यहाँ हमारे साथ उपस्थित सब पुरुषों,
तुम इस व्यक्ति को देखते हो, जिसके विषय में येरुशलेम और
यहाँ सब यहूदियों की मण्डली ने मुझसे विनती की, यह
चिल्लाते हुए कि वह अब और जीवित न रहे। 25 "परन्तु मैंने
पाया कि उसने मृत्यु के योग्य कुछ नहीं किया है, और उसने
स्वयं औगस्तुस से अपील की है, इसलिए मैंने उसे भेजने का
निश्चय किया। 26 "मेरे पास इसके विषय में अपने स्वामी को
लिखने के लिए कुछ निश्चित नहीं है। इसलिए मैंने उसे
तुम्हारे सामने और विशेषकर तुम्हारे सामने, राजा अग्रिप्पास,
लाया है, ताकि जाँच-पड़ताल हो जाने के बाद मेरे पास लिखने
के लिए कुछ हो।" 27 "क्योंकि मुझे यह अनुचित प्रतीत होता
है कि किसी कैदी को भेजा जाए और उसके विरुद्ध लगे दोषों
का उल्लेख न किया जाए।"

26 1 और अग्रिप्पास ने शाऊल से कहा, "तुम्हें अपने लिए
बोलने की अनुमति है।" तब शाऊल ने अपना हाथ
फैलाया और अपनी रक्षा की: 2 "मैं स्वयं को बरुख मानता हूँ,
हे राजा अग्रिप्पास, क्योंकि आज मैं तुम्हारे सामने अपनी रक्षा
करूँगा उन सब बातों के विषय में जिनका आरोप मुझ पर
यहूदी लोग लगाते हैं, 3 तुम विशेष रूप से निपुण हो, यह
जानते हुए कि यहूदी लोगों से संबंधित सब रीति-रिवाज़ों और
प्रश्नों का ज्ञान रखते हो। तो कृपया धैर्यपूर्वक मेरी बात
सुनो। 4 "निश्चय ही, सब यहूदी लोग मेरे जीवन-मार्ग को
बचपन से जानते हैं, जिसे मैंने अपनी जाति के बीच
येरूशालेम में प्रारम्भ से ही चलाया। 5 क्योंकि वे मुझे पहले से
जानते हैं, यदि वे गवाही देना चाहें, कि मैं हमारी उपासना की
सबसे कठोर संप्रदाय के अनुसार फ़रीसी के रूप में जीवित
रहा। 6 "और अब मैं खड़ा हूँ और उस प्रतिज्ञा की आशा के
कारण न्याय किया जा रहा हूँ जो ईश्वर ने हमारे पितरों से की
थी, 7 जिसकी प्राप्ति की आशा हमारे बारह गोत्र, रात-दिन
ईश्वर की सेवा करते हुए, रखते हैं। इसी आशा के कारण, हे
राजा अग्रिप्पास, मुझ पर यहूदी लोग आरोप लगाते हैं।
8 "तुम्हारे बीच यह क्यों 'अविश्वसनीय' समझा जाता है यदि
ईश्वर मरे हुओं को जिलाता है? 9 "इसलिए, वास्तव में, मैंने
अपने मन में सोचा कि मुझे नासरत के 𐤉𐤄𐤅𐤔𐤏 के नाम के
विरुद्ध बहुत कुछ करना चाहिए, 10 जो मैंने येरूशालेम में भी
किया, और मैंने कई क़ोदशिम को जेल में डाल दिया, मुख्य
कोहेनिम से अधिकार पाकर। और जब उन्हें मृत्यु दण्ड दिया
गया, मैंने उनके विरुद्ध अपना मत दिया। 11 "और उन्हें बार-
बार सब सभाओं में दण्डित करते हुए, मैंने उन्हें निन्दा करने
के लिए विवश किया। और उन पर अत्यन्त क्रोधित होकर,
मैंने उन्हें विदेशी नगरों तक सताया। 12 "इसी काम में लगे
हुए, जब मैं दममेस्क को मुख्य कोहेनिम से अधिकार और
आज्ञा लेकर यात्रा कर रहा था, 13 दोपहर को, हे राजा, मैंने
आकाश से सूर्य से भी अधिक उज्ज्वल प्रकाश देखा, जो मेरे
और मेरे साथ चलनेवालों के चारों ओर चमका। 14 "और
जब हम सब भूमि पर गिर पड़े, मैंने एक आवाज़ सुनी जो
मुझसे इब्री भाषा में कह रही थी, 'शाऊल, शाऊल, तू मुझे
क्यों सताता है? तुझे लात मारना कठिन है।' 15 "और मैंने
कहा, 'हे प्रभु, आप कौन हैं?' और उसने कहा, 'मैं 𐤉𐤄𐤅𐤔𐤏
हूँ, जिसे तू सताता है। 16 'परन्तु उठ, और अपने पाँवों पर
खड़ा हो, क्योंकि मैंने तुझ पर इसलिये प्रगट हुआ हूँ कि तुझे
सेवक और गवाह ठहराऊँ, उन बातों का जिनको तूने देखा
और उन बातों का जिनको मैं तुझ पर प्रगट करूँगा। 17 तुझे
लोगों से और अन्यजातियों से छुड़ाकर, जिनके पास मैं अब
तुझे भेजता हूँ, 18 उनकी आँखें खोलने के लिए, उन्हें
अंधकार से प्रकाश की ओर और शैतान के अधिकार से
ईश्वर की ओर फेरने के लिए, ताकि वे पापों की क्षमा और उन
लोगों में मीरास प्राप्त करें जो मुझ पर विश्वास करके क़दोश
हैं।' 19 "इसलिए, हे राजा अग्रिप्पास, मैं स्वर्गीय दर्शन का
आज्ञा उल्लंघन करनेवाला नहीं था, 20 परन्तु पहले दममेस्क
और येरूशालेम के रहनेवालों को और सारे यहूदिया देश और
अन्यजातियों को प्रचार किया कि वे मन फिराएँ और ईश्वर
की ओर फिरें और मन फिराने के योग्य काम करें। 21 "इसी
कारण यहूदी लोगों ने मुझे मिकदश में पकड़ लिया और मुझे
मार डालना चाहा। 22 "इसलिए, ईश्वर की सहायता पाकर,
मैं आज तक खड़ा हूँ, छोटे और बड़े दोनों को गवाही देते हुए,
उन बातों को छोड़कर कुछ नहीं कहता जो नबियों और मोशेह
ने कहा था कि घटेगा – 23 कि मसीह कष्ट उठाएगा, मृतकों में
से पहले जी उठेगा, और लोगों और अन्यजातियों को प्रकाश
की घोषणा करेगा।" 24 और जब वह अपनी रक्षा में ये बातें
कह रहा था, फेस्तुस ने ऊँचे स्वर से कहा, "शाऊल, तू
पागल है! बहुत पढ़ाई ने तुझे पागल बना दिया है!" 25 परन्तु
शाऊल ने कहा, "हे उत्कृष्ट फेस्तुस, मैं पागल नहीं हूँ, बल्कि
मैं सत्य और समझ की बातें कहता हूँ। 26 "क्योंकि राजा,
जिसके सामने मैं भी निडर होकर बोलता हूँ, यह जानता है।
क्योंकि मैं निश्चय हूँ कि इनमें से कोई भी उससे छिपा नहीं है,
क्योंकि यह किसी कोने में नहीं हुआ। 27 "हे राजा अग्रिप्पास,
क्या तुम नबियों पर विश्वास करते हो? मैं जानता हूँ कि तुम
विश्वास करते हो।" 28 और अग्रिप्पास ने शाऊल से कहा,
"थोड़े में ही तू मुझे मसीही बना लेना चाहता है!" 29 और
शाऊल ने कहा, "चाहे थोड़े में, चाहे अधिक में, मैं ईश्वर से
प्रार्थना करता हूँ कि न केवल तुम, परन्तु आज मुझे सुननेवाले
सब लोग वैसे ही बनें जैसे मैं हूँ, केवल इन ज़ंजीरों को
छोड़कर।" 30 और यह कहकर राजा उठा, और राज्यपाल
और बरनिके और उनके साथ बैठनेवाले भी। 31 और हटकर
वे आपस में बातें करने लगे, कहते हुए, "यह मनुष्य न तो
मृत्यु के योग्य कोई काम करता है और न बन्धनों के।"
32 और अग्रिप्पास ने फेस्तुस से कहा, "यह मनुष्य छोड़ा जा
सकता था यदि इसने कैसर की ओर अपील न की होती।"

27 1और जब यह ठहराया गया कि हमें इटालिया को
जहाज़ से जाना चाहिए, उन्होंने शाऊल और कुछ
अन्य क़ैदियों को यूलियोस नामक एक व्यक्ति के हवाले किया,
जो अगस्तुस की रेजिमेंट का कप्तान था। 2और
अद्रामित्तीयुम से एक जहाज़ में चढ़कर, जो एशिया के तटों
के किनारे चलने वाला था, हम चले। अरिस्तारख़ोस,
मकदूनिया के थिस्सलोनिके का रहने वाला, हमारे साथ था।
3और दूसरे दिन हम सिदोन में उतरे। और यूलियोस ने
शाऊल के साथ कृपा दिखाई और उसे अपने मित्रों के पास
जाने दिया ताकि उसकी सेवा की जा सके। 4और वहाँ से हम
समुद्र में चले और कुप्रोस के पास से जहाज़ चलाया, क्योंकि
हवाएँ हमारे विरुद्ध थीं। 5और किलिकिया और पम्फुलिया के
समुद्र के पार चलकर हम लुकिया के मूरा नगर पहुँचे।
6और वहाँ कप्तान को एक अलेक्ज़ान्द्रिया का जहाज़ मिला
जो इटालिया को जा रहा था, और उसने हमें उसमें चढ़ा
दिया। 7और बहुत दिनों तक धीरे-धीरे चलकर, और
कठिनाई से क्नीदोस के सामने पहुँचे, और जब हवा ने हमें
आगे बढ़ने न दिया, तो हम सलमोने के सामने क्रीते के पास
से चले। 8और कठिनाई से वहाँ से गुजरते हुए हम एक
स्थान पर पहुँचे जिसे फेयर हेवेन्स कहा जाता है, जो
लसाइआ नगर के निकट था। 9और बहुत समय बीत जाने
पर, और अब जहाज़ चलाना ख़तरनाक हो गया था, क्योंकि
उपवास भी बीत चुका था, तब शाऊल ने उन्हें सलाह दी।
10कहते हुए, "हे पुरुषों, मैं देखता हूँ कि यह यात्रा हानि और
बड़े नुकसान पर समाप्त होगी, न केवल माल और जहाज़
की, बल्कि हमारी जानों की भी।" 11परन्तु कप्तान ने शाऊल
की बात की अपेक्षा खिवैय्या और जहाज़ के मालिक की बात
मानी। 12और जब वह बंदरगाह सर्दी बिताने के लिए उपयुक्त
न था, तो अधिकांश ने वहाँ से भी चलने की सलाह दी, कि
यदि वे किसी तरह क्रीते के फ़ोइनिके नामक बंदरगाह तक
पहुँच सकें, जो दक्षिण-पश्चिम और उत्तर-पश्चिम की ओर है,
ताकि वहाँ सर्दी बिता सकें। 13और जब दक्षिण की हवा धीरे-
धीरे चलने लगी, तो यह सोचकर कि उन्होंने अपना उद्देश्य पा
लिया, उन्होंने लंगर उठाया और क्रीते के पास से जहाज़
चलाया। 14परन्तु थोड़ी देर बाद उस ओर से एक प्रचण्ड
आँधी चली जिसे उत्तर-पूर्वी कहा जाता है। 15और जब
जहाज़ उसमें फँस गया और हवा के विरुद्ध सिर न कर सका,
तो हमने उसे छोड़ दिया और बहाव में चल दिए। 16और एक
छोटे टापू, जिसका नाम क्लाउदे था, के नीचे पहुँचकर हम
मुश्किल से छोटी नाव को काबू कर सके। 17और जब उसे
ऊपर खींच लिया, तो उन्होंने जहाज़ को कसने के लिए
रस्सियों का उपयोग किया। और यह डरते हुए कि कहीं हम
सुर्तिस पर न अटक जाएँ, उन्होंने पाल उतार दिए और ऐसे ही
बहाए गए। 18और जब हम तूफ़ान से बहुत हिलाए जा रहे थे,
तो दूसरे दिन उन्होंने माल समुद्र में फेंकना शुरू किया।
19और तीसरे दिन हमने अपने हाथों से जहाज़ का सामान
समुद्र में फेंका। 20और बहुत दिनों तक न तो सूर्य और न ही
तारे दिखाई दिए, और न छोटा तूफ़ान हम पर पड़ा, तो हमारा
सब आशा जाती रही कि हम बचेंगे। 21और जब बहुत समय
तक किसी ने खाना नहीं खाया, तब शाऊल ने उनके बीच
खड़े होकर कहा, "हे पुरुषों, तुम्हें मेरी बात माननी चाहिए थी
और क्रीते से जहाज़ न चलाना चाहिए था, और इस हानि
और नुकसान से बचना चाहिए था। 22"और अब मैं तुमसे
बिनती करता हूँ कि धीरज रखो, क्योंकि तुममें से किसी का
प्राण नहीं जाएगा, केवल जहाज़ का नाश होगा। 23"क्योंकि
आज रात मेरे पास उस ईश्वर का दूत खड़ा हुआ, जिसका मैं
हूँ और जिसकी मैं सेवा करता हूँ, 24उसने कहा, 'मत डर,
शाऊल, तुझे कैसर के सामने खड़ा होना ज़रूरी है। और
देख, ईश्वर ने तुझे उन सबको भी दिया है जो तेरे साथ
जहाज़ पर हैं।' 25"इसलिए हे पुरुषों, धीरज रखो, क्योंकि मैं
ईश्वर पर विश्वास करता हूँ कि जैसा मुझसे कहा गया है वैसा
ही होगा। 26"परन्तु हमें किसी टापू पर जाकर अटकना
ज़रूरी है।" 27और जब चौदहवीं रात आई, और हम
अद्रियातिक समुद्र में इधर-उधर बह रहे थे, तो आधी रात के
समय नाविकों ने यह सोचा कि वे किसी भूमि के पास आ रहे
हैं। 28सो उन्होंने गहराई नापी और बीस गज़ पाया। और
थोड़ी दूर जाकर फिर गहराई नापी और पंद्रह गज़ पाया।
29और यह डरते हुए कि कहीं हम चट्टानों पर न अटक जाएँ,
उन्होंने जहाज़ के पिछवाड़े से चार लंगर डाले और दिन
निकलने की प्रार्थना की। 30परन्तु जब नाविक जहाज़ से
भागना चाहते थे, और उन्होंने यह बहाना करके नाव को समुद्र
में उतारा कि हम आगे से लंगर डालने जा रहे हैं, 31तो
शाऊल ने कप्तान और सिपाहियों से कहा, "यदि ये लोग
जहाज़ में न रहें, तो तुम्हारा बचना असम्भव है।" 32तब
सिपाहियों ने नाव की रस्सियाँ काट दीं और उसे गिरा दिया।
33और जब दिन निकलने वाला था, शाऊल ने सबको भोजन
करने के लिए बिनती की, कहते हुए, "आज चौदह दिन हो गए
हैं कि तुम बिना खाए-पिए रहे हो और कुछ नहीं खाया।
34"इसलिए मैं तुमसे बिनती करता हूँ कि भोजन करो, क्योंकि
यह तुम्हारी सुरक्षा के लिए है, क्योंकि तुममें से किसी का भी
सिर का एक बाल भी नहीं गिरेगा।" 35और यह कहकर,
उसने रोटी ली और सबके सामने ईश्वर का धन्यवाद किया।
और जब उसने तोड़ी, तो खाने लगा। 36तब सब हिम्मत
बाँधकर, उन्होंने भी भोजन किया। 37और हम सब जहाज़ में
दो सौ छिहत्तर व्यक्ति थे। 38और भोजन करने के बाद
उन्होंने जहाज़ को हल्का करने के लिए गेहूँ समुद्र में फेंक
दिया। 39और जब दिन निकला, तो वे भूमि को नहीं पहचान
सके, परन्तु उन्होंने एक खाड़ी देखी जिसमें समुद्र तट था,
और उन्होंने सोचा कि यदि सम्भव हो तो जहाज़ को वहीं लगा
दें। 40और लंगर काटकर समुद्र में छोड़ दिए, और पतवारों
की रस्सियाँ खोल दीं। और उन्होंने आगे का पाल हवा के
अनुसार लगाया और तट की ओर चले। 41परन्तु जहाँ दो
समुद्र मिलते थे, वहाँ पहुँचकर जहाज़ को अटका दिया, और
आगे का भाग दृढ़ होकर अटक गया और हिल न सका,
परन्तु पिछला भाग लहरों से टूट गया। 42और सिपाहियों ने
यह ठाना कि कैदियों को मार डालें, ताकि कोई तैरकर भाग न
सके। 43परन्तु कप्तान शाऊल को बचाना चाहता था और
उसने उन्हें उनकी योजना से रोका, और उन लोगों को आज्ञा
दी जो तैर सकते थे कि पहले कूदकर भूमि पर चले जाएँ।
44और बाकी लोग, कुछ तख़्तों पर और कुछ जहाज़ की
वस्तुओं पर तैरकर निकले। और ऐसा हुआ कि सब सुरक्षित
भूमि पर पहुँचे।

28

1 और सुरक्षित पहुँचने के बाद, उन्होंने जाना कि उस
टापू का नाम मेलिते है। 2 और वहाँ के विदेशियों ने
हमें असाधारण दयालुता दिखाई, क्योंकि उन्होंने आग जलाई
और हम सबको ग्रहण किया, क्योंकि वर्षा हो रही थी और ठंड
थी। 3 परन्तु शाऊल ने लकड़ियों का एक गट्ठर इकट्ठा किया
और जब उन्हें आग पर रखा, तो गर्मी के कारण एक साँप
निकल आया और उसके हाथ से लिपट गया। 4 और जब
विदेशियों ने उस जन्तु को उसके हाथ से लटकते देखा, तो वे
आपस में कहने लगे, "यह मनुष्य निश्चय ही हत्यारा है, जो
समुद्र से तो बच गया, परन्तु न्याय उसे जीवित रहने नहीं
देता।" 5 तब उसने उस जन्तु को आग में झटक दिया और
उसे कोई हानि न पहुँची। 6 और यह सोचकर कि वह सूज
जाएगा या अचानक गिरकर मर जाएगा, वे बहुत देर तक
देखते रहे और जब उन्होंने देखा कि उसे कुछ हानि नहीं हुई,
तो उन्होंने अपना विचार बदलकर कहा कि वह कोई देवता
है। 7 और उस स्थान के पास टापू के प्रधान की भूमि थी,
जिसका नाम पुपलियुस था, जिसने हमें ग्रहण किया और तीन
दिन तक मित्रता से ठहराया। 8 और ऐसा हुआ कि पुपलियुस
का पिता बुखार और पेचिश से पीड़ित पड़ा था। शाऊल
उसके पास गया और प्रार्थना करके उसके ऊपर हाथ
रखकर उसे चंगा किया। 9 और यह होने पर, टापू के बाकी
सब बीमार लोग भी आए और चंगे हुए। 10 और उन्होंने हमें
बहुत आदर दिया। और जब हम रवाना होने लगे तो हमारी
आवश्यकताओं के लिए हमें वस्तुएँ दीं। 11 और तीन महीने
बाद हम एक अलेक्ज़ान्द्रिया के जहाज़ पर चले जो उस टापू
पर सर्दी काट चुका था, और जिसका चिन्ह 'जुड़वाँ भाई'
था। 12 और सुराकुसाई नगर में उतरकर, हम तीन दिन
रहे। 13 और वहाँ से चलकर हम रेगियुम पहुँचे। और एक
दिन बाद दक्षिण की हवा चली, और दूसरे दिन हम
पोटीओलोई पहुँचे। 14 जहाँ हमें भाइयों से मुलाक़ात हुई, और
उन्होंने हमें सात दिन अपने पास रहने के लिए निमंत्रित
किया। और इसी प्रकार हम रोम की ओर बढ़े। 15 और जब
वहाँ के भाइयों ने हमारे विषय में सुना, तो वे अप्पियुस के
फ़ोरम और तीन सराय तक हमसे मिलने आए। जब शाऊल
ने उन्हें देखा, तो उसने ईश्वर का धन्यवाद किया और साहस
पाया। 16 और जब हम रोम पहुँचे, तो कप्तान ने क़ैदियों को
प्रहरी के प्रधान के हाथ सौंप दिया; परन्तु शाऊल को यह
अनुमति मिली कि वह अपने आप सिपाहियों के साथ रहे जो
उसकी रखवाली कर रहे थे। 17 और तीन दिन के बाद
शाऊल ने यहूदी नेताओं को बुलवाया। और जब वे इकट्ठे हुए
तो उसने उनसे कहा, "हे भाइयों, यद्यपि मैंने अपनी प्रजा या
अपने पितरों की रीति-रिवाज के विरुद्ध कुछ नहीं किया, तौभी
मैं यरूशलेम से क़ैदी होकर रोमियों के हाथ में सौंपा गया।
18 जिन्होंने मेरी जाँच करके मुझे छोड़ देने का विचार किया,
क्योंकि मुझे मृत्युदण्ड देने का कोई कारण न पाया।
19 "परन्तु जब यहूदी उसके विरुद्ध बोले, तो मुझे कैसर के
सामने अपील करना पड़ा, यद्यपि मेरे पास अपने राष्ट्र के
विरुद्ध कोई आरोप न था। 20 "इसलिए मैंने तुम्हें बुलाना और
देखना तथा तुमसे बातें करना उचित समझा। क्योंकि
इस्राएल की आशा के कारण ही मैं इस ज़ंजीर से बँधा हुआ
हूँ।" 21 उन्होंने उससे कहा, "हमने तेरे विषय में यहूदिया से
कोई पत्र नहीं पाया, और न ही भाइयों में से किसी ने आकर
तेरे विषय में कुछ बुरा कहा। 22 "परन्तु हम यह उचित
समझते हैं कि तेरा विचार सुनें, क्योंकि इस पंथ के विषय में
हमें मालूम है कि हर जगह इसके विरोध में कहा जाता है।"
23 और उन्होंने उसके लिए एक दिन ठहराया। और उस दिन
बहुत लोग उसके पास आए जहाँ वह ठहरा था, और वह उन्हें
समझाने लगा, ईश्वर के राज्य के विषय में गवाही देता और
उन्हें मूसा की तोराह और नबियों से लेकर सुबह से शाम तक
OW५३Z के विषय में समझाता और मनाता रहा। 24 और
कुछ तो उन बातों से मान गए, परन्तु कुछ विश्वास न लाए।
25 और जब वे आपस में असहमत थे और जाने लगे, तब
शाऊल ने यह एक वचन कहा, "पवित्र आत्मा ने हमारे बाप-
दादों से यशायाह नबी के द्वारा ठीक कहा, 26 'इस प्रजा के
पास जाकर कह, "सुनते सुनोगे, परन्तु कभी न समझोगे,
और देखते देखोगे, परन्तु कभी न जानोगे। 27 क्योंकि इस
प्रजा का हृदय कठोर हो गया है, और वे अपने कानों से सुस्त
होकर सुनते हैं, और अपनी आँखें बन्द कर ली हैं, ताकि कहीं
ऐसा न हो कि वे अपनी आँखों से देखें, अपने कानों से सुनें,
और अपने हृदय से समझें, और फिरें, और मैं उन्हें चंगा
करूँ।" ' 28 "इसलिए तुम जान लो कि ईश्वर का उद्धार
अन्यजातियों के पास भेजा गया है, और वे सुनेंगे!" 29 और
जब उसने ये बातें कहीं, तो यहूदी आपस में बहुत विवाद करते
हुए चले गए। 30 और शाऊल पूरे दो वर्ष तक अपने किराए
के घर में रहा, और जो कोई उसके पास आता उसे ग्रहण
करता रहा। 31 वह ईश्वर के राज्य का प्रचार करता और प्रभु
OW५३Z हा'माशियाः के विषय में निर्भीकता और बिना रोक-
टोक शिक्षा देता रहा।

29

1 और शाऊल, मशीहा की आशीषों से परिपूर्ण, और
रूह हकोदश से भरपूर, रोम से निकल गया, यह
निश्चय करते हुए कि वह स्पेनिया में जाएगा, क्योंकि उसने
बहुत समय से वहाँ यात्रा करने का इरादा किया था, और वह
वहाँ से ब्रिटेन जाने का भी मन बना चुका था। 2 क्योंकि उसने
फोइनिके में सुना था कि अश्शूर की भूमि में बंधुआई के समय
इस्राएल के कुछ बच्चे समुद्र के द्वारा दूर के द्वीपों में भाग गए
थे, जैसा कि नबीम ने कहा था, और रोमनों द्वारा जिसे ब्रिटेन
कहा जाता है। 3 और ३५३Z ने बासराह को अन्य जातियों
तक और इस्राएल के घराने की खोई हुई भेड़ों तक प्रचारित
करने की आज्ञा दी। 4 और किसी ने शाऊल को नहीं रोका;
क्योंकि उसने OW५३Z के बारे में साहसपूर्वक गवाही दी,
और उसने अपने साथ कुछ भाइयों को लिया जो रोम में
उसके साथ रहते थे, और उन्होंने ओस्टियम में जहाज़ ली,
और अनुकूल हवाओं के साथ, उन्हें स्पेनिया के एक बंदरगाह
में सुरक्षित पहुँचाया गया। 5 और बहुत से लोग नगरों और
गाँवों से, और पहाड़ी देश से इकट्ठे हुए; क्योंकि उन्होंने शिष्य
के परिवर्तन और उसके द्वारा किए गए कई चमत्कारों के बारे
में सुना था। 6 और शाऊल ने स्पेनिया में शक्तिशाली प्रचार
किया, और बड़ी भीड़ ने विश्वास किया और परिवर्तित हो गए,
क्योंकि उन्होंने समझा कि वह एलोहिम से भेजा गया एक शिष्य
था। 7 और वे स्पेनिया से निकल गए, और शाऊल और
उसके साथी एक जहाज़ पाकर आर्मोरिका से ब्रिटेन की ओर
चले, वे उसमें गए, और दक्षिणी तट के साथ चलते हुए
रफिनस नामक एक बंदरगाह पर पहुँचे। 8 अब जब यह बात

फैली कि प्रेरित उनके तट पर उतरा है, तो निवासियों की बड़ी
भीड़ उससे मिलने आई, और उन्होंने शाऊल का
शिष्टाचारपूर्वक स्वागत किया, और वह उनके नगर के पूर्वी
द्वार से प्रवेश किया, और एक इब्री के घर में ठहरा जो उसकी
अपनी जाति का था। 9 और अगले दिन वह माउंट लुद पर
आया; और लोग द्वार पर इकट्ठे हुए, और ब्रॉडवे में सभा की,
और उसने उन्हें मशीहा का प्रचार किया, और बहुतों ने
OWY3Z के वचन और गवाही पर विश्वास किया। 10 और
संध्या को रूह हकोदश शाऊल पर उतरा, और उसने नबूवत
की, कहा, "देखो, अंतिम दिनों में 3Y3Z की शाति नगरों में
वास करेगी, और उनके निवासी गिने जाएंगे; और लोगों की
सातवीं गिनती में, उनकी आँखें खुलेंगी, और उनके विरासत
की महिमा उनके सामने चमकेगी। और जातियाँ उस पर्वत
पर उपासना करने आएंगी जो 3Y3Z के सेवक के धैर्य और
सहनशीलता की गवाही देता है। 11 "और अंतिम दिनों में,
बासराह की नई खबरें येरुशलेम से निकलेंगी, और लोगों के
दिल आनन्दित होंगे, और देखो, फव्वारे खुलेंगे, और कोई
और महामारी नहीं होगी। 12 "उन दिनों में युद्ध और युद्ध की
अफवाहें होंगी; और एक राजा उठेगा, और उसकी तलवार
राष्ट्रों की चिकित्सा के लिए होगी, और उसकी शाति स्थायी
होगी, और उसके राज्य की महिमा राजाओं के बीच एक
आश्चर्य होगी।" 13 और ऐसा हुआ कि कुछ ड्रुइड शाऊल के
पास गुप्त रूप से आए, और अपने अनुष्ठानों और समारोहों
द्वारा दिखाया कि वे मिस्र की भूमि में बंधन से बचकर आए
यहूदियों से उतरे थे, और प्रेरित ने इन बातों पर विश्वास
किया, और उन्हें शाति का चुंबन दिया। 14 और शाऊल
अपने निवास में तीन महीने तक रहा, विश्वास में पुष्टि करते
हुए और मशीहा का निरंतर प्रचार करते हुए। 15 और इन
बातों के बाद शाऊल और उसके भाई रफिनस से चले गए,
और गॉल में एटियम की ओर जहाज़ से गए। 16 और शाऊल
ने रोमाई छावनियों में और लोगों के बीच प्रचार किया, सभी
लोगों को पश्चाताप करने और अपने पापों को स्वीकार करने
के लिए प्रेरित किया। 17 और कुछ बेल्गाए उसके पास आए,
उससे नई शिक्षा और मनुष्य OWY3Z के बारे में पूछने के
लिए; और शाऊल ने अपना हृदय उनके सामने खोला, और
उन्हें उन सभी बातों को बताया जो उसके साथ हुई थीं,
हालाँकि मशीहा OWY3Z पापियों को बचाने के लिए संसार में
आए; और वे उन बातों पर विचार करते हुए चले गए जो
उन्होंने सुनी थीं। 18 और बहुत प्रचार और परिश्रम के बाद,
शाऊल और उसके साथी श्रमिक हेल्वेटिया में गए, और
माउंट पोंटियस पिलातुस पर पहुँचे, जहाँ उसने OWY3Z को
दोषी ठहराया था, उसने खुद को सिर के बल नीचे गिरा दिया,
और इस प्रकार दुखद रूप से नष्ट हो गया। 19 और बहुत
प्रचार और परिश्रम के बाद, शाऊल और उसके साथी श्रमिक
हेल्वेटिया में गए, और माउंट पोंटियस पिलातुस पर पहुँचे,
जहाँ उसने OWY3Z को दोषी ठहराया था, उसने खुद को
सिर के बल नीचे गिरा दिया, और इस प्रकार दुखद रूप से
नष्ट हो गया। और तुरंत एक धारा पर्वत से फूट पड़ी और
उसके टूटे हुए शरीर को टुकड़ों में एक झील में धो दिया।
20 और शाऊल ने पानी पर अपने हाथ फैलाए, और 3Y3Z
से प्रार्थना की, कहा, "हे 3Y3Z एलोहिम, सभी राष्ट्रों को एक
संकेत दें कि यहाँ पोंटियस पिलातुस, जिसने आपके एकमात्र
उत्पन्न बिन को दोषी ठहराया, गड्ढे में सिर के बल गिरा।"
21 और जब शाऊल अभी भी बोल रहा था, देखो एक बड़ा
भूकंप आया, और पानी का चेहरा बदल गया, और झील का
रूप आदम के बिन की तरह था जो दाव पर पीड़ा में लटका
हुआ था। 22 और स्वर्ग से एक आवाज आई, "यहाँ तक कि
पिलातुस ने आने वाले क्रोध से बच लिया है, क्योंकि उसने
OWY3Z के रक्तपात पर भीड़ के सामने अपने हाथ धोए
थे।" 23 जब, इसलिए, शाऊल और उसके साथ जो थे
उन्होंने भूकंप देखा, और दूत की आवाज सुनी, उन्होंने याह
की महिमा की, और रूह में अत्यधिक बलवान हुए। 24 और
वे यात्रा करते हुए माउंट यूलिओस पहुँचे, जहाँ दो स्तंभ खड़े
थे, एक दाहिने हाथ पर और एक बाएँ हाथ पर, जो कैसर
ऑगस्टस द्वारा खड़े किए गए थे। 25 और शाऊल, रूह
हकोदश से भरा हुआ, दो स्तंभों के बीच खड़ा हुआ, कहा,
"पुरुषों और भाइयों, ये पत्थर जिन्हें आप आज देखते हैं, मेरी
यात्रा की गवाही देंगे; और वास्तव में मैं कहता हूँ, वे तब तक
बने रहेंगे जब तक सभी राष्ट्रों पर रूह का उंडेला नहीं जाएगा,
और न ही सभी पीढ़ियों में मार्ग बाधित होगा।" 26 और वे आगे
बढ़े और इलुरिकोन पहुँचे, मकदूनिया के द्वारा एशिया जाने का
इरादा रखते हुए, और सभी बुलाए गए सभाओं में अनुग्रह पाया
गया; और वे समृद्ध हुए और शाति में थे। आमेन।

गलातियों

𐤉𐤄𐤅𐤄

हिंदी संस्करण

गलातियों

1 1 शाऊल, एक दूत - न मनुष्यों से, न किसी मनुष्य द्वारा,
परन्तु OWY3Z हा'मशियाह और 3Y3Z पिता द्वारा
जिसने उसे मृतकों में से जिलाया – 2 और सब भाई जो मेरे
साथ हैं, गलातिया की सभाओं के नाम। 3 अनुग्रह और शांति
तुम्हें मिले 3Y3Z पिता से और हमारे आदोन OWY3Z
हा'मशियाह से, 4 जिसने अपने आप को हमारे पापों के लिए दे
दिया, कि हमें इस वर्तमान दुष्ट युग से छुड़ाए, हमारे ईश्वर
और पिता की इच्छा के अनुसार, 5 जिसे युगानुयुग महिमा हो।
आमेन। 6 मैं आश्चर्य करता हूँ कि तुम इतने शीघ्र उस से
फिर रहे हो जिसने तुम्हें मसीह के अनुग्रह में बुलाया, दूसरे
'सुसमाचार' की ओर, 7 जो और कुछ नहीं है, केवल कुछ ऐसे
हैं जो तुम्हें परेशान कर रहे हैं और मसीह के सुसमाचार को
बिगाड़ना चाहते हैं। 8 परन्तु चाहे हम ही क्यों न हों, या
आकाश से कोई दूत, तुम्हें ऐसा 'सुसमाचार' सुनाए जो उस से
भिन्न हो जो हमने तुम्हें सुनाया, वह शापित हो। 9 जैसा कि
हमने पहले कहा है, अब फिर कहता हूँ, यदि कोई तुम्हें ऐसा
'सुसमाचार' सुनाए जो उस से भिन्न हो जो तुमने ग्रहण किया
है, वह शापित हो। 10 क्योंकि अब क्या मैं मनुष्यों को मनाने
की चेष्टा करता हूँ, या ईश्वर को? या क्या मैं मनुष्यों को प्रसन्न
करना चाहता हूँ? यदि मैं अब भी मनुष्यों को प्रसन्न करता, तो
मैं मसीह का दास न होता। 11 हे भाइयो, मैं तुम्हें बताता हूँ कि
मेरे द्वारा सुनाया गया सुसमाचार मनुष्य के अनुसार नहीं है।
12 क्योंकि न मैंने उसे मनुष्य से ग्रहण किया, न सिखाया गया,
परन्तु OWY3Z हा'मशियाह के प्रकाशन द्वारा। 13 क्योंकि
तुमने मेरे पूर्व के आचरण के विषय में यहूदी धर्म में सुना है,
कि मैंने ईश्वर की सभा को कितना तीव्रता से सताया और
नष्ट किया। 14 और मैंने यहूदी धर्म में अपनी जाति के बहुतों
से अधिक प्रगति की, और अपने पितरों की परंपराओं के लिए
अत्यधिक उत्साही था। 15 परन्तु जब ईश्वर प्रसन्न हुआ,
जिसने मुझे मेरी माता के गर्भ से अलग किया और अपने
अनुग्रह से बुलाया, 16 कि वह अपने पुत्र को मुझ में प्रकट
करे, कि मैं उसे अन्यजातियों में सुसमाचार सुनाऊँ, तब मैं
तुरंत मांस और रक्त से परामर्श न किया। 17 और न
येरूशलेम गया, उन के पास जो मुझ से पहले दूत थे। परन्तु
मैं अरब देश गया, और फिर दममेसक को लौट आया।
18 तब तीन वर्ष के बाद मैं येरूशलेम गया, कि केफ़ा से भेंट
करूँ, और पन्द्रह दिन उसके साथ रहा। 19 और मैंने अन्य
किसी दूत को न देखा, केवल याक़ोब को, जो आदोन का भाई
था। 20 और जो कुछ मैं तुम्हें लिखता हूँ, देखो, ईश्वर के
सामने मैं झूठ नहीं बोलता। 21 तब मैं सूरिया और किलिकिया
के प्रदेशों में गया। 22 और मैं यहूदिया की सभाओं से, जो
मसीह में थीं, व्यक्तिगत रूप से अज्ञात था। 23 केवल वे यह
सुनते थे कि, "जिसने कभी हमें सताया, अब वही उस विश्वास
का सुसमाचार सुनाता है जिसे उसने कभी नष्ट किया था।"
24 और वे मेरे कारण ईश्वर की महिमा कर रहे थे।

2 1 फिर चौदह वर्षों के बाद मैं पुनः येरुशालायिम गया,
बरनाबा के साथ, और तीतोस को भी साथ ले गया।
2 और मैं प्रकाशन के द्वारा गया, और उनके सामने वह
सुसमाचार रखा जिसे मैं अन्यजातियों में प्रचार करता हूँ,
परन्तु जो प्रतिष्ठित थे उनसे अलग-अलग, कहीं ऐसा न हो
कि मैं व्यर्थ दौड़ा हूँ, या दौड़ा था। 3 परन्तु मेरे साथ जो
तीतोस था, यवन होते हुए भी, खतना करने के लिए विवश नहीं
किया गया। 4 परन्तु झूठे भाइयों के कारण, जो चुपके से
घुसाए गए थे, जिन्होंने हमारी उस स्वतंत्रता पर जासूसी करने
के लिए भीतर घुसपैठ की, जो हमें मसीह OWY3Z में है,
ताकि वे हमें दास बना लें। 5 इनके आगे हम ने एक घड़ी के
लिये भी आधीन होकर झुकना स्वीकार नहीं किया, ताकि शुभ
समाचार का सत्य तुम्हारे साथ बना रहे। 6 परन्तु जो लोग
चाहे जो समझे जाते थे — वे जैसे भी थे, यह मेरे लिये कुछ
नहीं है, ईश्वर किसी का पक्ष नहीं करता — जो लोग माननीय
समझे जाते थे, उन्होंने मुझे कुछ नहीं दिया। 7 परन्तु इसके
विपरीत, जब उन्होंने देखा कि बिना खतना वालों के लिये शुभ
समाचार मुझे सौंपा गया है, जैसे कि केफ़ा को खतना वालों के
लिये — 8 क्योंकि जिसने केफ़ा में कार्य किया कि वह खतना
वालों के लिये एक दूत बने, उसी ने मुझ में भी अन्यजातियों के
लिये कार्य किया। 9 और जब याक़ोब, केफ़ा, और योहानान,
जो स्तम्भ समझे जाते थे, उन्होंने उस अनुग्रह को पहचाना
जो मुझे दिया गया था, उन्होंने मुझे और बरनबाह को
सहभागिता का दाहिना हाथ दिया, ताकि हम अन्यजातियों के
पास जाएँ और वे खतना वालों के पास। 10 केवल इतना कि
हम दरिद्रों को स्मरण रखें, जिसे करने के लिये मैं स्वयं भी
उत्सुक था। 11 और जब केफ़ा अन्तियोकिया आया, तो मैं ने
उसके सामने उसका सामना किया, क्योंकि वह दोषी ठहराया
गया। 12 क्योंकि याक़ोब से कुछ लोग आने से पहले वह
अन्यजातियों के साथ भोजन कर रहा था; पर जब वे आ गए,
तो वह हटकर अलग होने लगा, उन खतना वालों से डरकर।
13 और बाकी यहूदियों ने भी उसके साथ कपट किया, यहां
तक कि बरनबाह भी उनके कपट में बहक गया। 14 परन्तु
जब मैंने देखा कि वे शुभ समाचार के सत्य के अनुसार सीधे
नहीं चलते, तो मैंने सब के सामने केफ़ा से कहा, "यदि तू,
यहूदी होकर, अन्यजातियों की तरह रहता है और यहूदियों की
तरह नहीं, तो तू अन्यजातियों को क्यों यहूदी रीति अपनाने के
लिये विवश करता है?" 15 "हम तो स्वभाव से यहूदी हैं, और
अन्यजातियों के पापी नहीं। 16 यह जानते हुए कि मनुष्य
तोराह के कर्मों से धर्मी नहीं ठहराया जाता, परन्तु OWY3Z
हामशियाह पर विश्वास से; हम ने भी मसीह OWY3Z पर
विश्वास किया, ताकि मसीह पर विश्वास से धर्मी ठहराए जाएँ,
और तोराह के कर्मों से नहीं; क्योंकि तोराह के कर्मों से कोई

प्राणी धर्मी नहीं ठहराया जाएगा। 17 “और यदि जब हम
मसीह में धर्मी ठहरने की खोज करते हैं, तब भी हम स्वयं पापी
पाए जाते हैं, तो क्या मसीह पाप का सेवक है? कभी नहीं।
18 “क्योंकि यदि मैं फिर वही निर्माण करता हूँ जिसे मैंने ढा
दिया, तो मैं स्वयं को अपराधी ठहराता हूँ। 19 “क्योंकि तोराह
के द्वारा मैं तोराह के लिये मर गया, ताकि मैं ईश्वर के लिये
जीवित रहूँ। 20 “मैं मसीह के साथ क्रूस पर चढ़ा दिया गया
हूँ; अब मैं जीवित नहीं रहा, पर मसीह मुझ में जीवित है। और
अब मैं जो शरीर में जीवित हूँ, तो ईश्वर ३५३Z के पुत्र पर
विश्वास से जीवित हूँ, जिसने मुझ से प्रेम किया और अपने
आप को मेरे लिये दे दिया। 21 “मैं ईश्वर के अनुग्रह को व्यर्थ
नहीं करता; क्योंकि यदि धार्मिकता तोराह के द्वारा होती, तो
मसीह व्यर्थ ही मरा।”

3 1 हे नासमझ गलातियों! किसने तुम्हें ऐसा जादू कर दिया,
कि तुम सत्य का पालन न करो – जिनकी आंखों के
सामने OW५३Z हा'मशियाह को तुम्हारे बीच क्रूस पर चढ़ा
हुआ साफ़ दिखाया गया था? 2 मैं केवल यह तुमसे जानना
चाहता हूं: क्या तुमने आत्मा को तोराह के कामों से पाया, या
विश्वास की सुनवाई से? 3 क्या तुम इतने नासमझ हो? आत्मा
में शुरू करके, अब क्या शरीर में पूरा करोगे? 4 क्या तुमने
व्यर्थ ही इतना कष्ट सहा है – यदि वास्तव में व्यर्थ था? 5 तो
क्या वह जो तुम्हें आत्मा देता है और तुम्हारे बीच चमत्कार
करता है, वह इसे तोराह के कामों से करता है, या विश्वास की
सुनवाई से? 6 इसी प्रकार अब्राहम ने ईश्वर पर विश्वास किया,
और यह उसके लिये धार्मिकता के रूप में गिना गया।
7 इसलिए जान लो कि जो विश्वास से हैं, वे अब्राहम की संतान
हैं। 8 और शास्त्र ने, यह जानते हुए कि ईश्वर अन्यजातियों
को विश्वास से धर्मी ठहराएगा, पहले से ही अब्राहम को शुभ
समाचार सुनाया, यह कहते हुए, “सब जातियां तुझ में आशीष
पाएंगी।” 9 इसलिए जो विश्वास से हैं, वे विश्वास करने वाले
अब्राहम के साथ आशीष पाते हैं। 10 क्योंकि जितने तोराह के
कामों पर निर्भर हैं, वे सब शाप के अधीन हैं; क्योंकि लिखा है,
“शापित है हर वह जो व्यवस्था की पुस्तक में लिखी सब बातों
में बना न रहे, उन्हें करने के लिये।” 11 और यह स्पष्ट है कि
कोई भी व्यक्ति तोराह के द्वारा ईश्वर के सामने धर्मी नहीं
ठहरता, क्योंकि “धर्मी विश्वास से जीवित रहेगा।” 12 और
तोराह विश्वास का नहीं है, परन्तु “जो इन्हें करता है, वह इन्हीं
के द्वारा जीवित रहेगा।” 13 मशियाह ने हमें तोराह के शाप से
छुड़ाया, हमारे लिये शाप बनकर – क्योंकि लिखा है, “शापित
है हर एक जो पेड़ पर लटकाया गया।” 14 इसलिए कि
अब्राहम की आशीष अन्यजातियों पर मशियाह OW५३Z में
आए, कि हम विश्वास के द्वारा आत्मा की प्रतिज्ञा प्राप्त करें।
15 भाइयों, मैं मनुष्य की रीति से कहता हूं: एक वाचा, चाहे
मनुष्य की ही क्यों न हो, यदि पुष्टि की गई हो, तो कोई उसे
रद्द नहीं कर सकता, और न उसमें कुछ जोड़ सकता है।
16 और प्रतिज्ञाएं अब्राहम और उसकी संतान से कही गईं। वह
नहीं कहता, “और संतानों से,” मानो बहुतों से, परन्तु एक से,
“और तेरी संतान से,” जो मशियाह है। 17 मैं यह कहता हूं:
वह तोराह, जो चार सौ तीस वर्ष बाद आई, उस वाचा को, जो
पहले से ३५३Z ने मशियाह में पुष्टि की थी, रद्द नहीं करती
कि प्रतिज्ञा व्यर्थ हो जाए। 18 क्योंकि यदि मीरास तोराह से है,
तो वह अब प्रतिज्ञा से नहीं; परन्तु ईश्वर ने इसे अब्राहम को
प्रतिज्ञा द्वारा दिया। 19 तो फिर तोराह क्यों? यह अपराधों के
कारण जोड़ी गई, जब तक वह संतान न आए जिसे प्रतिज्ञा दी
गई थी; और यह दूतों के द्वारा मध्यस्थ के हाथ में ठहराई
गई। 20 परन्तु मध्यस्थ एक का नहीं होता, परन्तु ईश्वर एक
है। 21 तो क्या तोराह ईश्वर की प्रतिज्ञाओं के विरुद्ध है?
कदापि नहीं! क्योंकि यदि कोई ऐसी व्यवस्था दी गई होती जो
जीवन दे सकती, तो सचमुच धार्मिकता तोराह से होती।
22 परन्तु शास्त्र ने सबको पाप के अधीन कर दिया है, ताकि
प्रतिज्ञा विश्वास के द्वारा OW५३Z ह'मशियाह में विश्वास
करनेवालों को दी जाए। 23 परन्तु विश्वास आने से पहले, हम
व्यवस्था के अधीन रखे गए थे, उस विश्वास के लिए बन्द
किए गए थे जो प्रकट होनेवाला था। 24 इसलिये व्यवस्था
हमारा प्रशिक्षक बनी मसीह की ओर, ताकि हम विश्वास से
धर्मी ठहरें। 25 परन्तु जब विश्वास आ गया, तो हम अब
प्रशिक्षक के अधीन नहीं हैं। 26 क्योंकि तुम सब ईश्वर के पुत्र
हो मसीह OW५३Z में विश्वास के द्वारा। 27 क्योंकि तुम में से
जितनों ने मसीह में बपतिस्मा लिया है, उन्होंने मसीह को पहन
लिया है। 28 यहाँ न तो यहूदी है और न यवन, न दास और न
स्वतंत्र, न नर और नारी, क्योंकि तुम सब मसीह OW५३Z
में एक हो। 29 और यदि तुम मसीह के हो, तो तुम अब्राहम की
संतान हो, और प्रतिज्ञा के अनुसार उत्तराधिकारी हो।

4 1 और मैं कहता हूँ, जब तक वारिस बालक है, वह दास से
भिन्न नहीं है, यद्यपि वह सबका स्वामी है। 2 परन्तु वह
पिता द्वारा ठहराए गए समय तक अभिभावकों और न्यासियों के
अधीन है। 3 इसी प्रकार हम भी, जब हम बालक थे, संसार
की प्रारंभिक बातों के अधीन दासत्व में थे। 4 परन्तु जब
समय की पूर्णता आई, ३५३Z ने अपनी बेत को भेजा, जो
स्त्री से उत्पन्न हुआ, जो तोराह के अधीन उत्पन्न हुआ।
5 ताकि जो तोराह के अधीन थे, उन्हें छुड़ाए, जिससे हमें
पुत्रत्व का दत्तक अधिकार प्राप्त हो। 6 और क्योंकि तुम पुत्र
हो, ३५३Z ने अपनी बेत का आत्मा तुम्हारे हृदयों में भेजा है,
जो पुकारता है, “अब्बा, पिता!” 7 इसलिये अब तुम दास नहीं
रहे, परन्तु पुत्र हो; और यदि पुत्र हो, तो ईश्वर के द्वारा वारिस
भी हो। 8 परन्तु तब, जब तुम ईश्वर को नहीं जानते थे, तब
तुम उनकी सेवा करते थे जो स्वभाव से ईश्वर नहीं हैं।
9 परन्तु अब जब तुम ईश्वर को जान चुके हो, बल्कि ईश्वर
के द्वारा जाने गए हो, तो तुम फिर से उन निर्बल और दरिद्र
मूल तत्वों की ओर क्यों लौटते हो, जिनके तुम्हें फिर से दास
बनना है? 10 तुम दिन और महीने और ऋतुएं और वर्ष
ध्यानपूर्वक मानते हो। 11 मैं तुम से डरता हूँ, कहीं ऐसा न हो
कि मैंने तुम्हारे लिये व्यर्थ परिश्रम किया हो। 12 भाइयों, मैं
तुमसे विनती करता हूँ कि जैसे मैं हूँ वैसे ही बनो, क्योंकि मैं भी
तुम्हारे समान हूँ। तुमने मुझे बिल्कुल भी गलत नहीं किया।
13 परन्तु तुम जानते हो कि शरीर की दुर्बलता के कारण मैंने
तुम्हें पहले सुसमाचार सुनाया। 14 और मेरी परीक्षा जो मेरे
शरीर में थी, तुमने उसका तिरस्कार या अस्वीकार नहीं
किया, परन्तु तुमने मुझे ईश्वर के दूत के रूप में, जैसे मसीह

ow५ञz के रूप में ग्रहण किया। [15]तो तुम्हारा आशीर्वाद
क्या था? क्योंकि मैं तुम्हें साक्षी देता हूँ, कि यदि सम्भव होता,
तो तुम अपनी आंखें निकालकर मुझे दे देते। [16]तो क्या मैं
सत्य बोलने के कारण तुम्हारा शत्रु बन गया हूँ? [17]वे तुम्हारे
लिये उत्साही हैं, परन्तु भलाई के लिये नहीं, बल्कि वे तुम्हें
अलग करना चाहते हैं, ताकि तुम उनके लिये उत्साही हो
जाओ। [18]और यह अच्छा है कि भलाई में सदैव उत्साही रहा
जाए, न कि केवल तब जब मैं तुम्हारे साथ उपस्थित हूँ। [19]हे
मेरे छोटे बच्चों, जिनके लिये मैं फिर से प्रसव पीड़ा में हूँ जब
तक कि मशीह तुम में रूप न ले। [20]अब मैं तुम्हारे साथ
उपस्थित होना और अपनी आवाज़ बदलना चाहता हूँ, क्योंकि
मुझे तुम्हारे विषय में संदेह है। [21]मुझसे कहो, तुम जो तोराह
के अधीन होना चाहते हो, क्या तुम तोराह नहीं सुनते?
[22]क्योंकि यह लिखा है कि अब्राहम के दो पुत्र थे, एक दासी
से और दूसरा स्वतंत्र स्त्री से। [23]परन्तु जो दासी से था वह
शरीर के अनुसार जन्मा था, और जो स्वतंत्र स्त्री से था वह
प्रतिज्ञा के द्वारा। [24]यह रूपक है, क्योंकि ये दो वाचा हैं: एक
वास्तव में सीनै पर्वत से, जो दासता को जन्म देती है, वह है
हागर। [25]क्योंकि यह हागर अरविया में सीनै पर्वत है, और
वर्तमान येरूशलेम के समान है, और वह अपने बच्चों सहित
दासता में है। [26]परन्तु जो येरूशलेम ऊपर है वह स्वतंत्र है,
और वही सबकी माता है। [27]क्योंकि यह लिखा है, "हे बांझ
जो जन्म नहीं देती, आनन्द कर! हे जो प्रसव पीड़ा नहीं
करती, ऊँचे स्वर से पुकार! क्योंकि उजड़ी हुई के बहुत बच्चे
हैं उस से भी जो पति वाली है।" [28]और हम, भाइयों, जैसे
यित्सहाक था, प्रतिज्ञा की सन्तान हैं। [29]परन्तु जैसे उस
समय शरीर के अनुसार जन्मा हुआ आत्मा के अनुसार जन्मे
हुए को सताता था, वैसे ही अब भी है। [30]परन्तु शास्त्र क्या
कहता है? "दासी और उसके पुत्र को निकाल दो, क्योंकि
दासी का पुत्र किसी भी रीति से स्वतंत्र स्त्री के पुत्र के साथ
उत्तराधिकारी नहीं होगा।" [31]इसलिये, भाइयों, हम दासी की
सन्तान नहीं, परन्तु स्वतंत्र स्त्री की हैं।

5 [1]जिस स्वतंत्रता के साथ मशीह ने हमें स्वतंत्र किया है,
उसमें दृढ़ बने रहो, और फिर से दासत्व के जुए में मत
बंधो। [2]देखो, मैं शाऊल तुमसे कहता हूँ कि यदि तुम खतना
कराओगे, तो मशीह तुम्हारे किसी काम का न रहेगा। [3]और
मैं फिर से हर उस मनुष्य को गवाही देता हूँ जो खतना करता
है, कि वह पूरी तोराह को मानने का ऋणी है। [4]तुम जो तोराह
के द्वारा धर्मी ठहराए जाते हो, तुम मशीह से अलग हो गए हो,
तुम अनुग्रह से गिर गए हो। [5]क्योंकि हम आत्मा में, विश्वास
से, धर्म की आशा की बड़ी प्रतीक्षा करते हैं। [6]क्योंकि मशीह
ow५ञz में न खतना, न खतना न होना किसी काम का है,
परन्तु प्रेम से कार्य करने वाला विश्वास ही सब कुछ है। [7]तुम
अच्छा दौड़ रहे थे, किसने तुम्हें रोका कि तुम सत्य के
आज्ञाकारी न रहो? [8]वह समझाइश उस से नहीं आती जो
तुम्हें बुलाता है। [9]थोड़ा सा खमीर सारे आटे को खमीर कर
देता है। [10]मैं तुम्हारे विषय में प्रभु पर भरोसा करता हूँ, कि
तुम किसी और विचार में नहीं रहोगे। और जो कोई तुम्हें
परेशान करता है, वह अपना न्याय पाएगा, चाहे वह कोई भी
हो। [11]और मैं, भाइयों, यदि मैं अब भी खतना का प्रचार
करता हूँ, तो अब भी क्यों सताया जाता हूँ? तब तो क्रूस का
ठोकर हटा दिया गया। [12]भला काश जो तुम्हें विचलित करते
हैं, वे अपने आप को ही काट डालते! [13]क्योंकि तुम, भाइयों,
स्वतंत्रता के लिए बुलाए गए हो; केवल इस स्वतंत्रता का
उपयोग शरीर के अवसर के लिए मत करो, पर प्रेम के द्वारा
एक-दूसरे की सेवा करो। [14]क्योंकि सारी तोराह एक ही
वचन में पूरी हो जाती है, अर्थात्, "तू अपने पड़ोसी से अपने
समान प्रेम कर।" [15]यदि तुम एक-दूसरे को काटते और
निगलते हो, तो सावधान रहो, कहीं तुम एक-दूसरे से नष्ट न
हो जाओ। [16]मैं कहता हूँ: आत्मा में चलो, और तुम शरीर
की लालसा पूरी न करोगे। [17]क्योंकि शरीर आत्मा के विरुद्ध
लालसा करता है, और आत्मा शरीर के विरुद्ध। और ये दोनों
एक-दूसरे के विरोधी हैं, ताकि तुम वही न करो जो तुम करना
चाहते हो। [18]पर यदि तुम आत्मा के द्वारा चलाए जाते हो, तो
तुम तोराह के अधीन नहीं हो। [19]और शरीर के काम प्रकट
हैं, जो ये हैं: व्यभिचार, व्यभिचारिणीपन, अशुद्धता,
लज्जाहीनता, [20]मूर्तिपूजा, जादू-टोना, बैर, झगड़े, ईर्ष्या,
क्रोध के दौरे, स्वार्थी महत्वाकांक्षाएँ, फूटें, दलबंदियाँ, [21]डाह,
हत्या, मदिरापान, उन्मत्त उत्सव, और इन जैसी बातें -
जिनके विषय में मैं पहले भी तुम्हें कह चुका हूँ और अब भी
कहता हूँ, कि जो ऐसे काम करते हैं, वे ईश्वर का राज्य के
वारिस न होंगे। [22]पर आत्मा का फल है: प्रेम, आनन्द,
शान्ति, धैर्य, कृपा, भलाई, विश्वासयोग्यता, [23]नम्रता, संयम।
ऐसे के विरुद्ध कोई तोराह नहीं। [24]और जो मसीह के है
उन्होंने शरीर को उसकी लालसाओं और अभिलाषाओं समेत
क्रूस पर चढ़ा दिया है। [25]यदि हम आत्मा में जीवन जीते हैं,
तो आत्मा में चलें भी। [26]हम अभिमानी न बनें, न एक-दूसरे
को उकसाएँ, न एक-दूसरे से डाह करें।

6 [1]भाइयो, यदि कोई मनुष्य किसी अपराध में पकड़ा जाए,
तो तुम आत्मिक जन उसे नम्रता की आत्मा में सीधा
करो, और अपने आप पर दृष्टि रखो कि कहीं तुम भी न
आज़माए जाओ। [2]एक दूसरे के बोझ उठाओ, और इस
प्रकार मशीह की तोराह को पूरा करो। [3]क्योंकि यदि कोई
अपने आप को कुछ समझता है, जब वह कुछ नहीं है, तो वह
अपने आप को धोखा देता है। [4]पर हर एक अपने काम को
परखे, तब उसका घमण्ड केवल अपने ही विषय में होगा, न
कि दूसरे में। [5]क्योंकि हर एक अपना ही बोझ उठाएगा।
[6]और जो वचन में शिक्षा पाता है, वह सब भलाई में उसके
साथ बाँटे जो शिक्षा देता है। [7]भटको मत: ईश्वर का उपहास
नहीं होता, क्योंकि मनुष्य जो कुछ बोता है, वही वह काटेगा।
[8]क्योंकि जो अपनी देह के लिये बोता है, वह देह से भ्रष्टता
काटेगा, परन्तु जो आत्मा के लिये बोता है, वह आत्मा से सदा
का ḥai काटेगा। [9]और हम भलाई करते हुए हिम्मत न हारें,
क्योंकि ठीक समय पर हम काटेंगे यदि हम ढीले न पड़ें।
[10]इसलिये, जब हमें अवसर मिले, तो सब के साथ भलाई
करें, विशेषकर विश्वास के घराने के लोगों के साथ। [11]देखो,
कितने बड़े अक्षरों में मैंने अपने ही हाथ से तुम्हें लिखा है!
[12]जो लोग देह में अच्छा दिखना चाहते हैं, वे तुम्हें खतना
करने के लिये विवश करते हैं, केवल इसलिये कि मशीह के

क्रूस के लिये वे सताए न जाएँ। [13]क्योंकि जो खतना किये
हुए हैं, वे भी तोराह का पालन नहीं करते, पर वे चाहते हैं कि
तुम खतना करो ताकि वे तुम्हारी देह में घमण्ड करें। [14]पर
मेरे लिये यह न हो कि मैं घमण्ड करूँ, केवल हमारे प्रभु
OWY३Z ह'मशीह के क्रूस में, जिसके द्वारा संसार मेरे लिये
क्रूस पर चढ़ाया गया है, और मैं संसार के लिये। [15]क्योंकि
मशीह OWY३Z में न तो खतना कुछ काम का है, न ही बिना
खतना, पर नयी सृष्टि। [16]और जितने इस नियम के
अनुसार चलते हैं, उन पर शान्ति और दया हो, और ईश्वर के
इस्राएल पर। [17]अब से कोई मुझे कष्ट न दे, क्योंकि मै
अपने शरीर में प्रभु OWY३Z के चिह्न लिये हुए हूँ। [18]हमारे
प्रभु OWY३Z ह'मशीह का अनुग्रह तुम्हारी आत्मा के साथ
हो, भाइयो। आमीन।

1 थिस्सलुनीकियों

𐤉𐤄𐤅𐤄

हिंदी संस्करण

1 थिस्सलुनीकियों

1 [1]शाऊल, और सीला, और तिमोथियोस, तस्लोनिकिम
की सभा को ऋ५ऋ२ पिता और प्रभु OW५ऋ२
हा'मशियाह में: तुम्हें अनुग्रह और शांति मिले ऋ५ऋ२ हमारे
पिता और प्रभु OW५ऋ२ हा'मशियाह से। [2]हम तुम्हारे सब
के लिये सदा ईश्वर का धन्यवाद करते हैं, अपनी प्रार्थनाओं में
तुम्हारा स्मरण करते हुए, [3]तुम्हारे विश्वास के काम, प्रेम का
परिश्रम, और हमारे प्रभु OW५ऋ२ हा'मशियाह में आशा की
धीरज, हमारे ईश्वर और पिता के सामने बिना रुके स्मरण
करते हुए, [4]यह जानते हुए, हे भाइयों, जिन्हें ईश्वर ने प्रेम
किया, कि तुम चुने गए हो। [5]क्योंकि हमारी सुसमाचार तुम्हारे
पास केवल शब्द में नहीं आई, परन्तु सामर्थ्य में भी, और
आत्मा ह'कोदेश में, और पूरी पुष्टि में, जैसा तुम जानते हो
कि हम तुम्हारे बीच तुम्हारे कारण कैसे मनुष्य थे। [6]और तुम
हमारे और प्रभु के अनुयायी बन गए, वचन को बहुत क्लेश में
आत्मा ह'कोदेश के आनन्द के साथ ग्रहण करते हुए, [7]ताकि
तुम मकदूनिया और आखैया में सब विश्वास करने वालों के
लिये एक उदाहरण बन गए। [8]क्योंकि तुम्हारे द्वारा प्रभु का
वचन न केवल मकदूनिया और आखैया में गूंजा, परन्तु हर
स्थान में भी तुम्हारा विश्वास ईश्वर की ओर प्रकट हुआ है,
ताकि हमें कुछ भी कहने की आवश्यकता नहीं रही। [9]क्योंकि
वे स्वयं हमारे साथ हुए स्वागत का वर्णन करते हैं, और कैसे
तुमने मूर्तियों से ईश्वर की ओर फिरकर जीवित और सच्चे
ईश्वर की सेवा की। [10]और उसके पुत्र की प्रतीक्षा करने के
लिये जो स्वर्ग से आता है, जिसे उसने मरे हुओं में से जिलाया,
OW५ऋ२, जो हमें आने वाले क्रोध से छुड़ाता है।

2 [1]क्योंकि तुम आप ही जानते हो, भाइयों, कि हमारा तुम्हारे
पास आना व्यर्थ नहीं हुआ। [2]परन्तु पहले क्लेश उठाने
और फिलिप्पोस में अपमानित होने के बाद भी, जैसा कि तुम
जानते हो, हमने अपने ईश्वर में हियाव किया कि बहुत संघर्ष
के बीच तुम्हें ईश्वर का सुसमाचार सुनाएँ। [3]क्योंकि जो
उपदेश हम देते हैं, वह न तो भ्रम से है, न अशुद्धता से, और न
छल से। [4]परन्तु जैसे हमें ईश्वर ने योग्य ठहराया कि हम पर
सुसमाचार का भरोसा किया जाए, वैसे ही हम बोलते हैं;
मनुष्यों को प्रसन्न करनेवाले नहीं, परन्तु ईश्वर को, जो हमारे
हृदयों की जाँच करता है। [5]क्योंकि न तो कभी हम ललचाने
वाले वचन से तुम्हारे पास आए, जैसा कि तुम जानते हो, और
न लोभ के बहाने से — ईश्वर साक्षी है। [6]और न हम मनुष्यों
से आदर चाहते थे, न तुम से, न औरों से; यद्यपि हम मसीह
के प्रेरित होकर तुम्हारे ऊपर बोझ डाल सकते थे। [7]परन्तु
हम तुम्हारे बीच कोमल थे, जैसे दूध पिलानेवाली माता अपने
बच्चों को प्यार से पालती है। [8]तो हम भी तुमसे प्रीति रखकर,
न केवल ईश्वर का सुसमाचार, वरन् अपना जीवन भी तुम्हें
देने के लिये तैयार हो गए, क्योंकि तुम हमारे प्रिय हो गए थे।
[9]क्योंकि हे भाइयों, तुम स्मरण रखते हो कि हमारा परिश्रम
और कठिनाई कैसी थी; कि हम ने दिन रात काम किया,
ताकि तुम में से किसी पर बोझ न डालें, और इस प्रकार तुम्हें
ईश्वर का सुसमाचार सुनाएँ। [10]तुम साक्षी हो, और ईश्वर
भी, कि हम तुम विश्वास करनेवालों के बीच पवित्रता, धर्म
और निर्दोषता के साथ बर्ताव करते थे। [11]जैसा कि तुम
जानते हो, हम हर एक को अपने बच्चों की तरह समझाकर,
दिलासा देकर और गवाही देकर। [12]कि तुम ईश्वर के योग्य
चाल चलो, जो तुम्हें अपनी राज्य और महिमा में बुलाता है।
[13]और इसी कारण हम ईश्वर का निरन्तर धन्यवाद करते हैं,
कि जब तुमने ऋ५ऋ२ का वचन हम से सुना, तो उसे मनुष्यों
का वचन न जानकर, जैसा कि सचमुच है, ऋ५ऋ२ का
वचन समझकर ग्रहण किया; और वह तुम विश्वास करनेवालों
में भी प्रभाव डाल रहा है। [14]क्योंकि हे भाइयों, तुम भी ईश्वर
की उन सभाओं के अनुकरणी हुए जो यहूदा में मसीह
OW५ऋ२ में हैं; क्योंकि तुमने भी अपनी जाति वालों से वही
कष्ट उठाए जो उन्होंने यहूदियों से उठाए। [15]जिन्होंने प्रभु
OW५ऋ२ को और अपने नबियों को घात किया, और हमें
सताया, और जो ईश्वर को प्रसन्न नहीं करते और सब मनुष्यों
के विरोधी हैं। [16]वे हमें अन्यजातियों से बातें करने से रोकते
हैं कि वे उद्धार पाएँ; ताकि वे सदा अपने पापों की माप पूरी
करें। परन्तु उन पर क्रोध अन्त तक आ पहुँचा है। [17]परन्तु
हम, हे भाइयों, जब थोड़ी देर के लिये तुमसे अलग किए गए
— शरीर से, न कि हृदय से — तो और भी अधिक
उत्सुकता और बड़ी लालसा से तुम्हारा मुख देखने का प्रयत्न
करते रहे। [18]इसलिए हमने तुम्हारे पास आने का विचार
किया — मैं स्वयं, शाऊल, बारंबार — परन्तु शैतान ने हमें
रोका। [19]क्योंकि हमारी आशा, या आनन्द, या घमण्ड का
मुकुट क्या है? क्या वह तुम ही नहीं, हमारे प्रभु OW५ऋ२
ह'मशीयह के सामने उसके आने के समय? [20]क्योंकि तुम ही
हमारी महिमा और आनन्द हो।

3 [1]तो, जब हम और अधिक सहन नहीं कर सके, तो हमने
अच्छा समझा कि अकेले अथेनै में रह जाएं, [2]और
तिमोथियोस को भेजा, हमारे भाई और ईश्वर का सेवक, और
मसीह की सुसमाचार में हमारे सहकर्मी को, ताकि वह तुम्हें
तुम्हारे विश्वास के विषय में स्थापित और उत्साहित करे, [3]कि
कोई भी इन क्लेशों से विचलित न हो, क्योंकि तुम स्वयं जानते
हो कि हमें इसके लिए ठहराया गया है। [4]क्योंकि वास्तव में,
जब हम तुम्हारे साथ थे, हमने तुम्हें पहले से बता दिया था कि
हम क्लेश सहेंगे, और ऐसा ही हुआ, जैसा कि तुम जानते हो।
[5]इसी कारण से, जब मैं और अधिक सहन नहीं कर सका,
तो मैंने तुम्हारे विश्वास के विषय में जानने के लिए भेजा, कहीं
ऐसा न हो कि परखने वाले ने तुम्हें परखा हो, और हमारा
परिश्रम व्यर्थ हो जाए। [6]पर अब जबकि तिमोथियोस तुम्हारे
पास से हमारे पास आ गया है, और तुम्हारे विश्वास और प्रेम

का शुभ समाचार लेकर आया है, और यह कि तुम हमें सदा स्मरण रखते हो, हमें देखने की लालसा रखते हो, जैसे कि हम भी तुम्हें देखने की लालसा रखते हैं, [7]इस कारण, भाइयों, हमारे सब क्लेश और कष्टों में हम तुम्हारे विश्वास के विषय में प्रोत्साहित हुए। [8]क्योंकि अब हम जीवित हैं, यदि तुम प्रभु में दृढ़ खड़े हो। [9]क्योंकि हम तुम्हारे विषय में ईश्वर को क्या धन्यवाद दे सकते हैं, उस सब आनन्द के लिए जिससे हम तुम्हारे कारण अपने ईश्वर के साम्हने आनन्दित होते हैं, [10]रात और दिन अत्यन्त प्रार्थना करते हैं, कि तुम्हारा मुख देखें और तुम्हारे विश्वास में जो घटी है उसे पूरा करें? [11]और हमारा ईश्वर और पिता आप ही, और हमारा प्रभु 𐤉𐤄𐤅𐤔𐤏 मसीह, हमारा मार्ग तुम्हारी ओर सीधा करें! [12]और प्रभु तुम्हें एक-दूसरे के प्रति और सब लोगों के प्रति प्रेम में बढ़ाए और उफनाए, जैसे हम भी तुम्हारे प्रति हैं, [13]ताकि वह तुम्हारे हृदयों को हमारे ईश्वर और पिता के साम्हने पवित्रता में निर्दोष ठहराए, जब हमारा प्रभु 𐤉𐤄𐤅𐤔𐤏 मसीह अपने सब पवित्र जनों के साथ आएगा!

4 [1]शेष के लिए फिर, भाइयों, हम आपसे विनती करते हैं और आह्वान करते हैं प्रभु 𐤉𐤄𐤅𐤔𐤏 में, कि जैसे आपने हमसे प्राप्त किया कि आपको कैसे चलना चाहिए और ईश्वर को प्रसन्न करना चाहिए, आप और भी अधिक उत्कृष्ट हों, [2]क्योंकि आप जानते हैं कि हमने आपको प्रभु 𐤉𐤄𐤅𐤔𐤏 के द्वारा कौन से आज्ञाएँ दीं। [3]क्योंकि यह ईश्वर की इच्छा है: आपकी पवित्रता! - कि आप व्यभिचार से दूर रहें, [4]कि आप में से हर एक यह जान ले कि अपने स्वयं के पात्र को पवित्रता और आदर में कैसे धारण करना है, [5]वासना की लालसा में नहीं, जैसे अन्यजाति जो ईश्वर को नहीं जानते, [6]कि कोई इस विषय में अपने भाई पर अतिक्रमण और लाभ न उठाए, क्योंकि प्रभु ऐसे सब का बदला लेने वाला है, जैसा कि हमने सचमुच आपको पहले कहा और गंभीरता से चेतावनी दी। [7]क्योंकि ईश्वर ने हमें अशुद्धता के लिए नहीं, बल्कि पवित्रता में बुलाया। [8]इसलिए जो इसे अस्वीकार करता है, वह मनुष्य को नहीं बल्कि ईश्वर को अस्वीकार करता है, जो हमें अपनी आत्मा हक़देस़ प्रदान करता है। [9]और भाईचारे के प्रेम के विषय में आपको लिखना आवश्यक नहीं है, क्योंकि आप स्वयं ईश्वर से सिखाए गए हैं कि एक-दूसरे से प्रेम करें, [10]क्योंकि, वास्तव में, आप ऐसा सब भाइयों की ओर करते हैं जो सारी माकेदोनिया में हैं। परन्तु हम आपसे आह्वान करते हैं, भाइयों, कि आप और भी अधिक ऐसा करें, [11]और यह आपकी महत्वाकांक्षा हो कि शांतिपूर्वक जीवन बिताएँ, और अपनी बातों पर ध्यान दें, और अपने ही हाथों से काम करें, जैसा हमने आपको आज्ञा दी, [12]ताकि आप बाहर वालों के प्रति शालीनता से आचरण करें, और किसी आवश्यकता में न रहें। [13]अब, भाइयों, हम नहीं चाहते कि आप उन के विषय में अज्ञानी रहें जो सो गए हैं, ताकि आप उदास न हों जैसे अन्य जिनकी कोई आशा नहीं है। [14]क्योंकि यदि हम विश्वास करते हैं कि 𐤉𐤄𐤅𐤔𐤏 मरे और फिर जीवित हुए, तो वैसे ही ईश्वर उनके साथ उन को भी लाएगा जो 𐤉𐤄𐤅𐤔𐤏 में सो गए हैं। [15]क्योंकि हम यह आपको प्रभु के वचन के द्वारा कहते हैं, कि हम जो जीवित हैं और प्रभु के आगमन पर बचे रहेंगे, वे सोए हुए से किसी भी प्रकार पहले नहीं जाएंगे। [16]क्योंकि प्रभु स्वयं आकाश से एक पुकार, मुख्य स्वर्गदूत की आवाज़, और ईश्वर की तुरही के साथ उतरेगा, और जो मसीह में मरे हैं वे पहले उठेंगे। [17]फिर हम जो जीवित हैं और बचे हुए हैं, उनके साथ बादलों में प्रभु से मिलने के लिए उठा लिए जाएंगे - और इस प्रकार हम सदा प्रभु के साथ रहेंगे। [18]अतः इन वचनों से एक-दूसरे को शांति दें।

5 [1]अब, भाइयों, समयों और ऋतुओं के विषय में, तुम्हे लिखे जाने की आवश्यकता नहीं है। [2]क्योंकि तुम आप ही भली-भांति जानते हो कि 𐤉𐤄𐤅𐤄 का दिन रात में चोर के समान आता है। [3]जब वे कहते हैं, "शांति और सुरक्षा!" तब अचानक उन पर विनाश आ पड़ता है, जैसे गर्भवती स्त्री पर प्रसव पीड़ा, और वे बच नहीं सकेंगे। [4]परन्तु तुम, भाइयों, अंधकार में नहीं हो कि यह दिन तुम्हें चोर के समान पकड़ ले। [5]क्योंकि तुम सब ज्योति के पुत्र और दिन के पुत्र हो। हम न रात के हैं और न अंधकार के। [6]इसलिए, हम सोए न रहें, जैसे और लोग रहते हैं, परन्तु हम जागते और संयमी रहें। [7]क्योंकि जो सोते हैं, वे रात में सोते हैं, और जो नशा करते हैं, वे रात में नशा करते हैं। [8]परन्तु हम जो दिन के हैं, संयमी रहें, विश्वास और प्रेम की झिलम पहने हुए, और उद्धार की आशा का टोप सिर पर रखकर। [9]क्योंकि ईश्वर ने हमें क्रोध के लिये नहीं ठहराया, परन्तु उद्धार पाने के लिये हमारे प्रभु 𐤉𐤄𐤅𐤔𐤏 ह'मशियाह के द्वारा। [10]जिसने हमारे लिये प्राण दे दिए, ताकि हम जागते हों या सोते हों, हम उसके साथ जीवित रहें। [11]इसलिये एक दूसरे को प्रोत्साहित करो, और एक दूसरे को बढ़ाओ, जैसा तुम वास्तव में करते हो। [12]परन्तु भाइयों, हम तुमसे विनती करते हैं कि जो तुम्हारे बीच परिश्रम करते हैं, और प्रभु में तुम्हारे ऊपर हैं और तुम्हें चेताते हैं, उन्हें जानो। [13]और उनके काम के कारण प्रेम में उन्हें अत्यन्त मान दो। आपस में शांति से रहो। [14]और हम तुमसे बिनती करते हैं, भाइयों, असावधानों को चेताओ, डरपोकों को ढाढ़स दो, निर्बलों को सहारा दो, सबके साथ धैर्य रखो। [15]देखो, कोई किसी से बुराई के बदले बुराई न करे, परन्तु सदा भलाई ही का पीछा करो, अपने लिये भी और सबके लिये भी। [16]सदा आनन्दित रहो, [17]निरन्तर प्रार्थना करते रहो, [18]सब में धन्यवाद दो, क्योंकि यह तुम्हारे लिए Mashiaḥ 𐤉𐤄𐤅𐤔𐤏 में Elohim की इच्छा है। [19]आत्मा को मत बुझाओ। [20]भविष्यवाणियों को तुच्छ मत जानो, [21]सबका परख करो। जो अच्छा है उसे पकड़े रहो। [22]सब प्रकार की बुराई से बचे रहो। [23]और शांति का ईश्वर आप ही तुम्हे सर्वथा पवित्र करे, और तुम्हारी आत्मा, और प्राण, और शरीर – हमारे प्रभु 𐤉𐤄𐤅𐤔𐤏 ह'मशियाह के आगमन पर निष्कलंक सुरक्षित रखा जाए। [24]जो तुम्हें बुलाता है वह विश्वासयोग्य है, और वही यह करेगा। [25]भाइयों, हमारे लिये प्रार्थना करो। [26]सब भाइयों को पवित्र चुम्बन से नमस्कार करो। [27]मैं तुम्हे प्रभु की शपथ दिलाता हूँ कि यह पत्र सब पवित्र भाइयों के सामने पढ़ा जाए। [28]हमारे प्रभु 𐤉𐤄𐤅𐤔𐤏 ह'मशियाह का अनुग्रह तुम्हारे साथ हो। आमीन।

2 थिस्सलुनीकियों

𐤉𐤄𐤅𐤄

हिंदी संस्करण

2 थिस्सलुनीकियों

1 1 शाऊल, और सीला, और तिमोथियोस की ओर से—
तस्लोनीकिम की सभा को, 𐤉𐤄𐤅𐤄 हमारे पिता और
आदोन 𐤉𐤄𐤅𐤔𐤏 हा'मशियाह में: 2 अनुग्रह और शांति तुम
पर हो 𐤉𐤄𐤅𐤄 हमारे पिता और आदोन 𐤉𐤄𐤅𐤔𐤏
हा'मशियाह की ओर से। 3 हम तुम्हारे विषय में सदा ईश्वर का
धन्यवाद करने के ऋणी हैं, हे भाइयो, जैसा उचित है, क्योंकि
तुम्हारा विश्वास अत्यन्त बढ़ रहा है, और तुम सब में एक-
दूसरे के लिए प्रेम बढ़ता जाता है, 4 ताकि हम स्वयं ईश्वर की
सभाओं में तुम्हारे धैर्य और विश्वास का घमण्ड करें, उन सब
उपद्रवों और कष्टों में जिन्हें तुम सह रहे हो, 5 जो ईश्वर के
धर्मी न्याय का स्पष्ट प्रमाण है, ताकि तुम ईश्वर के राज्य के
योग्य ठहरो, जिसके लिये तुम दुःख भी उठाते हो, 6 क्योंकि
ईश्वर न्याय के अनुसार तुम पर क्लेश करने वालों को क्लेश
देगा, 7 और तुम जो क्लेश पाते हो, तुम्हें हमारे साथ विश्राम
देगा, जब आदोन 𐤉𐤄𐤅𐤔𐤏 अपने शक्तिशाली स्वर्गदूतों
समेत आकाश से प्रकट होगा— 8 दहकती आग में, उन पर
प्रतिशोध लेते हुए जो ईश्वर को नहीं जानते, और जो हमारे
आदोन 𐤉𐤄𐤅𐤔𐤏 हा'मशियाह के सुसमाचार को नहीं मानते,
9 वे आदोन के साम्हने से और उसकी शक्ति की महिमा से
सदा के नाश का दण्ड पाएँगे, 10 जब वह उस दिन अपने
पवित्र जनों में महिमित होने और सब विश्वास करने वालों में
अद्भुत ठहरने आएगा—क्योंकि हमारी गवाही तुम में मानी
गई। 11 इसी लिये हम सदा तुम्हारे लिए प्रार्थना करते हैं कि
हमारा ईश्वर तुम्हें इस बुलाहट के योग्य ठहराए, और भलाई
की सारी प्रसन्न इच्छा और विश्वास के कार्य को सामर्थ के
साथ पूरा करे, 12 जिससे हमारे आदोन 𐤉𐤄𐤅𐤔𐤏
हा'मशियाह का नाम तुम में महिमित हो, और तुम उसमें—
हमारे ईश्वर और आदोन 𐤉𐤄𐤅𐤔𐤏 हा'मशियाह के अनुग्रह
के अनुसार।

2 1 जहाँ तक हमारे आदोन 𐤉𐤄𐤅𐤔𐤏 हा'मशियाह के
आगमन और हमारे उसके पास इकट्ठे होने का प्रश्न है, हे
भाइयो, हम तुम से विनती करते हैं— 2 कि तुम मन से शीघ्र
विचलित या घबराए न जाओ, न आत्मा से, न वचन से, न
किसी पत्र से—मानो हम से—मानो 𐤉𐤄𐤅𐤄 का दिन आ
पहुँचा हो। 3 कोई किसी रीति से तुम्हें न भरमाए, क्योंकि पहिले
अधर्म का त्याग (गिरावट) होना अवश्य है, और अधर्म का
मनुष्य, नाश का पुत्र, प्रगट किया जाएगा— 4 जो विरोध
करता है और अपने को हर एक से जो ईश्वर कहलाता है, या
पूजा जाता है, ऊँचा उठाता है, यहाँ तक कि वह ईश्वर के
मंदिर में ईश्वर के समान बैठता है, अपने आप को ईश्वर
बताता है। 5 क्या तुम स्मरण नहीं करते कि जब मैं तुम्हारे
साथ था, तब ये बातें तुम्हें कहता था? 6 और अब तुम जानते
हो कि कौन उसे रोक रहा है, ताकि वह अपने ठीक समय पर
प्रगट हो। 7 क्योंकि अधर्म का भेद तो अब ही से कार्य कर रहा
है; केवल जो अभी रोक रखने वाला है, वह बीच से हटे तब।
8 और तब वह अधर्मी प्रगट होगा, जिसे आदोन अपने मुँह की
आत्मा से नष्ट करेगा और अपने आगमन के प्रगटीकरण से
व्यर्थ ठहराएगा। 9 उसका आगमन शैतान के प्रभाव के
अनुसार होगा, सब प्रकार की शक्ति और चिन्हों और झूठे
अद्भुत कामों के साथ, 10 और नाश होने वालों में सब प्रकार
की अधर्म की धोखेबाजी के साथ; इसलिए कि उन्होंने सत्य
से प्रेम न रखा, ताकि उद्धार पाएँ। 11 इसी कारण ईश्वर उन
पर भ्रम का प्रभाव भेजता है, कि वे झूठ पर विश्वास करें,
12 ताकि सब जन दण्ड पाएँ जिन्होंने सत्य पर विश्वास नहीं
किया, पर अधर्म में प्रसन्न रहे। 13 पर हम सदा ईश्वर का
धन्यवाद करें तुम्हारे लिये, हे भाइयो, जो आदोन के प्रिय हो—
क्योंकि ईश्वर ने आदि से तुम्हें उद्धार के लिये चुन लिया—
आत्मा की पवित्रता और सत्य पर विश्वास के द्वारा— 14 जिस
के लिये उसने तुम्हें हमारे सुसमाचार के द्वारा बुलाया, ताकि
हमारे आदोन 𐤉𐤄𐤅𐤔𐤏 हा'मशियाह की महिमा प्राप्त करो।
15 इसलिये, हे भाइयो, दृढ़ बने रहो, और उन उपदेशों को थामे
रखो जो तुम ने चाहे हमारे वचन से, चाहे हमारे पत्र से, सीखे
हैं। 16 और हमारे स्वयं आदोन 𐤉𐤄𐤅𐤔𐤏 हा'मशियाह, और
हमारे ईश्वर और पिता, जिसने हम से प्रेम रखा और अपने
अनुग्रह से हमें सदा की शान्ति और उत्तम आशा दी, 17 तुम्हारे
हृदयों को शान्ति दे और हर एक अच्छे वचन और काम में
तुम्हें स्थिर करे।

3 1 अन्त में, हे भाइयो, हमारे लिये प्रार्थना करो, कि
𐤉𐤄𐤅𐤄 का वचन शीघ्रता से फैले और महिमा पाए—
जैसा तुम्हारे साथ हुआ। 2 और हम बेहूदा और दुष्ट मनुष्यों
से छुड़ाए जाएँ; क्योंकि सब में विश्वास नहीं। 3 पर आदोन
विश्वासयोग्य है, जो तुम्हें स्थिर करेगा और दुष्ट से बचाए
रखेगा। 4 और हम तुम्हारे विषय में आदोन पर भरोसा रखते
हैं, कि जो बातें हम तुम्हें आज्ञा देते हैं, तुम अब भी करते हो
और करते रहोगे। 5 और आदोन तुम्हारे हृदयों को 𐤉𐤄𐤅𐤄
के प्रेम और मशियह के धैर्य की ओर सीधा करे। 6 पर हम
तुम्हें आज्ञा देते हैं, हे भाइयो, हमारे आदोन 𐤉𐤄𐤅𐤔𐤏
हा'मशियाह के नाम में, कि जो कोई भाई अव्यवस्थित चलता
है और उस परम्परा के अनुसार नहीं जो उसने हम से पाई,
उससे अलग रहो। 7 क्योंकि तुम स्वयं जानते हो कि तुम्हें
हमारा अनुकरण कैसे करना चाहिए—क्योंकि हम तुम्हारे बीच
अव्यवस्थित नहीं चले— 8 और न ही किसी का रोटी बिना
मूल्य खाई, पर परिश्रम और कठिन मेहनत से रात-दिन काम
किया, ताकि तुम में से किसी पर बोझ न हों। 9 यह नहीं कि
हमें अधिकार नहीं, परन्तु इसलिए कि हम अपने आप को
तुम्हारे लिये आदर्श बनाएं, कि तुम हमारा अनुकरण करो।
10 क्योंकि जब हम तुम्हारे साथ थे, तब भी हम ने तुम्हें यह
आज्ञा दी थी: यदि कोई काम करना नहीं चाहता, तो वह खाए

भी नहीं। [11]क्योंकि हम सुनते हैं कि तुम में कितने
अव्यवस्थित चलते हैं, कुछ काम नहीं करते, परन्तु दूसरे के
काम में हाथ डालते हैं। [12]ऐसे लोगों को हम आदेश देते और
समझाते हैं—हमारे आदोन OW५ऋZ हा'मशियाह के द्वारा
—कि वे शांत होकर काम करें और अपनी ही रोटी खाएँ।
[13]और हे भाइयो, भलाई करने में शिथिल न होना। [14]और
यदि कोई इस पत्र में हमारे वचन को नहीं मानता, तो उस
पुरुष पर ध्यान दो, और उसके साथ मेल-मिलाप न रखो,
ताकि वह लज्जित हो। [15]तौभी उसे शत्रु न समझो, पर भाई
जानकर उसे चेतावनी दो। [16]और शान्ति का आदोन स्वयं
हर प्रकार से सदा तुम्हें शान्ति दे। आदोन तुम सब के साथ
रहे। [17]मेरे स्वयं के हाथ से—शाऊल का नमस्कार—जो
हर पत्र में चिह्न है; इसी प्रकार मैं लिखता हूँ। [18]हमारे आदोन
OW५ऋZ हा'मशियाह का अनुग्रह तुम सब के साथ हो।
आमेन।

1 कुरिन्थियों

हिंदी संस्करण

1 कुरिन्थियों

1 [1]शाऊल, OWY३Z ह'मशियाह के बुलाए हुए प्रेरित,
ईश्वर की इच्छा से, और भाई सोस्थेनेस। [2]ईश्वर की
सभा को जो कुरिन्थ में है, उन लोगों को जो OWY३Z
ह'मशियाह में पवित्र किए गए हैं, बुलाए हुए पवित्र जनों को,
और उन सभी को जो हर स्थान में हमारे और उनके अडोन
OWY३Z ह'मशियाह के नाम से पुकारते हैं। [3]तुम्हें अनुग्रह
और शांति मिले हमारे पिता ३Y३Z से और अडोन
OWY३Z ह'मशियाह से। [4]मैं अपने ईश्वर का तुम्हारे विषय
में सदा धन्यवाद करता हूं उस अनुग्रह के लिए जो तुम्हें
OWY३Z ह'मशियाह के द्वारा मिला। [5]कि उसमें तुम हर
बात में, हर वचन और हर ज्ञान में समृद्ध किए गए। [6]जैसा
कि मशियाह की गवाही तुम में स्थिर की गई। [7]ताकि तुम
किसी भी वरदान में पीछे न रहो, और हमारे अडोन
OWY३Z ह'मशियाह के प्रकट होने की प्रतीक्षा करते रहो।
[8]जो तुम्हें अंत तक स्थिर करेगा, ताकि तुम हमारे अडोन
OWY३Z ह'मशियाह के दिन निर्दोष रहो। [9]३Y३Z
विश्वासयोग्य है, जिसके द्वारा तुम उसके पुत्र OWY३Z
ह'मशियाह हमारे अडोन की संगति में बुलाए गए। [10]मैं तुमसे
विनती करता हूं, भाइयों, हमारे अडोन OWY३Z ह'मशियाह
के नाम में, कि तुम सभी एक ही बात कहो, और तुम्हारे बीच में
फूट न हो, परन्तु एक ही मन और एक ही विचार में मिलकर
बने रहो। [11]क्योंकि मुझे खलोए के लोगों के द्वारा तुम्हारे
विषय में, मेरे भाइयों, बताया गया है कि तुम्हारे बीच झगड़े हैं।
[12]मेरा तात्पर्य यह है कि तुम में से प्रत्येक कहता है, "मैं
शाऊल का हूं," या "मैं अपोल्लोस का हूं," या "मैं केफा का
हूं," या "मैं मशियाह का हूं।" [13]क्या ह'मशियाह बंट गया है?
क्या शाऊल तुम्हारे लिए क्रूस पर चढ़ाया गया? या क्या तुम
शाऊल के नाम में बपतिस्मा लिए गए? [14]मैं ईश्वर का
धन्यवाद करता हूं कि मैंने तुम में से किसी को भी क्रिस्पुस
और गैयोस को छोड़कर बपतिस्मा नहीं दिया। [15]ताकि कोई
न कहे कि मैंने अपने ही नाम में बपतिस्मा दिया। [16]मैंने
स्तेफानास के घराने को भी बपतिस्मा दिया। इसके अतिरिक्त
मैं नहीं जानता कि मैंने किसी और को बपतिस्मा दिया या
नहीं। [17]क्योंकि ह'मशियाह ने मुझे बपतिस्मा देने के लिए
नहीं, बल्कि सुसमाचार सुनाने के लिए भेजा, न कि शब्दों की
ज्ञान से, ताकि ह'मशियाह की सलीब व्यर्थ न हो। [18]क्योंकि
सलीब का वचन नाश होने वालों के लिए मूर्खता है, परन्तु हम
जो उद्धार पा रहे हैं उनके लिए यह ईश्वर की शक्ति है।
[19]क्योंकि लिखा है, "मैं बुद्धिमानों की बुद्धि को नष्ट करूंगा,
और समझदारों की समझ को व्यर्थ कर दूंगा।" [20]बुद्धिमान
कहां है? शास्त्री कहां है? इस युग का विवादक कहां है? क्या
ईश्वर ने इस संसार की बुद्धि को मूर्ख नहीं बनाया? [21]क्योंकि
जब ईश्वर की बुद्धि में संसार अपनी बुद्धि से ईश्वर को नहीं
जान सका, तो ईश्वर को यह अच्छा लगा कि प्रचार की
मूर्खता के द्वारा विश्वास करने वालों को बचाए। [22]क्योंकि
यहूदिम चिन्ह मांगते हैं, और यूनानी बुद्धि खोजते हैं।
[23]परन्तु हम ह'मशियाह को क्रूसित प्रचार करते हैं, यहूदियों
के लिए ठोकर और यूनानियों के लिए मूर्खता। [24]परन्तु
बुलाए हुए लोगों के लिए - चाहे यहूदी हों या यूनानी -
ह'मशियाह ईश्वर की शक्ति और ईश्वर की बुद्धि है।
[25]क्योंकि ईश्वर की मूर्खता मनुष्यों से अधिक बुद्धिमान है,
और ईश्वर की दुर्बलता मनुष्यों से अधिक बलवान है।
[26]क्योंकि देखो, अपने बुलाए जाने को, भाइयों, कि शरीर के
अनुसार न तो बहुत बुद्धिमान थे, न बहुत शक्तिशाली, न बहुत
प्रतिष्ठित। [27]परन्तु ईश्वर ने संसार के मूर्खों को चुना ताकि
बुद्धिमानों को लज्जित करे, और ईश्वर ने संसार के निर्बलों
को चुना ताकि बलवानों को लज्जित करे। [28]और ईश्वर ने
संसार के नीच और तुच्छ लोगों को, और जो नहीं हैं उन्हें
चुना, ताकि जो हैं उन्हें व्यर्थ कर दे। [29]ताकि कोई भी शरीर
उसके सामने घमंड न करे। [30]और उसी में तुम हो
OWY३Z ह'मशियाह में, जो हमारे लिए ईश्वर की ओर से
बुद्धि, धर्म, पवित्रता और छुटकारा बन गया। [31]ताकि जैसा
लिखा है, "जो घमंड करता है वह ३Y३Z में घमंड करे।"

2 [1]और जब मैं तुम्हारे पास आया, भाइयों, तो मैं उत्तम
वचन या ज्ञान के साथ नहीं आया, ईश्वर की गवाही
सुनाने। [2]क्योंकि मैंने यह निश्चय किया था कि मैं तुम्हारे बीच
किसी को नहीं जानूं सिवाय OWY३Z ह'मशियाह और
उसके क्रूसित किए जाने के। [3]और मैं निर्बलता, भय और
बहुत कांपते हुए तुम्हारे बीच था। [4]और मेरा वचन और मेरा
प्रचार मनुष्यों की ज्ञान की मनाने वाली बातों में नहीं था, बल्कि
आत्मा और शक्ति के प्रमाण में। [5]ताकि तुम्हारा विश्वास
मनुष्यों की बुद्धि में नहीं, बल्कि ईश्वर की शक्ति में हो।
[6]तथापि हम सिद्ध लोगों में ज्ञान बोलते हैं, इस युग का नहीं, न
इस युग के शासकों का जो नाश किए जा रहे हैं। [7]परन्तु हम
ईश्वर का वह गुप्त ज्ञान बोलते हैं जो छिपा हुआ है, जिसे
ईश्वर ने युगों से पहले हमारे महिमा के लिए ठहराया। [8]जिसे
इस युग के किसी शासक ने नहीं जाना, क्योंकि यदि वे जानते
तो महिमा के अडोन को क्रूस पर न चढ़ाते। [9]परन्तु जैसा
लिखा है, "जो आंख ने नहीं देखा, और कान ने नहीं सुना,
और जो मनुष्य के हृदय में नहीं चढ़ा, वह ईश्वर ने अपने प्रेम
करने वालों के लिए तैयार किया है।" [10]परन्तु ईश्वर ने हमें
इन्हें अपनी आत्मा के द्वारा प्रकट किया है। क्योंकि आत्मा
सब कुछ खोजती है, यहां तक कि ईश्वर की गहराइयों को
भी। [11]क्योंकि मनुष्यों में कौन जानता है कि मनुष्य में क्या है,
सिवाय मनुष्य की आत्मा के जो उसमें है? इसी प्रकार ईश्वर
की बातों को कोई नहीं जानता, सिवाय ईश्वर की आत्मा के।
[12]और हमने संसार की आत्मा नहीं, बल्कि वह आत्मा जो
ईश्वर की ओर से है, ग्रहण की है, ताकि हम जानें कि ईश्वर

ने हमें क्या अनुग्रहपूर्वक दिया है। 13 जो हम भी बोलते हैं, उन
बातों में नहीं जो मनुष्यों की ज्ञान सिखाती हैं, परन्तु जो आत्मा
सिखाती है, आत्मिक बातों की तुलना आत्मिक बातों से करते
हैं। 14 परन्तु स्वाभाविक मनुष्य ईश्वर की आत्मा की बातें
ग्रहण नहीं करता, क्योंकि वे उसके लिए मूर्खता हैं, और वह
उन्हें जान भी नहीं सकता, क्योंकि वे आत्मिक रूप से परखे
जाते हैं। 15 परन्तु जो आत्मिक है, वह सब कुछ परखता है,
परन्तु उसे कोई नहीं परखता। 16 क्योंकि "किसने 𐤉𐤄𐤅𐤄
का मन जाना कि वह उसे सिखा सके?" परन्तु हमारे पास
ह'मशियाह का मन है।

3 1 और मैं, भाइयों, तुम्हें आत्मिक जनों की तरह नहीं,
परन्तु शरीरिक जनों की तरह, ह'मशियाह में बच्चों की
तरह बोल सका। 2 मैंने तुम्हें दूध पिलाया, ठोस भोजन नहीं,
क्योंकि तब तक तुम इसे ग्रहण करने योग्य नहीं थे, और अब
भी तुम योग्य नहीं हो। 3 क्योंकि तुम अब भी शरीरिक हो।
क्योंकि जब तुम्हारे बीच डाह, झगड़ा और फूट हैं, तो क्या तुम
शरीरिक नहीं हो और मनुष्य के अनुसार नहीं चल रहे हो?
4 क्योंकि जब कोई कहता है, "मैं शाऊल का हूं," और दूसरा
कहता है, "मैं अपोल्लोस का हूं," तो क्या तुम शरीरिक नहीं
हो? 5 तो अपोल्लोस क्या है, और शाऊल क्या है, परन्तु सेवक
जिनके द्वारा तुम विश्वास लाए, जैसा अडोन ने प्रत्येक को
सौंपा। 6 मैंने रोपा, अपोल्लोस ने सींचा, परन्तु ईश्वर ने वृद्धि
दी। 7 इसलिए न तो रोपने वाला कुछ है, न सींचने वाला,
बल्कि ईश्वर जो वृद्धि देता है। 8 और जो रोपता है और जो
सींचता है वे एक हैं, और प्रत्येक को अपनी परिश्रम के
अनुसार अपनी मजदूरी मिलेगी। 9 क्योंकि हम ईश्वर के
सहकर्मी हैं, तुम ईश्वर की खेती हो, ईश्वर की इमारत हो।
10 ईश्वर के अनुग्रह के अनुसार जो मुझे दिया गया, मैंने एक
बुद्धिमान शिल्पकार के रूप में नींव रखी, और कोई दूसरा उस
पर निर्माण करता है। परन्तु हर एक सावधान रहे कि वह
किस प्रकार उस पर निर्माण करता है। 11 क्योंकि कोई दूसरी
नींव नहीं रख सकता, सिवाय उस नींव के जो रखी गई है, जो
है 𐤉𐤄𐤅𐤔𐤏 ह'मशियाह। 12 और यदि कोई इस नींव पर
सोना, चांदी, बहुमूल्य पत्थर, लकड़ी, घास, या भूसा का
निर्माण करता है। 13 तो प्रत्येक का कार्य प्रकट होगा, क्योंकि
वह दिन उसे प्रकट करेगा, क्योंकि वह अग्नि में प्रकट होगी,
और अग्नि प्रत्येक के कार्य की परीक्षा करेगी, कि वह कैसा
है। 14 यदि किसी का कार्य जो उसने बनाया है ठहरता है, तो
वह पुरस्कार पाएगा। 15 यदि किसी का कार्य जल जाता है,
तो वह हानि उठाएगा, परन्तु वह स्वयं बचाया जाएगा, परन्तु
जैसे आग के माध्यम से। 16 क्या तुम नहीं जानते कि तुम
ईश्वर का मिश्कान हो, और ईश्वर की आत्मा तुम में वास
करती है? 17 यदि कोई ईश्वर के मिश्कान को नष्ट करता है,
तो ईश्वर उसे नष्ट कर देगा। क्योंकि ईश्वर का मिश्कान
पवित्र है, और वही तुम हो। 18 कोई अपने आप को धोखा न
दे। यदि तुम में से कोई इस युग में अपने आप को बुद्धिमान
समझता है, तो वह मूर्ख बने, ताकि वह बुद्धिमान बन सके।
19 क्योंकि इस संसार की बुद्धि ईश्वर के सामने मूर्खता है।
क्योंकि लिखा है, "वह बुद्धिमानों को उनकी चालाकी में
पकड़ता है।" 20 और फिर, "𐤉𐤄𐤅𐤄 जानता है कि
बुद्धिमानों की विचारधाराएं व्यर्थ हैं।" 21 इसलिए कोई भी
मनुष्यों में घमंड न करे, क्योंकि सब कुछ तुम्हारा है। 22 चाहे
शाऊल हो, या अपोल्लोस, या केफा, या संसार, या जीवन, या
मृत्यु, या वर्तमान, या भविष्य – सब कुछ तुम्हारा है। 23 और
तुम ह'मशियाह के हो, और ह'मशियाह 𐤉𐤄𐤅𐤄 का है।

4 1 मनुष्य हमें ह'मशियाह के सेवकों और ईश्वर के रहस्यों
के भण्डारी के रूप में माने। 2 बाकी बात यह है कि
भण्डारियों में यह पाया जाए कि वे विश्वासयोग्य हों। 3 परन्तु
मेरे लिए यह बहुत छोटी बात है कि मैं तुम्हारे द्वारा या किसी
मनुष्य की अदालत द्वारा परखा जाऊं। मैं स्वयं भी अपने
आप को नहीं परखता। 4 क्योंकि मुझे अपने आप में कोई दोष
ज्ञात नहीं, फिर भी मैं इस से निर्दोष नहीं ठहराया जाता, बल्कि
जो मुझे परखता है वह 𐤉𐤄𐤅𐤄 है। 5 इसलिए समय से पहले
किसी का भी न्याय न करो, जब तक अडोन न आए, जो
अंधकार में छिपी बातों को उजागर करेगा और मन के विचारों
को प्रकट करेगा। तब प्रत्येक को ईश्वर की ओर से प्रशंसा
मिलेगी। 6 और भाइयों, ये बातें मैंने अपने और अपोल्लोस के
विषय में एक दृष्टांत के रूप में तुम्हारे लाभ के लिए लागू की
हैं, ताकि तुम हम में यह सीखो कि जो लिखा है उसके बाहर न
सोचो, ताकि तुम में से कोई भी एक के पक्ष में दूसरे के विरुद्ध
घमंड न करे। 7 क्योंकि कौन है जो तुम्हें भिन्न बनाता है? और
तुम्हारे पास क्या है जो तुमने नहीं पाया? और यदि तुमने पाया,
तो ऐसा घमंड क्यों करते हो जैसे तुमने नहीं पाया? 8 तुम पहले
ही तृप्त हो! तुम पहले ही धनी हो गए हो! तुम बिना हमारे राज्य
कर रहे हो! और काश, तुम सचमुच राज्य करते, ताकि हम
भी तुम्हारे साथ राज्य करते। 9 क्योंकि मैं सोचता हूं कि ईश्वर
ने हमें, प्रेरितों को, अंतिम के रूप में प्रकट किया है, मानो मृत्यु
के लिए ठहराए गए हों, क्योंकि हम संसार, स्वर्गदूतों और
मनुष्यों के लिए एक तमाशा बन गए हैं। 10 हम ह'मशियाह के
कारण मूर्ख हैं, परन्तु तुम ह'मशियाह में बुद्धिमान हो! हम
निर्बल हैं, परन्तु तुम बलवान हो! तुम्हें आदर मिलता है, परन्तु
हमें तुच्छ माना जाता है! 11 अब तक हम भूखे और प्यासे हैं,
नग्न हैं, पीटे जाते हैं, और बिना घर के हैं। 12 और हम
परिश्रम करते हैं, अपने ही हाथों से काम करते हैं। गाली
खाने पर हम आशीर्वाद देते हैं; सताए जाने पर हम सहते हैं।
13 निंदित किए जाने पर हम विनती करते हैं। हम अब तक
संसार की गंदगी बन गए हैं – सब के द्वारा झाड़ा जाने वाला
कूड़ा। 14 मैं यह तुम्हें लज्जित करने के लिए नहीं लिखता,
परन्तु तुम्हें अपने प्रिय पुत्रों के समान चेतावनी देता हूं।
15 क्योंकि यदि ह'मशियाह में तुम्हारे दस हजार शिक्षक भी हों,
तो भी बहुत से पिता नहीं हैं, क्योंकि ह'मशियाह 𐤉𐤄𐤅𐤔𐤏 में
मैं ने सुसमाचार के द्वारा तुम्हें जन्म दिया। 16 इसलिए मैं
तुमसे निवेदन करता हूं कि मेरे अनुकरणकर्ता बनो। 17 इसी
कारण मैंने तुम्हारे पास तीमुथियुस को भेजा है, जो अडोन में
मेरा प्रिय और विश्वासयोग्य पुत्र है, जो तुम्हें ह'मशियाह में
मेरी चाल की याद दिलाएगा, जैसा मैं हर जगह हर सभा में
सिखाता हूं। 18 अब कुछ घमंडी हो गए हैं, जैसे मैं तुम्हारे पास
नहीं आने वाला हूं। 19 परन्तु मैं शीघ्र तुम्हारे पास आऊंगा,
यदि अडोन चाहे, और मैं उन घमंडियों की बात नहीं, बल्कि
उनकी शक्ति जानूंगा। 20 क्योंकि ईश्वर का राज्य शब्दों में

नहीं, परन्तु शक्ति में है। 21 तुम क्या चाहते हो? क्या मैं तुम्हारे
पास लाठी लेकर आऊं, या प्रेम और नम्रता की आत्मा में?

5 1 यह सामान्य रूप से सुना जाता है कि तुम्हारे बीच
व्यभिचार है, और ऐसा व्यभिचार जैसा अन्यजातियों में भी
नहीं है, कि कोई अपने पिता की पत्नी रखता है। 2 और तुम
घमंडी हो गए हो, और तुमने शोक नहीं किया, ताकि जिसने
यह काम किया है वह तुम्हारे बीच से निकाल दिया जाए।
3 क्योंकि मैं वास्तव में, शरीर से अनुपस्थित परन्तु आत्मा से
उपस्थित होकर, पहले ही जैसे उपस्थित होऊं, उस व्यक्ति
का न्याय कर चुका हूं जिसने यह काम किया है। 4 हमारे
अडोन 𐤉𐤄𐤅𐤔𐤏 ह'मशियाह के नाम में, जब तुम इकट्ठे होते
हो, और मेरी आत्मा तुम्हारे साथ होती है, हमारे अडोन
𐤉𐤄𐤅𐤔𐤏 ह'मशियाह की शक्ति के साथ। 5 ऐसे व्यक्ति को
शैतान के हवाले कर दो, शरीर के विनाश के लिए, ताकि
आत्मा अडोन 𐤉𐤄𐤅𐤔𐤏 के दिन में बचाई जाए। 6 तुम्हारा
घमंड अच्छा नहीं है। क्या तुम नहीं जानते कि थोड़ा सा
खमीर पूरे गूंथे हुए आटे को खमीर कर देता है? 7 इसलिए
पुराने खमीर को दूर कर दो, ताकि तुम नए गूंथे हुए आटे
बनो, जैसे कि तुम अखमीरी हो। क्योंकि ह'मशियाह, हमारा
फसह, हमारे लिए बलिदान किया गया। 8 इसलिए पर्व मनाएं,
न पुराने खमीर के साथ, न दुष्टता और बुराई के खमीर के
साथ, परन्तु अखमीरी रोटी के साथ, जो सच्चाई और
ईमानदारी है। 9 मैंने तुम्हें अपने पत्र में लिखा कि व्यभिचारियों
के साथ संगति न रखो। 10 और मेरा मतलब निश्चित रूप से
इस संसार के व्यभिचारियों, या लोभियों, या ठगों, या
मूर्तिपूजकों के साथ नहीं था, क्योंकि तब तुम्हें संसार से बाहर
जाना पड़ता। 11 परन्तु अब मैंने तुम्हें लिखा है कि यदि कोई
ऐसा कहा जाता है कि वह 'भाई' है, और वह व्यभिचारी, या
लोभी, या मूर्तिपूजक, या गाली देने वाला, या शराबी, या ठग है,
तो ऐसे व्यक्ति के साथ न संगति रखो, न ही उसके साथ
खाओ। 12 क्योंकि मुझे बाहर वालों का न्याय करने में क्या
काम है? क्या तुम अंदर वालों का न्याय नहीं करते? 13 परन्तु
बाहर वालों का न्याय ईश्वर करता है। और उस दुष्ट को
अपने बीच से निकाल दो।

6 1 क्या तुम में से कोई, जो दूसरे के विरुद्ध कोई मामला
रखता है, अन्यायी लोगों के सामने न्याय करवाने जाता
है, और पवित्र जनों के सामने नहीं? 2 क्या तुम नहीं जानते कि
पवित्र जन संसार का न्याय करेंगे? और यदि संसार का न्याय
तुम्हारे द्वारा किया जाता है, तो क्या तुम छोटे मामलों का न्याय
करने के योग्य नहीं हो? 3 क्या तुम नहीं जानते कि हम
स्वर्गदूतों का भी न्याय करेंगे? तो फिर इस जीवन की बातों का
कितना अधिक? 4 यदि तुम्हें इस जीवन के मामलों में सच में
न्याय करना है, तो क्या तुम सभा में सबसे तुच्छ समझे जाने
वालों को न्यायी नियुक्त करते हो? 5 मैं यह तुम्हें लज्जित
करने के लिए कहता हूं। क्या तुम्हारे बीच ऐसा कोई भी
बुद्धिमान नहीं है, न ही एक भी, जो अपने भाइयों के बीच न्याय
कर सके? 6 परन्तु भाई भाई के विरुद्ध न्याय करवाने जाता है,
और वह भी अविश्वासियों के सामने! 7 तुम्हारे बीच मुकदमे
होना पहले ही तुम्हारी हार है। क्यों न तुम अन्याय सह लो?
क्यों न तुम ठगे जाओ? 8 परन्तु तुम ही अन्याय करते हो और
छल करते हो, और वह भी अपने भाइयों के साथ! 9 क्या तुम
नहीं जानते कि अन्यायी लोग ईश्वर का राज्य प्राप्त नही
करेंगे? धोखा न खाओ। न व्यभिचारी, न मूर्तिपूजक, न
व्यभिचार करने वाले, न स्त्री जैसे रहने वाले, न पुरुषों के
साथ व्यभिचार करने वाले। 10 न चोर, न लोभी, न शराबी, न
गाली देने वाले, न ठग - ये सब ईश्वर का राज्य प्राप्त नही
करेंगे। 11 और तुम में से कुछ ऐसे ही थे। परन्तु तुम धोए
गए, परन्तु तुम पवित्र किए गए, परन्तु तुम 𐤉𐤄𐤅𐤔𐤏 अडोन
के नाम में और हमारे ईश्वर की आत्मा के द्वारा धर्मी ठहराए
गए। 12 मुझे सब कुछ करने की स्वतंत्रता है, परन्तु सब कुछ
लाभकारी नहीं। मुझे सब कुछ करने की स्वतंत्रता है, परन्तु
मैं किसी भी चीज़ के अधीन नहीं बनूंगा। 13 भोजन पेट के
लिए और पेट भोजन के लिए है – परन्तु ईश्वर दोनों को नष्ट
करेगा। और शरीर व्यभिचार के लिए नहीं, बल्कि अडोन के
लिए है, और अडोन शरीर के लिए। 14 और 𐤉𐤄𐤅𐤄 ने
अडोन को जिलाया, और वह अपनी शक्ति के द्वारा हमें भी
जिलाएगा। 15 क्या तुम नहीं जानते कि तुम्हारे शरीर
ह'मशियाह के अंग हैं? तो क्या मैं ह'मशियाह के अंग लेकर
उन्हें व्यभिचारिणी के अंग बनाऊं? ऐसा न हो! 16 या क्या तुम
नहीं जानते कि जो कोई व्यभिचारिणी से जुड़ता है, वह उसके
साथ एक शरीर होता है? क्योंकि कहा गया है, "दो एक शरीर
होंगे।" 17 परन्तु जो अडोन से जुड़ता है, वह उसके साथ
एक आत्मा होता है। 18 व्यभिचार से भागो। मनुष्य का हर
पाप शरीर के बाहर होता है, परन्तु जो व्यभिचार करता है, वह
अपने ही शरीर के विरुद्ध पाप करता है। 19 या क्या तुम नही
जानते कि तुम्हारा शरीर पवित्र आत्मा का मिश्कान है, जो तुम
में है, जिसे तुमने ईश्वर से पाया है, और तुम अपने नहीं हो?
20 क्योंकि तुम मूल्य देकर खरीदे गए हो, इसलिए अपने
शरीर और आत्मा में, जो ईश्वर के हैं, ईश्वर की महिमा
करो।

7 1 और जो तुमने मुझे लिखा है, उसके विषय में: मनुष्य के
लिए स्त्री को न छूना भला है। 2 परन्तु व्यभिचार के
कारण, प्रत्येक पुरुष का अपनी पत्नी हो, और प्रत्येक स्त्री
का अपना पति हो। 3 पति अपनी पत्नी को उसका हक अदा
करे, वैसे ही पत्नी भी अपने पति को। 4 पत्नी अपने शरीर पर
अधिकार नहीं रखती, परन्तु पति रखता है। वैसे ही पति भी
अपने शरीर पर अधिकार नहीं रखता, परन्तु पत्नी रखती
है। 5 एक दूसरे से अलग न रहो, सिवाय आपसी सहमति से
थोड़े समय के लिए, ताकि उपवास और प्रार्थना में स्वयं को
समर्पित कर सको। और फिर एक साथ आओ, ताकि शैतान
तुम्हें आत्म-संयम की कमी के कारण न परखे। 6 और मैं यह
आज्ञा के रूप में नहीं, बल्कि अनुमति के रूप में कहता हूं।
7 क्योंकि मैं चाहता हूं कि सब मनुष्य मेरे जैसे ही हों। परन्तु
प्रत्येक को ईश्वर से अपना-अपना वरदान मिला है, किसी को
इस प्रकार, किसी को उस प्रकार। 8 और मैं अविवाहितों और
विधवाओं से कहता हूं: यदि वे मेरे जैसे रहें तो अच्छा है।
9 परन्तु यदि वे आत्म-संयम नहीं कर सकते, तो विवाह कर
लें, क्योंकि विवाह करना जलने से अच्छा है। 10 और
विवाहितों को मैं आज्ञा देता हूं, न कि मैं, परन्तु अडोन: पत्नी
अपने पति से अलग न हो। 11 परन्तु यदि वह अलग हो भी

जाए, तो बिना विवाह किए रहे या अपने पति से मेल कर ले, और पति भी पत्नी को न छोड़े। 12 और बाकी को मैं कहता हूं, न कि अडोन: यदि किसी भाई की अविश्वासी पत्नी हो, और वह उसके साथ रहने को तैयार हो, तो वह उसे न छोड़े। 13 और यदि किसी स्त्री का अविश्वासी पति हो, और वह उसके साथ रहने को तैयार हो, तो वह उसे न छोड़े। 14 क्योंकि अविश्वासी पति पत्नी के द्वारा पवित्र किया गया है, और अविश्वासी पत्नी पति के द्वारा पवित्र की गई है। अन्यथा तुम्हारे बच्चे अशुद्ध होते, परन्तु अब वे पवित्र हैं। 15 परन्तु यदि अविश्वासी अलग होना चाहता है, तो अलग हो जाए। ऐसे मामलों में भाई या बहन बंधन में नहीं है। परन्तु ईश्वर ने हमें शांति के लिए बुलाया है। 16 क्योंकि हे पत्नी, तुम क्या जानती हो कि क्या तुम अपने पति को बचाओगी? या हे पति, तुम क्या जानते हो कि क्या तुम अपनी पत्नी को बचाओगे? 17 केवल जैसा ईश्वर ने प्रत्येक को बांटा है, जैसा अडोन ने प्रत्येक को बुलाया है, वैसे ही वह चले। और मैं सभी सभाओं में यही आदेश देता हूं। 18 क्या कोई खतना कराए हुए बुलाया गया था? तो वह खतना न छुड़ाए। क्या कोई अ खतना अवस्था में बुलाया गया था? तो वह खतना न कराए। 19 खतना कुछ नहीं, और अ खतना कुछ नहीं, बल्कि 𐤉𐤄𐤅𐤄 की आज्ञाओं का पालन करना ही सब कुछ है। 20 प्रत्येक व्यक्ति उसी बुलाहट में रहे जिसमें वह बुलाया गया था। 21 क्या तुम दास रहते हुए बुलाए गए थे? तो चिंता न करो, परन्तु यदि तुम स्वतंत्र हो सकते हो, तो उसे ग्रहण करो। 22 क्योंकि जो अडोन में दास रहते हुए बुलाया गया है, वह अडोन का स्वतंत्र जन है। वैसे ही जो स्वतंत्र रहते हुए बुलाया गया है, वह ह'मशियाह का दास है। 23 तुम मूल्य देकर खरीदे गए हो, मनुष्यों के दास न बनो। 24 भाइयों, प्रत्येक व्यक्ति उसी अवस्था में ईश्वर के साथ बना रहे जिसमें वह बुलाया गया था। 25 और कुंवारी कन्याओं के विषय में: मेरे पास अडोन से कोई आज्ञा नहीं है, परन्तु मैं राय देता हूं, जैसे कि अडोन की दया से विश्वसनीय बना हूं। 26 मैं सोचता हूं कि यह वर्तमान संकट के कारण अच्छा है कि मनुष्य जैसा है वैसा ही रहे। 27 क्या तुम पत्नी से बंधे हो? तो छोड़ने की कोशिश न करो। क्या तुम पत्नी से मुक्त हो? तो पत्नी की खोज न करो। 28 परन्तु यदि तुम विवाह कर भी लो, तो पाप नहीं करते। और यदि कोई कुंवारी विवाह कर ले, तो वह पाप नहीं करती। परन्तु ऐसे लोग शरीर में क्लेश पाएंगे, और मैं तुम्हें इससे बचाना चाहता हूं। 29 परन्तु हे भाइयों, मैं यह कहता हूं, समय थोड़ा रह गया है, ताकि अब से जो पत्नी रखते हैं वे ऐसे रहें जैसे पत्नी नहीं रखते। 30 और जो रोते हैं जैसे वे नहीं रोते, और जो आनन्दित होते हैं जैसे वे आनन्दित नहीं होते, और जो खरीदते हैं जैसे उन्होंने कुछ भी प्राप्त नहीं किया। 31 और जो संसार का उपयोग करते हैं वे उसका दुरुपयोग न करें, क्योंकि इस संसार का रूप जाता रहा है। 32 और मैं चाहता हूं कि तुम निश्चिंत रहो। जो अविवाहित है वह अडोन की बातों की चिंता करता है - कि वह अडोन को कैसे प्रसन्न करे। 33 परन्तु जो विवाहित है वह संसार की बातों की चिंता करता है - कि वह अपनी पत्नी को कैसे प्रसन्न करे। 34 पति और कुंवारी में अंतर है। अविवाहित स्त्री अडोन की बातों की चिंता करती है, कि वह शरीर और आत्मा में पवित्र हो। परन्तु जो विवाहित स्त्री है वह संसार की बातों की चिंता करती है - कि वह अपने पति को कैसे प्रसन्न करे। 35 और मैं यह तुम्हारे भले के लिए कहता हूं, न कि तुम्हें जाल में फंसाने के लिए, परन्तु ताकि तुम अडोन की भली भांति सेवा कर सको, बिना ध्यान भटकाए। 36 और यदि कोई सोचता है कि वह अपनी कुंवारी के साथ अनुचित व्यवहार कर रहा है, यदि उसकी उम्र पार हो रही है, और ऐसा होना चाहिए, तो वह जो चाहता है वही करे, वह पाप नहीं करता – वे विवाह करें। 37 परन्तु जो अपने हृदय में स्थिर है, और उसे कोई आवश्यकता नहीं है, और वह अपनी इच्छा पर अधिकार रखता है, और उसने अपने हृदय में निश्चय किया है कि वह अपनी कुंवारी को संभालेगा, वह अच्छा करता है। 38 इसलिए जो उसे विवाह में देता है वह अच्छा करता है, परन्तु जो उसे विवाह में नहीं देता वह और भी अच्छा करता है। 39 पत्नी अपने पति के जीवित रहने तक व्यवस्था में बंधी रहती है, परन्तु यदि उसका पति मर जाता है, तो वह जिसे चाहे विवाह करने के लिए स्वतंत्र है, केवल अडोन में। 40 परन्तु मेरी राय में वह अधिक सुखी है यदि वह वैसी ही बनी रहे। और मुझे लगता है कि मेरे पास भी ईश्वर की आत्मा है।

8 1 और मूर्तियों को चढ़ाए गए बलिदानों के विषय में: हम जानते हैं कि हम सब के पास ज्ञान है। ज्ञान घमंड करता है, परन्तु प्रेम निर्माण करता है। 2 यदि कोई सोचता है कि वह कुछ जानता है, तो वह अभी तक उस प्रकार नहीं जानता जैसा जानना चाहिए। 3 परन्तु यदि कोई ईश्वर से प्रेम करता है, तो वह ईश्वर के द्वारा जाना जाता है। 4 इसलिए, मूर्तियों को चढ़ाए गए बलिदानों के खाने के विषय में, हम जानते हैं कि संसार में कोई भी मूर्ति कुछ नहीं है, और एक ही ईश्वर है, कोई दूसरा नहीं। 5 क्योंकि यदि स्वर्ग या पृथ्वी में जिन्हें देवता कहा जाता है, वे भी हों - जैसे कि बहुत से देवता और बहुत से प्रभु कहलाते हैं। 6 परन्तु हमारे लिए एक ही ईश्वर है, पिता, जिससे सब कुछ है और हम उसी में हैं, और एक ही अडोन 𐤉𐤄𐤅𐤔𐤏 ह'मशियाह, जिसके द्वारा सब कुछ है और हम उसी के द्वारा हैं। 7 परन्तु सभी के पास यह ज्ञान नहीं है। कुछ अब भी मूर्ति की चेतना के कारण उसे मूर्ति के लिए चढ़ाया गया मानकर खाते हैं, और उनकी दुर्बल विवेक-शक्ति अशुद्ध हो जाती है। 8 परन्तु भोजन हमें ईश्वर के निकट नहीं लाता, क्योंकि खाने से हम अधिक नहीं होते और न खाने से हम कम नहीं होते। 9 परन्तु सावधान रहो, कहीं तुम्हारा यह अधिकार दुर्बलों के लिए ठोकर का कारण न बन जाए। 10 क्योंकि यदि कोई तुम्हें, जिसे ज्ञान है, मूर्तियों के भवन में खाते हुए देखे, तो क्या उसकी दुर्बल विवेक-शक्ति उसे मूर्तियों को चढ़ाए गए बलिदानों को खाने के लिए नहीं उकसाएगी? 11 इस प्रकार तुम्हारे ज्ञान के द्वारा वह दुर्बल भाई, जिसके लिए ह'मशियाह मरा, नष्ट हो जाएगा। 12 और इस प्रकार भाइयों के विरुद्ध पाप करके, और उनकी दुर्बल विवेक-शक्ति को घायल करके, तुम ह'मशियाह के विरुद्ध पाप करते हो। 13 इसलिए यदि भोजन मेरे भाई को ठोकर का कारण बनाता है, तो मैं कभी मांस नहीं खाऊंगा, ताकि मैं अपने भाई को ठोकर न लगाऊं।

9 [1]क्या मैं प्रेरित नहीं हूं? क्या मैं स्वतंत्र नहीं हूं? क्या मैंने
हमारे अडोन 𐤉𐤄𐤅𐤔𐤏 ह'मशियाह को नहीं देखा? क्या
तुम अडोन में मेरा कार्य नहीं हो? [2]यदि मैं दूसरों के लिए
प्रेरित नहीं हूं, तो कम से कम तुम्हारे लिए तो हूं। क्योंकि तुम
अडोन में मेरी प्रेरिताई की मुहर हो। [3]जो मेरी जांच करते हैं,
उनके लिए मेरा बचाव यह है: [4]क्या हमें खाने और पीने का
अधिकार नहीं है? [5]क्या हमें बहनों - पत्नियों - को साथ ले
जाने का अधिकार नहीं है, जैसा अन्य प्रेरितों और अडोन के
भाइयों और केफा को है? [6]या क्या केवल बर्नाबा और मुझे ही
काम न करने का अधिकार नहीं है? [7]कौन अपनी खर्चे पर
सैनिक होता है? कौन दाख की बारी लगाता है और उसके
फल में से नहीं खाता? या कौन झुंड चराता है और झुंड के
दूध में से नहीं पीता? [8]क्या मैं मनुष्य के अनुसार यह कहता
हूं? क्या व्यवस्था भी यही नहीं कहती? [9]क्योंकि मूशे की
व्यवस्था में लिखा है, "जब बैल अनाज कूटता है, तब उसके
मुंह पर मुस्क नहीं बांधना।" क्या ईश्वर बैलों की चिंता करता
है? [10]या क्या वह सब हमारे लिए कहता है? निःसंदेह हमारे
लिए लिखा गया, क्योंकि जो हल चलाता है, वह आशा में हल
चलाए, और जो अनाज कूटता है वह भी आशा में भाग पाने के
लिए कूटे। [11]यदि हम ने तुम्हारे बीच आत्मिक बातें बोई हैं, तो
क्या यह बड़ा है यदि हम तुम से भौतिक वस्तुएं काटें? [12]यदि
दूसरों का तुम पर अधिकार है, तो क्या हमारा और भी नहीं?
परन्तु हमने इस अधिकार का उपयोग नहीं किया, बल्कि हम
सब कुछ सहते हैं ताकि हम ह'मशियाह के सुसमाचार में कोई
बाधा न डालें। [13]क्या तुम नहीं जानते कि जो मिकदाश में
सेवा करते हैं वे मिकदाश से खाते हैं, और जो वेदी पर सेवा
करते हैं वे वेदी के बलिदानों में भाग लेते हैं? [14]इसी प्रकार
अडोन ने भी ठहराया कि जो सुसमाचार प्रचार करते हैं वे
सुसमाचार से जीवन निर्वाह करें। [15]परन्तु मैंने इन में से
किसी का उपयोग नहीं किया, और मैंने यह इसलिए नहीं
लिखा कि मेरे साथ ऐसा किया जाए। क्योंकि मेरे लिए मर
जाना उत्तम है, कि कोई मेरा घमंड व्यर्थ न करे। [16]क्योंकि
यदि मैं सुसमाचार सुनाता हूं, तो यह मेरे लिए घमंड करने की
बात नहीं है, क्योंकि मुझ पर यह आवश्यक है; और यदि मैं
सुसमाचार न सुनाऊं तो मुझ पर हाय! [17]क्योंकि यदि मैं इसे
स्वेच्छा से करता हूं, तो मुझे पुरस्कार मिलेगा, परन्तु यदि
अनिच्छा से, तो मुझे भण्डारी की जिम्मेदारी सौंपी गई है।
[18]तो मेरा पुरस्कार क्या है? यह कि जब मैं सुसमाचार
सुनाऊं, तो बिना मूल्य सुनाऊं, ताकि सुसमाचार में अपने
अधिकार का दुरुपयोग न करूं। [19]क्योंकि यद्यपि मैं सब से
स्वतंत्र हूं, फिर भी मैंने अपने आप को सब का दास बनाया है
ताकि अधिक लोगों को जीत सकूं। [20]और यहूदियों के लिए
मैं यहूदी बना ताकि यहूदियों को जीत सकूं; जो व्यवस्था के
अधीन हैं उनके लिए मैं व्यवस्था के अधीन बना, यद्यपि मैं
स्वयं व्यवस्था के अधीन नहीं, ताकि उन्हें जीत सकूं। [21]जो
बिना व्यवस्था के हैं उनके लिए मैं बिना व्यवस्था के बना,
यद्यपि मैं ईश्वर के लिए बिना व्यवस्था के नहीं, बल्कि
ह'मशियाह की व्यवस्था के अधीन हूं, ताकि उन्हें जीत सकूं।
[22]दुर्बलों के लिए मैं दुर्बल बना ताकि दुर्बलों को जीत सकूं। मैं
सब के लिए सब कुछ बना हूं ताकि किसी न किसी प्रकार से
कुछ को बचा सकूं। [23]और मैं यह सुसमाचार के कारण
करता हूं ताकि मैं इसमें सहभागी बन सकूं। [24]क्या तुम नहीं
जानते कि दौड़ में दौड़ने वाले सब दौड़ते हैं, परन्तु एक ही
पुरस्कार पाता है? ऐसे दौड़ो कि तुम उसे प्राप्त करो। [25]और
हर एक प्रतियोगी हर बात में आत्मसंयम करता है। वे तो
नाशवान मुकुट प्राप्त करने के लिए ऐसा करते हैं, परन्तु हम
अविनाशी मुकुट के लिए। [26]इसलिए मैं इसी प्रकार दौड़ता
हूं, न अनिश्चितता के साथ। मैं इसी प्रकार लड़ता हूं, न कि
हवा को मारने वाले की तरह। [27]परन्तु मैं अपने शरीर को
कठोरता से अनुशासित करता हूं और उसे वश में रखता हूं,
कहीं ऐसा न हो कि मैं दूसरों को प्रचार करने के बाद स्वयं
अस्वीकृत ठहरूं।

10 [1]हे भाइयों, मैं नहीं चाहता कि तुम अनजान रहो कि
हमारे सभी पितृजन बादल के नीचे थे, और सभी
समुद्र के बीच से होकर गए। [2]और सभी बादल और समुद्र में
मोशे में बपतिस्मा लिए। [3]और सभी ने वही आत्मिक भोजन
खाया। [4]और सभी ने वही आत्मिक पेय पिया। क्योंकि वे उस
आत्मिक चट्टान से पीते थे जो उनके साथ चलती थी, और
वह चट्टान ह'मशियाह थी। [5]परन्तु उनमें से अधिकतर में
ईश्वर प्रसन्न नहीं हुआ, इसलिए वे जंगल में गिरा दिए गए।
[6]और ये हमारे लिए उदाहरण बने, ताकि हम बुराई की लालसा
न करें जैसा कि वे लालसा करते थे। [7]और कुछ लोगों की
तरह मूर्तिपूजक न बनो, जैसा कि लिखा है, "लोग खाने और
पीने के लिए बैठे, और खेलने के लिए उठे।" [8]और हम
व्यभिचार न करें, जैसा कि उनमें से कुछ ने किया, और एक
ही दिन में तेईस हजार गिर पड़े। [9]और हम ह'मशियाह को न
परखें, जैसा कि उनमें से कुछ ने परखा, और सांपों के द्वारा
नष्ट कर दिए गए। [10]और न कुड़कुड़ाओ, जैसा कि उनमें
से कुछ ने कुड़कुड़ाया, और नाश करने वाले के द्वारा नष्ट
कर दिए गए। [11]और ये सभी बातें उनके साथ उदाहरण के
रूप में हुईं, और हमारे लिए चेतावनी के रूप में लिखी गई हैं,
जिन पर युगों का अंत आ गया है। [12]इसलिए जो सोचता है
कि वह खड़ा है, वह सावधान रहे कि कहीं गिर न जाए।
[13]तुम पर कोई भी ऐसी परीक्षा नहीं आई है जो मनुष्य के लिए
सामान्य न हो, और ईश्वर विश्वासयोग्य है, जो तुम्हें तुम्हारी
सामर्थ्य से अधिक परीक्षा में नहीं पड़ने देगा, परन्तु परीक्षा के
साथ निकलने का मार्ग भी देगा, ताकि तुम सह सको।
[14]इसलिए, हे मेरे प्रिय, मूर्तिपूजा से भागो। [15]मैं समझदारों
से बात कर रहा हूं, जो मैं कहता हूं उसका तुम स्वयं निर्णय
करो। [16]बरखा का प्याला जिसे हम बरख देते हैं, क्या वह
ह'मशियाह के लहू में भागीदारी नहीं है? वह रोटी जिसे हम
तोड़ते हैं, क्या वह ह'मशियाह के शरीर में भागीदारी नहीं है?
[17]क्योंकि एक ही रोटी है, हम जो बहुत हैं, एक ही शरीर हैं,
क्योंकि हम सभी उस एक रोटी में भाग लेते हैं। [18]शारीरिक
यिस्राएल को देखो: क्या जो बलिदानों को खाते हैं, वे वेदी में
सहभागी नहीं होते? [19]तो मैं क्या कहूं? क्या मूर्ति कुछ है? या
मूर्तियों के लिए जो चढ़ाया जाता है वह कुछ है? [20]नहीं, परन्तु
जो अन्यजाति चढ़ाते हैं वे राक्षसों को चढ़ाते हैं, न कि ईश्वर
को, और मैं नहीं चाहता कि तुम राक्षसों के सहभागी बनो।
[21]तुम अडोन के प्याले और राक्षसों के प्याले दोनों नहीं पी
सकते, तुम अडोन की मेज और राक्षसों की मेज दोनों में भाग

नहीं ले सकते। 22 क्या हम अडोन को ईर्ष्या करने के लिए
उत्तेजित करें? क्या हम उससे अधिक बलवान हैं? 23 मुझे सब
कुछ करने की स्वतंत्रता है, परन्तु सब कुछ लाभकारी नहीं
है। मुझे सब कुछ करने की स्वतंत्रता है, परन्तु सब कुछ
निर्माण नहीं करता। 24 कोई भी अपनी भलाई न खोजे, बल्कि
प्रत्येक दूसरे की भलाई खोजे। 25 मांस बाज़ार में जो कुछ भी
बिकता है, वह बिना पूछे खाओ, विवेक के कारण प्रश्न न
करो। 26 क्योंकि "पृथ्वी 𐤉𐤄𐤅𐤄 की है, और जो कुछ उसमें
भरता है।" 27 और यदि कोई अविश्वासी तुम्हें बुलाए, और
तुम जाना चाहो, तो जो कुछ तुम्हारे सामने रखा जाए वह
खाओ, विवेक के कारण प्रश्न न करो। 28 परन्तु यदि कोई
तुमसे कहे, "यह मूर्तियों को चढ़ाया गया था," तो उसके
कारण जिसने तुम्हें बताया और विवेक के कारण मत खाओ,
क्योंकि "पृथ्वी 𐤉𐤄𐤅𐤄 की है, और जो कुछ उसमें भरता
है।" 29 मैं विवेक कहता हूं, तुम्हारा नहीं, बल्कि दूसरे का।
क्योंकि मेरी स्वतंत्रता दूसरे के विवेक से क्यों निर्णय की जाए?
30 और यदि मैं धन्यवाद के साथ भाग लेता हूं, तो जिसके
लिए मैं धन्यवाद करता हूं उसके लिए मुझे बुरा क्यों कहा
जाए? 31 इसलिए, चाहे तुम खाओ या पियो, या जो कुछ भी
करो, सब कुछ ईश्वर की महिमा के लिए करो। 32 यहूदी हो
या यवन हो या ईश्वर की सभा हो, किसी को भी ठोकर का
कारण न बनो। 33 जैसा मैं भी सब में सबको प्रसन्न करता हूं,
अपनी भलाई नहीं खोजता, बल्कि बहुतों की, ताकि वे उद्धार
पाएं।

11 1 मेरे अनुकरणी बनो, जैसे मैं भी ह'मशियाह का हूं।
2 और मैं तुम्हारी प्रशंसा करता हूं, हे भाइयों, कि तुम
मुझे हर बात में स्मरण रखते हो और उन परंपराओं को
संभाले रखते हो जो मैंने तुम्हें दी थीं। 3 और मैं चाहता हूं कि
तुम जानो कि प्रत्येक पुरुष का सिर ह'मशियाह है, और स्त्री
का सिर पुरुष है, और ह'मशियाह का सिर 𐤉𐤄𐤅𐤄 है। 4 हर
पुरुष जो प्रार्थना करता है या नबी होता है और अपना सिर
ढके रखता है, अपने सिर का अपमान करता है। 5 और हर
स्त्री जो प्रार्थना करती है या नबी होती है और अपना सिर बिना
ढके रखती है, अपने सिर का अपमान करती है, क्योंकि यह
वैसा ही है जैसा सिर मुँडाना। 6 क्योंकि यदि स्त्री अपना सिर
न ढके तो वह मुंडा भी हो जाए, परन्तु यदि स्त्री के मुंडे या
काटे जाने में लज्जा है, तो वह अपना सिर ढके। 7 क्योंकि
पुरुष को अपना सिर ढकना नहीं चाहिए, क्योंकि वह ईश्वर की
प्रतिमा और महिमा है, परन्तु स्त्री पुरुष की महिमा है।
8 क्योंकि पुरुष स्त्री से नहीं है, बल्कि स्त्री पुरुष से है।
9 क्योंकि पुरुष स्त्री के लिए नहीं बनाया गया, बल्कि स्त्री पुरुष
के लिए बनाई गई। 10 इसी कारण स्त्री को अपने सिर पर
अधिकार रखना चाहिए, स्वर्गदूतों के कारण। 11 परन्तु
अडोन में पुरुष स्त्री के बिना नहीं है, न ही स्त्री पुरुष के
बिना। 12 क्योंकि जैसे स्त्री पुरुष से है, वैसे ही पुरुष स्त्री के
द्वारा है, परन्तु सब कुछ ईश्वर से है। 13 अपने आप न्याय
करो: क्या यह उचित है कि स्त्री सिर ढके बिना ईश्वर से
प्रार्थना करे? 14 क्या स्वाभाविक रूप से तुम्हें यह नहीं सिखाता
कि यदि पुरुष के लंबे बाल हों तो वह उसके लिए अपमान है?
15 परन्तु यदि स्त्री के लंबे बाल हों तो वह उसके लिए महिमा
है, क्योंकि लंबे बाल उसे घूंघट के स्थान पर दिए गए हैं।
16 यदि फिर भी कोई विवाद करना चाहे, तो हमारे पास ऐसी
कोई प्रथा नहीं है, और न ही ईश्वर की सभाओं में। 17 और
जब मैं यह बताता हूं, तो मैं तुम्हारी प्रशंसा नहीं करता, क्योंकि
तुम इकट्ठे होते हो लाभ के लिए नहीं, बल्कि हानि के लिए।
18 क्योंकि पहले, मैं सुनता हूं कि जब तुम सभा में इकट्ठे होते
हो तो तुम में फूट होती है, और मैं कुछ हद तक इसे मानता
हूं। 19 क्योंकि तुम में अलग-अलग गुटों का होना आवश्यक
है, ताकि जो स्वीकृत हैं वे तुम्हारे बीच प्रकट हों। 20 इसलिए
जब तुम एक स्थान पर एकत्र होते हो, तो क्या यह अडोन का
भोजन खाने के लिए नहीं होता? 21 क्योंकि जब तुम खाते हो,
तो हर कोई पहले अपना भोजन लेता है, और कोई भूखा होता
है और कोई नशे में होता है। 22 क्या तुम्हारे पास खाने और
पीने के लिए घर नहीं हैं? या तुम ईश्वर की सभा को तुच्छ
समझते हो और जो कुछ नहीं रखते उन्हें लज्जित करते हो?
मैं तुम्हें क्या कहूं? क्या मैं इस में तुम्हारी प्रशंसा करूं? मै
प्रशंसा नहीं करता। 23 क्योंकि मैंने अडोन से वही प्राप्त किया
जो मैंने तुम्हें भी दिया: कि अडोन 𐤉𐤄𐤅𐤔𐤏 जिस रात वह
पकड़वाया गया, उसने रोटी ली। 24 और धन्यवाद करके,
उसने उसे तोड़ा और कहा, "लो, खाओ, यह मेरा शरीर है जो
तुम्हारे लिए तोड़ा गया है; यह मेरे स्मरण में किया करो।"
25 इसी प्रकार उसने भोजन के बाद प्याला लिया और कहा,
"यह प्याला मेरे लहू में नया करार है; जब भी तुम इसे पियो,
मेरे स्मरण में ऐसा किया करो।" 26 क्योंकि जब भी तुम इस
रोटी को खाते हो और इस प्याले को पीते हो, तुम अडोन की
मृत्यु का प्रचार करते हो जब तक वह आए। 27 इसलिए जो
कोई अडोन की इस रोटी को खाए या उसके प्याले को
अयोग्य रीति से पीए, वह अडोन के शरीर और लहू के दोषी
होगा। 28 परन्तु मनुष्य स्वयं को जाचे, और तब उस रोटी में
से खाए और उस प्याले में से पीए। 29 क्योंकि जो कोई
अयोग्य रीति से खाता और पीता है, वह अपने ऊपर न्याय
खाता और पीता है, क्योंकि वह अडोन के शरीर को नही
पहचानता। 30 इसी कारण तुम में से बहुत से दुर्बल और
बीमार हैं, और बहुत से सो गए हैं। 31 क्योंकि यदि हम अपने
आप को जाचते, तो हम पर न्याय न होता। 32 परन्तु जब हम
पर न्याय होता है, तो हम अडोन के द्वारा ताड़ना पाते हैं, ताकि
हम संसार के साथ दोषी न ठहरें। 33 इसलिए हे मेरे भाइयों,
जब तुम खाने के लिए एकत्र होते हो, तो एक-दूसरे की प्रतीक्षा
करो। 34 और यदि कोई भूखा हो, तो वह घर पर खा ले,
ताकि तुम न्याय के लिए एकत्र न हो। और बाकी बातों को मै
अपने आने पर व्यवस्था में लाऊंगा।

12 1 और आत्मिक वरदानों के विषय में, हे भाइयों, मैं नही
चाहता कि तुम अनजान रहो। 2 तुम जानते हो कि
तुम अन्यजाति थे, गूंगी मूर्तियों की ओर खींचे जाते थे, जैसे
भी तुम खींचे जाते थे। 3 इसलिए मैं तुम्हें बताता हूं कि कोई भी
जो ईश्वर के आत्मा से बोलता है, यह नहीं कहता कि
𐤉𐤄𐤅𐤔𐤏 शापित है, और कोई भी 𐤉𐤄𐤅𐤔𐤏 को अडोन
नहीं कह सकता, परन्तु केवल रुआḥ ह'कोदश के द्वारा।
4 और वरदानों में भिन्नता है, परन्तु आत्मा वही है। 5 और
सेवाओं में भिन्नता है, परन्तु अडोन वही है। 6 और कार्यों में

भिन्नता है, परन्तु वही ईश्वर सब में सब कुछ करता है। 7 और
प्रत्येक को आत्मा का प्रगटीकरण लाभ के लिए दिया जाता
है। 8 क्योंकि किसी को आत्मा के द्वारा ज्ञान का वचन दिया
जाता है, और किसी को उसी आत्मा के अनुसार बुद्धि का
वचन। 9 और किसी को उसी आत्मा के द्वारा विश्वास, और
किसी को उसी आत्मा के द्वारा चंगाई के वरदान। 10 और
किसी को शक्तियों के कार्य, और किसी को नबूआ, और
किसी को आत्माओं की परख, और किसी को विभिन्न भाषाएं,
और किसी को भाषाओं का अर्थ। 11 परन्तु वही एक आत्मा
यह सब करता है, और अपनी इच्छा के अनुसार प्रत्येक को
अलग-अलग बांटता है। 12 क्योंकि जैसे शरीर एक है और
उसमें कई अंग हैं, और उस शरीर के सभी अंग, बहुत होने
पर भी, एक ही शरीर हैं, वैसे ही ह'मशियाह भी है। 13 क्योंकि
हम सब एक आत्मा के द्वारा एक ही शरीर में बपतिस्मा पाए,
चाहे यहूदी हो या यवन, चाहे दास हो या स्वतंत्र, और हम
सबको एक आत्मा से पिलाया गया। 14 क्योंकि शरीर एक
अंग नहीं, परन्तु बहुत हैं। 15 यदि पांव कहे, "क्योंकि मैं हाथ
नहीं हूं, मैं शरीर का नहीं हूं," क्या इस कारण वह शरीर का
नहीं है? 16 और यदि कान कहे, "क्योंकि मैं आंख नहीं हूं, मैं
शरीर का नहीं हूं," क्या इस कारण वह शरीर का नहीं है?
17 यदि पूरा शरीर आंख होता, तो सुनना कहां होता? यदि पूरा
सुनना होता, तो सूंघना कहां होता? 18 परन्तु अब ईश्वर ने
अंगों को शरीर में रखा है, प्रत्येक को जैसे उसे अच्छा लगा।
19 और यदि सब एक ही अंग होते, तो शरीर कहां होता?
20 परन्तु अब तो कई अंग हैं, परन्तु एक ही शरीर है।
21 आंख हाथ से यह नहीं कह सकती, "मुझे तेरी आवश्यकता
नहीं है," और सिर पांव से भी नहीं कह सकता, "मुझे तुम्हारी
आवश्यकता नहीं है।" 22 बल्कि जो अंग शरीर में कमजोर
समझे जाते हैं, वे अधिक आवश्यक हैं। 23 और जो अंग
शरीर में कम सम्मानित माने जाते हैं, हम उन्हें अधिक सम्मान
प्रदान करते हैं। और हमारे अनाकर्षक अंगों को अधिक
सौंदर्य मिलता है। 24 परन्तु हमारे सुंदर अंगों को इसकी
आवश्यकता नहीं है। परन्तु ईश्वर ने शरीर को इस प्रकार
संयोजित किया, कि जिसने कमी पाई उसे अधिक सम्मान
दिया। 25 ताकि शरीर में कोई फूट न हो, परन्तु अंग एक-
दूसरे के लिए समान चिंता रखें। 26 और यदि एक अंग दुख
उठाता है, तो सब अंग उसके साथ दुखी होते हैं; और यदि
एक अंग सम्मानित होता है, तो सब अंग उसके साथ
आनन्दित होते हैं। 27 और तुम ह'मशियाह का शरीर हो, और
व्यक्तिगत रूप से अंग हो। 28 और ईश्वर ने सभा में ये
ठहराए: पहले प्रेरित, दूसरे नबी, तीसरे शिक्षक, फिर
शक्तिशाली कार्य, फिर चंगाई के वरदान, सहायता, प्रशासन,
और विभिन्न भाषाएं। 29 क्या सभी प्रेरित हैं? क्या सभी नबी हैं?
क्या सभी शिक्षक हैं? क्या सभी चमत्कार करने वाले हैं?
30 क्या सभी के पास चंगाई के वरदान हैं? क्या सभी भाषाओं में
बोलते हैं? क्या सभी अर्थ करते हैं? 31 परन्तु उत्तम वरदानों
की गंभीरता से खोज करो। और मैं तुम्हें एक और भी श्रेष्ठ
मार्ग दिखाता हूं।

13 1 यदि मैं मनुष्यों और स्वर्गदूतों की भाषाओं में बोलूं,
परन्तु प्रेम न रखूं, तो मैं बजते हुए पीतल और
झंकारती झांझ के समान हो जाता हूं। 2 और यदि मेरे पास
नबूआ हो, और मैं सब भेदों और सब ज्ञान को जानता हूं, और
यदि मेरे पास सम्पूर्ण विश्वास हो, कि मैं पहाड़ों को हटा सकूं,
परन्तु प्रेम न रखूं, तो मैं कुछ भी नहीं हूं। 3 और यदि मैं
अपनी सारी संपत्ति गरीबों को खिला दूं, और यदि मैं अपने
शरीर को जलाए जाने के लिए दे दूं, परन्तु प्रेम न रखूं, तो
इससे मुझे कुछ लाभ नहीं। 4 प्रेम धीरजवंत है, प्रेम दयालु है,
प्रेम डाह नहीं करता, प्रेम घमंड नहीं करता, फूलता नहीं।
5 वह अनुचित व्यवहार नहीं करता, अपनी भलाई नहीं
खोजता, झुंझलाता नहीं, बुराई का लेखा नहीं रखता।
6 अधर्म में आनन्दित नहीं होता, परन्तु सत्य में आनन्दित
होता है। 7 सब कुछ सह लेता है, सब कुछ विश्वास करता है,
सब कुछ आशा करता है, सब कुछ सहन करता है। 8 प्रेम
कभी असफल नहीं होता। चाहे नबूआ हो, वे नष्ट हो जाएंगी;
चाहे भाषाएं हों, वे समाप्त हो जाएंगी; चाहे ज्ञान हो, वह समाप्त
हो जाएगा। 9 क्योंकि हम आंशिक रूप से जानते हैं और हम
आंशिक रूप से नबूआ करते हैं। 10 परन्तु जब पूर्णता
आएगी, तब जो आंशिक है वह समाप्त हो जाएगा। 11 जब मैं
बालक था, तो मैं बालक के समान बोलता था, बालक के
समान सोचता था, बालक के समान तर्क करता था। परन्तु
जब मैं पुरुष बन गया, तो मैंने बाल्यावस्था की बातें छोड़ दीं।
12 क्योंकि अब हम दर्पण में धुंधले देखते हैं, परन्तु तब
आमने-सामने देखेंगे। अब मैं आंशिक रूप से जानता हूं,
परन्तु तब मैं पूरी तरह जानूंगा, जैसा मैं जाना गया हूं।
13 और अब विश्वास, आशा और प्रेम स्थायी हैं - ये तीनों।
परन्तु इन में सबसे महान प्रेम है।

14 1 प्रेम का पीछा करो, और आत्मिक वरदानों की पूरी
लगन से खोज करो, परन्तु विशेषकर कि तुम नबूवत
करो। 2 क्योंकि जो कोई भाषा में बोलता है, वह मनुष्यों से
नहीं, परन्तु ईश्वर से बोलता है; क्योंकि कोई नहीं समझता,
परन्तु वह आत्मा में भेद बोलता है। 3 परन्तु जो नबूवत करता है,
वह मनुष्यों को उन्नति, प्रोत्साहन और शांति की बातें कहता
है। 4 जो भाषा में बोलता है, वह अपने आप को उन्नत करता
है, परन्तु जो नबूवत करता है, वह मण्डली को उन्नत करता है।
5 अब मैं चाहता हूँ कि तुम सब भाषा में बोलो, परन्तु और भी
कि तुम नबूवत करो; क्योंकि जो नबूवत करता है वह उस से बड़ा है
जो भाषा में बोलता है, जब तक वह अर्थ न बताए, ताकि
मण्डली उन्नति पाए। 6 परन्तु अब, भाइयों, यदि मैं तुम्हारे पास
भाषा में बोलते हुए आऊँ, तो तुम्हें क्या लाभ होगा, यदि मैं तुम
से या तो प्रकाशित वचन, या ज्ञान, या नेबूआह, या शिक्षा के
द्वारा न बोलूँ? 7 तो भी निर्जीव वस्तुएँ जो ध्वनि करती हैं, चाहे
बाँसुरी हो या सारंगी, यदि उनमें स्वर का भेद न हो, तो बाँसुरी
या सारंगी पर जो बजाया जाता है वह कैसे पहचाना जाएगा?
8 क्योंकि यदि नरसिंगा भी अनिश्चित ध्वनि करे, तो कौन युद्ध
के लिये तैयार होगा? 9 इसी प्रकार तुम भी यदि भाषा से स्पष्ट
वचन न दो, तो जो कहा गया है वह कैसे जाना जाएगा?
क्योंकि तुम तो वायु में ही बोलते रहोगे। 10 निश्चित रूप से
संसार में इतने प्रकार की ध्वनियाँ हैं, और उनमें से कोई भी
अर्थहीन नहीं है। 11 यदि मैं वाणी का बल न जानूँ, तो मैं
बोलनेवाले के लिये परदेशी ठहरूँगा, और बोलनेवाला मेरे लिये

परदेशी ठहरेगा। 12 इसी प्रकार तुम भी, क्योंकि तुम आत्मिक
वरदानों के लिये उत्सुक हो, तो मण्डली की उन्नति के लिये
उत्तम वरदान पाने की चेष्टा करो। 13 इस कारण जो भाषा में
बोलता है, वह प्रार्थना करे कि वह अर्थ बतानेवाला भी हो।
14 क्योंकि यदि मैं भाषा में प्रार्थना करूँ, तो मेरी आत्मा प्रार्थना
करती है, परन्तु मेरी बुद्धि निष्फल रहती है। 15 तो क्या किया
जाए? मैं आत्मा से भी प्रार्थना करूँगा, और बुद्धि से भी प्रार्थना
करूँगा; मैं आत्मा से भी भजन गाऊँगा, और बुद्धि से भी
गाऊँगा। 16 अन्यथा यदि तू आत्मा से आशीर्वाद देगा, तो जो
अशिक्षित है वह तेरे धन्यवाद के समय 'आमेन' कैसे कहेगा?
क्योंकि वह नहीं जानता कि तू क्या कहता है। 17 क्योंकि तू तो
सचमुच भली प्रकार धन्यवाद करता है, परन्तु दूसरा उन्नति
नहीं पाता। 18 मैं अपने ईश्वर का धन्यवाद करता हूँ कि मैं
तुम सब से अधिक भाषा में बोलता हूँ। 19 परन्तु मण्डली में मैं
पाँच शब्द अपनी बुद्धि से बोलना चाहता हूँ ताकि औरों को भी
शिक्षा दूँ, यह उन दस हज़ार शब्दों से अच्छा है जो भाषा में
बोलूँ। 20 भाइयों, समझ में बालक न बनो, परन्तु बुराई में
बालक बनो; परन्तु समझ में परिपूर्ण बनो। 21 तौराह में लिखा
है, 'मैं इस लोगों से परदेशी भाषाओं और परदेशी होंठों के द्वारा
बात करूँगा, तौभी वे मेरी नहीं सुनेंगे, यह कहता है
३५३z।' 22 इसलिए भाषाएँ विश्वास करनेवालों के लिये
नहीं, परन्तु अविश्वासियों के लिये चिन्ह हैं; और नवा
विश्वासियों के लिये है, न कि अविश्वासियों के लिये। 23 यदि
सारी मण्डली एक साथ इकट्ठी हो और सब भाषा में बोलें, और
वहाँ अशिक्षित या अविश्वासी आ जाएँ, तो क्या वे नहीं कहेंगे
कि तुम पागल हो? 24 परन्तु यदि सब नवा करें और कोई
अविश्वासी या अशिक्षित आए, तो वह सब से दोषी ठहराया
जाता है, और सब से परखा जाता है। 25 और उसके मन के
भेद प्रगट हो जाते हैं, और इस प्रकार वह मुँह के बल गिरकर
ईश्वर की आराधना करेगा, और घोषणा करेगा कि सचमुच
ईश्वर तुम्हारे बीच है। 26 तो क्या किया जाए, भाइयों? जब
तुम इकट्ठे होते हो, तो हर एक के पास एक गीत, एक शिक्षा,
एक भाषा, एक प्रकाशित वचन, एक अर्थ बताना होता है। सब
कुछ उन्नति के लिये हो। 27 यदि कोई भाषा में बोलता है, तो दो
या तीन व्यक्ति से अधिक न हों, और बारी-बारी से बोलें, और
एक अर्थ बताए। 28 और यदि कोई अर्थ बतानेवाला न हो, तो
वह मण्डली में चुप रहे, और अपने मन में और ईश्वर से
बोले। 29 और दो या तीन नबी बोलें, और बाकी जन परखें।
30 और यदि किसी और को, जो बैठा है, प्रकाशित वचन मिले,
तो पहला चुप रहे। 31 क्योंकि तुम सब बारी-बारी से नवा कर
सकते हो, ताकि सब सीखें और सब प्रोत्साहित हों। 32 और
नबियों की आत्माएँ नबियों के आधीन होती हैं। 33 क्योंकि
ईश्वर अशान्ति का नहीं, परन्तु शाति का ईश्वर है; जैसे सब
पवित्र लोगों की मण्डलियों में होता है। 34 तुम्हारी स्त्रियाँ
मण्डलियों में चुप रहें; क्योंकि उन्हें बोलने की आज्ञा नहीं है,
परन्तु वे अधीन रहें, जैसा कि तौराह भी कहती है। 35 और
यदि वे कुछ सीखना चाहें, तो वे घर में अपने अपने पतियों से
पूछें; क्योंकि मण्डली में स्त्रियों का बोलना अनुचित है।
36 क्या ३५३z का वचन तुम से निकला? या वह केवल
तुम्हारे ही पास पहुँचा? 37 यदि कोई अपने आप को नबी या
आत्मिक समझता है, तो वह यह माने कि जो कुछ मैं तुम से
लिखता हूँ, वे आदोन की आज्ञाएँ हैं। 38 परन्तु यदि कोई
अज्ञानी है, तो अज्ञानी ही बना रहे। 39 इसलिये, भाइयों, नवा
करने की बड़ी लगन से खोज करो, और भाषा में बोलने से न
रोको। 40 सब कुछ शालीनता और व्यवस्था से हो।

15 1 परन्तु भाइयों, मैं तुम्हें उस शुभ समाचार से परिचित
कराता हूँ, जो मैंने तुम्हें सुनाया था, जिसे तुमने भी
ग्रहण किया, और जिसमें तुम स्थिर हो। 2 जिसके द्वारा तुम
उद्धार भी पाते हो, यदि उस वचन को जो मैंने तुम्हें सुनाया,
तुम दृढ़ता से पकड़े रहो; नहीं तो तुम्हारा विश्वास व्यर्थ हुआ।
3 क्योंकि मैंने तुम्हें सबसे पहले वही पहुँचाया जो मैंने भी प्राप्त
किया: कि मशीह ने हमारे पापों के लिये धर्मशास्त्रों के अनुसार
मृत्यु सहन की। 4 और उसे गाड़ा गया, और वह तीसरे दिन
धर्मशास्त्रों के अनुसार जी उठा। 5 और वह केफा को दिखा,
फिर बारहों को। 6 इसके बाद वह एक समय में पाँच सौ से
अधिक भाइयों को दिखा, जिनमें से अधिकांश अब तक
जीवित हैं, पर कुछ सो गए हैं। 7 इसके बाद वह याआकोब
को, फिर सब प्रेरितों को दिखा। 8 और सबसे अन्त में वह
मुझे भी दिखा, मानो असमय में जन्मे हुए को। 9 क्योंकि मैं
प्रेरितों में सबसे छोटा हूँ, जो प्रेरित कहलाने के योग्य नहीं,
क्योंकि मैंने ईश्वर की मण्डली को सताया। 10 परन्तु ईश्वर
की कृपा से मैं जो कुछ हूँ वह हूँ, और उसकी कृपा मुझ पर
व्यर्थ न हुई, परन्तु मैंने उन सब से अधिक परिश्रम किया;
तौभी यह मैं नहीं, वरन् मुझमें ईश्वर की कृपा है। 11 इसलिये
चाहे मैं, चाहे वे, हम इसी प्रकार प्रचार करते हैं, और तुम ने
भी इसी प्रकार विश्वास किया। 12 और यदि मशीह का प्रचार
होता है कि वह मरे हुओं में से जी उठा, तो तुम में से कुछ यह
क्यों कहते हैं कि मरे हुओं का पुनरुत्थान नहीं है? 13 और
यदि मरे हुओं का पुनरुत्थान नहीं, तो मशीह भी नहीं जी
उठा। 14 और यदि मशीह नहीं जी उठा, तो हमारा प्रचार व्यर्थ
है, और तुम्हारा विश्वास भी व्यर्थ है। 15 और हम ईश्वर के
झूठे गवाह भी ठहरते हैं, क्योंकि हमने ३५३z के विषय में
यह गवाही दी कि उसने मशीह को जिलाया, जिसे उसने नही
जिलाया, यदि मरे हुए सचमुच नहीं जी उठते। 16 क्योंकि यदि
मरे हुए नहीं जी उठते, तो मशीह भी नहीं जी उठा। 17 और
यदि मशीह नहीं जी उठा, तो तुम्हारा विश्वास व्यर्थ है; तुम अब
भी अपने पापों में हो। 18 तब जो मशीह में सो गए वे भी नाश हो
गए। 19 यदि केवल इस जीवन में ही हमारा मशीह में आशा है,
तो हम सब मनुष्यों में सबसे अधिक दयनीय हैं। 20 पर अब
मशीह मरे हुओं में से जी उठा है, और जो सो गए हैं उनके
पहिला फल बन गया है। 21 क्योंकि मृत्यु मनुष्य के द्वारा आई,
पुनरुत्थान भी मनुष्य के द्वारा हुआ। 22 क्योंकि जैसे आदम में
सब मरते हैं, वैसे ही मशीह में सब जीवित किए जाएँगे।
23 परन्तु हर एक अपनी अपनी बारी में: मशीह पहिला फल,
फिर मशीह के आने पर जो मशीह के हैं। 24 तब अन्त होगा,
जब वह राज्य को ३५३z पिता को सौंप देगा, जब वह सब
प्रधानता और सब अधिकार और सामर्थ्य को समाप्त कर
देगा। 25 क्योंकि उसे राज्य करना है, जब तक वह सब
शत्रुओं को अपने पाँवों के नीचे न कर दे। 26 अन्तिम शत्रु
जो समाप्त किया जाएगा वह मृत्यु है। 27 क्योंकि "उसने सब

कुछ उसके पाँवों के नीचे कर दिया है।" पर जब वह कहता है
कि "सब कुछ उसके अधीन कर दिया," तो यह स्पष्ट है कि
जिसने सब कुछ उसके अधीन किया वह स्वयं अपवाद है।
28 और जब सब कुछ उसके अधीन हो जाएगा, तब पुत्र भी
उस के अधीन हो जाएगा जिसने सब कुछ उसके अधीन कर
दिया, ताकि ईश्वर सब कुछ में सब कुछ हो। 29 अन्यथा वे
जो मरे हुओं के लिये बपतिस्मा लेते हैं, वे क्या करेंगे, यदि मरे
हुए बिल्कुल नहीं जी उठते? वे क्यों मरे हुओं के लिये बपतिस्मा
लेते हैं? 30 और हम हर समय संकट में क्यों पड़े रहते हैं?
31 मैं तुम्हारे विषय में जो मशीह 𐤉𐤄𐤅𐤔𐤏 हमारे अदोन में
मेरा घमंड है, प्रतिदिन मरता हूँ। 32 यदि मैंने मनुष्यों के रीति
के अनुसार इफिसुस में जानवरों से युद्ध किया, तो इससे मुझे
क्या लाभ? यदि मरे हुए नहीं जी उठते, तो "आओ हम खाएँ
और पियें, क्योंकि कल मर जाएँगे।" 33 भ्रमित न हो, "बुरी
संगति अच्छे आचरण को बिगाड़ देती है।" 34 जागो, और
धार्मिकता में स्थिर रहो, और पाप मत करो, क्योंकि कुछ लोग
ईश्वर के ज्ञान से अनजान हैं; मैं तुम्हें लज्जित करने के लिये
यह कहता हूँ। 35 पर कोई कहेगा, "मरे हुए कैसे जी उठते हैं?
और किस प्रकार के शरीर के साथ आते हैं?" 36 मूर्ख! जो
तुम बोते हो वह जीवित नहीं होता जब तक कि वह मर न
जाए। 37 और जो तुम बोते हो: तुम वह शरीर नहीं बोते जो
होने वाला है, परन्तु एक नंगा बीज, चाहे गेहूँ हो या किसी अन्य
प्रकार का बीज। 38 परन्तु ईश्वर उसे वैसा शरीर देता है जैसा
वह चाहता है, और हर एक बीज को उसका अपना शरीर।
39 सब मांस एक जैसा मांस नहीं है, पर मनुष्यों का एक मांस
है, और पशुओं का दूसरा मांस, मछलियों का दूसरा मांस,
और पक्षियों का दूसरा मांस। 40 आकाशीय शरीर भी हैं, और
भौतिक शरीर भी हैं, पर आकाशीय की महिमा एक प्रकार की
है, और भौतिक की महिमा दूसरी। 41 सूर्य की महिमा एक
प्रकार की है, और चंद्रमा की महिमा दूसरी प्रकार की है, और
तारों की महिमा और प्रकार की है - क्योंकि एक तारा दूसरे
तारे से महिमा में भिन्न होता है। 42 मरे हुओं के पुनरुत्थान में
भी ऐसा ही है: वह भ्रष्टता में बोया जाता है, वह अमरता में जी
उठता है। 43 वह तुच्छता में बोया जाता है, महिमा में जी उठता
है; वह निर्बलता में बोया जाता है, सामर्थ्य में जी उठता है।
44 वह स्वाभाविक शरीर के रूप में बोया जाता है, आत्मिक
शरीर के रूप में जी उठता है; स्वाभाविक शरीर है, और
आत्मिक शरीर भी है। 45 और यह लिखा भी है, "पहला
मनुष्य आदम जीवित प्राणी बना," अन्तिम आदम जीवन देने
वाला आत्मा बना। 46 परन्तु आध्यात्मिक पहले नहीं होता,
परन्तु स्वाभाविक, फिर आध्यात्मिक। 47 पहला मनुष्य पृथ्वी
से था, धूलिकण; दूसरा मनुष्य अदोन स्वर्ग से है। 48 जैसा
धूलिकण है, वैसे ही धूलिकण वाले हैं; और जैसा स्वर्गीय है,
वैसे ही स्वर्गीय वाले हैं। 49 और जैसे हमने धूलिकण के
स्वरूप को धारण किया, वैसे ही हम स्वर्गीय के स्वरूप को भी
धारण करेंगे। 50 और मैं यह कहता हूँ, भाइयों, कि मांस और
रक्त ईश्वर के राज्य का उत्तराधिकारी नहीं हो सकते, न ही
भ्रष्टता अमरता का उत्तराधिकारी होती है। 51 देखो, मैं तुम्हें
एक भेद बताता हूँ: हम सब नहीं सोएंगे, पर हम सब बदल
जाएंगे। 52 एक क्षण में, एक पल में, अन्तिम तुरही पर;
क्योंकि तुरही बजेगी, और मरे हुए अमरता में जी उठेंगे, और
हम बदल जाएंगे। 53 क्योंकि इस नश्वर को अमरता धारण
करनी है, और इस मृत्युनाशी को अमरता धारण करनी है।
54 और जब यह मृत्युनाशी अमरता धारण कर लेगा, तब वह
वचन पूरा होगा जो लिखा है, "मृत्यु विजय में निगल ली
गई।" 55 "हे मृत्यु, तेरा डंक कहाँ है? हे कब्र, तेरी विजय
कहाँ है?" 56 और मृत्यु का डंक पाप है, और पाप की शक्ति
व्यवस्था है। 57 परन्तु धन्यवाद 𐤉𐤄𐤅𐤄 को, जो हमें हमारे
अदोन 𐤉𐤄𐤅𐤔𐤏 हामशीह के द्वारा विजय देता है।
58 इसलिये, मेरे प्रिय भाइयों, दृढ़ रहो, अडिग रहो, हमेशा
अदोन के कार्य में प्रगति करते रहो, यह जानते हुए कि अदोन
में तुम्हारा परिश्रम व्यर्थ नहीं है।

16 1 और क़ोदशिम के लिए संग्रहों के विषय में, जैसा मैंने
गलातिया की सभाओं को आदेश दिया, तुम भी वैसे ही
करो। 2 शब्बाथोथ में से एक के विषय में, तुम में से हर एक
कुछ अलग रखे, कोई भी बिरेखोथ संचित करता रहे, ताकि
जब मैं आऊँ तब संग्रह न करना पड़े। 3 और जब मैं
आऊँगा, तब जिन्हें तुम अपने पत्रों के द्वारा योग्य ठहराओगे,
उन्हें मैं तुम्हारी भेंट येरुशालेम ले जाने के लिए भेजूँगा।
4 और यदि मेरे जाने योग्य हो, तो वे मेरे साथ जाएंगे। 5 और
मैं मकेदोनिया से होकर तुम्हारे पास आऊँगा, क्योंकि मैं
मकेदोनिया से होकर जा रहा हूँ। 6 और संभव है कि मैं तुम्हारे
साथ कुछ समय ठहरूँ, या यहाँ तक कि सर्दियाँ बिताऊँ,
ताकि तुम मुझे वहाँ से विदा करो जहाँ भी मैं जाऊँ। 7 क्योंकि
मैं अब मार्ग में चलते हुए तुम्हें देखना नहीं चाहता, परन्तु यदि
अदोन अनुमति दे, तो मुझे आशा है कि मैं कुछ समय तुम्हारे
साथ रहूँ। 8 और मैं शावुओथ के पर्व तक इफिसुस में रहूँगा।
9 क्योंकि मेरे लिये एक बड़ा और प्रभावशाली द्वार खुला है,
और बहुत से विरोध करने वाले हैं। 10 और यदि तीमुथियुस
आए, तो देखो कि वह तुम्हारे साथ निर्भय रहे, क्योंकि वह
अदोन का कार्य करता है जैसे मैं। 11 इसलिये कोई उसे तुच्छ
न समझे। और उसे शांति के साथ विदा करो ताकि वह मेरे
पास आए, क्योंकि मैं भाइयों के साथ उसकी बाट जोह रहा हूँ।
12 और हमारे भाई अपोल्लोस के विषय में, मैंने बहुत ज़ोर
देकर उससे निवेदन किया कि वह भाइयों के साथ तुम्हारे पास
जाए, परन्तु इस समय उसका जाने का कोई मन नहीं था;
परन्तु वह सुविधाजनक समय में आएगा। 13 जागते रहो,
विश्वास में दृढ़ रहो, पुरुषार्थ करो, बलवान बनो। 14 तुम जो
कुछ करते हो वह सब प्रेम में हो। 15 और मैं तुम्हें आग्रह
करता हूँ, भाइयों, तुम स्तेफानास के घराने को जानते हो, कि
वह अखैयाह का पहिला फल है, और उन्होंने अपने आपको
क़ोदशिम की सेवा में नियुक्त किया है। 16 कि तुम भी ऐसे
लोगों के अधीन रहो, और हर एक जो हमारे साथ कार्य और
परिश्रम करता है। 17 और मैं स्तेफानास, फोर्तुनातोस और
अखैयकोस के आने से आनन्दित हूँ, क्योंकि जो तुम्हारी ओर
से कमी थी, उन्होंने पूरी कर दी। 18 क्योंकि उन्होंने मेरी
आत्मा और तुम्हारी भी आत्मा को ताज़गी दी, इसलिये ऐसे
लोगों को आदर दो। 19 आस्याह की सभाएं तुम्हें नमस्कार
करती हैं। अकुलास और प्रिस्किल्ला अदोन में तुम्हें बहुत प्रेम
से नमस्कार करते हैं, और अपने घर में जो सभा है वह भी।
20 सभी भाई तुम्हें नमस्कार करते हैं। एक दूसरे को क़ोदश

चुम्बन से नमस्कार करो। [21] यह नमस्कार मेरी, शाऊल की,
अपनी ही हाथ की लिखावट है। [22] यदि कोई अदोन
Ow५३z हा'मशियाह से प्रेम न करे, वह शापित हो।
मारानाथा! [23] हमारे अदोन Ow५३z हा'मशियाह की कृपा
तुम्हारे साथ हो। [24] मेरा प्रेम मशीह Ow५३z में तुम सब के
साथ हो। आमीन।

2 कुरिन्थियों

हिंदी संस्करण

2 कुरिन्थियों

1 [1]शाऊल, ow५३z ह'मशियाह का एक प्रेरित, ईश्वर
की इच्छा से, और भाई तिमोथियोस की ओर से,
कुरिन्थुस में ईश्वर की क़हल और अख़ायाह में सभी क़ादेश
लोगों को: [2]तुम्हें अनुग्रह और शाति प्राप्त हो हमारे पिता
३५३z और हमारे अd◌ोन ow५३z ह'मशियाह की
ओर से। [3]धन्य हो हमारे अd◌ोन ow५३z ह'मशियाह के
ईश्वर और पिता, दया के पिता और हर शाति देने वाले
ईश्वर। [4]वह जो हमें हमारे सभी क्लेशों में शाति देता है, ताकि
हम भी दूसरों को वही शाति दे सकें जिन पर कोई भी क्लेश
हो, उसी शाति के द्वारा जो हमें स्वयं ईश्वर से प्राप्त होती है।
[5]क्योंकि जैसे मशियाह के दुःख हमारे अन्दर बहुतायत से
होते हैं, वैसे ही हमारी शाति भी मशियाह के द्वारा बहुतायत से
होती है। [6]और यदि हम क्लेश पाते हैं, तो यह तुम्हारी शाति
और उद्धार के लिए है, जो उन्हीं दुःखों को सहने में प्रकट होती
है जिन्हें हम भी सहते हैं। यदि हम शाति पाते हैं, तो यह
तुम्हारी शाति और उद्धार के लिए है। [7]और तुम्हारे लिए
हमारी आशा अटल है, क्योंकि हम जानते हैं कि जैसे तुम
दुःखों में सहभागी हो, वैसे ही शाति में भी। [8]हे भाइयों, हम नहीं
चाहते कि तुम उस क्लेश से अनजान रहो जो एशिया में हम
पर आया, कि हम अत्यन्त दबाव में थे, अपनी सामर्थ्य से
बाहर, यहाँ तक कि हमें जीवन की भी आशा नहीं रही।
[9]सचमुच, हमारे अन्दर मृत्यु का निर्णय हो चुका था, ताकि
हम स्वयं पर नहीं बल्कि उस ईश्वर पर भरोसा करें जो मरे
हुओं को जिलाता है। [10]जिसने हमें इतनी बड़ी मृत्यु से
छुड़ाया, और छुड़ाता है, और जिस पर हमें भरोसा है कि वह
आगे भी छुड़ाएगा। [11]तुम भी हमारे लिए प्रार्थना में सहभागी
होकर सहायता करते हो, ताकि बहुतों के द्वारा धन्यवाद दिया
जाए उस अनुग्रह के लिए जो हमें बहुतों के द्वारा मिला।
[12]क्योंकि हमारा घमण्ड यह है: हमारी अंतरात्मा की गवाही
कि हमने संसार में, और विशेषकर तुम्हारे लिए, ईश्वर की
सरलता और सच्चाई में, न कि शारीरिक ज्ञान में, बल्कि
ईश्वर के अनुग्रह में जीवन व्यतीत किया। [13]क्योंकि हम तुम्हें
वही लिखते हैं जो तुम पढ़ते या समझते हो। और मैं आशा
करता हूँ कि तुम अंत तक समझोगे। [14]जैसे तुमने हमें
आंशिक रूप से समझा है, कि हम तुम्हारा घमण्ड हैं जैसे तुम
भी हमारे हो, उस दिन जब अd◌ोन ow५३z प्रकट होगा।
[15]और इसी भरोसे पर मैंने पहले तुम्हारे पास आने की योजना
बनाई, ताकि तुम दोहरी आशीष पाओ। [16]और मकेदोनिया
की ओर जाते समय तुम्हारे पास होकर जाना, और फिर
मकेदोनिया से लौटकर तुम्हारे पास आना, और तुमसे यहूदा
को भेजा जाना। [17]क्या जब मैंने यह योजना बनाई, तो हल्के
में की? या जो मैं योजना बनाता हूँ, क्या वह शरीर के अनुसार
होता है, कि हाँ-हाँ और नहीं-नहीं दोनों हों? [18]पर ईश्वर
विश्वासी है कि हमारा वचन तुम्हारे लिए हाँ और नहीं नहीं था।
[19]क्योंकि ३५३z का बा़, ow५३z ह'मशियाह, जो हमारे
द्वारा तुम्हारे बीच प्रचारित हुआ – मेरे, सिला और तिमोथियोस
के द्वारा – वह हाँ और नहीं नहीं था, बल्कि उसमें हाँ ही था।
[20]क्योंकि ईश्वर की जितनी प्रतिज्ञाएँ हैं, वे उसमें हाँ हैं, और
उसी में आमीन, हमारे द्वारा ईश्वर की महिमा के लिए। [21]पर
वह जो हमें तुम्हारे साथ मशियाह में स्थिर करता है और
जिसने हमें अभिषिक्त किया, वह ईश्वर है। [22]जिसने हमें
छाप दी है और हमारे हृदयों में आत्मा को एक प्रत्याभूति के
रूप में दिया है। [23]और मैं ईश्वर को अपनी आत्मा पर साक्षी
बुलाता हूँ, कि तुम्हें छोड़ने के लिए मैं कुरिन्थुस नहीं आया।
[24]इसलिए नहीं कि हम तुम्हारे विश्वास पर प्रभुता करें, बल्कि
हम तुम्हारे आनन्द के सहयोगी हैं, क्योंकि तुम विश्वास से
स्थिर हो।

2 [1]और मैंने अपने मन में यह निश्चय किया, कि फिर से
दुःख के साथ तुम्हारे पास न आऊँ। [2]क्योंकि यदि मैं
तुम्हें दुःखी करूँ, तो कौन है जो मुझे आनन्द देगा, सिवाय
उसी के जिसे मैंने दुःखी किया है? [3]और मैंने तुम्हें इसलिए
लिखा, ताकि जब मैं आऊँ, तो जिनसे मुझे आनन्द मिलना
चाहिए उनसे दुःख न पाऊँ, क्योंकि मुझे तुम सब पर भरोसा है
कि मेरा आनन्द तुम सबका भी है। [4]क्योंकि बहुत क्लेश और
हृदय के दुःख से मैंने तुम्हें बहुत आँसुओं के साथ लिखा,
इसलिए नहीं कि तुम दुःखी हो, बल्कि इसलिए कि तुम उस
प्रेम को जानो जो मेरे पास तुम्हारे लिए बहुतायत से है।
[5]परन्तु यदि किसी ने दुःखी किया है, तो उसने मुझे नहीं,
बल्कि कुछ हद तक तुम सभी को – ताकि मैं अधिक कठोर न
बनूँ। [6]ऐसे व्यक्ति के लिए बहुतों द्वारा दी गई यह दण्ड पर्याप्त
है। [7]इसलिए अब तुम्हें उलटा उसे क्षमा करना और दिलासा
देना चाहिए, कहीं ऐसा न हो कि वह अत्यधिक दुःख में निगल
लिया जाए। [8]इसलिए मैं तुम्हें विनती करता हूँ कि तुम उसके
प्रति अपने प्रेम की पुष्टि करो। [9]क्योंकि मैंने यह भी देखने के
लिए लिखा कि क्या तुम सब बातों में आज्ञाकारी हो। [10]और
जिसे तुम कुछ भी क्षमा करते हो, मैं भी करता हूँ। क्योंकि
यदि मैंने किसी को क्षमा किया है, तो तुम्हारे कारण, मशियाह
के सामने, उसी को क्षमा किया है। [11]ताकि शैतान हमें धोखा
न दे, क्योंकि हम उसकी युक्तियों से अनजान नहीं हैं।
[12]और जब मैं मशियाह के सुसमाचार के लिए त्रोआस आया,
और अd◌ोन ने मेरे लिए वहाँ एक द्वार खोला, [13]तो मेरी
आत्मा को विश्राम नहीं मिला, क्योंकि मैं अपने भाई तीतुस को
नहीं पाया। अतः उनसे विदा लेकर मैं मकेदोनिया गया।
[14]परन्तु ईश्वर का धन्यवाद, जो हमेशा हमें मशियाह में
विजयी बनाता है, और हमारे द्वारा हर स्थान में अपने ज्ञान की
सुगंध प्रकट करता है। [15]क्योंकि हम ३५३z के लिए उन
लोगों के बीच मशियाह की सुगंध हैं जो उद्धार पा रहे हैं और
जो नष्ट हो रहे हैं। [16]एक के लिए हम मृत्यु से मृत्यु की गंध
हैं, और दूसरे के लिए जीवन से जीवन की सुगंध। और कौन

इसके योग्य है? 17 क्योंकि हम बहुतों की तरह नहीं हैं, जो
𐤉𐤄𐤅𐤄 के वचन से व्यापार करते हैं – परन्तु हम ईमानदारी
से, ईश्वर की ओर से, ईश्वर के सामने, मशियाह में बोलते
हैं।

3 1 क्या हम फिर से अपने आप की सिफ़ारिश करना आरंभ
करें? या क्या हमें कुछ लोगों की तरह तुम्हारे पास या
तुमसे सिफ़ारिश के पत्रों की आवश्यकता है? 2 तुम हमारे पत्र
हो, हमारे हृदयों में लिखा हुआ, जिसे सभी मनुष्य जानते और
पढ़ते हैं। 3 यह स्पष्ट है कि तुम मशीh̲ का पत्र हो, हमारे द्वारा
सेवा किया गया, स्याही से नहीं बल्कि जीवित ईश्वर के रूह से
लिखा गया, पत्थर की तख्तियों पर नहीं बल्कि हृदय की
मांसल तख्तियों पर। 4 और ऐसा विश्वास हमें 𐤉𐤄𐤅𐤄 की
ओर से है, हा'मशीh̲ के द्वारा। 5 यह नहीं कि हम अपने आप
में किसी चीज़ को सोचने के लिए योग्य हैं, बल्कि हमारी
योग्यता ईश्वर से है। 6 जिसने हमें एक नवीन वाचा के सेवक
बनने के लिए योग्य बनाया, अक्षर का नहीं बल्कि रूह का,
क्योंकि अक्षर मारता है लेकिन रूह जीवन देता है। 7 परन्तु
यदि मृत्यु की सेवा, अक्षरों में पत्थर पर खुदी हुई, महिमा से
भरी हुई थी, जिससे कि यिस्राएल के बच्चे मूशेह के चेहरे को
स्थिरता से नहीं देख सकते थे उसके चेहरे की महिमा के
कारण, जो मिटने वाली थी— 8 तो रूह की सेवा और अधिक
महिमामयी क्यों न हो? 9 क्योंकि यदि दोष की सेवा में महिमा
थी, तो धर्म की सेवा उससे कहीं अधिक महिमा से भरपूर है।
10 क्योंकि जो महिमामयी था वह इस संदर्भ में महिमा रहित हो
गया, उस महिमा की तुलना में जो उत्कृष्ट है। 11 क्योंकि जो
मिटने वाला था यदि वह महिमामयी था, तो जो स्थायी है वह
और भी अधिक महिमामयी है। 12 इस प्रकार की आशा होने
के कारण हम बहुत साहस से बोलते हैं। 13 और मूशेह के
समान नहीं, जिसने अपने चेहरे पर परदा डाला ताकि
यिस्राएल के बच्चे उस अंत को स्थिरता से न देखें जो मिटने
वाला था। 14 परन्तु उनके मन कठोर हो गए, क्योंकि आज
तक जब पुरानी वाचा पढ़ी जाती है, वही परदा बना रहता है,
नहीं हटाया गया, क्योंकि मशीh̲ में वह हटा दिया गया है।
15 लेकिन आज तक जब मूशेह पढ़ा जाता है, तो उनके हृदय
पर परदा रहता है। 16 और जब कोई अd̲◌ोन की ओर
मुड़ता है, तो परदा हटा लिया जाता है। 17 अब 𐤉𐤄𐤅𐤄 ही
वह रूह है, और जहाँ 𐤉𐤄𐤅𐤄 का रूह है, वहाँ स्वतंत्रता है।
18 और हम सब, बिना परदे के चेहरे से 𐤉𐤄𐤅𐤄 की महिमा
को जैसे दर्पण में देखते हैं, उसी स्वरूप में महिमा से महिमा
की ओर बदलते जा रहे हैं, जैसे कि 𐤉𐤄𐤅𐤄, रूह के द्वारा।

4 1 इसलिए, जब हमें यह सेवा प्राप्त हुई है, जैसे हमें दया
मिली, हम साहस नहीं खोते। 2 परन्तु हमने लज्जा के
छिपे हुए कामों को त्याग दिया है, न चतुराई से चलते हैं और
न ही 𐤉𐤄𐤅𐤄 के वचन को कुटिल बनाते हैं, बल्कि सत्य के
प्रकट होने से हम अपने आप को हर मानव की अंतरात्मा में
ईश्वर की दृष्टि में सिफ़ारिश करते हैं। 3 और यदि हमारा
शुभ समाचार ढँका हुआ है, तो यह नाश होने वालों के लिए
ढँका हुआ है। 4 उनमें इस युग के शक्तिशाली ने अविश्वासियों
के मन को अंधा कर दिया है, ताकि मशीh̲ की महिमा के शुभ
समाचार का प्रकाश, जो ईश्वर का स्वरूप है, उन पर चमके
नहीं। 5 क्योंकि हम अपने आप को नहीं, बल्कि मशीh̲
𐤉𐤄𐤅𐤔𐤏 अd̲◌ोन को प्रचार करते हैं, और अपने आप को
𐤉𐤄𐤅𐤔𐤏 के कारण तुम्हारा सेवक। 6 क्योंकि ईश्वर, जिसने
कहा, "अंधकार में से ज्योति चमके," वही है जिसने हमारे
हृदयों में चमकाई है ताकि ईश्वर की महिमा की पहचान का
प्रकाश 𐤉𐤄𐤅𐤔𐤏 हा'मशीh̲ के चेहरे में हो। 7 और हमारे
पास यह खज़ाना मिट्टी के बर्तनों में है, ताकि सामर्थ्य की
श्रेष्ठता ईश्वर की हो, न कि हमारी। 8 हर ओर से दबाव में हैं,
पर कुचले नहीं जाते; उलझन में हैं, पर निराश नहीं होते।
9 पीछा किया जाता है, पर छोड़े नहीं जाते; गिराए जाते हैं, पर
नष्ट नहीं होते। 10 हम हमेशा अपने शरीर में अd̲◌ोन
𐤉𐤄𐤅𐤔𐤏 की मृत्यु को लिए फिरते हैं, ताकि 𐤉𐤄𐤅𐤔𐤏 का
जीवन भी हमारे शरीर में प्रकट हो। 11 क्योंकि हम जो जीवित
हैं, 𐤉𐤄𐤅𐤔𐤏 के कारण हमेशा मृत्यु के लिए सौंपे जाते हैं,
ताकि 𐤉𐤄𐤅𐤔𐤏 का जीवन हमारे नश्वर शरीर में प्रकट हो।
12 इस प्रकार मृत्यु हम में कार्य करती है, परन्तु जीवन तुम
में। 13 परन्तु विश्वास की वही रूह रखते हुए, जैसा लिखा है,
"मैंने विश्वास किया, इसलिए मैंने कहा," हम भी विश्वास
करते हैं और इसलिए बोलते हैं। 14 यह जानकर कि जिसने
अd̲◌ोन 𐤉𐤄𐤅𐤔𐤏 को उठाया, वह हमें भी 𐤉𐤄𐤅𐤔𐤏 के
द्वारा उठाएगा और तुम्हारे साथ प्रस्तुत करेगा। 15 यह सब
कुछ तुम्हारे लिए है, ताकि अनुग्रह अनेकों में फैलकर
धन्यवाद को बढ़ाए, जो Elohim की महिमा के लिए हो।
16 इसलिए हम साहस नहीं खोते, लेकिन यदि हमारा बाहरी
मनुष्य नष्ट हो रहा है, तो आंतरिक दिन-प्रतिदिन नया हो रहा
है। 17 क्योंकि यह क्षणिक हल्का कष्ट हमारे लिए एक
अत्यधिक और अनंत महिमा का भार उत्पन्न कर रहा है।
18 हम दृश्य चीज़ों को नहीं, बल्कि अदृश्य चीज़ों को देखते
हैं। क्योंकि जो दृश्य हैं वे अस्थायी हैं, परन्तु जो अदृश्य हैं वे
अनन्त हैं।

5 1 क्योंकि हम जानते हैं कि यदि हमारे सांसारिक घर की
झोपड़ी नष्ट हो जाए, तो हमारे पास ईश्वर की ओर से
एक भवन है, एक ऐसा घर जो हाथों से नहीं बनाया गया, जो
शाश्वत है शमायिम में। 2 क्योंकि वास्तव में हम इसमें कराहते
हैं, उस निवास को पहनने की लालसा रखते हैं जो शमायिम से
है। 3 ताकि जब हम उसे पहन लें, तो नग्न न पाए जाएं।
4 क्योंकि हम जो इस झोपड़ी में हैं, कराहते हैं, बोझ से दबे
हुए, इसलिए नहीं कि हम इसे उतारना चाहते हैं, बल्कि इसे
पहनना चाहते हैं, ताकि जो मरणशील है, वह ḥai द्वारा निगल
लिया जाए। 5 अब जिसने हमें इसी उद्देश्य के लिए तैयार
किया है वह ईश्वर है, जिसने हमें भविष्य की प्रतिज्ञा के रूप में
रूह दिया है। 6 इसलिए, हम सदैव हिम्मत रखते हैं, और यह
जानते हैं कि जब तक हम शरीर में घर में हैं, हम अd̲◌ोन से
दूर हैं— 7 क्योंकि हम विश्वास से चलते हैं, दृष्टि से नहीं—
8 हम हिम्मत रखते हैं, और यह अधिक पसंद करते हैं कि
शरीर से दूर होकर अd̲◌ोन के साथ हों। 9 इसलिए हम यह
उद्देश्य बनाते हैं कि हम चाहे घर पर हों या दूर, उसे प्रसन्न
करें। 10 क्योंकि हम सभी को मशीh̲ के न्यायासन के सामने
प्रकट होना है, ताकि हर एक अपने शरीर में किए गए कार्यों के

अनुसार पाए, चाहे वह अच्छा हो या बुरा। 11 इसलिए,
𐤉𐤄𐤅𐤄 का भय जानकर, हम मनुष्यों को समझाते हैं,
लेकिन हम ईश्वर के सामने प्रकट हैं, और मुझे तुम्हारी
अंतरात्मा में भी प्रकट होने का भरोसा है। 12 क्योंकि हम फिर
से अपने आप की सिफारिश नहीं करते, बल्कि तुम्हें हमारी
ओर से घमंड करने का अवसर देते हैं, ताकि तुम उन लोगों
का सामना कर सको जो रूप में घमंड करते हैं और हृदय में
नहीं। 13 क्योंकि यदि हम बहक गए हैं, तो वह ईश्वर के लिए
है, और यदि हम संयमित हैं, तो वह तुम्हारे लिए है। 14 क्योंकि
मशीḥ का प्रेम हमें बाध्य करता है, यह विचार करके: यदि एक
ने सबके लिए मरण पाया, तो सब मर गए; 15 और उसने
सबके लिए मरण पाया, ताकि जो जीवित हैं वे अब अपने लिए
न जीवें, बल्कि उसके लिए जो उनके लिए मरा और फिर जी
उठा। 16 इसलिए अब से हम किसी को शरीर के अनुसार
नहीं जानते। और यदि हमने मशीḥ को शरीर के अनुसार
जाना भी है, तो अब हम उसे ऐसे नहीं जानते। 17 इसलिए,
यदि कोई मशीḥ में है, तो वह एक नवीन सृष्टि है—पुराना बीत
गया, देखो, सब कुछ नया हो गया है! 18 और यह सब
𐤉𐤄𐤅𐤄 की ओर से है, जिसने 𐤉𐤄𐤅𐤔𐤏 हा'मशीḥ के द्वारा
हमें अपने साथ मेल मिलाप में लाया, और हमें मेल मिलाप की
सेवा दी। 19 अर्थात्, ईश्वर मशीḥ में था, संसार को अपने
साथ मेल मिलाप में लाता, उनके अपराधों को उनके ऊपर
नहीं गिनता, और हमारे लिए मेल मिलाप का वचन सौंपा।
20 इसलिए हम मशीḥ की ओर से प्रतिनिधि हैं, जैसे कि ईश्वर
हमारे माध्यम से विनती कर रहा हो। हम मशीḥ की ओर से
बिनती करते हैं: ईश्वर से मेल मिलाप करो। 21 क्योंकि उसने
उसे जो पाप नहीं जानता था, हमारे लिए पाप बना दिया, ताकि
हम उसमें ईश्वर की धार्मिकता बन जाएं।

6 1 और साथ मिलकर काम करते हुए, हम तुमसे भी
विनती करते हैं कि ईश्वर के अनुग्रह को व्यर्थ न होने दो
— 2 क्योंकि वह कहता है, "अनुकूल समय में मैंने तुझे सुना,
और उद्धार के दिन मैंने तुझ पर सहायता की।" देखो, अब
वह अनुकूल समय है, देखो, अब उद्धार का दिन है— 3 किसी
भी बात में ठोकर का कारण न बनने दें, ताकि सेवा पर दोष न
आए। 4 बल्कि हम हर बात में ईश्वर के सेवकों के रूप में
स्वयं को प्रकट करते हैं: बहुत सहनशीलता में, संकटों में,
कठिनाइयों में, क्लेशों में, 5 कोड़ों में, बंदीगृहों में, उपद्रवों में,
परिश्रम में, जागरणों में, उपवासों में, 6 पवित्रता में, ज्ञान में,
धैर्य में, दयालुता में, Ruaḥ ha'Qodesh में, निष्कपट प्रेम
में, 7 सत्य के वचन में, ईश्वर की शक्ति में, धार्मिकता के
हथियारों के द्वारा, दाएँ और बाएँ दोनों ओर। 8 प्रतिष्ठा और
अपमान से, बुरे समाचार और अच्छे समाचार से; जैसे
धोखेबाज़, फिर भी सत्यवान। 9 जैसे अज्ञात, फिर भी प्रसिद्ध;
जैसे मरते हुए, और देखो, हम जीवित हैं; जैसे ताड़ना पाए
हुए, फिर भी मारे नहीं गए। 10 जैसे उदास, फिर भी सदैव
आनन्दित; जैसे गरीब, फिर भी बहुतों को धनवान बनाते हुए;
जैसे कुछ नहीं रखते हुए, फिर भी सब कुछ के स्वामी। 11 हे
क़ोरिन्तियों, हमारा मुँह तुम्हारे लिए खुला है, हमारा हृदय
विस्तृत है। 12 तुम हमारे द्वारा प्रतिबंधित नहीं हो, बल्कि अपने
ही भावनाओं द्वारा प्रतिबंधित हो। 13 अब वैसे ही प्रतिदान में—
मैं बच्चों से बात करता हूँ—तुम भी अपने हृदयों को विस्तृत
करो। 14 अविश्वासियों के साथ असमान जुए में न जुड़ो।
क्योंकि धार्मिकता और अधर्म में क्या सहभागिता है? और
ज्योति का अंधकार से क्या मेल? 15 और मशीḥ का बेलियाल
से क्या मेल है? या किसी विश्वास करने वाले का अविश्वासी
से क्या भाग है? 16 और ईश्वर के मिश्कान का मूरतों से क्या
मेल है? क्योंकि तुम जीवित ईश्वर का मिश्कान हो, जैसे
𐤉𐤄𐤅𐤄 ने कहा, "मैं उनमें वास करूंगा और उनके बीच
चलूंगा, और मैं उनका ईश्वर बनूंगा, और वे मेरी प्रजा होंगे।"
17 इसलिए, "उनमें से बाहर निकलो और अलग हो जाओ,
𐤉𐤄𐤅𐤄 कहता है, और अशुद्ध को मत छुओ, और मैं तुम्हें
ग्रहण करूंगा। 18 और मैं तुम्हारा पिता होऊंगा, और तुम मेरे
पुत्र और पुत्रियां होगे, 𐤉𐤄𐤅𐤄 Ēl Shaddai कहते हैं।

7 1 तो अब, हे प्रियजनों, इन प्रतिज्ञाओं को पाकर, हम
अपने आप को शरीर और आत्मा की सारी अशुद्धियों से
शुद्ध करें, और ईश्वर के भय में क़दोषता को सिद्ध करें।
2 हमें अपने हृदयों में स्थान दो; हमने किसी का अपकार नहीं
किया, किसी को भ्रष्ट नहीं किया, किसी का लाभ नहीं
उठाया। 3 मैं यह दोषारोपण के लिए नहीं कहता, क्योंकि मैं
पहले ही कह चुका हूँ कि तुम हमारे हृदयों में हो—मरने और
जीने दोनों में साझी। 4 तुम्हारे प्रति मेरा कथन बड़ा साहसी है,
तुम्हारे विषय में मेरा घमंड बहुत है। मैं ढाढ़स से भर गया हूँ,
हमारे सभी क्लेशों में मेरी हर्ष की भरपूरता है। 5 क्योंकि जब
हम मकदूनिया में आए, तब हमारे शरीर को विश्राम नहीं मिला,
परंतु हम चारों ओर से क्लेश में थे—बाहर संघर्ष, भीतर भय।
6 परंतु वह ईश्वर जो नीचे गिरने वालों को ढाढ़स देता है,
उसने तीतोस के आगमन से हमें ढाढ़स दिया। 7 और केवल
उसके आगमन से ही नहीं, बल्कि उस ढाढ़स से भी जिससे
वह तुम्हारे विषय में ढाढ़स पाया, जब उसने तुम्हारी लालसा,
तुम्हारा शोक, और मेरे लिए तुम्हारा उत्साह हमें बताया, ताकि
मैं बहुत आनंदित हुआ। 8 क्योंकि यदि मैंने पत्र द्वारा तुम्हें
दुखी किया, तो मैं पछताता नहीं, यद्यपि मैं ने पहले पछताया।
क्योंकि मैं देखता हूँ कि उस पत्र ने तुम्हें दुखी किया, यदि
थोड़ी देर के लिए भी। 9 अब मैं आनंदित हूँ, इस कारण नहीं
कि तुम दुखी हुए, परंतु इसलिए कि तुम पश्चाताप के लिए
दुखी हुए। क्योंकि तुम ईश्वर की इच्छा के अनुसार दुखी हुए,
ताकि हमें तुम्हारे कारण कोई हानि न हो। 10 क्योंकि ईश्वर के
अनुसार दुखी होना उद्धार के लिए ऐसा पश्चाताप उत्पन्न
करता है जिसे कोई पछतावा नहीं, परंतु संसार का दुख मृत्यु
उत्पन्न करता है। 11 क्योंकि देखो, तुमने जो ईश्वर के
अनुसार दुखी हुए, उस ने तुम में कैसी लगन उत्पन्न की;
बल्कि अपने आप को निर्दोष ठहराने की इच्छा, बल्कि
अप्रसन्नता, बल्कि भय, बल्कि लालसा, बल्कि उत्साह, बल्कि
दंड! तुमने हर बात में यह सिद्ध किया कि तुम इस विषय में
निर्दोष हो। 12 इसलिए, यद्यपि मैंने तुम्हें लिखा, तो वह न तो
उस के लिए था जिसने गलत किया, और न उस के लिए
जिसने दुख पाया, परंतु यह दिखाने के लिए कि ईश्वर के
सामने तुम्हारे लिए हमारी चिंता कैसी है। 13 इसलिए हम
तुम्हारे ढाढ़स से ढाढ़स पाए। और हम तीतोस के आनन्द से
और भी अधिक आनंदित हुए, क्योंकि उसका आत्मा तुम सब
से ताजा हो गया। 14 क्योंकि यदि मैंने तुम्हारे विषय में उसे

कुछ घमंड किया, तो मैं लज्जित नहीं हुआ। परंतु जैसे हम ने तुम्हें सत्य कहा, वैसे ही तीतोस के सामने हमारा घमंड भी सत्य निकला। 15 और जब वह तुम सब की आज्ञाकारिता को याद करता है, कि तुमने उसे भय और कांपते हुए ग्रहण किया, तब वह तुम्हारे प्रति और अधिक स्नेही हो जाता है। 16 मैं इस बात से आनंदित हूँ कि हर बात में मैं तुम्हारे विषय में ढाढ़स पा रहा हूँ।

8 1 अब, भाइयों, हम तुम्हें उस अनुग्रह के विषय में बताते हैं जो ईश्वर ने मकदूनिया की क़हलोत में दिया है। 2 कि बहुत क्लेश की परीक्षा में, उनकी आनन्द की भरपूरता और उनकी गहन दरिद्रता उनकी उदारता के धन में उमड़ पड़ी। 3 क्योंकि मैं गवाही देता हूँ कि उन्होंने अपनी शक्ति के अनुसार, बल्कि शक्ति से परे, स्वेच्छा से दिया। 4 उन्होंने बहुत आग्रह के साथ हम से क़दोषिम की इस सेवा में भाग लेने के अनुग्रह के लिए विनती की। 5 और जैसा हम ने अपेक्षा नहीं की थी, उन्होंने पहले अd̲◌ोन को और फिर ईश्वर की इच्छा से हमें अपने आप को अर्पित किया। 6 इसलिए हम ने तीतोस को आग्रह किया कि जैसे उसने आरंभ किया था, वैसे ही वह तुम्हारे बीच इस प्रकार की दया को पूरा करे। 7 परंतु जैसा तुम हर बात में समृद्ध हो—विश्वास में, वचन में, ज्ञान में, हर प्रकार की लगन में, और हमारे प्रति तुम्हारे प्रेम में—वैसे ही इस दया में भी समृद्ध हो। 8 मैं आज्ञा देकर नहीं कहता, परंतु दूसरों की लगन के द्वारा तुम्हारे प्रेम की सच्चाई को परख रहा हूँ। 9 क्योंकि तुम हमारे अd̲◌ोन OW५३२ हा'मशीh̲ के अनुग्रह को जानते हो, कि यद्यपि वह धनी था, तो भी तुम्हारे कारण दरिद्र बन गया, ताकि तुम उसकी दरिद्रता से धनी बन सको। 10 और इसमें मैं सलाह देता हूँ: यह तुम्हारे लिए लाभकारी है, जो न केवल आरंभ किया था, बल्कि एक वर्ष पहले इच्छा भी की थी। 11 अब इस कार्य को पूरा भी करो, ताकि जैसे इच्छा थी, वैसे ही जो तुम्हारे पास है, उसमें से पूरा किया जाए। 12 क्योंकि यदि इच्छा तैयार है, तो जो किसी के पास है उसके अनुसार ग्रहण किया जाता है, न कि जो उसके पास नहीं। 13 यह नहीं कि दूसरों को सुविधा हो और तुम पर भार, 14 परंतु समानता के अनुसार, इस समय तुम्हारी अधिकता उनकी आवश्यकता के लिए, ताकि उनकी अधिकता तुम्हारी आवश्यकता के लिए हो—इस प्रकार समानता हो। 15 जैसा लिखा है, "जिसने अधिक इकट्ठा किया उसके पास अधिक नहीं था, और जिसने थोड़ा इकट्ठा किया उसके पास कम नहीं था।" 16 परंतु धन्यवाद हो ईश्वर का, जो तीतोस के मन में भी तुम्हारे लिए यही लगन डालता है। 17 क्योंकि उसने हमारी विनती को स्वीकार किया, और अधिक उत्साही होकर, अपनी इच्छा से तुम्हारे पास गया। 18 और हम ने उसके साथ उस भाई को भेजा जिसकी प्रशंसा शुभ समाचार में सभी क़हलोतों में है। 19 और न केवल यह, बल्कि वह क़हलोतों द्वारा इस दान में हमारे साथ यात्रा करने के लिए चुना गया, जो अd̲◌ोन की महिमा और तुम्हारे मन की तत्परता के लिए हमारे द्वारा सेवा किया जाता है। 20 इससे बचने के लिए कि कोई हम पर इस उदारता में दोष लगाए जो हमारे द्वारा सेवा की जा रही है। 21 क्योंकि हम न केवल ३५३२ के दृष्टिकोण में, बल्कि मनुष्यों की दृष्टि में भी उचित बातों का ध्यान रखते हैं। 22 और हम ने उनके साथ अपने उस भाई को भेजा है जिसे हमने कई बार बहुत प्रकार से उत्साही पाया है, लेकिन अब और भी उत्साही है, क्योंकि तुम्हारे प्रति हमारे भरोसे के कारण। 23 जहाँ तक तीतोस का संबंध है, वह मेरा भागीदार और तुम्हारे लिए सहकर्मी है; और हमारे भाई क़हलोतों के प्रतिनिधि हैं, मशीh̲ की महिमा। 24 इसलिए क़हलोतों के सामने, और हमारे विषय में तुम्हारे लिए हमारे घमंड के प्रमाणस्वरूप, उनके सामने अपने प्रेम को दिखाओ।

9 1 क़दोषिम की सेवा के विषय में, तुम्हें लिखने की कोई आवश्यकता नहीं। 2 क्योंकि मैं तुम्हारी तत्परता को जानता हूँ, जिसके विषय में मैं मकदूनियों के सामने तुम्हारा घमंड करता हूँ, कि अखैयाह एक वर्ष पहले से तैयार है। और तुम्हारा उत्साह बहुतों को प्रेरित करता है। 3 परंतु मैंने भाइयो को भेजा, कि कहीं ऐसा न हो कि इस भाग में हमारे तुम्हारे विषय में किए गए घमंड को व्यर्थ ठहराया जाए, ताकि जैसा मैंने कहा था, तुम तैयार रहो। 4 कहीं ऐसा न हो कि यदि कुछ मकदूनी मेरे साथ आएँ और तुम्हें तैयार न पाएं, तो—मैं नहीं, बल्कि तुम—अपने विश्वास के कारण लज्जित हो जाओ। 5 इसलिए मैंने भाइयों से आग्रह करना उचित समझा कि वे तुम्हारे पास पहले जाएं और तुम्हारी पहले से प्रतिज्ञा की गई बेराख़ा को तैयार करें, ताकि वह बेराख़ा के रूप में हो, न कि लोभ के रूप में। 6 और यह: जो थोड़ा बोता है वह थोड़ा काटेगा, और जो बेराख़ा के साथ बोता है वह बेराख़ा के साथ काटेगा। 7 हर एक जन जैसा अपने मन में निश्चय करे, वैसा ही *de*, न दुःख के साथ और न ज़बरदस्ती से, क्योंकि ईश्वर हर्ष से देने वाले से प्रेम करता है। 8 और ईश्वर समर्थ है कि तुम्हारे ऊपर सब अनुग्रह को प्रचुर कर दे, ताकि तुम हर बात में, हर समय, जो कुछ भी आवश्यक हो उसमें समृद्ध हो, और हर अच्छे कार्य में अधिकता रखो। 9 जैसा लिखा है, "उसने उदारतापूर्वक बाँटा, उसने गरीबों को दिया, उसकी धार्मिकता सदा बनी रहती है।" 10 और वह जो बीज बोने वाले को बीज देता है, और भोजन के लिए रोटी, वही तुम्हारे बोए हुए बीज को भी देगा और बढ़ाएगा, और तुम्हारी धार्मिकता के फल को बढ़ाएगा। 11 हर बात में समृद्ध बनाए जाकर, जिससे हर सरलता उत्पन्न हो जो हमारे द्वारा ईश्वर के लिए धन्यवाद लाती है। 12 क्योंकि इस सेवा की आपूर्ति न केवल क़दोषिम की आवश्यकताओं को पूरी करती है, बल्कि बहुत सी धन्यवादों के माध्यम से ईश्वर के लिए भरपूर होती है। 13 इस सेवा के प्रमाण के द्वारा, वे तुम्हारे मशीh̲ के शुभ समाचार की स्वीकृति और उन्हें तथा सब लोगों के साथ सहभागिता में तुम्हारी उदारता को देखकर ईश्वर की महिमा करते हैं। 14 और वे तुम्हारे लिए प्रार्थना में रहते हैं, जो तुम्हारे अंदर ईश्वर के अत्यधिक अनुग्रह के कारण तुम्हारे लिए लालायित रहते हैं। 15 ईश्वर का धन्यवाद हो उसकी उस अवर्णनीय भेंट के लिए!

10 1 मैं, शाऊल, मशीh̲ की नम्रता और कोमलता के द्वारा तुम से विनती करता हूँ—मैं जो तुम्हारे सामने नम्र हूँ, लेकिन जब दूर होता हूँ तब साहसी होता हूँ। 2 परंतु मैं प्रार्थना करता हूँ कि जब मैं उपस्थित होऊँ, तो मुझे साहसी न होना

पड़े उस साहस से जिसके साथ मैं उन पर साहसी होना
चाहता हूँ जो सोचते हैं कि हम शरीर के अनुसार चलते हैं।
3 क्योंकि यद्यपि हम शरीर में चलते हैं, पर हम शरीर के
अनुसार युद्ध नहीं करते। 4 क्योंकि हमारे युद्ध के हथियार
शरीर के नहीं, बल्कि ईश्वर में गढ़ों को ढाने के लिए सामर्थी
हैं। 5 तर्कों और हर ऊँची बात को जो ईश्वर की पहचान के
विरुद्ध उठती है, ढाते हैं, और हर एक विचार को बंदी बना लेते
हैं ताकि उसे हा'मशीḥ के अधीन कर दें। 6 और जब तुम्हारी
आज्ञाकारिता पूरी हो जाए, तब हर प्रकार की अवज्ञा को
दंडित करने के लिए तैयार हैं। 7 जो सामने है उसे देखो।
यदि कोई अपने आप में यह समझता है कि वह मशीḥ का है,
तो वह फिर से यह अपने आप में सोचे कि जैसे वह मशीḥ का
है, वैसे ही हम भी हैं। 8 क्योंकि यदि मैं हमारे अधिकार के
विषय में अधिक घमंड करूँ—जो अd̲ोन ने तुम्हारे निर्माण
के लिए, न कि तुम्हारे विनाश के लिए दिया है—तो मैं लज्जित
नहीं होऊँगा। 9 ऐसा न हो कि मैं तुम्हें पत्रों से डराने वाला
प्रतीत होऊँ। 10 क्योंकि वे कहते हैं, "उसके पत्र वास्तव में
भारी और शक्तिशाली हैं, परंतु उसका शारीरिक स्वरूप दुर्बल
है, और उसकी वाणी तुच्छ है।" 11 ऐसे व्यक्ति को यह
समझना चाहिए, कि जैसे हम पत्र में जब दूर होते हैं, वैसे ही
कार्य में जब उपस्थित होंगे। 12 क्योंकि हम स्वयं को गिनने या
उन से तुलना करने का साहस नहीं करते जो अपने आप की
सिफारिश करते हैं। परंतु वे जो अपने आप को अपने आप से
मापते हैं और अपने आप से तुलना करते हैं, वे बुद्धिमान नहीं
हैं। 13 परंतु हम माप से अधिक घमंड नहीं करेंगे, बल्कि उस
सीमा के अनुसार जो ईश्वर ने हमें माप के रूप में बाँटी है, यहाँ
तक कि तुम्हारे तक पहुँचने के लिए। 14 क्योंकि हम अपनी
सीमाओं से बाहर नहीं बढ़े, जैसे कि हम तुम्हारे तक नहीं पहुँचे,
क्योंकि हम मशीḥ के शुभ समाचार के साथ तुम्हारे तक
पहुँचे। 15 दूसरों के परिश्रम में माप से अधिक घमंड नहीं
करते, परंतु हमारी आशा है कि जैसे तुम्हारा विश्वास बढ़ेगा,
वैसे ही हम तुम्हारे बीच अपनी सीमा के अनुसार बहुत बढ़ाए
जाएंगे। 16 ताकि तुम्हारे पार के भागों में शुभ समाचार सुनाएं
—किसी और की सीमा में उन बातों में घमंड न करें जो पूरी
हो चुकी हैं। 17 परंतु "जो घमंड करता है, वह ३५३z में
घमंड करे।" 18 क्योंकि वह नहीं जो अपने आप की सिफारिश
करता है स्वीकृत होता है, बल्कि वह जिसे अd̲ोन सिफारिश
करता है।

11 1 काश! तुम मेरी थोड़ी मूर्खता को सह सकते। परंतु
वास्तव में, तुम मुझे सह ही रहे हो। 2 क्योंकि मैं तुम्हारे
लिए ईश्वर के अनुसार ईर्ष्या करता हूँ। क्योंकि मैंने तुम्हें एक
ही पति से विवाह में दिया है, ताकि तुम्हें मशीḥ के लिए एक
निष्कलंक कुँवारी के रूप में प्रस्तुत कर सकूँ। 3 परन्तु मुझे
डर है कि जैसे सर्प ने अपनी चालाकी से हव्वाह को धोखा
दिया था, वैसे ही तुम्हारे मन भी उस सरलता से भ्रष्ट न हो
जाएं जो Mashiaḥ में है। 4 क्योंकि यदि कोई आए और
किसी दूसरे ow५३z का प्रचार करे, जिसे हमने प्रचार नहीं
किया, या यदि तुम किसी और आत्मा को स्वीकार करो जिसे
तुमने नहीं पाया, या किसी और शुभ समाचार को जिसे तुमने
स्वीकार नहीं किया—तो तुम उसे अच्छी तरह सह लेते हो!
5 क्योंकि मैं समझता हूँ कि मैं सबसे प्रमुख प्रेरितों से भी कम
नहीं हूँ। 6 और यदि मैं वचन में अशिक्षित भी हूँ, पर ज्ञान में
नहीं। वास्तव में, हर बात में हम तुम्हारे बीच प्रकट हुए हैं।
7 या क्या मैंने पाप किया कि मैं ने स्वयं को दीन किया, ताकि
तुम्हें ऊँचा कर सकूँ, क्योंकि मैंने तुम्हें निःशुल्क ईश्वर का
शुभ समाचार सुनाया? 8 अन्य क़हलोतों से मैंने सहायता ली,
ताकि मैं तुम्हारी सेवा कर सकूँ—मानो उन्हें लूटा। 9 और जब
मैं तुम्हारे साथ था और मुझे आवश्यकता थी, तब मैंने किसी
पर बोझ नहीं डाला, क्योंकि मेरी कमी को मकदूनिया से आए
भाइयों ने पूरा किया। और मैं ने हर बात में अपने आप को
संभाला है और संभालूंगा, ताकि मैं तुम्हारे लिए बोझ न बनूं।
10 यह मशीḥ की सच्चाई मुझ में है, कि यह घमंड अखैयाह
के क्षेत्रों में मुझ से नहीं रोका जाएगा। 11 क्यों? क्या इसलिए
कि मैं तुमसे प्रेम नहीं करता? ईश्वर जानता है! 12 और मैं जो
कर रहा हूँ वही करता रहूँगा, ताकि मैं उन लोगों से अवसर
छीन लूं जो अवसर ढूंढते हैं, कि जिस बात में वे घमंड करते
हैं, उसमें वे वैसे ही पाए जाएं जैसे हम हैं। 13 क्योंकि ऐसे लोग
झूठे प्रेरित हैं, धोखेबाज़ काम करने वाले, जो मशीḥ के प्रेरितों
का रूप धारण करते हैं। 14 और इसमें कोई आश्चर्य नहीं!
क्योंकि शैतान भी प्रकाश के स्वर्गदूत का रूप धारण करता
है। 15 इसलिए यदि उसके सेवक भी धार्मिकता के सेवक रूप
में प्रकट हों, तो यह कोई बड़ी बात नहीं—उनका अंत उनके
कर्मों के अनुसार होगा। 16 फिर मैं कहता हूँ, कोई मुझे मूर्ख
न समझे। परंतु यदि ऐसा हो, तो मुझे एक मूर्ख की तरह
स्वीकार करो, ताकि मैं भी थोड़ी घमंड कर सकूं। 17 जो मैं
बोलता हूँ वह अd̲ोन के अनुसार नहीं, बल्कि मूर्खता में, इस
घमंड के आत्मविश्वास में बोलता हूँ। 18 क्योंकि बहुत लोग
शरीर के अनुसार घमंड करते हैं, मैं भी घमंड करूँगा।
19 क्योंकि तुम, जो बुद्धिमान हो, मूर्खों को सहन करते हो।
20 क्योंकि तुम उसे भी सहन करते हो यदि कोई तुम्हें दास
बनाता है, यदि कोई तुम्हें खा जाता है, यदि कोई तुमसे लेता
है, यदि कोई स्वयं को ऊँचा करता है, यदि कोई तुम्हारे चेहरे
पर तमाचा मारता है। 21 लज्जा की बात कहता हूँ, हम इसमें
निर्बल थे! परंतु जिसमें कोई साहसी हो—मैं मूर्खता में कह
रहा हूँ—मैं भी साहसी हूँ। 22 क्या वे इब्री हैं? मैं भी हूँ। क्या वे
यिस्राएली हैं? मैं भी हूँ। क्या वे अब्राहम का वंश हैं? मैं भी हूँ।
23 क्या वे मशीḥ के सेवक हैं?—मैं पागल की तरह कहता हूँ
—मैं उससे भी बढ़कर हूँ; परिश्रमों में अधिक, कोड़ों में
अत्यधिक, कैद में बार-बार, बार-बार मृत्यु के निकट।
24 पाँच बार मैंने यहूदी लोगों से चालीस कोड़े कम एक पाए।
25 तीन बार लाठियों से मारा गया, एक बार पत्थरवाह हुआ,
तीन बार जहाज़ के टूटने में पड़ा, एक रात और एक दिन
गहराई में बिताया। 26 अनेक यात्राओं में, नदियों के खतरों
में, डाकुओं के खतरों में, अपने लोगों से खतरों में,
अन्यजातियों से खतरों में, नगर में खतरों में, जंगल में
खतरों में, समुद्र में खतरों में, झूठे भाइयों के बीच खतरों में।
27 परिश्रम और कठिनाई में, बार-बार जागते रहने में, भूख
और प्यास में, उपवास में, ठंड और नग्नता में। 28 इनके
अलावा बाहर से आने वाली बातों में, जो प्रतिदिन मुझ पर
आती है: सभी क़हलोतों की चिंता। 29 कौन निर्बल है, और मैं
निर्बल नहीं हूँ? कौन ठोकर खाता है, और मैं जलता नहीं हूँ?
30 यदि मुझे घमंड करना है, तो मैं अपनी निर्बलताओं की बातों

पर घमंड करूँगा। 31 हमारे अḏ◌ोन OW५१३z हा'मशीḥ
के ईश्वर और पिता, जो सदैव बरूक है, जानता है कि मैं झूठ
नहीं बोलता। 32 दमेसक में शासक, अरेतास राजा के
अधीन, दमस्कियों के नगर की रखवाली कर रहा था ताकि
मुझे पकड़ सके। 33 परंतु एक खिड़की से दीवार में एक
टोकरा द्वारा मुझे नीचे उतारा गया, और मैं उसके हाथों से बच
गया।

12 1 घमंड करना वास्तव में मेरे लिए लाभकारी नहीं है,
फिर भी मैं ३५१३z की दृष्टान्तों और प्रकाशनों की
ओर आऊँगा। 2 मैं मशीḥ में एक मनुष्य को जानता हूँ, चौदह
वर्ष पहले—शरीर में था या शरीर के बाहर, मैं नहीं जानता,
ईश्वर जानता है—ऐसा व्यक्ति तीसरे शमायिम तक उठा
लिया गया। 3 और मैं ऐसे मनुष्य को जानता हूँ—शरीर में था
या शरीर के बाहर, मैं नहीं जानता, ईश्वर जानता है— 4 कि
वह परदेस तक उठा लिया गया और उसने अवर्णनीय वचन
सुने, जिन्हें मनुष्य को बोलना उचित नहीं। 5 ऐसे व्यक्ति के
विषय में मैं घमंड करूंगा, परंतु अपने विषय में नहीं, केवल
अपनी निर्बलताओं में। 6 यदि मैं घमंड करना चाहूं तो मूर्ख न
बनूंगा, क्योंकि मैं सत्य कहूंगा। परंतु मैं रुकता हूँ, ताकि कोई
मुझे उससे अधिक न माने जो वह मुझमें देखता या मुझसे
सुनता है। 7 और प्रकाशनों की अधिकता के कारण मैं ऊँचा
न उठूं, इसलिए मुझे शरीर में एक काँटा दिया गया, शैतान का
एक दूत, जो मुझे तंग करे, ताकि मैं ऊँचा न बनूं। 8 इसके
विषय में मैंने अḏ◌ोन से तीन बार विनती की कि यह मुझसे
दूर हो जाए। 9 और उसने मुझसे कहा, "मेरा अनुग्रह तेरे
लिए पर्याप्त है, क्योंकि मेरी शक्ति निर्बलता में सिद्ध होती है।"
इस कारण मैं अपनी निर्बलताओं में अधिक आनंद से घमंड
करूंगा, ताकि मशीḥ की शक्ति मुझ पर रहे। 10 इसलिए मैं
मशीḥ के कारण निर्बलताओं, अपमानों, आवश्यकताओं,
उपद्रवों, संकटों में प्रसन्न हूँ। क्योंकि जब मैं निर्बल होता हूँ,
तभी बलवान होता हूँ। 11 मैं मूर्ख बन गया—तुम ने मुझे बाध्य
किया। क्योंकि मुझे तुम्हारे द्वारा सराहा जाना चाहिए था,
क्योंकि मैं किसी भी बात में प्रमुख प्रेरितों से कम नहीं हूँ, यद्यपि
मैं कुछ नहीं हूँ। 12 प्रेरित के चिन्ह वास्तव में तुम्हारे बीच
सहनशीलता के साथ, चिन्हों, अद्भुत कार्यों और सामर्थों के
द्वारा प्रकट किए गए। 13 क्योंकि किस बात में तुम अन्य
क़हलोतों से कम थे, सिवाय इसके कि मैंने तुम्हारे ऊपर बोझ
नहीं डाला? मुझे इस अन्याय के लिए क्षमा करो! 14 देखो, मैं
तीसरी बार तुम्हारे पास आने को तैयार हूँ, और मैं तुम्हारे
ऊपर बोझ नहीं डालूंगा, क्योंकि मैं तुम्हारी नहीं, परंतु तुम्हें
चाहता हूँ। क्योंकि बच्चों को माता-पिता के लिए संचित नहीं
करना चाहिए, बल्कि माता-पिता को बच्चों के लिए। 15 और
मैं खुशी से तुम्हारे लिए सब कुछ खर्च करूंगा और स्वयं को
भी व्यय कर दूँगा। यदि मैं तुमसे अधिक प्रेम करूं, तो क्या मैं
कम प्रेम पाया जाऊं? 16 परंतु हो सकता है कि मैंने तुम्हें बोझ
न डाला, लेकिन चतुरता से, क्या मैंने छल से तुम्हें पकड़
लिया? 17 क्या मैंने उन में से किसी के द्वारा तुम्हारा लाभ
उठाया, जिन्हें मैंने तुम्हारे पास भेजा? 18 मैंने तीतोस से आग्रह
किया, और एक भाई को उसके साथ भेजा। क्या तीतोस ने
तुम्हारा लाभ उठाया? क्या हम ने उसी आत्मा में नहीं चला—
क्या हम ने उसी पदचिन्हों में नहीं चला? 19 क्या तुम फिर
सोचते हो कि हम तुम्हारे सामने अपना बचाव कर रहे हैं? हम
मशीḥ में ईश्वर के सामने बोलते हैं, परंतु हे प्रियजन, यह सब
तुम्हारी उन्नति के लिए है। 20 क्योंकि मुझे भय है कि जब मैं
आऊँ, तो तुम्हें वैसा न पाऊं जैसा मैं चाहता हूँ, और मैं भी
तुम्हारे लिए वैसा पाया जाऊं जैसा तुम नहीं चाहते—कहीं
झगड़े, ईर्ष्याएँ, क्रोध, स्वार्थ, निंदा, कानाफूसी, घमंड,
अशांति न हों। 21 और जब मैं फिर आऊं, तो कहीं ऐसा न हो
कि मेरा ईश्वर मुझे तुम्हारे बीच दीन करे, और मैं उन बहुतों
के लिए शोक करूं जिन्होंने पहले पाप किया और अपनी
अशुद्धता, व्यभिचार और दुष्टता से जो उन्होंने की, पश्चाताप
नहीं किया।

13 1 यह तीसरी बार है जब मैं तुम्हारे पास आ रहा हूँ।
"हर एक बात दो या तीन गवाहों के मुँह से स्थिर की
जाएगी।" 2 मैंने पहले कहा, और अब दूसरी बार उपस्थित
होकर कह रहा हूँ, और अब जब अनुपस्थित हूँ, मैं उन्हें और
सब को जो पहले पाप कर चुके हैं लिखता हूँ कि यदि मैं फिर
आऊँ तो मैं क्षमा नहीं करूंगा। 3 क्योंकि तुम उस प्रमाण की
खोज कर रहे हो कि मशीḥ मुझ में बोलता है, जो तुम्हारे लिए
निर्बल नहीं, परंतु तुम्हारे अंदर सामर्थी है। 4 क्योंकि यद्यपि
वह निर्बलता में स्तंभित किया गया, तो भी वह ईश्वर की शक्ति
से जीवित है। क्योंकि हम भी उसमें निर्बल हैं, परंतु तुम्हारे प्रति
ईश्वर की शक्ति से उसके साथ जीवित रहेंगे। 5 अपने आप
को जांचो कि क्या तुम विश्वास में हो—अपने आप को
परखो। क्या तुम अपने आप को नहीं जानते कि OW५१३z
हा'मशीḥ तुम में है? यदि तुम खारिज नहीं किए गए हो।
6 और मुझे आशा है कि तुम जानोगे कि हम खारिज नहीं किए
गए। 7 और हम ईश्वर से प्रार्थना करते हैं कि तुम कोई भी
बुराई न करो—न कि हम स्वीकृत प्रतीत हों, परंतु कि तुम जो
सही है वह करो, चाहे हम खारिज प्रतीत हों। 8 क्योंकि हम
सत्य के विरुद्ध कुछ भी नहीं कर सकते, परंतु सत्य के लिए।
9 क्योंकि जब हम निर्बल होते हैं और तुम सामर्थी होते हो तब
हम आनंदित होते हैं। और हम यह भी प्रार्थना करते हैं:
तुम्हारी सिद्धता के लिए। 10 इसलिए मैं अनुपस्थित रहते हुए
यह लिखता हूँ, ताकि जब उपस्थित होऊँ तो मुझे कठोरता न
दिखानी पड़े, उस अधिकार के अनुसार जो अḏ◌ोन ने मुझे
तुम्हारे निर्माण के लिए, न कि तुम्हारे विनाश के लिए दिया है।
11 बाकी रही बात, भाइयों, आनन्दित हो; सिद्ध बनो; ढाढ़स
पाओ; एक मन हो; शांति से रहो। और प्रेम और शांति का
ईश्वर तुम्हारे साथ रहेगा। 12 एक दूसरे को क़दोष चुम्बन से
नमस्कार करो। 13 सभी क़दोषिम तुम्हें नमस्कार करते हैं।
14 हमारे प्रभु OW५१३z ह'मशियाह का अनुग्रह, और
३५१३z का प्रेम, और आत्मा ह'क़ोदेश की सहभागिता तुम
सबके साथ हो। आमीन।

रोमियों

हिंदी संस्करण

रोमियों

1 1शाऊल, OWY३Z ह'मसीह का दास, बुलाया गया
दूत, ईश्वर के शुभ संदेश के लिए अलग किया गया।
2जिसे उसने पहले अपने नबियों के द्वारा पवित्र शास्त्रों में
प्रतिज्ञा की थी। 3अपने पुत्र के विषय में, जो शरीर के
अनुसार दाऊद की संतान से उत्पन्न हुआ। 4जो सामर्थ के
साथ ३Y३Z का पुत्र ठहराया गया, पवित्र आत्मा के
अनुसार, मरे हुओं में से पुनरुत्थान द्वारा: OWY३Z
ह'मसीह, हमारा प्रभु। 5जिसके द्वारा हमें अनुग्रह और
प्रेरिताई का कार्य मिला है, ताकि सब जातियों में उसके नाम के
कारण विश्वास और आज्ञाकारिता उत्पन्न हो। 6और उनमें
तुम भी हो, जिन्हें OWY३Z ह'मसीह ने बुलाया है। 7रोम में
सब लोगों के नाम, जो ईश्वर के प्रिय और पवित्र बुलाए गए हैं:
तुम पर अनुग्रह और शांति हो हमारे पिता ३Y३Z और प्रभु
OWY३Z ह'मसीह की ओर से। 8पहले, मैं अपने ईश्वर का
धन्यवाद करता हूँ OWY३Z ह'मसीह के द्वारा, कि तुम्हारा
विश्वास सारे संसार में प्रसिद्ध है। 9क्योंकि ३Y३Z मेरा
साक्षी है, जिसकी सेवा मैं अपने आत्मा से उसके पुत्र के शुभ
संदेश में करता हूँ, कि मैं निरंतर तुम्हारा स्मरण करता हूँ।
10हमेशा अपनी प्रार्थनाओं में निवेदन करता हूँ कि यदि ईश्वर
की इच्छा से संभव हो, तो मैं तुम्हारे पास आ सकूँ। 11क्योंकि
मैं तुम्हें देखने की लालसा रखता हूँ, ताकि मैं तुम्हें कोई
आत्मिक वरदान दूँ जिससे तुम स्थिर हो जाओ। 12अर्थात्
हम एक-दूसरे के विश्वास से एक साथ उत्साहित हों —
तुम्हारे और मेरे विश्वास से। 13हे भाइयों, मैं चाहता हूँ कि तुम
यह न जानो कि मैं बार-बार तुम्हारे पास आने का विचार
करता रहा, पर अब तक रोका गया हूँ, ताकि तुम्हारे बीच भी
कुछ फल प्राप्त करूँ, जैसा और अन्य जातियों में हुआ।
14मैं यूनानियों और अन्य विदेशियों, बुद्धिमानों और मूर्खों —
सबका देनदार हूँ। 15इसी कारण मैं रोम में रहनेवालों को भी
शुभ संदेश सुनाने को तैयार हूँ। 16क्योंकि मैं ह'मसीह के शुभ
संदेश से नहीं लजाता, क्योंकि यह ईश्वर की सामर्थ है, जो हर
विश्वास करनेवाले के उद्धार के लिए है — पहले यहूदी के
लिए और फिर यूनानी के लिए। 17क्योंकि उसमें ईश्वर की
धार्मिकता विश्वास से विश्वास तक प्रकट होती है, जैसा लिखा
है, "धर्मी विश्वास से जीवित रहेगा।" 18क्योंकि ईश्वर का
क्रोध स्वर्ग से मनुष्यों की सब अधर्मता और अन्याय पर
प्रकट होता है, जो अन्याय में सत्य को दबाते हैं। 19क्योंकि
जो ईश्वर के विषय में जाना जा सकता है, वह उनके बीच
प्रकट है; ईश्वर ने उन्हें यह दिखाया है। 20क्योंकि सृष्टि के
आरंभ से ही उसकी अदृश्य बातें — उसकी अनंत सामर्थ
और ईश्वरीयता — उसके बनाए हुए कार्यों से स्पष्ट दिखाई
देती हैं, ताकि लोग निरुत्तर रहें। 21क्योंकि यद्यपि वे ईश्वर
को जानते थे, उन्होंने उसे ईश्वर के रूप में आदर नहीं दिया,
न ही धन्यवाद किया, परन्तु अपने विचारों में व्यर्थ हो गए,
और उनका अविवेकी हृदय अंधकारमय हो गया। 22वे अपने
आप को बुद्धिमान कहते हुए मूर्ख बन गए। 23और अविनाशी
ईश्वर की महिमा को नाशवान मनुष्य, पक्षियों, चौपायों और
रेंगनेवाले जन्तुओं के समान मूर्ति के रूप में बदल दिया।
24इसलिए ईश्वर ने उन्हें उनके हृदय की वासनाओं में
अशुद्धता के लिए छोड़ दिया, ताकि वे अपने शरीरों को आपस
में अपवित्र करें। 25उन्होंने ईश्वर के सत्य को झूठ में बदल
दिया, और सृजनहार के स्थान पर सृजित वस्तुओं की
उपासना और सेवा की; जो सदा के लिए धन्य है। आमीन।
26इसी कारण ईश्वर ने उन्हें नीच भावनाओं के अधीन छोड़
दिया; क्योंकि उनकी स्त्रियों ने स्वाभाविक सम्बन्ध को प्रकृति
के विरुद्ध सम्बन्ध से बदल दिया। 27और वैसे ही पुरुषों ने भी
स्त्रियों के साथ स्वाभाविक सम्बन्ध को छोड़कर एक-दूसरे के
प्रति वासना में जलने लगे, पुरुष पुरुषों के साथ लज्जाजनक
काम करते हुए अपने भ्रम का उचित प्रतिफल अपने ही में
पाया। 28और जब उन्होंने ईश्वर के ज्ञान को रखना उचित
नहीं समझा, तो ईश्वर ने उन्हें निकृष्ट मन के अधीन छोड़
दिया, ताकि वे अनुचित कार्य करें। 29वे सब अधर्म,
व्यभिचार, दुष्टता, लोभ, बुराई से भरे हुए हैं; डाह, हत्या,
झगड़े, छल, दुष्ट चालों से भरे हुए; कानाफूसी करनेवाले।
30निंदा करनेवाले, ईश्वर से घृणा करनेवाले, घमण्डी,
अभिमानी, डींग मारनेवाले, बुराई के आविष्कारक, माता-पिता
की आज्ञा न माननेवाले। 31अविवेकी, वाचा-भंग करनेवाले,
प्रेमहीन, क्षमाशून्य, निर्दयी। 32जो जानते हैं कि ईश्वर का
न्याय यह है कि ऐसे काम करनेवाले मृत्यु के योग्य हैं, फिर भी
वे न केवल ऐसा करते हैं, बल्कि ऐसे करनेवालों की सम्मति भी
देते हैं।

2 1इसलिए, हे मनुष्य, तू किसी प्रकार से निर्दोष नहीं है, जो
भी न्याय करता है; क्योंकि जिस बात में तू दूसरे का
न्याय करता है, उसी में तू अपने आप को दोषी ठहराता है,
क्योंकि तू जो न्याय करता है, वही बातें करता है। 2और हम
जानते हैं कि ईश्वर का न्याय उन पर सत्य के अनुसार है जो
ऐसे काम करते हैं। 3हे मनुष्य, क्या तू यह सोचता है कि तू
जो दूसरों का न्याय करता है जो ऐसे काम करते हैं, और
स्वयं भी वही करता है, तो तू ईश्वर के न्याय से बच जाएगा?
4या क्या तू उसकी कृपा, सहनशीलता और धैर्य के धन को
तुच्छ जानता है, यह न समझते हुए कि ईश्वर की कृपा तुझे
मन-परिवर्तन की ओर ले जाती है? 5परन्तु तेरे कठोर और
अप्रायश्चित करनेवाले हृदय के अनुसार, तू अपने लिए उस
दिन के क्रोध और ईश्वर के धर्मी न्याय के प्रगटीकरण के
लिए क्रोध का संचय करता है। 6जो प्रत्येक व्यक्ति को
उसके कर्मों के अनुसार प्रतिफल देगा। 7जो अच्छे कार्यों में
स्थिर रहकर महिमा, आदर और अमरता की खोज करते हैं,
उन्हें अनन्त जीवन। 8परन्तु जो स्वार्थी हैं और सत्य के

आज्ञाकारी नहीं, परन्तु अधर्म के आज्ञाकारी हैं, उन पर क्रोध
और रोष। 9हर उस मनुष्य पर क्लेश और संकट होगा जो
बुराई करता है — पहले यहूदी पर और फिर यूनानी पर।
10परन्तु हर उस पर महिमा, आदर और शान्ति होगी जो
भलाई करता है — पहले यहूदी पर और फिर यूनानी पर।
11क्योंकि ईश्वर के यहाँ किसी प्रकार का पक्षपात नहीं है।
12क्योंकि जितने बिना तोराह के पाप करते हैं, वे बिना तोराह
के नाश होंगे; और जितने तोराह में पाप करते हैं, वे तोराह के
अनुसार न्याय पाएँगे। 13क्योंकि ईश्वर के सामने तोराह के
सुननेवाले धर्मी नहीं हैं, परन्तु तोराह के करनेवाले धर्मी
ठहराए जाएँगे। 14क्योंकि जब अन्यजाति, जिनके पास
तोराह नहीं है, स्वभावतः वही करती हैं जो तोराह में है, तो वे,
यद्यपि उनके पास तोराह नहीं है, अपने लिए स्वयं तोराह हैं।
15वे यह दिखाती हैं कि तोराह का कार्य उनके हृदयों पर
लिखा है; उनका विवेक भी गवाही देता है, और उनके विचार
आपस में कभी दोषी ठहराते हैं और कभी बचाते हैं। 16उस
दिन जब 𐤉𐤄𐤅𐤄 मनुष्यों के रहस्यों का न्याय करेगा
𐤉𐤄𐤅𐤔𐤏 ह'मसीह के द्वारा, मेरे शुभ संदेश के अनुसार।
17देख, तू जो यहूदी कहलाता है, और तोराह पर भरोसा
करता है, और ईश्वर में घमण्ड करता है। 18और उसकी
इच्छा जानता है, और उत्तम बातों को मान्यता देता है, क्योंकि
तू तोराह से शिक्षा पाया है। 19और तू आश्वस्त है कि तू अंधों
का मार्गदर्शक है, और अन्धकार में रहनेवालों के लिए
प्रकाश। 20मूर्खों का शिक्षक, बच्चों का गुरु, क्योंकि तेरे पास
ज्ञान और सत्य का रूप तोराह में है। 21तो तू जो दूसरों को
सिखाता है, क्या अपने आप को नहीं सिखाता? तू जो कहता है
कि चोरी न कर, क्या तू चोरी करता है? 22तू जो कहता है,
"व्यभिचार न कर," क्या तू व्यभिचार करता है? तू जो मूर्तियों
से घृणा करता है, क्या तू मन्दिरों की लूट करता है? 23तू जो
तोराह में घमण्ड करता है, तोराह का उल्लंघन करके क्या तू
ईश्वर का अपमान करता है? 24क्योंकि जैसा लिखा है,
"𐤉𐤄𐤅𐤄 का नाम अन्यजातियों में तेरे कारण निन्दित होता
है।" 25क्योंकि खतना तो तब ही लाभदायक है जब तू तोराह
का पालन करता है; परन्तु यदि तू तोराह का उल्लंघन करता
है, तो तेरा खतना खतनारहित बन गया। 26तो यदि कोई
खतनारहित व्यक्ति तोराह की धार्मिकताओं को मानता है, तो
क्या उसकी खतनारहित अवस्था खतना नहीं मानी जाएगी?
27और वह जो स्वभावतः खतनारहित है, और तोराह को पूरा
करता है, वह तेरा न्याय करेगा, तू जो लिखित तोराह और
खतना रखते हुए भी तोराह का उल्लंघन करता है। 28क्योंकि
वह यहूदी नहीं जो बाहर से है, न वह खतना जो शरीर में बाहर
से होता है। 29परन्तु वह यहूदी है जो भीतर से है; और
खतना हृदय का है, आत्मा में, न कि अक्षर में; और उसका
प्रशंसा मनुष्यों से नहीं, परन्तु ईश्वर से है।

3 1तो फिर यहूदी का क्या लाभ है, या खतना का क्या मूल्य
है? 2हर प्रकार से बहुत! क्योंकि सबसे पहले तो यह कि
उन्हें 𐤉𐤄𐤅𐤄 के वचन सौंपे गए। 3तो क्या हुआ यदि कुछ ने
विश्वास नहीं किया? क्या उनका अविश्वास ईश्वर की सच्चाई
को निष्फल कर देगा? 4कदापि नहीं! परन्तु ईश्वर सच्चा
ठहरे, और हर मनुष्य झूठा; जैसा लिखा है, "कि तू अपने
वचनों में धर्मी ठहराया जाए, और जब तू न्याय करे तो जय
पाए।" 5पर यदि हमारी अधर्मता ईश्वर की धार्मिकता को
प्रकट करती है, तो हम क्या कहें? क्या ईश्वर जो क्रोध लाता
है अधर्मी है? मैं मनुष्य की रीति से कहता हूँ। 6कदापि नहीं!
नहीं तो ईश्वर संसार का न्याय कैसे करेगा? 7क्योंकि यदि
ईश्वर की सच्चाई मेरे झूठ के द्वारा उसकी महिमा के लिए
अधिक प्रकट हुई, तो फिर मुझे अब भी पापी के रूप में क्यों
ठहराया जाता है? 8और क्यों न कहें, "आओ, हम बुराई करें
ताकि भलाई उत्पन्न हो," जैसा हमारे विरुद्ध झूठा आरोप
लगाया जाता है, और जैसा कुछ कहते हैं कि हम ऐसा कहते
हैं; उनका न्याय उचित है। 9तो क्या हुआ? क्या हम श्रेष्ठ हैं?
कदापि नहीं, क्योंकि हम पहले ही यहूदियों और यूनानियों दोनों
पर दोष लगाया है कि वे सब पाप के अधीन हैं। 10जैसा
लिखा है, "कोई धर्मी नहीं है, नहीं, एक भी नहीं।" 11"कोई
समझनेवाला नहीं, कोई ईश्वर को खोजनेवाला नहीं।" 12"वे
सब भटक गए, सब मिलकर निकम्मे बन गए; कोई भला
करनेवाला नहीं, नहीं, एक भी नहीं।" 13"उनका गला खुली
कब्र है; अपनी जीभ से उन्होंने छल किया; उनके होंठों के नीचे
सर्प का विष है।" 14"उनका मुँह शाप और कटुता से भरा
हुआ है।" 15"उनके पाँव लहू बहाने में शीघ्र हैं।" 16"उनके
मार्गों में विनाश और दुख है।" 17"और उन्होंने शान्ति का
मार्ग नहीं जाना।" 18"उनकी आँखों के सामने ईश्वर का भय
नहीं है।" 19और हम जानते हैं कि जो कुछ तोराह कहती है,
वह उन से कहती है जो तोराह के अधीन हैं, ताकि हर मुँह
बन्द हो जाए और सारा संसार ईश्वर के सामने दोषी ठहरे।
20इसलिए तोराह के कामों से कोई भी प्राणी उसके सामने
धर्मी नहीं ठहराया जाएगा, क्योंकि तोराह से पाप का ज्ञान होता
है। 21पर अब, तोराह से अलग, ईश्वर की एक धार्मिकता
प्रकट हुई है, जिस की गवाही तोराह और नबियों ने दी है।
22और ईश्वर की वह धार्मिकता 𐤉𐤄𐤅𐤔𐤏 ह'मसीह में
विश्वास के द्वारा सब पर और सबके लिए है जो विश्वास करते
हैं; क्योंकि कोई भेद नहीं। 23क्योंकि सबने पाप किया और
ईश्वर की महिमा से रहित हैं। 24और वे उसके अनुग्रह से
बिना मूल्य धर्मी ठहराए जाते हैं, उस छुटकारे के द्वारा जो
𐤉𐤄𐤅𐤔𐤏 ह'मसीह में है। 25जिसे ईश्वर ने उसके लहू में
विश्वास के द्वारा प्रायश्चित्त के रूप में ठहराया, अपनी
धार्मिकता दिखाने के लिए; क्योंकि ईश्वर ने अपनी
सहनशीलता में पहले हुए पापों को अनदेखा किया था।
26ताकि इस समय अपनी धार्मिकता दिखाए, कि वह स्वयं
धर्मी है, और उसे धर्मी ठहराए जो 𐤉𐤄𐤅𐤔𐤏 पर विश्वास
रखता है। 27तो फिर घमण्ड कहाँ रहा? वह दूर हो गया।
किस तोराह के द्वारा? क्या कर्मों की तोराह से? नहीं, परन्तु
विश्वास की तोराह से। 28क्योंकि हम यह निष्कर्ष निकालते हैं
कि मनुष्य तोराह के कर्मों से अलग विश्वास के द्वारा धर्मी
ठहराया जाता है। 29क्या ईश्वर केवल यहूदियों का ही ईश्वर
है, और अन्यजातियों का नहीं? हाँ, अन्यजातियों का भी।
30क्योंकि एक ही ईश्वर है, जो खतनावाले को विश्वास से
और खतनारहित को विश्वास के द्वारा धर्मी ठहराएगा। 31तो
क्या हम विश्वास के द्वारा तोराह को निष्फल करते हैं? कदापि
नहीं! वरन् हम तोराह को स्थिर करते हैं।

4 1 तो फिर हम क्या कहें कि हमारा पिता अब्राहम शरीर के
अनुसार क्या प्राप्त कर चुका था? 2 क्योंकि यदि अब्राहम
कर्मों से धर्मी ठहराया गया, तो उसके पास घमण्ड करने का
कारण है, परन्तु ईश्वर के सामने नहीं। 3 क्योंकि शास्त्र क्या
कहता है? "अब्राहम ने 𐤉𐤄𐤅𐤄 पर विश्वास किया, और यह
उसके लिए धार्मिकता गिनी गई।" 4 अब जो काम करता है,
उसके लिए प्रतिफल अनुग्रह के रूप में नहीं, परन्तु ऋण के
रूप में गिना जाता है। 5 परन्तु जो काम नहीं करता, परन्तु
उस पर विश्वास करता है जो अधर्मी को धर्मी ठहराता है,
उसका विश्वास उसके लिए धार्मिकता गिना जाता है। 6 और
जैसे दाऊद भी उस मनुष्य के आशीर्वाद के विषय में कहता है,
जिसे ईश्वर बिना कर्मों के धार्मिकता गिनता है। 7 "धन्य हैं वे
जिनके अधर्म क्षमा किए गए, और जिनके पाप ढाँके गए।"
8 "धन्य है वह मनुष्य, जिसके पाप को 𐤉𐤄𐤅𐤄 किसी प्रकार
नहीं गिनेगा।" 9 तो क्या यह आशीर्वाद केवल खतनावालों पर
है, या खतनारहितों पर भी? क्योंकि हम कहते हैं, विश्वास
अब्राहम के लिए धार्मिकता गिना गया। 10 तो यह कब गिना
गया? क्या जब वह खतनावाला था, या जब वह खतनारहित
था? न खतनावाला रहते हुए, परन्तु खतनारहित रहते हुए।
11 और उसने खतना का चिन्ह पाया, उस धार्मिकता की मुहर
के रूप में जो उसने खतनारहित रहते हुए विश्वास के द्वारा
प्राप्त की थी, ताकि वह उन सबका पिता ठहरे जो खतनारहित
रहते हुए विश्वास करते हैं, और उनके लिए भी धार्मिकता
गिनी जाए। 12 और वह उन खतनावालों का भी पिता है जो
केवल खतनावाले ही नहीं, परन्तु हमारे पिता अब्राहम के उस
विश्वास के कदमों पर चलते हैं, जो उसने खतनारहित रहते
हुए दिखाया। 13 क्योंकि यह प्रतिज्ञा कि वह संसार का वारिस
होगा, अब्राहम या उसकी सन्तान को तोराह के द्वारा नहीं,
बल्कि विश्वास की धार्मिकता के द्वारा मिली। 14 क्योंकि यदि वे
जो तोराह के हैं वारिस हैं, तो विश्वास व्यर्थ और प्रतिज्ञा
निष्फल ठहरती है। 15 क्योंकि तोराह क्रोध उत्पन्न करती है;
जहाँ तोराह नहीं है, वहाँ अपराध भी नहीं है। 16 इसी कारण
यह विश्वास से है, ताकि यह अनुग्रह के अनुसार हो, जिससे
प्रतिज्ञा सब सन्तान के लिए स्थिर हो — न केवल उनके लिए
जो तोराह के हैं, बल्कि उनके लिए भी जो अब्राहम के विश्वास
के हैं, जो हम सबका पिता है। 17 जैसा लिखा है, "मैंने तुझे
बहुत-सी जातियों का पिता ठहराया है" — उसके सामने जिस
पर उसने विश्वास किया, अर्थात ईश्वर पर, जो मरे हुओं को
जीवन देता है और जो नहीं हैं, उन्हें ऐसे बुलाता है मानो वे हैं।
18 जिसने आशा के विरुद्ध आशा में विश्वास किया, ताकि वह
बहुत-सी जातियों का पिता बने, जैसा कहा गया था, "ऐसी ही
तेरी सन्तान होगी।" 19 और विश्वास में निर्बल न होकर,
उसने अपने शरीर पर ध्यान नहीं दिया, जो लगभग सौ वर्ष का
होकर मरने के समान था, और सारा की कोख की मुरझाई
हुई दशा पर भी नहीं। 20 वह ईश्वर की प्रतिज्ञा पर अविश्वास
में डगमगाया नहीं, परन्तु विश्वास में दृढ होकर ईश्वर की
महिमा की। 21 और पूरी रीति से निश्चय किया कि जो उसने
प्रतिज्ञा की है, वह उसे पूरा करने में भी समर्थ है। 22 इसी
कारण यह भी उसके लिए धार्मिकता गिनी गई। 23 और यह
केवल उसके लिए नहीं लिखा गया कि यह उसके लिए गिना
गया। 24 परन्तु हमारे लिए भी, जिनके लिए यह गिना जाएगा,
अर्थात हमारे लिए जो उस पर विश्वास करते हैं जिसने
𐤉𐤄𐤅𐤔𐤏 हमारे प्रभु को मरे हुओं में से जिलाया। 25 जो
हमारे अपराधों के कारण सौंप दिया गया, और हमारे धर्मी
ठहरने के लिए जिलाया गया।

5 1 इसलिए, जब हम विश्वास के द्वारा धर्मी ठहराए गए हैं,
तो हमें अपने प्रभु 𐤉𐤄𐤅𐤔𐤏 ह'मसीह के द्वारा ईश्वर के
साथ शान्ति प्राप्त है। 2 जिसके द्वारा हमें विश्वास के माध्यम
से उस अनुग्रह में प्रवेश भी मिला है जिसमें हम स्थिर हैं, और
हम ईश्वर की महिमा की आशा में आनन्द मनाते हैं। 3 और
केवल यही नहीं, बल्कि हम कष्टों में भी आनन्द मनाते हैं, यह
जानते हुए कि कष्ट धैर्य उत्पन्न करता है। 4 और धैर्य, परखा
हुआ चरित्र उत्पन्न करता है; और परखा हुआ चरित्र, आशा
उत्पन्न करता है। 5 और आशा लज्जित नहीं करती, क्योंकि
ईश्वर का प्रेम हमारे हृदयों में उस पवित्र आत्मा के द्वारा
उँडेला गया है, जो हमें दिया गया। 6 क्योंकि जब हम निर्बल ही
थे, उचित समय पर ह'मसीह अधर्मियों के लिए मरा।
7 क्योंकि कोई धर्मी के लिए शायद ही मरे; यद्यपि किसी भले
व्यक्ति के लिए कोई मरण का साहस भी कर सकता है।
8 परन्तु 𐤉𐤄𐤅𐤄 ने हम पर अपना प्रेम इस प्रकार प्रकट
किया, कि जब हम पापी ही थे, तब ह'मसीह हमारे लिए मरा।
9 तो अब जब हम उसके लहू के द्वारा धर्मी ठहराए गए हैं, तो
उसके माध्यम से क्रोध से बहुत अधिक बचाए जाएँगे।
10 क्योंकि जब हम शत्रु ही थे, तब उसके पुत्र की मृत्यु के
द्वारा 𐤉𐤄𐤅𐤄 से मेल मिलाप हुआ; तो मेल मिलाप हो जाने
पर, उसके जीवन के द्वारा हम बहुत अधिक बचाए जाएँगे।
11 और केवल यही नहीं, बल्कि हम 𐤉𐤄𐤅𐤄 में भी आनन्द
करते हैं, अपने प्रभु 𐤉𐤄𐤅𐤔𐤏 ह'मसीह के द्वारा, जिसके
माध्यम से अब हमें मेल मिलाप प्राप्त हुआ है। 12 इस कारण,
जैसे एक मनुष्य के द्वारा पाप संसार में आया, और पाप के
द्वारा मृत्यु, वैसे ही मृत्यु सब मनुष्यों में फैल गई, क्योंकि सबने
पाप किया। 13 क्योंकि तोराह से पहले भी पाप संसार में था,
परन्तु जहाँ तोराह नहीं, वहाँ पाप नहीं गिना जाता। 14 तौभी
मृत्यु आदम से लेकर मोशेह तक राज्य करती रही, यहाँ तक
कि उन पर भी जिन्होंने आदम के अपराध के समान पाप नहीं
किया, जो आनेवाले का प्रतीक था। 15 परन्तु अनुग्रह का
वरदान अपराध के समान नहीं है; क्योंकि यदि एक मनुष्य के
अपराध से बहुतों की मृत्यु हुई, तो 𐤉𐤄𐤅𐤄 का अनुग्रह और
उस एक मनुष्य 𐤉𐤄𐤅𐤔𐤏 ह'मसीह में दिया गया वरदान
बहुतों पर अधिकाधिक बढ गया। 16 और वह वरदान उस
एक के अपराध के समान नहीं है जिसने पाप किया; क्योंकि
न्याय एक अपराध से दोषारोपण के लिए था, परन्तु वरदान
बहुत से अपराधों से धार्मिकता के लिए है। 17 क्योंकि यदि
एक के अपराध के द्वारा मृत्यु ने उस एक के द्वारा राज्य किया,
तो बहुत अधिक वे जो अनुग्रह की प्रचुरता और धार्मिकता के
वरदान को प्राप्त करते हैं, एक के द्वारा — 𐤉𐤄𐤅𐤔𐤏
ह'मसीह — जीवन में राज्य करेंगे। 18 इस प्रकार, जैसे एक
अपराध से सब मनुष्यों पर दोषारोपण हुआ, वैसे ही एक
धार्मिक कार्य से सब मनुष्यों के लिए धर्मी ठहराने का जीवन
हुआ। 19 क्योंकि जैसे एक मनुष्य की आज्ञा न मानने से बहुत
लोग पापी ठहरे, वैसे ही एक की आज्ञा मानने से बहुत लोग
धर्मी ठहरेंगे। 20 और तोराह बीच में इस कारण लाई गई कि

अपराध बढ़े; परन्तु जहाँ पाप बढ़ा, वहाँ अनुग्रह और भी बढ़ा। 21 ताकि जैसे पाप ने मृत्यु में राज्य किया, वैसे ही अनुग्रह भी धर्म के द्वारा राज्य करे, अनन्त जीवन के लिए हमारे प्रभु 𐤉𐤄𐤅𐤔𐤏 ह'मसीह के द्वारा।

6 1 तो फिर हम क्या कहें? क्या हम पाप करते रहें ताकि अनुग्रह बढ़े? 2 कदापि नहीं! हम जो पाप के लिए मर गए, हम उसमें फिर कैसे जीवित रह सकते हैं? 3 क्या तुम नहीं जानते कि जितने हम 𐤉𐤄𐤅𐤔𐤏 ह'मसीह में बपतिस्मा लिए, हम उसके मृत्यु में बपतिस्मा लिए गए? 4 इसलिए हम उसके साथ मृत्यु में बपतिस्मा के द्वारा गाड़े गए, ताकि जैसे ह'मसीह पिता की महिमा के द्वारा मरे हुओं में से जिलाया गया, वैसे ही हम भी नए जीवन में चलें। 5 क्योंकि यदि हम उसके मृत्यु के समान एक साथ मिलाए गए हैं, तो हम उसके पुनरुत्थान के भी सहभागी होंगे। 6 यह जानते हुए कि हमारा पुराना मनुष्य उसके साथ क्रूस पर चढ़ाया गया, ताकि पाप का शरीर निष्क्रिय कर दिया जाए, जिससे हम आगे पाप के दास न रहें। 7 क्योंकि जो मर गया है, वह पाप से मुक्त किया गया है। 8 और यदि हम ह'मसीह के साथ मरे हैं, तो हमें विश्वास है कि हम उसके साथ जीवित भी रहेंगे। 9 यह जानते हुए कि ह'मसीह, जो मरे हुओं में से जिलाया गया, फिर कभी नहीं मरेगा; मृत्यु अब उस पर अधिकार नहीं रखती। 10 क्योंकि जो मृत्यु उसने पाई, उसने एक बार सबके लिए पाप के लिए मृत्यु पाई; परन्तु जो जीवन वह जीता है, वह ईश्वर के लिए जीता है। 11 इसी प्रकार तुम भी अपने आप को पाप के लिए सचमुच मरा हुआ, परन्तु ईश्वर के लिए जीवित समझो, 𐤉𐤄𐤅𐤔𐤏 ह'मसीह में, जो हमारा प्रभु है। 12 इसलिए अपने नाशवान शरीर में पाप को राज्य न करने दो, कि तुम उसकी लालसाओं की आज्ञा मानो। 13 और अपने अंगों को पाप के अधर्म के हथियारों के रूप में प्रस्तुत न करो, परन्तु अपने आप को ईश्वर को सौंप दो जैसे मरे हुओं में से जीवित हुए, और अपने अंगों को ईश्वर के लिए धार्मिकता के हथियारों के रूप में प्रस्तुत करो। 14 क्योंकि पाप तुम पर प्रभुत्व नहीं करेगा, क्योंकि तुम व्यवस्था के अधीन नहीं, परन्तु अनुग्रह के अधीन हो। 15 तो फिर क्या? क्या हम पाप करें क्योंकि हम व्यवस्था के अधीन नहीं, परन्तु अनुग्रह के अधीन हैं? कदापि नहीं! 16 क्या तुम नहीं जानते कि जिसे तुम अपने आप को आज्ञा पालन के लिए दासों के रूप में सौंपते हो, तुम उसी के दास हो जिसकी आज्ञा मानते हो — या तो पाप के, जो मृत्यु के लिए है, या आज्ञाकारिता के, जो धार्मिकता के लिए है? 17 परन्तु ईश्वर का धन्यवाद हो कि तुम जो पाप के दास थे, अब मन से उस शिक्षा के रूप के आज्ञाकारी हो गए हो जो तुम्हें सौंपी गई थी। 18 और पाप से मुक्त होकर, तुम धार्मिकता के दास बन गए हो। 19 मैं मनुष्य की रीति से कहता हूँ, क्योंकि तुम्हारे शरीर की दुर्बलता के कारण; क्योंकि जैसे तुमने अपने अंगों को अशुद्धता और अधर्म के दास के रूप में प्रस्तुत किया था अधर्म के लिए, वैसे ही अब उन्हें धार्मिकता के दास के रूप में प्रस्तुत करो पवित्रता के लिए। 20 क्योंकि जब तुम पाप के दास थे, तब धार्मिकता से मुक्त थे। 21 तो उस समय तुम्हें क्या फल मिला, जिन बातों पर अब तुम्हें लज्जा आती है? क्योंकि उनका अंत मृत्यु है। 22 परन्तु अब जब तुम पाप से मुक्त होकर ईश्वर के दास बन गए हो, तुम्हारा फल पवित्रता के लिए है, और उसका अंत अनन्त जीवन है। 23 क्योंकि पाप की मजदूरी मृत्यु है, परन्तु ईश्वर का वरदान हमारे प्रभु 𐤉𐤄𐤅𐤔𐤏 ह'मसीह में अनन्त जीवन है।

7 1 क्या तुम नहीं जानते, हे भाइयों — क्योंकि मैं उनसे कहता हूँ जो तोराह जानते हैं — कि तोराह मनुष्य पर तब तक प्रभुत्व रखती है जब तक वह जीवित रहता है? 2 क्योंकि विवाहित स्त्री जीवित पति के प्रति तोराह से बंधी रहती है; परन्तु यदि पति मर जाए, तो वह अपने पति की तोराह से मुक्त हो जाती है। 3 इसलिए जब तक उसका पति जीवित है, यदि वह किसी और पुरुष की हो जाए, तो व्यभिचारिणी कहलाएगी; परन्तु यदि उसका पति मर जाए, तो वह उस तोराह से मुक्त है, ताकि वह किसी और पुरुष की होकर व्यभिचारिणी न ठहरे। 4 अतः हे मेरे भाइयों, तुम भी मसीह के शरीर के द्वारा तोराह के लिए मर चुके हो, ताकि तुम किसी और के हो जाओ — अर्थात उस के जो मरे हुओं में से जिलाया गया — जिससे हम ईश्वर के लिए फल उत्पन्न करें। 5 क्योंकि जब हम शरीर में थे, तोराह के द्वारा उत्पन्न पाप की वासनाएँ हमारे अंगों में कार्य करती थीं ताकि मृत्यु के लिए फल लाएँ। 6 परन्तु अब जब हम उस से मुक्त कर दिए गए हैं जिससे हम बँधे हुए थे, और मर गए हैं, तो हम आत्मा की नई रीति में सेवा करते हैं, न कि अक्षर की पुरानी रीति में। 7 तो फिर हम क्या कहें? क्या तोराह पाप है? कदापि नहीं! परन्तु मैं तोराह के बिना पाप को नहीं जानता था; क्योंकि मैं लोभ को नहीं जानता यदि तोराह ने यह न कहा होता, "तू लोभ न करना।" 8 परन्तु पाप ने आज्ञा के द्वारा अवसर पाकर मुझ में हर प्रकार का लोभ उत्पन्न किया; क्योंकि तोराह के बिना पाप मृत है। 9 और मैं कभी तोराह के बिना जीवित था; परन्तु जब आज्ञा आई, तो पाप जीवित हुआ और मैं मर गया। 10 और वह आज्ञा जो जीवन के लिए थी, मैंने पाई कि वह मेरे लिए मृत्यु का कारण बन गई। 11 क्योंकि पाप ने आज्ञा के द्वारा अवसर पाकर मुझे धोखा दिया और उसके द्वारा मुझे मार डाला। 12 इसलिए तोराह वास्तव में पवित्र है, और आज्ञा पवित्र, धर्मी और अच्छी है। 13 तो क्या अच्छा मेरे लिए मृत्यु बन गया? कदापि नहीं! परन्तु पाप, ताकि वह पाप के रूप में प्रकट हो, ने अच्छे के द्वारा मुझ में मृत्यु उत्पन्न की, ताकि आज्ञा के द्वारा पाप अत्यन्त पापी ठहरे। 14 क्योंकि हम जानते हैं कि तोराह आत्मिक है, परन्तु मैं शारीरिक हूँ, पाप के अधीन बेचा गया। 15 क्योंकि जो मैं करता हूँ उसे मैं नहीं समझता; क्योंकि जो मैं चाहता हूँ वह मैं नहीं करता, परन्तु जो मैं घृणा करता हूँ, वही करता हूँ। 16 और यदि मैं वही करता हूँ जो मैं नहीं चाहता, तो मैं तोराह से सहमत हूँ कि वह अच्छी है। 17 अब यह मैं नहीं जो यह करता हूँ, परन्तु पाप है जो मुझ में निवास करता है। 18 क्योंकि मैं जानता हूँ कि मुझ में, अर्थात मेरे शरीर में, कोई भलाई नहीं बसती; क्योंकि इच्छा तो मेरे पास है, परन्तु भलाई करना मैं नहीं पाता। 19 क्योंकि जो भलाई मैं करना चाहता हूँ, वह मैं नहीं करता; परन्तु जो बुराई मैं नहीं चाहता, वही मैं करता हूँ। 20 यदि मैं वही करता हूँ जो मैं नहीं चाहता, तो अब मैं नहीं, बल्कि पाप है जो मुझ में निवास करता है। 21 इसलिए मैं यह व्यवस्था पाता हूँ कि जब मैं

भलाई करना चाहता हूँ, तो बुराई मेरे पास उपस्थित रहती है।
[22] क्योंकि मैं अपने भीतरी मनुष्य के अनुसार 𐤉𐤄𐤅𐤄 की
तोराह में प्रसन्न रहता हूँ। [23] परन्तु मैं अपने अंगों में एक और
व्यवस्था देखता हूँ जो मेरे मन की तोराह के विरुद्ध लड़ती है,
और मुझे पाप की उस व्यवस्था के बन्दी बना लेती है जो मेरे
अंगों में है। [24] हाय! मैं कैसा दयनीय मनुष्य हूँ! कौन मुझे इस
मृत्यु के शरीर से छुड़ाएगा? [25] 𐤉𐤄𐤅𐤄 का धन्यवाद, हमारे
प्रभु 𐤉𐤄𐤅𐤔𐤏 ह'मसीह के द्वारा! इसलिए मन से मैं स्वयं
𐤉𐤄𐤅𐤄 की तोराह की सेवा करता हूँ, परन्तु शरीर से पाप की
व्यवस्था की।

8 [1] अब जो 𐤉𐤄𐤅𐤔𐤏 ह'मसीह में हैं, उन पर अब कोई
दोषारोपण नहीं है, जो शरीर के अनुसार नहीं, बल्कि
आत्मा के अनुसार चलते हैं। [2] क्योंकि 𐤉𐤄𐤅𐤔𐤏 ह'मसीह
में जीवन की आत्मा की तोराह ने मुझे पाप और मृत्यु की
व्यवस्था से स्वतंत्र कर दिया है। [3] क्योंकि जो कार्य तोराह
शरीर की दुर्बलता के कारण नहीं कर सकती थी, उसे
𐤉𐤄𐤅𐤄 ने किया — उसने अपने पुत्र को पापी शरीर की
समानता में और पाप के कारण भेजकर, शरीर में पाप को
दोषी ठहराया। [4] ताकि तोराह की धार्मिकता हम में पूरी हो, जो
शरीर के अनुसार नहीं, बल्कि आत्मा के अनुसार चलते हैं।
[5] क्योंकि जो शरीर के अनुसार रहते हैं, वे शरीर की बातों पर
मन लगाते हैं; परन्तु जो आत्मा के अनुसार हैं, वे आत्मा की
बातों पर मन लगाते हैं। [6] क्योंकि शरीर का मन मृत्यु है,
परन्तु आत्मा का मन जीवन और शान्ति है। [7] क्योंकि शरीर
का मन ईश्वर के विरोध में बैर रखता है; क्योंकि वह 𐤉𐤄𐤅𐤄
की तोराह के अधीन नहीं होता, और न ही हो सकता है।
[8] और जो शरीर में हैं, वे ईश्वर को प्रसन्न नहीं कर सकते।
[9] परन्तु तुम शरीर में नहीं, आत्मा में हो, यदि वास्तव में ईश्वर
की आत्मा तुम में बसती है। और यदि किसी में ह'मसीह की
आत्मा नहीं है, तो वह उसका नहीं। [10] और यदि ह'मसीह तुम
में है, तो शरीर पाप के कारण वास्तव में मरा हुआ है, परन्तु
आत्मा धार्मिकता के कारण जीवन है। [11] और यदि उसकी
आत्मा जिसने 𐤉𐤄𐤅𐤔𐤏 को मरे हुओं में से जिलाया, तुम में
बसती है, तो जिसने ह'मसीह को मरे हुओं में से जिलाया, वह
अपनी आत्मा के द्वारा तुम्हारे नाशवान शरीरों को भी जीवन
देगा, जो तुम में वास करती है। [12] अतः, हे भाइयों, हम शरीर
के ऋणी नहीं हैं कि शरीर के अनुसार जीवन व्यतीत करें।
[13] क्योंकि यदि तुम शरीर के अनुसार जीते हो, तो मरोगे;
परन्तु यदि आत्मा के द्वारा शरीर के कार्यों को मार डालते हो,
तो जीवित रहोगे। [14] क्योंकि जितने ईश्वर की आत्मा के द्वारा
चलाए जाते हैं, वे ही ईश्वर के पुत्र हैं। [15] क्योंकि तुमने फिर
से भय के लिए दासत्व की आत्मा नहीं पाई, परन्तु पुत्रत्व की
आत्मा पाई है, जिसके द्वारा हम पुकारते हैं, "अब्बा, पिता।"
[16] वही आत्मा हमारी आत्मा के साथ गवाही देती है कि हम
ईश्वर की सन्तान हैं। [17] और यदि सन्तान हैं, तो वारिस भी
— ईश्वर के वारिस और ह'मसीह के सह-वारिस, यदि हम
उसके साथ दुःख उठाते हैं, ताकि उसके साथ महिमा भी
पाएँ। [18] क्योंकि मैं समझता हूँ कि इस समय के दुख उस
महिमा की तुलना में कुछ भी नहीं हैं जो हम में प्रकट होनेवाली
है। [19] क्योंकि सृष्टि की उत्सुक प्रतीक्षा ईश्वर के पुत्रों के
प्रकट होने की राह देख रही है। [20] क्योंकि सृष्टि व्यर्थता के
अधीन की गई, अपनी इच्छा से नहीं, परन्तु उसके कारण
जिसने उसे अधीन किया, इस आशा के साथ। [21] कि सृष्टि
स्वयं भी नाश की दासता से मुक्त होकर ईश्वर की सन्तानों
की महिमामय स्वतंत्रता में प्रवेश करेगी। [22] क्योंकि हम
जानते हैं कि सारी सृष्टि अब तक एक साथ कराहती है और
प्रसव पीड़ा में तड़पती है। [23] और केवल वही नहीं, परन्तु हम
भी, जिनके पास आत्मा का पहिला फल है, हम स्वयं भी अपने
भीतर कराहते हैं, पुत्रत्व की प्रतीक्षा करते हुए, अर्थात हमारे
शरीर के छुटकारे की। [24] क्योंकि इसी आशा में हम उद्धार
पाए; परन्तु जो देखा जाता है वह आशा नहीं है, क्योंकि जो
कोई देखता है, वह फिर किस बात की आशा करेगा?
[25] परन्तु यदि हम उस बात की आशा रखते हैं जिसे नहीं
देखते, तो धैर्यपूर्वक उसकी प्रतीक्षा करते हैं। [26] और इसी
प्रकार आत्मा भी हमारी दुर्बलताओं में सहायता करता है;
क्योंकि हम नहीं जानते कि हमें क्या प्रार्थना करनी चाहिए,
परन्तु आत्मा स्वयं ऐसे कराहों के साथ, जिन्हें शब्दों में नहीं
कहा जा सकता, हमारे लिए विनती करता है। [27] और जो
हृदयों की खोज करता है, वह आत्मा की भावना जानता है,
क्योंकि वह ईश्वर की इच्छा के अनुसार पवित्रजनों के लिए
मध्यस्थता करता है। [28] और हम जानते हैं कि जो लोग
ईश्वर से प्रेम करते हैं, उनके लिए सब बातें मिलकर भलाई के
लिए काम करती हैं, अर्थात उनके लिए जो उसकी इच्छा के
अनुसार बुलाए गए हैं। [29] क्योंकि जिन्हें उसने पहले से जाना,
उन्हें उसने पहले से ठहराया भी कि वे उसके पुत्र की समानता
में रूपांतरित हों, ताकि वह बहुत भाइयों में पहिलौठा ठहरे।
[30] और जिन्हें उसने पहले से ठहराया, उन्हें उसने बुलाया भी;
और जिन्हें बुलाया, उन्हें धर्मी भी ठहराया; और जिन्हें धर्मी
ठहराया, उन्हें महिमान्वित भी किया। [31] तो फिर हम इन बातों
के विषय में क्या कहें? यदि ईश्वर हमारे पक्ष में है, तो कौन
हमारे विरुद्ध है? [32] जिसने अपने ही पुत्र को नहीं छोड़ा, परन्तु
हम सब के लिए उसे दे दिया, तो वह उसके साथ हमें सब बातें
उदारता से क्यों न देगा? [33] ईश्वर के चुने हुओं पर कौन दोष
लगाएगा? ईश्वर ही है जो उन्हें धर्मी ठहराता है। [34] कौन दोषी
ठहराएगा? मसीह ही है जो मरा, वरन् जो जी भी उठा, जो
𐤉𐤄𐤅𐤄 के दाहिने हाथ पर है, और जो हमारे लिए मध्यस्थता
भी करता है। [35] कौन हमें ह'मसीह के प्रेम से अलग करेगा?
क्या क्लेश, या संकट, या अत्याचार, या अकाल, या नग्नता,
या संकट, या तलवार? [36] जैसा लिखा है, "तेरे ही कारण हम
दिनभर मारे जाते हैं; हम वध के भेड़ों के समान गिने गए
हैं।" [37] परन्तु इन सब बातों में हम उससे जो हमसे प्रेम
करता है, जयवन्त से भी बढ़कर हैं। [38] क्योंकि मैं निश्चय
जानता हूँ कि न मृत्यु, न जीवन, न स्वर्गदूत, न प्रधानताएँ, न
शक्तियाँ, न वर्तमान, न भविष्य। [39] न ऊँचाई, न गहराई, न
कोई और सृष्टि हमें ईश्वर के उस प्रेम से अलग कर सकेगी,
जो हमारे प्रभु 𐤉𐤄𐤅𐤔𐤏 ह'मसीह में है।

9 [1] मैं 𐤉𐤄𐤅𐤔𐤏 ह'मसीह में सत्य बोलता हूँ, मैं झूठ नहीं
बोलता; मेरी अंतरात्मा भी आत्मा ह'कोदश में मेरी गवाही
देती है। [2] कि मुझे बहुत बड़ा दुःख और मेरे हृदय में निरंतर
पीड़ा है। [3] क्योंकि मैं स्वयं यह चाहता था कि मैं अपने भाइयों,

जो शरीर के अनुसार मेरे संबंधी हैं, उनके लिए मसीह से
अलग हो जाऊँ। 4 जो यिस्राएलवासी हैं, जिनके लिए पुत्रत्व,
महिमा, वाचाएँ, तोराह का दिया जाना, उपासना और प्रतिज्ञाएँ
हैं। 5 जिनके पितृजन हैं, और जिनसे शरीर के अनुसार
ह'मसीह उत्पन्न हुए, जो सब के ऊपर हैं, 𐤉𐤄𐤅𐤄 के सदा के
लिए बरूक़ हैं। आमीन। 6 परन्तु ऐसा नहीं है कि 𐤉𐤄𐤅𐤄
का वचन असफल हो गया; क्योंकि जो यिस्राएल से हैं, वे सब
यिस्राएल नहीं हैं। 7 और न ही वे सब सन्तान हैं, क्योंकि वे
अब्राहम की सन्तान हैं; परन्तु, "यित्सहाक में तेरी सन्तान
कहलाएगी।" 8 अर्थात शरीर की सन्तान ईश्वर की सन्तान
नहीं हैं, परन्तु प्रतिज्ञा की सन्तान सन्तान गिनी जाती हैं।
9 क्योंकि यह प्रतिज्ञा का वचन है, "मैं इस समय आऊँगा, और
सारा के यहाँ एक पुत्र होगा।" 10 और केवल यही नहीं, परन्तु
रिबक़ाह ने भी हमारे पिता यित्सहाक से गर्भ धारण किया।
11 क्योंकि जब वे न तो जन्मे थे, न कोई अच्छा या बुरा किया
था — ताकि ईश्वर की योजना, जो उसकी इच्छा पर
आधारित है, कार्य करे, न कि कर्मों पर, परन्तु उस पर जो
बुलाता है — 12 तो उससे कहा गया, "बड़ा छोटे की सेवा
करेगा।" 13 जैसा लिखा है, "मैंने याक़ोब से प्रेम किया, परन्तु
एसाव से बैर रखा।" 14 तो हम क्या कहें? क्या ईश्वर में
अन्याय है? कदापि नहीं! 15 क्योंकि वह मोशेह से कहता है,
"जिस पर मैं दया करूँगा, उस पर दया करूँगा; और जिस
पर मैं करुणा करूँगा, उस पर करुणा करूँगा।" 16 अतः यह
न तो चाहनेवाले पर निर्भर है, न दौड़नेवाले पर, परन्तु ईश्वर
पर जो दया करता है। 17 क्योंकि पवित्र शास्त्र फ़िरौन से
कहता है, "इसी कारण से मैंने तुझे उठाया है, कि मैं तुझ में
अपनी सामर्थ दिखाऊँ, और कि मेरा नाम सारी पृथ्वी पर
प्रचार किया जाए।" 18 इसलिए वह जिस पर चाहता है, उस
पर दया करता है, और जिसे चाहता है, उसे कठोर कर देता
है। 19 तब तू मुझसे कहेगा, "फिर वह अब भी दोष क्यों
लगाता है? क्योंकि कौन उसकी इच्छा का विरोध कर सका
है?" 20 हे मनुष्य, तू कौन है जो ईश्वर से वाद-विवाद करता
है? क्या बनाई हुई वस्तु अपने बनानेवाले से कहेगी, "तूने मुझे
ऐसा क्यों बनाया?" 21 क्या कुम्हार के पास मिट्टी पर अधिकार
नहीं, कि उसी गारे के ढेले से एक पात्र आदरणीय के लिए
और दूसरा अनादरणीय के लिए बनाए? 22 और यदि ईश्वर ने
अपना क्रोध दिखाने और अपनी सामर्थ प्रकट करने की
इच्छा रखते हुए, विनाश के लिए तैयार किए हुए क्रोध के पात्रों
को बड़े धैर्य से सह लिया। 23 और ताकि वह अपनी महिमा के
धन को दया के पात्रों पर प्रकट करे, जिन्हें उसने पहले से ही
महिमा के लिए तैयार किया था। 24 अर्थात हम पर, जिन्हें
उसने बुलाया है, न केवल यहूदियों में से, परन्तु अन्यजातियों
में से भी। 25 जैसा वह होशे में भी कहता है, "मैं उन लोगों को
अपनी प्रजा कहूँगा जो मेरी प्रजा नहीं थे, और उसे प्रिय कहूँगा
जो प्रिय नहीं थी।" 26 "और उसी स्थान में जहाँ उनसे कहा
गया था, 'तुम मेरी प्रजा नहीं हो,' वहीं वे जीवित ईश्वर के पुत्र
कहलाएँगे।" 27 और यशायाह इस्राएल के विषय में पुकारता
है, "यदि इस्राएल की सन्तानों की गिनती समुद्र की रेत के
समान हो, तो भी केवल एक अवशेष का उद्धार होगा।"
28 क्योंकि वह कार्य को पूर्ण करेगा और धर्म के अनुसार
शीघ्रता से समाप्त करेगा, क्योंकि 𐤉𐤄𐤅𐤄 पृथ्वी पर कार्य को
शीघ्रता से समाप्त करनेवाला है।" 29 और जैसा यशायाह ने
पहले कहा था, "यदि सेनाओं के 𐤉𐤄𐤅𐤄 ने हमें एक बीज न
छोड़ा होता, तो हम सदोम के समान हो जाते, और अमोरा के
समान ठहराए जाते।" 30 तो हम क्या कहें? कि अन्यजाति,
जिन्होंने धार्मिकता का पीछा नहीं किया, उन्होंने धार्मिकता
प्राप्त की, अर्थात विश्वास की धार्मिकता। 31 परन्तु इस्राएल,
जो धार्मिकता की तोराह का पीछा करता था, वह धार्मिकता
की तोराह तक नहीं पहुँचा। 32 क्यों? क्योंकि उन्होंने विश्वास
से नहीं, परन्तु कर्मों के द्वारा उसका पीछा किया; क्योंकि वे
ठोकर खानेवाले पत्थर से ठोकर खाए। 33 जैसा लिखा है,
"देखो, मैं सिय्योन में ठोकर खानेवाला पत्थर और गिरने की
चट्टान रखता हूँ; और जो कोई उस पर विश्वास करेगा, वह
लज्जित नहीं होगा।"

10 1 हे भाइयों, मेरे हृदय की इच्छा और ईश्वर से
यिस्राएल के लिए मेरी प्रार्थना यह है कि वे उद्धार
पाएँ। 2 क्योंकि मैं उनके विषय में गवाही देता हूँ कि वे ईश्वर
के लिए उत्साह रखते हैं, परन्तु ज्ञान के अनुसार नहीं।
3 क्योंकि उन्होंने ईश्वर की धार्मिकता को न जानकर, अपनी
स्वयं की धार्मिकता स्थापित करने का प्रयत्न किया, और
ईश्वर की धार्मिकता के अधीन नहीं हुए। 4 क्योंकि ह'मसीह
हर एक विश्वास करनेवाले के लिए धार्मिकता के लिए तोराह
का लक्ष्य है। 5 क्योंकि मोशेह तोराह से प्राप्त धार्मिकता के
विषय में लिखता है, "जो मनुष्य इनका पालन करेगा, वह
इनके द्वारा जीवित रहेगा।" 6 परन्तु विश्वास से प्राप्त
धार्मिकता इस प्रकार कहती है, "अपने हृदय में यह न कह,
'कौन स्वर्ग में चढ़ेगा?' " — अर्थात मसीह को नीचे लाने के
लिए; 7 "या 'कौन अथाह गड्ढे में उतरेगा?' " — अर्थात
मसीह को मरे हुओं में से ऊपर लाने के लिए। 8 परन्तु यह
क्या कहती है? "वचन तेरे निकट है, तेरे मुँह में और तेरे
हृदय में," — अर्थात वह विश्वास का वचन जो हम प्रचार
करते हैं। 9 कि यदि तू अपने मुँह से 𐤉𐤄𐤅𐤔𐤏 को प्रभु
मानकर अंगीकार करे, और अपने हृदय में विश्वास करे कि
𐤉𐤄𐤅𐤄 ने उसे मरे हुओं में से जिलाया, तो तू उद्धार पाएगा।
10 क्योंकि हृदय से विश्वास करने से धार्मिकता होती है, और
मुँह से अंगीकार करने से उद्धार प्राप्त होता है। 11 क्योंकि
पवित्र शास्त्र कहता है, "जो कोई उस पर विश्वास करेगा, वह
लज्जित न होगा।" 12 क्योंकि यहूदी और यूनानी में कोई भेद
नहीं है; क्योंकि वही प्रभु सबका है, और जो भी उसे पुकारते हैं,
उन सब के लिए उदार है। 13 क्योंकि "जो कोई 𐤉𐤄𐤅𐤄 के
नाम को पुकारेगा, वह उद्धार पाएगा।" 14 तो वे उस पर किस
प्रकार पुकारें, जिस पर उन्होंने विश्वास नहीं किया? और जिस
की विषय में नहीं सुना, उस पर वे कैसे विश्वास करें? और
बिना प्रचारक के वे कैसे सुनेंगे? 15 और यदि वे भेजे न जाएँ,
तो कैसे प्रचार करेंगे? जैसा लिखा है, "शान्ति के सुसमाचार
सुनानेवालों के पाँव कितने सुन्दर हैं, जो शुभ समाचार का
प्रचार करते हैं।" 16 परन्तु सब ने सुसमाचार को नहीं माना;
क्योंकि यशायाह कहता है, "𐤉𐤄𐤅𐤄, किसने हमारे समाचार
पर विश्वास किया?" 17 इसलिए विश्वास सुनने से होता है,
और सुनना 𐤉𐤄𐤅𐤄 के वचन के द्वारा। 18 पर मैं कहता हूँ,
क्या उन्होंने नहीं सुना? निश्चय ही, "उनका शब्द सारी पृथ्वी

पर निकल गया, और उनके वचन जगत के छोर तक पहुँच
गए।" 19 पर मैं कहता हूँ, क्या यिस्राएल ने नहीं जाना? सबसे
पहले मोशेह कहता है, "मैं तुम्हें ऐसी जाति से ईर्ष्या कराऊँगा
जो जाति नहीं, और ऐसी अज्ञानी जाति से तुम्हें क्रोधित
करूँगा।" 20 और यशायाह निडर होकर कहता है, "मैं उनसे
मिला जो मुझे नहीं ढूँढते थे, और जो मुझसे नहीं पूछते थे,
उनके लिए मैं प्रकट हुआ।" 21 परन्तु यिस्राएल के विषय में
वह कहता है, "दिनभर मैंने अपने हाथ एक हठी और विरोधी
लोगों की ओर फैलाए।"

11 1 तो मैं कहता हूँ, क्या ईश्वर ने अपनी प्रजा को ठुकरा
दिया है? कदापि नहीं! क्योंकि मैं भी एक यिस्राएली हूँ,
अब्राहम की सन्तान में से, बिन्यामिन के गोत्र का। 2 ईश्वर ने
अपनी उस प्रजा को नहीं ठुकराया जिसे उसने पहले से जान
लिया था। क्या तुम नहीं जानते कि पवित्र शास्त्र एलियाहु के
विषय में क्या कहता है, कि वह यिस्राएल के विरुद्ध 𐤉𐤄𐤅𐤄
से विनती करता है, 3 "𐤉𐤄𐤅𐤄, उन्होंने तेरे नबियों को मार
डाला, और तेरे वेदियों को गिरा दिया; और मैं अकेला बचा हूँ,
और वे मेरे प्राण ढूँढते हैं।" 4 परन्तु 𐤉𐤄𐤅𐤄 का उत्तर उसे
क्या कहता है? "मैंने अपने लिए सात हज़ार पुरुषों को छोड़
रखा है जिन्होंने बाल के आगे घुटने नहीं टेके।" 5 इसी
प्रकार, इस वर्तमान समय में भी अनुग्रह के चुनाव के अनुसार
एक अवशेष रह गया है। 6 और यदि अनुग्रह से है, तो फिर
कर्मों से नहीं; नहीं तो अनुग्रह अनुग्रह नहीं रह जाता। और
यदि कर्मों से है, तो फिर अनुग्रह से नहीं; नहीं तो कर्म कर्म
नहीं रहता। 7 तो फिर क्या? यिस्राएल ने वह नहीं पाया
जिसकी वह खोज कर रहा था; परन्तु चुने हुए लोगों ने पाया,
और शेष लोग कठोर कर दिए गए। 8 जैसा लिखा है,
"𐤉𐤄𐤅𐤄 ने उन्हें गहरी नींद की आत्मा दी है, ऐसी आँखें कि
वे देखें नहीं, और ऐसे कान कि वे सुनें नहीं, आज तक।"
9 और दाविद भी कहता है, "उनकी मेज़ उनके लिए फंदा,
और जाल, और ठोकर का कारण तथा दण्ड का साधन बन
जाए। 10 उनकी आँखें अंधेरी हो जाएँ ताकि वे न देख सकें,
और उनका पीठ सदैव झुका रहे।" 11 तो मैं कहता हूँ, क्या वे
ठोकर खाकर गिर पड़े ताकि फिर उठ न सकें? कदापि नहीं!
परन्तु उनके गिरने के कारण उद्धार अन्यजातियों तक पहुँचा,
ताकि उन्हें ईर्ष्या दिलाई जाए। 12 और यदि उनका गिरना
संसार के लिए धन है, और उनका असफल होना
अन्यजातियों के लिए धन है, तो उनका पूरा होना कितनी
अधिक आशीष का कारण होगा! 13 क्योंकि मैं अन्यजातियों से
कहता हूँ, कि जब मैं अन्यजातियों के लिए प्रेरित हूँ, तो मैं
अपनी सेवा का आदर करता हूँ। 14 कदाचित मैं किसी रीति
से अपने शरीर के लोगों को ईर्ष्या दिलाऊँ, और उनमें से कुछ
को बचाऊँ। 15 क्योंकि यदि उनका अस्वीकार किया जाना
संसार के लिए कृपा का कारण हुआ, तो उनका स्वीकृत होना
मरे हुओं में से जीवन के समान क्या नहीं होगा? 16 अब यदि
पहिला फल पवित्र है, तो सारा गूँथा हुआ आटा भी; और यदि
जड़ पवित्र है, तो डालियाँ भी। 17 और यदि कुछ डालियाँ
तोड़ी गईं, और तू, जो जंगली जैतून का वृक्ष था, उनके बीच
में प्रत्यारोपित हुआ, और जैतून की जड़ और रस में सहभागी
हो गया। 18 तो डालियों के विरुद्ध घमण्ड मत कर। और
यदि तू घमण्ड करता है, तो यह जान ले कि तू जड़ को नहीं
थामता, बल्कि जड़ तुझे थामती है। 19 तू कहेगा, "डालियां
तोड़ी गईं ताकि मैं प्रत्यारोपित हो जाऊँ।" 20 अच्छा कहा; वे
अविश्वास के कारण तोड़ी गईं, और तू विश्वास के द्वारा स्थिर
है। घमण्ड मत कर, परन्तु भय कर। 21 क्योंकि यदि ईश्वर
ने स्वाभाविक डालियों को नहीं छोड़ा, तो सम्भव है कि वह तुझे
भी न छोड़े। 22 इसलिए ईश्वर की कृपा और कठोरता पर
ध्यान दे: जो गिर पड़े उन पर कठोरता, परन्तु तुझ पर कृपा,
यदि तू कृपा में बना रहे; नहीं तो तू भी काटा जाएगा। 23 और
वे भी, यदि अविश्वास में न बने रहें, तो फिर से प्रत्यारोपित
किए जाएँगे, क्योंकि ईश्वर उन्हें फिर से प्रत्यारोपित करने में
समर्थ है। 24 क्योंकि यदि तू उस जंगली जैतून के वृक्ष से
काटा गया, जो स्वभाव से जंगली था, और स्वभाव के विरुद्ध
अच्छे जैतून के वृक्ष में प्रत्यारोपित किया गया, तो ये जो
स्वाभाविक डालियाँ हैं, अपने ही जैतून के वृक्ष में कितनी
अधिक सहजता से प्रत्यारोपित की जाएँगी! 25 हे भाइयों, मैं
नहीं चाहता कि तुम इस भेद से अनजान रहो, ताकि तुम
अपने ही विचारों में बुद्धिमान न बनो; कि यिस्राएल का कुछ
अंश कठोरता में पड़ा है, जब तक अन्यजातियों की पूर्णता न
आ जाए। 26 और इस प्रकार सारा यिस्राएल उद्धार पाएगा,
जैसा लिखा है, "उद्धारकर्ता सिय्योन से आएगा, और याक़ोब
से अधर्म को दूर करेगा।" 27 "और यह मेरा उनके साथ
वाचा है, जब मैं उनके पापों को दूर कर दूँगा।" 28 निश्चय
ही, सुसमाचार के विषय में वे तुम्हारे कारण शत्रु हैं, परन्तु
चुनाव के विषय में वे पितरों के कारण प्रिय हैं। 29 क्योंकि
ईश्वर के वरदान और बुलाहट अपरिवर्तनीय हैं। 30 क्योंकि
जैसे तुम भी एक समय ईश्वर की आज्ञा का उल्लंघन करते
थे, परन्तु अब उनकी अवज्ञा के कारण दया प्राप्त की है।
31 वैसे ही अब ये भी अवज्ञाकारी हैं, ताकि तुम्हें दिखाई गई
दया के द्वारा वे भी दया प्राप्त करें। 32 क्योंकि ईश्वर ने सब
को अवज्ञा में बंद कर दिया है, ताकि वह सब पर दया करे।
33 ओह, ईश्वर की ज्ञान और बुद्धि और सम्पत्ति की गहराई!
उसके न्याय कितने अगम्य हैं, और उसके मार्ग कितने अटल
हैं! 34 "क्योंकि किसने 𐤉𐤄𐤅𐤄 की बुद्धि को जाना? या कौन
उसका सलाहकार हुआ?" 35 "या किसने पहले उसे कुछ
दिया है कि उसे प्रतिफल मिले?" 36 क्योंकि उसी से, और
उसी के द्वारा, और उसी के लिए सब कुछ है; उसी को
युगानुयुग महिमा मिले। आमीन।

12 1 इसलिए, हे भाइयों, मैं ईश्वर की दया के द्वारा तुमसे
विनती करता हूँ कि अपने शरीरों को एक जीवित
बलिदान के रूप में प्रस्तुत करो — पवित्र, ईश्वर को प्रसन्न
करने वाला — यही तुम्हारी उचित उपासना है। 2 और इस
संसार के अनुरूप न बनो, परन्तु अपने मन के नवीकरण द्वारा
रूपांतरित हो जाओ, ताकि तुम परख सको कि ईश्वर की
इच्छा क्या है — क्या अच्छा, प्रसन्न करने वाला और सिद्ध है।
3 क्योंकि मुझे जो अनुग्रह दिया गया है, उसके द्वारा मैं तुम में
से हर एक से कहता हूँ कि अपने विषय में उससे अधिक न
सोचो जितना सोचना चाहिए, परन्तु संयम से सोचो, जैसा कि
ईश्वर ने हर एक को विश्वास का एक माप दिया है। 4 क्योंकि
जैसे एक शरीर में हमारे बहुत से अंग हैं, परन्तु सब अंगों का
कार्य समान नहीं होता, 5 वैसे ही हम भी, जो बहुत हैं, ह'मसीह
में एक शरीर हैं, और प्रत्येक व्यक्ति एक दूसरे का अंग है।

6 और हमें भिन्न भिन्न वरदान मिले हैं, जो हमें दिए गए अनुग्रह
के अनुसार हैं: यदि भविष्यवाणी है, तो विश्वास के अनुपात के
अनुसार; 7 यदि सेवा है, तो सेवा में; और जो सिखाता है, वह
शिक्षा में। 8 जो प्रोत्साहित करता है, वह प्रोत्साहन में; जो
बाँटता है, वह सरलता से बाँटे; जो नेतृत्व करता है, वह
परिश्रम से करे; जो दया दिखाता है, वह आनन्द के साथ
करे। 9 प्रेम कपटहीन हो। बुराई से घृणा करो, भलाई से
चिपके रहो। 10 भाईचारे के प्रेम में एक दूसरे के प्रति स्नेही
रहो, आदर में एक दूसरे को आगे बढ़ाओ। 11 कर्तव्य में
आलसी न बनो, आत्मा में उत्साही रहो, प्रभु की सेवा करो।
12 आशा में आनन्दित रहो, क्लेश में धैर्यवान रहो, प्रार्थना में
दृढ़ रहो। 13 पवित्रजनों की आवश्यकताओं में सहभागी बनो,
और अजनबियों के प्रति आतिथ्य का अनुसरण करो। 14 जो
तुम्हें सताते हैं, उन्हें आशीर्वाद दो; आशीर्वाद दो और शाप मत
दो। 15 जो आनन्द करते हैं उनके साथ आनन्द करो, और
जो रोते हैं उनके साथ रोओ। 16 आपस में एक ही मन रहो।
अहंकारी मत बनो, परन्तु दीन लोगों के साथ चलो। अपनी ही
दृष्टि में बुद्धिमान मत बनो। 17 किसी से बुराई के बदले बुराई
मत करो। सब लोगों के सामने जो अच्छा है, उसी का ध्यान
रखो। 18 यदि सम्भव हो, तो जहाँ तक तुम पर निर्भर है, सब
मनुष्यों के साथ मेल रखो। 19 हे प्रिय जनो, अपना बदला मत
लो, परन्तु क्रोध को स्थान दो, क्योंकि लिखा है, "बदला लेना
मेरा काम है, मैं ही प्रतिफल दूँगा," यह 𐤉𐤄𐤅𐤄 कहता है।
20 "परन्तु यदि तेरा शत्रु भूखा हो तो उसे भोजन करा; यदि
प्यासा हो तो उसे पानी पिला, क्योंकि ऐसा करने से तू उसके
सिर पर अंगारे रखेगा।" 21 बुराई से पराजित मत हो, परन्तु
भलाई से बुराई पर विजय प्राप्त कर।

13 1 हर एक प्राणी शासकीय अधिकारियों के अधीन रहे,
क्योंकि ईश्वर से बढ़कर कोई भी सत्ता नहीं है; और
जो सत्ताएँ हैं, वे ईश्वर के द्वारा ठहराई गई हैं। 2 इसलिए जो
कोई सत्ता का विरोध करता है, वह ईश्वर की व्यवस्था का
विरोध करता है; और जो विरोध करते हैं, वे अपने ऊपर
दण्ड लाते हैं। 3 क्योंकि शासक भले कार्यों के लिए भय का
कारण नहीं, परन्तु बुरे कार्यों के लिए हैं। क्या तू चाहता है कि
सत्ता से न डरे? तो भलाई कर, और तू उसकी ओर से प्रशंसा
पाएगा। 4 क्योंकि वह तेरे लिए भलाई के हेतु ईश्वर का सेवक
है; परन्तु यदि तू बुराई करे, तो डर, क्योंकि वह व्यर्थ में
तलवार नहीं उठाता; क्योंकि वह ईश्वर का सेवक है, और जो
बुराई करता है उस पर क्रोध प्रकट करने वाला प्रतिशोधी है।
5 इसलिए, केवल दण्ड के कारण ही नहीं, परन्तु विवेक के
कारण भी अधीन रहना आवश्यक है। 6 इसी कारण तुम कर
भी देते हो, क्योंकि वे ईश्वर के सेवक हैं, जो सदा इसी कार्य में
लगे रहते हैं। 7 इसलिए सबको उनका अधिकार दो: जिसे
कर देना है, उसे कर दो; जिसे महसूल, उसे महसूल; जिसे
भय, उसे भय; जिसे आदर, उसे आदर। 8 किसी के प्रति
कोई ऋणी न रहो, केवल एक दूसरे से प्रेम करने में; क्योंकि
जो दूसरे से प्रेम करता है, उसने तोराह को पूरा किया है।
9 क्योंकि यह कहा गया है, "तू व्यभिचार न करना," "हत्या न
करना," "चोरी न करना," "झूठी गवाही न देना," "लालच
न करना," और यदि कोई अन्य आज्ञा है, तो वह इस वचन में
सम्मिलित है: "तू अपने पड़ोसी से अपने समान प्रेम कर।"
10 प्रेम अपने पड़ोसी के साथ कोई बुराई नहीं करता; इसलिए
प्रेम तोराह की पूर्णता है। 11 और यह जानते हुए करो कि यह
समय है कि हम नींद से जागें; क्योंकि अब हमारा उद्धार उस
समय से अधिक निकट है जब हमने विश्वास किया था।
12 रात बहुत बीत चुकी है, और दिन निकट आ गया है।
इसलिए हम अंधकार के कर्मों को उतार डालें, और ज्योति
का कवच पहन लें। 13 हम दिन के समान शिष्टता से चलें, न
कि दावतों और मद्यपान में, न व्यभिचार और अशुद्धता में, न
झगड़े और डाह में। 14 परन्तु प्रभु 𐤉𐤄𐤅𐤔𐤏 ह'मसीह को
पहन लो, और शरीर की लालसाओं के लिए कोई प्रबंध न
करो।

14 1 जो विश्वास में दुर्बल है, उसे स्वीकार करो, परन्तु
तर्क-वितर्क के लिए नहीं। 2 कोई तो यह विश्वास
रखता है कि वह सब कुछ खा सकता है, परन्तु जो दुर्बल है
वह केवल सब्ज़ियाँ खाता है। 3 जो खाता है वह उस पर
तिरस्कार न करे जो नहीं खाता; और जो नहीं खाता, वह उस
पर न्याय न करे जो खाता है, क्योंकि ईश्वर ने उसे स्वीकार
किया है। 4 तू कौन है जो दूसरे के सेवक का न्याय करता है?
वह अपने स्वामी के सामने खड़ा रहता है या गिरता है; परन्तु
वह खड़ा रहेगा, क्योंकि ईश्वर उसे खड़ा करने में समर्थ है।
5 कोई एक दिन को दूसरे से अधिक मानता है, कोई हर दिन
को समान मानता है; हर एक अपने मन में पूरी तरह निश्चय
कर ले। 6 जो दिन का ध्यान रखता है, वह 𐤉𐤄𐤅𐤄 के लिए
ध्यान रखता है; और जो दिन का ध्यान नहीं रखता, वह
𐤉𐤄𐤅𐤄 के लिए ध्यान नहीं रखता। जो खाता है, वह
𐤉𐤄𐤅𐤄 के लिए खाता है, क्योंकि वह ईश्वर का धन्यवाद
करता है; और जो नहीं खाता, वह 𐤉𐤄𐤅𐤄 के लिए नहीं
खाता, और ईश्वर का धन्यवाद करता है। 7 क्योंकि हम में से
कोई अपने लिए नहीं जीता, और कोई अपने लिए नहीं मरता।
8 क्योंकि यदि हम जीवित हैं, तो प्रभु के लिए जीवित हैं; और
यदि मरते हैं, तो प्रभु के लिए मरते हैं; इसलिए चाहे हम
जीवित रहें या मरें, हम प्रभु के हैं। 9 क्योंकि इसी के लिए
ह'मसीह मरे और जी उठे, और फिर जीवित हुए, ताकि वे मरे
हुओं और जीवितों दोनों पर प्रभुता करें। 10 तो तू अपने भाई
का न्याय क्यों करता है? या तू अपने भाई का तिरस्कार क्यों
करता है? क्योंकि हम सब ह'मसीह के न्यायासन के सामने
खड़े होंगे। 11 क्योंकि लिखा है, "जैसा मैं जीवित हूँ,"
𐤉𐤄𐤅𐤄 कहता है, "हर घुटना मेरे आगे झुकेगा, और हर
जीभ ईश्वर को स्वीकार करेगी।" 12 इसलिए हम में से हर
एक ईश्वर को अपने बारे में लेखा देगा। 13 इसलिए अब हम
एक दूसरे का न्याय न करें, परन्तु यह निर्णय लें कि किसी
भाई के सामने ठोकर या बाधा का कारण न बनें। 14 मैं प्रभु
𐤉𐤄𐤅𐤔𐤏 में जानता और निश्चय रखता हूँ कि अपने आप
में कोई वस्तु अशुद्ध नहीं है; परन्तु जो उसे अशुद्ध मानता है,
उसके लिए वह अशुद्ध है। 15 और यदि तेरा भाई तेरे भोजन
के कारण दुखी होता है, तो तू अब प्रेम में नहीं चलता। अपने
भोजन के कारण उस व्यक्ति को नष्ट न कर जिसके लिए
ह'मसीह मरे। 16 इसलिए अपने भले को बुराई के रूप में न
कहने दे। 17 क्योंकि ईश्वर का राज्य खाना-पीना नहीं, परन्तु

धर्म, शान्ति, और पवित्र आत्मा में आनन्द है। 18 क्योंकि जो
इन बातों में ह'मसीह की सेवा करता है, वह ईश्वर को प्रसन्न
करता है और मनुष्यों द्वारा स्वीकृत होता है। 19 इसलिए हम
उन बातों का पीछा करें जो शान्ति को बढ़ाएँ, और जो एक
दूसरे के निर्माण के लिए हों। 20 भोजन के कारण ईश्वर के
कार्य को नष्ट न कर। वास्तव में सब वस्तुएँ शुद्ध हैं, परन्तु
उस मनुष्य के लिए बुरा है जो किसी को ठोकर खिलाने के
लिए खाता है। 21 मांस न खाना, न दाखरस पीना, न कोई
ऐसा काम करना अच्छा है जिससे तेरा भाई ठोकर खाए।
22 क्या तुझ में विश्वास है? उसे अपने पास ही ईश्वर के सामने
रख। धन्य है वह जो उस बात में स्वयं को दोषी नहीं ठहराता
जिसे वह उचित मानता है। 23 परन्तु जो सन्देह करता है,
यदि वह खाता है, तो दोषी ठहरता है, क्योंकि वह विश्वास से
नहीं खाता; और जो कुछ विश्वास से नहीं होता, वह पाप है।

15

1 परन्तु हम जो सामर्थ्यवान हैं, हमें चाहिए कि हम
दुर्बलों की निर्बलताओं को सहें, और अपने आप को
प्रसन्न न करें। 2 हम में से हर एक अपने पड़ोसी को उसके
हित के लिए प्रसन्न करे, ताकि वह निर्माण पाए। 3 क्योंकि स्वयं
ह'मसीह ने भी अपने आप को प्रसन्न नहीं किया, जैसा लिखा
है, "जो तेरी निन्दा करते हैं, उनकी निन्दा मुझ पर पड़ी।"
4 क्योंकि जो कुछ पहले लिखा गया था, वह हमारे शिक्षा के
लिए लिखा गया, ताकि धैर्य और शास्त्रों की शान्ति के द्वारा
हम आशा रखें। 5 और धैर्य और शान्ति के ईश्वर तुम्हें यह
अनुग्रह दे कि तुम एक दूसरे के प्रति वैसा ही मन रखो जैसा
ह'मसीह OWY३Z के अनुसार है। 6 ताकि एक मन और
एक मुख से तुम हमारे प्रभु OWY३Z ह'मसीह के पिता,
ईश्वर की स्तुति करो। 7 इसलिए एक दूसरे को स्वीकार
करो, जैसे ह'मसीह ने भी हमें ईश्वर की महिमा के लिए
स्वीकार किया। 8 और मैं कहता हूँ कि OWY३Z ह'मसीह
खतने वालों का सेवक बना, ईश्वर की सच्चाई के लिए, ताकि
पितरों से किए गए प्रतिज्ञाओं की पुष्टि करे। 9 और
अन्यजाति इस कारण ईश्वर की दया के लिए उसकी स्तुति
करें, जैसा लिखा है, "इस कारण मैं अन्यजातियों के बीच
तेरा अंगीकार करूँगा, और तेरे नाम की स्तुति करूँगा।"
10 और फिर कहा गया है, "हे अन्यजातियो, उसकी प्रजा के
साथ आनन्दित होओ!" 11 और फिर कहा गया है, "हे सब
अन्यजातियो, ३Y३Z की स्तुति करो! और हे सब लोगों,
उसकी प्रशंसा करो!" 12 और फिर यशायाह कहता है, "यिशै
की एक जड़ होगी, और वही जो अन्यजातियों पर राज्य करने
के लिए उठेगा; अन्यजाति उसी पर आशा रखेंगे।" 13 अब
आशा के ईश्वर तुम्हें विश्वास में सब आनन्द और शान्ति से
परिपूर्ण करे, ताकि तुम पवित्र आत्मा की सामर्थ्य से आशा में
भरपूर हो जाओ। 14 हे मेरे भाइयों, मुझे तुम्हारे विषय में
विश्वास है कि तुम भी भलाई से परिपूर्ण हो, सब प्रकार की
समझ में पूर्ण हो, और एक दूसरे को चेताने में समर्थ हो।
15 परन्तु मैंने तुमसे कुछ बातें अधिक साहसपूर्वक लिखीं,
ताकि तुम्हें स्मरण दिलाऊँ, उस अनुग्रह के कारण जो मुझे
ईश्वर से मिला है। 16 कि मैं अन्यजातियों के लिए OWY३Z
ह'मसीह का सेवक बनूँ, ईश्वर के सुसमाचार के याजकीय
सेवा में कार्य करते हुए, ताकि अन्यजातियों का अर्पण
स्वीकार्य बने, पवित्र आत्मा के द्वारा पवित्र किया गया।
17 इसलिए जो ईश्वर से सम्बन्ध रखता है उसमें मेरा ह'मसीह
OWY३Z में घमण्ड करने का कारण है। 18 क्योंकि मैं कुछ
भी कहने का साहस नहीं करूँगा, सिवाय उन बातों के जिनको
ह'मसीह ने मेरे द्वारा कार्य किया है, वचन और कर्म में, ताकि
अन्यजातियों को आज्ञाकारी बनाया जाए। 19 चिन्हों और
आश्चर्यों की सामर्थ्य में, ईश्वर के आत्मा की शक्ति में, ताकि
यरुशलेम से लेकर इलूरिकोन् तक मैंने ह'मसीह के
सुसमाचार का प्रचार पूरा किया है। 20 और इसी कारण मेरी
यह अभिलाषा रही कि जहाँ ह'मसीह का नाम नहीं लिया गया,
वहाँ सुसमाचार सुनाऊँ, ताकि मैं किसी दूसरे की नींव पर न
बनाऊँ। 21 परन्तु जैसा लिखा है, "जिन्हें उसके विषय में नहीं
बताया गया, वे देखेंगे; और जिन्होंने नहीं सुना, वे समझेंगे।"
22 इसी कारण मैं बार-बार तुम्हारे पास आने से रोका गया हूँ।
23 परन्तु अब जब इन प्रदेशों में मेरे लिए और कोई स्थान नहीं
रहा, और बहुत वर्षों से तुम्हारे पास आने की इच्छा रखता रहा
हूँ, 24 तो जब मैं स्पान्या जाऊँगा, तब तुम्हारे पास आऊँगा;
क्योंकि मैं यात्रा के समय तुमसे मिलने की आशा रखता हूँ,
और तुम्हारे साथ कुछ समय बिताकर, तुम्हारे द्वारा वहाँ के
लिए सहायता प्राप्त करूँगा। 25 परन्तु अब मैं यरुशलेम जा
रहा हूँ, ताकि पवित्र लोगों की सेवा कर सकूँ। 26 क्योंकि
मकदूनिया और अखाया के लोगों को यह अच्छा लगा कि वे
यरुशलेम के पवित्र लोगों में जो निर्धन हैं, उनके लिए कुछ
सहायता भेजें। 27 उन्हें यह अच्छा लगा, और वे उनके ऋणी
भी हैं; क्योंकि यदि अन्यजातियों ने उनकी आत्मिक बातों में
सहभाग लिया है, तो उन्हें भी उनकी भौतिक आवश्यकताओं में
सेवा करनी चाहिए। 28 इसलिए जब मैं यह कार्य पूरा कर
लूँगा, और उनके इस फल को सुनिश्चित कर दूँगा, तब
तुम्हारे पास से होते हुए स्पान्या जाऊँगा। 29 और मैं जानता हूँ
कि जब मैं तुम्हारे पास आऊँगा, तो ह'मसीह के सुसमाचार के
आशीर्वाद की परिपूर्णता के साथ आऊँगा। 30 अब हे भाइयो,
मैं तुम्हें हमारे प्रभु OWY३Z ह'मसीह के द्वारा, और आत्मा
के प्रेम के द्वारा निवेदन करता हूँ कि तुम प्रार्थनाओं में मेरे लिए
ईश्वर से मेरे साथ संघर्ष करो। 31 कि मैं यहूदिया में उन
लोगों से जो विश्वास नहीं करते, बचाया जाऊँ, और यरुशलेम
में मेरी सेवा पवित्र लोगों को स्वीकार्य ठहरे। 32 कि मैं ईश्वर
की इच्छा से आनन्द सहित तुम्हारे पास आ सकूँ, और तुम्हारे
साथ विश्रान्ति पाऊँ। 33 और शान्ति का ईश्वर तुम सब के
साथ हो। आमीन।

16

1 मैं तुम्हारे सामने हमारी बहन फोइबे की सिफ़ारिश
करता हूँ, जो केंख्रिया की सभा की सेविका है। 2 कि
तुम उसे ३Y३Z में पवित्र लोगों के योग्य रीति से ग्रहण करो,
और जिस किसी बात में उसे तुम्हारी आवश्यकता हो, उसमें
उसकी सहायता करो; क्योंकि वह बहुतों की और मेरी भी
सहायक रही है। 3 प्रिस्किल्ला और अक्विला को नमस्कार
करो, जो ह'मसीह OWY३Z में मेरे सहकर्मी हैं। 4 जिन्होंने
मेरे जीवन के लिए अपनी गर्दन तक जोखिम में डाली; उनके
लिए मैं ही नहीं, वरन् अन्यजातियों की सब सभाएँ भी धन्यवाद
करती हैं। 5 और उनकी उस सभा को नमस्कार जो उनके
घर में है। मेरे प्रिय एपैनेटोस को नमस्कार, जो अखाया में
ह'मसीह के लिए प्रथम फल है। 6 मरियम को नमस्कार,

जिसने हमारे लिए बहुत परिश्रम किया। 7 अंद्रोनिकुस और
यूनियास को नमस्कार, जो मेरे सम्बन्धी और मेरे साथ कैद
में रहे हैं; जो प्रेरितों में प्रसिद्ध हैं, और मुझसे पहले ह'मसीह में
थे। 8 अम्पलियास को नमस्कार, जो ३५ᕐ३z में मेरा प्रिय
है। 9 उर्बानुस को नमस्कार, जो ह'मसीह में हमारा सहकर्मी
है, और मेरे प्रिय स्ताखुस को। 10 अपेल्लेस को नमस्कार,
जो ह'मसीह में स्वीकृत है। अरिस्तोबुलुस के लोगों को
नमस्कार। 11 हेरोदियोन मेरे सम्बन्धी को नमस्कार।
नार्किस्सुस के उन लोगों को नमस्कार, जो ३५ᕐ३z में हैं।
12 त्रूफैना और त्रुफोसा को नमस्कार, जो ३५ᕐ३z में परिश्रम
करती हैं। प्रिय पर्सिस को नमस्कार, जिसने ३५ᕐ३z में बहुत
परिश्रम किया। 13 रूफुस को नमस्कार, जो ३५ᕐ३z में चुना
हुआ है, और उसकी माता को भी, जो मेरी भी माता के समान
है। 14 असुंक्रितुस, फ़्लेगोन, हेरमास, पत्रोबस, हर्मेस और
उन भाइयों को नमस्कार, जो उनके साथ हैं। 15 फिलोलोगुस,
यूलिया, नेरेउस और उसकी बहन, और ओलुम्पास, और उन
सब पवित्र लोगों को नमस्कार, जो उनके साथ हैं। 16 एक
दूसरे का पवित्र चुम्बन से स्वागत करो। ह'मसीह की सभाएँ
तुम्हें नमस्कार कहती हैं। 17 अब हे भाइयो, मैं तुमसे निवेदन
करता हूँ कि उन लोगों से सावधान रहो, जो विभाजन और
ठोकर के कारण बनते हैं, उस शिक्षा के विरोध में जो तुमने
सीखी है, और उनसे दूर रहो। 18 क्योंकि ऐसे लोग हमारे प्रभु
ow५ᕐ३z ह'मसीह की नहीं, बल्कि अपने पेट की सेवा करते
हैं; और मधुर वचनों तथा चापलूस भाषा से निष्कपट लोगों के
हृदयों को धोखा देते हैं। 19 क्योंकि तुम्हारी आज्ञाकारिता सब
में प्रकट है; इसलिए मैं तुम्हारे विषय में आनन्दित हूँ, परन्तु
यह चाहता हूँ कि तुम भले में बुद्धिमान और बुरे में भोले बनो।
20 और शान्ति का ईश्वर शीघ्र ही तुम्हारे पैरों तले शैतान को
कुचल देगा। हमारे प्रभु ow५ᕐ३z ह'मसीह का अनुग्रह
तुम्हारे साथ रहे। आमीन। 21 मेरा सहकर्मी तीमुथियुस, और
लूकियुस, और यासोन, और सोसिपात्रुस, जो मेरे सम्बन्धी हैं,
तुम्हें नमस्कार कहते हैं। 22 मैं तर्तियुस, जिसने यह पत्र
लिखा है, तुम्हें ३५ᕐ३z में नमस्कार कहता हूँ। 23 गायुस, जो
सारी सभा और मेरा आतिथ्य करता है, तुम्हें नमस्कार कहता
है। नगर का कोषाध्यक्ष एरास्तुस तुम्हें नमस्कार कहता है,
और भाई क्वार्तुस भी। 24 हमारे प्रभु ow५ᕐ३z ह'मसीह का
अनुग्रह तुम सब के साथ हो। आमीन। 25 अब उस पर जो
तुम्हें स्थिर कर सकता है, मेरे सुसमाचार और ow५ᕐ३z
ह'मसीह के प्रचार के अनुसार, उस भेद के प्रकाशन के
अनुसार जो अनादिकाल से गुप्त रखा गया था— 26 परन्तु
अब प्रकट किया गया है, और भविष्यवाणी के शास्त्रों द्वारा सब
जातियों को प्रकट किया गया है, सनातन ईश्वर की आज्ञा के
अनुसार, विश्वास की आज्ञाकारिता के लिए। 27 एकमात्र
बुद्धिमान ईश्वर को, ow५ᕐ३z ह'मसीह के द्वारा, युगानुयुग
महिमा हो। आमीन।

फिलेमोन

हिंदी संस्करण

फिलेमोन

1 [1]शाऊल, मसीह OW५ऋZ का कैदी, और तिमोथियुस
भाई, हमारे प्रिय और सहकर्मी फिलेमोन के नाम। [2]और
हमारी बहन अप्फिया, और हमारे सहयोद्धा अर्किप्पोस, और
तेरे घर की सभा को। [3]हमारे पिता ऋ५ऋZ और प्रभु
OW५ऋZ मसीह से तुझे अनुग्रह और शांति मिले। [4]मैं जब
भी अपनी प्रार्थनाओं में तेरा स्मरण करता हूँ, तो अपने ईश्वर
का सदा धन्यवाद करता हूँ। [5]क्योंकि मैंने तेरे प्रेम और उस
विश्वास के विषय में सुना है जो तू प्रभु OW५ऋZ और सभी
पवित्र जनों के प्रति रखता है। [6]ताकि तेरे विश्वास की
सहभागिता उस सारे भले ज्ञान में फलवन्त हो जो तेरे भीतर
मसीह OW५ऋZ की ओर है। [7]क्योंकि तेरे प्रेम में हमें बहुत
आनन्द और प्रोत्साहन मिला है, क्योंकि पवित्र जनों के कोमल
भाव तेरे द्वारा ताज़ा किए गए हैं, हे भाई। [8]इसलिए, यद्यपि
मुझे मसीह में तुझसे वह आज्ञा देने का बड़ा साहस है जो
उचित है, [9]तो भी प्रेम के कारण मैं विनती करता हूँ — मैं,
शाऊल, ऐसा व्यक्ति जो वृद्ध है और अब मसीह OW५ऋZ
का कैदी भी हूँ — [10]मैं तुझसे अपने पुत्र ओनेसिमोस के लिए
विनती करता हूँ, जिसे मैंने अपनी कैद में उत्पन्न किया है।
[11]जो पहले तेरे लिए निष्फल था, पर अब तेरे और मेरे लिए
उपयोगी है। [12]मैं उसे तुझे फिर भेजता हूँ — उसे स्वीकार
कर, जो मेरे अपने हृदय का अंश है। [13]मैं उसे अपने पास
रखना चाहता था ताकि तेरी ओर से वह मेरी कैद में
सुसमाचार के कार्य में मेरी सेवा करे। [14]परन्तु तेरी इच्छा के
बिना मैं कुछ करना नहीं चाहता था, ताकि तेरा भला कार्य
बाध्यता से नहीं, बल्कि स्वेच्छा से हो। [15]क्योंकि सम्भव है कि
वह थोड़े समय के लिए इसलिए तुझसे अलग हुआ कि तू उसे
सदा के लिए पा सके। [16]अब वह दास के समान नहीं, बल्कि
दास से भी बढ़कर — एक प्रिय भाई के समान है, विशेषकर
मेरे लिए, और तेरे लिए कितना अधिक, चाहे शरीर में हो या
प्रभु में। [17]इसलिए, यदि तू मुझे अपना सहभागी समझता है,
तो उसे वैसे ही स्वीकार कर जैसे तू मुझे स्वीकार करता।
[18]और यदि उसने तुझसे कोई अन्याय किया है या कुछ
उधार है, तो उसे मेरे खाते में डाल। [19]मैं, शाऊल, अपने
हाथ से लिखता हूँ — मैं चुका दूँगा, ताकि मैं यह न कहूँ कि तू
स्वयं भी मुझे ऋणी है। [20]हाँ, भाई, मुझे प्रभु में तुझसे आनंद
मिले; मेरे हृदय को प्रभु में ताज़ा कर। [21]तेरी आज्ञाकारिता
पर विश्वास रखकर मैं तुझे लिखता हूँ, यह जानते हुए कि तू
मेरे कहने से भी अधिक करेगा। [22]और साथ ही मेरे ठहरने
के लिए स्थान भी तैयार कर, क्योंकि मुझे विश्वास है कि तेरी
प्रार्थनाओं के द्वारा मैं तुझसे मिलाया जाऊँगा। [23]मसीह
OW५ऋZ में मेरा सहकैदी एपाफ्रास तुझे नमस्कार कहता
है। [24]मार्कोस, अरिस्तर्खोस, देमास, और लूकास — मेरे
सहकर्मी। [25]हमारे प्रभु OW५ऋZ मसीह का अनुग्रह तेरे
आत्मा के साथ हो। आमेन।

कुलुस्सियों

हिंदी संस्करण

कुलुस्सियों

1 1 शाऊल, OWY3Z ह'मशियह के दूत ईश्वर की इच्छा
से, और तिमोथियोस हमारा भाई, 2 कोलोस्सै में पवित्र
जनों और ह'मशियह में सच्चे भाइयों को: तुम पर अनुग्रह
और शांति हो हमारे पिता 3Y3Z से और प्रभु OWY3Z
ह'मशियह से। 3 हम ईश्वर और हमारे प्रभु OWY3Z
ह'मशियह के पिता का धन्यवाद करते हैं, सदैव तुम्हारे लिये
प्रार्थना करते हैं, 4 तुम्हारे विश्वास के विषय में सुनकर, जो
मसीह OWY3Z में है, और सब पवित्र जनों के लिये तुम्हारे
प्रेम के विषय में। 5 उस आशा के कारण जो तुम्हारे लिये स्वर्गों
में रखी हुई है, जिसकी तुमने पहले सच्चाई के वचन,
सुसमाचार में सुना। 6 जो तुम्हारे पास आया, जैसे कि सारी
दुनिया में, और फल लाता और बढ़ता है; वैसे ही तुम्हारे बीच
में भी, जिस दिन से तुमने ईश्वर के अनुग्रह को सच्चाई में
सुना और पहचाना। 7 जैसा तुमने एपाफ्रास से सीखा, हमारे
प्रिय सहदास से, जो तुम्हारे लिये मसीह का सच्चा सेवक है।
8 जिसने हमें तुम्हारा प्रेम आत्मा में बताया। 9 इसी कारण हम
भी, जिस दिन से यह सुना, तुम्हारे लिये प्रार्थना करना और
यह मांगना नहीं छोड़ा कि तुम उसकी इच्छा के ज्ञान से, सब
प्रकार की बुद्धि और आत्मिक समझ से परिपूर्ण हो। 10 कि
तुम प्रभु के योग्य चलो, सब प्रकार से उसे प्रसन्न करो, हर
एक भले काम में फल लाओ और ईश्वर के ज्ञान में बढ़ते
जाओ। 11 सब सामर्थ्य से बलवन्त बने रहो, उसकी महिमा
की शक्ति के अनुसार, हर प्रकार के धैर्य और सहनशीलता
के लिये आनन्द सहित। 12 पिता का धन्यवाद करते रहो,
जिसने हमें ज्योति में पवित्र जनों की मीरास में भागी होने के
योग्य बनाया। 13 जिसने हमें अंधकार के अधिकार से
छुड़ाया और अपने प्रिय पुत्र के राज्य में स्थानांतरित किया।
14 जिसमें हमें उसके लहू के द्वारा छुटकारा, अर्थात पापों की
क्षमा है। 15 वह अदृश्य ईश्वर का स्वरूप है, सारी सृष्टि में
पहलौठा। 16 क्योंकि उसी में सब वस्तुएँ सृजी गईं, स्वर्गों में
और पृथ्वी पर, देखी और अनदेखी, चाहे सिंहासन हों या
प्रभुत्व या प्रधानताएँ या अधिकार - सब उसी के द्वारा और
उसी के लिये रची गईं। 17 और वही सब से पहले है, और सब
वस्तुएँ उसी में स्थिर रहती हैं। 18 और वही देह, अर्थात सभा
का सिर है, जो आदि है, मरे हुओं में से पहलौठा, कि सब में
वही प्रथम हो। 19 क्योंकि यही प्रसन्नता हुई कि सारी परिपूर्णता
उसी में वास करे। 20 और उसी के द्वारा सब वस्तुओं को
अपने से मेल कराए, चाहे पृथ्वी पर की हों चाहे स्वर्गों में की,
उसके क्रूस के लहू के द्वारा मेल कराके शांति स्थापित की।
21 और तुम भी, जो पहले पराए और मन में बुरे कामों के
कारण शत्रु थे, अब उसने मेल किया। 22 अपने शरीर की
मृत्यु के द्वारा, कि तुम्हें पवित्र और निर्दोष और निर्दोष्य उसके
सामने उपस्थित करे। 23 यदि तुम विश्वास में स्थिर रहो,
और आशा से हटाए न जाओ, जो सुसमाचार की है, जिसे
तुमने सुना, जो सब सृष्टि के नीचे प्रचार किया गया, जिसका
सेवक मैं शाऊल बना। 24 अब मैं तुम्हारे लिये अपने दुखों में
आनन्दित हूँ, और मसीह के क्लेशों में जो मेरी देह में घटता है
उसे उसकी देह अर्थात सभा के लिये पूरा करता हूँ।
25 जिसका सेवक मैं ईश्वर की व्यवस्था के अनुसार बना, जो
मुझे तुम्हारे लिये दिया गया, कि 3Y3Z का वचन पूरा
करूँ। 26 वह भेद जो युगों और पीढ़ियों से छिपा हुआ था, अब
उसके पवित्र जनों पर प्रगट किया गया। 27 जिन्हें ईश्वर ने
यह जानना चाहा कि अन्यजातियों में इस भेद की महिमा का
धन क्या है; यह है कि मसीह तुम में है, महिमा की आशा।
28 उसी को हम प्रचार करते हैं, हर मनुष्य को चेतावनी देते
और हर मनुष्य को सब बुद्धि में सिखाते हैं, कि हर मनुष्य को
मसीह OWY3Z में सिद्ध करके उपस्थित करें। 29 इसी
लिये मैं भी उसके सामर्थ्य के अनुसार जो मुझ में सामर्थ्य से
काम करता है, परिश्रम करता और प्रयत्न करता हूँ।

2 1 क्योंकि मैं चाहता हूँ कि तुम जानो कि तुम्हारे लिये और
लाओदीकिया में रहने वालों के लिये, और उन सब के
लिये जिन्होंने मेरे शरीर में मेरा मुख न देखा, मुझे कितनी
बड़ी जद्दोजहद है। 2 कि उनके हृदय शांति पाकर प्रेम में
मिलाए जाएँ, और पूरी समझ की धरोहर की धन्यता को प्राप्त
करें, ईश्वर के भेद के सच्चे ज्ञान तक, अर्थात पिता और
ह'मशियह तक। 3 जिसमें सब ज्ञान और बुद्धि के खजाने छिपे
हुए हैं। 4 और यह मैं इसलिये कहता हूँ कि कोई तुम्हें लुभावनी
बातों से धोखा न दे। 5 क्योंकि यद्यपि मैं शरीर में अनुपस्थित
हूँ, तो भी आत्मा में तुम्हारे साथ हूँ, तुम्हारी उत्तम व्यवस्था और
मसीह में तुम्हारे विश्वास की दृढ़ता को देखकर आनन्द
करता हूँ। 6 इसलिये जैसे तुमने प्रभु मसीह OWY3Z को
ग्रहण किया है, वैसे ही उसमें चलो। 7 उसमें जड़ पकड़कर
और बढ़ते जाओ, और विश्वास में स्थिर रहो, जैसा तुम्हे
सिखाया गया, और धन्यवाद के साथ उसमें भरपूर रहो।
8 सावधान रहो कि कोई तुम्हें दर्शन और खोखले छल से,
मनुष्यों की परम्परा के अनुसार, जगत की आदि शिक्षा के
अनुसार, और मसीह के अनुसार नहीं, लूट न ले। 9 क्योंकि
उसी में ईश्वर की सारी परिपूर्णता देह के रूप में वास करती
है। 10 और उसी में तुम भी परिपूर्ण हो, जो सब प्रधानताओं
और अधिकारों का सिर है। 11 उसी में तुम हाथ से न हुई हुई
खतना से खतनाए गए, अर्थात शरीर की पापमयी दशा को
उतारकर मसीह की खतना से। 12 उसके साथ बपतिस्मा में
गाड़े गए, और उसी के साथ विश्वास के द्वारा ईश्वर की
कार्यवाही में, जिसने उसे मरे हुओं में से जिलाया, तुम भी
जिलाए गए। 13 और तुम, जो अपराधों और अपने शरीर की
खतना न होने के कारण मरे हुए थे, उसने तुम्हें उसके साथ
जिलाया, और हमारे सब अपराध क्षमा कर दिए। 14 उसने
उस लेख को मिटा दिया, जो विधियों के कारण हमारे विरुद्ध

था, और उसे दूर कर दिया, और उसे क्रूस पर कीलित कर
दिया। 15उसने प्रधानताओं और अधिकारियों को उतारकर
उनके सामने खुला तमाशा बना दिया और उनके ऊपर विजय
पाई। 16इसलिये खाने और पीने में, या पर्व या नए चाँद या
सब्बाथों के विषय में कोई तुम्हारा न्याय न करे। 17ये सब
आनेवाली वस्तुओं की छाया हैं, परन्तु शरीर मसीह का है।
18कोई व्यक्ति तुम्हें बहकावे में डालकर तुम्हारा प्रतिफल न
छीने, जो दीनता और स्वर्गदूतों की पूजा में प्रसन्न रहता है, जो
उसने न देखा उसी पर आधारित है, और अपने शारीरिक मन
से व्यर्थ फूलता है। 19और सिर को पकड़े नहीं रहता,
जिससे सारी देह, जोड़ और स्नायु के द्वारा पोषित और
मिलकर बढ़ती है, ईश्वर की वृद्धि के अनुसार। 20तो यदि
तुम मसीह के साथ जगत की आदि शिक्षाओं से मर गए हो, तो
क्यों, जैसे संसार में रहते हो, विधियों के आधीन होते हो?
21"न छूना, न चखना, न छेड़ना" - 22ये सब उपयोग करने
से नष्ट हो जाती हैं, मनुष्यों की आज्ञाओं और शिक्षाओं के
अनुसार। 23इनका तो दीनता, स्वयं ठहराई हुई उपासना
और देह की कठोरता में ज्ञान का सा रूप है, परन्तु वे शरीर
की अभिलाषाओं की तृप्ति के लिये कुछ भी मूल्य नहीं रखतीं।

3 1तो यदि तुम मसीह के साथ जिलाए गए हो, तो उन
वस्तुओं की खोज करो जो ऊपर हैं, जहाँ मसीह
३५३z के दाहिने बैठा है। 2ऊपर की वस्तुओं पर ध्यान दो,
न कि पृथ्वी की वस्तुओं पर। 3क्योंकि तुम मर गए हो, और
तुम्हारा जीवन मसीह के साथ ईश्वर में छिपा है। 4जब मसीह,
जो हमारा जीवन है, प्रगट होगा, तब तुम भी उसके साथ
महिमा में प्रगट होगे। 5इसलिये पृथ्वी पर जो तुम्हारे अंग हैं
उन्हें मार डालो: व्यभिचार, अशुद्धता, दुष्ट अभिलाषा और
लालच, जो मूर्तिपूजा है। 6इन्हीं के कारण ईश्वर का क्रोध
आज्ञा न माननेवालों पर आता है। 7जिनमें तुम भी कभी
चलते थे, जब उनमें जीते थे। 8पर अब तुम भी सब कुछ दूर
कर दो: क्रोध, रोष, दुष्टता, निन्दा, तुम्हारे मुख से गन्दी
बातें। 9एक दूसरे से झूठ न बोलो, क्योंकि तुमने पुराने मनुष्य
को उसके कामों समेत उतार दिया। 10और नये को पहन
लिया, जो अपने सृजनहार के स्वरूप के अनुसार ज्ञान में नया
बनता जाता है। 11जहाँ न यूनानी है, न यहूदी, न खतना, न
अखतना, न परदेशी, न स्कूथियन, न दास, न स्वतंत्र; पर
मसीह सब और सब में है। 12इसलिये, ईश्वर के चुने हुए,
पवित्र और प्रियजन होकर, दया, भलाई, नम्रता, कोमलता
और सहनशीलता धारण करो। 13एक दूसरे की सह लो,
और यदि किसी को किसी पर दोष हो तो एक दूसरे को क्षमा
करो; जैसे मसीह ने तुम्हें क्षमा किया वैसे ही तुम भी करो।
14और इन सब के ऊपर प्रेम को धारण करो, जो सिद्धता का
बन्धन है। 15और ईश्वर की शांति तुम्हारे हृदयों में राज्य
करे, जिसके लिये तुम एक ही शरीर होकर बुलाए गए; और
धन्यवाद करते रहो। 16मसीह का वचन तुम्हारे भीतर
अधिकता से वास करे, सब प्रकार की बुद्धि में एक दूसरे को
सिखाते और चेतावनी देते रहो, भजन और स्तुतियों और
आत्मिक गीतों से अनुग्रह सहित अपने हृदय में प्रभु को गाते
रहो। 17और जो कुछ भी करो, वचन से या कर्म से, सब प्रभु
Ow५३z के नाम से करो, उसके द्वारा ३५३z पिता का
धन्यवाद करते रहो। 18हे पत्नियों, अपने-अपने पतियों के
आधीन रहो, जैसा प्रभु में उचित है। 19हे पतियों, अपनी
पत्नियों से प्रेम करो और उनके प्रति कठोर न बनो। 20हे
बच्चों, सब बातों में अपने माता-पिता की आज्ञा मानो, क्योंकि
यह प्रभु को प्रसन्न करता है। 21हे पिताओं, अपने बच्चों को
तंग न करो, ऐसा न हो कि वे निराश हो जाएँ। 22हे दासों, सब
बातों में अपने शरीर के अनुसार स्वामियों की आज्ञा मानो,
केवल आँखों के सामने खुशामदी होकर नहीं, पर मन की
सादगी से, ईश्वर का भय मानते हुए। 23और जो कुछ भी
करो, तन मन से करो, जैसे प्रभु के लिये, मनुष्यों के लिये
नहीं। 24यह जानते हुए कि तुम्हें प्रभु से मीरास का प्रतिफल
मिलेगा; क्योंकि तुम प्रभु मसीह की सेवा करते हो। 25पर जो
गलत करता है, वह अपने गलत काम का फल पाएगा; और
कोई पक्षपात नहीं है।

4 1हे स्वामियों, अपने दासों को जो उचित और न्यायसंगत
है वह दो, यह जानते हुए कि तुम्हारा भी एक स्वामी स्वर्ग
में है। 2प्रार्थना में लगे रहो, धन्यवाद सहित उसमें जागते
रहो। 3साथ ही हमारे लिये भी प्रार्थना करो, कि ईश्वर हमें
वचन के लिये द्वार खोले, कि मसीह के भेद को बताऊँ,
जिसके लिये मैं कैद में हूँ। 4कि मैं उसे प्रकट करूँ, जैसा
मुझे बोलना चाहिए। 5बाहरी लोगों के प्रति बुद्धिमानी से चलो,
समय का सदुपयोग करते हुए। 6तुम्हारी बातचीत सदा
अनुग्रह सहित हो, नमक के साथ सुस्वादु हो, ताकि तुम जानो
कि प्रत्येक को कैसे उत्तर देना चाहिए। 7तिकिकुस, जो प्रिय
भाई, सच्चा सेवक और प्रभु में सहदास है, तुम्हें मेरी सब बातें
बता देगा। 8मैंने उसे इसी लिये तुम्हारे पास भेजा है कि
तुम्हारी दशा जाने और तुम्हारे हृदयों को शांति दे।
9ओनेसिमुस के साथ, जो विश्वासयोग्य और प्रिय भाई है, जो
तुममें से है; वे तुम्हें यहाँ की सब बातें बताएँगे।
10अरिस्तारखुस, मेरा सहकैदी, और मरकुस, बरनाबास का
चचेरा, तुम्हें नमस्कार करता है; (जिसके विषय में तुमने
आज्ञाएँ पाई हैं, यदि वह तुम्हारे पास आए तो उसे ग्रहण
करो।) 11और यीशु जो युस्तुस कहलाता है। खतना वालों में
से ये ही मेरे सहकर्मी हैं ईश्वर के राज्य के लिये, जो मुझे
शांति देनेवाले हुए। 12एपाफ्रास, जो तुममें से है, मसीह का
दास है, तुम्हें नमस्कार करता है, और सदैव तुम्हारे लिये
प्रार्थनाओं में प्रयत्न करता है, कि तुम ईश्वर की सारी इच्छा में
सिद्ध और पूर्ण होकर ठहरो। 13क्योंकि मैं उसकी गवाही देता
हूँ कि उसे तुम्हारे लिए, और उनके लिए जो Laodikeia में है
और उनके लिए जो Hierapolis में हैं, गहरी चिंता है।
14लूकस, प्रिय वैद्य, और देमास तुम्हें नमस्कार करते हैं।
15लाओदीकिया में भाइयों और नुम्फास और उसकी घर की
सभा को नमस्कार करो। 16और जब यह पत्र तुम्हारे बीच
पढ़ा जाए, तो देखो कि वह लाओदीकियों की सभा में भी पढ़ा
जाए, और तुम भी लाओदीकिया से आनेवाले पत्र को पढ़ो।
17और अरखिप्पुस से कहो, "उस सेवा पर ध्यान दे जो तूने
प्रभु में पाई है, कि उसे पूरा करे।" 18यह नमस्कार मेरे,
शाऊल के, हाथ से है। मेरी कैद को स्मरण रखना। अनुग्रह
तुम्हारे साथ हो। आमीन।

इफिसियों

𐤉𐤄𐤅𐤄

हिंदी संस्करण

इफिसियों

1 1 शाऊल, 𐤉𐤄𐤅𐤔𐤏 मशीहा के दूत, एलोहिम की इच्छा
से, एफेसोस में जो क़ोदशिम हैं और मशीहा 𐤉𐤄𐤅𐤔𐤏
में सच्चे हैं: 2 आपको अनुग्रह और शाति मिले 𐤉𐤄𐤅𐤄 हमारे
पिता से और 𐤉𐤄𐤅𐤔𐤏 मशीहा से। 3 धन्य है हमारे आदोन
𐤉𐤄𐤅𐤔𐤏 मशीहा का एलोहिम और पिता, जिसने हमें मशीहा
में स्वर्गीय स्थानों में हर आत्मिक आशीर्वाद से आशीर्वादित
किया है, 4 जैसा कि उसने हमें दुनिया की नींव से पहले उसमें
चुना, कि हम उसके सामने प्रेम में क़ोदश और निर्दोष हों,
5 𐤉𐤄𐤅𐤔𐤏 मशीहा के माध्यम से हमें पुत्रों के रूप में अपनाने
के लिए पहले से ठहराया, उसकी इच्छा की अच्छी प्रसन्नता के
अनुसार, 6 उसकी अनुग्रह की महिमा की प्रशंसा के लिए,
जिसमें उसने हमें प्रिय में अनुग्रहित किया, 7 जिसमें हमें उसके
लहू के माध्यम से छुटकारा मिला, अपराधों की क्षमा, उसकी
अनुग्रह की धनीता के अनुसार, 8 जिसे उसने हम पर सारी
बुद्धि और समझ में प्रचुरता से उंडेला, 9 हमें अपनी इच्छा के
रहस्य को प्रकट करते हुए, उसकी अच्छी प्रसन्नता के
अनुसार जिसे उसने उसमें ठहराया, 10 समय की पूर्णता में
प्रशासन करने के लिए, मशीहा में सब कुछ एकत्रित करने के
लिए, जो स्वर्ग में और जो पृथ्वी पर है, उसमें, 11 जिसमें हमने
भी एक विरासत प्राप्त की, उसके उद्देश्य के अनुसार पहले से
ठहराए गए, जो अपनी इच्छा की सलाह के अनुसार सब कुछ
करता है, 12 हम उसकी महिमा की प्रशंसा के लिए हों -
जिन्होंने पहले मशीहा में विश्वास किया, 13 जिसमें आप भी,
सत्य के वचन को सुनकर, आपकी मुक्ति की शुभ सूचना,
जिसमें विश्वास करके, आप प्रतिज्ञा के रूह हक़ोदश से
मुहरबंद किए गए, 14 जो हमारी विरासत की प्रतिज्ञा है, खरीदी
गई संपत्ति के छुटकारे तक, उसकी महिमा की प्रशंसा के
लिए। 15 इस कारण से मैं भी, आपके आदोन 𐤉𐤄𐤅𐤔𐤏 में
विश्वास और सभी क़ोदशिम के लिए आपके प्रेम की सुनकर,
16 आपके लिए धन्यवाद देना नहीं छोड़ता, अपनी प्रार्थनाओं में
आपका उल्लेख करता हूँ, 17 कि हमारे आदोन 𐤉𐤄𐤅𐤔𐤏
मशीहा का एलोहिम, महिमा का पिता, आपको उसकी
जानकारी में बुद्धि और प्रकाशन की आत्मा दे, 18 आपकी
समझ की आँखें प्रकाशित हों, ताकि आप जान सकें कि
उसकी बुलाहट की अपेक्षा क्या है, और क़ोदशिम में उसकी
विरासत की महिमा की धनीता क्या है, 19 और हम पर उसकी
शक्ति की अत्यधिक महानता क्या है, जो विश्वास कर रहे हैं,
उसकी शक्तिशाली शक्ति के कार्य के अनुसार, 20 जो उसने
मशीहा में किया जब उसने उसे मृतकों में से उठाया और स्वर्ग
में अपने दाहिने हाथ पर बैठाया, 21 सभी शासन और
अधिकार और शक्ति और 𐤉𐤄𐤅𐤄त्व से बहुत ऊपर, और
हर नाम से जो नामित है, न केवल इस युग में बल्कि आने
वाले में भी। 22 और उसने सब कुछ उसके पैरों के नीचे रखा,
और उसे सभा के लिए सब पर सिर बनाया, 23 जो उसका
शरीर है, उसकी पूर्णता जो सब में सब कुछ भरता है।

2 1 और तुम अपराधों और पापों में मरे हुए थे, 2 जिनमें तुम
पहले इस संसार की रीति पर चले, वायु की सत्ता के
शासक के अनुसार, उस आत्मा के अनुसार जो अब आज्ञा न
मानने के पुत्रों में काम कर रहा है, 3 जिनमें हम सब ने भी
पहले अपनी देह की अभिलाषाओं में जीवन बिताया, शरीर
और मन की इच्छाएँ पूरी करते हुए, और स्वभाव से क्रोध के
बच्चे थे, जैसे और लोग। 4 परन्तु 𐤉𐤄𐤅𐤄, जो दया में धनी
है, अपने उस बड़े प्रेम के कारण जिससे उसने हमसे प्रेम
किया, 5 जब हम अपराधों में मरे हुए थे, तब भी हमें मशियाह
के साथ जिलाया – अनुग्रह से तुम बचाए गए हो – 6 और
उसने हमें उसके साथ जिलाया, और शमायिम में मशियाह
𐤉𐤄𐤅𐤔𐤏 में उसके साथ बैठाया, 7 ताकि आने वाले युगों में
वह अपनी अनुग्रह की अत्यन्त धन-सम्पत्ति को, जो हम पर
दयालुता में है, मशियाह 𐤉𐤄𐤅𐤔𐤏 में दिखाए। 8 क्योंकि
अनुग्रह से तुम विश्वास के द्वारा बचाए गए हो, और यह तुम्हारी
ओर से नहीं, यह ईश्वर का दान है, 9 यह कर्मों से नहीं, ताकि
कोई घमण्ड न करे। 10 क्योंकि हम उसकी कृति हैं, जो
मशियाह 𐤉𐤄𐤅𐤔𐤏 में अच्छे कर्मों के लिए सृजे गए, जिन्हें
𐤉𐤄𐤅𐤄 ने पहले से तैयार किया कि हम उनमें चलें।
11 इसलिए स्मरण करो कि तुम, जो कभी शरीर में अन्यजाति
थे, और जिन्हें वे 'अखतना' कहते हैं, जो हाथों से शरीर में
किया हुआ 'खतना' कहलाता है, 12 कि उस समय तुम
मशियाह के बिना थे, यिस्राएल की नागरिकता से अलग, और
प्रतिज्ञा की वाचा से पराए, न आशा रखते और न इस संसार
में ईश्वर रखते। 13 पर अब मशियाह 𐤉𐤄𐤅𐤔𐤏 में तुम, जो
कभी दूर थे, मशियाह के लहू के द्वारा निकट लाए गए हो।
14 क्योंकि वही हमारी शान्ति है, जिसने दोनों को एक कर
दिया, और बीच की बाड़ को ढहा दिया, 15 उसने अपने शरीर
में बैर को, अर्थात् आज्ञाओं की व्यवस्था की विधियों में, नष्ट
कर दिया, ताकि वह अपने में दोनों से एक नया मनुष्य रचे,
और इस प्रकार शान्ति करे, 16 और दोनों को एक शरीर में
क्रूस के द्वारा ईश्वर से पूरी रीति से मेल कराए, बैर को उसी
से नष्ट करके। 17 और आकर उसने तुम्हें, जो दूर थे,
शान्ति का सुसमाचार सुनाया, और उन्हें भी जो पास थे।
18 क्योंकि उसके द्वारा हम दोनों का एक आत्मा में पिता के
पास प्रवेश है। 19 सो अब तुम पराए और विदेशी नहीं रहे,
परन्तु क़ोदेशीम के साथ नागरिक और ईश्वर के घराने के
सदस्य हो, 20 जो प्रेषितों और नबियों की नींव पर बनाए गए हो,
और 𐤉𐤄𐤅𐤔𐤏 ह'मशियाह आप ही कोने का प्रधान पत्थर
है। 21 जिसमें सारा भवन एक साथ जोड़कर, 𐤉𐤄𐤅𐤄 में
एक क़ोदेश मिष्कान में बढ़ता है, 22 जिसमें तुम भी आत्मा में
ईश्वर का निवास होने के लिए एक साथ बनाए जा रहे हो।

3 [1]इसी कारण मैं, शाऊल, अन्यजातियों के लिए
OWY3Z ह'मशियाह का कैदी हूँ – [2]यदि वास्तव में
तुमने उस अनुग्रह के प्रबन्ध के विषय में सुना है, जो ईश्वर
की ओर से मुझे तुम्हारे लिए दिया गया, [3]कि प्रकाशन द्वारा
मुझे यह भेद प्रगट किया गया, जैसा मैंने पहले संक्षेप में लिखा
था। [4]इसे पढ़ते समय तुम मेरे मशियाह के भेद में ज्ञान को
समझ सकते हो, [5]जो और पीढ़ियों में मनुष्यों के पुत्रों को ज्ञात
नहीं कराया गया, जैसा अब उसके क़ोदेश दूतों और नबियों
को आत्मा द्वारा प्रगट किया गया है। [6]कि अन्यजाति भी
वारिस हों, एक ही शरीर में संयुक्त हों, और सुसमाचार के
द्वारा मशियाह में प्रतिज्ञा के सहभागी हों, [7]जिसका सेवक मैं
बना, ईश्वर के अनुग्रह के उस वरदान के अनुसार जो मुझे
दिया गया, उसकी सामर्थ्य के कार्य के अनुसार। [8]मुझे, जो
सब क़ोदेशीम में सबसे छोटा हूँ, यह अनुग्रह दिया गया कि मैं
अन्यजातियों के बीच मशियाह की अगम्य धन-सम्पत्ति का
सुसमाचार सुनाऊँ, [9]और सब को यह दिखाऊँ कि यह भेद
किस प्रकार प्रबन्धित है, जो युगों से 3Y3Z में छिपा रहा,
जिसने सब कुछ OWY3Z ह'मशियाह के द्वारा सृजा।
[10]ताकि अब सभा के द्वारा ईश्वर की अनेकों प्रकार की बुद्धि
शमायिम में प्रधानताओं और अधिकारों को प्रगट हो, [11]उस
सनातन उद्देश्य के अनुसार, जिसे उसने हमारे आदोन
मशियाह OWY3Z में ठहराया, [12]जिसमें हमें उसके प्रति
विश्वास के द्वारा हियाव और निर्भीक प्रवेश है। [13]इसलिए मैं
प्रार्थना करता हूँ कि तुम मेरे तुम्हारे लिये कष्टों के कारण
हियाव न छोड़ो, जो तुम्हारी महिमा है। [14]इसी कारण मैं हमारे
आदोन OWY3Z ह'मशियाह के पिता के सामने घुटने
टेकता हूँ, [15]जिससे शमायिम और पृथ्वी पर सब पितृत्व
कहलाता है, [16]कि वह अपनी महिमा की धन-सम्पत्ति के
अनुसार तुम्हें सामर्थ्य दे कि उसके आत्मा के द्वारा आन्तरिक
मनुष्य में सामर्थी बनो, [17]कि ह'मशियाह तुम्हारे हृदयों में
विश्वास के द्वारा वास करे — और तुम प्रेम में जड़ पकड़कर
और स्थिर हो जाओ, [18]कि सब क़ोदेशीम के साथ मिलकर
तुम चौड़ाई, लम्बाई, गहराई और ऊँचाई को भली-भाँति समझ
सको, [19]और मशियाह के उस प्रेम को जानो जो ज्ञान से
बढ़कर है, ताकि तुम ईश्वर की सारी परिपूर्णता से भर
जाओ। [20]अब जो हमारे भीतर कार्य करने वाली सामर्थ्य के
अनुसार, हमारी बिनती और समझ से कहीं अधिक करने में
समर्थ है, [21]उसी को सभा में और मशियाह OWY3Z में
पीढ़ी दर पीढ़ी, युगानुयुग महिमा हो। आमेन।

4 [1]इसलिए मैं, आदोन का कैदी, तुमसे बिनती करता हूँ कि
जिस बुलाहट से तुम बुलाए गए हो उसके योग्य चाल
चलो, [2]सब दीनता और नम्रता के साथ, धैर्य सहित, प्रेम में
एक दूसरे को सहते हुए, [3]शान्ति के बन्धन में आत्मा की
एकता की रक्षा करने में तत्पर रहो – [4]एक शरीर और एक
आत्मा है, जैसे तुम्हें भी तुम्हारी बुलाहट की एक ही आशा में
बुलाया गया, [5]एक आदोन, एक विश्वास, एक बपतिस्मा,
[6]एक ईश्वर और सब का पिता, जो सब के ऊपर है, और सब
के द्वारा, और तुम सब में है। [7]पर हम में से हर एक को
अनुग्रह दिया गया, मशियाह के वरदान की माप के अनुसार।
[8]इसीलिए वह कहता है, "जब वह ऊँचे पर चढ़ा, उसने
बन्दियों को बन्दी बनाकर ले गया, और मनुष्यों को वरदान
दिए।" [9]पर "वह ऊपर चढ़ा" का क्या अर्थ है, सिवाय इसके
कि वह पहले पृथ्वी के नीचले भागों में भी उतरा? [10]वह जो
उतरा, वही सब शमायिम से भी ऊपर चढ़ा, ताकि सब को
परिपूर्ण करे। [11]और उसी ने कितनों को दूत ठहराया, और
कितनों को नबी, और कितनों को सुसमाचार सुनाने वाले,
और कितनों को चरवाहे और उपदेशक, [12]क़ोदेशीम के सिद्ध
करने के लिए, सेवा के काम के लिए, ह'मशियाह के शरीर को
बनाने के लिए। [13]जब तक कि हम सब विश्वास की एकता
और 3Y3Z के पुत्र की पहचान की एकता तक, सिद्ध
मनुष्य तक, मशियाह की परिपूर्णता की डील-डौल की माप
तक न पहुँचें, [14]ताकि हम अब और बच्चे न रहें, जो हर
शिक्षा की आंधी से इधर-उधर डाले जाते और मनुष्यों की
चालाकी और गुमराह करने की चतुराई से बहकाए जाते हैं,
[15]पर प्रेम में सत्य का पालन करते हुए, सब बातों में उसमें
बढ़ते जाएँ जो सिर है, अर्थात् मशियाह, [16]जिससे सारा
शरीर, हर जोड़ की आपूर्ति से संयुक्त और एक साथ बंधा
हुआ, उस कार्य के अनुसार जिसमें हर अंग अपना भाग
करता है, प्रेम में अपने आप को बढ़ाता और बनाता है। [17]सो
मैं यह कहता हूँ और आदोन में गवाही देता हूँ, कि अब से तुम
अन्यजातियों की तरह अपने मन की व्यर्थता में न चलो,
[18]क्योंकि उनकी समझ अंधेरी हो गई है, वे ईश्वर के जीवन
से पराये हो गए हैं, उनके भीतर की अज्ञानता और उनके मन
की कठोरता के कारण। [19]जो असंवेदनशील होकर,
व्यभिचार में अपने आप को दे चुके हैं, कि सब प्रकार की
अशुद्धता को लोभ सहित करें। [20]पर तुमने ऐसा मशियाह को
नहीं जाना, [21]यदि वास्तव में तुमने उसे सुना और उसमें
सिखाए गए हो, जैसा कि सत्य OWY3Z में है: [22]कि तुम
अपने पुराने चाल-चलन को उतार दो, उस पुराने मनुष्य को,
जो धोखे की इच्छाओं के अनुसार भ्रष्ट होता है, [23]और अपने
मन के आत्मा में नए बनो, [24]और नए मनुष्य को पहनो, जो
ईश्वर के अनुसार धर्म और सत्य की क़ोदेशता में सृजा गया
है। [25]इसलिए, झूठ को उतारकर, हर एक अपने पड़ोसी से
सत्य बोले, क्योंकि हम एक दूसरे के अंग हैं। [26]"क्रोध करो,
पर पाप मत करो।" सूर्यास्त तक अपने क्रोध को न रहने दो,
[27]और शैतान को अवसर न दो। [28]जो चोरी करता था, अब
आगे चोरी न करे, बल्कि परिश्रम करे, अपने हाथों से अच्छा
काम करके, ताकि जिसके पास आवश्यकता हो, उसे दे
सके। [29]तुम्हारे मुँह से कोई बुरी बात न निकले, पर वही जो
आवश्यक उन्नति के लिए उत्तम हो, ताकि सुनने वालों पर
अनुग्रह हो। [30]और ईश्वर के क़ोदेश आत्मा को शोकित न
करो, जिससे तुम छुटकारे के दिन तक मोहर लगाए गए हो।
[31]सब प्रकार की कटुता, और क्रोध, और रोष, और
कोलाहल, और निन्दा तुमसे दूर हो जाए, सब दुष्टता समेत।
[32]और एक दूसरे के प्रति कृपालु बनो, दयालु हृदय वाले, एक
दूसरे को क्षमा करो, जैसे 3Y3Z ने भी मशियाह में तुम्हें
क्षमा किया।

5 [1]इसलिए, तुम प्रिय बच्चों के समान ईश्वर के
अनुकरणकर्ता बनो। [2]और प्रेम में चलो, जैसा कि

मशियाह ने भी हमसे प्रेम किया और हमारे लिये अपने आप को
अर्पण और बलिदान कर दिया 𐤉𐤄𐤅𐤄 के लिये, सुगन्धित
गन्ध के रूप में। 3 परन्तु व्यभिचार और सब अशुद्धता, या
लोभ, तुम्हारे बीच नाम तक न लिया जाए, जैसा कि क़ोदेशीम
में उचित है – 4 न गन्दी बातें, न मूर्खतापूर्ण बातें, न भद्दा
मजाक, जो शोभा नहीं देते; परन्तु इसके बदले धन्यवाद दो।
5 क्योंकि तुम यह जानते हो, कि कोई भी व्यभिचारी, कोई
अशुद्ध, कोई लोभी जो मूर्तिपूजक है, उसका मशियाह और
𐤉𐤄𐤅𐤄 के राज्य में कोई मीरास नहीं। 6 कोई तुम्हें व्यर्थ
बातों से धोखा न दे, क्योंकि इन्हीं के कारण 𐤉𐤄𐤅𐤄 का
क्रोध आज्ञा न मानने के पुत्रों पर आता है। 7 इसलिए उनके
सहभागी न बनो। 8 क्योंकि तुम कभी अन्धकार थे, पर अब
आदोन में ज्योति हो। ज्योति के बच्चों के समान चलो –
9 क्योंकि आत्मा का फल सब प्रकार की भलाई, और धर्म,
और सत्य में है – 10 यह सिद्ध करते हुए कि आदोन को क्या
भाता है। 11 और अन्धकार के निष्फल कामों में सहभागी न
बनो, पर उन्हें उलाहना दो। 12 क्योंकि जो वे गुप्त में करते हैं,
उनका कहना भी लज्जा की बात है। 13 परन्तु जो कुछ
उलाहना पाता है, वह ज्योति से प्रगट होता है; क्योंकि जो कुछ
प्रगट होता है, वह ज्योति है। 14 इसी कारण वह कहता है,
"जाग जा, हे सोने वाले, और मरे हुओं में से उठ, और
मशियाह तुझ पर प्रकाश करेगा।" 15 इसलिए ध्यान से देखो
कि तुम कैसी चाल चलते हो, निर्बुद्धि नहीं, पर बुद्धिमान के
समान। 16 समय को मूल्यवान समझो, क्योंकि दिन बुरे हैं।
17 इसलिए निर्बुद्धि न बनो, पर समझो कि 𐤉𐤄𐤅𐤄 की इच्छा
क्या है। 18 और दाखमधु से मतवाले न बनो, जिसमें
उच्छृंखलता है, पर आत्मा से परिपूर्ण हो। 19 आपस में भजन
और स्तुति-गीत और आत्मिक गीत गाते-बजाते हुए, अपने
हृदय में आदोन के लिये गाओ। 20 हमेशा सब बातों में
धन्यवाद करो 𐤉𐤄𐤅𐤄 पिता का, हमारे आदोन 𐤉𐤄𐤅𐤔𐤏
ह'मशियाह के नाम में। 21 ईश्वर के भय में एक दूसरे के
अधीन रहो। 22 हे पत्नियों, अपने अपने पतियों के अधीन
रहो, जैसे आदोन के। 23 क्योंकि पति पत्नी का सिर है, जैसे
ह'मशियाह भी सभा का सिर है, और वही शरीर का उद्धारकर्ता
है। 24 पर जैसे सभा मशियाह के अधीन है, वैसे ही पत्नियाँ भी
हर बात में अपने पतियों के अधीन रहें। 25 हे पतियों, अपनी
पत्नियों से प्रेम करो, जैसा कि मशियाह ने भी सभा से प्रेम
किया और अपने आप को उसके लिये दे दिया। 26 कि उसे
वचन के द्वारा जल के स्नान से क़ादोश और शुद्ध करे, 27 कि
उसे अपने लिये महिमामयी सभा बनाकर उपस्थित करे,
जिसमें न कोई धब्बा, न झुर्री, न ऐसी कोई बात हो, परन्तु वह
क़ोदेश और निर्दोष हो। 28 इसी प्रकार पतियों को अपनी
पत्नियों से प्रेम करना चाहिए, जैसे अपनी देह से। जो अपनी
पत्नी से प्रेम करता है, वह अपने आप से प्रेम करता है।
29 क्योंकि किसी ने कभी अपनी देह से बैर नहीं किया, पर
उसका पालन-पोषण करता और उसका ध्यान रखता है, जैसा
कि आदोन भी सभा का करता है। 30 क्योंकि हम उसके शरीर
के अंग हैं, उसके मांस और उसकी हड्डियों के। 31 "इसी
कारण मनुष्य अपने पिता और माता को छोड़कर अपनी पत्नी
से मिला रहेगा, और वे दोनों एक शरीर होंगे।" 32 यह भेद
बड़ा है, पर मैं मशियाह और सभा के विषय में कहता हूँ।
33 फिर भी तुम में से हर एक अपनी पत्नी से अपने समान प्रेम
करे, और पत्नी यह देखे कि वह अपने पति का आदर करे।

6 1 हे बच्चो, आदोन में अपने माता-पिता की आज्ञा का
पालन करो, क्योंकि यह उचित है। 2 "अपने पिता और
माता का आदर कर," जो प्रतिज्ञा सहित पहली आज्ञा है, 3 कि
तेरा भला हो, और तू धरती पर दीर्घायु हो।" 4 और हे
पिताओ, अपने बच्चों को क्रोध न दिलाओ, पर उन्हें आदोन
की शिक्षा और चेतावनी में बढ़ाओ। 5 हे दासो, शरीर के
अनुसार अपने स्वामियों की आज्ञा का पालन करो, डर और
काँप के साथ, मन की सादगी में, जैसे कि मशियाह के।
6 केवल आँख-सेवा करके, जैसे मनुष्यों को प्रसन्न करने वाले
नहीं, पर मशियाह के दासों के समान, हृदय से ईश्वर की
इच्छा पूरी करते हुए। 7 सेवा को मन से करो, जैसे आदोन के
लिये, मनुष्यों के लिये नहीं। 8 यह जानते हुए कि जो कोई
भलाई करेगा, वह वही आदोन से पाएगा, चाहे दास हो या
स्वतंत्र। 9 और हे स्वामियों, तुम भी उनके साथ ऐसा ही करो,
और धमकी देना छोड़ दो; यह जानते हुए कि तुम्हारा भी
स्वामी शमायिम में है, और उसके साथ कोई पक्षपात नहीं।
10 अन्त में, हे भाइयो, आदोन में और उसकी शक्ति की
पराक्रम में सामर्थी बनो। 11 ईश्वर के सारे हथियार बाँध लो,
ताकि तुम शैतान की युक्तियों के विरोध में खड़े रह सको।
12 क्योंकि हमारा मल्लयुद्ध रक्त और मांस से नहीं, परन्तु
प्रधानताओं से, अधिकारों से, इस युग के अन्धकार के
शासकों से, और शमायिम में आत्मिक दुष्टताओं से है।
13 इस कारण ईश्वर के सारे हथियार ले लो, ताकि तुम उस
बुरे दिन में सामर्थ्य रखो, और सब कुछ करके स्थिर रहो।
14 सो खड़े रहो, अपनी कमर को सत्य से कसकर, और धर्म
की झिलम पहनकर, 15 और अपने पैरों को शान्ति के
सुसमाचार की तैयारी से जूते पहनकर। 16 और सब से
बढ़कर विश्वास की ढाल उठा लो, जिससे तुम उस दुष्ट के
सब जलते हुए तीरों को बुझा सको। 17 और उद्धार का टोप,
और आत्मा की तलवार ले लो, जो 𐤉𐤄𐤅𐤄 का वचन है।
18 हर समय आत्मा में सब प्रकार की प्रार्थना और विनती के
साथ प्रार्थना करते रहो, और इसी लिये सब क़ोदेशीम के लिये
सब प्रकार की धीरज और विनती के साथ चौकसी करते
रहो। 19 और मेरे लिये भी, कि मुझे वचन दिया जाए, ताकि मैं
अपना मुँह खोलकर सुसमाचार के भेद को निडर होकर प्रगट
करूँ। 20 जिसके लिये मैं बन्धनों में दूत हूँ, कि मैं उसमें वैसे
ही निडर होकर बोलूँ, जैसा मुझे बोलना चाहिए। 21 अब,
ताकि तुम भी मेरे विषय में जानो, मैं कैसा हूँ और क्या करता
हूँ, तुखिकुस, जो प्रिय भाई और आदोन में विश्वासयोग्य
सेवक है, वह सब तुम्हें बताएगा। 22 मैंने उसे इसी लिये तुम्हारे
पास भेजा है, कि तुम हमारे विषय में जानो, और तुम्हारे मनों
को शान्ति मिले। 23 हे भाइयो, शान्ति और विश्वास सहित प्रेम
तुम्हें मिले, 𐤉𐤄𐤅𐤄 पिता और आदोन 𐤉𐤄𐤅𐤔𐤏 ह'मशियाह
से। 24 अनुग्रह सब पर हो, जो हमारे आदोन 𐤉𐤄𐤅𐤔𐤏
ह'मशियाह से अमर प्रेम रखते हैं। आमेन।

फिलिप्पियों

हिंदी संस्करण

फिलिप्पियों

1 1 शाऊल और तिमोथियुस, मसीह 𐤉𐤄𐤅𐤔𐤏 के सेवक,
उन सभी पवित्र जनों के नाम जो मसीह 𐤉𐤄𐤅𐤔𐤏 में
फिलिप्पी में हैं, उनके साथ देखरेख करने वालों और सेवकों
सहित। 2 𐤉𐤄𐤅𐤄 हमारे पिता और प्रभु 𐤉𐤄𐤅𐤔𐤏 मसीह की
ओर से तुम्हें अनुग्रह और शांति मिले। 3 मैं अपने ईश्वर का
धन्यवाद करता हूँ जब भी तुम्हारा स्मरण करता हूँ। 4 अपनी
सब प्रार्थनाओं में, तुम सब के लिए सदैव आनन्द के साथ
प्रार्थना करता हूँ। 5 क्योंकि तुमने सुसमाचार में पहले दिन से
अब तक सहभागिता रखी है। 6 इस बात पर मैं निश्चय से
विश्वास रखता हूँ कि जिसने तुम में भला कार्य आरंभ किया
है, वह उसे मसीह 𐤉𐤄𐤅𐤔𐤏 के दिन तक सिद्ध करेगा।
7 यह सोचना मेरे लिए उचित है, क्योंकि तुम सब मेरे हृदय में
हो — तुम सब मेरे साथ अनुग्रह में सहभागी हो, चाहे मेरी
कैद में, या सुसमाचार की रक्षा और पुष्टि में। 8 क्योंकि ईश्वर
मेरा साक्षी है कि मैं तुम सबकी कितनी लालसा रखता हूँ,
मसीह 𐤉𐤄𐤅𐤔𐤏 की कोमल करुणा के साथ। 9 और मैं यह
प्रार्थना करता हूँ कि तुम्हारा प्रेम ज्ञान और सारी समझ में
अधिक से अधिक बढ़े। 10 ताकि तुम उन बातों को परख
सको जो उत्तम हैं, ताकि मसीह के दिन तक तुम निर्मल और
निर्दोष रहो। 11 मसीह 𐤉𐤄𐤅𐤔𐤏 के द्वारा धार्मिकता के फलों
से भरपूर रहो, जिससे 𐤉𐤄𐤅𐤄 की महिमा और स्तुति हो।
12 हे भाइयो, मैं चाहता हूँ कि तुम यह जानो कि जो कुछ मुझ
पर घटा है, वह सुसमाचार की प्रगति के लिए ही सिद्ध हुआ है।
13 यहाँ तक कि मेरी कैद मसीह में होने के कारण राजमहल
के सब लोगों और अन्य सब में प्रसिद्ध हो गई है। 14 और
अधिकांश भाइयों ने प्रभु पर भरोसा करके, मेरी कैद के
कारण, और भी अधिक निडर होकर वचन बोलने का साहस
पाया है। 15 कुछ लोग वास्तव में डाह और विवाद से मसीह
का प्रचार करते हैं, पर कुछ लोग सद्भावना से। 16 पहले
वाले स्वार्थी महत्वाकांक्षा से मसीह का प्रचार करते हैं,
निष्ठापूर्वक नहीं, यह सोचकर कि मेरी कैद में मुझे कष्ट
बढ़ाएँ। 17 परन्तु दूसरे प्रेम से प्रचार करते हैं, यह जानते हुए
कि मैं सुसमाचार की रक्षा के लिए नियुक्त हूँ। 18 तो क्या
हुआ? हर प्रकार से, चाहे दिखावे में हो या सत्य में, मसीह का
प्रचार हो रहा है — और इसमें मैं आनन्दित हूँ; हाँ, मैं
आनन्दित रहूँगा। 19 क्योंकि मैं जानता हूँ कि तुम्हारी प्रार्थना
और मसीह 𐤉𐤄𐤅𐤔𐤏 की आत्मा की सहायता से यह मेरे
उद्धार के लिए होगा। 20 मेरी तीव्र आशा और प्रतीक्षा के
अनुसार कि मैं किसी बात में लज्जित न होऊँ, परन्तु पूरे
साहस के साथ, अब भी जैसे सदा, मसीह मेरे शरीर में बड़ा
किया जाए — चाहे जीवन से या मृत्यु से। 21 क्योंकि मेरे
लिए जीना मसीह है और मरना लाभ है। 22 और यदि शरीर
में जीना मेरे लिए काम का फल है, तो मैं क्या चुनूँ? मैं नहीं
जानता। 23 क्योंकि मैं दोनों ओर से दबाया गया हूँ — मेरा
मन चाहता है कि मैं विदा होकर मसीह के साथ रहूँ, जो बहुत
ही उत्तम है। 24 परन्तु तुम्हारे कारण शरीर में रहना और भी
आवश्यक है। 25 और इस बात पर निश्चय करके, मैं जानता
हूँ कि मैं रहूँगा और तुम सब के साथ बने रहूँगा, ताकि तुम्हारे
विश्वास की प्रगति और आनन्द बढ़े। 26 ताकि तुम्हारा गर्व
मसीह 𐤉𐤄𐤅𐤔𐤏 में मेरे कारण बहुत बढ़े, जब मैं फिर से
तुम्हारे पास आऊँ। 27 केवल इतना कि तुम मसीह के
सुसमाचार के योग्य आचरण करो, ताकि चाहे मैं आकर तुम्हें
देखूँ या अनुपस्थित रहूँ, मैं तुम्हारे विषय में सुनूँ कि तुम एक
आत्मा में दृढ़ होकर, एक मन होकर, सुसमाचार के विश्वास
के लिए एक साथ परिश्रम कर रहे हो। 28 और किसी भी बात
में अपने विरोधियों से भयभीत न हो; यह उनके लिए विनाश
का चिन्ह है, परन्तु तुम्हारे लिए उद्धार का — और यह
𐤉𐤄𐤅𐤄 की ओर से है। 29 क्योंकि तुम्हें मसीह के लिए यह
अनुग्रह दिया गया है, न केवल उस पर विश्वास करने के लिए,
बल्कि उसके खातिर दुःख सहने के लिए भी। 30 और वही
संघर्ष तुम्हारे पास भी है, जैसा तुमने मुझ में देखा और अब
मेरे विषय में सुनते हो।

2 1 यदि मसीह में कोई प्रोत्साहन है, यदि प्रेम का कोई
सांत्वन है, यदि आत्मा की कोई सहभागिता है, यदि कोई
स्नेह और करुणा है, 2 तो मेरा आनन्द पूरा करो, एक मन
रहकर, एक ही प्रेम रखकर, एक ही आत्मा और एक ही
उद्देश्य में बने रहो। 3 स्वार्थ या घमण्ड से कुछ न करो, परन्तु
नम्रता से एक दूसरे को अपने से उत्तम समझो। 4 हर एक
व्यक्ति केवल अपनी ही बातों का नहीं, बल्कि दूसरों की बातों
का भी ध्यान रखे। 5 तुम्हारे भीतर वही मनोभाव हो जो मसीह
𐤉𐤄𐤅𐤔𐤏 में भी था। 6 वह, जो ईश्वर के रूप में था, ईश्वर
के तुल्य होने को लूट समझने योग्य नहीं समझा। 7 परन्तु
उसने स्वयं को शून्य कर दिया, सेवक का रूप धारण किया
और मनुष्यों के समान बन गया। 8 और जब वह मनुष्य के
रूप में पाया गया, तब उसने स्वयं को दीन किया और मृत्यु
तक आज्ञाकारी बना — हाँ, क्रूस की मृत्यु तक। 9 इस
कारण 𐤉𐤄𐤅𐤄 ने भी उसे अत्यन्त उच्च किया और उसे वह
नाम दिया जो हर नाम से बढ़कर है। 10 कि 𐤉𐤄𐤅𐤔𐤏 के
नाम पर हर घुटना झुके, चाहे स्वर्ग में हों, चाहे पृथ्वी पर, या
पृथ्वी के नीचे। 11 और हर जीभ स्वीकार करे कि 𐤉𐤄𐤅𐤔𐤏
मसीह प्रभु है, 𐤉𐤄𐤅𐤄 पिता की महिमा के लिए। 12 इसलिए,
हे मेरे प्रिय जनो, जैसे तुमने सदैव आज्ञा मानी है — न केवल
मेरी उपस्थिति में, परन्तु अब और भी अधिक मेरी
अनुपस्थिति में — अपने उद्धार को भय और काँपते हुए पूरा
करो। 13 क्योंकि ईश्वर ही तुम में अपनी इच्छा और काम
करने की शक्ति देता है ताकि उसका उद्देश्य पूरा हो। 14 सब
कुछ कुड़कुड़ाए बिना और विवाद किए बिना करो। 15 ताकि
तुम निर्दोष और निष्कलंक बनो, इस टेढ़ी और विकृत पीढ़ी के

बीच ईश्वर की निष्पाप संतान बनकर, जिनके बीच तुम जगत
में ज्योति के समान चमको। 16 जीवन के वचन को दृढ़ता से
थामे रहो, ताकि मसीह के दिन मैं गर्व कर सकूँ कि मैंने व्यर्थ
नहीं दौड़ा और न ही व्यर्थ परिश्रम किया। 17 वास्तव में, यदि
मैं तुम्हारे विश्वास के बलिदान और सेवा पर अर्घ्य के समान
उंडेला जा रहा हूँ, तो मैं आनन्दित हूँ और तुम सब के साथ
आनन्द करता हूँ। 18 इसी प्रकार तुम भी आनन्दित रहो और
मेरे साथ आनन्द करो। 19 परन्तु मैं प्रभु OW५३Z पर
भरोसा करता हूँ कि शीघ्र ही तिमोथियुस को तुम्हारे पास भेजूँ,
ताकि तुम्हारे समाचार से मुझे भी शांति मिले। 20 क्योंकि मेरे
पास कोई और ऐसा नहीं है जो तुम्हारे हित की सच्ची चिन्ता
रखता हो। 21 क्योंकि सब अपने ही हित की खोज करते हैं,
न कि मसीह OW५३Z की बातों की। 22 परन्तु तुम जानते
हो कि उसने अपनी परीक्षा सिद्ध कर दी है, क्योंकि जैसे पुत्र
अपने पिता के साथ सेवा करता है, वैसे ही उसने मेरे साथ
सुसमाचार के कार्य में सेवा की। 23 इसलिए मैं आशा करता हूँ
कि जैसे ही मुझे अपनी स्थिति का हाल मालूम होगा, मैं उसे
शीघ्र ही तुम्हारे पास भेज दूँ। 24 और मुझे प्रभु पर विश्वास है
कि मैं स्वयं भी शीघ्र ही आऊँगा। 25 परन्तु मैंने यह आवश्यक
समझा कि मैं तुम्हारे पास एपाफ्रोदितुस को भेज दूँ — जो मेरा
भाई, सहकर्मी और सहयोद्धा है, और तुम्हारा दूत तथा मेरी
आवश्यकताओं में सेवक है। 26 क्योंकि वह तुम सबकी
लालसा रखता था और इस कारण से व्याकुल था कि तुमने
यह सुना था कि वह बीमार हो गया था। 27 वास्तव में वह
बीमार था, यहाँ तक कि मृत्यु के निकट, परन्तु ईश्वर ने उस
पर दया की, और केवल उस पर ही नहीं बल्कि मुझ पर भी,
ताकि मैं दुःख पर दुःख न उठाऊँ। 28 इसलिए मैंने उसे और
भी शीघ्र भेजा, ताकि तुम उसे देखकर आनन्दित हो जाओ
और मेरा दुःख कुछ हल्का हो जाए। 29 इसलिए उसे प्रभु में
पूरे आनन्द के साथ ग्रहण करो, और ऐसे मनुष्यों का आदर
करो। 30 क्योंकि मसीह के कार्य के लिए वह मृत्यु के निकट
पहुँच गया था, अपने जीवन को जोखिम में डालकर, ताकि
जो सेवा तुम्हारी ओर से मेरे लिए रह गई थी, उसे वह पूरी कर
सके।

3 1 अन्त में, हे भाइयो, ३५३Z में आनन्दित रहो। तुम्हें
वही बातें फिर से लिखना मेरे लिए कष्टदायक नहीं, और
तुम्हारे लिए सुरक्षित है। 2 कुत्तों से सावधान रहो, बुरे काम
करने वालों से सावधान रहो, और उस झूठे खतना करने
वालों से सावधान रहो। 3 क्योंकि हम ही सच्चे खतना वाले हैं,
जो आत्मा में ईश्वर की सेवा करते हैं, मसीह OW५३Z में
घमण्ड करते हैं, और शरीर पर भरोसा नहीं रखते। 4 यद्यपि
मैं भी शरीर पर भरोसा कर सकता था। यदि कोई और
सोचता है कि वह शरीर पर भरोसा कर सकता है, तो मैं उससे
भी अधिक। 5 आठवें दिन खतना हुआ, इस्राएल की जाति से,
बिन्यामिन के गोत्र से, इब्री में से इब्री; तोराह के अनुसार
फरीसी। 6 उत्साह के अनुसार, सभा का सताने वाला; तोराह
में जो धर्म है, उसके अनुसार निर्दोष ठहरा। 7 परन्तु जो बातें
मेरे लिए लाभ थीं, उन्हें मैंने मसीह के कारण हानि ठहराया।
8 बल्कि मैं सब कुछ हानि मानता हूँ, मसीह OW५३Z प्रभु के
ज्ञान की श्रेष्ठता के कारण, जिसके लिए मैंने सब कुछ की
हानि उठाई, और उन्हें कूड़ा समझता हूँ, ताकि मसीह को
प्राप्त कर सकूँ। 9 और उसमें पाया जाऊँ, ऐसा धर्म न रखते
हुए जो मेरी अपनी व्यवस्था से है, परन्तु वह जो मसीह पर
विश्वास के द्वारा है, अर्थात वह धर्म जो विश्वास के आधार पर
ईश्वर की ओर से है। 10 कि मैं उसे जानूँ, और उसके
पुनरुत्थान की शक्ति को, और उसके दुःखों में सहभागिता
को, उसकी मृत्यु के समान बनकर। 11 कि किसी प्रकार मैं
मरे हुओं में से पुनरुत्थान को प्राप्त कर सकूँ। 12 यह नहीं कि
मैं पहले ही पा चुका हूँ या सिद्ध हो गया हूँ, परन्तु मैं दौड़ता हूँ
कि उसे पकड़ लूँ जिसके लिए मसीह OW५३Z ने मुझे
पकड़ा है। 13 हे भाइयो, मैं अपने विषय में यह नहीं मानता कि
मैं पकड़ चुका हूँ; परन्तु केवल यह एक बात करता हूँ: जो
पीछे रह गया उसे भूलकर, जो आगे है उसकी ओर बढ़ता हूँ।
14 मैं लक्ष्य की ओर दौड़ता हूँ, उस पुरस्कार के लिए जो
मसीह OW५३Z में ईश्वर की उच्च बुलाहट का है।
15 इसलिए जितने सिद्ध हैं, हम सबका यही मनोभाव होना
चाहिए; और यदि किसी बात में तुम्हारा कोई और विचार है, तो
ईश्वर तुम्हें यह भी प्रकट करेगा। 16 परन्तु जितनी बात तक
हम पहुँच चुके हैं, उसी नियम के अनुसार चलें और एक ही
मन रखें। 17 हे भाइयो, मेरे साथ अनुकरण करने वाले बनो,
और जो लोग इस रीति से चलते हैं, उनका ध्यान रखो,
क्योंकि वे तुम्हारे लिए आदर्श हैं। 18 क्योंकि बहुत से लोग हैं
— जिनके विषय में मैंने तुम्हें बार-बार बताया है, और अब भी
आँसू बहाते हुए कहता हूँ — जो मसीह के क्रूस के शत्रु के
समान चलते हैं। 19 उनका अन्त विनाश है, उनका देवता
उनका पेट है, और उनका गौरव उनकी लज्जा में है — वे
सांसारिक बातों में मन लगाते हैं। 20 क्योंकि हमारा नागरिकत्व
स्वर्ग में है, जहाँ से हम उद्धारकर्ता, प्रभु OW५३Z मसीह की
भी प्रतीक्षा करते हैं। 21 वह हमारे नीच शरीर को बदल देगा,
ताकि वह उसके महिमामय शरीर के समान हो जाए, उसी
सामर्थ्य के अनुसार जिससे वह सब कुछ अपने अधीन कर
सकता है।

4 1 इसलिए, हे मेरे प्रिय भाइयो, जिनसे मैं प्रेम करता हूँ और
जिनकी लालसा करता हूँ, मेरे आनन्द और मेरे मुकुट,
प्रभु में स्थिर रहो, हे प्रिय जनो। 2 मैं एउओदिया से विनती
करता हूँ, और सन्तुखे से भी विनती करता हूँ कि वे प्रभु में
एक ही मन रहें। 3 और मैं तुझसे भी, हे सच्चे साथी, अनुरोध
करता हूँ कि तू इन स्त्रियों की सहायता कर जिन्होंने मेरे साथ
सुसमाचार में परिश्रम किया है, और कलेमेस तथा मेरे अन्य
सहकर्मियों के साथ भी, जिनके नाम जीवन की पुस्तक में हैं।
4 सदा ३५३Z में आनन्दित रहो; फिर कहता हूँ, आनन्दित
रहो। 5 तुम्हारा नम्र स्वभाव सब मनुष्यों पर प्रकट हो; प्रभु
निकट है। 6 किसी भी बात की चिन्ता न करो, परन्तु हर बात
में, प्रार्थना और विनती के द्वारा, धन्यवाद सहित अपनी
बिनतियाँ ३५३Z के सामने प्रस्तुत करो। 7 और ३५३Z
की शान्ति, जो सब समझ से परे है, तुम्हारे हृदयों और तुम्हारे
मनों की रक्षा मसीह OW५३Z में करेगी। 8 अन्त में, हे
भाइयो, जो कुछ सत्य है, जो कुछ आदरणीय है, जो कुछ
धर्ममय है, जो कुछ पवित्र है, जो कुछ मनोहर है, जो कुछ
उत्तम कीर्ति का है — यदि कोई सद्गुण है और यदि कोई
प्रशंसा है — तो उन्हीं बातों पर ध्यान दो। 9 जो बातें तुमने

मुझसे सीखी और ग्रहण कीं, और सुनी और मुझ में देखी,
उन्हीं का अभ्यास करो; तब शान्ति का ईश्वर तुम्हारे साथ
रहेगा। [10]मैं 𐤉𐤄𐤅𐤄 में बहुत आनन्दित हुआ कि अब
अन्ततः तुमने मेरे लिए अपनी चिन्ता को फिर से जाग्रत किया
है — यद्यपि तुम चिन्तित तो थे, पर अवसर नहीं था। [11]यह
मैं आवश्यकता के कारण नहीं कहता, क्योंकि मैंने यह सीखा
है कि जिस दशा में हूँ, उसी में सन्तुष्ट रहूँ। [12]मैं दीन होना
जानता हूँ, और प्रचुरता में रहना भी जानता हूँ; हर बात में
और सब बातों में मैंने यह रहस्य सीखा है — तृप्त रहना और
भूखा रहना, प्रचुरता में रहना और घटी में रहना। [13]मैं सब
कुछ कर सकता हूँ उस मसीह के द्वारा जो मुझे सामर्थ्य देता
है। [14]फिर भी तुमने अच्छा किया कि मेरे क्लेश में सहभागी
बने। [15]और तुम भी जानते हो, हे फिलिप्पीवासी, कि
सुसमाचार की शुरुआत में, जब मैं मकिदोनिया से निकला, तो
देने और लेने के विषय में कोई सभा मेरे साथ सहभागी नहीं
हुई, केवल तुम ही। [16]क्योंकि जब मैं थिस्सलुनीके में था, तब
भी तुमने मेरी आवश्यकताओं के लिए एक बार नहीं, बल्कि दो
बार सहायता भेजी। [17]मैं यह उपहार पाने की इच्छा से नहीं
कहता, बल्कि उस फल की इच्छा करता हूँ जो तुम्हारे खाते में
बढ़ता जाए। [18]वास्तव में मेरे पास सब कुछ है और बहुतायत
में है; मैं परिपूर्ण हो गया हूँ, क्योंकि मैंने एपाफ्रोदितुस के द्वारा
वह सब कुछ प्राप्त किया जो तुमने भेजा था — एक सुगंधित
गन्ध, एक स्वीकार्य बलिदान, जो ईश्वर को भाता है। [19]और
मेरा ईश्वर अपनी महिमा की धन-सम्पत्ति के अनुसार मसीह
𐤉𐤄𐤅𐤔𐤏 में तुम्हारी हर आवश्यकता पूरी करेगा। [20]हमारे
ईश्वर और पिता की महिमा युगानुयुग बनी रहे। आमेन।
[21]मसीह 𐤉𐤄𐤅𐤔𐤏 में प्रत्येक पवित्र जन को नमस्कार
कहना। जो भाई मेरे साथ हैं, वे तुम्हें नमस्कार कहते हैं।
[22]सभी पवित्र जन तुम्हें नमस्कार कहते हैं, विशेष रूप से वे
जो कैसर के घराने के हैं। [23]हमारे प्रभु 𐤉𐤄𐤅𐤔𐤏 मसीह का
अनुग्रह तुम सब के साथ बना रहे। आमेन।

1 तीमुथियुस

𐤉𐤄𐤅𐤄

हिंदी संस्करण

1 तीमुथियुस

1 1शाऊल, OWY३Z मसीह का एक प्रेरित, हमारे
उद्धारकर्ता ईश्वर और हमारे आदोन OWY३Z मसीह
की आज्ञा के अनुसार, जो हमारी आशा है, 2तिमुथियुस के
नाम, विश्वास में मेरे सच्चे पुत्र: अनुग्रह, दया, शान्ति हमारे
पिता ३Y३Z और हमारे आदोन OWY३Z मसीह की ओर
से। 3जैसा कि मैंने तुझसे विनती की थी जब मैं मकेदूनिया
जा रहा था, कि तू इफिसुस में ठहर जाए, ताकि तू कुछ लोगों
को आज्ञा दे कि वे भिन्न शिक्षा न दें, 4और दंतकथाओं और
अनन्त वंशावलियों पर ध्यान न दें, जो विवाद उत्पन्न करती हैं
न कि विश्वास में ईश्वर की व्यवस्था। 5अब इस आज्ञा का
लक्ष्य शुद्ध हृदय से, उत्तम विवेक से, और निष्कपट विश्वास
से प्रेम है, 6जिससे कुछ लोग चूककर व्यर्थ बातें करने लग
गए। 7वे तोराह के शिक्षक बनना चाहते हैं, परन्तु न तो वे
समझते हैं कि क्या कहते हैं, और न ही जिन बातों पर वे दृढ़
दावा करते हैं, उन्हें समझते हैं। 8और हम जानते हैं कि
तोराह अच्छी है, यदि कोई उसका ठीक रीति से उपयोग करे,
9यह जानते हुए कि तोराह धर्मी के लिए नहीं रखी गई, परन्तु
अधर्मी और उद्दंडों के लिए, दुष्टों और पापियों के लिए,
अधर्मी और अपवित्रों के लिए, पिता या माता के हत्यारों के
लिए, हत्यारों के लिए, 10व्यभिचार करने वालों के लिए,
समलैंगिकों के लिए, मनुष्यों का अपहरण करने वालों के लिए,
झूठों के लिए, झूठी शपथ खाने वालों के लिए, और उन सब
बातों के लिए जो स्वस्थ शिक्षा के विपरीत हैं, 11उस
आदरणीय सुसमाचार के अनुसार, धन्य ईश्वर का, जो मुझे
सौंपा गया। 12और मैं हमारे आदोन मसीह OWY३Z का
धन्यवाद करता हूँ, जिसने मुझे सामर्थ दी, क्योंकि उसने मुझे
विश्वासयोग्य गिना, और सेवा में नियुक्त किया। 13मुझे,
यद्यपि मैं पहले निन्दक, सताने वाला और अपमान करने वाला
था। परन्तु मुझ पर दया की गई क्योंकि अज्ञान में अविश्वास
से मैंने यह किया। 14और हमारे आदोन का अनुग्रह अत्यन्त
बढ़ा, उस विश्वास और प्रेम के साथ जो मसीह OWY३Z में
है। 15विश्वासयोग्य यह वचन है और सब के स्वीकार करने
योग्य है, कि मसीह OWY३Z पापियों को उद्धार देने के लिए
जगत में आए, जिनमें मैं सबसे बड़ा हूँ। 16परन्तु इसी कारण
मुझ पर दया की गई, ताकि मुझ में पहले OWY३Z मसीह
सब धैर्य दिखाए, उन लोगों के लिए जो उस पर विश्वास करने
वाले हैं, अनन्त जीवन के लिए एक उदाहरण स्वरूप। 17अब
युगों के राजा, अविनाशी, अदृश्य, अकेले बुद्धिमान ईश्वर को
युगानुयुग आदर और महिमा हो। आमीन। 18यह आज्ञा मैं
तुझे सौंपता हूँ, हे पुत्र तिमुथियुस, उन भविष्यवाणियों के
अनुसार जो पहले तेरे विषय में की गईं, कि उनके द्वारा तू
अच्छा युद्ध करे, 19विश्वास और उत्तम विवेक को थामे हुए,
जिसे कुछ ने तिरस्कृत किया और अपने विश्वास के विषय में
जहाज़-डूबने का अनुभव किया। 20उनमें हुमेनायोस और
अलेक्ज़ान्द्रोस हैं, जिन्हें मैंने शैतान को सौंप दिया, ताकि वे
निन्दा न करना सीखें।

2 1सब से पहले, मैं आग्रह करता हूँ कि सब मनुष्यों के लिए
विनतियाँ, प्रार्थनाएँ, निवेदन और धन्यवाद दिए जाएँ।
2राजाओं और सब अधिकारियों के लिए, ताकि हम सब भक्ति
और गम्भीरता के साथ शान्त और शान्तिपूर्ण जीवन बिताएँ।
3क्योंकि यह हमारे उद्धारकर्ता ईश्वर के सामने अच्छा और
ग्रहणयोग्य है, 4जो चाहता है कि सब मनुष्य उद्धार पाएं और
सत्य की पहचान तक पहुँचें। 5क्योंकि एक ही ईश्वर है, और
ईश्वर और मनुष्यों के बीच एक ही मध्यस्थ है, मनुष्य मसीह
OWY३Z। 6जिसने अपने आप को सब के लिए फिरौती के
रूप में दे दिया, जिसका गवाही समय पर दी जाएगी।
7जिसके लिए मैं प्रचारक और प्रेरित ठहराया गया — मैं
मसीह में सत्य कहता हूँ और झूठ नहीं बोलता — विश्वास
और सत्य में अन्यजातियों का शिक्षक। 8इसलिए मैं चाहता
हूँ कि पुरुष हर जगह प्रार्थना करें, पवित्र हाथ उठाते हुए, बिना
क्रोध और विवाद के। 9इसी प्रकार स्त्रियाँ भी शालीनता और
संयम के साथ अपने आप को सजाएँ, न कि गूँथे हुए बालों,
सोने, मोती या बहुमूल्य वस्त्रों से, 10परन्तु अच्छे कामों से,
जैसा ईश्वर की उपासना करने वाली स्त्रियों के लिए उचित
है। 11स्त्री चुपचाप सब आज्ञाकारिता के साथ सीखे।
12परन्तु मैं स्त्री को शिक्षा देने या पुरुष पर अधिकार करने
की अनुमति नहीं देता, परन्तु वह चुप रहे। 13क्योंकि पहले
आदम रचा गया, फिर हव्वाह। 14और आदम धोखा नहीं
खाया, परन्तु स्त्री धोखा खाकर अपराध में पड़ गई।
15परन्तु वह सन्तान उत्पन्न करने के द्वारा उद्धार पाएगी, यदि
वे विश्वास, प्रेम और पवित्रता में, संयम के साथ बने रहें।

3 1यह वचन विश्वासयोग्य है: यदि कोई निरीक्षक के पद
की इच्छा करता है, तो वह एक अच्छे कार्य की लालसा
करता है। 2इसलिए निरीक्षक निर्दोष होना चाहिए, एक पत्नी
का पति, संयमी, बुद्धिमान, व्यवस्थित, अतिथियों का सत्कार
करने वाला, शिक्षा देने में समर्थ। 3न शराबी, न मारपीट
करने वाला, परन्तु कोमल, न झगड़ालू, न लोभी। 4जो अपने
घर का भली-भाँति प्रबन्ध करता हो, अपने बच्चों को सब
आदर सहित आज्ञाकारिता में रखता हो। 5क्योंकि यदि कोई
अपने घर का प्रबन्ध करना नहीं जानता, तो वह ईश्वर की
सभा का ध्यान कैसे रखेगा? 6नव परिवर्तित न हो, कहीं ऐसा
न हो कि वह अभिमान से फूल जाए और शैतान के न्याय में
गिर जाए। 7और उसे बाहरवालों से भी अच्छी गवाही मिलनी
चाहिए, कहीं ऐसा न हो कि वह निन्दा और शैतान के फन्दे में
फँस जाए। 8इसी प्रकार सेवक भी आदर के योग्य हों, दो
मुख वाले न हों, अधिक दाखमधु के आदी न हों, गन्दे लाभ

के लोभी न हों। 9 परन्तु शुद्ध विवेक के साथ विश्वास के भेद
को थामे रहें। 10 और इन्हें भी पहले परखा जाए; तब यदि
निर्दोष हों, तो सेवा करें। 11 इसी प्रकार स्त्रियाँ भी आदरणीय
हों, न बदनाम करने वाली, संयमी, हर बात में विश्वासयोग्य।
12 सेवक एक पत्नी के पति हों, बच्चों और अपने घरों का
भली-भाँति प्रबन्ध करें। 13 क्योंकि जिन्होंने सेवकाई अच्छी
रीति से की है, वे अपने लिए अच्छा पद और मसीह
OW५ऋZ में विश्वास में बड़ा साहस प्राप्त करते हैं। 14 मैं
यह तुम्हें लिखता हूँ, यह आशा करते हुए कि शीघ्र तुम्हारे पास
आऊँगा। 15 परन्तु यदि मैं देर करूँ, तो भी तुम जान लो कि
ईश्वर के घर में, जो जीवित ईश्वर की सभा है, सत्य का
स्तम्भ और आधार, कैसे व्यवहार करना चाहिए। 16 और
निःसन्देह, भक्ति का भेद महान है — वह शरीर में प्रगट हुआ,
आत्मा में धर्मी ठहराया गया, स्वर्गदूतों को दिखाई दिया,
जातियों में प्रचारित किया गया, जगत में उस पर विश्वास
किया गया, और महिमा में ऊपर उठाया गया।

4 1 परन्तु आत्मा स्पष्ट कहता है कि अन्तिम समयों में कुछ
लोग विश्वास से भटक जाएंगे, धोखा देनेवाले आत्माओं
और दुष्टात्माओं की शिक्षाओं पर ध्यान देंगे, 2 कपट से झूठ
बोलते हुए, जिनकी अपनी विवेक-बुद्धि पर जलता हुआ अंगारा
अंकित है। 3 वे विवाह करने से रोकते हैं, और उन भोजन से
दूर रहने की आज्ञा देते हैं जिन्हें ईश्वर ने सच्चाई को जानने
और विश्वास करनेवालों के लिए धन्यवाद के साथ ग्रहण
करने हेतु बनाया है। 4 क्योंकि ईश्वर की हर सृष्टि अच्छी है,
और कोई भी तिरस्कृत नहीं की जानी चाहिए यदि उसे
धन्यवाद के साथ ग्रहण किया जाए। 5 क्योंकि वह ऋ५ऋZ
के वचन और प्रार्थना से पवित्र की जाती है। 6 यदि तू इन
बातों को भाइयों के सामने रखेगा, तो तू OW५ऋZ मसीह का
अच्छा सेवक होगा, उस विश्वास के वचनों और उत्तम शिक्षा
से पोषित होकर जिनका तूने निकटता से पालन किया है।
7 परन्तु अपवित्र और बूढ़ी स्त्रियों की कथाओं को अस्वीकार
कर, और भक्ति के लिए अपने आप को अभ्यास में लगा।
8 क्योंकि शारीरिक अभ्यास थोड़ा ही लाभकारी है, परन्तु
भक्ति सब बातों में लाभकारी है, वर्तमान जीवन का और
आनेवाले जीवन का प्रतिज्ञा लिए हुए। 9 यह वचन
विश्वासयोग्य है और सब के स्वीकार करने योग्य है। 10 इसी
कारण हम परिश्रम और संघर्ष करते हैं, क्योंकि हम जीवित
ईश्वर पर आशा रखते हैं, जो सब मनुष्यों का उद्धारकर्ता है,
विशेषकर विश्वास करनेवालों का। 11 इन बातों की आज्ञा दे
और शिक्षा दे। 12 कोई भी तेरी जवानी को तुच्छ न समझे,
परन्तु विश्वासियों के लिए वचन में, चाल-चलन में, प्रेम में,
आत्मा में, विश्वास में, और पवित्रता में आदर्श बन। 13 जब
तक मैं आऊँ, तब तक पढ़ने, प्रोत्साहन देने और शिक्षा देने में
ध्यान लगा। 14 उस वरदान की उपेक्षा न कर, जो तुझ में है,
जो तुझे भविष्यवाणी के द्वारा और प्राचीनों के मंडल के हाथ
रखने से दिया गया था। 15 इन बातों का अभ्यास कर, इनमें
लगा रह, ताकि तेरा प्रगति सबको स्पष्ट हो। 16 अपने आप
पर और शिक्षा पर ध्यान दे। इनमें बना रह, क्योंकि ऐसा
करने से तू अपने आप का और अपने सुननेवालों का भी
उद्धार करेगा।

5 1 बूढ़े पुरुष को कठोरता से न डाँटो, परन्तु उसे पिता के
समान समझाकर कहो; जवानों को भाइयों के समान,
2 बूढ़ी स्त्रियों को माताओं के समान, जवान स्त्रियों को बहनों
के समान, पूरी पवित्रता के साथ। 3 उन विधवाओं का आदर
करो जो वास्तव में विधवा हैं। 4 परन्तु यदि किसी विधवा के
बच्चे या पोते हों, तो वे पहले अपने ही घर का आदर करना
सीखें और अपने माता-पिता का बदला चुकाएँ। क्योंकि यह
ईश्वर के सामने अच्छा और ग्रहणयोग्य है। 5 और जो वास्तव
में विधवा है और अकेली छोड़ दी गई है, वह ईश्वर पर भरोसा
रखती है और रात-दिन विनतियों और प्रार्थनाओं में लगी
रहती है। 6 परन्तु जो विलासिता में जी रही है, वह जीवित होते
हुए भी मरी हुई है। 7 और इन बातों की आज्ञा दे, ताकि वे
निर्दोष रहें। 8 और यदि कोई अपने लोगों की, विशेषकर
अपने घराने की चिन्ता नहीं करता, तो उसने विश्वास से
इन्कार किया है और वह अविश्वासी से भी बुरा है। 9 विधवा
को सूची में न लिखा जाए यदि वह साठ वर्ष से अधिक की न
हो और एक ही पति की पत्नी रही हो। 10 और वह अच्छे
कामों के लिए प्रसिद्ध हो — यदि उसने बच्चों को पाला हो,
यदि उसने अतिथियों का सत्कार किया हो, यदि उसने पवित्र
लोगों के पैर धोए हों, यदि उसने दुःखियों की सहायता की हो,
यदि उसने हर अच्छे काम में निष्ठापूर्वक साथ दिया हो।
11 परन्तु जवान विधवाओं को अस्वीकार कर, क्योंकि जब वे
मसीह के विरोध में ज़िद्दी हो जाती हैं, तो विवाह करना चाहती
हैं। 12 और वे दोष में पड़ती हैं क्योंकि उन्होंने अपने पहले
विश्वास को त्याग दिया है। 13 और वे आलसी होना सीखती
हैं, घर-घर घूमती हैं; और केवल आलसी ही नहीं, परन्तु
चुगलखोर और बेकार बातें करनेवाली भी, जो अनुचित बातें
कहती हैं। 14 इसलिए मैं चाहता हूँ कि जवान विधवाएँ विवाह
करें, सन्तान उत्पन्न करें, घर का प्रबन्ध करें, और शत्रु को
निन्दा करने का कोई अवसर न दें। 15 क्योंकि पहले ही कुछ
लोग शैतान के पीछे हो गए हैं। 16 यदि किसी विश्वास
करनेवाले पुरुष या स्त्री की विधवाएँ हों, तो वे उनकी सहायता
करें, और सभा पर बोझ न डालें, ताकि वह वास्तव में
विधवाओं की सहायता कर सके। 17 वे प्राचीन जो भली रीति
से शासन करते हैं, दुगुने आदर के योग्य माने जाएँ,
विशेषकर वे जो वचन और शिक्षा में परिश्रम करते हैं।
18 क्योंकि पवित्रशास्त्र कहता है, "जब बैल अनाज रौंदे तो
उसके मुँह पर थूँथनी न लगाना," और "मजदूर अपनी
मज़दूरी का योग्य है।" 19 किसी प्राचीन के विरुद्ध दोषारोपण
न मानो, सिवाय दो या तीन गवाहों के। 20 जो पाप कर रहे हैं,
उन्हें सब के सामने डाँटो, ताकि शेष भी डरें। 21 मैं ऋ५ऋZ
और हमारे आदोन OW५ऋZ मसीह और चुने हुए स्वर्गदूतों
के सामने गम्भीरता से गवाही देता हूँ कि तू इन बातों पर ध्यान
रखे, बिना पक्षपात किए, और कोई भी काम पक्षधरता से न
कर। 22 किसी पर शीघ्र हाथ न रख, न दूसरों के पापों में
सहभागी बन। अपने आप को शुद्ध रख। 23 अब केवल पानी
ही न पिया कर, परन्तु अपने पेट और अपनी बार-बार की
बीमारियों के कारण थोड़ा दाखमधु भी उपयोग कर। 24 कुछ
मनुष्यों के पाप प्रकट हैं, न्याय तक पहुँचानेवाले, परन्तु कुछ
के पीछे-पीछे चलते हैं। 25 इसी प्रकार, अच्छे काम भी प्रकट
हैं, और जो अन्य प्रकार के हैं, वे छिपाए नहीं जा सकते।

6 [1]जो दास जुए के अधीन हैं, वे अपने स्वामियों को सब
आदर के योग्य समझें, ताकि ३५३z के नाम और
उसकी शिक्षा की निन्दा न हो। [2]और जिनके स्वामी विश्वास
करनेवाले हैं, वे उन्हें इसलिये तुच्छ न समझें कि वे भाई हैं,
बल्कि और भी अच्छी सेवा करें, क्योंकि वे विश्वासी और प्रिय
हैं, जो उस भली सेवा का लाभ उठाते हैं। इन बातों की शिक्षा
और आग्रह करो। [3]यदि कोई भिन्न शिक्षा देता है और हमारे
आदोन OW५३z मसीह के स्वस्थ वचनों और उस शिक्षा के
अनुसार नहीं चलता जो भक्ति के अनुसार है, [4]तो वह घमण्ड
से फूल गया है, कुछ नहीं समझता, परन्तु वाद-विवाद और
वचन-लड़ाई में बीमार है, जिनसे डाह, झगड़ा, निन्दा, बुरे
संदेह उत्पन्न होते हैं। [5]ऐसे मनुष्यों के व्यर्थ वाद-विवाद,
जिनका मन भ्रष्ट है और सत्य से वंचित हैं, जो भक्ति को लाभ
का साधन समझते हैं — ऐसे से अलग रह। [6]परन्तु भक्ति
संतोष के साथ बड़े लाभ की बात है। [7]क्योंकि हम कुछ भी
जगत में नहीं लाए, और यह निश्चित है कि हम कुछ भी बाहर
नहीं ले जा सकते। [8]तो यदि भोजन और वस्त्र हों, तो इन्हीं
पर सन्तोष करें। [9]परन्तु जो धनी होना चाहते हैं, वे परीक्षा
और फन्दे में, और बहुत सी मूर्ख और हानिकारक
अभिलाषाओं में फँसते हैं, जो मनुष्यों को विनाश और नाश में
डुबो देती हैं। [10]क्योंकि धन का प्रेम सब प्रकार की बुराइयों
की जड़ है, जिसकी लालसा में कुछ लोग विश्वास से भटक
गए और अपने आप को बहुत पीड़ाओं से बेधा है। [11]परन्तु हे
ईश्वर के जन, तू इन बातों से भाग, और धर्म, भक्ति,
विश्वास, प्रेम, धैर्य और नम्रता का पीछा कर। [12]विश्वास की
अच्छी लड़ाई लड़, उस अनन्त जीवन को पकड़ ले, जिसके
लिए तू बुलाया गया था और बहुत गवाहों के सामने अच्छी
अंगीकार की थी। [13]उस ३५३z के सामने, जो सबको
जीवन देता है, और मसीह OW५३z के सामने, जिसने
पोन्तियुस पीलातुस के सामने अच्छी अंगीकार की थी, मैं तुझे
आज्ञा देता हूँ: [14]कि तू आज्ञा को निष्कलंक और निर्दोष
होकर सुरक्षित रख, जब तक हमारे आदोन OW५३z
मसीह का प्रगट होना न हो। [15]जिसे वह अपने समयों में
प्रगट करेगा — धन्य और अकेला शासक, राजाओं का राजा
और स्वामियों का आदोन। [16]जो अकेला अमरता रखता है,
जो अप्रवेश्य ज्योति में रहता है, जिसे किसी मनुष्य ने नहीं
देखा और न देख सकता है, उसी को आदर और अनन्त
पराक्रम हो। आमीन। [17]इस वर्तमान युग के धनवानों को
आज्ञा दे कि वे अभिमानी न हों, और न धन की अनिश्चितता
पर भरोसा करें, परन्तु जीवित ईश्वर पर, जो हमें आनन्द के
लिये सब वस्तुएँ प्रचुरता से देता है। [18]वे भले काम करें,
अच्छे कामों में धनी हों, उदार हों, बाँटने के लिये तैयार हों।
[19]आनेवाले समय के लिये अपने लिये अच्छा आधार संचित
करें, ताकि वे उस अनन्त जीवन को पकड़ लें। [20]हे
तिमुथियुस! जो तुझे सौंपा गया है उसकी रक्षा कर, और झूठे
ज्ञान के नाम से कहलाने वाली अपवित्र और व्यर्थ बकवास
और विरोधी तर्कों से हट जा। [21]जिसे कुछ लोगों ने
अंगीकार करके विश्वास के विषय में चूक की है। अनुग्रह तेरे
साथ हो। आमीन।

तीतुस

हिंदी संस्करण

तीतुस

1 [1]शाऊल, 𐤉𐤄𐤅𐤄 का दास और 𐤉𐤄𐤅𐤔𐤏 मसीह का
दूत, उन ईश्वर के चुने हुए लोगों के विश्वास के अनुसार
और भक्ति के अनुसार सत्य के ज्ञान के लिये। [2]उस अनन्त
जीवन की आशा में, जिसे 𐤉𐤄𐤅𐤄 — जो झूठ नहीं बोलता
— ने प्राचीन समय से पहले प्रतिज्ञा की थी। [3]परन्तु उचित
समय पर उसने अपने वचन को प्रचार के द्वारा प्रकट किया,
जो मुझे हमारे उद्धारकर्ता 𐤉𐤄𐤅𐤄 की आज्ञा के अनुसार
सौंपा गया। [4]तीतोस के लिये, जो हमारे सामान्य विश्वास के
अनुसार सच्चा पुत्र है: अनुग्रह, दया और शान्ति 𐤉𐤄𐤅𐤄
पिता और प्रभु 𐤉𐤄𐤅𐤔𐤏 मसीह हमारे उद्धारकर्ता की ओर
से। [5]मैंने तुझे क्रेते में इसलिये छोड़ा, कि तू जो बातें अधूरी
रह गईं उन्हें ठीक करे, और जैसा मैंने तुझे आदेश दिया,
प्रत्येक नगर में प्राचीनों को नियुक्त करे। [6]यदि कोई निर्दोष
हो, एक पत्नी का पति, और उसके बच्चे विश्वासी हों, जो
अव्यवस्था या दुष्टता के दोष में न फँसे हों। [7]क्योंकि
निरीक्षक को निर्दोष होना चाहिए, जैसे ईश्वर का भण्डारी;
आत्माभिमानी नहीं, क्रोधी नहीं, न मदिरा का आदी, न
झगड़ालू, न नीच लाभ का लोभी। [8]परन्तु आतिथ्यप्रेमी,
भलाई से प्रेम रखने वाला, संयमी, धर्मी, पवित्र और आत्म-
संयमी हो। [9]जो विश्वासयोग्य वचन को, जैसा शिक्षा दी गई
है, दृढ़ता से पकड़े रहे, ताकि वह सुदृढ़ शिक्षा से उपदेश दे
सके और विरोध करने वालों को समझा सके। [10]क्योंकि
बहुत से उद्दण्ड और व्यर्थ बातें करने वाले तथा धोखा देने
वाले हैं, विशेषकर खतना वालों में। [11]उनके मुँह बन्द करना
आवश्यक है, क्योंकि वे नीच लाभ के लिये अनुचित बातें
सिखाकर पूरे घरों को बिगाड़ देते हैं। [12]उनमें से एक, उनके
अपने भविष्यद्वक्ता ने कहा, "क्रेतेवासी सदैव झूठे, बुरे पशु
और आलसी पेटू हैं।" [13]यह गवाही सत्य है; इसलिये तू उन्हें
कठोरता से डाँट, ताकि वे विश्वास में स्वस्थ बनें। [14]और
यहूदी कथाओं तथा उन मनुष्यों की आज्ञाओं पर ध्यान न दें
जो सत्य से भटकते हैं। [15]निश्चय ही शुद्ध लोगों के लिये सब
कुछ शुद्ध है, परन्तु जो अपवित्र और अविश्वासी हैं उनके
लिये कुछ भी शुद्ध नहीं; उनके मन और विवेक दोनों अपवित्र
हैं। [16]वे ईश्वर को जानने का दावा करते हैं, परन्तु अपने
कामों से उसे नकारते हैं; वे घृणास्पद, आज्ञा न मानने वाले
और किसी भी अच्छे कार्य के लिये अयोग्य हैं।

2 [1]परन्तु तू वह बातें बोल जो सुदृढ़ शिक्षा के योग्य हैं।
[2]कि वृद्ध पुरुष संयमी, गंभीर, समझदार, विश्वास, प्रेम
और धैर्य में सुदृढ़ हों। [3]उसी प्रकार वृद्ध स्त्रियाँ भी
चालचलन में पवित्र हों, न निन्दा करने वाली, न अधिक
दाखमदिरा की दासी, बल्कि भली बातें सिखाने वाली हों।
[4]ताकि वे जवान स्त्रियों को सिखाएँ कि वे अपने पतियों से प्रेम
करें, अपने बच्चों से प्रेम करें। [5]समझदार, पवित्र, घर की
रखवाली करने वाली, भली, अपने-अपने पतियों के आधीन
रहें, ताकि 𐤉𐤄𐤅𐤄 के वचन की निन्दा न हो। [6]उसी प्रकार
जवान पुरुषों को भी समझदार होने की चेष्टा करने के लिये
प्रेरित कर। [7]सब बातों में अपने आप को अच्छे कामों का
आदर्श दिखा; शिक्षा में निष्कपटता और गंभीरता दिखा।
[8]तेरे वचन स्वस्थ और निर्दोष हों, ताकि विरोधी लज्जित हो
और तेरे विषय में कोई बुरी बात न कह सके। [9]दासों को
अपने स्वामियों के आधीन रहने के लिये कह, कि वे हर बात में
उन्हें प्रसन्न करें, प्रतिवाद न करें। [10]चोरी न करें, परन्तु सब
प्रकार की सच्चाई दिखाएँ, ताकि वे हर बात में हमारे
उद्धारकर्ता 𐤉𐤄𐤅𐤄 की शिक्षा को सुशोभित करें। [11]क्योंकि
𐤉𐤄𐤅𐤄 का उद्धार देने वाला अनुग्रह सब मनुष्यों पर प्रकट
हुआ है। [12]जो हमें सिखाता है कि हम अधर्म और सांसारिक
अभिलाषाओं का त्याग करें, और इस वर्तमान युग में संयम,
धर्म और भक्ति के साथ जीवन व्यतीत करें। [13]उस धन्य
आशा और हमारे महान ईश्वर और उद्धारकर्ता 𐤉𐤄𐤅𐤔𐤏
मसीह की महिमा के प्रकट होने की प्रतीक्षा करते हुए।
[14]जिसने अपने आप को हमारे लिये दे दिया, ताकि वह हमें
सब अधर्म से छुड़ाए और अपने लिये एक ऐसी प्रजा को शुद्ध
करे जो उसकी अपनी हो और भले कामों में तत्पर हो। [15]इन
बातों को बोल, समझा और सब प्रकार के अधिकार से ताड़ना
दे; कोई तेरा तिरस्कार न करे।

3 [1]उन्हें स्मरण दिला कि वे शासकों और अधिकार रखने
वालों के आधीन रहें, आज्ञाकारी हों, और हर अच्छे कार्य
के लिये तैयार रहें। [2]किसी की निन्दा न करें, झगड़ालू न हों,
कोमल स्वभाव के हों, और सब मनुष्यों के प्रति पूर्ण नम्रता
दिखाएँ। [3]क्योंकि हम स्वयं भी पहले मूर्ख, आज्ञा न मानने
वाले, भ्रमित, भिन्न-भिन्न अभिलाषाओं और सुखों के दास थे,
दुष्टता और डाह में जीवन बिताते थे, घृणित और एक-दूसरे
से बैर रखने वाले थे। [4]परन्तु जब हमारे उद्धारकर्ता
𐤉𐤄𐤅𐤄 की कृपा और मनुष्यों के प्रति उसका प्रेम प्रकट
हुआ। [5]तो उसने हमें उद्धार दिया, हमारे धर्म के कर्मों के
कारण नहीं, जो हमने किये थे, परन्तु अपनी दया के अनुसार,
नए जन्म के स्नान और आत्मा के नवीकरण के द्वारा।
[6]जिसे उसने हमारे उद्धारकर्ता 𐤉𐤄𐤅𐤔𐤏 मसीह के द्वारा हम
पर बहुतायत से उँडेला। [7]ताकि हम उसके अनुग्रह से धर्मी
ठहरकर उस अनन्त जीवन की आशा के अनुसार वारिस
बनें। [8]यह वचन विश्वासयोग्य है, और मैं चाहता हूँ कि तू इन
बातों पर दृढ़ता से आग्रह करे, ताकि जो ईश्वर पर विश्वास
करते हैं वे भले कार्यों में लगे रहने की चिन्ता करें। ये बातें
मनुष्यों के लिये अच्छी और लाभदायक हैं। [9]परन्तु मूर्ख
विवादों, वंशावलियों, झगड़ों और तोराह की तकरारों से दूर
रह, क्योंकि वे निष्फल और व्यर्थ हैं। [10]जो व्यक्ति विभाजन
उत्पन्न करता है, उसे पहली और दूसरी चेतावनी के बाद
अस्वीकार कर। [11]यह जानते हुए कि ऐसा व्यक्ति भ्रष्ट हो

गया है और पाप करता है, वह स्वयं ही दोषी है। 12 जब मैं
अर्तिमास या तुखिकुस को तेरे पास भेजूँ, तो यत्न कर कि तू
निकोपोलिस में मुझसे मिलने आए, क्योंकि मैंने वहाँ शीतकाल
बिताने का निश्चय किया है। 13 वकील ज़ेनास और
अपोल्लोस को उनके मार्ग पर भेजने में यत्न कर, ताकि उन्हें
किसी वस्तु की घटी न हो। 14 और हमारे लोग भी सीखें कि वे
अच्छे कामों में लगे रहें, आवश्यक आवश्यकताओं की पूर्ति
करें, ताकि वे निष्फल न हों। 15 जो सब मेरे साथ हैं, वे तुझे
नमस्कार कहते हैं। उन लोगों को नमस्कार कर जो विश्वास
में हमसे प्रेम रखते हैं। अनुग्रह तुम सब के साथ हो।
आमेन।

2 तीमुथियुस

𐤉𐤄𐤅𐤄

हिंदी संस्करण

2 तीमुथियुस

1 [1]शाऊल, OWY३Z हा’मशियाह का प्रेषित, ईश्वर की
इच्छा से—उस प्रतिज्ञा के अनुसार जो जीवन जीवन की
है और जो मशियह OWY३Z में है, [2]तिमोथियोस के नाम,
जो मेरा प्रिय पुत्र है: अनुग्रह, दया, शान्ति ३Y३Z पिता की
ओर से, और मशियह OWY३Z हमारे आदोन की ओर से।
[3]मैं ईश्वर का धन्यवाद करता हूँ, जिसकी सेवा मैं शुद्ध विवेक
से करता हूँ—जैसा मेरे पूर्वजों ने किया—कि मैं तुम्हें अपनी
प्रार्थनाओं में रात-दिन बिना रुकावट स्मरण करता हूँ, [4]तुम्हें
देखने की लालसा रखते हुए—जब मैं तुम्हारे आँसुओं को
याद करता हूँ—कि मैं आनन्द से परिपूर्ण हो जाऊँ। [5]क्योंकि
मुझे वह निष्कपट विश्वास स्मरण है जो तुम में है, जो पहले
तुम्हारी नानी लुईस और तुम्हारी माता यूनीके में था, और मुझे
विश्वास है कि वह तुम में भी है। [6]इसी कारण मैं तुम्हें स्मरण
दिलाता हूँ कि ईश्वर के उस वरदान को भड़काओ जो मेरे
हाथ रखने से तुम में है। [7]क्योंकि ईश्वर ने हमें डर का
आत्मा नहीं, पर सामर्थ, प्रेम और संयम का आत्मा दिया है।
[8]इसलिये हमारे आदोन की गवाही से, और न ही मुझसे—जो
उसका बन्दी हूँ—लज्जित न होना; परन्तु ईश्वर की सामर्थ
के अनुसार सुसमाचार के लिये मेरे साथ दु:ख उठा।
[9]जिसने हमें उद्धार किया और पवित्र बुलाहट से बुलाया—
हमारे कामों के अनुसार नहीं, पर अपनी ही योजना और
अनुग्रह के अनुसार—जो मशियह OWY३Z में हमें अनादि
काल से दिया गया, [10]पर अब हमारे उद्धारकर्ता OWY३Z
हा’मशियाह के प्रगट होने से प्रगट हुआ—जिसने वास्तव में
मृत्यु को नष्ट कर दिया और सुसमाचार के द्वारा जीवन और
अविनश्वरता को उजागर किया। [11]जिसके लिये मैं प्रचारक,
और प्रेषित, और अन्यजातियों का शिक्षक ठहराया गया।
[12]इसी कारण मैं ये बातें सहता हूँ; तौभी मैं लज्जित नहीं,
क्योंकि मैं जानता हूँ कि मैंने किस पर विश्वास किया है, और
निश्चय हूँ कि वह उस अमानत की रखवाली करने में समर्थ
है जो मैंने उस दिन तक उसके हाथ सौंपी है। [13]उन स्वस्थ
वचनों की रीति को थामे रहो जो तुम ने मुझसे सुने—उस
विश्वास और प्रेम में जो मशियह OWY३Z में हैं। [14]उस
उत्तम धरोहर की रक्षा करो जो तुम्हें सौंपी गई—हम में वास
करने वाले पवित्र आत्मा (रूअह हा’कोदेश) के द्वारा। [15]तुम
ये जानते हो कि एशिया के सब लोग मुझसे विमुख हो गए;
जिनमें फुगेल्लोस और हेरमोगेनेस हैं। [16]आदोन
ओनेसीफोरुस के घराने पर दया करे, क्योंकि वह बारंबार मुझे
ताज़गी देता रहा और मेरी बेड़ियों से लज्जित न हुआ।
[17]परन्तु जब वह रोम में था, तो बड़े यत्न से मुझे खोजकर
पा लिया। [18]आदोन उसे उस दिन आदोन की ओर से दया
पाए—यह दे। और तू अच्छी रीति से जानता है कि उसने
इफेसोस में कितनी प्रकार से मेरी सेवा की।

2 [1]इसलिये, हे मेरे पुत्र, उस अनुग्रह में बलवन्त बनो जो
मशियह OWY३Z में है। [2]और जो बातें तुम ने मुझ से
बहुत गवाहों के बीच सुनीं, उन्हें विश्वासयोग्य मनुष्यों के सुपुर्द
करो, जो औरों को भी सिखाने के योग्य हों। [3]मशियह
OWY३Z के उत्तम सिपाही के समान कष्ट सहो। [4]जो कोई
सिपाही के रूप में सेवा करता है, वह इस जीवन के कामों में न
उलझे, ताकि जिस ने उसे सिपाही भर्ती किया है उसे प्रसन्न
करे। [5]और यदि कोई खेल में प्रतियोगिता करता है, तो वह
तब तक मुकुट नहीं पाता जब तक नियम के अनुसार
प्रतियोगिता न करे। [6]परिश्रमी किसान को चाहिए कि वह
फसल में पहले भाग पाए। [7]जो मैं कहता हूँ उस पर विचार
कर; क्योंकि आदोन तुझे इन सब बातों में समझ देगा। [8]यह
स्मरण रख कि OWY३Z हा’मशियाह—दाऊद की सन्तान
—मेरे सुसमाचार के अनुसार मरे हुओं में से जी उठा।
[9]जिसके लिये मैं दु:ख उठाता हूँ, मानो अपराधी हूँ—यहां
तक कि बन्धन तक—पर ३Y३Z का वचन बन्धा नहीं है।
[10]इस कारण मैं चुने हुओं के लिये सब कुछ सह लेता हूँ,
ताकि वे भी उस उद्धार को प्राप्त करें जो मशियह OWY३Z
में है, सदा की महिमा सहित। [11]यह वचन विश्वासयोग्य है:
यदि हम उसके साथ मरे हैं, तो उसके साथ जीवित भी होंगे।
[12]यदि हम धैर्य रखें, तो उसके साथ राज्य भी करेंगे; यदि
हम उसका इन्कार करें, वह भी हमारा इन्कार करेगा।
[13]यदि हम अविश्वासयोग्य ठहरें, तौभी वह विश्वासयोग्य बना
रहता है—क्योंकि वह अपना इन्कार नहीं कर सकता। [14]इन
बातों को स्मरण दिलाते हुए आदोन के सामने गम्भीर चितावनी
दे कि शब्द-युद्ध न करें—जो व्यर्थ है—और सुनने वालों के
नाश का कारण होता है। [15]यत्न कर कि तू ईश्वर का ग्रहण
किया हुआ ठहरे—ऐसा काम करने वाला जिसे लज्जित होना
न पड़े—जो सत्य के वचन को ठीक रीति से काम में लाता
है। [16]पर अपवित्र और खोखली बकवास से दूर रह; क्योंकि
वे और अधिक अधर्म में बढ़ती जाती हैं। [17]और उनका
वचन ऐसे फैलता जाएगा जैसे फफोला (गैंग्रीन) खाता जाता
है; हुइमेनायोस और फिलेतोस ऐसे ही हैं— [18]जो सत्य के
विषय में भटक गए, यह कहकर कि पुनरुत्थान हो चुका, और
कितनों का विश्वास उलट देते हैं। [19]तौभी ईश्वर की दृढ़ नींव
स्थिर बनी हुई है, और उस पर यह मुहर है: “३Y३Z अपने
लोगों को जानता है,” और “जो कोई मशियह का नाम ले, वह
अधर्म से दूर रहे।” [20]पर एक बड़े घर में केवल सोने-चाँदी
के ही नहीं, वरन् लकड़ी और मिट्टी के भी बरतन होते हैं—
कुछ आदरणीय, और कुछ अनादरणीय प्रयोजन के लिये।
[21]इसलिये यदि कोई अपने आप को इन से शुद्ध करे, तो वह
आदरणीय प्रयोजन का पात्र होगा—पवित्र किया हुआ, आदोन
के लिये उपयोगी, हर भले काम के लिये तैयार। [22]यौवन की
अभिलाषाओं से भाग, पर धर्म, विश्वास, प्रेम, और शान्ति का

पीछा कर—उनके साथ जो शुद्ध मन से आदोन को पुकारते
हैं। 23 और मूर्खता और अज्ञान की विवाद-जनक बातों से
इन्कार कर; क्योंकि तू जानता है कि वे झगड़ों को जन्म देती
हैं। 24 और आदोन का दास झगड़ालू न हो, पर सब के साथ
नम्र, सिखाने के योग्य, बुराई सहने वाला हो। 25 जो विरोध
करते हैं, उन्हें कोमलता से समझाए—शायद ईश्वर उन्हें मन
फिराव दे, कि वे सत्य की पहिचान तक पहुँचें— 26 और वे
सचेत होकर शैतान के फन्दे से निकल आएँ—क्योंकि उसकी
इच्छा को पूरी करने के लिये वे उससे पकड़े गए हैं।

3 1 पर यह जान लो कि अंतिम दिनों में कठिन समय
आएँगे। 2 क्योंकि मनुष्य आत्म-प्रेमी, धन-प्रेमी, डींगमार,
अभिमानी, निन्दक, माता-पिता की आज्ञा न मानने वाले,
कृतघ्न, अपवित्र, 3 निर्दयी, अक्षमाशील, चुगली करने वाले,
असंयमी, क्रूर, भलाई से बैर रखने वाले, 4 विश्वासघाती, ढीठ,
घमण्ड से फूले हुए, ईश्वर से अधिक सुख-भोग के प्रेमी होंगे
— 5 भक्ति का रूप तो रखेंगे, पर उसकी शक्ति से इन्कार
करेंगे। ऐसे लोगों से दूर रहो। 6 क्योंकि उन्हीं में से वे हैं जो
घरों में घुसते और पापों से लदी, और नाना प्रकार की
अभिलाषाओं से खिंची हुई भोली स्त्रियों को वश में कर लेते हैं
— 7 जो सदा सीखती रहती हैं, तौभी सत्य की पहिचान तक
पहुँचने में कभी समर्थ नहीं होतीं। 8 और जैसे योहाने और
माम्ब्रे ने मूशे का विरोध किया, वैसे ही ये भी सत्य का विरोध
करते हैं—भ्रष्ट बुद्धि के मनुष्य—विश्वास के विषय में निकम्मे
पाए गए। 9 पर वे आगे न बढ़ेंगे, क्योंकि उनकी मूर्खता सब
पर प्रगट हो जाएगी, जैसे उन मनुष्यों की भी हुई थी। 10 पर
तू ने मेरे उपदेश, चाल-चलन, उद्देश्य, विश्वास, सहनशीलता,
प्रेम, धैर्य— 11 उत्पीड़न और कष्ट—जो मुझ पर
अन्ताकिया, इकुनियुम और लुस्त्रा में आए—भली-भाँति
अनुकरण किया; ऐसे उत्पीड़न मैंने सहे! तौभी आदोन ने उन
सब से मुझे छुड़ा लिया। 12 हाँ, जो कोई मशियह 𐤉𐤄𐤅𐤔𐤏
में भक्ति से जीवन बिताना चाहता है, सताया जाएगा। 13 पर
बुरे और ठग मनुष्य बुराई में बढ़ते जाएँगे—दूसरों को भरमाते
और आप भरमाते हुए। 14 परन्तु तू उन बातों में बना रह
जिसने तू सीखा है और जिन पर तू ने विश्वास किया है—यह
जानकर कि तू ने उन्हें किस से सीखा। 15 और यह कि तू
बचपन से पवित्र शास्त्रों को जानता है—जो मशियह
𐤉𐤄𐤅𐤔𐤏 पर विश्वास के द्वारा उद्धार के लिये तुझे बुद्धिमान
बना सकते हैं। 16 हर एक पवित्रशास्त्र ईश्वर की प्रेरणा से है,
और उपदेश, ताड़ना, सुधार, और धर्म के शिक्षण के लिये
लाभदायक है— 17 कि ईश्वर का जन सिद्ध बने और हर एक
भले काम के लिये तत्पर हो।

4 1 𐤉𐤄𐤅𐤄 और आदोन 𐤉𐤄𐤅𐤔𐤏 हा'मशियाह के
साम्हने—जो अपने प्रगट होने और अपने राज्य में
जीवितों और मरे हुओं का न्याय करेगा—मैं तुझे गम्भीर आज्ञा
देता हूँ: 2 वचन का प्रचार कर! अवसर हो या न हो—तत्पर
रह; ताड़ना दे, चेतावनी दे, और हर प्रकार के धैर्य और शिक्षा
के साथ समझा। 3 क्योंकि समय आएगा जब वे स्वस्थ शिक्षा
न सहेंगे, पर अपनी ही इच्छाओं के अनुसार अपने लिये ऐसे-
ऐसे उपदेशक इकट्ठे करेंगे जो उनके कानों को मीठा लगाएँ।
4 और वे अपने कान सत्य से फेर लेंगे और कथा-कहानियों
की ओर मुड़ जाएँगे। 5 पर तू सब बातों में संयमी रह, कष्ट
सह, सुसमाचारक का काम कर, अपनी सेवा को पूरी तरह
पूरा कर। 6 क्योंकि मैं तो अब अर्घ्य के समान उँडेला जाता
हूँ, और मेरे कूच करने का समय आ पहुँचा है। 7 मैं अच्छी
लड़ाई लड़ चुका, मैं दौड़ पूरी कर चुका, मैं विश्वास की
रखवाली कर चुका। 8 और अब धार्मिकता का वह मुकुट मेरे
लिये रखा हुआ है, जिसे आदोन—जो धर्मी न्यायी है—मुझे
उस दिन देगा; और केवल मुझे ही नहीं, पर उन सब को भी
जो उसके प्रगट होने से प्रेम रखते हैं। 9 यत्न कर कि शीघ्र
मेरे पास आ जाओ, 10 क्योंकि देमास ने इस वर्तमान संसार से
प्रेम रखकर मुझे छोड़ दिया और थिस्सलुनीके को चला गया;
क्रेसकुस गलातिया को, तीतुस दलमतिया को। 11 लूका
अकेला मेरे साथ है। मरकुस को साथ ले आना, क्योंकि वह
सेवा के लिये मेरे काम का है। 12 और तुखिकुस को मैंने
इफेसोस भेज दिया है। 13 जो चोगा मैंने त्रोआस में कार्पुस के
पास छोड़ दिया था—जब तू आए—उसे ले आना, और
पुस्तकें—विशेषकर चर्मपत्र। 14 दम्रकार सिकन्दर ने मुझ
पर बहुत बुराइयाँ कीं; आदोन उसके कामों के अनुसार उसका
फल देगा। 15 तू भी उससे सावधान रहना, क्योंकि उसने
हमारी बातों का घोर विरोध किया। 16 मेरी पहली सफाई के
समय कोई मेरे साथ न खड़ा हुआ, पर सब ने मुझे छोड़
दिया; यह उनके लिये न ठहरे। 17 पर आदोन मेरे साथ खड़ा
हुआ और उसने मुझे सामर्थ दी, कि मेरे द्वारा प्रचार पूरा हो
और सब अन्यजाति सुन लें; और मैं सिंह के मुँह से छुड़ाया
गया। 18 और आदोन मुझे हर बुरे काम से छुड़ाएगा और
अपने स्वर्गीय राज्य के लिये बचाए रखेगा। उसी को
युगानुयुग महिमा हो। आमेन! 19 प्रीस्का और अक्विला को,
और ओनेसीफोरुस के घराने को नमस्कार कहना।
20 एरास्तुस कुरिन्थुस में ठहर गया, और त्रोफिमुस को मैंने
मिलीतोस में बीमार छोड़ा। 21 यत्न कर कि जाड़े से पहिले
आ जाओ। यूबुलुस, पुदेश, लिनुस, क्लौदिया और सब भाई
तुझे नमस्कार कहते हैं। 22 आदोन 𐤉𐤄𐤅𐤔𐤏 हा'मशियाह
तेरी आत्मा के साथ रहे। अनुग्रह तुम्हारे साथ हो। आमेन।

इब्रानियों

हिंदी संस्करण

इब्रानियों

1 1 𐤉𐤄𐤅𐤄 ने प्राचीन काल में कई भागों और कई तरीकों
से पिताओं से नबीम के द्वारा बातें कीं, 2 इन आखिरी दिनों
में हमसे पुत्र के द्वारा बातें कीं, जिसे उसने सबका वारिस
ठहराया, और जिसके द्वारा उसने युगों को भी बनाया, 3 जो
महिमा की ज्योति और उसकी सत्ता की सटीक छवि है, और
अपनी शक्ति के वचन द्वारा सब कुछ संभालता है, उसने स्वयं
हमारे पापों का शुद्धिकरण करके, ऊँचाई पर महानता के
दाहिने हाथ बैठ गया, 4 और दूतों से कहीं उत्तम बन गया, जैसे
उसने उनसे अधिक उत्कृष्ट नाम का वारिस हुआ। 5 क्योंकि
उसने किस दूत से कभी कहा, "तू मेरा पुत्र है, आज मैं ने
तुझे उत्पन्न किया"? और फिर, "मैं उसका पिता होऊँगा,
और वह मेरा पुत्र होगा"? 6 और जब वह फिर से पहलौठे को
संसार में लाता है, तो कहता है, "𐤉𐤄𐤅𐤄 के सब दूत उसकी
उपासना करें।" 7 और दूतों के विषय में वह सचमुच कहता
है, "...जो अपने दूतों को आत्माएँ और अपने सेवकों को आग
की ज्वाला बनाता है।" 8 परन्तु पुत्र से कहता है, "तेरा
सिंहासन, हे ईश्वर, युगानुयुग है, सीधाई का राजदण्ड तेरे
राज्य का राजदण्ड है। 9 "तू ने धर्म से प्रेम किया और अधर्म
से बैर रखा। इसी कारण 𐤉𐤄𐤅𐤄, तेरा ईश्वर, ने तुझे तेरे
साथियों से अधिक हर्ष के तेल से अभिषेक किया।" 10 और,
"हे प्रभु, तू ने आदि में पृथ्वी की नींव डाली, और आकाश तेरे
हाथों का कार्य है। 11 "वे नाश हो जाएँगे, परन्तु तू बना
रहेगा। और वे सब वस्त्र के समान पुराने हो जाएँगे, 12 और
तू उन्हें चादर के समान लपेट लेगा, और वे बदल दिए
जाएँगे। परन्तु तू वही है, और तेरे वर्ष कभी समाप्त न होंगे।"
13 और किस दूत से कभी कहा, "मेरे दाहिने हाथ बैठ जब
तक कि मैं तेरे शत्रुओं को तेरे पाँवों की चौकी न बना दूँ"?
14 क्या वे सब सेवक आत्माएँ नहीं हैं, जो उद्धार के वारिस होने
वालों की सेवा के लिए भेजी जाती हैं?

2 1 इसी कारण हमें जो हमने सुना है उस पर और अधिक
ध्यान देना चाहिए, कहीं ऐसा न हो कि हम बहक जाएँ।
2 क्योंकि यदि दूतों के द्वारा बोला गया वचन दृढ़ ठहरा, और
हर अपराध और अवज्ञा को उचित प्रतिफल मिला, 3 तो यदि
हम इतनी बड़ी मुक्ति की उपेक्षा करें, तो कैसे बचेंगे, जो पहले
प्रभु के द्वारा बोली गई और उनके सुनने वालों ने हमारे लिए
स्थिर की? 4 ईश्वर ने भी चिन्हों और आश्चर्यों, भिन्न-भिन्न
चमत्कारों और आत्मा ह'क़ोदेश के वरदानों के साथ गवाही
दी, जो उसकी इच्छा के अनुसार वितरित हुए। 5 क्योंकि जिस
जगत की हम चर्चा करते हैं, उसकी अधीनता उसने दूतों को
नहीं दी। 6 पर किसी ने कहीं गवाही दी है, यह कहते हुए,
"मनुष्य क्या है कि तू उसको स्मरण करता है, या मनुष्य का
पुत्र कि तू उसकी सुधि लेता है? 7 "तू ने उसे दूतों से थोड़ा ही
कम बनाया। तू ने उसे आदर और महिमा का मुकुट पहनाया,
और अपने हाथों के कामों पर उसे प्रभुत्व दिया। 8 "तू ने सब
कुछ उसके पैरों के नीचे कर दिया।" क्योंकि जब उसने सब
कुछ उसके अधीन कर दिया, तो कुछ भी शेष न छोड़ा जो
उसके अधीन न हो। परंतु अब तक हम यह नहीं देखते कि
सब कुछ उसके अधीन हुआ है। 9 पर हम देखते हैं कि जिसे
थोड़े समय के लिए दूतों से कम बनाया गया, 𐤉𐤄𐤅𐤔𐤏,
मृत्यु के दुख के कारण महिमा और आदर का मुकुट पहनाया
गया, ताकि ईश्वर के अनुग्रह से वह सब के लिए मृत्यु का
स्वाद चखे। 10 क्योंकि जिसके कारण सब हैं और जिसके
द्वारा सब हैं, उसके योग्य था कि बहुत से पुत्रों को महिमा में
लाते हुए उनके उद्धार के राजकुमार को दुखों के द्वारा सिद्ध
करे। 11 क्योंकि जो पवित्र करता है और जो पवित्र किए जाते
हैं, वे सब एक ही से हैं; इसी कारण वह उन्हें भाई कहने में नहीं
लज्जाता। 12 यह कहते हुए, "मैं तेरे नाम का प्रचार अपने
भाइयों को करूँगा; मंडली के बीच मैं तेरा गुणगान करूँगा।"
13 और फिर, "मैं उस पर भरोसा रखूँगा।" और फिर,
"देख, मैं और वे बच्चे जिन्हें 𐤉𐤄𐤅𐤄 ने मुझे दिए हैं।"
14 इसलिए, चूँकि बच्चे मांस और लहू में सहभागी हुए, वह
स्वयं भी उन्हीं में सहभागी हुआ, ताकि मृत्यु के द्वारा वह उसे
नष्ट करे जिसके पास मृत्यु का अधिकार है, अर्थात शैतान।
15 और उन्हें छुड़ाए, जो मृत्यु के भय के कारण जीवन भर
दासत्व में फँसे रहे। 16 क्योंकि निस्संदेह, वह दूतों को नहीं
थामता, पर वह अब्राहम के वंश को थामता है। 17 इसलिए
उसे हर बात में अपने भाइयों के समान बनाया जाना पड़ा,
ताकि वह 𐤉𐤄𐤅𐤄 से संबंधित बातों में एक दयालु और
विश्वासयोग्य महायाजक बने, ताकि लोगों के पापों के लिए
प्रायश्चित करे। 18 क्योंकि वह स्वयं दुख उठाकर परखा
गया, इसलिए वह उन की सहायता कर सकता है जो परखे
जाते हैं।

3 1 इस कारण, पवित्र भाइयों, स्वर्गीय बुलाहट के सहभागी,
हमारी अंगीकार के प्रेरित और महान याजक, मशीह
𐤉𐤄𐤅𐤔𐤏 को ध्यान से विचार करो, 2 जो उसके प्रति
विश्वासयोग्य था जिसने उसे नियुक्त किया, जैसे मूशेह अपने
सारे घर में। 3 क्योंकि इस एक को मूशेह से अधिक आदर के
योग्य ठहराया गया है, जितना कि जिसने घर बनाया उसे घर
से अधिक आदर मिलता है। 4 क्योंकि हर घर किसी के द्वारा
बनाया जाता है, पर जिसने सब कुछ बनाया वह ईश्वर है।
5 और मूशेह सचमुच उसके सारे घर में एक सेवक के रूप में
विश्वासयोग्य था, उस बात की गवाही के लिये जो कही जानी
थी, 6 परन्तु मशीह अपने ही घर पर पुत्र के रूप में; और
उसका घर हम हैं, यदि हम अन्त तक आशा का साहस और
घमण्ड दृढ़ता से थामे रहें। 7 इस कारण, जैसा आत्मा पवित्र
कहता है, "आज यदि तुम उसकी वाणी सुनो, 8 तो अपने
हृदयों को कठोर मत करो जैसे विद्रोह में, जंगल में परीक्षा के
दिन। 9 जहाँ तुम्हारे पिताओं ने मुझे परखा, मुझे जाँचा, और

मेरे काम चालीस वर्ष तक देखे। 10 "इसलिये मैं उस पीढ़ी से
घृणा करता था, और कहा, 'वे सदा अपने हृदय में भटकते
रहते हैं, और उन्होंने मेरे मार्गों को नहीं जाना।' 11 "जैसा मैंने
अपने क्रोध में शपथ खाई, 'वे मेरे विश्राम में प्रवेश न
करेंगे...' " 12 सावधान रहो, भाइयों, ऐसा न हो कि तुममें से
किसी में भी जीवित ईश्वर से गिरकर अविश्वास का बुरा हृदय
हो। 13 पर एक दूसरे को प्रतिदिन प्रोत्साहित करो, जब तक
कि "आज" कहा जाता है, ऐसा न हो कि तुममें से कोई पाप के
छल से कठोर हो जाए। 14 क्योंकि यदि हम अपनी प्रारम्भिक
विश्वास की दृढ़ता को अन्त तक थामे रहें, तो हम मशीह के
सहभागी हो गये हैं। 15 जब यह कहा जाता है, "आज यदि
तुम उसकी वाणी सुनो, तो अपने हृदयों को कठोर मत करो
जैसे विद्रोह में।" 16 क्योंकि किसने, सुनकर, विद्रोह किया?
क्या वे सब नहीं जिन्होंने मूशेह के द्वारा मिस्र से बाहर निकले
थे? 17 और किसके साथ वह चालीस वर्ष तक घृणा करता
रहा? क्या यह उन लोगों के साथ नहीं था जिन्होंने पाप किया,
जिनके शव जंगल में गिरे? 18 और किनसे उसने शपथ खाई
कि वे उसके विश्राम में प्रवेश नहीं करेंगे, सिवाय उन लोगों के
जिन्होंने आज्ञा का पालन नहीं किया? 19 तो हम देखते हैं कि
वे अविश्वास के कारण प्रवेश करने में असमर्थ रहे।

4 1 इसलिये, क्योंकि उसकी विश्राम में प्रवेश करने का एक
वादा शेष है, हम डरें कि कहीं तुम में से कोई उससे वंचित
न रह जाए। 2 क्योंकि वास्तव में सुसमाचार हमें और उन्हें
सुनाया गया, परन्तु जो वचन उन्होंने सुना, वह उनके लिये
लाभकारी न हुआ, क्योंकि सुनने वालों में वह विश्वास के साथ
नहीं मिला। 3 क्योंकि हम जिन्होंने विश्वास किया है, उस
विश्राम में प्रवेश करते हैं, जैसा उसने कहा, "जैसा मैंने अपने
क्रोध में शपथ खाई, यदि वे मेरे विश्राम में प्रवेश करेंगे..."
फिर भी उसके काम जगत की नींव से ही पूर्ण हो चुके थे।
4 क्योंकि कहीं उसने सातवें दिन के विषय में इस प्रकार कहा
है, "और ईश्वर ने सातवें दिन अपने सब कामों से विश्राम
किया।" 5 और यहां फिर कहा गया है, "यदि वे मेरे विश्राम में
प्रवेश करेंगे..." 6 इसलिये, क्योंकि कुछ लोगों के लिये उसमें
प्रवेश करना शेष है, और जिन्होंने पहले सुसमाचार प्राप्त किया
था वे आज्ञा न मानने के कारण उसमें प्रवेश न कर सके, 7 वह
फिर एक दिन ठहराता है, अर्थात् "आज," बहुत समय बाद
दाऊद के द्वारा जैसा कहा गया है, "आज यदि तुम उसकी
आवाज़ सुनो, तो अपने हृदयों को कठोर न करो।" 8 क्योंकि
यदि यहोशू ने उन्हें विश्राम दिया होता, तो उसके बाद दूसरे
दिन की चर्चा न होती। 9 सो ईश्वर के लोगों के लिये एक
सब्बत का विश्राम शेष है। 10 क्योंकि जो उसके विश्राम में
प्रवेश करता है, वह अपने कामों से विश्राम करता है, जैसे
ईश्वर ने अपने कामों से। 11 इसलिये, हम भरसक प्रयास करें
कि उस विश्राम में प्रवेश करें, ताकि कोई भी आज्ञा न मानने के
उसी उदाहरण के अनुसार न गिरे। 12 क्योंकि 𐤉𐤄𐤅𐤄 का
वचन जीवित और सक्रिय है, और किसी भी दोधारी तलवार
से भी अधिक तीक्ष्ण है, वह प्राणी और आत्मा, और जोड़ों
और मज्जा तक को विभाजित करने वाला है, और हृदय के
विचारों और इरादों का न्याय करने में सक्षम है। 13 और कोई
भी सृष्टि उसकी दृष्टि से छिपी नहीं है, परन्तु सब वस्तुएं
उसके सामने खुली और प्रकट हैं, जिसके साथ हमारा हिसाब
है। 14 इसलिये, क्योंकि हमारे पास एक महान कोहेन हागादोल
है, जो शमायिम से होकर निकल गया है, 𐤉𐤄𐤅𐤔𐤏 𐤉𐤄𐤅𐤄
का पुत्र, तो हम अपनी अंगीकार को दृढ़ता से थामें।
15 क्योंकि हमारा ऐसा कोहेन हागादोल नहीं है, जो हमारी
निर्बलताओं के साथ सहानुभूति न कर सके, परन्तु वह जो
सब बातों में हमारी नाईं परखा गया, केवल पाप के बिना।
16 इसलिये, आओ हम अनुग्रह के सिंहासन के पास
साहसपूर्वक आएं, ताकि दया प्राप्त करें, और समय पर
सहायता के लिये अनुग्रह पाएं।

5 1 हर एक कोहेन जो मनुष्यों में से लिया जाता है, मनुष्यों
के लिए 𐤉𐤄𐤅𐤄 के विषयों में नियुक्त किया जाता है,
ताकि वह पापों के लिए भेंट और बलिदान अर्पित करे। 2 वह
उन लोगों के लिए करुणा रखने में समर्थ है जो नहीं जानते
और भटकाए गए हैं, क्योंकि वह स्वयं भी दुर्बलता से घिरा हुआ
है। 3 और इसी कारण से उसे पापों के लिए अर्पण करना
पड़ता है – जैसे लोगों के लिए, वैसे ही अपने लिए भी। 4 और
कोई भी यह सम्मान अपने लिए नहीं लेता, परन्तु वही जिसे
𐤉𐤄𐤅𐤄 बुलाता है, जैसे कि अहारोन भी बुलाया गया था।
5 वैसे ही हामाशियाह ने भी स्वयं को महिमा नहीं दी कि कोहेन
हागाडोल बने, परन्तु वही जिसने उससे कहा, "तू मेरा בן है,
आज मैंने तुझे जन्म दिया।" 6 जैसा कि वह दूसरे स्थान पर
भी कहता है, "तू सदैव के लिए कोहेन है, मल्कीसेद्देक की
रीति के अनुसार।" 7 वह, अपने शरीर के दिनों में, जब उसने
प्रार्थनाएँ और निवेदन बड़ी पुकार और आँसुओं के साथ उस
से किए जो उसे मृत्यु से बचाने में समर्थ था, और अपने भक्ति
भाव के कारण सुना गया। 8 यद्यपि वह בן था, उसने जो
दु:ख उठाया उसके द्वारा आज्ञाकारिता सीखी। 9 और सिद्ध हो
जाने पर, वह उन सब के लिए जो उसकी आज्ञा मानते हैं,
अनन्त उद्धार का कारण बन गया। 10 और 𐤉𐤄𐤅𐤄 द्वारा
कोहेन हागाडोल नामित हुआ, "मल्कीसेद्देक की रीति के
अनुसार।" 11 जिसके विषय में हमें बहुत कुछ कहना है, और
समझाना कठिन है, क्योंकि तुम सुनने में सुस्त हो गए हो।
12 क्योंकि वास्तव में, यद्यपि इस समय तक तुम्हें गुरु होना
चाहिए था, फिर भी तुम्हें किसी की आवश्यकता है कि तुम्हें
𐤉𐤄𐤅𐤄 के वचनों के मूल तत्व फिर से सिखाए। और तुम
दूध की आवश्यकता वाले हो गए हो, न कि ठोस भोजन के।
13 क्योंकि जो कोई दूध का भागी है वह धर्म के वचन में
अनुभवहीन है, क्योंकि वह बच्चा है। 14 परन्तु ठोस भोजन
परिपक्व लोगों के लिए है, जिनकी इंद्रियाँ अभ्यास द्वारा अच्छे
और बुरे दोनों को परखने के लिए प्रशिक्षित हो चुकी हैं।

6 1 इसलिये, मसीह के आरम्भ के वचन को छोड़कर, हम
सिद्धता की ओर बढ़ें, मृत कामों से मन फिराव की नींव
और ईश्वर की ओर विश्वास को फिर से न रखते हुए,
2 बप्तिस्मे की शिक्षा, और हाथ रखने की, और मरे हुओं के
पुनरुत्थान की, और सदा के न्याय की। 3 और यह हम
करेंगे, यदि ईश्वर वास्तव में अनुमति दें। 4 क्योंकि जिनको
एक बार ज्योति मिली, और स्वर्ग का वरदान चखा, और
आत्मा पवित्र का सहभागी हुए, 5 और 𐤉𐤄𐤅𐤄 का अच्छा
वचन और आनेवाली युग की शक्तियों का स्वाद लिया, 6 और

गिर पड़े, उनको फिर से मन फिराव के लिये नया करना
असंभव है – क्योंकि उन्होंने अपने लिये 𐤉𐤄𐤅𐤄 के पुत्र को
फिर से सूली पर चढ़ाया, और उसे खुली लज्जा में डाल
दिया। 7 क्योंकि भूमि जो उस पर बार-बार पड़ने वाली वर्षा को
पीती है, और उनके लिये उपयुक्त पौधे उपजाती है जिनके
द्वारा वह जोती जाती है, ईश्वर से आशीष पाती है, 8 पर यदि
वह काँटे और ऊँटकटारे उपजाती है, तो वह अस्वीकार कर
दी जाती है और शाप के निकट है, और अन्त में जला दी
जाती है। 9 परन्तु, हे प्रियों, यद्यपि हम इस प्रकार बोलते हैं,
हम तुम्हारे विषय में उन उत्तम बातों के विषय में आश्वस्त हैं,
जो उद्धार रखती हैं। 10 क्योंकि 𐤉𐤄𐤅𐤄 अन्यायी नहीं कि
तुम्हारे काम और प्रेम के परिश्रम को भूल जाए जो तुमने
उसके नाम की ओर दिखाया, कि तुमने पवित्र जनों की सेवा
की और कर रहे हो। 11 और हम इच्छा करते हैं कि तुममें से
हर एक अन्त तक आशा की पूरी पुष्टि के लिये वही उत्साह
दिखाए, 12 कि तुम सुस्त न हो, परन्तु उन लोगों का
अनुकरण करो जो विश्वास और धैर्य के द्वारा प्रतिज्ञाएँ प्राप्त
करते हैं। 13 क्योंकि ईश्वर ने अब्राहम से वादा किया, क्योंकि
वह किसी बड़े की शपथ नहीं ले सकता था, उसने स्वयं की
शपथ ली, 14 कहते हुए, “निश्चित ही, आशीष देकर मैं तुझे
आशीष दूँगा, और बढ़ाकर मैं तुझे बढ़ाऊँगा।” 15 और इस
प्रकार, धीरज धरने के बाद, उसने प्रतिज्ञा प्राप्त की।
16 क्योंकि मनुष्य वास्तव में किसी बड़े की शपथ खाते हैं, और
पुष्टि के लिये शपथ उनके लिये हर विवाद का अन्त है।
17 इसी प्रकार ईश्वर ने प्रतिज्ञा के वारिसों को अपनी योजना
की अटलता और भी स्पष्ट दिखाने का निश्चय किया, तो
उसने उसे शपथ द्वारा स्थिर किया, 18 कि इन दो अटल बातों
के द्वारा जिनमें ईश्वर का झूठ बोलना असंभव है, हम दृढ़
प्रोत्साहन पाएँ, हम जो शरण के लिये भागे हैं कि हमारे सामने
रखी आशा को पकड़ें। 19 जो हमारे पास आत्मा का लंगर है,
सुरक्षित और स्थिर, और परदे के भीतर प्रवेश करता है,
20 जहाँ 𐤉𐤄𐤅𐤔𐤏 हमारे लिये अग्रदूत होकर प्रवेश कर गए,
मलकिसेदेक की रीति के अनुसार युगानुयुग महायाजक
बनकर।

7 1 क्योंकि यह मल्कीसेदेक, शालेम का शासक, परमप्रधान
ईश्वर का कोहेन, जिसने अब्राहम से मुलाकात की जब
वह शासकों के वध से लौट रहा था और उसे आशीर्वाद दिया,
2 जिसको अब्राहम ने सब में से दसवां भाग भी दिया, सबसे
पहले उसका नाम ‘धर्म का शासक’ के रूप में अनुवादित
होता है, और फिर शालेम का शासक, अर्थात् ‘शान्ति का
शासक।’ 3 न पिता, न माता, न वंशावली, न दिनों की आरम्भ
और न जीवन का अन्त; परन्तु 𐤉𐤄𐤅𐤄 के पुत्र के समान
बनाया गया, वह सदा के लिए कोहेन रहता है। 4 अब देखो
यह कितना महान था, जिसे स्वयं पूर्वज अब्राहम ने भी सबसे
उत्तम लूट का दसवां भाग दिया। 5 और वास्तव में, वे जो लेवी
के पुत्र हैं, जो केहुन्नाह प्राप्त करते हैं, उन्हें लोगों से दशमांश
लेने की आज्ञा है व्यवस्था के अनुसार, अर्थात् अपने भाइयों
से, यद्यपि वे अब्राहम की कटि से निकले हैं। 6 किन्तु वह
जिसका वंश उनसे नहीं था, उसने अब्राहम से दशमांश लिया
और उस को आशीर्वाद दिया जिसके पास प्रतिज्ञाएँ थीं।
7 और यह सब विवाद से परे है कि छोटा बड़े के द्वारा आशीषित
होता है। 8 और यहाँ नश्वर मनुष्य दशमांश लेते हैं, परन्तु वहां
वह है जिसके विषय में गवाही दी जाती है कि वह जीवित है।
9 और यह भी कहा जा सकता है कि स्वयं लेवी ने भी, जिसने
दशमांश लिया, अब्राहम के द्वारा दशमांश दिया। 10 क्योंकि
जब मल्कीसेदेक ने उससे मुलाकात की, तब वह अभी भी
अपने पिता की कटि में था। 11 तो फिर यदि लेवीय केहुन्नाह
के द्वारा सिद्धि होती - क्योंकि उसके अधीन लोगों को व्यवस्था
दी गई थी - तो फिर क्यों आवश्यकता हुई कि एक और कोहेन
मल्कीसेदेक की पदवी के अनुसार उठे और अहरोन की पदवी
के अनुसार न कहलाए? 12 क्योंकि जब केहुन्नाह बदल दी
जाती है, तो व्यवस्था का बदलना भी आवश्यक हो जाता है।
13 क्योंकि जिसके विषय में ये बातें कही जाती हैं, वह किसी
और गोत्र का है, जिससे किसी ने वेदी की सेवा नहीं की।
14 क्योंकि यह स्पष्ट है कि हमारा प्रभु यहूदा से उत्पन्न हुआ,
उस गोत्र से जिसके विषय में मूशेह ने कभी केहुन्नाह की बात
नहीं की। 15 और यह और भी स्पष्ट है, यदि मल्कीसेदेक के
समान और एक कोहेन उठता है। 16 जो शारीरिक आज्ञा की
व्यवस्था के अनुसार नहीं, परन्तु एक अविनाशी जीवन की
शक्ति के अनुसार बना। 17 क्योंकि वह गवाही देता है, “तू
सदा के लिए मल्कीसेदेक की पदवी के अनुसार कोहेन है।”
18 क्योंकि पूर्व की आज्ञा उसकी निर्बलता और निष्फलता के
कारण हटा दी गई है। 19 क्योंकि व्यवस्था ने कुछ भी सिद्ध
नहीं किया, परन्तु एक उत्तम आशा का लाना हुआ, जिसके
द्वारा हम ईश्वर के समीप आते हैं। 20 और यह बिना शपथ के
नहीं हुआ! 21 क्योंकि वे तो बिना शपथ के कोहेन बने, परन्तु
वह उस शपथ के साथ बना जिसने उससे कहा, “𐤉𐤄𐤅𐤄 ने
शपथ खाई है और वह पछताएगा नहीं, ‘तू सदा के लिए
मल्कीसेदेक की पदवी के अनुसार कोहेन है।’ ” 22 इतना ही
नहीं, यह 𐤉𐤄𐤅𐤔𐤏 एक उत्तम वाचा का जमानतदार भी
हुआ। 23 और वास्तव में, वे अनेक कोहेन हुए, क्योंकि मृत्यु
ने उन्हें बने रहने से रोका। 24 परन्तु वह, क्योंकि वह सदा
रहता है, उसकी केहुन्नाह अविचलनीय है। 25 इसलिए वह उन
लोगों को भी पूर्णतया बचा सकता है जो उसके द्वारा 𐤉𐤄𐤅𐤄
के पास आते हैं, क्योंकि वह सदा जीवित रहता है कि उनके
लिये विनती करे। 26 क्योंकि हमें ऐसा महायाजक योग्य था -
कृपालु, निर्दोष, निष्कलंक, पापियों से अलग किया गया, और
आकाश से ऊपर उठाया गया। 27 जो उन महायाजकों के
समान प्रतिदिन पहले अपने पापों के लिये और फिर लोगों के
पापों के लिये बलिदान चढ़ाने की आवश्यकता नहीं रखता;
क्योंकि उसने एक ही बार अपने आप को अर्पित कर यह कर
दिया। 28 क्योंकि व्यवस्था तो उन मनुष्यों को महायाजक
नियुक्त करती है जिनमें दुर्बलता होती है, परन्तु व्यवस्था के
बाद आई शपथ का वचन उस पुत्र को नियुक्त करता है जो
सदा के लिए सिद्ध किया गया।

8 1 अब हम जो कह रहे हैं उसका सार यह है: हमारे पास
ऐसा महा-कोहेन है, जो स्वर्गों में महानता के सिंहासन के
दाहिने हाथ पर बैठा है। 2 और जो मिकदश और सच्चे तंबू में
सेवा करता है, जिसे 𐤉𐤄𐤅𐤄 ने खड़ा किया, न कि मनुष्य
ने। 3 क्योंकि हर महा-कोहेन उपहार और बलिदान चढ़ाने के
लिए नियुक्त किया जाता है। इसलिए यह भी आवश्यक था

कि इसने कुछ चढ़ाया हो। 4 क्योंकि यदि वह वास्तव में पृथ्वी
पर होता, तो वह कोहेन न होता, क्योंकि ऐसे कोहेनीम हैं जो
तोराह के अनुसार उपहार चढ़ाते हैं। 5 जो स्वर्गों की छाया
और प्रतिरूप की सेवा करते हैं, जैसा कि मोशेह को चेतावनी
दी गई थी जब वह तंबू बनाने वाला था। क्योंकि उसने कहा,
"देखो कि तुम सब कुछ उसी नमूने के अनुसार बनाओ जो
तुम्हें पर्वत पर दिखाया गया था।" 6 पर अब उसने एक और
उत्तम सेवा प्राप्त की है, क्योंकि वह एक उत्तम वाचा का
मध्यस्थ भी है, जो उत्तम वायदों पर स्थापित की गई थी।
7 क्योंकि यदि पहली दोष रहित होती, तो दूसरी के लिए कोई
जगह न खोजी जाती। 8 क्योंकि उन पर दोष पाकर, वह
कहता है, "देखो, वे दिन आ रहे हैं," 𐤉𐤄𐤅𐤄 कहता है,
"जब मैं इस्राएल के घर और यहूदा के घर के साथ एक
नवीनीकृत वाचा करूंगा। 9 उस वाचा के अनुसार नहीं जो
मैंने उनके पितरों के साथ उस दिन की थी जब मैंने उनका
हाथ पकड़कर उन्हें मिस्र देश से बाहर निकाला, क्योंकि वे
मेरी वाचा पर स्थिर न रहे, और मैंने उन्हें त्याग दिया,"
𐤉𐤄𐤅𐤄 कहता है। 10 "क्योंकि यह वह वाचा है जो मैं उन
दिनों के बाद इस्राएल के घर के साथ करूंगा, 𐤉𐤄𐤅𐤄
कहता है, अपनी विधियाँ उनके मन में दूँगा, और मैं उन्हें
उनके हृदयों पर लिखूँगा, और मैं उनका ईश्वर होऊँगा, और
वे मेरी प्रजा होंगे। 11 "और वे किसी भी प्रकार प्रत्येक अपने
पड़ोसी को और प्रत्येक अपने भाई को नहीं सिखाएँगे, यह
कहते हुए, '𐤉𐤄𐤅𐤄 को जानो,' क्योंकि वे सब मुझे जानेंगे,
उनके छोटे से लेकर बड़े तक। 12 "क्योंकि मैं उनकी
अधर्मता को क्षमा करूँगा, और उनके पापों और उनकी
अधर्मताओं को अब और स्मरण नहीं करूँगा।"
13 'नवीनीकृत' कहकर, उसने पहली को पुरानी बना दिया है।
अब जो पुरानी और वृद्ध होती है, वह शीघ्र ही लुप्त होने वाली
है।

9 1 अब पहला वास्तव में उपासना के नियम और सांसारिक
मिकदश रखता था। 2 क्योंकि एक तम्बू तैयार किया गया
था: पहला भाग, जिसमें दीपस्तंभ और मेज और प्रदर्शित
रोटियाँ थीं, जिसे मिकदश कहा जाता है। 3 और दूसरे परदे
के पीछे तम्बू का वह भाग था जिसे अति पवित्र कहा जाता है,
4 जिसमें सोने की धूपदान और वाचा का सन्दूक था, जो चारों
ओर सोने से मढ़ा था, जिसमें सोने का वह बर्तन था जिसमें
मन्ना था, और हारून की वह छड़ी थी जो फूटी थी, और वाचा
की पट्टियाँ थीं। 5 और उसके ऊपर महिमा के केरुबिम
प्रायश्चित की जगह को छाया देते थे - जिसके विषय में अब
हम विस्तार से नहीं कहते। 6 और जब ये इस प्रकार तैयार
किए गए थे, तो याजक सदा तम्बू के पहले भाग में जाकर
सेवाएँ करते थे। 7 परन्तु दूसरे भाग में केवल महायाजक वर्ष
में एक बार जाता था, वह भी बिना लहू के नहीं, जिसे वह अपने
लिये और लोगों की अज्ञानता के पापों के लिये अर्पण करता
था। 8 आत्मा पवित्र ने यह दर्शाया कि जब तक पहला तम्बू
खड़ा था, तब तक पवित्र मिकदश का मार्ग प्रगट नहीं हुआ
था। 9 जो वर्तमान समय के लिये एक दृष्टान्त था, जिसमें
उपहार और बलिदान चढ़ाए जाते हैं, जो सेवक के विवेक के
अनुसार उसे सिद्ध करने में असमर्थ हैं। 10 केवल भोजन
और पेय और विभिन्न धुलावों और शरीर से सम्बन्धित नियमों
तक, जो सुधार के समय तक थोपे गए थे। 11 परन्तु मसीह,
आनेवाली अच्छी बातों का महायाजक होकर, उस बड़े और
सिद्ध तम्बू के द्वारा, जो हाथों से नहीं बनाया गया, अर्थात इस
सृष्टि का नहीं है, 12 वह बकरों और बछड़ों के लहू से नहीं,
परन्तु अपने ही लहू से एक बार सदा के लिये पवित्र मिकदश
में प्रवेश किया, और सदा की छुड़ौती प्राप्त की। 13 क्योंकि
यदि बैलों और बकरों का लहू और बछिया की राख, अशुद्धों
पर छिड़कने से शरीर की शुद्धि के लिये पवित्र करती है, 14 तो
मसीह का लहू, जिसने सदा के आत्मा के द्वारा अपने आप को
निष्कलंक 𐤉𐤄𐤅𐤄 को अर्पण किया, तुम्हारे विवेक को मरे हुए
कामों से शुद्ध करके जीवते ईश्वर की सेवा करने के लिये
कितना अधिक करेगा। 15 और इसी कारण वह नये वाचा का
मध्यस्थ है, ताकि मृत्यु होकर पहली वाचा के अधीन अपराधों
की छुटकारे के लिये, बुलाए हुए लोग सदा की विरासत की
प्रतिज्ञा को प्राप्त करें। 16 क्योंकि जहाँ वाचा है, वहाँ यह
आवश्यक है कि वाचा करने वाले की मृत्यु सिद्ध की जाए।
17 क्योंकि मरे हुओं के विषय में वाचा स्थिर होती है, क्योंकि
जब तक वाचा करने वाला जीवित है तब तक वह कभी स्थिर
नहीं होती। 18 इस कारण पहला भी बिना लहू के स्थापित नहीं
हुआ। 19 क्योंकि जब मूसा ने तोराह के अनुसार सब आज्ञाएं
सब लोगों से कह सुनाई, तब उसने बछिया का लहू जल और
लाल ऊन और हिसोप के साथ लेकर, स्वयं पुस्तक और सब
लोगों पर छिड़क दिया। 20 कहते हुए, "यह उस वाचा का लहू
है जिसे 𐤉𐤄𐤅𐤄 ने तुम्हारे लिये आज्ञा दी।" 21 और उसी
प्रकार उसने लहू के साथ तम्बू और सेवा के सब बर्तनों पर
छिड़काव किया। 22 और तोराह के अनुसार, लगभग सब
कुछ लहू से शुद्ध किया जाता है, और लहू बहाए बिना कोई
क्षमा नहीं है। 23 इसलिए यह आवश्यक था कि स्वर्गीय
वस्तुओं की प्रतियों को इनसे शुद्ध किया जाए, परन्तु स्वर्गीय
वस्तुएँ आप ही इनसे उत्तम बलिदानों से। 24 क्योंकि मसीह
हाथों से बनाए गए पवित्रस्थान में नहीं, जो सच्चे का रूप है,
प्रवेश किया; परन्तु स्वर्ग में आप ही, अब हमारे लिए 𐤉𐤄𐤅𐤄
की उपस्थिति में प्रकट होने के लिये। 25 और ऐसा नहीं कि
वह बार-बार अपने आप को अर्पण करे, जैसे महायाजक हर
वर्ष पराया लहू लेकर पवित्रस्थान में प्रवेश करता है।
26 अन्यथा, उसे जगत की उत्पत्ति से बहुत बार दुःख उठाना
पड़ता। परन्तु अब युगों के अंत में वह एक बार प्रकट हुआ है
ताकि अपने आप को बलिदान करके पाप को दूर करे।
27 और जैसे मनुष्यों के लिये एक बार मरना ठहराया गया है,
और उसके बाद न्याय। 28 वैसे ही मसीह भी, जो बहुतों के
पापों को उठाने के लिये एक बार अर्पण किया गया, वह दूसरी
बार बिना पाप के उन लोगों के उद्धार के लिये प्रकट होगा जो
उसकी बाट जोहते हैं।

10 1 क्योंकि तोराह में आनेवाली अच्छी वस्तुओं की छाया
है, और उन वस्तुओं की सच्ची प्रतिमा नहीं। इसलिए
वह उन बलिदानों से, जो वे वर्ष पर वर्ष निरंतर चढ़ाते रहते हैं,
पास आनेवालों को कभी सिद्ध नहीं कर सकती। 2 क्योंकि,
यदि ऐसा होता, तो क्या वे बलिदान देना बन्द न कर देते?
क्योंकि जो सेवा करते, वे एक बार शुद्ध हो जाने पर, पापों का
फिर स्मरण न करते। 3 परन्तु इन बलिदानों में प्रति वर्ष पापों
का स्मरण होता है। 4 क्योंकि साँड़ों और बकरों का लहू पापों

को दूर करना असम्भव है। [5]इसलिये जब वह जगत में
आया, तो उसने कहा, "बलि और भेंट तूने न चाहीं, परन्तु मेरे
लिये एक शरीर तैयार किया।" [6]"होमबलि और पापबलि से
तू प्रसन्न न हुआ।" [7]"तब मैंने कहा, देख, मैं आया हूँ -
पुस्तक के पत्र में मेरे विषय में लिखा हुआ है - कि हे ईश्वर, मैं
तेरी इच्छा पूरी करूँ।" [8]ऊपर उसने कहा, "बलि और भेंट,
और होमबलि और पापबलि तूने न चाहीं, और उनसे प्रसन्न भी
न हुआ," जो तोराह के अनुसार चढ़ाए जाते हैं। [9]फिर उसने
कहा, "देख, मैं तेरी इच्छा पूरी करने आया हूँ, हे 𐤉𐤄𐤅𐤄।"
वह पहले को हटा देता है, ताकि दूसरे को ठहराए। [10]और
उसी इच्छा से हम 𐤉𐤄𐤅𐤔𐤏 मसीह के शरीर के बलिदान के
द्वारा एक बार सदा के लिये पवित्र किए गए हैं। [11]और हर
याजक दिन प्रति दिन सेवा करता है और बार-बार वही
बलिदान चढ़ाता है, जो कभी पापों को दूर नहीं कर सकते।
[12]परन्तु उसने पापों के लिये एक ही बलिदान चढ़ाकर, सदैव
के लिये 𐤉𐤄𐤅𐤄 के दाहिने बैठ गया। [13]उस समय से
प्रतीक्षा करता है जब तक उसके शत्रु उसके पावों की चौकी न
बना दिए जाएं। [14]क्योंकि एक ही भेंट से उसने उन लोगों को
जो पवित्र किए जा रहे हैं, सदैव के लिए सिद्ध कर दिया है।
[15]और आत्मा पवित्र भी हमारे लिए गवाही देता है, क्योंकि
पहले कहा गया है, [16]"यह वह वाचा है जो मैं उन दिनों के बाद
उनके साथ करूंगा, कहता है 𐤉𐤄𐤅𐤄, मैं अपनी व्यवस्था
उनके हृदयों में दूंगा, और उनके मनों पर उसे लिखूंगा।"
[17]और, "उनके पापों और उनकी अधर्मताओं को मैं फिर
स्मरण न करूंगा।" [18]अब जहां इनका क्षमा है, वहां फिर
पाप के लिए बलिदान नहीं रहा। [19]इसलिए, भाइयों,
𐤉𐤄𐤅𐤔𐤏 के लहू के द्वारा पवित्र स्थान में प्रवेश करने का
साहस रखते हुए, [20]उस नये और जीवित मार्ग से जो उसने
हमारे लिये पर्दे अर्थात अपने शरीर के द्वारा उद्घाटन किया,
[21]और 𐤉𐤄𐤅𐤄 के घर पर एक महान याजक रखते हुए,
[22]तो आओ हम सच्चे मन और विश्वास की परिपूर्णता में
निकट जाएं, हमारे हृदय बुरी विवेक से शुद्ध किए गए और
हमारे शरीर स्वच्छ जल से धोए गए हों। [23]हम अपनी आशा
के अंगीकार को अटल पकड़े रहें, क्योंकि जिसने वचन दिया
है वह विश्वासयोग्य है। [24]और हम एक-दूसरे की चिंता करें,
प्रेम और भले कामों को उकसाने के लिये, [25]अपनी सभाओं
को न छोड़ें, जैसा कि कुछ का रीति है, पर एक-दूसरे को
उत्साहित करें, और इतना ही अधिक जितना आप उस दिन
को निकट आते देखते हैं। [26]क्योंकि यदि हम जानबूझ कर
पाप करते रहें, सत्य की पहचान प्राप्त करने के बाद, तो पापों
के लिये कोई बलिदान फिर बाकी नहीं रहा। [27]पर न्याय की
एक भयानक आशा और आग का प्रकोप है जो विरोधियों को
भस्म करने वाला है। [28]जो कोई मोशेह की व्यवस्था को तुच्छ
जानता है, वह दो या तीन गवाहों की गवाही पर बिना दया के
मर जाता है। [29]तो सोचो, वह कितना अधिक दंड का भागी
होगा, जिसने 𐤉𐤄𐤅𐤄 के पुत्र को पैरों तले रौंदा, और उस
वाचा के लहू को जिस से वह पवित्र किया गया था, साधारण
समझा, और अनुग्रह की आत्मा का अपमान किया?
[30]क्योंकि हम उसे जानते हैं जिसने कहा, "बदला लेना मेरा
काम है, मैं ही प्रतिफल दूंगा, कहता है 𐤉𐤄𐤅𐤄।" और फिर,
"𐤉𐤄𐤅𐤄 अपनी प्रजा का न्याय करेगा।" [31]जीवित ईश्वर
के हाथों में पड़ना भयानक है। [32]पर पिछले दिनों को स्मरण
करो, जब, ज्योति पाने के बाद, तुमने कष्टों के बड़े संघर्ष को
सहा। [33]एक ओर अपमानों और कष्टों में सार्वजनिक रूप से
दिखाए गए, और दूसरी ओर उन लोगों के साथ सहभागी हुए
जो वैसे ही पीड़ित किए गए। [34]क्योंकि तुमने मेरी कैद में मेरे
साथ सहानुभूति की, और अपनी संपत्ति की लूट को आनंद के
साथ स्वीकार किया, यह जानकर कि तुम्हारे पास अपने लिए
स्वर्ग में एक उत्तम और स्थायी संपत्ति है। [35]तो अपना साहस
न छोड़ो, जिसका बड़ा प्रतिफल है। [36]क्योंकि तुम्हें धीरज की
आवश्यकता है, ताकि ईश्वर की इच्छा पूरी करने के बाद, तुम
प्रतिज्ञा को प्राप्त करो। [37]"क्योंकि थोड़ी ही देर में आने वाला
आएगा और विलंब नहीं करेगा।" [38]"पर धर्मी विश्वास से
जीवित रहेगा; और यदि वह पीछे हटे, तो मेरा मन उसमें
प्रसन्न न होगा।" [39]पर हम उनमें से नहीं हैं जो नाश के लिये
पीछे हटते हैं, पर विश्वास के हैं आत्मा के उद्धार के लिये।

11 [1]और विश्वास वह वस्तु है जिसकी आशा की जाती है,
उसका सार, उन बातों का प्रमाण जो देखी नहीं
जातीं। [2]क्योंकि इसी द्वारा प्राचीनों को गवाही मिली।
[3]विश्वास से हम समझते हैं कि युगों को 𐤉𐤄𐤅𐤄 के वचन से
तैयार किया गया, ताकि जो कुछ देखा जाता है, वह दृश्य
वस्तुओं से न बनाया गया। [4]विश्वास से, हेबेल ने ईश्वर को
क़ाइन से बड़ा बलिदान अर्पित किया, जिसके द्वारा उसे यह
गवाही मिली कि वह धर्मी था, ईश्वर ने उसकी भेंटों की गवाही
दी। और इसके द्वारा, मरकर भी, वह अब तक बोलता है।
[5]विश्वास से, हनोक स्थानांतरित कर लिया गया कि मृत्यु न
देखे, "और पाया न गया क्योंकि ईश्वर ने उसे स्थानांतरित
कर लिया था।" क्योंकि स्थानांतरण से पहले उसे यह गवाही
मिली, कि वह ईश्वर को भाता था। [6]परन्तु विश्वास के बिना
उसे प्रसन्न करना असम्भव है, क्योंकि जो कोई ईश्वर के पास
आता है, उसे विश्वास करना चाहिए कि वह है, और वह उनका
प्रतिफल देनेवाला है जो पूरी लगन से उसे ढूँढ़ते हैं। [7]विश्वास
से, नूह ने, उस बात की चेतावनी पाकर जो अभी तक नहीं
देखी गई थी, भयभीत होकर, अपने घराने के उद्धार के लिये
एक जहाज़ तैयार किया, जिसके द्वारा उसने जगत को दोषी
ठहराया और विश्वास के अनुसार धर्म का वारिस बन गया।
[8]विश्वास से, अब्राहम ने आज्ञा मानी जब उसे बुलाया गया कि
उस स्थान पर जाए जो उसे मीरास के रूप में मिलने वाला
था। और वह निकल गया, यह न जानते हुए कि वह कहाँ जा
रहा है। [9]विश्वास से, उसने प्रतिज्ञा किए हुए देश में अजनबी
की नाईं निवास किया, डेरों में रहते हुए यित्सहाक और याक़ोब
के साथ, जो उसी प्रतिज्ञा के वारिस थे। [10]क्योंकि वह उस
नगर की बाट जोह रहा था जिसकी नीवें हैं, जिसका निर्माता
और बनानेवाला ईश्वर है। [11]विश्वास से ही, सारा स्वयं भी
बीज धारण करने के लिये समर्थ हुई, और जब वह सामान्य
आयु से परे हो चुकी थी तब उसने बच्चा जना, क्योंकि उसने
उसे विश्वासयोग्य माना जिसने प्रतिज्ञा की थी। [12]और
इसलिये एक मनुष्य से, और वह भी लगभग मरे हुए से, ऐसी
सन्तान उत्पन्न हुई जो आकाश के तारों के समान असंख्य
और समुद्र किनारे की बालू की रेत के समान अनगिनत है।
[13]विश्वास में ये सब मर गए, प्रतिज्ञाएँ प्राप्त न कीं, परन्तु उन्हें

दूर से देखकर उनका स्वागत किया और गले लगाया, और
स्वीकार किया कि वे पृथ्वी पर परदेसी और अजनबी हैं।
14 क्योंकि जो लोग ऐसा कहते हैं वे प्रकट करते हैं कि वे एक
देश की खोज में हैं। 15 और यदि वे उस देश को स्मरण
करते जिससे वे निकले थे, तो उनके पास लौटने का अवसर
था। 16 परन्तु अब वे एक उत्तम देश की, अर्थात् स्वर्गीय की
अभिलाषा रखते हैं। इसलिये 𐤉𐤄𐤅𐤄 उनका ईश्वर कहलाने
में नहीं लजाता, क्योंकि उसने उनके लिये एक नगर तैयार
किया है। 17 विश्वास से, अब्राहम ने, जब उसकी परीक्षा हुई,
यित्सहाक को अर्पित किया, और जिसने प्रतिज्ञाएँ प्राप्त की थीं
उसने अपने एकलौते पुत्र को अर्पित किया। 18 जिसके विषय
में कहा गया था, "यित्सहाक में तेरा वंश कहलाएगा।" 19 यह
मानकर कि ईश्वर उसे मरे हुओं में से भी जिलाने में सामर्थी
है; इसलिये उसने उसे एक दृष्टान्त के रूप में उसे वापस भी
पाया। 20 विश्वास से, यित्सहाक ने याक़ोब और एसाव को
आने वाली बातों के विषय में आशीर्वाद दिया। 21 विश्वास से,
याक़ोब ने, जब वह मर रहा था, योसेफ़ के प्रत्येक पुत्र को
आशीर्वाद दिया, और अपनी लाठी के सिरे पर झुककर
दण्डवत किया। 22 विश्वास से, योसेफ़, जब वह मर रहा था,
इस्राएल के बच्चों के निकलने का उल्लेख किया, और अपनी
हड्डियों के विषय में आदेश दिए। 23 विश्वास से, मोशेह, जब
जन्मा, उसके माता-पिता ने उसे तीन महीने छिपाए, क्योंकि
उन्होंने देखा कि वह सुन्दर बच्चा था, और राजा की आज्ञा से
नहीं डरे। 24 विश्वास से, मोशेह, जब बड़ा हुआ, फ़िरौन की
बेटी का पुत्र कहलाना अस्वीकार किया, 25 उसने पाप के थोड़े
समय के सुख उठाने से बेहतर समझा कि ईश्वर की प्रजा के
साथ कष्ट उठाए। 26 उसने मसीह की निंदा को मिस्त्र के
धन-ख़ज़ानों से बड़ा धन समझा, क्योंकि वह प्रतिफल की
ओर देख रहा था। 27 विश्वास से, उसने मिस्त्र को छोड़
दिया, राजा के क्रोध से नहीं डरा, क्योंकि उसने उसे स्थिरता
से देखा जो अदृश्य है। 28 विश्वास से, उसने फ़सह और
रक्त का छिड़काव किया, ताकि जो पहलौठों को नाश
करनेवाला था, वह उन्हें न छुए। 29 विश्वास से, वे सरकंडों
के समुद्र से सूखी भूमि के समान पार हुए, और जब मिस्त्री ने
इसका प्रयास किया, वे डूब गए। 30 विश्वास से, यरीहो की
दीवारें गिरीं, सात दिन तक घेरने के बाद। 31 विश्वास से,
रहाब वेश्या उन अविश्वासियों के साथ नाश नहीं हुई, क्योंकि
उसने जासूसों को शांति के साथ ग्रहण किया। 32 और मैं
और क्या कहूँ? क्योंकि समय मुझे कमी करेगा गिदोन और
बराक और शिमशोन और यिप्तह, दाविद और शमूएल और
नबियों के विषय में बताने में, 33 जिन्होंने विश्वास से, राज्यों को
जीत लिया, धार्मिकता को काम में लाए, प्रतिज्ञाएँ प्राप्त कीं,
सिंहों के मुँह बंद किए। 34 आग की शक्ति बुझाई, तलवार की
धार से बच निकले, निर्बलता से बलवान बने, युद्ध में
शक्तिशाली हुए, परदेशी सेनाओं को भागाया। 35 स्त्रियों ने
अपने मरे हुओं को पुनरुत्थान के द्वारा पाया। और अन्य लोग
यातनाएँ सहे, छुटकारा न स्वीकार किया, ताकि वे उत्तम
पुनरुत्थान प्राप्त करें। 36 और अन्य लोग ठट्ठों और कोड़ों
की परीक्षा में पड़े, और फिर बेड़ियों और कैद में। 37 वे
पत्थरों से मारे गए, वे परखे गए, वे दो टुकड़ों में चिरे गए, वे
तलवार से मारे गए। वे भेड़ और बकरियों की खाल में घूमते
रहे, अभाव में, क्लेश में, पीड़ित रहे। 38 जिनके योग्य संसार
न था – वे जंगलों और पहाड़ों और गुफ़ाओं और पृथ्वी के
गड्ढों में भटकते रहे। 39 और विश्वास के द्वारा गवाही पाकर
भी, इन सब ने प्रतिज्ञा को प्राप्त नहीं किया। 40 ईश्वर ने हमारे
लिए कुछ उत्तम ठहराया था, ताकि वे हमारे बिना सिद्ध न हों।

12 1 तो हम भी, इतने बड़े गवाहों के बादल से घिरे हुए,
हर बोझ और उस पाप को जो हमें आसानी से फँसाता
है, दूर कर दें और हमारे सामने रखी हुई दौड़ को धैर्य के
साथ दौड़ें। 2 विश्वास के राजकुमार और सिद्ध करने वाले,
𐤉𐤄𐤅𐤔𐤏, की ओर देखते हुए, जिसने अपने सामने रखे
आनन्द के लिए क्रूस को सहा, लज्जा की परवाह न की, और
𐤉𐤄𐤅𐤄 के सिंहासन के दाहिने हाथ पर बैठ गया। 3 क्योंकि
जिसने अपने विरुद्ध पापियों का ऐसा विरोध सहा, उसका
विचार करो, ताकि तुम अपनी आत्माओं में थक कर ढीले न
पड़ो। 4 तुमने अब तक पाप के विरुद्ध लहू बहाने तक प्रतिरोध
नहीं किया। 5 और तुम उस उपदेश को भूल गए हो जो तुमसे
पुत्रों के समान कहता है, "मेरे पुत्र, 𐤉𐤄𐤅𐤄 की ताड़ना को
तुच्छ न जान, और जब वह तुझे डाँटे तो निराश न हो।
6 क्योंकि जिसे 𐤉𐤄𐤅𐤄 प्रेम करता है, उसे वह ताड़ना देता है,
और हर पुत्र को जिसे वह ग्रहण करता है, वह मारता है।"
7 यदि तुम ताड़ना सहते हो, तो ईश्वर तुम्हें पुत्रों के समान
मानता है। कौन सा पुत्र है जिसे पिता ताड़ना नहीं देता? 8 पर
यदि तुम ताड़ना के बिना हो, जिसमें सब सहभागी हुए हैं, तो
तुम अवैध संतान हो और पुत्र नहीं। 9 फिर भी हमारे शरीर के
पिता हमें ताड़ना देते थे, और हम उनका आदर करते थे। तो
क्या आत्माओं के पिता के अधीन होकर हम और अधिक
जीवित न रहेंगे? 10 क्योंकि वे तो कुछ दिनों के लिए अपनी
इच्छा अनुसार हमें ताड़ना देते थे, परन्तु वह हमारे लाभ के
लिए ऐसा करता है, ताकि हम उसकी पवित्रता में सहभागी हों।
11 और वास्तव में, कोई भी ताड़ना उस समय आनन्ददायक
नहीं लगती, पर दुखदायी लगती है; परन्तु बाद में वह उन
लोगों के लिए जो इसके द्वारा प्रशिक्षित किए गए हैं, धार्मिकता
का शान्तिपूर्ण फल उत्पन्न करती है। 12 इसलिए ढीले हाथों
और निर्बल घुटनों को मजबूत करो। 13 और अपने पैरों के
लिए सीधे मार्ग बनाओ, ताकि लंगड़ा टेढ़ा न हो, परन्तु चंगा हो
जाए। 14 सबके साथ मेल का और उस पवित्रता का पीछा
करो, जिसके बिना कोई प्रभु को नहीं देखेगा। 15 यह ध्यान
रखो कि कोई भी ईश्वर के अनुग्रह से वंचित न हो; कि कोई
कड़वाहट की जड़ उग कर उपद्रव न करे, और उसके द्वारा
बहुत लोग अशुद्ध न हो जाएँ। 16 कि कोई व्यभिचारी या
अपवित्र व्यक्ति न हो, जैसे एसाव, जिसने एक भोजन के लिए
अपने जन्मसिद्ध अधिकार को बेच दिया। 17 क्योंकि तुम
जानते हो कि बाद में जब वह आशीर्वाद का वारिस होना चाहता
था, तो उसे अस्वीकार किया गया, क्योंकि उसने मन परिवर्तन
के लिए स्थान नहीं पाया, यद्यपि उसने आँसुओं से उसे ढूँढा।
18 क्योंकि तुम उस पर्वत के निकट नहीं आए हो जिसे छुआ
जा सकता था और जो आग से जलाया गया था, और घोर
अंधकार, बादल और आँधी के पास। 19 और तुरही की ध्वनि
और वचनों की ऐसी आवाज़ के पास, कि जिन्होंने सुना उन्होंने
यह विनती की कि उनसे और बातें न की जाएँ। 20 क्योंकि वे

उस आज्ञा को सहन नहीं कर सके, "यदि कोई पशु भी उस
पर्वत को छू ले, तो उसे पत्थरवाह किया जाएगा या तीर से
भेदा जाएगा।" 21 और वह दृश्य इतना भयानक था कि मोशेह
ने कहा, "मैं अत्यन्त भय और काँपता हूँ।" 22 परन्तु तुम
सिय्योन पर्वत और जीवित ईश्वर के नगर, स्वर्गीय यरूशलेम,
और असंख्य स्वर्गदूतों के पास आ गए हो, 23 संपूर्ण सभा और
उन पहिलौठों की मण्डली के पास जिनके नाम स्वर्ग में लिखे
गए हैं, और सब के न्यायी ईश्वर के पास, और सिद्ध किए गए
धर्मियों की आत्माओं के पास, 24 और 𐤉𐤄𐤅𐤔𐤏 नये वाचा
के मध्यस्थ के पास, और उस छिड़काव के लहू के पास, जो
हेबेल से भी उत्तम बातें कहता है। 25 सावधान रहो कि उस
बोलने वाले को ठुकराओ मत। क्योंकि यदि वे न बचे जिन्होंने
पृथ्वी पर दी गई चेतावनी को अस्वीकार किया, तो हम कैसे
बचेंगे यदि हम स्वर्ग से बोलने वाले को ठुकरा दें? 26 जिसकी
आवाज़ ने उस समय पृथ्वी को हिला दिया था, पर अब उसने
यह वचन दिया है, "मैं एक बार और न केवल पृथ्वी को,
परन्तु स्वर्ग को भी हिलाऊँगा।" 27 और यह "एक बार और"
इस बात को स्पष्ट करता है कि जो चीज़ें हिलाई जाती हैं —
जैसे बनाई गई हैं — वे हटा दी जाएँ, ताकि जो अडिग हैं वे
बने रहें। 28 इसलिए, जब हम एक अडिग राज्य प्राप्त कर रहे
हैं, तो हम अनुग्रह को थामे रहें, जिसके द्वारा हम ईश्वर की
भक्ति और भय के साथ प्रसन्नतापूर्वक सेवा करें, 29 क्योंकि
निस्सन्देह, हमारा ईश्वर भस्म करने वाली आग है।

13 1 भाईचारे का प्रेम बना रहे। 2 अजनबियों का सत्कार
करना न भूलो, क्योंकि इस प्रकार कुछ ने बिना जाने
दूतों का आतिथ्य किया है। 3 बंदियों को इस प्रकार स्मरण
करो मानो तुम उनके साथ बंधे हो, और जिनके साथ
दुर्व्यवहार हो रहा है, क्योंकि तुम भी शरीर में हो। 4 विवाह सब
में आदरनीय हो, और शय्या निष्कलंक। परन्तु ईश्वर
व्यभिचारियों और व्यभिचारिणियों का न्याय करेगा।
5 आचरण लोभ से रहित हो, और जो तुम्हारे पास है उसी में
संतुष्ट रहो। क्योंकि उसने स्वयं कहा है, "मैं तुझे कभी न
छोड़ूँगा और न तजूँगा।" 6 इसलिए हम निडर होकर कह
सकते हैं, "𐤉𐤄𐤅𐤄 मेरा सहायक है, मैं नहीं डरूँगा कि
मनुष्य मेरा क्या कर सकता है।" 7 उन अगुवों को स्मरण
करो जिन्होंने तुम्हें 𐤉𐤄𐤅𐤄 का वचन सुनाया। उनके
आचरण का परिणाम देखकर उनके विश्वास का अनुकरण
करो। 8 𐤉𐤄𐤅𐤔𐤏 ह'मशियाह कल, आज और सदा एक
समान है। 9 विभिन्न और अजीब शिक्षाओं से मत बहको।
क्योंकि अनुग्रह से हृदय को स्थिर होना अच्छा है, न कि
भोजन से, जिनसे लाभ नहीं हुआ उन लोगों को जो उनमें लगे
रहे। 10 हमारे पास एक वेदी है जिससे तंबू की सेवा करने
वालों को खाने का अधिकार नहीं। 11 क्योंकि उन पशुओं के
शरीर जिनका लहू पाप के लिए महायाजक द्वारा मिकदाश में
लाया जाता है, वे छावनी के बाहर जलाए जाते हैं। 12 इसी
कारण 𐤉𐤄𐤅𐤔𐤏 ने भी नगर के द्वार के बाहर दुख उठाया,
ताकि अपनी ही रक्त द्वारा लोगों को पवित्र करे। 13 इसलिए
हम भी छावनी के बाहर उसके पास चलें, उसका अपमान
उठाते हुए। 14 क्योंकि यहाँ हमारा कोई स्थायी नगर नहीं है,
परन्तु हम आनेवाले को खोजते हैं। 15 इसलिए उसके द्वारा
हम निरंतर 𐤉𐤄𐤅𐤄 को स्तुति का बलिदान चढ़ाएँ, अर्थात
हमारे होंठों का फल जो उसके नाम को धन्यवाद देते हैं।
16 और भलाई करना और बांटना न भूलो, क्योंकि ऐसे
बलिदानों से ईश्वर प्रसन्न होता है। 17 अपने अगुवों की आज्ञा
मानो और अधीन रहो, क्योंकि वे तुम्हारे प्राणों के लिए जागते
हैं, मानो लेखा देना हो। वे ऐसा आनन्द से करें, न कि
कराहते हुए, क्योंकि यह तुम्हारे लिए लाभदायक नहीं होगा।
18 हमारे लिए प्रार्थना करो, क्योंकि हमें विश्वास है कि हमारा
विवेक अच्छा है, और हम हर बात में भली चाल चलना चाहते
हैं। 19 और मैं विशेष रूप से तुम्हें इस लिए समझाता हूँ कि मैं
शीघ्र ही तुम्हारे पास लौट आऊँ। 20 और शांति का ईश्वर,
जिसने हमारे प्रभु 𐤉𐤄𐤅𐤔𐤏 को मरे हुओं में से उठाया, वह
महान भेड़ों का चरवाहा, अनन्त वाचा के लहू के द्वारा, 21 वह
तुम्हें हर अच्छे काम में सिद्ध करे ताकि उसकी इच्छा पूरी
करो, और तुम्हारे भीतर वह कार्य करे जो उसकी दृष्टि में
प्रसन्न है, 𐤉𐤄𐤅𐤔𐤏 ह'मशियाह के द्वारा, जिसे युगानुयुग
महिमा हो। आमीन। 22 और हे भाइयों, मैं तुमसे विनती करता
हूँ कि इस उपदेश के वचन को सह लो, क्योंकि मैंने तुम्हें थोड़े
शब्दों में लिखा है। 23 जान लो कि भाई तिमोथियुस छोड़ दिया
गया है, जिसके साथ मैं यदि वह शीघ्र आता है तो तुमसे
मिलूँगा। 24 अपने सब अगुवों और सब पवित्र लोगों को
नमस्कार करो। इटालिया से आए हुए तुम्हें नमस्कार करते
हैं। 25 अनुग्रह तुम सब के साथ हो। आमीन।

याकूब

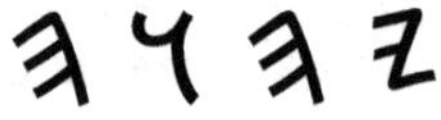

हिंदी संस्करण

याकूब

1 1 याक़ोब, 𐤉𐤄𐤅𐤄 का दास और प्रभु 𐤉𐤄𐤅𐤔𐤏
ह'मशियह का दास, उन बारह गोत्रों को जो तित्तर-बित्तर
हैं: नमस्ते। 2 मेरे भाइयों, जब तुम नाना प्रकार की परीक्षाओं
में पड़ो तो सबको आनन्द समझो, 3 यह जानते हुए कि तुम्हारे
विश्वास की परीक्षा धीरज उत्पन्न करती है। 4 और धीरज को
सिद्ध काम करने दो, ताकि तुम सिद्ध और पूरे हो जाओ, और
किसी बात में घटी न रहो। 5 यदि तुम में से किसी में बुद्धि की
घटी हो, तो वह ईश्वर से माँगे, जो सबको उदारता से और
बिना उलाहना दिए देता है, और उसे दी जाएगी। 6 परन्तु उसे
विश्वास के साथ माँगना चाहिए, बिना संदेह किए, क्योंकि जो
संदेह करता है वह समुद्र की लहर के समान होता है, जो पवन
से चलाई और उछाली जाती है। 7 ऐसा मनुष्य यह न समझे
कि उसे प्रभु से कुछ मिलेगा - 8 वह दुचित्ते मन का मनुष्य है,
अपने सब मार्गों में अस्थिर। 9 और नीच भाई अपनी ऊँचाई
में घमण्ड करे, 10 परन्तु धनी अपने नीच होने में, क्योंकि वह
मैदान के फूल के समान मिट जाएगा। 11 क्योंकि सूर्य तपन
के साथ उगा, और घास को सुखा दिया, और उसका फूल
गिर पड़ा, और उसका सुन्दर रूप नष्ट हो गया। वैसे ही धनी
भी अपने मार्गों में मुरझा जाएगा। 12 धन्य है वह मनुष्य जो
परीक्षा को सहता है, क्योंकि जब वह सिद्ध ठहरा तो जीवन का
मुकुट पाएगा, जिसे प्रभु ने अपने प्रेम रखने वालों से प्रतिज्ञा
की है। 13 जब कोई परीक्षा में पड़े तो न कहे, "मैं ईश्वर से
परीक्षा में पड़ा हूँ," क्योंकि ईश्वर बुराई से नहीं परखा जा
सकता, और न वह किसी को परखता है। 14 परन्तु प्रत्येक
जन अपनी ही अभिलाषा से खिंचकर और फँसकर परीक्षा में
पड़ता है। 15 फिर अभिलाषा गर्भवती होकर पाप को जन्म
देती है; और पाप सिद्ध होकर मृत्यु उत्पन्न करता है। 16 मेरे
प्रिय भाइयों, धोखा न खाओ। 17 हर एक अच्छा वरदान और
हर एक सिद्ध दान ऊपर से है, और ज्योतियों के पिता की ओर
से उतरता है, जिसके साथ न तो कोई परिवर्तन है, न
परिवर्त्तन की छाया। 18 उसने अपनी इच्छा से हमें सत्य के
वचन के द्वारा उत्पन्न किया, ताकि हम उसकी सृष्टियों में कुछ
पहिलौठे हों। 19 इसलिये, मेरे प्रिय भाइयों, हर एक मनुष्य
सुनने में शीघ्र, बोलने में धीमा, और क्रोध में धीमा हो।
20 क्योंकि मनुष्य का क्रोध ईश्वर की धार्मिकता को सिद्ध नहीं
करता। 21 इसलिये सब गन्दगी और दुष्टता की बहुतायत को
दूर करके, नम्रता से उस रोपे हुए वचन को ग्रहण करो, जो
तुम्हारी आत्माओं का उद्धार कर सकता है। 22 और वचन के
करने वाले बनो, न कि केवल सुनने वाले, जो अपने आप को
धोखा देते हैं। 23 क्योंकि यदि कोई वचन का सुनने वाला है
और करने वाला नहीं, तो वह उस मनुष्य के समान है जो
अपने स्वाभाविक चेहरे को दर्पण में देखता है, 24 क्योंकि वह
अपने को देखता है, और चला जाता है, और तुरन्त भूल
जाता है कि वह कैसा था। 25 परन्तु जो स्वतंत्रता की सिद्ध
व्यवस्था में ध्यान से देखता है, और उस में स्थिर रहता है,
और भूलने वाला सुनने वाला नहीं, परन्तु करने वाला है, वह
अपने काम में धन्य होगा। 26 यदि कोई अपने आप को
धार्मिक समझता है और अपनी जीभ पर लगाम नहीं लगाता,
परन्तु अपने ही हृदय को धोखा देता है, तो उसका धर्म व्यर्थ
है। 27 ईश्वर और पिता के निकट शुद्ध और निष्कलंक धर्म
यह है: कि अनाथों और विधवाओं की उनके क्लेश में सुधि लें,
और अपने आप को जगत से निष्कलंक रखें।

2 1 मेरे भाइयों, हमारे प्रभु 𐤉𐤄𐤅𐤔𐤏 ह'मशियह, आदर के
प्रभु, पर आंशिकता के साथ विश्वास न रखो। 2 क्योंकि
यदि तुम्हारी सभा में सोने की अंगूठियों वाला, भव्य वस्त्र में
कोई मनुष्य आए, और एक निर्धन फटेहाल कपड़ों में भी आ
जाए, 3 और तुम उस पर ध्यान दो जो भव्य वस्त्र पहने है और
उससे कहो, "तुम यहाँ अच्छे स्थान पर बैठो," और निर्धन से
कहो, "तू वहाँ खड़ा रह," या, "यहाँ मेरे पाँव के पास बैठ,"
4 तो क्या तुमने अपने आप में भेदभाव नहीं किया, और दुष्ट
विचारों वाले न्यायी नहीं बन गए? 5 सुनो, मेरे प्रिय भाइयों: क्या
ईश्वर ने इस संसार के गरीबों को विश्वास में धनी और उस
राज्य के वारिस नहीं चुना जो उसने अपने से प्रेम करनेवालो
से प्रतिज्ञा किया? 6 पर तुमने निर्धन मनुष्य का अपमान
किया। क्या धनी लोग तुम्हें दबाते और अदालतों में घसीटते
नहीं? 7 क्या वे उस अच्छे नाम की निन्दा नहीं करते जिससे
तुम कहलाते हो? 8 यदि तुम वास्तव में पवित्र शास्त्र के
अनुसार यह शाही व्यवस्था पूरी करते हो, "तू अपने पड़ोसी से
अपने समान प्रेम कर," तो तुम भला करते हो, 9 पर यदि तुम
आंशिकता दिखाते हो, तो पाप करते हो, और व्यवस्था के
अनुसार अपराधी ठहरते हो। 10 क्योंकि जो कोई सारी
व्यवस्था की रक्षा करे, और फिर एक बात में ठोकर खाए, वह
सब में दोषी ठहरता है। 11 क्योंकि जिसने कहा, "व्यभिचार न
करना," उसने यह भी कहा, "हत्या न करना।" अब यदि तू
व्यभिचार न करे, पर हत्या करे, तो व्यवस्था का अपराधी
ठहरता है। 12 तो ऐसे बोलो और ऐसे करो, जैसे कि वे जो
स्वतंत्रता की व्यवस्था से न्याय किए जानेवाले हैं। 13 क्योंकि
जिस ने दया नहीं दिखाई, उस पर न्याय बिना दया के है।
और दया न्याय पर जयवंत होती है। 14 मेरे भाइयों, यदि कोई
कहे कि उसके पास विश्वास है पर काम न हो, तो क्या लाभ?
क्या ऐसा विश्वास उसे बचा सकता है? 15 और यदि कोई भाई
या बहन नग्न हो और प्रतिदिन भोजन की आवश्यकता में हो,
16 और तुम में से कोई उनसे कहे, "शान्ति से जाओ, गरम
रहो और तृप्त होओ," परन्तु तुम उन्हें शरीर की आवश्यक
वस्तुएँ न दो, तो क्या लाभ? 17 वैसा ही विश्वास भी, यदि उसके
पास काम न हो, तो अपने आप में मरा हुआ है। 18 पर कोई
कह सकता है, "तेरे पास विश्वास है, और मेरे पास काम हैं।"
अपने कामों के बिना अपना विश्वास मुझे दिखा, और मैं अपने

कामों से अपना विश्वास तुझे दिखाऊँगा। 19 तू विश्वास
करता है कि ईश्वर एक है। तू भला करता है। दुष्टात्माएँ भी
विश्वास करती हैं और काँपती हैं! 20 पर क्या तू जानना चाहता
है, हे मूर्ख मनुष्य, कि कामों के बिना विश्वास मरा हुआ है?
21 क्या अब्राहम हमारे पिता कामों से धर्मी ठहराया न गया जब
उसने यित्सहाक अपने पुत्र को वेदी पर चढ़ाया? 22 क्या तू
देखता है कि विश्वास उसके कामों के साथ काम करता था,
और कामों के द्वारा विश्वास सिद्ध हुआ? 23 और शास्त्र पूरा
हुआ जो कहता है, "अब्राहम ने ईश्वर पर विश्वास किया, और
यह उसके लिये धर्म ठहराया गया।" और वह ईश्वर का मित्र
कहलाया। 24 इसलिये तुम देखते हो कि मनुष्य कामों से धर्मी
ठहरता है, न कि केवल विश्वास से। 25 वैसे ही, क्या राहाब
वेश्या भी कामों से धर्मी न ठहराई गई जब उसने दूतों को
ग्रहण किया और उन्हें दूसरे मार्ग से भेजा? 26 क्योंकि जैसे
शरीर आत्मा के बिना मरा हुआ है, वैसे ही विश्वास भी कामों के
बिना मरा हुआ है।

3

1 तुम में से बहुतों को शिक्षक नहीं बनना चाहिए, मेरे
भाइयों, यह जानते हुए कि हम अधिक न्याय पाएंगे।
2 क्योंकि हम सब बहुत में ठोकर खाते हैं। यदि कोई वचन में
ठोकर नहीं खाता, तो वह सिद्ध मनुष्य है, जो पूरे शरीर को भी
वश में कर सकता है। 3 देखो, हम घोड़ों के मुंह में लगाम
डालते हैं, ताकि वे हमारी आज्ञा मानें, और हम उनके शरीर
को घुमा देते हैं। 4 जहाजों को भी देखो: यद्यपि वे इतने बड़े हैं
और प्रचण्ड पवनों से चलाए जाते हैं, वे एक बहुत छोटे पतवार
से जहां कर्णधार चाहता है, वहां मोड़े जाते हैं। 5 वैसे ही जीभ
एक छोटा अंग है, फिर भी बड़े बड़े घमण्ड करती है। देखो,
एक छोटी आग कितने बड़े वन को जला देती है! 6 और जीभ
भी आग है, अधर्म का संसार। हमारे अंगों के बीच जीभ ऐसी
है, जो सारे शरीर को मैला करती है और जीवन की गति को
जला देती है, और स्वयं नरक की आग से जलायी जाती है।
7 क्योंकि हर प्रकार के पशु और पक्षी, रेंगने वाले और समुद्र
के जीव, वश में किए जाते हैं और मनुष्यों द्वारा वश में किए गए
हैं। 8 परन्तु कोई मनुष्य जीभ को वश में नहीं कर सकता।
वह अशांत, बुरी, घातक विष से भरी हुई है। 9 इसी से हम
अपने ईश्वर और पिता को आशीर्वाद देते हैं, और इसी से
मनुष्यों को शाप देते हैं, जो ईश्वर के स्वरूप में बनाए गए हैं।
10 उसी मुख से आशीर्वाद और शाप निकलते हैं। मेरे भाइयों,
ऐसा नहीं होना चाहिए। 11 क्या सोता एक ही स्थान से मीठा
और कड़वा जल उगलता है? 12 मेरे भाइयों, क्या अंजीर का
पेड़ जैतून ला सकता है, या अंगूर की बेल अंजीर? वैसे ही
कोई सोता खारा और मीठा जल नहीं दे सकता। 13 तुम में
कौन बुद्धिमान और समझदार है? वह अपनी भली चालचलन
से अपनी कामों को ज्ञान की नम्रता में दिखाए। 14 परन्तु यदि
तुम्हारे हृदय में कड़वी ईर्ष्या और स्वार्थ है, तो घमण्ड मत
करो और सत्य के विरुद्ध झूठ मत बोलो। 15 यह वह ज्ञान
नहीं है जो ऊपर से उतरता है, परन्तु सांसारिक, आत्मिक
नहीं, दुष्टात्मिक है। 16 क्योंकि जहां ईर्ष्या और स्वार्थ होता है,
वहां गड़बड़ी और हर बुरा काम होता है। 17 परन्तु जो ज्ञान
ऊपर से आता है, वह पहले शुद्ध, फिर मेल करानेवाला, नम्र,
आज्ञाकारी, दया और अच्छे फलों से भरा हुआ, पक्षपात रहित
और कपट रहित होता है। 18 और धर्म का फल मेल में बोया
जाता है, उन लोगों के द्वारा जो मेल करते हैं।

4

1 तुम्हारे बीच झगड़े और संघर्ष कहाँ से आते हैं? क्या वे
तुम्हारी वासनाओं से नहीं आते जो तुम्हारे अंगों में युद्ध
करते हैं? 2 तुम इच्छा करते हो और पाते नहीं। तुम हत्या
करते हो और डाह करते हो, और प्राप्त नहीं कर पाते। तुम
झगड़ते और लड़ते हो, और तुम्हारे पास नहीं है, क्योंकि तुम
मांगते नहीं। 3 तुम मांगते हो और पाते नहीं, क्योंकि तुम बुराई
से मांगते हो, ताकि उसे अपनी वासनाओं में खर्च करो।
4 व्यभिचारिणो और व्यभिचारिणियों! क्या तुम नहीं जानते कि
संसार से मित्रता ईश्वर के साथ बैर है? इसलिए जो कोई
संसार का मित्र होना चाहता है, वह अपने आप को ईश्वर का
शत्रु बना लेता है। 5 या क्या तुम सोचते हो कि शास्त्र व्यर्थ
कहता है? क्या आत्मा जो हम में वास करता है, डाह की ओर
प्रबल लालसा करता है? 6 परन्तु वह और भी अधिक अनुग्रह
देता है। इसी कारण वह कहता है, "ईश्वर घमण्डियों का
विरोध करता है, परन्तु दीनों को अनुग्रह देता है।" 7 इसलिए
तुम अपने आप को ईश्वर के अधीन कर दो। शैतान का
सामना करो और वह तुमसे भाग जाएगा। 8 ईश्वर के निकट
आओ और वह तुम्हारे निकट आएगा। अपने हाथों को शुद्ध
करो, हे पापियों। और अपने हृदयों को शुद्ध करो, हे द्विचित्तों!
9 शोक करो और विलाप करो और रोओ! तुम्हारी हँसी विलाप
में और तुम्हारा आनन्द उदासी में बदल जाए। 10 प्रभु के
साम्हने दीन बनो, और वह तुम्हें ऊँचा उठाएगा। 11 हे भाइयो,
एक दूसरे के विरुद्ध बुरा मत बोलो। जो अपने भाई के विरुद्ध
बोलता है और अपने भाई का न्याय करता है, वह तोरा के
विरुद्ध बोलता है और तोरा का न्याय करता है। और यदि तुम
तोरा का न्याय करते हो, तो तुम तोरा के करनेवाले नहीं परन्तु
न्यायी हो। 12 एक ही विधिदाता और न्यायी है, जो बचा
सकता और नाश कर सकता है। तू कौन है जो दूसरे का
न्याय करता है? 13 अब सुनो, तुम जो कहते हो, "आज या
कल हम अमुक नगर में जाएँगे, वहाँ एक वर्ष बिताएँगे, और
व्यापार करेंगे, और लाभ कमाएँगे।" 14 जबकि तुम नहीं
जानते कि कल क्या होगा। क्योंकि तुम्हारा जीवन क्या है? वह
तो एक वाष्प है जो थोड़ी देर के लिये प्रगट होता है और फिर
लुप्त हो जाता है। 15 इसके बदले तुम्हें यह कहना चाहिए,
"यदि प्रभु चाहेगा, तो हम जीवित रहेंगे और यह या वह
करेंगे।" 16 पर अब तुम अपने घमण्डी भाषणों में घमण्ड
करते हो। ऐसा सब घमण्ड बुरा है। 17 इसलिये जो भलाई
करना जानता है और नहीं करता, उसके लिये यह पाप है।

5

1 अब आओ, हे धनी लोगों, उन कठिनाइयों के कारण
रोओ और जोर से चिल्लाओ जो तुम पर आने वाली हैं!
2 तुम्हारी दौलत सड़ गई है, और तुम्हारे वस्त्र कीड़े खा गए
हैं। 3 तुम्हारा सोना और चाँदी जंग खा गए हैं, और उनकी
जंग तुम्हारे विरुद्ध गवाही देगी और तुम्हारे शरीर को आग की
तरह खा जाएगी। तुमने अंतिम दिनों में खजाना इकट्ठा किया
है। 4 देखो, तुम्हारे खेत काटने वाले कामगारों की मज़दूरी,
जिसे तुमने रोका, वह पुकार रही है। और फसल काटने वालो
की पुकार ऋ५ऋz सेनाओं के कानों तक पहुँच गई है।
5 तुमने पृथ्वी पर सुख और विलासिता में जीवन बिताया है,

तुमने अपने ह्रदयों को मोटा किया है, जैसे वध के दिन।
6 तुमने दोषी ठहराया, तुमने धर्मी को मार डाला – वह तुम्हारा
विरोध नहीं करता। 7 इसलिए, भाइयों, प्रभु के आने तक धैर्य
रखो। देखो, किसान पृथ्वी के अनमोल फल की प्रतीक्षा
करता है, धैर्यपूर्वक प्रतीक्षा करता है जब तक कि उसे
प्रारंभिक और अंतिम वर्षा न मिल जाए। 8 तुम भी धैर्य रखो।
अपने ह्रदयों को स्थिर करो, क्योंकि प्रभु का आना निकट है।
9 एक दूसरे के विरुद्ध मत बड़बड़ाओ, भाइयों, कहीं तुम पर
न्याय न हो। देखो, न्यायी द्वार पर खड़ा है! 10 मेरे भाइयों,
दुःख और धैर्य का एक उदाहरण लो, नबी, जिन्होंने 𐤉𐤄𐤅𐤄
के नाम में बातें कीं। 11 देखो, हम उन्हें धन्य कहते हैं जो
सहते हैं। तुमने अय्यूब के धैर्य के बारे में सुना है और
𐤉𐤄𐤅𐤄 का उद्देश्य देखा है, कि वह बहुत दयालु और
करुणामय है। 12 पर सबसे बढ़कर, मेरे भाइयों, न तो स्वर्ग
की, न पृथ्वी की, और न किसी अन्य शपथ की कसम
खाओ। बल्कि तुम्हारा हाँ हाँ हो, और तुम्हारा नहीं नहीं हो,
कहीं तुम न्याय में न पड़ जाओ। 13 क्या तुममें से कोई बुराई
सह रहा है? वह प्रार्थना करे। क्या कोई प्रसन्न है? वह भजन
गाए। 14 क्या तुममें से कोई बीमार है? वह सभा के प्राचीनों को
बुलाए, और वे प्रभु के नाम में उसे तेल से अभिषेक करके
उसके लिए प्रार्थना करें। 15 और विश्वास की प्रार्थना बीमार
को बचाएगी, और प्रभु उसे उठाएगा। और यदि उसने पाप
किए हैं, तो उसे क्षमा किया जाएगा। 16 एक दूसरे के सामने
अपने अपराध स्वीकार करो, और एक दूसरे के लिए प्रार्थना
करो, ताकि तुम चंगे हो जाओ। धर्मी की गंभीर प्रार्थना बहुत
कुछ कर दिखाती है। 17 एलीयाह भी हमारी तरह भावनाओं
वाला मनुष्य था, और उसने गंभीरता से प्रार्थना की कि वर्षा न
हो। और भूमि पर तीन वर्ष और छह महीने तक वर्षा नहीं
हुई। 18 और उसने फिर से प्रार्थना की, और स्वर्ग ने वर्षा दी,
और भूमि ने अपना फल उत्पन्न किया। 19 भाइयों, यदि तुममें
से कोई सत्य से भटक जाए, और कोई उसे वापस ले आए,
20 तो वह जान ले कि जो किसी पापी को उसके भटकाव से
वापस लाता है, वह एक आत्मा को मृत्यु से बचाएगा और बहुत
से पापों को ढाँप देगा।

1 पतरस

हिंदी संस्करण

1 पतरस

1 1 केफा, OW५३Z ह'मशियाह का दूत, चुने हुए, जो
पोन्टुस, गलातिया, कप्पदोकिया, आसिया, और बिथुनिया
में बिखरे हुए परदेशी हैं, 2 ३५३Z पिता की पूर्व-ज्ञान के
अनुसार, आत्मा द्वारा पवित्र किए गए आज्ञाकारिता और
OW५३Z ह'मशियाह के लहू के छिड़काव के लिए: अनुग्रह
और शांति तुम पर बढ़ती रहे। 3 धन्य हो ईश्वर और हमारे
अदोन OW५३Z ह'मशियाह का पिता, जिसने अपनी बड़ी
करुणा के अनुसार, हमें जीवित आशा के लिए नए सिरे से
जन्म दिया, OW५३Z ह'मशियाह के मृतकों में से
पुनरुत्थान के द्वारा। 4 ऐसी मीरास के लिए जो अविनाशी,
निर्मल और अव्यय है, जो तुम्हारे लिए शमायिम में रखी गई
है। 5 तुम जो ईश्वर की सामर्थ्य से विश्वास के द्वारा संरक्षित
हो, उस उद्धार के लिए जो अंतिम समय में प्रकट होने के लिए
तैयार है। 6 जिसमें तुम आनंदित होते हो, चाहे थोड़ी देर के
लिए यदि आवश्यक हो, तुम नाना प्रकार की परीक्षाओं से
दुखी हुए हो। 7 ताकि तुम्हारे विश्वास की परीक्षा - जो सोने से
कहीं अधिक मूल्यवान है, जो नष्ट हो जाता है, फिर भी आग
में जांचा जाता है - OW५३Z ह'मशियाह के प्रकट होने पर
स्तुति, महिमा और आदर में पाई जाए। 8 जिसे तुमने देखा
नहीं, फिर भी प्रेम करते हो; जिसमें तुम अत्यंत आनन्द और
महिमामय हर्ष के साथ मग्न हो, यद्यपि तुम उसे अभी नहीं
देख रहे हो, परन्तु विश्वास करते हो। 9 तुम्हारे विश्वास के
लक्ष्य को प्राप्त करते हुए: प्राणों का उद्धार। 10 इस उद्धार के
विषय में याजकों ने खोज की और अन्वेषण किया, जो तुम्हारे
लिए अनुग्रह के विषय में नबी थे। 11 खोजते हुए कि किस
समय या कैसी अवस्था में वह आत्मा जो उनमें थी, मसीह के
विषय में संकेत कर रही थी, जब वह पहले से मसीह के दुखों
और बाद में होने वाली महिमाओं की गवाही दे रही थी।
12 जिन्हें यह प्रकट किया गया कि वे अपने लिए नहीं, परन्तु
तुम्हारे लिए सेवा कर रहे थे, इन बातों में जो अब तुम्हें उन
लोगों के द्वारा सुनाई गई हैं जिन्होंने तुम्हें स्वर्ग से भेजी गई
पवित्र आत्मा के द्वारा शुभ समाचार सुनाया – जिनमें स्वर्गदूत
भी झांकने की लालसा रखते हैं। 13 इस कारण, अपनी बुद्धि
की कमर कसकर, सावधान होकर, अपनी आशा को पूरी
तरह से उस अनुग्रह पर स्थिर करो जो OW५३Z
ह'मशियाह के प्रकट होने पर तुम्हें दिया जाएगा।
14 आज्ञाकारी संतान के समान, उन पुराने लालसाओं के
अनुसार स्वयं को न ढालो जो तुम्हारी अज्ञानता में थीं।
15 बल्कि जैसे जिसने तुम्हें बुलाया वह पवित्र है, वैसे ही तुम भी
अपने सारे आचरण में पवित्र बनो। 16 क्योंकि यह लिखा है,
'पवित्र बनो, क्योंकि मैं पवित्र हूं।' 17 और यदि तुम उस पिता
को पुकारते हो, जो प्रत्येक व्यक्ति के कार्य के अनुसार
पक्षपात रहित न्याय करता है, तो अपने परदेशी जीवन को
भय के साथ बिताओ। 18 यह जानते हुए कि तुम्हें तुम्हारे
पूर्वजों से प्राप्त व्यर्थ व्यवहार से छुड़ाया गया है, नाशवान
वस्तुओं से नहीं, न चांदी से और न सोने से। 19 परन्तु मसीह
के बहुमूल्य लहू से, जैसे निर्दोष और निष्कलंक मेम्ने के।
20 जो वास्तव में जगत की स्थापना से पहले जाना गया था,
परन्तु तुम्हारे लिए इन अंतिम समयों में प्रकट किया गया।
21 जिसके द्वारा तुम ३५३Z में विश्वास करते हो, जिसने
उसे मृतकों में से जिलाया और उसे महिमा दी, ताकि तुम्हारा
विश्वास और आशा ईश्वर में हो। 22 अब जब तुमने आत्मा के
द्वारा सत्य के पालन में अपने प्राणों को शुद्ध किया है, निष्कपट
भाईचारे के लिए, तो एक-दूसरे से शुद्ध मन से गहन प्रेम
करो। 23 तुम्हें फिर से जन्म दिया गया है - नाशमान बीज से
नहीं, बल्कि अविनाशी से - ३५३Z के जीवित वचन के द्वारा,
जो सदा बना रहता है। 24 क्योंकि 'सारी देह घास के समान
है, और मनुष्य की सारी महिमा घास के फूल के समान। घास
सूख जाती है, और उसका फूल गिर जाता है।' 25 परन्तु
३५३Z का वचन सदा बना रहता है।' और यही वह वचन
है, जो तुम्हें शुभ समाचार के रूप में सुनाया गया है।

2 1 इसलिए सब बुराई, और सब धोखे, और कपट, और
ईर्ष्या, और सब बुरी बातें छोड़ दो। 2 जैसे नवजात शिशु,
वचन का निर्मल दूध लालसा करो, ताकि तुम उसके द्वारा
बढ़ो। 3 यदि वास्तव में तुमने स्वाद चखा है कि अदोन भला
है। 4 उसके पास आओ, जो एक जीवित पत्थर है - मनुष्यों
द्वारा तिरस्कृत, लेकिन ३५३Z द्वारा चुना गया और
बहुमूल्य। 5 तुम भी, जीवित पत्थरों के रूप में, एक
आध्यात्मिक घर, एक पवित्र कहुन्नाह के रूप में बनाए जा रहे
हो, ताकि ३५३Z के माध्यम से OW५३Z हा'मशियाह को
आत्मिक बलिदान चढ़ाओ जो स्वीकार्य हों। 6 क्योंकि
धर्मशास्त्र में लिखा है, "देखो, मैं सियों में एक मुख्य कोने का
पत्थर रखता हूं, जो चुना हुआ और बहुमूल्य है, और जो उस
पर विश्वास करता है वह कभी लज्जित न होगा।" 7 यह
सम्मान तुम्हारे लिए है जो विश्वास करते हो; लेकिन जो
अवज्ञाकारी हैं, "वह पत्थर जिसे निर्माण करने वालों ने
तिरस्कृत किया, वही मुख्य कोने का पत्थर बन गया।"
8 और "ठोकर का पत्थर और गिरने की चट्टान," वे जो वचन
के प्रति अवज्ञाकारी हैं, जिससे वे भी नियुक्त किए गए थे।
9 लेकिन तुम एक चुनी हुई जाति हो, एक शाही कहुन्नाह, एक
पवित्र राष्ट्र, एक विशेष प्रजा, ताकि तुम उसकी प्रशंसा करो
जिसने तुम्हें अंधकार से अपनी अद्भुत ज्योति में बुलाया।
10 जो पहले लोग नहीं थे, लेकिन अब ईश्वर की प्रजा हो गए;
जिन्होंने पहले दया नहीं पाई थी, लेकिन अब दया पाई है।
11 प्रिय जनों, मैं तुम्हें यात्रियों और परदेशियों के रूप में आग्रह
करता हूं, कि शरीर की वासनाओं से दूर रहो जो आत्मा से
युद्ध करती हैं। 12 जातियों के बीच अपना आचरण उत्तम
रखो ताकि जब वे तुम्हारे विरुद्ध दुष्ट करने वाले कहें, वे
तुम्हारे अच्छे कार्यों को देखकर निगरानी के दिन ईश्वर की

महिमा करें। 13 अत्◌ोन के कारण मनुष्य की हर संस्था के अधीन रहो, चाहे राजा के रूप में सर्वोच्च के अधीन। 14 या राज्यपालों के अधीन, जो बुरे करने वालों को दंड देने और अच्छे करने वालों की प्रशंसा के लिए भेजे जाते हैं। 15 क्योंकि यह ईश्वर की इच्छा है कि भलाई करके तुम मूर्ख मनुष्यों की अज्ञानता को शांत कर सको। 16 स्वतंत्र के रूप में, लेकिन अपनी स्वतंत्रता को बुराई का आवरण न बनाओ, बल्कि ईश्वर के सेवक बनकर रहो। 17 सबका सम्मान करो, भाईचारे से प्रेम करो, ईश्वर का भय मानो, राजा का सम्मान करो। 18 सेवकों, अपने मालिकों के अधीन रहो, केवल भले और दयालु ही नहीं बल्कि कठोर भी। 19 क्योंकि यदि कोई ईश्वर की जागरूकता के कारण दुःख सहता है, तो यह कृपा है। 20 यदि तुम पाप करके मार खाओ तो उसका क्या श्रेय? लेकिन यदि तुम भलाई करने में दुःख उठाते हो और सहते हो, तो यह ईश्वर के साथ कृपा है। 21 क्योंकि इसी के लिए तुम बुलाए गए हो, क्योंकि मशियाह ने भी हमारे लिए दुःख उठाया, हमें एक उदाहरण छोड़कर, कि हम उसके पदचिह्नों पर चलें। 22 "जिसने कोई पाप नहीं किया, न ही उसके मुख में कोई छल पाया गया।" 23 जिसने गाली खाने पर प्रत्युत्तर में गाली नहीं दी; दुःख उठाने पर धमकी नहीं दी, बल्कि उसे सौंप दिया जो न्यायपूर्वक न्याय करता है। 24 जिसने हमारे पापों को स्वयं अपने शरीर में क्रूस पर उठा लिया, ताकि हम पापों के लिए मरकर धर्म के लिए जी सकें - जिसके कोड़े से तुम चंगे हुए। 25 क्योंकि तुम भटकती हुई भेड़ों के समान थे, लेकिन अब अपने प्राणों के चरवाहे और निगरानी करने वाले के पास लौट आए हो।

3 1 इसी प्रकार, पत्नियां, अपने पति के अधीन रहो, ताकि यदि कोई वचन के प्रति अवज्ञाकारी हो, वे बिना वचन के भी अपनी पत्नियों के आचरण से जीते जाएं। 2 तुम्हारे भय और निर्दोष आचरण को देखकर। 3 तुम्हारा श्रृंगार बाहरी न हो - बाल संवारना, सोना पहनना, या वस्त्र धारण करना। 4 बल्कि हृदय का छिपा मनुष्य, एक कोमल और शांत आत्मा के अविनाशी आभूषण के साथ हो, जो ईश्वर के सामने बहुत मूल्यवान है। 5 क्योंकि इसी प्रकार प्राचीन काल में वे पवित्र स्त्रियां जो ईश्वर पर भरोसा करती थीं, अपने पतियों के अधीन रहकर स्वयं को सजाती थीं। 6 जैसे सारा ने अब्राहम की आज्ञा मानी, उसे स्वामी कहकर पुकारा, जिनकी संतान तुम बनी हो, जब तुम भलाई करती हो और किसी भी भय से नहीं डरती। 7 इसी प्रकार, पतियों, समझदारी से अपनी पत्नियों के साथ रहो, उन्हें कमजोर पात्र के रूप में सम्मान दो, और जीवन के अनुग्रह के सह-वारिसों के रूप में, ताकि तुम्हारी प्रार्थनाएं बाधित न हों। 8 अंत में, तुम सब एक मन के, सहानुभूति रखने वाले, भाईचारे से प्रेम करने वाले, करुणामय और नम्र मन वाले बनो। 9 बुराई के बदले बुराई या गाली के बदले गाली न दो, बल्कि आशीर्वाद दो, यह जानकर कि तुम इसके लिए बुलाए गए हो, ताकि तुम आशीर्वाद प्राप्त करो। 10 क्योंकि "जो जीवन से प्रेम करता है और अच्छे दिन देखना चाहता है, वह अपनी जीभ को बुराई से और अपने होठों को छल से रोके। 11 बुराई से दूर रहे और भलाई करे, शांति की खोज करे और उसका पीछा करे। 12 क्योंकि 𐤉𐤄𐤅𐤄 की आँखें धर्मियों पर हैं, और उसके कान उनकी प्रार्थनाओं की ओर खुले हैं, लेकिन 𐤉𐤄𐤅𐤄 का मुख बुराई करने वालों के विरुद्ध है। 13 और यदि तुम भलाई करने वाले बनो तो कौन तुम्हें बुरा करेगा? 14 लेकिन यदि तुम धार्मिकता के कारण दुःख उठाते हो, तो तुम धन्य हो। "और उनके धमकियों से न डरो, न ही विचलित हो।" 15 लेकिन अपने हृदयों में 𐤉𐤄𐤅𐤄 ईश्वर को पवित्र मानो, और हर किसी को उत्तर देने के लिए सदैव तैयार रहो जो तुमसे तुम्हारे भीतर की आशा के विषय में पूछे, नम्रता और भय के साथ। 16 अच्छे विवेक के साथ रहो, ताकि जब वे तुम्हारे विरुद्ध दुष्ट करने वाले कहें, तो जो मशीह में तुम्हारे अच्छे आचरण को झूठे आरोप लगाते है वे लज्जित हों। 17 क्योंकि यदि यह ईश्वर की इच्छा हो, तो बुराई करने की अपेक्षा भलाई करने में दुःख उठाना उत्तम है। 18 क्योंकि मशीह ने भी पापों के लिए एक बार दुःख उठाया, धर्मी ने अधर्मी के लिए, ताकि तुम्हें ईश्वर के पास ला सके, शरीर में सचमुच मारे गए, लेकिन आत्मा में जीवित किए गए। 19 जिसमें उसने जाकर कारागार में आत्माओं को प्रचार किया। 20 जो उस समय अवज्ञाकारी थे जब ईश्वर की धैर्य प्रतीक्षा कर रही थी नूह के दिनों में, जब जहाज तैयार किया जा रहा था, जिसमें थोड़े, अर्थात आठ प्राणी जल के माध्यम से बचाए गए। 21 जो अब तुम्हें भी बचाता है: बपतिस्मा - न कि शरीर की गंदगी को दूर करना, बल्कि ईश्वर की ओर एक अच्छे विवेक का उत्तर - 𐤉𐤄𐤅𐤔𐤏 हा'मशियाह के पुनरुत्थान के माध्यम से। 22 जो स्वर्ग में जाकर 𐤉𐤄𐤅𐤄 के दाहिने हाथ पर है, स्वर्गदूतों, अधिकारों और शक्तियों ने उसके अधीनता स्वीकार की है।

4 1 इसलिए, क्योंकि मशीह ने शरीर में तुम्हारे लिए दुःख उठाया, तुम भी वही मन रखकर अपने आप को सुसज्जित करो, क्योंकि जिसने शरीर में दुःख उठाया है, वह पाप से विरत हो गया है। 2 ताकि वह आगे का समय शरीर में मनुष्यों की वासनाओं के लिए न जिए, बल्कि ईश्वर की इच्छा के अनुसार जिए। 3 क्योंकि हमारे अतीत के जीवन में हमने जातियों की इच्छा पूरी कर ली, जब हम अशुद्धता, वासनाएं, मद्यपान, उन्मत्तताओं, जंगली पार्टियों, और घृणित मूर्तिपूजाओं में चले। 4 जिसमें वे यह देखकर आश्चर्य करते हैं कि तुम उनके साथ उसी उच्छृंखलता के प्रवाह में नहीं दौड़ते, और तुम्हारी निंदा करते हैं। 5 जो उसके सामने हिसाब देंगे जो जीवितों और मरे हुओं का न्याय करने के लिए तैयार है। 6 इसी कारण शुभ समाचार मरे हुओं को भी सुनाया गया, ताकि यद्यपि वे शरीर में मनुष्यों के अनुसार न्याय किए जाते हैं, वे आत्मा में ईश्वर के अनुसार जीवित रहें। 7 परन्तु सबका अंत निकट आ गया है। इसलिए सजग रहो, और प्रार्थनाओं में सचेत रहो। 8 और सबसे बढ़कर एक दूसरे के प्रति गहन प्रेम रखो, क्योंकि प्रेम पापों की भीड़ को ढक देता है। 9 एक दूसरे का बिना कुड़कुड़ाहट के स्वागत करो। 10 जैसे प्रत्येक ने वरदान पाया है, वैसे ही एक दूसरे की सेवा करो, ईश्वर की बहुविध कृपा के भले भण्डारी बनकर। 11 यदि कोई बोले - जैसे 𐤉𐤄𐤅𐤄 के वचन। यदि कोई सेवा करे - उस सामर्थ्य के अनुसार जो ईश्वर देता है, ताकि सब में 𐤉𐤄𐤅𐤄 की महिमा हो 𐤉𐤄𐤅𐤔𐤏 हा'मशियाह के द्वारा,

जिसे अनन्तकाल तक महिमा और राज्य है। आमेन। 12 प्रिय
जनों, उस अग्नि परीक्षा से जो तुम्हारे ऊपर आने वाली है,
अचरज मत करो, जैसे कोई विचित्र बात तुम पर घट रही
हो। 13 परन्तु जैसे तुम मशीह के दुःखों में सहभागी हो,
आनन्दित हो, ताकि उसकी महिमा के प्रकट होने पर भी तुम
अत्यन्त आनन्दित हो सको। 14 यदि मशीह के नाम के लिए
तुम्हारी निंदा होती है - तो तुम धन्य हो, क्योंकि महिमा की
आत्मा और ईश्वर की आत्मा तुम पर ठहरी हुई है। उनकी
ओर से वह निंदा की जाती है, परन्तु तुम्हारी ओर से उसकी
महिमा होती है। 15 तुम में से कोई हत्यारे, चोर, बुराई करने
वाले, या दूसरे के काम में हस्तक्षेप करने वाले के रूप में दुःख
न सहे। 16 परन्तु यदि मशीही होने के कारण दुःख सहो, तो
लज्जित न हो, बल्कि इस विषय में ईश्वर की महिमा करो।
17 क्योंकि यह समय है कि न्याय ईश्वर के घर से शुरू हो।
और यदि पहले हमसे हो, तो जो ईश्वर के शुभ समाचार को
नहीं मानते उनका अंत क्या होगा? 18 और यदि धर्मी भी
कठिनाई से उद्धार पाता है, तो दुष्ट और पापी का क्या होगा?
19 इसलिए जो लोग ईश्वर की इच्छा के अनुसार दुःख उठाते
हैं, वे अपने प्राणों को भले कर्मों में विश्वासयोग्य सृष्टिकर्ता को
सौंप दें।

5 1 इसलिए, मैं जो एक साथ वृद्ध हूं और मशीह के दुःखों
का साक्षी हूं, और उस महिमा का सहभागी भी हूं जो प्रकट
होने वाली है, तुम्हारे बीच के वृद्धों से विनती करता हूं। 2 ईश्वर
के झुंड की चरवाही करो जो तुम्हारे बीच है, न दबाव से,
बल्कि स्वेच्छा से, न घटिया लाभ के लिए, बल्कि
उत्साहपूर्वक। 3 न ही तुम्हें सौंपे गए लोगों पर प्रभुता करते हुए,
बल्कि झुंड के लिए उदाहरण बनकर। 4 और जब प्रधान
चरवाहा प्रकट होगा, तब तुम अपरिमेय महिमा का मुकुट प्राप्त
करोगे। 5 इसी प्रकार, हे जवानो, वृद्धों के अधीन रहो। और
एक दूसरे के प्रति नम्रता धारण करो, क्योंकि "ईश्वर
अभिमानियों का विरोध करता है, परन्तु नम्रों को अनुग्रह देता
है।" 6 इसलिए अपने आप को ईश्वर के सामर्थ्यशाली हाथ के
अधीन कर दो, ताकि वह उचित समय पर तुम्हें ऊँचा उठाए।
7 अपनी सारी चिंता उसी पर डाल दो, क्योंकि उसे तुम्हारी
चिंता है। 8 सावधान रहो, जागते रहो, क्योंकि तुम्हारा विरोधी
शैतान गरजते हुए सिंह के समान घूमता है, किसी को निगलने
की खोज में। 9 उसका सामना करो, विश्वास में दृढ़ रहो, यह
जानते हुए कि संसार में तुम्हारे भाई भी यही कष्ट सह रहे हैं।
10 और सब अनुग्रह का ईश्वर, जिसने तुम्हें मशीह OW५३Z
द्वारा अपनी अनन्त महिमा में बुलाया है, वह तुम्हारे थोड़े समय
के दुःख के बाद स्वयं तुम्हें सिद्ध करेगा, स्थिर करेगा, बल
देगा, और स्थापन करेगा। 11 उसे अनन्तकाल तक महिमा
और शक्ति हो। आमेन। 12 विश्वासी भाई सीला के द्वारा,
जैसा मैं समझता हूं, मैंने तुम्हें संक्षेप में लिखा है, उत्साहित
करने और यह साक्ष्य देने के लिए कि यही ईश्वर की सच्ची
कृपा है। इसमें दृढ़ रहो। 13 जो बबेल में है, जो तुम्हारे साथ
चुनी हुई है, तुम्हें नमस्कार कहती है, और मेरा पुत्र मार्कोस
भी। 14 प्रेम के चुम्बन के साथ एक दूसरे का अभिवादन
करो। तुम सब जो मशीह OW५३Z में हो, तुम्हें शान्ति
मिले। आमेन।

2 पतरस

हिंदी संस्करण

2 पतरस

1 1 शिमोन केफ़ा, OWY३Z हामशियह का दास और
प्रेषित, उन लोगों के नाम जिनको हमारे समान बहुमूल्य
विश्वास मिला है, हमारे ईश्वर और उद्धारकर्ता OWY३Z
हामशियह की धार्मिकता से। 2 अनुग्रह और शांति तुम्हें
बहुतायत से मिले ३Y३Z और हमारे अd◌ोन OWY३Z
के ज्ञान में। 3 जैसा कि उसकी सामर्थ ने हमें जीवन और
भक्ति के लिये सब कुछ दिया है, उसके ज्ञान के द्वारा जिसने
हमें महिमा और सद्‌गुण के लिये बुलाया। 4 इन्हीं के द्वारा हमें
महान और बहुमूल्य प्रतिज्ञाएँ दी गई हैं, ताकि इनके द्वारा तुम
ईश्वर की स्वभाव में सहभागी हो जाओ, और संसार की
भ्रष्टता से बच जाओ जो लालच के कारण है। 5 और इसी
कारण तुम अपना हर प्रयास करो कि अपने विश्वास में
सद्‌गुण जोड़ो, और सद्‌गुण में ज्ञान, 6 ज्ञान में आत्म-संयम,
आत्म-संयम में धैर्य, धैर्य में भक्ति, 7 भक्ति में भ्रातृ-प्रेम, और
भ्रातृ-प्रेम में सब के लिये प्रेम। 8 क्योंकि यदि ये सब बातें
तुम्हारे भीतर हैं और बढ़ती रहती हैं, तो वे तुम्हें हमारे अd◌ोन
OWY३Z हामशियह के ज्ञान में न तो आलसी और न ही
निष्फल रहने देंगी। 9 पर जिस किसी में ये बातें नहीं हैं वह
अंधा है, अल्पदर्शी है, और यह भूल गया है कि वह अपने
पुराने पापों से शुद्ध किया गया है। 10 इसलिए, भाइयों, और भी
अधिक परिश्रम करो कि अपने बुलाहट और चुनाव को स्थिर
करो, क्योंकि यदि तुम ये बातें करते हो तो कभी ठोकर न
खाओगे। 11 क्योंकि इसी रीति से हमारे अd◌ोन और
उद्धारकर्ता OWY३Z हामशियह के अनन्त राज्य में तुम्हें
भरपूर प्रवेश दिया जाएगा। 12 इसलिये मैं तुम्हें इन बातों की
स्मृति दिलाना चाहता हूँ, यद्यपि तुम इन्हें जानते हो और
वर्तमान सत्य में स्थिर हो। 13 पर मैं यह उचित समझता हूँ
कि जब तक मैं इस डेरा-देह में हूँ, तुम्हें स्मरण दिलाकर
उकसाऊँ। 14 यह जानते हुए कि मेरा डेरा शीघ्र ही हटाया
जाएगा, जैसा कि हमारे अd◌ोन OWY३Z हामशियह ने
मुझे स्पष्ट कर दिया है। 15 और मैं अपनी ओर से हर संभव
करूंगा कि मेरे प्रस्थान के बाद भी तुम इन्हें स्मरण करते
रहो। 16 क्योंकि जब हमने तुम्हें अपने अd◌ोन OWY३Z
हामशियह की सामर्थ और आगमन का ज्ञान दिया, तब हम
चतुराई से गढ़ी हुई गप्पों का अनुसरण नहीं कर रहे थे, बल्कि
हम उसकी महिमा के प्रत्यक्ष दर्शी थे। 17 क्योंकि जब उसने
३Y३Z पिता से आदर और महिमा पाई, तो ऐसी वाणी उस
महिमामय महिमा से उसके पास आई, "यह मेरा प्रिय पुत्र है,
जिस में मैं प्रसन्न हूँ।" 18 और यह वाणी हमने सुनी, जो स्वर्ग
से आई थी, जब हम उसके साथ पवित्र पर्वत पर थे। 19 और
हमारे पास भविष्यवाणी का वचन और भी दृढ़ है, जिस पर
ध्यान देना तुम भली-भांति करते हो, जैसे किसी अंधियारे
स्थान में चमकने वाले दीपक पर, जब तक दिन न निकल
आए और भोर का तारा तुम्हारे हृदयों में उदय न हो। 20 यह
सबसे पहले जान लो, कि कोई भी भविष्यवाणी शास्त्र की
अपनी ही समझ से नहीं हुई। 21 क्योंकि भविष्यवाणी कभी
मनुष्य की इच्छा से नहीं हुई, परन्तु पवित्र आत्मा से प्रेरित
होकर ईश्वर के लोगों ने बोला।

2 1 परन्तु लोगों में झूठे नबी भी उत्पन्न हुए, जैसे तुम्हारे बीच
झूठे उपदेशक होंगे, जो गुप्त रूप से विनाशकारी विधर्म
लाएँगे, और उस अd◌ोन का इनकार करेंगे जिसने उन्हें
मोल लिया, और अपने ऊपर शीघ्र विनाश लाएँगे। 2 और
बहुत से लोग उनके विनाशकारी मार्गों का अनुसरण करेंगे,
जिनके कारण सत्य का मार्ग निन्दित होगा। 3 और लोभ में,
बनावटी वचनों से, वे तुम्हारा शोषण करेंगे। उनका दण्ड
प्राचीन समय से टलता नहीं, और उनका विनाश झपकी नहीं
लेता। 4 क्योंकि यदि ३Y३Z ने उन दूतों को नहीं बख्शा
जिन्होंने पाप किया, परन्तु उन्हें गे-हिन्नोम में भेजकर
अन्धकार की जंजीरों में डाल दिया, कि न्याय के लिये रखे
जाएँ, 5 और प्राचीन संसार को नहीं बख्शा, परन्तु नोह को, जो
धर्म का प्रचारक था, और सात अन्य को सुरक्षित रखा, जब
उसने दुष्टों के संसार पर जलप्रलय लाया, 6 और सदोम और
अमोरा के नगरों को राख में बदलकर दण्डित किया, और
उन्हें विनाश के लिये ठहराया, ताकि वे भविष्य के दुष्टों के
लिये उदाहरण बनें, 7 और धर्मी लूत को बचाया, जो अधर्मी
लोगों के अशुद्ध आचरण से पीड़ित था – 8 क्योंकि दिन-
प्रतिदिन वह धर्मी मनुष्य, जो उनके बीच रहता था, उनके
अधर्म के काम देखकर और सुनकर अपनी धर्मात्मा आत्मा
को पीड़ा पहुँचाता था। 9 ३Y३Z जानता है कि भक्त लोगों
को परीक्षा से कैसे छुड़ाना है और अधर्मियों को न्याय के दिन
दण्ड के लिये कैसे रखना है। 10 और सबसे बढ़कर वे जो
शरीर के पीछे अशुद्ध लालसा में चलते हैं और प्रभुत्व का
तिरस्कार करते हैं - ढीठ, हठी, महिमावानों की निन्दा करते
हैं। 11 जहाँ स्वर्गदूत, जो सामर्थ और शक्ति में बड़े हैं,
अd◌ोन के सामने उनके विरुद्ध निन्दात्मक आरोप नहीं
लगाते। 12 पर ये लोग, जो स्वभावतः अविवेकी पशुओं के
समान हैं, पकड़े जाने और नाश होने के लिये उत्पन्न हुए हैं,
जो जिन बातों को नहीं जानते उनकी निन्दा करते हैं, और
अपने विनाश में नाश होंगे। 13 अधर्म का प्रतिफल पाने वाले
होकर, वे दिन-दिन में विलासिता का सुख मानते हैं। वे मलिन
और दोषयुक्त हैं, जब वे तुम्हारे साथ भोज करते हुए अपने
छल में मग्न रहते हैं। 14 उनकी आँखें व्यभिचार से भरी हुई
हैं, और वे पाप से रुक नहीं सकते, अस्थिर आत्माओं को
फँसाते हैं, उनका हृदय लोभ में अभ्यास किया हुआ है, वे शाप
की सन्तान हैं। 15 उन्होंने सीधा मार्ग छोड़कर भटक गए हैं,
और बिलआम बेओर के पुत्र के मार्ग पर चले, जिसने अधर्म
का प्रतिफल प्रेम किया। 16 पर अपने अपराध के कारण उसे
ताड़ना मिली; गूंगा गधा मनुष्य की आवाज़ से बोल उठा और
उस नबी की मूर्खता को रोक दिया। 17 ये लोग जल रहित
सोते, आँधी से उड़ाए गए बादल हैं, जिनके लिये अनन्त

अन्धकार सुरक्षित रखा गया है। 18 क्योंकि वे घमण्डी व्यर्थ
बातें बोलकर, शरीर की लालसाओं और अशुद्धताओं के द्वारा,
उन लोगों को फुसलाते हैं, जो वास्तव में भ्रमित लोगों से
निकल आए थे। 19 वे उन्हें स्वतंत्रता का वादा करते हैं, पर वे
स्वयं भ्रष्टता के दास हैं - क्योंकि जिसे कोई जीत लेता है, वह
उसका दास हो जाता है। 20 क्योंकि यदि वे अद्ोन और
उद्धारकर्ता ow५३z हामशियह के ज्ञान के द्वारा संसार की
अशुद्धताओं से बच निकले हैं, और फिर उनमें फँसकर हार
गए, तो उनका पिछला हाल पहले से भी बुरा हो गया।
21 क्योंकि उनके लिये यह अच्छा होता कि वे धर्म के मार्ग को
कभी न जानते, बजाए इसके कि जानकर उस पवित्र आज्ञा से
फिर जाएँ जो उन्हें सौंपी गई थी। 22 उन पर यह कहावत सच
हुई, "कुत्ता अपनी ही उल्टी पर लौट जाता है," और, "धोई
हुई सुअरनी कीचड़ में लोटने जाती है।"

3 1 अब हे प्रिय जनो, यह दूसरी पत्री है जो मैं तुम्हें लिखता
हूँ, जिसमें मैं तुम्हारे सच्चे मन को स्मरण दिलाने के लिए
जगाता हूँ। 2 कि तुम उन वचनों को स्मरण करो जो पहले
पवित्र नबियों के द्वारा कहे गए, और उस अडोन और
उद्धारकर्ता की आज्ञा को, तुम्हारे दूतों के द्वारा। 3 सबसे पहले
यह जान लो: कि अन्तिम दिनों में ठट्ठा करने वाले आएँगे,
ठट्ठा करते हुए, अपनी ही वासनाओं के अनुसार चलते हुए।
4 और कहेंगे, "उसके आने की प्रतिज्ञा कहाँ है? क्योंकि जब से
पितृपुरुष सो गए, सब कुछ सृष्टि के आरम्भ से वैसे ही चलता
आ रहा है।" 5 वे जानबूझकर यह छिपाना चाहते हैं: कि
आकाश प्राचीनकाल से था, और पृथ्वी जल से और जल के
बीच में ३५३z के वचन से स्थिर थी। 6 जिसके द्वारा उस
समय का संसार जल से भरकर नष्ट हो गया। 7 परन्तु
वर्तमान आकाश और पृथ्वी उसी वचन के द्वारा आग के लिए
सुरक्षित रखे गए हैं, अधर्मी मनुष्यों के न्याय और विनाश के
दिन के लिए। 8 परन्तु हे प्रिय जनो, यह एक बात तुमसे न
छिपे: कि ३५३z के साथ एक दिन हजार वर्ष के समान है,
और हजार वर्ष एक दिन के समान। 9 ३५३z अपनी प्रतिज्ञा
के विषय में देर नहीं करता, जैसा कुछ लोग देर समझते हैं;
परन्तु वह हमारे विषय में धैर्य करता है, यह नहीं चाहता कि
कोई नाश हो, परन्तु सब मन फिराव को प्राप्त करें। 10 परन्तु
३५३z का दिन चोर के समान आएगा, जिस दिन आकाश
बड़े शब्द के साथ टल जाएगा, और तत्त्व प्रचण्ड तपिश से
पिघल जाएँगे, और पृथ्वी और उस पर किए गए काम जल
जाएँगे। 11 जब ये सब इस प्रकार नष्ट होने वाले हैं, तो तुम्हे
कैसा पवित्र चालचलन और भक्ति वाला होना चाहिए।
12 ईश्वर के दिन के आने की बाट जोहते और उसे शीघ्र
करने का यत्न करते हुए, जिस दिन आकाश आग से नष्ट
होगा और तत्त्व प्रचण्ड तपिश से पिघल जाएँगे। 13 परन्तु
उसकी प्रतिज्ञा के अनुसार हम एक नये आकाश और नयी
पृथ्वी की प्रतीक्षा करते हैं, जिसमें धार्मिकता वास करती है।
14 इस कारण, हे प्रिय जनो, जब तुम इनकी बाट जोहते हो, तो
पूरा यत्न करो कि वह तुम्हें शान्ति में, निष्कलंक और निर्दोष
पाए। 15 और हमारे अडोन का धैर्य उद्धार समझो, जैसा कि
हमारे प्रिय भाई शाऊल ने भी तुम्हें लिख दिया, उसको दी गई
बुद्धि के अनुसार। 16 जैसा उसने अपनी सब पत्रियों में भी इन
बातों के विषय में लिखा है, जिनमें से कुछ बातें समझने में
कठिन हैं, जिन्हें अनपढ़ और अस्थिर लोग अपनी ही हानि के
लिए तोड़-मरोड़ करते हैं, जैसा वे अन्य शास्त्रों के साथ भी
करते हैं। 17 इसलिए हे प्रिय जनो, जब तुम पहले से सावधान
किए गए हो, तो सावधान रहो, कहीं ऐसा न हो कि अधर्मी
लोगों की भ्रांति में बहककर अपने स्थिर विश्वास से गिर
जाओ। 18 परन्तु हमारे अडोन और उद्धारकर्ता ow५३z
हा'मशियाह के अनुग्रह और ज्ञान में बढ़ते रहो। उसी की
महिमा अब और अनन्तकाल तक होती रहे। आमीन।

1 यूहन्ना

𐤉𐤄𐤍𐤄

हिंदी संस्करण

1 यूहन्ना

1 1 जो आदि से था, जिसे हमने सुना, जिसे हमने अपनी
आंखों से देखा, जिसे हमने ध्यान से देखा, और जिसे
हमारे हाथों ने छुआ, जीवन के वचन के विषय में। 2 और
जीवन प्रकट हुआ, और हमने देखा, और गवाही देते हैं, और
तुम्हें वह अनन्त जीवन घोषित करते हैं जो पिता के साथ था
और हम पर प्रकट हुआ। 3 हम तुम्हें वही बताते हैं जो हमने
देखा और सुना, ताकि तुम्हारा हमारे साथ सहभागिता हो।
और सच में हमारी सहभागिता पिता और उसके बिन
𐤉𐤄𐤅𐤔𐤏 हा'मशियाह के साथ है। 4 और हम ये बातें तुम्हें
इसलिए लिखते हैं ताकि तुम्हारा आनन्द पूर्ण हो। 5 और यह
वही संदेश है जो हमने उससे सुना है और तुम्हें सुनाते हैं, कि
ईश्वर ज्योति है और उसमें तनिक भी अंधकार नहीं। 6 यदि
हम कहें कि हम उसका संग रखते हैं, और अंधकार में चलते
हैं, तो हम झूठ बोलते हैं और सत्य नहीं करते। 7 परन्तु यदि
हम ज्योति में चलते हैं जैसा कि वह ज्योति में है, तो हमारा
आपस में संग होता है, और 𐤉𐤄𐤅𐤔𐤏 हा'मशियाह उसके
बिन का लहू हमें सब पापों से शुद्ध करता है। 8 यदि हम कहें
कि हम में पाप नहीं है, तो हम अपने आप को धोखा दे रहे हैं,
और सत्य हम में नहीं है। 9 यदि हम अपने पापों को अंगीकार
करें, तो वह विश्वासयोग्य और धर्मी है कि वह हमारे पापों को
क्षमा करे और हमें सब अधर्म से शुद्ध करे। 10 यदि हम कहें
कि हमने पाप नहीं किया, तो हम उसे झूठा ठहराते हैं, और
उसका वचन हम में नहीं है।

2 1 मेरे नन्हे बच्चों, मैं ये बातें तुम्हें इसलिए लिखता हूं कि
तुम पाप न करो। और यदि कोई पाप करता है, तो हमारे
पास पिता के साथ एक मध्यस्थ है, 𐤉𐤄𐤅𐤔𐤏 हा'मशियाह,
जो धर्मी है। 2 और वही हमारे पापों के लिए प्रायश्चित बलि है,
और न केवल हमारे लिए, बल्कि सारे संसार के लिए भी।
3 और इसी से हम जानते हैं कि हम उसे जानते हैं, यदि हम
उसकी आज्ञाओं को मानते हैं। 4 जो कहता है, 'मैं उसे जानता
हूं,' और उसकी आज्ञाओं को नहीं मानता, वह झूठा है, और
उसमें सत्य नहीं। 5 परन्तु जो कोई उसके वचन को मानता
है, वास्तव में उसमें ईश्वर का प्रेम सिद्ध हुआ है। इसी से हम
जानते हैं कि हम उसमें हैं। 6 जो कहता है कि वह उसमें बना
रहता है, उसे भी वैसा ही चलना चाहिए जैसा वह चला। 7 प्रिय
जनों, मैं तुम्हें कोई नई आज्ञा नहीं लिखता, परन्तु एक पुरानी
आज्ञा जो तुमने आदि से पाई थी। वह पुरानी आज्ञा वही वचन
है जो तुमने आदि से सुना। 8 फिर भी मैं तुम्हें एक नई आज्ञा
लिखता हूं, जो उसमें और तुम में सत्य है, क्योंकि अंधकार
जा रहा है, और सच्ची ज्योति अब चमक रही है। 9 जो कहता
है कि वह ज्योति में है और अपने भाई से बैर रखता है, वह
अब तक अंधकार में है। 10 जो अपने भाई से प्रेम करता है,
वह ज्योति में बना रहता है, और उसमें कोई ठोकर नहीं।
11 परन्तु जो अपने भाई से बैर रखता है, वह अंधकार में है
और अंधकार में चलता है, और नहीं जानता कि वह कहा
जाता है, क्योंकि अंधकार ने उसकी आंखों को अंधा कर
दिया है। 12 मैं तुम्हें, नन्हे बच्चों, लिखता हूं, क्योंकि तुम्हारे
पाप उसके नाम के कारण क्षमा किए गए हैं। 13 मैं तुम्हें,
पिताओं, लिखता हूं, क्योंकि तुमने उसे आदि से जाना है। मै
तुम्हें, जवानों, लिखता हूं, क्योंकि तुमने उस दुष्ट को जीत
लिया है। मैं तुम्हें, नन्हे बच्चों, लिखता हूं, क्योंकि तुमने पिता
को जाना है। 14 मैंने तुम्हें, पिताओं, लिखा है, क्योंकि तुमने
उसे आदि से जाना है। मैंने तुम्हें, जवानों, लिखा है, क्योंकि
तुम बलवान हो, और 𐤉𐤄𐤅𐤄 का वचन तुम में स्थिर है, और
तुमने उस दुष्ट को जीत लिया है। 15 इस संसार से और जो
कुछ संसार में है उससे प्रेम न करो। यदि कोई संसार से प्रेम
करता है, तो पिता का प्रेम उसमें नहीं है। 16 क्योंकि जो कुछ
संसार में है - शरीर की अभिलाषा, आंखों की अभिलाषा, और
जीवन का घमंड - वह पिता से नहीं है, परन्तु संसार से है।
17 और संसार और उसकी अभिलाषा टलती जाती है, परन्तु
जो ईश्वर की इच्छा पूरी करता है वह सदा बना रहता है।
18 नन्हे बच्चों, यह अंतिम समय है। और जैसा तुमने सुना है
कि विरोधी मसीह आने वाला है, वैसे ही अब भी बहुत विरोधी
मसीह आ चुके हैं। इसी से हम जानते हैं कि यह अंतिम समय
है। 19 वे हमारे बीच से निकले, परन्तु वे हमारे नहीं थे, क्योंकि
यदि वे हमारे होते, तो हमारे साथ ही रहते; परन्तु ऐसा हुआ
ताकि प्रकट हो जाए कि वे सब हमारे नहीं थे। 20 और तुम में
पवित्र जन से अभिषेक है, और तुम सब कुछ जानते हो।
21 मैंने तुम्हें इसलिए नहीं लिखा कि तुम सत्य नहीं जानते,
बल्कि इसलिए लिखा क्योंकि तुम सत्य जानते हो, और जानते
हो कि किसी झूठ में सत्य नहीं होता। 22 झूठा कौन है? केवल
वही जो इनकार करता है कि 𐤉𐤄𐤅𐤔𐤏 हा'मशियाह है। यही
विरोधी मसीह है, जो पिता और बिन का इनकार करता है।
जो बिन का इनकार करता है, उसके पास पिता नहीं है।
23 जो बिन को अंगीकार करता है, उसके पास पिता भी है।
24 तुम्हारे अंदर वही बना रहे जो तुमने आदि से सुना है। यदि
जो तुमने आदि से सुना है वह तुम में बना रहेगा, तो तुम भी
बिन और पिता में बने रहोगे। 25 और यही वह प्रतिज्ञा है जो
उसने हमें दी है: अनन्त जीवन। 26 मैंने तुम्हें यह उनके विषय
में लिखा है जो तुम्हें भ्रमित करते हैं। 27 परन्तु वह अभिषेक
जो तुमने उससे पाया है, वह तुम में बना रहता है, और तुम्हे
किसी के सिखाने की आवश्यकता नहीं है। परन्तु जैसे वही
अभिषेक तुम्हें सब कुछ सिखाता है, और वह सत्य है, और
उसमें कोई झूठ नहीं, और जैसा उसने तुम्हें सिखाया है, वैसे
ही तुम उसमें बने रहो। 28 और अब, नन्हे बच्चों, उसमें बने
रहो, ताकि जब वह प्रकट हो, तो हमें साहस हो और उसके
आगमन पर उसके सामने लज्जित न हों। 29 यदि तुम जानते
हो कि वह धर्मी है, तो तुम यह भी जानते हो कि जो कोई धर्म
करता है वह उसी से जन्मा है।

3 1देखो पिता ने हमें कैसी प्रेम दी है, कि हम ईश्वर की
संतान कहलाएं! इसी कारण संसार हमें नहीं जानता,
क्योंकि उसने उसे नहीं जाना। 2प्रिय जनों, अब हम ईश्वर की
संतान हैं, और अभी तक प्रकट नहीं हुआ है कि हम क्या होंगे,
परन्तु हम जानते हैं कि जब वह प्रकट होगा, तो हम उसके
समान होंगे, क्योंकि हम उसे वैसा ही देखेंगे जैसा वह है।
3और हर कोई जो उसमें यह आशा रखता है, वह अपने आप
को शुद्ध करता है, जैसे वह शुद्ध है। 4जो कोई पाप करता है,
वह भी व्यवस्था का उल्लंघन करता है, और पाप व्यवस्था का
उल्लंघन है। 5और तुम जानते हो कि वह हमारे पापों को दूर
करने के लिए प्रकट हुआ, और उसमें पाप नहीं है। 6जो कोई
उसमें बना रहता है, वह पाप नहीं करता। जो कोई पाप करता
है, उसने न तो उसे देखा और न ही उसे जाना। 7नन्हे बच्चों,
कोई तुम्हें भ्रमित न करे। जो धर्म करता है, वही धर्मी है, जैसे
वह धर्मी है। 8जो पाप करता है वह शैतान का है, क्योंकि
शैतान आदि से पाप करता आया है। इसी कारण 𐤉𐤄𐤅𐤄
का बिन प्रकट हुआ: ताकि शैतान के कामों को नष्ट करे।
9जो कोई ईश्वर से जन्मा है, वह पाप नहीं करता, क्योंकि
उसका बीज उसमें रहता है, और वह पाप करने में असमर्थ है,
क्योंकि वह ईश्वर से जन्मा है। 10इसी में ईश्वर की संतान
और शैतान की संतान प्रकट होती हैं: जो कोई धर्म नहीं
करता, वह ईश्वर का नहीं है, और जो अपने भाई से प्रेम नहीं
करता, वह भी नहीं। 11क्योंकि यही वह संदेश है जो तुमने
आदि से सुना, कि हमें एक दूसरे से प्रेम करना चाहिए।
12कैइन के समान नहीं जो दुष्ट से था और अपने भाई को
मार डाला। और उसने उसे क्यों मारा? क्योंकि उसके काम
बुरे थे और उसके भाई के काम धर्मी थे। 13मेरे भाइयों, यदि
संसार तुमसे बैर करे तो अचंभा मत करो। 14हम जानते हैं
कि हम मृत्यु से जीवन में प्रवेश कर चुके हैं, क्योंकि हम भाइयों
से प्रेम करते हैं। जो अपने भाई से प्रेम नहीं करता, वह मृत्यु
में बना रहता है। 15जो कोई अपने भाई से बैर करता है, वह
हत्यारा है, और तुम जानते हो कि किसी हत्यारे में अनन्त
जीवन नहीं रहता। 16इसी से हम प्रेम को जानते हैं, क्योंकि
उसने हमारे लिए अपना जीवन दे दिया। और हमें भी भाइयों
के लिए अपने जीवन को देना चाहिए। 17पर जो कोई इस
संसार की वस्तुएं रखता है और अपने भाई को आवश्यकता में
देखता है, और उससे करुणा रोक लेता है, उसमें ईश्वर का
प्रेम कैसे रह सकता है? 18मेरे नन्हे बच्चों, हम वचन और
जीभ से नहीं, परन्तु कार्य और सत्य में प्रेम करें। 19और
इसी से हम जानते हैं कि हम सत्य के हैं, और उसके सामने
अपने मन को धीरज देंगे। 20क्योंकि यदि हमारा मन हमें
दोष दे, तो 𐤉𐤄𐤅𐤄 हमारे मन से बड़ा है और सब कुछ
जानता है। 21प्रिय जनों, यदि हमारा मन हमें दोष न दे, तो
हमें 𐤉𐤄𐤅𐤄 की ओर साहस है। 22और जो कुछ हम मांगते
हैं, उसे उससे पाते हैं, क्योंकि हम उसकी आज्ञाओं को मानते
हैं और जो उसकी दृष्टि में प्रसन्नकारी है वही करते हैं।
23और यही उसकी आज्ञा है, कि हम उसके बिन 𐤉𐤄𐤅𐤔𐤏
हा'मशियाह के नाम पर विश्वास करें, और जैसा उसने हमें
आज्ञा दी, वैसे ही एक दूसरे से प्रेम करें। 24और जो उसकी
आज्ञाओं को मानता है, वह उसमें बना रहता है, और वह
उसमें। और इसी से हम जानते हैं कि वह हम में बना रहता है,
उस आत्मा के द्वारा जो उसने हमें दी।

4 1प्रिय जनों, हर आत्मा पर विश्वास न करो, परन्तु
आत्माओं की परीक्षा करो कि वे ईश्वर की हैं या नहीं,
क्योंकि बहुत से झूठे भविष्यवक्ता संसार में निकल चुके हैं।
2इसी से तुम ईश्वर की आत्मा को जानो: हर आत्मा जो
अंगीकार करती है कि 𐤉𐤄𐤅𐤔𐤏 हा'मशियाह शरीर में आया
है, वह ईश्वर की है। 3और जो आत्मा अंगीकार नहीं करती
कि 𐤉𐤄𐤅𐤔𐤏 हा'मशियाह शरीर में आया है, वह ईश्वर की
नहीं है। और यही विरोधी मसीह की आत्मा है, जिसके विषय
में तुमने सुना कि वह आने वाला है, और अब भी वह संसार में
है। 4तुम ईश्वर की ओर से हो, नन्हे बच्चों, और तुमने उन्हे
जीत लिया है, क्योंकि जो तुम में है वह उससे बड़ा है जो
संसार में है। 5वे संसार के हैं, इस कारण वे संसार की बाते
कहते हैं, और संसार उनकी सुनता है। 6हम ईश्वर की ओर
से हैं - जो ईश्वर को जानता है वह हमारी सुनता है। जो
ईश्वर का नहीं है वह हमारी नहीं सुनता। इसी से हम सत्य की
आत्मा और भ्रम की आत्मा को पहचानते हैं। 7प्रिय जनों, हम
एक दूसरे से प्रेम करें, क्योंकि प्रेम ईश्वर से है, और जो कोई
प्रेम करता है, वह ईश्वर से जन्मा है और 𐤉𐤄𐤅𐤄 को जानता
है। 8जो प्रेम नहीं करता, वह 𐤉𐤄𐤅𐤄 को नहीं जानता,
क्योंकि 𐤉𐤄𐤅𐤄 प्रेम है। 9इसी में 𐤉𐤄𐤅𐤄 का प्रेम हम में
प्रकट हुआ, कि 𐤉𐤄𐤅𐤄 ने अपना एकलौता बिन संसार में
भेजा, ताकि हम उसके द्वारा जीवित रहें। 10प्रेम इसमें है, कि
हम ने 𐤉𐤄𐤅𐤄 से प्रेम नहीं किया, परन्तु उसने हम से प्रेम
किया और अपने बिन को हमारे पापों के लिए प्रायश्चित बलि
बनाकर भेजा। 11प्रिय जनों, यदि 𐤉𐤄𐤅𐤄 ने हमसे ऐसा प्रेम
किया, तो हमें भी एक दूसरे से प्रेम करना चाहिए। 12किसी ने
कभी 𐤉𐤄𐤅𐤄 को नहीं देखा। यदि हम एक दूसरे से प्रेम
करते हैं, तो ईश्वर हम में बना रहता है, और उसका प्रेम हम
में सिद्ध हो गया है। 13इसी से हम जानते हैं कि हम उसमें बने
रहते हैं, और वह हम में, क्योंकि उसने हमें अपनी आत्मा में से
दिया है। 14और हम ने देखा और गवाही दी कि पिता ने बिन
को संसार का उद्धारकर्ता बनाकर भेजा है। 15जो कोई
अंगीकार करता है कि 𐤉𐤄𐤅𐤔𐤏 𐤉𐤄𐤅𐤄 का बिन है, ईश्वर
उसमें बना रहता है, और वह ईश्वर में। 16और हम ने जान
लिया है और विश्वास किया है कि 𐤉𐤄𐤅𐤄 का हमारे लिए प्रेम
है। 𐤉𐤄𐤅𐤄 प्रेम है, और जो प्रेम में बना रहता है, वह ईश्वर
में बना रहता है, और ईश्वर उसमें। 17इसी में प्रेम हमारे साथ
सिद्ध हुआ है, ताकि न्याय के दिन हमें साहस हो, क्योंकि जैसा
वह है वैसे ही हम भी इस संसार में हैं। 18प्रेम में भय नहीं है,
परन्तु सिद्ध प्रेम भय को निकाल देता है, क्योंकि भय में दंड
होता है, और जो डरता है वह प्रेम में सिद्ध नहीं हुआ। 19हम
उससे प्रेम करते हैं, क्योंकि उसने पहले हमसे प्रेम किया।
20यदि कोई कहे, 'मैं ईश्वर से प्रेम करता हूं,' और अपने भाई
से बैर रखता है, तो वह झूठा है। क्योंकि जो अपने भाई से,
जिसे उसने देखा है, प्रेम नहीं करता, वह उस 𐤉𐤄𐤅𐤄 से
कैसे प्रेम कर सकता है जिसे उसने नहीं देखा? 21और हमें
उससे यही आज्ञा मिली है, कि जो ईश्वर से प्रेम करता है, वह
अपने भाई से भी प्रेम करे।

5 [1]जो कोई यह विश्वास करता है कि OWY३Z
हा'मशियाह है, वह ईश्वर से जन्मा है, और जो जन्म देने
वाले से प्रेम करता है, वह उससे जन्मे हुए से भी प्रेम करता
है। [2]इसी से हम जानते हैं कि हम ईश्वर की सन्तानों से प्रेम
करते हैं, जब हम ३Y३Z से प्रेम करते हैं और उसकी
आज्ञाओं को मानते हैं। [3]क्योंकि यह ३Y३Z के प्रति प्रेम है,
कि हम उसकी आज्ञाओं को मानें, और उसकी आज्ञाएं भारी
नहीं हैं। [4]क्योंकि जो कोई ईश्वर से जन्मा है, वह संसार पर
जय प्राप्त करता है। और यह वही जय है जिसने संसार को
जीत लिया है: हमारा विश्वास। [5]वह कौन है जो संसार पर
जय प्राप्त करता है? केवल वही जो यह विश्वास करता है कि
OWY३Z ३Y३Z का बिन है। [6]वही है जो जल और लहू
के द्वारा आया: OWY३Z हा'मशियाह, न केवल जल के द्वारा,
परन्तु जल और लहू के द्वारा। और वही आत्मा गवाही देता
है, क्योंकि आत्मा सत्य है। [7]क्योंकि तीन गवाही देने वाले हैं।
[8]आत्मा, और जल, और लहू। और ये तीन एक ही बात में
हैं। [9]यदि हम मनुष्यों की गवाही स्वीकार करते हैं, तो ईश्वर
की गवाही बड़ी है, क्योंकि यह वही गवाही है जो ३Y३Z ने
अपने बिन के विषय में दी है। [10]जो कोई ३Y३Z के बिन
पर विश्वास करता है, उसके भीतर वह गवाही है। जो
३Y३Z पर विश्वास नहीं करता, उसने उसे झूठा ठहराया है,
क्योंकि उसने उस गवाही पर विश्वास नहीं किया जो ३Y३Z
ने अपने बिन के विषय में दी है। [11]और यह वही गवाही है: कि
३Y३Z ने हमें अनन्त जीवन दिया है, और यह जीवन उसके
बिन में है। [12]जिसके पास बिन है उसके पास जीवन है, और
जिसके पास ३Y३Z का बिन नहीं है, उसके पास जीवन नहीं
है। [13]मैंने यह तुम्हें लिखा है, जो ३Y३Z के बिन के नाम
पर विश्वास करते हो, ताकि तुम जानो कि तुम्हारे पास अनन्त
जीवन है, और ताकि तुम ३Y३Z के बिन के नाम में विश्वास
करते रहो। [14]और यही वह साहस है जो हमें उसमें है, कि
यदि हम उसकी इच्छा के अनुसार कुछ भी मांगें, तो वह हमारी
सुनता है। [15]और यदि हम जानते हैं कि वह हमारी सुनता है,
जो कुछ भी हम मांगते हैं, तो हम जानते हैं कि जो याचिकाएं
हमने उससे मांगी हैं वे हमारे पास हैं। [16]यदि कोई अपने भाई
को पाप में देखे जो मृत्यु के योग्य नहीं है, तो वह प्रार्थना करे,
और वह उन्हें जीवन देगा जो मृत्यु के योग्य पाप नहीं कर
रहे। ऐसा पाप है जो मृत्यु का है; मैं यह नहीं कहता कि उसके
लिए प्रार्थना करे। [17]हर अधर्म पाप है, और ऐसा भी पाप है
जो मृत्यु का नहीं है। [18]हम जानते हैं कि जो कोई ईश्वर से
जन्मा है, वह पाप नहीं करता, बल्कि जो ईश्वर से जन्मा है वह
अपने आप को सुरक्षित रखता है, और दुष्ट उसे छू नहीं
सकता। [19]हम जानते हैं कि हम ईश्वर के हैं, और सारा
संसार दुष्ट के अधीन पड़ा है। [20]और हम जानते हैं कि
३Y३Z का बिन आ चुका है और उसने हमें समझ दी है,
ताकि हम सच्चे को जानें। और हम सच्चे में हैं, उसके बिन
OWY३Z हा'मशियाह में। यही सच्चा ईश्वर और अनन्त
जीवन है। [21]नन्हे बच्चों, अपने आप को मूर्तियों से बचाकर
रखो। आमीन।

2 यूहन्ना

हिंदी संस्करण

2 यूहन्ना

1 [1]बुज़ुर्ग की ओर से, एक चुनी हुई कुरिया और उसके
बच्चों के लिए, जिन्हें मैं सच्चाई में प्रेम करता हूँ, और न
केवल मैं, परन्तु वे भी जिन्होंने सच्चाई को जाना है। [2]क्योंकि
वह सच्चाई हम में बनी रहती है और सदा हमारे साथ रहेगी।
[3]अनुग्रह, करुणा, और शाति तुम्हारे साथ हो, 𐤉𐤄𐤅𐤄 पिता
की ओर से, और 𐤉𐤄𐤅𐤔𐤏 हामशियह, पिता के पुत्र की ओर
से, सच्चाई और प्रेम में। [4]मैं अत्यन्त आनन्दित हुआ क्योंकि
मैंने तुम्हारे कुछ बच्चों को सच्चाई में चलते हुए पाया, जैसा
कि हमें पिता की ओर से आज्ञा मिली है। [5]और अब मैं तुमसे
बिनती करता हूँ, हे कुरिया, ऐसा नहीं कि मैं तुम्हें कोई नई
आज्ञा लिख रहा हूँ, बल्कि वह जो हमें आरम्भ से मिली है: कि
हम एक-दूसरे से प्रेम करें। [6]और यही प्रेम है, कि हम उसकी
आज्ञाओं के अनुसार चलें। यही वह आज्ञा है, जिसे तुमने
आरम्भ से सुना है, कि उसमें चलो। [7]क्योंकि बहुत से धोखा
देने वाले संसार में निकल गए हैं, जो यह स्वीकार नहीं करते
कि 𐤉𐤄𐤅𐤔𐤏 हामशियह शरीर में आया है। ऐसा व्यक्ति ही
धोखा देने वाला और विरोधी मसीह है। [8]अपने आप पर
ध्यान दो, कि हम जो काम कर चुके हैं उसे खो न दें, बल्कि
पूर्ण प्रतिफल प्राप्त करें। [9]जो कोई अपराध करता है और
मसीह की शिक्षा में नहीं बना रहता, उसके पास ईश्वर नहीं है।
जो मसीह की शिक्षा में बना रहता है, उसके पास पिता और
बिन दोनों हैं। [10]यदि कोई तुम्हारे पास आता है और यह
शिक्षा नहीं लाता, तो उसे अपने घर में मत बुलाओ और न ही
उसका अभिवादन करो। [11]क्योंकि जो कोई उसका
अभिवादन करता है, वह उसकी दुष्ट कर्मों में भागी होता है।
[12]तुमसे लिखने को बहुत कुछ था, परन्तु मैं कागज़ और
स्याही से नहीं लिखना चाहता, बल्कि आशा करता हूँ कि
तुम्हारे पास आऊँ और आमने-सामने बात करूं, ताकि हमारी
ख़ुशी पूरी हो। [13]तेरी चुनी हुई बहन के बच्चे तुझे नमस्कार
करते हैं। आमीन।

3 यूहन्ना

𐤉𐤄𐤅𐤄

हिंदी संस्करण

3 यूहन्ना

1 1 प्राचीन की ओर से—प्रिय गैयोस के नाम, जिसे मैं सत्य
में प्रेम करता हूँ: 2 प्रिय, मैं प्रार्थना करता हूँ कि तू हर बात
में सफल हो और स्वस्थ रहे, जैसे तेरी आत्मिक दशा अच्छी
चल रही है। 3 क्योंकि जब भाई आए और तेरे विषय में—कि
तू सत्य में चलता है—तेरे भीतर की सत्य की गवाही दी, तब
मैं बहुत आनन्दित हुआ। 4 मेरे लिये इससे बड़ा आनन्द कोई
नहीं कि मैं यह सुनूँ कि मेरे बालक सत्य में चलते हैं। 5 प्रिय,
जो कुछ तू भाइयों के लिये, और परदेशियों के लिये करता है,
उसमें तू विश्वासयोग्य व्यवहार करता है— 6 जिन्होंने सभा के
सामने तेरे प्रेम की गवाही दी है। यदि तू उन्हें ईश्वर के योग्य
रीति से विदा करेगा, तो तू भला करेगा, 7 क्योंकि वे नाम के
कारण निकल पड़े हैं, अन्यजातियों से कुछ नहीं लेते।
8 इसलिये हमें ऐसे लोगों का स्वागत करना चाहिए, ताकि हम
सत्य के सहकर्मी बनें। 9 मैंने सभा को लिखा था, परन्तु
दियोत्रेफेस—जो उनमें प्रथम होना चाहता है—हमें ग्रहण नहीं
करता। 10 इस कारण यदि मैं आऊँ, तो उसके उन कामों का
स्मरण दिलाऊँगा जो वह करता है—हमारे विरुद्ध बुरे वचनों
से बातें बनाता है; और इस पर भी सन्तोष न करके, वह स्वयं
भाइयों को नहीं ग्रहण करता, और जो ग्रहण करना चाहते हैं
उन्हें रोकता है, और सभा में से निकाल देता है। 11 प्रिय,
बुराई का नहीं, भलाई का अनुसरण कर। जो भलाई करता है
वह ईश्वर का है, पर जो बुराई करता है उसने ईश्वर को नहीं
देखा। 12 देमेत्रियोस की सबों से, और स्वयं सत्य से, अच्छी
गवाही है; और हम भी गवाही देते हैं, और तू जानता है कि
हमारी गवाही सत्य है। 13 मुझे बहुत कुछ लिखना था, पर मैं
कलम और स्याही से तुझ को लिखना नहीं चाहता। 14 पर
आशा करता हूँ कि शीघ्र तुझ से भेंट होगी, और हम आमने-
सामने बातें करेंगे। तुझ को शान्ति मिले। मित्र तुझे
नमस्कार कहते हैं। तू भी मित्रों का नाम ले-लेकर नमस्कार
कहना।

यहूदा

𐤉𐤄𐤅𐤄

हिंदी संस्करण

यहूदा

1 1याहूदा, OWY१३Z हामशियः का दास, और याक़ोब का
भाई, उन लोगों के लिए जो बुलाए गए, ३Y१३Z पिता के
द्वारा पवित्र किए गए, और OWY१३Z हामशियः में सुरक्षित
रखे गए। 2दया, और शांति, और प्रेम तुम पर बढ़ते रहें।
3प्रिय जनों, हमारी सामान्य मुक्ति के विषय में तुम्हें लिखने की
पूरी तत्परता करते हुए, मुझे तुम्हें लिखना आवश्यक लगा
और आग्रह करना कि उस विश्वास के लिए गंभीरता से संघर्ष
करो जो एक बार सभी पवित्र जनों को सौंपा गया। 4क्योंकि
कुछ लोग चुपके से आ गए हैं, जिनका दंड बहुत पहले लिखा
गया था, दुष्ट लोग हमारे ईश्वर के अनुग्रह को दुराचार के
लिए भ्रष्ट करते हैं, और केवल प्रभु ३Y१३Z और हमारे प्रभु
OWY१३Z हामशियः का इनकार करते हैं। 5पर मैं तुम्हें
स्मरण दिलाना चाहता हूँ, यद्यपि तुम पहले से जानते थे, कि
३Y१३Z ने मिस्र देश से एक लोगों को बचाया, बाद में उन को
नष्ट कर दिया जिन्होंने विश्वास नहीं किया। 6और वे दूत
जिन्होंने अपनी प्रभुता नहीं रखी, परन्तु अपने ही निवास को
छोड़ दिया, उसने उन्हें महान दिन के न्याय के लिए अनन्त
बन्धनों में अन्धकार के नीचे रखा है। 7जैसे सदोम और
अमोरा और उनके आसपास के नगर भी, इन की तरह
व्यभिचार में लिप्त होकर और परायी देह के पीछे जाकर, एक
उदाहरण के रूप में रखे गए हैं, जो अनन्त अग्नि के दण्ड
का अनुभव कर रहे हैं। 8इसी प्रकार ये स्वप्नदर्शी भी देह को
अशुद्ध करते हैं, प्रभुत्व को अस्वीकार करते हैं, और
आदरणीयों की निन्दा करते हैं। 9परन्तु मीकाएल प्रधान दूत
ने, जब उसने शैतान से मूसा की देह के विषय में विवाद किया,
तो उसने निन्दात्मक निर्णय लाने का साहस नहीं किया, परन्तु
कहा, "३Y१३Z तुझे डाँटे।" 10पर ये लोग जो नहीं जानते
उसकी निन्दा करते हैं। और जो वे स्वाभाविक रूप से जानते
हैं, जैसे अविवेकी पशु, उन्हीं में वे स्वयं को भ्रष्ट करते हैं।
11उन पर हाय! क्योंकि वे क़ैन के मार्ग पर चले हैं, और
बिलाम के धोखे में प्रतिफल के लिए पड़ गए, और क़ोरह की
विद्रोह में नष्ट हो गए। 12ये तुम्हारी प्रेम भोज में छिपे हुए
पत्थर हैं, तुम्हारे साथ भोज करते हैं, बिना भय के अपने आप
को खिलाते हैं, बिना जल के बादल, पवन से इधर-उधर
उड़ाए गए, देर के पतझड़ के पेड़ जिनमें फल नहीं, दो बार
मरे हुए, जड़ से उखाड़ दिए गए। 13समुद्र की उग्र तरंगें,
अपनी लज्जा को उछालती हुई, भटकते हुए तारे, जिनके लिए
सदा का अन्धकार रखा गया है। 14और हनोक, आदम से
सातवाँ, ने भी इनके विषय में भविष्यवाणी की, कहते हुए,
"देखो, ३Y१३Z अपने असंख्य पवित्र जनों के साथ आता
है। 15सब पर न्याय करने के लिए, सब दुष्टों को उनके सब
दुष्ट कामों के विषय में दण्ड देने के लिए, जो उन्होंने दुष्टता
से किए हैं, और उन सब कठोर बातों के विषय में जो दुष्ट
पापियों ने उसके विरुद्ध कही हैं।" 16ये कुड़कुड़ाने वाले, दोष
निकालने वाले हैं, जो अपनी अभिलाषाओं के अनुसार चलते
हैं, और उनका मुँह घमण्ड की बातें बोलता है, लाभ के लिए
लोगों की चापलूसी करते हैं। 17परन्तु हे प्रिय जनों, तुम
हमारे प्रभु OWY१३Z हामशियः के प्रेरितों द्वारा पहले कही गई
बातों को स्मरण करो। 18क्योंकि उन्होंने तुमसे कहा था कि
अन्तिम समय में ठट्ठा करने वाले होंगे, जो अपनी दुष्ट
अभिलाषाओं के अनुसार चलेंगे। 19ये वे हैं जो विभाजन
करते हैं, जिनमें आत्मा नहीं है। 20परन्तु हे प्रिय जनों, अपनी
अति पवित्र विश्वास पर अपने आप को बनाते हुए, आत्मा
हाकोदेश में प्रार्थना करते हुए, 21अपने आप को ईश्वर के प्रेम
में बनाए रखो, हमारे प्रभु OWY१३Z हामशियः की दया की
प्रतीक्षा करते हुए अनन्त जीवन के लिए। 22और कुछ पर
दया दिखाओ जो संदेह कर रहे हैं। 23परन्तु दूसरों को भय
के साथ बचाओ, उन्हें आग से खींचते हुए, यहाँ तक कि शरीर
से अशुद्ध वस्त्र से भी घृणा करते हुए। 24और उसी को जो
तुम्हें ठोकर खाने से बचा सकता है, और अपनी महिमा की
उपस्थिति के सामने तुम्हें निर्दोष खड़ा कर सकता है अत्यन्त
आनन्द के साथ, 25केवल बुद्धिमान ईश्वर, हमारे उद्धारकर्ता,
के लिए महिमा और महानता और पराक्रम और अधिकार,
अब और सदा के लिए हों। आमीन।

प्रकाशित वाक्य

𐤉𐤄𐤅𐤄

हिंदी संस्करण

प्रकाशित वाक्य

1 1 प्रकाशन 𐤉𐤄𐤅𐤔𐤏 हामशियाह का, जिसे ईश्वर ने उसे
अपने दासों को दिखाने के लिए दिया कि जो बातें शीघ्र
घटने वाली हैं। और उसने अपने दास याहोहानान के पास
अपने दूत को भेजकर संकेतों के द्वारा यह प्रकट किया।
2 जिसने 𐤉𐤄𐤅𐤄 के वचन की और 𐤉𐤄𐤅𐤔𐤏 हामशियाह
की गवाही की, अर्थात् जितनी बातें उसने देखीं, उन सब की
गवाही दी। 3 धन्य है वह जो इस भविष्यवाणी के वचनों को
पढ़ता है, और वे जो इसे सुनते हैं और जो इसमें लिखी बातों
को मानते हैं, क्योंकि समय निकट है। 4 याहोहानान की ओर
से एशिया की सात सभाओं को: अनुग्रह और शाति उस से
मिले जो है, और जो था, और जो आने वाला है, और उसके
सिंहासन के सामने की सात आत्माओं से। 5 और 𐤉𐤄𐤅𐤔𐤏
हामशियाह से, जो विश्वासी साक्षी है, मरे हुओं में से पहिलौठा,
और पृथ्वी के राजाओं का शासक। उसी से जो हमसे प्रेम
रखता है और जिसने अपने ही लहू के द्वारा हमें हमारे पापों से
धो दिया। 6 और जिसने हमें अपने ईश्वर और पिता के लिए
राज्य और याजक बनाया — उसी की महिमा और प्रभुत्व
युगानुयुग रहे। आमेन। 7 देखो, वह बादलों के साथ आ रहा
है, और हर एक आँख उसे देखेगी, यहाँ तक कि जिन्होंने उसे
बेधा था, वे भी; और पृथ्वी की सारी जातियाँ उसके कारण
विलाप करेंगी। हाँ, आमेन। 8 "मैं 'अलेफ़' और 'ताव',
आरंभ और अंत हूँ," 𐤉𐤄𐤅𐤄 कहता है, "जो है, और जो था,
और जो आने वाला है, ईश्वर सर्वशक्तिमान।" 9 मैं,
याहोहानान, तुम्हारा भाई और 𐤉𐤄𐤅𐤔𐤏 हामशियाह के राज्य
और धीरज में सहभागी, उस द्वीप पतमोस पर था, जो ईश्वर
के वचन और 𐤉𐤄𐤅𐤔𐤏 हामशियाह की गवाही के कारण
कहलाता है। 10 मैं प्रभु के दिन आत्मा में था, और अपने पीछे
तुरही के समान एक ऊँची आवाज़ सुनी। 11 जो कह रही थी,
"मैं 'अलेफ़' और 'ताव', पहला और अंतिम हूँ। जो कुछ तू
देखता है, उसे एक पुस्तक में लिख, और एशिया की सात
सभाओं को भेज — इफेसुस, स्मुर्ना, पेरगमोन, थुआतीरा,
सार्दिस, फिलादेल्फिया और लौदीकिया को।" 12 और मैं उस
आवाज़ को देखने के लिए मुड़ा जो मुझसे बोल रही थी। और
मुड़कर मैंने सात स्वर्ण दीपस्तंभ देखे। 13 और सात
दीपस्तंभों के बीच मनुष्य के पुत्र के समान एक को देखा, जो
पैरों तक वस्त्र पहने था और अपनी छाती पर स्वर्ण पट्टी बाँधे
हुए था। 14 और उसका सिर और बाल ऊन के समान
उजले, हिम के समान श्वेत थे, और उसकी आँखें आग की
ज्वाला के समान थीं। 15 और उसके पाँव भट्ठी में तपी हुई
पीतल के समान थे, और उसकी आवाज़ बहुत से जलों की
ध्वनि के समान थी। 16 और उसके दाहिने हाथ में सात तारे
थे, और उसके मुँह से एक तीखी दोधारी तलवार निकल रही
थी, और उसका मुख सूर्य के समान अपनी शक्ति में चमक
रहा था। 17 और जब मैंने उसे देखा, तो मैं उसके पाँवों पर
जैसे मरा हुआ गिर पड़ा। और उसने अपना दाहिना हाथ मुझ
पर रखकर कहा, "मत डर; मैं पहला और अंतिम हूँ।"
18 "और मैं जीवित हूँ; मैं मरा था, और देख, मैं युगानुयुग
जीवित हूँ। आमेन। और मेरे पास अधोलोक और मृत्यु की
कुंजियाँ हैं।" 19 "इसलिए जो कुछ तूने देखा है, और जो अब
है, और जो इन बातों के बाद होने वाली हैं, उन्हें लिख।"
20 "जो सात तारे तूने मेरे दाहिने हाथ में देखे, और जो सात
स्वर्ण दीपस्तंभ हैं, उनका भेद यह है: वे सात तारे सात सभाओं
के दूत हैं, और वे सात दीपस्तंभ सात सभाएँ हैं।"

2 1 "इफेसुस की सभा के दूत को लिख: 'वह जो अपने
दाहिने हाथ में सात तारे थामे हुए है, और सात स्वर्ण
दीपस्तंभों के बीच चलता है, यह कहता है: 2 "मैं तेरे कामों,
परिश्रम और धीरज को जानता हूँ, और यह भी कि तू दुष्टों
को सहन नहीं कर सकता, और तूने उन्हें परखा जो अपने
आप को प्रेरित कहते हैं और नहीं हैं, और उन्हें झूठा पाया।
3 "और तू धैर्यवान रहा है, और मेरे नाम के कारण परिश्रम
किया है और थका नहीं है। 4 "परंतु मेरे पास तेरे विरुद्ध यह
है कि तूने अपना पहला प्रेम छोड़ दिया है। 5 "इसलिए स्मरण
कर कि तू कहाँ से गिरा है, और मन फिरा, और पहले के
काम कर; नहीं तो मैं शीघ्र तेरे पास आऊँगा और तेरा
दीपस्तंभ उसके स्थान से हटा दूँगा, यदि तू मन न फिराए।
6 "परंतु तेरे पास यह है, कि तू निकोलैतियों के कामों से बैर
रखता है, जिनसे मैं भी बैर रखता हूँ। 7 "जिसके कान हों,
वह सुन ले कि आत्मा सभाओं से क्या कहता है। जो जय
पाएगा, मैं उसे जीवन के वृक्ष में से खाने को दूँगा, जो ईश्वर
के स्वर्ग में है।" 8 "और स्मुर्ना की सभा के दूत को लिख:
'यह कहता है जो पहला और अंतिम है, जो मर गया और
फिर जीवित हुआ: 9 "मैं तेरे कामों, कष्ट और दरिद्रता को
जानता हूँ — फिर भी तू धनी है — और उन लोगों की निन्दा
को भी जो अपने आप को यहूदी कहते हैं और नहीं हैं, परन्तु
शैतान की सभा हैं। 10 "उन कष्टों से मत डर जो तू भुगतने
वाला है। देख, शैतान तुम में से कुछ को परीक्षा के लिए
कारागार में डालने जा रहा है, और तुम्हें दस दिनों तक कष्ट
होगा। मृत्यु तक विश्वासयोग्य रह, और मैं तुझे जीवन का
मुकुट दूँगा। 11 "जिसके कान हों, वह सुन ले कि आत्मा
सभाओं से क्या कहता है। जो जय पाएगा, उसे दूसरी मृत्यु से
कुछ हानि न होगी।" 12 "और पर्गमुन की सभा के दूत को
लिख: 'वह कहता है जिसके पास तीखी दोधारी तलवार है:
13 "मैं तेरे कामों और तेरे निवासस्थान को जानता हूँ — जहाँ
शैतान का सिंहासन है। और तू मेरे नाम को दृढ़ता से पकड़े
रहा है, और मेरे प्रति विश्वास से इनकार नहीं किया, यहाँ तक
कि उन दिनों में भी जब मेरा विश्वासी साक्षी अन्तिपास तेरे
पास मारा गया, जहाँ शैतान रहता है। 14 "परंतु मेरे पास तेरे
विरुद्ध थोड़ी बात है, कि वहाँ तेरे बीच कुछ लोग बिलआम की
शिक्षा को मानते हैं, जिसने बालाक को सिखाया कि इस्राएल
की सन्तानों के सामने ठोकर का कारण रखे — कि वे मूर्तियों

के लिए चढ़ाई गई वस्तुएँ खाएँ और व्यभिचार करें। 15 "इसी
प्रकार तेरे पास भी कुछ लोग हैं जो निकोलैतियों की शिक्षा को
मानते हैं, जिससे मैं बैर रखता हूँ। 16 "इसलिए मन फिरा;
नहीं तो मैं शीघ्र तेरे पास आऊँगा और अपने मुँह की तलवार
से उनके विरुद्ध युद्ध करूँगा। 17 "जिसके कान हों, वह सुन
ले कि आत्मा सभाओं से क्या कहता है। जो जय पाएगा, मैं
उसे छिपे हुए मन्ना में से खाने को दूँगा, और मैं उसे एक श्वेत
पत्थर दूँगा, और उस पत्थर पर एक नया नाम लिखा होगा,
जिसे कोई नहीं जानता सिवाय उसके जो उसे प्राप्त करता
है।" 18 "और थुआतीरा की सभा के दूत को लिख: 'यह
कहता है 𐤉𐤄𐤅𐤄 का पुत्र, जिसकी आँखें आग की ज्वाला के
समान हैं, और जिसके पैर भट्ठी में तपी हुई पीतल के समान हैं:
19 "मैं तेरे कामों, प्रेम, सेवा, विश्वास और धैर्य को जानता हूँ;
और तेरे काम — कि तेरे अंतिम काम पहले से अधिक हैं।
20 "परंतु मेरे पास तेरे विरुद्ध यह है, कि तू उस स्त्री ईज़ेबेल
को सहन करता है, जो अपने आप को भविष्यवक्ता कहती है,
और मेरे दासों को सिखाती और बहकाती है कि वे व्यभिचार
करें और मूर्तियों के लिए चढ़ाई गई वस्तुएँ खाएँ। 21 "और
मैंने उसे मन फिराने का समय दिया, पर उसने अपने
व्यभिचार से मन नहीं फेरा। 22 "देख, मैं उसे रोगशय्या में
डाल रहा हूँ, और जो उसके साथ व्यभिचार करते हैं, यदि वे
अपने कामों से मन नहीं फिराएँगे, तो उन्हें भी बड़े क्लेश में
डालूँगा। 23 "और मैं उसके बच्चों को मृत्यु से मार डालूँगा;
और सब सभाएँ जान लेंगी कि मैं ही वह हूँ जो मन और हृदय
की जाँच करता हूँ, और मैं तुम में से प्रत्येक को उसके कामों
के अनुसार दूँगा। 24 "परंतु मैं तुमसे और थुआतीरा में बाकी
लोगों से कहता हूँ, जिनके पास यह शिक्षा नहीं है, और
जिन्होंने शैतान की गहराइयों को, जैसा वे कहते हैं, नहीं जाना,
मैं तुम पर कोई और बोझ नहीं डालता। 25 "पर जो कुछ तेरे
पास है, उसे तब तक दृढ़ता से पकड़े रह जब तक मैं आऊँ।
26 "जो जय पाएगा और मेरे कामों को अंत तक मान रखेगा,
उसे मैं जातियों पर अधिकार दूँगा। 27 "और वह लोहे की
छड़ी से उन्हें चराएगा, जैसे मिट्टी के बर्तनों को तोड़ा जाता है,
वैसे ही — जैसे मैंने अपने पिता से अधिकार प्राप्त किया है।
28 "और मैं उसे भोर का तारा दूँगा। 29 "जिसके कान हों, वह
सुन ले कि आत्मा सभाओं से क्या कहता है।"

3 1 "सर्दिस की सभा के दूत को लिख: 'वह जो ईश्वर की
सात आत्माओं और सात तारों को रखता है, यह कहता
है: "मैं तेरे कामों को जानता हूँ — तू नाम से जीवित है, पर
वास्तव में तू मरा हुआ है।" 2 "जाग, और जो बाकी है और
मरने पर है, उसे दृढ़ कर, क्योंकि मैंने तेरे कामों को अपने
ईश्वर के सामने पूर्ण नहीं पाया।" 3 "इसलिए स्मरण कर कि
तूने कैसे पाया और सुना, और उसे थामे रह, और मन फिरा।
यदि तू न जागा, तो मैं चोर के समान तेरे ऊपर आऊँगा, और
तू बिल्कुल नहीं जान पाएगा कि किस घड़ी मैं तेरे ऊपर आ
जाऊँगा।" 4 "फिर भी तेरे पास सर्दिस में कुछ लोग हैं
जिन्होंने अपने वस्त्र मलिन नहीं किए हैं; और वे मुझ संग
श्वेत वस्त्र पहने चलेंगे, क्योंकि वे योग्य हैं।" 5 "जो जय
पाएगा, वह श्वेत वस्त्र पहनेगा, और मैं उसका नाम जीवन की
पुस्तक से कभी नहीं मिटाऊँगा, और उसके नाम को अपने
पिता और उसके दूतों के सामने मान लूँगा।" 6 "जिसके कान
हों, वह सुन ले कि आत्मा सभाओं से क्या कहता है।" 7 "और
फिलादेल्फिया की सभा के दूत को लिख: 'वह जो पवित्र है,
जो सच्चा है, जिसके पास दाऊद की कुंजी है, जो खोलता है
तो कोई बन्द नहीं कर सकता, और जो बन्द करता है तो कोई
खोल नहीं सकता, यह कहता है: 8 "मैं तेरे कामों को जानता
हूँ। देख, मैंने तेरे सामने एक खुला द्वार रखा है जिसे कोई
बन्द नहीं कर सकता, क्योंकि तेरे पास थोड़ी सी शक्ति है,
और तूने मेरे वचन को माना है, और मेरे नाम से इनकार नहीं
किया।" 9 "देख, मैं उन लोगों को तेरे सामने लाऊँगा जो
शैतान की सभा के हैं, जो अपने आप को यहूदी कहते हैं और
नहीं हैं, परन्तु झूठ बोलते हैं। देख, मैं उन्हें ऐसा कर दूँगा कि
वे तेरे पाँवों पर आकर प्रणाम करें, और जान लें कि मैंने
तुझसे प्रेम रखा है।" 10 "क्योंकि तूने मेरे धैर्य के वचन को
माना है, मैं भी तुझे उस परीक्षा के समय से बचाऊँगा जो सारी
पृथ्वी पर आने वाली है, ताकि पृथ्वी पर रहने वालों की परीक्षा
हो।" 11 "देख, मैं शीघ्र आ रहा हूँ! जो तेरे पास है, उसे थामे
रह, ताकि कोई तेरा मुकुट न छीन ले।" 12 "जो जय पाएगा,
मैं उसे अपने ईश्वर के मन्दिर में एक खम्भा बना दूँगा, और
वह फिर बाहर नहीं जाएगा; और मैं उस पर अपने ईश्वर का
नाम, और अपने ईश्वर के नगर का नाम — नए यरुशलेम
का, जो मेरे ईश्वर से स्वर्ग से उतरता है — और अपना नया
नाम लिखूँगा।" 13 "जिसके कान हों, वह सुन ले कि आत्मा
सभाओं से क्या कहता है।" 14 "और लौदीकिया की सभा के
दूत को लिख: 'आमेन, विश्वासी और सच्चा साक्षी, 𐤉𐤄𐤅𐤄
की सृष्टि का आरम्भ, यह कहता है: 15 "मैं तेरे कामों को
जानता हूँ, कि तू न ठंडा है न गर्म। काश तू ठंडा या गर्म
होता।" 16 "इसलिए, क्योंकि तू गुनगुना है, और न ठंडा है न
गर्म, मैं तुझे अपने मुँह से उगलने वाला हूँ।" 17 "क्योंकि तू
कहता है, 'मैं धनी हूँ, और मैंने धन प्राप्त किया है, और मुझे
किसी चीज़ की आवश्यकता नहीं,' और यह नहीं जानता कि
तू दयनीय, दरिद्र, अंधा और नग्न है।" 18 "मैं तुझे सलाह
देता हूँ कि तू मुझसे आग में तपा हुआ सोना खरीद, ताकि तू
धनी हो जाए; और श्वेत वस्त्र, ताकि तू वस्त्र पहने, और तेरी
नग्नता की लज्जा प्रकट न हो; और अपनी आँखों में लगाने
के लिए मरहम, ताकि तू देख सके।" 19 "जिनसे मैं प्रेम
रखता हूँ, उन्हें मैं ताड़ना देता हूँ और अनुशासित करता हूँ।
इसलिए उत्साही हो और मन फिरा।" 20 "देख, मैं द्वार पर
खड़ा होकर खटखटाता हूँ। यदि कोई मेरी आवाज़ सुने और
द्वार खोले, तो मैं उसके पास भीतर आऊँगा और उसके साथ
भोजन करूँगा, और वह मेरे साथ।" 21 "जो जय पाएगा,
उसे मैं अपने साथ अपने सिंहासन पर बैठने दूँगा, जैसे मैं भी
जय पाकर अपने पिता के साथ उसके सिंहासन पर बैठा हूँ।"
22 "जिसके कान हों, वह सुन ले कि आत्मा सभाओं से क्या
कहता है।"

4 1 इसके बाद मैंने दृष्टि की, और देखा कि स्वर्ग में एक
द्वार खुला हुआ है। और जो पहली आवाज़ मैंने सुनी थी,
वह तुरही के समान मुझसे बात कर रही थी, यह कहती हुई,
"यहाँ ऊपर आ, और मैं तुझे दिखाऊँगा कि इसके बाद क्या
होना अवश्य है।" 2 तुरंत मैं आत्मा में आ गया, और देखा कि
स्वर्ग में एक सिंहासन रखा है, और उस सिंहासन पर कोई
बैठा है। 3 और जो बैठा था, उसका रूप यशब और माणिक

रत्न के समान था; और सिंहासन के चारों ओर एक इंद्रधनुष था, जिसका रूप पन्ने के समान था। 4 और सिंहासन के चारों ओर चौबीस सिंहासन थे, और उन सिंहासनों पर मैंने चौबीस प्राचीनों को बैठे देखा, जो श्वेत वस्त्र पहने हुए थे, और उनके सिरों पर स्वर्ण मुकुट थे। 5 और सिंहासन से बिजली की चमकें, गर्जन और शब्द निकल रहे थे। और सिंहासन के सामने सात अग्नि के दीप जल रहे थे, जो ईश्वर की सात आत्माएँ हैं। 6 और सिंहासन के सामने काँच के समान एक सागर था, क्रिस्टल के समान। और सिंहासन के बीच में और उसके चारों ओर चार जीवित प्राणी थे, जिनके आगे और पीछे आँखें थीं। 7 पहला जीवित प्राणी सिंह के समान था, दूसरा जीवित प्राणी बछड़े के समान, तीसरे जीवित प्राणी का मुख मनुष्य के समान था, और चौथा जीवित प्राणी उड़ते हुए उकाब के समान था। 8 और चारों जीवित प्राणियों के प्रत्येक के छह पंख थे, और वे चारों ओर और भीतर आँखों से भरे हुए थे। और वे दिन और रात विश्राम नहीं करते, यह कहते हुए: "पवित्र, पवित्र, पवित्र, ऋ५ऋ२ ईश्वर सर्वशक्तिमान, जो था, जो है, और जो आने वाला है।" 9 और जब भी जीवित प्राणी सिंहासन पर बैठे हुए, जो युगानुयुग जीवित है, उसे महिमा, आदर और धन्यवाद देते हैं, 10 तो चौबीस प्राचीन सिंहासन पर बैठे हुए के सामने गिर पड़ते हैं, और जो युगानुयुग जीवित है उसकी आराधना करते हैं, और अपने मुकुट सिंहासन के सामने डालते हुए कहते हैं: 11 "हे ऋ५ऋ२, तू योग्य है, कि महिमा, आदर और सामर्थ्य प्राप्त करे, क्योंकि तूने सब कुछ उत्पन्न किया है, और तेरी इच्छा से वे हैं और उत्पन्न हुए।"

5 1 और मैंने उस को देखा जो सिंहासन पर बैठा था, उसके दाहिने हाथ में एक पुस्तक थी, जो भीतर और पीछे दोनों ओर लिखी हुई थी, और उस पर सात मुहरें लगी हुई थीं। 2 और मैंने एक शक्तिशाली दूत को ऊँचे स्वर से यह घोषणा करते सुना, "कौन योग्य है इस पुस्तक को खोलने और उसकी मुहरों को तोड़ने के लिए?" 3 और न तो स्वर्ग में, न पृथ्वी पर, न पृथ्वी के नीचे कोई ऐसा पाया गया जो उस पुस्तक को खोल सके या उस पर दृष्टि डाल सके। 4 और मैं बहुत रोया, क्योंकि कोई भी ऐसा योग्य न पाया गया जो पुस्तक को खोल सके और उसे पढ़ सके, या उस पर दृष्टि डाल सके। 5 तब प्राचीनों में से एक ने मुझसे कहा, "मत रो; देख, यहूदा के गोत्र का सिंह, दाऊद की जड़, ने जय पाई है ताकि वह पुस्तक को खोले और उसकी सात मुहरों को तोड़े।" 6 और मैंने देखा, कि सिंहासन के बीच में, और चारों जीवित प्राणियों के बीच में, और प्राचीनों के बीच में, एक मेम्ना खड़ा था, जैसे वह वध किया गया हो; उसके सात सींग और सात आँखें थीं, जो ईश्वर की सात आत्माएँ हैं, जो सारी पृथ्वी पर भेजी गई हैं। 7 और वह आया और उसने सिंहासन पर बैठे हुए के दाहिने हाथ से वह पुस्तक ले ली। 8 और जब उसने वह पुस्तक ले ली, तो चारों जीवित प्राणी और चौबीस प्राचीन मेम्ने के सामने गिर पड़े, प्रत्येक के पास वीणा और स्वर्ण पात्र थे जो सुगंध से भरे हुए थे — ये पवित्र लोगों की प्रार्थनाएँ हैं। 9 और वे एक नया गीत गा रहे थे, यह कहते हुए: "तू योग्य है कि उस पुस्तक को ले और उसकी मुहरों को खोले, क्योंकि तू वध किया गया, और तूने अपने लहू के द्वारा हमें ऋ५ऋ२ के लिए हर गोत्र, भाषा, लोगों और जाति में से छुड़ाया है। 10 "और तूने हमें हमारे ईश्वर के लिए राज्य और याजक बनाया है, और हम पृथ्वी पर राज्य करेंगे।" 11 और मैंने देखा, और सिंहासन, और जीवित प्राणियों, और प्राचीनों के चारों ओर बहुत से दूतों की आवाज़ सुनी; और उनका संख्या लाखों के लाखों और हज़ारों के हज़ारों थी। 12 वे ऊँचे स्वर से कह रहे थे: "वध किया गया मेम्ना योग्य है कि सामर्थ्य, धन, ज्ञान, बल, आदर, महिमा और आशीर्वाद प्राप्त करे।" 13 और स्वर्ग में, और पृथ्वी पर, और पृथ्वी के नीचे, और समुद्र में, और उनमें जितने हैं, सब प्राणियों को मैंने यह कहते सुना: "जो सिंहासन पर बैठा है, और मेम्ने को — आशीर्वाद, आदर, महिमा और शक्ति सदा सर्वदा के लिए हो।" 14 और चारों जीवित प्राणियों ने कहा, "आमेन!" और चौबीस प्राचीन गिर पड़े और उसकी आराधना की जो युगानुयुग जीवित है।

6 1 और मैंने देखा जब मेम्ने ने सात मुहरों में से पहली खोली, और मैंने चारों जीवित प्राणियों में से एक को गर्जन की सी आवाज़ में यह कहते सुना, "आ, देख!" 2 और मैंने देखा, कि एक श्वेत घोड़ा है, और जो उस पर बैठा था, उसके पास धनुष था; और उसे एक मुकुट दिया गया, और वह जय पाकर और जय पाने के लिए निकल पड़ा। 3 और जब उसने दूसरी मुहर खोली, तो मैंने दूसरे जीवित प्राणी को यह कहते सुना, "आ, देख!" 4 और एक और घोड़ा, लाल रंग का, निकला; और जो उस पर बैठा था, उसे यह सामर्थ्य दी गई कि वह पृथ्वी से शांति उठा ले, ताकि लोग एक-दूसरे को मार डालें; और उसे एक बड़ी तलवार दी गई। 5 और जब उसने तीसरी मुहर खोली, तो मैंने तीसरे जीवित प्राणी को यह कहते सुना, "आ, देख!" और मैंने देखा, तो क्या देखा कि एक काला घोड़ा है, और जो उस पर बैठा था, उसके हाथ में तराजू था। 6 और मैंने चारों जीवित प्राणियों के बीच से एक आवाज़ सुनी जो कहती थी, "एक दीनार में एक माप गेहूँ, और एक दीनार में तीन माप जौ; और तेल और दाखमधु को हानि न पहुँचाना।" 7 और जब उसने चौथी मुहर खोली, तो मैंने चौथे जीवित प्राणी की आवाज़ सुनी जो कहती थी, "आ, देख!" 8 और मैंने देखा, तो क्या देखा कि एक फीका घोड़ा है; और जो उस पर बैठा था उसका नाम मृत्यु था, और अधोलोक उसके पीछे था; और उन्हें पृथ्वी के चौथाई भाग पर अधिकार दिया गया कि वे तलवार, अकाल, मृत्यु, और पृथ्वी के पशुओं के द्वारा मार डालें। 9 और जब उसने पाँचवीं मुहर खोली, तो मैंने वेदी के नीचे उन लोगों की आत्माओं को देखा जिन्हें ऋ५ऋ२ के वचन और अपनी गवाही के कारण मारा गया था। 10 और वे ऊँचे स्वर से पुकारकर कह रहे थे, "हे प्रभु, पवित्र और सच्चे, तू कब तक न्याय नहीं करेगा और पृथ्वी पर रहने वालों से हमारे लहू का बदला नहीं लेगा?" 11 और उनमें से प्रत्येक को श्वेत वस्त्र दिया गया, और उनसे कहा गया कि वे थोड़ी देर और विश्राम करें, जब तक उनके सहकर्मी दास और उनके भाई, जिन्हें उनकी तरह मारा जाना था, पूरा न हो जाए। 12 और मैंने देखा जब उसने छठी मुहर खोली, तो एक बड़ा भूकंप आया; और सूर्य काले टाट के समान हो गया, और चंद्रमा पूरा लहू के समान हो गया। 13 और स्वर्ग के तारे पृथ्वी पर गिर पड़े, जैसे एक अंजीर का पेड़ अपने अपरिपक्व अंजीरों को झाड़ देता है जब वह प्रचंड हवा से हिलाया जाता है। 14 और स्वर्ग ऐसे लिपट गया जैसे

कोई पुस्तक लपेटी जाती है, और हर एक पहाड़ और द्वीप
अपने स्थान से हटा दिया गया। 15और पृथ्वी के राजा,
प्रधान, धनी, सेनापति, बलवान, और हर दास तथा हर स्वतंत्र
मनुष्य गुफ़ाओं और पहाड़ों की चट्टानों में छिप गए। 16और वे
पहाड़ों और चट्टानों से कहने लगे, "हम पर गिर पड़ो और हमें
उस व्यक्ति के मुख से छिपा दो जो सिंहासन पर बैठा है, और
मेम्ने के क्रोध से।" 17"क्योंकि उसके क्रोध का महान दिन
आ गया है, और कौन ठहर सकता है?"

7 1इसके बाद मैंने देखा कि पृथ्वी के चारों कोनों पर चार
दूत खड़े हैं, जो पृथ्वी की चारों दिशाओं की हवाओं को
थामे हुए हैं, ताकि हवा न तो पृथ्वी पर, न समुद्र पर, न किसी
पेड़ पर चले। 2और मैंने एक और दूत को पूर्व दिशा से आते
देखा, जिसके पास जीवित ईश्वर की मुहर थी; और उसने
ऊँचे स्वर से उन चारों दूतों से कहा जिन्हें पृथ्वी और समुद्र
को हानि पहुँचाने का अधिकार दिया गया था। 3वह कहता
था, "जब तक हम अपने ईश्वर के दासों के माथों पर मुहर न
लगा दें, तब तक पृथ्वी, समुद्र, या पेड़ों को हानि न
पहुँचाओ।" 4और मैंने मुहर लगाए हुए लोगों की संख्या सुनी
— एक लाख चवालीस हज़ार — जो इस्राएल की सभी बारह
गोत्रों में से मुहर लगाए गए थे। 5यहूदा के गोत्र से बारह
हज़ार मुहर लगाए गए, रूबेन के गोत्र से बारह हज़ार, गाद के
गोत्र से बारह हज़ार, 6आशेर के गोत्र से बारह हज़ार,
नप्ताली के गोत्र से बारह हज़ार, मनश्शे के गोत्र से बारह
हज़ार, 7शिमोन के गोत्र से बारह हज़ार, लेवी के गोत्र से
बारह हज़ार, इस्साकार के गोत्र से बारह हज़ार, 8जबूलून के
गोत्र से बारह हज़ार, यूसुफ के गोत्र से बारह हज़ार, और
बिन्यामिन के गोत्र से बारह हज़ार मुहर लगाए गए। 9इसके
बाद मैंने देखा, और देखो, एक बड़ी भीड़ थी जिसे कोई गिन
नहीं सकता था — हर राष्ट्र, गोत्र, जाति और भाषा से — जो
सिंहासन और मेम्ने के सामने खड़े थे, श्वेत वस्त्र पहने हुए,
और उनके हाथों में खजूर की डालियाँ थीं। 10और वे ऊँचे
स्वर से पुकार रहे थे, यह कहते हुए, "उद्धार हमारे ईश्वर का
है जो सिंहासन पर बैठा है, और मेम्ने का!" 11और सब दूत
सिंहासन के चारों ओर, प्राचीनों और चारों जीवित प्राणियों के
चारों ओर खड़े थे, और वे अपने मुख के बल सिंहासन के
सामने गिर पड़े और ईश्वर की आराधना की। 12वे कह रहे
थे, "आमेन! आशीर्वाद, महिमा, ज्ञान, धन्यवाद, आदर,
सामर्थ्य और पराक्रम हमारे ईश्वर के हों युगानुयुग।
आमेन।" 13तब प्राचीनों में से एक ने मुझसे कहा, "ये जो
श्वेत वस्त्र पहने हुए हैं, ये कौन हैं, और कहाँ से आए हैं?"
14मैंने उससे कहा, "स्वामी, आप ही जानते हैं।" तब उसने
मुझसे कहा, "ये वे हैं जो बड़ी क्लेशकाल से आए हैं, जिन्होंने
अपने वस्त्र धोए और उन्हें मेम्ने के लहू में श्वेत बनाया।"
15"इसी कारण वे ईश्वर के सिंहासन के सामने हैं, और
उसके मन्दिर में दिन और रात उसकी सेवा करते हैं; और जो
सिंहासन पर बैठा है, वह उनके बीच में वास करेगा।" 16"वे
अब और भूखे न रहेंगे, न फिर कभी प्यासे होंगे; न सूर्य उन
पर पड़ेगा, न कोई ताप।" 17"क्योंकि जो मेम्ना सिंहासन के
बीच में है, वह उनका चरवाहा होगा और उन्हें जीवन के जल
के सोतों की ओर ले जाएगा; और ईश्वर उनकी आँखों से हर
आँसू पोंछ देगा।"

8 1और जब उसने सातवीं मुहर खोली, तो स्वर्ग में लगभग
आधे घंटे तक मौन छा गया। 2और मैंने उन सात दूतों
को देखा जो ईश्वर के सामने खड़े हैं, और उन्हें सात तुरहियां
दी गईं। 3और एक और दूत आया और वेदी के पास खड़ा
हुआ, उसके हाथ में स्वर्ण धूपदान था; और उसे बहुत धूप दी
गई ताकि वह उसे सिंहासन के सामने स्वर्ण वेदी पर सभी
पवित्र लोगों की प्रार्थनाओं के साथ चढ़ाए। 4और धूप का
धुआँ, पवित्र लोगों की प्रार्थनाओं के साथ, दूत के हाथ से
ईश्वर के सामने ऊपर गया। 5और उस दूत ने धूपदान
लिया, और उसे वेदी की आग से भर दिया, और पृथ्वी पर
फेंक दिया; और आवाज़ें, गर्जन, बिजली की चमकें, और एक
भूकंप हुआ। 6और वे सात दूत जिन्होंने सात तुरहियाँ थाम
रखी थीं, फूँकने के लिए तैयार हुए। 7और पहले दूत ने तुरही
फूँकी, और ओले और आग रक्त के साथ मिले हुए पृथ्वी पर
फेंके गए; और पृथ्वी का तिहाई भाग जल गया, और तिहाई
पेड़ जल गए, और सारा हरा घास जल गया। 8और दूसरे
दूत ने तुरही फूँकी, और जैसे कोई बड़ा जलता हुआ पहाड़
समुद्र में फेंका गया, और समुद्र का तिहाई भाग रक्त बन
गया। 9और समुद्र के तिहाई जीवित प्राणी जो उसमें थे, मर
गए, और तिहाई जहाज़ नष्ट हो गए। 10और तीसरे दूत ने
तुरही फूँकी, और स्वर्ग से एक बड़ा तारा गिर पड़ा, जो मशाल
के समान जल रहा था; और वह तिहाई नदियों और जल के
सोतों पर गिरा। 11और उस तारे का नाम "वर्मवुड"
(कड़वाहट) कहलाया गया; और जल का तिहाई भाग कड़वा
हो गया, और बहुत से लोग उस जल के कारण मर गए
क्योंकि वह कड़वा हो गया था। 12और चौथे दूत ने तुरही
फूँकी, और सूर्य का तिहाई भाग, चंद्रमा का तिहाई भाग, और
तारों का तिहाई भाग मारा गया, ताकि उनका तिहाई भाग
अंधकारमय हो जाए; और दिन का तिहाई भाग न चमके,
और रात का भी ऐसा ही। 13और मैंने देखा, और एक गरुड़
को आकाश के बीच उड़ते हुए सुना, जो ऊँचे स्वर से कह रहा
था, "हाय, हाय, हाय पृथ्वी पर रहने वालों के लिए, क्योंकि
बाकी तीन दूतों की तुरहियों की ध्वनियाँ अब होने वाली हैं!"

9 1और पाँचवें दूत ने तुरही फूँकी, और मैंने एक तारा देखा
जो स्वर्ग से पृथ्वी पर गिर चुका था; और उसे अथाह गड्ढे
की कुंजी दी गई। 2और उसने उस अथाह गड्ढे को खोला,
और उस गड्ढे से धुआँ उठा जैसे किसी बड़े भट्ठे का धुआँ;
और उस गड्ढे के धुएँ के कारण सूर्य और वायु अंधकारमय हो
गए। 3और उस धुएँ से पृथ्वी पर टिड्डियाँ निकलीं, और उन्हें
वही सामर्थ्य दी गई जो पृथ्वी के बिच्छुओं को दी जाती है।
4और उनसे कहा गया कि वे पृथ्वी की घास, किसी भी
हरियाली या किसी वृक्ष को हानि न पहुँचाएँ, पर केवल उन
मनुष्यों को जो अपने माथों पर ईश्वर की मुहर नहीं
रखते। 5और उन्हें यह अधिकार दिया गया कि वे उन्हें मारें
नहीं, पर उन्हें पाँच महीने तक यातना दें; और उनकी यातना
ऐसी थी जैसी बिच्छू की होती है जब वह मनुष्य को डंक मारता
है। 6और उन दिनों में लोग मृत्यु की खोज करेंगे पर उसे
नहीं पाएँगे; वे मरने की इच्छा करेंगे, पर मृत्यु उनसे भाग
जाएगी। 7और वे टिड्डियाँ उन घोड़ों के समान थीं जो युद्ध के
लिए तैयार किए गए हों; और उनके सिरों पर सोने के समान
मुकुट थे, और उनके चेहरे मनुष्यों के चेहरों के समान थे।

8 और उनके बाल स्त्रियों के बालों के समान थे, और उनके
दाँत सिंहों के दाँतों के समान थे। 9 और उनके पास लोहे के
कवच जैसे कवच थे, और उनके पंखों की आवाज़ ऐसी थी
जैसे बहुत से घोड़ों और रथों की आवाज़ जो युद्ध के लिए
दौड़ रहे हों। 10 और उनके पास बिच्छुओं के समान पूँछें और
डंक थे; और उनकी पूँछों में मनुष्यों को पाँच महीने तक हानि
पहुँचाने की सामर्थ्य थी। 11 और उनके ऊपर एक राजा था,
जो अथाह गड्ढे का दूत है; उसका इब्रानी नाम अबद्दोन है, और
यूनानी में उसका नाम अपोल्योन है। 12 पहला हाय बीत गया;
देखो, इसके बाद दो हाय और आने वाले हैं। 13 और छठे दूत
ने तुरही फूँकी, और मैंने ईश्वर के सामने की स्वर्ण वेदी के
चार सींगों से एक आवाज़ सुनी। 14 वह आवाज़ छठे दूत से
कह रही थी जिसके पास तुरही थी, “उन चार दूतों को खोल
दे जो महान नदी फरात पर बाँधे गए हैं।” 15 और वे चार
दूत, जो उस घड़ी, दिन, महीने और वर्ष के लिए तैयार किए
गए थे, मनुष्यों के तिहाई भाग को मार डालने के लिए छोड़
दिए गए। 16 और घुड़सवारों की सेना की संख्या दो करोड़
थी; मैंने उनकी संख्या सुनी। 17 और मैंने अपनी दृष्टि में
घोड़ों और उन पर बैठे लोगों को इस प्रकार देखा — उनके
पास लाल अग्नि, नीले हयासिंथ, और पीले गंधक के रंग के
कवच थे; और घोड़ों के सिर सिंहों के सिरों के समान थे, और
उनके मुँह से आग, धुआँ और गंधक निकलते थे। 18 इन
तीन विपत्तियों — आग, धुएँ और गंधक से जो उनके मुँह से
निकलते थे — मनुष्यों का तिहाई भाग मारा गया। 19 क्योंकि
घोड़ों की सामर्थ्य उनके मुँहों और उनकी पूँछों में थी; उनकी
पूँछें साँपों के समान थीं, और उनके सिर थे, जिनसे वे हानि
पहुँचाते थे। 20 और मनुष्य के बाकी लोग, जो इन विपत्तियों
से नहीं मरे थे, उन्होंने अपने हाथों के कामों से मन नहीं फेरा
— ताकि वे राक्षसों और उन मूर्तियों की पूजा न करें जो सोने,
चाँदी, पीतल, पत्थर और लकड़ी की हैं, जो न देख सकती
हैं, न सुन सकती हैं, न चल सकती हैं। 21 और उन्होंने अपने
खून के अपराधों से, न अपने जादू-टोनों से, न अपने
व्यभिचार से, न अपने चोरियों से मन नहीं फेरा।

10 1 और मैंने एक और शक्तिशाली दूत को स्वर्ग से
उतरते देखा, जो बादल से आवृत था; और उसके
सिर पर इंद्रधनुष था, उसका मुख सूर्य के समान था, और
उसके पैर आग के खंभों के समान थे। 2 और उसके हाथ में
एक छोटी सी खुली पुस्तक थी; और उसने अपना दाहिना पैर
समुद्र पर और बायाँ पैर भूमि पर रखा। 3 और उसने ऊँचे
स्वर से पुकारा जैसे सिंह गर्जता है; और जब वह पुकारा, तो
सात गर्जनाओं ने अपने शब्द प्रकट किए। 4 और जब सात
गर्जनाओं ने अपने शब्द कहे, तो मैं लिखने ही वाला था, पर
मैंने स्वर्ग से एक आवाज़ सुनी जो मुझसे कहती थी, “जो बातें
सात गर्जनाओं ने कही हैं उन्हें सील कर दो, और उन्हें मत
लिखो।” 5 और वह दूत जिसे मैंने समुद्र और भूमि पर खड़े
देखा था, उसने अपना दाहिना हाथ स्वर्ग की ओर उठाया।
6 और उस पर शपथ खाई जो युगानुयुग जीवित है, जिसने
स्वर्ग और उसमें जो कुछ है, पृथ्वी और उसमें जो कुछ है,
और समुद्र और उसमें जो कुछ है, सब कुछ बनाया — कि
अब और विलंब न होगा। 7 परंतु जब सातवें दूत के तुरही
बजाने के दिनों में वह तुरही फूँकने लगेगा, तब ईश्वर का
रहस्य पूरा हो जाएगा, जैसा उसने अपने दास नबियों को
घोषित किया था। 8 और वह आवाज़ जो मैंने स्वर्ग से सुनी
थी, फिर मुझसे बोली और कहा, “जा, उस दूत के हाथ से वह
खुली हुई छोटी पुस्तक ले ले जो समुद्र और भूमि पर खड़ा
है।” 9 और मैं उस दूत के पास गया और उससे कहा, “मुझे
वह छोटी पुस्तक दे।” और उसने मुझसे कहा, “ले, इसे खा
ले; यह तेरे मुख में मधु के समान मीठी होगी, पर तेरे पेट में
कड़वी हो जाएगी।” 10 तब मैंने वह छोटी पुस्तक दूत के हाथ
से ली और उसे खा लिया; और वह मेरे मुख में सचमुच मधु
के समान मीठी थी, पर जब मैंने उसे खा लिया, तो मेरा पेट
कड़वा हो गया। 11 और उसने मुझसे कहा, “तुझे फिर बहुत
सी जातियों, लोगों, भाषाओं और राजाओं के विषय में
भविष्यद्वाणी करनी है।”

11 1 और मुझे एक नापने की छड़ी के समान सरकंडा
दिया गया, और दूत खड़ा होकर कहने लगा, “उठ,
और ईश्वर के मन्दिर और वेदी को नाप, और जो उसमें
आराधना करते हैं उन्हें भी। 2 “परन्तु उस आँगन को जो
मन्दिर के बाहर है, बाहर छोड़ दे, और उसे मत नाप; क्योंकि
वह अन्यजातियों को दिया गया है, और वे पवित्र नगर को
बयालीस महीनों तक रौंदेंगे। 3 “और मैं अपने दो साक्षियों को
अधिकार दूँगा, और वे एक हज़ार दो सौ साठ दिन तक टाट
ओढ़े भविष्यद्वाणी करेंगे।” 4 ये वे दो जैतून के वृक्ष और दो
दीपदान हैं जो पृथ्वी के ईश्वर के सामने खड़े हैं। 5 और यदि
कोई उन्हें हानि पहुँचाना चाहे, तो उनके मुँह से आग निकलती
है और उनके शत्रुओं को भस्म कर देती है; और यदि कोई
उन्हें हानि पहुँचाना चाहे, तो उसे इसी प्रकार मारा जाना
चाहिए। 6 इनके पास यह सामर्थ्य है कि वे आकाश को बंद
कर दें ताकि उनकी भविष्यद्वाणी के दिनों में वर्षा न हो; और
उनके पास यह अधिकार है कि वे जल को रक्त में बदल दें
और जब चाहें पृथ्वी को हर प्रकार की विपत्तियों से मारें।
7 और जब वे अपनी गवाही पूरी कर लेंगे, तो वह पशु जो
अथाह गड्ढे से निकलता है, उनसे युद्ध करेगा, और उन्हें
पराजित कर देगा, और उन्हें मार डालेगा। 8 और उनकी
लाशें उस महान नगर की सड़क पर पड़ी रहेंगी जो आत्मिक
रूप से सदोम और मिस्र कहलाता है, जहाँ हमारे प्रभु को भी
क्रूस पर चढ़ाया गया था। 9 और विभिन्न लोगों, गोत्रों, भाषाओं
और राष्ट्रों में से कुछ तीन दिन और आधे दिन तक उनकी
लाशों को देखेंगे, और उनकी लाशों को कब्र में रखे जाने की
अनुमति नहीं देंगे। 10 और पृथ्वी पर रहने वाले उनके कारण
आनन्दित होंगे, और खुशियाँ मनाएँगे, और एक-दूसरे को
उपहार भेजेंगे, क्योंकि इन दो नबियों ने पृथ्वी पर रहने वालों
को यातना दी थी। 11 और तीन दिन और आधे के बाद ईश्वर
की ओर से जीवन की आत्मा उनमें प्रवेश कर गई, और वे
अपने पैरों पर खड़े हो गए; और जो उन्हें देख रहे थे, उन पर
बड़ा भय छा गया। 12 और उन्होंने स्वर्ग से एक ऊँची आवाज़
सुनी जो उनसे कहती थी, “यहाँ ऊपर आओ।” और वे
बादल में स्वर्ग में चढ़ गए, और उनके शत्रुओं ने उन्हें देखा।
13 और उसी घड़ी एक बड़ा भूकंप हुआ, और नगर का दसवां
भाग गिर पड़ा; और भूकंप में सात हज़ार मनुष्य मारे गए;
और बाकी लोग भयभीत हो गए और स्वर्ग के ईश्वर की महिमा
की। 14 दूसरा हाय बीत गया; देखो, तीसरा हाय शीघ्र ही आने

वाला है। 15 और सातवें दूत ने तुरही फूँकी, और स्वर्ग में
ऊँची आवाज़ें हुईं जो कह रही थीं, "इस संसार का राज्य अब
हमारे प्रभु और उसके मसीह का राज्य बन गया है, और वह
युगानुयुग राज्य करेगा!" 16 और वे चौबीस प्राचीन जो ईश्वर
के सामने अपने सिंहासनों पर बैठे थे, अपने मुख के बल गिर
पड़े और ईश्वर की आराधना की। 17 वे कह रहे थे, "हम
तेरा धन्यवाद करते हैं, हे 𐤉𐤄𐤅𐤄 ईश्वर सर्वशक्तिमान, जो
है, जो था, और जो आने वाला है, क्योंकि तूने अपनी बड़ी
सामर्थ्य ली है और राज्य किया है। 18 "और राष्ट्र क्रोधित हुए,
पर तेरा क्रोध आ गया; और मरे हुओं का न्याय का समय भी,
और अपने दास नबियों को, पवित्र लोगों को, और तेरे नाम का
भय मानने वालों को, छोटे-बड़े सबको प्रतिफल देने का समय,
और पृथ्वी को नष्ट करने वालों को नष्ट करने का समय भी
आ गया।" 19 और ईश्वर का मन्दिर स्वर्ग में खुल गया, और
उसके मन्दिर में उसकी वाचा का सन्दूक दिखाई दिया; और
बिजली की चमकें, आवाज़ें, गर्जनाएँ, भूकंप और बड़ा ओला
गिरा।

12 1 और स्वर्ग में एक बड़ा चिन्ह दिखाई दिया — एक
स्त्री, जो सूर्य से वस्त्र धारण किए हुए थी, उसके पैरों
के नीचे चंद्रमा था, और उसके सिर पर बारह तारों का मुकुट
था। 2 और वह गर्भवती थी, और प्रसव पीड़ा में चिल्ला रही
थी, और जन्म देने के कष्ट सह रही थी। 3 और एक और
चिन्ह स्वर्ग में दिखाई दिया — देखो, एक बड़ा लाल अजगर
था, जिसके सात सिर और दस सींग थे, और उसके सिरों पर
सात मुकुट थे। 4 और उसकी पूँछ ने स्वर्ग के तिहाई तारों को
खींच लिया और उन्हें पृथ्वी पर फेंक दिया; और वह अजगर
उस स्त्री के सामने खड़ा था जो जन्म देने वाली थी, ताकि
जैसे ही उसका बच्चा जन्मे, वह उसे निगल जाए। 5 और
उसने एक पुत्र को जन्म दिया, जो लोहे की छड़ी से सब
जातियों पर शासन करेगा; और उसका बच्चा ईश्वर और
उसके सिंहासन के पास उठा लिया गया। 6 और वह स्त्री
जंगल में भाग गई, जहाँ उसके लिए ईश्वर की ओर से एक
स्थान तैयार किया गया था, ताकि वहाँ एक हज़ार दो सौ साठ
दिनों तक उसकी देखभाल की जाए। 7 और स्वर्ग में युद्ध
हुआ — मीकाएल और उसके दूतों ने अजगर से युद्ध किया;
और अजगर और उसके दूतों ने भी युद्ध किया। 8 पर वे
बलवान न ठहरे, और उनके लिए अब स्वर्ग में कोई स्थान न
पाया गया। 9 और वह बड़ा अजगर गिरा दिया गया — वह
प्राचीन सर्प जिसे शैतान और दुष्टात्मा कहा जाता है, जो सारी
पृथ्वी को भरमाता है; उसे पृथ्वी पर गिरा दिया गया, और
उसके दूत भी उसके साथ गिरा दिए गए। 10 और मैंने स्वर्ग
में एक ऊँची आवाज़ सुनी जो कह रही थी, "अब हमारे ईश्वर
का उद्धार, और सामर्थ्य, और राज्य, और उसके मसीह का
अधिकार प्रकट हुआ है; क्योंकि हमारे भाइयों का अभियोग
लगाने वाला, जो दिन-रात हमारे ईश्वर के सामने उन्हें दोषी
ठहराता था, गिरा दिया गया है।" 11 "और उन्होंने मेम्ने के
लहू के कारण और अपनी गवाही के वचन के कारण उस पर
जय पाई; और उन्होंने अपने प्राणों को मृत्यु तक भी प्रिय नहीं
रखा।" 12 "इस कारण, हे स्वर्ग और उसमें रहनेवालो,
आनन्द करो! हाय पृथ्वी और समुद्र पर रहनेवालों पर!
क्योंकि शैतान तुम्हारे पास उतर आया है, और वह बड़े क्रोध
से भरा है, क्योंकि वह जानता है कि उसका समय थोड़े का
है।" 13 और जब अजगर ने देखा कि वह पृथ्वी पर गिरा
दिया गया है, तो उसने उस स्त्री को सताना शुरू किया जिसने
पुरुष बच्चे को जन्म दिया था। 14 और उस स्त्री को बड़े
गरुड़ के दो पंख दिए गए, ताकि वह जंगल में अपने स्थान
पर उड़ जाए, जहाँ वह उस सर्प के साम्हने से एक समय, और
समयों, और आधे समय तक पालित की जाए। 15 और सर्प
ने अपने मुँह से उस स्त्री के पीछे जल को नदी के समान बहा
दिया, ताकि वह उस नदी से बहा दी जाए। 16 पर पृथ्वी ने उस
स्त्री की सहायता की; और पृथ्वी ने अपना मुँह खोलकर उस
नदी को निगल लिया, जो अजगर ने अपने मुँह से निकाली
थी। 17 और वह अजगर उस स्त्री पर क्रोधित हुआ, और
उसके वंश के बाकी लोगों से युद्ध करने चला गया — जो
𐤉𐤄𐤅𐤄 की आज्ञाओं का पालन करते हैं और 𐤉𐤄𐤅𐤔𐤏
ह'मशियह की गवाही रखते हैं।

13 1 और मैं समुद्र के किनारे की रेत पर खड़ा था; और
मैंने समुद्र से एक पशु को ऊपर आते देखा, जिसके
सात सिर और दस सींग थे, और उसके सींगों पर दस मुकुट,
और उसके सिरों पर निंदा के नाम लिखे हुए थे। 2 और जो
पशु मैंने देखा, वह चीते के समान था, और उसके पैर भालू के
पैरों के समान, और उसका मुँह सिंह के मुँह के समान था;
और अजगर ने उसे अपनी शक्ति, अपना सिंहासन, और बड़ी
अधिकारता दी। 3 और मैंने उसके सिरों में से एक को घातक
घाव खाए हुए देखा, पर उसका घातक घाव भर गया; और
सारी पृथ्वी उस पशु के पीछे चकित होकर चली। 4 और
उन्होंने उस अजगर की पूजा की जिसने उस पशु को
अधिकार दिया, और उस पशु की भी पूजा की, यह कहते हुए,
"कौन है जो इस पशु के समान है? कौन है जो उससे युद्ध कर
सके?" 5 और उसे एक ऐसा मुँह दिया गया जो बड़ी-बड़ी बातें
और निंदाएँ करता था; और उसे बयालीस महीनों तक कार्य
करने का अधिकार दिया गया। 6 और उसने अपना मुँह
𐤉𐤄𐤅𐤄 के विरुद्ध निंदाएँ करने के लिए खोला, ताकि वह
उसके नाम, उसके मण्डप, और स्वर्ग में रहनेवालों की निंदा
करे। 7 और उसे पवित्र लोगों से युद्ध करने और उन्हें
पराजित करने का अधिकार दिया गया; और उसे हर एक
गोत्र, भाषा, और जाति पर अधिकार दिया गया। 8 और पृथ्वी
पर जितने लोग रहते हैं, वे सब उसकी पूजा करेंगे — जिनके
नाम उस मेम्ने की जीवन-पुस्तक में नहीं लिखे गए, जो जगत
की स्थापना से वध किया गया। 9 यदि किसी के पास सुनने
के लिए कान है, तो वह सुने। 10 जो बंधन में ले जाता है, वह
बंधन में जाएगा; जो तलवार से मारता है, वह तलवार से मारा
जाएगा। यहाँ पवित्र लोगों का धैर्य और विश्वास है। 11 और
मैंने एक और पशु को पृथ्वी से ऊपर आते देखा, और उसके
दो सींग थे मेम्ने के समान, पर वह अजगर के समान बोलता
था। 12 और वह पहले पशु की सारी अधिकारता उसके
सामने प्रयोग करता है, और पृथ्वी और उस पर रहनेवालों को
यह कराता है कि वे पहले पशु की पूजा करें, जिसका घातक
घाव ठीक हो गया था। 13 और वह बड़े-बड़े चिन्ह दिखाता है,
यहाँ तक कि वह मनुष्यों के सामने पृथ्वी पर स्वर्ग से आग भी
उतार देता है। 14 और वह उन चिन्हों के कारण पृथ्वी पर
रहनेवालों को भरमाता है, जो उसे उस पशु के सामने करने
की आज्ञा दी गई थी; और वह पृथ्वी पर रहनेवालों से कहता है

कि वे उस पशु की प्रतिमा बनाएँ, जो तलवार से घायल हुआ था, फिर भी जीवित रहा। 15 और उसे यह सामर्थ्य दी गई कि वह पशु की प्रतिमा को आत्मा दे, ताकि पशु की प्रतिमा बोले, और जो कोई उस पशु की प्रतिमा की पूजा न करे, उन्हें मार डाले। 16 और वह सब को — छोटे-बड़े, धनी-गरीब, स्वतंत्र-दास — सबको उनके दाहिने हाथ पर या उनके माथे पर एक चिन्ह लगाने को बाध्य करता है। 17 और यह कि कोई भी न तो खरीद सके और न बेच सके, सिवाय उसके जिसके पास वह चिन्ह हो, या पशु का नाम, या उसके नाम की संख्या। 18 यहाँ बुद्धि है! जिसके पास समझ है, वह उस पशु की संख्या की गणना करे, क्योंकि वह मनुष्य की संख्या है; और उसकी संख्या है 666।

14 1 और मैंने देखा, और देखो, सिय्योन पर्वत पर एक मेम्ना खड़ा था, और उसके साथ एक लाख चवालीस हज़ार लोग थे, जिनके माथों पर उसके पिता का नाम लिखा हुआ था। 2 और मैंने स्वर्ग से एक आवाज़ सुनी, जो बहुत से जलों की ध्वनि के समान थी, और बड़ी गर्जना के समान; और मैंने वीणावादकों की ध्वनि सुनी जो अपनी वीणाएँ बजा रहे थे। 3 और वे सिंहासन के सामने, और चार जीवों तथा प्राचीनों के सामने एक नया गीत गा रहे थे; और पृथ्वी से छुड़ाए गए उन एक लाख चवालीस हज़ारों के अलावा कोई उस गीत को सीख न सका। 4 ये वे हैं जिन्होंने स्त्रियों के साथ अपने आप को अशुद्ध नहीं किया, क्योंकि ये पवित्र हैं; ये मेम्ने के पीछे चलते हैं जहाँ कहीं वह जाता है। इन्हें मनुष्यों में से छुड़ाया गया है, ताकि वे 𐤉𐤄𐤅𐤄 और मेम्ने के लिए पहिलौठे फल बनें। 5 और इनके मुँह में कोई झूठ नहीं पाया गया, क्योंकि वे ईश्वर के सिंहासन के सामने निर्दोष हैं। 6 और मैंने एक और दूत को स्वर्ग के बीच उड़ते हुए देखा, जिसके पास सदा रहनेवाली सुसमाचार थी, ताकि वह पृथ्वी पर रहनेवालों — हर जाति, कुल, भाषा, और लोगों — को प्रचार करे। 7 वह ऊँची आवाज़ में कह रहा था, "ईश्वर का भय मानो और उसकी महिमा दो, क्योंकि उसके न्याय का समय आ गया है; और उसकी आराधना करो जिसने स्वर्ग, पृथ्वी, समुद्र, और जल के सोतों को बनाया।" 8 और दूसरा दूत उसके पीछे चला, यह कहते हुए, "गिर गई, गिर गई बाबेल, वह बड़ी नगरी, क्योंकि उसने सब जातियों को अपनी व्यभिचार की क्रोध की दाखमधु पिलाई है।" 9 और तीसरा दूत उनके पीछे चला, ऊँची आवाज़ में कहता हुआ, "यदि कोई पशु और उसकी प्रतिमा की पूजा करता है, और अपने माथे या अपने हाथ पर उसका चिन्ह लेता है," 10 "वह भी 𐤉𐤄𐤅𐤄 के क्रोध की दाखमधु पिएगा, जो उसके क्रोध के प्याले में बिना मिलावट डाली गई है; और वह पवित्र दूतों और मेम्ने के सामने आग और गंधक से यातना पाएगा।" 11 "और उनकी यातना का धुआँ युगानुयुग ऊपर उठता रहेगा; और जिन लोगों ने पशु और उसकी प्रतिमा की पूजा की, और जिसने उसके नाम का चिन्ह लिया, उन्हें दिन और रात विश्राम न मिलेगा।" 12 यहाँ पवित्र लोगों का धैर्य है — वे जो 𐤉𐤄𐤅𐤄 की आज्ञाओं का पालन करते हैं और 𐤉𐤄𐤅𐤔𐤏 पर विश्वास रखते हैं। 13 और मैंने स्वर्ग से एक आवाज़ सुनी जो मुझसे कह रही थी, "लिखो: अब से जो प्रभु में मरते हैं वे धन्य हैं।" "हाँ," आत्मा कहती है, "ताकि वे अपने परिश्रम से विश्राम करें, क्योंकि उनके कर्म उनके साथ चलते हैं।"

14 और मैंने देखा, और देखो, एक श्वेत बादल था, और उस बादल पर मनुष्य के पुत्र के समान एक बैठा था, जिसके सिर पर सोने का मुकुट था, और उसके हाथ में एक तीक्ष्ण हंसिया था। 15 और एक और दूत मन्दिर से निकला, जो बादल पर बैठे हुए से ऊँची आवाज़ में कह रहा था, "अपना हंसिया चलाकर काटो, क्योंकि काटने का समय आ गया है, क्योंकि पृथ्वी की फसल पक गई है।" 16 और जो बादल पर बैठा था, उसने अपना हंसिया पृथ्वी पर चलाया, और पृथ्वी की फसल काट ली गई। 17 और एक और दूत स्वर्ग में स्थित मन्दिर से निकला, और उसके पास भी एक तीक्ष्ण हंसिया था। 18 और एक और दूत वेदी से निकला, जिसके पास अग्नि पर अधिकार था, और उसने ऊँची आवाज़ में उस दूत से कहा जिसके पास तीक्ष्ण हंसिया था, "अपना तीक्ष्ण हंसिया चलाकर पृथ्वी की दाखलताओं के गुच्छे बटोर लो, क्योंकि उसकी दाखें पक गई हैं।" 19 और उस दूत ने अपना हंसिया पृथ्वी पर चलाया, और पृथ्वी की दाखलता को बटोरा, और उसे 𐤉𐤄𐤅𐤄 के क्रोध की बड़ी हौद में डाल दिया। 20 और वह हौद नगर के बाहर रौंदी गई, और उस हौद में से रक्त बह निकला, जो घोड़ों की लगामों तक पहुँचा, लगभग एक हज़ार छह सौ स्टेडियन की दूरी तक।

15 1 और मैंने स्वर्ग में एक और चिन्ह देखा — महान और अद्भुत — सात दूत, जिनके पास सात अंतिम विपत्तियाँ थीं, क्योंकि उनमें 𐤉𐤄𐤅𐤄 का क्रोध पूरा हुआ। 2 और मैंने काँच के समान एक समुद्र देखा, जो आग से मिला हुआ था, और वे जो पशु, उसकी प्रतिमा, उसके चिन्ह, और उसके नाम की संख्या पर जय पाए थे, वे उस काँच के समुद्र पर खड़े थे, और उनके हाथों में ईश्वर की वीणाएँ थीं। 3 और वे मूसा, जो 𐤉𐤄𐤅𐤄 का दास था, का गीत और मेम्ने का गीत गा रहे थे, यह कहते हुए, "महान और अद्भुत हैं तेरे कार्य, हे 𐤉𐤄𐤅𐤄 एल शद्दाई! तेरे मार्ग धर्मी और सच्चे हैं, हे पवित्रों के राजा!" 4 "हे 𐤉𐤄𐤅𐤄, कौन तेरा भय न मानेगा और तेरे नाम की महिमा न करेगा? क्योंकि केवल तू ही पवित्र है; क्योंकि सब जातियाँ आकर तेरे सामने दण्डवत करेंगी, क्योंकि तेरे धर्म के कार्य प्रकट हो गए हैं।" 5 और इसके बाद मैंने देखा कि स्वर्ग में साक्ष्य के तम्बू का मन्दिर खुल गया। 6 और उस मन्दिर से सात दूत निकले जिनके पास सात विपत्तियाँ थीं; वे शुद्ध और चमकदार मलमल के वस्त्र पहने हुए थे, और उनके वक्षों पर सोने के पट्टे बँधे थे। 7 और चार जीवों में से एक ने सात दूतों को सात सोने के कटोरे दिए, जो 𐤉𐤄𐤅𐤄 के क्रोध से भरे हुए थे, जो युगानुयुग जीवित है। 8 और मन्दिर ईश्वर की महिमा और उसकी सामर्थ्य के कारण धुएं से भर गया; और जब तक सात दूतों की सात विपत्तियाँ पूरी न हो गईं, कोई भी मन्दिर में प्रवेश न कर सका।

16 1 और मैंने मन्दिर से एक ऊँची आवाज़ सुनी जो सात दूतों से कह रही थी, "जाओ, और पृथ्वी पर 𐤉𐤄𐤅𐤄 के क्रोध के कटोरे उड़ेल दो।" 2 और पहला दूत गया और उसने अपना कटोरा पृथ्वी पर उड़ेला; और उन मनुष्यों पर — जिनके पास पशु का चिन्ह था और जो उसकी प्रतिमा की पूजा करते थे — एक बुरा और दर्दनाक फोड़ा निकल आया। 3 और दूसरे दूत ने अपना कटोरा समुद्र पर उड़ेला,

और वह मरे हुए के रक्त के समान बन गया; और समुद्र में
हर एक जीवित प्राणी मर गया। 4 और तीसरे दूत ने अपना
कटोरा नदियों और जल के सोतों पर उड़ेला, और वे रक्त
बन गए। 5 और मैंने जल के दूत को यह कहते सुना, “तू
धर्मी है, हे 𐤉𐤄𐤅𐤄, जो है, जो था, और जो आनेवाला है,
क्योंकि तूने इनका न्याय किया है।” 6 “क्योंकि उन्होंने पवित्र
लोगों और नबियों का रक्त बहाया, और तूने उन्हें पीने के लिए
रक्त दिया है; वे इसके योग्य हैं।” 7 और मैंने वेदी में से किसी
और को यह कहते सुना, “हाँ, हे 𐤉𐤄𐤅𐤄 एल शद्दाई, तेरे
न्याय सच्चे और धर्मी हैं।” 8 और चौथे दूत ने अपना कटोरा
सूर्य पर उड़ेला, और उसे मनुष्यों को अग्नि से जलाने का
अधिकार दिया गया। 9 और मनुष्य प्रचंड गर्मी से जल गए,
और उन्होंने 𐤉𐤄𐤅𐤄 के नाम की निंदा की, जिसके पास इन
विपत्तियों पर अधिकार था; और उन्होंने मन फिराकर उसकी
महिमा नहीं की। 10 और पाँचवें दूत ने अपना कटोरा उस पशु
के सिंहासन पर उड़ेला, और उसका राज्य अंधकारमय हो
गया; और वे दर्द के मारे अपनी जीभें काटने लगे। 11 और
उन्होंने अपने दुखों और फोड़ों के कारण स्वर्ग के ईश्वर की
निंदा की, और अपने कर्मों से मन न फिराया। 12 और छठे
दूत ने अपना कटोरा उस बड़े फरात नदी पर उड़ेला, और
उसका पानी सूख गया, ताकि पूरब के राजाओं के लिए मार्ग
तैयार हो जाए। 13 और मैंने अजगर के मुँह से, पशु के मुँह
से, और झूठे भविष्यद्वक्ता के मुँह से तीन अशुद्ध आत्माएँ
निकलीं, जो मेंढकों के समान थीं। 14 क्योंकि वे दुष्टात्माओं
की आत्माएँ हैं, जो चिन्ह दिखाती हैं, और वे सारी पृथ्वी के
राजाओं के पास जाती हैं, ताकि उन्हें 𐤉𐤄𐤅𐤄 एल शद्दाई के
उस महान दिन के युद्ध के लिए इकट्ठा करें। 15 “देखो, मैं
चोर के समान आता हूँ। धन्य है वह जो जागता रहता है और
अपने वस्त्रों की रक्षा करता है, ताकि वह नग्न न चले और
लोग उसकी लज्जा न देखें।” 16 और उन्होंने उन्हें इब्रानी में
कहलाए जानेवाले स्थान हार मेगिद्दो में इकट्ठा किया। 17 और
सातवें दूत ने अपना कटोरा आकाश में उड़ेला, और स्वर्ग के
मन्दिर से सिंहासन की ओर से एक ऊँची आवाज़ आई, जो
कहती थी, “हो गया!” 18 और बिजली, गर्जन, और आवाज़ें
हुईं; और एक बड़ा भूकम्प आया — इतना बड़ा और भयानक
भूकम्प, जैसा मनुष्य के पृथ्वी पर होने के बाद कभी न हुआ
था। 19 और वह बड़ी नगरी तीन भागों में बँट गई, और
जातियों के नगर गिर गए; और महान बाबेल ईश्वर के स्मरण
में लाई गई, ताकि उसे उसके क्रोध की तीव्र दाखमधु का
प्याला दिया जाए। 20 और हर द्वीप भाग गया, और पहाड़ न
मिले। 21 और स्वर्ग से मनुष्यों पर बड़े-बड़े ओले गिरे —
प्रत्येक ओला लगभग एक टैलेंट के भार का था; और मनुष्यों
ने ओलों की विपत्ति के कारण ईश्वर की निंदा की, क्योंकि वह
विपत्ति अत्यन्त बड़ी थी।

17 1 और उन सात दूतों में से एक, जिनके पास सात
कटोरे थे, आकर मुझसे कहने लगा, “आ, मैं तुझे
उस बड़ी व्यभिचारिणी का न्याय दिखाऊँगा, जो बहुत से जलों
पर बैठी है,” 2 “जिसके साथ पृथ्वी के राजाओं ने व्यभिचार
किया, और पृथ्वी के रहनेवाले उसकी व्यभिचार की दाखमधु
से मतवाले हो गए।” 3 और वह मुझे आत्मा में जंगल में ले
गया; और मैंने एक स्त्री को देखा, जो एक लाल रंग के पशु
पर बैठी थी, जो निन्दा के नामों से भरा था, और जिसके सात
सिर और दस सींग थे। 4 और वह स्त्री बैंगनी और लाल
वस्त्र पहने हुई थी, और सोने, बहुमूल्य रत्नों, और मोतियों से
सजी हुई थी, और उसके हाथ में एक सोने का प्याला था, जो
घृणित वस्तुओं और उसके व्यभिचार की अशुद्धियों से भरा
हुआ था। 5 और उसके माथे पर एक नाम लिखा हुआ था —
एक भेद: “महान बाबेल, वेश्याओं की माता और पृथ्वी की
घृणित वस्तुओं की।” 6 और मैंने उस स्त्री को पवित्र लोगों के
रक्त से और 𐤉𐤄𐤅𐤔𐤏 के साक्षियों के रक्त से मतवाली
देखा; और जब मैंने उसे देखा, तो मैं अत्यन्त आश्चर्यचकित
हुआ। 7 और दूत ने मुझसे कहा, “तू क्यों अचम्भित हुआ? मै
तुझे उस स्त्री और उस पशु का भेद बताऊँगा जिस पर वह
बैठी है, जिसके सात सिर और दस सींग हैं।” 8 “वह पशु
जिसे तूने देखा, वह था, और अब नहीं है, और वह गहरे गड्ढे
से ऊपर आनेवाला है और विनाश को जाएगा; और पृथ्वी के
रहनेवाले, जिनके नाम जगत की उत्पत्ति के समय से जीवन
की पुस्तक में लिखे नहीं गए, यह देखकर चकित होंगे कि वह
पशु था, और नहीं है, फिर भी है।” 9 “यहाँ बुद्धिमान मन की
बात है: वे सात सिर सात पहाड़ हैं, जिन पर वह स्त्री बैठी
है।” 10 “और सात राजा हैं: पाँच गिर चुके हैं, एक है, और
दूसरा अब तक नहीं आया; और जब वह आएगा, तो थोड़े
समय तक ठहरेगा।” 11 “और वह पशु जो था और अब नहीं
है, वह स्वयं आठवाँ है, और वह सातों में से है, और विनाश को
जाएगा।” 12 “और वे दस सींग जो तूने देखे, दस राजा हैं,
जिन्होंने अभी तक राज्य नहीं पाया, पर वे पशु के साथ एक
घड़ी के लिए राजाओं के समान अधिकार प्राप्त करेंगे।”
13 “उनका एक ही मन होगा, और वे अपना बल और
अधिकार उस पशु को दे देंगे।” 14 “वे मेम्ने से लड़ेंगे, और
मेम्ना उन पर विजय पाएगा, क्योंकि वह प्रभुओं का प्रभु और
राजाओं का राजा है; और जो उसके साथ हैं, वे बुलाए हुए,
चुने हुए, और विश्वासयोग्य हैं।” 15 और उसने मुझसे कहा,
“वे जल जो तूने देखे, जहाँ वह व्यभिचारिणी बैठी है, वे लोग,
भीड़ें, जातियाँ, और भाषाएँ हैं।” 16 “और वे दस सींग जिन्हे
तूने उस पशु पर देखा, वे उस व्यभिचारिणी से घृणा करेंगे,
और उसे उजाड़कर नंगी कर देंगे, और उसका मांस खा
जाएँगे, और उसे आग में जला देंगे।” 17 “क्योंकि ईश्वर ने
उनके मन में अपनी इच्छा डाल दी है, कि वे एक मन हो जाएँ,
और अपना राज्य उस पशु को दे दें, जब तक ईश्वर के वचन
पूरे न हो जाएँ।” 18 “और वह स्त्री जिसे तूने देखा, वह बड़ी
नगरी है, जो पृथ्वी के राजाओं पर राज्य करती है।”

18 1 इसके बाद मैंने एक और दूत को स्वर्ग से उतरते
हुए देखा, जिसके पास बड़ा अधिकार था, और पृथ्वी
उसकी महिमा से प्रकाशित हो गई। 2 और उसने एक प्रबल
आवाज़ में पुकारकर कहा, “महान बाबेल गिर गई, गिर गई,
और दुष्टात्माओं का निवासस्थान बन गई, और हर अशुद्ध
आत्मा का ठिकाना, और हर अशुद्ध और घृणित पक्षी का
बसेरा।” 3 “क्योंकि सब जातियों ने उसके व्यभिचार के प्रकोप
की दाखमधु पी है, और पृथ्वी के राजाओं ने उसके साथ
व्यभिचार किया है, और पृथ्वी के व्यापारियों ने उसके
विलासिता की प्रचुरता से धनी हो गए हैं।” 4 और मैंने स्वर्ग से
एक और आवाज़ सुनी, जो कहती थी, “हे मेरे लोगों, उससे

बाहर निकल आओ, ताकि तुम उसके पापों में सहभागी न बनो,
और उसकी विपत्तियों में से कुछ न पाओ।” 5 “क्योंकि उसके
पाप आकाश तक पहुँच गए हैं, और ईश्वर ने उसके अधर्मों
को स्मरण किया है।” 6 “जिस प्रकार उसने दूसरों को दिया,
उसी प्रकार उसे भी दो, और उसके कार्यों के अनुसार उसे
दुगुना दो; जिस प्याले में उसने मिलाया, उसी में उसके लिए
दुगुना मिलाओ।” 7 “जिस हद तक उसने अपने को महिमा
दी और विलासिता में रही, उसी हद तक उसे यातना और
शोक दो, क्योंकि वह अपने मन में कहती है, ‘मैं रानी के
समान बैठी हूँ, मैं विधवा नहीं हूँ, और मुझे शोक कभी नहीं
होगा।’” 8 “इसलिए उसकी विपत्तियाँ एक ही दिन में आ
जाएँगी — मृत्यु, शोक, और अकाल; और वह आग से जल
जाएगी, क्योंकि 𐤉𐤄𐤅𐤄 ईश्वर जो उसका न्याय करता है,
वह सामर्थी है।” 9 “और पृथ्वी के राजा, जिन्होंने उसके साथ
व्यभिचार किया और विलासिता में रहे, जब उसके जलने का
धुआँ देखेंगे, तो उसके लिए रोएँगे और विलाप करेंगे,”
10 “और उसके यातना के भय से दूर खड़े होकर कहेंगे,
‘हाय! हाय, हे महान नगरी बाबेल, हे बलवान नगरी, क्योंकि
तेरा न्याय एक ही घड़ी में आ गया!’” 11 “और पृथ्वी के
व्यापारी उसके लिए रोएँगे और विलाप करेंगे, क्योंकि अब कोई
उनका माल नहीं खरीदता —” 12 “सोना, चाँदी, बहुमूल्य
रत्न और मोती, महीन मलमल, बैंगनी, रेशम, लाल कपड़ा,
हर प्रकार की सुगंधित लकड़ी, हाथी-दाँत की वस्तुएँ,
अत्यन्त बहुमूल्य लकड़ी, पीतल, लोहा, और संगमरमर की
वस्तुएँ,” 13 “दालचीनी, सुगंध, गंधरस, लोबान, दाखरस,
तेल, महीन आटा, गेहूँ, बैल, भेड़ें, घोड़े, रथ, और मनुष्यों के
शरीर और प्राण।” 14 “और वह फल जिसकी तुझमें आत्मा
लालसा करती थी, तुझसे चला गया; और तेरी सारी शोभा
और वैभव नष्ट हो गए, और तू उन्हें फिर कभी नहीं पाएगी।”
15 “जो व्यापारी इन वस्तुओं के थे और जो उसके कारण
धनी हो गए थे, वे उसके यातना के भय से दूर खड़े होकर
रोएँगे और विलाप करेंगे,” 16 “और कहेंगे, ‘हाय! हाय, हे
महान नगरी, जो महीन मलमल, बैंगनी और लाल कपड़े पहने
हुई थी, और सोने, बहुमूल्य रत्नों और मोतियों से सजी हुई
थी!’” 17 “‘क्योंकि एक ही घड़ी में इतना बड़ा धन नष्ट हो
गया।’ और हर जहाज़ का प्रधान, हर यात्री, नाविक, और
जो समुद्र पर काम करते हैं, सब दूर खड़े रहे।” 18 “और
जब उन्होंने उसके जलने का धुआँ देखा, तो पुकारकर कहा,
‘इस महान नगरी के समान कौन है?’” 19 “और उन्होंने
अपने सिरों पर धूल डाली, और रोते व विलाप करते हुए कहा,
‘हाय! हाय, हे महान नगरी, जिसमें समुद्र पर जहाज़
रखनेवाले सब उसके वैभव से धनी हो गए! क्योंकि एक ही
घड़ी में वह उजड़ गई।’” 20 “हे स्वर्ग, और हे पवित्र दूतों
और नबियों, उसके ऊपर आनन्द करो, क्योंकि 𐤉𐤄𐤅𐤄 ने
तुम्हारा न्याय उस पर किया है।” 21 और एक शक्तिशाली दूत
ने एक बड़ी चक्की के पत्थर के समान पत्थर उठाया और
उसे समुद्र में फेंक दिया, यह कहते हुए, “इसी प्रकार
बलपूर्वक महान नगरी बाबेल गिरा दी जाएगी, और वह फिर
कभी नहीं पाई जाएगी।” 22 “और वीणा बजानेवालों,
गानेवालों, बांसुरी बजानेवालों, और तुरही फूँकनेवालों का स्वर
अब तुझमें फिर कभी नहीं सुना जाएगा; और कोई भी
कारीगर, चाहे वह किसी कला का क्यों न हो, तुझमें फिर कभी
नहीं पाया जाएगा; और चक्की की आवाज़ तुझमें फिर कभी
नहीं सुनी जाएगी।” 23 “और दीपक का प्रकाश तुझमें फिर
कभी नहीं चमकेगा; और दूल्हे और दुल्हन की आवाज़ तुझमें
फिर कभी नहीं सुनी जाएगी; क्योंकि तेरे व्यापारी पृथ्वी के बड़े
लोग थे, और तेरे जादू-टोने से सब जातियाँ बहकाई गईं।”
24 “और उसमें नबियों और पवित्र लोगों का, और पृथ्वी पर
मारे गए सब का रक्त पाया गया।”

19 1 इसके बाद मैंने स्वर्ग में एक बड़ी भीड़ की ऊँची
आवाज़ सुनी, जो कह रही थी, “हल्लेलूयाह! उद्धार,
महिमा, आदर और सामर्थ्य हमारे ईश्वर 𐤉𐤄𐤅𐤄 के हैं!”
2 “क्योंकि उसके न्याय सच्चे और धर्मी हैं; क्योंकि उसने उस
बड़ी व्यभिचारिणी का न्याय किया, जिसने अपने व्यभिचार से
पृथ्वी को भ्रष्ट किया था; और उसने अपने दासों का रक्त, जो
उसके हाथों से बहाया गया था, उसका बदला लिया।” 3 और
उन्होंने दूसरी बार कहा, “हल्लेलूयाह! उसका धुआँ युगानुयुग
उठता रहेगा!” 4 और वे चौबीस प्राचीन और चार जीवित प्राणी
गिरे और ईश्वर की आराधना की, जो सिंहासन पर बैठा था,
और कहा, “आमीन! हल्लेलूयाह!” 5 और सिंहासन से एक
आवाज़ निकली, जो कहती थी, “हे हमारे ईश्वर की स्तुति
करो, हे उसके सब दासों, और हे तुम सब जो उससे डरते हो,
छोटे और बड़े!” 6 और मैंने जैसे एक बड़ी भीड़ का स्वर,
और बहुत जलों का शब्द, और प्रचंड गर्जन का शब्द सुना,
जो कह रहे थे, “हल्लेलूयाह, क्योंकि 𐤉𐤄𐤅𐤄 एल शद्दाई
राज्य करता है!” 7 “आओ, हम आनन्द करें और मगन हो
और उसकी महिमा करें, क्योंकि मेम्ने का विवाह आ गया है,
और उसकी पत्नी ने अपने को तैयार कर लिया है।” 8 “और
उसे यह दिया गया कि वह चमकदार और स्वच्छ महीन
मलमल पहने, क्योंकि वह महीन मलमल पवित्र लोगों के धर्म
के कर्म हैं।” 9 और उसने मुझसे कहा, “लिख, ‘धन्य हैं वे
जो मेम्ने के विवाह भोज में बुलाए गए हैं।’ ” और उसने
मुझसे कहा, “ये ईश्वर के सच्चे वचन हैं।” 10 तब मैं उसके
चरणों पर गिर पड़ा कि उसकी आराधना करूँ, पर उसने
मुझसे कहा, “देख, ऐसा मत कर! मैं तेरे सह-दासों में से हूँ,
और तेरे उन भाइयों में से हूँ, जिनके पास 𐤉𐤄𐤅𐤔𐤏 की
गवाही है। ईश्वर की आराधना कर! क्योंकि 𐤉𐤄𐤅𐤔𐤏 की
गवाही ही भविष्यद्वाणी की आत्मा है।” 11 और मैंने स्वर्ग को
खुला देखा, और देखो, एक श्वेत घोड़ा था, और जो उस पर
बैठा था वह विश्वासयोग्य और सच्चा कहलाता है, और वह
धर्म के अनुसार न्याय और युद्ध करता है। 12 और उसकी
आँखें आग की ज्वाला के समान थीं, और उसके सिर पर
बहुत से मुकुट थे, और उस पर एक नाम लिखा था, जिसे
उसके सिवा कोई नहीं जानता था। 13 और वह लहू में डुबोए
हुए वस्त्र पहने हुए था; और उसका नाम है: 𐤉𐤄𐤅𐤄 का
वचन। 14 और स्वर्ग की सेनाएँ, जो महीन स्वच्छ और श्वेत
मलमल पहने हुए थीं, श्वेत घोड़ों पर उसके पीछे चल रही
थीं। 15 और उसके मुँह से एक तीखी तलवार निकलती है,
जिससे वह जातियों को मारे; और वह उन्हें लोहे की छड़ी से
चराएगा; और वह ईश्वर एल शद्दाई के प्रचण्ड क्रोध की
दाखरस की हौद को रौंदता है। 16 और उसके वस्त्र और
उसकी जाँघ पर यह नाम लिखा हुआ है: “राजाओं का राजा
और प्रभुओं का प्रभु।” 17 और मैंने एक दूत को सूर्य में खड़े

देखा; और उसने आकाश के बीच उड़नेवाले सब पक्षियों से
ऊँची आवाज़ में कहा, “आओ, ईश्वर के बड़े भोज में इकट्ठे
हो जाओ,” 18 “कि तुम राजाओं का मांस, सेनापतियों का
मांस, बलवानों का मांस, घोड़ों और उन पर बैठनेवालों का
मांस, और सब लोगों का मांस — स्वतंत्र और दास, छोटे
और बड़े — खाओ।” 19 और मैंने उस पशु को, और पृथ्वी
के राजाओं को, और उनकी सेनाओं को देखा, जो उस पर
बैठनेवाले और उसकी सेना से युद्ध करने के लिए इकट्ठे हुए
थे। 20 और वह पशु पकड़ा गया, और उसके साथ वह झूठा
नबी भी, जिसने उसके सामने चिन्ह दिखाए, जिनके द्वारा
उसने उन लोगों को भरमाया, जिन्होंने पशु का चिन्ह लिया
और उसकी प्रतिमा की आराधना की थी; और वे दोनों जीवित
गन्धक से जलती आग की झील में फेंक दिए गए। 21 और
बाकी लोग उस तलवार से मारे गए, जो उस पर बैठनेवाले के
मुँह से निकलती थी; और सब पक्षी उनके मांस से तृप्त हो
गए।

20
1 और मैंने एक दूत को स्वर्ग से उतरते हुए देखा,
जिसके हाथ में अथाह कुंड की कुंजी और एक बड़ी
जंजीर थी। 2 और उसने अजगर को, उस प्राचीन सर्प को
जो शैतान और इब्लीस है, पकड़ लिया और उसे एक हज़ार
वर्षों के लिए बाँध दिया। 3 और उसे अथाह कुंड में डाल
दिया, और उसे बन्द कर दिया, और उस पर मुहर लगा दी,
ताकि वह जातियों को फिर से न भरमाए, जब तक कि हज़ार
वर्ष पूरे न हो जाएँ; और उसके बाद थोड़े समय के लिए उसे
छोड़ दिया जाएगा। 4 और मैंने सिंहासन देखे, और वे उन पर
बैठे, और उन्हें न्याय करने का अधिकार दिया गया; और मैंने
उन लोगों के प्राण देखे जिनका सिर काटा गया था
ow५३z की गवाही और ३५३z के वचन के कारण, और
जिन्होंने उस पशु या उसकी मूरत की आराधना नहीं की थी,
और अपने माथे या अपने हाथों पर उसका चिन्ह नहीं लिया
था। और वे जीवित हुए और मसीह के साथ हज़ार वर्षों तक
राज्य किया। 5 और बाकी मरे हुए तब तक जीवित न हुए जब
तक कि हज़ार वर्ष पूरे न हो गए — यही पहली पुनरुत्थान
है। 6 धन्य और पवित्र है वह जो पहली पुनरुत्थान में भाग
लेता है; उन पर दूसरी मृत्यु का अधिकार नहीं है, परन्तु वे
३५३z और मसीह के याजक होंगे, और उसके साथ हज़ार
वर्षों तक राज्य करेंगे। 7 और जब हज़ार वर्ष पूरे हो जाएँगे,
तब शैतान अपनी कैद से छोड़ दिया जाएगा। 8 और वह पृथ्वी
के चारों कोनों की जातियों को भरमाने के लिए निकलेगा —
गोग और मागोग — ताकि उन्हें युद्ध के लिए इकट्ठा करे,
जिनकी संख्या समुद्र की बालू के समान है। 9 और वे पृथ्वी
की चौड़ाई पर चढ़ आए और पवित्र लोगों की छावनी और
प्रिय नगर को घेर लिया; और ईश्वर की ओर से स्वर्ग से आग
उतरी और उन्हें भस्म कर दिया। 10 और वह शैतान जिसने
उन्हें भरमाया था, उस आग और गंधक की झील में डाल
दिया गया, जहाँ वह पशु और झूठा नबी भी हैं; और वे
युगानुयुग दिन-रात पीड़ा पाएँगे। 11 और मैंने एक बड़ा श्वेत
सिंहासन और उसे देखा जो उस पर बैठा था, जिसके सामने
से पृथ्वी और स्वर्ग भाग गए, और उनके लिए कोई स्थान नहीं
मिला। 12 और मैंने मरे हुए, छोटे और बड़े, सिंहासन के
सामने खड़े देखे; और पुस्तकें खोली गईं; और एक और
पुस्तक खोली गई, जो जीवन की पुस्तक है; और मरे हुए
उनके कर्मों के अनुसार उन पुस्तकों में लिखे हुए बातों से
न्याय किए गए। 13 और समुद्र ने अपने भीतर के मरे हुए दे
दिए; और मृत्यु और अधोलोक ने अपने भीतर के मरे हुए दे
दिए; और वे सब, हर एक अपने कर्मों के अनुसार, न्याय किए
गए। 14 और मृत्यु और अधोलोक आग की झील में डाल
दिए गए — यही दूसरी मृत्यु है। 15 और यदि किसी का नाम
जीवन की पुस्तक में लिखा न पाया गया, तो उसे आग की
झील में डाल दिया गया।

21
1 और मैंने एक नया स्वर्ग और एक नई पृथ्वी को
देखा; क्योंकि पहला स्वर्ग और पहली पृथ्वी जाती रही
थी, और समुद्र भी न रहा। 2 और मैंने, योḥ◌ानान ने, पवित्र
नगरी, नया यरूशलेम, ईश्वर की ओर से स्वर्ग से उतरते हुए
देखा, जो अपने पति के लिए सुसज्जित दुल्हन के समान
तैयार की गई थी। 3 और मैंने स्वर्ग से एक ऊँची आवाज़
सुनी, जो कहती थी, “देखो, ईश्वर का निवास मनुष्यों के साथ
है, और वह उनके साथ रहेगा, और वे उसके लोग होंगे, और
ईश्वर आप उनके साथ रहेगा और उनका ईश्वर होगा।”
4 “और ईश्वर उनकी आँखों से सब आँसू पोंछ देगा; और
फिर न मृत्यु रहेगी, न विलाप, न रोना, न पीड़ा; क्योंकि पहली
बातें जाती रहीं।” 5 और जो सिंहासन पर बैठा था उसने कहा,
“देखो, मैं सब कुछ नया करता हूँ।” और उसने मुझसे कहा,
“लिख, क्योंकि ये वचन सच्चे और विश्वासयोग्य हैं।” 6 और
उसने मुझसे कहा, “यह हो गया! मैं ‘आलेफ़’ और ‘तव’ हूँ,
आरंभ और अंत। जो प्यासा है, मैं उसे जीवन के जल के
सोते से बिना मूल्य के दूँगा।” 7 “जो जय पाएगा, वह इन सब
चीज़ों का अधिकारी होगा; और मैं उसका ईश्वर होऊँगा, और
वह मेरा पुत्र होगा।” 8 “परन्तु डरपोकों, अविश्वासियों,
घृणितों, हत्यारों, व्यभिचारियों, जादूगरों, मूर्तिपूजकों, और सब
झूठों का भाग उस झील में होगा जो आग और गंधक से
जलती है; यही दूसरी मृत्यु है।” 9 और उन सात दूतों में से
एक, जिनके पास सात अंतिम विपत्तियों से भरे कटोरे थे, मेरे
पास आया और मुझसे कहने लगा, “आ, मैं तुझे दुल्हन, मेम्ने
की पत्नी, दिखाऊँ।” 10 और उसने मुझे आत्मा में एक बड़े
और ऊँचे पर्वत पर ले जाकर ईश्वर की ओर से स्वर्ग से
उतरते हुए महान नगरी, पवित्र यरूशलेम, को दिखाया।
11 उसमें ईश्वर की महिमा थी, और उसका प्रकाश अत्यन्त
बहुमूल्य रत्न के समान था, जैसे यशब पत्थर, जो स्फटिक
के समान चमकदार था। 12 और उसके पास एक बड़ा और
ऊँचा प्राचीर था, जिसमें बारह फाटक थे, और फाटकों पर
बारह दूत थे, और उन पर नाम लिखे हुए थे — इस्राएल की
बारह जातियों के नाम। 13 पूर्व की ओर तीन फाटक, उत्तर
की ओर तीन फाटक, दक्षिण की ओर तीन फाटक, और
पश्चिम की ओर तीन फाटक थे। 14 और नगर की प्राचीर
की बारह नींव थीं, और उन पर मेम्ने के बारह प्रेरितों के नाम
लिखे हुए थे। 15 और जिसके साथ मैं बात कर रहा था,
उसके हाथ में नगर, उसके फाटकों, और उसकी प्राचीर को
मापने के लिए सोने की नाप की छड़ी थी। 16 नगर
चतुर्भुजाकार था, और उसकी लम्बाई, चौड़ाई के बराबर थी।
और उसने छड़ी से नगर को मापा — बारह हज़ार स्टेडिया;
उसकी लम्बाई, चौड़ाई और ऊँचाई सब बराबर थीं। 17 और
उसने उसकी प्राचीर को मापा — एक सौ चवालीस हाथ,

मनुष्य की माप के अनुसार, जो एक दूत की है। 18 उसकी
प्राचीर की बनावट यशब की थी, और नगर शुद्ध सोने का था,
जो स्वच्छ काँच के समान था। 19 नगर की प्राचीर की नींवें
हर प्रकार के बहुमूल्य पत्थरों से सजाई गई थीं: पहली नींव
यशब, दूसरी नीलम, तीसरी अगेट, चौथी पन्ना। 20 पाँचवीं
सर्दोनिक्स, छठी माणिक, सातवीं क्रिसोलाइट, आठवीं बेरिल,
नौवीं टोपाज़, दसवीं क्रिसोप्रेस, ग्यारहवीं यकूत, बारहवीं
नीलमणि। 21 और बारह फाटक बारह मोतियों के थे — हर
एक फाटक एक ही मोती का था; और नगर की सड़क शुद्ध
सोने की थी, जैसे पारदर्शी काँच। 22 और मैंने उसमें कोई
मन्दिर नहीं देखा, क्योंकि 𐤉𐤄𐤅𐤄 एल शद्दाई और मेम्ना ही
उसका मन्दिर हैं। 23 और उस नगर को सूर्य या चन्द्रमा की
आवश्यकता नहीं थी कि वह उसमें चमके, क्योंकि ईश्वर की
महिमा ने उसे प्रकाशित किया, और मेम्ना उसका दीपक है।
24 और उद्धार पाए हुए राष्ट्र उसके प्रकाश में चलेंगे, और पृथ्वी
के राजा अपनी महिमा और वैभव उसमें लाएँगे। 25 और
उसके फाटक दिन के समय कभी बन्द नहीं होंगे, क्योंकि वहाँ
रात न होगी। 26 और वे राष्ट्रों की महिमा और आदर उसमें
लाएँगे। 27 और उसमें कोई अपवित्र वस्तु, या कोई घृणित या
झूठ बोलनेवाला कभी प्रवेश नहीं करेगा, परन्तु केवल वे जो
मेम्ने की जीवन की पुस्तक में लिखे हुए हैं।

22 1 और उसने मुझे जीवन के जल की नदी दिखाई, जो
स्फटिक के समान स्वच्छ थी, और जो 𐤉𐤄𐤅𐤄 और
मेम्ने के सिंहासन से निकलती थी। 2 उसकी सड़क के बीच
में, और नदी के दोनों ओर, जीवन का वृक्ष था, जो बारह
प्रकार के फल उत्पन्न करता था, और हर महीने अपना फल
देता था; और उस वृक्ष के पत्ते राष्ट्रों के आरोग्य के लिए थे।
3 और अब कोई शाप न रहेगा; और 𐤉𐤄𐤅𐤄 और मेम्ने का
सिंहासन उसमें होगा, और उसके दास उसकी सेवा करेंगे।
4 और वे उसका मुख देखेंगे, और उसका नाम उनके माथों
पर होगा। 5 और वहाँ अब रात न होगी, और उन्हें दीपक या
सूर्य के प्रकाश की आवश्यकता न होगी; क्योंकि 𐤉𐤄𐤅𐤄
ईश्वर उन्हें प्रकाश देगा, और वे युगानुयुग राज्य करेंगे।
6 और उसने मुझसे कहा, "ये वचन विश्वासयोग्य और सच्चे
हैं; और 𐤉𐤄𐤅𐤄, पवित्र नबियों का ईश्वर, ने अपने दूत को
भेजा है, ताकि अपने दासों को दिखाए कि क्या शीघ्र होनेवाला
है।" 7 "देख, मैं शीघ्र आ रहा हूँ! धन्य है वह जो इस पुस्तक
की भविष्यवाणी के वचनों को मानता है।" 8 और मैं,
योḥ◌ानान, वही हूँ जिसने ये बातें सुनीं और देखीं; और जब
मैंने सुना और देखा, तो मैं उस दूत के पाँवों पर गिर पड़ा जो
मुझे ये बातें दिखा रहा था, ताकि उसकी आराधना करूँ।
9 पर उसने मुझसे कहा, "देख, ऐसा मत कर! मैं तेरा सह-
दास हूँ, और तेरे भाइयों नबियों में से, और उन लोगों में से हूँ
जो इस पुस्तक के वचनों का पालन करते हैं। 𐤉𐤄𐤅𐤄 की
आराधना कर।" 10 और उसने मुझसे कहा, "इस पुस्तक
की भविष्यवाणी के वचनों को बन्द मत कर, क्योंकि समय
निकट है।" 11 "जो अधर्म करता है, वह और अधर्म करे;
जो अशुद्ध है, वह और अशुद्ध हो; जो धर्मी है, वह और धर्मी
बने; और जो पवित्र है, वह और पवित्र बने।" 12 "देखो, मैं
शीघ्र आ रहा हूँ, और मेरा प्रतिफल मेरे साथ है, ताकि हर एक
को उसके कर्म के अनुसार दूँ।" 13 "मैं 'आलेफ़' और 'तव'
हूँ, आरंभ और अंत, पहला और अंतिम हूँ।" 14 "धन्य हैं वे
जो उसकी आज्ञाओं का पालन करते हैं, ताकि उन्हें जीवन के
वृक्ष का अधिकार मिले, और वे फाटकों के द्वारा नगर में प्रवेश
करें।" 15 "पर बाहर रहेंगे कुत्ते, जादूगर, व्यभिचारी, हत्यारे,
मूर्तिपूजक, और हर वह जो झूठ से प्रेम रखता और उसे
करता है।" 16 "मैं, 𐤉𐤄𐤅𐤔𐤏, ने अपनी कलीसियाओं में
तुम्हारे लिए इन बातों की गवाही देने के लिए अपना दूत भेजा
है। मैं दाऊद की जड़ और वंश हूँ, और उज्ज्वल भोर का
तारा हूँ।" 17 और आत्मा और दुल्हन कहते हैं, "आ!" और
जो सुनता है, वह भी कहे, "आ!" और जो प्यासा है, वह आए;
और जो चाहता है, वह जीवन का जल बिना मूल्य के ले।
18 मैं हर एक को जो इस पुस्तक की भविष्यवाणी के वचन
सुनता है, गवाही देता हूँ: यदि कोई इन में कुछ जोड़े, तो
𐤉𐤄𐤅𐤄 उस पर इस पुस्तक में लिखी हुई विपत्तियाँ जोड़ेगा।
19 और यदि कोई इस पुस्तक की भविष्यवाणी के वचनों में से
कुछ निकाल दे, तो 𐤉𐤄𐤅𐤄 उसका भाग जीवन की पुस्तक
और पवित्र नगर से, जो इस पुस्तक में लिखे हैं, छीन लेगा।
20 जो इन बातों की गवाही देता है, वह कहता है, "हाँ, मैं शीघ्र
आ रहा हूँ।" आमीन। हाँ, आओ, प्रभु 𐤉𐤄𐤅𐤔𐤏!" 21 हमारे
प्रभु 𐤉𐤄𐤅𐤔𐤏 ह मशीह का अनुग्रह पवित्र लोगों के साथ हो।
आमीन।

शब्दावली / उच्चारण

𐤉𐤄𐤅𐤔𐤏 - याहुशुआ

𐤉𐤄𐤅𐤄 - याहुआ

भार एवं माप

भार

इकाई	बराबर	मीट्रिक	इम्पीरियल
gĕrah	1/20 sheqel	0.57 g	0.02 oz
beqa	10 gĕrahs	5.7 g	0.2 oz
sheqel	2 beqas	11.4 g	0.4 oz
mina	50 sheqels	570 g	1.26 lb
kiḵar	3000 sheqels	34.2 kg	75.4 lb

तरल माप

इकाई	बराबर	मीट्रिक	इम्पीरियल
log	1/12 hin	0.3 L	0.67 pt
hin	1/6 bath	3.8 L	1 gal
bath	1/10 homer	22.7 L	6 gal
ḥomer	10 baths	227 L	60 gal

लंबाई और दूरियाँ

इकाई	बराबर	मीट्रिक	इम्पीरियल
etsba	1/4 tophah	1.85 cm	0.73"
tophah	4 etsba'oth	7.4 cm	2.92"
zereth	3 tephahoth	22.2 cm	8.75"
ammah	6 tephahoth	44.5 cm	17.5"
qanĕh	6 ammah	2.67 m	8.76 ft

सूखे माप

इकाई	बराबर	मीट्रिक	इम्पीरियल
qab	1/18 ephah	1.2 L	1.3 qt
omer	1/10 ephah	2.2 L	2.3 qt
se'ah	2 hins	7.3 L	7.7 qt
ephah	3 se'im	22 L	23.3 qt
kor	10 ephahs	220 L	50 gal

टिप्पणियाँ

टिप्पणियाँ

टिप्पणियाँ